Lehrbuch der Software-Technik

Lehrbücher der Informatik

Herausgegeben von
Prof. Dr.-Ing. habil. Helmut Balzert

Helmut Balzert
Lehrbuch der Software-Technik II
Software-Management
Software-Qualitätssicherung
Unternehmensmodellierung

Heide Balzert
Lehrbuch der Objektmodellierung
Analyse und Entwurf

Helmut Balzert
Lehrbuch Grundlagen der Informatik
Konzepte und Notationen in UML, Java und C++
Algorithmik und Software-Technik
Anwendungen

Heide Balzert
Objektorientierung in 7 Tagen
Vom UML-Modell zur fertigen Web-Anwendung

Zu den meisten Bänden sind CD-ROMs mit den Inhalten der Bücher als *PowerPoint*-Präsentationen zum Einsatz in Vorlesungen, Schulungen und Seminaren erhältlich.
Weitere Informationen finden Sie unter
http://www.spektrum-verlag.com und
http://www.software-technik.de

Helmut Balzert

Lehrbuch der Software-Technik

Software-Entwicklung

2. Auflage

mit 2 CD-ROMs

Spektrum Akademischer Verlag Heidelberg · Berlin

Autor:
Prof. Dr.-Ing. habil. Helmut Balzert
Lehrstuhl für Software-Technik
Ruhr-Universität Bochum
e-mail: hb@swt.ruhr-uni-bochum.de
http://www.swt.ruhr-uni-bochum.de

Die Deutsche Bibliothek – CIP-Einheitsaufnahme

Balzert, Helmut:
Lehrbuch der Software-Technik / Helmut Balzert. – Heidelberg ; Berlin : Spektrum, Akad. Verl.
(Lehrbücher der Informatik)
Bd. 1. Software-Entwicklung
Buch.. – 2. Aufl.. – 2000
ISBN 3-8274-0480-0

Titelbild: Anna Solecka-Zach: »Ohne Titel« (1995)

Diesem Buch sind zwei CD-ROMs mit Informationen, Demonstrationen, Animationen, begrenzten Vollversionen und Vollversionen von Software-Produkten beigefügt. Der Verlag und der Autor haben alle Sorgfalt walten lassen, um vollständige und akkurate Informationen in diesem Buch und den beiliegenden CD-ROMs zu publizieren.
Der Verlag übernimmt weder Garantie noch die juristische Verantwortung oder irgendeine Haftung für die Nutzung dieser Informationen, für deren Wirtschaftlichkeit oder fehlerfreie Funktion für einen bestimmten Zweck. Ferner kann der Verlag für Schäden, die auf einer Fehlfunktion von Programmen oder ähnliches zurückzuführen sind, nicht haftbar gemacht werden. Auch nicht für die Verletzung von Patent- und anderen Rechten Dritter, die daraus resultieren. Eine telefonische oder schriftliche Beratung durch den Verlag über den Einsatz der Programme ist nicht möglich.
Der Verlag übernimmt keine Gewähr dafür, dass die beschriebenen Verfahren, Programme usw. frei von Schutzrechten Dritter sind. Die Wiedergabe von Gebrauchsnamen, Handelsnamen, Warenbezeichnungen usw. in diesem Buch berechtigt auch ohne besondere Kennzeichnung nicht zu der Annahme, dass solche Namen im Sinne der Warenzeichen- und Markenschutz-Gesetzgebung als frei zu betrachten wären und daher von jedermann benutzt werden dürften.

1. Nachdruck 2001

Lektorat: Bianca Alton/Dr. Andreas Rüdinger
Herstellung: Katrin Frohberg
Gesamtgestaltung: Gorbach Büro für Gestaltung und Realisierung, Buchendorf
Satz: Hagedorn Kommunikation, Viernheim
Druck und Verarbeitung: Franz Spiegel Buch GmbH, Ulm

Vorwort zur 2. Auflage

Seit der 1. Auflage sind fünf Jahre vergangen. Zeit darüber nachzudenken, was sich in der Software-Technik verändert hat, und welche Änderungen in ein Lehrbuch übernommen werden sollen.
Welche wichtigen Änderungen haben sich ergeben?

- Die objektorientierte Software-Entwicklung hat sich auf breiter Front durchgesetzt. Vor über fünf Jahren haben die Innovatoren und frühen Anwender Objektorientierung eingeführt, das sind ca. 16 Prozent aller Software-Entwickler. Heute benutzt auch die frühe Majorität, das sind *zusätzlich* ca. 34 Prozent der Software-Entwickler, die Objektorientierung. Zusammen sind dies 50 Prozent (siehe auch /Balzert 98, S. 197 ff./). Dennoch hat der Technologietransfer lange gedauert. Vor 20 Jahren wurde die erste objektorientierte Programmiersprache – Smalltalk 80 – vorgestellt, vor 10 Jahren wurde die objektorientierte Analyse (OOA) entwickelt. Objektorientierung
- Vor fünf Jahren gab es noch *keine* einheitliche grafische Notation für die Darstellung objektorientierter Konzepte. Daher sind in der 1. Auflage dieses Buches noch drei verschiedene Notationen aufgeführt. Inzwischen hat sich die UML *(Unified Modeling Language)* als Notationsstandard durchgesetzt. Sie wird in dieser 2. Auflage durchgehend verwendet. UML
- Im Zusammenhang mit den ersten beiden Veränderungen hat sich die plattformunabhängige Programmiersprache Java auf breiter Front durchgesetzt. Sie ist dabei, die in der Objektorientierung bisher weitverbreitete hybride Sprache C++ nach und nach abzulösen. Bemerkenswert an Java ist die Einsatzbreite: Von der *Client*-Programmierung bis zur *Server*-Programmierung, von der Programmierung von Unternehmenslösungen bis hin zur *Handy*-Programmierung. Im Entwurfs- und Implementierungsteil dieses Buches werden daher viele Beispiele in Java angegeben – und nicht wie in der 1. Auflage in C++. Bei den Voraussetzungen zu den Lehreinheiten wird auf Vorkenntnisse in Java hingewiesen. Java
- Zur Modellierung von Anforderungen an Software-Produkte gehört heute die Spezifikation von Geschäftsprozessen, die in der UML durch *use cases* beschrieben werden. Beginnend beim Lastenheft wird in mehreren Lehreinheiten gezeigt, wie Geschäftsprozesse beschrieben und analysiert werden. Geschäftsprozesse *use cases*
- Die Bedeutung des Web hat in den letzten fünf Jahre überproportional zugenommen. Für die Software-Technik ergeben sich dadurch in zwei Bereichen neue Herausforderungen. Der erste Bereich betrifft die Software-Ergonomie, d.h., welche Gestaltungs- Web

grundsätze sind bei der Gestaltung von Web-Seiten zu beachten. Der zweite Bereich betrifft die Software-Architekturen, die nötig sind, um unternehmensweite und unternehmensübergreifende Web-Anwendungen zu ermöglichen. Bei den Lehreinheiten, die sich mit Software-Ergonomie befassen (LE 16 bis LE 20), wurde daher die Web-Gestaltung mitberücksichtigt. Web-Architekturen wird eine eigene Lehreinheit mit den Themen XML, *Servlets,* JSP und ASP gewidmet (LE 30). Dadurch erhöht sich die Anzahl der Lehreinheiten von bisher 33 auf 34 Lehreinheiten.

Komponenten

- Als Ziel schon lange angestrebt, gewinnen Komponentenkonzepte zunehmend an Bedeutung. In der neuen Lehreinheit 28 werden daher die Konzepte von *JavaBeans,* COM und *ActiveX* ausführlich behandelt.

verteilte objektorientierte Anwendungen

- Auch bei den Konzepten zur Verteilung von Anwendungen auf eine Netzstruktur hat es wesentliche Erweiterungen und Neuerungen gegeben. In der Lehreinheit 29 werden *server*basierte Komponenten-Modelle, *Java-RMI, Enterprise JavaBeans,* CORBA 3.0 und COM+ beschrieben.

CASE

- Bereits in der 1. Auflage wurde auf die Bedeutung von Software-Werkzeugen hingewiesen. In dieser Auflage ist der Einsatz von CASE-Werkzeugen in die Lehreinheiten integriert, um ein *»learning by doing«* zu unterstützen. Die Anzahl der beigefügten CASE-Werkzeuge hat sich erhöht, so dass dieser Auflage jetzt zwei CD-ROMs beiliegen.

weitere neue Themen

- Ergänzt wurden bisherige Lehreinheiten um die Themen »Modellierung multidimensionaler Datenstrukturen und *Data Warehouses«* (Lehreinheit 8) und »Objektrelationale Datenbanksysteme« (Lehreinheiten 24 und 25). Die Methoden SD und MD wurden in einer Lehreinheit zusammengefasst und gekürzt sowie ein Teil auf die CD-ROM 1 ausgelagert. Die Basiskonzepte »Jackson-Diagramme« und »Warnier-Orr-Diagramme« werden *nicht* mehr behandelt, da sie keine Bedeutung mehr haben.

zum Buchaufbau

- Die bisherige Struktur des Buches hat sich bewährt – was mir auch viele Leser bestätigt haben. Sie wurde daher beibehalten. Die Reihenfolge der Lehreinheiten wurde jedoch so geändert, dass zuerst immer die objektorientierten Themen behandelt werden. Dadurch ist es z.B. möglich, in einem parallelen Praktikum ein objektorientiertes Projekt durchzuführen. Die Methoden SA, SA/RT, SD und MD wurden daher in der Reihenfolge nach hinten verlagert.

neue Aufgabenstruktur

- Zu jeder Lehreinheit sind Lernziele – gegliedert nach einer vierstufigen Lernzieltaxonomie – angegeben. Diese Lernziele werden durch Aufgaben abgedeckt. Die Lernziele zu »Wissen« und »Verstehen« werden durch *»Multiple choice«*-Aufgaben abgeprüft, die sich alle auf der CD-ROM 1 befinden. Die Lernziele zu »Anwenden« und »Beurteilen« werden durch analytische und konstruktive Aufgaben abgedeckt. Die Lösungen befinden sich auf der CD-

ROM 1, außer für die neu eingeführten und gekennzeichneten Klausur-Aufgaben. Insgesamt befinden sich in dieser 2. Auflage wesentlich mehr Aufgaben als in der 1. Auflage (330 Aufgaben gegenüber 170 Aufgaben).

- Viele Informationen erhält man heute aus dem Internet. Interessante URLs sind daher jeweils in der Marginalspalte angegeben. Internet-Adressen
- Neben der bewährten Fallstudie »Seminarorganisation« werden in diese 2. Auflage die Fallstudien »Lagerverwaltung« und »Vereinsverwaltung« neu aufgenommen. Fallstudien
- Insbesondere dynamische Vorgänge lassen sich am besten mit Animationen verdeutlichen. Daher befinden sich auf der CD-ROM 1 zu ausgewählten Themen Animationen, die zusammenhängend oder schrittweise betrachtet werden können. multimediale Animationen
- Nach langem Zögern habe ich mich entschlossen, die neue Rechtschreibung für diese Auflage zu verwenden – nicht weil ich ein Anhänger der neuen Rechtschreibung bin, sondern weil man sich an die neue Schreibweise gewöhnt. Die alte Rechtschreibung wird einem mit der Zeit antiquiert vorkommen. neue Rechtschreibung

Danksagungen

Auch die 2. Auflage konnte *nicht* ohne die Mithilfe von vielen Personen realisiert werden. Mein besonderer Dank gilt zunächst allen Lesern der 1. Auflage, die mir Hinweise zu Verbesserungen gegeben haben.

Meiner Frau, Prof. Dr. Heide Balzert, danke ich dafür, dass sie mir immer mit Rat und Tat zur Seite stand. Meinen wissenschaftlichen Mitarbeitern Dipl.-Ing. Christian Knobloch, Dipl.-Ing. Carsten Mielke, Dipl.-Ing. Christian Weidauer, Dipl.-Inform. Peter Ziesche und Dipl.-Math. Olaf Zwintzscher danke ich für die Ausarbeitung der Aufgaben und Lösungen, wobei Herr Mielke und Herr Ziesche zusätzlich die CD-ROMs vorbereitet und fertiggestellt haben. Besonders hilfreich war die aktive Mitarbeit von Herrn Zwintzscher und Herrn Ziesche an den Lehreinheiten 28 bis 30.

Die multimedialen Animationen wurden von Anja Schartl bearbeitet. Die Texterfassung und -bearbeitung erledigte meine Sekretärin Irmgard Kühn, die Grafiken erstellten Kathrin Braungardt und Oliver Dewald. Danke!

Dem Spektrum Akademischer Verlag, Heidelberg, danke ich für die ausgezeichnete Zusammenarbeit. Als Lektoren trugen Frau Bianca Alton und Dr. Andreas Rüdinger zur Perfektionierung des Buches bei.

Trotz der Unterstützung vieler Personen bei der Erstellung dieses Buches enthält ein so aufwendiges Werk sicher immer noch Fehler und Verbesserungsmöglichkeiten: *»nobody is perfect«*. Kritik und Anregungen sind daher jederzeit willkommen. Eine aktuelle Liste mit Korrekturen und Informationen zu diesem Buch und den beigefügten CD-ROMs finden Sie unter

http://www.software-technik.de

Mailing-Liste

Über diese Web-Seite können Sie sich auf eine *Mailing*-Liste setzen, wenn Sie regelmäßig über Neuerungen zu diesem Buch sowie neuen Werkzeugen informiert werden möchten.

mein Resümee

Der Änderungsumfang dieser 2. Auflage und der Arbeitsaufwand waren größer als ich gedacht hatte. Aber: Ich glaube, das Ergebnis kann sich sehen lassen. Sie halten ein »Lehrbuch der Software-Technik« in den Händen, das den aktuellen Stand der Software-Technik wiedergibt, bewährte Konzepte und Methoden aber weiterhin beschreibt.

Ziel war es, den Umfang der 2. Auflage nicht zu erhöhen. Dies ist mir *nicht* ganz gelungen. Den Mehrwert halten Sie nun in den Händen. Viel Spaß beim Lesen.

Ihr

Helmut Balzert

Vorwort zur 1. Auflage

Die Software-Technik bildet heute einen Grundpfeiler der Informatik. Sie hat sich zu einem umfassenden Wissenschaftsgebiet entwickelt. Um Ihnen, liebe Leserin, lieber Leser, ein optimales Erlernen dieses Gebietes zu ermöglichen, habe ich ein zweibändiges Lehr- und Lernbuch über die Software-Technik geschrieben. Es behandelt die Kerngebiete »Software-Entwicklung« (Band 1), »Software-Management« und »Software-Qualitätssicherung« (Band 2) sowie die Abhängigkeiten zwischen diesen Gebieten.

Jeder Band stellt einen Medienverbund aus klassischem Buch, elektronischem Buch, multimedialem *Computer Based Training* und Software-Werkzeugen dar.

Der vorliegende Band behandelt die technische Software-Entwicklung mit folgenden Inhalten:

- Einführung und Überblick (1 Lehreinheit)
- Die Planungsphase (2 Lehreinheiten)
- Die Definitionsphase (19 Lehreinheiten)
- Die Entwurfsphase (9 Lehreinheiten)
- Die Implementierungsphase (1 Lehreinheit)
- Die Abnahme- und Einführungsphase (1/2 Lehreinheit)
- Die Wartungs- und Pflegephase (1/2 Lehreinheit)
- Ausführliche Fallstudien
- Biographien von mehr als 20 Software-Pionieren

Um das Erlernen des Inhalts optimal zu unterstützen, wurden folgende methodisch-didaktischen Elemente benutzt:

- Das Buch ist in 33 Lehreinheiten (für jeweils eine Vorlesungsdoppelstunde) gegliedert.
- Jede Lehreinheit ist unterteilt in Lernziele, Voraussetzungen, Inhaltsverzeichnis, Text, Glossar, Zusammenhänge, Literatur und Aufgaben.
- Zusätzlich sind die Themen nach fachlichen Gesichtspunkten in Kapitel gegliedert.
- Mehr als 300 Begriffe sind im Glossar definiert.
- Mehr als 200 Literaturangaben verweisen auf weiterführende Literatur.
- Zur Lernkontrolle stehen über 170 Aufgaben zur Verfügung, die in Muss- und Kann-Aufgaben gegliedert sind.
- Zu jeder Aufgabe gibt es eine Zeitangabe, die hilft, das eigene Zeitbudget zu planen. Zur Lösung aller Aufgaben werden rund 80 Stunden benötigt.

- Es wurde ein modernes Layout mit Marginalienspalte und Piktogrammen entwickelt.
- Als Schrift wurde Lucida ausgewählt, die für dieses Lehrbuch besonders gut geeignet ist.
- Das Buch ist durchgehend zweifarbig gestaltet.
- Zur Veranschaulichung enthält es mehr als 1.000 Grafiken und Tabellen.
- Wichtige Inhalte sind zum Nachschlagen in Boxen angeordnet.

Durch eine moderne Didaktik kann dieses Buch zur Vorlesungsbegleitung, zum Selbststudium und zum Nachschlagen verwendet werden; auch verschiedene Themendurchgänge sind möglich, z.B. zur Objektorientierung.

Auf der beigefügten CD-ROM befinden sich:

- auf über 500 Seiten die vollständigen Lösungen zu den Aufgaben (als elektronisches Buch, ausdruckbar),
- auf über 100 Seiten die Biographien von Innovatoren, Erfindern und Pionieren der Software-Technik (als elektronisches Buch, ausdruckbar),
- das alphabetisch sortierte Gesamtglossar mit über 300 Begriffen (als elektronisches Buch, ausdruckbar),
- die Multimedia-Präsentationen »Einführung in die Software-Technik«, »Farbgestaltung« und »Fit am Computer«,
- eine Demonstrationsversion des multimedialen Lehr- und Lernsystems Object-Lab,
- ein multimediales Lehrsystem zum Erlernen der Methode SA *(structured analysis)*,
- die im Buch behandelten lauffähigen Fallstudien »Seminarorganisation«, »Teach-Roboter« und »HIWI-Verwaltung«,
- über 30 Software-Werkzeuge verschiedener CASE-Hersteller zu fast allen behandelten Themen der Software-Technik (von Demonstrationsversionen bis zu Vollversionen).

Dieses Buch soll neue Maßstäbe setzen: Ich bin überzeugt, dass die Kombination verschiedener Medien und geeigneter didaktisch-methodischer Elemente sowie die Gestaltung dieses Lehr- und Lernbuches den Beginn einer neuen Generation von deutschsprachigen Informatik-Lehrbüchern bildet.

Ein so umfangreiches Werk ist ohne die Mithilfe von vielen Personen nicht realisierbar.

An erster Stelle gebührt mein Dank meiner Frau, Prof. Dr. Heide Balzert, die mir bei vielen Fragen mit Rat und Tat zur Seite stand. Insbesondere hat ihre Methodik zur objektorientierten Systemanalyse den entsprechenden Teil dieses Lehrbuches maßgeblich beeinflußt.

Ein besonderer Dank gilt allen Kollegen, Mitarbeitern und Studenten, die das Skript zu diesem Buch durchgearbeitet haben und deren Anregungen und Hinweise dazu beigetragen haben, die jetzige Qualität des Buches zu erreichen. Mein Dank gilt insbesondere Prof. Dr.

Werner Mellis, Lehrstuhl Wirtschaftsinformatik, Universität Köln, Prof. Dr. Ulrich Eisenecker, Fachbereich Informatik, Fachhochschule Heidelberg, Prof. Dr. Karl-Heinz Rau, Fachbereich Betriebsorganisation und Wirtschaftsinformatik, Fachhochschule Pforzheim und Dr.-Ing. Peter Liggesmeyer, Siemens AG, München.

Meinen wissenschaftlichen Mitarbeitern Dipl.-Ing. Frank Hofmann, Dipl.-Ing. Volker Kruschinski und Dipl.-Ing. Christoph Niemann danke ich für die Ausarbeitung der Aufgaben und Lösungen, wobei Herr Niemann zusätzlich die CD-ROM zusammen mit cand.-ing. Dietmar Köller vorbereitet und fertiggestellt hat.

Viele Korrekturhinweise und Verbesserungsvorschläge erhielt ich von den Studenten meiner Software-Technik-Vorlesung. Ihnen gilt ebenso mein Dank wie meiner Mitarbeiterin Lolita Lassak, die – unterstützt von Dipl.-Ing. Helmut Weigel, cand.-ing. Stephan Schneider und vielen Studenten – die multimedialen Präsentationseinheiten und das Lernsystem Object-Lab erstellt hat.

Die Texterfassung und -bearbeitung besorgte meine Sekretärin Anne Müller, die Grafiken erstellten Thomas Niedermeier und Gernot Vogt. Danke!

Für die Buchgestaltung einschließlich Layout und Typographie konnte ich Rudolf Paulus Gorbach, München, gewinnen. Ihm danke ich ebenso wie dem Spektrum Akademischer Verlag, Heidelberg, für die hervorragende Zusammenarbeit. Als Lektor trug Dr. Georg W. Botz wesentlich zur sprachlichen Klarheit des Buches bei. Alle Probleme auf dem Weg vom Skript zum fertigen Buch löste die Herstellungsleiterin, Dipl.-Wirt.-Ing. (FH) Myriam Nothacker. Für seine unternehmerische Innovationsfreude gebührt mein besonderer Dank dem Verleger Dr. Michael Weller.

Trotz der Unterstützung vieler Personen bei der Erstellung dieses Buches enthält ein so umfangreiches Werk sicher immer noch Fehler und Verbesserungsmöglichkeiten: *»nobody is perfect«*. Kritik und Anregungen sind daher jederzeit willkommen. Eine aktuelle Liste mit Korrekturen und Informationen zu diesem Buch und der beigefügten CD-ROM finden Sie unter

`http://www.swt.ruhr-uni-bochum.de/buchswt1.html`

5 Jahre Arbeit stecken in diesem Lehrbuch. Ihnen, liebe Leserin, lieber Leser, erlaubt es, das Gebiet der Software-Entwicklung in rund 200 Stunden zu erlernen. Ich wünsche Ihnen viel Spaß beim Lesen. Möge Ihnen dieses Buch – trotz der »trockenen« Materie – ein wenig von der Faszination der Software-Technik vermitteln.

Ihr

Helmut Balzert

Inhalt

Einführung und Überblick

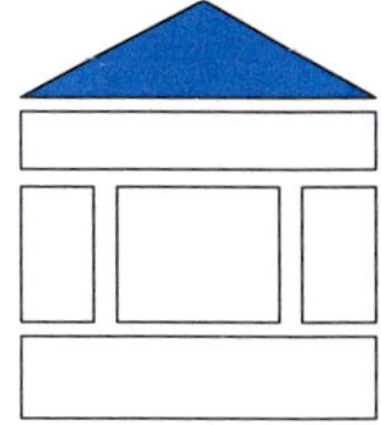

- Aufzeigen können, worin sich Software von anderen technischen Produkten unterscheidet.
- Die Veränderungen, denen Software in den letzten zehn Jahren unterworfen war, beschreiben können.
- Darstellen können, dass Änderungen während der Entwicklung und hohe Portabilitätsanforderungen die Software-Erstellung zusätzlich erschweren.
- Die Disziplin Software-Technik mit ihren Begriffen beschreiben können.
- Die Terminologie um die definierten Begriffe System und Software herum kennen und anwenden können.

verstehen

anwenden

i

Der eilige Leser kann zunächst die folgenden zwei Abschnitte überspringen und mit dem Abschnitt »Was ist Software?« (Seite 22) beginnen.

für eilige Leser

Liebe Leserin, lieber Leser,
dieses Buch, das Sie in den Händen halten, soll ein wissenschaftliches Lehrbuch der Software-Technik sein. Ein wissenschaftliches Lehrbuch unterscheidet sich von einem Lehrbuch, z.B. einem Schulbuch, und dieses wiederum von einem Buch, z.B. einem Roman. Welche Entscheidungen für ein Lehrbuch, ein wissenschaftliches Lehrbuch und ein wissenschaftliches Lehrbuch der Software-Technik zu treffen waren, beschreibe ich in den folgenden zwei Abschnitten.

Als Anspruch entsteht ein Buchprofil, das ich mit diesem Buch angestrebt habe. Ob es mir gelungen ist, müssen Sie selbst entscheiden.

Zu einem Lehrbuch gehört natürlich, dass der Gegenstand des Buches definiert, erläutert und eingeordnet wird. Daher werden in eigenen Abschnitten die Fragen »Was ist Software?«, »Warum ist Software so schwer zu entwickeln?« und »Was ist Software-Technik?« behandelt.

Die Antworten auf diese Fragen führen zur Gliederung und zum Aufbau dieses Buches. Im vorletzten Abschnitt dieser Einführung zeige ich, wie man dieses Buch lesen kann.

Warum es so schwierig ist, ein Lehrbuch zu konzipieren und zu schreiben

Als Hochschullehrer muss man viele wissenschaftliche Artikel und Bücher lesen. In der Software-Technik überwiegend in Englisch. Wenn man viele Bücher lesen muss, dann freut man sich über gut lesbare, leicht verständliche und schön aufgemachte Bücher. Man ärgert sich über schwer lesbare, unverständliche und nachlässig hergestellte Bücher.

Manchen Büchern merkt man an, dass sie schnell – oft einem aktuellen Trend »hinterherhetzend« – und schludrig zusammengeschrieben wurden. Ein Kollege von mir bezeichnet solche Bücher als »Instant«-Bücher.

Bei guten Sach- und Fachbüchern stellt man fest, dass auch schwierige Sachverhalte leicht verständlich beschrieben werden können. Dies zeigen insbesondere amerikanische Veröffentlichungen.

Eine besondere Situation liegt vor, wenn man ein Buch schreiben will, das dem Leser als Lernendem Wissen vermitteln soll.

Lehrbuch

Aus der Sicht des Autors soll es ein Lehrbuch sein, d.h. das Buch soll den Leser unterweisen, instruieren, trainieren.

Lernbuch

Aus der Sicht des Lesers soll es ein Lernbuch sein, d.h. ein Buch, aus dem man etwas lernen kann.

Leser = Kunde

Konsequent betrachtet bedeutet dies, dass der Leser bzw. Lernende der Kunde des Autors bzw. des Lehrenden ist.

Um ein gutes Lehr-/Lernbuch zu schreiben, muss man die Ziele des Lehrenden und des Lernenden berücksichtigen. Ziele …

Der Lernende hat im Allgemeinen folgende Ziele: … des Lernenden

- Lerninhalte effektiv lernen und behalten.
- Keine Zeit zu verschwenden (Aufwand/Nutzen).
- Gelerntes auf eigene Situationen anwenden können.
- Lernen soll Spass machen.
- Überprüfen, ob man das Gelernte verstanden hat.
- Er will wissen, welche Vorkenntnisse erwartet werden.
- Er will wissen, wie viel Zeit er für welche Inhalte und für welche Aufgaben einplanen muss.

Der Lehrende hat im Allgemeinen folgende Ziele: … des Lehrenden

- Lehrinhalte sollen verstanden werden.
- Lehrinhalte sollen lange behalten werden.
- Der Lernende soll motiviert werden.
- Der Lernende soll selbst überprüfen können, ob er alles verstanden hat.
- Für Lernende, die besonders interessiert sind, sollen zusätzliche Informationen und Aufgaben angeboten werden.

Um diese Ziele zu erfüllen, muss ein gutes Lehr-/Lernbuch folgende Eigenschaften besitzen: Eigenschaften

- Orientierung an den Zielgruppen, für die das Buch vorgesehen ist. Zielgruppen
  Dieses Buch ist für folgende Zielgruppen geschrieben:
  - Studenten der Informatik und Software-Technik an Universitäten, Fachhochschulen und Berufsakademien.
  - Software-Ingenieure, Software-Manager und Software-Qualitätssicherer in der Praxis.

  Vorausgesetzt werden Kenntnisse, wie sie normalerweise in einer Einführungsvorlesung zur Informatik vermittelt werden. Ein Beispiel für den Stoff einer Einführungsvorlesung vermittelt mein »Lehrbuch Grundlagen der Informatik« /Balzert 99/. Vorkenntnisse
- Darstellung des Lehrstoffs in Abhängigkeit von Lernstufen und Lernzielen:
  Lernziele sollen aufgeführt und nach Lernstufen geordnet sein, damit der Lernende weiß, was ihn erwartet und was er nach dem Lernen können soll. Es ist ein Unterschied, ob man etwas liest, was man anschließend nur wissen soll, oder ob man das Gelesene anschließend auf eigene Situationen anwenden soll. In diesem Buch findet man am Anfang jeder Lehreinheit die Lernziele dieser Einheit aufgeführt, gegliedert nach den Lernstufen Wissen, Verstehen, Anwenden und Beurteilen (Tab. 1). Die Lernziele dienen dazu, dem Lernenden eine Orientierung zu vermitteln, welche Kenntnisse und Fähigkeiten er nach Durcharbeitung der Lehreinheit besitzen soll. Eine Befragung meiner Studenten über die Nützlichkeit von Lernzielangaben ergab, dass die überwiegende Mehrzahl diese Angaben als hilfreich empfand. Lernstufen, Lernziele

Tab. 1: Verwendete Lernziel-taxonomie

Lernstufe Wissen
Sie wird definiert durch elementare Kenntnisse. Darunter sind zu verstehen: Wiedergabe von Begriffen, Fakten, Klassifikationen und Kriterien.

Lernstufe Verstehen
Sie wird definiert durch funktionale Kenntnisse. Darunter sind u.a. zu verstehen: Beschreibung von Verfahren, Methoden, Regeln und Gesetzmäßigkeiten.

Lernstufe Anwenden
Sie wird definiert durch den sachkundigen Umgang mit Formeln und Verfahren zur Lösung von Problemen, zu denen die Übertragung von »Wissen« und »Verstehen« in direktem Bezug auf einzelne und konkrete Situationen notwendig ist.

Lernstufe Beurteilen
Sie wird definiert durch die Lösung von komplexen Aufgaben, zu denen anhand von Analysen Auswahlentscheidungen zu treffen und/oder Verfahren zu entwickeln sind.

Quelle: Bundesinstitut für Berufsforschung, Berlin

Der Lehrstoff selbst ist jeweils so aufbereitet und im Umfang darauf abgestimmt, dass die Lernziele erreicht werden können. Will man beispielsweise die Lernstufe Anwenden vermitteln, dann muss man dem Lernenden zeigen, wie Konzepte methodisch angewandt werden.

Beispiel

In der Software-Technik-Literatur fehlen z.B. für Zustandsautomaten und Petrinetze systematische Vorgehensweisen, um Zustandsautomaten und Petrinetze aufzustellen. Ich habe daher versucht, in diesem Buch methodische Schritte aufzuführen.

Didaktik & Methodik

- Geeignete didaktisch-methodische Strukturierung der Lehrinhalte durch den Autor:
  Eine gute Didaktik liegt vor, wenn der Autor die Zusammenhänge kennt und das Ganze so aufbereitet und gliedert, dass der Lernende es gut versteht. Hilfreich, um zu einer guten Didaktik zu gelangen, ist es, wenn die Lehrinhalte bereits ein- oder mehrmals vom Autor unterrichtet wurden, da man dabei feststellt, ob der Lehrstoff bei der Zielgruppe »ankommt«. Verständnisschwierigkeiten weisen oft auf didaktische Mängel hin. Beispielsweise erforderte es viele Unterrichtserfahrungen, bis die beste Reihenfolge feststand, wie objektorientierte Konzepte am günstigsten eingeführt werden.
  Die in diesem Buch behandelten Themen wurden inzwischen vielfach in Vorlesungen und Industrieseminaren gelehrt. Die dabei gewonnenen Erfahrungen wurden für die didaktisch-methodische Strukturierung ausgewertet.

Beispiele, Fallstudien, Szenarien

- Auswahl geeigneter Beispiele, Fallstudien und Szenarien:
  Dies schließt die Auswahl geeigneter Metaphern mit ein. Außerdem sind die mentalen Modelle der Lernenden zu berücksichtigen.

Da Lernen oft durch Analogieschlüsse erfolgt, werden in diesem Buch viele Beispiele verwendet. Wichtig für die Auswahl der Beispiele, Fallstudien und Szenarien ist die Realitätsnähe. Für dieses Buch wurden die Beispiele so zusammengestellt, dass sie für die Software-Technik realistisch sind.

Als durchgehende Fallstudie wird eine Firma Teachware betrachtet, die Seminare anbietet und durchführt. Es soll ein Software-System entwickelt werden, das Kunden, Firmen, Seminare, Buchungen und Dozenten verwaltet.

Bei dieser Fallstudie handelt es sich um ein echtes Anwendungssystem. Es wurde vollständig entwickelt und wird auch eingesetzt.

Bewusst vermieden wurden Beispiele, die nichts oder nur am Rande etwas mit der Software-Technik zu tun haben. Besonders in amerikanischen Büchern findet man oft Beispiele, die in keinem Zusammenhang mit der Software-Technik stehen. Solche Beispiele erschweren dem Lernenden den Transfer auf realistische Anwendungen.

Um dem Leser Beispiele, Fallstudien und Szenarien unmittelbar kenntlich zu machen, sind sie in blauer Schrift gesetzt. blaue Schrift

- Motivierende Darbietung des Stoffes (interessant, kurzweilig, abwechslungsreich, möglichst viele Sinne ansprechend, beim Lernenden Aufmerksamkeit erregen):

  Ein Lehrbuch darf nicht zu »trocken« geschrieben sein. Auf der anderen Seite darf es aber auch nicht aus lauter Anekdoten und Gags bestehen, so dass das Wesentliche und der »rote Faden« kaum noch sichtbar sind.

  In diesem Buch steht im Mittelpunkt der »rote Faden«, der durch viele Beispiele und zwei Fallstudien angereichert wird . roter Faden

  Zusätzlich werden innovative Forscher und Praktiker durch Kurzbiografien mit Bild in der Marginalienspalte vorgestellt. Kurzbiografien

  Für den Leser, der in die Tiefe eindringen möchte, werden ab und zu noch Informationen angeboten, die mit dem Piktogramm »Unter der Lupe« gekennzeichnet sind. unter der Lupe

  Die motivierende Darstellung hängt natürlich auch wesentlich von der Buchgestaltung, dem Buchaufbau und der Buch-»Ergonomie« ab (siehe unten).

- Visualisierung der Lehrinhalte:

  »Ein Bild sagt mehr als 1000 Worte« ist ein geflügeltes Wort. Es verdeutlicht, dass eine gute Grafik, eine anschauliche Skizze oder ein Foto oft besser verständlich und anschaulicher sind, als viel Text. Nach einer Untersuchung des Battelle-Instituts behalten wir 10 Prozent von dem, was wir lesen, und 30 Prozent von dem, was wir sehen.

  Ziel dieses Buches ist es daher, möglichst viele Sachverhalte zu veranschaulichen. Visualisierung

Begriffe, Glossar

- Glossar und Zusammenhänge:
  Viele Autoren führen in ihren Büchern eine Unzahl von Begriffen ein, die oft nur einmal verwendet werden, unzureichend oder überhaupt nicht definiert werden oder für das Verständnis des Lehrstoffs unnötig sind. Besonders bei einem Lehrbuch ist es daher wesentlich, dass der Autor sich sorgfältig überlegt, welche Begriffe er einführt und definiert.

  halbfett, blau

  In diesem Buch wurde versucht, die Anzahl der Begriffe möglichst gering zu halten. Alle wichtigen Wörter sind im Text halbfett und blau gesetzt. Diese so markierten Begriffe sind am Ende einer Lehreinheit in einem Glossar alphabetisch angeordnet und definiert. Dabei wurde oft versucht, die Definition etwas anders abzufassen, als es im Text der Fall war, um dem Lernenden noch eine andere Sichtweise zu vermitteln. Alle Glossareinträge dieses Buches befinden sich alphabetisch sortiert zusätzlich auf der beiliegenden CD-ROM 1.

  Sachregister

  Definierte Begriffe sind im Sachregister halbfett hervorgehoben, so dass man schnell die entsprechende Definition nachschlagen kann.

  Begriffe, die in sachlogisch vorangehenden Lehreinheiten behandelt wurden, werden nicht wiederholt, sondern müssen dort nachgelesen werden.

  Zusammenhänge

  Damit sich der Lernende eine Zusammenfassung der jeweiligen Lehreinheit ansehen kann, werden nach dem Glossar nochmals die Zusammenhänge verdeutlicht. Jeder definierte Begriff des Glossars taucht in den Zusammenhängen nochmals auf. Es wird auch hier versucht, eine etwas andere Perspektive darzustellen.
- Aufgaben und Lösungen:
  Der Lernende kann nur durch das eigenständige Lösen von Aufgaben überprüfen, ob er die Lernziele erreicht hat. Außerdem zeigt eine Untersuchung des Battelle-Instituts, dass man 90 Prozent von dem, was man selbst tut, behält. Daher ist es unbedingt erforderlich, dass der Lernende für jedes Lernziel geeignete Aufgaben vorfindet. Um das selbständige Lernen zu unterstützen, müssen auch die Lösungen verfügbar sein.

  Aufgaben

  In diesem Buch wird versucht, alle Lernziele durch geeignete Aufgaben abzudecken.

  Vor jeder Aufgabe wird das Lernziel zusammen mit der Zeit, die zur Lösung dieser Aufgabe benötigt werden sollte, in Minuten angegeben. Das ermöglicht es dem Lernenden, seine Zeit einzuteilen. Außerdem zeigt ihm ein massives Überschreiten dieser Zeit an, dass er die Lehrinhalte nicht voll verstanden hat.

  Viele der gemachten Zeitangaben wurden mit Studenten evaluiert. Es wurde die Zeit ausgewählt, in der etwa 80 Prozent aller Studenten die Aufgabe gelöst haben. Aufgaben, die unbedingt bearbeitet werden sollen (klausurrelevant), sind als Muss-Aufgaben gekennzeichnet. Weiterführende Aufgaben sind als Kann-Aufgaben markiert.

Um auf der einen Seite ausführliche Lösungen bereitstellen zu können, auf der anderen Seite aber ein zu schnelles Nachsehen etwas zu erschweren, sind die Lösungen zu den Muss- und Kann-Aufgaben dieses Buches auf der beigefügten CD-ROM 1 enthalten. Die Aufgaben zu jeder Lehreinheit sind in Wissens- und Verstehensaufgaben (WV-Aufgaben) sowie analytische und konstruktive Aufgaben (AK-Aufgaben) gegliedert. Die Wissens- und Verstehensaufgaben befinden sich vollständig auf der beigefügten CD-ROM 1. Diese Aufgaben sollten zumindest zufriedenstellend gelöst werden, bevor die analytischen und konstruktiven Aufgaben bearbeitet werden, die sich am Ende jeder Lehreinheit befinden. Klausuraufgaben gehen davon aus, dass als Hilfsmittel nur ein handbeschriebenes DIN-A4-Blatt und *kein* Computersystem verwendet wird. Die Lösungen befinden sich *nur* auf der separat erhältlichen Dozenten-CD-ROM »Präsentationen zur Software-Technik 1«.

Lösungen auf CD-ROM 1

- Didaktikunterstützende Buchgestaltung und Buch-»Ergonomie«
  Inhalt und Form sollen sich optimal ergänzen. Ich freue mich daher, dass der bekannte Buchgestalter und Typograph Rudolf Gorbach aus München die Aufgabe übernommen hat, dieses Buch zu gestalten. In kurzen Stichworten möchte ich die wesentlichen Merkmale aufzählen und kurz begründen (Abb. 1):

Rudolf Paulus Gorbach *1939, nach der Schulzeit Buchdrucker und Musiker, dann Buchdruckmeister; Studium Drucktechnik und Typographie in Berlin; Hersteller und Herstellungsleiter in Buchverlagen, seit 1971 eigenes Büro in München; Lehraufträge an den Universitäten Ulm, Osnabrück und an der FH München; Software-Marketing-Preis 1991.

- Satzspiegel:
  Die Größe des Satzspiegels wurde so gewählt, dass pro Seite eine ausreichende Informationsmenge dargeboten werden kann und insbesondere genügend Raum auch für komplexe Abbildungen vorhanden ist.
- Marginalien:
  Auf der jeweils äußeren Seite befindet sich eine Marginalienspalte. In ihr werden inhaltliche und formale Anmerkungen zum Text gemacht. Sie sollen dem Leser eine schnelle Orientierung im Text ermöglichen, wichtige Begriffe und Inhalte betonen, Kurzbiografien von im Text erwähnten Personen enthalten sowie kleinere Abbildungen darstellen.
- Piktogramme:
  Zur visuellen Orientierung befinden sich auf der inneren Buchseite kleine Piktogramme mit folgender Bedeutung:

 Lernziele der Lehreinheit.

Voraussetzungen, die erforderlich sind, um die Lehreinheit erfolgreich durchzuarbeiten.

Detaillierte Inhaltsangabe der Lehreinheit.

Unter der Lupe: Detaillierte Darstellung eines Sachverhalts für den interessierten Leser.

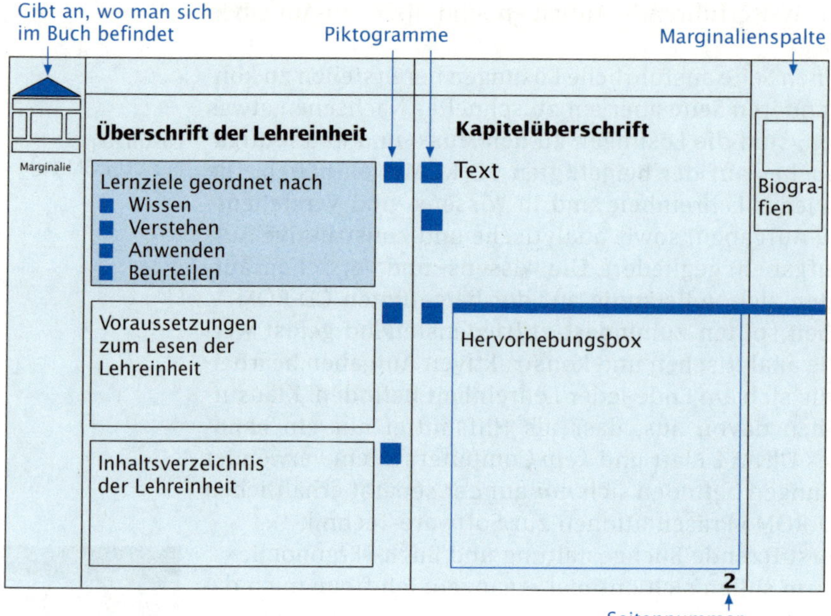

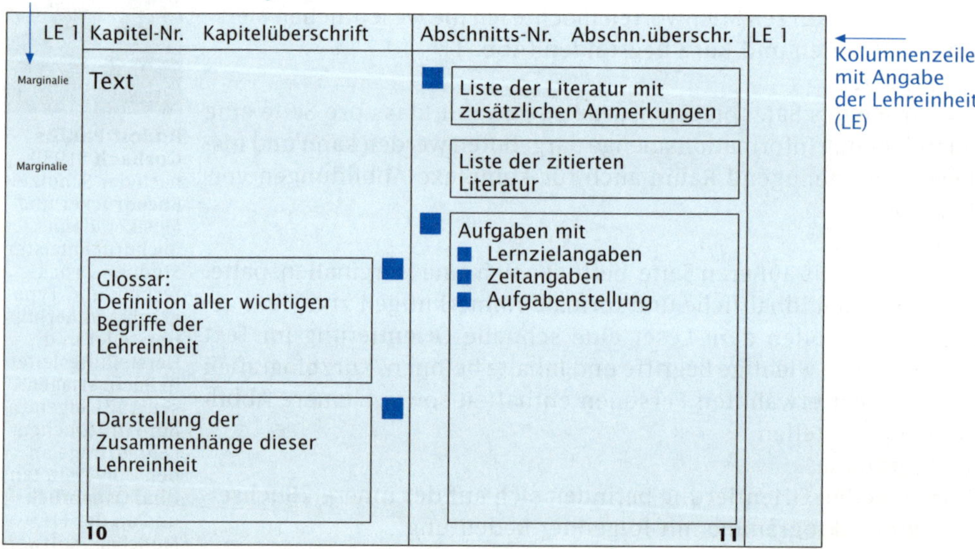

Abb. 1: Aufbau und Struktur einer Lehreinheit

Zu dem beschriebenen Sachverhalt gibt es zusätzliche Informationen auf den dem Buch beigefügten CD-ROMs.

Glossar aller Begriffe der jeweiligen Lehreinheit.

Zusammenhänge der in der jeweiligen Lehreinheit verwendeten und im Glossar definierten Begriffe.

Liste der für die Lehreinheit wichtigen und der in der Lehreinheit zitierten Literatur.

Aufgaben zur Lehreinheit.

Verweise auf andere Teile des Buches.

Zu dem beschriebenen Sachverhalt gibt es zusätzliche Informationen im Internet. In der Marginalienspalte sind Internet-Adressen angegeben. Durch die dynamische Entwicklung des Internets werden immer wieder Adressen verändert und auch Seiten stillgelegt.

- Schrift:
  Die Schrift soll verschiedenen Anforderungen gerecht werden. Sie soll gut lesbar sein. Sie soll über verschiedene Schriftschnitte verfügen, um Begriffe und Inhalte hervorheben zu können. Sie soll über einen *Monospace*-Schnitt verfügen, d.h. jeder Buchstabe hat dieselbe Breite. Dieser Schnitt wird für die Darstellung von Programmen benötigt. Um Schlüsselwörter in den Quelltexten hervorzuheben, muss der *Monospace*-Schnitt auch in halbfetter Darstellung zur Verfügung stehen. Außerdem soll die Schrift für die Beschriftung von Grafiken geeignet sein. Oberstes Ziel war es, nur eine Schriftfamilie zu verwenden, um ein einheitliches und ästhetisches Layout zu erreichen.
  Die Wahl fiel auf die 1985 von den Schriftentwerfern Kris Holmes und Charles Bigelow erstellte Schrift Lucida. Der Name Lucida ist von einem lateinischen Wort abgeleitet, das leuchtend, strahlend, klar bedeutet. Lucida wurde mit dem Ziel entworfen, klar und lesbar zu sein. Lucida ist frei von komplexen Formen und Verzierungen. Sie weist den offenen Textrhythmus von Buchschriften aus dem 16. Jahrhundert auf. Die Lucida-Schriftfamilie bietet genau ausgerichtete und abgestimmte Versionen von normal, *kursiv*, **fett** und ***fett kursiv*** als Antiqua (d.h. mit Serifen) und als serifenlose Grotesk. Zusätzlich gibt es eine `Monospace`-Variante.
  In diesem Buch wird die Antiqua im Buchtext und die Grotesk in den Abbildungen verwendet.

Serifen = kleiner, abschließender Querstrich am oberen oder unteren Ende von Buchstaben

Das Profil eines Lehrbuches wird durch eine Reihe weiterer Entscheidungen festgelegt. Es gibt eine Reihe von Polen oder Gegensatzpaaren, zwischen denen der Autor seine Position festlegen muss. Tab. 2 zeigt diese Pole und das beabsichtigte Profil dieses Buches. Auf die einzelnen Pole wird im Folgenden kurz eingegangen.

Sachlogische Gliederung vs. Gliederung nach Lehreinheiten

vs. = versus (contra, gegen)

Fachbücher sind fast immer nach sachlogischen Kriterien in Kapitel gegliedert. In Abhängigkeit von der Sachlogik sind die Kapitel dann meist unterschiedlich umfangreich.

Eine Alternative zur sachlogischen Gliederung stellt die Gliederung nach Lehreinheiten dar. Beispielsweise wird jeweils so viel Stoff zu einer Einheit zusammengefasst, wie er in einer Vorlesungsdoppelstunde vermittelt wird. Dadurch kann der Lernende jeweils unter-

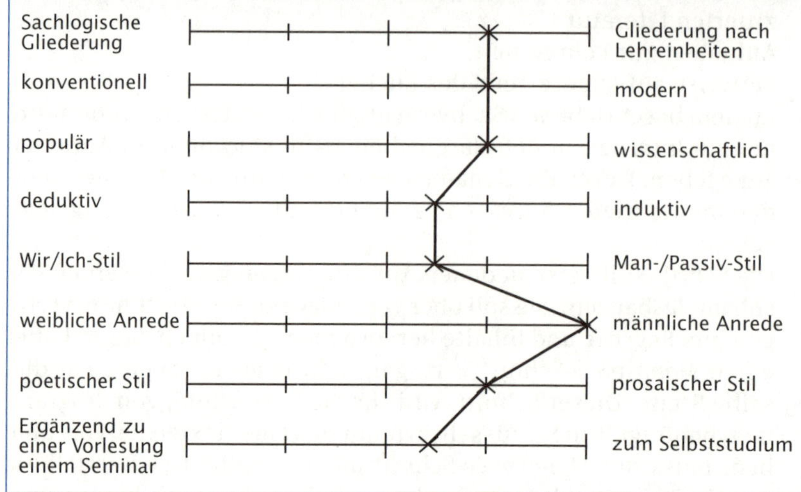

Tab. 2: Beabsichtigtes Profil dieses Lehrbuches

richtsbegleitend eine Lehreinheit durcharbeiten. Außerdem sind die Lernziele, die Begriffe und die Aufgaben auf eine solche Lehreinheit zugeschnitten.

Sachlogik & Lehreinheiten

Dieses Buch ist sowohl sachlogisch als auch nach Lehreinheiten gegliedert. Die Kapitelgliederung erfolgt nach sachlogischen Kriterien (siehe Abschnitt »Wie ist dieses Buch gegliedert und aufgebaut?«, Seite 40). Ein oder mehrere Abschnitte eines Kapitels sind jedoch jeweils zu einer Lehreinheit mit eigenem Inhaltsverzeichnis, Lernzielen, Glossar, Zusammenhängen und Aufgaben zusammengefasst (Abb. 1).

Eine Lehreinheit umfasst ungefähr die Stoffmenge, die in einer Vorlesungsdoppelstunde vermittelt werden kann.

Konventionell vs. modern

Nimmt man ein gutes Lehrbuch von vor 20 Jahren in die Hand, dann findet man im Wesentlichen eine sachlogische Kapitelgliederung und einen fortlaufenden Text. Es wurde davon ausgegangen, dass das Buch sequenziell von vorne nach hinten gelesen bzw. durchgearbeitet wird. Die meisten Bücher sind auch heute noch so aufgebaut.

Ich glaube aber, dass sich das Lese- und Lernverhalten in den letzten Jahren geändert hat. Es wird nicht mehr sequenziell von vorne nach hinten gelesen. Daher ist eine Unterstützung des selektiven Lesens erforderlich:

- Wichtige Übersichten, Zusammenfassungen, Pro- und Contra-Positionen, Tabellen usw. sollen für sich lesbar und optisch hervorgehoben sein (Box), so dass sie selektiv und für sich gelesen werden können. Selbst renommierte wissenschaftliche Zeitschriften verfahren inzwischen so, z.B. *Communications of the ACM, IEEE Software.*

- Die Informationswiedergabe muss stärker strukturiert sein. Diese Struktur muss auch optisch sichtbar sein. Dadurch können Inhalte schneller und besser erfasst werden. Dies darf jedoch nicht zu einer Foliendarstellung führen.
- Inhalte sind stark zu visualisieren, da ein Bild mehr aussagt als 1000 Worte.
- Begriffe sind in Glossaren zusammenzufassen und zu definieren. Die Zusammenhänge zwischen den Begriffen sind herzustellen.

Die Umsetzung dieser Maßnahmen ermöglicht es, ein Buch auch als Nachschlagewerk zu benutzen.

Dieses Buch ist entsprechend den oben aufgeführten Kriterien als modernes Lehrbuch konzipiert. modern

Das zeigt sich in folgenden Punkten:

- Jede Lehreinheit kann für sich durchgearbeitet werden. Am Anfang jeder Lehreinheit wird angegeben, welche Voraussetzungen für das Verständnis der Einheit erforderlich sind.
- Es können verschiedene Wege durch das Buch beschritten werden, um bestimmtes Wissen zu erwerben (siehe Abschnitt »Wie können Sie dieses Buch lesen?«, Seite 43).
- In den Lehreinheiten helfen Hervorhebungsboxen, Inhalte separat zu lesen.
- Marginalien unterstützen die Orientierung in einer Lehreinheit.
- Verweise stellen Querverbindungen und Bezüge zu anderen Lehreinheiten her.

Durch diese aufgeführten Eigenschaften kann dieses Buch auch als Enzyklopädie benutzt werden. Auf der anderen Seite besteht jede Lehreinheit aber auch aus einem fortlaufenden, sequenziell lesbaren Text, so dass es sich damit auch deutlich von einem Hypertext-Dokument abhebt. Um das unabhängige Lesen einzelner Lehreinheiten zu ermöglichen, ist ein gewisser Grad an Redundanz erforderlich und gewollt.

Wissenschaftlich vs. populär

Ein wissenschaftliches Lehrbuch sollte folgende Charakteristika besitzen:

- Die Wiedergabe der Lehrinhalte muss wissenschaftlich korrekt sein, auch in der Vereinfachung.
- Die Lehrinhalte orientieren sich am Stand der wissenschaftlichen Forschung.
- Die verwendeten Quellen sind korrekt und vollständig zitiert.
- Ein ausführliches Literaturverzeichnis ist vorhanden.

Wissenschaftlichkeit führt oft zu einer schlechteren Lesbarkeit.

Der Gegensatz »populär« stimmt hier vielleicht nicht ganz. Populäre Bücher haben das Ziel »gemeinverständlich« und »volkstümlich« zu sein. Ein wissenschaftliches Buch stellt dagegen höhere Anforderungen an den Leser. Es ist nicht das Ziel, für »jedermann« verständlich zu sein.

wissenschaftlich Das vorliegende Buch hat den Anspruch, wissenschaftlich zu sein.

Induktiv vs. deduktiv

Von der Didaktik her gibt es zwei unterschiedliche Vorgehensweisen, um Lehrinhalte zu vermitteln. Bei der induktiven Vorgehensweise wird vom Speziellen zum Allgemeinen hingeführt: Ausgangspunkt können mehrere Beispiele sein, aus denen dann auf eine allgemeine Regel geschlossen wird.

Bei der deduktiven Vorgehensweise wird der Einzelfall bzw. das Besondere aus dem Allgemeinen hergeleitet.

In wissenschaftlichen Abhandlungen wird in der Regel deduktiv argumentiert, während Lernende eine induktive Darstellung oft leichter verstehen.

Meine Erfahrung hat mir jedoch gezeigt, dass man diese Vorgehensweisen nicht dogmatisch betrachten sollte. Je nach Lehrstoff, Lernzielen und Zielgruppen ist mal die eine und mal die andere Vorgehensweise besser geeignet.

induktiv & deduktiv In diesem Buch wird daher sowohl induktiv als auch deduktiv Wissen vermittelt, mit einer leichten Tendenz hin zur induktiven Vermittlung.

Wir-/Ich-Stil vs. Man-/Passiv-Stil

In dem Artikel »Übersetzungen von Informatik-Literatur bekümmert betrachtet« schreibt P. Rechenberg:

»Eines davon ist, dass man im Englischen den Leser gern direkt mit *you* anredet, in der deutschen wissenschaftlichen Literatur aber traditionell das unbestimmte *man* oder sogar das Passiv bevorzugt. Die ständige Anrede des Lesers mit Sie (oder gar Du) kann einem auf die Nerven gehen.« /Rechenberg 91, S. 32/.

In einem Leserbrief zu diesem Artikel schreibt /Schüring 92, S. 355/: »Die Schreibstile deutscher und anglo-amerikanischer (Fachbuch-) AutorInnen weisen einige wesentliche Unterschiede auf: Grob vereinfacht gesagt, sind deutsche Bücher formaler als vergleichbare amerikanische, die VerfasserInnen bemühen sich darum, ihre Wissenschaftlichkeit durch indirekte Formulierungen im Passiv und weitestmögliche Distanz von den Inhalten unter Beweis zu stellen. Auf Amerikanisch gehört mindestens das Aktiv zum guten Ton, AutorInnen trauen sich, als ›ich‹ in ihren Werken zu erscheinen und haben keine Angst vor Humor«.

Man-/Passiv-Stil Für dieses Buch habe ich mich dazu entschlossen, den Man- bzw. Passiv-Stil zu verwenden, da ich die Einbeziehung des Lesers durch Verwendung des Wir-Stils für *nicht* glücklich halte.

Wenn es jedoch um eigene Beurteilungen geht, verwende ich den »Ich-Stil«. Bei Aufgaben benutze ich die persönliche Anrede des Lesers, d.h. den »Sie-Stil«.

Weibliche Anrede vs. Männliche Anrede

Um in einem Buch deutlich zu machen, dass Männer und Frauen gemeint sind, gibt es verschiedene Möglichkeiten für den Autor:

1 Man formuliert Bezeichnungen in der 3. Person Singular in ihrer männlichen Form. In jüngeren Veröffentlichungen verweist man in den Vorbemerkungen dann häufig darauf, dass das weibliche Geschlecht mitgemeint ist, auch wenn es nicht im Schriftbild erscheint.

2 Man redet beide Geschlechter direkt an, z.B. Leserinnen und Leser, man/frau.

3 Man kombiniert die beiden Geschlechter in einem Wort, z.B. StudentInnen (siehe dazu auch /Etzold 96/, /Zimmer 96/).

4 Man wechselt das Geschlecht von Kapitel zu Kapitel (siehe z.B. das Buch /Dunckel et al. 93/).

Aus Gründen der Lesbarkeit und Lesegewohnheit habe ich mich für die 1. Variante entschieden.

Die Variante 4 ist mir an und für sich sehr sympatisch, jedoch steigt der Aufwand für den Autor beträchtlich, da man beim Schreiben noch nicht die genaue Reihenfolge der Kapitel kennt.

Poetischer vs. prosaischer Stil

Ein poetischer Stil zeichnet sich durch dichterische Ausdruckskraft aus. Das bedeutet auch, dass man versucht, gleiche Begriffe in der Wortwahl zu variieren, um keine Eintönigkeit aufkommen zu lassen. poetisch

Ein prosaischer Stil ist demgegenüber gekennzeichnet durch eine nüchtern-sachliche, »trockene« Ausdrucksweise. prosaisch

Für dieses Buch verwende ich einen prosaischen Stil. Gleiche Sachverhalte werden immer mit dem gleichen Begriff bezeichnet. Die Sätze sollen kurz und prägnant sein. Als sehr hilfreich habe ich in diesem Zusammenhang das Buch »Deutsch für Kenner« /Schneider 86b/ empfunden.

Ergänzend zu einer Vorlesung/einem Seminar vs. zum Selbststudium

Bücher können als Begleitunterlage oder zum Selbststudium ausgelegt sein. Je anspruchsvoller die Lernstufen sind, desto wichtiger ist der persönliche Dialog mit dem Dozenten.

In diesem Buch versuche ich einen Mittelweg einzuschlagen. Ich selbst verwende das Buch als begleitende und ergänzende Unterlage zu meinen Vorlesungen. Viele Lernziele dieses Buches können aber auch im Selbststudium erreicht werden. Teile dieses Buches werden in der Spektrum-Akademie auch als Web-Training angeboten (siehe `www.software-technik.de`). Web-Training

Medienwahl

Zur optimalen Vermittlung von Lehrinhalten gehört auch eine geeignete, lehrinhaltsgerechte und lernzielgerechte Medienwahl und -kombination.

Da es hier um das Schreiben eines Buches geht, muss man sich als Autor über die Vor- und Nachteile eines Buches bewusst sein.
Vorteile eines Buches:

- kompakt
- überall lesbar
- schneller Zugriff auf einzelne Seiten
- keine technischen Voraussetzungen erforderlich

Nachteile eines Buches:

- dynamische Vorgänge nicht geeignet darstellbar
- keine Interaktivität mit dem Lernenden
- keine Rückkopplung mit dem Lernenden
- keine optimale Anpassung an die individuelle Lerngeschwindigkeit
- nicht im Register enthaltene Begriffe schwer zu finden
- kein Ton, keine gesprochene Sprache, keine Bewegung

Medienverbund

Um die Vorteile des Buches zu nutzen und um die Nachteile zu vermeiden, erscheint ein Medienverbund aus

- klassischem Buch,
- elektronischem Buch und
- multimedialem CBT *(Computer Based Training)* optimal.

Zu diesem Buch gehören daher als Ergänzung zwei CD-ROMs, die Folgendes enthalten:

- Aufgaben und Lösungen zu den Wissens- und Verstehensaufgaben.
- Die Lösungen zu den Muss- und Kann-Aufgaben dieses Buches.
- Multimediale Animationen zu ausgewählten Lehrinhalten.
- Demoversionen oder eingeschränkte Vollversionen von CASE-Werkzeugen, CASE-Systemen und Klassenbibliotheken verschiedener Hersteller, damit sich der Lernende einen Eindruck von den Möglichkeiten heutiger Software-Werkzeuge machen und diese bei der Lösung der gestellten Aufgaben einsetzen kann.

CASE = ***C****omputer* ***A****ided* ***S****oftware* ***E****ngineering*

Die inhaltlichen und formalen Anforderungen bei der Gestaltung von Lehreinheiten in Abhängigkeit vom Medium lassen sich als Pyramide darstellen (Abb. 2).

Anforderungen an den Autor

Damit ein Autor ein Buch mit den oben aufgeführten Charakteristika schreiben kann, muss er:

- seine Zielgruppe kennen,
- den Lehrstoff bereits in der Zielgruppe unterrichtet haben,
- den Lehrstoff zielgruppengerecht didaktisch-methodisch aufbereiten können,
- das jeweils geeignete Medium wählen,
- eine geeignete Auswahl des Lehrstoffs und der Beispiele treffen.

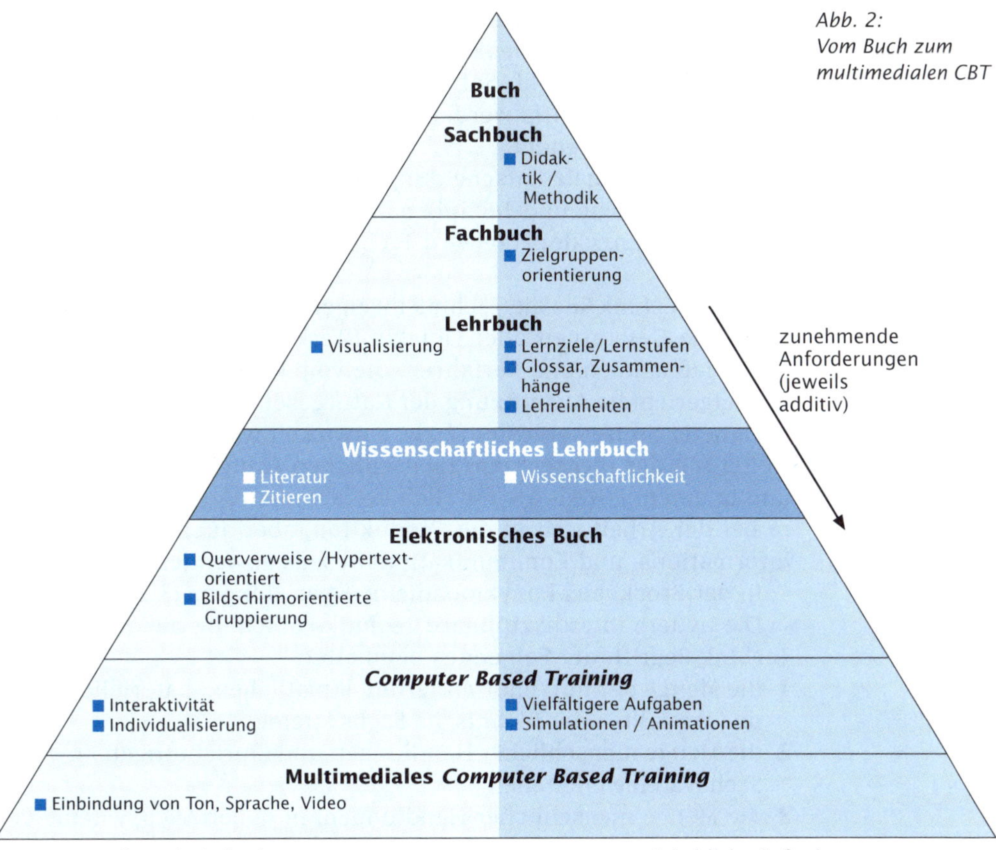

Abb. 2: Vom Buch zum multimedialen CBT

Warum es so schwierig ist, ein wissenschaftliches Lehrbuch der Software-Technik zu schreiben

Erscheint es schon schwierig genug, ein wissenschaftliches Lehrbuch zu schreiben, so kommen noch einige weitere Schwierigkeiten aus dem Fachgebiet der Software-Technik hinzu.

Die erste Frage, die sich stellt, betrifft die **Bezeichnung des Fachgebiets,** über das man ein Lehrbuch schreiben will.
Für das vorgesehene Fachgebiet gab es drei Möglichkeiten:

- *Software-Engineering*
- Software-Technologie
- Software-Technik

Der Begriff ***Software-Engineering*** ist der international gebräuchliche, englische Begriff. Ziel war es jedoch, ein Lehrbuch für deutschsprachige Leser zu schreiben. Daher wäre diese Bezeichnung nur zweite Wahl gewesen. Welches ist aber der adäquate deutsche Begriff?

Üblich sind sowohl Software-Technologie als auch Software-Technik. Beide Begriffe werden auch als Lehrstuhlbezeichnungen in Deutschland verwendet.

Um eine rationale Entscheidung zu treffen, müssen daher die Begriffe Technologie und Technik näher betrachtet werden.

In Meyers Enzyklopädie wird Technik sinngemäß folgendermaßen definiert:

Technik
Zitate

Unter Technik (als die Technik im eigentlichen Sinne) versteht man heute die Gesamtheit aller Objekte (Werkzeuge, Geräte, Maschinen u.a.), Maßnahmen und Verfahren, die vom Menschen durch sinnvolle, zielgerichtete Ausnutzung der Naturgesetze und -prozesse sowie geeigneter Stoffe hergestellt bzw. entwickelt werden und sich als Erweiterung der (begrenzten) menschlichen Fähigkeiten zweckmäßig und in einem jeweils als nützlich betrachteten Ausmaß insbesondere bei der Arbeit und in der Produktion, aber auch im Bereich des Informations- und Kommunikationswesens anwenden lassen.

In der Brockhaus-Enzyklopädie heißt es sinngemäß zu Technik:

Die neuere interdisziplinäre Technik-Forschung bevorzugt einen Technik-Begriff, der Folgendes beinhaltet:

1 die Menge der nutzenorientierten, künstlichen, materiellen Gebilde (Artefakte oder technische Sachsysteme);

2 die Menge menschlicher Handlungen und Einrichtungen, in denen Sachsysteme entstehen;

3 die Menge menschlicher Handlungen, in denen Sachsysteme verwendet werden.

Technik bezeichnet also nicht nur die von Menschen gefertigten Gegenstände, sondern auch deren Entstehungs- und Verwendungszusammenhänge und die dafür erforderlichen besonderen Fertigkeiten.

Die gelegentlich als neuartige, »abstrakte« oder »transklass.« Technik aufgefasste Programmierung elektronischer Datenverarbeitungsgeräte lässt sich dem dritten Bereich der Definition zuordnen, da sie eine besondere Fertigkeit für die Verwendung von Computern darstellt.

Oft wird heute gleichbedeutend mit Technik der Ausdruck Technologie verwendet. Aus fachgeschichtlichen und sprachlogischen Gründen sollte der Begriff Technologie jedoch besser als Wissenschaft von der Technik verstanden werden.

In /Droscha 83/ wird eine andere Sicht eingenommen:

Technik vs. Technologie
Zitat

»Was ist nur mit der Technik los? Es gibt sie kaum noch. Gemeint ist das Wort ›Technik‹. Ihm wurde durch die erweiterte Bezeichnung ›Technologie‹ fast der Garaus gemacht. Dies gilt gleichermaßen für das Eigenschaftswort ›technisch‹; es hat gegen ›technologisch‹ im heutigen Sprachgebrauch kaum noch eine Chance. Hier stimmt etwas nicht. Hier hat sich etwas Falsches in unser Reden und Schreiben eingeschlichen. ...

Inzwischen bedient sich fast jedermann dieser buchstäblich gespreizten Ausdrücke, die nur in einer stark begrenzten Zahl der Anwendungsfälle sprachlich richtig sind.

Wenn Technik schlechthin gemeint ist, ihre Präsenz, ihre Entwicklung, ihr Funktionieren, ihre Leistung oder der durch sie gebrachte Fortschritt (falls es einer ist), so hat das mit dem aus der altgriechischen Sprache entliehenen ›logos‹ im Sinne von Wort, Ausdruck, Gedanke nichts zu tun. Der Begriff ›Technologie‹ müsste daher auf das Berichten über die Technik, auf ihre Interpretation und die Wissensvermittlung in ihrem Bereich, also auf Publizistik, Dokumentation und Lehre beschränkt bleiben. ...

Es bleibt somit als sprachlich saubere Lösung nichts anderes übrig, als zwischen ›Technik‹ und ›Technologie‹ sowie zwischen ›technisch‹ und ›technologisch‹ streng zu unterscheiden, weil es eben keine Synonyma sind«.

Folgt man dieser Interpretation, dann wäre ein Lehrbuch der Software-Technologie ein Lehrbuch über die Lehre der Software-Technik, d.h. ein Lehrbuch über die Didaktik der Software-Technik.

Da dies jedoch nicht gemeint ist und ich andererseits den Begriff Software-Technik für sprachlich schöner und »schlanker« halte, habe ich mich für den Buchtitel »Lehrbuch der Software-Technik« entschieden.

Das Profil eines Software-Technik-Lehrbuches wird durch eine Reihe weiterer Entscheidungen geprägt (Tab. 3).

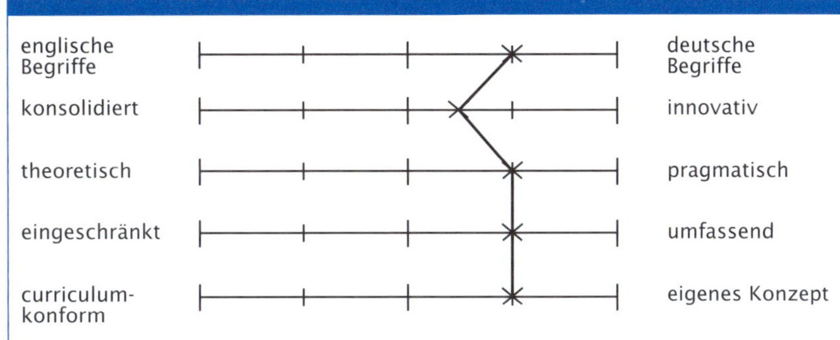

***Tab. 3:* Beabsichtigtes Software-Technik-Profil dieses Lehrbuches**

Englische Begriffe vs. deutsche Begriffe

Ein oben bereits angedeutetes Problem stellt die Verwendung englischer Begriffe dar. Da die Wissenschaftssprache der Software-Technik Englisch ist, gibt es für viele Begriffe – insbesondere in Spezialgebieten – keine oder noch keine geeigneten oder üblichen deutschen Fachbegriffe. Auf der anderen Seite gibt es jedoch für viele Bereiche der Software-Technik sowohl übliche als auch sinnvolle deutsche Bezeichnungen, z.B. Entwurf für *Design*, Werkzeug für *Tool*.

Da mit einem Lehrbuch auch die Begriffswelt beeinflusst wird, bemühe ich mich in diesem Buch, sinnvolle und übliche deutsche Begriffe zu verwenden. Ist anhand des deutschen Begriffs nicht unmittelbar einsehbar oder allgemein bekannt, wie der englische Begriff lautet, dann wird in Klammern und *kursiv* der englische Begriff hinter dem deutschen Begriff aufgeführt. Dadurch wird auch das Lesen der englischsprachigen Literatur erleichtert.

englische Begriffe *kursiv* gesetzt

Gibt es noch keinen eingebürgerten deutschen Begriff, dann wird der englische Originalbegriff verwendet. Englische Bezeichnungen sind immer *kursiv* gesetzt, so dass sie sofort ins Auge fallen.

In der Zeitschrift Informatik-Spektrum gab es von 1991 bis 1993 eine ausführliche Diskussion über die Problematik von Übersetzungen englischer Begriffe, ausgehend von einem Artikel von P. Rechenberg (/Rechenberg 91, 92/, /Brock 91/, /Schüring 92/, /Däßler 93/). Ich versuche in diesem Buch, dem folgenden Rat von /Rechenberg 91, S. 33/ zu folgen:

»engineer Präzisere Benennung für den doch recht missverständlichen deutschen „Ingenieur". Engineers zerfallen in automation support engineers, automotive engineers, industrial engineers, research engineers, resident engineers, verification engineers und senior verification engineers« /Krämer 00, S.79/

»Die schreibenden Informatiker selbst müssen die Bedeutung einer sauberen, von überflüssigen Anglizismen in Wort und Satzbau befreiten Sprache als Wert an sich und zugleich als Wert für die Weiterentwicklung ihrer Wissenschaft erkennen und ihre Veröffentlichungen dementsprechend sorgfältig abfassen. Sie müssen Vorbilder für ihre Studenten und Kollegen werden.«

Zu *software engineering* und *technology* schreibt Rechenberg /a.a.O., S. 30/:

»***software engineering*** wird meist einfach ins Deutsche übernommen; warum, weiß ich nicht, da uns in *Softwaretechnik* eine gute Übersetzung zur Verfügung steht...

technology muss fast immer mit *Technik* übersetzt werden, nicht mit *Technologie,* was im Deutschen die *Lehre von der Technik* oder die *Lehre von der Gewinnung von Rohstoffen und ihrer Verarbeitung zu Fertigprodukten* (›Chemische Technologie‹!) bedeutet. Leider klingt *Technik* einfach und bescheiden und *Technologie* so viel großartiger.«

Bedenkenswerte Ausführungen zur Verfremdung der deutschen Sprache finden sich in /Zimmer 95a,b/, /Krämer 00/ und /Mertens 00/. Besonders empfehlen möchte ich das Buch »Modern Talking auf deutsch« /Krämer 00/, das 1000 Begriffe satirisch »aufs Korn nimmt« (siehe Marginalspalte). In diesem Zusammenhang möchte ich auf den »Verein Deutsche Sprache« hinweisen, der jedes Jahr den Preis »Sprachpanscher des Jahres« vergibt.

www.vwds.de

Konsolidiert vs. innovativ

Die Software-Technik gehört mit zu den innovativsten Gebieten überhaupt. Man rechnet mit einer Verdoppelung des Wissens alle vier Jahre.

Schaut man immer nur ein Jahr zurück, dann fällt einem der Fortschritt nicht so ins Auge. Ich habe die Innovationsgeschwindigkeit sehr deutlich beim Schreiben dieses Buches gemerkt. 1982 habe ich bereits ein Buch mit dem Titel »Die Entwicklung von Software-Systemen« mit einem Umfang von 523 Seiten geschrieben. Von dem dort beschriebenen Lehrstoff konnte ich in dieses Buch in modifizierter Form etwa 30 Prozent übernehmen. Der Rest ist vollständig neu und war zum damaligen Zeitpunkt noch nicht bekannt. Für die 2. Auflage dieses Buches habe ich 1/3 neu geschrieben und 1/3 überarbeitet.

Diese phänomenale Innovationsgeschwindigkeit hat mich veranlasst, sehr sorgfältig nach konsolidiertem, d.h. gesichertem und gefestigtem Wissen in der Software-Technik zu suchen, damit der Lernende möglichst lange auf diesem Wissen aufbauen kann.

Basiskonzepte (Kapitel 2.5 bis 2.17)

Zum einen habe ich so genannte Basiskonzepte identifiziert, die bereits seit über zehn Jahren stabil sind und zum Grundwissen jedes Software-Ingenieurs gehören sollten.

Prinzipien (Kapitel IV 1)

Auf der anderen Seite habe ich eine Reihe von Prinzipien formuliert, die meiner Meinung nach ebenfalls konsolidiert sind.

In der industriellen Praxis der Software-Technik findet man heute sowohl die Software-Steinzeit vor als auch Software-Abteilungen, die neueste wissenschaftliche Ergebnisse einsetzen.

Ich habe mich daher dazu entschlossen, Software-Konzepte und -Methoden, die aller Voraussicht nach auch in den nächsten fünf Jahren noch eine Rolle in der Praxis spielen, in diesem Buch ebenfalls zu behandeln. Das trifft z.B. für die strukturierte Software-Entwicklung zu.

Um zukunftsorientiert zu sein, versuche ich auf der anderen Seite bis zum Stand der aktuellen Forschung Wissen zu vermitteln, z.B. bei der objektorientierten Software-Entwicklung und dem *Web Engineering*.

Theoretisch vs. pragmatisch

praktisches Handeln

Dieses Buch ist vorwiegend für Software-Ingenieure geschrieben. Daher ist der Lehrstoff auf praktisches Handeln ausgerichtet.

Theoretische und formale Betrachtungen werden nur durchgeführt, wenn sie zum Verständnis des praktischen Einsatzes etwas beitragen. Jedoch wird öfters auf theoretische Abhandlungen verwiesen.

Umfassend vs. eingeschränkt

Viele Bücher der Software-Technik sind sehr speziell einigen wenigen Aspekten der Software-Technik gewidmet.

Abschnitt »Was ist Software-Technik«, Seite 35

Da aber gerade in der Software-Technik starke wechselseitige Abhängigkeiten zwischen der eigentlichen technischen Software-Entwicklung, dem Software-Management, dem Software-Qualitätsmanagement, der Software-Wartung & -Pflege und dem unternehmerischen Umfeld bestehen, erscheint es mir wichtig, diese Interdependenzen in einer ganzheitlichen Sicht der Software-Technik darzustellen.

umfassend

Damit dieses Ziel erreicht wird, ist eine umfassende Behandlung der Software-Technik erforderlich. Im Zweifelsfall wird daher mehr die Breite als die Tiefe behandelt; jedoch soll das Buch auf keinen Fall oberflächlich sein.

Die umfassende Darstellung führt natürlich auch zu einem umfangreichen Buch. Der modulare Aufbau soll jedoch ein gezieltes Lesen ermöglichen.

Neulich habe ich im Vorwort eines Informatikbuches folgenden Satz gelesen: »Ein Lehrbuch sollte ein Buch sein, ›wo alles drinsteht‹«.

Das vorliegende Buch erhebt den Anspruch ein Lehrbuch zu sein. Trotzdem steht in diesem Buch *nicht* alles drin.

Ziel eines Lehrbuches – gerade in der Software-Technik – muss es sein, Wichtiges von Unwichtigem, Zeitgeistiges von Bewährtem zu trennen.

Die Aufgabe des Autors besteht gerade darin, das Prinzipielle, das Grundlegende, das Strukturelle, das Wesentliche herauszuarbeiten und zu gewichten. Gerade dafür benötigt er sein fachwissenschaftliches *»know how«*. Man sollte die Kunst des Weglassens beherrschen.

Grundlagen

In diesem Sinne behandelt dieses Buch umfassend die Grundlagen der Software-Technik im Sinne einer soliden und gründlichen Einführung.

Curriculumkonform vs. eigenes Konzept

In etablierten Wissenschaftsdisziplinen gibt es mehr oder weniger allgemein akzeptierte Curricula. An diesen Curricula orientieren sich dann auch die Lehrbücher.

In der Software-Technik sind solche Curricula erst im Entstehen. In den letzten fünf Jahren hat sich aber einiges auf diesem Gebiet getan.

www.computer.org
www.acm.org
www.swebok.org

In den USA haben die beiden großen wissenschaftlichen Informatikorganisationen IEEE und ACM ein gemeinsames Projekt SWEBOK *(Software Engineeering Body of Knowledge)* gestartet. Ein Ziel dieses Projekts ist es, die Grundlage für eine Curriculum-Entwicklung zu legen. Die Software-Technik wird in folgende zehn Gebiete gegliedert /Bourque et al. 99/:

Software requirements analysis, Software construction, Software design, Software evolution and maintenance, Software engineering management, Software engineering process, Software configuration management, Software quality analysis, Software testing, Software engineering infrastructure.

Eine detaillierte Beschreibung dieser Gebiete befindet sich im Netz (www.swebok.org) unter der Bezeichnung *»A Stone Man Version (Version 0.6) Swebok, February 2000«*.

Die ersten vier Gebiete werden in diesem Band, die restlichen sechs Gebiete im zweiten Band meines Lehrbuches abgedeckt.

www.gi-ev.de

In Deutschland bemüht sich die Gesellschaft für Informatik (GI) darum, Vorschläge für Curricula auszuarbeiten. In einem Grundsatzpapier wurden erste Vorschläge zur Aus- und Weiterbildung im Bereich der ingenieurmäßigen System- und Programmentwicklung unterbreitet /GI 93/. Die Empfehlungen »Lehrinhalte und Veranstaltungsformen im Informatikstudium« /GI 97/ zählen folgende Lehrinhalte auf: Anforderungsanalyse, Architektur, Bausteine, Benutzungsschnittstellen, CASE, Entwurfsmethoden (strukturiert, objektorientiert), Implementationstechniken, Konfigurationskontrolle, Kostenschätzung, Metriken, Projektmanagement, Prototyping, Prozessmodelle, Qualitätseigenschaften von Software, Qualitätssicherung, *Reengineering*, Software-Wartung und -Evaluation, Spezifikation (algebraische und konstruktive), Testen, Verifikation, Umgebungen, Werkzeuge, Wiederverwendung. Alle diese Lehrinhalte werden in meinem Lehrbuch abgedeckt.

pi.informatik.uni-siegen.de/gi/fg211/fg211_st_defs.html

Die Fachgruppe »Softwaretechnik« der Gesellschaft für Informatik befasst sich ebenfalls mit curricularen Fragen der Software-Technik (siehe Web-Adresse).

Grundlegende Ausführungen zur Ingenieurausbildung heute und morgen enthält der Artikel von /Denning 92/. Soziale Fähigkeiten wie Kommunikations- und Kooperationskompetenzen gehören nach /Pasch, Biskup 95/ zu den Schlüsselqualifikationen eines Software-Ingenieurs.

Neben umfassenden Curricula gibt es auch Vorschläge für spezialisierte Gebiete, z.B. für das Gebiet der Software-Ergonomie /Preece, Keller 90/, /Carey 89/, /Maaß et al. 93/.

Eine wichtige Rolle für die Fähigkeiten und Fertigkeiten eines Software-Ingenieurs spielen natürlich auch die Anforderungen, die die Industrie an ihn stellt. Dazu gibt es ebenfalls Veröffentlichungen, z.B. /Berger et al. 92/. Auf dem *»Third International Workshop on Software Engineering Education«* wurden viele Einzelvorschläge unterbreitet /STT 96/.

Seit 1992 gibt es in Deutschland einen jährlichen *Workshop*, der sich mit dem Thema »Software Engineering im Unterricht der Hochschulen (SEUH)« befasst (z.B. /Raasch, Bassler 93/).

www.informatik.uni-stuttgart.de/fakultaet/studienberatung/studienplan/studienplan.html

Seit 1996 gibt es an der Universität Stuttgart einen Modellstudiengang »Softwaretechnik« /Ludewig 99/. In den USA bieten sowohl die *University of Maryland* als auch die *Carnegie Mellon University* /Garlan, Gluch, Tomayko 97/ einen Studiengang *Master of Software Engineering* an.

www.umuc.edu/prog/gsmt/mswe.html

Liest man die Curricula-Vorschläge, dann helfen sie dem Autor eines Software-Technik-Lehrbuches, die Lehrinhalte und Lernziele für sein Buch festzulegen. Außerdem geben sie dem Autor Hinweise auf notwendige Prioritäten.

www.cs.cmu.edu/afs/cs.cmu.edu/project/mse/www/index.html

Da Curricula aber meist auf einem abstrakten Niveau geschrieben sind, muss jeder Autor selbst für sein Lehrbuch das Fach Software-Technik sachlogisch und didaktisch strukturieren.

Da es zur Zeit kein allgemein anerkanntes Curriculum der Software-Technik gibt, muss jeder Autor aufgrund seiner eigenen Erfahrungen und Ansichten Entscheidungen über Lehrstoff und Lernziele treffen.

Ich habe für dieses Lehrbuch ein eigenes Konzept entwickelt, das bekannte Curricula-Vorschläge berücksichtigt, aber aufgrund meiner neunjährigen Industrieerfahrung sicher gegenüber anderen Lehrbüchern ein eigenständiges, ingenieurorientiertes Profil besitzt. Der Erfolg der ersten Auflage mit über 35.000 verkauften Bänden zeigt, dass die Inhalte den Bedürfnissen in Hochschule und Industrie offenbar entsprechen.

Was ist Software?

Vorbemerkung

Ähnlich wie bei der Verwendung englischer Begriffe und bei der Berücksichtigung von Curricula stellt sich bei der Terminologie die Frage, woran man sich orientieren soll.

Grundsätzlich ist festzuhalten, dass ein Kernstück jeder Wissenschaft eine eigene einheitliche und allgemein anerkannte Begriffswelt ist. Wegen der starken Praxisorientierung der Software-Technik spielt die Begriffsbildung hier sogar eine herausragende Rolle.

Die hohe Innovationsgeschwindigkeit und die Praxisnähe behindern eine solide, konsistente und systematische Begriffsbildung. Daher gibt es heute für die Software-Technik noch keine allgemein anerkannte und klar definierte Terminologie.

Innerhalb der Gesellschaft für Informatik haben sich mehrere Arbeitskreise mit der Begriffsbildung befasst. Ich selbst habe in einem dieser Ausschüsse zeitweise mitgearbeitet. In drei Artikeln im Informatik-Spektrum wurden Ergebnisse dieser Arbeitsgruppen veröffentlicht /Hesse et al. 84, 94a, b/.

Ich versuche mich in diesem Buch an den Terminologievorschlägen zu orientieren. Jeder Begriffssystematik liegt jedoch eine bestimmte Sicht auf die Software-Technik zugrunde. Hat man eine andere Sicht, dann ist die Begriffssystematik zumindest teilweise ungeeignet.

Auf der anderen Seite sollte man eingebürgerte Begriffe – auch wenn sie einer Systematik zuwiderlaufen – nicht durch neue, theoretisch bessere Begriffe versuchen zu »überschreiben«. Man erhöht dadurch die Missverständnisse noch, anstatt sie zu reduzieren.

Glücklicherweise ist man inzwischen davon abgekommen, den Begriff Software durch einen »deutschen« Begriff zu ersetzen, obwohl es ab und zu noch entsprechende Vorschläge dazu gibt.

In /Hesse et al. 84/ schreiben die Autoren in einer Fußnote:

»Wir halten allerdings ›Software‹ für ein mittlerweile so ›deutsches‹ Wort, dass wir glaubten, hier tolerant sein zu können«.

In diesem Buch wird ein pragmatischer Kompromiss zwischen vorgeschlagenen Begriffssystemen und der eigenen Sicht auf die Software-Technik eingegangen.

Definitionen

Software (engl., eigtl. »weiche Ware«), Abk. SW, Sammelbezeichnung für Programme, die für den Betrieb von Rechensystemen zur Verfügung stehen, einschl. der zugehörigen Dokumentation (Brockhaus-Enzyklopädie).

Software, die zum Betrieb einer Datenverarbeitungsanlage erforderlichen nichtapparativen Funktionsbestandteile (Fremdwörter-Duden).

Software: ... unter Software subsumiert man alle immateriellen Teile, d.h. alle auf einer Datenverarbeitungsanlage einsetzbaren Programme (Lexikon der Informatik und Datenverarbeitung /Schneider 86/).

Software: Menge von Programmen oder Daten zusammen mit begleitenden Dokumenten, die für ihre Anwendung notwendig oder hilfreich sind (Ein Begriffssystem für die Softwaretechnik /Hesse et al. 84/).

software: *Computer programs, procedures, rules, and possibly associated documentation and data pertaining to the operation of a computer system (IEEE Standard Glossary of Software Engineering Terminology /ANSI 83/).*

Die Definitionen zeigen, dass Software ein umfassenderer Begriff als Progamm ist. Außerdem gehört zu Software immer auch eine entsprechende Dokumentation. Einige Definitionen weisen auf den immateriellen Charakter von Software hin.

In Zusammenhang mit dem Begriff Software tauchen auch die Begriffe Software-Produkt und Software-System auf.

Produkt

»Ein *Produkt* ist ein in sich abgeschlossenes, i.a. für einen Auftraggeber bestimmtes Ergebnis eines erfolgreich durchgeführten Projekts oder Herstellungsprozesses. Als *Teilprodukt* bezeichnen wir einen abgeschlossenen Teil eines Produkts.

SW-Produkt

SW-Produkt: Produkt, das aus Software besteht.

System

Unter einem *System* wird ein Ausschnitt aus der realen oder gedanklichen Welt, bestehend aus Gegenständen (z.B. Menschen, Materialien, Maschinen oder anderen Produkten) und darauf vorhandenen Strukturen (z.B. deren Aufbau aus Teileinheiten oder Beziehungen untereinander) verstanden.« /Hesse et al. 84/.

Systemkomponente, Subsystem

Systeme sind bei dieser Betrachtungsweise aus Teilen (Systemkomponenten oder Subsystemen) zusammengesetzt, die untereinander in verschiedenen Beziehungen stehen können.

Systemelemente

Systemteile, die nicht weiter zerlegbar sind oder zerlegt werden sollen, werden als Systemelemente bezeichnet /Hesse et al. 94a, S. 42/.

SW-System

Ein **Software-System** ist dementsprechend ein System, dessen Systemkomponenten und Systemelemente aus Software bestehen.

Betrachtet man die drei Begriffe Software, Software-Produkt und Software-System im Zusammenhang, dann kann man feststellen, dass **Software** der allgemeinere, neutrale aber auch unbestimmtere Begriff ist.

Software-Produkt betrachtet Software von »außen«, aus Käufer- oder Auftraggebersicht, während **Software-System** die »innere« Sichtweise darstellt, d.h. so wie ein Entwickler Software sieht (Abb. 3).

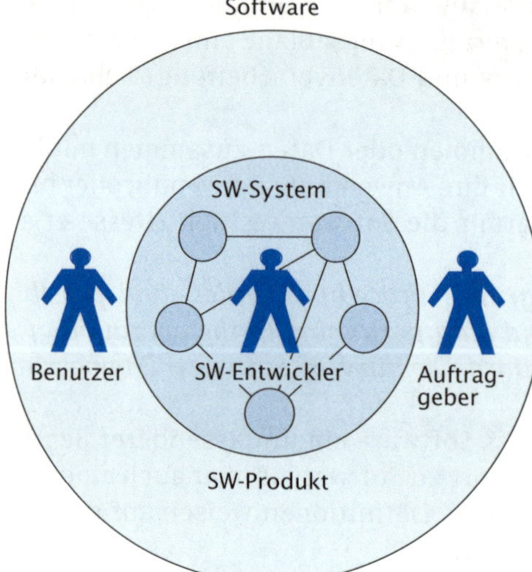

Abb. 3: Software, Software-Produkt und Software-System

Soll die spezifische Sicht auf Software *nicht* besonders betont werden, dann wird in diesem Buch der Begriff Software verwendet.

Software-Systeme gliedert man oft noch in Anwendungssoftware und Systemsoftware.

Systemsoftware, auch Basissoftware genannt, ist Software, die für eine spezielle Hardware oder eine Hardwarefamilie entwickelt wurde, um den Betrieb und die Wartung dieser Hardware zu ermöglichen bzw. zu erleichtern. Zur Systemsoftware zählt man immer das Betriebssystem, in der Regel aber auch Compiler, Datenbanken, Kommunikationsprogramme und spezielle Dienstprogramme.

Systemsoftware orientiert sich grundsätzlich an den Eigenschaften der Hardware, für die sie geschaffen wurde und ergänzt normalerweise die funktionalen Fähigkeiten der Hardware.

Anwendungs-SW

Anwendungssoftware *(application software),* auch Applikationssoftware genannt, ist Software, die Aufgaben des Anwenders mit Hilfe eines Computersystems löst. Anwendungssoftware setzt in der Regel auf der Systemsoftware der verwendeten Hardware auf bzw. benutzt sie zur Erfüllung der eigenen Aufgaben.

Abgrenzung

Im Mittelpunkt dieses Buches steht die Anwendungssoftware.

DV = Datenverarbeitung

Anwendungssoftware, Systemsoftware und Hardware bilden zusammen ein **Computersystem** bzw. **DV-System.**

Anwender

Als **Anwender** werden alle Angehörigen einer Institution oder organisatorischen Einheit bezeichnet, die ein Computersystem zur Erfüllung ihrer fachlichen Aufgaben einsetzen. Sie benutzen die Ergebnisse der Anwendungssoftware oder liefern Daten, die die Anwendungssoftware benötigt.

Benutzer

Benutzer sind nur diejenigen Personen, die ein Computersystem unmittelbar einsetzen und *bedienen*, oft auch Endbenutzer oder Endanwender genannt.

Abb. 4 zeigt einige weitere Begriffsbildungen, die im Zusammenhang mit dem Systembegriff üblich sind.

technisches System

Ein **technisches System** setzt sich aus dem Computersystem und sonstigen technischen Einrichtungen zusammen.

Beispiele

Bei einem Computersystem kann es sich zum Beispiel um einen Bordrechner handeln, bei einem technischen System um ein Flugzeug. Ein Zugangskontrollsystem besteht aus einem Ausweisleser (Computersystem) und der Tür mit dem Schließmechanismus (sonstige technische Einrichtung). Der Ausweisleser selbst besteht aus einem Rechner im Ausweisleser (Hardware) und der Software zum Datenabgleich Ausweis-Authentisierung. Bei dem Zugangskontrollsystem handelt es sich also um ein technisches System.

organisatorisches System

Die Mitarbeiter in ihrer Rolle als Aufgabenträger einschließlich Anwendern und Benutzern werden oft als **organisatorisches System** bezeichnet.

Informationssystem

Ein organisatorisches System zusammen mit sonstigen technischen Einrichtungen bildet ein **Informationssystem.**

Ein **Informationssystem** besteht also aus Menschen und Maschinen, die Informationen erzeugen und/oder benutzen und die durch Kommunikationsbeziehungen miteinander verbunden sind.

computergest. Info-System

Anwendung

Enthält das Informationssystem ein oder mehrere Computersysteme, dann spricht man von einem **computergestützten Informationssystem** oder einem **Anwendungssystem** in der Kurzform oft auch **Anwendung** oder Applikation genannt.

Ein **computergestütztes Informationssystem** bzw. ein **Anwendungssystem** ist ein System, bei dem die Erfassung, Speicherung, Übertragung, Auswertung und/oder Transformation von Information durch Computersysteme teilweise automatisiert ist.

Im Zusammenhang mit dem Begriff System ist oft noch die Unterscheidung zwischen System-Entwicklung und Software-Entwicklung wesentlich.

SW-Entwicklung

Spricht man von Software-Entwicklung, dann meint man die ausschließliche Entwicklung von Software.

System-Entwicklung

Spricht man von System-Entwicklung, dann meint man oft die Entwicklung eines Systems, das aus Hardware- und Software-Komponenten besteht. In einem solchen Fall müssen bei der Entwicklung zusätzliche Randbedingungen berücksichtigt werden.

Abgrenzung

In diesem Buch wird eine System-Entwicklung, die eine Hardware-Entwicklung mit berücksichtigt, *nicht* betrachtet.

Abb. 4: Begriffsbildungen im Zusammenhang mit System

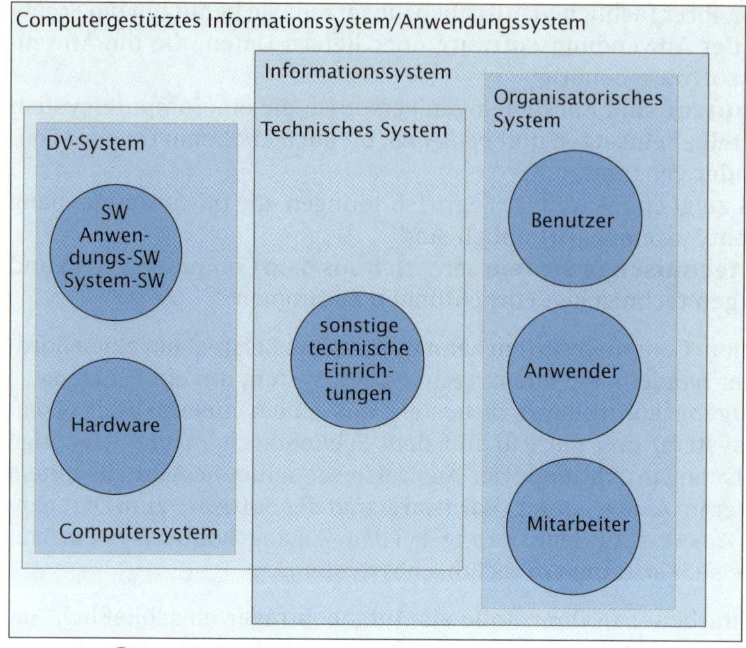

Warum ist Software so schwer zu entwickeln?

multimediale Einführung in die Software-Technik

Seit Software entwickelt wird, beklagt man sich darüber, wie schwierig diese Tätigkeit ist. Immer wieder ist von der »Software-Krise« die Rede. Um diese Schwierigkeiten zu verstehen, muss man sich zunächst die Charakteristika von Software näher ansehen.

Außerdem muss man analysieren, wie sich Software in den letzten 20 Jahren entwickelt hat, um zu begreifen, dass, trotz wesentlicher Fortschritte in der Software-Technik, noch viel zu tun ist. Zunächst zu den Charakteristika von Software.

Charakteristika

Software unterscheidet sich von anderen technischen Produkten:

- Software ist ein immaterielles Produkt
  Software kann man nicht »anfassen«, nicht »sehen«. Das, was die Dokumentation beschreibt, stimmt oft nicht hundertprozentig mit dem lauffähigen Code der Software überein. Diese Immaterialität hat massive Konsequenzen für die Software-Technik und insbesondere für das Software-Management. Der Entwicklungsfortschritt ist *nicht* objektiv zu ermitteln.

Kapitel II 1.1

- Software unterliegt *keinem* Verschleiß
  Technische Produkte nutzen sich im Laufe der Zeit ab. Software kann beliebig oft ablaufen, ohne dass Abnutzungserscheinungen auftreten. Daher ist eine klassische Wartung von Software, bei der es darum ginge, verschlissene Teile auszutauschen, nicht notwendig.

- Software wird *nicht* durch physikalische Gesetze begrenzt
  Software ist ein künstliches Produkt des menschlichen Erfindungsgeistes. Es basiert *nicht* auf physikalischen Gesetzen und erlaubt dem Schöpfer der Software daher einen großen Gestaltungsspielraum.
- Software ist im Allgemeinen leichter und schneller änderbar als ein technisches Produkt
  Um technische Produkte zu ändern, müssen oft erst neue Werkzeuge hergestellt werden. Ist Software gut strukturiert und modularisiert, dann können Änderungen schnell und einfach durchgeführt werden.
- Für Software gibt es keine Ersatzteile
  Bei technischen Produkten werden Produktteile, die verschlissen oder fehlerhaft sind, ausgetauscht und durch in der Regel vorproduzierte Ersatzteile ersetzt. Für Software geht dies nicht. Es würde bedeuten, Software-Komponenten mehrfach zu entwickeln. Tritt ein Fehler in einer Komponente auf, dann müsste man darauf hoffen, dass in der ausgetauschten Komponente nicht zufällig derselbe Fehler auftaucht. Außerdem müssten die Schnittstellen und ihre Semantik exakt definiert sein.
  Experimente haben gezeigt, dass Entwicklungsteams, die Komponenten völlig unabhängig voneinander entwickeln, zwar nicht die exakt gleichen Fehler machen, aber ähnliche Probleme erzeugen. Das liegt daran, dass der Mensch aufgrund seiner mentalen Fähigkeiten dazu neigt, in bestimmte Fehlerfallen zu »tappen«.
- Software altert
  Auf den ersten Blick erscheint die Aussage unglaubwürdig, zumal oben festgestellt wurde, dass Software keinem Verschleiß unterliegt. Beachtet man jedoch, dass sich die Umgebung, in der eine Software eingesetzt wird, ständig ändert, dann wird diese Aussage verständlich.
  Software, die nicht ständig an die sich ändernde Umgebung angepasst wird, altert und ist irgendwann veraltet, d.h. sie kann nicht mehr für den ursprünglich vorgesehenen Zweck eingesetzt werden. Beispielsweise kann sie nicht auf *Client* und *Server* verteilt werden.
- Software ist schwer zu »vermessen«
  Technische Produkte kann man mit Hilfe von Messgeräten in der Regel sehr exakt vermessen. Anhand der Maße können die Produkte dann sowohl untereinander als auch mit einem Standard oder einer Vorgabe verglichen werden.
  Das ist bei Software nur bedingt möglich. Erstens ist die Qualität für Software schwer definierbar und quantifizierbar. Zweitens ist die Korrelation zwischen dem, was man messen kann, und dem, was als Qualität gefordert ist, nicht oder nur in Ansätzen bekannt.

Veränderungen

Software hat sich in den letzten 20 Jahren in verschiedener Hinsicht gravierend verändert, so dass die Fortschritte in der Software-Technik *nicht* ausreichten, um mit den Veränderungen der Software Schritt zu halten.

Die wesentlichen Veränderungen sind:

- Zunehmende Bedeutung
- Wachsende Komplexität
- Zunehmende Qualitätsanforderungen
- Nachfragestau und Engpassfaktor
- Mehr Standardsoftware
- Zunehmend »Altlasten«
- Zunehmend »Außer-Haus«-Entwicklung

Diese Veränderungen sind nicht isoliert voneinander zu sehen, sondern sie stehen in Wechselwirkung und bedingen sich teilweise gegenseitig. Im Folgenden werden diese Veränderungen etwas näher betrachtet.

Zunehmende Bedeutung

»In zunehmendem Maße entwickelt sich *Software* zu einem eigenständigen Wirtschaftsgut und spielt eine entscheidende Rolle in der Gesellschaft. Software ist Bestandteil der meisten hochwertigen technischen Produkte und Dienstleistungen geworden. In einigen Bereichen, wie Banken und Versicherungen, werden nahezu alle Dienstleistungen durch Software-Einsatz realisiert« /BMFT 94, S. 3/.

Der relative Wertanteil der Software an den Gesamtkosten eines Computersystems bzw. eines Anwendungssystems ist in den letzten drei Jahrzehnten ständig gestiegen (Abb. 5).

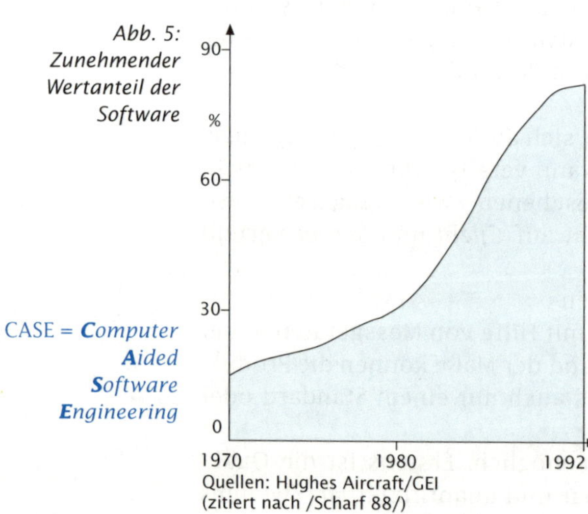

Abb. 5: Zunehmender Wertanteil der Software

Teilweise betragen die Softwarekosten 90 Prozent der Gesamtkosten. Kauft man heute einen PC und eine Grundausstattung Bürosoftware, so hat man bereits ein Verhältnis von ungefähr 50:50.

CASE = ***C****omputer* ***A****ided* ***S****oftware* ***E****ngineering*

Verwendet man einen PC für die professionelle Software-Entwicklung und kauft entsprechende CASE-Werkzeuge, dann erhält man bereits ein Verhältnis von 20:80 (PC-Hardware : Software). Ein ähnliches Verhältnis findet man heute bei Telekommunikationssystemen.

Daraus lässt sich die Prognose ableiten, dass man in Zukunft zu anspruchsvoller Software den entsprechenden Computer als Zugabe erhält.

Diese zunehmende Bedeutung der Software schlägt sich auch in der Bedeutung der Software-Industrie nieder. Während früher die Autoindustrie zu den weltweiten Leitindustrien zählte, ist heute die Informationstechnik- und Telekommunikationsindustrie (IT&T) neben dem Tourismus weltweit die Leitindustrie (Abb. 6). Bei den IT&T-Produkten hat die Software einen Anteil zwischen 25 Prozent und 90 Prozent. Der durchschnittliche Anteil beträgt 50 Prozent.

»... dass schon jetzt mehr als die Hälfte der Wertschöpfung von Siemens auf Software-Leistungen entfällt. Diese Entwicklung geht weiter«.
Heinrich von Pierer, Siemens AG, im FAZ-Unternehmergespräch, 10.8.1992

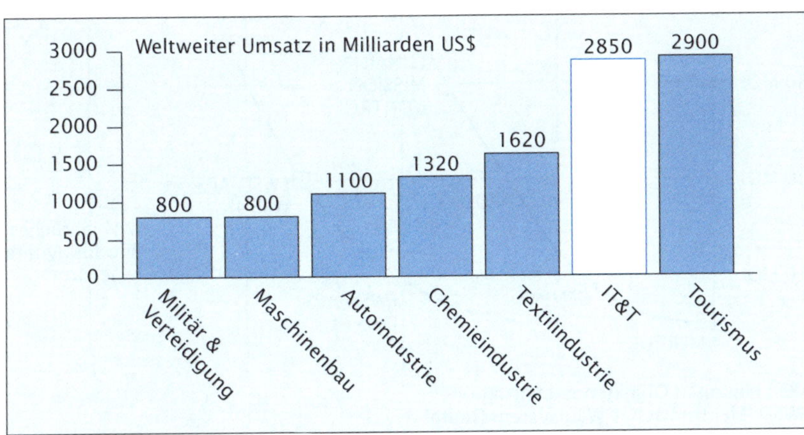

Quelle: G. Koch, European IT Conference (EITC), Brüssel, Juni 1994

Abb. 6: Die weltweit führenden Industrien

»In exportorientierten Branchen der deutschen Wirtschaft übersteigt der Software-Anteil an der Wertschöpfung der Produkte häufig die 50%-Marke. Bei Anlagen der digitalen Vermittlungstechnik entfallen bis zu 80% der Entwicklungskosten auf Software« /BMFT 94, S. 3/.

»In vielen Projekten, die wir in unterschiedlichen Branchen von der Automobilindustrie über die Medizintechnik bis zur Versicherungswirtschaft betreut haben, basieren 70 bis 80 Prozent der Wertschöpfung auf Eigenschaften, die durch Software ermöglicht sind« (Fraunhofer Institut für Experimentelles Software-Engineering) /Informationweek 99a, S. 24/.

Wachsende Komplexität

Die Bedeutung der Software hat auch deshalb so stark zugenommen, weil Software in immer neuen Anwendungsgebieten eingesetzt wird und immer schwierigere Aufgaben unterstützt.

Bereits 1994 umfasste das Betriebssystem NT über 3 Millionen Code-Zeilen. Das entspricht etwa 60 Bänden der Brockhaus Enzyklopädie (Buchstapel von 3,30 m Höhe).

Komplexere Aufgaben erfordern auch komplexere und umfangreichere Software. Abb. 7 zeigt, wie sich der Umfang der Software sowohl zur Realisierung des amerikanischen Weltraumprogramms als auch zur Realisierung von Telefonwählanlagen der Fa. Siemens exponentiell entwickelt hat. Zusätzlich ist in die Grafik das jährliche Produktivitätswachstum der Software-Entwicklung eingetragen (es schwankt zwischen 4 und 7 Prozent).

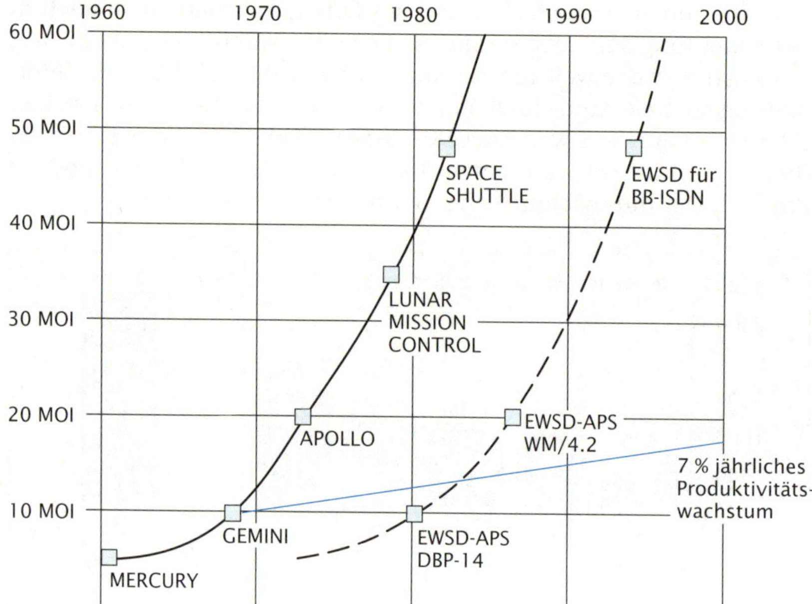

Abb. 7: Zunehmender Umfang der Software

MOI: Millionen Objektcode-Instruktionen
EWSD: Elektronisches Wählsystem Digital
Quellen: /Boehm 87, S.45/ und Siemens (Unterlagen zum Seminar Industrielle Software-Technik, Deutsche Informatik-Akademie Bonn 5/88)

Bill Curtis vom *Software Engineering Institute der Carnegie Mellon University* gibt an, dass alle fünf Jahre der durchschnittliche Software-Umfang um eine Größenordnung zunimmt.

»Komplexe Vermittlungsanlagen in der Telekommunikationsindustrie benötigen einen Software-Entwicklungsaufwand von bis zu 6000 Personenjahren. Die Entwicklung von Systemen zur Unterstützung von Vertrieb, Service und Logistik erfordert einen Aufwand von bis zu 100 Personenjahren und ist durch Standard-Software nicht abgedeckt« /BMFT 94, S. 10/.

Wachsender Umfang und damit verbunden auch wachsende Komplexität führen zu längeren Entwicklungszeiten.

Damit der Auftraggeber in überschaubarer Zeit Teile seines Produkts erhält, wurden besondere Prozess-Modelle bzw. Vorgehensmodelle entwickelt, um den längeren Entwicklungszeiten entgegenzuwirken. Auf diese Modelle – es handelt sich um das evolutionäre und das inkrementelle Modell – wird in den Kapiteln 1.2 und II 3.3 eingegangen.

Kapitel 1.2 und II 3.3

Zunehmende Qualitätsanforderungen

Software wird immer mehr in Bereichen eingesetzt, wo ein Versagen nicht nur zu wirtschaftlichen Verlusten führt, sondern wo auch Menschenleben gefährdet sind. Bereits eine Stunde Ausfall kann in einem Automobilwerk zu Kosten in Millionenhöhe führen.

Erfahrungen haben gezeigt, dass für 50 Prozent der Ausfälle im industriellen Sektor Software-Fehler verantwortlich sind.

Nach M.Cusumano (MIT Sloan School of Management 1990) haben sich die gefundenen Defekte in jeweils 1000 Zeilen Quellcode folgendermaßen entwickelt:
1977: durchschnittlich 7–20 Defekte
1994: durchschnittlich 0,2–0,05 Defekte

In 13 Jahren konnte die Defektrate also um ungefähr das 100fache gesenkt werden. Dass dies aber noch lange nicht ausreicht, zeigt folgende Betrachtung:
Das Akzeptieren eines 0,1%-Defektniveaus bedeutet
- pro Jahr: 20.000 fehlerhafte Medikamente
  300 versagende Herzschrittmacher
- pro Woche: 500 Fehler bei medizinischen Operationen
- pro Tag: 16.000 verlorene Briefe in der Post
  18 Flugzeugabstürze
- pro Stunde: 22.000 Schecks nicht korrekt gebucht.

Diese Beispiele zeigen, dass auch in Zukunft massive Anstrengungen unternommen werden müssen, um die Qualität weiter zu verbessern.

Kennzahlen des System R/3
- ca. 7.000.000 Zeilen Quellcode,
- ca. 100.000 Funktionsaufrufe,
- ca. 20.000 unterschiedliche Funktionen,
- ca. 21.000 Reports,
- ca. 17.000 Menüleisten,
- ca. 14.000 Funktionsbausteine

R/3 ist ein Software-System für betriebswirtschaftliche Anwendungen, hergestellt von der Fa. SAP AG, /BMFT 94, S. 4/.

»Die Anwendung von **Qualitätssicherungsmaßnahmen** hat trotz anerkannter wissenschaftlicher Ergebnisse noch nicht den Stand erreicht, geforderte Qualitätseigenschaften durch geeignete Methoden und Werkzeuge immer garantieren zu können, obwohl das in sensiblen Bereichen (etwa Flugzeug- und Fahrzeugsteuerung) absolut notwendig ist (Forderung nach Null-Fehler-Software)« /BMFT 94, S. 13/.
»Der Stellenwert der Qualitätssicherung entspricht nicht der Bedeutung, die die Software in der Wirtschaft mittlerweile erlangt hat« (Fraunhofer Institut für Experimentelles Software-Engineering) /Informationweek 99, S. 24/.

Die Schwierigkeiten der Qualitätssicherung zeigt folgendes Beispiel: »Um in E-Commerce-Umgebungen zu testen, ist ein erheblicher Zusatzaufwand erforderlich. ... Im vergangenen Jahr musste der Tester mehrere neue Versionen von Browsern, Java-Klassenbibliotheken und des Java Development Kits berücksichtigen. Daraus ergaben sich rund 240 verschiedene Kombinationen für Testsituationen« /Informationweek 99b, S. 30/.

Nachfragestau und Engpassfaktor

Dadurch, dass in immer mehr Anwendungen Software eine zentrale Rolle spielt, steigt natürlich die Nachfrage nach Software.

Die IT/TK-Industrie plant bis Ende 2001 ein durchschnittliches Personalwachstum von 7,5 %. Quelle: Techconsult 2000

Sie steigt jährlich zwischen 10 und 25 Prozent. Dem steht eine jährliche Produktivitätssteigerung bei der Software-Entwicklung von ungefähr 4 Prozent sowie eine Zunahme an Software-Ingenieuren von ebenfalls ungefähr 4 Prozent gegenüber.

Es ergibt sich also eine jährliche Nachfragelücke zwischen 2 und 17 Prozent, die von den Software-Produzenten nicht geschlossen werden kann (Abb. 8).

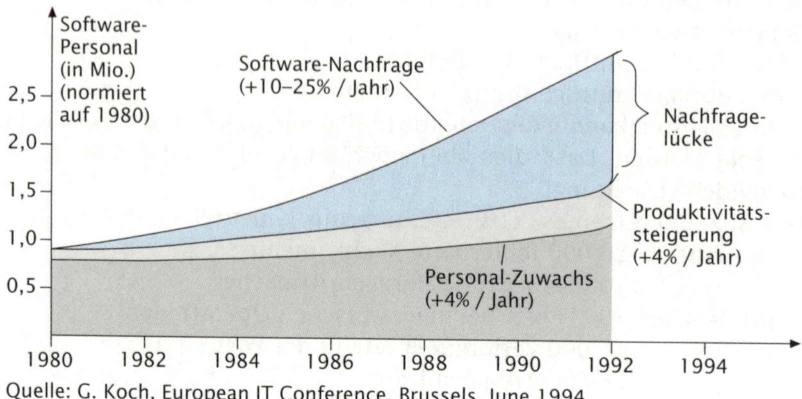

Abb. 8: Trends in Softwarenachfrage und -angebot

Der Produktivitätsfortschritt und der Personalzuwachs reichen zusammen also nicht aus, um die Nachfragelücke zu schließen.

Software ist daher zu einem Engpassfaktor der Informationstechnik geworden.

In Deutschland fehlen – je nach verwendeter Statistik – zwischen 40.000 und 100.000 IT-Spezialisten. Rund 18.000 neue Stellen gibt es pro Jahr in der Informatik. Die Hochschulen entlassen aber nur rund 6000 Absolventen pro Jahr. Selbst wenn man die Absolventen von Umschulungen und Abschlüssen an Berufsakademien addiert, ist klar, dass die Kluft zwischen Angebot und Nachfrage in den nächsten Jahren noch größer werden wird (/cz 99/, /Stieler 99/, /Benning 99/, /Hauch-Fleck, Niejahr 00/).

Es gibt aber nicht nur einen Nachfragestau im quantitativen Sinne, sondern auch qualitativ. Die Software-Technik ist nicht in der Lage, die Möglichkeiten, die heute die Hardware bietet, auszuschöpfen. Beispielsweise ist es heute kein Problem, ein Multiprozessorsystem mit 16 Prozessoren zu kaufen. Es ist aber sehr schwierig, ein solches System softwaremäßig optimal auszunutzen.

Mehr Standardsoftware

Die Aufwendungen für Standardsoftware betragen in Deutschland pro Jahr 25 Milliarden DM. Quelle: Techconsult 2000

Der Nachfragestau bei Software, aber auch die hohen Kosten der Individualsoftware haben dazu geführt, dass der Anteil der Standardsoftware ständig zunimmt.

In den USA handelt es sich bereits bei 65 Prozent der Software um Standardsoftware. In Deutschland setzen 65 Prozent aller Industriebetriebe und 25 Prozent der Dienstleister Standardsoftware ein /Holzer 96/.

Für Standardsoftware spricht:

- Kann dort sinnvoll eingesetzt werden, wo die Anforderungen genauso standardisiert sind, wie z.B. im Rechnungswesen oder in der Finanzbuchhaltung.
- Integration der verschiedenen Module.
- Individuelle Software, die mit konventionellen Werkzeugen entwickelt wird, ist *nicht* mehr bezahlbar.
- Individualsoftware ist in der Regel fehleranfällig.

Für Individualsoftware spricht (/Holzer 96/, /Denert 99/):

- Die Anpassungskosten der Standardsoftware übersteigen deutlich die Kosten der Standardsoftware. Letztendlich wird das Anwendungsunternehmen an die Standardsoftware angepasst und nicht umgekehrt.
- »Standardsoftware ist wie ein Kühlschrank, der zu einer Klimaanlage umgebaut wird« (Dr. Marty, IFA Zürich, Tochtergesellschaft der Schweizer Bankgesellschaft).
- Vorhandene Anwendungen können nur schwer in die Standardsoftware integriert werden.
- Manche Branchen sind zu klein für Standardlösungen. Im Extremfall gibt es nur ein oder ganz wenige Unternehmen in einer Branche, z.B. nur wenige große Touristikanbieter.

Trenduntersuchungen prognostizieren, dass der Anteil der Individualsoftware bis auf 5 Prozent sinken wird und dass sich solche Individualsoftware nur Firmen mit mehr als 50.000 Mitarbeitern leisten können (Abb. 9).

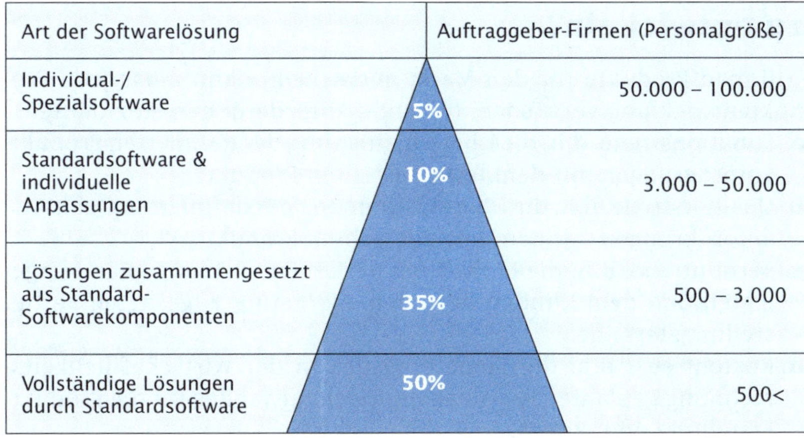

Art der Softwarelösung		Auftraggeber-Firmen (Personalgröße)
Individual-/ Spezialsoftware	5%	50.000 – 100.000
Standardsoftware & individuelle Anpassungen	10%	3.000 – 50.000
Lösungen zusammmengesetzt aus Standard-Softwarekomponenten	35%	500 – 3.000
Vollständige Lösungen durch Standardsoftware	50%	500<

Quelle: G. Koch, European IT Conference, Brussels, June 1994

Abb. 9: Trends bei Software-Lösungen

1999 wurden von externen Dienstleistern für 1,75 Milliarden DM Internet-Dienstleistungen erbracht. Die Nachfrage wird 2000 und 2001 um je 8% zunehmen. Quelle: Techconsult 2000

Aus diesen Trends ergibt sich, dass der Anteil vollständig neu geschriebener Software abnimmt. Zunehmend wichtiger werden Anpassungen.

Zunehmend »Außer-Haus«-Entwicklung

Während früher Software in größeren Firmen durch eigene Software-Abteilungen entwickelt wurde, zeichnet sich heute ein Trend ab, Software *nicht* selbst zu entwickeln, sondern bei Software-Häusern in Auftrag zu geben *(Outsourcing)*. Es wird davon ausgegangen, dass von den Software-Produkten und den zugehörigen Dienstleistungen generell etwa 55% intern und 45% extern erbracht werden. Durch die zunehmende Produktintegration von Software (eingebettete Systeme) wird der Prozentsatz intern erstellter Software *nicht* drastisch zurückgehen /BMFT 94, S. 8/.

intern 55%
extern 45%

Zunehmend »Altlasten«

In den letzten Jahrzehnten wurde viel Software entwickelt. Anwendungssoftware wird oft 20 Jahre und länger eingesetzt. Da sich die Einsatzumgebung dieser Anwendungssoftware ständig ändert, muss diese Software ebenfalls ständig angepasst werden. Diese permanenten Anpassungsprozesse verursachen oft 2/3 aller Software-Kosten.

Hauptkapitel IV 4

Bei diesen »Altlasten« stellt sich immer wieder die Frage, ob eine weitere Sanierung möglich und ökonomisch sinnvoll ist oder ob eine Ablösung durch ein neues Software-System erforderlich ist.

Durch die zunehmende Verbreitung von Software werden die »Altlasten« weiter zunehmen, denn die Software-Produkte von heute sind die Altlasten von morgen.

Warum ist marktreife Software so schwer zu entwickeln?

Will man Produkte für den Markt entwickeln, dann muss jede Produktentwicklung versuchen, folgende Anforderungen einzuhalten:

Funktionstreue
a Funktionstreue, d.h. die Übereinstimmung der definierten Produktanforderungen mit dem fertiggestellten Produkt.

Qualitätstreue
b Qualitätstreue, d.h. die Übereinstimmung der definierten Qualitätsanforderungen mit dem fertiggestellten Produkt.

Termintreue
c Termintreue, d.h. die Einhaltung der im Entwicklungsplan festgelegten und dem Kunden bzw. dem Marketing zugesagten Fertigstellungstermine.

Kostentreue
d Kostentreue, d.h. die Einhaltung des in der Wirtschaftlichkeitsrechnung geplanten Personal- und Sachaufwandes für die Produkt-Erstellung und -Pflege.

Bei der Erstellung von Software erschweren folgende spezifische Randbedingungen die Einhaltung der obigen Anforderungen zusätzlich:

1 Während der Entwicklung *ändern* sich
- die Produktanforderungen (neue oder geänderte Funktionen, geänderte Benutzungsoberfläche usw.),
- die Hardware- und Systemsoftware-Komponenten (neuer Prozes-

sor, andere Peripherie, anderes Fabrikat, technische Neuerungen usw.) sowie
- die Software-Methoden und -Werkzeuge, mit denen das Produkt erstellt wird (Produktionsmittel).

2 Hohe Portabilitätsanforderungen sind einzuhalten, da
- Software-Produkte eine meist wesentlich längere Lebensdauer besitzen als die zugrundeliegende Hardware (Abb. 10) und
- oft auf mehreren Plattformen eingesetzt werden.

Entwickelt man heute Anwendungssoftware, dann bedeutet dies, dass
- während der Lebenszeit der Anwendungssoftware mindestens einmal die zugrunde liegende Systemsoftware und mindestens zweimal die Hardware ausgetauscht wird,
- die Zielsysteme, für die Software entwickelt wird, zur Entwicklungszeit oft noch nicht vorhanden sind,
- weltweit vertriebene Software-Produkte leicht länderspezifische Varianten erlauben müssen (muttersprachliche Benutzungsoberfläche usw.).

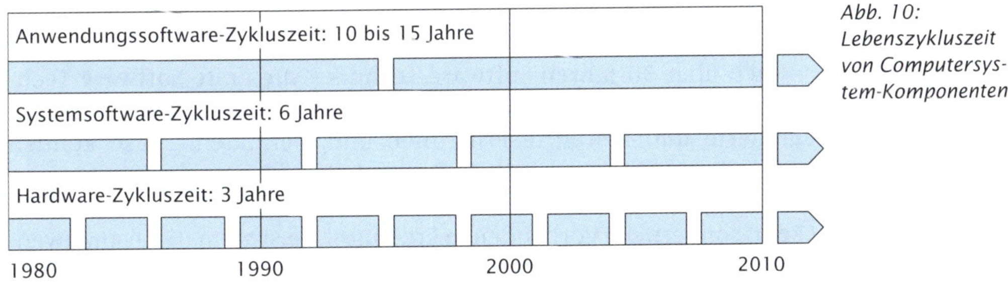

Abb. 10: Lebenszykluszeit von Computersystem-Komponenten

Was ist Software-Technik?

Definitionen

Bevor ich eine eigene Definition vorschlage, möchte ich einige Definitionen aus der Literatur aufführen.

Software Engineering: *The practical application of scientific knowledge in the design and construction of computer programs and the associated documentation required to develop, operate, and maintain them* /Boehm 76, S. 1226/.

Software Engineering: *The systematic approach to the development, operation, maintenance, and requirement of software* (IEEE Standard Glossary of Software Engineering Terminology /ANSI 83/).

Software-Engineering: das ingenieurmäßige Entwerfen, Herstellen und Implementieren von Software sowie die ingenieurwissenschaftliche Disziplin, die sich mit Methoden und Verfahren zur Lösung der damit verbundenen Problemstellungen befasst (Brockhaus-Enzyklopädie).

Softwaretechnik (syn.: **Software Engineering**): Fachgebiet der Informatik, das sich mit der Bereitstellung und systematischen Verwendung von Methoden und Werkzeugen für die Herstellung und Anwendung von Software beschäftigt (Ein Begriffssystem für die Softwaretechnik /Hesse et al. 84/).

In Erweiterung der letzten Definition erscheint folgende Definition das Gebiet am besten zu charakterisieren:

Software-Technik

Software-Technik: Zielorientierte Bereitstellung und systematische Verwendung von Prinzipien, Methoden und Werkzeugen für die arbeitsteilige, ingenieurmäßige Entwicklung und Anwendung von umfangreichen Software-Systemen. Zielorientiert bedeutet die Berücksichtigung z.B. von Kosten, Zeit, Qualität.

umfangreiche SW

Diese Definition betont wichtige Charakteristika der Software-Technik. Es handelt sich um umfangreiche Software, die arbeitsteilig und ingenieurmäßig entwickelt wird, wobei die Ziele des Software-Kunden zu erreichen sind.

Diese Charakteristika treffen nicht zu, wenn beispielsweise ein Einzelner ein Programm entwickelt und selbst anwendet.

Ingenieur-Disziplin

Bei der Software-Technik handelt es sich um eine Ingenieurdisziplin. In der Regel gibt es nicht »die« Lösung für ein Problem, sondern Ziel ist, marktorientiert den optimalen Kompromiss zu finden.

Ingenieurmäßig bedeutet hier auch »kein Künstlertum«.

Nach über 30 Jahren Software-Technik – die erste Software-Technik-Tagung fand 1968 in Garmisch-Partenkirchen statt – gibt es etablierte und bewährte Prinzipien und Methoden. Diese können und sollen nicht von jedem Software-Entwickler neu erfunden werden. Es geht heute nicht darum, künstlerisch Software zu entwickeln, sondern die vorhandenen Erkenntnisse systematisch anzuwenden.

In der obigen Definition erscheinen die Begriffe Prinzip, Methode und Werkzeug. Da diese Begriffe in diesem Buch wiederholt auftauchen, werden sie hier zunächst definiert und erläutert.

Prinzip

Prinzipien sind Grundsätze, die man seinem Handeln zugrunde legt. Prinzipien sind allgemeingültig, abstrakt, allgemeinster Art. Sie bilden eine theoretische Grundlage. Prinzipien werden aus der Erfahrung und Erkenntnis hergeleitet und durch sie bestätigt oder widerlegt.

Beispiele

Prinzip der Abstraktion, Prinzip der Strukturierung, Prinzip der Hierarchisierung, Prinzip der Modularisierung.

Prinzipien sagen nichts darüber aus, wie man sie – bezogen auf ein konkretes Anwendungsgebiet – erreichen kann. Außerdem sind sie weitgehend unabhängig vom Anwendungsgebiet. Das Prinzip der Abstraktion wird z.B. in der Philosophie ebenso angewandt wie in der Mathematik, in der Informatik usw.

Methoden

Methoden sind planmäßig angewandte, begründete Vorgehensweisen zur Erreichung von festgelegten Zielen (im Allgemeinen im Rahmen festgelegter Prinzipien).

In der Software-Technik wird der Begriff **Methode** jedoch auch als Oberbegriff von Konzepten, Notation und methodischer Vorgehensweise verstanden /Heide Balzert 99/ (Abb. 11).

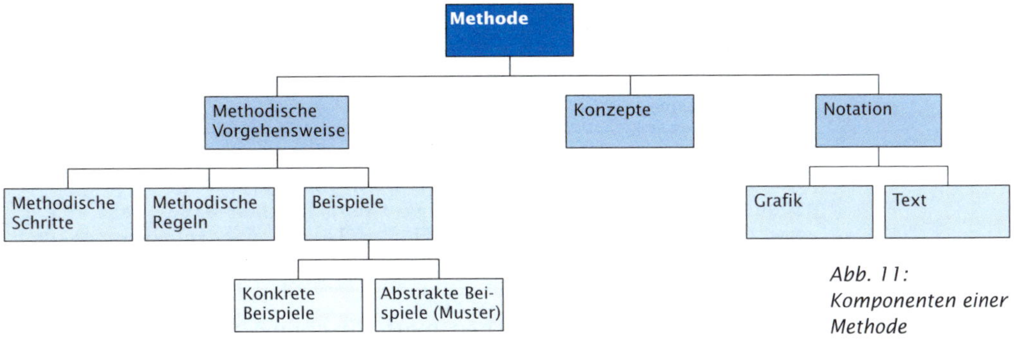

Abb. 11: Komponenten einer Methode

Beispielsweise spricht man von der SA-Methode. In diesem Buch wird Methode im Sinne der Software-Technik verwendet.

Methodische Vorgehensweisen enthalten den Weg zu etwas hin, d.h. sie machen Prinzipien anwendbar. Planmäßig bedeutet, dass beim Einsatz einer methodischen Vorgehensweise nicht herumprobiert wird. Methodische Vorgehensweisen sollen konkret sein, im Sinne einer Wegleitung, einer Aufteilung in Arbeitsschritte. Anwendung und Erfolg einer methodischen Vorgehensweise sollen verifizierbar und messbar sein. Methodische Vorgehensweisen entstehen manchmal als Verallgemeinerung der Erkenntnisse bei der Entwicklung von Verfahren.

Beispiele

Prinzip	Methodische Vorgehensweise
Hierarchisierung	Zerlegung eines Problems in Teilprobleme, so dass eine Baumhierarchie entsteht.
Modularisierung	Entwicklung von Produkten oder Teilprodukten, die nur über eine definierte Schnittstelle mit der Umwelt kommunizieren können und sonst kontextunabhängig sind.
Strukturierung	Entwurf von Programmen, so dass nur Sequenz, Auswahl und Wiederholung vorkommen.

Methodische Vorgehensweisen sind in der Regel anwendungsneutral. Die Kennzeichen eines Moduls treffen sowohl auf ein elektronisches Bauteil (Modul in einem Fernsehgerät) als auch auf einen Programmbaustein zu.

Verfahren

Eine methodische Vorgehensweise kann durch mehrere alternative oder sich ergänzende Verfahren unterstützt werden.

Verfahren sind ausführbare Vorschriften oder Anweisungen zum gezielten Einsatz von methodischen Vorgehensweisen. Sie beschreiben konkrete Wege zur Lösung bestimmter Probleme oder Problemklassen. Ein Verfahren ist im Allgemeinen wegen seiner Beschränkung stärker einsatzbezogen als eine methodische Vorgehensweise. Verfahren beinhalten meist formale Vorschriften und bilden oft den Inhalt von Standards.

Beispiel

Methodische Vorgehensweise	Verfahren
Anwendung der Kontrollstrukturen Sequenz, Auswahl und Wiederholung	Bei der Entwicklung von PASCAL-Programmen dürfen nur die Kontrollstrukturen **begin-end, if-then, if-then-else, case-of, repeat-until, while-do, for-to (downto)-do** verwandt werden.

Da die Abgrenzung zwischen methodischen Vorgehensweisen und Verfahren oft schwierig ist, werden in diesem Buch die Begriffe »methodische Vorgehensweise« und »Verfahren« synonym verwendet.

Methodische Vorgehensweisen geben an, welche Konzepte wie und wann verwendet werden, um die festgelegten Ziele zu erreichen.

Konzept

Das Verb »konzipieren« bedeutet »eine Grundvorstellung von etwas entwickeln; verfassen, entwerfen«. Es wurde dem lateinischen Verb »capere« entlehnt, das »nehmen, fassen; begreifen« bedeutet (Duden-Herkunftswörterbuch).

Konzepte erlauben es also, definierte Sachverhalte unter einem oder mehreren Gesichtspunkten zu modellieren.

Notation

Zur Beschreibung von Konzepten werden Notationen verwendet. Eine **Notation** stellt Informationen durch Symbole dar. Ein Konzept kann durch eine oder mehrere Notationen dargestellt werden.

Beispiele

Die Kontrollstrukturen Sequenz, Auswahl und Wiederholung sind Konzepte zur Modellierung von Algorithmen.
Diese Konzepte können in den Notationen Struktogramm, Programmablaufplan, Pseudo-Code und in der Syntax einer gewählten Programmiersprache dargestellt werden.

Werkzeuge

Werkzeuge *(tools)* dienen der automatisierten Unterstützung von Methoden.

Beispiel

Verfahren	Werkzeuge
Festgelegte Kontrollstrukturen in PASCAL (siehe vorletztes Beispiel)	Überprüfung, ob keine *Label*-Vereinbarung und kein *goto* verwendet wurde

Durch Werkzeuge kann die Einhaltung von Methoden und Standards erzwungen und die Produktivität erhöht werden. Insbesondere sollten solche Tätigkeiten automatisiert werden, die hohe Präzision erfordern, die oft wiederholt werden müssen und die eine Überprüfung erfordern.

Um Software zu entwickeln, ist der Einsatz von Werkzeugen notwendig, aber nicht hinreichend. Der Begriff CASE steht für *Computer Aided Software Engineering.* Er drückt aus, dass Software-Entwicklung mit Hilfe von Software-Werkzeugen erfolgt.

CASE

Man spricht daher auch oft von **CASE-Werkzeugen,** um zu betonen, dass der Einsatz von Software-Werkzeugen zum Zwecke der Software-Entwicklung gemeint ist. Das Thema **CASE** wird im Kapitel IV 2 ausführlich behandelt.

I hear and I forget.
I see and
I remember.
I do and
I understand.
Konfuzius

In diesem Buch wird davon ausgegangen, dass CASE-Werkzeuge intensiv eingesetzt werden. In vielen Kapiteln wird gezeigt, wie CASE-Werkzeuge verwendet werden. Der Leser sollte ebenfalls Werkzeuge einsetzen, um effektiv die Aufgaben zu lösen. Auf den beigefügten CD-ROMs befinden sich eine Vielzahl entsprechender Werkzeuge.

Software-Technik ist eine Teildisziplin der Informatik. Die Kerninformatik gliedert man in Theoretische, Praktische und Technische Informatik (Abb. 12). Die Software-Technik zählt zur Praktischen Informatik.

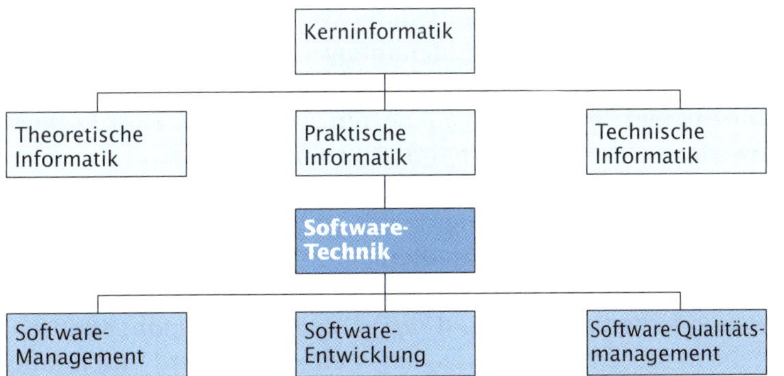

Abb. 12: Die Software-Technik innerhalb der Informatik

Die Software-Technik selbst lässt sich in drei Teildisziplinen gliedern:

- die Software-Entwicklung,
- das Software-Management,
- das Software-Qualitätsmanagement.

SW-Entwicklung

Die (technische) **Software-Entwicklung** hat die Aufgabe, ein Produkt zu planen, zu definieren, zu entwerfen und zu realisieren, das die geforderten Qualitätseigenschaften besitzt und die Kundenwünsche erfüllt. Nach der Software-Erstellung befindet sich das Software-Produkt in der Anwendung und muss gepflegt und gewartet werden. **Wartung** bedeutet, ein nach der Inbetriebnahme auftretendes Fehlverhalten zu beseitigen. **Pflege** bedeutet, ein Produkt an geänderte Bedingungen anzupassen oder aufgrund neuer oder geänderter Anforderungen weiterzuentwickeln.

Wartung
Pflege

SW-Management

Eine Software-Entwicklung läuft nicht von selbst ab, sondern **Software-Management** ist erforderlich, um den technischen Entwicklungsprozess zu planen, zu organisieren, zu leiten und zu kontrollieren. Da Software-Entwicklungen oft in Form von so genannten Projekten durchgeführt werden, spricht man oft auch von **Software-Projekt-Management**, obwohl dies nur eine Teilmenge des Software-Managements ist.

Kapitel II 3.2

SW-QM

Die Sicherstellung einer geforderten Software-Qualität muss durch ein entwicklungsbegleitendes **Software-Qualitätsmanagement** (QM), früher oft **Software-Qualitätssicherung** genannt (QS), erreicht werden. Dazu sind eine ganze Reihe von konstruktiven und analytischen Maßnahmen durchzuführen.

Paradigma = Denkmuster, das das wissenschaftliche Weltbild, die Weltsicht einer Zeit prägt

In der Software-Technik lassen sich drei Paradigmen unterscheiden:

- das strukturierte Paradigma,
- das objektorientierte Paradigma,
- das wissensbasierte Paradigma.

Diese verschiedenen Denkmuster werden in der Software-Technik oft als sich gegenseitig ausschließend betrachtet und dementsprechend auch getrennt gelehrt.

In diesem Buch werden diese Denkmuster als sich gegenseitig ergänzend angesehen und daher auch integriert betrachtet.

Jeder Software-Ingenieur muss wissen, welches Paradigma für welches Problem oder Teilproblem am besten geeignet ist. Es geht nicht um »Entweder – Oder«, sondern um »Sowohl als auch«.

Das strukturierte Paradigma ist heute in der Praxis noch weit verbreitet. Von größerer Bedeutung, insbesondere für die Zukunft, ist jedoch das objektorientierte Paradigma.

UML

In den letzten Jahren hat sich als grafische Notation für das objektorientierte Paradigma die **UML** *(Unified Modeling Language)* durchgesetzt, die in diesem Buch durchgängig eingesetzt wird und jeweils als 3D-Darstellung gezeichnet ist (siehe auch die vordere und hintere Umschlaginnenseiten).

Abgrenzung: Wissensbasierung nur ergänzend

Auf das wissensbasierte Paradigma wird jedoch nur am Rande eingegangen, da es sich erstens zu einer Disziplin für spezielle Anwendungen entwickelt hat und zweitens die Bedeutung innerhalb der Software-Technik nur begrenzt ist (siehe hierzu auch /Frisch 94/, /Rollinger 94/).

Wie ist dieses Buch gegliedert und aufgebaut?

Dieses Buch ist in fünf Teile gegliedert. Jeder Teil besitzt eine unabhängige Kapitelgliederung. Zusätzlich zu den fünf Teilen gibt es noch dieses Einführungs- und Überblickskapitel, das keine numerische Gliederung besitzt.

Das Einführungs- und Überblickskapitel sowie der Teil I Software-Entwicklung sind in diesem Band des Lehrbuches zusammengefasst, die anderen Teile befinden sich im zweiten Band. Die Aufteilung auf zwei Buchbände wurde vorgenommen, um handliche Bücher zu erhalten. Die Struktur und den Zusammenhang zwischen den fünf Teilen zeigt die vordere Innenseite des Buchumschlags.

Aufteilung in zwei Buchbände

Im Teil I wird die Software-Entwicklung behandelt. Sie bildet den Schwerpunkt dieses Bandes. Wartung & Pflege wird hier unter die Software-Entwicklung subsumiert, da insbesondere die Pflegeaktivitäten heute immer mehr als Entwicklung einer neuen Produktversion angesehen werden. Im Kapitel 6 wird daher nur ergänzend auf Spezifika der Wartung und Pflege eingegangen.

Teil I

Die Software-Entwicklung wird durch die zwei Säulen Software-Management (Teil II) und Software-Qualitätssicherung (Teil III) eingerahmt. Während die Aktivitäten der Software-Entwicklung zu einem Produkt führen, und jede Aktivität etwas dazu beiträgt, handelt es sich bei den Aktivitäten des Managements und der Qualitätssicherung um begleitende Aktivitäten, deren Ergebnisse aber selbst *nicht* Bestandteil des Endprodukts sind.

Teil II
Teil III

Die Planung in der Software-Entwicklung befasst sich mit der fachlichen Produktplanung, während sich die Planung im Software-Management mit der Entwicklungs- bzw. Prozessplanung beschäftigt.

Im Teil IV dieses Buches werden Themen behandelt, bei denen es sich um Querschnittsthemen und Ausblicke handelt. Beispielsweise lassen sich Prinzipien nicht eindeutig einem der Teile I bis IV zuordnen.

Teil IV

Im Teil V werden unter dem Oberbegriff »Unternehmensmodellierung« Themen behandelt, die vor der eigentlichen Software-Technik kommen.

Teil V

Das mag sich zunächst etwas verwirrend anhören.

Software-Technik beschränkt sich oft auf die Software-Produktebene, d.h. es wird davon ausgegangen, dass der Auftraggeber die Anforderungen an ein Software-Produkt angibt. Der Software-Entwickler entwickelt dann aufgrund dieser Anforderungen das Produkt.

Produktebene

Aus der Sicht des Benutzers ist jedoch die Arbeitsplatzebene relevant, d.h. für ihn ist die Vielfalt der Produkte und ihr Zusammenwirken zur Lösung seiner Arbeitsaufgaben wesentlich.

Arbeitsplatzebene

Aus der Sicht des Anwenders ist die Unternehmensebene die Bezugsgröße. Es stellt sich die Frage, wie Geschäftsprozesse gestaltet werden, um die Ziele des Unternehmens optimal zu erreichen.

Unternehmensebene

Da die Entscheidungen, die auf der Unternehmens- und der Arbeitsplatzebene getroffen werden, gravierende Auswirkungen auf die Software-Produktebene haben können (Abb. 13), sind die Methoden, die im Vorfeld der eigentlichen Software-Entwicklung angewandt werden, auch für den Software-Ingenieur relevant. Daher werden diese Methoden im Teil V dieses Buches behandelt. Da diese Methoden z.T.

auf Methoden aufsetzen, die im Teil I behandelt werden, und andererseits »Unternehmensmodellierung« bisher nicht zum Kerngebiet der Software-Technik zählt, wird sie erst im Teil V behandelt.

Verweissystematik

Die einzelnen Buchteile sind mit römischen Ziffern gekennzeichnet. Jeder Buchteil ist sachlogisch folgendermaßen gegliedert:

- Hauptkapitel 1
- Kapitel 1.1
- Abschnitte 1.1.1
- Unterabschnitte 1.1.1.1

Verweise innerhalb eines Buchteils bestehen nur aus der Kapitel- oder Abschnittsnummerierung. Wird auf einen anderen Buchteil verwiesen, dann steht vor der arabischen Kapitelbezeichnung noch die römische Nummer des jeweiligen Buchteils.

Alle Abbildungen und Tabellen sind nach Hauptkapiteln oder Kapiteln nummeriert, z.B. Abb. 1.1-3. Alle Beispiele sind innerhalb einer Lehreinheit nummeriert.

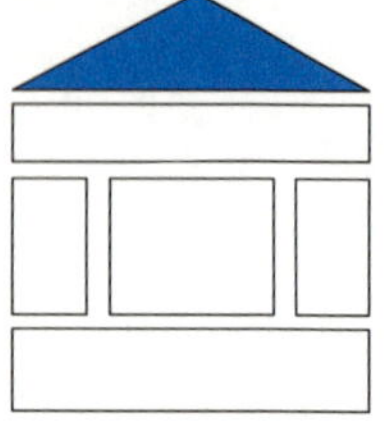

Neben der sachlogischen Kapitelgliederung ist das gesamte Buch in Lehreinheiten gegliedert. Die Nummer der jeweiligen Lehreinheit ist auf jeder Seite in der Kolumnenzeile aufgeführt. Die Buchstruktur ist in stilisierter Form als Piktogramm zu Beginn jeder Lehreinheit in der Marginalienspalte aufgeführt. In welchem Kapitel sich die Lehreinheit jeweils befindet, ist blau hervorgehoben, so dass dadurch die Orientierung unterstützt wird.

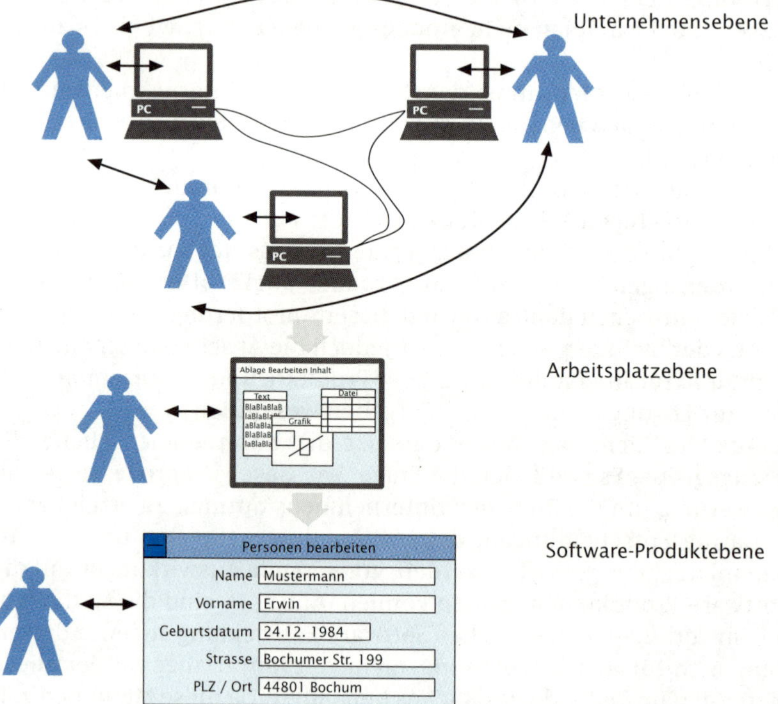

Abb. 13: Betrachtungsebenen vor der Software-Produkt-Ebene

Wie können Sie dieses Buch lesen?

Sie können dieses Buch sequenziell von vorne nach hinten lesen. Die Reihenfolge der Lehreinheiten ist so aufgebaut, dass die Voraussetzungen für eine Lehreinheit jeweils erfüllt sind, wenn man das Buch sequenziell liest. sequenziell

Eine andere Möglichkeit besteht darin, jeweils eine der Teildisziplinen Software-Entwicklung, Software-Management, Software-Qualitätsmanagement oder Unternehmensmodellierung durchzuarbeiten. Auf Querbezüge und notwendige Voraussetzungen wird jeweils hingewiesen. nach Teildisziplinen

Ich selbst behandele das Thema Software-Entwicklung in einer zweisemestrigen 2+1-Vorlesung (2 Vorlesungs-, 1 Übungsstunde), das Thema Software-Management einschließlich einiger Querschnittsthemen in einer separaten 2+1-Vorlesung. Das Thema Software-Qualitätssicherung wird von einem Lehrbeauftragten in erweiterter Form ebenfalls in einer 2+1-Vorlesung vermittelt.

Innerhalb der Teildisziplin Software-Entwicklung kann man horizontal und vertikal vorgehen. Die Reihenfolge der Lehreinheiten ist horizontal aufgebaut, d.h. im Hauptkapitel Definition werden alle Lehrinhalte zu diesem Thema vermittelt, bevor zum Kapitel Entwurf übergegangen wird. horizontal

Eine vertikale Vorgehensweise ist aber auch möglich. Interessieren einen nur die Aspekte, die für eine reine Datenbankanwendung erforderlich sind, dann kann man sich in der Definition auf das *Entity-Relationship*-Modell und im Entwurf auf den relationalen Datenbankentwurf konzentrieren. vertikal

Außerdem kann das Buch themenbezogen gelesen werden. Möchte man sich in die objektorientierte Software-Entwicklung einarbeiten, dann kann man die dafür relevanten Lehreinheiten durcharbeiten. Will man sich auf die strukturierten Entwicklungsmethoden konzentrieren, dann kann man auch nur diese Einheiten lesen. themenbezogen

Durch das Buchkonzept ist es natürlich auch möglich, punktuell einzelne Lehreinheiten durchzulesen, um eigenes Wissen zu erwerben, aufzufrischen und abzurunden. punktuell

Durch ein ausführliches Sach- und Personenregister, durch Glossare und Zusammenhänge sowie Hervorhebungsboxen kann dieses Buch auch gut zum Nachschlagen verwendet werden. zum Nachschlagen

Ziel der Buchgestaltung war es, Ihnen als Leser viele Möglichkeiten zu eröffnen, dieses Buch nutzbringend für ihre eigene Arbeit einzusetzen.

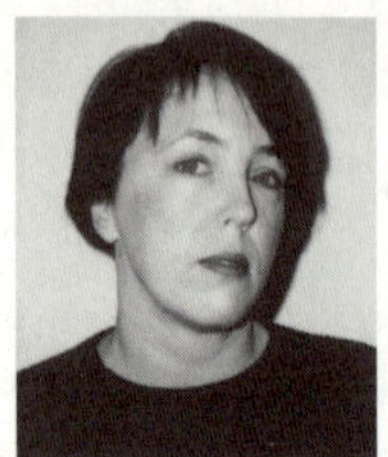

Anna Solecka-Zach *1954 in Zamosc, Polen; Studium an der Kunsthochschule in Danzig, seit 1979 als freie Malerin tätig, seit 1981 Wohnsitz in Bremen, 1987 erste Arbeiten mit dem Matrixdrucker, seit 1989 großformatige Arbeiten auf einem Plotter für Künstlerstifte; Beteiligungen an Artware (CeBit 1990), Multimediale 2 (ZKM Karlsruhe 1991), Computergrafik (2. Preis der Sparkasse Karlsruhe 1992), zum Bild auf der ersten Buchseite: »ohne Titel«, Acryl, Pigment, Buntstift, Ölkreide auf Leinwand, Plotter, 120 x 100 cm, 1995.

Was noch zu sagen bleibt!

Das Konzipieren und Schreiben dieses Buches war aufwändig. Mit zwei größeren Unterbrechungen habe ich fünf Jahre dazu gebraucht, für die 2. Auflage von Band 1 ein weiteres Jahr.

Ich habe versucht, ein innovatives wissenschaftliches Lehrbuch der Software-Technik zu schreiben. Ob mir dies gelungen ist, müssen Sie als Leser selbst entscheiden.

Ein Buch soll aber nicht nur vom Inhalt her gut sein, sondern Form und Inhalt sollten übereinstimmen. Daher wurde auch versucht, die Form anspruchsvoll zu gestalten.

Meine Abneigung gegen Kunststoffumschläge hat dazu geführt, dass wir uns (Autor und Verlag) für einen Bedruckstoff aus langfaserigem Sulfatzellstoff entschieden haben. Ein solches Buch »fasst sich besser an«.

Da ich ein Buch als »Gesamtkunstwerk« betrachte, habe ich auf der Buchtitelseite ein Bild der Malerin Anna Solecka-Zach abgedruckt. Anna Solecka-Zach setzt den Computer als Hilfsmittel ein, um ihre künstlerischen Vorstellungen umzusetzen.

Ich wünsche Ihnen, liebe Leserin, lieber Leser, viel Freude beim Lesen dieses Buches und Erfolg beim Anwenden des hierin vermittelten Wissens.

Anwender Mitglieder einer Institution oder Organisationseinheit, die zur Erfüllung ihrer fachlichen Aufgaben →Computersysteme einsetzen (→Benutzer).

Anwendung →Computergestütztes Informationssystem

Anwendungssoftware →Software, die Aufgaben des →Anwenders mit Hilfe eines →Computersystems löst. Setzt in der Regel auf der →Systemsoftware der verwendeten Hardware auf bzw. benutzt sie zur Erfüllung der eigenen Aufgabe.

Anwendungssystem →Computergestütztes Informationssystem

application software →Anwendungssoftware

Benutzer Personen, die ein →Computersystem unmittelbar einsetzen und selbst bedienen (→Anwender).

CASE Computerunterstützte Software-Entwicklung (*Computer Aided Software Engineering*), d.h. Einsatz von →CASE-Werkzeugen bei der Entwicklung.

CASE-Werkzeuge Einsatz von →Werkzeugen zum Zwecke der Software-Erstellung.

Computergestütztes Informationssystem Einheit aus →Informationssystem und →Computersystem(en).

Computersystem Einheit von →Anwendungssoftware, →Systemsoftware und Hardware.

DV-System →Computersystem

Informationssystem →Organisatorisches System zusammen mit sonstigen technischen Einrichtungen, d.h. Einrichtungen ohne →Computersysteme.

Konzept Beschreibt einen definierten Sachverhalt unter einem oder mehreren Gesichtspunkten (→Notation).

Methode **1** Planmäßig angewandte, begründete Vorgehensweise zur Erreichung von festgelegten Zielen (→Verfahren); **2** In der Software-Technik: Oberbegriff von →Konzepten, →Notationen, →methodischen Vorgehensweisen und →Verfahren.

Methodische Vorgehensweise Planmäßig angewandte, begründete Vorgehensweise zur Erreichung von festgelegten Zielen, häufig als →Methode bezeichnet.

Notation Darstellung von →Konzepten durch eine festgelegte Menge von grafischen und/oder textuellen Symbolen, zu denen eine Syntax und Semantik definiert ist.

Organisatorisches System →Anwender, →Benutzer und sonstige Mitarbeiter, die zusammen Aufgaben erledigen.

Pflege Anpassung eines →Systems an geänderte Bedingungen oder Änderung und Weiterentwicklung aufgrund geänderter oder neuer Anforderungen.

Prinzip Grundsatz, den man seinem Handeln zugrunde legt.

Software Programme, zugehörige Daten und notwendige Dokumentation, die es zusammengefasst erlauben, mit Hilfe eines Computers Aufgaben zu erledigen.

Software-Engineering →Software-Technik

Software-Entwicklung Aus einem geplanten →Software-Produkt ein fertiges Software-Produkt entwickeln, das die geforderten Eigenschaften besitzt (→Phase).

Software-Management Planung, Organisation, Leitung und Kontrolle einer →Software-Entwicklung.

Software-Produkt Produkt, das aus →Software besteht.

Software-Qualitätsmanagement Sicherstellung der geforderten Produkt- und Prozessqualität einer →Software-Entwicklung durch geeignete konstruktive und analytische Maßnahmen.

Software-System →System, dessen →Systemkomponenten und →Systemelemente aus →Software bestehen.

Software-Technik Zielorientierte Bereitstellung und systematische Verwendung von →Prinzipien, →Methoden und →Werkzeugen für die arbeitsteilige, ingenieurmäßige Herstellung und Anwendung von umfangreichen →Software-Systemen.

Subsystem →Systemkomponente

SW Abkürzung für →Software

System Ausschnitt aus der realen oder gedanklichen Welt, bestehend aus →Systemkomponenten bzw. Subsystemen, die untereinander in verschiedenen Beziehungen stehen können.

Systemelement →Systemkomponente, die nicht weiter zerlegbar ist oder zerlegt werden soll.

Systemkomponente Teil eines →Systems, z.B. Mensch, Material, Maschine, Produkt (→Systemelement).

Systemsoftware →Software, die für eine spezielle Hardware oder Hardwarefamilie entwickelt ist, um den Betrieb und die Wartung dieser Hardware zu ermöglichen sowie ihre funktionellen Fähigkeiten zu ergänzen.

Technisches System Einheit aus →Computersystem und sonstigen technischen Einrichtungen.

tool →Werkzeug

Verfahren Ausführbare Vorschriften oder Anweisungen zum gezielten Einsatz von →methodischen Vorgehensweisen.

Wartung Beseitigung von Fehlern und Defekten, die nach der Inbetriebnahme eines →Systems auftreten.

Werkzeuge Dienen zur automatischen Unterstützung von →Methoden, →Verfahren und →Notationen (→CASE-Werkzeuge).

Die Software-Technik *(Software-Engineering)* als Teildisziplin der Informatik befasst sich mit der Herstellung und Anwendung von Software (abgekürzt: SW). Dazu ist eine Software-Entwicklung, ein Software-Management und ein Software-Qualitätsmanagement erforderlich. Nach der Inbetriebnahme eines Software-Produkts erfolgen die Wartung und die Pflege.

Viele Aktivitäten, die im Rahmen der Software-Technik anfallen, können heute durch Werkzeuge *(tools)*, genauer gesagt durch CASE-Werkzeuge, unterstützt werden. Der Begriff CASE *(**C**omputer **A**ided **S**oftware **E**ngineering)* drückt aus, dass für die Herstellung von Software selbst wieder Software eingesetzt wird und zwar in Form von CASE-Werkzeugen.

Durch Werkzeuge wird der Einsatz von Methoden unterstützt und automatisiert. Methoden umfassen in der Software-Technik dabei methodische Vorgehensweisen, Verfahren, Konzepte und Notationen. Methoden selbst helfen, Prinzipien zu verwirklichen.

Ein Software-System ist ein System, das aus Systemkomponenten bzw. Subsystemen aufgebaut ist, die wiederum letztlich aus Systemelementen bestehen.

Software kann man in Anwendungssoftware *(application software)* und Systemsoftware gliedern. Beide zusammen mit der Hardware bilden ein Computersystem bzw. ein DV-System. Benutzer benutzen Computersysteme direkt, Anwender liefern Informationen für Computersysteme und nutzen ihre Ergebnisse.

Anwender, Benutzer und sonstige Mitarbeiter bilden ein organisatorisches System, Computersysteme und sonstige technische Einrichtungen ein technisches System. Beide zusammen ergeben ein computergestütztes Informationssystem, auch Anwendungssystem oder kurz Anwendung genannt. Fehlen die Computersysteme, dann spricht man von einem Informationssystem.

Zitierte Literatur

/ANSI 83/
ANSI/IEEE Std. 729-1983, *IEEE Standard Glossary of Software Engineering Terminology*, New York: IEEE Inc; 1983.

/Balzert 99/
Balzert, Helmut, *Lehrbuch Grundlagen der Informatik,* Heidelberg: Spektrum Akademischer Verlag, 1999.

/Benning 99/
Benning M., *IT ohne Schweinezyklus,* in c't, Heft 13, 1999, S. 84f.

/Berger et al. 92/
Berger J., Dunke R., Feierlein J., Fischer H.B., Kühnel B., *Requirements Engineering – Anforderungen an die Informatik-Ausbildung aus der Sicht der Industrie,* in: Softwaretechnik-Trends, Febr. 1992, S. 53–64.

/BMFT 94/
Bundesministerium für Forschung und Technologie, *Initiative zur Förderung der Software-Technologie*, in: Wirtschaft, Wissenschaft und Technik, Bonn, 1. Aug. 1994.

/Boehm 76/
Boehm B.W., *Software Engineering*, in: IEEE Transactions on Computers, Dec. 1976, S. 1226–1241.

/Boehm 87/
Boehm B.W., *Improving Software Productivity*, in: Computer, Sept. 1987, S. 43–57.

/Bourque et al. 99/
Bourque P., Dupuis R., Abran A., Moore J.W., Tripp L., *The Guide to the Software Engineering Body of Knowledge,* in: IEEE Software, November/December 1999, S. 35–44.

/Brock 91/
Brock C., *Leserbrief zu P. Rechenberg: Übersetzungen von Informatik-Literatur bekümmert betrachtet,* in: Informatik-Spektrum (1991) 14: 349–350.

/Carey 89/
Carey T., *Position Paper: The Basic HCI Course for Software Engineers*, in: SIGCHI Bulletin, Jan. 1989, S. 14–15.

/cz 99/
Die Informatikerlücke klafft immer weiter auf, in: Computer-Zeitung, 18.3.1999, S. 69.

/Däßler 93/
Däßler K., *Leserbrief zu P. Rechenberg: Übersetzungen von Informatik-Literatur bekümmert betrachtet, dazu Kommentare und Leserbriefe*, in: Informatik-Spektrum (1992) 16: 225–226.

/Denert 99/
Denert E., *Individual- vs. Standard-Software*, in: Softwaretechnik-Trends, Mai 1999, S. 20f.

/Denning 92/
Denning P.J., *Educating a New Engineer*, in: Communications of the ACM, Dec. 1992, S. 83–97.

/Droscha 83/
Droscha H., *»Technologische Lücke« – ein Doppelfehler*, in: Blick durch die Wirtschaft, 27.9.1993.

/Dunchel et al. 93/
Dunchel H., Volpert W., Zöhl M., Kreutner U., Pleiss C., Hemes K., *Kontrastive Aufgabenanalyse im Büro*, Stuttgart: Teubner-Verlag, 1993.

/Etzold 96/
Etzold S., *Das Binnen-I west überall*, in: DIE ZEIT, 5. 4. 96, S. 33.

/Fritsch 94/
Fritsch M., *Evaluierung des Förderschwerpunkts »Künstliche Intelligenz« des BMFT*, in: KI Juli 1994, S. 43–47.

/Garlan, Gluch, Tomayko 97/
Garlan D., Gluch D.P., Tomayko J.E., *Agents of Change: Educating Software Engineering Leaders*, in: IEEE Computer, November 1997, S. 59–65.

/GI 93/
Gesellschaft für Informatik, *Zur Aus- und Weiterbildung im Bereich der ingenieurmäßigen System- und Programmentwicklung*, Grundsatzpapier, erarbeitet vom Fachbereich 2 der GI, in: Informatik-Spektrum, Februar 1993, S. 31–33.

/GI 97/
Gesellschaft für Informatik, *Ergänzende Empfehlungen der Gesellschaft für Informatik: Lehrinhalte und Veranstaltungsformen im Informatikstudium*, in: Informatik-Spektrum, Oktober 1997, S. 302-306.

/Hauch-Fleck, Niejahr 00/
Hauch-Fleck M-L., Niejahr E., *Blindflug in die Zukunft*, in: Die ZEIT, 2. März 2000, S. 19-20.

/Heide Balzert 99/
Balzert Heide, *Lehrbuch der Objektmodellierung – Analyse und Entwurf*, Heidelberg: Spektrum Akademischer Verlag, 1999.

/Hesse et al. 84/
Hesse W., Keutgen H., Luft A.L., Rombach H.D., *Ein Begriffssystem für die Softwaretechnik*, in: Informatik-Spektrum, Juli 1984, S. 200–213.

/Hesse et al. 94a/
Hesse W., Barkow G., Braun H., Kitthaus H.-B., Scheschonk G., *Terminologie der Softwaretechnik – Ein Begriffssystem für die Analyse und Modellierung von Anwendungssystemen, Teil 1: Begriffsystematik und Grundbegriffe*, in: Informatik-Spektrum (1994) 17: 39–47.

/Hesse et al. 94b/
Hesse W., Barkow G., Braun H., Kitthaus H.-B., Scheschonk G., *Terminologie der Softwaretechnik – Ein Begriffssystem für die Analyse und Modellierung von Anwendungssystemen, Teil 2: Tätigkeits- und ergebnisbezogene Elemente*, in: Informatik-Spektrum (1994) 17: 96–105.

/Holzer 96/
Holzer T., *Objektorientierte Standardsoftware?*, in: Objekt-Spektrum, Januar 1996, S. 68–71.

/Informationweek 99a/
Software-Entwicklung – Qualität ist Trumpf, in: Informationweek, Juni 1999, S. 24.

/Informationweek 99b/
Testwerkzeuge – Ohne Fehl und Tadel?, in: Informationweek, Juni 1999, S. 30.

/Krämer 00/
Krämer W., *Modern Talking auf deutsch – ein populäres Lexikon*, München: Piper-Verlag, 2000.

/Ludewig 99/
Ludewig J., *Softwaretechnik in Stuttgart – ein konstruktiver Informatikstudiengang*, in: Informatik-Spektrum, Februar 1999, S. 57–62.

/Maaß et al. 93/
Maaß S., Ackermann D., Dzida W., Gorny P., Oberquelle H., Rödiger K.-H., Rupietta W., Streitz N., *Software-Ergonomie – Ausbildung in Informatik-Studiengängen bundesdeutscher Universitäten – Empfehlung des Fachausschusses 2.3 und des Fachbereichs 2 der GI*, in: Informatik-Spektrum, Februar 1993, S. 25–30.

/Mertens 00/
Mertens P., *Ist Sprachpanschen echt cool?*, in: Wirtschaftsinformatik 42(2000) 1, S. 3.

/Pasch, Biskup 95/
Pasch J., Biskup H., *Software-Engineering – Ausbildung für die Praxis?*, in: Informatik-Spektrum 18 (1985), S. 84–94.

/Preece, Keller 90/
Preece J., Keller L., *Key Issues in HCI Curriculum Design*, in: SIGCHI Bulletin, July 1990, S. 67–69.

/Raasch, Bassler 93/
Raasch J., Bassler T. (Hrsg.), *Software Engineering im Unterricht der Hochschulen SEUH '93*, Stuttgart: Teubner-Verlag, 1993.

/Rechenberg 91/
Rechenberg P., *Übersetzungen von Informatik-Literatur bekümmert betrachtet*, in: Informatik-Spektrum (1991) 14: 28–33.

/Rechenberg 92/
Rechenberg P., *Kommentare zu dem Artikel »Übersetzungen von Informatik-Literatur bekümmert betrachtet«*, in: Informatik-Spektrum (1992) 15: 110–112.

/Rollinger 94/
Rollinger C. R., *Zur Situation der KI in Deutschland – Stellungnahmen, Fragen und Antworten*, in: KI März 1994, S. 6–15.

/Scharf 88/
Scharf A., *Vom Chaos zur Struktur – Software rationell produzieren*, in: Hard And Soft, Aug./Sept. 1988.

/Schneider 86/
Schneider H.-J. (Hrsg.), *Lexikon der Informatik und Datenverarbeitung*, München: Oldenbourg Verlag, 1986.

/Schneider 86b/
Schneider W., *Deutsch für Kenner – Die neue Stilkunde*, Hamburg: Gruner + Jahr, 7. Auflage, 1986.

/Schürig 92/
Schürig M., *Leserbrief zu P. Rechenberg: Übersetzungen von Informatik-Literatur bekümmert betrachtet und Kommentare*, in: Informatik-Spektrum (1992) 15: 355–356.

/Stieler 99/
Stieler W., *Zahlenspiele – Der IT-Fachkräfte-Mangel in Deutschland*, in: c't, Heft 13, 1999, S. 80f.

/STT 86/
Sonderteil *»Third International Workshop on Software Engineering Education«*, in: Softwaretechnik-Trends, Febr. 1996, S. 6–74.
/Zimmer 95a/
Zimmer D. E., *Begegnung mit dem Deutsch von morgen*, in: DIE ZEIT, 19. 5. 95, S. 78.
/Zimmer 95b/
Zimmer D. E., *Sonst stirbt die deutsche Sprache*, in: DIE ZEIT, 23. 6. 95, S. 42.
/Zimmer 96/
Zimmer D. E., *Leuchtbojen auf einem Ozean der Gutwilligkeit*, in: DIE ZEIT, 23. 2. 96, S. 56.

Hinweis

Die Wissens- und Verstehensaufgaben zu dieser Lehreinheit befinden sich auf der beigefügten CD-ROM 1.

Aufgabe analytisch & konstruktiv *15 Minuten*

1 *Lernziel: Die Terminologie um die definierten Begriffe System und Software herum kennen und anwenden können.*
Im Folgenden wird ein Szenario beschrieben. Ordnen Sie den beschriebenen Sachverhalten die in der Lehreinheit und im Glossar beschriebenen Begriffe zu.
Szenario:
Die Firma Teachware veranstaltet öffentliche und firmeninterne Seminare mit externen Dozenten. Sie besteht aus der Geschäftsführerin, die gleichzeitig für die Seminarplanung und -verwaltung zuständig ist, einer Kundensachbearbeiterin und einer Veranstaltungsbetreuerin. Vor kurzem wurde die Software SemOrg eingeführt. Die Geschäftsführerin plant und verwaltet am Computersystem die Seminare und Dozenten, die Kundensachbearbeiterin verwaltet am Computersystem die Kunden und Buchungen.
Die Veranstaltungsbetreuerin arbeitet nicht am Computersystem, sondern betreut die Teilnehmer und Dozenten von Seminaren am Veranstaltungsort. Außerdem kümmert sie sich um die Vervielfältigung von Seminarunterlagen. Neben zwei miteinander vernetzten, Internetfähigen Computersystemen mit *e-mail* und Web verfügt die Firma über Telefone, ein konventionelles Faxgerät sowie einen Fax-Anschluss am Computer.
Beispiel: Bei der Software SemOrg handelt es sich für die Firma Teachware um ein **Software-Produkt**.

Aufgabe analytisch & konstruktiv *20 Minuten*

2 *Lernziel: Die Terminologie um die definierten Begriffe System und Software herum kennen und anwenden können.*
Im Folgenden wird ein Szenario beschrieben. Ordnen Sie den beschriebenen Sachverhalten die in der Lehreinheit und im Glossar beschriebenen Begriffe zu.
Szenario:
Die Firma SOS *(**S**oftware and **O**nline **S**ervices)* entwickelt einen *Online-Shop*. Bei der Entwicklung kommen ein UML-fähiges CASE-Werkzeug und integrierte Entwicklungsumgebungen der Programmiersprachen Java und C++ zum Einsatz. Intern sind die Entwicklungsrechner von SOS vernetzt und vollständig ans Internet angeschlossen. Neben den Computersystemen verfügt die Firma über Telefone sowie einen Fax-Anschluss am Netzwerk-*Server*, auf den alle Entwickler über ihr Computersystem zugreifen können.
Beispiel: Der C++-Compiler mit integrierter Entwicklungs-Umgebung stellt für die Firma SOS ein **Software-Produkt** dar.

I Software – Entwicklung

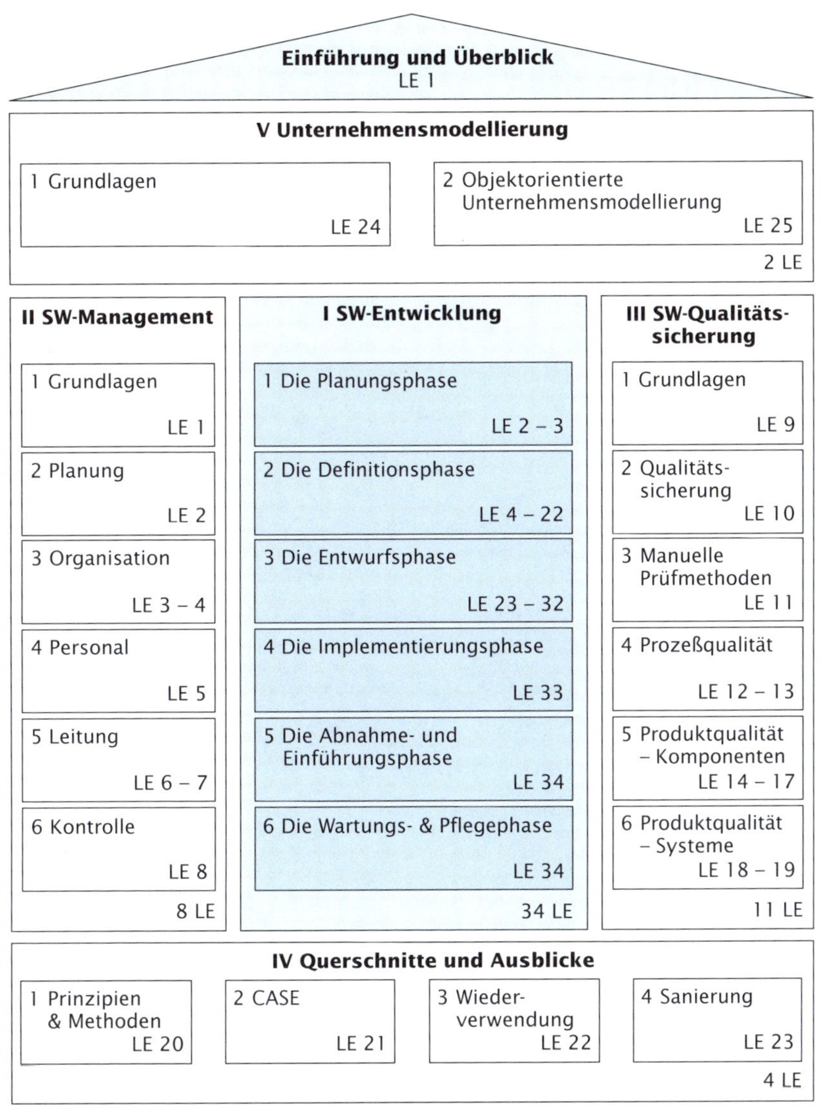

Legende: LE = Lehreinheit (für jeweils 1 Unterrichtsdoppelstunde)

1 Die Planungsphase – Lastenheft und Glossar

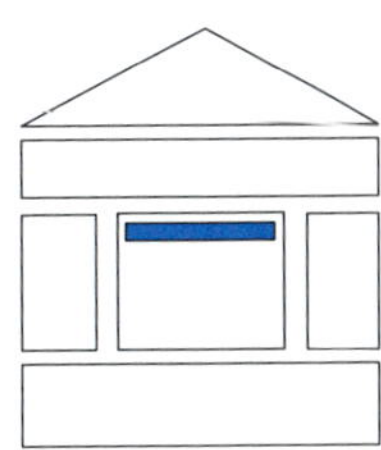

- Erklären können, was ein Prozess-Modell ist und was in ihm definiert wird.
- Das evolutionäre und inkrementelle Prozess-Modell anhand von Beispielen beschreiben können. — verstehen
- Die Funktion eines Lastenheftes und eines Glossars erläutern können.
- Die Vorgehensweise beim Planungsprozess und die jeweils durchzuführenden Aktivitäten erläutern können.
- Für vorgegebene Aufgabenstellungen ein Lastenheft entsprechend dem beschriebenen Lastenheft-Muster und ein Glossar erstellen können. — anwenden
- Die Umwelt eines Produkts durch Akteure und Geschäftsprozesse sowie durch Schnittstellen und Datenflüsse identifizieren können.
- CASE-Werkzeuge für die Erstellung von Durchführbarkeitsstudien einsetzen können.

Die Kenntnis der folgenden Abschnitte des Kapitels »Einführung und Überblick« erleichtern das Verständnis:

- Was ist Software?
- Was ist Software-Technik?
- Wie ist dieses Buch gegliedert und aufgebaut?

i

Hinweis zu Fallstudien und Aufgaben

Beginnend mit dieser Lehreinheit werden die Fallstudien »Seminarorganisation« und »Lagerverwaltung« vorgestellt und schrittweise unter Verwendung von CASE-Werkzeugen entwickelt. In den Aufgaben wird parallel dazu die Fallstudie »Vereinsverwaltung« begonnen, die vom Leser schrittweise bis zu einer laufenden Anwendung entwickelt werden soll. Es ist daher wichtig, dass die Aufgaben zu dieser Fallstudie in jeder Lehreinheit bearbeitet werden.

1.1 Was ist ein Prozess-Modell?

Bevor auf die Planungsphase eingegangen wird, wird in den ersten beiden Kapiteln der Rahmen einer Software-Entwicklung erläutert.

Artefakt = das durch menschliches Können Geschaffene, Kunsterzeugnis

Jede Software-Entwicklung soll in einem festgelegten organisatorischen Rahmen erfolgen. Ein **Prozess-Modell** – auch **Vorgehensmodell** genannt – beschreibt einen solchen Rahmen. In ihm wird festgelegt, welche Aktivitäten in welcher Reihenfolge von welchen Personen erledigt werden und welche Ergebnisse – im Folgenden **Artefakte** (*artifacts*) genannt – dabei entstehen und wie diese in der Qualitätssicherung überprüft werden.

Hinweis: Die Terminologie und Notation orientieren sich an dem *Unified Software Development Process* /Jacobson, Booch, Rumbaugh 99/

Eine Aktivität wird durch Mitarbeiter ausgeführt, die definierte **Rollen** einnehmen. Unter Beachtung von Methoden, Richtlinien, Konventionen, Checklisten und Mustern wird – ausgehend von einem oder mehreren gegebenen Artefakten – ein neues Artefakt erstellt oder der Zustand oder der Inhalt gegebener Artefakte geändert. Für die Durchführung der Aktivität werden in der Regel vom Software-Management vorgegebene Werkzeuge eingesetzt (Abb. 1.1-1).

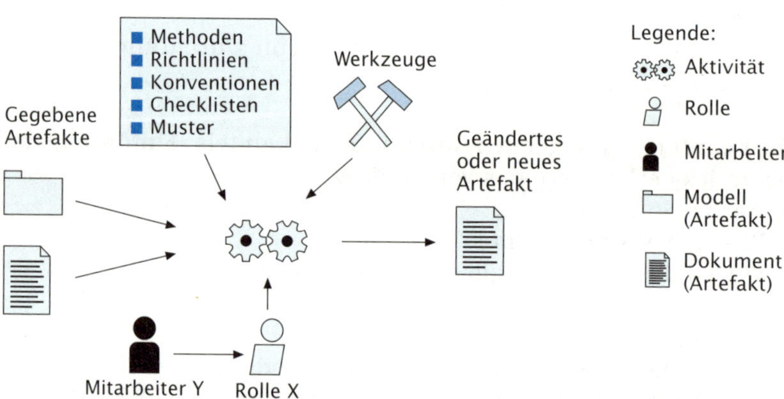

Abb. 1.1-1: Durchführung einer Aktivität

Eine Artefaktbeschreibung legt die Inhalte und das Layout des Artefakts fest. Sie erfolgt nach einem festen Muster, dem **Artefakt-Muster.** Jedes Artefakt enthält einen Artefakt-Vorspann, der die Historie des Artefakts aufzeigt.

Anhang A
Anhang B

Im Anhang A sind entsprechende Richtlinien und Konventionen aufgeführt. Anhang B (auf CD-ROM 1) zeigt entsprechende Beispiele.

Aktivitäten werden durch Mitarbeiter ausgeführt. Für die Durchführung von Aktivitäten werden Erfahrungen, Kenntnisse und Fähigkeiten benötigt, die durch **Rollen** beschrieben werden, z.B. Auftraggeber, Projektleiter.

Eine definierte Menge von Artefakten ergibt ein **Software-Produkt**, das in der Regel an den Auftraggeber bzw. den Kunden als Anwendungssoftware ausgeliefert wird.

Die Aktivitäten, die nötig sind, um ein Produkt zu entwickeln, werden zu **Phasen** zusammengefasst. Für jede Phase sind folgende Festlegungen zu treffen:

- Ziele der Phase,
- Durchzuführende Aktivitäten,
- Aktivitäten/Rollenzuordnung,
- Zu erstellende Artefakte,
- Zu verwendende Artefakt-Muster,
- Zu beachtende Methoden, Richtlinien, Konventionen und Checklisten,
- Einzusetzende Werkzeuge und Sprachen.

In der Software-Technik gibt es verschiedene Prozess-Modelle, die in Kapitel II 3.3 ausführlich dargestellt werden, und verschiedene Phaseneinteilungen. Kapitel II 3.3

In diesem Buch werden folgende Phasen unterschieden: Phasen

- Planungsphase,
- Definitionsphase,
- Entwurfsphase,
- Implementierungsphase,
- Abnahme- und Einführungsphase,
- Wartungs- und Pflegephase.

In den einzelnen Kapiteln werden die Phasen näher erläutert. In der Literatur und in der industriellen Praxis werden oft noch mehr Phasen unterschieden.

Bei jeder Software-Entwicklung muss jedoch versucht werden, den richtigen Mittelweg zwischen Standardisierung und Freiheit zur Kreativität zu finden. Die obersten Ziele sollten daher lauten: Ziele

- So wenig Phasen, Artefakte und Rollen, wie unbedingt nötig.
- Aufbau der Artefakte so, dass sie den Standardfall abdecken.
- Optimale Werkzeugunterstützung.
- Jedes Artefakt wird durch die Qualitätssicherung überprüft.

Durch diese Ziele soll erreicht werden, dass ein definiertes Prozess-Modell auch konsequent »gelebt wird«. Denn nur ein »gelebter« Software-Prozess nützt den Mitarbeitern, dem Unternehmen und dem Kunden, indem er dafür sorgt, dass in produktiver Weise ein qualitativ hochwertiges Software-Produkt entsteht.

Im nächsten Kapitel werden zwei Prozess-Modelle vorgestellt, an denen sich das Vorgehen in diesem Buch orientiert, und die heute als Standard der Software-Entwicklung gelten.

1.2 Evolutionäres und inkrementelles Modell

Globales Ziel jeder Software-Entwicklung ist es heute, dem Auftraggeber jedes halbe Jahr ein lauffähiges Teilprodukt zur Verfügung zu stellen. Um dieses Ziel zu erreichen, wurden Prozess-Modelle entwickelt, die – ausgehend von einem Teilprodukt – schrittweise neue Teilprodukte hinzufügen, bis der gesamte Anforderungsumfang abgedeckt ist.

Ein Produkt entsteht also schrittweise in **Ausbaustufen**, d.h. ausgehend vom ersten Teilprodukt, das in der Regel die Kernfunktionalität zur Verfügung stellt, wird dieses erste Teilprodukt anschließend um weitere Funktionalität ergänzt, so dass ein neues Produkt entsteht, das sich aus dem ersten und dem zweiten Teilprodukt zusammensetzt usw. (Abb. 1.2-1).

Abb. 1.2-1: Ausbaustufen eines Produkts

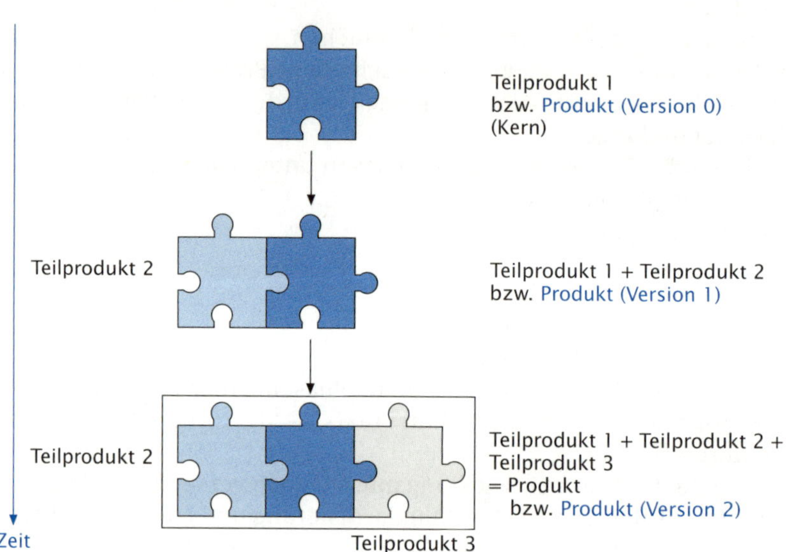

evolutionäres Modell

evolutionär = sich allmählich und stufenweise entwickelnd

Ausgangspunkt bei dem **evolutionären Modell** sind die Kern- oder Mussanforderungen des Auftraggebers. Diese Anforderungen definieren einen Produktkern. Nur dieser Produktkern wird anschließend entworfen und implementiert. Das Kernsystem, auch Nullversion genannt, wird an den Auftraggeber ausgeliefert.

Der Auftraggeber sammelt Erfahrungen mit dieser Nullversion und ermittelt daraus seine Produktanforderungen für eine erweiterte Version. Die Nullversion wird anschließend um die neuen Anforderungen ergänzt. Die neue Produktversion wird eingesetzt. Anhand der gewonnenen Erfahrungen werden neue Anforderungen aufgestellt.

Charakteristika

Eine solche evolutionäre Entwicklung besitzt folgende Charakteristika (siehe auch /Boehm 88, S. 122/):

- Das Software-Produkt wird allmählich und stufenweise entwickelt, gesteuert durch die Erfahrungen, die der Auftraggeber und die Benutzer mit dem Produkt machen.
- Pflegeaktivitäten werden ebenfalls als Erstellung einer neuen Version betrachtet.

- Gut geeignet, wenn der Auftraggeber seine Anforderungen noch nicht vollständig überblickt: »*I can't tell you what I want, but I'll know it when I see it*«.
- Die Entwicklung ist code-getrieben, d.h. man konzentriert sich jeweils auf lauffähige Teilprodukte.

Die evolutionäre Entwicklung wird auch als Versionen-Entwicklung *(versioning)* bezeichnet. Abb. 1.2.2 zeigt die Vorgehensweise beim evolutionären Modell. *versioning*

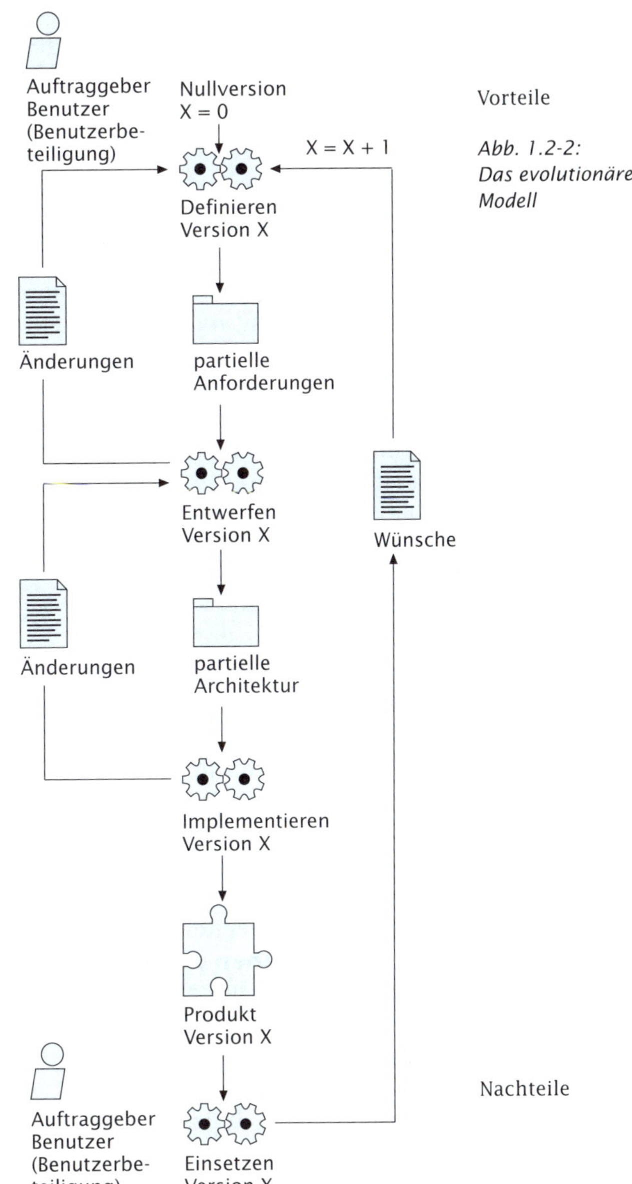

Abb. 1.2-2: Das evolutionäre Modell

Bewertung

Das evolutionäre Modell hat folgende Vorteile: Vorteile

- Der Auftraggeber erhält in kurzen Zeitabständen einsatzfähige Produkte, z.B. im Halbjahresrhythmus.
- Der frühzeitige Einsatz einer eingeschränkten Produktversion erlaubt es, die Auswirkungen des Produkteinsatzes auf die Arbeitsabläufe zu studieren und diese Erfahrungen in die nächste Version einzubringen.
- Ein Produkt wird in einer Anzahl kleiner Arbeitsschritte überschaubarer Größe erstellt. Dadurch ist es möglich, die Richtung der Entwicklung Schritt für Schritt zu korrigieren oder neu zu definieren.
- Die Entwicklung ist nicht nur auf einen einzigen Endabgabetermin ausgerichtet – der meist mehrere Jahre in der Zukunft liegt – sondern es gibt einsatzfähige Zwischenergebnisse.

Dem stehen folgende Nachteile gegenüber: Nachteile

- Es besteht die Gefahr, dass in den nachfolgenden Versionen die komplette Systemarchitektur überarbeitet werden muss, weil bei der Nullversion Kernanforderungen übersehen wurden.

- Es besteht die Gefahr, dass die Nullversion nicht flexibel genug ist, um sich an ungeplante Evolutionspfade anzupassen.

inkrementelles Modell

Inkrement = Betrag, um den eine Größe zunimmt

Diese Nachteile werden bei dem **inkrementellen Modell** vermieden. Bei der inkrementellen Entwicklung werden die Anforderungen an das zu entwickelnde Produkt möglichst *vollständig* erfasst und modelliert. Analog zur evolutionären Entwicklung wird dann jedoch nur ein Teil der Anforderungen entworfen und implementiert. Der Auftraggeber erhält in kurzer Zeit ein einsatzfähiges System. Anschließend wird die nächste Ausbaustufe realisiert, wobei Erfahrungen des Auftraggebers mit der laufenden Version berücksichtigt werden.

Da bei der inkrementellen Entwicklung bereits die vollständigen Anforderungen aufgestellt wurden, ist sichergestellt, dass die inkrementellen Erweiterungen zu dem bisherigen System passen, z.B. sind die Schnittstellen bekannt. Diese Sicherheit ist bei der evolutionären Entwicklung *nicht* vorhanden. Auf der anderen Seite benötigt das inkrementelle Modell am Entwicklungsanfang mehr Zeitaufwand. Abb. 1.2-3 veranschaulicht das inkrementelle Modell.

iterativ = Aktionsart, die eine häufige Wiederholung von Vorgängen ausdrückt

Beide Prozess-Modelle sind **iterativ**, da die einzelnen Entwicklungsphasen mehrfach durchlaufen werden, um das fertige Endprodukt zu erstellen.

Die hier vorgenommene Unterscheidung zwischen evolutionärem und inkrementellem Modell ist in der Literatur *nicht* überall so zu finden.

1.3 Die Planungsphase: Einführung und Überblick

Planungsphase

Bevor mit der eigentlichen Entwicklung eines Software-Produkts begonnen werden kann, muss durch eine **Voruntersuchung** oder **Durchführbarkeitsuntersuchung** die fachliche, ökonomische und personelle Durchführbarkeit gezeigt werden. Am Ende der **Planungsphase** steht die Entscheidung über die weitere Vorgehensweise: Weitermachen oder beenden *(stop or go)* (Abb. 1.3-1).

durchzuführende Aktivitäten

Die Aktivität **Planen des Produkts** beinhaltet unter anderem folgende Einzelaktivitäten:

- Auswählen des Produkts
  - Trendstudien
  - Marktanalysen
  - Forschungsergebnisse
  - Kundenanfragen
  - Vorentwicklungen

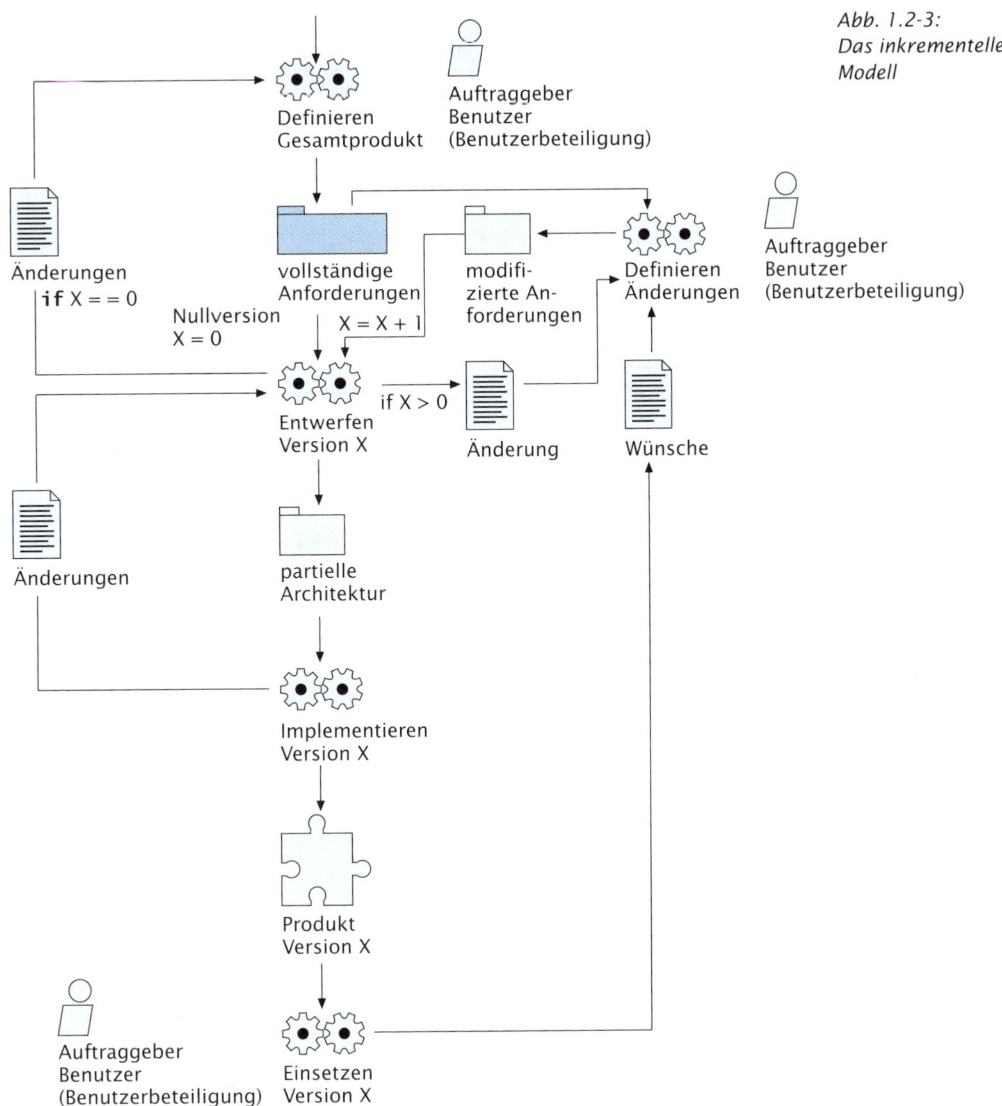

Abb. 1.2-3: Das inkrementelle Modell

- ■ Voruntersuchung des Produkts
- □ Unter Umständen gezielte Ist-Aufnahme, wenn bereits ein Vorgängerprodukt vorhanden ist; anschließend Ist-Analyse
- □ Festlegen der Hauptanforderungen
- △ Festlegen der Hauptfunktionen
- △ Festlegen der Hauptdaten
- △ Festlegen der Hauptleistungen
- △ Festlegen der wichtigsten Aspekte der Benutzungsschnittstelle
- △ Festlegen der wichtigsten Qualitätsmerkmale

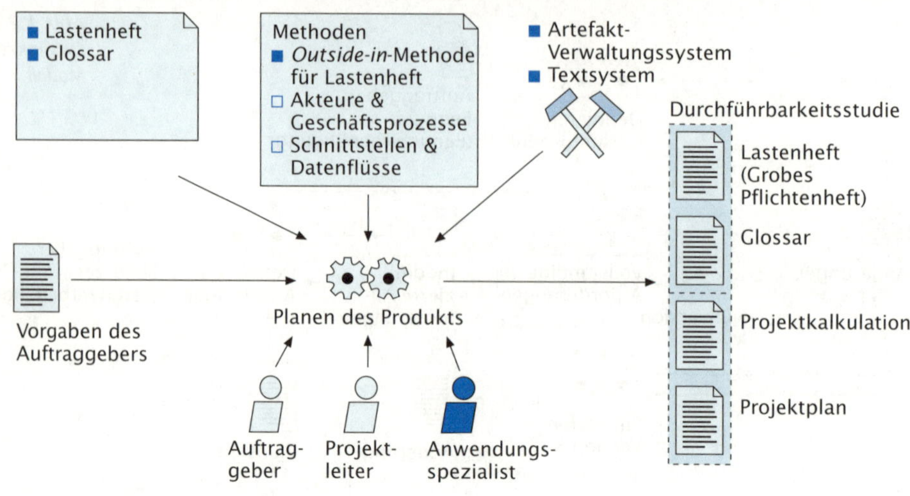

Abb. 1.3-1: Überblick über die Planungsphase

- Durchführbarkeitsuntersuchung
  - Prüfen der fachlichen Durchführbarkeit (softwaretechnische Realisierbarkeit, Verfügbarkeit geeigneter Entwicklungs- und Zielmaschinen)
  - Prüfen alternativer Lösungsvorschläge (z.B. Kauf und Anpassung von Standardsoftware vs. Individualentwicklung)
  - Prüfen der personellen Durchführbarkeit (Verfügbarkeit qualifizierter Fachkräfte für die Entwicklung)
  - Prüfen der Risiken
  - Aufwands- und Terminschätzung
  - Wirtschaftlichkeitsrechnung.

Durchführbarkeitsstudie

Die Ergebnisse dieser Tätigkeiten münden in eine **Durchführbarkeitsstudie *(feasibility study)***, die folgende Artefakte enthält:

- Lastenheft (grobes Pflichtenheft),
- Glossar (Begriffslexikon),
- Projektkalkulation,
- Projektplan.

Ziel

Die Tätigkeiten in der Planungsphase haben also das Ziel zu prüfen, ob ein Produkt entwickelt werden soll. Die Ergebnisse der oben aufgeführten Aktivitäten bilden die sachliche Grundlage für diese Entscheidung.

beteiligte Rollen

In der Planungsphase werden folgende Rollen benötigt:

- **Auftraggeber**
  Aufgaben: Vorgabe der Anforderungen und Abnahme der erstellten Artefakte
- **Projektleiter**
  Aufgaben: Planung, Steuerung und Kontrolle des Projekts

- **Anwendungsspezialist**
  Aufgabe: Fachgerechte Beschreibung der Anforderungen des Auftraggebers

Den Aktivitäten sind folgende Rollen zugeordnet:

Aktivitäten/ Rollenzuordnung

Aktivitäten	Auftraggeber	Projektleiter	Anwendungsspezialist
Lastenheft erstellen	m	m	v
Glossar erstellen	m	m	v
Projektkalkulation erstellen	m	v	m (Aufwandsabschätzung)
Projektplan erstellen	m	v	m

Legende: v = verantwortlich, m = mitwirkend

Einschränkungen

Einschränkend muss jedoch darauf hingewiesen werden, dass es über die durchzuführenden Aktivitäten in der Planungsphase und über die Ergebnisdokumente noch *keine* einheitliche, allgemein akzeptierte Auffassung gibt. Auch die verwendeten Begriffe sind unterschiedlich. Dies unterscheidet die Planungsphase von allen nachfolgenden Phasen, die im Wesentlichen konsolidiert sind.

Hinzu kommt, dass die durchzuführenden Aktivitäten und die involvierten Personengruppen stark von der jeweiligen Firmensituation abhängen.

Erstellt die Software-Abteilung Individualsoftware für die eigene Firma, dann erfolgen die Planungen zusammen mit der jeweiligen Fachabteilung. Stellt ein Software-Haus Standardsoftware für den anonymen Markt her, dann unterliegen Produktplanungen anderen Randbedingungen. Beispielsweise sind Messen wie *CeBit* und *Systems* als Fertigstellungstermine relevant. Wiederum anders stellt sich die Situation für ein Unternehmen dar, das beispielsweise im Anlagenbau tätig ist. Aufgrund von Ausschreibungen, bei denen die Software-Anforderungen auf wenigen Seiten festgelegt sind, müssen in kurzer Zeit Angebote kalkuliert und abgegeben werden.

Die folgenden Ausführungen konzentrieren sich auf den fachlichen Aspekt der Planungsphase sowie auf die Aufwands- und Terminschätzung. Diese Tätigkeiten sollten von den Mitarbeitern durchgeführt werden, die die fachliche Entwicklung eines Software-Produkts vornehmen. Da die Aufwandsschätzung auf fachlichen Anforderungen basiert, wird sie hier behandelt.

Hauptkapitel II 2

Die Aspekte, die zur Erstellung eines Projektplans gehören – wie Netzplantechnik – werden im Buchteil »Software-Management« behandelt.

1.4 Lastenheft und Glossar

1.4.1 Lastenheft

Lastenheft

Das fachliche Ergebnisdokument der Planungsphase wird oft als **Lastenheft** oder grobes Pflichtenheft bezeichnet, ergänzt um ein Glossar.

Aufgrund meiner Erfahrungen habe ich ein Lastenheft-Schema mit nummerierten Anforderungen entwickelt, das in der Definitionsphase dann zum Pflichtenheft erweitert und verfeinert wird. Dieses Schema oder ähnliche Schemata werden in der Praxis verwendet.

Definitionsphase Kapitel 2.4

Im Folgenden wird die Funktion eines Lastenheftes zunächst definiert. Das verwendete Gliederungsschema (Artefakt-Muster: Lastenheft) zeigt Abb. 1.4-1. Beispiele für Lastenhefte befinden sich im Anhang B.

Lesehinweis

Abb. 1.4-1a: Gliederungsschema (Muster) eines Lastenheftes

1 Zielbestimmung

Hier wird beschrieben, welche Ziele durch den Einsatz des Produkts erreicht werden sollen.

2 Produkteinsatz

Es wird festgelegt, für welche **Anwendungsbereiche** und für welche **Zielgruppen** das Produkt vorgesehen ist.

3 Produktübersicht

Gibt einen meist grafischen Überblick über die Produktumgebung, z.B. durch ein Umweltdiagramm (siehe Abb. 1.4-2).

4 Produktfunktionen

Die Hauptfunktionen des Produkts aus Auftraggebersicht sind auf oberster Abstraktionsebene zu beschreiben. Das bedeutet, dass die **typischen Arbeitsabläufe**, die mit dem zu erstellenden Produkt durchgeführt werden sollen, zu nennen sind. Zu diesem frühen Zeitpunkt ist noch nicht abzusehen, ob diese Arbeitsabläufe vollständig durch Software realisiert werden oder auch organisatorische Schritte beinhalten. Ein Arbeitsablauf soll immer zu einem Ergebnis für den Benutzer führen.

Viele Produkte – insbesondere kaufmännisch/administrative Anwendungs-Software – enthalten im Allgemeinen eine Reihe von Verwaltungsfunktionen, z.B. Erfassen eines neuen Kunden, Aktualisieren der Kundendaten, Löschen alter Kunden. Diese Funktionalität ist hier *nicht* aufzuführen.

Viele Produkte erstellen eine Reihe von Berichten, Reports, Listen usw., von denen hier die wichtigsten aufzulisten sind. Auf Funktionen, die nur elementare Listen (z.B. Liste aller Kunden) erstellen, ist jedoch zu verzichten. Serienbrieffunktionalität ist *nicht* aufzuführen. Es wird keine vollständige textuelle Beschreibung der funktionalen Anforderungen verlangt.

Jede Funktionsanforderung ist durch eine vorangesetzte Zahl und ein vorangesetztes LF (**L**astenheft **F**unktion), eingeschlossen in Schrägstriche, zu markieren (z.B. /LF 20/), um in späteren Artefakten eindeutig darauf referenzieren zu können (Quittierungsprinzip, *tracing*).

Hinweis: Die Anforderungen werden in 10er-Schritten durchnummeriert, um später zusätzliche Anforderungen einfügen zu können.

Die Funktionalität kann mit Hilfe von **Akteuren** und **Geschäftsprozessen** (Abb. 1.4-2) oder mit Hilfe von **Schnittstellen** und **Datenflüssen** (Abb. 1.4-3) systematisch ermittelt werden. Entsprechend der gewählten Methode sind hier die erstellten Ergebnisse darzustellen. Grafiken können direkt oder im Anhang eingefügt werden.

5 Produktdaten
Die langfristig zu speichernden Hauptdaten und deren voraussichtlicher Umfang (Mengengerüst) sind aus Benutzersicht aufzuführen (/LDnn/).

6 Produktleistungen
Werden an einzelne Hauptfunktionen und Hauptdaten Leistungsanforderungen bzgl. Zeit oder Genauigkeit gestellt, dann werden sie hier aufgeführt und mit /LLnn/ markiert. Zu prüfen ist, ob die gewünschten Leistungen mit den in **5** genannten Datenmengen erreicht werden können.

7 Qualitätsanforderungen
Die wichtigsten Qualitätsanforderungen und die jeweils geforderte Qualitätsstufe sind hier aufzuführen, wie gute Zuverlässigkeit, gute Benutzbarkeit, normale Effizienz usw.
Gibt es in einem Unternehmen einen festgelegten Qualitätsstandard für alle Produkte, dann sind hier nur Abweichungen davon aufzuführen und zu begründen.

8 Ergänzungen
Hier werden Ergänzungen oder spezielle Anforderungen beschrieben, z.B. außergewöhnliche Anforderungen an die Benutzungsschnittstelle, wie »Spracheingabe erforderlich«.

Abb. 1.4-1b: Gliederungsschema (Muster) eines Lastenheftes

Kapitel III 1.3 Anhang A, DIN ISO 9126

Funktion eines Lastenhefts

Aufgabe: Das Lastenheft enthält eine Zusammenfassung aller fachlichen Basisanforderungen, die das zu entwickelnde Software-Produkt aus der Sicht des Auftraggebers erfüllen muss. »Basisanforderungen« bedeutet eine bewusste Konzentration auf die fundamentalen Eigenschaften des Produkts und ihre Beschreibung auf einem ausreichend hohen Abstraktionsniveau, das die Anforderungen präzise beschreibt, ohne sich in Details zu verlieren.
Adressaten: Auftraggeber (extern oder intern, z.B. Marketing), sowie Auftragnehmer repräsentiert durch den Projektleiter und die Anwendungsspezialisten.
Inhalt: Bewusste Konzentration auf die fundamentalen Eigenschaften des Produkts. Beschreibung des »Was«, nicht des »Wie«.
Form: Vorgegebenes, standardisiertes, grobes Gliederungsschema (Lastenheft-Muster) mit festgelegten Inhalten.
Sprache: Beschreibung auf angepasstem Abstraktionsniveau in verbaler und grafischer Form. Die einzelnen Anforderungen werden nummeriert, damit man sich in späteren Phasen darauf beziehen kann.
Didaktik: Das Gliederungsschema ist so aufgebaut, dass das Lastenheft gut lesbar ist.
Zeitpunkt: Das Lastenheft ist das erste Dokument, das die Anforderungen an ein neues Produkt grob beschreibt.
Umfang: Da es nur um die fundamentalen Anforderungen geht, sollte der Umfang auf wenige Seiten beschränkt werden.

Methoden

Um die Anforderungen an ein neues Produkt bereits in diesem frühen Stadium systematisch zu ermitteln, gibt es verschiedene Vorgehensmöglichkeiten:

- Bei einer ***outside-in*-Methode** (von außen nach innen) wird zunächst die Umwelt eines Produkts bzw. Systems modelliert und davon ausgehend die Produktinterna.
- Bei einer ***inside-out*-Methode** (von innen nach außen) werden zunächst die Produktinterna und dann die Schnittstellen zur Umwelt eines Produkts modelliert.

Charakteristisch für beide Methoden ist, dass die Modellierung, zumindest beim ersten Vorgehensschritt, auf derselben Abstraktionsebene stattfindet.

Zwei *outside-in*-Methoden werden häufig angewandt:

- Modellierung der Umwelt durch **Akteure** und **Geschäftsprozesse** (dargestellt durch ein Geschäftsprozessdiagramm), in der Regel angewandt bei der objektorientierten Software-Entwicklung (siehe Abb. 1.4-2).
- Modellierung der Umwelt durch **Schnittstellen** und **Datenflüsse** (dargestellt durch ein Kontextdiagramm), in der Regel angewandt bei der strukturierten Software-Entwicklung (siehe Abb. 1.4-3).

Da die *inside-out*-Methode in diesem frühen Entwicklungsstadium nur in Sonderfällen, besonders bei technischen Systemen, verwendet wird, wird sie hier zunächst nicht weiter behandelt.

Abb. 1.4-2a: Umwelt eines Produkts modelliert durch Akteure und Geschäftsprozesse (Methode)

Ausführlich werden Geschäftsprozesse in Kapitel 2.6 behandelt. Dort werden auch die Begriffe definiert.

Ein guter Ausgangspunkt für die Ermittlung der Anforderungen an ein neues Produkt ist die Beschreibung seiner Umwelt. Das Produkt wird als »schwarzer Kasten« angesehen.

1 Akteure identifizieren & beschreiben

Zuerst werden die Akteure identifiziert und beschrieben, die direkt mit dem Produkt kommunizieren.

Ein **Akteur** *(actor)* ist jemand, der an einem Geschehen aktiv und unmittelbar beteiligt ist. Jeder Akteur hat einen gewissen Einfluss auf das Produkt. Ein Akteur ist häufig eine Person, die dann eine Rolle wahrnimmt. Es kann sich ebenso um eine Organisationseinheit oder ein externes Produkt handeln, das mit dem zu modellierenden Produkt kommuniziert.

Beispiel: Seminarorganisation

Beschreibung eines Akteurs:

Kundensachbearbeiter: Wickelt alle Vorgänge mit Endkunden (Privatkunden) und Firmenkunden ab.

Akteur

Das Produkt und seine Akteure lassen sich in einem **Umweltdiagramm** darstellen.

Beispiel

Produkt/ System/ Subsystem

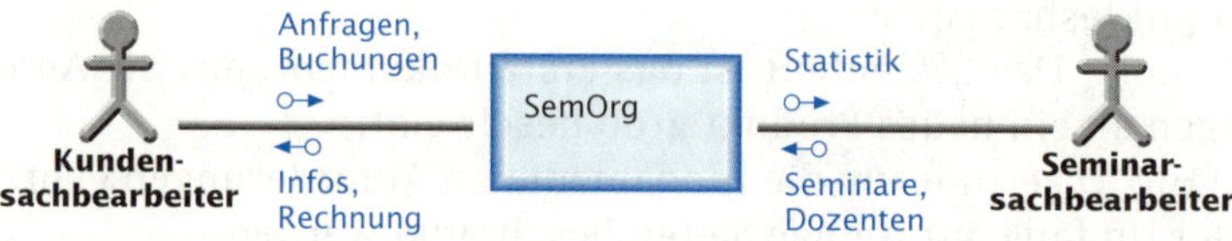

Optional können noch Datenflüsse zwischen den Akteuren und dem Produkt identifiziert werden. Die Richtung des Datenflusses kann durch einen Pfeil, der mit einem kleinen Kreis endet, angegeben werden (oben blau eingezeichnet).

2 Geschäftsvorgänge identifizieren & benennen

Ausgehend von den Akteuren und ihren Datenflüssen sind Geschäftsvorgänge zu identifizieren und zu benennen. Ein **Geschäftsprozess** *(use case)* besteht aus mehreren zusammenhängenden Aufgaben, die von einem Akteur durchgeführt werden, um ein Ziel zu erreichen bzw. ein gewünschtes Ergebnis zu erstellen. Als Name für einen Geschäftsprozess sollte die Gerundiumform eines Verbs, ein Substantiv gefolgt von einem Verb oder der Anfangs- und Endpunkt des Prozesses gewählt werden.

Beispiel:	Gerundium:	Verkaufen
	Substantiv – Verb:	Verkauf abwickeln
	Anfang – Ende:	Von Anfrage bis Auftrag

Im ersten Schritt sollte jeder Geschäftsprozess durch einen kurzen Text beschrieben werden. Außerdem sollte angegeben werden, welche Akteure beteiligt sind. Optional können die Datenflüsse aufgeführt werden.

Beispiel:
Geschäftsprozess: Informieren: Von Anfrage bis Auskunft
Akteure: Kundensachbearbeiter
Beschreibung: Ein Interessent wünscht eine Auskunft über Seminare und Veranstaltungstermine oder möchte einen Seminarkatalog zugesandt bekommen.

Das Zusammenspiel mehrerer Geschäftsprozesse untereinander und mit den Akteuren kann durch ein **Geschäftsprozessdiagramm** *(use case diagram)* beschrieben werden. Es gibt auf hohem Abstraktionsniveau einen guten Überblick über das Produkt und seine Schnittstellen zur Umgebung. Eine Linie zwischen Akteur und Geschäftsprozess bedeutet, dass eine Kommunikation stattfindet.

Beispiel

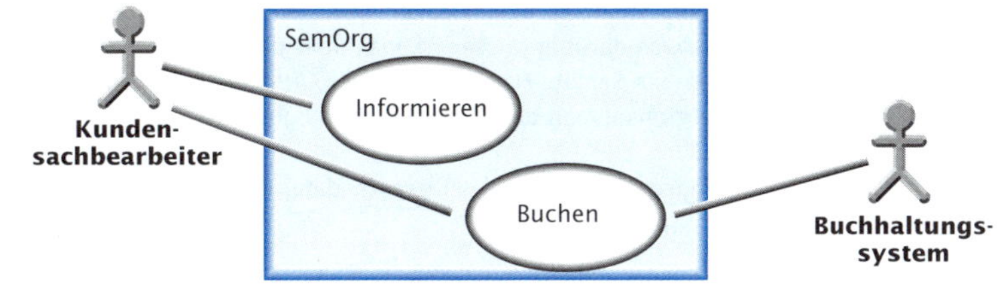

Abb. 1.4-2b: Umwelt eines Produkts modelliert durch Akteure und Geschäftsprozesse (Methode)

Geschäftsprozess

Empfehlung

Hinweis: In der UML ist ein Geschäftsprozess *nicht* völlig identisch mit einem *use case*. Auf die Unterschiede gehe ich in Abschnitt 2.6.1 ein.

1.4.2 Glossar

Parallel zur Erstellung des Lastenheftes ist ein **Glossar** *(glossary)* bzw. ein **Begriffslexikon** anzulegen. In dem Glossar sind alle wichtigen Begriffe zu definieren, die zur Beschreibung des Produkts benötigt werden.

Dadurch soll sichergestellt werden, dass von vornherein eine einheitliche Terminologie zwischen allen Beteiligten verwendet wird. Das Glossar ist in den späteren Phasen zu ergänzen. Wird die Funktionalität durch Akteure und Geschäftsprozesse ermittelt (Abb. 1.4-2), dann können im Glossar die Akteure beschrieben werden. Werden in einer Begriffsdefinition andere Glossarbegriffe verwendet, dann ist auf diese zu verweisen.

Abb. 1.4-3: Umwelt eines Produkts modelliert durch Schnittstellen und Datenflüsse (Methode)

Ein guter Ausgangspunkt für die Ermittlung der Anforderungen an ein neues Produkt ist die Beschreibung seiner Schnittstellen mit seiner Umwelt. Schnittstellen können Quellen und Senken von Datenflüssen sein, die ebenfalls ermittelt werden.

Kapitel 2.7 und 2.19

Schnittstelle

1 Schnittstellen identifizieren

Die Umwelt eines Produkts besteht aus Informationsquellen und Informationssenken. Diese bilden die Schnittstellen zur Umwelt. Die Umwelt selbst wird nicht weiter modelliert.
Informationen entstehen in Informationsquellen und fließen in das Produkt. Informationen verschwinden in Informationssenken. Eine Schnittstelle kann sowohl Informationsquelle als auch Informationssenke sein.
Eine Schnittstelle ist so zu wählen, dass sie die ursprüngliche Quelle oder Senke einer Information angibt. Die Informationen »Buchungsdaten einer Veranstaltung« stammen im Ursprung vom Kunden und nicht vom Kundensachbearbeiter, der die Information in das System eingibt (Achtung: Unterschied zur Geschäftsprozessmodellierung, Abb. 1.2-2).

Beispiel

Kunde | Dozent

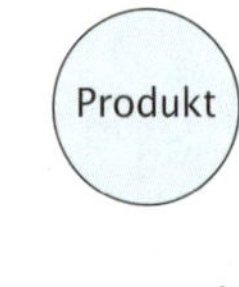

Datenfluss

2 Datenflüsse identifizieren und benennen

Es sind alle Eingabe- und Ausgabedatenflüsse von den Schnittstellen zum Produkt (dargestellt als Kreis) zu identifizieren und als Pfeile zwischen die jeweilige Schnittstelle und das Produkt einzutragen. Die Pfeilspitze zeigt die Richtung des Datenflusses an. Jeder Pfeil ist mit einem Datenflussnamen zu bezeichnen.
Ein Datenflussname besteht aus einem Substantiv oder einem Adjektiv gefolgt von einem Substantiv. Datenflussnamen enthalten niemals Verben.
Die Datenflussnamen sind so zu wählen, dass sie nicht nur die Daten, die fließen, beschreiben, sondern etwas darüber aussagen, was über die Daten bekannt ist, z.B. gültige Kundennummer. Seichte Namen wie *Daten, Informationen* sind zu vermeiden. Das Abstraktionsniveau der Datenflüsse soll gleich sein.

Beispiel

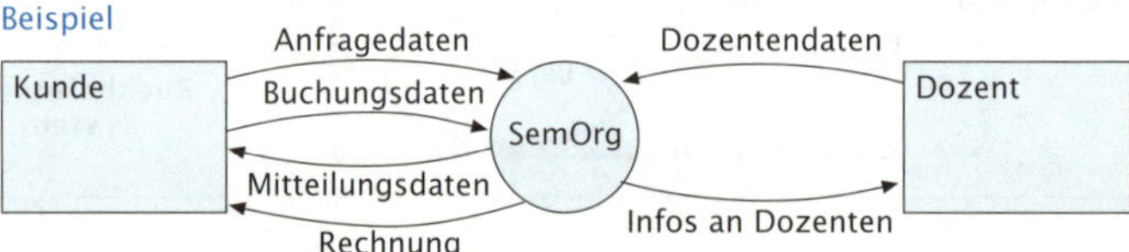

Beispiel

Kundensachbearbeiter

Verantwortlich für die Kommunikation mit →Kunden und →Firmen einschließlich der Auskunftserteilung und Buchung.

Lesehinweis

Beispiele für Glossare befinden sich im Anhang B (auf CD-ROM 1). Wichtig ist, dass die in der jeweiligen Branche üblichen Begriffe verwendet werden, die insbesondere auch für den Produkt-Benutzer verständlich sind. Die Glossarbegriffe werden sowohl für die Benutzungsoberfläche als auch für die *Online*-Hilfe und das Benutzerhandbuch verwendet.

Kapitel 2.23 und 2.25

1.4.3 Einsatz von CASE-Werkzeugen

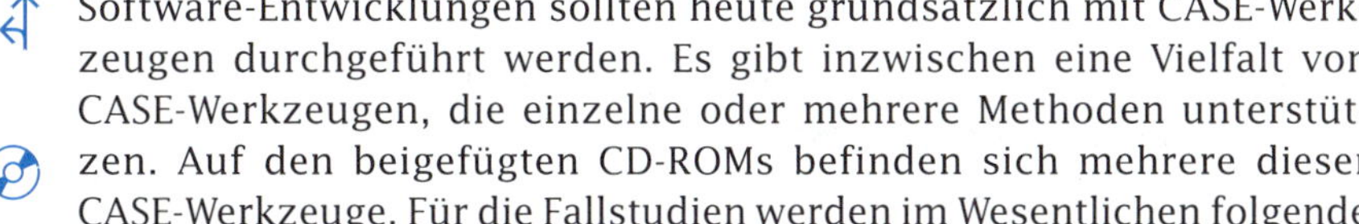

Hauptkapitel IV 2

Software-Entwicklungen sollten heute grundsätzlich mit CASE-Werkzeugen durchgeführt werden. Es gibt inzwischen eine Vielfalt von CASE-Werkzeugen, die einzelne oder mehrere Methoden unterstützen. Auf den beigefügten CD-ROMs befinden sich mehrere dieser CASE-Werkzeuge. Für die Fallstudien werden im Wesentlichen folgende Werkzeuge eingesetzt:

- *Rational Rose* der Firma Rational
- *JANUS/Process* und JANUS-Generator der Firma oTRIs.

Das Werkzeug *Rational Rose*

www.rational.com

Rational Rose ist ein Produkt aus der umfangreichen Palette von CASE-Werkzeugen der Firma Rational. Mit *Rose* können objektorientierte Modelle in UML-Notation erstellt und visualisiert werden. Die Modelle können in verschiedene Programmiersprachen (z.B Java, C++) transformiert werden. Umgekehrt können aus entsprechenden Programmen UML-Modelle zurückgewonnen werden, die dann weiterbearbeitet werden können (*round-trip engineering*). In diesem Buch wird nur ein kleiner Teil der Funktionalität verwendet.

Erstellen von Geschäftsprozessdiagrammen mit *Rational Rose*

Rational Rose
Geschäftsprozess

Rational Rose ist relativ einfach zu bedienen. Viele Operationen können mittels *drag & drop* durchgeführt werden. Für viele Elemente kann mit Hilfe der rechten Maustaste ein *pop-up*-Menü geöffnet werden, in dem verfügbare Funktionen angeboten werden.

Es soll aus der Fallstudie »Seminarorganisation« das Geschäftsprozessdiagramm der Abb. 1.4-2 erstellt werden. Folgende Schritte sind dazu nötig:

- Nach dem Aufruf von *Rose* wird ein leeres Fenster *Classdiagram: Logical View/Main* angezeigt.
- Im *Browser* (links) *Use Case View* mit Klick auf +-Symbol aufklappen und mit Doppelklick auf *Main* das *Use Case Diagram: Use Case View/Main* öffnen.
- Akteur erstellen: Schaltfläche *Actor* selektieren, ins Diagramm klicken und benennen.
- Geschäftsprozess erstellen: Schaltfläche *Use Case* selektieren, ins Diagramm klicken und benennen (der Name wird in *Rose* unter das Oval geschrieben).
- Kommunikation einstellen: Auf die Schaltfläche *Unidirectional Association* positionieren, mit rechter Maustaste *pop-up*-Menü öffnen und *Customize* wählen. *Creates an assoziation relation* links auswählen und *Hinzufügen* anklicken. *Schließen* drücken.
- Kommunikation eintragen: Schaltfläche *Association* selektieren, dann Akteur wählen und bei gedrückter Maustaste *Cursor* zum jeweiligen *Use Case* bewegen.

- Beim Löschen unterscheidet *Rational Rose* zwischen dem Löschen aus dem Diagramm und dem Löschen aus dem Modell (linke Seite im *Browser* dargestellt). Klickt man z.B. auf den Akteur Kundensachbearbeiter und drückt dann die DEL-Taste, ist das Diagramm wieder leer. Im *Browser* ist der Akteur aber noch enthalten. Bewegt man den Mauszeiger auf den Akteur in den *Browser* und zieht den Akteur mittels *drag & drop* in das Geschäftsprozessdiagramm, dann erscheint der Akteur wieder im Diagramm. Das Geschäftsprozessdiagramm ist nur eine spezielle Sichtweise dieses Modells.
  - Geschäftsprozess, Akteur oder Kommunikationslinie im Diagramm löschen: Im Diagramm selektieren und DEL-Taste drücken.
  - Geschäftsprozess, Akteur oder Kommunikationslinie im Modell löschen: Im *Browser* selektieren und im *pop-up*-Menü *Delete* wählen.
- System-Grenzen eintragen: In *Rational Rose* derzeit nicht möglich.

Abb. 1.4-4 zeigt das erstellte Geschäftsprozessdiagramm.

Abb. 1.4-4: Beispiel für ein Geschäftsprozessdiagramm in Rational Rose

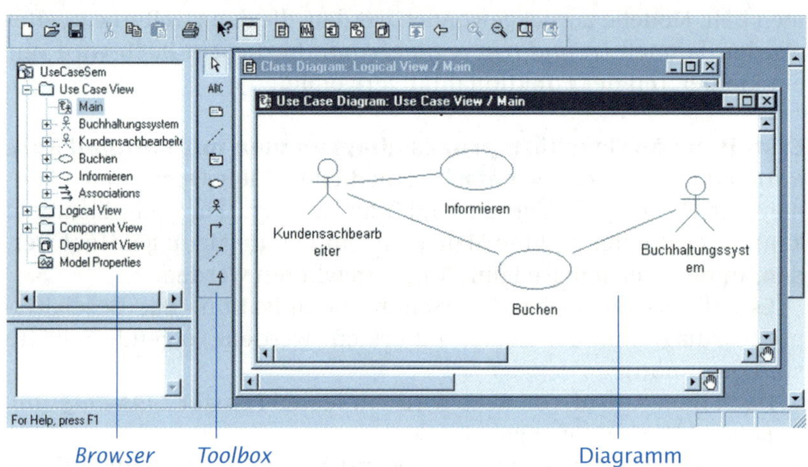

JANUS/Process und das JANUS-Generatorsystem

www.otris.de

Mit der JANUS-Produktfamilie stellt die Firma oTRIs Werkzeuge für die automatisierte Generierung von kaufmännisch/administrativen Anwendungen zur Verfügung. Das JANUS-Generatorsystem wird ab Kapitel 2.8 benutzt, um aus objektorientierten Analysemodellen Pilotsysteme zu generieren.

Abschnitt 2.8.6

Für die Verwaltung von Lastenheften, Pflichtenheften und Glossaren wurde mit Hilfe des JANUS-Generatorsystems von der Firma oTRIs JANUS/Process entwickelt, das in diesem Buch eingesetzt wird (`JanusProcess.exe`).

Abb. 1.4-5 zeigt das oben beschriebene Lastenheft-Schema sowie ein Beispiel aus der »Seminarorganisation«. Mit der Funktion `Drucken` lässt sich ein erfasstes Lastenheft in Textform ausgeben.

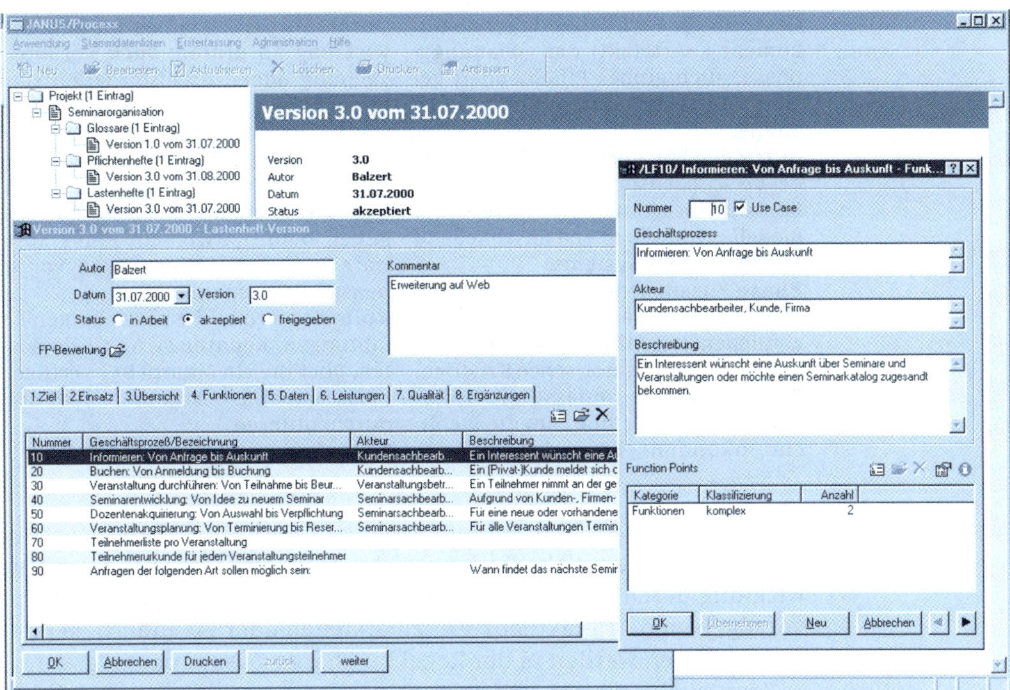

Abb. 1.4-5: Verwaltung eines Lastenheftes mit JANUS/Process

Aktivität Tätigkeit, die bezogen auf ihr Ergebnis (→Artefakt) und ihre Durchführung genau beschrieben werden kann.

Artefakt Ein greifbares Stück Information, das durch Mitarbeiter erzeugt, geändert und benutzt wird, wenn sie →Aktivitäten ausführen. Kann ein Modell, ein Modellelement oder ein Dokument sein; Beispiele: Dokument, z.B. Lastenheft, Modell, z.B. objektorientiertes Analysemodell, Quellcode, z.B. C++-Programm.

Artefakt-Muster Legt die Struktur, den Inhalt und das Layout eines Artefakts fest; kann durch Richtlinien oder implizit durch CASE-Werkzeuge erfolgen.

Durchführbarkeitsstudie Studie zur Erarbeitung einer Empfehlung, ob ein geplantes Software-Produkt nach Prüfung der fachlichen, personellen und ökonomischen Durchführbarkeit realisiert werden soll.

Evolutionäres Modell Stufenweise Entwicklung eines Produkts; ausgehend von *Kernanforderungen* wird zunächst ein Kernsystem (Nullversion) erstellt. Die Weiterentwicklung erfolgt anhand der gemachten Erfahrungen mit dem bisher entwickelten System (→inkrementelles Modell, →Prozess-Modell).

feasibility study →Durchführbarkeitsstudie

Glossar Definiert und erläutert Begriffe, um eine einheitliche Terminologie sicherzustellen; Teil einer →Durchführbarkeitsstudie (→Artefakt).

Inkrementelles Modell Stufenweise Entwicklung eines Produkts; ausgehend von *vollständigen* Produktanforderungen wird zunächst ein Kernsystem (Nullversion) entwickelt. Anhand der vollständigen Anforderungen und der gemachten Erfahrungen mit dem bisher entwickelten System erfolgt die Weiterentwicklung (→evolutionäres Modell, →Prozess-Modell).

***inside-out*-Methode** Vorgehensweise, bei der zunächst die Interna eines Systems betrachtet und modelliert werden und erst anschließend die Umwelt bzw. der Kontext des Systems.

Lastenheft Fachliches Ergebnisdokument (→Artefakt) der →Planungsphase, auch grobes Pflichtenheft genannt; Teil einer →Durchführbarkeitsstudie.

***outside-in*-Methode** Vorgehensweise, bei der zunächst die Umwelt bzw. der Kontext eines Systems betrachtet und modelliert wird und erst anschließend die Interna des Systems.

Phase Zusammenfassung von →Aktivitäten der Software-Entwicklung nach zeitlichen, begrifflichen, technischen und/oder organisatorischen Kriterien.

Planungsphase Umfasst alle →Aktivitäten, die nötig sind, um die fachliche, ökonomische und personelle Durchführbarkeit einer Produktentwicklung zu prüfen; auch Voruntersuchung oder Durchführbarkeitsuntersuchung genannt. Die Ergebnisse werden in einer →Durchführbarkeitsstudie (→Artefakt) zusammengefasst.

Prozess-Modell Allgemeiner Entwicklungsplan, der das generelle Vorgehen beim Entwickeln eines Software-Produkts festlegt, auch Vorgehensmodell genannt.

Rolle Beschreibt die notwendigen Erfahrungen, Kenntnisse und Fähigkeiten, über die ein Mitarbeiter verfügen muss, um eine bestimmte →Aktivität durchzuführen.

Vorgehensmodell →Prozess-Modell

Prozess-Modelle

Prozess-Modelle, auch Vorgehensmodelle genannt, legen fest, in welcher Abfolge welche Rollen welche Aktivitäten der Software-Entwicklung durchführen sollen, um definierte Artefakte entsprechend vorgegebenen Artefakt-Mustern zu erstellen oder zu ändern. Mehrere Aktivitäten werden in der Regel zu Phasen zusammengefasst.

Beim evolutionären und inkrementellen Modell werden zunächst nur gut verstandene Teile des Software-Produkts entwickelt und anschließend schrittweise ausgebaut. Während beim evolutionären Modell zunächst *nur die Kernanforderungen* aufgestellt werden, werden beim inkrementellen]odell zu Beginn *alle Anforderungen* an das Gesamtprodukt zusammengestellt.

Planungsphase

Die Planungsphase ist die erste Phase einer Software-Entwicklung. In ihr wird geprüft, ob ein Produkt aus fachlicher, ökonomischer und personeller Sicht durchführbar ist. Die fachlichen Anforderungen werden in einem Lastenheft festgehalten. In einem Glossar werden die verwendeten Begriffe definiert.

Um die Anforderungen in diesem frühen Stadium systematisch zu ermitteln, wird in der Regel die *outside-in*-Methode verwendet, während die *inside-out*-Methode nur in Sonderfällen – insbesondere bei technischen Systemen – eingesetzt wird.

Die Ergebnisse der Planungsphase werden in einer Durchführbarkeitsstudie *(feasibility study)* zusammengefasst. Sie enthält eine Empfehlung, ob die Entwicklung fortgeführt oder abgebrochen werden soll.

/Boehm 88/
Boehm B.W., *A Spiral Model of Software Development and Enhancement*, in: IEEE Computer, May 1988, S. 61–72.

/Jacobson, Booch, Rumbaugh 99/
Jacobson I., Booch G., Rumbaugh J., *The Unified Software Development Process*, Reading: Addison-Wesley, 1999.

/

1 *Lernziel: CASE-Werkzeuge für die Erstellung von Durchführbarkeitsstudien einsetzen können.*
Betrachten Sie das Geschäftsprozessdiagramm der Abb. 1.4-6. Benennen Sie die Verstöße gegen die Richtlinien zur Erstellung von Geschäftsprozessdiagrammen.

Analytische Aufgaben
Muss-Aufgabe
10 Minuten

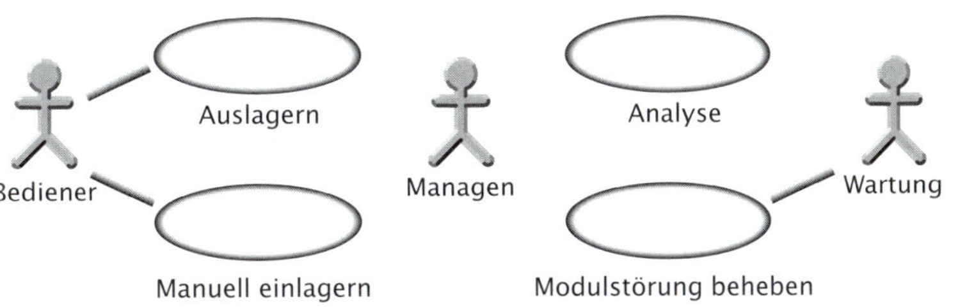

Abb. 1.4-6: Geschäftsprozessdiagramm

2 *Lernziel: Die Umwelt eines Produkts durch Akteure und Geschäftsprozesse sowie durch Schnittstellen und Datenflüsse identifizieren können.*
Untersuchen Sie das Datenflussdiagramm der Abb. 1.4-7 auf Fehler bezüglich der Konventionen für solche Diagramme.

Muss-Aufgabe
15 Minuten

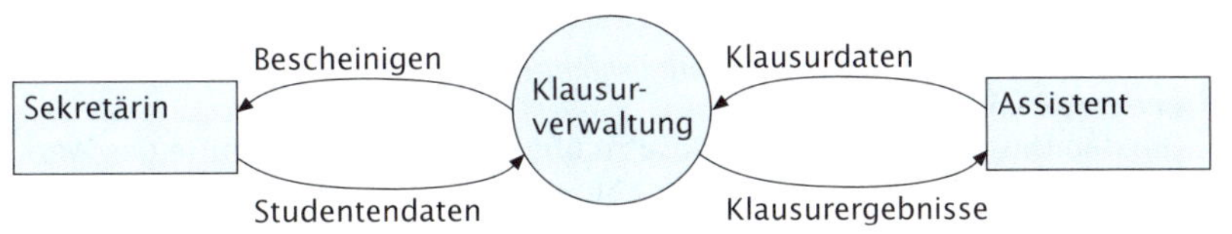

Abb. 1.4-7: Umwelt eines Produkts, modelliert durch Schnittstellen und Datenflüsse

3 *Lernziel: Für vorgegebene Aufgabenstellungen ein Lastenheft entsprechend dem beschriebenen Lastenheft-Muster und ein Glossar erstellen können.*
Untersuchen Sie das folgende Lastenheft für eine Klausurverwaltung (siehe auch Aufgabe 4) auf Fehler. Gegen welche Richtlinien zur Lastenheft-Gestaltung wird wo verstoßen?

Klausur-Aufgabe
30 Minuten

Lastenheft Klausurverwaltung

1 Zielbestimmung
Das Programm Klausurverwaltung soll an jedem Lehrstuhl eingesetzt werden können.

2 Produkteinsatz
Mit dem Programm sollen Klausurergebnisse verwaltet werden können.

3 Produktfunktionen
Geschäftsprozess: Ergebnisse eintragen
Akteur: Assistent
Beschreibung: Der korrigierende Assistent gibt die Noten einer Klausur in das Programm ein
Geschäftsprozess: Ergebnisse übermitteln
Akteur: Sekretärin
Beschreibung: Die Ergebnisse einer Klausur werden auf elektronischem Weg an das Prüfungsamt übermittelt.

4 Produktdaten
Daten der Studenten und der Klausuren

5 Produktleistungen
Alle Geschäftsprozesse müssen zügig und fehlerlos funktionieren.

7 Qualitätsanforderungen
Das Programm muss von hoher Qualität sein.

Konstruktive Aufgaben
Muss-Aufgabe
45 Minuten

4 *Lernziel: Für vorgegebene Aufgabenstellungen ein Lastenheft entsprechend dem beschriebenen Lastenheft-Muster und ein Glossar erstellen können.*
Es soll ein Programm zur Verwaltung von Klausurergebnissen eines Lehrstuhls geschrieben werden. Mit seiner Hilfe soll die Sekretärin in die Lage versetzt werden, noch maximal 10 Jahre nach Ablegen einer Prüfung nachzuvollziehen, welcher Student in welchem Fach in welchem Semester welche Note und Punktzahl erreicht hat. Um die Punktegrenzen für einzelne Noten an gewünschte Verteilungen anpassen zu können, sollen mit dem Programm Eingaben mit variierenden Punktegrenzen und resultierende Notenspiegel durchgespielt werden können. Die Anmeldungen von Studenten und die Prüfungsergebnisse sollen elektronisch mit dem zentralen Prüfungsamt ausgetauscht werden können. Erstellen Sie ein Lastenheft und ein Glossar hierzu. Schätzen Sie die Ihnen noch unbekannten Größen von Datenmengen plausibel ab!

Muss-Aufgabe
30 Minuten

5 *Lernziel: CASE-Werkzeuge für die Erstellung von Durchführbarkeitsstudien einsetzen können.*
Installieren Sie das Werkzeug JANUS/Process von der beiliegenden CD-ROM 2. Machen Sie sich mit dem Umgang mit diesem Werkzeug vertraut. Betrachten Sie die Fallstudie zur Lagerverwaltung im Anhang und geben Sie das Lastenheft in JANUS/Process ein. Drucken Sie das Lastenheft aus JANUS/Process heraus.

Muss-Aufgabe
30 Minuten

6 *Lernziel: CASE-Werkzeuge für die Erstellung von Durchführbarkeitsstudien einsetzen können.*
Um den Umgang mit *Rational Rose* zu üben, installieren Sie bitte das Werkzeug von der CD-ROM 2. Erstellen Sie ein Geschäftsprozessdiagramm, in dem folgende Sachverhalte aus der Klausurverwaltung der Aufgabe 4 abgebildet werden:
Insgesamt gibt es zwei Akteure in dem System: die Sekretärin und den Assistenten.
Der Assistent führt die Geschäftsprozesse »Noten eingeben« und »Notengrenzen variieren« durch. Die Sekretärin ist für den Prozess »Ergebnisse übermitteln« verantwortlich.

Hinweis Weitere Aufgaben befinden sich auf der CD-ROM 1. 

1 Die Planungsphase – Aufwandsschätzmethoden

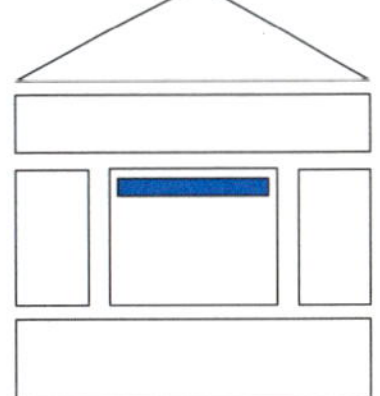
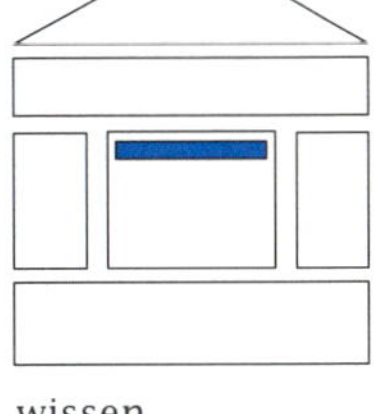

- Die Begriffe LOC und MM kennen.
- Die gegenseitigen Wechselwirkungen der Faktorengruppen Quantität, Qualität, Entwicklungsdauer und Kosten anhand des »Teufelsquadrats« erklären können.
- Die Basismethoden Analogiemethode, Multiplikatormethode, Relationsmethode, Gewichtungsmethode, parametrische Schätzgleichung und Prozentsatzmethode erläutern können.
- Das Konzept der *Function Point*-Methode erklären können.
- Die aufgeführten »Faustregeln« wiedergeben und auf Beispiele anwenden können.
- Die »Übungszählregeln« für die *Function Point*-Methode auf gegebene kommerzielle Problemstellungen anwenden können.
- CASE-Werkzeuge für Aufwandsschätzungen einsetzen können.

wissen

verstehen

anwenden

- Die Kapitel 1.1 bis 1.4 sollten bekannt sein.

i

Allan J. Albrecht *1927 in Pittston, PA., USA; Erfinder der *Function Point*-Methode zur Aufwandsschätzung (1979); nach seiner Ausbildung zum Elektroingenieur (Bucknell-Universität) Mitarbeiter der Firma IBM bis 1989 (Ruhestand); bei IBM für Software-Projektmanagement, -Planung und -Messung zuständig; Ehrungen: IBM *Senior Technical Staff Member* (1986), *Lifetime Achievement Award from the International Function Points Users Group* (1994); heute: unabhängiger Berater in Orleans, MA, USA.

1.5 Einflussfaktoren der Aufwandsschätzung

Die Entwicklung eines Software-Produkts soll wirtschaftlich sein. Die Art der Wirtschaftlichkeitsberechnung hängt davon ab, ob ein Software-Hersteller für einen anonymen Markt Produkte entwickelt oder ob ein Produkt für einen bestimmten Auftraggeber hergestellt wird.

Bei der Entwicklung eines Standard-Produkts für den anonymen Markt ist es Aufgabe des Marketings, die potenziellen Absatzchancen abzuschätzen und einen marktgerechten Preis festzulegen. Die Wirtschaftlichkeit des Produkts ergibt sich aus folgender Gleichung:

Gewinn/Verlust

Gewinn (Verlust) = 1
Deckungsbeitrag * geschätzte Menge
– einmalige Entwicklungskosten
mit Deckungsbeitrag = Preis – laufende variable Kosten,
wobei der Anfall der Zahlungen zu unterschiedlichen Zeitpunkten aus Vereinfachungsgründen unbeachtet bleibt.

Wird ein Produkt für einen individuellen Auftraggeber hergestellt, dann müssen auf der Seite des Auftragnehmers nur die Kosten ermittelt werden. Kosten plus Gewinnspanne ergeben dann den Verkaufspreis. Jeder Käufer eines Produkts muss für sich selbst eine volle Wirtschaftlichkeitsrechnung durchführen, um die Wirtschaftlichkeit des Produkteinsatzes zu ermitteln.

Aus der Sicht des Software-Herstellers bzw. des Auftragnehmers werden die Kosten eines Software-Systems im Wesentlichen durch die **Entwicklungskosten** einschließlich der Lizenzkosten für zugekaufte Softwarekomponenten bestimmt. Den Hauptanteil der Entwicklungskosten bilden die **Personalkosten.** Die zweite, weit geringere Kostengröße ist die anteilige Umlegung der CASE-Umgebungskosten (einschließlich Hardware und Systemsoftware) für die Produktentwicklung. Die Kosten für andere Dienstleistungen, Büromaterial, Druckkosten, Dokumentation, Reisekosten usw. sind im Verhältnis zu den Personalkosten bedeutungslos.

Personalkosten

Um die Entwicklungskosten schätzen zu können, wurden Methoden zur Kosten- und Terminschätzung entwickelt. Die meisten Modelle basieren auf dem **geschätzten Umfang** des zu erstellenden Software-Produkts in »Anzahl der Programmzeilen« bzw. in ***Lines of Code (LOC).*** Bei höheren Sprachen werden z.B. alle Vereinbarungs- und Anweisungszeilen (ohne Kommentare) geschätzt.

LOC

MM

Im einfachsten Fall wird dann der geschätzte Umfang durch einen Erfahrungswert für die Programmierproduktivität (in LOC) eines Mitarbeiters pro Jahr oder Monat geteilt. Daraus erhält man einen geschätzten Aufwand in **M**itarbeiter**j**ahren (MJ) oder **M**itarbeiter**m**onaten **(MM)** bzw. **P**ersonen**m**onaten **(PM)**. Um Urlaubs- und sonstige Fehlzeiten sowie Schulungszeiten zu berücksichtigen, wird im Allgemeinen ein Mitarbeiterjahr neun oder zehn Mitarbeitermonaten gleichgesetzt.

Wird der so ermittelte Aufwand noch durch die nach der Terminvorgabe zur Verfügung stehenden Entwicklungszeit geteilt, dann erhält man theoretisch die Zahl der für die Entwicklung einzusetzenden, parallel arbeitenden Mitarbeiter.

eine einfache Methode

Empirische Untersuchungen bei der Firma Hewlett-Packard (135 HP-Projekte) haben zu folgender »Faustregel« geführt /Grady 92, S. 15/:

Verweis Kap. II 6.2

Eine durchschnittliche Software-Entwicklung liefert ungefähr 350 Quellcodezeilen (ohne Kommentare) pro Ingenieurmonat. Dabei umfasst die Ingenieurzeit alle Phasen von der Definition bis zur Implementierung.

»Faustregel«

Es soll ein Software-Produkt mit geschätzten 21.000 LOC realisiert werden. Beträgt die durchschnittliche Produktivität pro Mitarbeiter 3500 LOC/Jahr, dann werden sechs Mitarbeiterjahre zur Erstellung benötigt. Arbeiten drei Mitarbeiter im Team zusammen, dann werden zwei Jahre bis zur Fertigstellung benötigt.

Beispiel 1

Eine Reduktion des Schätzmodells auf die Faktoren **Produkt-Umfang** und **Mitarbeiterproduktivität** stellt natürlich ein sehr grobes Raster dar. Hinzu kommt, dass selbst diese Faktoren unsicher sind.

Die Schätzung des Produktumfangs wird mehr oder weniger intuitiv vorgenommen, wobei vorwiegend auf Erfahrungen zurückgegriffen wird.

Kapitel II 1.3

Bei kleineren Projekten und vertrautem Anwendungsgebiet sind solche Schätzungen noch hinreichend genau, bei größeren Projekten und neuartigen Produkten sind sie jedoch sehr problematisch.

Ursprünglich wurde angenommen, dass die Mitarbeiterproduktivität im Software-Bereich konstant ist. Untersuchungen zeigten jedoch eine große Produktivitätsbandbreite in Abhängigkeit vom Software-Technik-Niveau der Firma, von den individuellen Fähigkeiten und der Problemkomplexität. Diese vielfältigen Einflussfaktoren führen zu beträchtlichen statistischen Schwankungen der individuellen Mitarbeiterleistung.

Um zu quantitativen und fundierteren Ansätzen zu gelangen, wurden bis heute ungefähr zwanzig Modelle zur Aufwandsschätzung von Software entwickelt, die eine ganze Reihe von relevanten Faktoren berücksichtigen. Die meisten Schätzmodelle wurden induktiv von Daten abgeleitet, die in durchgeführten Projekten gesammelt wurden. Die verschiedenen Modelle verwenden unterschiedliche Parameter zur Kosten- und Terminschätzung.

Einflussfaktoren

Die Faktoren, die einen Einfluss auf die Schätzung haben, lassen sich zu vier Faktorengruppen zusammenfassen: Quantität, Qualität, Entwicklungsdauer und Kosten.

Diese Gruppen stehen für die Ziele der Software-Entwicklung. Ihre gegenseitige Wechselwirkung lässt sich durch das so genannte *Teufelsquadrat* quantitativ veranschaulichen (Abb. 1.5-1). Die an den vier Ecken angetragenen Ziele konkurrieren um die verfügbare Produktivität, die durch die Fläche des inneren Vierecks dargestellt wird. Diese Produktivität ergibt sich aus der Produktivität des eingesetzten Entwicklungsteams. Die begrenzte Größe des Teams spiegelt die begrenzten Personal-Ressourcen wider, die für eine Entwicklung zur Verfügung stehen.

Daraus ergibt sich auch eine begrenzte Produktivität – symbolisiert durch die konstante Fläche des Vierecks. Man kann das Viereck zwar in die eine oder andere Richtung strecken, muss dann aber einen geringeren Zielerfüllungsgrad auf der anderen Seite hinnehmen.

Beispiel 2

Soll die Qualität eines zu entwickelnden Produkts erhöht (Pfeil 1 in Abb. 1.5-1) und gleichzeitig die Entwicklungsdauer verkürzt (Pfeil 2 in Abb. 1.5-1) werden, dann muss der Produktumfang reduziert werden. Gleichzeitig steigen die Entwicklungskosten.

Die begrenzte Fläche des Vierecks wird oft auch damit begründet, dass eine Entwicklungsabteilung zu einem Zeitpunkt ein bestimmtes technisches und organisatorisches Niveau besitzt. Dieses Niveau kann nur schrittweise und zeitlich entsprechend einer Lernkurve erhöht werden. Eine kurzfristige Erhöhung aufgrund von Entwicklungserfordernissen ist nicht möglich. Die »begrenzten Ressourcen« sind dann zu interpretieren als »begrenzte technische und organisatorische Möglichkeiten«.

Hauptkapitel III 4

Zumindest auf längere Sicht wird heute eine gleichzeitige Verbesserung von Qualität und Produktivität sowie eine Verkürzung der Entwicklungsdauer durch Prozessverbesserungen für möglich gehalten.

Um die Einflussfaktoren für Aufwandsschätzungen verwenden zu können, müssen sie erstens quantifiziert und zweitens in den frühen Phasen des Software-Entwicklungsprozesses relativ genau bestimmt werden können. Im Folgenden werden die Faktorengruppen Quantität, Qualität, Entwicklungsdauer sowie die Produktivität näher betrachtet.

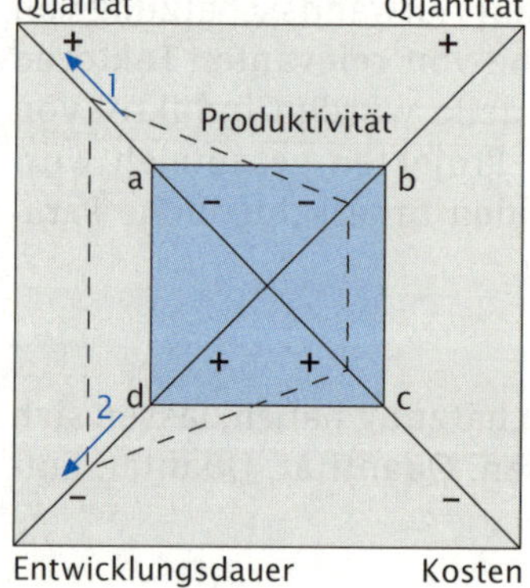

Abb. 1.5-1: Teufelsquadrat nach /Sneed 87, S. 42/

Quantität

Die Quantität eines Software-Produkts lässt sich durch seine Größe, seinen Umfang und seine Komplexität charakterisieren.

LOC

Die **Größe** wird oft durch das Maß »Anzahl Programmzeilen« **(LOC)** angegeben. Fast alle Schätzmodelle basieren auf einer linearen oder überproportionalen Beziehung zwischen der Programmierung in LOC und dem Aufwand. Der überproportionale Zusammenhang wird begründet mit einem größeren Organisations- und Koordinierungsanteil der Software-Entwicklung sowie überproportional zunehmenden Verknüpfungen zwischen den Systemkomponenten. Kapitel II 6.2

Das Quantitätsmaß LOC ist als problematisch anzusehen, da einseitig die Implementierungsphase betont wird und eine exakte Definition einer Programmzeile – insbesondere unabhängig von einer Programmiersprache – schwierig ist.

Als Quantitätsmaß besser geeignet ist der Funktions- und Daten**umfang** eines Software-Produkts. Umfang

Methodisch besteht auch hier das Problem, eine Funktion und ein Datum exakt zu definieren. Dies ist noch schwieriger als bei einer Programmzeile. Der Funktions- und Datenumfang eines neuen Produkts wird jedoch schon sehr frühzeitig definiert (Planungs- und Definitionsphase), so dass eine frühzeitige Schätzung möglich ist. Außerdem ist dieses Maß unabhängig von einer Programmiersprache.

Um noch weitere Einflussfaktoren zu berücksichtigen, werden in die Schätzmodelle oft spezielle **Komplexitätsmaße** integriert, die z.B. die Anzahl der Schnittstellen, die Anzahl und Zusammensetzung der Daten usw. bewerten. Anhand von Richtlinien, Tabellen oder Erfahrungswerten werden diese Faktoren dann oft auf die qualitativen Maße »leicht«, »mittel« und »schwer« oder auf eine Zahlenreihe abgebildet (z.B. Noten zwischen 1 und 6). Komplexität

Qualität

Die für ein zu erstellendes Produkt geforderten Qualitätsziele beeinflussen ganz wesentlich den Entwicklungsaufwand. Je höher die Qualitätsanforderungen sind, desto größer ist der Aufwand. Kapitel II 1.5

Es gibt nicht *die* Qualität, sondern es gibt verschiedene Qualitätsmerkmale. Jedem Qualitätsmerkmal lassen sich Kennzahlen zuordnen. In einer Qualitäts-Zielbestimmung werden Qualitätsstufen für die Kennzahlen festgelegt, z.B. normale Zuverlässigkeit, gute Änderbarkeit und gute Benutzbarkeit.

Qualitätsmerkmale lassen sich heute bereits operationalisieren. Eine Umsetzung in eine Kennzahl ist jedoch erst in Ansätzen möglich. Eine ausführliche Behandlung dieses Themas erfolgt im Buchteil III. Hauptkapitel III 1

Entwicklungsdauer

Die Entwicklungsdauer beeinflusst den Aufwand in folgender Form:

Soll die Zeit verkürzt werden, dann werden mehr Mitarbeiter benötigt. Mehr Mitarbeiter erhöhen den Kommunikationsaufwand innerhalb des Entwicklungsteams. Der höhere Kommunikationsanteil jedes Mitarbeiters reduziert seine Produktivität. Kann dagegen die

Entwicklungsdauer verlängert werden, dann werden weniger Mitarbeiter benötigt und der Kommunikationsanteil sinkt. Die Produktivität jedes Mitarbeiters steigt.

Abschnitt II 3.2.3

Eine ausführliche Behandlung dieses Themas erfolgt im Buchteil II.

In /Boehm 81, S. 75/ wird folgende Formel zur Berechnung der optimalen Entwicklungsdauer angegeben, wenn der Aufwand in Mitarbeitermonaten (MM) bekannt ist:

Optimale Entwicklungsdauer = 2,5 * (Aufwand in MM)^s [Monate] 2

mit s = 0,38 für Stapel-Systeme
s = 0,35 für Dialog-Systeme
s = 0,32 für Echtzeit-Systeme.

Beispiel 3

Es wird geschätzt, dass der Entwicklungsaufwand für ein neues Dialog-System neun Mitarbeitermonate beträgt. Als optimale Entwicklungsdauer ergibt sich:
Dauer = 2,5 * $9^{0,35}$ = 5,3 Monate.
Die durchschnittliche Größe des Entwicklungsteams beträgt:
Anzahl Mitarbeiter = 9 MM / 5,3 Monate = 1,7 ≈ 2.

Produktivität

Die Produktivität wird von vielen verschiedenen Faktoren beeinflusst. Ganz wesentlich wirken sich die Lernfähigkeit und die Motivation der Mitarbeiter sowie die Firmenkultur auf die Produktivität aus. Eine ausführliche Behandlung erfolgt im Buchteil II.

Kapitel II 1.4

1.6 Basismethoden der Aufwandsschätzung

Die meisten Schätzmethoden beruhen auf einer oder mehreren Basismethoden (Tab. 1.6-1). Diese werden im Folgenden kurz vorgestellt.

Die Analogiemethode

Der Aufwand wird durch Vergleich der zu schätzenden Entwicklung mit bereits abgeschlossenen Produkt-Entwicklungen anhand von Ähnlichkeitskriterien bestimmt. Als Ähnlichkeitskriterien können verwendet werden:

- gleiches oder ähnliches Anwendungsgebiet,
- gleicher oder ähnlicher Produktumfang,
- gleicher oder ähnlicher Komplexitätsgrad,
- gleiche Programmiersprache usw.

Aufgrund der Erfahrungen des Schätzenden wird entschieden, wie ähnlich das zu schätzende Produkt mit bereits erstellten Produkten ist. Bei einer hohen Übereinstimmung kann der bekannte Aufwand nahezu unverändert übernommen werden.

Tab. 1.6-1: Übersicht über Aufwandsschätzmethoden nach /Noth, Kretschmar 86/

Schätzmethode	Erscheinungsjahr	Zugrundeliegende Basismethode	Einsatzzeitpunkt	Berücksichtigte Faktorengruppe
EGW	77	G	P, E	1, 4
Boeing	77	G, Ps, M	P, E	1, 4
IFA-PASS	77	A, P	P	1, 2, 4
DOTn	77	G, Ps	P	1, 2, 4
GRIFFIN	77	G, P	P	1, 4
Schneider	78	Ps	P	1
INVAS	80	R, G	I	1, 2, 3, 4
ZKP	80	G, P	D	1, 4
COCOMO	81	G, Ps	P	1, 2, 3, 4
Function Point	81	A, G	I	1, 2, 3, 4

Legende:

zugrunde liegende Basismethode:
A = Analogiemethode
M = Multiplikatormethode
R = Relationsmethode
G = Gewichtungsmethode
Ps= Parametrische Schätzgleichung
P = Prozentsatzmethode

Einsatzzeitpunkt:
P = Planungphase
D = Definitionsphase
E = Entwurfsphase
I = Iteratives Verfahren

Berücksichtigte Faktorengruppe:
1 = Quantität
2 = Qualität
3 = Entwicklungsdauer
4 = Produktivität

Die Auswertung von Metriken hat zu folgender »Faustregel« geführt /Grady 92, S. 14/: Kapitel II 6.2

»Faustregel«

Software-Entwicklungen, die in erster Linie vorhandene Software wieder verwenden, benötigen nur ungefähr 1/4 der Zeit und der Ressourcen von Neuentwickungen.

Beispiel 4

Ein Software-Haus ist auf die Erstellung von Compilern spezialisiert. Für die Entwicklung eines Pascal-Compilers wurden 20 MM benötigt. Um einen neu zu entwickelnden Modula-2-Compiler zu schätzen, wird untersucht, welche anderen und zusätzlichen Sprachelemente Modula-2 gegenüber Pascal enthält und wie komplex diese Konstrukte sind. Es wird ermittelt, dass 20 Prozent neue Konstrukte hoher Komplexität in Modula-2 enthalten sind. 50 Prozent des Pascal-Compiler-Codes können in leicht modifizierter Form wieder verwendet werden, 50 Prozent des vorhandenen Codes müssen völlig überarbeitet werden, was praktisch einer Neuentwicklung entspricht. Es ergibt sich daher folgende Schätzung:

- 50 Prozent leicht modifiziert: 1/4 von 10 MM = 2,5 MM
- 50 Prozent völlige Überarbeitung: 10 MM
- 20 Prozent zusätzliche Neuentwicklung hoher Komplexität: 4 MM * 1,5 (Komplexitätszuschlag) = 6 MM

Anhand dieser Analogschätzung ergibt sich für den Modula-2-Compiler ein Aufwand von 18,5 MM.

Bewertung Die Nachteile der Analogiemethode sind:
- intuitive, globale Schätzung aufgrund individueller Erfahrungen,
- fehlende allgemeine Vorgehensweise,
- fehlende Nachvollziehbarkeit einer Schätzung.

Die Relationsmethode

Ähnlich wie bei der Analogiemethode wird das zu schätzende Produkt direkt mit ähnlichen Entwicklungen verglichen. Im Gegensatz zur Analogiemethode erfolgt die Aufwandsanpassung im Rahmen einer formalisierten Vorgehensweise. Für die Aufwandsanpassung stehen Faktorenlisten und Richtlinien zur Verfügung, wie diese zu berücksichtigen sind.

Beispiel 5 Den Faktoren Programmiersprachen, Programmiererfahrung und Dateiorganisation lassen sich folgende Werte zuordnen /Heilmann 78/:

Programmiersprache	Programmiererfahrung	Dateiorganisation
PL/1 = 100	5 Jahre = 80	sequenziell = 80
COBOL = 120	3 Jahre = 100	index-sequenziell = 120
ASSEMBLER = 140	1 Jahr = 140	

Die Werte geben an, in welcher Richtung und wie stark die einzelnen Faktoren den Aufwand beeinflussen. Für eine Schätzung erfolgt eine produktspezifische Bewertung der Faktoren. Außerdem wird die quantitative Auswirkung auf den Aufwand anhand von Richtlinien ermittelt.

Beispiel 6 Ein neues Produkt soll in PL/1 realisiert werden. Das Entwicklungsteam hat im Durchschnitt drei Jahre Programmiererfahrung. Es ist eine indexsequenzielle Dateiorganisation zu verwenden. Zum Vergleich wird eine Entwicklung herangezogen, die in Assembler programmiert wurde, eine sequenzielle Dateiorganisation verwendete und von einem Team mit fünf Jahren Programmiererfahrung erstellt wurde. Geht man davon aus, dass alle drei Faktoren den Aufwand gleichgewichtig beeinflussen, dann ergibt sich folgende Kalkulation:
- Assembler zu PL/1: 140 zu 100 = 40 Punkte Einsparung
- 5 Jahre zu 3 Jahre: 80 zu 100 = 20 Punkte Mehraufwand
- sequenziell zu indexsequenziell: 80 zu 120 = 40 Punkte Mehraufwand.

Für das neue Produkt ergibt sich ein Mehraufwand von 20 Punkten. Anhand von Richtlinien werden diese Punkte dann in prozentuale Aufwandszuschläge umgerechnet.

Die Multiplikatormethode (»Aufwand-pro-Einheit-Methode«)

Das zu entwickelnde System wird so weit in Teilprodukte zerlegt, bis jedem Teilprodukt ein bereits feststehender Aufwand zugeordnet werden kann (z.B. in LOC). Der Aufwand pro Teilprodukt wird meist durch Analyse vorhandener Produkte ermittelt. Oft werden auch die

Teilprodukte bestimmten Kategorien zugeordnet. Die Anzahl der Teilprodukte, die einer Kategorie zugeordnet sind, wird mit dem Aufwand dieser Kategorie multipliziert. Die erhaltenen Werte für eine Kategorie werden dann addiert, um den Gesamtaufwand zu erhalten.

Die Aufteilung eines zu schätzenden Produkts in Teilprodukte hat folgendes ergeben: Beispiel 7

Kategorie	Anzahl Teilprodukte	Summe LOC	Aufwandsfaktor	LOC bewertet
Steuerprogramm	1*500 [LOC]	500	1,8	900
E/A-Programme	1*700 + 2*500	1700	1,5	2550
Datenverwaltung	1*800 + 2*250	1300	1,0	1300
Algorithmen	1*300 + 5*100	800	2,0	1600
Summe				6350

Die errechneten, bewerteten LOC werden dann anhand von Erfahrungswerten in MM umgerechnet.

Die Gewichtungsmethode

Zunächst werden Faktoren festgelegt, die für die Schätzung relevant sind. Sie sind subjektiv (z.B. Qualifikation des Personals) oder objektiv (z.B. verwendete Programmiersprache) zu bewerten. Den Faktorausprägungen sind Werte zugeordnet. Die Werte aller Faktoren werden nach einer vorgegebenen mathematischen Formel verknüpft und ergeben dann den Gesamtaufwand. Ein Beispiel wird bei der Beschreibung der *Function Point*-Methode angegeben. Kapitel 1.7

Die Methode der parametrischen Gleichungen

Durch Korrelationsanalysen wird ermittelt, welche Faktoren welchen wertmäßigen Einfluss auf den Gesamtaufwand haben. Solche Analysen müssen mit einer großen Anzahl von abgeschlossenen Entwicklungen und einer Vielzahl von Faktoren durchgeführt werden. Die Faktoren, die die höchste Korrelation besitzen, werden zu einer Gleichung zusammengefasst. Der zu jedem Faktor gehörende Koeffizient repräsentiert die Stärke des Einflusses auf den Gesamtaufwand.

Der Aufwandsfaktor in Beispiel 7 repräsentiert den Einfluss des jeweiligen Faktors auf den Gesamtaufwand. Als Gleichung würde sich ergeben: Beispiel 8

$$LOC_{bewertet} = LOC_{Steuerprogramme} * 1{,}8 + LOC_{E/A\text{-}Programme} * 1{,}5 + LOC_{Datenverwaltung} * 1{,}0 + LOC_{Algorithmen} * 2$$

Es ist eine umfangreiche, empirische Datensammlung und -auswertung erforderlich, um die zu berücksichtigenden Faktoren unternehmensspezifisch zu bewerten. Die Koeffizienten müssen permanent überprüft werden, um den technischen Fortschritt zu berücksichtigen. Bewertung

Die Prozentsatzmethode

Aus abgeschlossenen Entwicklungen wird ermittelt, wie der Aufwand sich auf die einzelnen Entwicklungsphasen verteilt hat. Bei neuen Entwicklungen schließt man entweder eine Phase zunächst vollständig ab und ermittelt aus dem Ist-Aufwand dann anhand der Aufwandsverteilung den Soll-Aufwand für die restlichen Phasen. Oder man führt eine detaillierte Schätzung einer Phase durch und schließt hieraus dann auf den Gesamtaufwand. Für verschiedene Prozess-Modelle werden in /Royce 00/ Aufwandsverteilungen angegeben (Abb. 1.6-1).

Kapitel II 3.3

Bewertung

Die Prozentsatzmethode kann bereits frühzeitig eingesetzt werden, wenn der Aufwand für mindestens eine Phase durch den Einsatz einer anderen Methode bestimmt wurde.

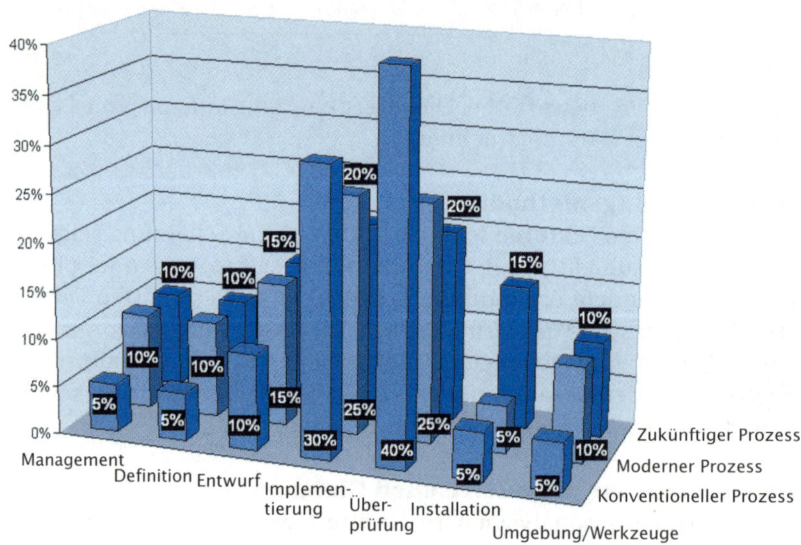

Abb. 1.6-1: Aufwandsverteilung für verschiedene Prozess-Modelle

Zusammenfassung

Zusammenfassend kann gesagt werden, dass keine der aufgeführten Basismethoden allein ausreichend ist. Je nach Zeitpunkt und Kenntnis von aufwandsrelevanten Daten sollte die eine oder andere Methode eingesetzt werden.

Für frühzeitige, grobe Schätzungen müssen die Analogie-, Relations- und Prozentsatzmethode eingesetzt werden.

Wenn die Einflussfaktoren während der Entwicklung besser bekannt sind, dann sollten die genaueren Methoden, wie die Gewichtungs- oder Multiplikationsmethode oder die Methode der parametrischen Schätzgleichungen Verwendung finden.

1.7 Die *Function Point*-Methode allgemein

Die ***Function Point*-Methode** /Albrecht 79/, /Albrecht, Gaffney 83/ geht davon aus, dass der Aufwand zur Erstellung eines neuen Produkts vom Umfang und vom Schwierigkeitsgrad des Produkts abhängt. Der Umfang wird nicht wie bei anderen Methoden durch LOC *(Lines of Code)* ausgedrückt, sondern aus den Produktanforderungen ermittelt.

Kapitel 1.5

1. Schritt: Kategorisierung

Jede Produktanforderung wird einer von fünf Kategorien zugeordnet (Abb. 1.7-1).

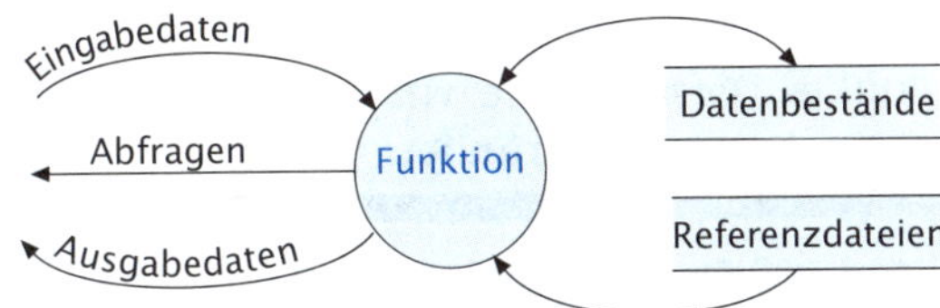

Abb. 1.7-1: Kategorien der Function-Point-Methode

Beispiel 1a

Im Lastenheft der Fallstudie »Seminarorganisation« (siehe Anhang B auf CD-ROM 1) lautet die Anforderung /LF 70/: »Teilnehmerliste pro Veranstaltung«. Diese Anforderung ist der Kategorie »Ausgabedaten« zuzuordnen. Analog handelt es sich bei /LF 80/ »Teilnehmerurkunde für jeden Veranstaltungsteilnehmer« um eine Ausgabe. Es liegen also zwei verschiedene Ausgaben vor.

2. Schritt: Klassifizierung

Anschließend wird jede Produktanforderung unter Zuhilfenahme von Tabellen, Richtlinien und Beispielen in eine der Klassen »einfach«, »mittel« oder »komplex« eingeordnet.

Beispiel 1b

Da im Lastenheft noch keine genaueren Angaben über die Ausgaben gemacht werden, werden sie in die Klasse »mittel« eingeordnet.

3. Schritt: Eintrag in Berechnungsformular

Hat man die Klassifizierung für alle Produktanforderungen in allen Kategorien durchgeführt, dann weiß man, wie viele Anforderungen in welche Kategorie und Klasse fallen. Diese Angaben werden nun in ein Berechnungsformular eingetragen (Tab. 1.7-1).

Beispiel 1c

Die Anforderung /LF 70/ enthält eine Ausgabe »mittlerer« Komplexität. In der 2. Zeile von Ausgaben wird in die Spalte Anzahl der Tab. 1.7-1 die Zahl 1 eingetragen. Diese Zahl wird mit der Zahl 5 (Einflussfaktor für »mittel«) multipliziert. Es ergeben sich 5 *Function Points.*

Function Points

Die Häufigkeiten der ermittelten Kategorien werden entsprechend ihrer Klassifizierung in das Formular eingetragen. Die Zeilensummensind die ***Function Points*** (FP) für die jeweilige Klasse. Alle Zeilensummen werden aufsummiert und ergeben die unbewerteten Gesamtpunkte.

4. Schritt: Bewertung der Einflussfaktoren

Die endgültigen *Function Points* erhält man, indem man sieben Faktoren, die einen wesentlichen Einfluss auf die Entwicklung haben, entsprechend ihrer Einwirkung nach vorgegebenen Richtlinien mit Zahlen bewertet.

5. Schritt: Berechnung der bewerteten *Function Points*

Die Einflussfaktoren sind in Tab. 1.7-1 aufgeführt. Jeder Faktor wird innerhalb der angegebenen Spanne bewertet, z.B. Rechenoperationen zwischen 0 und 10. Die Bewertungszahlen für die einzelnen Faktoren werden addiert. Es ergibt sich eine Summe zwischen 0 und 60. Dieser Wert wird durch hundert dividiert. Zum Ergebnis werden 0,7 addiert. Der so erhaltene Wert wird mit den unbewerteten Gesamtpunkten multipliziert. Es ergeben sich die bewerteten Gesamtpunkte. Diese liegen zwischen 70 Prozent und 130 Prozent der ursprünglich berechneten Punkte. Diese Spanne wird mit empirisch gewonnenen Untersuchungsergebnissen begründet.

Tab. 1.7-1: Berechnungsformular zur Ermittlung der bewerteten Function Points

Kategorie	Anzahl	Klassifizierung	Gewichtung	Zeilensumme
Eingabedaten		einfach	x 3	=
		mittel	x 4	=
		komplex	x 6	=
Abfragen		einfach	x 3	=
		mittel	x 4	=
		komplex	x 6	=
Ausgaben		einfach	x 4	=
		mittel	x 5	=
		komplex	x 7	=
Datenbestände		einfach	x 7	=
		mittel	x 10	=
		komplex	x 15	=
Referenzdaten		einfach	x 5	=
		mittel	x 7	=
		komplex	x 10	=
Summe			E 1	=
Einflussfaktoren (ändern den *Function Point*-Wert um ± 30%)		1 Verflechtung mit anderen Anwendungssystemen (0-5)		=
		2 Dezentrale Daten, dezentrale Verarbeitung (0-5)		=
		3 Transaktionsrate (0-5)		=
		4 Verarbeitungslogik		
		a Rechenoperationen (0-10)		=
		b Kontrollverfahren (0-5)		=
		c Ausnahmeregelungen (0-10)		=
		d Logik (0-5)		=
		5 Wiederverwendbarkeit (0-5)		=
		6 Datenbestands-Konvertierungen (0-5)		=
		7 Anpassbarkeit (0-5)		=
Summe der 7 Einflüsse		E2		=
Faktor Einflussbewertung = E2 / 100 + 0,7		E3		=
Bewertete *Function Points:* E1 * E3				=

Quelle: /IBM 85, S. 12/

Mit den bewerteten Gesamtpunkten sieht man in einer Tabelle nach und erhält daraus den Aufwand in Mitarbeitermonaten (Tab. 1.7-2). Die Tabelle kann auch als Kurve dargestellt werden. Damit ist die Aufwandsermittlung für das zu schätzende Produkt beendet.

6. Schritt: Ablesen des Aufwands in MM

Den 6. Schritt kann man jedoch nur durchführen, wenn man vorher für eine größere Anzahl abgeschlossener Entwicklungen aus dem gleichen Entwicklungsumfeld die bewerteten *Function Points* ermittelt hat. So erhält man eine Menge von Wertepaaren von bewerteten *Function Points* zum angefallenen Aufwand (z.B. in Mitarbeiter-Monaten). Aus diesen Wertepaaren ist mit Hilfe statistischer Verfahren eine Kurve zu entwickeln, die den Zusammenhang zwischen bewerteten *Function Points* und dem Aufwand darstellt.

empirische Ermittlung der Zuordnung FP ↔ MM

Tab. 1.7-2: Function Point-Wertepaare nach /IBM 85/

Function P.	IBM-MM	*Function P.*	IBM-MM	*Function P.*	IBM-MM
50	5	700	52	1700	142
100	8	750	56	1800	153
150	11	800	60	1900	164
200	14	850	64	2000	175
250	17	900	68	2100	188
300	20	950	72	2200	201
350	24	1000	76	2300	215
400	28	1100	85	2400	230
450	32	1200	94	2500	245
500	36	1300	103	2600	263
550	40	1400	112	2700	284
600	44	1500	122	2800	307
650	48	1600	132	2900	341

Nach Beendigung einer mit der *Function Point*-Methode geschätzten Entwicklung ist das neue Wertepaar FP ↔ Aufwand zu verwenden, um die bestehende Kurve zu aktualisieren. Die Aktualisierung kann auf zwei Arten erfolgen:

7. Schritt: Aktualisierung der empirischen Daten

- Hinzufügen zu den bisherigen Wertepaaren. Die Anzahl der zu Grunde liegenden Entwicklungen wird dadurch jeweils erhöht.
- Hinzufügen zu den bisherigen Wertepaaren und Entfernen des ältesten Wertepaares. Dadurch wird das aktuelle Technologieniveau besser wiedergegeben (»gleitender Durchschnitt«).

Einen Überblick über die *Function Point*-Methode gibt Abb. 1.7-2.

Beim Einsatz der *Function Point*-Methode ist darauf zu achten, dass folgende Voraussetzungen eingehalten werden:

- Die Methode wird erst eingesetzt, wenn die Produktanforderungen bekannt sind (frühestes Dokument: Lastenheft).
- Das gesamte Produkt soll im Blickfeld stehen.
- Das Produkt wird aus der Sicht des Auftraggebers betrachtet.
- Die Bewertung erfolgt von Mitarbeitern, die ausreichendes Wissen über die Produktanforderungen haben.
- Der Ist-Aufwand muss für die Nachkalkulation ermittelbar sein.

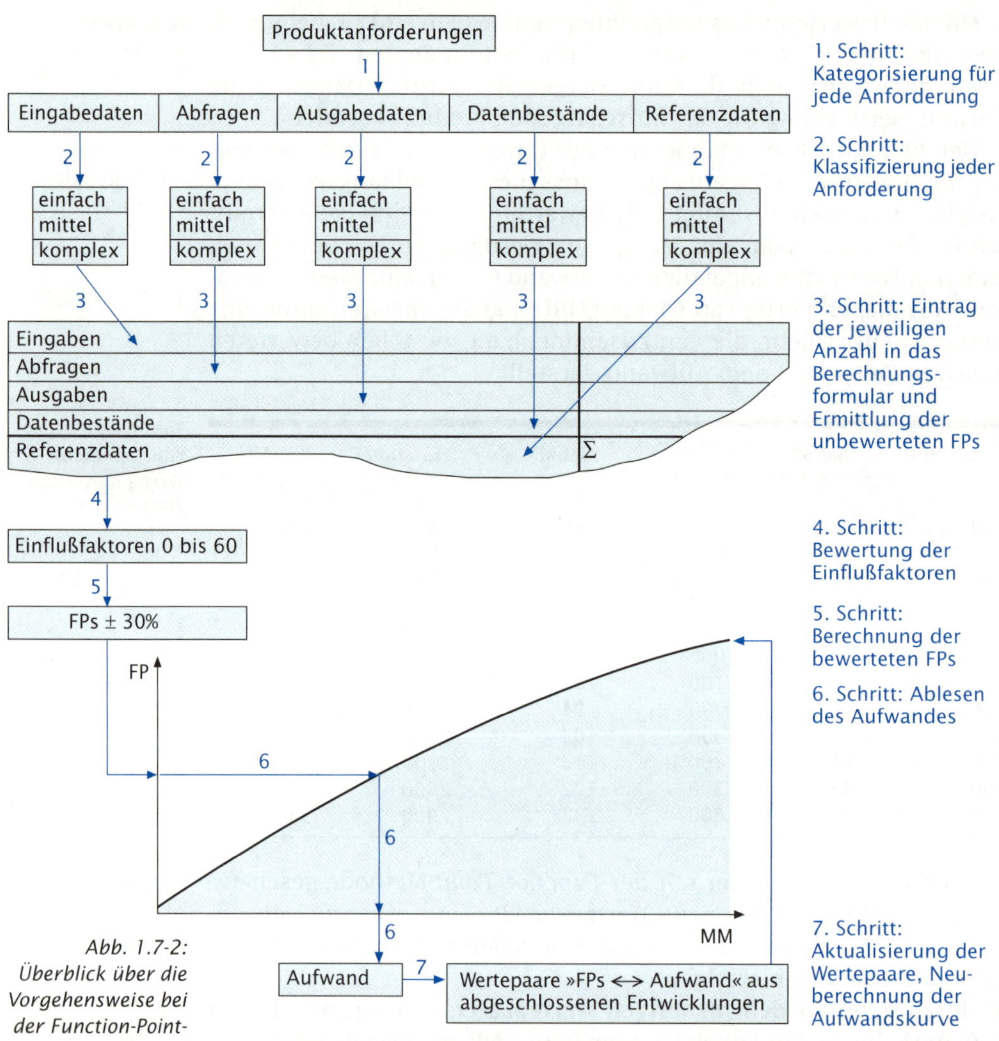

Abb. 1.7-2: Überblick über die Vorgehensweise bei der Function-Point-Methode

- Unternehmensspezifische Schulung und Vorgabe von Beispielen, damit die Wirkung individueller Schätzungen (Klassifizierung und Bewertung der Einflussfaktoren) minimiert wird.

Die Vor- und Nachteile der *Function Point*-Methode zeigt Abb. 1.7-3. Die These, dass unterschiedliche Schätzpersonen zu unterschiedlichen Ergebnissen kommen, wurde von /Kemerer 93, S. 88/ widerlegt. Die mittlere Abweichung der *Function Points* zwischen zwei Schätzpersonen lag bei ungefähr 12 Prozent.

Bedeutung

Die *Function Point*-Methode ist inzwischen eine Standardschätzmethode in der Industrie. Mehr als 500 große Unternehmen setzen weltweit diese Methode ein /Kemerer 93, S. 87/. Sie wird als die beste verfügbare Methode zur Schätzung von kommerziellen Anwendungssystemen angesehen.

Vorteile

- Ausgangspunkt sind Produktanforderungen, nicht LOC.
- Anpassbar an verschiedene Anwendungsbereiche (Änderung der Kategorien).
- Anpassbar an neue Techniken (Änderung der Einflussfaktoren und der Einflussbewertung).
- Anpassbar an unternehmensspezifische Verhältnisse (Änderung der Einflussfaktoren, der Einflussbewertung und der Klassenfaktoren pro Klasse).
- Verfeinerung der Schätzung entsprechend dem Entwicklungsfortschritt (iterative Methode).
  Beispiel:
  1. Schätzung auf der Grundlage des Lastenheftes,
  2. Schätzung auf der Grundlage des Pflichtenheftes,
  3. Schätzung nach Erstellung des formalen Modells.
- Erste Schätzung bereits zu einem frühen Zeitpunkt möglich (Planungsphase).
- Festgelegte methodische Schritte.
- Leicht erlernbar.
- Benötigt nur einen geringen Zeitaufwand.
- Gute Transparenz.
- Gute Schätzgenauigkeit /Noth, Kretzschmar 86/, /Knöll, Busse 91/, /Abrau, Robillard 96/.
- Werkzeugunterstützungen verfügbar.

Nachteile

- Es kann nur der Gesamtaufwand geschätzt werden. Eine Umrechnung auf einzelne Phasen muss mit der Prozentsatzmethode erfolgen.
- In der Originalform von Albrecht personalintensiv und nicht automatisierbar.
- Zu stark funktionsbezogen.
- Qualitätsanforderungen werden nicht berücksichtigt.
- Mischung von Projekt- und Produkteigenschaften bei den Einflussfaktoren.
- Ursprüngliche Einflussfaktoren heute überholt.
- Neigt zur Unterschätzung, da Anforderungen oft lückenhaft /Sneed 99/.
- Methodische Mängel /Furey 97/, /Abrau, Robillard 96/.

Abb. 1.7-3:* *Vor- und Nachteile der Function Point-Methode

Einen Überblick über Werkzeuge zum Schätzen von Software bietet DACS *(Data & Analysis Center for Software)*: `www.dacs.com/techs/estimation/resources.shtml`

Varianten

Inzwischen gibt es ungefähr 14 Varianten der *Function Point*-Methode. In /Kemerer 93/ wird gezeigt, dass die Korrelation der Ergebnisse zwischen zwei *Function Point*-Varianten 0,95 erreicht. Dies ist hinreichend, um eine Variante durch eine andere zu substituieren.

1.8 Die *Function Point*-Methode konkret

Um eine konkrete Schätzung vornehmen zu können, benötigt man Richtlinien und eine Umrechnungskurve FP $\leftrightarrow$ MM. Zusätzlich muss man wissen, für welche Anwendungsbereiche und für welche Voraussetzungen diese Angaben gelten.

In /IBM 85/ sind Richtlinien zur Kategorisierung und Klassifizierung der Produktanforderungen aufgeführt. Außerdem werden die Einflussfaktoren erklärt. Aus heutiger Sicht treffen sowohl diese Richtlinien als auch die Einflussfaktoren auf die Mehrzahl der Software-Entwicklungen *nicht* mehr zu. In dieser Buchauflage führe ich sie daher nicht mehr auf. Wer dennoch daran interessiert ist, findet den entsprechenden Abschnitt der 1. Auflage auf der beigefügten CD-ROM 1.

www.ifpug.org

Die *International Function Point Users Group* (IFPUG) gibt ein Handbuch heraus, das detaillierte Zählregeln für die Ermittlung der *Function Points* enthält /IFPUG 94/. Das Handbuch und erstellte Fallstudien sind jedoch nur Mitgliedern zugänglich.

Die Zählregeln sind aus meiner Sicht sehr kompliziert. Auf Lastenhefte und Pflichtenhefte, wie sie in diesem Buch definiert sind, sind diese Zählregeln *nicht* ohne weiteres anwendbar. Anhand einer proprietären Methode müssen die verbalen Beschreibungen vorher erst formalisiert werden.

Kapitel 2.10, 2.8 und 2.9

Daher erscheinen mir Zählmethoden besser geeignet, die auf allgemeinen Standardmethoden wie der *Entity Relationship*-Methode oder der objektorientierten Analyse aufsetzen. Für diese Methoden wurde die *Function Point*-Methode modifiziert (siehe Kapitel 1.9). Allerdings hat man dann *keine* Möglichkeit, bereits anhand von verbalen Anforderungen Aufwandsabschätzungen vorzunehmen.

Empfehlung: Aufstellung eines eigenen Schätzmodells

Da eine Aufwandsabschätzung stark davon abhängt, welche Angaben in welchem Detaillierungsgrad, z.B. in einem Lastenheft, gemacht werden, ist es fast unmöglich, branchen- und anwendungsübergreifende Zählverfahren anzugeben. Dasselbe gilt für die Einflussfaktoren. Sie hängen stark von dem verwendeten Prozess-Modell, den eingesetzten Werkzeugen usw. ab.

Um zu einer Aufwandsschätzung in der Planungs- und Definitionsphase zu gelangen, ist es daher unbedingt nötig, ein *eigenes* Schätzmodell anhand eigener Erfahrungen aufzustellen und die Ist-Werte zu verwenden, um das Schätzmodell an die Realität anzupassen. Die *Function Point*-Methode stellt dafür den geeigneten Rahmen zur Verfügung.

Verwendet man in der Definitionsphase dann eine Standardmethode, dann kann man die weiteren Zählungen in der Regel automatisch ableiten und sich darauf konzentrieren, die Parameter an die eigenen Bedürfnisse anzupassen.

Beispiel

Für Übungszwecke schlage ich – bezogen auf die in diesem Buch in Lasten- und Pflichtenheften beschriebenen Anforderungen – folgende Kategorien, Gewichtungen und Einflussfaktoren vor, die aber *nicht* empirisch abgesichert sind:

- Kategorien:
  - Funktionen (einfach x 7, mittel x 10, komplex x 15)
  - Ausgaben (Listen/Berichte) (einfach x 4, mittel x 5, komplex x 7)
  - Daten (einfach x 5, mittel x 7, komplex x 10)
- Einflussfaktoren:
  - Produktleistungen
  - Qualitätsanforderungen

- □ Anforderungen an die Benutzungsoberfläche (GUI-Anforderungen)
- □ Nichtfunktionale Anforderungen
- □ Anzahl und Komplexität der Schnittstellen
- □ Algorithmische Komplexität
- □ Architektur
- □ Werkzeugeinsatz (umgekehrt proportional, d.h. geringer Werkzeugeinsatz führt zu hoher Punktzahl)
- □ Erfahrung (Anwendungsbereich, Mitarbeiter) (umgekehrt proportional)
- □ Reife des Entwicklungsprozesses (umgekehrt proportional)

Hauptkapitel III 4

Abschnitt 2.6.3

Für jeden Einflussfaktor können zwischen null und sechs Punkten vergeben werden. Die maximale Punktzahl ist also 60. Da zum Zeitpunkt der Lastenheft-Erstellung in der Regel nur die beiden ersten Einflussfaktoren bewertet werden können, werden die anderen Einflussfaktoren mit jeweils drei Punkten bewertet (neutraler Einfluss). Die letzten acht Einflussfaktoren werden im Abschnitt 2.6.3 behandelt.

Zählrichtlinien zum Üben

Für die Aufwandsschätzung anhand des Lastenheftes gelten folgende Zählrichtlinien:

Anhang B

- Für jeden Geschäftsprozess im Lastenheft wird ermittelt, wie viele elementare Funktionen in ihm enthalten sind.
  Beispiel: /LF10/ Ein Interessent wünscht eine Auskunft über Seminare und Veranstaltungen oder möchte einen Seminarkatalog zugesandt bekommen.
  Elementare Funktionen sind: »Auskunft erteilen« und »Katalog versenden«.
- Jede so identifizierte Funktion im Lastenheft wird als komplex gewichtet. »Komplex« wird gewählt, weil erfahrungsgemäß im Pflichtenheft weitere Funktionen hinzukommen und die erste Schätzung oft zu niedrig ist.
- Jede nicht-elementare Ausgabe wird als komplex eingetragen.
  Beispiel: /LF70/: Teilnehmerliste pro Veranstaltung.
- Alle einzeln aufgeführten Daten werden als komplex gewichtet.
  Beispiel: /LD10/: Kundendaten (max. 50.000).
- In Abhängigkeit von Art und Umfang der Leistungsanforderungen im Lastenheft ist der Einflussfaktor dafür zwischen Null und Sechs zu wählen. *(Einflussfaktoren)*
  Im Lastenheft »Seminarorganisation« sind keine gravierenden Anforderungen enthalten, so dass hier Null gewählt wird.
- Für jede Qualitätsanforderung »sehr gut« sind 1 Punkt, für jede Qualitätsanforderung »gut« sind 0,5 Punkte zu vergeben.
  Für die »Seminarorganisation« ergeben sich danach 1,5 Punkte.

Aus dem Lastenheft der »Seminarorganisation« lassen sich 12 komplexe Funktionen, 5 Daten und 2 Ausgaben ermitteln, das ergibt 244 unbewertete *Function Points*. Es ergeben sich 1,5 Einflusspunkte aus den ersten beiden Einflussfaktoren plus 24 Punkte aus den restlichen Einflussfaktoren (neutraler Einfluss), die zu einen Faktor von 0,955 führen. Damit erhält man 233 bewertete *Function Points* (Abb. 1.8-1).

Es stellt sich nun die Frage, wie man *Function Points* in Mitarbeitermonate umrechnet. Solange man keine eigene Umrechungstabelle ermittelt hat, kann die IBM-Tabelle (Tab. 1.7-2) als Ausgangspunkt dienen. Danach ergeben 233 *Function Points* 16 Mitarbeitermonate (interpoliert). Als optimale Entwicklungsdauer für ein Dialog-System ergibt sich: $2{,}5 * 16^{0{,}35}$ [Monate] = 6,6 [Monate]. Die durchschnittliche Größe des Entwicklungsteams beträgt:

Anzahl Mitarbeiter = 16 MM / 6,6 Monate = 2,42 Mitarbeiter ≈ 2 Mitarbeiter.

Abschnitt 2.6.3 In der Definitionsphase ist diese Schätzung aufgrund detaillierterer Anforderungen erneut durchzuführen. Die Zählregeln und Einflussfaktoren dafür sind in Abschnitt 2.6.3 aufgeführt.

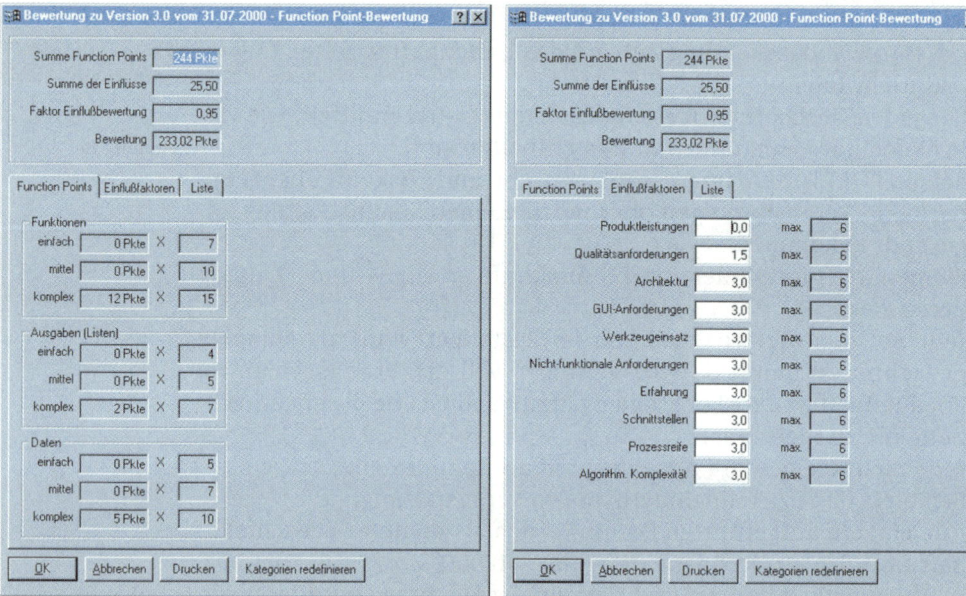

Abb. 1.8-1: Function Points berechnet nach eigenem Modell, dargestellt in JANUS/Process

1.9 Weiterentwicklungen und COCOMO II

Die *Function Point*-Methode wurde von verschiedenen Autoren weiterentwickelt, z.B. zu *Data Points* /Sneed 91/ und *Object Points* /Sneed 96/. Da diese Weiterentwicklungen nur im Zusammenhang mit den Methoden, auf die sie sich beziehen, verständlich sind, werden sie in den entsprechenden Kapiteln behandelt. Die weiterentwickelten Methoden können aber erst eingesetzt werden, wenn entsprechende formale Modelle erstellt sind, d.h. für Lastenhefte sind sie *nicht*

Kapitel 2.10 und Kapitel 2.9

anwendbar. Außerdem sind die Vorschläge bisher empirisch *nicht* abgesichert.

Kapitel 1.2 Hochrechnungsmethode

Für das evolutionäre Prozess-Modell wird in /Sneed 99/ eine Hochrechnungsmethode vorgeschlagen. Motivation zu dieser Methode war die Einsicht, dass große und komplexe Software-Systeme *nicht* vollständig definiert werden können, sondern die Anforderungen immer lückenhaft sind. Es wird daher vorgeschlagen, die erfassten Aufwände, Zeiten und Fehlerraten bisheriger Versionen bzw. Teilprodukte zu verwenden, um die nächste Version zu schätzen. Die Anzahl der geplanten Erweiterungen und Änderungen wird durch die Anzahl des Vorhandenen dividiert, um zu einer Wachstums- bzw. Änderungsrate zu gelangen. Für die Ableitung der Größenmaße der neuen Version aus der alten Version wird vorgeschlagen, auf den LOC der alten Version aufzusetzen. Da die LOC der Vorgängerversion mit CASE-Werkzeugen leicht ermittelbar ist, können anhand der Änderungsrate die LOC der neuen Version berechnet werden.

FP zu LOC

In /Jones 91/ wird angegeben, dass 1 *Function Point* äquivalent 29 Zeilen C++-Code ist. Damit ist es möglich, LOC in *Function Points* zurückzurechnen und umgekehrt.

COCOMO II

Neben der *Function Point*-Methode ist das COCOMO II-Schätzverfahren in der Industrie weit verbreitet. Aufbauend auf den Erfahrungen des 1981 von /Boehm 81/ vorgestellten COCOMO-Verfahrens (**Co**nstructive **Co**st **Mo**del) wurde 1995 COCOMO II vorgestellt, das ein iteratives Vorgehen und die objektorientierte Entwicklung unterstützt.

Die offizielle COCOMO II-Dokumentation erhält man bei: `sunset.use.edu/cocomoii/cocomo.html`

COCOMO II besteht aus den drei Schätzarten *»Application Composition«*, *»Early Design«* und *»Post Architecture«*. Die einzige zur Zeit gut kalibrierte und breit einsetzbare Schätzart ist die *»Post Architecture«*. Als Eingabe dienen KSLOC *(Kilo Source Lines Of Code)*, die über einige Formeln mit 22 Einflussfaktoren verrechnet werden.

Einflussfaktoren

Die Einflussfaktoren decken ein wesentlich breiteres Spektrum an Einflüssen als bei der *Function Point*-Methode. Sie sind unterschiedlich gewichtet und wirken sich stark auf das Schätzergebnis aus. Die Fähigkeiten der Analytiker und Programmierer zwischen schlechtester und bester Bewertung wirken sich beispielsweise mit ca. 300 Prozent auf den Gesamtaufwand aus. Folgende Faktoren werden berücksichtigt:

- Produktbezogen:
  - Komplexität
  - Erforderliche Zuverlässigkeit
  - Erforderliche Wiederverwendbarkeit
  - Datenbankgröße
  - Anforderungen an die Dokumentation
- Personalbezogen:
  - Anwendungserfahrung
  - Erfahrung mit Sprachen und Werkzeugen
  - Qualität der Analytiker
  - Qualität der Programmierer
  - Kontinuität der Mitarbeiter
  - Erfahrungen mit der Plattform
- Plattformbezogen:
  - Stabilität der Plattform
  - Randbedingungen bezogen auf die Ausführungszeit

- ☐ Randbedingungen bezogen auf den Arbeitsspeicher
- ■ Projektbezogen:
- ☐ Zulässige Entwicklungszeit
- ☐ Entwicklung an mehreren Standorten
- ☐ Einsatz von Werkzeugen
- ■ Skalierungsfaktoren:
- ☐ Erstmaligkeit
- ☐ Entwicklungsflexibilität
- ☐ Zusammenhalt der Projektbeteiligten
- ☐ Klärung Architektur/Risiken
- ☐ Reife des Prozesses

Werkzeug

Bei COCOMO II wird *keine* firmenspezifische Aufwandskurve benötigt, um den Gesamtaufwand zu ermitteln. Auf der oben angegebenen Web-Seite findet man ein kostenloses Werkzeug, dem die aktuelle Kalibrierung zu entnehmen ist.

Kombination *Function Points* – COCOMO II

Sprache	**LOC pro FP**
Ada 95	71
C	128
C++	51
HTML 3.0	15
Java	29
Pascal	91
SQL	13
Visual Basic 5	29

Quelle: www.spr.com sunset.use.edu/cocomoii/cocomo.html

In /Jocher, Holl 00/ ist eine Methode beschrieben, wie zuerst nach der *Function Point*-Methode für Geschäftsprozesse und Klassendiagramme (bei einer objektorientierten Software-Entwicklung) unbewertete *Function Points* ermittelt werden. Anhand einer Umrechnungstabelle »*Function Points* (FP) in LOC« (siehe Marginalspalte) werden LOCs ermittelt und als Eingabe für COCOMO II verwendet. Die Einflussfaktoren werden in COCOMO II eingegeben. Das COCOMO II-Werkzeug liefert als Ergebnis den Mitarbeiteraufwand, die optimale Mitarbeiterzahl und die voraussichtliche Projektdauer bei dieser Mitarbeiterzahl.

Insgesamt bleibt festzuhalten, dass Aufwandsschätzmethoden noch unzureichend sind. Jede systematische Schätzung ist aber besser als gar keine Schätzung oder als eine ad hoc-Schätzung. Es führt kein Weg daran vorbei, Aufwände, Zeiten und Fehlerraten einer Software-Entwicklung zu erheben, um anhand dieser Daten zu eigenen Schätzverfahren zu gelangen.

***Function Point*-Methode** Methode zum Schätzen des Personalaufwands einer Software-Entwicklung; Ausgangspunkt sind die Produktanforderungen aus Auftraggebersicht, außerdem werden verschiedene Einflussfaktoren auf die Entwicklung berücksichtigt.
Lines of Code →LOC
LOC Abkürzung für *Lines of Code*, 1 LOC steht für eine Programmzeile im Quellcode; der geschätzte Umfang eines zu entwickelnden Produkts wird oft in LOC angegeben.
MM Abkürzung für Mitarbeiter-Monate oder Mann-Monate; gibt bei der Aufwandsplanung die Summe aller Arbeitsmonate aller beteiligten Personen an, um ein Produkt zu entwickeln. Oft auch PM, für Personenmonate, genannt.
PM →MM

Um die ökonomische Durchführbarkeit eines zu entwickelnden Produkts zu prüfen, wird der Zeitaufwand mit einer Schätzmethode ermittelt. Bei vielen Schätzmethoden muss zunächst der Umfang des zu entwickelnden Produkts in LOC (*Lines of Code*) geschätzt werden.

Der Arbeitsaufwand eines Mitarbeiters wird in Mitarbeitermonaten, abgekürzt MM, angegeben (oft auch Personenmonate PM genannt).

Eine Aufwandsschätzung kann nach folgenden Basismethoden erfolgen, wobei oft ein kombinierter Einsatz sinnvoll ist:

- Analogiemethode,
- Relationsmethode,
- Multiplikatormethode,
- Gewichtungsmethode,
- Methode der parametrischen Gleichungen,
- Prozentsatzmethode.

Untersuchungen haben zu folgenden »Faustregeln« geführt:

»Faustregeln«

1 Eine durchschnittliche Software-Entwicklung liefert ungefähr 350 Quellcodezeilen (ohne Kommentare) pro Ingenieurmonat. Dies umfasst den Aufwand von der Definition bis zur Implementierung.

350 LOC/Monat

2 Software-Entwicklungen, die in erster Linie vorhandene Software wiederverwenden, benötigen nur ungefähr 1/4 der Zeit und der Ressourcen von Neuentwicklungen.

1/4 der Zeit & Ressourcen bei Wiederverwendung

3 Der Aufwand verteilt sich folgendermaßen:

Management	5 – 10%
Definition	5 – 10%
Entwurf	10 – 15%
Implementierung	20 – 30%
Überprüfung	20 – 40%
Installation	5 – 15%
Umgebung/Werkzeuge	5 – 10%

Definition 5 – 10%
Entwurf 10 – 15%
Implementierung 20 – 30%

Bei der *Function Point*-Methode sind die Produktanforderungen aus Auftraggebersicht Ausgangspunkt für die Schätzung. In sieben Schritten werden aus den Produktanforderungen und aus dem Schwierigkeitsgrad des Produkts die *Function Points* (FP) abgeleitet:

Function Point-Methode

1 Kategorisierung jeder Anforderung (Eingabedaten, Abfragen, Ausgabedaten, Datenbestände, Referenzdaten)
2 Klassifizierung jeder Anforderung (einfach, mittel, komplex)
3 Ermittlung der unbewerteten *Function Points* (Anzahl pro Kategorie und Klasse mit Gewichtsfaktor multiplizieren und alle Ergebnisse addieren)
4 Bewertung der Einflussfaktoren
5 Berechnung der bewerteten *Function Points*
6 Ermitteln des Personalaufwands aus einer FP/MM-Kurve oder Tabelle
7 Aktualisierung der FP/MM-Kurve durch Neuberechnung nach Abschluss der Entwicklung.

Ein besonderer Vorteil der *Function Point*-Methode ist der methodische Rahmen, der eine Anpassung an die jeweilige Unternehmenssituation erlaubt. Eine hohe Schätzgenauigkeit kann nur erzielt werden, wenn eine firmenspezifische FP/MM-Kurve ermittelt und auf dem neuesten Stand gehalten wird. Außerdem ist darauf zu achten, dass die *Function Point*-Methode iterativ angewandt wird. Eine erste Schätzung sollte durch weitere Schätzungen präzisiert werden, wenn zusätzliche Informationen über die Anforderungen vorliegen.

Da die ursprünglichen Kategorien und Einflussfaktoren der *Function Point*-Methode heute in der Regel *nicht* mehr zutreffen, sind firmenspezifische Anpassungen der Methode unabdingbar.

/Boehm 81/

Boehm B.W., *Software Engineering Economics,* Englewood Cliffs: Prentice Hall, 1981, 767 S.

Weit verbreitetes Buch über ökonomische Aspekte der Software-Erstellung. Acht verschiedene Schätzmodelle werden analysiert. Außerdem wird die von Boehm selbst entwickelte Methode COCOMO (**Co**nstructive **Co**st **Mo**del) vorgestellt.

/IBM 85/

Die *Function Point* Methode, IBM Form GE 12-1618-1, IBM Deutschland GmbH 1985, 16 S.

Beschreibt die *Function Point*-Methode.

/Kemerer 87/

Kemerer C.F., *An Empirical Validation of Software Cost Estimation Models,* in: CACM, Vol. 30, No. 5, May 1987, S. 416–429.

Untersucht die Schätzmethoden SLIM, COCOMO, *Function Point* und ESTIMACS anhand von 15 großen kommerziellen Software-Entwicklungen.

/Noth, Kretzschmar 86/

Noth T., Kretzschmar M., *Aufwandsschätzung von DV-Projekten,* Berlin: Springer-Verlag 1986, 156 S.

Es wird ein Überblick über Aufwandsschätzmethoden gegeben. 20 Methoden werden kurz beschrieben und bewertet, darunter auch die *Function Point*-Methode.

Zitierte Literatur

/Abran, Robillard 96/

Abran A., Robillard P.N., *Function Points Analysis: An Empirical Study of Its Measurement Processes,* in: IEEE Transactions on Software Engineering, Vol. 22, No. 12, Dec. 1996, S. 895–910.

/Albrecht 79/

Albrecht A.J., *Measuring application development productivity,* in: GUIDE/SHARE: Proceedings of the IBM Applications Development Symposium (Monterey, Ca.), 1979, S. 83–92.

/Albrecht, Gaffney 83/

Albrecht A.J., Gaffney J., *Software function, source lines of code, and development effort prediction: A software science validation,* in: IEEE Transactions on Software Engineering. SE-9, June 1983, S. 639–648.

/Furey 97/

Furey S., *Why We Should Use Function Points,* in: IEEE Software, March/April 97, S. 28–30.

/Grady 92/

Grady R.B., *Practical Software Metrics for Project Management and Process Improvement,* Englewood Cliffs: Prentice Hall, 1992.

/Heilmann 78/

Heilmann H. (Hrsg.), *7. Jahrbuch der EDV,* Wiesbaden, 1978.

/IFPUG 94/

International Function Point Users Group, *Function Point Counting Practices Manual,* Release 4.0, Jan. 1994, IFPUG, Blendonview Office Park, 5008-28 Dine Creek Drive, Westerville Ott 43081–4899, USA.

/Jocher, Holl 00/

Jocher F., Holl M., *Pi mal Daumen – Ein Aufwandschätzverfahren für objektorientierte Projekte,* in: Objektspektrum, März/2000, S. 44–58.

/Jones 91/

Jones C., *Applied Software Measurement,* New York: McGraw-Hill, 1991, 138 S.

/Kemerer, Porter 92/
Kemerer C.F., Porter B.S., *Improving the Reliability of Function Point Measurement: An Empirical Study*, in: IEEE Transactions on Software Engineering, Nov. 1992, S. 1011–1024.
/Kemerer 93/
Kemerer C.F., *Reliability of Function Points Measurement – A Field Experiment*, in: Communications of the ACM, Febr. 1993, S. 85–97.
/Royce 00/
Royce W., *Software Management Renaissance – Top 10 Priniciples of a Modern Software Management Process*, Unterlagen zur 1. Rational-Anwender-Konferenz, München 2000.
/Sneed 87/
Sneed H.M., *Software-Management*, Köln: Müller GmbH, 1987.
/Sneed 91/
Sneed H.M., *Software-Aufwandsschätzung mit DATA-Points*, in: Computer Magazin 11-12/91, S. 41–46.
/Sneed 96/
Sneed H.M., *Schätzung der Entwicklungskosten von objektorientierter Software*, in: Informatik-Spektrum 19: 133–140 (1996).
/Sneed 99/
Sneed H.M., *Projektaufwandsschätzung durch die Hochrechnungsmethode*, in: Softwaretechnik-Trends 19:2, Mai 1999, S. 21–25.

Analytische Aufgaben

1 *Lernziel: Die aufgeführten »Faustregeln« wiedergeben und auf Beispiele anwenden können.*

Muss-Aufgabe
15 Minuten

Ein Projektleiter hat den Umfang eines Projekts zur Erstellung einer Büroautomations-Anwendung auf 50.000 LOC geschätzt. 20.000 Zeilen sollen aus einem früheren Projekt wiederverwendet werden. Er stellt folgende Aufwandsabschätzung auf:

MM: 30.000 LOCneu / 350 LOC pro MM = 85,71 MM
Dauer: $2{,}5 * 85{,}71^{0{,}38} = 13{,}57$ Monate ≈ 14 Monate
Mitarbeiter: 85,71 MM / 14 Monate = 6,12 ≈ 6 Mitarbeiter

a Von welcher falschen Annahme geht der Projektleiter in seiner Abschätzung aus und welche Fehler macht er zusätzlich?

b Korrigieren Sie seine Abschätzung. Wie viele Mitarbeiter müssen wie lange an dem Projekt arbeiten?

2 *Lernziel: Die »Übungszählregeln« für die Function Point-Methode auf gegebene kommerzielle Problemstellungen anwenden können.*

Muss-Aufgabe
15 Minuten

Für ein Software-System wurde mit Hilfe der Angaben im Lastenheft eine Aufwandsabschätzung nach der *Function Point*-Methode durchgeführt. Finden und korrigieren Sie die in dieser Berechnung enthaltenen Fehler.

Unbewertete *Function Points*

Das System wird 8 komplexe Funktionen, 16 Daten und 21 Ausgaben enthalten.

Die Funktionen werden als »einfach«, die Daten als »komplex« und die Ausgaben als »mittel« eingestuft. Es ergeben sich 56 + 160 + 105 = 321 unbewertete *Function Points.*

Einflussfaktoren

An die Zuverlässigkeit und Benutzbarkeit des Systems werden extrem hohe Anforderungen gestellt. Daraus ergeben sich 1,5 Einflusspunkte. Besondere Produktleistungen liegen nicht vor, weshalb dieser Einflussfaktor auf 0 gesetzt wird. Alle anderen Punkte werden auf neutrale Werte gesetzt (insgesamt 24 Punkte). Es ergeben sich 25,5 Einflusspunkte, was einem Faktor von 0,95 entspricht.

Bewertete *Function Points* und Aufwand
Daraus errechnen sich 304,95 bewertete *Function Points*, aus denen ein Aufwand von 17 MM abgeleitet wird.
Projektdauer und Mitarbeiter
Da es sich um ein Dialog-System handelt, ergibt sich eine optimale Projektlaufzeit von $2{,}5 * 17^{0{,}35} = 6{,}74 \approx 7$ Monaten und ein Team von $17 / 7 = 2{,}42 \approx 2$ Mitarbeitern.

Klausur-Aufgabe
10 Minuten

3 *Lernziel: Die gegenseitigen Wechselwirkungen der Faktorengruppen Quantität, Qualität, Entwicklungsdauer und Kosten anhand des »Teufelsquadrates« erklären können.*
Nennen Sie die Einflussfaktoren für Aufwandsschätzungen und geben Sie an, wie die einzelnen Faktorengruppen quantifiziert werden können.

Konstruktive Aufgaben
Muss-Aufgabe
20 Minuten

4 *Lernziel: Die aufgeführten »Faustregeln« wiedergeben und auf Beispiele anwenden können.*
Die Firma ProfiSoft stellt ihre Software-Entwicklung auf Objektorientierung um. Im ersten Projekt soll eine einfache Dialog-Anwendung erstellt werden. Für die Definition und den Entwurf dieses Produkts wurden 15 MM benötigt.
a Auf wie viel MM kann man den Aufwand der gesamten Entwicklung schätzen, wenn man die von Hewlett-Packard ermittelten Daten zur Aufwandsverteilung zugrunde legt?
b Wie lange dauert die Implementierungsphase, wenn man mit der größtmöglichen Produktivität jedes Mitarbeiters entwickeln möchte?
c Wie groß sollte das benötigte Team sein?

Muss-Aufgabe
40 Minuten

5 *Lernziele: Die »Übungszählregeln« für die Function Point-Methode auf gegebene kommerzielle Problemstellungen anwenden können. CASE-Werkzeuge für Aufwandsabschätzungen einsetzen können.*

Ermitteln Sie anhand des in Aufgabe 7 (Lehreinheit 2) erstellten Lastenheftes den Aufwand entsprechend der *Function Point*-Methode. Gehen Sie von der Musterlösung der genannten Aufgabe aus. Verwenden Sie für die *Function-Point*-Berechnung JANUS/Process.

Kann-Aufgabe
Zeit 20 Minuten

6 *Lernziel: Die aufgeführten »Faustregeln« wiedergeben und auf Beispiele anwenden können.*
Die Firma ProfiSoft möchte mit der objektorientierten Software-Entwicklung ein zweites Projekt realisieren. Mit den Erfahrungen aus dem ersten Projekt schätzt man für dieses zweite Projekt einen Gesamtaufwand von 14.000 Zeilen *Code (LOC)*. 50 Prozent des zweiten Projekts können durch Wiederverwendung aus dem ersten Projekt realisiert werden.
Wie groß ist der Gesamtaufwand in MM, wenn man die empirischen Untersuchungen von Hewlett-Packard zugrunde legt?

2 Die Definitionsphase – Einführung

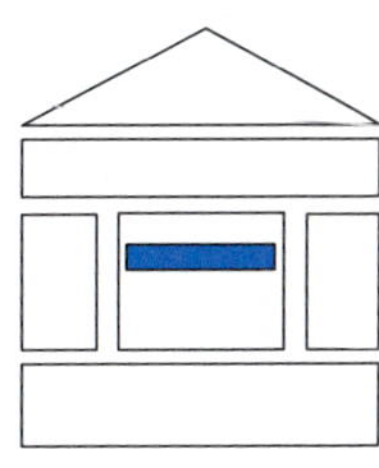

- Die produktunabhängigen Qualitätsziele Vollständigkeit, Konsistenz und Eindeutigkeit sowie das produktabhängige Qualitätsziel Durchführbarkeit für eine Produkt-Definition angeben können. — wissen
- Die Komplexitätsarten Funktionen, Daten, Algorithmen, zeitabhängiges Verhalten, Systemumgebung und Benutzungsoberfläche bezogen auf eine Anwendung nennen können.
- Die aufgezählten Basiskonzepte und kombinierten Methoden dem Namen nach kennen.
- Wissen, wie die aufgeführten, kombinierten Methoden sich aus den Basiskonzepten zusammensetzen.
- Die aufgezählten Basiskonzepte den verschiedenen Sichten und den Komplexitätsarten zuordnen können. — verstehen
- Die Vorgehensweise beim Definitionsprozess und die jeweils durchzuführenden Tätigkeiten erläutern können.
- Die Funktion eines Pflichtenheftes erläutern können.
- Entsprechend der beschriebenen Vorgehensweise aus gegebenen Anwendungsbereichen Basiskonzepte und kombinierte Methoden herleiten können. — anwenden
- Für vorgegebene Aufgabenstellungen ein Pflichtenheft entsprechend dem beschriebenen Pflichtenheft-Schema erstellen können.

- Zum Lösen der Aufgaben 6 und 7 müssen die Kapitel 1.7 bis 1.8 *(Function Point*-Methode*)* bekannt sein.

i

Hinweis

In dieser Lehreinheit erfolgt eine deduktive Einführung in die Definitionsphase. Begriffe und Konzepte werden erwähnt, die erst in den folgenden Kapiteln detailliert behandelt werden.

2.1 Einführung und Überblick

Definitionsphase

Zu den wichtigsten Tätigkeiten innerhalb des Software-Entwicklungsprozesses gehören das Definieren der Produkt-Anforderungen und die Modellierung der fachlichen Lösung. Jedes Produkt soll bestimmte Anforderungen erfüllen.

Anforderungen *requirements*

Anforderungen *(requirements)* legen die qualitativen und quantitativen Eigenschaften eines Produkts aus der Sicht des Auftraggebers fest.

Systemanalyse *requirements engineering*

Die systematische Vorgehensweise, um die Anforderungen in einem iterativen Prozess zu ermitteln, bezeichnet man als **Systemanalyse *(requirements engineering)***.

Definitionsprozess: Vorgehensweise

Der iterative Prozess **Definieren des Produkts** beinhaltet folgende Einzelaktivitäten, die in der **Definitionsphase** ausgeführt werden:

- Anforderungen ermitteln und beschreiben,
- Anforderungen als fachliche Lösung modellieren,
- Anforderungen analysieren,
- Anforderungen u.U. animieren, simulieren und ausführen,
- Anforderungen verabschieden.

Ziel: vollständiges, konsistentes, eindeutiges Produkt-Modell Produkt-Definition

Anforderungen an ein neues Produkt sind ihrer Natur nach vage, verschwommen, unzusammenhängend, unvollständig und widersprüchlich. Aufgabe des Definitionsprozesses ist es, aus diesen Anforderungen ein vollständiges, konsistentes und eindeutiges **Produkt-Modell** zu erstellen. Abb. 2.1-1 gibt einen Überblick über die Definitionsphase.

Abb. 2.1-1: Überblick über die Definitionsphase

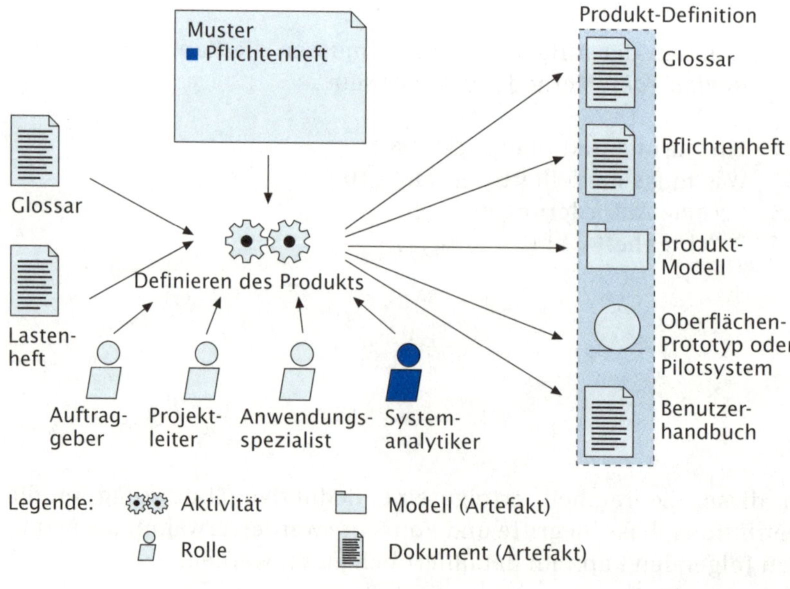

Das Ergebnis der Definitionsphase ist die **Produkt-Definition**, die folgende Artefakte enthält:

Produkt-Definition

- Erweitertes Glossar
- Pflichtenheft (verfeinertes Lastenheft)
- Produkt-Modell (hängt von der verwendeten Methode und dem Anwendungsbereich ab)
- Oberflächen-Prototyp oder Pilotsystem (hängt vom verwendeten CASE-Werkzeug ab)
- Benutzerhandbuch

Anstelle von Produkt-Definition wird oft auch der Begriff Produkt-Spezifikation verwendet. Man spricht dann von »Spezifizieren« statt von »Definieren«. Um Verwechslungen mit dem Begriff »Spezifikation« im Entwurf zu vermeiden, wird in diesem Buch für das Festlegen und Modellieren der Anforderungen der Begriff »Definition« verwendet.

Die Produkt-Definition ist unter anderem deshalb so wichtig, weil sie die Basis für die Abnahme des fertigen Produkts ist. Fehlt sie, dann kann auch keine Produkt-Abnahme erfolgen.

Abschnitt II 4.1.2

In der Definitionsphase werden zusätzlich zu den Rollen (siehe Kapitel 1.1) Auftraggeber, Projektleiter und Anwendungsspezialist folgende Rollen benötigt:

Kapitel 1.1
beteiligte Rollen

- **Systemanalytiker**
  Aufgaben: Aus den im Pflichtenheft beschriebenen Anforderungen ein formales Produkt-Modell als fachliche Problemlösung erstellen.
- **Software-Ergonom**
  Aufgaben: Konzeption, Mithilfe bei der Erstellung sowie Evaluation von Benutzungsoberflächen.
- **Technischer Redakteur**
  Aufgaben: Konzeption und Realisierung von Benutzerhandbüchern und *Online*-Hilfe.

Die einzelnen Artefakte werden in der Regel zeitlich versetzt erstellt (Abb. 2.1-2).

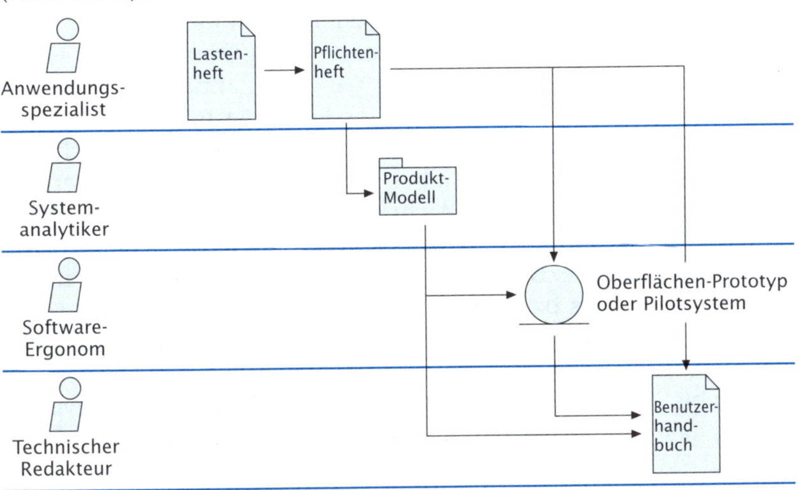

Abb. 2.1-2: Zeitliche Durchführung der Aktivitäten in der Definitionsphase

Modellbegriff allgemein: Vereinfachte, auf ein bestimmtes Ziel hin ausgerichtete Darstellung der Funktion eines Gegenstands oder des Ablaufs eines Sachverhalts, die eine Untersuchung oder Erforschung erleichtert oder erst möglich macht.

Das **Pflichtenheft** stellt eine Verfeinerung des Lastenheftes dar (siehe Kapitel 2.4). Auf der Grundlage des Pflichtenheftes und des Glossars wird ein formales **Produkt-Modell** erstellt, das die Anforderungen vollständig, konsistent und eindeutig beschreiben muss.

In der Software-Technik ist ein **Modell** eine idealisierte, vereinfachte, in gewisser Hinsicht ähnliche Darstellung eines Gegenstands, Systems oder sonstigen Weltausschnitts mit dem Ziel, daran bestimmte Eigenschaften des Vorbilds besser studieren zu können /Hesse et al. 94, S. 98/. Eine ausführliche Diskussion des Modellbegriffs in der Software-Technik wird in /Schefe 99/ vorgenommen.

Wie das Produkt-Modell aussieht, hängt sowohl vom verwendeten Entwicklungsparadigma als auch vom Anwendungsgebiet ab. Wird eine objektorientierte Software-Entwicklung durchgeführt, dann ist das Produkt-Modell in der Regel ein objektorientiertes Analysemodell

Kapitel 2.18

(**OOA-Modell**) (siehe Kapitel 2.18).

Zeitlich versetzt wird ausgehend vom Produkt-Modell heute oft ein Oberflächen-Prototyp oder ein Pilotsystem erstellt.

Ein **Oberflächen-Prototyp** ist ein provisorisches, ablauffähiges Software-System, bei dem die Benutzungsoberfläche realisiert ist, aber nicht die dahinterliegenden fachlichen Funktionen (siehe Abschnitt

Abschnitt II 3.3.3

II 3.3.3). Ziel ist es, dem Auftraggeber und den Endbenutzern einen realistischen Eindruck von der zu entwickelnden Benutzungsoberfläche zu geben.

Ein **Pilotsystem** ist ein Prototyp, der nicht nur zur experimentellen Erprobung oder zur Veranschaulichung dient, sondern selbst der Kern des Produkts ist. Die Unterscheidung zwischen dem Prototyp und dem Produkt verschwindet zunehmend im Verlauf des Entwicklungsprozesses. Ist ein gewisser Reifegrad erreicht, dann ist der Prototyp praktisch in Form eines Pilotsystems realisiert und wird in Zyklen weiterentwickelt (siehe Abschnitt II 3.3.3). Ein Pilotsystem hilft, die organisatorische Integration des Produkts vorzubereiten, indem es dem Benutzer einen Vorgeschmack auf das System gibt.

Die Informationen aus Pflichtenheft, Produktmodell und Oberflächen-Prototyp bzw. Pilotsystem gehen didaktisch-methodisch aufbereitet unter Auswahl geeigneter Beispiele in das **Benutzer-**

Kapitel 2.24

handbuch ein. Das Benutzerhandbuch (siehe Kapitel 2.24) beschreibt die Handhabung und das Verhalten des Produkts zugeschnitten auf die jeweilige Benutzergruppe. Wichtig ist, dass das Benutzerhandbuch in der ersten Fassung bereits in der Definitionsphase erstellt wird. Dadurch ist man gezwungen, sich bereits am Anfang auch in die Rolle des Benutzers bzw. der Benutzer zu versetzen. Es wird sozusagen ein Schreibtischtest bzw. eine Schreibtischsimulation des Benutzerverhaltens vorgenommen. Meine Erfahrungen haben gezeigt, dass 50 bis 70 Prozent dieses ersten Benutzerhandbuches unverändert in das endgültige Benutzerhandbuch übernommen werden können.

Die erste durchzuführende Aktivität besteht darin, die Anforderungen an das neue Produkt zu ermitteln. Dabei stellt sich die Frage, woher man die Anforderungen bekommt. Je nach Situation kommen ein oder mehrere Gesprächspartner in Frage:

Anforderungen ermitteln

- der Auftraggeber,
- die Marketingabteilung,
- die Fachabteilung,
- der Benutzer,
- ein oder mehrere Repräsentanten der Endbenutzer.

Erteilt ein individueller Auftraggeber den Auftrag für ein Software-Produkt, dann wird er die Vorgaben dafür geben. Ist schon abzusehen, welche Mitarbeiter nach der Fertigstellung das Produkt benutzen werden, dann sollten diese späteren Benutzer des Produkts in den Definitionsprozess mit einbezogen werden.

Benutzerbeteiligung, Partizipation

Diese Form der Benutzerbeteiligung hat sich in der Praxis bewährt. Sie hilft, die Akzeptanz bei den Benutzern zu erhöhen. Die Kombination Auftraggeber/Benutzer liegt oft bei der Erstellung von Individualsoftware vor.

Individualsoftware

Oft ist bereits ein Software-System vorhanden, das durch die neu zu entwickelnde Software abgelöst werden soll. In diesem Fall empfiehlt sich unter Umständen eine schwerpunktmäßige Ist-Aufnahme des vorhandenen Systems. Eine Ist-Analyse zeigt oft Schwachstellen des vorhandenen Systems. Diese Mängel können dann konstruktiv bei der Formulierung der neuen Anforderungen berücksichtigt werden.

Ist-Aufnahme Ist-Analyse

Entwickelt eine Firma Standardsoftware für den anonymen Markt, dann werden die Anforderungen von der Marketingabteilung vorgegeben. Um eine Benutzerbeteiligung zu verwirklichen, sollten Pilotkunden gewonnen werden. Diese stellen Benutzerrepräsentanten dar und helfen, die Benutzersicht ausreichend zu berücksichtigen.

Standardsoftware

Eine weitere in der Praxis häufig anzutreffende Situation besteht darin, dass in einem mittleren oder großen Unternehmen eine interne Software-Abteilung Software für die Fachabteilungen des Unternehmens erstellt. Die Anforderungen werden dann von der Fachabteilung gestellt, deren Mitarbeiter auch die Benutzer und Anwender sind. Eine Ist-Aufnahme und Ist-Analyse der gegenwärtigen Situation kann auch hier hilfreich sein.

In der Regel werden sich Anwendungsspezialist und Systemanalytiker aktiv um die Ermittlung der Anforderungen kümmern. Von ihren Gesprächspartnern erhalten sie manchmal bereits schriftlich formulierte Anforderungen. Weitere Informationen bekommen sie in der Regel durch Interviews und Befragungen.

In welcher Form erhält der Anwendungsspezialist bzw. der Systemanalytiker die Anforderungen?

Ihre Gesprächspartner werden die Wünsche an das neue Produkt in der Regel weder systematisch, noch strukturiert, noch vollständig beschreiben. Normalerweise wird zwischen abstrakten Angaben und konkreten Wünschen hin- und hergesprungen. Oft erfolgt eine fallorientierte Darstellung der Wünsche: »In der Situation A sollte das System dies und jenes tun«. Diese Problematik entsteht dadurch, dass die Gesprächspartner kein vollständiges Modell des zu entwickelnden Systems »im Kopf« haben.

Anforderungen als fachliche Lösung modellieren

Aufgabe des Systemanalytikers ist es, ein vollständiges, konsistentes und eindeutiges Produkt-Modell zu entwickeln, das die fachliche Lösung darstellt. Die eingesetzten Methoden und Werkzeuge helfen ihm, den Gesprächspartnern die richtigen Fragen zu stellen. Oberflächen-Prototyp oder Pilotsystem helfen den Gesprächspartnern, sich ein erstes Bild vom zu entwickelnden Produkt zu machen.

iterativ = wiederholend

Der Definitionsprozess ist iterativ. Es sind mehrere Durchläufe durch die einzelnen Aktivitäten erforderlich, um die Produkt-Definition fertig zu stellen.

Anforderungen analysieren

Das Produkt-Modell ist auf folgende produktunabhängige Qualitätsziele hin zu analysieren:

Vollständigkeit

- Sind die Anforderungen inhaltlich vollständig modelliert?

Vollständigkeit beschreibt den Grad, in dem das Produkt dem Benutzer alle notwendigen Funktionen und Daten selbst zur Verfügung stellt, um die geforderten Produktziele zu erreichen. Dabei sind zwei Fälle zu unterscheiden: Entweder es fehlen Funktionen und/oder Daten, die einen Produkteinsatz u.U. ausschließen. Oder Funktionen können durch Rückgriff auf Basissysteme, z.B. das Betriebssystem, ausgeführt bzw. Daten können besorgt werden.

Beispiel 1

In einem bekannten DTP-Programm *(desktop publishing)* können zwar Kapitel angelegt, aber nicht mehr gelöscht werden. Um angelegte Kapitel zu löschen, muss der Benutzer wissen, welche Dateien mit welcher Bezeichnung pro Kapitel vom DTP-Programm erzeugt werden. Mit Hilfe der Betriebssystem-Funktion »Dateien löschen« muss er dann die Dateien einzeln löschen.

Das Beispiel zeigt, dass der Benutzer sowohl detailliertes Wissen über Interna des DTP-Programms als auch Wissen über das Betriebssystem benötigt, um Kapitel wieder zu löschen. Das Qualitätsziel Vollständigkeit ist nicht erreicht.

- Sind die Anforderungen konsistent?

Konsistenz

Konsistenz beschreibt den Grad, in dem die definierten Anforderungen untereinander widerspruchsfrei sind.

- Sind die Anforderungen eindeutig?

Eindeutigkeit

Eindeutigkeit beschreibt den Grad, in dem die definierten Anforderungen genau eine Interpretation erlauben. Alle Erfahrungen haben gezeigt, dass verbal beschriebene Anforderungen meist nicht eindeutig interpretiert werden. Das hat zur Entwicklung formalisierter Beschreibungsmethoden geführt (siehe unten).

Durchführbarkeit

- Sind die Anforderungen durchführbar?

Durchführbarkeit ist ein produktabhängiges Qualitätsziel. Zu prüfen ist, ob Anforderungen technisch durchführbar sind. Bei einer Prozesssteuerung kann z. B. die Anforderung bestehen, dass innerhalb von zehn Millisekunden auf ein Ereignis reagiert werden muss.

Die Durchführbarkeit kann man durch eine Prototyp-Entwicklung überprüfen.

Abschnitt II 3.3.3

Anforderungen animieren, simulieren, ausführen

Die Analyse der Anforderungen reicht oft noch nicht aus, um eine ausreichend klare Vorstellung von dem zu entwickelnden Software-Produkt zu erhalten. Daher versucht man zunehmend Methoden und Werkzeuge zu entwickeln, die es erlauben, die beschriebenen Anforderungen zu animieren, zu simulieren oder direkt auszuführen.

Animation

Animation ist ursprünglich ein filmtechnisches Verfahren, unbelebten Objekten im Trickfilm Bewegung zu verleihen. In der Definitionsphase wird Animation benutzt, um Abläufe in beschriebenen Modellen durch grafische Bewegung darzustellen.

Simulation

Unter Simulation versteht man die Nachbildung von Vorgängen auf einem Computersystem.

Ausführung

Eine direkte Ausführung von Produkt-Modellen ist durch Interpreter und Generatoren möglich. Einen häufigen Einsatz dieser Techniken findet man bei der Gestaltung der Benutzungsoberfläche.

Prototyp = ablauffähiges Modell zur Überprüfung von Ideen oder zum Experimentieren

Bildschirmfenster und Dialogabläufe werden oft grafisch mit Hilfe von Werkzeugen beschrieben. Für den Benutzer werden die Fenster und Abläufe dann animiert oder simuliert, so dass er einen Eindruck von dem späteren System erhält.

Prototyp-Entwicklung
Abschnitt II 3.3.3

Die Erstellung solcher Fenster und Abläufe erfolgt oft durch die Erstellung von Prototypen; den Vorgang bezeichnet man als Prototyp-Entwicklung oder *prototyping*.

In bestimmten Anwendungsbereichen, z.B. der Fabrikautomation, lassen sich Anforderungen so beschreiben, dass eine Simulation möglich ist. Oft werden die Anforderungen in diesen Bereichen durch Petri-Netze (siehe unten) dargestellt, die durch Werkzeuge ausgeführt werden.

Anforderungen verabschieden

Die Ergebnisse der Definitionstätigkeiten müssen sich in einer **Produkt-Definition** widerspiegeln. Diese kann sich – je nach gewählter Methode – aus verschiedenen Artefakten zusammensetzen. Meistens ist die Produkt-Definition – oder zumindest Teile davon – auch ein juristisches Dokument. Mit der Unterzeichnung dieses Dokuments durch Auftraggeber und Auftragnehmer sind die Anforderungen verabschiedet. Die Produkt-Definition bildet die Grundlage für den nachfolgenden Software-Entwurf.

2.2 Was muss modelliert werden?

Modelliert man ein neues System, dann müssen vier verschiedene Sichten und ihre Zusammenhänge beschrieben werden (Abb. 2.2-1):

- Daten,
- Funktionen,

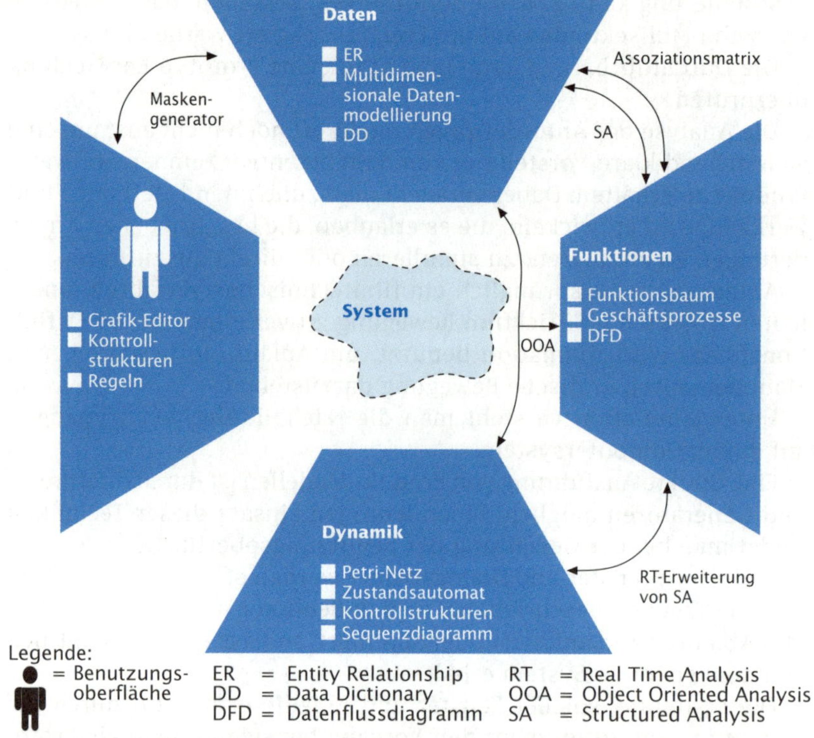

Abb. 2.2-1: Zu beschreibende Sichten und ihre Methoden

- Dynamik,
- Benutzungsoberfläche.

Abb. 2.2-1 zeigt in der Mitte das zu modellierende Produkt, das als Wolke dargestellt ist. Um dieses Produkt herum sind die vier Sichten angeordnet, die man auf das System haben kann. Für jede einzelne Sicht gibt es Konzepte zu ihrer Modellierung. Manche Konzepte erlauben es auch, zwei oder drei Sichten kombiniert zu beschreiben.

Die Bedeutung der einzelnen Sichten ist *nicht* bei jeder Anwendung gleich groß. Es gibt Anwendungen, bei denen alle vier Sichten weitgehend gleich wichtig sind. Es gibt aber auch Anwendungen, bei denen eine oder zwei Sichten dominieren.

Komplexitätsarten

Anwendungen lassen sich nach Komplexitätsarten gliedern. Sechs Dimensionen der Software-Komplexität können unterschieden werden:

- **Komplexität der Funktionen**

Software-Systeme, die eine Vielzahl von Funktionen enthalten. Textverarbeitungssysteme, DTP-Systeme und integrierte Büroprogramme sind Beispiele dafür. Integrierte Büroprogramme mit Textverarbeitung, Tabellenkalkulation, Bürografik und Datenbank besitzen zwischen 1.000 und 1.500 Funktionen. Ein DTP-System hat einen Funktionsumfang von 700 bis 1.000 Funktionen.

- **Komplexität der Daten**
Software-Systeme, die eine Vielzahl von Datenstrukturen oder sehr komplexe Datenstrukturen enthalten. Ein Beispiel hierfür sind Datenbanksysteme.
- **Komplexität der Algorithmen**
Software-Systeme, die z.B. komplexe numerische Berechnungen durchführen.
- **Komplexität des zeitabhängigen Verhaltens**
Software-Systeme, die sich durch nebenläufige Prozesse, gegenseitigen Ausschluss, Synchronisation, definierte Zeitbedingungen und ähnliches auszeichnen. Beispiele dafür sind Betriebssysteme, verteilte Systeme, Prozesssteuerungen.
- **Komplexität der Systemumgebung**
Software-Systeme, die in andere Systeme eingebettet sind *(embedded systems)*. Da diese Software-Systeme nur Teilkomponenten des Gesamtsystems sind, kommt es hierbei ganz wesentlich auf das Zusammenwirken von Software-System und Gesamtsystem an. Beispiele hierfür sind Flugzeugsteuerungen, Radaranlagen, Kraftwerkssteuerungen.
- **Komplexität der Benutzungsoberfläche**
Software-Systeme mit komplexer Interaktion zwischen Benutzer und Computersystem. Beispiele dafür sind CAD- und CASE-Systeme, Büroanwendungen, Grafiksysteme.

Besitzt ein zu entwickelndes Produkt beispielsweise eine hohe Funktionskomplexität, dann muss das verwendete Konzept es erlauben, z.B. 1.000 verschiedene Funktionen zu modellieren.

Die in den letzten Jahren entwickelten Konzepte zur Beschreibung eines Produkt-Modells lassen sich in vielen Fällen auf seit längerem bekannte Basiskonzepte zurückführen. Ein Basiskonzept lässt sich durch folgende Eigenschaften charakterisieren: Basiskonzept

- atomares Konzept,
- konzeptionell langlebig,
- phasenübergreifend verwendbar,
- in unterschiedlichen Kontexten einsetzbar.

Die erste Eigenschaft besagt, dass ein Konzept elementar und originär ist. Es ist nicht auf andere Basiskonzepte reduzierbar. Um von einem Basiskonzept zu sprechen, muss die erste Eigenschaft und mindestens eine der anderen Eigenschaften erfüllt sein.

Abb. 2.2-2 zeigt einen Überblick über die Basiskonzepte gegliedert nach den Sichten, die sie vorrangig beschreiben. Für ein Basiskonzept gibt es oft unterschiedliche Notationen. Die verschiedenen Notationen sind in Abb. 2.2-2 übereinander angeordnet. In Abhängigkeit von der Notation ist das betreffende Basiskonzept z.T. semantisch leicht modifiziert. Im Allgemeinen sind die Notationen aber gegenseitig substituierbar.

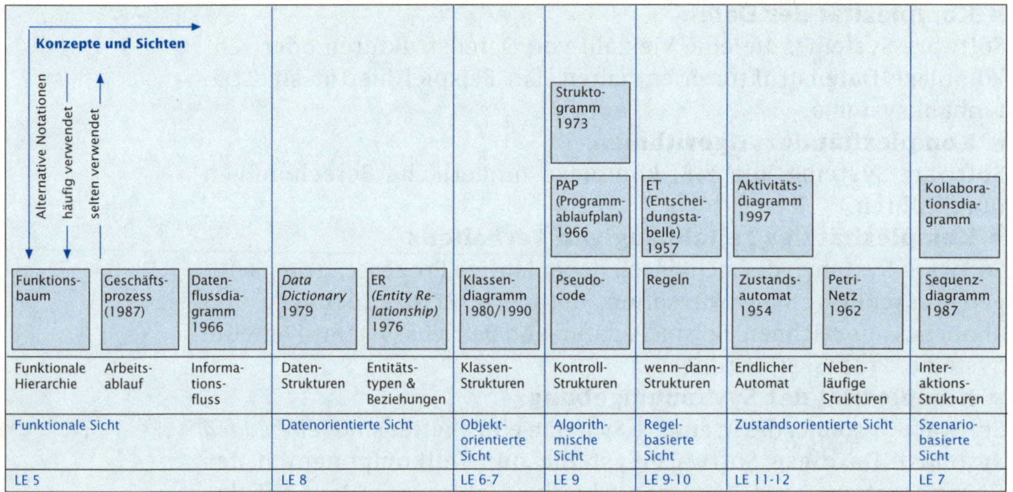

Abb. 2.2-2: Überblick über Basiskonzepte der Software-Entwicklung

Interessant ist, dass die meisten Basiskonzepte schon recht alt sind. Ihre Anzahl scheint sich in einer überschaubaren Größenordnung zu konsolidieren (≈ 10).

Ordnet man diese Basiskonzepte den Hauptphasen der Software-Entwicklung zu, dann ergibt sich die Zuordnung nach Abb. 2.2-3. Das Abstraktionsniveau der Basiskonzepte ist unterschiedlich, je nachdem in welchen Phasen das Konzept eingesetzt wird.

Eine Voraussetzung für eine erfolgreiche Produkt-Definition ist der Einsatz der Basiskonzepte, die für das jeweilige Anwendungsgebiet gut geeignet sind. Eine entsprechende Zuordnung zeigt Tab. 2.2-1.

Neuere Entwicklungen haben dazu geführt, dass verschiedene Basiskonzepte in geeigneter Weise zu kombinierten Konzepten für die Systemanalyse zusammengesetzt wurden.

Im Mittelpunkt steht heute die Methode

- OOA *(Object Oriented Analysis).*

Als *Stand der Technik* sind folgende Methoden anzusehen:

- SA *(Structured Analysis)* und
- RT *(Real Time Analysis).*

Auf welchen Basiskonzepten diese Konzepte beruhen, zeigen die Abb. 2.2-4 bis 2.2-6.

Auswahl eines Konzepts

Steht man vor der Frage, welche Basiskonzepte und welche Konzepte für die Produkt-Modellierung eines neuen Software-Produkts am besten geeignet sind, dann empfiehlt sich folgende Vorgehensweise:

1. Prüfen, in welchen Anwendungsbereich das zu entwickelnde Produkt fällt (Tab. 2.2-1, Spalte 1).
2. Prüfen, ob die dem Anwendungsbereich zugeordneten Komplexitätsarten zutreffen (Tab. 2.2-1, Spalte 2). Wenn nein, dann sich an den ermittelten Komplexitätsarten orientieren.

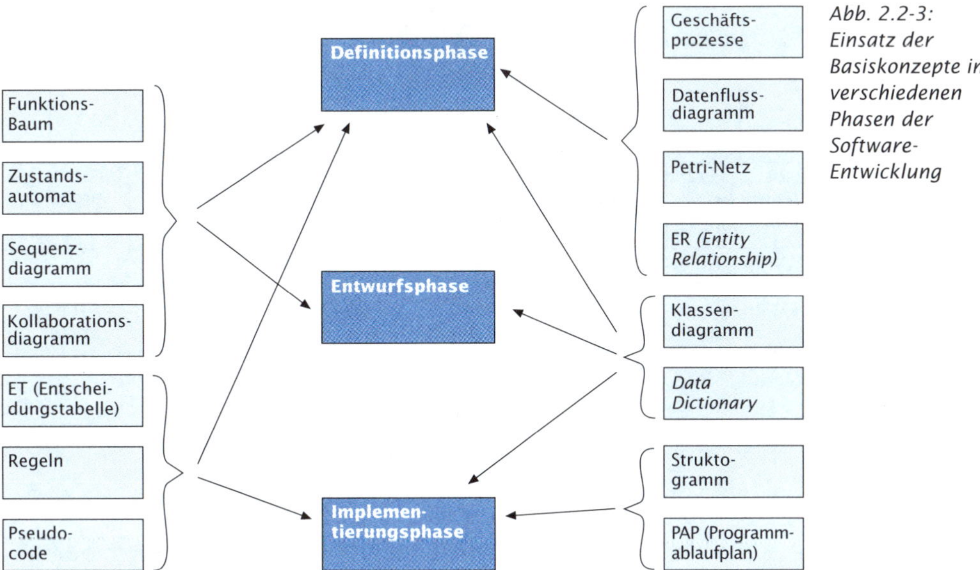

Abb. 2.2-3: Einsatz der Basiskonzepte in verschiedenen Phasen der Software-Entwicklung

Tab. 2.2-1: Abbildung von Anwendungsbereichen auf Basiskonzepte

Anwendungsbereich	Komplexität ...	Basiskonzepte
administrativ	...der Daten	■ *Data Dictionary* ■ ER *(Entity Relationship)* ■ (Zustandsautomat) ■ Klassendiagramm
administrativ / technisch-wissenschaftlich	...der Funktionen	■ Geschäftsprozesse ■ Datenflussdiagramm ■ Funktionsbaum
technisch-wissenschaftlich / Echtzeit	...der Algorithmen	■ Pseudocode ■ PAP (Programmablaufplan) ■ Struktogramm ■ ET (Entscheidungstabelle) ■ Regeln
Echtzeit	...der Systemumgebung	■ Datenflussdiagramm
Echtzeit	...des zeitabhängigen Verhaltens	■ Petri-Netz ■ Zustandsautomat ■ Aktivitätsdiagramm ■ Sequenzdiagramm ■ Kollaborationsdiagramm
Mensch-Computer-Interaktion	...der Benutzungsoberfläche	■ grafische Spezifikation ■ (Petri-Netz) ■ (Zustandsautomat) ■ Kontrollstrukturen ■ Regeln

Legende: ( ) = eingeschränkt

3 Aus Tab. 2.2-1 die den Komplexitätsarten zugeordneten Basiskonzepte (Spalte 3) entnehmen.

4 Prüfen, ob es eine kombinierte Methode gibt, die sich aus den ermittelten Basiskonzepten zusammensetzt (Abb. 2.2-4 bis 2.2-6).

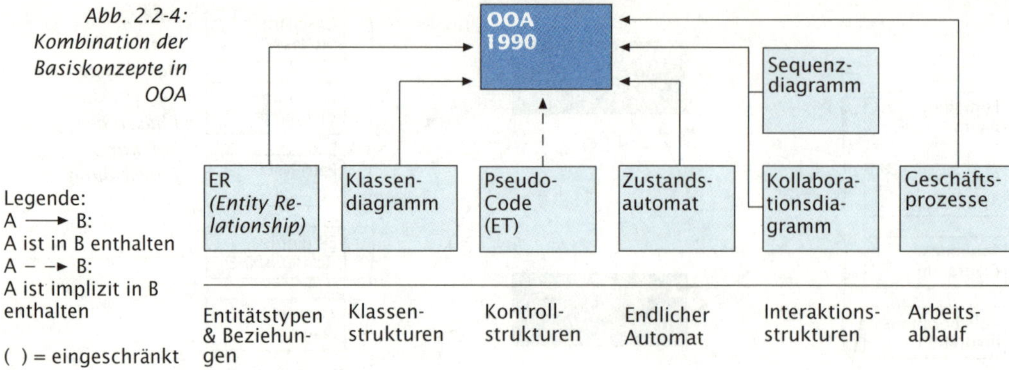

Abb. 2.2-4: Kombination der Basiskonzepte in OOA

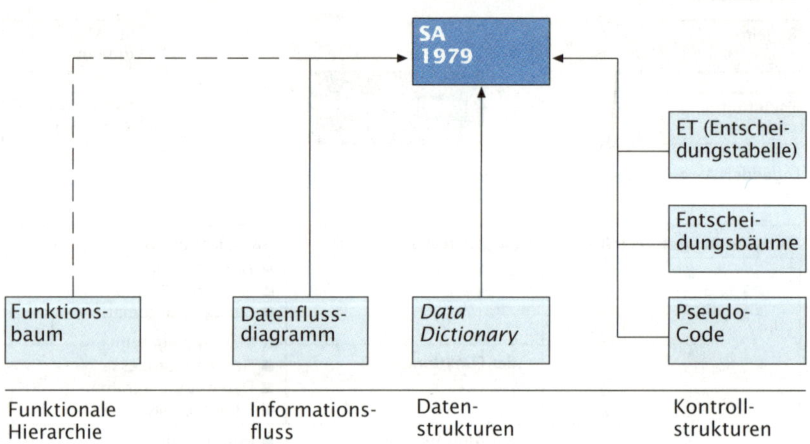

Abb. 2.2-5: Kombination der Basiskonzepte in SA

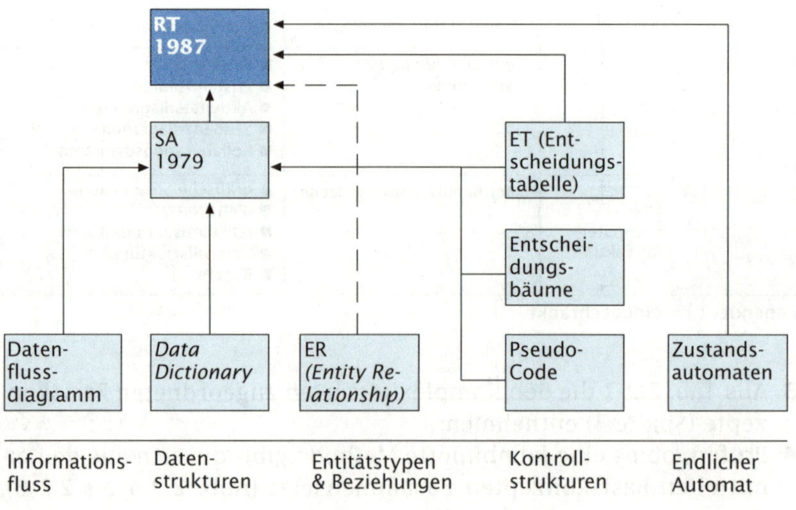

Abb. 2.2-6: Kombination der Basiskonzepte in SA und RT

Wenn ja, dann dieses Konzept einsetzen. Unter Umständen nicht verwendete Basiskonzepte zusätzlich anwenden.
Wenn nein, dann die Basiskonzepte einsetzen. Da es bei den Basiskonzepten Alternativen gibt, die jeweils am besten geeignete Alternative wählen.

5 Liegt eine hohe Komplexität der Daten vor, dann ist auf jeden Fall das Basiskonzept *Entity Relationship*-Modell einzusetzen. Dies gilt nicht, wenn OOA eingesetzt wird, da OOA das *Entity Relationship*-Modell enthält. Kapitel 2.10

Beispiel 2

Es ist eine neuartige Heizungsregelung zu entwickeln. In jedem Zimmer befindet sich ein Temperaturfühler, der die Ist-Temperatur misst. Der Bewohner kann für jeden Raum Zeitspannen mit gewünschten Soll-Temperaturen vorgeben.
Das Software-System hat anhand der Vorgaben, der Ist-Temperatur in den Räumen und der Außentemperatur die Heizung über die Kesseltemperatur, die Pumpe, das Mischventil und die ferngesteuerten Heizkörperventile zu regeln.
Es handelt sich um eine Echtzeitanwendung (Spalte 1, Tab. 2.2-1) mit komplexen Algorithmen, komplexer Systemumgebung und zeitabhängigem Verhalten (Spalte 2). Anhand der sich daraus ergebenden Basiskonzepte (Spalte 3) ergibt sich eine Eignung für das Konzept RT (Abb. 2.2-6). Zusätzlich ist zu prüfen, ob Petri-Netze und Sequenzdiagramme einzusetzen sind.

Hinweis

Eine ausführliche Beschreibung der Einsatzmöglichkeiten der einzelnen Basiskonzepte und kombinierten Methoden erfolgt in den nächsten Kapiteln.

Was-Beschreibung

Ziel des Definitionsprozesses ist es, das WAS eines neuen Produkts zu beschreiben. Es soll *nicht* festgelegt werden, wie das Produkt software-technisch realisiert werden soll. Das WAS beinhaltet aus Auftraggeber- und/oder Benutzersicht die **fachliche Problemlösung**.

Beispiel 3

Es ist ein Buchhaltungsprogramm zu entwickeln. In den Anforderungen sind die steuerlichen Vorschriften zu beachten. Aufgrund der steuerlichen Rahmenbedingungen ergibt sich eine bestimmte fachliche Problemlösung.

2.3 Verbale Anforderungen

Die **Form** einer Produkt-Definition oder allgemeiner eines Artefakts lässt sich klassifizieren in die Kategorien *textuell – grafisch* und *informal – formal*. Abb. 2.3-1 zeigt die sich daraus ergebenden vier Quadranten.

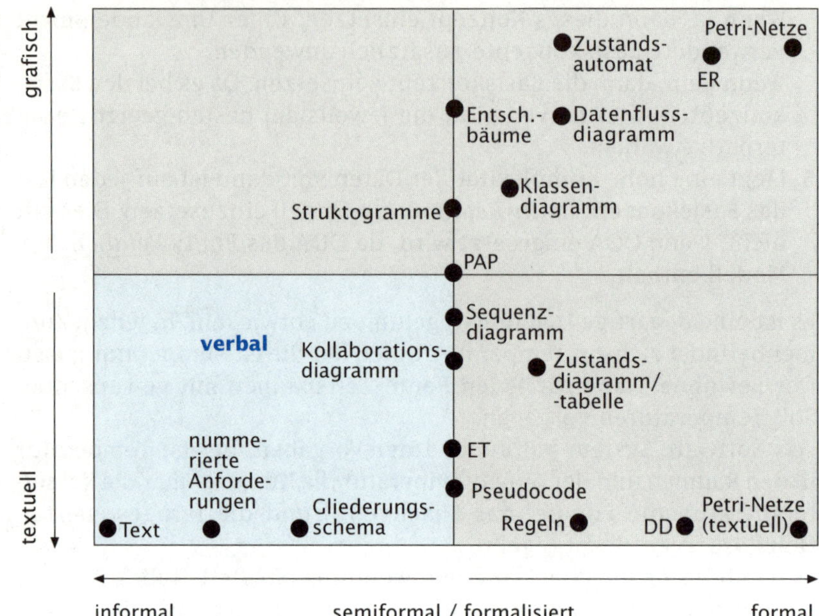

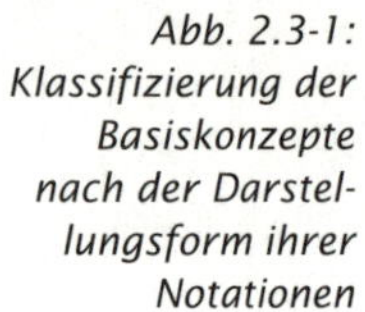
Abb. 2.3-1: Klassifizierung der Basiskonzepte nach der Darstellungsform ihrer Notationen

textuell

Textuelle Beschreibungen legen die Anforderungen in Form von natürlichsprachlichen (z.B. deutschen) Texten fest.

grafisch

Grafische Darstellungen legen die Anforderungen durch grafische Symbole und Linien zwischen den Symbolen fest. Die Symbole und Linien werden fast immer durch Namen oder textuelle Symbole bezeichnet.

formal

Unter formaler Beschreibung versteht man im Allgemeinen die Verwendung formaler, textueller Sprachen. Eine formale Sprache wird durch eine Grammatik definiert, die angibt, welche Zeichenketten erlaubte Sätze der Sprache sind. Die Verbindung »formale Beschreibung« und »textuelle Darstellung« muss aus heutiger Sicht erweitert werden auf »grafische Darstellung«. Der hier verwendete Begriff »formal« meint nur »syntaktisch formal«. Die Semantik ist damit noch *nicht* formal definiert. Die formale Definition der Semantik gelingt in der Informatik nur in Sonderfällen, selbst Programmiersprachen sind in ihrer Semantik *nicht* formal definiert.

Hinweis: visuelles Programmieren

Auch für grafische Darstellungen kann eine Grammatik festgelegt werden. Eine grafische Syntax bestimmt, wie die Grafiken aufgebaut sind.

semiformal, formalisiert

Zwischen einer formalen und einer informalen, d.h. an keine Regeln gebundene Beschreibung, liegt ein Bereich, den man als semiformale oder formalisierte Beschreibung bezeichnet. Diese Beschreibungen sind stärker formalisiert als die Umgangssprache, aber nicht streng mathematisch wie eine formale Sprache durch eine Grammatik.

Abb. 2.3-1 zeigt, dass die bisher aufgeführten Basiskonzepte sich in den Kategorien semiformal bis formal und textuell bis grafisch bewegen. Für eine Reihe von Basiskonzepten gibt es sowohl eine textuelle als auch eine grafische Repräsentation.

Die meisten Notationen der Basiskonzepte sind grafisch, wobei der Formalitätsgrad von semiformal bis formal reicht. Oft werden grafische Darstellungen um textuelle Elemente ergänzt. Diese Ergänzungen können in die Grafik integriert sein (Benennungen) oder es kann sich um separate Texte handeln. Der Quadrant grafisch – informal ist nicht belegt, da jede grafische Basismethode mindestens die erlaubten Symbole definiert und damit bereits eine semiformale Darstellung vorliegt.

Der Quadrant textuell – informal steht für verbale Anforderungsbeschreibungen, d.h. für eine Beschreibung durch Worte aus der Umgangssprache. Diese Beschreibungsform ist die traditionelle Form einer Produkt-Definition.
Verbale Beschreibungen lassen sich nochmals gliedern in:

- Beschreibungen ohne festgelegte Regeln,
- Beschreibungen mit nummerierten oder markierten Anforderungen,
- Beschreibungen mit festgelegten Gliederungsschemata.

Die beiden letzten Formen können kombiniert verwendet werden.

Als Muster für verbale Anforderungsbeschreibungen mit festgelegtem Gliederungsschema kann der *IEEE Recommended Practice for Software Requirements Specificatios (SRS)* angesehen werden (genormt als ANSI/IEEE Std 830-1998) /IEEE 99/ (Tab. 2.3-1).
Einen weiteren Vorschlag enthält das Produktmuster »Anwenderforderungen« im Rahmen des V-Modells 97 (siehe Abschnitt II 3.3.2).

Die entsprechende Dokumentation befindet sich auf der beigefügten CD-ROM 1.

2.4 Pflichtenheft

Pflichtenheft

Die detaillierte verbale Beschreibung der Anforderungen an ein neues Produkt wird oft als **Pflichtenheft** bezeichnet.

Aufgrund meiner Erfahrungen habe ich ein verbales Pflichtenheft-Schema mit nummerierten Anforderungen entwickelt, das einfacher als das IEEE SRS-Schema ist. Der Einsatz in der industriellen Praxis hat gezeigt, dass in den meisten Fällen dieses Schema ausreichend ist.

Im Folgenden wird die Funktion eines Pflichtenheftes zunächst definiert. Anschließend wird das verwendete Gliederungsschema erläutert. Beispiele für Pflichtenhefte befinden sich im Anhang B.

Lesehinweis

Tab. 2.3-1: Kurzfassung: IEEE SRS (Software Requirements Specifications)

www.ieee.org

IEEE: *Institute of Electrical and Electronics Engineers*; eine der zwei großen internationalen wissenschaftlichen Organisationen (die andere ist ACM), die für die Software-Technik wichtig sind. IEEE besitzt ein Standardisierungsprogramm für die Elektrotechnik und die Software-Technik. http://standards.ieee.org/catalog

ANSI/IEEE Std 830-1998: Der Standard *IEEE Recommended Practice for Software Requirements Specifications* wurde 1984 von der IEEE verabschiedet und ein Jahr später auch von der ANSI *(American National Standard Institute)* übernommen. Heute gilt die Fassung von 1998 /IEEE 99/. Siehe auch /Dorfman, Thayer 90/.

1 Einleitung *(Introduction)*
Gibt einen Überblick über die Anforderungsdefinition
1.1 Zielsetzung *(Purpose)*
1.2 Produktziele *(Scope)*
1.3 Definitionen, Akronyme und Abkürzungen *(Definitions, Acronyms and Abbreviations)*
1.4 Referenzen *(References)*
1.5 Überblick *(Overview)*

2 Übersichtsbeschreibung *(Overall Description)*
Gibt einen Überblick über das Produkt und die allgemeinen Faktoren, die seine Konzeption beeinflussen
2.1 Produkt-Umgebung *(Product Perspective)*
2.2 Produkt-Funktionen *(Product Functions)*
2.3 Benutzer-Eigenschaften *(User Characteristics)*
2.4 Restriktionen *(Constraints)*
2.5 Annahmen und Abhängigkeiten *(Assumptions and Dependencies)*

3 Spezifische Anforderungen *(Specific Requirements)*
Beschreibung aller Details, die für die Erstellung des System-Entwurfs benötigt werden. Das am besten geeignete Gliederungsschema dieses Kapitels hängt von der Anwendung und der zu spezifizierenden Software ab. Die IEEE-Richtlinie enthält dazu acht Vorschläge. Unabhängig von der Strukturierung sollte das Kapitel folgende Informationen enthalten:

- Externe Schnittstellen-Anforderungen *(External Interface Requirements)*
- Funktionale Anforderungen *(Functional Requirements)*
- Leistungsanforderungen *(Performance Requirements)*
- Entwurfsrestriktionen *(Design Constraints)*
- Qualitätsmerkmale *(Software Systems Attributes)*
- Andere Anforderungen *(Other Requirements)*

Für eine **objektorientierte Entwicklung** kann Kapitel 3 folgendermaßen gegliedert werden:

3 Spezifische Anforderungen (Organisiert nach Objekten)
3.1 Externe Schnittstellen-Anforderungen
3.1.1 Benutzungsschnittstelle *(User Interfaces)*
3.1.2 Hardware-Schnittstellen *(Hardware Interfaces)*
3.1.3 Software-Schnittstellen *(Software Interfaces)*
3.1.4 Kommunikations-Schnittstellen *(Communications Interfaces)*
3.2 Klassen/Objekte *(Classes/Objects)*
3.2.1 Klasse/Objekt 1 *(Class/Object 1)*
3.2.1.1 Attribute (direkt oder geerbt) *(Attributes direct or inherited)*
3.2.1.1.1 Attribut 1 bis 3.2.1.1.n Attribut n
3.2.1.2 Funktionen *(Functions, Services, Methods, direct or inherited)*
3.2.1.2.1 Funktionale Anforderung 1.1 bis 3.2.1.2.m Funktionale Anforderung 1.m
3.2.1.3 Botschaften *(Messages, communications received or sent)*
3.2.2 Klasse/Objekt 2 bis 3.2.p Klasse/Objekt p
3.3 Leistungsanforderungen *(Performance Requirements)*
3.4 Entwurfsrestriktionen *(Design Constraints)*
3.5 Qualitätsmerkmale *(Software Systems Attributes)*
3.6 Andere Anforderungen *(Other Requirements)*

Insgesamt besteht die Richtlinie aus 31 Seiten. In der Praxis werden oft einzelne Gliederungspunkte der IEEE SRS nicht durch verbale Beschreibungen, sondern durch Einsatz einzelner Konzepte beschrieben. Die funktionalen Anforderungen können z.B. oft durch ein SA-Modell spezifiziert werden.

Quelle: ANSI/ IEEE Std 830–1998 /IEEE 99/

Funktion eines Pflichtenhefts

Aufgabe: Das Pflichtenheft enthält eine Zusammenfassung aller fachlichen Anforderungen, die das zu entwickelnde Software-Produkt aus der Sicht des Auftraggebers erfüllen muss. Insbesondere werden alle nicht-formalisierbaren Anforderungen – wie nichtfunktionale Anforderungen – aufgeführt. Außerdem werden Entwicklungsprioritäten aus Auftraggebersicht festgelegt.

Adressaten: Auftraggeber (extern oder intern, z.B. Fachabteilung), Auftragnehmer – repräsentiert durch den Projektleiter – und die Anwendungsspezialisten, Systemanalytiker, Entwerfer, Qualitätssicherer, Benutzerrepräsentant oder ausgewählte potenzielle Benutzer.

Inhalt: Die Inhalte stellen in der Regel eine Konkretisierung und Detaillierung der Lastenheft-Inhalte dar. Das Lastenheft kann daher als Ausgangsdokument für das Pflichtenheft verwendet werden. Die Pflichtenheft-Gliederung ist so aufgebaut, dass die Grundgliederung identisch mit der Lastenheft-Gliederung ist, so dass das Lastenheft als erste Version des Pflichtenheftes direkt übernommen werden kann. In Abhängigkeit von den gewählten Konzepten werden verbale Beschreibungen direkt im Pflichtenheft vorgenommen. Formale Beschreibungen können ebenfalls im Pflichtenheft oder in einem anderen Artefakt stehen. Im letzteren Fall wird vom Pflichtenheft auf das entsprechende Artefakt verwiesen.

Beschreibung des *was*, nicht des *wie*. Das Pflichtenheft muss so abgefasst sein, dass es als Basis eines juristischen Vertrages dienen kann. Das Pflichtenheft stellt also die vertragliche Beschreibung des Lieferumfangs dar. Anhand des Pflichtenheftes soll das fertige Produkt abgenommen werden können. Die beschriebenen Anforderungen müssen realisierbar sein. Entwurfs- und Implementierungsentscheidungen sollen nicht vorweggenommen oder unnötig eingeschränkt werden.

Form: Vorgegebenes, standardisiertes, grobes Gliederungsschema mit festgelegten Inhalten, um Pflichtenhefte gut lesen und vergleichen zu können.

Sprache: Detaillierte verbale Beschreibung mit Nummerierung einzelner Anforderungen. Die Nummerierung von Anforderungen ist notwendig, um sich in anderen Dokumenten und in späteren Phasen darauf beziehen zu können (Quittierungsprinzip, *traceability*).

Didaktik: Das Gliederungsschema ist so aufgebaut, dass das Pflichtenheft gut lesbar ist und eine leichte Einarbeitung erlaubt. Die Erstellung selbst kann iterativ erfolgen.

Zeitpunkt: Das Pflichtenheft ist das erste Dokument, das nach Abschluss der Planungsphase erstellt wird. Ergibt sich die Notwendigkeit, Anforderungen im Pflichtenheft zu ändern (neue Pflichtenheft-Version), dann sind diese Änderungen vom Auftraggeber schriftlich zu bestätigen.

Umfang: Die notwendigen Anforderungen müssen in ausreichender Detaillierung und ausreichendem Präzisierungsgrad beschrieben werden. Der Funktions-, Daten- und Leistungsumfang muss aus Sicht des Benutzers bzw. Auftraggebers auf hinreichendem Abstraktionsniveau vollständig beschrieben sein. Im Pflichtenheft soll festgelegt sein, *was* das Produkt, bezogen auf Funktionen und Leistungen, erfüllen soll, nicht *wie* es sie erfüllen soll.

Das **Gliederungsschema** zeigt Abb. 2.4-1.

Einsatz von CASE-Werkzeugen

Die Erfassung und Änderung eines Pflichtenheftes wird heute werkzeugunterstützt durchgeführt – ebenso wie beim Lastenheft.

Abschnitt 1.2

Optimal ist eine Unterstützung, wenn das Gliederungsschema als Muster vorgegeben ist. Außerdem sollte jeder Gliederungspunkt durch eine Hilfe erläutert werden und es sollte ein Beispiel angegeben sein. Aus den erfassten Daten sollte ein Textdokument erzeugbar sein.

Kapitel 2.6

Abb. 2.4-2 zeigt die Erfassung eines Pflichtenheftes mit JANUS/Process der Firma oTRIs – analog wie beim Lastenheft. Mit Hilfe der Funktion »Pflichtenheft erzeugen« kann aus dem Lastenheft das erste Pflichtenheft erzeugt werden. Funktionen können verbal beschrieben werden. Soll die Beschreibung in Form von Geschäftsprozessen erfolgen, dann ist das Kontrollkästchen use case anzukreuzen. Es erscheint dann eine detaillierte Geschäftsprozess-Schablone, die in Kapitel 2.6 erläutert wird.

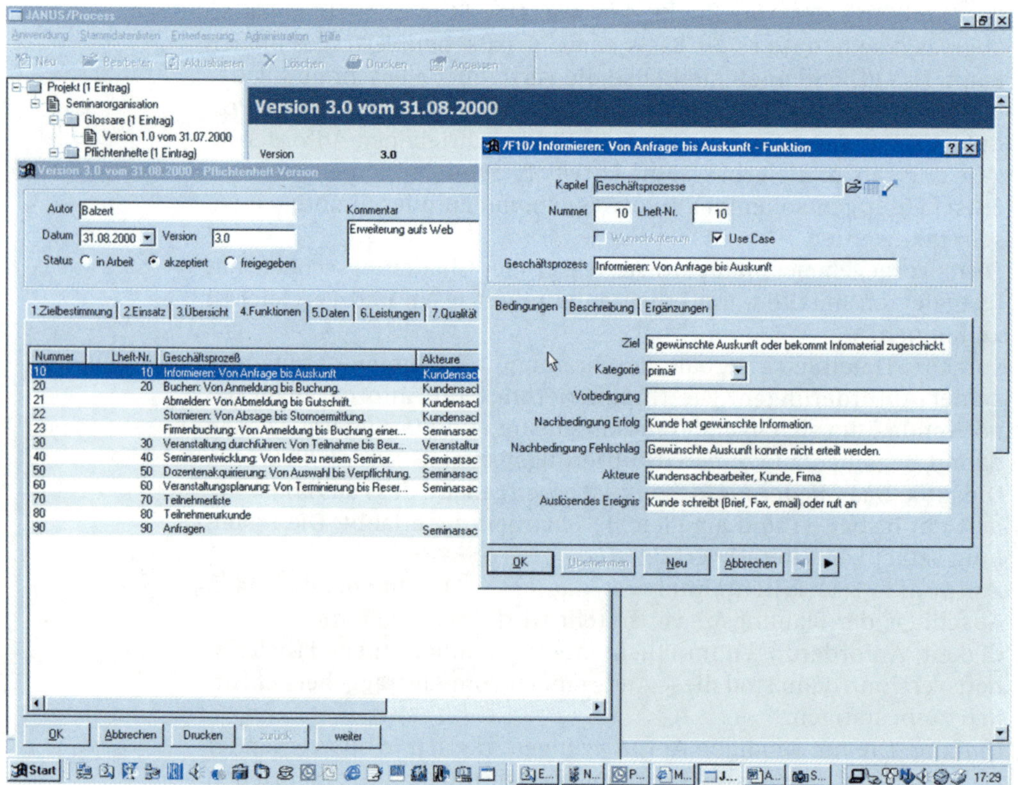

Abb. 2.4-2: Erfassung und Verwaltung eines Pflichtenheftes mit JANUS/Process

Abb. 2.4-1a: Gliederungsschema (Muster) eines Pflichtenheftes

1 Zielbestimmung
1.1 Musskriterien
1.2 Wunschkriterien
1.3 Abgrenzungskriterien

In diesem Kapitel wird beschrieben, welche Ziele durch den Einsatz des Produkts erreicht werden sollen. Um den Entscheidungsraum für die Realisierung abzustecken und um die Gliederung in Teilprodukte (siehe Kapitel 12) zu erleichtern, erfolgt die Zielbestimmung durch die Festlegung von Muss-, Wunsch- und Abgrenzungskriterien.

Muss

Unter **Musskriterien** wird aufgeführt, welche Leistungen für das Produkt unabdingbar sind, damit es für den vorgesehenen Einsatzzweck verwendet werden kann. Sie müssen auf jeden Fall erfüllt werden.

Wunsch

Wunschkriterien beschreiben Wünsche an das zu entwickelnde Produkt, die nicht unabdingbar sind, deren Erfüllung aber so gut wie möglich angestrebt werden sollte.

Abgrenzung

Abgrenzungskriterien sollen deutlich machen, welche Ziele mit dem Produkt bewusst *nicht* erreicht werden sollen. Da die Wünsche an ein Produkt im Allgemeinen sehr umfangreich und oft leicht formulierbar sind, soll dieser Abschnitt dazu dienen, Abgrenzungen des Produkts zu definieren.

2 Produkteinsatz
2.1 Anwendungsbereiche
2.2 Zielgruppen
2.3 Betriebsbedingungen

Da der geplante Produkteinsatz wesentliche Auswirkungen auf die funktionale Mächtigkeit und auf die Qualitätsmerkmale hat, werden in diesem Abschnitt die **Anwendungsbereiche**, z.B. Textverarbeitung im Büro, und die **Zielgruppen**, z.B. Sekretärinnen, Schreibkräfte, definiert. Unter Umständen sollte auch festgelegt werden, von welchen Voraussetzungen, z.B. bezüglich des Qualifikationsniveaus des Benutzers, ausgegangen wird.

Ebenfalls kann es sinnvoll sein, explizit anzugeben, für welche Anwendungsbereiche und Zielgruppen das Produkt *nicht* vorgesehen ist, z.B. für den DV-unkundigen Benutzer.

Deckt das Produkt verschiedene Anwendungsbereiche und Zielgruppen ab, dann ist eine Aufführung der unterschiedlichen Bedürfnisse und Anforderungen nötig.

Unter **Betriebsbedingungen** werden folgende Punkte beschrieben:

- physikalische Umgebung des Systems, z.B. Büroumgebung, Produktionsanlage oder mobiler Einsatz,
- tägliche Betriebszeit, z.B. Dauerbetrieb bei Telekommunikationsanlagen,
- ständige Beobachtung des Systems durch Bediener oder unbeaufsichtigter Betrieb.

3 Produktübersicht

Gibt eine Übersicht über das Produkt, z.B. über alle wichtigen Geschäftsprozesse in Form eines Übersichtsdiagramms (siehe Kapitel 2.7).

Kapitel 2.7

4 Produktfunktionen

In Abhängigkeit von den gewählten Konzepten erfolgt hier eine Konkretisierung und Detaillierung der Funktionen aus dem Lastenheft.

Wurde beispielsweise im Lastenheft die Funktionalität durch verbal beschriebene Geschäftsprozesse definiert, dann kann hier eine Detaillierung erfolgen, z.B. unter Verwendung einer Geschäftsprozess-Schablone (siehe Abb. 2.7-2).

Die Produktfunktionen können gegliedert werden nach:

- Geschäftsprozessen
- Listen
- Reports

Abb. 2.4-1b: Gliederungsschema (Muster) eines Pflichtenheftes

Erfolgt die Beschreibung der Funktionen mit einem CASE-Werkzeug, dann reicht es aus, nur den Namen der Funktion und einen Verweis auf das mit dem CASE-Werkzeug erstellte Artefakt anzugeben.

5 Produktdaten

Die langfristig zu speichernden Daten sind aus Benutzersicht detaillierter zu beschreiben.

Kapitel 2.12

Im einfachsten Fall erfolgt eine verbale Beschreibung. Es bietet sich jedoch auch an, eine formale Beschreibung, z.B. in Form eines *Data Dictionary*, vorzunehmen, um eine größere Präzision zu erreichen.

Abschnitt 2.8.4

Bei einer objektorientierten Software-Entwicklung kann die Daten-Spezifikation auch als Attribut-Spezifikation im Klassen-Diagramm erfolgen. Vom Pflichtenheft aus ist dann auf das entsprechende Klassen-Diagramm zu verweisen.

Unabhängig von der verwendeten Methode sollten die Produktdaten jedoch im Pflichtenheft grob untergliedert und mit Namen benannt werden, z.B. Kundendaten bestehen aus: Kunden-Nr., Name, Adresse, Kommunikationsdaten, Geburtsdatum, Funktion, Umsatz, Kurzmitteilung, Notizen, Info-Material, Kunde seit. Name, Adresse usw. sind hier nicht weiter aufzugliedern, da diese Verfeinerungen in der Regel in den CASE-Werkzeugen zur Wiederverwendung zur Verfügung stehen und nicht jeder Systemanalytiker diese Begriffe neu definieren soll.

Das Mengengerüst bei den Daten ist bei Bedarf zu ergänzen, beispielsweise um Durchschnittswerte und Spitzenbelastungen beim Datendurchsatz usw.

6 Produktleistungen

Werden an einzelne Funktionen und Daten Leistungsanforderungen bzgl. Zeit oder Genauigkeit gestellt, dann werden sie hier aufgeführt und mit /Lnn/ markiert. Zu prüfen ist, ob die gewünschten Leistungen mit den in **5** genannten Datenmengen erreicht werden können.

Bei netzwerkfähigen Anwendungen ist der Datentransfer über das Netz zu schätzen.

7 Qualitätsanforderungen

Kapitel III 1 und 1.3

In diesem Kapitel wird festgelegt, welche Qualitätsmerkmale das zu entwickelnde Produkt in welcher Qualitätsstufe besitzen soll.

Voraussetzung für die Qualitäts-Zielbestimmung ist, dass die Qualitätsmerkmale in operationalisierter Form vorliegen.

Im Anhang A sind die Qualitätsmerkmale nach DIN ISO 9126 aufgeführt.

Die operationalisierten Qualitätsmerkmale sind als Anhang dem Pflichtenheft beizufügen, wenn sie nicht als allgemeine Richtlinie (Standard, Werknorm) zur Verfügung stehen.

Gibt es in einem Unternehmen einen festgelegten Qualitätsstandard für alle Produkte, dann sind hier nur Abweichungen davon aufzuführen und zu begründen.

8 Benutzungsoberfläche

In diesem Kapitel werden **grundlegende Anforderungen** an die Benutzungsoberfläche festgelegt, z.B. Fensterlayout, Dialogstruktur und Mausbedienung entsprechend dem *Windows*-Gestaltungs-Regelwerk *(style guide)* oder unternehmenseigenen Gestaltungs-Regelwerken.

Kapitel 2.21

Die Festlegungen sollten sich auf die produktspezifischen Ausprägungen beschränken.

Abschnitt 2.8.6

Details werden durch Prototypen oder Pilotsysteme spezifiziert.

Gibt es verschiedene Rollen, die das Produkt benutzen, z.B. Kundensachbearbeiter und Seminarsachbearbeiter, dann sind für jede Rolle die **Zugriffsrechte**, differenziert nach Lese- und Schreibrechten, aufzuführen.

Die einzelnen Anforderungen werden analog wie die Funktionsanforderungen nummeriert, allerdings mit dem vorangesetzten Buchstaben B.

Bei Produkten, die keine Benutzungsoberfläche besitzen, werden hier analog die Schnittstellenkonventionen beschrieben, die für das anwendende System wichtig sind.

9 Nichtfunktionale Anforderungen

Es werden alle Anforderungen aufgeführt, die sich nicht auf die Funktionalität, die Leistung und die Benutzungsoberfläche beziehen, z.B.

- einzuhaltende Gesetze
- einzuhaltende Normen
- Testat durch externe Prüfungsgesellschaft
- Revisionsfähigkeit
- Ordnungsmäßigkeit der Buchführung
- Sicherheitsanforderungen, z.B. Passwortschutz, Mitlaufen von Protokollen, sichere Übertragung
- Plattformabhängigkeiten

10 Technische Produktumgebung
10.1 Software
10.2 Hardware
10.3 Orgware
10.4 Produkt-Schnittstellen

In diesem Kapitel wird die technische Umgebung des Produkts beschrieben. Bei *Client/Server*-Anwendungen ist die Umgebung jeweils für *Clients* und *Server* getrennt anzugeben.

Unter **Software** wird angegeben, welche Software-Systeme (Betriebssystem, Laufzeitsystem, Datenbank, Fenstersystem usw.) auf der **Zielmaschine** (Maschine, auf der das fertiggestellte Produkt eingesetzt werden soll) zur Verfügung stehen, z.B. *Web-Browser* auf dem *Client*.

Unter **Hardware** wird aufgeführt, welche Hardware-Komponenten (CPU, Peripherie, z.B. Grafikbildschirm, Drucker) in minimaler und maximaler Konfiguration für den Produkteinsatz vorgesehen sind.

Unter **Orgware** wird aufgeführt, unter welchen organisatorischen Randbedingungen bzw. Voraussetzungen das Produkt eingesetzt werden soll (z.B. »Elektronische Post ist nur dann sinnvoll einsetzbar, wenn die wichtigsten Empfänger organisatorisch und technisch in das elektronische Postsystem eingegliedert sind, d.h. ein LAN-Anschluss ist erforderlich«).

Unter **Produkt-Schnittstellen** wird das Produkt in eine bestehende oder geplante Produkt-Familie eingeordnet oder die geforderten bzw. genutzten Schnittstellen zu anderen Produkten, z.B. *Office*-Familie von Microsoft, werden definiert bzw. vereinbart (z.B. Schnittstelle zum Ferndiagnosesystem).

11 Spezielle Anforderungen an die Entwicklungs-Umgebung
11.1 Software
11.2 Hardware
11.3 Orgware
11.4 Entwicklungs-Schnittstellen

In diesem Kapitel wird die Entwicklungs-Umgebung des Produkts beschrieben. Es wird festgelegt, welche Konfiguration bzgl. Software, Hardware und Orgware für die Entwicklung des Produkts benötigt wird. Diese Festlegungen sind insbesondere dann notwendig, wenn Entwicklungs- und Zielmaschine unterschiedlich sind.

Bei Entwicklungs-Schnittstellen ist unter Umständen aufzuführen, über welche einzuhaltenden Hardware- und Software-Schnittstellen Entwicklungs- und Zielrechner gekoppelt sind.

Unter **Software** ist insbesondere aufzuführen, welche **Software-Werkzeuge**, z.B. CASE-Systeme, Programmierumgebungen, Compiler usw., benötigt werden.

12 Gliederung in Teilprodukte

Das Produkt wird in Teilprodukte aufgeteilt, die getrennt – aus Sicht des Auftraggebers – entwickelt werden sollen. Die Funktionalität wird den einzelnen Teilprodukten zugeordnet. Die Teilprodukte werden in eine Rangfolge gebracht, die die Realisierungsreihenfolge festlegt.

Abb. 2.4-1c: Gliederungsschema (Muster) eines Pflichtenheftes

Abb. 2.4-1d: Gliederungsschema (Muster) eines Pflichtenheftes

Jedes Teilprodukt sollte einen Umfang besitzen, der in maximal einem halben Kalenderjahr realisierbar ist.

13 Ergänzungen

In diesem Kapitel werden Ergänzungen oder spezielle Anforderungen beschrieben, die über die aufgeführten Kapitel 1 bis 12 hinausgehen.
Beispielsweise können hier **Installationsbedingungen** festgelegt werden wie:

- bauliche und räumliche Voraussetzungen,
- Bereitstellung von Testdaten,
- Bereitstellung von Hilfspersonal.

Außerdem können hier zu berücksichtigende Normen, Vorschriften, Patente und Lizenzen aufgeführt werden.

Aufwandsschätzung

Liegt ein Pflichtenheft vor, dann sollte eine weitere Aufwandsschätzung vorgenommen werden, da die Anforderungen jetzt detaillierter vorliegen. Da für die Aufwandsschätzung präzisere Geschäftsprozesse benötigt werden, erfolgt sie erst im Kapitel 2.6, da dort die Verfeinerung der Geschäftsprozesse dargestellt wird.

Anforderung Aussage über eine zu erfüllende qualitative und/oder quantitative Eigenschaft eines Produkts; eine vom Auftraggeber festgelegte Systemspezifikation, um ein System für den Entwickler zu definieren.
Definitionsphase Umfasst alle Tätigkeiten, um die Anforderungen an ein neues Produkt aus Auftraggebersicht zu beschreiben und eine fachliche Lösung zu modellieren (→Produkt-Definition).
Pflichtenheft Teil einer →Produkt-Definition, oft auch alleiniges Anforderungs-Dokument. Oft nur verbal beschrieben.
Produkt-Definition Dokumentation der Ergebnisse der →Systemanalyse; besteht meist aus mehreren Dokumenten; oft auch als Produkt-Spezifikation oder System-Spezifikation bezeichnet.
Produkt-Modell Fachliche, formale Lösungsbeschreibung der →Anforderungen; Teil der →Produkt-Definition.
requirement →Anforderung
requirements engineering →Systemanalyse
Systemanalyse Teilgebiet der Software-Technik; Aufgabe ist die systematische Ermittlung, Beschreibung, Modellierung und Analyse von →Anforderungen im Dialog mit dem Auftraggeber unter Einsatz geeigneter Methoden und Werkzeuge. Das Ergebnis ist eine →Produkt-Definition.

Soll ein neues Software-Produkt erstellt werden, dann müssen die Anforderungen *(requirements)* an dieses Produkt in der Definitionsphase von den Anwendungs-Spezialisten und Systemanalytikern in Zusammenarbeit mit dem Auftraggeber und den potenziellen Benutzern oder Benutzerrepräsentanten in Form einer Produkt-Definition beschrieben werden.

Die systematische Ermittlung, Beschreibung, Modellierung und Analyse der Anforderungen unter Einsatz geeigneter Methoden und Werkzeuge bezeichnet man als Systemanalyse *(requirements engineering)*.

Pflichtenheft

Eine Produkt-Definition besteht meist aus mehreren Dokumenten. Ein Dokument davon ist meist ein verbal beschriebenes Pflichtenheft.

Auf der Grundlage des Pflichtenheftes kann dann ein Produkt-Modell erstellt werden, das eine **Fachkonzept-Lösung** vollständig, eindeutig und konsistent modelliert. Produkt-Modell

Anhand des Produkt-Modells sollte dann ein Konzept für die Benutzungsoberfläche erstellt und in Form eines **Oberflächen-Prototyps** oder eines **Pilot-Systems** umgesetzt werden. Benutzungsoberfläche

Unter Berücksichtigung der bisherigen Informationen sollte dann ein **Benutzerhandbuch** angefertigt werden. Benutzerhandbuch

Alle diese Aktivitäten dienen dazu, in Kooperation mit dem Auftraggeber sicherzustellen, dass ein Produkt entwickelt wird, das den Vorstellungen des Auftraggebers entspricht. Vorstellungen des Auftraggebers

Das Erstellen eines verbalen Pflichtenheftes reicht nicht aus. Es muss ein semiformales bzw. formales Produkt-Modell erstellt werden. Ein solches Produkt-Modell erzwingt eine fachliche Problemlösung, was bei einem verbalen Pflichtenheft nicht der Fall ist. Produkt-Modell ist Muss!

Die Umsetzung der Anforderungen an ein neues Software-Produkt in ein Produkt-Modell gehört heute zu den anspruchsvollsten und risikoreichsten Aufgaben in der Software-Technik. Systemanalyse anspruchsvoll

Der Einsatz geeigneter Methoden und Werkzeuge ist daher für die Erledigung dieser Aufgaben unumgänglich. Methodeneinsatz

In Abhängigkeit von den Komplexitätsarten der Anwendung sollten geeignete Basiskonzepte und darauf aufbauend kombinierte Methoden für die Systemanalyse ausgewählt werden.

Fragen und Antworten

Ändert man das Pflichtenheft, wenn man beim späteren Einsatz von semiformalen oder formalen Konzepten Fehler oder Unklarheiten feststellt? Frage

Fehler und fehlende Funktionen oder Daten sind zu korrigieren bzw. zu ergänzen. Sprachliche Unklarheiten werden nicht verbessert, da die semiformale oder formale Beschreibung für die eindeutige Spezifikation zuständig ist. Antwort

Ist es nicht besser, wenn der Auftraggeber die Produkt-Definition selbst erstellt? Frage

Wenn der Auftraggeber kein Systemanalytiker ist, dann sollte der Auftragnehmer die Federführung bei der Erstellung der Produkt-Definition haben. Er ist der Spezialist, der über entsprechende Erfahrungen in der Systemanalyse verfügt. Wünschenswert ist jedoch, dass der Auftraggeber ein Produkt-Modell lesen und verstehen kann. Er muss es aber nicht selbst erstellen können. Antwort

/Dorfman, Thayer 90/
Dorfman M., Thayer R.H., *Standards, Guidelines, and Examples on System and Software Requirements Engineering*, IEEE Computer Society Press Tutorial, IEEE Computer Society Press, Los Alamitos, California, 1990.

/IEEE 99/
IEEE Standards Software Engineering, 1999 Edition, *Volume Four: Resource and Technique Standards*, New York: The Institute of Electrical and Electronics Engineers, 1999.

/Hesse et al. 94/
Hesse W. et al. , *Terminologie der Softwaretechnik*, in: Informatik Spektrum 17, 1994, S. 39–47.

/Schefe 99/
Schefe P., *Softwaretechnik und Erkenntnistheorie*, in: Informatik Spektrum 22, 1999, S. 122–135.

Analytische Aufgaben
Muss-Aufgabe
15 Minuten

1 *Lernziel: Entsprechend der beschriebenen Vorgehensweise aus gegebenen Anwendungsbereichen Basiskonzepte und kombinierte Methoden herleiten können.*

Es sollen verschiedene Software-Produkte entwickelt werden. Hierzu werden unterschiedliche Konzepte verwendet. Überprüfen Sie die jeweilige Entscheidung und überlegen Sie eventuelle Alternativen.

a Eine Aufzugssteuerung wird mit SA ohne zusätzliche Basiskonzepte entwickelt.

b Eine Alarmanlage wird mit OOA ohne zusätzliche Basiskonzepte entwikkelt.

c Ein universelles Zeichenprogramm wird mit OOA ohne zusätzliche Basiskonzepte entwickelt.

Muss-Aufgabe
30 Minuten

2 *Lernziel: Für vorgegebene Aufgabenstellungen ein Pflichtenheft entsprechend dem beschriebenen Pflichtenheft-Muster erstellen können.*

Gegeben seien einige Ausschnitte aus einem Pflichtenheft gemäß dem vorgestellten Pflichtenheft-Muster. Untersuchen Sie diese Ausschnitte auf Fehler.

1 Zielbestimmung

Das Produkt dient der Kunden- und Mitarbeiterverwaltung eines Unternehmens.

1.1 Musskriterien

- Verwalten der Mitarbeiter mit Adressen und Gehältern.
- Verwalten der Kunden (Firmen und Privatkunden) mit Adressen, Umsatzdaten und Bestellverhalten.
- Schnittstellen zu gängiger Bürosoftware (Serienbriefe).
- Typische Listenabfragen.
- Typische Reportausgaben.

1.2 Wunschkriterien

...

1.3 Abgrenzungskriterien

...

2 Produkteinsatz

2.1 Anwendungsbereiche

Kaufmännischer Anwendungsbereich.

2.2 Zielgruppen

Mitarbeiter des Unternehmens, speziell Verwaltungskräfte.

2.3 Betriebsbedingungen

Büroumgebung.

...

5 Produktdaten

/D/ Zu einem Kunden sind folgende Daten zu speichern: Adresse, Kontakte (Telefon, Fax, *e-mail*), typische Zahlungsweise: Seminaranfang, Seminarende, monatlich, mehrere Einzelrechnungen.

...

6 Produktleistungen

/L10/ Die Bearbeitungszeit aller Funktionen darf nicht über 100ms liegen.

/L20/ Die Funktion »Ausdrucken« soll möglichst schnell arbeiten.

/L30/ Die Kundendaten aus /D10/ sollen ohne sichtbaren Zeitverzug gelöscht werden können.

7 Qualitätsanforderungen

Das Produkt soll qualitativ hochwertig sein.

10 Technische Produktumgebung

10.1 Software

Alle gängigen Betriebssysteme.

10.2 Hardware

Alle gängigen Rechnerplattformen.

10.3 Orgware

keine

10.4 Produkt-Schnittstellen

Zu gängiger *Windows*-Software.

3 *Lernziel: Entsprechend der beschriebenen Vorgehensweise aus gegebenen Anwendungsbereichen Basiskonzepte und kombinierte Methoden herleiten können.*
Ihre Aufgabe ist es, einen Tempomaten (Geschwindigkeitsregelanlage im PKW) zu entwickeln. Welche Methode würden Sie sinnvollerweise wählen? (Begründen Sie Ihre Lösung!)

Konstruktive Aufgaben
Muss-Aufgabe
15 Minuten

4 *Lernziel: Für vorgegebene Aufgabenstellungen ein Pflichtenheft entsprechend dem beschriebenen Pflichtenheft-Muster erstellen können.*
Verfeinern Sie das Lastenheft und das Glossar (wenn nötig) zur Vereinsverwaltung aus Aufgabe 7 der Lehreinheit 2 (LE 2) zu einem Pflichtenheft.

Muss-Aufgabe
120 Minuten

Gehen Sie dabei von der Musterlösung der Aufgabe aus, die sich auf der CD-ROM 1 zum Buch befindet.

Nach Durchsicht des Lastenhefts zur Vereinsverwaltung stellt der Projektleiter einige Unklarheiten fest, die er in folgendem Telefongespräch zu beseitigen versucht. Berücksichtigen Sie diese Zusatzinformationen bei der Erstellung des Pflichtenheftes:

Projektleiter: »Ich habe da noch einige Fragen bezüglich des Vereinsverwaltungsprogramms, und zwar zum einen zur Funktionalität: Welche Druckfunktionalität wünschen Sie?«

Kassierer: »Wir haben zunächst beschlossen, keine spezielle Druckfunktionalität zu verlangen. Formulare wie zum Beispiel Mitgliedsausweise werden in der Regel in den kleinen Vereinen von Hand ausgefüllt. Eine Druckfunktion wäre zwar wünschenswert, ist aber nach unserer Meinung nicht erforderlich.«

Projektleiter: »Ich habe mir mal Gedanken über die integrierte Buchhaltung gemacht, wünschen Sie, dass Mitglieder bei ausstehenden Beitragszahlungen automatisch gemahnt werden?«

Kassierer: »Ich habe Ihnen in unserer letzten Besprechung bereits mitgeteilt, dass wir das Produkt möglichst einfach gestalten wollen. Eventuell geben wir es sogar als Geschenk an andere interessierte Vereine weiter. Wir sind deshalb nur an den unbedingt notwendigen Funktionen interessiert. Nach unserer Meinung gehört eine Mahnfunktion nicht dazu. Es sollte jedoch schon möglich sein, eine Liste aller Mitglieder mit negativem Kontostand auszugeben.«

Projektleiter: »Gut, aber wie stellen Sie sich die Buchhaltung im Einzelnen vor?«

Kassierer: »Wir denken an Sach-, Kassen-, Bank- und Mitgliedskonten. Wie in einer Buchhaltung üblich sollen Beträge auf jeweils zwei Konten gebucht werden können.«
Treffen Sie bei weiteren fehlenden Informationen selbstständig sinnvolle Entscheidungen, so wie Sie sie einem Auftraggeber gegenüber vertreten könnten. Verwenden Sie JANUS/Process, um aus dem Lastenheft automatisch eine Vorlage für das Pflichtenheft zu erstellen. Ergänzen Sie anschließend diese Vorlage zu einem vollständigen Pflichtenheft. Ignorieren Sie die jedoch das Kapitel 4 – Produktfunktionen des Pflichtenheftes. Die Verfeinerung der Produktfunktionen erfolgt nach einer Geschäftsprozess-Schablone, die erst in der Lehreinheit 5 eingeführt wird.

Klausur-Aufgabe *120 Minuten*

5 *Lernziel: Für vorgegebene Aufgabenstellungen ein Pflichtenheft entsprechend dem beschriebenen Pflichtenheft-Muster erstellen können.*
Gegeben sei folgende informelle Produktspezifikation:
Ein Programm HIWI-Verwaltung soll einen Lehrstuhl in die Lage versetzen, die beschäftigten Hilfsassistenten zu verwalten. Das Produkt wird im Sekretariat eines Lehrstuhls eingesetzt und von der Sekretärin bedient. Es soll die folgenden Funktionen bieten:

- Hilfsassistentenakquirierung: Von Auswahl bis Verpflichtung
- Ausgabe einer alphabetischen Liste aller Hilfsassistenten mit folgenden Daten: Name, Vorname, Matrikel-Nr., Studienadresse, Geburtsdatum
- Ausgabe sämtlicher Daten eines Hilfsassistenten
- Gezielte Abfragen mit einer Endbenutzersprache (wenn möglich)

Über einen Hilfsassistenten sollen die folgenden Daten verwaltet werden: Name, Vorname, Matrikelnummer, Geburtsdatum, Heimatadresse einschließlich Telefonnummer, Studienadresse einschließlich Telefonnummer, Studienfach (können auch mehrere sein), Semesteranzahl, Vordiplom (Ja/Nein, wenn ja, dann Note und Datum), Beschäftigungszeiten (von, bis, Stundenzahl pro Woche, Tätigkeitsgebiete, benutzte Software-Systeme), Diplom (Ja/Nein, wenn ja, dann welche Note und Datum), Arbeitszeugnis ausgehändigt (Ja/Nein, wenn ja, dann Datum).
Es sollen max. 1000 Hilfsassistenten verwaltet werden können. Die Listenausgabe und Abfragefunktion dürfen nicht mehr als 2 Sekunden Antwortzeit benötigen. Bezüglich der Qualitätsanforderungen soll besonderer Wert auf Funktionalität und Benutzbarkeit gelegt werden, die Übertragbarkeit des Programms auf ein anderes Rechnersystems ist nicht relevant.
Verfeinern Sie diese informelle Produktspezifikation zu einem Pflichtenheft und einem Glossar. Treffen Sie bei fehlenden Informationen selbstständig sinnvolle Entscheidungen, so wie Sie sie einem Auftraggeber gegenüber vertreten könnten. Beschreiben Sie die Funktionalität der Geschäftsprozesse verbal wie in Abschnitt 1.4.1 (Lehreinheit 2) dargestellt und *nicht* durch eine Geschäftsprozessschablone, da diese erst in der Lehreinheit 5 eingeführt wird.

2 Die Definitionsphase – Funktionale Sicht

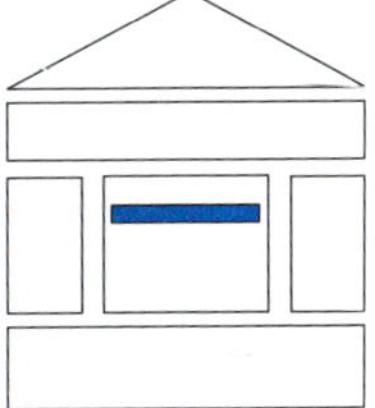

verstehen
anwenden

- Die Basiskonzepte Funktionsbaum, Geschäftsprozess und Datenflussdiagramm beschreiben können.
- Für eine gegebene Problemstellung Funktionen hierarchisch gliedern und einen Funktionsbaum konstruieren können.
- Für Problemstellungen Geschäftsprozesse ermitteln und auf unterschiedlichen Abstraktionsniveaus beschreiben können.
- Die Checkliste für Geschäftsprozesse sowohl konstruktiv als auch analytisch anwenden können.
- Geschäftsprozesse strukturieren können.
- Eine detaillierte Aufwandsschätzung mit *Function Points* anhand von »Übungszählregeln« vornehmen können.
- Für eine gegebene Problemstellung Schnittstellen, Funktionen und Speicher ermitteln und den Informationsfluss dazwischen beschreiben können.
- Regeln für die Syntax und Semantik von Datenflussdiagrammen kennen und anwenden können.

John Warner Backus
*1924 in Philadelphia, USA; Leiter des IBM-Teams, das die Programmiersprache FORTRAN erfand (1954–1958), Erfinder der Backus-Naur-Form (BNF) (1958–1960); Miterfinder der Programmiersprache ALGOL 60; Studium der Mathematik an der Columbia-Universität, seit 1950 bei IBM tätig, seit 1991 im Ruhestand in San Francisco, Gastprofessor an der *University of California*, Berkeley 1980, 1985; ausgezeichnet u.a. mit dem *ACM Turing Award* (1977) und dem *IEEE Pioneer Award* (1980).

- Die Kapitel 2.1 bis 2.5 sollten bekannt sein.
- Für den Abschnitt 2.6.3 müssen die Kapitel 1.7 und 1.8 bekannt sein.

Im Folgenden werden die in Abb. 2.2-2 dargestellten Basiskonzepte einzeln beschrieben. Viele der verwendeten Beispiele beziehen sich auf die im Anhang B beschriebenen Fallstudien. Lesen Sie sich die Pflichtenhefte zu diesen Fallstudien bitte durch.
Bei der Beschreibung der Basiskonzepte wird in der Marginalspalte öfter auf Prinzipien verwiesen. Diese Prinzipien sind im Hauptkapitel IV 1 näher beschrieben.

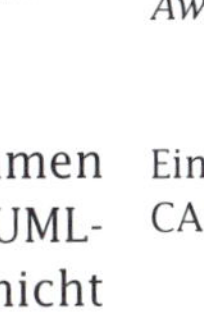

Einsatz von CASE-Werkzeugen

Funktionsbäume werden von einigen CASE-Werkzeugen im Rahmen anderer Methoden unterstützt. Geschäftsprozesse können mit UML-Werkzeugen modelliert werden. Datenflussdiagramme werden nicht direkt, sondern in der Regel nur im Rahmen von SA-Werkzeugen unterstützt.

2.5 Funktionsbaum

Funktion

Eine **Funktion** beschreibt eine Tätigkeit oder eine klar umrissene Aufgabe innerhalb eines größeren Zusammenhangs. In der Software-Technik ermittelt eine Funktion aus Eingabedaten Ausgabedaten oder bewirkt eine Veränderung des Inhalts oder der Struktur von Informationen.

Baum, Kap. IV 1

Graf. Darstellung:

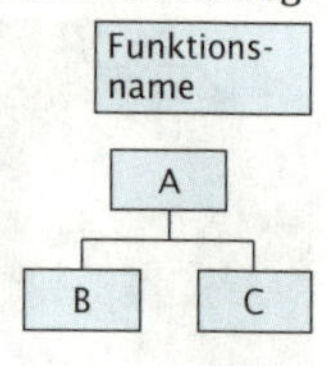

Eine funktionale Hierarchie entsteht, wenn eine allgemeine Funktion in spezielle Teilfunktionen gegliedert wird. Die Darstellung einer funktionalen Hierarchie geschieht oft in Form eines Baumdiagramms. Es entsteht ein **Funktionsbaum.**

Funktionen werden als beschriftete Rechtecke (»Kästchen«) gezeichnet. Die hierarchische Beziehung zwischen den Funktionen wird durch unbeschriftete Linien dargestellt. Eine Funktion A wird in einer Hierarchieebene über den Funktionen B und C angeordnet, wenn A übergeordnet zu B und C ist.

Basis der Hierarchie, Hauptkapitel IV 1

Übergeordnet kann verschiedenes bedeuten:

- Besteht-aus (meist in der Definitionsphase) (Funktion A besteht aus den Funktionen B und C),
- Ruft-auf (meist in der Entwurfsphase) (Funktion A ruft die Funktionen B und C auf).

Man nennt A auch die Vaterfunktion von B und C. B und C werden entsprechend als Kindfunktionen von A bezeichnet.

Eine Funktion sollte entweder durch ein Verb und ein Objekt (verwalte Kunden) oder durch ein Substantiv und ein Verb (Kunden verwalten) bezeichnet werden. Eine Bezeichnungsweise sollte durchgängig beibehalten werden.

Beispiel 1

Die Kundenverwaltung innerhalb der »Seminarorganisation« lässt sich in den Funktionsbaum der Abb. 2.5-1 gliedern.

Beispiel 1 zeigt eine sachlogische, tätigkeitsorientierte Zergliederung der Funktion »verwalte Kunden«. Sachlogisch deshalb, weil nichts darüber ausgesagt wird, wer welche Funktion ausführt. Die Funktion »trage Zahlungsverzüge ein« wird z.B. von dem Buchhaltungssystem ausgeführt, während die anderen Funktionen der Kundenverwaltung vom Kundensachbearbeiter getätigt werden.

Regeln

Bei der Erstellung von Funktionsbäumen sind folgende Regeln zu beachten:

- Unter einer gemeinsamen Vaterfunktion sollen nur Funktionen angeordnet sein, die fachlich eng zusammengehörende Tätigkeiten beschreiben. Was eng zusammengehört, kann nur mit Fachwissen entschieden werden.
- Auf einer Hierarchieebene sollen Funktionen angeordnet sein, die sich auf gleichem Abstraktionsniveau befinden.

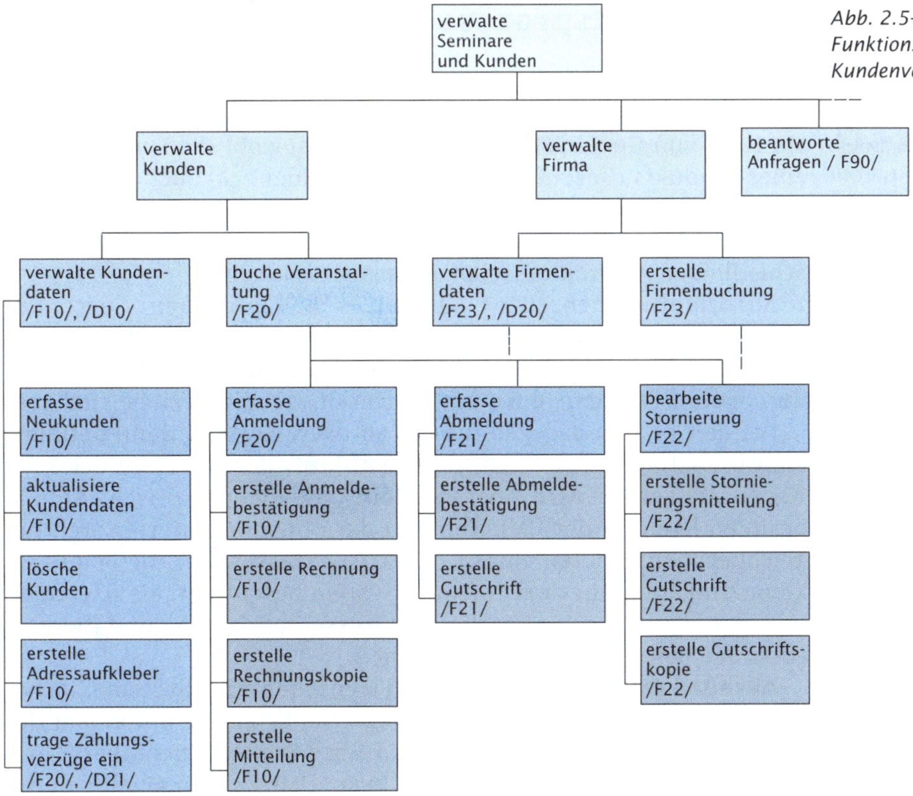

- verwalte Seminare und Kunden
  - verwalte Kunden
    - verwalte Kundendaten /F10/, /D10/
      - erfasse Neukunden /F10/
      - aktualisiere Kundendaten /F10/
      - lösche Kunden
      - erstelle Adressaufkleber /F10/
      - trage Zahlungsverzüge ein /F20/, /D21/
    - buche Veranstaltung /F20/
      - erfasse Anmeldung /F20/
        - erstelle Anmeldebestätigung /F10/
        - erstelle Rechnung /F10/
        - erstelle Rechnungskopie /F10/
        - erstelle Mitteilung /F10/
      - erfasse Abmeldung /F21/
        - erstelle Abmeldebestätigung /F21/
        - erstelle Gutschrift /F21/
      - bearbeite Stornierung /F22/
        - erstelle Stornierungsmitteilung /F22/
        - erstelle Gutschrift /F22/
        - erstelle Gutschriftskopie /F22/
  - verwalte Firma
    - verwalte Firmendaten /F23/, /D20/
    - erstelle Firmenbuchung /F23/
  - beantworte Anfragen / F90/

Legende: /.../ Bezüge zum Pflichtenheft

Abb. 2.5-1: Funktionsbaum der Kundenverwaltung

Funktionsbäume werden auch in anderen Kontexten verwendet, z.B. zur Gliederung einer Firma in organisatorische Einheiten (Abb. 2.5-2).

Hauptkapitel II 3

Der Funktionsbaum lässt sich auf keinen bestimmten Urheber zurückführen. Auch lässt sich kein Zeitpunkt angeben, zu dem zum ersten Mal ein Funktionsbaum verwendet wurde. In dem 1974 entwickelten Konzept HIPO war er bereits ein Bestandteil des Konzepts. Es handelt sich jedoch um ein so allgemeines Basiskonzept, dass es sicher bereits viel früher eingesetzt wurde.

Beispiel 2

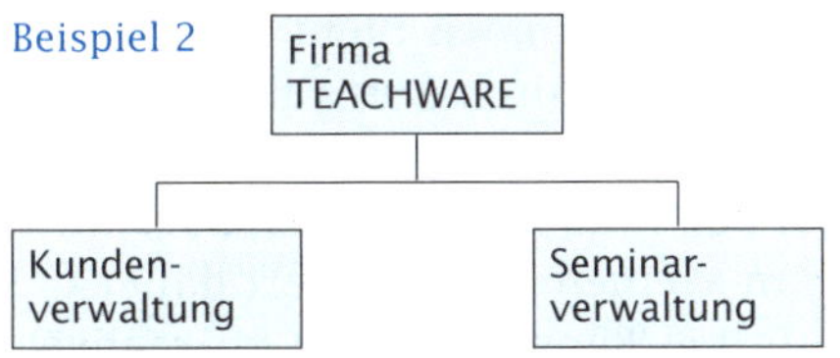

Abb. 2.5-2: Organigramm einer Organisation

Funktionsbäume lassen sich folgendermaßen bewerten:

- ⊞ Bewährtes Konzept zur systematischen Gliederung von Funktionen.
- ⊞ Gibt erste Hinweise für eine mögliche Dialoggestaltung.
- ⊟ Berücksichtigen nur die funktionale Sicht.

2.6 Geschäftsprozess

2.6.1 Konzept und Notationen

Hinweis: Die Ausführungen in diesem Kapitel orientieren sich an /Heide Balzert 99/.

Jacobson hat den Begriff des *use case* in Zusammenhang mit einer objektorientierten Methode erstmalig 1987 auf einer Konferenz vorgestellt. Durch sein Buch *Software Engineering: Use Case Driven Approach* /Jacobson et al. 92/ wurde der *use case* zum allgemeinen Gedankengut in der Objektmodellierung. Diese Ideen wurden von Jacobson weiterentwickelt und in seinem Buch *The Object Advantage: Business Process Reengineering with Object Technology* /Jacobson, Ericson, Jacobson 94/ veröffentlicht. Obwohl das Konzept des *use case* prinzipiell völlig unabhängig von der objektorientierten Modellierung ist, besitzt es heute einen festen Platz in den meisten objektorientierten Methoden und auch in der UML.

Mit Hilfe von **Geschäftsprozessen** kann sowohl die Funktionalität eines Produkts (Geschäftsprozesse im Kleinen) als auch die Ablauforganisation eines Unternehmens (Geschäftsprozesse im Großen) beschrieben werden. Geschäftsprozesse können also auf zwei unterschiedlichen Abstraktionsebenen angesiedelt sein.

Auf Unternehmensebene handelt es sich bei einem Geschäftsprozess um einen Unternehmensprozess *(business process)*, der aus einer Anzahl von unternehmensinternen Aktivitäten besteht, die durchgeführt werden, um die Wünsche eines Kunden zu befriedigen.

Handelt es sich dagegen um ein Software-System, dann definiert ein Geschäftsprozess einen **Arbeitsablauf,** der mit Hilfe der Software durchgeführt wird, aber manuelle und organisatorische Anteile besitzen kann. In der UML-Notation der objektorientierten Welt bezeichnet man den Teil eines Geschäftsprozesses, der die Benutzerkommunikation mit dem Software-System beschreibt, als ***use case.*** Im Folgenden werden »Geschäftsprozesse im Kleinen« und die *uses cases* der UML als synonym angesehen.

Akteure *(actors)* sind Rollen von Menschen oder Systeme, insbesondere Computersysteme, die als externe Beteiligte mit einem Unternehmen (Kunden) oder einem Software-Produkt (Benutzer) kommunizieren und Daten austauschen. In der UML werden Akteure durch Strichmännchen dargestellt.

Im Folgenden werden nur »Geschäftsprozesse im Kleinen« betrachtet. Auf Unternehmensprozesse wird im Buchteil V eingegangen.

Bei der Identifikation der »Geschäftsprozesse im Kleinen« soll zunächst ermittelt werden, welche Aufgaben mit dem neuen Software-Produkt zu bewältigen sind, um die gewünschten Ergebnisse zu erzielen. Zu diesem frühen Zeitpunkt ist noch nicht abzusehen, ob jeder Geschäftsprozess ausschließlich durch Software realisiert wird oder auch organisatorische Schritte enthält, in denen der Benutzer Entscheidungen treffen oder bestimmte Aktivitäten durchführen muss. Ein »Geschäftsprozess im Kleinen« spezifiziert daher die ergebnisorientierten Arbeitsabläufe bei Benutzung der zu realisierenden Software. Für die Produkt-Ebene wird im Weiteren von folgenden Definitionen ausgegangen:

Geschäftsprozess

Ein **Geschäftsprozess *(use case)*** – auch **Arbeitsablauf** genannt – besteht aus mehreren zusammenhängenden Aufgaben, die von einem Akteur durchgeführt werden, um ein Ziel zu erreichen bzw. ein gewünschtes Ergebnis zu erstellen.

Akteur

Ein **Akteur** *(actor)* ist eine Rolle, die ein Benutzer des Systems spielt. Jeder Akteur hat einen gewissen Einfluss auf das System. Ein Akteur ist häufig eine Person. Es kann sich aber ebenso um eine

Organisationseinheit oder ein externes System handeln, das mit dem zu modellierenden System kommuniziert. Akteure befinden sich stets außerhalb des Systems.

Spezifikation
Keinen Bezug zur Benutzungsoberfläche

Ein Geschäftsprozess wird formal, semiformal oder informal (umgangssprachlich) beschrieben. Ein Grundprinzip der Modellierung ist die Trennung von Funktionalität und Benutzungsoberfläche. Die Oberfläche ändert sich aufgrund neuer Techniken sehr schnell, und oft muss die Software auf verschiedenen Plattformen laufen. Die Funktionalität eines Geschäftsprozesses wird daher *ohne* Bezüge zur Benutzungsoberfläche beschrieben.

Empfehlung

Als Name für einen Geschäftsprozess sollte die Gerundiumform eines Verbs, ein Substantiv gefolgt von einem Verb oder der Anfangs- und Endpunkt des Prozesses gewählt werden. Charakterisiert ein anderer Begriff einen Geschäftsprozess besser, dann kann von dieser Empfehlung auch abgewichen werden.

Beispiel

Gerundium: Buchen
Substantiv – Verb: Buchung durchführen
Anfang – Ende: Von Anmeldung bis Buchung

Im ersten Schritt kann jeder Geschäftsprozess durch einen kurzen Text beschrieben werden. Außerdem sollten die beteiligten Akteure angegeben werden.

Beispiel

Geschäftsprozess: Buchen: Von Anmeldung bis Buchung
Akteure: Kundensachbearbeiter
Beschreibung: Ein Kunde oder eine Firma meldet sich oder Mitarbeiter zu einer Veranstaltung an.

Notation

Während bei einfachen Geschäftsprozessen eine umgangssprachliche Beschreibung ausreicht, können bei umfangreicheren Spezifikationen **Geschäftsprozess-Schablonen** *(use case templates)* sinnvoll eingesetzt werden. Abb. 2.6-1 zeigt ein Beispiel für eine Geschäftsprozess-Schablone. Eine solche Schablone sollte als Checkliste betrachtet werden, d.h. sie ist *nicht* für jeden Geschäftsprozess vollständig auszufüllen.

Beispiel

Geschäftsprozess: Buchen: Von Anmeldung bis Buchung
Ziel: Anmeldebestätigung und Rechnung an Kunden geschickt
Vorbedingung: –
Nachbedingung Erfolg: Kunde ist angemeldet
Nachbedingung Fehlschlag: Mitteilung an Kunden, dass Veranstaltung ausgebucht oder ausfällt oder nicht existiert
Akteure: Kundensachbearbeiter
Auslösendes Ereignis: Anmeldung des Kunden liegt vor
Beschreibung:
1 Kundendaten abrufen
2 Veranstaltung prüfen

Abb. 2.6-1: Schablone für Geschäftsprozesse

Geschäftsprozess: Name (was wird getan?)
Ziel: Globale Zielsetzung bei erfolgreicher Ausführung des Geschäftsprozesses
Kategorie: primär, sekundär oder optional
Vorbedingung: Erwarteter Zustand, bevor der Geschäftsprozess beginnt
Nachbedingung Erfolg: Erwarteter Zustand nach erfolgreicher Ausführung des Geschäftsprozesses, d.h. Ergebnis des Geschäftsprozesses
Nachbedingung Fehlschlag: Erwarteter Zustand, wenn das Ziel *nicht* erreicht werden kann
Akteure: Rollen von Personen oder andere Systeme, die den Geschäftsprozess auslösen oder daran beteiligt sind
Auslösendes Ereignis: Wenn dieses Ereignis eintritt, dann wird der Geschäftsprozess initiiert
Beschreibung:
1 Erste Aktion
2 Zweite Aktion
Erweiterungen:
1a Erweiterung des Funktionsumfangs der ersten Aktion
Alternativen:
1a Alternative Ausführung der ersten Aktion
1b Weitere Alternative zur ersten Aktion

Der betrachtete Geschäftsprozess kann nur ausgeführt werden, wenn die genannte **Vorbedingung** erfüllt ist. Die **Nachbedingung** eines Geschäftsprozesses A kann für einen Geschäftsprozess B eine Vorbedingung bilden. Diese Angaben bestimmen also, in welcher Reihenfolge Geschäftsprozesse ausgeführt werden können.
Unter **Beschreibung** erfolgt eine umgangssprachliche Spezifikation des Geschäftsprozesses. Die einzelnen Aufgaben werden der besseren Übersicht halber nummeriert. Wichtig ist, dass hier zunächst der **Standardfall,** d.h. der Fall, der am häufigsten auszuführen ist, beschrieben wird. Alle seltener eingesetzten Fälle werden unter **Erweiterungen** ausgeführt, wenn sie zusätzlich zu einer Aktion der Standardverarbeitung ausgeführt werden und unter **Alternativen,** wenn sie eine Aktion der Normalverarbeitung ersetzen.
Die **Kategorie** eines Geschäftsprozesses ist

- primär, wenn er notwendiges Verhalten beschreibt, das häufig benötigt wird,
- sekundär, wenn er notwendiges Verhalten beschreibt, das selten benötigt wird,
- optional, wenn er ein Verhalten beschreibt, das für den Einsatz des Systems zwar nützlich, aber nicht unbedingt notwendig ist.

Quelle: /Cockburn 97/

3 Anmeldebestätigung und Rechnung erstellen
Erweiterung:
1a Kundendaten aktualisieren
1b Wenn Kunde Mitarbeiter einer Firma ist, dann Firmendaten erfassen bzw. wenn vorhanden, dann abrufen und aktualisieren
1c Zahlungsmoral überprüfen
Alternativen:
1a Neukunden erfassen
2a Auf alternative Veranstaltungen hinweisen, wenn ausgebucht
2b Mitteilung »falsche Veranstaltung«, wenn nicht existierende Veranstaltung

Das Zusammenspiel mehrerer Geschäftsprozesse untereinander und mit den Akteuren wird im **Geschäftsprozessdiagramm** *(use case diagram)* beschrieben (Abb. 2.6-2). Es gibt auf hohem Abstraktionsniveau einen guten Überblick über das Produkt und seine Schnittstellen zur Umgebung. Die Akteure werden – auch wenn es sich um ein externes System handelt – als Strichmännchen eingetragen, die Geschäftsprozesse als Ovale. Eine Linie zwischen Akteur und Geschäftsprozess bedeutet, dass eine Kommunikation stattfindet.

Geschäftsprozess-diagramm

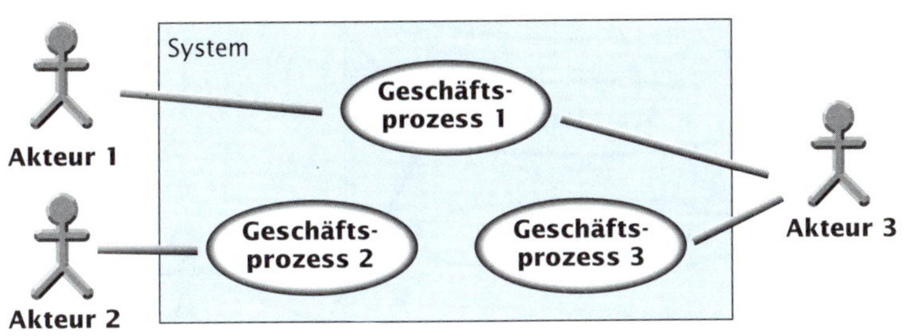

Abb. 2.6-2: Notation für ein Geschäftsprozess-diagramm

Abb. 2.6-3 modelliert das Produkt SemOrg als Geschäftsprozessdiagramm.

In der UML gibt es drei Möglichkeiten, Geschäftsprozesse zu strukturieren:

- die *extend*-Beziehung,
- die *include*-Beziehung und
- die Generalisierungs-Beziehung.

extend-Beziehung

Eine *extend*-Beziehung bzw. Erweiterungs-Beziehung zwischen einem Geschäftsprozess A und einem Geschäftsprozess B bedeutet, dass von dem Prozess A in den Prozess B verzweigt wird, wenn gegebene Bedingungen erfüllt sind. Ist der Prozess B beendet, wird in den Prozess A zurückgekehrt. Wichtig ist, dass der Prozess, der erweitert wird (hier A), der ursprüngliche und fundamentale Prozess ist. Die Erweiterung wird vorgenommen, um die Komplexität des ursprünglichen Prozesses zu reduzieren. In der Geschäftsprozess-Schablone (Abb. 2.6-1) sind Erweiterungen bereits explizit aufgeführt.

Eine *extend*-Beziehung wird durch einen gestrichelten Pfeil mit offener Pfeilspitze dargestellt, der von dem Geschäftsprozess, der die Erweiterung zur Verfügung stellt, zum Standard-Geschäftsprozess zeigt. Der Pfeil wird mit dem Stereotypen «extend» beschriftet. Die Bedingung der Erweiterung kann optional bei der Pfeilbeschriftung angegeben werden. Außerdem ist es möglich, die Stelle, an der die Erweiterung ausgeführt wird, im Oval des Geschäftsprozesses anzugeben (siehe unten). Die *extend*-Beziehung ermöglicht es also, einen komplexen Geschäftsprozess zunächst in vereinfachter Form zu spezifizieren und komplexe Sonderfälle in die Erweiterungen zu verlagern.

Ein Stereotyp *(stereotype)* klassifiziert Elemente eines UML-Modells. Die UML enthält einige vordefinierte Stereotypen. Weitere können definiert werden. Stereotypen werden in französischen Anführungszeichen *(guillements)* mit Spitzen nach außen angegeben, z.B. «extend».

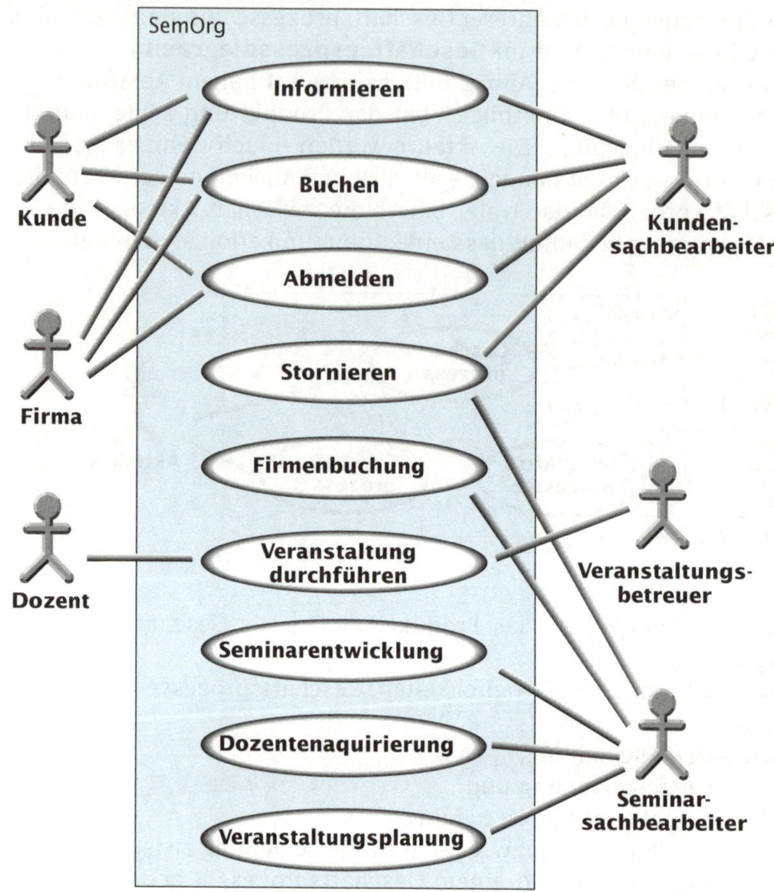

Abb. 2.6-3: Geschäftsprozessdiagramm für das Produkt SemOrg

Beispiel — Der Geschäftsprozess *Informieren* (Von Anfrage bis Auskunft) lässt sich durch eine Erweiterung besser strukturieren (Abb. 2.6-4).

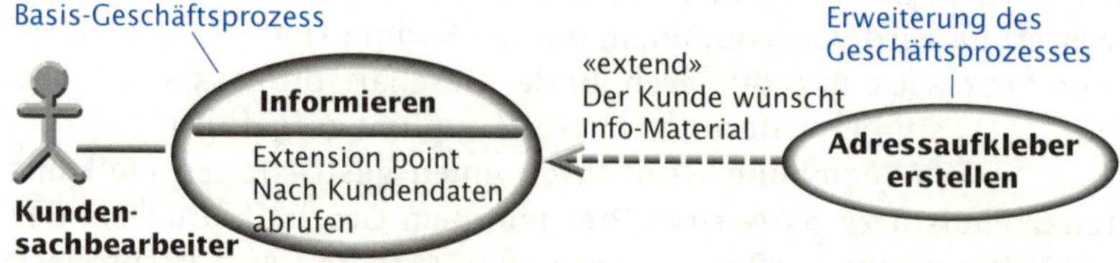

Abb. 2.6-4: Strukturierung von Geschäftsprozessen mit der extend-Beziehung

include-Beziehung — Oft kommt es vor, dass einige Geschäftsprozesse die gleichen Unterprozesse besitzen. Um einen solchen Unterprozess *nicht* doppelt zu beschreiben, wird er als selbständiger Prozess modelliert. Dieser Unterprozess kann dann von mehreren Prozessen benutzt werden. Ein Unterprozess ist analog einem Unterprogramm in einer Programmiersprache. Der eingeschlossene Geschäftsprozess steht *nie* für sich allein.

Für die Darstellung wird ebenfalls ein gestrichelter Pfeil mit offener Spitze verwendet, der mit dem Stereotypen «include» beschriftet wird. Der Pfeil zeigt vom Standardprozess zum eingeschlossenen Prozess.

Beispiel

In der Abb. 2.6-5 verwenden die beiden Geschäftsprozesse »Buchen« und »Firmenbuchung« beide den Geschäftsprozess »Zahlungsmoral überprüfen«.

Abb. 2.6-5: Strukturierung von Geschäftsprozessen mit der include-Beziehung

Generalisierung

Mit Hilfe der Generalisierungs-Beziehung können zu einem Geschäftsprozess Kinder-Geschäftsprozesse modelliert werden. Ein Kind-Geschäftsprozess erbt das Verhalten des Eltern-Geschäftsprozesses, analog wie bei der Vererbung zwischen Klassen (siehe Abschnitt 2.9.6). Der Kind-Geschäftsprozess kann zusätzliches Verhalten hinzufügen oder Verhalten des Eltern-Geschäftsprozesses überschreiben. Der Kind-Geschäftsprozess kann an jeder Stelle eingesetzt werden, an dem der Eltern-Geschäftsprozess steht. Eine Generalisierungs-Beziehung wird durch einen Pfeil mit einer weißen bzw. transparenten Dreiecksspitze, die zum Eltern-Geschäftsprozess zeigt, gekennzeichnet.

Beispiel

In der Abb. 2.6-6 besitzt der Eltern-Geschäftsprozess »Krankenhausaufnahme« die zwei Kinder-Geschäftsprozesse »Einweisung durch Arzt« und »Notfallaufnahme«.

Abb. 2.6-6: Strukturierung von Geschäftsprozessen mit der Generalisierungs-Beziehung

konkret und abstrakt

Es lassen sich **konkrete** und **abstrakte Geschäftsprozesse** unterscheiden. Der Geschäftsprozess »Krankenhausaufnahme« ist z.B. ein künstliches Gebilde, das nur zum Zweck der Verwendung durch die konkreten Kinder-Geschäftsprozesse existiert. Abstrakte Geschäftsprozesse werden in der UML-Notation durch *kursive* Namen gekennzeichnet.

Aktitivätsdiagramm Abschnitt 2.18.7

Die in Abb. 2.6-1 verwendete Schablone ist ein einfaches, aber effektives Hilfsmittel zur Beschreibung von Geschäftsprozessen. Ein Nachteil ist jedoch, dass sie die Sequenz der durchzuführenden Schritte festlegt. Es kann nicht ausgedrückt werden, dass für bestimmte Schritte die Reihenfolge aus fachlicher Sicht keine Rolle spielt. Diese Möglichkeit bietet in der UML das **Aktivitätsdiagramm** *(activity diagram)*. Es ist ein Sonderfall des Zustandsdiagramms, dessen Notation in Abschnitt 2.16.7 behandelt wird.

Abschnitt 2.9.5

Ein Geschäftsprozess kann durch mehrere **Szenarios** verfeinert werden, die in Form von **Sequenzdiagrammen** oder **Kollaborationsdiagrammen** dokumentiert werden.

Einen Überblick über die UML-Konzepte und die UML-Notation von Geschäftsprozessen gibt Abb. 2.6-7.

2.6.2 Methodische Vorgehensweise und Checkliste

Das Formulieren von Geschäftsprozessen bietet eine gute Möglichkeit, die Arbeitsabläufe und die Anforderungen an ein System besser zu verstehen. Zunächst sollte man sich auf die primären Geschäftsprozesse konzentrieren, um ein Verständnis für den Kern des Systems zu erhalten. Die Anzahl der Geschäftsprozesse hängt stark vom jeweiligen Anwendungstyp ab.

Zu einem Zeitpunkt sollte man immer nur einen Geschäftsprozess bearbeiten. Dazu sollten die Benutzerrepräsentanten und die Experten des jeweiligen Fachgebiets interviewt werden. Geschäftsprozesse sollen so dokumentiert werden, dass sie sowohl für die Interviewten als auch für andere Analytiker verständlich sind. Das Geschäftsprozessdiagramm dient dem besseren Überblick.

Schablone

Geschäftsprozesse sollen zunächst auf einer hohen Abstraktionsebene formuliert werden. Sonderfälle werden zunächst *nicht* betrachtet. Die Verwendung einer Schablone wie in Abb. 2.6-1 zwingt dazu, einen Standardfall festzulegen und getrennt über mögliche Erweiterungen und Alternativen nachzudenken.

Diagramm

Um einen guten Überblick über die Geschäftsprozesse zu erhalten, sollten parallel zu den Beschreibungen Geschäftsprozessdiagramme erstellt werden. Für ein kleines System muss nur ein Diagramm erstellt werden. Für mittlere bis große Systeme sind mehrere Diagramme zu modellieren. Tab. 2.6-1 zeigt die Checkliste für Geschäftsprozesse.

Konstruktive Schritte zum Identifizieren von Geschäftsprozessen

1 Wer ist der Akteur?

Akteure befinden sich immer außerhalb des betrachteten Systems und kommunizieren mit den Geschäftsprozessen des Systems. Handelt es sich bei dem zu modellierenden System um ein Software-System, dann ist der Akteur derjenige, der später die entsprechenden Aufgaben mit dem Software-System durchführt. Obwohl diese Definition zunächst einleuchtend klingt, ist es in der Praxis nicht immer einfach, den Akteur zu ermitteln.

Geschäftsprozess *(use case)*: Spezifiziert einen Arbeitsablauf, der aus einer Menge von Aktionen, einschließlich Varianten, besteht, die ausgeführt werden, um ein beobachtbares Ergebnis hervorzubringen, das einen Wert für den Akteur besitzt.
Akteur: Repräsentiert Rollen, die Benutzer einnehmen, wenn sie mit dem Geschäftsprozess interagieren. Akteure können Menschen oder automatische Systeme sein.
Name eines Geschäftsprozesses: Verb-Substantiv *(place order)*; in Deutsch besser Substantiv-Verb (Auftrag erteilen).
Generalisierung zwischen Akteuren: Allgemeine Eigenschaften von Akteuren (z.B. als Kunde) können definiert und spezialisiert werden (z.B. als Privatkunde). Die Namen abstrakter Akteure werden kursiv geschrieben.
Assoziation: Akteure werden durch eine Assoziation mit Geschäftsprozessen verbunden. Die Assoziation gibt an, dass der Akteur und der Geschäftsprozess miteinander kommunizieren. Jeder kann Botschaften senden und empfangen. Assoziationen können mit Kardinalitäten versehen werden.
Strukturierung von Geschäftsprozessen:

- Allgemeines Verhalten von anderen Geschäftsprozessen: *include*-Beziehung
- Varianten in andere Geschäftsprozesse verlagern: *extend*-Beziehung
- Generalisierungen als abstrakte oder konkrete Eltern-Geschäftsprozesse

Geschäftsprozessdiagramm: Zeigt Geschäftsprozesse, Akteure und ihre Beziehungen
Beispiel

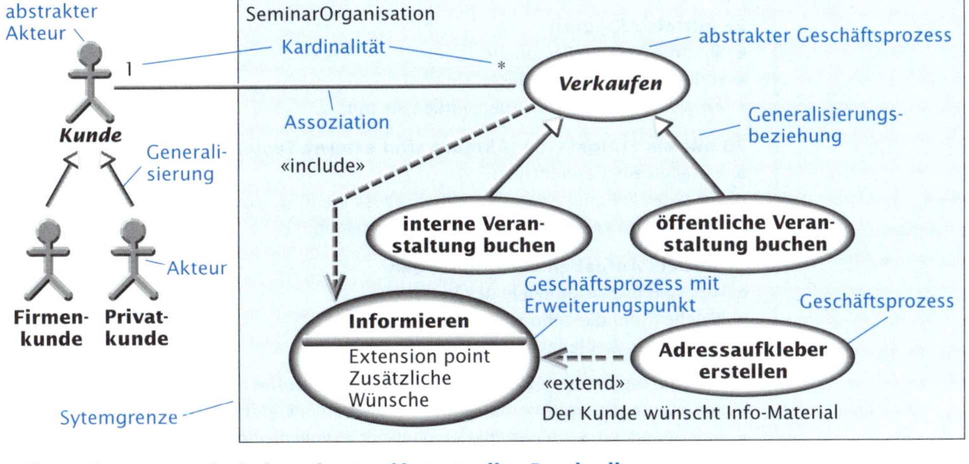

Referenzierung von *include* und *extend* in textuellen Beschreibungen

Beispiel: Geschäftsprozess Verkaufen	Geschäftsprozess Informieren
Beschreibung	Beschreibung
1 include (Informieren)	1 Kundendaten abrufen
2 Veranstaltung prüfen	2 (zusätzliche Wünsche)
usw.	

Quellen: /UML 1.3/, /Booch, Rumbaugh, Jacobson 99, S. 219 ff./

Abb. 2.6-7: Geschäftsprozesse (use cases): UML-Konzepte und -Notation

Beispiel

Der Geschäftsprozess Buchen: Von Anmeldung bis Rechnung in der Seminarorganisation legt zunächst nahe, dass der Kundensachbearbeiter diese Tätigkeit durchführt. Ist das System jedoch internetfähig, dann können auch Kunden und Firmen ihre Buchung selbst durchführen, d.h. sie sind auch Akteure. In diesem Beispiel lassen sich die Akteure daher nur dann ermitteln, wenn Informationen über den Einsatz des Gesamtsystems bekannt sind.

Tab. 2.6-1a: Checkliste Geschäftsprozesse

Ergebnisse

- **Geschäftsprozessdiagramm** (Abb. 2.6.2)
  Alle Geschäftsprozesse und Akteure sind eingetragen.
- **Beschreibung der Geschäftsprozesse** (Abb. 2.6-1)
  Alle Geschäftsprozesse sind umgangssprachlich oder mittels Schablone beschrieben.

Konstruktive Schritte

1 Akteure ermitteln

- Welche Personen führen diese Aufgaben zur Zeit durch und besitzen daher wichtige Kenntnisse über die durchzuführenden Arbeitsabläufe? Welche Rollen spielen diese Personen?
- Welche Personen werden zukünftig diese Aufgaben durchführen und auf welche Vorkenntnisse muss die Benutzungsoberfläche abgestimmt werden? Welche Rollen spielen diese Personen?
- Wo befindet sich die Schnittstelle des betrachteten Systems bzw. was gehört nicht mehr zu dem System?

2 Geschäftsprozesse für die Standardverarbeitung ermitteln

- Primäre und ggf. sekundäre Geschäftsprozesse betrachten
- Welche Standardverarbeitung besitzen sie?

2a mittels Akteuren

- Sind die Akteure Personen?
- Welche Arbeitsabläufe lösen sie aus?
- An welchen Arbeitsabläufen wirken sie mit?

2b mittels Ereignissen (Akteure sind externe Systeme)

- Erstellen einer Ereignisliste.
- Für jedes Ereignis einen Geschäftsprozess identifizieren.
- Externe und zeitliche Ereignisse unterscheiden.

2c mittels Aufgabenbeschreibungen

- Was sind die Gesamtziele des Systems?
- Welches sind die zehn wichtigsten Aufgaben?
- Was ist das Ziel jeder Aufgabe?

3 Geschäftsprozesse für die Sonderfälle formulieren

- Erweiterungen und Alternativen mittels Schablone erstellen.
- Aufbauend auf Standardfunktionalität mit *extend* die Sonderfälle formulieren, d.h. erweiterte Geschäftsprozesse beschreiben.

4 Aufteilen komplexer Geschäftsfälle

- Komplexe Schritte als eigene Geschäftsprozesse spezifizieren *(include).*
- Komplexe Geschäftsprozesse (viele Sonderfälle) in mehrere Geschäftsprozesse zerlegen und Gemeinsamkeiten mit *include* modellieren.
- Umfangreiche Erweiterungen als Geschäftsprozesse spezifizieren *(extend).*

5 Gemeinsamkeiten von Geschäftsprozessen ermitteln

- Auf redundanzfreie Beschreibung achten *(include).*

Analytische Schritte

6 »Gute« Beschreibung

- Verständlich für den Auftraggeber.
- Extern wahrnehmbares Verhalten.
- Fachliche Beschreibung des Arbeitsablaufs.
- Beschreibt Standardfall vollständig und Sonderfälle separat.
- Maximal eine Seite.

7 Fehlerquellen
- Zu kleine und damit zu viele Geschäftsprozesse.
- Zu frühe Betrachtung von Sonderfällen.
- Zu detaillierte Beschreibung der Geschäftsprozesse.
- Verwechseln von *include-* und *extend*-Beziehungen.
- Geschäftsprozesse beschreiben Dialogabläufe.

Tab. 2.6-1b: Checkliste Geschäftsprozesse

Quelle: /Heide Balzert 99, S. 133f./

In Abhängigkeit vom Typ der Anwendung gibt es mehrere Wege, um Geschäftsprozesse zu modellieren (vergleiche /Hruschka 98/):

Identifikation von Geschäftsprozessen

Im ersten Schritt konzentriert man sich auf die Standardfälle und ignoriert die Sonderfälle. Ein häufiger Fehler beim Ermitteln von Geschäftsprozessen besteht darin, in der Flut von Sonderfällen und Details zu »ertrinken«.

2 zuerst Standardfälle

/Jacobson 92/ empfiehlt, von den Akteuren des Systems auszugehen. Bei Personen werden deren typische Arbeitsabläufe analysiert. In Interviews sind folgende Fragen zu stellen:

2a Akteure

- Welches Ereignis löst den Arbeitsablauf aus?
- Welche Eingabedaten werden benötigt?
- Welche Schritte sind auszuführen?
- Ist eine Reihenfolge der Schritte festgelegt?
- Welche Zwischenergebnisse werden erstellt?
- Welche Endergebnisse werden erstellt?
- Welche Vorbedingungen müssen erfüllt sein?
- Welche Nachbedingungen (Vorbedingungen anderer Geschäftsprozesse) werden sichergestellt?
- Wie wichtig ist diese Arbeit?
- Warum wird diese Arbeit durchgeführt?
- Kann die Durchführung verbessert werden?

Beispiel

In der Seminarorganisation ist ein Akteur der Veranstaltungsbetreuer, dessen Aufgabe es ist, Veranstaltungen zu betreuen. Daraus lässt sich der Geschäftsprozess Veranstaltung durchführen ableiten.

2b Ereignisse

Sind Akteure beispielsweise organisatorische Einheiten oder technische Schnittstellen, dann sollte eine Ereignisliste erstellt werden. Es ist zu überlegen, welche Ereignisse der Umgebung für das System relevant sind. Für jedes Ereignis muss ein Geschäftsprozess (GP) existieren, der darauf reagiert bzw. entdeckt, dass ein entsprechendes Ereignis vorliegt. Es lassen sich externe Ereignisse und zeitliche Ereignisse unterscheiden. Externe Ereignisse treten außerhalb des betrachteten Systems auf. Zeitliche Ereignisse werden im Allgemeinen im System produziert.

Beispiel

Für die Seminarorganisation kann eine Ereignisliste beispielsweise folgendermaßen aussehen:

- Kunde schreibt (Brief, Fax, *e-mail*) oder ruft an: →GP Informieren.
- Anmeldung des Kunden liegt vor: →GP Buchen.
- Abmeldung des Kunden liegt vor: →GP Abmelden.
- Dozent sagt wegen Krankheit ab: →GP Stornieren.
- Anmeldung einer Firma liegt vor: →GP Firmenbuchung.
- Anfangstermin der Veranstaltung (zeitliches Ereignis): →GP Veranstaltung durchführen.
- Beginn der Planungsperiode (zeitliches Ereignis): →GP Seminarentwicklung.
- Beginn der Planungsperiode oder sporadisch (zeitliches Ereignis): →GP Dozentenakquirierung.
- Beginn der Planungsperiode oder sporadisch (zeitliches Ereignis): →GP Veranstaltungsplanung.

2c Aufgaben

Ist es schwierig anhand von Akteuren oder Ereignissen Geschäftsprozesse zu identifizieren, dann kann man die Aufgaben des Systems beschreiben. Zunächst formuliert man den Zweck bzw. die Ziele des Systems. Aus diesen Zielen werden die notwendigen Aufgaben abgeleitet. Die zehn wichtigsten Aufgaben sind zu überlegen. Jede Aufgabe wird umgangssprachlich mit 25 – oder weniger – Worten beschrieben. Zu beantworten ist die Frage: Was ist das Ziel dieser Aufgabe bzw. der Nutzen dieser Aufgabe für das Gesamtsystem?

3 Sonderfälle

Nach der Erstellung der Standardfälle, werden im zweiten Schritt die Erweiterungen und Sonderfälle modelliert, die nur unter bestimmten Bedingungen auftreten.
Erweiterungen sind beispielsweise

- optionale Teile eines Geschäftsprozesses,
- komplexe oder alternative Möglichkeiten und
- Aufgaben, die nur selten durchgeführt werden.

Diese Vorgehensweise hat den Vorteil, dass die Basisfunktionalität leicht zu verstehen ist und erst im zweiten Schritt die Komplexität in das System integriert wird. Sonderfälle können bei Verwenden der Schablone (Abb. 2.6-1) unter *Erweiterungen* und *Alternativen* aufgeführt werden. Umfangreiche Sonderfälle sind als eigenständige Geschäftsprozesse zu modellieren und mit *extend* an die Standardverarbeitung anzubinden.

Beispiel

Bei einer Versicherungsgesellschaft ist ein Schadensfall zu bearbeiten (vgl. /Cockburn 97/).

Geschäftsprozess: bearbeite Schadensfall
Ziel: Bezahlung des Schadens durch die Versicherung
Kategorie: primär
Vorbedingung: -
Nachbedingung Erfolg: Schaden ganz oder teilweise bezahlt
Nachbedingung Fehlschlag: Forderung abgewiesen
Akteure: Schadenssachbearbeiter

Auslösendes Ereignis: Schadensersatzforderung des Antragstellers, d.h. der versicherten Person

Beschreibung:

1 Der Sachbearbeiter prüft die Forderung auf Vollständigkeit.

2 Der Sachbearbeiter prüft, ob eine gültige Police vorliegt.

3 Der Sachbearbeiter prüft alle Details der Police.

4 Der Sachbearbeiter errechnet den Betrag und überweist ihn an den Antragsteller.

Erweiterungen:

1a Die vorliegenden Daten vom Antragsteller sind nicht vollständig. Dann muss der Sachbearbeiter diese Informationen nachfordern.

2a Der Antragsteller besitzt keine gültige Police. Der Sachbearbeiter teilt ihm mit, dass keine Ansprüche bestehen und schließt den Fall ab.

4a Der Schaden wird durch die Police nicht abgedeckt. Der Sachbearbeiter teilt dies dem Antragsteller mit und schließt den Fall ab.

4b Der Schaden wird durch die Police nur unvollständig abgedeckt. Der Sachbearbeiter verhandelt mit dem Antragsteller, bis zu welchem Grad der Schaden bezahlt wird.

Alternativen: –

Im Allgemeinen besteht ein Geschäftsprozess aus mehreren Teilaufgaben. Unter Umständen ist ein einzelner Schritt eines Geschäftsprozesses, der auf einer hohen Abstraktionsebene formuliert wurde, so komplex, dass er selbst ein Geschäftsprozess ist. Dieser Zusammenhang wird im Diagramm mittels der *include*-Beziehung angegeben. **4** Aufteilen

Treten in einem Geschäftsprozess viele Sonderfälle auf, dann sollte ebenfalls geprüft werden, ob das Verhalten nicht besser durch mehrere Geschäftsprozesse beschrieben wird.

Sind die Erweiterungen eines Geschäftsprozesses sehr umfangreich, dann sollte ein eigener Geschäftsprozess spezifiziert werden, der mittels *extend* mit dem Standard-Geschäftsprozess verbunden wird.

Besitzen zwei Geschäftsprozesse einen gemeinsamen Teil, dann ist dieser herauszulösen und mit *include* zu verknüpfen. Die *include*-Beziehung dient in erster Linie der redundanzfreien Beschreibung von Geschäftsprozessen. Man kann *include*-Beziehungen auch als eine Art Funktionsaufruf ansehen. **5** Gemeinsamkeiten

Mit der *include*-Beziehung kann die funktionale Zerlegung eines Systems beschrieben werden. Geschäftsprozesse dürfen jedoch *nicht* zu stark verfeinert werden. Es entsteht sonst eine Art Funktionsbaum (Kapitel 2.5). Das ist jedoch *nicht* der Sinn dieses Konzepts.

Zwischen Geschäftsprozessen und der klassischen funktionalen Zerlegung gibt es folgende Unterschiede: Geschäftsprozess vs. Funktion

- Geschäftsprozesse beschreiben die mit dem System auszuführenden Arbeitsabläufe, d.h. welche Aufgaben mit dem System durchgeführt werden sollen. Diese Aufgaben werden meistens vom Software-System ausgeführt, können aber auch organisatorischer Natur sein.

- Die klassische funktionale Zerlegung gibt an, welche Funktionen das System – *unabhängig* von den jeweiligen Arbeitsabläufen – zur Verfügung stellt.
- Geschäftsprozesse werden nur in der Systemanalyse eingesetzt und dienen als *high level documentation* des Systemverhaltens. Sie werden durch Szenarios (Abschnitt 2.9.5) und Operationen (Abschnitt 2.8.5) verfeinert.
- Die klassische funktionale Zerlegung kann dagegen sowohl in der Analyse als auch im Entwurf eingesetzt werden.
- Ein Geschäftsprozess beschreibt immer einen kompletten Ablauf von Anfang bis Ende. Er besteht daher im Allgemeinen aus mehreren Schritten oder Transaktionen. Jeder Schritt kann einen weiteren Geschäftsprozess oder eine Operation (z.B. drucke Rechnung) darstellen. Im Extremfall kann ein Geschäftsprozess auf eine einzige Operation abgebildet werden.
- In der klassischen funktionalen Zerlegung wird eine Funktion in der Regel auf genau *eine* Operation abgebildet.

Anzahl Geschäftsprozesse

Die Anzahl der Geschäftsprozesse hängt wesentlich vom gewählten Abstraktionsniveau und vom Anwendungsbereich ab /Jacobson 95/:

- Ein kleineres System (zwei bis fünf Mitarbeiterjahre) besteht aus 3 bis 20 Geschäftsprozessen.
- Ein mittleres System (10 bis 100 Mitarbeiterjahre) kann 10 bis 60 Geschäftsprozesse enthalten.
- Größere Systeme, z.B. Anwendungen für Banken, Versicherungen, Verteidigung und Telekommunikation können Hunderte von Geschäftsprozessen enthalten.
- /Booch 96/ erwartet bei einem Projekt mittlerer Komplexität etwa ein Dutzend Geschäftsprozesse.
- /Cockburn 97/ gibt folgende Größen an: Ein Projekt von 50 Mitarbeiterjahren mit 50 Geschäftsprozessen und ein Projekt mit 30 Mitarbeiterjahren (18 Monate Entwicklungsdauer) mit 200 Geschäftsprozessen.

Wie die unterschiedlichen Zahlen zeigen, gibt es über das Abstraktionsniveau und die genaue Definition von Geschäftsprozessen noch verschiedene Auffassungen.

Analytische Schritte zum Validieren der Geschäftsprozesse

6 »gute« Beschreibung

Die Geschäftsprozesse sind so zu formulieren, dass der Auftraggeber sie lesen und verstehen kann. Die Kommunikation der Akteure mit dem System steht im Mittelpunkt. Es wird weder die interne Struktur noch werden die Algorithmen beschrieben. Der Standardfall ist immer komplett zu spezifizieren. Eine Beschreibung sollte maximal eine Seite umfassen.

Die Geschäftsprozesse sind auf potenzielle Fehlerquellen hin zu überprüfen.

7 Fehlerquellen

Bewertung

- ⊞ Im Mittelpunkt stehen die zentralen Arbeitsabläufe und *nicht* elementare Funktionen.
- ⊞ Konzentration auf die Standardabläufe.
- ⊞ Verschiedene Notationen für verschiedene Abstraktionsniveaus.
- ⊞ Ergänzung um Datenflüsse möglich.
- ⊞ Auch für den Auftraggeber bzw. die Fachabteilung leicht verständlich.
- ⊟ Gefahr, zu sehr ins Detail zu gehen.
- ⊟ Gefahr, Geschäftsprozesse als Kontrollstrukturen zu spezifizieren.
- ⊟ Gefahr, dass Verbindungen zur Benutzungsoberfläche hergestellt werden.

Liegt ein Funktionsbaum vor, dann müssen die Funktionen in den Geschäftsprozessen als elementare Aktivitäten auftauchen.

Zusammenhang mit Funktionsbaum

2.6.3 Aufwandsschätzung mit *Function Points*

Wurde anhand eines Lastenheftes eine Aufwandsschätzung vorgenommen, dann sollte sie wiederholt werden, wenn ein Pflichtenheft erstellt wurde.

Kapitel 1.7 und 1.8

Die bisherigen Einflussfaktoren »Produktleistungen« und »Qualitätsanforderungen« werden zu folgenden zehn Einflussfaktoren erweitert:

Beispiel Zum Üben

- Produktleistungen
- Qualitätsanforderungen: Zählregel: Pro »sehr gut« 1 Punkt, pro »gut« $^1/_2$ Punkt, bei gemischten Unterbewertungen entsprechend umrechnen (siehe unten)
- Anforderungen an die Benutzungsoberfläche (GUI-Anforderungen): Mögliche Kriterien: Standard-*Windows*-Oberfläche, einmalige neue Web-Gestaltung, grafische Gestaltung eines Produktionsprozesses, multimediale Oberfläche, verschiedene Zugangsberechtigungen
- Nichtfunktionale Anforderungen (siehe Abb. 2.4-1)
- Anzahl und Komplexität der Schnittstellen
- Algorithmische Komplexität (einschl. Grad der Nebenläufigkeit)
- Architektur (1 Computersystem, verteilte Anwendung, Internet-Anwendung)
- Werkzeugeinsatz (umgekehrt proportional, d.h. geringer Werkzeugeinsatz führt zu hoher Punktzahl)
- Erfahrung (Anwendungsbereich, Mitarbeiter) (umgekehrt proportional)
- Reife des Entwicklungsprozesses (umgekehrt proportional)

Hauptkapitel III 4

Für jeden Einflussfaktor können zwischen null und sechs Punkte vergeben werden. Die maximale Punktzahl ist also 60.

Fallstudie »Seminarorganisation« Anhang B

Hinweis: Benutzbarkeit ist untergliedert in Verständlichkeit, Erlernbarkeit und Bedienbarkeit (siehe Anhang A)

Für die Fallstudie ergeben sich anhand des Pflichtenheftes (siehe Anhang B) folgende Punkte:

- Produktleistungen: Wie im Lastenheft: 0 Punkte.
- Qualitätsanforderungen: Benutzbarkeit ist 2* gut und 1* sehr gut: $(^1/_2 + {^1/_2} + 1)/3=0{,}7$ Punkte, Rest: 2 * gut: $^1/_2 + {^1/_2} = 1$ Punkt, Summe: 1,7 Punkte.
- Anforderungen an die Benutzungsoberfläche (GUI-Anforderungen): Für die Web-Gestaltung und die Zugriffverwaltung werden jeweils 2 Punkte vergeben. Summe: 4 Punkte.
- Nichtfunktionale Anforderungen: Für die geforderte sichere Übertragung im Internet werden 2 Punkte vergeben.
- Anzahl und Komplexität der Schnittstellen: Für die 2 Schnittstellen zur Buchhaltung wird jeweils $^1/_2$ -Punkt vergeben. Summe: 1 Punkt.
- Algorithmische Komplexität (einschl. Grad der Nebenläufigkeit): Keine besonderen Anforderungen: 0 Punkte.
- Architektur (1 Computersystem, verteilte Anwendung): Für die Anforderung *client/server*-fähig und Internetfähig werden jeweils 2 Punkte vergeben. Summe: 4 Punkte.
- Werkzeugeinsatz (umgekehrt proportional, d.h. geringer Werkzeugeinsatz führt zu hoher Punktzahl): Es wird das JANUS-System eingesetzt, daher 0 Punkte.
- Erfahrung (Anwendungsbereich, Mitarbeiter) (umgekehrt proportional): Der Anwendungsbereich ist bekannt, die Mitarbeiter haben Erfahrung, daher: 0 Punkte.
- Reife des Entwicklungsprozesses (umgekehrt proportional): Es liegt eine mittlere Reife des Entwicklungsprozesses vor, daher: 3 Punkte.

Es ergeben sich insgesamt 15,7 Einflusspunkte, diese ergeben einen Einflussfaktor von 0,857.

»Übungszählregeln« für Funktionen

Für die Funktionen, die nach der Geschäftsprozess-Schablone (Abb. 2.6-1) spezifiziert sind, werden folgende Zählregeln vorgeschlagen:

- Pro Geschäftsprozess werden die elementaren Funktionen ermittelt.

□ Eine elementare Funktion ist

△ »einfach«, wenn sie *nicht* in Erweiterungen und Alternativen auftaucht,

△ »mittel«, wenn sie in Erweiterungen *oder* Alternativen auftaucht,

△ »komplex«, wenn sie in Erweiterungen *und* Alternativen auftaucht.

Diese Klassifizierung lässt sich schematisch bzw. automatisch ermitteln, wenn die Geschäftsprozess-Schablone korrekt ausgefüllt ist: Sind in der Geschäftsprozess-Beschreibung z.B. 5 Tätigkeiten aufgeführt, dann liegen 5 elementare Funktionen vor. Ist die Tätigkeitsnummer zusätzlich bei Erweiterung *oder* Alternativen aufgeführt, z.B. 3a, dann ist die Klassifizierung »mittel«, ist die Tätigkeitsnummer bei Erweiterung *und* Alternativen aufgeführt, dann ist die Klassifizierung »komplex«, sonst »einfach«.

- Listen werden als Ausgaben folgendermaßen gezählt:
  - □ Anzahl der auszugebenen Datenelemente < 10: »einfach«
  - □ 10 ≤ Anzahl der auszugebenen Datenelemente ≤ 20: »mittel«
  - □ Anzahl der auszugebenen Datenelemente > 20: »komplex«

»Übungszählregeln« für Ausgaben

- Die Klassifizierung der Daten hängt von der Anzahl der Datenelemente ab:
  - □ Anzahl der zu speichernden Datenelemente < 15: »einfach«
  - □ 15 ≤ Anzahl der zu speichernden Datenelemente ≤ 30: »mittel«
  - □ Anzahl der zu speichernden Datenelemente > 30: »komplex«

»Übungszählregeln« für Daten

Die Klassifizierungen, die sich anhand dieser Zählregeln für die Fallstudie »Seminarorganisation« ergeben, sind im Anhang B im Pflichtenheft blau angeschrieben.

Anhang B

Es ergeben sich folgende Werte:
29 Funktionen, davon 5 »komplex«, 10 »mittel« und 14 »einfach«: Summe 273 *Function Points.*
2 Ausgaben, davon 1 »mittel« und 1 »einfach«: Summe 9 *Function Points.*
8 Daten, davon 7 »einfach« und 1 »mittel«: Summe 42 *Function Points.*
Insgesamt ergeben sich somit 324 unbewertete *Function Points.*
Unter Berücksichtigung des Einflussfaktors von 0,857 ergeben sich daraus 278 bewertete *Function Points.* Nach IBM-Tabelle ergibt sich ein Aufwand von 18,7 MM. Die optimale Entwicklungsdauer ist: $2{,}5 * 18{,}7^{0{,}35}$ [Monate] = 7 [Monate]. Die Anzahl der Mitarbeiter beträgt: 18,7 MM / 7 Monate = 2,67 Mitarbeiter ≈ 3 Mitarbeiter.
Gegenüber der Abschätzung des Lastenheftes (233 bewertete *Function Points)* ergibt sich nach dieser Schätzung eine Abweichung von 45 *Function Points* (19 Prozent).

Mit JANUS/Process lassen sich die *Function Points* – wie oben aufgeführt – erfassen und berechnen. JANUS/Process erlaubt es aber auch, die Kategorien, Gewichtungsfaktoren und Einflussfaktoren an eigene Wünsche anzupassen. Das lauffähige System mit der erfassten Seminarorganisation befindet sich auf der CD-ROM 2.

Einsatz von CASE-Werkzeugen

2.7 Datenflussdiagramm

Ein **Datenflussdiagramm (DFD, *data flow diagram*)** beschreibt die Wege von Daten bzw. Informationen zwischen Funktionen, Speichern und Schnittstellen und die Transformation der Daten bzw. Informationen durch Funktionen. Ein Datenfluss ist vergleichbar einer Pipeline, durch die Informationen fließen.

DFD

Informationsfluss und Datenfluss sowie Funktion und Prozess werden hier synonym verwendet.

Es gibt verschiedene Darstellungsweisen und Symbole für Datenflussdiagramme. Im Folgenden wird die Notation von DeMarco vorgestellt. Sie dürfte heute in der Praxis am meisten verbreitet sein.

DeMarco hat sie 1979 im Rahmen seiner Methode *Structured Analysis* beschrieben /DeMarco 79/.

SA, Kapitel 2.19

Datenname

Funktions-name

Speichername

Schnitt-stellen-name

Es werden vier Symbole mit folgender Semantik verwendet:

1 Datenfluss, dargestellt durch einen Pfeil mit Namen.
2 Funktion bzw. Prozess, dargestellt durch einen Kreis oder eine »Blase« *(bubble)* mit Namen.
3 Datenspeicher, dargestellt durch zwei parallele Linien, zwischen denen der Speichername steht.
4 Schnittstelle zur Umwelt, dargestellt durch ein Rechteck, das den Schnittstellennamen enthält.

Die Grundidee eines Datenflussdiagramms besteht darin, dass man sich vorstellt, das zu entwickelnde System laufe bereits. Man macht sich keine Gedanken darüber, wie das System initialisiert und terminiert wird. Vielmehr konzentriert man sich darauf, welche Informationen von wo nach wo durch das System fließen.

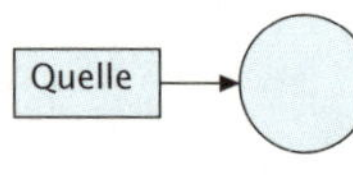

Jedes zu entwickelnde Software-System hat Schnittstellen zu seiner Umwelt. Die Umwelt besteht für das System aus Informationsquellen und Informationssenken. Diese bilden die Schnittstellen zur Umwelt. Die Umwelt selbst wird nicht weiter modelliert.

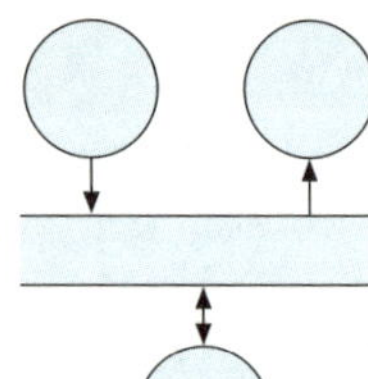

Informationen entstehen in Informationsquellen und fließen zu Funktionen. Eine Funktion transformiert ankommende Datenflüsse in ausgehende Datenflüsse.

Speicher sind Hilfsmittel zur Ablage von Informationen. In einen Speicher können Informationen hineinfließen (Pfeil in den Speicher). Informationen können aus einem Speicher gelesen werden (Pfeil aus dem Speicher). Auf einen Speicher kann lesend und schreibend zugegriffen werden (Pfeil mit zwei Spitzen).

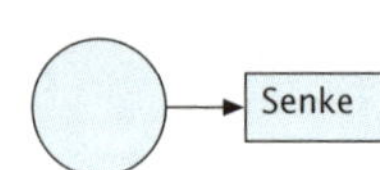

Informationen verschwinden in Informationssenken. Eine Schnittstelle kann sowohl Informationsquelle als auch Informationssenke sein.

Beispiel 2

Abb. 2.7-1 zeigt den Datenfluss der Kundenverwaltung innerhalb der Fallstudie Seminarorganisation.

Die Abbildung zeigt, dass ein DFD ein Netz ergibt. Das DFD enthält drei Schnittstellen zur Umwelt: den *Kunden*, den *Kundensachbearbeiter* und die *Firma*. Alle Informationen, die ihren Ursprung und ihr Ziel beim Kunden haben, kommen von der Schnittstelle Kunde bzw. führen zu ihr hin. Personaldaten kommen im Ursprung vom Kunden, Mitteilungen gehen an den Kunden.

Analoges gilt für den Kundensachbearbeiter. Will der Kundensachbearbeiter z.B. die zehn umsatzstärksten Kunden wissen, dann ist die Quelle dieses Informationswunsches der Kundensachbearbeiter und nicht der Kunde.

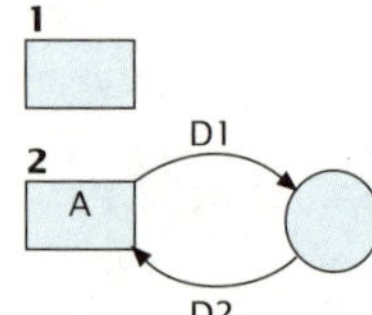

Beim Zeichnen von Datenflussdiagrammen sind folgende Regeln einzuhalten:

Syntaktische Regeln:

1 Ein Datenflussdiagramm enthält mindestens eine Schnittstelle.

Abb. 2.7-1: DFD der Kundenverwaltung innerhalb der Seminarorganisation

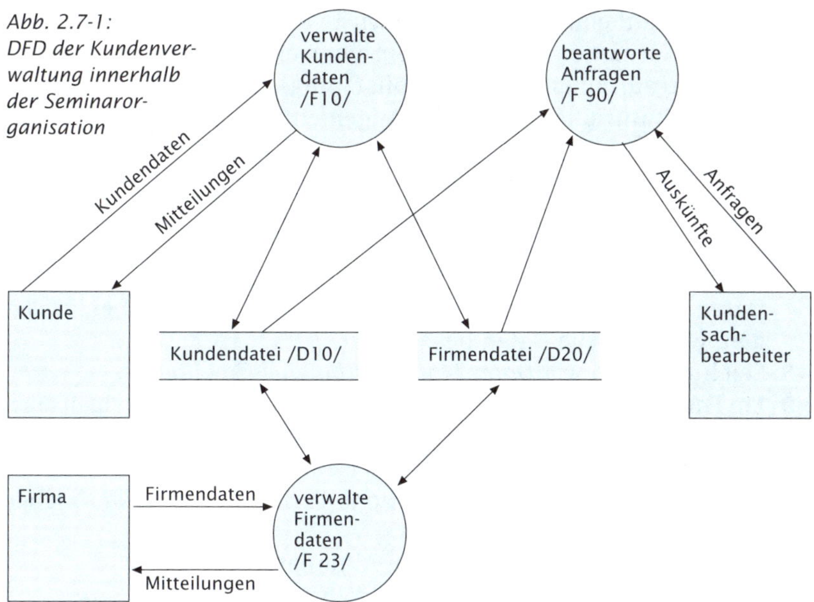

DIN 66001 (1983): Datenflussdiagramme wurden unter der Bezeichnung Datenflusspläne bereits 1966 genormt. Es werden 19 verschiedene grafische Symbole zur Darstellung verwendet. Die in DIN 66001 genormten Symbole sind in der Praxis heute unüblich. Außerdem verwendet man heute eine wesentlich geringere Anzahl von Symbolen. Daher wird auf DIN 66001 hier nicht weiter eingegangen.

2 Jede Schnittstelle ist im Allgemeinen nur einmal vorhanden. Wird durch diese Regel das Diagramm unübersichtlich, dann kann eine Schnittstelle auch mehrfach gezeichnet werden.

3 Zwischen Schnittstellen gibt es keine Datenflüsse.

4 Jeder Datenfluss hat einen Namen. Ausnahme: Datenflüsse, die zu Speichern führen oder dort beginnen und keinen Namen haben, transportieren die gesamten gespeicherten Daten.

5 Zwischen Speichern dürfen keine direkten Datenflüsse bestehen.

6 Zwischen Schnittstellen und Speichern dürfen keine direkten Datenflüsse gezeichnet sein.

Semantische Regeln:

1 Das DFD beschreibt den Datenfluss, *nicht* den Kontrollfluss. Daher enthält es weder Entscheidungen noch Schleifen. Es wird keine Aussage über die Initiierung und Terminierung von Funktionen bzw. Prozessen gemacht.

2 Steht eine Schnittstelle für eine Vielzahl von beliebig vielen Instanzen, dann wird sie als eine Schnittstelle dargestellt.

3 Wird das System durch eine eng begrenzte Anzahl von gleichartigen Schnittstellen begrenzt, die sich aber durch unterschiedliche Datenflüsse auszeichnen, dann ist eine getrennte Darstellung sinnvoll.

4 Eine Schnittstelle ist so zu wählen, dass sie die ursprüngliche Quelle oder Senke einer Information angibt. Die Informationen »Buchungsdaten einer Seminarveranstaltung« stammen im Ursprung von Kunden und nicht vom Kundensachbearbeiter, der die Information in das System eingibt.

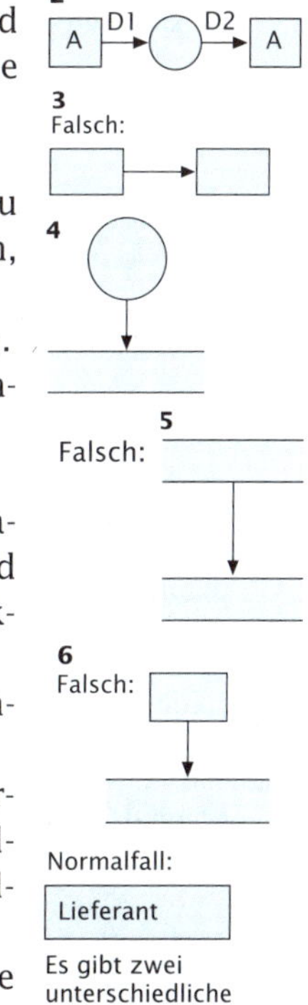

5 Bei der Wahl einer Schnittstelle wird von der konkreten Eingabe einer Information in das System über eine Tastatur oder einer Ausgabe auf einem Drucker vollständig abstrahiert. Daher tauchen Tastatur und Drucker im Allgemeinen nicht als Schnittstellen auf.

Verbalisierung, Abschnitt 4.2.1

6 Ein Datenflussname besteht aus einem Substantiv oder einem Adjektiv und einem Substantiv. Datenflussnamen enthalten niemals Verben.

Beispiel: »Rechnungs-Nr.«, »gültige Rechnungs-Nr.«

7 Die Datenflussnamen sind so zu wählen, dass sie nicht nur die Daten, die fließen, beschreiben, sondern etwas darüber aussagen, was über die Daten bekannt ist.

8 Seichte Namen wie *Daten, Informationen* vermeiden.

9 Ein Funktions- bzw. Prozessname besteht aus einem einzigen starken Aktions-Verb gefolgt von einem einzigen konkreten Objekt (z.B. erstelle Adressaufkleber) oder einem konkreten Substantiv gefolgt von einem starken Aktions-Verb (z.B. Adressaufkleber erstellen).

10 Funktionsnamen repräsentieren Aktionen.

11 Seichte Namen wie *verarbeite, bediene* vermeiden.

Qualitätssicherung

Um die Qualität eines DFD zu überprüfen, kann man eine Handsimulation vornehmen. Man stelle sich vor, man wäre der Prozessor, der jeweils einen Prozess bzw. eine Funktion ausführt. Beispielsweise stellt man sich vor, man verwaltet die Kundenstammdaten. Man prüft, ob man anhand der eingehenden Informationsflüsse die ausgehenden Informationsflüsse erzeugen kann.

Bewertung

+ Erfahrungen haben gezeigt, dass Datenflussdiagramme leicht erstellt werden können und gut lesbar sind.
+ Auch Gesprächspartnern, wie Auftraggeber und Fachabteilung, ist die datenflussorientierte Darstellungsweise gut vermittelbar.
+ Ein Datenflussdiagramm enthält mehr Informationen als ein Funktionsbaum.

Lösung: hierarchisch angeordnete DFDs, siehe SA (Kapitel 2.19)

− Will man in einem Datenflussdiagramm ein ganzes System darstellen, dann wird das Diagramm schnell zu groß und unübersichtlich.
− Es ist schwierig, bei den Daten und Funktionen ein einigermaßen einheitliches Abstraktionsniveau einzuhalten.

Lösung: Detaillierte Datenbeschreibung durch *Data Dictionary*-Eintrag, (Kapitel 2.12)

− Die Bezeichnung der Datenflüsse durch Namen reicht nicht aus. Man muss den Datenaufbau kennen, um zum Beispiel bei einer Handsimulation Fehler zu finden.

Zusammenhang mit Funktionsbäumen

Beschreibt man ein zu entwickelndes Software-System sowohl durch einen Funktionsbaum als auch durch ein Datenflussdiagramm, dann lassen sich zwischen beiden Zusammenhänge herstellen.

CASE-Umgebungen, Kap. IV 2

In der CASE-Umgebung case/4/0 wird folgende Methode verwendet:

Ein Datenflussdiagramm enthält jeweils nur solche Funktionen, die in einem Funktionsbaum vorkommen, dort derselben Hierarchieebene angehören und dieselbe Vaterfunktion besitzen.

Regel in case/4/0

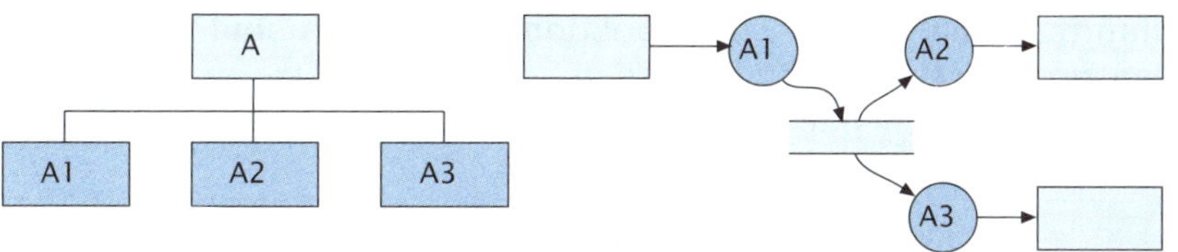

Beispiel 3 Verknüpfung zwischen Funktionsbäumen und Datenflussdiagrammen

Als Konsequenz ergibt sich hieraus, dass mehrere Datenflussdiagramme gezeichnet werden.

Vergleicht man die Beispiele 1 und 3, dann sieht man, dass diese Regel fast eingehalten wurde. Im Datenflussdiagramm von Beispiel 3 fehlt nur noch die Funktion »besuche Veranstaltungen«.

Akteur *(actor)* Rolle, die ein Benutzer des Systems spielt. Akteure befinden sich außerhalb des Systems. Akteure können Personen oder externe Systeme sein.

data flow diagram →Datenflussdiagramm

Datenflussdiagramm Beschreibt den Fluss der Daten bzw. Informationen, die aus der Umgebung eines Systems kommen (Schnittstellen als Quellen), durch →Funktionen bzw. Prozesse transformiert werden, in Speichern abgelegt und in die Umgebung zurückfließen (Schnittstellen als Senken).

DFD →Datenflussdiagramm

Funktion Transformiert Eingabedaten in Ausgabedaten; beschreibt eine Tätigkeit.

Funktionsbaum Hierarchische Anordnung von →Funktionen in einem Baum-Diagramm.

Geschäftsprozess *(use case)* Besteht aus mehreren zusammenhängenden Aufgaben, die von einem →Akteur durchgeführt werden, um ein Ziel zu erreichen bzw. ein gewünschtes Ergebnis zu erstellen.

Geschäftsprozessdiagramm *(use case diagram)* Beschreibt die Beziehungen zwischen →Akteuren und →Geschäftsprozessen in einem System. Auch Beziehungen zwischen Geschäftsprozessen *(extend* und *uses)* können eingetragen werden. Es gibt auf einem hohem Abstraktionsniveau einen guten Überblick über das System und seine Schnittstellen zur Umgebung.

Geschäftsprozess-Schablone *(use case template)* Ermöglicht eine semiformale Spezifikation von →Geschäftsprozessen. Sie enthält folgende Informationen: Name, Ziel, Kategorie, Vorbedingung, Nachbedingung Erfolg, Nachbedingung Fehlschlag, Akteure, auslösendes Ereignis, Beschreibung des Standardfalls sowie Erweiterungen und Alternativen zum Standardfall.

use case →Geschäftsprozess

Die funktionale Sicht auf ein zu entwickelndes Software-Produkt kann durch die hierarchische Gliederung von Funktionen – angeordnet in einem Funktionsbaum – beschrieben werden.

Durch Geschäftsprozesse können die Arbeitsabläufe von Akteuren mit dem Produkt auf einer hohen Abstraktionsebene beschrieben werden. Die Dokumentation erfolgt in der UML durch Geschäftsprozessdiagramme. Zur Spezifikation einzelner Geschäftsprozesse kann eine Geschäftsprozess-Schablone sinnvoll eingesetzt werden.

Vorbedingungen geben dabei an, welche Bedingungen vor dem Ausführen einer Verarbeitung erfüllt sein müssen, Nachbedingungen beschreiben die bewirkten Veränderungen.

Durch Datenflussdiagramme (DFD, *data flow diagram)* kann der Informationsfluss zwischen Funktionen, Speichern und Schnittstellen zur Umwelt dargestellt werden.

Eine vergleichende Übersicht zeigt Abb. 2.7-2.

Abb. 2.7-2: Vergleichende Übersicht der Basiskonzepte zur funktionalen Sicht

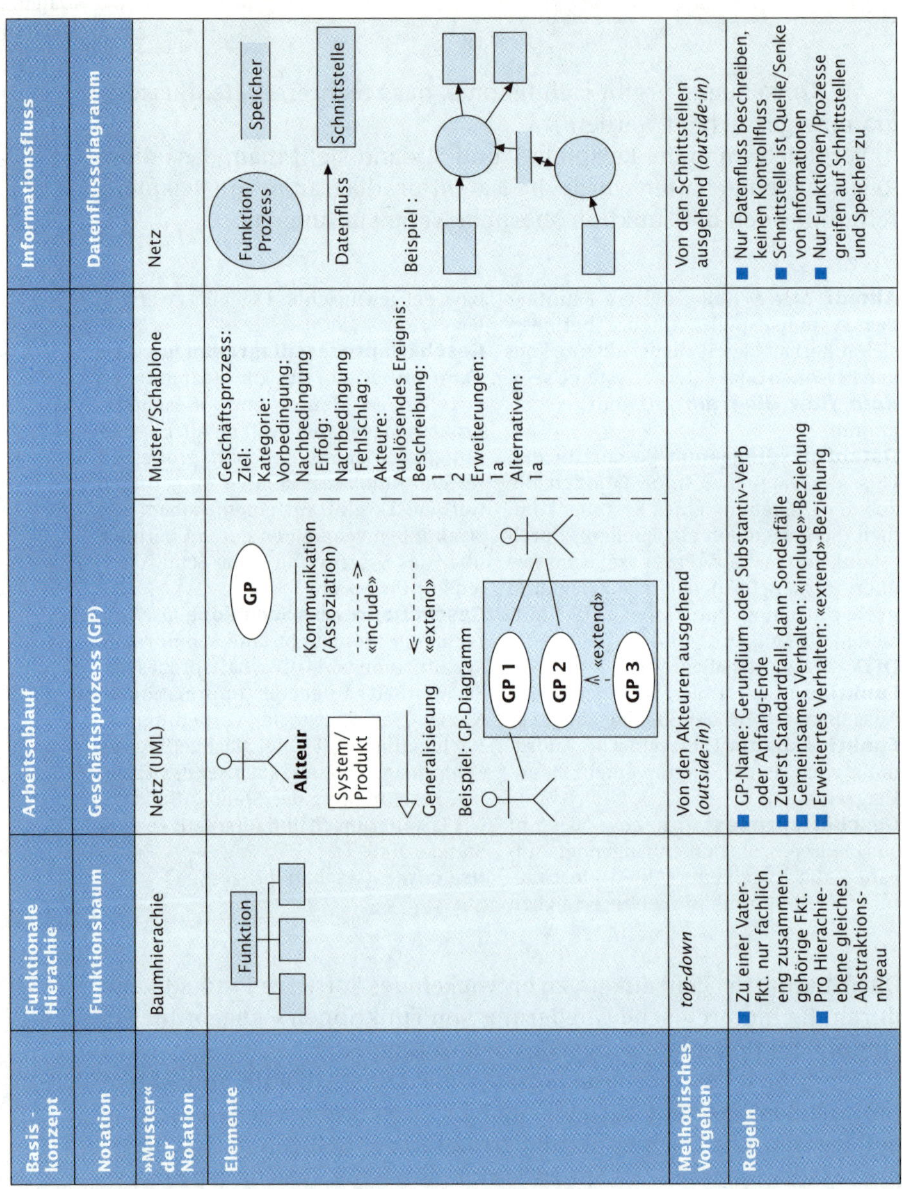

Basiskonzept	Funktionale Hierachie	Arbeitsablauf	Informationsfluss
Notation	Funktionsbaum	Geschäftsprozess (GP)	Datenflussdiagramm
»Muster« der Notation	Baumhierachie	Netz (UML); Muster/Schablone	Netz
Elemente	Funktion	Akteur; System/Produkt; Generalisierung; Kommunikation (Assoziation); «include»; «extend»; Beispiel: GP-Diagramm (GP 1, GP 2, GP 3, «extend»); Geschäftsprozess: Ziel: Kategorie: Vorbedingung: Nachbedingung Erfolg: Nachbedingung Fehlschlag: Akteure: Auslösendes Ereignis: Beschreibung: 1 2 Erweiterungen: 1a Alternativen: 1a	Funktion/Prozess; Datenfluss; Speicher; Schnittstelle; Beispiel:
Methodisches Vorgehen	*top-down*	Von den Akteuren ausgehend *(outside-in)*	Von den Schnittstellen ausgehend *(outside-in)*
Regeln	■ Zu einer Vater-fkt. nur fachlich eng zusammengehörige Fkt. ■ Pro Hierachieebene gleiches Abstraktionsniveau	■ GP-Name: Gerundium oder Substantiv-Verb oder Anfang-Ende ■ Zuerst Standardfall, dann Sonderfälle ■ Gemeinsames Verhalten: «include»-Beziehung ■ Erweitertes Verhalten: «extend»-Beziehung	■ Nur Datenfluss beschreiben, keinen Kontrollfluss ■ Schnittstelle ist Quelle/Senke von Informationen ■ Nur Funktionen/Prozesse greifen auf Schnittstellen und Speicher zu

/Booch 96/
Booch G., *Object Solutions, Managing the Object-Oriented Project,* Menlo Park: Addison-Wesley, 1996.

/Booch, Rumbaugh, Jacobson 99/
Booch G., Rumbaugh J., Jacobson I., *The Unified Modeling Language User Guide,* Reading: Addison-Wesley, 1999.

/Carroll 95/
Carroll J.M. (Hrsg.), *Szenario-Based Design Envisioning Work and Technology in System Development,* New York: John Wiley & Sons, 1995.

/Cockburn 97/
Cockburn A., *Structuring Use Cases with Goals,* `http://members.aol.com/acockburn/papers/usecases.htm`, 1997.

/DeMarco 79/
DeMarco T., *Structured Analysis and System Specification,* Englewood Cliffs: Yourdon Press, 1979.

/Heide Balzert 99/
Balzert Heide, *Lehrbuch der Objektmodellierung – Analyse und Entwurf,* Heidelberg: Spektrum Akademischer Verlag, 1999.

/Hruschka 98/
Hruschka P., *Ein pragmatisches Vorgehensmodell für die UML,* in: Objekt-Spektrum, 2, 1998, S. 34–54.

/Jacobson et al. 92/
Jacobson I., Christerson M., Jonsson P., Övergaard G., *Object-Oriented Software Engineering – A Use Case Driven Approach,* Wokingham: Addison Wesley, 1992.

/Jacobson, Ericson, Jacobson 94/
Jacobson I., Ericson M., Jacobson A., *The Object Advantage Business Process Reengineering with Object Technology,* Wokingham: Addison Wesley, 1994.

/Jacobson 95/
Jacobson I., *The Use-Case Construct in Object-Oriented Software Engineer-ing,* in /Carroll 95/.

/UML 1.3/
OMG Unified Modeling Language Specification, Version 1.3, June 1999, `http://www.rational.com/`.

Analytische Aufgaben
Muss-Aufgabe
15 Minuten

1 *Lernziel: Die Checkliste für Geschäftsprozesse sowohl konstruktiv als auch analytisch anwenden können.*
Betrachten Sie die nachfolgende Beschreibung eines Geschäftsprozesses in einer Bank. Analysieren Sie die Beschreibung auf inhaltliche und formale Fehler.

Geschäftsprozess: Geldeinzahlung
Ziel: Einzahlung ist auf dem Konto verbucht und Kunde hat Quittung erhalten
Vorbedingung: –
Nachbedingung Fehlschlag: Mitteilung an Kunden, dass Probleme mit dem Konto aufgetreten sind
Akteure: Kunde
Auslösendes Ereignis: Kunde steht mit Geld an der Kasse
Beschreibung:
1 Konto des Kunden identifizieren
2 Kundenidentität festhalten
3 Geld entgegennehmen, zählen und in Kasse legen
4 Betrag auf Kundenkonto buchen
5 Quittung aushändigen
Erweiterung:
1a Kunden auf Geldanlagemöglichkeiten ansprechen und zu einem Berater schicken

Muss-Aufgabe *10 Minuten*

2 *Lernziel: Geschäftsprozesse strukturieren können.*
Untersuchen Sie das Geschäftsprozessdiagramm der Abb. 2.7-3 auf Fehler in Bezug auf Strukturierung der Geschäftsprozesse.

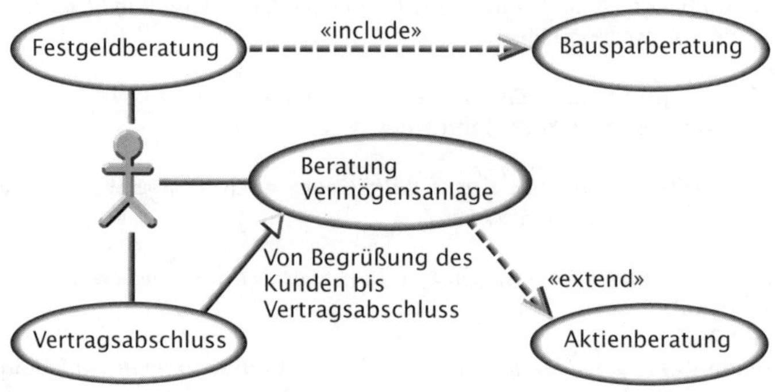

Abb. 2.7-3: Fehlerhaftes Geschäftsprozessdiagramm

Muss-Aufgabe *10 Minuten*

3 *Lernziel: Regeln für die Syntax und Semantik von Datenflussdiagrammen kennen und anwenden können.*
Betrachten Sie das Datenflussdiagramm der Abb. 2.7-4. Welche Fehler erkennen Sie?

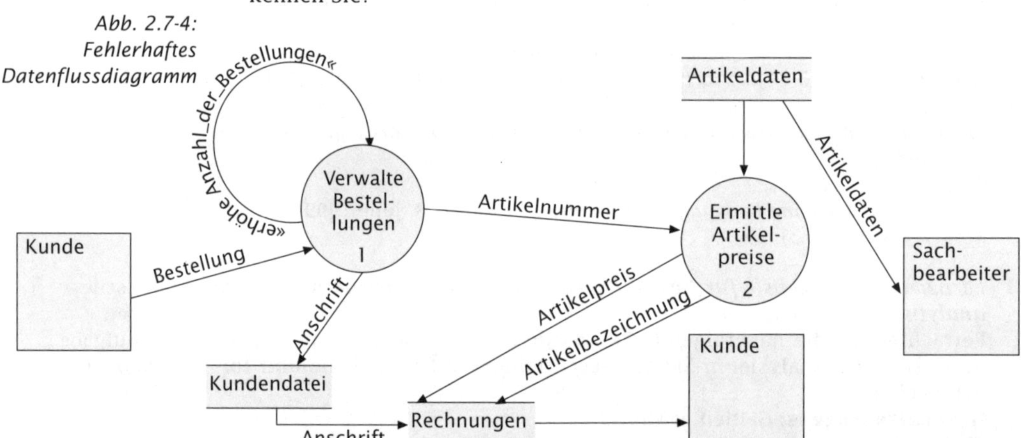

Abb. 2.7-4: Fehlerhaftes Datenflussdiagramm

Klausur-Aufgabe *10 Minuten*

4 *Lernziel: Regeln für die Syntax und Semantik von Datenflussdiagrammen kennen und anwenden können.*
Betrachten Sie das Datenflussdiagramm der Abb. 2.7-5. Welche Fehler erkennen Sie?

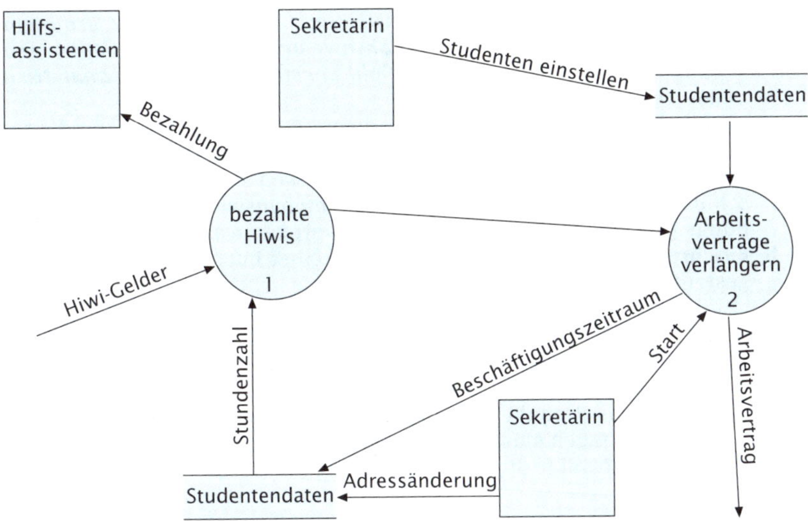

Abb. 2.7-5: Fehlerhaftes Datenflussdiagramm

Konstruktive Aufgaben

5 *Lernziel: Für eine gegebene Problemstellung Funktionen hierarchisch gliedern und einen Funktionsbaum konstruieren können.*
Es soll ein Roboter animiert und simuliert werden. Zu diesem Zweck verfügt das Animationsprogramm über folgende Funktionen:

Muss-Aufgabe
15 Minuten

- Steuerbefehle müssen eingelesen und auf korrekte Syntax und Semantik überprüft werden.
- Für den Oberarm und den Unterarm des Roboters stehen folgende Funktionen zur Verfügung: Verwalten, Berechnen der Armdaten, Überprüfen auf erlaubte Position und Zeichnen.
- Außerdem existiert eine Grundstellung, die vom Programm gezeichnet werden kann.

Gliedern Sie die Funktionen zur Roboteranimation hierarchisch in Form eines Funktionsbaumes.

6 *Lernziele: Für eine gegebene Problemstellung Geschäftsprozesse ermitteln und auf unterschiedlichen Abstraktionsniveaus beschreiben können. Die Checkliste für Geschäftsprozesse sowohl konstruktiv als auch analytisch anwenden können.*
Verfeinern Sie die Geschäftsprozess-Beschreibung der »Vereinsverwaltung« (siehe Lehreinheit 2, Aufgabe 7, und Lehreinheit 4, Aufgabe 4) gemäß der in dieser Lehreinheit vorgestellten Schablone. Gehen Sie dabei vom Lastenheft der Musterlösung zur Aufgabe 7 der Lehreinheit 2 aus.

Muss-Aufgabe
20 Minuten

7 *Lernziele: Für eine gegebene Problemstellung Geschäftsprozesse ermitteln und auf unterschiedlichen Abstraktionsniveaus beschreiben können. Die Checkliste für Geschäftsprozesse sowohl konstruktiv als auch analytisch anwenden können.*
Für eine Hochschulbibliothek soll ein Software-System entwickelt werden. Analysieren Sie die typischen Geschäftsprozesse zur Ausleihe und Verwaltung von Büchern anhand der Checkliste (Tab. 2.6-1) und erstellen Sie ein Geschäftsprozessdiagramm. Berücksichtigen Sie hier noch *nicht* die Verwaltung von Lesern und das Mahnwesen.

Muss-Aufgabe
20 Minuten

Kann-Aufgabe
25 Minuten

8 *Lernziele: Für eine gegebene Problemstellung Geschäftsprozesse ermitteln und auf unterschiedlichen Abstraktionsniveaus beschreiben können. Die Checkliste für Geschäftsprozesse sowohl konstruktiv als auch analytisch anwenden können.*

a Erweitern Sie das Geschäftsprozessdiagramm der Aufgabe 7 um die typischen Geschäftsprozesse zur Verwaltung von Lesern. Berücksichtigen Sie ferner auch das Mahnwesen. Bedenken Sie, dass in einer Hochschulbibliothek Leser mittels des Studentenausweises an Selbstbedienungs-Terminals selbst einige Geschäftsprozesse ausführen können.

b Beschreiben Sie den Prozess »Ausleihen eines Buches« mittels der vorgestellten Schablone für Geschäftsprozesse.

Muss-Aufgabe
15 Minuten

9 *Lernziel: Geschäftsprozesse strukturieren können.*
Zeichnen Sie ein Geschäftsprozessdiagramm für die Durchführung einer Bestellung durch einen Verkäufer. Hierbei müssen Kundendaten zur Verfügung stehen, das Produkt bestellt und die Bezahlung durchgeführt werden. In Zweifelsfragen müssen Kataloganfragen durchgeführt werden. Achten Sie auf die korrekte Strukturierung der Geschäftsprozesse.

Muss-Aufgabe
20 Minuten

10 *Lernziele: Für eine gegebene Problemstellung Schnittstellen, Funktionen und Speicher ermitteln und den Informationsfluss dazwischen beschreiben können. Regeln für die Syntax und Semantik von Datenflussdiagrammen kennen und anwenden können.*
Zeichnen Sie ein Datenflussdiagramm, das den Seminarverwaltungsteil einer Seminarorganisation beschreibt. Berücksichtigen Sie die folgenden funktionalen Anforderungen:
/F10/ Informieren (von Anfrage bis Auskunft)
/F20/ Veranstaltung durchführen
/F30/ Dozenten akquirieren
Berücksichtigen Sie außerdem die folgenden Daten-Anforderungen:
/D10/ Seminartyp
/D20/ Seminarveranstaltung
/D30/ Dozent

Muss-Aufgabe
20 Minuten

11 *Lernziele: Für eine gegebene Problemstellung Schnittstellen, Funktionen und Speicher ermitteln und den Informationsfluss dazwischen beschreiben können. Regeln für die Syntax und Semantik von Datenflussdiagrammen kennen und anwenden können.*
Zeichnen Sie ein Datenflussdiagramm zur Verwaltung einer Arztpraxis.
Neue Patienten werden in eine Patientenkartei aufgenommen, an der auch später noch Änderungen vorgenommen werden können.
Erscheint ein Patient zur Behandlung, so werden dem behandelnden Arzt die Patientendaten und die Daten der letzten Behandlungen zur Verfügung gestellt. Nach der Behandlung werden das Datum, die erbrachten Leistungen und die Verordnungen gespeichert.

Hinweis

Weitere Aufgaben befinden sich auf der CD-ROM 1.

2 Die Definitionsphase – Objektorientierte Sicht (1)

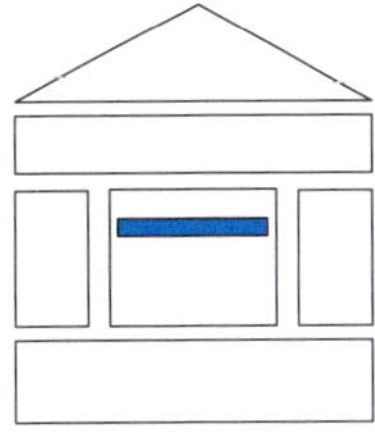

- Den Begriff »objektorientierte Software-Entwicklung« kennen.
- Die Begriffe Klasse, Objekt, Attribut und Operation anhand von Beispielen erklären können.
- Die Konzepte Klassenattribut – Objektattribut und Klassenoperation – Objektoperation unterscheiden können.
- Operationen nach ihren Aufgaben klassifizieren können.
- Anhand eines Beispiels die Objektverwaltung skizzieren können.
- Für gegebene Beispiele geeignete Diagramme in UML-Notation (Klassen-, Objektdiagramm) auswählen und zeichnen können.
- Attribute spezifizieren können.
- CASE-Werkzeuge für das Erstellen von Klassen- und Objektdiagrammen sowie zur Generierung von Anwendungen einsetzen können.

wissen
verstehen

anwenden

- Die Kapitel 2.1 bis 2.4 müssen bekannt sein.

i

Prof. Kristen Nygaard
*1926 in Oslo, Norwegen, Erfinder der Programmiersprachen SIMULA-67 (zusammen mit O.-J. Dahl) und BETA (zusammen mit B.B. Kristensen, O.L. Madsen, B.Moeller-Pedersen); in SIMULA wurde das Klassenkonzept eingeführt; Mathematikstudium an der Universität Oslo, Forschungsdirektor am norwegischen Computerzentrum, seit 1977 Professor für Informatik an der Universität Oslo.

Die Grundkonzepte der objektorientierten Software-Entwicklung werden auf der beigefügten CD-ROM 1 in Form von multimedialen, interaktiven Animationen dargestellt.

In diesem Kapitel werden außerdem die Fallstudien »Seminarorganisation« und »Lagerverwaltung« schrittweise objektorientiert modelliert. Auf der beigefügten CD-ROM 1 wird begleitend hierzu die Fallstudie »Seminarorganisation« durch multimediale, interaktive Animationen veranschaulicht. Zur »Lagerverwaltung« befindet sich ein Videoclip auf der CD-ROM 1.

2.8 Objektorientierte Konzepte

Objekt-orientierung (OO)

Die **objektorientierte Software-Entwicklung** stellt zum Teil neue Konzepte für die Entwicklung von Software-Systemen zur Verfügung. Die grundlegenden Konzepte der Objektorientierung (kurz: **OO**) werden im Folgenden dargestellt.

Historie

Historisch betrachtet leiten sich die Grundkonzepte der objektorientierten Software-Entwicklung aus der Programmiersprache Smalltalk-80 her. Smalltalk-80 war die erste objektorientierte Programmiersprache. Sie wurde in den Jahren 1970 bis 1980 am *Palo Alto Research Center* (PARC) der Firma Xerox entwickelt. Das Klassenkonzept wurde von der Programmiersprache SIMULA 67 übernommen und weiterentwickelt.

Die Erkenntnisse, die man aus der objektorientierten Programmierung (OOP) gewann, wurden in den folgenden Jahren zum objektorientierten Entwurf weiterentwickelt. Aber erst zehn Jahre nach der Fertigstellung von Smalltalk-80 gelang der Durchbruch in der objektorientierten Analyse (OOA) (Kapitel 2.18).

Die OO-Konzepte wurden in Smalltalk-80 – wie in Programmiersprachen üblich – textuell repräsentiert. Heute gibt es für die Darstellung der Konzepte grafische Notationen.

UML: www.rational.com

Der *»UML Notation Guide«* befindet sich auf der CD-ROM 1

Im Folgenden wird dafür die **UML** *(Unified Modeling Language)* verwendet /UML 97/, die sich als Standardnotation durchgesetzt hat. Sie legt verschiedene Diagrammarten mit den entsprechenden Symbolen fest. Zum Erfassen und Bearbeiten dieser Diagramme gibt es Software-Werkzeuge. Auf den beigefügten CD-ROMs befinden sich mehrere solcher Werkzeuge.

Alle Diagramme in diesem Buch, die exakt der UML-Notation entsprechen, sind in einer 3D-Darstellung gezeichnet.

Im nächsten Abschnitt erfolgt zunächst eine intuitive Einführung in die Grundkonzepte und die Begriffswelt. Anschließend wird jedes Grundkonzept in einem gesonderten Abschnitt dargestellt.

Die methodischen Gesichtspunkte – wofür, wann und wie setzt man welche Konzepte ein – werden im Abschnitt 2.18.6 ausführlich dargestellt. Einige Beispiele und Beschreibungen wurden aus dem Buch von Heide Balzert /Heide Balzert 99/ übernommen.

2.8.1 Intuitive Einführung

Die Begriffe der objektorientierten Software-Entwicklung werden am Beispiel der Immobilienfirma Nobel & Teuer eingeführt. Die Firma Nobel & Teuer vermittelt exklusive Einfamilienhäuser.

Objekt

Jedes Einfamilienhaus ist ein **Objekt**. Die Firma Nobel & Teuer hat gerade den Auftrag erhalten, »das Landhaus von Dr. Kaiser« zu verkaufen. Über dieses »Landhaus«-Objekt werden von Nobel & Teuer folgende Attribute mit ihren Attributwerten bzw. **Daten** gespeichert: Haustyp (»Landhaus«), Name des Besitzers (»Dr. Kaiser«), Adresse des Landhauses (»Königstein«), Wohnfläche (»400«), Anzahl der Bäder (»3«), Schwimmbad vorhanden (»ja«), Gartenfläche (»5000«), Baujahr (»1976«), Verkaufspreis (»2.000.000«).

Attributwerte

Anstelle von Daten spricht man auch von **Attributwerten** (Abb. 2.8-1).

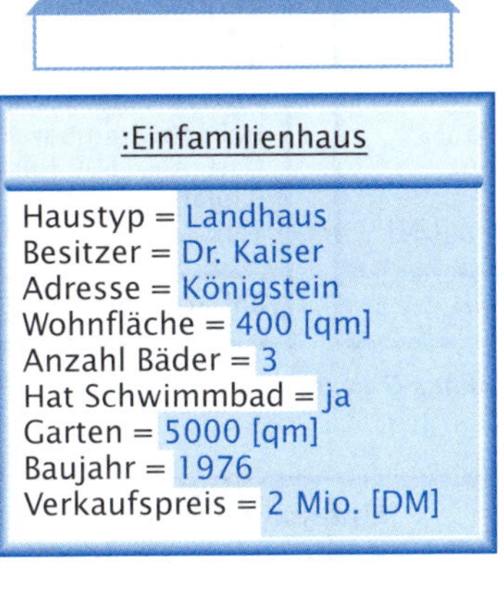

Abb. 2.8-1: Attributwerte eines Objekts

Kommt ein potenzieller Käufer zu Nobel & Teuer, dann muss der Verkaufspreis verfügbar sein. Es wird eine Funktion benötigt, die auf das Objekt »Landhaus« angewendet werden kann. In der objektorientierten Welt spricht man statt von einer Funktion von einer **Operation** (Abb. 2.8-2).

Operation, Methode

Üblich ist auch der Begriff **Methode**, der in Smalltalk und Java dafür verwendet wird. Wegen der Verwechslungsgefahr mit dem allgemein üblichen Begriff Methode, der für ein systematisches Vorgehen steht, wird dieser Begriff für die Bezeichnung einer Operation nur im direkten Zusammenhang mit Java verwendet.

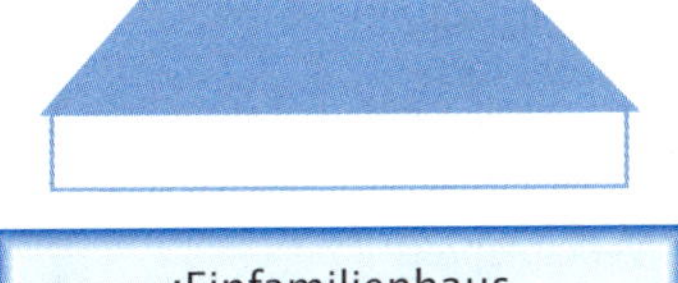

:Einfamilienhaus

Haustyp = Landhaus
Besitzer = Dr. Kaiser
Adresse = Königstein
Wohnfläche = 400 [qm]
Anzahl Bäder = 3
Hat Schwimmbad = ja
Garten = 5000 [qm]
Baujahr = 1976
Verkaufspreis = 2 Mio. [DM]

anfragen Verkaufspreis

Abb. 2.8-2: Operation eines Objekts

Ein Objekt enthält Attributwerte, auf die nur über die Operationen zugegriffen werden kann. Die Attributwerte bzw. Daten des Objekts sind von außen *nicht* sichtbar.

Geheimnisprinzip

Dies bezeichnet man als **Geheimnisprinzip**.

Außer dem Objekt »Landhaus von Dr. Kaiser« bietet die Firma Nobel & Teuer noch andere Einfamilienhäuser an (Abb. 2.8-3). Alle drei Objekte besitzen zwar unterschiedliche Attributwerte, die aber alle von der gleichen Art sind.

Attribut

Man spricht hier von den **Attributen** »Haustyp«, »Besitzer« usw. Außerdem besitzen alle Objekte die gleiche Operation »anfragen Verkaufspreis«. Diese Objekte werden daher zur Klasse »Einfamilienhaus« zu-sammengefasst (Abb. 2.8-4).

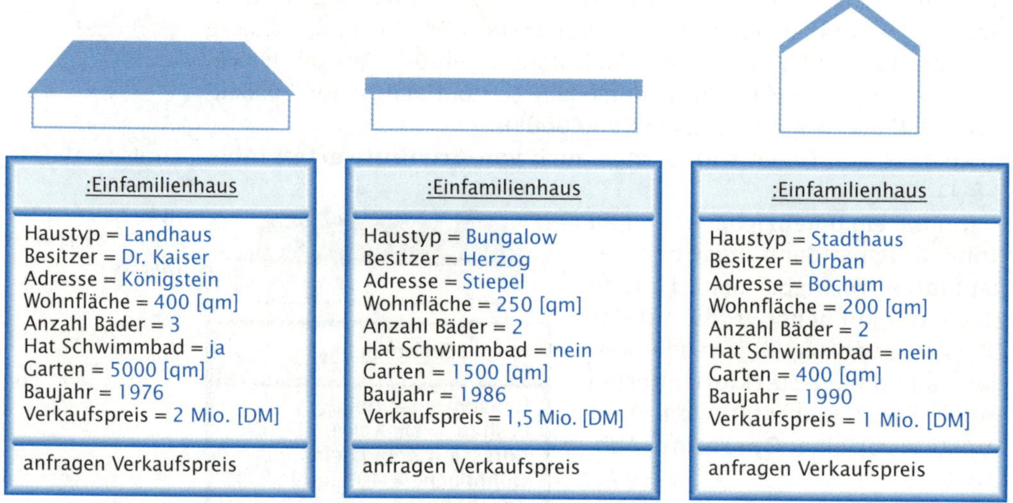

Abb. 2.8-3: Einfamilienhaus-Objekte

Abb. 2.8-4: Klasse Einfamilienhaus

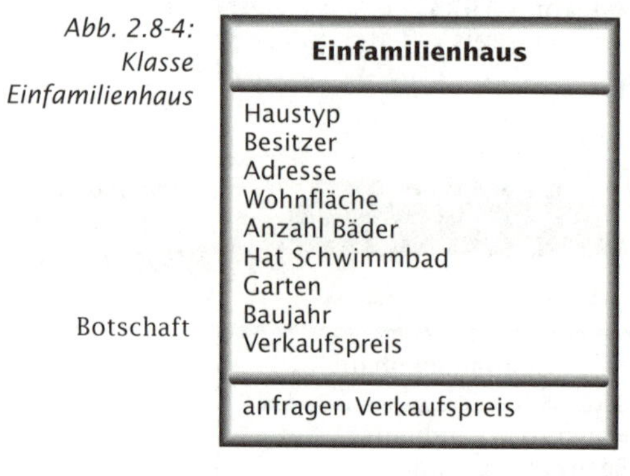

Eine **Klasse** definiert die Attribute und Operationen ihrer Objekte.

Wie kann die Operation »anfragen Verkaufspreis« für das Objekt »Landhaus« ausgeführt werden? Dazu wird dem Objekt »Landhaus« eine Botschaft geschickt (Abb. 2.8-5).

Botschaft

Eine **Botschaft** aktiviert eine Operation gleichen Namens. Die gewünschten Ausgabedaten werden an den Sender der Botschaft zurückgegeben.

Abb. 2.8-5: Botschaft

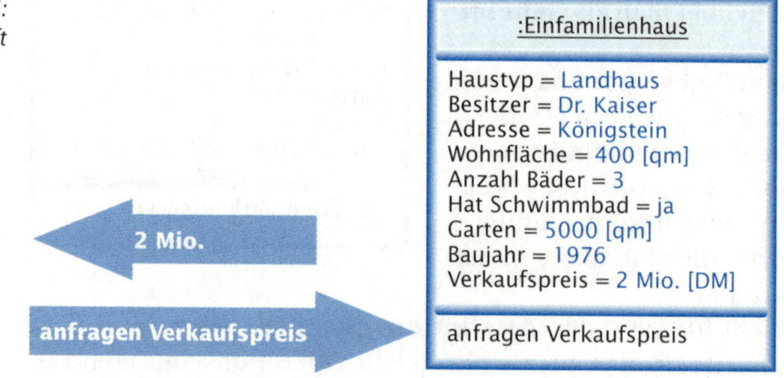

Die Firma Nobel & Teuer hat sich entschlossen, auch noch Geschäftshäuser zu vermitteln. Analog wie beim Einfamilienhaus lässt sich eine Klasse »Geschäftshaus« bilden (Abb. 2.8-6).

Einfamilienhaus

Haustyp
Besitzer
Adresse
Wohnfläche
Anzahl Bäder
Hat Schwimmbad
Garten
Baujahr
Verkaufspreis

anfragen Verkaufspreis

Geschäftshaus

Besitzer
Adresse
Anzahl Büroräume
Geschosszahl
Hat Aufzug
Hat Tiefgarage
Baujahr
Verkaufspreis

anfragen Verkaufspreis
erfragen Anzahl Büroräume

Abb. 2.8-6: Klassen Einfamilienhaus und Geschäftshaus

Vergleicht man die Klassen Einfamilienhaus und Geschäftshaus, dann sieht man, dass beide Klassen die Attribute »Besitzer«, »Adresse«, »Baujahr«, »Verkaufspreis« sowie die Operation »anfragen Verkaufspreis« besitzen. Diese Attribute und die Operation werden in eine neue Klasse »Immobilie« eingetragen (Abb. 2.8-7).

Vererbung

Die Klasse Immobilie **vererbt** alle ihre Attribute und Operationen an die Klassen Einfamilienhaus und Geschäftshaus. Die Klasse Einfamilienhaus besitzt also zusätzlich zu ihren eigenen Attributen und Operationen alle Attribute und Operationen der Klasse Immobilie. Analog gilt dies für die Klasse Geschäftshaus.

Da jede Immobilie entweder ein Einfamilienhaus oder ein Geschäftshaus ist, gibt es von der Klasse Immobilie keine Objekte. Man unterscheidet daher **konkrete Klassen**, kurz Klassen genannt, von denen Objekte erzeugt werden können, und **abstrakte Klassen**, von denen *keine* Objekte erzeugt werden können.

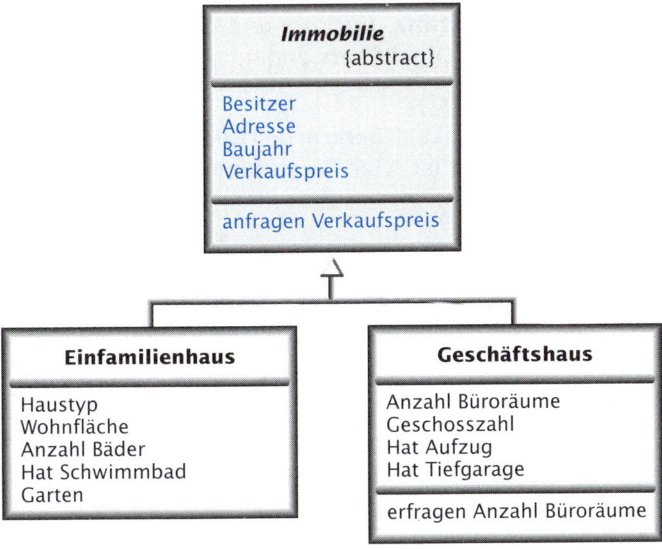

Abb. 2.8-7: Vererbung

Diese kurze Einführung hat die wichtigsten Konzepte der objektorientierten Software-Entwicklung vorgestellt. Im Zentrum steht die Klasse mit ihren Attributen und Operationen. Die einzelnen Exemplare einer Klasse bilden die Objekte. Die Kommunikation zwischen den Objekten erfolgt mittels Botschaften. Klassen mit gemeinsamen Attributen und/oder Operationen führen zur Vererbung. In den nächsten Abschnitten werden diese Konzepte ausführlich betrachtet.

2.8.2 Objekte

Wie die Bezeichnung »objektorientiert« bereits nahelegt, steht der Objektbegriff im Mittelpunkt.

Objekt

Ein **Objekt** *(object)* ist allgemein ein Gegenstand des Interesses, insbesondere einer Beobachtung, Untersuchung oder Messung. In der objektorientierten Software-Entwicklung ist ein Objekt ein individuelles Exemplar von Dingen (z.B. Roboter, Auto), Personen (z.B. Kunde, Mitarbeiter) oder Begriffen der realen Welt (z.B. Bestellung) oder der Vorstellungswelt (z.B. juristische und natürliche Personen).

Eigenschaften, Verhalten, Objektidentität

Ein Objekt besitzt einen bestimmten Zustand und reagiert mit einem definierten Verhalten auf seine Umgebung. Außerdem besitzt jedes Objekt eine **Objektidentität**, die es von allen anderen Objekten unterscheidet. Ein Objekt kann ein oder mehrere andere Objekte kennen. Zwischen Objekten, die sich kennen, bestehen Verbindungen *(links)*.

Attributwerte, Operationen

Der **Zustand** *(state)* eines Objekts wird durch seine Attributwerte bzw. Daten und die jeweiligen Verbindungen zu anderen Objekten bestimmt.

Das **Verhalten** *(behavior)* eines Objekts wird durch seine Menge von Operationen beschrieben.

Synonyme

Die Begriffe **Exemplar, Instanz**, *instance* und *class instance* werden synonym für den Begriff Objekt verwendet.

Beispiel 1

Objekt »Oberarm des Roboters«.
Abb. 2.8-8 zeigt, dass das Objekt »Oberarm des Roboters« durch drei Attributwerte gekennzeichnet ist. Vier Operationen ermöglichen es, die Winkel zu manipulieren.

Beispiel 2

Objekt »Mitarbeiter Edelmann«.
Die Zustände dieses Objekts werden durch zwei Attributwerte, das Verhalten durch zwei Operationen bestimmt (Abb. 2.8-9).

Eine Änderung oder Abfrage des Zustands eines Objekts ist nur über seine Operationen möglich, d.h. die Attributwerte und Verbindungen sind außerhalb des Objekts *nicht* sichtbar. Man spricht daher von der Einhaltung des **Geheimnisprinzips *(information hiding)*** (Abb. 2.8-10).

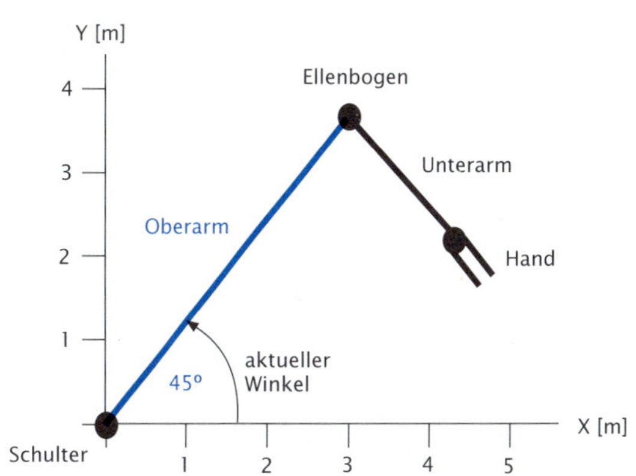

Abb. 2.8-8: Objekt »Oberarm des Roboters«

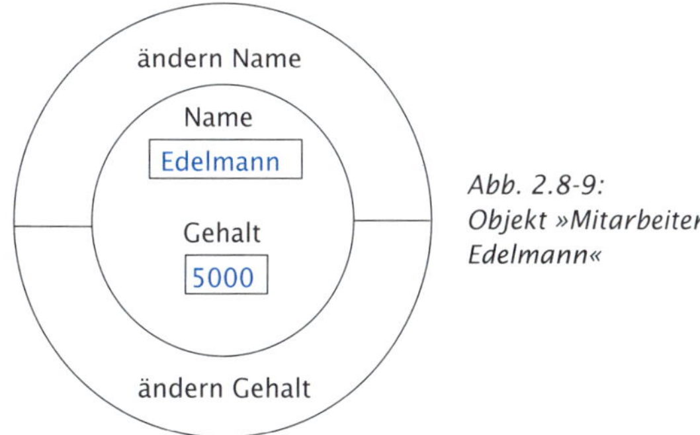

Abb. 2.8-9: Objekt »Mitarbeiter Edelmann«

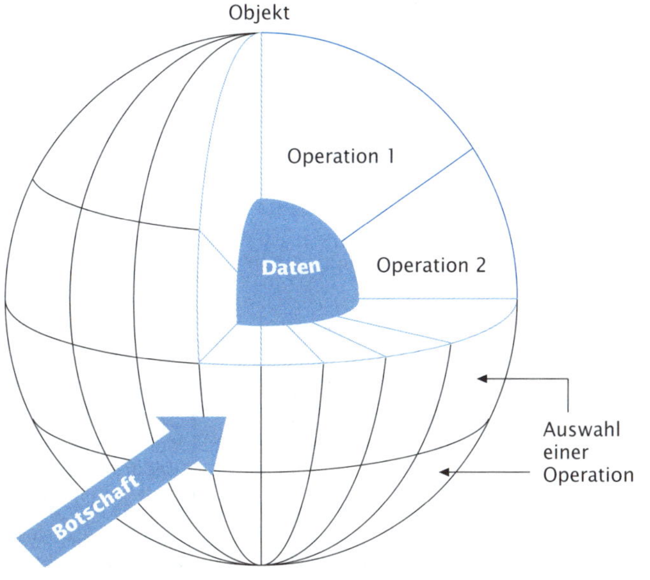

Abb. 2.8-10: Verkapselung der Daten

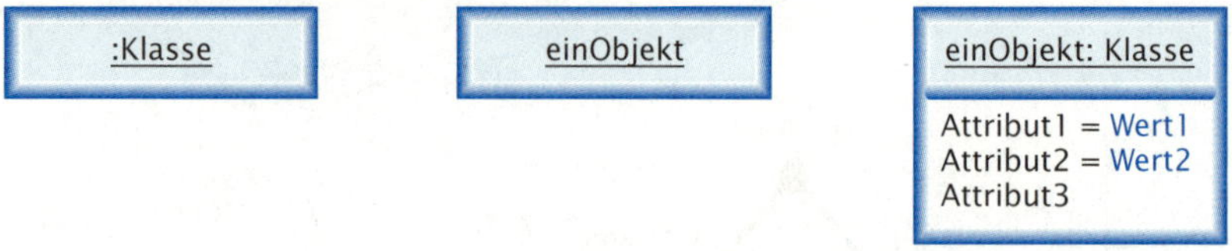

Abb. 2.8-11: UML-Notation Objekt

:Klasse

einObjekt

einObjekt: Klasse
Attribut1 = Wert1 Attribut2 = Wert2 Attribut3

UML-Notation

In der UML-Notation wird ein Objekt durch ein zweigeteiltes Rechteck dargestellt (Abb. 2.8-11). Der obere Teil enthält den unterstrichenen Klassennamen (mit vorangestelltem Doppelpunkt), zu dem das Objekt gehört. Besitzt das Objekt einen eigenen Namen, dann steht dieser vor dem Doppelpunkt, z.B. `einLandhaus: Einfamilienhaus`. Wenn die Klasse aus dem Kontext ersichtlich ist, dann genügt auch der unterstrichene Objektname. Der Klassenname beginnt immer mit einem Großbuchstaben, der Objektname immer mit einem Kleinbuchstaben.

Im unteren Teil des Rechtecks werden die relevanten Attribute des Objekts mit den Attributwerten angegeben, getrennt durch ein Gleichheitszeichen. Dieser Teil des Rechtecks kann entfallen. Auch können *nicht* interessierende Attributwerte weggelassen werden.

Operationen werden in der UML-Notation für Objekte *nicht* aufgeführt.

Um in diesem Buch Objekte deutlich von Klassen unterscheiden zu können, werden Objekte blau umrandet dargestellt und der obere Rechteckteil zusätzlich blau unterlegt. Um bestimmte Sachverhalte zu betonen, wird auch an anderen Stellen bisweilen Farbe eingesetzt. Solche Abwandlungen der Notation sind nach der UML erlaubt.

Abb. 2.8-12 zeigt Beispiele für diese Notation.

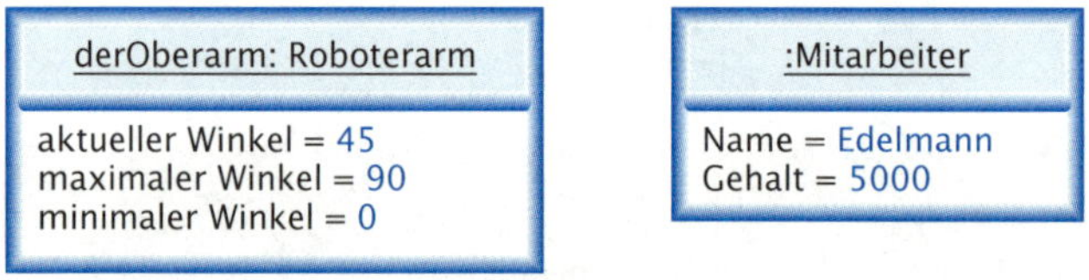

Abb. 2.8-12: Objekte

derOberarm: Roboterarm
aktueller Winkel = 45 maximaler Winkel = 90 minimaler Winkel = 0

:Mitarbeiter
Name = Edelmann Gehalt = 5000

Beispiel 3a Fallstudie »Seminarorganisation«

In der Fallstudie sollen Kunden, Dozenten und Seminare verwaltet werden. Die Kunden Schulz und Wenzel lassen sich durch folgende Eigenschaften beschreiben (Abb. 2.8-13):

Abb. 2.8-13: Objekte der Seminarorganisation

:Kunde
Name = Hans Schulz Adresse = Dortmund Kommunikation = 0231/234789 Geburtsdatum = 31.12.1960 Funktion = Berater Umsatz = 6600,- [DM] Kunde seit = 15.3.1995

:Kunde
Name = Sabine Wenzel Adresse = Bochum Kommunikation = 0234/76324 Geburtsdatum = 29.2.1972 Funktion = Systemanalytiker Umsatz = 2500,- [DM] Kunde seit = 30.6.1998

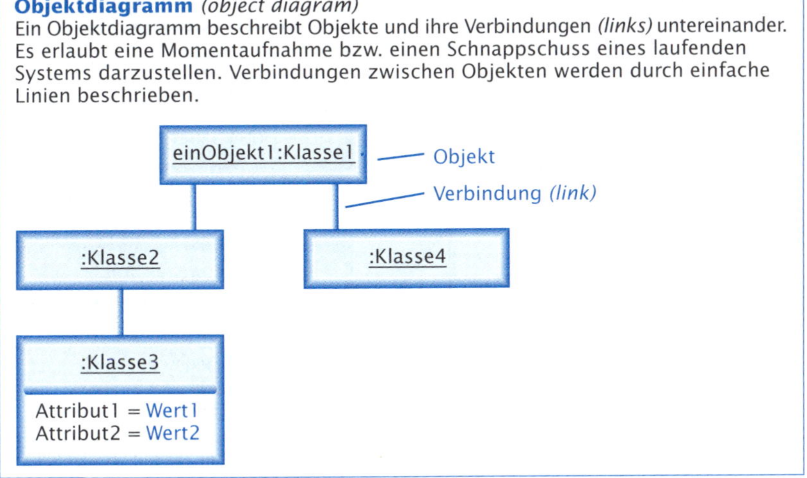
Objektdiagramm *(object diagram)*
Ein Objektdiagramm beschreibt Objekte und ihre Verbindungen *(links)* untereinander. Es erlaubt eine Momentaufnahme bzw. einen Schnappschuss eines laufenden Systems darzustellen. Verbindungen zwischen Objekten werden durch einfache Linien beschrieben.
einObjekt1:Klasse1
Objekt
Verbindung *(link)*
:Klasse2
:Klasse4
:Klasse3
Attribut1 = Wert1
Attribut2 = Wert2

***Abb. 2.8-14:* UML-Objekt-diagramm**

Die Kunden »Schulz« und »Wenzel« sind individuelle und identifizierbare Exemplare der Personengruppe Kunden. Sie können daher als Objekte modelliert werden.

Objektdiagramme

Will man neben den Objekten auch ihre Verbindungen zu anderen Objekten darstellen, dann kann man dazu **Objektdiagramme** verwenden (Abb. 2.8-14).

Beispiele

Bei der Modellierung eines Roboters stehen die Objekte »Oberarm« und »Unterarm« in einer Verbindung (Abb. 2.8-15).

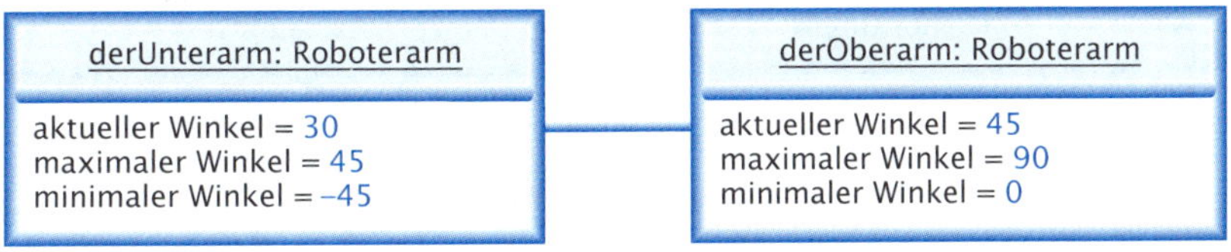

derUnterarm: Roboterarm
aktueller Winkel = 30
maximaler Winkel = 45
minimaler Winkel = –45

derOberarm: Roboterarm
aktueller Winkel = 45
maximaler Winkel = 90
minimaler Winkel = 0

Abb. 2.8-15: Objektdiagramm von zwei Roboterarm-Objekten

In der Fallstudie »Seminarorganisation« kann der Kunde »Hans Schulz« zwei Veranstaltungen gebucht haben. Zwischen diesem Kunden-Objekt und den Veranstaltungs-Objekten besteht dann eine Verbindung (Abb. 2.8-16).

Verbindungen zwischen Objekten werden **Assoziationen** genannt (siehe Abschnitt 2.9.1).

Objektidentität

Jedes Objekt besitzt eine unveränderliche **Objektidentität**, die es von allen anderen Objekten unterscheidet. Keine zwei Objekte besitzen dieselbe Identität, auch wenn sie zufällig identische Attributwerte besitzen. Zwei Objekte sind gleich, wenn sie dieselben Attributwerte besitzen, aber unterschiedliche Identitäten haben. In der Abb.

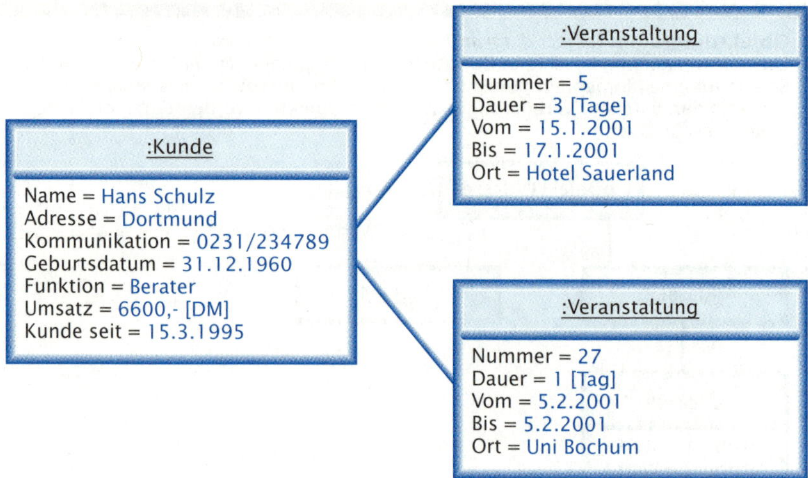

Abb. 2.8-16: Objektdiagramm mit Verbindungen zwischen einem Kunden und seinen gebuchten Veranstaltungen

2.8-17 haben die Firmen »KFZ-Zubehör GmbH« und »Tankbau KG« eine gemeinsame Tochterfirma »Dienstleistungen GmbH« (Identität), während die Firmen »KFZ-Zubehör GmbH« und »Technotronic KG« beide eine Tochterfirma mit dem Namen »Beratung & Mehr GmbH« besitzen (Gleichheit).

relevante Eigenschaften

Für die Modellierung von Objekten ist es wichtig, zwischen externen und internen Objekten zu unterscheiden /Heide Balzert 99/. Externe Objekte gibt es in der realen Welt, während interne Objekte für ein Software-System relevant sind.

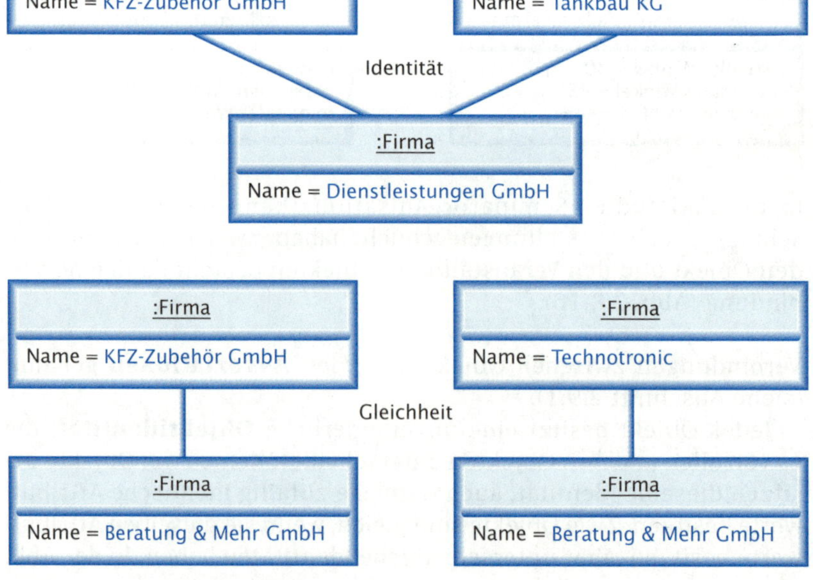

Abb. 2.8-17: Identität und Gleichheit von Objekten

Beispiel

Der Mitarbeiter Schulz der Firma »KFZ-Zubehör GmbH« will sich weiterbilden und besucht ein Seminar der Firma »Teachware«. Herr Schulz ist in seiner Freizeit ein begeisterter Tennisspieler und spielt regelmäßig in seinem »Tennisclub Tennis 2000 e.V.«. Für die Modellierung des internen Objekts Schulz in dem Seminarorganisationsprogramm der Firma »Teachware« sind die Hobbies von Herrn Schulz völlig uninteressant.
Wird aus dem externen Objekt das interne Objekt abgeleitet, dann müssen für das jeweilige Modell (hier: Seminarorganisation) die relevanten Eigenschaften ermittelt werden.

Beim Übergang von der realen Welt in die objektorientierte Modellierung tritt folgender Effekt auf: In der realen Welt sind Objekte aktiv, z.B. meldet sich Herr Schulz zu einer Seminarveranstaltung an. Die entsprechenden internen Objekte sind dagegen passiv, z.B. werden über den Kunden Schulz Daten und Vorgänge gespeichert.

2.8.3 Klassen

Eine Klasse ist allgemein eine Gruppe von Dingen, Lebewesen oder Begriffen mit gemeinsamen Merkmalen.

Klasse

In der objektorientierten Welt spezifiziert eine **Klasse** die Gemeinsamkeiten einer Menge von Objekten mit denselben Eigenschaften (Attributen), demselben Verhalten (Operationen) und denselben Beziehungen. Eine Klasse besitzt einen Mechanismus, um Objekte zu erzeugen *(object factory)*. Jedes erzeugte Objekt gehört zu genau einer Klasse. Beziehungen *(relationships)* sind Assoziationen und/oder Vererbungsstrukturen (siehe Abschnitte 2.9.1 und 2.9.2). Das Verhalten *(behavior)* einer Klasse wird durch die Botschaften beschrieben, auf die diese Klasse bzw. deren Objekte reagieren können. Jede Botschaft aktiviert eine Operation gleichen Namens.

Beispiel 3b Fallstudie »Seminarorganisation«

Im Beispiel 3a haben die Objekte »Schulz« und »Wenzel« die gleichen Attribute und Operationen. Sie gehören daher zur Klasse Kunde (Abb. 2.8-18).

Wenn die Firma »Teachware« einen neuen Kunden akquiriert, dann muss von der Klasse Kunde ein neues Objekt erzeugt werden.

Schablone

Die Klassenbeschreibung dient sozusagen als eine **Schablone**, die angibt, wie ein Objekt dieser Klasse aussehen soll. Abb. 2.8-19 veranschaulicht den Vergleich einer Klasse mit einer Schablone anhand eines Prägestempels, mit dem beliebig viele, identische Abdrücke erstellt werden können.

Notation

Klassen werden grafisch und textuell beschrieben. In der grafischen Darstellung werden der Klassenname und in der Regel noch Attribut- und Operationsnamen angegeben. Weitere Informationen werden textuell festgelegt.

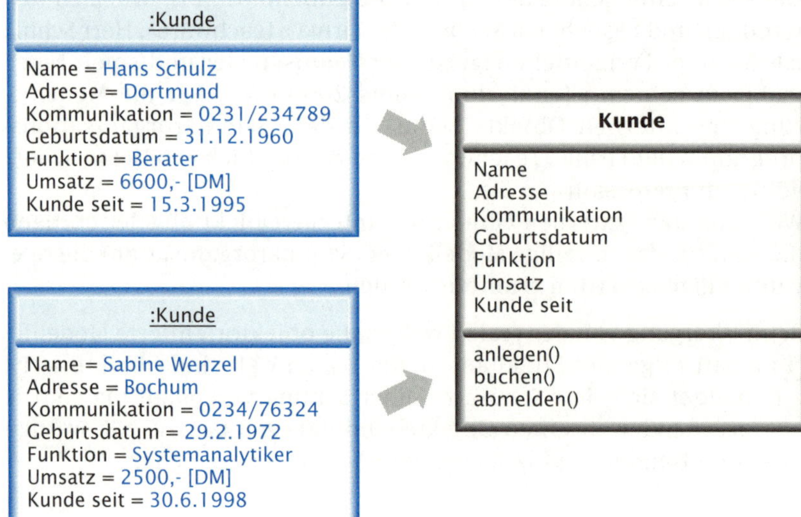

Abb. 2.8-18: Klasse Kunde

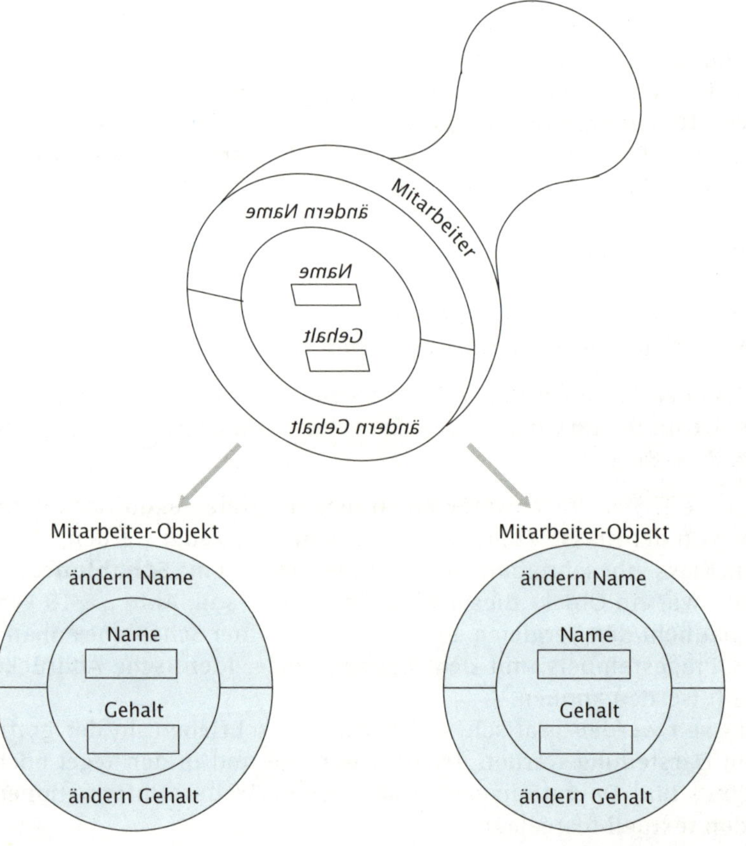

Abb. 2.8-19: Klasse als Schablone

Die grafische Darstellung der Klassen und ihrer Beziehungen zueinander (Assoziation, Vererbung) wird als **Klassendiagramm** bezeichnet. Es beschreibt das statische Modell des Systems. Bei großen Systemen ist es im Allgemeinen sinnvoll oder notwendig, mehrere Klassendiagramme zu erstellen. — Klassendiagramm

In der UML-Notation wird eine Klasse durch ein dreigeteiltes Rechteck dargestellt (Abb. 2.8-20). Im oberen Teil steht zentriert und fett der Klassenname. Im mittleren Teil sind – jeweils linksbündig – die Attribute angegeben, im unteren Teil die Operationen. Dem Operationsnamen folgt ein Klammerpaar (). Sind Attribute und Operationen noch nicht festgelegt oder im Moment nicht relevant, können sie weggelassen werden. Attribute und Operationen können näher spezifiziert werden. In den Abschnitten 2.8.4 und 2.8.5 wird ausführlich darauf eingegangen. — UML-Notation

Abschnitte 2.8.4 und 2.8.5

Der **Klassenname** ist stets ein Substantiv im Singular. Zusätzlich kann ein Adjektiv angegeben werden. Er beschreibt also ein einzelnes Objekt der Klasse. Beispiele: Mitarbeiter, Kunde, Veranstaltung, Öffentliche Veranstaltung. Der Klassenname muss innerhalb eines Pakets (siehe Kapitel 2.9.3), besser jedoch innerhalb des gesamten Systems, eindeutig sein. Bei Bedarf wird er in der UML wie folgt erweitert: »`Paket::Klasse`«. — Klassenname

Abschnitt 2.9.3

Das Namensfeld einer Klasse kann in der UML um
- einen Stereotypen und
- eine Liste von Merkmalen

erweitert werden.

Ein **Stereotyp** *(stereotype)* klassifiziert Elemente (z.B. Klassen, Operationen) des Modells. Die UML enthält einige vordefinierte Stereotypen, und es können weitere Stereotypen definiert werden. Ste- — Stereotyp

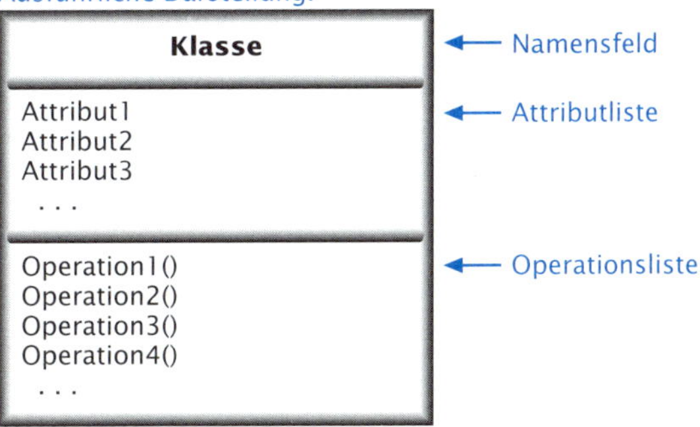

Abb. 2.8-20: UML-Notation Klasse

«Stammdaten»
Kunde

{Autor=Balzert,
Version=1.0}

Abb. 2.8-21: Stereotyp und Merkmale einer Klasse

reotypen werden in französischen Anführungszeichen *(guillemets)* mit Spitzen nach außen angegeben, z.B. «Stammdaten». In der Abb. 2.8.21 sagt der Stereotyp aus, dass die Objekte der Klasse Kunde als Stammdaten geführt werden. In Unternehmen sollten projekt- oder firmenweit Stereotypen vereinbart werden, um einen »Wildwuchs« zu vermeiden. Ein **Merkmal** *(property)* beschreibt Eigenschaften eines bestimmten Elements des Modells. Mehrere Merkmale können in einer Liste zusammengefasst werden. Sie werden in der folgenden Form beschrieben: `{Schlüsselwort = Wert, ...}`

Merkmal

Abstrakte Klasse

Abschnitt 2.9.2

Jede Klasse besitzt einen Mechanismus, um Objekte zu erzeugen. Es gibt jedoch auch Klassen, von denen keine Objekte erzeugt werden sollen. Sie werden abstrakte Klassen genannt. Eine abstrakte Klasse wird entweder durch einen kursiven Klassennamen oder das Merkmal {abstract} gekennzeichnet. Das Konzept der abstrakten Klasse ist besonders für die Vererbung von Bedeutung und wird dort erläutert (Abschnitt 2.9.2).

Klasse oder Typ?

Die Begriffe »Klasse« und »Typ« werden oft synonym verwendet. Genau genommen gibt es jedoch einen Unterschied. Der **Typ** *(type)* legt fest, auf welche Botschaften das Objekt reagieren kann, d.h. er definiert die Schnittstelle eines Objekts. Die **Klasse** *(class)* definiert, wie Objekte implementiert werden, d.h. sie definiert den internen Zustand der Objekte und die Implementierung der Operationen. Eine Klasse ist eine mögliche Implementierung eines Typs. Das bedeutet, dass die Klasse die Implementierung von Objekten definiert, während der Typ festlegt, wie diese Objekte verwendet werden können. Kurz ausgedrückt: Die Klasse implementiert den Typ.

In Übereinstimmung mit den meisten Methoden, Werkzeugen und Programmiersprachen zur objektorientierten Software-Entwicklung verwende ich in diesem Buch für Analyse- und Entwurfsmodelle durchgängig den Begriff der »Klasse«. Auch die Programmiersprachen C++ und Java verwenden den Klassenbegriff, um sowohl den Typ als auch dessen Implementierung zu beschreiben.

Kurzbeschreibung der Klasse

Jede Klasse soll einen ganz bestimmten Zweck innerhalb des Software-Systems erfüllen. Durch eine **Kurzbeschreibung** von wenigen Zeilen Umfang kann dieser Zweck deutlich herausgestellt werden.

Beispiel

Klasse Kunde
Interessent oder Seminarteilnehmer der Firma Teachware.

Objekt kennt seine Klasse

Jedes Objekt »weiß«, zu welcher Klasse es gehört. Bei den meisten objektorientierten Programmiersprachen kann ein Objekt zur Laufzeit ermitteln, zu welcher Klasse es gehört. In Java geschieht dies durch die Operation `getClass()`.

Da alle Objekte zwar unterschiedliche Attributwerte, jedoch gleiche Operationen besitzen, sind die Operationen der Klasse zugeordnet. Da jedes Objekt seine Klasse kennt, kann es dort alle benötigten Operationen vorfinden. Abb. 2.8-22 beschreibt diesen Zusammen-

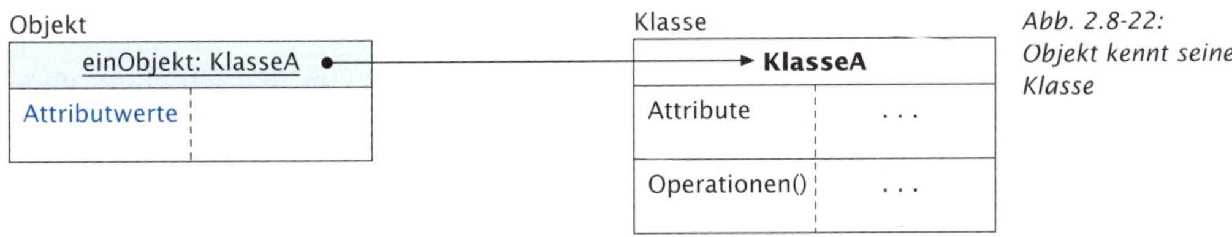

Abb. 2.8-22: Objekt kennt seine Klasse

hang in einer Notation, die sich an die Weizenbaumdiagramme anlehnt (vgl. /Jacobson et al. 92/).

Klasse kennt ihre Objekte *nicht*

Umgekehrt »weiß« eine Klasse im Allgemeinen nicht, welche Objekte sie »besitzt« bzw. welche Objekte von ihr erzeugt wurden. Diese manchmal notwendige Eigenschaft muss dann im Einzelfall »von Hand« hinzugefügt werden.

Objektverwaltung

In der Systemanalyse wird davon ausgegangen, dass eine Klasse ihre Objekte kennt, d.h. die Klasse »führt Buch« über das Erzeugen und Löschen ihrer Objekte. Diese Eigenschaft heißt **Objektverwaltung** (Abb. 2.8-23). Damit erhält die Klasse die Möglichkeit, Anfragen und Manipulationen auf der Menge der Objekte einer Klasse durchzuführen. Die Menge aller Objekte, die von einer Klasse erzeugt wurden, bezeichnet man als **Klassenextension** *(class extension, object warehouse).* Zu beachten ist, dass diese Vereinfachung nur in der Analyse gilt und in Entwurf und Implementierung je nach verwendeter Umgebung vom Programmierer realisiert werden oder von der verwendeten Software generiert werden muss.

Klasse vs. Menge aller Objekte

Die Klasse und die Menge aller Objekte dieser Klasse *(extension)* dürfen nicht verwechselt werden. Die Klasse ist eine Abstraktion, die Gemeinsamkeiten von Objekten und Regeln zu ihrer Erzeugung beschreibt. Eine Menge von Objekten ist dagegen einfach eine Ansammlung von Objekten. Die Objektverwaltung verwaltet beispielsweise eine solche Objektmenge.

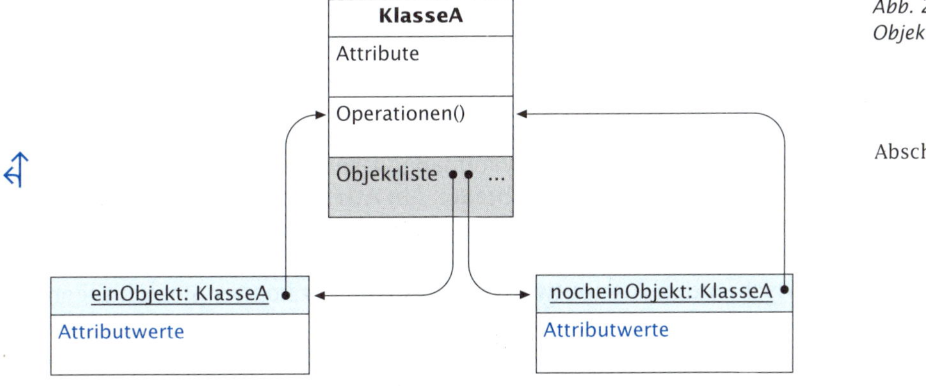

Abb. 2.8-23: Objektverwaltung

Abschnitt 3.7.1.1

2.8.4 Attribute

Attribut

Die **Attribute** beschreiben die Daten, die von den Objekten einer Klasse angenommen werden können. Jedes Attribut ist von einem bestimmten Typ. Alle Objekte einer Klasse besitzen dieselben Attribute, jedoch individuelle Attributwerte.

Notation UML

Attribute werden durch ihren Namen und ihren Typ beschrieben (Abb. 2.8-24). Optional können angegeben werden:

- Anfangswert *(initial value)*

Er legt fest, welchen Wert ein neu erzeugtes Objekt für dieses Attribut annimmt.

- Liste von Merkmalen

Hier können die Merkmale bzw. die Eigenschaften des Attributs angegeben werden. Später wird in diesem Abschnitt genauer darauf eingegangen, ebenfalls auf Klassenattribute und abgeleitete Attribute.

Abb. 2.8-24: Notation für Attribute

Klasse
Attribut1: Typ = Anfangswert1 Attribut2: Typ <u>Klassenattribut: Typ</u> /abgeleitetes Attribut: Typ

Attribut:
{Merkmal1, Merkmal2, ...}

Attributname

Der **Attributname** muss im Kontext der Klasse eindeutig sein. Er beschreibt die gespeicherten Daten. Im Allgemeinen wird ein Substantiv dafür verwendet. In der UML beginnen Attributnamen generell mit einem Kleinbuchstaben. Bei deutschen Bezeichnern werden wegen der besseren Lesbarkeit jedoch Attributnamen mit einem Großbuchstaben begonnen, wenn es sich um ein Substantiv handelt. Wird die englische Sprache zur Modellierung verwendet, so sollte die UML-Regel angewendet werden. Da ein Attributname nur innerhalb der Klasse eindeutig ist, wird außerhalb des Klassenkontextes die Bezeichnung `Klasse.Attribut` verwendet.

Geheimnisprinzip

Die Attribute dürfen nur über die Operationen der zugehörigen Klasse geändert und gelesen werden. Man sagt daher: Die Attribute sind zwar sichtbar für den Systemanalytiker, aber nicht sichtbar für andere Klassen bzw. deren Objekte. Ein Attribut ist daher äquivalent zu zwei Zugriffsoperationen, eine zum Lesen und eine zum Schreiben des Attributwertes.

Restriktionen *(constraints)*

Zwischen den Attributwerten eines Objekts können Beziehungen existieren, die während der Ausführung des Systems unverändert erhalten bleiben müssen. Man spricht hier von **Restriktionen** *(constraints)*. Eine Restriktion wird auch als Invariante bezeichnet. Es ist eine Zusicherung *(assertion)*, die immer wahr sein muss.

Beispiel 4

Für die Attribute der Klasse Veranstaltung in Abb. 2.8-16 gilt:
`{Vom <= Bis}`

Beispiel 5

Für die Klasse »Artikel« mit den Attributen »Einkaufspreis« und »Verkaufspreis« gilt, dass der Verkaufspreis mindestens 150 Prozent des Einkaufspreises betragen soll. Dann muss durch die Implementierung sichergestellt werden, dass beim Ändern des einen Preises auch der andere geändert wird.
`{Verkaufspreis >= 1.5 * Einkaufspreis}`

Klassenattribut

Außer den oben beschriebenen (Objekt-)Attributen sind manchmal Klassenattribute notwendig. Ein **Klassenattribut** liegt vor, wenn nur ein Attributwert für alle Objekte einer Klasse existiert. Klassenattribute existieren auch dann, wenn es zu einer Klasse – noch – keine Objekte gibt. Um die Klassenattribute von den (Objekt-) Attributen zu unterscheiden, werden sie in der UML unterstrichen (z.B. `Klassenattribut`).

Beispiel 6

Will man sich die Anzahl der Kunden, d.h. die Anzahl der erzeugten Objekte der Klasse Kunde, merken, dann wird dazu das Klassenattribut `Anzahl` verwendet.

abgeleitete Attribute

Der Wert eines **abgeleiteten Attributs** *(derived attribute)* kann jederzeit aus anderen Attributwerten berechnet werden. Abgeleitete Attribute werden mit dem Präfix »/« gekennzeichnet (Abb. 2.8-25). Ein abgeleitetes Attribut darf durch eine Operation nicht geändert werden.

Person
Geburtsdatum /Alter

Abb. 2.8-25: Abgeleitetes Attribut

Attributtyp

In der UML ist nur festgelegt, wie der **Typ** eines Attributs definiert wird. Welche Typen verwendet werden, hängt daher von der jeweiligen Umgebung ab. Um ein standardisiertes OOA-Modell zu erstellen, werden in diesem Buch in der Systemanalyse folgende Typen verwendet:

- Standardtypen,
- Aufzählungstypen,
- strukturierte Typen.

In der Analyse dient die Typdefinition dem Zweck, das Attribut aus fachlicher Sicht möglichst präzise zu beschreiben. In Entwurf und Implementierung wird dann in Abhängigkeit von der gewählten Programmiersprache der Typ neu definiert.

Abschnitt 2.8.6
Standardtyp

In dem CASE-Werkzeug JANUS werden die in Tab. 2.8-1 aufgeführten **Standardtypen** *(Built-In Types)* unterstützt.

Aufzählungstyp

Ein **Aufzählungstyp** *(enumeration type)* liegt vor, wenn ein Attribut nur diskrete Werte – d.h. die aufgezählten Werte – annehmen kann. Für die Modellierung dieses Typs kann das Konzept der Klasse verwendet werden. In der Abb. 2.8-26 wird modelliert, dass Muttersprache einen der angegebenen Werte annehmen kann. Der Stereotyp «Enumeration» gibt an, dass es sich hier *nicht* um eine gewöhnliche Klasse, sondern um einem Aufzählungstyp handelt. Die Werte

Tab. 2.8-1: JANUS-Standardtypen

Zeichenketten	**String**	ohne Feldlängenangabe
	String<40>	mit Feldlängenangabe
Numerische Datentypen	**Short, UShort**	Kurze ganze Zahl
	Long, ULong	Lange ganze Zahl
	Float	Gleitkomma- / Festkommazahl
	Boolean	Wahrheitswert
Business-Komponenten	**Date**	Datum
	Time	Zeit
	Timestamp	Datum + Zeit (Zeitstempel)
	Currency	Währungsangaben mit festen
	VarCurrency	und variablen Wechselkursen
	Serial	Seriennummern, die automatisch inkrementiert werden
	Document	Spezielle Datentypen, die mit
	URL	*Windows Office*-Produkten
	Email	verknüpft sind

«Enumeration»
MutterspracheET
Deutsch
Englisch
Französisch

Abb. 2.8-26: Modellierung eines Aufzählungstyps

des Aufzählungstyps werden als Attribute – stets ohne Typangaben – eingetragen. Für einen Aufzählungstyp sind zwei weitere Angaben wichtig *(Enumeration Details):*

- Es können ein oder mehrere Werte selektiert werden, wobei individuell festgelegt wird, wie viele das sein können. Daher sind Angaben zur minimalen *(Select Min)* und zur maximalen Anzahl *(Select Max)* der zu selektierenden Elemente notwendig. Als Voreinstellung wird angenommen, dass genau ein Wert selektiert wird (JANUS).
- Die Werteliste kann im JANUS-System erweiterbar sein. In diesem Fall kann der spätere Benutzer neue Werte eingeben, die in die Liste permanent aufgenommen werden.

strukturierter Typ

Ein **strukturierter Typ** setzt sich aus mehreren, unterschiedlichen Typen zusammen, wobei es sich hier um Standardtypen, Aufzählungstypen oder andere strukturierte Typen handeln kann. Auch für die Spezifikation dieser Typen wird die Klasse verwendet. Hier wird der Stereotyp «Structure» eingetragen. Die Bildung geeigneter Strukturen hat den Vorteil, dass diese Strukturen später problemlos wiederverwendet werden können (Abb. 2.8-27).

elementare Klassen

Wie die Beispiele zeigen, kann der Typ eines Attributs durch eine Klasse beschrieben werden. Diese Klassen werden als **elementare Klassen** *(support classes)* bezeichnet, um sie von den anderen Klassen zu unterscheiden. Sie werden hier stets durch den entsprechenden Stereotypen gekennzeichnet. Bei umfangreicheren Modellen sollten sie in einem separaten Klassendiagramm dokumentiert werden. Elementare Klassen werden in der Regel – in Abhängigkeit von

«Structure»
BankverbindungT
Kontonummer: String<12>
Bankleitzahl: String<12>
Bankinstitut: String<27>
Kontoinhaber: String<27>

Abb. 2.8-27: Modellierung eines strukturierten Typs

der jeweiligen Anwendung – einmal definiert und bei jedem Projekt wiederverwendet. Um Konflikte mit Klassennamen zu vermeiden, kennzeichne ich die Namen von Aufzählungstypen mit dem Postfix »ET« und strukturierte Typen mit dem Postfix »T«. Wenn es wichtig ist, zwischen elementaren und »normalen« Klassen zu unterscheiden, dann verwende ich für »normale« Klassen den Begriff **Anwendungsklassen** *(problem domain classes)*.

Anfangswerte

Ein Anfangswert wird beim Erzeugen eines neuen Objekts als Attributwert eingetragen. Es kann sich um eine Konstante handeln oder der Anfangswert kann aus anderen Attributwerten berechnet werden. Wenn sich die ursprünglichen Werte ändern, so hat dies keine Auswirkungen auf den daraus errechneten Wert.

Beispiel 6

Abb. 2.8-28 zeigt Voreinstellungen der Klasse Dozent.

Dozent
Bankverbindung: BankverbindungT Muttersprache: MutterspracheET = Deutsch Sprachen: SpracheET = Englisch Honorar: HonorarT

Abb. 2.8-28: Anfangswerte als Voreinstellung

Attributspezifikation

Attributspezifikation

Um aus einem OOA-Modell eine Benutzungsoberfläche ableiten zu können, müssen die Attribute noch genauer spezifiziert werden. Folgende Angaben sind notwendig:

1 Name
2 Typ
3 Anfangswert *(default)*
4 Restriktion *(constraint)*
5 Klassenattribut *(class attribute)*
6 Abgeleitetes Attribut *(derived)*
7 Muss-Attribut *(mandatory)*
8 Schlüssel *(key)*
9 Attributwert ist nach dem erstmaligen Eingeben nicht mehr änderbar *(not changeable)*
10 Attributwert ist auf der Benutzungsoberfläche generell nicht änderbar *(read only)*
11 Beschreibung des Attributs

Hinweis: In der UML gibt es die *Object Constraint Language* (OCL) als Standard zur Beschreibung von Restriktionen

Auf die ersten sechs Eigenschaften wurde bereits eingegangen.

- Ein Muss-Attribut **7** liegt vor, wenn der Attributwert beim Erzeugen des Objekts eingetragen werden muss.
- Die Eigenschaft key **8** legt fest, ob das Attribut Teil des Primärschlüssels der Klasse ist. Der Primärschlüssel kann aus mehreren Attributen bestehen. Ein einzelnes Attribut ist Schlüssel, wenn es jedes Objekt innerhalb einer Klasse eindeutig identifiziert.

- Attribute, deren Wert – weder durch den Benutzer noch durch das Programm – geändert werden darf, nachdem einmal ein Wert eingegeben wurde **9**, werden mit *not changeable* gekennzeichnet. Der Normalfall ist, dass Werte änderbar sind.
- Wenn der Wert des Attributs durch den Benutzer nicht geändert werden darf **10**, ist *read only* zu verwenden.

verwandte Begriffe

In objektorientierten Programmiersprachen wird anstelle von Attributen auch von *Member*-Variablen oder von *instance variables* gesprochen.

2.8.5 Operationen

Operation

Eine **Operation** ist eine ausführbare Tätigkeit im Sinne eines Algorithmus. Alle Objekte einer Klasse verwenden dieselben Operationen. Jede Operation kann auf alle Attribute eines Objekts dieser Klasse direkt zugreifen. Die Menge aller Operationen wird als das Verhalten der Klasse, als die Schnittstelle der Klasse oder als das Protokoll der Klasse bezeichnet.

Beispiel 7

Auf jedes Objekt der Klasse Mitarbeiter sind die angegebenen Operationen anwendbar (Abb. 2.8-29).

Abb. 2.8-29: Klassen Mitarbeiter und Abteilung

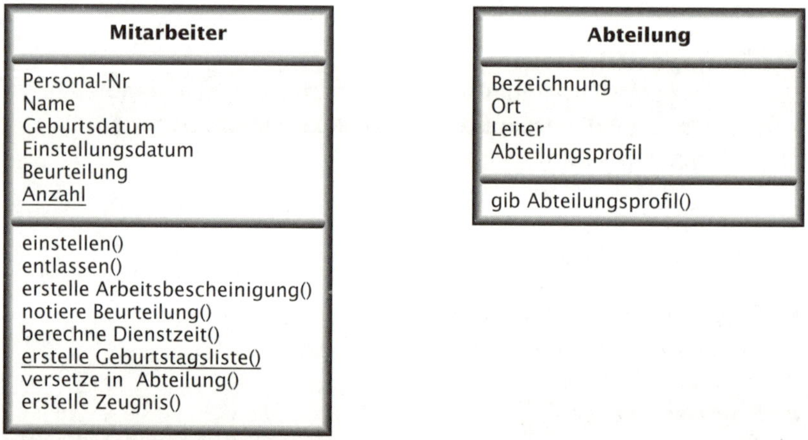

Hinweis: In der UML unterscheidet man Operation und Methode. Eine Operation spezifiziert eine Botschaft, die an ein Objekt geschickt werden kann. Eine Methode ist die Implementation einer Operation. Eine Operation kann durch mehrere Methoden implementiert werden. Eine Methode in der UML entspricht also einem Algorithmus. Da in Programmiersprachen, z.B. in Java, die Terminologie wieder anders ist, verwende ich diese Unterscheidung *nicht.*

Mitarbeiter

Personal-Nr
Name
Geburtsdatum
Einstellungsdatum
Beurteilung
Anzahl

einstellen()
entlassen()
erstelle Arbeitsbescheinigung()
notiere Beurteilung()
berechne Dienstzeit()
erstelle Geburtstagsliste()
versetze in Abteilung()
erstelle Zeugnis()

Abteilung

Bezeichnung
Ort
Leiter
Abteilungsprofil

gib Abteilungsprofil()

Operationen werden analog zu den Attributen in das Klassensymbol eingetragen (Abb. 2.8-30). Auch für jede Operation kann eine Liste von Merkmalen angegeben werden. Ein Merkmal ist beispielsweise {abstract}, das eine abstrakte Operation kennzeichnet (siehe Abschnitt 2.9.2).

Klasse

Operationen()
Klassenoperation()
abstrakte Operation()

Operation()
{Merkmal1, Merkmal2, ...}

Abb. 2.8-30: Notation für Operationen

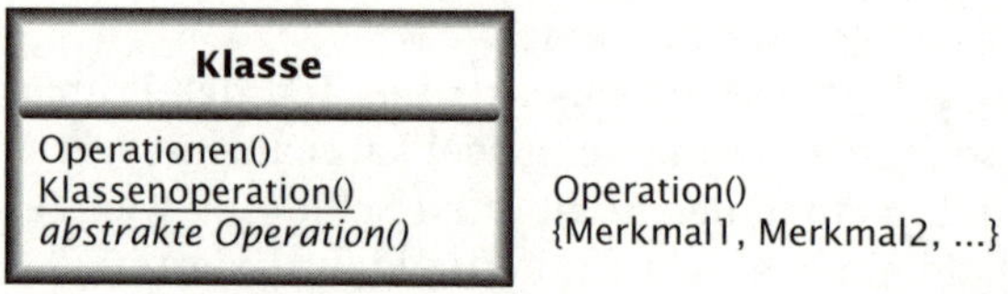

Operationen lassen sich in drei Kategorien gliedern:

- Objektoperationen, kurz Operationen genannt,
- Konstruktoroperationen, kurz Konstruktoren genannt, und
- Klassenoperationen.

Diese Kategorisierung ermöglicht beim Erstellen des Analysemodells eine systematische Zuordnung der Operationen zu den Klassen.

Objektoperation

Objektoperationen oder kurz Operationen werden stets auf ein einzelnes (bereits existierendes) Objekt angewendet. Typische Beispiele dafür sind die Operationen `erstelle Arbeitsbescheinigung()`, `notiere Beurteilung()` und `berechne Dienstzeit()` der Abb. 2.8-29. Auch `entlassen()`, die ein Objekt der Klasse Mitarbeiter löscht, ist eine Objektoperation. Da diese Operationen jeweils auf *einen* Mitarbeiter, d.h. auf ein Mitarbeiter-Objekt, angewendet werden, gehören sie zur Klasse Mitarbeiter.

Konstruktor

Operationen, die es ermöglichen, neue Objekte einer Klasse zu erzeugen bzw. zu »konstruieren«, bezeichnet man als Konstruktoroperationen, kurz **Konstruktoren** *(constructors)* genannt. Konstruktoren erzeugen in der Regel nicht nur neue Objekte, sondern führen auch Initialisierungen und Datenerfassungen durch. Bei der Operation `einstellen()` (Abb. 2.8-29) handelt es sich um eine derartige Operation. Auch diese Operation wird bei der Klasse Mitarbeiter eingetragen.

Jede Klasse muss mindestens eine Konstruktoroperation besitzen. Im einfachsten Fall, z.B. in Java und C++, besteht ein Konstruktor aus dem Klassennamen gefolgt von einem Klammerpaar (). Wird an diese Operation eine Botschaft geschickt, dann wird im Allgemeinen ein leeres Objekt erzeugt, d.h. die Attribute des Objekts erhalten keine Attributwerte.

Klassenoperation

Eine **Klassenoperation** ist eine Operation, die der jeweiligen Klasse zugeordnet ist und nicht auf ein einzelnes Objekt der Klasse angewendet werden kann. Sie wird durch Unterstreichen gekennzeichnet, z.B. <u>`erstelle Geburtstagsliste()`</u>.

In der Systemanalyse werden Klassenoperationen in folgenden Fällen verwendet:

1 Die Operation manipuliert Klassenattribute ohne Beteiligung eines einzelnen Objekts. Beispiele sind erhöhe `Stundenlohn()` und ändere `Farbe()` für alle Rechtecke der Abb. 2.8-31. Diese Aufgabe

Aushilfe
Name Adresse Stundenzahl <u>Stundenlohn</u>
<u>erhöhe Stundenlohn()</u>

Rechteck
Mittelpunkt Länge Breite <u>Farbe</u>
<u>ändere Farbe()</u>

Abb. 2.8-31: Klassenoperationen

ist unabhängig von einem ausgewählten Objekt. Daher wird hier von einer Klassenoperation gesprochen. Da sich diese Operation auf ein Klassenattribut von Aushilfe bzw. Rechteck bezieht, wird sie bei der Klasse Aushilfe bzw. Rechteck als Klassenoperation eingetragen.

Bezieht sich die Operation allerdings auf ein einzelnes Objekt, und werden im Rahmen der Operation zusätzlich Klassenattribute manipuliert, so handelt es sich *nicht* um eine Klassenoperation. Beispielsweise inkrementiert der Konstruktor `einstellen()` die Anzahl der Mitarbeiter. Da er aber die Attributwerte für ein neues Objekt setzt, ist er keine Klassenoperation, obwohl er das Klassenattribut `Zahl der Mitarbeiter` erhöht.

2 Die Operation bezieht sich auf alle oder mehrere Objekte der Klasse. Hier wird die Eigenschaft einer Klasse ausgenutzt, ihre Objekte zu kennen (Objektverwaltung). Beispielsweise durchläuft die Operation `erstelle Geburtstagsliste()` alle Mitarbeiterobjekte. Da sich diese Klassenoperation auf *alle* Mitarbeiter bezieht, wird sie der Klasse Mitarbeiter zugeordnet.

Operationsarten

Operationen lassen sich nach ihren Aufgaben klassifizieren (siehe /Khoshafian, Abnous 90/, /Coad, Yourdon 91/, /Booch 94/).

1 Operationen mit lesendem Zugriff *(accessor operation)* auf Attribute derselben Klasse.
Beispiel: `erstelle Arbeitsbescheinigung()`.

2 Operationen mit schreibendem Zugriff *(update operation)* auf Attribute derselben Klasse.
Beispiel: `notiere Beurteilung()`

3 Operationen zur Durchführung von Berechnungen.
Beispiel: `berechne Dienstzeit()`.

4 Operationen zum Erzeugen *(constructor operation)* und Löschen *(destructor operation)* von Objekten.
Beispiel: `einstellen()`, `entlassen()`.

5 Operationen, die Objekte einer Klasse nach bestimmten Kriterien selektieren *(query operation, select operation)*. Das ist beispielsweise eine Operation, die alle Mitarbeiter ermittelt, die im Monat Februar Geburtstag haben. Diese Art von Operationen werden im Analysemodell als Klassenoperationen eingetragen.
Beispiel: `erstelle Geburtstagsliste()`.

6 Operationen zum Herstellen von Verbindungen zwischen Objekten *(connect operation)*. Wenn der Mitarbeiter m1 in der Abteilung a1 arbeitet, dann wird vom Objekt m1 zum Abteilungsobjekt a1 eine Verbindung aufgebaut (Abb. 2.8-32). Analog gibt es Operationen zum Abbauen der Verbindungen.
Beispiel: `versetze in Abteilung()`.

7 Operationen, die Operationen anderer Klassen aktivieren. Damit für den Mitarbeiter `m1` ein Zeugnis erstellt werden kann, muss das

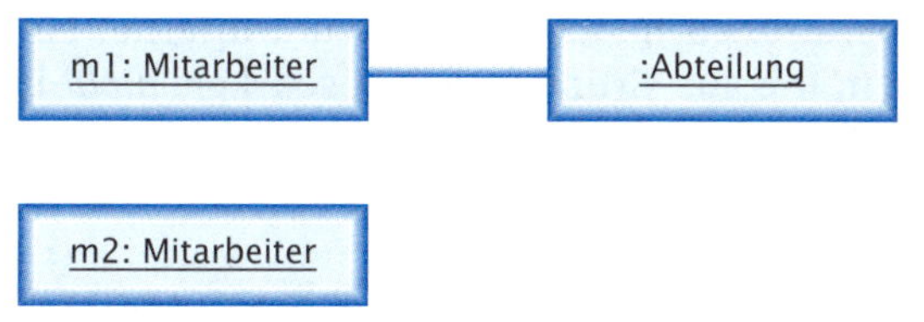

Abb. 2.8-32: Aufbauen und Lesen von Verbindungen zwischen Mitarbeiter und Abteilung

Mitarbeiterobjekt `m1` über die Objektverbindung Operationen des Abteilungsobjekts verwenden (hier: `gib Abteilungsprofil()`), um dessen Attributwerte zu lesen (Abb. 2.8-32).
Beispiel: `erstelle Zeugnis()`.

Stereotyp

Besitzt eine Klasse viele Operationen, dann können sie mit Hilfe von Stereotypen gruppiert werden (Abb. 2.8-33). Dabei kann die obige Klassifikation sinnvoll eingesetzt werden.

Aushilfe

«constructor»
einstellen()
«update»
ändere Stundenzahl()
erhöhe Stundenlohn()
«query»
drucke Adressliste()
drucke Stundenliste()

Abb. 2.8-33: Gruppieren von Operationen mittels Stereotypen

externe und interne Operationen

Eine Operation heißt extern, wenn sie direkt von außerhalb des Systems, z.B. von der Benutzungsoberfläche aus, aktiviert wird. Eine externe Operation kann weitere – interne – Operationen aufrufen. Eine interne Operation wird immer von einer anderen Operation innerhalb des Systems aktiviert. Das Ziel der Systemanalyse ist es, alle externen Operationen zu ermitteln. Interne Operationen werden nur dann in das Klassendiagramm eingetragen, wenn es für das Verständnis notwendig ist.

Operationsname

Der Operationsname soll ausdrücken, was die Operation leistet. Er muss daher im Allgemeinen ein Verb enthalten, z.B. `einlagern()`, `erhöhe Gehalt()`. Der Name einer Operation muss im Kontext der Klasse eindeutig ein. Außerhalb der Klasse wird die Operation mit `Klasse.Operation()` bezeichnet.

Beschreibung von Operationen

Jede Operation wird – sofern ihre Funktionsweise nicht bereits aus dem Namen hervorgeht – aus Benutzersicht beschrieben.

Notation Beschreibung (UML-Erweiterung)

Das Ziel ist eine leicht erstellbare und leicht lesbare Beschreibung, wobei »leicht« in diesem Zusammenhang bedeutet, dass der Aufwand für die Beschreibung deutlich geringer sein muss als für die spätere Programmierung:

```
Operation: tueEtwas()
   Eingabe: Eingabedaten
   Ausgabe: Ausgabedaten
   Wirkung: Beschreibung der Wirkung aus Benutzersicht, wobei der
   Fokus auf dem Normalverhalten liegt. Sonderfälle sind anschlie-
   ßend zu beschreiben.
```

Verwaltungsoperationen

Verwaltungsoperationen sind grundlegende Operationen, die fast jede Klasse benötigt.

Bei den folgenden Operationen handelt es sich um interne, elementare Basisoperationen, die aus Gründen der Lesbarkeit *nicht* in das Klassendiagramm eintragen werden.

- `new()`: Erzeugen eines neuen Objekts.
- `delete()`: Löschen eines Objekts.
- `setAttribute()`: Schreiben eines Attributwertes, z.B. `setGehalt()`.
- `getAttribute()`: Lesen eines Attributwertes, z.B. `getGehalt()`.
- `linkKlasse()`: Aufbauen einer Verbindung zwischen Objekten.
- `unlinkKlasse()`: Entfernen einer Verbindung zwischen Objekten.
- `getlinkKlasse()`: Lesen einer Verbindung zwischen Objekten.

Außer dieser Basisfunktionalität werden die folgenden externen Verwaltungsoperationen verwendet. In die Klassendiagramme werden sie aus Gründen der Übersichtlichkeit meistens *nicht* eintragen. Bei vielen Beispielen in diesem Buch verwende ich sie der besseren Verständlichkeit halber auch im Klassendiagramm.

- `erfassen()`: Erfassen eines neuen Objekts, wobei im Unterschied zur Basisoperation `new()` weitere Aufgaben, z.B. das Senden von Botschaften an andere Objekte, damit verbunden sein können.
- `ändern()`: Ändern eines vorhandenen Objekts.
- `löschen()`: Löschen eines Objekts.
- `erstelleListe()`: Alle Objekte der Klasse anzeigen.

2.8.6 Einsatz von CASE-Werkzeugen

Software-Entwicklungen werden heute generell mit CASE-Werkzeugen durchgeführt. Zur Erfassung und Bearbeitung von Klassen- und Objektdiagrammen in UML-Notation gibt es heute eine große Vielfalt an Werkzeugen mit unterschiedlichem Funktionsspektrum. Auf den beigefügten CD-ROMs befinden sich mehrere dieser CASE-Werkzeuge.

Für die Fallstudien werden im Weiteren folgende Werkzeuge eingesetzt:

- *Rational Rose* der Firma Rose und
- JANUS-Generator der Firma oTRIs.

Abschnitt 1.4.3

Beide Werkzeuge befinden sich auf den CD-ROMs. Das Werkzeug *Rational Rose* wurde bereits in Abschnitt 1.4.3 eingesetzt und dort kurz beschrieben.

www.rational.com
Rational Rose

Erstellen von Klassendiagrammen mit *Rational Rose*

Rational Rose ist relativ einfach zu bedienen. Viele Operationen können mittels *drag & drop* durchgeführt werden. Für viele Elemente kann mit Hilfe der rechten Maustaste ein *pop-up*-Menü geöffnet werden, in dem verfügbare Funktionen angeboten werden.

Es soll aus der Fallstudie »Seminarorganisation« die Klasse Kunde erstellt werden. Folgende Schritte sind dazu nötig:

- Nach dem Aufruf von *Rose* wird ein leeres Fenster *Classdiagram: Logical View/Main* angezeigt.

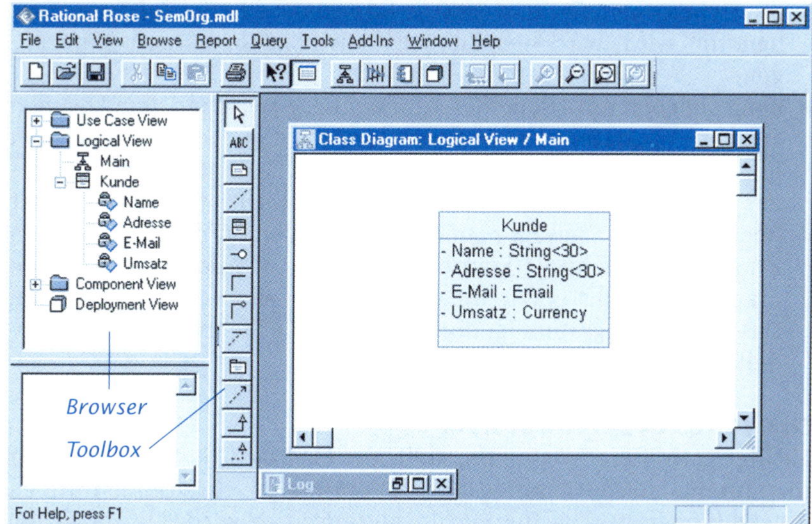

Abb. 2.8-34: Erstellen der Klasse Kunde mit Rational Rose

- Klickt man in der *Toolbox* (Symbolleiste) auf die Schaltfläche *Class* und dann in die weiße Fläche, erhält man eine neue Klasse, die hier mit Kunde benannt wird.
- Über den Kunden sollen zunächst der Name, die Adresse und die *e-mail*-Adresse als Teil der Kommunikation und der Umsatz gespeichert werden.
- Man klickt auf die neu angelegte Klasse und öffnet mit der rechten Maustaste ein *pop-up*-Menü. Hier wählt man *New Attribute* und tippt die Attribute direkt im Klassensymbol ein:
```
Name: String<30>
Adresse: String<30>
E-Mail: Email
Umsatz: Currency
```
  Die Groß-/Kleinschreibung ist zu beachten. Die hier verwendete Typdefinition ist JANUS-spezifisch.
- Mit der *Enter*-Taste wird die Eingabe für jedes Attribut abgeschlossen.
- Nach Eingabe des letzten Attributs wird wieder in die weiße Fläche geklickt.
- Anschließend wird das Modell unter dem Namen *SemOrg* (Abb. 2.8-34) gespeichert.
- Falsch geschriebene Attribute kann man ändern, wenn man im Klassensymbol direkt auf das Attribut klickt.
- Überflüssige Attribute können im *Browser* einfach gelöscht werden. Dazu klickt man auf das jeweilige Attribut und öffnet mit der rechten Maustaste das *Pop-up*-Menü. Anschließend wählt man die Menüoption *Delete*. Attribute werden in *Rational Rose* automatisch durch ein Mini-Piktogramm oder die Zeichen +, –, # ergänzt, das

die Sichtbarkeit angibt. Da diese Information in der Analyse nicht benötigt wird, wird hier zunächst nicht näher darauf eingegangen.

- Beim Löschen unterscheidet *Rational Rose* zwischen dem Löschen aus dem Diagramm und dem Löschen aus dem Modell. Klickt man in die Klasse Kunde und drückt dann die DEL/Entf.-Taste, dann ist das Klassendiagramm wieder leer. Im *Browser* ist die Klasse aber noch enthalten. Bewegt man den Mauszeiger auf die Klasse in den *Browser* und zieht die Klasse mittels *drag & drop* in das Klassendiagramm, dann erscheint diese Klasse wieder im Diagramm. Das Klassendiagramm ist nur eine spezielle Sichtweise dieses Modells.

Das JANUS-Generatorsystem

www.otris.de
siehe auch JANUS/Process Abschnitt 1.4.3

Mit der JANUS-Produktfamilie stellt die Firma oTRIs Werkzeuge für die automatisierte Generierung von kaufmännisch/administrativen Anwendungen zur Verfügung. In diesem Buch wird das Werkzeug *JANUS/Access* verwendet. Damit ist es möglich, aus einem mit *Rational Rose* erstellten OOA-Modell vollautomatisch Programmcode in C++ zu generieren, wobei eine Anbindung an die Datenbank *Microsoft Access* realisiert wird. Der generierte Code kann mit eigener Funktionalität ergänzt werden. Zusätzlich werden ergonomische Benutzungsoberflächen in C++ mit den *Microsoft Foundation Classes* (MFC) erzeugt. Dabei ist es möglich, von Anfang an mehrsprachige Benutzungsoberflächen zu realisieren. Außerdem wird eine umfangreiche Hilfefunktionalität im *Windows*- bzw. HTML-Format realisiert. Die vollständige *Middleware* für *Client/Server*-Anwendungen wird ebenfalls generiert. Die hier verwendete Buchversion ist im Unterschied zur Vollversion auf 10 Klassen begrenzt. Auch die Mehrsprachigkeit und die Möglichkeit eigenen Quellcode einzufügen, stehen bei dieser Demoversion im Gegensatz zur Vollversion *nicht* zur Verfügung.

JANUS installiert sich direkt in *Rational Rose*. Im Menü *Tools* von *Rose* stehen dann die drei zusätzlichen Menüoptionen *JANUS-Generator, JANUS-Specifier* und *JANUS-Settings* zur Verfügung.

Vor einer Generierung müssen das OOA-Modell gespeichert und bei *JANUS-Settings* die notwendigen Einstellungen vorgenommen werden.

Bei jeder neuen Generierung wird eine neue *Access*-Datenbank erzeugt, d.h. bereits eingegebene Daten gehen verloren.

- Retten der Daten: Im alten Pilotsystem *Anwendung/Exportieren* aufrufen.
- Laden der alten Daten: Im neuen Pilotsystem *Anwendung/Importieren* aufrufen.

Generieren eines Pilotsystems mit JANUS

Aus dem oben erstellten Klassendiagramm in *Rational Rose* kann mit dem JANUS-System bereits ein einfaches **Pilotsystem** »Seminarorganisation« generiert werden.

- In *Rational Rose* muss die Menüoption *Tools/JANUS-Settings* gewählt werden. Die Felder müssen wie in Abb. 2.8-35 ausgefüllt werden. Das Auslösen der Schaltfläche *Generate* führt zur vollautomatischen Erzeugung des ersten Pilotsystems, das von selbst startet.

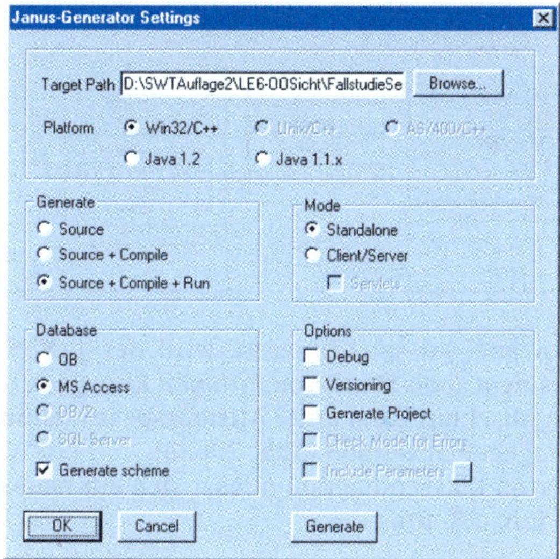

Abb. 2.8-35: Angaben für JANUS-Settings

Abb. 2.8-36: Erfassungsfenster der Klasse Kunde mit dem erfassten Objekt »Hans Schulz«

- Mit der Funktion *Ersterfassung/Kunde* können Kunden erfasst werden (Abb. 2.8-36).
- Mit *Stammdatenlisten/Kunde* werden alle erfassten Objekte der Klasse Kunde angezeigt (Abb. 2.8-37). Eingegebene Daten können beliebig geändert werden. Durch einem Doppelklick auf den angezeigten Listeneintrag wird das zugehörige Erfassungsfenster geöffnet.
- JANUS erzeugt automatisch die Basisfunktionalität zum Erfassen, Ändern und Löschen von Kunden. Die Stammdatenliste kann nach bestimmten Kriterien gefiltert und ausgedruckt werden. Alle eingegebenen Daten werden in einer *Microsoft Access*-Datenbank gespeichert. JANUS erstellt Quellcode in C++, der im Verzeichnis *SemOrg* abgelegt wird.

Abb. 2.8-37: Stammdatenliste der Klasse Kunde, d.h. Liste aller erfassten Objekte

Um den Kunden entsprechend der Klasse in Abb. 2.8-18 vollständig zu modellieren, müssen die Typen sinnvollerweise durch elementare Klassen beschrieben werden. Das entsprechend erweiterte Klassendiagramm in *Rational Rose* zeigt Abb. 2.8-38.

Abb. 2.8-38: Vollständige Modellierung der Klasse Kunde in Rational Rose

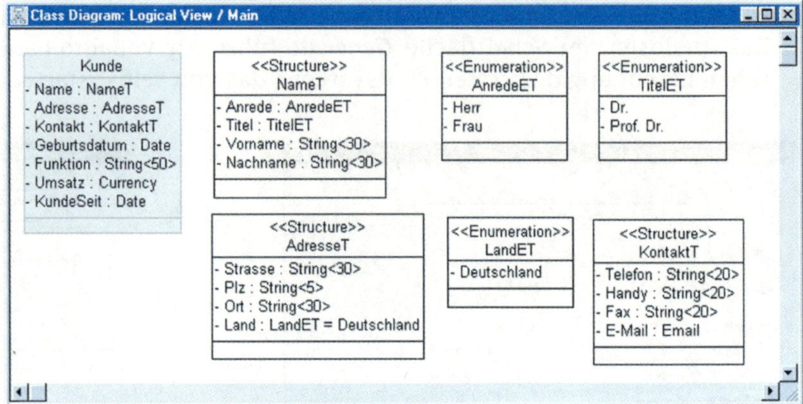

Um die Attribute komfortabel zu spezifizieren, wird der *JANUS-Specifier* benutzt, der aus dem *Tools*-Menü von *Rational Rose* gestartet wird. Es können alle in Abschnitt 2.8.4 unter Attributspezifikation aufgeführten Angaben eingegeben werden (Abb. 2.8-39).

Aus dem so spezifizierten Klassendiagramm lässt sich ein neues Pilotsystem generieren (Abb. 2.8-40).

Abb. 2.8-39: Attributspezifikation mit dem JANUS-Specifier (Ausschnitt)

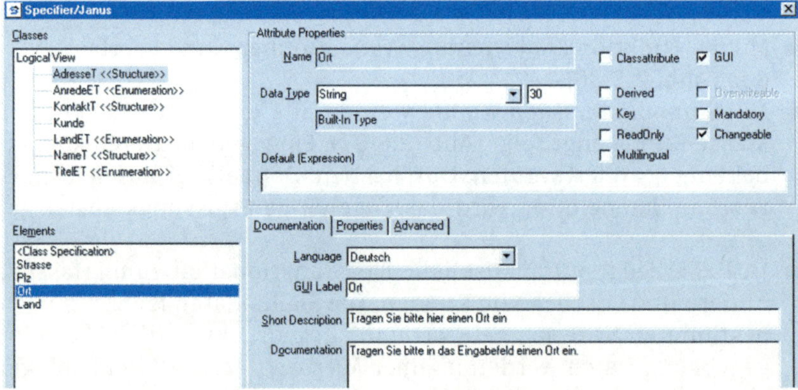

Abgeleitetes Attribut *(derived attribute)* Lässt sich aus anderen Attributen berechnen. Darf nicht direkt geändert werden.

Attribut *(attribute)* Beschreibt Daten, die von den →Objekten der →Klasse angenommen werden können. Alle Objekte einer Klasse besitzen dieselben Attribute, jedoch im Allgemeinen unterschiedliche Attributwerte. Jedes Attribut ist von einem bestimmten →Typ und kann einen Anfangswert *(default)* besitzen. Bei der Implementierung muss jedes Objekt Speicherplatz für alle seine

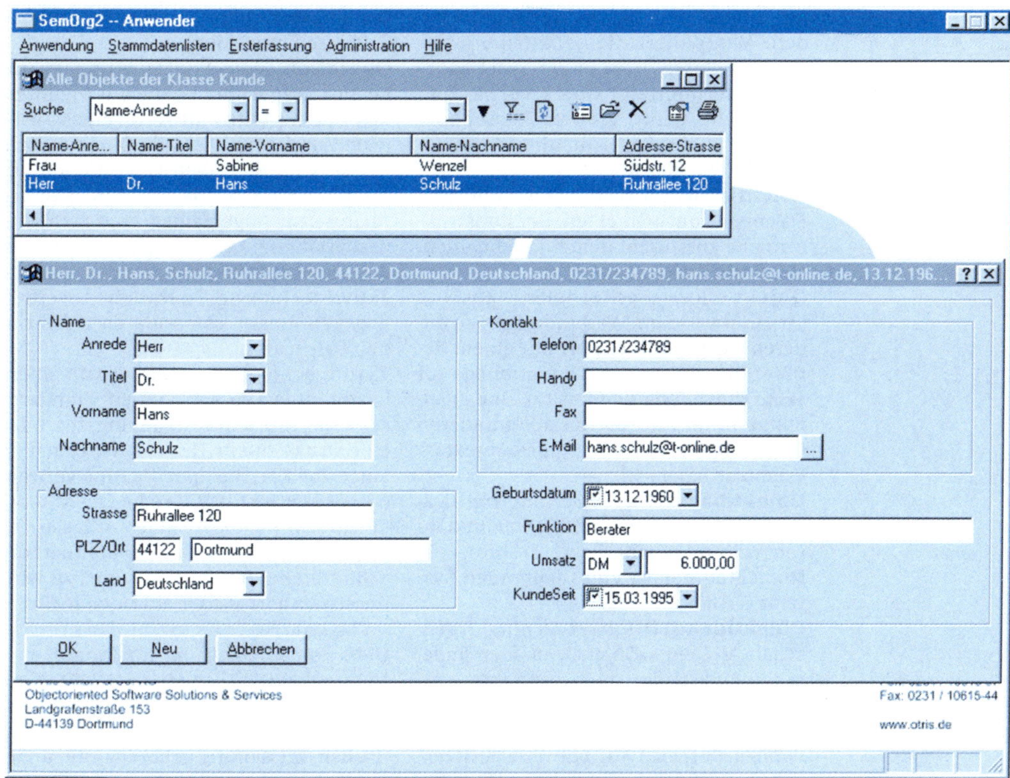

Abb. 2.8-40: Zweites generiertes Pilotsystem nach vollständiger Attributspezifikation

Attribute reservieren. Der Attributname ist innerhalb der Klasse eindeutig. →Abgeleitete Attribute lassen sich aus anderen Attributen berechnen.

Attributwert Aktuell einem →Attribut zugeordneter Wert aus seinem Wertebereich.

Elementare Klasse *(support class)* Wird der Typ eines →Attributs wieder durch eine →Klasse realisiert, dann spricht man von einer elementaren Klasse. Sie wird *nicht* in das →Klassendiagramm eingetragen.

Exemplar →Objekt

Geheimnisprinzip *(information hiding)* Auf die →Attributwerte eines →Objekts kann nur über die →Operationen des Objekts zugegriffen werden. Für andere Klassen und Objekte sind die Attribute und Attributwerte einer Klasse oder eines Objekts sowie die Realisierung der Operationen unsichtbar.

information hiding →Geheimnisprinzip

Instanz →Objekt

Klasse *(class)* Definiert für eine Kollektion von →Objekten deren Struktur (Attribute), →Verhalten (Operationen) und Beziehungen (Assoziationen, Vererbungsstrukturen). Klassen besitzen – mit Ausnahme von abstrakten Klassen – einen Mechanismus, um neue Objekte zu erzeugen. Der Klassenname muss mindestens im Paket, besser im gesamten System eindeutig sein.

Klassenattribut *(class scope attribute)* Liegt vor, wenn nur ein Attributwert für alle →Objekte der →Klasse existiert. Klassenattribute sind von der Existenz der Objekte unabhängig.

Klassendiagramm *(class diagram)* Stellt die objektorientierten Konzepte →Klasse, →Attribute, →Operationen und Beziehungen (Vererbung, Assoziation) zwischen Klassen in grafischer Form dar (→UML).

Klassenoperation *(class scope operation)* →Operation, die einer Klasse zugeordnet ist (nicht einem daraus erzeugten Objekt!); kann nicht auf ein einzelnes Objekt der Klasse angewandt werden. Manipuliert Klassenattribute der eigenen Klasse. Wird in der Systemanalyse eine implizite Objektverwaltung unterstellt, dann greifen Klassenoperationen in der Regel auf alle oder mehrere Objekte der Klasse zu.

Konstruktor Spezielle →Operation zum Erzeugen von →Objekten. Der Konstruktorname entspricht dem Klassennamen.

Methode →Operation

Objekt *(object)* Besitzt einen →Zustand (Attributwerte und Verbindungen zu anderen Objekten), reagiert mit einem definierten →Verhalten (Operationen) auf seine Umgebung und besitzt eine →Objektidentität, die es von allen anderen Objekten unterscheidet. Jedes Objekt ist Exemplar einer →Klasse.

Objektdiagramm *(object diagram)* Grafische Darstellung von Objekten und ihren Verbindungen *(links)*. Erlaubt eine Momentaufnahme eines laufenden Systems (→UML).

Objektidentität *(object identity)* Eigenschaft, die ein →Objekt von allen anderen unterscheidet, auch wenn ihre →Attributwerte identisch sind. Ist nicht veränderbar. Selbst wenn zwei Objekte zufällig dieselben Attributwerte besitzen, haben sie eine unterschiedliche Identität. Im Speicher wird die Identität durch unterschiedliche Adressen realisiert.

Objektorientierte Software-Entwicklung Anwendung der Konzepte →Klasse, →Objekt, →Attribut, →Operation, →Botschaft, Vererbung und Assoziation.

Objektverwaltung *(class extension, object warehouse)* In der Systemanalyse besitzen Klassen implizit die Eigenschaft der Objektverwaltung. Das bedeutet, dass die Klasse weiß, welche Objekte von ihr erzeugt wurden. Damit erhält die Klasse die Möglichkeit, Anfragen und Manipulationen auf der Menge der Objekte einer Klasse durchzuführen.

OO objektorientiert (→objektorientierte Software-Entwicklung)

Operation *(operation)* Funktion im Sinne eines Algorithmus, die auf die internen Daten (→Attributwerte) eines →Objekts Zugriff hat. Auf alle Objekte einer Klasse sind dieselben Operationen anwendbar. Für Operationen gibt es in der Analyse im Allgemeinen eine fachliche Beschreibung. Externe Operationen werden vom späteren Benutzer des Systems aktiviert. Interne Operationen werden dagegen immer von anderen Operationen aufgerufen.

Typ *(type)* Jedes Attribut ist von einem bestimmten Typ. Es kann ein Standardtyp (z.B. int), ein Aufzählungstyp oder eine Struktur sein. Der Typ wird auch im Sinne von Klassen-Spezifikation verwendet. Er legt fest, auf welche Operationsaufrufe die →Objekte einer →Klasse reagieren können, d.h. der Typ definiert die Schnittstelle der Objekte. Ein Typ wird implementiert durch ein oder mehrere →Klassen.

UML *(Unified Modeling Language)* Notation zur grafischen Darstellung objektorientierter Konzepte (→objekt-orientierte Software-Entwicklung). Zur grafischen Darstellung gehören unter anderem → Klassendiagramme und →Objektdiagramme.

Verhalten *(behavior)* Unter dem Verhalten eines →Objekts sind die beobachtbaren Effekte aller →Operationen zu verstehen, die auf das Objekt angewendet werden können. Das Verhalten einer →Klasse wird bestimmt durch die Operationsaufrufe, auf die diese Klasse bzw. deren Objekte reagieren.

Zustand *(state)* Der Zustand eines →Objekts wird bestimmt durch seine Attributwerte und seine Verbindungen *(links)* zu anderen Objekten, die zu einem bestimmten Zeitpunkt existieren.

Konzepte

Die objektorientierte Software-Entwicklung (OO) basiert auf einer Reihe von Grundkonzepten, von denen folgende vier Konzepte behandelt wurden:

1 Ein Objekt (auch Exemplar oder Instanz genannt) ist ein individuelles Exemplar von Dingen, Personen oder Begriffen. Es besitzt eine Objektidentität. Objekte werden durch Konstruktoren erzeugt. Jedes Objekt kennt seine Klasse. Jedes Objekt lässt sich durch sein Verhalten und seinen Zustand charakterisieren.

2 Attribute beschreiben die Eigenschaften eines Objekts. Attributwerte sind die aktuellen Werte, die die Attribute besitzen. Jedes Attribut ist von einem bestimmten Typ. Abgeleitete Attribute lassen sich aus anderen Attributen berechnen.

3 Operationen (auch Methoden genannt) beschreiben das Verhalten eines Objekts, d.h. die Dienstleistungen, die es seiner Umwelt oder sich selbst zur Verfügung stellt.

4 Klassen fassen Objekte mit gleichen Attributen, Operationen und Beziehungen zu einer Einheit zusammen. Klassenattribute beschreiben die Eigenschaften von Klassen. Klassenoperationen sind Klassen zugeordnet. Durch das Geheimnisprinzip *(information hiding)* kann auf Attributwerte nur über Operationen zugegriffen werden. Attribute, Attributwerte, Beziehungen und die Realisierung der Operationen sind außerhalb der Klasse unsichtbar. Durch elementare Klassen kann der Typ von Attributen realisiert werden. Eine Objektverwaltung verwaltet die Objekte, die von einer Klasse erzeugt wurden (Klassenextension). Eine Klassen-Spezifikation wird auch als Typ bezeichnet.

Notation

In der objektorientierten Software-Entwicklung werden verschiedene Diagrammarten benutzt, um unterschiedliche Aspekte darzustellen. Als grafische Notation wird die UML verwendet. In ihr sind unter anderem folgende Diagrammarten definiert:

- Klassendiagramme,
- Objektdiagramme.

Ein Überblick über die UML-Notation befindet sich auf den vorderen und hinteren Umschlaginnenseiten dieses Buches.

Konventionen und Empfehlungen

Folgende Konventionen und Empfehlungen sollten beachtet werden:

1 Namen bzw. Bezeichner *(identifier)* für Klassen, Attribute usw. sind natürlichsprachliche oder problemnahe Namen oder verständliche Abkürzungen solcher Namen.

2 Jeder Name beginnt mit einem Buchstaben: Der Unterstrich (_) wird *nicht* verwendet.

3 Generell ist Groß-/Kleinschreibung zu verwenden.

4 Zwei Namen dürfen sich *nicht* nur bezüglich der Groß-/Kleinschreibung unterscheiden.

5 Es wird entweder die deutsche *oder* die englische Namensgebung verwendet.
Ausnahme: Allgemein übliche englische Begriffe, z.B. *push*.

6 **Klassennamen**
- beginnen immer mit einem Großbuchstaben,
- bestehen aus einem Substantiv im Singular, zusätzlich kann ein Adjektiv angegeben werden, z.B. Seminar, öffentliche Ausschreibung (in UML).

7 **Objektnamen**
- beginnen immer mit einem Kleinbuchstaben,

- enden in der Regel mit dem Klassennamen, z.B. `einKunde`,
- beginnen bei anonymen Objekten mit `ein`, `erster`, `a` usw., z.B. `aPoint`, `einRechteck`.

8 Attributnamen

- beginnen im Englischen immer mit einem Kleinbuchstaben, um eine Verwechslungsgefahr mit Klassen auszuschließen, z.B. `hotWaterLevel`, `nameField`, `eyeColor`,
- beginnen im Deutschen mit einem Großbuchstaben, da sonst gegen die Lesegewohnheiten verstoßen wird.
- sind detailliert zu beschreiben, z.B. `ZeilenZähler`, `WindGeschw`, `Dateistatus`.

9 Typnamen

- enden mit einem T, wenn es sich um eine Struktur handelt, z.B. `AdresseT`, in der UML wird als Stereotyp «`Structure`» eingetragen.
- enden mit `ET`, wenn es sich um einen Aufzählungstyp handelt, z.B. `AnredeET`, in der UML wird als Stereotyp «`Enumeration`» eingetragen.

10 Operationsnamen

- beginnen immer mit einem Kleinbuchstaben,
- beginnen in der Regel mit einem Verb, gefolgt von einem Substantiv, z.B. `drucke`, `aendere`, `zeige Figur`, `lese Adresse`, `verschiebe Rechteck`.
- heißen `getAttributname`, wenn nur ein Attributwert eines Objektes gelesen wird,
- lauten `setAttributname`, wenn nur ein Attributwert eines Objektes gespeichert wird.
- heißen `isAttributname`, wenn das Ergebnis nur wahr *(true)* oder falsch *(false)* sein kann, z.B. `isVerheiratet`, `isVerschlossen`.

/Heide Balzert 99/
Balzert Heide, *Lehrbuch der Objektmodellierung – Analyse und Entwurf*, Heidelberg: Spektrum Akademischer Verlag, 1999.
Umfassende, systematische Behandlung der objektorientierten Analyse und des objektorientierten Entwurfs. Viele Beispielanwendungen aus der Praxis. Mit Checklisten zur Erstellung und Beurteilung eines OOA-Modells.

Zitierte Literatur

/Booch 94/
Booch G., *Object-Oriented Analysis and Design with Applications*, 2. Auflage, Redwood City: The Benjamin/Cummings Publishing Company, 1994.

/Coad, Yourdon 91/
Coad P., Yourdon E., *Object-Oriented Analysis*, 2. Auflage, Englewood Cliffs: Yourdon Press, Prentice Hall, 1991.

/Jacobson et al. 92/
Jacobson I., Christerson M., Jonsson P., Övergaard G. *Object-Oriented Software Engineering – A Use Case Driven Approach*, Wokingham: Addison Wesley, 1992.

/Khoshafian, Abnous 90/
Khoshafian S., Abnous R., *Object Orientation – Concepts, Languages, Databases, User Interfaces*, New York: John Wiley & Sons, 1990.

/UML 97/
Unified Modeling Language, Version 1.1, Santa Clara: Rational Software Corporation, November 1997.

1 *Lernziel: Attribute spezifizieren können.*
Für ein Mitarbeiterverwaltungsprogramm einer Firma wird eine Attributspezifikation erstellt. Für zwei Attribute der Klasse Mitarbeiter sind die Spezifikationen hier aufgeführt. Begründen Sie, was an der jeweiligen Spezifikation sinnvoll bzw. nicht sinnvoll ist.

Analytische Aufgaben
Klausur-Aufgabe
10 Minuten

Für das Attribut Nachname:

- Name: Name
- Typ: String
- Anfangswert: Meier
- Restriktion: keine Doppelnamen
- Klassenattribut: nein
- Abgeleitetes Attribut: ja
- Muss-Attribut: ja
- Schlüssel: nein
- Attributwert ist nach dem erstmaligen Eingeben nicht mehr änderbar: ja
- Attributwert ist auf der Benutzungsoberfläche generell nicht änderbar: nein
- Beschreibung: Gibt den Nachnamen an.

Für das Attribut Gehalt:

- Name: Gehalt
- Typ: Float
- Anfangswert: 0
- Restriktion: 1000 DM < Gehalt < 4000 DM
- Klassenattribut: ja
- Abgeleitetes Attribut: nein
- Muss-Attribut: ja
- Schlüssel: nein
- Attributwert ist nach dem erstmaligen Eingeben nicht mehr änderbar: ja
- Attributwert ist auf der Benutzungsoberfläche generell nicht änderbar: ja
- Beschreibung: Gibt das Gehalt an.

2 *Lernziel: Für gegebene Beispiele geeignete Diagramme in UML-Notation (Klassen-, Objektdiagramm) auswählen und zeichnen können.*

Konstruktive Aufgaben
Muss-Aufgabe
15 Minuten

a Modellieren Sie die Klassen Kunde und Konto gemäß folgendem Pflichtenheftauszug:

/1/ Es sollen Kunden verwaltet werden.
/2/ Zu einem Kunden werden sein Name, sein Geburtsdatum und sein Wohnort verwaltet.
/3/ Zu einem Konto werden Kontonummer und Kontostand verwaltet.

b Zeichnen Sie ein Objektdiagramm, bei dem ein Kunde Norbert Meier über ein Konto mit der Nummer 0815 und einem Guthaben von 2000 DM verfügt.

3 *Lernziel: Für gegebene Beispiele geeignete Diagramme in UML-Notation (Klassen-, Objektdiagramm) auswählen und zeichnen können.*

Muss-Aufgabe
15 Minuten

Eine Firma möchte sich durch ein zu entwickelndes Software-System in die Lage versetzen, ihre Telefonanlage zu verwalten. Dabei sollen in einem ersten Schritt eine Klasse Telefon und eine Klasse Telefonanlage spezifiziert werden. Jedes Telefon ist an eine Telefonanlage angeschlossen. Die Telefonanlage stellt die Verbindung zum Telefonnetz der Post her und kann maximal 901 Nebenstellen verwalten (3-stellige Durchwahl, 0 für die Zentrale). Für jedes Telefon müssen die Nebenstellennummer des Apparats, die Berechtigungsstufe (international, national, intern) sowie der Aufstellort und die Anzahl der verbrauchten Einheiten gespeichert werden. Es soll möglich sein, ein Telefon zu sperren, wenn eine maximal erlaubte Anzahl von Einheiten verbraucht ist. Dazu gibt es eine Operation Sperren, die die verbrauchten Einheiten mit einer für alle Apparate gleichen maximal erlaubten Telefoneinheitenanzahl vergleicht.

Für die Telefonanlage wird die Anzahl der zur Verfügung stehenden Amtsleitungen, die Amtnummer und eine Anlagenkennung gespeichert.

a Erstellen Sie ein Klassen-Diagramm für die beiden Klassen des beschriebenen Szenarios in UML-Notation.
b Erstellen Sie ein Objekt-Diagramm für eine Telefonanlage mit drei Nebenstellenapparaten in UML-Notation.
c Erweitern Sie das Klassendiagramm der Klasse Telefon um eine Operation »Gesamt-Sperren«, die an alle Telefone die Botschaft Sperren schickt.

Muss-Aufgabe
20 Minuten

4 *Lernziel: Attribute spezifizieren können.*
Für die Verwaltung von Stammbüchern benötigt ein Standesamt eine Klasse »Person«, die folgende Daten speichern soll:
Name, Vornamen, Geburtsname, Geburtsdatum, Sterbedatum, Familienstand und Geschlecht.
Spezifizieren Sie detailliert die Attribute dieser Klasse und geben Sie – wo möglich – Restriktionen an.

Muss-Aufgabe
45 Minuten

5 *Lernziel: CASE-Werkzeuge für das Erstellen von Klassen- und Objektdiagrammen sowie zur Generierung von Anwendungen einsetzen können.*
Erweitern Sie die Fallstudie »Seminarorganisation« in *Rational Rose* um die Klassen Dozent und Seminartyp im Klassendiagramm. Entnehmen Sie die Anforderungen dazu aus dem Pflichtenheft (siehe Anhang B). Generieren Sie mit dem JANUS-System ein neues Pilotsystem.

Kann-Aufgabe
45 Minuten

6 *Lernziel: CASE-Werkzeuge für das Erstellen von Klassen- und Objektdiagrammen sowie zur Generierung von Anwendungen einsetzen können.*
Erstellen Sie mit Hilfe von *Rational Rose* ein Klassendiagramm für die Fallstudie Vereinsverwaltung. Modellieren Sie die Vereinsmitglieder und den Verein durch eine entsprechende Klasse. Spezifizieren Sie die Attribute mit dem *JANUS-Specifier* vollständig und generieren Sie ein Pilotsystem.

Kann-Aufgabe
20 Minuten

7 *Lernziele: Für gegebene Beispiele geeignete Diagramme in UML-Notation (Klassen-, Objektdiagramm) auswählen und zeichnen können. Attribute spezifizieren können.*
Die Firma ProfiSoft entschließt sich, Software-Programme im Markt anzubieten. Dafür soll eine Artikelverwaltung programmiert werden. Die Anforderungen an das Programm sind in folgendem, vereinfachtem Pflichtenheft zusammengestellt:
/1/ Artikelnummer, Artikelbezeichnung, die verwendete Programmiersprache, eine Kurzbeschreibung und der Verkaufspreis eines jeden Artikels sollen gespeichert werden.
/2/ Ein neuer Artikel kann nur angelegt werden, wenn Artikelnummer und Artikelbezeichnung bekannt sind.
/3/ Der Verkaufspreis ist mit 0 vorbelegt, die Programmiersprache mit »Java«.

Hinweis

Weitere Aufgaben befinden sich auf der CD-ROM 1.

2 Die Definitionsphase – Objektorientierte Sicht (2)

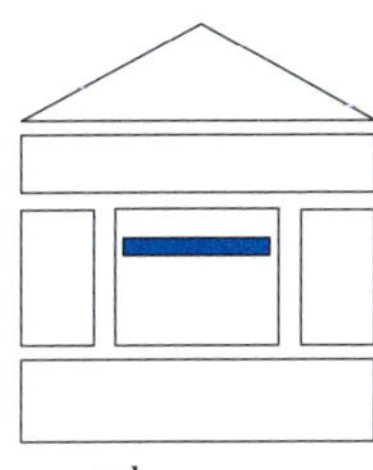

- Die Eigenschaften und Einsatzbereiche von Assoziationen, Aggregationen und Kompositionen einschließlich ihrer Sonderfälle erklären können. (verstehen)
- Die Begriffe Oberklasse, Unterklasse, Einfachvererbung, Mehrfachvererbung, abstrakte Klasse, Generalisierung und Spezialisierung erläutern können.
- Darstellen können, wozu Pakete eingesetzt werden und welche Kriterien bei der Paketbildung zu beachten sind.
- Für gegebene Beispiele die behandelten Konzepte problemgerecht auswählen und anwenden können. (anwenden)
- Kardinalitäten problemgerecht identifizieren und in der UML-Notation beschreiben können.
- Für gegebene Beispiele geeignete Diagramme (Klassen-, Objekt-, Kollaborations-, Sequenzdiagramm) auswählen und in UML-Notation zeichnen können.
- Dynamische Abläufe durch Kollaborations- und Sequenzdiagramme in UML-Notation veranschaulichen und mit CASE-Werkzeugen erstellen können.
- CASE-Werkzeuge zur Darstellung der UML-Notation sowie zur Generierung von Anwendungen einsetzen können.

- Die Kapitel 2.1 bis 2.4 müssen bekannt sein.
- Das Kapitel 2.8 muss bekannt sein.

Hinweis

Einige Beispiele und Beschreibungen wurden aus dem Buch von Heide Balzert /Heide Balzert 99/ übernommen.

2.9 Objektorientierte Konzepte 2

2.9.1 Assoziationen

Assoziation

Eine **Assoziation** modelliert Beziehungen zwischen Objekten gleichrangiger Klassen. Sie ist auch zwischen Objekten derselben Klasse zulässig.

Eine Assoziation beschreibt stets Beziehungen zwischen Objekten, *nicht* zwischen Klassen. Es ist jedoch üblich, von einer Assoziation zwischen Klassen zu sprechen, obwohl streng genommen die Objekte dieser Klassen gemeint sind.

Eine **reflexive** Assoziation besteht zwischen Objekten derselben Klasse.

Vergleich Vererbung

Im Gegensatz dazu verknüpft eine Vererbung Klassen miteinander, und *nicht* die Objekte der Klassen.

Beispiel 1

In der Fallstudie »Seminarorganisation« kann sich ein Kunde im Zahlungsverzug befinden. Der Kunde Schulz aus Dortmund hat seine offenen Posten vom 10.5.2000 in Höhe von € 2.000,- noch nicht bezahlt. Außerdem ist die Rechnung vom 15.7.2000 in Höhe von € 1.500,- noch offen. Abb. 2.9-1 zeigt diese Beziehungen zwischen dem Objekt Schulz und den zwei Zahlungsverzugs-Objekten.
Verallgemeinernd lässt sich über die Objekte der Klasse Kunde und der Klasse Zahlungsverzug Folgendes sagen:
- Ein Kunde hat keinen, einen oder mehrere Zahlungsverzüge.
- Ein Zahlungsverzug gehört zu genau einem Kunden.

Abb. 2.9-1: Assoziation zwischen Kunde und Zahlungsverzug

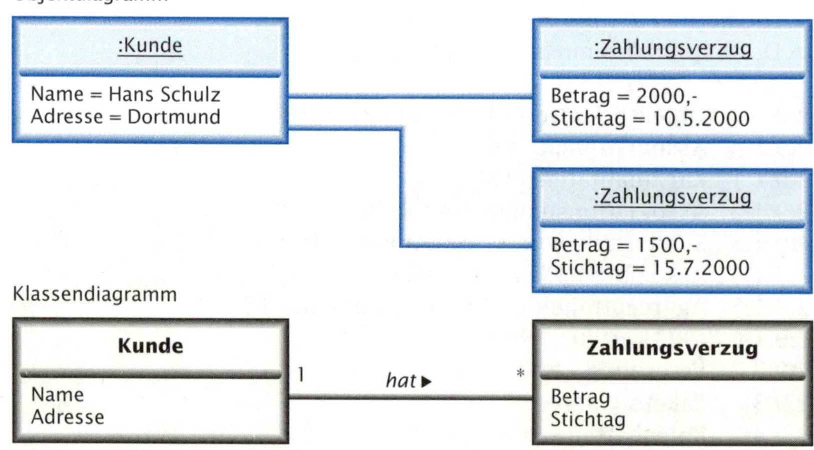

Die Menge aller Beziehungen »hat« in der Abb. 2.9-1 bezeichnet man als Assoziation zwischen den Objekten der Klassen Kunde und Zahlungsverzug.

Da durch eine Verbindung der Zusammenhang zwischen zwei Objekten eindeutig hergestellt ist, ist es für ein Objekt der Klasse Zahlungsverzug *nicht* nötig, den Kundennamen oder eine künstliche Kundennummer als Attribut separat zu speichern. Umgekehrt wird z.B. *keine* Zahlungsverzugsnummer benötigt, die beim Kunden als Attribut aufbewahrt wird.

Assoziationen sind bidirektional

Assoziationen sind in der Systemanalyse inhärent **bidirektional**, d.h. der Kunde kennt seine Zahlungsverzüge und jeder Zahlungsverzug kennt seinen Kunden.

Notation Assoziation

Die UML kennt binäre und höherwertige Assoziationen. Zunächst wird jedoch nur die **binäre** Assoziation, d.h. die Assoziation zwischen zwei Objekten, betrachtet. Sie wird durch eine Linie zwischen einer oder zwei Klassen beschrieben (Abb. 2.9-2). An jedem Ende der Linie kann die Wertigkeit bzw. Kardinalität *(multiplicity)* angegeben sein.

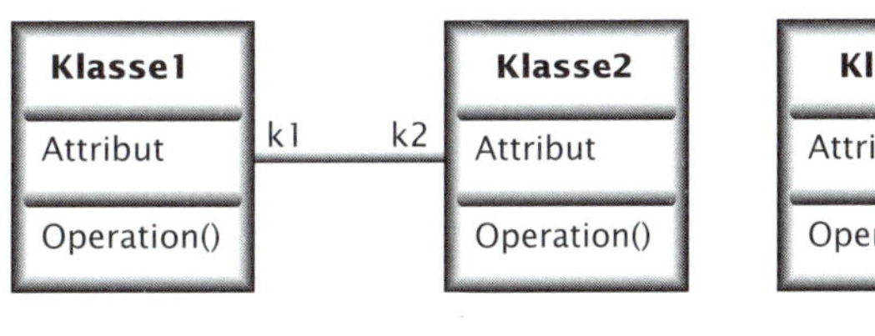

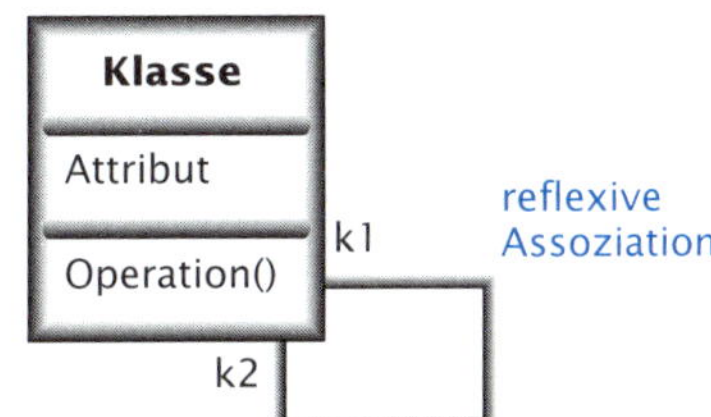

Abb. 2.9-2: Notation für Assoziationen

Auf Objektebene zeichnet man Linien zwischen den Objekten, die in einer Beziehung stehen (Objektdiagramme).

2.9.1.1 Kardinalitäten

Wie das obige Beispiel 1 zeigt, kann sich ein Objekt (der Kunde) auf mehrere andere Objekte (die Zahlungsverzüge) beziehen, während umgekehrt jeder Zahlungsverzug zu genau einem Kunden gehört. Dieser Sachverhalt wird durch die **Kardinalitäten** der Assoziation beschrieben (Abb. 2.9-3).

Während die Assoziationslinie zunächst nur aussagt, dass sich Objekte der beteiligten Klassen kennen, spezifiziert die Kardinalität *wie viele* Objekte ein bestimmtes Objekt kennen kann oder kennen muss. Man unterscheidet Kann- und Muss-Beziehungen.

Muss- vs. Kann-Beziehung

Eine Kann-Beziehung besagt, dass zwischen den Objekten zweier Klassen eine Beziehung bestehen kann, aber nicht muss. Eine Muss-

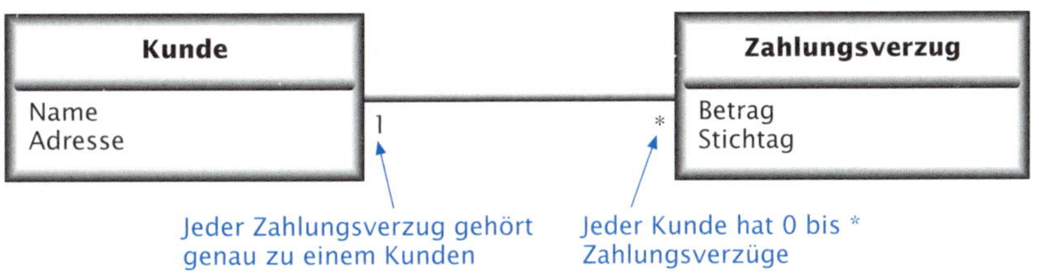

Abb. 2.9-3: Assoziation mit Kardinalitäten

Beziehung dagegen verlangt, dass zwischen zwei Objekten eine Beziehung bestehen muss.

Neben der Angabe, ob eine Kann- oder Muss-Beziehung vorliegt, muss noch angegeben werden, mit wie vielen anderen Objekten ein Objekt einer Klasse in einer Beziehung stehen kann bzw. muss.

Kardinalität

Beide Angaben zusammen werden als **Kardinalität** *(multiplicity)* bzw. Wertigkeit bezeichnet. In der UML gibt es für die Assoziations- und Kardinalitätsangaben eine textuell-grafische Notation, die in Abb. 2.9-4 dargestellt ist.

Eine Kann-Assoziation hat als Untergrenze die Kardinalität 0, eine Muss-Assoziation die Kardinalität 1 oder größer. Die Kardinalitäten der Abb. 2.9-5 sind wie folgt zu interpretieren: Die Kann-Assoziation von Kunde zu Auftrag (*) bedeutet, dass es Kunden geben kann, die keinen Auftrag erteilt haben. Die Muss-Assoziation von Auftrag zu Kunde (1) bedeutet, dass ein Auftrag nicht auf mehrere Kunden lauten kann. Ein neuer Auftrag darf nur für einen existierenden Kunden eingerichtet werden.

Wird dagegen auch die Assoziation von Kunde zu Auftrag als Muss-Assoziation (1..*) modelliert, so darf es keine Kunden geben, die keinen Auftrag erteilt haben. Wird der letzte Auftrag eines Kunden ge-

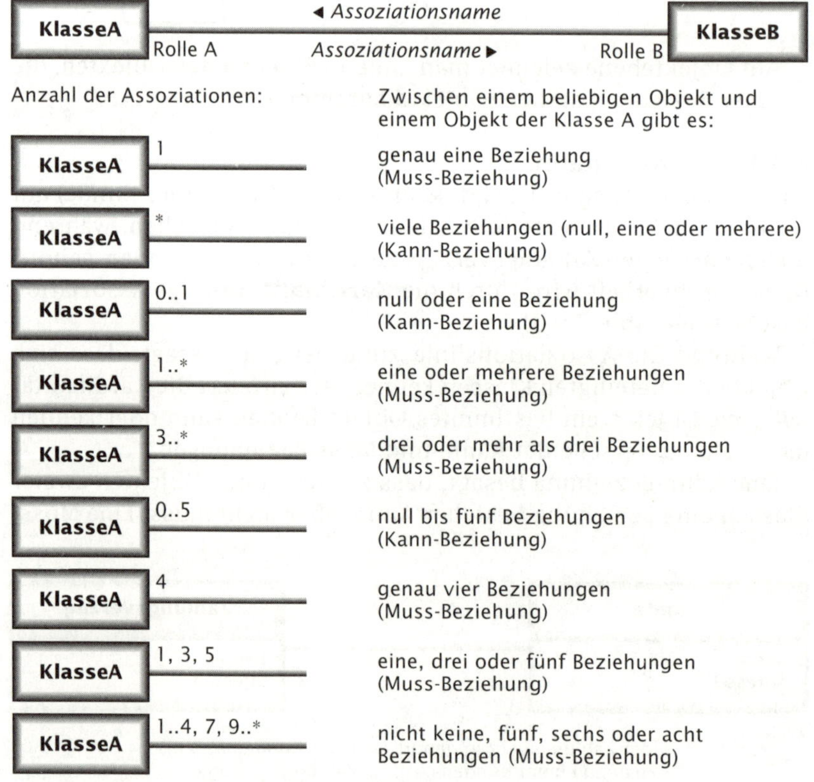

Abb. 2.9-4: Darstellung von Assoziationen und Kardinalitäten in der UML-Notation

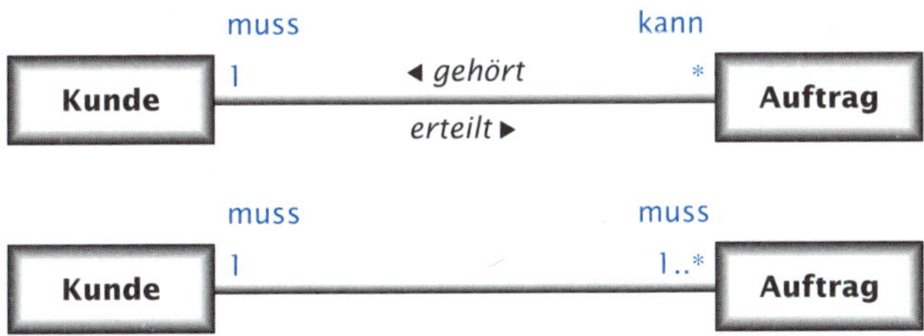

Abb. 2.9.5: Kann- und Muss-Assoziationen

löscht, so muss auch der entsprechende Kunde gelöscht werden. Wird umgekehrt ein Kunde im System gelöscht, so werden auch alle seine Aufträge gelöscht.

2.9.1.2 Assoziationsnamen und Rollen

Assoziationsname

Assoziationen können benannt werden. Der Name beschreibt im Allgemeinen nur eine Richtung der Assoziation, wobei ein schwarzes Dreieck die Leserichtung angibt (Abb. 2.9-4, Abb. 2.9-5). Der Name kann fehlen, wenn die Bedeutung der Assoziation offensichtlich ist.

Ein Kunde *erteilt* einen Auftrag. Ein Auftrag *gehört zu* einem Kunden.

Rolle

Während der Assoziationsname die Semantik der Assoziation beschreibt, enthält der Rollenname oder kurz die **Rolle** Informationen über die Bedeutung einer Klasse – bzw. ihrer Objekte – in der Assoziation. Eine binäre Assoziation besitzt maximal zwei Rollen. Der Rollenname wird jeweils an ein Ende der Assoziation geschrieben, und zwar bei der Klasse, deren Bedeutung in der Assoziation sie näher beschreibt. Die geschickte Wahl der Rollennamen kann zur Verständlichkeit des Modells mehr beitragen als der Name der Assoziation.

Beispiel

Die Abb. 2.9-6 liest sich wie folgt:
- Eine Firma hat in ihrer Rolle als Arbeitgeber null, einen oder mehrere Mitarbeiter.
- Ein Mitarbeiter ist in seiner Rolle als Arbeitnehmer Mitglied genau einer Firma.
- Ein Mitarbeiter fährt in seiner Rolle als Fahrer einen PKW.
- Ein PKW wird in seiner Rolle als Dienstwagen von einem Mitarbeiter gefahren.

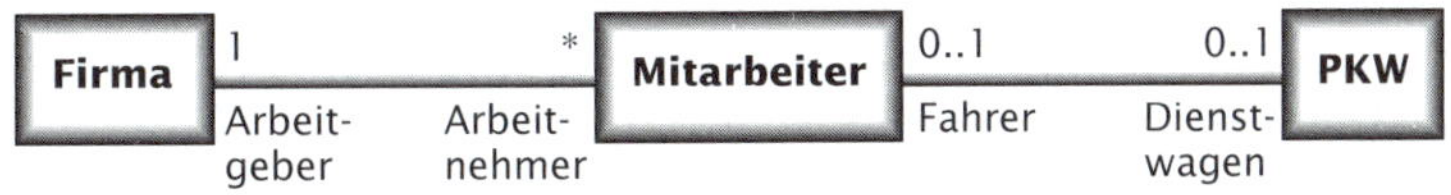

Abb. 2.9-6: Beispiele für Rollen

Rollennamen oder Assoziationsnamen *müssen* angegeben werden, wenn zwischen zwei Klassen mehr als eine Assoziation besteht.

Beispiel Fallstudie »Seminarorganisation«

In der Abb. 2.9-7 beschreiben die Rollen, dass der Dozent in Bezug auf Veranstaltungen sowohl als *Referent* als auch als *Seminarleiter* auftreten kann.

Hinweis: Die in Abb. 2.9-7 blau dargestellten Verbindungen werden im nächsten Abschnitt erklärt.

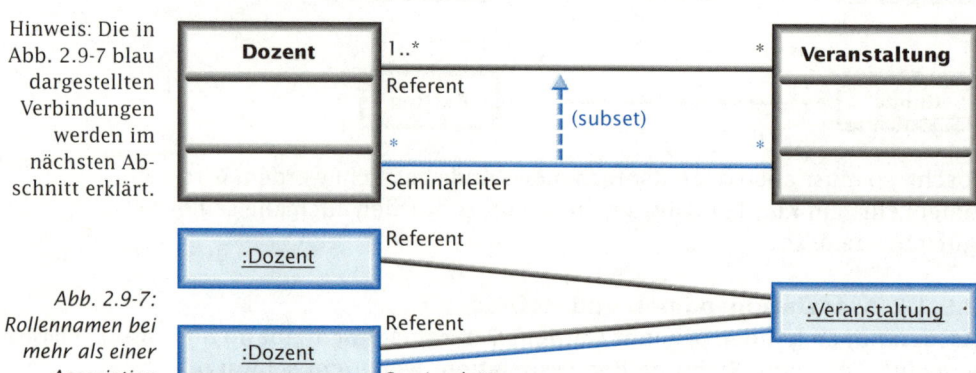

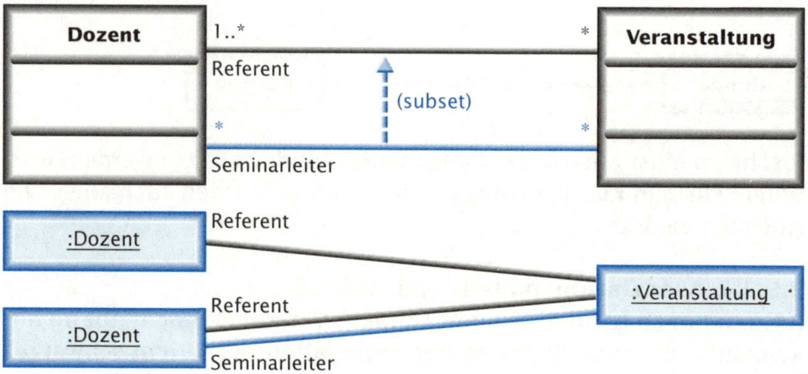

Abb. 2.9-7: Rollennamen bei mehr als einer Assoziation

Bei reflexiven Assoziationen müssen die Rollen stets angegeben werden, um die Verständlichkeit zu gewährleisten. In allen anderen Fällen sind Rollennamen optional.

Beispiel

Bei der reflexiven Assoziation der Abb. 2.9-8 kann ein Angestellter *Chef* anderer Angestellter sein. Umgekehrt ist ein Angestellter *Mitarbeiter* eines anderen Angestellten.

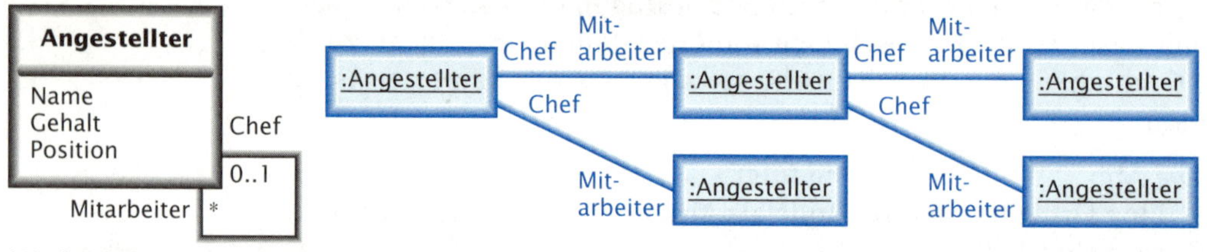

{Chef.Gehalt > Mitarbeiter.Gehalt}

Abb. 2.9-8: Rollennamen in einer reflexiven Assoziation

2.9.1.3 Sonderfälle von Assoziationen

geordnete Assoziation

Wenn die Kardinalität größer als eins ist, kann die Menge der Objektverbindungen *(links)* geordnet oder ungeordnet sein. Eine vorliegende Ordnung wird durch das Schlüsselwort `{ordered}` gekennzeichnet, das an ein Ende der Assoziation angetragen wird. Diese Angabe sagt jedoch nichts darüber aus, wie die Ordnung definiert ist (z.B. zeitlich, alphabetisch) oder wie die Ordnung erreicht wird.

Beispiel Fallstudie »Seminarorganisation«

Ein Kunde kann Veranstaltungen buchen. Soll die Anfrage »Welche Seminarveranstaltung hat der Kunde Schulz zuletzt gebucht?« beantwortet werden, dann kann dies nur geschehen, wenn auf der Assoziation »bucht« eine zeitliche Ordnung definiert ist (Abb. 2.9-9).

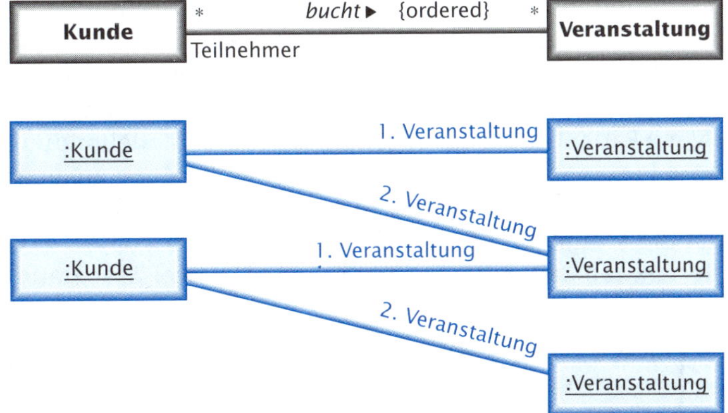

Abb. 2.9-9: Geordnete Assoziation

Der Begriff *ordered* auf der Seite der Veranstaltung macht deutlich, dass die Veranstaltungen – bezogen auf jeweils einen Kunden – geordnet sind.

Restriktionen *(constraints)*

Die Ordnung kann als eine spezielle Form der Restriktion aufgefasst werden. Assoziationen können um **Restriktionen** *(constraints)* ergänzt werden. Restriktionen können frei formuliert werden. Für häufig wiederkehrende Fälle ist es sinnvoll, sich Standards zu schaffen. In der UML gibt es die *Object Constraint Language* (OCL) als Standard zur Beschreibung von Restriktionen.

Restriktion zwischen Attributwerten

Besteht eine Restriktion zwischen den Attributwerten zweier Objekte, dann ist damit auch immer eine Restriktion für die Assoziation zwischen diesen Objekten vorhanden. Die Abb. 2.9-8 und die Abb. 2.9-10 zeigen solche Restriktionen.

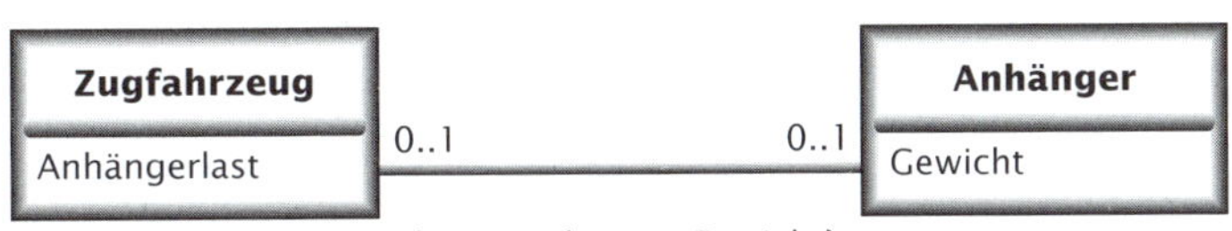

Abb. 2.9-10: Beispiel einer Restriktion zwischen den Attributen zweier Klassen

Bezug: eine Assoziation

Eine Restriktion kann sich auch auf nur eine einzige Assoziation beziehen. In der Abb. 2.9-8 bezieht sie sich auf eine Verbindung zwischen zwei Objekten derselben Klasse. Das Gehalt eines Mitarbeiters a1 muss geringer sein, als das seines eigenen Chefs. Es kann aber durchaus höher sein als das Gehalt des Angestellten a2, der ebenfalls Chef ist.

subset-Restriktion

Eine Restriktion kann auch zwischen zwei Assoziationen bestehen. In der Abb. 2.9-7 bilden die Seminarleiter eine Teilmenge der Referenten. Die blau dargestellte Verbindung kann nur dann zwischen zwei Objekten aufgebaut werden, wenn es auch eine schwarze Objektverbindung gibt.

or-Restriktion

Die *or*-Restriktion in Abb. 2.9-11 sagt aus, dass ein Patient zu einem Zeitpunkt entweder mit einem Objekt der Klasse `Ersatzkasse` oder der Klasse `Privatkasse` in Verbindung steht. Allgemein ausgedrückt: Zu jedem beliebigem Zeitpunkt kann nur eine der Assoziationen, die von »Patient« ausgehen, gelten. Bei dieser Modellbildung (Kardinalität = 1) muss für jeden Patienten eine Verbindung zu einer Kasse aufgebaut werden. Soll diese sofortige Zuordnung nicht erfolgen, dann ist die Kardinalität 0..1 zu wählen.

Eine *or*-Restriktion kann sich auch auf mehr als zwei Assoziationen beziehen.

Abb. 2.9-11: Beispiel für eine or-Restriktion

qualifizierte Assoziation

Die **Qualifikationsangabe** *(qualifier)* ist ein spezielles Attribut der Assoziation, dessen Wert ein oder mehrere Objekte auf der anderen Seite der Assoziation selektiert. Mit anderen Worten: Die Qualifikationsangabe zerlegt die Menge der Objekte am anderen Ende der Assoziation in Teilmengen. Der *qualifier* kann auch aus mehreren Attributen bestehen. Bei Verwendung einer Qualifikationsangabe besitzt die Kardinalität auf der gegenüberliegenden Seite der Assoziation folgende Interpretation. »0..1« bedeutet, dass ein einziges Objekt selektiert wird, aber es gibt nicht zu jedem möglichen *qualifier*-Wert ein Objekt. »1« bedeutet, dass jeder mögliche Wert genau ein Objekt selektiert, d.h. die Menge der *qualifier*-Werte muss endlich sein. Die Kardinalität »*« sagt aus, dass die Qualifikationsangabe eine Menge von Objekten selektiert. Wesentlich ist, dass der *qualifier* immer zur Assoziation und *nicht* zur Klasse gehört.

Beispiel

In einem Lager lagern Paletten. Innerhalb eines Lagers bezeichnet jede Lagernummer genau ein Lagerfach. Mit anderen Worten: Ein Lager-Objekt zusammen mit der Lagernummer selektiert genau eine Palette. Auf der linken Seite der Abb. 2.9-12 wird diese Problemstellung mittels Qualifikationsangabe modelliert. Im Vergleich zur »normalen« Modellierung auf der rechten Seite ändert sich durch die Qualifikationsangabe die *many*-Kardinalität auf der Seite der Palette in 0..1. Das bedeutet, dass es gültige Lagernummern gibt, zu denen kein Paletten-Objekt existiert. Wäre die Kardinalität gleich 1, dann müsste zu jeder möglichen Lagernummer auch ein Paletten-Objekt existieren. Wie dieses Beispiel zeigt, erhöhen Qualifikationsangaben den Informationsgehalt des Klassendiagramms: Dem linken Teil der Abb. 2.9-12 entnimmt man, dass ein Lager-Objekt zusammen mit der Lagernummer eine Palette selektiert. Im rechten Teil erfährt man nur, dass ein Lager viele Paletten enthält.

Eine Assoziation heißt abgeleitet *(derived association)*, wenn die gleichen Abhängigkeiten bereits durch andere Assoziationen beschrieben werden. Sie fügt keine neue Information zum Modell hinzu und ist daher redundant. Eine abgeleitete Assoziation wird durch das Präfix »/« vor dem Assoziationsnamen oder einen Rollennamen gekennzeichnet.

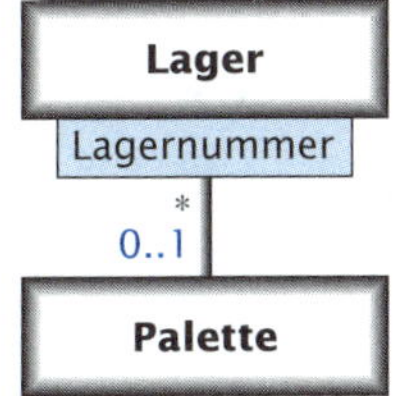

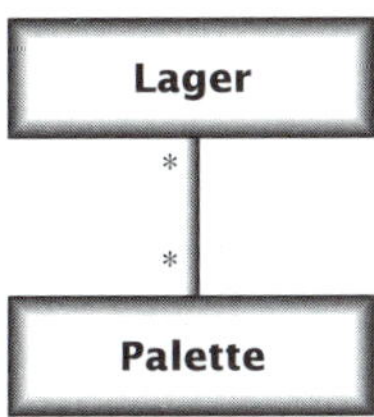

Abb. 2.9-12: Assoziation mit und ohne Qualifikationsangabe

abgeleitete Assoziation

Beispiel

Wie das Objektdiagramm der Abb. 2.9-13 zeigt, gibt es einen »direkten Weg« vom Kunden zum Lieferanten und einen »Umweg« über den Artikel, d.h. die Assoziation »/liefert an« wird durch die beiden anderen Assoziationen beschrieben.

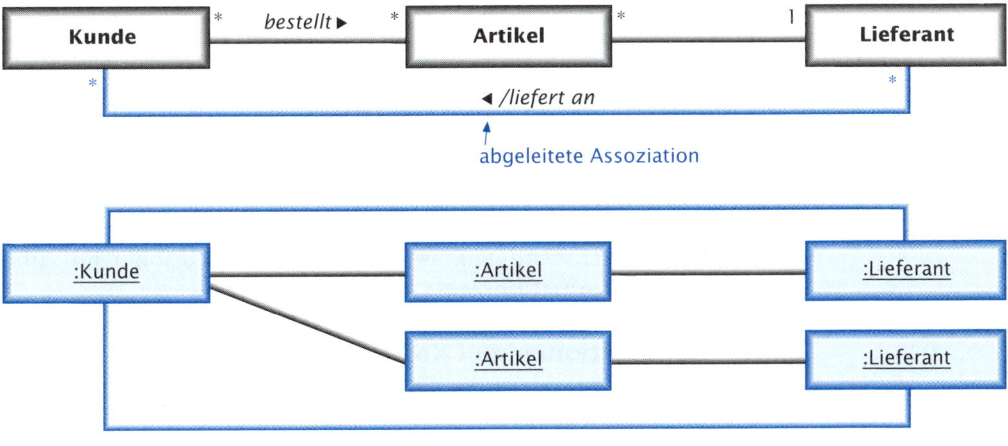

Abb. 2.9-13: Abgeleitete Assoziation

2.9.1.4 Assoziative Klassen

assoziative Klasse

Eine Assoziation kann zusätzlich die Eigenschaften einer Klasse besitzen, d.h. sie hat Attribute und Operationen sowie Assoziationen zu anderen Klassen. Zur Darstellung wird ein Klassensymbol verwendet, das über eine gestrichelte Linie mit der Assoziation verbunden wird (Abb. 2.9-14). Man spricht von einer **assoziativen Klasse** *(association class)*.

Beispiel Fallstudie »Seminarorganisation«

Zwischen Kunden und Veranstaltungen besteht die Assoziation »bucht« (Abb. 2.9-9). Zu jeder Buchung müssen jedoch zusätzliche Informationen gespeichert werden, wie »Angemeldet am«, »Rechnung am« usw. Außerdem gehören die Operationen »Anmelden« und »Abmelden« zur Buchung.
Da diese Attribute und Operationen weder allein zu »Kunde« noch allein zu »Veranstaltung« gehören, sondern ursächlich mit

jeder individuellen Buchung verknüpft sind, wird eine zusätzliche Klasse Buchung eingeführt und an die Assoziation angebunden (Abb. 2.9-14).

Abb. 2.9-14: Assoziative Klasse

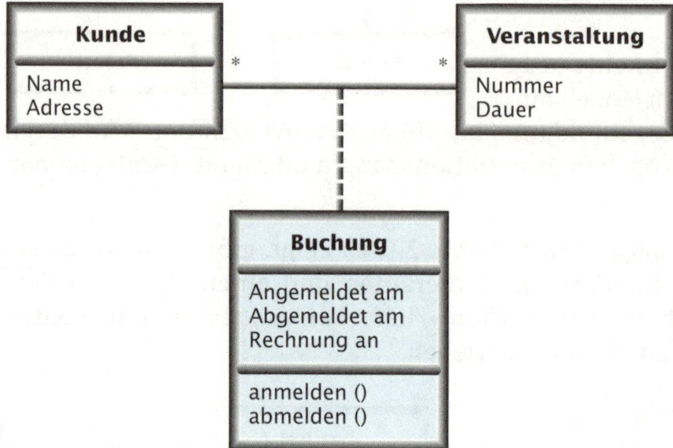

Durch die Modellierung mit einer assoziativen Klasse bleibt die ursprüngliche Assoziation zwischen den beteiligten Klassen bestehen und damit deutlich im Modell sichtbar.

Beim Übergang zu objektorientierten Programmiersprachen und auch für manche CASE-Werkzeuge ist es notwendig, eine assoziative Klasse in eine eigenständige Klasse und zwei Assoziationen aufzulösen. Diese Transformation zeigt Abb. 2.9-15.

2.9.1.5 Aggregationen und Kompositionen

Die UML kennt außer der einfachen Assoziation *(ordinary association)* noch zwei weitere, speziellere Arten:

- Aggregation und
- Komposition.

Aggregation = Anhäufung, Zusammenhang

Eine **Aggregation** *(aggregation)* liegt vor, wenn zwischen den Objekten der beteiligten Klassen (kurz: den beteiligten Klassen) eine Rangordnung gilt, die sich durch »ist Teil von« bzw. »besteht aus« beschreiben lässt. Man spricht auch vom Ganzen und seinen Teilen *(whole-part).*

Die Objekte der Aggregation bilden einen gerichteten azyklischen Graphen. Das bedeutet: Wenn B Teil von A ist, dann darf A nicht Teil von B sein. *Shared aggregation (weak ownership)* bedeutet, dass ein Teilobjekt mehreren Aggregatobjekten zugeordnet werden kann. Das entsprechende Objektdiagramm bildet eine Netzstruktur.

Komposition

Eine **Komposition** *(composition, composite aggregation)* ist eine starke Form der Aggregation. Auch hier muss eine »ist Teil von« -Beziehung vorliegen und die Objekte formen einen gerichteten azyklischen Graphen. Darüber hinaus muss gelten:

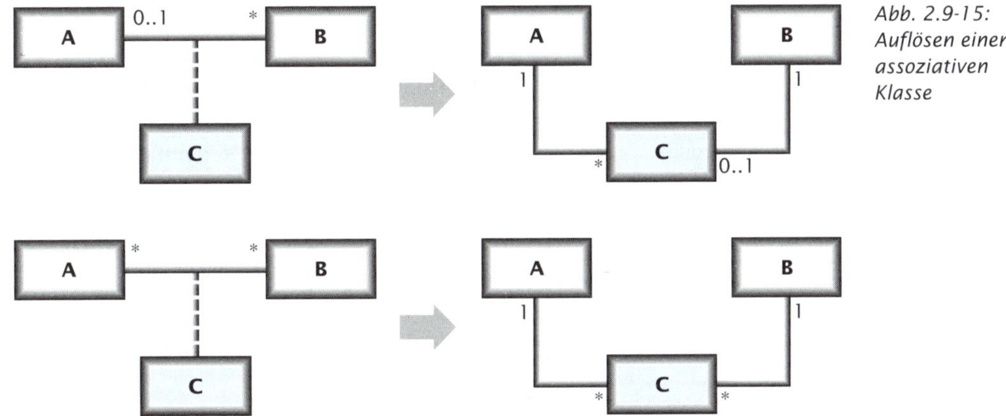

Abb. 2.9-15: Auflösen einer assoziativen Klasse

- Jedes Objekt der Teilklasse kann – zu einem Zeitpunkt – nur Komponente eines einzigen Objekts der Aggregatklasse sein, d.h. die bei der Aggregatklasse angetragene Kardinalität darf nicht größer als eins sein *(unshared aggregation, strong ownership)*. Ein Teil darf jedoch – zu einem anderen Zeitpunkt – auch einem anderen Ganzen zugeordnet werden.
- Die dynamische Semantik des Ganzen gilt auch für seine *Teile (propagation semantics)*. Wird beispielsweise das Ganze kopiert, so werden auch seine Teile kopiert.
- Wird das Ganze gelöscht, dann werden automatisch seine Teile gelöscht *(they live and die with it)*. Ein Teil darf jedoch zuvor explizit entfernt werden.

In beiden Fällen kennzeichnet eine Raute das Ganze. Bei einer Aggregation ist es eine weiße bzw. transparente, bei der Komposition eine schwarze bzw. gefüllte Raute. Alle anderen Angaben (Kardinalitäten, Namen, Rollen, Restriktionen, etc.) werden analog zur Assoziation angegeben.

Beispiel

In der Abb. 2.9-16 können einem Web-Auftritt mehrere Web-Seiten zugeordnet sein. Jede Web-Seite kann in mehreren Web-Auftritten referenziert werden. Es liegt daher eine *shared aggregation* vor. Die Mitte der Abbildung modelliert ein Sparkonto, zu denen es jeweils mehrere Kontobewegungen gibt, wobei jede Kontobewegung nur einem Sparkonto zugeordnet sein kann. Wird das Sparkonto-Objekt kopiert, dann werden auch alle ihm zugeordneten Kontobewegungen kopiert. Auf der rechten Seite der Abbildung ist ein Lagermodul eines Regallagers modelliert. Jedem Lagermodul sind mehrere Lagerplätze zugeordnet. Jeder Lagerplatz ist umgekehrt genau Teil eines Lagermoduls. In den beiden letzten Fällen liegt jeweils eine Komposition vor.

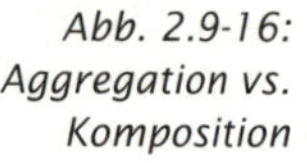

Abb. 2.9-16: Aggregation vs. Komposition

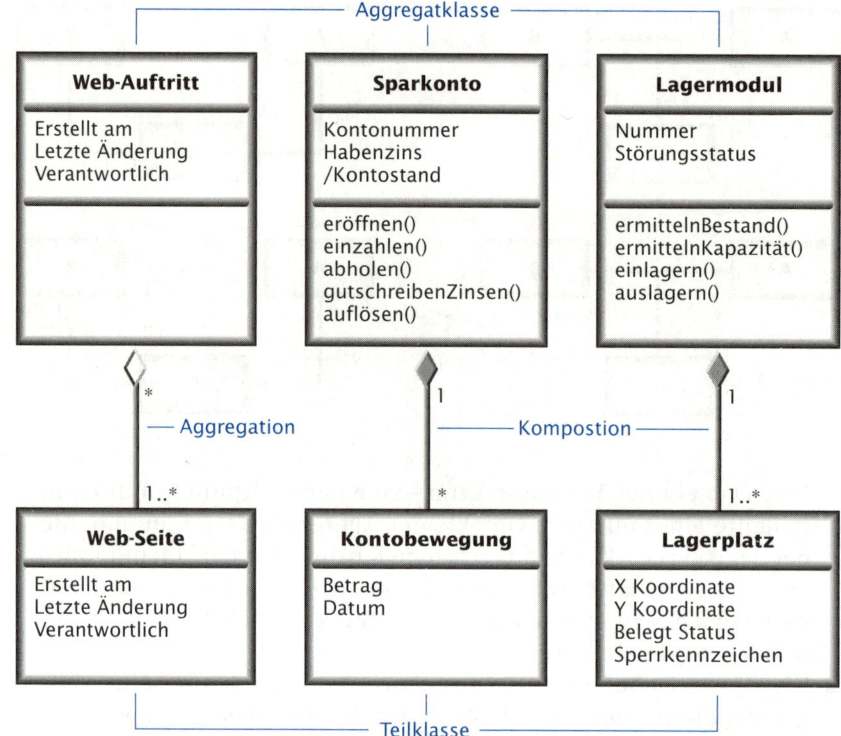

Abgrenzung Assoziation vs. Aggregation vs. Komposition

Die Abgrenzung zwischen der »einfachen« Assoziation, der Aggregation und der Komposition ist in der Praxis oft schwierig. Viele Methoden unterscheiden nur zwischen »einfacher« Assoziation und Aggregation. Einige Autoren, z.B. /Fowler 97/, verwenden nur die »einfache« Assoziation, um die Abgrenzungsproblematik zu vermeiden.

mögliche Definitionen Bertino, Matino

/Bertino, Matino 93/ diskutieren verschiedene Definitionsmöglichkeiten für eine Aggregation. Die Abb. 2.9-17 zeigt, wie diese verschiedenen Definitionen auf die UML abgebildet werden.

a Ein Teil-Objekt darf nur zu einem Aggregat-Objekt gehören *(exclusive).*
Diese Einschränkung ist zu eng, da sie die *shared aggregation* ausschließt.

b Das Teil-Objekt darf nicht vor dem Aggregat-Objekt erzeugt werden.
Diese Einschränkung führt zu Problemen, wenn ein Teil-Objekt bereits existiert und einem Ganzen zugeordnet werden soll.

c Wenn das Aggregat-Objekt gelöscht wird, dann müssen alle Teil-Objekte ebenfalls gelöscht werden.
Diese Einschränkung ermöglicht es *nicht*, Teil-Objekte für ein neues Aggregat-Objekt zu verwenden. Es ist daher sinnvoll, zwi-

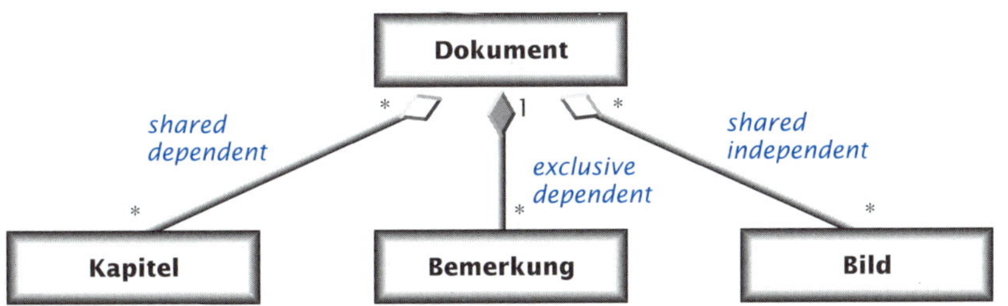

Abb. 2.9-17: Verschiedene Möglichkeiten zur Definition einer Aggregation/ Komposition

schen abhängigen *(dependent)* und nicht-abhängigen *(independent)* Teil-Objekten zu unterscheiden. Wird das Aggregat-Objekt gelöscht, dann werden nur die abhängigen Teil-Objekte gelöscht.

Coad, Yourdon

/Coad, Yourdon 91/ unterscheiden die folgenden Aggregationsstrukturen *(whole part)*:

a Das Ganze und seine Teile.
Beispiel: Der PKW (Ganzes) und sein Motor (Teil).

b Der Behälter und sein Inhalt.
Beispiel: Das Flugzeug (Behälter) und sein Pilot (Inhalt).

c Die Kollektion und ihre Mitglieder.
Beispiel: Firma (Kollektion) und Angestellte (Mitglieder).

Odell

/Odell 94/ unterscheidet sechs verschiedene Arten der Aggregation *(composition)*:

- Konfiguration von Teilen in einem Ganzen *(component-integral object composition)*. Sie definiert, aus welchen Teilen ein Objekt besteht und ist die häufigste Art der Aggregation. Teil-Objekte dürfen entfernt werden.
  Beispiele: Szenen sind Teile eines Films. Räder sind Teile eines Autos.
- Invariante Konfiguration von Teilen in einem Ganzen *(material-object composition)*. Diese Aggregation definiert, »aus was ein Objekt gemacht ist«. Hier dürfen Teil-Objekte nicht entfernt werden.
  Beispiele: Ein Baum besteht teilweise aus Holz. Ein Auto besteht teilweise aus Blech.
- Bei der Gleichartigkeit von Teilen und Ganzem *(portion-object composition)* sind die Teile im Prinzip dasselbe wie das Ganze.
  Beispiele: Ein Meter ist ein Teil eines Kilometers. Eine Brotscheibe ist Teil eines Brotlaibs.
- Invariante und gleichartige Konfiguration von Teilen in einem Ganzen *(place-area composition)*. Die Teile können nicht von dem Ganzen getrennt werden.
  Beispiele: München ist ein Teil von Bayern. Ein Gipfel ist Teil eines Berges.
- Kollektion von Teilen in einem Ganzen *(member-bunch composition)*.
  Beispiele: Ein Student ist Teil einer Universität. Ein Schiff ist Teil einer Flotte.

- Invariante Kollektion von Teilen in einem Ganzen *(member-partnership composition)*. Wird ein Mitglied entfernt, so wird auch das Ganze zerstört.
  Beispiel: Stan Laurel ist Teil von »Laurel und Hardy«.

Objektdiagramm-Notation

Viele Notationselemente der Assoziation können auch bei Objektdiagrammen verwendet werden, um dessen Aussagegehalt zu steigern. Am Ende einer Objektverbindung können Rollennamen, Qualifikationsangaben oder Symbole für die Aggregation bzw. Komposition bei Bedarf eingetragen werden (Abb. 2.9-18). Wird der Assoziationsname an die Objektverbindung angetragen, dann muss er unterstrichen werden.

Abb. 2.9-18: Objektdiagramme mit Qualifikationsangabe und Rollen

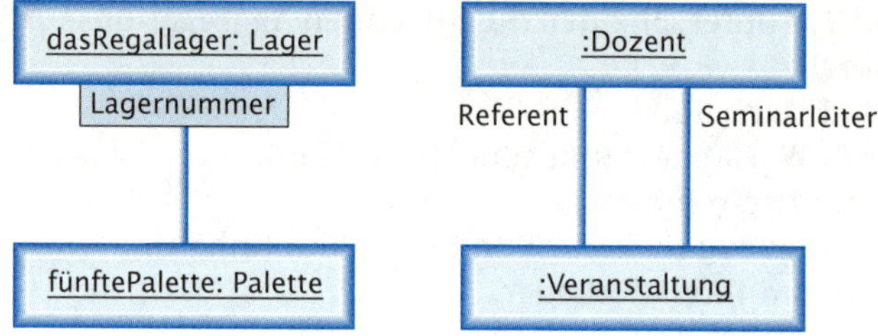

höherwertige Assoziationen

Bisher wurden nur binäre Assoziationen, d.h. Assoziationen zwischen zwei Objekten, betrachtet. Prinzipiell sind auch Assoziationen zwischen drei und mehr Objekten möglich. Man spricht von n-ären Assoziationen.

Beispiel

Die Abb. 2.9-19 modelliert, welcher Programmierer in welchem Projekt welche Programmiersprache verwendet:

Abb. 2.9-19: Ternäre Assoziation

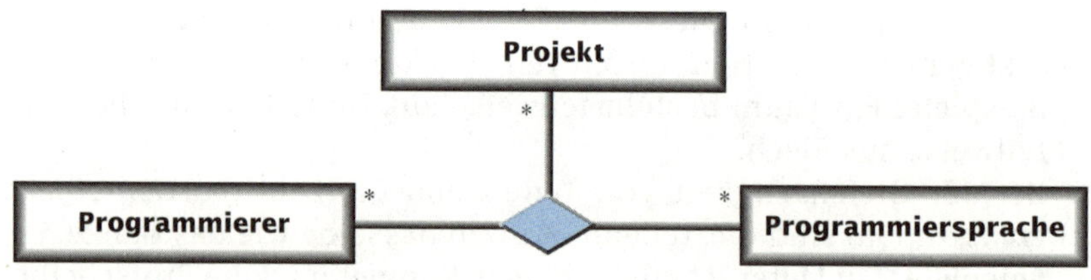

Programmierer	Projekt	Programmiersprache
Meier	A	C++
Schröder	B	Java
Ludwig	A	Java

Ternäre und höhere Assoziationen können keine Aggregation oder Komposition bilden.

2.9.1.6 CRC-Karten

CRC-Karten *(Class/Responsibility/Collaboration-Karten)* wurden erstmalig von Beck und Cunningham als Hilfsmittel für die Ausbildung in der objektorientierten Programmierung eingeführt. Sie sind ein wesentlicher Bestandteil der Methode von /Wirfs-Brock, Wilkerson, Wiener 90/. Inzwischen sind CRC-Karten eine weit verbreitete Technik, die in zahlreiche objektorientierte Methoden integriert wurde.

Eine **CRC-Karte** ist eine Karteikarte. Oben auf der Karte wird der Name der Klasse *(class)* eingetragen. Die restliche Karte wird in zwei Hälften geteilt. Auf der einen Hälfte werden die Verantwortlichkeiten *(responsibilities)* der Klasse notiert. Darunter sind sowohl das Wissen der Klasse als auch die zur Verfügung gestellten Operationen zu verstehen. Ein Objekt der beschriebenen Klasse kann seine Aufgabe selbst erfüllen oder es kann hierzu die Hilfe anderer Objekte in Anspruch nehmen. Die dafür notwendigen Klassen *(collaborations)* werden auf der anderen Kartenseite eingetragen.

CRC-Karten sind nicht als Alternative, sondern als Ergänzung zum OOA-Modell zu verstehen. Wie die Abb. 2.9-20 zeigt, werden die Informationen auf einer CRC-Karte auf einer höheren Abstraktionsebene dargestellt als im Klassendiagramm. Die ermittelten Klassen bilden immer einen Stapel von Karteikarten und können je nach Verwendungszweck entsprechend angeordnet werden.

Zur Modellierung der dynamischen Aspekte werden die Karten so angeordnet, dass sie den Botschaftenfluss aufzeigen. Bei der Darstellung des statischen Modells werden die Karten entsprechend den Vererbungsstrukturen und Aggregat-Hierarchien angeordnet /Booch 94.

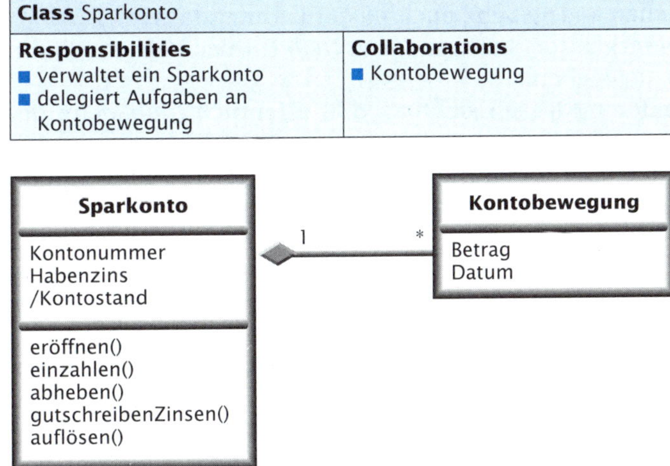

Abb. 2.9-20: CRC-Karte vs. UML-Klassendiagramm

2.9.2 Vererbung

Vererbung

Vererbung *(generalization)* bedeutet, dass eine spezialisierte Klasse (Unterklasse, *subclass*, abgeleitete Klasse) über die Eigenschaften, das Verhalten und die Assoziationen einer oder mehrerer allgemeiner Klassen (Oberklassen, *superclasses,* Basisklassen) verfügen kann. Eine Unterklasse ist vollständig konsistent mit ihrer Oberklasse bzw. ihren Oberklassen, enthält aber in der Regel zusätzliche Informationen (Attribute, Operationen, Assoziationen). Ein Objekt der Unterklasse kann überall dort verwendet werden, wo ein Objekt der Oberklasse erlaubt ist. Durch die Vererbung entsteht eine **Klassenhierarchie** bzw. eine Vererbungsstruktur. Der Mechanismus der Vererbung wird anhand der Abb. 2.9-21 erklärt.

Oberklassen und Unterklassen

In einer Vererbungsstruktur heißen alle Klassen, von denen eine Klasse Eigenschaften, Verhalten und Assoziationen erbt, **Oberklassen** dieser Klasse. »Klasse A« und »Klasse B« in Abb. 2.9-21 sind Oberklassen von »Klasse C1« und »Klasse C2«. »Klasse B« ist **direkte Oberklasse** von »Klasse C1« und »Klasse C2«, »Klasse A« ist direkte Oberklasse von »Klasse B«.

Alle Klassen, die in einer Klassenhierarchie Eigenschaften, Verhalten und Assoziationen von einer Klasse erben, sind **Unterklassen** dieser Klasse. »Klasse B«, »Klasse C1« und »Klasse C2« sind Unterklassen von »Klasse A«. »Klasse C1« und »Klasse C2« sind **direkte Unterklassen** von »Klasse B«.

Unterklassen »unsichtbar«

Jede Klasse »kennt« nur ihre eigenen Attribute, Operationen und Assoziationen *und* die ihrer Oberklassen, sofern diese für sie sichtbar sind. Im Allgemeinen unterscheidet man drei verschiedene Sichtbarkeitsstufen:

- außerhalb der Klasse nicht sichtbar *(private)* (in der UML durch ein Minus-Zeichen angegeben), auch *nicht* für Unterklassen,
- für alle Unterklassen sichtbar *(protected)* (in der UML durch ein #-Zeichen angegeben),
- für alle anderen Klassen sichtbar, d.h. öffentlich *(public)* (in der UML durch ein +-Zeichen angegeben).

Im Detail hängen die Sichtbarkeitsregeln von der verwendeten Programmiersprache ab. Für eine Klasse sind die Attribute, Operationen und Assoziationen ihrer Unterklassen generell *nicht* sichtbar.

Sichtbarkeitsregeln spielen in der Systemanalyse noch keine Rolle, sondern sind erst im Entwurf und in der Implementierung wichtig.

UML-Notation

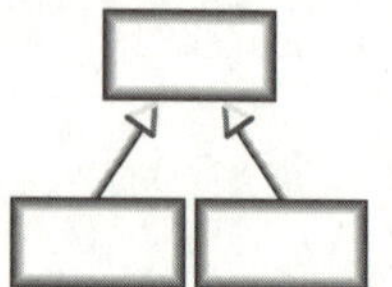

In der UML-Notation zeigen von den Unterklassen zu den direkten Oberklassen Pfeile, wobei die Pfeilspitze ein weißes bzw. transparentes Dreieck ist. Es ist möglich, entweder von jeder Unterklasse zur direkten Oberklasse einen Pfeil zu zeichnen oder die Linien von mehreren Unterklassen zusammenzuführen und vom Vereinigungspunkt einen Pfeil zur gemeinsamen Oberklasse zu zeichnen. Oberklassen sollen in Diagrammen über den Unterklassen stehen.

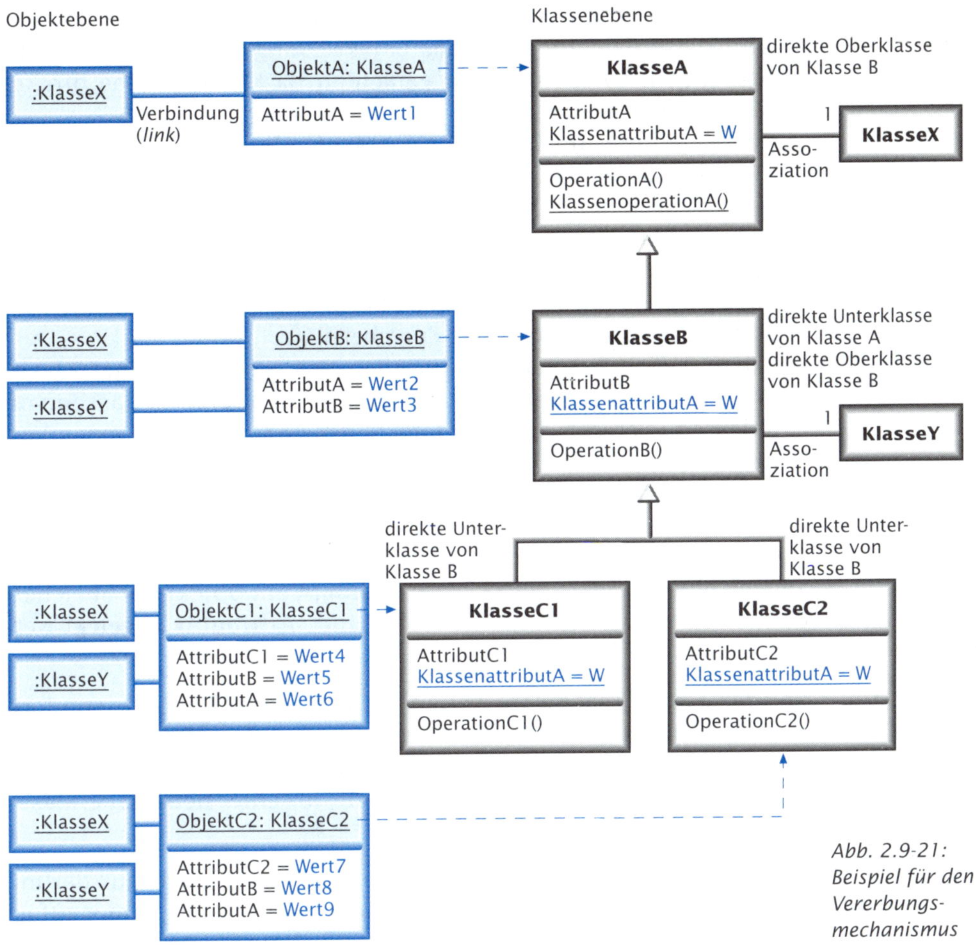

Objektebene

Klassenebene

:KlasseX — Verbindung (*link*) — ObjektA: KlasseA
AttributA = Wert1

KlasseA
AttributA
KlassenattributA = W
OperationA()
KlassenoperationA()

direkte Oberklasse von Klasse B

1 KlasseX
Asso-ziation

:KlasseX
:KlasseY
ObjektB: KlasseB
AttributA = Wert2
AttributB = Wert3

KlasseB
AttributB
KlassenattributA = W
OperationB()

direkte Unterklasse von Klasse A
direkte Oberklasse von Klasse B

1 KlasseY
Asso-ziation

direkte Unterklasse von Klasse B

direkte Unterklasse von Klasse B

:KlasseX
:KlasseY
ObjektC1: KlasseC1
AttributC1 = Wert4
AttributB = Wert5
AttributA = Wert6

KlasseC1
AttributC1
KlassenattributA = W
OperationC1()

KlasseC2
AttributC2
KlassenattributA = W
OperationC2()

:KlasseX
:KlasseY
ObjektC2: KlasseC2
AttributC2 = Wert7
AttributB = Wert8
AttributA = Wert9

Abb. 2.9-21: Beispiel für den Vererbungsmechanismus

alternativ

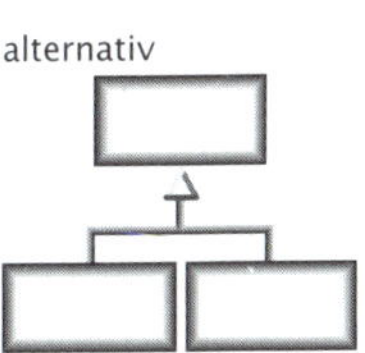

Was wird vererbt?

Eine Oberklasse vererbt Folgendes an ihre Unterklassen (wenn alle Attribute und Operationen als öffentlich gekennzeichnet sind) (Abb. 2.9-21):

1 Besitzen alle Objekte von »KlasseA« ein »AttributA«, dann besitzen es auch alle Objekte von »KlasseB«, »KlasseC1« und »KlasseC2«. Attribut*werte* von »AttributA« werden *nicht* vererbt. Die anderen Eigenschaften von Attributen, wie Typ und Restriktionen, sind auch in den Unterklassen gültig.

2 Alle Operationen, die auf Objekte von »KlasseA« angewandt werden können, sind auch auf alle Objekte der Unterklassen von »KlasseA« anwendbar. Wird beispielsweise die Botschaft `OperationA()` an `ObjektC2` gesandt, dann wird zu `KlasseC2` verzweigt und dort `OperationA()` gesucht. Ist sie dort nicht vorhanden, dann wird sie bei der direkten Oberklasse gesucht (hier `KlasseB`). Ist sie dort auch nicht vorhanden, dann wird wiederum zur nächsten direkten

Oberklasse verzweigt (hier `KlasseA`). Ist sie dort vorhanden, dann wird diese Operation auf das `ObjektC2` angewandt. Ist sie nicht vorhanden, wird ein Fehler gemeldet, da `KlasseA` keine direkte Oberklasse mehr besitzt.
Analog gilt dies für Klassenoperationen. Alle Klassenoperationen, die auf »KlasseA« angewandt werden können, können auch auf die Unterklassen der »KlasseA« angewandt werden.

3 Besitzt »KlasseA« ein Klassenattribut mit dem Wert W, dann besitzen auch alle Unterklassen von »KlasseA« dieses Klassenattribut mit dem Wert W. Es handelt sich um ein und dasselbe Attribut, d.h. es belegt nur an einer Stelle Speicherplatz.

4 Existiert eine Assoziation zwischen »KlasseA« und einer Klasse »KlasseX«, dann wird diese Assoziation an alle Unterklassen von »KlasseA« vererbt, d.h. die Objekte der Unterklassen können Verbindungen mit Objekten der »KlasseX« herstellen.

5 Auf Objekte von »KlasseC1« können »OperationC1()«, »OperationB()« und »OperationA()« angewandt werden.

Der beschriebene Vererbungsmechanismus bedeutet, dass beim Erzeugen eines Objekts der »KlasseC1« intern ein Objekt mit Speicherplätzen für »AttributC1«, »AttributB« und »AttributA« angelegt werden muss.

Beispiel Fallstudie »Seminarorganisation«

Bei der Firma Teachware sollen nicht nur die Kunden, sondern auch die Dozenten durch ein Software-System verwaltet werden (Abb. 2.9-22). Beide Klassen haben gemeinsame Attribute und Operationen. Diese Gemeinsamkeiten werden in eine neue Oberklasse »Person« ausgelagert (Abb. 2.9-23).

Generalisierung Spezialisierung

Wie das Beispiel zeigt, geht es bei der Vererbung nicht nur darum, gemeinsame Eigenschaften und Verhaltensweisen zusammenzufassen, sondern eine Vererbungshierarchie *muss* immer auch eine Generalisierung bzw. Spezialisierung darstellen. Man muss sagen können:

»ist ein«

Jedes Objekt der Unterklasse »ist ein« *(is a)* Objekt der Oberklasse. Beispielsweise ist ein Kunde eine Person. Ein Dozent ist ebenfalls

Abb. 2.9-22: Klassen mit gemeinsamen Attributen/ Operationen

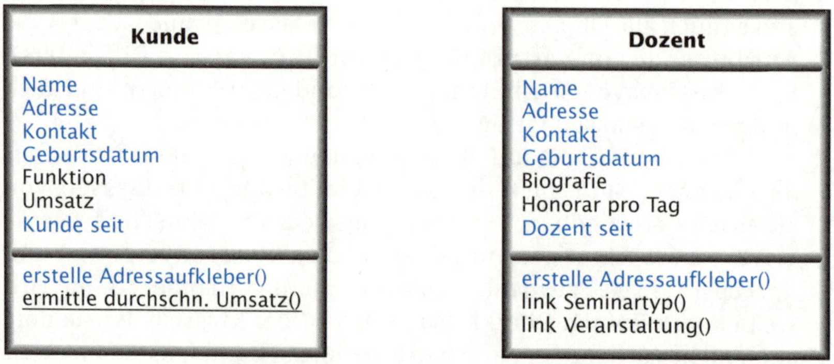

Kunde

Name
Adresse
Kontakt
Geburtsdatum
Funktion
Umsatz
Kunde seit

erstelle Adressaufkleber()
ermittle durchschn. Umsatz()

Dozent

Name
Adresse
Kontakt
Geburtsdatum
Biografie
Honorar pro Tag
Dozent seit

erstelle Adressaufkleber()
link Seminartyp()
link Veranstaltung()

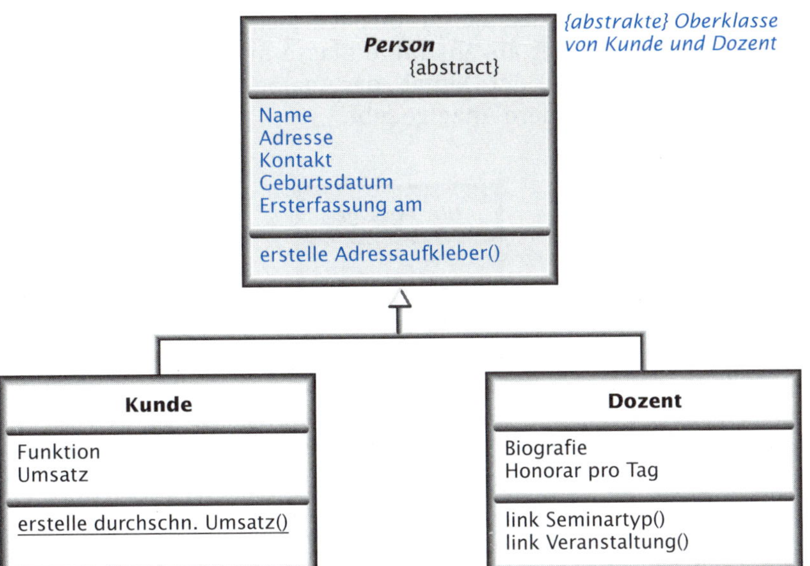

Abb. 2.9-23: Einfachvererbung mit abstrakter Oberklasse

eine Person. Man spricht daher bei einer Vererbung auch von einer »ist ein«-Beziehung zwischen Klassen. Es liegt eine **Generalisierungs-/Spezialisierungshierarchie** vor. Man kann auch sagen, dass die Extension einer Unterklasse eine Teilmenge der Extension ihrer Oberklasse(n) ist.

abstrakte Klasse

Person in Abb. 2.9-23 ist als **abstrakte Klasse** modelliert, weil es – in diesem Modell – keine Objekte der Klasse Person geben kann. Abstrakte Klassen werden durch einen kursiv geschriebenen Namen gekennzeichnet. Sie können alternativ oder zusätzlich im Namensfeld der Klasse als {abstract} spezifiziert werden. Diese zweite Form ist vor allem bei handschriftlichen Modellen sinnvoll. Von einer abstrakten Klasse können keine Objekte erzeugt werden. Sie wird nur modelliert, um ihre Informationen an spezialisierte Klassen zu vererben. Abstrakte Klassen werden in diesem Buch mit einem grauen Hintergrund dargestellt (vgl. Abb. 2.8-7 und Abb. 2.9-23).

Einfachvererbung

Die **Einfachvererbung** ist eine Vererbungsstruktur, in der jede Klasse – mit Ausnahme der Wurzel – genau eine direkte Oberklasse besitzt. Es entsteht eine Baumhierarchie bzw. ein Wald. Abb. 2.8-7 und Abb. 2.9-23 beschreiben eine Einfachvererbung.

Mehrfachvererbung

Die **Mehrfachvererbung** ist eine Vererbungsstruktur, in der jede Klasse *mehrere* direkte Oberklassen besitzen kann. Sie kann als azyklisches Netz dargestellt werden. Bei der Mehrfachvererbung kann der Fall auftreten, dass eine Klasse von ihren Oberklassen zwei Attribute oder Operationen gleichen Namens erbt. Hier muss festgelegt werden, wie diese Konflikte zu lösen sind. Die Mehrfachvererbung wird in der Systemanalyse im Allgemeinen noch nicht benötigt, sondern erst im Entwurf und in der Implementierung.

Beispiel

Abb. 2.9-24 zeigt ein Beispiel für die Mehrfachvererbung. Die Klasse »Uhr-Anzeige« ist hier als abstrakte Klasse modelliert, weil es – in diesem Modell – außer der Digital-, der Analog- und der Analog-Digital-Anzeige keine andere Anzeige gibt.

Abb. 2.9-24: Mehrfachvererbung

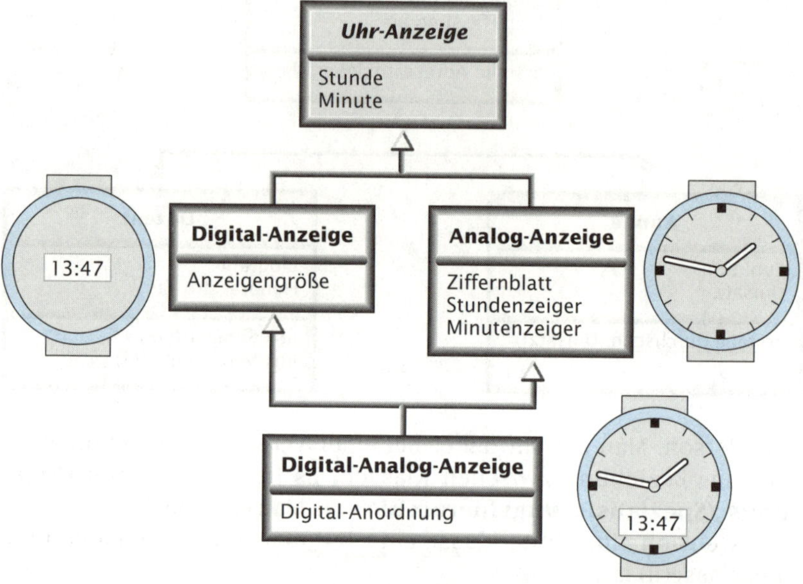

Diskriminator

Eine Vererbung kann zusätzlich durch einen Diskriminator *(discriminator)* bzw. ein Unterscheidungsmerkmal beschrieben werden. Er gibt an, nach welchem Kriterium eine Vererbungsstruktur erstellt wird. Die Unterklassen einer Oberklasse können verschiedene Diskriminatoren besitzen, die an die jeweiligen Vererbungspfeile angetragen werden. Besitzen alle Vererbungspfeile dasselbe Unterscheidungsmerkmal, dann bilden die Unterklassen eine homogene Spezialisierung.

Beispiel

Von der Klasse Mitarbeiter können nach dem Kriterium *Arbeitszeit* die Unterklassen Vollzeitkraft, Teilzeitkraft und freier Mitarbeiter gebildet werden. Werden Mitarbeiter nach der *Art der Tätigkeit* spezialisiert, dann ergeben sich die Unterklassen Systemanalytiker, Entwerfer und Programmierer (Abb. 2.9-25).

2.9.3 Pakete

Bei umfangreichen Software-Entwicklungen entstehen viele Klassen und Diagramme. Um einen Überblick über diese Vielfalt zu bewahren, wird ein Strukturierungskonzept benötigt, das von den Details abstrahiert und die übergeordnete Struktur verdeutlicht.

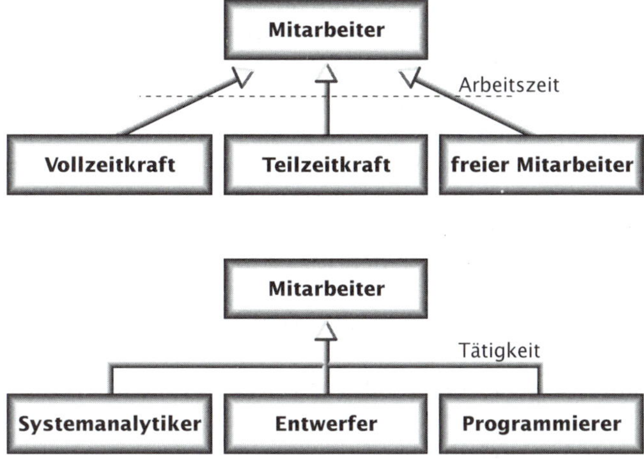

Abb. 2.9-25: Vererbungs-strukturen mit Diskriminator

Pakete

Pakete *(packages)* sind ein solcher Strukturierungsmechanismus und erlauben es, Komponenten zu einer größeren Einheit zusammenzufassen. Der Paketbegriff ist allerdings *nicht* einheitlich definiert. Üblich sind auch die Begriffe Subsystem, *subject* und *category*.

UML-Pakete

In der UML gruppiert ein Paket Modellelemente (z.B. Klassen) und Diagramme. Ein Paket kann selbst Pakete enthalten.

Notation

Paketname

Ein Paket wird als Rechteck mit einem Reiter dargestellt. Wird der Inhalt des Pakets nicht gezeigt, dann wird der Paketname in das Rechteck geschrieben, andernfalls in den Reiter. Der Paketname muss innerhalb des umschließenden Pakets eindeutig sein.

Beispiel

Ein Handelssystem könnte aus den Paketen der Abb. 2.9-26 bestehen.

Abhängigkeiten

Gestrichelte Linien mit Pfeil symbolisieren Abhängigkeiten zwischen Paketen. Bei der Änderung eines Pakets an der Pfeilspitze ändert sich *eventuell* auch das Paket am anderen Ende der gestrichelten Linie.

Paketvarianten

Das Vererbungssymbol wird verwendet, um Paketvarianten darzustellen.

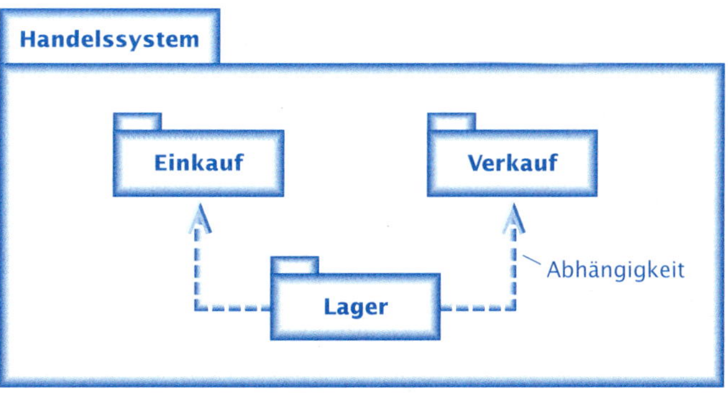

Abb. 2.9-26: Pakete eines Handelssystems

Paketdiagramm

In der UML werden Pakete im Klassendiagramm eingetragen. Enthält ein Klassendiagramm nur Pakete und deren Beziehungen, dann handelt es sich um ein **Paketdiagramm.**

Paket und Klasse

Jede Klasse – allgemeiner jedes Modellelement und jedes Diagramm – gehört zu höchstens einem Paket. Von anderen Paketen kann jedoch darauf verwiesen werden. Wird eine Klasse `A` eines Pakets `PA` in einem anderen Paket `PB` verwendet, dann wird als Klassenname `PA::A` angegeben. Bei geschachtelten Paketen werden alle Paketnamen – jeweils durch »::« getrennt – vor den Klassennamen gesetzt, z.B. `Paket1::Paket11::Paket111::Klasse`.

Kriterien

Die Paket-Bildung sollte nach folgender Methode erfolgen /Heide Balzert 96/:

Das Paket soll eine logische Einheit bilden, d.h. es soll so strukturiert sein, dass es

1 den Leser durch das Modell führt,

2 einen Themenbereich enthält, der für sich allein betrachtet und verstanden werden kann,

3 Klassen enthält, die logisch zusammengehören, z.B. Artikel, Lieferant und Lager,

4 für sich entworfen und eventuell implementiert werden kann, wobei eine wohldefinierte Schnittstelle zur Umgebung vorhanden ist.

Dabei soll die Schnittstelle

1 Vererbungsstrukturen nur in vertikaler Richtung schneiden, d.h. zu jeder Unterklasse sollen alle Oberklassen in dem Paket enthalten sein,

2 keine Aggregation durchtrennen und

3 möglichst wenig Assoziationen enthalten.

Die dritte Anforderung lässt sich in vielen Fällen nicht ideal erfüllen und bildet daher nur ein schwaches Kriterium für die Paketbildung.

Das bedeutet, dass die Kopplung zwischen den Klassen – innerhalb eines Pakets – möglichst groß und zwischen Paketen möglichst gering sein soll. Jedes potenzielle Paket prüft man auf seine Kopplungseigenschaft. Ist die Kopplung zur Umgebung zu groß, so prüft man, ob sie sich durch Hinzunehmen oder Wegnehmen von Klassen verringern lässt.

Ein weiteres Kriterium für eine gute Paket-Struktur ist der aussagefähige Name des Pakets. Dieser Name soll ausdrücken, was die Gesamtheit der Klassen in diesem Modell beschreibt bzw. leistet.

2.9.4 Botschaften

Botschaft

Eine **Botschaft** *(message)* ist die Aufforderung eines Senders *(client)* an einen Empfänger *(server, supplier)*, eine Dienstleistung zu erbringen. Der Empfänger interpretiert diese Botschaft und führt eine Operation aus. Der Sender der Botschaft weiß nicht, *wie* die entsprechende Operation ausgeführt wird. Die Menge der Botschaften, auf die

Objekte einer Klasse reagieren können, wird als Protokoll *(protocol)* der Klasse bezeichnet.

Eine Botschaft löst eine Operation gleichen Namens aus. Das Verhalten eines objektorientierten Systems wird somit durch die Botschaften beschrieben, mit denen Objekte untereinander kommunizieren. Botschaften können in der UML in verschiedenen Diagrammen dargestellt werden.

Beispiel Fallstudie »Seminarorganisation«

Für eine Veranstaltung soll eine Teilnehmerliste (TN-Liste) erstellt werden, die den Seminartitel, den Dozentennamen und die Teilnehmernamen enthält. Wenn das Veranstaltungsobjekt die Botschaft `erstelleTN-Liste()` erhält, dann sendet sie an das über eine Assoziation zugeordnete Seminartyp-Objekt die Botschaft `getTitel()`. Hinweis: Hierbei handelt es sich um eine Verwaltungsoperation (siehe Abschnitt 2.8.5), die nicht in das Klassendiagramm eingetragen wird. Anschließend wird an alle verbundenen Dozentenobjekte (minimal 1 Dozent) die Botschaft `getName()` geschickt. Abschließend wird an alle verbundenen Kundenobjekte ebenfalls die Botschaft `getName()` versandt. Abb. 2.9-27 zeigt das zugehörige Klassendiagramm und den Botschaftenfluss in Form eines Kollaborationsdiagramms (siehe nächsten Abschnitt).

Botschaften und Vererbung

Wenn ein Objekt in einer Vererbungsstruktur eine Botschaft erhält, dann lässt sich dies folgendermaßen erklären: Das Objekt »schaut« bei seiner eigenen Klasse in der Liste der Operationen nach, ob sie eine entsprechende Operation besitzt. Wenn ja, dann wird diese Operation ausgeführt. Andernfalls wird die Suche bei der direkten Oberklasse fortgesetzt.

verwandte Begriffe

Anstelle des Begriffs *Botschaft* wird in der deutschen objektorientierten Literatur auch *Nachricht* verwendet. Der Begriff *Nachricht* ist jedoch bereits in den Bereichen der Datenübertragung und der Betriebssysteme mit einer anderen Bedeutung belegt /Rechenberg, Pomberger 97/, während *Botschaft* nur mit Objektorientierung assoziiert ist. Teilweise wird auch von *Operationsaufruf* und *Methodenaufruf* gesprochen. In der englischen Literatur ist der Begriff *message* üblich.

Hinweis: In der deutschen Literatur wird häufig »Szenarien« als Plural von »Szenario« verwendet. Der Plural von »Szenario« ist laut Duden jedoch »Szenarios«, während »Szenarien« der Plural von »Szenarium« ist. Daher verwende ich den korrekten – wenn auch *nicht* so gebräuchlichen – Begriff.

2.9.5 Szenarios

Unter einem **Szenario** versteht man eine Sequenz von Verarbeitungsschritten, die unter bestimmten Bedingungen auszuführen ist. Diese Schritte sollen das Hauptziel des Akteurs realisieren und ein entsprechendes Ergebnis liefern. Sie beginnen mit dem auslösenden Ereignis und werden fortgesetzt, bis das Ziel erreicht ist oder aufgegeben wird /Cockburn 97/.

Ein Geschäftsprozess kann durch eine Kollektion von Szenarios dokumentiert werden. Jedes Szenario wird durch eine oder mehrere

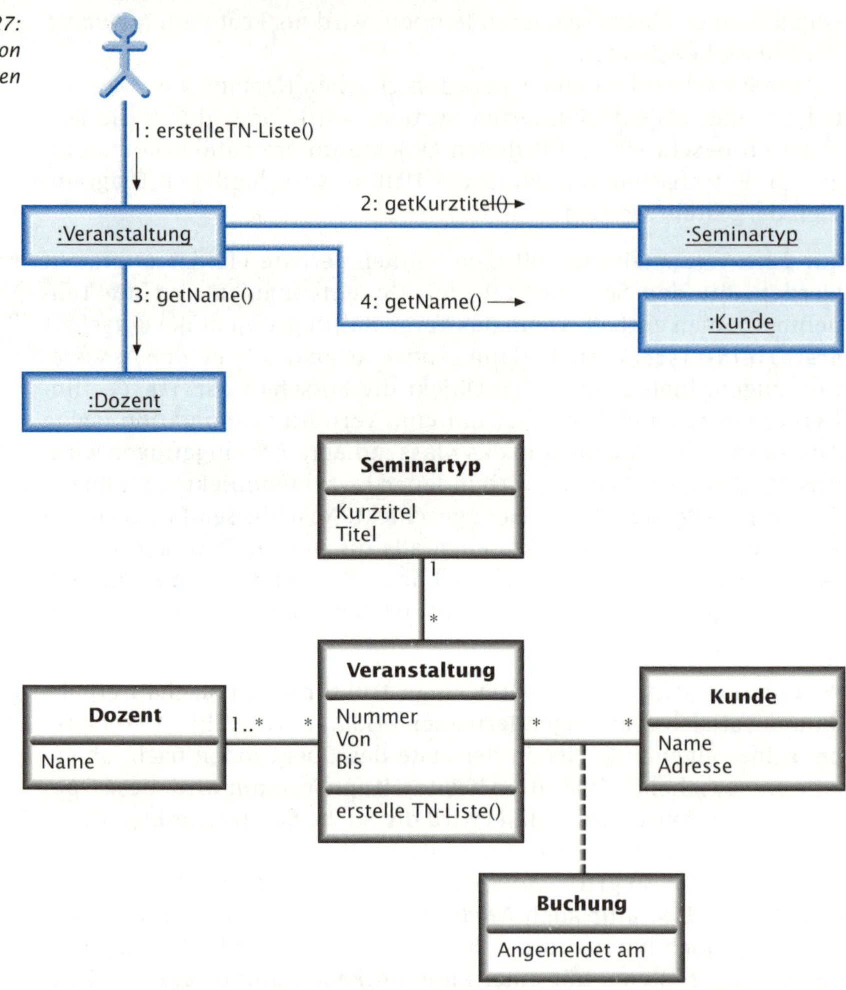

Abb. 2.9-27: Senden von Botschaften

Bedingungen definiert, die zu einem speziellen Ablauf des jeweiligen Geschäftsprozesses führen. Es lassen sich zwei Kategorien von Szenarios unterscheiden: Szenarios, die eine erfolgreiche Bearbeitung des Geschäftsprozesses beschreiben, und Szenarios, die zu einem Fehlschlag führen.

Kapitel 2.6

UML-Darstellung dynamischer Abläufe

Um dynamische Abläufe grafisch übersichtlich und kompakt darzustellen, gibt es in der UML drei verschiedene Möglichkeiten:

- Objektdiagramme *(object diagrams)* (Abb. 2.8-14),
- Kollaborationsdiagramme *(collaboration diagrams)* (Abb. 2.9-28),
- Sequenzdiagramme *(sequence diagrams)* (Abb. 2.9-30).

Kollaborations- und Sequenzdiagramme eignen sich zur Darstellung von Szenarios.

Das **Objektdiagramm** dagegen zeigt einen Schnappschuss eines Systems auf Objektebene zu einem bestimmten Zeitpunkt, wobei

Kollaborationsdiagramm, besser Zusammenarbeitsdiagramm *(collaboration diagram)*
Ein Kollaborationsdiagramm erweitert das Objektdiagramm um Botschaften. Es zeigt diejenigen Objekte, die für die Ausführung einer bestimmten Operation relevant sind. Objekte, die während der Ausführung neu erzeugt werden, sind mit {new}, Objekte, die während der Ausführung gelöscht werden, mit {destroyed} gekennzeichnet. Objekte, die während der Ausführung sowohl erzeugt als auch wieder gelöscht werden, sind {transient}. Als Auslöser einer Operation kann ein Akteur – in der Regel der Benutzer – eingetragen werden, dargestellt als »Strichmännchen«. An jede Verbindung *(link)* kann eine Botschaft in Form eines Pfeils, einer laufenden Nummer und dem Operationsnamen angetragen werden. Die Reihenfolge und Verschachtelung der Operationen wird durch eine hierarchische Nummerierung angegeben.

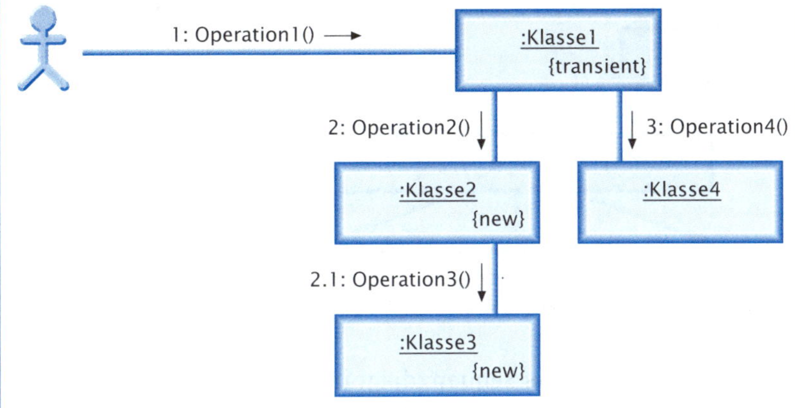

Abb. 2.9-28: UML-Kollaborationsdiagramm

Assoziationen als Verbindungen, d.h. als Linien dargestellt werden (2.8-16).

Kollaborationsdiagramm

Das **Kollaborationsdiagramm** erlaubt es, den Botschaftenfluss darzustellen. Abb. 2.9-28 zeigt das Kollaborationsdiagramm für ein Beispiel aus der Fallstudie »Seminarorganisation«.

Ein Kollaborationsdiagramm sieht dem Objektdiagramm – in dem Objekte und ihre Verbindungen *(links)* beschrieben werden – relativ ähnlich. Im Gegensatz zum Objektdiagramm modelliert es jedoch *nicht* einen Schnappschuss der Systemstruktur, sondern zeigt, wie Objekte für die Ausführung einer bestimmten Operation zusammenarbeiten.

Beispiel

Im Kollaborationsdiagramm der Abb. 2.9-29 stellt jedes aufgeführte Objekt einen Platzhalter für ein beliebiges Objekt der Klasse dar. Dagegen modelliert das Objektdiagramm exemplarisch die Veranstaltung mit der Nummer 12, zu denen der angegebene Seminartyp und Dozent sowie die aufgeführten Kunden existieren.

Klassen im Kollaborationsdiagramm

Beim Aktivieren von Klassenoperationen wird anstelle eines Objekts das Klassensymbol in das Diagramm eingetragen.

Sequenzdiagramm

Eine noch genauere zeitliche Darstellung – allerdings unter Verzicht auf Attributangaben und Verbindungen zwischen den Objekten – erlaubt das **Sequenzdiagramm** (Abb. 2.9-30).

Abb. 2.9-29: Kollaborations- vs. Objektdiagramm

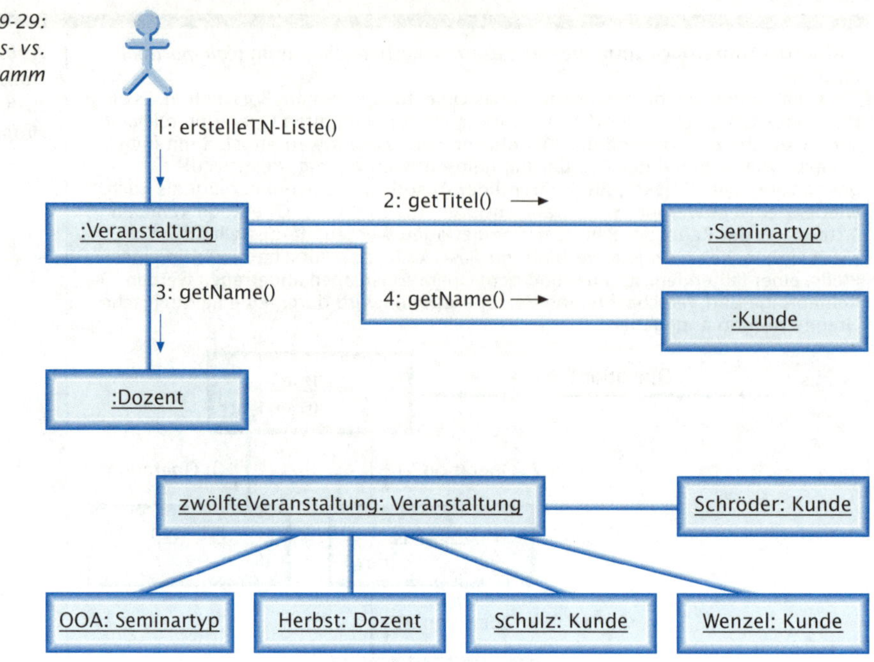

Abb. 2.9-31 zeigt das Sequenzdiagramm für das oben beschriebene Beispiel aus der Fallstudie »Seminarorganisation«.

In der Systemanalyse werden Sequenzdiagramme verwendet, um Abläufe so präzise zu beschreiben, dass deren fachliche Korrektheit diskutiert werden kann und um eine geeignete Vorgabe für Entwurf und Implementierung zu erstellen. Im Entwurf werden Sequenzdiagramme für eine detaillierte Spezifikation der Operationsaufrufe verwendet und enthalten dann alle beteiligten Operationen.

Die UML erlaubt die Angabe von Bedingungen und Wiederholungen im Sequenzdiagramm.

Bedingungen

Die **Bedingung** *(condition)* wird in eckigen Klammern angegeben, d.h. `[Bedingung] Operation()`. Die aufgeführte Operation wird nur dann aufgerufen, wenn die Bedingung erfüllt ist.

Wiederholungen

Wiederholungen *(iterations)* können durch »`* Operation()`« oder »`* [Bedingung] Operation()`« spezifiziert werden. Wenn keine Wiederholungen in ein Diagramm eingetragen werden, so bedeutet dies in der UML, dass die Anzahl der Wiederholungen unspezifiziert ist. Die Bedingung wird in der Systemanalyse in der Regel umgangssprachlich formuliert.

Beispiel Fallstudie »Seminarorganisation«

In der Abb. 2.9-32 werden in Abhängigkeit, ob es sich um einen Neukunden oder einen Altkunden handelt, verschiedene Operationen aktiviert.

Ein **Sequenzdiagramm** *(sequence diagram)* dient zur schematischen Veranschaulichung von zeitbasierten Vorgängen.

- Kennzeichnend für diese Darstellungsform ist eine Zeitachse, die vertikal von oben nach unten führt.
- Objekte, die Botschaften austauschen, werden durch gestrichelte vertikale Geraden dargestellt (Objektlinien). Jede Linie repräsentiert die Existenz eines Objekts während einer bestimmten Zeit. Eine Objektlinie beginnt nach dem Erzeugen des Objekts und endet mit dem Löschen des Objekts. Existiert ein Objekt während der gesamten Ausführungszeit, dann ist die Linie von oben nach unten durchgezogen. Am oberen Ende der Linie wird ein Objektsymbol gezeichnet.
- Wird ein Objekt erst im Laufe der Ausführung erzeugt, dann zeigt eine Botschaft auf dieses Objektsymbol.
- Das Löschen des Objekts wird durch ein großes »X« markiert.
- Die Reihenfolge der Objekte ist beliebig. Sie soll so gewählt werden, daß ein möglichst übersichtliches Diagramm entsteht.
- Die erste vertikale Linie bildet in vielen Sequenzdiagrammen einen Akteur – in der Regel der Benutzer – dargestellt als »Strichmännchen«.

In das Sequenzdiagramm werden die Botschaften eingetragen, die zum Aktivieren der Operationen dienen. Jede Botschaft wird als gerichtete Kante (mit gefüllter Pfeilspitze) vom Sender zum Empfänger gezeichnet. Der Pfeil wird mit dem Namen der aktivierten Operation beschriftet. Eine aktive Operation wird durch ein schmales Rechteck auf der Objektlinie angezeigt.

Nach dem Beenden der Operation zeigt eine gestrichelte – hier blau dargestellte – Linie mit offener Pfeilspitze, dass der Kontrollfluss zur aufrufenden Operation zurückgeht. Auf diese gestrichelte Linie kann verzichtet werden.

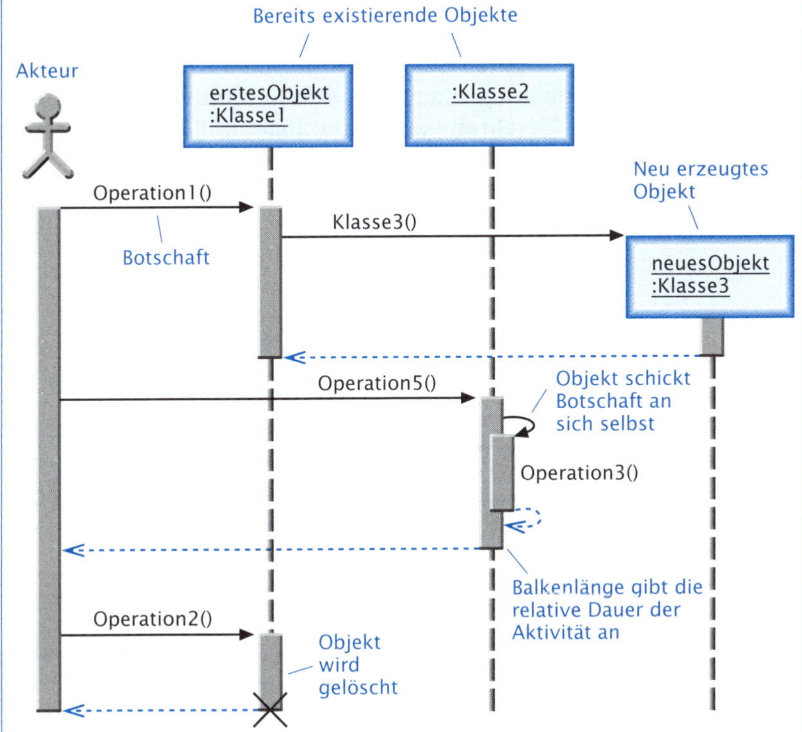

Abb. 2.9-30: Sequenzdiagramm

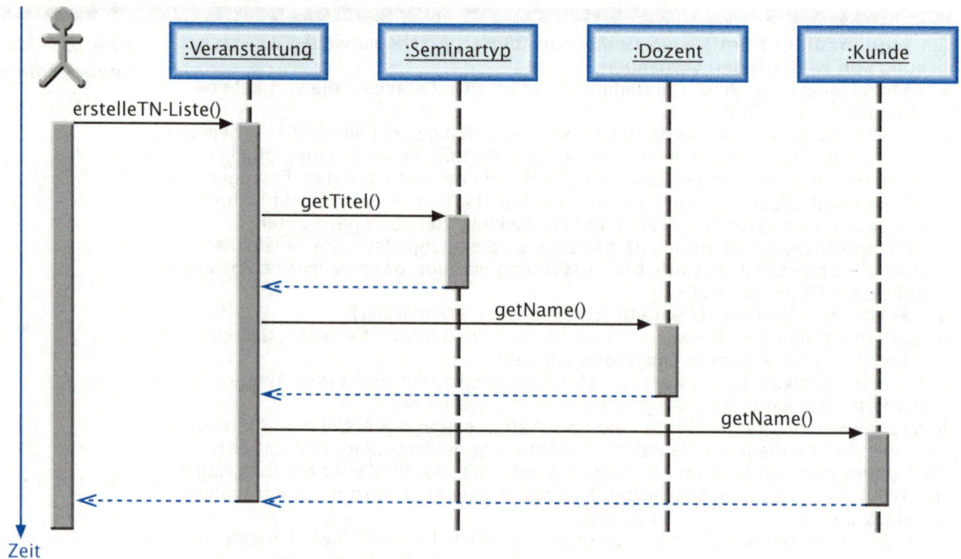

Abb. 2.9-31: Sequenzdiagramm erstelle TN-Liste() aus der Fallstudie »Seminarorganisation«

Konsistenz

Ein Sequenzdiagramm muss mit dem zugehörigen Klassendiagramm konsistent sein. Alle Botschaften, die an ein Objekt einer Klasse gesendet werden, müssen im Klassendiagramm in der Operationsliste dieser Klasse enthalten sein. Verwaltungsoperationen werden im Sequenzdiagramm eingetragen, um die Kommunikation der Objekte vollständig zu beschreiben, während sie im Klassendiagramm nicht explizit modelliert werden.

Klassen im Sequenzdiagramm

In der Systemanalyse besitzen Klassen – der Einfachheit halber – die Eigenschaft der Objektverwaltung (siehe Abschnitt 2.8.3), d.h.

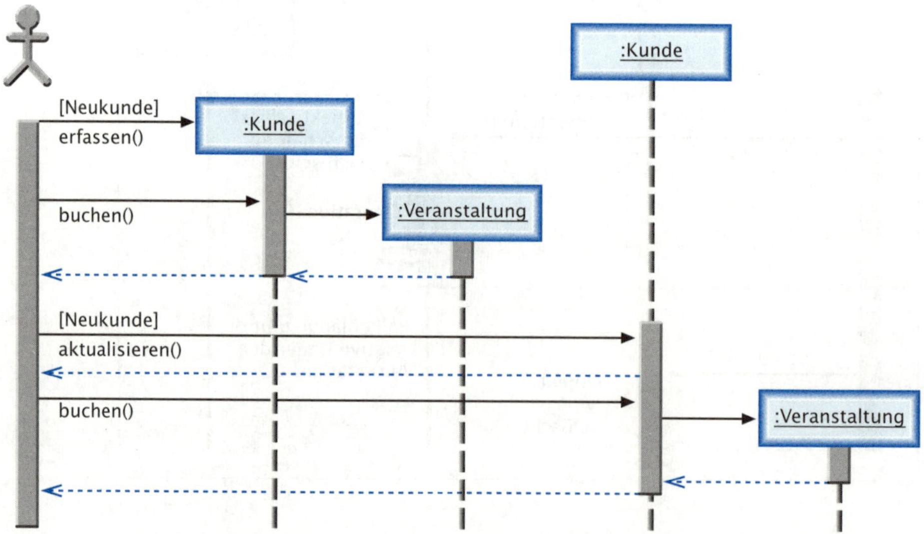

Abb. 2.9-32: Sequenzdiagramm für unterschiedliche Behandlung von Neu- und Altkunden

sie kennen alle ihre Objekte. Alle Operationen, die auf der Menge aller Objekte ausgeführt werden, sind daher als Klassenoperationen zu modellieren. Um eine Klassenoperation zu aktivieren, wird die Botschaft direkt an die Klasse geschickt. Es ist deshalb notwendig, die UML wie folgt zu erweitern: Anstelle eines Objekts wird das Klassensymbol in das Sequenzdiagramm eingetragen (Abb. 2.9-33). Klassenoperationen können auch über die Objekte aufgerufen werden.

Falls ein Werkzeug es nicht ermöglicht, Klassen in ein Sequenzdiagramm einzutragen, dann kann man in der Analyse die Hilfsnotation, z.B. `all : Klasse`, verwenden, wobei »all« für die Menge aller Objekte dieser Klasse steht.

Sequenzdiagramme wurden lange Zeit im Bereich der Tele- und Datenkommunikation benutzt /Jacobson et al. 92/. Jacobson hat Sequenzdiagramme – von ihm als Interaktionsdiagramme bezeichnet – bereits 1987 für die objektorientierte Entwicklung eingeführt /Jacobson 95/. Die in der UML verwendete Form basiert auf dem *object message sequence chart* von Buschmann, Meunier, Rohnert, Sommerlad und Stal, das wiederum aus der *message sequence chart notation* hergeleitet wurde.

Dr. Ivar Jacobson *1939 in Ystad, Schweden, Wegbereiter der objektorientierten Software-Entwicklung *(use case driven approach)* und Unternehmensmodellierung; führte 1987 die Sequenzdiagramme in die objektorientierte Software-Entwicklung ein; Gründer der Firma Objectory (1987), die 1995 mit der Firma *Rational* fusionierte; seit 1995 *Vice President of Business Engineering* bei *Rational*, Santa Clara, USA.

Sequenzdiagramme betonen den zeitlichen Aspekt des dynamischen Verhaltens. Die Reihenfolge und die Verschachtelung der Operationen sind gut zu erkennen. In ein Sequenzdiagramm können mehrere externe Operationen, die von einem Akteur nacheinander aktiviert werden, eingetragen werden.

Kollaborationsdiagramme zeigen die Verbindungen *(links)* zwischen Objekten. Die Reihenfolge und die Verschachtelung der Operationen werden durch eine hierarchische Nummerierung angegeben. Dadurch wird die Reihenfolge weniger deutlich sichtbar. Der Vorteil für den Systemanalytiker ist, dass er sich beim Erstellen des Diagramms noch nicht auf die Ausführungsreihenfolge festlegen muss, sondern zunächst die Objekte und ihre Kommunikation beschreiben und in einem weiteren Schritt die Reihenfolge hinzufügen kann. Kollaborationsdiagramme eignen sich gut dazu, die Wirkung komplexer Operationen zu beschreiben. Im Gegensatz zu Sequenzdiagrammen ist für jede externe Operation ein separates Kollaborationsdiagramm zu erstellen.

Abb. 2.9-33 zeigt beide Diagrammarten im Vergleich und die Darstellung der verschiedenen Operationsarten.

2.9.6 Einsatz von CASE-Werkzeugen

Die beschriebenen Diagrammarten lassen sich mehr oder weniger exakt mit CASE-Werkzeugen, die die UML unterstützen, darstellen. Auf den beigefügten CD-ROMs befinden sich mehrere dieser Werkzeuge.

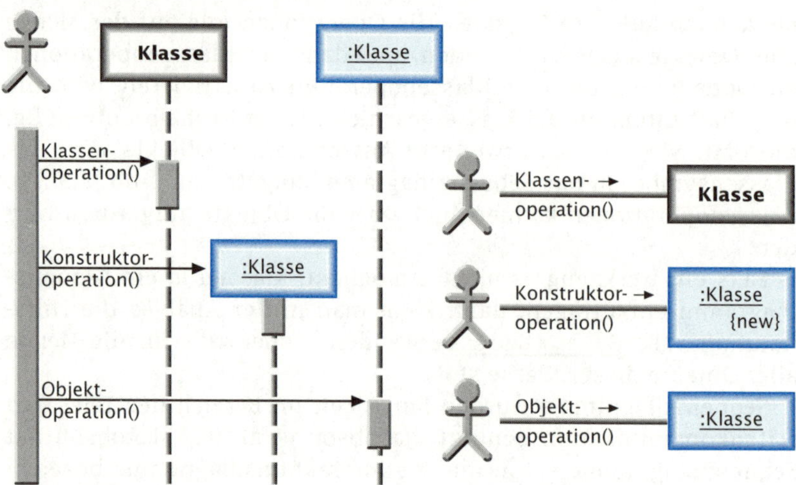

Abb. 2.9-33: Sequenzdiagramm vs. Kollaborationsdiagramm (UML-Erweiterung)

Im Folgenden wird – in Fortsetzung von Abschnitt 2.8.6 – die Fallstudie »Seminarorganisation« mit dem Werkzeug *Rose* weiter modelliert und eine neue Anwendung mit dem JANUS-System generiert.

Der Kern der Seminarorganisation besteht in der Verwaltung von Kundenbuchungen. Daher wird als weitere Klasse die Klasse Veranstaltung modelliert und zunächst durch eine Assoziation mit der bereits modellierten Klasse Kunde verbunden.

Rational Rose Assoziation

Eine Assoziation wird in *Rose* folgendermaßen erstellt:

- Assoziation erstellen: Schaltfläche *Association* selektieren, dann erste Klasse wählen und bei gedrückter Maustaste *Cursor* zu zweiter Klasse bewegen.
- Kardinalität eintragen: Assoziationslinie in Klassennähe selektieren, im *pop-up*-Menü *Multiplicity* wählen. Die Kardinalität »*« erhält man durch die Wahl von »n« in *Rose*.
- Rollenname eintragen: Assoziationslinie in Klassennähe selektieren, im *pop-up*-Menü *Role name* wählen.
- Assoziationsname eintragen: Doppelklick auf Assoziationslinie, Name eintragen.
- Assoziation im Modell löschen: Assoziation im Baum des *Browsers* selektieren und im *pop-up*-Menü *Delete* wählen.
- Assoziation im Diagramm löschen: Assoziation selektieren und DEL-Taste drücken.
  Wiedereinfügen einer Assoziation vom Modell ins Diagramm: mittels *drag & drop*.
- Assoziative Klasse erstellen: Assoziation eintragen, assoziative Klasse als »normale« Klasse erstellen, Schaltfläche *Link Attribute* selektieren, assoziative Klasse und Assoziationslinie verbinden.

Damit die elementaren Klassen das Klassendiagramm nicht unübersichtlich machen, werden sie in ein Paket `elementare Klassen` abgelegt.

Ein Paket wird in *Rose* folgendermaßen angelegt:

- Paket im *Browser* anlegen: Für *Logical View* das *pop-up*-Menü öffnen, *New/Package* wählen und Paket benennen.
- Klassen einem Paket zuordnen: Klassen im *Browser* mittels *drag & drop* auf Paket ziehen.
- Paketdiagramm erstellen: Für *Logical View* das *pop-up*-Menü öffnen, *New/Classdiagram* wählen und neues Diagramm benennen.
- Pakete im Paketdiagramm darstellen: Klassen im *Browser* selektieren und mittels *drag & drop* in Paketdiagramm ziehen. Paket im Modell löschen: Im *Browser* selektieren und im *pop-up*-Menü *Delete* wählen. Achtung! Alle darin enthaltenen Klassen werden ebenfalls gelöscht.
- Klassen im Paketdiagramm anzeigen: Für Paket *pop-up*-Menü öffnen, *Select Compartment Items* und Schaltfläche *All* wählen.
- Paket im Diagramm löschen: Im Diagramm selektieren und DEL-Taste drücken.

Rational Rose Paket

Abb.2.9-34 zeigt das erweiterte Klassendiagramm in *Rose*. Für das Attribut Storniert wurde ein neuer Aufzählungstyp `JaNein` erstellt.

Aus dem Klassendiagramm der Abb. 2.9-34 wird das Pilotsystem der Abb. 2.9-35 mit dem JANUS-System generiert. Abb. 2.9-35 zeigt das Erfassungsfenster für eine Veranstaltung. Im unteren Bereich sind die zu dieser Veranstaltung gebuchten Teilnehmer aufgelistet (hier: Dr. Schulz). Die Herstellung einer Assoziation erfolgt über die Funktionen, die durch die Piktogramme rechts über der Teilnehmerliste aufgeführt sind. Klickt man beispielsweise auf das zweite Piktogramm, dann erhält man eine Liste aller bereits erfassten Kunden und kann in dieser Liste einen Kunden selektieren. Nach Drücken des Knopfes Auswählen wird die Assoziation zwischen der Veranstaltung und dem Kunden hergestellt und der Kunde anschließend in der Liste der Veranstaltung aufgelistet. Analog kann über ein Kundenfenster eine Veranstaltung ausgewählt werden.

JANUS Assoziationen

Damit ermöglicht dieses Pilotsystem bereits eine einfache Verwaltung von Veranstaltungen und Kunden. Eine Vervollständigung der Seminarorganisation erfolgt im Abschnitt 2.18.4.

Abschnitt 2.18.4

Abstrakte Klasse *(abstract class)* Spielt eine wichtige Rolle in Vererbungsstrukturen (→Vererbung), wo sie die Gemeinsamkeiten von einer Gruppe von → Unterklassen definiert; im Gegensatz zu einer Klasse können von einer abstrakten Klasse *keine* Objekte erzeugt werden. Damit eine abstrakte Klasse verwendet werden kann, muss von ihr zunächst eine →Unterklasse abgeleitet werden.

Aggregation *(aggregation)* Sonderfall der →Assoziation. Liegt vor, wenn zwischen den Objekten der beteiligten Klassen eine »ist Teil von«-Beziehung bzw. »besteht aus«-Beziehung vorliegt. Teil-Klassen stehen in Beziehung zu einer Gesamtheits-Klasse bzw. Aggregat-Klasse. Der Komplexitätsgrad wird durch →Kardinalitäten angegeben.

Assoziation *(association)* Modelliert Verbindungen zwischen Objekten einer oder mehrerer Klassen. Binäre Assoziationen verbinden zwei Objekte. Eine Assoziation zwischen Objekten derselben Klasse heißt reflexiv. Jede Assoziation wird beschrieben durch →Kardinalitäten und

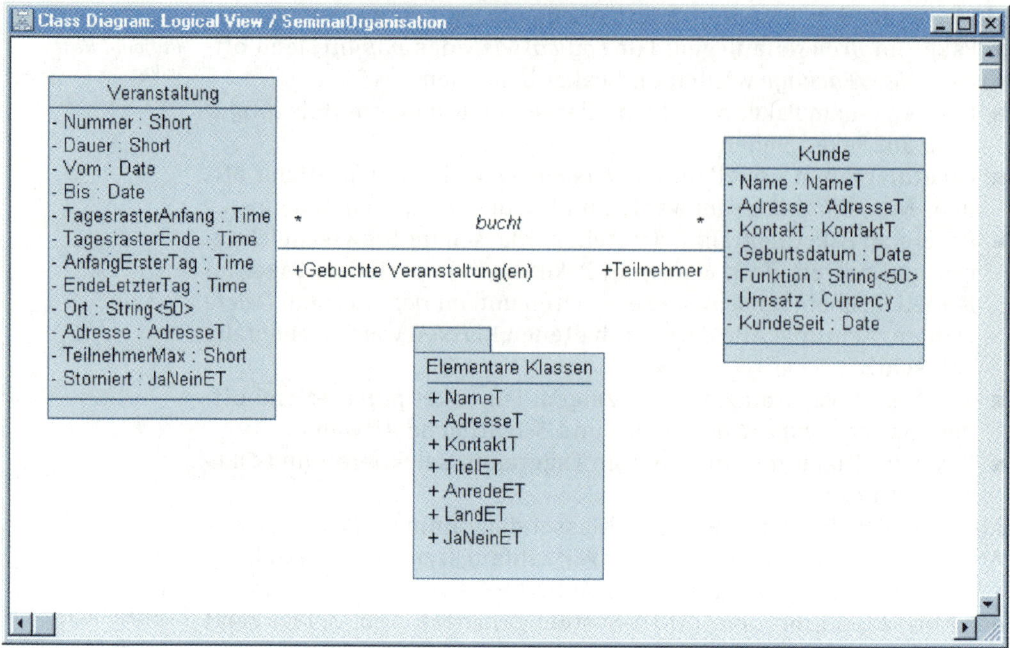

Abb. 2.9-34: Erweitertes Klassendiagramm mit einem Paket zur Modellierung der »Seminarorganisation«

Abb. 2.9-35: Pilotsystem »Seminarorganisation« mit einer Assoziation

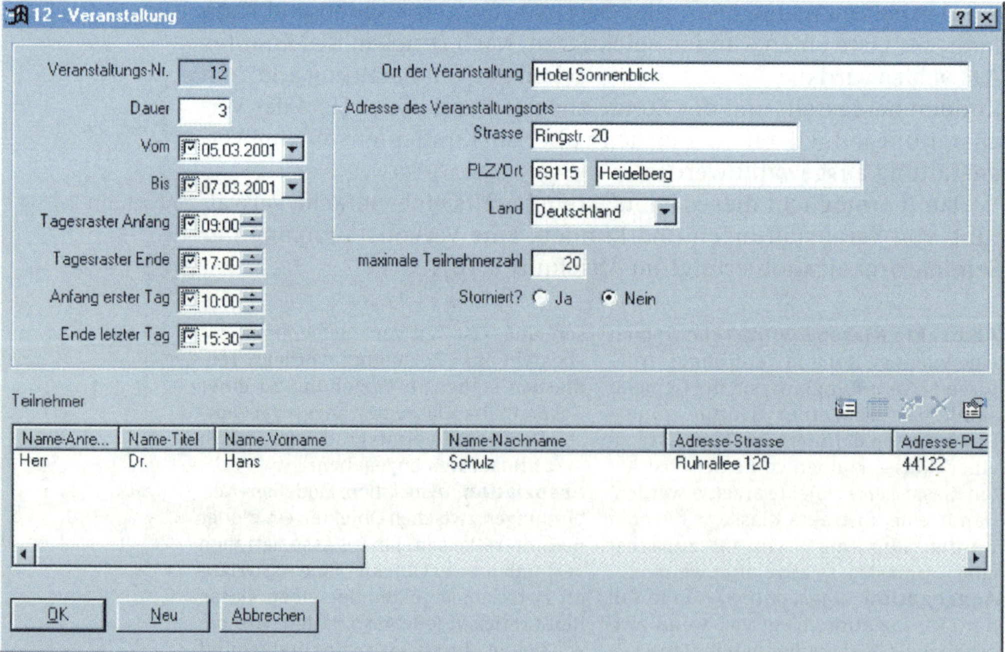

einen optionalen Assoziationsnamen oder Rollennamen. Sie kann um Restriktionen ergänzt werden. Eine geordnete Assoziation liegt vor, wenn eine Ordnungsrelation auf der Assoziation spezifiziert ist, z.B. alphabetische oder zeitliche Ordnung. Besitzt eine Assoziation selbst wieder Attribute und ggf. Operationen und Assoziationen zu anderen Klassen, dann wird sie zur →assoziativen Klasse. Die →Qualifikationsangabe zerlegt die Menge der Objekte am anderen Ende der Assoziation in Teilmengen. Eine →abgeleitete Assoziation liegt vor, wenn die gleichen Abhängigkeiten bereits durch andere Assoziationen beschrieben werden. Sonderfälle der Assoziation sind die →Aggregation und die →Komposition. In der Systemanalyse ist jede Assoziation inhärent bidirektional.

Assoziative Klasse *(association class)* Besitzt sowohl die Eigenschaften der →Assoziation als auch die der Klasse.

Botschaft *(message)* Aufforderung eines Senders (Objekt oder Klasse) an einen Empfänger (Objekt oder Klasse), eine Dienstleistung zu erbringen. Der Empfänger interpretiert die Botschaft und führt eine Operation aus.

CRC-Karte *(Class/Responsibility/Collaboration)* Dreigeteilte Karteikarte. Oben auf der Karte steht der Name der Klasse. Die restliche Karte wird in zwei Hälften geteilt. Auf der linken Hälfte werden die Verantwortlichkeiten *(responsibilities)* der Klasse notiert. Darunter sind sowohl das Wissen der Klasse als auch die zur Verfügung gestellten Operationen zu verstehen. Auf der rechten Seite wird eingetragen, mit welchen anderen Klassen die beschriebene Klasse zusammenarbeiten muss *(collaborations).*

Einfachvererbung Jede Klasse besitzt maximal eine direkte →Oberklasse. Es entsteht eine Baumstruktur (siehe auch →Mehrfachvererbung).

Generalisierungs-/Spezialisierungshierarchie Entsteht durch das Bilden von →Oberklassen, die die gemeinsamen Attribute, Operationen und Beziehungen all ihrer →Unterklassen besitzen (→Vererbung). Zwischen den Unter- und Oberklassen muss eine »ist-ein«-Beziehung vorliegen, z.B. ein Lieferant *ist ein* Geschäftspartner.

Kardinalität *(multiplicity)* Bezeichnet die Wertigkeit einer →Assoziation, d.h. sie spezifiziert die Anzahl der an der Assoziation beteiligten Objekte. Es werden Muss- und Kann-Beziehungen unterschieden.

Klassenhierarchie →Vererbung

Kollaborationsdiagramm *(collaboration diagram)* Erweiterung des Objektdiagramms um →Botschaften. An jede Verbindung *(link)* kann eine Botschaft in Form eines Pfeils angetragen werden. Durch eine hierarchische Nummerierung, die Angabe des Operationsnamens und der Botschaftsrichtung durch einen Pfeil sind Ablaufsequenzen darstellbar.

Komposition *(composition)* Besondere Form der →Aggregation. Beim Löschen des Ganzen müssen auch alle Teile gelöscht werden. Jedes Teil kann – zu einem Zeitpunkt – nur zu einem Ganzen gehören. Es kann jedoch einem anderen Ganzen zugeordnet werden. Die dynamische Semantik des Ganzen gilt auch für seine Teile.

Mehrfachvererbung Jede Klasse kann mehr als eine direkte →Oberklasse besitzen. Werden gleichnamige Attribute oder Operationen von verschiedenen Oberklassen geerbt, dann muss der Namenskonflikt gelöst werden (siehe auch →Einfachvererbung).

Oberklasse *(super class)* Enthält die gemeinsamen Attribute, Operationen und Beziehungen ihrer Unterklassen (→Vererbung). Jede Oberklasse besitzt mindestens eine Unterklasse. Methodisches Mittel zur Bildung von Generalisierungen (→Generalisierungs-/Spezialisierungshierarchie).

Paket *(package)* Dient zur Strukturierung von Modellelementen (z.B. Klassen). Ein Paket kann selbst Pakete enthalten. Pakete können im Paketdiagramm dargestellt werden.

Qualifikationsangabe *(qualifier)* Spezielles Attribut einer →Assoziation, dessen Wert ein oder mehrere Objekte auf der anderen Seite der Assoziation selektiert. Dadurch wird die Menge der Objekte am anderen Ende der Assoziation in Teilmengen zerlegt. Kann aus mehreren Attributen bestehen.

Rolle *(role name)* Beschreibt, welche Bedeutung ein Objekt in einer →Assoziation, →Aggregation oder →Komposition wahrnimmt. Eine binäre Assoziation besitzt maximal zwei Rollen.

Sequenzdiagramm *(sequence diagram)* Grafische, zeitbasierte Darstellung mit vertikaler Zeitachse von →Botschaften zwischen →Objekten und →Klassen. Botschaften werden durch horizontale Linien, Objekte und Klassen durch gestrichelte, vertikale Linien repräsentiert.

Szenario *(scenario)* Sequenz von Verarbeitungsschritten, die unter bestimmten Bedingungen auszuführen sind. Diese Schritte sollen das Hauptziel des Akteurs realisieren und ein entsprechendes Ergebnis liefern. Ein Geschäftsprozess kann durch eine Kollektion von Szenarios dokumentiert werden.

Unterklasse *(sub class)* Erbt alle Attribute, Operationen und Beziehungen der zugeordneten →Oberklasse(n) (→Einfachvererbung, →Mehrfachvererbung). Besitzt zusätzlich eigene Attribute, Operationen und Beziehungen. Eine Unterklasse besitzt immer Oberklassen. Methodisches Mittel zur Bildung von Spezialisierungen (→Generalisierungs-/Spezialisierungshierarchie).

Vererbung *(generalization)* Attribute, Operationen und Beziehungen einer →Oberklasse werden an die zugehörigen →Unterklassen vererbt. Man unterscheidet die →Einfachvererbung und die →Mehrfachvererbung.

Neben den Grundkonzepten **Objekt, Attribut, Operation** und **Klasse** (siehe Kapitel 2.8) basiert die objektorientierte Software-Entwicklung noch auf vier weiteren wichtigen Konzepten:

Konzepte

1 Durch Botschaften kommunizieren Objekte und Klassen untereinander.

2 Die Assoziation modelliert Verbindungen zwischen Objekten einer oder mehrerer Klassen. Es gibt geordnete Assoziationen und abgeleitete Assoziationen. Zwischen Assoziationen können Restriktionen spezifiziert werden. Durch Qualifikationsangaben können Objekte auf der anderen Seite einer Assoziation selektiert werden. Eine assoziative Klasse ist einer Assoziation zugeordnet und beschreibt sie durch Attribute und/oder Operationen. Sonderfälle der Assoziation sind die Aggregation und die Komposition. Aggregationen ermöglichen es, eine Ist-Teil-von-Beziehung zu modellieren. Für eine Komposition gelten noch strengere Anforderungen als an eine Aggregation: Beim Löschen des Ganzen müssen auch alle Teile gelöscht werden. Jedes Teil kann – zu einem Zeitpunkt – nur zu einem Ganzen gehören. Durch Kardinalitäten wird der Komplexitätsgrad von Assoziationen, Aggregationen und Kompositionen spezifiziert. Zusätzlich kann durch eine Rolle die Funktion eines Objekts in einer Assoziation, Aggregation oder Komposition festgelegt werden.

3 Durch die Vererbung werden Attribute, Operationen und Beziehungen (Assoziationen, Aggregationen, Kompositionen) an alle Unterklassen einer Oberklasse weitergegeben. Es entsteht eine Klassenhierarchie bzw. Generalisierungs-/Spezialisierungshierarchie. Eine Einfachvererbung liegt vor, wenn jede Unterklasse nur eine direkte Oberklasse besitzt, sonst handelt es sich um eine Mehrfachvererbung. Oberklassen sind oft abstrakte Klassen, von denen keine Objekte erzeugt werden können.

4 Das Paket gruppiert Modellelemente und ermöglicht eine Darstellung des Software-Systems auf einem höheren Abstraktionsniveau.

5 Szenarios ermöglichen es, die bedingten Durchläufe durch Geschäftsprozesse zu dokumentieren. Für die Darstellung von Szenarios eignen sich folgende Diagrammarten, die in der UML definiert sind: Darstellen von Dynamik

- Kollaborationsdiagramme,
- Sequenzdiagramme.

Eine Übersicht über die UML-Notation befindet sich auf den vorderen und hinteren Umschlaginnenseiten dieses Buches.

Mit Hilfe von CRC-Karten können die Verantwortlichkeiten durch Einsatz von Karteikarten dargestellt werden.

Die Vererbung ist ein zentrales Konzept der Objektorientierung. Sie besitzt aber nicht nur Vorteile, sondern auch Nachteile: Vererbung

- (+) Aufbauend auf existierenden Klassen können mit wenig Aufwand neue Klassen erstellt werden. Vorteile
- (+) Die Änderbarkeit wird unterstützt. Beispielsweise wirkt sich die Änderung des Attributs Adresse automatisch auf alle Unterklassen der Klassenhierarchie aus.
- (−) Das Konzept der Vererbung steht jedoch im Widerspruch zum Geheimnisprinzip. Das Geheimnisprinzip bedeutet, dass keine Klasse die Attribute einer anderen Klasse sieht. Geheimnisprinzip verletzt

Barbara Liskov hat den Konflikt zwischen der Verkapselung und der Vererbung sehr elegant beschrieben /Khoshafian, Abnous 90/: »Ein Problem fast aller Vererbungsmechanismen ist, dass sie das Prinzip der Verkapselung auf das Äußerste strapazieren ... Wenn die Datenkapsel verletzt ist, verlieren wir die Vorteile der Lokalität ... Um die Unterklassen zu verstehen, müssen wir sowohl die Ober- als auch die Unterklasse betrachten. Falls die Oberklasse neu implementiert werden muss, dann müssen wir eventuell auch ihre Unterklassen neu implementieren«.

Für die Wartbarkeit des entstehenden Software-Systems ist entscheidend, dass das Konzept der Vererbung sinnvoll eingesetzt wird. Das ist immer dann der Fall, wenn die Oberklasse eine Generalisierung der Unterklasse bzw. die Unterklasse eine Spezialisierung der Oberklasse darstellt. Aus der Perspektive der Spezialisierung kann man auch sagen, es ist eine »ist ein« *(is a)* oder »ist eine Art von« *(is a kind of)* Hierarchie. Beispielsweise kann man sagen: Kunden und Dozenten sind Personen; »Person« bildet den Oberbegriff für Kunden und Dozenten. Generalisierung/ Spezialisierung

Das Ziel der Objektorientierung kann auf keinen Fall ein möglichst hoher Grad an Vererbung sein. Die Vor- und Nachteile sind bezogen auf zukünftige Weiterentwicklungen des Software-Systems und um die Verständlichkeit des Klassendiagramms kritisch abzuwägen.

/Bertino, Martino 93/
Bertino A., Martino L., *Object-Oriented Database Systems – Concepts and Architectures*, Wokingham: Addison-Wesley, 1993.

/Booch 94/
Booch G., *Object-Oriented Analysis and Design with Applications*, 2. Auflage, Redwood City: The Benjamin/Cummings Publishing Company, 1994.

/Caroll 95/
Caroll J. (ed.), *Scenario-Based Design, Envisioning Work and Technology in System Development*, New York: John Wiley & Sons, 1995.

/Coad, Yourdon 91/
Coad P., Yourdon E., *Object-Oriented Analysis*, 2. Auflage, Englewood Cliffs: Yourdon Press, Prentice Hall, 1991.

/Cockburn 97/
Cockburn A., *Structuring Use Cases with Goals*, `http://members.aol.com/acockburn/papers/usecases.htm`, 1997.

/Fowler 97/
Fowler M., *UML Distilled – Applying the Standard Object Modeling Language*, Reading: Addison Wesley, 1997.

/Heide Balzert 96/
Balzert Heide, *Methoden der objektorientierten Systemanalyse*, 2. Auflage, Heidelberg: Spektrum Akademischer Verlag, 1996.

/Heide Balzert 99/
Balzert Heide, *Lehrbuch der Objektmodellierung – Analyse und Entwurf*, Heidelberg: Spektrum Akademischer Verlag, 1999.

/Jacobson et al. 92/
Jacobson I., Christerson M., Jonsson P., Övergaard G., *Object-Oriented Software Engineering – A Use Case Driven Approach*, Wokingham: Addison Wesley, 1992.

/Jacobson 95/
Jacobson I., *The Use-Case Construct in Object-Oriented Software Engineering*, in /Carroll 95/.

/Khoshafian, Abnous 90/
Khoshafian S., Abnous R., *Object Orientation Concepts, Languages, Databases, User Interfaces*, New York: John Wiley & Sons, 1990.

/Odell 94/
Odell J., *Six different kinds of composition*, in: Journal of Object-Oriented Programming, January 1994, S. 10–15.

/Rechenberg, Pomberger 97/
Rechenberg P., Pomberger G. (Hrsg), *Informatik-Handbuch*, München: Carl Hanser Verlag, 1997.

/Wirfs-Brock, Wilkerson, Wiener 90/
Wirfs-Brock R., Wilkerson B., Wiener L., *Designing Object-Oriented Software*, Englewood Cliffs: Prentice Hall, 1990.

Analytische Aufgaben

Muss-Aufgabe
10 Minuten

1 *Lernziel: Die Eigenschaften und Einsatzbereiche von Assoziationen, Aggregationen und Kompositionen einschließlich ihrer Sonderfälle erklären können.*
Passen die abgebildeten Objekt-Diagramme zu den Klassen-Diagrammen?

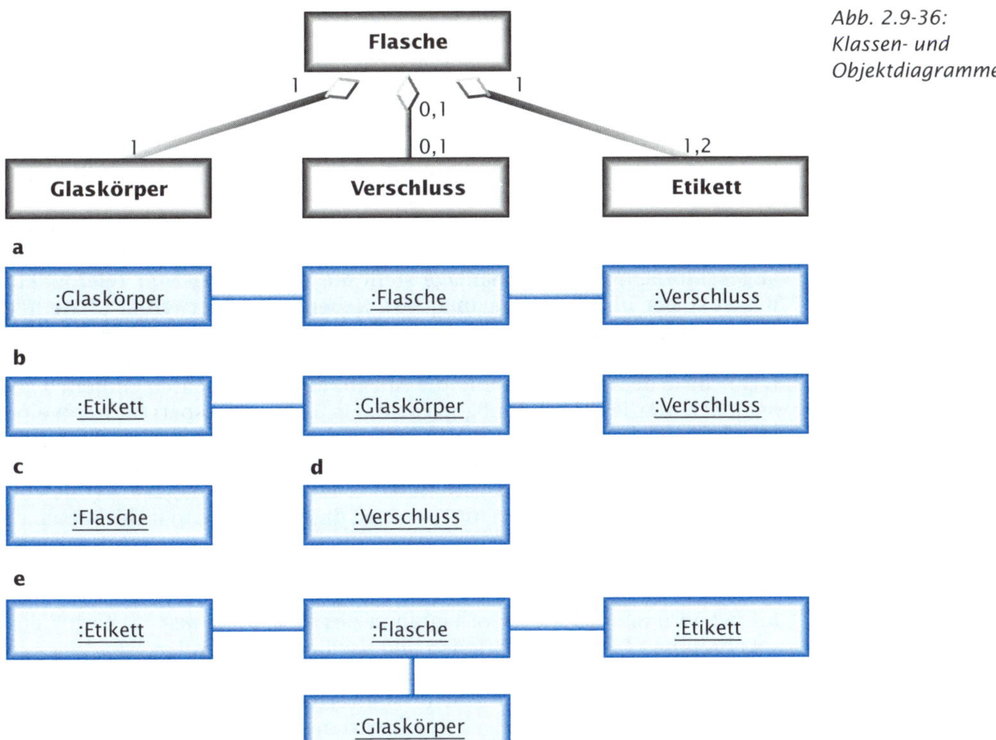

Abb. 2.9-36: Klassen- und Objektdiagramme

2 *Lernziel: Die Eigenschaften und Einsatzbereiche von Assoziationen, Aggregationen und Kompositionen einschließlich ihrer Sonderfälle erklären können.*
Sind die jeweiligen Assoziationsarten (einfache Assoziation, Komposition und Aggregation) in den Klassendiagrammen der Abb. 2.9-37 sinnvoll gewählt? Begründen Sie jeweils Ihre Entscheidung.

Klausur-Aufgabe
15 Minuten

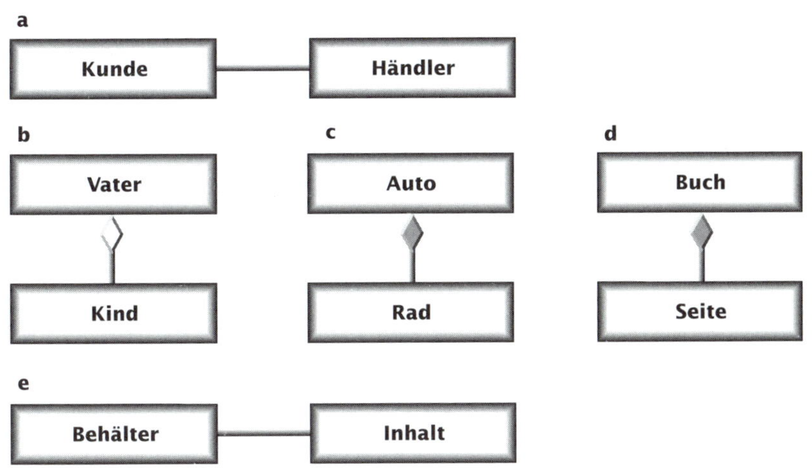

Abb. 2.9-37: Klassendiagramme

Konstruktive Aufgaben
Muss-Aufgabe
45 Minuten

3 *Lernziele: Für gegebene Beispiele die behandelten Konzepte problemgerecht auswählen und anwenden können. Kardinalitäten problemgerecht identifizieren und in der UML-Notation beschreiben können. Für gegebene Beispiele geeignete Diagramme (Klassen-, Objekt-, Kollaborations-, Sequenzdiagramm) auswählen und in UML-Notation zeichnen können.*

In der Lehreinheit 6, Aufgabe 3, haben Sie bereits die Firma kennen gelernt, die sich durch ein zu entwickelndes Software-System in die Lage versetzen möchte, ihre Telefonanlage zu verwalten.

Dabei sollten in einem ersten Schritt eine Klasse Telefon und eine Klasse Telefonanlage spezifiziert werden. Jedes Telefon ist an eine Telefonanlage angeschlossen. Die Telefonanlage stellt die Verbindung zum Telefonnetz der Post her und kann maximal 901 Nebenstellen verwalten (3-stellige Durchwahl, 0 für die Zentrale). Für jedes Telefon müssen die Nebenstellennummer des Apparats, die Berechtigungsstufe (international, national, intern) sowie der Aufstellort und die Anzahl der verbrauchten Einheiten gespeichert werden. Es soll möglich sein, ein Telefon zu sperren, wenn eine Maximalzahl von Einheiten verbraucht ist. Dazu gibt es eine Operation »Sperren«, die die verbrauchten Einheiten mit einer für alle Apparate individuell festgelegten maximal erlaubten Telefoneinheitenanzahl vergleicht. Es gibt eine Operation »Gesamt-Sperren«, die an alle Telefone die Botschaft Sperren schickt.

Für die Telefonanlage wird die Anzahl der zur Verfügung stehenden Amtsleitungen, die Amtnummer und eine Anlagenkennung gespeichert.

a Erweitern Sie das Klassen-Diagramm des beschriebenen Szenarios aus Lehreinheit 6 um Assoziationen und Kardinalitäten und passen Sie es an den dargestellten Sachverhalt an.

Durch den technischen Fortschritt ist es erforderlich geworden, das Software-System um verschiedene Telefonarten zu erweitern (Fax und ISDN-Gerät). Bei Fax-Geräten muss zusätzlich zu den Telefondaten die Stationskennung (Text) und bei ISDN-Geräten die Art des Anschlusses (Modem, PC-Karte, Telefon) gespeichert werden.

b Ändern Sie das Klassendiagramm so ab, dass der neuen Situation Rechnung getragen wird. Die bereits definierten Klassen sollen möglichst unverändert übernommen werden.

c Erstellen Sie für diese erweiterte Telefonanlage ein Objekt-Diagramm mit drei unterschiedlichen Arten von Nebenstellenapparaten in UML-Notation.

Hinweis

Weitere Aufgaben befinden sich auf der CD-ROM 1. 

2 Die Definitionsphase – Datenorientierte Sicht

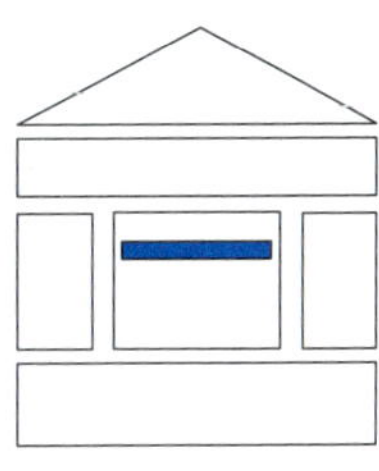

- Die Begriffe Entität, Entitätstyp, Entitätsmenge, Beziehung, Beziehungstyp, rekursive Beziehung, Attribut und Schlüssel kennen und ihre Zusammenhänge erklären können. — verstehen
- Die Kardinalitäten 1:C, 1:1, 1:MC, 1:M und ihre grafischen Repräsentationen erläutern können.
- Die Konzepte Aggregation und Vererbung der semantischen Datenmodellierung beschreiben und grafisch darstellen können.
- Die Gemeinsamkeiten und die Unterschiede des ER-Modells verglichen mit der OO-Welt darstellen können.
- Die Begriffe *Data Warehouse, Data Mart,* Hyperwürfel, multidimensionale Datenstruktur, OLAP, *Data Mining* erklären können.
- Für gegebene Beispiele ein ER-Modell erstellen können (einschließlich Generalisierungshierarchie und Aggregation). — anwenden
- Für gegebene ER-Diagramme die Kardinalitäten angeben können.
- Für Beispiele eine Assoziationsmatrix erstellen können.
- Für gegebene Beispiele einen Hyperwürfel erstellen und durch ein ER-Modell darstellen können. — beurteilen
- Datenstrukturen als *Data Dictionary*-Einträge in modifizierter Backus-Naur-Form definieren und durch Wahl geeigneter Abstraktionsebenen hierarchisch anordnen können.
- CASE-Werkzeuge für die Erstellung von ER-Diagrammen einsetzen können.

- Es sollten die Kapitel 2.1 und 2.2 bekannt sein.
- Die Kapitel 2.8 und 2.9 müssen bekannt sein.

i

2.10 *Entity-Relationship*-Modell

ER-Modell

Das ***Entity-Relationship*-Modell** (kurz: **ER-Modell** oder **ERM**) wurde 1976 von P. Chen zur Datenmodellierung entwickelt /Chen 76/. Im Deutschen wird manchmal auch die Bezeichnung Gegenstands-Beziehungs-Modell verwendet. Im Angelsächsischen ist auch der Begriff *Information Modeling* gebräuchlich.

Ziel des ER-Modells ist es, die permanent gespeicherten Daten und ihre Beziehungen untereinander zu beschreiben. Die Analyse der Information erfolgt aus fachlogischer Sicht.

konzeptionelles Modell

Es entsteht ein **konzeptionelles Modell**, das gegen Veränderungen der Funktionalität weitgehend stabil ist.

Lese- und Lernhinweis

Historisch ist das ER-Modell vor den objektorientierten Konzepten entstanden, die in den Kapiteln 2.8 und 2.9 behandelt werden. Da man heute das ER-Modell als einen Spezialfall der objektorientierten Konzepte ansehen kann, geht die folgende Darstellung des ER-Modells davon aus, dass die in den Kapiteln 2.8 und 2.9 beschriebenen OO-Konzepte bekannt sind und beherrscht werden. Daher beschränkt sich die folgende Beschreibung auf die Besonderheiten des ER-Modells.

2.10.1 ER-Konzepte und OO-Konzepte im Vergleich

Vereinfachend ausgedrückt, unterscheiden sich die ER-Konzepte von den OO-Konzepten dadurch, dass in den ER-Konzepten *kein* Verhalten modelliert wird, d.h. Operationen und Botschaften fehlen. Außerdem unterscheiden sich die Terminologie und die Notation von den UML-Standards. Tab. 2.10-1 zeigt im Vergleich die wichtigsten Begriffe und Symbole.

Wie Tab. 2.10-1 zeigt, wurden die ursprünglichen Konzepte und die Notation von Chen inzwischen wesentlich erweitert. Man bezeichnet das ER-Modell ergänzt um die Konzepte Aggregation und Vererbung auch als **semantische Datenmodellierung**. In der Chen-Notation wird jede Beziehung durch eine Raute dargestellt. Um auch große Modelle darstellen zu können, entfällt bei den meisten heute verwendeten Notationen die Raute, insbesondere bei CASE-Werkzeugen. Da in der Chen-Notation keine Unterscheidung zwischen Muss- und Kann-Beziehungen möglich ist, wurde die Notation ergänzt und modifiziert. Tab. 2.10-2 zeigt vergleichend weitere in der Praxis übliche Notationen.

UML	ERM	Notation /Chen 76/	Notations-erweiterungen
Objekt einObjekt	**Entität** *(entity)*	kein Symbol	
Klasse Klasse / Attribut / Operation()	**Entitätstyp** *(entity type)*	Entitätstyp	
Klassenextension *(extent)*	**Entitätsmenge** *(entity set)*		
Attribut	**Attribut**	Entitätstyp – Attribut	Attribut
Attributtyp	Wertebereich, Domäne, Wertetypen *(domain, value-set)*		
——	Schlüsselattribut		Attribut
——	Mehrwertiges Attribut (kann ein oder mehrere Werte aus dem Wertebereich annehmen)		Attribut
Stereotyp «Structure»	Zusammengesetztes Attribut		Attribut – Teil 1, Teil 2
Verbindung *(link)* zwischen Objekten :Klasse1 – :Klasse2	**Beziehung** *(relationship)*		
Assoziation Klasse1 – Klasse2	**Beziehungstyp, Assoziation** *(relationship type)*	Typ	Typ
Kardinalität 0..1 * 1 1..*	Kardinalität, Komplexität, Stelligkeit 1 M 1 M keine Unterscheidung zwischen Muss und Kann	MC-Notation C MC 1 M	Krähenfuß-Notation

Tab. 2.10-1a: OO-Konzepte und OO-Notation im Vergleich zu ER-Konzepten und ER-Notationen

UML	ERM	Notation /Chen 76/	Notations-erweiterungen
Reflexive Assoziation 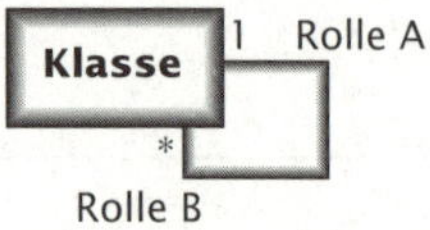 **Klasse** 1 Rolle A * Rolle B	**Rekursive Beziehung**	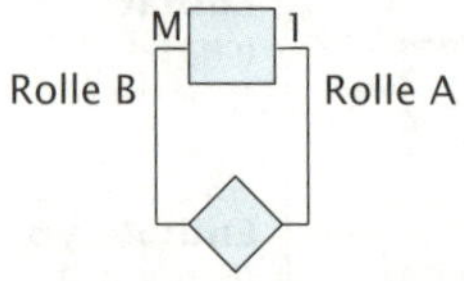 M 1 Rolle B Rolle A	
Assoziative Klassen 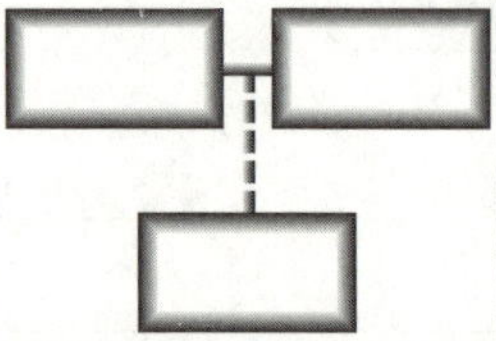	**Beziehungstyp** mit eigenen Attributen	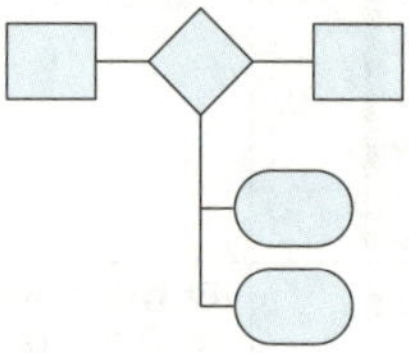	
Aggregation 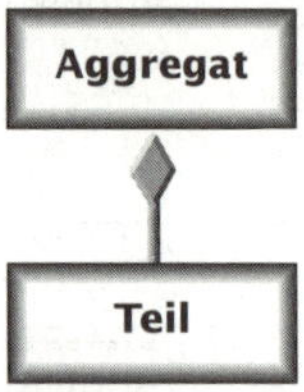 **Aggregat** **Teil**	**Aggregation** ist-Teil-von-Beziehung		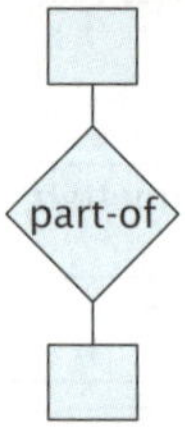 part-of
Vererbung 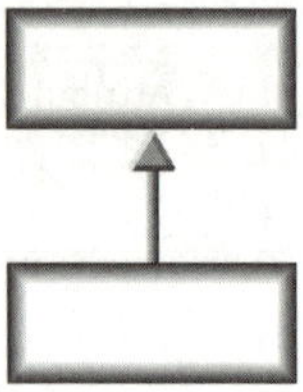	**Vererbung** ist-ein-Beziehung		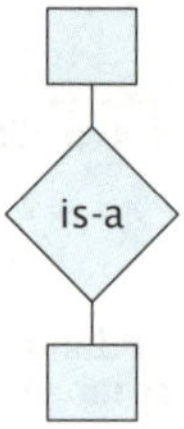 is-a

Tab. 2.10-1b: OO-Konzepte und OO-Notation im Vergleich zu ER-Konzepten und ER-Notationen

Bei der MC-Notation kann man das C als ***choice*** (wahlfrei) und das M als ***multiple*** (mehrfach) interpretieren.

Bei der numerischen Notation erfolgt die Kardinalitätsangabe in einer (min, max)-Notation. Sie besagt, in wie vielen Beziehungen eine Entität einer Entitätsmenge mindestens (min) und höchstens (max)

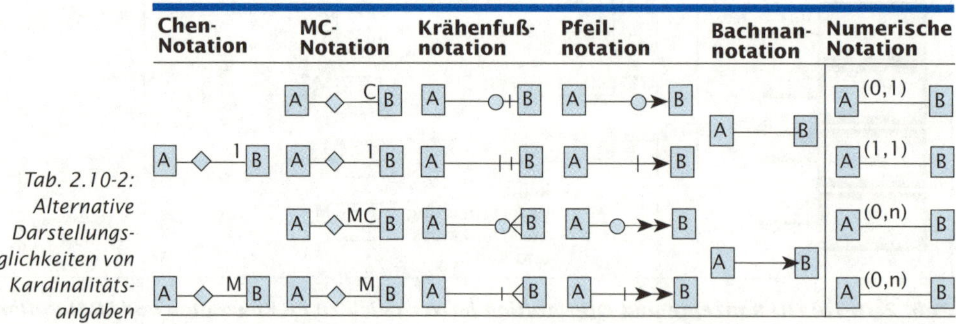

Tab. 2.10-2: Alternative Darstellungs-möglichkeiten von Kardinalitäts-angaben

vorkommt. In den ER-Grafiken wird auf die Klammerung der Zahlenpaare meistens verzichtet. Ist min=max, dann wird nur ein Wert angegeben.

Bei den meisten Notationen wird die Kardinalität einer Beziehung jeweils an genau der *gegenüberliegenden* Entitätsmenge angetragen – wie in der UML-Notation. Bei einigen Notationen wird die Kardinalität einer Beziehung aber *umgekehrt*, d.h. an derselben Seite angetragen, z.B. bei der numerischen Notation (Abb. 2.10-1).

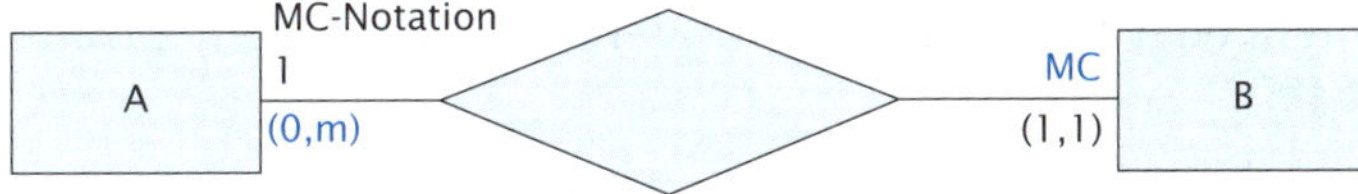

Abb. 2.10-1: MC-Notation vs. numerische Notation

Beim Betrachten von ER-Diagrammen ist daher jeweils zu klären, welche Notation verwendet wird.

Bei Notationen, die die Buchstaben M, N für die Obergrenze verwenden, bedeutet die Angabe eine unbestimmte Anzahl. In der Regel kennt man die konkrete Obergrenze auch nicht. Ist dies jedoch der Fall – oft bei technischen Systemen – dann lassen einige Notationen auch die Angabe konkreter Obergrenzen zu.

Beispiel

Die Abb. 2.10-2 zeigt einen Ausschnitt aus der Fallstudie »Seminarorganisation« in Chen-Notation mit Attributdarstellung. In der Regel lässt man die Attribute in ER-Diagrammen weg. Beim Einsatz von CASE-Werkzeugen können die Attribute wahlweise angezeigt oder weggeblendet werden.

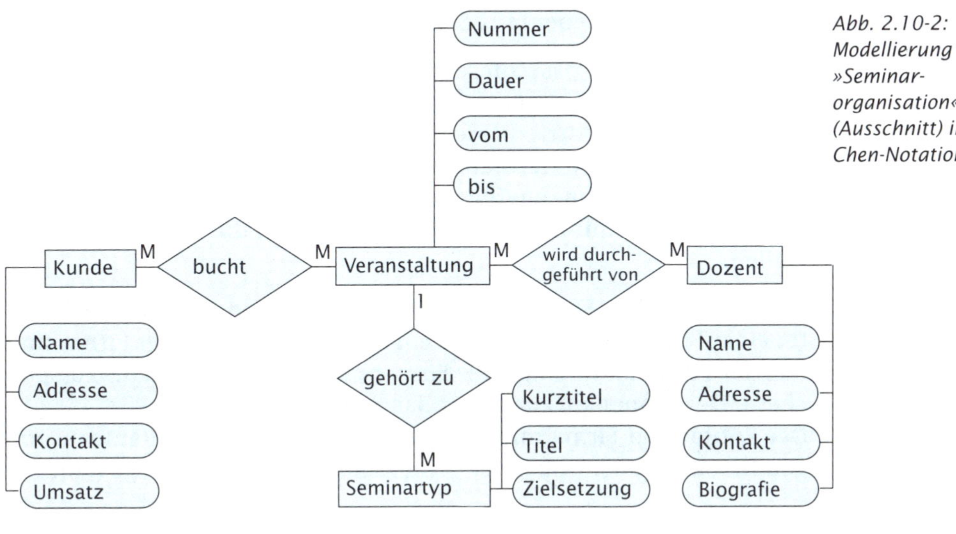

Abb. 2.10-2: Modellierung der »Seminarorganisation« (Ausschnitt) in Chen-Notation

2.10.2 Schlüssel, Tabellen und Dateien

Abschnitt 2.8.2 In der objektorientierten Welt besitzt jedes Objekt eine eigene **Objektidentität**, die unabhängig von den Attributwerten des Objekts ist.

Im ER-Modell verwendet man zur Identifikation von Entitäten **Schlüssel**. Man unterscheidet daher *beschreibende* Attribute, um die anwendungsrelevanten Eigenschaften der Entitäten festzuhalten, und *identifizierende* Attribute, die Schlüssel zur eindeutigen Identifikation einer Entität innerhalb ihrer Entitätsmenge bilden. Ein Schlüssel kann aus einem oder mehreren identifizierenden Attributen zusammengesetzt sein.

Beispiel Für eine Entitätsmenge lässt sich oft auch mehr als ein Schlüssel angeben, z.B.

Entitätsmenge:	Stadt
Attribute:	PLZ, Staat, Einwohnerzahl, Vorwahl
Schlüssel:	PLZ und Staat *oder* Vorwahl

In einem solchen Fall wird stets ein Schlüssel als Primärschlüssel ausgezeichnet.

Von einem Schlüssel wird Minimalität verlangt:

Falls die Attributkombinationen K1 und K2 beide eine Entität identifizieren können, aber K1 in K2 enthalten ist, dann ist nur K1 Schlüssel, K2 hingegen ist ein Schlüsselkandidat.

Ein **Schlüssel** K ist stets eine *minimale*, identifizierende Attributkombination. Jede echte Obermenge von K ist ein Schlüsselkandidat. Schlüssel werden unterstrichen dargestellt.

Beispiel Für Stadt ist {Staat, Vorwahl} Schlüsselkandidat, Vorwahl ist Schlüssel, {PLZ, Staat} ist ebenfalls Schlüssel.

Minimal bedeutet, dass die eindeutige Identifizierbarkeit verloren geht, wenn ein Attribut entfernt wird. Es ist möglich, dass ein fachlich notwendiges Attribut gleichzeitig als Schlüssel fungiert (z. B. Matrikelnummer). Andernfalls muss beim ER-Modell ein *künstliches* Schlüsselattribut hinzugefügt werden.

Tabellen Entitätstypen mit ihren Entitäten lassen sich durch **Tabellen** darstellen.

Beispiel 1 In der Fallstudie »Seminarorganisation« kann jeder Kunde Mitarbeiter einer Firma sein. Sonst ist er ein Privatkunde. Zu jeder Firma sind u.a. der Firmenkurzname, der Firmenname und der Umsatz zu speichern. Der Firmenkurzname ist das Schlüsselattribut.

Der Entitätstyp Firma mit zwei Entitäten sieht in Tabellenform folgendermaßen aus, wobei der Schlüssel unterstrichen dargestellt ist:

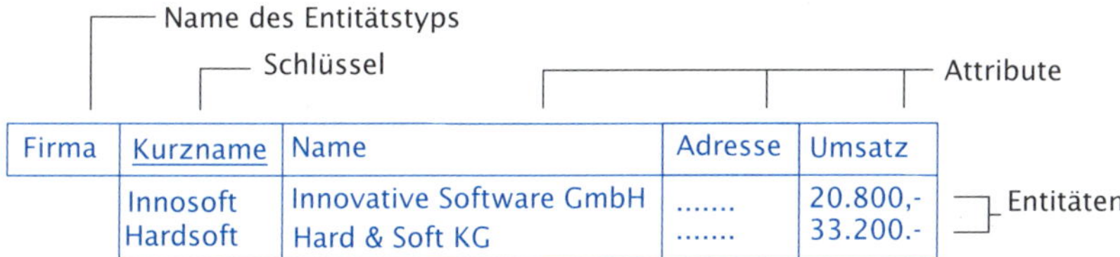

Firma	Kurzname	Name	Adresse	Umsatz
	Innosoft	Innovative Software GmbH	....	20.800,-
	Hardsoft	Hard & Soft KG	....	33.200.-

Solche Tabellen können in Dateien gespeichert werden. Es gilt folgende Regel:

1 Für jeden Entitätstyp wird ein Speicher bzw. eine Datei benötigt. Jede Entität des entsprechenden Entitätstyps stellt einen Eintrag in diese Datei dar. Regel

Das folgende ER-Modell soll in Tabellen umgewandelt werden: Beispiel 2

Es werden zwei Tabellen benötigt. Die in Beispiel 1 angegebene Tabelle bleibt unverändert. Die Kundentabelle sieht folgendermaßen aus:

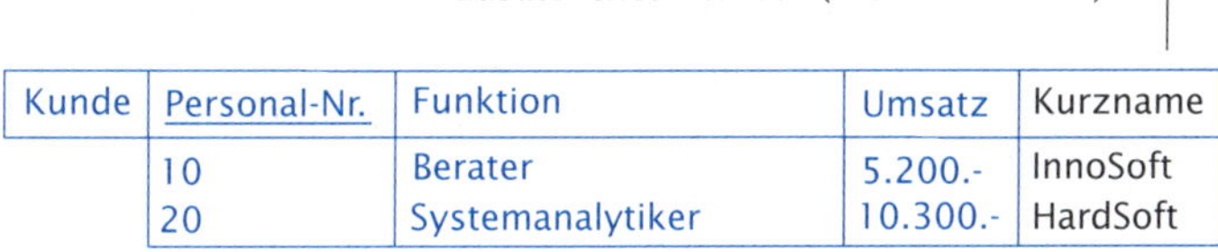

Kunde	Personal-Nr.	Funktion	Umsatz	Kurzname
	10	Berater	5.200.-	InnoSoft
	20	Systemanalytiker	10.300.-	HardSoft

Es gilt folgende Regel:

2 Sind zwei Entitätstypen A und B durch einen 1:1- oder M:1-Beziehungstyp verbunden, dann wird der Primärschlüssel von B als so genannter Fremdschlüssel in A eingetragen, d.h. als zusätzliches Attribut. Regel

Zwischen Kunde und Veranstaltung besteht der M:M-Beziehungstyp »bucht«: Beispiel 3

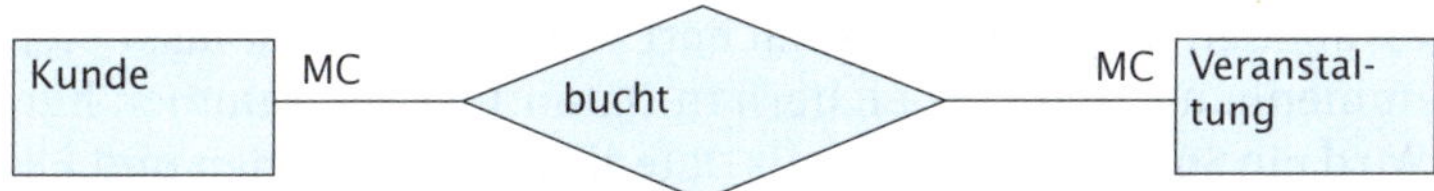

Eine Transformation in Tabellen erfordert drei Tabellen. Die Tabelle Kunde (Beispiel 2) bleibt unverändert. Die Tabelle Veranstaltung sieht folgendermaßen aus:

Veranstaltung	Veranstaltungs-Nr.	Dauer	Vom	Teiln. aktuell
	22	3	1.3.01	15
	94	2	4.7.01	8
	37	1	10.10.01	128

Für den Beziehungstyp *bucht* wird eine eigene Tabelle benötigt:

Schlüssel, bestehend aus zwei Schlüsselattributen

bucht	Personal-Nr.	Veranstaltungs-Nr.
	10	94
	10	22
	27	37

Der erste Eintrag bedeutet, dass der Kunde mit der Personal-Nr. 10 die Veranstaltung mit der Nummer 94 gebucht hat. Beide Attribute bilden einen gemeinsamen Schlüssel für die Einträge in dieser Tabelle.

Es gilt folgende Regel:

Regel

3 Sind zwei Entitätstypen A und B durch einen M:N-Beziehungstyp verbunden, dann wird für den Beziehungstyp eine eigene Tabelle angelegt. Als Attribute werden die Schlüssel der Entitätstypen verwendet, die der Beziehungstyp verbindet. Beide Schlüsselattribute zusammen bilden den Primärschlüssel dieser Tabelle.

Attribute einer Beziehung

Einem Beziehungstyp kann man ebenfalls Attribute zuordnen, wenn dies fachlich notwendig ist. Diese Attribute treten nur auf, wenn zwischen zwei Entitäten eine entsprechende Beziehung besteht.

Beispiel 4

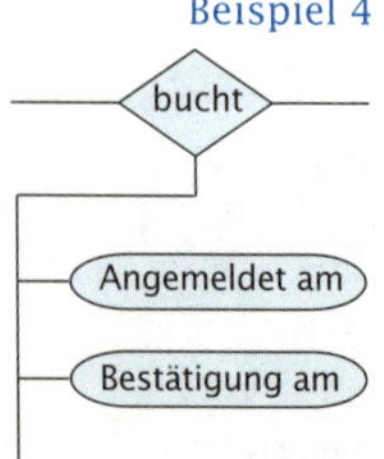

Für die Seminarorganisation ist es wichtig zu wissen, wann ein Kunde eine Veranstaltung bucht (Angemeldet am), wann der Kunde die Buchungsbestätigung erhalten hat (Bestätigung am), ob er sich wieder abgemeldet hat, ob er eine Änderungsmitteilung erhalten und wann er die Rechnung zugeschickt bekommen hat. Diese Attribute werden in die Tabelle *bucht* (siehe Beispiel 3) als zusätzliche Attribute aufgenommen.

Abschnitt 3.5.3

Ausführlich wird auf die Transformationen in Kapitel 3.5 eingegangen.

Zusammenhang mit DFD Kapitel 2.7

Da die Tabellen in Dateien gespeichert werden können, lässt sich ein Zusammenhang zu den Speichern in Datenflussdiagrammen herstellen. Wird ein Software-System mit Datenflussdiagrammen und ER-Modellen spezifiziert, dann müssen die Speicher mit den Tabellen des ER-Modells korrespondieren.

In dem Datenflussdiagramm der Abb. 2.7-1 gibt es sowohl einen Speicher *Kundendatei* als auch einen Speicher *Firmendatei*, die mit den Tabellen bzw. Dateien aus den Beispielen 1 und 2 korrespondieren. Beispiel 5

Allgemein gilt, dass ein Speicher im DFD eine mögliche Sicht auf das Datenmodell darstellt. Eine 1:1-Beziehung zwischen Entitätstyp und Speicher ist aus der Zielsetzung eines DFD jedoch *nicht* zwingend.

2.10.3 Beispiele für semantische Datenmodelle

Verwendet man die semantische Datenmodellierung als Erweiterung der ER-Modellierung für die Spezifikation der fachlichen Lösung, dann erhält man als Beispiele die Modellierungen der Abb. 2.10-3 und der Abb. 2.10-4.

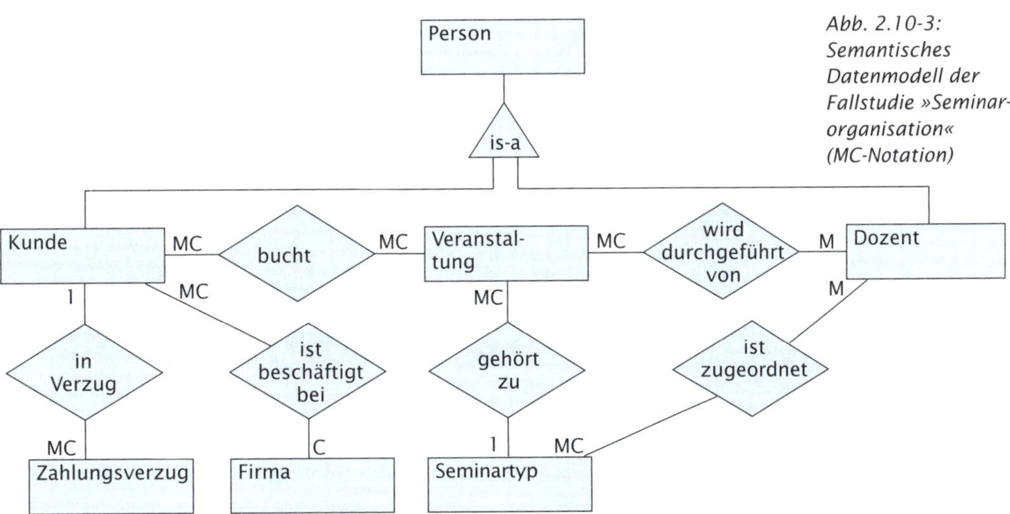

Abb. 2.10-3: Semantisches Datenmodell der Fallstudie »Seminarorganisation« (MC-Notation)

Im Gegensatz zu kaufmännisch/administrativen Anwendungen, wie der Fallstudie »Seminarorganisation« (Abb. 2.10-3), besitzt bei technischen Systemen (Abb. 2.10-4) die Kardinalität oft eine feste Obergrenze.

Zusammenhang mit Funktionsbäumen

Die in den Funktionsbäumen beschriebenen Funktionen benutzen die in ER-Diagrammen modellierten Datenstrukturen, um ihre Aufgabe zu erfüllen. Eine Möglichkeit, den Zusammenhang zwischen beiden Sichten herzustellen, ist die Erstellung einer Assoziationsmatrix.

In Tab. 2.10-3 werden die Funktionen der Abb. 2.5-1 den Dateien gegenübergestellt, die sich aus der Abb. 2.10-3 ergeben. Kapitel 2.5

Abb. 2.10-4: Semantisches Datenmodell eines Roboters (numerische Notation)

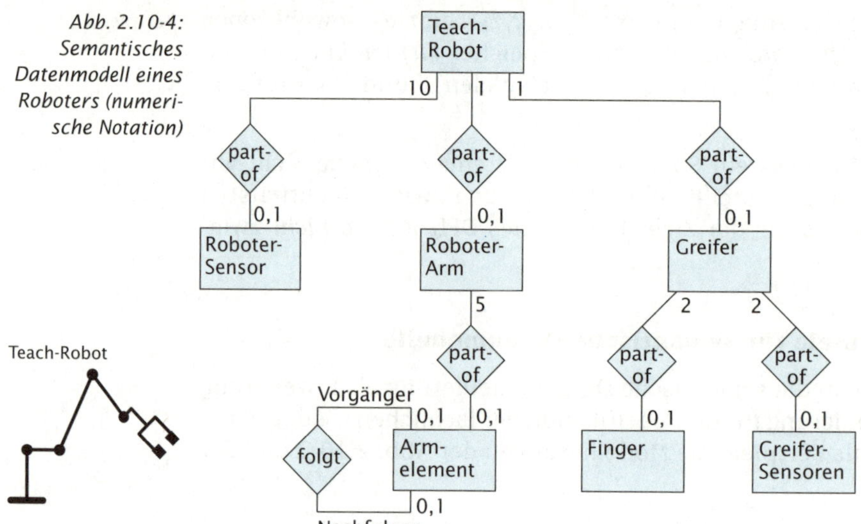

Tab 2.10-3: Assoziationsmatrix zwischen Funktionen und Daten (Ausschnitt)

Funktionen / Dateien	Kunde	Firma	Zahlungsverzug	bucht	Seminarveranstaltung	wird durchgeführt von	Dozent	ist zugeordnet	Seminartyp
erfasse Kundenstammdaten	c								
aktualisiere Kundenstammdaten	u								
lösche Kundenstammdaten	d								
erstelle Adreßaufkleber	r								
trage Zahlungsverzüge ein			c						
erfasse Firmenstamm		c							
aktualisiere Firmenstamm		u							
lösche Firmenstamm		d							
beantworte Anfragen	r	r							
erstelle Anmeldebestätigung	r	r	r	r	r				r
erstelle Rechnung	r	r	r	r	r				r
erstelle Rechnungskopie	r	r	r	r	r				r
erstelle Mitteilung	r	r	r	r	r	r	r	r	r
erstelle Abmeldebestätigung	r	r	r	r	r				r
erstelle korrigierte Rechnung	r	r	r	r	r				r
erstelle korrigierte Rechnungskopie	r	r	r	r	r				r
erstelle Mitteilung	r	r	r	r	r				r
erstelle Stornierungsmitteilung	r	r	r	r	r	r	r		r
erstelle korrigierte Rechnung	r	r	r	r	r				r
erstelle korrigierte Rechnungskopie	r	r	r	r	r				r

Legende: c = *Create*; u = *Update*; r = *Read*; d = *Delete*

Qualitätssicherung

Ein semantisches Datenmodell soll für das zu entwickelnde Software-System die relevanten Entitätsmengen und die Beziehungen zwischen den Entitätsmengen mit ihrer fachlichen Bedeutung darstellen. Folgende Überprüfungen sind durchzuführen:

- Besitzt jeder Entitätstyp mindestens ein Attribut? Ist dies nicht der Fall, dann liegt kein Entitätstyp vor.
- Sind die Entitätstypen durch Substantive, die Beziehungstypen durch Verben beschrieben? Ist dies nicht der Fall, dann sind die Beziehungstypen zu überprüfen.
- Verwenden in einer *is-a*-Beziehung alle Spezialisierungstypen alle Attribute des Generalisierungstyps? Ist dies nicht der Fall, dann ist die *is-a*-Beziehung zu überprüfen.
- Sind zwei Entitätstypen identisch? Identität kann vorliegen, wenn eine oder mehrere der folgenden Bedingungen erfüllt sind:
  - Die Entitätstypen stehen in einer 1:1-Beziehung.
  - Sie sind durch dieselben Beziehungstypen mit der Umgebung verbunden.
  - Sie besitzen dieselben Schlüsselattribute.
  - Sie besitzen dieselben Attribute.
- Jeder Beziehungstyp ist zu überprüfen auf
  - seine Notwendigkeit, d.h. bringt er neue Informationen in das Modell?
  - korrekte Darstellung des Sachverhalts.
- Liegt ein Entitätstyp oder ein Attribut vor?
  Eine Entität muss eindeutig identifizierbar sein und durch Attribute beschrieben werden. Farbe ist ein Attribut vom Auto. Würde aber die Zusammensetzung von Farbe interessieren, so wäre sie ein Entitätstyp. Abhängig vom Blickwinkel können Attribute zu Entitätstypen werden und umgekehrt.

Bewertung

- ⊞ Im kaufmännischen Anwendungsbereich ist eine semantische Datenmodellierung ein absolutes Muss!
- ⊞ Auch in vielen technischen Bereichen ist die Komplexität der Daten so groß, dass ein semantisches Datenmodell erforderlich ist (siehe Roboter-Modellierung).
- ⊞ Voraussetzung für einen relationalen Datenbankentwurf.
- ⊟ Dynamische Aspekte wie in der OO-Welt können nicht dargestellt werden.
- ⊟ Erfordert ein höheres Abstraktionsniveau als die Konzepte zur Modellierung der funktionalen Sicht, daher schwerer zu erlernen und schwerer zu verstehen.
- ⊟ Semantische Datenmodelle können sehr umfangreich werden und sind dann schwer zu überblicken. Es fehlt ein Verfeinerungsmechanismus, um mehrere Abstraktionsebenen bilden zu können.

Empfehlung

Heute sollten zunächst die OO-Konzepte zur Modellierung verwendet werden. Falls erforderlich, kann dann durch Weglassen der dynamischen Anteile eine Reduktion auf ein semantisches Datenmodell vorgenommen werden.

2.10.4 Unternehmensdatenmodelle und Weltmodelle

In der Fallstudie »Seminarorganisation« wurde ein Teilausschnitt der Firma Teachware modelliert. Beispielsweise können auch die Mitarbeiter von Teachware durch ein separates Anwendungssystem verwaltet werden (Lohn- und Gehaltsabrechnung).

Bei größeren Unternehmen gibt es eine Vielzahl von Anwendungssystemen, die Teilbereiche verwalten. Betrachtet man jeweils nur den Bereich eines Unternehmens, der durch ein entsprechendes Anwendungssystem bearbeitet wird, dann führt dies zu folgenden Problemen:

- Mehrfachverwaltung der gleichen Datenbestände,
- Brüche bei der Abwicklung von übergreifenden Geschäftsprozessen,
- inkompatible Informationsflüsse.

Unternehmensdatenmodell

Um diese Probleme zu vermeiden, ist es das Ziel, ein umfassendes **Unternehmensdatenmodell** aufzustellen.

Lesehinweis: In /Biethan, Rohrig 90/ ist das Datenmodell für ein Versicherungsunternehmen dargestellt. In /Scheer 90b/ wird die Grobstruktur eines Unternehmensdatenmodells gezeigt (Abb. 2.10-5).

Ein Unternehmensdatenmodell soll die Informationsstrukturen und Geschäftsprozesse aller Bereiche eines Unternehmens unter Berücksichtigung der Schnittstellen zueinander in einheitlicher und ganzheitlicher Form darstellen. Zur Beschreibung von Unternehmensdatenmodellen werden heute noch semantische Datenmodelle verwendet.

Je nach Abstraktionsebene und Verdichtungsgrad können Datenmodelle unterschiedlicher Ebenen definiert werden.

Ein strategisches Datenmodell enthält nur die wichtigsten Entitätstypen, Beziehungen, Aggregationen und Generalisierungen. Strategische Datenmodelle enthalten nur grundsätzliche Branchenunterschiede, keine detaillierten Unterschiede.

Ein solches Datenmodell umfasst in der Regel rund 20 bis 30 Entitätstypen, Beziehungen, Aggregationen und Generalisierungen.

Lesehinweis: In /Scheer 90a/ wird beschrieben, in welchen Schritten ein Unternehmensdatenmodell entwickelt werden kann.

Die nächste Abstraktionsebene zeigt bereits unterschiedliche Strukturen innerhalb einer Branche. Ein solches Modell umfasst ca. 200 bis 500 Entitätstypen und Verknüpfungen. A.-W. Scheer hat in dem Buch »Wirtschaftsinformatik« ein Unternehmensmodell für Industriebetriebe auf dieser Ebene entwickelt. Es enthält rund 300 Entitätstypen und wurde bereits mehrfach bei der praktischen Aufstellung von unternehmensweiten Datenmodellen als Referenzmodell eingesetzt. Das Modell benötigt ein Blatt der Größe DIN A1.

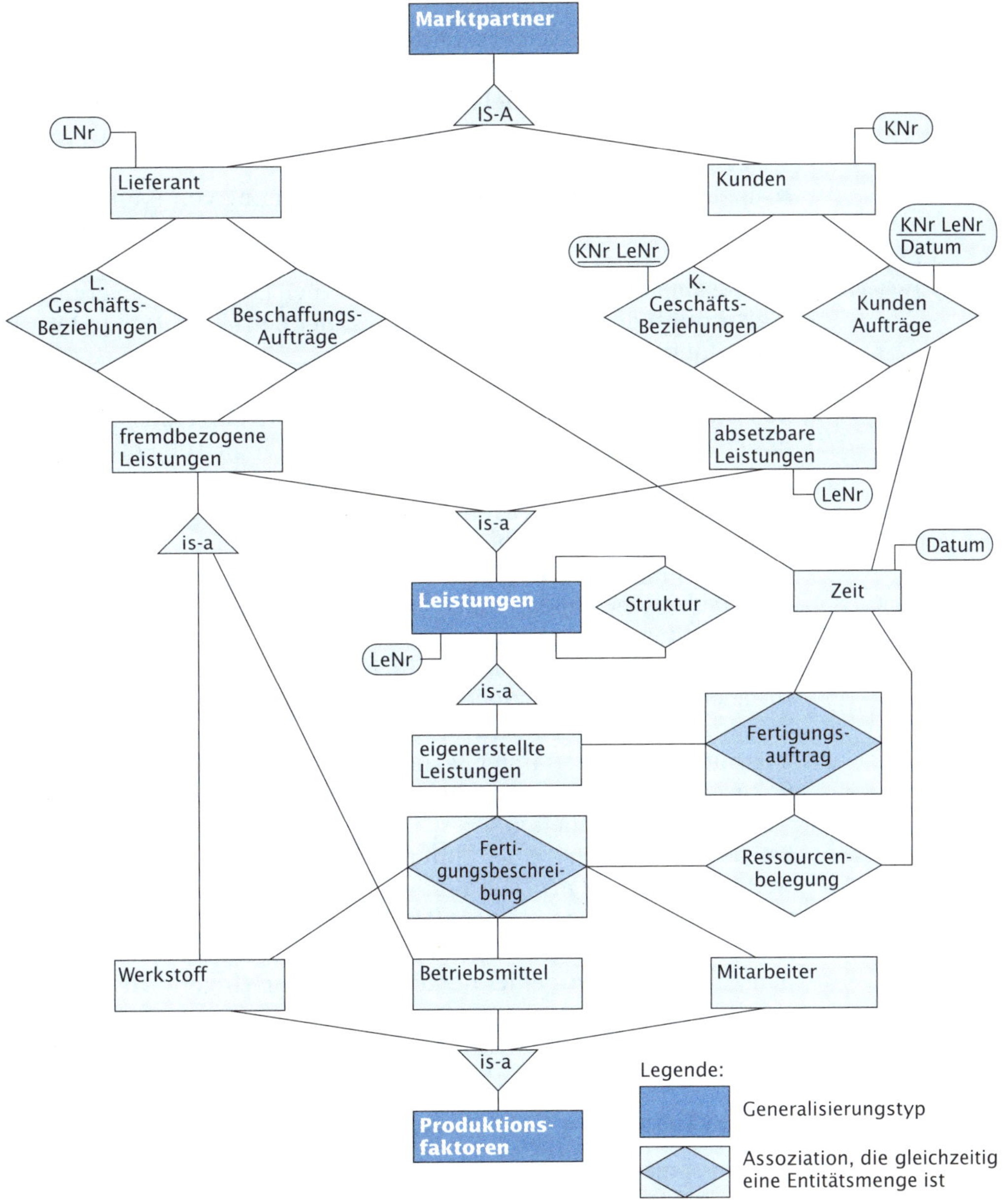

Abb. 2.10-5: Grobstruktur eines Unternehmensdatenmodells /Scheer 90b/

Eine weitere Verfeinerung eines solchen Modells führt zu einem unternehmensindividuellen Datenmodell mit einem Umfang von 300 bis 1500 Entitätstypen und Beziehungen.

Bei der Modellierung von Unternehmensdatenmodellen wird intensiv die Generalisierungshierarchie verwendet.

Betrachtet man die Robotermodellierung (Abb. 2.10-4), dann zeigt dieses ER-Modell sicher nur einen Teilaspekt, wenn es um die Steuerung eines Roboters in einer Fertigungsumgebung geht. Folgende Sichten müssen modelliert werden /Dillmann, Huck 91, S. 70/:

- die Umweltsicht (oberste Beschreibung der Roboterzelle),
- die Robotersicht (Modellierung des Betriebsmittels Roboter),
- die Montagesicht (Beschreibung von Montagefolge und Bewegungssegment),
- die Sicht der Handlungsobjekte (Beschreibung von Produkten),
- die Konstruktionssicht (Konstruktionsmodell physikalischer Objekte).

Weltmodell

Die Zusammenfassung dieser verschiedenen Einzelsichten ergibt ein **Weltmodell** der Fertigungsumgebung, der Betriebsmittel und Werkstücke und der Produktionsdaten.

In dem Buch »Informationsverarbeitung in der Robotik« beschreiben die Autoren R. Dillmann und M. Huck die einzelnen Sichten eines solchen Weltmodells. Es besteht aus ungefähr 100 Entitätstypen und ihren Beziehungen.

Bei der Zusammenfassung von Teilmodellen zu einem Gesamtmodell muss Folgendes beachtet werden:

- Erkennung und Auflösung von Synonymen
  (verschiedene Benennungen für den gleichen Sachverhalt),
- Erkennung und Auflösung von Homonymen
  (Gleichbenennung unterschiedlicher Sachverhalte).

Diese beiden Punkte beziehen sich sowohl auf Entitätstypen und Beziehungen als auch auf Attribute.

- Ermittlung nicht erfasster Beziehungen zwischen den Einzelsichten,
- Zusammenfassen unterschiedlicher Entitätstypen für identische Informationseinheiten.

Verweis: *top down* vs. *bottom up* Methode, Hauptkapitel IV 1

Bei der Entwicklung eines Unternehmensdatenmodells oder eines Weltmodells kann man bei den generellen Begriffen beginnen und durch eine zunehmende Spezialisierung die Begriffe in feinere Begriffe aufspalten *(top down-Methode)*. Bei der Generalisierung werden zunächst die auf einer detaillierten Ebene eingeführten Begriffe verallgemeinert *(bottom up-Methode)*. In der Praxis wird oft eine Mischung beider Methoden verwendet.

2.10.5 Einsatz von CASE-Werkzeugen

Für die semantische Modellierung gibt es viele singuläre und integrierte Werkzeuge, die in der Regel auch in der Lage sind, Tabellen zu erzeugen und sogenannte Datenbank-Schemata (siehe Kapitel 3.5) anzulegen. Auf der beigefügten CD-ROM 1 befinden sich mehrere solcher CASE-Werkzeuge.

www.platinum.com
www.computec.com

Abb. 2.10-6 zeigt das ER-Diagramm der Abb. 2.10-2, erstellt mit dem CASE-Werkzeug *ERwin*, zu dem es auch einen Transformator gibt, der ein ER-Diagramm in ein Klassendiagramm wandelt, das mit dem CASE-Werkzeug *Rational Rose* gelesen werden kann.

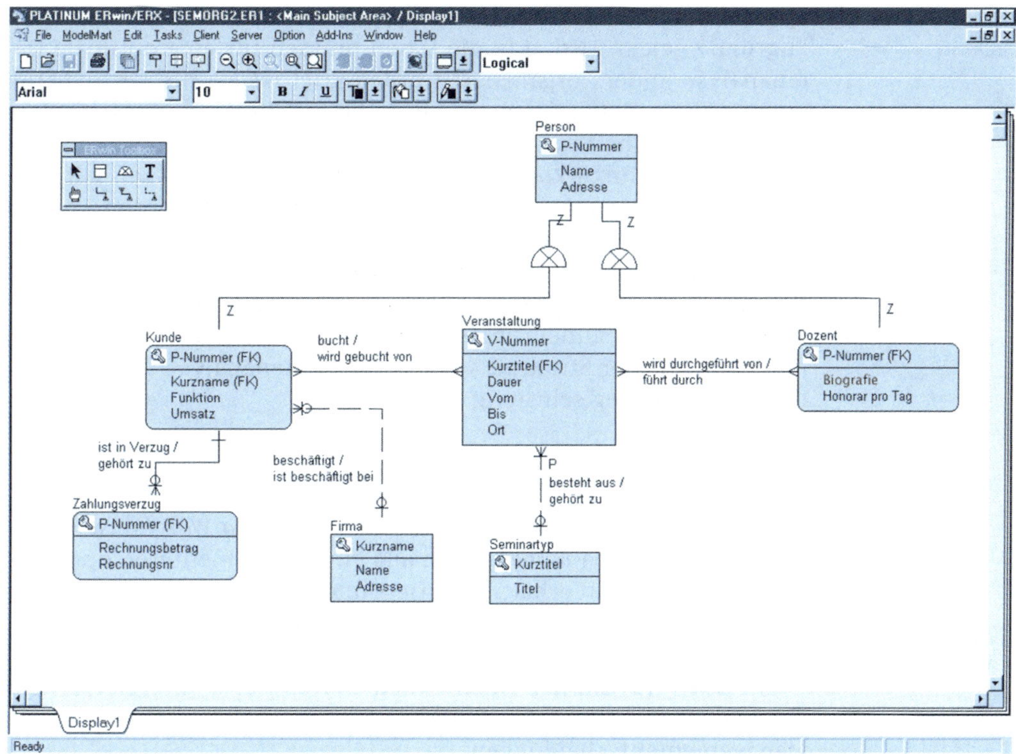

Abb. 2.10-6: ER-Diagramm erstellt mit einem CASE-Werkzeug

2.11 Modellierung multidimensionaler Datenstrukturen

Mit dem ER-Ansatz werden Datenmodelle spezifiziert, die dazu dienen, operative Datenbanken zu betreiben. In einer operativen Datenbank werden Daten und ihre Beziehungen so gespeichert, dass sie für den täglichen Einsatz in einem Unternehmen optimal verwendet werden können. Täglicher Einsatz bedeutet, dass Daten erfasst, geändert, gelesen und gelöscht werden und den aktuellen Stand des Geschäftsverlaufs wiedergeben. Ein Beispiel dafür ist die Verwaltung der Firma Teachware mit dem Anwendungssystem »Seminarorganisation«.

Kapitel 3.4

In der Praxis hat sich gezeigt, dass in Unternehmen ein zunehmender Bedarf besteht, nicht nur auf die aktuellen Daten zuzugreifen, sondern Auswertungen über einen längeren Zeitraum hinweg vorzunehmen, um z. B. Trends festzustellen. Für die Firma Teachware ist es z. B. wichtig zu wissen, welche Seminartypen an welchen Veranstaltungsorten in den letzten drei Jahren am erfolgreichsten waren. Es hat sich herausgestellt, dass solche Datenanalysen nicht

Datenanalyse

optimal durchgeführt werden können, wenn ein normales ER-Modell zugrunde gelegt wird, d.h. die Daten müssen für eine optimale Datenanalyse anders organisiert werden. Ziel ist es, die verfügbaren quantitativen Daten für die Analyse so anzuordnen, dass sie dem intuitiven Geschäftsverständnis des Managers möglichst weitgehend entsprechen. Hinzu kommt, dass intensive Datenanalysen auf operativen Datenbanken nicht zeitoptimal ausgeführt werden können und durch solche Analysen die Leistungsfähigkeit operationaler Datenbanken herabgesetzt wird. Außerdem fehlen in operationalen Datenbanken oft die historischen Datenbestände. In großen Unternehmen gibt es zudem meist mehrere operationale Datenbanken unterschiedlicher Struktur, so dass eine Datenanalyse über alle Datenbanken hinweg schwierig ist.

2.11.1 *Data Warehouse* und *Data Marts*

Data Warehouse
warehouse = Lagerhaus, (Waren-) Lager, Speicher, Bewahranstalt, Wohnsilo

Als Lösung für diese Probleme hat man das *Data Warehouse* entwickelt, eine Datenbank, die Daten aus einer oder mehreren operationalen Datenbanken erhält, integriert und aggregiert und damit eine optimale Datenanalyse ermöglicht. Der »Vater des *Data Warehouse*«, W. Inmon /Inmon 92/, nimmt folgende Definition vor:

Ein ***Data Warehouse*** ist eine themenorientierte, integrierte, zeitabhängige, nichtflüchtige Datensammlung zur Unterstützung von Managemententscheidungen.

Im *Data Warehouse* sind alle für Analysen notwendigen Daten eines Unternehmens gespeichert. Um einzelnen Anwendergruppen, Bereichen oder Abteilungen nur die Daten zur Verfügung zu stellen, die sie für ihre Aufgaben benötigen, sind die *Data Marts* entstanden.

Data Marts
mart = Markt, Handelszentrum, Marktplatz

Data Marts stellen funktionsbereichs- oder personengruppenspezifische Extrakte aus der *Data Warehouse*-Datenbasis zur Verfügung. Sie erlauben dadurch dezentrale fachliche Sichten auf das zentrale *Data Warehouse*. Abb. 2.11-1 zeigt die grundsätzliche Architektur von *Data Warehouse*-Umgebungen.

Zwei wichtige Ansätze für die Auswertung der Daten sind OLAP und *Data Mining*.

OLAP

OLAP *(On-line Analytical Processing)* beschreibt die Datenmodellierung in multidimensionalen Strukturen zur Datenanalyse. Bei multidimensionaler Aufbereitung (siehe unten) können die Daten vom Benutzer schneller und aussagekräftiger zur Entscheidungsfindung analysiert werden.

Data Mining
mining = Bergbau

Data Mining bezeichnet die automatische Suche nach unbekannten Zusammenhängen in großen Datenbeständen. In einem möglichst großen und umfassenden Datenbestand werden automatisch eine Vielfalt von Zusammenhängen entdeckt, die dann noch bezüglich ihrer Aussagekraft und Relevanz interpretiert werden müssen.

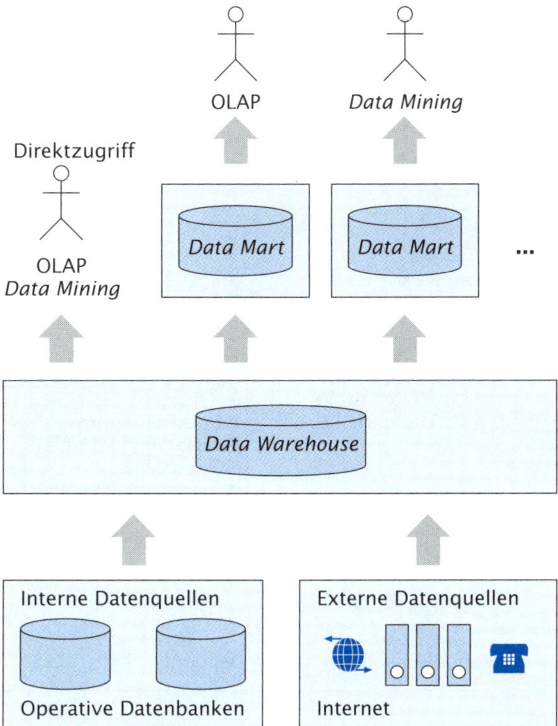

Abb. 2.11-1: Grundsätzliche Architektur von Data Warehouse-Umgebungen

Abb. 2.11-2 zeigt welche Daten über den Kunden Schulz in den verschiedenen Datenspeichern aufbewahrt werden.

Beispiel Fallstudie »Seminarorganisation«

2.11.2 OLAP und Hyperwürfel

OLAP-Systeme sollen

- Managern und qualifizierten Mitarbeitern aus den Fachabteilungen die Möglichkeit geben, schnelle, interaktive und komplexe Analysen durchzuführen,
- die gesammelten Daten aus möglichst vielen verschiedenen Perspektiven zeigen,
- die Analyseergebnisse in akzeptabler Zeit auch auf einer sehr großen Datenbasis bereitstellen.

Multidimensionalität

Diese Ziele können durch eine Anordnung der Daten in multidimensionalen Datenstrukturen gut erreicht werden. Multidimensionalität bedeutet hierbei, dass quantitative **Kennzahlen** *(facts)* bzw. betriebswirtschaftliche Variablen, z.B. Umsatz- oder Kostengrößen, die durch mehrere sachliche Kriterien, wie z.B. Perioden, Kunden, Artikel, Niederlassungen oder Regionen, beschreibbar sind, in mehrdimensionalen Datencontainern angeordnet sind. Diese Größen lassen sich dann als Sammlung von Würfeln veranschaulichen, wobei

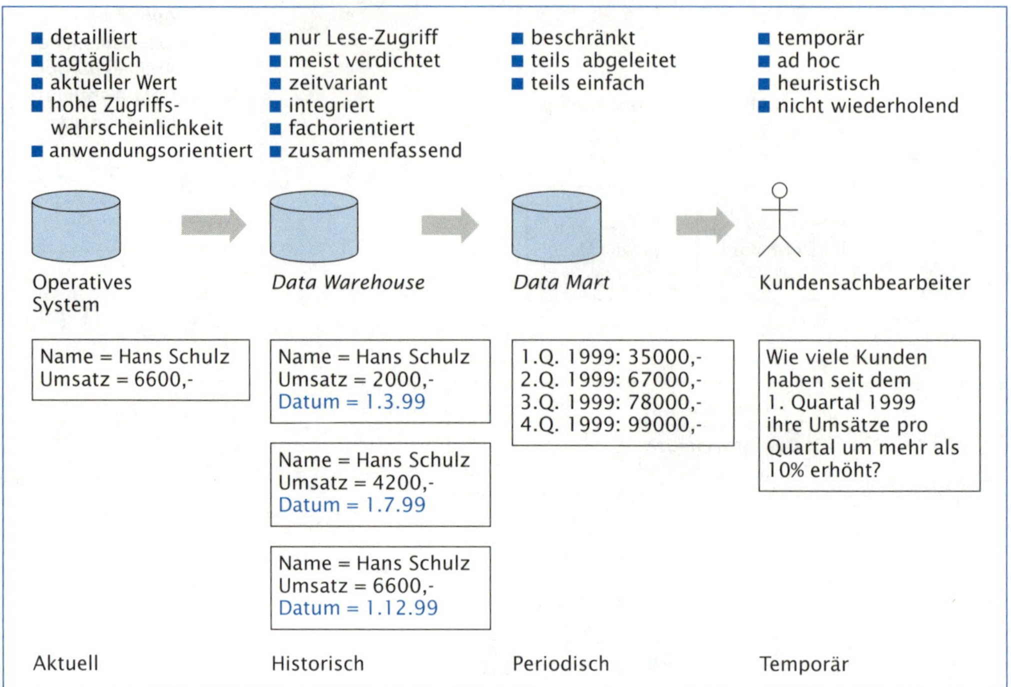

Abb. 2.11-2: Datencharakteristika der Architekturstufen

die einzelnen **Dimensionen** durch die zugehörigen textindizierten Würfelkanten repräsentiert werden.

Der Begriff des Datenwürfels *(data cube)* hat sich im allgemeinen Sprachgebrauch durchgesetzt. Allerdings sind die üblichen Datenstrukturen nicht auf drei Dimensionen begrenzt und auch die Würfelkanten müssen nicht gleich lang sein. Wegen dieser Besonderheiten spricht man daher auch von einem **Hyperwürfel** *(hyper cube)*.

Hyperwürfel

Hyper = über das normale, übliche Maß weit hinausgehend

Beispiel

In der Fallstudie »Seminarorganisation« möchte der Seminarsachbearbeiter feststellen, welche Seminartypen an welchen Veranstaltungsorten am erfolgreichsten sind. Abb. 2.11-3 zeigt einen 3D-Datenwürfel, der die relevanten Dimensionen modelliert.
In diesem *Data Warehouse* sind die Daten über erfolgte Veranstaltungen abgelegt. Die Dimensionen sind Seminartyp, Veranstaltungsort und Zeit. Die Kennzahl gibt die Anzahl der Veranstaltungen an.
Die Dimensionen bilden die Achsen des Koordinatensystems. Durch die betrachteten Attributwerte *(dimension elements)* bzw. Kombinationen hiervon wird der Würfel in Zellen zerlegt. Jeder Zelle wird eine Kennzahl als Funktionswert in Abhängigkeit der drei Dimensionen zugeordnet.
In Dortmund fanden im 1. Quartal 1999 beispielsweise 10 Veranstaltungen zu dem Seminartyp Java statt.
Jede Kennzahl ist charakterisiert durch ein (quantitatives) Maß *(measure)*, hier Anzahl Veranstaltungen.

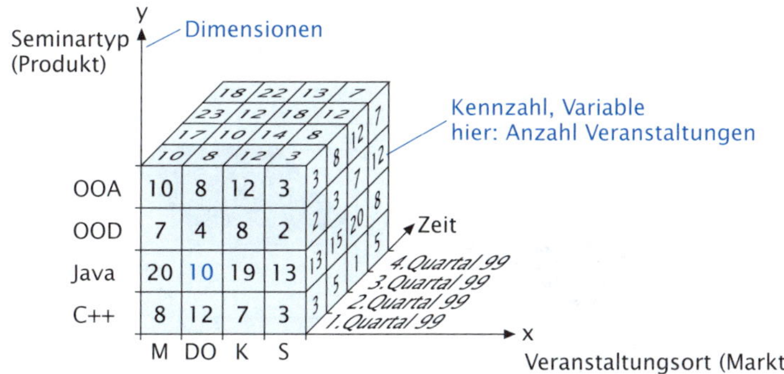

Abb. 2.11-3: Beispiel für einen dreidimensionalen Hyperwürfel

Operationen auf dem Hyperwürfel

Für detaillierte Fragestellungen des Benutzers stehen verschiedenartige Operationen zur Manipulation des Hyperwürfels zur Verfügung. Die Operationen ermöglichen im Wesentlichen einen Wechsel von Dimensionen und Verdichtungsstufen. Die wichtigsten Operationen sind:

- *slice & dice* (in Schichten schneiden und Rotieren des Würfels),
- *drill down* bzw. *roll up* (Wechsel in niedere bzw. höhere Verdichtungsstufe).

slice & dice

Mit Hilfe der Operation *slice & dice* werden Teilwürfel selektiert, z.B. Selektion horizontaler oder vertikaler Ebenen (2D-Projektionen) oder einzelner Zellen.

Beispiel

Abb. 2.11-4 zeigt für die Fallstudie »Seminarorganisation« die Ergebnisse von *slice & dice*-Operationen. Für einen Java-Dozenten ist es z.B. interessant zu wissen, zu welcher Zeit an welchem Ort die meisten Java-Veranstaltungen stattfanden. Der Regionalvertrieb möchte dagegen wissen, welche Seminartypen in welchem Jahr in Dortmund am erfolgreichsten waren.

Aggregation: hier: Verdichtung von Werten zu einem übergeordneten Wert, z.B. durch Summenbildung

Ein Hyperwürfel hat den Vorteil, dass sich aus ihm eine Reihe weiterer Aggregationen leicht berechnen lassen:

1. Eine Projektion auf die xy-Ebene (Veranstaltungsort x Seminartyp) liefert die Anzahl der Veranstaltungen jeweils über alle Quartale summiert (Abb. 2.11-5).
2. Eine Projektion auf die xz-Ebene (Veranstaltungsort x Zeit) liefert die Anzahl Veranstaltungen jeweils über alle Seminartypen summiert.
3. Eine Projektion auf die yz-Ebene (Seminartyp x Zeit) liefert die Anzahl Veranstaltungen jeweils über alle vier Orte summiert.
4. Eine Projektion auf die x-Achse (Veranstaltungsort) liefert die Anzahl Veranstaltungen summiert über Seminartypen und Quartale.
5. Eine Projektion auf die y-Achse (Seminartyp) liefert die Anzahl Veranstaltungen summiert über Orte und die Zeit.
6. Eine Projektion auf die z-Achse (Zeit) liefert die Anzahl Veranstaltungen summiert über die Seminartypen und die Zeit.

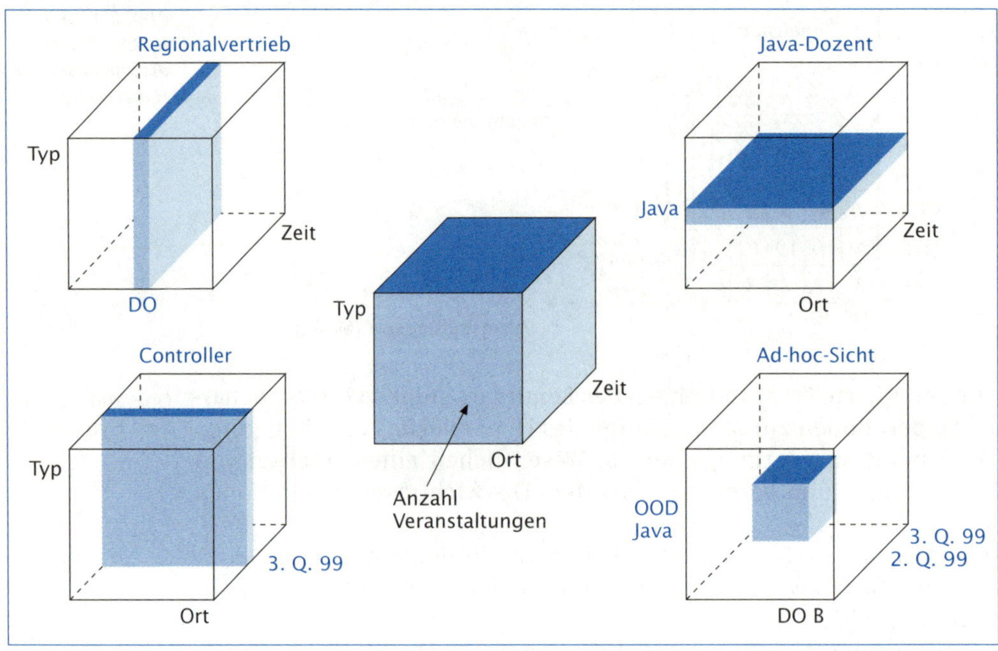

Abb. 2.11-4: Selektion unterschiedlicher Datensichten mittels der slice & dice-Operation

7 Die Gesamtzahl aller Veranstaltungen über alle Quartale, Seminartypen und Orte ergibt sich durch Kollabieren des Würfels in die dem Ursprung am nächsten liegende Zelle, d. h. durch Summieren aller drei Dimensionen.

Jede Projektion bildet eine weitere Aggregation (hier: Summe) bzw. einen Unterwürfel. Eine solche Operation heißt *roll up* (zusammenrollen). Die umgekehrte Operation *drill down* navigiert von Summen zu detaillierteren Daten, sofern diese im *Data Warehouse* zur Verfügung stehen.

Beispiel

In der Fallstudie »Seminarorganisation« möchte der Kundensachbearbeiter wissen, wie die Anzahl der Veranstaltungen sich auf die Bundesländer pro Jahr für die Themengruppe Programmierung verteilt. Um diese Frage zu beantworten, ist es notwendig, die Dimensionen um Dimensionshierarchien, auch Elementhierarchien, Dimen-

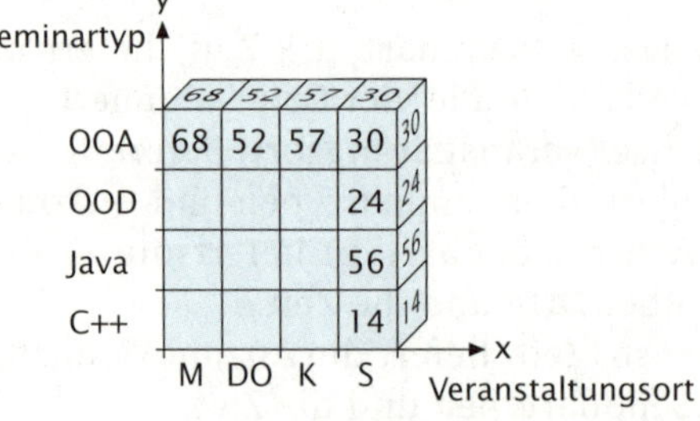

Abb. 2.11-5: Würfel-Projektion auf die xy-Ebene

sionsebenen, Konsolidierungsebenen oder Aggregationsstufen genannt, zu ergänzen. Abb. 2.11-6 zeigt eine entsprechende Erweiterung in ER-Darstellung.

Sind Dimensionshierarchien modelliert, dann kann mit *roll up* zusätzlich in eine höhere Hierarchiestufe und mit *drill down* in eine niedere Hierarchiestufe navigiert werden. Mit der Operation *drill across* kann innerhalb einer Hierarchieebene von einem Datensatz zum anderen gewechselt werden.

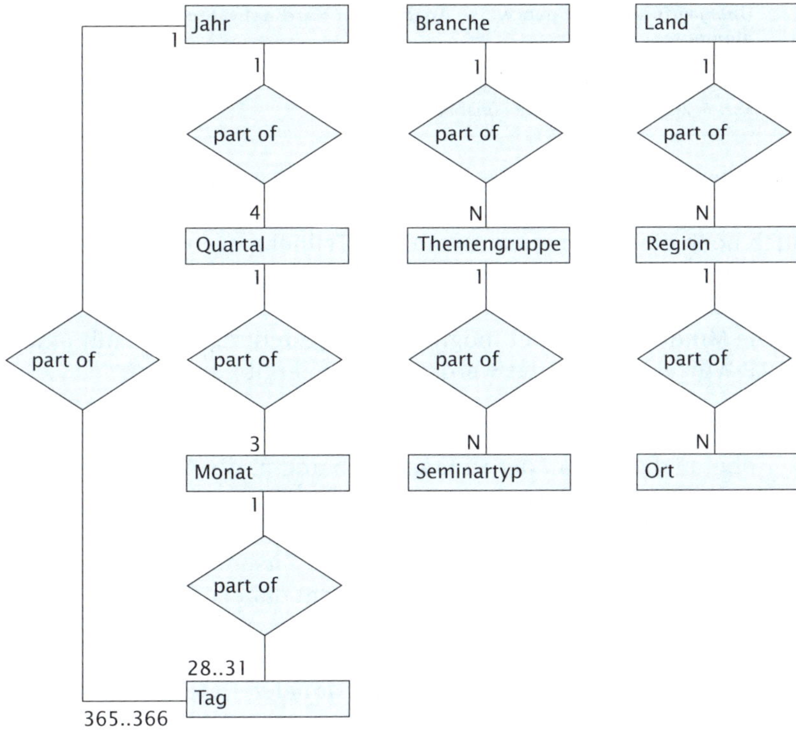

Abb. 2.11-6: Dimensionshierarchien der »Seminarorganisation«

Granularität

Die Struktur einer Dimension lässt sich also nach »oben« und »unten« erweitern. Innerhalb einer Hierarchieebene sollte eine ähnliche Granularität herrschen. Die niedrigste Ebene einer Dimension entspricht der feinsten verfügbaren Granularität von Informationen bezogen auf die Analyse von Kennzahlen in dieser Dimension. Ist Quartal z.B. die tiefste Zeitebene bei der Seminarorganisation, dann können keine Abfragen auf Monats- oder Tagesebene durchgeführt werden. Je feiner die Granularität ist, desto genauer können Ursachen analysiert werden. Auf der anderen Seite bedeutet dies aber auch, dass mehr Daten beschafft, transformiert und gespeichert werden müssen. Die OLAP-Würfel werden größer, und es müssen mehr Aggregationen vorgenommen werden.

Abb. 2.11-7: Richtlinien für OLAP-Würfel

- **Anzahl der Dimensionen:** 4 bis max. 10, möglichst Beschränkung auf maximal 6 bis 8, sonst leidet die Verständlichkeit.
- **Anzahl der Hierarchiestufen innerhalb einer Dimension:** max. 7 Stufen, sonst ist die Navigation von der höchsten Stufe bis auf die Basiselemente zeitraubend.
- **Anzahl der in einem Aggregationselement gebündelten Elemente:** max. 15 bis 20 Elemente, sonst geht der Überblick über die Struktur einer Dimension am Bildschirm rasch verloren.
- **Die Dimensionen sollen orthogonal zueinander stehen**, d.h. unabhängig voneinander sein:
  - **Überprüfung durch paarweise Analyse der Kardinalitäten zwischen Basiselementen:**
    - 1:1-Beziehung: *keine* Unabhängigkeit!
    - 1:N-Beziehung: in der Regel *keine* Unabhängigkeit!
    - M:N-Beziehung: in der Regel unabhängig.

Quelle: /Gabriel, Gluchowski 98/

mehrere Kennzahlen

Im Beispiel der Seminarorganisation wird nur eine Kennzahl gespeichert: die Anzahl der Veranstaltungen. Wünschenswert sind aber auch noch die Angaben zu Anzahl der Teilnehmer und zum Umsatz. Mehrere Kennzahlen können entweder in jeder Zelle des Würfels gespeichert oder in einer Kennzahlen-Dimension dargestellt werden.

Anzahl Fragestellungen

Die Mindestanzahl der möglichen Fragestellungen, die mit einem OLAP-Würfel beantwortet werden können, ergibt sich zu:

$$N = n_1 * n_2 * \dots n_m,$$

wobei m die Anzahl der Dimensionen und n_1 die Anzahl Elemente in den Hierarchieebenen der Dimension 1 angibt usw. Die Anzahl der Elemente ergibt sich aus der Summe der Elemente über alle Hierarchieebenen hinweg plus ein Element für die Zusammenfassung (alle Seminartypen usw.). Ein Element entspricht dabei einer Beschriftung einer Zeile oder Spalte in der OLAP-Analyse, z.B. OOA, OOD, Java, C++.

Richtlinien

Die bei der Gestaltung multidimensionaler Datenstrukturen zu berücksichtigenden Richtlinien sind in Abb. 2.11-7 zusammengefasst.

2.11.3 Modellierungsansätze

Überblick über Modellierungsansätze: www.tu-bs.de/controlling/totok/modellierung_p.html

Die Modellierung **multidimensionaler Datenstrukturen** weist eine Reihe von Besonderheiten auf, die im Modell berücksichtigt werden müssen (/Gabriel, Gluchowski 98/, /Holthius 99, S. 149 ff./):

- Abbildung der Zeit:
  Die zeitliche Komponente ist von großer Bedeutung, da nahezu alle Elemente in ihrer Semantik direkt durch die Zeit charakterisiert sind. Die einzelnen Elemente müssen über einen längeren Zeitraum mit unterschiedlichen Verdichtungsgraden dargestellt werden können. Neben einer historischen Betrachtung sollen auch Zukunftsprognosen möglich sein.

- Verdichtete Daten:
  Verdichtete Daten werden aus bereits vorhandenen Daten extrahiert.
- Kennzahlverknüpfungen:
  Zwischen Kennzahlen müssen Verknüpfungen beschreibbar sein.

ER-Modellierung

Im Rahmen der ER-Modellierung lässt sich ein Hyperwürfel der Dimension n als Beziehungstyp ansehen, der eine n-äre Beziehung zu den Entitätstypen hat, die die Dimensionen repräsentieren /Gabriel, Gluchowski 98/. Die Kennzahlen werden dann als Attribute dem Beziehungstyp zugeordnet. Abb. 2.11-8 zeigt die ER-Modellierung des Hyperwürfels der Abb. 2.11-3, wobei die Dimensionshierarchien der Abb. 2.11-6 in Grau ergänzt sind.

Eine genauere Untersuchung zeigt, dass die Konzepte des ER-Modells nicht ausreichen, um die Modellierungsgesichtspunkte für multidimensionale Datenstrukturen geeignet abzudecken. In /Holthius 99/ werden verschiedene ER-Erweiterungen vorgestellt und bewertet.

Neuere Ansätze versuchen OO-Konzepte zur Modellierung zu verwenden. Hierbei handelt es sich aber noch um ein Forschungsgebiet.

Methodische Schritte zur Erstellung eines *Data Warehouse* sind in Abb. 2.11-9 zusammengestellt.

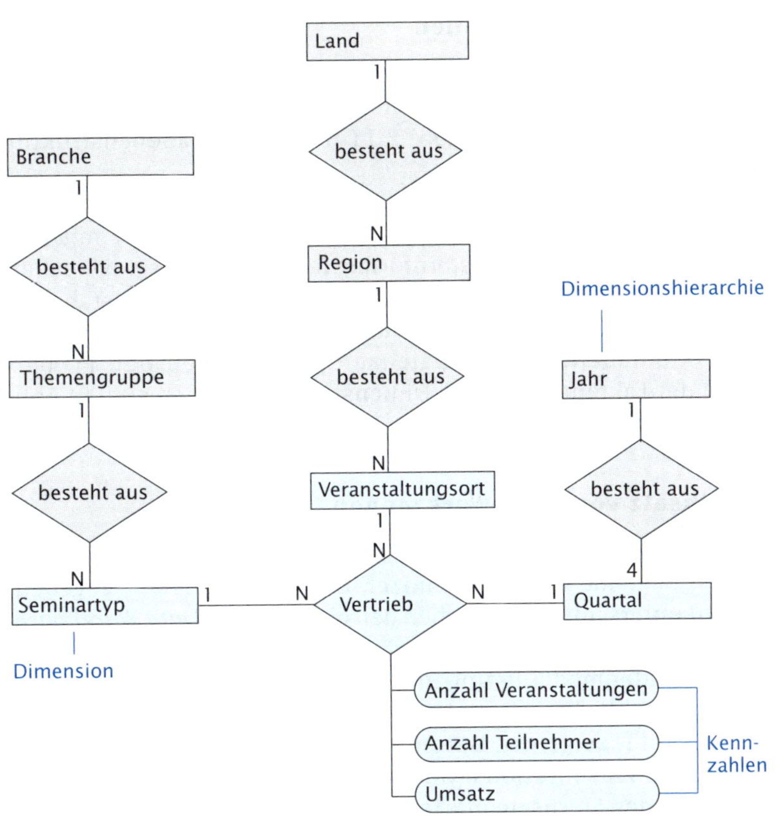

Abb. 2.11-8: ER-Modellierung eines Hyperwürfels mit Dimensionshierarchien (in Grau)

Abb. 2.11-9: Vorgehensweise zur Erstellung eines Data Warehouse

1 Basismodell
Entsteht aus dem zugrunde gelegten operativen Datenmodell, z.B. einem unternehmensweiten Datenmodell. Gruppierung der vorhandenen Daten nach: relevant, irrelevant, potenziell relevant für das *Data Warehouse*. Festlegung der Granularität. Der Umstieg von Monats- auf Tagesebene kann das Volumen um den Faktor 30 erhöhen.

2 Historisierungsmodell
Einführung des Faktors Zeit und historischer Daten. Jede Entität des *Data Warehouse*-Modells erhält einen zeitlichen Zusatz in ihrem Primärschlüssel, soweit dieser noch nicht vorhanden ist. Die Historisierung weist jedem Datensatz einen Gültigkeitszeitraum zu, z.B. einen Zeitstempel oder eine Gültig-von-/Gültig-bis-Logik.

3 Dimensionsmodell
Festlegung des Aufbaus der Strukturinformationen, d.h. der Dimensionsdaten.

4 Aktualisierungsmodell
Anpassung an Aktualisierungszeitpunkte. Beispielsweise Aufteilung einer Tabelle in drei verschiedene Tabellen (Tabelle mit Daten, die sich *nie* ändern; Tabelle mit Daten, die sich *selten* ändern; Tabelle mit Daten, die sich *häufig* ändern).

5 Qualitätsmodell
Festlegung von Regeln für Konsistenz- und Plausibilitätsüberprüfungen.

6 Zugriffsmodell
Aufbau von Zugriffsstrukturen (Umgruppierungen, Verdichtungen).

Quelle: /Wieken 99, S. 157 ff./

2.11.4 Abbildung auf Tabellen

Wie in Abschnitt 2.10.2 gezeigt wurde, lassen sich ER-Modelle auf Tabellen und damit auch auf Dateien abbilden. Damit ist es auch möglich, das ER-Modell der Abb. 2.11-8 auf eine Tabellenstruktur abzubilden (Abb. 2.11-10).

Sternschema

Als Tabellenstruktur ergibt sich ein so genanntes Sternschema *(starjoin)*, das in der Mitte die so genannte Faktentabelle mit den Kennzahlen enthält. Diese ist sternförmig mit den Dimensionstabellen verbunden. Dabei sind die Primärschlüssel der Dimensionstabellen als Fremdschlüssel in der Faktentabelle enthalten. Alle Fremdschlüssel in der Faktentabelle bilden gleichzeitig zusammen den Primärschlüssel der Faktentabelle. Die Dimensionshierarchien sind in Abb. 2.11-10 *nicht* dargestellt.

2.11.5 Einsatz von CASE-Werkzeugen

Ein vergleichender Überblick über die im Markt verfügbaren *Data Warehouse*-Systeme wird in /Schinzer, Bange, Mertens 99/ gegeben. Dabei wird unterschieden zwischen den eigentlichen *Data Warehouse*-Systemen zur Datenspeicherung und Datenselektion, den OLAP-Werkzeugen zur Datenmodellierung und den Analyse- und Präsentationssystemen einschließlich *Data Mining*.

Abb. 2.11-11 zeigt die Darstellung eines Sternschemas eines Analyse- und Präsentationssystems. Durch *drag & drop* können Attribute aus den Sternschema-Tabellen in das Tabellenkalkulations-

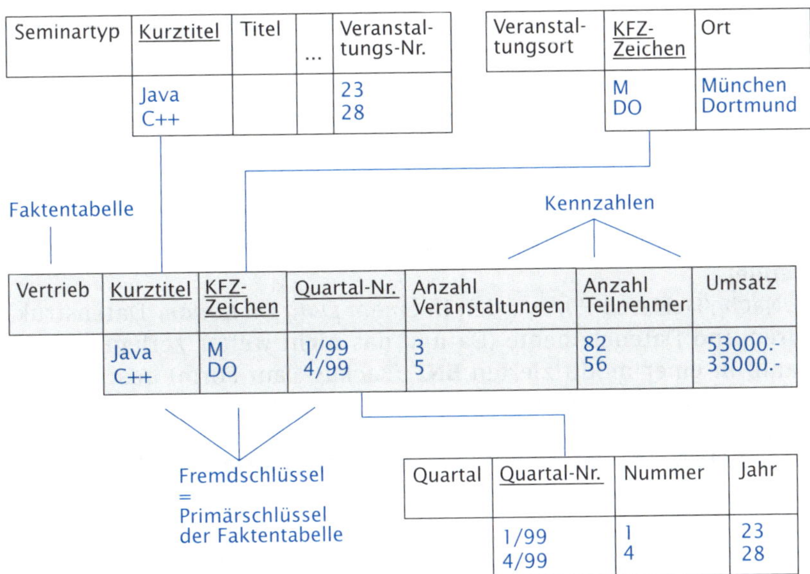

Abb. 2.11-10: Sternschema als Tabellenstruktur

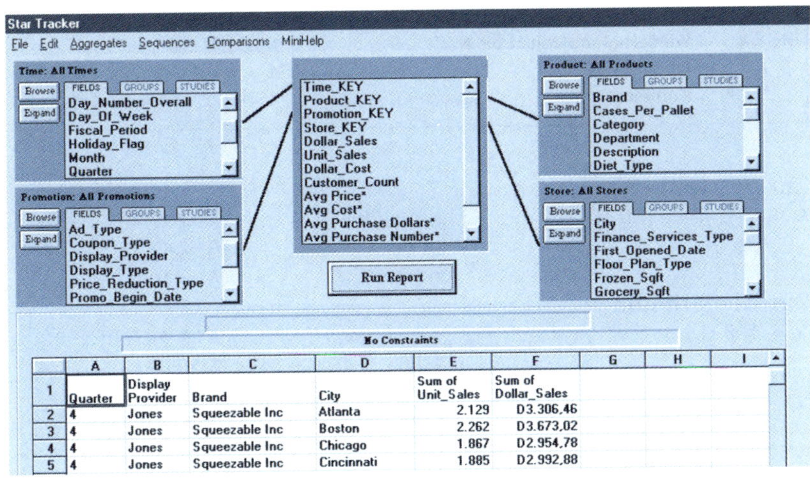

	A	B	C	D	E	F
1	Quarter	Display Provider	Brand	City	Sum of Unit_Sales	Sum of Dollar_Sales
2	4	Jones	Squeezable Inc	Atlanta	2.129	D3.306,46
3	4	Jones	Squeezable Inc	Boston	2.262	D3.673,02
4	4	Jones	Squeezable Inc	Chicago	1.867	D2.954,78
5	4	Jones	Squeezable Inc	Cincinnati	1.885	D2.992,88

Abb. 2.11-11: Beispiel für OLAP-Analysen /Kimball 96/

blatt gezogen werden. Auf Knopfdruck wird dann ein entsprechender Analysebericht erstellt.

2.12 *Data Dictionary*

Ein ***Data Dictionary* (DD)** (unüblich ist die deutsche Übersetzung Daten-Wörterbuch, teilweise wird die Bezeichnung **Datenkatalog** verwendet) ist ein Verzeichnis, das Informationen über die Struktur von Daten, ihre Eigenschaften sowie ihre Verwendung enthält.

Die Informationen eines *Data Dictionary* werden z.B. zur Konsistenzüberwachung eines Datenbestandes benötigt.

Die Backus-Naur-Form (BNF) wurde von den Autoren Backus und Naur 1960 zur Definition der Syntax der Programmiersprache ALGOL 60 entwickelt. Die BNF wurde von Wirth zur EBNF *(Extended* BNF*)* weiterentwickelt. BNF und EBNF können auch in grafischer Form durch Syntaxdiagramme dargestellt werden (Beispiel: Syntaxdefinition von PASCAL).

Analysen erlauben verschiedenartige Übersichten über die Datenstrukturen und ermöglichen eine Überprüfung auf Redundanzfreiheit und Widerspruchsfreiheit.

Das *Data Dictionary* entsteht in der Definitionsphase und wird in der Entwurfs- und Implementierungsphase weiter verwendet, ergänzt und verfeinert.

Meistens wird ein *Data Dictionary* in der Software-Entwicklung aufbauend auf DeMarcos-Notation oder in modifizierter Form verwendet.

Notation für Datenstrukturen

BNF

Nach /DeMarco 79/ werden in einem *Data Dictionary* Datenstrukturen und Datenelemente (Datum, das nicht weiter zerlegt werden kann) in einer modifizierten **BNF** (Backus-Naur-Form) beschrieben. Tab. 2.12-1 zeigt die wichtigsten Symbole und ihre Notation.

Tab. 2.12-1: Notation zur Beschreibung von DD-Einträgen

Symbol	Bedeutung	Beispiel
=	ist äquivalent zu	A = B+C
+	Sequenz (impliziert keine Ordnung)	X = X1+X2+X3
[ ]	Auswahl (entweder ... oder)	A = [B|C]
{ }	Wiederholung	A = {B}
M{ }N	Wiederholung von M bis N	A = 1{B}10
( )	Option = 0{ }1	A = B+(C)
* *	Kommentar	A = X+Y *Kommentar*

Beispiel 6

Zur Auswahl:

A = [B | C | D]	entweder	A = B
	oder	A = C
	oder	A = D

Zur Wiederholung:

A = { B }	entweder	A = *nichts*
	oder	A = B
	oder	A = BB
	oder	A = BBB
	...	

Zur Wiederholung von M bis N:

M{}N, wobei M= minimale Anzahl, N= maximale Anzahl

A = 1{B}10	entweder	A = B
	oder	A = BB
	...	
	oder	A = BBBBBBBBBB
A = 5{B}5		A = BBBBB
A = 2{B}	entweder	A = BB
	oder	A = BBB
	oder	A = BBBB
	...	
A = {B}3	entweder	A = *nichts*
	oder	A = B
	oder	A = BB
	oder	A = BBB

Zur Option:

A = B + (C) entweder A = B
oder A = B + C

Beispiel 7

In der Fallstudie Seminarorganisation sind über einen Kunden im Wesentlichen folgende Daten zu speichern /D10/:

```
Kundendatei     =  {Kundeneintrag}
Kundeneintrag   =  Personal-Nr. + Name + Adresse
                   + (Geburtsdatum) + (Funktion) + Umsatz
Name            =  Anrede + (Titel) + Vorname + Nachname
Adresse         =  [Straße+ Haus-Nr.| Postfachnummer]
                   + (Länderkennzeichen) + PLZ + Ort
                   + (Telefon) + (Fax)
```

Diese DD-Einträge sagen Folgendes aus:

Die Kundendatei besteht aus keinem, einem oder beliebig vielen Kundeneinträgen.

Ein Kundeneintrag setzt sich zusammen aus der Personal-Nr., dem Namen, der Adresse und dem Umsatz (Muss-Angaben). Optional können noch das Geburtsdatum und die Funktion (im Unternehmen) angegeben sein (Kann-Angaben).

Bei der Adresse wird entweder die Straße und die Haus-Nr. oder die Postfachnummer angegeben, gefolgt vom optionalen Länderkennzeichen, PLZ, Ort und den optionalen Angaben Telefon und Fax.

Der Begriff *Data Dictionary* entstand Mitte der 60er Jahre. Ein *Data Dictionary* war ein Werkzeug zur Unterstützung der Programmierung. Es diente zur Wartung und Generierung von Datenbereichen *(Data Divisions, Common Areas).* Tom DeMarco führte 1978 den Begriff *Data Dictionary* in einer anderen Bedeutung im Rahmen von SA ein. Primär ging es darum, Daten zu definieren. Der normale Begriff für eine Sammlung von Definitionen wäre Glossar. Da in großen Projekten jedoch mehrere tausend Datenflüsse definiert werden müssen, wählte DeMarco den Begriff Wörterbuch /DeMarco 79, S. 125f/.

Die Definition von Daten sollte *top-down* erfolgen. Ausgehend von den abstrakten Daten z.B. Kundendatei sind diese schrittweise zu verfeinern (→ Kundeneintrag → Adresse → Ort).

Prinzip der Verfeinerung, Hauptkapitel IV 1

Die Verfeinerung ist zu beenden, wenn die Daten nicht weiter zerlegt werden können (z.B. Ort) oder wenn ein Abstraktionsniveau erreicht ist, das für die Definitionsphase ausreicht. Ist beispielsweise der Aufbau einer Adresse für die Definitionsphase irrelevant, dann wird Adresse nicht weiter verfeinert, sondern als Datenelement angesehen. Adresse ist dann ein sich selbst definierendes Element, d.h. es ist allein durch den Namen eindeutig erklärt.

Vorgehensweise *top-down:* Vom Abstrakten zum Konkreten (siehe auch Hauptkapitel IV 1)

Regeln

- Wiederholungs- und Optionsklammern sollten möglichst weit oben in einer Definitionshierarchie stehen, damit auf einer höheren Ebene sofort ersichtlich ist, wie eine Datenstruktur aufgebaut ist.

Beispiel 8

A = B + (C) ist besser als A = B + C
C = D + E C = (D + E)

- Zirkuläre Definitionen sind nicht erlaubt.

Beispiel 9

A = B + C
C = D + A substituiert ergibt sich **A** = B + D + **A**
A ist zirkulär definiert.

- Definieren zwei Systemanalytiker eine Datenstruktur identisch, aber mit unterschiedlichen Bezeichnungen, dann können die beiden Bezeichnungen gleichgesetzt werden (Alias-Namen).

Beispiel 10

```
Auftrag      = Artikel-Nr. + Menge + Auftrags-Datum
             = Bestellung
Bestellung   = Auftrag
```

In diesem Fall sollte die Redundanzfreiheit des DD durchbrochen werden und die Datenstruktur in beide Richtungen dokumentiert werden.

- Problembezogene Namen wählen, z.B. Kundenname anstelle von Name.
- Bereits definierte Datenstrukturen wiederverwenden, z.B. Kundenname = Name, wenn Name bereits definiert ist. Umgekehrt bedeutet dies, allgemeine Definitionen beim Strukturierungsvorgang erkennen und in allgemeiner Form definieren, z.B. Adresse.
- Nicht versuchen, Semantik durch Syntax auszudrücken. Teilweise gelingt dies, die Syntax wird aber sehr kompliziert. Semantik lieber in Form eines Kommentars beschreiben.
- Die Auswahl muss mindestens zwei Alternativen enthalten, z.B. `A = [B|C]`.

Datenelemente

Für die Beschreibung der Eigenschaften von Datenelementen gibt es keine einheitliche Notation. Handelt es sich um ein kontinuierliches Datenelement, dann kann der gültige Wertebereich wie in Programmiersprachen angegeben werden.

Beispiel 11

```
Kunden-Nr. = 1000 .. 9999
```

Handelt es sich um ein diskretes Datenelement, dann können alle möglichen Werte aufgeführt werden.

Beispiel 12

```
Familienstand=[ledig|verheiratet|geschieden|verwitwet]
```

Beispiel 13

Zu Teachware-Seminaren kann man sich schriftlich mit einem Formular anmelden (Abb. 2.12-1).

Folgende DD-Einträge lassen sich formulieren:

```
Anmeldung             = Teilnehmer
                        + 1 {Seminarveranstaltung}3
                        + Rechnungsanschrift
Teilnehmer            = Name
Name                  = (Titel) + Vorname + Nachname
Seminarveranstaltung  = (Veranstaltungs-Nr)
                        + (Seminarbezeichnung)
                        + (Anfangsdatum) + (Endedatum)
*Wird die Veranstaltungs-Nr angegeben, dann können die restlichen
Angaben entfallen. Fehlt die Veranstaltungs-Nr, dann müssen die
Seminarbezeichnung und das Anfangsdatum angegeben werden.*
Rechnungsanschrift    = Rechnungsempfänger
                        + (Firma) + [Straße | Postfach]
                        + (LKZ) + PLZ + Ort + (Telefon)
Rechnungsempfänger    = Name
```

Der Kommentar zur Seminarveranstaltung beschreibt semantische Randbedingungen, die sich nicht in DD-Notation formulieren lassen.

Anmeldung zu TEACHWARE-Seminaren

Als Teilnehmer zu nachfolgenden TEACHWARE-Seminaren wird angemeldet:

Titel	Vorname	Name

Veranstaltungs-Nr.	Seminarbezeichnung	vom	bis

Anmeldebestätigung und Rechnung erbeten an:

Titel	Vorname	Name

Firma	Straße/Postfach	LKZ

PLZ	Ort	Telefon

Abb. 2.12-1: Beispiel für ein Formular

Prof. Dr. Peter Naur
*1928 in der Nähe von Kopenhagen, Dänemark; Miterfinder der Programmiersprache ALGOL 60; Verbesserung der Backus-Naur-Form (BNF) (1960), wesentliche Beiträge zum Compilerbau; Studium der Astronomie an der Universität Kopenhagen, Promotion in Astronomie (1957), Mitglied im Entwicklungsteam von ALGOL 60 (1959); seit 1969 Professor an der Universität Kopenhagen; ausgezeichnet mit dem *Computer Pioneer Award* der IEEE (1986).

- ⊞ Der Aufbau und die hierarchische Verfeinerung von Datenstrukturen lassen sich formal und kompakt ähnlich wie in modernen Programmiersprachen, z.B. Pascal, ADA oder C++, beschreiben.
- ⊟ Da es sich um keine grafische Darstellung handelt, ist die Lesbarkeit eingeschränkt. Es wäre jedoch vorstellbar, **Syntax-Diagramme** zur grafischen Repräsentation zu verwenden (wird bisher nicht getan).

DD-Einträge können mit SA-Werkzeugen verwaltet werden.

Aggregation Beschreibt eine Ist-Teil-Von-Hierarchie *(is-part-of)* zwischen →Entitäten; typisch für Stücklisten. Kennzeichnend ist, dass die →Attribute der verknüpften →Entitätstypen unterschiedlich sind.

Assoziation →Beziehungstyp

Attribut Beschreibt eine Eigenschaft von →Entitäten. Entspricht einem Attribut in der OO-Welt.

Beziehung *(relationship)* Verbindung zwischen zwei →Entitäten.

Beziehungstyp *(relationship type)* Beschreibt eine gleichrangige, fachliche Beziehung zwischen →Entitäten. Der Komplexitätsgrad wird durch →Kardinalitäten angegeben.

Data Dictionary Enthält Datenstruktur-Definitionen; üblicherweise in modifizierter Backus-Naur-Form beschrieben.

DD →*Data Dictionary*

Data Mart Kleinere, spezielle →*Data Warehouses* für bestimmte themenbezogene Datensammlungen.

Data Mining Erkennen unbekannter Zusammenhänge, Nutzen bekannter Zusammenhänge für Zukunftsprognosen, Automatisierung von Analysen und Klassifizierungen im Rahmen von →*Data Warehouses.*

Data Warehouse Kopie operativer Daten, speziell für Anfragen und Analysen strukturiert. Die Datenorganisation erfolgt in →Hyperwürfeln.

Entität Ausprägungen physikalischer Komponenten oder abstrakter Sachverhalte, die individuell und identifizierbar sind. Entspricht einem Objekt in der OO-Welt.

Entitätsmenge *(entity set)* Menge von →Entitäten, die zu einem →Entitätstyp gehören. Können in Tabellen dargestellt werden. Entspricht der Klassenextension in der OO-Welt.

Entitätstyp *(entity type)* Gleichartige →Entitäten werden generalisiert und bilden eine Entitätsmenge. Entspricht einer Klasse in der OO-Welt.

entity →Entität

entity set →Entitätsmenge

entity type →Entitätstyp

***Entity-Relationship*-Modell** Datenmodellierung durch Identifikation von →Entitätstypen (mit ihren →Attributen) und →Beziehungstypen sowie Beschreibung der →Kardinalitäten.

ERM →*Entity-Relationship*-Modell

ER-Modell →*Entity-Relationship*-Modell

Hyperwürfel *(hyper cube)* Speicherung von Daten in mehrdimensionalen Strukturen. Jede Zelle innerhalb eines Würfels wird durch die Elemente aller Dimensionen bestimmt und kann direkt angesprochen werden (→*Data Warehouse)*.

Kardinalität Gibt an, wie viele andere →Entitäten einer bestimmten Entität eines →Entitätstyps zugeordnet werden können (→Beziehungstyp).

Konzeptionelles Modell Integration aller *Entity-Relationship*-Diagramme (→*Entity-Relationship*-Modell) eines Systems zu einem Gesamtschema.

Multidimensionale Datenstruktur →Hyperwürfel

OLAP *(On-line Analytical Processing)* Auswertung von multidimensionalen Datenstrukturen. Wichtige Operationen sind *slice & dice, roll up* und *drill down*.

Rekursive Beziehung →Entitäten eines →Entitätstyps stehen mit sich selbst in →Beziehung.

relationship type →Beziehungstyp

Rolle Gibt die Funktion an, die eine →Entität in einer →Beziehung spielt.

Schlüssel *(key)* Minimale →Attribut-Kombination, um eine →Entität in einer →Entitätsmenge eindeutig zu identifizieren.

Semantische Datenmodellierung Erweiterung des →ER-Modells um →Vererbung *(is-a)* und → Aggregation *(is-part-of)*.

Unternehmensdatenmodell Ganzheitliche Darstellung der →Entitätstypen und ihrer Verknüpfungen aller Bereiche eines Unternehmens unter Berücksichtigung der Schnittstelle zueinander in einheitlicher Form.

Vererbung Entsteht durch das Bilden von *Supertypes* (in der →semantischen Datenmodellierung), die die gemeinsamen Eigenschaften der *Subtypes* beschreiben. Die Eigenschaften der *Supertypes* werden an die *Subtypes* vererbt. Entspricht der Vererbung in der OO-Welt.

Zur Modellierung der datenorientierten Sicht gibt es im Wesentlichen drei Konzepte:

- ER-Modellierung,
- Modellierung multidimensionaler Datenstrukturen,
- Beschreibung von Datenstrukturen in modifizierter Backus-Naur-Form in einem *Data Dictionary*.

ER-Modell

Das ER-Modell (ERM, *Entity-Relationship-Modell)* erlaubt die Modellierung von permanent zu speichernden Datenstrukturen und ihren Beziehungen zueinander. Entitäten *(entities)* werden zu Entitätstypen *(entity types)* zusammengefasst. Gleichrangige, fachliche Zusammenhänge zwischen Entitäten werden durch Beziehungen (Assoziationen, *relationships)* beschrieben, die zu Beziehungstypen *(relationship types)* zusammengefasst werden. Durch Rollen wird angegeben, welche Funktion eine Entität in einer Beziehung spielt. Die Eigenschaften von Entitäten und Beziehungen werden durch Attribute beschrieben. Jede Entität muss durch einen eindeutigen Schlüssel identifizierbar sein. Der Komplexitätsgrad einer Assoziation wird durch die Kardinalität angegeben (Muss- oder Kann-Beziehung, variable oder feste

Obergrenze). Eine rekursive Beziehung liegt vor, wenn ein Entitätstyp mit sich selbst in Beziehung steht. Das Ergebnis einer ER-Modellierung bezeichnet man als konzeptionelles Modell.

semantische Datenmodellierung

Die semantische Datenmodellierung erweitert das ER-Modell um die Aggregation und die Vererbung. Bei der Aggregation handelt es sich um einen Spezialfall der Assoziation. Es wird eine Ist-Teil-von-Hierarchie *(is-part-of)* beschrieben. Eine Vererbung erlaubt es, gemeinsame Attribute verschiedener Entitätstypen *(subtypes)* in neuen, übergeordneten Entitätstypen *(supertypes)* zusammenzufassen (*is-a*-Hierarchie). Diese gemeinsamen Attribute werden an die untergeordneten Entitätstypen vererbt. Die beiden Konzepte Aggregation und Generalisierung werden insbesondere für Unternehmensdatenmodelle benötigt.

Abbildung auf Tabellen

Entitätstypen und Beziehungstypen können auf Tabellen abgebildet werden. Die Entitäten werden als Zeilen in die Tabellen eingetragen. Alle Entitäten einer Tabelle bilden eine Entitätsmenge *(entity set)*.

Einen Überblick über die Notationen und die Elemente gibt Abb. 2.12-2.

Zusammenhang mit OO-Konzepten

Vereinfacht lässt sich sagen, dass ein Klassendiagramm ohne Operationen und Botschaften einem ER-Modell entspricht. Allerdings müssen in einem ER-Modell Schlüssel-Attribute für jeden Entitätstyp ergänzt werden.

Modellierung multidimensionaler Datenstrukturen

Während sich die ER-Konzepte gut dazu eignen, operativ genutzte Datenbestände zu modellieren, werden für Analysen auf Datenbeständen multidimensionale Datenstrukturen in Form von Hyperwürfeln modelliert. Mit OLAP-Operationen kann der Benutzer in den Hyperwürfeln navigieren. *Data Mining* weist den Benutzer auf unbekannte Zusammenhänge hin. Die Datenbestände werden aus operativen Datenbeständen in *Data Warehouses* importiert. *Data Marts* stellen Ausschnitte aus *Data Warehouses* für spezielle Themenbereiche zur Verfügung.

Zusammenhang mit ER-Modellen und OO-Modellen

Aufgrund der besonderen Anforderungen an *Data Warehouses* eignet sich die ER-Modellierung nur bedingt für Hyperwürfel. OO-Ansätze befinden sich im Forschungsstadium.

Data Dictionary-Einträge

Eine präzise Definition von Datenstrukturen wird durch *Data Dictionary*-Einträge (DD) ermöglicht. DD-Einträge verwenden dabei eine textuelle, modifizierte Backus-Naur-Form (BNF) zur Definition.

Zusammenhang mit ER-Modellen und OO-Modellen

Im Gegensatz zu ER- und OO-Modellen wird mit DD-Einträgen die Feinstruktur eines Attributs beschrieben, nicht aber der Zusammenhang zwischen Entitätstypen bzw. Klassen.

/Chen 76/
Chen P., *The Entity-Relationship Model – Towards a Unified View of Data*, in: ACM Transactions on Database Systems, Vol. 1, No. 1, March 1976, S. 9–36.
Originalartikel von Chen, der mit diesem Artikel das ER-Modell schuf.

Abb. 2.12-2: Notationen und Elemente des ER-Modells und der semantischen Datenmodellierung

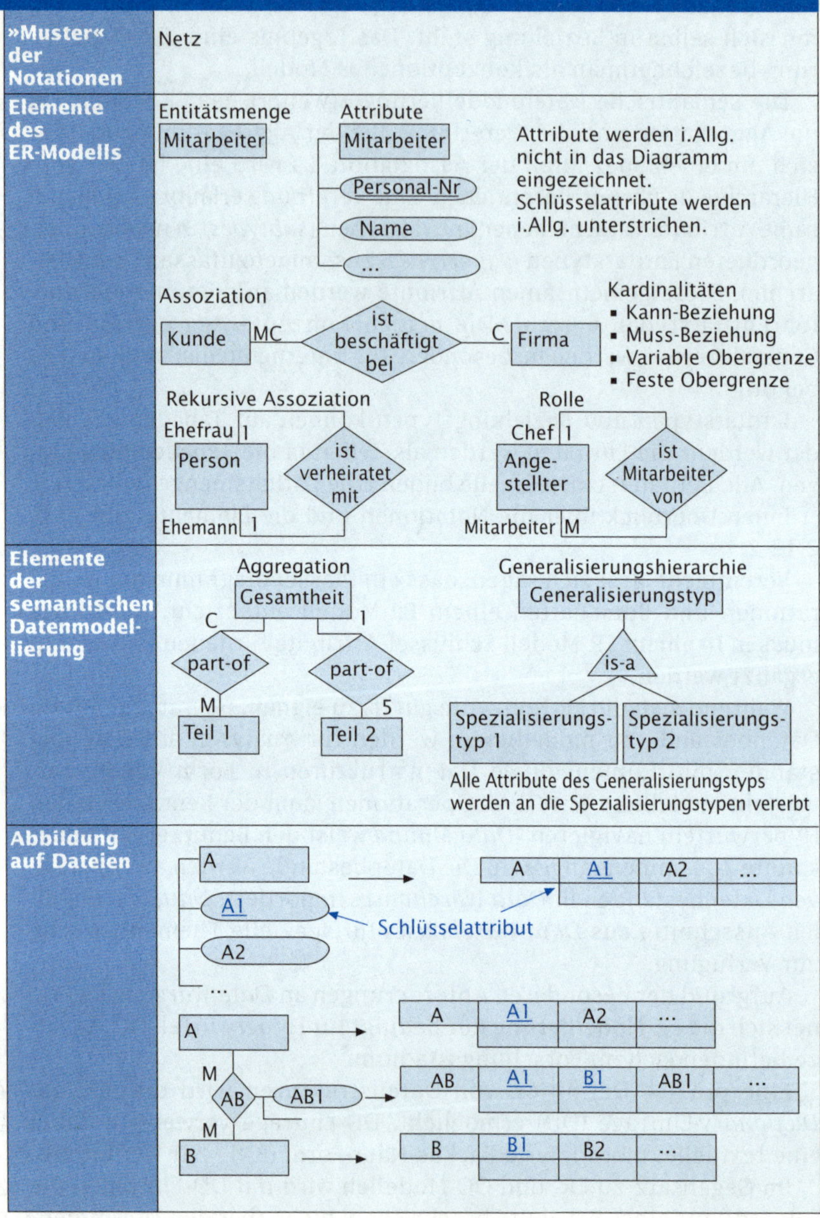

/Scheer 90a/

Scheer A.-W., *Wirtschaftsinformatik – Informationssysteme im Industriebetrieb*, Berlin: Springer-Verlag, 3. Auflage, 1990, 603 Seiten.
Enthält die systematische Entwicklung eines Unternehmensdatenmodells für einen Industriebetrieb. Auf einem DIN A1–Faltblatt ist das vollständige ER-Modell dargestellt.

Zitierte Literatur

/Bietham, Rohrig 90/
Bietham J., Rohrig N., *Datenmanagement,* in: Handbuch Wirtschaftsinformatik, Stuttgart: Poeschel-Verlag, 1990, S. 737–755.

/DeMarco 79/
DeMarco T., *Structured Analysis and System Specification,* Englewood Cliffs: Yourdon Press, 1979.

/Dillmann, Huck 91/
Dillmann R., Huck M., *Informationsverarbeitung in der Robotik,* Berlin: Springer-Verlag, 1991.

/Gabriel, Gluchowski 98/
Gabriel R., Gluchowski P., *Grafische Notationen für die semantische Modellierung multidimensionaler Datenstrukturen in Management Support Systemen,* in: Wirtschaftsinformatik, Heft 6, 1998, S. 493–502.

/Holthuis 99/
Holthuis J., *Der Aufbau von Data Warehouse-Systemen,* 2. Auflage, Wiesbaden: Deutscher Universitäts-Verlag, 1999.

/Inmon 92/
Inmon W., *Building the Data Warehouse,* Wellesley: QED Technical Publishing Group, 1992.

/Kimball 96/
Kimball R., *The Data Warehouse Toolkit,* New York: John Wiley & Sons, 1996, mit CD-ROM.

/Scheer 90b/
Scheer A.-W., *Unternehmensdatenmodell,* in: Lexikon der Wirtschaftsinformatik, Berlin: Springer-Verlag 1990, S. 438–440.

/Schinzer, Bange, Mertens 99/
Schinzer H., Bange C., Mertens H., *Data Warehouse und Data Mining – Marktführende Produkte im Vergleich,* 2. Auflage, München: Verlag Franz Vahlen, 1999.

/Wieken 99/
Wieken J.-H., *Der Weg zum Data Warehouse,* München: Addison-Wesley, 1999.

Analytische Aufgaben
Muss-Aufgabe
15 Minuten

1 *Lernziele: Für gegebene Beispiele ein ER-Modell erstellen können (einschließlich Generalisierungshierarchie und Aggregation). Für gegebene ER-Diagramme die Kardinalitäten angeben können.*
Sie sollen für die Autovermietung Blumenschein ein Software-System zur Unterstützung aller vorfallenden Geschäftsprozesse entwerfen. Von Ihrem Systemanalytiker erhalten Sie ein ER-Modell, das folgenden Ausschnitt aus dem Lastenheft modelliert:

/1/ Die Fahrzeugflotte besteht aus mehreren Fahrzeugen.
/2/ Ein Kunde kann ein Privatkunde oder ein Firmenkunde sein.
/3/ Ein Kunde kann ein oder mehrere Fahrzeuge mieten.
/4/ Die Autovermietung Blumenschein hat die Fahrzeugflotte als Ganzes unter einem Sammelvertrag bei einer KFZ-Versicherung versichert.

Analysieren Sie das vorgelegte ER-Modell der Abb. 2.12-3 auf Fehler.

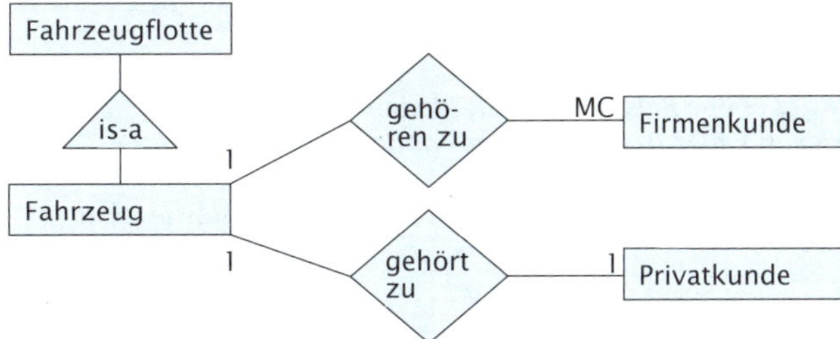

Abb. 2.12-3: ER-Diagramm der Autovermietung Blumenschein

Muss-Aufgabe
10 Minuten

2 *Lernziel: Für Beispiele eine Assoziationsmatrix erstellen können.*
Mit der Funktion »erfasse Fahrzeugdaten« wird ein neu gekauftes Fahrzeug in die Software der Autovermietung Blumenschein eingetragen (siehe Aufgabe **1**). In der Funktion »buche Privat-Vermietung« wird die Zahl der von Stammkunden gemieteten Fahrzeuge erhöht. Stimmt die nachstehende Assoziationsmatrix?

	Fahrzeug	Privatkunde
erfasse Fahrzeugdaten	c	
buche Privat-Vermietung	u	c

Muss-Aufgabe
10 Minuten

3 *Lernziele: Für gegebene Beispiele ein ER-Modell erstellen können (einschließlich Generalisierungshierarchie und Aggregation). Für gegebene ER-Diagramme die Kardinalitäten angeben können.*

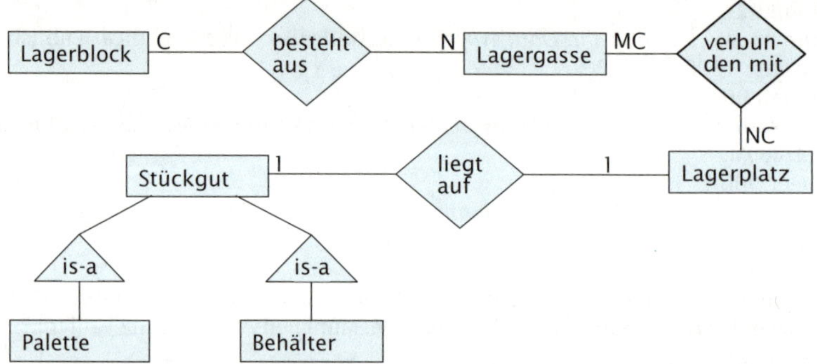

Abb. 2.12-4: ER-Diagramm einer Lagerverwaltung

Betrachten Sie folgenden Sachverhalt aus der Lagerautomatisierung:
/1/ Ein Lagerblock besteht aus 1 bis10 Gassen.
/2/ Eine einzelne Lagergasse enthält mindestens einen Lagerplatz.
/3/ Der Lagerplatz kann frei oder mit maximal einem Stückgut belegt sein.
/4/ Stückgüter werden in Behälter und Paletten unterteilt und können entweder eingelagert auf einem Lagerplatz oder »Frei« im System existieren – z.B. wenn sie gerade ein- oder ausgelagert werden.

Gibt das ER-Diagramm der Abb. 2.12-4 die Verhältnisse korrekt wieder? Wenn nicht, identifizieren Sie eventuelle Fehler!

Muss-Aufgabe
5 Minuten

4 *Lernziel: Datenstrukturen als Data Dictionary-Einträge in modifizierter Backus-Naur-Form definieren und durch Wahl geeigneter Abstraktionsebenen hierarchisch anordnen können.*
Was bedeuten:

a A = (B)
b A = 0{B}1
c A = [B]
d AB = [A|B|A+B]
e A = ({B})
f A = {B}
g A = 1{B}
h A = {B}1

Muss-Aufgabe
5 Minuten

5 *Lernziele: Für gegebene Beispiele ein ER-Modell erstellen können (einschließlich Generalisierungshierarchie und Aggregation). Für gegebene ER-Diagramme die Kardinalitäten angeben können.*
Geben Sie für die ER-Modelle der Abb. 2.12-5 die Kardinalitäten an.

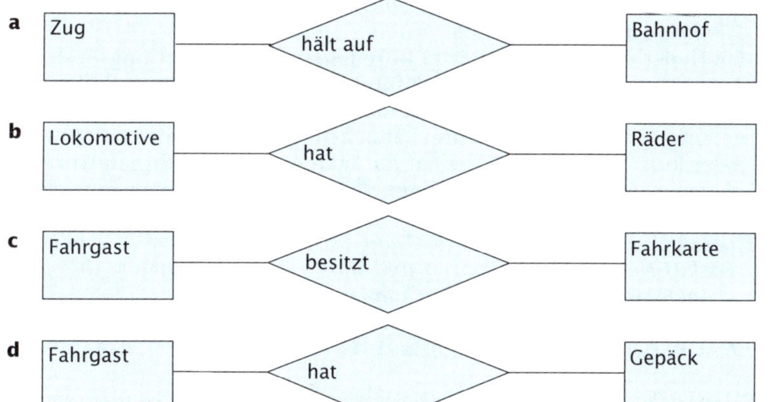

Abb. 2.12-5: ER-Diagramme ohne Kardinalitäten

6 *Lernziel: Für gegebene Beispiele einen Hyperwürfel erstellen und durch ein ER-Modell darstellen können.*

Muss-Aufgabe
10 Minuten

Im automatisierten Lager aus Aufgabe **3** soll ein *Data Warehouse* genutzt werden, um einen Überblick über die Umschläge im Lager zu erhalten. Die Geschäftsführung schlägt folgende Dimensionen für einen Hyperwürfel vor, in dem als Kennzahl die Stückgutbewegungen eingetragen werden sollen: Lagerblock, Lagergasse und Lagerplatz. Wie machen Sie der Geschäftsführung klar, dass sich diese Dimensionswahl *nicht* eignet?

7 *Lernziel: Datenstrukturen als Data Dictionary-Einträge in modifizierter Backus-Naur-Form definieren und durch Wahl geeigneter Abstraktionsebenen hierarchisch anordnen können.*

Kann-Aufgabe
10 Minuten

Welche der folgenden Ausdrücke sind in der Definition `A = B + [C|D+E|F]` enthalten?

a `A = B`
b `A = B+C+F`
c `A = B+D+E`
d `A = B+C`
e `A = B+F`

8 *Lernziel: Für gegebene Beispiele einen Hyperwürfel erstellen und durch ein ER-Modell darstellen können.*

Klausur-Aufgabe
10 Minuten

Die Autovermietung Blumenschein möchte wissen, welche Umsätze mit welchen Kunden und welchen Fahrzeugen in welchen Zeiträumen getätigt wurden. Ihr Systemanalytiker legt das ER-Modell der Abb. 2.12-6 zur Modellierung eines Hyperwürfels vor, von dem er behauptet, es handele sich um ein vollständig verbundenes Stern-Schema. Identifizieren Sie mögliche Fehler.

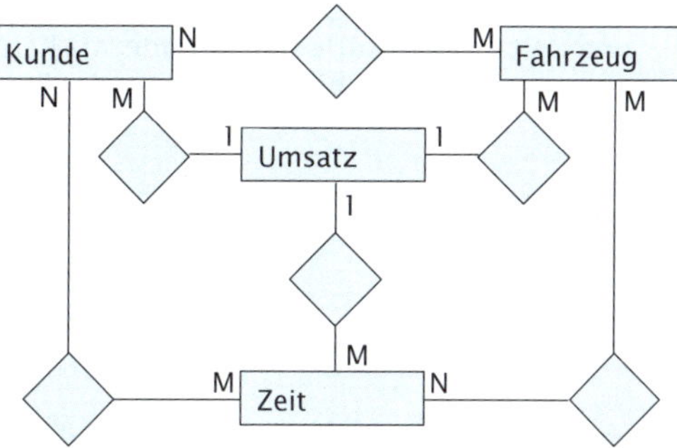

Abb. 2.12-6: ER-Modellierung eines Hyperwürfels

Klausur-Aufgabe *10 Minuten*

9 *Lernziel: Für gegebene Beispiele einen Hyperwürfel erstellen und durch ein ER-Modell darstellen können.*
Ein Hyperwürfel in einem *Data Warehouse* eines Vermittlungssystems zur Auswertung eines Jahres enthält für die Kennzahl »Telefongebühr« folgende Dimensionen: Zeit – eingeteilt in 365 Tage –, Teilnehmer, 30 000 Einträge, und Tarifzone mit den drei Bereichen: City, Nationaler Ruf, Internationaler Ruf. Wie viele Einträge hat die Faktentabelle für diesen Würfel? Vergleichen Sie die Größenordnungen von Fakten- und Dimensionstabellen!

Klausur-Aufgabe *5 Minuten*

10 *Lernziel: Datenstrukturen als Data Dictionary-Einträge in modifizierter Backus-Naur-Form definieren und durch Wahl geeigneter Abstraktionsebenen hierarchisch anordnen können.*
Sind folgende Definitionen sinnvoll (im Zusammenhang)?

```
A = B+(C)        B = {D}+[E|F]+G        D = H+A+{I}
```

Konstruktive Aufgaben Muss-Aufgabe *30 Minuten*

11 *Lernziele: Für gegebene Beispiele ein ER-Modell erstellen können (einschließlich Generalisierungshierarchie und Aggregation). Für gegebene ER-Diagramme die Kardinalitäten angeben können. CASE-Werkzeuge für die Erstellung von ER-Diagrammen einsetzen können.*
Üben Sie zunächst den Umgang mit dem CASE-Werkzeug ERwin, indem Sie das korrekte ER-Diagramm für die Autovermietung Blumenschein aus Aufgabe **1** erstellen. Ergänzen Sie Ihr Modell um folgenden Sachverhalt:

/5/ Wegen des großen Geschäftserfolgs muss die Firma Blumenschein Mitarbeiter einstellen. Die Mitarbeiter teilen sich in zwei Gruppen auf: Bürokräfte für die Bearbeitung des Schriftverkehrs und Fahrer, die Fahrzeuge zu Kunden bringen oder von dort wieder abholen.

Muss-Aufgabe *10 Minuten*

12 *Lernziel: Für Beispiele eine Assoziationsmatrix erstellen können.*
In der Software für die Autovermietung Blumenschein existieren die beiden Funktionen »verleihen Fahrzeug« und »zurücknehmen Fahrzeug«. Beim Verleihen eines Fahrzeugs wird ein neuer Vermietungsvorgang angelegt, bei dem der Entleih-Tag, der Kunde und das Fahrzeug eingetragen werden. In »zurücknehmen Fahrzeug« wird das Rückgabedatum im System festgehalten. Erstellen Sie eine Assoziationsmatrix für die beiden beschriebenen Funktionen und die beteiligten Entitäten Kunde, Fahrzeug und Vorgang!

Muss-Aufgabe *30 Minuten*

13 *Lernziel: Für gegebene Beispiele einen Hyperwürfel erstellen und durch ein ER-Modell darstellen können.*
Nachdem Sie der Geschäftsführung des automatisierten Lagers aus Aufgabe **3** klargemacht haben, dass die geplanten Dimensionen für einen Hyperwürfel aus Aufgabe **6** falsch gewählt waren, erstellen Sie nun selbst einen Hyperwürfel, um die Umschlagbewegungen im Lager nachvollziehen zu können. Als Dimensionen wählen Sie Lagerplätze, Kommisionierer und Zeit mit der Auflösung Stunde; als Kennzahl die Zahl bewegter Stückgüter. Erstellen Sie hieraus ein Stern-Schema in ER-Notation!

Hinweis

Weitere Aufgaben befinden sich auf der CD-ROM 1.

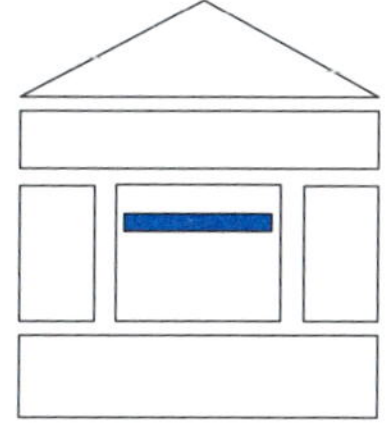

2 Die Definitionsphase – Algorithmische und regelbasierte Sicht

- Syntax und Semantik linearer Kontrollstrukturen in den Darstellungsformen Struktogramm und Pseudo-Code erläutern können. — verstehen
- Syntax und Semantik von Entscheidungstabellen einschließlich aller Varianten beschreiben können.
- Die Darstellungsformen Struktogramm und Pseudo-Code ineinander überführen können. — anwenden
- Lineare Kontrollstrukturen ineinander schachteln können.
- Entscheidungstabellen konsolidieren können.
- Gegebene Entscheidungstabellen anwenden können.
- Entscheidungstabellen in horizontaler und vertikaler Form sowie als Entscheidungsbaum darstellen können.
- Für gegebene, geeignete Problemstellungen die dafür angemessenen linearen Kontrollstrukturen einsetzen können. — beurteilen
- Eine gegebene Entscheidungstabelle daraufhin analysieren können, ob es sich um eine Ein- oder Mehrtreffer-Tabelle, eine vollständige oder unvollständige Entscheidungstabelle oder eine erweiterte oder begrenzte Entscheidungstabelle handelt.
- Für gegebene, geeignete Problemstellungen Entscheidungstabellen und Entscheidungstabellen-Verbunde entwickeln können.

Die hier behandelten Basiskonzepte werden normalerweise in der Implementierungsphase eingesetzt. In der Definitionsphase ist es aber oft sinnvoll, bereits algorithmische und regelbasierte Aspekte zu beschreiben – allerdings auf einem anderen Abstraktionsniveau. Im Folgenden werden nur die Aspekte beschrieben, die auch für die Definitionsphase relevant sind.

2.13 Kontrollstrukturen

Kontrollstrukturen dienen dazu, den Ablauf eines Algorithmus zu steuern. Sie geben an, ob bzw. wie oft Anweisungen ausgeführt werden sollen.

Kontrollstrukturen sollen
- es ermöglichen, Problemlösungen in natürlicher, problemangepasster Form zu beschreiben,
- so beschaffen sein, dass sich die Problemstruktur im Algorithmus widerspiegelt,
- leicht lesbar und verständlich sein,
- eine leichte Zuordnung zwischen statischem Algorithmustext und dynamischem Algorithmuszustand erlauben,
- mit minimalen, orthogonalen Konzepten ein breites Anwendungsspektrum abdecken,
- Korrektheitsbeweise von Algorithmen erleichtern.

Eine problemadäquate Umsetzung von Problemlösungen in Kontrollstrukturen wird durch folgende vier semantisch unterschiedliche Kontrollstrukturen ermöglicht:

- Sequenz,
- Auswahl,
- Wiederholung,
- Aufruf anderer Algorithmen.

strukturierte Programmierung

Seit der Entwicklung der strukturierten Programmierung Anfang der 70er Jahre gilt es als »Stand der Technik«, nur diese vier Kontrollstrukturarten zu verwenden.

Im Folgenden wird die Semantik dieser vier Kontrollstrukturen skizziert. Gleichzeitig werden diese Kontrollstrukturen in drei verschiedenen Notationen angegeben:

- Struktogramm-Notation
- Pseudo-Code-Notation
- Programmablaufplan-Notation

Struktogramme

Die **Struktogramm-Notation** beruht auf einem Vorschlag von /Nassi, Shneiderman 73/, daher auch **Nassi-Shneiderman-Diagramme** genannt, und ermöglicht eine grafische Darstellung von Kontrollstrukturen. Die Notation ist in /DIN 66261/ genormt.

Pseudo-Code

Die **Pseudo-Code-Notation** ist eine textuelle, semiformale Darstellungsform in Anlehnung an problemorientierte Programmiersprachen. Während für die Kontrollstrukturen die Syntax und die Wortsymbole von Programmiersprachen verwendet werden (z.B. **`if`**, **`switch`**, **`while`**), werden für die Anweisungen entweder verbale Formulierungen oder mehr oder weniger programmiersprachliche Notationen benutzt. Der im Folgenden benutzte Pseudo-Code orientiert sich an Java.

PAP

Die **Programmablaufplan-Notation (PAP)** benutzt grafische Symbole, die durch Linien miteinander verbunden sind, um Kontrollstrukturen zu beschreiben. PAPs bzw. Flussdiagramme sind seit 1969 in Gebrauch und genormt /DIN 66001/.

Einen Quervergleich grafischer Notationen für Kontrollstrukturen enthält /DIN EN 28631/.

2.13.1 Sequenz, Auswahl, Wiederholung und Aufruf

a Sequenz

Sequenz

Erfordert eine Problemlösung, dass mehrere Anweisungen hintereinander auszuführen sind, dann formuliert man eine **Sequenz** bzw. Aneinanderreihung (Abb. 2.13-1). Bei der Sequenz erfolgt die Abarbeitung immer von oben nach unten und von links nach rechts (falls beim Pseudo-Code mehr als eine Anweisung in einer Zeile steht).

Sequenz	allgemein	Erläuterung
Strukto-gramm	Anweisung1 Anweisung2 Anweisung3	Ein beliebig groß gewähltes Viereck wird nach jeder Anweisung mit einer horizontalen Linie abgeschlossen.

Pseudocode (Java)	`Anweisung1;`
	`Anweisung2;`
	`Anweisung3;`
		Die einzelnen Anweisungen werden durch Semikolon (;) voneinander getrennt.

PAP	Anweisung1 Anweisung2 Anweisung3	Einfache Anweisungen werden durch Rechtecke dargestellt, die wiederum durch Ablauflinien verbunden werden.

Abb. 2.13-1: Notationen der Sequenz

Prof. Dr. Ben Shneiderman *1947 in New York, USA, Miterfinder der Struktogramm-Notation (1973), Wegbereiter der direkten Manipulation von Benutzungsoberflächen und der Software-Psychologie (Bücher: *Software Psychology* 1980, *Designing the User Interface* (1987)), Urheber des Hypermedia-Systems *Hyperties*, Promotion an der *State University of New York*, heute *Professor of Computer Science, University of Maryland.*

b Auswahl

Auswahl

Sollen Anweisungen nur in Abhängigkeit von bestimmten Bedingungen ausgeführt werden, dann verwendet man das Konzept der **Auswahl** bzw. Verzweigung.

Es gibt drei verschiedene Auswahl-Konzepte, die jeweils für bestimmte Problemlösungen geeignet sind:

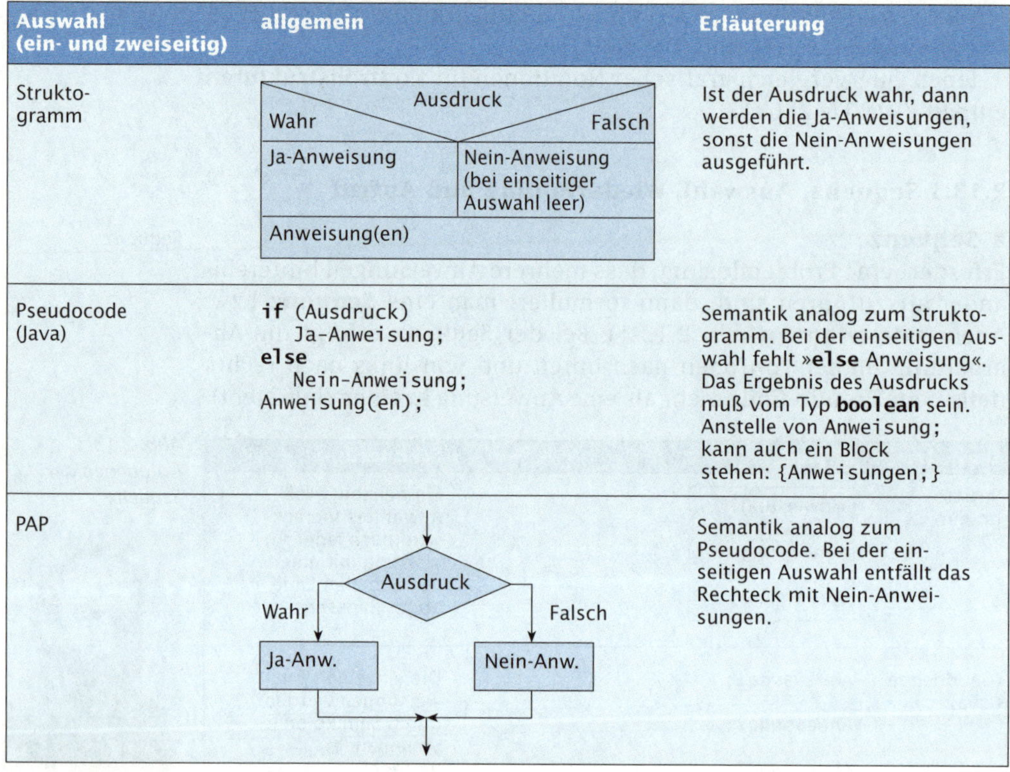

Auswahl (ein- und zweiseitig)	allgemein	Erläuterung
Strukto-gramm	Ausdruck / Wahr / Falsch / Ja-Anweisung / Nein-Anweisung (bei einseitiger Auswahl leer) / Anweisung(en)	Ist der Ausdruck wahr, dann werden die Ja-Anweisungen, sonst die Nein-Anweisungen ausgeführt.

Pseudocode (Java)	`if (Ausdruck)`
	`   Ja-Anweisung;`
	`else`
	`   Nein-Anweisung;`
	`Anweisung(en);`
		Semantik analog zum Strukto-gramm. Bei der einseitigen Auswahl fehlt »**else** Anweisung«. Das Ergebnis des Ausdrucks muß vom Typ **boolean** sein. Anstelle von `Anweisung;` kann auch ein Block stehen: `{Anweisungen;}`

PAP	Ausdruck / Wahr / Falsch / Ja-Anw. / Nein-Anw.	Semantik analog zum Pseudocode. Bei der ein-seitigen Auswahl entfällt das Rechteck mit Nein-Anwei-sungen.

Abb. 2.13-2: Notationen der ein- und zweiseitigen Auswahl

- einseitige Auswahl,
- zweiseitige Auswahl,
- Mehrfachauswahl.

Abb. 2.13-2 zeigt die Darstellungsformen der ein- und zweiseitigen Auswahl.

Durch die Bedingung bzw. den Ausdruck wird eine Auswahl der auszuführenden Anweisungen vorgenommen. Ist die Bedingung erfüllt bzw. der Ausdruck wahr, dann werden die Anweisungen hinter den Ausdruck (**then**-Teil) ausgeführt, sonst die hinter **else**. Bei der einseitigen Auswahl handelt es sich um einen Sonderfall der zweiseitigen Auswahl. Im **else**-Zweig steht dann keine Anweisung.

Muss zwischen mehr als zwei Möglichkeiten gewählt werden, dann wird die Mehrfachauswahl verwendet (Abb. 2.13-3).

c Wiederholung

Wiederholung

Sollen eine oder mehrere Anweisungen in Abhängigkeit von einer Bedingung wiederholt oder für eine gegebene Anzahl von Wiederholungen durchlaufen werden, so ist das Konzept der **Wiederholung** bzw. Schleife zu verwenden.

Drei Wiederholungskonstrukte werden unterschieden (Abb. 2.13-4):

- Wiederholung mit Abfrage vor jedem Wiederholungsdurchlauf,
- Wiederholung mit Abfrage nach jedem Wiederholungsdurchlauf,

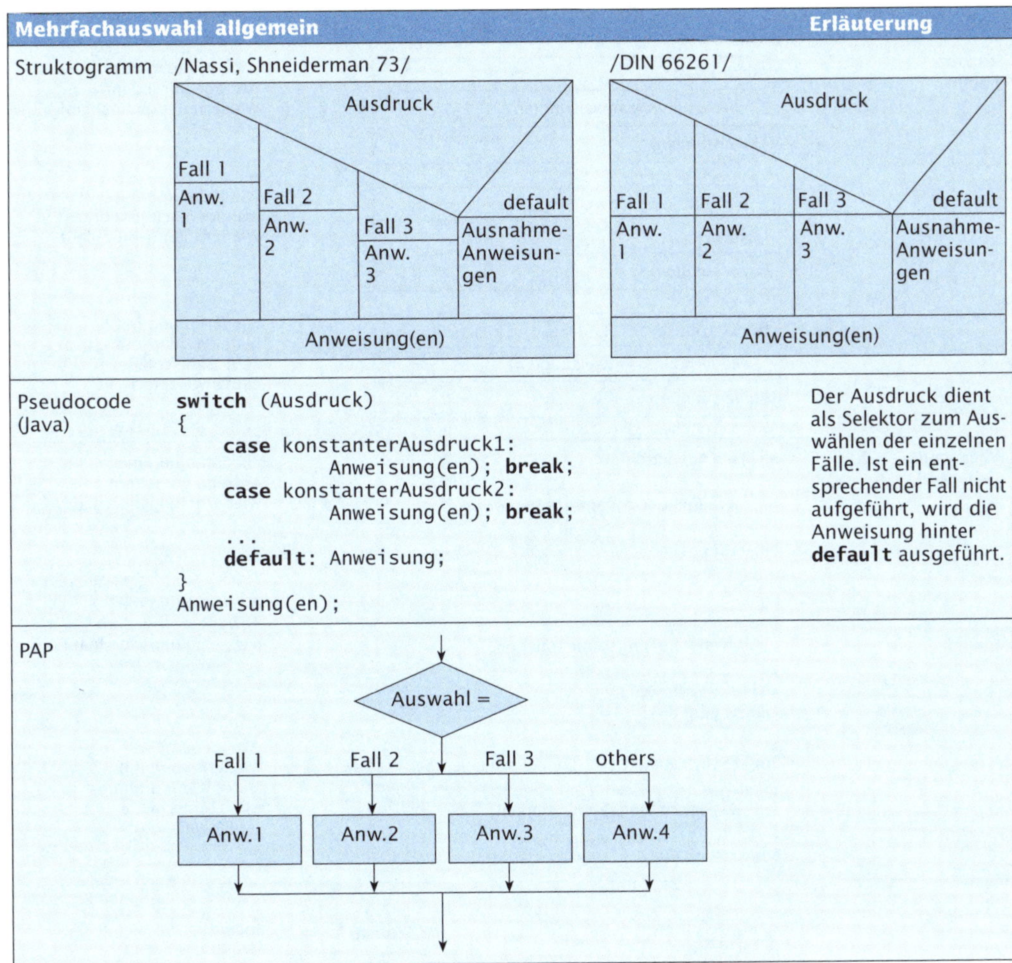

Abb. 2.13-3: Notationen der Mehrfach-Auswahl

- Wiederholung mit fester Wiederholungsanzahl.

Bei der Wiederholung mit Abfrage vor jedem Wiederholungsdurchlauf wird so lange wiederholt, wie die Bedingung erfüllt ist. Dann wird hinter der zu wiederholenden Anweisung bzw. Anweisungsfolge fortgefahren. Ist die Bedingung bereits am Anfang nicht erfüllt, dann wird die Wiederholungsanweisung keinmal ausgeführt. Die Bedingung muss daher am Anfang der Wiederholungen bereits einen eindeutigen Wert besitzen. Bei der Wiederholung mit Abfrage nach jedem Wiederholungsdurchlauf wird so lange wiederholt, bis die Bedingung erfüllt bzw. der Ausdruck wahr ist. Die zu wiederholenden Anweisungen werden also in jedem Fall einmal ausgeführt, da die Bedingung erst am Ende abgefragt wird. Eine Wiederholung mit Abfrage nach jedem Durchlauf lässt sich auf eine Wiederholung mit Abfrage vor jedem Durchlauf zurückführen, wenn die Schleife so initialisiert wird, dass die Bedingung am Anfang erfüllt ist.

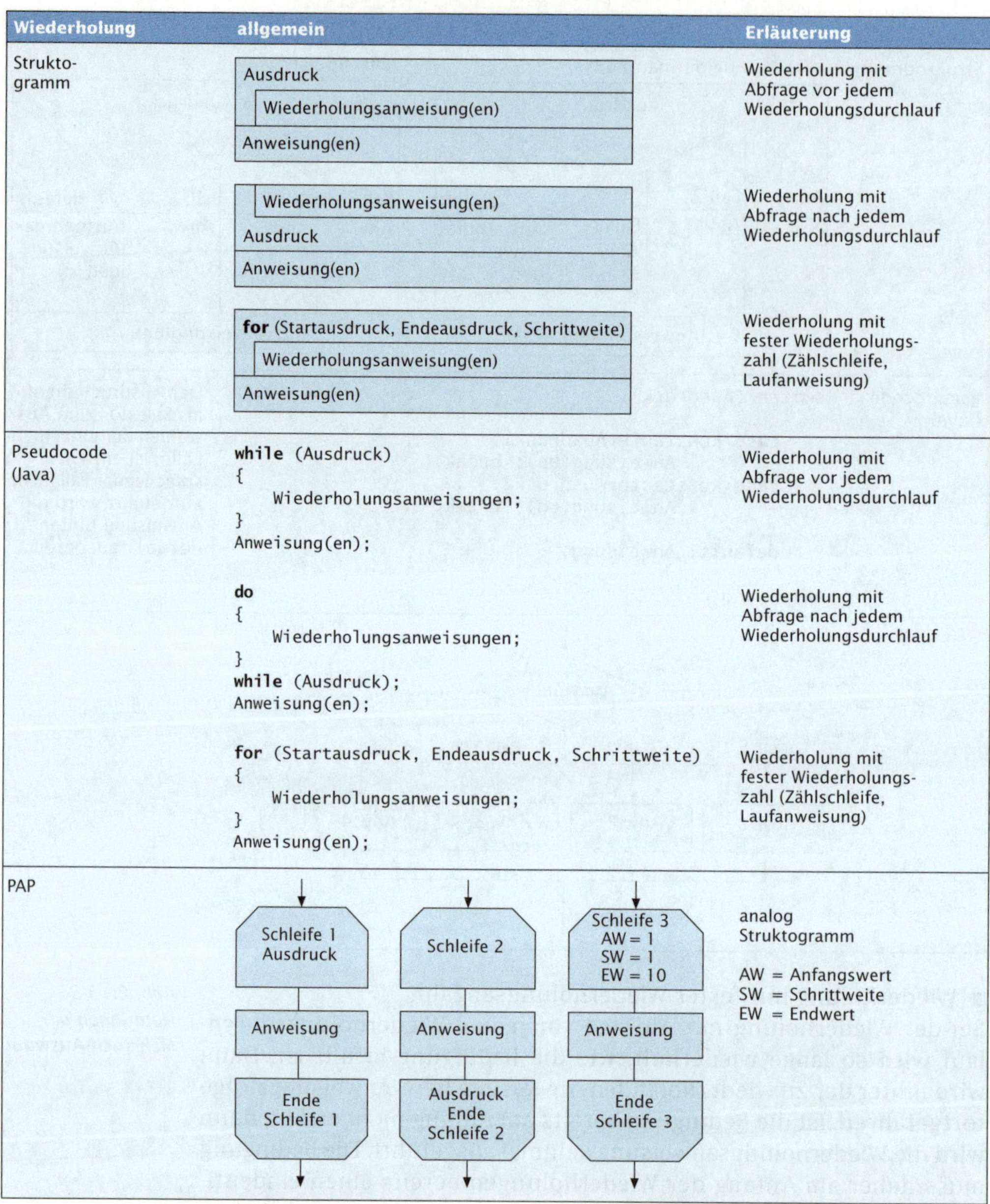

Wiederholung	allgemein	Erläuterung
Struktogramm	Ausdruck / Wiederholungsanweisung(en) / Anweisung(en)	Wiederholung mit Abfrage vor jedem Wiederholungsdurchlauf
	Wiederholungsanweisung(en) / Ausdruck / Anweisung(en)	Wiederholung mit Abfrage nach jedem Wiederholungsdurchlauf
	for (Startausdruck, Endeausdruck, Schrittweite) / Wiederholungsanweisung(en) / Anweisung(en)	Wiederholung mit fester Wiederholungszahl (Zählschleife, Laufanweisung)

Pseudocode (Java)	**while** (Ausdruck)
	{
	Wiederholungsanweisungen;
	}
	Anweisung(en);
		Wiederholung mit Abfrage vor jedem Wiederholungsdurchlauf

	do
	{
	Wiederholungsanweisungen;
	}
	while (Ausdruck);
	Anweisung(en);
		Wiederholung mit Abfrage nach jedem Wiederholungsdurchlauf

	for (Startausdruck, Endeausdruck, Schrittweite)
	{
	Wiederholungsanweisungen;
	}
	Anweisung(en);
		Wiederholung mit fester Wiederholungszahl (Zählschleife, Laufanweisung)

PAP	Schleife 1 Ausdruck / Anweisung / Ende Schleife 1 Schleife 2 / Anweisung / Ausdruck Ende Schleife 2 Schleife 3 AW = 1 SW = 1 EW = 10 / Anweisung / Ende Schleife 3	analog Struktogramm AW = Anfangswert SW = Schrittweite EW = Endwert

Abb. 2.13-4: Notationen der Wiederholung

Liegt bei einem Problem die Anzahl der Wiederholungen von Anfang an fest, dann wird die so genannte **Zählschleife** bzw. **Laufanweisung** verwendet. Die Anzahl der Wiederholungen wird durch eine Zählvariable mitgezählt und die Bedingung so gewählt, dass nach der geforderten Wiederholungsanzahl der Abbruch erfolgt.

Einige Probleme erfordern auch ein Abwärtszählen. Auch dies kann mit der Zählschleife dargestellt werden.

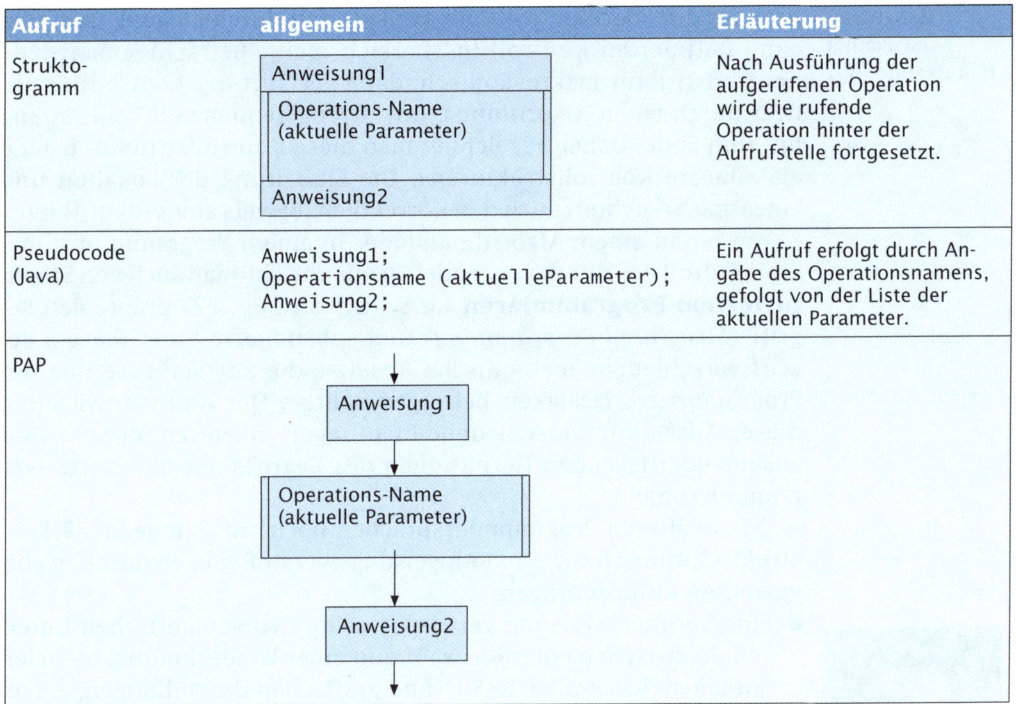

Aufruf	allgemein	Erläuterung
Strukto-gramm	Anweisung1 Operations-Name (aktuelle Parameter) Anweisung2	Nach Ausführung der aufgerufenen Operation wird die rufende Operation hinter der Aufrufstelle fortgesetzt.

Pseudocode (Java)	`Anweisung1;`
	`Operationsname (aktuelleParameter);`
	`Anweisung2;`
		Ein Aufruf erfolgt durch Angabe des Operationsnamens, gefolgt von der Liste der aktuellen Parameter.

PAP	Anweisung1 Operations-Name (aktuelle Parameter) Anweisung2	

Abb. 2.13-5: Notationen des Aufrufs

d Aufruf anderer Algorithmen

Soll in einem Algorithmus ein anderer Algorithmus angewandt werden, dann geschieht dies durch einen **Aufruf** (Abb. 2.13-5).

Aufruf anderer Algorithmen

Ein Aufruf erfolgt durch Angabe des Algorithmusnamens, gefolgt von der Liste der aktuellen Parameter. Nach Ausführung des aufgerufenen Algorithmus wird der rufende Algorithmus hinter der Aufrufstelle fortgesetzt. Ein Algorithmus kann sich auch selbst aufrufen (rekursiver Aufruf).

Schachtelung von Kontrollstrukturen

Schachtelung

Komplexe Abläufe können durch **Schachtelung** von Kontrollstrukturen beschrieben werden. Innerhalb von Wiederholungsanweisungen können wieder Wiederholungsanweisungen oder/und Auswahlanweisungen stehen. Im Prinzip kann man die Kontrollstrukturen in beliebiger Kombination beliebig tief ineinander schachteln.

2.13.2 Strukturierte Programmierung

/Böhm, Jacopini 66/ haben nachgewiesen, dass alle Kontrollflüsse durch eine Auswahlkonstruktion und eine Wiederholungskonstruktion beschrieben werden können.

Die hier vorgestellten Kontrollstrukturen haben ein gemeinsames Kennzeichen. Sie besitzen jeweils genau einen Eingang und einen Ausgang. Zwischen dem Eingang und dem Ausgang gilt das Lokalitäts-

Prinzip der Lokalität Hauptkapitel IV 1

prinzip, d.h., der Kontrollfluss verlässt den durch Eingang und Ausgang definierten Kontrollflussbereich nicht. Betrachtet man jede Kontrollstruktur makroskopisch, dann verläuft der Kontrollfluss linear durch einen Algorithmus, d.h. streng sequenziell vom Anfang bis zum Ende. Daher bezeichnet man diese Kontrollstrukturen auch als »lineare Kontrollstrukturen«. Die Einhaltung der Lokalität und Linearität erleichtert auch den Korrektheitsbeweis eines Algorithmus.

Werden in einem Algorithmus oder in einem Programm nur lineare Kontrollstrukturen verwendet, dann spricht man auch von **Strukturiertem Programmieren i.e.S.** /Dijkstra 69, 72/ prägte den Begriff *»Structured Programming«* und subsumierte unter diesem Begriff verschiedene methodische Ansätze, die zur Verbesserung der Programmzuverlässigkeit beitragen sollten. Die Weiterentwicklung dieser Ansätze in verschiedene Richtungen führte zu oft sehr weit auseinanderliegenden Definitionen des Begriffs »Strukturierte Programmierung«.

Das in älteren Programmiersprachen noch enthaltene Steuerkonstrukt »Sprung« bzw. »*goto*-Anweisung« verstößt gegen die oben aufgestellten Anforderungen:

Prof. Dr. Edsger Wybe Dijkstra *1930 in Rotterdam, Niederlande, Wegbereiter der strukturierten Programmierung (Buch: *Notes on Structured Programming* 1972, zusammen mit O.-J. Dahl und C. A. R. Hoare), Erfinder von Algorithmen und des Semaphor-Konzeptes; Promotion an der Universität Amsterdam, seit 1984 *Professor and Schlumberger Centennial Chair in Computer Science, University of Texas at Austin.*

- Eine Sprunganweisung verwischt völlig den semantischen Unterschied zwischen einer Auswahl und einer Wiederholung. In vielen Sprachen (Assembler, BASIC) und grafischen Darstellungen, z.B. in PAP, wird eine Kombination von einfacher Auswahl und Sprung zur Darstellung einer bedingten Wiederholung benutzt. Eine einfache Auswahl hat aber semantisch nichts mit einer Wiederholung zu tun.
- Lokalität und Linearität sind nicht garantiert, da mit Sprüngen an beliebige Stellen des Algorithmus und damit auch in andere Kontrollstrukturen hinein gesprungen werden kann.
- Die Terminierung kann nicht oder nur mit großem Aufwand sichergestellt werden, da bei einem Sprung nicht klar ist, ob er dazu dient, Anweisungen zu wiederholen, oder ob es sich um Sprünge zur Realisierung von Auswahlbedingungen handelt.
- Das strukturierte Denken in Sequenz, Auswahl und Wiederholung wird nicht unterstützt, da durch einen Sprung jederzeit die »Notbremse gezogen werden kann«, d.h., wenn man einen Algorithmus formuliert hat und am Ende merkt, dass das Problem einen Rücksprung an den Anfang erfordert, dann wird man nicht gezwungen, den Algorithmus mit einer Wiederholung neu zu strukturieren.
- Syntax und Semantik einer Sprunganweisung sind nicht selbsterklärend.
- Die Fehleranfälligkeit steigt bei der Verwendung der Sprunganweisung.

In der Praxis zeigt sich, dass es in einigen Fällen notwendig ist, die Wiederholungsbedingung innerhalb der Wiederholung zu überprüfen und die Wiederholung an dieser Stelle u.U. zu beenden (sogenannte n + 1/2-Schleife).

n + 1/2-Schleife

Durch die Verwendung von boole'schen Variablen kann eine n + 1/2-Schleife auch ohne Sprünge programmiert werden. Diese Lösung ist jedoch nicht problemadäquat.

Um das Problem der n + 1/2-Schleife zu lösen, hat man die Kontrollstruktur Wiederholung so verallgemeinert, dass innerhalb des Wiederholungsteils ein oder mehrere Unterbrechungen (`break`) oder Aussprünge (`escape, exit, leave`) programmiert werden können, die bewirken, dass aus dem Wiederholungsteil hinter das Ende der Wiederholung verzweigt bzw. gesprungen wird.

Wertung

Für die Darstellungen von Kontrollstrukturen sind die grafischen und textuellen Beschreibungsmittel unterschiedlich geeignet:

Die Syntax moderner **Programmiersprachen** ist so gestaltet, dass die Syntax die Semantik der linearen Kontrollstrukturen optimal unterstützt. Die Wortsymbole sind selbsterklärend und jede Konstruktion wird durch ein spezifisches Wortsymbol explizit abgeschlossen, z.B. in Ada (`loop..end loop; if.. end if`). Die Schachtelungsstruktur von Kontrollstrukturen wird dadurch optisch hervorgehoben, dass eingeschachtelte Kontrollstrukturen textuell nach rechts eingerückt werden (manuell oder automatisch durch Formatierer). Analoge Aussagen gelten für Pseudo-Code-Sprachen. Die Programmiersprachen Java, C++ und C sind in dieser Hinsicht *nicht* vorbildlich. Daher sind konsequentes Einrücken und zusätzliche Kommentare erforderlich, um gut lesbare Kontrollstrukturen zu erhalten.

Struktogramme ermöglichen eine optimale grafische Darstellung von linearen Kontrollstrukturen, da es nicht möglich ist, Sprünge darzustellen. Der in Struktogrammen verfügbare Platz ermöglicht außerdem die Wahl aussagekräftiger Namen. Der Vereinbarungsteil kann am Anfang in einem eigenen Kasten beschrieben werden. Das manuelle Zeichnen und Ändern ist aufwendig, jedoch gibt es Struktogramm-Generatoren, die diese Arbeit automatisch erledigen. Besonders vorteilhaft bei Struktogrammen ist, dass die Auswahl in ablaufadäquater Form dargestellt wird, d.h., die Alternativen werden vertikal angeordnet, während in textuellen Darstellungsformen eine horizontale Anordnung erfolgt.

Als schwerwiegender Nachteil des **Programmablaufplanes** erweist sich, dass es für grundlegende Kontrollstrukturen keine eigenen Symbole gibt (Mehrfachauswahl, Wiederholungen). Vorgenommene Erweiterungen entsprechen nicht der ursprünglichen Intention. Insgesamt bieten PAPs dem Benutzer zu große Freiheiten, so dass PAPs zur Beschreibung von linearen Kontrollstrukturen keine adäquaten Mittel zur Verfügung stellen. Schachtelungsstrukturen sind z.B. in PAPs kaum erkennbar. Der Vereinbarungsteil kann in die Symbolik nicht integriert werden. PAPs sollten daher bis auf Sonderfälle *nicht* verwendet werden.

Vorteile

Die ausschließliche Verwendung von linearen Kontrollstrukturen bringt folgende Vorteile:

- Vereinheitlichung der Programmierstile, d.h. Standardisierung der Kontrollflüsse.
- Übersichtliche, gut lesbare und verständliche Anweisungsteile.
- Leichte Überprüfbarkeit der Terminierung.
- Für gleichartige Probleme entstehen gleichartige Kontrollfluss-Strukturen.
- Statische Überprüfung der Korrektheit möglich.
- Die Auswirkungen jeder Kontrollstruktur sind übersehbar.

Methodik

Von der Methodik her ist folgende Reihenfolge einzuhalten:

1 Immer zuerst die Kontrollstrukturen entwerfen.
2 Erst dann die elementaren Anweisungen überlegen.

2.13.3 Fallstudie Seminarorganisation

In der Definitionsphase wird die algorithmische Sicht oft beschrieben, um den Zusammenhang zwischen Eingabe- und Ausgabedaten einer Funktion bzw. eines Prozesses darzustellen.

Beispiel

In der Fallstudie Seminarorganisation lautet die Anforderung /D20/: »Gehört ein Kunde zu einer Firma, dann sind über die Firma folgende Daten zu speichern: Firmenkurzname, Firmenname, Adresse, Kommunikationsdaten, Ansprechpartner, Geburtsdatum, Funktion des Ansprechpartners, Kurzmitteilung, Notizen, Umsatz, Kunde seit«.

Zusammenhang zu DFD und DD

Im Datenflussdiagramm der Abb. 2.7-1 ist eine Funktion »verwalte Firmendaten« enthalten. Betrachtet man dieses DFD, dann sieht man, dass die Firmendaten von der Firma stammen.
Auf alle Daten des Speichers Firmendatei wird lesend und schreibend zugegriffen. Im *Data Dictionary* liegen beispielsweise folgende Definitionen vor:

```
Firmendatei      = {Firmeneintrag}
Firmeneintrag    = Firmenkurzname + Firmendaten
Firmendaten      = Firmenname + Adresse + Ansprechpartner +
                   (Kurzmitteilung) + (Notizen) +  Kunde seit +
                   Umsatz
Ansprechpartner  = Name + Adresse + Abteilung + (Geburtsdatum)
                   + Funktion
```

Die prinzipielle Verarbeitung dieser Daten kann nun folgendermaßen als Pseudocode dargestellt werden:

```
switch(Funktion)
{  case Ersterfassung:
     Erfassen der Firmendaten;
     Prüfen, ob Firma bereits vorhanden durch Vergleich des neuen
     Firmennamens mit den vorhandenen in der Firmendatei;
     if(Firma ist neu)
     { Vergabe eines Firmenkurznamens;
       Neuen Firmeneintrag in der Firmendatei vornehmen;
```

```
    }
    else
    { Firmeneintrag anzeigen und überprüfen
      if(Änderungen vorgenommen)
      { Geänderten Firmeneintrag in Firmendatei eintragen;
      }
    } break;
  case Änderung:
    Firmeneintrag anhand des Firmenkurznamens aus der
    Firmendatei lesen und anzeigen;
    if(Änderungen vorgenommen)
    { Geänderten Firmeneintrag in Firmendatei eintragen;
    } break;
  case Löschung:
    Prüfen, ob es Kundeneinträge in der Kundendatei gibt, die den
    Firmenkurznamen enthalten;
    if(Kundeneinträge enthalten Firmenkurznamen)
    { Hinweis, dass erst alle entsprechenden Kundeneinträge
      geändert werden müssen;
    }
    else
    { Firmeneintrag anhand des Firmenkurznamens aus der
      Firmendatei lesen, anzeigen und nach Bestätigung löschen.
    } break;
}
```

Das entsprechende Struktogramm zeigt Abb. 2.13-6.

Abb. 2.13-6: Beispiel für ein Struktogramm

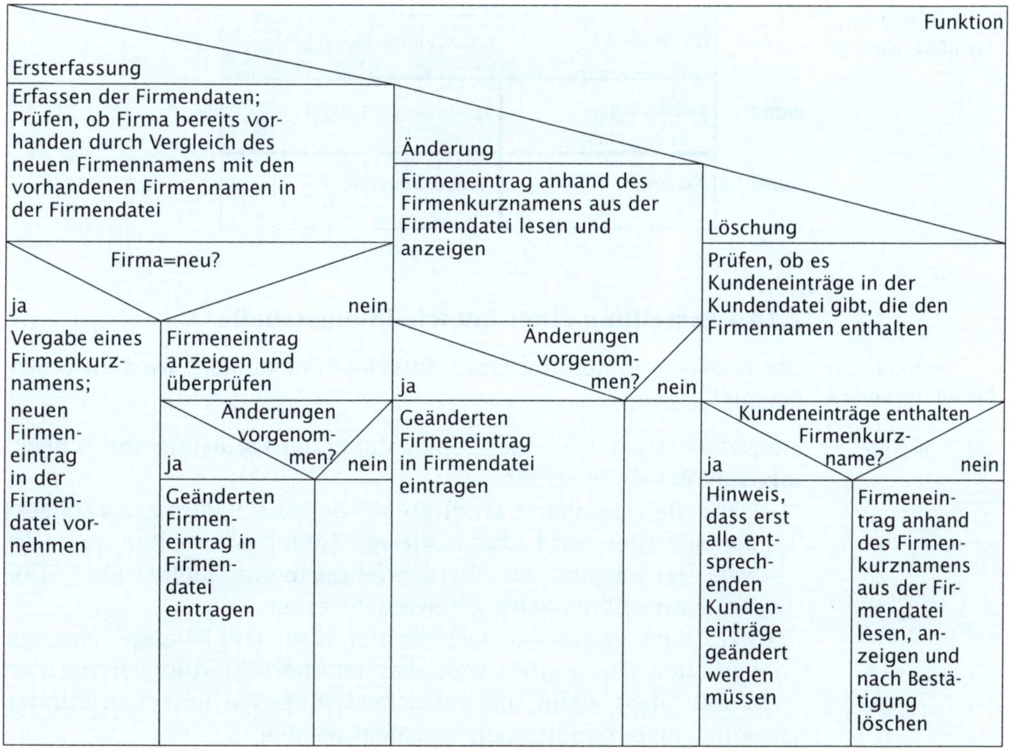

Funktion

Ersterfassung

Erfassen der Firmendaten; Prüfen, ob Firma bereits vorhanden durch Vergleich des neuen Firmennamens mit den vorhandenen Firmennamen in der Firmendatei

Firma=neu?

ja

Vergabe eines Firmenkurznamens; neuen Firmeneintrag in der Firmendatei vornehmen

nein

Firmeneintrag anzeigen und überprüfen

Änderungen vorgenommen?

ja

Geänderten Firmeneintrag in Firmendatei eintragen

nein

Änderung

Firmeneintrag anhand des Firmenkurznamens aus der Firmendatei lesen und anzeigen

Änderungen vorgenommen?

ja

Geänderten Firmeneintrag in Firmendatei eintragen

nein

Löschung

Prüfen, ob es Kundeneinträge in der Kundendatei gibt, die den Firmennamen enthalten

Kundeneinträge enthalten Firmenkurzname?

ja

Hinweis, dass erst alle entsprechenden Kundeneinträge geändert werden müssen

nein

Firmeneintrag anhand des Firmenkurznamens aus der Firmendatei lesen, anzeigen und nach Bestätigung löschen

CASE-Werkzeuge
www.easycase.at

Aus dem Quellcode von Programmen können durch CASE-Werkzeuge automatisch Struktogramme erzeugt werden. Auf der beiliegenden CD-ROM 1 befindet sich das Werkzeug EasyCase, das es ermöglicht, Java- und C++-Programme als Struktogramme darzustellen.

2.14 Entscheidungstabellen und Entscheidungsbäume

Mit Hilfe von **Entscheidungstabellen** (ET) können vorzunehmende Aktionen oder Handlungen, die von der Erfüllung oder Nichterfüllung mehrerer Bedingungen abhängen, kompakt und übersichtlich definiert werden.

Entscheidungstabellen wurden 1957 in einer Projektgruppe der *General Electric Company* entwickelt und sind in /DIN 66241/ genormt.

Eine Entscheidungstabelle besteht aus vier Quadranten (Abb. 2.14-1). Die Bedingungen werden oben links, die Aktionen links unten jeweils in sich durchnummeriert in die Tabelle eingetragen. Die beiden rechten Quadranten dienen dazu, die Bedingungen mit den Aktionen zu verknüpfen (siehe unten). Die Verknüpfung geschieht spaltenweise. Jede Spalte wird als Regel bezeichnet und durch eine Regelnummer identifiziert. Im Prinzip ist eine Entscheidungstabelle nichts anderes als eine übersichtliche Darstellung des Sachwissens in der Form »wenn ..., dann ...«.

Abb. 2.14-1: Struktur einer ET

	Name der ET	Regelnummern
wenn	Bedingungen	Bedingungsanzeiger
dann	Aktionen	Aktionsanzeiger

2.14.1 Erstellung einer Entscheidungstabelle

Methode zur Erstellung von ET

Die konkrete Erstellung einer Entscheidungstabelle wird an einem Beispiel gezeigt.

Beispiel 1a

Ein Sachbearbeiter in einer Bank soll bei der Einlösung von Schecks folgende Regeln beachten:

/1/ Wenn die vereinbarte Kreditgrenze des Ausstellers eines Schecks überschritten wird, das bisherige Zahlungsverhalten aber einwandfrei war und der Überschreitungsbetrag kleiner als € 500,- ist, dann soll der Scheck eingelöst werden.

/2/ Wenn die Kreditgrenze überschritten wird, das bisherige Zahlungsverhalten einwandfrei war, aber der Überschreitungsbetrag über € 500,- liegt, dann soll der Scheck eingelöst und dem Kunden sollen neue Konditionen vorgelegt werden.

/3/ War das Zahlungsverhalten nicht einwandfrei, wird der Scheck nicht eingelöst.

/4/ Der Scheck wird eingelöst, wenn der Kreditbetrag nicht überschritten ist.

Als Erstes werden aus einer verbalen Problembeschreibung die durchzuführenden Aktionen ermittelt.

1. Schritt: Ermittlung der Aktionen

Beispiel 1b

A1: Scheck einlösen /1,/2,/4/
A2: Scheck nicht einlösen /3/
A3: Neue Konditionen vorlegen /2/

Im zweiten Schritt werden alle Bedingungen, die in der verbalen Problembeschreibung enthalten sind, identifiziert.

2. Schritt: Ermittlung der Bedingungen

Beispiel 1c

B1: Kreditgrenze überschritten? /1/, /2/, /4/
B2: Zahlungsverhalten einwandfrei? /1/, /3/
B3: Überschreitungsbetrag < 500,- €? /2/

3. Schritt: Eintrag der Bedingungen und Aktionen in die ET

Die Aktionen werden in den linken unteren, die Bedingungen in den linken oberen Quadranten eingetragen. Ist die Anzahl der Bedingungen kleiner 5, dann empfiehlt es sich, zunächst eine vollständige Entscheidungstabelle anzulegen.

4. Schritt: Eintrag aller Bedingungskombinationen

Eine formal vollständige Entscheidungstabelle liegt vor, wenn alle möglichen Bedingungskombinationen im Quadranten »Bedingungsanzeiger« eingetragen sind. Bei n Bedingungen gibt es 2^n mögliche Bedingungskombinationen.

formal vollständige ET

Ist eine Bedingung erfüllt, dann lautet der Bedingungsanzeiger J (für Ja) oder Y (für *Yes*); ist eine Bedingung nicht erfüllt, dann wird N (für Nein bzw. *No*) eingetragen. Ist es gleichgültig (irrelevant), ob die Bedingung erfüllt ist, dann wird (–) eingesetzt (siehe unten).

5. Schritt: Eintrag der Aktionsanzeiger

Im letzten Schritt wird jede Bedingungskombination betrachtet und entsprechend der Problembeschreibung im Aktionszeiger-Quadranten ein Kreuz (X) eingetragen, wenn eine entsprechende Aktion auszuführen ist.

Für die Scheckeinlösung ergibt sich folgende Entscheidungstabelle, wobei der Aktionsteil noch um eine zusätzliche »unlogisch« – Aktion erweitert wurde:

Beispiel 1d

Regel

ET1: Scheckeinlösung		R1	R2	R3	R4	R5	R6	R7	R8
B1	Kreditgrenze überschritten?	J	J	J	J	N	N	N	N
B2	Zahlungsverhalten einwandfrei?	J	J	N	N	J	J	N	N
B3	Überschreitungsbetrag < 500,- €?	J	N	J	N	J	N	J	N
A1	Scheck einlösen	X	X			X		X	
A2	Scheck nicht einlösen			X	X				
A3	neue Konditionen vorlegen		X						
A4	unlogisch						X		X

Bedingungskombinationen (2^3 = 8 Kombinationen)

Durchzuführende Aktionen

Die Regeln R6 und R8 sind »unlogisch« bzw. fachlich nicht möglich. Ist die Kreditgrenze nicht überschritten (B1), dann gibt es keinen Überschreitungsbetrag (B3).

2.14.2 Anwendung einer Entscheidungstabelle

Anwendung einer ET

Liegt eine fertige Entscheidungstabelle vor, dann kann sie folgendermaßen ausgewertet werden:

1. Schritt: Ermittlung der konkreten Bedingungsanzeiger

Im ersten Schritt ermittelt man für eine konkrete Situation, ob die aufgeführten Bedingungen erfüllt sind oder nicht. Man erhält eine bestimmte Konstellation der Bedingungsanzeiger, auch Auswertungsvektor genannt.

Beispiel 1e

Ein Kunde will einen Scheck einlösen. Der Sachbearbeiter stellt fest, dass die Kreditgrenze überschritten ist, das Zahlungsverhalten bisher einwandfrei war und der Überschreitungsbetrag nicht kleiner € 500,- ist. Es ergibt sich der Auswertungsvektor: (J, J, N).

2. Schritt: Auswertungsvektor über Bedingungsanzeiger schieben

Eine Möglichkeit, eine Entscheidungstabelle auszuwerten, besteht darin, den Auswertungsvektor z.B. von links nach rechts über die Bedingungsanzeiger der Regeln zu schieben. Stimmen die Vektorwerte mit den Bedingungsanzeigern einer Regel überein, dann wird die entsprechende Regel angewandt.

3. Schritt: Bei Gleichheit angekreuzte Aktionen ausführen

Es wird im Aktionsanzeigerteil der Regel nachgesehen, wo ein Kreuz (X) steht und dann werden die Aktionen in den angekreuzten Zeilen ausgeführt. Alle angekreuzten Aktionen sind mit »und« verknüpft, die Reihenfolge der Ausführung ist aber nicht vorgeschrieben. Diese Art der Auswertung zeigt, dass die Bedingungen ebenfalls immer mit »und« verknüpft sind.

Beispiel 1f

Der Auswertungsvektor (J, J, N) ist identisch mit dem Bedingungsanzeigervektor der Regel R2. Dementsprechend werden die Aktionen A1 und A3 ausgeführt.

Die oben angegebene Auswertungsreihenfolge ist für eine Entscheidungstabelle aber nicht vorgeschrieben. Der Auswertungsvektor kann auch von rechts nach links oder in beliebiger Reihenfolge über die Bedingungsanzeiger der Regeln geschoben werden.

Eine andere Möglichkeit besteht darin, die Entscheidungstabelle zeilenorientiert auszuwerten. Zuerst wird geprüft, ob die erste Bedingung zutrifft oder nicht. Ergibt sich beispielsweise ein J, dann werden alle mit N in der ersten Zeile beginnenden Regeln gestrichen. Dann wird die zweite Bedingung geprüft. Ergibt sich beispielsweise wieder ein J, dann werden alle mit N in der zweiten Zeile beginnenden Regeln von den verbliebenen Regeln gestrichen. Die Fortsetzung dieses Verfahrens ergibt bei n Bedingungen nach n Schritten die zutreffende Regel.

Diese verschiedenen Auswertungsmöglichkeiten zeigen deutlich, dass eine Entscheidungstabelle nicht gleichzusetzen ist mit einem Algorithmus, bei dem die Auswertungsreihenfolge eindeutig vorgegeben ist.

ET ist kein Algorithmus

Eine Entscheidungstabelle ist vielmehr eine Menge von aussagenlogischen Regeln. Bei der Auswertung werden die Regeln bestimmt, deren Prämissen erfüllt sind. Die Alternativen liegen dann in der Konfliktauflösungsstrategie.

ET ist Menge aussagenlogischer Regeln

Werden in der Implementierungsphase prozedurale oder objektorientierte Programmiersprachen verwendet, dann erfolgt eine Transformation der Entscheidungstabelle in eine Kontrollstruktur, die eine eindeutige Abarbeitungsfolge festlegt. Werden deklarative oder regelbasierte Sprachen verwendet, dann ist dies nicht notwendig.

Kapitel 2.15

2.14.3 Überprüfung und Optimierung von Entscheidungstabellen

Bei der in Beispiel 1d angegebenen Entscheidungstabelle handelt es sich um eine formal **vollständige Entscheidungstabelle**, da im Bedingungsanzeigerteil alle möglichen Kombinationen auftreten.

formal vollständig

Betrachtet man die Regeln R6 und R8, dann sieht man, dass diese Bedingungskombinationen nicht möglich sind. Wenn beispielsweise die Kreditgrenze nicht überschritten ist, dann gibt es auch keinen Überschreitungsbetrag. Die Regeln R6 und R8 können daher gestrichen werden. Es ergibt sich eine inhaltlich vollständige Entscheidungstabelle.

Beispiel 1g

Eine Entscheidungstabelle ist inhaltlich vollständig, wenn alle praktisch möglichen Problemkombinationen in der Entscheidungstabelle aufgeführt sind.

inhaltlich vollständig

Vollständige Entscheidungstabellen kann man versuchen zu optimieren. Eine Verdichtung überführt eine vollständige Entscheidungstabelle in eine konsolidierte Entscheidungstabelle. Eine Konsolidierung führt man in folgenden Schritten durch:

Optimierung, Konsolidierung

- Zuerst wird nachgesehen, ob es Regeln mit identischen Aktionen gibt.
  1. Schritt: Identische Aktionen?
- Wenn ja, dann werden jeweils zwei dieser Regeln paarweise betrachtet.
  2. Schritt: Paarweise Betrachtung
- Wenn sich die Bedingungsanzeiger der zwei betrachteten Regeln nur in einer Zeile unterscheiden, dann werden die beiden Regeln zu einer Regel zusammengefasst und die beiden unterschiedlichen Bedingungsanzeiger durch einen so genannten Irrelevanzanzeiger (dargestellt durch » – «) ersetzt.
  3. Schritt: Irrelevanzanzeiger einfügen

Betrachtet man die Entscheidungstabelle von Beispiel 1d, dann sieht man, dass beispielsweise die Aktionen der Regeln R3 und R4 iden-

Beispiel 1h

tisch sind. Die zugehörigen Bedingungsanzeiger sind bis auf B3 gleich. Ob die Bedingung B3 erfüllt ist oder nicht, spielt für die durchzuführende Aktion keine Rolle. Unabhängig von B3 wird immer A2 ausgeführt. Daher kann man die Regeln R3 und R4 löschen und zu einer neuen Regel R3/4 zusammenfassen mit den Bedingungsanzeigern (J,N,–). Die Aktionen der Regeln R5 und R7 sind ebenfalls identisch. Eine Zusammenfassung ergibt die Bedingungsanzeiger (N, –, J).
Es ergibt sich folgende konsolidierte Entscheidungstabelle:

ET1: Scheckeinlösung		R1	R2	R3/4	R5/7
B1	Kreditgrenze überschritten?	J	J	J	N
B2	Zahlungsverhalten einwandfrei?	J	J	N	–
B3	Überschreitungsbetrag < 500,- €	J	N	–	J
A1	Scheck einlösen	X	X		X
A2	Scheck nicht einlösen			X	
A3	neue Konditionen vorlegen		X		

Aus acht Regeln sind vier Regeln geworden.

Eine Entscheidungstabelle konsolidiert man, indem man die Regeln zusammenfasst, die unerhebliche Bedingungen enthalten. Dadurch enthält die Tabelle jetzt neben J und N auch das Unerheblichkeitszeichen »–«.

Else-Regel

Eine weitere Möglichkeit zur Reduzierung der Regelanzahl bietet die *Else*-Regel. In ihr können alle Regeln zusammengefasst werden, in denen die gleichen Aktionen angekreuzt sind. Allerdings ist pro Tabelle nur eine *Else*-Regel möglich. Die *Else*-Regel muss als solche gekennzeichnet werden. Durch das Einfügen einer *Else*-Regel in eine Entscheidungstabelle wird aus einer unvollständigen eine vollständige Entscheidungstabelle, da alle nicht beachteten Entscheidungssituationen in der *Else*-Regel enthalten sind.

Die *Else*-Regel legt also fest, welche Aktionen durchzuführen sind, wenn keine andere Regel der Entscheidungstabelle zutrifft. Bei der Anwendung einer Entscheidungstabelle werden daher immer erst alle anderen Regeln überprüft.
Eine *Else*-Regel besitzt folgende Eigenschaften:

- Sie wird durch *Else* gekennzeichnet.
- Sie hat keine Bedingungsanzeiger.
- Ihre Position innerhalb des Regelteils ist beliebig, es empfiehlt sich aber, sie ganz rechts anzuordnen.
- Sie kann, muss aber nicht verwendet werden.

Beispiel 1i

In der Entscheidungstabelle aus Beispiel 1h können die Regeln R1 und R5/7 zu einer *Else*-Regel zusammengefasst werden:

ET1: Scheckeinlösung (optimiert)		R2	R3/4	*Else*
B1	Kreditgrenze überschritten?	J	J	
B2	Zahlungsverhalten einwandfrei?	J	N	
B3	Überschreitungsbetrag < 500,- €?	N	–	
A1	Scheck einlösen	X		X
A2	Scheck nicht einlösen		X	
A3	neue Konditionen vorlegen	X		

Der Vorteil einer optimierten Entscheidungstabelle liegt darin, dass sie leichter angewendet werden kann, während die vollständige Entscheidungstabelle leichter zu erstellen ist.

2.14.4 Darstellungsformen für Entscheidungstabellen

Neben der Darstellung einer Entscheidungstabelle durch vier Quadranten (vertikale Anordnung der Regeln) gibt es noch eine horizontale Anordnung der Regeln, die in der Praxis auch oft angewandt wird.

horizontale Anordnung der Regeln

Die Entscheidungstabelle aus Beispiel 1d sieht in der alternativen Darstellungsform folgendermaßen aus:

Beispiel 2

Kreditgrenze überschritten?	Zahlungs-verhalten einwandfrei?	Überschrei-tungsbetrag < 500,-?	Scheck einlösen	Scheck nicht einlösen	neue Kon-ditionen vorlegen	unlogisch
J	J	J	X			
		N	X		X	
	N	J		X		
		N		X		
N	J	J	X			
		N				X
	N	J	X			
		N				X

Die optimierte Entscheidungstabelle aus Beispiel 1i ergibt folgendes Bild:

Kreditgrenze überschritten?	Zahlungs-verhalten einwandfrei?	Überschrei-tungsbetrag < 500,-?	Scheck einlösen	Scheck nicht einlösen	neue Kon-ditionen vorlegen
J	J	N	X		X
	N	–		X	
	Else		X		

Entscheidungsbaum

Um einem Gesprächspartner, der die Notation einer Entscheidungstabelle nicht kennt, das Lesen zu erleichtern, gibt es noch die Möglichkeit, eine Entscheidungstabelle als **Entscheidungsbaum** darzustellen. Ausgangspunkt ist die alternative Darstellungsform. Jedoch werden alle Alternativen explizit ausformuliert. Der Entscheidungsbaum wird von links nach rechts durchlaufen.

Beispiel 3

Die erste Entscheidungstabelle aus Beispiel 2 sieht als Entscheidungsbaum wie in Abb. 2.14-2 aus.

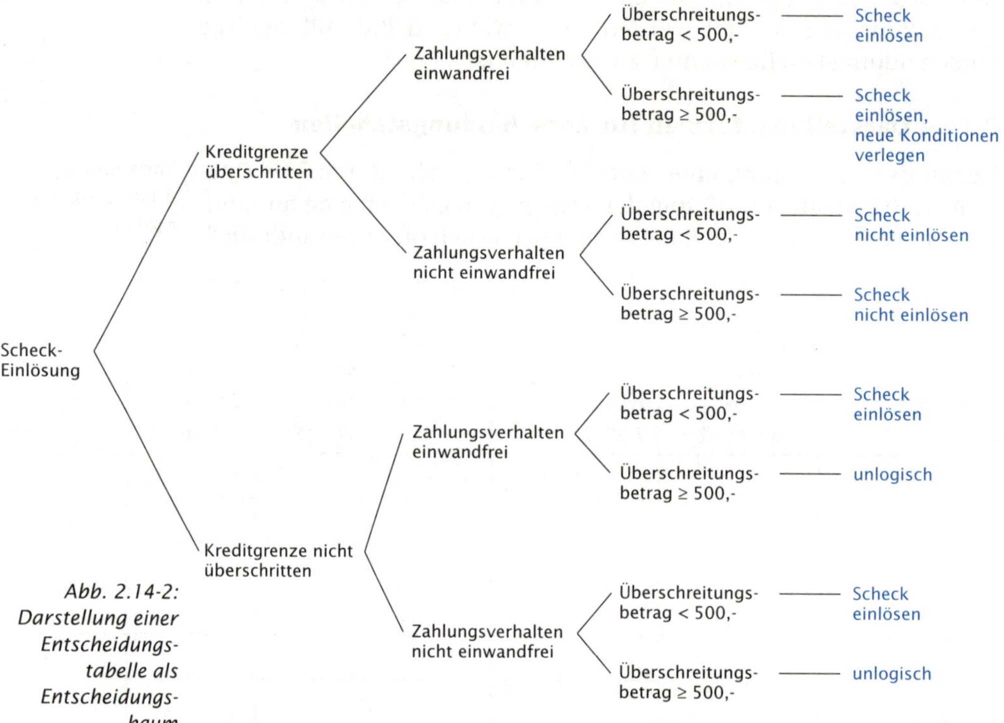

Abb. 2.14-2: Darstellung einer Entscheidungstabelle als Entscheidungsbaum

Die alternativen Darstellungsformen einer Entscheidungstabelle sind semantisch nicht vollständig identisch mit der Darstellungsform durch vier Quadranten. Die alternativen Darstellungsformen legen eine Abarbeitung von links nach rechts nahe, während dies bei der Quadrantenform nicht festgelegt ist.

2.14.5 Entscheidungstabellen-Verbunde

Bei mehr als fünf Bedingungen ergibt sich eine so große Anzahl an Bedingungskombinationen, dass vollständige Entscheidungstabellen nicht mehr aufgestellt werden können. Es gibt zwei Möglichkeiten, dieses Problem zu lösen.

Die eine Möglichkeit besteht darin, den Entscheidungsprozess in zusammengehörende Teilentscheidungsprozesse aufzuteilen. Jeder Teilentscheidungsprozess wird durch eine eigene Entscheidungstabelle beschrieben. Die Zusammenhänge werden durch **Entscheidungstabellen-Verbunde** hergestellt. Die andere Möglichkeit besteht darin, so genannte erweiterte Bedingungs- und Aktionsanzeiger in einer Entscheidungstabelle zu verwenden. Im Folgenden wird zunächst die erste Möglichkeit behandelt.

ET-Verbund

Ein Entscheidungsprozess kann durch die Verknüpfung mehrerer Entscheidungstabellen oder einer Entscheidungstabelle mit sich selbst beschrieben werden. Die Verknüpfungen werden durch geeignete Textteile, die in die Entscheidungstabelle eingetragen werden, hergestellt. Eine grafische Verknüpfung ist ebenfalls möglich. Miteinander verknüpfte Entscheidungstabellen bilden einen **Entscheidungstabellen-Verbund**. Folgende Verknüpfungsformen sind möglich:

- Sequenz
- Verzweigung
- Schleife
- Schachtelung

Zwei Entscheidungstabellen bilden eine **Sequenz**, wenn die zweite Entscheidungstabelle der einzige unmittelbare Nachfolger der ersten ist (Abb. 2.14-3).

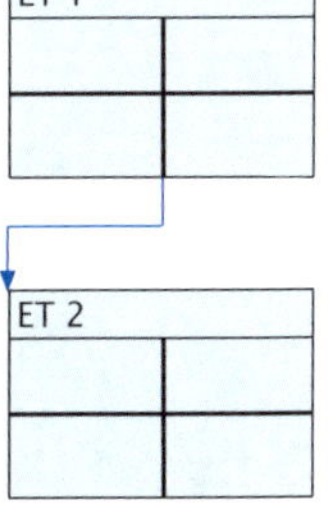

Abb. 2.14-3: Sequenz von ET

Eine **Verzweigung** liegt vor, wenn auf eine Entscheidungstabelle alternativ mehrere Entscheidungstabellen unmittelbar folgen (Abb. 2.14-4).

Eine Entscheidungstabelle bildet eine **Schleife**, wenn mindestens eine Regel unmittelbar zur erneuten Anwendung dieser Entscheidungstabelle führt (Abb. 2.14-5). Damit keine unendlichen Schleifen entstehen, müssen die Aktionen eine Rückwirkung auf die Bedingungen haben, so dass eine Terminierung sichergestellt ist.

Zwei Entscheidungstabellen sind **geschachtelt**, wenn zur Prüfung einer Bedingung oder bei der Ausführung einer Aktion die zweite Entscheidungstabelle angewandt wird (Abb. 2.14-6).

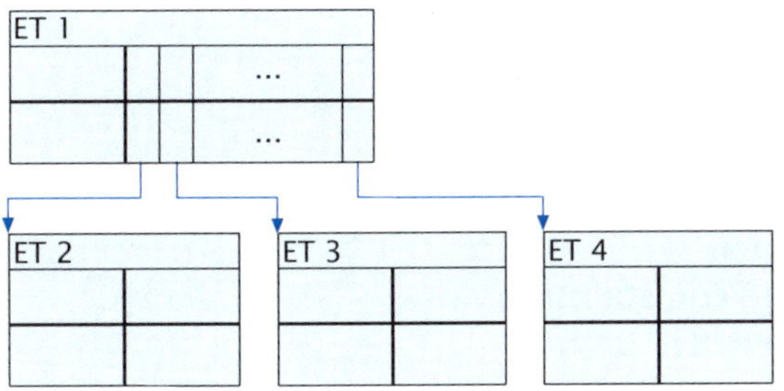

Abb. 2.14-4: Verzweigung von ET

Beispiel 4

In der Fallstudie »Seminarorganisation« müssen Seminaranmeldungen erfasst werden. Meldet sich ein Teilnehmer zu einer Seminarver-

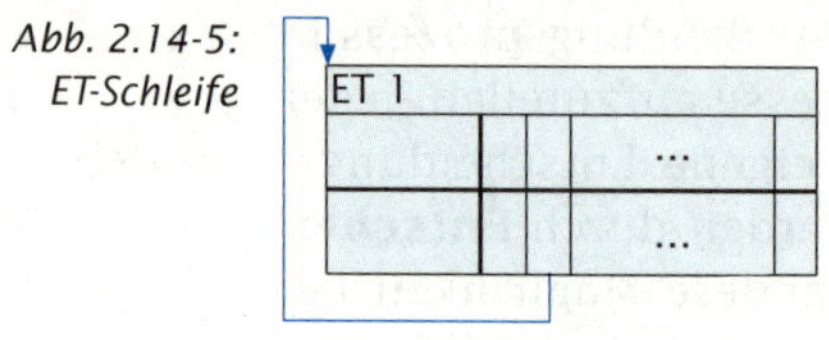

Abb. 2.14-5: ET-Schleife

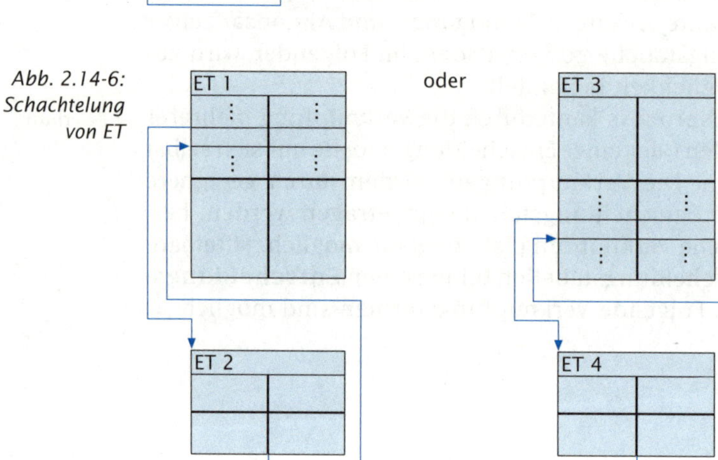

Abb. 2.14-6: Schachtelung von ET

anstaltung an, dann muss eine entsprechende Buchung durchgeführt werden. Im Pflichtenheft werden zur Buchung folgende Aussagen gemacht:

Anmeldung eines Kunden mit Überprüfung /F20/

- ob er bereits angemeldet ist /F30/
- ob die angegebene Veranstaltung existiert /F40/
- ob für die Veranstaltung noch Plätze frei sind
- wie die Zahlungsmoral ist

Folgende Aktionen werden gefordert:

- Buchung vornehmen
- Versand der Anmeldebestätigung und Rechnung /F60/
- Rechnungskopie an Buchhaltung

Folgende Aktionen lassen sich daraus ableiten:

A1: Anmeldedaten eintragen
A2: Teilnehmerzahl erhöhen
A3: Anmeldebestätigung erstellen
A4: Rechnung erstellen
A5: Rechnungskopie erstellen
A6: Kunden neu eintragen
A7: Mitteilung »falsche Veranstaltung«
A8: Mitteilung »ausgebucht«
A9: Mitteilung »Zahlungsverzug«
A10: Kundensachbearbeiter über Höhe Zahlungsverzug informieren und entscheiden lassen, ob A1 bis A5 erfolgt
A11: Mitteilung »bereits angemeldet«

Die Aktion A2 steht nicht explizit im Pflichtenheft. In /D30/ wird jedoch angegeben, dass zu jeder Veranstaltung die minimale, maximale und aktuelle Teilnehmerzahl gespeichert wird. Die Aktion A6 ergibt sich, wenn ein Teilnehmer bisher noch kein Kunde war. Da im Pflichtenheft nicht angegeben ist, wie bei einem Zahlungsrückstand zu verfahren ist, wird A10 eingeführt, damit der Sachbearbeiter entscheiden kann.

Folgende Bedingungen lassen sich aufstellen:
B1: Kunden-Nr. ok? /D10/
B2: Veranstaltungs-Nr. ok? /D30/
B3: Bereits angemeldet? /F20/
B4: Teilnehmerzahl aktuell < max?
B5: Zahlungsverzug? /F20/

Abhängigkeiten der Reihenfolge

Bevor eine Entscheidungstabelle aufgestellt wird, muss noch überprüft werden, ob es Abhängigkeiten in der Reihenfolge der Bedingungen und Aktionen gibt.

Abhängigkeiten

Analysiert man die Bedingungen, dann stellt man folgende Abhängigkeiten fest:
- B3 kann nur geprüft werden, wenn B1 und B2 erfüllt sind,
- B4 kann nur geprüft werden, wenn B2 erfüllt ist,
- B5 kann nur geprüft werden, wenn B1 erfüllt ist.

Daraus ergibt sich, dass nur B1 und B2 unabhängig von anderen Bedingungen sind.

Es lässt sich daher folgende Entscheidungstabelle aufstellen:

ET0: Erfasse Anmeldungen	R1	R2	R3	R4
B1: Personal-Nr. ok?	J	J	N	N
B2: Veranstaltungs-Nr. ok?	J	N	J	N
A6: Kunden neu eintragen			X	X
A7: Mitteilung »falsche Veranstaltung«		X		X
Weiter bei ET:	ET1	ET2	ET3	

Trifft die Regel R1 zu, dann ist der Kunde bereits bekannt, und es gibt die gewählte Veranstaltung.
In der Entscheidungstabelle ET1 müssen nun noch die Bedingungen B3, B4 und B5 geprüft werden.

ET1: Buchung verarbeiten	R1	R2	R3	R4	*Else*
B3: Bereits angemeldet?	N	N	N	N	
B4: Teilnehmerzahl aktuell < max?	J	J	N	N	
B5: Zahlungsverzug?	J	N	J	N	
A11: Mitteilung »bereits angemeldet«					X
A8: Mitteilung »ausgebucht«			X	X	
A9: Mitteilung »Zahlungsverzug«	X		X		
Buchung vornehmen (A1 bis A5)		X			
Weiter bei ET:	ET1.1				

ET1.1: Zahlungsmoral entscheiden	R1
Zahlungsverzug kritisch? (Kundensachbearbeiter Höhe anzeigen)	N
Buchung vornehmen (A1 bis A5)	X

Die Regel R2 der Entscheidungstabelle ET0 gibt die Situation wieder, dass der Kunde bereits bekannt ist, er sich aber zu einer nicht existierenden Veranstaltung anmelden will. Da er sowieso eine Mitteilung erhält, kann gleich noch überprüft werden, ob er im Zahlungsverzug ist:

ET2: Zahlungsverzug prüfen	R1
B5: Zahlungsverzug?	J
A9: Mitteilung »Zahlungsverzug«	X

Die Regel R3 in der Entscheidungstabelle ET0 beschreibt die Situation, dass es sich um einen neuen Kunden handelt und dass die gewünschte Veranstaltung vorhanden ist. Es muss nur geprüft werden, ob die Veranstaltung ausgebucht ist:

ET3: Teilnehmerzahl prüfen	R1	R2
B4: Teilnehmerzahl aktuell < max?	J	N
Buchung vornehmen (A1 bis A5)	X	
A8: Mitteilung »ausgebucht«		X

Aufgrund der Reihenfolgeabhängigkeiten der Bedingungen ergibt sich ein Entscheidungstabellen-Verbund, der die fachlich notwendige Entscheidungsreihenfolge widerspiegelt.

Analysiert man die in Beispiel 4 beschriebene fachliche Problemlösung, dann kann man zwei Arten von Wissen unterscheiden, das beschrieben wird.

Fachwissen

Die einzelnen Regeln in den Entscheidungstabellen beschreiben das **Fachwissen** (auch Sachwissen genannt). Das Fachwissen ist das dynamische Wissen über das Anwendungsgebiet, das zum Handeln (hier: Ausführen von Aktionen) oder zum Bilden von Schlussfolgerungen benötigt wird.

Problemlösungswissen

Das **Problemlösungswissen** (auch Kontrollwissen genannt) bestimmt, in welcher Reihenfolge und unter welchen Randbedingungen eine Regel des Fachwissens anzuwenden ist. Es beschreibt also die Strategie und Taktik zum Erreichen einer Problemlösung.

Das Problemlösungswissen steckt im Beispiel 4 in der Verknüpfung der verschiedenen Entscheidungstabellen: Die Regel R1 von ET0 sagt aus, dass zu ET1 verzweigt werden soll, wenn B1 und B2 zutreffen. Das Problemlösungswissen bestimmt also, welche Regelgruppen geprüft werden und wann ein Regelgruppenwechsel vollzogen wird.

Wissen kann auch zwischen Problemlösungswissen und Fachwissen liegen. Beispiele dafür sind die Regeln R2 und R3 in ET0. Beide beinhalten sowohl durchzuführende Aktionen als auch Verweise zu anderen Entscheidungstabellen.

2.14.6 Erweiterte Entscheidungstabellen

erweiterte Bedingungs- und Aktionsanzeiger

Eine andere Möglichkeit, Entscheidungstabellen mit vielen Bedingungen kompakt darzustellen, besteht darin, **erweiterte Bedingungs-** und **Aktionsanzeiger** zu verwenden. Es liegt dann eine **erweiterte Entscheidungstabelle** vor. Die bisher behandelten Tabellen waren **begrenzte Entscheidungstabellen**.

Anstelle von (J, N, –) und (X) kann ein beliebiger Text im Anzeigerteil verwendet werden. Der Text im Bedingungsanzeigerteil muss erfüllt sein, damit die Regel zutreffen kann. Die durch den Aktionstext angegebene Aktion ist beim Zutreffen der Regel auszuführen.

Beispiel 5

Die Fluggesellschaft Softflight Worldwide Airline (SoftWAir) bietet ausschließlich die Flugziele Miami und New York an. Aus den Angaben Flugziel, Abflugdatum, Aufenthaltsdauer und Alter des Passagiers soll der Preisnachlass in Prozent bezogen auf den normalen Flugpreis aus einer Entscheidungstabelle entnommen werden können. Es gelten folgende Tarifbestimmungen:

- Personen ab dem 18. Lebensjahr erhalten für den Zielort Miami einen Preisnachlass von 20% (Ferientarif), falls das Abflugdatum nicht zwischen dem 21. und dem 30. Dezember liegt und die Aufenthaltsdauer mindestens 6 Tage beträgt.
- Für den Zielort New York gibt es keinen Ferientarif.
- Keinen Ferientarif gibt es für Personen, die jünger sind als 18 Jahre.
- Personen, die bereits 2 Jahre, aber noch nicht 18 Jahre alt sind, erhalten einen Preisnachlass von 30%.

- Kinder unter zwei Jahren fliegen zum Nulltarif (Preisnachlass 100%).
- Erfolgt kein Preisnachlass, dann wird der Wert 0% angegeben.

Es ergibt sich folgende Entscheidungstabelle mit erweiterten Anzeigern:

ET: SoftWAir	R1	R2	R3	R4	R5	R6
Alter?	>=18	>=18	>=18	>=18	>=2 u. <18	<2
Flugziel?	Miami	N.Y.	Miami	Miami	–	–
Aufenthalt >=6 Tage?	J	–	N	–	–	–
Abflug zw. 21. u. 30. 12.?	N	–	–	J	–	–
Preisnachlass in %	20	0	0	0	30	100

Durch Anwendung der *Else*-Regel lässt sich diese Tabelle noch weiter optimieren:

ET: SoftWAir	R1	R5	R6	*Else*
Alter?	>=18	>=2 u.<18	<2	
Flugziel?	Miami	–	–	
Aufenthalt >=6 Tage?	J	–	–	
Abflug zw. 21. u. 31. 12.?	N	–	–	
Preisnachlass in %	20	30	100	0

2.14.7 Eintreffer- und Mehrtreffer-Entscheidungstabellen

Eintreffer-ET

Bei den bisher betrachteten Entscheidungstabellen handelt es sich um **Eintreffer-Tabellen**. Bei diesen ist zu einem Zeitpunkt höchstens eine der vorhandenen Regeln anwendbar. Egal, in welcher Reihenfolge man eine Entscheidungstabelle auswertet, gilt: Hat man eine gültige Regel gefunden, dann kann die Auswertung beendet werden. Bei Eintreffer-Tabellen schließen sich die Bedingungsanzeigerteile aller zugehörigen Regeln gegenseitig aus.

Mehrtreffer-ET

Im Gegensatz dazu sind bei **Mehrtreffer-Tabellen** nicht-disjunkte Bedingungsanzeigerteile erlaubt. Diese können sowohl identisch sein, sich gegenseitig einschließen oder auch überschneiden. Ist bekannt, dass eine Mehrtreffer-Tabelle vorliegt, dann müssen bei der Auswertung alle Regeln geprüft werden. Die Aktionen aller zutreffenden Regeln werden vereint und nacheinander ausgeführt. Dies setzt jedoch voraus, dass sich die Aktionen nicht widersprechen.

Beispiel 6

Diese Entscheidungstabelle hat begrenzte Anzeiger und ist formal vollständig (*Else*-Regel). Liegt die Bedingungskonstellation (J, J, N, N, J) vor, dann treffen die Regeln R3 und R4 zu.

ET: Überprüfung von Eingaben	R1	R2	R3	R4	R5	*Else*
B1: Ist A numerisch?	N	–	J	–	J	
B2: Ist B numerisch?	–	N	–	J	J	
B3: Ist A größer Null?	–	–	N	–	J	
B4: Ist B größer Null?	–	–	–	N	J	
Berechne C und prüfe, ob C kleiner ist als 40; C=A*100/B	–	–	–	–	N	
A1: Fehler: A ist nicht numerisch	X					
A2: Fehler: B ist nicht numerisch		X				
A3: Fehler: A ist nicht größer Null			X			
A4: Fehler: B ist nicht größer Null				X		
A5: Fehler: C ist nicht größer als 40					X	
A und B sind richtig! Weitere Verarbeitung möglich						X

Beziehungen zwischen den Bedingungen

Bei Mehrtreffer-Entscheidungstabellen können zwischen den Bedingungen der Regeln vier verschiedene Beziehungstypen bestehen:

1 Gleichheit (Identität)
2 Ausschluss (Exklusion)
3 Einschluss (Inklusion)
4 Überschneidung (Intersektion)

Gleichheit

Sind die Bedingungsanzeiger zweier Regeln gleich, dann sind die Regeln in Abhängigkeit von den Aktionsanzeigern entweder redundant, widersprüchlich oder zusammenfassbar. Folgende Maßnahmen sind möglich:

- Löschen von redundanten Regeln (gleiche Bedingungs- und Aktionsanzeiger),
- Modifikation der Tabelle bei widersprüchlichen Regeln (gleiche Bedingungs-, aber unterschiedliche Aktionsanzeiger),
- Zusammenfassung von Regeln mit gleichen Bedingungsanzeigern, deren Aktionsteile unterschiedlich, aber widerspruchsfrei sind.

Ausschluss

Ein gegenseitiger **Ausschluss** zweier Regeln liegt vor, wenn sie in mindestens einer Bedingungszeile unterschiedliche Bedingungsanzeiger haben. Es kann jeweils nur je eine von beiden Regeln zutreffen.

Einschluss

R1	R2
J	-
N	N
J	J

Ein **Einschluss** zweier Regeln R1 und R2 liegt vor, wenn mindestens ein Bedingungsanzeiger B1 von R1 auch in R2 enthalten ist und alle übrigen Bedingungen gleich sind. Dies ist z.B. dann der Fall, wenn B1 von R1 einen bestimmten Wert und B1 von R2 den Irrelevanzanzeiger enthält. Die Regel R1 ist dann in der Regel R2 enthalten oder R1 ist kleiner als R2. Trifft die kleinere Regel R1 zu, dann gilt auch die größere Regel R2. Eine eingeschlossene Regel beschreibt häufig einen Sonderfall.

Überschneidung

Zwei Regeln R1 und R2 überschneiden sich, wenn mindestens ein Bedingungsanzeiger B1 von R1 auch in R2 und ein weiterer Bedingungsanzeiger B2 von R2 auch in R1 enthalten ist und alle übrigen

R1	R2
-	J
N	-
J	J
N	N

Bedingungsanzeiger gleich sind. Dies ist z.B. dann der Fall, wenn bei der einen Regel B1 und bei der anderen Regel B2 den Irrelevanzanzeiger enthält. Überschneiden sich zwei Regeln, so gibt es mindestens je einen Fall, in dem nur eine der beiden Regeln zutrifft. Gelten beide Regeln, so ist auf sachliche Unstimmigkeit zu prüfen. Außerdem muss sichergestellt werden, dass sich die Aktionen nicht widersprechen.

Bewertung

- ⊞ Entscheidungstabellen erlauben eine übersichtliche und kompakte Darstellung von Aktionen, die von mehreren Bedingungen abhängig sind.
- ⊞ Durch manuelle und automatisierbare Verfahren können Entscheidungstabellen auf verschiedene Eigenschaften hin überprüft und optimiert werden. Die Gefahr, dass man bei komplexen Entscheidungssituationen Sonderfälle übersieht, wird durch eine Entscheidungstabellendarstellung reduziert.
- ⊞ Werkzeuge unterschiedlicher Mächtigkeit unterstützen die Erstellung, Analyse und Optimierung von Entscheidungstabellen. Werden Entscheidungstabellen in der Implementierungsphase eingesetzt, dann generieren Werkzeuge den fertigen Quellcode in der gewünschten Programmiersprache.
- ⊞ Der Vorteil von Entscheidungstabellen in der Definitionsphase liegt darin, dass die Abarbeitungsreihenfolge – im Gegensatz zu Kontrollstrukturen – nicht festgelegt wird. Damit bleiben Freiräume erhalten, die bei der Beschreibung mit Kontrollstrukturen nicht mehr vorhanden sind.
- ⊟ Eintreffer-Tabellen sind schwierig zu erstellen. Ihre Überprüfung auf Eindeutigkeit und Vollständigkeit der Bedingungen sowie auf Widersprüchlichkeit der Aktionen und Redundanzfreiheit aller Regeln kann jedoch automatisch erfolgen.
- ⊟ Mehrtreffertabellen sind leichter zu erstellen, da Eindeutigkeit und Vollständigkeit der Bedingungstexte nicht berücksichtigt werden müssen. Die Überprüfung auf Widerspruchsfreiheit ist problematisch. Jedoch kann die Redundanzfreiheit der Regeln automatisch überprüft werden.

Aufruf Beschreibt den Wechsel der Kontrolle von der aufrufenden Stelle zu dem aufgerufenen Algorithmus und die Rückkehr hinter die Aufrufstelle nach Beendigung des aufgerufenen Algorithmus. Ein Aufruf erfolgt normalerweise durch Angabe des Algorithmusnamens und der aktuellen Parameter.

Auswahl Ausführung von Anweisungen in Abhängigkeit von Bedingungen (auch Verzweigung genannt). Man unterscheidet die einseitige, die zweiseitige und die Mehrfachauswahl.

Begrenzte Entscheidungstabelle Enthält als Bedingungsanzeiger nur die Elemente (J, N, –) und als Aktionsanzeiger nur das Element (X).

Eintreffer-Entscheidungstabelle Zu einem Zeitpunkt ist höchstens eine der vorhandenen Regeln anwendbar. Ist eine gültige Regel gefunden, dann ist die Auswertung beendet.

Entscheidungsbaum Grafische Darstellung einer vertikalen →Entscheidungstabelle, bei der alle Alternativen und Aktionen explizit ausformuliert werden.

Entscheidungstabelle Erlaubt die Beschreibung auszuführender Aktionen in Abhängigkeit von durch »und« verknüpften Bedingungen. Man unterscheidet → Eintreffer- und →Mehrtreffer-Entscheidungs-Tabellen, → begrenzte und →erweiterte Entscheidungstabellen sowie →vollständige Entscheidungstabellen. Entscheidungstabellen können horizontal, vertikal oder als →Entscheidungsbaum dargestellt werden. Mehrere Entscheidungstabellen können zu einem Entscheidungstabellen-Verbund zusammengefasst werden.

Entscheidungstabellen-Verbund Verknüpfung mehrerer →Entscheidungstabellen mittels Sequenz, Verzweigung, Schleife oder Schachtelung, um eine problemadäquate Beschreibung zu ermöglichen.

Erweiterte Entscheidungstabelle Bedingungsanzeiger und Aktionsanzeiger enthalten beliebigen Text.

Kontrollstrukturen Geben an, in welcher Reihenfolge und ob bzw. wie oft Anweisungen ausgeführt werden sollen (→lineare Kontrollstrukturen).

Lineare Kontrollstrukturen Besitzen genau einen Eingang und einen Ausgang; →Sequenz, →Auswahl, →Wiederholung, →Aufruf, →strukturierte Programmierung.

Mehrtreffer-Entscheidungstabelle Zu einem Zeitpunkt können mehrere der vorhandenen Regeln anwendbar sein. Bei der Anwendung müssen alle Regeln überprüft werden.

Nassi-Shneiderman-Diagramm →Struktogramm-Notation

PAP →Programmablaufplan-Notation

Programmablaufplan-Notation In DIN 66001 genormte, grafische Darstellungsform für →Kontrollstrukturen von Algorithmen.

Pseudo-Code-Notation Textuelle, semiformale Darstellung von →Kontrollstrukturen in Anlehnung an problemorientierte Programmiersprachen.

Schachtelung Innerhalb von →Kontrollstrukturen können wiederum Kontrollstrukturen stehen.

Sequenz Mehrere Anweisungen werden hintereinander ausgeführt (Aneinanderreihung).

Struktogramm-Notation Grafische Darstellung →linearer Kontrollstrukturen.

Strukturiertes Programmieren i.e.S. Beschreibung eines Algorithmus durch ausschließliche Verwendung von →linearen Kontrollstrukturen (keine *goto*- bzw. Sprungkonstrukte).

Vollständige Entscheidungstabelle Alle möglichen Bedingungskombinationen sind als Regeln vorhanden (formal vollständig; 2^n, n=Anzahl der Bedingungen) bzw. alle fachlich möglichen Bedingungskombinationen sind vorhanden (inhaltlich vollständig).

Wiederholung Wiederholte Ausführung von Anweisungen in Abhängigkeit von einer Bedingung oder für eine gegebene Wiederholungszahl (auch Schleife genannt). Man unterscheidet Wiederholungen mit Abfrage der Wiederholungsbedingung vor jedem Wiederholungsdurchlauf, nach jedem Wiederholungsdurchlauf und Wiederholungen mit fester Wiederholungsanzahl.

Kontrollstrukturen

Kontrollstrukturen legen innerhalb eines Algorithmus fest, in welcher Reihenfolge, ob und wie oft Anweisungen ausgeführt werden sollen. Die strukturierte Programmierung erlaubt nur solche Kontrollstrukturen, die genau einen Ein- und einen Ausgang haben. Man nennt solche Kontrollstrukturen daher lineare Kontrollstrukturen. Es lassen sich vier verschiedene Typen unterscheiden: die Sequenz, die Auswahl, die Wiederholung und der Aufruf. Alle Typen lassen sich beliebig miteinander kombinieren und ineinander schachteln.

Es gibt eine textuelle Darstellungsform durch Pseudo-Code und zwei grafische Darstellungsformen: Struktogramme, auch Nassi-Shneiderman-Diagramme genannt, und Programmablaufpläne (PAP). Einen Überblick über die Kontrollstrukturen zeigt Abb. 2.14-7.

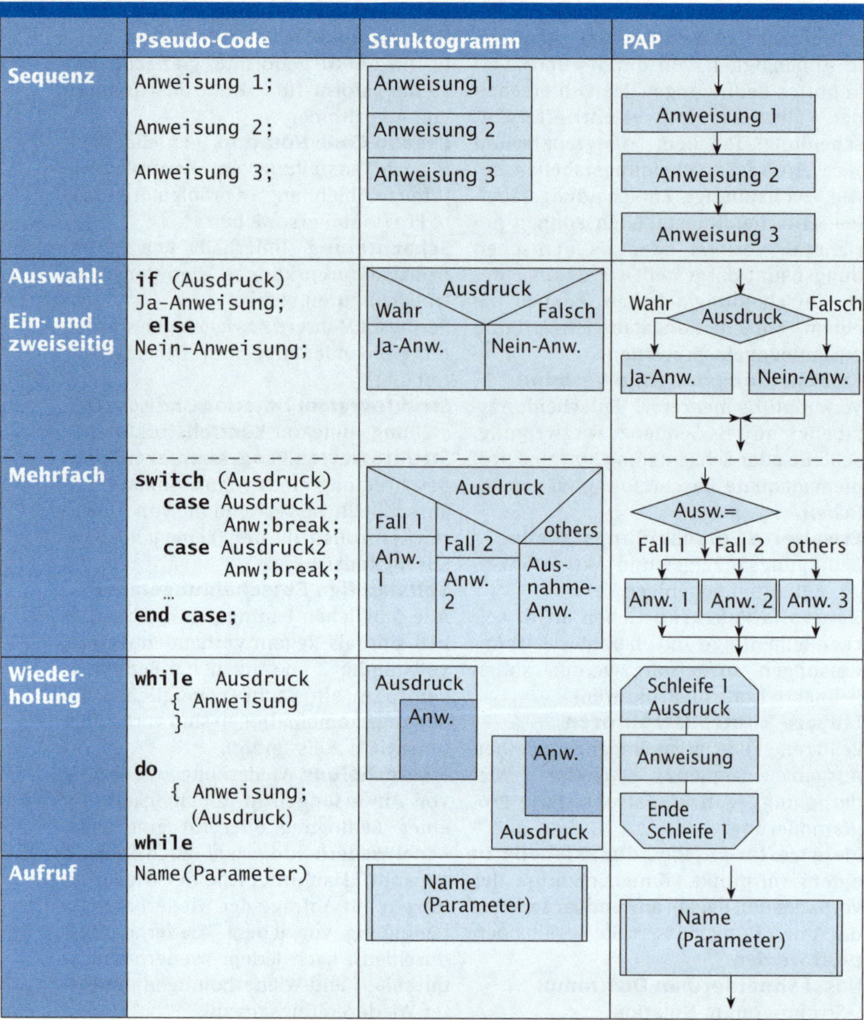

Pseudo-Code
Struktogramm
PAP
Sequenz
Anweisung 1;
Anweisung 2;
Anweisung 3;
Anweisung 1
Anweisung 2
Anweisung 3
Anweisung 1
Anweisung 2
Anweisung 3
Auswahl:
Ein- und zweiseitig
if (Ausdruck)
Ja-Anweisung;
else
Nein-Anweisung;
Ausdruck
Wahr
Falsch
Ja-Anw.
Nein-Anw.
Wahr
Ausdruck
Falsch
Ja-Anw.
Nein-Anw.
Mehrfach
switch (Ausdruck)
case Ausdruck1
Anw;break;
case Ausdruck2
Anw;break;
...
end case;
Ausdruck
Fall 1
Fall 2
others
Anw. 1
Anw. 2
Aus-nahme-Anw.
Ausw.=
Fall 1
Fall 2
others
Anw. 1
Anw. 2
Anw. 3
Wieder-holung
while Ausdruck
{ Anweisung
}
do
{ Anweisung;
(Ausdruck)
while
Ausdruck
Anw.
Anw.
Ausdruck
Schleife 1
Ausdruck
Anweisung
Ende
Schleife 1
Aufruf
Name(Parameter)
Name
(Parameter)
Name
(Parameter)

***Abb. 2.14-7:* Kontrollstrukturen im Vergleich**

Entscheidungstabellen erlauben eine tabellarische oder grafische Darstellung (Entscheidungsbäume genannt) von durchzuführenden (durch »und« verknüpften) Aktionen in Abhängigkeit von Bedingungskonstellationen, wobei die Bedingungen wiederum durch »und« verknüpft werden.

ETn Bedingungen und Aktionen werden durch Regeln verknüpft. Sind alle möglichen Bedingungskombinationen berücksichtigt, dann handelt es sich um eine vollständige Entscheidungstabelle. Tritt eine Bedingungskonstellation zu einer Zeit genau einmal ein, dann handelt es sich um eine Eintreffer-Tabelle, sonst um eine Mehrtreffer-Tabelle. Eine begrenzte Entscheidungstabelle liegt vor, wenn als Bedingungsanzeiger nur J (für Ja), N (für Nein) und »–« (als Irrelevanzanzeiger) und als Aktionsanzeiger nur »X« (für Durchführen) verwendet werden, sonst handelt es sich um eine erweiterte Entscheidungstabelle. Erfordert eine Problembeschreibung eine Kombination von Entscheidungstabellen (möglich sind Sequenz, Verzweigung, Schleife, Schachtelung), dann geschieht dies durch einen Entscheidungstabellen-Verbund. Einen Überblick über Entscheidungstabellen gibt Abb. 2.14-8.

Erstellen
1 Ermittlung der Aktionen
2 Ermittlung der Bedingungen
3 Eintrag der Bedingungen und Aktionen in die ET
4 Eintrag aller Bedingungskombinationen
5 Eintrag der Aktionsanzeiger

Konsolidieren
1 Gibt es Regeln mit identischen Aktionen?
2 Wenn ja, dann paarweise Betrachtung dieser Regeln
3 Unterscheiden sich die Bedingungsanzeiger dieser Regeln nur in einer Zeile, dann beide Regeln zu einer Regel zusammenfassen und unterschiedliche Bedingungsanzeiger durch Irrelevanzanzeiger ersetzen.

***else*-Regel**
- Alle Regeln, in denen die gleichen Aktionen angekreuzt sind, können zu einer *else*-Regel zusammengefaßt werden.
- Eine *else*-Regel legt fest, welche Aktionen durchzuführen sind, wenn keine andere Regel der ET zutrifft.

Anwenden
1 Ermittlung der konkreten Bedingungsanzeiger
2 Auswertungsvektor über Bedingungsanzeiger schieben
3 Bei Gleichheit angekreuzte Aktionen ausführen
4 Bei Mehrtreffer-Tabelle alle Regeln prüfen

Arten von ET

formal vollständig:	alle 2^n-Bedingungskombinationen vorhanden
inhaltlich vollständig:	fachlich nicht mögliche Bedingungen sind nicht vorhanden
ET-Verbund:	Verknüpfung von ET durch Sequenz, Verzweigung, Schleife und Schachtelung; reduziert die Anzahl der Bedingungskombinationen pro ET; möglich, wenn es Abhängigkeiten in der Reihenfolge der Bedingungen und Aktionen gibt.
Erweiterte ET:	Bedingungs- und Aktionszeiger enthalten beliebigen Text
Eintreffer-ET:	Zu einem Zeitpunkt nur eine Regel anwendbar. Hat man eine gültige Regel gefunden, dann ist man fertig.
Mehrtreffer-ET:	Enthalten nicht-disjunkte Bedingungsanzeigerteile. Alle Regeln müssen bei der Anwendung der ET überprüft werden.

***Abb. 2.14-8:* Überblick über Entscheidungstabellen (ET)**

/Strunz 77/
Strunz H., *Entscheidungstabellentechnik,* München: Carl Hanser Verlag, 1977, 326 Seiten.
Das Standardwerk über Entscheidungstabellen.

Zitierte Literatur

/Böhm, Jacopini 66/
Böhm C., Jacopini G., *Flow Diagrams, turing machines and languages with only two formations rules,* in: Communications of the ACM, 9, 1966.
/Dijkstra 69/
Dijkstra E. W., *Structured Programming,* in: Software Engineering – Concepts and Techniques, New York: Petrocelli / Charter 1976, S. 222–226.

/Dijkstra 72/
Dijkstra E. W., *Notes on Structured Programming*, in: Structured Programming, London, Academic Press, 1972, S. 1–82.

/DIN 66001/
Sinnbilder und ihre Anwendung, Berlin: Beuth-Verlag, 1983.

/DIN 66241/
Entscheidungstabelle, Berlin: Beuth-Verlag, Januar 1979.

/DIN 66261/
Sinnbilder für Struktogramme nach Nassi-Shneiderman, Berlin: Beuth-Verlag, November 1985.

/DIN EN 28631/
Programmkonstrukte und Regeln für ihre Anwendung, Berlin: Beuth-Verlag, August 1994.

/Nassi, Shneiderman 73/
Nassi I., Shneiderman B., *Flowchart Techniques for Structured Programming*, in: SIGPLAN, August 1973, S. 12–26.

Analytische Aufgaben
Muss-Aufgabe
15 Minuten

1 *Lernziel: Eine gegebene Entscheidungstabelle daraufhin analysieren können, ob es sich um eine Ein- oder Mehrtreffer-Tabelle, eine vollständige oder begrenzte Entscheidungstabelle handelt.*
Untersuchen Sie die Entscheidungstabelle in Abb. 2.14-9.
a Handelt es sich um eine Eintreffer- oder Mehrtreffer- ET?
b Handelt es sich um eine vollständige oder unvollständige ET?
c Handelt es sich um eine erweiterte oder begrenzte ET?
Begründen Sie jeweils Ihre Antwort.

Abb. 2.14-9: Entscheidungstabelle zur Seminarorganisation

ET Seminar Organisation	R1	R2	*Else*
B1: angemeldet?	J	J	
B2: abgemeldet?	N	verspätet	
B3: teilgenommen?	J	N	
A1: Gebührensatz	100%	50%	0%
A2: Rechnung schicken	X	X	

Klausur-Aufgabe
10 Minuten

2 *Lernziel: Syntax und Semantik linearer Kontrollstrukturen in den Darstellungsformen Struktogramm und Pseudo-Code erläutern können.*
In Abb. 2.14-10 wird ein Algorithmus zum Potenzieren zweier ganzer Zahlen als Struktogramm dargestellt. Finden und korrigieren Sie die Abweichungen zwischen dem Struktogramm und dem folgenden Pseudo-Code:

```
long potenziere(long Basis, long Exponent)
{
  long Ergebnis = 1;
  while(Exponent > 0)
  {
    if(Exponent % 2 != 0)
    {
      Ergebnis = Ergebnis * Basis;
      Exponent = Exponent - 1;
    }
    Exponent = Exponent / 2;
    Basis = Basis * Basis;
  }
  return Ergebnis;
}
```

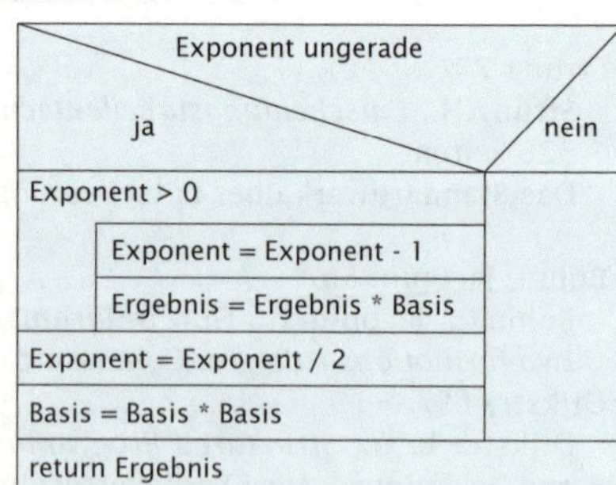

Abb. 2.14-10: Algorithmus zum Potenzieren zweier ganzer Zahlen

3 *Lernziel: Entscheidungstabellen in horizontaler und vertikaler Form sowie als Entscheidungsbaum darstellen können.*

Konstruktive Aufgaben
Muss-Aufgabe
10 Minuten

Rotieren Sie die Entscheidungstabelle Abb. 2.14-11 und überführen Sie sie anschließend in einen Entscheidungsbaum.

	R1	R2	R3	R4	R5	R6	R7	R8
B1	J	J	J	J	N	N	N	N
B2	J	J	N	N	J	J	N	N
B3	J	N	J	N	J	N	J	N
A1	X		X	X				X
A2					X		X	
A3		X				X		

Abb. 2.14-11: Beispiel einer Entscheidungstabelle

4 *Lernziele: Lineare Kontrollstrukturen ineinander schachteln können. Für gegebene, geeignete Problemstellungen die dafür angemessenen linearen Kontrollstrukturen einsetzen können.*

Muss-Aufgabe
20 Minuten

Eine Alarmanlage soll beim Auslösen des Alarms durch Sensoren nacheinander Telefonnummern anrufen, um auf den Alarm aufmerksam zu machen. Das folgende Pflichtenheft beschreibt die Anforderungen an die Anruf-Funktion. Entwickeln Sie einen geeigneten Algorithmus als Pseudo-Code.

/1/ Die Funktion erhält eine Liste von Telefonnummern.
/2/ Die Nummern werden nacheinander angerufen.
/3/ Nimmt bei einer gewählten Nummer jemand ab, endet die Funktion.
/4/ Ist eine gewählte Nummer besetzt, wird nach jeweils 30 Sekunden noch zweimal gewählt. War die Nummer 3 mal besetzt, wird die nächste Nummer gerufen.

5 *Lernziel: Die Darstellungsformen Struktogramm und Pseudo-Code ineinander überführen können.*

Muss-Aufgabe
20 Minuten

Transformieren Sie die folgende Pseudo-Code-Darstellung einer Roboterfunktion »SchulterBeugenRelativ« in eine Struktogramm-Darstellung.

```
void SchulterBeugenRelativ(double Deltawinkel)
{ Hole aktuellen Oberarmwinkel;
  if(Oberarmwinkelbereich(aktuellerOberarmwinkel+Deltawinkel)== Ok)
  { Löschen;Oberarm drehen;Unterarm drehen;Hand drehen;Zeichnen;
  }
}
```

6 *Lernziel: Für gegebene, geeignete Problemstellungen Entscheidungstabellen und Entscheidungstabellen-Verbunde entwickeln können.*

Kann-Aufgabe
40 Minuten

In der Fallstudie »Seminarorganisation« müssen Buchungsabmeldungen erfasst werden. Entwickeln Sie analog zu Beispiel 4 eine entsprechende Entscheidungstabelle oder einen Entscheidungstabellen-Verbund. Beachten Sie die Anforderungen /F21/ und /F22/ sowie /D70/ (siehe Anhang B).

7 *Lernziel: Für gegebene, geeignete Problemstellungen Entscheidungstabellen und Entscheidungstabellen-Verbunde entwickeln können.*

Kann-Aufgabe
40 Minuten

Die Firma Hard&Soft bietet ihren Kunden verschiedene Artikel (z.B. Computerzubehör, Software) an. Die Annahme von Bestellungen soll rechnerunterstützt vorgenommen werden. Dabei sind folgende Anforderungen zu berücksichtigen:

/1/ Ist der Besteller noch nicht im Kundenstamm enthalten, soll eine Erstverfassung erfolgen.
/2/ Ist ein bestellter Artikel verfügbar, muss der Lagerbestand aktualisiert werden. Falls ein Artikel nicht verfügbar ist, muss dies dem Besteller mitgeteilt werden.

/3/ Hat der Besteller seinen Kreditrahmen überschritten, können keine weiteren Bestellungen erfolgen. Bei Kunden mit großem Umsatz ist jedoch eine Entscheidung des Sachbearbeiters nötig.
/4/ Mit der Auftragsbestätigung soll eine Rechnung erstellt und ausgedruckt werden.
/5/ Ist bei einem Artikel der Mindestlagerbestand unterschritten, so ist der Sachbearbeiter zu informieren.
/6/ Ist eine sofortige Bearbeitung wegen Nichtverfügbarkeit eines Artikels oder wegen Überschreitung der Kreditlinie des Kunden nicht möglich, soll diese Bestellung »eingefroren« werden.

a Leiten Sie die Bedingungen und Aktionen für eine Entscheidungstabelle oder einen Entscheidungstabellen-Verbund her.

b Erstellen Sie aus den in **a** identifizierten Bedingungen und Aktionen eine Entscheidungstabelle oder einen Entscheidungstabellen-Verbund, die/der die Annahme von Bestellungen spezifiziert.

Klausur-Aufgabe
15 Minuten

8 *Lernziel: Für gegebene, geeignete Problemstellungen Entscheidungstabellen und Entscheidungstabellen-Verbunde entwickeln können.*
Konsolidieren Sie die Entscheidungstabelle aus Abb. 2.14-12 möglichst vollständig (unter Verwendung einer *Else*-Regel).

	R1	R2	R3	R4	R5	R6	R7	R8	R9	R10	R11	R12	R13	R14	R15	R16
B1	J	J	J	J	J	J	J	J	N	N	N	N	N	N	N	N
B2	J	J	J	J	N	N	N	N	J	J	J	J	N	N	N	N
B3	J	J	N	N	J	J	N	N	J	J	N	N	J	J	N	N
B4	J	N	J	N	J	N	J	N	J	N	J	N	J	N	J	N
A1	X	–	–	–	X	X	–	X	X	–	X	X	X	X	–	X
A2	–	X	X	X	–	X	X	–	–	X	–	–	–	X	X	–
A3	–	–	X	–	–	X	X	X	–	–	–	–	–	X	X	X

Abb. 2.14-12: Beispiel einer Entscheidungstabelle

2 Die Definitionsphase – Regelbasierte Sicht

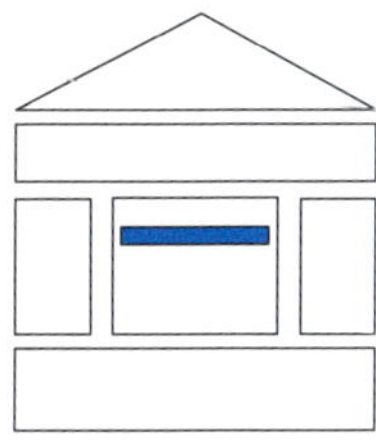
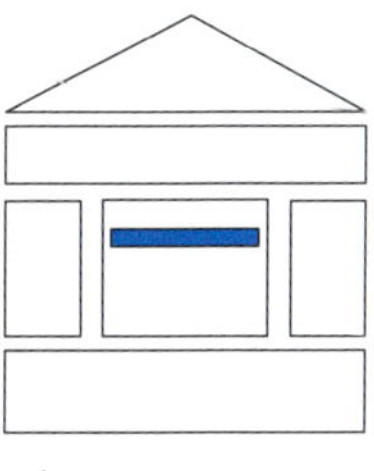

- Den Aufbau einer Regel angeben können.
- Aufzählen können, aus welchen Komponenten ein regelbasiertes Expertensystem besteht. — wissen
- Wissen, was man unter einem Plan und unter Planung versteht.
- Die Strategien Vorwärtsverkettung, Rückwärtsverkettung, Tiefensuche und Breitensuche erklären können. — verstehen
- Die Begriffe Konfliktmenge, Konfliktlösungsstrategie, Meta-Regel, Regelinterpreter, Agenda und Feuern anhand von Beispielen erläutern können.
- Regeln für gegebene Problemstellungen aufstellen können. — anwenden
- Gegebene Regelmengen vorwärtsverkettend, rückwärtsverkettend sowie nach den Strategien Tiefensuche und Breitensuche ausführen können.
- Planungsvarianten am Beispiel der dargestellten »Block-Welt« durchspielen und analysieren können. — beurteilen
- Konfliktlösungsstrategien erläutern und beurteilen können.

- Die Kapitel 2.1 und 2.2 sollten bekannt sein.
- Es sollten die Kapitel 2.8 und 2.9 bekannt sein.

2.15 Regeln

Interviewt man einen Auftraggeber oder einen Fachexperten, dann formulieren sie ihre Anforderungen oder ihr Wissen mitunter in Form von Regeln.

Regel

Eine **Regel** besteht aus einer **Vorbedingung** und einer **Aktion:** **wenn** Vorbedingung **dann** Aktion.

Durch die Vorbedingung wird eine Situation beschrieben, in der die Aktion ausgeführt werden soll. Zwei Typen von Aktionen lassen sich unterscheiden:

- **Implikationen** oder **Deduktionen**, mit denen der Wahrheitsgehalt einer Feststellung hergeleitet wird.

Beispiel 1

Für die Steuerung einer Alarmanlage kann folgende Regel gelten:

```
wenn ein Unterbrechungsmelder Alarm meldet
     dann besteht hoher Verdacht auf einen Einbrecher.
```

Das Eintreffen der Vorbedingung »ein Unterbrechungsmelder meldet Alarm« impliziert die Schlussfolgerung, dass »hoher Verdacht auf einen Einbrecher besteht«.

- **Handlungen**, mit denen ein Zustand verändert wird.

Beispiel 2

```
wenn hoher Verdacht auf einen Einbrecher besteht
     dann   Alarmsirene einschalten
        und Gelblicht einschalten
        und Nachbarn durch Telefonwählautomat
            automatisch anrufen.
```

Das Eintreffen der Vorbedingung »hoher Verdacht auf einen Einbrecher besteht« führt zur Durchführung von drei Handlungen, die die vorherigen Zustände »Alarmsirene aus«, »Gelblicht aus« und »Telefonwählautomat aus« verändern.

Die Aufteilung der Anforderungen in viele kleine eigenständige Regeln macht eine Anforderungsdefinition modular und damit leicht veränderbar.

Vergleich mit ET

Die in Entscheidungstabellen verwendeten Regeln sind vergleichbar mit den hier formulierten Regeln. Allerdings stehen die Regeln hier jeweils für sich, während sie in Entscheidungstabellen in einen festen Kontext eingebettet sind.

Beispiel 3

Die Regel R4 der Entscheidungstabelle ET0 (Beispiel 4, Kapitel 2.14) lautet als Regel ausformuliert:

```
wenn die Personal-Nr nicht ok ist
     und die Veranstaltungs-Nr nicht ok ist
     dann Kunden neu eintragen
     und Mitteilung »falsche Veranstaltung« erstellen.
```

Die Aktionen sind in diesem Fall also Handlungen.

Wenn sich Anforderungen an ein neues System noch nicht in Form von Entscheidungstabellen oder Entscheidungsbäumen strukturieren lassen, dann empfiehlt sich eine Formulierung als Menge von einzelnen Regeln.

Beispiel 4a

Als Beispiel wird folgendes Problem betrachtet:
Eine Erfassungsmaske soll durch ein Fenster eingerahmt werden. Dieses Fenster ist auf eine maximale Größe beschränkt. Überschreitet die Maskenbreite die zur Verfügung stehende Fensterbreite, so ist ein horizontaler Rollbalken in das Fenster einzufügen. Dabei ist zu berücksichtigen, dass die Breite dieses Rollbalkens wiederum die maximal verfügbare Fensterhöhe verringert. Entsprechend wird bei zu hoher Maske ein vertikaler Rollbalken eingeführt.
Die wesentlichen Parameter sind in Abb. 2.15-1 aufgeführt.

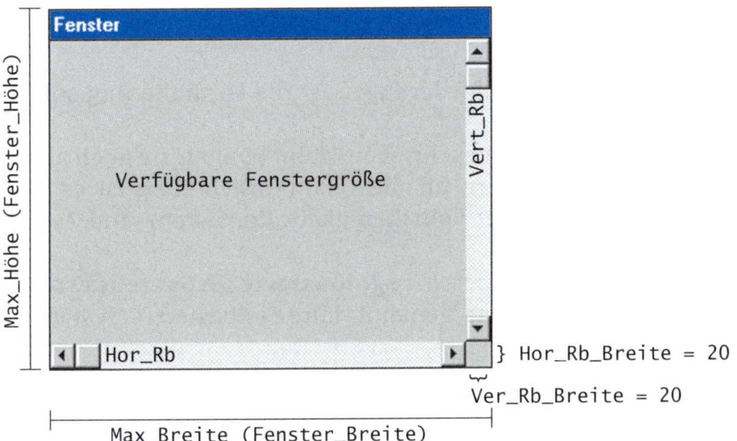

Abb. 2.15-1: Beispiel zu Regeln

Als Lösung soll ein Fenster ausgegeben werden, das die maximale Fenstergröße nicht überschreitet. Rollbalken sollen nur dann in das Fenster eingesetzt werde, wenn sie benötigt werden.
Folgende Regeln beschreiben das Problem (// = Kommentare):

```
(R1) //Ziel: Horizontale Rollbalken setzen
     wenn Hor_Rb = JA dann Hor_Rb_Breite = 20
(R2) //Ziel: Horizontale Rollbalken löschen
     wenn Hor_Rb = NEIN  dann Hor_Rb_Breite = 0
(R3) //Ziel: Vertikale Rollbalken setzen
     wenn Ver_Rb = JA dann Ver_Rb_Breite = 20
(R4) //Ziel: Vertikale Rollbalken löschen
     wenn Ver_Rb = NEIN dann Ver_Rb_Breite = 0
(R5) //Ziel: Berechnung der Fensterhöhe
     wenn (Masken_Höhe = ?maske) und (Hor_Rb_Breite = ?rb)
          dann Fenster_Höhe = ?maske + ?rb
```

```
(R6) //Ziel: Berechnung der Fensterbreite
     wenn (Masken_Breite = ?maske) und (Ver_Rb_Breite = ?rb)
          dann Fenster_Breite = ?maske + ?rb
(R7) //Beschränkung: Fensterbreite darf nicht
     //überschritten werden
     wenn Fenster_Breite >= Max_Breite
          dann //Korrektur durch Einfügen
          //eines horizontalen Rollbalkens
          Hor_Rb = JA und Fenster_Breite = Max_Breite
     Priorität: 10
(R8) //Beschränkung: Fensterhöhe darf nicht
     //überschritten werden
     wenn Fenster_Höhe >= Max_Höhe
          dann //Korrektur durch Einfügen
          //eines vertikalen Rollbalkens
          Ver_Rb = JA und Fenster_Höhe = Max_Höhe
     Priorität: 10
```

Durch ein vorausgestelltes Fragezeichen wird eine Variable gekennzeichnet, z.B. ?maske, ?rb.

Qualitätssicherung

Für die Festlegung von Anforderungen ist die Formulierung solcher Regeln ausreichend.

Sind die Regeln formal beschrieben, dann können sie auch ausgeführt werden. Insbesondere für die Qualitätssicherung ist es wünschenswert, die Regeln auf Vollständigkeit, Konsistenz und Zyklenfreiheit zu überprüfen.

regelbasierte Expertensysteme

Solche Möglichkeiten bieten **regelbasierte Expertensysteme,** auch **Produktionssysteme** genannt. Ein regelbasiertes System besteht aus

- einer Datenbasis, die die gültigen Fakten enthält,
- den Regeln zur Herleitung neuer Fakten und
- dem Regelinterpreter zur Steuerung des Herleitungsprozesses.

Regeln können nach zwei Strategien abgearbeitet werden:

- **Vorwärtsverkettung** *(forward chaining)*
  (Datengesteuerte Systeme, datengetriebene Systeme)
  Ausgehend von einer vorhandenen Datenbasis wird aus den Regeln, deren Vorbedingung durch die Datenbasis erfüllt ist, eine ausgesucht, ihr Aktionsteil ausgeführt (d.h. die Regel »**feuert**«) und damit die Datenbasis geändert. Dies wird solange wiederholt, bis keine Regel mehr anwendbar ist.
- **Rückwärtsverkettung** *(backward chaining)*
  (Zielgesteuerte Systeme, zielbeweisende Systeme).
  Ausgehend von einem Ziel werden nur die Regeln überprüft, deren Aktionsteil das Ziel enthält. Falls Parameter der Vorbedingung unbekannt sind, werden sie vom Benutzer erfragt oder mit anderen Regeln hergeleitet.

2.15.1 Vorwärtsverkettung

Ein vorwärtsverkettender **Regelinterpreter** arbeitet nach folgendem Algorithmus:

Ein **Interpreter** analysiert Anweisung für Anweisung eines Quellprogramms und führt die analysierte Anweisung sofort aus. Im Gegensatz dazu analysiert ein Compiler ein Quellprogramm und erzeugt ein semantisch äquivalentes Zielprogramm.

```
1 DATEN:= Ausgangsdatenbasis
2 while Inhalt von DATEN erfüllt nicht das Endekriterium
  {
3       Wähle eine anwendbare Regel R, deren
          Bedingungsteil durch DATEN erfüllt ist;
4       DATEN:= Ergebnis der Anwendung des
          Aktionsteils von R auf DATEN
  }
```

Das Auswahlverfahren im Schritt **3** wird meist in zwei Teilschritten vorgenommen:

Konfliktmenge

3a Vorauswahl:
Bestimmung der Menge aller ausführbaren Regeln, der so genannten **Konfliktmenge.**

3b Auswahl:
Auswahl einer Regel aus der Konfliktmenge entsprechend einer **Konfliktlösungsstrategie.**

Diese Art des Schlussfolgerns wird als »Erkennen-Handeln«-Zyklus *(recognize-act cycle)* bezeichnet.

Beispiel 4b

Szenario 1:
Am Anfang werden durch den Benutzer folgende Fakten vorgegeben (Voreinstellungen):

(F1) `Max_Breite = 400 (Pixel)`

(F2) `Max_Höhe = 400 (Pixel)`

(F3) `Hor_Rb = NEIN`

(F4) `Ver_Rb = NEIN`

Es soll ein Fenster für folgende Maskenwerte konfiguriert werden:

(F5) `Masken_Breite = 300 (Pixel)`

(F6) `Masken_Höhe = 300 (Pixel)`

Diese Fakten bilden die Ausgangsdatenbasis.
Wird nun ein vorwärtsverkettender Regelinterpreter gestartet, dann ergibt sich aufgrund der Fakten folgende Konfliktmenge:

`R2, R4`

Diese Regeln können also aufgrund zutreffender Vorbedingungen »feuern«.

Welche Regel aus der Konfliktmenge zur Ausführung ausgewählt wird, hängt von der Konfliktlösungsstrategie ab. Kombinationen zwischen verschiedenen Strategien sind möglich.

Wichtige **Konfliktlösungsstrategien** sind:

- **Auswahl nach Reihenfolge** z.B.:
  - Die erste anwendbare Regel feuert (Trivialstrategie) (im Beispiel R2).

- □ Die aktuellste Regel feuert, d.h. die Regel, deren Vorbedingung sich auf möglichst neue Einträge in der Datenbasis bezieht bzw. die zuletzt in die Agenda (siehe unten) aufgenommen wurde.
- ■ **Auswahl nach syntaktischer Struktur der Regeln**, z.B.:
- □ Die spezifischste Regel feuert, d.h. die Regel, deren Vorbedingung die einer anderen Regel und zusätzlich noch weitere Aussagen enthält.
- □ Die syntaktisch größte Regel feuert, d.h. die Regel, die die meisten Aussagen enthält (im Beispiel R5 oder R6).
- ■ **Auswahl mittels Zusatzwissens**, z.B.:
- □ Die Regel mit der höchsten Priorität feuert. Dazu muss jeder Regel eine Priorität, die z.B. als Zahl repräsentiert sein kann, zugeordnet werden.
- □ Zusätzliche Regeln, sogenannte **Meta-Regeln,** steuern den Auswahlprozess (z.B. alle Beschränkungsregeln haben Vorrang).

Es gibt verschiedene Konzepte, um Regelinterpreter zu realisieren. Eine Möglichkeit sieht folgendermaßen aus:

a Der Reihe nach werden die Vorbedingungen aller Regeln überprüft.

Agenda **b** Die anwendbaren Regeln werden in einer **Agenda**, d.h. einer geordneten Liste, nach den von der Konfliktlösungsstrategie vorgegebenen Kriterien sortiert.

c Der Aktionsteil des Spitzenreiters der Agenda wird ausgeführt.

d Danach wird die Agenda gelöscht und man beginnt von vorne.

Ein anderes Konzept sieht folgendermaßen aus:

a Der Reihe nach werden die Vorbedingungen aller Regeln überprüft.

b Die anwendbaren Regeln werden in einer Agenda nach den von der Konfliktlösungsstrategie vorgegebenen Kriterien sortiert.

c Der Aktionsteil des Spitzenreiters der Agenda wird ausgeführt. Es werden dadurch Fakten in der Datenbasis hinzugefügt oder geändert.

d Die gefeuerte Regel wird aus der Agenda gelöscht.

e Es werden die Regeln in die Agenda zusätzlich aufgenommen, deren Vorbedingungen durch die hinzugefügten oder geänderten Fakten gültig geworden sind.

f Der Interpreter endet, wenn die Agenda leer ist.

In den folgenden Beispielen wird von dem letzten Konzept ausgegangen.

Beispiel 4c Annahme: Es wird eine Kombination zweier Strategien angewandt:

1 Die aktuellste Regel feuert.

2 Die spezifischste Regel feuert.

Entsprechend Beispiel 4b und der oben festgelegten Konfliktlösungsstrategie befinden sich folgende Regeln auf der Agenda: `R2, R4.`

R2 und R4 sind gleichwertig, eine wird willkürlich ausgewählt.

R2 wird ausgeführt: `Hor_Rb_Breite = 0.`

Neue Agenda: R4, R5
R2 wird gelöscht, R4 bleibt, R5 neu (aktuellste Regel).
R5 wird ausgeführt: Fenster_Höhe = 300 + 0 = 300.
Neue Agenda: R4
R5 wird gelöscht, R4 bleibt.
R4 wird ausgeführt: Ver_Rb_Breite = 0.
Neue Agenda: R6
R4 wird gelöscht, R6 neu.
R6 wird ausgeführt: Fenster_Breite = 300 + 0 = 300.
R6 wird gelöscht, keine weitere Regel feuerbereit, Inferenzprozess beendet. Ergebnis: siehe Marginalspalte

Szenario 2:
Ausgehend von Szenario 1 (Beispiel 4b) soll die max. Fensterhöhe auf (F2) Max_Höhe = 250 (Pixel) veringert werden. Der Benutzer gibt den neuen Wert von Max_Höhe ein. Der Zustand des Systems entspricht dem Endzustand von Szenario 1. Folgende Regeln feuern:

Agenda	Regel, die feuert	Aktion
R8	R8	Ver_Rb_= Ja, Fenster_Höhe = 250
R3	R3	Ver_Rb_Breite = 20
R6	R6	Fenster_Breite = 300 + 20 = 320

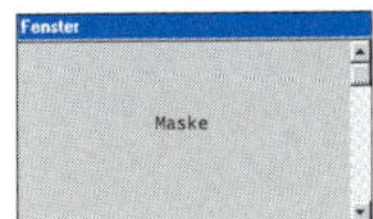

Ergebnis: siehe Marginalspalte

Szenario 3:
Die Maskenwerte werden vom Benutzer folgendermaßen geändert:
(F5) Masken_Breite = 390 (Pixel)
(F6) Masken_Höhe = 500 (Pixel)
Der Zustand des Systems entspricht dem Anfangszustand von Szenario 1. Folgende Regeln feuern:

Agenda	Regel, die feuert	Aktion
R2, R4	R4	Ver_Rb_Breite = 0
R2, R6	R6	Fenster_Breite = 390 + 0 = 390
R2	R2	Hor_Rb_Breite = 0
R5	R5	Fenster_Höhe = 500 + 0 = 500
R8	R8	Ver_Rb = Ja, Fenster_Höhe = 400
R3	R3	Ver_Rb_Breite = 20
R6	R6	Fenster_Breite = 390 + 20 = 410
R7	R7	Hor_Rb = JA, Fenster_Breite = 400
R1	R1	Hor_Rb_Breite = 20
R5	R5	Fenster_Höhe = 500 + 20 = 520
R8	R8	Ver_Rb = JA (keine Änderung), Fenster_Höhe = 400

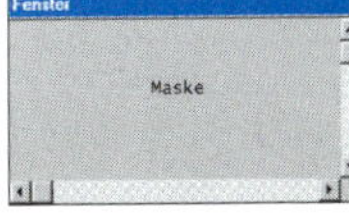

Ergebnis: siehe Marginalspalte

2.15.2 Rückwärtsverkettung

Das System startet damit, was es überprüfen will.

Während die Vorwärtsverkettung nur Schlussfolgerungen aus einer vorgegebenen Datenbasis ziehen kann, eignet sich ein rückwärtsverkettender Regelinterpreter auch zum gezielten Erfragen noch unbekannter Fakten.

Ein rückwärtsverkettender Regelinterpreter kann folgendermaßen arbeiten:

```
public void Bestimme(Ziel)
{
1 if Ziel kann abgeleitet werden
2    {   Setze Regelliste = Liste aller Regeln, deren
         Aktionsteil Ziel erfüllt.
3        while ! ((Regelliste = leer) | (Ziel hergeleitet))
         { //Prozeduraufruf
             PrüfeRegel(erste bzw. nächste Regel aus
             Regelliste) und
             lösche diese Regel aus der Regelliste
         }
     }
4    else frage Ziel //Frage an Benutzer
}

void PrüfeRegel(Regel)
{
1 i=1
2 while weitere Aussagen sind zu überprüfen (i<=n)
  {   //Überprüfe die i-te Aussage
      //Wenn Wahrheitswert der Vorbedingung nicht bekannt
      if Parameter der Aussage nicht bekannt
      { //Prozeduraufruf
        Bestimme(Parameter)
      }
      if Aussage nicht wahr
        Regel nicht ausführbar return
      if keine weiteren Aussagen zu überprüfen (i=n)
        Führe Aktionsteil der Regel aus return
      i=i+1
  }
}
```

Ein rückwärtsverkettender Regelinterpreter startet mit einem vorgegebenen Ziel (`Bestimme (Ziel)`). Wenn das Ziel nicht in der Datenbasis bekannt ist, entscheidet der Regelinterpreter zunächst, ob es abgeleitet werden kann oder erfragt werden muss.
Dafür gibt es Konfliktlösungsstrategien, z.B.:
- erst fragen, dann ableiten,
- erst ableiten, dann fragen,
- Mischformen mit weiteren Kriterien.

Im Falle der Ableitung werden alle Regeln abgearbeitet, in deren **Aktionsteil** das Ziel enthalten ist. Diese lassen sich durch Indizierung der Regeln gemäß ihrer Aktionsteile effizient bestimmen.

Wenn bei der Überprüfung der Aussagen einer Regel (`PrüfeRegel (Regel)`) ein Parameter unbekannt ist, wird ein Unterziel zur Bestimmung dieses Parameters generiert und die Prozedur `Bestimme (Ziel)` rekursiv zur Ableitung des Unterziels angewendet. Das Endergebnis ist die Bestimmung eines Wertes für das vorgegebene Ziel und für alle Unterziele, die Evaluation der relevanten Regeln und das Stellen der notwendigen Fragen.

MYCIN war eines der ersten medizinischen Expertensysteme (1976). Es diente zur Diagnose von Bluterkrankungen. MYCIN ohne Expertenwissen ergab die erste Expertensystem-Schale *(shell)* (siehe Abschnitt 3.3-1), genannt EMYCIN *(Empty* MYCIN, später umgedeutet zu *Essential* MYCIN) /Buchanan, Shortliffe 85/.

Die Rückwärtsverkettung enthält also implizit eine Dialogsteuerung, wobei die Reihenfolge der gestellten Fragen von der Reihenfolge der Regeln zur Ableitung eines Parameters, d.h. von der Konfliktauflösungsstrategie, und von der Reihenfolge der Aussagen in der Vorbedingung einer Regel abhängt. Diese Abhängigkeit von der Reihenfolge erschwert eine Modularisierung des Regelsystems.

Die Effizienz wird durch die Formulierung des Ziels bestimmt: Je präziser das Ziel, desto kleiner der Suchbaum von zu überprüfenden Regeln und zu stellenden Fragen (z.B. in der Medizin: *Wie heißt die Krankheit?* vs. *Heißt die Krankheit x?).*

Beispiele für rückwärtsverkettende Regelinterpreter sind die Programmiersprache PROLOG und das Expertensystem EMYCIN (siehe Marginalspalte).

Beispiel 5

Ein Roboter soll Blöcke (Würfel, beschriftet durch Buchstaben) umschichten (Abb. 2.15-2).

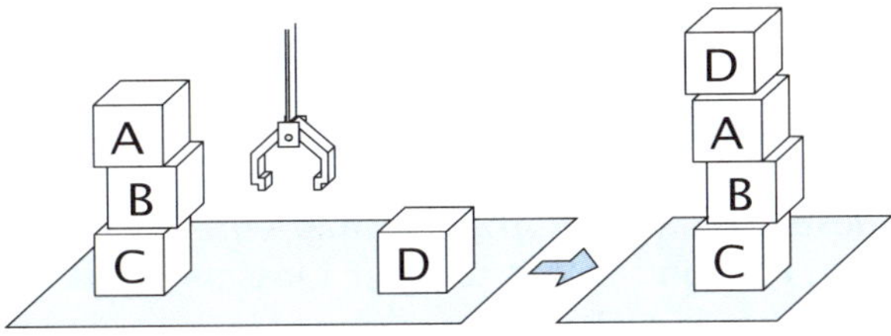

Abb. 2.15-2: Umschichten von Blöcken als Planungsaufgabe

Eine gegebene Ausgangssituation soll in eine gewünschte Zielsituation überführt werden.

Ein **Planungssystem** soll die dazu notwendigen Roboteroperationen ermitteln, d.h. einen entsprechenden **Plan** aufstellen.

Die Darstellung von Planungsproblemen durch eine »Block-Welt« ist in der Expertensystem-Gemeinde üblich.

Bevor eine Lösung gesucht werden kann, muss das Planungsproblem in geeigneter Weise beschrieben werden.

Kapitel 2.8

Die Blöcke lassen sich durch eine Klasse »Block« mit Attributen beschreiben (siehe Marginalspalte nächste Seite).

Das Attribut »In Hand« gibt an, ob sich der Block in der Greiferhand des Roboters befindet oder nicht (Wertebereich: Ja/Nein). Das Attribut »Ist Frei« (Wertebereich: Ja/Nein) gibt an, ob der Block von

Block
In Hand Ist frei Steht auf Block Steht auf Tisch

der Greiferhand gegriffen werden kann oder nicht, d.h., auf dem Block befindet sich kein anderer Block. Das Attribut »Steht auf Block« gibt an, ob und, wenn ja, auf welchem anderen Block sich der betrachtete Block befindet (Wertebereich: leer oder Name eines anderen Blocks). Das Attribut »Steht auf Tisch« (Wertebereich Ja/Nein) gibt an, ob sich der Block auf dem Tisch (bzw. auf dem Boden, je nach betrachteter Umwelt) befindet oder nicht.

Hand
Hält Ist frei
aufnehmen(x) absetzen(x) stapeln(x, y) entstapeln(x,y)

Die Greiferhand des Roboters kann folgendermaßen beschrieben werden (siehe Marginalspalte):

Das Attribut »Hält« gibt an, ob und, wenn ja, welchen Block die Hand hält (Wertebereich: leer oder Name eines Blocks). Das Attribut »Ist frei« gibt an, ob die Hand frei ist oder nicht (Wertebereich: Ja/Nein).

Die Operation »aufnehmen« beschreibt das Greifen eines Blocks vom Tisch. Die Operation »absetzen« beschreibt das Abstellen eines in der Greiferhand befindlichen Blocks auf den Tisch. Die Operation »stapeln« stellt einen in der Greiferhand befindlichen Block auf einen anderen freien Block. Die Operation »entstapeln« greift einen auf einem anderen Block befindlichen Block.

Beispiel 6 Mit diesen Festlegungen lassen sich verschiedene Situationen beschreiben:

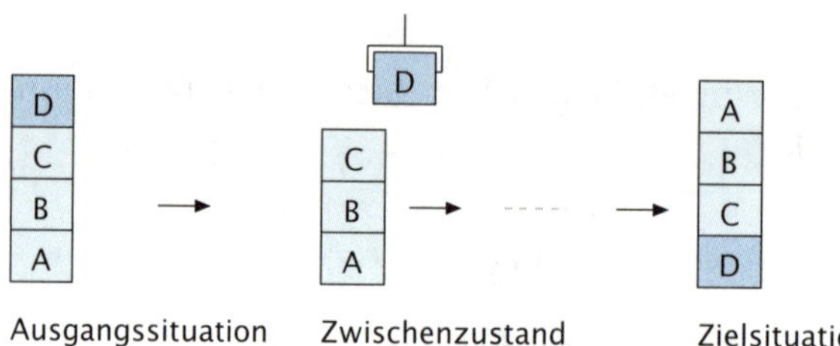

Zur Beschreibung dieser Situationen erzeugt man von der Klasse »Block« vier Objekte A, B, C und D und von der Klasse »Hand« ein Objekt.

	Ausgangssituation					Zwischenstand						Zielsituation				
	A	B	C	D	Hand	A	B	C	D	Hand	...	A	B	C	D	Hand
In Hand	N	N	N	N		N	N	N	J			N	N	N	N	
Ist frei	N	N	N	J		N	N	J	N			J	N	N	N	
Steht auf Block	–	A	B	C		–	A	B	–		...	B	C	D	–	
Steht auf Tisch	J	N	N	N		J	N	N	N			N	N	N	J	
Hält					–					D						–
Ist frei					J					N						J

Unabhängig von einer konkreten Situation muss nun noch in Form von Regeln allgemeingültig beschrieben werden, unter welchen Vorbedingungen welche Operationen angewandt werden können und welche Implikationen die Operationen erzeugen.

Regel aufnehmen(x)

```
wenn der Block x auf dem Tisch steht
   und seine Oberfläche frei ist
   und die Hand frei ist
dann führt das Aufnehmen des Blocks x dazu, dass
        das Objekt Block x kopiert wird
   und das Objekt Hand kopiert wird
   und sich der Block x anschließend in der Hand befindet
   und die Hand nicht mehr frei ist
   und der Block x nicht mehr auf dem Tisch steht
   und der Block x nicht mehr frei ist.
```

Das Kopieren eines Objekts bedeutet, dass eine Kopie mit allen Attributwerten erzeugt wird. Die Attributänderungen, die sich aus der Regelanwendung ergeben, werden in der Kopie vorgenommen. Dadurch bleiben die Originalwerte erhalten. Dies ist notwendig, falls man in eine Sackgasse gerät und auf diese Werte nochmals zurückgreifen muss (siehe unten).

Regel absetzen(x)

```
wenn sich ein Block x in der Hand befindet
dann führt das Absetzen dieses Blocks dazu, dass
        das Objekt Block x kopiert wird
   und das Objekt Hand kopiert wird
   und sich der Block x nicht mehr in der Hand befindet
   und die Hand frei ist
   und der Block x auf dem Tisch steht
   und der Block x frei ist.
```

Regel stapeln(x,y)

```
wenn sich ein Block x in der Hand befindet
   und es einen von x verschiedenen Block y gibt,
        dessen Oberfläche frei ist
dann kann x auf y abgestellt werden, was dazu führt, dass
        die Objekte x und y kopiert werden
   und das Objekt Hand kopiert wird
   und sich Block x nicht mehr in der Hand befindet
   und die Hand frei ist
   und Block y nicht mehr frei ist
   und Block x nun auf Block y steht
   und Block x frei ist.
```

Regel entstapeln(x,y)

```
wenn ein Block x auf einem Block y steht
   und Block x frei ist
   und die Hand frei ist
dann kann der Block x von y heruntergenommen werden,
      was dazu führt, dass
        die Objekte x und y kopiert werden
```

```
und das Objekt Hand kopiert wird
und sich Block x in der Hand befindet
und die Hand nicht mehr frei ist
und der Block y nun frei ist
und der Block x nicht mehr auf Block y steht
und Block x nicht mehr frei ist.
```

Beispiel 7 Als Beispiel soll folgende Planung vorgenommen werden:

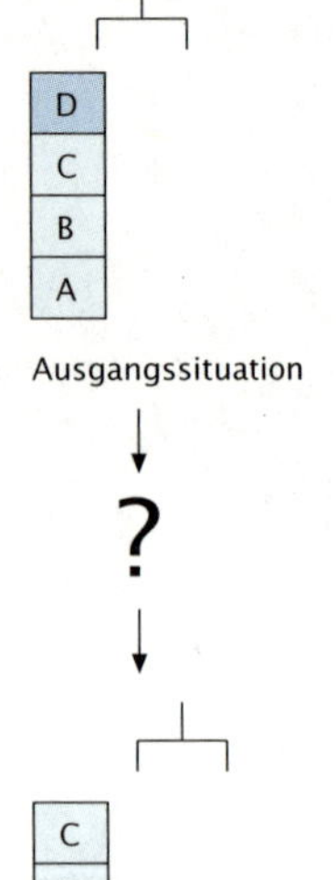

	A	B	C	D	Hand	A	B	C	D	Hand
In Hand	N	N	N	N		N	N	N	N	
Ist frei	N	N	N	J		N	N	J	J	
Steht auf Block	–	A	B	C		–	A	B	–	
Steht auf Tisch	J	N	N	N		J	N	N	J	
Hält					–					–
Ist frei					J					N

Bei der Rückwärtsverkettung wird das Ziel als Ausgangspunkt der Lösungssuche verwendet. Entsprechend dem oben angegebenen Algorithmus »Bestimme(Ziel)« wird eine Liste aller Regeln aufgestellt, deren Aktionsteil das Ziel erfüllt.

Ein Ziel lautet: `Block D steht auf Tisch.`

Dieses Ziel befindet sich als Aktion in der Regel »absetzen«.

Die Vorbedingung der Regel »absetzen« lautet:

»**wenn** sich ein Block D in der Hand befindet«.

Diese Vorbedingung ist nun das neue Teilziel, denn nur, wenn dieses Teilziel erreicht wird, kann auch das Endziel erreicht werden. Dieses Teilziel ist Teil der Aktion der Regeln »aufnehmen« und »entstapeln«.

Die Regel »aufnehmen« hat als Vorbedingung:

»**wenn** der Block D auf dem Tisch steht...«

Dies ist aber die ursprüngliche Ausgangs- bzw. Zielsituation, so dass die Regel »aufnehmen« nicht in Betracht kommt.

Die Regel »entstapeln« hat als Vorbedingung:

```
»wenn ein Block D auf einem Block y steht
   und Block D frei ist
   und die Hand frei ist«
```

Die Überprüfung der Ausgangssituation zeigt, dass Block D auf Block C steht und Block D frei ist und die Hand frei ist. Die Regel »entstapeln« kann also »feuern« und es entsteht folgende Situation:

	A	B	C	D	Hand	A	B	C	D	Hand
In Hand	N	N	N	N		N	N	N	J	
Ist frei	N	N	N	J		N	N	J	N	
Steht auf Block	–	A	B	C		–	A	B	–	
Steht auf Tisch	J	N	N	N		J	N	N	N	
Hält					–					D
Ist frei					J					N

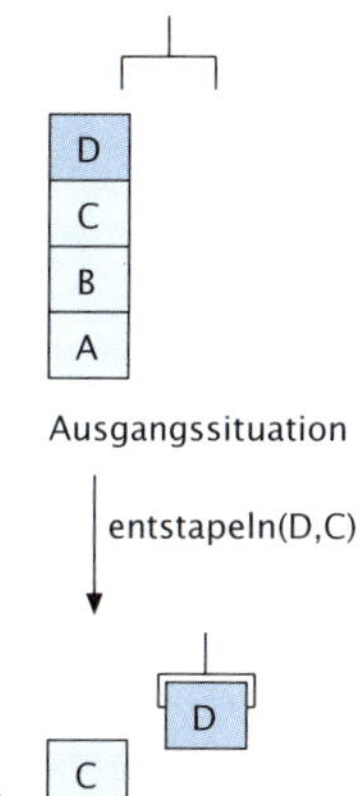

Ausgangssituation

Teilzielsituation

Damit ist das Teilziel »`Block D in der Hand`« erfüllt.

Als Nächstes wird überprüft, ob die Regel »absetzen« angewandt werden kann. Eine Überprüfung ist notwendig, da sich durch Anwendung der Regel »entstapeln« der Kontext geändert hat.
Die Vorbedingung »`sich ein Block D in der Hand befindet`« ist erfüllt, die Regel kann »feuern«. Dies führt zu folgender Situation:

	A	B	C	D	Hand	A	B	C	D	Hand
In Hand	N	N	N	J		N	N	N	N	
Ist frei	N	N	J	N		N	N	J	J	
Steht auf Block	–	A	B	–		–	A	B	–	
Steht auf Tisch	J	N	N	N		J	N	N	J	
Hält					D					–
Ist frei					N					J

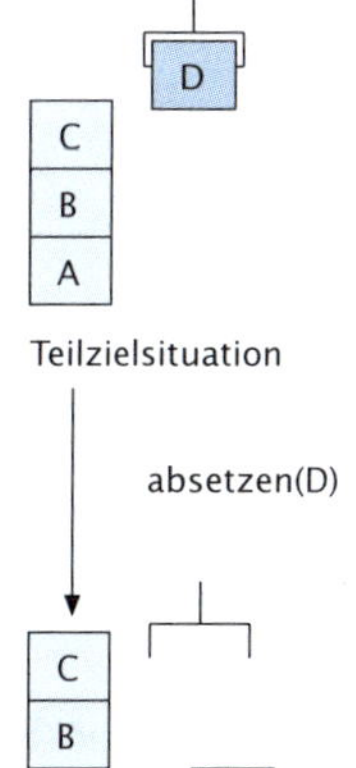

Teilzielsituation

Zielsituation

Die Überprüfung der jetzt erreichten Situation mit der geforderten Zielsituation zeigt Übereinstimmung.
Die Lösung ist gefunden und lautet:
Zuerst ist die Operation »`entstapeln (D,C)`« und anschließend die Operation »`absetzen (D)`« auszuführen.

Das hier dargestellte Beispiel beschreibt ein typisches Planungsproblem. Vom Ziel ausgehend wird versucht die Anfangsbedingungen zu erreichen.

Bei der oben dargestellten Vorgehensweise werden alle ermittelten Teilziele als gleichwertig betrachtet. Manche Teilziele beschreiben jedoch Details, die man so lange zurückstellen sollte, bis die Hauptprobleme gelöst sind. Eine solche Vorgehensweise wird als **hierarchisches Planen** bezeichnet.

2.15.3 Vorwärtsverkettung vs. Rückwärtsverkettung

Die Art des Suchraums ist ausschlaggebend dafür, ob die Vorwärts- oder Rückwärtsverkettung effizienter ist.

Inferenz = Ableitung

Probleme im Zusammenhang mit **Steuerungsfragen** werden oft mit Hilfe von vorwärtsverkettenden Inferenzmechanismen gelöst. Diese Problemklasse ist dadurch gekennnzeichnet, dass es oft eine große Zahl möglicher Ergebnisse gibt. Das Ziel oder die Lösung wird konstruiert oder zusammengefügt. Als Beispiel hierfür kann die Konstruktion von Bildschirm-Fenstern angesehen werden.

Bei der Planung der Roboteroperationen dagegen ist eine Vorwärtsverkettung ungünstig. Bei der Vorwärtssuche müssen im Prinzip alle Operationen betrachtet werden, die von der Ausgangssituation aus ausführbar sind, auch wenn sie mit der Lösung des Problems nichts zu tun haben. Ursache dieses Effekts ist es, dass eine Situation mehr Nachfolger als Vorgänger hat.

Wenn die möglichen Ergebnisse bekannt sind und ihre Anzahl in vernünftigen Grenzen liegt, dann ist eine Rückwärtsverkettung sehr effizient. Bei der Rückwärtssuche ergibt sich dadurch automatisch eine gewisse Zielzentriertheit, dass man ein Ziel zu beweisen versucht.

Sind beispielsweise in einer Blockwelt mit 20 Blöcken die Blöcke A, B, C und D zu stapeln, dann werden bei der Rückwärtsverkettung nur Operationen mit solchen Blöcken betrachtet, die mit dem Problem zu tun haben können.

Wenn es jedoch keine Zielzustände gibt, dann gibt es auch keinen Punkt, von dem aus die Rückwärtsverkettung beginnen kann.

Tendenziell lassen sich folgende Aussagen machen:

Kapitel 3.3

- Eine Vorwärtsverkettung ist vorteilhaft, wenn neue Fakten erzeugt werden. Dies ist oft bei Konstruktionsproblemen der Fall.
- Eine Rückwärtsverkettung ist vorteilhaft, wenn Hypothesen zu überprüfen sind. Dies ist oft bei Klassifikations- bzw. Diagnoseproblemen der Fall.

Beispiel 8

Um den Unterschied zwischen Vorwärts- und Rückwärtsverkettung zu zeigen, wird eine Situation aus der »Blockwelt« mit beiden Verfahren behandelt. Die Ausgangs- und Zielsituation zeigt Abb. 2.15-3.

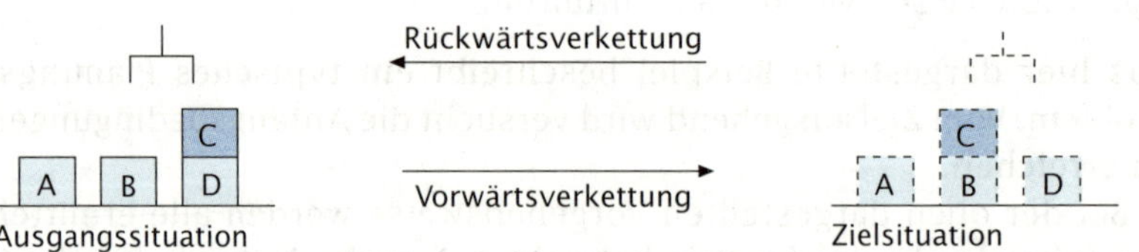

Abb. 2.15-3: Ausgangs- und Zielsituation für das Beispiel

Über die Zielsituation ist bekannt, dass C auf B stehen soll.

Den Ablauf bei der Rückwärtsverkettung zeigt Abb. 2.15-4. Startpunkt ist die gegebene Zielsituation. Es werden drei Regeln (stapeln, aufnehmen, entstapeln) geprüft und zwei Regeln (entstapeln, stapeln) gefeuert.

Den Ablauf einer Vorwärtsverkettung zeigt Abb. 2.15-5. Startpunkt ist die gegebene Ausgangssituation. Es werden 13 Regeln gefeuert.

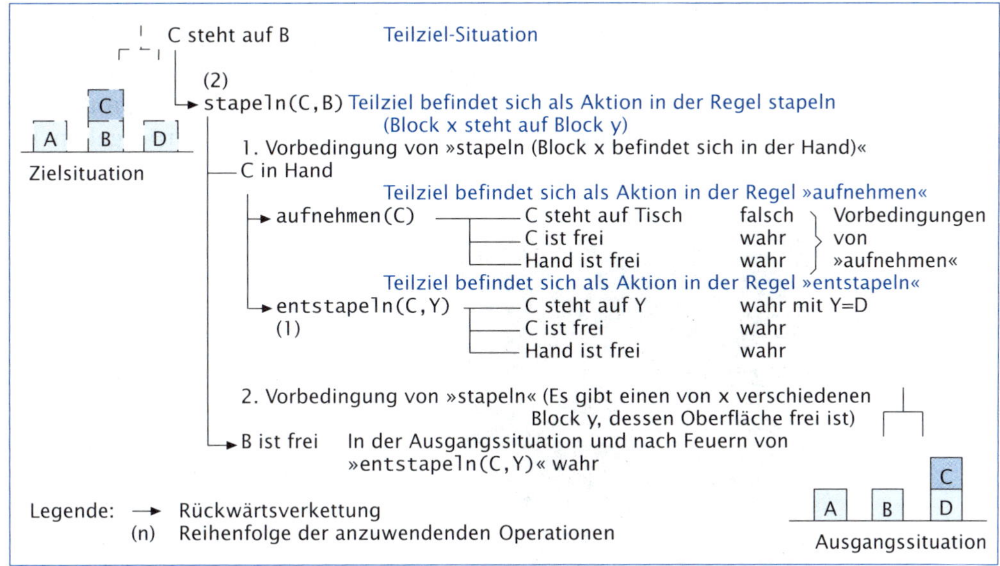

Abb. 2.15-4: Ablauf der Rückwärtsverkettung (im Beispiel)

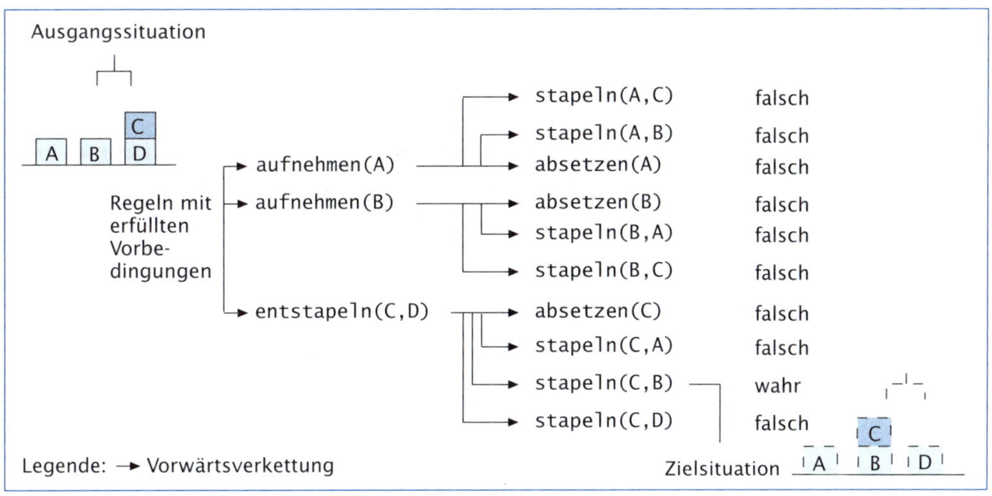

Abb. 2.15-5: Ablauf der Vorwärtsverkettung (im Beispiel)

2.15.4 Tiefensuche vs. Breitensuche

Neben der Vorwärts- und Rückwärtsverkettung muss noch zwischen der Tiefensuche *(depth first search)* und der Breitensuche *(breadth first search)* unterschieden werden.

Tiefensuche

Bei der **Tiefensuche** wird nach Ermitttlung des ersten Teilziels anschließend das erste Teilziel des Teilziels gesucht usw. Die Suche geht also immer ins Detail. Wenn eine so verfolgte Regelkette nicht zum Erfolg führt, wird das nächste Teilziel der vorhergehenden Ebene betrachtet und dort in die Tiefe verzweigt.

Das Abbrechen einer verfolgten Regelkette wegen Misserfolgs (Sackgasse) und das Zurücksetzen auf den letzten Alternativpunkt wird als ***Backtracking*** (zurückverfolgen; denselben Weg zurückgehen) bezeichnet.

Backtracking

Beispiel 7a

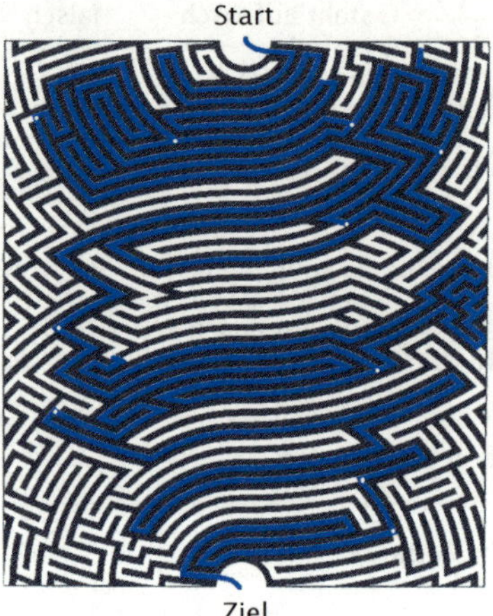

Abb. 2.15-6: Tiefensuche in einem Labyrinth /Koch 84/

Sucht man bei einem Labyrinth (Abb. 2.15-6) den Weg vom Start zum Ziel, dann bedeutet eine Tiefensuche, dass man z.B. bei jedem Verzweigungspunkt zunächst nach links verzweigt. Gerät man in eine Sackgasse, dann geht man zur letzten Alternative zurück und entscheidet sich anschließend wieder für jede linke Alternative. Es wird also jeweils die linke Alternative so weit in die Tiefe verfolgt, bis man auf eine Sackgasse stößt oder das Ziel erreicht hat.

Beispiel

Bei der Planung der Roboteroperationen bedeutet Tiefensuche, dass zunächst eine Vorbedingung soweit verfolgt wird, bis sich ihr Erfolg oder Misserfolg herausstellt.

Da die einzelnen Operationen Nebenwirkungen haben, kann es sein, dass nach Ausführung von Operationen durch Kontextänderungen ursprünglich anwendbare Operationen nicht mehr anwendbar sind. Beim ***Backtracking*** muss daher am Aufsetzpunkt noch die alte Umgebung vorhanden sein. Daher ist es notwendig, Kontextänderungen nur auf Kopien vorzunehmen.

Beispiel

Bei der Konfigurierung von Bildschirm-Fenstern bedeutet Tiefensuche, dass zunächst eine Regelkette bis hin zum ersten Ergebnis verfolgt wird. Dann wird zur letzten Alternative zurückgesetzt und entlang der Alternative versucht, ein weiteres Ergebnis abzuleiten.

Breitensuche

Bei der **Breitensuche** werden meist alle Vorbedingungen einer Regel untersucht, bevor mehr ins Detail gegangen wird. Dieses »in die Breite Suchen« ist effizienter, wenn eine der Regeln sich als zutreffend erweist und das Ziel damit ermittelt wird.

Beispiel 7b

Bei der Breitensuche durch ein Labyrinth (Abb. 2.15-7) wird an jedem Verzweigungspunkt in beide Richtungen gegangen. Jeder weitere Verzweigungspunkt wird ebenfalls in beide Richtungen weiterverfolgt. Vergleicht man die Tiefen- und die Breitensuche in diesem Beispiel, dann sieht man, dass die Tiefensuche effizienter ist.

Bei der Planung der Roboteroperationen bedeutet Breitensuche, dass zunächst alle Vorbedingungen einer Regel überprüft werden.

Beispiel

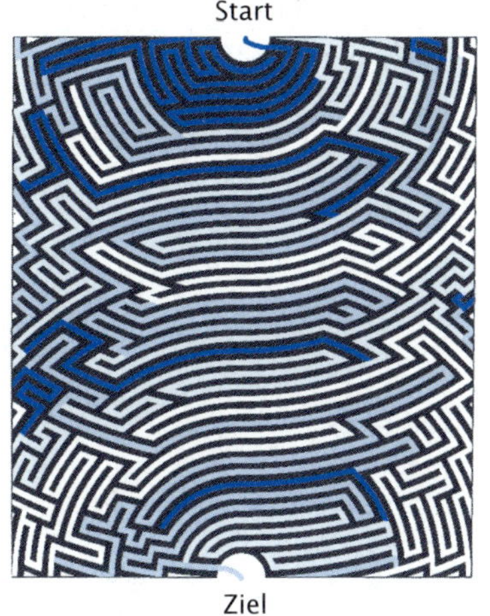

Abb. 2.15-7: Breitensuche in einem Labyrinth

Beispiel

Bei der Konfigurierung von Fenstern bedeutet Breitensuche, dass zunächst alle anwendbaren Regeln einer Ebene ermittelt werden. Dann werden alle anwendbaren Regeln der nächsten Ebene ermittelt.

Beispiel

Bei einem medizinischen Expertensystem zur Diagnose einer Krankheit zeigt sich die Wirkung von Tiefen- und Breitensuche folgendermaßen:
Bei der Tiefensuche werden dem Arzt alle Fragen, die zu einer speziellen Blutuntersuchung gehören, hintereinander gestellt, da das System gerade in diesen Details sucht. Tiefensuche mit Rückwärtsverkettung kann sehr schnell eine Diagnose liefern.
Bei der Breitensuche erscheinen die Fragen an den Arzt oft ziemlich willkürlich, da das System von einer Regel zur nächsten springt: Wie ist der Blutbefund? Wie ist die Atmung? Wie ist die Hautfarbe? Breitensuche in Verbindung mit Vorwärtsverkettung ermöglicht eine bessere Differentialdiagnostik bzw. liefert alle möglichen Diagnosen.

Betrachtet man menschliches Problemlösen, dann verfolgen die »Generalisten« eine Breitensuche. Sie stellen zunächst allgemeine Fragen über verschiedene Aspekte eines Problems. Die »Spezialisten« neigen demgegenüber dazu, sich auf einen spezifischen Aspekt des Problems zu konzentrieren und versuchen sehr viele Details über diesen Aspekt herauszufinden.

Sowohl die Vorwärts- als auch die Rückwärtsverkettung können mit der Tiefen- und der Breitensuche kombiniert werden, so dass sich vier Kombinationsmöglichkeiten ergeben (Abb. 2.15-8).

Beispiel 7c

Abb. 2.15-9 zeigt den Weg durch ein Labyrinth, ausgehend vom Ziel in der Mitte, mittels Tiefensuche, wobei zunächst jeweils die rechte Alternative gewählt wurde.
Eine vorwärtsverkettende Tiefensuche würde bedeuten, dass zunächst ein Startpunkt gewählt und versucht wird, das Ziel zu erreichen. Im ungünstigsten Fall muss man alle Startpunkte durchlaufen. Abb. 2.15-10 zeigt eine vorwärtsverkettende Breitensuche. Wie man sieht, ist diese Suchstrategie völlig ungeeignet für dieses Labyrinth.

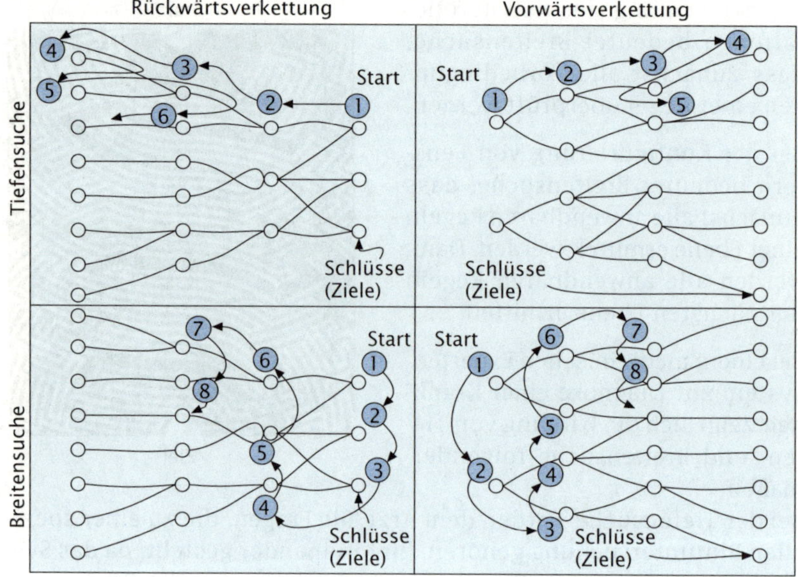

Abb. 2.15-8: Wichtige Suchstrategien (nach /Harmon, King 86, S. 64/)

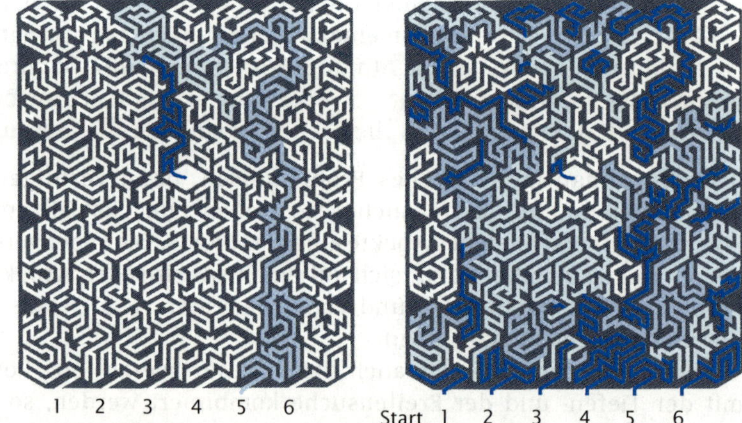

Abb. 2.15-9: Rückwärtsverkettende Tiefensuche /Koch 84/

Abb. 2.15-10: Vorwärtsverkettende Breitensuche.

2.15.5 Komplexität der Vorbedingung

Es gibt verschieden mächtige Formalismen zur Beschreibung der Vorbedingungen von Regeln. Im Idealfall sollte jede relevante Situation des Anwendungsgebiets durch genau eine Regel abgedeckt werden. Wird eine Situation durch verschiedene Regeln beschrieben, ist keine Modularität der Wissensbasis gegeben, da diese Regeln nur als Gruppe sinnvoll sind.

Ein ausdrucksstärkerer Regelformalismus führt aber zu komplexeren Regelinterpretern. Deshalb ist zu prüfen, welche Komplexität im Anwendungsgebiet benötigt wird.

1 Am einfachsten können Vorbedingungen durch das *direkte Nachsehen in der Datenbasis* ausgewertet werden.
2 Bei numerischen oder zeitlichen Zusammenhängen genügt das einfache Nachsehen nicht mehr, da zusätzlich noch *gerechnet* werden muss.
3 Bei manchen Anwendungsbereichen müssen in den Regeln *Variablen* verwendet werden. Die Überprüfung der Anwendbarkeit solcher Regeln erfordert einen Mustervergleich *(pattern matching).*

Abb. 2.15-11 zeigt die Komplexitätstypen von Regelsystemen.

Aussagetyp	Art der Auswertung	Beispiel
Erfassung zunehmend komplizierterer Zusammenhänge ↓	Nachschauen in der Datenbasis	Masken_Breite = 300?
	Nachschauen in der Datenbasis und Rechnen	Fenster_Breite = ?
	Mustervergleich *(pattern matching)* (und Rechnen)	Steht Block x auf dem Tisch?

Abb. 2.15.-11 : Komplexitätstypen von Regeln

2.15.6 Strukturierung von Regeln

Große Regelmengen können in Module aufgeteilt werden. Zu diesem Zweck können zusammengehörende Regeln zu aktivierbaren Modulen zusammengefasst werden.

Das Expertensystem R1 konfiguriert die Computersysteme der Firma DEC. Es ist wohl das erfolgreichste Expertensystem mit einem angeblichen Nutzen von 10 Mio. Dollar pro Jahr.

In Diagnosesystemen lassen sich die Regeln nach den Hypothesen aufteilen, die sie überprüfen. In Konstruktionssystemen werden den verschiedenen Zuständen Regelmengen zugeordnet. Es werden nur die Regeln des gerade aktuellen Zustands untersucht. In dem Expertensystem R1 (siehe Marginalspalte) heißen die Zustände »Kontexte« und werden immer als erste Regelprämisse angegeben.

Eine andere Strukturierungsmöglichkeit besteht in der syntaktischen Unterscheidung zwischen verschiedenen Typen von Aussagen in der Vorbedingung einer Regel.

Beispiel (entnommen aus /Puppe 88, S.27 f./)

In dem medizinischen Expertensystem MYCIN gibt es folgende Regel:

```
wenn 1 der Typ der Infektion Meningitis ist,              (Kontext)
     2 keine Labordaten verfügbar sind,                   (Kontext)
     3 der Typ der Meningitis bakteroid ist,              (Kontext)
     4 der Patient älter als 17 Jahre ist und         (Vorbedingung)
     5 der Patient Alkoholiker ist,              (wesentliche Aussage)
dann gibt es Evidenz für E. Coli (0.2) und Diplococcus (0.3).
```

evident = offenkundig

Die einzelnen Vorbedingungen der Regel haben eine unterschiedliche Bedeutung. Die ersten drei Aussagen stellen den Kontext her, in dem die Regel angewandt werden soll. Die vierte Aussage beschreibt eine Vorbedingung. Diese ist notwendig, da MYCIN rückwärtsver-

kettend arbeitet. Bevor das System fragt, ob der Patient Alkoholiker ist, soll es sich vergewissern, dass er älter als 17 Jahre ist.
Eine strukturierte Darstellung der Regel unter Verwendung von zwei Regeltypen wäre:

1. *Inferenzregel:* Wenn der Patient Alkoholiker ist, dann gibt es Evidenz für E. Coli (0.2) und Diplococcus (0.3).
   Kontext: Vorbedingung 1 bis 3 der alten Regel.
2. *Dialogregel:* Wenn der Patient jünger als 18 Jahre ist, dann ist er kein Alkoholiker.

Eine strukturierte Regel lässt sich folgendermaßen darstellen:

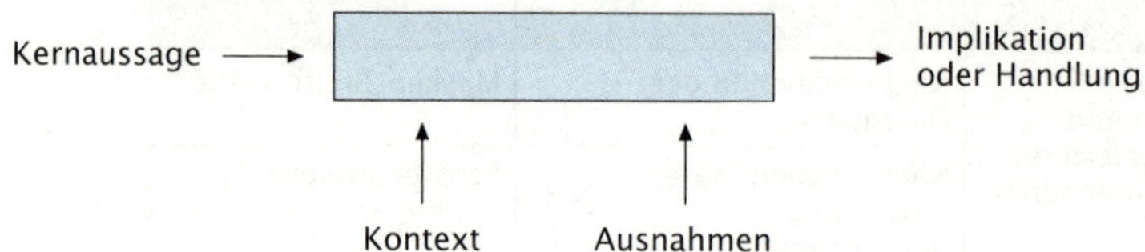

Bewertung

Die Beschreibung von Wissen in Form von Regeln hat folgende Vorteile:

- Die einzelnen Wissenseinheiten werden in elementarer Form festgelegt.
- Das Wissen wird explizit repräsentiert.
- Unter Umständen können die Regeln natürlichsprachlich bzw. quasi-natürlichsprachlich dargestellt werden.
- Die Regeln können leicht geändert werden.
- Im Idealfall können die Regeln in beliebiger Reihenfolge aufgeschrieben werden. Die Sequenzialisierung führt dann ein Regelinterpreter selbständig aus.
- Der Lösungsweg wird vom Inferenzmechanismus selbstständig gesucht.
- Die Inbetriebnahme bzw. der Test ist auch bei unvollständiger Regelmenge möglich.
- Die Entwicklung kann inkrementell erfolgen.

Zusammenhang mit ET

Entscheidungstabellen können in Regeln transformiert werden, die ein regelbasiertes Expertensystem abarbeiten kann und umgekehrt (siehe /Güntzer et al. 87/, /Jüttner, Feller 89/).

Agenda Geordnete Liste von Regeln, die dazu benutzt wird, die aktuell am besten bewertete Regel herauszufinden. Entspricht einer Auftragswarteschlange, aus der immer der aktuell wichtigste Auftrag ausgewählt und bearbeitet wird.

backtracking (Zurückverfolgen) Rückgängigmachen einer erfolglosen Schlussfolgerungskette, um einen anderen Suchpfad einzuschlagen.

backward chaining →Rückwärtsverkettung

breadth first search →Breitensuche

Breitensuche Strategie, bei der alle Regeln desselben Hierarchieniveaus untersucht werden, bevor irgendwelche anderen Regeln des darunterliegenden Hierachieniveaus überprüft werden.

depth first search →Tiefensuche

Expertensysteme Software-Systeme, die menschliches Expertenwissen, das durch Ausbildung und Erfahrung erworben wurde, verwenden, um in erklärungsfähiger Form Probleme zu lösen, die normalerweise menschliche Intelligenz erfordern.

Feuern Anwendung einer Regel, wenn alle ihre Vorbedingungen erfüllt sind.

forward chaining →Vorwärtsverkettung

Konfliktlösungsstrategie Auswahl einer Regel aus der →Konfliktmenge entsprechend einer Strategie (→Tiefensuche, →Breitensuche, →Meta-Regel).

Konfliktmenge Menge aller ausführbaren →Regeln (→feuern).

Meta-Regel →Regel, die den Auswahlprozess der anzuwendenden Regel steuert (→Konfliktlösungsstrategie).

Plan In der Expertensystem-Welt ist ein Plan ein Handlungsplan, also eine Folge von Aktionen, die man sich überlegt hat und ausführen kann, um ein Ziel zu erreichen.

Planung Problemtyp, bei dem eine Sequenz von Operationen gesucht wird, die den Ausgangszustand in einen Zielzustand überführt.

Regel Bedingte Aussage bestehend aus zwei Teilen. Der erste Teil besteht aus einem oder mehreren Wenn-Ausdrücken und legt die Bedingungen fest, die eingehalten werden müssen, wenn der zweite Teil, bestehend aus einem oder mehreren Dann-Ausdrücken, ausgeführt werden soll.

Regelbasierte Expertensysteme →Expertensysteme, deren Wissensbasis →Regeln enthält.

Regelinterpreter Steuert den Abarbeitungsprozess in einem →regelbasierten Expertensystem.

Rückwärtsverkettung Ausgangspunkt ist eine Zielangabe. Der →Regelinterpreter versucht zu bestimmen, ob die Zielregel erfüllt wird. Dabei bewegt er sich rückwärts zu den Wenn-Vorbedingungen der →Regel und versucht festzustellen, ob diese erfüllt sind. Dies führt dazu, dass weitere Regeln herangezogen werden, die die Gültigkeit dieser Wenn-Aussage bestätigen können. Auf diese Weise wird rückwärtssuchend der Regelteil durchlaufen. Die Rückwärtssuche endet, wenn eine Frage an den Benutzer gestellt wird oder ein vorher abgespeichertes Faktum in der Datenbasis gefunden wird.

Tiefensuche Ein bestimmtes Thema wird so lange verfolgt, bis alle Informationen darüber vorliegen.

Vorwärtsverkettung Feststellen aller →Regeln, deren Wenn-Teil erfüllt ist. Dann Prüfung, welche weiteren Regeln anhand der bereits ermittelten Fakten zutreffen könnten. Wiederholung dieses Vorgangs, bis der →Regelinterpreter ein Ziel erreicht hat oder keine weiteren Möglichkeiten mehr vorhanden sind.

Regeln erlauben die Beschreibung von Anforderungen an ein neues System in **Wenn-dann**-Form. Werden Regeln exakt entsprechend einer gegebenen Syntax und Semantik formuliert, dann können sie auch maschinell durch regelbasierte Expertensysteme abgearbeitet werden. Ein Regelinterpreter liest die gespeicherten Regeln und prüft sie ausgehend vom vorgegebenen Ziel (Rückwärtsverkettung, *backward chaining*) oder ausgehend von den vorgegebenen Fakten (Vorwärtsverkettung, *forward chaining*). Alle anwendbaren Regeln werden in einer Agenda abgelegt (Konfliktmenge). Entsprechend einer Konfliktlösungsstrategie (z.B. Tiefensuche bzw. *depth first search*, Breitensuche bzw. *breath first search*, Meta-Regeln) wird eine Regel aus der Agenda ausgewählt. Das Anwenden der ausgewählten Regel bezeichnet man als Feuern der Regel. Gerät der Regelinterpreter beim Überprüfen von Regeln in eine Sackgasse, dann erfolgt ein *Backtracking*.

Probleme, bei denen eine Operatorsequenz gesucht wird, um eine Ausgangssituation in eine Zielsituation zu transformieren, werden als Planungsprobleme bezeichnet. Das ermittelte Ergebnis ist ein Plan.

/Buchanan, Shortliffe 85/

Buchanan B. G., Shortliffe E. H., *Rule-Based Expert Systems. The MYCIN Experiments of the Stanford Heuristic Programming Project*, Reading: Addison-Wesley, reprinted with corrections, 1985.

Der Klassiker, in dem alles über MYCIN und EMYCIN steht.

/Crevier 93/

Crevier D., *Ai. The Tumultuous History of the Search for Artificial Intelligence*, New York: Basic Books, 1993.

Fesselnd geschriebener historischer Abriss über die Entwicklung der künstlichen Intelligenz, wobei die Expertensysteme einen Schwerpunkt bilden.

/Güntzer et al. 87/

Güntzer U., Schöll Ch., Jüttner G., Moll K. R., *Entscheidungstabellen und Expertensysteme – Vergleich und wechselseitige Überführung*, in: Expertensysteme '87, Stuttgart: Teubner-Verlag, 1987, S. 256–271.

Artikel, der den Zusammenhang zwischen regelbasierten Expertensystemen und Entscheidungstabellen und ihre gegenseitige Transformation beschreibt.

/Harmon, King 86/

Harmon P., King D., *Expertensysteme in der Praxis*, München: Oldenbourg Verlag, 1986, 314 S.

Übersetzung aus dem Englischen (von 1985). Teilweise gute Darstellungen von Sachverhalten.

/Hertzberg 89/

Hertzberg J., *Planen – Einführung in die Planerstellungsmethoden der künstlichen Intelligenz*, Mannheim: B. I.-Wissenschaftsverlag, 1989, 231 S.

Ausführliches Buch über Planen.

/Jüttner, Feller 89/

Jüttner G., Feller H., *Entscheidungstabellen und wissensbasierte Systeme*, München: Oldenbourg Verlag, 1989, 228 S.

Vergleich von Entscheidungstabellen und wissensbasierten Systemen bezogen auf den Anwendungsbereich Arbeitsplanung. Beschreibung verschiedener Werkzeuge für die Arbeitsplanung. Enthält einen Teil von /Güntzer et al. 87/.

/Retti et al. 84/

Retti J. et al., *Artificial Intelligence – Eine Einführung*, Stuttgart: Teubner-Verlag, 1984, 214 Seiten.

Sammelband mit Beiträgen von 9 Autoren zu verschiedenen Themen der Künstlichen Intelligenz. Teilweise sehr gut verständlich dargestellt.

/Puppe 88/

Puppe F., *Einführung in Expertensysteme*, Berlin: Springer-Verlag, 1988, 205 S.

Gute Einführung in Expertensysteme. Neben Grundtechniken der Wissensrepräsentation werden Problemlösungstypen und Problemlösungsstrategien behandelt. Weitere Schwerpunkte bilden die Entwicklung von Expertensystemen sowie Aspekte des betrieblichen Einsatzes.

/Puppe 90/

Puppe F., *Problemlösungsmethoden in Expertensystemen*, Berlin: Springer-Verlag, 1990, 257 S.

Ausführliches Buch über Problemklassen und Problemlösungsmethoden.

Zitierte Literatur

/Koch 84/

Koch U., *Labyrinthe*, München: Heinrich Hugendubel Verlag, 1984.

1 *Lernziel: Konfliktlösungsstrategien erläutern und beurteilen können.*
In der »Blockwelt« wurden »aufnehmen«, »stapeln«, »absetzen« und »entstapeln« als mögliche Regeln identifiziert. Angenommen, die maximale Stapelhöhe, d.h. die Anzahl von Blöcken, die übereinander stehen dürfen, sei begrenzt. Dies könnte mechanische Ursachen haben, z.B. beim Stapeln von Waschmittelkartons. Mit welcher Konfliktlösungsstrategie können Sie ein zu hohes Stapeln der Blöcke verhindern?

Analytische Aufgaben
Muss-Aufgabe
10 Minuten

2 *Lernziel: Regeln für gegebene Problemstellungen aufstellen können.*
Neben einer entsprechenden Konfliktlösungsstrategie (wie in Aufgabe **1**) können auch die Regeln selbst verändert werden.

a Welche Regeln müssen verändert werden, um zu verhindern, dass in der »Blockwelt« mehr als drei Blöcke übereinander stehen?
b Welchen Teil der Regel(n) müssen Sie dazu verändern?
c Geben Sie die veränderte(n) Regel(n) an.

Begründen Sie jeweils ihre Antwort.

Klausur-Aufgabe
15 Minuten

3 *Lernziele: Gegebene Regelungen vorwärtsverkettend, rückwärtsverkettend, sowie nach den Strategien Tiefensuche und Breitensuche ausführen können. Planungsvarianten am Beispiel der dargestellten »Blockwelt« durchspielen und analysieren können.*
Leiten Sie mit Hilfe der Regeln der »Blockwelt« einen Plan zur Herstellung der Zielsituation »Block D steht auf dem Tisch« und »Block C steht auf Block D« aus der in der nebenstehenden Abbildung gegebenen Ausgangssituation her.

Konstruktive Aufgaben
Muss-Aufgabe
20 Minuten

Ausgangssituation:
D
C
B
A

4 *Lernziel: Regeln für gegebene Problemstellungen aufstellen können.*
Die »Türme von Hanoi« sind ein klassisches Beispiel für ein einfaches Problem mit exponentieller Laufzeit. Es wird wie folgt beschrieben:
Auf einer Säule **1** sind n Scheiben gestapelt. Jede Scheibe hat einen geringeren Durchmesser als die Scheibe unter ihr. Neben der Säule stehen zwei weitere Säulen (**2** und **3**), auf denen sich keine Scheiben befinden. Die Scheiben sollen nun von Säule **1** auf Säule **2** transportiert werden. Dabei darf Säule **3** als Zwischenspeicher benutzt werden. Es darf immer nur die oberste Scheibe von einer Säule auf eine andere Säule transportiert werden und es darf niemals eine größere Scheibe auf einer kleineren liegen.
Die »Türme von Hanoi« werden in der Algorithmik häufig als Beispiel für ein Problem genannt, das sich in ähnliche Teilprobleme zerlegen und rekursiv lösen lässt. Es hat also zunächst nichts mit regelbasierten Expertensystemen zu tun, ist aber eine gute Übung. Stellen Sie eine Datenbasis und Regeln auf, mit denen ein Regelinterpreter das Problem lösen kann.
Hinweis: Nach jedem Schritt n (außer nach dem ersten und vor dem letzten Schritt) können genau zwei Scheiben bewegt werden: die Scheibe, die in Schritt n verschoben wurde und die oberste Scheibe auf der Säule, die an Schritt n nicht beteiligt war.

Kann-Aufgabe
40 Minuten

Hinweis: Auf der CD-ROM 1 befindet sich eine interaktive Animation zu den »Türmen von Hanoi«

5 *Lernziele: Gegebene Regelungen vorwärtsverkettend, rückwärtsverkettend, sowie nach den Strategien Tiefensuche und Breitensuche ausführen können. Planungsvarianten am Beispiel der dargestellten »Blockwelt« durchspielen und analysieren können.*
Leiten Sie mit Hilfe der Regeln der »Blockwelt« einen Plan zur Herstellung der Zielsituation »Block D steht auf Block B« aus der – in der nebenstehenden Abbildung – angegebenen Ausgangssituation her.

Kann-Aufgabe
15 Minuten

Ausgangssituation:
C
A B D

Klausur-Aufgabe
15 Minuten

6 *Lernziel: Regeln für gegebene Problemstellungen aufstellen können.*
Ein Mobiltelefon kommuniziert zur Übermittlung von Gesprächen und Mitteilungen mit der ihm am nächsten liegenden Basisstation. Befindet sich das Telefon in Bewegung, muss es beim Überschreiten von Zellengrenzen die Kommunikation mit einer Basisstation abbrechen und mit einer anderen aufnehmen. Im Folgenden werden die Bedingungen für einen Stationswechsel informell beschrieben:

/1/ Das Telefon wechselt zu einer neuen Basisstation, wenn die Verbindung zur neuen Station besser ist als zur alten.

/2/ Dabei kann das Telefon auf eine interne Liste aller Stationen zurückgreifen, die von der aktuellen Position aus überhaupt empfangen werden können, bei der das Gerät aber *nicht* angemeldet ist.

/3/ Diese Liste ist nach Empfangsqualität absteigend sortiert und wird automatisch regelmäßig aktualisiert.

/4/ Wenn bei einer Station zu viele andere Telefone angemeldet sind, wird die Station die Aufnahme weiterer Verbindungen verweigern.

Formulieren Sie diese Bedingungen als Regeln, so dass ein Regelinterpreter über Stationswechsel entscheiden und sie durchführen kann.

2 Die Definitionsphase – Zustandsorientierte Sicht (1)

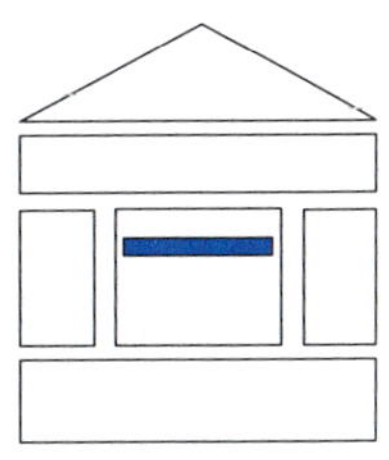
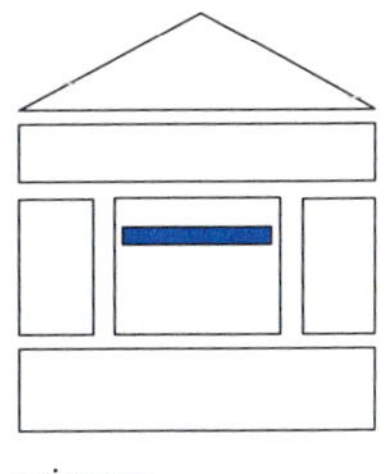

- Die mathematische Definition von Mealy- und Moore-Automaten kennen. — wissen
- Die Dynamik eines Zustandsautomaten erläutern können. — verstehen
- Die Erweiterungen von Harel darstellen können.
- Den Unterschied zwischen einem Mealy- und einem Moore-Zustandsautomaten erläutern können.
- Die UML-Notation und -Semantik von Zustands- und Aktivitätsdiagrammen erläutern können.
- Für eine gegebene Problemstellung einen geeigneten Zustandsautomaten erstellen können. — anwenden
- Die verschiedenen Darstellungsweisen eines Zustandsautomaten (Diagramm, Tabelle, Matrix) ineinander überführen können.
- Den Lebenszyklus eines Objekts als UML-Zustandsautomat modellieren können.
- UML-Aktivitätsdiagramme für gegebene Problemstellungen konstruieren können.
- Mit CASE-Werkzeugen Zustands- und Aktivitätsdiagramme erstellen können.

- Es sollten die Kapitel 2.1 und 2.2 bekannt sein.
- Zum Verständnis der Abschnitte 2.16.6 und 2.16.7 ist die Kenntnis der Kapitel 2.8 und 2.9 unbedingt erforderlich.

2.16 Zustandsautomaten

Endliche Automaten wurden von Huffmann, Moore und Mealy in den Jahren 1954 bis 1956 entwickelt. Die Idee entstand in Anlehnung an neurale Netze (1943) und Schaltkreise.

Bei vielen Systemen hängt das Ergebnis oder die Ausgabe nicht nur von einer Eingabe oder einem Ereignis ab, sondern auch von der Historie, die das System bis dahin durchlaufen hat. Zum Beschreiben solcher Zusammenhänge eignen sich Zustandsautomaten, auch endliche Automaten genannt.

Unter einem **Automaten** versteht man im Allgemeinen ein technisches Gerät, das zu einer Eingabe ein bestimmtes Ergebnis ausgibt. Beispiele dafür sind Münzwechselautomaten, Fahrkartenautomaten und Warenautomaten. In der Informatik steht der Automatenbegriff vorwiegend für mathematische Modelle von Geräten oder Systemen, die Informationen verarbeiten und dabei Antworten auf Ereignisse oder Eingaben geben.

endlicher Automat, Zustandsautomat

Ein **endlicher Automat** oder **Zustandsautomat** ***(finite automaton, finite state machine, sequential machine)*** besteht aus einer *endlichen* Anzahl von internen Konfigurationen – **Zustände** genannt. Der Zustand eines Systems beinhaltet implizit die Informationen, die sich aus den bisherigen Eingaben ergeben haben und die benötigt werden, um die Reaktion des Systems auf noch folgende Eingaben zu bestimmen.

2.16.1 Erstellung eines Zustandsautomaten

Beispiel 1a

Es soll das Stellen der Uhrzeit einer Digitaluhr mit zwei Einstell-Druckknöpfen modelliert werden. Knopf 1 erlaubt es, den Stellmodus (Normalzeit, Stunden stellen, Minuten stellen, Sekunden stellen) sequenziell zu wählen. Knopf 2 ermöglicht das Einstellen der Zeit entsprechend dem gewählten Stellmodus.

1. Schritt: Zustände, Eingaben & Ausgaben identifizieren

Um Anforderungen als Zustandsautomaten zu modellieren, müssen in der Aufgabenstellung die Zustände, die Eingaben bzw. Ereignisse und die Ausgaben bzw. Ergebnisse identifiziert werden.

Beispiel 1b

Beim Stellen der Digitaluhr ergeben sich folgende Zustände:

- Zustand *Normalzeit:*
  In diesem Zustand befindet sich die Uhr nach Einlegen der Batterie (Startsignal).
- Zustand *Stunden stellen.*
- Zustand *Minuten stellen.*
- Zustand *Sekunden stellen.*

Folgende Ereignisse können eintreten:

- *Startsignal:*
  Tritt auf, wenn die Batterie eingelegt wird.
- *Knopf 1 gedrückt.*
- *Knopf 2 gedrückt.*

Es wird davon ausgegangen, dass *nicht* beide Knöpfe gleichzeitig gedrückt werden können. Folgende Ausgaben können auftreten:

- *Stunden blinken*
  Um anzuzeigen, dass der Bediener jetzt in dem Zustand ist, in dem er die Stunden verstellen kann.
- *Minuten blinken*
- *Sekunden blinken*
- *Stunden erhöhen*
  Um 1 erhöhte Anzeige der Stunde
- *Minuten erhöhen*
- *Sekunden stellen*
  Anzeige von 00 als Sekundenanzeige
- *Initialisierung*
  Anzeige von 00:00:00.

Im nächsten Schritt muss festgelegt werden, wie die **Übergänge** zwischen den Zuständen in Abhängigkeit von Eingaben oder Ereignissen aussehen sollen und welche Ausgaben erzeugt oder welche Aktionen ausgelöst werden sollen.

2. Schritt: Übergänge festlegen

Beispiel 1c

- Wenn das *Startsignal* auftritt, dann soll das System in den Zustand *Normalzeit* übergehen und die Aktion *Initialisierung* durchführen.
- Wenn der *Knopf 1* gedrückt wird und das System im Zustand *Normalzeit* ist, dann soll als Aktion *Stunden blinken* ausgeführt und der Zustand *Stunden stellen* eingenommen werden.

In dieser Form überlegt man sich die Übergänge.

2.16.2 Alternative Notationen

3. Schritt: Zustandsautomat zeichnen oder als Tabelle beschreiben

Ein Zustandsautomat kann als **Zustandsdiagramm** *(statechart diagram)* gezeichnet und als **Zustandstabelle** oder **Zustandsmatrix** dargestellt werden. Für Zustandsdiagramme gibt es verschiedene grafische Notationen.

In der UML werden Zustände als Rechtecke mit abgerundeten Ecken und die **Zustandsübergänge** – auch **Transitionen** genannt – als beschriftete Pfeile dargestellt. Die Beschriftung besteht aus zwei Teilen. Der erste Teil gibt die Eingabe bzw. das Ereignis an, das den Zustandsübergang bewirkt. Der zweite Teil – durch einen Schrägstrich »/« vom ersten getrennt – gibt das Ergebnis bzw. die durchzuführende **Aktion** an, das während des Übergangs auszugeben bzw. die durchzuführen ist.

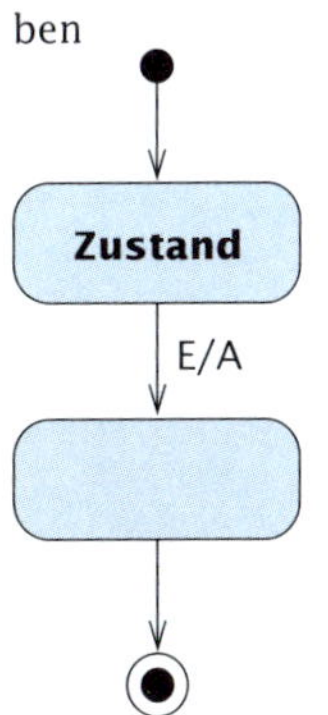

Der Anfangs- oder Startzustand *(initial state)* wird durch einen kleinen schwarzen Kreis dargestellt. Es handelt sich um einen Pseudozustand, der mit einem »echten« Zustand durch eine Transition verbunden ist. Der Endzustand *(final state)*, der ebenfalls ein Pseudozustand ist, wird durch ein »Bullauge« dargestellt und kann optional beschriftet werden.

Beispiel 1d

Es ergibt sich das Zustandsdiagramm der Abb. 2.16-1. Die Dynamik dieses Diagramms ist folgendermaßen zu interpretieren:
Wenn das Signal Start eintrifft (hier beim Einlegen der Batterie) wird die Initialisierung ausgeführt (Null anzeigen) und das System geht in den Zustand *Normalzeit.*
Wird jetzt der Knopf 1 gedrückt, dann blinken die Stunden und das System geht in den Zustand *Stunden stellen.*
Befindet sich das System im Zustand *Normalzeit* und es wird der Knopf 2 gedrückt, dann passiert nichts, da es von diesem Zustand aus keinen Pfeil gibt, der Knopf 2 gedrückt als Ereignis enthält.
Ist das System im Zustand *Stunden stellen* und wird Knopf 2 gedrückt, dann werden die Stunden erhöht und das System geht wieder in den alten Zustand *Stunden stellen* über. Befindet sich das System jedoch im Zustand *Minuten stellen* und es wird Knopf 2 gedrückt, dann werden die Minuten erhöht.

Das gleiche Ereignis kann also unterschiedliche Ergebnisse erzeugen bzw. Aktionen auslösen, in Abhängigkeit von dem Zustand, in dem es sich befindet. Ein bestimmter Zustand wird oft erst nach dem Durchlaufen anderer Zustände erreicht. Insofern kennzeichnet ein aktueller Zustand eines Systems auch die bis dahin durchlaufene Historie. Einen ausgezeichneten Endzustand gibt es bei diesem Beispiel nicht, da nach dem Erreichen des Zustands *Normalzeit* der Zyklus erneut durchlaufen werden kann.

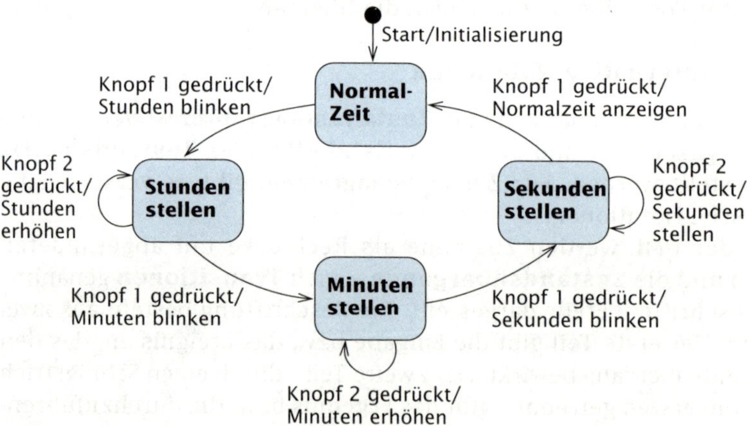

Abb. 2.16-1: Zustandsdiagramm »Uhr stellen«

Bei einer **Zustandstabelle** werden die Zusammenhänge tabellarisch dargestellt. Dies ist dann erforderlich, wenn eine zeichnerische Darstellung zu unübersichtlich wird. Wenn möglich, sollte man auf Tabellen- oder Matrizen-Darstellungen aber verzichten.

Die Abb. 2.16-2 und 2.16-3 zeigen die Tabellen- und Matrix-Darstellung des Beispiels 1. Eine alternative Matrixdarstellung zeigt Abb.

2.16-4. Die Tabellen- und Matrixdarstellungen können – wenn nötig – auf mehrere Seiten verteilt werden.

Der Vorteil der ersten Matrixdarstellung liegt darin, dass man visuell schnell erfasst, was geschieht, wenn ein bestimmtes Ereignis eintritt. Da außerdem alle Kombinationen zwischen Zuständen und Ereignissen aufgeführt sind, erlaubt dies eine Vollständigkeitsprüfung.

Der Nachteil dieser Darstellung liegt darin, dass die Matrix oft dünn besetzt ist und daher mehr Platz benötigt als die Zustandstabelle.

Aktueller Zustand	Ereignis	Aktion	Folgezustand
	Start	Initialisierung	Normalzeit
Normalzeit	Knopf 1 gedrückt	Stunden blinken	Stunden stellen
Stunden stellen	Knopf 1 gedrückt	Minuten blinken	Minuten stellen
	Knopf 2 gedrückt	Stunden erhöhen	Stunden stellen
Minuten stellen	Knopf 1 gedrückt	Sekunden blinken	Sekunden stellen
	Knopf 2 gedrückt	Minuten erhöhen	Minuten stellen
Sekunden stellen	Knopf 1 gedrückt	Normalzeit anzeigen	Normalzeit
	Knopf 2 gedrückt	Sekunden stellen	Sekunden stellen

Abb. 2.16-2: Zustandstabelle von »Uhr stellen«

Zustand ↓ Ereignis →	Start	Knopf 1 gedrückt	Knopf 2 gedrückt
	Initialisierung		
	Normalzeit		
Normalzeit		Stunden blinken	
		Stunden stellen	
Stunden stellen		Minuten blinken	Stunden erhöhen
		Minuten stellen	Stunden stellen
Minuten stellen		Sekunden blinken	Minuten erhöhen
		Sekunden stellen	Minuten stellen
Sekunden stellen		Normalzeit anzeigen	Sekunden stellen
		Normalzeit	Sekunden stellen

Abb. 2.16-3: Zustandsmatrix von »Uhr stellen«

Legende: Aktion / Folgezustand

zu Zustand → von Zustand ↓	Normalzeit	Stunden stellen	Minuten stellen	Sekunden stellen
(Start)	Start			
	Initialisierung			
Normalzeit		Knopf 1 gedrückt		
		Stunden blinken		
Stunden stellen		Knopf 2 gedrückt	Knopf 1 gedrückt	
		Stunden erhöhen	Minuten blinken	
Minuten stellen			Knopf 2 gedrückt	Knopf 1 gedrückt
			Minuten stellen	Sekunden blinken
Sekunden stellen	Knopf 1 gedrückt			Knopf 2 gedrückt
	Normalzeit anzeigen			Sekunden stellen

Legende: Ereignis / Aktion

Abb. 2.16-4: Alternative Zustandsmatrix von »Uhr stellen«

Die zweite Matrixdarstellung zeigt alle Kombinationen zwischen den Zuständen. Sie erlaubt daher eine andere Vollständigkeitsüberprüfung als die erste Darstellungsform. Allerdings ist sie oft auch nur schwach besetzt.

2.16.3 Zustandsautomat mit Endzuständen

Einen Zustandsautomaten mit Endzuständen erhält man in folgendem Beispiel.

Beispiel 2

Ein Teach-Roboter (Abb. 2.16-5) soll vom Benutzer mit folgenden Kommandos gesteuert werden:

BSA = Beugen Schulter Absolut (Ausgabe: 1)
BSR = Beugen Schulter Relativ (Ausgabe: 2)
RSA = Rotieren Schulter Absolut (Ausgabe: 3)
RSR = Rotieren Schulter Relativ (Ausgabe: 4)

An die Roboteranimation soll je nach erkanntem Kommando die entsprechende Kommandonummer übergeben werden (1, 2, 3 oder 4). Im Anschluss an das Kommando kommt optional ein + oder – Zeichen gefolgt von einer dreistelligen Zahl. Abb. 2.16-6 zeigt das entsprechende Zustandsdiagramm.
Dieser Zustandsautomat besitzt drei Endzustände, davon zwei Fehlerzustände. Nicht zu jeder Eingabe gehört auch eine Ausgabe.

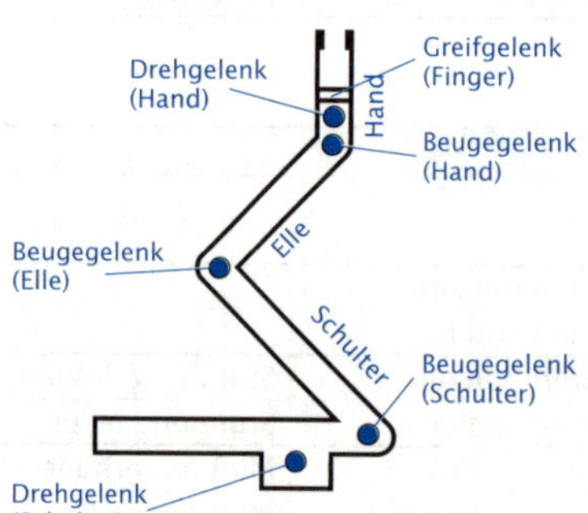

Abb. 2.16-5: Teach-Roboter: Seitenansicht (physikalische Skizze)

2.16.4 Mealy-Automat vs. Moore-Automat

Mealy-Automat

Die bisher beschriebenen Zustandsautomaten sind sogenannte **Mealy-Automaten.** Charakteristisch für einen Mealy-Automaten ist, dass die Ausgaben bzw. Aktionen an die Zustandsübergänge gekoppelt sind. Dies entspricht der Vorstellung, die man sich bezüglich der Zeitdauer von Übergängen, Zuständen und Ausgaben macht. Zustände repräsentieren Zeitperioden bzw. Zeitintervalle. Übergänge stellen Zeitpunkte dar, an denen sich die Verhaltensweise ändert. Ausgaben treten zu diskreten Zeitpunkten auf und können deshalb gut mit Übergängen assoziiert werden.

mathematische Beschreibung

Ein Mealy-Automat kann mathematisch als Sechstupel beschrieben werden:

$M = (Q, \Sigma, \Delta, \delta, \lambda, q_0)$,

wobei

Q eine endliche Menge von Zuständen,
Σ ein endliches Eingabealphabet und

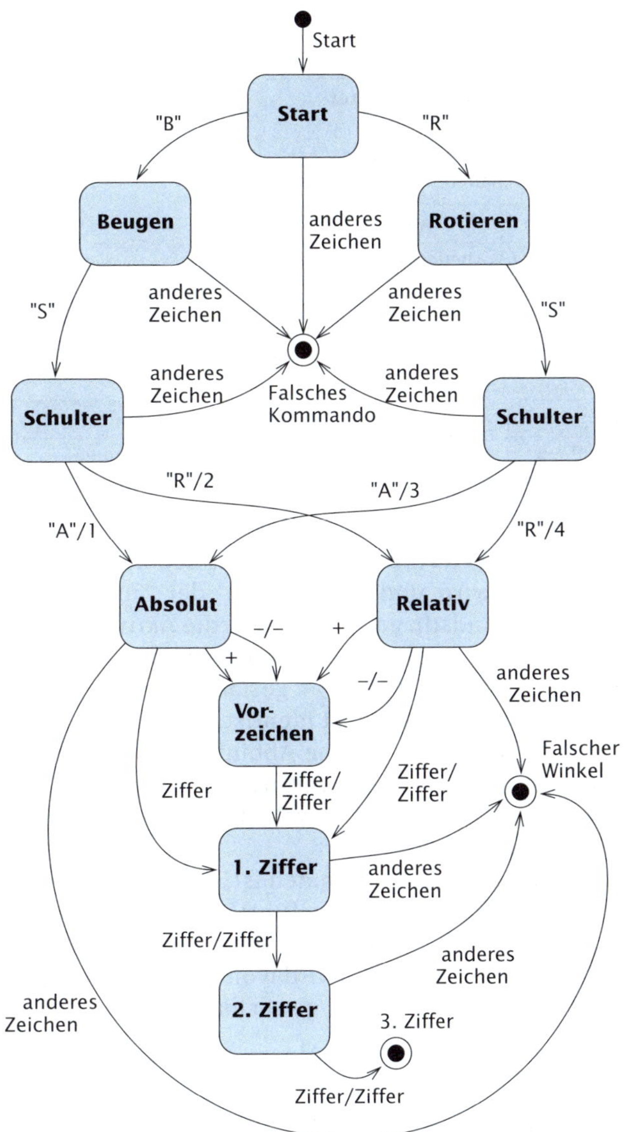

Abb. 2.16-6: Zustands-diagramm von »Kommando erkennen«

Δ ein Ausgabealphabet ist.

δ ist eine Übergangsfunktion, die $Q \times \Sigma$ auf Q abbildet, d.h. δ (q, a) ist ein Zustand für jeden Zustand q und jedes Eingabesymbol a.

q_0 ist der Anfangszustand.

λ ist eine Abbildung von $Q \times \Sigma$ auf Δ, d.h. λ (q, a) liefert die Ausgabe in Verbindung mit dem Übergang im Zustand q bei der Eingabe a.

Im Gegensatz zum Mealy-Automaten sind beim **Moore-Automaten** die Ausgaben bzw. Aktionen an die Zustände gebunden. In der UML

Moore-Automat

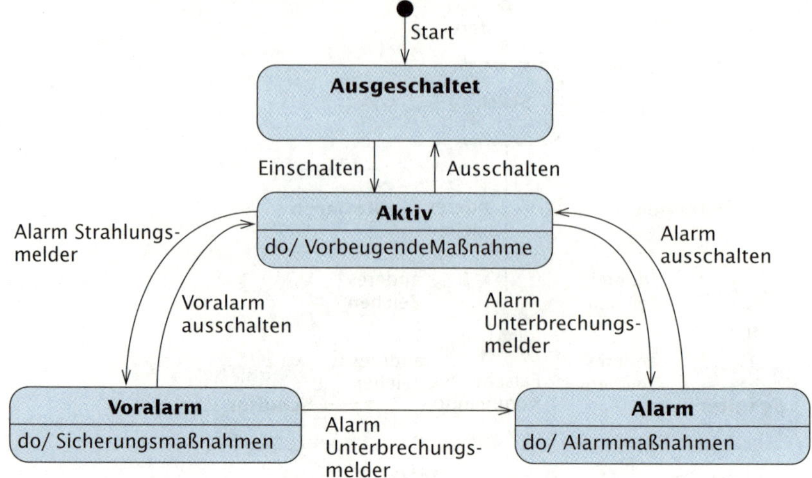

Abb. 2.16-7: Moore-Automat für eine Alarmanlage

spricht man dann von **Aktivitäten**. Eine Aktivität beginnt, wenn in den Zustand eingetreten wird und endet, wenn der Zustand verlassen wird. In einem Zustandsdiagramm werden die Aktivitäten unterhalb der Zustandsnamen – getrennt durch eine Linie – eingetragen. Vor den Aktivitätsnamen wird »do/« geschrieben (siehe Abb. 2.16-7). Die mathematische Definition ist identisch bis auf die Abbildung λ. Beim Moore-Automaten ist λ eine Abbildung von Q nach Δ und spezifiziert die mit jedem Zustand verknüpfte Ausgabe.

Äquivalenz

Mealy- und Moore-Automaten sind äquivalent und können jeweils ineinander überführt werden.

Literaturhinweis: /Hopcroft, Ullman 88, S. 44 f./

Voraussetzung für einen Moore-Automaten ist, dass in dem jeweiligen Zustand genau eine Aktivität durchgeführt wird. Der Zustandsautomat der Abb. 2.16-1 (Uhr stellen) ist kein geeigneter Moore-Automat, da die durchzuführende Aktion davon abhängt, von welchem Zustand in einen anderen Zustand gewechselt wird.

Beispiel 3

Eine Alarmanlage soll entsprechend dem Moore-Automaten der Abb. 2.16-7 gesteuert werden.
Für diese Problemstellung stellt der Moore-Automat die adäquate Beschreibungsform dar, da die Maßnahmen (Vorbeugung, Sicherung, Alarm) so lange aktiv sein sollen, wie der Zustand beibehalten wird.

Transformation

Ein Moore-Automat lässt sich in einen äquivalenten Mealy-Automaten transformieren, indem an jeden Zustandsübergang diejenige Ausgabe gekoppelt wird, die im Moore-Automat von dem Zustand generiert wird, der nach dem Zustandsübergang angenommen wird.

deterministischer Automat

Bei den Mealy- und Moore-Automaten handelt es sich um deterministische Automaten. Von einem Zustand aus gibt es zu einer Eingabe höchstens einen Zustandsübergang.

Nichtdeterministische Automaten erlauben demgegenüber für einen Zustand bei derselben Eingabe null, einen oder mehr Zustandsübergänge. Da nichtdeterministische Automaten in der Software-Technik keine Rolle spielen, werden sie nicht näher behandelt.

nicht-deterministischer Automat

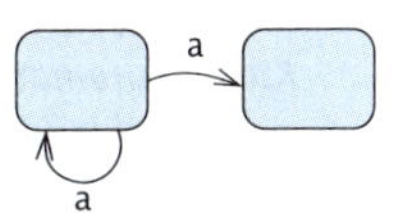

2.16.5 Zustandsautomat nach Harel

Zur Modellierung komplexer Zusammenhänge reichen die bisher behandelten Konzepte nicht aus. David Harel erweiterte 1987 mit seinen ***statecharts*** /Harel 87/die Zustandsautomaten um folgende Konzepte:

- Hybride Zustandsautomaten
- Bedingte Zustandsübergänge
- Hierarchische Zustandsautomaten
- Zustände mit Gedächtnis
- Nebenläufige Zustände

Diese Konzepte werden im Folgenden näher betrachtet. Automaten mit diesen Konzepten bezeichnet man als **Harel-Automat**.

Hybride Zustandsautomaten

Harel erlaubt es, den Mealy- und den Moore-Automaten zu kombinieren. Man spricht daher auch von hybriden Zustandsautomaten. Die UML-Notation zeigt Abb. 2.16-8.

Ein Zustandsübergang wird durch ein Ereignis ausgelöst. Die Bezeichnung für das auslösende Ereignis wird an den Zustandsübergang angetragen.

bedingte Zustandsübergänge

Optional kann ein Ereignis mit einem Wächter *(guard condition)* – eingeschlossen in eckige Klammern – kombiniert werden. Ein Zustandsübergang findet nur statt, wenn zu dem Zeitpunkt, zu dem das Ereignis eintritt, auch die entsprechende Bedingung gültig ist *(guarded transition)*.

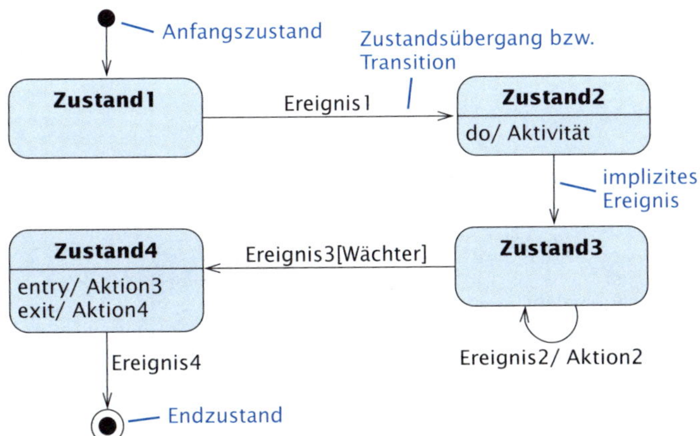

Abb. 2.16-8: UML-Notation für Zustandsautomaten

Beispiel 4

Abb. 2.16-9 beschreibt einen einfachen Kartenautomaten, der in einem Parkhaus die Parkkarten abrechnet.

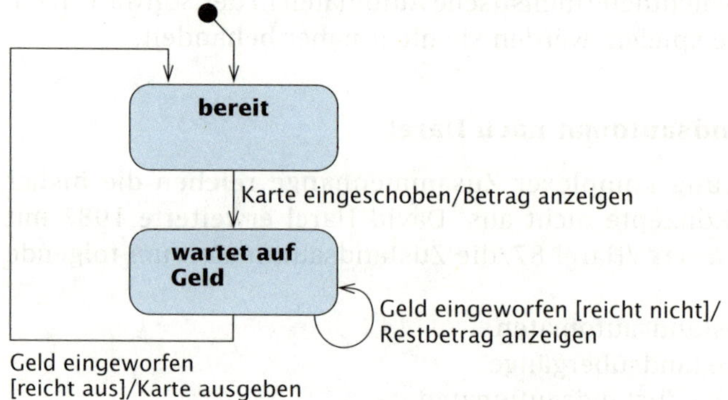

Abb. 2.16-9: Kartenautomat im Parkhaus

Tritt im Zustand »wartet auf Geld« das Ereignis »Geld eingeworfen« ein, so hängt die Reaktion von der zusätzlichen Bedingung »[reicht nicht]« oder »[reicht aus]« ab.

Aktionen

Mit einem Zustandsübergang kann eine Aktion verbunden sein. Eine Aktion benötigt den Bruchteil einer Sekunde. Sie wird sofort ausgeführt und benötigt im Idealfall keine Zeit.

Aktivitäten

Im Gegensatz zu Aktionen benötigen **Aktivitäten** eine bestimmte Zeitdauer, wie die Ausführung einer längeren Berechnung, das Anzeigen von Informationen oder das Aussenden eines Pieptons.

Ein Beispiel für diese Situation ist die Modellierung der Alarmanlage (Abb. 2.16-7).

Mit einem Zustand können auch Aktionen verbunden sein (Abb. 2.16-10). Sie können beim Eintritt in einen Zustand *(entry action)* und beim Verlassen eines Zustands *(exit action)* ausgelöst werden.

Aktionen in Zuständen

Eine *entry action* sagt das Gleiche aus, als wenn jede Transition in diesem Zustand die entsprechende Aktion enthalten würde. Eine *exit action* bedeutet, dass diese Aktion bei jedem Zustandsübergang, der den Zustand verlässt, ausgeführt würde. Während Aktivitäten durch Ereignisse vorzeitig beendet werden können, werden Aktionen immer ausgeführt.

Abb. 2.16-10: Aktionen in Zuständen

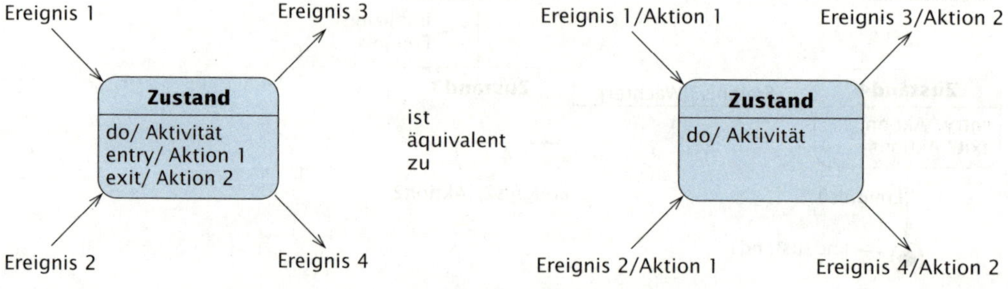

Durch die Möglichkeit, in einem Zustandsdiagramm Aktionen und Aktivitäten gleichzeitig zu notieren, können die Konzepte des Mealy- und des Moore-Automaten kombiniert benutzt werden.

Hierarchische Zustandsautomaten

Zustandsautomaten können sehr umfangreich und unübersichtlich werden. Zustände können daher geschachtelt, d.h. durch Unterzustände *(substates)* verfeinert werden, so dass **hierarchische Zustandsautomaten** entstehen. Alle Unterzustände sind disjunkt, d.h. sie schließen sich gegenseitig aus. Ein Zustand, der verfeinert wird, heißt zusammengesetzter Zustand. Pfeile können auf jeder Hierarchieebene ihren Ursprung haben bzw. auf jeder Hierarchieebene enden (Abb. 2.16-11).

Betrachtet man Teil **a** der Abb. 2.16-11, dann sieht man, dass die Eingabe b in den Zuständen A und C einen Zustandsübergang zu B bewirkt. Die Einführung eines Oberzustandes *(super-state)* D führt zu Teil **b**. D umfasst die Zustände A und C. Die zwei Pfeile, beschriftet mit b, können zu einem Pfeil zusammengefasst werden, der vom Oberzustand D nach B zeigt. Die Semantik von D beschreibt eine exklusive Oder-Beziehung (XOR) der eingeschachtelten Zustände A und C. Befindet man sich im Zustand D, dann ist man entweder in A oder in C, nicht in beiden. D stellt also eine echte Abstraktion von A und C dar. Der Zustand D und der Pfeil b beschreiben eine allgemeine Eigenschaft von A und C. Verlässt ein Pfeil einen Oberzustand, dann bedeutet dies, dass bei dieser Eingabe ein entsprechender Zustandsübergang von allen eingeschachtelten Zuständen aus erfolgt. Dadurch kann man die Anzahl der Pfeile wesentlich vermindern.

a keine Hierarchie

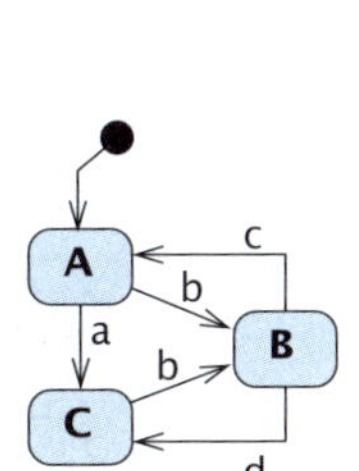

b mit Hierarchie

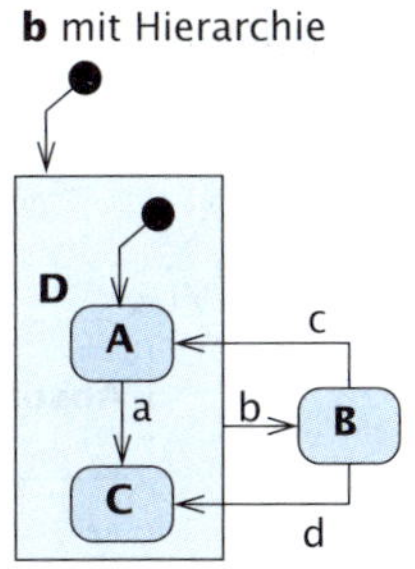

Abb. 2.16-11: Hierarchischer Zustandsautomat

Mit Hilfe von hierarchischen Zustandsautomaten ist es jetzt möglich, das Zustandsdiagramm der Abb. 2.16-6 (Kommando erkennen) besser zu strukturieren (Abb. 2.16-12).

Beispiel 5

Ein weiteres Beispiel zeigt Abb. 2.16-13. Es handelt sich um die Modellierung eines Tempomaten (Geschwindigkeitsregelanlage bei einem Auto). Wird ein Tempomat eingeschaltet, dann speichert er die aktuelle Geschwindigkeit, die er anschließend automatisch einhält. Nach einem Bremsmanöver wechselt er in den Zustand »unterbrochen«. Dieser Zustandswechsel kann durch das Ereignis »Wiederaufnahme« rückgängig gemacht werden. Der Tempomat kann jederzeit ausgeschaltet werden.

Kommando
Start
Start
"B"
"R"
Beugen
Rotieren
anderes Zeichen
Falsches Kommando
"S"
"S"
Schulter
Schulter
"R"/2
"A"/3
"A"/1
"R"/4
Absolut
Relativ
–/–
+
+
–/–
Vorzeichen
Ziffer
Ziffer/Ziffer
Ziffer/Ziffer
anderes Zeichen
Falscher Winkel
1. Ziffer
Ziffer/Ziffer
2. Ziffer
3. Ziffer
Ziffer/Ziffer
Winkel

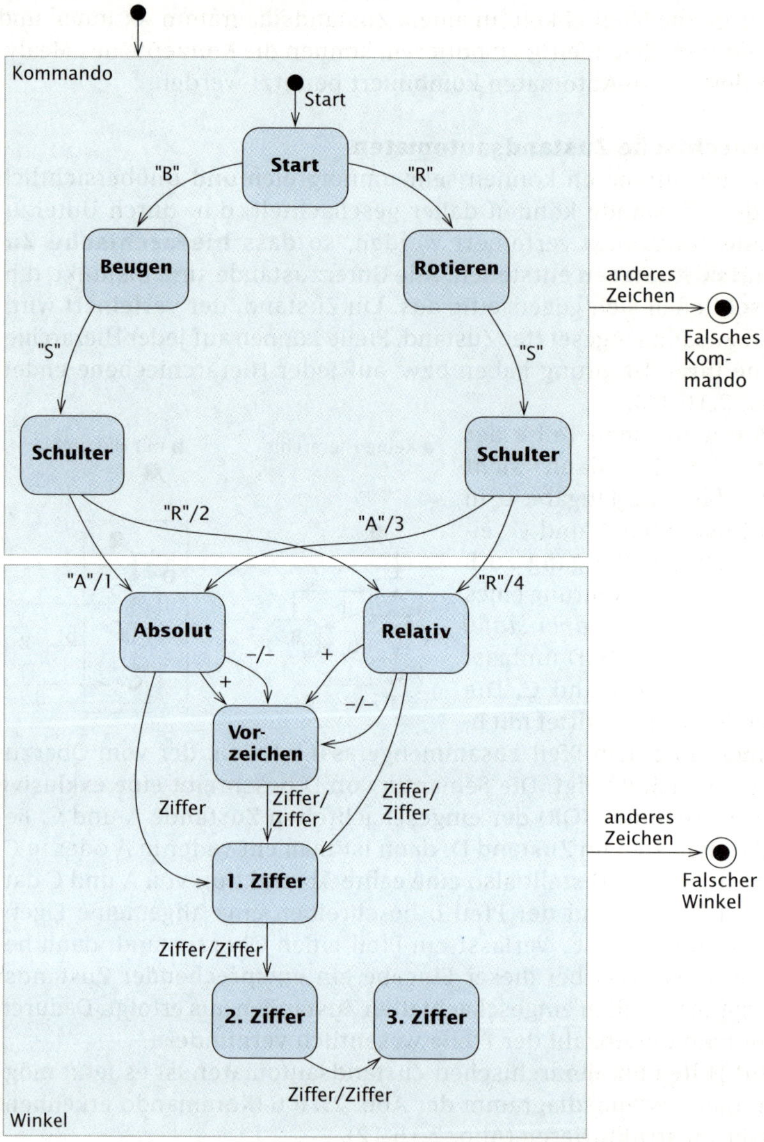

Abb. 2.16-12: Hierarchischer Zustandsautomat für »Kommando erkennen«

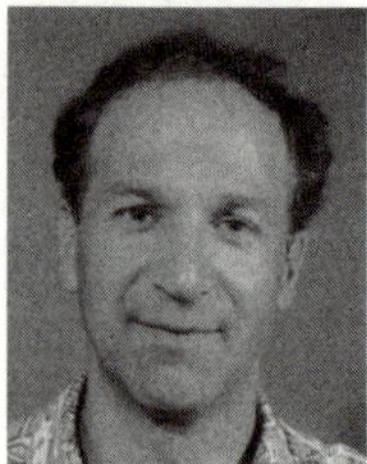

Prof. Dr. David Harel
*1950 in London, Erfinder der *state charts* (Erweiterung der Zustandsautomaten) (1983), Mitentwickler des *Statemate*–CASE–Systems; Promotion 1978 am MIT, seit 1990 Professor für Mathematik am *Weizmann Institute of Science*, Rehovot, Israel.

ausgeschaltet
Einschalten / speichern Geschwindigkeit()
Ausschalten
Ausschalten
regelnd
do/ einhalten Soll-Geschwindigkeit()
Bremsen
Wiederaufnahme
unterbrochen

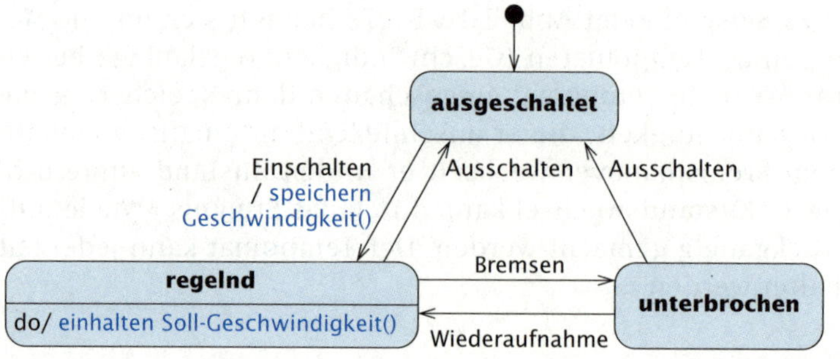

Abb. 2.16-13: Zustandsautomat Tempomat

Den Tempomaten als hierarchischen Zustandsautomaten zeigt Abb. 2.16-14.
Beide Zustandsdiagramme modellieren die gleiche Problemstellung.

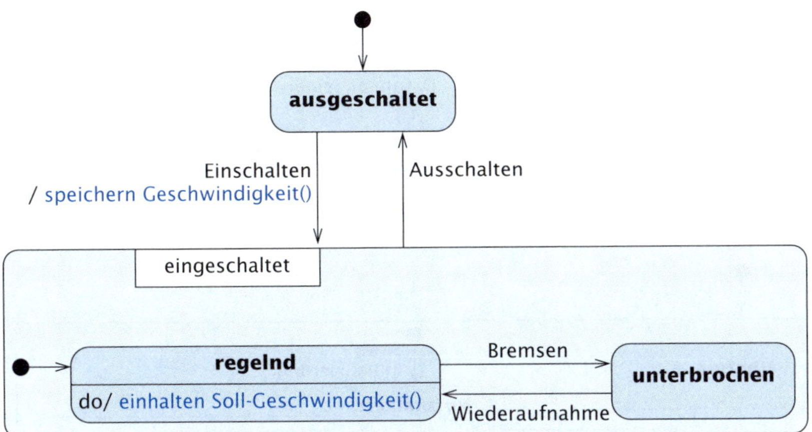

Abb. 2.16-14: Hierarchischer Zustandsautomat Tempomat

Man sieht in diesem Beispiel aber deutlich, dass eine hierarchische Anordnung z.B. dann sinnvoll ist, wenn mehrere Zustände durch das gleiche Ereignis verlassen werden.

UML-Regeln

In der UML gelten für hierarchische Zustandsautomaten folgende Regeln:

- Auch jede Verfeinerung besitzt genau einen Anfangszustand.
- Ein Zustandsübergang in einen verfeinerten Zustand entspricht dem Zustandsübergang in den Anfangszustand der Verfeinerung. Das Verlassen eines verfeinerten Zustands wird im entsprechenden Zustandsdiagramm durch den Endzustand angezeigt.
- Wird ein verfeinerter Zustand durch einen Zustandsübergang verlassen, dann wird jeder Unterzustand – egal auf welcher Verfeinerungsstufe – verlassen und die entsprechenden *exit*-Aktionen ausgeführt.
  Wird ein Zustand mit einem rekursiven Zustandsübergang verfeinert, dann wird beim erneuten Zustandseintritt der Anfangszustand eingenommen und die *entry*-Aktion ausgeführt.

top-down-Methode

Hierarchische Zustandsautomaten können auch dazu verwendet werden, ein Zustandsmodell *top-down* zu entwickeln.

Beispiel 6

Das Beispiel 1 »Stellen einer Digitaluhr« soll erweitert werden. Die Digitaluhr kann alternativ zur Uhrzeit das Datum in der Form Wochentag, Tag, Monat anzeigen. Ein Druckknopf 3 erlaubt das Umschalten von Datum auf Uhrzeit und umgekehrt. Das Datum kann analog wie die Uhrzeit mit den Knöpfen 1 und 2 gestellt werden.
Die erste Modellierung ergibt den Zustandsautomaten der Abb. 2.16-15.

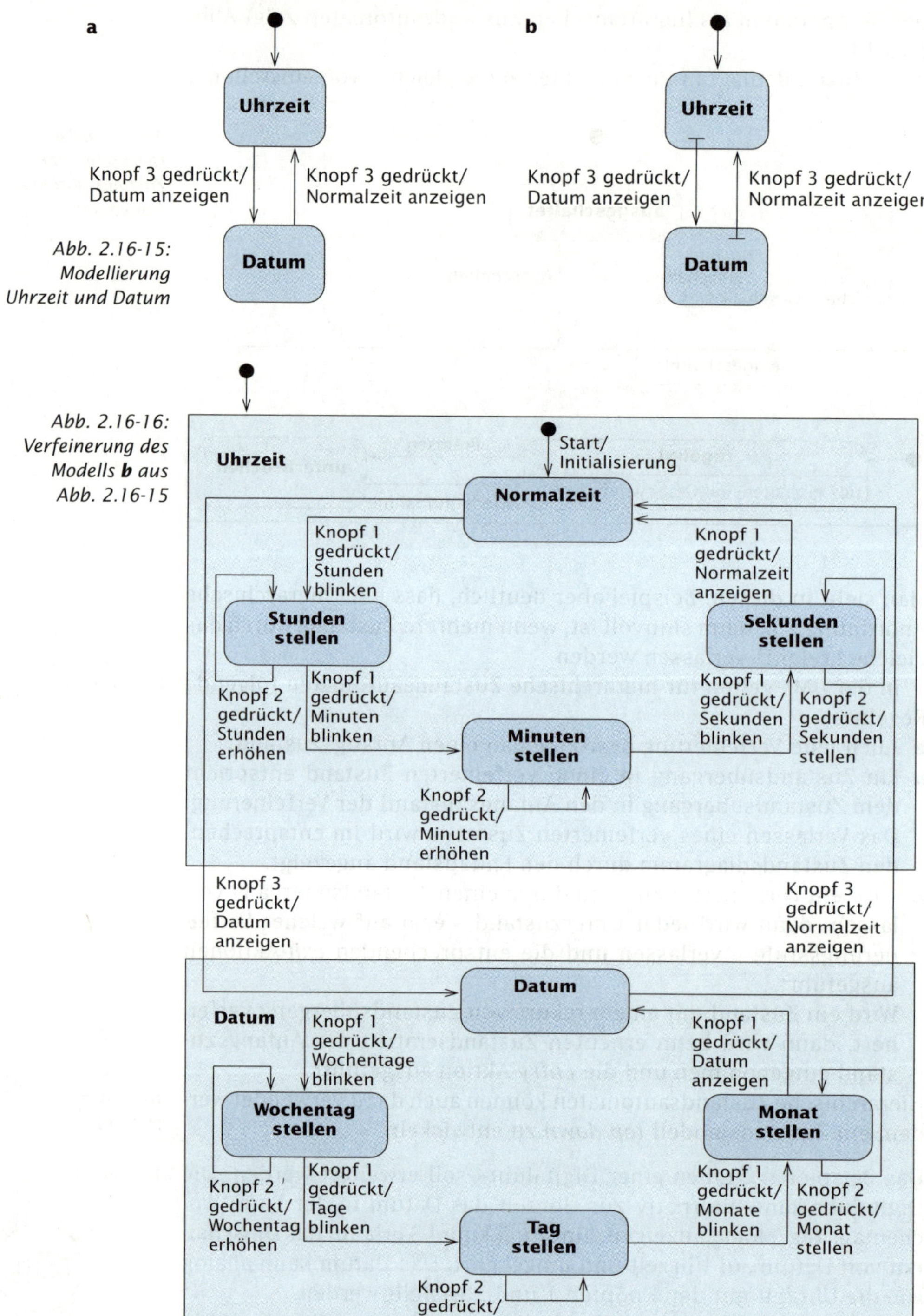

Abb. 2.16-15: Modellierung Uhrzeit und Datum

*Abb. 2.16-16: Verfeinerung des Modells **b** aus Abb. 2.16-15*

Die Modellierungen **a** und **b** unterscheiden sich. Das Modell **a** sagt aus, dass von jedem Zustand in Uhrzeit nach Drücken des Knopfes 3 in den Zustand Datum übergegangen wird, analog von Datum nach Uhrzeit.

Modell **b** sagt aus, dass der Übergang von Uhrzeit nach Datum nur von einem noch festzulegenden Zustand in Uhrzeit erfolgt (nach Drücken von Knopf 3). Dieser Unterschied in der Semantik wird grafisch dadurch dargestellt, dass der Pfeil *innerhalb* des Oberzustandes beginnt. Das Pfeilende wird durch einen kleinen Strich, rechtwinklig zum Pfeil, gekennzeichnet *(stubbed transition)*.

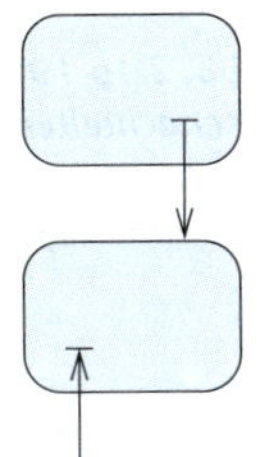

Die Verfeinerung der Uhr soll anhand des Modells **b** erfolgen. Abb. 2.16-16 zeigt den hierarchischen Zustandsautomaten.

Ein Pfeil kann auch in einem Oberzustand mit einem Strich an der Pfeilspitze, rechtwinklig zum Pfeil, enden. Diese Notation gibt an, dass der Zustandsübergang in einen Zustand des Unterzustands erfolgt.

Beispiel 7

Der hierarchische Zustandsautomat für »Kommando erkennen« (Abb. 2.16-12) sieht mit seinen Oberzuständen wie in Abb. 2.16-17 dargestellt aus.

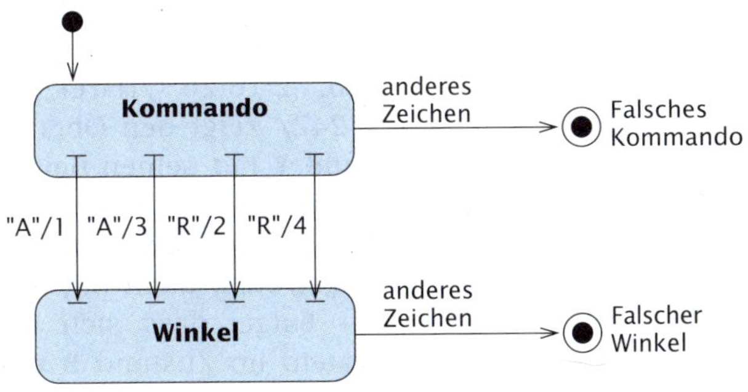

Abb. 2.16-17: Oberzustände des Automaten »Kommando erkennen«

erlaubte Zustandsübergänge

Bei einem hierarchischen Zustandsautomaten (Abb. 2.16-18) sind folgende Zustandsübergänge erlaubt /Booch 94/:

- Zwischen Zuständen gleicher Ebene, z.B. von D nach E.
- In einen Unterzustand, z.B. von A nach D.
- Aus einem Unterzustand, z.B. von E nach A.
- In einen Oberzustand, z.B. von A nach B. Da C der Anfangszustand von B ist, erfolgt eine Transition in C.
- Aus einem Oberzustand, z.B. von B nach A. Beim Eintreffen des Ereignisses b wird jeder der Zustände C, D oder E verlassen.

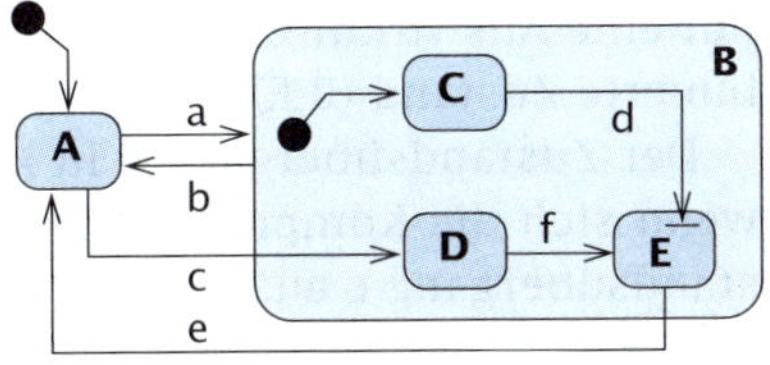

Abb. 2.16-18: Zustandsübergänge bei hierarchischen Automaten

Zustände mit Gedächtnis

Gedächtnis

Beim Übergang in einen (Ober-)Zustand mit Unterzuständen ist es oft wünschenswert, in den zuletzt eingenommenen Zustand zurückzukehren. Dazu wird der Oberzustand, wie in der Abb. 2.16-19 angegeben, mit einem »H« (für *History*) gekennzeichnet. Das hat folgende Auswirkung: Beim ersten Auftreten des Ereignisses »a« erfolgt ein Übergang in den Unterzustand »C«. Tritt anschließend das Ereignis »c« auf, so erfolgt ein Übergang in den Zustand »D«. Das Ereignis »b« führt zu einem Übergang in »A«. Tritt dann nochmal das Ereignis »a« auf, so wird diesmal der Zustand »D« (statt »C«) eingenommen.

Abb. 2.16-19: Verschachtelter Automat mit Gedächtnis

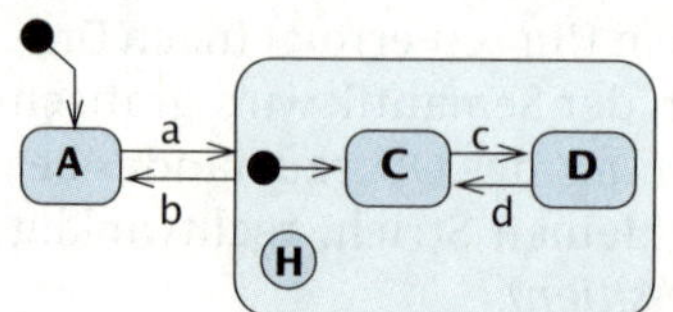

Nebenläufige Zustände

Ein Oberzustand kann aus Unterzuständen bestehen, in denen sich das System gleichzeitig befindet. Um diese Situation darzustellen, wird ein Oberzustand durch gestrichelte Linien in mehrere nebenläufige Regionen *(regions)* aufgeteilt.

Abb. 2.16-20: Nebenläufige Zustände

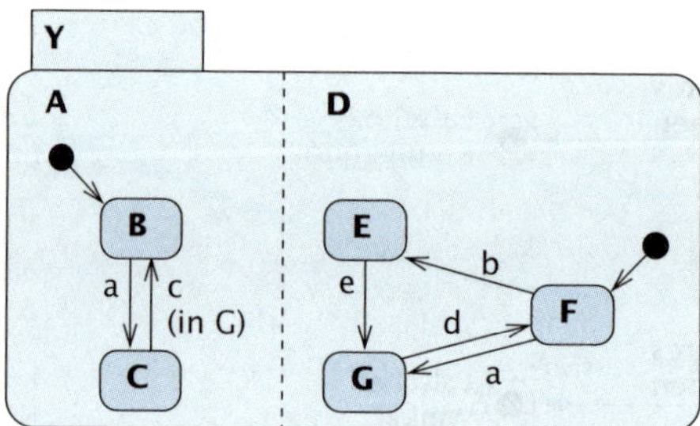

Abb. 2.16-20 /Harel 87, S. 242/ zeigt den Oberzustand Y mit seinen beiden Komponenten A und D. Wird in den Oberzustand Y eingetreten, dann hat dies zur Folge, dass sich das System im Zustand B und gleichzeitig im Zustand F befindet.

Tritt das Ereignis a ein, dann erfolgen simultane Zustandsübergänge von B nach C und von F nach G. Befindet sich das System im kombinierten Zustand (B,F) und das Ereignis b tritt ein, dann hat dies nur eine Auswirkung auf die D-Komponente. Es ergibt sich der kombinierte Zustand (B,E).

Der Zustandsübergang c in A hat die Bedingung »in G«, d.h. nur wenn sich die Komponente D im Zustand G befindet, wird der Zustandsübergang c ausgeführt.

Beispiel 8

Die Digitaluhr der Abb. 2.16-15 wird so erweitert, dass sie gleichzeitig Datum und Uhrzeit anzeigen kann. Nach dem Einlegen der Batterie werden Datum und Uhrzeit angezeigt (Abb. 2.16-21), die Uhrzeit kann eingestellt werden. In der Komponente Stellen wird durch Drücken von Knopf 3 festgelegt, ob die Uhrzeit oder das Datum gestellt werden kann.

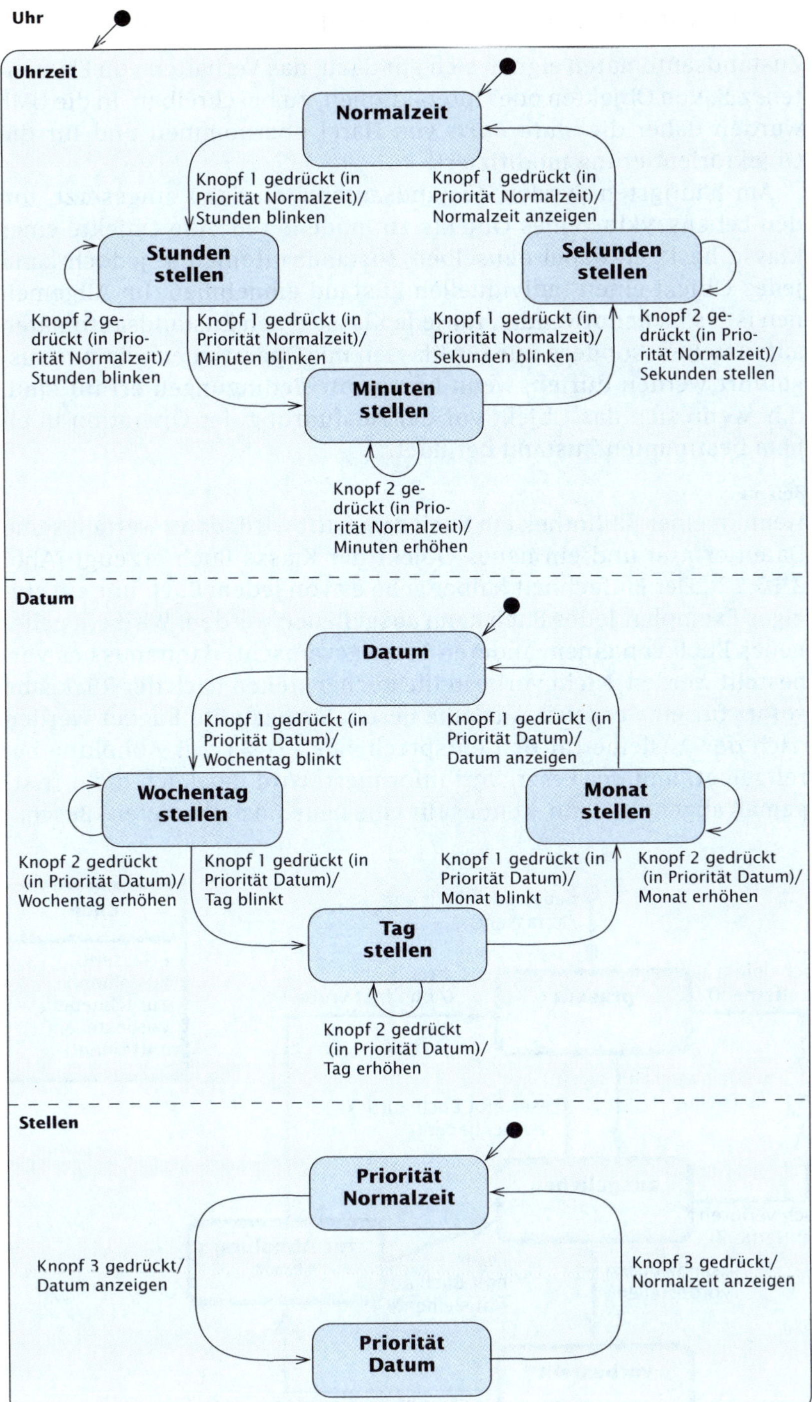

Abb. 2.16-21: Uhr mit nebenläufigen Zuständen

2.16.6 Zustandsautomaten in der objektorientierten Welt

Voraussetzung Kenntnis der Kapitel 2.8 und 2.9

Zustandsautomaten eignen sich gut dazu, das Verhalten von Elementen, z.B. von Objekten oder Interaktionen, zu beschreiben. In die UML wurden daher die *statecharts* von Harel übernommen und für die Objektorientierung modifiziert.

Am häufigsten werden Zustandsautomaten dazu eingesetzt, um den Lebenszyklus eines Objekts zu modellieren. Alle Objekte einer Klasse besitzen dabei denselben Zustandsautomaten, jedoch kann jedes Objekt einen individuellen Zustand einnehmen. Im Allgemeinen ist es *nicht* notwendig, für jede Klasse einen Zustandsautomaten aufzustellen, sondern nur für Klassen mit Operationen, die nur ausgeführt werden dürfen, wenn bestimmte Bedingungen erfüllt sind, d.h. wenn sich das Objekt vor der Ausführung der Operation in einem bestimmten Zustand befindet.

Hinweis: In den vorherigen Abschnitten wurde bereits weitgehend die UML-Notation von Zustandsautomaten verwendet, obwohl Zustandsautomaten auch unabhängig von der objektorientierten Welt eingesetzt werden. In diesem Abschnitt wird zusätzlich auf spezielle Notationen der UML eingegangen.

Beispiel

Wenn in einer Bibliothek ein Buch beschafft wird, dann werden seine Daten erfasst und ein neues Objekt der Klasse Buch erzeugt (Abb. 2.16-22). Der Einfachheit halber gebe es von jedem Buch nur ein einziges Exemplar. Jedes Buch kann ausgeliehen werden. Wird ein geliehenes Buch von einem anderen Leser gewünscht, dann muss es vorbestellt werden. Nicht vorbestellte Bücher stehen nach der Rückgabe sofort für eine erneute Ausleihe bereit. Vorbestellte Bücher werden nach der Ausleihe für den entsprechenden Leser zur Abholung bereitgelegt, und der Leser wird informiert. Wird das Buch nicht fristgemäß abgeholt, dann steht es für eine neue Ausleihe bereit. Beschä-

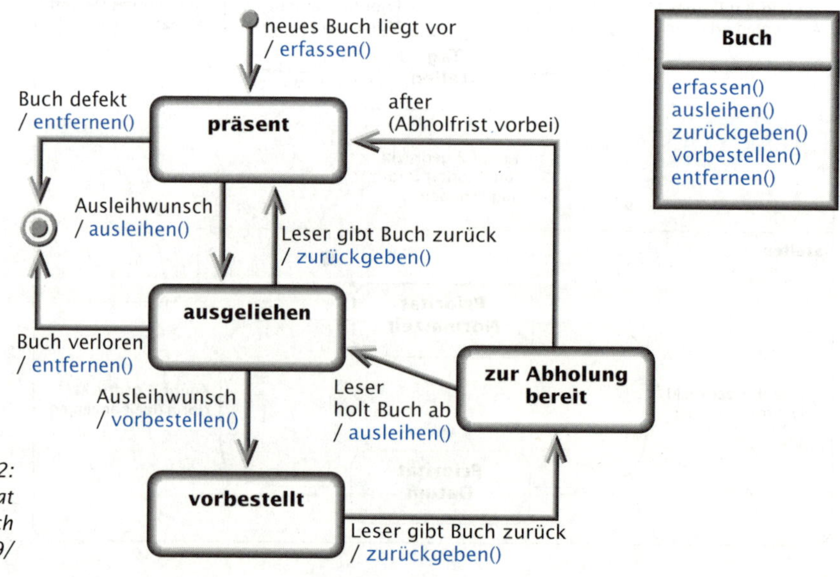

Abb. 2.16-22: Zustandsautomat der Klasse Buch /Heide Balzert 99/

digte Bücher oder Bücher, die nicht zurückgegeben wurden, werden aus dem Bestand entfernt.
Wenn ein neues Buch im System gespeichert wird, dann befindet es sich zunächst im Zustand präsent. Das Löschen von Büchern im System wird durch den Übergang in den Endzustand (Bullauge) angezeigt. Er sagt aus, dass das Objekt aufhört zu existieren.

In der UML-Notation ist der Name des **Zustands** optional. Zustände ohne Namen heißen *anonyme Zustände* und sind alle voneinander verschieden. Ein benannter Zustand kann dagegen – der besseren Lesbarkeit wegen – mehrmals in das Diagramm eingetragen werden. Diese Zustände sind alle identisch. Der Zustandsname soll *kein* Verb sein, sondern wenn möglich ein Adjektiv, auch wenn mit dem Zustand eine Verarbeitung verbunden sein kann. Im Beispiel wurde daher der Name »ausgeliehen« statt »ausleihen« gewählt. Innerhalb eines Zustandsautomaten muss jeder Zustandsname eindeutig sein. Zustandsname

Ein Zustandsübergang bzw. eine Transition verbindet zwei Zustände. Er kann *nicht* unterbrochen werden und wird stets durch ein Ereignis ausgelöst. Tritt ein Ereignis ein und das Objekt befindet sich *nicht* in einem Zustand, in dem es darauf reagieren kann, dann wird das Ereignis ignoriert. Meistens ist mit einem Zustandsübergang ein Zustandswechsel verbunden. Es ist aber auch möglich, dass Ausgangs- und Folgezustand identisch sind. In einem solchen Fall werden die *entry*- und *exit*-Aktionen bei jedem neuen Eintritt – in denselben Zustand – ausgeführt. Zustandsübergang

Ein **Ereignis** kann sein: Ereignisse

- eine Bedingung, die wahr wird,
- ein Signal,
- eine Botschaft (Aufruf einer Operation),
- eine verstrichene Zeit *(elapsed time event)* oder
- das Eintreten eines bestimmten Zeitpunkts.

In den beiden letzten Fällen handelt es sich um zeitliche Ereignisse.

Eine Bedingung ist beispielsweise: `when (Kontostand < 0)`. Der Zustandsübergang findet statt, wann immer diese Bedingung wahr wird. Signale und Botschaften sind durch die Notation nicht unterscheidbar. Sie werden durch einen Namen beschrieben und können Parameter besitzen, z. B. rechte Maustaste gedrückt `(Mausposition)`. Der Zustandsübergang erfolgt, wenn das Signal oder die Botschaft gesendet wird. Eine verstrichene Zeitspanne ist beispielsweise: `after (10 Sekunden)`. Ist die angegebene Zeitspanne nach einem definierten Zeitpunkt (z.B. Eintritt in den Ausgangszustand der Transition) verstrichen, dann wird der Zustandsübergang durchgeführt. Ein Zeitpunkt wird beispielsweise durch `when (Datum = 4.2.2001)` beschrieben. Notation

Ein Ereignis kann mit einem Wächter *(guard condition)* kombiniert werden. Der Wächter ist eine Bedingung, die sich jedoch von der oben beschriebenen Bedingung unterscheidet. Wenn das zugehörige Wächter

Ereignis eintritt, dann wird der Wächter ausgewertet. Ist die dort spezifizierte Bedingung erfüllt, dann erfolgt die Transition *(guarded transition)*. Ein Beispiel zeigt die Abb. 2.16-9.

implizites Ereignis

Jeder Zustand darf eine – ausgehende – Transition ohne explizite Angabe eines Ereignisses besitzen. Diese Transition wird ausgeführt, wenn die mit dem Zustand verbundene Verarbeitung beendet ist. Es handelt sich um ein implizites Ereignis.

Aktion

Mit dem Zustandsübergang kann eine Aktion verbunden sein. Sie wird ausgeführt, wenn die Transition erfolgt. Es handelt sich um eine atomare Operation, d.h. sie kann nicht unterbrochen werden.

Konsistenz

Wird durch einen Zustandsautomaten ein Objektlebenszyklus modelliert, dann müssen das Klassendiagramm und der Zustandsautomat konsistent sein. Folgende Konsistenzregeln sind einzuhalten, die über die Notation der UML hinausgehen /Heide Balzert 99/:

- Als Aktionen und Aktivitäten sind nur Operationen der jeweiligen Klasse zulässig. Diese Operationen können dann auch Botschaften an andere Objekte schicken.
- Operationsnamen werden in der Form `Operation()` eingetragen.
- Wenn eine Operation in mehreren Zuständen aktiviert werden kann, so kann sie in Abhängigkeit vom jeweiligen Zustand eine unterschiedliche Wirkung besitzen.
- Erhält ein Objekt in einem Zustand eine Botschaft, wobei die Operation weder als Aktivität noch als Aktion zur Verfügung steht, dann besitzt die Botschaft keine Wirkung, d.h. »das Objekt tut nichts« .

Beispiel Lebenszyklus

Abb. 2.16.23 zeigt den zyklischen Zustandsautomaten *(circular lifecycle)* eines Tanks. Im Zustand `leer` kann die Operation `einstellenFüllhöhe()` aktiviert werden. Weiterhin kann bei leerem Tank die Operation `füllen()` gestartet werden. Der Zustand `füllend` wird verlassen, wenn die Bedingung `when(voll)` wahr wird. Die Operation `füllen()` wird als Aktivität eingetragen, weil sie auch durch die Aktionen `starte füllen` und `terminiere füllen` beschrieben werden könnte. Analog wird bei der Operation `leeren()` verfahren.

Vererbung von Objektlebenszyklen

Eine Klasse vererbt ihren Objektlebenszyklus an ihre Unterklassen. Unterklassen können darüber hinaus eigene Objektlebenszyklen besitzen. Um Konflikte zu vermeiden, sind einige Restriktionen zu beachten. Eine ausführliche Beschreibung dieser Problematik findet man in /McGregor, Dyer 93/.

2.16.7 Aktivitätsdiagramme

In der UML werden Zustandsdiagramme verwendet, um asynchrone Ereignisse zu modellieren. Repräsentieren alle oder die meisten Zustände aber Schritte in der Ausführung eines Algorithmus oder eines Geschäftsprozesses, dann liegt ein Aktions-Zustand *(action state)* vor.

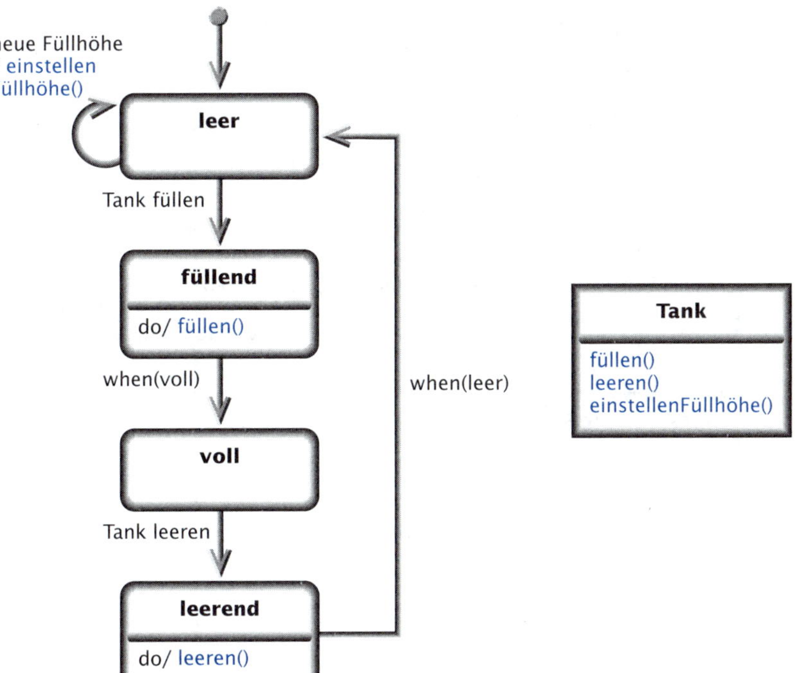

Abb. 2.16-23: Zustandsautomat eines Tanks

Ein Diagramm, bestehend aus Aktions-Zuständen und Zustandsübergängen, heißt in der UML **Aktivitätsdiagramm** *(activity diagram)* und stellt eine Variante eines Zustandsautomaten dar. Aktivitätsdiagramme sind *nicht* einzelnen Klassen zugeordnet.

Vergleichbar ist ein Aktivitätsdiagramm mit den »alten« Flussdiagrammen bzw. Programmablaufplänen (PAPs).

Vergleich mit PAP
Kapitel 2.13

Ein Aktions-Zustand wird verlassen, wenn die mit ihm verbundene Verarbeitung beendet ist (implizites Ereignis). Zustandsübergänge können Wächter *(guard conditions)* beinhalten, mit denen die Verzweigung des Kontrollflusses beschrieben wird. Weder in einem Aktions-Zustand noch bei einem Zustandsübergang sollen explizite Ereignisse vorkommen.

Abb. 2.16-24 zeigt die Notation eines Aktivitätsdiagramms. Jeder Zustand modelliert einen Schritt innerhalb der Gesamtverarbeitung. Wenn die `Verarbeitung1` beendet ist, wird entsprechend `[Bedingung1a]` oder `[Bedingung1b]` verzweigt. Eine Entscheidung wird mittels einer Raute dargestellt. Außerdem kann spezifiziert werden, ob die Verarbeitungsschritte nebenläufig *(concurrent)* durchgeführt werden können. Nach der »Aufteilung« *(fork)* können die Verarbeitungsschritte 2 und 3 nebenläufig zur `Verarbeitung4` ausgeführt werden. Erst wenn alle Verarbeitungsschritte ausgeführt sind, kann nach der »Zusammenführung« *(join)* mit der `Verarbeitung5` fortgefahren werden.

Abb. 2.16-24: Notation des Aktivitätsdiagramms

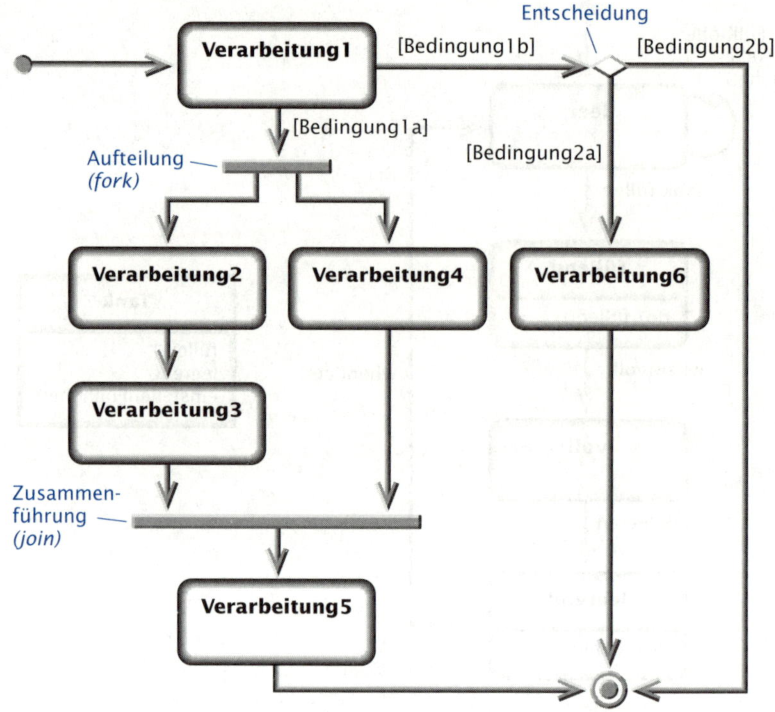

Die Aktions-Zustände eines Aktivitätsdiagramms können in »Schwimmbahnen« *(swim lanes)* angeordnet werden, um die Verantwortung für diese Aktionen Klassen oder organisatorischen Einheiten zuzuordnen. Jede Schwimmbahn wird durch eine durchgehende senkrechte Linie von der benachbarten abgegrenzt.

Beispiel Fallstudie »Seminarorganisation«

Abb. 2.16-25 zeigt ein Aktivitätsdiagramm, das den Geschäftsprozess »Stornieren« (Anlage B, Pflichtenheft /F 22/) mit seinen Verantwortlichkeiten modelliert.

Angabe von Objekten

Objekte, die Eingabe für eine Aktion oder Ausgabe von einer Aktion sind, können als Objektsymbole in ein Aktivitätsdiagramm eingetragen werden. Ein gestrichelter Pfeil wird von dem Aktions-Zustand zu dem Ausgabe-Objekt gezeichnet, ebenso ein gestrichelter Pfeil von einem Eingabe-Objekt zu einem Aktions-Zustand. Oft wird dasselbe Objekt durch mehrere Aktionen manipuliert: Das Objekt darf daher mehrmals in das Diagramm eingezeichnet werden, wobei jeweils der Zustand des Objekts in Klammern hinter dem Objekt angegeben wird, z.B. `Veranstaltung [buchend]` (siehe Abb. 2.16-25).

Abschnitt 2.9.5

Diese Notation kann auch in Kollaborations- und Sequenzdiagrammen verwendet werden. 

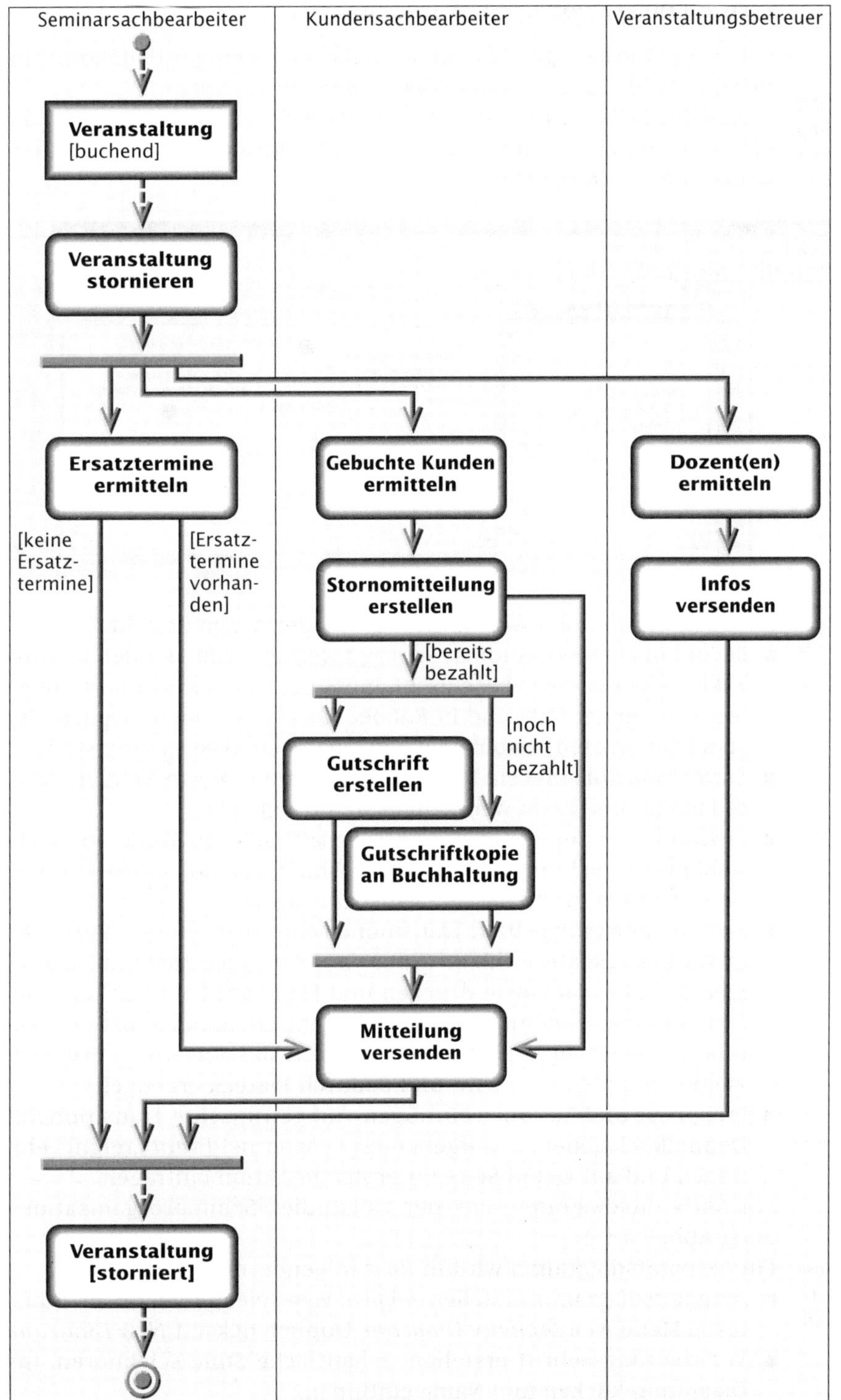

Abb. 2.16-25: Geschäftsprozess »Stornieren« modelliert als Aktivitätsdiagramm

2.16.8 Einsatz von CASE-Werkzeugen

UML-CASE-Werkzeuge erlauben es mehr oder weniger UML-konform, UML-Zustands- und Aktivitätsdiagramme zu zeichnen.

Aus der Fallstudie »Seminarorganisation« ist in Abb. 2.16-26 die Klasse Buchung und der zugehörige Zustandsautomat – erstellt mit *Rational Rose* – dargestellt.

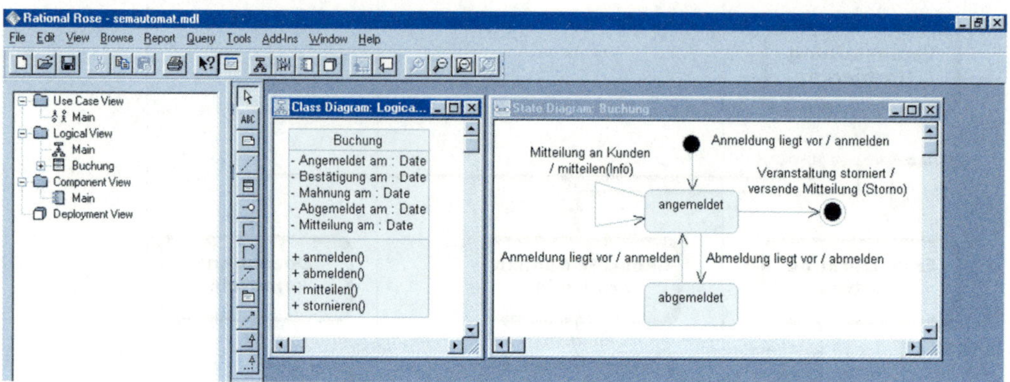

Abb. 2.16-26: Klasse Buchung und zugehöriger Zustandsautomat

Rational Rose Zustandsautomat

Abschnitt 2.8.6

Ein Zustandsautomat wird in *Rose* folgendermaßen erstellt:

- Bevor ein Zustandsautomat angelegt werden kann, der den Lebenszyklus eines Objekts beschreibt, muss die zugehörige Klasse angelegt sein. In der UML und in *Rational Rose* ist es auch möglich, Zustandsautomaten unabhängig von einzelnen Klassen zu erstellen.
- *State Diagram* anlegen: Menü *Browse/State Diagram* wählen: Neues Fenster und neue Werkzeugleiste öffnen sich.
- Zustände zeichnen: Gewünschte Schaltfläche in Werkzeugleiste wählen. Mit rechter Maustaste im Zustandssymbol Spezifikationsfenster öffnen und Zustandsname eintragen.
- Zustandsübergänge bzw. Transitionen eintragen: Pfeil-Schaltfläche in Werkzeugleiste wählen. *Cursor* auf Ausgangszustand positionieren, linke Maustaste drücken und Maus auf Folgezustand ziehen. Soll die Transition auf den Ausgangszustand selbst zurückführen, dann Maus auf Diagrammfläche loslassen, erneut drücken, ziehen und loslassen usw. und dadurch Viereck erzeugen.
- Ereignisse und Aktionen eintragen: Auf gewünschte Transition mit Doppelklick gehen. In aufgehendes Fenster bei *Event* Ereignis eintragen und auf Detail-Seite unter *Action* Aktion eintragen.

Ein Aktivitätsdiagramm aus der Fallstudie »Seminarorganisation« zeigt Abb. 2.16-27.

*Rational Rose Aktivitäts*diagramm

Ein Aktivitätsdiagramm wird in *Rose* folgendermaßen erstellt:

- Aktivitätsdiagramm erstellen: *Logical View* selektieren, rechte Maustaste: Menü *New/Activity Diagram*, Doppelklick auf *New Diagram*.
- Verarbeitungsschritt erstellen: Schaltfläche *State* selektieren, ins Diagramm klicken und Name eintippen.

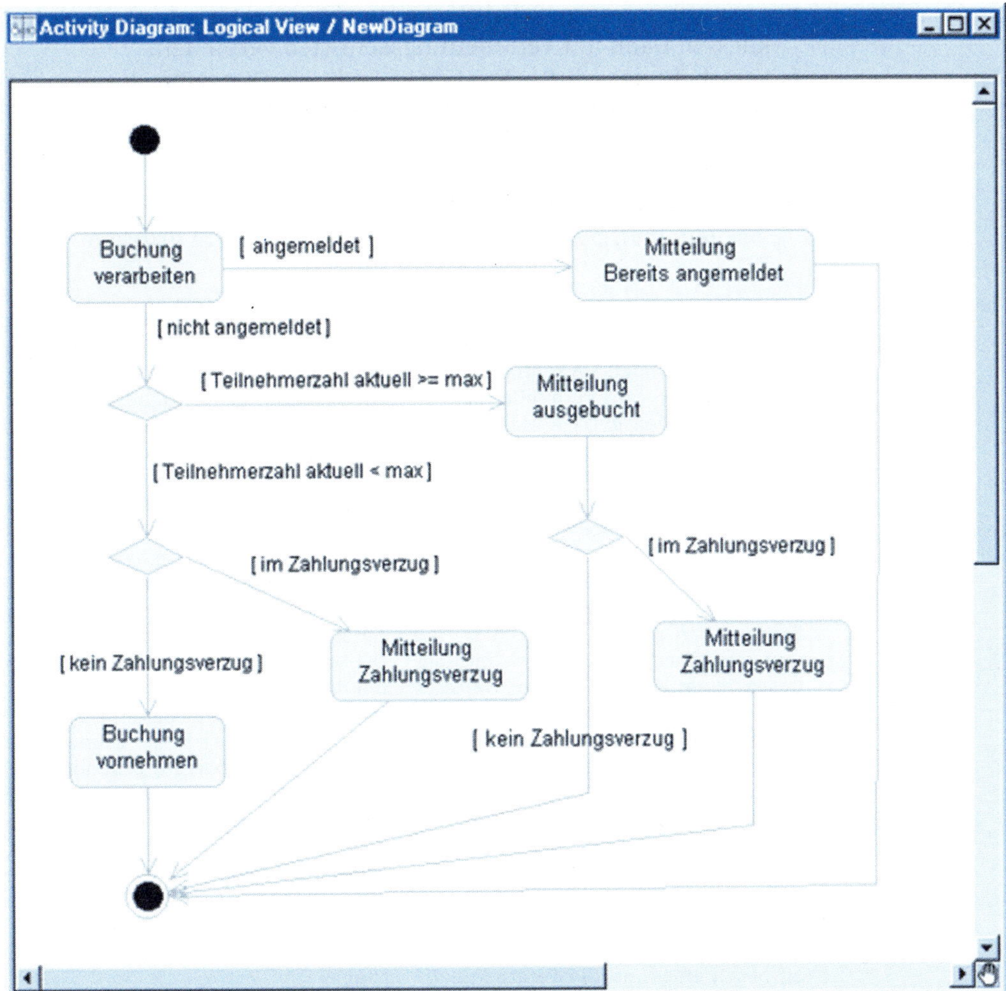

Abb. 2.16-27: Beispiel für ein Aktivitätsdiagramm

- Start eintragen: Schaltfläche *Start State* selektieren, ins Diagramm klicken und bei Bedarf beschriften.
- Ende eintragen: Schaltfläche *End State* selektieren, ins Diagramm klicken und bei Bedarf beschriften.
- Reihenfolge festlegen: Schaltfläche *State Transition* selektieren, dann ersten Verarbeitungsschritt (oder Start) wählen und bei gedrückter Maustaste *Cursor* zum nächsten Verarbeitungsschritt (oder Ende) bewegen.
- Wächter eintragen: Doppelklick auf Zustandsübergang; bei Detail unter *Guard Condition* Text eintragen.
- *join* oder *fork* eintragen: Schaltfläche *Horizontal Synchronisation* oder *Vertical Synchronisation* selektieren, ins Diagramm klicken. Dann mit Verarbeitungsschritten verbinden.

- Auswahl eintragen: Schaltfläche *Decision* selektieren, ins Diagramm klicken. Dann mit Verarbeitungsschritten verbinden.
- Verarbeitungsschritt, Start oder Ende im Diagramm löschen: im Diagramm selektieren und DEL-Taste drücken.
- Verarbeitungsschritt, Start oder Ende im Modell löschen: im *Browser* selektieren und im *pop-up*-Menü *Delete* wählen.
- *join, fork* oder Auswahl im Diagramm (und gleichzeitig im Modell) löschen: im Diagramm selektieren und DEL-Taste drücken.

Aktion *(action)* Atomare Operation, die durch ein →Ereignis ausgelöst wird und sich selbst beendet. Sie kann mit einem →Zustandsübergang verbunden sein. In der UML werden *entry*-Aktionen beim Eintritt und *exit*-Aktionen beim Verlassen des →Zustands ausgeführt.

Aktivität *(activity)* Operation, die mit einem →Zustand eines →Zustandsautomaten verbunden ist. Sie beginnt beim Eintritt und endet beim Verlassen des Zustands. Sie kann alternativ durch ein Paar von →Aktionen, eine zum Starten und eine zum Beenden der Aktivität, beschrieben oder durch ein weiteres →Zustandsdiagramm verfeinert werden.

Aktivitätsdiagramm *(activity chart)* In der UML Sonderfall eines →Zustandsdiagramms, bei dem – fast – alle Zustände mit einer Verarbeitung verbunden sind (Aktions-Zustand). Ein →Zustand wird verlassen, wenn die Verarbeitung beendet ist (implizites Ereignis). Außerdem ist es möglich, eine Verzweigung des Kontrollflusses zu spezifizieren und zu beschreiben, ob die Verarbeitungsschritte in festgelegter oder nebenläufiger *(concurrent)* Reihenfolge ausgeführt werden können.

Automat Mathematisches Modell eines Systems oder Gerätes, das auf →Ereignisse oder Eingaben mit →Aktionen oder Ausgaben reagiert.

Endlicher Automat →Zustandsautomat

Ereignis *(event)* Tritt immer zu einem Zeitpunkt auf und besitzt keine Dauer. Es kann sein: eine wahr werdende Bedingung, ein Signal, eine Botschaft (Aufruf einer Operation), eine verstrichene Zeitspanne oder das Eintreten eines bestimmten Zeitpunkts. In den beiden letzten Fällen spricht man von zeitlichen Ereignissen.

finite automaton →endlicher Automat

finite state machine →Zustandsautomat

Harel-Automat →Zustandsautomat mit geschachtelten Zuständen (→hierarchischer Zustandsautomat), bedingten →Zustandsübergängen, →Aktionen (→Mealy-Automat) und →Aktivitäten (→Moore-Automat), Zuständen mit Gedächtnis und Nebenläufigkeit *(concurrency)*.

Hierarchischer Zustandsautomat Erlaubt eine Strukturierung von →Mealy-Automaten durch eine Baumhierarchie. Die Hierarchieebenen werden geschachtelt dargestellt.

Mealy-Automat →Zustandsautomat, bei dem die Ausgaben bzw. →Aktionen an den →Zustandsübergang gebunden sind.

Moore-Automat →Zustandsautomat, bei dem die Ausgaben bzw. →Aktionen an den →Zustand gebunden sind.

sequential machine →endlicher Automat

statechart →Harel-Automat

Transition *(transition)* →Zustandsübergang

Zustand *(state)* Interne Konfiguration eines Zustandsautomaten. Ein Zustand besteht solange, bis ein →Ereignis eintritt, das einen →Zustandsübergang auslöst.

Zustandsautomat *(finite state machine)* Besteht aus einer endlichen Anzahl interner →Zustände. Zwischen den Zuständen gibt es →Zustandsübergänge, die in Abhängigkeit von Eingaben oder Ereignissen durchgeführt werden. Eine Ausgabe oder →Aktion kann beim →Zustandsübergang erfolgen (→Mealy-Automat) oder in einem →Zustand (→Moore-Automat). Hat einen Anfangszustand und kann einen Endzustand besitzen.

Zustandsdiagramm Grafische Darstellungsform eines →Zustandsautomaten.

Die →Zustände werden in der UML als Rechtecke mit abgerundeten Ecken dargestellt. Die →Zustandsübergänge werden durch beschriftete Pfeile angegeben (Eingabe/Ausgabe).

Zustandsmatrix In Matrixform werden entweder die →Zustände oder →Ereignisse oder der Ausgangszustand und der Zielzustand als Matrixdimensionen aufgetragen (→Zustandsautomat).

Zustandstabelle In Spaltenform werden der aktuelle →Zustand, das →Ereignis, die →Aktion und der Folgezustand eines →Zustandsautomaten dargestellt.

Zustandsübergang *(transition)* Verbindet zwei →Zustände. Kann nicht unterbrochen werden und wird stets durch ein →Ereignis ausgelöst. Ein →Zustandsübergang kann auch auf den eigenen Zustand erfolgen.

Automat

Viele Systeme und Geräte zeigen ein Verhalten, das von der bis dahin durchlaufenen Historie abhängt. Das aktuelle Verhalten wird durch den internen Zustand bestimmt, der durch vorausgegangene Eingaben oder Ereignisse erreicht worden ist. Zur Modellierung solcher Systeme eignen sich Zustandsautomaten *(finite state machine)*, auch endliche Automaten *(finite automaton, sequential machine)* genannt.

endlicher Automat

Gegenüber einem allgemeinen Automaten besitzen endliche Automaten nur eine endliche Zahl von Zuständen. Bei deterministischen endlichen Automaten gibt es zu einer Eingabe von einem Zustand aus höchstens einen Zustandsübergang *(transition)* in einen anderen Zustand, während bei nichtdeterministischen endlichen Automaten mehrere Übergänge für dieselbe Eingabe möglich sind.

deterministischer endlicher Automat

Es gibt deterministische endliche Automaten mit und ohne Ausgabe bzw. Aktionen. In der Software-Technik benötigt man im Allgemeinen Automaten mit Aktionen. Beim Mealy-Automaten ist die Aktion an den Zustandsübergang, beim Moore-Automaten an den Zustand gekoppelt. Man spricht dann von Aktivitäten. Einen Überblick über die Klassifikation endlicher Automaten gibt Abb. 2.16-28.

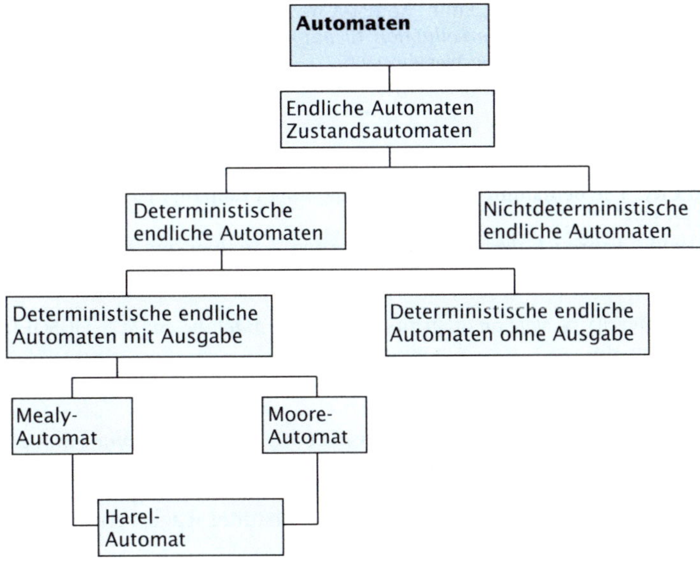

Abb. 2.16-28: Klassifikation von endlichen Automaten

Harel-Automat

Der Harel-Automat *(statechart)* erlaubt eine Kombination von Mealy- und Moore-Automaten (hybride Automaten). Außerdem können Zustände ineinander geschachtelt werden, was zu hierarchischen Zustandsautomaten führt. Diese unterstützen eine *top-down-* sowie *bottom-up-*Entwicklung von Automaten. Außerdem kann Nebenläufigkeit beschrieben werden.

OO-Welt

In der objektorientierten Welt kann der Lebenszyklus von Objekten durch Zustandsautomaten modelliert werden.

Darstellungsformen

Zustandsautomaten können als Zustandsdiagramm, Zustandstabelle oder Zustandsmatrix dargestellt werden.

Ziel: möglichst wenig Zustände

Ziel beim Aufstellen eines Zustandsautomaten ist es, mit möglichst wenig Zuständen auszukommen.

Zustandsautomaten können für viele Anwendungsbereiche eingesetzt werden.

Aktivitätsdiagramme

Das Aktivitätsdiagramm ist ein Sonderfall des Zustandsdiagramms. Es wird in der UML zur Beschreibung von Geschäftsprozessen und von Operationen verwendet.

Die UML-Notation für Zustands- und Aktivitätsdiagramme befindet sich auf der vorderen und hinteren Umschlaginnenseite dieses Buches.

/Harel 87/
Harel D., *Statecharts: A Visual Formalism for Complex Systems*, in: Science of Computer Programming, Elsevier Science Publishers (North Holland), 1987, S. 231–274.
Beschreibt hierarchische und nebenläufige Zustandsautomaten. Enthält noch weitergehende Elemente als die hier vorgestellten.

/Hopcroft, Ullman 88/
Hopcroft J. E., Ullman J. D., *Einführung in die Automatentheorie, Formale Sprachen und Komplexitätstheorie*, Bonn: Addison-Wesley, 1988, 440 S.
Englische Originalausgabe: *Introduction to automata theory, languages and computation*, Reading: Addison-Wesley, 1979.
Das Standardwerk zur Automatentheorie.

Zitierte Literatur

/Booch 94/
Booch G., *Object-Oriented Analysis and Design with Applications*, 2. Auflage, Redwood City: The Benjamin/Cummings Publishing Company, 1994.

/Heide Balzert 99/
Balzert, Heide, *Lehrbuch der Objektmodellierung – Analyse und Entwurf*, Heidelberg: Spektrum Akademischer Verlag, 1999.

/McGregor, Dyer 93/
McGregor J., Dyer D., *A Note on Inheritance and State Machine*, in: ACM SIGSOFT, Oct. 1993, S. 61–69.

Analytische Aufgaben
Muss-Aufgabe
30 Minuten

1 *Lernziel: Den Lebenszyklus eines Objekts als UML-Zustandsautomat modellieren können.*

Die nachstehenden Anforderungen beschreiben den störungsfreien Weg eines Reifens durch ein automatisiertes Lager (Fallstudie »Lagerverwaltung«, Anhang B):

/1/ Nach der Erfassung durch den Einlagerscanner weist das System dem Reifen einen Lagerplatz zu und lagert ihn darauf ein.
/2/ Nach Anforderung wird ein Reifen für die Auslagerung vorgemerkt, physikalisch ausgelagert und vom Scanner vor den Prüfmaschinen am Systemausgang abgemeldet.

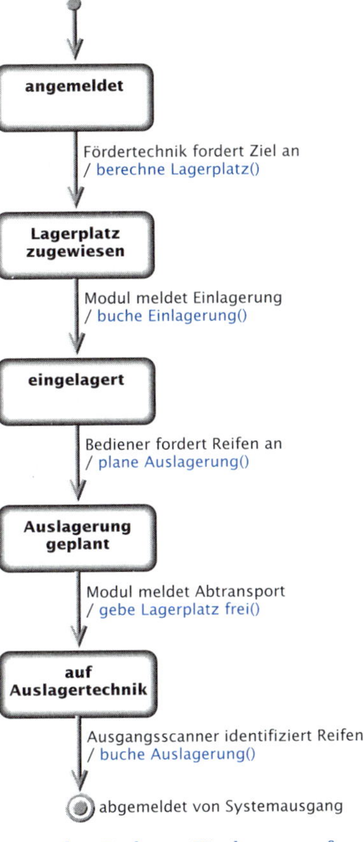

Abb. 2.16-29: Aktivitätsdiagramm aus der Fallstudie »Lagerverwaltung«

Erweitern Sie das Aktivitätsdiagramm des Lagerverwaltungssystems (Abb. 2.16-29) so, dass folgende Anforderungen erfüllt werden:
/3/ Ein Reifen kann infolge einer Störung in den Modulen nicht eingelagert werden und landet im Überlauf des Einlager-Förderers, wo er durch einen weiteren Scanner dem System gemeldet wird.
/4/ Es sollen Reifen jederzeit manuell aus dem System entnommen werden können. Hierzu wird der Reifen vom Bediener mit einem Handscanner am Lagerleitstandrechner gescannt.
/5/ In beiden Störungsfällen müssen sämtliche für diesen Reifen schon vorgenommenen Reservierungen (z.B. eines Einlagerplatzes) zurückgenommen werden, bevor der Reifen vor dem Scanner des Einlager-Förderers aufgegeben und so neu ins System eingeführt werden kann.

2 *Lernziel: Den Lebenszyklus eines Objekts als UML-Zustandsautomat modellieren können.*
Der UML-Zustandsautomat der Abb. 2.16-30 beschreibt den Lebenszyklus eines Verkehrsampel-Objekts. Identifizieren Sie alle formalen und semantischen Fehler.

Muss-Aufgabe
30 Minuten

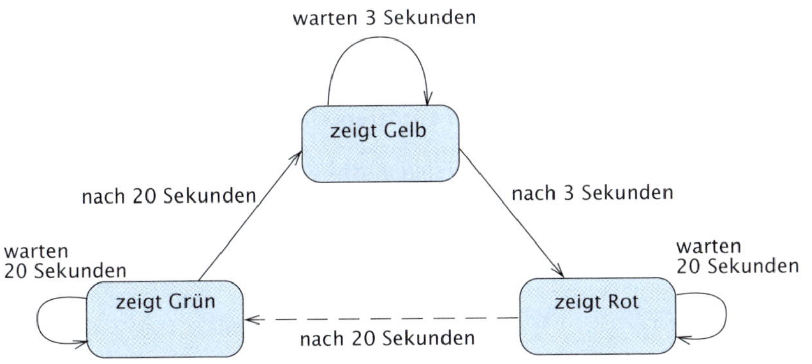

Abb. 2.16-30: Zustandsautomat eines Verkehrsampel-Objekts

Konstruktive Aufgaben
Muss-Aufgabe
15 Minuten

3 *Lernziele: Für eine gegebene Problemstellung einen geeigneten Zustandsautomaten erstellen können. Die Erweiterungen von Harel darstellen können.*

Entwickeln Sie eine Stoppuhr für den Sportbereich, die folgende Eigenschaften besitzt:

/1/ Die Stoppuhr kann ein- und ausgeschaltet werden

/2/ Die Stoppuhr kann gestartet und gestoppt werden. Nach dem Stopp wird die vergangene Zeit zwischen Start und Stopp angezeigt.

/3/ Nach dem Start kann eine Zwischenzeit angezeigt werden. Die Uhr läuft im Hintergrund weiter. Nun kann entweder die Anzeige von der Zwischenzeit auf die Anzeige der aktuell verbrauchten Gesamtzeit gewechselt werden oder die im Hintergrund laufende Uhr kann angehalten werden, ohne dass sich die Anzeige ändert. Im letzten Fall wird nach einem weiteren Knopfdruck die vergangene Gesamtzeit angezeigt.

/4/ Die zwischen Start und Stopp vergangene Zeit kann bei stehender Uhr und Anzeige der vergangenen Gesamtzeit auf Null zurückgesetzt werden.

/5/ Die Uhr besitzt zwei Druckknöpfe (die nicht gleichzeitig gedrückt werden können).

a Zeichnen Sie das Zustandsübergangsdiagramm eines Mealy-Automaten für die oben beschriebene Stoppuhr.

b Integrieren Sie den Automaten für die Normalzeit (Beispiel 6) und den Automaten für die Stoppuhr zu einem hierarchischen Automatenmodell einer digitalen Armbanduhr mit drei Druckknöpfen.

Muss-Aufgabe
30 Minuten

4 *Lernziel: Den Lebenszyklus eines Objekts als UML-Zustandsautomat modellieren können.*

Gegeben ist ein Objekt »Buchung« aus der Fallstudie »Seminarorganisation«. Die Buchung besitzt die Attribute Anmeldedatum, Abmeldedatum, Rechnungsdatum und die Operationen Anmelden, Abmelden, Rechnung ausstellen und Löschen.

Modellieren Sie den Objektlebenszyklus des Objektes Buchung als Zustandsübergangsdiagramm.

Muss-Aufgabe
40 Minuten

5 *Lernziele: UML-Aktivitätsdiagramme für gegebene Problemstellungen konstruieren können. Mit CASE-Werkzeugen Zustands- und Aktivitätsdiagramme erstellen können.*

Bei einer realen Lagerverwaltung (siehe Fallstudie »Lagerverwaltung«, Anhang B) ist es ein immer wiederkehrendes Problem, die Datenbestände von SPS (Speicherprogrammierbarer Steuerung) und Lagerverwaltung auf PC-Ebene konsistent zu halten. Alle Vorgänge im System, die die Fördertechnik, die SPS und Lagerverwaltung betreffen, müssen synchronisiert werden. Zeichnen Sie mit diesem Hintergrundwissen mit einem CASE-Werkzeug ein Aktivitätsdiagramm für die beiden »Schwimmbahnen« Lagerverwaltung (als Synonym für den PC-Bereich der Verwaltung) und SPS für den Fall, dass ein Reifen am Überlauf des Einlager-Förderers abgemeldet wird.

Kann-Aufgabe
30 Minuten

6 *Lernziel: Die verschiedenen Darstellungsweisen eines Zustandsautomaten (Diagramm, Tabelle, Matrix) ineinander überführen können.*

Geben Sie das Automatenmodell für die Digitaluhr (Abb. 2.6-16) **a** als Zustandsübergangstabelle und **b** als Zustands-Ereignis-Matrix an.

Hinweis

Weitere Aufgaben befinden sich auf der CD-ROM 1.

2 Die Definitionsphase – Zustandsorientierte Sicht (2)

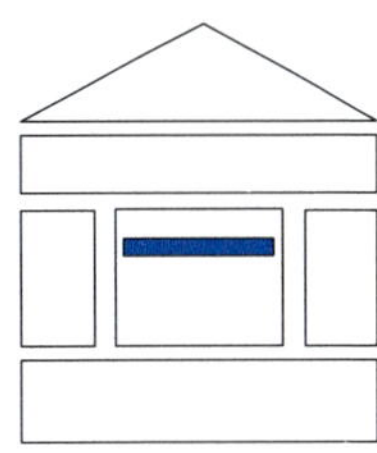

- Eigenschaften von Petri-Netzen kennen.
- Die Klassifikation der Petri-Netze einschließlich der Interpretation der entsprechenden Netzelemente wiedergeben können.
- Wissen, was Verklemmungen sind.
- B/E-Netze, S/T-Netze, Pr/T-Netze sowie hierarchische Netze kennen und ihre Gemeinsamkeiten und Unterschiede erklären können.
- Die Dynamik eines Petri-Netzes anhand der Markenwanderung darstellen können.
- Die Notationen und die Semantik der verschiedenen Basiskonzepte unterscheiden können.
- Typische Anwendungsmuster von Petri-Netzen kennen und zeichnen können.
- Gegebene, geeignete Problemstellungen durch B/E- und S/T-Netze modellieren können.
- Ein gegebenes B/E-Netz auf Verklemmungen untersuchen können.
- CASE-Werkzeuge für die Erstellung von Petri-Netzen einsetzen können.

wissen

verstehen

anwenden

- Es sollen die Kapitel 2.1 und 2.2 bekannt sein.

i

Prof. Dr. Carl Adam Petri
* 1926 in Leipzig, Erfinder der Petri-Netze im Rahmen seiner Dissertation an der TH Darmstadt (1962), 1968 Gründung eines Instituts für Software-Technologie in der GMD (Gesellschaft für Mathematik und Datenverarbeitung) in Bonn, 1968 bis 1991 Leiter eines Forschungsinstituts der GMD, seit 1988 Honorarprofessor an der Universität Hamburg; ausgezeichnet mit dem Bundesverdienstkreuz und der Konrad Zuse-Medaille.

Auf der CD-ROM 1 befindet sich ein Werkzeug zur Erfassung und Simulation von Petri-Netzen.

2.17 Petri-Netze

2.17.1 Grundlagen

Petri-Netze eignen sich zur Modellierung, Analyse und Simulation von dynamischen Systemen mit nebenläufigen und nichtdeterministischen Vorgängen.

Petri-Netz

Ein **Petri-Netz** ist ein gerichteter Graph, der aus zwei verschiedenen Sorten von Knoten besteht, aus **Stellen** und **Transitionen**. Eine Stelle entspricht einer Zwischenablage von Informationen, eine Transition beschreibt die Verarbeitung von Informationen.

Stellen (auch Plätze oder Zustände genannt) werden durch Kreise, **Transitionen** (auch Hürden oder Zustandsübergänge genannt) durch Rechtecke oder Balken dargestellt (Abb. 2.17-1).

Abb. 2.17-1: Elemente zum Aufbau von Petri-Netzen

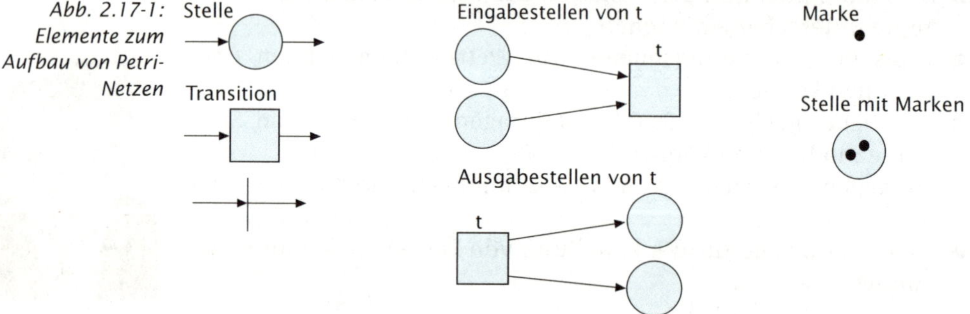

Die Kanten dürfen jeweils nur von einer Sorte zur anderen führen.

Eingabestellen

Stellen, von denen Kanten zu einer Transition t laufen, heißen **Eingabestellen** von t (auch Vorbereich von t genannt).

Ausgabestellen

Stellen, zu denen – von einer Transition t aus – Kanten führen, heißen **Ausgabestellen** von t (auch Nachbereich von t genannt).

Marken

Zur Beschreibung der dynamischen Vorgänge in einem Petri-Netz werden die Stellen mit Objekten belegt. Diese Objekte werden durch die Transitionen weitergegeben. Objekte werden als **Marken** *(tokens)* bezeichnet und als kleine schwarze Kreise in die Stellen des Petri-Netzes eingetragen (Abb. 2.17-2).

Schaltregel

Der Bewegungsablauf der Marken im Netz wird durch folgende **Schaltregel** festgelegt:

a Eine Transition t kann schalten oder »feuern«, wenn jede Eingabestelle von t mindestens eine Marke enthält.

b Schaltet eine Transition, dann wird aus jeder Eingabestelle eine Marke entfernt und zu jeder Ausgabestelle eine Marke hinzugefügt.

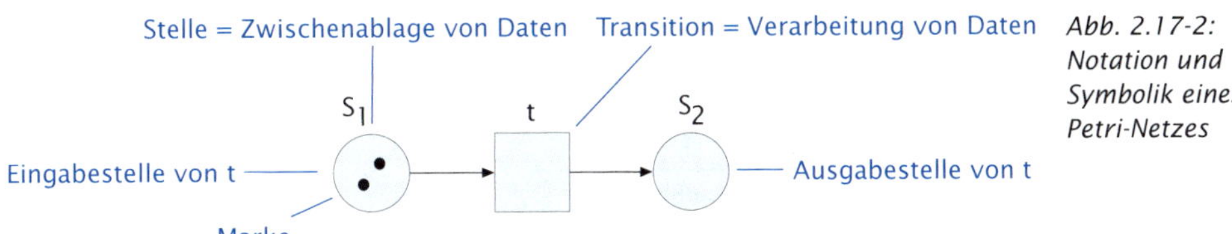

Abb. 2.17-2: Notation und Symbolik eines Petri-Netzes

Beispiel 1

Eine anschauliche Vorstellung der Schaltregel zeigt Abb. 2.17-3.

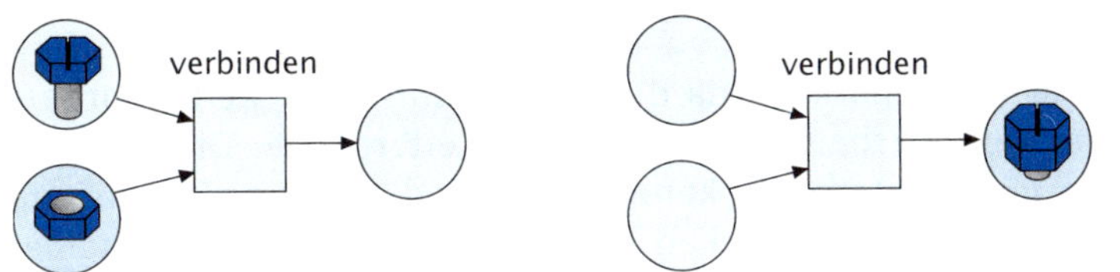

Abb. 2.17-3: Schalten einer Transition

Erst wenn die Schraube und die Mutter in der jeweiligen Eingabestelle der Transition »verbinden« vorhanden sind, kann die Transition ausgeführt, d.h. Schraube und Mutter verbunden werden. Das Ergebnis wird in die Ausgabestelle gelegt, aus der jeweiligen Eingabestelle wird eine Marke entnommen.

In Abhängigkeit von der Art der Objekte unterscheidet man

- Bedingungs/Ereignis-Netze,
- Stellen/Transitions-Netze und
- höhere Petri-Netze.

2.17.2 Bedingungs/Ereignis-Netze

B/E-Netz

Ein Petri-Netz ist ein **Bedingungs/Ereignis-Netz (B/E-Netz)** *(Condition/Event Net, C/E Net)*, wenn die Objekte bzw. Marken vom Datentyp *boolean* sind. Die Transitionen werden als Ereignisse interpretiert. Die Stellen werden als Bedingungen bezeichnet. Jede Stelle kann entweder genau eine oder keine Marke enthalten.

Schaltregel

Daraus folgt eine zusätzliche Bedingung für das Schalten einer Transition in einem B/E-Netz:

c Eine Transition t kann schalten, wenn jede Eingabestelle von t eine Marke enthält und wenn jede Ausgabestelle von t leer ist.

Beispiel 2a

Zwei Roboter bestücken Leiterplatten mit elektronischen Bauelementen, die auf einem Fließband A antransportiert werden (Abb. 2.17-4). Ist ein Roboter frei, dann kann er eine antransportierte Leiterplatte vom Fließband nehmen. Sind beide Roboter frei, dann wird nichtdeterministisch entschieden, welcher Roboter die Leiterplatte nimmt. Beide Roboter »konkurrieren« also um die antransportierte Leiter-

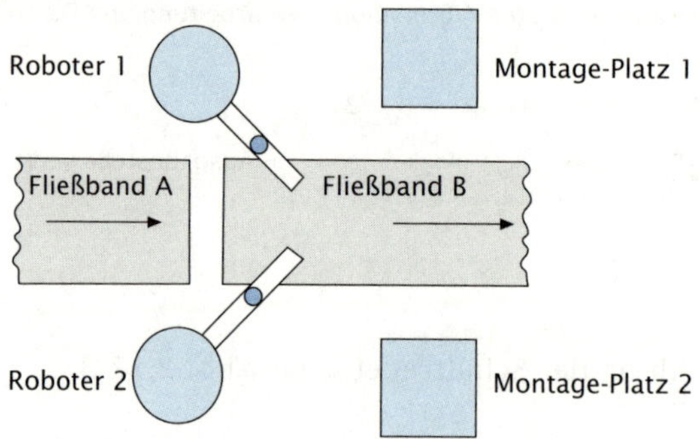

Abb. 2.17-4: Bestückungsroboter mit Fließband

platte. Sie arbeiten parallel, da die Bestückung mehr Zeit erfordert als die anderen Bearbeitungsschritte der Leiterplatte. Die Zeit zur Bestückung einer Leiterplatte kann unterschiedlich lang sein, da jede Leiterplatte anders zu bestücken sein kann. Ist eine Leiterplatte bestückt, dann wird sie von dem jeweiligen Roboter auf das Fließband B gelegt und abtransportiert. Sind beide Roboter gleichzeitig fertig, dann wird nichtdeterministisch bestimmt, welcher Roboter die Leiterplatte zuerst ablegt. Durch Lichtschranken gesteuert werden die Fließbänder gestartet und gestoppt.

Abb. 2.17-5a zeigt die **Anfangsmarkierungen** (schwarze Marken) des Netzes (Initialisierungszustand): Roboter 1 und Roboter 2 sind frei. Keine Transition kann schalten, da keine Vorbedingung einer

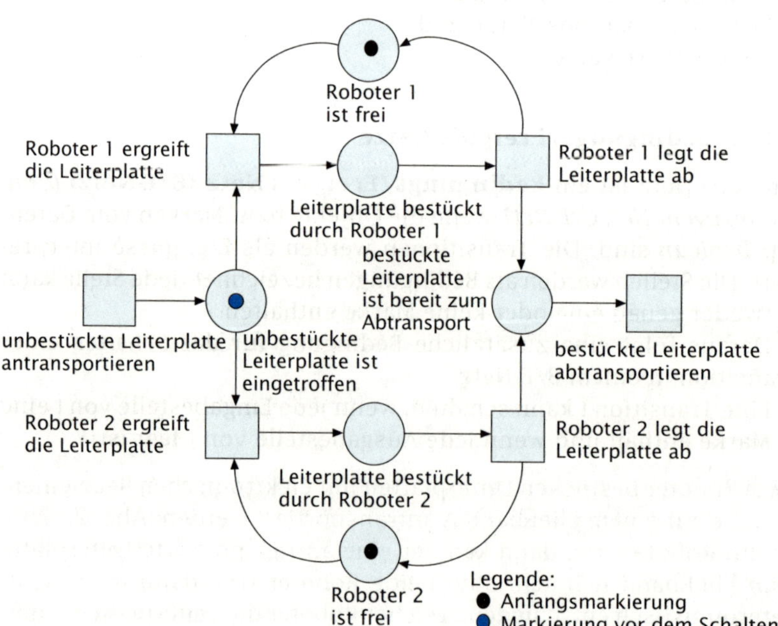

Abb. 2.17-5a: B/E-Netz des Bestückungsroboters vor dem Schalten

Transition vollständig erfüllt ist. Die Situation ändert sich, nachdem eine unbestückte Leiterplatte antransportiert wurde (Abb. 2.17-5a blaue Marke). Vor- und Nachbedingungen der Transitionen »Roboter 1 ergreift die Leiterplatte« und »Roboter 2 ergreift die Leiterplatte« sind erfüllt. Diese Transitionen heißen **aktiviert,** da die Ereignisse eintreten können.

Wenn zwei aktivierte Ereignisse mindestens eine gemeinsame Vorbedingung (hier: unbestückte Leiterplatte wird antransportiert) oder Nachbedingung besitzen, können sie miteinander in **Konflikt** geraten, sie konkurrieren miteinander. Tritt nun eines der Ereignisse ein, dann ist das andere nicht mehr aktiviert (Abb 2.17-5b.)

Konflikt

Das tatsächliche Eintreten konkurrierender Ereignisse ist zufällig und das Verhalten des Netzes ist somit nicht mehr deterministisch.

nicht-deterministisch

Beispiel 2b

Wird nun angenommen, dass die Transition »Roboter 1 ergreift die Leiterplatte« feuert, dann ergibt sich nach dem Feuern die Markenbelegung der Abb. 2.17-5b. Die Transition »Roboter 2 ergreift die Leiterplatte« kann nun nicht mehr schalten, da in ihrer Eingangsstelle »unbestückte Leiterplatte ist eingetroffen« keine Marke mehr vorhanden ist.
Die Transition »Roboter 1 legt die Leiterplatte ab« kann nun schalten, da ihre Vorbedingung jetzt erfüllt ist. Die Stellen »Roboter 1 ist frei« und »bestückte Leiterplatte ist bereit zum Abtransport« erhalten eine Marke.

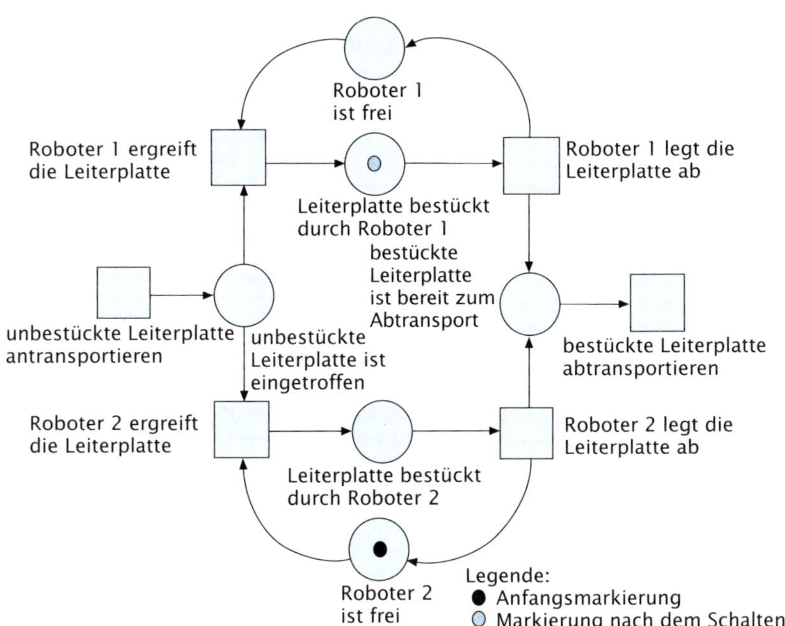

Abb. 2.17-5b: B/E-Netz des Bestückungsroboters nach dem Schalten

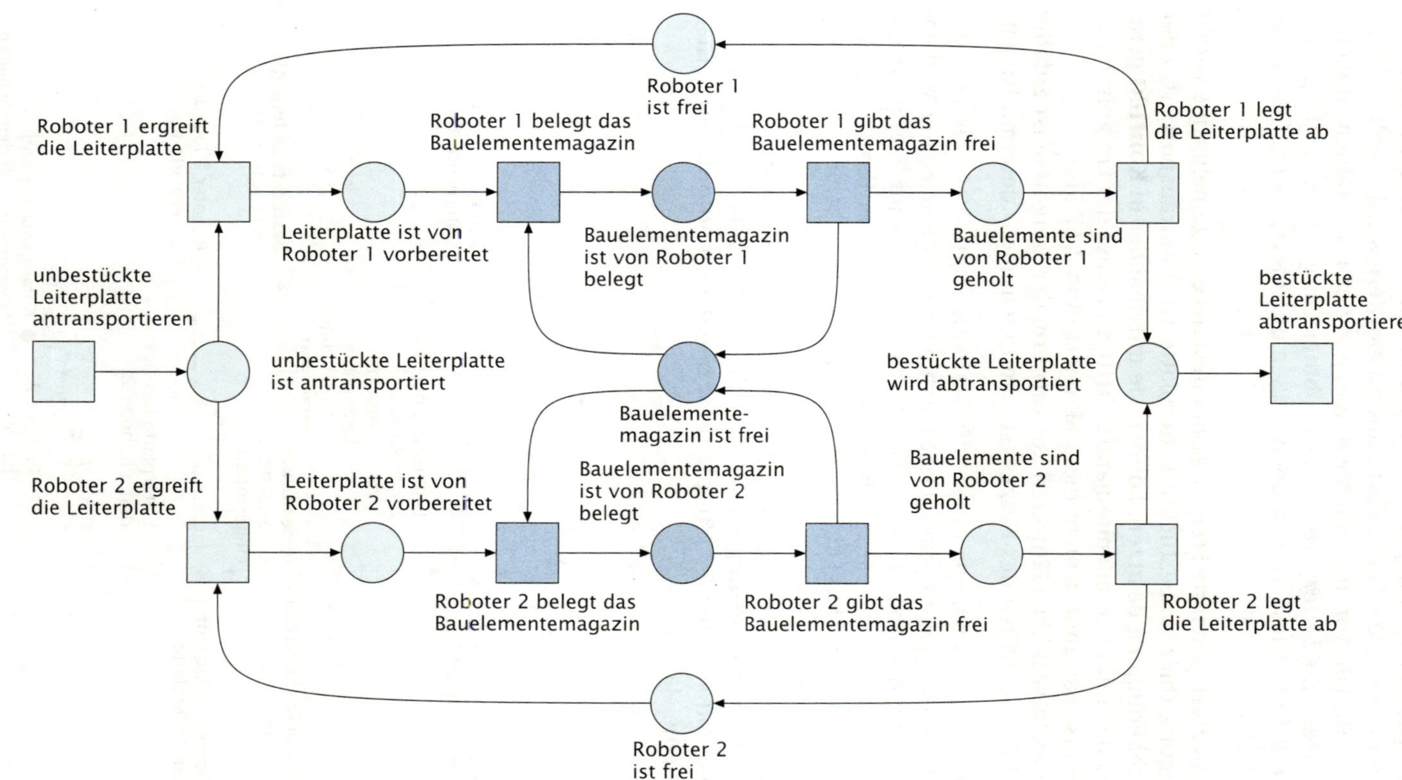
Roboter 1 ist frei
Roboter 1 ergreift die Leiterplatte
Roboter 1 belegt das Bauelementemagazin
Roboter 1 gibt das Bauelementemagazin frei
Roboter 1 legt die Leiterplatte ab
Leiterplatte ist von Roboter 1 vorbereitet
Bauelementemagazin ist von Roboter 1 belegt
Bauelemente sind von Roboter 1 geholt
unbestückte Leiterplatte antransportieren
bestückte Leiterplatte abtransportieren
unbestückte Leiterplatte ist antransportiert
bestückte Leiterplatte wird abtransportiert
Bauelemente-magazin ist frei
Bauelemente sind von Roboter 2 geholt
Roboter 2 ergreift die Leiterplatte
Leiterplatte ist von Roboter 2 vorbereitet
Bauelementemagazin ist von Roboter 2 belegt
Roboter 2 belegt das Bauelementemagazin
Roboter 2 gibt das Bauelementemagazin frei
Roboter 2 legt die Leiterplatte ab
Roboter 2 ist frei

Abb. 2.17-6: B/E-Netz des Bestückungsroboters mit gemeinsamem Bauelemente-Magazin

Wie das Beispiel 2b zeigt, erlauben Petri-Netze eine Modellierung nicht-deterministischer Vorgänge. Der Nichtdeterminimus spiegelt hier die Realität wider. Dauert das Bestücken einer Leiterplatte unterschiedlich lang, dann können die Roboter in beliebiger Reihenfolge aktiv werden. Dies wird durch das Petri-Netz ausgedrückt.

Beispiel 2c

Angenommen, beide Roboter greifen auf ein gemeinsames Bauelementemagazin zu, holen dort alle zur Bestückung einer Leiterplatte benötigten Bauelemente und bestücken dann die Leiterplatte, so ergibt sich das Petri-Netz nach Abb. 2.17-6.

Da B/E-Netze in ihrer Modellierungskraft begrenzt sind, hat man sie zu S/T-Netzen weiterentwickelt.

2.17.3 Stellen/Transitions-Netze

S/T-Netz

In **Stellen/Transitions-Netzen (S/T-Netze)** *(Place/Transition Net, P/T Net)* können Stellen mehr als eine Marke enthalten (in B/E-Netzen nur eine Marke). Die Transitionen müssen so viele Marken beim Schalten wegnehmen oder hinzufügen, wie die Gewichte an den Pfeilen angeben (in B/E-Netzen nur eine Marke).

Soll eine Stelle eine Kapazität größer 1 erhalten, dann wird dies durch »K = ...« an der Stelle notiert. Die Kapazität definiert die maximale Anzahl von Marken, die auf einer Stelle liegen dürfen. Eine Transition darf nur feuern, wenn dadurch die Kapazität der Ausgangsstellen nicht überschritten wird. Abb. 2.17-7 zeigt ein Beispiel für ein S/T-Netz.

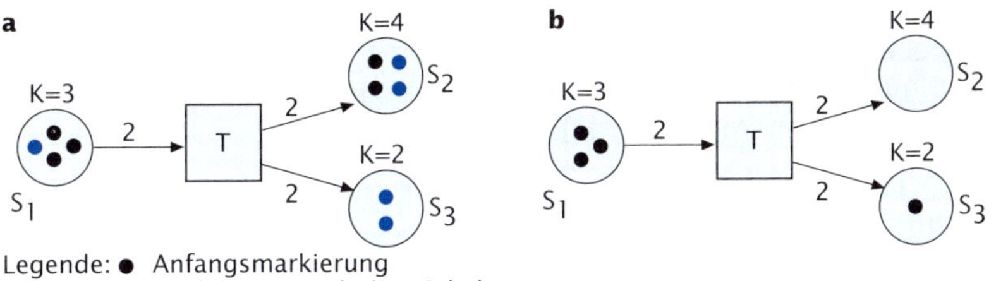

Abb. 2.17-7: Schaltbedingungen bei S/T-Netzen

Beispiel 3

Im Fall **a** kann T schalten. Anschließend sind in S1 eine Marke, in S2 vier Marken und in S3 zwei Marken.
Im Fall **b** kann T nicht schalten, da in S3 dann drei Marken liegen würden. Dies ist wegen K = 2 von S3 nicht erlaubt.

Aktiviert werden Transitionen nur, wenn bei keiner Eingabestelle das Kantengewicht die Anzahl vorhandener Marken übersteigt und nach dem Schalten die Kapazitäten der Ausgabestellen nicht überschritten werden. Eine Transition kann feuern, wenn sie aktiviert ist. Schaltet sie, so werden die Marken auf den Eingangsstellen um die Gewichte der Pfeile vermindert und die Marken der Ausgangsstellen um die Gewichte der Pfeile erhöht.

B/E-Netze können also durch S/T-Netze mit Kapazitäten und Gewichten gleich Eins dargestellt werden.

Beispiel 4 Das Beispiel 2c lässt sich mit einem S/T-Netz vereinfacht modellieren. Von den individuellen Robotern 1 und 2 wird abstrahiert. Dass es sich um zwei Roboter handelt, wird durch die Kapazität K = 2 an den entsprechenden Stellen ausgedrückt (Abb. 2.17-8).

2.17.4 Prädikat/Transitions-Netze

Pr/T-Netz B/E- und S/T-Netze verwenden nur »schwarze« Marken, die alle gleich sind. Werden individuelle, »gefärbte« Marken verwendet, dann spricht man von **Prädikat/Transitions-Netzen (Pr/T-Netze).**

Individuelle Marken werden durch einen Wert, z.B. eine Zahl, repräsentiert. Transitionen können nur noch beim Vorliegen bestimmter Marken schalten. Den Transitionen werden Schaltbedingungen mit Variablen zugeordnet, die die von den Eingabestellen erhaltenen Marken repräsentieren. Die Bindung von Marken an Variablen geschieht dadurch, dass die Pfeile mit den Namen der Variablen versehen werden. Im oberen Teil der Transition wird eine Schaltbedingung *(firing condition)* angegeben. In ihr werden die Variablen verwendet, durch die die aus den Stellen erhaltenen Marken dargestellt werden.

Die Transition kann nur für die Marken schalten, für die die Schaltbedingung erfüllt ist. Beim Schalten verbraucht sie die Marken aus den Eingabestellen und erzeugt neue Marken in den Ausgabestellen. Die Werte der neuen Marken ergeben sich in der Regel aus den Marken der Eingabestellen. Zu ihrer Berechnung gibt man im unteren Rechteckbereich der Transition die Schaltwirkung *(firing result)* an. Die so erzeugten Marken werden entsprechend der Kennzeichnung der Pfeile auf die Ausgabestellen verteilt.

Beispiel 5 Abb. 2.17-9 zeigt ein Pr/T-Netz. Eine Marke wird durch eine Zahl dargestellt.

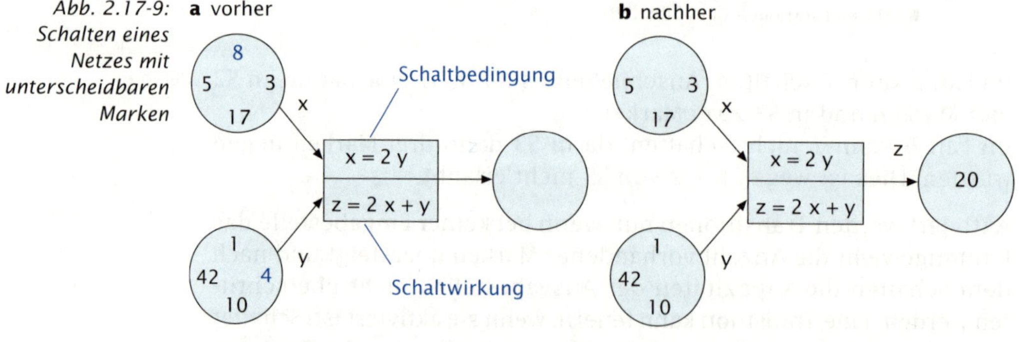

Abb. 2.17-9: Schalten eines Netzes mit unterscheidbaren Marken

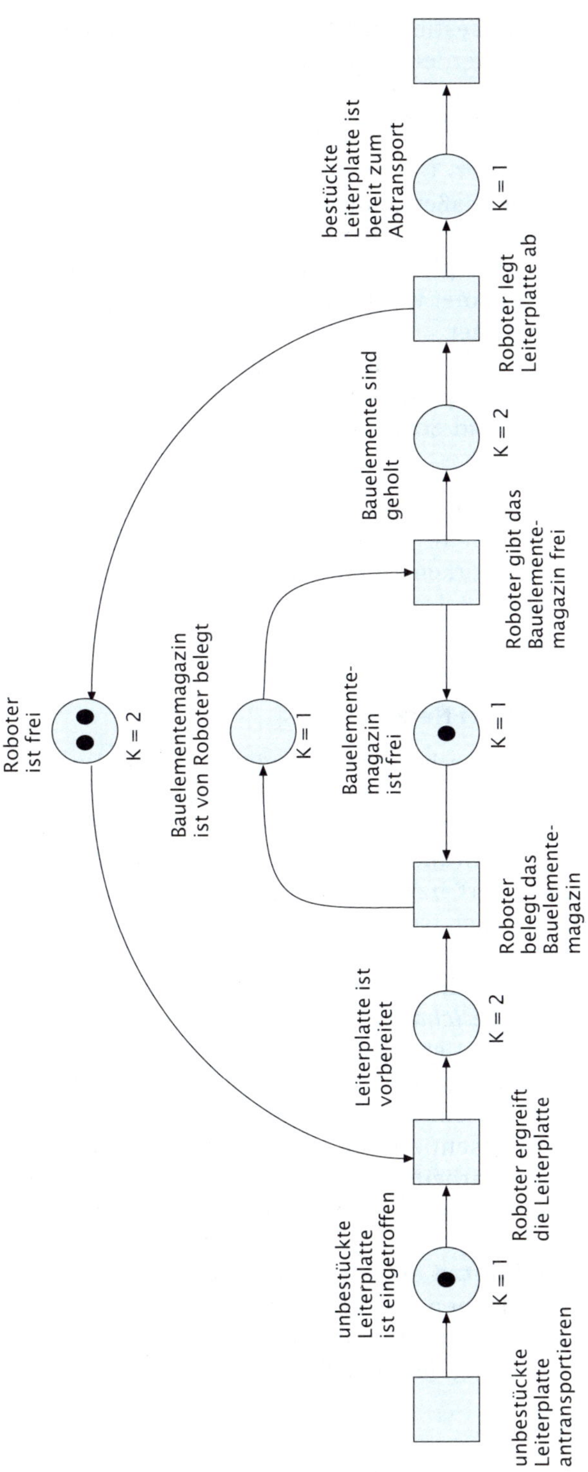
unbestückte Leiterplatte antransportieren
unbestückte Leiterplatte ist eingetroffen
K = 1
Roboter ergreift die Leiterplatte
Leiterplatte ist vorbereitet
K = 2
Roboter belegt das Bauelemente-magazin
Bauelementemagazin ist von Roboter belegt
K = 1
Bauelemente-magazin ist frei
K = 1
Roboter ist frei
K = 2
Roboter gibt das Bauelemente-magazin frei
Bauelemente sind geholt
K = 2
Roboter legt Leiterplatte ab
bestückte Leiterplatte ist bereit zum Abtransport
K = 1

Abb. 2.17-8: S/T-Netz des Bestückungsroboters

Ist das Schalten nicht von bestimmten Marken abhängig, dann entfällt die Schaltbedingung. Werden Marken durch die Transition nicht verändert, sondern lediglich von den Eingangs- an die Ausgangsstellen weitergegeben, dann entfällt die Schaltwirkung.

Beispiel 6 Beispiel 2c lässt sich durch Pr/T-Netze modellieren, wenn die Aufgabenstellung sich folgendermaßen ändert:
Roboter 2 kann – im Gegensatz zu Roboter 1 – auch übergroße Leiterplatten bestücken. Den Leiterplatten werden daher zwei Mengen zugeordnet, L_g und L_n. Die Roboter werden durch die individuellen Marken R_1 und R_2 gekennzeichnet.
Durch konstante (hier: R_1, R_2) und variable Pfeilbeschriftungen (hier: L_g, L_n) wird jetzt der Markenfluss beschrieben (Abb. 2.17-10). Zusätzliche Schaltbedingungen und Schaltwirkungen sind in diesem Beispiel nicht erforderlich.

Eine konstante Pfeilbeschriftung bedeutet, dass dort nur entsprechend bezeichnete Marken »fließen« dürfen. Bei einer variablen Pfeilbezeichnung müssen die Marken zu dem Wertebereich der angetragenen Variablen gehören, z.B. $L_g = \{L_1, L_2, L_3\}$.

Die Notation der Pr/T-Netze ist nicht einheitlich.

2.17.5 Hierarchische Petri-Netze

Um umfangreiche Petri-Netze besser zu strukturieren und zu entwickeln, können Netzkanten durch detaillierte Unternetze verfeinert werden. Umgekehrt können Netzknoten zu einer höheren Einheit zusammengefasst werden. Grundsätzlich können sowohl Stellen als auch Transitionen verfeinert bzw. zusammengefasst werden. Eine Verfeinerung der Transitionen ist jedoch vorzuziehen, da dies einer besseren zeitlichen Auflösung entspricht.

Kanal Instanzen-Netz

Kanal = Stelle

Die oberen Netzebenen bei hierarchischen Petri-Netzen werden oft als **Kanal-Instanzen-Netze** *(channel agency nets)* bezeichnet. Eine Stelle wird als Kanal interpretiert. Einen solchen Kanal kann man als passive Systemkomponente ansehen, in der Informationen oder Material abgelegt werden können. Eine Transition wird als Instanz interpretiert. Instanzen repräsentieren aktive Komponenten, die Informationen oder Material verarbeiten. Instanzen kommunizieren über Kanäle. Abb. 2.17-11 zeigt ein hierarchisches Petri-Netz mit verfeinerten Transitionen.

Hierarchische Petri-Netze erweitern nicht das entsprechende Netz-Modell, sondern erlauben nur eine strukturierte Darstellung eines komplexen Netzes. Bei der Hierarchiebildung sind jedoch Regeln zur Konsistenzerhaltung des Modells zu beachten:

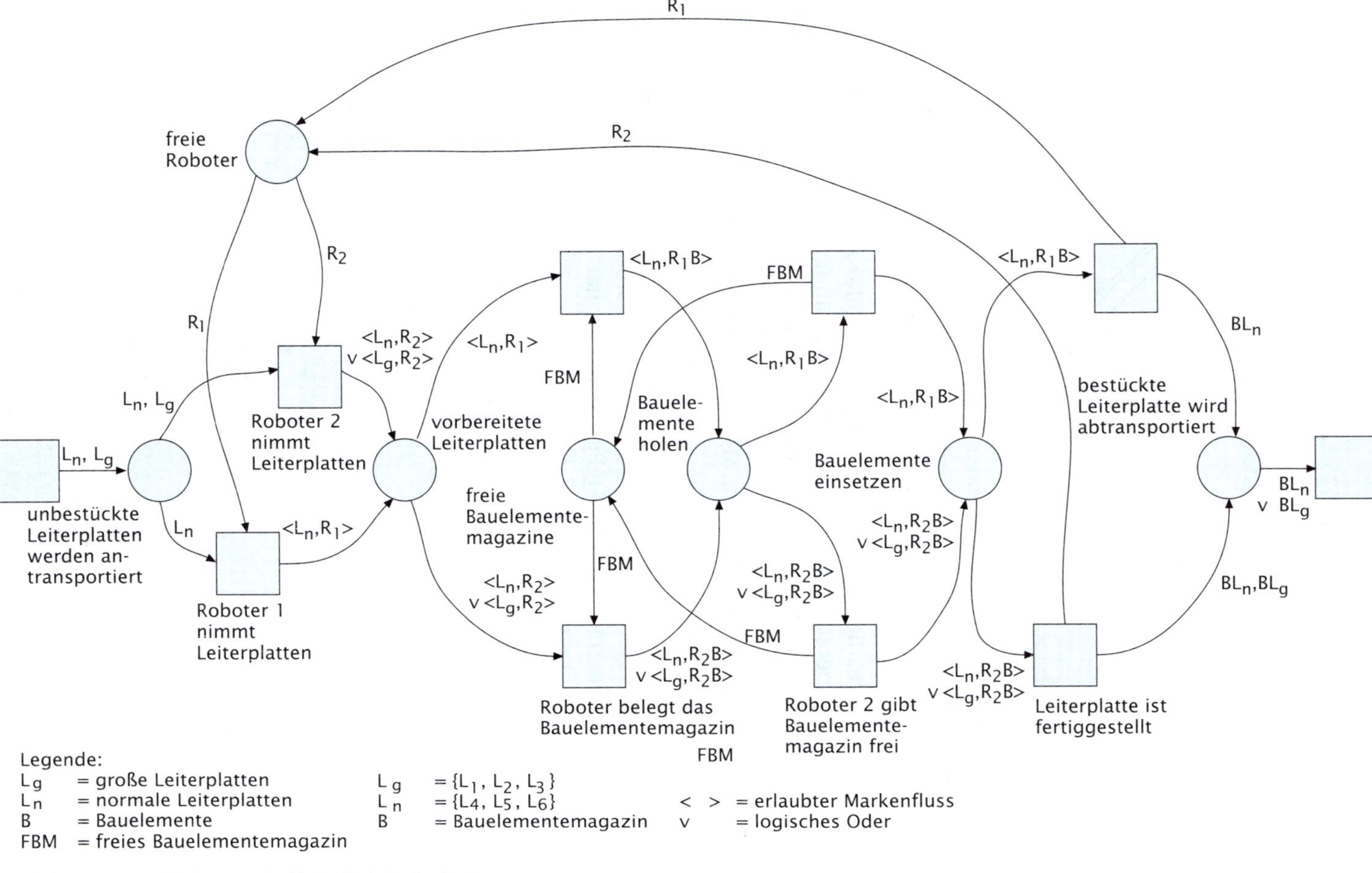

Abb. 2.17-10: Netz mit variablen Pfeilanschriften

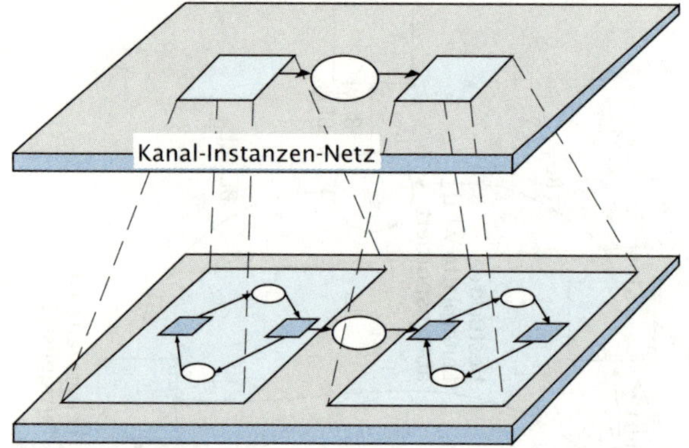

Abb. 2.17-11: Hierarchisches Petri-Netz

Regeln

- Zusätzliche Pfeile können nur innerhalb eines Baumknotens zwischen Stellen und Transitionen eingefügt werden, d.h., es dürfen zwischen Baumknoten auf tieferen Ebenen keine neuen Pfeile gezogen werden.
- Pfeile, die von einem Unternetz weg- oder zu ihm hinführen, müssen bereits vor der Verfeinerung vorhanden sein und die vorgegebenen Richtungen müssen berücksichtigt werden.
- Eine Verfeinerung muss markengetreu erfolgen, d.h., sie soll gleich viele Marken abgeben, wie sie verbraucht (Abb. 2.17-12).

Beispiel 7

Das Modell der Leiterplattenbestückung soll erweitert werden, so dass das Einsetzen der Bauelemente detailliert beschrieben wird. Dazu wird ausgehend von Abb. 2.17-4 die Transition »Roboter 1 setzt Bauelemente ein« und die Stelle »Roboter 1 hat die Bauelemente eingesetzt« ergänzt (Abb. 2.17-13).

*Abb. 2.17-12: Markengetreue Verfeinerung einer Stelle **a** und einer Transition **b***

a

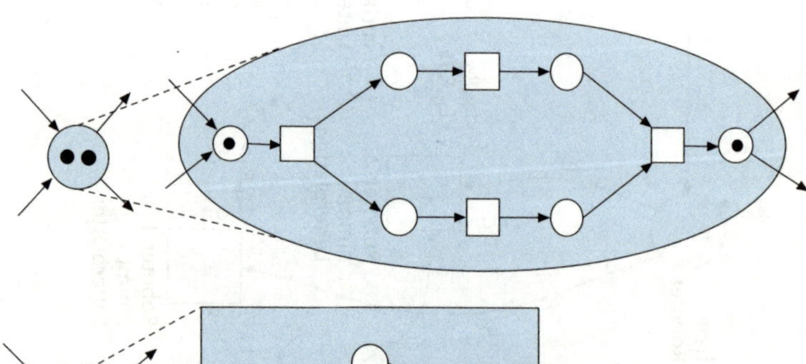

b

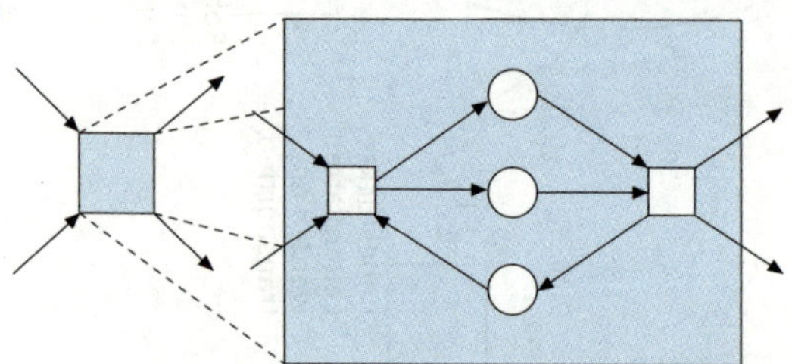

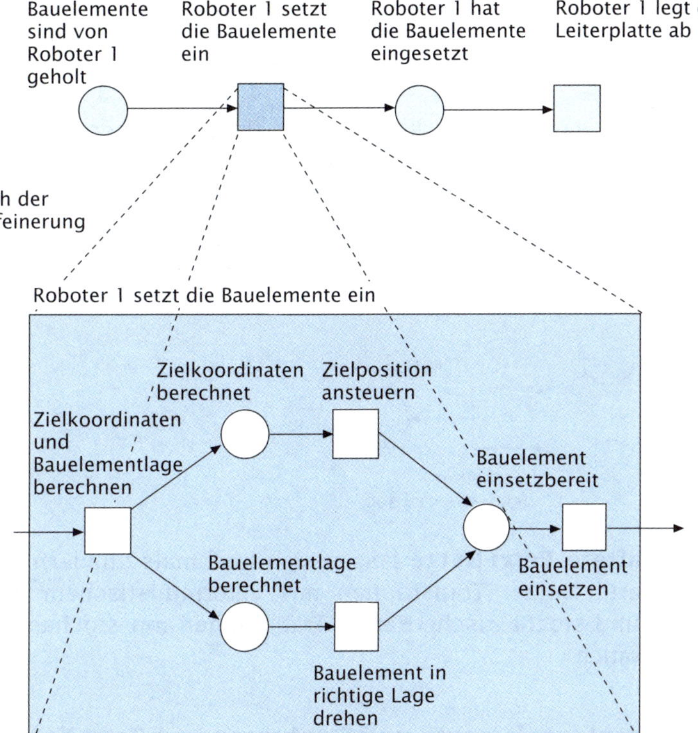

Abb. 2.17-13: Beispiel einer Stellenverfeinerung

2.17.6 Zeitbehaftete Petri-Netze

zeitbehaftete Petri-Netze

Die bisher betrachteten Petri-Netze arbeiten ohne Zeitbegriff. Alle Transitionen werden zum gleichen Zeitpunkt abgearbeitet, an dem die dafür erforderlichen Bedingungen erfüllt sind. Zur Untersuchung der Leistungsfähigkeit oder zur Simulation eines Systems muss jedoch oft die Dauer einer Aktion oder eines Ereignisses festgelegt werden.

Atomare Ereignisse oder Transitionen sind per Definition beliebig schnell und benötigen keine Zeit. Ein zusammengesetztes Ereignis oder eine zusammengesetzte Transition kann jedoch eine bestimmte Zeitdauer benötigen. Die Marken müssen daher eine bestimmte Zeitdauer ($t > 0$) auf einer Stelle verharren, bevor sie von einer Transition verbraucht werden können.

Die Zeitintervalle können in den Stellen oder den Transitionen festgelegt werden, verharren müssen die Marken aber jeweils auf den Stellen.

Beispiel 8

In Abb. 2.17-14 zeigen **a** und **b** verschiedene Notationsmöglichkeiten, das Zeiterhalten eines Petri-Netzes darzustellen.

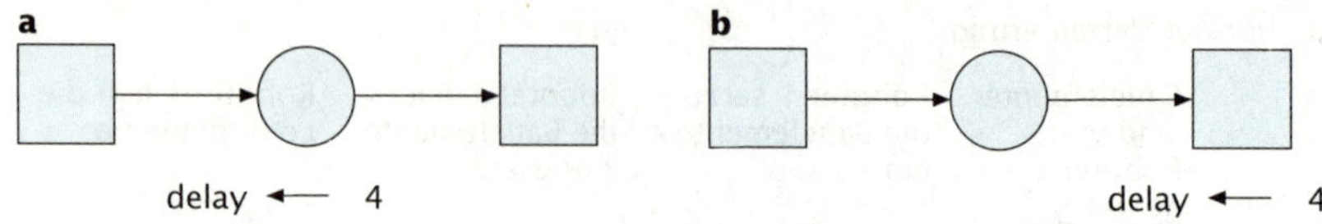

Abb. 2.17-14: Verschiedene Notationsmöglichkeiten für zeitbehaftete Petri-Netze

a bedeutet, dass eine Marke erst nach einer Verzögerung von vier Zeiteinheiten zur Verfügung steht,
b bedeutet, dass die Transition erst vier Zeiteinheiten nach dem Eintreffen der Marke in der Eingangsstelle feuern kann.

Beispiel 9 Abb. 2.17-15 zeigt ein zeitbehaftetes Petri-Netz.

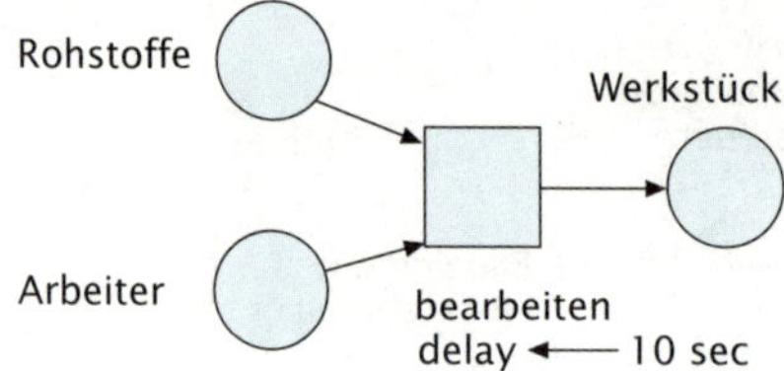

Abb. 2.17-15: Zeitbehaftetes Petri-Netz

Zeitbehaftete Petri-Netze lassen sich nochmals gliedern in zeitattributierte Netze (Transitionen mit deterministischem Zeitverbrauch) und stochastische Netze (Transitionen mit stochastischem Zeitverbrauch).

2.17.7 Strukturelemente und Strukturen von Petri-Netzen

Petri-Netze kann man aus zehn Strukturelementen zusammensetzen (Abb. 2.17-16).

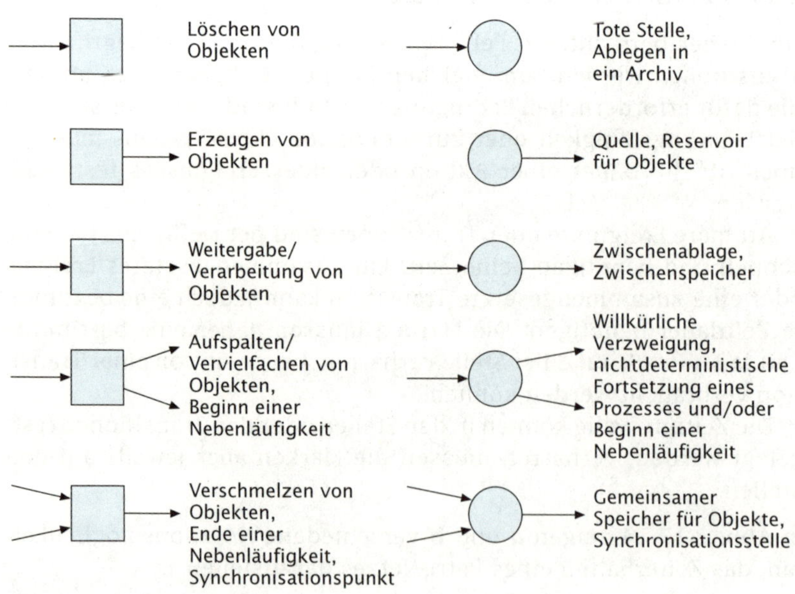

Abb. 2.17-16: Strukturelemente von Petri-Netzen

Aus diesen Grundelementen ergeben sich Strukturen (Abb. 2.17-17).

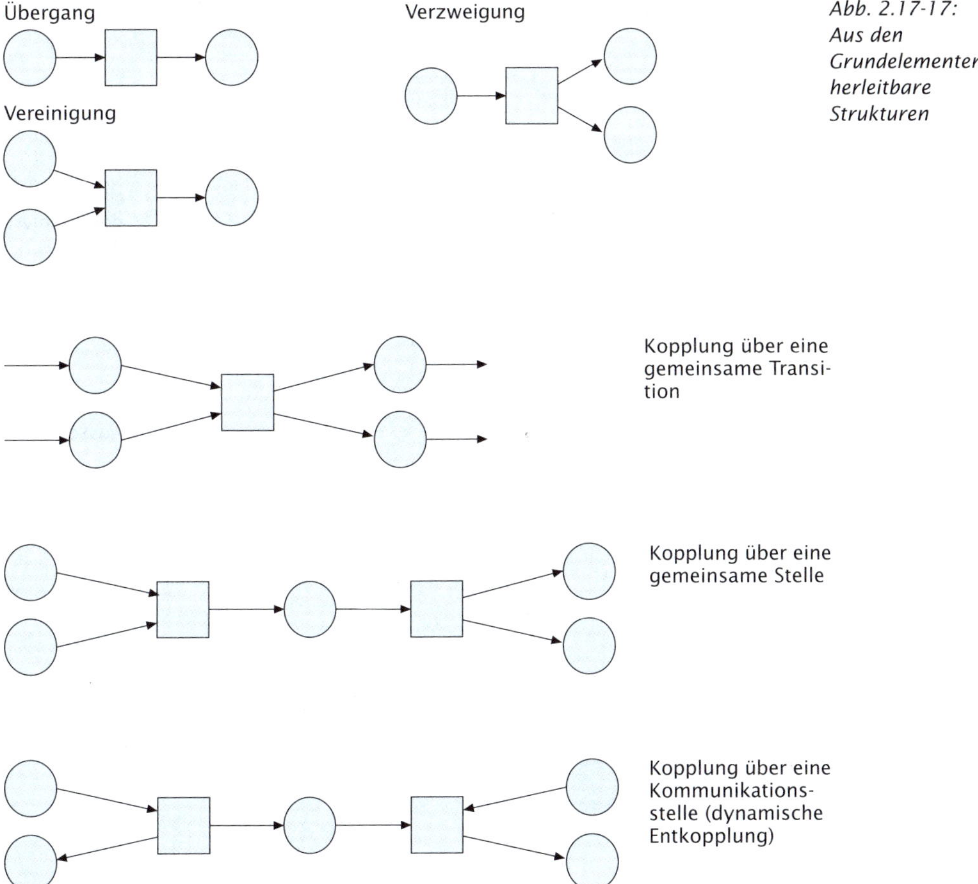

Abb. 2.17-17: Aus den Grundelementen herleitbare Strukturen

Mit Hilfe dieser Strukturen lassen sich typische Anwendungsmuster modellieren (Abb. 2.17-18 bis Abb. 2.17-20).

2.17.8 Methodik

Eine allgemein anerkannte Methode zur Erstellung von Petri-Netzen gibt es nicht. Ist ein umfangreiches Problem zu modellieren, dann empfiehlt es sich, schrittweise vorzugehen und ein hierarchisches Petri-Netz zu verwenden.

1. Schritt: aktive und passive Komponenten identifizieren

In der Problemstellung werden daher zunächst Instanzen (=Transitionen) und Kanäle (=Stellen) auf einem hohen Abstraktionsniveau identifiziert. Instanzen repräsentieren aktive Komponenten, Kanäle passive Komponenten.

Abb. 2.17-18: Typische Anwendungsmuster für Petri-Netze

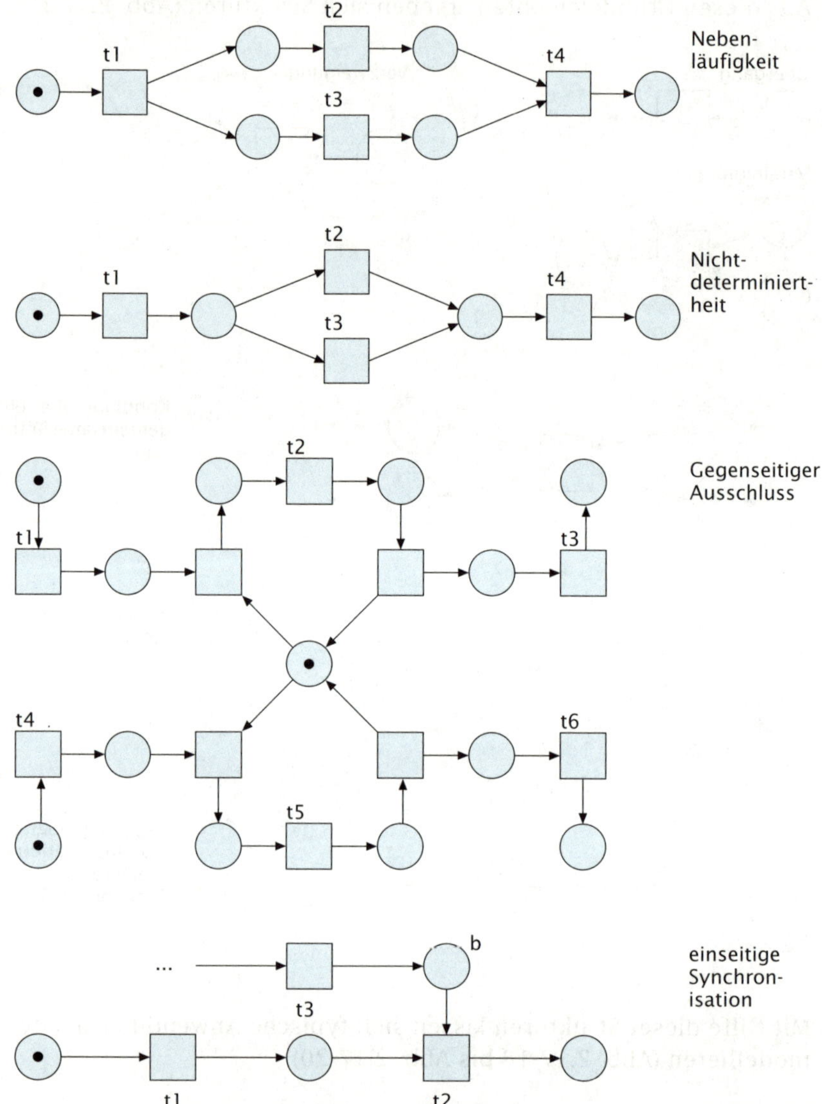

Verbalisierung, Abschnitt 4.2.1

Aktivitäten identifizieren: →Instanzen →Verben

Aktive Komponenten tun etwas. Sie können Objekte erzeugen, transportieren oder verändern. Daher beschreibt man sie durch Verben. Ist es möglich, die erzeugten, transportierten oder veränderten Objekte anzugeben, dann sollte vor dem Verb ein Substantiv oder ein Adjektiv gefolgt von einem Substantiv stehen. Liegt eine verbale Problembeschreibung vor, dann geben Verben Hinweis auf mögliche aktive Komponenten.

Die in Abschnitt 2.17.7 angegebenen ersten fünf Strukturelemente helfen bei der Zuordnung des richtigen Elementtyps.

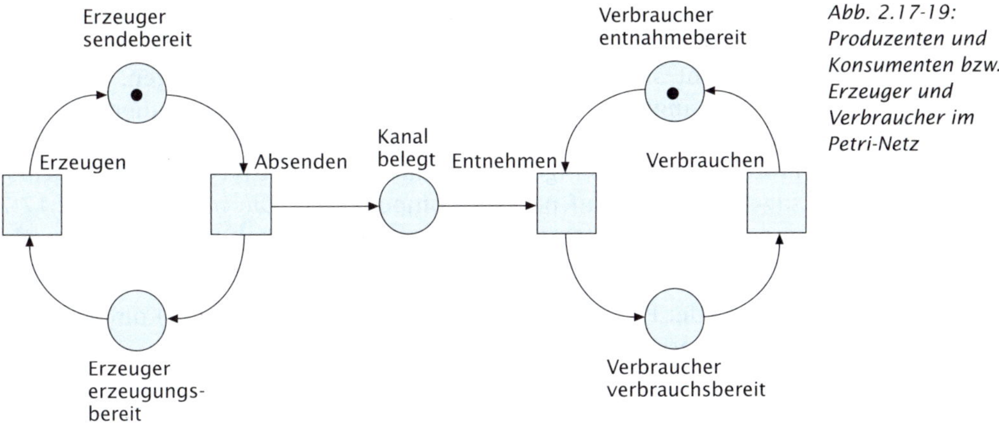

Abb. 2.17-19: Produzenten und Konsumenten bzw. Erzeuger und Verbraucher im Petri-Netz

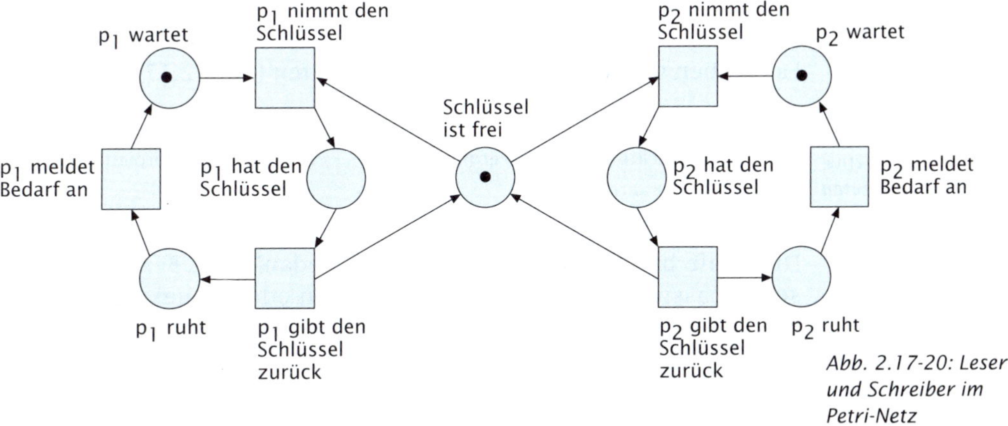

Abb. 2.17-20: Leser und Schreiber im Petri-Netz

Analog wie bei der Erstellung von Datenflussdiagrammen sollte man zunächst die Schnittstellen des Systems mit seiner Umwelt modellieren.

DFD Kapitel 2.7

Analysiert man die Problembeschreibung von Beispiel 2a, dann werden die Leiterplatten vom Fließband A *antransportiert* und vom Fließband B *abtransportiert* (Abb. 2.17-21).

Beispiel 10a

Abb. 2.17-21: Beispiel zur Schnittstellenmodellierung

Da es für diese Problemstellung uninteressant ist, was vor dem Antransport und nach dem Abtransport mit den Leiterplatten geschieht, ist diese Schnittstellenmodellierung problemgerecht.

passive Komponenten identifizieren:
→Kanäle
→Substantive
→Zustandsaussagen

Passive Komponenten können Objekte lagern, speichern oder sichtbar machen. Sie können sich in bestimmten Zuständen befinden. Man beschreibt sie durch Substantive oder durch Aussagen, die ihren Zustand angeben. Zustandsaussagen sollten so formuliert werden, dass sie mit Ja oder mit Nein beantwortet werden können. Verbale Problembeschreibungen geben durch Substantive und Zustandsaussagen Hinweise auf passive Komponenten. Die in Abschnitt 2.17.7 angegebenen letzten fünf Strukturelemente helfen bei der Auswahl des richtigen Elementtyps.

Beispiel 10b

Anhand der Problembeschreibung lassen sich passive Komponenten identifizieren (Abb. 2.17-22).

Abb. 2.17-22: Identifizierte passive Komponenten

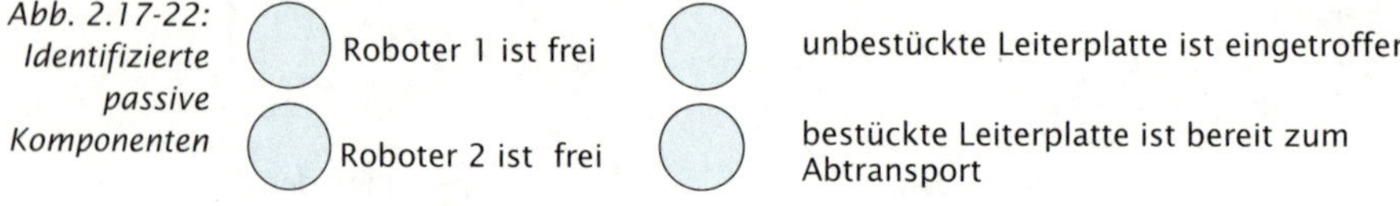

Es ergeben sich weitere aktive Komponenten (Abb. 2.17-23).

Abb. 2.17-23: Identifizierte aktive Komponenten

Die Pfeile beschreiben eine abstrakte, gedankliche Beziehung zwischen passiven und aktiven Komponenten oder umgekehrt. Bei den Beziehungen kann es sich z.B. um logische Zusammenhänge, Zugriffsrechte, räumliche Nähe oder eine unmittelbare Kopplung handeln.

2. Schritt: Beziehungen ermitteln

Im zweiten Schritt müssen nun zwischen den Komponenten diese Beziehungen ermittelt werden. Bei der Art der Beziehung helfen wieder die Strukturelemente und Strukturen aus Abschnitt 2.17.7. In verbalen Problembeschreibungen ist dabei auf Formulierungen wie »nichtdeterministische Fortsetzung«, »Vereinigung«, »Verzweigung«, »Synchronisation«, »Nebenläufigkeit« u.ä. zu achten.

Beispiel 10c

In der Problemstellung heißt es: »Ist ein Roboter frei, dann kann er eine antransportierte Leiterplatte vom Fließband nehmen. Sind beide Roboter frei, dann wird nichtdeterministisch entschieden, welcher Roboter die Leiterplatte nimmt.« Zur Modellierung dieser Situation liegen bereits Komponenten vor (Abb. 2.17-24).

Abb. 2.17-24: Komponenten zur Modellierung des Bestückungsautomaten

Wenn eine unbestückte Leiterplatte eingetroffen ist, dann wird nichtdeterministisch auf Roboter 1 oder Roboter 2 verzweigt (Abb. 2.17-25).

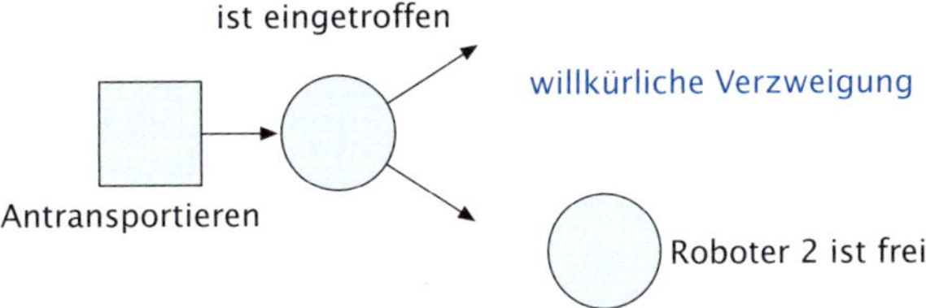

Abb. 2.17-25: Nicht-deterministische Verzweigung beim Eintreffen einer Leiterplatte

Ist eine Leiterplatte eingetroffen und ein Roboter frei, dann wird die Leiterplatte vom Roboter ergriffen und anschließend bestückt. Der Roboterarm und die Leiterplatte verschmelzen sozusagen in einem Objekt (Abb. 2.17-26).

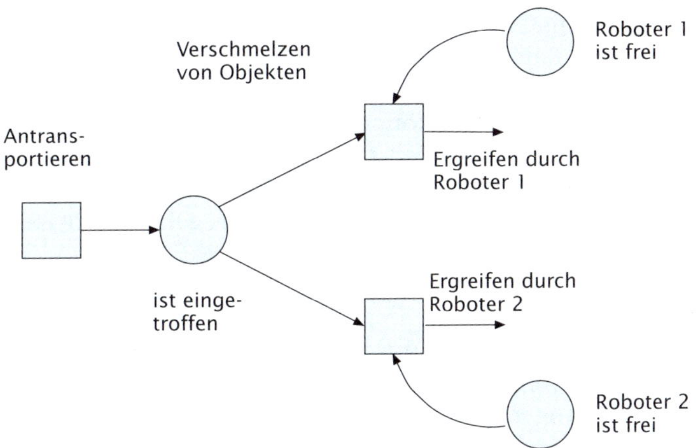

Abb. 2.17-26: Verschmelzen von Roboterarm und Leiterplatte

An dieser Stelle stößt man auf eine Schwierigkeit. Im Anschluss an das Ergreifen muss eine passive Komponente folgen. Der Roboter bestückt aber die Leiterplatte. Dies ist eine Aktivität und würde eine aktive Komponente erfordern. In Petri-Netzen müssen sich aber aktive und passive Komponenten immer abwechseln. Da die Bestückung aber laut Problemstellung selbst nicht betrachtet wird, wird nur der Zustand formuliert, ob die Leiterplatte bestückt ist oder nicht (Abb. 2.17-27).

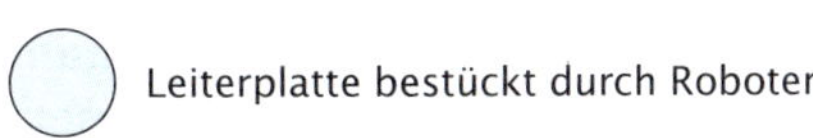

Abb. 2.17-27: Leiterplatte bestückt?

Nachdem die Bestückung erfolgt ist, kann die Leiterplatte abgelegt werden; es erfolgt eine Aufspaltung von Objekten (Roboterarm und Leiterplatte werden getrennt) (Abb. 2.17-28).

Die getrennt bearbeiteten Leiterplatten werden anschließend wieder auf dem Transportband B vereinigt (Abb. 2.17-29).
Es ergibt sich das Netz der Abb. 2.17-5.

Abb. 2.17-28: Aufspalten von Objekten

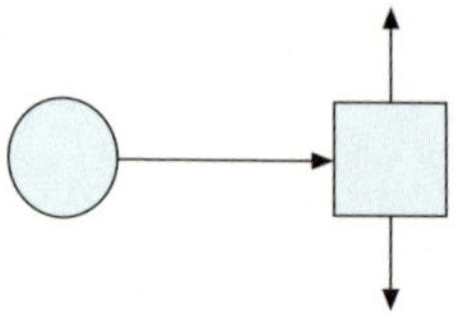

ablegen

Abb. 2.17-29: Vereinigen von Objekten

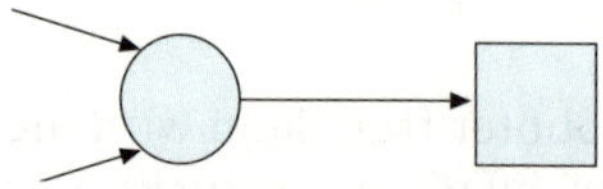

abtransportieren

3. Schritt: Verfeinerung und Ergänzung

Nach dem Erstellen eines Kanal-Instanzen-Netzes kann man iterativ folgendermaßen fortfahren:

- Verfeinerung von Instanzen und Kanälen,
- Ergänzung des bis dahin erstellten Netzes.

4. Schritt: Festlegung der Objekte

Im Anschluss daran ist zu überlegen, welche konkreten Objekte die Kanäle bzw. Stellen beinhalten können. Reichen anonyme Objekte zur Modellierung aus oder werden individuelle Objekte benötigt? Diese Überlegungen führen zu möglichen Netztypen.

5. Schritt: Überlegungen zu Schaltregeln und Schaltwirkungen

Anschließend ist zu überlegen, welche Schaltregeln und Schaltwirkungen zur Modellierung nötig sind.

6. Schritt: Netztyp festlegen

Aus den Objekt- und Schaltüberlegungen ergibt sich ein benötigter Netztyp.

7. Schritt: Anfangsmarkierung festlegen

Entsprechend dem festgelegten Netztyp sind die Objekte, Pfeilbeschriftungen, Schaltregeln und Schaltwirkungen festzulegen.

Dann ist eine Anfangsmarkierung zu überlegen und das Netz zu analysieren oder zu simulieren.

8. Schritt: Analyse, Simulation

2.17.9 Analyse und Simulation von Petri-Netzen

Nach der Beschreibung eines Systems als Petri-Netz kann es unter verschiedenen Gesichtspunkten analysiert werden.
Typische Fragestellungen lauten:

- *Terminiert* das Netz, d.h., können, ausgehend von einer Anfangsmarkierung, stets nur endlich viele Transitionen schalten?
- Ist jede Transition *lebendig*, d.h., können, ausgehend von einer Anfangsmarkierung, die Transitionen stets so schalten, dass eine vorgegebene Transition t im weiteren Verlauf nochmals schalten kann?
- Treten vermeidbare *Verklemmungen* auf, d.h., gibt es Situationen, in denen keine Transition schalten kann, die aber bei anderer Schaltreihenfolge hätten vermieden werden können?

Da viele solcher Fragestellungen algorithmisch schwierig zu beantworten sind, werden Petri-Netze oft simuliert, um das Verhalten zu studieren.

Betrachtet man S/T-Netze, dann kann man verschieden hohe Anforderungen an die **Lebendigkeit** stellen. Lebendigkeit

Wenn in einem S/T-Netz der Zustand eintreten kann, dass keine Transition aufgrund leerer Eingangsstellen oder wegen voller Ausgangsstellen schalten kann, dann ist das Netz todesgefährdet, sonst ist es lebendig. Anders ausgedrückt: Ein S/T-Netz mit der Markierung M ist lebendig, wenn es mindestens eine Transition gibt, die schalten kann, und wenn für jede solche Transition das Netz mit der entstehenden Folgemarkierung wieder lebendig ist.

Beispiel 11

Abb. 2.17-30 zeigt ein lebendiges und ein todesgefährdetes Petri-Netz. Das Netz **a** ist lebendig, da die Transitionen immer abwechselnd schalten. Das Netz **b** ist todesgefährdet, da nach dem zweiten Schalten keine weitere Transition mehr schalten kann.

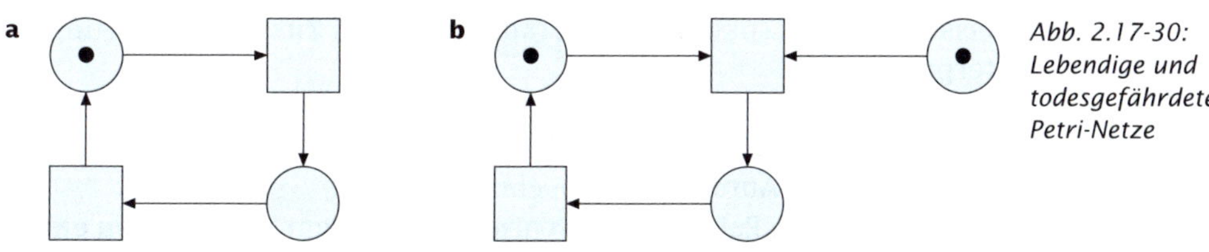

Abb. 2.17-30: Lebendige und todesgefährdete Petri-Netze

Eine stärkere Lebendigkeitsforderung wäre, dass jede Transition immer schalten können muss oder dass sie immer wieder schalten können muss.

Lebendige Netze sorgen dafür, dass es weder zu einem Mangel an Marken noch zu einem Überfluss kommt. Ein System, das im Endlosbetrieb laufen soll, kann nur durch ein lebendiges Netz beschrieben werden.

Bei Lebendigkeitsuntersuchungen sind Netzteile relevant, die nie markiert werden oder die nie alle Marken verlieren.

Eine Stellenmenge S heißt **Verklemmung *(deadlock)*,** wenn sie – einmal ohne Marken – nie mehr markiert werden kann. Verklemmung

Beispiel 12

Schaltet t1 (Abb. 2.17-31), dann kann auch t3 schalten. Schaltet t2, dann kann auch t4 schalten. Schalten jedoch t1 und t2 gleichzeitig, dann liegt eine Verklemmung vor. In S2 und S3 liegt jeweils eine Marke. S1 ist leer. t3 und t4 können niemals mehr schalten.

2.17.10 Wertung

Petri-Netze eignen sich besonders gut zur Modellierung von Systemen mit kooperierenden Prozessen. Das Anwendungsspektrum umfasst daher insbesondere diskrete, ereignisorientierte, verteilte Systeme. In jüngerer Zeit werden sie auch für die Vorgangsmodellierung von Bürovorgängen eingesetzt *(work flow)*.

Abb. 2.17-31: Petri-Netz mit Verklemmung

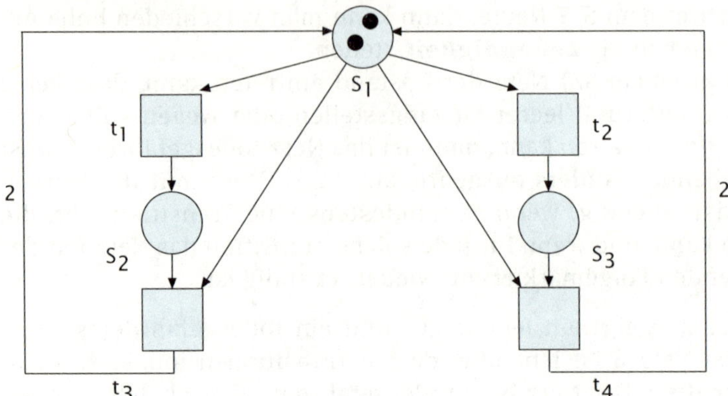

Parallelen zu Zustandsautomaten

Gewisse Ähnlichkeiten gibt es mit Zustandsautomaten. Die Stellen lassen sich als Zustände, die Transitionen als Zustandsänderung interpretieren.

Ein durch einen Zustandsautomaten beschriebenes System befindet sich zu jedem Zeitpunkt in genau einem Zustand, außer bei nebenläufigen Harel-Automaten (Abschnitt 2.16.5.).

Ein durch ein Petri-Netz beschriebenes System kann sich zu einem Zeitpunkt aber in mehreren Zuständen, dargestellt durch die aktuelle Markenbelegung, befinden. Je nach Struktur des Petri-Netzes können in einem System unabhängig voneinander Zustandsübergänge erfolgen. Synchronisationen zwischen nebenläufigen Systemen können durch eine geeignete Netzstruktur erzwungen werden. Außerdem kann Nichtdeterminismus modelliert werden.

Petri-Netze besitzen gegenüber Zustandsautomaten eine größere Mächtigkeit und erlauben die Modellierung von Problemklassen, für die Zustandsautomaten nicht geeignet sind.

B/E-Netze sind gut geeignet für die Beschreibung des Kontrollflusses bei kooperierenden Prozessen. Dabei wird der augenblickliche Zustand jedes Prozesses durch eine Marke repräsentiert.

S/T-Netze erweitern die Modellierungsmöglichkeiten, da beliebig viele, aber weiterhin anonyme Marken pro Stelle abgelegt werden können.

Pr/T-Netze sind übersichtlicher als S/T-Netze. Die Modellierungsmächtigkeit ist größer, zumal auch beliebige, kontinuierliche Funktionen benutzt werden können, wie `Höhe > 4000 m` als Schaltbedingung.

Nachteilig ist die schwierigere Handhabung dieser Netze. Es ist nicht einfach, korrekte Schaltbedingungen und Schaltwirkungen zu entwerfen.

Generell gilt, je größer die Modellierungsmächtigkeit, desto geringer die Analysemöglichkeiten.

Als vorteilhaft erweisen sich folgende Punkte:

Vorteile

- Petri-Netze bestehen aus wenigen und einfachen Elementen.
- Petri-Netze sind grafisch gut darstellbar.
- Die Marken erlauben eine gute Visualisierung des jeweiligen Systemzustands.
- Petri-Netze besitzen ein solides theoretisches Fundament.
- Petri-Netze können – in einem beschränkten Rahmen – analysiert und simuliert werden.
- Es gibt mehrere Petri-Netz-Werkzeuge, die die Erstellung, Analyse, Simulation und Code-Generierung erlauben.
- Petri-Netze sind das einzige, weit verbreitete Basiskonzept zur Modellierung kooperierender Prozesse.

Nachteilig sind:

Nachteile

- Für praktische Anwendungen müssen höhere Petri-Netze eingesetzt werden, für die es keine einheitliche Notation gibt.
- Höhere Petri-Netze sind schwer zu erstellen und zu analysieren.
- Petri-Netze sind mit anderen Basiskonzepten bisher kaum kombiniert worden, d.h., sie bilden ein weitgehend für sich stehendes Konzept.
- Petri-Netze besitzen eine statische Struktur. Will man z.B. Vorgänge beschreiben, bei denen dauernd neue Prozesse erzeugt werden (z.B. *task*-Konzept in Ada), dann erweisen sich Petri-Netze als ungeeignet.
- Es gibt keine allgemeine Methode, wie man Petri-Netze erstellt.

Petri-Netze und OO-Konzepte

Inzwischen gibt es auch eine Reihe von Ansätzen zur Verbindung von Petri-Netzen mit objektorientierten Konzepten. Zwei grundsätzliche Ansätze sind dabei möglich und werden verfolgt. Zum einen wird versucht, den Stellen eines Petri-Netzes eine innere Struktur zu geben, d.h. jede Stelle repräsentiert ein Objekt. Klassen liefern in diesem Fall eine naheliegende Möglichkeit, verschiedene Arten von Stellen zu unterscheiden.

Der andere grundsätzliche Ansatz geht von einem objektorientierten Modell aus und nutzt Petri-Netze zur Modellierung der Systemdynamik. Beispielsweise können in Aktivitäts- oder Zustandsdiagrammen statt endlicher Automaten *(finite state machine)* Petri-Netze verwendet werden. In der UML werden Zustandsautomaten für einzelne oder mehrere Klassen aufgestellt. Einige Ansätze verfolgen das Ziel, mit Hilfe von Petri-Netzen Dynamik zu spezifizieren.

Alle Kopplungsansätze befinden sich derzeit noch im Forschungsstadium. Von einer Standardisierung, z.B. einer Integration in die UML, ist man noch weit entfernt. Auch steht noch nicht fest, ob die entwickelten Konzepte ähnlich allgemein wie viele objektorientierte Konzepte sind, oder ob sie nur in speziellen Anwendungsbereichen sinnvoll einsetzbar sind. Einen Überblick über den Stand der Forschung geben /Zapf, Heinzl 00/.

2.17.11 Einsatz von CASE-Werkzeugen

Für die Modellierung und Simulation von Petri-Netzen gibt es eine Reihe von CASE-Werkzeugen.

Deutsche Version: www.systemtechnik.tu-ilmenau.de/~drath/visual.htm Englische Version: www.systemtechnik.tu-ilmenau.de/~drath/visual_e.htm

Ein Beispiel für ein solches Werkzeug ist *Visual Object Net* ++. Es erlaubt die einfache Erstellung, Simulation und Dokumentation von Petri-Netzen. Es unterstützt sowohl B/E- und S/T-Netze sowie die Reservierung von Platzkapazitäten und die Festlegung von Prioritäten. Das Werkzeug kann für die Modellierung von diskreten und zeitbehafteten Petri-Netzen benutzt werden. Abb. 2.17-32 zeigt das Beispiel 2c aus dem Abschnitt 2.17.2, modelliert mit *Visual Object Net* ++.

Visual Object Net ++ Kurzbedienung

- Will man ein neues Petri-Netz anlegen, so wählt man den Menüpunkt *New* aus dem Menü *File*.
- Soll ein Petri-Netzelement eingefügt werden, so selektiert man das entsprechende Element auf der Notizbuchseite *Standard* aus und klickt in die Zeichenfläche. Das Element wird daraufhin an der entsprechenden Stelle eingefügt.

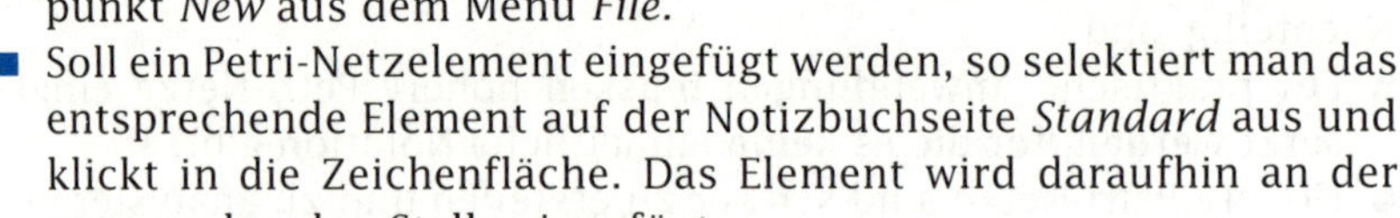

- Will man die Eigenschaften eines Elements verändern, dann klickt man das entsprechende Element an. Im Fenster *Properties* werden dann alle Eigenschaften des selektierten Elementes angezeigt. Jeder Eigenschaft ist hier ein Eingabeelement zugeordnet, durch die die Eigenschaft wie gewünscht verändert werden kann.
- Soll das Petri-Netz gespeichert werden, so wählt man den Menüpunkt *Save* im Menü *File*. Nach dem Abspeichern erscheint der Da-

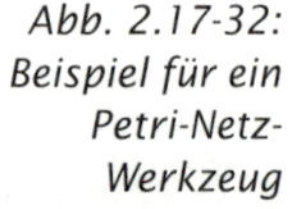

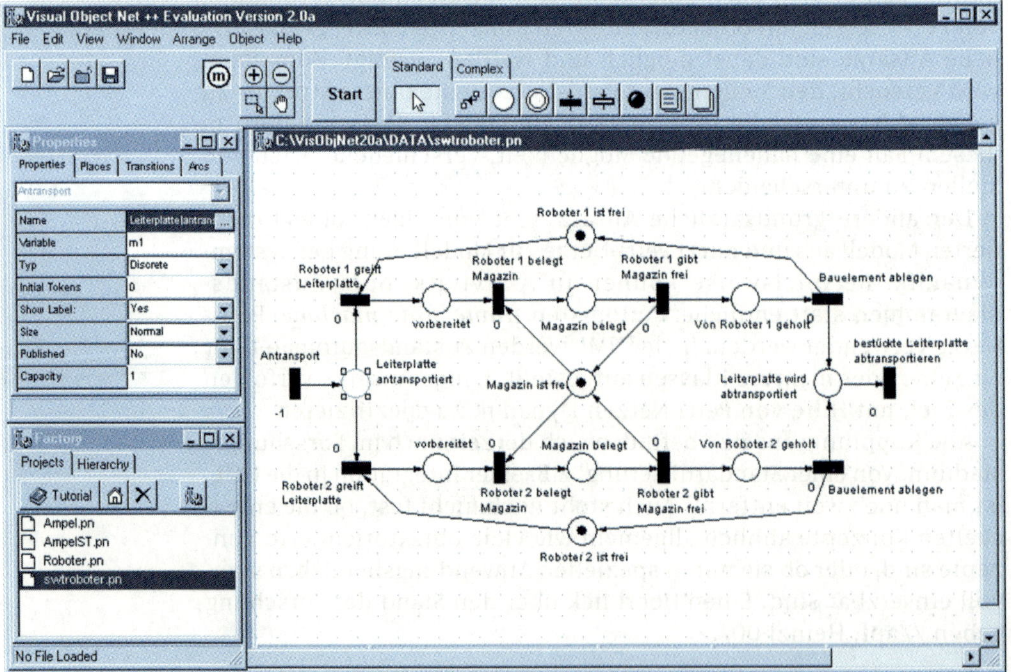

Abb. 2.17-32: Beispiel für ein Petri-Netz-Werkzeug

teiname im Fenster *Factory*. Über dieses Fenster kann das Petri-Netz später auch wieder aktiviert werden.

- Um das Petri-Netz zu animieren und zu testen, kann man nun den Knopf *Start* drücken. Anschließend kann man wählen, ob man schrittweise die aktivierten Transitionen durchlaufen möchte *(Step)* oder das Netz automatisch animieren möchte *(Run)*.

Bedingungs/Ereignis-Netz →Petri-Netz, bei dem jede →Stelle eine oder keine →Marke enthält. Enthalten alle Eingabestellen einer →Transition eine Marke (Vorbedingungen) und alle Ausgabestellen keine Marke (Nachbedingung), dann kann die Transition schalten. Die Stellen werden also als Bedingungen interpretiert, von denen die Ausführung eines Ereignisses (Transition) abhängt.

B/E-Netz →Bedingungs/Ereignis-Netz

deadlock →Verklemmung

Hierarchisches Petri-Netz Stellen und Transitionen eines →Petri-Netzes können sowohl verfeinert als auch zu einer höheren Abstraktionsebene zusammengefasst werden (→Kanal-Instanzen-Netz).

Kanal-Instanzen-Netz Obere Netzebenen bei →hierarchischen Petri-Netzen. Eine →Stelle wird als Kanal, eine →Transition als Instanz interpretiert.

Lebendigkeit Stellt in einem →Petri-Netz sicher, dass ausgehend von einer Anfangsmarkierung die →Transitionen immer so schalten, dass eine vorgegebene Transition im weiteren Verlauf nochmals schalten kann.

Marke *(token)* Dient zur Darstellung der dynamischen Vorgänge in einem →Petri-Netz. Eine Marke repräsentiert ein Objekt, das durch die →Transitionen weitergegeben wird. Eine Marke selbst wird durch einen kleinen schwarzen Kreis in einer →Stelle dargestellt.

Petri-Netz Abstraktes, formales Modell des Informationsflusses eines Systems. Zeigt die statischen und dynamischen Eigenschaften eines Systems. Normalerweise als Graph dargestellt, der zwei Knotentypen enthält (→Stellen und →Transitionen). Knoten können durch Pfeile miteinander verbunden sein. →Marken in den →Stellen repräsentieren den jeweiligen dynamischen Zustand.

Prädikats/Transitions-Netz Höheres →Petri-Netz, bei dem individuelle →Marken (»gefärbte Marken«) verwendet werden. Die Pfeile werden mit Variablen versehen, die →Transitionen mit Schaltbedingungen und Schaltwirkungen.

Pr/T-Netz →Prädikats/Transitions-Netz

Stelle (Platz, Zustand) Ein Knotentyp in einem →Petri-Netz. Passive Systemkomponente, in der Informationen oder Material abgelegt werden können. Der aktuelle Belegungszustand einer Stelle wird durch eine →Marke angegeben.

Stellen/Transitions-Netz →Petri-Netz, bei dem jede Stelle eine definierte Markenkapazität und jeder Pfeil ein Pfeilgewicht zugeordnet bekommt. Entsprechend den Gewichten entfernen →Transitionen →Marken von den Eingabestellen und verteilen sie auf die Ausgabestellen.

S/T-Netz →Stellen/Transitions-Netz

Transition (Hürde, Zustandsübergang) Ein Knotentyp in einem →Petri-Netz. Aktive Systemkomponente, die Informationen oder Material verarbeitet.

Verklemmung *(deadlock)* Situation in einem →Petri-Netz, in der keine →Transition schalten kann, die aber bei einer anderen Schaltreihenfolge hätte vermieden werden können.

Zeitbehaftetes Petri-Netz Höheres →Petri-Netz, bei dem →Stellen oder →Transitionen mit einem deterministischen oder stochastischen Zeitverbrauch versehen werden können.

Petri-Netze ermöglichen die Modellierung, Analyse und Simulation nebenläufiger Systeme. In Abhängigkeit von dem zu modellierenden System können verschieden mächtige Klassen von Petri-Netzen eingesetzt werden. Es werden einfache Petri-Netze (Bedingungs/Ereignis-Netze, Stellen/Transitions-Netze) und höhere Petri-Netze (Prädikat/Transitions-Netze, zeitbehaftete Petri-Netze) unterschieden. Wesentliche Unterschiede zwischen diesen Netztypen zeigt Abb. 2.17-33.

Stellen und Transitionen werden je nach Netztyp unterschiedlich bezeichnet und interpretiert. Die Stellen unterscheiden sich im Wesentlichen dadurch, ob sie eine oder mehrere Marken enthalten können und ob ein Zeitintervall angegeben ist, das festlegt, wie lange die Marken auf der Stelle verharren müssen.

Für B/E- und S/T-Netze gibt es jeweils eine allgemeine Schaltregel für Transitionen. Bei Pr/T-Netzen kann jede Transition mit einer Schaltbedingung und einer Schaltwirkung versehen werden. In zeitbehafteten Netzen können Zeitintervalle an Transitionen notiert werden.

Die Pfeile, die Stellen und Transitionen miteinander verbinden, können ungewichtet, gewichtet und mit Konstanten oder Variablen beschriftet sein. Marken können uniform oder individuell sein.

Jeden Netztyp kann man als hierarchisches Petri-Netz strukturieren. Die oberen Netzebenen heißen dann auch Kanal-Instanzen-Netze.

Ein Petri-Netz kann auf verschiedene Eigenschaften hin analysiert werden. Wichtig ist die Lebendigkeit und Verklemmungsfreiheit eines Netzes.

Abb. 2.17-33: Klassifikation von Petri-Netzen

Allgemeine Bezeichnung	grafische Repräsentation	B/E - Netze	S/T - Netz	Pr/T - Netz	Zeitbehaftetes Netz	Hierarchisches Netz
Stelle	(Kreis)	Bedingung *markiert oder unmarkiert*	Stelle *Kapazität > 0*	Prädikat *Kapazität > 0*	Stelle *Zeitintervall*	Kanal
Transition	(Rechteck) *oder* (Balken)	Ereignis	Transition	Ereignis *Schaltbedingung & Schaltwirkung*	Transition *Zeitintervall*	Instanz
Pfeil (Flussrelation)	→	ungewichtet	gewichtet	gewichtet *konstante und/oder variable Beschriftung*	je nach Netztyp	je nach Netztyp
Marke	●	Marke *uniform*	Marke *uniform*	Objekt *individuell*	je nach Netztyp	je nach Netztyp

/Reisig 85/
Reisig W., *Systementwurf mit Netzen*, Berlin-Heidelberg: Springer-Verlag, 1985, 125 Seiten.
Gut verständliches, einführendes Buch über Petri-Netze mit zahlreichen Beispielen, Aufgaben und Lösungen.

/Reisig 82/
Reisig W., *Petri-Netze – eine Einführung*, Berlin-Heidelberg: Springer-Verlag, 1982.
Stark mathematisch orientierte Einführung in Petri-Netze.

/Herzog, Reisig, Valk 84/
Herzog O., Reisig W., Valk R., *Petri-Netze: ein Abriß ihrer Grundlagen und Anwendungen, in: Informatik-Spektrum*, Band 7, 1984, S. 20–27.
Kurzgefasster Überblick über B/E- und S/T-Netze einschließlich der Analysemöglichkeiten.

Zitierte Literatur

/Zapf, Heinzl 00/
Zapf M., Heinzl A., *Ansätze zur Integration von Petri-Netzen und objektorientierten Konzepten*, Wirtschaftsinformatik 42(2000) 1, S. 36-46.

Analytische Aufgaben
Muss-Aufgabe
5 Minuten

1 *Lernziel: Ein gegebenes B/E-Netz auf Verklemmungen untersuchen können.*
Gegeben ist folgendes Problem:
Zwei Studenten benötigen zur Vorbereitung auf die Prüfung ein zweibändiges Lehrbuch. Der erste Student leiht zunächst Band 1 aus und will Band 2 erst später holen. Als der zweite Student kommt, entdeckt er zwar, dass Band 1 bereits nicht mehr vorhanden ist, leiht aber »vorsorglich« schon Band 2 aus. Der erste Student ist nun mit dem Bearbeiten von Band 1 fertig und will Band 2 ausleihen. Er kann Band 1 noch nicht zurückgeben, da er weiß, dass er beim Durcharbeiten des ersten Kapitels von Band 2 den ersten Band noch häufig zum Nachschlagen benötigen wird. Beide Studenten warten nun auf die Rückgabe des jeweils anderen Bandes, ohne den eigenen zurückzugeben.
Eine entsprechende Netz-Modellierung zeigt Abb. 2.17-34.
Untersuchen Sie dieses Petri-Netz ausgehend von der eingezeichneten Anfangsmarkierung auf Verklemmungen.

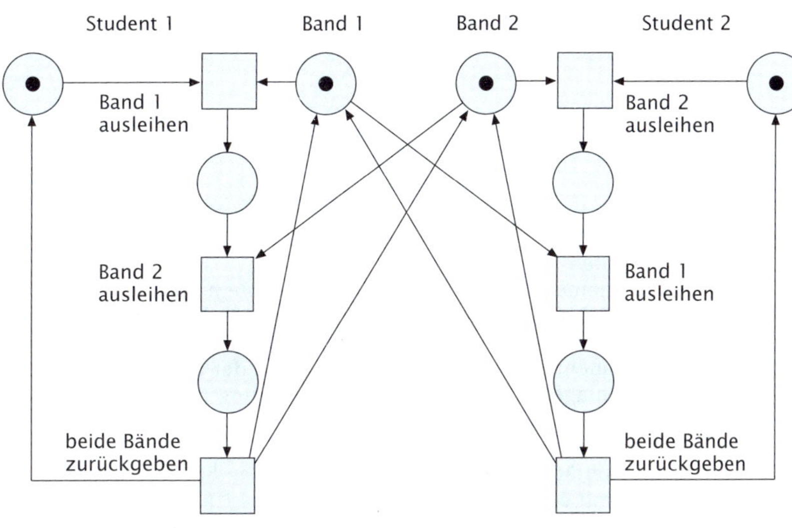

Abb. 2.17-34: Petri-Netz zur Modellierung einer Ausleihe von Büchern

Kann-Aufgabe
10 Minuten

2 *Lernziel: Gegebene, geeignete Problemstellungen durch B/E- und S/T-Netze modellieren können.*
Umbauarbeiten am in Abschnitt 2.17.2 behandelten Fließband führen dazu, dass das Eintreffen der unbestückten und der Abtransport der bestückten Leiterplatten an derselben Stelle stattfinden muss. Damit ergeben sich neue Konfliktsituationen. Modifizieren Sie das B/E-Netz aus Abb. 2.17-5 so, dass das geänderte Systemverhalten modelliert wird.

Klausur-Aufgabe
15 Minuten

3 *Lernziele: Die Dynamik eines Petri-Netzes anhand der Markenwanderung darstellen können. Wissen was Verklemmungen sind.*

a Ordnen Sie die Teilabbildungen I bis V der Abb. 2.17-35 so um, dass eine sinnvolle Schaltungsreihenfolge für die Transitionen des dargestellten Petri-Netzes entsteht.

b Ist das dargestellte Petri-Netz, ausgehend von der Anfangsmarkierung in der ersten Abbildung, lebendig?

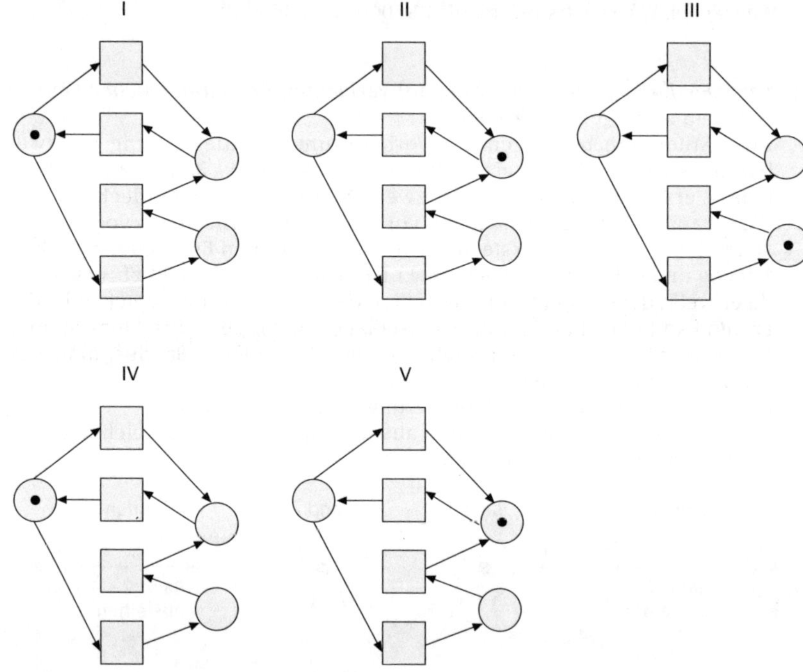

Abb. 2.17-35: Schnappschüsse eines Petri-Netzes

Konstruktive Aufgaben
Muss-Aufgabe
20 Minuten

4 *Lernziel: Gegebene, geeignete Problemstellungen durch B/E und S/T- Netze modellieren können.*
Aus dem allgemeinen Erzeuger/Verbraucherproblem ist folgendes Zwischenlagerbeispiel abgeleitet. Ein Lieferant liefert Teile an und lagert sie im Zwischenlager ein. Die Fertigung entnimmt die Teile aus dem Zwischenlager und verbraucht sie (Abb. 2.17-36). Aufgrund der begrenzten Kapazität des Zwischenlagers sind Lieferant und Fertigung miteinander gekoppelt.
Lösen Sie bitte folgende Aufgaben:

a Die Lagerkapazität soll vergrößert werden. Geben Sie ein entsprechendes S/T-Netz mit einer Zwischenlagerkapazität = 10 an.

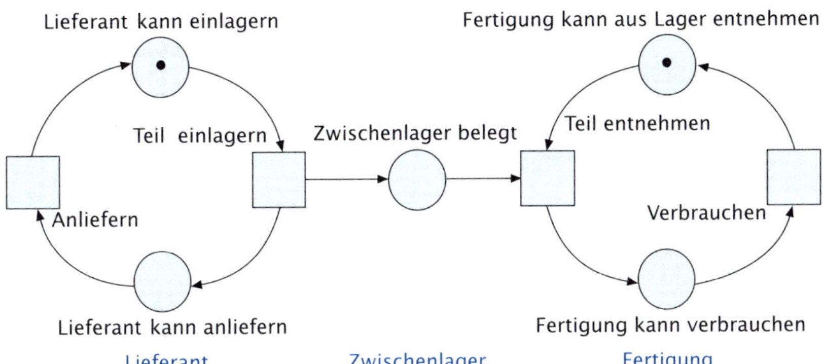

Abb. 2.17-36: Petri-Netz zur Modellierung eines Zwischenlagers

b Lieferengpässe führen zum Vertragsabschluss mit einem zweiten Lieferanten. Geben Sie ein entsprechendes S/T-Netz mit einer Zwischenlagerkapazität = 10 und zwei Lieferanten an, wobei unterschieden werden kann, ob Lieferant 1 oder Lieferant 2 ein Teil anliefert.

c Vereinfachen Sie das S/T-Netz aus Aufgabenteil b, indem Sie nicht mehr unterscheiden, welcher der beiden Lieferanten ein Teil anliefert.

5 *Lernziel: Gegebene, geeignete Problemstellungen durch B/E-Netze und S/T-Netze modellieren können.*
Modellieren Sie die in Abb. 2.17-37 dargestellte Paketverteilanlage.

Kann-Aufgabe
40 Minuten

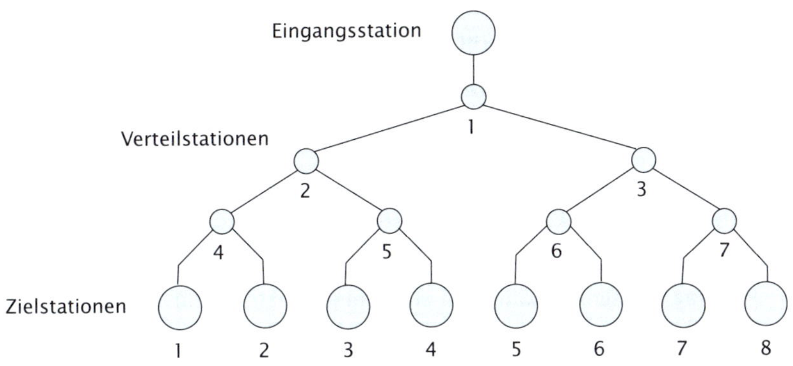

Abb. 2.17-37: Zu modellierende Paketverteilanlage

Die in der Eingangsstation einlaufenden Pakete sind durch ein Codezeichen markiert, das die Zielstation angibt. Das Steuersystem liest das Codezeichen und steuert danach die einzelnen Verteilstationen, die das Durchlaufen des Pakets melden.

Die Eingangsstation (Abb. 2.17-38) besteht aus einem Freigabeorgan mit den Teilen F1 und F2. F2 hält das einlaufende Paket so lange fest, bis das Meldeorgan die Ankunft an das Steuersystem gemeldet hat und dieses mit Hilfe des Leseorgans das Codezeichen aufgenommen hat. Danach gibt das Steuersystem einen Auftrag an das Freigabeorgan, die Sperre F2 gibt den Weiterlauf für das Paket frei und das Beschleunigungsteil F1 neigt sich. Dadurch gleitet das Paket weiter, gleichzeitig wird das nachfolgende Paket so lange am Einlaufen gehindert, bis die Sperre F2 wieder eingetreten ist.

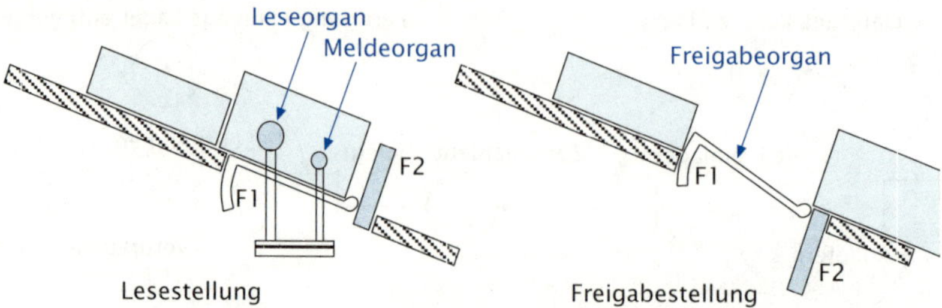

Abb. 2.17-38: Aufbau der Eingabestation

Die Eingangs- und Ausgangspunkte jeder Verteilerstation (Abb. 2.17-39) sind mit Lichtschranken versehen. Diese können das Passieren der einzelnen Pakete mit Sicherheit erkennen, auch wenn diese dicht aufeinander folgen. Diese Meldungen werden im Steuersystem zur Laufwegverfolgung jedes einzelnen Pakets ausgewertet. Dadurch kann in Verbindung mit dem bereits markierten Ziel der Steuerauftrag für das nächste Lenkorgan ermittelt und ausgegeben werden.

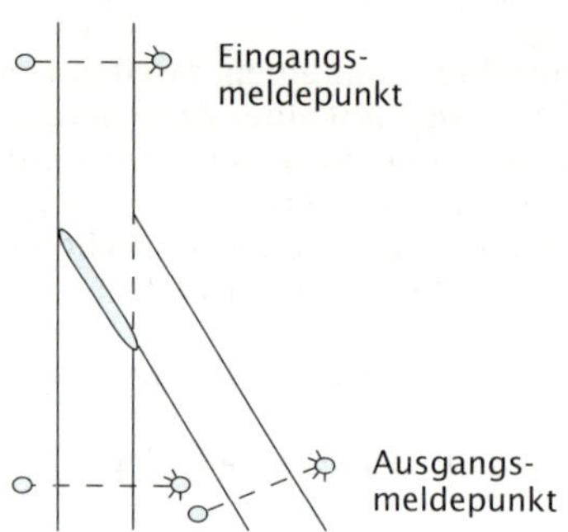

Abb. 2.17-39: Aufbau einer Verteilerstation

Modellieren Sie die Paketverteilanlage durch ein adäquates Petri-Netz. Zur Vereinfachung können Sie annehmen, dass nur ein Paket zur selben Zeit auf dem Weg von der Eingangs- zu einer der Ausgangsstationen ist.

Kann-Aufgabe *40 Minuten*

6 *Lernziel: CASE-Werkzeuge für die Erstellung von Petri-Netzen einsetzen können.*
Modellieren Sie das S/T-Netz aus Beispiel 4, Abschnitt 2.17.3 mit dem CASE-Werkzeug *Visual Object Net++*. Animieren Sie anschließend das Petri-Netz mit den dafür in *Visual Object Net++* vorgesehenen Funktionen.

Klausur-Aufgabe *20 Minuten*

7 *Lernziele: Gegebene, geeignete Problemstellungen durch B/E-Netze und S/T-Netze modellieren können. Ein gegebenes B/E-Netz auf Verklemmungen untersuchen können. Typische Anwendungsmuster von Petri-Netzen kennen und zeichnen können.*
Für eine Straßenkreuzung soll eine Ampelschaltung für vier Ampeln entworfen werden. Dabei sollen gegenüberliegende Ampeln immer gleichzeitig auf grün bzw. rot geschaltet werden (keine besonderen Regelungen für links- bzw. rechtsabbiegende Fahrzeuge).
a Modellieren Sie die Ampelschaltung mit Hilfe eines B/E-Netzes.
b Überführen Sie Ihr B/E-Netz in ein S/T-Netz.
c Überlegen Sie sich eine sinnvolle Anfangsmarkierung und zeigen Sie, ausgehend von dieser Anfangsmarkierung, dass Ihr B/E-Netz verklemmungsfrei ist.

Hinweis Weitere Aufgaben befinden sich auf der CD-ROM 1. 

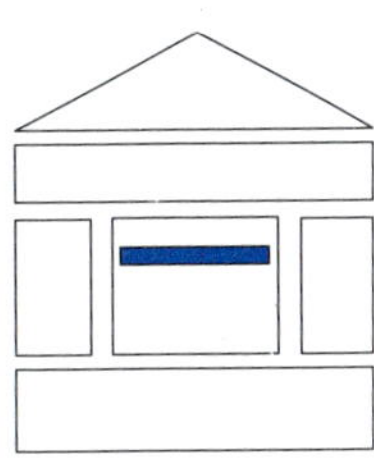

2 Die Definitionsphase – OOA

- Wichtige Muster der Systemanalyse kennen.
- Die methodischen Schritte zum Erstellen eines OOA-Modells angeben können.
- Die aufgeführten OOA-Muster erklären und in OOA-Modellen identifizieren können.
- Anhand der beschriebenen methodischen Vorgehensweise und unter Verwendung der angegebenen Checklisten systematisch ein OOA-Modell erstellen und überprüfen können.
- CASE-Werkzeuge zur Darstellung der UML-Notation sowie zur Generierung von Anwendungen einsetzen können.

wissen

anwenden

- Voraussetzungen für diese Lehreinheit sind die Kapitel 2.6, 2.8 und 2.9.
- Zum Verständnis von Abschnitt 2.18.5 müssen die Kapitel 1.5 bis 1.9 sowie der Abschnitt 2.6.3 bekannt sein.

i

Hinweis für Dozenten

Metaplan-Technik Kapitel II 5.4

Es hat sich bewährt, nach der Identifikation der Klassen jede Klasse einem Zuhörer verantwortlich zu übertragen. Die entsprechenden Zuhörer erhalten eine Metaplan-Karte (rechteckige Karte), teilen sie durch Striche in drei Bereiche. In den obersten Bereich tragen sie den Klassennamen ein, in den mittleren Bereich schreiben sie nach und nach die gesammelten Attribute ein. Im unteren Bereich werden analog die Operationen notiert. Anschließend heften die Zuhörer die Karten an eine Pinnwand. Bei der Identifikation der Strukturen werden die Karten dann entsprechend gruppiert und Assoziations- und Vererbungsverbindungen zwischen den Klassen eingezeichnet. Neben der interaktiven Einbeziehung der Zuhörer vermittelt diese Technik auch, wie im Team mit OOA gearbeitet werden kann.

Liegt ein erstes grobes OOA-Modell vor, dann ist es sinnvoll, das Klassendiagramm mit einem CASE-Werkzeug zu erfassen. Das Diagramm wird dann mit Versionsnummer und Datum ausgedruckt – wenn es mehrere Seiten umfasst – zusammengeklebt und an die Pinnwand gehängt. Änderungen und Erweiterungen werden handschriftlich im Ausdruck notiert. Anschließend werden die Änderungen mit dem CASE-Werkzeug erfasst und ein neuer Ausdruck erstellt, der den alten ersetzt usw.

Kapitel III 3.1

Diese Vorgehensweise wiederholt sich so lange, bis eine stabile Version des Modells vorhanden ist, das einer formalen Inspektion unterzogen werden kann.

2.18 Objektorientierte Analyse

2.18.1 Zur Historie

Kapitel 2.8 und 2.9

1980 wurde mit der Programmiersprache Smalltalk-80 die Ära der objektorientierten Programmierung (OOP) eröffnet. Seitdem bilden Objekt, Klasse, Attribut, Operation, Botschaft und Vererbung die **Grundkonzepte** der objektorientierten Software-Entwicklung. Es dauerte jedoch weitere zehn Jahre, bis sich die Objektorientierung für die gesamte Software-Entwicklung durchsetzte. Ein Grund lag darin, dass die objektorientierten Grundkonzepte nicht ausreichten, um ein Fachkonzept problemnah zu modellieren.

Kapitel 2.10

Erst die Autoren Coad und Yourdon ergänzten 1990 die objektorientierten Grundkonzepte um Konzepte aus dem *Entity-Relationship*-Modell und der semantischen Datenmodellierung. Sie fügten den Grundkonzepten Assoziationen (Beziehungstypen) und Aggregationen (Ist-Teil-von-Beziehungen) hinzu.

Abschnitte 2.9.3 und 2.16.6

Umfangreiche Modelle können in Pakete gegliedert werden (siehe Abschnitt 2.9.3). Der Objektlebenszyklus kann durch Zustandsautomaten spezifiziert werden (siehe Abschnitt 2.16.6). Andere Autoren integrierten Geschäftsprozesse sowie Sequenz-, Objekt- und Kollaborationsdiagramme in die objektorientierte Welt. Die Ursprünge der objektorientierten Analyse sind in Abb. 2.18-1 dargestellt.

Die objektorientierten Grundkonzepte zusammen mit diesen Erweiterungen bilden die **objektorientierte Analyse (OOA, *object oriented analysis*),** die es dem Systemanalytiker erlaubt, die **fachliche Lösung** des zu realisierenden Systems zu modellieren.

Nach 1990 erlebte die objektorientierte Software-Entwicklung und insbesondere die objektorientierte Analyse eine stürmische Entwicklung. Die Bücher von /Booch 91, 94/, /Coad,Yourdon 91a, 91b/, / Jacobson et al. 92/, /Rumbaugh et al. 91/ und /Shlaer, Mellor 88, 92/ gelten heute als Standardwerke. Im Oktober 1994 schlossen sich Grady Booch und Jim Rumbaugh bei der *Rational Software Corporation* zusammen, um ihre erfolgreichen Methoden zu einem einheitlichen Industriestandard weiterzuentwickeln. Es entstand zunächst der Vorgänger *der Unified Modeling Language* (UML), der unter dem Namen *Unified Method* 0.8 /Booch, Rumbaugh 95/ publiziert wurde. Seit Herbst 1995 wirkt auch Ivar Jacobson an der Entwicklung der UML mit. Im Oktober 1996 wurde die Version 0.91 der UML veröffentlicht. Im September 1997 wurde die Version 1.1 der UML /UML 97/ verabschiedet, in die zusätzlich die Ideen verschiedener UML-Partner eingeflossen sind. Die UML 1.1 wurde von der *Object Management Group* (OMG) – einem Zusammenschluss von Industriefirmen – am 17. November 1997 als Standard verabschiedet. Seit Juni 1999 gilt die Ver-

Peter Coad
* 1953 in San Francisco; erzielte 1990 mit seinem Buch »*Object-Oriented Analysis*« (zusammen mit E. Yourdon) den Durchbruch in der objektorientierten Analyse; Wegbereiter von OOA-Mustern (Buch: *Object Models: Strategies, Patterns, and Applications* 1995); Ausbildung: BS Electrical Engineering, Oklahoma State University (1977), MS Computer Science, University of Southern California (1981); heute: *President Object International, Inc.*, Austin, USA.

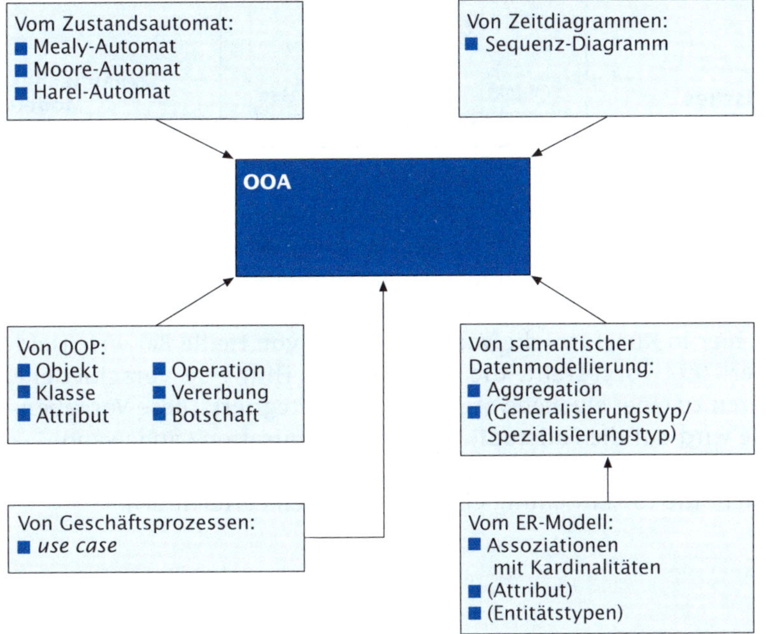

Abb. 2.18-1: Ursprünge der objektorientierten Analyse

sion 1.3 /UML 99/. Inzwischen hat sich die **UML** als die Standard-Notation der Objektorientierung durchgesetzt.

Ziel der objektorientierten Analyse ist es, die fachliche Lösung eines neuen Software-Produkts mit Hilfe objektorientierter Konzepte zu modellieren. Die entstehende Spezifikation besteht aus einem **statischen** und einem **dynamischen Modell**. Welches dieser beiden Modelle in der Systemanalyse das größere Gewicht besitzt, hängt wesentlich von der jeweiligen Anwendung ab. Das statische Modell ist bei Datenbank-Anwendungen besonders wichtig. Das dynamische Modell ist bei stark interaktiven Systemen sowie bei technischen Systemen von besonderer Bedeutung. Abb. 2.18-2 zeigt, wie die objektorientierten Konzepte auf diese Modelle abgebildet werden.

Abb. 2.18-2: Statisches und dynamisches Modell /Heide Balzert 99, S. 10/

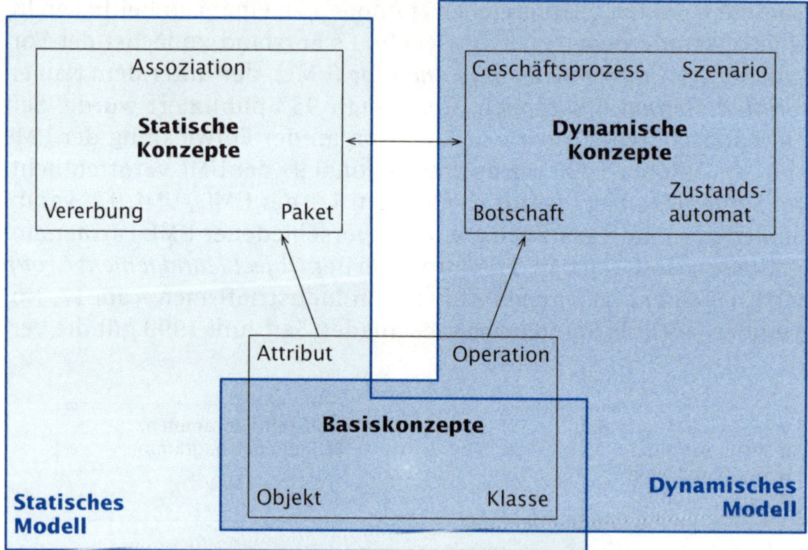

Dr. James Rumbaugh * 1947 in Bethlehem, PA, USA; Chefentwickler der OMT-Methode *(Object Modeling Technique)*, beschrieben im Buch *Object-Oriented Modeling and Design* (1991) (zusammen mit vier Co-Autoren); Promotion in *Computer Science* am MIT 1985; von 1968 bis 1994 bei General Electric Research & Development Center als *senior staff scientist*, seit 1994 als *fellow* bei Rational Software Corporation, Santa Clara CA, USA.

Die oben aufgeführten OO-Konzepte wurden in verschiedenen Kapiteln bereits behandelt. Im übernächsten Abschnitt wird gezeigt, wie diese Konzepte im Rahmen einer methodischen Vorgehensweise eingesetzt werden, um ein objektorientiertes Modell zu erstellen. Es wird hier in Kurzform die Vorgehensweise von Heide Balzert /Heide Balzert 99/ vorgestellt, die methodische Hinweise verschiedener Autoren zu einer eigenen Vorgehensweise integriert. Diese Vorgehensweise wird auf die Fallstudie »Seminarorganisation« angewandt.

Im nächsten Abschnitt werden jedoch zunächst OOA-Muster behandelt, die die Erstellung eines OOA-Modells erleichtern.

2.18.2 OOA-Muster

Die Analyse vorhandener OOA-Modelle zeigt, dass sich bestimmte Grundmuster in ähnlicher Form immer wiederholen /Heide Balzert 99, S. 90ff./, /Coad 92a, 92b/, /Coad, North, Mayfield 95/, /Fowler 97/.

Muster

Vereinfacht ausgedrückt ist ein **Muster *(pattern)*** eine Idee, die sich in der Praxis bewährt hat. Ein **OOA-Muster** besteht aus einer Gruppe von Klassen mit feststehenden Verantwortlichkeiten und Interaktionen /Coad 95/. Es kann eine Gruppe von Klassen sein, die durch Beziehungen verknüpft ist, oder eine Gruppe von kommunizierenden Objekten.

Muster ermöglichen Software-Entwicklern eine effektive Kommunikation. Sie erlauben außerdem eine standardisierte Lösung bestimmter Probleme. Bei der Modellierung helfen sie z.B. die verschiedenen Arten der Assoziation zu unterscheiden.

Der Einsatz vorhandener Muster in neuen Software-Entwicklungen hängt stark vom Anwendungsbereich ab. Man unterscheidet **allgemeine Muster** und anwendungsspezifische Muster. Letztere bieten beispielsweise Problemlösungen für Planungssysteme oder Warenwirtschaftssysteme /Fowler 97/. Im Folgenden werden zehn allgemeine Muster vorgestellt /Heide Balzert 99/.

Beschreibung von Mustern

Jedes Muster wird über einen eindeutigen Namen identifiziert. Es wird durch ein oder mehrere Beispiele erläutert, die skizzieren, für welche Problemstellung das Muster eine Lösung anbietet. Anschließend werden die typischen Eigenschaften dieses Musters aufgeführt.

Muster 1: Liste

Motivation

In der Fallstudie Lagerverwaltung besteht ein Lagermodul aus verschiedenen Lagerplätzen. Abb. 2.18-3 zeigt eine Lagerliste und die zugehörige OOA-Modellierung. Eine solche Problemstellung kommt in vielen Anwendungsbereichen vor und wird als Komposition modelliert.

Lagerliste

Nummer: 4

Störungsstatus: ok

X Koordinate	Y Koordinate	Belegt Status	Sperrkenn-zeichen	Regal-seite
50	100	Frei	kein	A
50	200	Belegt	kein	A
50	300	Frei	kein	A

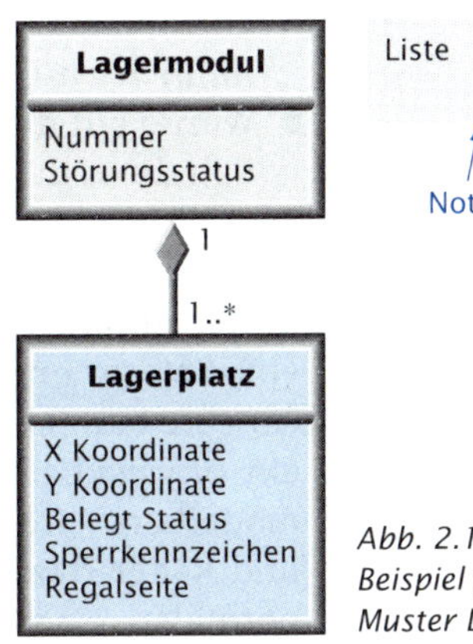

Abb. 2.18-3: Beispiel für das Muster Liste

Notation Notiz

Die UML erlaubt es, auf jedem Diagramm wichtige Informationen als Notiz anzugeben.

Eigenschaften

- Es liegt eine Komposition vor.
- Ein Ganzes besteht aus gleichartigen Teilen, d.h. es gibt nur eine Teil-Klasse.
- Teil-Objekte bleiben einem Aggregat-Objekt fest zugeordnet. Sie können jedoch gelöscht werden, bevor das Ganze gelöscht wird.
- Die Attributwerte des Aggregat-Objekts gelten auch für die zugehörigen Teil-Objekte.
- Das Aggregat-Objekt enthält mindestens ein Teil-Objekt, d.h. die Kardinalität ist meist 1..*.

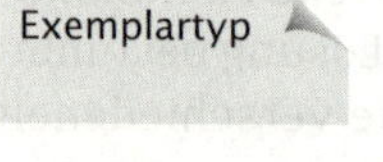

Muster 2: Exemplartyp

Motivation

In der Fallstudie Seminarorganisation sind von einem Seminartyp mehrere Veranstaltungen zu verwalten. Würde diese Problemstellung durch eine einzige Klasse Veranstaltung modelliert, dann würden mehrere Objekte bei Titel, Zielsetzung, Methodik, Inhalt usw. identische Attributwerte besitzen. Eine bessere Modellierung ergibt sich, wenn die gemeinsamen Attributwerte mehrerer Veranstaltungen in einer neuen Klasse *Seminartyp* zusammengefasst werden (Abb. 2.18-4).

Seminartyp
Titel
Zielsetzung
Methodik
Inhalt

1

*

Veranstaltung
Nummer
Dauer
Von
Bis

Abb. 2.18-4: Beispiel für das Muster Exemplartyp

Eigenschaften

- Es liegt eine einfache Assoziation vor, denn es besteht keine Ist-Teil-von-Beziehung.
- Einmal erstellte Objektverbindungen werden im Allgemeinen *nicht* verändert. Sie werden nur gelöscht, wenn das betreffende Exemplar entfernt wird.
- Der Name der neuen Klasse enthält oft Begriffe wie Typ, Gruppe, Beschreibung, Spezifikation.
- Eine Beschreibung kann – zeitweise – unabhängig von konkreten Exemplaren existieren. Daher ist die Kardinalität im Allgemeinen *many (0..m)*.
- Würde auf die neue Klasse verzichtet, so würde als Nachteil lediglich die redundante »Speicherung« von Attributwerten auftreten.

Muster 3: Baugruppe

Motivation

In der Abb. 2.18-5 soll ausgedrückt werden, dass jedes Auto exakt einen Motor und vier Räder haben soll. Da es sich hier um physische Objekte handelt, d.h. Objekte, die Gegenstände repräsentieren, liegt ein physisches Enthaltensein vor, das mit Hilfe der Komposition modelliert wird. Wenn ein Auto verkauft wird, dann gehören Motor und Räder dazu. Die Zuordnung der Teile zu ihrem Ganzen bleibt normalerweise über einen längeren Zeitraum bestehen. Der Motor kann jedoch durch einen neuen Motor ersetzt werden und der alte Motor in ein anderes Objekt eingebaut werden.

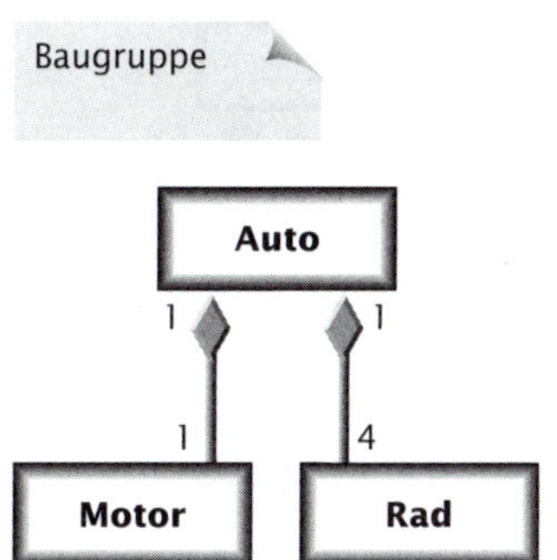

Abb. 2.18-5: Beispiel für das Muster Baugruppe

Eigenschaften

- Es handelt sich um physische Objekte.
- Es liegt eine Komposition vor.
- Objektverbindungen bestehen meist über eine längere Zeit. Ein Teil-Objekt kann jedoch von seinem Aggregat-Objekt getrennt werden und einem anderen Ganzen zugeordnet werden.
- Ein Ganzes kann aus unterschiedlichen Teilen bestehen.

Muster 4: Stückliste

Motivation

Eine Grafik besteht aus Grafikelementen, z.B. Rechteck, Text, Linie. Sie kann andere Grafiken enthalten (Abb. 2.18-6). Sowohl die Grafik als auch alle darin enthaltenen Elemente sollen als Einheit behandelt werden können. Jedes der Elemente soll auch einzeln gehandhabt werden können. Wird beispielsweise die Grafik kopiert, dann sollen alle darin enthaltenen Grafikelemente kopiert werden. Wird die Grafik gelöscht, dann werden auch alle seine Teile gelöscht. Ein Grafikelement kann vorher jedoch einer anderen Grafik zugeordnet werden.

Ein Sonderfall liegt vor, wenn sich diese Enthaltensein-Beziehung auf gleichartige Objekte bezieht. Beispielsweise setzt sich jede Komponente aus mehreren Komponenten zusammen. Ein Buchabschnitt enthält andere Buchabschnitte. Umgekehrt ist jede Komponente in einer oder keiner anderen Komponente enthalten.

Diese Problemstellung wird durch eine Komposition modelliert, wobei die verschiedenen Teil-Objekte durch eine Vererbung dargestellt werden. Bei der Klasse Grafik liegt eine 0..1-Kardinalität vor. Eine 1-Kardinalität würde bedeuten, dass jedes Grafikelement – also auch jede Grafik – in einer anderen Grafik enthalten sein müsste.

Eigenschaften

- Es liegt eine Komposition vor.
- Das Aggregat-Objekt und seine Teil-Objekte müssen sowohl als Einheit als auch einzeln behandelt werden können.
- Teil-Objekte können anderen Aggregat-Objekten zugeordnet werden.
- Die Kardinalität bei der Aggregat-Klasse ist 0..1.
- Ein Objekt der Art A kann sich aus mehreren Objekten der Arten A, B und C zusammensetzen.
- Der Sonderfall der Stückliste ist, dass ein Stück nicht aus Objekten unterschiedlicher Art, sondern nur aus einer einzigen Art besteht.

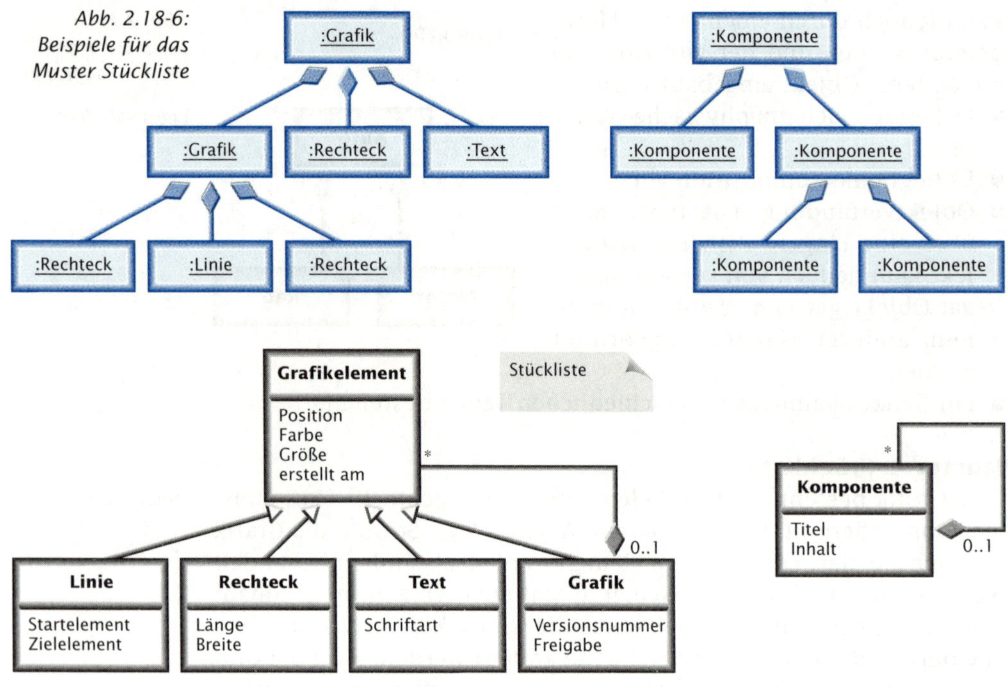

Abb. 2.18-6: Beispiele für das Muster Stückliste

Muster 5: Koordinator

Motivation

In der Abb. 2.18-7 verbindet eine ternäre Assoziation Objekte der Klassen Kunde, Verkäufer und Produkt und »merkt« sich in der assoziativen Klasse *Verkauf*, welcher Verkäufer welchem Kunden welches Produkt verkauft hat. Diese ternäre Assoziation kann – wie abgebildet – in binäre Assoziationen und eine Koordinator-Klasse transformiert werden. Für eine Koordinator-Klasse ist typisch, dass sie selbst oft nur wenige Attribute und Operationen besitzt. Sie merkt sich vor allem, »wer wen kennt«. Als Sonderfall dieser Problemstellung kann eine binäre Assoziation mit einer assoziativen Klasse betrachtet werden (siehe z.B. Abb. 2.9-14).

Eigenschaften

- Es liegen einfache Assoziationen vor.
- Die Koordinator-Klasse ersetzt eine n-äre (n >= 2) Assoziation durch binäre Assoziationen mit assoziativer Klasse.
- Die Koordinator-Klasse besitzt kaum Attribute/Operationen, sondern mehrere Assoziationen zu anderen Klassen, im Allgemeinen zu genau einem Objekt jeder Klasse.

Muster 6: Rollen

Motivation

In der Fallstudie Seminarorganisation kann ein Dozent auch Teilnehmer an einer Veranstaltung sein, um sich selbst weiterzubilden. Dabei kann der Dozent sowohl Referent, als auch Seminarleiter (siehe auch Abb. 2.9-7) als auch Teilnehmer von Veranstaltungen sein. Der

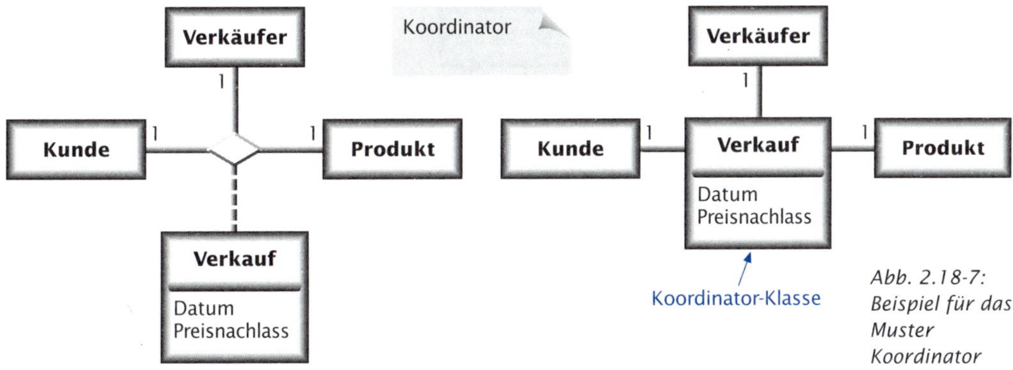

Abb. 2.18-7: Beispiel für das Muster Koordinator

Dozent spielt – zur selben Zeit – in Bezug auf die Klasse *Veranstaltung* mehrere Rollen. Diese Problemstellung kommt relativ häufig vor und wird wie in Abb. 2.18-8 modelliert. Würden anstelle der Klasse *Dozent* die Klassen *Referent, Seminarleiter* und *Teilnehmer* verwendet, dann hätten alle drei Klassen dieselben Attribute (und Operationen). Außerdem könnte nicht modelliert werden, dass ein bestimmtes Dozenten-Objekt sowohl Referent als auch Teilnehmer – bei anderen Veranstaltungen – ist.

Eigenschaften

- Zwischen zwei Klassen existieren zwei oder mehrere einfache Assoziationen.
- Ein Objekt kann – zu einem Zeitpunkt – in Bezug auf die Objekte der anderen Klasse verschiedene Rollen spielen.
- Objekte, die verschiedene Rollen spielen können, besitzen unabhängig von der jeweiligen Rolle die gleichen Eigenschaften und ggf. gleiche Operationen.

Abb. 2.18-8: Beispiel für das Muster Rollen

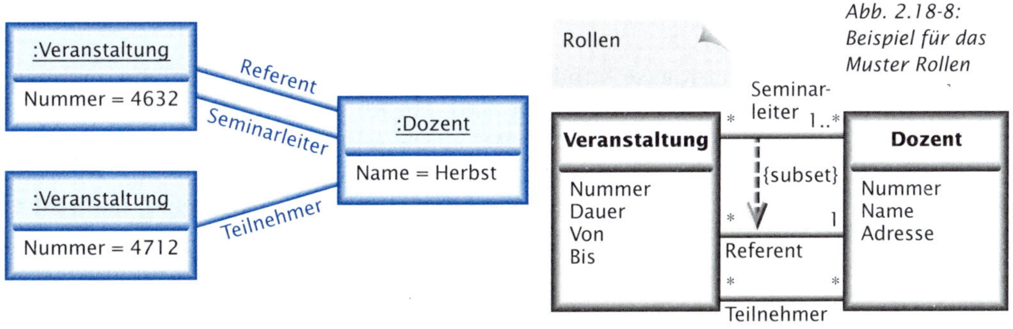

Muster 7: Wechselnde Rollen

Motivation

In der Abb. 2.18-9 wird modelliert, dass ein Kunde wechselnde Rollen in der Seminarorganisation einnehmen kann. Soll später nachvollzogen werden, welche Werte ein Objekt zu welchem Zeitpunkt besessen hat, dann ist eine Aufzeichnung der Historie notwendig.

Abb. 2.18-9: Beispiel für das Muster Wechselnde Rollen

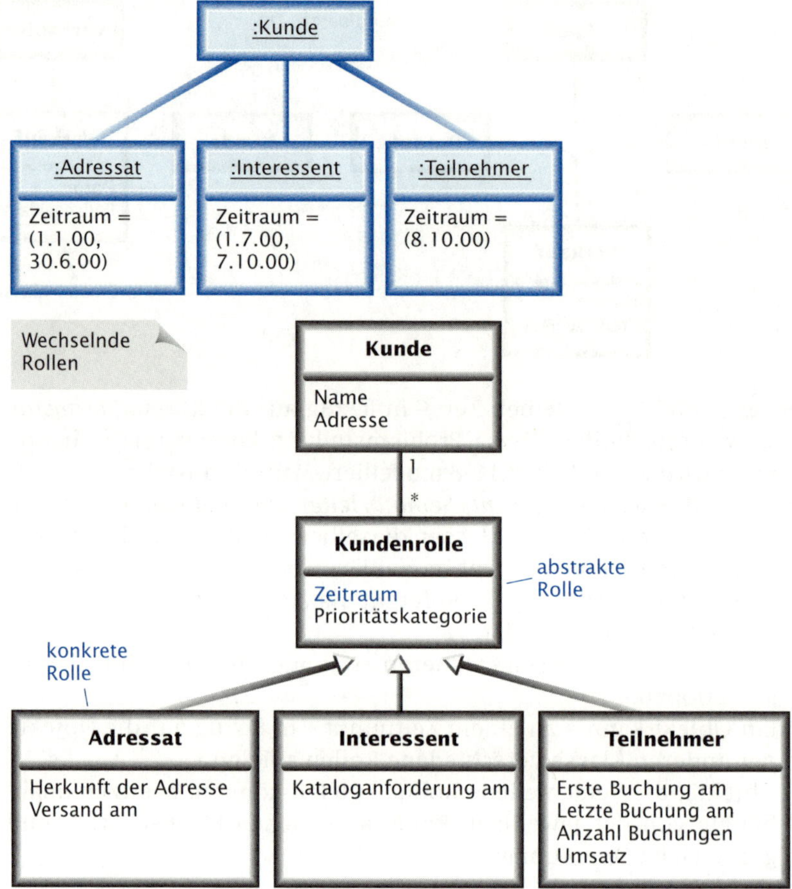

In der Klasse Kunde werden alle Daten gespeichert, die unabhängig von einem Zeitpunkt sind. Ein Kunde ist in der Regel zunächst ein Adressat von Werbematerial. Die Adresse wird bei einem Adressenhandel gekauft. Fordert ein Kunde einen Seminarkatalog an, dann wird er zum Interessenten. Bucht er eine Veranstaltung, dann ist er ein Teilnehmer. Um das Marketing zu optimieren, sollen alle drei Rollen gespeichert werden. Für alle Kunden wird zu bestimmten Zeitpunkten eine Prioritätskategorie ermittelt, die die Bedeutung der Kunden widerspiegelt.

Eigenschaften

- Ein Objekt der realen Welt kann zu verschiedenen Zeiten verschiedene Rollen spielen. In jeder Rolle kann es unterschiedliche Eigenschaften (Attribute, Assoziationen) und Operationen besitzen.
- Die unterschiedlichen Rollen werden mittels Vererbung modelliert.
- Objektverbindungen zwischen dem Objekt und seinen Rollen werden nur erweitert, d.h. weder gelöscht noch zu anderen Objekten aufgebaut.

Muster 8: Historie

Motivation

Eine Bibliothek muss speichern, welche Bücher welcher Kunde ausgeliehen hat. Dabei darf zu jedem Zeitpunkt t der Kunde nur fünf Buchexemplare ausgeliehen haben. Diese Problemstellung wird wie in Abb. 2.18-10 mit einer Assoziation modelliert. Für jedes Buchexemplar wird der Zeitraum eingetragen. Die Restriktion {t<=5} spezifiziert, dass ein Kunde zu einem Zeitpunkt maximal fünf Buchexemplare ausgeliehen hat. Wenn alle einmal ausgeliehenen Buchexemplare eines Kunden gespeichert sein sollen, dann bedeutet dies, dass die aufgebauten Verbindungen zu *Buchexemplar* bestehen bleiben bis der Kunde nicht mehr Kunde der Bibliothek ist.

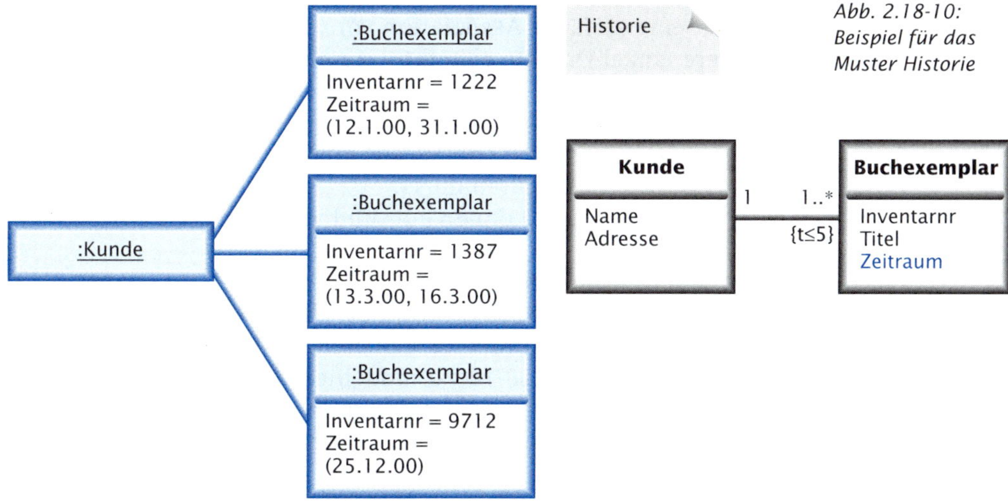

Abb. 2.18-10: Beispiel für das Muster Historie

Eigenschaften

- Es liegt eine einfache Assoziation vor.
- Für ein Objekt sind mehrere Vorgänge bzw. Fakten zu dokumentieren.
- Für jeden Vorgang bzw. jedes Faktum ist der Zeitraum festzuhalten.
- Aufgebaute Objektverbindungen zu den Vorgängen bzw. Fakten werden nur erweitert.
- Die zeitliche Restriktion {t # k} (k = gültige Kardinalität) sagt aus, was zu einem Zeitpunkt gelten muss, wobei # für die Vergleichsoperationen =, <, >, <=, >= und ≠ steht.

Muster 9: Gruppe

Motivation

In der Abb. 2.18-11 bildet sich eine Gruppe, wenn mehrere Mitarbeiter zu einem Projektteam gehören. Da das Projektteam auch ohne zugehörige Mitarbeiter existieren soll, wird die *many*-Kardinalität gewählt. Soll modelliert werden, dass beim Anlegen des Projektteams mindestens ein Mitarbeiter zugeordnet wird, dann wäre die Kardinalität 1..* zu wählen. Wenn ein Mitarbeiter aus einem Projektteam ausscheidet, dann wird die entsprechende Objektverbindung getrennt.

Abb. 2.18-11: Beispiel für das Muster Gruppe

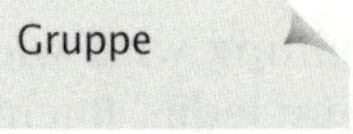

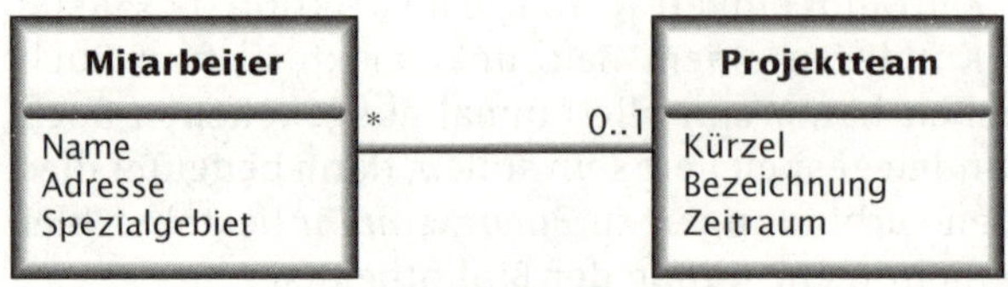

Eigenschaften

- Es liegt eine einfache Assoziation vor.
- Mehrere Einzel-Objekte gehören – zu einem Zeitpunkt – zum selben Gruppen-Objekt.
- Es ist jeweils zu prüfen, ob die Gruppe – zeitweise – ohne Einzel-Objekte existieren kann oder ob sie immer eine Mindestanzahl von Einzel-Objekten enthalten muss.
- Objektverbindungen können auf- und abgebaut werden.

Muster 10: Gruppenhistorie

Motivation

Soll die Zugehörigkeit zu einer Gruppe nicht nur zu einem Zeitpunkt, sondern über einen Zeitraum festgehalten werden, dann ist Problemstellung wie in Abb. 2.18-12 zu modellieren. Für jeden Mitarbeiter wird festgehalten, über welchen Zeitraum er zu einem Projektteam gehört hat. Die Restriktion {t = 0..2} sagt aus, dass er zu einem Zeitpunkt in maximal zwei Projektteams tätig sein kann. Wenn ein Mitarbeiter ein Projektteam verlässt, dann wird dies durch die Attributwerte im entsprechenden Objekt von *Zugehörigkeit* beschrieben.

Eigenschaften

- Ein Einzel-Objekt gehört – im Laufe der Zeit – zu unterschiedlichen Gruppen-Objekten.
- Die Historie wird mittels einer assoziativen Klasse modelliert. Dadurch ist die Zuordnung zwischen Einzel-Objekten und Gruppen deutlich sichtbar.
- Die zeitliche Restriktion {t = k} (k = gültige Kardinalität) sagt aus, was zu einem Zeitpunkt gelten muss.
- Da Informationen über einen Zeitraum festzuhalten sind, bleiben erstellte Objektverbindungen bestehen und es werden nur Verbindungen hinzugefügt.

2.18.3 Methodische Vorgehensweise

Bei den objektorientierten Methoden lassen sich prinzipiell drei Vorgehensweisen unterscheiden:

1 Orientierung an den Informationen (Daten) des Systems (statisches Modell),

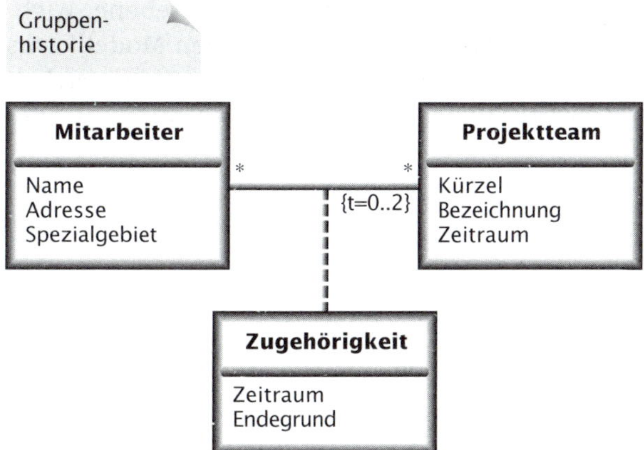

Abb. 2.18-12: Beispiel für das Muster Gruppenhistorie

2 Orientierung an der Funktionalität (Verhalten) des Systems (dynamisches Modell),
3 Synthese von 1 und 2.

Die Praxis hat gezeigt, dass für eine erfolgreiche Modellierung das Zusammenwirken von statischem und dynamischem Modell unabdingbar ist, wobei der Ausgangspunkt der Modellierung und der jeweilige Schwerpunkt von dem zu modellierenden Anwendungsbereich abhängt. Die UML selbst enthält *keine* Angaben zur methodischen Vorgehensweise /UML 99/.

Im Folgenden wird die Methode von /Heide Balzert 99/ dargestellt, die anhand einer schrittweisen Vorgehensweise und durch Checklisten gestützt ein systematisches Erstellen eines OOA-Modells ermöglicht. Die methodische Vorgehensweise besteht dabei aus

- dem Makroprozess, der die methodischen Schritte festlegt und
- methodischen Regeln, die in Form von Checklisten zur Verfügung stehen.

Voraussetzung: Pflichtenheft Kapitel 2.4

Voraussetzung für die Erstellung eines OOA-Modells ist ein vorliegendes Pflichtenheft (Fachkonzept, Anforderungsspezifikation).

Der **Makroprozess** beschreibt auf einem hohen Abstraktionsniveau, in welcher Reihenfolge die einzelnen Aufgaben zur Erstellung eines OOA-Modells auszuführen sind:

Makroprozess

- Ermitteln der relevanten Geschäftsprozesse (oft im Pflichtenheft bereits erfolgt),
- Ableitung von Klassen aus den Geschäftsprozessen,
- Erstellen des statischen Modells,
- Parallel dazu Erstellen des dynamischen Modells,
- Berücksichtigung der Wechselwirkung beider Modelle.

Der Makroprozess berücksichtigt die Gleichgewichtigkeit *(balancing)* von statischem und dynamischem Modell (balancierter Makroprozess). Die Konzentration auf das statische Modell vor dem dynamischen sorgt für eine größere Stabilität des Modells und schafft durch die Bildung von Klassen eine wesentliche Abstraktionsebene. Wichtig ist, dass nach dem Erstellen des ersten statischen Modellkerns das dynamische und das statische Modell parallel weiter entwickelt werden, um deren Wechselwirkungen adäquat berücksichtigen zu können (Abb. 2.18-13).

Abb. 2.18-13: Zur Modellbildung

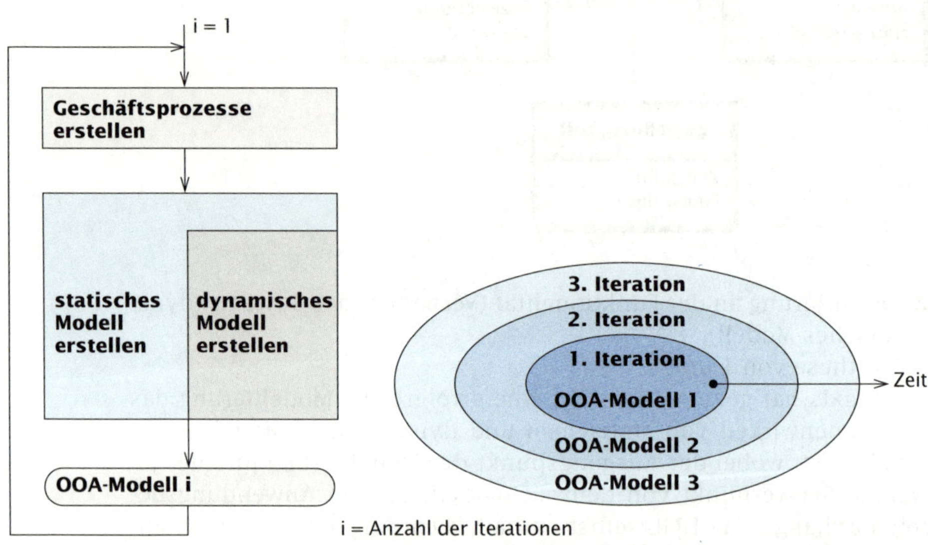

evolutionär

Die hier beschriebene Methode realisiert einen **evolutionären, iterativen** Entwicklungsprozess. Zunächst wird eine objektorientierte Analyse für den Produktkern erstellt, der anschließend zu entwerfen und implementieren ist. Dieser Kern wird in weiteren Zyklen erweitert, bis ein auslieferbares System entsteht. Dabei wird die Arbeit früherer Zyklen nicht verworfen, sondern korrigiert und verbessert. Ein evolutionärer Prozess ist immer iterativ, weil er eine ständige Verfeinerung des Systems erfordert. Alle Erfahrungen und Ergebnisse eines Iterationsschrittes fließen in den nächsten Schritt ein.

Abschnitt »Was ist ein Prozess-Modell?«, Lehreinheit 1 und Kapitel II 3.3

integrierte Qualitätssicherung

Abschnitt III 3.1.1

Für die Qualitätssicherung jedes Iterationsergebnisses hat sich die formale Inspektion bewährt.

Der Makroprozess umfasst folgende Aufgabenbereiche:

- Analyse im Großen (Tab. 2.18-1),
- 6 Schritte zum statischen Modell (Tab. 2.18-2) und
- 3 Schritte zum dynamischen Modell (Tab. 2.18-3).

Analyse im Großen

Bei der **Analyse im Großen** handelt es sich um Aufgaben, die *nicht* spezifisch für eine objektorientierte Entwicklung sind, während die statische und dynamische Modellierung einen objektorientierten Charakter besitzen.

Kapitel 2.6

Die Erstellung und Analyse von Geschäftsprozessen wurde daher bereits in Kapitel 2.6 (Funktionale Sicht) behandelt.

Tab. 2.18-1: Analyse im Großen

1 Geschäftsprozesse aufstellen
Erstellen der wesentlichen Geschäftsprozesse.
→Beschreibung Geschäftsprozesse (Kapitel 2.6)
→Geschäftsprozessdiagramm (Kapitel 2.6)

2 Pakete bilden
Bilden von Teilsystemen, d.h. Zusammenfassen von Modellelementen zu Paketen. Bei großen Systemen, die im Allgemeinen durch mehrere Teams bearbeitet werden, muss die Bildung von Paketen am Anfang stehen.
→Paketdiagramm (Abschnitt 2.9.3)

Tab. 2.18-2: 6 Schritte zum statischen Modell

1 Klassen identifizieren
Für jede Klasse nur so viele Attribute und Operationen identifizieren, wie für das Problemverständnis und das einwandfreie Erkennen der Klasse notwendig sind.
→Klassendiagramm (Abschnitt 2.8.3)
→Kurzbeschreibung Klassen (Abschnitt 2.8.3)

2 Assoziationen identifizieren
Zunächst nur die reinen Verbindungen eintragen, d.h. noch keine genaueren Angaben, z.B. zur Kardinalität oder zur Art der Assoziation, machen.
→Klassendiagramm (Abschnitt 2.8.3)

3 Attribute identifizieren
Identifizieren aller Attribute des Fachkonzepts.
→Klassendiagramm (Abschnitt 2.8.3)

4 Vererbungsstrukturen identifizieren
Aufgrund der identifizierten Attribute Vererbungsstrukturen erstellen.
→Klassendiagramm (Abschnitt 2.8.3)

5 Assoziationen vervollständigen
Endgültig festlegen, ob eine »normale« Assoziation, Aggregation oder Komposition vorliegt sowie Festlegung der Kardinalitäten, Rollen, Namen und Restriktionen.
→Klassendiagramm (Abschnitt 2.8.3)
→Objektdiagramm (Abschnitt 2.8.2)

6 Attribute spezifizieren
Für alle identifizierten Attribute eine vollständige Spezifikation erstellen.
→ Attributspezifikation (Abschnitt 2.8.4)

7 Muster identifizieren
Das Klassendiagramm daraufhin überprüfen, ob Muster enthalten sind und diese richtig modelliert wurden (Abschnitt 2.18.2).

Die einzelnen Vorgehensweisen werden in den angegebenen Tabellen näher beschrieben. Für jeden Schritt wird angegeben, welche Diagramme bzw. Spezifikationen zu erstellen sind (mit »→« gekennzeichnet).

Die angegebenen Schritte können nicht immer sequenziell durchlaufen werden. Beispielsweise lassen sich oft gleichzeitig mit dem Identifizieren der Klassen auch Assoziationen finden.

Tab. 2.18-3: 3 Schritte zum dynamischen Modell

1 Szenarios erstellen Jeden Geschäftsprozess durch eine Menge von Szenarios präzisieren. →Sequenzdiagramm, Kollaborationsdiagramm (Abschnitt 2.9.5) Alternativ oder ergänzend können auch Aktivitätsdiagramme (Abschnitt 2.16.7) verwendet werden.
2 Zustandsautomat erstellen Für jede Klasse prüfen, ob ein nicht-trivialer Lebenszyklus erstellt werden kann und muss. →Zustandsdiagramm (Abschnitt 2.16.6)
3 Operationen beschreiben Überlegen, ob eine Beschreibung notwendig ist. Wenn ja, dann ist je nach Komplexitätsgrad die entsprechende Form zu wählen. →Klassendiagramm (Abschnitt 2.8.3) →fachliche Beschreibung der Operationen, Zustandsautomaten (Abschnitt 2.16.6), Aktivitätsdiagramme (Abschnitt 2.16.7)

Mögliche Alternativen zum beschriebenen balancierten Makroprozess sind der szenario-basierte und der daten-basierte Makroprozess /IBM 97/.

szenario-basiert

Der **szenario-basierte Makroprozess** ist empfehlenswert, wenn umfangreiche funktionale Anforderungen vorliegen und alte Datenbestände *nicht* existieren. Er besteht aus den Schritten:

1 Geschäftsprozesse formulieren,
2 Szenarios aus den Geschäftsprozessen ableiten,
3 Sequenzdiagramme aus den Szenarios ableiten,
4 Klassendiagramm erstellen und
5 Zustandsdiagramme erstellen.

daten-basiert

Der **daten-basierte Makroprozess** empfiehlt sich, wenn ein umfangreiches Datenmodell oder alte Datenbestände existieren und der Umfang der funktionalen Anforderungen zunächst unbekannt ist. Er ist auch dann zu wählen, wenn es sich um ein Auskunftssystem handelt, das später mehr oder weniger flexibel gestaltete Anfragen handhaben muss. Er umfasst die Schritte:

1 Klassendiagramm erstellen,
2 Geschäftsprozesse formulieren,
3 Szenarios aus den Geschäftsprozessen ableiten,
4 Sequenzdiagramme aus den Szenarios und dem Klassendiagramm ableiten und
5 Zustandsdiagramme erstellen.

Checklisten

Bei der praktischen Anwendung zeigt sich, dass eine grob beschriebene Vorgehensweise – wie der obige Makroprozess – *nicht* ausreicht. Auf der anderen Seite ist ein detailliertes Vorgehensmodell oft nur für bestimmte Anwendungen geeignet und kann nicht problemlos auf andere Bereiche übertragen werden. Der erfahrene Systemanalytiker wendet – meist mehr oder minder intuitiv – Hunderte von Regeln an, die er situationsspezifisch einsetzt. Für die Anwendung der Regeln gibt es keine festgelegte Reihenfolge. Derartige Regeln stehen hier in Form von **Checklisten** zur Verfügung.

Außerdem greift ein erfahrener Analytiker in vielen Fällen auf bereits gelöste ähnliche Problemstellungen zurück (Muster). Durch die Verwendung von **OOA-Mustern** wird der Erstellungsaufwand reduziert und es wird eine höhere Standardisierung erreicht, was es anderen Lesern erleichtert, sich in das Modell einzuarbeiten.

Muster
Abschnitt 2.18.2

Für jedes Konzept bietet die Methode von /Heide Balzert 99/ eine **Checkliste** mit methodischen Regeln an, die wie in Abb. 2.18-14 dargestellt aufgebaut ist. Für das Erstellen der entsprechenden Diagramme und Spezifikationen sollten alle Punkte der Checkliste durchgegangen werden. Für die Qualitätssicherung können die unter »Analytische Schritte« angegebenen Punkte benutzt werden.

Aufbau der Checklisten

Konstruktive Schritte	Wie findet man ein Modellelement?
Analytische Schritte	Ist es ein »gutes« Modellelement? Konsistenzprüfung Fehlerquellen
Für klassische Entwickler	Welche methodischen Regeln helfen beim Übergang von der Datenmodellierung zur objektorientierten Analyse?

Abb. 2.18-14: Aufbau der Checklisten

Orientiert am Makroprozess werden in den folgenden Abschnitten die einzelnen Checklisten vorgestellt und auf die Fallstudie »Seminarorganisation« angewandt.

2.18.3.1 Checkliste Geschäftsprozess

Makroprozess »Analyse im Großen«: 1 Geschäftsprozesse aufstellen

Die methodische Vorgehensweise und die Checkliste für Geschäftsprozesse wurden bereits im Abschnitt 2.6.2 behandelt, da sie *nicht* spezifisch für eine objektorientierte Entwicklung sind.

Abschnitt 2.6.2

Für die Fallstudie »Seminarorganisation« wurden Geschäftsprozesse ebenfalls in Kapitel 2.6 erstellt. Sie sind außerdem im Lastenheft und Pflichtenheft der »Seminarorganisation« (Anhang B) dokumentiert.

Beispiel
Anhang B

2.18.3.2 Checkliste Paket

Makroprozess »Analyse im Großen«: 2 Pakete bilden

Bei der Fallstudie »Seminarorganisation« handelt es sich um ein kleines System. Eine Aufteilung auf Pakete ist daher am Anfang des Entwicklungsprozesses nicht nötig (Tab. 2.18-4).

Beispiel

Tab. 2.18-4: Checkliste Paket

Ergebnis

- **Paketdiagramm**

Erstellen eines Paketdiagramms. Jedem Paket werden Modellelemente zugeordnet. Die Abhängigkeiten zwischen den Paketen werden spezifiziert.

Konstruktive Schritte

1 Welche Pakete ergeben sich durch *top-down*-Vorgehen?

Bei großen Anwendungen:

- Noch vor der Formulierung von Geschäftsprozessen: Unterteilen des Gesamtsystems in Teilsysteme (Pakete).
- Umfangreiche Pakete in weitere Pakete zerlegen.

2 Welche Pakete ergeben sich durch *bottom-up*-Vorgehen?

Bei kleinen und mittleren Anwendungen:

- Klassen unter einem Oberbegriff zusammenfassen.

Analytische Schritte

3 Bildet das Paket eine abgeschlossene Einheit?

- Es enthält einen Themenbereich, der für sich allein betrachtet und verstanden werden kann.
- Es enthält Klassen, die logisch zusammengehören, z.B. Artikel, Lieferant und Lager.
- Es erlaubt eine Betrachtung des Systems auf einer höheren Abstraktionsebene.
- Vererbungsstrukturen liegen möglichst innerhalb eines Pakets. Wenn nötig, dann nur in vertikaler Richtung durchschneiden, d.h. zu jeder Unterklasse sollen alle Oberklassen in dem Paket enthalten sein.
- Aggregationen sind *nicht* durchtrennt.
- Möglichst wenig Assoziationen sind durchtrennt.

4 Ist der Paketname geeignet?

- Der Inhalt eines Pakets muss mit 25 Worten oder weniger beschreibbar sein.
- Aus der Beschreibung den Namen ableiten.
- Paketnamen dürfen *keine* Verben enthalten.

5 Fehlerquellen

- Zu kleine Pakete.

Quelle: /Heide Balzert 99, S. 135/

2.18.3.3 Checkliste Klasse

Makroprozess »Statisches Modell«: 1 Klassen identifizieren

Nach dem Formulieren der Geschäftsprozesse ist das Klassendiagramm zu erstellen. Dieses enthält als **statisches Modell** außer den Klassen deren Attribute sowie Assoziationen und Vererbungsstrukturen. Die Operationen werden erst nach der Erstellung des dynamischen Modells hinzugefügt. Anstelle eines globalen Klassendiagramms kann es sinnvoll sein, für jeden Geschäftsprozess oder eine Gruppe von zusammengehörenden Geschäftsprozessen ein separates Klassendiagramm zu erstellen. Geschäftsprozesse können auf diese Weise benutzt werden, um ein großes Klassendiagramm in mehrere handliche Teile zu strukturieren. Jedes Klassendiagramm enthält dabei eine bestimmte Sicht des Gesamtsystems.

Durch die Bildung der Klassen wird die entscheidende Abstraktionsebene für die gesamte Modellbildung erstellt. Die Vorteile der Objektorientierung sind dann am größten, wenn die »richtigen« Klassen identifiziert werden.

Die Ausgangsbasis für das Identifizieren der Klassen bilden die Beschreibungen der Geschäftsprozesse. Generell sind alle Informationen mit heranzuziehen, die im Pflichtenheft niedergelegt sind. Tab. 2.18-5 zeigt die Checkliste für Klassen.

Tab. 2.18-5a: Checkliste Klasse

Ergebnisse

- **Klassendiagramm** (Abschnitt 2.8.3)
  Jede Klasse – entweder nur mit Namen oder mit wenigen wichtigen Attributen/Operationen – in das Klassendiagramm eintragen.
- **Kurzbeschreibung der Klassen** (Abschnitt 2.8.3)
  Für jede Klasse, deren Name nicht selbsterklärend ist, eine Kurzbeschreibung von 25 oder weniger Worten erstellen.

Konstruktive Schritte

1 Welche Klassen lassen sich mittels Dokumentanalyse identifizieren *(bottom-up)*?

- Aus Formularen und Listen Attribute entnehmen und zu Klassen zusammenfassen.
- *Sanierung* von Software-Altsystemen: Arbeitsabläufe anhand von Benutzerhandbüchern, Bildschirmmasken, Dateibeschreibungen ermitteln. Anhand des laufenden Systems die Funktionen der Geschäftsprozesse ausführen. Klassen mit Hilfe der Bildschirmmasken ermitteln. Kapitel IV 4.2
- Bei technischen Systemen bieten sich die realen Objekte als Ausgangsbasis an, z.B. Lagermodul.

2 Welche Klassen lassen sich aus der Beschreibung der Geschäftsprozesse identifizieren *(top-down)*?

- Beschreibung nach Klassen durchsuchen. Oft sind Substantive potenzielle Klassen.
- Potenzielle Klassen auf Attribute überprüfen.
- Akteure, über die man sich etwas »merken« muss, sind potenzielle Klassen.

3 Zu welchen Kategorien gehören die Klassen?

a Konkrete Objekte bzw. Dinge, z.B. PKW.
b Personen und deren Rollen, z.B. Kunde, Mitarbeiter, Dozent.
c Informationen über Aktionen, z.B. Banküberweisung durchführen.
d Orte, z.B. Wartezimmer.
e Organisationen, z.B. Filiale.
f Behälter, z.B. Lagerplatz.
g Dinge in einem Behälter, z.B. Reifen in einem Lagerplatz.
h Ereignisse, z.B. Eheschließung.
i Kataloge, z.B. Produktkatalog.
j Verträge, z.B. Autokaufvertrag.

Analytische Schritte

4 Liegt ein aussagefähiger Klassenname vor?

Der Klassenname soll

- der Fachterminologie entsprechen,
- ein Substantiv im Singular sein,

Tab. 2.18-5b: ***Checkliste Klasse***

- so konkret wie möglich gewählt werden,
- dasselbe ausdrücken wie die Gesamtheit der Attribute,
- nicht die Rolle dieser Klasse in einer Beziehung zu einer anderen Klasse beschreiben,
- eindeutig im Paket bzw. im System sein und
- nicht dasselbe ausdrücken wie der Name einer anderen Klasse.

5 Ist das gewählte Abstraktionsniveau richtig?
Die Ziele sind *nicht*
– möglichst viele Klassen oder
– Klassen möglichst geringer Komplexität zu identifizieren.

6 Wann liegt keine Klasse vor?
- *Keine* Klassen bilden, um Mengen von Objekten zu verwalten.

7 Fehlerquellen
- Zu kleine Klassen.
- Aus jedem Report eine Klasse modellieren.
- Klasse modelliert Benutzungsoberfläche.
- Klasse modelliert Entwurfs- oder Implementierungsdetails.

Für klassische Entwickler
8 Identifizieren von Klassen für Datenmodellierer
Eine potenzielle Klasse ist jeder Entitätstyp und jeder Beziehungstyp mit Attributen.

Quelle: In Anlehnung an /Heide Balzert 99, S. 146/

Konstruktive Schritte zum Identifizieren von Klassen

1 Dokumentanalyse *bottum-up*-Vorgehen

Besonders einfach lassen sich Klassen mittels der **Dokumentanalyse** identifizieren. Die Dokumente enthalten **Attribute,** die mittels *bottom-up*-Vorgehen zu Klassen zusammengefasst werden. Der Klassenname søll die Gesamtheit der Attribute repräsentieren. Da die Dokumentanalyse auch zum Identifizieren von Assoziationen dient, werden meist gleichzeitig mit den Klassen Assoziationen ermittelt.

Beispiel

Aus dem Formular zur Seminaranmeldung (Abb. 2.18-15) lassen sich mittels Dokumentanalyse die Klassen `Teilnehmer`, `Veranstaltung` und `Rechnungsempfänger` ableiten (Abb. 2.18-16).

Bei der Dokumentanalyse muss besonders darauf geachtet werden, dass

a aus einem Dokument im Allgemeinen mehrere Objekte derselben oder verschiedener Klassen abgeleitet werden können,
b die Objekte in einem Dokument im Allgemeinen *nicht* vollständig dargestellt sind,
c ein gegebenes Dokument *nicht* repräsentativ sein muss.

2 Beschreibung Geschäftsprozesse *top-down*-Vorgehen

Aus der Beschreibung der Geschäftsprozesse lassen sich mittels der *top-down*-Vorgehensweise Klassen ableiten. Die Geschäftsprozess-Beschreibungen werden durchgegangen und nach Klassen durchsucht. Oft sind die Substantive potenzielle Klassen. Ebenso kann sich eine

Anmeldung zu TEACHWARE-Seminaren

Als Teilnehmer zu nachfolgenden TEACHWARE-Seminaren wird angemeldet:

Titel | Vorname | Name

Veranstaltungs-Nr. | Seminarbezeichnung | vom | bis

Anmeldebestätigung und Rechnung erbeten an:

Titel | Vorname | Name

Firma | Straße/Postfach | Land

PLZ | Ort | Telefon

Abb. 2.18-15: Anmeldeformular zu Seminaren

Teilnehmer
Titel Vorname Name

Seminarveranstaltung
Veranstaltungs-Nr Seminarbezeichnung Seminarbeginn Seminarende

Rechnungsempfänger
Titel Vorname Name Firma Straße/Postfach Land PLZ Ort Telefon

Abb. 2.18-16: Klassen des Anmeldeformulars zu Seminaren

Klasse hinter Verben verbergen. Eine Klasse lässt sich relativ leicht durch ihre Attribute identifizieren. Der Erfolg dieser Methode wird entscheidend durch die Sicherheit des Systemanalytikers bestimmt, potenzielle Klassen zu erkennen.

Beispiel

Die **Geschäftsprozesse** der Fallstudie »Seminarorganisation« sind ausführlich im Pflichtenheft (siehe Anhang B) beschrieben.
Ein Anhaltspunkt für Klassen sind die **Akteure** in den Geschäftsprozessen. Muss man sich über die Akteure etwas merken, dann handelt es sich um potenzielle Klassen, hier: `Kunde`, `Dozent`, `Firma`. Aus den Geschäftsprozessen ergeben sich außerdem folgende potenzielle Klassen: `Veranstaltung` /F20/, `Buchung` /F20/, `Veranstaltungsbetreuer` /F22/, `Firmenbuchung` /F23/, `Zahlungsverzug` /F23/.
Hinweise auf Klassen geben ebenfalls die Angaben zu den **Produktdaten** im Pflichtenheft.
Da im Pflichtenheft unterschiedliche Rechte für unterschiedliche Rollen gefordert werden /B40/, müssen Informationen über die Mitarbeiter gespeichert werden. Da Veranstaltungsbetreuer Mitarbeiter sind, können sie in einer Klasse `Mitarbeiter` verwaltet werden.

Abb. 2.18-17 zeigt diejenigen Klassen, die sich aufgrund der *top-down*-Methode aus den Geschäftsprozessen und dem Pflichtenheft identifizieren lassen. *Keine* Klassen sind beispielsweise:

- Anmeldebestätigung, Rechnung, Abmeldebestätigung, Gutschrift, Stornomitteilung, Teilnehmerliste, Teilnehmerurkunde, denn es handelt sich um Ausgaben, deren Daten bereits in anderen Klassen enthalten sind,
- Seminar- und Veranstaltungsstatistik, da diese Daten aus vorhandenen ermittelt werden können.

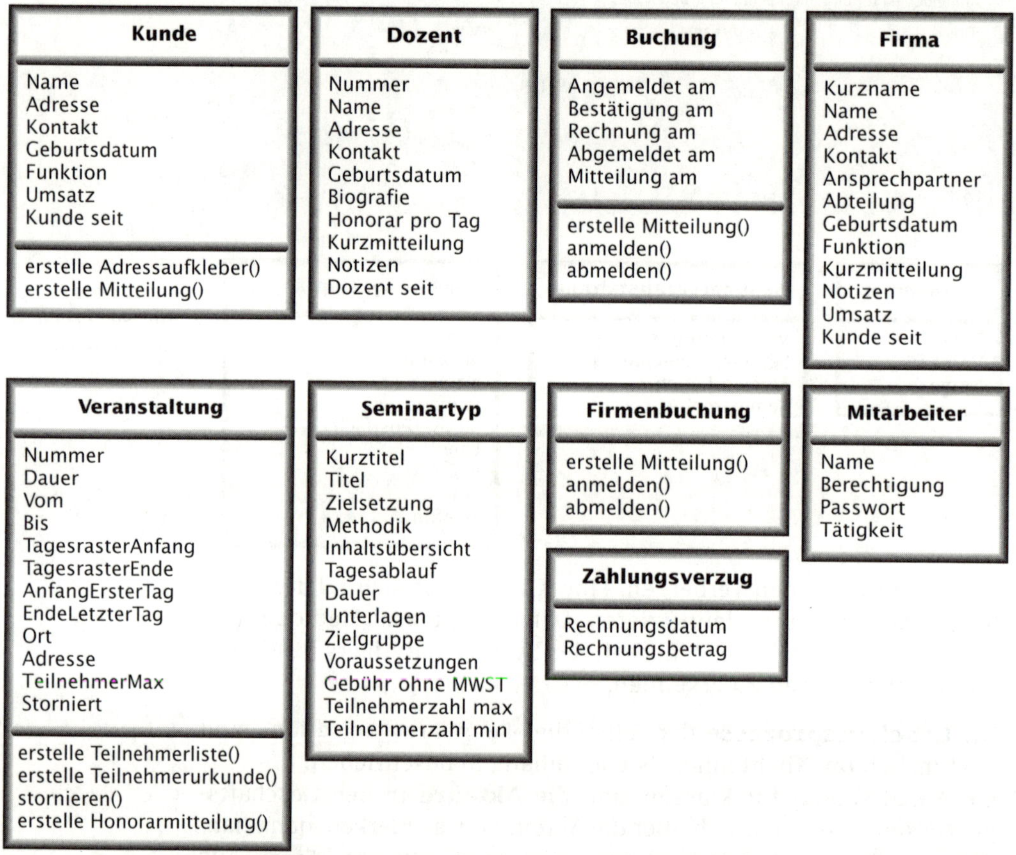

Abb. 2.18-17: Anhand des Pflichtenheftes (einschließlich der Geschäftsprozesse) identifizierte Klassen der Seminarorganisation mit einigen Attributen und Operationen

Kunde
Name Adresse Kontakt Geburtsdatum Funktion Umsatz Kunde seit
erstelle Adressaufkleber() erstelle Mitteilung()

Dozent
Nummer Name Adresse Kontakt Geburtsdatum Biografie Honorar pro Tag Kurzmitteilung Notizen Dozent seit

Buchung
Angemeldet am Bestätigung am Rechnung am Abgemeldet am Mitteilung am
erstelle Mitteilung() anmelden() abmelden()

Firma
Kurzname Name Adresse Kontakt Ansprechpartner Abteilung Geburtsdatum Funktion Kurzmitteilung Notizen Umsatz Kunde seit

Veranstaltung
Nummer Dauer Vom Bis TagesrasterAnfang TagesrasterEnde AnfangErsterTag EndeLetzterTag Ort Adresse TeilnehmerMax Storniert
erstelle Teilnehmerliste() erstelle Teilnehmerurkunde() stornieren() erstelle Honorarmitteilung()

Seminartyp
Kurztitel Titel Zielsetzung Methodik Inhaltsübersicht Tagesablauf Dauer Unterlagen Zielgruppe Voraussetzungen Gebühr ohne MWST Teilnehmerzahl max Teilnehmerzahl min

Firmenbuchung
erstelle Mitteilung() anmelden() abmelden()

Zahlungsverzug
Rechnungsdatum Rechnungsbetrag

Mitarbeiter
Name Berechtigung Passwort Tätigkeit

3 Kategorien

- Die oben identifizierten Klassen lassen sich folgenden Kategorien zuordnen:

b Personen und deren Rollen: Kunde, Dozent, Mitarbeiter.
c Informationen über Aktionen: Buchung, Firmenbuchung, Zahlungsverzug.
e Organisation: Firma.
i Kataloge: Seminar, Veranstaltung.

Analytische Schritte zum Validieren der Klassen

- Alle Regeln zur Bildung von Klassennamen sind erfüllt. **4** Klassenname
- Das richtige Abstraktionsniveau ist erreicht. **5** Abstraktionsniveau
- Es sind keine Klassen vorhanden, um Objektmengen zu verwalten. **6** keine Objektverwaltung
- Die Fehlerquellen wurden vermieden. **7** Fehlerquellen
- Betrachtet man das semantische Datenmodell der Seminarorganisation (Abb. 2.10-3), dann sieht man, dass die dort angegebenen Entitätstypen mit den oben identifizierten Klassen übereinstimmen. **8** für Datenmodellierer

2.18.3.4 Checkliste Assoziation

Makroprozess »Statisches Modell«: 2 Assoziationen identifizieren

Es sind diejenigen **Assoziationen** zwischen den Klassen zu identifizieren, die für die betrachteten Geschäftsprozesse benötigt werden (Tab. 2.18-6). Es geht nicht darum alle – fachlich möglichen – Assoziationen zu ermitteln, sondern diejenigen, die notwendig sind, damit die Objekte die beabsichtigten Aufgaben der Geschäftsprozesse ausführen können.

Im ersten Schritt sollte man sich auf das Identifizieren der Assoziationen konzentrieren. Wenn es jedoch offensichtlich ist, welche Kardinalitäten und Assoziationsarten vorliegen, dann können diese Informationen natürlich gleich eingetragen werden. In diesem Fall sind die entsprechenden Checklisten zur Prüfung und ggf. zur Verbesserung zu verwenden.

Konstruktive Schritte zum Identifizieren von Assoziationen

1 Dokumentanalyse

Aus den gleichen Dokumenten, die zum Identifizieren der Klassen eingesetzt wurden, lassen sich oft Assoziationen ermitteln. In der traditionellen Datenverarbeitung, in der es keine Objekte mit impliziter Identität gibt, werden die »Objekte« durch Nummern eindeutig identifiziert.

Abschnitt 2.10.2

Diese Nummern finden sich als Primär- und Fremdschlüssel in den Dokumenten. Zu beachten ist, dass diese Vorgehensweise auch zu abgeleiteten Assoziationen führt, die entsprechend zu kennzeichnen sind.

Beispiel

Aus dem Anmeldeformular zu Seminaren kann man ableiten, dass es zwischen Teilnehmern, Veranstaltungen und Rechnungsempfänger Beziehungen geben muss. Übertragen auf die Klassen bedeutet dies, dass es zwischen den Klassen `Kunde` (für Teilnehmer), `Veranstaltung` und `Firma` (für Rechnungsempfänger) Assoziationen gibt.

- Aus dem Pflichtenheft der Seminarorganisation und insbesondere den dort beschriebenen Geschäftsprozessen lassen sich folgende Assoziationen identifizieren: **2** Beschreibung Geschäftsprozesse
  - □ Jeder Kunde kann Mitarbeiter einer Firma sein /F20/, /D20/.
  - □ Kunden können im Zahlungsverzug sein /F20/, /D21/.

Tab. 2.18-6a: Checkliste Assoziation

Ergebnis

- **Klassendiagramm** (Abschnitt 2.8.3)

Assoziationen im ersten Schritt nur als Linie eintragen. Noch *keine* Kardinalitäten, Aggregationen, Kompositionen, Rollen, Namen, Restriktionen.

Konstruktive Schritte

1 Welche Assoziationen lassen sich mittels Dokumentanalyse ableiten?

- Aus Primär- und Fremdschlüsseln ermitteln.

2 Welche Assoziationen lassen sich aus Beschreibungen der Geschäftsprozesse ermitteln?

In den Beschreibungen nach Verben suchen, insbesondere:

a räumliche Nähe (in der Nähe von),
b Aktionen (fährt),
c Kommunikation (redet mit, verheiratet mit).
d Besitz (hat),
e allgemeine Beziehungen.

3 Liegt eine Assoziation der folgenden Kategorien vor?

- A ist physische Komponente von B.
- A ist logische Komponente von B.
- A ist eine Beschreibung für B.
- A ist eine Zeile einer Liste B.
- A ist ein Mitglied von B.
- A ist eine organisatorische Einheit von B.
- A benutzt B.
- A kommuniziert mit B.
- A besitzt B.

Diese Kategorien können beim Modellieren dazu beitragen, konkretere Fragen zu stellen und mehr Informationen über das Analysemodell zu gewinnen.

4 Welche Restriktionen muss die Assoziation erfüllen?

- Eine Assoziation: `{ordered}`.
- Mehrere Assoziationen: `{or}`, `{subset}`.

Zur Überprüfung und Veranschaulichung Objektdiagramme erstellen.

5 Welche Rollen spielen die beteiligten Klassen?

Je allgemeiner der Klassenname, desto wichtiger der Rollenname!
Rollennamen angeben, wenn

a die Assoziation zwischen Objekten derselben Klasse existiert,
b eine Klasse in verschiedenen Assoziationen auch verschiedene Rollen spielt,
c durch den Rollennamen die Bedeutung der Klasse in der Assoziation genauer spezifiziert werden kann.

Analytische Schritte

6 Ist eine Benennung notwendig oder sinnvoll?

- Notwendig, wenn zwischen zwei Klassen mehrere Assoziationen bestehen.
- Rollennamen (Substantive) sind gegenüber Assoziationsnamen (Verben) zu bevorzugen.
- Rollennamen sind bei reflexiven Assoziationen immer notwendig.

7 Liegt eine 1:1-Assoziation vor?

Zwei Klassen sind zu modellieren, wenn

- die Verbindung in einer oder beiden Richtungen optional ist und sich die Verbindung
  zwischen beiden Objekten ändern kann,
- es sich um zwei umfangreiche Klassen handelt,
- die beiden Klassen eine unterschiedliche Semantik besitzen.

Tab. 2.18-6b: Checkliste Assoziation
8 Existieren zwischen zwei Klassen mehrere Assoziationen? Prüfen, ob die Assoziationen ■ eine unterschiedliche Bedeutung besitzen oder/und ■ unterschiedliche Kardinalitäten haben. **9 Sind abgeleitete Assoziationen korrekt verwendet?** ■ Abgeleitete Assoziationen fügen keine neue Information zum Modell hinzu. ■ Sie lassen sich leicht mittels Objektdiagrammen erkennen. **10 Soll eine assoziative Klasse oder eine eigenständige Klasse modelliert werden?** ■ Assoziative Klasse betont die Assoziation zwischen den beteiligten Klassen. ■ Assoziative Klassen lassen sich in eigenständige Klassen wandeln (Abb. 2.9-15). **11 Fehlerquellen** ■ Verwechseln von Assoziation mit Vererbung.

Quelle: /Heide Balzert 99, S. 152/, /Larman 98/

- □ Ein Kunde kann eine Veranstaltung buchen /F20/.
- □ Ein Kunde kann bei Abmeldung einen Ersatzteilnehmer melden, d.h. die Klasse Kunde besitzt eine reflexive Assoziation mit der Rolle Ersatzteilnehmer /F21/.
- □ Firmen können Veranstaltungen buchen, daher gibt es eine Assoziation zwischen Firma und Veranstaltung mit einer assoziativen Klasse Firmenbuchung /F23/.
- □ Firmen können im Zahlungsverzug sein /F22/, /D21/.
- □ Zwischen Seminartyp und Veranstaltung gibt es eine Assoziation /F40/.
- □ Zwischen Seminartyp und Dozent gibt es eine Assoziation /F40/.
- □ Zwischen Dozent und Veranstaltung gibt es eine Assoziation /F50/.
- □ Zwischen Kunde und Zahlungsverzug gibt es eine Assoziation /D21/.
- □ Leitet ein Dozent eine Seminarveranstaltung, dann soll dies gespeichert werden /D60/. Daraus ergibt sich eine zweite Assoziation zwischen Dozent und Veranstaltung.
- □ Über jede Buchung sind Daten zu speichern /D70/. Daher ist eine assoziative Klasse Buchung notwendig.

  Abb. 2.18.18 zeigt die ermittelten Assoziationen.

- ■ Die oben identifizierten Assoziationen lassen sich folgenden Kategorien zuordnen: **3** Kategorien
- □ A ist logische Komponente von B: Veranstaltung zu Seminartyp.
- □ A ist ein Mitglied von B: Kunde zu Firma.
- ■ Aus dem Pflichtenheft ist *nicht* ersichtlich, ob ein Seminarleiter gleichzeitig auch Referent auf derselben Veranstaltung sein muss. Eine Rückfrage beim Auftraggeber ergibt, dass diese Restriktion gilt: Der Seminarleiter muss Referent sein, aber außer ihm kann es noch andere Referenten geben (Abb. 2.9-7, Abb. 2.18-18). **4** Restriktionen

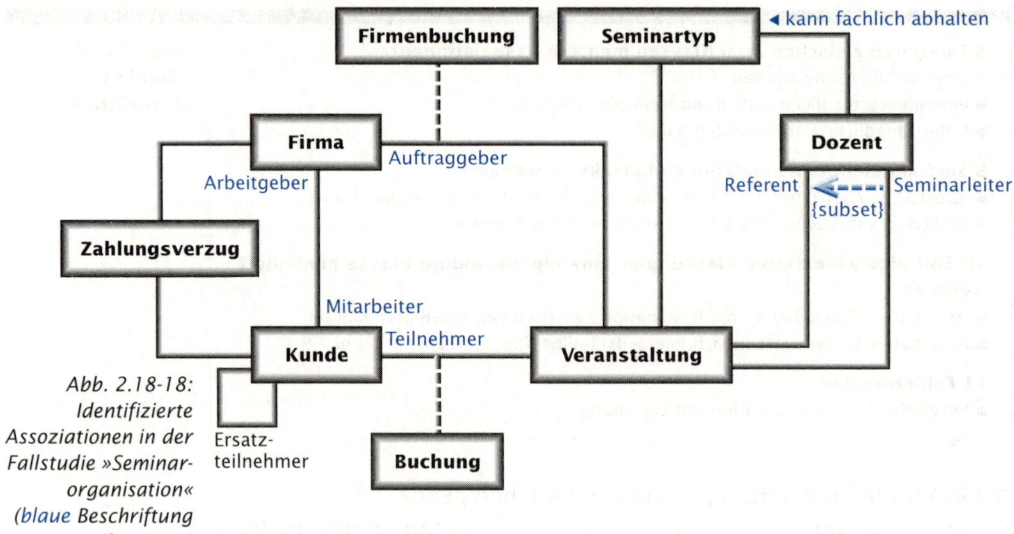

Abb. 2.18-18: Identifizierte Assoziationen in der Fallstudie »Seminarorganisation« (blaue Beschriftung siehe unten)

- Folgende Rollen lassen sich ermitteln:

5 Rollen
  - Die Klasse Dozent spielt im Bezug auf Seminarveranstaltungen verschiedene Rollen: Referent und Seminarleiter.
  - In der Assoziation Kunde – Firma verdeutlicht die Rolle Mitarbeiter die Rolle der Klasse Kunde und Arbeitgeber die Rolle der Klasse Firma.
  - In der Assoziation Kunde – Veranstaltung verdeutlicht die Rolle Teilnehmer die Rolle der Klasse Kunde.
  - In der Assoziation Firma – Veranstaltung verdeutlicht die Rolle Auftraggeber die Rolle der Klasse Firma.

Der Zusammenhang zwischen Dozent und Seminartyp wird durch den Assoziationsnamen kann fachlich abhalten verständlicher.
Die Rollen und Assoziationsnamen sind in Abb. 2.18-18 blau eingetragen.

Analytische Schritte zum Validieren der Assoziationen

6 Benennung
- Alle Benennungen sind sinnvoll.

7 1:1-Assoziation
- Es liegen keine 1:1-Assoziationen vor.

8 mehrere Assoziationen
- Zwischen Dozent und Veranstaltung gibt es zwei Assoziationen, wobei sich die eine nicht aus der anderen ableiten lässt.
- Zu klären ist noch, ob die Klasse Zahlungsverzug nötig ist oder nicht, da sie nur zwei Attribute enthält (Abb. 2.18-17). Das Attribut Rechnungsdatum befindet sich bereits unter der Bezeichnung Rechnung am in der assoziativen Klasse Buchung. Eine Lösung besteht darin, die assoziative Klasse Buchung in eine eigenständige Klasse umzuwandeln (Abb. 2.9-15) und eine zweite Assoziation zwischen Kunde und Buchung mit der Rolle Debitor einzutragen. Sinnvoll ist eine Ordnung dieser Assoziation entsprechend dem Rechnungsdatum (Abb. 2.18-19).

- Es liegen keine abgeleiteten Assoziationen vor. **9** abgeleitete Assoziationen
- Die assoziative Klasse Buchung wurde in eine eigenständige Klasse umgewandelt (Abb. 2.18-19). **10** assoziative Klasse
- Es gibt noch keine Vererbung. **11** Fehlerquellen

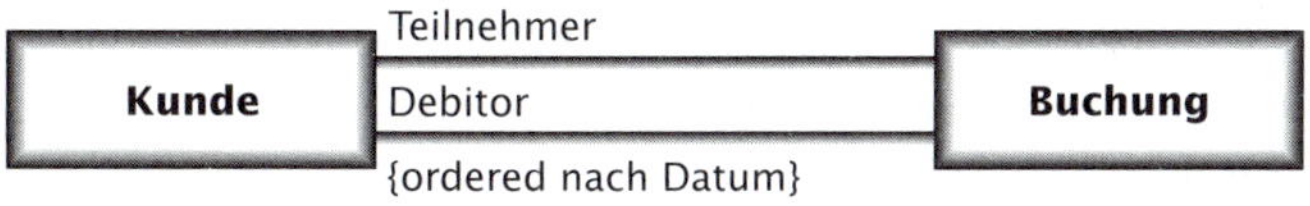

Kunde — Teilnehmer / Debitor / {ordered nach Datum} — Buchung

Abb. 2.18-19: Klasse Zahlungsverzug gewandelt in eine Assoziation

2.18.3.5 Checkliste Attribut

Makroprozess »Statisches Modell«: 3 Attribute identifizieren

Die Ausgangsbasis für das Identifizieren der Attribute sind die Klassen, die im Allgemeinen schon einige Attribute enthalten. Nun sollen diese Attributlisten vervollständigt werden (Tab. 2.18-7).

Oft können die Attribute einer Klasse ganz unterschiedlich spezifiziert werden. Beispielsweise kann die Position eines Punkts durch seine Polar- oder seine kartesischen Koordinaten beschrieben werden. In der Analysephase kann eine dieser Formen gewählt werden. Während der Implementierung können bei Bedarf Operationen geschrieben werden, um beispielsweise kartesische Koordinaten in Polarkoordinaten umzurechnen.

Konstruktive Schritte zum Identifizieren von Attributen

- Aus dem Anmeldeformular der Seminarorganisation ergeben sich die in Abb. 2.18-16 angegebenen Attribute. Sie müssen jedoch noch zu Datenstrukturen zusammengefasst werden. **1** Dokumentanalyse
- Aus der Analyse der Geschäftsprozesse und den Produktdaten des Pflichtenheftes ergeben sich die Attribute, die in Abb. 2.18-20 dargestellt sind. **2** Beschreibung Geschäftsprozesse
- Für die Seminarorganisation werden folgende elementare Klassen definiert: **3** selbstdefinierte Typen
  - Strukturierte Typen: `NameT`, `AdresseT`, `KontaktT`, `BankverbindungT`
  - Aufzählungstypen: `AnredeET`, `TitelET`, `LandET`, `RolleET`

Analytische Schritte zum Validieren der Attribute

- Die in Abb. 2.18-20 aufgeführten Attributnamen entsprechen den Anforderungen der Checkliste. **4** Attributname
- Jedes Attribut kann im Prinzip auch als Komposition modelliert werden. Es gilt die Ist-Teil-von-Beziehung, und die Existenz eines Attributwerts ist immer an sein Objekt gebunden. **5** Klasse oder komplexes Attribut

Exkurs

Worin unterscheiden sich Objekte und Attributwerte? Attribute besitzen – gleichgültig, ob einfaches oder komplexes Attribut – in der Analyse *keine* eigene Objektidentität. Der Zugriff auf Attributwerte erfolgt immer über das entsprechende Objekt. Das – für die Systemanalyse – wichtigste Kriterium ist, dass Attribute immer Eigenschaften der jeweiligen Objekte beschreiben und bei der Modellbildung im Vergleich zu den Klassen von untergeordneter Bedeutung sind.

Tab. 2.18-7a: Checkliste Attribut

Abschnitt 2.8.4

Ergebnisse

■ **Klassendiagramm** (Abschnitt 2.8.3)

Für jedes Attribut den Namen in das Klassendiagramm eintragen. Klassenattribute und abgeleitete Attribute kennzeichnen.

■ **Attributspezifikation** (Abschnitt 2.8.4)

Jedes Attribut, wie in Abschnitt 2.8.4 angegeben, spezifizieren.
Für komplexe Attribute sind ggf. entsprechende Typen zu definieren.

Konstruktive Schritte

1 Welche Attribute lassen sich mittels Dokumentanalyse identifizieren?

- Einfache Attribute sind ggf. zu Datenstrukturen zusammenzufassen.
- Prüfen, ob alle Attribute wirklich notwendig sind.
- Für jedes Attribut prüfen, ob es »im Laufe seines Lebens« einen Wert annehmen kann und ob diese Werte an der Benutzungsoberfläche sichtbar sind.

2 Welche Attribute lassen sich anhand der Beschreibung der Geschäftsprozesse identifizieren?

- Benötigte Daten zur Ausführung der Aufgaben eines Geschäftsprozesses.
- Benötigte Daten für Listenfunktionalität.

3 Wurden geeignete Attributtypen gewählt und u.U. als elementare Klasse beschrieben?

- Vorgegebene Typen *nur* verwenden, wenn problemadäquat.
- Attribute beliebigen Typs definieren, um problemadäquate Modellierung auf ausreichendem Abstraktionsniveau zu erreichen.

□ Für komplexe Attribute zur Konstruktion der Typen das Klassenkonzept verwenden (elementare Klassen).

Analytische Schritte

4 Ist der Attributname geeignet?

Der Attributname soll

- kurz, eindeutig und verständlich im Kontext der Klasse sein,
- ein Substantiv oder Adjektiv-Substantiv sein (kein Verb!),
- den Namen der Klasse nicht wiederholen (Ausnahme: feststehende Begriffe),
- bei komplexen (strukturierten) Attributen der Gesamtheit der Komponenten entsprechen,
- nur fachspezifische oder allgemein übliche Abkürzungen enthalten, z.B. PLZ.

5 Klasse oder komplexes Attribut?

- **Klasse:** Objektidentität, gleichgewichtige Bedeutung im System, Existenz unabhängig von der Existenz anderer Objekte, Zugriff in beiden Richtungen grundsätzlich möglich.
- **Attribut:** keine Objektidentität, Existenz abhängig von Existenz anderer Objekte, Zugriff immer über das Objekt, untergeordnete Bedeutung.

6 Wurde das richtige Abstraktionsniveau gewählt?

- Wurden komplexe Attribute gebildet?
- Bilden komplexe Attribute geeignete Datenstrukturen?
- Ist die Anzahl der Attribute pro Klasse angemessen?

7 Gehört das Attribut zu einer Klasse oder einer Assoziation?

- Test: Muss das Attribut auch dann zu jedem Objekt der Klasse gehören, wenn die betreffende Klasse isoliert von allen anderen Klassen betrachtet wird?

□ Wenn ja, dann gehört das Attribut zu dieser Klasse.
□ Wenn nein, dann ist zu prüfen, ob es sich einer Assoziation zuordnen lässt.
□ Ist keine Zuordnung möglich, dann spricht viel für eine vergessene Klasse oder Assoziation.

Tab. 2.18-7b: Checkliste Attribut

8 Liegen Klassenattribute vor?
Ein Klassenattribut liegt vor, wenn gilt:
- Alle Objekte der Klasse besitzen für dieses Attribut denselben Attributwert.
- Es sollen Informationen über die Gesamtheit der Objekte modelliert werden.

9 Sind Schlüsselattribute fachlich notwendig?
Schlüsselattribute werden nur dann eingetragen, wenn sie – unabhängig von ihrer identifizierenden Eigenschaft – Bestandteil des Fachkonzepts sind.

10 Werden abgeleitete Attribute korrekt verwendet?
- Information ist für den Benutzer sichtbar.
- Lesbarkeit wird verbessert.

11 Wann wird ein Attribut *nicht* eingetragen?
- Es dient ausschließlich zum Identifizieren der Objekte.
- Es dient lediglich dazu, eine andere Klasse zu referenzieren, d.h. es realisiert eine Assoziation.
- Es handelt sich um ein Attribut, das den internen Zustand eines Lebenszyklus beschreibt und außerhalb des Objekts nicht sichtbar ist.
- Es beschreibt Entwurfs- oder Implementierungsdetails.
- Es handelt sich um ein abgeleitetes Attribut, das nur aus eingefügt wurde, um Berechnungszeit zu sparen.

12 Fehlerquellen
- Verwenden atomarer Attribute anstelle von komplexen Datenstrukturen.
- Formulieren von Assoziationen als Attribute (Fremdschlüssel!).

Quelle: /Heide Balzert 99, S. 161f./

Dagegen besitzt jedes Objekt stets eine Identität. Teil-Klassen haben im Modell die gleiche Bedeutung wie Aggregat-Klassen. Es können daher auch Zugriffe von Teil-Objekten auf das zugehörige Aggregat-Objekt notwendig sein.

Beispiel

Eine Klasse `Artikel` hat das Attribut `Preis`. Ist der Typ von Preis `Float`, dann ist offensichtlich, dass es sich bei `Preis` um ein Attribut handelt. Als Typ könnte aber auch eine Datenstruktur gewählt werden (Abb. 2.18-21). Im zweiten Fall wird die Währungseinheit zusätzlich gespeichert, im dritten werden in Abhängigkeit vom Käufertyp (Händler, Großkunde, Einzelkunde) verschiedene Preise aufgeführt. Bei einem Preis handelt es sich unabhängig vom Typ ganz offensichtlich um ein Attribut, das im Vergleich zur Klasse von untergeordneter Bedeutung für das Modell ist. Der Preis benötigt keine eigene Objektidentität, denn ohne das entsprechende Artikelobjekt ergibt er keinen Sinn.
Dagegen wird das Lager als eigenständige Klasse modelliert. Ein konkretes Lager soll unabhängig davon im System existieren, ob es gerade Artikel enthält oder nicht. Es soll Anfragen der Art »Welche Artikel sind im Lager Bahnhofsstraße?« ermöglichen.

- In der Seminarorganisation wurden Attribute – wenn nötig – nur als elementare Klassen definiert, aber nicht als eigenständige Klassen.

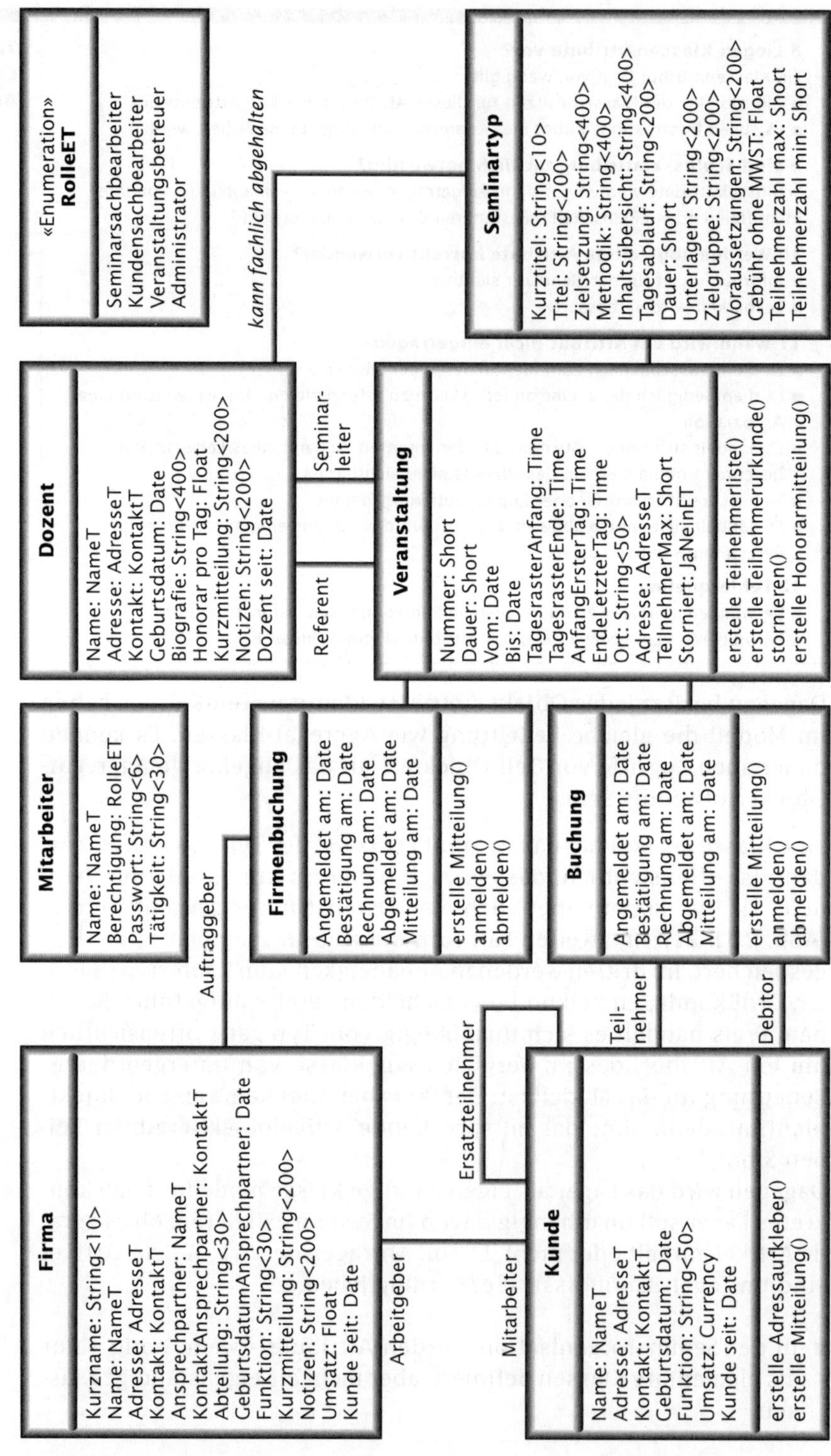
«Enumeration»
RolleET
Seminarsachbearbeiter
Kundensachbearbeiter
Veranstaltungsbetreuer
Administrator
kann fachlich abgehalten
Seminartyp
Kurztitel: String<10>
Titel: String<200>
Zielsetzung: String<400>
Methodik: String<400>
Inhaltsübersicht: String<400>
Tagesablauf: String<200>
Dauer: Short
Unterlagen: String<200>
Zielgruppe: String<200>
Voraussetzungen: String<200>
Gebühr ohne MWST: Float
Teilnehmerzahl max: Short
Teilnehmerzahl min: Short
Dozent
Name: NameT
Adresse: AdresseT
Kontakt: KontaktT
Geburtsdatum: Date
Biografie: String<400>
Honorar pro Tag: Float
Kurzmitteilung: String<200>
Notizen: String<200>
Dozent seit: Date
Seminar-leiter
Referent
Veranstaltung
Nummer: Short
Dauer: Short
Vom: Date
Bis: Date
TagesrasterAnfang: Time
TagesrasterEnde: Time
AnfangErsterTag: Time
EndeLetzterTag: Time
Ort: String<50>
Adresse: AdresseT
TeilnehmerMax: Short
Storniert: JaNeinET
erstelle Teilnehmerliste()
erstelle Teilnehmerurkunde()
stornieren()
erstelle Honorarmitteilung()
Mitarbeiter
Name: NameT
Berechtigung: RolleET
Passwort: String<6>
Tätigkeit: String<30>
Firmenbuchung
Angemeldet am: Date
Bestätigung am: Date
Rechnung am: Date
Abgemeldet am: Date
Mitteilung am: Date
erstelle Mitteilung()
anmelden()
abmelden()
Buchung
Angemeldet am: Date
Bestätigung am: Date
Rechnung am: Date
Abgemeldet am: Date
Mitteilung am: Date
erstelle Mitteilung()
anmelden()
abmelden()
Auftraggeber
Ersatzteilnehmer
Teil-nehmer
Debitor
Firma
Kurzname: String<10>
Name: NameT
Adresse: AdresseT
Kontakt: KontaktT
Ansprechpartner: NameT
KontaktAnsprechpartner: KontaktT
Abteilung: String<30>
GeburtsdatumAnsprechpartner: Date
Funktion: String<30>
Kurzmitteilung: String<200>
Notizen: String<200>
Umsatz: Float
Kunde seit: Date
Arbeitgeber
Mitarbeiter
Kunde
Name: NameT
Adresse: AdresseT
Kontakt: KontaktT
Geburtsdatum: Date
Funktion: String<50>
Umsatz: Currency
Kunde seit: Date
erstelle Adressaufkleber()
erstelle Mitteilung()

Abb. 2.18-20: Attribute der Seminarorganisation

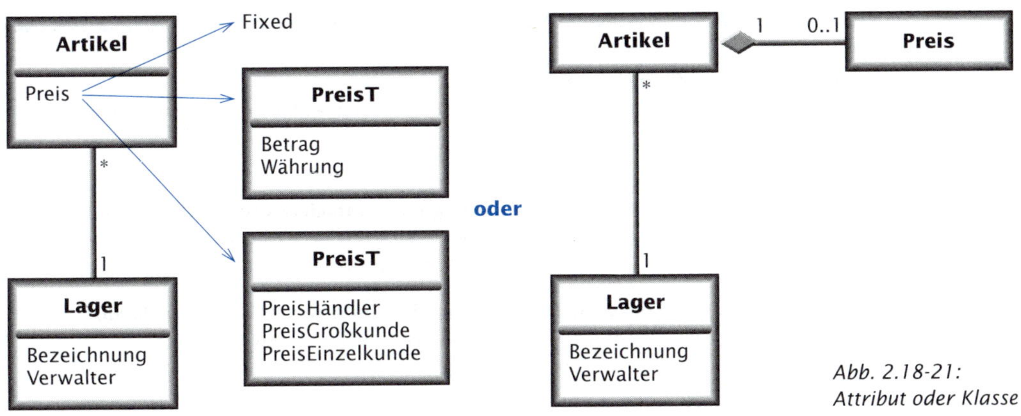

Abb. 2.18-21: Attribut oder Klasse

- Es wurden geeignete elementare Klassen gebildet, um ein hinreichendes Abstraktionsniveau zu erreichen und um Wiederverwendbarkeit zu ermöglichen. **6** Abstraktionsniveau
- In der Seminarorganisation wurden die Attribute einer Buchung der assoziativen Klasse Buchung zugeordnet (Abb. 2.9-27). **7** Attribut einer Klasse oder einer Assoziation ?
- In der Seminarorganisation ist das Attribut Serienbrieftext ein Klassenattribut, da es für einen Serienbrief charakteristisch ist, dass er an mehrere oder alle Objekte einer Klasse gesandt wird. **8** Klassenattribute
- In der Seminarorganisation sind folgende Attribute Schlüsselattribute: Kundennr., Dozentennr., Veranstaltungsnr., Kurzname (einer Firma), Kurztitel (eines Seminartyps). **9** Schlüsselattribute
- In der Seminarorganisation sind bei der Firma und beim Kunden der Umsatz als Attribut aufgeführt. Beide Werte können über Assoziationen jeweils aktuell berechnet werden. So ist aber sichtbar, dass Umsatz ein wichtiges Attribut ist. Bei der Implementierung muss dann überlegt werden, ob die Speicherredundanz in Kauf genommen wird oder ob der Wert jeweils neu berechnet werden soll. **10** abgeleitete Attribute
- In der Seminarorganisation sind keine Attribute vorhanden, auf die die in der Checkliste beschriebenen Kriterien zutreffen. **11** Attribut nicht eintragen
- Die aufgeführten Fehlerquellen liegen in der Seminarorganisation *nicht* vor. **12** Fehlerquellen

Nach der Spezifikation der Attribute empfiehlt es sich, mit dem JANUS-Generatorsystem ein Pilotsystem zu generieren, um die Spezifikationen visuell zu überprüfen.

CASE-Einsatz Kapitel 2.9.6

2.18.3.6 Checkliste Vererbung

Makroprozess »Statisches Modell«: 4 Vererbungsstrukturen identifizieren

Während jedes OOA-Modell Assoziationen enthält, können nur wenige oder keine Vererbungsstrukturen darin vorkommen. In der Analysephase sollen Vererbungsstrukturen Zusammenhänge und Unterschiede von Klassen im fachlichen Konzept deutlich machen. Sie werden

Tab. 2.18-8: Checkliste Vererbung

Ergebnis

- **Klassendiagramm** (Abschnitt 2.8.3)

Alle Vererbungsstrukturen in das Klassendiagramm eintragen. Abstrakte Klassen bilden.

Konstruktive Schritte

1 Ergibt sich durch Generalisierung eine Einfachvererbung *(bottom-up)*?

- Gibt es gleichartige Klassen, aus denen sich eine neue Oberklasse bilden lässt?
- Ist eine vorhandene Klasse als Oberklasse geeignet?

2 Ergibt sich durch Spezialisierung eine Einfachvererbung *(top-down)*?

- Kann jedes Objekt der Klasse für jedes Attribut einen Wert annehmen?
- Kann jede Operation auf jedes Objekt der Klasse angewendet werden?

Analytische Schritte

3 Liegt eine »gute« Vererbungsstruktur vor?

- Verbessert die Vererbungsstruktur das Verständnis des Modells?
- Benötigt jede Unterklasse alle geerbten Attribute, Operationen und Assoziationen?
- Liegt eine Ist-ein-Beziehung vor?
- Entspricht die Vererbungsstruktur den »natürlichen« Strukturen des Problembereichs?
- Besitzt sie maximal drei bis fünf Hierarchiestufen?

4 Wann liegt *keine* Vererbung vor?

- Die Unterklassen bezeichnen nur verschiedene Arten, unterscheiden sich aber weder in ihren Eigenschaften noch in ihrem Verhalten.

Quelle: /Heide Balzert 99, S. 164f./

nicht verwendet, um ein paar Attribute an Unterklassen zu vererben, sondern nur dann, wenn sie das Modell verbessern (Tab. 2.18-8).

Konstruktive Schritte zum Identifizieren von Vererbungsstrukturen

1 Generalisierung

- Die *bottom-up*-Überprüfung für alle der bisher identifizierten Klassen (Abb. 2.18-20) zeigt, dass die Klassen `Kunde`, `Dozent`, `Mitarbeiter` und `Firma` über gemeinsame Attribute/Operationen verfügen. Die meisten gemeinsamen Attribute und Operationen haben die Klassen `Kunde` und `Dozent`. Es bietet sich an, eine Oberklasse `Person` zu bilden (Abb. 2.18-22). Es stellt sich die Frage, ob die Klasse `Mitarbeiter` ebenfalls Unterklasse von `Person` werden soll, da nur der Name als gemeinsames Attribut vorliegt. Die Vererbung der anderen Attribute und Operationen »schaden« aber nicht, sondern können auch für die Mitarbeiterverwaltung nützlich sein.
- Schwieriger ist die Entscheidung bei der Klasse `Firma` zu treffen. Sie hat viele gemeinsame Attribute und Operationen mit der Klasse `Person`. Es liegt jedoch keine Generalisierung vor, da man *nicht* sagen kann: »Eine Firma ist eine Person«. Eine Lösungsmöglichkeit bestünde darin, die Klasse »Person« umzubenennen in »juristische & natürliche Person«. Allerdings ist dann das Attribut Geburtsdatum nicht mehr richtig. Wegen dieser Schwierigkeiten wird die Klasse `Firma` *keine* Unterklasse von `Person`.

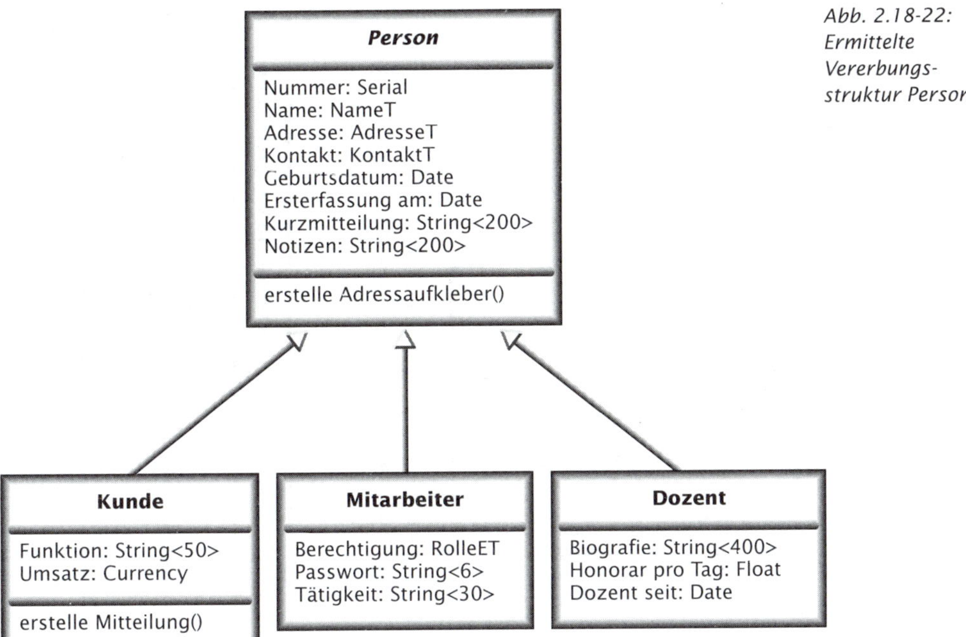

Abb. 2.18-22: Ermittelte Vererbungsstruktur Person

abstrakte Klasse

- Die Klasse Person ist eine abstrakte Klasse, da nur Kunden, Dozenten und Mitarbeiter, aber keine Personen ohne eine solche spezielle Eigenschaft verwaltet werden.
- Die *top-down*-Überprüfung der Klassen zeigt, dass in der Klasse Veranstaltung eine Reihe von Attributen in manchen Fällen keine Werte annehmen:
  - Das Attribut »Öffentlich« gibt an, ob es sich um eine öffentliche oder eine firmeninterne Veranstaltung (*in house*-Veranstaltung) handelt. Wenn Öffentlich = Nein ist, dann nehmen folgende Attribute keinen Wert an: Kooperationspartner, Stornogebühr, Teilnehmer neu, Teilnehmer aktuell.
  - Eine Rücksprache beim Auftraggeber ergibt, dass bei einer firmeninternen Veranstaltung ein Pauschalpreis festgelegt wird. Außerdem muss vermerkt werden, wer der Auftraggeber ist, der in jedem Fall durch ein Objekt der Klasse Firma erfasst wird. Aus diesen Anforderungen ergeben sich die Strukturen der Abb. 2.18-23.
  - Bei einer firmeninternen Veranstaltung sind der Firma Teachware die einzelnen Teilnehmer *nicht* bekannt. Daher findet auch keine individuelle Anmeldung bzw. Abmeldung statt. Eine firmeninterne Veranstaltung wird vielmehr pauschal von einer Firma gebucht.

2 Spezialisierung

- Bei der Klasse Veranstaltung handelt es sich um eine abstrakte Klasse, da es nur öffentliche oder firmeninterne Veranstaltungen gibt. Das Attribut »Teilnehmername« und die Operation »Stornieren« in der Klasse firmeninterne Veranstaltung werden redefiniert.

Abb. 2.18-23: Ermittelte Vererbungsstrukturen Veranstaltung und Buchung

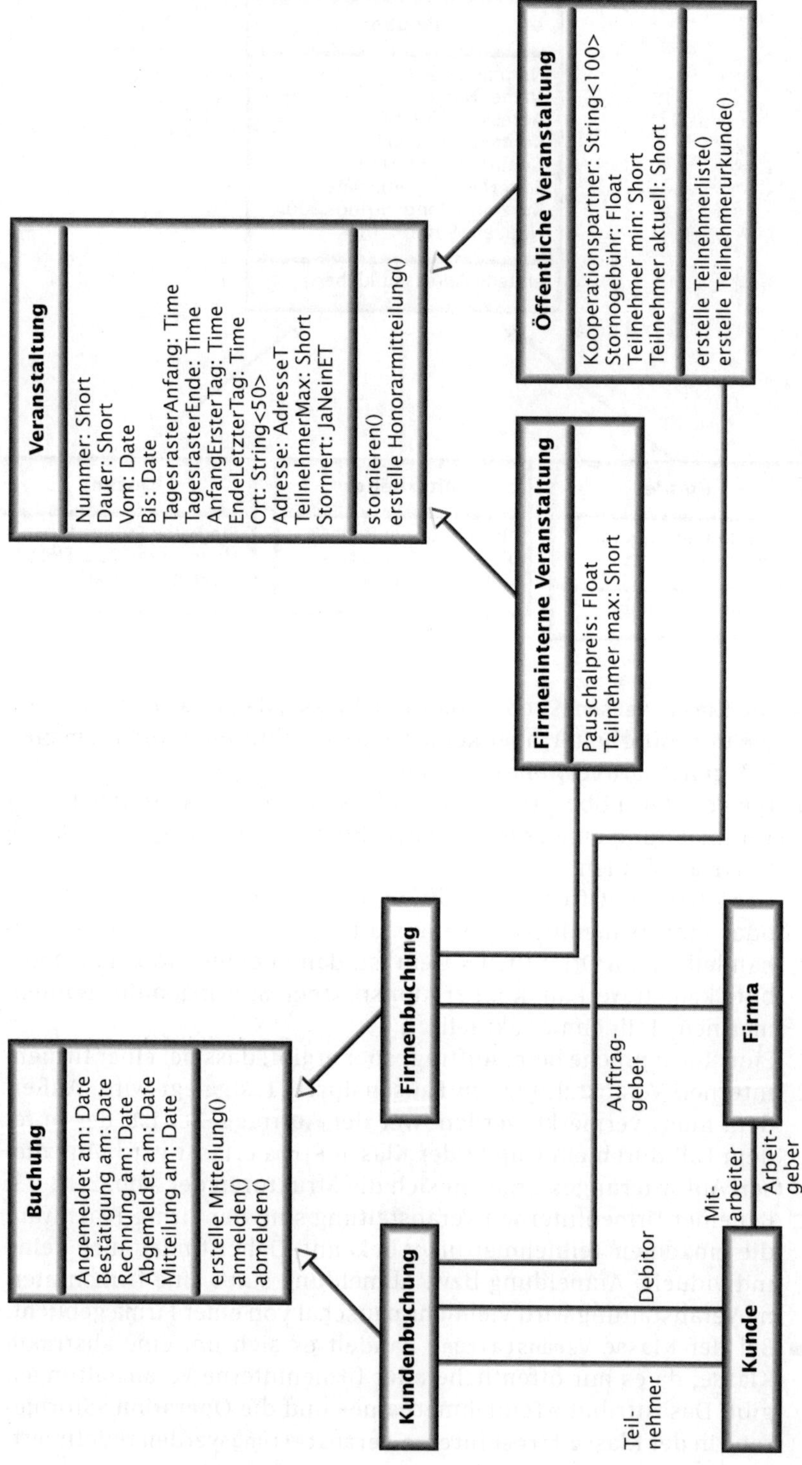
Veranstaltung
Nummer: Short
Dauer: Short
Vom: Date
Bis: Date
TagesrasterAnfang: Time
TagesrasterEnde: Time
AnfangErsterTag: Time
EndeLetzterTag: Time
Ort: String<50>
Adresse: AdresseT
TeilnehmerMax: Short
Storniert: JaNeinET
stornieren()
erstelle Honorarmitteilung()
Öffentliche Veranstaltung
Kooperationspartner: String<100>
Stornogebühr: Float
Teilnehmer min: Short
Teilnehmer aktuell: Short
erstelle Teilnehmerliste()
erstelle Teilnehmerurkunde()
Firmeninterne Veranstaltung
Pauschalpreis: Float
Teilnehmer max: Short
Buchung
Angemeldet am: Date
Bestätigung am: Date
Rechnung am: Date
Abgemeldet am: Date
Mitteilung am: Date
erstelle Mitteilung()
anmelden()
abmelden()
Firmenbuchung
Kundenbuchung
Auftrag-
geber
Firma
Mit-
arbeiter
Arbeit-
geber
Debitor
Kunde
Teil-
nehmer

Die Redefinition von »Stornieren« ist sinnvoll, da zur Implementierung von »Stornieren« die Operation »Stornieren« der Klasse `Veranstaltungen` aufgerufen werden kann.

- Die Attribute und Operationen sind bei einer Kundenbuchung und einer Firmenbuchung identisch, allerdings unterscheiden sich die Assoziationen. Daher ergibt sich auch für die Buchung eine Vererbungsstruktur. Obwohl die Klassen `Kundenbuchung` und `Firmenbuchung` keine Attribute und Operationen besitzen, ist diese Modellierung fachgerecht, da sich die Klassen in ihren Assoziationen unterscheiden. unterschiedliche Assoziationen

Analytische Schritte zum Validieren der Vererbungsstrukturen

- Die in der Checkliste aufgeführten Kriterien sind erfüllt. **3** »gute« Vererbung
- Bei allen Vererbungsstrukturen handelt es sich um »echte« Vererbungen. **4** keine Vererbung?

2.18.3.7 Checkliste Kardinalitäten

Nach dem Identifizieren der Assoziationen und der Spezifikation der Attribute ist es notwendig, die Kardinalitäten festzulegen, da sie wichtige semantische Informationen in das Modell einbringen (Tab. 2.18-9). **Makroprozess »Statisches Modell«: 5 Assoziationen vervollständigen**

Konstruktive und analytische Schritte zum Identifizieren und Validieren von Kardinalitäten

- Bei allen Assoziationen der Seminarorganisation soll die Historie modelliert werden. **1** Schnappschuss oder Historie?
- Folgende Kardinalitäten ergeben sich aus dem Pflichtenheft: **2** Muss- oder Kann-Beziehung
  - Zwischen der Buchung und dem Kunden sowie der Veranstaltung liegt jeweils eine Muss-Beziehung vor, da eine Buchung für sich alleine *nicht* existieren kann (ursprünglich: Assoziative Klasse).
  - Ein Kunde *kann* mehrere Buchungen vornehmen (*), zu einer Veranstaltung *kann* es m Buchungen geben (*).
  - Jeder Zahlungsverzug gehört zu genau einem Kunden bzw. einer Firma; ein Kunde bzw. eine Firma *kann* mehrere Zahlungsverzüge besitzen.
  - Zu jeder Veranstaltung gibt es einen oder mehrere Dozenten, die Seminarleiter sind.
  - Jede Veranstaltung gehört zu genau einem Seminartyp.
  - Eine Veranstaltung muss von mindestens einem Dozenten als Referent und einem Dozenten als Seminarleiter durchgeführt werden.
  - Ein gebuchter Kunde *kann* bei Abmeldung genau einen Ersatzteilnehmer melden.
  - Alle anderen Beziehungen sind Kann-Beziehungen mit variabler Obergrenze (Abb. 2.18-26).

Tab. 2.18-9: Checkliste Kardinalitäten

Ergebnis

- **Klassendiagramm** (Abschnitt 2.8.3)

Alle Kardinalitäten in das Klassendiagramm eintragen.

Konstruktive/analytische Schritte

1 Ist ein Schnappschuss ausreichend oder ist die Historie zu modellieren?

Aus den Anfragen an das System ergibt sich, ob

- ein **Schnappschuss** (1- bzw. 0..1-Kardinalität) (Wer hat zur Zeit den roten Mercedes ausgeliehen?) oder
- die **Historie** (*many*-Kardinalität) (Welche Personen haben den roten Mercedes im letzten Jahr ausgeliehen?) zu modellieren ist.

Während bei einem Schnappschuss eine alte Verbindung gelöst wird, wenn eine neue aufgebaut wird, wird bei der Historie eine neue Verbindung zwischen den jeweiligen Objekten hinzugefügt.

2 Liegt eine Muss- oder Kann-Assoziation vor?

- Bei einer einseitigen Muss-Assoziation (Untergrenze ≥1 auf einer Seite) gilt: Sobald das Objekt A erzeugt ist, muss auch die Beziehung zu dem Objekt B aufgebaut und B vorhanden sein bzw. erzeugt werden.
- Bei einer wechselseitigen Muss-Beziehung (Untergrenze ≥1 auf beiden Seiten) gilt: Sobald das Objekt A erzeugt ist, muss auch die Beziehung zu dem Objekt B aufgebaut und ggf. das Objekt B erzeugt werden. Wenn das letzte Objekt A einer Beziehung gelöscht wird, dann muss auch Objekt B gelöscht werden.
- Bei einer Kann-Beziehung (Untergrenze = 0) kann die Beziehung zu einem beliebigen Zeitpunkt nach dem Erzeugen des Objekts aufgebaut werden.

3 Enthält die Kardinalität feste Werte?

- Ist eine Obergrenze vom Problembereich her (oft bei technischen Systemen) zwingend vorgegeben (z.B. maximal 6 Roboter pro Montagestation)? Im Zweifelsfall mit variablen Obergrenzen arbeiten.
- Ist die Untergrenze vom Problembereich her zwingend vorgegeben (z.B. mindestens 2 Reifen pro Achse)? Im Zweifelsfall mit »0« arbeiten.
- Gelten besondere Restriktionen für die Kardinalitäten (z.B. eine gerade Anzahl von Reifen pro Achse)?

4 Fehlerquelle

- Oft werden Muss-Assoziationen verwendet, wo sie *nicht* benötigt werden.

Quelle: /Heide Balzert 99, S. 154/

3 feste Grenzen

- In der Seminarorganisation ergeben sich aus der Problemstellung keine festen Grenzen.

2.18.3.8 Checkliste Aggregation und Komposition

Makroprozess »Statisches Modell«: 5 Assoziationen vervollständigen

Nach dem Identifizieren der Assoziationen und dem Zuordnen von Kardinalitäten ist abschließend zu prüfen, ob anstelle von einfachen Assoziationen Aggregationen oder Kompositionen vorliegen (Tab. 2.18-10).

Ergebnis

■ **Klassendiagramm** (Abschnitt 2.8.3)

Alle Aggregationen und Kompositionen in das Klassendiagramm eintragen.

Konstruktive/Analytische Schritte

1 Für eine Komposition gilt:

a Es liegt eine Ist-Teil-von-Beziehung vor.

b Die Kardinalität bei der Aggregatklasse beträgt 0..1 oder 1 *(unshared aggregation, strong ownership)*.

c Die Lebensdauer der Teile ist an die des Ganzen gebunden. Ein Teil darf jedoch zuvor explizit entfernt werden.

d Die Funktionen des Ganzen werden automatisch auf seine Teile angewendet.

e Muster bilden eine gute Orientierungshilfe (siehe Abschnitt 2.18.2). Dazu gehören Liste (Bestellung – Bestellposition), Baugruppe (Auto – Motor) und Stückliste mit physikalischem Enthaltensein (Verzeichnis – Verzeichnis).

2 Für eine Aggregation gilt:

a Es liegt eine Ist-Teil-von-Beziehung mit *shared aggregation* (ein Teilobjekt kann mehreren Aggregatobjekten zugeordnet werden) vor.

b Sie ist selten.

3 Im Zweifelsfall immer eine einfache Assoziation verwenden.

■ Bei dem geringsten Zweifel an einer Komposition oder Aggregation immer die Assoziation wählen.

4 Fehlerquellen

■ Prinzipiell ist es möglich, jedes Attribut als Klasse zu modellieren und mittels einer Komposition mit der ursprünglichen Klasse zu verbinden. Dies führt jedoch zu schlechten Modellen.

Quelle: /Heide Balzert 99, S. 157/

Tab. 2.18-10: Checkliste »Einfache« Assoziation, Aggregation, Komposition

Konstruktive und analytische Schritte zum Identifizieren und Validieren der Assoziationsart

- Eine Komposition liegt in der Seminarorganisation nicht vor. In erster Näherung könnte es sich bei Seminartyp – Veranstaltung um eine Komposition handeln. Punkt **d** ist aber *nicht* erfüllt. **1** Komposition
- Eine Aggregation liegt in der Seminarorganisation nicht vor. Bei Seminartyp – Veranstaltung ist Punkt **a** *nicht* erfüllt. **2** Aggregation
- Alle Beziehungen in der Seminarorganisation sind »einfache« Assoziationen. **3** im Zweifel Assoziation
- Dieser Fehler liegt bei der bisherigen Modellierung der Seminarorganisation nicht vor. **4** Komposition oder Attribut

Makroprozess »Statisches Modell«: 6 Attribute spezifizieren

Im Makroprozess folgt nach der Vervollständigung der Assoziationen die vollständige Spezifikation der Attribute. Im dritten Schritt des Makroprozesses »Attribute identifizieren« wurden nur die Typen der Attribute festgelegt.

In diesem Schritt sollten die zusätzlichen Spezifikationen erfolgen, die z.B. der JANUS-Generator erfordert. Anhand eines generierten Pilotsystems sollten diese Spezifikationen dann überprüft werden. Abschnitt 2.8.6

Makroprozess »Statisches Modell«: 7 Muster identifizieren

- Folgende Muster lassen sich identifizieren (Abb. 2.18-26):
  - □ Exemplartyp: Seminartyp – Veranstaltung
  - □ Koordinator: Kundenbuchung, Firmenbuchung
  - □ Rollen: Dozent
  - □ Gruppe: Firma – Kunde

Alle Muster sind korrekt angewendet.

2.18.3.9 Checkliste Szenario

Makroprozess »Dynamisches Modell«: 1 Szenarios erstellen

Szenarios sind Verfeinerungen der Geschäftsprozesse, die in Form von Sequenz- und Kollaborationsdiagrammen dokumentiert werden. Szenarios tragen dazu bei, die Operationen der Klassen zu identifizieren und den Fluss der Botschaften durch das System zu definieren. Außerdem dienen sie dazu, die Vollständigkeit und Korrektheit des statischen Modells zu validieren. Darüber hinaus lassen sich die beschriebenen Szenarios gleichzeitig als Test-Szenarios verwenden (Tab. 2.18-11).

Konstruktive Schritte zum Modellieren von Szenarios

1 Geschäftsprozess → Szenarios

Szenarios können – unabhängig von der später verwendeten Notation – zunächst in folgender Form dokumentiert werden:

- Name des Szenarios,
- Bedingungen, die zu dieser Variation des Geschäftsprozesses führen (unter welchen Voraussetzungen wird dieses Szenario ausgeführt?).
- Ergebnis des Szenarios.

Es ist zunächst *nicht* zu beschreiben, *wie* das Szenario abläuft. Es sind noch keine Objekte oder Attribute zu verwenden.

Beispiel

Aus dem Geschäftsprozess *Buchen: Von Anmeldung bis Buchung* aus dem Pflichtenheft (Anhang B, /F20/) leiten sich folgende Szenarios ab:

Szenario 1: Buchen (erfolgreiche Anmeldung für Stammkunde, positiver Fall)

Bedingungen:
- Kundendaten vorhanden
- Kundendaten aktualisieren
- Zahlungsmoral überprüfen (ok)
- Veranstaltung vorhanden
- Noch Plätze frei

Ergebnis:
- Anmeldebestätigung und Rechnung verschickt

Szenario 2: Buchen (erfolgreiche Anmeldung für Neukunde, positiver Fall)

Bedingungen:
- Kundendaten neu erfassen
- Veranstaltung vorhanden

Tab. 2.18-11: ***Checkliste Szenario***

Ergebnisse

- **Sequenzdiagramm, Kollaborationsdiagramm** (Abschnitt 2.9.5)

Für jedes relevante Szenario ist ein Sequenzdiagramm zu erstellen. Alternativ können Kollaborationsdiagramme verwendet werden.

Konstruktive Schritte

1 Aus jedem Geschäftsprozess mehrere Szenarios entwickeln.

- Variationen von Geschäftsprozessen ermitteln. Jede Variation führt zu einem unterschiedlichen Ergebnis des Geschäftsprozesses und bildet ein Szenario.
- Standardausführung und Alternativen. Primäre Szenarios stellen die fundamentalen Funktionen des Systems dar. Sekundäre Szenarios präsentieren Variationen primärer Szenarios. Sie beschreiben Ausnahmesituationen und enthalten die weniger oft verwendeten Funktionen.
- Positive und negative Fälle unterscheiden.
- Prüfen, welche Szenarios wichtig sind.
- Diagramme benennen und beschreiben.

2 Ablauf relevanter Szenarios durch Sequenz- oder Kollaborationsdiagramme beschreiben.

- Beteiligte Klassen.
- Aufgaben in Operationen zerlegen.
- Reihenfolge der Operationen prüfen.
- Die UML erlaubt es, im Sequenzdiagramm Bedingungen anzugeben. Damit können mehrere Variationen durch ein einziges Sequenzdiagramm beschrieben werden (Abschnitt 2.9.5).

3 Operationen den Klassen zuordnen.

- Werden nur Attribute einer Klasse benötigt, dann ist die Operation dieser Klasse zuzuordnen.
- Konstruktoren sind der jeweiligen Klasse selbst und bei einer Komposition der Aggregatklasse zuzuordnen.
- Eine analoge Zuordnung ergibt sich für das Löschen von Objekten.

Analytische Schritte

4 Sind die Empfänger-Objekte erreichbar?

- Assoziation existiert (permanente Verbindung).
- Identität kann dynamisch ermittelt werden (temporäre Verbindung).

5 Ist das Sequenzdiagramm konsistent mit dem Klassendiagramm?

- Alle Klassen sind auch im Klassendiagramm enthalten.
- Mit Ausnahme von impliziten Operationen werden nur Operationen aus dem Klassendiagramm eingetragen.

6 Fehlerquellen

- Benutzungsoberfläche wird beschrieben.
- Zu viele Details sind beschrieben.

Quelle: In Anlehnung an /Heide Balzert 99, S. 176f./

– Noch Plätze frei
Ergebnis:
– Anmeldebestätigung und Rechnung verschickt

Szenario 3: Buchen (ausgebucht, negativer Fall)
Bedingungen:
– Kundendaten vorhanden oder neu erfasst
– Veranstaltung vorhanden

– Keine Plätze mehr frei
– Hinweis auf vergleichbare Veranstaltungen
Ergebnis:
– Mitteilung ausgebucht mit Alternativvorschlägen

Wichtig ist, dass *alle* Bedingungen, die zu einem Szenario führen, explizit angegeben werden. Oft lassen sich neue Szenarios durch Variationen der schon dokumentierten Szenarios finden. In einem solchen Fall sollte das ursprüngliche Szenario um die neue Bedingung ergänzt werden.

2 Kommunikation der Objekte

Beispiel

Abb. 2.18-24 zeigt das Sequenzdiagramm für das oben aufgeführte Szenario 2 der Seminarorganisation.

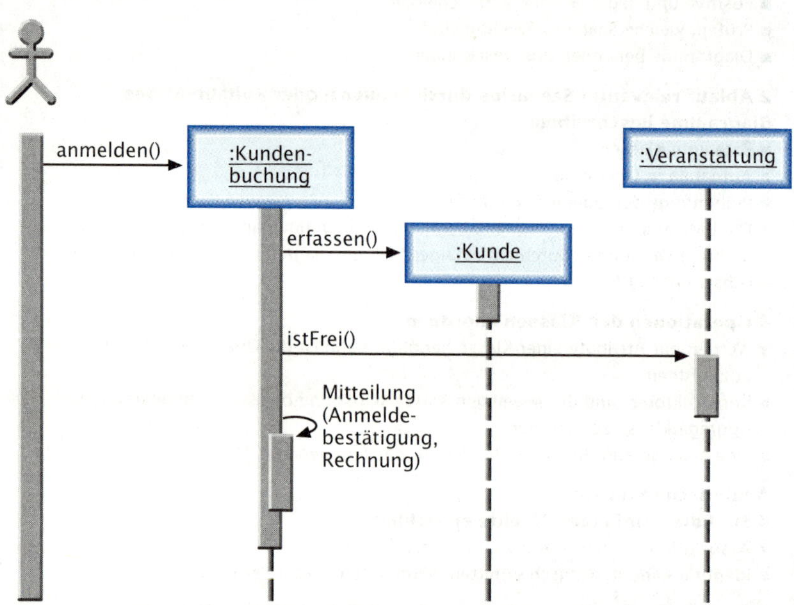

Abb. 2.18-24: Sequenzdiagramm für eine erfolgreiche Anmeldung eines neuen Kunden zu einer Veranstaltung

3 Operationen → Klasse

- Abb. 2.8-26 zeigt, wie in der Seminarorganisation die Operationen den Klassen entsprechend den aufgeführten Kriterien zugeordnet sind.

Analytische Schritte zum Validieren der Szenarios

4 Empfänger erreichbar?

Müssen Objekte miteinander kommunizieren, die *nicht* durch eine Assoziation miteinander verbunden sind, so ist zu prüfen, woher das Senderobjekt die Identität des Empfängerobjektes erhält. Auf eine Assoziation kann verzichtet werden, wenn sich die Objekte *nicht* permanent kennen müssen, weil eine entsprechende Kommunikation nur selten stattfindet und das gewünschte Objekt auch anders identifiziert werden kann.

- In der Seminarorganisation kommunizieren alle Objekte über Assoziationen.

- Stellt man die oben beschriebenen Szenarios zum Geschäftsprozess Buchen als Sequenzdiagramme dar, dann erhält man folgende Operationen, die für die Buchung benötigt werden: `anmelden()`, `erstelle Mitteilung(Anmeldebestätigung, Rechnung)`, `erstelle Mitteilung (ausgebucht)`, `prüfe Zahlungsmoral()`. Diese Operationen sind konsistent mit den Operationen in der Klasse Kundenbuchung (Abb. 2.18-23), die Operation `prüfe Zahlungsmoral()` ist aber noch zu ergänzen. Aus den Szenarios ergibt sich ebenfalls, dass die Klasse `Veranstaltung` eine Operation `istFrei()` und `gib alternative Veranstaltung()` benötigt. **5** Konsistenz
- Die möglichen Fehlerquellen wurden bei der Seminarorganisation vermieden. **6** Fehlerquellen

2.18.3.10 Checkliste Zustandsautomat

Makroprozess »Dynamisches Modell«: 2 Zustandsautomat erstellen

Die Modellierung eines Zustandsautomaten hilft, Operationen zu identifizieren und die Abhängigkeiten der Operationen in einer Klasse zu verstehen. Normalerweise ist nur für wenige Klassen der Lebenszyklus zu modellieren. /IBM 97/ gibt an, dass bei typischen Anwendungen (Informationssystemen) nur ein bis zwei Prozent der Klassen einen nicht-trivialen Lebenszyklus besitzen, während deren Anzahl bei Echtzeitanwendungen wesentlich zunimmt. Tab. 2.18-12 zeigt die Checkliste für Zustandsautomaten.

Abschnitt 2.16.6

Konstruktive Schritte zum Modellieren von Lebenszyklen

1 nicht-trivialer Lebenszyklus
Beispiel

Geht man die verschiedenen Klassen der Seminarorganisation durch, dann scheint die Klasse `Veranstaltung` einen nicht-trivialen Objekt-Lebenszyklus zu besitzen.
Diese Klasse steht in einer Assoziation mit der Klasse Buchung. Will ein Kunde eine Veranstaltung buchen (Anmelden), dann muss die Klasse Buchung das entsprechende Veranstaltungs-Objekt beauftragen, eine Anmeldung einzutragen.

2 Zustände
Beispiel

Damit sich ein Kunde zu einer Veranstaltung anmelden kann, muss die Veranstaltung bereits existieren. In den Zustand `existiert` gelangt man aus dem Anfangszustand (Abb. 2.18-25).
Das Ereignis `Kunde meldet sich an` im Zustand `existiert` bewirkt einen Übergang in den Zustand buchend. Dieser Zustand wird durch folgende Attributwerte beschrieben:
`0 < Teilnehmerzahl < MaxTeilnehmerzahl.`
Im Zustand buchend kann das Objekt auf folgende Ereignisse reagieren und in die entsprechenden Folgezustände übergehen:
Seminar fällt aus → `storniert`,
Teilnehmer meldet sich an und Seminar noch nicht voll → buchend,
Teilnehmer sagt ab → buchend,
Seminar ist voll → `ausgebucht`,
Seminarbeginn heute → `durchgeführt`,

Tab. 2.18-12a: Checkliste Zustandsautomat (Lebenszyklen)

Ergebnis

- **Zustandsdiagramm** (Abschnitt 2.16-6)

Für jeden nicht-trivialen Lebenszyklus ist ein Zustandsdiagramm zu erstellen.

Konstruktive Schritte

1 Existiert ein nicht-trivialer Lebenszyklus?

- Das gleiche Ereignis kann – in Abhängigkeit vom aktuellen Zustand – unterschiedliches Verhalten bewirken.
- Operationen sind nur in bestimmten Situationen (Zuständen) auf ein Objekt anwendbar und werden sonst ignoriert.
- Auf Lebenszyklus verzichten, wenn seine Beschreibung nichts zum Verständnis der Problematik beiträgt.

2 Welche Zustände enthält der Automat?

- Ausgangsbasis ist der Anfangszustand.
- Durch welche Ereignisse wird ein Zustand verlassen? Ereignisse nicht als Botschaften formulieren, sondern umgangssprachlich beschreiben, was »von außen auf das Objekt einwirkt«.
- Welche Folgezustände treten auf?
- Wodurch wird der Zustand definiert (Attributwerte, Objektverbindungen)?

3 Existieren Endzustände?

Nur bei linearen Lebenszyklen kann Folgendes zutreffen:

- Das Objekt hört auf zu existieren.
- Das Objekt existiert weiterhin, aber sein dynamisches Verhalten ist nicht länger von Interesse (schlafendes Objekt).

4 Welche Operationen besitzt das Objekt?

- Jede zustandsabhängige Operation aus dem Klassendiagramm eintragen.
- Operationen, die in jedem Zustand ausgeführt werden können, nicht eintragen.
- Prüfen, ob weitere Operationen notwendig sind.

5 Sind Operationen als Aktivitäten oder als Aktionen zu modellieren?

- Aktion = atomar, nicht-unterbrechbar (Transition, *entry, exit*).
- Aktivität = fest mit einem Zustand verbunden (Start-Aktion + Beende-Aktion).

6 Welche Ereignisse sind zu modellieren?

- Externe Ereignisse:
  - vom Benutzer,
  - von anderen Objekten.
- Zeitliche Ereignisse:
  - Zeitdauer,
  - Zeitpunkt.
- Intern generierte Ereignisse des betrachteten Objekts.
- Welche Fehlersituationen können auftreten und wie soll das Objekt darauf reagieren (Ausnahmebehandlung, *exception handling*). Zuerst immer das Normalverhalten und erst im zweiten Schritt das Fehlerverhalten betrachten.

Analytische Schritte

7 Geeigneter Zustandsname

- Beschreibt eine bestimmte Zeitspanne.
- Kein Verb.
- Kann entfallen, wenn er keine zusätzliche Information enthält.

Quelle: /Heide Balzert 99, S. 182f./

8 Ist der Objekt-Lebenszyklus konsistent mit der Liste der Operationen?
- Gibt es für jede Operation mindestens einen Zustand, in dem das Objekt auf die entsprechende Botschaft reagieren kann?
- Sind alle Aktivitäten und Aktionen auch Operationen des Klassendiagramms?

9 Sind alle Zustandsübergänge korrekt eingetragen?
- Ist jeder Zustand erreichbar?
- Kann jeder Zustand – mit Ausnahme der Endzustände – verlassen werden?
- Sind die Zustandsübergänge eindeutig?

10 Fehlerquellen
- Modellierung der Benutzungsoberfläche im Lebenszyklus.
- Gedankengut aus den Programmablaufplänen übernommen (»Schleifen« dürfen nicht vorkommen. Bedingungen sind immer mit einem Ereignis verknüpft).

Tab. 2.18-12b: Checkliste Zustandsautomat (Lebenszyklen)

Einige Zustände werden auch durch Attributwerte ausgedrückt:
`existiert: Teilnehmerzahl = 0,`
`ausgebucht: Teilnehmerzahl = MaxTeilnehmerzahl.`

3 Endzustände

Beispiel

Eine Veranstaltung wird erfasst, anschließend werden Anmeldungen und Absagen eingetragen. Wird die Veranstaltung storniert oder durchgeführt, so ist das dynamische Verhalten des Objekts nicht länger von Interesse. Das Objekt wird »schlafen gelegt«. Gelöscht werden darf das Objekt nur, wenn noch keine Anmeldungen durchgeführt wurden. Es handelt sich also um einen linearen Automaten.

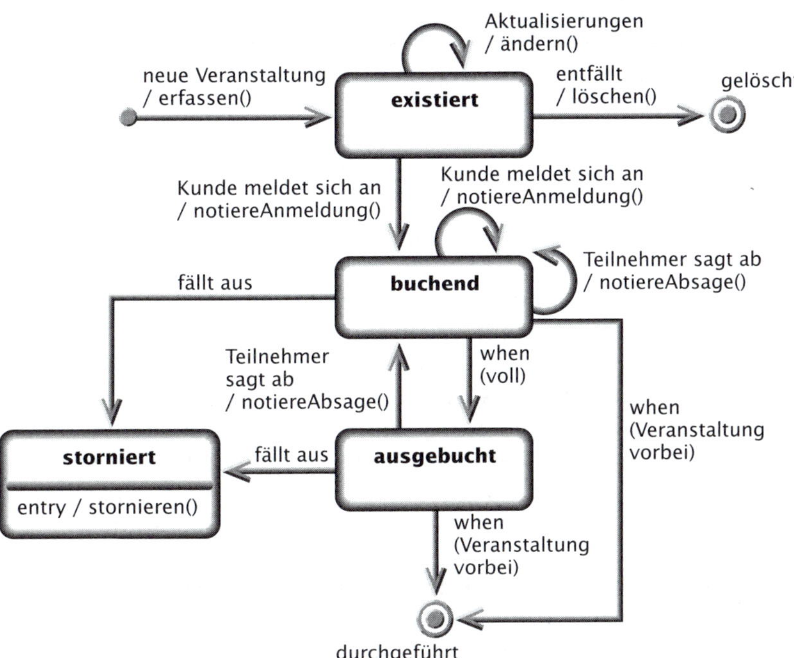

Abb. 2.18-25: Nicht-trivialer Zustandsautomat der Klasse Veranstaltung

4 Operationen
Beispiel
Die Operation notiereAnmeldung() wird nur aktiviert, wenn die Veranstaltung existiert und eine Buchung möglich ist, d.h. die Veranstaltung weder ausgebucht noch storniert oder bereits durchgeführt ist. Geändert oder gelöscht werden kann eine Veranstaltung nur dann, wenn sie existiert, aber noch keine Buchung stattgefunden hat. Aus der Abb. 2.18-25 ist zu entnehmen, dass die Klasse Veranstaltung um die internen Operationen notiereAnmeldung() und notiereAbsage() zu ergänzen ist. Diese beiden Operationen werden von den externen Operationen Buchung.anmelden() und Buchung.absagen() aktiviert.

5 Aktion oder Aktivität
Beispiel
Alle Operationen sind Aktionen. Beim Eintritt in den Zustand storniert wird immer die Operation stornieren() ausgeführt, unabhängig davon, über welche Transition der Übergang erfolgt. Alle anderen Aktionen werden an die Zustandsübergänge angetragen.

6 Ereignisse
Beispiel
Wird der letzte Platz belegt, dann muss die Operation notiereAnmeldung() das Ereignis when (voll) erzeugen, um den Zustand buchend zu verlassen.

Analytische Schritte zum Validieren der Lebenszyklen

7 Zustandsname
- Die gewählten Zustandsnamen entsprechen den Namensregeln.

8 Konsistenz
- Um die Vollständigkeit komplexer Zustandsautomaten zu prüfen, hat sich die Zustandsmatrix bewährt. Für jede Kombination von Zustand und Ereignis (Botschaft) ist hier ein Eintrag vorzunehmen (Tab. 2.18-13).

Tab. 2.18-13: Zustandsmatrix der Veranstaltung

Ereignis → Zustand ↓	Kunde meldet sich an	Teilnehmer sagt ab	ist voll	fällt aus	Veranstaltung vorbei
existiert	buchend	i	n.m.	i	i
buchend	buchend	buchend	ausgebucht	storniert	durchgeführt
ausgebucht	i	buchend	n.m.	storniert	durchgeführt
storniert	i	i	n.m.	i	i
durchgef.	i	i	n.m.	i	i

Legende: i: Ereignis wird ignoriert n.m.: Ereignis nicht möglich

- Die Aktionen sind konsistent mit der Klasse Veranstaltung: stornieren(), notiere Anmeldung(), notiere Absage().

9 Zustandsübergänge
- Alle geforderten Bedingungen sind eingehalten.

10 keine Flussdiagramme
- Die aufgeführten Fehler wurden *nicht* gemacht.

2.18.3.11 Checkliste Operation

Makroprozess »Dynamisches Modell«: 3 Operationen beschreiben

Operationen kommen nicht nur im dynamischen Modell vor, sondern werden auch ins Klassendiagramm eingetragen. Sie stellen daher eine Verbindung zwischen dem statischen und dem dynamischen Modell her. Tab. 2.18-14 zeigt die Checkliste für Operationen.

Konstruktive Schritte zum Identifizieren von Operationen

1 Listen- und Verwaltungsoperationen
Beispiel
Sollen alle Umsätze der Kunden ermittelt werden, dann wird eine Listenoperation ermittleUmsätze() benötigt, die alle Kunden betrifft.

Quelle: /Heide Balzert 99, S. 185/

Tab. 2.18-14: Checkliste Operation

Ergebnisse

- **Klassendiagramm** (Abschnitt 2.8.3)
  In das Klassendiagramm werden die Operationen eingetragen.
- Beschreibung der Operationen

Konstruktive Schritte

1 Operationen ins Klassendiagramm eintragen

- Operationen aus Szenarios und Zustandsautomaten übernehmen.
- Listenoperationen hinzufügen.
- Keine Verwaltungsoperationen eintragen.

2 Vererbung von Operationen berücksichtigen

- Operationen so hoch wie möglich in der Hierarchie eintragen.

3 Beschreibungen erstellen

- Eine Beschreibung, was die Operation aus fachlicher Sicht leisten soll, ist nur dann zu erstellen, wenn ihre Funktionsweise anhand des Namens und der Interaktionsdiagramme nicht klar wird.
  - Im Allgemeinen informal.
  - Bei Bedarf auch semiformale Spezifikation.

Analytische Schritte

4 Besitzt die Operation einen geeigneten Namen?

- Beginnt mit einem Verb.
- Beschreibt, was die Operation »tut«.

5 Erfüllt jede Operation die geforderten Qualitätskriterien?

- Angemessener Umfang, d.h. ist die Operation nicht zu umfangreich.
- Funktionale Bindung, d.h. jede Operation realisiert eine in sich abgeschlossene Funktion.

Kapitel III 5.10

6 Ist das *balancing* erfüllt?

- Alle Attribute werden von den Operationen benötigt, d.h. Klassen sollen nur solche Attribute enthalten, die von den Operationen der Klasse oder einer ihrer Unterklassen benötigt werden.

7 Fehlerquellen

- Keine Benutzungsoberfläche.

Daher ist sie eine Klassenoperation der Klasse `Kunde`. Sollen alle Veranstaltungstermine aufgelistet werden, die zu einem gegebenen Seminartyp gehören, dann wird eine Operation `ermittleTermine()` benötigt. Sie wird als Objektoperation der Klasse `Seminartyp` zugeordnet. Eine weitere Listenoperation ist `ermittleKunden()`. Sie prüft, welche Kunden bisher einen bestimmten Seminartyp gebucht haben. Sie wird daher ebenfalls der Klasse `Seminartyp` zugeordnet und ermittelt über die Assoziationen die notwendigen Daten (Abb. 2.18-26).

2 Vererbung von Operationen

- Abb. 2.18-26 zeigt, dass die Operationen `stornieren()` und `erstelle Honorarmitteilung()` in der Oberklasse `Veranstaltung`, die Operationen `anmelden()`, `abmelden()`, `erstelle Mitteilung()` in der Ober-

Abb. 2.18-26: Klassendiagramm der Seminarorganisation nach dem 1. Durchlauf des Makroprozesses

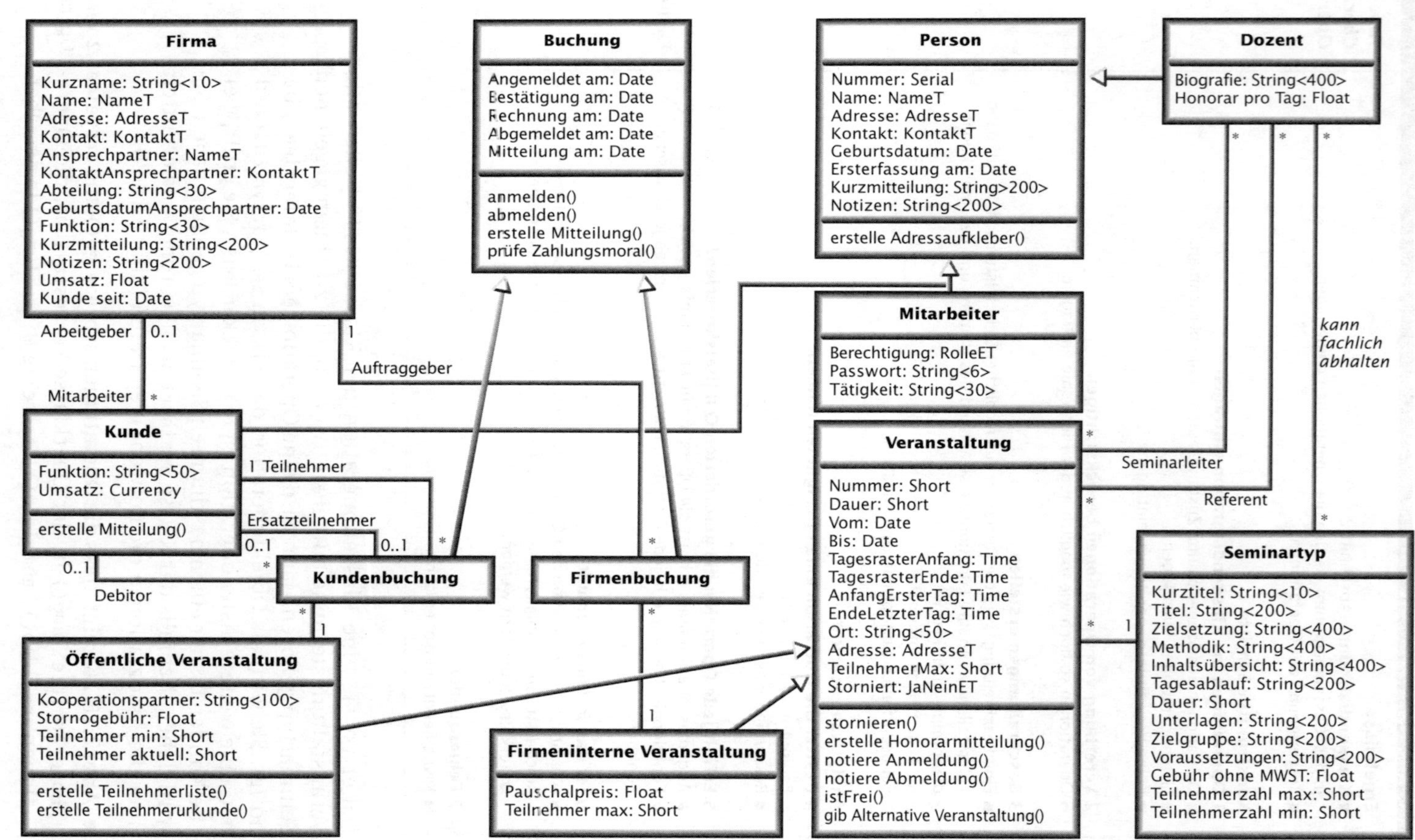

klasse `Buchung` und `erstelle Adressaufkleber()` in der Oberklasse `Person` eingetragen sind.

- Eine zusätzliche Beschreibung ist nicht nötig. **3** Beschreibung

Analytische Schritte zum Validieren der Operationen

- Die Namenswahl entspricht den Richtlinien. **4** Name
- Die Qualitätskriterien sind erfüllt. **5** Qualitätskriterien
- Das *balancing* ist erfüllt. **6** *balancing*
- Es besteht *kein* Bezug zur Benutzungsoberfläche. **7** Fehlerquellen

Abb. 2.18-26 zeigt das Klassendiagramm der Seminarorganisation nach dem ersten Durchlauf des Makroprozesses. Ein zweiter Durchlauf ist nötig, um das Kernsystem zu vervollständigen, insbesondere um die Geschäftsprozesse /F30/ bis /F60/ (siehe Anhang B) zu modellieren und um die Internet-Präsenz zu realisieren.

2.18.4 Einsatz von CASE-Werkzeugen

Für den gesamten Makroprozess empfiehlt sich natürlich der Einsatz von entsprechenden CASE-Werkzeugen. Das in Abschnitt 2.9.6 entwickelte Klassenmodell (Abb. 2.9-34) wird um die oben dargestellten Klassen (Abb. 2.18-26) erweitert. Insbesondere wird die Vererbung genutzt.

Rational Rose
Vererbung

In *Rose* wird eine Vererbung folgendermaßen erstellt:

- Attribute von Unter- in Oberklasse verschieben: im *Browser* mittels *drag & drop.*

Abschnitt 2.8.6

- Abstrakte Klasse kennzeichnen: Klasse selektieren, im *pop-up*-Menü *Open Specification/Detail* das Kontrollkästchen *Abstract* ankreuzen.
- Vererbungspfeil eintragen: Schaltfläche *Generalization* selektieren, dann Unterklasse wählen und bei gedrückter Maustaste zur Oberklasse bewegen.
- Vererbungspfeil im Modell löschen: Pfeil im Diagramm selektieren und Tasten CTRL + D drücken.

Das erweiterte Klassendiagramm kann wieder genutzt werden, um mit Hilfe des JANUS-Generators ein neues Pilotsystem zu generieren. Das neue Pilotsystem befindet sich auf der CD-ROM 1.

Das erweiterte Klassendiagramm befindet sich auf der CD-ROM 1.

JANUS-Vererbung

In JANUS werden abstrakte Klassen *nicht* auf der Benutzungsoberfläche dargestellt. Die Attribute werden jedoch an die Unterklassen vererbt und in den dortigen Erfassungsfenstern in der Regel einheitlich als Gruppe angezeigt.

Abschnitt 2.8.6

JANUS-*Specifier*
GUI gestalten

Mit Hilfe des JANUS-*Specifiers* ist es – insbesondere für den Software-Ergonomen – möglich, die Oberflächeneinstellungen in einem weiten Rahmen an Wünsche der jeweiligen Zielgruppe anzupassen. Einige Einstellungsmöglichkeiten sind im Folgenden aufgeführt:

- Führungstext ändern: Notizbuchseite *Documentation – GUI Label* eintragen.

- Attribute nebeneinander: Notizbuchseite *Properties – Same Line as.*
- Geerbte Attribute ohne Gruppe: Notizbuchseite *Properties – Inheritance GUI Settings, Grouping* False.
- Geerbte Attribute auf eigene Notizbuchseiten: *Properties – Inheritance GUI Settings, Superclass First* False.
- Spalten zuordnen: Notizbuchseite *Properties* – bei *Form Column* Spalte 1 oder 2.
- Künstliche Gruppe: Notizbuchseite *Advanced* – bei *Form Group* Gruppe eintragen, Notizbuchseite *Properties* – Attribut mit *Form Group* dieser Gruppe zuweisen.
- Titel ändern: Notizbuchseite *Properties* im Feld *Form Title* eingeben: `Text1 %oi% Text2 %aAttribut%`.
- Einheit anzeigen: Notizbuchseite *Advanced* – bei *Unit* die Einheit eingeben.
- Attribut beliebig positionieren: Notizbuchseite *Properties* – bei *Layout Position* Referenzattribut wählen, bei *Order* Before (davor) oder After (danach) eingeben.

2.18.5 Aufwandsschätzung

Kapitel 1.5 bis 1.9, Abschnitt 2.6.3

In jeder Phase einer Software-Entwicklung sollte eine Aufwandsschätzung vorgenommen bzw. eine bereits vorhandene verfeinert werden. Liegt ein formales Modell vor – hier ein OOA-Modell – dann kann aus ihm automatisch eine Aufwandsschätzung abgeleitet werden.

Kapitel II 6.2, Abschnitt III 5.11.3

Mit Aufwandsschätzungen hängen Software-Metriken zusammen, mit denen man im Rahmen einer Software-Messtechnik versucht, Software-Produkte und Software-Prozesse zu vermessen. Allein für objektorientierte Komponenten gibt es über 25 Vorschläge für Metriken. Diese Metriken sind aber noch *nicht* konsolidiert und empirisch abgesichert. Für die Aufwandsschätzung werden sie bisher nur vereinzelt eingesetzt.

Object Points

Eine Übertragung der *Function Point*-Idee auf objektorientierte Entwicklungen wird in /Sneed 96/ beschrieben und *Object Point*-Methode genannt. Es werden drei Tabellen erstellt:

Abschnitt 2.6.3

- Geschäftsprozess-Tabelle bzw. Prozess-Tabelle (Abschnitt 2.6.3),
- Klassen-Tabelle,
- Botschaften-Tabelle bzw. Nachrichten-Tabelle.

Aus der Geschäftsprozess-Tabelle werden Prozess-Punkte ermittelt, die ein Maß für den Systemtestaufwand darstellen. Aus der Klassen-Tabelle werden Klassen-Punkte berechnet, die ein Maß für den Klassen-Entwicklungsaufwand einschließlich Entwurf, Codierung und Modul- bzw. Komponententest sind. Aus der Botschaften-Tabelle ergeben sich Botschaftenpunkte, die den Klassenintegrationsaufwand einschließlich Integrationstest widerspiegeln. Die Botschaftentabelle kann erst im objektorientierten Entwurf (OOD) erstellt werden.

Die *Object Points* ergeben sich wie folgt:

Objekt-Punkte =
Prozess-Punkte + Klassen-Punkte + Botschaften-Punkte.

Die Objekt-Punkte werden mit einem Qualitätsfaktor QF multipliziert. Dazu werden zwölf Qualitätsmaße durch ihre prozentuale Erfüllung definiert und nach festgelegten Regeln in eine Multiplikationsfaktor konvertiert. Durch zehn Einflussfaktoren wird die Projektumgebung beschrieben. Jedem dieser Faktoren kann eine von fünf Stufen zugeordnet werden (Gewichte von 0 bis 5). Die Summe aller Gewichte über alle Einflussfaktoren liegt damit im Bereich von 0 bis 40. Vollständige Erfüllung führt zu 40 Prozent mehr Produktivität bzw. 40 Prozent weniger Aufwand.

Qualitäts-Einflussfaktoren

Projekt-Einflussfaktoren

Die bewerteten Objekt-Punkte ergeben sich damit wie folgt:

Bewertete Objekt-Punkte =
(Objekt-Punkte * QF) * (1 – (Summe Einzelfaktoren / 100))

In /Sneed 96/ wird 1 *Function-Point* ungefähr 5 bewerteten Objekt-Punkten gleichgesetzt.

Klassen-Tabelle

Liegt ein OOA-Modell vor, dann kann aus dem Klassendiagramm eine Klassentabelle abgeleitet werden, die als Basis für die Schätzung des Implementierungsaufwands bzw. Codieraufwands dient. Neue Klassen müssen codiert und getestet werden. Wiederverwendete Klassen müssen angepasst und getestet werden. Der Grad der notwendigen Anpassung ergibt die Wiederverwendungsrate einer Klasse. Eine neu zu erstellende Klasse hat somit eine Anpassungsrate von 100 Prozent bzw. eine Wiederverwendungsrate von Null Prozent. Der Umfang einer Klasse wird durch die Anzahl der Attribute, die Anzahl der Beziehungen zu anderen Klassen und die Anzahl der Operationen, die diese Klasse bereitstellt, bestimmt. Attribute werden dabei mit dem Faktor 1, Beziehungen mit 2 und Operationen mit 3 gewichtet. Der so ermittelte Klassenumfang wird dann mit der Wiederverwendungsrate multipliziert:

Klassen-Punkte = ((Attribute) + (Beziehungen * 2) +
(Operationen * 3)) * Wiederverwendungsrate

Geerbte Attribute und Operationen werden *nicht* mitgezählt, sondern nur bei der Oberklasse gezählt, wo sie deklariert sind. Tab. 2.18-15 zeigt die Klassentabelle für das OOA-Modell der Fallstudie »Seminarorganisation« entsprechend der Abb. 2.18-26.

Bewertung

Object Points nach Sneed bieten Anregungen für eine Aufwandsschätzung. Nachteilig ist jedoch, dass die geforderten drei Tabellen erst zu unterschiedlichen Zeiten im Entwicklungsprozess erstellt werden können. Eine Aufwandsschätzung ist nach diesem Verfahren daher frühestens im objektorientierten Entwurf möglich.

Die Trennung der Einflussfaktoren nach Produktqualität und Prozessqualität ist sinnvoll und nachvollziehbar.

Werkzeuge zur Aufwandsschätzung

Es gibt inzwischen einige CASE-Werkzeuge, die es ermöglichen, OO-Modelle automatisch zu analysieren und die Informationen für

Klasse	Anzahl Attribute	Anzahl Beziehungen	Anzahl Operationen	% Neuheit
Person	8		1	100
Firma	13	2		100
Kunde	2	4	1	100
Dozent	2	3		100
Mitarbeiter	3			100
Buchung	5		4	100
Kundenbuchung		3		100
Firmenbuchung		2		100
Veranstaltung	12	3	6	100
Öffentliche Veranstaltung	4	1	2	100
Firmeninterne Veranstaltung	2	1		100
Seminartyp	13	2		100
Seminarorganisation	64	21	14	12000
* Faktor	*1 = 64	*2 = 42	*3 = 42	/ 12 = 100%
Summe: 148 Klassen-Punkte				

Tab. 2.18-15: Klassen-Tabelle der Seminarorganisation

www.theobjectfactory.com

eine Aufwandsschätzung zu verwenden. Ein Beispiel für ein solches Werkzeugs ist *Optimize* von *The Object Factory*. Aus Klassendiagrammen werden allerdings nur die Namen der Klassen extrahiert. Jede Klasse ist dann manuell mit einem Komplexitätsfaktor zu bewerten.

In /Jocher, Holl 00/ wird beschrieben, wie Klassen mit Komplexitäten bewertet und in einem proprietärem *Function Point*-Modell berücksichtigt werden.

Dynamisches Modell Teil des →OOA-Modells. Beschreibt das Verhalten des zu entwickelnden Systems. Es benutzt dazu außer den Basiskonzepten Objekt, Klasse und Operation die dynamischen Konzepte Geschäftsprozess, Szenario, Botschaft und Zustandsautomat.

Muster *(pattern)* Beschreibt in abstrakter Form eine bewährte Lösung und setzt sie in Bezug zur Problemstellung und zur Systemumgebung. In der OO-Welt sind Muster Strukturen von Klassen bzw. Objekten. Man unterscheidet Analysemuster (→OOA-Muster) und Entwurfsmuster.

Objektorientierte Analyse Verwendet die Konzepte Objekt, Klasse, Attribut, Operation, Assoziation, Aggregation, Komposition, Vererbung, Paket, Botschaft, Szenario und Objektlebenszyklus zur Modellierung der Anforderungen an ein neues Software-Produkt.

object oriented analysis →Objektorientierte Analyse

OOA →Objektorientierte Analyse

OOA-Muster *(analysis pattern)* Eine Gruppe von Klassen mit feststehenden Verantwortlichkeiten und Interaktionen, die eine bestimmte – wiederkehrende – Problemlösung beschreiben (siehe auch →Muster).

pattern →Muster

Statisches Modell Teil eines →OOA-Modells. Benutzt zur Modellierung außer den Basiskonzepten Objekt, Klasse und Attribut die statischen Konzepte Assoziation, Vererbung und Paket. Es beschreibt die Klassen des Systems, die Assoziationen zwischen den Klassen und die Vererbungsstrukturen. Außerdem enthält es die Daten des Systems (Attribute). Die Pakete dienen dazu, Teilsysteme zu bilden, um bei großen Systemen einen besseren Überblick zu ermöglichen.

Die objektorientierte Analyse (OOA, *objectoriented analysis*) verwendet die Basiskonzepte der Objektorientierung – Objekt, Klasse, Attribut, Operation – ergänzt um die statischen Konzepte Assoziation, Vererbung, Paket und die dynamischen Konzepte Botschaft, Geschäftsprozess, Zustandsautomat und Szenario, um die **fachliche Problemlösung** zu modellieren. Dabei entstehen ein statisches und ein dynamisches Modell, die sich gegenseitig beeinflussen und ausbalanciert sein sollen. OOA

Muster *(patterns)* sind bewährte generische Lösungen für immer wiederkehrende Probleme, die in bestimmten Situationen auftreten. OOA-Muster werden für die Analyse und Konstruktion von OOA-Modellen benutzt. Wichtige OOA-Muster sind: Liste, Exemplartyp, Baugruppe, Stückliste, Koordinator, Rollen, wechselnde Rollen, Historie, Gruppe und Gruppenhistorie. Muster

Das Erstellen eines OOA-Modells auf der Grundlage schriftlicher Informationen, z.B. eines Pflichtenheftes, oder mündlicher Informationen, z.B. durch Interviews, gehört zu den schwierigsten Aufgaben der Software-Technik. Methode

Es handelt sich um einen iterativen Vorgang. Beschrieben wurde ein **Makroprozess**, der die Gleichgewichtigkeit von statischem und dynamischem Modell berücksichtigt. Für jedes objektorientierte Konzept stehen einheitlich aufgebaute **Checklisten** zur Verfügung, die die Konstruktion und Analyse unterstützen.

Zitierte Literatur

/Booch 91/
Booch G., *Object-Oriented Design with Applications*, Redwood City: The Benjamin/Cummings Publishing Company, 1991.

/Booch 94/
Booch G., *Object-Oriented Analysis and Design with Applications*, 2. Auflage, Redwood City: The Benjamin/Cummings Publishing Company, 1994.

/Booch, Rumbaugh 95/
Booch G., Rumbaugh J., *Unified Method*, Version 0.8, Santa Clara: Rational Software Corporation 1995, http://www.rational.com

/Coad, Yourdon 91a/
Coad P., Yourdon E., *Object-Oriented Analysis*, 2. Auflage, Englewood Cliffs: Yourdon Press, Prentice Hall, 1991.

/Coad, Yourdon 91b/
Coad P., Yourdon E., *Object-Oriented Design*, Englewood Cliffs: Yourdon Press, Prentice Hall, 1991.

/Coad 92a/
Coad P., *The Coad Letter*, Rösch Consulting, April 1992.

/Coad 92b/
Coad P., *Object-Oriented Patterns*, in: Communications of the ACM, September 1992, S. 152–159.

/Coad 95/
Coad P. mit North D., Mayfield M., *Object Models, Strategies, Patterns, and Applications*, Englewood Cliffs: Yourdon Press, Prentice Hall, 1995.

/Fowler 97/
Fowler M., *Analysis Patterns - Reusable Object Models*, Menlo Park: Addison Wesley, 1997.

/Heide Balzert 99/
Balzert, Heide, *Lehrbuch der Objektmodellierung – Analyse und Entwurf*, Heidelberg: Spektrum Akademischer Verlag, 1999.

/IBM 97/
IBM Object-Oriented Technology Center, *Developing Object-Oriented Software – An Experience-Based Approach*, New Jersey: Prentice Hall, 1997.

/Jacobson et al. 92/
Jacobson I., Christerson M., Jonsson P., Övergaard G., *Object-Oriented Software Engineering – A Use Case Driven Approach*, Wokingham: Addison Wesley, 1992.

/Jocher, Holl 00/
Jocher T., Holl M., *Pi mal Daumen – Ein Aufwandschätzverfahren für objektorientierte Projekte*, in: OBJEKTspektrum 3/2000, S. 44–58.

/Larman 98/
Larman C., *Applying UML and Patterns – An Introduction to Object-Oriented Analysis and Design*, Upper Saddle River: Prentice Hall, 1998.

/Rumbaugh et al. 91/
Rumbaugh J., Blaha M., Premerlani W., Eddy F., Lorensen W., *Object-Oriented Modeling and Design*, Englewood Cliffs: Prentice Hall, 1991.

/Shlaer, Mellor 88/
Shlaer S., Mellor S., *Object-Oriented Systems Analysis Modeling the World in Data*, Englewood Cliffs: Yourdon Press, Prentice Hall, 1988.

/Shlaer, Mellor 92/
Shlaer S., Mellor S., *Object Lifecycles Modeling the World in States*, Englewood Cliffs: Yourdon Press, Prentice Hall, 1992.

/Sneed 96/
Sneed H.M., *Schätzung der Entwicklungskosten von objektorientierter Software*, in: Informatik-Spektrum 19, 1996, S. 133–140.

/UML 97/
Unified Modeling Language 1.1, UML Summary Notation Guide – UML Semantics – Object Constraint Language Specification, Santa Clara: Rational Software Corporation, September 1997, `http://www.rational.com/uml`

/UML 99/
OMG *Unified Modeling Language Specification*, Version 1.3, June 1999, Object Management Group, `http://www.omg.org`

Analytische Aufgaben
Muss-Aufgabe
45 Minuten

1 *Lernziele: Die aufgeführten OOA-Muster erklären und in OOA-Modellen identifizieren können. Anhand der beschriebenen methodischen Vorgehensweise und unter Verwendung der angegebenen Checklisten systematisch ein OOA-Modell erstellen und überprüfen können.*

In einer Schule soll der Lehrbetrieb folgendermaßen computergestützt verwaltet werden:

/1/ Jeder Lehrer kann bis zu vier Fächer unterrichten.
/2/ Eine Klasse wird von verschiedenen Lehrern in unterschiedlichen Fächern unterrichtet.
/3/ Jeder Klasse ist ein bestimmter Lehrer als Klassenlehrer zugeordnet.
/4/ Der Klassenlehrer soll die Schüler seiner Klasse bei Problemen unterstützen. Deshalb darf jeder Lehrer nur für eine Klasse Klassenlehrer sein.
/5/ Jede Unterrichtsstunde finden in einem bestimmten Raum zu einer bestimmten Zeit statt und wird von einem Lehrer vor einer Klasse abgehalten.
/6/ Jede Klasse hat zwischen 30 und 35 Unterrichtsstunden.

Betrachten Sie das zu diesem Problem erstellte OOA-Modell in Abb. 2.18-27.

a Prüfen Sie anhand der Checklisten, ob das Modell hinsichtlich der gefundenen Klassen und Beziehungen korrekt ist.
b Untersuchen Sie auch, ob die Attribute sinnvoll benannt sind und ob überall das richtige Abstraktionsniveau gefunden wurde.
c Überprüfen Sie, ob Muster richtig verwendet wurden.
Nennen Sie zu jedem gefundenen Fehler die entsprechende Checkliste mit dem zugehörigen Unterpunkt.

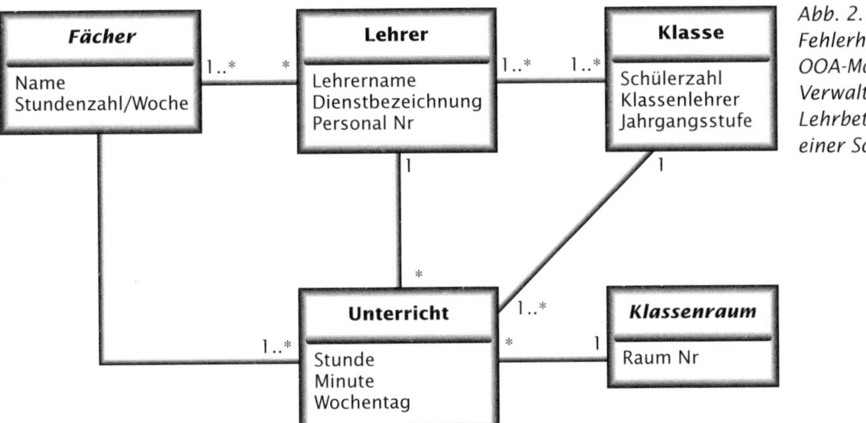

Abb. 2.18-27: Fehlerhaftes OOA-Modell zur Verwaltung des Lehrbetriebs einer Schule

2 *Lernziele: Die aufgeführten OOA-Muster erklären und in OOA-Modellen identifizieren können. Anhand der beschriebenen methodischen Vorgehensweise und unter Verwendung der angegebenen Checklisten systematisch ein OOA-Modell erstellen und überprüfen können.*

Klausur-Aufgabe *30 Minuten*

Im Rahmen eines Praktikums wurde ein vereinfachtes OOA-Modell einer Seminarorganisation erstellt. Betrachten Sie dieses Modell in Abb. 2.18-28.
a Prüfen Sie anhand der Checklisten, ob das Modell hinsichtlich der gefundenen Klassen und Beziehungen korrekt ist.
b Untersuchen Sie auch, ob die Attribute sinnvoll benannt sind und ob überall das richtige Abstraktionsniveau gefunden wurde.
c Überprüfen Sie, ob Muster richtig verwendet wurden.

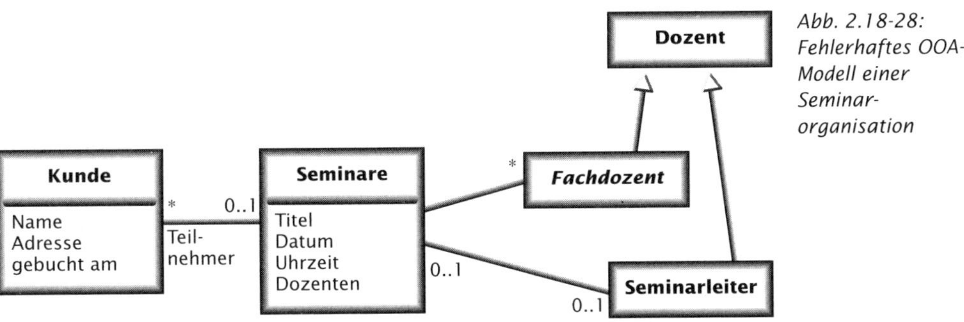

Abb. 2.18-28: Fehlerhaftes OOA-Modell einer Seminarorganisation

Konstruktive Aufgaben
Muss-Aufgabe
60 Minuten

3 *Lernziele: Die aufgeführten OOA-Muster erklären und in OOA-Modellen identifizieren können. Anhand der beschriebenen methodischen Vorgehensweise und unter Verwendung der angegebenen Checklisten systematisch ein OOA-Modell erstellen und überprüfen können. CASE-Werkzeuge zur Darstellung der UML-Notation sowie zur Generierung von Anwendungen einsetzen können.*

Erweitern Sie das in Lehreinheit 7, Aufgabe 6 erstellte Klassendiagramm zur Fallstudie »Vereinsverwaltung« so, dass zusätzlich folgende Anforderungen erfüllt werden:

/1/ Jedem Mitglied kann genau ein Mitgliedskonto zugeordnet werden, das eine Bezeichnung, eine interne Kontonummer und einen Kontostand besitzt.

/2/ Für den Verein können Bank und Kassenkonten verwaltet werden.

/3/ Bankkonten besitzen eine Bezeichnung, eine interne Kontonummer, einen Kontostand und Daten zur Bankverbindung.

/4/ Kassenkonten besitzen neben der Bezeichnung, der internen Kontonummer und dem Kontostand, Daten zum Verwalter des Kassenkontos – in der Regel ist das der Kassenwart.

/5/ Auf je zwei Konten können Buchungen durchgeführt werden, d.h. auf dem ersten Konto wird der Buchungsbetrag im Soll und auf dem zweiten Konto im Haben gebucht.

/6/ Neben dem Buchungsbetrag kann ein Buchungstext und ein Buchungsdatum eingegeben werden.

Realisieren Sie insbesondere die notwendigen Assoziationen und Vererbungsbeziehungen. Spezifizieren Sie anschließend vollständig alle eingefügten Elemente mit dem JANUS-*Specifier* und generieren Sie eine lauffähige Anwendung.

Kann-Aufgabe
15 Minuten

4 *Lernziel: Anhand der beschriebenen methodischen Vorgehensweise und unter Verwendung der angegebenen Checklisten systematisch ein OOA-Modell erstellen und überprüfen können.*

Erstellen Sie anhand der folgenden Problembeschreibung systematisch ein Klassendiagramm und verwenden Sie dabei nach Möglichkeit Muster. Kennzeichnen Sie alle identifizierten Muster im Diagramm. Es soll eine Autovermietung mit folgenden Anforderungen modelliert werden:

/1/ Von jedem PKW werden das Kennzeichen und das Baujahr gespeichert.

/2/ Den einzelnen PKW werden Typen zugeordnet. Jeder Typ hat eine Bezeichnung und einen Tagesmietpreis. Typen werden auch gespeichert, wenn keine entsprechenden PKW vorhanden sind. PKW können nur erfasst werden, wenn der entsprechende Typ auch existiert.

/3/ Zu jedem Auto, das vermietet wird, gibt es einen Entleiher, der gleichzeitig Fahrer ist. Darüber hinaus können bis zu drei Zusatzfahrer eingetragen werden. Von den Fahrern (Entleiher und Zusatzfahrer) werden die Namen, Adressen und das Geburtsdatum gespeichert.

/4/ Eine Person darf maximal 5 Autos gleichzeitig (als Entleiher) mieten.

/5/ Zur Vermietung sind keine weiteren Daten zu speichern.

/6/ PKW und Fahrer sollen in dem System gespeichert bleiben, sobald sie einmal erfasst wurden, auch wenn sie aktuell an keiner Vermietung beteiligt sind.

Muss-Aufgabe
30 Minuten

5 *Lernziel: Die aufgeführten OOA-Muster erklären und in OOA-Modellen identifizieren können.*

Modellieren Sie folgende Problemstellungen als Klassendiagramme. Denken Sie sich für die Klassen geeignete Attribute aus. Prüfen Sie, welches der beschriebenen Muster vorliegt.

a Die Qualitätssicherung einer Großbäckerei prüft die Gewichtsabweichungen der Brotlaibe ihrer unterschiedlichen Brotsorten. Hierzu werden die Brote mit Gewicht erfasst und mit dem Sollgewicht verglichen.
b In einem Warenwirtschaftssystem können mehrere Artikel zu einer Warengruppe zusammengefasst werden.
c In einem Terminplaner werden Termine und Adressen verwaltet.
d Ein Fußballer tritt als Spieler in einen Verein ein. Nach ein paar Jahren wird er als Trainer tätig und steigt später zum Präsidenten auf. Für Spieler, Trainer und Präsident sind unterschiedliche Eigenschaften festzuhalten.
e In einem Sportverein sind Sportler zu verschiedenen Zeiten in unterschiedlichen Mannschaften aktiv.
f In einer Prozessverarbeitung gibt es unterschiedliche Prozessschritte wie z.B. Berechnung, Dateneineingabe usw. Prozessschritte können eine Gruppe bilden. Diese Gruppe kann wiederum als Prozessschritt Teil einer anderen Gruppe sein.
g Ein Kind hat zwei Elternteile: Vater und Mutter. Von den Elternteilen sind Name, Adresse und Geschlecht interessant, beim Kind ist das Geburtsdatum von Bedeutung.
h Für Personen sollen die Wohnsitze der letzten 10 Jahre ermittelt werden können. Zu einem Zeitpunkt muss jede Person mindestens einen und kann höchstens zwei Wohnsitze besitzen.

6 *Lernziel: Anhand der beschriebenen methodischen Vorgehensweise und unter Verwendung der angegebenen Checklisten systematisch ein OOA-Modell erstellen und überprüfen können.*

Kann-Aufgabe
10 Minuten

Folgende Geschäftsprozesse wurden für ein *Online*-Buchhandels-System erstellt. Welche Pakete können Sie bilden?
a Aktualisieren des Webauftritts.
b Auswerten von Informationen über lieferbare Bücher, um neue Kataloge zu erstellen.
c Auswertung von Sonderwünschen für das Marketing, z.B. für Aktionen.
d Bearbeiten von Kundenbestellungen laut Katalog in einer Lieferung.
e Bearbeiten von Kundenbestellungen laut Katalog in mehreren Teillieferungen.
f Bearbeiten von Sonderwünschen der Kunden.
g Ermittlung von Informationen für das Marketing *(Tops* und *Flops).*
h Erstellen von Bestellungen an Lieferanten, um gängige Bücher am Lager zu haben.
i Erstellen von Bestellungen an Lieferanten, um Kundenaufträge zu erfüllen.
j Untersuchung der Konkurrenz auf neue Konzepte und Trends.
k Weitergabe aller Aufträge an die Buchhaltung.
l Weitergabe aller Bestellungen an die Buchhaltung.

7 *Lernziel: Anhand der beschriebenen methodischen Vorgehensweise und unter Verwendung der angegebenen Checklisten systematisch ein OOA-Modell erstellen und überprüfen können.*

Muss-Aufgabe
30 Minuten

Erstellen Sie anhand der folgenden Anforderungen systematisch ein Zustandsdiagramm:
Es soll das dynamische Verhalten eines Heißgetränkeautomaten modelliert werden. Gehen Sie von der folgenden vereinfachten Funktionsweise aus:
/1/ Wird der Automat eingeschaltet, benötigt er 10 Minuten zum Aufheizen. Erst dann ist er automatisch betriebsbereit und nimmt Geld und Tastendrücke an.

/2/ Es ist möglich einen Becher mit der Bechertaste anzufordern. Hierzu ist es erforderlich, mind. 10 Pf im Geldspeicher zu haben. Der Becher kostet 10 Pf. Es wird nicht kontrolliert, ob schon ein Becher angefordert wurde.

/3/ Der Automat bietet mehrere Getränke an, die Sie aber nicht unterschiedlich behandeln müssen (d.h. ein Ereignis »Getränkewahltaste betätigt« genügt).

/4/ Getränke werden nur ausgegeben, wenn genügend Geld für das Getränk im Geldspeicher ist. Der Geldspeicher wird dann um den Getränkepreis reduziert.

/5/ Die Geldrückgabe auf Knopfdruck ist nur möglich, wenn der Automat gerade nicht den Becher füllt.

/6/ Ist ein Getränk nach der Ausgabe leer, schaltet der Automat automatisch in den Warnmodus (Anzeige: leer), gibt das Geld aus dem Geldspeicher aus und reagiert nicht mehr auf Geldeingabe und Tastendrücke.

/7/ Es gibt einen Geldspeicher, dessen Inhalt automatisch angezeigt wird. Der Betrag muss jedoch jeweils durch eine Aktion aktualisiert werden. Geldeinwurf ist ein Ereignis.

/8/ Gehen Sie davon aus, dass immer ausreichend Becher im Automaten sind.

/9/ Gehen Sie davon aus, dass der Automat den Geldbetrag im Geldspeicher immer passend ausgeben kann.

/10/ Gehen Sie davon aus, dass der Automat die Becherausgabe nicht kontrolliert. So kann man z.B. auch eine mitgebrachte Tasse (oder gar nichts) unter die Ausgabedüse stellen.

Klausur-Aufgabe *20 Minuten*

8 *Lernziele: Die aufgeführten OOA-Muster erklären und in OOA-Modellen identifizieren können. Anhand der beschriebenen methodischen Vorgehensweise und unter Verwendung der angegebenen Checklisten systematisch ein OOA-Modell erstellen und überprüfen können.*

Erstellen Sie anhand der folgenden Anforderungen systematisch ein Klassendiagramm und verwenden Sie dabei nach Möglichkeit Muster. Kennzeichnen Sie alle identifizierten Muster im Diagramm.

/1/ Eine Autoreparaturwerkstatt mit mehreren Kfz-Mechanikern soll intern verwaltet werden.

/2/ Für jeden Kunden sind Name und Adresse sowie für jedes seiner Autos der Kfz-Typ, das amtliche Kennzeichen und der Kilometerstand mit Datum als Historie zu speichern.

/3/ Jeder Kfz-Mechaniker hat ein eigenes Fachgebiet, auf dem er Reparaturen durchführt.

/4/ Eine Reparatur kann durch mehrere Mechaniker durchgeführt werden.

/5/ Für jede Reparatur werden das Datum und die Diagnose festgehalten.

/6/ Jede Reparatur wird getrennt abgerechnet.

/7/ Die Abrechnung enthält das Rechnungsdatum und den Reparaturzeitraum, sowie die einzelnen Abrechnungspositionen.

/8/ Jede Position besteht aus einer laufenden Nummer, der Leistung, dem Abrechnungssatz und den Kosten.

2 Die Definitionsphase – SA

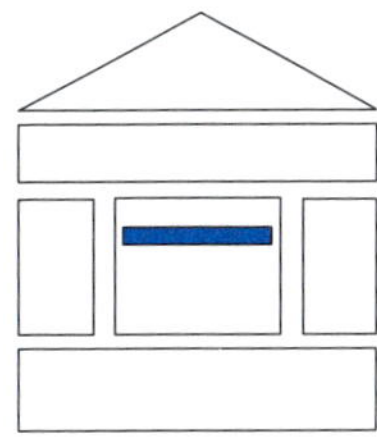

- Die Vor- und Nachteile von SA aufzählen können.
- Erklären können, wie in SA welche Basiskonzepte kombiniert werden.
- Das SA-Hierarchiemodell einschließlich der Datenintegrität beschreiben können.
- Erklären können, wie der Zusammenhang zu ER-Modellen und Funktionsbäumen aussieht.
- Für eine gegebene Problemstellung ein vollständiges SA-Modell erstellen können.
- Die Regeln und methodischen Schritte, die bei der Erstellung eines SA-Modells einzuhalten sind, kennen und bei der Modellierung anwenden können.
- CASE-Werkzeuge für das Erstellen von SA-Modellen einsetzen können.

wissen

verstehen

anwenden

Tom DeMarco
* 1940 in Hazleton, Pennsylvania, USA, Erfinder der Strukturierten Analyse (SA), Buch: *Structured Analysis and System Specification* 1978, bedeutende Beiträge zum Software-Management, Bücher: *Peopleware* 1987 (Coautor: T. Lister), *Controlling Software Projects* 1982; BS *Electrical Engineering* von der *Cornell University*, MS in Elektrotechnik von der *Columbia University*, heute: *Principal of The Atlantic Systems Guild, New York;* 1986: *Warnier Prize for Excellence in Information Science.*

- Das Kapitel 2.7 »Datenflussdiagramme« muss bekannt sein.
- Das Kapitel 2.12 *»Data Dictionary«* muss bekannt sein.
- Das Kapitel 2.13 »Kontrollstrukturen« muss bekannt sein.
- Das Kapitel 2.14 »Entscheidungstabellen und Entscheidungsbäume« muss bekannt sein.

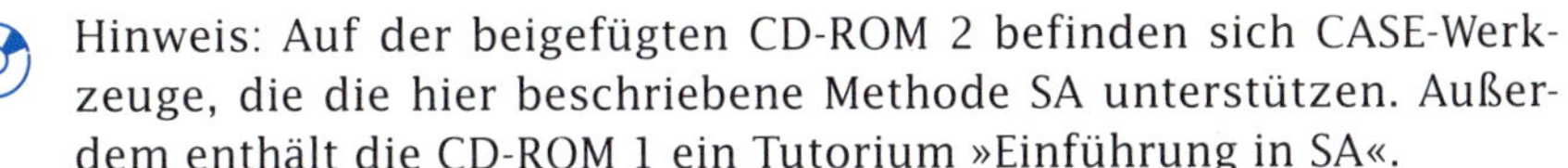

Hinweis: Auf der beigefügten CD-ROM 2 befinden sich CASE-Werkzeuge, die die hier beschriebene Methode SA unterstützen. Außerdem enthält die CD-ROM 1 ein Tutorium »Einführung in SA«.

2.19 Strukturierte Analyse

Der Begriff **Strukturierte Analyse (SA, *structured analysis*)** beschreibt eine Methodenklasse. Die Methode SA wurde zuerst von Tom DeMarco 1978 in seinem Buch »*Structured Analysis and System Specification*« beschrieben. Verschiedene Autoren haben im Laufe der Zeit SA modifiziert und weiterentwickelt. Dabei wurde sowohl die Notation als auch die Methodik selbst geändert.
Wichtige SA-Varianten wurden entwickelt von:

- Weinberg 1978: »*Structured Analysis*«
- Gane/Sarson 1979: »*Structured Systems Analysis*«
- McMenamin/Palmer 1984: »*Essential Systems Analysis*«
- Yourdon 1989: »*Modern Structured Analysis*«

Kapitel 2.18 Stand der Technik

Die SA-Methode war lange Zeit Stand der Technik. Sie wurde inzwischen von der objektorientierten Analyse OOA in der Notation der UML abgelöst. In der Praxis ist SA aber noch häufig vorzufinden, daher ist es nützlich diese Methode zu kennen, insbesondere wenn es um die Sanierung von Altsystemen geht und die Dokumentation in SA vorliegt.

Bezug zu Basiskonzepten

Im Folgenden wird SA nach DeMarco vorgestellt. SA setzt sich aus den Basiskonzepten Datenflussdiagramm, *Data Dictionary,* Entscheidungstabellen, Pseudo-Code und – indirekt – Funktionsbäumen zusammen (siehe Abb. 2.2-5).

Lesehinweis

Da die folgende Beschreibung von SA die Kenntnis dieser Basiskonzepte voraussetzt, sollten zunächst die entsprechenden Basiskonzepte gelesen werden.

2.19.1 Das Hierarchiekonzept

SA beinhaltet keine neuen Basiskonzepte. Das Neue in SA ist die Art und Weise, wie Basiskonzepte miteinander kombiniert werden und welche Vorteile sich daraus für die Qualitätssicherung ergeben.

Prinzip der Hierarchisierung Hauptkapitel IV 1

Ein Problem bei der Anwendung von Datenflussdiagrammen besteht darin, dass bei umfangreichen Problemen ein Datenflussdiagramm viele Seiten umfassen kann und dann unübersichtlich wird. Die Idee von SA, dieses Problem zu lösen, besteht darin, Datenflussdiagramme hierarchisch zu verfeinern. Ausgehend von einem abstrakten Datenflussdiagramm – **Kontextdiagramm** genannt – wird jeder Prozess verfeinert und durch ein eigenes Datenflussdiagramm beschrieben. Wird ein Prozess nicht mehr weiter unterteilt (Blätter der Hierarchie), dann wird er durch eine Mini-Spezifikation – *MiniSpec* genannt – in Form von Pseudo-Code, Entscheidungstabellen oder Entscheidungsbäumen näher beschrieben. Abb. 2.19-1 zeigt das SA-Hierarchiekonzept.

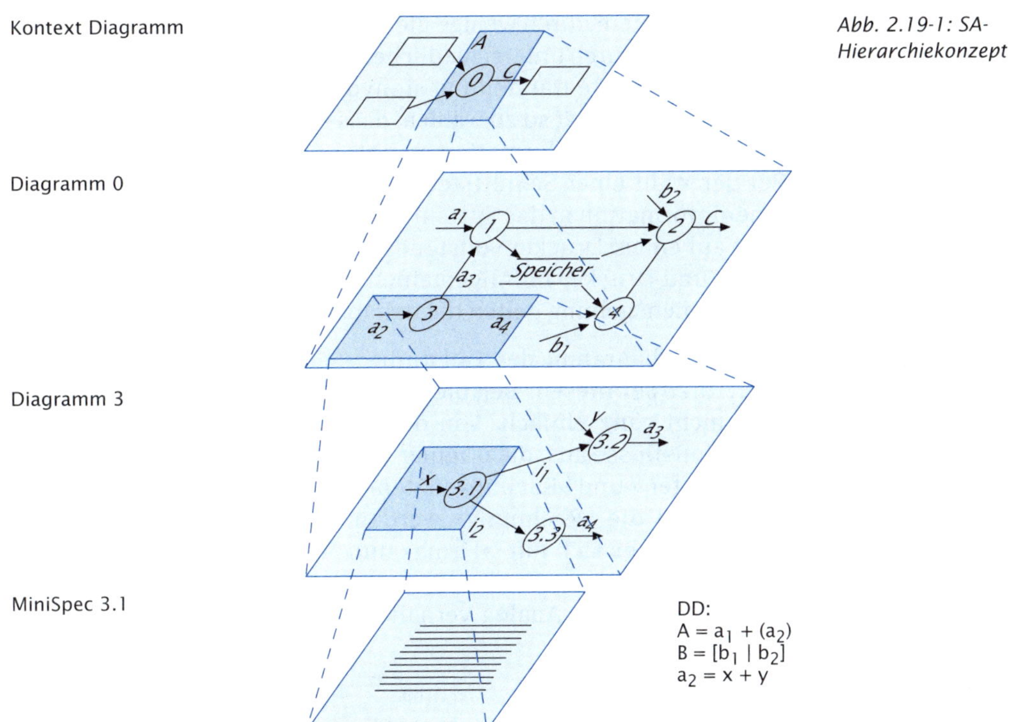

Abb. 2.19-1: SA-Hierarchiekonzept

2.19.2 Das Kontextdiagramm

Das **Kontextdiagramm** beschreibt die Schnittstellen des zu modellierenden Systems mit seiner Umwelt. Es nimmt im SA-Modell eine Sonderstellung ein, was Syntax und Semantik betrifft. *Kontextdiagramm*

Folgende syntaktische Regeln sind zu beachten, die normalerweise durch CASE-Werkzeuge überprüft werden: *Syntaxregeln*

1 Das Kontextdiagramm enthält nur einen Prozess, der die Nummer 0 erhält. Er repräsentiert das Gesamtsystem.

2 Es enthält mindestens eine Schnittstelle.

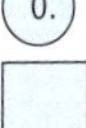

3 Zwischen den Schnittstellen gibt es keine Datenflüsse.

4 Es enthält *keinen* Speicher.

5 Jede Schnittstelle ist im Allgemeinen nur einmal vorhanden. Wird durch diese Regel das Kontextdiagramm unübersichtlich, dann kann eine Schnittstelle auch mehrfach gezeichnet werden.

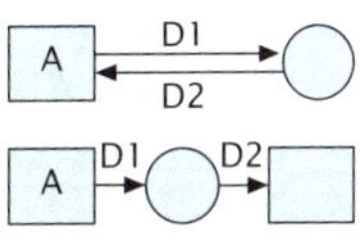

Semantische Regeln: *semantische Regeln*

1 Das Kontextdiagramm beschreibt den Anwendungsbereich *(problem domain)* des zu modellierenden Systems.

2 Es zeigt die Datenflüsse, die die Systemgrenzen passieren.

3 Es ist die zusammengefasste Version des Diagramms 0 (siehe Abb. 2.19-1).

4 Steht eine Schnittstelle für eine Vielzahl von beliebig vielen Instanzen, dann wird sie als eine Schnittstelle dargestellt.

5 Wird das System durch wenige gleichartige Schnittstellen begrenzt, die sich aber durch unterschiedliche Datenflüsse auszeichnen, dann ist eine getrennte Darstellung sinnvoll.

6 Eine Schnittstelle ist so zu wählen, dass sie die ursprüngliche Quelle oder Senke einer Information angibt.

7 Bei der Wahl einer Schnittstelle wird von der konkreten Eingabe einer Information in das System über eine Tastatur oder einer Ausgabe auf einem Drucker vollständig abstrahiert. Daher tauchen Tastatur und Drucker im Allgemeinen nicht als Schnittstellen auf.

Für die Namensgebung gelten die in Kapitel 2.7 angegebenen Regeln.

Beispiel 1 Das Kontextdiagramm der Fallstudie »Seminarorganisation« zeigt Abb. 2.19-2. Bei diesem Beispiel ist das Identifizieren der Schnittstellen nicht ganz einfach. Von der Schnittstelle Kunde gehen alle Informationsflüsse aus, die originär vom Kunden erzeugt werden wie »Anfragedaten« und »Buchungsdaten«. »Mitteilungsschreiben«, »Urkunden« und die »Rechnung« werden vom Kunden »verbraucht«. Analog verhält es sich mit »Firma« und »Dozent«. Der Kundensachbearbeiter stellt eigenständig »Anfragen« an das System und erhält »Auskünfte« zurück. Analog verhält es sich mit dem »Seminarsachbearbeiter«.

Abb. 2.19-2: Kontextdiagramm der Seminarorganisation

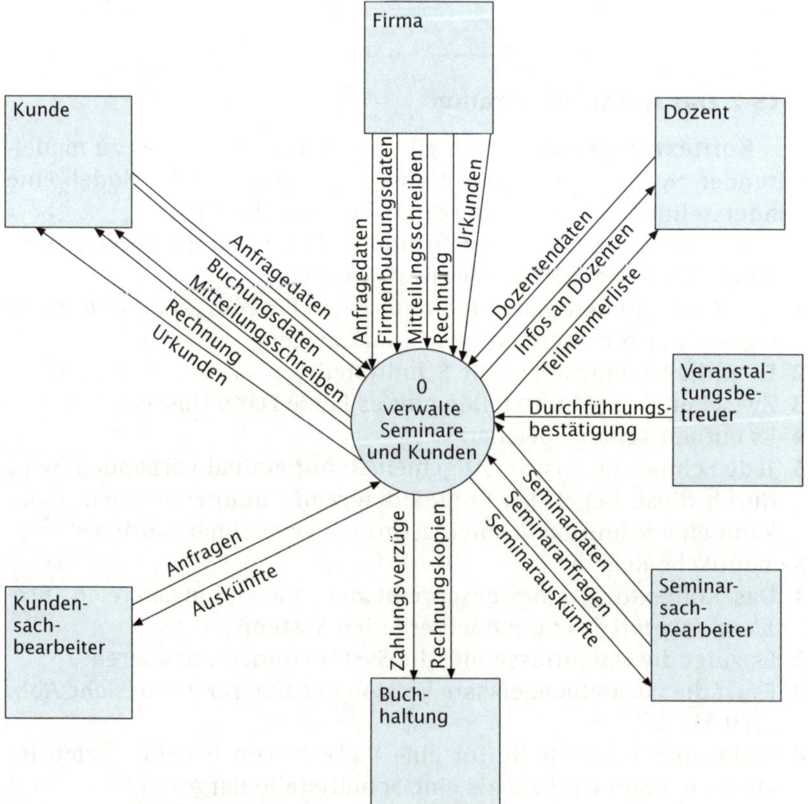

Wichtig für das Kontextdiagramm ist, dass die Datenflüsse auf einem dem Problem angemessenen Abstraktionsniveau beschrieben werden. Ist die Beschreibung zu abstrakt, dann wird sie nichtssagend (siehe Marginalspalte).

Ist die Darstellung zu detailliert, dann wird das Kontextdiagramm unübersichtlich und überladen.

Richtschnur sollte sein, dass jemand, der sich in ein System neu einarbeiten muss, anhand des Kontextdiagramms die wesentlichen Informationen über die Umwelt einschließlich der Datenströme erhält und dass die Namensgebung problembezogen ist. Außerdem ist darauf zu achten, dass die Datenflüsse des Kontextdiagramms sich alle auf einem etwa gleich hohen Abstraktionsniveau befinden.

Beispiel 2

Das Kontextdiagramm für die Animation eines Roboters zeigt Abb. 2.19-3.

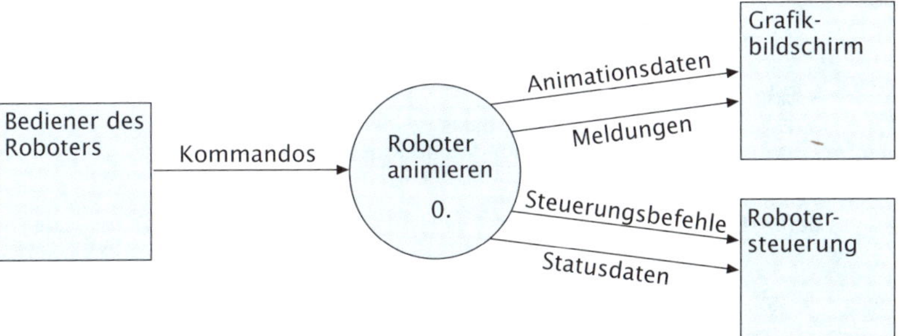

Abb. 2.19-3: Kontextdiagramm der Roboteranimation

Da bei diesem Beispiel die Animation im Mittelpunkt steht, ist der Grafikbildschirm als eigene Schnittstelle vorhanden. Die Alternative, die Animationsdaten und Meldungen an die Schnittstelle »Bediener der Roboters« zu führen, gibt den Sachverhalt nicht richtig wieder, da der Grafikbildschirm die übergebenen Animationsdaten noch aufbereitet und erst dann als Grafik darstellt. Erweitert man die Animation um die Ansteuerung eines Roboters, dann kommt noch die Schnittstelle »Robotersteuerung« hinzu.

2.19.3 Verfeinerte Datenflussdiagramme

Der Prozess 0 im Kontextdiagramm repräsentiert das gesamte zu modellierende System. Dieser Prozess wird nun in Teilprozesse gegliedert und im Diagramm 0 (DFD 0) dargestellt.

Beispiel 3a

Das Diagramm 0 für die Fallstudie Seminarorganisation ist in Abb. 2.19-4 dargestellt.
Die Abbildung zeigt, dass der Prozess »verwalte Seminare und Kunden« in sechs Teilprozesse aufgeteilt wurde. Jeder Prozess wird im DFD 0 beginnend bei 1 fortlaufend durchnummeriert. Zusätzlich wurden die Speicher »Datenbasis Seminare und Kunden« und »Rechnungsdatensätze« eingeführt.

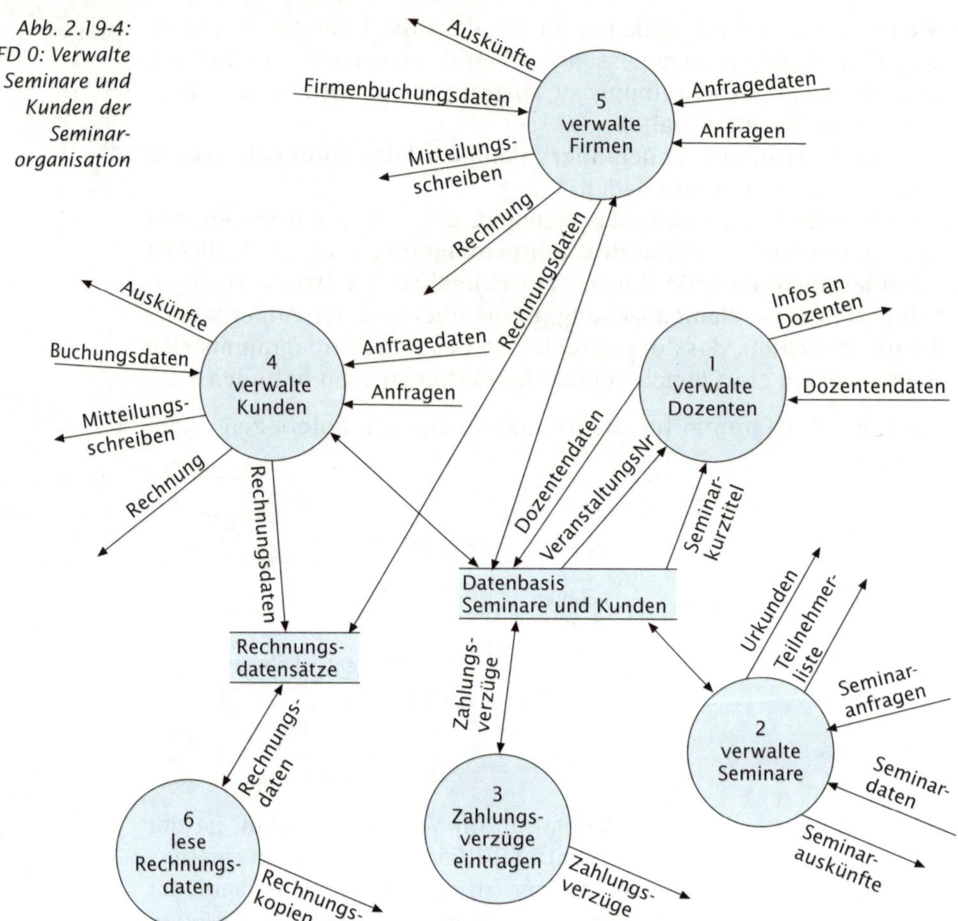

Abb. 2.19-4: DFD 0: Verwalte Seminare und Kunden der Seminarorganisation

Kapitel 2.10 ER

Merkt man bei der Erstellung eines Datenflussdiagramms, dass die Anzahl und Struktur der Speicher schwierig zu ermitteln sind, dann empfiehlt es sich, die SA-Modellierung zu unterbrechen und zunächst ein ER-Modell zu erstellen. Aus dem ER-Modell ergibt sich dann die Anzahl der benötigten Speicher.

Stellt man bei der Weiterführung des SA-Modells fest, dass viele der Prozesse auf mehrere oder alle Speicher Zugriff haben, dann führt dies zu einem unübersichtlichen SA-Diagramm. In einer solchen Situation sollten alle Speicher, die im ER-Modell miteinander verbunden sind, als ein Speicher »Datenbasis« ins SA-Modell eingetragen werden.

Beispiel 3b

Bei der Seminarorganisation liegt die oben beschriebene Situation vor. Daher ergibt sich eine »Datenbasis Seminare und Kunden«, die abstrakt alle Speicher repräsentiert, die sich aus Abb. 2.10-19 ergeben. Unabhängig von dieser Datenbasis gibt es noch den Speicher »Rechnungsdatensätze«.

Wichtig bei der Erstellung eines SA-Modells ist noch die Beachtung folgender Regeln: Regeln

- Schnittstellen können nicht verfeinert werden. Jedoch können die im Kontextdiagramm aufgeführten Schnittstellen unverändert in verfeinerten Diagrammen dargestellt werden, wenn dies die Verständlichkeit fördert.
- Speicher können nicht verfeinert werden. Jedoch können Speicher, nachdem sie in einem Diagramm eingeführt wurden, auf allen Verfeinerungen dieses Diagramms unverändert wiederholt werden.
- Die Anzahl der Prozesse auf einem Diagramm sollte nicht größer als sieben sein. Ist die Anzahl größer, dann sollte ein zusätzliches Diagramm eingeführt werden. Es kommt aber nicht nur auf die Anzahl der Prozesse an, sondern genauso auf die Anzahl der Datenflüsse. Immer dann, wenn ein Diagramm unübersichtlich wird, sollte eine zusätzliche Abstraktionsebene eingeschoben werden.
- Parallel zur Verfeinerung der Prozesse werden auch die Datenflüsse verfeinert. Pro Diagramm sollte ein einheitliches Abstraktionsniveau vorhanden sein.

Beispiel 3c

Die Prozesse »verwalte Seminare« und »verwalte Kunden« werden weiter verfeinert (Abb. 2.19-5, 2.19-6). In dem DFD4 wird der Prozess »buche Veranstaltungen« nochmals verfeinert (Abb. 2.19-7).
Wie man sieht, wird in allen drei Diagrammen davon Gebrauch gemacht, die »Datenbasis Seminare und Kunden« nochmals zu wiederholen.

Abb. 2.19-5: DFD 2: Verwalte Seminare in der Seminarorganisation

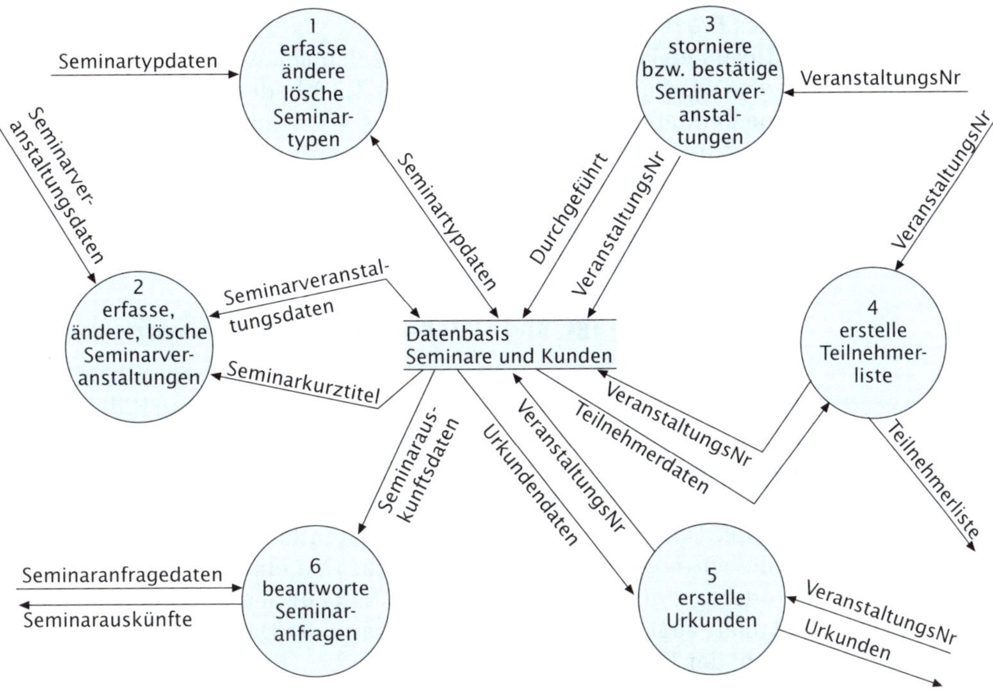

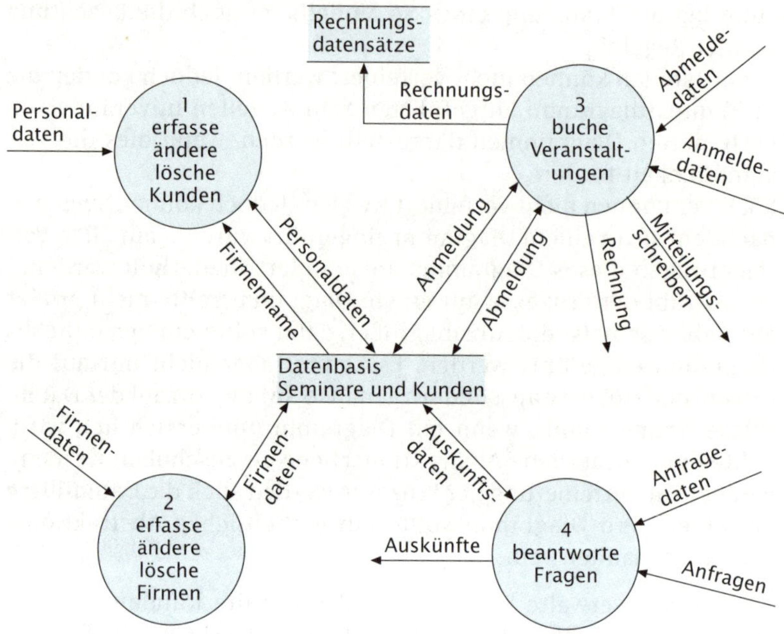

Abb. 2.19-6: DFD 4: Verwalte Kunden in der Seminar-organisation

- Auf jedem Diagramm werden die Prozesse wieder von Eins an fortlaufend durchnummeriert.
- Jedes Diagramm trägt die Nummer, die seine Stellung in der Hierarchie angibt. DFD 4.3 bedeutet, dass es sich um die Verfeinerung des Prozesses 3 des DFD 4 handelt.
- Um einen Prozess eindeutig zu bezeichnen, wird vor jeden Prozess die DFD-Nummer gesetzt. Prozess 4.3.1 bedeutet, dass es sich um den ersten Prozess des Diagramms 4.3 handelt.

Diese Nummernsystematik wird normalerweise von dem eingesetzten CASE-Werkzeug erzeugt und verwaltet.

Beispiel 4 Das Diagramm 0 der Roboteranimation zeigt (siehe Beispiel 2) Abb. 2.19-8.

2.19.4 DD-Einträge und Datenintegrität *(balancing)*

In den oben dargestellten Beispielen wurden Datenflussdiagramme Schritt für Schritt verfeinert. Parallel dazu wurden auch die Datenflüsse verfeinert. Woher weiß man jetzt aber, welche Datenflüsse zwischen zwei Diagrammen wie zusammengehören? Dieses Problem löst man in SA dadurch, dass man fordert:

- Jeder Datenflusspfeil trägt einen Datenflussnamen. Eine Ausnahme ist möglich, wenn ein Datenfluss zu einem Speicher verläuft oder von einem Speicher kommt. Soll auf den gesamten Speicherinhalt zugegriffen werden, dann kann der Datenflussname entfallen, der Pfeil reicht aus.

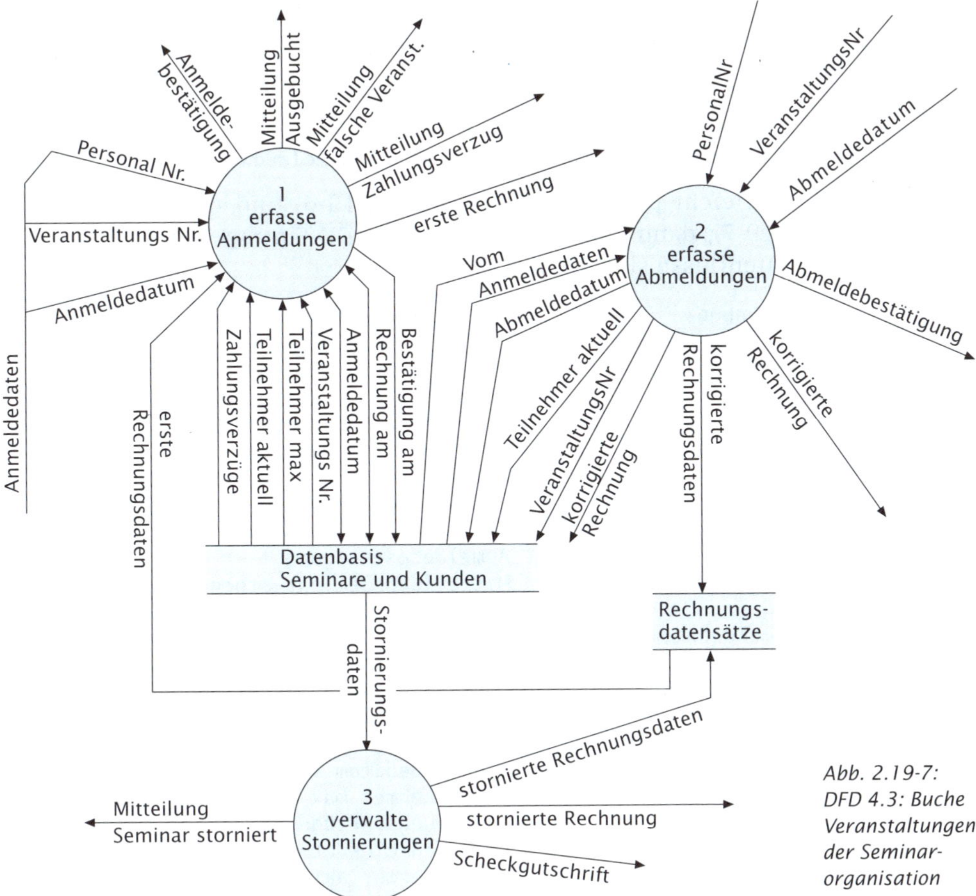

Abb. 2.19-7: DFD 4.3: Buche Veranstaltungen der Seminar-organisation

- Jeder Datenflussname ist im *Data Dictionary* definiert.
- Jeder Speicher trägt einen Namen.
- Jeder Speichername ist im *Data Dictionary* definiert.

Der Zusammenhang zwischen den Datenflüssen der einzelnen Diagramme erfolgt also über die *Data Dictionary*-Einträge.

Beispiel 5

Vergleicht man das Kontextdiagramm der Seminarorganisation (Abb. 2.19-2) und das DFD 0 (Abb. 2.19-4), dann stellt man fest, dass die Datenflüsse des Kontextdiagramms unverändert in das DFD 0 übernommen wurden. Es wurde also keine Verfeinerung vorgenommen. Allerdings wurden neue Datenflüsse zwischen den Prozessen und den Speichern eingeführt. Sind die Datenflussnamen in mehreren DFD's identisch, dann handelt es sich auch um die gleichen Datenflüsse. Wie man sieht, erscheinen alle im Kontextdiagramm aufgeführten Datenflussnamen auch im DFD 0.

Vergleicht man das DFD 0 (Abb. 2.19-4) und das DFD 4 (Abb. 2.19-6), dann findet man dazu folgende *Data Dictionary*-Einträge (nicht verfeinerte Datenflüsse sind nicht aufgeführt):

```
Anfragedaten  =  Personaldaten + (Firmendaten)
Buchungsdaten =  Anmeldedaten  + Abmeldedaten
```

Vergleicht man das DFD 4 (Abb. 2.19-6) und das DFD 4.3 (Abb. 2.19-7), dann gibt es dazu folgende DD-Einträge (nicht verfeinerte Datenflüsse sind nicht aufgeführt):

```
Rechnung              = [erste Rechnung | korrigierte Rechnung |
                         stornierte Rechnung]
Rechnungsdaten        = [erste Rechnungsdaten |
                         korrigierte Rechnungsdaten |
                         stornierte Rechnungsdaten]
Mitteilungsschreiben  = [Mitteilung Ausgebucht |
                         Mitteilung falsche Veranstaltung |
                         Mitteilung Zahlungsverzug |
                         Anmeldebestätigung |
                         Abmeldebestätigung |
                         Mitteilung Seminar storniert]
                         + (Scheckgutschrift)
Anmeldedaten          = PersonalNr + VeranstaltungsNr
                         + Anmeldedatum
Abmeldedaten          = PersonalNr + VeranstaltungsNr
                         + Abmeldedatum
Anmeldung             = Bestätigung am + Rechnung am
                         + Anmeldedatum + Veranstaltungs Nr
                         + Teilnehmer max + Teilnehmer aktuell
                         + Zahlungsverzüge
Abmeldung             = Vom + Anmeldedatum + Abmeldedatum
                         + Teilnehmer aktuell
                         + VeranstaltungsNr
                         + korrigierte Rechnung am
```

Beispiel 5 zeigt das Prinzip deutlich. Alle Datenflüsse eines untergeordneten DFDs müssen im übergeordneten DFD (Elterndiagramm) entweder unter gleichem Namen erscheinen oder Teilkomponente eines Datenflusses sein. Die Eigenschaft als Teilkomponente muss im *Data Dictionary* beschrieben sein.

Ist diese Eigenschaft zwischen allen Diagrammen erfüllt, dann *balancing* spricht man von einem ausbalancierten Datenmodell ***(balancing)***, d.h., die **Datenintegrität** ist sichergestellt. Die Überprüfung dieser Eigenschaft erfolgt durch CASE-Werkzeuge.

Ein ausbalanciertes Datenmodell hat folgende Vorteile:

- Arbeitet man sich in ein System neu ein und beginnt mit dem Kontextdiagramm, dann ist man sicher, dass alle Daten, die das System verlassen bzw. in es hineinfließen, in den dargestellten Datenflüssen repräsentiert sind. Auf tieferen Ebenen kommen keine zusätzlichen, neuen Datenflüsse hinzu.

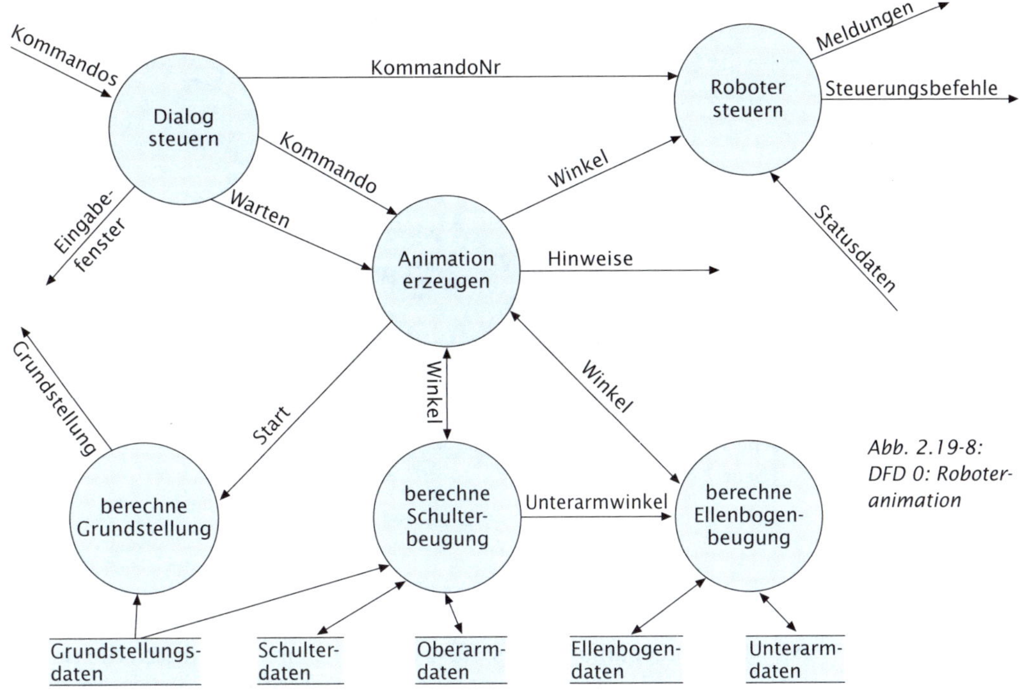

Abb. 2.19-8: DFD 0: Roboter-animation

vergessener Datenfluss

- Hat man ein System modelliert und stellt auf tieferer Ebene fest, dass man einen Datenfluss vergessen hat, dann kann man ihn neu einzeichnen.
- Kann man den neuen Datenfluss als Teilkomponente eines bereits vorhandenen Datenflusses im Elterndiagramm ansehen, dann muss man nur den entsprechenden DD-Eintrag ergänzen. Ist dies aus fachlicher Sicht nicht sinnvoll, dann muss auf allen übergeordneten Diagrammen bis hin zum Kontextdiagramm der neue Datenfluss nachträglich eingezeichnet werden.

Es gibt mehrere Möglichkeiten Datenflüsse in einem DFD darzustellen:

Symbolik	**Erklärung**
A	A fließt von links nach rechts
A / A	A wird in beide Zweige kopiert (siehe Abb. 2.19-7: VeranstaltungsNr)
A B C	A teilt sich in die Komponenten B und C. Impliziert, dass A keine weiteren Komponenten hat (siehe Abb. 2.19-5: Anmeldedaten) DD: A=B+C

Symbolik	**Erklärung**
A B C	A entsteht aus den Komponenten B und C. Impliziert, dass A keine weiteren Komponenten hat. DD: A=B+C
A	A fließt beide Wege entlang des Pfeiles (meistens bei schreibendem und lesendem Speicherzugriff)
X, Y, Z Kurzform für: X Y Z	X,Y und Z fließen getrennt entlang des Pfeiles (von Werkzeugen im Allgemeinen nicht unterstützt)

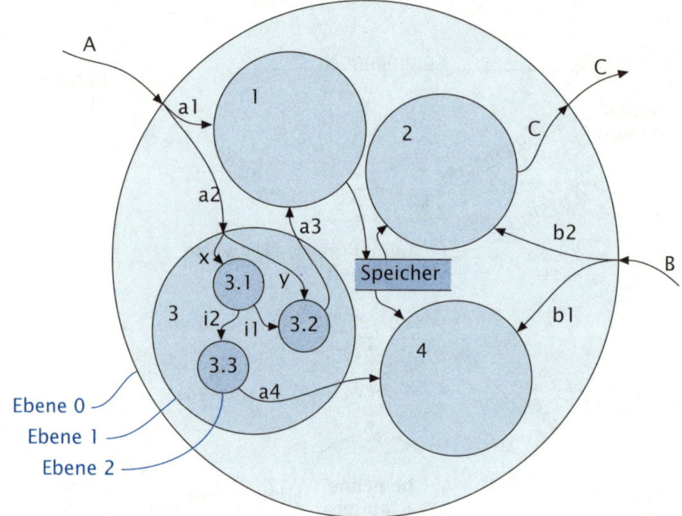

Abb. 2.19-9: Substituierte SA-Hierarchie

Bei dem Hierarchiekonzept von SA handelt es sich um einen reinen Makromechanismus. Es muss möglich sein – und durch die Datenintegrität wird dies sichergestellt – alle Datenflussdiagramme ineinander entsprechend der Hierarchie zu substituieren. Ein Datenfluss muss dann von außen nach innen und umgekehrt ununterbrochen verfolgbar sein. Zwischen den Hierarchieebenen besteht *kein* Schutzmechanismus wie beim Prozedurkonzept einer höheren Programmiersprache. Es gibt nur einen Namensraum. Abb. 2.19-9 zeigt die substituierte Darstellung der Abb. 2.19-1.

Alle Datenflüsse und sämtliche Speicher aller Datenflussdiagramme müssen im *Data Dictionary* definiert sein. Wichtig ist, dass man bei den Datenflüssen auf einem für die Definitionsphase hinreichenden Abstraktionsniveau aufhört. Es ist *nicht* notwendig und sinnvoll, alle Datenflüsse bis auf ein Niveau zu verfeinern, dass sie direkt in eine höhere Programmiersprache umgesetzt werden können.

Beispiel 6 Einige DD-Einträge für die Fallstudie Seminarorganisation sind im Folgenden aufgeführt:

```
Adresse          = [Straße + Haus-Nr | Postfachnummer]
                   + (Länderkennzeichen) + PLZ + Ort
                   + (Telefon) + (Fax)
Dozentendaten    = Personal-Nr + Name + Adresse
                   + (Geburtsdatum) + Biografie
                   + Honorar pro Tag
Durchgeführt     = [ Ja | Nein ]
Kundendatei      = {Kundeneintrag}
usw.
```

2.19.5 Mini-Spezifikationen

Jeder Prozess eines Datenflussdiagramms, der nicht durch ein weiteres DFD verfeinert wird (Blätter des Hierarchiebaums), muss durch eine **Mini-Spezifikation** (MiniSpec) beschrieben werden. Jede MiniSpec muss beschreiben, wie die Eingaben, d.h. die Datenflüsse, die in den Prozess hineinfließen, in Ausgaben transformiert werden.

Durch die Verknüpfung der Eingaben mit den Ausgaben kann festgestellt werden, ob die Erzeugung aller Ausgaben mit Hilfe der vorhandenen Eingaben möglich ist.

Die MiniSpecs sollen also die DFDs ergänzen, aber nicht ersetzen. Außerdem darf eine MiniSpec keine Implementierungsvorschriften enthalten. Soll in einem Prozess eine Sortierung von Daten erfolgen, dann ist nur zu beschreiben, welche Eingabedaten zur Sortierung verwendet werden und welcher Ausgabedatenstrom die sortierten Daten erhält. Die Ermittlung bzw. Festlegung des Sortieralgorithmus ist Aufgabe der Implementierung.

MiniSpecs werden durch Pseudocode, Entscheidungstabellen oder Entscheidungsbäume beschrieben.

Das DFD 4.3 der Fallstudie Seminarorganisation (Abb. 2.19-7) enthält den Prozess 4.3.3. Beispiel 7

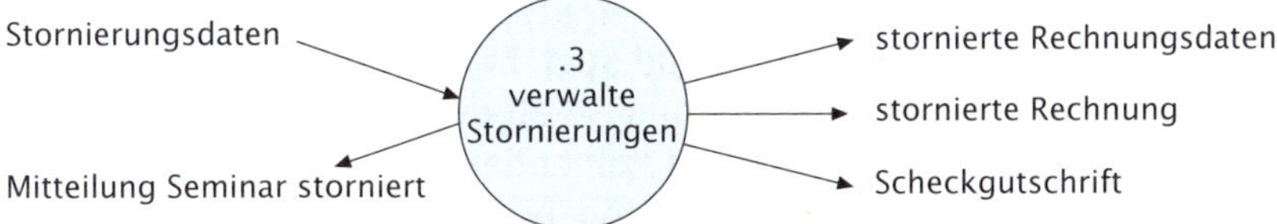

Die zugehörige MiniSpec kann in Pseudo-Code folgendermaßen lauten:

```
Stornierungsdaten aus der Datenbank lesen;
An alle Teilnehmer die Mitteilung Seminar storniert /F110/
versenden
if Teilnehmer hat Rechnung bereits gezahlt
   then stornierte Rechnung und
        Scheckgutschrift mitversenden
end if
Stornierte Rechnungsdaten in Speicher Rechnungsdatensätze
eintragen.
```

Die Datenflüsse sind in dieser MiniSpec schwarz dargestellt, so dass man leicht überprüfen kann, ob alle Datenflüsse auch verwendet wurden. Einige CASE-Werkzeuge unterstützen eine solche Überprüfung.

Das Beispiel 4 von Abschnitt 2.14.5 zeigt die MiniSpec des Prozesses 4.3.1 in Form eines Entscheidungstabellen-Verbundes. Beispiel 8

2.19.6 Methodik

DeMarco schlägt in seinem Buch /DeMarco 78, S. 63 f./ eine Methode zur Erstellung von Datenflussdiagrammen vor. Diese Methode – ergänzt, erweitert und modifiziert durch eigene Erfahrungen – wird im Folgenden vorgestellt.

iterativer Prozess

Die Erstellung eines SA-Modells ist immer ein iterativer Prozess. Man muss davon ausgehen, dass der erste Modellierungsversuch nicht der endgültige ist und dass mehrere Durchgänge nötig sind, bis sich ein stabiles SA-Modell ergibt. Dies ist ganz normal.

1. Schritt: Schnittstellen

Es sollte in folgenden Schritten vorgegangen werden:

1 Festlegung der Schnittstellen zur Umwelt des Systems.

2. Schritt: Datenflüsse

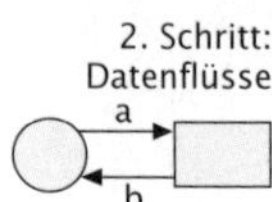

2 Identifizierung aller Eingabe- und Ausgabedatenflüsse von den Schnittstellen zum Prozess 0. Vorläufige Datenflussnamen wählen!

3. Schritt: Aufteilung in Prozesse

3 Ermitteln der Funktionen bzw. Prozesse, die Eingaben in Ausgaben transformieren. Vorläufige Prozessnamen wählen!

4. Schritt: Speicher, u.U.ER-Modell

4 Überlegen, welche und wie viele Speicher benötigt werden. Stellt man bei der Identifizierung der Speicher fest, dass verschiedene Speicher in gegenseitiger Beziehung stehen, dann sollte zunächst ein ER-Modell (siehe Kapitel 2.10) erstellt werden. Aus dem ER-Modell ergibt sich dann die Anzahl der Speicher.

5. Schritt: Datenflüsse verfeinern

5 Verfeinern der bereits ermittelten Datenflüsse und Zuordnung zu Prozessen und Speichern. Hinzufügen fehlender Datenflüsse.

6. Schritt: DD-Einträge

6 Definition der Datenflüsse und Speicher im *Data Dictionary*.

7. Schritt: Überarbeitung

7 Überarbeiten des vorliegenden SA-Modells und Ersetzen durch neue Versionen. Dabei ist auf Folgendes zu achten:

a Ignorieren von Initialisierung und Terminierung.

b Prüfen, ob ein DFD Kontrollflüsse enthält. Gegebenenfalls entfernen.

c Weglassen von trivialen Fehlermeldungen. Nur nichttriviale Fehler berücksichtigen. Das sind Fehler, die erfordern, dass eine bereits durchgeführte Verarbeitung rückgängig gemacht wird.

d Sorgfältige und eindeutige Namenswahl für alle Datenflüsse. Eventuell neue Strukturierung des Systems.

e Eindeutige Beschriftung aller Prozesse. Der Prozessname soll alle Aktionen des Prozesses erfassen. Eventuell neue Strukturierung des Systems.

8. Schritt: Weitere Verfeinerung

8 Ausgehend von einer konsolidierten Modellierung des Kontextdiagrammes und des Diagramms 0 schrittweise Erarbeitung der weiteren Ebenen.

9. Schritt: MiniSpecs

9 MiniSpecs für alle nicht weiter verfeinerten Prozesse erstellen.

10. Schritt: Richtiges Ende

10 Verfeinerung beenden, wenn jeder Prozess genügend überblickt wird. Nicht unnötig tief verfeinern!

Nach DeMarco können Kontextdiagramme und Diagramm 0 zunächst als ein Diagramm entwickelt werden. Erst zum Schluss wird aus diesem Diagramm das Kontextdiagramm abstrahiert.

Wichtig: Kontextdiagramm, Diagramm 0

Meiner Erfahrung nach muss dem Kontextdiagramm und dem Diagramm 0 besondere Aufmerksamkeit gewidmet werden. Alle wesentlichen Festlegungen werden hier getroffen.

Kapitel II 5.4

Beide Diagramme sollten im Team am *Flip Chart*, an der Pinnwand oder mit Hilfe der Metaplan-Technik interaktiv entwickelt werden. Erst danach sollten die Ergebnisse mit einem CASE-Werkzeug erfasst und sämtliche Analysen durchgeführt werden.

Anschließend kann die weitere Verfeinerung (Schritt 8 bis 10) im Team oder einzeln erfolgen.

kritisches Hinterfragen gegebener Strukturen

Auf einen Gesichtspunkt möchte ich noch hinweisen. Idealerweise sollte man als Ausgangspunkt für eine SA-Modellierung auf ein Pflichtenheft zurückgreifen können. Selbst in diesem Fall sollte man jede Funktionsgliederung und jede Datengliederung kritisch hinterfragen. Nach meinen Erfahrungen werden vorgegebene Strukturen zu oft »blind« übernommen.

2.19.7 Qualitätssicherung

Eine der großen Stärken des SA-Modells liegt darin, dass man vielfältige Analysen zur Qualitätssicherung durchführen kann. Jedes der bei SA verwendeten Basiskonzepte kann man für sich überprüfen. Zusätzlich können aber noch Quervergleiche zwischen DFD und DD sowie DFD und MiniSpec sowie Minispec und DD erfolgen.

Hauptkapitel III 3

Die syntaktischen Überprüfungen können von CASE-Werkzeugen vorgenommen werden, die semantischen Überprüfungen müssen durch ein *review* erfolgen. Tab. 2.19-1 zeigt eine Checkliste zur Überprüfung von SA-Modellen.

2.19.8 Wertung

SA hat deshalb eine weite Verbreitung gefunden, weil es viele Vorteile hat:

- ⊞ Geschickte Kombination bewährter Basiskonzepte.
- ⊞ Durch hierarchisch gegliederte Datenflussdiagramme Verbesserung der Übersichtlichkeit.
- ⊞ Viele analytische Qualitätssicherungsmöglichkeiten durch Quervergleiche der in den Basiskonzepten beschriebenen Aspekte.
- ⊞ Leicht erlernbar.
- ⊞ Erlaubt eine *top-down*-Einarbeitung in ein System.
- ⊞ Guter Zusammenhang zu ER-Modellen über Speicher herstellbar.

Als nachteilig haben sich folgende Punkte herausgestellt:

- ⊟ Schnittstellen können nicht verfeinert werden. Bei Problemen mit umfangreichen Schnittstellen gibt es Darstellungsprobleme.
- ⊟ Speicher können nicht verfeinert werden. Als Ausweg bietet sich an, eine globale Datenbasis zu verwenden und die Verfeinerung durch ein ER-Modell zu beschreiben.

Tab. 2.19-1: Checkliste zur Überprüfung von SA-Modellen

DFD-Semantik

Die Semantik der Datenflussdiagramme einschließlich der DFD-Hierarchie kann durch folgende Fragen überprüft werden:

1 Benötigt ein Prozess zusätzliche Eingabedaten, die jedoch nicht verfügbar sind?
Prüfe, ob alle Ausgabedatenflüsse mit den vorhandenen Eingabedatenflüssen erzeugt werden können.

2 Besitzt ein Prozess überflüssige Eingabedaten?

3 Ist ein Prozessname irreführend?
Prüfe, ob der Prozessname dasselbe aussagt wie die Summe aller Subprozesse und im Zusammenhang mit den Eingabe- und Ausgabedaten einen Sinn ergibt.

4 Enthält das DFD Prozesse mit vagen Bezeichnungen?
Der ideale Prozessname setzt sich aus einem aussagefähigen Verb und einem einzigen, konkreten Objekt oder einem konkreten Substantiv und einem aussagefähigen Verb zusammen.

5 Enthält das DFD Kontrollflüsse?
Prüfe, ob das DFD »Flüsse« enthält, die reinen Signalcharakter besitzen oder vom Prozess nicht in Ausgabedaten transformiert werden, sondern nur den Transformationsprozess steuern.

6 Enthält das DFD Datenflüsse mit vagen Bezeichnungen?
Die Bezeichnung soll Informationen über den Inhalt und evtl. den Zustand des Datums enthalten.

DFD-Syntax

Folgende syntaktische Überprüfungen sind möglich:

7 Gibt es Datenspeicher, die nur beschrieben oder nur gelesen werden?
Solche Fälle sind denkbar, in der Regel weisen sie jedoch auf einen Fehler hin.

8 Benutzt ein Prozess überdurchschnittlich viele Eingabe- und Ausgabedatenflüsse?

9 Enthält das DFD einen namenlosen Datenfluss?
Nur bei Speichern zulässig, wenn auf alle Daten des Speichers zugegriffen wird.

DFD- vs. DD-Semantik

Zwischen den Datenflussdiagrammen und den DD-Einträgen lässt sich folgende Semantik überprüfen:

1 Benötigt ein Prozess zusätzliche Eingaben?
Anhand des DD ist zu prüfen, ob alle zur Verarbeitung notwendigen Datenspeicher und Datenflüsse definiert sind.

2 Wurden vom Prozess erzeugte Ausgaben vergessen?
Anhand des DD ist zu prüfen, ob alle vom Prozess erzeugten Ausgaben (Datenspeicher und Datenflüsse) definiert sind.

DFD- vs. DD-Syntax

Folgende Syntaxüberprüfungen sind möglich:

3 Ist die DFD-Hierarchie ausbalanciert?

4 Enthält das DD überflüssige Definitionen?

5 Enthält das DD sehr umfangreiche Datendefinitionen?
Abhilfe durch Strukturierung der Daten.

MiniSpec- vs. DFD vs. DD

Die MiniSpecs lassen sich gegenüber dem DFD und den DD-Einträgen überprüfen.

Semantik

1 Enthält die MiniSpec bereits Implementierungsdetails?

Syntax

2 Gibt es elementare Prozesse, für die keine MiniSpec vorliegt?

3 Enthält ein Prozess laut DFD Eingaben/Ausgaben, die in der MiniSpec nicht referenziert werden?

4 Enthält eine MiniSpec gegenüber dem DFD-Prozess zusätzliche Ein-/Ausgaben?

- Es entsteht ein Strukturbruch, wenn ein SA-Modell in einen datenabstraktionsorientierten Entwurf transformiert werden soll. Entwurfsphase

Durch die DFD-Hierarchie entsteht implizit auch ein Funktionsbaum. Durch die Aufteilung von Prozessen im Zusammenhang mit der Verfeinerung von Datenflüssen ergeben sich jedoch andere Funktionshierarchien.

Zusammenhang Funktionsbaum

2.19.9 Einsatz von CASE-Werkzeugen

Die Methode SA wird von einer Reihe von CASE-Werkzeugen unterstützt. Als Beispiel für ein solches Werkzeug wird hier das Werkzeug Innovator der Firma MID verwendet, das neben SA auch SA/RT (siehe Kapitel 2.20) sowie die UML unterstützt.

Das Werkzeug ist in mehrere Komponenten aufgeteilt und unterstützt die verteilte Entwicklung von Modellen durch mehrere Mitarbeiter eines Teams mit Hilfe eines *Online-Repositories.*

Alle Modellelemente werden zentral im *Repository* verwaltet. Es sorgt zusätzlich für die Konsistenz der Modelle, wenn mehrere Mitarbeiter gleichzeitig daran arbeiten. Die Teilmodelle werden in der Benutzungsoberfläche des *Repositories* durch eine Baumansicht dargestellt. Jedes Teilmodell kann einer der folgenden Komponentenarten zugeordnet werden:

- Geschäftsprozessmodell,
- V-Vorgehensmodell (siehe Abschnitt II 3.3.2),
- Selbstdefiniertes Vorgehensmodell,
- Objektorientiertes Modell (UML),
- Funktionsorientiertes Modell (SA/RT/SD),
- Datenmodell (ER-Modell).

Jede Komponentenart wird durch ein eigenes Piktogramm in der Baumansicht dargestellt. Durch Doppelklicken auf das gewünschte Modell in der Baumansicht lässt sich der zugehörige Editor öffnen. Abb. 2.19-10 zeigt das Kontextdiagramm der »Seminarorganisation«.

balancing Herstellen der →Datenintegrität.

Datenintegrität *(balancing)* Innerhalb der →Strukturierten Analyse müssen in der Hierarchie der Datenflussdiagramme alle Datenflüsse eines Datenflussdiagramms in den Datenflüssen des übergeordneten Datenflussdiagramms subsumiert enthalten oder identisch vorhanden sein.

Kontextdiagramm Oberstes Datenflussdiagramm in der →Strukturierten Analyse. Beschreibt die Schnittstellen des Systems zur Umwelt.

Mini-Spezifikation (MiniSpec) Beschreibt innerhalb der →Strukturierten Analyse die Transformation der Eingaben in die Ausgaben bei einem Prozess, der nicht weiter verfeinert ist (Blätter der Hierarchie).

SA →Strukturierte Analyse

structured analysis →Strukturierte Analyse

Strukturierte Analyse Methodenklasse, die die Basiskonzepte Datenflussdiagramm, *Data Dictionary*-Einträge, Pseudo-Code und Entscheidungstabellen zu einer Methode zur Definition von Anforderungen kombiniert.

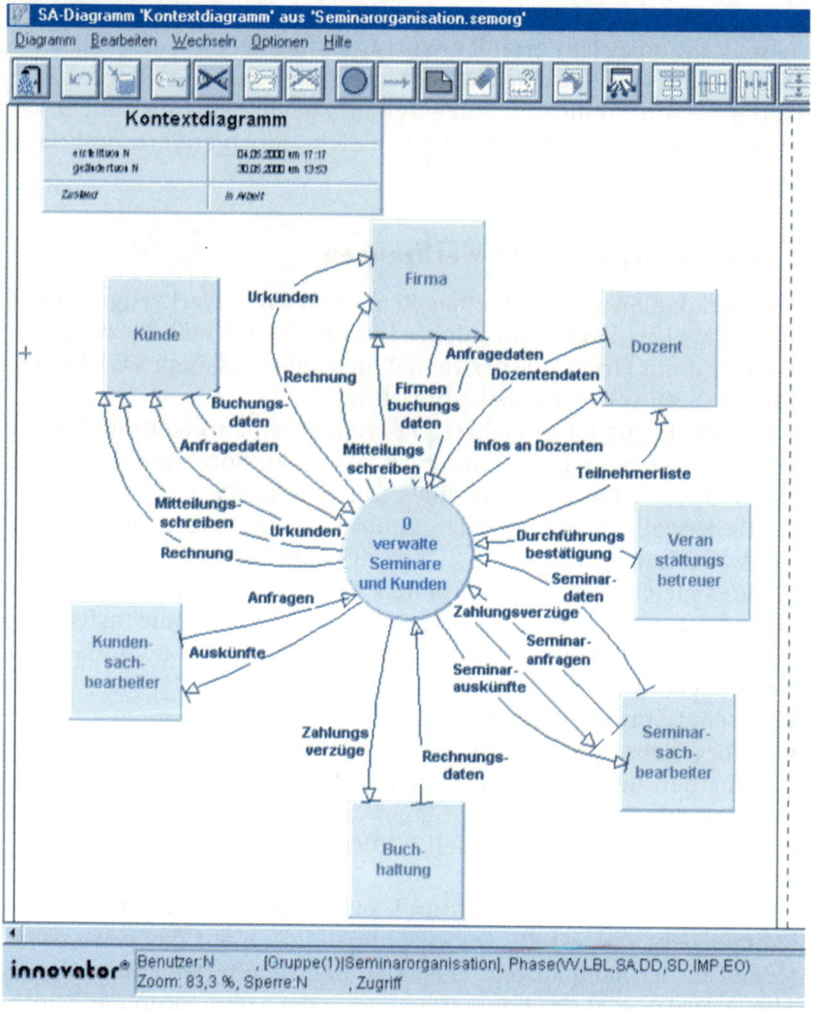

Abb. 2.19-10: Kontextdiagramm der »Seminarorganisation« im CASE-Werkzeug Innovator

Die Strukturierte Analyse (SA, *structured analysis)* besteht aus einem Hierarchiemodell, das die einzelnen Datenflussdiagramme als Baum anordnet. Wurzel des Baumes ist das Kontextdiagramm. Blätter des Baumes sind Datenflussdiagramme, die nicht weiter verfeinert sind. Prozesse dieser Datenflussdiagramme werden durch Mini-Spezifikationen (MiniSpecs) beschrieben. Innerhalb eines SA-Modells, d.h. von der Baumwurzel bis zu den Baumblättern, muss die Datenintegrität *(balancing)* sichergestellt sein, d.h., die Datenflüsse müssen zwischen Kind- und Elterndiagramm ausbalanciert sein. Abb. 2.19-11 zeigt SA im Überblick.

Abb. 2.19-11: SA im Überblick

3 Konzepte:
- hierarchisch angeordnete Datenflussdiagramme (DFDs),
- *Data Dictionary*-Einträge (DDs) und
- Mini-Spezifikationen (MiniSpecs)

Kontextdiagramm = oberstes DFD, beschreibt die Umwelt des Systems
Beispiel:

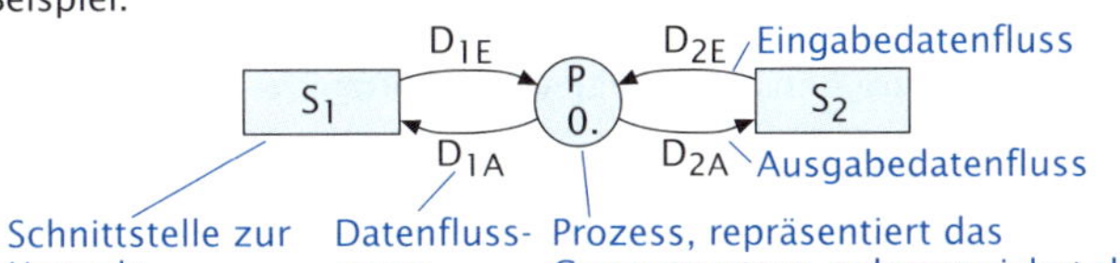

Regeln: Genau 1 Prozess, mindestens 1 Schnittstelle, kein Speicher

DFD 0 = Verfeinerung des Kontextdiagramms
Beispiel:

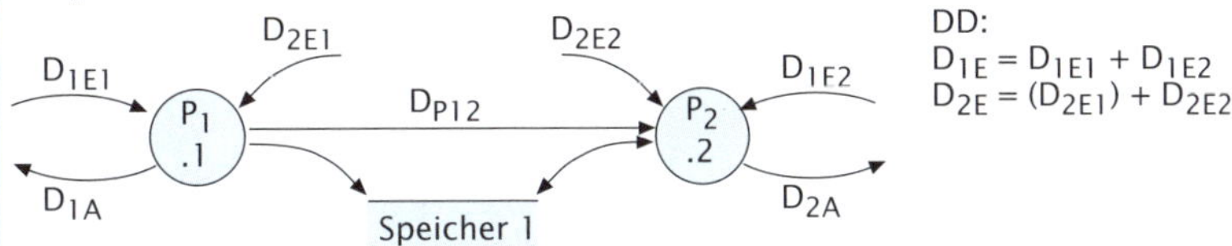

DD:
$D_{1E} = D_{1E1} + D_{1E2}$
$D_{2E} = (D_{2E1}) + D_{2E2}$

Regeln:
- Prozess 0 wird in Teilprozesse (hier: P_1 und P_2) zerlegt.
- Datenflüsse werden ebenfalls verfeinert (hier: D_{1E} und D_{2E}).
- Speicher werden eingeführt (hier: Speicher 1).
- Neue Datenflüsse zwischen Prozessen und zwischen Prozessen und Speichern werden eingetragen.
- Schnittstellen und Speicher können **nicht** verfeinert werden, dürfen aber auf tieferen Diagrammen wiederholt werden.

DFD1, DFD2 ..., DFD 1.1, ... DFD 2.n ...
- Jeder Prozess kann weiter zu einem neuen Diagramm verfeinert werden.
- Die Anzahl der Prozesse pro Diagramm soll kleiner 7 sein.
- Ist ein Prozess ausreichend verstanden, dann erfolgt keine weitere Verfeinerung, sondern eine Beschreibung durch eine MiniSpec.

DD-Eintrag und Datenintegrität *(balancing)*
- Jeder Datenfluss und jeder Speicher wird im DD definiert
- Der Zusammenhang zwischen den Datenflüssen der einzelnen DFDs wird über die Definition im DD hergestellt.
- Alle Datenflüsse eines untergeordneten DFDs müssen im übergeordneten DFD entweder mit gleichem Namen (hier: D_{1A}, D_{2A}) erscheinen oder Teilkomponenten eines Datenflusses sein (hier: $D_{1E} = D_{1E1} + D_{1E2}$, $D_{2E} = (D_{2E1}) + D_{2E2}$). Gilt dies für alle DFDs, dann liegt Datenintegrität vor *(balancing)*.

MiniSpec = beschreibt einen nicht weiter verfeinerten Prozess
- MiniSpec beschreibt, wie die Eingabedatenflüsse eines Prozesses in die Ausgabedatenflüsse transformiert werden.
- Beschreibung erfolgt durch Pseudocode, Entscheidungstabellen oder Entscheidungsbäume.

Zitierte Literatur

/DeMarco 78/
DeMarco T. *Structured Analysis and System Specification*, Englewood Cliffs: Yourdon Press, 1978, 352 Seiten.

/Gane, Sarson 79/
Gane C., Sarson T., *Structured Systems Analysis: Tools and Techniques*, Englewood Cliffs: Prentice-Hall, 1979, 241 Seiten.

/McMenamin, Palmer 84/
McMenamin S. M., Palmer J. F., *Essential Systems Analysis*, Englewood Cliffs: Yourdon Press, 1984, 392 Seiten. In deutsch: Strukturierte Systemanalyse, München: Hanser Verlag, 1988, 335 Seiten.

/Weinberg 78/
Weinberg V., *Structured Analysis*, Englewood Cliffs: Yourdon Press, 1978, 328 Seiten.

/Yourdon 89/
Yourdon E., *Modern Structured Analysis*, Englewood Cliffs: Prentice-Hall, 1989, 672 Seiten.

Analytische Aufgaben
Muss-Aufgabe
30 Minuten

1 *Lernziel: Die Regeln und methodischen Schritte, die bei der Erstellung eines SA-Modells einzuhalten sind, kennen und bei der Modellierung anwenden können.*
Prüfen Sie, ob der folgende Ausschnitt (Abb. 2.19-12) eines SA-Modells einer Weinhandlung korrekt ist. Geben Sie eventuelle Fehler mit Korrekturvorschlägen an.

Abb. 2.19-12: Ausschnitt aus dem SA-Modell einer Weinhandlung

Kontextdiagramm

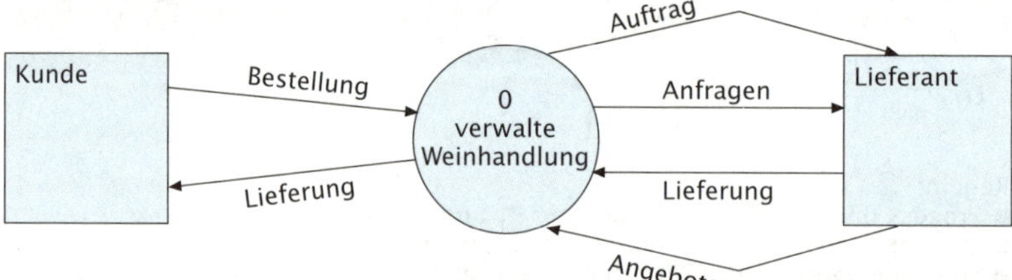

DFD0 Weinhandlung

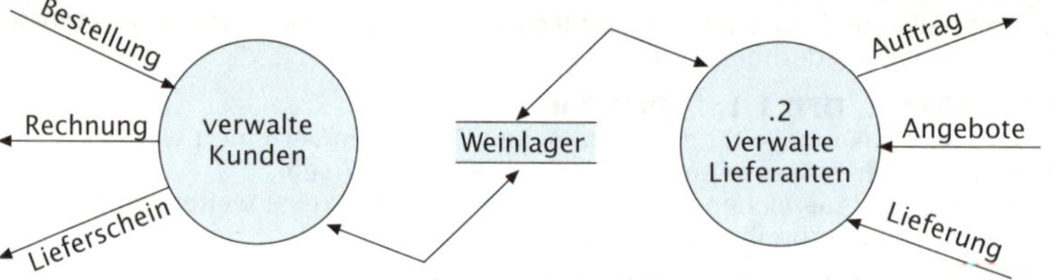

DFD2 verwalte Lieferanten

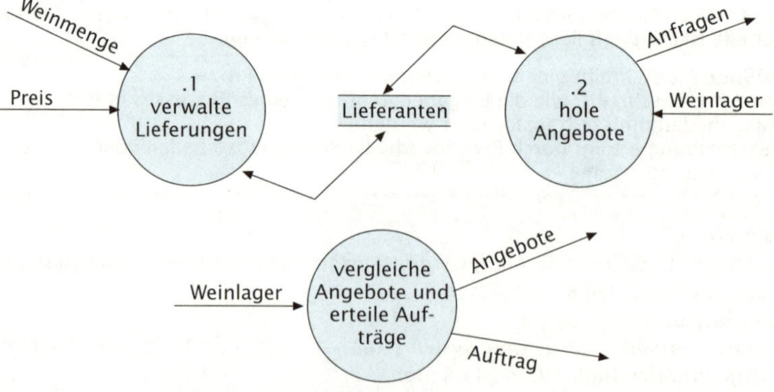

Data Dictionary (Auszug):

```
Weinlager   = 1{Weinflasche}
Weinflasche = Name + [Kabinett | Auslese | Spätlese ]
              + Jahrgang + Abfüllort + Lieferdatum
Lieferung   = Rechnung + Lieferschein
Weinmenge   = 1{Weinflasche}
```

2 *Lernziel: Die Regeln und methodischen Schritte, die bei der Erstellung eines SA-Modells einzuhalten sind, kennen und bei der Modellierung anwenden können.*
Prüfen Sie, ob der folgende Ausschnitt (Abb. 2.19-13 und 2.19-14) eines SA-Modells einer Bank korrekt ist. Geben Sie eventuelle Fehler mit Korrekturvorschlägen an.

Klausur-Aufgabe
30 Minuten

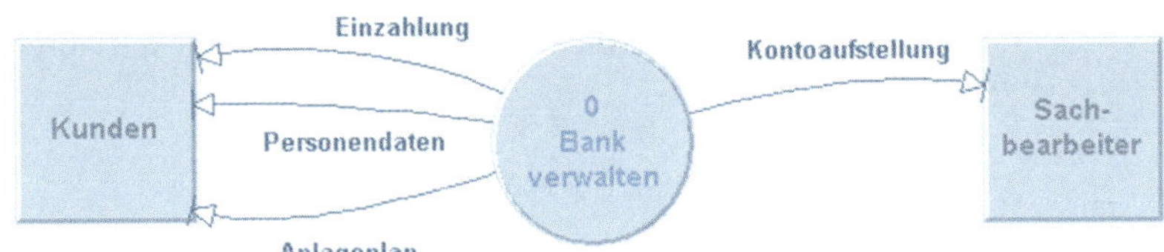

Abb. 2.19-13: Kontextdiagramm einer Bankmodellierung

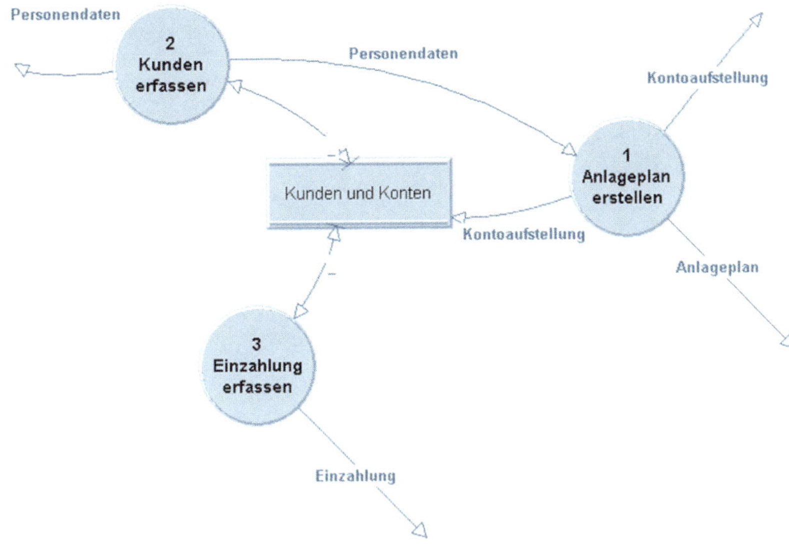

Abb. 2.19-14: DFD 0 einer Bankmodellierung

3 *Lernziele: Für eine gegebene Problemstellung ein vollständiges SA-Modell erstellen können. CASE-Werkzeuge für das Erstellen von SA-Modellen einsetzen können.*
Erstellen Sie ein vollständiges SA-Modell für das Pflichtenheft der Vereinsverwaltung (Anhang B). Setzen Sie dazu das CASE-Werkzeug Innovator ein (CD-ROM 2).

Konstruktive Aufgaben
Muss-Aufgabe
90 Minuten

Klausur-Aufgabe *45 Minuten*

4 *Lernziel: Für eine gegebene Problemstellung ein vollständiges SA-Modell erstellen können.*

Modellieren Sie die folgende Problemstellung mithilfe der strukturierten Analyse als Kontextdiagramm und Datenflussdiagramm 0. Es soll eine Arztpraxis verwaltet werden.

/10/ Neue Patienten werden in eine Patientenkartei aufgenommen, an der auch später noch Änderungen vorgenommen werden können.

/20/ Erscheint ein Patient zur Behandlung, so werden dem behandelnden Arzt die Patientendaten und die Daten der letzten Behandlungen zur Verfügung gestellt.

/30/ Nach einer Behandlung werden das Datum, die erbrachten Leistungen und die Verordnungen gespeichert. Außerdem wird ein Rezept ausgedruckt, das dem Patienten mitgegeben wird.

/40/ Am Quartalsende verlangt die Abrechnungsstelle die Quartalsdaten für ein bestimmtes, nämlich das abgelaufene, Quartal. Das System erstellt daraufhin die Quartalsdaten aller Patienten für die Abrechnungsstelle.

2 Die Definitionsphase – SA/RT

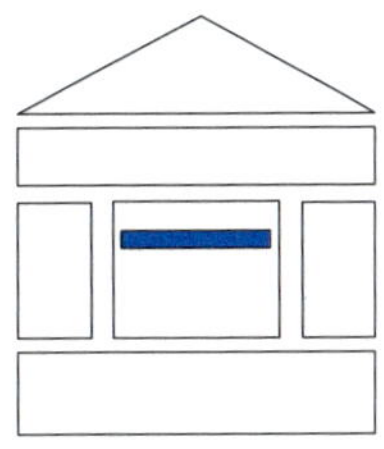
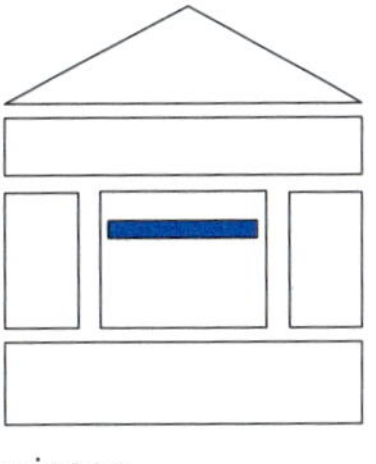

- Die gegenüber SA zusätzlichen RT-Konzepte nennen können.
- Erklären können, wie durch die CSpecs die Prozesse des zugehörigen Flussdiagramms gesteuert werden.
- Die Unterschiede zwischen Daten- und Kontrollflüssen darlegen können.
- Flusstypen unterscheiden und ihre Attribute angeben können.
- Die dynamischen Abläufe, die durch ein RT-Modell dargestellt werden, erklären können.
- Zeitspezifikationen aufstellen können.
- Ein RT-Modell auf Syntax und Semantik hin überprüfen können.
- Für eine geeignete Problemstellung ein vollständiges SA/RT-Modell erstellen können.
- Die Regeln und methodischen Schritte, die bei der Erstellung eines SA/RT-Modelles einzuhalten sind, kennen und bei der Modellierung anwenden können.
- CASE-Werkzeuge für das Erstellen von SA/RT-Modellen einsetzen können.

wissen

verstehen

anwenden

- Es sollen die Kapitel 2.1 und 2.2 bekannt sein.
- Es muss das Kapitel 2.14 »Entscheidungstabellen« bekannt sein.
- Das Kapitel 2.16 »Zustandsautomaten« muss bekannt sein.
- Es muss das Kapitel 2.19 »SA« bekannt sein.

Derek Hatley
* 1934 in London, Erfinder der Methode SA/RT (zusammen mit I. A. Pirbhai) (1987), heute: Berater in Jenison, Michigan, USA.

Hinweis: Auf der beigefügten CD-ROM 2 befindet sich ein CASE-Werkzeug, das die hier beschriebene Methode SA/RT unterstützt.

2.20 *Real Time Analysis*

Die Strukturierte Analyse verzichtet bewusst auf die Beschreibung der Initialisierung und Terminierung eines zu modellierenden Systems. Außerdem können Zeitanforderungen, die sich aus der Aufgabenstellung ergeben, in SA nicht festgelegt werden.

RT

Die Methode ***Real Time Analysis***, kurz **RT**, erweitert SA so, dass ereignisgesteuerte Systeme mit Zeitanforderungen und komplexen Prozessaktivierungen modelliert werden können. Ähnlich wie bei SA handelt es sich bei RT um eine Methodenklasse. Im Wesentlichen haben zwei Autorenteams RT entwickelt:

- Ward/Mellor 1985: »*Structured Development for Real-Time Systems*«
- Hatley/Pirbhai 1987: »*Strategies for Real-Time System Specification*«

Der Begriff »Echtzeit« ist allerdings mit Vorsicht zu betrachten. Beide RT-Methoden erlauben die Festlegung externer Zeitanforderungen. Diese werden aber keiner Analyse unterzogen. Sie werden nur dokumentiert. Es muss sich bei den Zeitanforderungen auch nicht um Echtzeitanforderungen handeln. Prinzipiell sind diese Methoden daher auch dazu geeignet, um kommerzielle Anwendungssysteme zu modellieren.

Stand der Technik, Industriestandard

Kapitel 2.8

SA/RT stellt auch heute noch den Stand der Technik für technische Systeme dar und ist für diesen Anwendungsbereich der Industriestandard. Inzwischen gibt es jedoch bereits eine Reihe von Vorschlägen, die UML für die Modellierung von Echtzeitanwendungen zu erweitern. In Arbeit ist ein UML-RT, das vielleicht in die UML-Version 2.0 einfließt /Rumbaugh 00/. In Arbeit ist die Ausführungssemantik für ein Laufzeitmodell sowie ein Leistungsmodell für die Zeit- und Ressourcenplanung.

Bezug zu SA und Basiskonzepten

Beide RT-Methoden enthalten SA und integrieren zusätzlich Zustandsautomaten (siehe Abb. 2.2-6). Die folgende Beschreibung von RT setzt die Kenntnis von SA und Zustandsautomaten voraus. Im Weiteren wird die RT-Methode nach Hatley/Pirbhai beschrieben.

zur Notation von Zustandsautomaten

In Kapitel 2.16 wurde für Zustandsautomaten die UML-Notation verwendet. In SA/RT werden im Unterschied dazu die Zustände durch Rechtecke dargestellt und Ereignisse und Aktionen über bzw. unter einem Strich aufgeführt. Einen Pseudostartzustand wie in der UML gibt es nicht.

2.20.1 Datenflüsse vs. Kontrollflüsse

Datenflüsse

In SA werden Datenflüsse modelliert. Sie lassen sich durch folgende Eigenschaften charakterisieren:

werden verarbeitet

- Datenflüsse werden in den Prozessen verarbeitet bzw. transformiert.

- Datenflüsse werden als durchgezogene Linien dargestellt. ⟶
- Elementare Datenflüsse, d.h. nicht weiter verfeinerte Datenflüsse, sind meistens kontinuierliche Signale. kontinuierlich
- Ein kontinuierliches Signal kann einen beliebigen Wert eines geordneten Wertebereichs annehmen, z. B. Geschwindigkeit: 0 .. 250 km/h.
- Ein Datenfluss kann auch ein diskretes Signal sein, wenn es selbst verarbeitet wird.

In vielen zu modellierenden Systemen gibt es neben Datenflüssen aber auch noch Informationsflüsse oder Ereignisse, die das System steuern oder die Aktivierungen auslösen. In RT gibt es daher neben Datenflüssen noch **Kontrollflüsse**, die folgende Eigenschaften besitzen: Kontrollflüsse

- Kontrollflüsse steuern die Verarbeitung. steuern
- Kontrollflüsse werden als gestrichelte Linien dargestellt. - - - -▸
- Elementare Kontrollflüsse sind immer diskrete Signale. diskret
- Diskrete Signale nehmen eine endliche Anzahl bekannter Werte an, z.B. `Druckknopf = [ gedrückt | nicht gedrückt ]`.
- Kontrollflüsse werden wie Datenflüsse im *Data Dictionary* definiert. Sie werden als Kontrollflüsse gekennzeichnet. Man spricht anstelle von einem *Data Dictionary* dann von einem ***Requirements Dictionary* (RD).** DD → RD

Zwischen Datenflüssen und Kontrollflüssen zu unterscheiden, ist oft nicht einfach. Entscheidungskriterien werden im Abschnitt »Methodik« angegeben.

2.20.2 Flussdiagramme

Die Datenflussdiagramme von SA werden in RT um die Kontrollflüsse erweitert. Enthält ein Diagramm sowohl Datenflüsse als auch Kontrollflüsse, dann spricht man allgemein von einem **Flussdiagramm (FD).** FD

Beispiel 1a

Das Kontextdiagramm zu der Aufgabe »Digitaluhr stellen« (siehe Beispiel 1, Abschnitt 2.16.1) zeigt Abb. 2.20-1.
Wie das Flussdiagramm zeigt, besitzt das System vier Schnittstellen zur Umwelt. Knopf 1, Knopf 2 und Start sind Kontrollflüsse. Sie be-

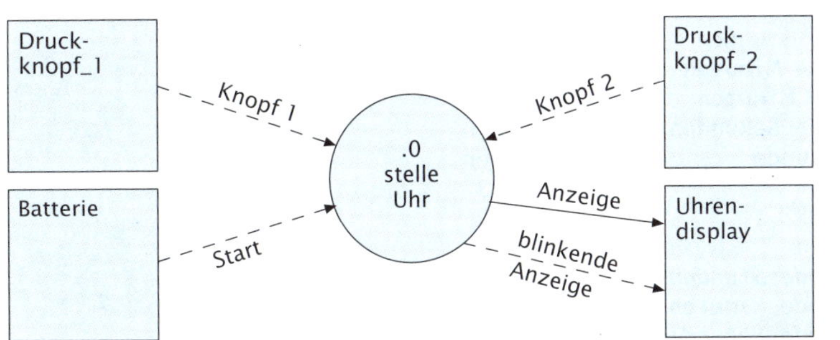

Abb. 2.20-1: RT-Kontextdiagramm »Digitaluhr«

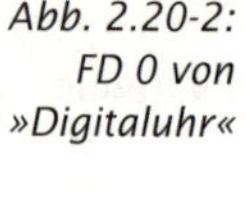

Abb. 2.20-2: FD 0 von »Digitaluhr«

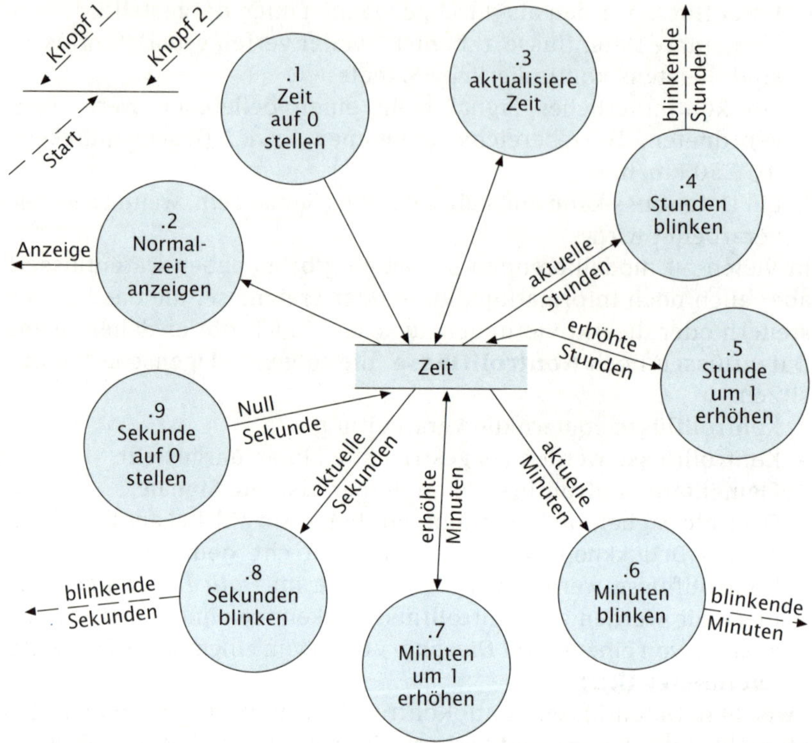

schreiben das Eintreten eines Ereignisses. Zum Uhrendisplay hin gibt es einen kontinuierlichen Datenfluss »Anzeige« und einen Kontrollfluss »blinkende Anzeige«.

Die Verfeinerung des Kontextdiagrammes zum Flussdiagramm FD 0 zeigt Abb. 2.20-2. Die zugehörigen Einträge im *Requirements Dictionary* lauten (Kontrollflüsse sind kursiv dargestellt):

```
Knopf 1              = [gedrückt|nicht gedrückt]
Knopf 2              = [gedrückt|nicht gedrückt]
Start                = [Strom vorhanden|Strom nicht vorhanden]
Anzeige              = Stunden + Minuten + Sekunden
blinkende Anzeige    = [blinkende Stunden|
                        blinkende Minuten|blinkende Sekunden]
Zeit                 = Stunden + Minuten + Sekunden
aktuelle Stunden     = Stunden
erhöhte Stunden      = Stunden
aktuelle Minuten     = Minuten
erhöhte Minuten      = Minuten
aktuelle Sekunden    = Sekunden
Nullsekunde          = Sekunden
Stunden              = 0 .. 23
Minuten              = 0 .. 59
Sekunden             = 0 .. 59
blinkende Stunden    = 0 .. 23
blinkende Minuten    = 0 .. 59
blinkende Sekunden   = 0 .. 59
```

Bei der Anzeige gibt es bei diesem Beispiel ein gewisses Problem. Durch blinkende Stunden, Minuten und Sekunden soll angegeben werden, dass jeweils ein Kontrollfluss zur Anzeige geht, der als Ereignis die Anzeige aktiviert. Gleichzeitig wird der mit dem Kontollfluss übergebene Wert angezeigt. Als Alternative ist es auch möglich, den Blinkwert als Datenfluss und den Blinkimpuls zur Steuerung des Blinkens als Kontrollfluss zur Anzeige fließen zu lassen.
In dem Flussdiagramm 0 befindet sich zusätzlich zur üblichen SA-Notation noch ein Balken, auf den die Kontrollflüsse des Kontextdiagramms zeigen. Diese Notation stellt den Zusammenhang zu den **Kontrollspezifikationen (CSpec)** her, die im nächsten Abschnitt beschrieben werden.

2.20.3 Kontrollspezifikationen

SA ist dadurch gekennzeichnet, dass außer an den Blättern der Hierarchie (MiniSpecs) keine Verarbeitungsinformationen an den Baumknoten vermerkt werden. Bei prozessorientierten Systemen kommt es jedoch häufig vor, dass Prozesse oder ganze Prozessketten in Abhängigkeit von externen Ereignissen aktiviert bzw. deaktiviert werden müssen. Dies ist insbesondere auf den höheren Hierarchieebenen nötig. RT ermöglicht es daher, über Entscheidungstabellen (ET) und/oder Zustandsautomaten, Prozesse eines Flussdiagramms zu aktivieren und zu deaktivieren.

Jedem Flussdiagramm kann eine **Kontrollspezifikation (CSpec)** zugeordnet werden, die ET und/oder Zustandsautomaten enthält. Der Zusammenhang zwischen CSpec und dem zugehörigen FD wird durch eine **Balken-Notation *(bar)*** im FD beschrieben. Kontrollflüsse, die Eingangsgrößen für eine CSpec sind, werden mit der Pfeilspitze zum Balken gezeichnet. Kontrollflüsse, die eine CSpec verlassen, führen vom Balken weg. CSpec

Betrachtet man die Steuerung der Digitaluhr, dann soll Folgendes ablaufen: Beispiel 1b
Nach Einlegen der Batterie fließt Strom und der Zeitspeicher soll mit der Zeit 0 initialisiert werden, d.h., zuerst muss der Prozess »Zeit auf 0 stellen« aktiviert werden. Anschließend kann der Prozess beendet werden. Ist die Null im Speicher eingetragen, dann kann der Prozess »Normalzeit anzeigen« aktiviert werden.
Dieser Prozess läuft so lange, bis der Knopf 1 gedrückt wird. Dann soll in den Zustand »Stunden stellen« übergegangen werden. Der Stellvorgang soll entsprechend dem Zustandsdiagramm der Abb. 2.20-3 erfolgen. Diese Abbildung ist identisch mit der Abb. 2.16-2. Sie wird hier nochmals wiederholt, um die Zusammenhänge besser herstellen zu können.

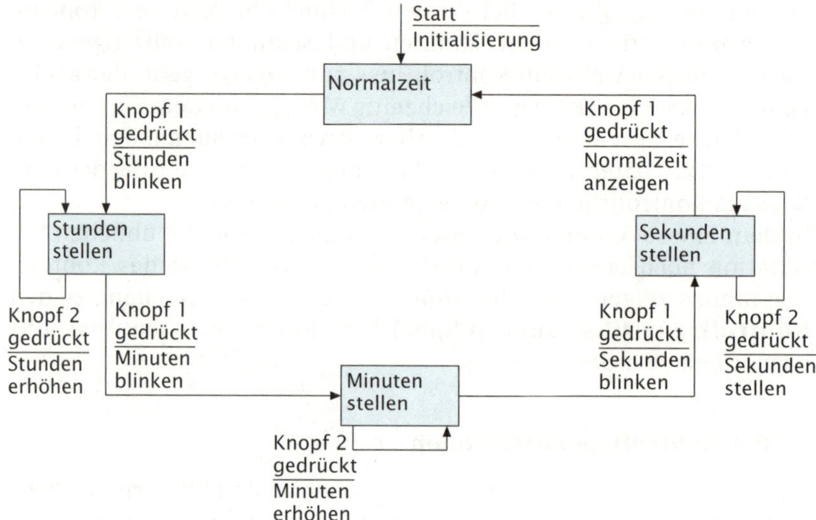

Abb. 2.20-3: Zustandsautomat als Teil der CSpec 0 »Digitaluhr«

Um die skizzierte Steuerung exakt zu beschreiben, wird in RT eine Kontrollspezifikation (CSpec 0) benötigt, die aus einer Entscheidungstabelle (Abb. 2.20-4) und einem Zustandsautomaten (Abb. 2.20-3) besteht. Die Entscheidungstabelle ist als Prozessaktivierungstabelle (PAT) zu interpretieren. Die Regeln sind horizontal angeordnet. Als Bedingungen sind Kontrollaktionen eingetragen. Kontrollaktionen sind die Aktionen, die im Zustandsdiagramm beim Zustandsübergang eingetragen sind (siehe Abb. 2.20-3). Als Aktionen der Entscheidungstabelle sind Prozesse eingetragen (siehe Abb. 2.20-2), die beim Eintreten einer Kontrollaktion aktiviert werden. Der Eintrag 0 bedeutet keine Aktivierung, die Zahlen 1, 2 usw. geben die Reihenfolge der Aktivierung an.

Um die Dynamik in dem Beispiel zu verstehen, muss man das Flussdiagramm 0, den Zustandsautomaten und die Entscheidungstabelle zusammen betrachten.

Abb. 2.20-4: ET als Teil der CSpec »Digitaluhr« (Prozessaktivierungstabelle)

Kontroll-aktionen	**Prozesse**							
	.2	.1	.5	.4	.7	.6	.9	.8
	Normalzeit anzeigen	Zeit auf Null stellen	Stunde um 1 erhöhen	Stunden blinken	Minuten um 1 erhöhen	Minuten blinken	Sekunden auf Null stellen	Sekunden blinken
Initialisierung	2	1	0	0	0	0	0	0
Stunden erhöhen	0	0	1	2	0	0	0	0
Minuten erhöhen	0	0	0	0	1	2	0	0
Sekunden stellen	0	0	0	0	0	0	1	2

Wird die Batterie in die Uhr eingesetzt, dann entsteht das Ereignis *Start*. Der Kontrollfluss *Start* führt im FDO auf einen Balken. Das bedeutet, man muss in der CSpec nachsehen. Im Beispiel handelt es sich um einen Zustandsautomaten. *Start* ist dort ein Eingabeereignis und sorgt dafür, dass der Zustandsautomat in den Zustand *Normalzeit* übergeht. Unter dem Strich von Start steht *Initialisierung*. Diese Kontrollaktion führt in die Entscheidungstabelle. Immer wenn diese Kontrollaktion bei Start aktiviert wird, wird anschließend zuerst der Prozess *Zeit auf Null stellen* aktiviert (angegeben durch die 1 in der ET), anschließend wird der Prozess *Normalzeit anzeigen* aktiviert (angegeben durch die 2). Der Prozess *Zeit auf Null stellen* soll sich nach Durchführung seiner Aufgabe selbst deaktivieren. Dies wird durch die Angabe des Wortes *Issue* in der *MiniSpec* dieses Prozesses angegeben. Der Prozess *Normalzeit anzeigen* läuft so lange weiter, bis er automatisch beim nächsten Zustandsübergang deaktiviert wird.

Wird nun der Knopf 1 gedrückt, dann wechselt der Zustandsautomat in den Zustand *Stunden stellen*. Der Prozess *Normalzeit anzeigen* wird deaktiviert, die Kontrollaktion *Stunden erhöhen* bewirkt entsprechend der Entscheidungstabelle, dass zuerst *Stunde um 1 erhöhen* und anschließend *Stunden blinken* aktiviert werden. *Stunde um 1 erhöhen* deaktiviert sich anschließend selbst *(Issue* in der MiniSpec). Wird der Knopf 1 wieder gedrückt, geht der Zustandsautomat in den Zustand *Minuten stellen* über usw.

Die MiniSpecs (in RT **Prozess-Spezifikation** oder **PSpec**, für *process specification*, genannt) sehen folgendermaßen aus:

PSpec = MiniSpec
issue = enden

```
PSpec 1; Zeit auf Null stellen
  Issue Zeit := 0 + 0 + 0
PSpec 2; Normalzeit anzeigen
  Anzeige := Zeit
PSpec 3; aktualisiere Zeit
  Zeit lesen, um eine Sekunde erhöhen und zurückschreiben
PSpec 4; Stunden blinken
  blinkende Stunden := aktuelle Stunden
PSpec 5; Stunde um 1 erhöhen
  Issue erhöhte Stunden := (erhöhte Stunden + 1) mod 24
PSpec 6; Minuten blinken
  blinkende Minuten := aktuelle Minuten
PSpec 7; Minuten um 1 erhöhen
  Issue erhöhte Minuten := (erhöhte Minuten + 1) mod 60
PSpec 8; Sekunden blinken
  blinkende Sekunden := aktuelle Sekunden
PSpec 9; Sekunden auf 0 stellen
  Issue Nullsekunde := 0
```

Prozess-Steuerung

Wie das Beispiel zeigt, gibt es in RT drei Möglichkeiten einen Prozess zu steuern.

permanent

1 Prozess läuft während der gesamten Systemlaufzeit. Ein solcher Prozess darf in keiner CSpec erscheinen.

Beispiel: *aktualisiere Zeit* bei der Digitaluhr.

aktiviert & selbst beenden

2 Prozess wird aktiviert und beendet sich dann selbst.
Die Aktivierung geschieht entweder durch einen Zustandsübergang (aufgeführt als Kontrollaktion) oder durch Eintreten einer Bedingung in der Prozessaktivierungstabelle. Außerdem muss die PSpec des Prozesses durch das Schlüsselwort *Issue* eingeleitet werden. Zur Verdeutlichung kann das Wort *Issue* auch vor den Prozessnamen im Flussdiagramm geschrieben werden.

Beispiel: *Stunde um 1 erhöhen* bei der Digitaluhr.

aktiviert & Ende bei Zustandsübergang

3 Prozess wird aktiviert und beim nächsten Zustandsübergang automatisch deaktiviert. Eine Deaktivierung bewirkt ein temporäres Löschen des Prozesses.
Die Aktivierung geschieht entweder durch einen Zustandsübergang oder durch Eintreten einer Bedingung in der Prozessaktivierungstabelle.

Beispiel: *Sekunden blinken* bei der Digitaluhr.

Abb. 2.20-5: CSpec mit einer ET

CSpec

Eingabe		Ausgabe	Prozeß		
C2	C3	C4	1	2	3
0	0	Ein	1	1	0
0	1	Ein	1	2	2
1	0	Ein	3	2	1
1	1	Ein	1	0	0

Prozess-kontrolle

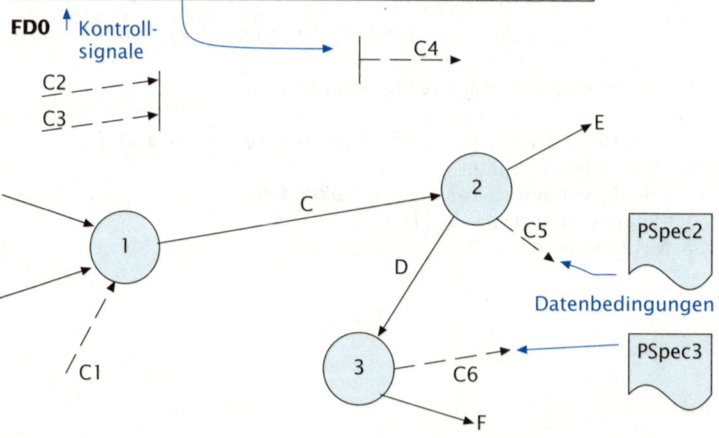

FD0

Kontroll-signale

C2
C3
C4
A
B
C1
1
C
2
E
C5
D
3
C6
F
PSpec2
PSpec3
Datenbedingungen

Der Zusammenhang zwischen Flussdiagramm und Kontrollspezifikation kann auf folgende Arten hergestellt werden:

A CSpec ist eine Entscheidungstabelle. Abb. 2.20-5 zeigt ein Beispiel. Das Beispiel verdeutlicht Folgendes:

CSpec = ET

- Alle Eingaben der Entscheidungstabelle (C2, C3) erscheinen als Eingabepfeile des Balkens im Flussdiagramm.
- Eine Ausgabe der Entscheidungstabelle (C4) erscheint als Ausgabepfeil des Balkens im Flussdiagramm.
- Andere Ausgaben der Entscheidungstabelle (1, 2, 3) aktivieren die Prozesse des Flussdiagramms.
- Kontrollflüsse, die einen Prozess verlassen (C5, C6), werden als Datenbedingungen *(data conditions)* bezeichnet. Es handelt sich um Kontrollsignale, die durch die zugehörigen PSpecs durch Test der Eingabedaten generiert werden.

B CSpec ist ein Zustandsautomat. Abb. 2.20-6 zeigt ein Beispiel. Das Beispiel zeigt Folgendes:

CSpec = Zustandsautomat

- Die Eingabepfeile des Balkens im Flussdiagramm sind die Ereignisse des Zustandsautomaten.
- Die Ausgabepfeile des Balkens im Flussdiagramm sind die Aktionen des Zustandsautomaten.

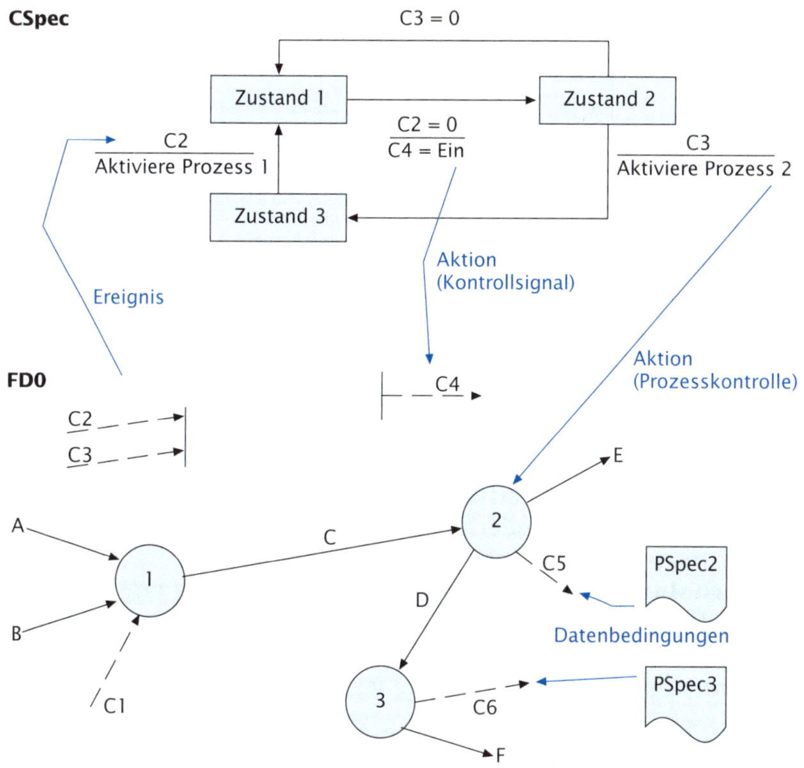

Abb. 2.20-6: Cspec mit einem Mealy-Zustandsautomaten

- Als Aktionen des Zustandsautomaten können Prozessnamen angegeben werden. Diese Prozesse werden dann aktiviert.
- Steht der Ereignisname allein (z. B. C2), dann ist damit der Endzustand gemeint.

CSpec = ETn & Zustandsautomat

C CSpec ist eine Kombination aus Zustandsautomat und Entscheidungstabellen. Abb. 2.20-7 zeigt die prinzipiell möglichen Kombinationen.
Normalerweise werden Zustandsautomaten in Kombination mit Entscheidungstabellen verwendet.
Ein Beispiel für die Kombination eines Zustandsautomaten mit einer Entscheidungstabelle für die Aktionslogik ist Beispiel 1b (Abb. 2.20-3 und Abb. 2.20-4).
Ein weiteres Beispiel zeigt Abschnitt 2.20.7.

D CSpec beschreibt eine einfache Beziehung zwischen CSpec-Eingaben und Prozessaktivierungen.

Beispiel: C2 aktiviert Prozess 1; C3 aktiviert Prozess 2.

Abb. 2.20-7: Möglicher Aufbau einer CSpec

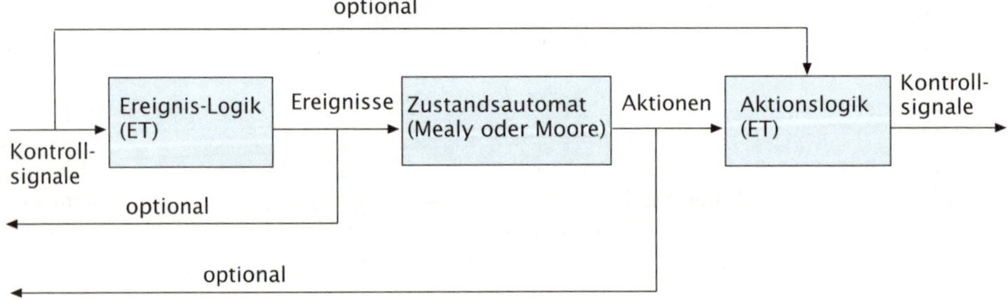

2.20.4 Zeitspezifikationen

RT ermöglicht die Spezifikation von externen Zeitanforderungen, d.h. Anforderungen, die sich aus der Aufgabenstellung ergeben. Entwurfs- und Implementierungsgesichtspunkte werden bewusst nicht betrachtet oder berücksichtigt.

Zeitanforderungen beziehen sich demzufolge nur auf die Signale der System-Schnittstellen, d.h. die Signale des Kontext-Diagramms. Zwei Arten von **Zeitspezifikationen** sind möglich:

- Spezifikation von Wiederholungszyklen und
- Spezifikation von Eingabe-Ausgabe-Antwortzeiten.

Wiederholungs-zyklen

Wiederholungszyklen können für externe, elementare Ausgabesignale festgelegt werden, d.h. für Ausgabekontrollflüsse im Kontext-Diagramm. Die Wiederholungszyklen werden im *Requirements Dictionary* durch das Attribut *Rate* festgelegt.

Beispiel 1c

```
Stunden  =   0 .. 23        Rate : Alle 100 msec
Minuten  =   0 .. 59        Rate : Alle 100 msec
Sekunden =   0 .. 59        Rate : Alle 100 msec
```

E/A-Antwortzeiten

Die **Eingabe-Ausgabe-Antwortzeiten** legen den erlaubten Antwortzeitbereich (meistens die maximale Antwortzeit) für jedes Eingabeereignis und das daraus resultierende Ausgabeereignis fest. Die Zeiten werden in eine Zeitspezifikationstabelle eingetragen.

Beispiel 1d

Eingabe-signal	Ereignis	Ausgabe-signal	Ereignis	Antwortzeit
Knopf 1	gedrückt	blinkende Stunden	Zahl anzeigen	<100 msec
Knopf 1	gedrückt	blinkende Minuten	Zahl anzeigen	<100 msec
Knopf 1	gedrückt	blinkende Sekunden	Zahl anzeigen	<100 msec
Knopf 2	gedrückt	blinkende Stunden	Zahl anzeigen	<200 msec
Knopf 2	gedrückt	blinkende Minuten	Zahl anzeigen	<200 msec
Knopf 2	gedrückt	blinkende Sekunden	Zahl anzeigen	<200 msec

Für die Zeitspezifikationstabelle sind folgende Regeln einzuhalten:

- Die Eingabeereignisse treten in der Welt außerhalb des Systems ein.
- Die Ausgabeereignisse sind Aktionen, die von dem System ausgeführt werden.
- Die Ein- und Ausgabeereignisse sind mit ihren erlaubten Werten im *Requirements Dictionary* definiert.
- Es darf kein Signal oder Wert in der Zeitspezifikationstabelle erscheinen, das oder der nicht als externes Signal im *Dictionary* enthalten ist.
- Jedes externe Signal, das im *Dictionary* aufgeführt ist, sollte in der Zeitspezifikationstabelle erscheinen, selbst wenn die Zeit unkritisch ist.

Es gibt Fälle, in denen eine minimale Zeit gefordert wird. Außerdem kommt es vor, dass verschiedene Ausgabesignale komplexe Zeitbeziehungen untereinander haben. In solchen Fällen sollte die Zeitspezifikation um Zeitdiagramme ergänzt werden.

absolute und relative Zeit

GMT = *Greenwich Mean Time*

Da Zeit ein universeller Parameter ist, gibt es in RT die Konvention, dass in allen PSpecs und CSpecs auf die absolute und relative Zeit zugegriffen werden kann, ohne dass die Zeit als Signalfluss auftaucht. Die absolute Zeit ist GMT oder eine definierte, lokale Zeit. Die relative Zeit ist eine Zeit, die z. B. verstrichen ist, seit ein Ereignis, das der Prozess kennt, eingetreten ist.

Durch diese Konvention ist es auch möglich, dass eine CSpec keine Eingaben hat, die im FD erscheinen. Dieser Fall liegt vor, wenn die einzige Aufgabe der CSpec darin besteht, Wiederholungszyklen des Prozesses zu spezifizieren.

2.20.5 *Requirements Dictionary*

Alle Daten- und Kontrollflüsse sowie Speicher werden im ***Requirements Dictionary* (RD)** definiert.

Typ				Attribute		
Zusammengesetzt/ Elementar	**Intern/ Extern**	**Kontrolle/ Daten**	**Diskret/ Kontinuierlich**			
Elementar		Kontrolle		Nicht erlaubt – Kontrollsignale können nicht kontinuierlich sein		
	Intern	Daten	Kontinuierlich	(Wertebereich) (Auflösung)	(Zyklus)	Name (Benutzt in) (Mitglied von) (Kommentare)
				Einheiten		
	Extern				Zyklus	
				Wertebereich Auflösung		
			Diskret	Wertenamen (Anzahl d. Werte)		
	Intern				(Zyklus)	
Zusammengesetzt				Backus-Naur-Definition		

Legende: ( ) = optional

Tab. 2.20-1: Typen und mögliche Attribute der Daten- und Kontrollflüsse

Zusätzlich zur Strukturdefinition durch die modifizierte Backus-Naur-Form werden noch Attribute beschrieben. Welche Attribute möglich sind, richtet sich nach dem Typ der zu beschreibenden Daten. Tab. 2.20-1 klassifiziert die Typen und die jeweils möglichen Attribute.

Die Tabelle ist von links nach rechts zu lesen. Im linken Teil der Tabelle wird der Typ bestimmt. Der zugehörige rechte Teil gibt dann an, welche Attribute dieser Typ haben muss bzw. kann. Optionale Attribute sind in runden Klammern angegeben. Leere Felder sind irrelevant.

Elementare Typen sind nicht weiter verfeinert. Interne Flüsse existieren nur innerhalb des Systems. Durch externe Flüsse kommuniziert das System mit der Außenwelt. Es handelt sich um Flüsse des Kontext-Diagramms oder Teile davon.

Folgende Attribute sind möglich:

- Name:
  alle Namen müssen eindeutig sein; Muss-Attribut
- BNF-Definition:
  einziges Attribut von zusammengesetzten Flüssen; Muss-Attribut für zusammengesetzte Flüsse

BNF = Backus-Naur-Form (siehe Kapitel 2.12)

- Einheiten *(Units):*
  physikalische Einheiten (km, Joule, kg ...); Muss-Attribut für kontinuierliche elementare Typen
- Wertebereich *(Range):*
  Grenzen, innerhalb dessen ein kontinuierlicher, elementarer Datenfluss existiert (–20°C bis 60°C, 0–250 km/h). Normalerweise nur für externe Datenflüsse; für interne Datenflüsse Festlegung in der Regel erst im Entwurf.
- Auflösung *(Resolution):*
  z.B. 0,01 kg, 1° ... (sonst wie Wertebereich)

- Wiederholungszyklus *(Rate):*
  Zyklus, in dem ein Signal wiederholt wird (sonst wie Wertebereich)
- Wertenamen *(Value Names):*
  Liste der Namen der Werte eines elementaren diskreten Signals; Muss-Attribut
- Anzahl der Werte *(No. of Values):*
  Werteanzahl eines diskreten Elements
- Benutzt in *(Used in):*
  Auflistung in welchen FDs, PSpecs und CSpecs der Fluss auftritt; muss durch ein CASE-Werkzeug abgeleitet werden
- Mitglied von *(Member of):*
  Liste von anderen RD-Einträgen, in denen dieser Eintrag ein Mitglied in der BNF-Definition ist; muss durch ein CASE-Werkzeug abgeleitet werden.
- Kommentare *(Comments):*
  zusätzliche Informationen

Beispiele für diese verschiedenen Attribute sind in Abschnitt 2.20.7 aufgeführt.

2.20.6 Das Hierarchiekonzept

Das SA-Hierarchiekonzept ist dadurch gekennzeichnet, dass außer an den Blättern der Hierarchie (MiniSpecs) keine Verarbeitungsinformationen an den Baumknoten vermerkt werden. Bei ereignisgesteuerten Systemen kommt es jedoch häufig vor, dass Prozesse oder ganze Prozessketten in Abhängigkeit von externen Ereignissen aktiviert oder deaktiviert werden müssen. Dies ist insbesondere auf den höheren Hierarchieebenen nötig. RT ermöglicht es daher, über Kontrollspezifikationen (Entscheidungstabellen und/oder Zustandsautomaten) Prozesse eines Flussdiagramms zu aktivieren. Jedem Flussdiagramm *kann* genau eine CSpec zugeordnet werden. Der Zusammenhang zwischen CSpec und dem zugehörigen FD wird durch eine **Balken-Notation *(bar)*** im FD beschrieben.

Das Hierarchiekonzept zeigt Abb. 2.20-8. Zu dem Hierarchiekonzept lassen sich folgende Aussagen machen:

- Im Allgemeinen werden die Datenflüsse tiefer verfeinert als die Kontrollflüsse. Im kontrollintensiven System können aber auch die Kontrollflüsse tiefer verfeinert sein.
- Zu jedem Prozess, der nicht durch ein Diagramm verfeinert wird, muss eine PSpec existieren.
- Alle Daten- und Kontrollflüsse sowie Speicher sind im *Requirements Dictionary* zu spezifizieren.
- In einem Diagramm können mehrere Balken eingetragen sein. Sie repräsentieren jedoch eine einzige CSpec.
- Die Prozessaktivierung wird *nicht* im Diagramm dargestellt, sie gehört implizit zur Semantik des RT-Modells.

Abb. 2.20-8: SA/RT-Hierarchiekonzept

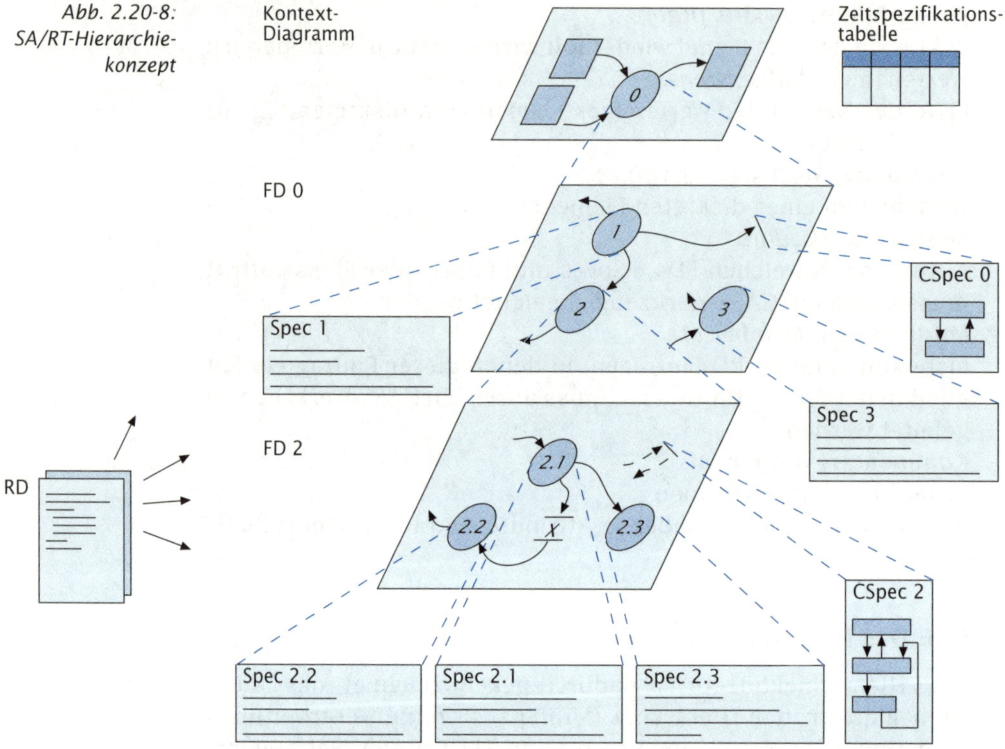

2.20.7 Beispiel: Alarmanlage

Als umfangreicheres Beispiel wird die Modellierung einer Alarmanlage für ein Einfamilienhaus gezeigt. Dieses Beispiel zeigt die Mächtigkeit, aber auch die Komplexität der RT-Konzepte.

Zunächst werden noch einige weitere RT-Konzepte betrachtet, die zur Modellierung des Beispiels benötigt werden.

physikalisch und logisch gleiche Schnittstellen

Liegen mehrere physikalische und logisch gleiche Schnittstellen zur Umwelt vor, dann können sie als eine Schnittstelle dargestellt werden. In runden Klammern wird hinter dem Schnittstellennamen die Anzahl angegeben.

Gibt es beispielsweise acht Passiv-Infrarotmelder, dann wird dies wie in der Marginalienspalte gezeigt dargestellt. Bei der Verfeinerung ist dann zu beachten, dass es acht verschiedene Infrarot-Status-Angaben gibt. Dies muss dann bei den Prozessen und CSpecs berücksichtigt werden.

Es wurde bereits erwähnt, dass bei einem Zustandswechsel alle vorher aktivierten Prozesse automatisch deaktiviert werden. Das bedeutet auch, dass alle aktiven Prozesse, die zur Prozessverfeinerung gehören, beim Zustandswechsel ebenfalls deaktiviert werden.

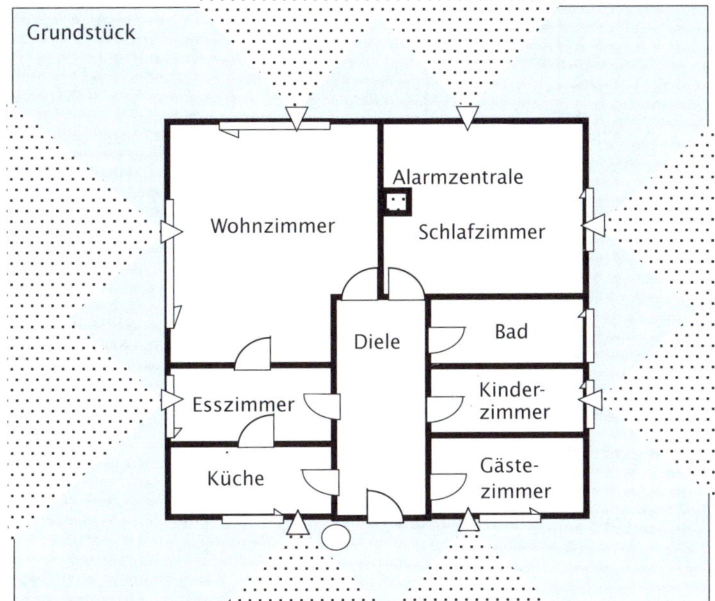

Abb. 2.20-9: Konfiguration der Alarmanlage

Für ein Einfamilienhaus ist eine Alarmanlage zu steuern. Sie besitzt folgende Konfiguration (Abb. 2.20-9): Beispiel 2

- Jedes Fenster ist durch einen Glasbruchmelder gesichert.
- Auf jeder Hausseite befinden sich zwei Passiv-Infrarot-Bewegungsmelder (^).
- Die Haustür ist durch einen Unterbrechungsschalter gesichert.
- Alle Fenster haben elektrisch steuerbare Rolläden.
- Die Haustür kann elektrisch verriegelt werden.
- Auf jeder Hausseite (in der Mitte) und an allen vier Hausecken befinden sich gemeinsam schaltbare Scheinwerfer (Alarmbeleuchtung).
- Neben der Haustür befindet sich eine Alarm-Sirene und ein Gelblicht.
- Neben der Alarm-Zentrale befindet sich ein automatischer Telefonwähler (für max. 4 Nummern), der von der Alarm-Zentrale aktiviert und deaktiviert werden kann.

Das Kontextdiagramm zeigt Abb. 2.20-10, das FD 0 wird durch Abb. 2.20-12 dargestellt.

Die CSpec 0 (Abb. 2.20-11) besteht aus drei Entscheidungstabellen und einem Moore-Zustandsautomaten.

Die erste Entscheidungstabelle gibt an, dass ein Alarmsignal eines der acht Infrarot-Melder dazu führt, dass der Bewegungsmelder-Status auf Alarm gesetzt wird.

Analog beschreibt die zweite Entscheidungstabelle diese Logik für die acht Glasbruch-Melder und den Haustür-Melder.

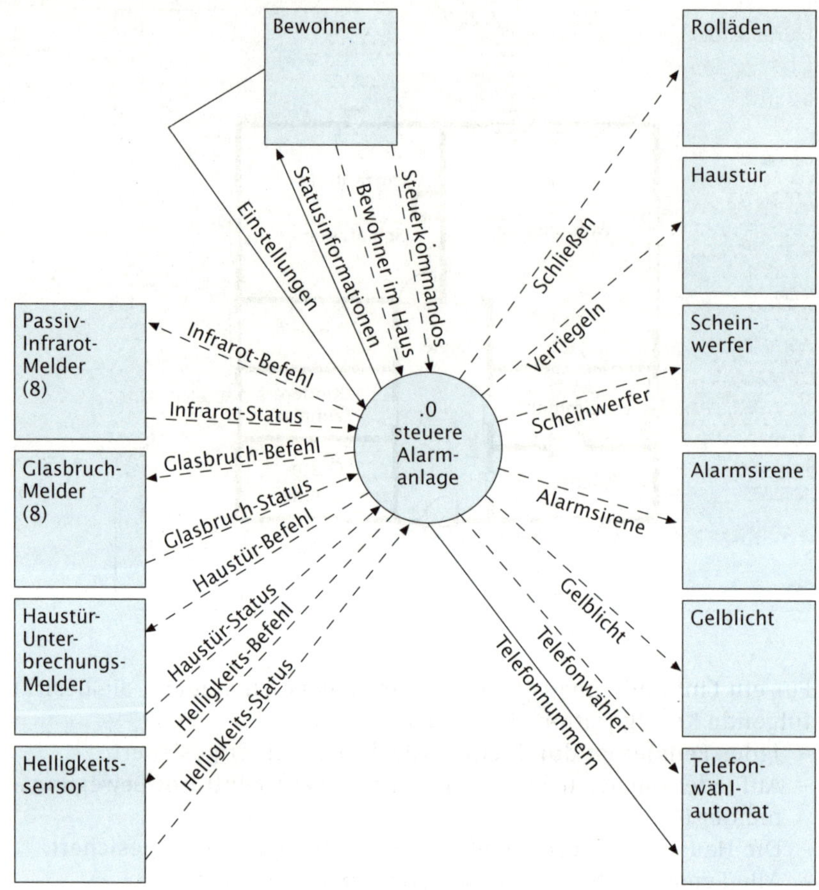

Abb. 2.20-10: Kontextdiagramm der Alarmanlage

Die dritte Entscheidungstabelle modelliert die Aktion des Moore-Automaten. Wird ein Zustand eingenommen, dann wird ein entsprechender Prozess gestartet.

Abb. 2.20-13 zeigt das Flussdiagramm 1, die CSpec 1 und die PSpec der Alarmanlage. Es sind acht duplizierte Prozesse vorhanden, von denen nur einer expandiert wurde.

Die Verfeinerung des Prozesses 2 zeigt Abb. 2.20-14, die Verfeinerung des Prozesses 3 die Abb. 2.20-15.

Das *Requirements Dictionary* enthält folgende Einträge:

Requirements Dictionary »Alarmanlage«

```
Alarmsirene =        [Ein|Aus]
Gelblicht =          [Ein|Aus]
Bewohner_im_Haus =   [Ja|Nein|im_Urlaub]
Einstellungen =      stiller Alarm + Bewohner im Haus +
                     Helligkeits_Status + Telefonnummern
```

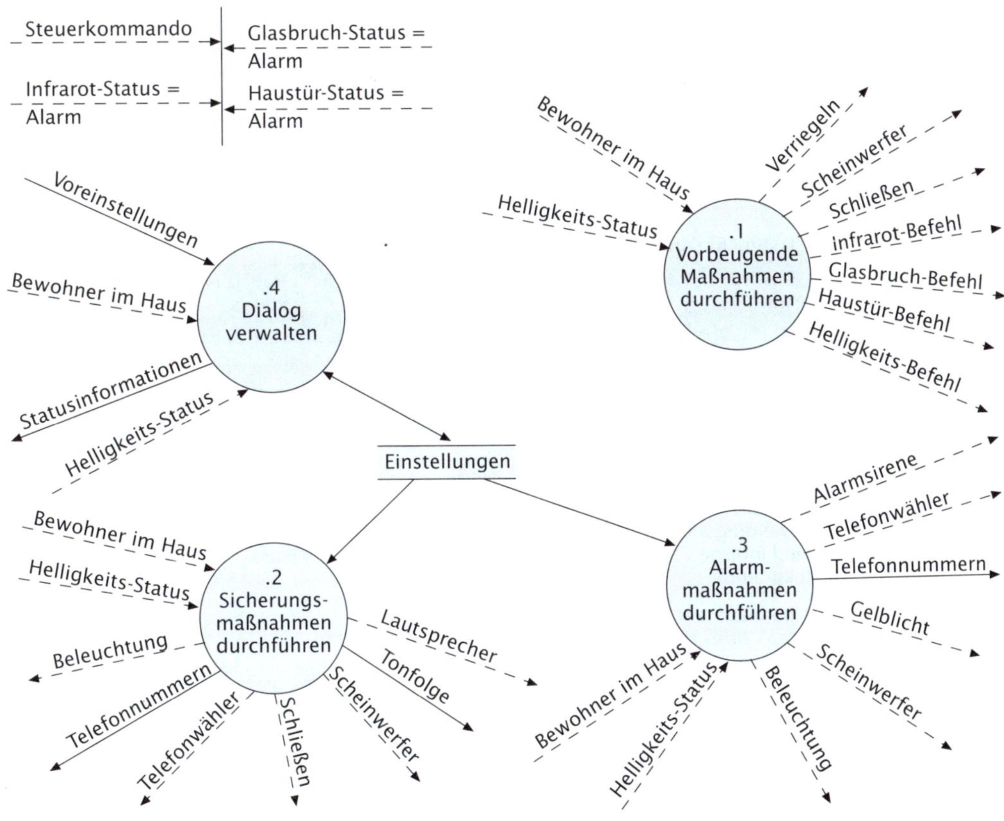


```
Glasbruch-Befehl =    Glasbruch-Befehl_1 + Glasbruch-Befehl_2 +
                      Glasbruch-Befehl_3 + Glasbruch-Befehl_4 +
                      Glasbruch-Befehl_5 + Glasbruch-Befehl_6 +
                      Glasbruch-Befehl_7 + Glasbruch-Befehl_8
Glasbruch-Befehl_n =  [Aktivieren|Deaktivieren], n = 1..8
Glasbruch-Status =    Glasbruch-Status_1 + Glasbruch-Status_2 +
                      Glasbruch-Status_3 + Glasbruch-Status_4 +
                      Glasbruch-Status_5 + Glasbruch-Status_6 +
                      Glasbruch-Status_7 + Glasbruch-Status_8
Glasbruch-Status_n =  [Alarm|kein Alarm], n = 1..8
                      Wiederholungszyklus: 500 msec
Haustür-Befehl =      [Aktivieren|Deaktivieren]
Haustür-Status =      [Alarm|kein Alarm]
                      Wiederholungszyklus: 500 msec
Helligkeits-Befehl =  [Aktivieren|Deaktivieren]
Helligkeits-Status =  [Ja|Nein]
Infrarot-Befehl =     Infrarot-Befehl_1 + Infrarot-Befehl_2 +
                      Infrarot-Befehl_3 + Infrarot-Befehl_4 +
                      Infrarot-Befehl_5 + Infrarot-Befehl_6 +
                      Infrarot-Befehl_7 + Infrarot-Befehl_8
Infrarot-Befehl_n =   [Aktivieren|Deaktivieren], n = 1..8
```

Abb. 2.20-12: FD 0 der Alarmanlage

Abb. 2.20-11: Cspec 0

Passiv-Infrarotmelder

Infrarot-Status 1	Infrarot-Status 2	...	Infrarot-Status 8	Bewegungsmelder-Status
Alarm	-	-	-	Alarm
-	Alarm	-	-	Alarm
-	-	Alarm	-	Alarm
-	-	-	Alarm	Alarm
kein Alarm	kein Alarm	kein Alarm	kein Alarm	kein Alarm

Glasbruchmelder und Haustür-Unterbrechungsmelder

Glasbruch-Status 1	Glasbruch-Status 2	...	Glasbruch-Status 8	Haustür-Status	Unterbrech-ungsmelder-Status
Alarm	-	-	-	-	Alarm
-	Alarm	-	-	-	Alarm
-	-	Alarm	-	-	Alarm
-	-	-	Alarm	-	Alarm
-	-	-	-	Alarm	Alarm
kein Alarm	kein Alarm	kein Alarm	kein Alarm	kein Alarm	kein Alarm

Hinweis:
Bewegungsmelder-Status und Unterbrechungsmelder-Status sind interne CSpec-Signale. Sie erscheinen auf keinem Flussdiagramm.

Moore-Zustandsautomat:

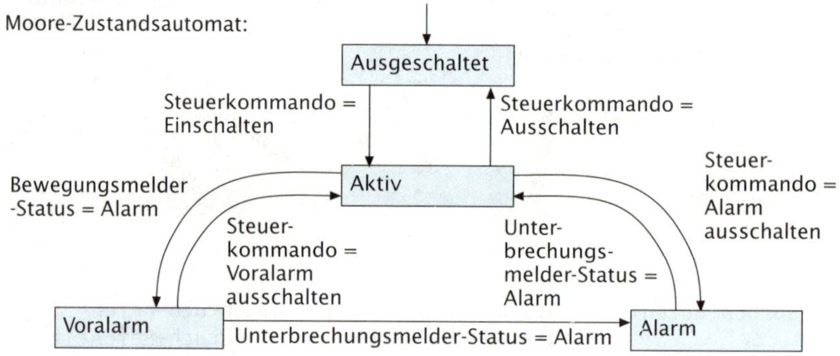

Prozessaktivierung:

Eingabe	Prozess		
Zustand	1 Vorbeugende Maßnahmen durchführen	2 Sicherungs-Maßnahmen durchführen	3 Alarm-Maßnahmen durchführen
Ausgeschaltet	0	0	0
Aktiv	1	0	0
Voralarm	0	1	0
Alarm	0	0	1

```
Infrarot-Status =     Infrarot-Status_1 + Infrarot-Status_2 +
                      Infrarot-Status_3 + Infrarot-Status_4 +
                      Infrarot-Status_5 + Infrarot-Status_6 +
                      Infrarot-Status_7 + Infrarot-Status_8
Infrarot-Status_n =   [Alarm | kein Alarm], n = 1..8
                      Wiederholungszyklus: 500 msec
```

```
Lautsprecher =         [Ein|Aus]
Scheinwerfer =         [Ein|Aus]
Schließen =            [Ja|Nein]
Statusinformation =    Glasbruch-Status + Haustür-Status +
                       Infrarot-Status
Steuerkommando =       [Einschalten|Ausschalten|
                       Voralarm ausschalten|Alarm ausschalten]
stiller_Alarm =        [Ja|Nein]
Telefonnummer =        4{Ziffer}12
Telefonnummern =       1{Telefonnummer}4
Telefonwähler =        [Ein|Aus]
Unterbrechungsmelder_Status =
                       [Glasbruch-Status|Haustür-Status]
Verriegeln =           [Ja|Nein]
```

FD1 »Vorbeugende Maßnahmen durchführen«

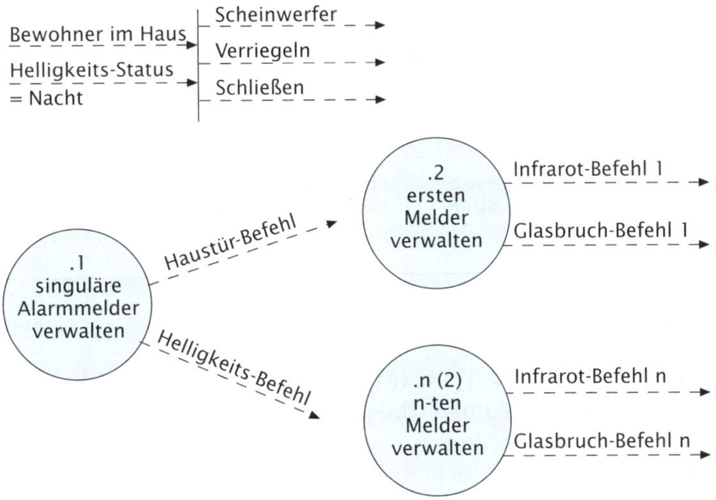

Abb. 2.20-13: Verfeinerung des Prozesses 1 der Alarmanlage

CSpec 1 »Alarmanlage«

Eingabe		Ausgabe			Prozess
Bewohner im Haus	Helligkeits-Status = Nacht	Verriegeln	Schließen	Schein-werfer	Prozesse 1,2,n (2)
J	J	N	N	Aus	1
J	N	N	N	Aus	1
N	J	J	J	Aus	1
N	N	J	N	Aus	1

```
PSpec 1.1 Singuläre Alarmmelder verwalten
   Haustür-Befehl := Aktivieren
   Helligkeits-Befehl := Aktivieren
PSpec 1.2 Ersten Melder verwalten
   Infrarot-Befehl1 := Aktivieren
   Glasbruch-Befehl1 := Aktivieren
PSpec 1.n (2) n-ten Melder verwalten
   Infrarot-Befehl n := Aktivieren
   Glasbruch-Befehl n := Aktivieren
```

Abb. 2.20-14: Verfeinerung des Prozesses 2 der Alarmanlage

FD2 »Sicherungsmaßnahmen durchführen«

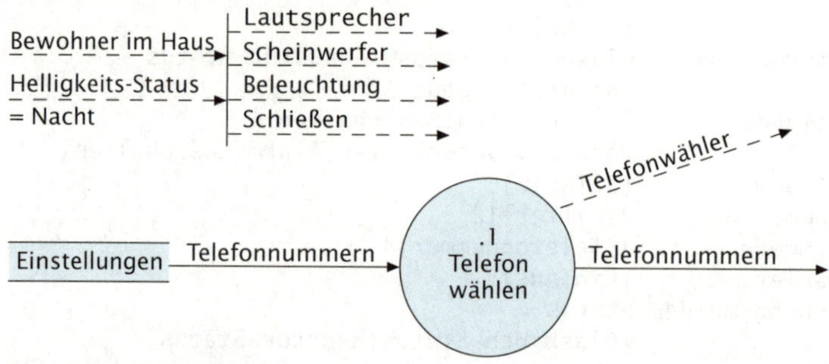

CSpec 2 »Alarmanlage«

Bewohner im Haus	Helligkeits-Status = Nacht	Schließen	Schein-werfer	Telefon wählen
J	J	N	Ein	0
J	N	N	Aus	0
N	J	J	Aus	0
N	N	J	Aus	0
im Urlaub	-	J	Aus	1

```
PSpec 2.1 Telefon wählen
   Telefonwähler := Ein;
   for i := 1..4
      loop  get Telefonnummer (i) from Einstellung
            put Telefonnummer (i) to Telefonautomat
      end loop
   Telefonwähler := Aus;
```

2.20.8 Methodik

Hatley und Pirbhai stellen in ihrem Buch /Hatley, Pirbhai 87, S. 121 ff./ eine Methode zum Erstellen eines RT-Modells vor.

Bei dieser Methode werden zunächst die Schnittstellen zur Umwelt identifiziert und dann die hauptsächlichen Informationsgruppen ermittelt, die zwischen dem System und den Schnittstellen fließen. Anschließend wird ein *»top level«*-Diagramm konstruiert, das die hauptsächlichen funktionalen Gruppen als Prozesse, die Schnittstellen und die Hauptinformationsgruppen als Datenflüsse dazwischen enthält. Aus diesem Diagramm wird dann das Kontextdiagramm und das Diagramm 0 entwickelt.

Nach meinen Erfahrungen wird ein solches *»top level«*-Diagramm in der Regel nicht erstellt, sondern meist zunächst ein Kontextdiagramm und dann als Verfeinerung daraus das Diagramm 0 entwickelt. Im Folgenden stelle ich daher eine aufgrund meiner Erfahrungen modifizierte Methode vor:

Kontextdiagramm

Lesehinweis: Methodik SA Abschnitt 2.19.6

1 Festlegung der Schnittstellen zur Umwelt des Systems.
Physikalisch und logisch gleiche Schnittstellen als eine Schnittstelle darstellen (Anzahl in Klammern dahinter angeben).

FD3 »Alarmmaßnahmen durchführen«

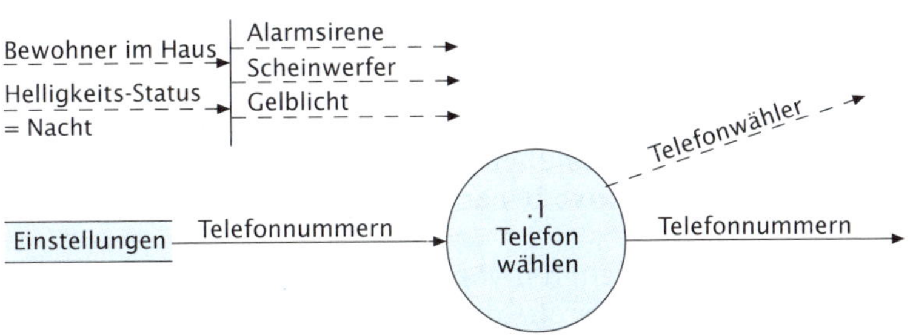

Abb. 2.20-15: Verfeinerung des Prozesses 3 der Alarmanlage

CSpec 3 »Alarmanlage«

Stiller Alarm	Bewohner im Haus	Helligkeits-status = Nacht	Alarm-sirene	Gelb-licht	Schein-werfer	Telefon wählen
J	J	J	Aus	Aus		1
J	J	N	Aus	Aus		1
J	N	J	Aus	Aus		1
J	N	N	Aus	Aus		1
N	J	J	Ein	Ein	X	1
N	J	N	Ein	Ein		1
N	N	J	Ein	Ein		1
N	N	N	Ein	Ein		1

```
PSpec 3.1 Telefon wählen
   Telefonwähler := Ein;
   for i := 1..4
      loop  get Telefonnummer (i) from Einstellung
            put Telefonnummer (i) to Telefonautomat
      end loop
   Telefonwähler := Aus;
```

2 Identifizierung aller Eingabe- und Ausgabeinformationsgruppen, die von den Schnittstellen zum Prozess 0 und umgekehrt fließen. Vorläufige Flussnamen wählen.

3 Erster Versuch, Datenflüsse und Kontrollflüsse zu unterscheiden. Die Unterscheidung sollte nach folgenden Regeln erfolgen:

a Wenn ein Signal bzw. ein Informationsfluss eine kontinuierliche, physikalische Größe repräsentiert (z.B. Geschwindigkeit, Temperatur), dann ist es als Datenfluss zu kategorisieren.

b Wenn ein Signal bzw. ein Informationsfluss aus mehreren Werten besteht, (z.B. Modelltyp, Familienstand), dann hängt die Kategorisierung von der Verwendung ab. Wenn das Signal benutzt wird, um einen Prozess zu steuern oder zu aktivieren, dann ist es ein Kontrollfluss. Wird es zusammen mit einem Datenfluss in einer Berechnung oder einem Algorithmus verwendet, dann ist es ein Datenfluss. Es kann in verschiedenen Teilen des Systems einmal Datenfluss und einmal Kontrollfluss sein. Da die Verwendung von Informationsflüssen erst ab der Diagrammebene 0 entschieden werden kann, muss die Festlegung in einem solchen Fall auf später verschoben werden.

c Binäre Signale bzw. Informationsflüsse (z.B. Druckknopf gedrückt/nicht gedrückt) sind normalerweise Kontrollflüsse. Es gelten jedoch dieselben Regeln wie für Signale, die aus mehreren Werten bestehen (siehe **b**).

Es empfiehlt sich, bereits einen provisorischen *Requirements Dictionary*-Eintrag zu formulieren. Wie bei SA werden Flüsse durch Substantive und Adjektive benannt. Sie dürfen keine Verben enthalten!

Die Reihenfolge des weiteren Vorgehens hängt stark von der Problemstellung und den bereits definierten Anforderungen ab.

Als Nächstes kann entweder zuerst die Kontrollspezifikation CSpec 0 oder das Flussdiagramm FD 0 entwickelt werden.

In den hier behandelten Beispielen »stelle Digitaluhr« und »steuere Alarmanlage« wurde zuerst der Zustandsautomat entwickelt. In beiden Fällen spiegelt sich darin die fachliche Lösung wider. Hat man den Zustandsautomaten entwickelt, dann lassen sich daraus leicht die notwendigen Prozesse des Flussdiagramms ableiten.

Die folgenden Schritte können in ihrer Reihenfolge daher vertauscht werden, oder sie können parallel bearbeitet werden.

FD 0 **4** Zusammenfassung der funktionalen Anforderungen zu Hauptfunktionsgruppen und Modellierung als Prozesse. Prüfen, ob Eingabesignale (Kontrollflüsse) des Kontextdiagramms zu einer Aktivierung oder Deaktivierung dieser Prozesse führen bzw. das System in einen anderen Zustand versetzen. Wenn möglich, die Prozesse kategorisieren in »dauernd aktiv«, »aktiv bis zum nächsten Zustandswechsel« oder »selbst terminierend *(issue)*«.

Prüfen, ob die entsprechenden Eingabesignale als Kontrollflüsse gezeichnet sind.

CSpec 0 **5** Entwickeln einer Kontrollflussspezifikation. Prüfen, ob ein Zustandsautomat benötigt wird, um die Prozesse zu aktivieren und zu deaktivieren. Wenn ja, prüfen, ob ein Mealy- oder Moore-Automat besser geeignet ist.

Prüfen, ob die Ereignisse, die die Zustandsübergänge bewirken, direkt auf Eingabesignale abgebildet werden können oder ob Eingabesignale durch eine Entscheidungstabelle erst zu entsprechenden Ereignissen verdichtet werden müssen.

Prüfen, ob die Aktionen, die bei einem Zustandsübergang (Mealy-Automat) oder in einem Zustand (Moore-Automat) durchgeführt werden müssen, direkt durch eine Prozessaktivierung erfolgen können oder ob eine Entscheidungstabelle benötigt wird, um die Aktionen auf Prozessaktivierungen oder Ausgabekontrollflüsse abzubilden.

Wenn kein Zustandsautomat benötigt wird, dann nur eine Entscheidungstabelle erstellen.

Die Ein- und Ausgabekontrollflüsse der CSpec in der Balken-Notation im Diagramm FD 0 eintragen.

6 Das Kontextdiagramm sowie FD 0 und CSpec 0 aufgrund folgender Fragen überprüfen:
- Ist der Problembereich richtig modelliert? Sollte eine der Schnittstellen Teil des Systems sein, oder sollte einer der Prozesse eine Schnittstelle sein?
- Spiegeln die Prozesse die Sicht wider, die der Benutzer von den Anforderungen hat? Würde eine andere Gliederung die Anforderungen klarer widerspiegeln?
- Gehen die Flüsse zu den richtigen Plätzen bzw. kommen sie von den richtigen Plätzen? Können die Prozesse die gewünschten Ausgaben mit den gegebenen Eingaben erzeugen? Wird das Diagramm übersichtlicher, wenn die Flüsse anders gruppiert werden?

Durchführung der Änderungen, die sich aus den Antworten auf die Fragen ergeben.

7 Jeden Prozess des aktuellen Diagramms entweder in ein Kind-Diagramm zerlegen oder als PSpec beschreiben. Verfeinerung der Flüsse und Zuordnung zu den Prozessen. Definition in *Requirements Dictionary* eintragen.

8 Prüfen, ob zu den neuen Diagrammen eine CSpec erforderlich ist. Wenn ja, dann erstellen und Zusammenhang durch Balken-Notation herstellen.

9 Nach der Erstellung von zwei oder drei Ebenen ein *Review* vornehmen und notwendige Änderungen durchführen.

10 Wenn die Funktion eines Prozesses durch einige Textzeilen oder Gleichungen oder ein einfaches Diagramm ausgedrückt werden kann, dann eine PSpec schreiben und den Prozess nicht weiter verfeinern.

11 Externe Zeitanforderungen in einer Zeitspezifikationstabelle sowie Wiederholungszyklen im *Requirements Dictionary* festlegen.

2.20.9 Qualitätssicherung

Analog wie bei einem SA-Modell kann ein RT-Modell vielfältigen Überprüfungen unterzogen werden. Im Folgenden werden die Überprüfungen aufgeführt, die RT-spezifisch sind und zu den SA-Überprüfungen hinzukommen bzw. modifiziert sind.

Folgende semantische Überprüfungen sind möglich: Semantik

- Werden Eingabedatenflüsse von Prozessen in den PSpecs verarbeitet bzw. gehen die Daten in algebraische Berechnungen ein? Ist dies nicht der Fall, dann handelt es sich vielleicht um Kontrollflüsse.
- Werden Eingabekontrollflüsse in CSpecs dazu verwendet, um Entscheidungen zu treffen, den Betriebszustand des Systems festzulegen oder zu bestimmen, welche Datenprozesse aktiv sind?
  Ist dies nicht der Fall, dann handelt es sich vielleicht um Datenflüsse.

Syntax

Folgende Syntaxüberprüfungen sind möglich:

- Ist die FD-Hierarchie ausbalanciert?
- Ist jede CSpec mit dem zugeordneten FD ausbalanciert? (Kontrollflüsse, die in einen Balken fließen, müssen als Eingaben der CSpec erscheinen, und Kontrollflüsse, die aus einem Balken herausfließen, müssen in der CSpec erzeugt werden.)
- Aktiviert oder deaktiviert eine CSpec nur Prozesse des zugeordneten FDs? (Prozesse eines FD können nur von der zugeordneten CSpec gesteuert werden. Ein Kontrollsignal darf weder direkt noch indirekt eine PSpec oder CSpec steuern, die das Kontrollsignal erzeugt hat. Dies gilt auch für jeden Vorgängerprozess dieser PSpec oder CSpec.)
- Gehen Kontrollsignale, die von Datensignalen abgeleitet sind *(data conditions)*, nur von elementaren Prozessen aus? (Kontrollsignale können von Datensignalen nur in PSpecs erzeugt werden.)
- Ist jeder Datenfluss, Kontrollfluss und Speicher im *Requirements Dictionary* definiert und sind bei elementaren Flüssen die Muss-Attribute spezifiziert?
- Besitzen elementare Prozesse Kontrollflüsse als Eingaben? (Kontrollflüsse sind als Eingaben nicht erlaubt).
- Besitzen Balken nur Kontrollflüsse als Ein- und als Ausgaben? (Datenflüsse sind nicht erlaubt).
- Existiert zu Balken in einem Flussdiagramm eine zugehörige CSpec?

2.20.10 Wertung

SA/RT besitzt folgende Vorteile:

- ⊞ Gut geeignet zur Modellierung ereignisgesteuerter Systeme.
- ⊞ Auch komplexe Steuerungszusammenhänge können beschrieben werden.
- ⊞ Es gibt zur Zeit keine vergleichbare bessere Methode zur Modellierung dieser Anwendungsklasse.
- ⊞ Gute Werkzeugunterstützung verfügbar.

Nachteilig sind folgende Punkte:

- ⊟ Schwieriger als SA zu erlernen und zu verstehen.
- ⊟ Wird leicht unübersichtlich, da eine CSpec aus mehreren Seiten bestehen kann.
- ⊟ Das Lokalitätsprinzip wird verletzt, da zum Verstehen eines Diagramms immer noch die zugehörige CSpec mitbetrachtet werden muss.

Prinzip der Lokalität

Hauptkapitel IV 1

- ⊟ Es entsteht ein Strukturbruch, wenn ein RT-Modell in einen datenabstraktionsorientierten Entwurf transformiert werden soll.

Entwurfsphase Abschnitt 3.1.5

- ⊟ Die Dynamik ist schwer nachzuvollziehen, da die Prozessdynamik implizit in der Semantik von RT verborgen ist.

2.20.11 Einsatz von CASE-Werkzeugen

Die Methode SA/RT wird von einer Reihe von CASE-Werkzeugen unterstützt. Als Beispiel für ein solches Werkzeug wird hier das Werkzeug Innovator der Firma MID verwendet, das neben RT auch SA (siehe Kapitel 2.19) sowie die UML unterstützt.

Abb. 2.20-16 zeigt den RT-Editor mit dem Kontextdiagramm »Digitaluhr« aus Abb. 2.10-1.

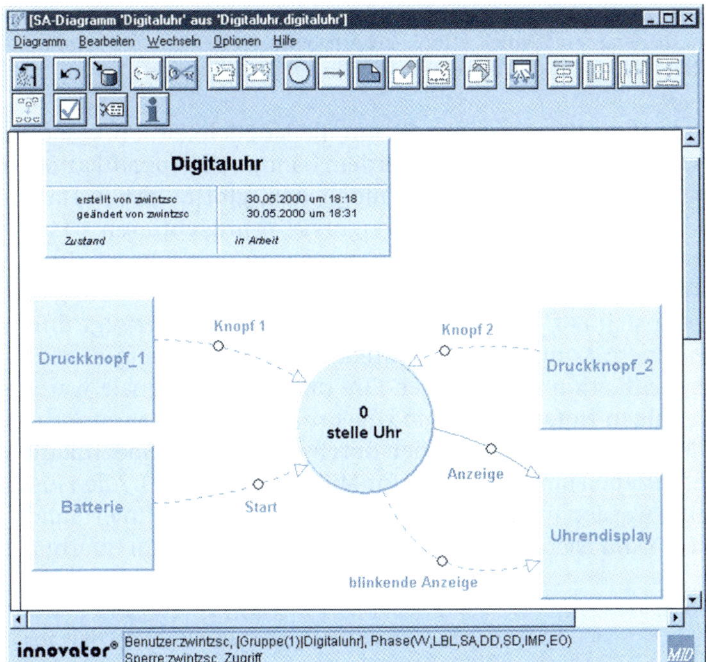

Abb. 2.20-16: Editor für RT-Diagramme

Balken-Notation Schnittstelle zwischen →Flussdiagramm und zugeordneter →Kontrollflussspezifikation. Auf dem Flussdiagramm werden ein oder mehrere Balken eingetragen. Zu den Balken hinführende Pfeile zeigen die Eingabekontrollflüsse, die in der Kontrollflussspezifikation als Eingaben verwendet werden. Von den Balken wegführende Pfeile zeigen die Ausgabekontrollflüsse, die in der Kontrollflussspezifikation erzeugt werden.

bar →Balken-Notation

CSpec →Kontrollflussspezifikation

Flussdiagramm (FD) Erweiterung des Datenflussdiagramms von SA um →Kontrollflüsse. Jedem Flussdiagramm – mit Ausnahme des Kontextdiagramms – kann eine →Kontrollflussspezifikation zugeordnet werden. Der Zusammenhang zwischen Flussdiagramm und Kontrollflussspezifikation wird durch eine →Balken-Notation hergestellt.

Kontrollfluss Repräsentiert im Gegensatz zum Datenfluss ein Ereignis. Dient zur Steuerung von Prozessen, wird nicht verarbeitet. Elementare Kontrollflüsse sind immer diskret.

Kontrollflussspezifikation (CSpec) Legt durch Zustandsautomaten und/oder Entscheidungstabellen die Aktivierung von Prozessen im zugeordneten →Flussdiagramm fest. Zu jedem Flussdiagramm kann es genau eine Kontrollsprezifikation geben.

Prozess-Spezifikation (PSpec) Beschreibt, was ein elementarer Prozess zu tun hat. Entspricht einer Mini-Spezifikation in SA.

PSpec →Prozess-Spezifikation

RD →*Requirements Dictionary*

Real-Time Analysis (RT) Erweiterung der Methode SA *(Structured Analysis)* um →Kontrollflüsse, Kontrollflussspezifikationen und →Zeitspezifikationen, um bei ereignisgesteuerten Systemen das Aktivieren und Deaktivieren von Prozessen sowie die Erzeugung von Kontrollflüssen zu beschreiben.

Requirements Dictionary (RD) Enthält wie das *Data Dictionary* in SA die Definition aller Datenflüsse, →Kontrollflüsse und Speicher. Elementare Elemente müssen durch Muss-Attribute und können durch Kann-Attribute beschrieben werden.

RT →*Real Time Analysis*

Zeitspezifikationen In →*Real Time Analysis* können absolute Zeitanforderungen zwischen externen Eingabe- und Ausgabeereignissen durch eine Zeitspezifikationstabelle festgelegt werden. Außerdem können Wiederholungszyklen als Attribute von elementaren →Kontrollflüssen angegeben werden.

Real-Time Analysis (RT) erweitert SA um die Möglichkeit, Prozesse zu aktivieren und zu deaktivieren. Außerdem können Zeitspezifikationen beschrieben werden. Um dies zu ermöglichen, gibt es neben Datenflüssen auch Kontrollflüsse, die Ereignisse repräsentieren. Datenflussdiagramme werden zu Flussdiagrammen verallgemeinert, die zusätzlich Kontrollflüsse enthalten können. Die Prozesssteuerung der Prozesse, die sich auf einem Flussdiagramm befinden, erfolgt durch eine zugeordnete Kontrollflussspezifikation (CSpec). Die in der Kontrollflussspezifikation verwendeten Ein- und Ausgabesignale werden durch eine Balken-Notation *(bar)* im zugeordneten Flussdiagramm aufgeführt. Elementare Prozesse werden durch eine Prozess-Spezifikation (PSpec) beschrieben (anderer Name für Mini-Spezifikation). Alle Flüsse und Speicher werden im *Requirements Dictionary* (RD) definiert (anderer Name für *Data Dictionary*). Abb. 2.20-17 zeigt SA/RT im Überblick.

/Hatley, Pirbhai 87/
Hatley D. J., Pirbhai I. A., *Strategies for real-time system specification*, New York: Dorset House Publishing, 1987, 412 Seiten.
Beschreibung des von den Autoren entwickelten RT-Modells. Enthält mehrere weitgehend vollständige Beispiele. Zusätzlich wird noch ein Architektur-Modell vorgestellt. Die Semantik des RT-Modells ist über mehrere Buchabschnitte verteilt, so dass ein vollständiger Überblick schwerfällt.

/Ward, Mellor 85a/
Ward P. T., Mellor S. J., *Structured Development for Real-Time Systems, Volume 1: Introduction and Tools*, Yourdon Press, 1985, 156 Seiten.

/Ward, Mellor 85b/
Ward P. T., Mellor S. J., *Structured Development for Real-Time Systems, Volume 2: Essential Modelling Techniques*, Englewood Cliffs: Yourdon Press, 1985, 163 Seiten.

/Ward, Mellor 86/
Ward P. T., Mellor S. J., *Structured Development for Real-Time Systems, Volume 3: Implementation Modelling Techniques*, Engelwood Cliffs: Yourdon Press, 1986, 184 Seiten.
Alle drei Bücher beschreiben das von den Autoren entwickelte RT-Modell.

Zitierte Literatur

/Rumbaugh 00/
Rumbaugh J., *Future Trends in UML and e-Development*, in: CD-ROM zur Rational Anwenderkonferenz RAK 2000, 16.-18. 5. 2000, München, 2000.

5 Konzepte: hierarchisch angeordnete Flussdiagramme (FDs), *Requirements Dictionary*-Einträge (RDs), Prozess-Spezifikationen (PSpecs), Kontrollflussspezifikationen (CSpecs) und Zeitspezifikationen.

Kontextdiagramm = oberstes FD, beschreibt die Umwelt des Systems.
Beispiel:

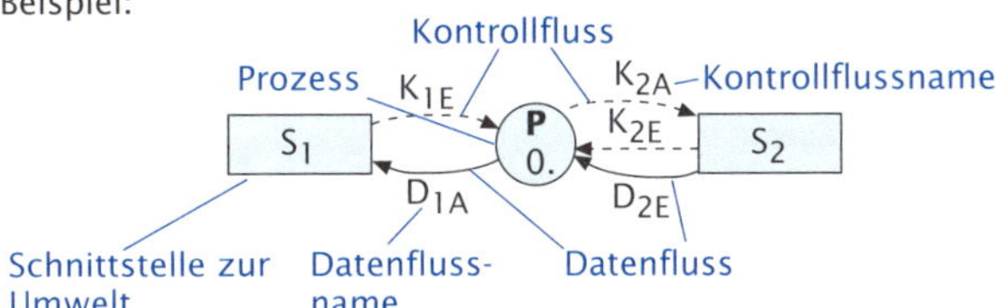

Regeln: Genau 1 Prozess (repräsentiert Gesamtsystem), mindestens 1 Schnittstelle, kein Speicher.
Unterschied zu SA: zusätzlich Kontrollflüsse möglich.
Kontrollflüsse: Steuern die Verarbeitung, diskrete Signale.
Datenflüsse: Werden in Prozessen verarbeitet, meistens kontinuierliche Signale.

FD0 = Verfeinerung des Kontextdiagramms

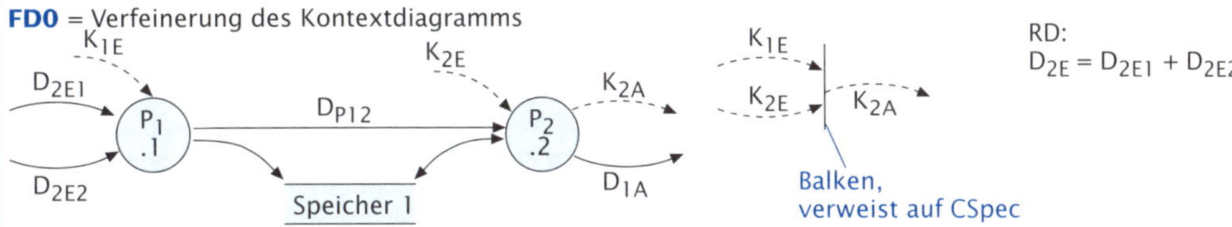

RD:
$D_{2E} = D_{2E1} + D_{2E2}$

CSpec0 = Beschreibt die Aktivierung von Prozessen in FD0
CSpec kann sein: (Entscheidungstabelle(n)) + (Zustandsautomat) + (Entscheidungstabelle(n))

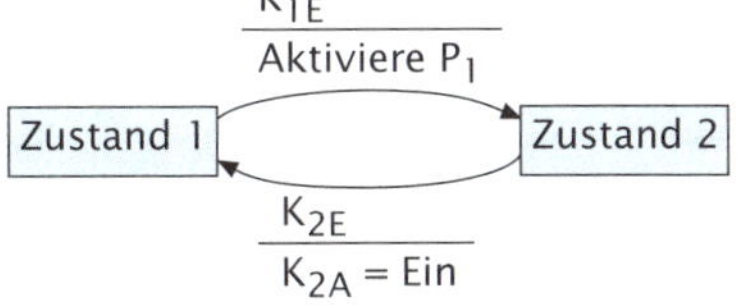

Drei Möglichkeiten zur Prozesssteuerung:

- Prozess läuft *permanent:* in keiner CSpec enthalten.
- Prozess wird *aktiviert* und *beendet sich selbst:* Aktivierung durch Zustandsübergang oder durch Eintreten einer Bedingung in einer Entscheidungstabelle. In PSpec ist Prozess durch Schlüsselwort *Issue* gekennzeichnet.
- Prozess wird *aktiviert* und beim nächsten Zustandsübergang *automatisch deaktiviert:* Aktivierung durch Zustandsübergang oder durch Eintreten einer Bedingung in einer Entscheidungstabelle.

FD1, FD2, ..., CSpec1, CSpec2, ...

- Jeder Prozess kann – analog zu SA – weiter zu einem neuen Diagramm verfeinert werden.
- Zu jedem Flussdiagramm *kann* genau eine CSpec gehören.
- Zu jedem Prozess, der nicht weiter verfeinert wird, muss eine PSpec gehören.

RD-Einträge und Datenintegrität *(balancing)*

- Jeder Datenfluss, Kontrollfluss und Speicher wird im RD definiert (analog zu SA).

Zeitspezifikationen

- Wiederholungszyklen werden im RD beschrieben.
- Eingabe-Ausgabe-Antwortzeiten werden in einer Zeitspezifikationstabelle festgelegt.

Legende: ( ) optional

Abb. 2.20-17: SA/RT im Überblick

Analytische Aufgaben
Muss-Aufgabe
15 Minuten

1 *Lernziel: Ein RT-Modell auf Syntax und Semantik hin überprüfen können.*
Untersuchen Sie das RT-Modell in Abb. 2.20-18 auf syntaktische Fehler.

Abb. 2.20-18: SA/RT-Modell mit syntaktischen Fehlern

Kontext-Diagramm

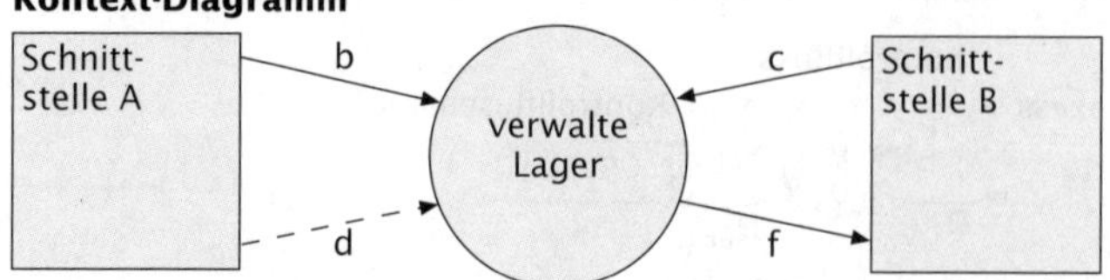

FD0: überwache Lager

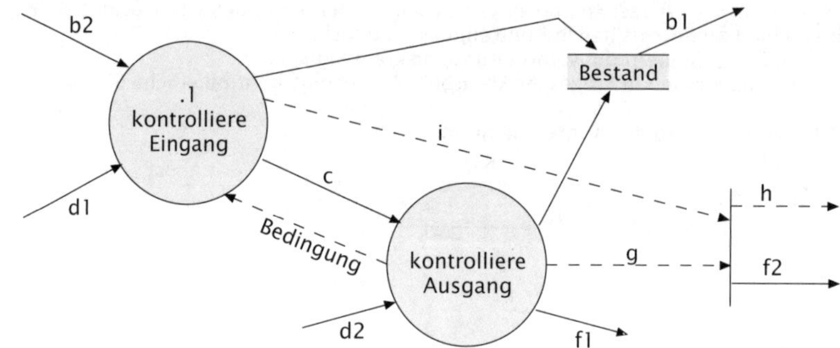

CSpec3

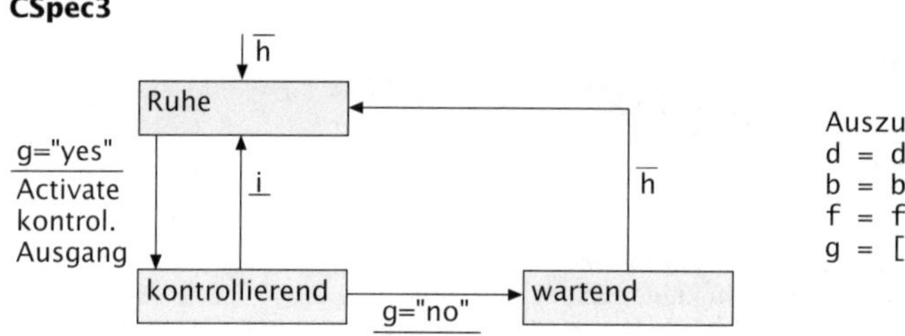

Auszug aus dem RD:
```
d = d1 + d2
b = b1 + b2
f = f1 + f2
g = ["yes" | "no"]
```

```
PSpec 1.1 Kontrolliere Eingang
if Bedingung = "okay"
   c := b2 + d1;
else
   c := b2 - d1;
end if;
```

Kann-Aufgabe
30 Minuten

2 *Lernziele: Die dynamischen Abläufe, die durch ein RT-Modell dargestellt werden, erklären können. Die Regeln und methodischen Schritte, die bei der Erstellung eines SA/RT-Modells einzuhalten sind, kennen und bei der Modellierung anwenden können.*
In Abschnitt 2.20.3 »Kontrollspezifikationen« werden drei Möglichkeiten beschrieben, in RT einen Prozess zu steuern. Untersuchen Sie die restlichen Prozesse des Beispiels 1b »Digitaluhr« im Hinblick auf ihr Steuerung. Ordnen Sie die Prozesse den drei beschriebenen Kategorien zu.

3 *Lernziel: Ein RT-Modell auf Syntax und Semantik hin überprüfen können.* Untersuchen Sie das RT-Modell in Abb. 2.20-19 auf syntaktische und semantische Fehler.

Klausur-Aufgabe
30 Minuten

Kontextdiagramm

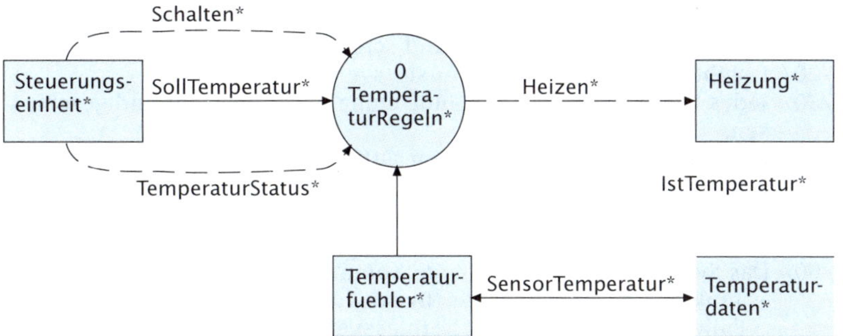

Abb. 2.20-19: Fehlerhaftes RT-Modell

FDO: regele Temperatur

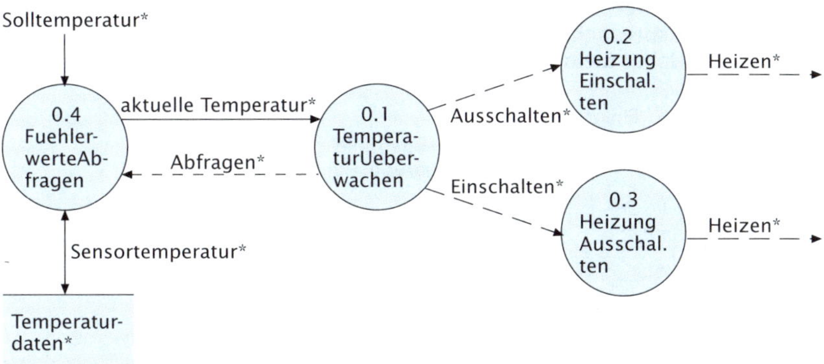

CSpec3

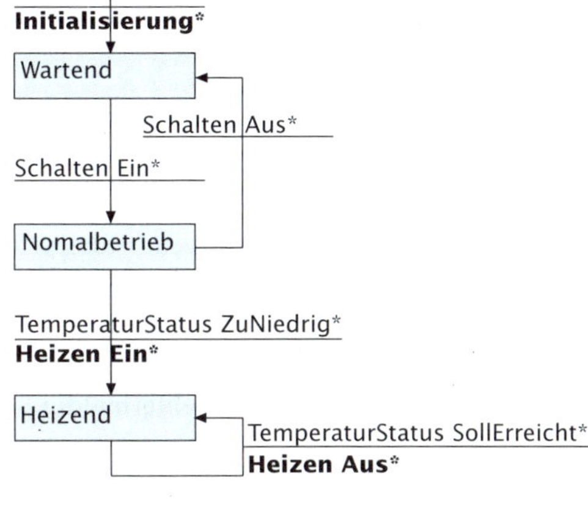

RD:

Temperaturdaten	= Temperatur
Solltemperatur	= Temperatur
IstTemperatur	= Temperatur
SensorTemperatur	= Temperatur
aktuelle Temperatur	= Temperatur
Temperatur	= 0..60

PSpec 1: TemperaturUeberwachen
Frage Fuehlerwerte ab
PSpec 2: HeizungEinschalten
Schalte die Heizung ein
PSpec 3: Heizung Ausschalten
Issue Schalte die Heizung aus
PSpec 4: FuehlerwerteAbfragen
Issue Temperatur = aktuelle Temperaturdaten

Konstruktive Aufgaben
Muss-Aufgabe
60 Minuten

4 *Lernziel: Für eine geeignete Problemstellung ein vollständiges SA/RT-Modell erstellen können.*

Modellieren Sie die Tankanlagensteuerung in Abb. 2.20-20 mit der RT-Methode:

/10/ Ein einfaches Software-System steuert das Füllen und Leeren eines Tanks, indem es den Flüssigkeitsstand im Tank überwacht und die Ventile entsprechend öffnet und schließt.

/20/ Es gibt ein Einlass- und ein Auslassventil.

/30/ Jedes Ventil kann zwei Zustände einnehmen: geöffnet und geschlossen.

/40/ Das Einlassventil besitzt beim Öffnen eine Zeitverzögerung von 2 sec.

/50/ Der Bediener kann das gewünschte Flüssigkeitsniveau ins System eingeben, wenn der Tank leer ist.

/60/ Das System akzeptiert folgende Kommandos:
- Tank auf das gewünschte Niveau füllen (bei leerem Tank): Beim Füllen des Tanks wird das Einlassventil geöffnet und die Flüssigkeit strömt in den Tank ein, bis die vorgegebene Füllhöhe erreicht ist.
- Tank leeren (bei vollem Tank): Das Entleeren des Tanks wird mit entsprechenden Auslassventilkommandos (Auf, Zu) gesteuert.

/70/ Ein Geber meldet den aktuellen Flüssigkeitsstand des Tanks.

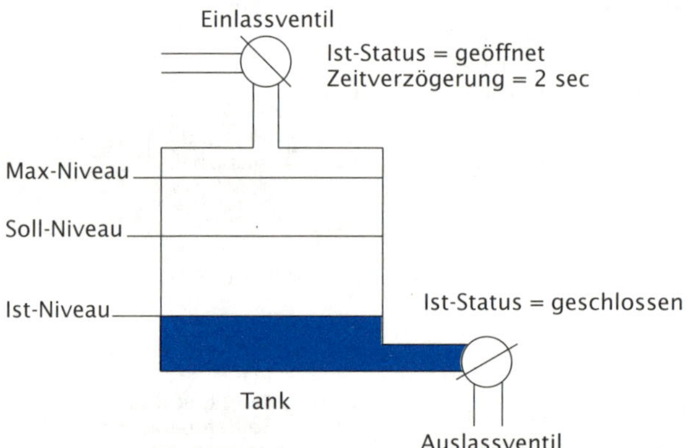

Abb. 2.20-20: Zu modellierende Tankanlagensteuerung

Muss-Aufgabe
20 Minuten

5 *Lernziel: Für eine geeignete Problemstellung ein vollständiges SA/RT-Modell erstellen können.*

Erweitern Sie das Modell der Tankanlage aus Aufgabe **4** so, dass zusätzlich folgende Anforderungen erfüllt werden:

/55/ Bei der Eingabe des gewünschten Flüssigkeitsniveaus überprüft das System, ob das gewünschte Niveau den durch die Bauweise des Tanks vorgegebenen maximalen Flüssigkeitsstand überschreitet. In diesem Fall wird eine Fehlermeldung ausgegeben.

/80/ Das System erkennt Störungen an den Ventilen (Ventil öffnet nicht, Ventil schließt nicht) und zeigt entsprechende Fehlermeldungen an.

Hinweis

Weitere Aufgaben befinden sich auf der CD-ROM 1. 

2 Die Definitionsphase – Software-Ergonomie (Arbeitsplatzebene)

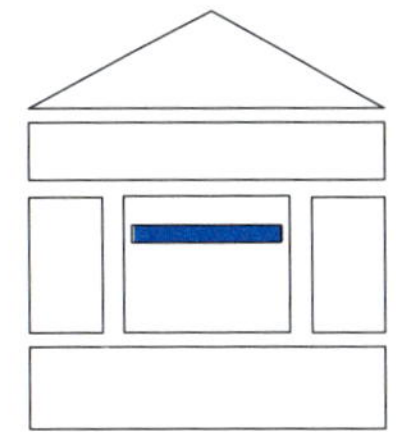

- Den Begriff Software-Ergonomie definieren, deren Gestaltungsbereiche darstellen und Einflussfaktoren – insbesondere auf der Arbeitsplatzebene – beschreiben können.
- Erläutern können, durch welche Maßnahmen der individuelle Benutzer bei der Software-Gestaltung berücksichtigt werden kann.
- Anfänger, Gelegenheitsbenutzer und Experten charakterisieren können.
- Das Gestaltungs- und Bewertungskriterium »Gebrauchstauglichkeit« mit ihren Unterkriterien definieren, ihre Merkmale aufzählen und erläutern können.
- Den grundsätzlichen Aufbau einer elektronischen Arbeitsoberfläche *(desktop)* darstellen können.
- Die direkte Manipulation mit ihren Eigenschaften und generischen Funktionen beschreiben können.
- Die Interaktions-Mechanismen Zwischenablage, DDE, OLE und *Scripting* an Beispielen erläutern können.
- Eine gegebene Anwendung auf »Gebrauchstauglichkeit« prüfen können.
- »Gebrauchstauglichkeit« bei der Gestaltung von Mensch-Computer-Schnittstellen berücksichtigen können einschließlich der Vornahme entsprechender Ergänzungen im Pflichtenheft.
- Die aufgeführten WIMP- und Anti-WIMP-Gestaltungsprinzipien erläutern und bei eigenen Gestaltungen berücksichtigen können.

Dr. Alan C. Kay
* 1940, Wegbereiter des *personal computing*; in den 70er Jahren Erfinder des *dynabook*, eines *notebook*großen Computers, der Text, Bild, Sprache, Musik und Film versteht und erzeugt; am Palo Alto Research Center (PARC) von Xerox schuf er die Grundlagen moderner Benutzungsoberflächen: grafische Oberfläche, Piktogramme, überlappende Fenster, Mausbedienung; nach seinem Wechsel zu Apple entstanden daraus die Lisa und der Macintosh; BS in Mathematik und Biologie, *University of Colorado* (1966), Promotion in Informatik, *University of Utah* (1969), heute: Grundlagenforscher als Apple *Fellow*, Auszeichnung: ACM *Software Award* (1987).

- Dieses Kapitel kann weitgehend ohne spezielle Vorkenntnisse gelesen werden.

i

2.21 Software-Ergonomie

2.21.1 Einführung und Überblick

Bei der Einführung eines neuen Software-Systems in die Praxis kommt es oft zu folgenden Problemen:

Problembereiche

1 Der Benutzer hat Schwierigkeiten mit der Bedienung des Systems.
2 Der Benutzer hat Schwierigkeiten mit der Funktionalität des Systems.
3 Nach einer längeren Einsatzzeit beschwert sich der Benutzer über die monotone und anspruchslose Arbeit mit dem System oder über Überforderung, Stress und Arbeitsdichte.

Alle drei Problembereiche können zu massiven Akzeptanzproblemen bei den Benutzern führen. Im Extremfall führt dies zur Ablehnung des Systems.

Da die Einführung eines neuen Software-Systems am Arbeitsplatz der Mitbestimmung durch den Betriebsrat bzw. die Personalvertretung unterliegt, können die Akzeptanzprobleme zur Nichteinführung des Systems führen.

Wo liegen die Ursachen?

GUI = *graphical user interface*

- Bedienungsprobleme deuten auf eine für die Benutzergruppe ungeeignete **grafische Benutzungsoberfläche (GUI)** hin.
- Funktionalitätsprobleme zeigen, dass die Funktionalität des Systems für die damit zu erledigenden Aufgaben nicht problemangemessen ist.

Beispiel

Eine Sekretärin in einem Handwerksbetrieb schreibt hauptsächlich Angebote. Diese sind dadurch gekennzeichnet, dass sie viele Zahlen enthalten, mit denen gerechnet werden muss.
Wird in einem solchen Sekretariat nun ein Textsystem eingesetzt, das kein »Rechnen im Text« erlaubt, dann ist die Funktionalität des Textsystems nicht ergonomisch für die Erledigung der Aufgabe »Angebot schreiben«.

- Unterforderungs- und Monotonieprobleme treten auf, wenn für den Benutzer keine anspruchsvolle Tätigkeit mehr übrig bleibt, sondern das Software-System die wesentlichen Planungs-, Durchführungs- und Kontrolltätigkeiten übernimmt. (Siehe hierzu auch /EN ISO 10075-1/).
Eine solche Situation tritt ein, wenn bei der makroskopischen Arbeitsstrukturierung und Arbeitsaufteilung auf den einzelnen Arbeitsplatz die heutigen und zukünftigen Möglichkeiten von Software-Systemen nicht geeignet berücksichtigt werden. Das Ergebnis ist dann, dass die Arbeitsaufteilung zwischen Mensch und Computersystem zu ungunsten des Menschen ausfällt, was sich in monotoner, anspruchsloser Arbeit äußert.

Beispiel

Ein Bankarbeitsplatz wird so konzipiert, dass ein Mitarbeiter handgeschriebene Scheck- und Überweisungsbelege abtippt.
Selbst bei bester ergonomischer Gestaltung der Mensch-Computer-Schnittstelle lässt sich daraus keine anspruchsvolle Tätigkeit machen.

Überforderungs- und Arbeitsintensitätsprobleme zeigen, dass der Mitarbeiter aufgrund seiner Qualifikationen überfordert oder dass die Software beispielsweise ein zu hohes Arbeits- und Entscheidungstempo verlangt.

Mit der Analyse solcher Problembereiche und der menschengerechten Gestaltung von Software-Systemen befasst sich die Software-Ergonomie.

Software-Ergonomie

Ziel der **Software-Ergonomie** ist die Entwicklung und Evaluierung **gebrauchstauglicher** Software-Produkte, die Benutzer zur Erreichung ihrer Arbeitsergebnisse befähigen und dabei ihre Belange im jeweiligen Nutzungskontext beachten (in Anlehnung an /EN ISO 9241-11: 1998/).

»Die Einbeziehung der Ergonomie in die Gestaltung interaktiver Systeme steigert die Effektivität und Effizienz, verbessert die Arbeitsbedingungen des Menschen und wirkt möglichen nachteiligen Auswirkungen auf Gesundheit, Sicherheit und Leistung entgegen. Die Anwendung der Ergonomie auf die Gestaltung von Systemen schließt die Berücksichtigung menschlicher Fähigkeiten, Fertigkeiten, Leistungsgrenzen und Bedürfnisse ein« /EN ISO 13407: 1997, S. 3/.

Gestaltungsbereiche

Um dieses Ziel zu erreichen, müssen

- die Aufgabenverteilung zwischen Menschen und zwischen Mensch und Computersystem (**Arbeitsstrukturierung**),
- die elektronische Arbeitsoberfläche und die Interaktion zwischen Anwendungen,
- die Funktionen und Leistungen der Anwendungsprogramme (**Anwendungssoftware-Gestaltung**),
- die notwendigen Bedienungsschritte und -abläufe (**Dialog-Gestaltung**) sowie
- die Ein- und Ausgabegeräte einschließlich der auf den Ausgabegeräten dargestellten Informationen (**E/A-Gestaltung**)

menschengerecht und *aufgabengerecht* gestaltet sein.

Außerdem sind beim Einsatz eines Computersystems noch folgende Gestaltungsbereiche zu beachten:

- physikalische Gestaltung des Computers (Hardware-Gestaltung),
- physikalische und organisatorische Gestaltung des Arbeitsplatzes (Arbeitsplatz-Gestaltung),
- Einbettung des Arbeitsplatzes in die physikalische und organisatorische Umgebung einschließlich der Kommunikation und Kooperation zwischen verschiedenen, vernetzten Computersystemen (Organisationsgestaltung).

Bald hab' ich ihn an die Software angepasst

Quelle: Westfälische Rundschau, 1.6.1996

Den Zusammenhang zwischen den einzelnen Gestaltungsbereichen zeigt Abb. 2.21-1.

»Nach Einschätzung des TÜV sind weit mehr als 60 Prozent aller Anwender von Computerprogrammen mit deren Gebrauchstauglichkeit nicht zufrieden. Etwa 20 Prozent der Arbeitszeit an Computersystemen gehen in Deutschland im Durchschnitt wegen Problemen mit der „Benutzbarkeit" verloren« /cz 98, S. 15/.

Die Bedeutung der Software-Ergonomie spiegelt sich auch in einer Richtlinie der Europäischen Gemeinschaften wider, die in Deutschland Gesetzeskraft hat. Diese Richtlinie legt die Mindestvorschriften bezüglich der Sicherheit und des Gesundheitsschutzes bei der Arbeit an Bildschirmgeräten fest. Im Anhang der Richtlinie sind folgende Forderungen an die Mensch-Maschine-Schnittstelle aufgeführt /Richtlinie 89/391/EWG/:

»Bei Konzipierung, Auswahl, Erwerb und Änderung von Software sowie bei der Gestaltung von Tätigkeiten, bei denen Bildschirmgeräte zum Einsatz kommen, hat der Arbeitgeber folgenden Faktoren Rechnung zu tragen:

a Die Software muss der auszuführenden Arbeit angepasst sein.

b Die Software muss benutzerfreundlich sein und gegebenenfalls dem Kenntnis- und Erfahrungsstand des Benutzers angepasst werden können; ohne Wissen des Arbeitnehmers darf keinerlei Vorrichtung zur quantitativen oder qualitativen Kontrolle verwendet werden.

c Die Systeme müssen den Arbeitnehmern Angaben über die jeweiligen Abläufe bieten.

d Die Systeme müssen die Information in einem Format und in einem Tempo anzeigen, das den Benutzern angepasst ist.

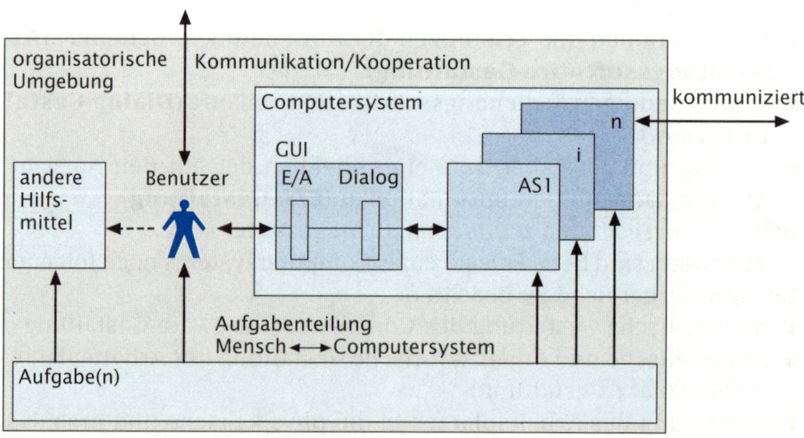

Abb. 2.21-1: Gestaltungsbereiche der Software-Ergonomie

e Die Grundsätze der Ergonomie sind insbesondere auf die Verarbeitung von Informationen durch den Menschen anzuwenden.«

Ziel des Benutzers ist es im Allgemeinen, mit dem Computersystem eine Aufgabe zu erledigen. Zur Aufgabenerledigung benutzt er eine oder mehrere Anwendungen. Die Interaktion mit Anwendungssoftware erfolgt über eine grafische Benutzungsoberfläche (GUI), die sich wiederum in eine E/A-Schicht und eine Dialog-Schicht aufteilen lässt.

Da die Gestaltungsbereiche der Software-Ergonomie sehr vielfältig sind, ist die Software-Ergonomie eine interdisziplinäre Wissenschaft. Wesentliche Beiträge stammen aus der Arbeitswissenschaft, der kognitiven Psychologie und der Software-Technik.

In den letzten zwanzig Jahren wurden in der Software-Ergonomie umfangreiche Erkenntnisse gewonnen. Die hier gemachten Ausführungen gehen daher von folgenden Einschränkungen aus:

Einschränkungen

- Es wird auf arbeitswissenschaftliche und psychologische Begründungen und Herleitungen weitgehend verzichtet. Im Literaturverzeichnis ist Literatur aufgeführt, in der diese Begründungen enthalten sind.
- Die heutige Standardtechnik steht im Mittelpunkt. Grafikbildschirme und grafische Benutzungsoberflächen für *Windows*-Systeme und *Web-Browser* werden als Standard angesehen.
- Der Schwerpunkt liegt auf Gestaltungsregeln, so dass bei Beachtung dieser Regeln keine gravierenden Gestaltungsfehler vorkommen sollten.
- Es werden nur solche Gestaltungsbereiche behandelt, die durch den Software-Entwickler beeinflussbar sind. Beispielsweise kann die Hardware-Gestaltung durch den Software-Entwickler – außer beim Hersteller – nicht beeinflusst werden.
- Die arbeitsorganisatorische Einbettung, die Aufgabenverteilung zwischen Mitarbeitern und organisatorischen Einheiten, die Kooperations- und Kommunikationsbeziehungen sowie weitere betriebliche und soziale Beziehungen werden erst im Buch-Teil V »Unternehmensmodellierung« behandelt.
- Auf die Realisierung ergonomischer Anforderungen wird erst im Kapitel 3.1 der Entwurfsphase eingegangen.

Abb. 2.21-2 zeigt, wie sich die Anforderungen an die Software-Ergonomie eines einzelnen Software-Produkts aus Anforderungen der Arbeitsplatzebene und diese wiederum aus Anforderungen der Unternehmensebene ergeben. Wie die Abbildung zeigt, werden wichtige Vorentscheidungen für eine gute oder schlechte Software-Ergonomie auf der Arbeitsplatzebene und der Unternehmensebene getroffen. In den folgenden Abschnitten wird davon ausgegangen, dass diese Entscheidungen bereits getroffen sind und auf der Produktebene in einem Pflichtenheft dokumentiert sind.

Abb. 17, Lehreinheit 1

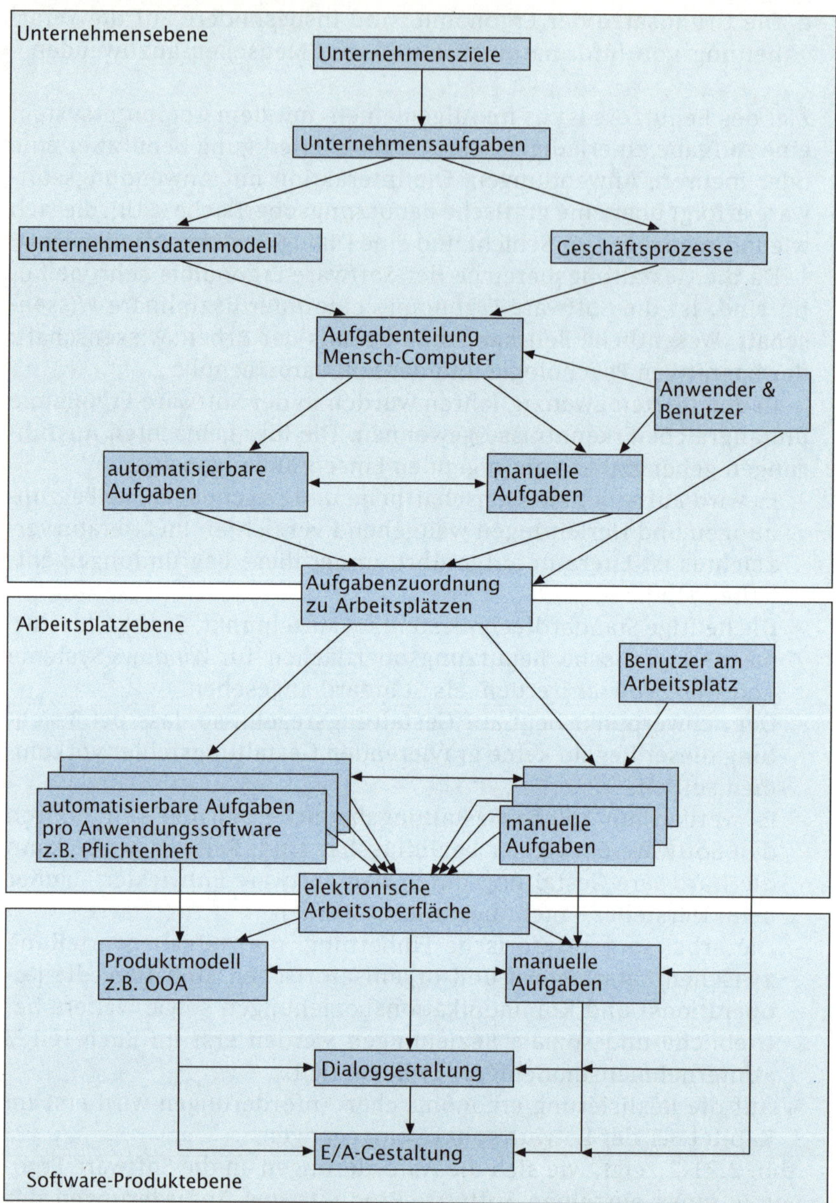

Abb. 2.21-2: Einflussfaktoren der Software-Ergonomie

Aufbauend auf dem Pflichtenheft wird dann ein Produktmodell entwickelt. Dieses Produktmodell bildet die Basis für die Dialoggestaltung und die sich daran anschließende E/A-Gestaltung. Diese Gestaltungsbereiche werden von dem Benutzer, der diese Anwendungssoftware benutzen soll, beeinflusst. Dabei kann es sich um einen konkreten Benutzer handeln oder einen abstrakten Benutzer, über den eine Reihe von Annahmen getroffen werden bzw. der durch einen Benutzerrepräsentanten »simuliert« wird.

Benutzer
»First principle: know the user«
/Shneiderman 79/

Generell muss man davon ausgehen, dass jeder Benutzer ein Individuum ist. Die Zufriedenheit eines Benutzers hängt ganz wesentlich davon ab, ob die Software auf seine individuellen Wünsche, Bedürfnisse und Fähigkeiten zugeschnitten ist oder zuschneidbar ist.

Benutzermodell

Um dem individuellen Benutzer optimal gerecht zu werden, muss über jeden Benutzer ein explizites **Benutzermodell** angelegt und gespeichert werden. Die Software benutzt dann dieses Modell, um die Interaktion mit dem Benutzer zu steuern. Solche Systeme befinden sich noch im Forschungsstadium und sind noch nicht allgemein verfügbar.

Eine erste Annäherung an die Benutzerwünsche versucht man daher dadurch zu erreichen, dass man die Benutzer aufgrund ihrer Erfahrungen in folgende drei Benutzergruppen gliedert:

Anfänger

- Anfänger (auch naive, untrainierte, lernende Benutzer, Laien, *novices, beginners* genannt).
  Kennzeichen:
  Keine Erfahrung mit dem betreffenden Computersystem.

Gelegenheitsbenutzer

- Gelegenheitsbenutzer (auch sporadische Benutzer, *casual user, infrequent user* genannt).
  Kennzeichen:
  Regelmäßige Benutzung des Computersystems, aber u.U. in wechselnden Zeitabständen.
  Dies ist die langfristig größte Benutzergruppe, da aufgrund der umfangreichen Funktionalität und der damit verbundenen Komplexität heutiger Anwendungssoftware eine vollständige Kenntnis immer mehr die Ausnahme darstellen wird. Gelegenheitsbenutzer sind oft Anwendungsexperten.

Experten

- Experten (auch geübte, ständige Benutzer, *experts, frequent users, sophisticated users* genannt).
  Kennzeichen:
  Mehrjährige Erfahrungen mit verschiedenen Computersystemen. Langfristig die kleinste Benutzergruppe. Der Experte reduziert schrittweise die Größe des Problemlösungsraums, indem er nach und nach Problemlösungsprozesse durch Fertigkeiten ersetzt. Die Expertise beruht auf Tausenden von Wissenseinheiten, die sich der Experte im Laufe der Jahre aneignet. Er macht weniger syntaktische Fehler, weniger Ausführungsfehler und erledigt eine Aufgabe schneller.

Die Reduktion der Bedürfnis- und Fähigkeitsstruktur eines Benutzers auf ein Kriterium oder auf wenige Kriterien führt natürlich zu einer groben Vereinfachung der wirklichen Verhältnisse.

Betrachtet man die Arbeitsplatzebene genauer, dann gibt es eine Reihe von Einflussfaktoren, die die Software-Ergonomie am Arbeitsplatz wesentlich bestimmen (Abb. 2.21-3).

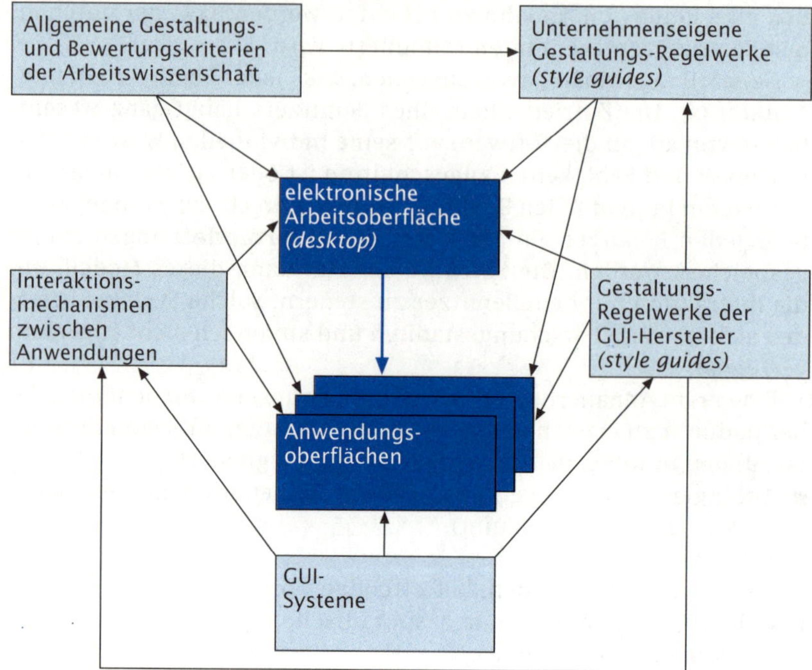

Abb. 2.21-3: Einflussfaktoren auf die Gestaltung der Arbeits- und Anwendungsoberflächen

Die Arbeitswissenschaft hat allgemeine Gestaltungs- und Bewertungskriterien für einen ergonomischen Software-Arbeitsplatz entwickelt (Abschnitt 2.21.2). Diese beeinflussen unternehmenseigene **Gestaltungs-Regelwerke**, sogenannte ***style guides***, sowie die Gestaltung der elektronischen **Arbeitsoberfläche *(desktop)*** und der einzelnen Anwendungsoberflächen.

GUI-Systeme

Ergonomische Anforderungen müssen technisch realisiert werden. Dies geschieht durch **GUI-Systeme**, oft vereinfachend auch Fenstersysteme genannt. Die technischen Möglichkeiten dieser GUI-Systeme beeinflussen ganz wesentlich die elektronische Arbeitsoberfläche (Abschnitt 2.21.3), die Anwendungsoberflächen und die Interaktionsmöglichkeiten zwischen den Anwendungen.

Damit die Anwendungsoberflächen weitgehend einheitlich gestaltet werden, gibt es von den GUI-Herstellern eigene Gestaltungs-Regelwerke, die vom Software-Ergonomen beachtet werden sollten. Als Beispiele werden im Folgenden die GUI-Systeme für *Windows* und Java sowie die Möglichkeiten in *Web-Browsern* näher betrachtet.

Nach der Betrachtung der Arbeitsplatzebene wird in den anschließenden Abschnitten die Software-Produktebene genauer betrachtet, d.h. es wird beschrieben, wie die Benutzungsoberflächen für einzelne Anwendungen gestaltet werden. Dazu wird auf die Dialog- und

E/A-Gestaltung näher eingegangen. Zunächst werden jeweils die Elemente, Begriffe und Konzepte vorgestellt, um anschließend Gestaltungsregeln und -hinweise zu geben.

Anhand der Fallstudie »Seminarorganisation« wird gezeigt, wie eine grafische Benutzungsoberfläche systematisch entwickelt wird. Anhang A

2.21.2 Gestaltungs- und Bewertungskriterien

Sicht des Benutzers

Aus der Sicht des Benutzers ist die Gebrauchstauglichkeit des Software-Produkts das wichtigste Bewertungskriterium. In Abb. 2.21-4 ist die Gebrauchstauglichkeit nach /EN ISO 9241-11: 1998/ definiert und beschrieben.

- **Gebrauchstauglichkeit** ist das Ausmaß, in dem ein Produkt durch bestimmte Benutzer in einem bestimmten Nutzungskontext genutzt werden kann, um bestimmte Ziele effektiv, effizient und zufriedenstellend zu erreichen.
- **Effektivität** ist dabei die Genauigkeit und Vollständigkeit, mit der Benutzer ein bestimmtes Ziel erreichen.

Beispiele für Maße der Effektivität:

- □ Grad der Zielerreichung (in Prozent).
- □ Prozentsatz der Benutzer, die die Aufgabe erfolgreich abschließen.
- □ Durchschnittliche Genauigkeit der abgeschlossenen Aufgaben.

- **Effizienz** ist der eingesetzte Aufwand im Verhältnis zur Genauigkeit und Vollständigkeit, mit dem Benutzer ein bestimmtes Ziel erreichen.

Beispiele für Maße der Effizienz:

- □ Zeit für Erledigung einer Aufgabe.
- □ Abgeschlossene Aufgaben pro Zeiteinheit.
- □ Monetäre Kosten der Aufgabenerledigung.

- Unter **Zufriedenstellung** versteht man die Freiheit von Beeinträchtigungen und positive Einstellungen gegenüber der Nutzung des Produkts.

Beispiele für Maße der Zufriedenstellung

- □ Einstufungs-Skala für Zufriedenstellung.
- □ Häufigkeit freiwilliger Nutzung.
- □ Häufigkeit von Beschwerden.

- Der **Nutzungskontext** umfasst die Benutzer, die Arbeitsaufgaben, die Arbeitsmittel (Hardware, Software und Materialien) sowie die physische und soziale Umgebung, in der das Produkt genutzt wird.

Quelle: /EN ISO 9241-11: 1998/

Abb. 2.21-4: Gebrauchstauglichkeit

Abb. 2.21-5 zeigt den Anwendungsrahmen für die Gebrauchstauglichkeit. Wie die Abbildung zeigt, hängt die Gebrauchstauglichkeit vom jeweiligen Nutzungskontext ab.

Die besonderen Umstände, unter denen ein Produkt benutzt wird, beeinflussen den Grad der Gebrauchstauglichkeit. Für ein Produkt können sich signifikant unterschiedliche Grade der Gebrauchstauglichkeit ergeben, wenn es in verschiedenen Kontexten oder für verschiedene Ziele genutzt wird.

Es gibt also nicht *die* Gebrauchstauglichkeit – unabhängig vom Nutzungskontext. Tab. 2.21-1 enthält Beispiele für Merkmale, die für

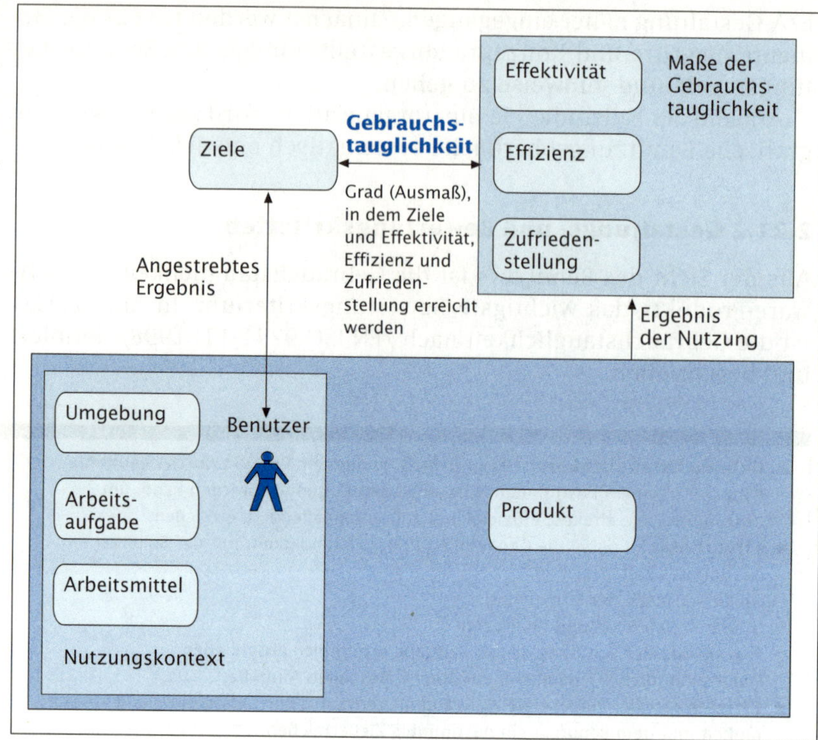

Abb. 2.21-5: Anwendungsrahmen für Gebrauchstauglichkeit /EN ISO 9241-11: 1998/

die Gebrauchstauglichkeit relevant sein können. Zusätzliche Merkmale können unter Umständen gebraucht werden.

Sicht des Entwicklers

Da die Gebrauchstauglichkeit immer vom Nutzungskontext abhängt, ist es für den Entwickler schwer, ergonomisch »gute« Produkte herzustellen, insbesondere wenn der konkrete Nutzungskontext *nicht* bekannt ist – wie dies bei Standardprodukten für den anonymen Markt in der Regel der Fall ist. Für Standardprodukte muss man daher Annahmen über den Nutzungskontext machen – die auch in der Produktbeschreibung angegeben werden sollten. Außerdem sollte man Pilotkunden gewinnen, die repräsentativ für die Zielgruppe und den Nutzungskontext sind. In /EN ISO 9241-11: 1998/ wird eine Vorgehensweise beschrieben, wie bei der Entwicklung die Gebrauchstauglichkeit spezifiziert und evaluiert werden kann. Eine Vorgehensweise zur »Benutzer-orientierten Gestaltung interaktiver Systeme« wird in /EN ISO 13407: 1997/ beschrieben.

Zusammenhang mit DIN ISO 9126

In /DIN ISO 9126/ werden Software-Qualitätsmerkmale definiert (siehe Anhang A). Ein Qualitätsmerkmal ist die Benutzbarkeit, die sich in Verständlichkeit, Erlernbarkeit und Bedienbarkeit untergliedert. Aus produktorientierter Sicht wird die Benutzbarkeit als ein relativ unabhängiger Beitrag zur Qualität einer Software angesehen. »Gebrauchstaugliche Produkte können konstruiert werden, indem

Benutzer

- ■ **Benutzertyp**
- □ Repräsentative Benutzer
- □ Nicht repräsentative und indirekte Benutzer
- ■ **Fertigkeiten und Wissen**
- □ Erfahrung mit dem Produkt
- □ Erfahrung mit dem System
- □ Erfahrung mit der Arbeitsaufgabe
- □ Erfahrung mit der Organisation
- □ Übungsgrad
- □ Fertigkeiten mit dem Eingabemittel
- □ Qualifikationen
- □ Sprachfertigkeiten
- □ Allgemeine Kenntnisse
- ■ **Persönliche Merkmale**
- □ Alter
- □ Geschlecht
- □ Physische Fähigkeiten
- □ Physische Grenzen und Behinderungen
- □ Intellektuelle Fähigkeiten
- □ Einstellungen
- □ Motivation

Arbeitsaufgabe

- □ Aufgabenzerlegung
- □ Aufgabenbezeichnung
- □ Aufgabenhäufigkeit
- □ Aufgabendauer
- □ Häufigkeit von Ereignissen
- □ Handlungsspielraum
- □ Physische und mentale Anforderungen
- □ Aufgabenabhängigkeiten
- □ Aufgabenergebnisse
- □ Gefährliche Auswirkungen von Fehlern
- □ Sicherheitskritische Erfordernisse

Arbeitsmittel

- ■ **Allgemeine Beschreibung**
- □ Produktbezeichnung
- □ Produktbeschreibung
- □ Hauptanwendungsbereiche
- □ Wichtige Funktionen
- ■ **Spezifikation**
- □ Hardware
- □ Software
- □ Materialien
- □ Dienstleistungen
- □ Weiteres

Umgebung

Organisatorische Umgebung

- ■ **Struktur**
- □ Arbeitsstunden
- □ Gruppenarbeit
- □ Funktion
- □ Arbeitspraxis
- □ Hilfestellung
- □ Unterbrechungen
- □ Führungsstruktur
- □ Kommunikationsstruktur
- ■ **Einstellungen und Kultur**
- □ Vorschriften für den Umgang mit Computern
- □ Organisatorische Ziele
- □ Geschäftsbeziehungen
- ■ **Arbeitsgestaltung**
- □ Mischarbeit
- □ Leistungsmessung
- □ Ergebnisrückmeldung
- □ Arbeitstempo
- □ Selbständigkeit
- □ Entscheidungsfreiheit

Technische Umgebung

- ■ **Konfiguration**
- □ Hardware
- □ Software
- □ Referenzmaterial

Physische Umgebung

- ■ **Arbeitsplatzbedingungen**
- □ Atmosphärische Bedingungen
- □ Akustische Bedingungen
- □ Wärmebedingungen
- □ Wahrnehmungsbedingungen
- □ Umgebungsstabilität
- ■ **Arbeitsplatzgestaltung**
- □ Größe und Einrichtung
- □ Körperhaltung
- □ Arbeitsplatz
- ■ **Arbeitsplatzsicherheit**
- □ Gesundheitsgefährdung
- □ Schutzkleidung und -vorrichtungen

Quelle: /EN ISO 9241-11, S. 10/

Tab. 2.21-1 : Beispiele für Merkmale des Nutzungskontexts

man Produkteigenschaften einbezieht, von denen bekannt ist, dass sie für die Benutzer in besonderen Nutzungskontexten vorteilhaft sind« /EN ISO 13407: 1997/. Die Gebrauchstauglichkeit hängt auch von Software-Eigenschaften ab, die nicht zur Benutzbarkeit gemäß DIN ISO 9126 gehören, z.B. Funktionalität, Zuverlässigkeit und (Computer-) Effizienz. Alle diese Software-Eigenschaften tragen zur Qualität des Arbeitssystems bei.

Kapitel 2.4 Pflichtenheft

Um einen konkreten oder durch Annahmen festgelegten Nutzungskontext zu spezifizieren, kann das Pflichtenheft noch ergänzt werden. In /EN ISO 9241-11: 1998, S. 5f./ wird angegeben, was zur Spezifikation der Gebrauchstauglichkeit festzulegen ist. Im folgenden Beispiel werden diese Anforderungen aufgeführt und in Bezug zum Pflichtenheft gesetzt.

- Die Ziele der Produktnutzung sollten beschrieben werden.
  Ziele können in Teilziele zerlegt sein, welche die Komponenten eines übergeordneten Zieles sowie die Kriterien der Zielerreichung spezifizieren.
  Im Pflichtenheft werden unter »**1** Zielbestimmung« die Ziele der Produktnutzung festgelegt. Die Teilziele sind im Kapitel »**4** Produktfunktionen« als Geschäftsprozesse spezifiziert. Die Zielerreichung wird durch die Nachbedingungen bei den Geschäftsprozessen angegeben. Quantitative Zielerreichungskriterien sind im Kapitel »**6** Produktleistungen« aufgeführt.
- Relevante Merkmale der Benutzer sind zu beschreiben.
  Es kann notwendig sein, die Merkmale verschiedener Benutzertypen zu definieren, z.B. Benutzer mit verschiedenen Erfahrungsgraden oder Rollen.
  Im Pflichtenheft sind die Benutzer im Abschnitt »**2.2** Zielgruppen« beschrieben. Entsprechend der Tab. 2.21-1 sollten die Benutzermerkmale im Anhang des Pflichtenheftes weiter detailliert werden.

Beispiel Fallstudie »Seminarorganisation«

Tab. 2.21-2 zeigt die Benutzermerkmale für den »Kundensachbearbeiter«, damit er mit dem Produkt »Seminarorganisation« arbeiten kann, sowie die Merkmale für »Kunden« und »Firmen«, die über das Internet sich über Seminare und Veranstaltungen informieren und selbst Buchungen durchführen wollen.

- Beschreibung der Arbeitsaufgaben
  Aufgabenmerkmale, die die Gebrauchstauglichkeit beeinflussen können, sind zu beschreiben, z. B. Häufigkeit und Dauer einer Tätigkeit. Arbeitsaufgaben sollten *nicht* allein als Funktionen oder Leistungsmerkmale des Produkts beschrieben sein. Jede Beschreibung der Aktivitäten oder der Arbeitsschritte sollte auf die angestrebten Ziele bezogen sein.
  Durch die Beschreibung der Geschäftsprozesse sind die Arbeitsaufgaben ausreichend spezifiziert. In den Geschäftsprozessen sind sowohl das jeweilige Ziel als auch die jeweils beteiligten Akteure

Benutzermerkmale	Kundensachbearbeiter	Kunde, Firma
▪ Erfahrung mit dem Produkt	nicht erforderlich	nicht erforderlich
▪ Erfahrung mit dem System	PC-Bedienungserfahrung erforderlich	Erfahrung mit *Web-Browser* erforderlich
▪ Erfahrung mit der Arbeitsaufgabe	erforderlich	nicht erforderlich
▪ Erfahrung mit der Organisation	erforderlich	nicht erforderlich
▪ Übungsgrad	geübt in der Bedienung von *Windows*-Anwendungen	nicht erforderlich
▪ Fertigkeiten mit Tastatur und Maus	erforderlich	erforderlich
▪ Qualifikationen	kaufmännische Sachbearbeitung	keine erforderlich

Tab. 2.21-2: Benutzermerkmale für ausgewählte Benutzer einer Seminarorganisation

aufgeführt. Ergänzt werden kann noch die Häufigkeit und Dauer der Ausführung eines Geschäftsprozesses, wenn dies physische und/oder mentale Auswirkungen auf den Benutzer hat.

- Relevante Merkmale der Arbeitsmittel sind zu beschreiben.
  Die Arbeitsmittel sind im Pflichtenheft im Kapitel »**10** Technische Produktumgebung« spezifiziert.
- Relevante Merkmale der physischen und sozialen Umgebung sind zu beschreiben.
  Die technische Umgebung ist im Kapitel »**10** Technische Produktumgebung« des Pflichtenheftes aufgeführt.
- Auswahl und Festlegung der Maße der Gebrauchstauglichkeit.
  Normalerweise braucht man mindestens ein Maß jeweils für Effektivität, Effizienz und Zufriedenstellung. Es gibt jedoch *keine* allgemeine Regel dafür, wie Maße ausgewählt oder kombiniert werden sollten. Wenn es nicht möglich ist, objektive Maße für Effektivität und Effizienz zu erhalten, dann können subjektive Messungen, die auf dem Urteil des Benutzers beruhen, als Indikator für Effektivität und Effizienz dienen.
  Maße sollten für die als »primär« gekennzeichneten Geschäftsprozesse des Pflichtenheftes festgelegt werden.

Beispiel Fallstudie »Seminarorganisation«

Geschäftsprozess: Informieren: Von Anfrage bis Auskunft
Akteur: Kundensachbearbeiter

Effektivität:

Genauigkeit/Vollständigkeit: In 95 Prozent aller Anfragen kann dem Kunden eine genaue und vollständige Auskunft erteilt werden.

Effizienz:

In 80 Prozent aller Anfragen benötigt die Bearbeitung des Geschäftsprozesses weniger als fünf Minuten.

Zufriedenstellung:
Weniger als 10 Prozent der Kundensachbearbeiter äußern Unzufriedenheit mit der Unterstützung des Geschäftsprozesses durch die Software »Seminarorganisation«.

Akteure: Kunde, Firma
Effektivität:
Genauigkeit/Vollständigkeit: 80 Prozent aller Auskünfte können Kunden bzw. Firmen über das Internet vollständig und genau selbständig einholen.
Effizienz:
80 Prozent aller Auskünfte sind in weniger als fünf Minuten *online* beantwortet.
Zufriedenstellung:
Weniger als 5 Prozent der Kunden und Firmen sind unzufrieden mit der Internet-Auskunft.

Analog können die Maße für die anderen Geschäftsprozesse festgelegt werden.

Bewertung

- ⊞ Die Definition der Gebrauchstauglichkeit in EN ISO 9241-11 bietet ein geeignetes Gestaltungs- und Bewertungskriterium für Software-Produkte.
- ⊞ Für Projektleiter gibt die Norm EN ISO 13407 »Benutzer-orientierte Gestaltung interaktiver Systeme« weitergehende Hilfestellungen.
- ⊞ Beispiele verdeutlichen die beabsichtigte Anwendung der Normen.
- ⊞ Die Normen lassen sich mit modernen Software-Entwicklungsmethoden und Entwicklungsprozessen wie »evolutionäre und inkrementelle Vorgehensweisen« in Einklang bringen.
- ⊟ Die Vielzahl der Normen zur Software-Ergonomie sowie die gegenseitigen Abhängigkeiten erschweren die Anwendbarkeit.
- ⊟ Der Zusammenhang der Gebrauchstauglichkeit und den Software-Qualitätsmerkmalen nach DIN ISO 9126 wird nicht ausreichend hergestellt.
- ⊟ In den Ergonomie-Normen werden die Terminologie und die Methoden der Software-Technik zu wenig berücksichtigt.

2.21.3 Gestaltungsprinzipien – heute und morgen

zur Historie

In den Jahren 1983/84 brachte die Firma Apple Computer die Computersysteme Lisa und Macintosh in den Markt, die mit einer damals neuen grafischen Benutzungsoberfläche und Bedienungsweise die Mensch-Computer-Interaktion radikal änderten. 1985 wurden die Gestaltungsrichtlinien für die Macintosh-Benutzungsoberfläche veröffentlicht /Apple 85/. Die **Gestaltungs-Regelwerke *(style guides)***

WIMP-Prinzipien	Anti-WIMP-Prinzipien
Metapher *(metaphors)*	Realität *(reality)*
Direkte Manipulation *(direct manipulation)*	Delegation *(delegate)*
Sehen und Zeigen *(see and point)*	Beschreiben und Befehlen *(describe and command)*
Konsistenz *(consistency)*	Verschiedenheit *(diversity)*
WYSIWYG *(What You See Is What You Get)*	Bedeutungsrepräsentation *(represent meaning)*
Benutzersteuerung *(user control)*	Gemeinsame Steuerung *(shared control)*
Rückkopplung und Dialog *(feedback and dialogue)*	System erledigt Details *(system handles details)*
Vergebung *(forgiveness)*	Modellierung von Benutzeraktionen *(model user actions)*
Ästhetische Integrität *(aesthetic integrity)*	Grafische Vielfalt *(graphic variety)*
Nichtmodalität *(modelessness)*	Umfangreichere Hilfestellung *(richer cues)*

Quelle: /Gentner, Nielson 96, S. 72/

Tab. 2.21-3: Gestaltungsprinzipien – heute und morgen

für andere Benutzungsoberflächen wie *OpenLook* /Sun 90/, Motif /OSF 91/ und Windows /MS 91, 95/ basieren im Wesentlichen auf denselben Gestaltungsprinzipien, die Apple Computer formuliert hatte.

WIMP

Diese gemeinsamen Gestaltungsprinzipien lassen sich mit dem Schlagwort **WIMP** *(windows, icons, menus, pointer)* beschreiben, d.h. Fenster, Piktogramme bzw. Ikonen, Menüs und Zeigeinstrumente bilden die Basiselemente der Mensch-Computer-Interaktion (MCI). Die auf dieser Basis beruhenden Gestaltungsprinzipien gelten auch heute noch.

In dem wegweisenden Artikel *»The Anti-Mac Interface«* hinterfragen Don Gentner und Jakob Nielson /Gentner, Nielson 96/, ob die WIMP-Gestaltungsprinzipien heute noch ihre Berechtigung haben, oder ob sie durch neue – unter Umständen gegensätzliche – Prinzipien ersetzt oder ergänzt werden müssen. Die WIMP- und Anti-WIMP-Gestaltungsprinzipien (Gentner und Nielson nennen sie Mac- und Anti-Mac-Prinzipien) sind in Tab. 2.21-3 aufgeführt und werden im Folgenden erläutert.

Einen Vergleich der Benutzungsschnittstellen entsprechend den aufgeführten Prinzipien zeigt Tab. 2.21-4.

Metapher (WIMP)

Metapher = Sinnbild, übertragener, bildlicher Ausdruck

Die Benutzungsoberfläche basiert auf Metaphern der vertrauten Nicht-Computerwelt. Die physikalische Schreibtischoberfläche, die Arbeitsumgebung eines Büros (Papierkorb, Aktenordner usw.) und die Arbeitsweise im Büro (z.B. Wegwerfen eines Papierdokuments in den Papierkorb) versucht man auf der Bildschirmoberfläche eines Arbeitsplatzcomputers nachzubilden.

Arbeitsoberfläche *(desktop)*

Die Bildschirmoberfläche stellt die **Arbeitsoberfläche** dar, oft ***desktop*** genannt. Auf der Arbeitsoberfläche können Objekte, Hilfsmittel, Geräte und Anwendungen – die die Bearbeitung der Objekte ermöglichen – in Form von **Piktogrammen** bzw. Ikonen ***(icons)*** dargestellt werden. Ein Piktogramm ist eine grafisch abstrakte Darstel-

Piktogramme *(icons)*

WIMP-Benutzungsoberflächen	Anti-WIMP-Benutzungsoberflächen
■ Benutzer haben *keine* vorherige Computererfahrung	■ Benutzer sind mit Computern aufgewachsen (Post-Nintendo-Generation)
■ Büroanwendungen	■ Arbeit, Spiel, gruppenbezogenes Arbeiten *(groupware)*, eingebettete Anwendungen, allgegenwärtig
■ Schwache Computer (128 k RAM, 6800 CPU)	■ Leistungsstarke Computer (Multi-Gigabyte RAM, *Cray-on-a-chip* RISC-Prozessoren)
■ Eingeschränkte Kommunikations-bandbreite (kleiner Bildschirm,	■ Reichhaltige Kommunikation (Computer sieht den Benutzer, weiß wer er ist; große, hochauflösende Bildschirme, Tastatur-/Maus-Eingabe) neue Ein-/Ausgabegeräte)
■ Ein-Platz-Systeme, die unverändert bleiben, bis der Benutzer etwas ändert	■ Vernetzte Systeme, die einer konstanten Veränderung unterliegen
■ Manipulation von Piktogrammen	■ Sprache
■ Schwache Objektorientierung (kleine Anzahl großer Objekte mit wenigen Attributen)	■ Ausgeprägte Objektorientierung (große Anzahl kleiner Objekte und vielfältige Attributmengen)
■ *»Windows-Explorer«* (sichtbares Dateisystem) vereinheitlicht die Oberfläche und Dateien sind die grundlegenden Interaktions-Objekte	■ Persönliche Informationswiedergewinnung *(information retrieval)* als vereinheitlichendes Prinzip mit atomaren Informationseinheiten als grundlegende Interaktions-Objekte
■ Durchsuche Deine Festplatte	■ Information kommt zu Dir
■ *»The Power to Be Your Best«*	■ Sie wollen *nicht* immer so hart arbeiten

Tab. 2.21-4: Ein Vergleich von Benutzungsoberflächen – heute und morgen /Gentner, Nielson 96, S. 81/

lung von Objekten, Geräten, Funktionen, Anwendungen oder Prozessen auf dem Bildschirm.

Der Benutzer kann auf der elektronischen Arbeitsoberfläche eine durch ein Piktogramm repräsentierte Anwendung aktivieren.

Fenster

Die Anwendung öffnet dann ein Anwendungsfenster auf der Arbeitsoberfläche. Ein **Fenster** entspricht einem Ausschnitt aus der Arbeitsumgebung des Benutzers und ermöglicht die Bearbeitung entsprechender Objekte. Beispielsweise können nach dem Start eines Textsystems Textobjekte (Briefe, Memos, Dokumente) bearbeitet werden. Der Benutzer kann mehrere Anwendungen aktivieren, so dass mehrere Anwendungsfenster auf der Arbeitsoberfläche sichtbar sind. Anwendungsfenster stellen die Benutzungsoberfläche der jeweiligen Anwendung dar. Ein Anwendungsfenster kann wiederum aus mehreren Fenstern bestehen.

GUI-System

Die Verwaltung der Arbeitsoberfläche, die Bereitstellung einer anwendungsorientierten Grundfunktionalität sowie die Koordination mit den verschiedenen Anwendungen übernimmt ein **GUI-System** (Abb. 2.21-6). Das verwendete GUI-System beeinflusst ganz wesentlich die Gestaltung der Anwendungsoberflächen.

Entsprechend ihrer zeitlichen Entstehung lassen sich folgende wesentliche GUI-Systeme unterscheiden:

- 1980: Smalltalk-80-Oberfläche (Xerox)
- 1983/84; Lisa/Macintosh-Oberfläche (Apple)
- 1988: *Nextstep* (Next)
- 1989: *OpenLook* (Sun)

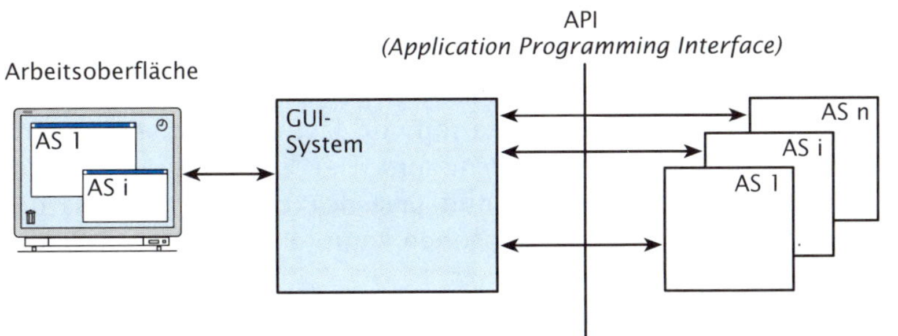

Abb. 2.21-6: Software-Architektur mit GUI-System

Legende:
AS = Anwendungssystem

- 1989: *Motif* (Open Software Foundation)
- 1987/91: *Presentation Manager* (IBM)
- 1990: *Windows 3.0* (Microsoft)
- 1995: *Windows 95* (Microsoft)
- 1998: *Windows 98* (Microsoft)
- 1999: Java-*Metal-Look* (Sun)

Von der Marktbedeutung her dominiert im PC-Bereich *Windows*, auf anderen Plattformen – aber auch auf *Windows*-Plattformen – werden Java und *Web-Browser* eingesetzt. Für *Web-Browser* gibt es *keine* festgelegten Gestaltungsprinzipien, sondern es werden mehr oder weniger alle Möglichkeiten ausgenutzt, die diese Technik bietet. Für den Entwickler sind *Web-Browser* ebenfalls GUI-Systeme, die je nach Hersteller unterschiedliche Eigenschaften besitzen.

look and feel

Die Oberflächen und das Verhalten der GUI-Systeme – abgesehen von Darstellungen in *Web-Browsern* – haben sich inzwischen einander angenähert, d.h. das so genannte ***»look and feel«*** ist ähnlich. Die den GUI-Systemen zugrunde liegende Architektur ist aber sehr unterschiedlich, insbesondere sind die Schnittstellen zu den Anwendungssoftware-Paketen *(Application Programming Interface, API)* verschieden (Abb. 2.21-6). Die prinzipielle Software-Architektur beim Einsatz eines *Web-Browsers* zeigt Abb. 2.21-7.

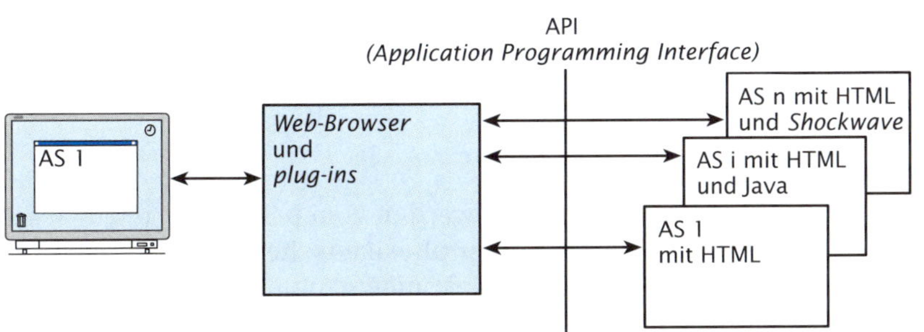

Abb. 2.21-7: Software-Architektur beim Einsatz eines Web-Browsers

plug-ins = Einsteck-Schnittstellen

Beim Einsatz eines *Web-Browsers* sieht die Programmierschnittstelle anders aus als bei einem traditionellen GUI-System. Originär ist ein *Web-Browser* in der Lage, HTML-Seiten darzustellen. Durch so genannte *plug-ins* ist es möglich, die Funktionalität des *Web-Browsers* zu er-

HTML = *Hyper Text Markup Language*

weitern. Das *plug-in* »Shockwave« ermöglicht es beispielsweise, Animationen auszuführen. Jeder *Web-Browser* enthält bereits eine Reihe von *plug-ins*. Neue können über das Netz geladen werden. Eine virtuelle Maschine (VM) zur Interpretation von Java-*applets* ist meistens fester Bestandteil eines *Web-Browsers*. Der Benutzer eines *Web-Browsers* kann jedoch *plug-ins* und Java deaktivieren, so dass der Entwickler sicher nur davon ausgehen kann, dass HTML-Anweisungen umgesetzt werden.

Einige Benutzungsoberflächen haben versucht, die Schreibtisch-Metapher zu überwinden. Sie haben die Metapher auf andere Räume oder Gebäude ausgedehnt oder eine Dorf-Metapher gewählt – teilweise in 3D unter Einsatz »virtueller Realität«.

Die Verwendung von Metaphern führt zu drei klassischen Problemen:

Probleme mit Metaphern

- Der Anwendungsbereich, d.h. der Bereich, in dem die Metapher angewandt wird, besitzt Eigenschaften, die es in dem ursprünglichen Bereich *nicht* gibt. Beispielsweise ist der Vergleich eines Textsystems (Anwendungsbereich) mit einer Schreibmaschine von der Funktionalität und der Bedienungsweise her *nicht* angebracht. Außerdem kennen junge Computerbenutzer keine Schreibmaschine mehr, so dass eine solche Metapher mehr verwirrt als nutzt.
- Der Ausgangsbereich besitzt Eigenschaften, die es in dem Anwendungsbereich der Metapher *nicht* gibt. Beispielsweise kann mit einer Schreibmaschine jedes Formular ausgefüllt werden, was aber mit heutigen Computersystemen nur schwierig möglich ist.
- Einige Eigenschaften existieren in beiden Anwendungsbereichen, haben aber eine unterschiedliche Semantik. Der Leerraum bei Schreibmaschinen wird anders behandelt als bei Textsystemen.

Realität (Anti-WIMP)

Hochauflösende, große Bildschirme ermöglichen es heute, die Realität auf dem Bildschirm nachzubilden. Anstelle *eines* Piktogramms für jedes Buch kann jedes Buch individuell dargestellt werden, durch unterschiedliche Breite, Farbe, Höhe usw., so wie es in einem Bücherregal aussieht. Dann ist es in der Computerwelt genauso bequem zu navigieren wie in der realen Welt.

Direkte Manipulation (WIMP)

direkte Manipulation

Wegbereiter der direkten Manipulation war **Ben Shneiderman**. Seine Kurzbiografie befindet sich in Kapitel 2.13

Bei der **direkten Manipulation** werden vom Benutzer – in gewisser Analogie zur Arbeitsweise in einer physikalischen Arbeitsumgebung (z.B. Büro) – Arbeitsobjekte (z.B. Dokumente) unmittelbar visuell identifiziert, selektiert (»zur Hand genommen«) und bearbeitet. Die Bedienungstechnik »Selektieren, Ziehen und Loslassen« (*pick, drag & drop*) ist ein Beispiel für eine direkte Manipulation.

Die direkte Manipulation lässt sich durch folgende Eigenschaften charakterisieren:

- Permanente Sichtbarkeit der für die jeweilige Aufgabenbearbeitung relevanten Objekte.
- Funktionsauslösung durch räumliche und physische Aktionen (Mausbewegungen, Selektionsaktionen, Funktionstastenbetätigung).
- Schnelle, möglichst umkehrbare, einstufige Benutzeraktionen, deren Effekte als wahrnehmbare Objektmanipulationen sichtbar dargestellt werden.

Hinweis: In /EN ISO 9241-16: 1999/ wird die »Dialogführung mittels direkter Manipulation« ausführlich dargestellt, einschließlich der Möglichkeiten der Evaluation.

Ein Ziel der direkten Manipulation besteht darin, die Anzahl der verschiedenen Funktionen gering zu halten. Dies erreicht man auch dadurch, dass man Funktionen über mehrere Anwendungsbereiche hinweg konsistent verwendet. Solche Funktionen nennt man **generische Funktionen**. Sie haben für verschiedene Anwendungen die gleiche Bezeichnung, die gleiche Semantik und die gleiche Bedienung. Beispiele für solche Funktionen sind Kreieren, Bewegen, Kopieren, Löschen, Drucken. Abb. 2.21-8 gibt einen Überblick über generische Funktionen der direkten Manipulation. Tab. 2.21-5 stellt die Vor- und Nachteile der direkten Manipulation gegenüber.

generische Funktion

Abb. 2.21-8: Generische Funktionen der direkten Manipulation

Funktion	Bedienung	Reaktion	Beispiel
Selektion eines Objekts	Einfacher Mausklick auf das Objekt	z.B. invertierte Darstellung	
Bewegen eines Objekts	Objekt selektieren, mit gedrückter Maustaste zum Zielort bewegen, Maustaste loslassen	Objekt folgt der Mausbewegung	Brief Meyer → Brief Meyer
Kopieren eines Objekts	Objekt zum Kopieren selektieren und auf einen Behälter ziehen	Kopie des Quell-Objekts erscheint	Brief Meyer → Kopie Brief Meyer
Ablage eines Objekts	Objekt selektieren, auf einen Behälter für andere Objekte bewegen	Objekt erscheint im Behälter, d.h. in einer anderen Hierarchieebene	Brief Meyer →
Löschen eines Objekts	Objekt selektieren und auf Papierkorb bewegen	Objekt verschwindet, Papierkorb-Piktogramm ändert sich	Brief Meyer → Brief Meyer Papierkorb
Kreieren eines Objekts	Objektschablone selektieren und in Behälter bewegen	Neues Objekt erscheint im Behälter	Briefschablone → neuer Brief
Drucken eines Objekts	Objekt selektieren und auf Druckersymbol bewegen	Objekt verschwindet, Drucker-Piktogramm ändert sich	Brief Meyer → Brief Meyer Laserdrucker
Aktivieren eines Objekts	Doppelklick auf Objekt	Anwendung wird gestartet	

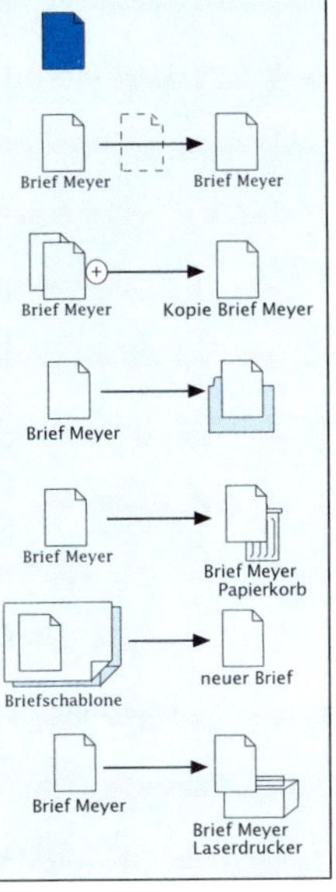

Delegation (Anti-WIMP)

Die direkte Manipulation erfordert, dass der Benutzer in jede Aktion eingebunden ist. Manchmal will der Benutzer aber nicht wissen, was alles zu tun ist. Er will die durchzuführenden Aktivitäten delegieren. Beispielsweise übernehmen heute Installationsprogramme das Installieren und Deinstallieren von Software, so dass der Benutzer

Tab. 2.21-5: Direkte Manipulation: Pro und Contra

- ⊞ Anfänger können die Benutzung des Systems sehr schnell erlernen, in der Regel durch eine Demonstration eines erfahreneren Benutzers.
- ⊞ Gelegenheitsbenutzer können die wesentlichen Begriffe und Bedienungsoperationen behalten.
- ⊞ Der Benutzer kann direkt sehen, ob seine Eingaben zu dem gewünschten Ergebnis führen, und er kann Änderungen vornehmen.
- ⊞ Die Benutzung des Systems ist überwiegend angstfrei, da sich das System für den Benutzer verständlich darstellt und die Aktionen umkehrbar sind.
- ⊞ Der Benutzer gewinnt rasch Selbstvertrauen und Kompetenz, da er die Initiative ergreift, Kontrolle über das System ausübt und das Systemverhalten für ihn vorhersagbar wird.
- ⊞ Generische Funktionen werden über verschiedene Anwendungen hinweg konsistent gehandhabt.
- ⊞ Generische Funktionen erfordern nur die Kenntnis einer geringen Anzahl von Bearbeitungsregeln.

Die ersten beiden Vorteile können auch für ein konventionelles Menüsystem zutreffen.

- ⊟ Eine größere Sequenz von Teilhandlungen kann häufig nicht vollständig im Voraus festgelegt werden und vorwärtskontrolliert ausgeführt werden.
  Dadurch können der langfristige Übungsfortschritt und die Effizienz von Experten beeinträchtigt werden.
- ⊟ Hoher konzeptioneller Entwicklungsaufwand und hoher Aufwand für die Detailgestaltung.
  Es müssen eine aufgabenkompatible, handlungsdirekte und konsistente Modellwelt und Arbeitsoberfläche mit grafisch-räumlichen Aktionen und Darstellungen der Objektmanipulation konzipiert und gestaltet werden.
- ⊟ Viele generische Funktionen können zu Effizienzverlusten führen, da komplexere Funktionen aus einfachen generischen Funktionen zusammengesetzt werden müssen. Außerdem erfordert dies einen höheren Planungsaufwand.

nicht selbst die Dateien in entsprechende Verzeichnisse kopieren muss.

Sehen und Zeigen (WIMP)
Der Benutzer interagiert mit dem Computersystem, indem er auf sichtbare Objekte zeigt. Dadurch verliert man die Möglichkeit, über Objekte zu sprechen, die momentan nicht sichtbar sind oder noch nicht existieren oder unbekannt sind.

Beispiele

- Alle Dateien, die älter als drei Wochen sind.
- Alle Mitteilungen, die in Zukunft von meinem Kollegen Meyer kommen.
- Alle Restaurantführer, die Restaurants im Ruhrgebiet enthalten.

Beschreiben und Befehlen (Anti-WIMP)
Die Erweiterung der Mensch-Computer-Interaktion um Sprachanweisungen erlaubt es, ein mächtiges Vokabular zu verwenden. Außerdem können die grundlegenden linguistischen Strukturen wie Bedingungen verwendet werden. Der Einsatz von Sprache erlaubt es auch, Objekte zu referenzieren, die momentan *nicht* sichtbar sind.

»Informiere mich, wenn eine neue Mitteilung von Schulz eintrifft«.

Beispiel

Die Interaktion sollte *nicht* nur auf Sprache beruhen. Auch wird kein voller natürlicher Sprachumfang gefordert. Die Kombination von Sprache, Beispielen und Zeigeoperationen erhöht die Ausdruckskraft bei der Interaktion. Der Computer sollte Synonyme verstehen, eine relativ einfache Sprachsyntax beherrschen und tolerant auf Eingabefehler reagieren: eine »Pidgin«-Sprache für Computer.

Pidgin = Mischsprache, deren Kennzeichen vor allem eine stark reduzierte Morphologie der Zielsprache ist

Verschiedenheit (Anti-WIMP)
In der realen Welt haben Menschen *keine* Probleme, zwischen Bleistiften, Kugelschreibern und Füllern zu unterscheiden. Sie sind ähnlich genug, um sie als Schreibgeräte wahrzunehmen, obwohl sie sich in ihrem Erscheinungsbild und ihrer Funktionalität leicht unterscheiden. Hochauflösende Bildschirme erlauben es heute, Objekte detaillierter und feiner darzustellen, so dass die Notwendigkeit der vollständigen Konsistenz aufgegeben werden kann. Zu beachten ist, dass Konsistenz *nicht* symmetrisch ist. Während Objekte mit ähnlicher Funktionalität *kein* konsistentes Aussehen haben müssen, ist es umgekehrt jedoch wichtig, dass Objekte mit ähnlichem Aussehen ein ähnliches Verhalten besitzen sollen.

WYSIWYG (WIMP)
»What You See Is What You Get« bedeutet, dass ein Dokument ausgedruckt exakt so aussieht, wie es auf dem Bildschirm dargestellt ist. WYSIWYG nimmt an, dass es nur eine sinnvolle Informationsrepräsentation gibt: die des endgültig gedruckten Dokuments.

Bedeutungsrepräsentation (Anti-WIMP)
In vielen Fällen ist es sinnvoll, eine unterschiedliche Repräsentation bei der Erstellung eines Dokuments zu verwenden. Beispielsweise will man Formatierungsmerkmale oder Begrenzungslinien sehen. Abgesehen von der Erstellung eines Dokuments sollte elektronische Information modularisiert sein und in einer Form präsentiert werden, damit Benutzer nur das lesen müssen, was sie interessiert. Ein Stück Information sollte auf verschiedenen Ebenen und möglicherweise in unterschiedlichen Perspektiven präsentierbar sein.

Benutzersteuerung (WIMP)
Ein WIMP-Glaubensbekenntnis ist es, dass der Benutzer – *nicht* der Computer – die Anwendung steuert. Er soll die Initiative besitzen und die Aktionen steuern und kontrollieren. Der Nachteil der Benutzersteuerung besteht darin, dass der Benutzer steuern *muss*, auch wenn er *nicht* will. Verbunden mit diesem Prinzip ist »wahrgenommene Stabilität«, d.h. die Bedienungsoberfläche ändert sich *nicht* ohne den Benutzer.

Gemeinsame Steuerung (Anti-WIMP)

Abschnitt 2.25.2

Auf Computersystemen gibt es viele Aktivitäten, die der Benutzer *nicht* steuern will oder nicht weiß, wie er sie steuern soll. Dies ist das Aufgabengebiet von »Software-Agenten« und »Dämonen«. Diese Programme halten »Wache«, übernehmen Routineaufgaben und wissen, wie komplexe Aufgaben auszuführen sind.

Beispiel *Microsoft Word* **a** Reduzierte Menüs

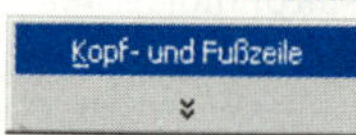

b Volle Menüs

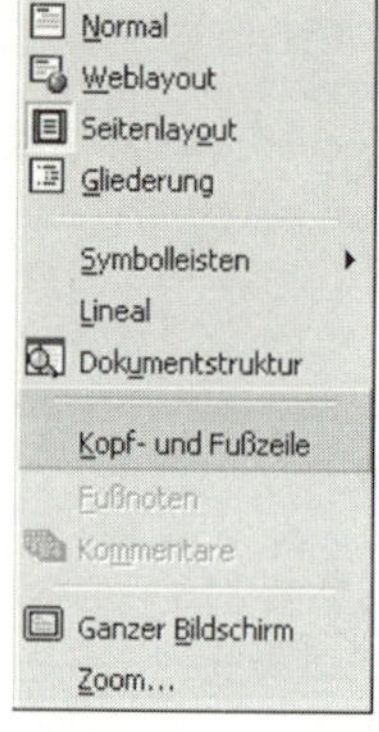

Volle Benutzersteuerung ist heute nur auf nicht vernetzten Computersystemen möglich. In vernetzten Systemen ist der Benutzer nicht der einzige Akteur. Es ist gerade ein Vorteil vernetzter Systeme, dass neue Informationen erscheinen, ohne dass der einzelne Benutzer etwas tun muss. Löst man sich vom Prinzip der »wahrgenommenen Stabilität«, dann kann das Computersystem die Benutzungsoberfläche von Zeit zu Zeit so ändern, dass der Benutzer nur das sieht, was er ständig benutzt. Dadurch findet er sich besser zurecht und wird nicht von zuviel Funktionalität überwältigt (siehe Marginalspalte).

Rückkopplung und Dialog (WIMP)

Die Mensch-Computer-Schnittstelle soll dem Benutzer eine klare und sofortige Rückmeldung auf jede Aktion geben, die vom Benutzer initiiert wurde. Dieses Prinzip ist eng verbunden mit dem Prinzip der Benutzersteuerung. Wenn der Benutzer jede einzelne Aktion steuert, dann benötigt er eine detaillierte Rückkopplung.

System erledigt Details (Anti-WIMP)

nächster Abschnitt

Wenn eine Sequenz von Anweisungen an einen »Software-Agenten« delegiert oder in ein »Skript« eingekapselt wird, dann besteht keine Notwendigkeit für eine detaillierte und kontinuierliche Rückkopplung. Der Benutzer wird solange *nicht* belästigt, bis das System auf ein Problem trifft, das es nicht selbst lösen kann: »*no news are good news*«.

Vergebung (WIMP)

Das Vergebungs-Prinzip, besser bekannt als »*Undo/Redo*«-Prinzip, besagt, dass Benutzeraktionen generell reversibel sein sollen, d.h. rückgängig gemacht werden können. Der Benutzer muss außerdem gewarnt werden, wenn er etwas tun will, das zu einem irreversiblen Datenverlust führt. Aber auch dieses Prinzip kann Nachteile mit sich bringen.

Beispiel

Der Benutzer will auf dem Macintosh eine Datei auf eine Diskette kopieren, die nicht genügend freien Speicherplatz besitzt. Es gibt eine Fehlermeldung, dass der Speicherplatz nicht ausreicht und die Empfehlung, Platz zu schaffen. Werden einige Dateien gelöscht und der Kopierversuch wiederholt, dann gibt es die Fehlermeldung, dass nicht genügend Speicherplatz vorhanden ist, es sei denn, der Papierkorb wird geleert. In solchen Fällen ist das Prinzip »Vergebung« lästig.

Modelliert Benutzeraktionen (Anti-WIMP)

Ein Computersystem sammelt heute in der Regel *keine* Informationen über die Interaktions-Historie. Eine *zustandslose* Mensch-Computer-Interaktion ist dann dazu »verdammt«, unpassende Meldungen auszugeben, da die Benutzeraktion nicht in Bezug zu früheren Empfehlungen des Computersystems in Beziehung gesetzt werden kann. Es ist daher nötig, dass das Computersystem ein Modell der Benutzerinteraktionen und der Interaktionshistorie aufbaut. Abschnitt 2.25.1.4

Ästhetische Integrität (WIMP)

Dieses Prinzip besagt, dass das grafische Design der Oberfläche einfach, »sauber«. und konsistent sein soll. Bildschirme sollen visuell angenehm und leicht zu verstehen sein. Ein Teil dieser Anforderungen kommt von den begrenzten Möglichkeiten gestriger Computersysteme.

Grafische Vielfalt (Anti-WIMP)

Durch das Internet überschreitet die persönliche Computer-Welt den eigenen elektronischen Schreibtisch.

Eine Stadt wird nicht durch einen einzigen Architekten entworfen. Es entsteht kein konsistentes visuelles Erscheinungsbild. Sonst wäre es auch schwierig, sich in einer solchen Stadt zurechtzufinden, langweilig wäre sie ebenfalls.

Analog gibt es im Internet eine Vielfalt visueller Entwürfe, die die Computerwelt interessanter, einprägsamer und begreifbarer machen. Mit grafischer Vielfalt ist *nicht* vollständige Anarchie gemeint. Ein Hilfedruckknopf sollte in einer Anwendung oder einer Web-Präsentation *nicht* an 20 verschiedenen Stellen und in fünf verschiedenen Darstellungsformen erscheinen. Auf der anderen Seite können im Internet *nicht* alle Objekte gleich aussehen. Völlig einheitliche Bedienungsoberflächen sind »grau« und langweilig und erhöhen das Risiko, sich im »*Cyberspace*« zu verirren.

Grafische Vielfalt dagegen ist aufregender. Die Gebrauchstauglichkeit nimmt zu, da es für den Benutzer einfacher ist, mit einer Vielfalt von Objekten umzugehen und sich an den verschiedenen »Orten« im »*Cyberspace*« zurechtzufinden.

Nichtmodalität (WIMP)

Nichtmodale Interaktion bedeutet, dass es keine Modi, d.h. keine Bedienungszustände, gibt, die die Aktionen des Benutzers einschränken, in Abhängigkeit von dem Modus, in dem er ist. Benutzer sollen jede Aufgabe zu jeder Zeit ausführen können. Abschnitt 2.22.1

Das Problem der Nichtmodalität ist, dass ein Benutzer nicht mit allem auf einmal fertig werden kann. Die Benutzungsoberfläche soll vielmehr seine Aufmerksamkeit und seine Alternativen einengen, so dass er die jeweils benötigten Informationen und Aktionen findet.

Wirkliches Leben ist sehr modal: Was wir im Schwimmbad tun können ist sehr verschieden von dem, was wir in der Küche tun können.

Umfangreiche Hilfestellung (Anti-WIMP)

Kapitel 2.25 Damit der Benutzer sich in einem Aufgabenumfeld besser zurechtfindet, sollte er eine umfangreichere Hilfestellung und Führung vom System erhalten. Die Benutzungsoberflächen heutiger Anwendungen sind im Allgemeinen für gute Erlernbarkeit entworfen. Oft gibt es jedoch einen Konflikt zwischen Erlernbarkeit auf der einen Seite und Bedienbarkeit, Mächtigkeit und Flexibilität auf der anderen Seite.

Experten, *power user*

Je mehr die Generation den Computer bedient, die mit ihm aufgewachsen ist, desto einfacher ist es, mit ausdrucksstarken Oberflächen umzugehen und die Wünsche zu formulieren.

WIMP Die aufgeführten WIMP-Prinzipien verstärken sich wechselseitig, so dass es schwer ist, einige zu ändern, ohne die anderen zu tangieren.

Anti-WIMP Die neuen Anti-WIMP-Prinzipien verstärken sich ebenfalls gegenseitig. Sie sind für die Benutzer und die Daten optimiert, die in Zukunft dominierend sein werden: Benutzer mit extensiver Computererfahrung, die eine große Anzahl komplexer Informationsobjekte manipulieren wollen, während sie mit einer Vielzahl anderer Benutzer und Computer vernetzt sind.

Die Autoren Don Gentner und Jakob Nielson schließen 1996 ihren Artikel mit folgendem Resümee:

Resümee

»Today's standard WIMP interfaces are fairly well suited to current hardware and software capabilities. ... the challenge for application and interface designers is to take advantage of the coming computing power to move the computer-human interface to a new plateau.«

Dem ist nichts hinzuzufügen.

2.21.4 Interaktion zwischen Anwendungen

Um Aufgaben am Arbeitsplatz zu lösen, ist es oft erforderlich, mehrere Anwendungen kombiniert einzusetzen. Für den kombinierten Einsatz kann es notwendig sein,

- Daten zwischen den Anwendungen gelegentlich auszutauschen,
- Anwendungen eng zu koppeln mit definierten Datenabgleichvolumina und definierten Abgleichbedingungen.

Die Bandbreite dieser Anforderungen wird zur Zeit durch sechs Interaktionsmechanismen zwischen Anwendungen unterstützt:

- Zwischenablage *(clipboard)*,
- Dynamischer Datenaustausch *(dynamic data exchange DDE) (Windows-spezifisch)*,
- Objektverbindung und -einbettung *(object linking and embedding OLE) (Windows-spezifisch)*,
- Ziehen und Ablegen *(drag and drop)*,
- Einsatz einer Skript-Sprache *(scripting)*,
- Transparente Kopplung von Anwendungen.

Die wichtigsten Charakteristika der ersten drei Interaktionsmechanismen sind in Abb. 2.21-9 zusammengestellt. Den DDE-Mechanismus gibt es noch, er wird aber *nicht* mehr weiterentwickelt. Neue Anwendungen brauchen DDE nicht mehr zu unterstützen.

Abb. 2.21-9a: Mechanismen zur Interaktion zwischen Anwendungen

Zwischenablage *(clipboard)*
Charakteristika:
Gemeinsamer, globaler Speicherbereich; von jeder Anwendung aus ansprechbar.
Jede Anwendung kann Daten dort ablegen: Ausschneiden bzw. Kopieren *(cut, copy)*.
Jede Anwendung kann auf vorhandene Daten zugreifen: Einfügen *(paste)*.
Der Benutzer kann die abzulegenden Daten mit dem Mauszeiger markieren.

- ⊞ Jede Anwendung kann die Zwischenablage unterstützen.
- ⊞ Anwender hat volle Kontrolle, was in die Zwischenablage gelangt. Umständliche Bedienung.
- ⊟ Keine Schutzmechanismen (abgelegte Daten werden ohne Warnung überschrieben).
- ⊟ Transfer ist statisch (keine Verbindung zwischen Originaldaten und Kopie).
- ⊟ Speicherbare Datenformate sind nur rudimentär festgelegt.

Einsatzbereich:
Wenn der Benutzer zwischen zwei geöffneten Fenstern eine begrenzte Menge an Daten austauschen will und das Datenvolumen bestimmen kann.

Dynamischer Datenaustausch DDE
Charakteristika:
Eine *Server*-Anwendung kommuniziert über ein einfaches, nachrichtenbasiertes Protokoll mit einer *Client*-Anwendung. Die Verbindung *(link)* wird über die *Client*-Anwendung initiiert. Beide Partner müssen sich über ein Datenformat einigen, bevor der Datentransfer beginnen kann. Er wird dann von beiden Anwendungen gesteuert. Daten können in jede Richtung ausgetauscht werden. Beide Anwendungen müssen gleichzeitig aktiv sein.

»kalte Verbindung«:	einmaliger Datenaustausch.
»heiße Verbindung«:	dauerhafte Verbindung, bei der die *Client*-Anwendung vor jeder Änderung der Daten durch den *Server* benachrichtigt wird.
»warme Verbindung«:	Der *Client* entscheidet, ob er nach einer Benachrichtigung durch den *Server* die Daten tatsächlich »abholt«.

Auslösung:
- Manuelle Verknüpfung durch den Benutzer.
- Automatisches Aktualisieren ohne Einwirkung des Benutzers.

- ⊞ Dynamische Aktualisierung möglich.
- ⊞ Automatische Aktualisierung möglich.
- ⊞ Vielseitiges Protokoll.
- ⊟ Keine volle Kontrolle des Datenaustauschs durch den Benutzer.

Einsatzbereich:
Eine Anwendung verwendet Daten aus einer anderen Anwendung, die sich im Zeitverlauf ändern.

Objektverbindung und -einbettung OLE 2
Charakteristika:
Ein Verbund-Objekt kann Objekte enthalten, die mit verschiedenen Anwendungen erzeugt werden *(Server-*Anwendungen). Jedes Objekt innerhalb des Verbund-Objekts ist mit der Anwendung, die es manipulieren kann, verknüpft. Wird ein solches Objekt selektiert, dann wird die damit verknüpfte Anwendung automatisch aktiviert.
Zwei Verknüpfungsarten:
Einbetten *(embedding)* eines Objekts in ein Verbund-Objekt:

- Ein neues oder bereits vorhandenes Objekt wird als physikalische Kopie in das Verbund-Objekt eingefügt.
- Änderungen durch die *Server*-Anwendung betreffen nur die physikalische Kopie. Andere Verbund-Objekte, in die das Objekt eingebettet wurde, bleiben unverändert.

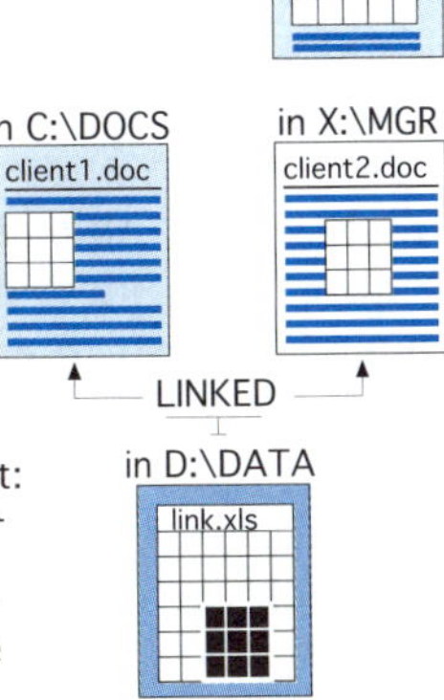

***Abb. 2.21-9b:* Mechanismen zur Interaktion zwischen Anwendungen**

Verbinden *(linking)* eines Objekts:
- Eintrag eines Verweises auf die Datei, die das Objekt enthält.
- Änderungen durch die *Server*-Anwendung werden in allen Verbund-Objekten wirksam, in denen das geänderte Objekt referenziert wird.

Die *Client*-Anwendung, die das Verbund-Objekt kontrolliert, muß das Datenformat eines verknüpften Objekts nicht kennen. Zu jedem verknüpften Objekt wird der Name der *Server*-Anwendung gespeichert.
- ⊞ Ermöglicht im Vergleich zu DDE eine weitergehende Kommunikation.
- ⊞ Eine interne Kommunikationsverbindung wird erst dann aufgebaut, wenn dies erforderlich ist.
- ⊞ Automatische Aktualisierung des Verbund-Objekts bei erneutem Aufruf (Prüfung, ob eingebettete Objekte geändert wurden).

Einsatzbereich:
Einsatzgebiete, bei denen ein Verbund-Objekt Objekte anderer Anwendungen enthalten muss (*desktop publishing*, Multimedia). Einsatzgebiete, bei denen Änderungen eines Objekts in vielen anderen Verbund-Objekten nachgezogen werden müssen.

Beispiele Zwischenablage

In einen neuen Brief soll ein Absatz aus einem vorhandenen Brief übernommen werden. Der Benutzer kopiert den vorhandenen Absatz in die Zwischenablage und fügt ihn aus der Zwischenablage in den neuen Brief ein.

DDE

Ein Benutzer hat standardmäßig sein Terminverwaltungsprogramm aktiviert. Dort sind auch die Faxnummern seiner Kunden gespeichert. Will er ein Fax versenden, dann soll die entsprechende Faxnummer automatisch in die Faxanwendung übertragen werden. Dies kann durch eine DDE-Verbindung geschehen.

OLE

Ein Verkaufsleiter präsentiert monatlich seine Verkaufsergebnisse der Geschäftsführung. Er hat dafür eine Dia-Präsentation auf dem Computer erstellt. Diese Präsentation enthält Grafiken, Tabellen, Text und Bilder. Die Grafiken und Tabellen benötigen die aktuellen Verkaufsdaten aus einer Datenbank. Über OLE mit verbundenen und eingebetteten Objekten kann diese Anwendung realisiert werden.

Ziehen und Ablegen

Die Zwischenablage stellt einen Umweg beim Datenaustausch dar. Durch »Kopieren« bzw. »Ausschneiden« »verschwinden« die Daten in einer für den Benutzer unsichtbaren Senke und werden mittels »Einfügen« in der Zielanwendung wieder sichtbar.

Neuere Anwendungen unterstützen daher zusätzlich das direkte »Ziehen und Ablegen« von Objekten zwischen Anwendungen. Der Benutzer markiert ein Objekt (z.B. einen Textblock oder ein grafisches Element) in einem Fenster der Quellanwendung und zieht es mit der Maus in ein Fenster der Zielanwendung, wo er es »fallen« lässt.

Welche Objekte zum Verschieben ausgewählt werden können, hängt natürlich von der Quellanwendung ab. Die Zielanwendung sollte dem Benutzer schon während des Ziehens eine Rückmeldung darüber geben, was ein »Fallenlassen« des Objekts bewirken würde. Wird z.B.

ein Textblock aus einem Textdokument in ein anderes gezogen, sollte mit der Bewegung der Maus im Zieldokument der *Cursor* mitwandern. Der Benutzer kann dann genau abschätzen, an welcher Stelle der verschobene Textblock eingefügt wird. Wenn die Zielanwendung das Format des einzufügenden Objekts nicht kennt, muss dies ebenfalls angezeigt werden.

Protokolle für »Ziehen und Ablegen« zwischen Anwendungen gibt es für alle modernen GUI-Systeme.

Einsatz einer Skript-Sprache

Durch Einsatz einer Skript-Sprache ist es möglich, Interaktionen zwischen Anwendungen zu »programmieren«. Außerdem kann der Benutzer damit individuelle Anpassungen von Anwendungen an seine persönlichen Wünsche vornehmen.

Die Idee zu Skript-Sprachen stammt ursprünglich von dem Betriebssystem UNIX. Dort ist es seit jeher üblich, viele kleine Werkzeuge wie z.B. *find, more* oder *grep* durch so genannte *Pipes* miteinander zu kombinieren oder in Form von *Shell-Scripts* eigene Programme zu schreiben. Sie realisieren meist eine spezielle Funktionalität und stellen aus verschiedenen Standard-Werkzeugen die benötigten Funktionen zusammen. Auch Stapel-Dateien unter MS-DOS arbeiten nach dieser Philosophie.

Während unter UNIX die Grundlage für *Scripts* kleine, nur für eine bestimmte Aufgabe konzipierte Werkzeuge bzw. Programme sind, gibt es auf *Windows*- und Mac-Plattformen große Anwendungspakete mit einer Fülle von Funktionen. Um auch hier Skript-Sprachen einsetzen zu können, müssen die Anwendungen ihre Funktionen offen legen. Man spricht davon, dass sich die Anwendung »fernsteuern« lässt. Für den Macintosh gibt es mit ***Apple-Script*** schon lange eine Skript-Sprache. Für *Windows* wurde diese mit dem ***Windows Scripting Host*** (WSH) erst recht spät eingeführt. Er steht ab dem Internet Explorer 5 bzw. ab *Windows 98* automatisch zur Verfügung. Die folgenden Ausführungen beziehen sich auf *Scripting* unter *Windows*.

Die oben erwähnte Offenlegung der Funktionen erfolgt objektorientiert. Eine fernsteuerbare Anwendung stellt ihr **Objektmodell** – im objektorientierten Sinne handelt es sich um ein Klassenmodell – zur Verfügung. Dieser Begriff hat sich eingebürgert. Ein Skript erzeugt neue Objekte, manipuliert ihre Eigenschaften und kombiniert sie miteinander um seine Aufgabe zu erledigen. Das Objektmodell einer Anwendung führt in der Regel kaum neue Funktionen ein. Die in einem Skript nutzbaren Funktionen (dargestellt durch Eigenschaften und Operationen von Objekten) sind auch über die Benutzungsoberfläche der Anwendung verfügbar. Ein Skript fügt lediglich mehrere existierende Funktionen zu komplexen neuen zusammen.

Kapitel 3.10

Unter *Windows* ist es prinzipiell möglich, *Scripts* in einer beliebigen Programmiersprache zu schreiben, vorausgesetzt, es steht ein Interpreter für den WSH zur Verfügung. Standardmäßig stehen ***Visual Basic Script (VB-Script)*** und ***J-Script*** (die Microsoft-Variante von *Java Script)* zur Verfügung. In beiden Fällen stehen die *Scripts* in einfachen Textdateien, die aufgrund ihrer Endung als *Scripts* erkannt werden. Das Öffnen der Datei bewirkt den Start des Interpreters und die Ausführung des Programms.

Beispiel

Im Folgenden wird ein Beispiel für die Fallstudie »Seminarorganisation« angegeben. Dabei wird angenommen, sie sei *scripting*-fähig. Ein Dozent möchte morgens, wenn er seinen Computer einschaltet, sofort informiert werden, ob er heute ein Seminar zu leiten hat. Da das Programm SemOrg ihm diese Funktionalität *nicht* zur Verfügung stellt, realisiert er sie mit folgendem *Java-Script-Programm*, das er einfach in den Autostart-Ordner seines *Windows*-Systems kopiert.

```
//Seminarorganisation starten
var dieAnwendung = new ActiveXObject("SemOrg.Application")
//GUI nicht anzeigen
dieAnwendung.setVisible(false);
//Über alle Seminare laufen
var alleSeminare = dieAnwendung.getSeminare();
for(i in alleSeminare)
{   var sem   = alleSeminare[i]
    var name  = sem.getDozent().getName();
    var start = sem.getBeginn();
    var jetzt = new Date();
    if( Name == „Müller“ &&
        start.getYear()  == jetzt.getYear() &&
        start.getMonth() == jetzt.getMonth() &&
        start.getDate()  == jetzt.getDate() )
    {   alert( "Das Seminar " + sem.getBezeichnung() +
             " findet heute statt." );
    }
}
```

Transparente Kopplung von Anwendungen

Anwendungen, insbesondere wenn sie vom selben Hersteller stammen, teilen sich heute gemeinsame Komponenten. Ein gutes Beispiel ist eine Rechtschreibprüfung. Für den Benutzer ist *nicht* sichtbar, dass mehrere Anwendungen dieselbe Rechtschreibprüfung verwenden. Konzipiert eine Software-Entwicklungsabteilung mehrere Anwendungen, dann ist die transparente Kopplung mehrerer Anwendungen – unter Umständen auch mit bereits vorhandenen Anwendungen – von vornherein mit zu konzipieren. Auf diese Thematik wird in Kapitel 3.10 näher eingegangen.

Arbeitsoberfläche Teil einer grafischen →Benutzungsoberfläche, die dem Benutzer quasi als Ersatz für die Schreibtischoberfläche dient. Es können Objekte, Hilfsmittel, Geräte und Anwendungen auf ihr repräsentiert werden. Mit Hilfe der →direkten Manipulation können →generische Funktionen ausgeführt werden. Über → Fenster erfolgt die Kommunikation mit den Anwendungen.

desktop »elektronische« →Arbeitsoberfläche

Direkte Manipulation Bedienungsform, bei der analog zu einem physikalischen Vorgang Objekte mit der Maus auf der →Arbeitsoberfläche selektiert, bewegt und losgelassen werden *(pick, drag & drop)*. In Abhängigkeit von der Zielposition können dadurch Funktionen wie Kreieren, Löschen, Kopieren, Drucken und Verschieben realisiert werden (→generische Funktion).

Fenster Rechteckiger Bereich auf dem Bildschirm, der von Anwendungen zur Ein- und Ausgabe von Informationen und Kommandos benutzt wird.

Gebrauchstauglichkeit Grad, in dem ein Software-Produkt von einem Benutzer in seinem Nutzungskontext effektiv, effizient und zufriedenstellend eingesetzt werden kann, um festgelegte Ziele zu erreichen (→Software-Ergonomie).

Generische Funktion Funktion, die in verschiedenen Anwendungen die gleiche Bezeichnung, die gleiche Bedeutung und die gleiche Bedienung hat, z.B. Kopieren (→direkte Manipulation).

Gestaltungs-Regelwerk Legt unternehmensweit oder für bestimmte →GUI-Systeme Gestaltungsregeln für die →grafische Benutzungsoberfläche fest.

Grafische Benutzungsoberfläche Grafikbildschirm bestehend aus einer →Arbeitsoberfläche und →Fenstern, über die der Benutzer mit der Anwendungssoftware interagiert und kommuniziert.

graphical user interface →GUI

GUI →grafische Benutzungsoberfläche

GUI-System Software-System, das die →grafische Benutzungsoberfläche verwaltet und die Kommunikation mit den Anwendungen abwickelt.

icon →Piktogramm

look and feel Visuelles Erscheinungsbild und Bedienungseigenschaften einer →grafischen Benutzungsoberfläche.

Piktogramm Grafisch abstrakte Darstellung von Objekten, Funktionen, Anwendungen, Geräten, Hilfsmitteln und Prozessen auf dem Bildschirm.

Software-Ergonomie Menschengerechte Gestaltung eines Software-Arbeitsplatzes, d.h. der Anwendungssoftware und der →Arbeitsoberfläche.

style guide →Gestaltungs-Regelwerk

WIMP Akronym für ***W****indows*, ***I****cons*, ***M****enus*, ***P****ointer*; steht stellvertretend für die wichtigsten Gestaltungsprinzipien von Benutzungsoberflächen seit Einführung der Apple Lisa- und Macintosh-Computer 1983/84 (→Gestaltungs-Regelwerk).

Die Software-Ergonomie hat das Ziel, dem Benutzer in seinem Nutzungskontext ein gebrauchstaugliches Software-Produkt zur Verfügung zu stellen. Gebrauchstauglichkeit gliedert sich in die Kriterien: Effektivität, Effizienz und Zufriedenstellung. *Software-Ergonomie*

Generell ist davon auszugehen, dass jeder Benutzer eine individuelle Lernkurve bei der Benutzung eines Computersystems durchläuft. Grob vereinfacht lassen sich Anfänger, Gelegenheitsbenutzer und Experten unterscheiden, die verschiedene Anforderungen an die Software-Ergonomie haben.

Die Interaktion eines Benutzers mit einem Computersystem erfolgt heute über eine grafische Benutzungsoberfläche *(graphical user interface)*, abgekürzt oft GUI genannt. Eine solche Benutzungsoberfläche besteht aus einer »elektronischen« Arbeitsoberfläche *(desktop)*, auf der Piktogramme *(icons)* und Fenster angeordnet sind. *WIMP-Prinzipien*

Die Piktogramme repräsentieren (Daten-)Objekte, Anwendungen (mit ihren Funktionen), Geräte und Hilfsmittel. Die Fenster stellen die Benutzungsoberfläche der einzelnen Anwendungen dar. Generische Funktionen können mit Hilfe der direkten Manipulation ausgeführt werden.

Das *»look and feel«* einer Arbeitsoberfläche wird wesentlich durch die GUI-Systeme bestimmt, die eine Benutzungsoberfläche realisieren und die Kommunikation mit den Anwendungen abwickeln. Eine neuartige Schnittstelle ergibt sich für den Entwickler beim Einsatz eines *Web-Browsers* als Benutzungsoberfläche eines Software-Produkts.

Durch Gestaltungs-Regelwerke *(style guides)* der GUI-Hersteller soll eine anwendungsübergreifende einheitliche Bedienung sichergestellt werden. Unternehmensweite Gestaltungs-Regelwerke legen für ein Unternehmen fest, wie Anwendungen gestaltet werden sollen.

Diese heute allgemein anerkannten und teilweise durch Normen festgelegten Gestaltungsprinzipien lassen sich durch das Akronym WIMP charakterisieren: *Windows, Icons, Menus, Pointer.*

Anti-WIMP-Prinzipien

Da viele der Voraussetzungen, für die die WIMP-Prinzipien Anfang der 80er Jahre entwickelt wurden, heute nicht mehr oder nur noch teilweise zutreffen, wurden Vorschläge für neue – oft gegensätzliche – Prinzipien gemacht (Anti-WIMP-Prinzipien):

- Realität *statt* Metapher,
- Delegation *statt* Direkte Manipulation,
- Beschreiben und Befehlen *statt* Sehen und Zeigen,
- Verschiedenheit *statt* Konsistenz,
- Bedeutungsrepräsentation *statt* WYSIWYG,
- Gemeinsame Steuerung *statt* Benutzersteuerung,
- System erledigt Details *statt* Rückkopplung und Dialog,
- Modellierung von Benutzeraktionen *statt* Vergebung,
- Grafische Vielfalt *statt* Ästhetische Integrität,
- Umfangreichere Hilfestellung *statt* Nichtmodalität.

Interaktion zwischen Anwendungen

Durch die GUI-Systeme wird weitgehend festgelegt, wie die Interaktion zwischen Anwendungen erfolgen kann. Verfügbar sind heute folgende Interaktionsmechanismen:

- Zwischenablage *(clipboard)*,
- Ziehen und Ablegen *(drag and drop)*,
- DDE,
- OLE,
- Einsatz einer Skript-Sprache *(scripting)*,
- Transparente Kopplung von Anwendungen.

Der Software-Ergonom muss bei der Gestaltung eines Software-Arbeitsplatzes also arbeitswissenschaftliche Gestaltungsziele mit den technischen Möglichkeiten und Einschränkungen des oder der verwendeten GUI-Systeme in Einklang bringen und den Nutzungskontext des Benutzers berücksichtigen.

Zitierte Literatur

/Apple 85/
Apple Computer, *The Macintosh user interface guidelines*, in: Inside the Macintosh, Cupertino: Apple Computer, 1985.

/cz 98/
ISO-Norm stellt die Anwender bei der Projektentwicklung in den Mittelpunkt, in: Computerzeitung, 23. Juli 1998, S. 15.

/DIN ISO 9126/
Informationstechnik – Beurteilen von Softwareprodukten, Qualitätsmerkmale und Leitfaden zu deren Verwendung, Berlin: Beuth-Verlag, 1991.

/EN ISO 9241-1: 1997/
Ergonomische Anforderungen für Bürotätigkeiten mit Bildschirmgeräten, Teil 1: Allgemeine Einführung, Berlin: Beuth-Verlag, September 1997.

/EN ISO 9241-11: 1998/
Ergonomische Anforderungen für Bürotätigkeiten mit Bildschirmgeräten, Teil 11: Anforderungen an die Gebrauchstauglichkeit – Leitsätze, Berlin: Beuth-Verlag, Januar 1999.

/EN ISO 9241-16: 1999/
Ergonomische Anforderungen für Bürotätigkeiten mit Bildschirmgeräten, Teil 16: Dialogführung mittels direkter Manipulation, Berlin: Beuth-Verlag, März 2000.

/EN ISO 13407: 1997/
Benutzer-orientierte Gestaltung interaktiver Systeme, Entwurf, Berlin: Beuth-Verlag, Februar 1998.

/EN ISO 10075-1/
Ergonomische Grundlagen bezüglich psychischer Arbeitsbelastung, Teil 1: Allgemeines und Begriffe, Entwurf, Berlin: Beuth-Verlag, September 1996.

/Gentner, Nielson 96/
Gentner D., Nielson J., *The Anti-Mac Interface*, in: CACM, August 1996, S. 70–82.

/MS 91/
The Windows Interface – An Application Design Guide, Redmond: Microsoft Corporation, 1991.

/MS 95/
The Windows Interface Guidelines for Software Design, Redmond: Microsoft Corporation, 1995.

/OSF 91/
Open Software Foundation, OSF/Motif Style Guide Revision 1.1, Englewood Cliff: Prentice Hall, 1991.

/Richtlinie 89/391/EWG/
Richtlinie des Rates vom 29. Mai 1990 über die Mindestvorschriften bezüglich der Sicherheit und des Gesundheitsschutzes bei der Arbeit an Bildschirmgeräten, in: Amtsblatt der Europäischen Gemeinschaften 21.6.90.

/Shneiderman 79/
Shneiderman B., *Human factors experiments in designing interactive systems*, in: Computer, Vol. 12, 1979, S. 9.

/Sun 90/
Sun Microsystems, *Open Look: Graphical User Interface Application Style Guidelines*, Reading: Addison-Wesley, 1990.

Analytische Aufgaben

Muss-Aufgabe
10 Minuten

1 *Lernziel: Die direkte Manipulation mit ihren Eigenschaften und generischen Funktionen beschreiben können.*
Um in einem Grafikprogramm ein Rechteck zu vergrößern, geht man wie folgt vor: Zunächst wird das zu vergrößernde Rechteck markiert. Dann wählt man in einem Menü die gewünschte Funktion und gibt den Vergrößerungsfaktor an.

a Handelt es sich bei dieser Art von Bedienung um direkte Manipulation? Begründen Sie Ihre Antwort.

b Wie sähe der Vorgang »Vergrößern eines Rechtecks« unter Verwendung der direkten Manipulation aus?

Muss-Aufgabe
10 Minuten

2 *Lernziel: Die Interaktions-Mechanismen Zwischenablage, DDE, OLE und Skripting an Beispielen erläutern können.*
In den folgenden Beispielen müssen Daten zwischen verschiedenen Anwendungen ausgetauscht werden. Begründen Sie kurz, warum sich der jeweils vorgeschlagene Mechanismus gut oder weniger gut eignet und welcher Mechanismus eventuell besser geeignet ist.

a Sie wollen eine Bitmap-Grafik in einen Text einfügen. Die Grafik muss nicht mehr verändert werden (Einbettung).
b Sie müssen in einem längeren Text die ersten drei Seiten an das Ende des Textes verschieben (Verknüpfung).
c Für die Erstellung des Quartalsberichts Ihres Arbeitgebers erstellen Sie mit Hilfe eines Tabellenkalkulationsprogramms eine Tabelle. Diese wird in einen Text eingebunden, der für jeden Quartalsbericht im Wesentlichen gleich bleibt (Verknüpfung).
d Ein Benutzer möchte Grafiken aus seinem Zeichenprogramm in ein Textverarbeitungsprogramm übernehmen. Die Zeichnungen sind noch nicht komplett fertiggestellt und sollen parallel zur Entstehung des Textes überarbeitet werden. Textprogramm und Zeichenprogramm sind von verschiedenen Herstellern und unterscheiden sich in ihrer Bedienung wesentlich (Einbettung).

Klausur-Aufgabe
20 Minuten

3 *Lernziel: Die aufgeführten WIMP- und Anti-WIMP-Gestaltungsprinzipien erläutern und bei eigenen Gestaltungen berücksichtigen können.*
Im Folgenden werden einige Beispiele für Anwendungen und die jeweils gewählte Philosophie für die Benutzungsoberfläche aufgeführt. Begründen Sie, warum die Wahl richtig oder falsch ist.

a EFA – Elektronische Fahrplanauskunft (WIMP-Benutzungsoberfläche)
b Navigationssystem im PKW (Anti-WIMP-Benutzungsoberfläche)
c Programm zur Erfassung von Buchungen bei einem Steuerberater (Anti-WIMP-Benutzungsoberfläche)
d Handy (WIMP-Benutzungsoberfläche)
e Bildbearbeitungsprogramm auf dem PC (Anti-WIMP-Benutzungsoberfläche)

Konstruktive Aufgaben
Muss-Aufgabe
10 Minuten

4 *Lernziel: Die Interaktions-Mechanismen Zwischenablage, DDE, OLE und Skripting an Beispielen erläutern können.*
Beschreiben Sie, auf welche Weise zwischen einem Ihnen bekannten Textverarbeitungssystem und einem Tabellenkalkulationsprogramm eine OLE-Verknüpfung hergestellt werden kann. Das Tabellenkalkulationsprogramm soll dabei als *Server* agieren.

Muss-Aufgabe
10 Minuten

5 *Lernziel: »Gebrauchstauglichkeit« bei der Gestaltung von Mensch-Computer-Schnittstellen berücksichtigen können einschließlich der Vornahme entsprechender Ergänzungen im Pflichtenheft.*
In Abschnitt 2.21.2 (Gestaltungs- und Bewertungskriterien) werden am Beispiel eines Geschäftsprozesses der Seminarorganisation (siehe auch Anhang B) Maße für die Gebrauchstauglichkeit des Produkts in Bezug auf diesen Geschäftsprozess aufgestellt.
Stellen Sie analoge Maße für die Gebrauchstauglichkeit von »/LF20/ Geschäftsprozess: Buchen: Von Anmeldung bis Buchung« auf.

Hinweis Weitere Aufgaben befinden sich auf der CD-ROM 1. 

2 Die Definitionsphase – Software-Ergonomie (Dialoggestaltung 1)

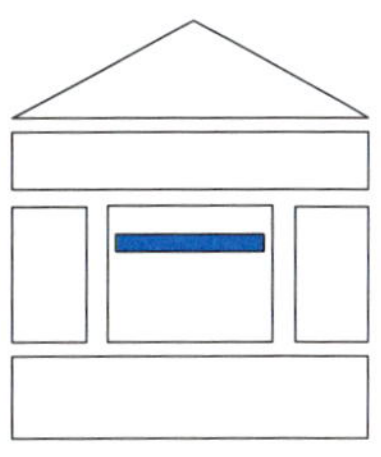

- Anwendungen klassifizieren und ihre Eigenschaften aufzählen können.
- Alle Elemente, die für eine Dialoggestaltung benötigt werden, aufzählen und mit ihren Eigenschaften erklären können.
- Die beschriebenen Dialogarten und Dialogmodi aufzählen und ihre jeweiligen Eigenschaften erklären können.
- Eigenschaften von Fenstern und *Web-Browsern* einschließlich ihrer Funktionalität darstellen können.
- Menüs und Kommandos einschließlich ihrer Eigenschaften, ihrer Einsatzbereiche, ihrer Arten, ihrer Funktionsweise und ihrer Gestaltungsregeln erläutern können.
- Möglichkeiten zur Beschleunigung der Menüauswahl aufzählen können.
- Kriterien für die Namensauswahl kennen und erläutern können.
- Möglichkeiten zur Strukturierung, Orientierung und Navigation nennen und anhand von Beispielen erläutern können.

verstehen

- Für eine Anwendung geeignete Fenstertypen, Dialogarten, Dialogmodi, Menü- und Kommandoarten auswählen können.
- Für eine Anwendung geeignete Strukturen, Orientierungs- und Navigationsmöglichkeiten konzipieren können.
- Regeln für Abkürzungen kennen und anwenden können.

anwenden

- Das Kapitel 2.21 »Software-Ergonomie« muss bekannt sein.

2.22 Dialoggestaltung

Dialog

Ein **Dialog** ist eine Interaktion zwischen einem Benutzer und einem Dialogsystem, um ein bestimmtes Ziel zu erreichen /EN ISO 9241-10: 1996/. Für die **Dialoggestaltung** stehen verschiedene Elemente zur Verfügung:

- Dialogarten,
- Dialogmodi,
- Fenster und *Web-Browser,*
- Dialogtechniken,
- Strukturierungsarten,
- Orientierungsmöglichkeiten,
- Navigationsformen.

Die Kunst des Software-Ergonomen besteht nun darin, diese Dialogelemente so zu kombinieren, dass sie optimal auf den Nutzungskontext der Benutzerzielgruppe zugeschnitten sind.

»Dialogführung im Großen«

In den folgenden Abschnitten wird vorwiegend die »Dialogführung im Großen« behandelt, d.h. es wird überlegt, wie in einer Anwendung zwischen Fenstern hin und her gewechselt bzw. wie in einer Web-Anwendung zwischen verschiedenen Web-Seiten navigiert werden kann. Auf die »Dialogführung im Kleinen«, d.h., wie wird der Dialog innerhalb eines Fensters oder eines Bildschirmformulars gesteuert, wird in Kapitel 2.23 eingegangen. Die »Dialogführung mittels direkter Manipulation« wurde bereits in Kapitel 2.21 vorgestellt, da diese Art der Dialogführung in der Regel für »elektronische« Arbeitsoberflächen verwendet wird.

Web-Site

Im Folgenden wird oft von einer **Web-Anwendung** gesprochen. Damit ist gemeint, dass die Benutzungsoberfläche der Anwendung in einem *Web-Browser* angezeigt wird. Ich setze den Begriff Web-Anwendung gleich mit dem Begriff ***Web-Site***, der ursprünglich die Summe aller Web-Seiten eines Anbieters bezeichnete, heute aber auch im Sinne einer Web-Anwendung zu verstehen ist.

site = Platz, Ort, Stelle

Abschnitt 2.21.3

Während seit fast 20 Jahren über die WIMP-Gestaltungsprinzipien weitgehend Konsens bestand, ermöglichen heute die Vernetzung der Computersysteme und insbesondere das Internet die Anwendung neuer Gestaltungsprinzipien. Das Internet bietet neue Möglichkeiten, insbesondere erlaubt es völlig neuartige Anwendungen, bringt aber auch eine Reihe von technischen Einschränkungen mit sich, die die Dialoggestaltung wesentlich beeinflussen.

In Zukunft wird man davon ausgehen müssen, dass Oberflächen von Anwendungen zu einer der folgenden drei Kategorien gehören:

- Klassische Benutzungsoberfläche, z.B. Verwendung des *Windows*-GUI-Systems; *nicht* web-fähig.
- Sowohl klassische Oberfläche als auch *Web-Browser*-fähig.
- Nur im *Web-Browser* lauffähig.

Die Dialoggestaltung hängt wesentlich von den zu erledigenden Aufgaben ab. Die Aufgaben lassen sich zu Anwendungskategorien mit gemeinsamen Merkmalen bündeln (Abb. 2.22-1).

Dialogtechniken

Es lassen sich folgende unterschiedliche Dialogtechniken unterscheiden:

- Dialogführung mittels direkter Manipulation (siehe Abschnitt 2.21.3) /EN ISO 9241-16:1999/
- Dialogführung mittels Menüs (siehe Abschnitt 2.22.3) /ISO 9241-14:1997/
- Dialogführung mittels Kommandosprachen (siehe Abschnitt 2.21.4) /EN ISO 9241-15:1997/
- Dialogführung mittels Bildschirmformularen (siehe Kapitel 2.23) /EN ISO 9241-17:1998/

zur Terminologie

Jedes GUI-System verwendet eigene Begriffe. Zusätzlich kommt das Problem der deutschen Übersetzung hinzu. Im Folgenden wird sich bei der *Windows*-Terminologie an die Microsoft-Gestaltungsrichtlinien /MS 95/ angelehnt. Bei Bedarf wird zusätzlich die Java-Terminologie angegeben /Sun 99/. Sind Begriffe in Normen definiert, dann wird auf diese zurückgegriffen.

Microsoft hat für die englischen Begriffe in /MS 93/ deutsche Übersetzungen vorgeschrieben, an die sich Microsoft-Partner bei ihrer Oberflächengestaltung halten müssen. Daher findet man diese Bezeichnungen heute auch bei vielen deutschen Software-Produkten. Für den englischen Begriff *button* wird der deutsche Begriff »Schaltfläche« vorgeschrieben, obwohl *button* auf Deutsch »Knopf«, »Druckknopf« oder »Schalter« heißt. Da man an der Microsoft-Terminologie (leider) nicht vorbeikommt, wird sie hier verwendet. Gibt es bessere deutsche Begriffe, dann werden diese verwendet, die Microsoft-Begriffe jedoch zusätzlich angegeben.

2.22.1 Dialogarten und Dialogmodi

Primärdialog

Arbeitsschritte, die zur direkten Aufgabenerfüllung dienen, bezeichnet man als **Primärdialog**. Er wird erst beendet, wenn die zu bearbeitende Aufgabe fertiggestellt ist.

Sekundärdialog

Werden situationsabhängig vom Benutzer zusätzliche Informationen benötigt, dann werden diese Hilfsdienste durch **Sekundärdialoge** erledigt. Solche Dialoge sind häufig optional und kurzzeitig, z.B. Auswahl einer einzulesenden Textdatei (Dateidialog). Sind sie beendet, dann wird der Primärdialog fortgesetzt.

Beispiel

Wenn in *Microsoft Word* ein Textdokument bearbeitet wird, dann wird ein Primärdialog ausgeführt. Soll das Dokument gedruckt werden, dann wird der Sekundärdialog *Drucken* gestartet. Dort wird der gewünschte Drucker ausgewählt, und es werden die gewünschten Einstellungen vorgenommen. Erst wenn dieser Dialog beendet ist, kann mit der Bearbeitung des Dokuments fortgefahren werden.

***Abb. 2.22-1a:* Anwendungskategorien und ihre Merkmale**

Klassische Anwendungen

- **Kaufmännisch-administrative Anwendungen**

Beispiele: Kunden-, Lieferanten-, Artikel- und Lagerverwaltung für Handelsunternehmen, Finanzbuchhaltung, Personalverwaltung, Bibliotheksverwaltung.

Kennzeichen: Umfangreiche Informationen müssen verwaltet werden. Objekte verschiedener Klassen müssen erzeugt, geändert, selektiert, aufgelistet, verknüpft und gelöscht werden. Benutzer sind in der Regel Experten.

- **Büro- und Bürokommunikations-Anwendungen**

Beispiele: Textverarbeitung, Tabellenkalkulation, Zeichenprogramme.

Kennzeichen: Objekte einer einzigen Klasse (z.B. Textdokument, Rechenblatt, Grafik) müssen erzeugt, geändert und gelöscht werden. Benutzer sind in der Regel Experten oder Gelegenheitsbenutzer.

- **Technische Anwendungen**

Beispiele: Produktionsplanungssysteme (PPS-Systeme), Steuerung technischer Anlagen und Geräte.

Kennzeichen: Oft grafische Darstellung und Animation des Produktionsprozesses. Daten werden oft *nicht* manuell erfasst, sondern über Sensoren oder andere Schnittstellen. Benutzer sind in der Regel Experten.

Web-Anwendungen (Internet, Extranet, Intranet, teilweise auch auf CD-ROM)

- **Informationssysteme**

Beispiele: Lexika, Routenplaner, Telefonbücher.

Kennzeichen: Bieten Informationsmaterial zu einem oder mehreren spezifischen Themengebieten an. Benutzer wollen sich einen Überblick über ein Thema verschaffen oder auf bestimmte Informationen gezielt zugreifen. Überwiegend lesender Zugriff auf die Inhalte. Benutzer sind in der Regel Gelegenheitsbenutzer oder Erstbenutzer.

- **Werbung**

Beispiele: Produkt- und Unternehmenspräsentationen einschließlich Kundenbefragungen.

Kennzeichen: Oft multimediale Präsentation. Zur Erhöhung der Kundenbindung *(1-to-1-Marketing)* oft personalisierte Web-Seiten einrichtbar (`myWebsite.de`). Überwiegend lesender Zugriff auf die Inhalte. Benutzer sind in der Regel Gelegenheitsbenutzer oder Erstbenutzer.

B2C: *Business to Consumer* (vom Händler zum Endverbraucher)
B2B: *Business to Business* (von Unternehmen zu Unternehmen)

- **Verkaufen**

Beispiele: *Online*-Shops (B2C, B2B), z.B. Buch-Shops, Branchenportale.

Kennzeichen: Gezieltes Suchen und »Herumstöbern im Shop«, Eingabe von Daten, sichere Datenübertragung fürs Bezahlen, einfache Bestellung (1-*click*-Bestellung), Kundenwiedererkennung. Benutzer sind in der Regel Gelegenheitsbenutzer oder Erstbenutzer, bei B2B jedoch Experten.

- **Multimediales Lernen**

Beispiele: Tele- bzw. Web-Akademien.

Kennzeichen: Gut lesbare Oberflächen, durchdachte Didaktik, Motivierung und Aktivierung der Lernenden, Kommunikation mit Tutoren. Benutzer sind in der Regel Experten.

- **Kommunikation**

Beispiele: *e-mail*, *Chat*-Räume, Schwarze Bretter.

Kennzeichen: Dienen der asynchronen und synchronen Kommunikation. Benutzer aus allen Benutzergruppen.

- **Spiele** (oft unabhängig vom Web und oft auf speziellen Plattformen)

Beispiele: Spiele wie Flippersimulation, Flugsimulation, Gruppenspiele, Abenteuerspiele.

Kennzeichen: Dienen zur Unterhaltung, ausgefeilte grafische Oberflächen, meist jugendliche Benutzer, oft Experten.

- **Erleben** (oft auch unabhängig vom Web)
  Beispiele: Gang durch ein zu bauendes Gebäude, Veranschaulichung eines gotischen Architektursystems am Beispiel des Altenberger Doms.
  Kennzeichen: Einsatz »virtueller Realität«, zum Teil Verwendung von 3D-Brillen, oft Erstbenutzer.
- **Virtuelle Gemeinschaften**
  Beispiel: *Cybertown*
  Kennzeichen: Eine virtuelle Gemeinschaft besteht aus Mitgliedern, die ein spezifisches Interesse verbindet, die Informationen dazu anderen Mitgliedern zur Verfügung stellen und sich für die Gemeinschaft in irgendeiner Art und Weise verantwortlich fühlen und zu deren Weiterentwicklung beitragen. Benutzer sind oft Experten.

Abb. 2.22-1b: Anwendungskategorien und ihre Merkmale

modaler vs. nichtmodaler Dialog

Aus technischer Sicht lassen sich folgende **Dialogmodi** unterscheiden. Ein **modaler Dialog** *(modal dialog)* muss beendet sein, bevor eine andere Aufgabe der Anwendung durchgeführt werden kann, d.h. bevor ein anderes Fenster aktiviert werden kann. Ein **nicht-modaler Dialog** *(modeless dialog)* ermöglicht es dem Benutzer, den aktuellen Dialog zu unterbrechen, d.h. andere Aktionen durchzuführen, während das ursprüngliche Fenster geöffnet bleibt. Bei dieser Dialogform wird also kein bestimmter Arbeitsmodus *(mode)* vorgeschrieben. Das Ziel der Dialoggestaltung sollte es sein, möglichst viele nichtmodale Dialoge zu verwenden, da dadurch die Handlungsflexibilität optimiert wird. In bestimmten Situationen muss die Flexibilität jedoch eingeschränkt werden. Tritt beispielsweise ein Fehler auf, dann kann erst nach dessen Behebung weitergearbeitet werden.

Beispiel

Wenn in *Microsoft Word* während der Bearbeitung eines Dokuments der Dialog *Bearbeiten/Ersetzen* gestartet wird, dann kann, ohne diesen Dialog zu beenden, mit der Texterstellung fortgefahren werden (nicht-modaler Dialog). Dagegen handelt es sich beim *Drucken* um einen modalen Dialog. Erst wenn dieser Dialog beendet ist, kann eine andere Bearbeitung durchgeführt werden.

SDI und MDI

Im GUI-System *Windows* werden SDI- und MDI-Anwendungen unterschieden. Eine **SDI-Anwendung** *(single document interface)* ermöglicht es dem Benutzer, zu einem Zeitpunkt genau ein Dokument pro gestarteter Anwendung, d.h. ein Objekt, zu öffnen und zu bearbeiten. Bei einer **MDI-Anwendung** *(multiple document interface)* können zu einem Zeitpunkt beliebig viele Dokumente, d.h. Objekte, geöffnet sein. Der Benutzer wählt bei mehreren gleichzeitig geöffneten Dokumenten das jeweils aktive durch Anklicken mit der Maus oder über das Menü aus.

Beispiel

WordPad und *Microsoft Word* ab *Office* 2000 sind SDI-Anwendungen. Bevor ein neues Dokument geöffnet werden kann, muss das aktuelle Dokument zuerst geschlossen oder das Programm erneut gestartet werden. *Microsoft Word* (vor *Office* 2000) ist eine MDI-Anwendung. Es können beliebig viele Dokumente parallel geöffnet und ein neues

Dokument bearbeitet werden, ohne das vorherige zu schließen. Zwischen den Dokumenten kann beliebig gewechselt werden.

Dialoge werden über Fenster abgewickelt. Die Steuerung eines Dialogs kann durch Menüs und Interaktionselemente wie Knöpfe erfolgen.

2.22.2 Fenster und *Web-Browser*

Fenster

Bei einer »klassischen« grafischen Benutzungsschnittstelle kommuniziert und interagiert der Benutzer mit einer oder mehreren Anwendungen über Fenster. **Fenster** *(windows)* bestehen aus Elementen und Kombinationen von Elementen. Verschiedene Anwendungserfordernisse haben zu unterschiedlichen Fenstertypen geführt. Abb. 2.22-2 zeigt den Aufbau und die Begriffe eines Fensters bei *Windows*.

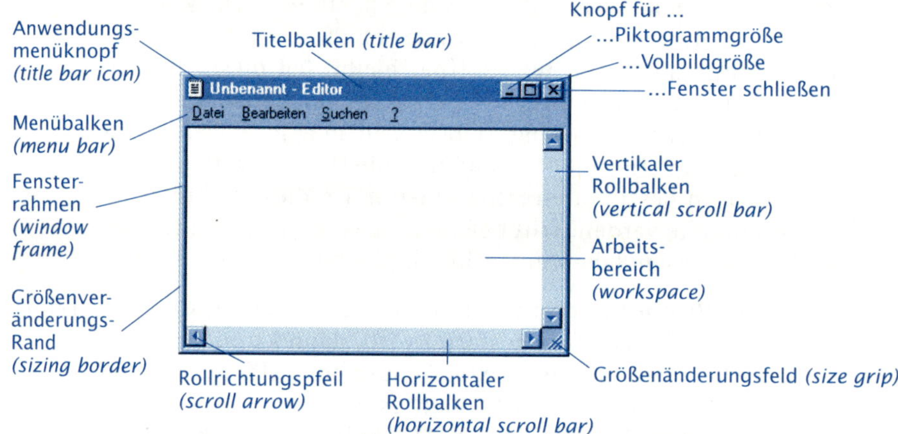

Abb. 2.22-2: Typischer Fensteraufbau bei Windows

Die Gestaltungsrichtlinien *(style guides)* von *Windows* /MS 95/ unterscheiden folgende **Fenstertypen**:

- Primärfenster *(primary windows)*, in denen die Hauptaktivitäten des Benutzers (Primärdialoge) stattfinden, und
- Sekundärfenster *(secondary windows)*, die der Eingabe von Optionen und der Durchführung sekundärer Aktivitäten dienen (Sekundärdialoge).

Anwendungsfenster

Das wichtigste Primärfenster ist das **Anwendungsfenster**. Es erscheint nach dem Aufruf der Anwendung. Aus diesem Fenster heraus lassen sich alle weiteren Fenster der Anwendung öffnen. Ein Anwendungsfenster enthält mindestens den Titelbalken mit allen darauf befindlichen Knöpfen, den Menübalken und den Arbeitsbereich. Wird das Anwendungsfenster geschlossen, dann werden alle zur Zeit geöffneten Fenster dieser Anwendung ebenfalls automatisch geschlossen. Bei einer SDI-Anwendung erfolgt die Interaktion mit dem Benutzer schwerpunktmäßig im Arbeitsbereich des Fensters. Bei einer MDI-Anwendung ist der Arbeitsbereich leer.

Bei einer MDI-Anwendung können vom Anwendungsfenster aus **Unterfenster** *(child windows)* geöffnet werden. Es ist die Aufgabe eines Unterfensters, den Primärdialog des Benutzers zu unterstützen. Das äußere Erscheinungsbild eines Unterfensters kann mit dem Anwendungsfenster identisch sein. Unterfenster sind verschiebbar und in der Größe änderbar. Sie können – bei typischen *Windows*-Anwendungen – nicht aus dem Anwendungsfenster herausgeschoben werden, d.h. der herausragende Teil wird abgeschnitten. Normalerweise ist der Arbeitsbereich des Anwendungsfensters immer so groß, dass alle Unterfenster Platz finden. Wird ein Unterfenster aus dem sichtbaren Bereich hinausgeschoben, dann stellt das Anwendungsfenster automatisch Rollbalken dar. Unterfenster

Ein Unterfenster befindet sich im Arbeitsbereich des Anwendungsfensters und ist gleichzeitig durch diesen begrenzt. Auch wenn ein Unterfenster als Piktogramm dargestellt wird, liegt es im Arbeitsbereich des Anwendungsfensters. Der Benutzer wählt bei gleichzeitig geöffneten Unterfenstern das jeweils aktive durch Anklicken mit der Maus oder über das Fenstermenü aus. Unterfenster können überlappend *(cascaded)* oder nebeneinander *(tiled)* dargestellt werden. Ein aktives Fenster liegt immer oben auf dem Fensterstapel. Wird für ein Fenster die maximale Größe gewählt, dann wird der Arbeitsbereich des Anwendungsfensters vollständig genutzt. Unterfenster einer MDI-Anwendung sind sinnvollerweise nicht-modal. Falls zwischen den Fenstern Abhängigkeiten bestehen, dann muss gegebenenfalls davon abgewichen werden.

Beim CASE-Werkzeug *Rational Rose* können Unterfenster für die Geschäftsprozess-Sicht *(use case view)*, die logische Sicht *(logical view)* und die Komponenten-Sicht *(component view)* geöffnet und für jede Sicht mehrere Objekte – d.h. Diagramme – angelegt werden. Beispiel

Windows /MS 95/ kennt mehrere Arten von Sekundärfenstern. Dazu gehören das Dialogfenster *(dialog box)* und das Mitteilungsfenster *(message box)*.

Dialogfenster werden für Sekundärdialoge benötigt. Sie sind daher häufig als modale Dialoge realisiert, können aber auch nicht-modal sein. Ein Sekundärdialog beschränkt sich auf die Dateneingabe über Interaktionselemente. Dialogfenster

Dialogfenster sind *nicht* in der Größe veränderbar. Sie können wahlweise verschiebbar sein oder nicht. Dialogfenster können über den Rahmen des Anwendungsfensters hinausgeschoben werden. Ein Dialogfenster sollte möglichst wenig Fläche des darunterliegenden Fensters verdecken.

Beispiel

In *Microsoft Word* öffnen die Menüoptionen *Datei/Speichern unter* und *Datei/Drucken* typische Dialogfenster, die hier für Sekundärdialoge verwendet werden.

Primärdialoge können grundsätzlich auch mittels Dialogfenstern realisiert werden. Diese Realisierung ist immer möglich, wenn die speziellen Eigenschaften eines Unterfensters nicht benötigt werden. Um die Steuerbarkeit des Dialogs möglichst wenig einzuengen, sollten diese Dialogfenster nicht-modal sein.

Mitteilungsfenster

Ein **Mitteilungsfenster** ist ein spezialisiertes Dialogfenster. Der Benutzer kann mit einer Aktion auf die Mitteilung reagieren. Das Fenster enthält keine Interaktionselemente zur Datenselektion oder -manipulation. Mitteilungsfenster sind als modaler Dialog realisiert. Der Benutzer kann erst fortfahren, wenn er auf die Mitteilung reagiert hat.

Beispiel

Bei Auswahl eines nicht verfügbaren Druckers erscheint eine entsprechende Meldung, die vom Benutzer bestätigt werden muss.

Abb. 2.22-3 zeigt den Zusammenhang zwischen den verschiedenen Fenstertypen.

Abb. 2.22-3: Fenstertypen und Dialogarten

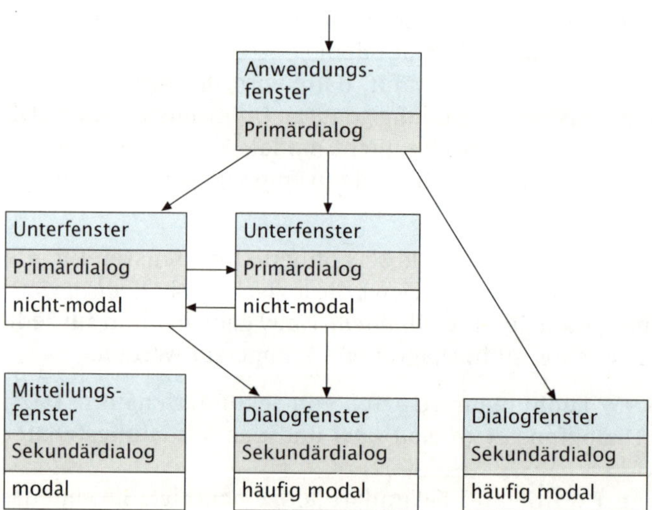

Die grafische Gestaltung der Fenster, die Anordnung der Interaktionselemente und die Durchführungsart der Operationen variieren von GUI-System zu GUI-System. Auch die verfügbaren Fensterelemente unterscheiden sich.

Web-Browser

Erstellt man eine Web-Anwendung, dann erfolgt die Interaktion des Benutzers mit der Anwendung über einen *Web-Browser*. Jeder *Web-Browser* stellt eine bestimmte Standardfunktionalität zur Verfügung. Für die eigentliche Anwendung stellt ein *Web-Browser* eine leere Arbeitsfläche zur Verfügung (Abb. 2.22-4).

Abb. 2.22-4: Aufbau eines Web-Browsers

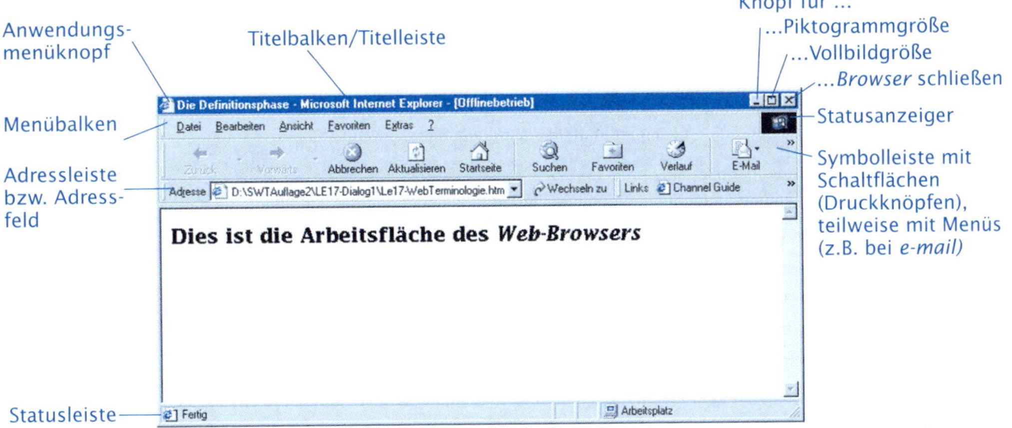

Kapitel 3.10

Ursprünglich konnte auf der Arbeitsfläche des *Web-Browsers* nur jeweils ein HTML-Dokument angezeigt werden. Inzwischen ist es jedoch mithilfe von **HTML-Rahmen *(HTML-frames)*** möglich, die Arbeitsfläche in verschiedene Bereiche einzuteilen. In jedem Bereich können dann HTML-Dokumente – unabhängig voneinander – angezeigt werden. In eine HTML-Seite können Bilder, Grafiken, Verweise *(links)*, Animationen, maussensitive Bereiche usw. eingebettet sein.

Von einer HTML-Seite aus können weitere *Browser*-Exemplare geöffnet werden – auch mit eingeschränkter Funktionalität (z.B. ohne Menü- und Symbolleiste), die sich dann für den Benutzer wie Fenster verhalten. Abb. 2.22-5 zeigt eine Web-Seite zum multimedialem Lernen, eingeteilt in zwei Rahmen mit aktivierbaren Fenstern.

Java-*applet* = Java-Programm, das im *Web-Browser* läuft

Inzwischen ist es auch möglich, GUI-Komponenten mit einem »klassischen« Fenstersystem zu implementieren und diese in HTML-Seiten einzubetten, sofern der Benutzer dies durch die Sicherheitseinstellungen seines *Browsers* erlaubt hat. Beispiele hierfür sind Java-*applets* und *ActiveX-Controls*.

Einbettung von Anwendungen

Außerdem ist es inzwischen möglich, in dem *Web-Browser Internet Explorer* »klassische« Anwendungen eingebettet ablaufen zu lassen. Beispielsweise können *PowerPoint*-Dateien im *Internet Explorer* angezeigt werden.

Vergleich Abschnitt 2.21.3

Im Vergleich zu »klassischen« GUI-Systemen ermöglichen *Web-Browser* einen größeren Gestaltungsspielraum. »Klassische« GUI-Systeme unterstützen sehr gut die WIMP-Prinzipien, alle Abweichungen davon müssen aber aufwendig programmiert werden.

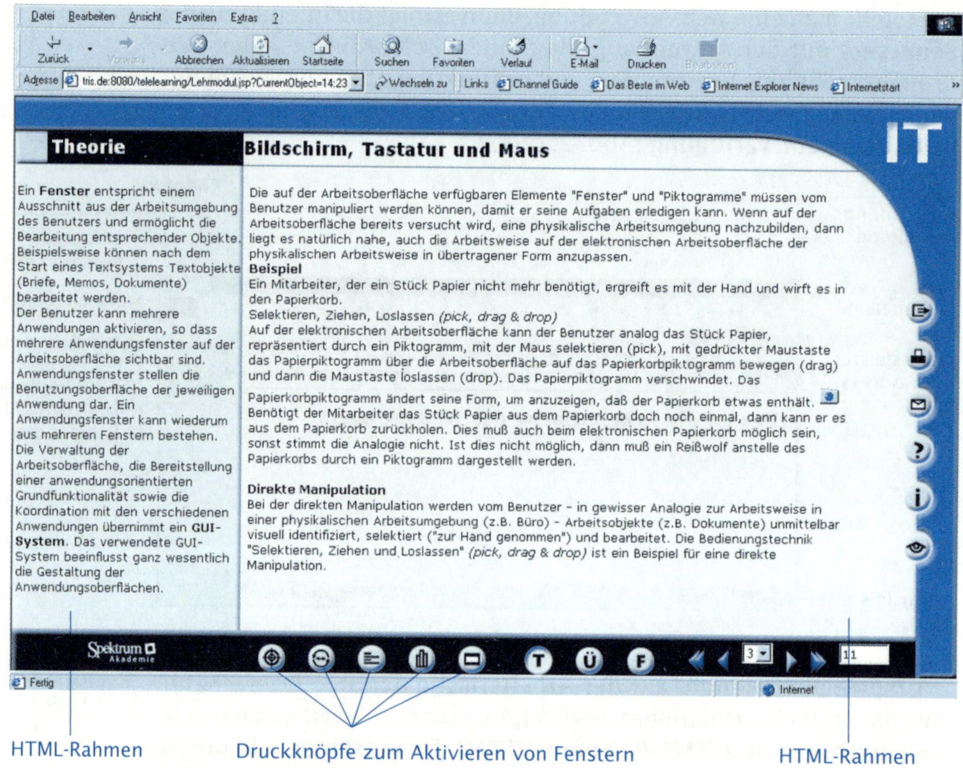

Abb. 2.22-5: Web-Anwendung zum multimedialem Lernen

Web-Browser besitzen in Abhängigkeit vom Hersteller eine zum Teil unterschiedliche Funktionalität, so dass unter Umständen verschiedene Web-Seiten parallel entwickelt und gepflegt werden müssen. Generell sollte jedoch die Verwendung von proprietären Eigenschaften vermieden werden. Außerdem kann der Benutzer außer HTML alle zusätzliche Möglichkeiten sperren, z.B. Anzeigen von Videos, Abhören von Musik und Sprache, so dass der Entwickler und der Software-Ergonom den Nutzungskontext genau analysieren müssen.

2.22.3 Dialogführung mittels Menüs

Menü

Hinweis: Die Norm /ISO 9241-14:1997/ befasst sich ausschließlich mit der »Dialogführung mittels Menüs«

Menüs *(menus)* sind zu Gruppen angeordnete Aktions- und Eigenschaftsrepräsentanten und dienen zur Steuerung des Dialogs. Ein Menü besteht aus einer überschaubaren und meist vordefinierten Menge von **Menüoptionen** *(menu options, menu items)*, aus denen der Benutzer eine oder mehrere auswählen kann.

Menüoption

Die Auswahl einer Menüoption bewirkt in der Regel Aktionen oder die Festlegung oder Veränderung von Eigenschaften. Man kann daher auch von **Aktionsmenüs** und **Eigenschaftsmenüs** sprechen.

Aktionsmenü

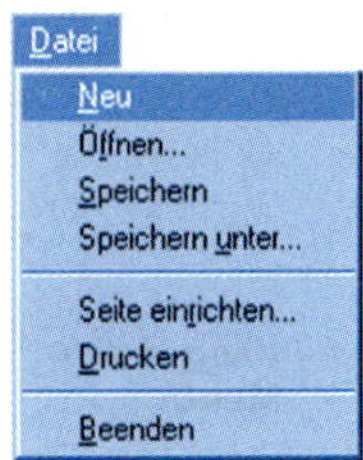

Eigenschaftsmenü

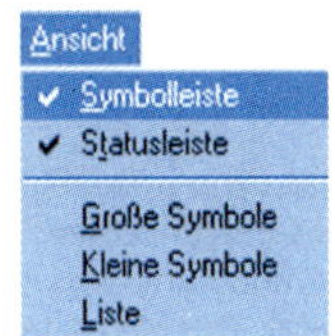

Ein **Aktionsmenü** kann eine »operative« Anwendungsfunktion oder ein Objekt bzw. mehrere Objekte selektieren. Außerdem kann auf ein anderes Menü verzweigt werden (Kaskadenmenü).

Ein **Eigenschaftsmenü** kann Parameter einstellen, die das akustische und optische Erscheinungsbild sowie das Verhalten der Anwendung oder Teile davon betreffen (deklarative Anwendungsfunktionen).

In der Regel sind Menüoptionen einspaltig angeordnet. Die Auswahl einer Menüoption führt bei einem Aktionsmenü zur Aktivierung der entsprechenden Anwendungsfunktion. Zu einem Zeitpunkt kann nur eine Menüoption ausgewählt werden.

Bei Eigenschaftsmenüs können oft mehrere Menüoptionen eingestellt werden. Die aktuell eingestellten Menüoptionen sind, in *Windows* z.B. durch ein Häkchen, gekennzeichnet.

Menüs lassen sich danach unterscheiden, ob sie auf eine Anwendung bzw. einen Anwendungsteil oder auf ein Anwendungsobjekt wirken. In Abhängigkeit vom Wirkungsbereich lassen sich prinzipiell zwei Menüarten unterscheiden:

- Menübalken *(menu bar)* mit ***drop-down*-Menüs**
- ***pop-up*-Menüs** (Aufklappmenüs, Kontextmenüs, *contextual menus)*

Die Eigenschaften beider Menüarten sind in Abb. 2.22-6 gegenübergestellt. In Abb. 2.22-7 sind wichtige Gestaltungsregeln für Menüs zusammengestellt.

Menüs sind für Anfänger und Gelegenheitsbenutzer gut geeignet. Experten werden durch Menüs dagegen in ihrem Arbeitsfluss oft »gebremst«. Sie haben häufig mehrere Arbeitsschritte »im Kopf« und wollen diese zügig ausführen.

Da die meisten heutigen Anwendungen menüorientiert aufgebaut sind, hat man verschiedene Möglichkeiten zur Beschleunigung der Menüauswahl entwickelt. Diese Beschleunigungsmöglichkeiten lassen sich in zwei Gruppen gliedern:

- Menüauswahl durch Benutzung der Tastatur (Abb. 2.22-8),
  - Mnemonische Auswahl über die Tastatur,
  - Auswahl über Tastaturkürzel *(accelerator keys, short-cut-keys),*
  - Aufzeichnung von Makros,
  - Kommandosprache (siehe Abschnitt 2.22.4),
- Menüauswahl durch optimierte Anordnung der Menüoptionen (Abb. 2.22-9),
  - Symbolbalken mit Symbolen unterhalb des Menübalkens *(toolbar),*
  - Aufführung der jeweils letzten benutzten Objekte,
  - Aufführung der häufigsten letzten benutzten Objekte/Eigenschaften,
  - Auslagerung von Menüoptionen auf Arbeitsbereiche.

Die Möglichkeiten der ersten Gruppe erlauben es dem Benutzer, durch Einsatz der Tastatur die Bedienungszeiten zu reduzieren, da der Wechsel zwischen Tastatur und Maus reduziert wird. Durch die Auf-

Menübalken mit *drop-down*-Menüs	***pop-up*-Menüs**

Terminologie

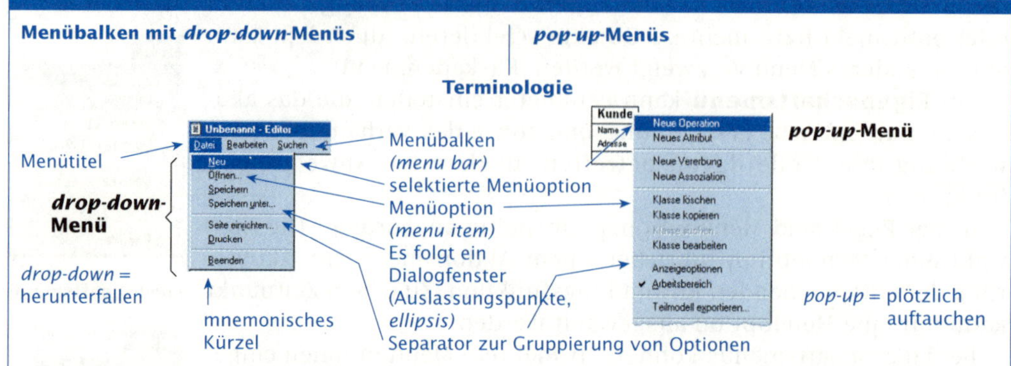

Funktionsweise

Das *drop-down*-Menü erscheint nach dem Anklicken des gewünschten Menütitels. Es wird eine zweistufige Funktions- bzw. Objekthierarchie vorausgesetzt. Die Menütitel bilden die oberste Hierarchiestufe.

Das *pop-up*-Menü erscheint an der aktuellen Bearbeitungsstelle auf dem Bildschirm, z.B. gekoppelt mit dem Mauszeiger. Aufruf durch Maustaste (meist rechte Taste) oder Funktionstaste. Ist ein *pop-up*-Menü nicht geöffnet, dann ist es für den Benutzer unsichtbar.

Das Menü ist so lange zu sehen, bis eine Menüoption durch Anklicken selektiert wird oder ein Klick außerhalb des Menüs erfolgt. Im aktuellen Kontext nicht selektierbare Menüoptionen sind grau dargestellt. Menüoptionen können dynamisch von der Anwendung geändert werden. Durch Kaskadenmenüs können eine oder mehrere Hierarchiestufen hinzugefügt werden.

Reichweite einer Menüoption

Überlagert der Menübalken eines Unterfensters das Anwendungsfenster (MDI-Bedienung), dann wirken die Optionen auf die Anwendung insgesamt und auf das Unterfenster.
Haben Unterfenster keinen eigenen Menübalken, dann wirken die Optionen auf die gesamte Anwendung.
Gleichnamige Optionen können bei einer MDI-Bedienung unterschiedliche Wirkungen haben (abhängig vom jeweils aktiven Fenster).

Bezieht sich auf das Objekt oder die Objektgruppe, bei der es aktiviert wurde.

Eigenschaften

- Menütitel ständig sichtbar
- Belegt ständig Platz
- Mauszeiger muss jeweils zum Menübalken bewegt werden
- Globaler Geltungsbereich der Optionen

- Unsichtbar, wenn nicht geöffnet
- Platzsparend
- Mauszeiger bleibt im Arbeitskontext
- Lokaler Geltungsbereich der Optionen

Abb. 2.22-6: Menübalken mit drop-down-Menüs und pop-up-Menüs

zeichnung von Arbeitsschritten und ihre Zuordnung zu einer Taste oder einer Tastenkombination können häufig durchgeführte Arbeitsabläufe automatisiert werden. Da in der Regel der Endbenutzer solche Makros selbst aufzeichnen kann, ist außerdem eine Individualisierung der Benutzungsoberfläche möglich.

Alle diese Möglichkeiten sind aber nicht ausreichend, wenn ein Benutzer tagtäglich dieselbe Anwendung benutzt und alle Arbeitsschritte »im Kopf« hat. Für solche Situationen ist es erforderlich, eine »echte« Kommandosprache zur Verfügung zu stellen (siehe nächsten Abschnitt).

Benennung der Menüoptionen

- Die Formulierung soll so sein, dass die Menüoptionen klar voneinander abgegrenzt, verständlich und dem Benutzer vertraut und gebräuchlich sind.
- Kurze und einheitliche Bezeichnung wählen.

Kaskadenmenüs

- Möglichst nur zweistufig, maximal dreistufig.
- Die jeweils übergeordneten Menüoptionen (auf der obersten Ebene: der Menütitel) – Gruppennamen genannt – müssen für den Benutzer bedeutungsvoll, präzise und verständlich sein (z.B. Schriftart, Schriftgröße, Schriftstil).
- Die Inhalte der Gruppen sollen überschneidungsfrei sein.
- Die Wahl und Bezeichnung der Menügruppen soll so sein, dass die untergeordneten Menüs typische Mitglieder der jeweiligen Gruppe sind (Typikalität). Dadurch wird eine schnelle und genaue Selektion ermöglicht (z.B. werden unter Schrift die verschiedenen Schriftarten aufgeführt).
- Breite, flache Bäume mit drei Ebenen und jeweils etwa 8 bis 16 Optionen haben sich im Normalfall als optimal herausgestellt.

Grafische Gestaltung der Menüoptionen

- Die Menüoptionen sollten linksbündig angeordnet werden.
- Wenn möglich, die Menüoptionen bildhaft oder analog darstellen (z.B. Schriftart im entsprechenden *Font* darstellen) anstelle einer rein sprachlichen Beschreibung.

Menütitel (nur für *pull-down*-Menüs)

- Möglichst einheitliche Bezeichnung und Anordnung der Menütitel über alle Anwendungen und Fenster hinweg.
- Menütitel sollen kurz und prägnant formuliert werden.
- Ein einheitlicher grammatikalischer Stil ist einzuhalten.
- Ein Stichwort (z.B. Buchung) oder ein kurzer Satz mit Substantiv (z.B. Buchungsart wählen) sind besser als eine längere Phrase (z.B. Wählen Sie eine Buchungsart).

Anordnung eines *pop-up*-Menüs

- Die Position des aufgeblendeten Menüs sollte rechts, nahe dem aktiven Objekt sein und darf dieses nicht überdecken.

Anordnung der Menüoptionen

- Eine zufällige Anordnung ist zu vermeiden.
- Alphabetische Anordnungen und funktionale Gruppierungen führen im Vergleich zu einer zufälligen
- Anordnung zu kürzeren Auswahlzeiten.

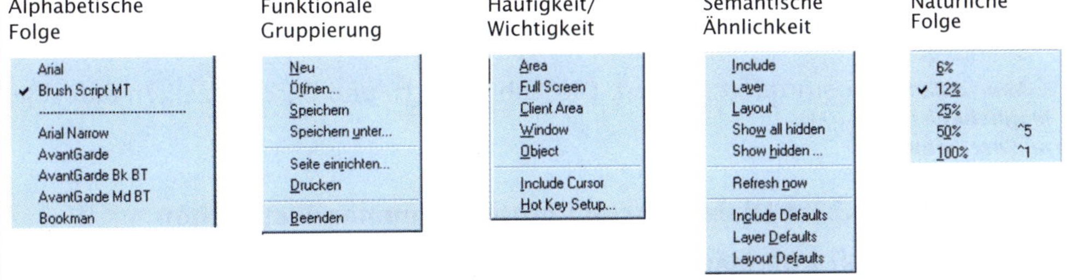

***Abb. 2.22-7:* Gestaltungsregeln für Menüs**

Neben dem Einsatz der Tastatur kann eine Beschleunigung der Menüauswahl auch durch eine optimierte Anordnung der Menüoptionen erfolgen. Beide Gruppen können auch kombiniert eingesetzt werden.

Menüoptionen, die Aktionen auslösen, müssen *nicht* zwangsläufig zu Menüs zusammengefasst werden, sondern können auch als Druckknöpfe, als maussensitive Flächen oder als maussensitive Texte in einem Fenster bzw. im Arbeitsbereich eines *Web-Browsers*

Mnemonische Auswahl über die Tastatur

- In dem Menütitel und den Optionsnamen kann jeweils ein alphanumerisches Zeichen ausgewählt werden, im Allgemeinen die Anfangsbuchstaben.
- Die ausgewählten Zeichen werden unterstrichen dargestellt.
- Menütitel werden durch das gleichzeitige Drücken einer Funktionstaste *(Windows 95:* Alt-Taste) und des mnemonischen Kürzels ausgewählt. Besitzen mehrere Titel das gleiche Kürzel, so werden die Titel zyklisch angewählt und das *pull-down*-Menü klappt herunter.
- Menüoptionen werden allein durch Eingabe des mnemonischen Kürzels ausgewählt (Voraussetzung: *pull-down*-Menü heruntergeklappt). Die Kürzel müssen pro Menütitel eindeutig sein.
- Die Kürzel können in Klein- oder Großbuchstaben eingegeben werden.
- Zur Gestaltung:
  - Werden gleiche Optionen in mehreren Menüs verwendet, dann sollten ihnen stets die gleichen Kürzel zugeordnet werden.
  - Kürzel gezielt so auswählen, dass die Auswahlzeit verkürzt und die Erinnerbarkeit erhöht wird.
- Probleme:
  - Kommen neue Optionen hinzu, dann ist u. U. eine Umbenennung vorhandener Kürzel erforderlich.
  - Erfordern zwei Optionen das gleiche Kürzel, dann ist die Wahl des zweiten Kürzels schwierig und oft unbefriedigend.
  - Kürzel sind nicht frei wählbar, sondern müssen im Namen enthalten sein.
  - Schwierige Kürzelfestlegung beim Wechsel zwischen deutschen und englischen Anwendungen (z.B. steht D für *delete* oder Drucken?)
- Empirie:
  - Hohe Suchzeit bei Benutzern, die mit Tastaturen wenig vertraut sind.
  - Geringste Auswahlzeiten, gefolgt von nummerierten Optionen und einer sequenziellen Buchstabenfolge (z.B. A,B,C).

Auswahl über Tastaturkürzel *(Accelerator keys, Short-Cut-keys)*

- Tasten (-Kombination) zur Beschleunigung der Auswahl von Menüoptionen in *pull-down*-Menüs.
- Menütiteln können keine Tasten zugeordnet werden.
- Mindestens eine Taste ist eine Funktionstaste (Unterschied zu mnemonischen Kürzeln).
- Tastaturkürzel müssen über alle Menüoptionen des aktiven Fensters hinweg eindeutig sein.
- *pull-down*-Menü muss *nicht* vorher heruntergeklappt werden!

Aufzeichnung von Makros

- *Macrorecorder* ermöglichen es, aufeinanderfolgende Arbeitsschritte aufzuzeichnen.
  - Diese Arbeitsschritte können dann einer Taste oder einer Tastenkombination zugeordnet werden.
  - Beim anschließenden Drücken der gewählten Taste oder Tastenkombination werden dann die Arbeitsschritte automatisch ausgeführt.

Kommandosprache

- Steuerung einer Anwendung über Kommandos (siehe Abschnitt 2.22.4)

Abb. 2.22-8:* *Möglichkeiten zur Beschleunigung der Menüauswahl I

positioniert werden. Die Abb. 2.22-10 und 2.22-11 zeigen dafür Beispiele.

2.22.4 Dialogführung mittels Kommandosprachen

Hinweis: Die Norm /EN ISO 9241-15:1997/ befasst sich ausschließlich mit der »Dialogführung mittels Kommandosprachen«

Ein **Kommando** ist ein vom Benutzer eingegebener Befehl – meist als Text über die Tastatur – an das Computersystem, eine definierte Aktion durchzuführen. Jedes Kommando muss einer vorgegebenen Syntax entsprechen, die in einer zugehörigen **Kommandosprache** definiert ist. Kommandos werden oft für Befehle an das Betriebssystem benutzt.

Beispiel

Die Syntax für Kommandos an das Betriebssystem MS-DOS lautet:

KOMMANDONAME ␣ <parameter> ␣ <parameter> ↵

␣ steht für ein Leerzeichen bzw. einen Zwischenraum

↵ steht für das Drücken der *Return*-Taste

Symbolbalken mit Symbolen unterhalb des Menübalkens *(Windows 98: tool bar)*

- ■ Der Symbolbalken kann Druckknöpfe mit Mini-Piktogrammen enthalten, die auf Mausklick eine zugeordnete Aktion aktivieren.
- □ Oft werden die am häufigsten benutzten Menüoptionen zusätzlich im Symbolbalken repräsentiert, damit sie mit einem Klick auslösbar sind.
- ■ Der Symbolbalken kann ein geschlossenes Menü *(drop-down list box)* enthalten. Ein solches Menü ist für Eigenschaftsmenüs geeignet. Es wird nur die aktuell eingestellte Option angezeigt. Durch Klick auf einen Pfeil werden alle Optionen angezeigt und eine andere Option kann ausgewählt werden.
- □ Geschlossene Menüs sind platzsparend und zeigen permanent die aktuell eingestellte Option an.
- ■ Der Symbolbalken kann auch einen Statusbereich enthalten.
- ■ In manchen Anwendungen kann der Endbenutzer den Menüoptionen selbst Symbole auf dem Menübalken zuordnen (Individualisierung).

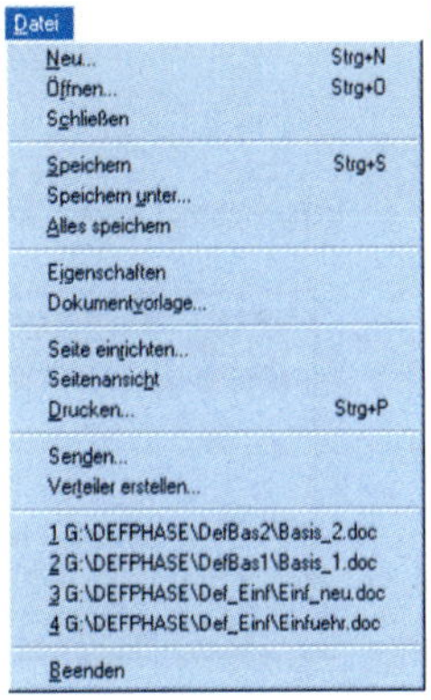

Aufführung der jeweils zuletzt benutzten Objekte

- ■ Die Objekte, die jeweils zuletzt benutzt wurden, werden mit ihren Pfadnamen in einem Menü aufgelistet.
- □ Die Anzahl ist auf eine festgelegte oder voreinstellbare Zahl begrenzt.
- □ Das zuletzt benutzte Objekt steht oben, das davor benutzte Objekt steht an zweiter Stelle usw.
- □ Die benutzten Objekte werden automatisch mit Ziffern durchnummeriert. Die Ziffern können per Tastatur gewählt werden *(Windows 98).*

Aufführung der häufigsten zuletzt benutzten Objekte / Einstellungen

- ■ Die Objekte bzw. Einstellungen, die am häufigsten zuletzt benutzt wurden, werden als abgetrennte obere Menügruppe automatisch angeordnet.
- □ Die Anzahl ist auf eine festgelegte oder voreinstellbare Zahl begrenzt.
- □ Das am häufigsten benutzte Objekt bzw. die am häufigsten benutzte Voreinstellung steht oben.

Auslagerung von Menüoptionen auf Arbeitsbereiche

- ■ Menüoptionen können z.B. als Druckknöpfe (siehe Kapitel 2.23) auf Arbeitsbereiche ausgelagert werden. Dabei kann die Menüoption erhalten bleiben oder entfallen.

Abb. 2.22-9: Möglichkeiten zur Beschleunigung der Menüauswahl II

<...> gibt an, dass zwischen die spitzen Klammern eine konkrete Angabe gesetzt werden muss.

Je nach Kommando können ein oder mehrere Parameter hinter dem Kommandonamen folgen. Der Inhalt einer Datei kann beispielsweise durch folgendes Kommando am Bildschirm angezeigt werden:

```
TYPE <laufwerk>:<dateiname> z.B. TYPE C:Kap11.txt
```

Hauptunterschiede zu Menüs

Die Hauptunterschiede zu Menüs sind Folgende:

- Der Benutzer muss sich an das Kommando und seine Syntax erinnern.
- Bei nicht tagtäglicher Benutzung vergisst der Benutzer leicht die Kommandos (MS-DOS hat etwa 50 Kommandos, Unix ca. 600 Kommandos).
- Der Benutzer muss das oft lange Kommando eintippen.
- Der Benutzer erhält keine Orientierung über die in einem Systemzustand möglichen Kommandos.

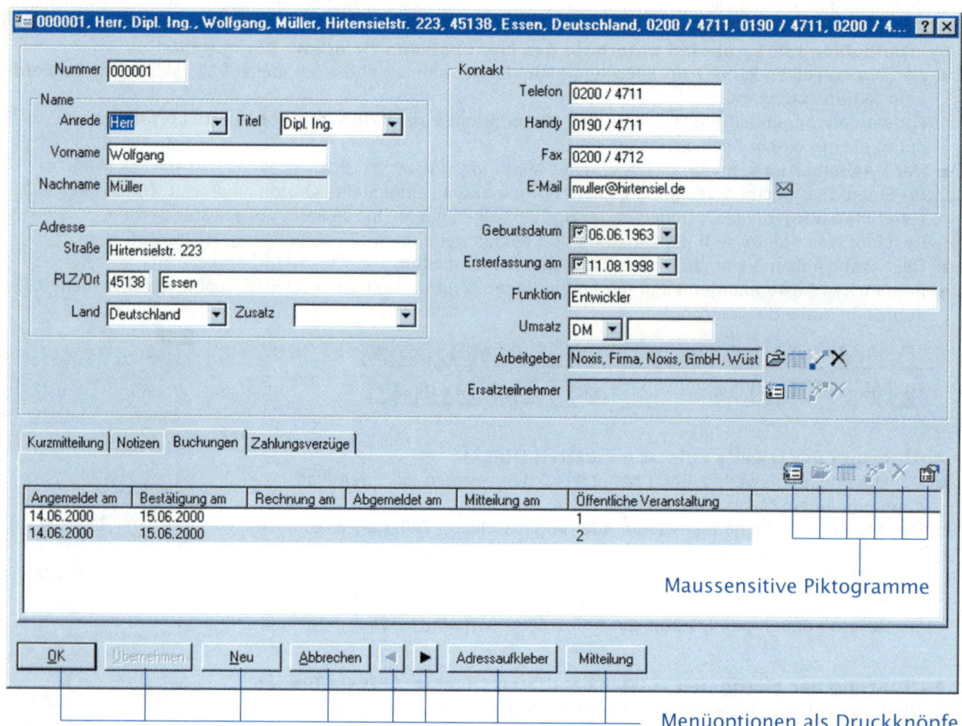

Abb. 2.22-10: Menüoptionen als Druckknöpfe und maussensitive Piktogramme in dem Kundenerfassungsfenster der Fallstudie »Seminarorganisation«

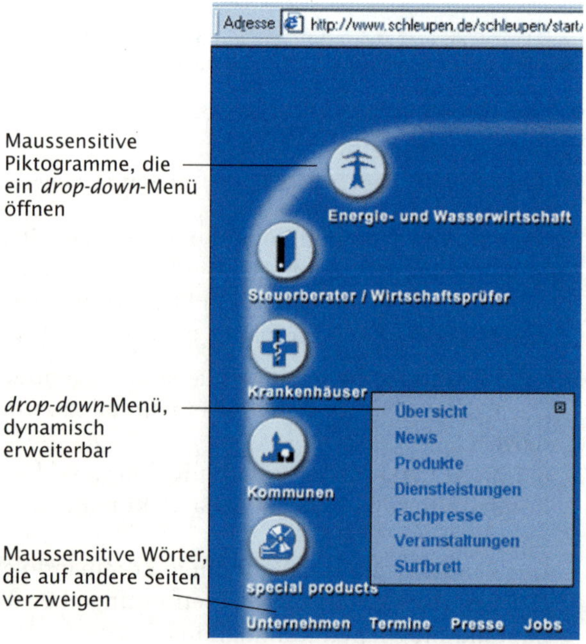

Adresse http://www.schleupen.de/schleupen/start/

Maussensitive Piktogramme, die ein *drop-down*-Menü öffnen

Energie- und Wasserwirtschaft

Steuerberater / Wirtschaftsprüfer

Krankenhäuser

Übersicht
News
Produkte
Dienstleistungen
Fachpresse
Veranstaltungen
Surfbrett

drop-down-Menü, dynamisch erweiterbar

Kommunen

special products

Maussensitive Wörter, die auf andere Seiten verzweigen

Unternehmen Termine Presse Jobs

Abb. 2.22-11: drop-down-Menü und maussensitive Wörter in einer Web-Anwendung

- Benutzungsexperten können durch die Eingabe von Kommandos und Kommandofolgen ein System sehr effizient bedienen.

Eine Kommandosprache kann je nach Anwendungszweck unterschiedlich strukturiert sein (Tab. 2.22-1):

- Einfache Kommandoliste,
- Kommandos mit Argumenten und Optionen (häufigster Fall),
- Hierarchische Kommandostruktur.

Beispiel

Ein Beispiel für eine einfache Kommandoliste ist der VI-Editor des Unix-Systems. Zur Positionierung des Cursors innerhalb einer Zeile verfügt er über folgende Kommandos:

0	*go to start of line*	w	*forward one word*
$	*go to end of line*	b	*backward one word*
h	*go left one space*	)	*forward one sentence*
		...	

Für viele Anwendungsbereiche reichen reine Kommandos nicht aus, sondern sie müssen um Argumente ergänzt werden.

Beispiele

MS-DOS-Befehle:

```
copy   DateiA DateiB
delete DateiA
print  DateiA DateiB DateiC
```

Die Befehle sind funktionsorientiert. Die Argumente geben die Objekte an, auf die die Funktionen angewandt werden.

Zur Steuerung eines Roboters wird neben dem Kommandoname als Argument noch der Winkel angegeben:

Kommandoname		Argument (Winkel)
BSA	+ 90	(BSA = Beugen Schulter Absolut)

Folgende Kommandostruktur kann gewählt werden, um in der Seminarorganisation eine Buchung durchzuführen:

Kommandoname	Argument 1, (Kundennr)	Argument 2 (Veranstaltungsnr)
AN	105,	2710
AB	307,	17

AN steht für Anmeldung, AB für Abmeldung.

Stimmen die eingegebenen Angaben, dann kann der Benutzer nacheinander Buchungen eintippen, ohne das Buchungsfenster zu sehen; dieses wird nur aufgeblendet, wenn ein Fehler auftritt.

Werden Argumente mit Schlüsselworten versehen, dann kann der Benutzer die Argumentreihenfolge ändern.

Beispiel

```
AN   VNR = 2710, KNR = 105
AB   307, 17
AB   VNR = 22, KNR = 12
```

Kommandos und Argumente können um Optionen erweitert werden, um Spezialfälle zu beschreiben. Die Anzahl möglicher Optionen muss gering bleiben, sonst steigt die Fehlerrate.

Basisziele:
- Kompaktheit,
- leicht zu schreiben und zu lesen,
- hohe Lerngeschwindigkeit,
- Einfachheit, um Fehler zu reduzieren,
- leichte Merkfähigkeit über lange Zeit hinweg.

Weiterführende Ziele:
- enge Beziehung zwischen Realität und Notation,
- bequeme Ausführung von Aktionen, die in der Aufgabenerledigung oft benötigt werden,
- Kompatibilität mit bestehenden Notationen,
- Flexibilität, um sich an Anfänger und Experten anzupassen,
- Ausdrucksstärke, um zur Kreativität zu ermutigen.

Folgende Randbedingungen sind zu beachten:
- menschliche Kapazität und Speicherdauer des Kurzzeitgedächtnisses zum Behalten der Notation,
- bequem zu sprechen (Vokalisierung).

Erste Entscheidung: Objektorientiert oder Funktionsorientiert

Beispiel:	Objektorientiert	Funktionsorientiert
Roboter-animation	`SBA = Schulter Beugen Absolut`	`BSA = Beugen Schulter Absolut`
	`SBR = Schulter Beugen Relativ`	`BSR = Beugen Schulter Relativ`
	`SRA = Schulter Rotieren Absolut`	`RSA = Rotieren Schulter Absolut`
	`SRR = Schulter Rotieren Relativ`	`RSR = Rotieren Schulter Relativ`

Einfache Kommandoliste
- Jedes Kommando führt genau eine Aufgabe aus, d.h. die Anzahl von Kommandos und Aufgaben ist gleich.
- ⊞ Syntaktisch extrem einfach
- ⊞ Einfach zu lernen und anzuwenden, wenn wenig Kommandos
- ⊟ Gefahr der Verwechslung bei vielen Kommandos
- ⊟ Schwer zu erinnern bei vielen Kommandos

Zur Gestaltung: Bis etwa 10 Kommandos sind für Kommandolisten angemessen.

Kommandos mit Argumenten und Optionen
- Nach jedem Kommando stehen ein oder mehrere Argumente, die das zu manipulierende Objekt (bei funktionsorientierten Kommandos) oder die auszuführende Funktion (bei objektorientierten Kommandos) bezeichnen oder die Parameterwerte enthalten, z.B. `copy DateiA DateiB` (MS-DOS).
- □ Die Möglichkeit, Kommandos mit Argumenten zu versehen, ist ein wesentlicher Unterschied zu Tastaturkürzeln!
- □ Argumente können auch mit Schlüsselwörtern versehen werden. Schreibt der Benutzer vor die Argumente die Schlüsselwörter, dann kann er die vorgesehene Argumentreihenfolge ändern. Die Lesbarkeit wird verbessert, die Fehler reduziert, der Schreibaufwand aber erhöht.
- □ Zusätzlich zu den Argumenten können die Kommandos noch Optionen haben, die Spezialfälle beschreiben, z.B. `BSA 2 +90` (2 = 2. Roboter).
- □ Argumente können ebenfalls Optionen haben wie Versionsnummern, private Schlüssel, Laufwerkadressen, z.B. `copy a:test1 c:test2`
- □ Die Anzahl möglicher Optionen muss gering bleiben, sonst steigt die Fehlerrate.

Hierarchische Kommandostruktur
- Die Kommandomenge ist als Baum organisiert, z.B. 1. Ebene = Objekt, 2. Ebene = Aktion, 3. Ebene = Art, 4. Ebene = Winkel (SBA +30 = Schulter Beugen Absolut 30 Grad).
- ⊞ Gute Übersicht über eine große Anzahl möglicher Kommandos,
- ⊞ Auch mit einem kleinen Vokabular lässt sich eine große Befehlsvielfalt erreichen,
- ⊞ Die syntaktischen Regeln zur Erzeugung der Kommandos sind einfach,
- ⊟ Schwierigkeiten, wenn Ausnahmen zu berücksichtigen sind.

Tab. 2.22-1: Aufbau einer Kommandosprache

UNIX:

Beispiele

```
mv    file1 file2/tmp        move files to specified memory
cp    -r dir /tmp            recursively copy dir and its
                             subdirectories to /tmp
awk   '{print$1+$2}#file1    print sum of first two fields of each line
```

Fehlerraten bei Unix liegen zwischen 3 und 53 Prozent. Selbst häufig benutzte Kommandos führen zu hohen syntaktischen Fehlerraten: mv (18%), cp (30%) und awk (34%) /Shneiderman 87, S. 146/.

Reservierungssysteme müssen oft eine schnelle und kompakte Eingabe ermöglichen, beispielsweise bei der Fluggastabfertigung auf Flughäfen. Ein Beispiel für ein Kommando sieht folgendermaßen aus:
A0821DCALGA0300P
Availability of flight on August 21, from Washington's National Airport (DCA) to New York's La Guardia Airport (LGA) around 3:00 PM

Ziel bei einer hierarchischen Kommandostruktur ist es, dass die verschiedenen Klassen von Objekt-, Aktions- und Argumentnamen sich möglichst vollständig und konsistent zu Kommandos kombinieren lassen.

Beispiel 1

1. Ebene: Objekt {S=Schulter, E=Ellenbogen, H=Hand}
2. Ebene: Aktion {B=Beugen, R=Rotieren}
3. Ebene: Art {A=Absolut, R=Relativ}
4. Ebene: Winkel
Beispiel: SBA +30

Gestaltungshinweise

Bei der Strukturierung einer Kommando-Sprache sind folgende Kriterien zu beachten:
- Bedeutungsvolle Strukturen wählen.
- Konsistente Strukturen verwenden.
  Ein Benutzer kann eine Sprache mit Inkonsistenzen lernen, aber langsamer und mit höherem Fehlerrisiko.
- Argumente konsistent anordnen.
  Einfache, vertraute oder gut verstandene Eigenschaften zuerst eingeben, dann die variierenden Eigenschaften.
- Hierarchiebildung und Kongruenz (siehe unten) unterstützen das Gedächtnis.

Um dem Anfänger und Gelegenheitsbenutzer das Erinnern zu erleichtern, kann auf Anforderung (z.B. durch Eingabe eines »?«) eine Kurz- oder Langliste der Kommandos angezeigt werden.

Kommando-Menü

Von einem Kommando-Menü spricht man, wenn auf Anforderung eine erläuterte Kommandoliste gezeigt wird, aus der der Benutzer wie bei Menüs eine Option auswählen kann.

Menüs vs. Kommandos

Die wesentlichen konzeptionellen Eigenschaften von Menüs und Kommandos zeigt Abb. 2.22-12. Besonders zu betonen ist, dass dem Benutzer das Wiedererkennen von Menüoptionen wesentlich leichter

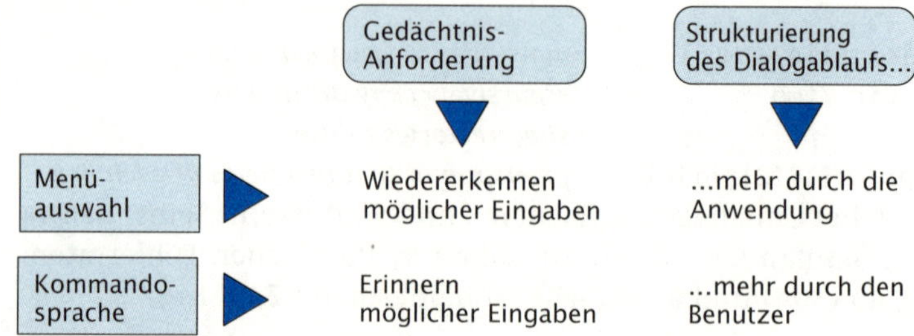

Abb. 2.22-12: Wesentliche Unterschiede zwischen Menüs und Kommandos

fällt als das Erinnern an Kommandos. Erinnern erfordert immer eine Suche im Langzeitgedächtnis.

pro Menü

Theoretisch sprechen folgende Gründe für die Menüauswahl:

- erleichtert das Lernen,
- geringe Gedächtnisbelastung,
- weniger Benutzereingaben erforderlich,
- weniger Eingabefehler,
- Unterstützung des Planungs- und Entscheidungsprozesses,
- geeignet für Anfänger und Gelegenheitsbenutzer.

contra Menü

Gegen die Menüauswahl sprechen theoretisch folgende Gründe:

- belegt Bildschirmfläche,
- schränkt die Flexibilität ein,
- erfordert Navigation,
- insgesamt langsamere Interaktion,
- weniger geeignet für Expertenbenutzer.

Empirie

Empirische Untersuchungen haben folgende Ergebnisse gebracht:

- Es gibt keine eindeutige Evidenz für die Vorteile der Menüauswahl bei Anfängern und Gelegenheitsbenutzern.
- Allgemeine Prinzipien können durch schlechte Gestaltung unwirksam werden.
- Präferenz für Menü oder Kommando hängt vom Individuum, der Situation, der Aufgabe und von der Gestaltung ab.

Gestaltungshinweise

Als Konsequenz aus diesen Untersuchungen ergibt sich, dass eine Mensch-Computer-Schnittstelle mehrere Dialogformen zur Verfügung stellen sollte. Menüs sollten mindestens um Tastaturkürzel ergänzt werden, Kommandos sollten auf Anforderung aufgelistet und erläutert werden. Noch besser ist jedoch die volle Funktionalität eines Menüsystems und einer Kommandosprache.

2.22.5 Namen und Abkürzungen

Hinweis: Dieser Abschnitt orientiert sich an /Wandmacher 93, S. 222 ff./

Sowohl für Menüs als auch für Kommandos müssen geeignete Bezeichnungen gewählt werden. Die Systematik der Benennungen beeinflusst das Lernen von Anfängern und die Benutzbarkeit für Gelegenheitsbenutzer und Experten.

Kriterien für gut benutzbare Namen und Benennungssysteme sind:

- Kodierbarkeit,
- Suggestivität,
- Unterscheidbarkeit,
- Systematik im Kontext.

Gute **Kodierbarkeit** bedeutet, dass Namen leicht gelesen, artikuliert und erinnert werden.

Kodierbarkeit

Ein aus einem oder mehreren Wörtern bestehender Name ist leicht kodierbar, wenn das Wort oder die Wörter des Namens eine morphologische Struktur haben, die den morphologischen Regeln der jeweiligen Sprache entspricht. Die Kodierbarkeit eines Namens beeinflusst das Wiedererkennen und Reproduzieren des Namens.

Gestaltungshinweis

Morphologie = Formenlehre

In einem Experiment hat man verschiedene Kommandonamen für Editieraufgaben gewählt:

Beispiel

Kommandonamen	Bewertung	Kodierbarkeit
insert delete append merge	suggestive Kommandonamen	leicht
throw light clusel ...	keine erkennbare semantische Beziehung zu den Funktionen	leicht
blark clame thrag ...	Pseudoworte nach den morphologischen Regeln	mittel
nsr dlt pnd mrg ...	Abkürzungen (die ersten drei verschiedenen Konsonanten)	schwer
cmp ztk ngp ...	Folge von drei zufällig gewählten Konsonanten	schwer

Suggestivität bedeutet, dass ein vorliegender Name sein Referenzobjekt möglichst gut erkennen lässt.

Suggestivität

Ein Name ist um so suggestiver, je größer die Übereinstimmung zwischen der Menge der Bedeutungsmerkmale des Namens und der Menge der semantischen Merkmale des Referenzobjekts ist.

Gestaltungshinweis

Suggestive Namen werden schneller gelernt und sind leichter zu erinnern als Namen ohne semantische Beziehung zu den Aktionen.

Sie bieten Anfängern und Gelegenheitsbenutzern Einstiegs-, Erinnerungs- und Orientierungshilfen. Für Experten ist die Suggestivität nicht mehr so wichtig.

Unterscheidbarkeit

Unterscheidbarkeit bedeutet, dass die Namen für verschiedene Referenzobjekte nicht verwechselbar sind. Sie ist abhängig vom Kontext der übrigen Namen.

Wird z.B. in einem Menü mit sprachlichen Menüoptionen eine Option gesucht, dann bilden die anderen Optionen den Kontext. Verwechslungen werden nicht durch eine möglichst hohe Suggestivität eines Namens vermieden, sondern durch möglichst hohe relative Suggestivitäten der Namen im Kontext.

Die Unterscheidbarkeit eines Namens hängt außerdem von den Oberflächenmerkmalen des Namens ab, die ihn von anderen Namen des Kontextes unterscheiden.

Namen mit allgemeiner Bedeutung werden für umfangreichere Klassen von Referenzobjekten oder für übergeordnete Kategorien verwendet. Deshalb haben allgemeinere Namen weniger spezifische oder diagnostische Bedeutungsmerkmale als spezifischere Namen. Sie sind deshalb in der Regel weniger gut unterscheidbar als spezifischere Namen.

Spezifischere Namen werden effektiver und besser gelernt, da sie von Anfängern leichter behalten werden können.

Die Unterscheidbarkeit eines Namens im Sinne seiner Spezifität beeinflusst die richtige Verwendung des Namens, das Verständnis des bezeichneten Objekts und das Erinnern des Namens.

Systematik im Kontext

Systematik im Kontext bedeutet erkennbare systematische Beziehungen zu den anderen Namen des Kontextes.

Kongruenz

Kongruenz = Übereinstimmung

Ein Aspekt ist die Kongruenz der Namen für Polaritäten oder Gegensätze z.B. rechts vs. links. Zwei Namen sind kongruent, wenn die Beziehungen zwischen den Bedeutungen der beiden Namen den Beziehungen zwischen ihren Referenzobjekten entsprechen.

Beispiel

Sind zwei Aktionen zueinander invers, dann sollten auch die Aktionen hinsichtlich ihrer Bedeutung zueinander invers sein. Kommandopaare mit kongruenten Namen zur Steuerung eines Roboters:

`rechts/links`, `festschrauben/losschrauben`, `vorwärts/rückwärts`, `greifen/loslassen`.

Inkongruente Namenspaare:

`drehen/links`, `gehen/rückwärts`, `festschrauben/drehen`

Bei kongruenten Namen ist die Leistung besser (mehr gelöste Aufgaben und weniger Fehler) und sie werden leichter erinnert. Ein anderer Aspekt ist die konsistente Verwendung von Namen in strukturierten Kommandos, so dass die Namen anderer Klassen zu strukturierten Kommandos kombiniert werden können (siehe Beispiel 1).

Tab. 2.22-2: Abkürzungen: Verfahren und Regeln

Ziel
Verringerung des Eingabeaufwands

Abkürzungsverfahren

- Eliminierung einzelner Buchstaben aus dem abzukürzenden Wort (meist Vokale)
  Beispiele: Hpth für Hypothese, Zchn für Zeichen, Bsp für Beispiel
- Abschneiden der letzten Buchstaben des Wortes.
  Beispiele: Del für Delete, Dir für Directory, Prov für Provision, Kop für Kopieren
- Akronym zur Abkürzung eines aus mehreren Wörtern bestehenden Namens
  Beispiele: FORTRAN, MIPS, PC

Regeln

1 Die Eingabe von Abkürzungen soll möglich, aber nicht obligatorisch sein (bei Kommandosprachen).

2 Die zulässigen Abkürzungen sollen nach einer einheitlichen, leicht durchschaubaren und leicht anwendbaren Abkürzungsregel gebildet werden können. Diese Regel soll dem Benutzer mitgeteilt werden.

3 Das Abkürzen durch Abschneiden ist einheitlicher, leichter durchschaubar, leichter durchführbar, weniger fehleranfällig und konsistenter als das Abkürzen durch Eliminieren. Das Abkürzen durch Abschneiden wird noch konsistenter, wenn alle Abkürzungen die gleiche Länge haben.

4 Der Benutzer soll keine eigenen Abkürzungsregeln verwenden können, da das Abkürzungsverhalten dann inkonsistent wird. Die Abkürzungen werden schneller vergessen.

5 Der Benutzer soll zuerst die nicht abgekürzten Namen durch deren interaktive Verwendung lernen. Erst nach der Lernphase soll er die Abkürzungen verwenden können.

6 Systemseitige Ausgaben sollen die nicht abgekürzten Namen verwenden, um das Benutzergedächtnis aufzufrischen und um Dekodierungsfehler zu vermeiden, die insbesondere bei Abkürzungen durch Abschneiden vorkommen können.

Quelle: /Wandmacher 93/

Unterschiedliche syntaktische Regeln (z.B. unterschiedliche Reihenfolge der Argumente, unterschiedliche Argumentklassen usw.) sollen möglichst auch an Unterschieden zwischen den Kommandos erkennbar sein.

Im Mittel wählen zwei verschiedene Personen nur in 8 Prozent der Fälle für eine Aktion das gleiche Aktionswort (Wiederholrate) /Wandmacher 93, S. 218ff/. Es ist daher unrealistisch, nach Namen zu suchen, die *a priori* für verschiedene Benutzer besonders treffend oder naheliegend sind. Die extra- und interindividuelle Konsistenz der Benennung muss vielmehr durch Lernen von Konventionen hergestellt werden.

Alias-Namen

Es kann jedoch vorteilhaft sein, wenn alternativ Namen (Alias-Namen) für ein Referenzobjekt eingegeben werden können.

Abkürzungen

Abkürzungen von Namen werden zur Verringerung des Eingabeaufwandes verwendet. Abkürzungsverfahren und Gestaltungsregeln sind in Tab. 2.22-2 zusammengestellt.

2.22.6 Strukturierung, Orientierung und Navigation

Strukturierung

Besteht eine Anwendung aus mehr als einem Fenster, dann ist es erforderlich, den Zusammenhang zwischen mehreren Fenstern bzw. mehreren Web-Seiten – im Falle einer Web-Anwendung – benutzer- und aufgabengerecht zu strukturieren. Dabei sind zu unterscheiden:

- die **statische Struktur** und
- die **dynamische Struktur.**

Im Falle einer klassischen kaufmännisch/administrativen Anwendung mit MDI-Fenstern stellt das Anwendungsfenster den Wurzelknoten dar, an den **statisch** die einzelnen Unterfenster angebunden sind. Es entsteht dadurch eine einstufige Baumhierarchie, bei Kaskadenmenüs auch eine mehrstufige. **Dynamisch** kann jedoch eine Netzstruktur entstehen. Abb. 2.22-13 zeigt die statische Baumstruktur der Fall-

Abb. 2.22-13: Statische und dynamische Struktur (Ausschnitt) von SemOrg

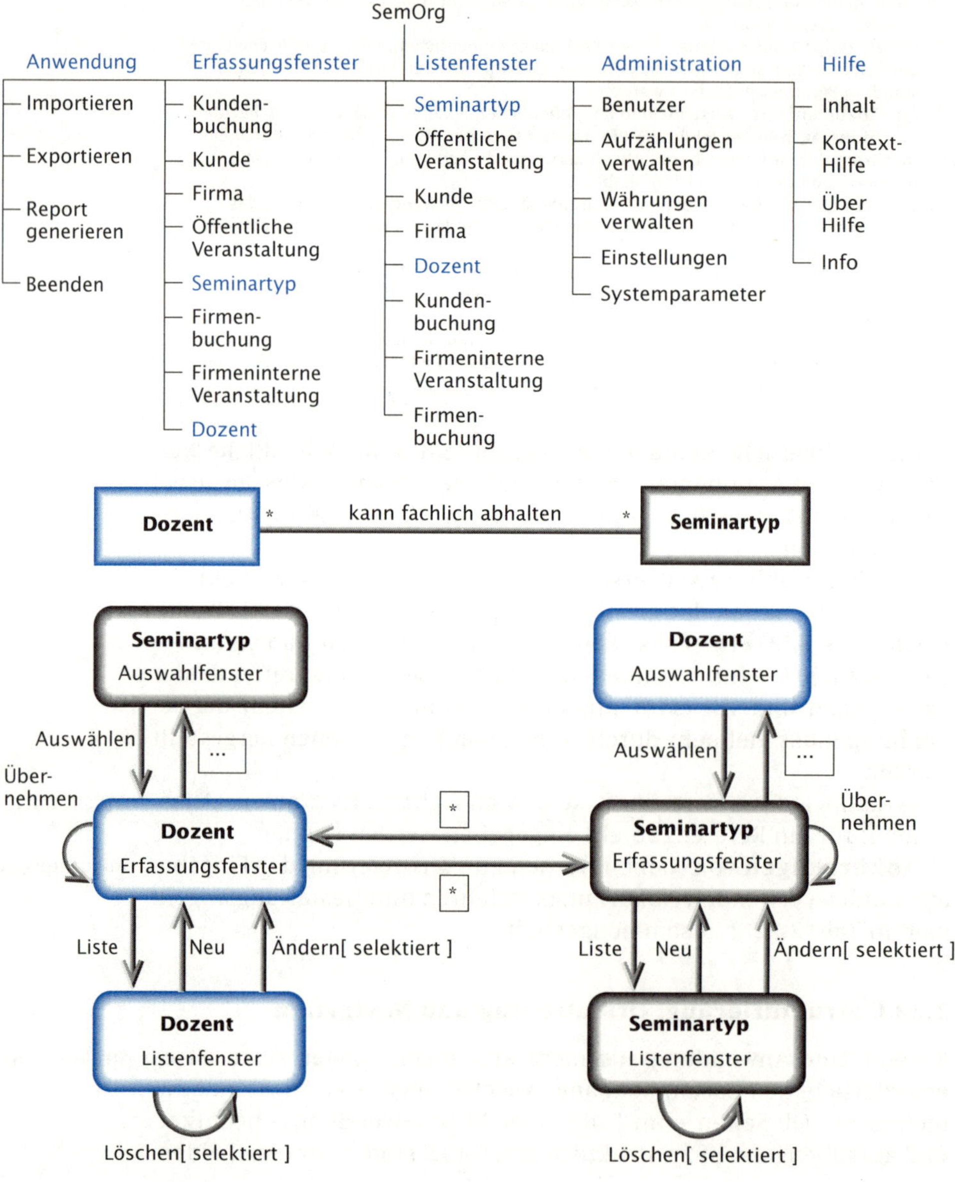

studie »Seminarorganisation« und die dynamischen Nutzungsmöglichkeiten (Ausschnitt), dargestellt durch einen Zustandsautomaten. Die dynamischen Möglichkeiten werden in diesem Beispiel durch Druckknöpfe und maussensitive Piktogramme eröffnet.

zur Dialogdynamik

Wie die Abb. 2.22-13 zeigt, gibt es je konkreter Klasse (zu abstrakten Klassen gibt es keine Erfassungsfenster, da es keine Objekte gibt) fünf Zustandsübergänge zwischen dem Erfassungs- und Listenfenster. Zusätzlich gibt es je Assoziation noch einmal sechs Zustandsübergänge zwischen den Erfassungs- und Auswahlfenstern.

Für die Seminarorganisation mit neun konkreten Klassen und elf Assoziationen ergeben sich daher:

5 * 9 = 45 Zustandsübergänge Klassen +
6 * 11 = 66 Zustandsübergänge Assoziationen =
111 Zustandsübergänge.

Ohne Einsatz eines Generators müsste man ein Rahmenwerk *(framework)* entwerfen, das in einer Oberklasse die Zustandsübergänge realisiert (Abschnitt 3.7.2).

In einem Zustandsdiagramm sind alle Übergänge *nicht* mehr darstellbar. Dies ist entweder nur exemparisch, wie in Abb. 2.22-13 gezeigt, möglich, oder es muss eine Zustandstabelle verwendet werden (Abschnitt 2.16.2).

Bei Web-Anwendungen findet man – neben Baumhierarchien – häufig sequenzielle Verknüpfungen wie bei einem Buch, sequenzielle Verknüpfungen mit Abzweigungen und netzwerkartige Verknüpfungen. Auf manchen *Web-Sites* ist die statische Struktur optisch dargestellt (Abb. 2.22-14 und 2.22-15).

Der Vorteil auf- und zuklappbarer Bäume besteht darin, dass Themen zu Oberthemen zusammengefasst werden können *(Cluster).*

In den Web-Anwendungen entsteht die dynamische Struktur in der Regel durch die Angabe von Verweisen.

Ein Ziel jeder benutzergerechten Software-Gestaltung sollte es sein, dem Benutzer die **Orientierung** in der jeweiligen Software-Anwendung zu erleichtern.

Eine Möglichkeit besteht darin, dem Benutzer die statische Struktur der Anwendung optisch darzustellen. In menüorientierten Systemen zeigt die Menüleiste die Grundstruktur der Anwendung. Kaskadenmenüs zeigen beispielsweise die Tiefe der Baumstruktur.

In Web-Anwendungen kann die explizite Darstellung der Struktur wie in den Abb. 2.22-15 und 2.22-16 dem Benutzer als Orientierung dienen.

Durch Aktivierung von Menüoptionen als auch durch Klicken auf Elemente der statischen Struktur kann auf das jeweilige Ziel verzweigt werden, d.h. die Orientierungselemente dienen gleichzeitig zur Navigation.

Abb. 2.22-14: Statische Struktur als aufklappbare Baumstruktur (oben geschlossen, unten aufgeklappt)

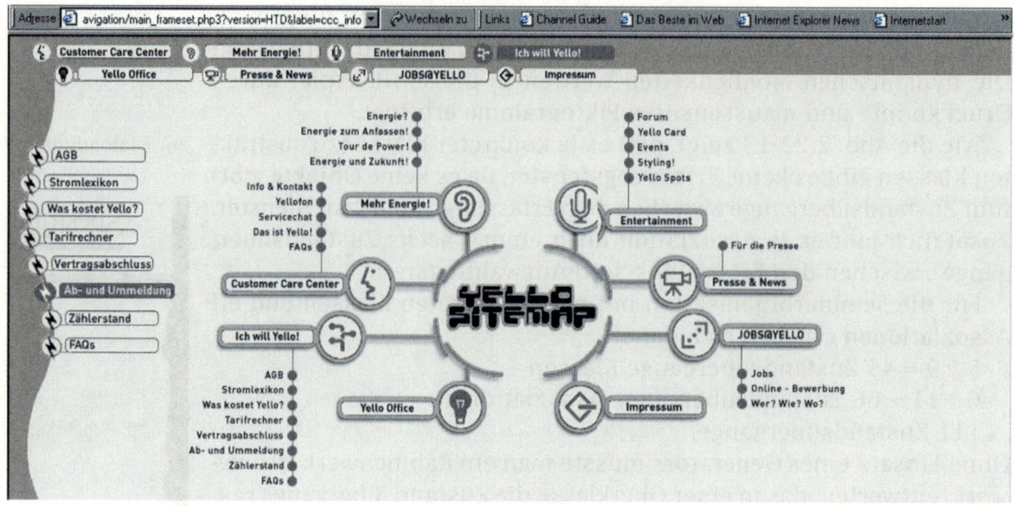

Abb. 2.22-15: Statische Struktur als vollständig sichtbare Baumstruktur

Farben und Piktogramme

Visuelle Orientierungselemente wie Farben und Piktogramme bieten ebenfalls eine gute Orientierungshilfe. Beispielsweise kann jede Firmenssparte in einem Intranet durch eine spezielle Farbe gekennzeichnet sein.

Hervorhebung

Ist eine Navigationsleiste ständig sichtbar, dann sollte der Bereich, in dem sich der Benutzer gerade befindet z.B. farbig hervorgehoben sein.

Anzeige des Pfades

Ist eine Anwendung hierarchisch tief gegliedert, dann hilft es dem Benutzer, wenn er angezeigt bekommt, welche Hierarchiestufen er durchlaufen hat und wo er sich gerade befindet (Abb. 2.22-16).

Da man als Benutzer nur den auf dem Bildschirm gerade dargestellten Ausschnitt sieht, ist man in der Situation, als würde man sich mit einer Taucherbrille vor dem Gesicht durch ein großes Gebäude bewegen. Durch den extrem geringen Blickwinkel verliert man sich dann leicht im »*Cyperspace*«.

Kriterien für gute Orientierung

Ort-Weg-Modus-Modell: Wo bin ich? Was kann ich hier tun? Wie kam ich hierher? Wo kann ich hin? und Wie komme ich dorthin?

Ein Benutzer kann sich dann gut orientieren,wenn er jederzeit folgende Fragen beantworten kann /Thissen 00, S. 33/:

- Was gibt es hier alles?
- Wie ist die Struktur?
- Wo befinde ich mich im Moment innerhalb der Anwendung?
- Habe ich alles gesehen? Habe ich auch nichts Wichtiges übersehen?
- Wo sind die für mich relevanten Informationen?
- Bin ich schnell erfolgreich?
- Macht das Spaß oder ist es mühsam?

Navigation

Eng verbunden mit der Orientierung ist die **Navigation**, d.h. wie finde ich eine bestimmte Stelle der Anwendung bzw. einen bestimmtes Themengebiet oder einen gesuchten Inhalt und wie schnell gelange ich dahin. Zur Navigation gehört auch die Art und Weise, wie der

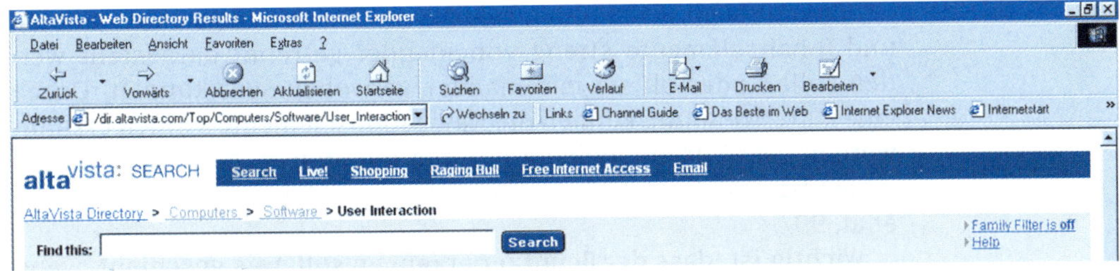

Abb. 2.22-16: Anzeige des durchlaufenen Pfades

Benutzer unbekannte Informationsstrukturen untersuchen kann. Die **Navigationsstruktur** bestimmt die möglichen Pfade, auf denen sich der Benutzer durch die Anwendung bewegen kann. **Navigationshilfen** wie Inhaltsverzeichnisse, Indizes und geführte Touren unterstützen die Benutzerorientierung. Geeignete **Suchmechanismen** helfen dem Benutzer spezifische Informationen zu finden, insbesondere bei umfangreicher Informationsfülle.

Ein Benutzer kann gut navigieren, wenn er jederzeit folgende Fragen beantworten kann /Thissen 00, S. 33, 61/:

- Wohin kann ich gehen? Welche Wege gibt es hier?
- Wie komme ich dorthin?
- Wo bin ich schon überall gewesen?
- Wie komme ich wieder zurück? Wie kann ich meinen Weg zurückverfolgen?
- Wie komme ich hier schnell wieder heraus?

Eine gute Navigation besitzt folgende Charakteristika:

- Die Navigation passt zu den Zielen, Erwartungen und dem Verhalten der Benutzer.
- Die Navigationselemente sind nicht dominant. Navigation funktioniert intuitiv, ohne dass sich der Benutzer mit ihr auseinandersetzen oder sie gar erlernen muss.
- Die Navigationselemente sind sofort verständlich begreifbar. Ihre Bedienung muss nicht gelernt werden. Sie sind dem Thema angepasst.
- Die Navigation ist konsistent, d.h. sie zieht sich einheitlich durch die Anwendung.
- Die Navigation bietet dem Benutzer alternative Wege, um zu einem Ziel zu kommen.

Damit ein Benutzer durch eine Anwendung navigieren kann, müssen ihm Navigationselemente zur Verfügung gestellt werden. Folgende Navigationselemente lassen sich unterscheiden:

- Druckknöpfe bzw. Schaltflächen *(buttons)*,
- Maussensitive Texte *(hotwords)*,
- Maussensitive Bilder, Teile von Bildern oder Symbole *(hotspots)*.

Abb. 2.22-17 zeigt wie mehrere Symbole, hier Pfeile, zu einem Navigationskreuz kombiniert wurden.

Abb. 2.22-17: Navigationskreuz kombiniert mit einem Baum zur Orientierung

Konzeptionell ist zu entscheiden, ob Orientierungs-, Navigations- und Inhaltselemente streng voneinander getrennt dargestellt werden sollen oder ob sie miteinander verwoben sein können. Durch eine klare Trennung können die Navigationselemente schnell erkannt werden. Der Zusammenhang mit den Inhalten ist aber nicht immer eindeutig und die Bereitschaft zum Navigieren wird reduziert /Spool et al. 99/.

Wichtig ist, dass der Benutzer erkennen soll, was geschieht, wenn er das Navigationselement anklickt, z.B. durch Einblenden eines Hinweises *(tool tip)*.

In klassischen Benutzungsoberflächen werden die Navigationselemente in der Regel nicht von anderen Interaktionselementen unterschieden.

Beispiel

In der Abb. 2.22-10 sind folgende Navigationselemente enthalten:

- Piktogramm zum Schließen des Fensters (rechts oben): Rückkehr zum Anwendungsfenster.
- Erste zwei Piktogramme hinter »Arbeitgeber« und »Ersatzteilnehmer«: Öffnen neuer Fenster und Verzweigung in diese Fenster.
- Druckknöpfe »OK« und »Abbrechen«: Schließen des Fensters und Rückkehr zum Anwendungsfenster.
- Druckknöpfe »Adressaufkleber« und »Mitteilung«: Öffnen neuer Fenster und Verzweigung dorthin.
- Die Druckknöpfe »Pfeil nach links« und »Pfeil nach rechts« holen den vorherigen bzw. den nächsten Datensatz in das Fenster. Sie erlauben also ein Navigieren im Inhalt.

Abb. 2.22-18 zeigt eine klare Trennung zwischen den Navigationselementen auf der linken Seite und den Inhalten auf der rechten Seite. Durch Anklicken eines Navigationselements werden weitere Elemente sichtbar.

Die Navigation wird unterstützt durch folgende Techniken:

- »Vorwärts«- und »Zurück«-Knöpfe, die es ermöglichen, einen Benutzungspfad zurückzuverfolgen bzw. auf Wunsch auch wieder vorwärts zu durchlaufen. In allen *Web-Browsern* ist dies heute Standard. In klassischen Anwendungen kann die Historie in der Regel nur verfolgt werden, wenn die Anwendung eine für den Benutzer zugreifbare Protokolldatei *(log file)* mitführt, die die Benutzeraktivitäten aufzeichnet.
- Einige Anwendungen zeigen auf Wunsch die letzten x-Begriffe oder Inhalte, die angewählt wurden, z.B. in einem Lexikon *(backtrack*-Funktion).
- Durch das Anlegen von Lesezeichen kann der Benutzer gezielt an Stellen springen, die er oft besucht.

hyperbolisch = hyperbelartig

Eine flexible und dynamische Möglichkeit, sich zu orientieren, zu navigieren und zu suchen, bieten hyperbolische Bäume *(hyperbolic trees)* (Abb. 2.22-19).

Abb. 2.22-18: Trennung von Navigationselementen und Inhalt

Wie die Abb. 2.22-19 zeigt, wird die Baumstruktur über einer Kugel dargestellt. Die nahen Teile werden größer angezeigt. Klickt der Benutzer nun auf einen Baumknoten, dann wird dieser Knoten mit seinen Kanten in den Mittelpunkt gerückt. Man erhält einen Gesamtüberblick, ohne sich in Details zu verlieren. Man sieht optisch, in welchen Bereichen viele Kanten abzweigen. Die interessierenden Bereiche kann man sich sozusagen »heranzoomen«.

Abb. 2.22-19: Orientierung und Navigation durch hyperbolische Bäume

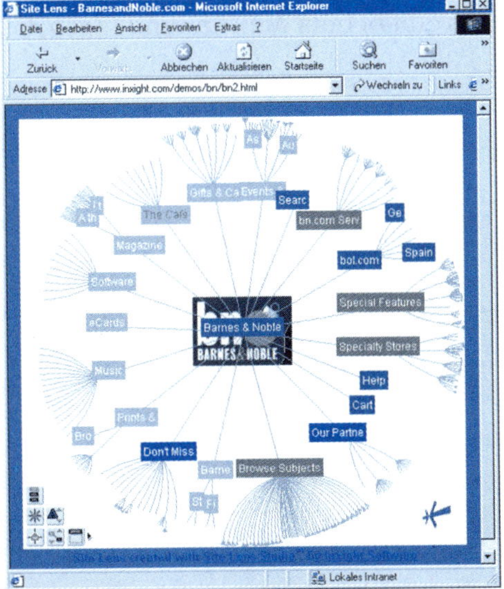

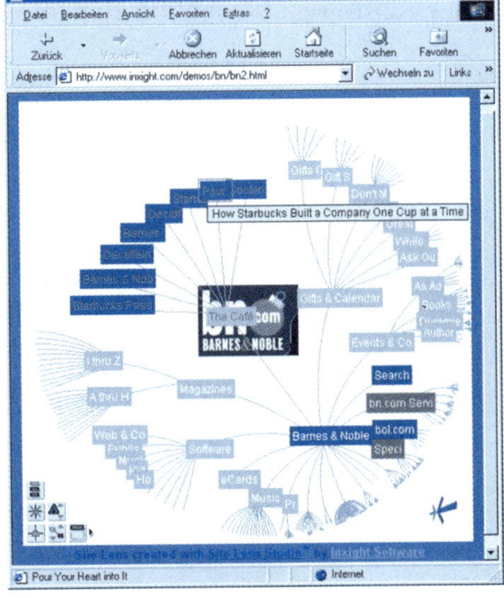

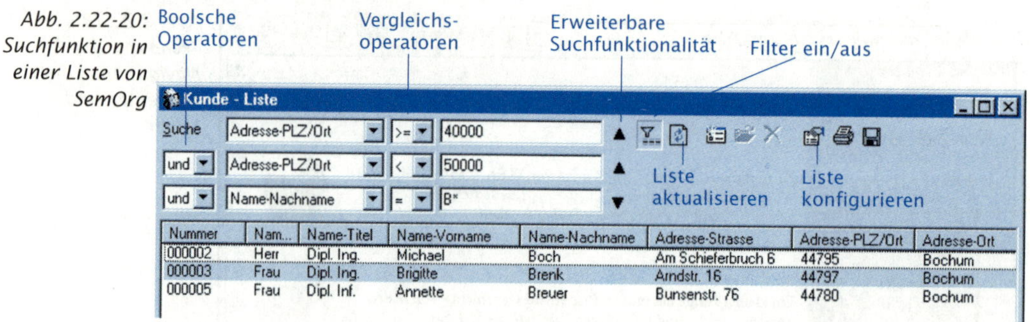

Abb. 2.22-20: Suchfunktion in einer Liste von SemOrg

Suchfunktion

Suchfunktionen sind ein wichtiges Hilfsmittel für denjenigen, der weiß, wonach er sucht. Jede Suchmaschine bietet diese Möglichkeiten. Wesentlich ist, dass auch erweiterte Suchmöglichkeiten zur Verfügung stehen, z.B. Einsatz von »Joker«- bzw. *»wildcard«*-Zeichen wie »*« und »?« sowie die Kombination boolescher Operationen.

Abb. 2.22-20 zeigt die Suchfunktionen in einer klassischen Anwendung, Abb. 2.22-21 in einer Web-Anwendung.

Eine interesssante Kombination mehrerer Möglichkeiten zeigt die Abb. 2.22-22. Bei *»search«* kann ein Begriff eingegeben werden, der aber auch aus einer Liste ausgewählt werden kann (hier *nicht* dargestellt). Auf der rechten Seite erscheint ein Diagramm, das anzeigt, welche anderen Begriffe mit dem Suchbegriff assoziiert sind. Die Kreisgröße gibt den Umfang der gefundenen Musiktitel zu diesem Begriff an, die links auch angezeigt werden. Klickt man auf einen anderen Begriff in der Grafik auf der rechten Seite, dann wird dieser Begriff ins Zentrum geholt usw. Ganz rechts wird außerdem noch der Zeitbereich angezeigt, aus dem die Titel stammen.

Individualisierung
Personalisierung

Noch in den Anfängen steckt die Möglichkeit, die Orientierung und Navigation zu personalisieren. Es gibt bereits Web-Anwendungen, bei

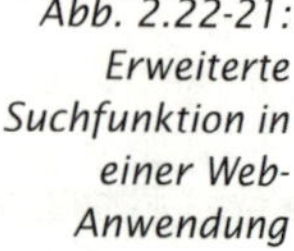

Abb. 2.22-21: Erweiterte Suchfunktion in einer Web-Anwendung

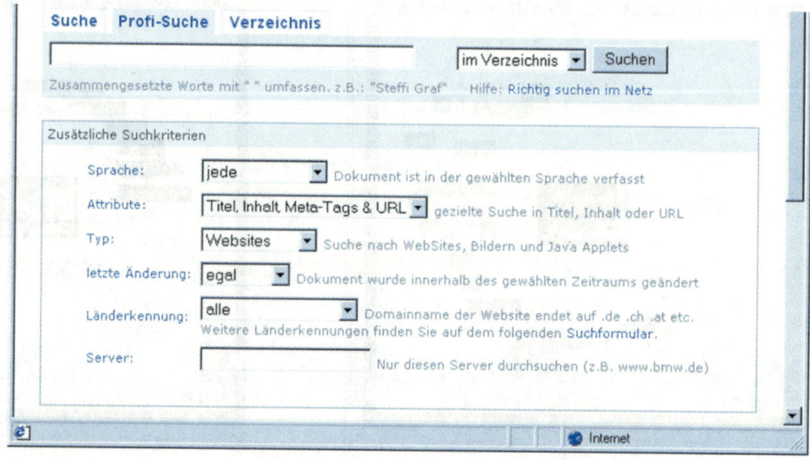

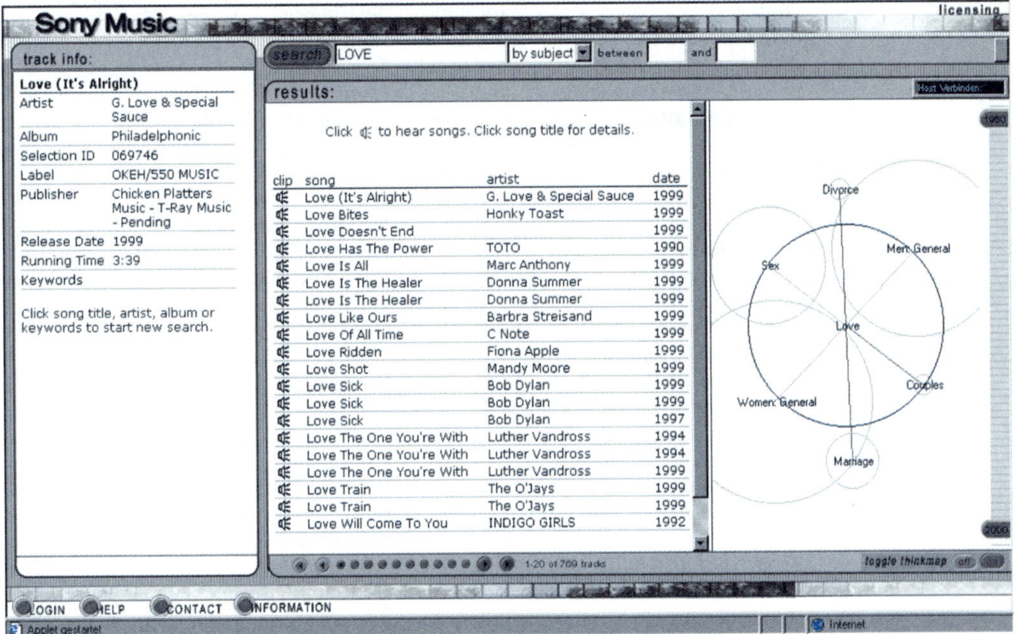

denen es möglich ist, sie zu personalisieren (`myWebAnwendung.de`) (Abb. 2.22-23).

Abb. 2.22-22: Kombination verschiedener Orientierungs- und Navigationsmöglichkeiten

Eine so personalisierte Anwendung merkt sich das Interessenprofil des Anwenders. Er wird bei jedem Besuch der Web-Anwendung persönlich begrüßt und auf Neuigkeiten, die seinem Profil entsprechen, hingewiesen bzw. bekommt entsprechende *e-mails* zugesandt (1-to-1-Marketing).

Wichtiger erscheint es jedoch, dem Benutzer seine individuelle Sicht auf eine umfangreiche Web-Anwendung aufzubewahren und ihm seinen jeweiligen Fokus, seine bereits durchlaufenen Wege usw. aufzuzeigen.

Abb. 2.22-23: Möglichkeiten der Personalisierung

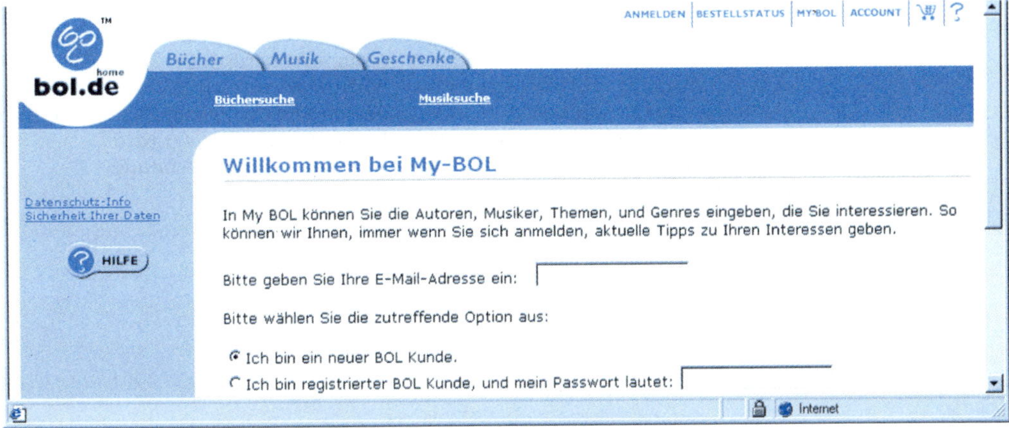

Dialog Durch Eingabe von Steuerungsdaten steuert der Benutzer die Anwendung bzw. Anwendungen so, dass er seine Aufgaben damit erledigen kann.

Dialoggestaltung Gestaltung der Dialogstruktur und der Dialogdynamik mit Hilfe von →Fenstern, *Web-Browsern*, →Menüs und →Kommandos unter Berücksichtigung der Software-Ergonomie.

Dialogmodus Gibt an, welchen Beschränkungen ein →Dialog unterworfen ist. Prinzipiell unterscheidet man modale und nicht-modale Dialoge. Ein modaler Dialog *(modal dialog)* muss beendet sein, bevor eine andere Aufgabe der Anwendung durchgeführt werden kann. Ein nicht-modaler *Dialog (modeless dialog)* ermöglicht es dem Benutzer, den aktuellen →Dialog zu unterbrechen, während das ursprüngliche Fenster offen bleibt.

Fenster *(window)* Separat steuerbarer Bereich auf dem Bildschirm, der zur Darstellung von Objekten und/oder zur Durchführung eines Dialogs mit dem Benutzer verwendet wird /EN ISO 9241-16:1999/ (→Fenstertyp).

Fenstertyp Für bestimmte Einsatzbereiche vorgesehenes →Fenster mit bestimmten Eigenschaften. Es werden Anwendungs-, Unter-, Dialog- und Mitteilungsfenster unterschieden.

HTML-*frames* →HTML-Rahmen

HTML-Rahmen Erlaubt die Darstellung von HTML-Anweisungen in einem Fensterrahmen innerhalb des Arbeitsbereichs eines *Web-Browsers*. HTML-Rahmen erlauben es, den Arbeitsbereich eines *Web-Browsers* in Bereiche zu gliedern. Sie werden oft dazu verwendet, um Navigations- und Inhaltselemente in getrennten Rahmen anzuzeigen, um z.B. die Navigationselemente immer an der gleichen Stelle zu positionieren, während sich die Inhaltselemente verändern.

Kommando Befehl an das Computersystem – meist als Wortkürzel, z.T. gefolgt von Argumenten und Optionen – bestimmte Aktionen durchzuführen. Kommandos müssen der Syntax einer Kommandosprache entsprechen.

Menü *(menu)* Zu Gruppen angeordnete →Menüoptionen, aus denen der Benutzer eine oder mehrere auswählen kann. Man unterscheidet Aktions- und Eigenschaftsmenüs.

Menüoption *(menu option)* Teil eines →Menüs, repräsentiert eine Aktion (Aktionsmenü) oder eine Eigenschaft (Eigenschaftsmenü). Die Selektion einer Menüoption bewirkt Aktionen oder die Festlegung von Eigenschaften.

Navigation Art und Weise, wie ein Benutzer eine Stelle in einer Anwendung findet und zu ihr gelangt bzw. wie er auf eine gesuchte Information zugreifen kann oder wie er unbekannte Informationsstrukturen untersuchen kann.

Primärdialog →Dialog, der zur direkten Aufgabenerfüllung dient (→Sekundärdialog).

***pop-up*-Menü** Menüart, die aus →Menüoptionen (ohne Menütitel) besteht. Erscheint an der aktuellen Bearbeitungsstelle auf dem Bildschirm, z.B. gekoppelt mit dem Mauszeiger. Aufruf durch Maustaste (meist rechte Taste) oder Funktionstaste.

***drop-down*-Menü** Menüart, die aus einem Menütitel und zugeordneten →Menüoptionen besteht. Der Menütitel ist auf einem Menübalken angeordnet. Nach dem Anklicken des Menütitels werden die zugehörigen Menüoptionen »heruntergeklappt« und können selektiert werden.

Sekundärdialog Kurzzeitiger, optionaler →Dialog, der zusätzliche Informationen vom Benutzer anfordert. Eingebettet in →Primärdialoge.

Web-Anwendung Software-Produkt, dessen Benutzungsoberfläche in einem *Web-Browser* angezeigt wird.

Web-Site →Web-Anwendung

Grundlage jeder systematischen Dialoggestaltung sind die Kenntnis und die anwendungsgerechte Auswahl von Fenstertypen, HTML-Rahmen, Dialogmodi, Menüs und Kommandos. Die Dialoggestaltung befasst sich mit der statischen Struktur und dem dynamischen Ablauf von Dialogen, um dem Benutzer eine gut verständliche Struktur der Anwendung zu präsentieren und um ihm die Orientierung und Naviagation zu erleichtern. Dialoggestaltung

Für jede Anwendung müssen die Primärdialoge und die notwendigen Sekundärdialoge identifiziert und gestaltet werden. Primär- und Sekundärdialoge müssen auf geeignete Fenstertypen abgebildet werden: Fenstertypen

- Anwendungsfenster,
- Unterfenster,
- Dialogfenster,
- Mitteilungsfenster.

Bei Web-Anwendungen *(Web-Sites)* ist zu überlegen, ob und in wie viele HTML-Rahmen (HTML *frames)* der Arbeitsbereich des *Web-Browsers* gegliedert werden soll.

Soll dem Benutzer eine hohe Handlungsflexibilität ermöglicht werden, dann sollte der Dialogmodus der einzelnen Dialoge möglichst nicht-modal, d.h. ohne Beschränkungen sein. Beschränkungen sollten dann nur so weit erfolgen, wie sie für die Sicherheit des jeweiligen Dialogs unbedingt erforderlich sind. Dialogmodus

Menüs und Kommandos erlauben es, Dialoge zu steuern und auszulösen. Menüs bestehen aus Menüoptionen und lassen sich gliedern in Menüs

- Aktionsmenüs und
- Eigenschaftsmenüs.

In Abhängigkeit vom Wirkungsbereich lassen sich zwei hauptsächlich verwendete Menüarten unterscheiden:

- Menübalken mit *drop-down*-Menüs und
- *pop-up*-Menüs.

Zur Beschleunigung der Menüauswahl gibt es prinzipiell zwei Gruppen von Möglichkeiten, die auch kombiniert werden können: beschleunigte Menüauswahl

- Menüauswahl durch Benutzung der Tastatur
- Menüauswahl durch optimierte Anordnung der Menüoptionen.

Wird eine Anwendung von Experten tagtäglich benutzt, dann sollten Menüs durch eine Kommandosprache ergänzt werden.

Wesentlich für die Erlernbarkeit und die Benutzbarkeit einer Anwendung ist die geeignete Wahl von Namen und Abkürzungen. Namen Abkürzungen

Bei der Dialoggestaltung sind Unterschiede zwischen klassischen Oberflächen und Web-fähigen Oberflächen zu beachten (Abb. 2.22-24).

Kriterium	Klassisch	Web
GUI-System	z.B. *Windows*-GUI	*Web-Browser*, z.B. Internet Explorer
Gestaltungs-Regelwerk	z.B. *Windows style guide*	noch *nicht* vorhanden
Gestaltungsspielraum	durch GUI-System eingeschränkt	groß, durch Benutzer beschränkbar
Dialogarten	Primär- und Sekundärdialoge	vorwiegend Primärdialoge
Dialogmodi	vorwiegend nicht-modal	vorwiegend modal
Dialogtechniken	direkte Manipulation/ Menüs	Verweise *(links)*/Menüs
Fenstertypen	alle	i. Allg. Arbeitsbereich des *Web-Browsers*
Strukturierungsarten	ein- oder zweistufiger Baum	mehrstufiger Baum oder Netz
Orientierungsmöglichkeiten	i. Allg. implizit	oft explizit, z.B. als Baum
Navigationsformen	Menüs/Druckknöpfe	maussensitive Texte, Bilder, Symbole, Druckknöpfe, z.T. Menüs, Suchfeld
Medien	Text, Grafik	Text, Grafik, Bilder, Animation
Konsistenz innerhalb der Anwendung	groß	oft gering
Benutzer	oft Experte	oft Gelegenheitsbenutzer oder Erstbenutzer
Effizienz	hoch	eher gering

Abb. 2.22-24: Unterschiede zwischen klassischen Oberflächen und Web-Oberflächen

/Donnelly 97/

Donnelly D., *WWW Design: Web Pages from Around the World*, Zürich: Edition Olms 1997, 160 Seiten mit CD-ROM.

Aus 24 Ländern werden *Websites* mit jeweils mehreren Seiten gezeigt; hervorragend geeignet, um sich anregen zu lassen; jede Seite ist eine neue Überraschung; ausgezeichnet gestaltetes Buch, vierfarbig.

/Eberleh, Oberquelle, Oppermann 94/

Eberleh E., Oberquelle H., Oppermann R. (Hrsg.), *Einführung in die Software-Ergonomie*, 2. völlig neu bearbeitete Auflage. Berlin – New York: de Gruyter Verlag, 1994, 456 Seiten.

Sammelband mit Einzelbeiträgen von 12 Autoren, die das gesamte Spektrum der Software-Ergonomie abdecken. Als vertiefte Einführung in die Breite der Software-Ergonomie sehr zu empfehlen.

/McKelvey 99/

McLevey R., *Hypergraphics – Design und Architektur von Websites*, Reinbek: Rowohlt Taschenbuch Verlag, 1999, 160 Seiten.

Schön gestaltetes Buch mit folgendem Inhalt: Richtlinien für *Webdesign*, *Site*architektur und Navigation, Seitengliederung und Typographie, Webfarbe und Bildformate, Analysieren einer Webseite, Betrachtung von *Websites*.

/Nielsen 99/
Nielsen J., *Designing Web Usability*, Indianapolis: New Riders Publishing 1999, 420 Seiten.
Standardwerk zur ergonomischen Gestaltung von Web-Oberflächen. Behandelt werden folgende Themen: Seiten-Entwurf, Inhalts-Entwurf, Anwendungs-Entwurf, Intranet-Entwurf, Berücksichtigung von Behinderten, Internationalisierung, Ausblick.

/Shneiderman 98/
Shneiderman B., *Designing the User Interface: Strategies for Effective Human-Computer Interaction;* 3. Auflage, Reading: Addison-Wesley 1998, 639 Seiten.
Amerikanisches Standardwerk zur Software-Ergonomie. Enthält Kapitel zu Menüs, zur direkten Manipulation und zu Kommandosprachen.

/Thissen 00/
Thissen F., *Screen-Design-Handbuch – Effektiv informieren und kommunizieren mit Multime*dia, Berlin: Springer-Verlag 2000, 214 Seiten.
Zur Gestaltung von Web-Anwendungen sehr zu empfehlen; folgende Themen werden behandelt: Grundlagen, Orientierung und Navigation, Informationen, *Screen*-Layout, Interaktion, Motivation, Innovative Ausblicke, gut gestaltetes Buch mit vielen Web-Beispielen, vierfarbig.

/Wandmacher 93/
Wandmacher J., *Software-Ergonomie*, Berlin – New York: de Gruyter Verlag, 1993, 454 Seiten.
Detaillierte Zusammenstellung und Beschreibung der psychologischen Erkenntnisse zur Software-Ergonomie. Empirische Erkenntnisse werden umfassend zitiert, wiedergegeben und kommentiert. Enthält Kapitel zur Bewertung von Benutzungsschnittstellen, zu Namen und Abkürzungen, zur Menüsuche und Menügestaltung.

Zitierte Literatur

/EN ISO 9241-15:1997/
Ergonomische Anforderungen für Bürotätigkeiten mit Bildschirmgeräten – Teil 15: Dialogführung mittels Kommandosprachen, Berlin: Beuth-Verlag, August 1999.

/EN ISO 9241-16:1999/
Ergonomische Anforderungen für Bürotätigkeiten mit Bildschirmgeräten – Teil 16: Dialogführung mittels direkter Manipulation, Berlin: Beuth-Verlag, März 2000.

/EN ISO 9241-17:1998/
Ergonomische Anforderungen für Bürotätigkeiten mit Bildschirmgeräten – Teil 17: Dialogführung mittels Bildschirmformularen, Berlin: Beuth-Verlag, April 2000.

/ISO 9241-14:1997/
Ergonomic requirements for office work with visual display terminals (VDTs) – Part 14: Menu dialoges, Genf: ISO, 1997.

/MS 93/
The GUI-Guide – International Terminology for the Windows Interface, European Edition, Redmond: Microsoft Press, 1993.

/MS 95/
The Windows Interface Guidelines for Software Design, Redmond: Microsoft Press, 1995.

/Spool et al. 99/
Spool J.M., Scanlon T., Schroeder W., Snyder C., DeAngelo T., *Web Site Usability. A Designer's Guide*, San Francisco, 1999.

/Sun 99/
Java Look and Feel Design Guidelines, Reading: Addison-Wesley, 1999.

Analytische Aufgaben
Muss-Aufgabe
10 Minuten

1 *Lernziel: Die beschriebenen Dialogarten und Dialogmodi aufzählen und ihre jeweiligen Eigenschaften aufzählen können.*
Finden Sie in dem Werkzeug *Rational Rose* jeweils – falls vorhanden – ein Beispiel für die unterschiedlichen Dialogmodi sowie Dialogarten und begründen Sie, worum es sich dabei handelt. Handelt es sich bei *Rational Rose* um eine MDI- oder SDI-Anwendung?

Konstruktive Aufgaben
Muss-Aufgabe
10 Minuten

2 *Lernziel: Regeln für Abkürzungen kennen und anwenden können.*
Für ein Betriebssystem soll eine Kommandosprache realisiert werden, die folgende Funktionen zur Verfügung stellt:
- Löschen (einer Datei),
- Kopieren (einer Datei auf eine andere Datei),
- Verschieben (einer Datei in ein anderes Verzeichnis),
- Auflisten (aller Dateien in einem Verzeichnis),
- Drucken (einer Datei).

Die Kommandos sollen durch Eingabe ihres Namens gefolgt von der oder den vom Kommando betroffenen Dateien oder Verzeichnissen angestoßen werden.

a Welche grundsätzliche Bedienungsphilosophie steht hinter diesem Konzept?

b Welche Regeln zur Bildung von Abkürzungen kennen Sie? Geben Sie für jede Ihnen bekannte Regel ein Beispiel aus den oben aufgeführten Kommandos an.

c Um dem Benutzer die Arbeit zu erleichtern, sollen für alle Kommandos Kurzformen akzeptiert werden. Wählen Sie für die oben beschriebenen Kommandos nach ergonomischen Gesichtspunkten Abkürzungen aus.

Muss-Aufgabe
20 Minuten

3 *Lernziel: Für eine Anwendung geeignete Strukturen-, Orientierungs- und Navigationsmöglichkeiten konzipieren können.*
Strukturieren Sie zur Unterstützung der Navigation das Fallbeispiel der Vereinsverwaltung. Die Anwendung soll im Web zur Verfügung gestellt werden. Skizzieren Sie hierzu die Struktur als Baumstruktur und hyperbolischen Baum.

Klausur-Aufgabe
10 Minuten

4 *Lernziel: Regeln für Abkürzungen kennen und anwenden können.*
Für eine Kommandosprache zur Manipulation eines ferngesteuerten Fahrzeugs sollen für die Steuerkommandos geeignete Namen ausgewählt werden. Das Fahrzeug kann nach links und rechts gelenkt werden, abbremsen, beschleunigen und ein Fahrtlicht ein- und ausschalten.

a Nach welchen Kriterien sollten die Namen für die einzelnen Kommandos vergeben werden?

b Erstellen Sie einen Entwurf für diese Kommandosprache unter Berücksichtigung der in **a** gefundenen Kriterien.

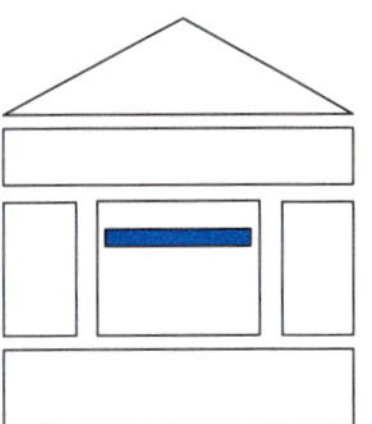

2 Die Definitionsphase – Software-Ergonomie (Dialoggestaltung 2)

- Die Gestaltungs- und Bewertungskriterien für Dialoge aufzählen und erklären können.
- Schrittweise eine Dialog-Schnittstelle – von der Skizze bis zum Prototyp – entwickeln können.
- Die aufgeführten Transformationsregeln kennen und auf eigene Dialoggestaltungen anwenden können.
- Die Grundsätze ergonomischer Dialoggestaltung nach EN ISO 9241-10 und EN ISO 14915-1 kennen, erläutern, auf eigene Dialoggestaltungen anwenden und zur Beurteilung von Dialoggestaltungen einsetzen können.
- Prinzipielle Alternativen zur Dialoggestaltung angeben, für eigene Dialoggestaltungen begründet auswählen und beurteilen können.
- Prüfen können, ob die Gestaltungs- und Bewertungskriterien für den Dialog bei vorgegebenen Dialogstrukturen eingehalten sind.

verstehen
anwenden

beurteilen

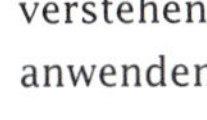

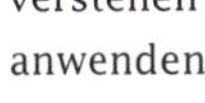

- Die Abschnitte 2.22.1 bis 2.22.5 müssen bekannt sein.

2.22.7 Gestaltungs- und Bewertungskriterien für den Dialog

EN ISO 9241-10

Für die Dialoggestaltung gibt es inzwischen eine Reihe von Normen, Richtlinien und Leitfäden (siehe Literaturverzeichnis). Besonders relevant ist die EN ISO 9241-10 von 1996 mit dem Titel »Grundsätze der Dialoggestaltung«. Sie hat den Charakter einer Richtlinie und gibt allgemeine Regeln an, die bei der Dialoggestaltung beachtet werden sollen. Die Gestaltungsgrundsätze basieren auf zwei empirischen Untersuchungen, die 1976 und 1977 durchgeführt wurden. Diese Grundsätze sind in Abb. 2.22-25 wörtlich zitiert und daraus abgeleitete Regeln stichwortartig beschrieben.

Benutzermerkmale

Bei der Dialoggestaltung sollen die Benutzermerkmale berücksichtigt werden, z.B.

- Aufmerksamkeitsspanne (siehe Abschnitt 2.23.1.2),
- Grenzen des Kurzzeitgedächtnisses (siehe Abschnitt 2.23.1.3),
- Lerngewohnheiten,
- Grad an Erfahrung bezogen auf die Arbeit und im Umgang mit dem Computersystem,
- mentales Modell des Benutzers von der zugrunde liegenden Struktur und dem Zweck des Systems, mit dem der Benutzer arbeiten wird.

Prioritäten

Die aufgeführten Grundsätze sind *nicht* unabhängig voneinander. Es kann nötig sein, die Vorteile eines Grundsatzes gegenüber denen eines anderen in Abhängigkeit vom speziellen Anwendungsfall gegeneinander abzuwägen. Prioritäten sind fallweise festzulegen.

Bezug zu den WIMP-Prinzipien Abschnitt 2.21.3

Reflektiert man die Grundsätze an den WIMP-Prinzipien, dann spiegeln die Grundsätze »Selbstbeschreibungsfähigkeit«, »Steuerbarkeit« und »Erwartungskonformität« sehr stark die WIMP-Prinzipien wider.

Gestaltungsrichtlinien für Multimedia-Benutzungsschnittstellen

Inzwischen gibt es Normentwürfe für die »Software-Ergonomie für Multimedia-Benutzungsschnittstellen« /EN ISO 14915/ mit folgenden Teilen:

- Teil 1: Gestaltungsgrundsätze und Rahmenbedingungen (Mai 2000)
- Teil 2: Multimedia-Steuerung und Navigation
- Teil 3: Auswahl und Kombination von Medien (Mai 2000)
- Teil 4: Fachbereichsspezifische Multimedia-Aspekte

Gerade in Web-Anwendungen (Abb. 2.22-1) sind oft verschiedene Medien kombiniert, so dass Multimedia-Benutzungsoberflächen vorliegen.

Terminologie: /EN ISO 14915-1:2000/

Ein **Medium** (Plural Medien) bezeichnet verschiedene spezifische Formen der Darstellung von Informationen für den menschlichen Benutzer. Bei statischen Medien ändert sich für den Benutzer die Darstellung *nicht* mit der Zeit, im Gegensatz zu dynamischen Medien.

Multimedia-Anwendungen enthalten Kombinationen von statischen und/oder dynamischen Medien, die bei der Anwendung interaktiv gesteuert und gleichzeitig dargestellt werden können. Eine **Multimedia-Benutzungsschnittstelle** enthält, integriert und syn-

Aufgabenangemessenheit

»Ein Dialog ist aufgabenangemessen, wenn er den Benutzer unterstützt, seine Arbeitsaufgabe effektiv und effizient zu erledigen.«

- Keine technischen Vor- und Nacharbeiten durch den Benutzer.
- Der Dialog ist an die zu erledigenden Arbeitsaufgaben angepasst. Art, Umfang und Komplexität der vom Benutzer zu verarbeitenden Informationen sind berücksichtigt.
- Art und Form der Eingabe sind an die Arbeitsaufgabe angepasst.
- Regelmäßig wiederkehrende Arbeitsaufgaben werden unterstützt, z.B. durch Makrokommandos.
- Eingabevorbelegungen sind – soweit sinnvoll möglich – vorzunehmen; sie sind vom Benutzer änderbar.
- Für das Erlernen der Taubstummensprache werden die Handbewegungen in einem Video oder in einer Animation gezeigt.

Selbstbeschreibungsfähigkeit

»Ein Dialog ist selbstbeschreibungsfähig, wenn jeder einzelne Dialogschritt durch Rückmeldung des Dialogsystems unmittelbar verständlich ist oder dem Benutzer auf Anfrage erklärt wird.«

- Der Benutzer muss sich zweckmäßige Vorstellungen von den Systemzusammenhängen machen können (Unterstützung beim Aufbau mentaler Modelle).
- Erläuterungen sind an allgemein übliche Kenntnisse der zu erwartenden Benutzer angepasst (deutsche Sprache, berufliche Fachausdrücke).
- Wahl zwischen kurzen und ausführlichen Erläuterungen (Art, Umfang).
- Kontextabhängige Erläuterungen.
- Wird der *Cursor* über einen maussensitiven Bereich *(hot spot)* einer Web-Seite bewegt, dann wird ein Text aufgeblendet *(tool tip)* mit einer Beschreibung des *hot spot*, z.B. wohin die Verbindung führt.

Steuerbarkeit

»Ein Dialog ist steuerbar, wenn der Benutzer in der Lage ist, den Dialogablauf zu starten sowie seine Richtung und Geschwindigkeit zu beeinflussen, bis das Ziel erreicht ist.«

- Bedienung kann an eigene Arbeitsgeschwindigkeit angepasst werden.
- Arbeitsmittel und -wege sind durch die Benutzer frei wählbar.
- Vorgehen in leicht überschaubaren Dialogschritten. Mehrere Schritte zusammenfassbar.
- Der Benutzer erhält Informationen, die für die Arbeitswegplanung benötigt werden (z.B. Anzeige, welche Funktionen als nächstes wählbar sind).
- Dialog kann beliebig unterbrochen und wieder aufgenommen werden.
- Mehrstufiges *Undo*, d.h. Rücknehmbarkeit zusammenhängender Dialogschritte (Widerruf).
- Mehrstufiges *Redo*, d.h. rückgängig gemachte Funktion wieder ausführen ohne erneute Dateneingabe.
- Sicherheitsabfragen bei Aktionen von großer Tragweite.
- Steuerung der Menge der angezeigten Informationen.
- In einem Lernprogramm kann der Benutzer wählen, ob er zusätzlich eine Sprachausgabe wünscht oder nicht.

Erwartungskonformität

»Ein Dialog ist erwartungskonform, wenn er konsistent ist und den Merkmalen des Benutzers entspricht, z.B. seinen Kenntnissen aus dem Arbeitsgebiet, seiner Ausbildung und seiner Erfahrung sowie den allgemein anerkannten Konventionen.«

- Das Dialogverhalten ist einheitlich.
- Bei ähnlichen Arbeitsaufgaben ist der Dialog ähnlich gestaltet.
- Zustandsänderungen des Systems, die für die Dialogführung relevant sind, werden dem Benutzer mitgeteilt.
- Eingaben in Kurzform werden im Klartext bestätigt.
- Systemantwortzeiten sind den Erwartungen des Benutzers angepasst, sonst erfolgt eine Meldung.
- Der Benutzer wird über den Stand der Bearbeitung informiert.
- Die Interaktionselemente zum Steuern von Videos und Animationen funktionieren in einer Anwendung auf die gleiche Art und Weise.

Abb. 2.22-25a: Grundsätze der Dialoggestaltung

Fehlertoleranz

»Ein Dialog ist fehlertolerant, wenn das beabsichtigte Arbeitsergebnis trotz erkennbar fehlerhafter Eingaben entweder mit keinem oder mit minimalem Korrekturaufwand seitens des Benutzers erreicht werden kann.«

- Benutzereingaben dürfen nicht zu Systemabstürzen oder undefinierten Systemzuständen führen.
- Automatisch korrigierbare Fehler können korrigiert werden. Der Benutzer ist darüber zu informieren.
- Die automatische Korrektur ist abschaltbar.
- Korrekturalternativen für Fehler werden dem Benutzer angezeigt.
- Fehlermeldungen weisen auf den Ort des Fehlers hin, z.B. durch Markierung der Fehlerstelle.
- Fehlermeldungen sind verständlich, sachlich und konstruktiv zu formulieren und sind einheitlich zu strukturieren (z.B. Fehlerart, Fehlerursachen, Fehlerbehebung).
- Wird ein Video vom Benutzer aus Versehen gestoppt, dann kann es an der aktuellen Stelle fortgesetzt werden, so dass der Benutzer nicht zum Anfang zurückkehren muss.

Individualisierbarkeit

»Ein Dialog ist individualisierbar, wenn das Dialogsystem Anpassungen an die Erfordernisse der Arbeitsaufgabe sowie an die individuellen Fähigkeiten und Vorlieben des Benutzers zulässt.«

- Anpassbarkeit an Sprache und kulturelle Eigenheiten des Benutzers, z.B. durch unterschiedliche Tastenbelegungen.
- Anpassbarkeit an das Wahrnehmungsvermögen und die sensomotorischen Fähigkeiten, z.B. durch Wahl der Schriftgröße, Wahl der Farben für farbenfehlsichtige Benutzer, Zuordnung der linken und rechten Maustaste.
- Wahl unterschiedlicher Informations-Darstellungsformen.
- Möglichkeit, eigenes Vokabular zu benutzen, um eigene Bezeichnungen für Objekte und Arbeitsabläufe festzulegen.
- Möglichkeit, eigene Kommandos zu ergänzen, z.B. durch programmierbare Funktionstasten und Aufzeichnung von Kommandofolgen.
- Die Benutzer können Präferenzen setzen oder Lesezeichen und Anmerkungen verwenden.

Lernförderlichkeit

»Ein Dialog ist lernförderlich, wenn er den Benutzer beim Erlernen des Dialogsystems unterstützt und anleitet.«

- Darstellung der zugrundeliegenden Regeln und Konzepte, die für das Erlernen nützlich sind.
- Unterstützung relevanter Lernstrategien, z.B. *learning by doing*.
- Wiederauffrischen von Gelerntem unterstützen, z.B. selbsterklärende Gestaltung selten benutzter Kommandos.
- Regelhaft und einheitlich gestaltete Benutzungsoberfläche, z.B. gleichartige Hinweismeldungen erscheinen immer am gleichen Ort.
- Dem Benutzer stehen verschiedene Navigationsmöglichkeiten zur Verfügung, die er singulär oder kombiniert verwenden kann.

Quellen: /EN ISO 9241-10 /, /EN ISO 14915-1:2000/

Abb. 2.22-25b: Grundsätze der Dialoggestaltung

chronisiert verschiedene Medien. Multimedia-Anwendungen besitzen besondere Eigenschaften:

Eigenschaften

- potenziell starke Wahrnehmungsbelastung,
- strukturelle und semantische Komplexität,
- umfangreiches Informationsangebot, das vom System zu übermitteln ist.

Die Gestaltungsgrundsätze in EN ISO 14915 sind multimedia-spezifische Erweiterungen der in EN ISO 9241-10 beschriebenen Grundsätze. Diese Grundsätze sind in Abb. 2.22-26 wörtlich zitiert und daraus abgeleitete Regeln stichwortartig beschrieben.

Eignung für das kommunikative Ziel

»Ein Hauptzweck von Multimedia-Anwendungen ist die Übermittlung von Informationen von einem Informationsanbieter zu einem Empfänger. Eine Multimedia-Anwendung ist für kommunikative Ziele geeignet, wenn sie so gestaltet ist, dass sie

- sowohl den Zielen des (der) Anbieters (Anbieter) der zu übermittelnden Information,
- als auch dem Ziel oder der Aufgabe der Benutzer oder Empfänger dieser Information entspricht.«

- Beispiele für umfassend vorgesehene Ziele von Seiten des Anbieters könnten sein: Lehre, Information oder Unterhaltung.
- Beispiele für spezifische Ziele können sein: Zusammenfassen, Erklären, Darstellen, Überzeugen, Rechtfertigen, Beeindrucken oder Motivieren.
- Benutzerbedürfnisse können sein: Zur Erledigung von Aufgaben erforderliche Angaben oder Gestaltungsmerkmale, Lernanforderungen.
- Beispiel: Zusammenfassungen können durch Schaubilder verbessert werden.

Eignung für Wahrnehmung und Verständnis

»Eine Multimedia-Anwendung ist für Wahrnehmung und Verständnis geeignet, wenn sie so gestaltet ist, dass die zu übermittelnde Information leicht wahrgenommen und verstanden werden kann. Das ist besonders für Multimedia von Bedeutung, weil die Darbietung komplex und flüchtig sein kann und mehrere Medien gleichzeitig dargeboten werden können. Um die vorgesehene Wahrnehmung zu erleichtern, sollten die in ISO 9241-12 beschriebenen Merkmale für alle beteiligten Medien berücksichtigt werden:«

- Wahrnehmbarkeit: z.B. ausreichender Farbkontrast zwischen Bildschirmhintergrund und Navigationstasten.
- Unterscheidbarkeit: z.B. hebt sich gesprochene Sprache laut und klar von einer Hintergrundmusik ab.
- Klarheit: z.B. werden bei einer Maschinenanimation die verschiedenen Teile in unterschiedlichen Farben gezeigt, um die Benutzerwahrnehmung der für die gegenwärtige Aufgabe relevanten Teile zu verbessern.
- Lesbarkeit: z.B. läuft ein animiertes Textband mit einer Geschwindigkeit, die es dem Benutzer ermöglicht, den Text leicht zu lesen.
- Beständigkeit: z.B. sind die Steuerelemente für verschiedene Medien wie Audio, Video, Animationen gleich gestaltet.
- Exaktheit: z.B. wird sich bei der gesprochenen Erklärung eines Gerätes auf die wesentlichen Informationen beschränkt, um dem Benutzer das Lernen zu erleichtern.
- Verständlichkeit: z.B. kann der Benutzer ein simuliertes Gebäude »durchlaufen«, um einen Eindruck von der räumlichen Wirkung zu erhalten.

Zusätzlich sollten folgende **Richtlinien** beachtet werden:

- Verbessern der Wahrnehmung: z.B. Hervorhebung der Teile in einem Diagramm, die an einem realen Fahrzeugmotor mit gesprochener Sprache gerade erklärt werden.
- Vermeiden von Wahrnehmungsüberlastung: z.B. sollten nicht mehrere Videos parallel dargeboten werden.
- Vermeiden einer Überlastung durch zusätzliche Tätigkeiten: z.B. sollte der Benutzer nicht während einer Videodarbietung Steuerungsvorgänge durchführen müssen.
- Berücksichtigung von Wahrnehmungsunterschieden: z.B. sollten Taubheit oder Farbenblindheit bei der Mediengestaltung beachtet werden.
- Unterstützen des Benutzerverständnisses: z.B. werden Straßenschilder benutzt, um Gefährdungen und Gefahren an Benutzer zu übermitteln, die über ausreichendes Wissen und ausreichende Bildung verfügen.

Eignung für die Informationsfindung

»Eine Multimedia-Anwendung ist für die Informationsfindung geeignet, wenn sie so gestaltet ist, dass der Benutzer eine relevante oder interessante Information mit geringem oder ohne Vorwissen in Bezug auf Art, Umfang oder Struktur der Information oder die durch die Anwendung verfügbare Funktionalität finden kann.«

- Unterstützen der Informationsfindung.
- Unterstützen der Benutzerorientierung: Der Benutzer sollte immer in der Lage sein, die aktuelle Stelle innerhalb der Anwendung zu bestimmen, wohin von dort navigiert werden kann und von wo er gekommen ist.

Abb. 2.22-26a: Spezielle Gestaltungsgrundsätze für Multimedia

- Unterstützen einer eindeutigen Navigation: Navigation in der Anwendung sollte auf logische und eindeutige Weise möglich sein.
- Anbieten alternativer Navigationspfade: Benutzer sollten die Möglichkeit geboten bekommen, die Information entweder über ein Menü oder eine Suchfunktion zu finden.
- Informationsstruktur: Der Benutzer sollte die verschiedenen Teile des Inhalts und ihre Beziehungen erkennen. Um einen leichten Zugriff auf verschiedene Teile des Informationsinhalts zu gewähren, wird eine Baumstruktur verwendet.
- Möglichkeit zur Rückkehr zu signifikanten Punkten: z.B. wird der Benutzerpfad, der durch verschiedene Informationsebenen zu der aktuell sichtbaren Seite führt, als eine Reihe von Tasten angezeigt.
- Bereitstellung von Such- und Navigationshilfen.
- Verschiedene Medien-Perspektiven, z.B. werden ein Foto und ein Schaubild verwendet, um das menschliche Blutkreislaufsystem zu zeigen.

Eignung für die Benutzerbeteiligung

»Eine Multimedia-Anwendung ist ansprechend, wenn sie die Aufmerksamkeit der Benutzer auf sich zieht und sie motiviert, mit ihr zu interagieren. Ein interessanter oder anregender Inhalt kann fesselnd sein. Beispielsweise ist es wahrscheinlich, dass eine Simulation durch einen hohen Realitätsgrad ansprechend wird.«

»Ein weiterer Aspekt ansprechender Multimedia-Anwendungen ist die Direktheit von Interaktion. Direkte Interaktion wird häufig durch Einbeziehung der Benutzungsschnittstellensteuerungen in die zu übermittelnde Information oder die durchzuführende Aufgabe erreicht (z.B. indem Teile des Inhalts verwendet werden, die als ›Hyperlinks‹ (übergeordnete Verbindungen) erscheinen).«

Quelle: /EN ISO 14915-1:2000/

Abb. 2.22-26b: Spezielle Gestaltungsgrundsätze für Multimedia

Bei der Gestaltung von Multimedia-Schnittstellen sind drei Aspekte wesentlich:

- Inhaltsgestaltung,
- Interaktionsgestaltung,
- Mediengestaltung.

Inhaltsgestaltung

Bei der Inhaltsgestaltung geht es um den semantischen Informationsinhalt und seinen Aufbau. Die Kommunikationsziele sind bei der Entwicklung oder Auswahl des Inhalts, beim Aufbau und den Darbietungen zu berücksichtigen.

Beispiel

Bei einem Lehr- und Lernsystem besteht das Kommunikationsziel darin, dem Lernenden die Lehrinhalte so zu vermitteln, dass er effektiv lernen und behalten kann und dass er entsprechend seinem Lerntyp die Art und Weise des Lernens selbst bestimmen kann.
Für die Inhaltsgestaltung ergibt sich daraus, dass es verschiedene Informationsarten geben muss, z.B. Langtexte, Übersichten, Glossare, Vertiefungen, Animationen, Folien, fachsystematische Netze, die die Lernzusammenhänge aufzeigen. Als Schreibstil sollte der »Pyramiden-Stil« verwendet werden, der wie in Zeitungstexten aufgebaut ist: Überschrift, Zusammenfassung, Details.

Interaktionsgestaltung

Die Interaktionsgestaltung bezieht sich auf die Art und Weise, wie der Benutzer auf die verschiedenen Teile des Inhalts zugreifen kann und wie er die verschiedenen Arten des Inhalts steuern oder manipulieren kann.

Beim Gestalten der Navigationspfade sollte Folgendes beachtet werden:

- Die Navigationsstrukturen sind so zu gestalten, dass sie für die Struktur des Inhalts, das Kommunikationsziel und die Benutzeraufgaben geeignet sind.
- Geeignete Navigationshilfen sollen die Benutzerorientierung unterstützen, das Suchen erleichtern und die Informationsabfrage effektiv ermöglichen. Zu den Navigationshilfen gehören unter anderem Inhaltsverzeichnisse, Inhaltsangaben von *Web-Sites*, Indizes und geführte Touren.
- Geeignete Suchmechanismen sind zur Verfügung zu stellen, wenn die Benutzeraufgabe das Finden spezifischer Informationen hinsichtlich bekannter Konzepte, besonders bei umfangreicher Informationsfülle, erforderlich macht.

Zur Interaktionsgestaltung gehört auch die Mediensteuerung, durch die der Benutzer die Darstellung in jedem Medium steuern kann, z.B. durch die Funktionen »Spielen«, »Stopp« oder »Pause« für dynamische Medien. Zu überlegen ist, über welche Medien der Benutzer mit dem dargebotenen Inhalt interagieren können soll.

Mediengestaltung

Zur Mediengestaltung gehört sowohl die Gestaltung eines einzelnen Mediums als auch die Auswahl und Kombination verschiedener Medien nach den in /EN ISO 14915-3:2000/ beschriebenen Grundsätzen:

- Es sind die Medien auszuwählen, die am besten für das Kommunikationsziel, die vorgesehene Benutzergruppe und ihre Aufgaben geeignet sind.
- Medienkombinationen sind zu verwenden, wenn dadurch eine verbesserte Darbietung des Themas möglich ist und dadurch das Benutzerverständnis unterstützt wird. Beim Kombinieren von Medien sollten Aspekte der Überflüssigkeit, ein potenzielles Informationsüberangebot, semantische Widersprüche und Faktoren der Aufmerksamkeit berücksichtigt werden.
- Bei Medienkombinationen ist auf die geeignete Lenkung der Benutzeraufmerksamkeit zu achten.

2.22.8 Prinzipielle Alternativen zur Dialoggestaltung

Die Gestaltungs- und Bewertungskriterien für den Dialog geben nur allgemeine Ziele, Regeln und Empfehlungen an. Gestaltungs-Regelwerke *(style guides)* legen – insbesondere wenn sie von Herstellern von GUI-Systemen stammen – dagegen oft detaillierte Randbedingungen für die Dialogstruktur fest.

Unabhängig von den verwendeten GUI-Systemen sollte man sich zunächst die prinzipiellen Alternativen der Dialoggestaltung verdeutlichen und dann überlegen, welche Alternative für die jeweilige Anwendung aus Sicht des Benutzers am besten geeignet ist.

Prinzipiell kann eine Bedienung funktionsorientiert oder objektorientiert erfolgen.

funktionsorientiert

Eine **funktionsorientierte Bedienung** bedeutet, dass der Benutzer zunächst eine Funktion auswählt und anschließend bestimmt, für welche Objekte diese Funktion bzw. Anwendung ausgeführt werden soll.

objektorientiert

Bei einer **objektorientierten Bedienung** wählt der Benutzer zuerst das Objekt, das er bearbeiten will, und anschließend die Funktion, die er mit dem Objekt ausführen will. Das Objekt bestimmt sozusagen mit seinen Eigenschaften, welche Funktionen bzw. Operationen auf ihm ausgeführt werden können. Die Konzepte der objektorientierten Software-Entwicklung werden bei dieser Bedienungsart auch auf die Benutzungsoberfläche übertragen. Das heißt aber nicht, dass eine objektorientierte Oberfläche auch objektorientiert implementiert sein muss.

Empirie

Empirische Untersuchungen haben ergeben, dass eine objektorientierte Bedienung und eine funktionsorientierte Bedienung gleichwertig sind (siehe /Wandmacher 93, S. 271 ff./). In der Praxis verwenden die meisten Anwendungen eine Mischung beider Bedienungsarten. Bei kommandoorientierten Anwendungen überwiegt die funktionsorientierte Bedienung, bei der Verwendung von Menüs und direkter Manipulation überwiegt die objektorientierte Bedienung.

Bedienungsarten

Prinzipiell lässt sich jede Anwendung in Objekttypen und Funktionen gliedern. Aufgrund dieser Zweiteilung lassen sich folgende Bedienungsarten unterscheiden:

- objektorientierte Bedienung mit direkter Manipulation,
- objektorientierte Bedienung mit Menüs und Fenstern,
- funktionsorientierte Bedienung mit Menüs und Fenstern,
- Mischform aus den ersten drei Bedienungsarten.

Beispiel

Die Grundstruktur dieser verschiedenen Alternativen verdeutlichen die Abb. 2.22-27 bis 2.22-31 am Fallbeispiel der Seminarorganisation.

Die Fallstudie Seminarorganisation zeigt, dass die einzelnen Alternativen Vor- und Nachteile besitzen. Insbesondere führt eine Dialoggestaltung, die sich allein an den Regelwerken von GUI-Herstellern orientiert, oft *nicht* zu einer optimalen, ergonomischen Lösung.

Anwendungsklasse Bürokommunikation

Das Regelwerk für das GUI-System *Windows 95/98* orientiert sich an der Anwendungsklasse Bürokommunikation mit Anwendungen wie Textverarbeitung, Tabellenkalkulation, Grafik. Diese Anwendungen sind dadurch gekennzeichnet, dass es nur einen Objekttyp gibt, z.B. Dokument, Rechenblatt, Grafik. Jeder Anwender legt im Allgemeinen *mehrere* Objekte von diesem Typ an. Zur Verwaltung dieser Objekte gibt es das Standardmenü »Datei« mit den Menüoptionen »Neu«, »Öffnen«, »Schließen« usw. Da mit der Anwendung nur ein Objekttyp bearbeitet wird, ist der Menübalken funktionsorientiert angelegt.

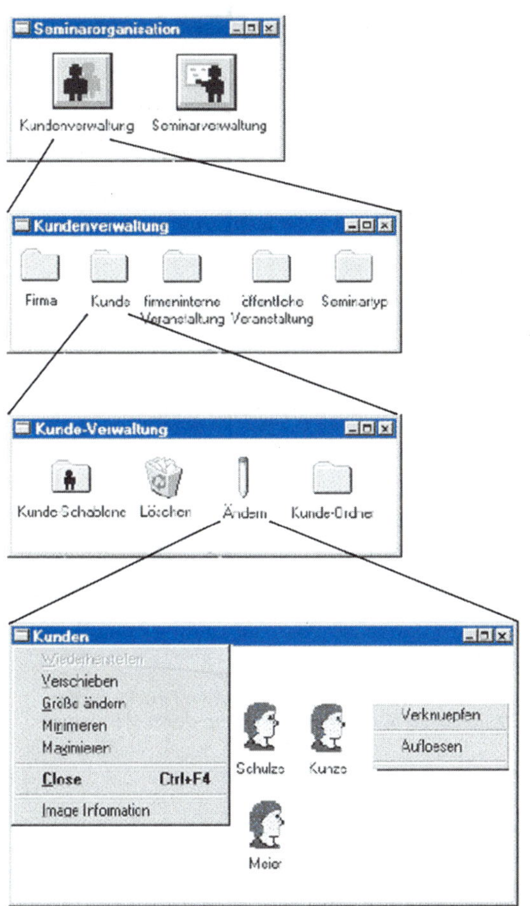

Hinweis: Buchungen werden nicht als Objekte dargestellt. Wird ein Kundenpiktogramm auf ein Veranstaltungspiktogramm gezogen (oder umgekehrt), dann entspricht dies dem Buchungsvorgang und ein Buchungsfenster wird geöffnet.

Die Funktionen befinden sich in *pop-up*-Menüs oder sind als Piktogramme dargestellt (z.B. Löschen als Papierkorb)

Abb. 2.22-27: Objektorientierte Bedienung mit direkter Manipulation

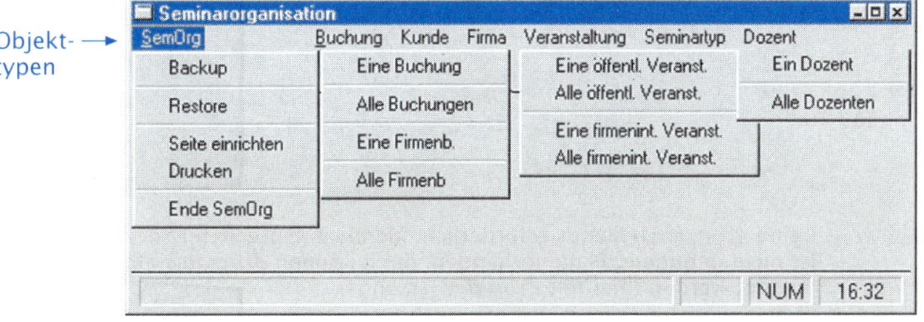

Die Funktionen sind als Druckknöpfe auf den Fenstern oder als *pop-up*-Menüs angeordnet

Abb. 2.22-28: Objektorientierte Bedienung mit Menüs und Fenstern

kaufmännisch/ administrative Anwendungsklasse

Die Anwendungsklasse »kaufmännische/administrative Anwendungen« besitzt jedoch andere Charakteristika. Wie das Beispiel Seminarorganisation zeigt, werden mehrere Objekttypen bearbeitet, die ausgewählt werden müssen. Außerdem gibt es im Allgemeinen nur

Abb. 2.22-29: Funktionsorientierte Bedienung mit Menüs und Fenstern

Funktionen →

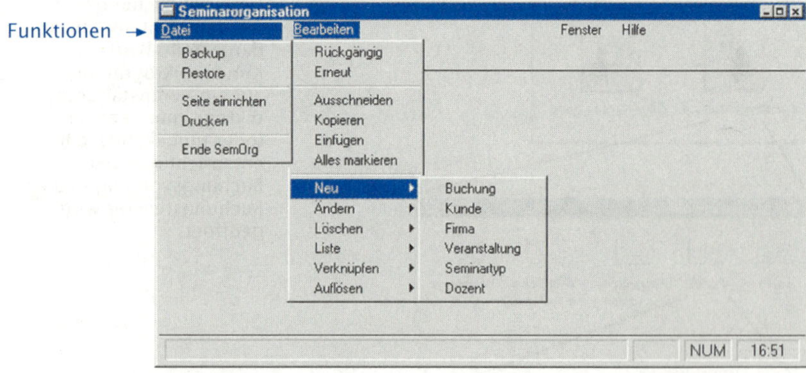

Die Objekte werden nach Aktivierung einer Funktion als Fenster dargestellt.

Abb. 2.22-30: Gemischte Bedienung Objektorientiert/ Funktionsorientiert

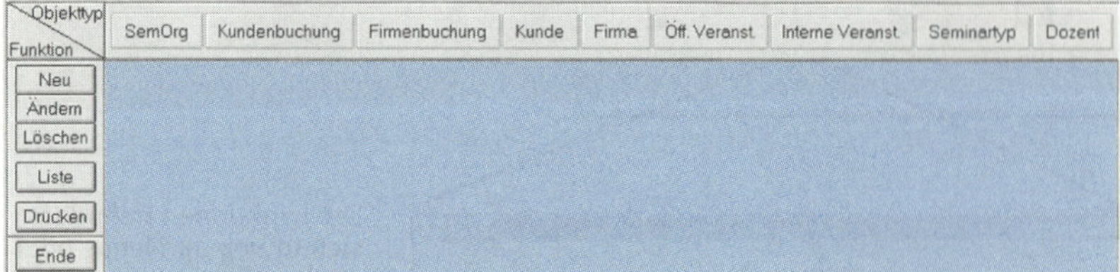

Hinweis: Keine *drop-down*-Menüs erforderlich; Menüs entsprechen Druckknöpfen. Ist nicht genügend Platz vorhanden, dann können *drop-down*-Menüs verwendet werden.

Abb. 2.22-31: Gemischte Bedienung Funktionsorientiert/ Objektorientiert

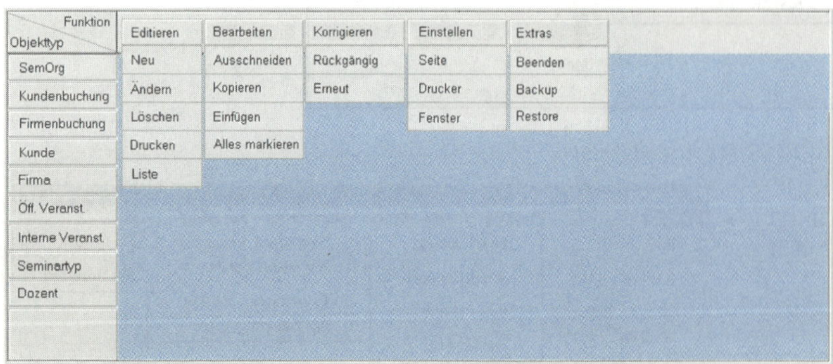

Hinweis: Keine *drop-down*-Menüs erforderlich; Menüs entsprechen Druckknöpfen. Ist nicht genügend Platz vorhanden, dann können *drop-down*-Menüs verwendet werden (hier mit *drop-down*-Menüs).

eine Datenbasis, so dass nach dem Start der Anwendung diese Datenbasis geöffnet ist und kein Öffnen über das Menü »Datei« nötig ist. Bei dieser Anwendungsklasse gibt es oft genau so viele Objekttypen wie Funktionen. Gut geeignet sind die Bedienungsarten der Abb. 2.22-27, 2.22-28 und 2.22-30. GUI-Systeme unterstützen aber einige dieser Alternativen *nicht,* z.B. die Matrixanordnung nach Abb. 2.22-30.

zweistufige Hierarchie

Ein weiteres Problem der heutigen GUI-Systeme besteht darin, dass die Menübalken immer mit *pull-down*-Menüs belegt sind, obwohl in vielen Fällen die Menütitel, ausgelegt als Druckknöpfe, völlig ausreichen würden. Anders ausgedrückt: Heutige GUI-Systeme gehen von einer mindestens zweistufigen Funktions- bzw. Objekt(typ)-Hierarchie aus. Sie erlauben *keine* einstufige Hierarchie. Um dieses Problem zu umgehen, kann durch Einsatz eines Symbolbalkens mit Symbolen unterhalb des Menübalkens (siehe Abb. 2.22-9) *zusätzlich* eine einstufige Hierarchie erreicht werden.

Generell hängt eine Dialogstruktur auch davon ab, ob eine einstufige oder mehrstufige Funktions- und/oder Objekt(typ)-Hierarchie vorliegt.

Anwendungsklassen und Objekthierarchien

Bei der Anwendungsklasse »Bürokommunikation« gibt es nicht nur einen Objekttyp, sondern pro Objekttyp wird jeweils auch nur ein Objekt bearbeitet. Bei einer Textverarbeitung gibt es nur den Objekttyp Text. Es wird jeweils ein konkreter Text bearbeitet.

Bei der Anwendungsklasse »kaufmännisch/administrative Anwendungen« gibt es mehrere Objekttypen. Pro Objekttyp kann *nicht* nur ein Objekt bearbeitet werden (Erfassungsfenster), sondern oft sollen alle Objekte manipuliert werden (Listenfenster).

Für diese Anwendungsklasse ergeben sich daher andere Dialogstrukturen. Mögliche Alternativen für die Dialogstrukturen zeigt Abb. 2.22-32. Interessanterweise erlaubt ein Menü/Fenstersystem eine ganze Reihe von Alternativen, während eine objektorientierte Bedienung mit direkter Manipulation nur eine Alternative ermöglicht.

funktionale Hierarchie

Ob eine funktionale Hierarchiebildung sinnvoll ist, hängt primär von der Anzahl der Funktionen ab. Reicht der Platz für eine lineare Anordnung der Funktionen horizontal oder vertikal aus, dann sollte auf eine Hierarchiebildung verzichtet werden.

In der Regel benötigt man aber – unabhängig von der Anwendung – eine große Anzahl von Zusatzfunktionen, wie Drucken, Seiteneinstellung, Druckeinstellung, Rückgängig, Erneut, Fenster, Hilfe usw., so dass man im Allgemeinen ohne eine Funktionshierarchie nicht auskommt.

Vorgehensweise

In folgender Reihenfolge sollten Entscheidungen getroffen werden:

1 Welche Bedienungsart wird gewünscht?

2 Welches GUI-System soll oder muss eingesetzt werden? Ermöglicht das GUI-System die gewünschte Bedienungsart?
Wenn nein, dann andere Bedienungsart wählen (zurück zu **1**).

3 Wodurch ist die Anwendungsklasse charakterisiert?

a Wie viele verschiedene Objekttypen?

b Pro Objekttyp nur ein Objekt zu bearbeiten?

c Wie viele verschiedene Funktionen?

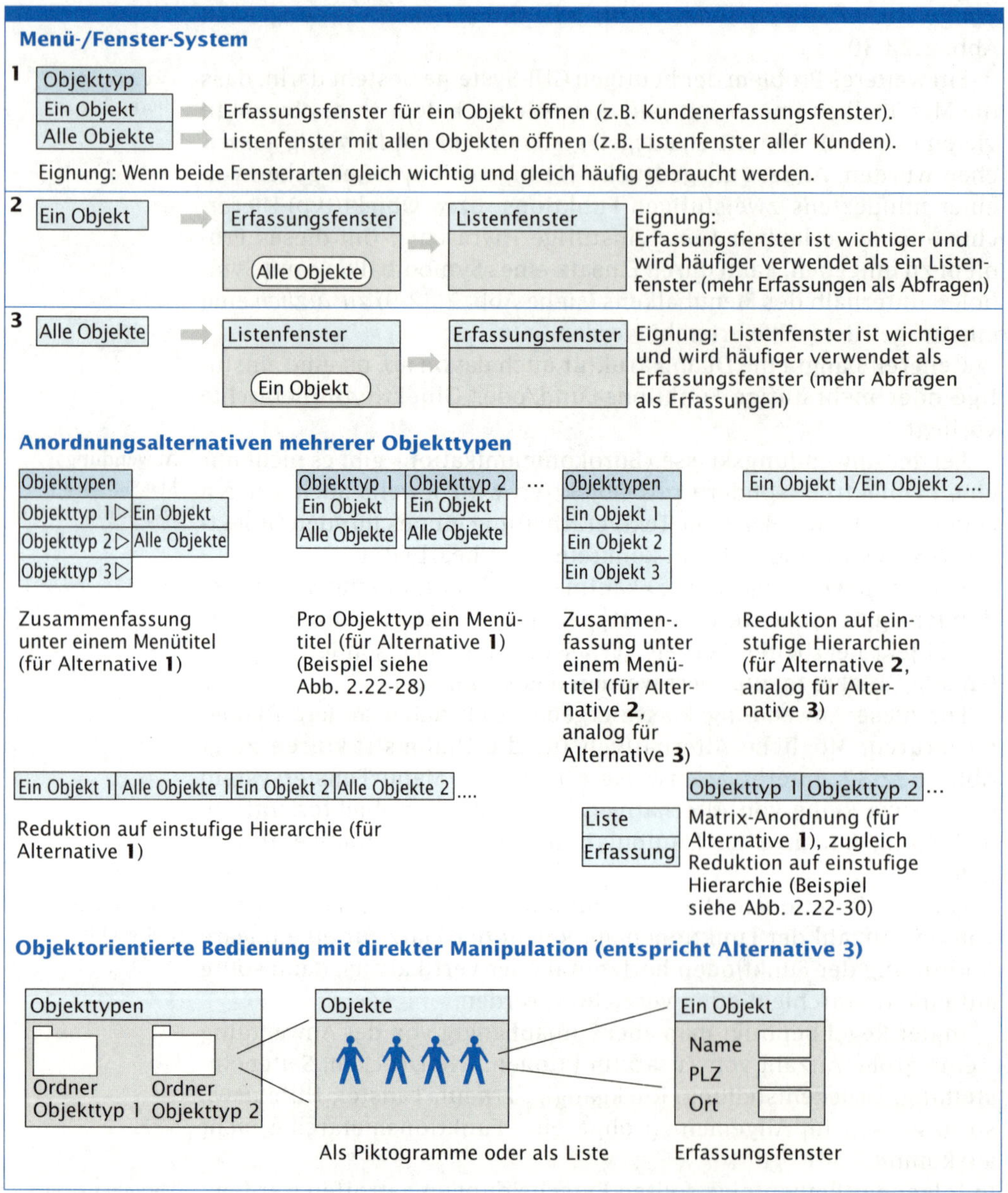

Abb. 2.22-32: Zweistufige Objekthierarchie und ihre Dialogstrukturen

4 Wie genau muss das Regelwerk eines GUI-Systems eingehalten werden? (Hängt auch davon ab, wie viele andere Anwendungen der Benutzer an seinem Arbeitsplatz einsetzt, die das Regelwerk einhalten).

5 Welche zusätzlichen Menüs werden benötigt (weitgehend anwendungsunabhängig, z.B. Seite einrichten, Drucker einrichten,

Fenster, Hilfe)? Wenn Regelwerke zu beachten sind, dann entsprechend diesen Regeln gruppieren und anordnen.

2.22.9 Vom Fachkonzept zur Dialogstruktur

Ausgangspunkt für die Dialoggestaltung sollte immer das in Form eines Produktmodells vorliegende Fachkonzept sein. Besonders geeignet ist ein OOA-Modell.

Kapitel 2.18

In den vorangegangenen Kapiteln wurden einige Hinweise gegeben, was man bei der Gestaltung der Benutzungsoberfläche beachten soll. Es stellte sich dabei auch heraus, dass es Abhängigkeiten zwischen dem OOA-Modell und der Benutzungsoberfläche gibt. Es wurde jedoch keine Methode angegeben, wie man systematisch vom OOA-Modell zur Benutzungsoberfläche einer Anwendung gelangt. Dies dürfte auch für beliebige Anwendungen schwierig bis unmöglich sein. Für bestimmte Anwendungsbereiche ist dies jedoch möglich.

Für kaufmännisch/administrative Anwendungen habe ich mit meinen Mitarbeitern eine entsprechende Methode entwickelt (/Balzert 93, 94/, /Balzert, Hofmann, Niemann 95/, /Balzert et al. 96/, /Hofmann 98/, /Kruschinski 99/). Sie hat sich in der Praxis bewährt und wird im Folgenden vorgestellt.

Methode

Ausgangspunkt ist das Klassendiagramm eines OOA-Modells. Ziel ist die systematische Ableitung einer Dialog- und E/A-Schnittstelle, die es erlaubt, das im Klassendiagramm modellierte Fachkonzept um eine ergonomisch zu bedienende Benutzungsoberfläche zu ergänzen. Als Beispiel wird eine einfache Artikel/Lieferantenverwaltung verwendet, die im Java-*Metal-Style* dargestellt ist. Die vollständige Implementierung wird im »Lehrbuch Grundlagen der Informatik« /Balzert 99, S. 743ff./ beschrieben.

Ableitung der Dialog- und E/A-Schnittstelle

Aus dem Klassendiagramm werden schrittweise Dialog- und E/A-Schnittstelle abgeleitet. Dafür werden folgende Transformationsregeln verwendet:

Dialog- und E/A-Struktur Klasse

Basistransformation:
Klasse → Erfassungs- und Listenfenster
Attribute → Interaktionselemente
Operationen → Druckknöpfe oder *pop-up*-Menü

Die grundlegende Idee der Transformation ist, dass jede Klasse des OOA-Modells auf ein Erfassungsfenster und ein Listenfenster abgebildet wird.

Erfassungsfenster

Das **Erfassungsfenster** bezieht sich auf ein einzelnes Objekt der Klasse (Abb. 2.22-33). Jedes Attribut der Klasse wird – entsprechend seinem Typ – auf ein grafisches Interaktionselement im Erfassungsfenster abgebildet. Jede Operation der Klasse wird auf einen Druckknopf oder auf eine Menüoption innerhalb eines *pop-up*-Menüs abgebildet. Das Erfassungsfenster dient zum Erfassen und zum Än-

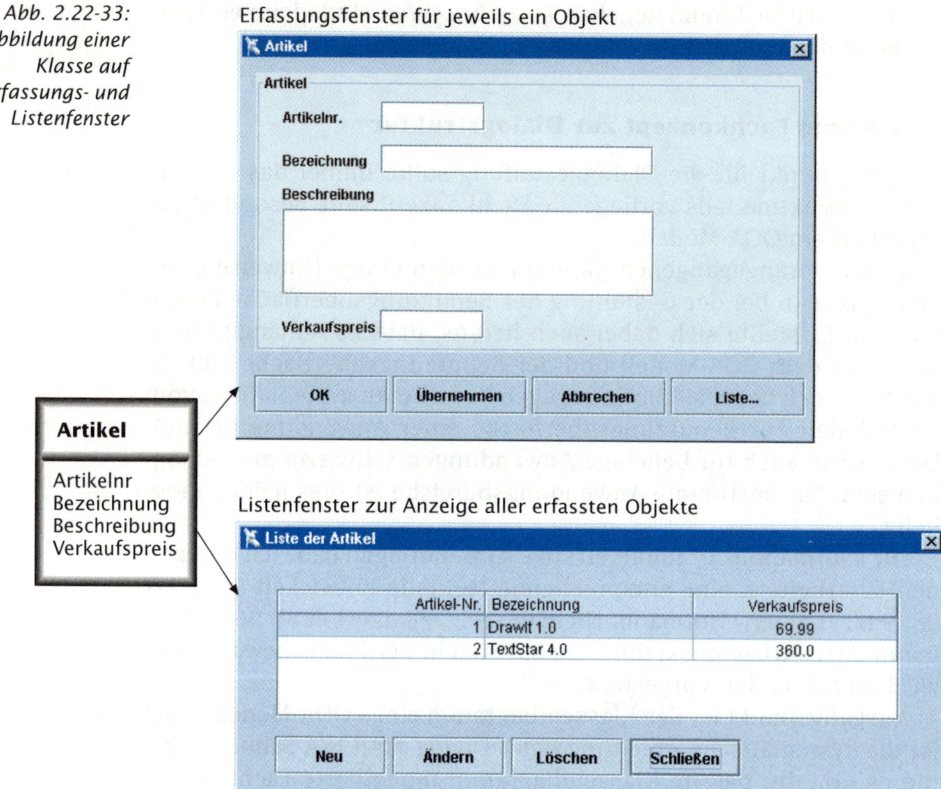

Abb. 2.22-33: Abbildung einer Klasse auf Erfassungs- und Listenfenster

dern eines Objekts. Die Druckknöpfe besitzen folgende semantische Bedeutung:

- OK: Speichern des Objekts und Schließen des Fensters.
- Übernehmen: Speichern des Objekts ohne das Fenster zu schließen. Da im Allgemeinen anschließend ein weiteres Objekt erfasst wird, werden alle Textfelder des Fensters neu initialisiert.
- Abbrechen: Schließen des Fensters und Verwerfen der Eingabe.
- Liste: Öffnen des zugehörigen Listenfensters, während das Erfassungsfenster geöffnet bleibt.

Listenfenster

Das **Listenfenster** zeigt alle Objekte der Klasse an (Abb. 2.22-33). Meistens werden die Objekte im Listenfenster nur durch einen Teil der Attribute beschrieben. Der Benutzer soll die wichtigsten Attribute auf einen Blick sehen und kann bei Bedarf das Erfassungsfenster des entsprechenden Objekts öffnen.

Klassenattribute und -operationen beziehen sich auf alle Objekte der Klasse und werden daher im Listenfenster oder in einem speziellen Fenster (Administration) dargestellt. Klassenattribute werden auf Interaktionselemente, Klassenoperationen auf Menüoptionen bzw. Druckknöpfe abgebildet.

Die dargestellten Druckknöpfe besitzen folgende semantische Bedeutung:

- Neu: Öffnen eines leeren Erfassungsfensters.
- Ändern: Öffnen des Erfassungsfensters für das selektierte Objekt.
- Löschen: Löschen des selektierten Objekts.
- Schließen: Schließen des Listenfensters.

Transformation:
Klassenname → Menüoption im *drop-down*-Menü für Stammdaten und Listen

Menübalken

Der Menübalken enthält je ein *drop-down*-Menü für Erfassungsfenster und Listenfenster (Abb. 2.22-34). Für jede Klasse des OOA-Modells ist zu prüfen, ob für die betreffenden Daten eine Listenausgabe sinnvoll ist und ob die Daten über einen separaten Dialog erfasst und geändert werden sollen. Die ermittelten Klassen werden in den Menüs *Stammdaten* und *Listen* aufgeführt. Wenn zu viele Klassen vorliegen, dann werden sie zusätzlich – z.B. mittels Paketen – gruppiert. Natürlich sind auch andere Anordnungen der Klassen möglich.

Abb. 2.22-34: Abbildung der Klassen auf Menüs

Dialogdynamik

Jedes Fenster ist über eine entsprechende Menüoption erreichbar, und der Benutzer kann jederzeit zwischen allen geöffneten Erfassungs- und Listenfenstern wechseln (Abb. 2.22-35).

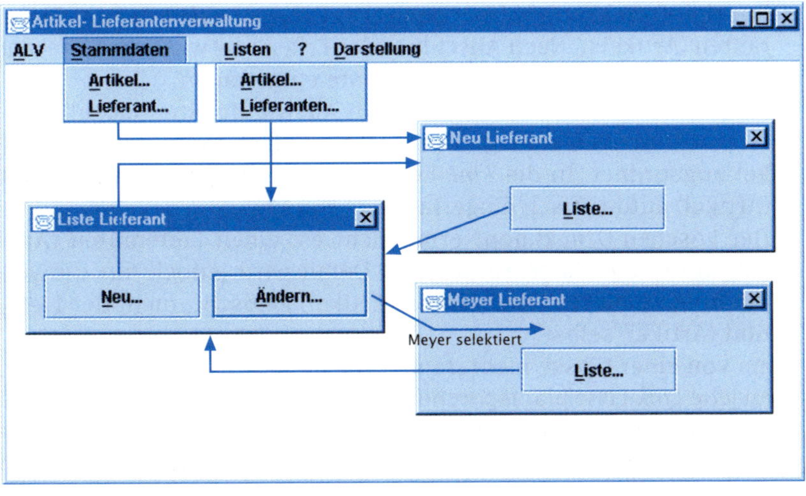

Abb. 2.22-35: Erreichbarkeit von Erfassungs- und Listenfenster

Transformation:
Assoziation → Verbindungs-Druckknöpfe, *Link*-Listen und Auswahlfenster

Dialogstruktur Assoziation

Assoziationen erlauben es den Benutzern, durch ein Netz von Objekten zu traversieren. Bei einer fertigen Anwendung werden viele Objektverbindungen durch die implementierten Operationen aufgebaut und geändert. Einige Verbindungen werden aber auch weiterhin über den Dialog erstellt. Im OOA-Modell sind alle Assoziationen inhärent bidirektional. Sie werden daher im Folgenden auch bidirektional auf die Oberfläche abgebildet. Es kann jedoch durchaus ausreichend sein, wenn einige Assoziationen nur in einer Richtung realisiert werden. Dann kann auch für die weggelassene Richtung die entsprechende Navigationsmöglichkeit in der Dialogstruktur entfallen.

Das Erstellen und Entfernen von Objektverbindungen wird in die Erfassungsfenster der betreffenden Klassen integriert. Für jedes Erfassungsfenster wird dargestellt, zu welchen Klassen Verbindungen möglich sind, und mit welchen Objekten bereits eine Verbindung besteht. Verbindungen zu anderen Objekten können aufgebaut und auch wieder getrennt werden.

mehrfache Assoziation

Der Ausschnitt aus dem OOA-Modell der Abb. 2.22-36 gestattet es, dass null, einer oder mehrere Firmen einen Artikel liefern. Umgekehrt kann ein Lieferant null, ein oder mehrere Artikel anbieten.

Für den Benutzer der Artikel-Lieferanten-Anwendung ist es wichtig zu wissen, welche Anbieter einen Artikel anbieten. Daher wird das Erfassungsfenster für Artikel um eine *Link*-Liste der zugehörigen Anbieter erweitert. Umgekehrt wird auch das Erfassungsfenster für Lieferanten um eine *Link*-Liste der zugehörigen Artikel ergänzt (siehe Abb. 2.22-36).

Zu jeder *Link*-Liste werden drei Druckknöpfe hinzugefügt (siehe Abb. 2.22-36):

- Der Neu-Druckknopf öffnet ein leeres Erfassungsfenster des Lieferanten (Artikels). Nach Abschluss der Erfassung wird der Lieferant (Artikel) automatisch in die *Link*-Liste eingetragen.
- Der Auswahl-Druckknopf öffnet ein Auswahlfenster, das alle Lieferanten (Artikel) anzeigt. Der selektierte Lieferant wird dem Artikel zugeordnet. In die *Link*-Liste wird der ausgewählte Lieferant (Artikel) automatisch eingetragen.
- Der Löschen-Druckknopf ermöglicht es, einen Lieferanten (Artikel) in der *Link*-Liste zu löschen. Damit wird jedoch nur die Verbindung zu diesem Lieferanten (Artikel) gelöscht, nicht der Lieferant (Artikel) selbst.

Wenn von einer Klasse mehrere mehrfache Assoziationen ausgehen, kann jede *Link*-Liste platzsparend auf einer Seite eines Registers (siehe Abb. 2.24-5) dargestellt werden.

Dialogstruktur

Für die Klassen Artikel und Lieferant ergibt sich die im Diagramm der Abb. 2.22-37 dargestellte Dialogstruktur. Der Benutzer löst durch

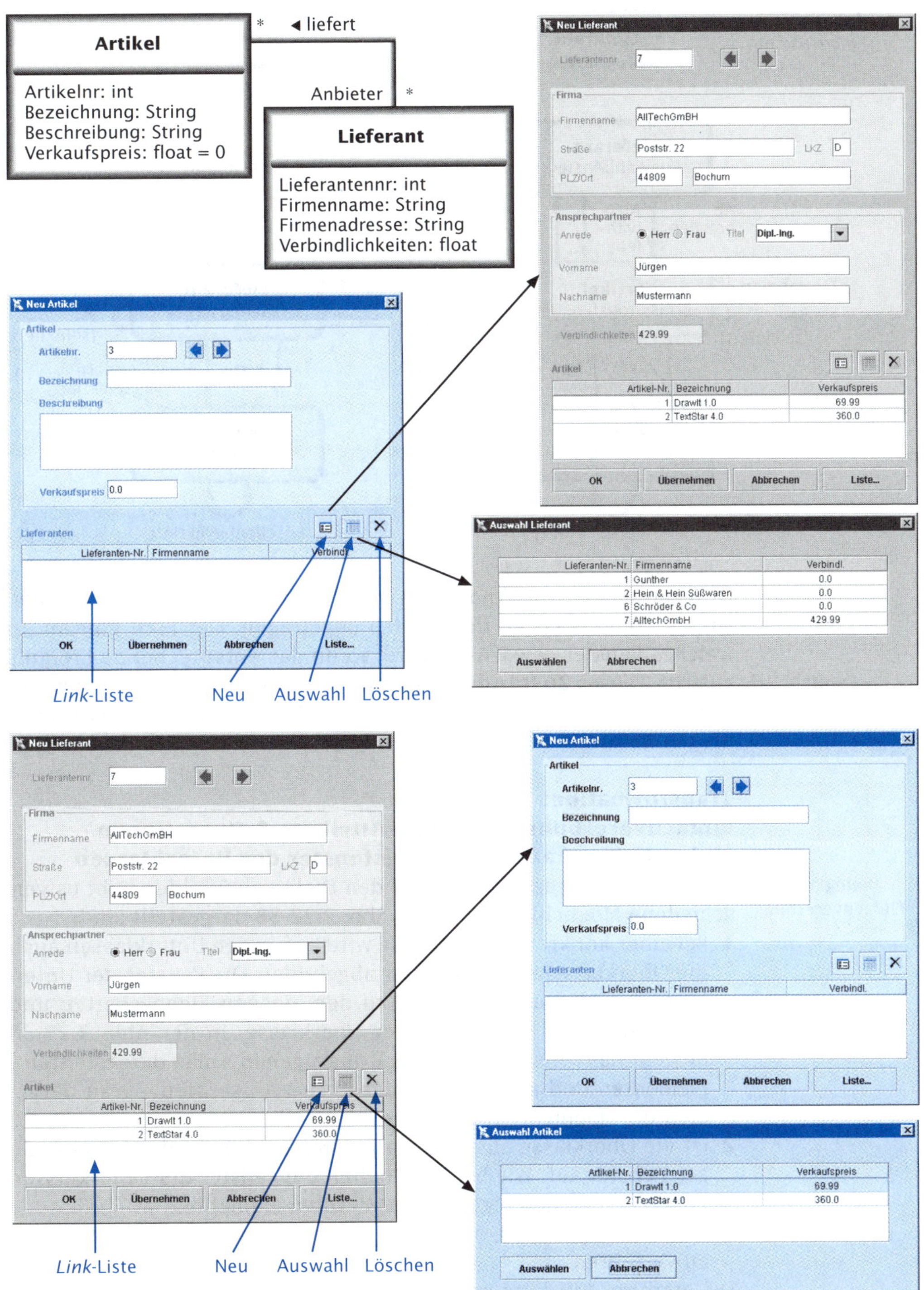

Abb. 2.22-36: Darstellung der mehrfachen Assoziation

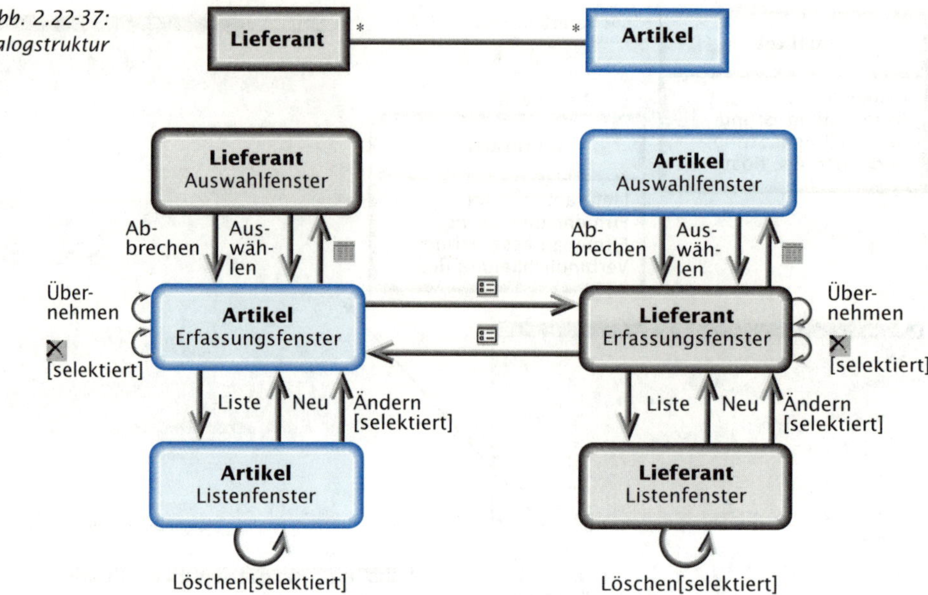

Abb. 2.22-37: Dialogstruktur

Drücken eines Druckknopfs im jeweiligen Fenster ein Ereignis aus. Dieses Ereignis ist an den Pfeilen angetragen. Der Pfeil gibt an, in welches Fenster gewechselt wird, wenn das entsprechende Ereignis auftritt. Dieses **Zustandsdiagramm** zeigt den Vorteil der systematischen Transformation. Es entsteht eine konsistente Dialogstruktur, die der Benutzer schnell erlernen kann.

Kapitel 2.16

Transformation:
Einfachvererbung → Geerbte Attribute & Operationen einheitlich auf alle Erfassungsfenster der Unterklassen

Dialogstruktur Einfachvererbung

Um eine Vererbungsstruktur auf den Dialog abzubilden, gibt es verschiedene Möglichkeiten, die in Abb. 2.22-38 dargestellt sind.

1 Bei einer konkreten Oberklasse wird außer den Unterklassen auch die Oberklasse auf ein Fenster abgebildet. Die Fenster der Unterklassen enthalten zusätzlich zu den eigenen Eigenschaften und Operationen alle Elemente der Oberklasse. In der Abb. 2.22-38 besteht das Fenster der Klasse B aus eigenen – blau dargestellten – Elementen und aus den von der Klasse A geerbten – grau dargestellten – Elementen.

2 Ist die Oberklasse abstrakt, dann taucht sie *nicht* als eigenständiges Fenster auf. Wie bei **1** enthalten die Fenster der Unterklassen zusätzlich zu den eigenen die geerbten Elemente.

3 Bei einer mehrstufigen Vererbungsstruktur ist analog zu **1** bzw. **2** zu verfahren.

Die ererbten Attribute sollten in den Fenstern der Unterklassen einheitlich präsentiert werden, damit der Benutzer erkennt, dass es sich

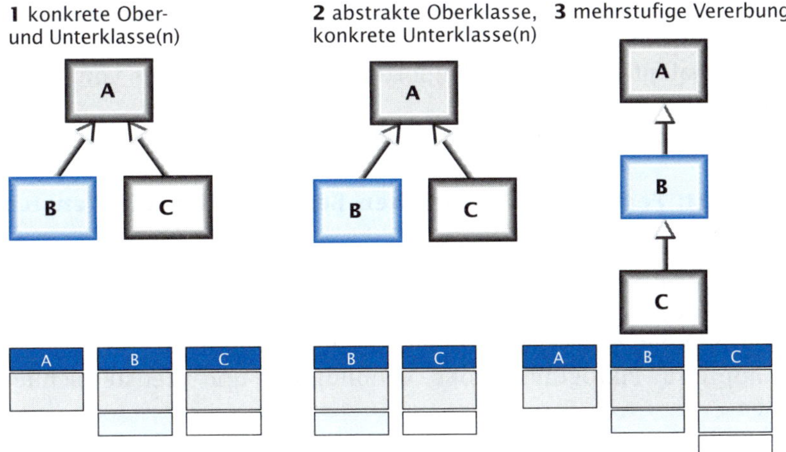

Abb. 2.22-38: Transformation der Einfachvererbung

um dieselben Elemente handelt. Reicht der Platz in einem Erfassungsfenster nicht aus, dann ist ein Register (siehe Kapitel 23) zu verwenden. Alle Muss-Attribute sollten möglichst auf der ersten Seite stehen.

anwendungsneutrale Funktionen

Viele Anwendungen enthalten eine Reihe von anwendungsneutralen Funktionen, die noch hinzugefügt werden müssen. Das können beispielsweise Funktionen sein

- zur Verwaltung von Passwörtern,
- zum Initialisieren und zur Definition von Voreinstellungen,
- zum Hinzufügen bzw. Entfernen von Benutzerrollen oder Benutzerprivilegien.

Von der Skizze zum Prototyp

Vorgehensweise

Die Entwicklung einer Dialog-Schnittstelle für eine Anwendung ist eine schwierige und anspruchsvolle Aufgabe. Nur ein systematisches Vorgehen führt zu einem übersichtlichen und gut strukturierten Programm. Im Folgenden wird ein schrittweises Vorgehen beschrieben, das ausgehend von einer Skizze der Dialog-Schnittstelle bis zu einem lauffähigen Prototypen der Benutzungsoberfläche führt. Dabei werden die oben beschriebenen Transformationsregeln verwendet.

Als erster Teil der Benutzungsoberfläche sollte zunächst die Dialog-Schnittstelle realisiert werden, anschließend die E/A-Schnittstelle (siehe Kapitel 2.23). Als Beispiel wird im Folgenden die Dialog-Schnittstelle für eine – zunächst eingeschränkte – Artikel-Lieferanten-Verwaltung entwickelt.

1. Schritt: Skizzieren der benötigten Fenster und ihrer gegenseitigen Interaktion

Beispiel

Für die Artikel-Lieferanten-Verwaltung werden folgende Fenster benötigt:

- ein Anwendungsfenster,

- vier Unterfenster: Artikel-, Lieferanten-, Artikellisten-, Lieferantenlistenfenster,
- zwei Dialogfenster für das Importieren und Exportieren von Daten (modal)
- ein Mitteilungsfenster für den Endedialog (modal).

2. Schritt: Festlegen, aus welchen Bestandteilen ein Fenster besteht

Beispiel

Aufbau des Anwendungsfensters:

- Titelbalken mit Text: »Artikel- und Lieferantenverwaltung«
- Anwendungsmenüknopf mit Piktogramm: »Banane«
- Knöpfe für Piktogrammgröße, Vollbildgröße und »Fenster schließen«
- Menübalken mit folgenden Menütiteln und zugeordneten Menüoptionen:
  - ALV mit `Importieren...`, `Exportieren...`, Separator, Ende (Tastaturkürzel »B« für Beenden)
  - Stammdaten mit `Artikel...`, `Lieferant...`
  - Listen mit `Alle Artikel...`, `Alle Lieferanten...`
  - ? mit `Info...`, `Hilfe (Global...`, `Detail...`) (Detail deaktiviert)
  - Einstellungen mit Hintergrund blau (als Eigenschaftsmenü)
- *pop-up*-Menü mit folgenden Menüoptionen:
  - `Artikel...`, `Lieferant...`, `Alle Artikel...`, `Alle Lieferanten...` (Aktivierbar durch rechte Maustaste innerhalb des Arbeitsbereichs des Anwendungsfensters)
- Aufbau der **Unterfenster**
  - Titelbalken mit Text: »Artikel« bzw. »Lieferant« bzw. »Alle Artikel« bzw. »Alle Lieferanten«
  - Knopf für »Fenster schließen«
- Aufbau der **Dialogfenster** für das Importieren und Exportieren von Daten (modal)
  - Analog den Dateidialogfenstern von *Windows*
  - Keine Größenveränderung durch den Benutzer
- Aufbau des **Mitteilungsfensters** für den Endedialog
  - Titelbalken mit Text: »Mitteilung«
  - Knopf für »Fenster schließen«
  - Keine Größenveränderung durch den Benutzer
  - Fenster zentriert in der Mitte des Anwendungsfensters
  - Führungstext: »Soll die Anwendung wirklich beendet werden?«
  - Zwei Druckknöpfe mit »Ja« und »Nein«

3. Schritt: Festlegen, auf welche Benutzerereignissse wie reagiert werden soll

Beispiel
Kapitel 2.16

In der Abb. 2.22-39 ist ein Zustandsautomat skizziert, der angibt, wie auf welche Benutzerereignisse reagiert werden soll. Ein Pfeil

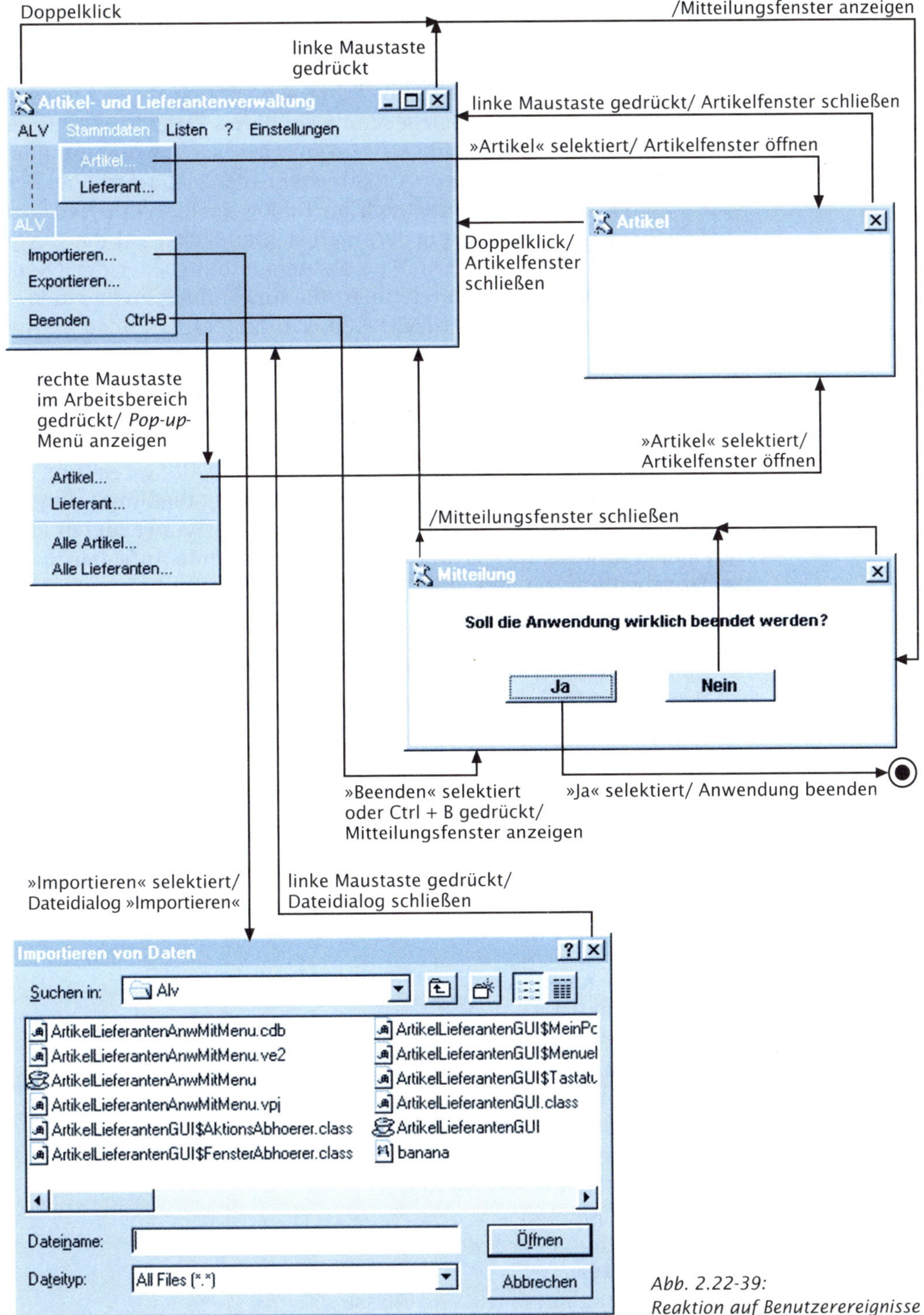

Abb. 2.22-39: Reaktion auf Benutzerereignisse

verbindet das Element, bei dem das Ereignis eingetreten ist, mit dem Element, das anschließend angezeigt werden soll. Man spricht auch von einem Zustandswechsel. An jeden Pfeil ist angetragen, welches Ereignis eingetreten ist. Getrennt durch einn Schrägstrich »/« wird anschließend angegeben, welche Aktion auf dieses Ereignis folgen soll. Wie die Abbildung zeigt, ergibt sich ein komplexes Netz von Zustandswechseln. Das Unterfenster »Artikel« steht hier stellvertretend für die anderen Unterfenster, die sich im Dialog analog verhalten. Bei der Dialoggestaltung konzentriert man sich zunächst auf die Ereignisse zwischen den Fenstern. Eine Ausnahme bildet hier der Endedialog. Er wird benötigt, um definiert die Anwendung zu beenden.
Es soll jeweils nur ein Artikelfenster, ein Lieferantenfenster, eine Artikelliste und eine Lieferantenliste geöffnet werden können.

4. Schritt: Umsetzung des Dialogkonzepts in einen Java-Entwurf

Die Schritte 1 bis 3 sind unabhängig von einem GUI-System und einer Programmiersprache. In diesem Schritt erfolgt die Umsetzung in einen Dialog-Entwurf unter Berücksichtigung der verwendeten Programmiersprache, hier Java. Dazu gehören folgende Aufgaben:

- Entscheidung, ob AWT- oder Swing-Klassen verwendet werden sollen.
- Wenn Swing-Klassen eingesetzt werden, entscheiden, ob volles MDI-Konzept realisiert werden soll, d.h. Unterfenster können nicht über den Anwendungsfensterrahmen hinaus verschoben werden.
- Zuordnung, welche Fenster durch welche Fensterklassen realisiert werden sollen.
- Zuordnung aller Elemente, die zu einem Fenster gehören.
- Zuordnen der benötigten Abhörer pro Fenster.

Beispiel

Entscheidung für Swing-Klassen, aber kein volles MDI-Konzept.

Anwendungsfenster:

- Realisierung mit `JFrame`-Klasse
- Zusammensetzung aus:
  - □ Menübalken mit Menüs
  - □ *pop-up*-Menü
- Benötigte Abhörer:
  - □ Aktionsabhörer für Menüoptionen
  - □ Fensterabhörer für »Fenster schließen«
  - □ Mausabhörer für *pop-up*-Menü

Unterfenster:

- Realisierung mit `JDialog`-Klasse
- Benötigte Abhörer:
  - □ Fensterabhörer für »Fenster schließen«

Dialogfenster:

- Realisierung mit `FileDialog`-Klasse

Mitteilungsfenster

- Realisierung mit JOptionPane-Klasse (modal, keine Größenveränderung)

5. Schritt: Programmierung der Klassen

In der Regel werden Unterklassen gebildet, um die konzipierten Fenster zu realisieren. Oft setzt man vor den Klassennamen »Mein«, um anzudeuten, dass es spezialisierte Unterklassen sind, z.B. MeinUnterfenster. Alle Operationen, die auf den jeweiligen Fenstern operieren, sollten der entsprechenden Unterklasse zugeordnet werden.

Beispiel

Abb. 2.22-40 zeigt das Klassendiagramm des Dialog-Entwurfs.

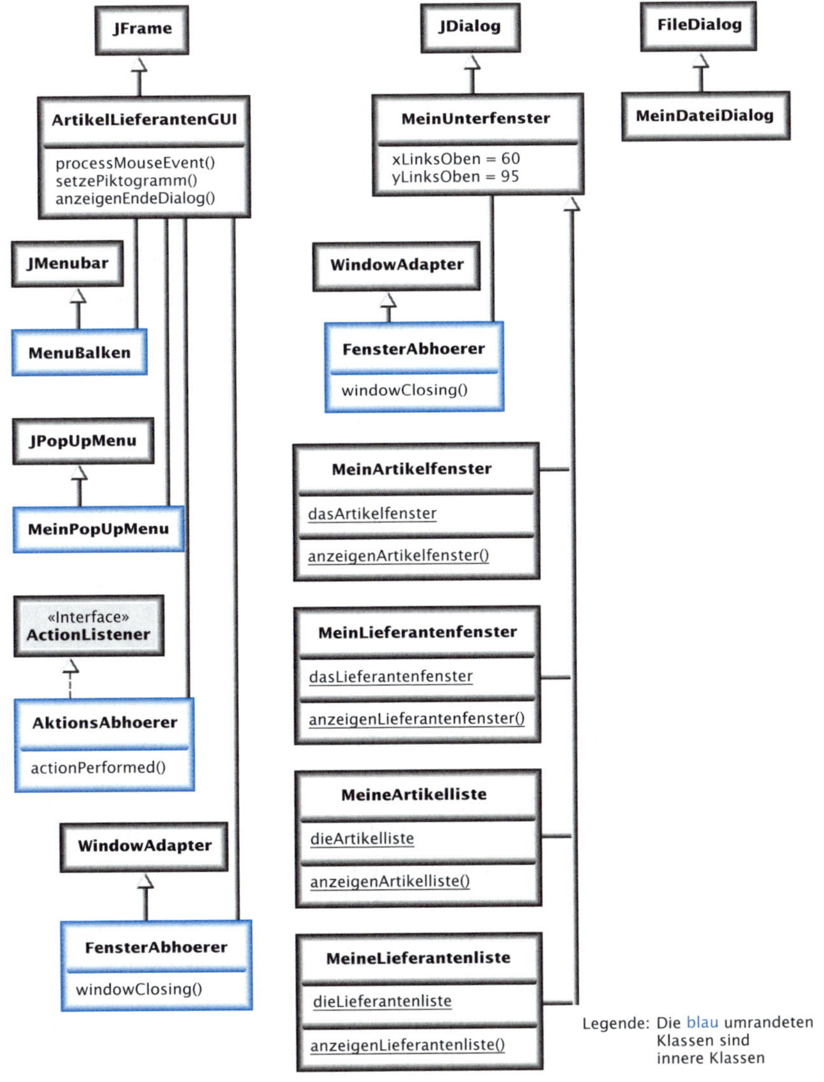

Abb. 2.22-40: Klassendiagramm des Dialog-Entwurfs

Das Java-Programm, das diese Dialoggestaltung realisiert, ist auf der beigefügten CD-ROM enthalten. Die Abb. 2.22-41 zeigt einen Ausschnitt aus der Benutzungsoberfläche.

Abb. 2.22-41: Dialog-Schnittstelle der Artikel-Lieferanten-Verwaltung

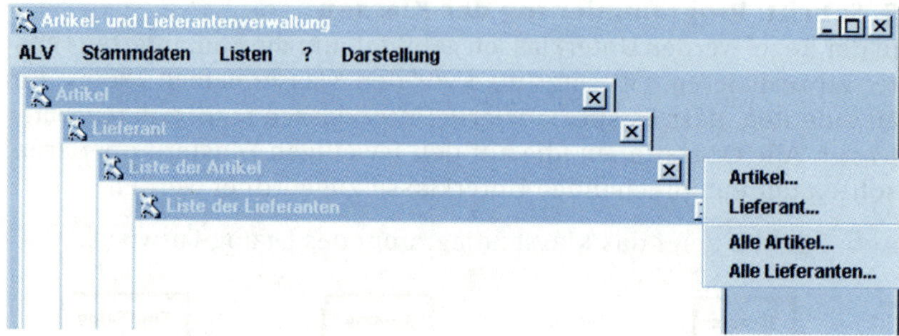

2.22.10 Einsatz von CASE-Werkzeugen

Wie die bisherigen Beispiele gezeigt haben, ist die Gestaltung und Programmierung einer Benutzungsoberfläche mit viel Aufwand verbunden. Nur eine systematische, standardisierte und disziplinierte Vorgehensweise führt zu technisch guten Benutzungsoberflächen. Ergonomisch gute Benutzungsoberflächen erfordern zusätzlich noch ein umfangreiches Wissen über die Software-Ergonomie.

Kapitel 3.2

Durch den Einsatz von CASE-Werkzeugen versucht man daher, die Erstellung von Benutzungsoberflächen möglichst weitgehend zu unterstützen. Dabei gibt es heute ein breites Spektrum von Werkzeugen: Von GUI-Editoren, eingebettet in Programmierumgebungen, bis hin zu sogenannten *User Interface Management Systems* (UIMS). Der Einsatz dieser Werkzeuge hat in der Regel zwei Nachteile:

1 Alle Informationen für die Benutzungsoberfläche müssen neu eingegeben werden, auch wenn viele Informationen aus dem OOA-Modell übernommen werden können. Beispielsweise sind die Attributnamen und ihre Typen aus dem OOA-Modell bekannt. Bei Verwendung eines GUI-Editors müssen diese Informationen jedoch in Form eines entsprechenden Interaktionselements wieder eingegeben werden.

2 Die Werkzeuge geben *keine* Hilfestellung bei der ergonomischen Gestaltung der Benutzungsoberfläche. Der Entwickler kann z.B. mit Hilfe eines GUI-Editors relativ schnell und bequem sowohl gute als auch schlechte Oberflächen erstellen.

Abschnitte 1.4.3 und 2.8.6
Das JANUS-System

Einen Ansatz zur Vermeidung dieser beiden Nachteile stellt das an meinem Lehrstuhl in den letzten zehn Jahren entwickelte JANUS-System dar. Das JANUS-System geht davon aus, dass die fachliche Anwendungsmodellierung durch ein OOA-Modell erfolgt. Ein vorliegendes OOA-Klassendiagramm wird vom JANUS-System analysiert.

Anhand von Transformationsregeln wird eine entsprechende Benutzungsoberfläche generiert. Neben den oben angegebenen Transformationsregeln werden noch eine ganze Anzahl weiterer Regeln – insgesamt 90 Regeln für die Generierung der Dialog-Schnittstelle /Hofmann 98/ und 70 Regeln für die Generierung der E/A-Schnittstelle /Kruschinski 99/ – verwendet. Diese Regeln berücksichtigen ergonomisches Wissen und sorgen dafür, dass die generierte Benutzungsoberfläche nicht gegen grundsätzliche ergonomische Prinzipien verstößt.

Beispiel

Abb. 2.22-42 zeigt einen Ausschnitt aus der generierten Benutzungsoberfläche der Artikel- und Lieferantenverwaltung. Eingabe für das JANUS-System war das in Abb. 2.22-36 dargestellte Klassendiagramm.

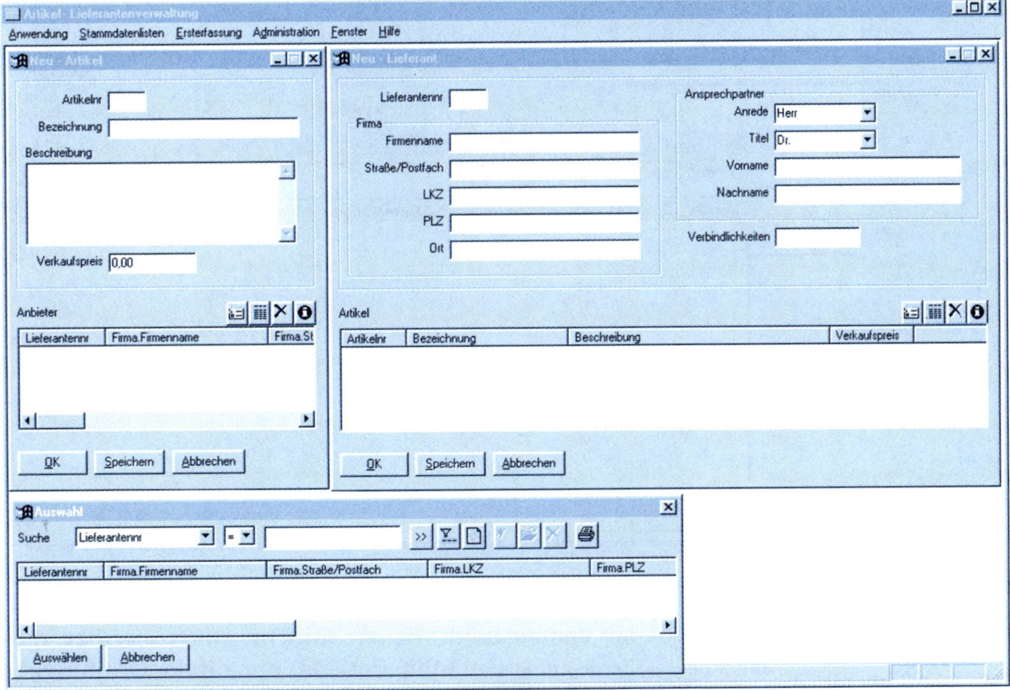

Abb. 2.22-42: Ausschnitt aus der generierten Benutzungsoberfläche

Die generierte Artikel- und Lieferantenverwaltung befindet sich auf der CD-ROM 1.

Trennung Fachkonzept – Benutzungsoberfläche

Um zu demonstrieren, wie wichtig die Trennung von Fachkonzeptmodellierung und Benutzungsoberflächen-Gestaltung ist, wird im Folgenden anhand der Fallstudie »Seminarorganisation« gezeigt, welche verschiedenen Arten von Oberflächen sich aus demselben Fachkonzeptmodell ableiten lassen.

Abschnitt 2.8.6 Zur Generierung wird das JANUS-System eingesetzt, das diese verschiedenen Formen generieren kann. Im *Janus Specifier* kann die gewünschte Oberfläche jeweils eingestellt werden.

Beispiel

- Standardoberfläche mit Menübalken mit *drop-down*-Menüs und *pop-up*-Menüs (Einstellung im *Janus Specifier:* `Look and Feel = Standard Style`) (Abb. 2.22-43).

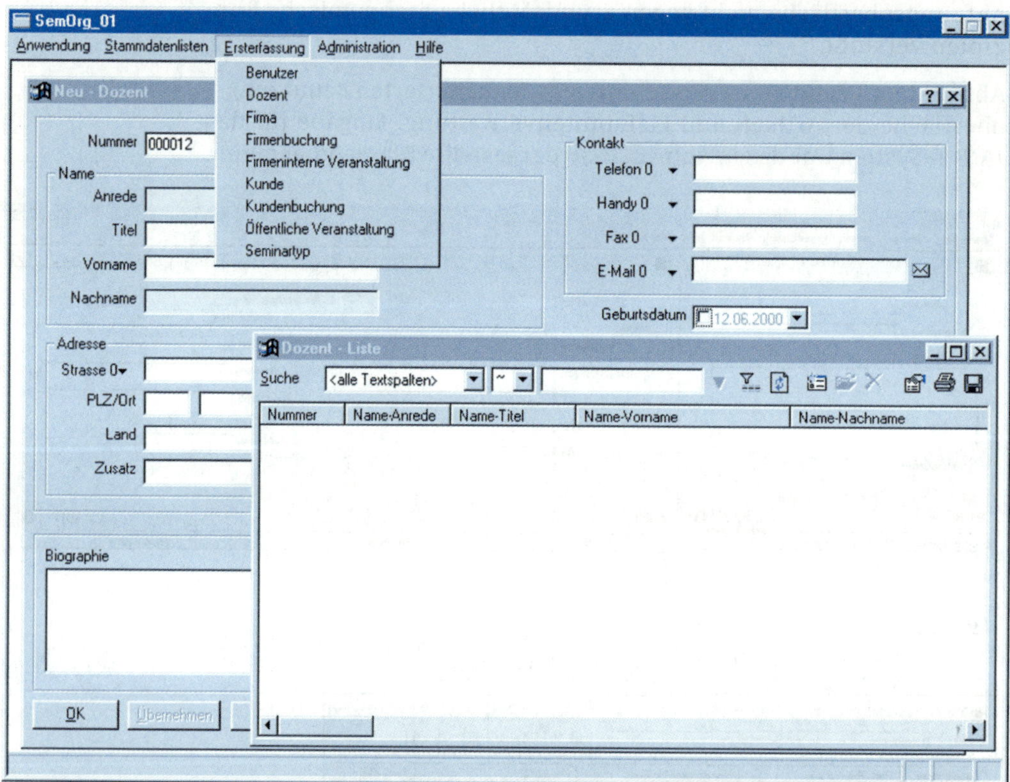

Abb. 2.22-43: Generierte Standardoberfläche für die Seminarorganisation

- Oberfläche mit Baumstruktur (Einstellung im *Janus Specifier:* `Look and Feel = Browser Style`) (Abb. 2.22-44, ohne linke Ordnerleiste und ohne HTML-Sicht).
  Bei dieser Darstellung kann noch festgelegt werden, welche Klassen mit ihren Objekten als Baum dargestellt werden sollen. Es ist auch möglich, vorhandene Assoziationen im Baum anzuzeigen. Die Baumstruktur dient gleichzeitig als Orientierung und zur Navigation. Durch Doppelklick auf ein Baumblattelement wird das entsprechende Erfassungsfenster geöffnet.
  Zusätzlich stehen noch der gewohnte Menübalken sowie *pop-up*-Menüs zur Verfügung, ergänzt um einen Symbolbalken.
- Oberfläche mit Baumstruktur und Ordnern (Einstellung im *Janus Specifier:* `Look and Feel = Outlook Style`) (Abb. 2.22-44).

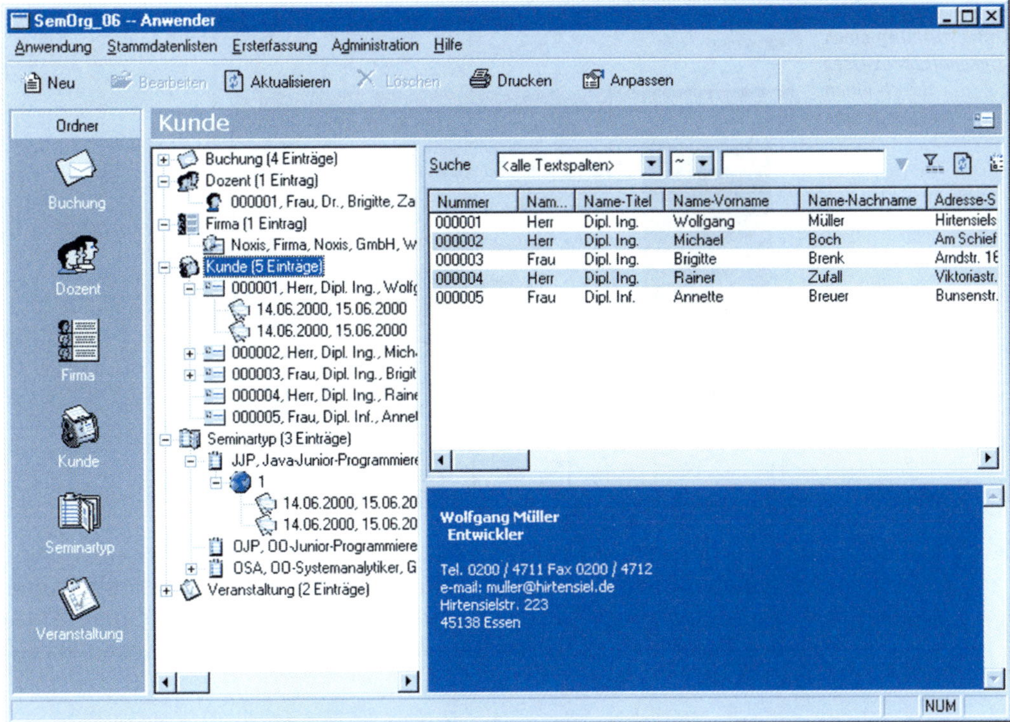

Abb. 2.22-44: Generierte Oberfläche mit Baumstruktur und Ordnern für die Seminarorganisation

Zusätzlich zur Baumdarstellung werden auf der linken Seite noch Ordner dargestellt, die zur schnellen Orientierung dienen. Jedem Ordner kann ein individuelles Piktogramm zugeordnet werden.
Im rechten unteren Bildschirmbereich erfolgt zusätzlich eine HTML-Sicht des jeweils aktuell selektierten Datensatzes. Unter dem Menütitel »Anpassen« kann die entsprechende HTML-Schablone geöffnet werden, die vom Endbenutzer zur Laufzeit geändert werden kann – sofern er HTML beherrscht.

Geschäftsvorgänge setzen sich meist aus einer Reihe von Funktionen zusammen, die in einer festgelegten Reihenfolge aufgerufen werden müssen. Um dem Benutzer eine Führung durch diese Funktionen zu geben und um ihm zu zeigen, welche Schritte noch erforderlich sind, bietet es sich an, für die Abwicklung von Geschäftsprozessen »Assistenten« zu programmieren.

Beispiel

Abb. 2.22-45 zeigt einen »Assistenten« zur Buchung von Seminaren. In der linken Seite sind die einzelnen Schritte und der aktuelle Zustand aufgeführt. Durch die Druckknöpfe »Zurück« und »Weiter« kann der Benutzer im Geschäftsvorgang jederzeit navigieren. Auch kann er ihn zu jeder Zeit verlassen und später zum letzten Ausführungsstand zurückkehren.

Abb. 2.22-45: Unterstützung eines Geschäftsprozesses durch einen »Assistenten«

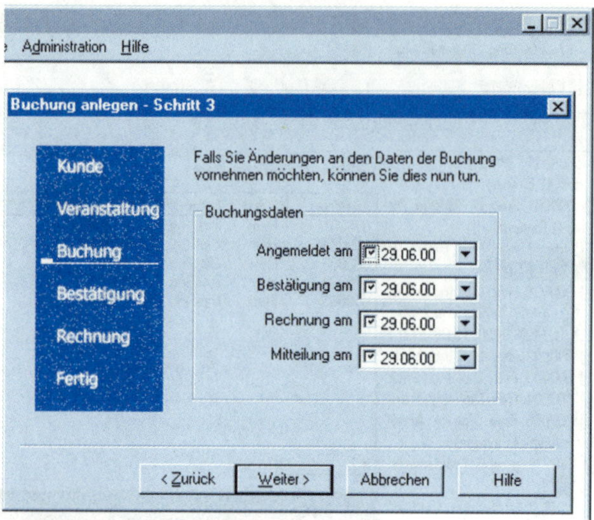

Beispiel

Kapitel 3.10

Will man die Seminarorganisation zusätzlich oder ausschließlich über einen *Web-Browser* bedienen, dann kann das JANUS-System mit Hilfe eines zusätzlichen *Servlet*-Generators auch Web-Oberflächen erzeugen (Abb. 2.22-46).

Es soll an dieser Stelle nochmals betont werden, dass die verschiedenen Benutzungsoberflächen – mit Ausnahme des Geschäftsprozess-Assistenten – vollautomatisch aus demselben OOA-Modell der Seminarorganisation mit dem JANUS-System generiert wurden! Dies zeigt, wie wichtig es ist, das Fachkonzept getrennt von der Oberfläche zu modellieren.

Evaluierung

Zur Evaluierung der EN ISO 9241-10 gibt es verschiedene Werkzeugunterstützungen (/Oppermann et al. 96/, /Willumeit et al. 96/).

Erfassungsfenster Bezieht sich auf ein einzelnes Objekt einer Klasse. Jedes Attribut der Klasse wird auf ein Interaktionselement des Fensters abgebildet. Das Erfassungsfenster dient zum Erfassen und Ändern von Objekten und zum Erstellen und Entfernen von Verbindungen zu anderen Objekten.

Listenfenster Zeigt alle Objekte der Klasse an. Im Allgemeinen enthält es von einem Objekt nur dessen wichtigste Attribute.

Multimedia-Anwendungen Interaktive, medienintegrierte Software-Systeme, bei denen durch die zeitliche, räumliche und inhaltliche Synchronisation unabhängiger Medien gewünschte Funktionen bereitgestellt werden. Es sollten mindestens drei Medien integriert sein, wobei zumindest ein Medium zeitabhängig sein sollte.

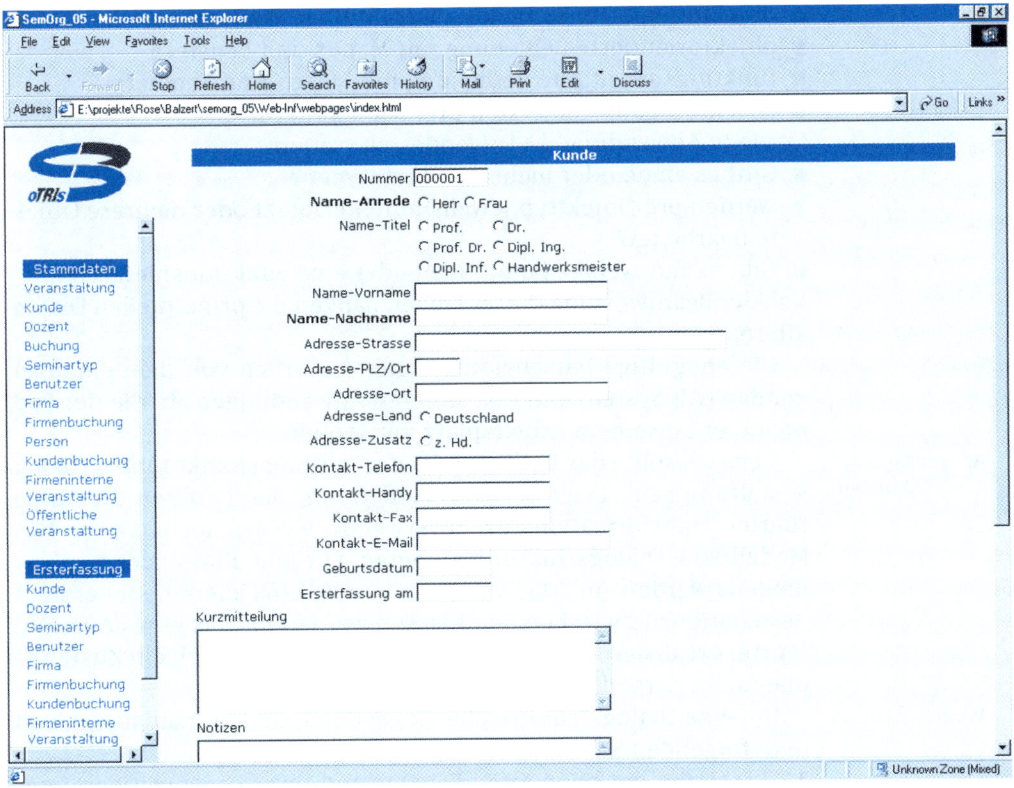

SemOrg_05 - Microsoft Internet Explorer
File Edit View Favorites Tools Help
Back Forward Stop Refresh Home Search Favorites History Mail Print Edit Discuss
Address E:\projekte\Rose\Balzert\semorg_05\Web-Inf\webpages\index.html
Go Links

oTRIS

Stammdaten
Veranstaltung
Kunde
Dozent
Buchung
Seminartyp
Benutzer
Firma
Firmenbuchung
Person
Kundenbuchung
Firmeninterne Veranstaltung
Öffentliche Veranstaltung

Ersterfassung
Kunde
Dozent
Seminartyp
Benutzer
Firma
Firmenbuchung
Kundenbuchung
Firmeninterne Veranstaltung

Kunde
Nummer 000001
Name-Anrede Herr Frau
Name-Titel Prof. Dr. Prof. Dr. Dipl. Ing. Dipl. Inf. Handwerksmeister
Name-Vorname
Name-Nachname
Adresse-Strasse
Adresse-PLZ/Ort
Adresse-Ort
Adresse-Land Deutschland
Adresse-Zusatz z. Hd.
Kontakt-Telefon
Kontakt-Handy
Kontakt-Fax
Kontakt-E-Mail
Geburtsdatum
Ersterfassung am
Kurzmitteilung
Notizen
Unknown Zone (Mixed)

Abb. 2.22-46: Web-Benutzungsoberfläche der Seminarorganisation

Für die Gestaltung und Bewertung von Dialogstrukturen und Dialogabläufen werden in /EN ISO 9241-10:1996/ folgende Grundsätze angegeben:

- Aufgabenangemessenheit,
- Selbstbeschreibungsfähigkeit,
- Steuerbarkeit,
- Erwartungskonformität,
- Fehlertoleranz,
- Individualisierbarkeit,
- Lernförderlichkeit.

Für Multimedia-Anwendungen werden in /EN ISO 14915-1:2000/ zusätzlich folgende Gestaltungsgrundsätze angegeben:

- Eignung für das kommunikative Ziel,
- Eignung für Wahrnehmung und Verständnis,
- Eignung für die Informationsfindung,
- Eignung für die Benutzerbeteiligung.

Diese allgemeinen Regeln und Grundsätze geben Anhaltspunkte für die Dialoggestaltung.

Bedienungsarten

Für die konkrete Dialoggestaltung lassen sich vier prinzipielle Bedienungsarten unterscheiden:

- objektorientierte Bedienung mit direkter Manipulation,
- objektorientierte Bedienung mit Menüs und Fenstern,
- funktionsorientierte Bedienung mit Menüs und Fenstern,
- Mischform aus den ersten drei Bedienungsarten.

Für jede Anwendung ist Folgendes zu prüfen:

- Gibt es einen oder mehrere Objekttypen?
- Werden pro Objekttyp jeweils nur ein Objekt oder mehrere Objekte bearbeitet?
- Gibt es nur wenige Funktionen oder eine Funktionshierarchie?

Von der Beantwortung dieser Fragen hängen die prinzipiellen Dialogalternativen ab.

Die endgültige Entscheidung hängt natürlich von dem einzusetzenden GUI-System und den anderen Anwendungen ab, die der Endbenutzer an seinem Arbeitsplatz verwendet.

Ausgangspunkt: Fachkonzept

Generell sollte das Fachkonzept der Ausgangspunkt für die Dialoggestaltung sein. Liegt ein OOA-Modell vor, dann sollten die aufgeführten Transformationsregeln verwendet werden, um aus dem OOA-Modell eine Dialogstruktur abzuleiten. Für jede Klasse des Analysemodells werden ein Erfassungsfenster und ein Listenfenster erstellt. Assoziationen zwischen den Klassen werden mittels eines Auswahlfensters realisiert. Die Dialogabläufe lassen sich durch ein Zustandsdiagramm darstellen.

Vorgehensweise

Um eine Dialog-Schnittstelle zu gestalten und zu realisieren, sollte in folgenden Schritten vorgegangen werden:

1. Skizzieren der benötigten Fenster und ihrer gegenseitigen Interaktion.
2. Festlegen, aus welchen Bestandteilen ein Fenster besteht.
3. Festlegen, auf welche Benutzerereignisse wie reagiert werden soll.
4. Umsetzung des Dialogkonzepts in einen Entwurf.
5. Programmierung der Klassen (bei einem objektorientierten Entwurf).

Der JANUS-Generator

Da es möglich ist, aus einem OOA-Modell systematisch eine Benutzungsoberfläche abzuleiten, kann dieser Vorgang auch automatisiert werden. Der JANUS-Generator ist ein Beispiel für ein solches generierendes CASE-Werkzeug. Er ermöglicht es, verschiedene Benutzungsoberflächen auf der Grundlage desselben OOA-Modells zu erzeugen.

/Schneider 98/
Schneider W., *Ergonomische Anforderungen für Bürotätigkeiten mit Bildschirmgeräten – Grundsätze der Dialoggestaltung, Kommentar zu DIN ISO 9241-10,* Berlin: Beuth-Verlag, 161 Seiten.
Ausführliche Kommentierung der Norm.

Zitierte Literatur

/Balzert 93/
Balzert H., *Der JANUS-Dialogexperte, Vom Fachkonzept zur Dialogstruktur,* in: Softwaretechnik-Trends (Proceedings der GI-Fachtagung Softwaretechnik '93 in Dortmund), 1993, S. 62–72.

/Balzert 94/
Balzert H., *Das JANUS-System: Automatisierte, wissensbasierte Generierung von Mensch-Computer-Schnittstellen, in: Forschung und Entwicklung,* Heidelberg, Springer-Verlag, 1994, S. 22–35.

/Balzert, Hofmann, Niemann 95/
Balzert H., Hofmann F., Niemann C., *Vom Programmieren zum Generieren – Auf dem Weg zur automatisierten Anwendungsentwicklung,* in: Proceeedings der GI-Fachtagung Softwaretechnik '95 in Braunschweig, 1995, S. 126–136.

/Balzert et al. 96/
Balzert H., Hofmann F., Kruschinski V., Niemann C., *The JANUS Application Development Environment – Generating more than the User Interface,* in: J.Vanderdonckt (ed), Proceedings CADUI '96, Namur, 1996.

/Balzert 99/
Balzert H., *Lehrbuch Grundlagen der Informatik,* Heidelberg: Spektrum Akademischer Verlag, 1999.

/EN ISO 14915-1:2000/
Software-Ergonomie für Multimedia-Benutzungsschnittstellen, Teil 1: Gestaltungsgrundsätze und Rahmenbedingungen, Entwurf, Berlin: Beuth-Verlag, Mai 2000.

/EN ISO 14915-3:2000/
Software-Ergonomie für Multimedia-Benutzungsschnittstellen, Teil 3: Auswahl und Kombination von Medien, Entwurf, Berlin: Beuth-Verlag, Mai 2000.

/EN ISO 9241-10:1996/
Ergonomische Anforderungen für Bürotätigkeiten mit Bildschirmgeräten – Teil 10: Grundsätze der Dialoggestaltung, Berlin: Beuth-Verlag, Juli 1996.

/Hofmann 98/
Hofmann F., *Grafische Benutzungsoberflächen – Generierung aus OOA-Modellen,* Heidelberg: Spektrum Akademischer Verlag, 1998.

/Kruschinski 99/
Kruschinski V., *Layoutgestaltung grafischer Benutzungsoberflächen – Generierung aus objektorientierten Analysemodellen,* Heidelberg: Spektrum Akademischer Verlag, 1999.

/Oppermann et al. 96/
Oppermann R., *Der ISO 9241-Evaluator,* in: Ergonomie & Informatik, März 1996, S. 13–17.

/Wandmacher 93/
Wandmacher J., *Software-Ergonomie,* Berlin – New York: de Gruyter Verlag, 1993.

/Willumeit et al. 96/
Willumeit H., Gedga G., Hamborg K.-C., *IsoMetrics: Ein Verfahren zur formativen Evaluation von Software nach ISO 9241/10,* in: Ergonomie & Informatik, März 1996, S. 5–12.

1 *Lernziele: Die Grundsätze ergonomischer Dialoggestaltung nach EN ISO 9241-10 und EN ISO 14915-1 kennen, erläutern, auf eigene Dialoggestaltungen anwenden und zur Beurteilung von Dialoggestaltungen einsetzen können. Prüfen können, ob die Gestaltungs- und Bewertungskriterien für den Dialog bei vorgegebenen Dialogstrukturen eingehalten sind.*
Beurteilen Sie das CASE-Werkzeug *Rational Rose,* das auf der CD-ROM 1 enthalten ist, nach den Grundsätzen ergonomischer Dialoggestaltung, indem Sie die Dialoge zur Erstellung eines Klassendiagramms evaluieren.

Analytische Aufgaben
Muss-Aufgabe
40 Minuten

2 *Lernziel: Prinzipielle Alternativen zur Dialoggestaltung angeben, für eigene Dialoggestaltungen begründet auswählen und beurteilen können.*
Wo ist es in einem Werkzeug zur Entwicklung von OOA-Modellen sinnvoll, die funktionsorientierte und objektorientierte Bedienung anzuwenden? Nennen Sie hierzu jeweils ein Beispiel.

Klausur-Aufgabe
10 Minuten

Konstruktive Aufgaben
Muss-Aufgabe
60 Minuten

3 *Lernziel: Schrittweise eine Dialog-Schnittstelle – von der Skizze bis zum Prototyp – entwickeln können.*
Für ein stark vereinfachtes Bankverwaltungsprogramm sollen Kunden und Konten verwaltet werden. Entwickeln Sie schrittweise die Dialogschnittstelle hierzu, so lange wie Sie programmiersprachenunabhängig bleiben können. Das OOA- Modell entnehmen Sie Abb. 2.22-47.

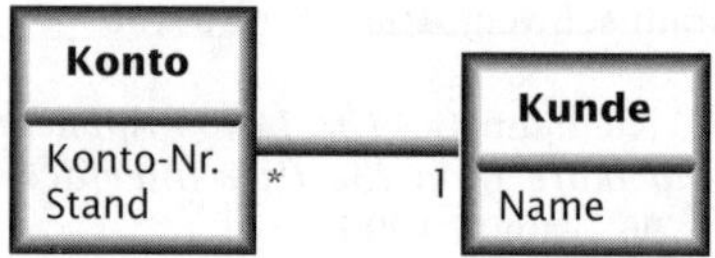

Abb. 2.22-47: OOA-Modell eines einfachen Bankverwaltungsprogramms

Muss-Aufgabe
25 Minuten

4 *Lernziel: Die Grundsätze ergonomischer Dialoggestaltung nach EN ISO 9241-10 und EN ISO 14915-1 kennen, erläutern, auf eigene Dialoggestaltungen anwenden und zur Beurteilung von Dialoggestaltungen einsetzen können.*
Eine Firma für Heizungsanlagen hat eine völlig neue Heizungsanlage entwickelt, die aus mehreren Komponenten besteht. Um die Funktionsweise besser vermitteln zu können, beschließt die Geschäftsführung, eine multimediale Präsentation, bestehend aus Animation und Audio, erstellen zu lassen. Der Geschäftsführung ist die Eignung für Wahrnehmung und Verständnis besonders wichtig. Unterbreiten Sie der Geschäftsführung Vorschläge, was hierfür zu beachten ist.

Muss-Aufgabe
10 Minuten

5 *Lernziel: Prinzipielle Alternativen zur Dialoggestaltung angeben, für eigene Dialoggestaltungen begründet auswählen und beurteilen können.*
In einem Bibliotheksprogramm werden Bücher und Zeitschriften verwaltet. Sie sollen erfasst, gelöscht, geändert und in Listenansicht dargestellt werden können. Geben Sie die Menüstrukturen für die objektorientierte und funktionsorientierte Bedienung mit Menüs und Fenstern an.

Klausur-Aufgabe
30 Minuten

6 *Lernziel: Die aufgeführten Transformationsregeln kennen und auf eigene Dialoggestaltungen anwenden können.*
Für ein stark vereinfachtes Bankverwaltungsprogramm sollen Kunden und Konten verwaltet werden. Jeder Kunde kann ein oder mehrere Konten besitzen. Skizzieren Sie die Dialogschnittstellen gemäß den vorgestellten Transformationsregeln für das Konto- und das Kontolistenfenster. Verwenden Sie als Attribute die Kontonummer und den Kontostand. Beginnen Sie mit dem OOA-Modell.

2 Die Definitionsphase – Software-Ergonomie (E/A-Gestaltung 1)

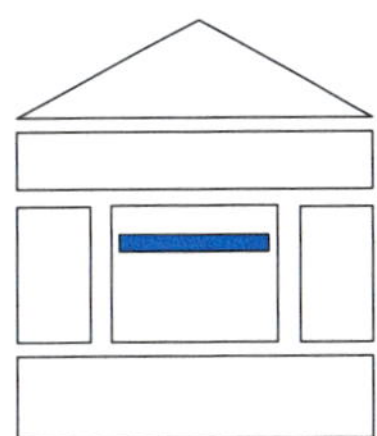

- Die beschriebenen Grundlagen der menschlichen Informationsverarbeitung und ihre Konsequenzen für die E/A-Gestaltung erklären können.
- Die dargestellten Interaktionselemente mit ihrem Verwendungszweck, ihrem Aufbau, ihren Eigenschaften und ihren Gestaltungsregeln kennen und bei eigenen E/A-Gestaltungen aufgabengerecht auswählen und einsetzen können.
- Vorgegebene E/A-Gestaltungen auf die ergonomische Verwendung von Interaktionselementen prüfen können.

verstehen
anwenden

Die Kapitel 2.21 »Software-Ergonomie« und 2.22 »Dialoggestaltung« erleichtern das Verständnis.

2.23 E/A-Gestaltung

Der Informationsaustausch zwischen dem Benutzer und dem Software-System geschieht über Ein-/Ausgabegeräte. Über Eingabegeräte (Tastatur, Zeigeinstrument, berührungsempfindlicher Bildschirm, Mikrophon) werden Informationen in das Software-System eingegeben bzw. Aktionen ausgelöst. Die Ausgabe-Informationen des Software-Systems an den Benutzer werden auf dem Bildschirm angezeigt oder über Lautsprecher ausgegeben.

E/A-Gestaltung

Ziel der **E/A-Gestaltung** ist es, die Ein- und Ausgabe so zu gestalten, dass ein menschengerechter Informationsaustausch mit dem Software-System möglich ist.

Bei der E/A-Gestaltung müssen insbesondere die Möglichkeiten und Grenzen der menschlichen Informationsverarbeitung berücksichtigt werden. Auf einige dieser Aspekte wird im folgenden Abschnitt eingegangen. Interaktionselemente werden im zweiten Abschnitt behandelt. Sie bilden die Basiskomponenten, über die der Benutzer mit dem Software-System kommuniziert.

2.23.1 Die menschliche Informationsverarbeitung

Die wichtigsten funktionalen Einheiten des Menschen, die für die Mensch-Computer-Interaktion relevant sind, zeigt die Abb. 2.23-1.

Abb. 2.23-1: Relevante funktionale Einheiten des Menschen für die Mensch-Computer-Interaktion /Wandmacher 93, S. 21/

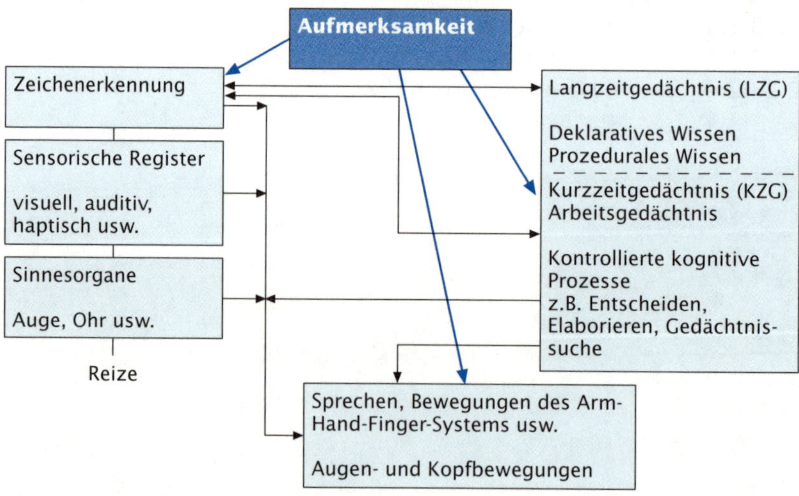

2.23.1.1 Visuelle Wahrnehmung

Da der Benutzer heute die meisten Informationen über einen Bildschirm präsentiert bekommt, ist es ganz wichtig, dass die Eigenschaften der menschlichen visuellen Wahrnehmung bei der Gestaltung der Benutzungsoberfläche berücksichtigt werden.

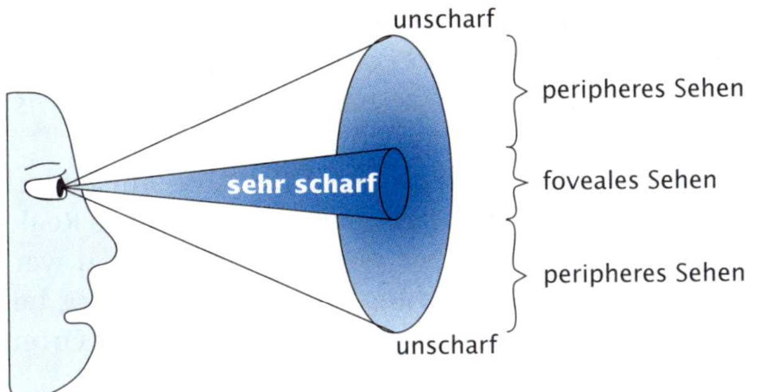

Abb. 2.23-2: Prinzip des fovealen Sehens /Rohr 88, S.29/

Der erste Schritt bei der visuellen Wahrnehmung ist das Erkennen von Informationen.

foveales Sehen und Blickbewegungen

Das menschliche Auge erlaubt scharfes Sehen mit hoher Auflösung nur in einem Bereich von etwa zwei Grad um die Fovea herum (Abb. 2.23-2). Die Fovea ist der Bereich auf der Netzhaut, auf den ein von den Augen fixierter Punkt projiziert wird. Bei einem Augenabstand von 60 cm zum Bildschirm entspricht ein Abstand von zwei Grad von der Fovea einem Abstand von 2,1 cm zum Fixationspunkt auf dem Bildschirm.

Mit zunehmender Entfernung von der Fovea nimmt die Schärfe immer stärker ab; man spricht in diesem Bereich von peripherem Sehen. Nur noch grobe Konturen oder die Umhüllung einer Figur werden wahrgenommen. Die Farbwahrnehmung wird abgeschwächt. Die Bewegungsempfindlichkeit nimmt jedoch immer mehr zu.

Um detaillierte Informationen über einen großen Bereich zu erhalten, müssen durch Augenbewegungen nacheinander kleine Bereiche fixiert und in ein Gesamtbild integriert werden (Abb. 2.23-3). Die Pfade der Blickfixationen werden entweder durch die Grobstruktur der Peripherieinformation oder die Erwartungshaltung bestimmt. Fehlt beides, dann muss der ganze Bildschirm erschöpfend abgesucht werden.

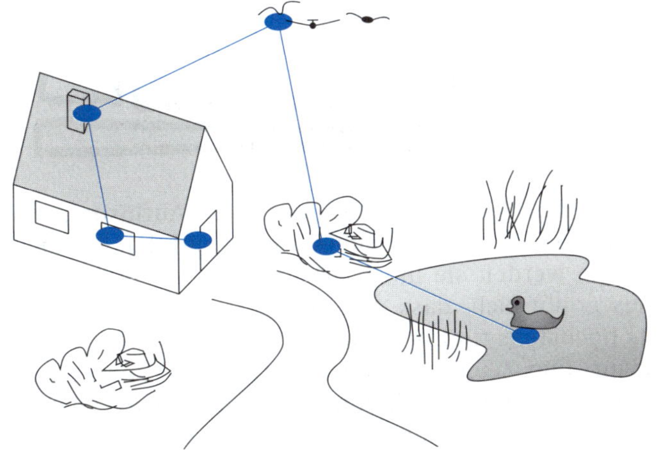

Abb. 2.23-3: Pfade von Blickfixationen /Rohr 88, S. 29/

Ist ein Wahrnehmungsobjekt um mehr als 30 Grad von der Fovea entfernt, d.h. um mehr als 31 cm vom Fixationspunkt, dann reicht eine Augenbewegung zum Fixieren nicht mehr aus, sondern es ist eine zusätzliche Kopfbewegung erforderlich.

Ein Blicksprung kann durch eine deutliche Bewegung am Zielort ausgelöst werden. Es handelt sich hierbei um eine reflexartige Reaktion. Sollen Meldungen an den Benutzer peripher dargeboten werden, dann kann durch Blinken am Meldungsort ein Blicksprung bewirkt werden. Umgekehrt bedeutet dies, dass an irrelevanten Orten nichts ständig blinken darf.

Orientierung

Dauerhafte Orientierungsinformation erreicht man durch grobe grafische Strukturunterschiede am Bildschirmrand oder durch unterschiedliche Hintergrundfarben. Diese Orientierungsinformation kann parallel zum Fokussierungsort, an dem gearbeitet wird, wahrgenommen werden.

Durch eine geeignete visuelle Strukturgestaltung der Information auf dem Bildschirm können daher Suchprozesse erleichtert oder erschwert werden. Die Suche wird erleichtert durch klare, grobe Strukturen, in die die Detailinformationen eingebettet sind.

Beispiel

Durch ein visuell klar markiertes Gestaltungsraster wird dem Benutzer die Orientierung auf dem Bildschirm und zwischen den verschiedenen Bereichen erleichtert (Abb. 2.23-4).

Abb. 2.23-4: Beispiel für eine gute Strukturierung (rechts die Struktur)

Das visuelle System des Menschen hat eine zeitliche Auflösung von ca. 100 ms. Werden in kürzerer Zeit mehrere Reize auf den gleichen Ort projiziert, dann werden sie integriert und als Einheit wahrgenommen. Daraus ergibt sich, dass die Blinkrate des Cursors oder anderer Objekte höchstens fünf pro Sekunde sein darf.

Blinkrate

Durch das Figur- und Zeichenerkennen werden die Sinnesdaten interpretiert. Der erkannte Wahrnehmungsgegenstand wird visuell-symbolisch oder begrifflich im Kurzzeit- oder Arbeitsgedächtnis repräsentiert. Erst bei dieser Repräsentation spricht man von bewusster Wahrnehmung.

Als **globales Gestaltungsziel** lässt sich aufgrund der visuellen Wahrnehmung Folgendes formulieren:

Unterstützung der Orientierung

- Die Benutzungsoberfläche soll es dem Benutzer ermöglichen, schnell, sicher und orientiert an inhaltlichen Kriterien Informationen zu erkennen und weiterzuverarbeiten.

2.23.1.2 Aufmerksamkeitssteuerung

Aufmerksamkeit

Verschiedene Prozesse der Informationsverarbeitung und Handlungssteuerung erfordern **Aufmerksamkeit** im Sinne der Zuwendung von Kapazität für kontrollierte oder bewusste Verarbeitung, die im folgenden kontrollierte Verarbeitungskapazität genannt wird. Diese ist beim Menschen begrenzt. Wird für einen Prozess kontrollierte Verarbeitungskapazität eingesetzt, dann bleibt entsprechend weniger für andere Prozesse übrig.

Selektive Aufmerksamkeit bedeutet, dass der Benutzer auf bestimmte Reize achtet und andere vernachlässigt. Durch Aufmerksamkeitsverschiebung wird die Begrenzung der kontrollierten Verarbeitungskapazität bewältigt.

kontrollierte Verarbeitung

Die kontrollierte Verarbeitung vollzieht sich langsam, seriell, mit hohem Aufwand, kapazitätsbeschränkt und unter bewusster Kontrolle. Sie wird bei inkonsistenter oder neuer Information eingesetzt.

automatisierte Verarbeitung

Die automatisierte Verarbeitung erfolgt schnell, parallel, mit geringem Aufwand, ohne Kapazitätsbeschränkung und ohne bewusste Kontrolle. Sie ist ein Anzeichen gut entwickelter Fertigkeiten. Ihre Entwicklung wird durch konsistente Reaktionen auf bestimmte Reize über einen längeren Zeitraum hinweg begünstigt.

Fertigkeiten

Durch konsistente Übung entsteht die automatisierte Verarbeitung. Reiz und Reaktion müssen konsistent aufeinander bezogen werden.

Beispiel

Der OK-Knopf auf einem Mitteilungsfenster kann immer mit der *Return*-Taste ausgelöst werden.

Wechseln jedoch die Antworten auf bestimmte Reize kontextabhängig, dann kann keine automatisierte Verarbeitung aufgebaut werden, und die Leistung ändert sich wenig mit zunehmender Übung.

Beispiel

Der Sprung von Eingabefeld zu Eingabefeld in einem Erfassungsfenster erfolgt in dem einen Fenster durch die Tab-Taste, in dem anderen durch die *Return*-Taste.

verteilte Aufmerksamkeit

Bei der verteilten Aufmerksamkeit erfolgt eine simultane Ausführung mehrerer Aufgaben oder die simultane Ausrichtung auf verschiedene Reize. Die Leistung hängt hierbei vom Grad der Automatisierung ab. Bei der kontrollierten Verarbeitung kommt es zu großen Engpässen.

fokussierte Aufmerksamkeit

Bei der fokussierten Aufmerksamkeit werden irrelevante Informationen ignoriert. Sie erfordert die kontrollierte Verarbeitung, um effiziente Leistungen zu erbringen. Schwierigkeiten entstehen dann, wenn die irrelevanten Signale zu einer automatisierten Verarbeitung gehören.

Aus diesen Ausführungen zur Aufmerksamkeitssteuerung und aus den Ausführungen zur visuellen Wahrnehmung (Blicksprung, zeitliche Auflösung) ergibt sich Folgendes **Gestaltungsziel:**

Optimierung der Aufmerksamkeitserfordernisse

- Die Benutzungsoberfläche soll die Steuerung der Aufmerksamkeit des Benutzers entsprechend den zu erledigenden Aufgaben und den möglichen Bedienungsfertigkeiten optimieren.

Aus den Anforderungen der automatisierten Verarbeitung ergibt sich Folgendes weiteres **Gestaltungsziel:**

Regelhaftigkeit

- Die Software soll sich innerhalb definierter Bereiche nach eindeutigen, einheitlichen und vom Benutzer erkennbaren Regeln verhalten.

  Die Regelhaftigkeit soll Folgendes beinhalten:
  - Die Regeln sollen sich deutlich voneinander unterscheiden, um Verwechslungen zu vermeiden.
  - Ausnahmen von einer Regel sind zu vermeiden.

Regelhaftigkeit wird hier anstelle von Einheitlichkeit als Gestaltungsziel verwendet. Sie ermöglicht, dass einzelne Anwendungen eine eigene »Identität« besitzen, während Einheitlichkeit dies verbietet.

2.23.1.3 Kurzzeitgedächtnis

Das Kurzzeitgedächtnis dient der kurzfristigen Speicherung einer begrenzten Menge von Informationen und ist das Arbeitsgedächtnis, in dem kognitive Prozesse ablaufen.

Speicherkapazität

Die Speicherkapazität liegt bei etwa drei Einheiten. Der Informationsgehalt dieser Einheiten kann mehr oder weniger komplex sein, z.B. einzelne Buchstaben, Wörter, Teile von Sätzen, einfachere oder komplexere visuelle Vorstellungen. Die obere Kapazitätsgrenze des Kurzzeitgedächtnisses – Gedächtnisspanne genannt – liegt bei sehr kurzer Speicherdauer (weniger als zwei Sekunden) und bei voller Ausnutzung der kontrollierten Verarbeitungskapazität für Buchstaben und Ziffern bei 7 Einheiten. Bei der Beanspruchung durch andere kognitive Prozesse und längeren Behaltensintervallen reduziert sich die Gedächtnisspanne auf drei Einheiten.

Speicherdauer

Verschiebt sich die Aufmerksamkeit auf andere Prozesse, dann beträgt die Speicherdauer als Halbwertszeit für drei Einheiten etwa sieben Sekunden.

Die geringe Speicherkapazität und Speicherdauer kann zu erheblichen Beanspruchungen und Fehlleistungen bei der Bedienung führen.

Eine Lösung kann *nicht* darin bestehen, alle benötigten Informationen immer auf dem Bildschirm anzuzeigen. Dies kann zu überflüssiger visueller Informationsverarbeitung und entsprechender Informationsbelastung führen und den Benutzer ablenken.

Die Begrenzung des Kurzzeitgedächtnisses kann durch die Bildung von komplexeren Einheiten oder Superzeichen mit hohem Informationsgehalt *(chunking)* kompensiert werden.

Die Bildung von Superzeichen erleichtert auch das Einprägen im Langzeitgedächtnis.

Anstelle von drei Binärziffern können durch Hexadezimalcodierung zwölf Binärziffern gemerkt werden. Die Hexadezimalziffern sind die Superzeichen: Beispiel

0011	0101	1100
3	5	C

Diese Strategie ist dann effizient, wenn größere Teilmengen von Elementen eindeutig einer Kategorie zugeordnet werden können und die Regeln für die Kategorienbildung bereits langfristig gespeichert sind.

Aus diesen Eigenschaften des Kurzzeitgedächtnisses ergibt sich folgendes **Gestaltungsziel**:

- Die Software soll die geringe Speicherkapazität und kurze Speicherdauer des Kurzzeitgedächtnisses berücksichtigen. Berücksichtigung der Speicherkapazität und Speicherdauer

2.23.1.4 Langzeitgedächtnis

Eine Information ist im Langzeitgedächtnis gespeichert, wenn sie durch Erinnern wieder im Kurzzeitgedächtnis verfügbar wird. Die Speicherkapazität des Langzeitgedächtnisses ist praktisch unbegrenzt. Die Menge des erlernbaren Wissens ist im Wesentlichen durch den Lern- und Übungsaufwand des Menschen begrenzt. Erinnern

Die Speicherdauer kann zwischen Minuten und Jahren variieren. Das größere Problem besteht jedoch darin, gespeicherte Inhalte zu finden oder zu erinnern. Beim Erinnern wird die gesuchte Einheit im Langzeitgedächtnis aktiviert und damit im Kurzzeitgedächtnis verfügbar. Das Erinnern wird durch Erinnerungshinweise erleichtert. Erinnerungshinweis

In Abhängigkeit von der Stärke der assoziativen Verknüpfung zwischen dem Erinnerungshinweis und der gesuchten Einheit wird die gesuchte Einheit aktiviert. Je mehr Einheiten aber mit einem Erinnerungshinweis assoziativ verknüpft sind, desto schlechter kann eine dieser Einheiten durch diesen Hinweis erinnert werden (Fan-Effekt).

Bekannte oder häufig vorkommende Einheiten haben eine große Gedächtnisstärke und eignen sich deshalb gut als Erinnerungshinweise. Nachteilig ist, dass bekannte Einheiten oft auch mit zahlreichen anderen Einheiten assoziativ verknüpft sind.

Die Figur- und Zeichenerkennung erfolgt durch Vergleich mit dem im Langzeitgedächtnis gespeicherten Wissen und den kurzfristig im Kurzzeitgedächtnis vorhandenen Kontextinformationen. Die Kontext- Wahrnehmung und Bewusstsein informationen beinhalten Erwartungen des Benutzers über den zu erkennenden Wahrnehmungsgegenstand. Außerdem hängt die Erkennung von den visuellen Merkmalen des Wahrnehmungsgegenstandes ab.

Beispiel

Bei der in Abb. 2.23-5 dargestellten »Kanizsu-Konfiguration« sieht man in der Mitte des Bildes ein weißes Dreieck, das ein darunterliegendes, die Konturfigur, überdeckt.

Abb. 2.23-5: Kanizsu-Konfiguration /Stadler et al. 77/

Gezeichnet ist jedoch keines von beiden. Es existieren nur die drei Kreise mit den Ausschnitten und die unabhängig stehenden Winkel.

Bei Konturen, die deutlich wahrnehmbar erscheinen, handelt es sich um so genannte »virtuelle« Konturen. Das bestätigt aber, dass der Mensch bereits das Abbild eines Dreiecks gespeichert hat. Zu diesem Abbild gehören durch die Erfahrung des Zeichnens (Tätigkeit) auch die Seitenlinien, eben die volle Kontur.

Die Bilder der Abb. 2.23-6 sind ebenfalls in diesem Zusammenhang zu sehen. In diesem »Fleckenmuster« ist der Hund oben – als bekannte Figur – noch relativ leicht zu erkennen, der startende Sprinter unten dagegen schwieriger. Erklären lässt sich dies dadurch, dass die Figurerkennung um so leichter ist, je eher sich die aufgenommenen Sinnesreize mit bekannten Stammbildern in Beziehung setzen lassen.

Abb. 2.23-6: Fleckenmuster /Stadler et al. 77/

Bilder und Symbole aus dem täglichen Arbeitszusammenhang des Benutzers werden schneller und sicherer erfasst als Bilder aus entfernt liegenden Bereichen.

2.23.1.5 Wissensrepräsentation

Im menschlichen Gedächtnis werden extern gewonnene Informationen entweder *bildlich räumlich* (relational) oder *begrifflich sequenziell* (propositional, prozedural) codiert. Auf bildlich räumlich codierte Information wird parallel, auf begrifflich sequenzielle seriell zugegriffen.

Beispiel

Die Antwort auf die Frage »Ist Arthur grün?« gelingt schneller für die bildliche Repräsentation als für die Darstellung in Sätzen (Abb. 2.23-7).

Bilder scheinen als Gesamtstruktur gespeichert zu werden, unabhängig von der Anzahl der Elemente. Die Elemente können aus der neutral gebildeten Struktur beliebig nacheinander herausgegriffen werden. Die bildlich-räumliche Darstellung ist daher immer dann sinnvoll, wenn eine Aufgabe einen unmittelbaren freien Zugriff auf eine große Menge von Elementen erfordert. Die einzelnen Operationen

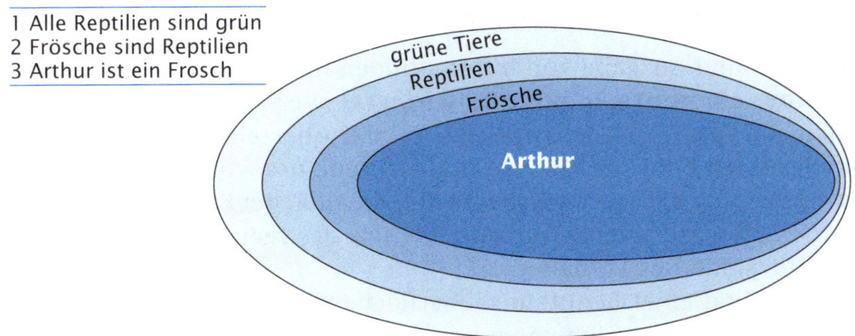
1 Alle Reptilien sind grün
2 Frösche sind Reptilien
3 Arthur ist ein Frosch
grüne Tiere
Reptilien
Frösche
Arthur

Abb. 2.23-7: Sprachliche und bildliche Repräsentation /Rohr 88, S. 37/

müssen allerdings eine geringe Zeitabhängigkeit aufweisen, d.h. in der zeitlichen Sequenz nicht sehr kompliziert sein.

Hieraus erklärt sich auch die schnelle Erkennung von räumlich angeordneten Objekten: Für die Wahrnehmung von etwa sieben überwiegend bekannten Objekten mit natürlichen Beziehungen zwischen den Objekten genügt oft eine einzige Fixation und eine Darbietungszeit von 100 bis 200 ms.

Beispiel

Die inzwischen weite Verbreitung grafischer Darstellungsformen in der Software-Technik wie SA- und OOA-Diagramme finden sicher auch ihre Erklärung in ihrer schnellen Wahrnehmung durch den Menschen.

Für Aufgaben, die eine komplizierte Folge von Operationen mit strenger zeitlicher Abfolge auf einzelnen Objekten benötigen, sind sprachlich syntaktische Repräsentationsformen von Vorteil.

Beispiel

Diese Aussage erklärt vielleicht, warum Programme vorwiegend in sprachlicher Form dargestellt werden.

Die aus der menschlichen Informationsverarbeitung abgeleiteten **Gestaltungsziele** lassen sich folgendermaßen zusammenfassen:

- Der Benutzer kann sich auf dem Bildschirm schnell und sicher, bezogen auf inhaltliche Kriterien der zu erledigenden Aufgabe, orientieren und die notwendigen Informationen erkennen und weiterverarbeiten. *(Unterstützung der Orientierung)*
- Die Aufmerksamkeit des Benutzers wird durch die Software so gelenkt, dass er ohne Irritationen, Ablenkungen und Überforderungen die jeweilige Aufgabe erledigen kann. *(Optimierung der Aufmerksamkeitserfordernisse)*
- Die Benutzungsoberfläche und die jeweiligen Anwendungen verhalten sich jeweils nach festen, einheitlichen und eindeutigen Regeln, die für den Benutzer erkennbar sind. Die Aneignung von Fertigkeiten wird gezielt durch die Abforderung gleicher Reaktionen auf gleiche Reize unterstützt. *(Regelhaftigkeit)*
- Der Benutzer muss sich beim Arbeiten mit der Software nicht mehr als drei Informationseinheiten länger als sieben Sekunden merken. *(Entlastung des Kurzzeitgedächtnisses)*

2.23.2 Interaktionselemente

Interaktions-element

Zur Ein- und Ausgabe von Informationen in Fenstern werden **Interaktionselemente *(controls, widgets)*** verwendet, die aus drei Elementtypen /Jens & Partner 92, S. 162f./ bestehen:

Elementtypen

- Basiselemente zur Anzeige und Manipulation von Informationen,
- Elemente zur Erweiterung der Funktionalität der Basiselemente und
- Gestaltungselemente zur Verbesserung des visuellen Erscheinungsbildes und des Verhaltens.

Die Qualität einer Benutzungsoberfläche wird wesentlich durch die geeignete Kombination von Interaktions- und Gestaltungselementen bestimmt. Abb. 2.23-8 zeigt die Interaktionselemente im Überblick. Neben den Standard-Interaktionselementen kann jeder Entwickler eigene Interaktionselemente *(custom controls)* konstruieren. Außerdem gibt es Bibliotheken *(dynamic link libraries*, DLLs), die spezifische Interaktionselemente enthalten.

custom controls

Navigation

Hat der Benutzer den Fokus auf ein Fenster gesetzt, dann kann er mit der Maus oder der Tastatur innerhalb des Fensters navigieren. Eine vorstrukturierte Ansteuerung der einzelnen Interaktionselemente erfolgt, wenn der Benutzer mit Hilfe der Tastatur navigiert, z.B. durch Betätigen der Tab-Taste. Unabhängig davon kann der Benutzer jederzeit frei mit der Maus navigieren. Aus der Sicht der Anwendung ist die Reihenfolge der Ansteuerung nicht vorhersehbar.

Selektion

In Abhängigkeit von den Auswahlmöglichkeiten bei einem Interaktionselement gibt es unterschiedliche Selektionstechniken:

Geschlecht
◉ Männlich
○ Weiblich

- Implizite Selektion
  Unterstützt von Interaktionselementen, bei denen mindestens eine Alternative ausgewählt werden muss. In der Regel wird der Tastatur-Zeiger zu einem Rechteck, das die selektierte Alternative umschließt.
- Explizite Selektion
  Möglich bei Interaktionselementen, die eine Mehrfachauswahl erlauben. Der Tastaturzeiger wird im Allgemeinen als Rechteck sichtbar. Die Selektion erfolgt durch Drücken der Leertaste *(space bar)*.
- Einfachselektion *(single selection)*
  Zu einem Zeitpunkt kann nur ein Objekt gewählt werden. Wird ein zweites Objekt selektiert, dann wird das vorherige deselektiert. Wird bei Listen verwendet.
- Erweiterte Einfachselektion *(extended selection)*
  Durch die Einschaltung eines Modus können weitere Objekte selektiert werden. Sinnvoll, wenn der Benutzer überwiegend nur ein Objekt wählt und zusätzliche nur selten.
- Mehrfachselektion *(multiple selection)*
  Es kann eine beliebige Anzahl von Objekten gleichzeitig gewählt werden.

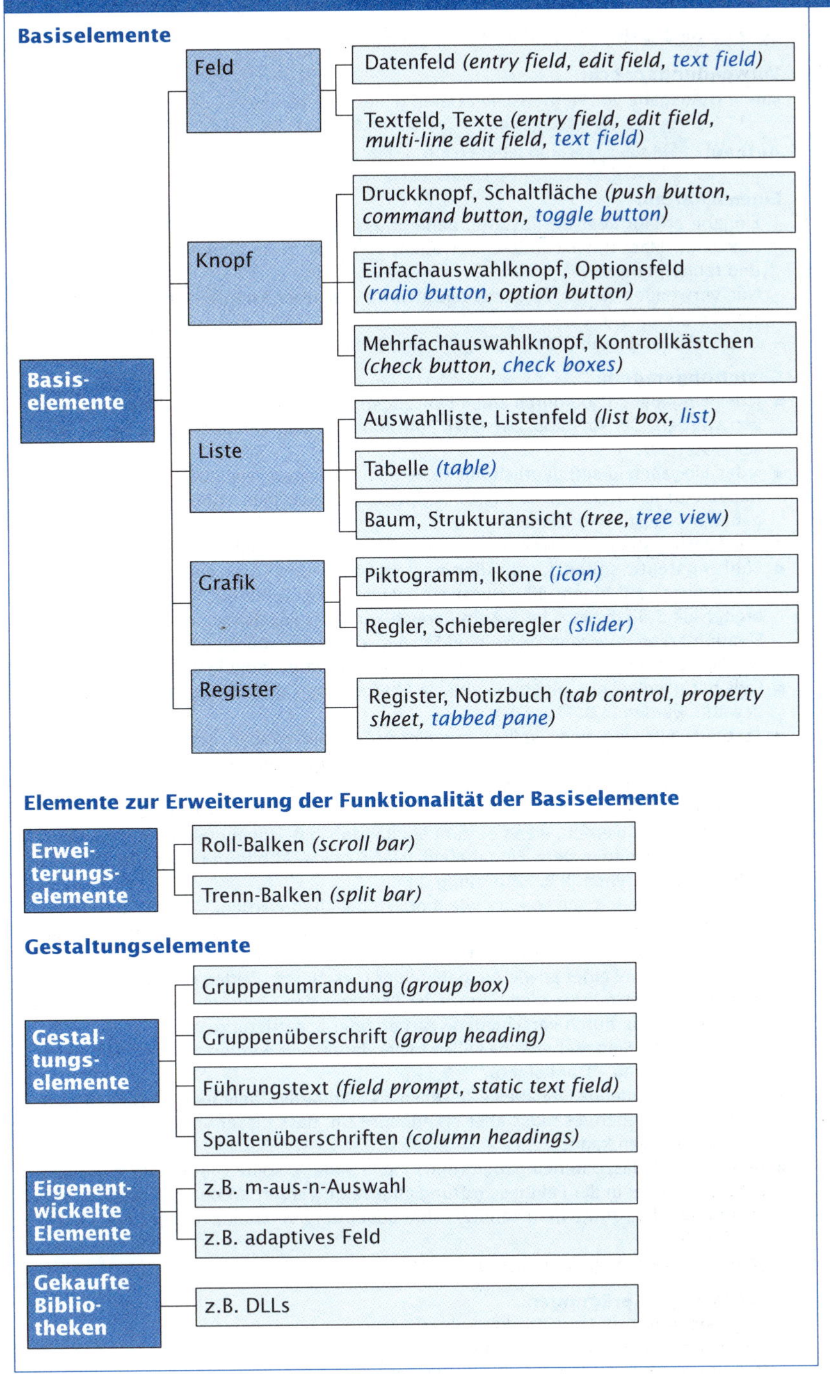
Basiselemente
Basis-
elemente
Feld
Datenfeld (entry field, edit field, text field)
Textfeld, Texte (entry field, edit field, multi-line edit field, text field)
Knopf
Druckknopf, Schaltfläche (push button, command button, toggle button)
Einfachauswahlknopf, Optionsfeld (radio button, option button)
Mehrfachauswahlknopf, Kontrollkästchen (check button, check boxes)
Liste
Auswahlliste, Listenfeld (list box, list)
Tabelle (table)
Baum, Strukturansicht (tree, tree view)
Grafik
Piktogramm, Ikone (icon)
Regler, Schieberegler (slider)
Register
Register, Notizbuch (tab control, property sheet, tabbed pane)
Elemente zur Erweiterung der Funktionalität der Basiselemente
Erwei-
terungs-
elemente
Roll-Balken (scroll bar)
Trenn-Balken (split bar)
Gestaltungselemente
Gestal-
tungs-
elemente
Gruppenumrandung (group box)
Gruppenüberschrift (group heading)
Führungstext (field prompt, static text field)
Spaltenüberschriften (column headings)
Eigenent-
wickelte
Elemente
z.B. m-aus-n-Auswahl
z.B. adaptives Feld
Gekaufte
Biblio-
theken
z.B. DLLs

***Abb. 2.23-8:* Interaktionselemente im Überblick (Java-Begriffe in blau)**

Abb. 2.23-9: Eingabefeld für Daten

Synonyme Begriffe: Eingabefeld für Daten, *entry field, edit field*, in Java: *text field*

Verwendungszweck:

Ein- und Ausgabe von numerischen Daten (Eingeben, Editieren, Löschen, Ersetzen)

Aufbau: Führungstext | Eingabebereich | optionaler Text (z.B. Einheit)

Eigenschaften:

- Eingabe erfolgt über die Tastatur, daher muss der Benutzer über eine gewisse Fertigkeit im Maschinenschreiben verfügen, sonst ist diese Eingabeform aufwendig und fehlerintensiv.
- Nur verwenden, wenn Eingabealternativen *nicht* über Knöpfe oder Listen ausgewählt werden können.
- Leicht erlernbar, daher bei Anfängern sehr beliebt.

Gestaltungsregeln:

- Jedes Eingabefeld soll durch einen Führungstext (Feldbeschriftung, *label)* beschrieben werden. Der Abstand zwischen Führungstext und Eingabefeld sollte 12 Pixel sein /Sun 99/.
- Jedes Eingabefeld soll deutlich mit seinem Führungstext assoziiert sein (räumliche Nähe). Auf ein Trennzeichen (z.B. Doppelpunkt) zwischen Führungstext und Eingabebereich ist zu verzichten.
- Der Führungstext soll links vom Eingabebereich angeordnet sein.
- Führungstexte sollen kurz, allgemein bekannt und informativ sein. Um den Suchprozess auf einem Bildschirm zu unterstützen, sollte ein Führungstext nicht breiter als 5,3 cm sein. In diesem Bereich kann ein Bezeichner mit einer einzigen Fixation erkannt werden (Sehwinkel 5°, Bildschirmabstand 60 cm).
- Der Führungstext soll *nicht* aus mehreren Wörtern zusammengesetzt sein.
- Falls nötig, sollen nur allgemein übliche Abkürzungen als Führungstext oder Einheit gewählt werden (z.B. PLZ, DM).
- Textuelle Führungstexte sollten mit einem Großbuchstaben beginnen. Die restlichen Zeichen sind in normaler Groß-/Kleinschreibung darzustellen, außer wenn es sich um ein Logo oder Akronym handelt.
- Symbole oder Einheiten ($, €, %, km/h, cm, l usw.) sollten als zusätzliche Beschriftung angezeigt werden, wenn es zum Verständnis des Eingabefelds nötig ist. Diese Angabe kann hinter dem Eingabefeld (siehe obige Abbildung) oder hinter dem Führungstext stehen, z.B. Entfernung (km).
- Der Eingabebereich soll so kurz wie möglich gehalten werden.
- Die maximal eingebbare Zeichenzahl soll an der räumlichen Ausdehnung des Rahmens für den Eingabebereich ungefähr ersichtlich werden.
- Muss- und Kann-Felder sowie Ausgabefelder (geschützte Felder, »Nur-Lese«-Felder) sollten so dargestellt werden, dass jeder Benutzer deren Unterschiede unmittelbar wahrnimmt, z.B. durch verschiedene Farben oder Schattierungen.
- Obligatorische Eingabebereiche sollen heller dargestellt werden als optionale Bereiche, z.B. Hellgrau – Dunkelgrau.
- Häufig vorkommende Eingabewerte sollen als Standardvorbelegung *(default)* im Eingabebereich stehen. Es muss aber erkennbar sein, dass dieser voreingestellte Wert geändert werden kann.
- Hinweise auf das Dateneingabeformat, z.B. TT.MM.JJ, sollten innerhalb eines Eingabefeldes oder in der Feldbeschriftung angezeigt werden. Wenn Abkürzungen verwendet werden, sollte dem Benutzer ihre Bedeutung verständlich sein, z.B. J/N für Ja oder Nein.
- Zahlen werden rechtsbündig angeordnet.

Spezifische Ausprägungen:

- Eingabesperre *(read-only*-Funktionalität),
- Abweisung nicht-numerischer Eingaben,
- Definition von Schablonen (z.B. für Datumswerte),
- Automatische Bewegung des Tastatur-Zeigers zum nächsten Interaktionselement nach vollständiger Ausnutzung der Eingabekapazität *(auto-skip)*.

Quellen: /ISO 9241-12/, /EN ISO 9241-17:1998/, /Sun 99/, /Wandmacher 93/

Abb. 2.23-10: Eingabefeld für Texte

Synonyme Begriffe: **Textbereich, Eingabefeld für Texte,** *entry field, edit field, multi-line edit field,* in Java: *text field, text area* (wenn mehrzeilig) (siehe auch Eingabefeld für Daten, Abb. 2.23-9)

Verwendungszweck:
Ein- und Ausgabe von Texten (Eingabe, Editieren, Löschen, Ersetzen)

Aufbau:

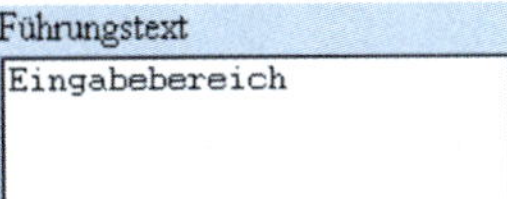

Führungstext Eingabebereich

Eigenschaften: wie bei Eingabefeld für Daten

Zusätzliche Gestaltungsregeln:

- Bei mehrzeiligen, breiteren Eingabebereichen (z.B. Kurzbrief) kann der Führungstext über dem Eingabebereich angeordnet werden.
- Eine Zeile sollte 60 bis 80 Zeichen breit sein, da kürzere Zeilen die Leseleistung verringern.
- Der günstigste Zeilenabstand (von Zeilenunterkante zu Zeilenunterkante) liegt zwischen dem eineinhalb und zweifachen der Buchstabenhöhe bei Fließtexten. Überschriften dürfen etwas enger sein.
- Texte werden grundsätzlich linksbündig mit Flattersatz angeordnet (siehe auch Abb. 2.22-5).
- Bei mehrzeiligen Texten sollte ein automatischer Umbruch erfolgen, wobei einzelne Worte *nicht* getrennt werden sollen.
- Die normalen Konventionen zur Textnavigation und -bearbeitung sollten befolgt werden.
- Reicht bei einer umfangreichen Texteingabe (z.B. Kurzbrief, Notizen) der Platz auf dem Fenster nicht aus, dann müssen Rollbalken im Eingabebereich angeordnet werden (siehe unten).
- Vertikale Rollbalken sind horizontalen Rollbalken vorzuziehen. Auf horizontales Rollen sollte ganz verzichtet werden.
- Untersuchungen haben gezeigt, dass Benutzer äußerst ungern den Rollbalken verwenden, dass Text in Rollbalken langsamer gelesen wird und dass der Rollbalken Probleme bei der inhaltlichen Verarbeitung der Informationen bereitet /Thissen 00, S. 88/.
- Längere, wichtige Texte werden von den meisten Benutzern ausgedruckt. Daher sollte stets die Möglichkeit bestehen, Texte auszudrucken.

Spezifische Ausprägungen:

- Mehrzeilige Eingabefelder, u.U. mit vertikalem und horizontalem Rollbalken.

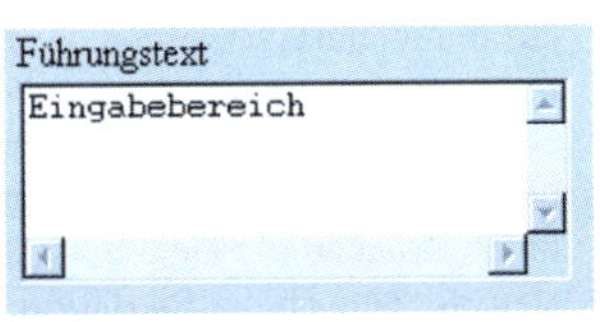

Quellen: /ISO 9241-12/, /EN ISO 9241-17:1998/, /Wandmacher 93/, /Thissen 00/

- Selektion eines zusammenhängenden Bereichs von Objekten *(contiguous selection, range selection).*
- Selektion eines nicht zusammenhängenden Bereichs von Objekten *(disjoint selection, discontinuous selection).* Die Selektionsmöglichkeiten lassen sich vom Entwickler einstellen.

Gruppierung

Die einzelnen Interaktionselemente selbst können wiederum zu Interaktionsgruppen zusammengefasst werden. Gestaltungsregeln zur Gruppierung werden in Abschnitt 2.23.3 behandelt.

Abb. 2.23-11a: Druckknopf

Synonyme Begriffe: Druckknopf, Schaltfläche (Microsoft), *push button*, in Java: *command button, toggle button*

Verwendungszweck:

Analog zu einem Druckknopf an einem technischen Gerät. Durch das Drücken eines Knopfes wird eine ihm zugeordnete Aktion ausgelöst oder eine Bestätigung durchgeführt.

Aufbau:

Ein Druckknopf besteht aus zwei Teilen:

- Grafisch hervorgehobener oder umrandeter Bildschirmbereich, der den Knopf darstellt.

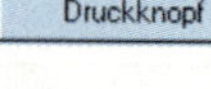

- Beschriftung oder Symbol innerhalb dieses Bereiches, das die auszulösende Aktion verdeutlichen soll.

Eigenschaften:

Das Selektieren und Betätigen des Druckknopfes kann durch ein Zeigeinstrument oder über die Tastatur erfolgen.

- Wird nur kurzzeitig aktiviert, um die gewünschte Aktion auszulösen. Kehrt anschließend in den inaktiven Zustand zurück.
- Der Benutzer kann analog zum Menübalken Aktionen auslösen.
- Auslösung auch über eine Taste (z.B. *Enter*-Taste, *Return*-Taste) möglich. Auf dem Knopf, auf den die Auslösetaste wirkt, ist der Text bzw. die Grafik umrandet dargestellt.
- Ein Druckknopf kann auch durch eine mnemonische Auswahl aktiviert werden. Das Auswahlzeichen ist unterstrichen dargestellt.

Gestaltungsregeln:

- Die Beschriftung oder das Symbol eines Druckknopfes soll die ihm zugewiesene Funktionalität exakt beschreiben.
- Die Beschriftung soll möglichst aus einem Wort bestehen und mit einem Großbuchstaben beginnen.
- Druckknöpfe können zur Dialogsteuerung eingesetzt werden. Es sollen in diesem Fall nur diejenigen Funktionen als Knöpfe angeboten werden, die in der aktuellen Dialogsituation zu einem zielgerichteten Vorgehen notwendig sind.
- Spezifische Funktionen, die *nicht* über ein Menü ausführbar sind, können als Druckknopf angeboten werden.
- Werden mehrere Druckknöpfe benötigt, dann sollen diese in Gruppen zusammengefasst werden. Eine Gruppe von Druckknöpfen soll möglichst horizontal als Leiste dargestellt werden, kann aber auch vertikal angeordnet sein. Ein Knopf innerhalb dieser Gruppierung soll besonders gekennzeichnet sein, um dem Benutzer eine Standardaktion vorzugeben. Diese kann dann sehr einfach durch Drücken der Eingabe-Taste *(enter)* oder z.B. durch einen Doppelklick mit der Maus im Bereich der Knopfgruppe ausgelöst werden.
- Eine mnemonische Auswahl sollte nur bei den Druckknöpfen möglich sein, die *nicht* bereits einer Funktionstaste zugeordnet sind.
- Sind Druckknöpfe nicht beschriftet, dann sollte ihre Funktion durch einen zugeordneten kurzen Erklärungstext, der mit Zeitverzögerung nach dem Verweilen auf dem maussensitiven Bereich angezeigt wird, beschrieben werden *(tool tip, quick info, balloon help, bubble help).*
- Kann ein Druckknopf in einem bestimmten Bedienungskontext *nicht* aktiviert werden, dann ist er inaktiv, z.B. durch Graudarstellung, anzuzeigen.

- Führt das Auslösen eines Druckknopfs zum Öffnen eines Fensters, z.B. eines Dialogfensters, dann sollte dies durch drei Punkte hinter der Druckknopfbezeichnung angegeben werden, analog wie bei Menüoptionen /Sun 99/.
- Enthält ein Druckknopf eine Beschriftung, dann sollte der Text zentriert sein und links und rechts zum Rahmen mindestens einen Abstand von zwölf Pixeln haben (Leerraum) /Sun 99/.
- Sind Druckknöpfe mit Beschriftungen in Gruppen angeordnet, dann sollte der Abstand zwischen den Druckknöpfen fünf Pixel betragen. Bei Druckknöpfen in Symbolleisten sollte der Abstand zwei Pixel betragen /Sun 99/.

Spezifische Ausprägungen:

- Druckknöpfe können nach dem Auslösen auch im gedrückten Zustand bleiben *(toggle buttons)*. Durch erneutes Drücken oder durch Auslösen eines anderen Druckknopfes gehen sie dann wieder in den nichtgedrückten Zustand über. Im zweiten Fall verhalten sie sich wie Einfachauswahlknöpfe (siehe Abb. 2.23-12).
- Druckknöpfe können in einer Symbolleiste *(toolbar)* angeordnet sein *(toolbar buttons)*.

- Bei Web-Anwendungen werden Druckknöpfe in der Regel als maussensitive Worte *(hotwords)* oder maussensitive Bild- oder Grafikbereiche *(hotspots)* repräsentiert. Durch Anklicken des Wortes oder des Bild- bzw. Grafikbereichs wird ebenfalls eine Aktion ausgelöst. Auch *Hyperlinks* übernehmen oft die Funktion eines Druckknopfs.

Quellen: /ISO 9241-12/, /EN ISO 9241-17:1998/, /Sun 99/, /Wandmacher 93/

Abb. 2.23-11b: Druckknopf

Profil
Produkte
Services
Partner
Presse
Download
Kontakt
Überblick

Im Folgenden wird auf die einzelnen Interaktionselemente eingegangen. Die Abb. 2.23-9 bis Abb. 2.23-19 enthalten die wichtigsten Informationen zu den einzelnen Interaktionselementen. Ein besonders flexibles aber auch komplexes Interaktionselement ist das Register bzw. Notizbuch *(notebook, property sheet, tabbed pane)*. Es wird in Abb. 2.23-20 beschrieben. Anschließend wird auf die Erweiterungs- und Gestaltungselemente eingegangen (Abb. 2.23-21 und Abb. 2.23-24).

Notizbuch

Die meisten Interaktionselemente enthalten mehr oder weniger viel Text. Außerdem gibt es Anwendungen, bei denen viel Text auf dem Bildschirm gelesen werden muss, z.B. bei Lehr- und Lernsystemen. In Abhängigkeit von der Anwendung sind folgende Regeln für die Bildschirm-Typographie zu beachten:

Bildschirm-Typographie

- Die Textdarstellung auf einem Bildschirm ist – verglichen mit dem Buchdruck – qualitativ schlechter. Schriftarten des Buchdrucks (1200 dpi) sind wegen der geringen Auflösung des Bildschirms (72, 90 oder 100 dpi) in kleineren Schriftgrößen *schwer* lesbar. Daher sollten **»serifenlose Schriften«** für Bildschirmdarstellungen verwendet werden. Erst ab einer gewissen Größe (je nach

dpi = *dots per inch*

Abschnitt »Warum es schwierig ist, ein Lehrbuch zu konzipieren und zu schreiben«, Lehreinheit 1

Synonyme Begriffe: **Einfachauswahlknopf,** Optionsfeld, *radio button, option button,* Java: *radio button*

Verwendungszweck:

Dient der Auswahl einer unter mehreren Alternativen, die sich gegenseitig ausschließen. Aus diesem Grund treten diese Knöpfe nur in Gruppen auf. Eine 1-aus-m-Auswahl wird oft benötigt, um zwischen alternativen Werten eines Parameters zu wählen und einen Wert einzustellen.

Aufbau:

Ein Einfachauswahlknopf besteht aus zwei Teilen:

- Druckknopf, mit dem die zwei Zustände Ein/Aus gut unterscheidbar darstellbar sind *(toggle button).*
- Beschriftung oder Symbol, das die Auswahl beschreibt, die durch Betätigen des dazugehörigen Knopfes getroffen wird.

Eigenschaften:

- Durch das Betätigen eines Knopfes aus der Knopfgruppe wird eine bestehende andere Wahl innerhalb einer solchen Gruppe zurückgenommen.
- Dieses Verhalten entspricht den Stationstasten eines Radiogerätes. Zu einer Zeit ist genau eine Stationstaste gedrückt.
- Der Einfachauswahlknopf kann mit einem Zeigeinstrument oder über die Tastatur selektiert und betätigt werden.
- Der Benutzer ist *nicht* gezwungen einen Auswahlknopf zu selektieren.
- Texte und Grafiken, die zu einem Auswahlknopf gehören, können *nicht* ohne weiteres dynamisch verändert werden. Optionen können aber dynamisch auf »grau« gestellt werden.

Gestaltungsregeln:

- Die Beschriftung oder das Symbol ist auf gleicher Höhe rechts neben demjenigen Druckknopf anzuordnen, mit dem es assoziiert werden soll. Es wird ein Abstand von 0,3 cm zwischen Knopf und Beschriftung oder Symbol empfohlen.
- Eine spaltenweise Anordnung der Auswahlmöglichkeiten ist einer zeilenweisen Anordnung stets vorzuziehen. Es wird ein Abstand von 0,3 cm zwischen den einzelnen Zeilen empfohlen.
- Die Höhe eines Knopfes sollte zwölf Pixel, der Abstand zum nächsten Knopf fünf Pixel betragen /Sun 99/.
- Die Anzahl der Auswahlmöglichkeiten in einer Spalte soll nicht größer als sieben sein. Die Auswahl ist umso einfacher, je weniger Möglichkeiten angeboten werden.
- Die Anzahl der Auswahlmöglichkeiten soll in einer Anwendung *nicht* verändert werden.
- Können in unterschiedlichen Dialogsituationen eine oder mehrere Alternativen *nicht* berücksichtigt werden, dann sollen sie *nicht* weggelassen, sondern nur für den Benutzer *nicht* wählbar *(disabled)* gemacht werden.
- Mit Einfachauswahlknöpfen soll nur eine von vornherein bekannte Anzahl bekannter Alternativen ausgewählt werden können.
- Nur einsetzen, wenn die Alternativen bereits zum Zeitpunkt der Oberflächengestaltung bekannt sind und langfristig stabil bleiben.
- Menü-Knopf *(option button):*

- Beim Anklicken öffnet sich ein *pull-down*-Menü.
- Sichtbar ist die zuletzt selektierte Alternative.
- Spart Platz, Einsatz z.B. im Fließtext möglich.
- Nicht mehr als 10 bis 12 Alternativen.

Spezifische Ausprägungen:

- Auswahlmenge *(value set)*

Gruppe von rechteckigen aneinanderstoßenden Knöpfen, die Text oder Grafik enthalten.

- Gut geeignet für Alternativen, die am besten grafisch repräsentiert werden (Farben, Muster, Zeichenwerkzeuge).
- Die gewählte Alternative ist hervorgehoben.

- Verwendung in Eigenschaftsmenüs
- In Java werden Einfachauswahlknöpfe auch in Eigenschaftsmenüs verwendet /Sun 99/.

Quellen: /ISO 9241-12/, /EN ISO 9241-17:1998/, /Sun 99/, /Wandmacher 93/

Abb. 2.23-12: Einfachauswahlknopf (1-aus-m)

Schriftart ab 16 Punkt) sind auch Serifenschriften problemlos darstellbar.

serifenlose Schrift

- Bei einem Augenabstand zwischen 45 und 60 cm vom Bildschirm sollte die Schriftgröße zwischen 9 und 12 Punkten betragen (1 Punkt = 0,352 mm) in Abhängigkeit von der Anwendung.

Schriftgröße 9-12 Punkte

- Für die Bildschirmdarstellung optimierte Schriften sind z.B. *Minion* und *Myriad* von Adobe oder *Georgia* und *Verdana* von Microsoft (lizenzfrei) oder *Coinn* von Jan Jedding.

spezielle Bildschirmschriften

Minion
Myriad
Georgia
Verdana

- Groß- und Kleinschreibung verwenden, da dadurch die Leseleistung gegenüber der Großschreibung um 13 Prozent verbessert wird (auch bei Wortlisten in Tabellen).
- GROSSBUCHSTABEN nur für isolierte Wörter und kurze Überschriften (z.B. Spaltenüberschriften) verwenden.
- Wörter im fortlaufendem Text durch **Fettschrift** oder *Kursivschrift* hervorheben (nicht durch Großbuchstaben oder durch Unterstreichen). Unterstreichen sollte in Web-Anwendungen nur für die Markierung von Verweisen *(links)* verwendet werden.
- In einem Fließtext nicht mehrere Schrifttypen mischen.

Eigenentwickelte Interaktionselemente *(custom controls)*

Neben den von den GUI-Herstellern vorgesehenen Interaktionselementen kann jeder Entwickler auch eigene Interaktionselemente erstellen, was u.U. sehr aufwändig sein kann. Als Beispiele werden ein m-aus-n-Auswahl-Element und ein adaptives Feld betrachtet.

Beispiel

Für ein Projekt werden alle Rollen aufgeführt, in denen die Mitarbeiter aktiv werden können. Ein Mitarbeiter kann in einem Projekt mehrere Rollen ausfüllen, z.B. Analytiker und Projektleiter, wobei sich diese Zuordnung ändern kann. Diese Problemstellung kann durch zwei Listenfelder und zwei Druckknöpfe realisiert werden. Das linke Listenfeld enthält alle Rollen in einem Projekt, das rechte die Rollen des jeweiligen Mitarbeiters. Mit den Druckknöpfen »>>« und »<<« werden Rollen für einen Mitarbeiter hinzugefügt bzw. entfernt.

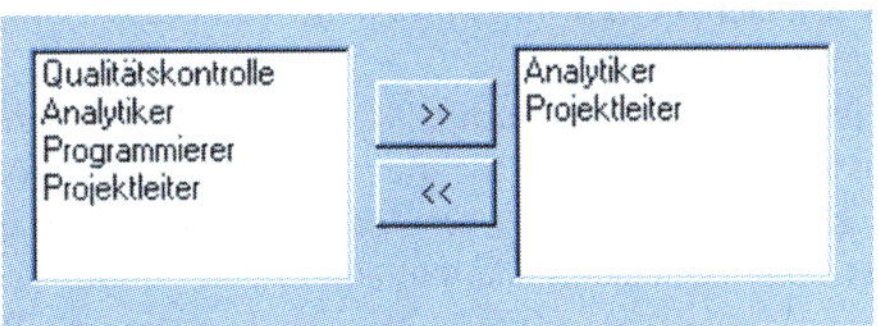

Kombination von Interaktionselementen

In vielen Anwendungen weiß man im Voraus nicht, wie viele Eingabefelder, z.B. für verschiedene Telefonnummern, benötigt werden. Platziert man zu viele, dann benötigt man viel Platz, obwohl im Durchschnitt nur einige benötigt werden. Nimmt man zu wenige, dann sind die Benutzer verärgert, die mehr benötigen. Im JANUS-System (siehe Abschnitt 2.8.6) wurde für diese Problematik ein adaptives Feld – als Weiterentwicklung eines Ansatzes aus der Anwendung *Outlook* – entworfen.

Synonyme Begriffe: **Mehrfachauswahlknopf,** Kontrollkästchen (Microsoft), *check button, check box,* in Java*: checkboxes*

Verwendungszweck:
Erlaubt eine n-aus-m-Auswahl, d.h. aus m-Alternativen können n gleichzeitig ausgewählt werden. Wird meist dazu benutzt, um die Einstellungen von Parametern, die entweder ein oder aus sein müssen, anzuzeigen.

Aufbau:
Ein Mehrfachauswahlknopf besteht aus zwei Teilen:
- Druckknopf, mit dem die zwei Zustände Ein/Aus gut unterscheidbar darstellbar sind *(toggle button).*
- Beschriftung oder Symbol, das die Auswahl beschreibt, die durch Betätigen des dazugehörigen Knopfes getroffen wird.

Eigenschaften:
- Wird ein Mehrfachauswahlknopf bestätigt, ändert sich sein Zustand von Ein (angekreuzt) nach Aus (nicht angekreuzt) oder umgekehrt.
- Mehrfachauswahlknöpfe treten in den meisten Fällen in Gruppen auf.
- Mehrfachauswahlknöpfe verhalten sich wie Kippschalter.
- Bei einer n-aus-m-Auswahl kann n zwischen Null und m liegen.
- Im Gegensatz zum Einfachauswahlknopf dürfen sich die Alternativen *nicht* gegenseitig ausschließen.
- Der Benutzer kann einen Mehrfachauswahlknopf sowohl mit Hilfe eines Zeigeinstruments als auch über die Tastatur selektieren und betätigen.
- Die Selektion kann explizit oder mnemonisch erfolgen.
- Trifft in einer Anwendungssituation eine Alternative *nicht* zu, dann kann sie grau dargestellt *(disabled)* werden.
- Hat eine Alternative in einer Anwendungssituation keine Auswirkungen auf die Operation, dann kann der Auswahlknopf grau gefärbt werden *(don't care).*

Gestaltungsregeln:

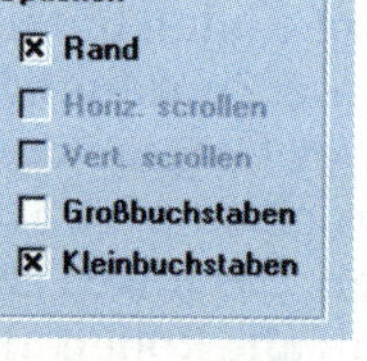

- Die Beschriftung oder das Symbol ist auf gleicher Höhe rechts neben demjenigen Knopf anzuordnen, mit dem es assoziiert werden soll. Es wird ein Abstand von 0,3 cm zwischen Knopf und Beschriftung oder Symbol empfohlen.
- Eine spaltenweise Anordnung der Auswahlmöglichkeiten ist einer zeilenweisen Anordnung stets vorzuziehen. Es wird ein Abstand von 0,3 cm zwischen den einzelnen Zeilen empfohlen.
- Der Abstand zum jeweils nächsten Knopf sollte fünf Pixel betragen /Sun 99/.
- Die Anzahl der Auswahlmöglichkeiten in einer Spalte soll nicht größer als sieben sein. Die Auswahl ist umso einfacher, je weniger Möglichkeiten angeboten werden.
- Die Anzahl der Auswahlmöglichkeiten soll in einer Anwendung *nicht* verändert werden.
- Können in unterschiedlichen Dialogsituationen eine oder mehrere Alternativen *nicht* berücksichtigt werden, sollen sie nicht weggelassen, sondern nur für den Benutzer nicht wählbar *(disabled)* gemacht werden.
- Mit Mehrfachauswahlknöpfen soll nur eine von vornherein bekannte Anzahl bekannter Alternativen ausgewählt werden können.
- Mehrere Auswahlknöpfe sollten mit einer Gruppenumrandung und einer Gruppenüberschrift versehen werden (Abb. 2.23-19).

Spezifische Ausprägungen:
- Verwendung in Eigenschaftsmenüs
  - In Java werden Mehrfachauswahlknöpfe auch in Eigenschaftsmenüs verwendet /Sun 99/.
- Knopf mit drei Zuständen *(tri state button)*
  - Eigenschaften: ein|aus|unverändert

Quellen: /ISO 9241-12/, /EN ISO 9241-17:1998/, /Sun 99/, /Wandmacher 93/

Abb. 2.23-13: Mehrfachauswahlknopf (n-aus-m)

Synonyme Begriffe: Auswahlliste, Listenfeld, *list, list box*, in Java: *list*

Verwendungszweck:
- Dient zur eindimensionalen Darstellung mehrerer vertikal angeordneter Elemente.
- Die Elemente können alphanumerisch oder grafisch sein.
- Die Anzahl der Elemente ist in der Regel umfangreich und variabel (im Unterschied zu Druckknöpfen).
- Auswahllisten werden oft dazu benutzt, um eine Datei aus einer Dateiliste auszuwählen (da die Anzahl variabel ist, können Knöpfe nicht verwendet werden).
- Eine Auswahlliste wird auch dann benutzt, wenn die Anzahl der Elemente eine Darstellung durch Knöpfe nicht mehr zulässt. Dies ist ab sechs bis sieben Listeneintragungen der Fall.

Aufbau:
Eine Auswahlliste setzt sich aus folgenden Teilen zusammen:
- Führungstext, der den Inhalt oder den Zweck der Auswahlliste beschreibt.
- Ausschnittsrahmen, in dem die Listeneinträge untereinander angeordnet werden. Optional können vertikale und horizontale Rollbalken eingeblendet werden. Sie erlauben dem Benutzer, einen anderen Abschnitt der Liste im Ausschnittsrahmen zu betrachten.

Eigenschaften:
- Die Einträge müssen von der Anwendung gefüllt werden.
- Selektierte Einträge werden invers dargestellt.
- Einfachauswahllisten (1-aus-m, *single choice list)* erlauben die gleichzeitige Auswahl genau einer Alternative.
- Mehrfachauswahllisten (n-aus-m, *multiple choice list)* erlauben die gleichzeitige Auswahl mehrerer Alternativen.
- Es können keine Informationen eingegeben werden.
- Voreinstellungen sind möglich.
- Durch Zusatzkomponenten in ihrer Funktionalität und in ihrem Aussehen sehr variabel.

Gestaltungsregeln:
- Der Führungstext soll den Inhalt oder Zweck der Auswahlliste beschreiben und linksbündig unmittelbar über dem Ausschnittsrahmen angeordnet werden.
- Vertikale Rollbalken sollen dem Benutzer ein Blättern in einer Auswahlliste mit vielen Listeneinträgen ermöglichen. Um das sequenzielle Verarbeiten der Listenelemente so wenig wie möglich zu stören, sollen im Ausschnittsrahmen mindestens vier Zeilen gleichzeitig sichtbar sein. Auf horizontale Rollbalken ist aus Gründen der flüssigeren Lesbarkeit möglichst ganz zu verzichten.
- Listen sollten in einer logischen oder natürlichen Reihenfolge organisiert sein, passend zur Aufgabe. Fehlt eine solche Reihenfolge, dann sollte sie alphabetisch sortiert sein.
- Text ist linksbündig anzuordnen, Zahlen ohne Kommastellen rechtsbündig und Zahlen mit Kommastellen zentriert um das Dezimalzeichen.
- In numerischen Listen sollten Schriftarten mit konstanter Zeichenbreite verwendet werden.
- Sind Listeneinträge numerisch gekennzeichnet, dann beginnt der erste Eintrag mit einer »1«.

Spezifische Ausprägungen:
- Klappliste (siehe Abb. 2.23-15).
- Mehrfach-Auswahlliste *(multiple selection list box).* Es können mehrere Alternativen gleichzeitig selektiert werden.
- Erweiterte Mehrfach-Auswahlliste *(extended selection list box).* Es können zusammenhängende Bereiche selektiert werden.
- Mehrspaltige Auswahlliste *(multiple column list box).* Wenn viele Alternativen erwartet werden, dann mehrspaltige Anzeige, u.U. mit horizontalem Rollbalken.
- Tabellarische Auswahlliste *(tabular list box).* Für formatierte tabellarische Anzeige von mehrspaltigen Daten.
- Kombiniertes Eingabefeld mit Auswahlliste *(combination box, combo box).* Wenn Auswahl aus Liste oder eigene Eingabe (siehe auch Abb. 2.23-15).

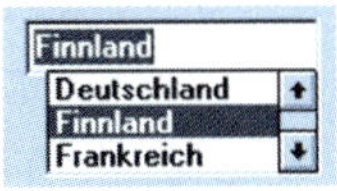

Quellen: /ISO 9241-12/, /EN ISO 9241-17:1998/, /Sun 99/, /Wandmacher 93/

Abb. 2.23-14: Auswahlliste

Synonyme Begriffe: Klappliste, verborgene Liste, geschlossene Liste, *drop-down list box,* in Java: *noneditable combo box*

Verwendungszweck:
Dient zur platzsparenden Auswahl einer unter mehreren sich gegenseitig ausschließenden Alternativen. Die Anzahl der Alternativen soll von vornherein bekannt sein. Die Klappliste kann eine Gruppe von Einfachauswahlknöpfen ersetzen, wenn auf dem Fenster nur wenig Platz vorhanden ist.

Aufbau:
Eine Klappliste setzt sich aus folgenden Teilen zusammen:
- Führungstext, der den Inhalt oder den Zweck der Klappliste beschreibt.
- Druckknopf mit dem momentan gewählten Listeneintrag als Beschriftung. Dieser Knopf soll sich jedoch optisch von einem normalen Druckknopf *(push button)* unterscheiden.

geschlossen

Führungstext Times New Roman

gewählte Alternative

aufgeklappt

Eigenschaften:
- Durch Betätigung des Druckknopfes wird die vollständige Liste mit ihren Einträgen aufgeklappt. Nun kann der Benutzer seine Wahl treffen und danach wird die Liste wieder unsichtbar.
- Der vom Benutzer gewählte Listeneintrag wird nach dem Wegklappen der Liste als Beschriftung oder Symbol des Druckknopfes übernommen.
- Die Auswahl kann sowohl mit Hilfe eines Zeigeinstrumentes als auch über die Tastatur erfolgen.
- Eine Voreinstellung ist möglich.
- Die aufgeklappte Liste kann zeitweise andere Interaktionselemente überdecken.

Gestaltungsregeln:
- Der Führungstext soll den Inhalt oder Zweck der Auswahlliste beschreiben und linksbündig unmittelbar über dem Ausschnittsrahmen angeordnet werden.
- Die Anzahl der Listeneinträge einer Klappliste soll zehn bis zwölf nicht überschreiten.
- Wegen ihres ähnlichen Aufbaus kann die Klappliste gut mit Eingabefeldern kombiniert werden.

Spezifische Ausprägungen:
- **Kombiniertes Eingabefeld mit Klappliste** *(drop-down*-Kombinationsfeld, *drop-down combo box,* in Java: *editable combo box)*
  - Der Benutzer kann Daten oder Texte direkt in ein Eingabefeld eingeben oder die Eingabe aus einer Klappliste auswählen.
  - Der eingegebene Text bzw. die eingegebenen Daten können entweder in die Listenauswahl übernommen werden oder *nicht* gespeichert werden.
- **Kombinationsfeld** *(combo box)*
  - Kombination eines Eingabefeldes mit einer (nichtausklappbaren) Liste
  - Die Liste ist ständig sichtbar, daher nicht klappbar.
- **Drehfeld** (Knöpfe mit schrittweiser Weiterschaltung, *spin box, spin buttons)*
  - Zyklisch angeordnete Alternativen (auf- oder absteigend), wobei nur die gewählte Alternative sichtbar ist. Mit Mausklicks auf die Auf- und Ab-Pfeile wird die nächste Alternative angezeigt.
  - Oft kann der Benutzer auch einen Wert eingeben.

Quellen: /ISO 9241-12/, /EN ISO 9241-17:1998/, /Sun 99/, /Wandmacher 93/

Abb. 2.23-15: Klappliste

Synonyme Begriffe: **Tabelle,** Listenelement, *table, list view control*, in Java: *table*

Verwendungszweck:
Zweidimensionale Anordnung von Ein- und/oder Ausgabebereichen, bestehend aus Zeilen und Spalten, oft durch horizontale und/oder vertikale Linien getrennt.

Aufbau:
Besteht aus Zeilen und Spalten. Jedes Feld in einer Tabelle bezeichnet man als eine Zelle. Eine Zelle kann ein Textfeld sein, aber auch Grafiken oder andere Komponenten, wie Mehrfachauswahlknöpfe und Klapplisten, enthalten.

Gestaltungsregeln:

- **Anordnung:** Ein vergrößerter Zeilenabstand nach drei oder vier Zeilen erleichtert das Festhalten an einer bestimmten Zeile über mehrere Spalten hinweg (Prinzip der Nähe). Dieses Gliederungsprinzip ist wesentlich besser als durch alternierende Farben nach jeweils drei oder vier Zeilen.
- **Ausrichtung:** Wörter oder Buchstabenfolgen sind linksbündig, Zahlen ohne Dezimalstellen rechtsbündig und Zahlen mit Dezimalstellen zentriert um das Dezimalkomma anzuordnen.
- **Spaltenüberschriften:** Sind
- □ rechtsbündig anzuordnen, wenn die Spalten rechtsbündig ausgerichtet sind,
- □ linksbündig anzuordnen, wenn die Spalten linksbündig ausgerichtet und
- □ zentriert anzuordnen, wenn die Spalten zentriert sind oder Elemente gleicher Breite enthalten.
- **Nummerierung von Tabelleneinträgen:** Besser durch eine laufende Nummer als durch Buchstaben in alphabetischer Reihenfolge.
- **Segmentierung von Zahlen:** Größere Zahlen sollten durch Punktierung, z.B. 10.000, oder besser durch Leerstellen segmentiert werden, z.B. 10 000.
- **Spaltenanordnung:** Die für den Benutzer am meisten relevante Information ist in den links stehenden Spalten anzuordnen.
- **Konsistenz mit Papiertabellen:** Verwendet der Benutzer zur Erledigung seiner Arbeit auch Tabellen auf Papier, dann sollten beide – wenn möglich – im Aufbau übereinstimmen.
- **Umordnung von Spalten:** Der Benutzer sollte die Möglichkeit haben, die Spalten nach seinen Bedürfnissen in der Reihenfolge zu verändern.
- **Größenveränderung der Spalten:** Der Benutzer sollte die Spaltenbreite entsprechend seinen Wünschen verändern können.
- **Wahl des Sortierkriteriums:** Der Benutzer sollte durch Anklicken der Spaltenüberschrift festlegen können, dass diese Spalten als Sortierkriterium für die Tabelle verwendet wird. Die Spaltenüberschrift muss dann hervorgehoben werden.
- **Selektionsmöglichkeiten:** Dem Benutzer sollten mehrere Möglichkeiten zur Verfügung stehen, Tabellenelemente zu selektieren. Beispiele: einzelne Zelle, Bereich von Zellen. eine Zeile, ein Bereich einer Zeile, mehrere Bereiche von Zeilen, eine Spalte, ein Bereich von Spalten, mehrere Bereiche von Spalten.

Beispiel:

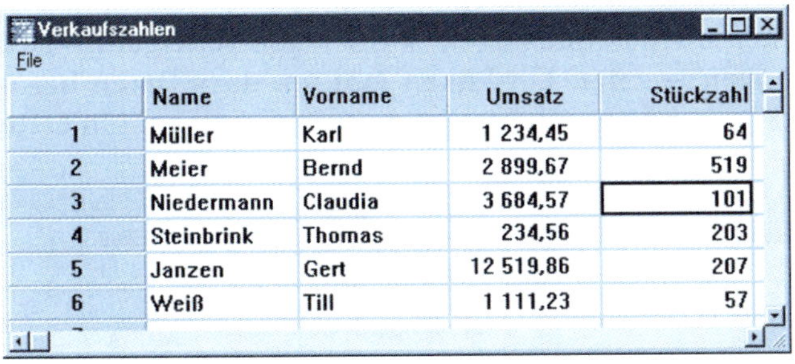

Verkaufszahlen

File

	Name	Vorname	Umsatz	Stückzahl
1	Müller	Karl	1 234,45	64
2	Meier	Bernd	2 899,67	519
3	Niedermann	Claudia	3 684,57	101
4	Steinbrink	Thomas	234,56	203
5	Janzen	Gert	12 519,86	207
6	Weiß	Till	1 111,23	57

Quellen: /ISO 9241-12/, /EN ISO 9241-17:1998/, /Sun 99/, /Wandmacher 93/

Abb. 2.23-16: Tabelle

Abb. 2.13-17: **Baum**

Synonyme Begriffe: Baum, Strukturansicht, *tree, tree viewcontrol,* in Java: *tree views*

Verwendungszweck:
Grafische Darstellung hierarchischer Beziehungen, wobei die Anzahl der dargestellten Hierarchieebenen vom Benutzer dynamisch einstellbar ist. Beispielsweise können Informationen auf verschiedenen Abstraktionsebenen dargestellt werden und der Benutzer kann schneller in der Baumstruktur navigieren als es in einer Liste möglich wäre. Gut geeignet, um Verzeichnisstrukturen oder den Inhalt eine Hilfesystems anzuzeigen. In Web-Anwendungen oft zur Orientierung und Navigation verwendet, z.B. in *Online-Shops.*

Aufbau:
Enthält Schaltflächen, die es erlauben, die nächste Ebene eines Knotens anzuzeigen *(expand)* oder zu verbergen *(collapse).* Jeder Knoten des Baums wird durch einen Text und/oder ein optionales Mini-Piktogramm dargestellt. Durch Anklicken eines Blattes wird der zugeordnete Inhalt angezeigt bzw. an die entsprechende Stelle in der Anwendung verzweigt.

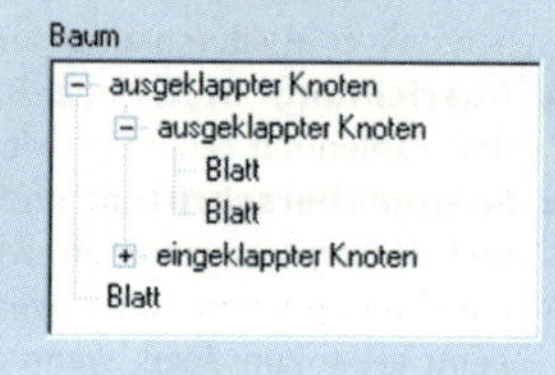

Gestaltungsregeln:
- In Abhängigkeit von der Anwendung kann es sinnvoll sein, nicht die Baumwurzel, sondern die zweite Hierarchieebene als höchste Ebene anzuzeigen.
- Es kann sinnvoll sein, gleiche Hierarchieebenen durch eine vertikale Linien zu verbinden, um dem Benutzer eine bessere Orientierung zu geben.
- Insbesondere bei Web-Anwendungen kann es hilfreich sein, bereits vom Benutzer durchlaufene Knoten und Blätter zu kennzeichnen, damit der Benutzer sofort sieht wo er bereits war.
- In manchen Anwendungen kann es sinnvoll sein, dass der Benutzer die Texte im Baum editieren kann.
- Unter dem Gesichtspunkt der Individualisierung kann es wünschenswert sein, dass der Benutzer eigene Piktogramme für Knoten und Blätter angeben kann.

Quelle: /Sun 99/

Der Entwickler kann im OOA-Modell ein Attribut als adaptives Feld spezifizieren und angeben, wie viele Ausprägungen möglich sein sollen, in der unten stehenden Abb. sind dies beim Telefonfeld zwei Ausprägungen. Der Benutzer sieht an einem kleinen Dreieck hinter dem Führungstext, dass weitere Ausprägungen zur Verfügung stehen. Durch einen Klick auf das Dreieck wird eine Liste geöffnet, die alle Ausprägungen anzeigt. Ein Haken gibt an, dass Daten bei der jeweiligen Ausprägung gespeichert sind. Durch Klick auf ein Listen-

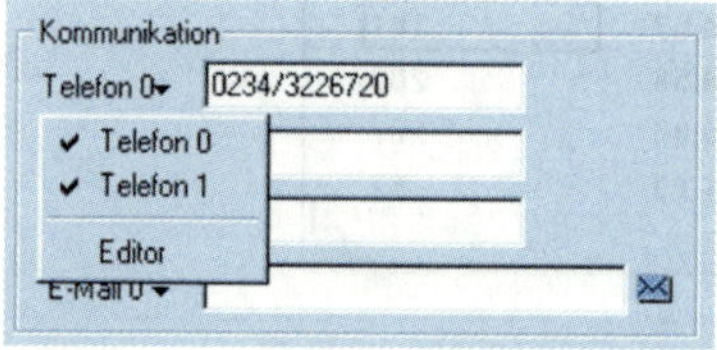

Bezeichnung	Wert
Telefon Geschäft	0234/3226880
Telefon 1	0234/3226720

OK Abbrechen

Beispiel für ein adaptives Feld in einer JANUS-Anwendung

Synonyme Begriffe: Piktogramm, Ikone, icon, in Java: *icon*

Verwendungszweck:
Bildhafte Darstellung, die in der Regel ein Objekt repräsentiert. Manchmal werden auch Funktionen, Prozesse, Hinweise, Werkzeuge, Statusanzeiger und Interaktionselemente damit dargestellt. Sie ermöglichen eine sprachunabhängige Kommunikation.

Aufbau:
Ein Piktogramm besteht aus einer kleinen grafischen oder bildhaften Darstellung. In Abhängigkeit vom Anwendungsbereich wird ein Piktogramm oft durch einen Führungstext beschrieben oder durch eine Kontexthilfe erläutert *(tool tip).*
Töne können als »Hör-Piktogramme« *(auditory icons)* gestaltet werden, z.B. eine ankommende Text-*mail* wird als raschelndes Papier-Piktogramm wiedergegeben /Gaver 86/.

Eigenschaften:
Statische Piktogramme bleiben über die Zeit unverändert. Dynamische Piktogramme verändern ihren Umriss, ihre Lage oder ihre Form über die Zeit in Abhängigkeit von einem laufenden Prozess, z.B. eine wachsende oder kürzer werdende Säule, um den Fortschritt eines Prozesses anzuzeigen.

Gestaltungsregeln (siehe auch ISO/IEC 11581-1:1994 und ISO/IEC 11581-2:1994):

- Ein Piktogramm soll sein Referenzobjekt oder seine charakteristischen Merkmale stark abstrahiert in visueller Form darstellen.

Beispiele:

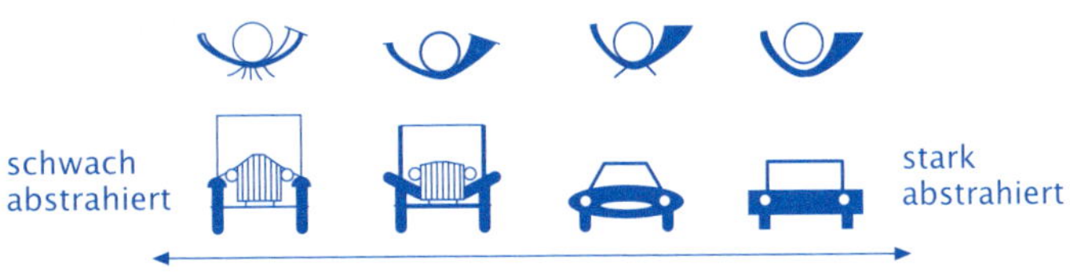

- Die Prinzipien der Figur-Grund-Unterscheidung und der Binnengliederung sind zu beachten (siehe Abschnitt 2.23.3):
  - Geschlossene Figuren
  - Möglichst solide Figuren
  - Dunkle Figuren oder Umrisslinien auf hellem Hintergrund
  - Vertikale Hauptachse, Symmetrie um diese Achse
  - Einheitliche Größen und Proportionen, insbesondere bei mehrfach vorkommenden graphischen Elementen
- Andere Hintergrundfarbe als andere Elemente wählen, um die Unterscheidung zu verbessern.
- Piktogramme dürfen sich *nicht* nur durch ihre Farbe unterscheiden (außer wenn es um Farbe selbst geht).
- Gruppierung mehrerer Piktogramme durch eine gemeinsame Hintergrund- oder Vordergrundfarbe.
- Die Piktogramme sollen konsistent an einer dafür reservierten Stelle erscheinen und eine konstante Größe besitzen, um die Komplexität einer Bildschirmseite zu reduzieren.

Quellen: /Gaver 86/, /ISO/IEC 11581-1:1994/, /ISO/IEC 11581-2:1995/, /ISO/IEC 11581-6:1999/, /Schaffer, Sorflaten 96/, /Sun 99/, /Wandmacher 93/

Abb. 2.23-18a: Piktogramm

Ablagekorb für den Post-eingang / den Post-ausgang

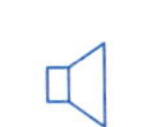

Akten-schrank, Akustisches Gerät

Anzeige, Diskette

Dokument, Drucker

Facsimile, Hörer

Kalender, Maus

Netzwerk, Papierkorb

Post, Ordner

Telefon, Uhr

Ausrichten

Links, Rechts

Blocksatz, Zentriert

Einzug verkleinern, Neu

Einzug vergrößern, Einsetzen

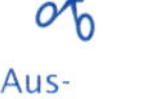
Kopieren, Aus-schneiden

Seitenansicht

Drucken

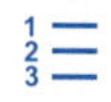
Nummerierung

Aufzählung

Suchen Hilfe

Unterstreichen

Fett

Öffnen

Speichern

Wiederholen

Wiederrufen

- Grafische Merkmale (Umrissmerkmale, grafische Elemente, Vordergrund-/ Hintergrundfarbe) sind konsistent mit Bedeutungsmerkmalen zu verwenden, insbesondere wenn Merkmale über mehrere Piktogramme vererbt werden.
- Wichtige Kriterien für Piktogramme sind: Verständlichkeit, Unterscheidbarkeit, Erlernbarkeit, Leserlichkeit, Wiedererkennbarkeit.
- Oft ist es sinnvoll, einem Piktogramm einen Führungstext zuzuordnen. Dann ist es auch möglich, ein Tastaturkürzel anzugeben.

Beispiele:

- In /ISO/IEC 11581-2:1994/ werden 20 grundlegende Objekt-Piktogramme spezifiziert, die sich in folgende Gruppen gliedern: Grundobjekt-Piktogramme, zusätzliche Objekt-Piktogramme und Objekt-Piktogramme der Systemumgebung, die auf Systemparameter wirken (siehe Marginalspalten).
- In /ISO/IEC 11581-6:1999/ sind 23 Aktions-Piktogramme spezifiziert, die sich in folgende sechs Gruppen gliedern: Allgemeine Aktions-Piktogramme, Akten-Piktogramme, Drucken-Piktogramme, Editier-Piktogramme, Rückgängig-Piktogramme, Textaktions-Piktogramme (siehe Marginalspalten).

Abb. 2.23-18b: Piktogramm

Abb. 2.23-19: Regler

Synonyme Begriffe: Regler, Schieberegler, *slider,* in Java: *slider*

Verwendungszweck:

Zeigt den aktuellen Wert einer Größe auf einem frei definierbaren Intervall an. Oft kann der Regler vom Benutzer verstellt werden. Der Regler sollte dann benutzt werden, wenn es *nicht* darum geht, einen genauen, sondern nur einen relativen Wert einzugeben (z.B. Doppelklick-Geschwindigkeit der Maus).

Aufbau:

Besteht aus einem Schiebekanal, einem Indikator und optional einer Beschriftung mit oder ohne Unterteilung des Wertebereichs durch Markierungen. Die Position des Indikators reflektiert den aktuellen Wert.

Eigenschaften:

- Der Indikator kann oft vom Benutzer durch Selektion und Verschieben mit einem Zeigeinstrument verstellt werden. Es gibt aber auch Regler, die vom Benutzer *nicht* direkt verändert werden können.
- Durch Klicken in den Schiebekanal kann bei einigen Reglern der Indikator um jeweils eine Einheit verschoben werden.
- Der Kanal kann gefüllt bis hin zum Indikator oder ungefüllt dargestellt werden, in Abhängigkeit von der Anwendung.
- Regler können sehr unterschiedlich gestaltet sein.

Gestaltungsregel:

- Wenn der Regler einen großen kontinuierlichen Bereich oder eine große Anzahl diskreter Werte repräsentiert und der exakte Wert, der gewählt wurde, wichtig ist, dann sollte in einem Datenfeld der jeweilige exakte Wert angegeben werden.

Spezifische Ausprägung:

- Kombination mit Eingabefeld oder Drehfeld.

Quelle: /Sun 99/

Abb. 2.23-20: ***Register***

Synonyme Begriffe: Register, Notizbuch, *tab control, property sheet,* in Java: *tabbed pane*

Verwendungszweck:
Editierbare und/oder selektierbare Informationen sind in Form eines Notizbuches mit Registern angeordnet. Sinnvoll, wenn der Platz im Arbeitsbereich nicht für alle Interaktionselemente ausreicht. Ohne Notizbuch müssen entweder weitere Fenster aufgerufen oder ein vertikaler Roll-Balken verwendet werden. In beiden Fällen sind die jeweils zusammengehörenden Informationen nicht vollständig im Blickfeld. Ein Notizbuch eignet sich daher besonders gut zur Darstellung von Informationen, die in logisch zusammenhängenden Gruppen organisiert werden können.

Aufbau:

- Mehrere zusammenhängende, übereinanderliegende, zu Segmenten *(sections)* zusammengefasste Seiten.
- Jedes Segment besitzt einen Reiter.
- Die Reiter sind oben von links nach rechts angeordnet, alternativ auch auf einer der drei anderen Seiten (links, unten, rechts).
- Ein Reiter kann Text und/oder Grafik enthalten.
- Durch Anklicken des Reiters oder Eintippen des mnemonischen Kürzels wird das entsprechende Segment aufgeschlagen.
- Ein Segment kann mehrere Seiten umfassen.
- Innerhalb eines mehrseitigen Segments kann mit Druckknöpfen umgeblättert werden.
- Druckknöpfe innerhalb des Notizbuches wirken nur auf die Seite, auf der sie angeordnet sind.
- Druckknöpfe, die in dem das Notizbuch umgebenden Fenster angeordnet sind, wirken auf das gesamte Notizbuch.
- Wenn die Register nicht in eine Zeile passen, werden sie in weiteren Zeilen angeordnet oder mit Hilfe von Pfeilen können die Register horizontal verschoben werden. Die Register ändern ihre horizontale Position *nicht,* wenn sie selektiert sind.

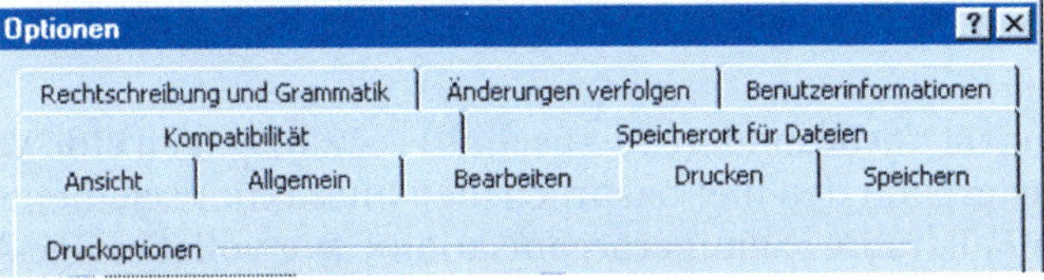

Gestaltungsregeln:

- Registernamen sollten mit einem Großbuchstaben beginnen.
- Registernamen sollten Tastaturkürzel zugeordnet werden.
- Register sollten *nicht* geschachtelt werden.
- Mehrere Registerreihen sollten vermieden werden.

Quelle: /Sun 99/

Abb. 2.23-21: Erweiterungselemente

Ermöglichen die anforderungsspezifische Erweiterung der Funktionalität der Basiselemente (siehe Abb. 2.23-8).

Roll-Balken *(scroll bar)*

Verwendungszweck:

Wenn nicht genügend Platz zur Verfügung steht, um in einem Interaktionselement alle Informationen für den Benutzer gleichzeitig sichtbar darzustellen.

Ausprägungen:

- Horizontale Roll-Balken
- Vertikale Roll-Balken

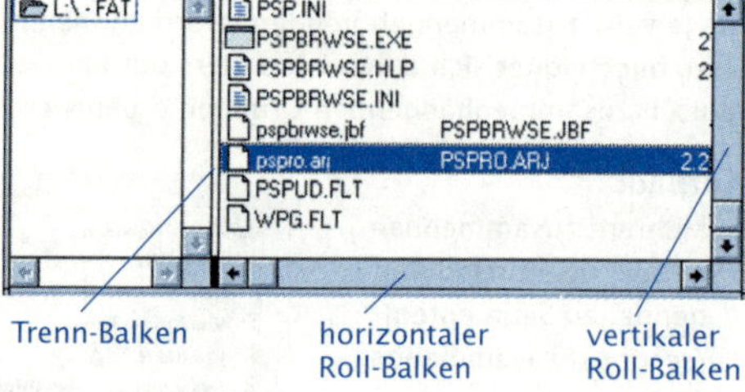

Trenn-Balken *(split bar)*

Verwendungszweck:

Unterteilt den Informationsbereich eines Interaktionselements in zwei Teile beliebiger Größe *(panels)*. Beide Teile sind logisch voneinander unabhängig. Vorzugsweise für Tabellen eingesetzt, um entfernt liegende Teile parallel betrachten zu können.

Eigenschaften:

- Besitzt eine Tabelle mit einem horizontalen Roll-Balken einen Trenn-Balken, dann wird der Roll-Balken unterteilt.

element wird die Ausprägung festgelegt, die anschließend angezeigt wird, während die anderen Ausprägungen unsichtbar bleiben. Wird »Editor« angeklickt, dann öffnet sich ein kleiner Editor mit allen Ausprägungen und den aktuell zugeordneten Werten. Es können nun nicht nur die Werte, sondern auch die Führungstexte geändert werden.

Auswahl von Interaktionselementen

Die Abb. 2.23-22 und 2.23-23 geben in Form von Struktogrammen eine Hilfestellung bei der Auswahl der geeigneten Interaktionselemente.

Beispiele

Die Abbildungen, insbesondere in Abschnitt 2.22.8, zeigen eine Vielzahl von Fenstern mit den hier besprochenen Interaktionselementen, auch aus der Fallstudie »Seminarorganisation«. Die vollständige Anwendung der »Seminarorganisation« befindet sich auf der beigefügten CD-ROM 1.

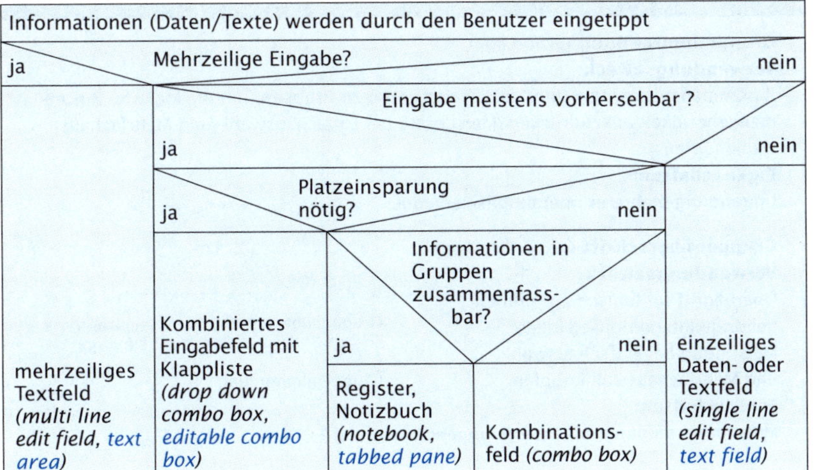

Abb. 2.23-22: Auswahl von Interaktions-elementen für einzutippende Informationen /Jens & Partner 92, S. 195/

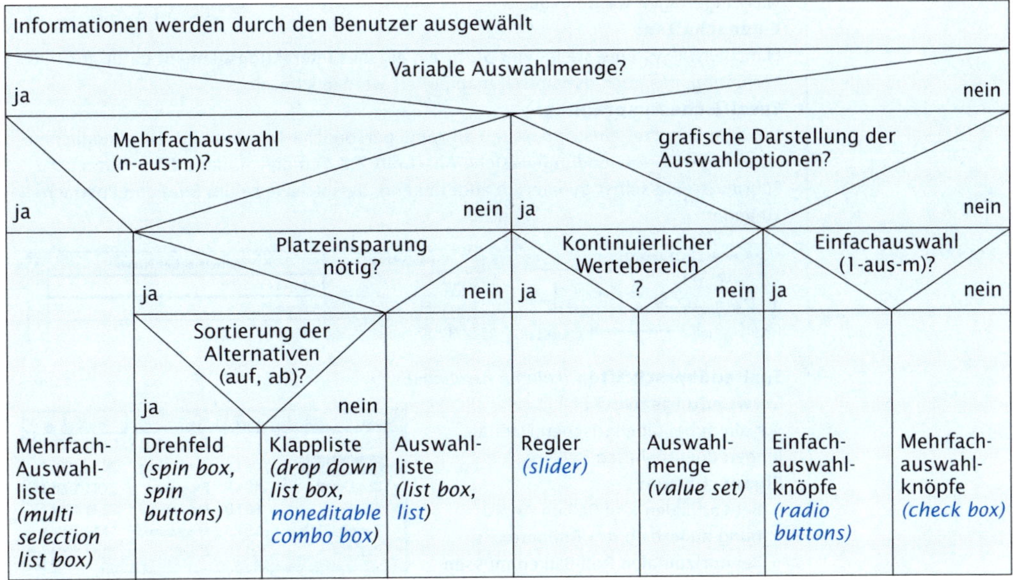

Abb. 2.23-23: Auswahl von Interaktions-elementen für auszuwählende Informationen /Jens & Partner 92, S. 196/

control →Interaktionselement

E/A-Gestaltung Gestaltung der Informationsein- und -ausgabe über E/A-Geräte, so dass die menschliche Art der Informationsverarbeitung berücksichtigt wird.

icon →Piktogramm

Ikone →Piktogramm

Interaktionselement Dient zur Ein- und/oder Ausgabe von Informationen; es werden Felder, Knöpfe, Listen, Tabellen, Bäume, Grafiken und Register unterschieden.

Piktogramm Grafisch abstrakte Darstellung von Objekten, Funktionen oder Prozessen auf dem Bildschirm, bei Anwendungssoftware im Bürobereich z.B. Ordner, Papierblatt, Papierkorb usw.

widget →Interaktionselement

***Abb. 2.23-24:* Gestaltungsmittel zur visuellen Gestaltung von Interaktionselementen**

Gruppenumrandung *(group box)*
Verwendungszweck:
Zusammenfassung von Interaktionselementen zu Gruppen, um die logische Zusammengehörigkeit auszudrücken. Meist nötig bei Einfachauswahl- und Mehrfachauswahlknöpfen.
Eigenschaften:
Umrandung mehrerer Interaktionselemente.

Gruppenüberschrift *(group heading)*
Verwendungszweck:
Oberbegriff für logisch zusammengehörige Interaktionselemente. Meist nötig bei Einfachauswahl- und Mehrfachauswahlknöpfen. 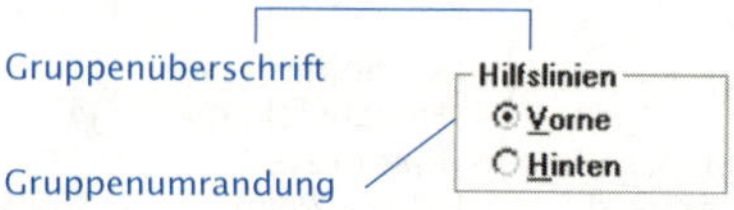
Eigenschaften:
Meist in Verbindung mit einer Gruppenumrandung.

Gruppenüberschrift
Gruppenumrandung
Hilfslinien
Vorne
Hinten

Führungstext *(field prompt, static text field, label)*
Verwendungszweck:
Erklärung, welche Bedeutung ein Eingabefeld hat und was eingetragen werden soll.

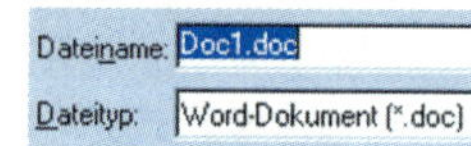

Eigenschaften:
Manche GUI-Systeme stellen mit *Static* ein eigenes Interaktionselement dafür zur Verfügung, das auch dynamisch manipuliert werden kann.
Spezifische Ausprägung:
Um dem Benutzer eine Anpassung an seine persönliche Terminologie zu ermöglichen, ist es in JANUS-Anwendungen (siehe Abschnitt 2.8.6) möglich, dass der Benutzer die Führungstexte selbst dynamisch ändern kann, beispielsweise um Straße in Postfach zu ändern.

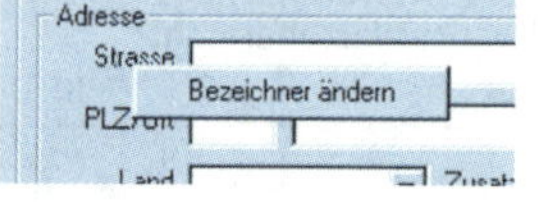

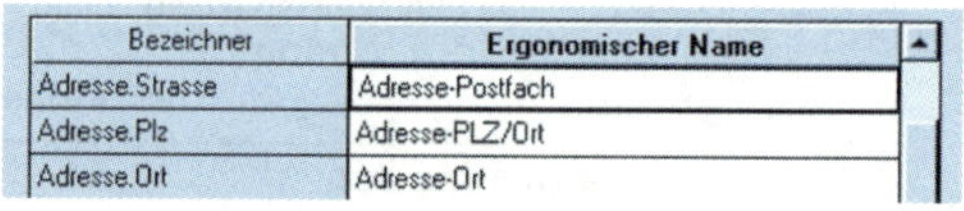

Bezeichner	Ergonomischer Name
Adresse.Strasse	Adresse-Postfach
Adresse.Plz	Adresse-PLZ/Ort
Adresse.Ort	Adresse-Ort

Spaltenüberschriften *(column headings)*
Verwendungszweck:
Vor allem bei tabellarischen Darstellungen unentbehrlich.
Eigenschaften: 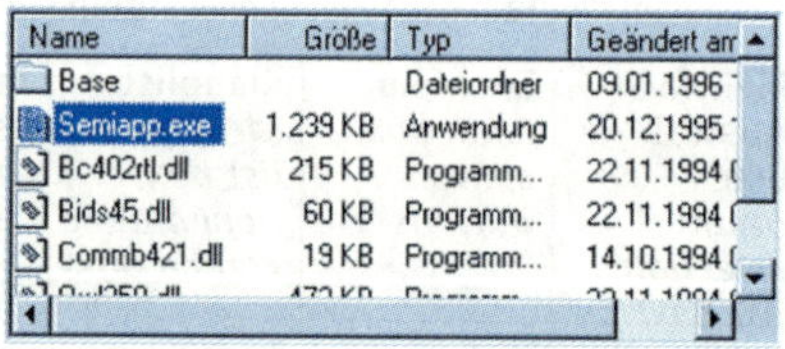
- Bei vertikalen Roll-Balken Anordnung außerhalb des Rollbereichs.
- Bei horizontalen Roll-Balken müssen sich die Spaltenüberschriften entsprechend mitbewegen.

Name	Größe	Typ	Geändert am
Base		Dateiordner	09.01.1996
Semiapp.exe	1.239 KB	Anwendung	20.12.1995
Bc402rtl.dll	215 KB	Programm...	22.11.1994
Bids45.dll	60 KB	Programm...	22.11.1994
Commb421.dll	19 KB	Programm...	14.10.1994

Die E/A-Gestaltung hat das Ziel, die Informationseingabe und die Informationsausgabe so zu gestalten, dass die Eigenschaften der menschlichen Informationsverarbeitung geeignet berücksichtigt werden:

- Die Orientierung des Benutzers soll unterstützt,
- seine Aufmerksamkeitserfordernisse optimiert und
- sein Kurzzeitgedächtnis entlastet werden.
- Jede Anwendung soll sich außerdem regelhaft verhalten.

Die eigentliche Ein- und/oder Ausgabe von Informationen erfolgt über Interaktionselemente *(controls, widgets)*. Die Basiselemente sind Felder, Knöpfe, Listen, Tabellen, Bäume, Grafiken einschließlich Piktogrammen (Ikonen, *icons*) und Registern.

Die Funktionalität dieser Basiselemente kann durch Elemente wie Roll- und Trennbalken erweitert werden. Durch Gestaltungselemente, wie Gruppenumrandungen, Gruppenüberschriften, Führungstexte und Spaltenüberschriften, können Interaktionselemente weitergehend konstruiert werden.

Außerdem können neue Elemente selbst entwickelt oder auf dem Markt erworben werden.

/Balzert et al. 88/
Balzert H., Hoppe H.U., Oppermann R., Peschke H., Rohr G., Streitz N.A. (Hrsg.), *Einführung in die Software-Ergonomie*, Berlin – New York: de Gruyter Verlag, 1988, 396 Seiten.

/Eberleh 92/
Eberleh E., *Industrielle Gestaltungsrichtlinien für Benutzeroberflächen*, in: UNIX-Magazin, Ausgabe 10, Oktober 1992.

/IBM 91/
Common User Access – Guide to User Interface Design, IBM Cory, 1991. (SC34-4289-00)

/Mayhew 92/
Mayhew, D., *Principles and Guidelines in Software User Interface Design*, Prentice-Hall: Englewood Cliffs, 1992.

/MS 91/
The Windows Interface – An Application Design Guide, Richmond: Microsoft Press, 1991.

/MS 93/
The GUI-Guide – International Terminology for the Windows Interface, Richmond: Microsoft Press, 1993.

/MS 95/
The Windows Interface Guidelines for Software Design, Richmond: Microsoft Press, 1995.

/OPEN LOOK 90/
Sun Microsystems Inc., *OPEN LOOK Graphical User Interface Functional Specification*, Addison-Wesley, Juli 1990.

/OSF 94/
Open Software Foundation, *OSF/Motif Style Guide Revision 2.0*, Englewood Cliffs: Prentice Hall, 1994.

/SNI Styleguide 90/
Siemens-Nixdorf AG, *Richtlinien zur Gestaltung von Benutzeroberflächen*, AP Internationales Dokumentationszentrum, Oktober 1990.

/Smith, Mosier 86/
Smith S., Moiser J., *Guidelines for Designing User Interface Software*, MITRE Bedford Massachusetts, 1986.

/Wandmacher 93/
Wandmacher J., *Software-Ergonomie*, Berlin – New York: de Gruyter Verlag, 1993. Detaillierte Zusammenstellung und Beschreibung der psychologischen Erkenntnisse zur Software-Ergonomie. Empirische Erkenntnisse werden umfassend zitiert, wiedergegeben und kommentiert.

Zitierte Literatur

/EN ISO 14915-1:2000/
Software-Ergonomie für Multimedia-Benutzungsschnittstellen, Teil 1: Gestaltungsgrundsätze und Rahmenbedingungen, Entwurf, Berlin: Beuth-Verlag, Mai 2000.

/EN ISO 14915-3:2000/
Software-Ergonomie für Multimedia-Benutzungsschnittstellen, Teil 3: Auswahl und Kombination von Medien, Entwurf, Berlin: Beuth-Verlag, Mai 2000.

/EN ISO 9241-10:1996/
Ergonomische Anforderungen für Bürotätigkeiten mit Bildschirmgeräten – Teil 10: Grundsätze der Dialoggestaltung, Berlin: Beuth-Verlag, Juli 1996.

/EN ISO 9241-17:1998/
Ergonomische Anforderungen für Bürotätigkeiten mit Bildschirmgeräten – Teil 17: Dialogführung mittels Bildschirmformularen, Berlin: Beuth-Verlag, April 2000.

/Gaver 86/
Gaver W.W., *Auditory Icons: Using Sound in Computer Interfaces*, in: Human-Computer Interaction, 1996, Volume 2, S. 167–177.

/ISO 9241-12/
Ergonomic requirements for office work with visual display terminals (VDTs) – Part 12: Presentation of information, Genf: ISO, 1998.

/ISO/ IEC 11581-1:1994/
Benutzersystemschnittstellen und Symbole – Darstellungen und Funktionen von Icons, Teil 1: Icons – Allgemeines, Entwurf, Berlin: Beuth-Verlag, Oktober 1995.

/ISO/ IEC 11581-2:1994/
Benutzersystemschnittstellen und Symbole – Darstellungen und Funktionen von Icons, Teil 2:Objekt- Icons, Entwurf, Berlin: Beuth-Verlag, Oktober 1995.

/ISO/ IEC 11581-6/
Information technology – User system interfaces and symbols – Icon symbols and functions – Part 6: Action icons, Genf: ISO, 1999.

/Jenz & Partner 92/
Jenz & Partner, *Grafische Bediener-Oberflächen – Ein Leitfaden für das Anwendungsdesign*, Erlensee: Jenz & Partner GmbH 1992, 338 Seiten.
Empfehlenswertes Buch, das eine praxisorientierte Einführung in die Gestaltung von Benutzungsoberflächen gibt.

/Rohr 88/
Rohr G., *Grundlagen menschlicher Informationsverarbeitung*, in: /Balzert et al. 88/

/Schaffer, Sorflaten 96/
Schaffer E., Sorflaten J., *Icons: Much Ado About Something*, in: The X Journal, January-February 1996, S. 66–69.

/Stadler et al. 77/
Stadler M., Seeger F., Raeithel A., *Psychologie der Wahrnehmung*, München: Jewenta-Verlag, 1977.

/Sun 99/
Java Look and Feel Design Guidelines, Reading: Addison-Wesley, 1999.

Analytische Aufgaben
Muss-Aufgabe
10 Minuten

1 *Lernziele: Die beschriebenen Grundlagen der menschlichen Informationsverarbeitung und ihre Konsequenzen für die E/A-Gestaltung erklären können. Vorgegebene E/A-Gestaltungen auf die ergonomische Verwendung von Interaktionselementen prüfen können.*
Sie werden als Gutachter gebeten, das Erfassungsfenster für einen Mitarbeiter zu beurteilen (Abb. 2.23-25). Welche Verstöße gegen die in Kapitel 2.23 beschriebenen Gestaltungsregeln können Sie feststellen?

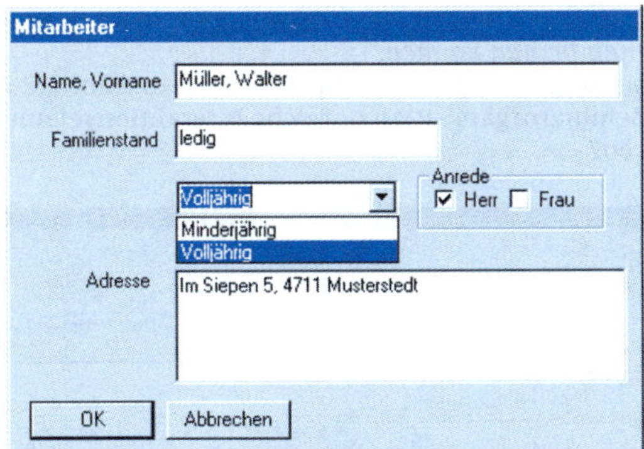

Abb. 2.23-25: Erfassungsfenster für einen Mitarbeiter

2 *Lernziele: Die dargestellten Interaktionselemente mit ihrem Verwendungszweck, ihrem Aufbau, ihren Eigenschaften und ihren Gestaltungsregeln kennen und bei eigenen E/A-Gestaltungen aufgabengerecht auswählen und einsetzen können. Vorgegebene E/A-Gestaltungen auf die ergonomische Verwendung von Interaktionselementen prüfen können.*

Kann-Aufgabe
30 Minuten

a Betrachten Sie das Klassendiagramm in Abb. 2.23-26. Stellen Sie fest, auf welche Interaktionselemente der JANUS-Generator die Attribute der Klasse Mitarbeiter abbildet, indem Sie das Klassendiagramm in *Rational Rose* erfassen und mit dem JANUS-System eine Anwendung generieren.

Mitarbeiter
NameVorname : String<50> Familienstand : String<20> Volljaehrig : boolean Alter : int Anrede : String <30> Adresse : String<300>

Abb. 2.23-26: Modellierung eines Mitarbeiters

b Analysieren Sie ihre Ergebnisse aus Aufgabenteil **a** im Hinblick auf die in Kapitel 2.23 beschriebenen Gestaltungsregeln. Beachten Sie insbesondere die in den Abb. 2.23-9 bis 2.23-24 beschriebenen Verwendungszwecke und Gestaltungsregeln für Interaktionselemente. Werden für die Attributtypen adäquate Interaktionselemente ausgewählt?

3 *Lernziel: Vorgegebene E/A-Gestaltungen auf die ergonomische Verwendung von Interaktionselementen prüfen können.*
Betrachten Sie die Web-Seite der Abb. 2.23-27. Welche Gestaltungselemente für Web-Anwendungen lassen sich identifizieren?

Kann-Aufgabe
5 Minuten

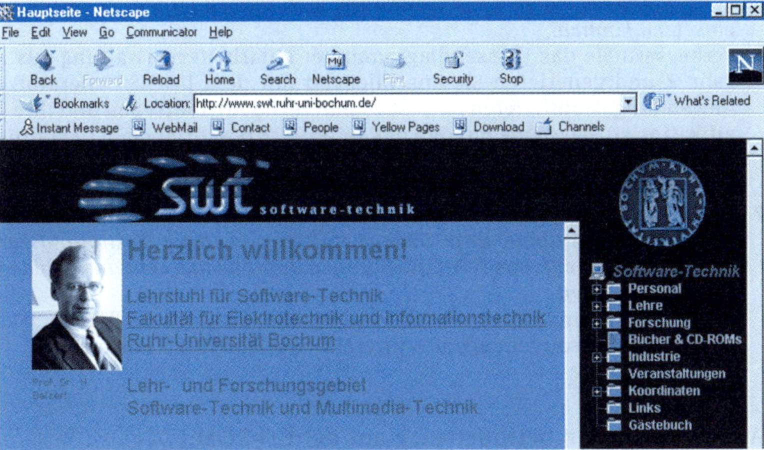

Abb. 2.23-27: Beispiel einer Web-Anwendung

Klausur-Aufgabe *10 Minuten*

4 *Lernziel: Vorgegebene E/A-Gestaltungen auf die ergonomische Verwendung von Interaktionselementen prüfen können.*
Betrachten Sie den Erfassungsdialog für Veranstaltungen in Abb. 2.23-28 aus dem Fallbeispiel »Seminarorganisation«. Welche Interaktionselemente lassen sich identifizieren?

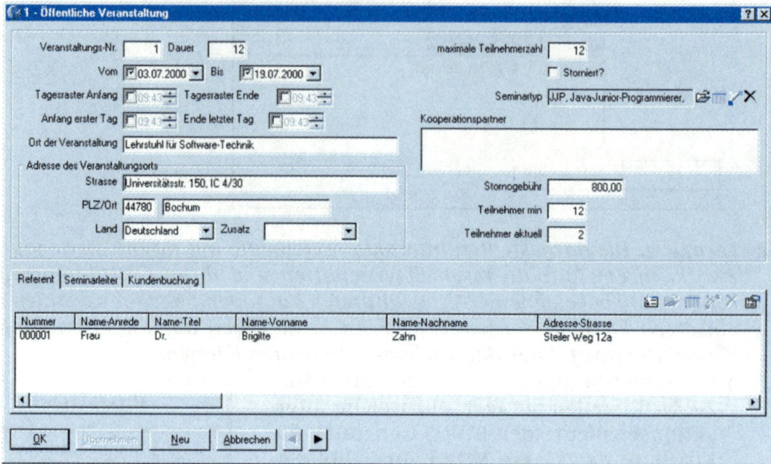

Abb. 2.23-28: Beispiel eines Erfassungsfensters

Konstruktive Aufgaben
Muss-Aufgabe *15 Minuten*

5 *Lernziel: Die dargestellten Interaktionselemente mit ihrem Verwendungszweck, ihrem Aufbau, ihren Eigenschaften und ihren Gestaltungsregeln kennen und bei eigenen E/A-Gestaltungen aufgabengerecht auswählen und einsetzen können.*
Die Personaldaten von Mitarbeitern sollen in einer Tabelle dargestellt werden. In dieser Tabelle sind Spalten für die Personalnummer (7-stellige Zahl), den Namen des Mitarbeiters, das Gehalt (Angabe: DM mit Pfennigen) und das Eintrittsdatum in die Firma vorzusehen.
Gestalten Sie eine Tabelle, die diesen Anforderungen gerecht wird und geben Sie einige Beispiel-Einträge an.

Kann-Aufgabe *45 Minuten*

6 *Lernziel: Die dargestellten Interaktionselemente mit ihrem Verwendungszweck, ihrem Aufbau, ihren Eigenschaften und ihren Gestaltungsregeln kennen und bei eigenen E/A-Gestaltungen aufgabengerecht auswählen und einsetzen können.*
Verbessern Sie das Klassendiagramm der Mitarbeiterverwaltung aus Aufgabe **2** und generieren Sie anschließend mit dem JANUS-Generator eine Anwendung. Modifizieren Sie insbesondere die Attributtypen und ihre Spezifikation so, dass eine mit den in Kapitel 2.23 beschriebenen Gestaltungsregeln konsistente Anwendung entsteht.

Kann-Aufgabe *30 Minuten*

7 *Lernziel: Die dargestellten Interaktionselemente mit ihrem Verwendungszweck, ihrem Aufbau, ihren Eigenschaften und ihren Gestaltungsregeln kennen und bei eigenen E/A-Gestaltungen aufgabengerecht auswählen und einsetzen können.*
Entwerfen Sie ein Interaktionselement für die Auswahl von Farben. Warum ist es hier sinnvoll, ein eigenes Interaktionselement zu entwerfen?

Hinweis

Weitere Aufgaben befinden sich auf der CD-ROM 1.

2 Die Definitionsphase – Software-Ergonomie (E/A-Gestaltung 2)

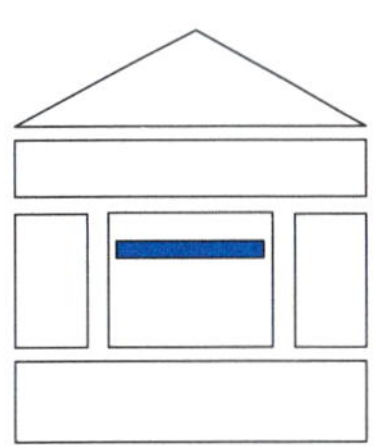

- Die Prinzipien der Gestaltpsychologie kennen und und bei der E/A-Gestaltung umsetzen können.
- Allgemeine Gruppierungsregeln kennen und bei der E/A-Gestaltung anwenden können.
- Hervorhebungen bei der E/A-Gestaltung entsprechend den Regeln einsetzen können.
- Regeln für die Verwendung von Farbe kennen und anwenden können.
- Formulare unter Berücksichtigung der beschriebenen Regeln und Erstellungsschritte gestalten können.

- Die Abschnitte 1 und 2 des Kapitels 2.23 »E/A-Gestaltung« müssen bekannt sein.
- Die Kapitel 2.21 »Software-Ergonomie« und 2.22 »Dialoggestaltung« erleichtern das Verständnis.

i

Auf der beigefügten CD-ROM 1 befindet sich eine Bilderserie zur Veranschaulichung der Farbgestaltung.

2.23.3 Gruppierung von Interaktionselementen

Zum Lösen einer Arbeitsaufgabe ist es erforderlich, dass mehrere Interaktionselemente zu aufgabenbezogenen Gruppen zusammengefasst werden. Mehrere Gruppen können dann ein Fenster bilden. Mehrere Elemente können durch

Möglichkeiten der Gruppierung

- räumliche Nähe,
- räumliche Anordnung,
- Umrandung,
- Umkehrung der Polarität,
- eine gemeinsame und sie von anderen Elementen unterscheidende Helligkeitsstufe oder Farbe

zu einer Gruppe oder Makroeinheit zusammengefasst werden.

Eine Gruppe kann vom Erscheinungsbild her zu einer Figur oder Wahrnehmungseinheit werden. Daher ist für die Gestaltung einer Gruppe auch die menschliche Informationsverarbeitung (siehe Abschnitt 2.23.1) zu beachten.

Eine Gruppe hat – verglichen mit der Menge ihrer einzelnen Elemente – eine neue Qualität, da neue wahrnehmbare Merkmale entstehen, z.B. neue Formmerkmale, neue Hauptachse, neues Textmerkmal. Für eine Gruppe gelten daher die Prinzipien der **Gestaltpsychologie:**

Gestaltpsychologie

- Prinzip der guten Gestalt,
- Figur-Grund-Unterscheidung,
- Binnengliederung.

Diese Prinzipien werden im Folgenden näher erläutert.

2.23.3.1 Prinzip der guten Gestalt

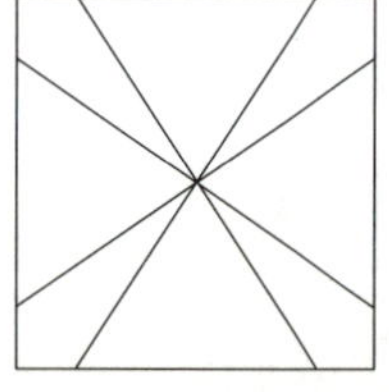

Abb. 2.23-29: Gute Gestalt /Prinz 90, S. 47/

Das **Prinzip der guten Gestalt**, auch **Prägnanzprinzip** genannt, ist ein übergeordnetes allgemeines Rahmenprinzip, das durch verschiedene Einzelprinzipien konkretisiert wird. Bei der Bildung von Gruppen im Sehfeld bzw. bei der Ausbildung von Figuren setzt sich immer eine Gliederung durch. Lässt die Reizkonfiguration mehrere alternative Gliederungen zu, dann setzt sich von den kombinatorisch möglichen Strukturierungen stets diejenige durch, die die einfachste, einheitlichste oder auch »beste« Gesamtgestalt ergibt.

Beispiele

In Abb. 2.23-29 erkennt man entweder ein Malteserkreuz oder Windmühlenflügel als Figur – kaum aber irgendein anderes, weniger regelmäßiges Teilgebilde, das ebensogut möglich wäre.

Abb. 2.23-30 zeigt, dass die Gliederung der Figuren **a** und **c** einfacher, einheitlicher und besser ist als z.B. in den Figuren **b** und **d** –

a **b**

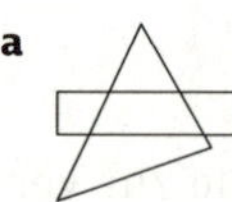

c

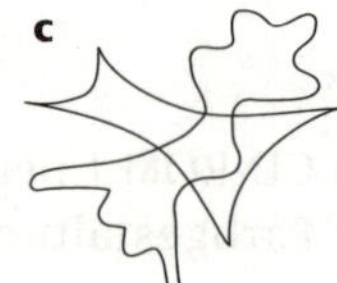

d

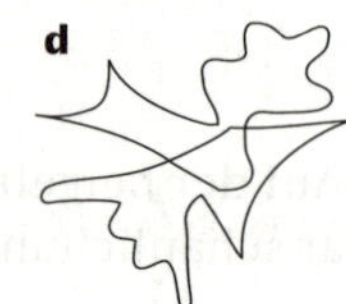

Abb. 2.23-30: Veranschaulichung des Prinzips der guten Gestalt /Prinz 90, S. 48/

auch wenn es schwerfällt, genau anzugeben, worin dieser Unterschied besteht.

2.23.3.2 Figur-Grund-Unterscheidung

Teilflächen in zweidimensionalen Linienkonfigurationen können als »Figur« oder »Grund« gesehen werden.

Beispiele

In der Abb. 2.23-31 werden die Teilflächen 1, 2 und 3 als Figuren, die Teilfläche 4 als Grund angesehen. Die Figuren erscheinen geformt; der Grund ist formlos.
Die Abb. 2.23-29 und 2.23-32 zeigen Beispiele, in denen die Rollenverteilung zwischen Figur und Grund weniger eindeutig ist. Bei diesen Kippfiguren schlägt die Unterscheidung zwischen Figur und Grund von Zeit zu Zeit spontan um.

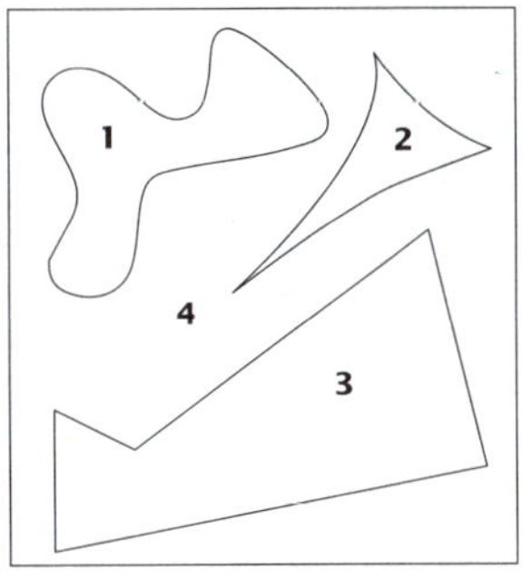

Abb. 2.23-31: Figur-Grund-Unterscheidung /Prinz 90, S. 47/

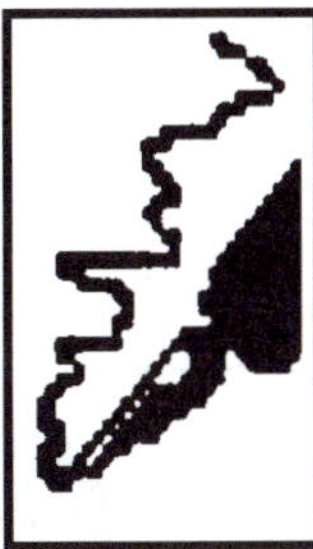

Abb. 2.23-32: Kippfiguren

Kippfiguren sollen bei der Gruppierung von Interaktionselementen und bei der Gestaltung von Piktogrammen nicht entstehen. Gestaltungsziel bei der **Figur-Grund-Unterscheidung** ist es, das Wahrnehmungsfeld so zu organisieren, dass eine Gruppe als Figur wahrgenommen wird und die übrigen Elemente in den Hintergrund treten.

Ziel

Folgende Regeln sollten bei der Gestaltung von Gruppen beachtet werden, um eine gute Unterscheidung zwischen Figur und Grund zu erreichen:

Gestaltungsregeln

- Ein kleines Element wird eher als Figur vor einem größeren Hintergrund wahrgenommen als umgekehrt.
- Ein dunkleres Element wird vor einem helleren Hintergrund eher als Figur wahrgenommen als umgekehrt.
- Ein räumlich zentral angeordnetes Element wird eher als Figur wahrgenommen als ein peripher angeordnetes Element.
- Ein Element mit einer vertikalen oder horizontalen Hauptachse wird eher als Figur wahrgenommen als ein Element mit einer schrägen Hauptachse. Die Wirkung einer vertikalen Hauptachse ist größer als die einer horizontalen Hauptachse.

- Ein symmetrisches Element wird eher als Figur wahrgenommen als ein asymmetrisches Element. Die Symmetrie um die senkrechte Mittelachse hat eine stärkere Wirkung als die Symmetrie um eine andere Achse.

Beispiel

Die Abb. 2.23-33 zeigt symmetrische Anordnungen.

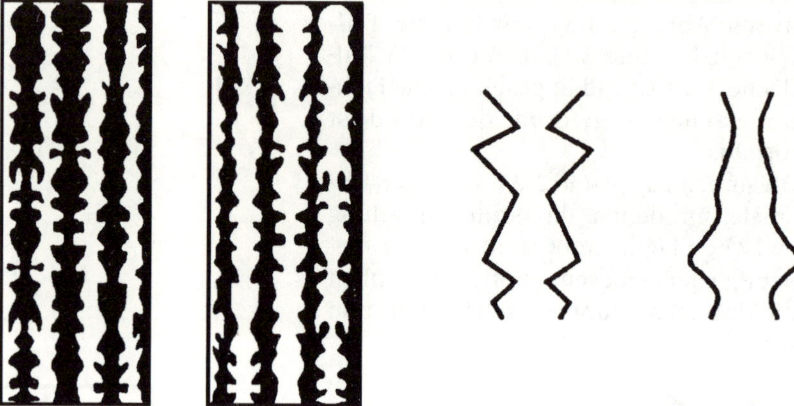

Abb. 2.23-33: Wirkung der Symmetrie

- Ein Element mit nach außen gewölbten Rändern wird eher als Figur wahrgenommen als ein Element mit nach innen gewölbten Rändern.

Beispiel

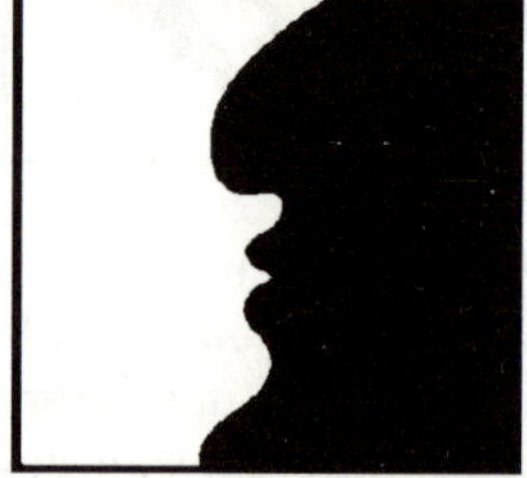

Abb. 2.23-34: Wölbung der Ränder

In der Abb. 2.23-34 wird man eher ein Gesicht als eine Hälfte einer Vase erkennen, da das Gesicht nach außen gewölbte Ränder besitzt.

In jedem Bild gibt es einige Teile, die dazu tendieren, als Figur (oder Objekte) gesehen zu werden, und einige, die als Hintergrund gesehen werden.

2.23.3.3 Binnengliederung

Die Prinzipien der **Binnengliederung** geben Bedingungen an, aufgrund derer bestimmte Elemente des Wahrnehmungsfeldes zu einer Wahrnehmungseinheit oder Figur organisiert werden. Es besteht die Tendenz, die Elemente einer solchen Gruppierung zusammen zu erinnern.

Nähe

- Prinzip der Nähe

Räumlich und zeitlich benachbarte Elemente erscheinen zusammengehörig und werden als eine Figur wahrgenommen.

Beispiele

In der Abb. 2.23-35 wirkt jeweils das Gesetz der Nähe. Es wird eine senkrechte Gruppierung wahrgenommen.

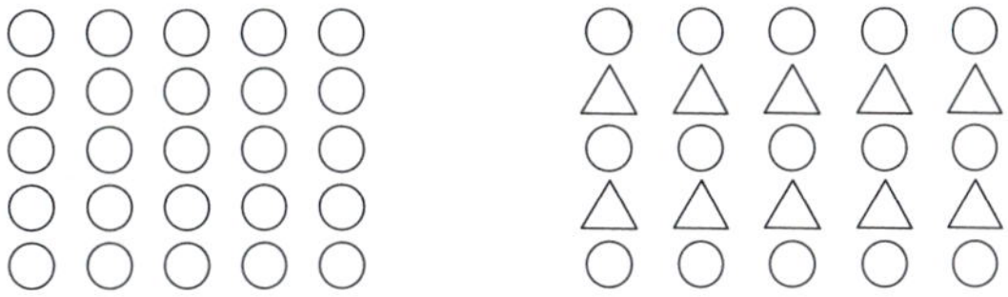

Abb. 2.23-35: Prinzip der Nähe

Ähnlichkeit

■ Prinzip der Ähnlichkeit bzw. Gleichartigkeit
Ähnliche bzw. gleichartige Elemente erscheinen zusammengehörig und werden als eine Figur wahrgenommen. Die Ähnlichkeit bezieht sich auf die Form, die Farbe, die Orientierung, die Helligkeit oder die Größe der Elemente. Die Gleichheit der Farbe, der Helligkeit, der Größe und der Orientierung ist in der Regel wesentlicher als die Gleichheit der Form.

Beispiel

Abb. 2.23-36 veranschaulicht das Prinzip der Ähnlichkeit durch Gleichheit der Form. Es wird eine horizontale Gruppierung wahrgenommen. Das Prinzip der Nähe ist hier fast wirkungslos.

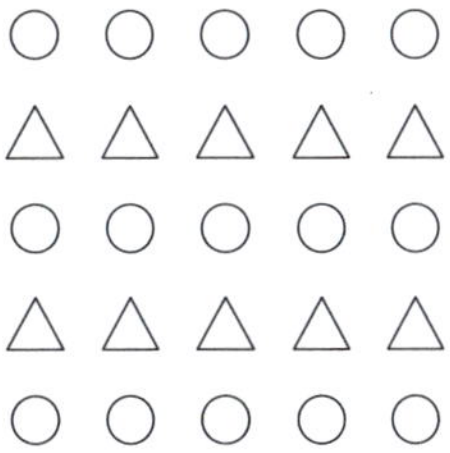

Abb. 2.23-36: Prinzip der Ähnlichkeit

gute Fortsetzung

■ Prinzip der guten Fortsetzung
Elemente, die räumlich oder zeitlich in einfacher, gesetzmäßiger oder harmonischer Kontinuität angeordnet sind, erscheinen zusammengehörig und werden als eine Figur wahrgenommen. Eine kontinuierliche Anordnung kann entlang einer Geraden, entlang einer Kurve mit gleichmäßiger oder sich gleichmäßig verändernder Krümmung erfolgen.

Beispiele

Die Abb. 2.23-37 veranschaulicht das Prinzip der guten Fortsetzung.

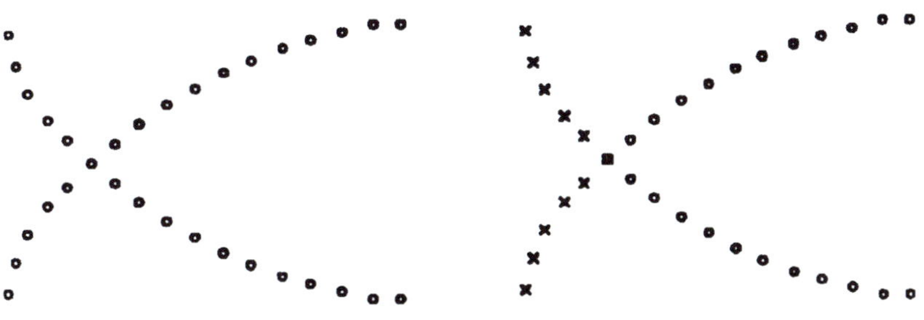

Abb. 2.23-37: Prinzip der guten Fortsetzung

gemeinsames Schicksal

■ Prinzip des gemeinsamen Schicksals
Elemente mit gleicher Entwicklung oder Veränderung, z.B. mit gleicher Bewegungsrichtung oder Bewegungsgeschwindigkeit, erscheinen zusammengehörig und werden als eine Figur wahrgenommen.

Geschlossenheit

■ Prinzip der Geschlossenheit
Elemente, die eine geschlossene Figur bilden, erscheinen zusammengehörig und werden als eine Figur wahrgenommen.

Beispiel

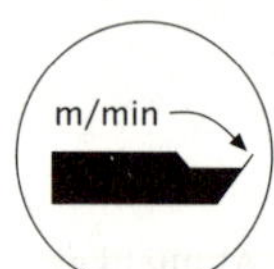

Abb. 2.23-38: Prinzip der Geschlossenheit

Abb. 2.23-38 zeigt die Wirkung eines nicht geschlossenen und eines geschlossenen Elements.

Ziel ist es, ein ruhiges und ausgeglichenes Erscheinungsbild zu erreichen. Die Prinzipien der Binnengliederung und Figur-Grund-Unterscheidung können sich unterstützen oder schwächen.

Beispiele

Die Abb. 2.23-39 zeigt die Wirkung der Kombination von Prinzipien. In Bild **a** wirkt das Gesetz der Nähe. Benachbarte Elemente werden als zusammengehörig empfunden. In Bild **b** verstärken sich die Prinzipien der Nähe und Symmetrie. In Bild **c** werden die Figuren durch die Verstärkung der Prinzipien der Nähe, der Symmetrie und der Gleichartigkeit noch stabiler und prägnanter.
Abb. 2.23-36 zeigt demgegenüber, wie das Prinzip der Nähe durch das Prinzip der Ähnlichkeit fast aufgehoben wird.

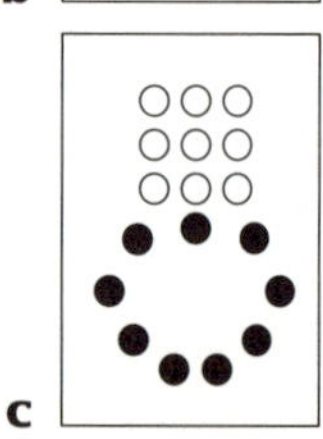

Abb. 2.23-39: Kombination von Prinzipien

2.23.3.4 Allgemeine Gruppierungsregeln und Hervorhebungen

In einem Fenster werden in der Regel mehrere Gruppen angeordnet. Bei Suchprozessen wählt der Benutzer zuerst die Gruppe aus und dann das gesuchte Element in der Gruppe. Bei der E/A-Gestaltung müssen also sowohl Gruppen gebildet als auch die Gruppen untereinander geeignet angeordnet werden.

In Abb. 2.23-40 sind allgemeine Regeln für diese beiden Gestaltungsaufgaben zusammengestellt.

Durch Hervorhebungen können
- verschiedene Informationsarten getrennt,
- dargestellte Informationen gewichtet,
- das Suchen, Finden und Abzählen erleichtert und
- die Aufmerksamkeit des Benutzers auf bestimmte Informationen gelenkt werden.

Hervorhebungen sollten erst dann eingesetzt werden, wenn die räumlichen und begrifflichen Gestaltungsmöglichkeiten ausgeschöpft sind.

Mögliche Gestaltungsmaßnahmen für Hervorhebungen zeigt Abb. 2.23-41.

2.23.4 Verwendung von Farben

/EN ISO 9241-8: 1997/, /Wandmacher 93/

Farbe kann folgende Leistungen der visuellen Informationsverarbeitung wirksam unterstützen: 

- Figur-Grund-Unterscheidung und Gruppierung,
- Suchen, Auffinden, Identifizieren und Zuordnen,
- Erkennen und Erinnern.

Folgende Erkenntnisse liegen darüber vor:

Figur-Grund-Unterscheidung und Gruppierung

- Eine kleinere Gruppe von Elementen, die sich von den übrigen Elementen durch eine bestimmte Farbe unterscheiden, wird leicht

Abb. 2.23-40: Allgemeine Gruppierungsregeln

Zur Gruppenorganisation:

- Elemente, die in einem engen Sinnzusammenhang stehen, sollen in Gruppen zusammengefasst werden.
- Elemente mit ähnlichem Aussehen und gleicher Funktion können zu besonders gut gestalteten Gruppierungen zusammengefasst werden.
- Informationen im oberen Bereich einer Gruppe werden schneller entdeckt als im unteren Bereich.
- Die Elemente werden innerhalb der Gruppe so angeordnet, dass sie der Logik des Arbeitsablaufs aus Benutzersicht entsprechen. Erst dann wird die Reihenfolge der Elemente durch die Benutzungshäufigkeit und die Wichtigkeit der von ihr vermittelten Information bestimmt.
- Wenn eine Gruppierung nicht mehr als vier oder fünf bekannte Elemente (wie z.B. Bezeichner) umfasst, dann kann das gesuchte Element unmittelbar in dieser Gruppe identifiziert werden.
- Für das Suchen und Vergleichen von Elementen innerhalb einer Gruppe ist es günstiger, die Elemente spaltenweise statt zeilenweise anzuordnen.
- Gruppenüberschriften und Gruppenrahmen erhöhen zwar die Übersichtlichkeit und erleichtern die Orientierung, sie vergrößern jedoch auch die gesamte Informationsmenge und den für ihre Darstellung notwendigen Raumbedarf.

Zur Gruppengröße:

- Wenn die in einer Gruppierung zusammengefassten Elemente mit einer einzigen Fixation erkannt werden sollen, dann liegt die obere Grenze des räumlichen Umfangs einer Gruppierung bei ungefähr 5,3 cm (5 Grad Sehwinkel, Bildschirmabstand 60 cm).

Zur Gruppenanzahl:

- Um einen umfassenden Überblick über mehrere Gruppierungen zu ermöglichen, sollte die Anzahl der Gruppierungen nicht größer als vier oder fünf sein.
- Wenn es nicht auf einen umfassenden Überblick über alle Gruppierungen ankommt, erweisen sich noch bis zu 15 Gruppen als sinnvoll.

Zur Gruppenanordnung (siehe auch Abschnitt 2.23.5):

- Um eine Gruppierung leichter wahrzunehmen, sollte sie deutlich von anderen Gruppen getrennt werden. Es wird ein Abstand von 0,5 cm vorgeschlagen.
- Die Gruppen sind so auszurichten, dass insgesamt möglichst wenig Fluchtlinien entstehen.
- Angewandte Gestaltungsmaßnahmen sollen in allen Gruppierungen konsistent durchgeführt werden.
- Die Gruppierungen sind so anzuordnen, dass ein ausbalanciertes und symmetrisches Bild entsteht.

Quelle: /ISO 9241-12: 1998/

als Figur vor dem Hintergrund der übrigen Elemente wahrgenommen.

- Farbe kann zur Binnengliederung eingesetzt werden. Gleiche Farben mehrerer Elemente bewirken eine größere Ähnlichkeit als Form und Helligkeit. Umgekehrt führen verschiedene Farben von mehreren Elementen zu größerer Unähnlichkeit als durch Form und Helligkeit.
- Auch räumlich entfernte Elemente gleicher Farbe können zu einer Figur gruppiert werden, wenn die übrigen Elemente einen anderen Farbton haben. Bei Tabellen dominieren aber in der Regel die Prinzipien der Nähe und der Geschlossenheit.
- Figur-Grund-Unterscheidung und Binnengliederung aufgrund von Farbe erfolgt über einen räumlich größeren Bereich als aufgrund von Form oder Größe.

Abb. 2.23-41: Hervorhebungen

Hervorhebungen können erzielt werden durch:

- Größe: größere Darstellung des hervorzuhebenden Elements
- Farbe, Hell-Dunkel-Kontrast, verschiedene Helligkeitsstufen
- Isolierung, Einzelstellung, Variation der Abstände
- Umrandung
- abweichende Orientierung oder Form
- Inversdarstellung: möglichst gesamte Gruppe invertieren, nicht zu viele separate Elemente
- Veränderung der Schrift: fett, Schriftart, Großbuchstaben
- Blinken: nur an einer Stelle zu einer Zeit, sehr sparsam einsetzen

Beispiele:

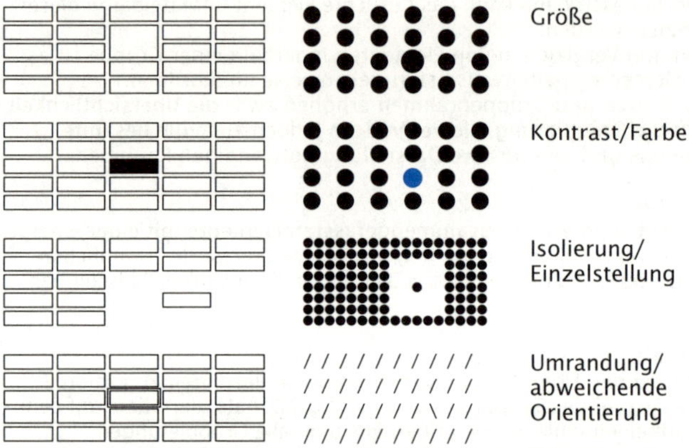

Größe

Kontrast/Farbe

Isolierung/ Einzelstellung

Umrandung/ abweichende Orientierung

Gestaltungsregeln:

- nicht mehr als 10 bis 20 Prozent aller Einzelinformationen hervorheben
- Farben sparsam verwenden: nicht mehr als fünf Farben
- Kontrast zum Hintergrund groß genug gestalten, aber auf die Komplementärfarben achten
- von den verschiedenen Arten der Hervorhebung sparsam Gebrauch machen
- gewählte Darstellungsart durchgängig benutzen
- Hervorhebungen ihrer Funktion entsprechend realisieren

Quelle: rechte Spalte der Beispiele aus /Rivlin, Lewis, Davies-Cooper 90, S. 21/

- Leser nehmen Textteile in gleicher Farbe als zusammengehörig war, wenn es maximal drei bis vier unterschiedliche Farben auf dem Bildschirm gibt.
- Textteile in einer anderen Farbe als die des gerade gelesenen Textes lenken die Aufmerksamkeit auf sich.

Suchen, Auffinden, Identifizieren und Zuordnen

- Eine Farbe kann in einer Suchmenge schneller entdeckt und lokalisiert werden als andere Zielmerkmale.
- Figuren oder grafische Elemente mit gleicher Farbe können in der Regel schneller gezählt werden als aufgrund eines gemeinsamen Formenmerkmals.
- Farbigkeit wird von Benutzern als angenehm, ästhetisch ansprechend, anregend oder hilfreich bewertet.
- Farbige Darstellungen können die subjektive Sicherheit erhöhen, sich zurechtzufinden oder gesuchte Informationen zu finden.

1 Die wichtigsten Bildschirmfarben besitzen folgende Helligkeitsrangfolge: Weiß, Gelb, Cyan, Grün, Magenta, Rot, Blau, Schwarz.
Vor einem dunklen Hintergrund sind Weiß, Gelb, Cyan und Grün am besten geeignet.
Vor einem hellen Hintergrund sind Magenta, Rot, Blau und Schwarz am besten geeignet.

2 Farbunterschiede sind sparsam einzusetzen, da Farben die Aufmerksamkeit stark lenken. Die Anzahl der gleichzeitig dargestellten Farben sollte so gering wie möglich sein.
Für eine genaue Identifizierung von Farben sollte der Standard-Farbensatz aus nicht mehr als elf Farben bestehen. Eine Ausnahme bilden graduelle Abstufungen des Farbtons, z.B. bei einer Temperaturskala. Ist ein schnelles Suchen auf der Grundlage der Unterscheidung der Farben erforderlich, dann sollten nicht mehr als sechs Farben verwendet werden.

3 Vor dem Einsatz von Farben sollte eine monochrome, grafisch-räumliche Gestaltung entwickelt werden, die die logische oder andere relevante Beziehungen zwischen den Elementen repräsentieren.

4 Farben sind konsistent zu verwenden:
Konventionelle Farbkodierungen sind einzuhalten, z.B. Rot für Halt, Heiß, Gefahr; Grün für Weiter, Sicher; Gelb für Vorsicht; Blau für Kalt.

5 Keine hochgesättigten, spektral gegensätzlichen Farben wie Rot und Blau gleichzeitig darbieten (unterschiedliche Linsenakkommodation). Es sollten besser Farben geringer Sättigung verwendet werden.
Bei Lesetätigkeiten von Text, alphanumerischen Zeichen und Symbolen, die in negativer Polarität dargestellt sind, gilt:
Blau auf dunklem Untergrund darf nicht verwendet werden.
Rot auf dunklem Untergrund sollte vermieden werden und darf nicht auf einem spektral extremen blauen Untergrund verwendet werden.
Bei Lesetätigkeiten von Text, alphanumerischen Zeichen und Symbolen, die in positiver Polarität dargestellt sind, gilt:
Spektral extremes Blau darf nicht auf spektral extremen roten Untergrund verwendet werden.

6 Unterschiedliche Farbtöne sollten auch unterschiedliche Leuchtdichten besitzen, da unterschiedliche Farbtöne bei gleicher Leuchtdichte die Akkommodation und Konvergenz beeinträchtigen. Dies gilt besonders für Kanten und Konturen.

7 Farbtonunterschiede im Rot- und Purpurbereich sind schwerer zu erkennen als im Gelb- und Blaubereich. Daher kleinere Farbtonunterschiede oder erkennbare Farbtonabstufungen im Gelb- und Blaubereich realisieren.

8 Für die Farbunterscheidung sind die Gegenfarben (Rot vs. Grün und Gelb vs. Blau) geeigneter als Rot oder Grün vs. Gelb oder Blau.

9 In räumlich ausgedehnten Darstellungen sollen Rot und Grün im fixierten Bereich und nicht im peripheren Bereich verwendet werden.
Umgekehrt sollen Gelb und Blau im peripheren Bereich aber nicht im fixierten Bereich verwendet werden.

10 Die Kombination von Rot und Blau vor dunklem Hintergrund kann zu einem Tiefeneffekt führen.
Rot und Grün vor dunklem Hintergrund ergeben einen schwächeren Tiefeneffekt.
Spektral extreme Farben, die Tiefeneffekte bewirken, dürfen nicht für Abbildungen verwendet werden, die permanent angeschaut oder gelesen werden müssen.

11 Reine Blautöne sind für das Erkennen von kleinen Formen, kleinen alphanumerischen Zeichen, Punkten und dünnen Linien ungeeignet, wenn der Hintergrund dunkel ist.
Blau eignet sich dagegen sehr gut als Hintergrundfarbe und als Farbe für periphere Objekte vor hellem Hintergrund.
Da Blau nur geringfügig zur Helligkeitswahrnehmung beiträgt, sind Abstufungen des Blautons zur Unterscheidung von aneinandergrenzenden Einheiten ungeeignet.
Die Verwendung von gesättigtem Blau sollte für Abbildungen von weniger als 2° Größe vermieden werden.

12 Ältere Benutzer benötigen für die Farbunterscheidung größere Helligkeiten.

13 Kann die Farbe vom Benutzer verändert werden, dann muss der Standard-Farbensatz wiederaufrufbar und wiederspeicherbar sein.

Abb. 2.23-42a: Regeln zur Farbgestaltung

Quellen: /Wandmacher 93/, /EN ISO 9241-8: 1997/, /ISO 9241-12: 1998/

Abb. 2.23-42b: Regeln zur Farbgestaltung

14 Weniger als 0,1 Prozent der Bevölkerung sind farbenblind. Jedoch sind ungefähr 8 Prozent der Männer und 0,5 Prozent der Frauen farbfehlsichtig. Am häufigsten können Rot, Gelb und Grün nicht unterschieden werden. Außerdem werden Cyan und Weiß sowie Blau und Violett leicht verwechselt. Durch ausreichende Helligkeitsunterschiede von Farben wird die Verwechslungsgefahr reduziert. Ein Gelb mit hoher, ein Grün mit mittlerer und ein Rot mit niedriger Leuchtdichte sollte von allen Benutzern unterschieden werden können.

Hinweis: Die Wirkung der verschiedenen Regeln wird anhand verschiedener Bilder auf der beigefügten CD-ROM 1 demonstriert.

Erkennen und Erinnern

- Farben werden schneller erkannt als Größen oder Helligkeiten.
- Ziffern, Buchstaben, Wörter und einfache Formen werden dagegen schneller erkannt als Farben.
- Ziffern, Buchstaben und einfache Formen werden besser als Farben kurzfristig erinnert.

Die Regeln, die bei der Farbgestaltung berücksichtigt werden sollen, sind in der Abb. 2.23-42 zusammengestellt.

2.23.5 Informationsdarstellung auf dem Bildschirm und Gestaltung von Formularen

Bei der Informationsdarstellung auf dem Bildschirm sollten folgende Kriterien eingehalten werden /ISO 9241-12: 1998, S. 7/:

- **Klarheit:** Der Informationsinhalt wird schnell und genau übermittelt.
- **Unterscheidbarkeit:** Die dargestellte Information kann genau wahrgenommen werden.
- **Prägnanz:** Die Benutzer erhalten nur die Information, die sie benötigen, um ihre Aufgabe zu erledigen.
- **Konsistenz:** Dieselbe Information wird in der gesamten Anwendung in gleicher Weise angezeigt, in Übereinstimmung mit der Erwartungshaltung des Benutzers.
- **Wahrnehmbarkeit:** Die Aufmerksamkeit des Benutzers wird auf die Information gelenkt, die er benötigt.
- **Lesbarkeit:** Die Information ist leicht zu lesen.
- **Verständlichkeit:** Die Bedeutung ist klar verständlich, eindeutig, interpretierbar und erkennbar.

Formular

In vielen Anwendungsfällen werden Eingabefelder in Gruppen zusammengefasst, um Informationen einzugeben. Solche Gruppen bezeichnet man oft als **Formulare**. Ein solches Formular hat die gleiche Funktion wie ein herkömmliches Formular auf Papier. Für Formulare gelten im Wesentlichen die Regeln für Eingabefelder, kombiniert mit den Regeln für die Gruppierung von Elementen.

In klassischen Benutzungsoberflächen befinden sich die Formulare in der Regel in Erfassungsfenstern, in Web-Anwendungen werden sie in der Regel in der Arbeitsfläche des *Web-Browsers* dargestellt.

Da bei Web-Anwendungen *keine* permanente Verbindung zwischen dem *Client* und dem *Server* besteht, sind bei der Formulargestaltung einige Einschränkungen zu beachten. In der Regel ist die Interaktivität beschränkt, da nur lokale Eingabeprüfungen vorgenommen werden können. Erfordern Überprüfungen z.B. den Zugriff auf eine Datenbank, dann muss die Verbindung zum *Server* erst wieder hergestellt werden. Anschließend wird das Formular wieder neu und leer dargestellt. Der Benutzer erhält also in den meisten Fällen *keine* direkte Rückmeldung auf seine Eingaben. Abgesehen von diesem Nachteil sind Bildschirmformulare in Web-Anwendungen oft »miserabel« gestaltet. Abb. 2.23-43 zeigt ein noch verbesserungsfähiges Erfassungsformular. Abb. 3.10-9

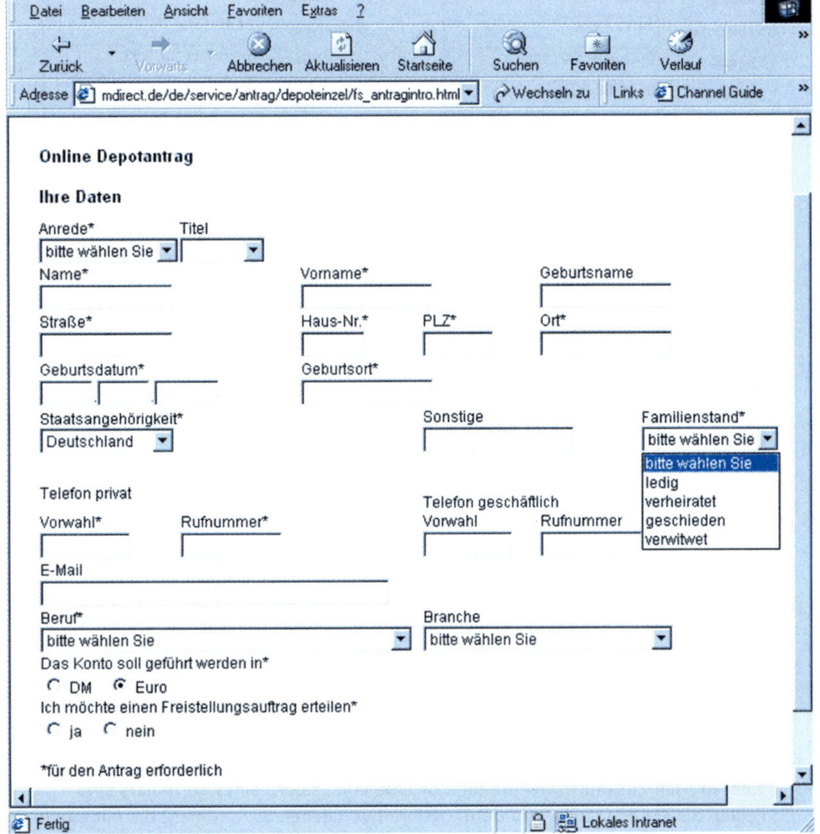

Abb. 2.23-43: Beispiel eines Web-Formulars

Ergänzend zu den allgemeinen Gruppierungsregeln der Abb. 2.23-40 sind in der Abb. 2.23-44 noch Regeln für die Gestaltung von Formularen angegeben.

Abb. 2.23-44a: Gestaltungsregeln für Formulare

- Der längste Führungstext sollte von dem zu ihm gehörenden Eingabebereich *nicht* weiter als 0,3 cm entfernt sein.
- Haben die Führungstexte aller Eingabefelder einer Gruppierung ungefähr die gleiche Länge (maximale Differenz nicht größer als 6 Zeichen), so sind sie genau wie ihre Eingabebereiche linksbündig auszurichten (siehe Beispiel). Haben die Führungstexte der Eingabefelder einer Gruppierung eine stark unterschiedliche Länge (maximale Differenz größer als 6 Zeichen), soll zunächst versucht werden, ihre Länge durch Umbenennen der Führungstexte anzugleichen. Ist dieses nicht möglich, so sind die Führungstexte rechtsbündig und die Eingabebereiche linksbündig auszurichten (siehe Beispiel).

Beispiele:

Linksbündige Ausrichtung der Führungstexte

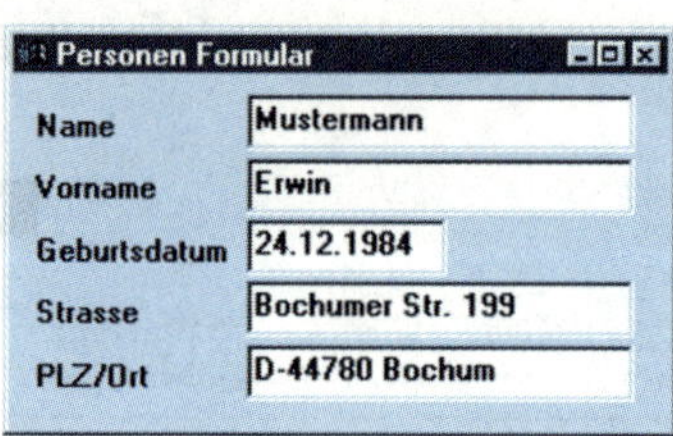

Rechtsbündige Ausrichtung der Führungstexte

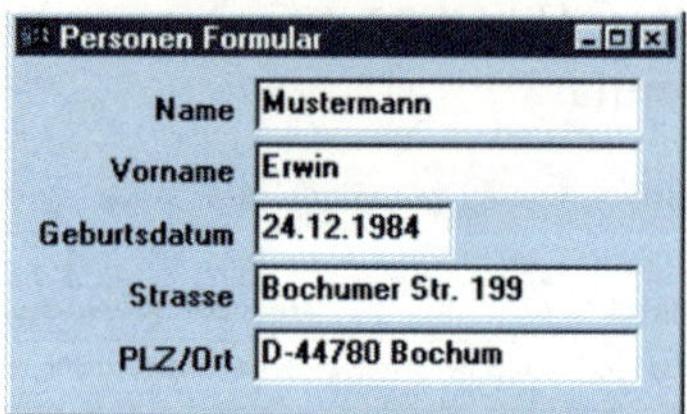

- Eine gepunktete Linie oder ein Doppelpunkt zwischen Führungstext und seinem Eingabebereich erhöhen das »Rauschen« auf dem Formular. Aus diesem Grund sind sie *nicht* als Gestaltungselement zu empfehlen.
- Wenn Papier-Formulare als Vorlage zur Dateneingabe dienen, dann sollen die dortigen Führungstexte übernommen werden. Ebenfalls sollten die räumlichen Anordnungen von Führungstexten und Eingabebereichen übernommen werden, wenn sie auf dem Bildschirmformular sinnvoll darstellbar sind.
- Das aktuelle Eingabefeld soll hervorgehoben sein.
- Wenn die Einträge in einer bestimmten Reihenfolge durchgeführt werden müssen, dann soll nach dem Abschluss der Eingabe der *Cursor* auf das nächste Eingabefeld springen.
- Vor dem Eintrag soll der *Cursor* am Anfang des Eingabefeldes stehen.
- Muss-Felder sollen vor Kann-Feldern angeordnet sein und zuerst durchlaufen werden.
- Es sollte Information über die zulässigen Eingabewerte zur Verfügung gestellt werden, entweder innerhalb des Formulars oder durch den Benutzer abrufbar.
- Benutzer sollten den Dialogverlauf jederzeit selbst steuern und Fehler einfach beheben können. Sie sollten nicht mehr Daten eingeben müssen, als zur Aufgabenbearbeitung erforderlich und nicht bereits im System verfügbar sind.
- Die Bedienungsschritte, die nötig sind, um den *Cursor* von einem Eingabefeld zum nächsten zu bewegen, sind zu minimieren.
- Die Benutzer sollten während des Ausfüllens eines Formulars so wenig wie möglich gezwungen sein, zwischen verschiedenen Eingabegeräten zu wechseln. Innerhalb einer logisch zusammengehörenden Gruppe von Feldern eines Formulars sind Felder, die Texteingaben erfordern, getrennt von denen anzuordnen, die mit einem Zeigegerät ausgefüllt werden können.
- Der Benutzer soll das Formular in den Ausgangszustand zurücksetzen und neu beginnen, die Eingabe abbrechen oder jede beliebige Eingabe verändern können.
- Bei Fehlern soll der *Cursor* in das erste Feld mit fehlerhaftem Inhalt gesetzt werden.

Quellen: /EN ISO 9241-17: 1998/, /ISO 9241-12: 1998/

- Enthält ein Feld einen Fehler, dann soll der Benutzer nur den fehlerhaften Teil der Eingabe korrigieren müssen.
- Der *Cursor* soll *nicht* in geschützte Bereiche, d.h. reine Ausgabefelder, navigiert werden können.
- Wenn ein Formular in zusammengehörige Gruppen aufgeteilt ist, dann sollen Benutzer von Gruppe zu Gruppe springen können, d.h. sie sollen *nicht* alle Felder einer Gruppe durchlaufen müssen, um zur nächsten Gruppe zu springen.
- Stellt ein Formular die Sicht auf einen Datensatz dar, dann sollte zum vorhergehenden und nachfolgenden Datensatz gewechselt werden können.
- Ist eine Gruppe von Formularen hierarchisch strukturiert, dann soll der Benutzer sowohl zur nächsthöheren als auch zur nächstniederen Hierarchieebene wechseln können.

Abb. 2.23-44b: Gestaltungsregeln für Formulare

harmonische Gestaltung

Ein Formular soll nicht nur so gestaltet werden, dass der Benutzer seine Aufgaben effizient durchführen kann, sondern es soll auch ästhetisch ansprechend sein /Kruschinski 98/. Folgende Gesichtspunkte sind zu beachten:

1 Proportionen

Flächen erscheinen angenehmer, wenn sie eher breit als hoch sind. Daher sollten Formulare ein Seitenverhältnis von 1:1 bis 1:2 (Höhe zu Breite) besitzen. Diese Forderung lässt sich meistens durch eine Verteilung der Informationen in zwei Spalten verwirklichen.

Beispiel

Abb. 2.23-45 zeigt zwei Fenster, die exakt die gleichen Informationen über ein Hotel enthalten. Das rechte Fenster unterstützt im Gegensatz zum linken die harmonische Gestaltung durch Spaltenbildung. Weitere Gestaltungselemente wurden hier bewusst noch *nicht* eingesetzt.

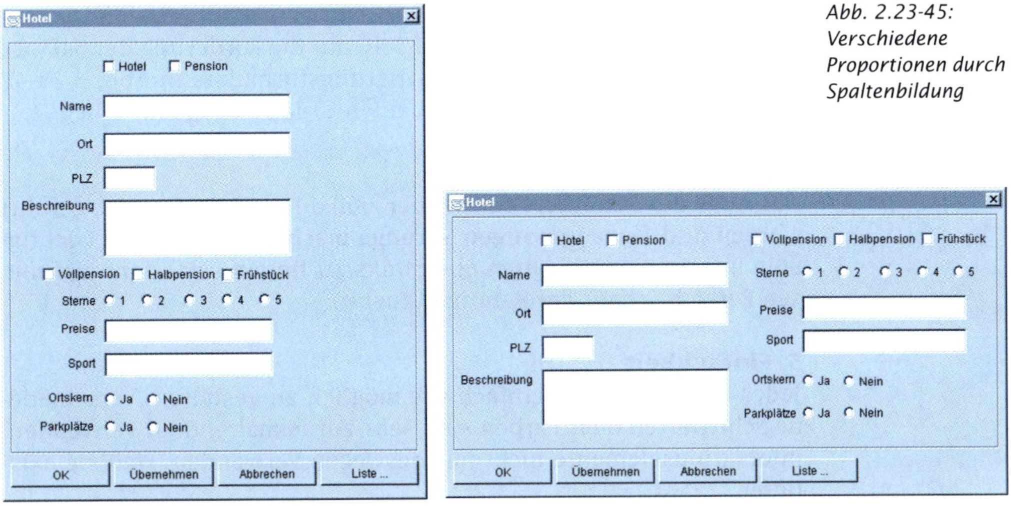

Abb. 2.23-45: Verschiedene Proportionen durch Spaltenbildung

2 Balance

Wenn ein Formular durch eine vertikale Linie in der Mitte geteilt würde, dann soll die Informationsdichte auf beiden Seiten gleich groß sein.

Beispiel Die Forderung der Balance wird durch das Fenster des Registrierungsformulars in Abb. 2.23-46 erfüllt. Außerdem wurden hier Gruppen gebildet, um zu zeigen, dass bestimmte Textfelder zusammengehören.

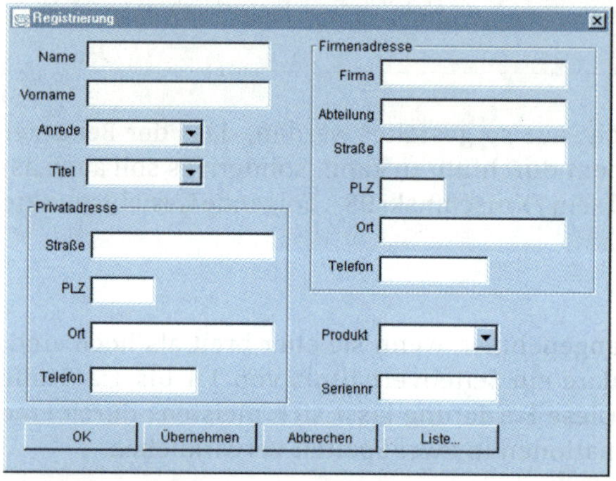

Abb. 2.23-46: Balanciertes Fenster

3 Symmetrie

Die Symmetrie ist eine Verstärkung der Balance. Hier wird zusätzlich gefordert, dass horizontal gegenüberliegende Elemente gleichartig sind. Diese Gleichartigkeit kann durch identische Interaktionselemente oder durch gleich große Elemente erreicht werden. In der Praxis lässt sich diese Forderung jedoch *nicht* immer erfüllen.

Beispiel Während das Fenster der Abb. 2.23-46 nur die Forderung der Balance erfüllt, ist das Fenster des Registrierungsformulars in Abb. 2.23-47 symmetrisch gestaltet, weil die beiden Gruppen gegenüberliegen.

4 Sequenz

Das Auge des Benutzers soll sequenziell durch das Formular geführt werden und *keine* unnötigen Sprünge machen müssen. Die wichtigsten Informationen sollten oben links zu finden sein, denn auf diesen Bereich schaut der Benutzer zuerst.

5 Einfachheit

Jedes Formular ist so einfach wie möglich zu gestalten. Verschiedene Schriftarten oder Farben sind sehr zurückhaltend zu verwenden. Interaktionselemente nicht nur deswegen verwenden, weil sie existieren.

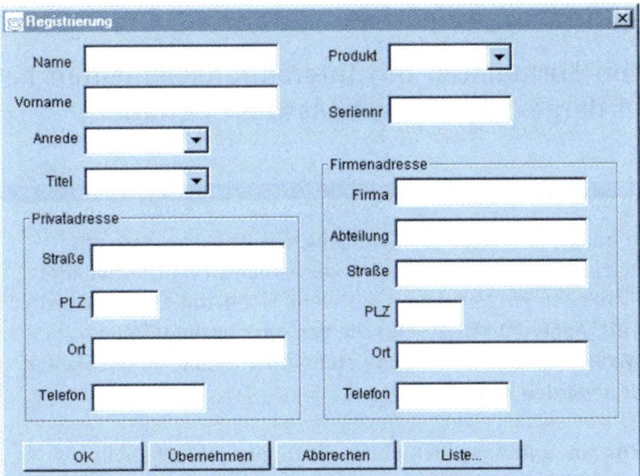

Abb. 2.23-47: Symmetrisches Fenster

6 Virtuelle Linien minimieren

Außer den gezeichneten Linien gibt es in einem Formular auch virtuelle Linien, die durch die Kanten der Interaktionselemente gebildet werden. Der Einfluss dieser Linien auf die harmonische Gestaltung darf *nicht* unterschätzt werden. Der Benutzer bildet intuitiv diese Linien, wenn genügend Fangpunkte – hier Kanten – vorhanden sind. Bei der Bildung von virtuellen Linien spielen große Elemente eine dominantere Rolle als kleine. Rechteckige Elemente werden stärker bewertet als Elemente ohne festen Umriss (z.B. Führungstexte). Für eine harmonische Gestaltung ist es wichtig, dass ein Formular eine möglichst geringe Anzahl von virtuellen Linien enthält. Auch die waagrechten virtuellen Linien müssen berücksichtigt werden. Die Erfahrung hat allerdings gezeigt, dass bei den waagrechten Linien weniger Fehler gemacht werden. Um die virtuellen Linien zu minimieren, sollten die Textfelder jedoch nicht willkürlich verlängert werden. Der fachliche Verwendungszweck der Elemente sollte immer Vorrang haben.

Beispiel

In der rechten Gruppe der Abb. 2.23-48 wurden die virtuellen Linien minimiert. Sie wirkt dadurch harmonischer als die linke Gruppe, in der für die Textfelder willkürlich unterschiedliche Längen gewählt wurden.

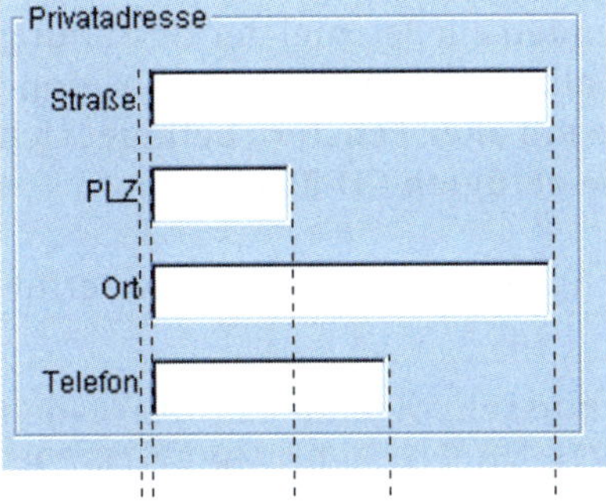

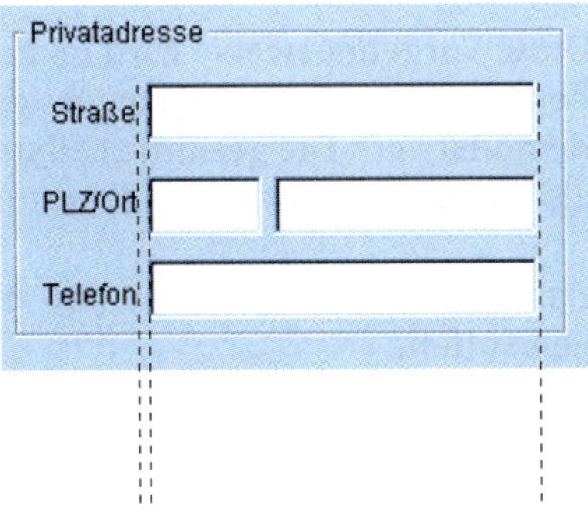

Abb. 2.23-48: Gruppen mit wenigen und vielen virtuellen Linien

2.23.6 Fallstudie Seminarorganisation

Für die Gestaltung von Formularen mit Interaktionselementen hat sich die in Tab. 2.23-1 dargestellte Vorgehensweise bewährt.

Tab. 2.23-1: Vorgehensweise zur Gestaltung von Formularen

Bei Web-Anwendungen ist zunächst festzulegen, von welchen *Web-Browsern* mit welchen Eigenschaften auszugehen ist. Wird beispielsweise reines HTML verwendet, dann stehen andere Möglichkeiten zur Verfügung, als wenn HTML mit eingebetteten Java-*applets* eingesetzt wird. Außerdem ist zu entscheiden, ob nur die HTML-Schnittmenge mehrerer *Web-Browser* zur Verfügung steht, oder ob alle Möglichkeiten eines *Web-Browsers* genutzt werden können.

1 Zusammenstellen, welche Ein- und Ausgaben in dem Formular erfolgen sollen (ergibt sich z.B. aus einem OOA-Modell).
2 Zusammenstellen, welche Elemente zur Dialoggestaltung (z.B. Druckknöpfe) und zur Navigation (z.B. Aufruf anderer Formulare) auf dem Formular angeordnet werden müssen (ergibt sich z.B. aus einem OOA-Modell und der Dialoggestaltung).
3 Festlegung, welche Interaktionselemente zur Darstellung welcher Ein-/Ausgaben geeignet sind und Skizzierung des Layouts entsprechend den Regeln für das jeweilige Interaktionselement. Die Auswahlregeln der Abb. 2.23-25 und Abb. 2.23-26 sind zu berücksichtigen.
4 Gruppierung der Interaktionselemente zu jeweils einer Gruppe, die in einem engen Sinnzusammenhang stehen bzw. logisch zusammengehören.
5 In jeder Gruppe die Interaktionselemente so anordnen, dass sie der Logik des Arbeitsablaufs aus Benutzersicht entsprechen.
Erst dann die Reihenfolge der Elemente entsprechend der Benutzungshäufigkeit und der Wichtigkeit der von ihr vermittelten Information überprüfen. Gibt es mehrere Alternativen als Interaktionselemente, dann die Alternative wählen, die den besten Arbeitsablauf gestattet oder am übersichtlichsten ist.
6 Versuchen, die Gruppen unter Berücksichtigung der Randbedingungen (minimale Breite und Höhe des Formulars) in dem Fenster bzw. dem Arbeitsbereich des *Web-Browsers* einzuordnen. Bei Problemen versuchen, die Binnengliederung der betroffenen Gruppen zu modifizieren.
7 Die gewählte Gruppenordnung ist anhand der Gruppierungsregeln zu überprüfen und u.U. zu modifizieren. Folgende Gesichtspunkte beachten bzw. überprüfen: Proportionen, Balance, Symmetrie, Sequenz, Einfachheit, minimale Anzahl virtueller Linien. Gestaltungsmaßnahmen, die alle Gruppen betreffen, wie *Cursor*-Steuerung, Hervorhebungen und Farbgestaltung sind durchzuführen.
8 Gestaltung des Feinlayouts wie Bündigkeiten, Gruppenabstände usw.

Diese Vorgehensweise wird im Folgenden am Beispiel der Gestaltung des Kundenerfassungsfensters der Fallstudie »Seminarorganisation« demonstriert. Die gesamte Fallstudie mit allen Fenstern befindet sich als lauffähige Anwendung auf der beigefügten CD-ROM 1. 

1. Schritt Zusammenstellen, welche Ein- und Ausgaben in dem Fenster erfolgen sollen.

In dem Fenster »Kunde bearbeiten« müssen folgende Ein-/Ausgaben erfolgen (ergibt sich z.B. aus dem OOA-Modell, siehe Abb. 2.18-29):

- Kunden-Nr.
- Name, bestehend aus
  - Anrede
  - Titel
  - Vorname
  - Nachname
- Adresse, bestehend aus
  - Straße
  - PLZ
  - Ort
  - Land
- Kontakt, bestehend aus
  - Telefon
  - Handy
  - Fax
  - E-Mail
- Geburtsdatum
- Kurzmitteilung
- Notizen
- Ersterfassung am
- Funktion
- Umsatz

2. Schritt

Zusammenstellen, welche Elemente zur Dialogsteuerung und zur Navigation auf dem Fenster angeordnet werden müssen.

Aus dem OOA-Modell (siehe Abb. 2.18-26) und der Dialoggestaltung (siehe Abschnitte 2.22.7 und 2.22.8) ergeben sich folgende Elemente:

Druckknöpfe für die Dialogsteuerung:
- OK
- Übernehmen
- Abbrechen
- Liste

Navigation zu anderen Fenstern:
- Fenster Firma (1:m-Beziehung)
  Rolle: Mitarbeiter
- Fenster Kundenbuchung (n:m-Beziehung)
  Rolle: Teilnehmer
- Fenster Kundenbuchung (n:m-Beziehung)
  Rolle: Debitor

3. Schritt

Festlegung, welche Interaktionselemente zur Darstellung welcher Ein-/Ausgaben geeignet sind, und Skizzierung des Layouts entsprechend den Regeln für das jeweilige Interaktionselement. Die Auswahlregeln der Abb. 2.23-22 und Abb. 2.23-23 sind zu berücksichtigen.

Bei der OOA-Modellierung (siehe Abb. 2.18-26) wurden für die Ein-/Ausgaben bzw. die Attribute bereits genaue Angaben spezifiziert, wie Typ, Muss-/Kann-Attribut, Voreinstellung, auf die jetzt für die E/A-Gestaltung zurückgegriffen werden kann. Folgende Interaktionselemente können verwendet werden:

Kunden-Nr.: Eingabefeld für Daten
Attribute: Ausgabefeld, numerisch, 5-stellig (1..99999)

Anrede: Klappliste
Attribute: Eingabefeld, Werte: Herr oder Frau, Muss-Feld

Titel: Kombiniertes Eingabefeld mit Klappliste *(drop-down combo box)*
Wurde gewählt, da einige Titel vorhersagbar sind (z.B. Prof., Dr.), andere nicht.

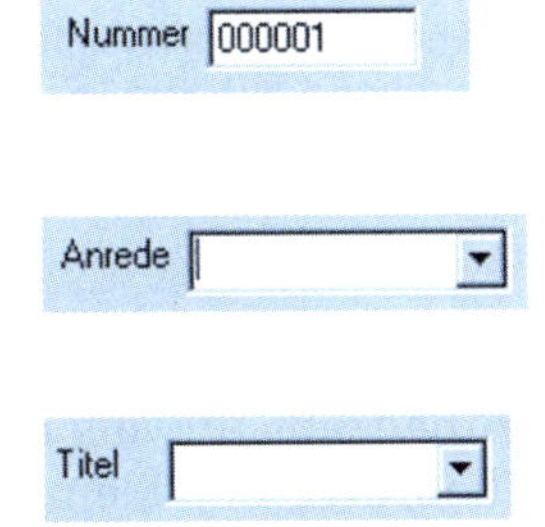

Die Interaktionselemente für Land und Zusatz können analog bestimmt werden.
Vorname: Eingabefeld für Texte
Attribute: Eingabefeld, freier Text: 30 Zeichen

Vorname

Die Interaktionselemente für Straße, PLZ, Ort, Telefon, Handy, Fax, E-Mail, Funktion können analog bestimmt werden.
Name: Eingabefeld für Texte
Attribute: Eingabefeld, freier Text: 30 Zeichen
Muss-Feld

Nachname

Geburtsdatum: Eingabefeld für formatierte Daten
Attribute: Eingabefeld, formatierte Daten, Kann-Feld, Format tt.mm.jjjj als Voreinstellung, 10 Stellen

»Erfassung am« analog.
Kurzmitteilung: Eingabefeld für Texte
Attribute: Eingabefeld, mehrzeiliger Text (200 Zeichen), Kann-Feld

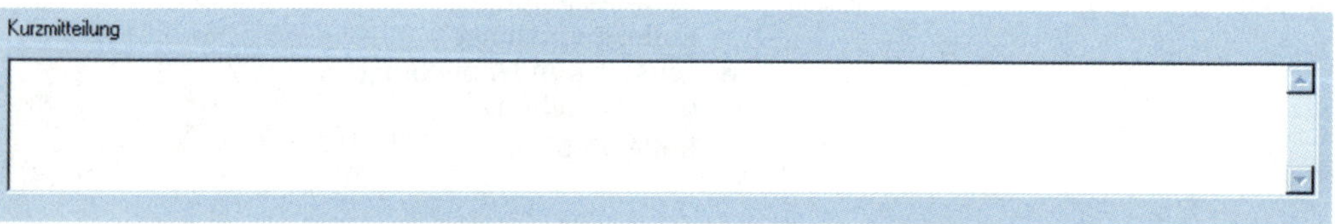

Das Eingabefeld für Notizen kann analog bestimmt werden.
Umsatz: Ausgabefeld für Daten
Attribute: Ausgabefeld, numerisch mit Währungsangabe, 6stellig, Voreinstellung: 0 DM, Einheit: DM

Umsatz DM

4. Schritt Gruppierung der Interaktionselemente zu jeweils einer Gruppe, die in einem engen Sinnzusammenhang stehen bzw. logisch zusammengehören.

Folgende Gruppenbildungen bieten sich an:

- Name bestehend aus Anrede, Titel, Vorname, Nachname
- Adresse bestehend aus Straße, PLZ/Ort, Land, Zusatz
- Kontakt bestehend aus Telefon, Handy, Fax, E-Mail. Die Felder dieser Gruppe können leer sein, wenn der Kunde Mitarbeiter einer Firma ist.
- Kurzmitteilung und Notizen werden auf eigene Notizbuchseiten verteilt.

In jeder Gruppe die Interaktionselemente so anordnen, dass sie der Logik des Arbeitsablaufs aus Benutzersicht entsprechen. Erst dann ist die Reihenfolge der Elemente entsprechend der Benutzungshäufigkeit und der Wichtigkeit der von ihr vermittelten Information zu überprüfen. Gibt es mehrere Alternativen als Interaktionselemente, dann die Alternative wählen, die den besten Arbeitsablauf gestattet oder am übersichtlichsten ist.

Es ergeben sich pro Gruppe folgende Binnengliederungen:

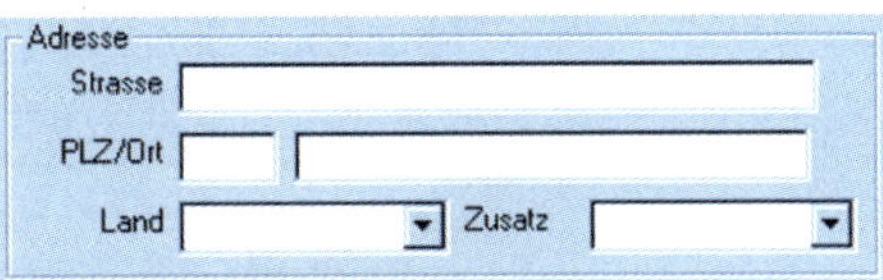

Die Gruppe Adresse kann leer sein, wenn der Kunde Mitarbeiter einer Firma ist. Um Platz zu sparen, wurden die Führungstexte für PLZ und Ort zu einem Führungstext zusammengefasst.

6. Schritt

Die Gruppen unter Berücksichtigung der Randbedingungen (maximale Breite und Höhe des E/A-Fensters) versuchen in dem E/A-Fenster einzuordnen. Treten dabei Probleme auf, kann versucht werden, die Binnengliederung der betroffenen Gruppen zu modifizieren.

Für die Gruppengliederungen ist von folgenden Randbedingungen auszugehen:
Maximale Fensterbreite: z.B. 640 Pixel
Maximale Fensterhöhe: z.B. 480 Pixel
Daraus ergibt sich, dass die Gruppen zweispaltig nebeneinander angeordnet werden müssen.
Für die Dialogsteuerung und die Navigation bleiben dann nur der untere Bereich des Fensters übrig.

Es ergibt sich das Fensterlayout auf der nächsten Seite.

7. Schritt

Die gewählte Gruppenordnung ist anhand der Gruppierungsregeln zu überprüfen und u.U. zu modifizieren. Folgende Gesichtspunkte beachten bzw. überprüfen: Proportionen, Balance, Symmetrie, Sequenz, Einfachheit, minimale virtuelle Linien.
Gestaltungsmaßnahmen, die alle Gruppen betreffen, wie
- *Cursor*-Steuerung
- Hervorhebungen
- Farbgestaltung

sind durchzuführen.

Bei dem nachstehenden Fensterlayout wurde bereits auf Symmetrieachsen, Proportionen, Balance und minimale virtuelle Linien geachtet. Der Zeiger *(cursor)* steht nach Aufruf des Fensters auf Kunden-

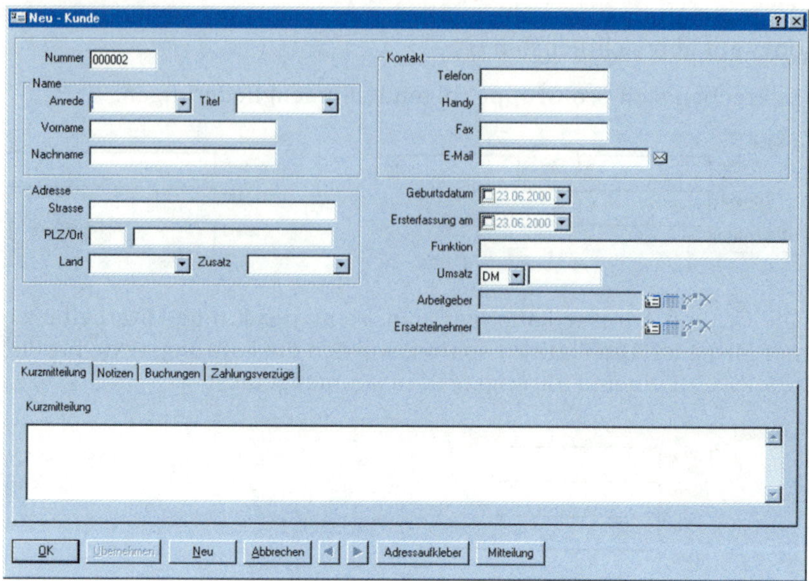

Nr. Mit der Tabulator-Taste kann von Eingabefeld zu Eingabefeld gesprungen werden, wobei zwischen den Gruppen spaltenweise gesprungen wird.

8. Schritt Gestaltung des Feinlayouts wie Bündigkeiten, Gruppenabstände usw.:

Wurde bereits bei der obigen Gestaltung berücksichtigt.

Binnengliederung Die Prinzipien der Nähe, der Ähnlichkeit, der guten Fortsetzung, des gemeinsamen Schicksals und der Geschlossenheit bestimmen, wie Elemente zu einer Figur organisiert werden (→Gestaltpsychologie).

Figur-Grund-Unterscheidung Teilflächen können als Figur oder (Hinter-)Grund wahrgenommen werden. Bei der E/A-Gestaltung ist darauf zu achten, dass Figur und Grund eindeutig wahrgenommen werden, sonst entstehen Kippfiguren (→Gestaltpsychologie).

Formular Erlaubt die Eingabe von Informationen in vorgegebene, durch Führungstexte beschriftete Felder. Der Eingabebereich ist meist optisch gekennzeichnet. Die einzelnen Felder können Voreinstellungen anzeigen. Eingegebene Informationen werden oft auf Plausibilitäten überprüft. Die Prinzipien der →Gestaltpsychologie sind bei der Gestaltung zu beachten.

Gestaltpsychologie Befasst sich mit den Gestaltprinzipien der Wahrnehmung, also Regeln, nach denen sich die räumliche und/oder zeitliche Struktur wahrgenommener Gebilde richtet (→Prinzip der guten Gestalt, →Figur-Grund-Unterscheidung, →Binnengliederung).

Prägnanzprinzip → Prinzip der guten Gestalt.

Prinzip der guten Gestalt Elemente werden als Figuren wahrgenommen, wenn sie möglichst einfach, einheitlich, möglichst dicht geschlossen, symmetrisch, gleichgewichtig und möglichst vollständig sind (→Gestaltpsychologie).

Interaktionselemente müssen zu Gruppen zusammengefasst werden. Die Gestaltpsychologie hat Prinzipien entdeckt, die die Wahrnehmung von Elementen als Gruppe ermöglichen. Als übergeordnetes Prinzip ist das Prinzip der guten Gestalt, auch Prägnanzprinzip genannt, einzuhalten.

Gestalt-Prinzipien

Weitere Prinzipien sind:

- Beachtung der Figur-Grund-Unterscheidung
- Beachtung der Binnengliederung:
  - Prinzip der Nähe
  - Prinzip der Ähnlichkeit bzw. Gleichartigkeit
  - Prinzip der guten Fortsetzung
  - Prinzip des gemeinsamen Schicksals
  - Prinzip der Geschlossenheit

Gruppierungsregeln

Daraus lassen sich allgemeine Gruppierungsregeln ableiten zur

- Gruppenorganisation
- Gruppengröße
- Gruppenanzahl
- Gruppenordnung

Wichtig für die E/A-Gestaltung sind außerdem:

- Hervorhebungen
- Farben

Formulare

Für die Darstellung auf dem Bildschirm werden Gruppen für die Informationsein- und ausgabe zu Formularen zusammengefasst, für die es zusätzliche Gestaltungsregeln gibt.

Vorgehensweise

Eine systematische E/A-Gestaltung kann in folgenden Schritten erfolgen:

1. Zusammenstellung der Ein- und Ausgaben für das zu gestaltende Formular.
2. Zusammenstellung der Elemente zur Dialogsteuerung und Navigation für das zu gestaltende Formular.
3. Zuordnung geeigneter Interaktionselemente für die Ein- und Ausgaben.
4. Gruppierung der Interaktionselemente.
5. Anordnung der Interaktionselemente innerhalb jeder Gruppe.
6. Anordnung der Gruppen in dem Formular.
7. Durchführung von Gestaltungsmaßnahmen, die alle Gruppen betreffen (*Cursor*-Steuerung, Hervorhebungen, Farbgestaltung).
8. Gestaltung des Feinlayouts (Bündigkeiten, Gruppenbestände usw.).

/Eberleh, Oberquelle, Oppermann 94/
Eberleh E., Oberquelle H., Oppermann R. (Hrsg.), *Einführung in die Software-Ergonomie*, 2. völlig neu bearbeitete Auflage. Berlin – New York: de Gruyter Verlag 1994, 456 Seiten.
Sammelband mit Einzelbeiträgen von 12 Autoren, die das gesamte Spektrum der Software-Ergonomie abdecken. Als vertiefte Einführung in die Breite der Software-Ergonomie zu empfehlen.

/Wandmacher 93/
Wandmacher J., *Software-Ergonomie*, Berlin – New York: de Gruyter Verlag 1993, 454 Seiten.
Detaillierte Zusammenstellung und Beschreibung der psychologischen Erkenntnisse zur Software-Ergonomie. Empirische Erkenntnisse werden umfassend zitiert, wiedergegeben und kommentiert.

/MS 95/
The Windows Interface Guidelines for Software Design, Richmond: Microsoft Press, 1995.

/OSF 94/
Open Software Foundation, *OSF/Motif Style Guide Revision 2.0*, Englewood Cliffs: Prentice-Hall, 1994.

/SNI Styleguide 90/
Siemens-Nixdorf AG, *Richtlinien zur Gestaltung der Benutzeroberflächen*, AP Internationales Dokumentationszentrum, Oktober 1990.

/Smith, Mosier 86/
Smith S., Mosier J., *Guidelines for Designing User Interface Software*, MITRE Bedford Massachusetts, 1986.

Zitierte Literatur

/EN ISO 9241-8:1998/
Ergonomische Anforderungen für Bürotätigkeiten mit Bildschirmgeräten – Teil 8: Anforderungen an Farbdarstellungen, Berlin: Beuth-Verlag, April 1998.

/EN ISO 9241-17:1998/
Ergonomische Anforderungen für Bürotätigkeiten mit Bildschirmgeräten – Teil 17: Dialogführung mittels Bildschirmformularen, Berlin: Beuth-Verlag, April 2000.

/Gaver 86/
Gaver W.W., *Auditory Icons: Using Sound in Computer Interfaces*, in: Human-Computer Interaction, 1996, Volume 2, S. 167–177.

/ISO 9241-12/
Ergonomic requirements for office work with visual display terminals (VDTs) – Part 12: Presentation of information, Genf: ISO 1998.

/Kruschinski 99/
Kruschinski V., *Layoutgestaltung grafischer Benutzungsoberflächen – Generierung aus objektorientierten Analysemodellen*, Heidelberg: Spektrum Akademischer Verlag, 1999.

/Prinz 90/
Prinz W., *Wahrnehmung*, in: Allgemeine Psychologie, Bern: Verlag Huber, 1990, S. 25–114.

/Rivlin, Lewis, Davies-Cooper 90/
Rivlin C., Lewis R., Davies-Cooper R., *Guidelines for Screen Design*, Oxford: Blackwell Scientific Publications, 1990.

Analytische Aufgaben
Muss-Aufgabe
30 Minuten

1 *Lernziele: Die Prinzipien der Gestaltpsychologie kennen und bei der E/A-Gestaltung einsetzen können. Allgemeine Gruppierungsregeln kennen und bei der E/A-Gestaltung anwenden können. Regeln für die Verwendung von Farbe kennen und anwenden können.*
Betrachten Sie die Web-Seite in Abb. 2.23-49.

a Welche Prinzipien zur Gruppierung von Interaktionselementen wurden angewendet?

b Wo und wie wurde Farbe eingesetzt, um eine Hervorhebung oder Gruppierung zu erreichen?

c Was ist zur Farbauswahl im Hinblick auf die Regeln zur Farbgestaltung (Abb. 2.23-42) zu sagen? Sehen Sie sich dazu die Farbdarstellung der Abbildung auf der CD-ROM 1 an.

Abb. 2.23-49: Web-Seite mit verschiedenen Gruppierungsprinzipien

2 *Lernziel: Regeln für die Verwendung von Farbe kennen und anwenden können.*

Kann-Aufgabe
10 Minuten

a Welche der folgenden Farbkombinationen für Vordergrund und Hintergrund sind nach den Regeln zur Farbgestaltung (Abb. 2.23-42) als ungünstig zu bezeichnen?
- Schwarz/Blau
- Gelb/Schwarz
- Rot/Grün
- Blau/Grün

b In einer Anwendung werden Kombinationen von Farben und Ausgaben verwendet. Welche davon sind sinnvoll?
- Fehler werden grün dargestellt.
- Mitteilungen werden rot dargestellt.
- Um auf mögliche Risiken hinzuweisen wird Gelb verwendet.

c Ein Programmierer beschließt, für die Dialoge und Druckknöpfe seiner Benutzungsoberfläche verschiedene Blautöne zu verwenden. Was ist hierzu zu sagen?

3 *Lernziel: Die Prinzipien der Gestaltpsychologie kennen und bei der E/A-Gestaltung umsetzen können.*

Klausur-Aufgabe
15 Minuten

Die Abb. 2.23-50 bis 2.23-52 zeigen Dialoge zur Eingabe von sechs Zahlen, bei denen die Interaktionselemente jeweils unterschiedlich angeordnet sind. Wie nehmen Sie die Dialoge wahr? Wo liegen die Unterschiede und welche Prinzipien wirken?

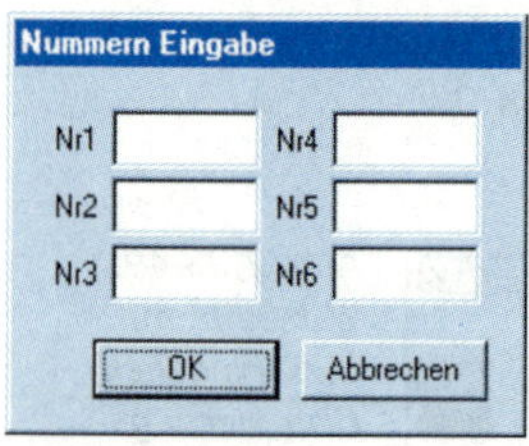

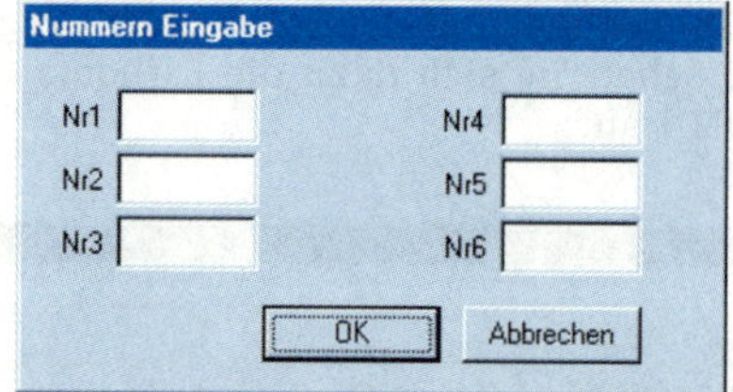

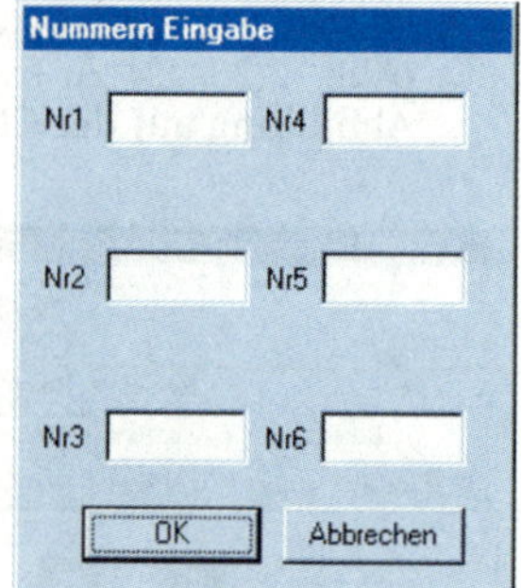

Abb. 2.23-50 – 2.23-52:
Verschiedene Alternativen zur Gruppierung der Nummern-Eingabe

Konstruktive Aufgaben

Muss-Aufgabe *30 Minuten*

4 *Lernziele: Regeln für die Verwendung von Farbe kennen und anwenden können. Formulare unter Berücksichtigung der beschriebenen Regeln und Erstellungsschritte gestalten können.*
Erstellen Sie das Layout eines Eingabefensters nach dem Pflichtenheft »Vereinsverwaltung« für die Ersterfassung von Vereinsdaten /D10/ (siehe CD-ROM 1).
Es sollen alle Vereinsdaten über ein oder mehrere Fenster eingegeben werden können. Setzen Sie bei der Gestaltung der Fenster Farben ein und begründen Sie Ihre Entscheidungen.

Muss-Aufgabe *80 Minuten*

5 *Lernziele: Formulare unter Berücksichtigung der beschriebenen Regeln und Erstellungsschritte gestalten können. Allgemeine Gruppierungsregeln kennen und bei der E/A-Gestaltung anwenden können.*
Erstellen Sie das Layout des Eingabeformulars für Dozent und Seminarveranstaltung zum Fallbeispiel »Seminarorganisation«. Halten Sie sich dabei an die vorgestellte Vorgehensweise. Achten Sie insbesondere auf eine sinnvolle Gruppierung der Elemente.

Kann-Aufgabe *30 Minuten*

6 *Lernziel: Hervorhebungen bei der E/A-Gestaltung entsprechend den Regeln einsetzen können.*
In dem Eingabefenster für Personen aus dem Beispiel der Abb. 2.23-44 soll der Name hervorgehoben werden, weil dieser ein Muss-Feld darstellt. Gestalten Sie das Fenster so um, dass die besondere Bedeutung von »Name« deutlich wird. Benutzen Sie die dargestellten Hervorhebungs-Regeln. Geben Sie verschiedene Alternativen an.

Klausur-Aufgabe *30 Minuten*

7 *Lernziel: Regeln für die Verwendung von Farbe kennen und anwenden können.*
Sie werden damit beauftragt, für ein GUI-System Mitteilungsdialoge zu entwerfen:
Informations-Dialog: Dem Benutzer wird etwas mitgeteilt. Es handelt sich weder um einen Fehler, noch um ein anderes negatives Ereignis, welches seine ungeteilte Aufmerksamkeit erfordert.
Fehler-Dialog: Der Benutzer wird über das Auftreten eines Fehlers informiert.
Achtung-Dialog: Der Benutzer wird über das Eintreten eines wichtigen Ereignisses informiert.
Die Dialoge sollen mit farbigen Piktogrammen versehen werden. Beachten Sie bei der Gestaltung der Dialoge die Regeln zur Farbgestaltung (Abb. 2.23-42).

2 Die Definitionsphase – Benutzer-Handbücher

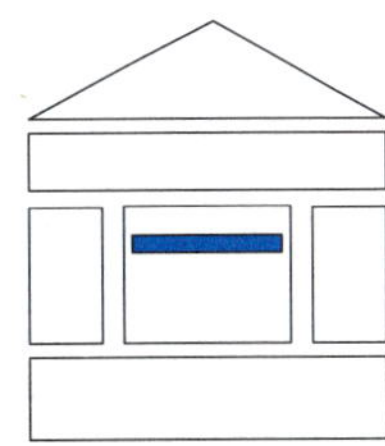

- Benutzer-Handbücher bzgl. ihrer Aufgabe, ihrer Adressaten, ihres Inhalts, ihrer Didaktik, ihrer Sprache, ihrer Form, ihres Zeitpunkts und ihres Umfangs charakterisieren können. verstehen
- Die behandelten Handbuch-Typen beschreiben können.
- Die aufgeführten Richtlinien bei der Erstellung eigener Handbücher berücksichtigen können. anwenden
- Trainings-Einheiten anhand der dargestellten Methodik erstellen können.
- Eigene Benutzer-Handbücher erstellen können.
- Die Qualität eines Benutzer-Handbuchs anhand der aufgeführten Richtlinien beurteilen können. beurteilen

i

2.24 Benutzer-Handbücher

Kapitel 2.25

Die Rechtssprechung fordert, dass zu einem Software-Produkt grundsätzlich eine Bedienungsanleitung gehört. Fehlt sie, dann kann der Kunde das als Mangel oder als die nicht vollständige Erfüllung des Vertrags rügen.

Obwohl integrierte Hilfesysteme heute bei Software-Produkten zum Standard-Funktionsumfang gehören, ist ein **Benutzer-Handbuch** dennoch ein unverzichtbarer Bestandteil eines guten Software-Produkts. Es ist – wie auch die Benutzungsoberfläche – die Visitenkarte eines Software-Produkts. In vielen Fällen ist es die einzige Unterstützung, die der Benutzer für die Einarbeitung in das System erhält. Es sollte daher sorgfältig erstellt und gestaltet werden.

PDF *(portabel document format)* ist das von der Firma Adobe eingeführte Format zur digitalen Speicherung und Anzeige von Dokumenten. Ein PDF-Dokument sieht auf allen Plattformen gleich aus.

Benutzer-Handbücher werden heute immer weniger in gedruckter Form dem Produkt beigelegt. Oft befindet es sich auf einer beigefügten CD-ROM als HTML- oder PDF-Dokument, häufig in mehreren Sprachen. Zusätzlich oder ausschließlich kann die jeweils neueste Version des Benutzer-Handbuchs auch über das Internet zugreifbar sein, wodurch optimale Aktualität garantiert ist. Da Software-Produkte auch immer öfter über *Online-Shops* verkauft werden, muss in diesem Fall das Handbuch ebenfalls über das Internet herunterladbar sein.

Wenn ein Teil der Benutzer-Dokumentation doch gedruckt wird, dann handelt es sich meistens nur noch um ein Handbuch – nicht mehrere, wie es früher oft der Fall war – das sich auf Installationsanweisungen und die Grundkonzepte des Produkts beschränkt.

Web-Anwendungen

Web-Anwendungen im Internet müssen von der Benutzungsoberfläche her so konzipiert werden, dass der Erstbenutzer – der in der Regel ja unbekannt ist – die Anwendung intuitiv bedienen kann. Außerdem sollte eine ausführliche Online-Dokumentation bzw. -Hilfe zur Verfügung stehen – je nach Komplexität der Anwendung. Für Web-Anwendungen im Intranet und Extranet gelten dieselben Dokumentationsanforderungen wie für klassische Anwendungen, da die Benutzer bekannt sind und in der Regel die Anwendungen auch öfters benutzen.

gedruckte Benutzer-Dokumentation

Eine gedruckte Benutzer-Dokumentation hat folgende Vorteile:

- ⊞ Sie ist ohne Computer lesbar: im Zug, im Bett usw.
- ⊞ Es sind keine technischen Voraussetzungen erforderlich.
- ⊞ Ermüdungsfreier lesbar als auf dem Bildschirm.

Dem stehen folgende Nachteile gegenüber:

- ⊟ Mangelnde Aktualität.
- ⊟ Nicht im Register enthaltene Begriffe sind schwer zu finden.
- ⊟ Hohe Druckkosten.

elektronische Benutzer-Dokumentation

Wird die Benutzerdokumentation auf dem Computer zur Verfügung gestellt, dann hat dies folgende Vorteile:

- ⊞ Volltextsuche möglich.
- ⊞ Schnelles »Springen« an verschiedene Stellen durch Verweise.
- ⊞ Farbgestaltung ohne Mehrkosten möglich.
- ⊞ Interaktivität und Animation möglich, z.B. bei Tutorsystemen.
- ⊞ Direkter Wechsel zwischen Anwendung und Dokumentation möglich.

Folgende Nachteile sind für den Benutzer damit verbunden:

- Eine gewünschte Papierversion muss der Benutzer selbst ausdrucken.
- Die Bildschirmgröße reicht normalerweise *nicht* aus, um Handbuch und Anwendung nebeneinander zu betrachten.

Für die Erstellung der Software-Dokumentation einschließlich der Benutzer-Dokumentation sind technische Redakteure zuständig. In Deutschland gibt es etwa 30.000 technische Redakteure.

technische Redakteure

Eine Übersicht über Ausbildungswege zum technischen Redakteur gibt die Gesellschaft für technische Kommunikation (tekom) e.V.: www.tekom.de

2.24.1 Eigenschaften von Benutzer-Handbüchern

Folgende Eigenschaften charakterisieren ein **Benutzer-Handbuch:**

Aufgabe

Das Benutzer-Handbuch soll die Handhabung und das Verhalten des jeweiligen Software-Produkts möglichst vollständig und fehlerfrei beschreiben. Es muss möglich sein, das Produkt unter ausschließlicher Zuhilfenahme des Benutzer-Handbuchs zu bedienen.

Adressaten

Die Adressaten des Benutzer-Handbuchs sind die Endbenutzer des Software-Produkts. Außerdem erhält der Auftraggeber (auf Wunsch) und der Projektleiter ein Exemplar. Zur Information sollten außerdem alle an der Produktentwicklung beteiligten Mitarbeiter ein Exemplar erhalten, wenn das Handbuch – wie hier vorgeschlagen – bereits in der Definitionsphase erstellt wird.

Je besser man den Hauptadressaten, d.h. den Endbenutzer, kennt, desto besser kann man das Benutzer-Handbuch auf seine Vorkenntnisse, sein Hintergrundwissen und seine Qualifikation abstimmen. Eine Analyse der Benutzer bzw. Benutzergruppen ist dazu erforderlich. In der Regel wird man eine solche Analyse bereits für die Gestaltung der Benutzerschnittstelle durchgeführt haben.

Benutzeranalyse

Für die Gestaltung von Benutzer-Handbüchern sind folgende Benutzerkategorien relevant /Mayhew 92, S. 535 ff/:

- Anfänger, die keine oder wenig Erfahrung mit Computersystemen im Allgemeinen und dem Anwendungssystem im Speziellen haben. (Anfänger)
- Experten, die viel Erfahrung mit einem speziellen Computersystem besitzen, aber keine oder viel Erfahrung mit Computersystemen im Allgemeinen. (Experte)
- Fortgeschrittene Benutzer *(intermediate users)* liegen irgendwie zwischen den Anfängern und Experten. Sie haben beträchtliche Erfahrung mit Computersystemen und haben vielleicht schon Anwendungssysteme benutzt, die ähnlich dem zu erlernenden System sind. Beispielsweise kennt ein Benutzer bereits zwei Textsysteme und soll sich nun in ein neues einarbeiten. Dennoch kann es sein, dass er das neue Software-Produkt zum ersten Mal benutzt. (fortgeschrittener Benutzer)

Ein fortgeschrittener Benutzer besitzt wesentlich mehr Wissen, um das neue System zu erlernen, als ein wirklicher Anfänger. Auf der anderen Seite ist er aber noch weit davon entfernt, ein Experte des neuen Systems zu sein.

Jede Benutzer-Kategorie benötigt einen unterschiedlichen Handbuch-Typ (siehe unten).

Beispiel Entsprechend einer Benutzergruppenanalyse für die Fallstudie »Seminarorganisation« sind die Mitarbeiter der Firma Teachware in die Kategorie »Fortgeschrittene Benutzer« einzuordnen mit der Tendenz in Richtung »Anfänger«. Über Benutzer, die über das Internet auf die Anwendung zugreifen, ist in der Regel nichts bekannt.

Inhalt

Der sachliche Inhalt ist ein wesentliches Merkmal eines Benutzer-Handbuches. Er wird im Wesentlichen bestimmt durch den Dokumentationsgegenstand, d.h. das Software-Produkt. Der Inhalt wird außerdem durch die Charakteristika der Benutzer beeinflußt. Anfänger benötigen umfangreichere und zusätzliche Informationen im Vergleich zu Experten. Die mit dem Software-Produkt zu erledigenden Aufgaben bestimmen ebenfalls den zu beschreibenden Inhalt.

Beispiel Gibt es in der Fallstudie »Seminarorganisation« eine Aufgabenteilung in Kundensachbearbeiter und Seminarsachbearbeiter, dann kann es zwei getrennte Handbücher geben, die auf die jeweiligen Aufgaben zugeschnitten sind.

Inhaltskomplexe Folgende Inhaltskomplexe werden im Allgemeinen beschrieben:

- Produktbestandteile:

Alle Bestandteile des Produkts, die für die Arbeit mit dem Produkt benötigt werden, müssen aufgeführt und dem Benutzer entsprechend erläutert werden.

Beispiel Ein Textsystem besteht aus folgenden Teilen: das eigentliche Textsystem, ein Rechtschreibwörterbuch, ein Text*retrieval*-System, ein Hilfe-System, ein Tutoriums-System, Text-Beispiele. Alle Bestandteile werden aufgeführt. Es wird erläutert, für welchen Zweck welche Komponente benötigt wird und wo die Bedienung der Komponente erläutert wird.

- Arbeitsobjekte:

Die Arbeitsobjekte, die zur Erledigung der Aufgaben benötigt werden, sind zu beschreiben. Sie ergeben sich aus einer Aufgabenanalyse. (Aufgabenanalyse)

- Produktfunktionen:

Es sind alle Funktionen zu berücksichtigen, die unmittelbar für die Arbeit des Benutzers notwendig und die für den Start, den Betrieb, die Anpassung oder Beendigung des Systems erforderlich sind.

Umfasst das Handbuch nicht den gesamten Funktionsumfang, dann muss eine sorgfältige Abgrenzung gegenüber den nicht beschriebenen Funktionen erfolgen. Die Kenntnisse des Benutzers können ebenfalls zur Abgrenzung herangezogen werden. In der Regel sind *nicht* alle Funktionen gleich wichtig. Eine Gewichtung der Funktionen hilft, die wichtigen Funktionen ausführlicher zu beschreiben.

Empfehlung

Da heute integrierte Hilfesysteme Standard sind, sind nur einige Funktionen exemplarisch zu beschreiben und bei den anderen Funktionen auf das Hilfesystem zu verweisen.

- Produktstruktur:

Damit der Benutzer das Software-System versteht, müssen die Zusammenhänge zwischen Funktionen, Objekten und Produktbestandteilen – am besten durch Übersichtsgrafiken – erläutert werden. Nur so kann sich der Benutzer schnell ein mentales Bild von der Anwendung machen.

- Arbeitsabläufe:

Arbeitsabläufe der Benutzer ergeben sich zunächst nicht aus dem Aufbau des Produkts, sondern aus den Aufgaben der Benutzer.

In der Regel ist es *nicht* möglich, alle nur denkbaren und mit dem Produkt durchführbaren Arbeitsabläufe zu beschreiben. Daher ist eine Beschränkung auf die wesentlichen Abläufe erforderlich. Eine Abgrenzung und Gewichtung erfolgt anhand der Benutzeraufgaben und -kenntnisse. Andere Abläufe sollte der Benutzer mit Hilfe des Handbuchs selbst planen können.

Geschäftsprozesse, Kapitel 2.6

Werden in der Definitionsphase Geschäftsprozesse spezifiziert, dann sollten diese auch im Benutzer-Handbuch beschrieben werden, da sie in der Regel auch die wichtigsten Arbeitsabläufe des Benutzers sind.

Didaktik

Der Inhalt des Handbuchs muss didaktisch-methodisch so angeordnet und aufgebaut sein, dass er die Aufgabe des Handbuchs optimal unterstützt. Die Anordnung und der Aufbau werden im Wesentlichen durch die Adressaten bestimmt.

Trainings-Handbuch

Für Anfänger ist ein **Trainings-Handbuch *(tutorial)*** am besten geeignet. Dabei wird angenommen, dass der Leser es von Anfang bis Ende vollständig durcharbeitet. Es ist als ein Kurs oder Trainingsprogramm organisiert. Meist erfordert das Trainings-Handbuch eine direkte Arbeit mit dem Software-System, d.h. der Benutzer muss die Anweisungen im Handbuch mit dem System ausführen. Trainings-Handbücher werden daher am besten auf dem Computer direkt zur Verfügung gestellt.

Referenz-Handbuch

Für Experten sind **Referenz-Handbücher** bestimmt. Sie sind so organisiert, dass sie einen schnellen Zugriff auf eine spezifische Information ermöglichen. Zu allen Systemfunktionen werden vollständige Informationen angegeben. In der Regel befinden sich Referenz-

Handbücher heute auf dem Computersystem, da dort eine schnelle Suche – auch als Volltext-Recherche – möglich ist. Oft werden sie auch durch das integrierte Hilfesystem ersetzt.

Referenzkarte

Eine **Referenzkarte *(quick reference)*** fasst die wesentlichen Informationen der wichtigsten oder häufigsten Funktionen in kompakter Form zusammen. Trotz integriertem Hilfesystem oft eine nützliche Angelegenheit.

Vor- und Nachteile

Für den fortgeschrittenen Benutzer ist ein Trainings-Handbuch zu elementar und rudimentär. Es enthält Informationen, die er bereits kennt. Ein Referenz-Handbuch unterstellt dagegen, dass der fortgeschrittene Benutzer mehr weiß, als er tun will. Es ist nicht so aufgebaut, wie es diese Benutzergruppe benötigt.

Benutzer-Leitfaden

Ein **Benutzer-Leitfaden *(user guide)*** muss daher simultan die Bedürfnisse der verschiedenen Benutzergruppen erfüllen. Er muss es dem Benutzer erlauben, bereits bekannte Informationen zu überschlagen, darf aber *nicht* davon ausgehen, dass er die Details der Anwendung bereits kennt.

Vergleich

Tab. 2.24-1 zeigt, welche Typen von Handbüchern für welche Benutzerkenntnisse geeignet sind. *Aufgaben-Wissen* bezieht sich dabei auf allgemeines Wissen des Benutzers über den Gegenstandsbereich des Software-Produkts. *Anwendungs-Wissen* bezieht sich auf Erfahrungen mit anderen aber vergleichbaren Anwendungen (z.B. ein anderes Textsystem). *System-Wissen* bezieht sich auf das Wissen, wie ein spezielles System zu bedienen ist.

Bei umfangreichen Software-Systemen ist es oft sinnvoll, alle vier Handbuchtypen zur Verfügung zu stellen. Sie sollten dann separate Dokumente sein, damit sie handlich und überschaubar sind.

Tab. 2.24-1: Zuordnung von Handbuchtypen zum Benutzerwissen /Mayhew 92, S. 537/

Handbuchtyp	Wissen des Benutzers über die Aufgabe	die Anwendung	das System	Papier/ Elektronisch
Trainings-Handbuch	gering	gering	gering	Elektronisch
Benutzer-Leitfaden	hoch	gering	gering	Papier
Referenz-Handbuch	hoch	hoch	gering	Elektronisch
Referenzkarte	hoch	hoch	hoch	Papier

Die blaue Spalte zeigt, ob eine Papierform oder eine elektronische Form zu bevorzugen ist.

Für die Anordnung der Inhalte gibt es prinzipiell zwei Gliederungsprinzipien:

produktorientierte Gliederung

Bei der **produktorientierten Gliederung** richtet sich der Aufbau des Handbuchs nach dem Aufbau des zu beschreibenden Software-Systems. Alle Funktionen und Bestandteile des Produkts werden in der Reihenfolge beschrieben, die sich aus der Struktur des Produkts ergibt. Es wird beschrieben, was das Produkt kann und nicht, wie man bestimmte Ziele mit Hilfe des Produkts erreicht.

Bei einer produktorientierten Gliederung ist die Vollständigkeit des Handbuchs leichter sicherzustellen, da der Umfang des Produkts festliegt. Redundanz ist nicht nötig, da jede Funktion nur an einer Stelle beschrieben wird.

Vorteile

Nachteilig ist, dass die Orientierung für den Benutzer schwierig ist. Er muss bereits die Vorgehensweise zur Lösung einer Aufgabe mit dem Produkt kennen. Außerdem kann ein solches Handbuch nicht als Arbeitsanleitung, sondern nur als Nachschlagewerk benutzt werden.

Nachteile

Bei der **aufgabenorientierten Gliederung** erfolgt die Beschreibung nach den Aufgaben, die mit dem System bearbeitet werden sollen. Die nötigen Arbeitsabläufe bestimmen die Gliederung. Die Produktfunktionen werden in der Reihenfolge und in dem Umfang beschrieben, wie sie für die Arbeitsabläufe benötigt werden.

aufgabenorientierte Gliederung

Bei einer aufgabenorientierten Gliederung werden die Wege zur Erreichung von Arbeitszielen beschrieben. Solche Handbücher können als Arbeitsanleitungen und als Nachschlagewerk benutzt werden.

Vorteile

Nachteilig ist, dass nicht alle denkbaren und möglichen Arbeitsabläufe vollständig beschrieben werden können. Eine gewisse Redundanz ist nötig, da Funktionen in verschiedenen Arbeitsabläufen unter verschiedenen Gesichtspunkten beschrieben werden.

Nachteile

Beide Gliederungsprinzipien sind orthogonal zueinander. Sie stellen die Extreme eines Spektrums dar, in die sich die Gliederungen konkreter Handbücher einordnen lassen.

Aus dieser Gegenüberstellung ergibt sich, dass für Trainings-Handbücher eine aufgabenorientierte Gliederung und für Referenz-Handbücher und Referenzkarten eine produktorientierte Gliederung zu verwenden ist.

In einem Benutzer-Leitfaden sollten beide Prinzipien kombiniert werden. Üblich ist eine aufgabenorientierte Arbeitsanleitung zur Einarbeitung und ein Referenzteil zum späteren Nachschlagen. Die aufgabenorientierte Anleitung soll das Arbeiten mit den Grundfunktionen des Produkts ermöglichen und ist nicht vollständig. Hat der Benutzer diese Funktionen gelernt, dann wird von ihm erwartet, dass er mit Hilfe des Referenzteils in der Lage ist, sich die übrigen Funktionen des Produkts zu erschließen.

Sprache

Der Inhalt muss den Aufgaben und Adressaten angepasst formuliert dargeboten werden. Es ist eine geeignete Mischung aus Text, Tabellen, Grafiken, Diagrammen und Fotos zu wählen.

Folgende Schreibregeln sollten beachtet werden:

Schreibregeln

- In Benutzer-Leitfäden und Trainings-Handbüchern sollte der Benutzer direkt angesprochen werden. Passivkonstruktionen sind zu vermeiden.

- Die Sätze sollen kurz sein und die Grundinformation soll am Anfang stehen.
- Möglichst oft Verben verwenden. Sie tragen die Bedeutung im Satz und helfen, den schwer verständlichen Nominalstil zu vermeiden.
- Vertraute Wörter verwenden.
- Handlungsanweisungen chronologisch, d.h. in der anwendungslogischen Reihenfolge anordnen.
- Wichtige Textteile hervorheben, z.B. durch Fettschrift.

Form

Die äußere und innere Form muss dem Inhalt und den Aufgaben angepasst sein. Da ein Benutzer-Handbuch oft in die Hand genommen wird, sollte es stabil sein. Es sollte beispielsweise einen festen Einband besitzen. Da ein Handbuch oft in aufgeschlagenem Zustand neben den Computer gelegt wird, sollte es aufgeschlagen liegenbleiben. Dies kann z.B. durch eine Spiralheftung oder durch einen Ordner mit losen Blättern erreicht werden.

Bei der inneren Form sollte Folgendes beachtet werden:

- Gut lesbare Schrift in ausreichender Größe,
- Kontrastreiche und scharfe Schrift,
- Aussagefähige Kolumnentitel,
- Layout, das sachlichen Anforderungen und ästhetischen Anforderungen genügt.

Teile eines Handbuchs

Obwohl sich für Benutzer-Handbücher kein generelles Gliederungsschema wie für Pflichtenhefte vorgeben lässt, gehören neben dem sachlichen Inhalt doch bestimmte Teile in jedes Handbuch:

- Vorwort

  Ins Vorwort gehören Angaben zum Adressatenkreis, an den sich das Benutzer-Handbuch wendet (z.B. Sachbearbeiter, Sekretärin, Buchhaltung). Außerdem ist der Anwendungsbereich anzugeben, für den das Produkt bestimmt ist (z.B. Textverarbeitung, CAD, Software-Entwicklung). Gibt es Vorläufer-Versionen des Handbuches, dann sollte auf Änderungen hingewiesen werden.

  Da manche Leser das Vorwort überblättern, sollten unverzichtbare Informationen in der Einführung untergebracht werden. Ziel ist es, den Leser bereits auf den ersten Seiten (des Vorwortes oder der Einführung) mit so viel Informationen zu versorgen, dass er weiß, ob das Produkt für seine Aufgaben und das Benutzer-Handbuch für ihn als Adressat bestimmt ist.

- Inhaltsverzeichnis

  Das Inhaltsverzeichnis soll gut aussehen, klar und übersichtlich sein und die wesentlichen Teile des Handbuches deutlich werden lassen.

  Damit das Inhaltsverzeichnis bei zu starker Unterteilung nicht unübersichtlich wird, sollten im Gesamtinhaltsverzeichnis nur die Hauptkapitel und deren direkte Unterabschnitte aufgenommen werden. Dafür wird dann jedem Kapitel ein eigenes detailliertes Inhaltsverzeichnis vorangestellt.

- Einführung
  In der Einführung wird meist über den Aufbau und den Umgang mit dem Handbuch informiert. Sie stellt also eine Art Gebrauchsanleitung dar. Außerdem wird hier oft die Konfiguration aufgeführt, die für das Produkt erforderlich ist (Hardware, Systemsoftware, Schnittstellen). Die Konfiguration kann aber auch in einem eigenen Kapitel behandelt werden. Weiterhin sind in der Einführung oft die Zielgruppen aufgeführt und die Vorkenntnisse, die für das Verstehen des Handbuches vorausgesetzt werden.
  Abgrenzungen zu anderen Handbüchern zum selben Thema sowie Verweise zu anderen Teilen der Software-Dokumentation können angegeben werden. Insgesamt soll die Einführung kurz sein.
- Installation
  In Anweisungsform ist anzugeben, was der Benutzer tun muss, um das Produkt zu installieren und in Betrieb zu nehmen.
  Da die Installation nur einmal oder nur wenige Male durchgeführt wird, kann die Beschreibung auch in den Anhang oder an das Ende gelegt werden. In der Einführung ist darauf aber besonders hinzuweisen.
- Benutzungsoberfläche
  Allgemeine Bedienungshinweise sollen dem Benutzer den prinzipiellen Aufbau der Benutzungsoberfläche verdeutlichen. Insbesondere ist zu erläutern:
  - Tasten- und Mausbelegung,
  - grundsätzlicher Bildschirmaufbau, z.B. Fenstertypen,
  - Dialogstrategie, z.B. objektorientierte Auswahl.
- Produktstruktur
  Überblick über die Zusammenhänge zwischen Funktionen, Objekten und Produktbestandteilen.
- Trainingsteil
  In einem Benutzer-Leitfaden oder einem Trainings-Handbuch sind **typische Arbeitsabläufe** mit Beispielen und Übungen zu beschreiben. Die Einzelfunktionen sind dabei zu Arbeitsabläufen zu gruppieren. Bei den Arbeitsabläufen ist besonderer Wert auf **Routinearbeiten** bzw. Standardanwendungen zu legen. Es sind die Arbeitsabläufe zuerst zu beschreiben, die wahrscheinlich am häufigsten ausgeführt werden. Es ergibt sich daher folgende Anordnung:
  - häufigste Arbeitsabläufe bzw. Routinearbeiten,
  - seltene Arbeitsabläufe,
  - Initialisieren und Löschen von Systemen.

  Die **Beispiele** müssen aus dem geplanten Anwendungsbereich des Produkts stammen. Abstrakte Beispiele wie VAR-1, VAR-2 statt ZINS, KAPITAL usw. sind zu vermeiden.

Übungen sind so zu gestalten, dass der Benutzer mit dem Produkt arbeitet. Auf ausreichende Erfolgserlebnisse des Benutzers ist zu achten.

- Referenzteil
  Ein Benutzer-Leitfaden oder ein Referenz-Handbuch enthält eine vollständige Beschreibung der einzelnen Objekte und Funktionen. Die Anordnung orientiert sich meistens an der Menüstruktur. Kommandos werden oft alphabetisch angeordnet.
- Literaturverzeichnis
  Gibt dem Benutzer Hinweise, welche ergänzende Literatur zu dem Produkt existiert. Es sollten nur allgemein zugängliche Unterlagen angegeben werden.
- Abkürzungsverzeichnis
  Enthält alphabetisch sortiert alle verwendeten Abkürzungen.
- Glossar
  Enthält alphabetisch sortiert wichtige Begriffsdefinitionen, die für das Verständnis des Textes erforderlich sind. Wird bei mehreren Zielgruppen mit unterschiedlichem Kenntnisstand benötigt.
- Stichwortverzeichnis / Index / Register
  Neben dem Inhaltsverzeichnis ist das Stichwortregister das wichtigste Hilfsmittel für einen schnellen Zugriff. Es listet in alphabetischer Reihenfolge die wichtigsten Begriffe und ihr Auftreten im Text auf.

Zeitpunkt

Das Benutzer-Handbuch sollte während der Definitionsphase erstellt werden. Ergänzungen erfolgen in den späteren Entwicklungsphasen.

Umfang

Adressatenorientierter Mittelweg zwischen zu knapper und zu umfangreicher Information. Bei umfangreichen Produkten am besten Aufteilung in mehrere Handbücher vornehmen.

2.24.2 Richtlinien für Benutzer-Leitfäden

Für Benutzer-Leitfäden sollten folgende drei Gestaltungsziele angestrebt werden:

- Leichte Navigation,
- Leichtes Erlernen,
- Gute Lesbarkeit.

In Anlehnung an /Mayhew 92, S. 544 ff/ werden im Folgenden Richtlinien angegeben, die helfen, diese Ziele zu erreichen. Viele dieser Richtlinien sind auch auf Trainings- und Referenz-Handbücher anwendbar.

Navigation

- Leichte Navigation
  - □ Kapitel und Abschnitte entsprechend den Benutzerzielen organisieren und benennen.

»So buchen Sie eine Anmeldung«
anstatt
»Menüaufruf Buchung«

Beispiel

- □ Das Inhaltsverzeichnis gibt einen Überblick über die Kapitel und direkten Unterabschnitte. Weitere Untergliederungen sind nicht aufgeführt.
- □ Das Stichwortverzeichnis enthält Einträge, die sowohl Benutzerziele und Benutzeraufgaben als auch Funktionsnamen bezeichnen.

Anmeldung vornehmen (Benutzerziel)
Buchung erfassen (Funktionsname)

Beispiel

- □ Verschiedene Informationsarten sollten getrennt und jede Art konsistent visuell gekennzeichnet werden.
  Es lassen sich mindestens vier verschiedene Informationsarten unterscheiden, die zur Beschreibung einer Eigenschaft oder einer Funktion des Systems benötigt werden:
  Motivierende Information beschreibt, warum eine Eigenschaft sinnvoll ist und in welcher Situation sie sinnvoll ist.
  Konzeptionelle Information erklärt, was die Eigenschaft aktuell bewirkt und wie das Endergebnis aussieht, wenn sie benutzt wird.
  Vorgehensinformation sagt, welche aktuellen Schritte notwendig sind, um diese Eigenschaft zu benutzen.
  Beispiele beschreiben die Vorgehensinformation konkreter. Ein Beispiel soll einen typischen, nützlichen und häufigen Fall beschreiben.
  Jede Informationsart sollte ein spezielles Format und eine allgemeine Anordnung in einem Abschnitt oder auf einer Seite haben.

Beispiel

Die Funktion »Kunde bearbeiten« der Seminarorganisation kann folgendermaßen beschrieben werden:

Kunde bearbeiten (Abb. 2.24-1)

Anwendungsbereich

»Kunde bearbeiten« erlaubt es, die persönlichen Daten eines Kunden neu zu erfassen oder zu modifizieren. Diese Funktion kann für die folgenden Zwecke verwendet werden:

- Ein neuer Kunde fordert Infomaterial an.
- Ein neuer Kunde bucht eine Veranstaltung.
- Eine Firma meldet einen neuen Mitarbeiter zu einer Veranstaltung an.
- Ein Kunde ändert seine Anschrift.
- Informationen sollen aktualisiert werden.
- Die Daten eines Kunden sollen eingesehen werden.

Wirkung

Wenn Sie in alle Muss-Felder (hellgelb dargestellt, im Buch hellgrau) des Bearbeitungsfensters (Abb. 2.24-1) eine entsprechende Information eingegeben haben und **»OK«** wählen, dann wird bei einem neuen Kunden ein neuer Kundenstammsatz für den Kunden angelegt

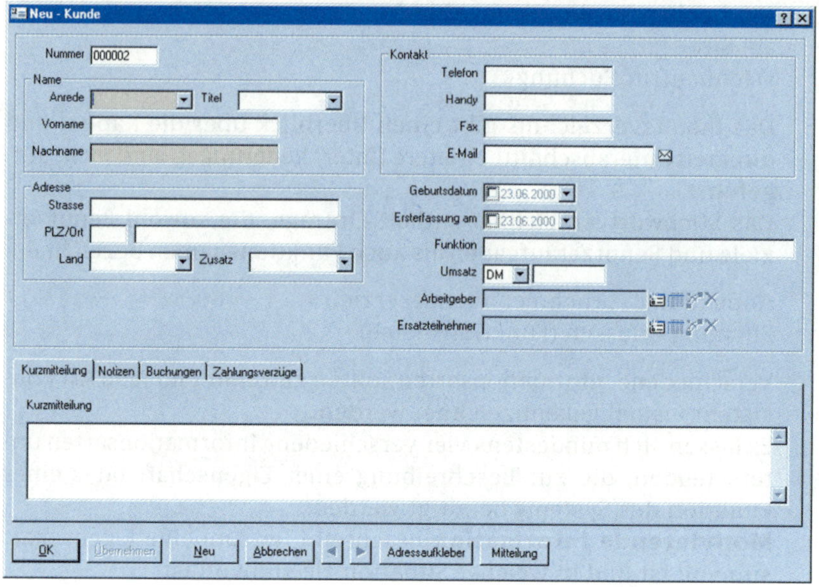

Abb 2.24-1: Leeres Fenster »Kunde bearbeiten« aus der Seminarorganisation

und abgespeichert. Außerdem wird eine neue Kunden-Nr. automatisch vergeben. Existiert der Kunde, werden seine eventuell veränderten Daten im Kundenstammsatz aktualisiert.

Vorgehen Neukunde

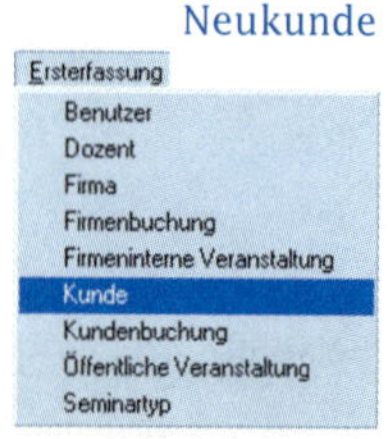

Abb. 2.24-2: Menüoption »Kunde«

1 Bei einem **Neukunden** aktivieren Sie unter dem Menütitel **»Ersterfassung«** die Menüoption **»Kunde«** (Abb. 2.24-2). Es öffnet sich das Fenster **»Neu – Kunde«** (Abb. 2.24-1). Füllen Sie die relevanten Felder aus. Beachten Sie, dass Sie in alle Muss-Felder (gelb unterlegt, hier grau) Daten eingeben. Die neue Kunden-Nummer wird automatisch vergeben.

vorhandener Kunde

2 Wenn Sie einen bereits erfassten Kunden bearbeiten wollen, aktivieren Sie im Menü **»Stammdatenlisten«** die Menüoption **»Kunde«.** Sie erhalten eine Liste aller bereits erfassten Kunden (Abb. 2.24-3). Über die Filterfunktion der Liste können Sie gezielt Kunden selektieren. Durch Doppelklick auf eine Listenzeile wählen Sie einen Kunden aus. Es wird das Erfassungsfenster des Kunden mit seinen Daten angezeigt. Jetzt können Sie in diesem Fenster alle erforderlichen Änderungen vornehmen.

Notizen machen

3 Auf den Registerseiten **»Kurzmitteilung«** und **»Notizen«** können Sie zusätzliche Texte eingeben. Hierbei steht:
- **Notizen** für allgemeine Informationen und Anmerkungen.
- **Kurzmitteilung,** um dem Kunden einen kurzen Brief zu senden.

Firmenkunde

4 Ist der Kunde bei einer Firma beschäftigt, können Sie mit den linken maussensitiven Piktogrammen hinter dem Feld »**Arbeitgeber«** dem Kunden eine Firma zuordnen. Ist eine Zuordnung vorhanden, wird diese in dem Feld angezeigt.

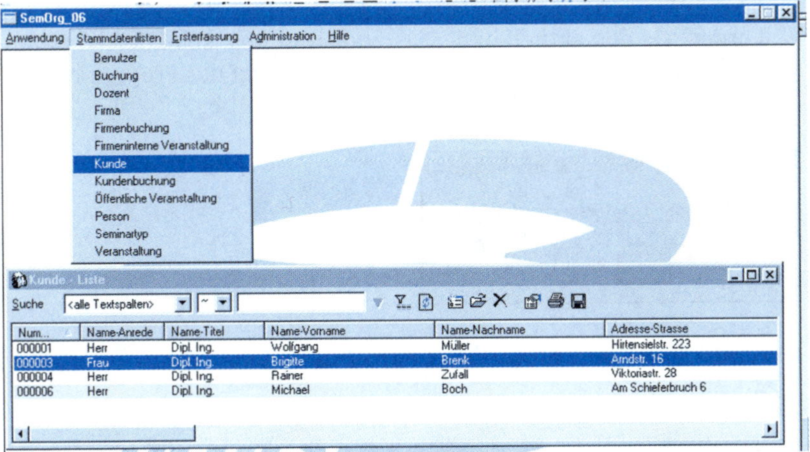

Abb. 2.24-3: Listenfenster mit bereits erfassten Kunden

Buchung

5 Soll eine Buchung vorgenommen werden, müssen Sie zuerst die Registerseite »Buchungen« selektieren. Vorhandene Buchungen werden auf der Registerseite **»Buchungen«** angezeigt.
Das linke Piktogramm erlaubt es, eine neue Buchung anzulegen. Das zweite Piktogramm erlaubt es, die Buchung, die in der Liste selektiert ist, zu ändern.

Zahlungsverzug

6 In der Liste auf der Registerseite **»Zahlungsverzüge«** können Sie sehen, ob der Kunde im Zahlungsverzug ist. Durch die beiden linken maussensitiven Piktogramme können Sie neue Zahlungsverzüge registrieren oder bestehende revidieren, nachdem der Kunde seine Rechnung bezahlt hat (analoge Bedienung wie in **5**).

Speichern

7 Wenn Sie alle Angaben über den Kunden eingegeben haben, können Sie mit dem Druckknopf **OK** alle Daten sichern. Gleichzeitig wird das Kundenfenster geschlossen. Wollen Sie die eingegebenen Kundendaten speichern und anschließend einen weiteren Kunden bearbeiten, dann drücken Sie anstelle von Speichern den Knopf **Neu**. Das Kundenfenster wird *nicht* geschlossen. Der Zeiger steht anschließend im Feld »Nummer«.

vorherigen, nächsten Kunden

8 Wenn Sie zum nächsten oder vorherigen Kunden-Datensatz navigieren wollen, können Sie den **<**-Knopf oder den **>**-Knopf wählen.

Abbrechen

9 Wenn Sie *nicht* wollen, dass Ihre Änderungen gespeichert werden sollen, wählen Sie den **Abbrechen**-Knopf. Das Fenster wird geschlossen und ihre Änderungen werden *nicht* gespeichert.

Adressaufkleber, Mitteilung

10 Die Druckknöpfe **Adressaufkleber** und **Mitteilung** veranlassen den Ausdruck eines Adressaufklebers bzw. einer Kurzmitteilung an den Kunden.

Löschen

11 Um einen Kunden-Datensatz zu löschen, wählen Sie aus dem Menü **»Stammdatenlisten«** die Menüoption **»Kunde«**. Sie erhalten eine Liste aller bereits erfassten Kunden. Über die Filterfunktion der Liste können Sie gezielt einen Kunden selektieren (Abb. 2.24-3). Mit dem Anklicken des vierten maussensitiven Piktogramms von rechts können sie den aktuell in der Listendarstellung selektierten Datensatz eines Kunden löschen. Zur Sicherheit fragt das Programm noch einmal, ob Sie auch wirklich löschen wollen (Abb. 2.24-4).

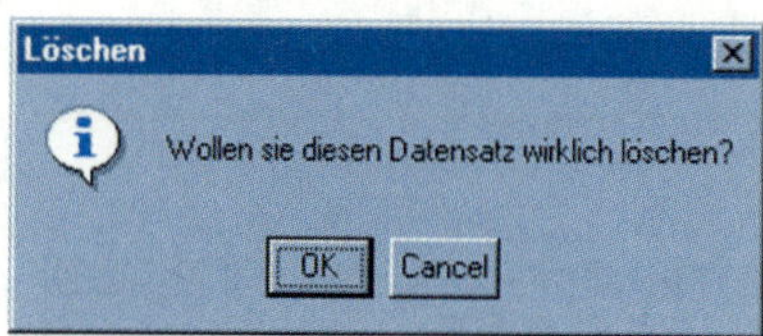

Abb. 2.24-4: Abfrage nach Anklicken des Lösch-Piktogramms

Ein vollständig ausgefülltes Fenster »Kunde bearbeiten« zeigt Abb. 2.24-5.

Abb. 2.24-5: Beispiel eines vollständig ausgefüllten Fensters »Kunde«

000001, Herr, Dipl. Ing., Wolfgang, Müller, Hirtensielstr. 223, 45138, Essen, Deutschland, 0200 / 4711, 0190 / 4711, 0200 / 4...

Nummer 000001
Name
Anrede Herr Titel Dipl. Ing.
Vorname Wolfgang
Nachname Müller
Adresse
Straße Hirtensielstr. 223
PLZ/Ort 45138 Essen
Land Deutschland Zusatz
Kontakt
Telefon 0200 / 4711
Handy 0190 / 4711
Fax 0200 / 4712
E-Mail muller@hirtensiel.de
Geburtsdatum 06.06.1963
Ersterfassung am 11.08.1998
Funktion Entwickler
Umsatz DM
Arbeitgeber Noxis, Firma, Noxis, GmbH, Wüst
Ersatzteilnehmer

Kurzmitteilung | Notizen | Buchungen | Zahlungsverzüge

Angemeldet am	Bestätigung am	Rechnung am	Abgemeldet am	Mitteilung am	Öffentliche Veranstaltung
14.06.2000	15.06.2000				1
14.06.2000	15.06.2000				2

OK Übernehmen Neu Abbrechen Adressaufkleber Mitteilung

Erlernbarkeit

- ■ Leichtes Erlernen
- □ An das Vorwissen des Adressatenkreises anknüpfen und aufbauen. Neue Konzepte werden leichter gelernt, wenn sie in Beziehung zu vertrauten Konzepten gesetzt werden. Es ist daher hilfreich, zunächst ein vertrautes Problem/Konzept zu präsentieren.
- □ Informationsdarbietung in Ebenen und in kleinen Einheiten. Die Informationen sollten so angeordnet werden, dass der Benutzer auf wenigen Seiten lernt, etwas Sinnvolles zu tun. Zuerst sollten die Grundlagen, dann die fortgeschrittenen Dinge behandelt werden.
- □ Informationsdarbietung in einer logischen Sequenz; keine Vorwärtsreferenzen; vollständige Informationen zum Erledigen einer Aufgabe bereitstellen.

- □ Beispiele angeben.
- □ Zeichnungen und Grafiken verwenden.
- □ Konsistente Verwendung von räumlichen, visuellen und örtlichen Kennzeichen, z.B. Hervorhebungen, Farbe, Schriftarten, Ränder, Symbole, Informationsarten.
- □ Abstrakte, formale Notationen vermeiden.
- □ Visuelle, räumliche Darstellungen und Analogien benutzen.
- □ Den Leser dazu bringen, Schlüsse zu ziehen. Anfänger finden es hilfreich, *vom Allgemeinen auf das Spezielle* zu schließen. Es wird eine allgemeine Vorgehensweise oder Regel angegeben. Der Leser muss daraus schließen, wie die Regel auf einen speziellen Kontext anzuwenden ist. Das weitere Lernen wird unterstützt durch *allgemeine Erklärungen*, die einen Schluss *auf das Spezielle* erlauben. Zusätzlich zum Schluss vom Allgemeinen auf das Spezielle werden hier noch funktionale und konzeptnahe Informationen gegeben. Dadurch kann der Leser sein geistiges Modell vom System adäquat erweitern. Beispielsweise wird dem Leser erklärt, dass die Feldlängenangabe dem System angibt, wie viel Speicherplatz für die Information reserviert werden muss.
- □ Eine »Vermenschlichung« des Computers vermeiden.
  Dem Computer sollen nicht menschliche Eigenschaften zugeordnet werden wie »Der Computer weiß, welche Kunden vorhanden sind« Besser ist es zu schreiben: »Sie erhalten eine Kundenliste durch die Funktion **Liste**«.
- □ Einen Abschnitt zur »Behandlung von Problemen« sowie eine Liste mit Fehlermeldungen einschließlich detaillierter Erklärungen und Vorschläge vorsehen.

Beispiel

Problem:
Die im Feld »Notizen« eingetragenen Texte im Fenster **»Kunden bearbeiten«** können nicht ausgedruckt werden.
Lösung:
Ein Ausdruck der Notizen ist nicht vorgesehen. Es ist jedoch möglich, die Notizentexte zu markieren und in die Zwischenablage zu kopieren. Von dort können sie ausgedruckt oder in ein Textsystem übernommen werden.

- □ Die Dokumentation muss in Stil und der Terminologie konsistent sein mit dem Hilfesystem sowie den Kommandos und Meldungen auf dem Bildschirm.

Lesbarkeit

- ■ Gute Lesbarkeit
- □ Genügend Leerraum lassen
  Kompakter Text ist schwierig zu lesen, insbesondere wenn der Inhalt komplex und abstrakt ist. Der großzügige Gebrauch von Leerraum lässt ein Handbuch weniger »einschüchternd« erscheinen und macht es leichter lesbar.
- □ Unnötigen Jargon vermeiden.

Die Betonung liegt hier auf »unnötig«. Oft ist das Erlernen von Fachbegriffen eines Gegenstandsbereichs notwendig und wünschenswert, da es kein umgangssprachliches Wort dafür gibt. Wird ein Fachbegriff zum ersten Mal verwendet, dann ist er dort auch zu erklären. Später sollte er immer besonders gekennzeichnet werden, z.B. in Fettschrift.

Die Beachtung dieser Richtlinien ergibt bessere und leichter benutzbare Handbücher. Erstellt der Handbuch-Autor ein gutes Handbuch, dann sparen hunderte oder tausende Benutzer eine Menge Zeit und Nerven.

2.24.3 Methodik zum Entwurf einer Trainings-Einheit

In Anlehnung an /Boedicker 90, S. 253f./ werden im Folgenden acht Schritte zur Erstellung einer Trainings-Einheit angegeben:

in Einzelschritte zerlegen

1 Die zu trainierende Arbeitsaufgabe, Tätigkeit oder Funktion ist in Lerneinheiten und diese in Einzelschritte zu zerlegen.

Demo-Daten ja/nein?

2 Überlegen, ob dem Benutzer Demonstrations-Daten auf CD-ROM zur Verfügung gestellt werden sollen, oder ob er sich während der Übung alles Material selbst erarbeiten soll. Beides hat Vorteile: Stehen Daten zur Verfügung, dann wird dem Benutzer viel Eingabearbeit erspart. Ein Erfolgserlebnis wird früher erzielt. Muss der Benutzer viel selbst eingeben, dann gewinnt er Sicherheit im Umgang mit dem System.

Zeitaufwand angeben

3 Der voraussichtliche Zeitaufwand für eine Lerneinheit soll angegeben werden, ebenfalls die nächste Möglichkeit für eine Unterbrechung. Der Benutzer ist auf den Schwierigkeitsgrad der Einzelschritte vorzubereiten. Einzelne Aufgaben dürfen nicht zu lang dauern. Eine Stunde ist für konzentriertes Lernen bereits als Obergrenze anzusehen. Dannach ist eine Pause nötig. Der Schwierigkeitsgrad der Übungen soll sich allmählich steigern.

Voraussetzungen angeben

4 Vor jeder Lerneinheit ist anzugeben, welche Bedingungen vorher erfüllt sein müssen: Übungen, die vorher ausgeführt sein müssen; Kenntnisse, die vorausgesetzt werden; Parameter, die gesetzt sein müssen; Dateien, die vorhanden sein müssen usw.

Ergebnisse beschreiben

5 Die Ergebnisse, die der Benutzer nach jeder Übung erzielt haben soll, sind zu beschreiben.
Zusätzliche Erklärungen sollten erfolgen, wenn durch Fehler oder Mißverständnisse andere Ergebnisse entstehen können.

Erläuterung der Einzelschritte

6 Die Bedeutung der Einzelschritte ist zu erläutern. Sie sind miteinander zu verknüpfen.

7 Die Lernergebnisse sind zwischendurch zusammenzufassen und zu wiederholen. Der Benutzer kann sich dabei etwas erholen und prüfen, ob er alles richtig verstanden hat.

visualisieren

8 Visualisierungen verwenden, z.B. Gegenstände, Prozesse, Zustände, Beziehungen.

Eine Trainings-Einheit für das Zeichenprogramm Aldus Freehand/ Freehand 95, S. 2 ff./ sieht in Ausschnitten folgendermaßen aus: Beispiel

Einführung

Einstieg in die Übungen

Die Übungen der Einführung sind in einem einfachen, zusammenhängenden Projekt eingebettet und sollen Ihnen einige Funktionen und Vorgehensweisen von FreeHand 5.0 näherbringen. Bei dieser praxisbezogenen Lernmethode wird in den Lektionen davon ausgegangen, daß Sie mit dem Starten und der Bedienung Ihres Computers bereits vertraut sind.

Stellen Sie sich vor, Sie werden von einem Kunden beauftragt, die Speisekarte für ein Restaurant mit dem Namen Festa di Pasta auszuarbeiten. Bei einem ungezwungenen Gespräch während des Mittagessens skizziert der Kunde seine Vorstellung von der Speisekarte auf eine Papierserviette. Die Skizze zeigt einen großen Teller gefüllt mit Pasta und Soße, der auf einem karierten Tischtuch steht. Unterhalb der Illustration erscheint der Name Festa di Pasta als geschwungener Schriftzug.

Der Kunde wünscht eine farbige Speisekarte sowie Druck mit hoher Auflösung auf einem senkrecht ausgerichteten DIN-Papier.

Auf der Rückseite möchte der Kunde eine Liste der Vorspeisen, Hauptgerichte und Nachspeisen.

Vor Ihrem geistigen Auge sehen Sie sofort, wie Sie mit FreeHand die Illustration in Form von Ebenen aufbauen können, ähnlich wie Sie auch einen Tisch decken würden:

- Zuerst legen Sie das Tischtuch auf den Tisch.
- In der Mitte stellen Sie den Teller hin.
- Sie "füllen" den Teller mit einem Berg von Pasta.
- Dann "krönen" Sie die Nudeln mit einer leckeren roten Tomatensoße.
- Sie fügen den Namen des Restaurants hinzu.
- Sie lernen, wie Text importiert wird.
- Sie erstellen Formate für Textabsätze.
- Sie schneiden Elemente aus und fügen sie ein, um einen Hintergrund für die Speisekarte zu erstellen.

Einrichten der Arbeitsseite

In diesem Abschnitt bestimmen Sie die Formatoptionen und stellen die Funktionen zusammen, die Sie zur Ausarbeitung der Illustration benötigen. Optionen und Funktionen sind zu interaktiven Paletten zusammengefaßt, die sich auf der Illustration befinden. Sie werden zwei Paletten öffnen: das Funktionenfenster und die Zentralpalette. Sie können die Position der Paletten jederzeit durch Ziehen ändern, wie Sie das auch von anderen Fenstern her gewohnt sind.

Über die Zentralpalette bestimmen Sie, mit welcher Auflösung die Endversion des Projekts ausgegeben wird – ein wichtiger Schritt am Anfang einer jeden Illustration. Die Maße sind in diesen Übungen in Punkt (1/12 Pica) angegeben. Sie werden später also überprüfen, ob "Punkte" als Maßeinheit ausgewählt ist.

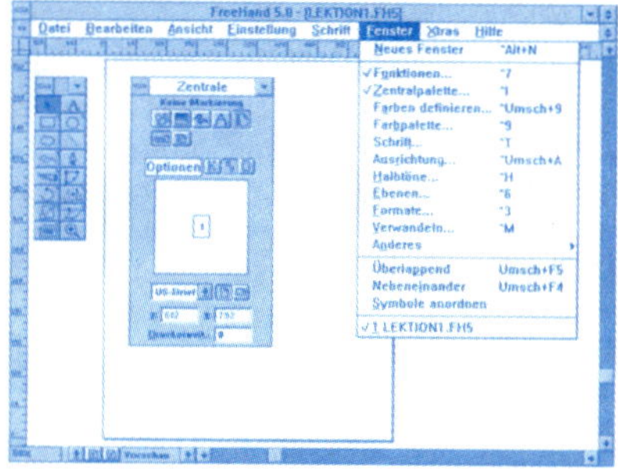

Was auf dem Bildschirm erscheint:
In diesem Abschnitt verwenden Sie das Funktionenfenster und die Dateipalette, eine der fünf Versionen der Zentralpalette.
In der Mitte des Fensters sehen Sie die Illustrationsseite, umgeben von der Montagefläche.
Hinweis: In diesem Handbuch werden das Programm- und das Illustrationsfenster vergrößert angezeigt.

Starten von FreeHand und Einrichten einer neuen Datei

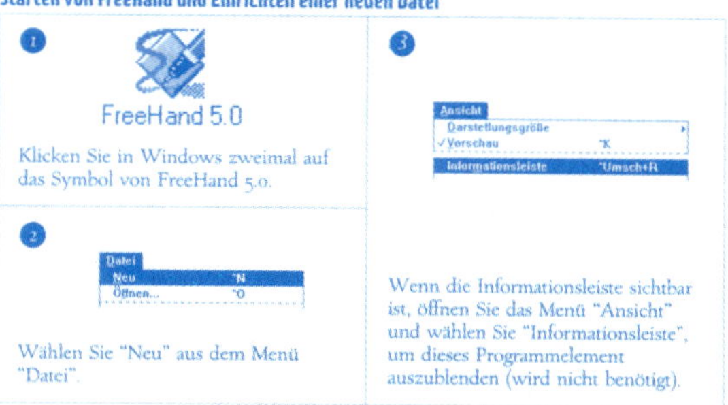

1. Klicken Sie in Windows zweimal auf das Symbol von FreeHand 5.0.
2. Wählen Sie "Neu" aus dem Menü "Datei".
3. Wenn die Informationsleiste sichtbar ist, öffnen Sie das Menü "Ansicht" und wählen Sie "Informationsleiste", um dieses Programmelement auszublenden (wird nicht benötigt).

Weitere Infos

FreeHand-Benutzerhandbuch

ÜBUNGEN

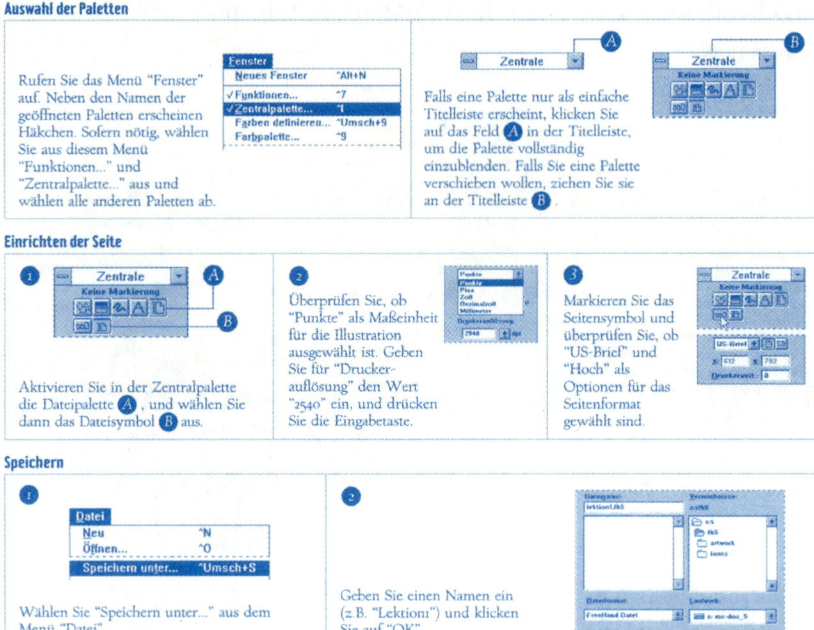

Auswahl der Paletten
Rufen Sie das Menü "Fenster" auf. Neben den Namen der geöffneten Paletten erscheinen Häkchen. Sofern nötig, wählen Sie aus diesem Menü "Funktionen..." und "Zentralpalette..." aus und wählen alle anderen Paletten ab.
Fenster
Neues Fenster
Funktionen...
Zentralpalette...
Farben definieren...
Farbpalette...
Zentrale
Falls eine Palette nur als einfache Titelleiste erscheint, klicken Sie auf das Feld A in der Titelleiste, um die Palette vollständig einzublenden. Falls Sie eine Palette verschieben wollen, ziehen Sie sie an der Titelleiste B.
Einrichten der Seite
1
Zentrale
Keine Markierung
Aktivieren Sie in der Zentralpalette die Dateipalette A, und wählen Sie dann das Dateisymbol B aus.
2
Überprüfen Sie, ob "Punkte" als Maßeinheit für die Illustration ausgewählt ist. Geben Sie für "Druckerauflösung" den Wert "2540" ein, und drücken Sie die Eingabetaste.
3
Markieren Sie das Seitensymbol und überprüfen Sie, ob "US-Brief" und "Hoch" als Optionen für das Seitenformat gewählt sind.
Speichern
1
Datei
Neu
Öffnen...
Speichern unter...
Wählen Sie "Speichern unter..." aus dem Menü "Datei".
2
Geben Sie einen Namen ein (z.B. "Lektion1") und klicken Sie auf "OK".

Benutzer-Handbuch Soll etwas beschreiben und/oder zur Benutzung oder Bedienung eines Produkts anleiten. Je nachdem, ob der Schwerpunkt auf dem Beschreibungs- oder Bedienungsaspekt liegt, werden →Trainings-Handbücher, →Referenz-Handbücher, →Referenz-Karten und →Benutzer-Leitfäden unterschieden.

Benutzer-Leitfaden Gibt dem Benutzer eine Arbeitsanleitung für die Arbeit mit dem Produkt oder hilft ihm bei der Arbeitsvorbereitung und -planung. Oft eine Kombination aus →Trainings-Handbuch und →Referenz-Handbuch.

quick reference →Referenz-Karte

Referenz-Handbuch Detaillierte und vollständige Beschreibung aller Funktionen, Komponenten oder sonstigen Aspekte eines Produkts. Der Benutzer soll während der Arbeit gezielt auf Informationen über einzelne Produktaspekte zugreifen können.

Referenz-Karte Meist kleinformatige, kompakte Verzeichnisse wichtiger Kommandos, Funktionen usw.

Trainings-Handbuch Besteht aus didaktisch durchdachten, aufeinander aufbauenden Aufgaben, die in Einzelschritte zerlegt und ausführlich erläutert sind. Erlaubt es dem Benutzer, ohne Vorkenntnisse sofort etwas mit der Software zu tun und vermittelt rasch Erfolgserlebnisse.

tutorial →Trainings-Handbuch

user guide →Benutzer-Leitfaden

Zu jedem Software-Produkt gehört eine adäquate, vollständige und fehlerfreie Dokumentation. Die für den Endbenutzer bzw. Anwender des Software-Produktes bestimmte Dokumentation bezeichnet man als Benutzer-Handbuch. Es gibt verschiedene Handbuchtypen in Abhängigkeit davon, ob eine produktorientierte Gliederung – Referenz-Handbuch, Referenz-Karte *(quick reference)* – oder eine aufgabenorientierte Gliederung – Trainings-Handbuch *(tutorial)*, Benutzer-Leitfaden *(user guide)* – im Vordergrund steht (Abb. 2.24-6).

Wichtige Gestaltungsziele für Benutzer-Leitfäden *(user guide)* sind die leichte Navigation, das leichte Erlernen und die gute Lesbarkeit.

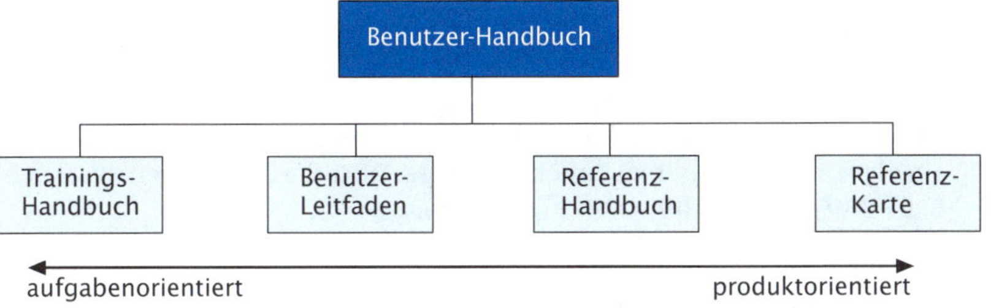

Abb. 2.24-6: Handbuchtypen

/Boedicker 90/
Boedicker D., *Handbuch-Knigge – Software-Handbücher schreiben und beurteilen,* Mannheim: BI-Wissenschaftsverlag, 1990, 284 S.
Ein anschauliches und verständliches Buch, das praxisorientiert technischen Autoren hilft, bessere Handbücher zu schreiben. In einem umfangreichen Nachschlagteil werden zu wesentlichen Themen der Handbuchherstellung zusammengefasste Hinweise aufgeführt.

/Brockmann 90/
Brockmann J.R., *Writing Better Computer User Documentation. From Paper To Hypertext,* New York: Wiley & Sons 1990, 364 S.
Ausführliche Beschreibung des Dokumentationsprozesses: Von der Erstellung einer Spezifikation bis zur Wartung der Dokumentation.

/Rupietta 87/
Rupietta W., *Benutzerdokumentation für Softwareprodukte,* Mannheim: BI-Wissenschaftsverlag 1987, 200 S.
Das Buch enthält eine Anleitung zur Entwickung von Benutzerdokumentationen für Software-Produkte. Der Schwerpunkt liegt auf der vollständigen Darstellung des Entwicklungsprozesses für Benutzerhandbücher.

/Mayhew 92/
Mayhew D.J., *Principles and Guidelines in Software User Interface Design,* Englewood Cliffs: Prentice Hall, 1992, 619 S.
Enthält ein Kapitel, das sich auf 43 Seiten mit der Benutzerdokumentation befasst. Neben Handbüchern werden auch Hilfesysteme behandelt. Empirische Ergebnisse werden dargestellt.

Zitierte Literatur

/Freehand 95/
Aldus Freehand Einführung Version 5.0, April 1995, Macromedia.

Analytische Aufgaben
Muss-Aufgabe
30 Minuten

1 *Lernziele: Eigene Benutzer-Handbücher erstellen können. Die aufgeführten Richtlinien bei der Erstellung eigener Handbücher berücksichtigen können. Die Qualität eines Benutzer-Handbuchs anhand der aufgeführten Richtlinien beurteilen können.*
Dem Software-Produkt »Steuer Profi« zur Berechnung der Einkommensteuer liegt folgende Dokumentation bei:
- In gedruckter Form: Eine Installationsanleitung, ein Referenz-Handbuch, das die gesamte Funktionalität abdeckt, und ein Trainings-Handbuch zum Schnelleinstieg, in dem die wichtigsten Geschäftsprozesse (Erstellen einer Standard-Einkommensteuererklärung, Berechnung der Steuerschuld, Bedrucken der Bögen) in Trainingseinheiten erläutert sind.

- Auf CD-ROM: Ein ausführliches Tutorium, ein Handbuch für Steuerfragen, die *Online*-Hilfe mit Tipps und Tricks in Multimedia-Form, Steuergesetze und -urteile.

Das Produkt wird von Anfängern bis hin zu Profis im Fachbereich (Steuerberater, Lohnsteuerhilfevereine) eingesetzt. Analysieren Sie die Dokumentation. Sind die Handbücher ausreichend und angemessen?

Muss-Aufgabe *25 Minuten*

2 *Lernziel: Trainings-Einheiten anhand der dargestellten Methodik erstellen können.*

Dem Zeichenprogramm »Corel DRAW« liegt folgende Trainings-Einheit »Erstellen einer neuen bzw. das Öffnen einer vorhandenen Zeichnung« bei:

»In diesem Lernprogramm lernen Sie einiges über die Grundlagen des Zeichnens und das Einrichten einer Zeichnung.

Inhalt:

Eine neue Zeichnung erstellen

Eine bestehende Zeichnung öffnen

Eine neue Zeichnung erstellen

In CorelDRAW stehen Ihnen zwei Methoden zur Verfügung, eine neue Zeichnung zu beginnen. Mit dem Befehl »Neu« erstellen Sie eine neue Zeichnung mit der Standard-Vorlage von CorelDRAW. Der Befehl »Neu von Vorlage« ermöglicht es Ihnen, eine Zeichnung mit einer Vorlage Ihrer Wahl unter Zuhilfenahme eines Assistenten zu öffnen.

In dieser schrittweisen Anleitung wird der Befehl »Neu« verwendet, um eine Zeichnung mit der Standardvorlage CORELDRW.CDT zu erstellen.

- Wählen Sie aus dem Menü »Datei« die Option »Neu«.

Eine bestehende Zeichnung öffnen

Verwenden Sie die Schaltfläche »Öffnen«, um gespeicherte Zeichnungen zu öffnen. Mit dem Befehl »Öffnen« wird das Dialogfeld »Zeichnung öffnen« geöffnet, in dem Sie nach einer Datei suchen können.

1. Klicken Sie auf die Schaltfläche »Öffnen«.
2. Wählen Sie im Listenfeld »Suchen in« das Laufwerk, auf dem sich die Datei befindet.
3. Doppelklicken Sie auf den Ordner, in dem die Datei gespeichert ist.«

Überprüfen Sie, inwieweit diese Einheit der dargestellten Methodik entspricht.

Muss-Aufgabe *25 Minuten*

3 *Lernziel: Trainings-Einheiten anhand der dargestellten Methodik erstellen können.*

Dem Programm »ArCon« zur Planung von Architekturprojekten liegt folgende Trainings-Einheit zum Positionieren von Einrichtungsgegenständen im Designmodus bei:

»2 Schnelleinstieg in ArCon

Um Ihnen den Einstieg in ArCon möglichst einfach zu gestalten, erhalten Sie in diesem Abschnitt eine Schnelleinführung, in der Sie auf der Basis von vorgefertigten Projekten den Umgang mit ArCon erlernen können. Dieser Schnelleinstieg ist nicht als vollständiger Ersatz für den Rest des Handbuchs gedacht. Sollten Ihnen also während der einzelnen Übungen Punkte unklar sein, so zögern Sie nicht, in den entsprechenden detaillierteren Kapiteln nachzulesen.

2.1 Bevor es losgeht

Die einzelnen Übungen dieses Schnelleinstiegs finden Sie nach der Installation von ArCon im Verzeichnis Projekte Übungen, wobei Projekte ein Un-

terverzeichnis des von Ihnen bei der Installation gewählten Verzeichnisses ist. Im genannten Ordner finden Sie die Dateien Uebung01.aep bis Uebung10.acp. Zu Beginn jeder Übung sollten Sie das entsprechende Projekt in ArCon laden.
Anmerkung: Projekte in ArCon haben die Endung acp für ArCon-Projekt. Zum Laden eines Projektes gehen Sie wie folgt vor ...

2.2 Einstellungen vor der ersten Übung
ArCon bietet Ihnen die Möglichkeit, sein Verhalten in weiten Grenzen den Fähigkeiten Ihres Rechners, bezogen auf Speicherkapazität und Geschwindigkeit, anzupassen. Obwohl ArCon im Prinzip auch auf kleineren PCs läuft, empfehlen wir dringend einen Pentium PC mit 16, besser 32 MByte Speicher. Um ArCon an Ihren PC anzupassen, gehen Sie wie folgt vor ...
Es folgen detaillierte Beschreibungen der notwendigen Einstellungen mit Bildschirmabzügen.

2.3 Übungen
2.3.1 Übung01.acp
Ziel: Positionieren von Einrichtungsgegenständen im Designmodus

1. Laden Sie UEBUNG01.ACP. Es erscheint folgendes Bild ...
   Ziel ist es, den Monitor auf dem Schreibtisch von links nach rechts zu versetzen.
2. Gehen Sie mit der Maus über den Monitor in der farbigen Darstellung und klicken Sie ihn an. Er ist danach selektiert ...«

Es folgen detaillierte Beschreibungen der einzelnen Schritte mit Bildschirmabzügen. Zum Übungsabschluss wird der Übungserfolg zusammengefasst.

Überprüfen Sie, inwieweit diese Einheit und der Gesamtrahmen der Übungseinheiten der dargestellten Methodik entspricht.

4 *Lernziel: Die Qualität eines Benutzer-Handbuchs anhand der aufgeführten Richtlinien beurteilen können.* Kann-Aufgabe *30 Minuten*
Die Dokumentation von »Microsoft Excel« in einer älteren Version besteht aus drei separaten Büchern:
A Microsoft Excel zum Nachschlagen, Band 1, beinhaltet eine Einführung. Hierin wird auf die *Online*-Trainingseinheiten hingewiesen, deren Inhalte und der Zeitaufwand beschrieben.
B Microsoft Excel zum Nachschlagen, Band 2, ist für Experten gedacht.
C Microsoft Excel: Verzeichnis der Funktionen. Hierin sind alle Systemfunktionen beschrieben.
Eine Referenz-Karte ist *nicht* beigefügt.
Die Handbücher enthalten folgende Teile

- Vorwort
- Inhaltsverzeichnis
- Einführung
- Installationsverzeichnis
- Beschreibung der Benutzungsoberfläche
- Trainingsteil
- Referenzteil
- Index

Es fehlen oder sind unvollständig

- Produktstruktur
- Literaturhinweise
- Abkürzungsverzeichnis

Charakterisieren Sie diese Dokumentation nach den Ihnen bekannten Kriterien. Beurteilen Sie die Qualität der Dokumentation.

Klausur-Aufgabe *30 Minuten*

5 *Lernziele: Eigene Benutzer-Handbücher erstellen können. Die aufgeführten Richtlinien bei der Erstellung eigener Handbücher berücksichtigen können. Die Qualität eines Benutzer-Handbuchs anhand der aufgeführten Richtlinien beurteilen können.*
Das Programm »ArCon« dient der Planung von Architekturprojekten, speziell Häusern. Dem Programm liegt die folgende Dokumentation bei:
In gedruckter Form ein Handbuch mit folgender Gliederung:
Kap. 1 Einleitung
Kap. 2 Schnelleinstieg in ArCon (Tutorial mit Übungen)
Kap. 3-13 Referenz-Handbuch, welches die gesamte Funktionalität abdeckt
Kap. 14 Tastaturbelegung
Kap. 15 FAQ (Häufig gestellte Fragen)
Kap. 16 Supporthinweise
Dazu eine kurze Installationsanleitung
Auf CD-ROM befindet sich das Programm, Beispieldateien, Texturen und Objekte, sowie die Übungsdateien zu Kap. 2 des Handbuchs.
Das Programm wird von Anfängern bis hin zu Profis im Fachbereich (Architekten) eingesetzt. Es existiert eine Version ArCon+, dessen zusätzliche Funktionalität ebenfalls im Handbuch beschrieben wird. Da die Funktionalitätserweiterung alle Programmteile betrifft, ist diese durch das Handbuch verstreut. Kapitel, die sich nur auf ArCon+ beziehen, sind mit einem Piktogramm gekennzeichnet.
Analysieren Sie die Dokumentation. Sind die Handbücher ausreichend und angemessen?

Konstruktive Aufgaben
Muss-Aufgabe *20 Minuten*

6 *Lernziele: Eigene Benutzer-Handbücher erstellen können. Die aufgeführten Richtlinien bei der Erstellung eigener Handbücher berücksichtigen können.*
Beschreiben Sie für ein Referenz-Handbuch die Funktion »Kunde bearbeiten« des Software-Produkts »SemOrg«. Beziehen Sie sich auf das Bildschirmfoto der Abb. 2.24-5.

Muss-Aufgabe *45 Minuten*

7 *Lernziel: Trainings-Einheiten anhand der dargestellten Methodik erstellen können.*
Entwickeln Sie eine Trainings-Einheit für das »Entwickeln eines neuen Seminars« für das Programm »Seminarorganisation«.

Muss-Aufgabe *15 Minuten*

8 *Lernziele: Eigene Benutzer-Handbücher erstellen können. Die aufgeführten Richtlinien bei der Erstellung eigener Handbücher berücksichtigen können.*
Erstellen Sie ein Konzept für die Handbücher der Fallstudie »Seminarorganisation«. Welche Handbücher werden benötigt? Skizzieren Sie kurz deren Inhalte.

Klausur-Aufgabe *30 Minuten*

9 *Lernziele: Eigene Benutzer-Handbücher erstellen können. Die aufgeführten Richtlinien bei der Erstellung eigener Handbücher berücksichtigen können.*
Erstellen Sie ein Konzept für die Handbücher des Software-Produkts »Vereinsverwaltung« (Anhang B). Welche Handbücher werden benötigt? Skizzieren Sie kurz deren Inhalte.

2 Die Definitionsphase – Benutzer-Unterstützungssysteme

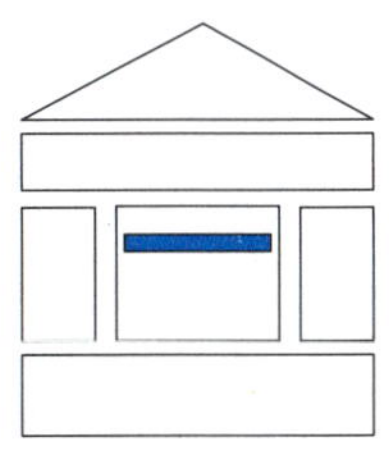

- Die verschiedenen Arten von Benutzer-Unterstützungssystemen aufzählen und ihre Charakteristika nennen können. (wissen)
- Die verschiedenen Arten von Software-Agenten kennen und ihre Charakteristika aufzählen können.
- Vorhandene Hilfesysteme klassifizieren können. (anwenden)
- Die angegebenen Regeln bei der Erstellung eigener Hilfesysteme berücksichtigen können.

- Das Kapitel 2.24 »Benutzer-Handbücher« erleichtert das Verständnis.

2.25 Benutzer-Unterstützungssysteme

Kapitel 2.24

Will ein Benutzer ein Software-System einsetzen, dann muss er sich sowohl in die Benutzungsoberfläche als auch in die Funktionalität der Anwendung einarbeiten. Als Hilfsmittel für das Einarbeiten und für das spätere Nachschlagen werden in der Regel Benutzer-Handbücher verwendet. Sie haben folgende Vorteile:

Benutzer-Handbücher

Vorteile

- ⊞ Ein Buch kann ohne technische Hilfsmittel benutzt werden.
- ⊞ Eine schriftliche Unterlage erlaubt es dem Benutzer, unmittelbar an seine Lesegewohnheiten und seine eingeübten Methoden des Lernens anzuknüpfen.
- ⊞ In einem Buch kann der Benutzer schnell und ohne Aufwand blättern, er kann einige Seiten vorher nochmals nachlesen oder er kann vorblättern, um sich eine Übersicht zu verschaffen.
- ⊞ Ein Buch kann aufgeschlagen liegen bleiben, Lesezeichen können in ein Buch gelegt werden, Notizen können gemacht und Textstellen können markiert werden.

Nachteile

Die Nachteile von Benutzer-Handbüchern bestehen darin, dass

- ⊟ sie weder auf die individuelle Anwendungs- noch auf die persönliche Benutzungssituation zugeschnitten sind,
- ⊟ sie oft sehr umfangreich, schwer verständlich, nicht oder schlecht übersetzt und zu allgemein und abstrakt formuliert sind,
- ⊟ sie oft nicht der aktuellen Programmversion entsprechen oder überhaupt nicht verfügbar sind,
- ⊟ man oft viel lesen muss, bevor man den Funktionsumfang abschätzen, auf die eigene Situation anwenden und praktisch mit dem Software-System anfangen kann zu arbeiten,
- ⊟ man beim Auftreten von Fragen in den Handbüchern meist keine oder nur unbefriedigende, allgemeine Antworten findet, nach denen man zudem oft lange suchen muss.

Um diese Nachteile zu vermeiden, hat man **Benutzer-Unterstützungssysteme *(user support systems)*** entwickelt, die den Benutzer in vielfältiger Weise beim Einsatz eines Software-Systems unterstützen. Diese Systeme lassen sich in verschiedene Kategorien gliedern (Abb. 2.25-1).

Abb. 2.25-1: Kategorien von Unterstützungssystemen

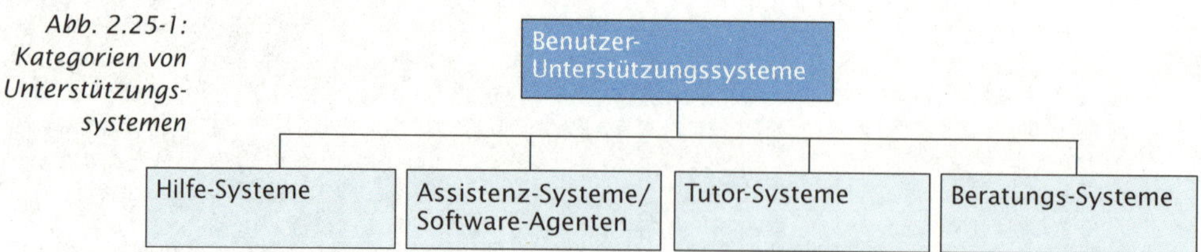

Die verschiedenen Kategorien von Benutzer-Unterstützungssystemen werden in den folgenden Abschnitten näher betrachtet.

Computergestützte Systeme besitzen gegenüber Handbüchern folgende Vorteile:

Unterstützungssysteme

Vorteile

- Eine interaktive und multimediale Unterweisung ist möglich.
- Sie benötigen keinen Schreibtischplatz.
- Sie sind schneller und leichter zu aktualisieren.
- Durch die Integration des Internet kann das System sogar »tagesaktuell« gepflegt werden.
- Potenziell kann auf sie schneller zugegriffen und es kann schneller navigiert werden.
- Sie können nicht verloren gehen oder beschädigt werden.
- Ein gutes System erlaubt dem Benutzer, den Detaillierungsgrad der Information zu steuern.

Dem stehen folgende Nachteile gegenüber:

Nachteile

- Text wird auf einem Bildschirm normalerweise langsamer gelesen als auf gedrucktem Material.
- Das Lesen auf dem Bildschirm ist ermüdender.
- Kleine Bildschirme können keine ganze Seite anzeigen.
- Das Blättern auf dem Bildschirm ist langsamer.
- Das Navigieren erfordert zusätzlichen Lernaufwand.
- Ein Teil des Bildschirms wird für die Anzeige von Informationen benötigt.

2.25.1 Hilfesysteme

Hilfesysteme unterstützen den Benutzer bei der *Benutzung* der Mensch-Computer-Schnittstelle sowie der Anwendungssoftware durch explizite Erklärungen und Auskünfte.

Hilfesysteme können in ihrer Leistung sehr unterschiedlich sein. Im einfachsten Fall wird nach dem Drücken einer Hilfetaste nur das entsprechende Kapitel aus dem Benutzer-Handbuch auf dem Bildschirm angezeigt. Weitergehende Hilfesysteme unterstützen jeden Benutzer individuell und bieten zum Teil von sich aus Hilfe an.

2.25.1.1 Klassifikation von Hilfesystemen

Tab. 2.25-1 zeigt eine Klassifikation von Hilfesystemen.

Tab. 2.25-1: Klassifikation von Hilfesystemen (in Anlehnung an /Bauer, Schwab 88, S. 198/)

statische Hilfe liefert Information, die den aktuellen Kontext nicht berücksichtigt.	**dynamische Hilfe** berücksichtigt den Kontext zum Zeitpunkt der Hilfeanforderung.
uniforme Hilfe liefert für jeden Benutzer dieselbe Information.	**individuelle Hilfe** liefert Information, die an die speziellen Bedürfnisse des Benutzers angepasst ist.
passive Hilfe ■ wird ausgelöst durch eine explizite Anfrage des Benutzers.	**aktive Hilfe** ■ wird gegeben, wenn das Hilfesystem feststellt, dass Hilfe nötig ist, ■ berücksichtigt den Kontext zum Zeitpunkt der Hilfeleistung.

statische Hilfe

Ein **statisches Hilfesystem** zeigt unabhängig von der tatsächlichen Dialogsituation immer die gleiche Hilfeinformation an. Auf dieselbe Frage des Benutzers gibt es immer dieselbe Antwort, unabhängig vom Kontext.

Beispiele

In der Praxis bedeutet dies, dass dem Benutzer beim Ausfüllen eines Fensters z.B. an jeder Stelle innerhalb des Fensters die gleiche Erklärung gegeben wird. Eine statische Hilfeleistung liegt auch vor, wenn dem Benutzer bei unterschiedlichen Eingabefehlern z.B. nur die Meldung »unzulässige Eingabe« angezeigt wird.

dynamische Hilfe

Ein **dynamisches Hilfesystem** berücksichtigt bei seinen Erklärungen die aktuelle Situation. Der aktuelle Kontext wird benutzt, um irrelevante Teile der Antwort auszufiltern bzw. eine allgemeine Antwort zu konkretisieren.

Beispiele

Eine dynamische Hilfe liegt vor, wenn in jedem einzelnen Eingabefeld eines Fensters eine spezifische Erläuterung zu diesem Feld angezeigt wird. Bei einem Eingabefehler wird angegeben, worin der Fehler im konkreten Fall besteht, z.B. »Eingabewert ist zu klein«. Noch besser ist es, wenn die Eingabe des Benutzers zur Erklärung benutzt wird, z.B. »Der eingegebene Wert 0,005 ist zu klein«.

uniforme Hilfe

Ein **uniformes Hilfesystem** gibt jedem Benutzer dieselbe Hilfeleistung unabhängig von seinem Kenntnisstand und seinen Erfahrungen mit dem System.

individuelle Hilfe

Ein **individuelles Hilfesystem** unterscheidet entweder verschiedene Benutzergruppen oder modelliert die Eigenschaften eines jeden Benutzers individuell, um so eine gezielte Hilfe geben zu können. Je mehr ein Hilfesystem über den individuellen Benutzer weiß, desto besser kann die Hilfe auf ihn abgestimmt werden.

Abschnitt 2.21.1

Beispiel

Der Kundensachbearbeiter Müller benutzt seit einem Monat das Anwendungssystem Seminarorganisation. Da die Anzahl der Bedienungsfehler und die Anforderung von Hilfeleistungen in den letzten fünf Tagen drastisch zurückgegangen sind, präsentiert das individuelle Hilfesystem nur noch eine Kurzform der Erklärungstexte, da der Benutzer Müller das System bereits gut beherrscht.

passive Hilfe

Ein **passives Hilfesystem** erwartet, dass der Benutzer von sich aus aktiv wird und eine Hilfeleistung anfordert, z.B. durch Drücken einer Hilfetaste oder Auswahl einer entsprechenden Menüoption. Es selbst verhält sich passiv.

Der Benutzer kann seine Anfrage an das Hilfesystem in verschiedener Form stellen:

- Direkter Zugriff, z.B. durch Eingabe eines Kommandonamens,
- Spezifikation durch Eingabe von Schlüsselwörtern,
- Navigation durch Informationsnetze, z.B. Hypertextsysteme,
- Anfragen in natürlicher Sprache.

Beispiele

Anfragen in natürlicher Sprache können auf Was-, Warum- und Wie-Fragen beschränkt werden, die dem Benutzer aber bereits eine Vielfalt an Fragemöglichkeiten eröffnen:

Was-Frage

- Ein Benutzer arbeitet mit einem neuen Geschäftsgrafik-Programm. In dem Menü der verfügbaren Diagrammarten findet er den ihm unbekannten Begriff »Gantt-Diagramm«. Er drückt die Hilfetaste und tippt folgende Frage ein »*Was* ist ein Gantt-Diagramm«. Die mögliche Antwort des Hilfesystems lautet: »Ein Gantt-Diagramm ist eine spezielle Balkendiagramm-Darstellung für Projektplanungen. Weitere Informationen dazu gewünscht? (J/N)«.

Warum-Frage

- Ein Benutzer will innerhalb eines Zeichen-Programms Text eingeben. Das gelingt jedoch nicht. Er drückt die Hilfetaste und schreibt »*Warum* kann hier kein Text eingefügt werden?« Das Hilfesystem antwortet: »Bevor ein Text eingegeben werden kann, muss ein Textbereich mit der Funktion TEXT geöffnet werden. Weitere Informationen dazu? (J/N)«.

Wie-Frage

- Eine Sekretärin befindet sich in der Text-Korrektur. Da sie die Funktion zum Löschen eines Abschnitts vergessen hat, fragt sie das Hilfesystem »*Wie* kann ein Abschnitt gelöscht werden?« Abhängig von der vorliegenden Situation (Stellung des Cursors, Größe des Abschnitts usw.) gibt das Hilfesystem eine oder mehrere Möglichkeiten an, wie ein Abschnitt gelöscht werden kann.

Ein Benutzer ist immer dann in der Lage, passive Hilfe anzufordern, wenn er selbst Probleme sieht, bei denen er Unterstützung benötigt, oder wenn er nach bestimmten Informationen, Funktionen oder Kommandos sucht.

Untersuchungen haben jedoch Folgendes ergeben (Abb. 2.25-2):

Im Durchschnitt werden nur 40 Prozent der Funktionalität von komplexen Systemen auch benutzt.

Die oft benutzten Konzepte des Benutzers umfassen nur einen Teilbereich der vorhandenen Funktionen.

Manche Funktionen werden nur selten benutzt. Der Benutzer kennt diese Funktionen nicht im Detail und ist unsicher über ihre Wirkungen. Dies ist der typische Einsatzbereich von passiven, aber kontext-

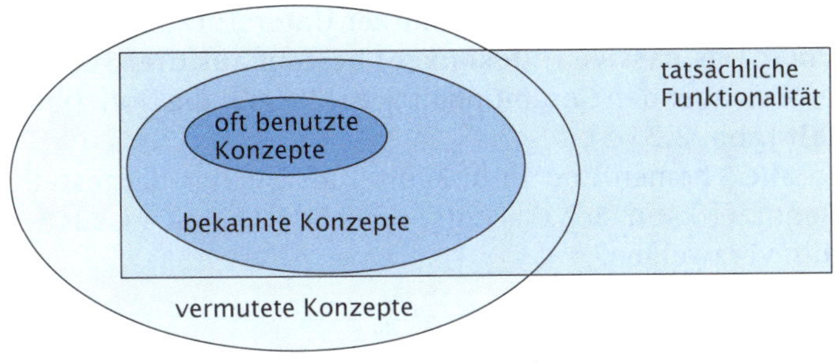

Abb. 2.25-2: Wissen des Benutzers über ein System (in Anlehnung an /Fischer et al. 85, S. 161/)

sensitiven Hilfesystemen. Der Benutzer kennt ein Konzept und lässt sich vom Hilfesystem die Details und Wirkungen erläutern.

Neben den oft benutzten und bekannten Konzepten vermutet der Benutzer noch weitere Konzepte in dem System. Wie Abb. 2.25-2 verdeutlicht, gibt es aber Konzepte, die der Benutzer vermutet, die jedoch im System nicht realisiert sind. Umgekehrt gibt es realisierte Konzepte, die im System vorhanden sind, die aber der Benutzer überhaupt nicht im System vermutet. Ein passives Hilfesystem kann ihm dabei nicht weiterhelfen, da er nach nicht vermuteten Konzepten nicht fragen kann. Dieser Bereich stellt daher ein Einsatzgebiet für aktive Hilfesysteme dar.

aktive Hilfe

Ein **aktives Hilfesystem** beobachtet das Benutzungsverhalten und wird von sich aus aktiv, um dem Benutzer eine Hilfe zu geben.

Beispiel

Das aktive Hilfesystem stellt fest, dass der Benutzer immer schon mehrere Aktionen im Voraus auslöst. Es weist ihn darauf hin, dass durch Kommandoeingabe anstelle von direkter Manipulation ein schnelleres Arbeitstempo möglich ist.

Beispiel

Eine Sekretärin schreibt mit einem Textsystem tagtäglich Geschäftsbriefe. Da sie die Kommandos zur Bedienung im Kopf hat, benutzt sie den Kommandomodus des Textsystems.
Nach einem sechswöchigen Urlaub benutzt die Sekretärin das Textsystem zum ersten Mal wieder. Das aktive Hilfesystem bietet den Menümodus zur Bedienung an, da die Wahrscheinlichkeit hoch ist, dass die Sekretärin nach sechs Wochen nicht mehr alle Kommandos im Kopf hat.

Praxis: passiv, uniform, semi-dynamisch

Ein ideales Hilfesystem muss die verschiedenen Hilfearten geeignet kombinieren, um den Benutzer optimal zu unterstützen. Bei den heute in der Praxis eingesetzten Hilfesystemen handelt es sich in der Regel um passive und uniforme Hilfesysteme mit einer Mischung aus statischen und dynamischen Hilfeleistungen.

Hypertext

Viele Hilfesysteme verwenden heute Hypertextsysteme zur Präsentation der Hilfeinformation. Der Benutzer hat dann alle Navigationsmöglichkeiten des Hypertextsystems zur Verfügung, um die gewünschte Information zu finden.

Beispiel

Die folgenden Beispiele zeigen das Benutzer-Unterstützungssystem von *Office 2000*. Das passive Hilfekonzept besteht aus drei Stufen:

1 Einen Überblick über den Gesamtinhalt der Hilfe gibt die Notizbuchseite **Inhalt** (Abb. 2.25-3).
Es werden alle Themen und Unterkapitel als Bücher dargestellt, und der Benutzer kann sich das entsprechende Thema aussuchen und dorthin verzweigen.

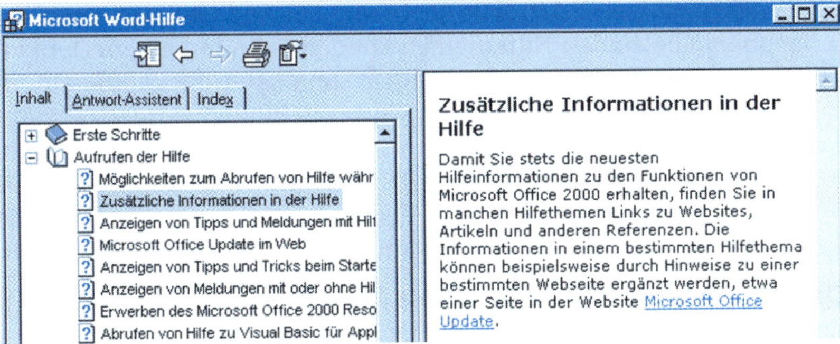

Abb. 2.25-3: Hilfeauswahl über Inhaltsverzeichnis

2 In dem **Hilfe-Assistenten** können Fragen an das Hilfesystem gestellt werden (Abb. 2.25-4). Das Hilfesystem filtert Schlagwörter aus diesen Fragen heraus und sucht dann die Kapitel, in denen diese Themen behandelt werden.

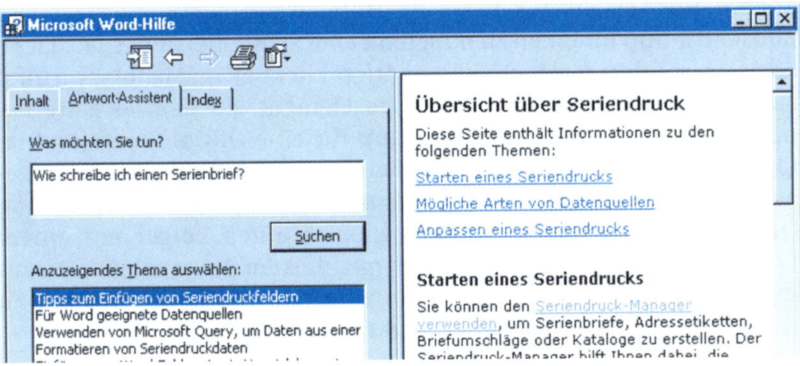

Abb. 2.25-4: Fragen an das Hilfesystem

3 Der Benutzer kann über einen **Index** ein Themengebiet auswählen (Abb. 2.25-5). Während der Benutzer einen möglichen Kapitelnamen eingibt, vergleicht das Hilfesystem die Eingabe und die vorhande-

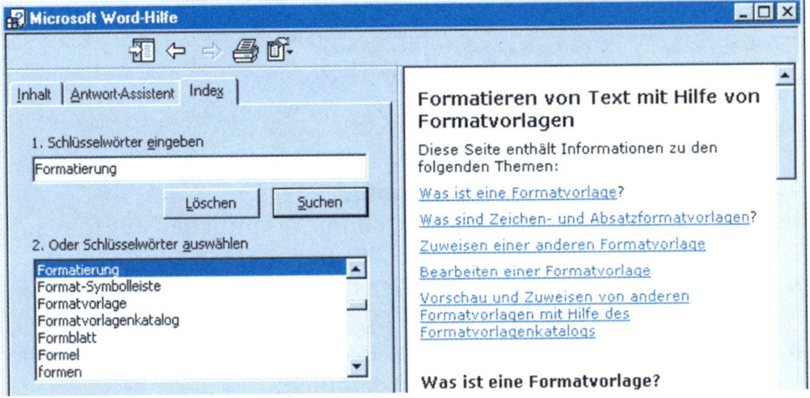

Abb. 2.25-5: Hilfeauswahl über Indexeingabe

nen Themen und zeigt dem Benutzer automatisch passende Themenbereiche an. Die Hilfethemen können dann mit einem Doppelklick ausgewählt werden. Das Hilfesystem listet die Kapitel auf, in denen das Wort oder verwandte Wörter gefunden wurden. Die Anzahl der gefundenen Themen kann gesteuert werden, indem Stichwörter dem Suchtext hinzugefügt oder aus diesem entfernt werden. Auf diese Weise kann das Suchergebnis in der Liste auf die wirklich relevanten Themen und Stichwörter eingeschränkt werden.

Die dargestellten drei Stufen des Hilfesystems von *Office 2000* stellen eine passive Hilfe dar. In *Office 2000* existiert auch noch eine vierte Stufe der Hilfe: das aktive Hilfesystem »Office-Assistent«. Es beobachtet die Benutzeraktionen und gibt Ratschläge, wenn es erkennen kann, dass der Benutzer effektiver arbeiten könnte. Beim Office-Assistenten handelt es sich um einen Software-Agenten. Er wird im Abschnitt 2.25.2 beschrieben.

Windows 95/98 bietet in Verbindung mit *Office 2000* noch eine andere Möglichkeit zur passiven Hilfe. Wenn der Benutzer einen Bildschirmtipp für einen Menübefehl, eine Symbolleistenschaltfläche oder einen Bildschirmbereich benötigt, klickt er im Menü »?« (Hilfe) auf »Direkthilfe« und dann auf das Element, zu dem er Hilfe benötigt. Wenn er einen Bildschirmtipp für eine Option in einem Dialogfeld benötigt, klickt er im Dialogfeld auf die Schaltfläche »Fragezeichen« im Fensterrahmen und anschließend auf die betreffende Option. Der Mauszeiger wandelt sich in einen Zeiger mit einem Fragezeichen (Abb. 2.25-6). Wird mit diesem Mauszeiger auf ein Interaktionselement geklickt, dann wird eine kurze Information zu dem Interaktionselement angezeigt (Abb. 2.25-7).

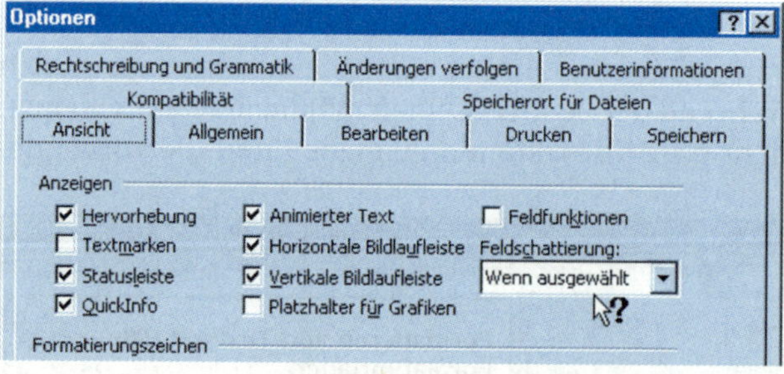

Abb. 2.25-6: Kontextsensitive, passive Hilfe über Fragezeichen-Mauszeiger

2.25.1.2 Inhalte von Hilfesystemen

Inhalte von Hilfesystemen sollen sich im Wesentlichen auf folgende Punkte beziehen (in Anlehnung an /Wandmacher 93/):

wählbare Objekte und Funktionen

- Die im aktuellen Kontext wählbaren Objekte, Funktionen bzw. Kommandos sowie Optionen zu den Objekten und Funktionen.

Funktionstasten/ Mausknöpfe

- Bedeutung von Funktionstasten, insbesondere von mehrfach belegten Funktionstasten und Mausknöpfen.

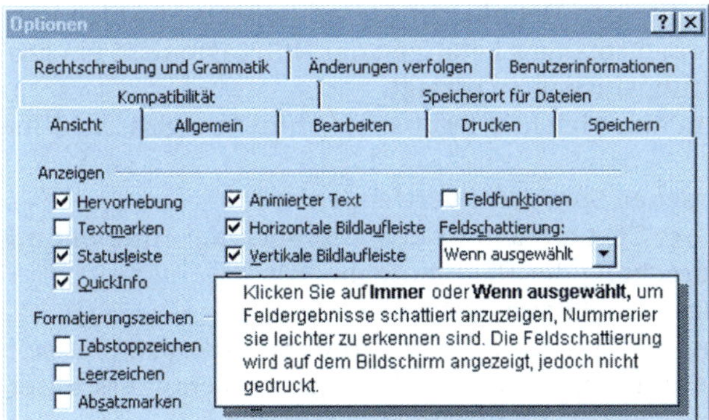

Abb. 2.25-7: Kontextsensitive Hilfeinformation zum gewählten Interaktionselement

- Erklärungen und Hinweise in oder zu Eingabeaufforderungen. Ausgabe von spezifischen Eingabeaufforderungen zur Vervollständigung von Kommandos im Dialog, z.B. Rückfrage nach noch nicht spezifizierten Attributen. — Hinweise zu Eingaben
- Erläuterungen zu Ergebnissen von Funktionsausführungen. — Ergebniserläuterung
- Spezifische Fehlermeldungen und Fehlererklärungen, gegebenenfalls mit Angabe einer Methode zur Fehlerkorrektur.

2.25.1.3 Richtlinien für Hilfesysteme

Folgende Richtlinien sollten bei der Gestaltung von Hilfesystemen berücksichtigt werden (in Anlehnung an /Mayhew 92, S. 571ff./):

- Die Verfügbarkeit von Hilfe muss sichtbar angeboten werden. — Hilfetaste, -menü
  Durch eine Hilfetaste, die besonders gekennzeichnet sein sollte, oder eine immer sichtbare Menüoption sollte der Benutzer auf die Hilfemöglichkeit hingewiesen werden.
- Die Hilfeleistungen müssen vollständig und richtig sein. — vollständig, richtig
  Nichts entmutigt den Benutzer mehr, als wenn er auf eine Hilfeanforderung die Antwort erhält: »Für diese Funktion ist die Hilfe noch nicht implementiert.« Die dargebotene Erklärung muss richtig sein und darf nicht im Widerspruch zum Benutzer-Handbuch stehen.
- Verschiedene Zugriffsmethoden sollten zur Verfügung stehen. — mehrere Zugriffsmethoden
  Der Benutzer sollte einen direkten Zugriff auf Informationen erhalten (z.B. Eingabe eines Kommandonamens), Schlüsselwörter eingeben können, navigieren können oder sogar natürliche Sprache verwenden.
- Die Hilfeleistungen sollen sich auf Benutzeraufgaben und -ziele beziehen. — Hilfe zu Aufgaben und Zielen
  Die Organisation des Hilfesystems sollte sich an der Struktur und Benennung der Benutzerziele orientieren.
- Verschiedene Detaillierungsebenen sollen angeboten werden und durch den Benutzer wählbar sein. — Detaillierungsebenen anbieten

Der Benutzer sollte den Detaillierungsgrad fallweise wählen können, z.B. durch mehrmaliges Betätigen der Hilfetaste wird ein größeres Detaillierungsniveau angezeigt.

leicht erlernbar, navigierbar

- Das Hilfesystem muss leicht erlernbar sein und Navigationshilfen anbieten.

leicht lesbar

- Einen angemessenen Sprachstil verwenden.
Ein leicht lesbarer Text erleichtert den Gebrauch der Hilfe mit minimaler Unterbrechung der Hauptaufgabe.

gutes Layout

- Gut entworfenes visuelles Layout verwenden.
Die Darstellung der Erklärungsinformation muss konsistent sein und die Darbietung muss die Orientierung des Benutzers unterstützen.

Fenstertechnik

- Fenstertechnik verwenden.
Die Hilfeinformation darf den Kontext, in dem die Hilfe angefordert wurde, nicht überdecken.

einfache Rückkehr

- Einfache Rückkehr zum Problemkontext ermöglichen.
Unabhängig davon, wo der Benutzer sich gerade im Hilfesystem befindet, muss durch Knopfdruck oder Mausklick eine sofortige Rückkehr an die Stelle möglich sein, von der die Hilfe angefordert wurde.

schnelle Hilfe

- Das Hilfesystem muss schnell sein.
Die Benutzung eines Hilfesystems muss schneller sein, als dieselbe Information in einem Benutzerhandbuch zu suchen.

Benutzer-Ergänzungen

- Der Benutzer soll die Hilfeerläuterungen ergänzen können.
Ein Hilfesystem kann nicht alle Informationen zur Verfügung stellen, die ein individueller Benutzer vielleicht haben möchte. Daher sollte er die Möglichkeit haben, Hilfeerläuterungen um eigene Texte zu ergänzen. Die Ergänzungen sollten durch das Hilfesystem aber als solche kenntlich gemacht werden. Ist ein individuelles Hilfesystem vorhanden, dann kann es auch erlaubt werden, dass vorgegebene Hilfetexte durch den Benutzer geändert werden.

konsistenter Stil

- Das Hilfesystem muss einen konsistenten Stil besitzen.
Für verschiedene Anwendungen und verschiedene Funktionen müssen die Zugriffsmethoden auf das Hilfesystem, die Navigationsoperationen und der Präsentationsstil konsistent sein. Außerdem muss die Benutzungsschnittstelle des Hilfesystems konsistent mit der Benutzungsschnittstelle der Anwendungen sein.

Ergonomie und Handbuchrichtlinien ebenfalls anwenden

- Die Richtlinien für eine gute Benutzungsoberfläche und ein gutes Benutzerhandbuch gelten auch für Hilfesysteme.

2.25.1.4 Exkurs: Benutzermodellierung

Quelle: Die Ausführungen zu diesem Abschnitt orientieren sich an /Löffler 90/

Voraussetzung zur Realisierung individueller Hilfe und aktiver Benutzungsschnittstellen ist die Erstellung eines Benutzermodells. Dies lässt sich durch eine Komponente erreichen, die ein systeminternes Modell des Benutzers aus der Beobachtung seines Verhaltens erstellt.

Durch die Integration eines Benutzungsmodells lassen sich folgende Hilfeleistungen realisieren:

- Berücksichtigung der Kenntnisse eines individuellen Benutzers und seiner Präferenzen.
- Abgestufte Reaktion auf Benutzungsprobleme aufgrund der Kenntnis oder Einschätzung der Benutzerkompetenz.
- Individuell angepasste Systemantworten.

Für den Benutzer ergeben sich dadurch folgende Vorteile: Vorteile

- Vermeidung von Abstumpfungseffekten durch Monotonie, die bei starrer Benutzungsoberfläche und Hilfeleistung auftreten kann.
- Abgestufte und kontextbezogene Unterstützung durch das Hilfesystem.
- Rationellere Kommunikation durch die vom Hilfesystem gesteuerte und an das beobachtete Lernverhalten gekoppelte, abnehmende Redundanz der Benutzerinformation.

Es ist ein ökonomischeres Arbeiten mit dem Software-System und eine daraus sich ergebende höhere Arbeitszufriedenheit zu erwarten.

Untersuchungen haben ergeben, dass ein Benutzer in Teilbereichen eines Anwendungssystems unterschiedlich kompetent sein kann, z.B. benutzt er manche Funktionen sehr häufig und andere sehr selten. Für die verschiedenen Bereiche einer Anwendung müssen daher Werte wie Benutzungshäufigkeit, Fehlerhäufigkeit und Hilfebedürftigkeit einzeln erfasst werden. Diese Erfassung sollte sich während der Arbeit des Benutzers am System und unbemerkt vollziehen.

Es müssen Variablen ermittelt werden, die sich durch direkte Messung (unabhängige Variablen) oder durch Verknüpfung von Messwerten (abhängige Variablen) zu aussagefähigen Kenngrößen für das Benutzerverhalten heranziehen lassen. Diese Kenngrößen müssen dem System im Vergleich mit Referenzgrößen eine Charakterisierung und Bewertung des Benutzerverhaltens ermöglichen.

Daneben sind Variablen von Interesse, die das Problemlösungsverhalten des Benutzers beschreiben können und aus deren Auswertung sich das Verhalten des Benutzers in einem bestimmten Anwendungskontext ermitteln lässt (Tab. 2.25-2).

anonym vs. personenbezogen

Die Benutzervariablen können pro Sitzung anonym gespeichert werden. Damit ist es zwar möglich, aktuelle Probleme eines Benutzers im Verlauf einer Sitzung zu erfassen. Aufgrund der fehlenden Identifikation kann aber kein Bezug zu einem bestimmten Benutzer hergestellt werden, der es erlaubt, auf den Erfahrungen früherer Sitzungen aufzubauen.

Personenbezogene Modelle müssen ein Identifikationsmerkmal besitzen, damit eine individuelle Benutzerhistorie gespeichert werden kann. Die Vorgeschichte des Benutzers, d.h. seine Erfahrungen und Kenntnisse mit dem System, kann dann berücksichtigt werden. Außerdem lässt sich die Entwicklung eines Benutzers über einen be-

Tab. 2.25-2: Beispiele für Benutzervariablen

Benutzervariablen	allgemein	mit Kontextbezug
unabhängig	■ Anzahl □ Aktionen □ Fehler □ Hilfeaufrufe ■ Zeit □ Sitzung □ Gesamtnutzung . . .	■ pro Zustand □ Aufrufe □ Fehler □ Hilfeaufrufe
abhängig	■ häufigkeitsbezogen □ Fehlerquote □ Hilfequote ■ zeitbezogen □ Aktionsfrequenz □ Denkzeit	■ pro Zustand □ Aufrufhäufigkeit □ Fehler-wahrscheinlichkeit □ Hilfebedürftigkeit

stimmten Zeitraum verfolgen, um Rückschlüsse auf die Veränderung seines Verhaltens, beispielsweise durch das Einsetzen von Lernprozessen zu erhalten.

personenbezogenes Modell

Im Folgenden wird ein personenbezogenes Benutzermodell vorgestellt, das eine Kombination von allgemeinen und kontextbezogenen Benutzervariablen verwendet und Rückschlüsse auf Bedienungsprobleme und kontextbezogene Probleme zulässt.

Es werden allgemeine und sitzungsbezogene Daten unterschieden (Tab. 2.25-3).

Aus den erfassten Daten werden die in Abb. 2.25-8 aufgeführten Benutzervariablen gebildet.

Die *Aktionsfrequenz* f_A gibt die mittlere Geschwindigkeit an, mit der ein Benutzer Interaktionen am System durchführt und wird oft

Tab. 2.25-3: Benutzerdaten

allgemeine Daten	sitzungsbezogene Daten
Identifikation ■ Benutzername Organisatorische Daten ■ Datum der ersten Benutzung ■ Datum der letzten Benutzung ■ Anzahl der Sitzungen ■ gesamte Benutzungsdauer ■ durchschnittliche Sitzungsdauer ■ durchschnittliche Sitzungshäufigkeit	Benutzerverhalten ■ Anzahl der Aktionen ■ Anzahl Fehler ■ Anzahl Hilfeaufrufe ■ mittlere Reaktionszeiten ■ Sitzungszeit ■ Fehlerart ■ Grad der Hilfeleistung Kontextbezogene Daten ■ Anzahl der Aufrufe einer Aktion (eines Zustandes) ■ Anzahl der Fehler bei der betreffenden Funktion ■ Anzahl der Hilfeaufrufe im betreffenden Zustand

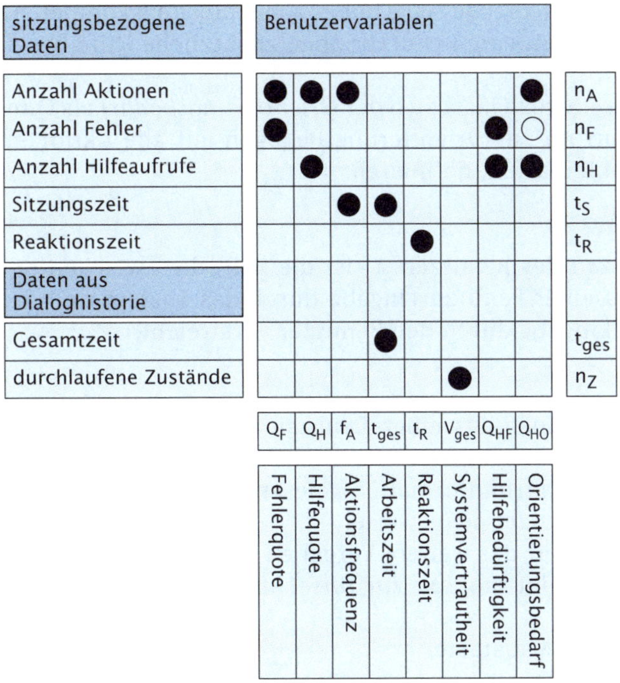

sitzungsbezogene Daten	Benutzervariablen								
Anzahl Aktionen	●	●	●					●	n_A
Anzahl Fehler	●						●	○	n_F
Anzahl Hilfeaufrufe		●					●	●	n_H
Sitzungszeit			●	●					t_S
Reaktionszeit					●				t_R
Daten aus Dialoghistorie									
Gesamtzeit				●					t_{ges}
durchlaufene Zustände						●			n_Z
	Q_F	Q_H	f_A	t_{ges}	t_R	V_{ges}	Q_{HF}	Q_{HO}	
	Fehlerquote	Hilfequote	Aktionsfrequenz	Arbeitszeit	Reaktionszeit	Systemvertrautheit	Hilfebedürftigkeit	Orientierungsbedarf	

Abb. 2.25-8: Bildung von Benutzervariablen

als Maß für die Geübtheit im Umgang mit dem System angesehen. Sie ergibt sich aus der Anzahl aller Aktionen n_A, die ein Benutzer während einer Sitzung durchführt, bezogen auf die Sitzungsdauer t_S:

$$f_A = n_A / t_S \,. \qquad 1$$

Die *Fehlerquote* Q_F wird gebildet aus der Anzahl aller Fehler n_F eines Benutzers bezogen auf die Anzahl aller Aktionen n_A:

$$Q_F = n_F / n_A \,. \qquad 2$$

Auf ähnliche Weise wird die *Hilfequote* Q_H als Quotient der Anzahl von Hilfeaufrufen n_H und der Gesamtzahl der Aktionen gebildet:

$$Q_H = n_H / n_A \,. \qquad 3$$

Die Anzahl der *Hilfeaufrufe* lässt sich weiter unterteilen in:

$$n_H = n_{HF} + n_{HO} \,, \qquad 4$$

wobei n_{HF} die Anzahl der Hilfeaufrufe nach Auftreten eines Fehlers und n_{HO} die Hilfeaufrufe zur reinen Orientierung bzw. erweiterten Information darstellt.

Die *Hilfebedürftigkeit im Fehlerfall* ergibt sich damit aus der Anzahl der Hilfeaufrufe im Fehlerfall n_{HF} bezogen auf die Anzahl der Fehler n_F:

$$Q_{HF} = n_{HF} / n_F \,. \qquad 5$$

Ein Wert nahe Null deutet auf eine hohe Problemlösungskompetenz hin, d.h. Fehler können vom Benutzer ohne zusätzliche Hilfe beseitigt werden.

Analog zu dieser Größe lässt sich der *Orientierungsbedarf* als Quotient der Hilfeaufrufe zur Orientierung bezogen auf alle Aktionen, abzüglich der fehlerhaften, definieren:

$$Q_{HO} = n_{HO} / (n_A - n_F). \qquad 6$$

Die *Reaktionszeit* des Benutzers t_R ist die Zeit, die zwischen der Aufforderung zu einer Benutzereingabe durch das System und der Beendigung der Eingabe durch den Benutzer verstreicht:

$$t_R = t_D + t_A. \qquad 7$$

Sie setzt sich zusammen aus einer *Denkzeit* t_D, die die kognitiven Prozesse des Benutzers beinhaltet. Innerhalb dieser Zeit wird
- die jeweilige Bildschirminformation gelesen,
- ihr Inhalt vom Benutzer ausgewertet,
- ein mentaler Plan für das weitere Vorgehen gebildet.

Der Anteil t_A beschreibt die *Zeit zur tatsächlichen Ausführung der Aktion,* wie
- das Drücken einer Maustaste,
- die Eingabe eines Wertes.

Die *Systemvertrautheit* V_{ges} ergibt sich aus den vom Benutzer durchlaufenen Funktionen bezogen auf die Gesamtzahl der Systemfunktionen Z_{ges}:

$$V_{ges} = n_Z / Z_{ges} \qquad 8$$

Ein Teil der so ermittelten Werte muss anschließend noch gefiltert werden, z.B. die Reaktionszeit t_R. Die sinnvolle Auswertung der Reaktionszeit setzt z.B. voraus, dass der Benutzer während der gesamten Sitzungszeit aktiv arbeitet. Oft macht er jedoch kleinere oder größere Pausen. Daher müssen die ermittelten Zeiten durch eine Schwellwertopertion gefiltert und anschließend gemittelt werden.

Anschließend müssen die Messwerte noch normiert werden. Dann werden die normierten Messwerte einer Referenzklasse zugeordnet. Referenzklassen erhält man z.B. durch empirische Versuche. Mögliche Referenzklassen sind beispielsweise Novizen, Anfänger, Fortgeschrittene, Geübte, Experten.

Personalisierung von Web-Seiten

Die Personalisierung von Webseiten (z.B. myYahoo) entspricht *nicht* der hier angesprochenen Benutzermodellierung. Nicht das System misst bestimmte Daten über den Benutzer und wertet sie aus. Vielmehr muss der Benutzer selbst aktiv bestimmen, welche Informationen ihn interessieren und so sein persönliches Profil einrichten.

2.25.2 Assistenzsysteme/Software-Agenten

Assistenzsysteme erledigen einfache Teilaufgaben selbst, die beim Lösen der Gesamtaufgabe durch den Benutzer anfallen. Die Idee besteht darin, Hilfsarbeiten, die normalerweise im Berufsleben ein Lehrling übernehmen würde, durch ein Assistenzsystem ausführen zu lassen. Kann das Assistenzsystem nicht weiterarbeiten, weil es z.B. zwei gleichgewichtige Alternativen gibt, dann fragt es den Benutzer.

Forschungsansätze und Prototypen von Assistenzsystemen findet man vor allem zur Unterstützung des Software-Entwicklers. Insbesondere werden die Phasen Definition, Entwurf und Implementierung unterstützt. Es gibt aber auch die ersten Ansätze zur Unterstützung von Projektleitern und zur Wiederverwendung von Software-Komponenten.

Der wissensbasierte Qualitätsassistent von /Liggesmeyer 93/ schlägt Überprüfungsstrategien zur optimalen Überprüfung von vorgegebenen Software-Komponenten vor.

Beispiel

Der Software-Qualitätssicherer übergibt den Quellcode der Software-Komponente dem Assistenzsystem und beschreibt eine Reihe von Umgebungsbedingungen. Das Assistenzsystem analysiert den Quellcode und ermittelt Metriken, die die Komplexitätsarten der Software-Komponente wiedergeben. Mit Hilfe dieser Metriken wird eine Wissensbasis ausgewertet, die alle bekannten Überprüfungsverfahren für Software-Komponenten enthält. Als Ergebnis werden dem Benutzer eine oder mehrere Überprüfungsstrategien vorgeschlagen und auf Nachfrage begründet. Der Benutzer kann im Dialog mit dem System die Vorschläge modifizieren. Das Assistenzsystem ermittelt dann unter Berücksichtigung der Änderungen neue Strategien.
Bei diesem System handelt es sich eher um eine Kombination von einem Assistenz- und einem Beratungssystem.

»Intelligente« Assistenzsysteme verfügen über folgende Eigenschaften:

- Sie können sich an individuelle Bedürfnisse und Stile anpassen.
- Sie können ihr eigenes Verhalten erklären.
- Sie können ungenaue Anweisungen verarbeiten.
- Sie kennen ihre eigene Kompetenz.

Ein Ziel bei der Konzeption dieser Systeme besteht darin, dass sie in der Lage sind, die Ziele eines Benutzers zu verfolgen, während er an etwas anderem arbeitet.

Agenten

Für Assistenzsysteme werden oft auch die Begriffe **Software-Agenten** oder **»intelligente« Software-Agenten** verwendet, wobei diese Begriffe nicht so scharf gegeneinander abgegrenzt sind. Der Agentenbegriff wird heute aber in einem noch allgemeineren Sinn verstanden:

Agenten sind künstliche Systeme, die innerhalb komplexer, dynamischer Umgebungen existieren, diese Umgebungen mit Hilfe von Sensoren wahrnehmen, autonom in ihrer Umwelt handeln und dabei versuchen, eine Menge von Zielen zu realisieren, mit denen sie beauftragt wurden. Agenten sind in der Lage, vorgegebene Aufgabenstellungen alleine oder kooperativ zu erledigen.

Daraus ergeben sich folgende Anforderungen an einen Agenten:

- Autonome Handlungsweise,
- Suchen, Sammeln und Aufbereiten von Informationen,
- Berücksichtigung persönlicher Präferenzen.

Sowohl in empirischen Wissenschaften als auch in Ingenieurwissenschaften und der Technik gewinnen Agenten an Bedeutung. In der Software-Technik werden komplexe und oftmals auch verteilte Systeme auf Basis von Agenten aufgebaut. Abb. 2.25-9 zeigt eine Klassifikation von Agenten.

Ein intelligenter Software-Agent ist nach /Brenner et al. 97/ ein

- Software-Programm, das für einen Benutzer bestimmte Aufgaben erledigen kann,
- dabei einen Grad an »Intelligenz« besitzt, der es befähigt, seine Aufgaben in Teilen autonom durchzuführen und
- mit seiner Umwelt auf sinnvolle Art und Weise zu kommunizieren.

Ein **Software-Agent** ist also ein Software-System, das autonom und zielgerichtet im Namen einer Person oder Organisation arbeitet. Er besitzt ein eigenes Ausführungsprofil und kann während seines Lebenszyklus Aufgaben auf eigene Initiative und in Kooperation mit anderen Agenten ausführen. Dabei legt eine Eigenschaft des Agenten fest, wer zu seiner Benutzung autorisiert ist.

Einsatzgebiete

Einsatzgebiete von Software-Agenten sind

- System- und Netzmanagement,
- Informationsmanagement,
- Arbeitsgruppen,
- *Electronic Commerce*,
- Benutzungsoberflächen,
- Benutzer-Unterstützungssysteme,
- Industrielle Anwendungen.

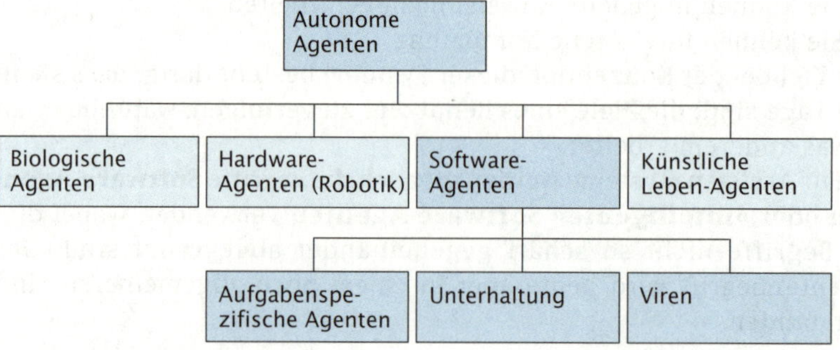

Abb. 2.25-9: Klassifikation von Agenten /Franklin, Graesser 96/

mobile Agenten

In Abhängigkeit vom Einsatzgebiet gibt es heute auch mobile Agenten, die sich insbesondere im Internet selbstständig von einer Computerplattform zur nächsten bewegen können. Im Bereich der Benutzer-Unterstützungssysteme und der Benutzungsoberflächen werden jedoch nicht-mobile Agenten eingesetzt.

Integration von Software-Agenten in Hilfesysteme: Der *Office*-Assistent

Beispiel

Was möchten Sie tun?
- Office-Programme zum Erstellen einer Tabelle
- Tabellen
- Importieren einer Textdatei oder einer Lotus 1-2-3-Datei zum Erstellen eines Diagramms
- Erstellen und Senden einer Faxnachricht mit dem Fax-Assistenten
- Erstellen einer Tabelle
- Siehe auch...

Wie erstelle ich eine Tabelle?

Optionen Suchen

Der *Office*-Assistent von *Microsoft Office 2000* ist ein Software-Agent. Wenn der Benutzer eine Frage zu einem *Office*-Programm hat, kann er den *Office*-Assistenten fragen. Um beispielsweise Hilfe zum Erstellen einer Tabelle zu erhalten, gibt er im Assistenten einfach »Wie erstelle ich eine Tabelle« ein (siehe Marginalspalte).
Wenn in der Sprechblase des Assistenten nicht das richtige Thema angezeigt wird, kann der Benutzer am Ende der Themenliste auf »Keine! Nach weiterer Hilfe im Web suchen« klicken. Er erhält dann eine Hilfestellung zur Formulierung von Fragen für den *Office*-Assistenten und zum Einengen der Suche durch Schlüsselwörter. Werden die gewünschten Informationen dann immer noch nicht gefunden, kann der Benutzer eine Rückmeldung einsenden, mit dessen Hilfe zukünftige Versionen der Hilfe verbessert werden können. Außerdem wird er automatisch mit der *Office Update-Website* verbunden, auf der er nach Hilfe suchen kann.
Der Assistent stellt bei der täglichen Arbeit automatisch Hilfethemen und Tipps zur Verfügung, sogar ehe der Benutzer aktiv eine Frage stellt. Wenn man beispielsweise Text zeilenweise nummeriert, bemerkt der Assistent dies und zeigt automatisch Hilfethemen an, die beim Erstellen nummerierter Texte nützlich sind (Abb. 2.25-10).

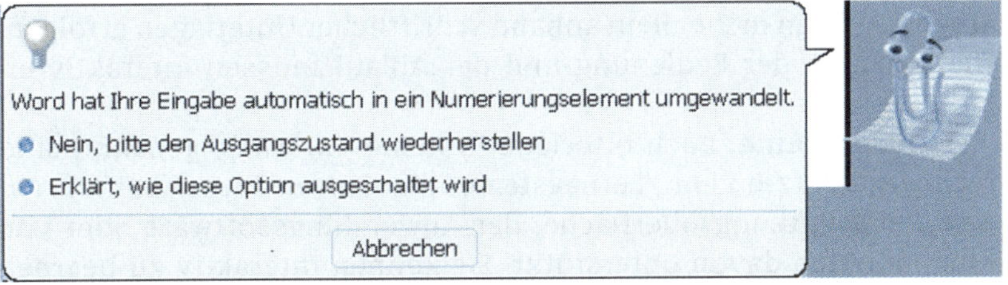

Abb. 2.25-10: Aktive Hilfeangebote

Der Assistent zeigt auch Tipps, wie die Funktionen der *Office*-Programme effektiver genutzt werden können. Klickt man auf die Glühbirne neben dem Assistenten, erhält man einen konkreten Tipp (Abb. 2.25-11).
Der Assistent kann so eingestellt werden, dass er sich an die Arbeitsweise des Benutzers anpasst. Wenn es der Benutzer beispielsweise vorzieht, mit der Tastatur statt mit der Maus zu arbeiten, kann er den Assistenten so einstellen, dass er Tipps zu Tastenkombinationen anzeigt.

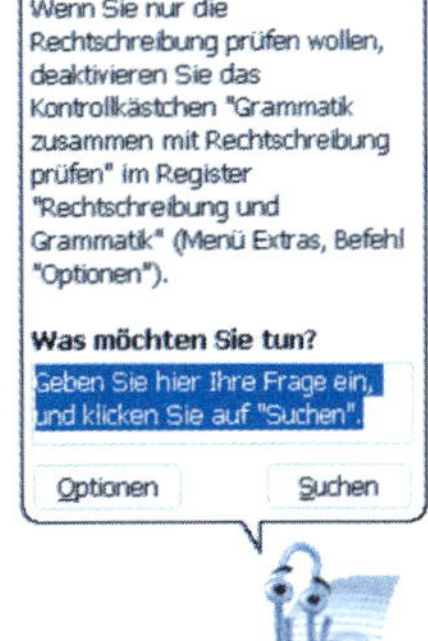

Abb. 2.25-11: Tipps durch einen Assistenten

Der *Office*-Assistent kann Fragen beantworten, Tipps geben und zu einer Vielzahl von Funktionen Hilfe bereitstellen.

Benutzermodellierung im *Office*-Assistenten

Ein Benutzerprofil in *Office 2000* enthält eine Reihe von Einstellungen, die angepasste Voreinstellungen und Optionen eines bestimmten Benutzers darstellen. Dies schließt einige persönliche Dateien wie benutzerdefinierte Wörterbücher, benutzerdefinierte Dokumentvorlagen sowie AutoKorrektur- und AutoFormat-Listen ein. In einem Benutzerprofil wird also beispielsweise gespeichert, welche Anwendungen ein Benutzer installiert hat, welche Symbole sich auf dem elektronischen Schreibtisch befinden und welche Farben der Benutzer ausgewählt hat. Das Betriebssystem verwendet die Informationen im Benutzerprofil, um den Computer zu konfigurieren, wenn der Benutzer sich anmeldet. Ein Benutzerprofil kann auch so konfiguriert werden, dass es den Benutzer »begleitet«. Dazu wird es unter anderem auf dem *Server* gespeichert. So stehen die persönlichen Einstellungen bei jeder Anmeldung zur Verfügung.

Die anwendungsspezifischen persönlichen Informationsprofile enthalten z.B. Informationen darüber, welche Menüs und Menüoptionen der Benutzer häufig und welche er selten benutzt. Selten benutzte Menüoptionen werden in *Office 2000* nicht sofort angezeigt. Dadurch werden die Menüs kürzer. Am unteren Rand eines Menüs befinden sich Pfeile, die beim Darüberfahren mit der Maus das vollständige Menü aufklappen lassen (siehe Marginalspalte).

2.25.3 Tutorsysteme

Durch die zunehmende Komplexität der Anwendungssysteme und ihrer Bedienung ist eine systematische Einarbeitung nötig. Diese Einarbeitung kann nicht allein anhand schriftlicher Unterlagen erfolgen. Die Dynamik der Bedienung und der Ablauf müssen interaktiv erlernt werden.

Tutorsysteme

Tutorsysteme, auch tutorielle Systeme *(tutorials)* genannt, sind rechnergestützte Lehr-/Lernsysteme, die dem Benutzer beim *Erlernen* der Benutzungsoberfläche, der Anwendungssoftware oder von Komponenten davon unterstützt. Sie können interaktiv zu bearbeitende Übungsaufgaben oder Tests sowie Animation und Simulation beinhalten.

Ziele

Mit einem Tutorsystem können folgende Ziele erreicht werden:

- In der Ausbildung:
  - Unterstützung ungeübter Benutzer in der Einlernphase,
  - Funktion eines computergestützten Trainings-Handbuchs.
- In der Benutzung:
  - Unterstützung bei Benutzerproblemen,
  - Aufbau und Korrektur der mentalen Konzepte, die der Benutzer vom System hat.

Um diese Ziele bei der Benutzungsunterstützung zu erreichen, ist es notwendig, Hilfesystem und Tutorsystem zu integrieren. Aus dem Hilfesystem kann dann übergangslos in das Tutorsystem gewechselt werden.

Integration Hilfe- & Tutorsystem

Folgende Richtlinien sollten bei der Gestaltung von Tutorsystemen beachtet werden:

Richtlinien

- Das Tutorsystem muss interaktives Lernen ermöglichen.
  Ein Tutorsystem kann dem Benutzer beim Lernen Praxis bei der Benutzung des Systems vermitteln. Beispielsweise kann ein Tutorsystem zur Benutzung der Maus dem Benutzer Praxis bei der Anwendung der Basisoperationen wie Bewegen, Auswählen und Knopfsemantik vermitteln. Praxiserfahrungen fördern signifikant das Lernen.

Interaktiv

- Am Anfang sollte die Komplexität des zu trainierenden Systems reduziert werden.
  Das Training sollte sich zunächst auf Standardaufgaben konzentrieren. Wird das zu trainierende System im Rahmen des Tutorsystems eingesetzt, dann sind fortgeschrittene Objekte und Funktionen zu blockieren.

Reduktion der Komplexität

- Die Fehler, die der Benutzer machen kann, sollten beschränkt werden.

Fehlermöglichkeiten einschränken

- Die Schwierigkeiten sollten schrittweise erhöht werden.

zunehmende Komplexität

Bei Beachtung dieser Richtlinien wird die Trainingszeit des Benutzers reduziert und der Transfer von Fertigkeiten wird gefördert. Tutorsysteme ermöglichen eine realitätsnahe Praxis, Rückkopplungen und ein Maß an »individuellem« Unterricht, den Benutzer-Handbücher nicht leisten können.

Neue Gestaltungsmöglichkeiten für Tutorsysteme ergeben sich durch den Einsatz von Multimedia-Systemen. Durch die Verwendung von Sprache und Musik sowie Videoclips können die Lernziele noch besser erreicht werden.

Multimedia

Tutorsysteme werden oft auch als CBT-Systeme *(computer based training)* oder CBI-Systeme *(computer based instruction)* bezeichnet.

CBT, CBI

Ähnlich wie bei Hilfesystemen versucht man auch Tutorsysteme zu individualisieren und dynamisch zu gestalten. Solche Systeme bezeichnet man oft als ICAI-Systeme *(intelligent computer assisted instruction)* oder intelligente Tutorsysteme. Die Systeme enthalten Wissen über die Aufgabe, den Benutzer und das Tutorium. Sie erlauben einen flexiblen Zugang des Benutzers zu Lehrinformationen und einen an seinem augenblicklichen Lern- und Verstehensstand adaptierten Lehr-/Lerndialog. Ihre Flexibilität zeigt sich darin, dass sie zu jedem Zeitpunkt im Lerngeschehen gestatten, dass der Lernende auf beliebige Informationsbestände oder bestimmte mediale Präsentationsformen des Stoffs zurückgreifen kann. Die Adaptivität von ICAI-Systemen zeigt sich darin, dass sie sich an das Kenntnis- und Fertigkeitsniveau ihres jeweiligen Benutzers anpassen können.

ICAI

Langfristiges Ziel ist es, eine computerunterstützte Ausbildung zu erreichen, die einer 1:1-Interaktion mit einem menschlichen Tutor entspricht.

2.25.4 Beratungssysteme

In vielen Situationen des täglichen und beruflichen Lebens lässt sich der Mensch von anderen Menschen beraten. **Beratungssysteme *(advisory systems)*** beraten den Benutzer über alle den Einsatz der Benutzungsoberfläche und der Anwendungssysteme betreffenden Fragen oder helfen ihm bei der Lösung seiner Probleme.

Ein Beratungssystem sollte vorschlagen, empfehlen, zuraten und abraten können. Um dies leisten zu können, muss das Beratungssystem Wissen über Bewertungen des Benutzers besitzen. Etwas vom Benutzer negativ Bewertetes kann z.B. *nicht* aufrichtig empfohlen werden.

Beispiele

Ein Anwender möchte mit Text und Grafik arbeiten. Er bekommt vom Beratungssystem die Information, dass dafür ein Text-Programm und ein Geschäftsgrafik-Programm sowie ein Freizeichnen-Programm zur Verfügung stehen. Außerdem werden noch die Einsatzgebiete der beiden Grafik-Programme und ihre Unterschiede erläutert. Es wird eine Kriterienliste ausgegeben, die der Anwender ausfüllen soll. Anhand der ausgefüllten Kriterienliste empfiehlt das Auskunfts- und Beratungssystem dem Anwender die Anwendung des Geschäftsgrafik-Programms.

Ein Benutzer zeigt in seinen Tätigkeiten ein typisches Wochenprofil, d.h., an bestimmten Tagen benutzt er vorwiegend dieselben Anwendungssysteme. Das Beratungssystem schlägt daher geeignete Voreinstellungen und Ablauffolgen vor, die nach Zustimmung durch den Benutzer in das System übernommen werden.

Ein Geldanlagesystem berät den Benutzer bei der Anlage seines Vermögens. In einem Beratungsdialog werden die Wünsche und Intentionen des Benutzers erfragt und daraus ein oder mehrere Anlageformen mit ihren Vor- und Nachteilen vorgeschlagen.

Die Ziele eines Beratungssystems können darin bestehen, dem Benutzer eine Lösung oder mehrere Lösungsalternativen zu präsentieren oder ihm Handlungsschritte zur Erreichung eines Ziels vorzuschlagen. Eine gute Beratung erfordert in der Regel einen Bewertungsdialog, der eine kooperative Problemlösung beinhaltet.

Beratungssysteme bieten eine weitergehende Unterstützung als Hilfesysteme und Tutorsysteme. Da es noch viele ungelöste Fragen bei Beratungssystemen gibt, existieren heute erst Prototyp-Systeme.

2.25.5 Einsatz von CASE-Werkzeugen

Wünschenswert ist es, dass die Erstellung der Hilfeinformationen für den Benutzer parallel mit der Erstellung der fachlichen Anforderungen erfolgen. Dadurch ist sichergestellt, dass bei der fachlichen Modellierung des Systems das dabei entstehende *Know-how* gleich für die Hilfeinformationen verwendet wird und bei Pilotsystemen bereits zur Verfügung steht.

Abschnitt 2.8.6

Im JANUS-Generatorsystem können bei der OOA-Modellierung zu jedem Modellelement sowohl eine Kurzinfo als auch eine ausführliche Information im JANUS-*Specifier* erfasst werden (Abb. 2.25-12).

Der JANUS-Generator erstellt aus einem OOA-Modell neben einer lauffähigen Anwendung auch ein vollständiges Hilfesystem. Die Kurzinfo wird als *tool tip* angezeigt, d.h. wenn der Benutzer mit der Maus kurze Zeit auf einem Feld stehen bleibt. Die ausführliche Information – automatisch ergänzt um weitere Feldinformationen, die aus dem OOA-Modell entnommen werden – erhält er durch Klick auf den »?«-Druckknopf im Fenster rechts oben und anschließendem Klick auf das gewünschte Interaktionselement (Abb. 2.25-13).

Referenzhandbuch

Die im OOA-Modell zur Verfügung stehenden Informationen eignen sich natürlich auch gut für ein Referenzhandbuch. Die vom JANUS-System erzeugte *Online*-Hilfe kann mit Hilfe von Software-Werkzeugen in ein zusammenhängendes Textdokument umgewandelt werden. Auf der CD-ROM 1 befindet sich ein entsprechendes Werkzeug. Das erzeugte Referenzhandbuch liegt ebenfalls auf der CD-ROM 1.

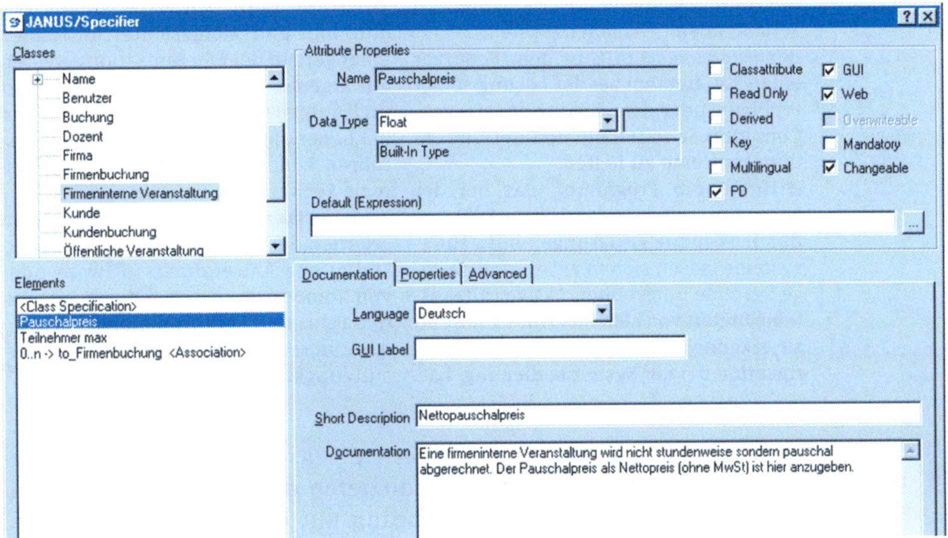

Abb. 2.25-12:
Eingabe von Hilfeinformationen für das JANUS-System im JANUS-Specifier

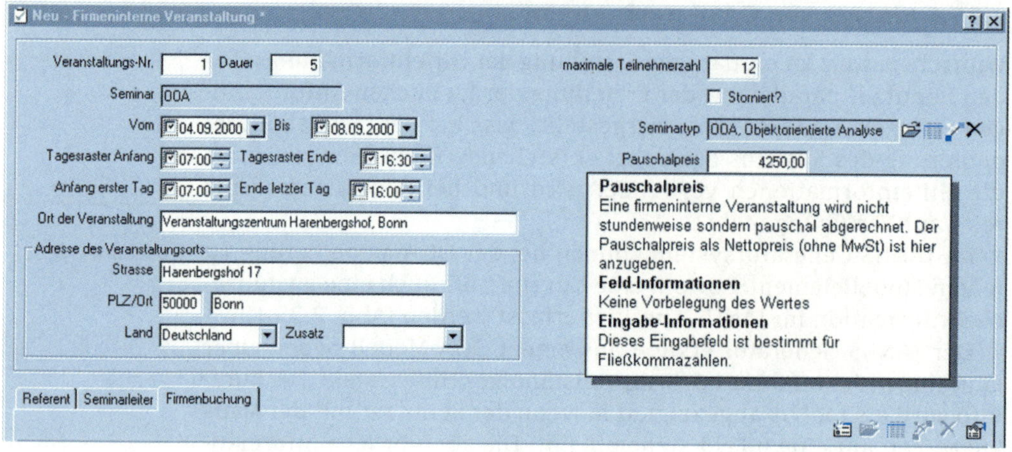

Abb. 2.25-13: Generierte Hilfe zu einem Interaktionselement

advisory system →Beratungssystem

Assistenzsystem Übernimmt und erledigt weitgehend selbstständig Teilaufgaben des Benutzers.

Benutzer-Unterstützungssystem Unterstützt den Benutzer bei dem Erlernen und Einarbeiten in ein Software-System (→Tutorsystem), hilft ihm bei der Anwendung (→Hilfesystem), berät ihn bei der Lösung von Problemen (→Beratungssystem) und übernimmt die Erledigung von Teilaufgaben (→Assistenzsystem).

Beratungssystem Gibt dem Benutzer einen Rat, um ihm bei der Lösung seiner Probleme oder dem Einsatz der Mensch-Computer-Schnittstelle und der Anwendungssysteme zu helfen.

Hilfesystem Programm, das bei der Benutzung eines interaktiven Systems durch explizite Erklärungen hilft. Hilfesysteme lassen sich in aktive und passive Systeme unterteilen. Aktive Hilfesysteme bieten von sich aus Hilfe an, wenn sie erkennen, dass der Benutzer Schwierigkeiten bei der Systembedienung hat. Passive Hilfesysteme treten dagegen nur auf Initiative des Benutzers in Aktion. Desweiteren kann man zwischen statischen und dynamischen Hilfesystemen differenzieren. Dynamische Hilfesysteme beziehen Information aus dem Kontext des Dialogs mit ein. Statische Hilfesysteme geben dagegen auf dieselbe Frage, unabhängig vom Dialogkontext, stets dieselbe Antwort.

Software-Agent Software-System, das autonom und zielgerichtet im Namen einer Person oder Organisation arbeitet, ein eigenes Ausführungsprofil besitzt und Aufgaben auf eigene Initiative und in Kooperation mit anderen Agenten ausführen kann. Auch für →Assistenzsysteme verwendet.

Tutorsystem Hilft dem Benutzer beim Erlernen der Mensch-Computer-Schnittstelle, der Anwendungssoftware oder von Komponenten davon durch interaktive Lehr- und Lernprogramme.

user support system →Benutzer-Unterstützungssystem

Gute Benutzer-Unterstützungssysteme *(user support systems)* beschleunigen die Einarbeitung, reduzieren die Schulungs- und Trainingskosten, erleichtern den Umgang mit den Software-Systemen, unterstützen den Benutzer bei der Problemlösung und übernehmen die Erledigung von »Lehrlings-Arbeiten«. Dem Benutzer bieten sie eine neue Qualität bei der Arbeit mit Software-Systemen. Hilfesysteme gehören zu den Standardleistungen eines Software-Systems. Tutorsysteme sind nur vereinzelt anzutreffen. Beratungssysteme *(advisory systems)* befinden sich noch im Prototypen-Stadium. Assistenzsysteme sind bereits vereinzelt im Einsatz, wobei manche in Form von Software-Agenten realisiert sind.

Alle Systeme überlappen sich in Teilbereichen. Anzustreben sind daher integrierte Unterstützungssysteme.

/Puppe 92/
Puppe F., *Intelligente Tutorsysteme*, in: Informatik-Spektrum (1992) 15: 195–207.
Gibt einen aktuellen Überblick über Aufbau und Grenzen intelligenter Tutorsysteme.

/Horton 94/
Horton W., *Designing and Writing Online Documentation – Hypermedia for Self-Supporting Products,* New York: Wiley & Sons, 439 S.
Das Buch stellt eine Entwurfsanleitung für die Entwicklung von *Online*-Dokumentation dar. Folgende Themen werden behandelt: Dialogentwurf Suchstrategien, Zugriff auf gespeicherte Informationen, Erstellung, interne Organisation und Anzeige von Online-Dokumenten, Verwendung von Bildern, Sprache, Ton und Bewegung, Hilfe-Funktionen sowie Erstellung von »Online-Büchern«.

Zitierte Literatur

/Bauer, Schwab 88/
Bauer J., Schwab T., *Anforderungen an Hilfesysteme,* in: Einführung in die Software-Ergonomie, Berlin: de Gruyter-Verlag, 1988, S. 197–214.

/Brenner et al. 97/
Brenner, W., Zarnekow, R., Wittig, H., *Intelligente Software Agenten: Grundlagen und Anwendungen,* Heidelberg: Springer-Verlag, Heidelberg 1997.

/Fischer et al. 85/
Fischer G., Lemke A., Schwab T., *Knowledge-based Help Systems,* in: CHI '85 Proceedings, April 1985, S. 161–167.

/Franklin, Graesser 96/
Franklin S., Graesser A., *Is it an Agent, or just a Program?: A Taxonomy for Autonomous Agents;* in: Proceedings of the Third International Workshop on Agent Theories, Architectures, and Languages, Springer-Verlag, 1996.

/Liggesmeyer 93/
Liggesmeyer P., *Wissensbasierte Qualitätsassistenz zur Konstruktion von Prüfstrategien für Software-Komponenten,* Mannheim: BI-Wissenschaftsverlag, 1993.

/Löffler 90/
Löffler L., *Kooperative Benutzerschnittstellen in der Produktionstechnik,* Dissertation, Universität Karlsruhe, 1990.

/Mayhew 92/
Mayhew D. J., *Principles and Guidelines in Software User Interface Design,* Englewood Cliffs: Prentice Hall, 1992.

/Wandmacher 93/
Wandmacher J., *Software-Ergonomie,* Berlin: de Gruyter-Verlag, 1993.

Analytische Aufgaben
Muss-Aufgabe
5 Minuten

1 *Lernziel: Vorhandene Hilfesysteme klassifizieren können.*
Ein Benutzer klassifiziert das Hilfesystem des Software-Systems »Seminarorganisation« anhand der Kriterien aus Tab. 2.25-1 folgendermaßen:
Das Hilfesystem basiert vollständig auf dem *Windows*-Standard-Hilfesystem. Dieses ist statisch, uniform und passiv. Stimmen Sie dieser Klassifizierung zu?

Muss-Aufgabe *10 Minuten*

2 *Lernziel: Vorhandene Hilfesysteme klassifizieren können.*
In Abb. 2.25-3 bis 2.25-7 wurde Ihnen das Hilfekonzept von *Office 2000* vorgestellt. Klassifizieren Sie dieses Hilfesystem anhand der Kriterien aus Tab. 2.25-1.

Konstruktive Aufgaben

Muss-Aufgabe *25 Minuten*

3 *Lernziel: Die angegebenen Regeln bei der Erstellung eigener Hilfesysteme berücksichtigen können.*
Konzipieren Sie eine Hilfekomponente für die Erfassung eines »Kunden« im Software-System »Seminarorganisation« (siehe Anhang B).
a uniform
b individuell (mit Benutzermodell)

Klausur-Aufgabe *15 Minuten*

4 *Lernziel: Die angegebenen Regeln bei der Erstellung eigener Hilfesysteme berücksichtigen können.*
Konzipieren Sie eine Hilfekomponente für die Erfassung eines »Mitglieds« des Software-Systems »Vereinsverwaltung« (siehe Anhang B). Stellvertretend für alle zu erläuternden Interaktionselemente beschreiben Sie bitte die »Zahlungsart«.

Hinweis Eine weitere Aufgabe befindet sich auf der CD-ROM 1. 

3 Die Entwurfsphase – Einführung

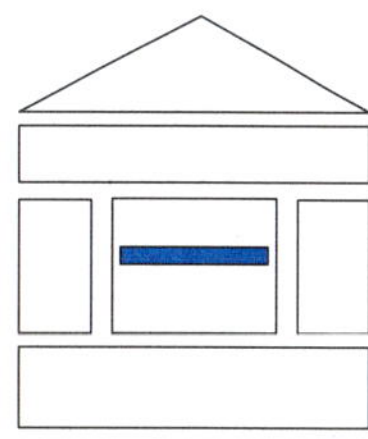

- Aufgaben der Entwurfsphase und notwendige Grundsatzentscheidungen nennen können. — wissen
- Die wichtigsten Einflussfaktoren auf die Software-Architektur angeben können.
- Die Alternativen bei den notwendigen Grundsatzentscheidungen aufzählen können.
- Die dargestellte Evolution der Entwurfskonzepte und -methoden erklären können. — verstehen
- Die Zusammenhänge zwischen Definitions-, Entwurfs- und Implementierungsphase erläutern können.
- Die Alternativen zur Realisierung grafischer Benutzungsoberflächen beschreiben können.
- Aufbau und Charakteristika einer Schichtenarchitektur darstellen können.
- Eigenschaften, Gemeinsamkeiten und Unterschiede zwischen *Client/Server-* und Web-Architekturen erläutern können.
- Die vorgestellten Entwurfskonzepte auf eine Problemstellung anwenden können. — anwenden
- Für ein gegebenes Problem abschätzen können, ob ein Expertensystem sinnvoll eingesetzt werden kann und angeben können, welche Methode bzw. welches Konzept dafür geeignet ist. — beurteilen

- Die Kenntnis der Kapitel 2.1 und 2.2 erleichtert das Verständnis.
- Die Kenntnis des Kapitels 2.14 ist zum Verständnis des Abschnittes 3.3.3 hilfreich.

i

3.1 Einführung und Überblick

Entwurf *(design)*

Aufgabe des **Entwerfens *(design)*** ist es, aus den gegebenen Anforderungen an ein Software-Produkt eine software-technische Lösung im Sinne einer **Software-Architektur** zu entwickeln.

Entwurfsphase

Die Entwurfstätigkeiten werden in der **Entwurfsphase** durchgeführt. Sie ist eingebettet zwischen die Definitionsphase und die Implementierungsphase. Entwerfen wird auch als **»Programmieren im Großen«** bezeichnet. Die Ergebnisse der Definitionsphase bilden den Ausgangspunkt und die Grundlage des Entwerfens. Die Entwurfsergebnisse wiederum sind die Voraussetzungen für die Implementierung (Abb. 3.1-1).

Bevor mit den eigentlichen Entwurfsaktivitäten begonnen werden kann, müssen

- die Randbedingungen und
- Umgebungsbedingungen

geklärt und festgelegt werden.

Außerdem müssen eine Reihe von Grundsatzentscheidungen gefällt werden, die die weitere Vorgehensweise wesentlich beeinflussen.

Abb. 3.1-1: Der Entwurfsprozess im Rahmen einer Software-Entwicklung

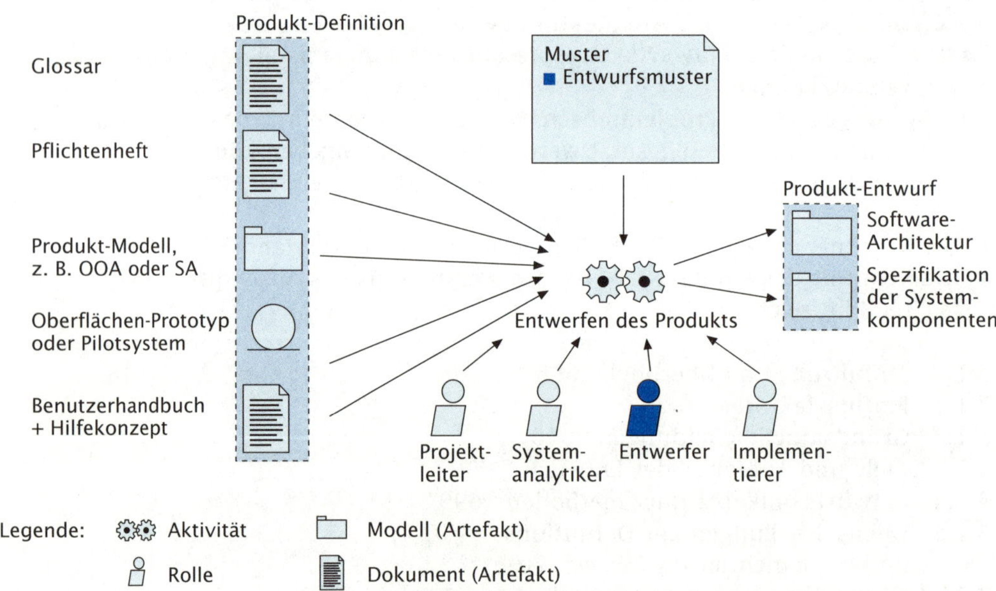

Kapitel 1.1 beteiligte Rollen

Die zentrale Rolle beim Entwurf nimmt der Entwerfer *(designer)* ein. Zusätzlich wird bereits ein Mitarbeiter hinzugezogen, der die Rolle des Implementierers einnimmt:

- **Software-Entwerfer / Software-Architekt**
  Aufgaben: Erstellung der Software-Architektur einschließlich der Netzwerkverteilung und der geeigneten Anbindung der Benutzungsoberfläche und der Datenbank.

Oft wird diese Rolle nochmals unterteilt in GUI-Entwerfer, Datenbank-Entwerfer und *Server*-Entwerfer. Üblich ist auch eine Zusammenfassung der Rollen Entwerfer und Implementierer zur Rolle des **Konstrukteurs.**

3.1.1 Einflussfaktoren

Abb. 3.1-2 zeigt, welche Faktoren die zu entwerfende Software-Architektur beeinflussen.

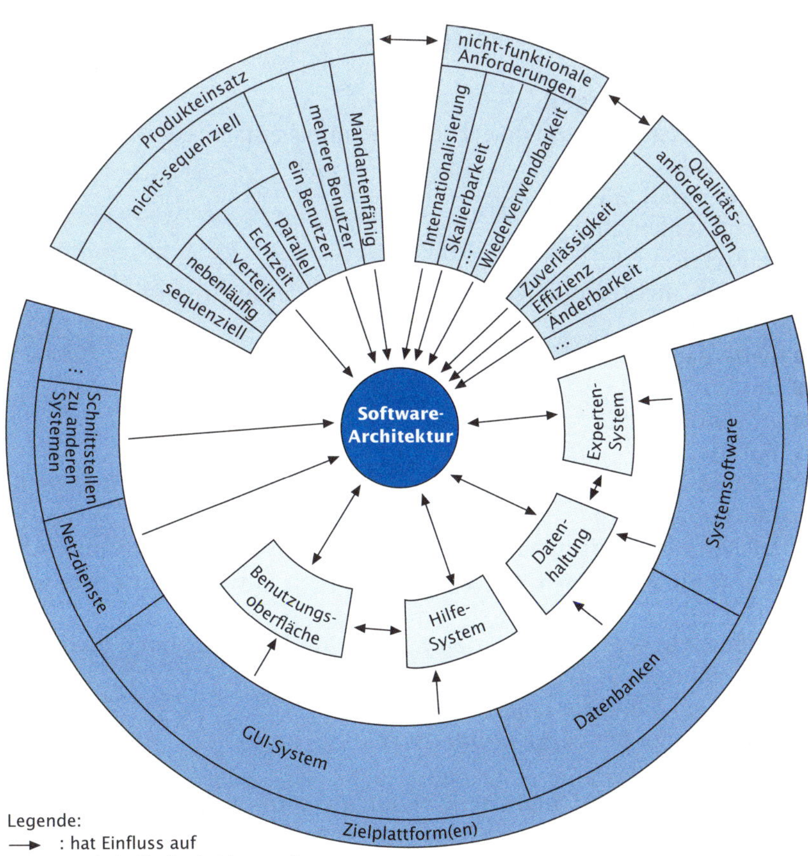

Abb. 3.1-2: Einflussfaktoren auf die Software-Architektur

Es lassen sich folgende Faktorengruppen unterscheiden:

- **Einsatzbedingungen,** die sich aus den Produktanforderungen ergeben.

- **Umgebungs- und Randbedingungen,** die sich durch die verwendete Zielplattform bzw. die verwendeten Zielplattformen ergeben.
- Randbedingungen, die sich aus **nichtfunktionalen Produktanforderungen** und **Qualitätsanforderungen** ergeben.

Diese Faktorengruppen beeinflussen sowohl die zu entwerfende Software-Architektur als auch die zu treffenden Grundsatzentscheidungen bezüglich

- Netzwerkverteilung,
- Datenhaltung,
- Benutzungsoberfläche,
- Hilfesystem,
- Expertensystem.

Diese Grundsatzentscheidungen werden natürlich am meisten von den funktionalen Produktanforderungen beeinflusst, die in Abb. 3.1-2 *nicht* dargestellt sind. Im Folgenden werden die oben aufgeführten Faktoren näher betrachtet.

Einsatzbedingungen

Anhand der geplanten Einsatzbereiche muss entschieden werden, ob das Produkt

- sequenziell oder
- nicht-sequenziell

zu entwerfen ist.

Bei einem nicht-sequenziellen System ist dann zu entscheiden, ob das Produkt

- nebenläufig,
- verteilt,
- in Echtzeit oder
- parallel

laufen soll. Die Entscheidung für »verteilt« impliziert in der Regel auch »nebenläufig«.

Diese Entscheidungen haben wesentlichen Einfluss auf die Software-Architektur sowie die anzuwendenden Entwurfskonzepte und -methoden.

Außerdem muss entschieden werden – falls es sich noch nicht aus dem Pflichtenheft ergibt – ob das Produkt

- für einen Benutzer *(single user)* oder
- für mehrere Benutzer *(multi user)*

zu entwerfen ist.

Soll das Produkt mehrbenutzerfähig sein, dann muss die Benutzungsoberfläche dies berücksichtigen. Außerdem müssen Zugriffsrechte vergeben und in der Anwendung überprüft werden können. Produkte, die im Netzwerk verteilt werden, implizieren in der Regel Mehrbenutzerfähigkeit.

Bei kaufmännischen Anwendungssystemen ist zu entscheiden, ob das Produkt mandantenfähig sein soll. Wenn ja, dann müssen alle

Daten eines Mandanten unabhängig von den Daten anderer Mandanten gespeichert werden. Beispielsweise sind die Daten jedes Mandanten eines Steuerberaters logisch getrennt von den Daten der übrigen Mandanten zu verwalten.

Umgebungs- und Randbedingungen

Umgebung

Aus den Einsatzbedingungen des Produkts ergibt sich oft, auf welchen Zielplattformen das Produkt lauffähig sein muss. Auf der oder den Zielplattformen muss das Software-Produkt dann in der Regel in die bestehende Hardware-, Systemsoftware- und Anwendungssoftware-Umgebung eingebettet werden. Zunächst ist zu klären, wie diese Umgebung aussieht oder aussehen soll. Insbesondere ist auszuloten, in welchen Umgebungsbereichen noch Entscheidungsspielraum vorhanden ist.

Plattform-Architektur

In der Regel muss ein Software-Produkt in die Plattform-Architektur des Zielsystems integriert werden. Plattform-Architekturen bilden daher die Basis für Software-Architekturen. Sie beschreiben eine Vielzahl von Schnittstellen, Diensten und Produkten mit vielen gegenseitigen Abhängigkeiten für die verschiedensten Systeme.

Kapitel 3.9

Die Plattform-Dienste helfen, die Software-Architektur eines neuen Software-Produkts von den Systembasisleistungen zu isolieren. Dadurch können Software-Produkte portabel und herstellerunabhängig gestaltet werden. Außerdem wird durch die Nutzung der Plattformdienste Aufwand eingespart, da diese Dienste im Software-Produkt selbst nicht mehr enthalten sein müssen.

Nichtfunktionale Produkt- und Qualitätsanforderungen

Nichtfunktionale Produktanforderungen haben ebenfalls entscheidenden Einfluss auf die zu entwerfende Software-Architektur. Besteht beispielsweise die Anforderung, dass ein Software-Produkt international eingesetzt werden soll, dann muss die Architektur es erlauben, unterschiedliche Landessprachen und länderspezifische Funktionalitäten (z.B. Währungen, Mehrwertsteuerberechnung usw.) zu berücksichtigen.

Liegt die Anforderung vor, dass das Produkt auf verschiedenen Plattformen eingesetzt werden soll – oder ergibt sich dies aus den Einsatzbereichen – dann hat dies ebenfalls Konsequenzen. Besitzen die unterschiedlichen Plattformen z.B. verschiedene GUI-Systeme, dann darf die Benutzungsoberfläche nicht direkt mit einem dieser GUI-Systeme realisiert werden, sondern es muss ein Werkzeug eingesetzt werden, das die Unterschiede der GUI-Systeme verdeckt oder ausgleicht.

Ist eine Wiederverwendbarkeitsbibliothek vorhanden, dann ist zu prüfen, ob vorhandene Entwürfe und Entwurfsmuster für die Architektur übernommen werden können *(ReUse)*.

Qualitätsanforderungen wie »hohe Zuverlässigkeit« und »hohe Effizienz« finden ebenfalls ihren Niederschlag in der Software-Architektur.

3.1.2 Grundsatzentscheidungen

Die Realisierung des Fachkonzepts einer Anwendung reicht nicht aus, um sie einsatzfähig zu machen, sondern es werden eine Reihe von »Hilfssystemen« benötigt. Diese »Hilfssysteme« sollen über klar definierte, schmale Schnittstellen mit der Anwendung kommunizieren. Abb. 3.1-3 veranschaulicht den Weg vom Fachkonzept bis zur fertigen Anwendung und zeigt die erforderlichen »Hilfssysteme«.

Abb. 3.1-3: Vom Fachkonzept zur fertigen Anwendung

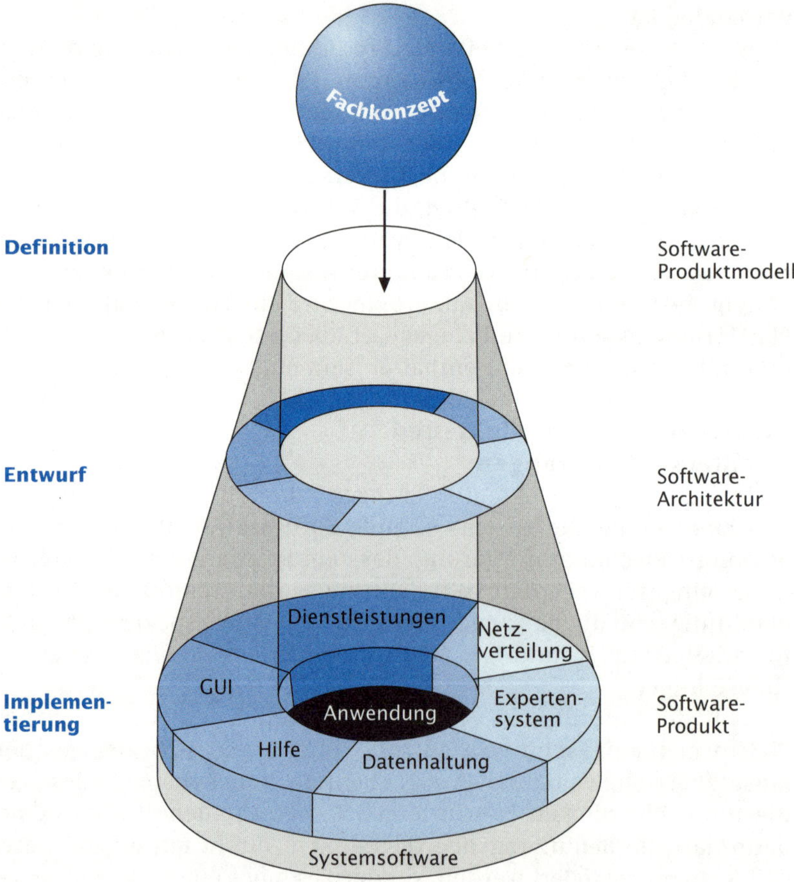

Die Abbildung zeigt, dass eine Aufgabe des Entwurfs darin besteht, die benötigten »Hilfssysteme« zu identifizieren. Anschließend ist zu prüfen, ob die identifizierten »Hilfssysteme« bereits vorhanden sind, gekauft oder selbst entwickelt werden müssen. In Abhängigkeit von der jeweiligen Alternative muss die Software-Architektur dann die Schnittstellen zu den »Hilfssystemen« geeignet berücksichtigen.

Datenhaltung

Fast alle Anwendungen benötigen eine **Datenhaltung**, um Daten langfristig zu speichern. Dazu gibt es im Wesentlichen drei Konzepte:

1 Speicherung in »flachen« Dateien unter Ausnutzung der Dateiverwaltungsfunktionalität, die das jeweilige Betriebssystem zur Verfügung stellt.

2 Speicherung in einer relationalen Datenbank (RDBMS) (hierarchische Datenbanken und Netzwerk-Datenbanken sind nicht mehr Stand der Technik und werden daher nicht weiter betrachtet).

3 Speicherung in einer objektorientierten Datenbank (ODBMS).

Im Kapitel 3.4 erfolgt eine Einführung in Datenbanken und Sprachen der 4. Generation sowie ein Kriterienraster für den Datenbankeinsatz.

Im Kapitel 3.6 werden objektorientierte Datenbanken behandelt.

In Abhängigkeit von den Einsatz-, Umgebungs- und Randbedingungen und insbesondere vom Verteilungskonzept im Netz ist dann noch zu entscheiden, ob die Datenhaltung auf der Plattform der Anwendung, auf einem *Server* oder verteilt auf mehreren Plattformen erfolgen soll.

Verteilung im Netz

Abgesehen von Einzelplatz-Versionen muss heute bei den meisten Anwendungen entschieden werden, wie die Verteilung der Anwendung im Netz erfolgen soll. Im Wesentlichen gibt es zwei Alternativen:

- ***Client/Server*-Architektur**, d.h. ein Teil der Anwendung befindet sich auf dem *Client*, ein Teil auf dem *Server*, wobei zwischen dem *Client* und dem *Server* in der Regel eine permanente Verbindung besteht.
- **Web-Architektur**, d.h. auf dem *Client* befindet sich nur ein *Web-Browser*, der Rest auf einem oder mehreren *Servern*, wobei die Verbindung zwischen *Client* und *Server* in der Regel nur temporär ist.

Eine Kombination beider Architekturen ist möglich. Im Kapitel 3.2 wird näher darauf eingegangen.

Benutzungsoberfläche

Eine weitere wichtige Entscheidung betrifft die Art und Weise, wie die **Benutzungsoberfläche** realisiert werden soll. Dazu gibt es mehrere Alternativen, die u.a. von der verwendeten Programmiersprache aber auch von der gewählten Verteilungsarchitektur *(Client/Server-* vs. Web-Architektur) abhängen:

1 Einsatz und Ansteuerung eines GUI-Systems *(graphical user interface).*

2 Einsatz eines *UI-Toolkits (user interface*-Werkzeugkasten).
3a Einsatz eines *UI-Builders.*
3b Einsatz eines Maskengenerators, der aus den Informationen des relationalen Datenbankentwurfs Masken/Fenster automatisch generiert.
4 Einsatz eines UIMS *(user interface management system).*
5 Automatisierte, wissensbasierte Generierung.

GUI-System
Abschnitt 2.21.1

Ein **GUI-System** – oft auch noch Fenstersystem genannt – stellt eine Grundfunktionalität für eine grafische Benutzungsoberfläche zur Verfügung. Die Verwaltung der Arbeitsoberfläche mit Fenstern und Piktogrammen sowie die Kommunikation mit den Anwendungen erfolgen durch das GUI-System. Auf dieser Grundlage können direkt-manipulative Benutzungsoberflächen erstellt werden. Die Software-Architektur einer Anwendung beim Einsatz eines GUI-Systems zeigen die Abb. 2.21-6 und 2.21-7.

Bei einer grafischen Benutzungsoberfläche

- steuert der Benutzer die Anwendung und
- die Anwendung reagiert auf Ereignisse *(events).*

Der Benutzer löst Ereignisse aus, die vom GUI-System empfangen, interpretiert und an die Anwendung weitergereicht werden. Die Anwendung muss auf diese Ereignisse in geeigneter Weise reagieren.

Alle modernen GUI-Systeme sind ereignisgesteuert. Der Entwurf der Anwendung muss sich daher an die Gesetzmäßigkeiten der Ereignissteuerung anpassen. Die Anwendung muss die ereignisgesteuerte Arbeitsweise des Benutzers aufnehmen und dabei die sachgerechte Ablauffolge der Arbeitsschritte sicherstellen. Wenn der Benutzer die Anwendung steuert, dann ist die Ausführungsreihenfolge von Anwendungsfunktionen *nicht* mehr vorhersehbar. Die Anwendung muss daher aus voneinander weitgehend unabhängigen Systemkomponenten bestehen.

Am weitesten verbreitet sind heute:

- das *Windows*-GUI-System für *Windows*-Plattformen,
- die *Java Foundation Classes* für plattformunabhängige Oberflächen,
- HTML für *Web-Browser.*

Programmierumgebungen stellen heute in der Regel Grafikeditoren zur Verfügung, um die E/A-Gestaltung – und teilweise auch die Dialoggestaltung – zu erleichtern.

Web-Anwendungen

Für Web-Anwendungen gibt es HTML-Editoren, die es ermöglichen eine Oberfläche zu gestalten. In den HTML-Code müssen dann Aufrufe an den *Server* integriert werden, um die Kommunikation mit der Anwendung herzustellen. In Abhängigkeit von der verwendeten Programmier- bzw. Skriptsprache gibt es verschiedene Möglichkeiten, auf die in Kapitel 3.10 näher eingegangen wird.

UI-Toolkits

Um die Programmierung der Anwendungs-Schnittstelle zu vereinfachen und die Portabilität zwischen verschiedenen GUI-Systemen zu ermöglichen, wurden ***UI-Toolkits*** entwickelt. *UI-Toolkits* fassen die oft elementaren Funktionen der GUI-Systeme zu komplexeren Funktionen zusammen, so dass der Programmierer mit geringerem Aufwand die Benutzungsoberfläche ansteuern kann. Abb. 3.1-4 zeigt die Software-Architektur beim Einsatz eines *UI-Toolkits*.

Abb. 3.1-4: Systemarchitektur mit UI-Toolkit

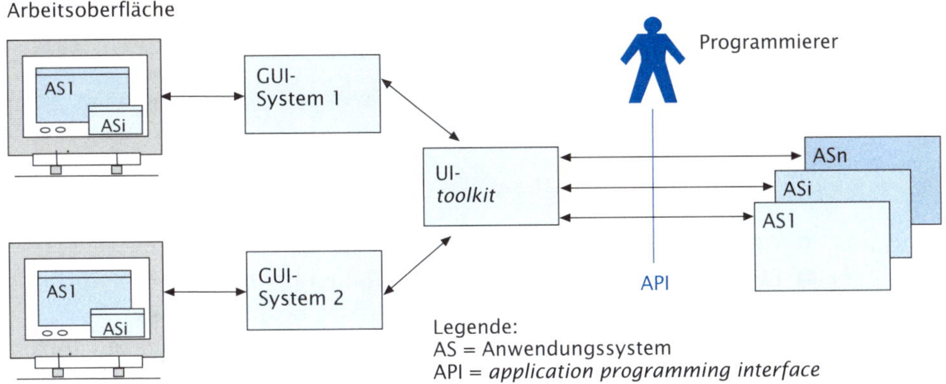

Ein *UI-Toolkit* kann eine objektorientierte GUI-Klassenbibliothek sein. Der Programmierer erzeugt aus der GUI-Klassenbibliothek die Objekte, die er für seine Benutzungsoberfläche benötigt und schickt von den einzelnen Objekten Botschaften an die Anwendung. Ein konkretes Beispiel wird in Abschnitt 3.11.4 gezeigt.

Klassenbibliothek

Ein qualitativer Sprung tritt beim Einsatz eines *UI-Builders* ein. Bei einem *UI-Builder* werden die Fenster, Menüs und Interaktionselemente mit Hilfe eines Grafikeditors interaktiv erstellt. Die Benutzungsoberfläche muss aber nicht »ausprogrammiert« werden, sondern nach der interaktiven Erstellung der Fenster und Menüs generiert der *UI-Builder* die Anwendungsprogramm-Schnittstelle.

UI-Builder

Bei einem Maskengenerator ist in der Regel ein ER-Modell *(entity relationship model)* der Ausgangspunkt. Es dient dazu, die Datensicht eines neuen Software-Produkts zu modellieren. Aus dem ER-Modell wird dann ein relationaler Datenbankentwurf entwickelt (siehe Kapitel 3.5). Auf diesen Informationen setzt ein Maskengenerator auf und generiert entsprechende Fenster mit zugehörigen Standardfunktionen (Neu eintragen, Ändern, Löschen, Selektieren, Sortieren). Außerdem generiert er die Anwendungsprogramm-Schnittstelle.

Maskengenerator
Kapitel 2.10

UIMS

Historie: Der Begriff UIMS wurde 1982 in Anlehnung an DBMS kreiert. Als erstes UIMS wird Newman's *Reaction Handler* von 1968 angesehen. Im Markt angeboten werden UIMS seit 1990. Eine einheitliche Definition gibt es jedoch nicht.

Ein **UIMS *(user interface management system)*** stellt eine Weiterentwicklung der *UI-Builder* dar. Wie bei einem *UI-Builder* werden Fenster, Menüs und Interaktionselemente mit einem Grafikeditor interaktiv erstellt. Zusätzlich können die Dialogstruktur und die Dialogdynamik kontextabhängig definiert werden, meist durch Regeln, mit Hilfe einer Skriptsprache oder durch direkte Einbindung einer Programmiersprache. Die so spezifizierte Benutzungsoberfläche kann dann animiert bzw. simuliert werden. Die prinzipielle Architektur beim Einsatz eines UIMS zeigt Abb. 3.1-5.

Abb. 3.1-5: Software-Architektur beim Einsatz eines UIMS/UI-Builders

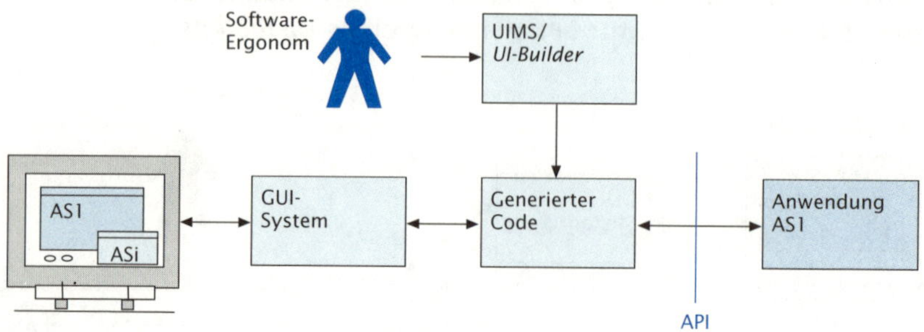

UIMS-Vorteile

Der Einsatz eines UIMS hat folgende Vorteile:

- Es kann von einem Software-Ergonomen benutzt werden, der nur eingeschränkte Programmierkenntnisse besitzen muss.
- Verbesserte Produktivität und verkürzte Entwicklungszeit durch interaktive Erstellung der Benutzungsoberfläche.
- Verbesserte Qualität durch generierten Code.
- Kann und sollte bereits in der Definitionsphase zur Spezifikation und Evaluation der Benutzungsoberfläche eingesetzt werden.

Der Übergang zwischen *UI-Buildern* und UIMS ist fließend. Einige Compilerhersteller liefern mit dem Compiler auch bereits *UI-Builder* aus. Andere Programmierumgebungen kombinieren UIMS, Compiler und Datenbankansteuerung.

UIMS-Nachteile

UIMS besitzen heute noch drei gravierende Nachteile:

- Alle Informationen für die Benutzungsoberfläche müssen neu eingegeben werden, auch wenn viele Informationen aus dem Produktmodell der Definitionsphase übernommen werden könnten. Letzteres können nur die Maskengeneratoren.
- Der Software-Ergonom erhält keine Hilfestellung, um eine ergonomische Benutzungsoberfläche zu erstellen. Er kann sowohl gute als auch schlechte Oberflächen mit einem UIMS erstellen.
- Die generierten Anwendungsprogramm-Schnittstellen der UIMS sind alle unterschiedlich.

Abschnitt 2.8.6 automatisierte, wissensbasierte Generierung

Einen Ansatz zur Vermeidung der ersten beiden Nachteile stellt das JANUS-System dar. Das JANUS-System geht davon aus, dass die fachliche Anwendungsmodellierung durch ein OOA-Modell erfolgt. Ein vorliegendes OOA-Modell wird vom JANUS-System analysiert. Anhand von Transformationsregeln (siehe Abschnitt 2.22.10) wird eine entsprechende Benutzungsoberfläche einschließlich der Ansteuerung des GUI-Systems generiert. Bei der Generierung wird auf gespeichertes Wissen über Software-Ergonomie zurückgegriffen. Dadurch soll sichergestellt werden, dass gegen keine ergonomischen Regeln verstoßen wird und dass eine möglichst ergonomische Benutzungsoberfläche erzeugt wird.

Bei der Auswahl eines Werkzeugs zur Realisierung von grafischen Benutzungsoberflächen sollten folgende Gesichtspunkte berücksichtigt werden: zur Auswahl

- Generell sollte versucht werden, ein UIMS, einen *UI-Builder* oder ein *UI-Toolkit* (in dieser Reihenfolge) einzusetzen.
- Liegen die Voraussetzungen für einen Maskengenerator vor, dann ist diese Alternative mit den anderen zu vergleichen.
- Soll die Anwendung auf verschiedenen Plattformen eingesetzt werden, dann muss ein Werkzeug verwendet werden, das eine plattformübergreifende Nutzung verschiedener GUI-Systeme ermöglicht. Es ist zu prüfen, ob die gemeinsame Untermenge aller GUI-Systeme ausreicht oder ob eine Obermenge erforderlich ist.
- Die Anwendungsprogramm-Schnittstelle sollte der Programmiersprache entsprechen, in der die Anwendung implementiert wird. Insbesondere soll die Schnittstelle objektorientiert sein, wenn die Anwendung objektorientiert entwickelt wird.
- Der Datenaustausch zwischen Anwendungen sollte unterstützt werden (Zwischenablage, DDE, OLE).

Hilfesysteme gehören heute zum Standard eines Anwendungssystems. Da die Verwaltung und Präsentation von Hilfeleistungen weitgehend unabhängig von einer Anwendung erfolgen kann, ist zu entscheiden, ob ein eigenständiges Hilfesystem eingesetzt werden soll. Vielfach werden heute Hypertextsysteme für diese Zwecke eingesetzt. Außerdem stellen moderne Betriebssysteme und/oder GUI-Systeme bereits Basisleistungen für ein Hilfesystem zur Verfügung. Hilfesystem

Eine weitere Entscheidung, die gefällt werden muss, bezieht sich auf den Einsatz eines **Expertensystems**. Drei Alternativen können unterschieden werden: Expertensystem

1 Die Anwendung benötigt kein Expertensystem.
2 Realisierung der gesamten Anwendung durch ein Expertensystem.
3 Realisierung von Teilen der Anwendung durch ein Expertensystem.

Trifft eine der beiden letzten Alternativen zu, dann ist noch zu überlegen, welche Expertensystem-*Shell* eingesetzt werden soll.

Eine **Expertensystem-*Shell***, im Deutschen manchmal auch **Expertensystem-Schale** genannt, ist ein Werkzeugsystem, das alle Dienstleistungen eines Expertensystems zur Verfügung stellt (analog einem Datenbank-Managementsystem), aber eine leere Wissensbasis hat.

Zur effizienten Lösung komplexer Anwendungen reicht immer weniger *eine* Software-*Technik* aus. Daher ist sorgfältig zu prüfen, ob nicht Teilbereiche einer Anwendung durch die Expertensystem-*Technik* gelöst werden können. Im Kapitel 3.3 werden Einsatzbereiche von Expertensystemen und ihre Charakteristika skizziert.

Generelles Ziel bei allen Entscheidungen muss es sein, möglichst viele Dienstleistungen auf hohem Abstraktionsniveau von anderen Systemen in Anspruch zu nehmen. Je mehr Dienstleistungen verwen- Ziel det werden können, desto geringer werden Entwurfs- und Implementierungsaufwand für das zu entwickelnde Produkt.

3.1.3 Ziele und Aufgaben des Entwurfs

Entwurfsziel

Ziel des Software-Entwurfs ist es, für das zu entwerfende Produkt eine Software-Architektur zu erstellen, die die funktionalen und nichtfunktionalen Produktanforderungen sowie allgemeine und produktspezifische Qualitätsanforderungen erfüllt und die Schnittstellen zur Umgebung versorgt.

Software-Architektur

Eine **Software-Architektur** beschreibt die Struktur des Software-Systems durch Systemkomponenten und ihre Beziehungen untereinander (Abb. 3.1-6).

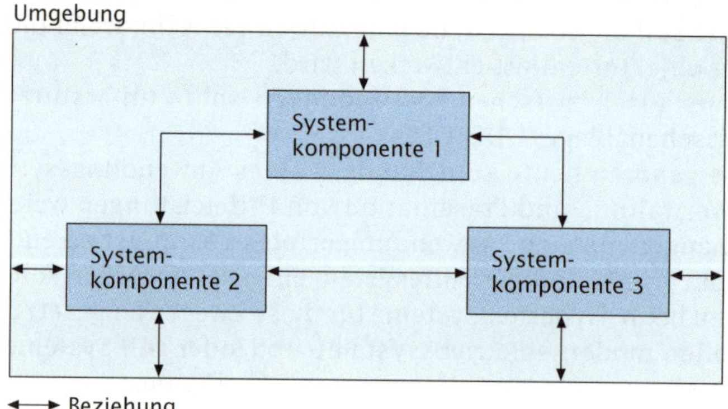

Abb. 3.1-6: Software-Architektur bestehend aus Systemkomponenten und Beziehungen

Systemkomponente

Eine Systemkomponente ist ein abgegrenzter Teil eines Software-Systems. Sie dient als Baustein für die physikalische Struktur einer Anwendung. Beispiele für Systemkomponenten sind Funktionen/Prozeduren, abstrakte Datenobjekte, abstrakte Datentypen, Klassen.

Eine Beziehung beschreibt jede mögliche Verbindung zwischen den Systemkomponenten. Eine Beziehung zwischen zwei Komponenten kann entweder dynamisch oder statisch sein.

Besteht eine Software-Architektur aus vielen Komponenten, dann ist eine stärkere Strukturierung sinnvoll. Eine häufig verwendete Strukturierungsform ist die Zuordnung der Komponenten zu verschiedenen Schichten.

Schichten-architektur

Es entsteht eine **Schichtenarchitektur.** Schichten sind meist dadurch gekennzeichnet, dass Komponenten innerhalb einer Schicht beliebig aufeinander zugreifen können. Zwischen den Schichten gelten dann strengere Zugriffsregeln. Die Schichten selbst können folgendermaßen angeordnet werden:

- Schichten mit linearer Ordnung,
- Schichten mit strikter Ordnung,
- Schichten mit baumartiger Ordnung.

Sollen Schichten bewusst gebildet werden, dann müssen Systemkomponenten explizit Schichten zugeordnet werden. Das Schichtenmodell selbst muss explizit angegeben werden oder implizit vorgegeben sein.

Beispiel

Schichtenmodell mit strikter Ordnung:
Die Schichten werden entsprechend ihrem Abstraktionsniveau angeordnet. Von Schichten mit höherem Abstraktionsniveau kann auf *alle* Schichten mit niedrigem Abstraktionsniveau zugegriffen werden, aber nicht umgekehrt (Abb. 3.1-7).
Ein Schichtenmodell mit linearer Ordnung würde vorliegen, wenn von einer Schicht immer nur auf die nächstniedrigere zugegriffen werden kann. Der Benutztpfeil **c** wäre dann *nicht* erlaubt.

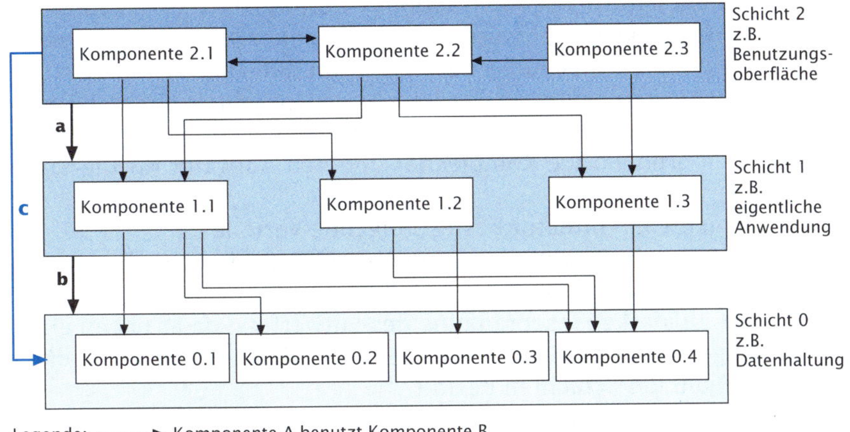

Abb. 3.1-7: Beispiel für eine Drei-Schichten-Architektur

Beispiele für Schichtenmodelle mit linearer Ordnung sind das ISO/OSI-7-Schichtenmodell und die TCP/IP-4-Schichtenarchitektur.

Gliedert man eine Anwendung in Benutzungsoberfläche, eigentliche Anwendung und Datenhaltung, dann erhält man eine Drei-Schichten-Anwendungsarchitektur (Abb. 3.1-7).

Abb. 3.1-8 zeigt eine Schichtenarchitektur mit baumartiger Ordnung. Zwischen Schichten gleicher Knotenebene findet keine Kommunikation statt.

Eine Variante der Schichtenarchitektur besteht darin, dass eine Schicht partiell undurchsichtig ist. Das bedeutet, dass einige ihre Komponenten nur in der angrenzenden äußeren Schicht sichtbar sind, während die anderen für alle oberen Schichten sichtbar sind.

Anwendungsbereich

Eine Schichtenarchitektur ist dann sinnvoll, wenn

- die Dienstleistungen einer Schicht sich auf demselben Abstraktionsniveau befinden und
- die Schichten entsprechend ihrem Abstraktionsniveau geordnet sind, so dass eine Schicht nur die Dienstleistungen der tieferen Schichten benötigt.

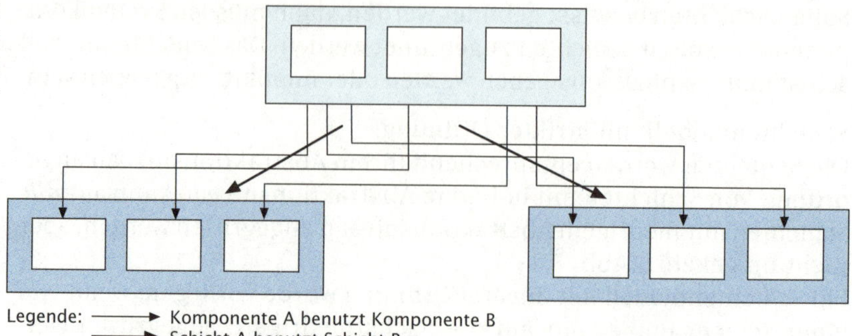

Abb. 3.1-8: Beispiel für eine baumartige Struktur

Es muss ein natürliches Abstraktionskriterium geben, nach dem die Komponenten geordnet werden können, eine »Benutzt«-Beziehung allein reicht nicht aus. Außerdem muss eine geeignete »Granularität« für die Schichten gefunden werden. Zu wenige Schichten erschweren die Wiederverwendbarkeit, die Anpassbarkeit und Portabilität. Zu viele Schichten erhöhen die Komplexität und den Aufwand für die Trennung der Schichten.

Vorteile

Eine Schichtenarchitektur besitzt folgende Vorteile:

- ⊞ Übersichtliche Strukturierung in Abstraktionsebenen oder virtuelle Maschinen.
- ⊞ Keine zu starke Einschränkung des Entwerfers, da er neben einer strengen Hierarchie noch eine liberale Strukturierungsmöglichkeit innerhalb der Schichten besitzt.
- ⊞ Es werden die Wiederverwendbarkeit, die Änderbarkeit, die Wartbarkeit, die Portabilität und die Testbarkeit unterstützt.

Nachteile

Dem stehen folgende Nachteile gegenüber:

- ⊟ Effizienzverlust, da alle Daten über verschiedene Schichten transportiert werden müssen (bei linearer Ordnung). Dies gilt auch für Fehlermeldungen.
- ⊟ Eindeutig voneinander abgrenzbare Abstraktionsschichten lassen sich *nicht* immer definieren.
- ⊟ Innerhalb einer Schicht kann Chaos herrschen.

Aufgaben

Aus dem Ziel des Software-Entwurfs ergeben sich die **Aufgaben der Entwurfsphase:**

- Ermitteln und Festlegen der Umgebungs- und Randbedingungen,
- Treffen grundlegender Entwurfsentscheidungen,
- Entwerfen einer Software-Architektur,
  - □ Zerlegung des definierten Systems in Systemkomponenten,
  - □ Strukturierung des Systems durch geeignete Anordnung der Systemkomponenten,
  - □ Beschreibung der Beziehungen zwischen Systemkomponenten,
- **Spezifikation** des Funktions- und Leistungsumfangs sowie des Verhaltens der **Systemkomponenten** in informaler, semiformaler oder formaler Weise,

- Festlegung der Schnittstellen, über die die Systemkomponenten miteinander kommunizieren.

Als Ergebnis dieses Entwurfsprozesses erhält man einen **Produkt-Entwurf,** der aus folgenden Teilen besteht:

- **Software-Architektur,** d.h. die strukturierte oder hierarchische Anordnung der Systemkomponenten und ihre Beziehungen untereinander.
- **Spezifikation jeder Systemkomponente,** d.h. Festlegung von Schnittstelle, Funktions- und Leistungsumfang.

Jeder Entwurf sollte die Gütekriterien für Software-Systeme erfüllen.

Hauptkapitel III 6

3.1.4 Entwurfskonzepte und -methoden

Abstraktionsebene

Um einen Software-Entwurf auszuführen gibt es verschiedene Entwurfskonzepte und Entwurfsmethoden. Die Differenzierungen zwischen den verschiedenen Entwurfskonzepten und -methoden ergeben sich im Wesentlichen durch die Abstraktionsmöglichkeiten, die eine Systemkomponente zu beschreiben erlaubt. Abb. 3.1-9 zeigt die stufenweise Evolution der Entwurfskonzepte und -methoden sowie die Programmiersprachen, die diese Konzepte unterstützen.

Stufe 0: keine Abstraktion

Auf der untersten Stufe findet *keine* Abstraktion statt. Das heißt, das System wird als eine monolithische Einheit angesehen. Es gibt keine oder keine ausreichenden Schutzmechanismen zwischen verschiedenen Abstraktionsebenen. Zuzuordnen sind dieser Stufe Programmiersprachen wie BASIC und Assembler.

Stufe 1: funktionale Abstraktion

Auf der nächsten Stufe werden funktionale Abstraktionen vorgenommen. Eine funktionale Abstraktion stellt eine Leistung in Form einer abstrakten Operation, einer abstrakten Funktion oder einer abstrakten Prozedur zur Verfügung.

Kapitel 3.12

Als grafische Entwurfsmethode wird SD *(structured design)* eingesetzt. In Programmiersprachen wird die funktionale Abstraktion durch Funktions-, Prozedur- und Unterprogrammkonzepte unterstützt, jeweils in unterschiedlichen Ausprägungsstufen.

Stufe 2: Datenabstraktion mit abstrakten Datenobjekten

Funktionale Abstraktionen sind zur Beschreibung von abstrakten Operationen gut geeignet, sie erlauben jedoch *keine* geeignete Beschreibung von abstrakten Objekten. Dies ist ein schwerwiegender Nachteil, da in vielen Anwendungen komplexe Datenobjekte manipuliert werden müssen und diese wesentlich die Gesamtkomplexität des Problems bestimmen. Es ist daher wünschenswert, abstrakte Objekte mit den sie charakterisierenden Zugriffsoperationen als Datenabstraktion zu formulieren.

Als Entwurfstechnik kann die Erweiterung von SD nach Buhr verwendet werden. Idealtypisch wird die Datenabstraktion mit abstrakten Datenobjekten durch die Programmiersprache Modula-2 unterstützt, dort Modul genannt.

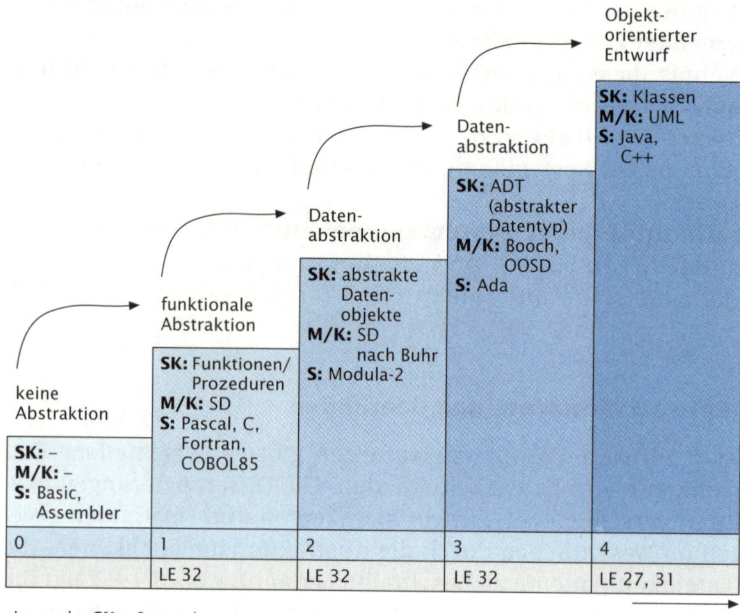

Abb. 3.1-9: Evolution der Entwurfskonzepte/ -methoden

Stufe 3: Datenabstraktion mit ADT Kapitel 3.13

Die dritte Stufe erweitert die Datenabstraktion um abstrakte Datentypen (ADTs).

Bei den bisherigen Datenabstraktionen bewirkt die Beschreibung der Zugriffsoperationen und die Beschreibung der Implementierung die Kreierung *eines* Exemplars der beschriebenen Datenabstraktion. Das heißt, die Vereinbarung einer Datenabstraktion ist analog der Vereinbarung einer Variablen.

Eine Verallgemeinerung abstrakter Datenobjekte liegt vor, wenn man analog zur Definition von Datentypen die Definition von Datenabstraktionstypen ermöglicht. Das heißt, Typdefinition und Variablenvereinbarung werden getrennt. Das Kreieren eines ADT kann daher aufgeschoben werden. Außerdem können beliebig viele Exemplare eines ADT erzeugt werden. Jedes Exemplar besitzt sein eigenes Gedächtnis. Abstrakte Datentypen erlauben es also, Datenabstraktionen in verallgemeinerter Form zu definieren. Durch Typ-Parametrisierung der ADT kann auch noch von speziellen Datenstrukturen, die der ADT verwaltet, abstrahiert werden.

Als Entwurfsmethode kann die Booch-Methode, als grafische Notation OOSD verwendet werden. ADTs werden durch die Programmiersprache ADA unterstützt.

Die dargestellten Stufenfolgen 0 bis 3 sind jeweils voll umfassend. Das heißt, Sprachen, die ADTs beinhalten, unterstützen auch abstrakte Datenobjekte und die funktionale Abstraktion. Man kann aber auch ohne Abstraktion programmieren.

Eine noch höhere Stufe der Abstraktion ist durch einen objektorientierten Entwurf erreichbar. Abstrakte Datentypen lassen sich in der objektorientierten Welt in erster Annäherung mit Klassen vergleichen. Zugriffsoperatoren werden als Operationen bezeichnet.

Stufe 4: OO-Entwurf

Exemplare von Klassen werden Objekte genannt und können dynamisch, d.h. zur Laufzeit, erzeugt werden.

Das prinzipiell Neue bei der objektorientierten Software-Entwicklung sind jedoch das Vererbungssprinzip und der Polymorphismus.

Kapitel 2.9 und Kapitel 3.7

Die Kommunikation zwischen Objekten geschieht durch Botschaften. Ein Sender-Objekt schickt einem Empfänger-Objekt eine Botschaft mit der Aufforderung, eine bestimmte Tätigkeit durchzuführen. Im Gegensatz zum klassischen Prozeduraufruf entscheidet das Empfänger-Objekt aber erst zur Laufzeit, ob es selbst eine entsprechende Operation zur Verfügung hat und ausführt oder ob eine geerbte Operation ausgeführt wird. Das Vererbungs- und das Botschaftenkonzept haben wesentlichen Einfluss auf die Entwurfsmethodik.

Die dargestellten Stufen unterschiedlicher Abstraktionsmöglichkeiten haben einen massiven Einfluss auf die Strukturierung eines Systems. Allein der Übergang von Stufe 1 zu Stufe 2 erfordert ein beträchtliches Umdenken beim Entwurf. Für welche Problemstellung welche Stufe der Evolution der Entwicklungskonzepte am besten geeignet ist, wird in den folgenden Kapiteln behandelt. Als »Stand der Technik« ist heute der **objektorientierte Entwurf** anzusehen.

Stand der Technik

3.1.5 Wechselwirkungen zur Definitions- und Implementierungsphase

Durch die zeitliche Einordnung der Entwurfsphase zwischen Definitions- und Implementierungsphase entstehen natürlich Wechselwirkungen zwischen diesen Phasen. Insbesondere stellt sich die Frage, wie und welche Informationen aus der Definitionsphase in den Entwurf übernommen werden können.

Übergang von der Definitions- zur Entwurfsphase

Definitionsphase und Entwurfsphase verfolgen unterschiedliche Ziele. In der Definitionsphase soll eine Produkt-Definition erstellt werden, die das zu entwickelnde Produkt aus der Sicht des Anwenders oder Auftraggebers beschreibt. In der Entwurfsphase sollen – ausgehend von der Produkt-Definition – die Produktanforderungen in einen software-technischen Entwurf umgesetzt werden.

Definition → Entwurf

Obwohl die Ziele unterschiedlich sind, ist es dennoch notwendig und sinnvoll, möglichst viele Informationen aus der Definitionsphase in der Entwurfsphase weiterzuverwenden, sie zu verfeinern, zu konkretisieren und zu ergänzen. Inwieweit die übernommenen Informationen umstrukturiert werden müssen, hängt von der Kompatibilität der in der Definitions- und Entwurfsphase verwendeten Konzepte und Methoden ab.

Abb. 3.1-10 zeigt die Zuordnung von Konzepten und Methoden zur Definitions- und Entwurfsphase sowie ihre Kompatibilität.

Abb. 3.1-10: Übergang von der Definitionsphase zur Entwurfsphase

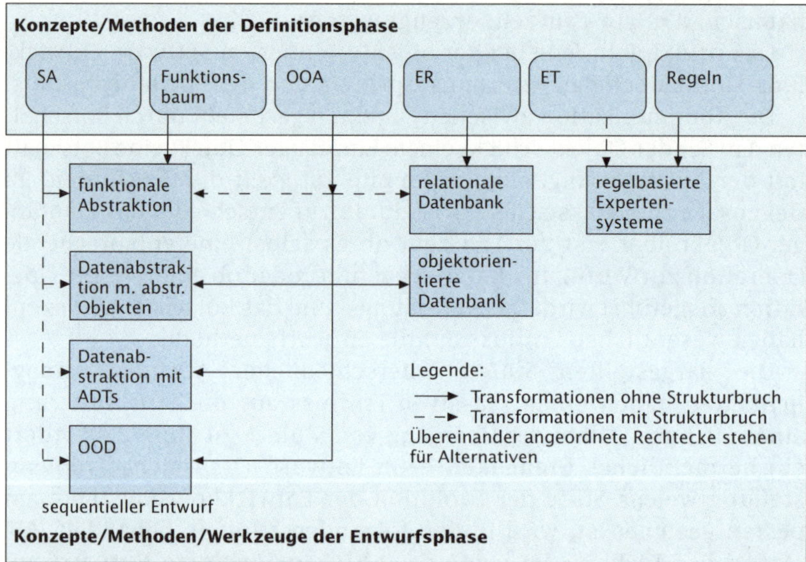

Ohne Strukturbrüche gelangt man von OOA zu OOD, ADT und zu abstrakten Datenobjekten, da das objektorientierte Paradigma beibehalten wird. Anders sieht es beispielsweise bei SA aus. Eine Abbildung auf einen Entwurf mit abstrakten Datenobjekten, ADT oder OOD ist ohne Neustrukturierung der Informationen nicht möglich, man spricht daher von einem »Strukturbruch«.

Während sich die Wechselwirkungen zwischen der Definitions- und Entwurfsphase bei Vorlage einer guten Produkt-Definition minimieren lassen, ist der Zusammenhang zwischen Entwurfs- und Implementierungsphase meist wesentlich enger.

Zusammenhang zwischen Entwurfs- und Implementierungsphase

Entwurf → Implementierung

Entwurfs- und Implementierungsphase sind oft – in Abhängigkeit von der gewählten Methodik – stark miteinander verzahnt. Eine weitgehende Entkopplung zwischen Entwurf und Implementierung ist nur dann möglich, wenn die Implementierung erst nach Vorlage des vollständigen Produkt-Entwurfs begonnen wird.

Insbesondere bei Anwendung einer *top-down*-Entwurfsmethodik und des *top-down*-Testens findet jedoch ein ständiges Wechselspiel zwischen Entwurf und Implementierung statt. Nach dem Entwurf einer Ebene kann diese Ebene bzw. Schicht implementiert werden, während die nächste Ebene entworfen wird. Aber auch hierbei ist es erforderlich, dass für jede Implementierung eines Teilprodukts eine vollständige Implementierungsvorgabe vom Entwurf her vorliegt.

3.2 *Client/Server*- vs. Web-Architekturen

logische Schicht

Viele Anwendungen – insbesondere im betrieblichen Bereich – sind heute auf ein Netz miteinander verbundener Computersysteme verteilt. Um eine Anwendung verteilen zu können, muss sie in Schichten strukturiert sein. In Abb. 3.1-7 wurde bereits eine Drei-Schichten-Anwendungsarchitektur vorgestellt. Die Schichten einer Anwendung bezeichnet man auch als logische Software-Schichten.

physische Schicht

Während logische Schichten die Modularisierungseinheiten einer Anwendung darstellen, repräsentieren physische Software-Schichten die Einheiten, die auf unterschiedliche Computerklassen (Arbeitsplatzcomputer, Abteilungs*server*, Datenbank*server*, Zentralcomputer) verteilt werden können. Neben der »klassischen« Drei-Schichten-Architektur wird ergänzend oft noch eine vertikale Schicht verwendet, in der Querschnittsfunktionalität untergebracht wird, die andere Schichten benötigen /Denert 91/. Die Drei-Schichtenarchitektur kann zu einer Sechs-Schichtenstruktur verfeinert werden (Abb. 3.2-1, links) /Noack et al. 00/.

Verteilungsmuster

Logische Schichten können mit Hilfe von Verteilungsmustern auf physische Schichten abgebildet werden (Abb. 3.2-1). Die Verteilungsmuster hängen davon ab, ob

- eine *Client/Server*-Architektur oder
- eine Web-Architektur

zugrunde gelegt wird.

Client/Server-Architektur

Eine ***Client/Server*-Architektur** besitzt folgende Charakteristika:

- Der auf dem *Client* befindliche Teil der Anwendung ist nach der Anmeldung beim *server*seitigen Teil der Anwendung in der Regel bis zur Abmeldung permanent mit dem *Server* verbunden.
- Die maximale Anzahl der nebenläufigen Benutzer liegt als Anforderung zur Entwurfszeit fest.
- Die *Client/Server*-Umgebung ist in der Regel bekannt und kann beeinflusst werden, z.B. verwendete Betriebssysteme, Datenbanken usw.
- Die Entwickler sind sowohl für den *Client*- als auch für den *Server*-Teil verantwortlich.

Diese Charakteristika führen zu folgenden Vor- und Nachteilen:

Vorteile

- ⊞ Da der *Server* pro *Client* eine Verbindung verwaltet, ist es einfach, eine Benutzer-Sitzung zu verfolgen.
- ⊞ Durch den Einfluss auf die Laufzeitumgebung kann die Systemkomplexität reduziert werden.

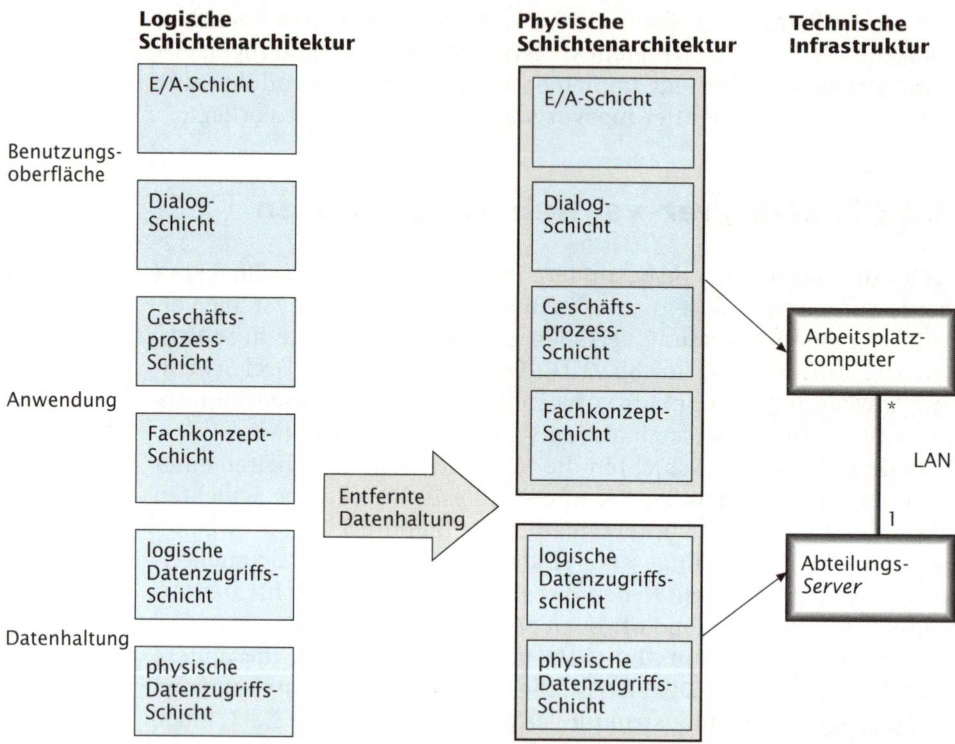

Abb. 3.2-1: Schichtenverteilung am Beispiel einer »entfernten Datenhaltung« (fat client) /Noack et al. 00/

- ⊞ Die bekannte Anzahl der maximalen nebenläufigen Benutzer erleichtert den System-Entwurf.

Nachteile

- ⊟ Kaum skalierbar, d. h. nur aufwändig auf andere Benutzerzahlen einzustellen.
- ⊟ Aufwändige Verteilung der *Client*-Software, da sie auf jedem *Client* installiert werden muss.
- ⊟ Plattformänderungen führen u. U. zur Neuprogrammierung von Anwendungsteilen.

Steht ein zweistufiges *Client/Server*-Netz zur Verfügung, dann lassen sich fünf Verteilungsvarianten unterscheiden (Abb. 3.2-2) /Schulte 95/.

Web-Architektur

Bei einer **Web-Architektur** ergeben sich einige Veränderungen bei den physischen Schichten. Der *Client* enthält einen *Web-Browser* und wird deshalb als *Web-Client* bezeichnet. Mit dem *Web-Server* kommt eine physische Schicht hinzu, die eine spezielle Funktionalität besitzt.

physische Schichten

Es lassen sich vier physische Schichten unterscheiden:

- Der *Web-Client* präsentiert die Benutzungsoberfläche.
- Der *Web-Server* übernimmt die Verteilung von HTML-Dokumenten, Multimediaobjekten oder Java-*applets*, die über das HTTP-Proto-

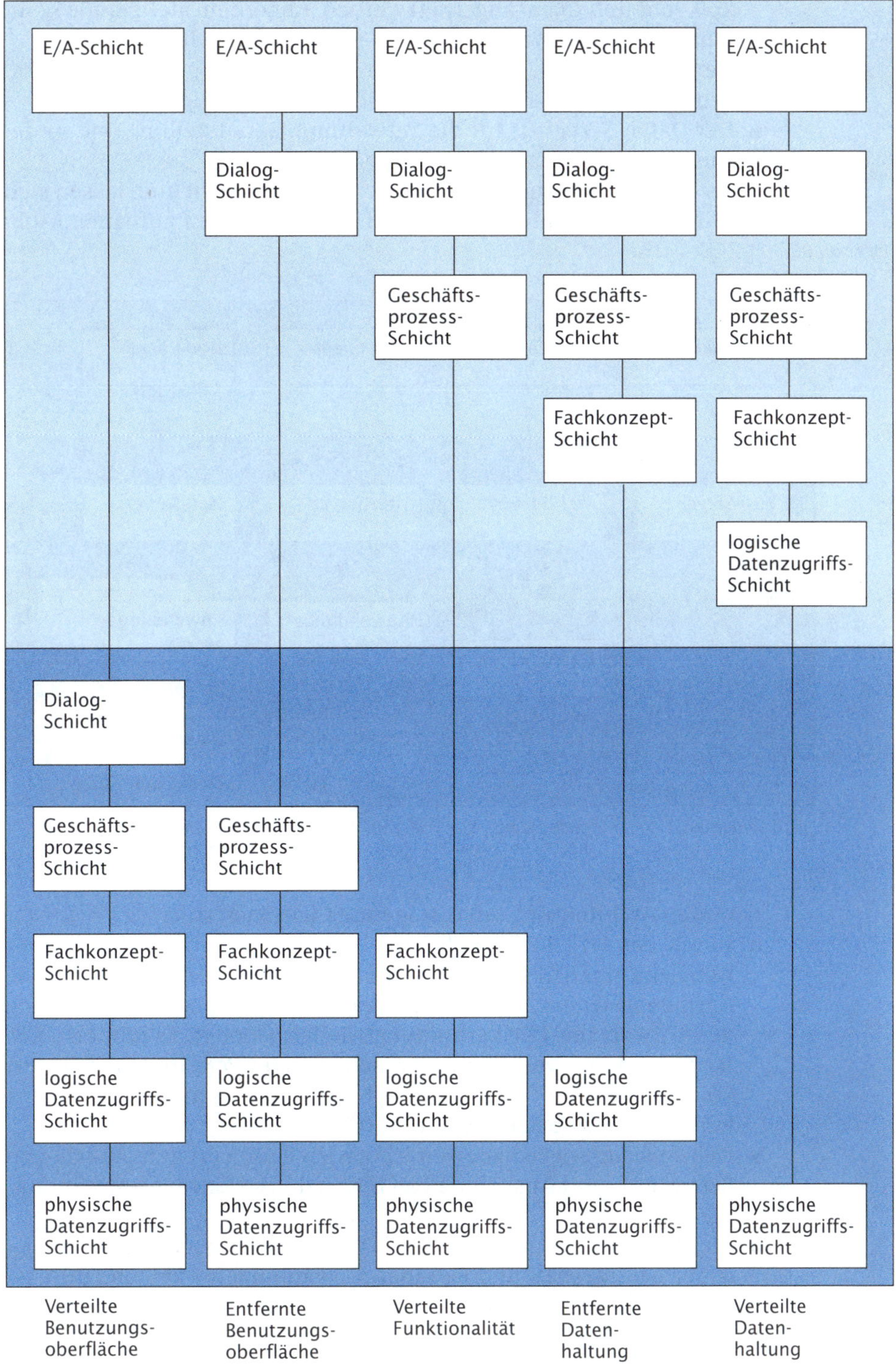

Abb. 3.2-2: Verteilungsalternativen beim zweistufigen Client/Server-Konzept

koll vom *Web-Client* angefragt werden. Außerdem stellt er die Kommunikation des *Web-Client* mit der Anwendungslogik sicher.

- Der Anwendungs-*Server* ist für die Steuerung der Geschäftsprozesse und die Fachkonzept-Objekte zuständig.
- Der Daten-*Server* ist für die Verwaltung, Bereitstellung und Änderung der persistenten Daten zuständig.

Unter Verwendung dieser physischen Software-Schichten lassen sich Schichtenarchitekturen mit zwei bis vier Schichten aufbauen (Abb. 3.2-3).

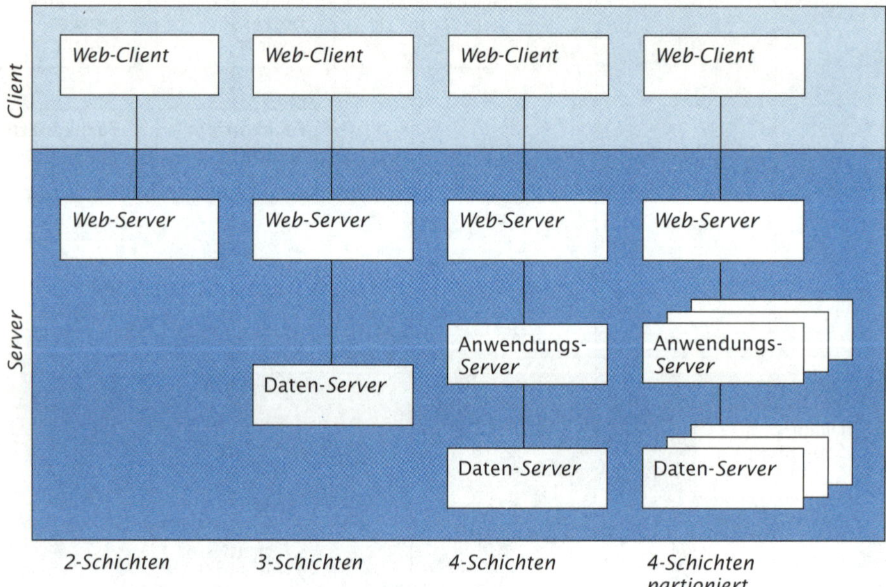

Abb. 3.2-3: Web-Schichtenarchitekturen /Noack et al. 00/

Eine Web-Architektur besitzt folgende Charakteristika:

- Durch das HTTP-Protokoll wird bei jeder Benutzeranfrage einer Web-Seite eine TCP-Verbindung mit dem *Web-Server* aufgebaut, eine Anfrage gesendet, vom *Server* bearbeitet und nach Rücksendung der Antwort die TCP-Verbindung wieder beendet. Es gibt also *keine* permanente Verbindung zwischen *Web-Client* und *Web-Server*. Erst mit dem HTTP-Protokoll 1.1 wird eine Verbindung für eine kurze Zeitperiode aufgebaut /W3C 97/.
- Web-Anwendungen haben eine potenziell unbegrenzte Anzahl von Benutzern – mit Ausnahme von Intranet- und Extranet-Anwendungen.
- Auf die Laufzeitumgebung des *Web-Clients* haben die Entwickler – außer bei Intranet- und Extranet-Anwendungen – keinen Einfluss.

Diese Charakteristika führen zu folgenden Vor- und Nachteilen:

Vorteile

- ⊞ Erlaubt eine hohe Benutzeranzahl, insbesondere bei Verwendung einer physischen Drei- oder Vier-Schichtenarchitektur.

- ⊞ Gute Skalierbarkeit und gute Wartbarkeit.
- ⊞ Keine Verteilungsprobleme, da keine anwendungsspezifische Software auf dem *Web-Client* installiert werden muss.
- ⊟ Durch das verbindungslose und sitzungslose HTTP/1.0-Protokoll ist es aufwändig, den Zustand während und zwischen Sitzungen zu speichern und zu verfolgen. Nachteile
- ⊟ Es müssen in der Regel mehrere unterschiedliche *Web-Browser* unterstützt werden.

Die Vor- und Nachteile der beiden Architekturen zeigen, dass vor dem Start des Entwurfs entschieden werden muss, welche physische Architektur verwendet werden soll. Es ist aber auch möglich, eine Anwendung so zu entwerfen, dass sie auf beiden physischen Architekturen lauffähig ist.

Beispiel

Abschnitt 2.8.6

Das JANUS-Generatorsystem ermöglicht es, eine Anwendung für die *Client/Server*-Architektur *und* die *Web*-Architektur zu generieren. Dadurch ist es beispielsweise möglich, über den Anwendungsteil auf dem *Client* die Daten auf dem Daten-*Server* zu ändern und sich das Ergebnis im *Web-Client* anzeigen lassen.

3.3 Einsatzbereiche von Expertensystemen

Expertensysteme stellen eine noch junge Software-Technik dar, die für bestimmte Anwendungsbereiche neuartige Methoden, Sprachen und Werkzeuge zur Problemlösung zur Verfügung stellt. Diese neuartigen Methoden erlauben es, bestimmte Anwendungsbereiche und ihre sich daraus ergebenden Problemklassen geeignet zu lösen, wozu klassische Methoden nicht oder nur umständlich in der Lage sind. Nicht für alle Anwendungsbereiche sind Datenbanken notwendig und sinnvoll einsetzbar. Dies gilt analog auch für Expertensysteme.

ExS

Expertensysteme (ExS) verwenden menschliches Wissen, um in erklärungsfähiger Form Probleme zu lösen, die normalerweise menschliche Intelligenz erfordern. Um ein Expertensystem zu bauen, werden daher detaillierte Einzelkenntnisse über das Anwendungsgebiet sowie Strategien, wie dieses Wissen zur Problemlösung benutzt werden soll, benötigt. Das Wissen muss **formalisiert** werden, im Software-System geeignet **repräsentiert** und gemäß einer Problemlösungsstrategie manipuliert werden.

Während bei Datenbanken die Anwendungsprogramme von den Datenstrukturen getrennt werden (Datenunabhängigkeit), erfolgt bei Expertensystemen eine klare Trennung zwischen **allgemeinen Problemlösungsstrategien** und **anwendungsspezifischem Wissen.** Die Trennung zwischen Wissen und Problemlösungsstrategie ist in vielen Anwendungsgebieten möglich und für die Architektur von Expertensystemen charakteristisch (Abb. 3.3-1).

Abb. 3.3-1: Organisationskonzepte

Konventionelle Programme	Datenbanken	Expertensysteme
Datenstrukturen Algorithmen	Anwendungsprogramme Datenstrukturen	Problemlösungsstrategie Wissen
Daten	Daten	Daten

Expertensysteme unterscheiden sich von Datenbanken dadurch, dass ihr Wissen nicht nur wie Daten abgefragt, sondern auch zur Lösung verschiedenartiger Probleme benutzt werden kann. Wissen unterscheidet sich also von Daten dadurch, dass es mit Anleitungen über seine Verwendung gekoppelt ist.

3.3.1 Zur Architektur von Expertensystemen

Die Trennung zwischen dem Wissen und den Problemlösungsstrategien spiegelt sich auch in der Architektur wider: Es gibt die **Wissensbasis** und das **Steuersystem (Expertensystem-*Shell* bzw. Expertensystem-Schale)** (Abb. 3.3-2).

Wissensbasis

Die **Wissensbasis** besteht aus verschiedenen Teilen. Wissen kann man unterschiedlich klassifizieren:

- nach der Herkunft des Wissens und
- nach dem Gebrauch des Wissens.

Herkunft des Wissens

Nach der **Herkunft** des Wissens unterscheidet man:

- bereichsbezogenes Wissen von Experten,
- fallspezifisches Wissen von Benutzern und

Abb. 3.3-2: Grundsätzliche Architektur eines Expertensystems

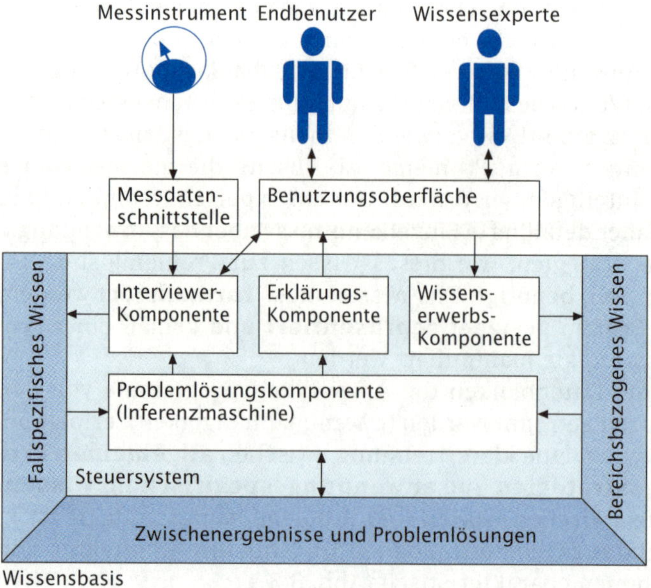

- Zwischen- und Endergebnisse, die von der Problemlösungskomponente hergeleitet worden sind.

Nach dem **Gebrauch** des Wissens unterscheidet man:

Gebrauch des Wissens

- Faktenwissen,
- Ableitungswissen und
- Steuerungs- bzw. Kontrollwissen.

Ableitungswissen (z.B. Regeln) steuert den Gebrauch des Faktenwissens. Das Kontrollwissen (z.B. sogenannte Meta-Regeln) steuert den Gebrauch des Ableitungswissens. Fallspezifisches Wissen von Benutzern sowie Zwischen- und Endergebnisse sind typischerweise Faktenwissen. Das schon bereichsbezogene Expertenwissen besteht demgegenüber sowohl aus Faktenwissen (z.B. Katalogwissen) als auch aus Ableitungs- und Kontrollwissen.

Steuersystem

Das **Steuersystem** enthält den Programmcode für die Problemlösungsstrategien (auch Inferenzmaschine genannt), eine Interviewerkomponente, eine Erklärungskomponente und eine Wissenserwerbskomponente.

- Die **Problemlösungskomponente** interpretiert das Wissen in der Wissensbasis zur Lösung des vom Benutzer spezifizierten Problems.
- Die **Interviewerkomponente** führt den Dialog mit dem Benutzer und/oder liest automatisch erhobene Messdaten ein.
- Die **Erklärungskomponente** macht die Vorgehensweise des Systems nachvollziehbar. Sie hilft dem Benutzer, wenn er für die vorgeschlagene Problemlösung eine Begründung oder Rechtfertigung sucht. Sie hilft dem Experten, einen Fehler in der Wissensbasis zu lokalisieren.
- Die **Wissenserwerbskomponente** ermöglicht es dem Wissensexperten, sein Wissen in das System einzugeben und später zu ändern.

Vergleicht man eine Expertensystem-*Shell* mit einer Programmiersprache, dann entsprechen sich die in Tab. 3.3-1 gegenübergestellten Begriffe.

Tab. 3.3-1: Vergleich von Begriffen

Expertensystem-*Shell*	**Programmiersprache**
Wissensrepräsentation	Syntax
Wissensbasis	Programm
Wissenserwerbskomponente	Editor und Compiler
Problemlösungskomponente	Interpreter oder Compiler
Interviewkomponente	Ein/Ausgabe-Funktion
Erklärungskomponente	*Tracer, Debugger*

3.3.2 Methoden und Konzepte

Kapitel 2.2 In der Definitionsphase wurden für die Modellierung der Anwendungen geeignete Methoden und Konzepte vorgestellt. Analog gibt es für Expertensysteme ebenfalls Methoden und Konzepte, deren wesentliche im Folgenden skizziert werden. Es wird gezeigt, für welche Anwendungen bzw. Einsatzbereiche sie geeignet sind. Die folgenden Ausführungen basieren auf /Puppe 90/.

Abb. 3.3-3 gibt einen Überblick über die drei Hauptmethoden, ihre Gliederung in Methoden und die Zuordnung zu Konzepten.

Klassifikation
- Bei der **Klassifikation**, auch **Diagnostik** genannt, wird das Ergebnis aus einer Menge vorgegebener Alternativen ausgewählt.

Konstruktion
- Bei der **Konstruktion** wird das Ergebnis aus vorgegebenen, primitiven Bausteinen zusammengesetzt.

Simulation
- Bei der **Simulation** wird ermittelt, wie ein vorgegebenes Systemmodell auf bestimmte Eingaben reagiert.

Im Folgenden werden diese drei Hauptmethoden näher beschrieben sowie entsprechende Anwendungsbereiche zugeordnet.

Abb. 3.3-3: Überblick über Methoden und Basiskonzepte von Expertensystemen

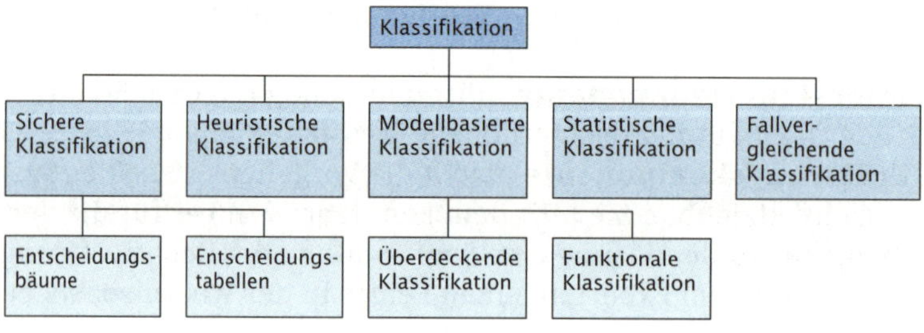

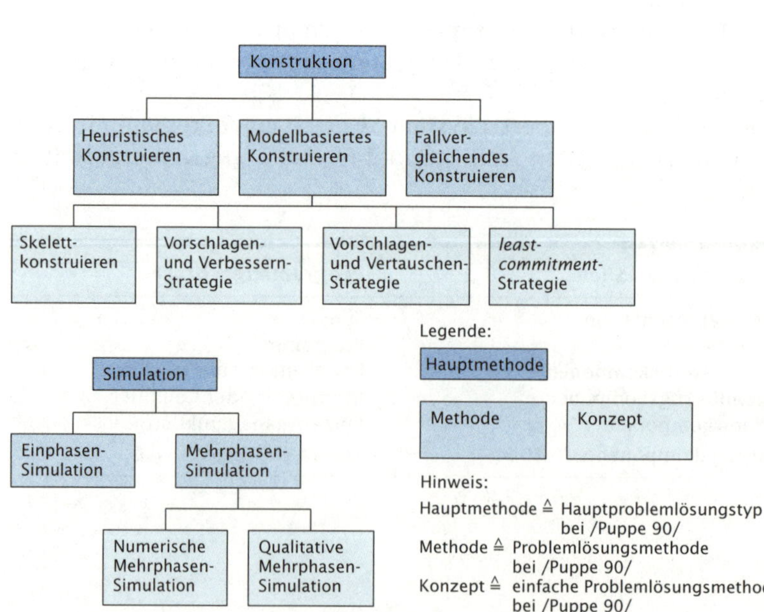

3.3.3 Klassifikation (Diagnostik)

Die Hauptmethode **Klassifikation** eignet sich für Anwendungsbereiche mit folgenden Eigenschaften:

1 Der Anwendungsbereich besteht aus zwei endlichen, disjunkten Mengen von Anwendungsmerkmalen und Lösungen sowie aus unsicherem, mehrstufigem Wissen über die Beziehungen zwischen Merkmalen und Lösungen (Abb. 3.3-4).

2 Die Menge der Anwendungsmerkmale kann unvollständig sein.

3 Das Ergebnis der Klassifikation ist die Auswahl einer oder mehrerer Lösungen.

4 Kann die Qualität der Lösung durch die Erfassung zusätzlicher Anwendungsmerkmale verbessert werden, dann gehört es mit zur Klassifikation festzulegen, ob und welche zusätzlichen Merkmale angefordert werden.

Die Herleitung der Lösungen aus den Merkmalen erfolgt meist über Zwischenstufen, den »diagnostischen Mittelbau«. Im technischen Bereich können folgende Anwendungsbereiche mit Hilfe der Klassifikation gelöst werden: Qualitätskontrolle, Prozessdiagnose in der Fertigung, Reparaturdiagnostik, Überwachung und Netzwerkdiagnostik.

Beispiele

Prozessdiagnose in der Fertigung:
Bei der Leiterplattenfertigung können folgende Merkmale auftreten: optische Fehler an Leiterplatten, Maschinen- und Prozessparameter. Die Lösungen können sein: Vorschläge zur Fehlerbehebung wie Austausch defekter Maschinenkomponenten, Einstellung von Prozessparametern.

Reparaturdiagnostik:
Bei der Hardware-Diagnostik von Computern sind die Beanstandungen des Benutzers und die Fehlermeldungen des Computers die Merkmale. Die Lösungen sind die defekten Hardware-Komponenten.

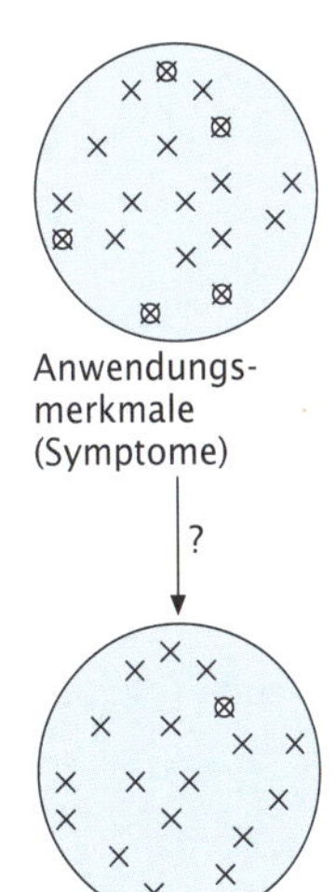

Abb. 3.3-4: Grundstruktur der Klassifikation

Zur Überprüfung, ob ein Anwendungsbereich zur Klassifikation gehört, sollten die beiden Mengen der Merkmale und Lösungen im Anwendungsbereich (Abb. 3.3-4) explizit angegeben werden. Die explizite Aufzählung aller Lösungen ist auf den ersten Blick oft schwer erfüllbar. Meist kristallisiert sich aber eine überschaubare Anzahl häufig wiederkehrender, stereotyper Lösungsmuster heraus. Das Problemlösen vereinfacht sich dann auf das Wiedererkennen dieser Muster.

Die Anwendungsbereiche, die mit Hilfe der Klassifikation bearbeitet werden können, lassen sich in folgende Anwendungstypen einteilen:

- Statische Fehlersuche:
  In einem System wird die Ursache für beobachtete, nicht zeitveränderliche Fehler gesucht, um daraus Vorschläge zur Fehlerbehebung abzuleiten.

- Dynamische Fehlersuche:
  In einem System wird die Ursache für beobachtete, möglicherweise zeitveränderliche Fehler gesucht, um daraus Vorschläge zur Fehlerbehebung abzuleiten.
- Bewertung:
  Bewertung eines Objektes oder Prozesses entsprechend einer definierten Norm.
- Multiple Bewertung:
  Bewertung eines Objektes oder Prozesses gemäß verschiedener definierter Normen.
- Präzedenzauswahl:
  Auswahl eines Objektes auf der Basis subjektiver, oft unerfüllbarer und daher zu modifizierender Wünsche.
- Objekt-Identifikation:
  Identifikation eines physikalischen Objektes als Element einer Objektklasse aufgrund der Interpretation beobachteter Merkmale.

Welche Methode für welchen Anwendungstyp geeignet ist, zeigt Tab. 3.3-2.

Tab. 3.3-2: Eignung von Konzepten/ Methoden für Anwendungstypen

Konzepte/Methoden \ Anwendungstypen	Statische Fehlersuche	Dynamische Fehlersuche	Bewertung	Multiple Bewertung	Präzedenzauswahl	Objekt-Identifikation
Entscheidungsbäume	X	X	X	X	X	X
Entscheidungstabellen	X	X	X	X	X	X
Heuristische Klassifikation	X	X	X	X	X	X
Überdeckende Klassifikation	X	X	X	X	X	X
Funktionale Klassifikation	X	X				
Statistische Klassifikation	X	X	X	X	X	X
Fallvergleichende Klassifikation	X	X	X	X	X	X

3.3.4 Konstruktion

Bei Konstruktionsproblemen kann die Lösung nicht wie bei der Klassifikation ausgewählt, sondern muss aus Lösungselementen zusammengesetzt werden. Die Anwendungsbereiche für die Konstruktion lassen sich in folgende Anwendungstypen gliedern:

Anwendungstypen

- Planung:
  Es wird eine Sequenz von Operatoren gesucht, die einen gegebenen Ausgangszustand in einen gewünschten Zielzustand transformiert.
- Konfigurierung:
  Anwendungen, bei denen verfügbare Basiselemente ausgewählt, parametrisiert und zu einem Lösungsobjekt zusammengesetzt werden, das die gewünschten Eigenschaften erfüllt.

- Zuordnung:
  Eine Menge von Objekten wird unter Berücksichtigung von Rahmenbedingungen auf eine andere Menge von Objekten abgebildet. Ein Spezialfall der Zuordnung ist das *Scheduling*, bei dem Objekte auf Zeitintervalle abgebildet werden.

Die Zuordnung unterscheidet sich von der Konfigurierung und Planung dadurch, dass die elementaren Objekte vorgegeben und für sich vollständig charakterisiert sind, aber ihre Zuordnung zu anderen Objekten festgelegt werden muss.

Während bei der Konfigurierung der Wertebereich der Elementarobjekte überwiegend numerisch oder symbolisch ist, besteht er bei der Zuordnung aus anderen Objekten (z.B. bei Stundenplänen). Tab. 3.3-3 zeigt einen Quervergleich zwischen den drei Anwendungstypen. Welche Methode bzw. welches Konzept für welchen Anwendungstyp geeignet ist, zeigt Tab. 3.3-4.

Tab. 3.3-3: Quervergleich der Anwendungstypen

Anwendungstyp	**Planung**	**Konfigurierung**	**Zuordnung**
elementare Objekte	Objekte mit Attributen und (generischen) Operatoren mit Vor- und Nachbedingung	Basisobjekte mit Attributen und Beziehungen untereinander	Mindestens zwei disjunkte Mengen von Objekten
Problem	Transformation eines gegebenen Ausgangs- in einen gewünschten Zielzustand (Zustände sind Objekt-Konstellationen)	Auswahl, Parametrierung und Aggregierung der Basisobjekte zum Lösungsobjekt, so dass gewünschte Anforderungen erfüllt sind	Erstellung eines Zuordnungsplanes, der Zuordnungspräferenzen, knappe Ressourcen und andere Randbedingungen berücksichtigt
Lösung	(Optimale) Sequenz von anwendbaren Operator(instanz)en, die den Ausgangs- in den Zielzustand transformiert	(Optimales) Lösungsobjekt, das aus Basisobjekten zusammengesetzt ist und die Anforderungen erfüllt	(Optimaler) Zuordnungsplan, der die Objektmengen aufeinander abbildet
Lösungsraum	Bei durchschnittlicher Länge der Operatorsequenzen von n und (in jedem Zwischenzustand) durchschnittlich m anwendbaren Operator(instanz)en gibt es ca. m^n verschiedene Pläne	Bei durchschnittlich n erforderlichen Objekt-Attributen mit je ca. m Ausprägungen gibt es $m \cdot n$ verschiedene Konfigurationen	Bei zwei gleich großen Mengen mit je n Objekten gibt es $n!$ verschiedene Zuordnungspläne
Beispiele	Planen von Experimenten, Arbeitsplanung von Werkstücken, Verschiebung von Klötzchen, Therapieplanung	Fahrstuhl-Konfigurierung, Computer-Konfigurierung	Stundenplan-Erstellung, Maschinen-Belegung

Konzepte/Methoden	Anwendungstyp: Planung	Konfigurierung	Zuordnung
Skelett-Konstruieren	X	X	
Vorschlagen-und-Verbessern	X	X	
Vorschlagen-und-Vertauschen			X
Least-Commitment	X	X	(X)
Modellbasiertes Konstruieren	X		
Fallbasiertes Konstruieren	X	X	(X)

Tab. 3.3-4: Eignung von Konzepten/ Methoden für Anwendungstypen

3.3.5 Simulation

Bei der Klassifikation und Konstruktion werden Lösungen ausgewählt bzw. zusammengesetzt. Demgegenüber dient die **Simulation** *nur* dazu, die Auswirkungen von bestimmten Annahmen auf ein System vorherzusagen. Voraussetzung dazu ist ein Modell des zu simulierenden Systems, das Parameter und Beziehungen zwischen den Parametern enthält. Die Simulation besteht darin, für gewisse Werte von (Eingabe-) Parametern Belegungen von anderen (Ausgabe-) Parametern abzuleiten. Anwendungsbereiche für die Simulation finden sich überall beim Umgang mit Systemen. Ein System wird hier als eine Einheit betrachtet, deren Verhalten sich aus dem Verhalten ihrer Komponenten herleitet.

Durch Simulation können Prognosen wie bei der Wettervorhersage generiert oder virtuelle Experimente wie mit einem Flugsimulator durchgeführt werden. Dazu sind im Allgemeinen sehr genaue und aufwändige Simulationsmodelle erforderlich.

In Expertensystemen beschränkte man sich bisher meist auf einfache Anwendungsbereiche. Oft werden Lösungen, die mit Klassifikations- oder Konstruktionsmethoden hergeleitet wurden, daraufhin überprüft, ob sie die gewünschten Effekte erzielen, um sich ein »Gefühl« für einen Anwendungsbereich zu verschaffen oder um eine Schwachstellen-Analyse eines Systems vorzunehmen.

Die Grenzen der Simulation liegen in den Begrenzungen des Modells, das als Voraussetzung der Simulation festgelegt sein muss, d.h. es kann nur eine begrenzte, vorselektierte Menge von Parametern und Komponenten betrachtet werden. Diese Festlegungen erfordern Erfahrungswissen, was »wichtig« ist.

Anwendungstypen

Da eine Simulation eine Beschränkung auf das Wesentliche voraussetzt, kann man die Anwendungstypen danach einteilen, was bei ihnen das Wesentliche ist:

- die Zeit,
- die Parameterwerte oder
- die Parameterverläufe.

Zeit

Die Zeit steht im Mittelpunkt, wenn man in einer Fabrik, einem Büro oder einem Verkehrsverbund eine Schwachstellen-Analyse vornehmen will. Es interessiert, wie lange die zu erledigenden Aufgaben an den verschiedenen Stationen verweilen und wie hoch die Auslastung der Stations- und Betriebsmittel ist.

Ist beispielsweise die durchschnittliche Auslastung zu niedrig, aber eine Station oder ein Betriebsmittel fast zu 100 Prozent ausgelastet, dann hat man einen Engpass gefunden. Man kann dann ein geändertes Modell simulieren, um zu prüfen, ob der Engpass überwunden ist.

Dabei wird nicht simuliert, wie die Aufgaben im Einzelnen bearbeitet werden, sondern nur die Bearbeitungszeit und evtl. Transport- und Lieferzeiten.

Parameterwerte

Bei der Simulation eines elektrischen Stromkreises interessiert man sich dafür, wie das System auf Störungen von außen reagiert. Die Störungen, z.B. das Einschalten eines stromverbrauchenden Geräts, bewirken Veränderungen bestimmter Parameterwerte, und die Systemreaktion besteht darin, dass sich andere Parameterwerte verändern und sich ein neuer Gleichgewichtszustand einstellt. Geschieht dies praktisch sofort, dann interessiert man sich nicht für den zeitlichen Ablauf, sondern nur für die Werte bestimmer kritischer Parameter im neuen Gleichgewichtszustand.

Parameterverläufe

In anderen Anwendungsbereichen gibt es keinen Gleichgewichtszustand, oder er stellt sich erst sehr langsam ein. Man interessiert sich auch für den Verlauf zwischendurch. Dazu gehören z.B. einfache periodische Vorgänge wie das Schwingen eines Pendels oder einer Klingel, aber auch komplexe Prozesse wie die Wettervorhersage oder das Verhalten einer Volkswirtschaft. Typisch dafür ist, dass die Parameterwerte sich zeitlich verändern und in Abhängigkeit der Parameterwerte auch neue Prozesse aktiv bzw. alte inaktiv werden können. Da ein kontinuierlicher zeitlicher Verlauf kaum simulierbar ist, wählt man bestimmte Zeitpunkte und berechnet die Parameterwerte dazu. Das Ergebnis der Simulation ist eine Folge von durch ihre Parameterwerte charakterisierten Zuständen.

***Client/Server*-Architektur** Verteilung einer – in mehrere logische Software-Schichten (→Schichtenarchitektur) gegliederten – Anwendung auf ein Netzwerk, das aus vielen *Clients* mit mindestens einem *Server* besteht. In der Regel melden sich *Clients* beim *Server* an. Während der gesamten Sitzung bleibt die Verbindung bestehen (siehe auch →Web-Architektur).

design →Entwurf

Diagnostik →Klassifikation

Entwurf Teilgebiet der Software-Technik; Aufgabe ist die Erstellung einer →Software-Architektur und die →Spezifikation von Systemkomponenten unter Einsatz von geeigneten Methoden, Konzepten und Werkzeugen. Das Ergebnis ist ein →Produkt-Entwurf.

Entwurfsphase Umfasst alle Tätigkeiten, um für ein Produkt, das durch eine Produktdefinition beschrieben ist, einen →Produkt-Entwurf zu erstellen.

Expertensystem-Schale →Expertensystem-*Shell*

Expertensystem-*Shell* Entwicklungsumgebung für Expertensysteme; unterstützt bestimmte Wissenrepräsentationen und besteht aus einer Problemlösungs-, Wissenserwerbs-, Erklärungs- und Interviewerkomponente. Die Wissensbasis ist leer.

Klassifikation Methode, bei der eine oder mehrere Lösungen (Diagnosen) aus Merkmalen (Symptomen) hergeleitet werden.

Konstruktion Methode, bei der eine Lösung aus Lösungselementen zusammengesetzt wird.

Produkt-Entwurf Beschreibt die →Software-Architektur eines Software-Produkts und spezifiziert seine Systemkomponenten (→Spezifikation von Systemkomponenten).

Programmieren im Großen →Entwurf

Schichtenarchitektur Gliederung einer →Software-Architektur in hierarchische Schichten. Zwischen den Schichten kann eine lineare, strikte oder baumartige Ordnung bestehen. Jede Schicht besteht aus →Systemkomponenten. Anwendungen werden oft nach einer Drei-Schichten-Architektur aufgebaut: Benutzungsoberfläche, eigentliche Anwendung, Datenhaltung.

Simulation Methode, bei der die Lösung in der Vorhersage der Auswirkungen von gegebenen Ursachen in einem Modell besteht.

Software-Architektur Strukturierte oder hierarchische Anordnung der Systemkomponenten sowie Beschreibung ihrer Beziehungen.

Spezifikation von Systemkomponenten Festlegung von Schnittstelle, Funktions- und Leistungsumfang einer jeden Systemkomponente.

Steuersystem →Expertensystem-*Shell*

UIMS Erstellung einer grafischen Benutzungsoberfläche mit Hilfe einer grafischen Editors. Dialogstruktur und -dynamik werden prozedural oder durch Regeln beschrieben. Es wird eine Anwendungsprogramm-Schnittstelle (API) sowie die Schnittstelle zu einem oder mehreren GUI-Systemen generiert.

user interface management system → UIMS

Web-Architektur Verteilung einer – in mehrere logische Software-Schichten (→Schichtenarchitektur) gegliederten – Anwendung auf ein Netzwerk (Internet, Extranet, Intranet), das aus vielen *Web-Clients* (*Clients*, auf denen ein *Web-Browser* läuft), mindestens einem *Web-Server* sowie Anwendungs- und Daten-*Server* besteht. Die Verbindung zwischen *Web-Client* und *Web-Server* erfolgt über das HTTP-Protokoll, das pro Anforderung jeweils eine neue Verbindung aufbaut.

Ziel des Entwurfs (Programmieren im Großen, *design*) ist es, ausgehend von der Produkt-Definition einen Produkt-Entwurf zu erstellen, der die Software-Architektur beschreibt und die Spezifikationen der Systemkomponenten enthält. In der Regel werden die Entwurfsaktivitäten in einer Entwurfsphase durchgeführt.

notwendige Entscheidungen

Bevor mit dem eigentlichen Entwurf begonnen werden kann, müssen die Einsatzbedingungen des Produkts, die Umgebungs- und Randbedingungen geklärt und festgelegt werden. In Abhängigkeit von diesen Bedingungen und in Abhängigkeit vom Produkt selbst müssen dann folgende Themenbereiche entschieden werden:

- Netzwerkverteilung,
- Datenhaltung,
- Benutzungsoberfläche,
- Hilfesystem,
- Expertensystem.

logische Schichtenstruktur

Generelles Ziel muss es sein, vorhandene Systeme auf hohem Abstraktionsniveau einzusetzen und möglichst viele Dienstleistungen der jeweiligen Zielplattform in Anspruch zu nehmen. Oft werden die Systemkomponenten in einer logischen Schichtenarchitektur strukturiert. Viele Anwendungen bestehen dann aus einer Drei-Schichtenarchitektur:

- Benutzungsoberfläche,
- eigentliche Anwendung,
- Datenhaltung.

Verfeinerungen führen zu einer Sechs-Schichtenarchitektur.

physische Schichtenstruktur

Die logischen Schichten werden auf physische Schichten nach einem Verteilungsmuster verteilt. Die physischen Schichten hängen davon ab, welche Architektur verwendet wird:

- *Client/Server*-Architektur oder
- Web-Architektur.

Benutzungsoberfläche

Die komfortabelste Art, eine grafische Benutzungsoberfläche zu erstellen, ermöglicht ein UIMS *(user interface management system).*

Expertensystem

Stellt sich heraus, dass die Anwendung durch den Einsatz der Methoden »Klassifikation« bzw. »Diagnostik«, »Konstruktion« oder »Simulation« gelöst werden kann, dann sollte eine geeignete Expertensystem-*Shell* (Expertensystem-Schale, Steuersystem) als Werkzeugsystem dazu verwendet werden.

/Puppe 90/
Puppe F., *Problemlösungsmethoden in Expertensystemen*, Berlin: Springer-Verlag, 1990, 257 S.
Systematisch aufgebautes Buch, das einen ausführlichen Überblick über Methoden von Expertensystemen und ihre Zuordnung zu Anwendungsbereichen gibt. Ausgezeichnet geeignet, um zu prüfen, ob für eine Anwendung ein Expertensystem sinnvoll eingesetzt werden kann.

/Puppe 88/
Puppe F., *Einführung in Expertensysteme*, Berlin: Springer-Verlag, 1988, 205 S.
Gute Einführung in Expertensysteme. Neben Grundtechniken der Wissenrepräsentation werden Problemlösungstypen und Problemlösungsstrategien behandelt. Weitere Schwerpunkte bilden die Entwicklung von Expertensystemen sowie Aspekte des betrieblichen Einsatzes.

Zitierte Literatur

/Denert 91/
Denert E., *Software-Engineering*, Heidelberg: Springer Verlag 1991.

/Lam, Skonnard 99/
Lam J., Skonnard A., *Architecting Your Web Applications*, in: Microsoft Internet Developer, Sept. 1999.

/Noack et al. 00/
Noack J., Mehmanesh A., Mehamaneche H., Zendler A., *Architekturen für Network Computing*, in: Wirtschaftsinformatik 42 (2000) 1, S. 5–14.

/Schulte 95/
Schulte R., *Three-Tier Computing Architectures and Beyond*, Gartner Group 1995.

/W3C 97/
Network Performance Effects of HTTP/1.1, CSS1, and PNG, Note-pipelining-970624, www.w3.org, 1997.

Analytische Aufgaben
Muss-Aufgabe
5 Minuten

1 *Lernziel: Für ein gegebenes Problem abschätzen können, ob ein Expertensystem sinnvoll eingesetzt werden kann und angeben können, welche Methode bzw. welches Konzept dafür geeignet ist.*
Der Leiter eines Kongresszentrums möchte seine Kongresse computerunterstützt verwalten. Er lässt sich ein System vorführen, das hierzu ein Expertensystem einsetzt. Es werden alle Veranstaltungen und Säle eingegeben. Das Resultat ist die Saalverteilung. Erklären sie dem Leiter, warum der Einsatz eines Expertensystems hierbei sinnvoll bzw. nicht sinnvoll ist.

Klausur-Aufgabe
15 Minuten

2 *Lernziel: Für ein gegebenes Problem abschätzen können, ob ein Expertensystem sinnvoll eingesetzt werden kann und angeben können, welche Methode bzw. welches Konzept dafür geeignet ist.*
Entscheiden Sie für die folgenden Problemfälle, ob bei der Realisierung ein Expertensystem sinnvoll eingesetzt werden könnte. Wenn ja, welche Methode wäre geeignet?

a Ein Programm soll dem Arzt bei seiner Diagnose helfen. Er soll alle Symptome und Untersuchungsergebnisse eintragen und erhält dann vom Computersystem die möglichen Krankheiten genannt. Reichen die Eingangswerte nicht aus oder ist die Diagnose nicht eindeutig, so werden weitere Untersuchungen vorgeschlagen.

b Es sollen statistische Daten über Studenten ermittelt werden.
Das Programm bekommt alle persönlichen Daten und die Klausurergebnisse der Studenten.
Berechnet werden können unter anderem:
- Die durchschnittliche Studiendauer.
- Die durchschnittliche Note.
- Die beste Note von Studenten, die weniger als 10 Semester benötigt haben.

c Eine Chemieanlage soll eingerichtet werden. Um diese Anlage optimal auszulegen, soll ein Computersystem verwendet werden.
Es sollen folgende Faktoren so ausgelegt werden, dass die Anlage am effektivsten funktioniert:
- Menge und Mischungsverhältnis der verwendeten Substanzen,
- Reaktionstemperatur,
- Größe der einzelnen Anlagenteile,
- Abkühlungsstrecken und Vorwärmbereich.

Konstruktive Aufgaben
Klausur-Aufgabe
10 Minuten

3 *Lernziel: Die vorgestellten Entwurfskonzepte auf eine Problemstellung anwenden können.*
Das folgende Programm ist ohne Abstraktion in Pseudo-Code geschrieben. Schreiben Sie es so um, dass eine funktionale Abstraktion vorliegt.

```
program Vertauschung
begin
    temp = a;
    a = b;
    b= temp;
    temp = c;
    c = d;
    d= temp;
    temp = e;
    e = f;
    f= temp;
end
```

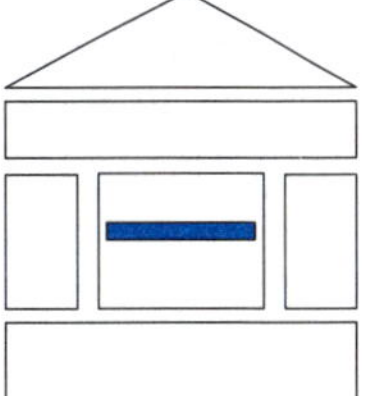

3 Die Entwurfsphase – Datenbanken

wissen

verstehen

- Die verwendete Datenbank-Terminologie wiedergeben können.
- Die Unterschiede zwischen Dateien und Datenbanken erläutern können.
- Die Aufgaben eines Datenbanksystems erklären können.
- Die aufgeführten Unterschiede zwischen relationalen, objektrelationalen und objektorientierten Datenbanksystemen darstellen können.
- Für gegebene Szenarien anhand der aufgeführten Kriterien geeignete persistente Speicherformen auswählen können.

- Das Kapitel 2.10 »*Entity-Relationship*-Modell« muss bekannt sein.
- Das Kapitel 2.18 »Objektorientierte Analyse« muss bekannt sein.

Sprachen der 4. Generation
Programmiersprachen teilt man oft in fünf Generationen ein: Maschinensprachen (1. Generation), Assemblersprachen (2. Generation), höhere Programmiersprachen (3. Generation), nicht-prozedurale Sprachen (4. Generation) und wissensbasierte Sprachen (5. Generation). Programmiersprachen der 3. Generation wie COBOL, FORTRAN, PASCAL, ADA, C, C++, Java beschreiben eine Problemlösung prozedural in Form von Algorithmen. Im Algorithmus wird festgelegt, wie das Problem Schritt für Schritt gelöst wird. Die nicht-prozeduralen Sprachen der 4. Generation wie SQL beschreiben das gewünschte Resultat, legen aber nicht die Aktionen fest, die benötigt werden, um das Ergebnis zu erreichen. Man bezeichnet diese Sprachen oft auch als *deskriptive Sprachen*, weil sie die Eigenschaften der gesuchten Daten beschreiben.

3.4 Datenbanken

Der Begriff **Sprache der 4. Generation** ist nicht fest definiert. Eine einschränkende Definition lautet: Eine Sprache der 4. Generation ist eine nichtprozedurale Entwicklungsumgebung für die Bearbeitung von Anwendungen mit Datenbanken oder im Umfeld von Datenbanken. Dazu gehören die Erstellung und Pflege dieser Datenbanken sowie die Abfrage und Auswertung von Daten entsprechend den Anwendungserfordernissen.

3.4.1 Von Dateien zu Datenbanken

Schreibt man ein Programm, dann sind die im Programm verwendeten und erzeugten Daten nur so lange vorhanden, wie das Programm läuft. Mit dem Ende des Programms gehen die Daten »verloren«, wenn man vorher nicht besondere Vorkehrungen getroffen hat. Diese Vorkehrungen bestehen darin, dass man vor Programmende die Daten, die man bei einem späteren Programmlauf wieder benötigt, in Dateien speichert, deren Inhalt dauerhaft (persistent) so lange zur Verfügung steht, bis er explizit gelöscht oder überschrieben wird. Dateien befinden sich auf externen Speichermedien.

Die Inhalte von Dateien können nicht direkt von Programmen bearbeitet werden. Daher müssen die Inhalte von Programmvariablen in bzw. von Dateien explizit kopiert werden. Charakteristisch für diese Art der persistenten Datenhaltung ist außerdem, dass der Aufbau der abgespeicherten Daten und die damit verbundene Semantik im entsprechenden Programm definiert sind (Abb. 3.4-1a). Die Unternehmenspraxis führte zu weitergehenden Anforderungen:

Anforderungen

persistent = anhaltend, fortdauernd

- Es zeigte sich, dass verschiedene Programme oft die gleichen Daten benötigen. Daher ist es nicht sinnvoll, dass jedes Programm identische Daten für sich verwaltet. Dies führt zu Doppelerfassungen von Daten und redundanter Speicherung. Nach längerer Zeit erhält man dann inkonsistente Datenbestände.
  Ziel ist es daher, die Daten eines Unternehmens oder eines größeren Anwendungsbereichs **integriert** zu verwalten.
- Die integrierte Verwaltung macht es sinnvoll, dass nicht jedes Programm für sich die Datenelemente und -strukturen festlegt, son-

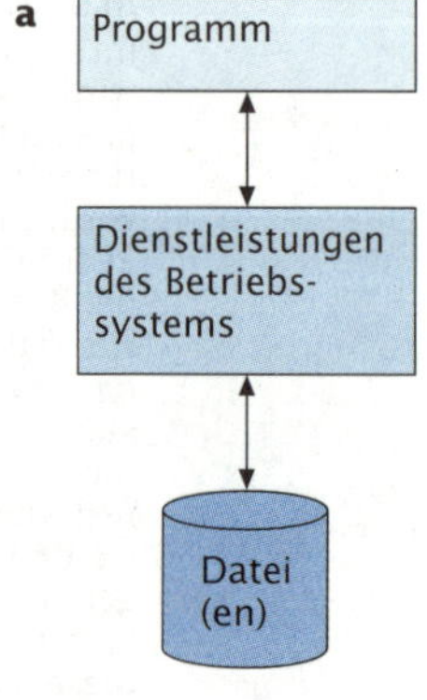

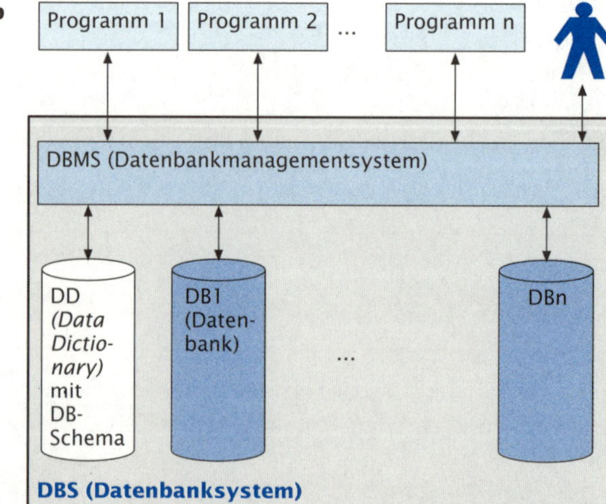

Abb. 3.4-1: Von Dateien zu Datenbanken

dern dass die Datenbeschreibungen von den Programmen unabhängig gespeichert werden.

Ein **Datenbanksystem (DBS)** sorgt für die DBS

- dauerhafte (persistente),
- zuverlässige und
- unabhängige Verwaltung sowie die
- komfortable,
- flexible und
- geschützte Verwendung
- großer,
- integrierter und
- mehrfachbenutzbarer Datenbanken

(in Anlehnung an /Dittrich, Geppert 95, S. 13/).

Ein Datenbanksystem besteht aus einer oder mehreren **Datenbanken** (DB), einem *Data Dictionary* (DD) und einem **Datenbankmanagementsystem** (DBMS) (Abb. 3.4-1b): Aufbau

DBS = DBMS + DD + nDB (n ≥ 1)

Eine **Datenbank (DB)** enthält die Gesamtheit der Daten eines Anwendungsbereichs. DB

Im ***Data Dictionary* (DD)** wird das Datenbankschema gespeichert, das den Aufbau der Daten der Datenbank(en) beschreibt. DD

Das **Datenbankmanagementsystem (DBMS)** verwaltet und kontrolliert zentral unter Berücksichtigung des Datenbankschemas im DD die in der Datenbank oder den Datenbanken abgelegten Datenbestände. DBMS

Zuverlässige Verwaltung bedeutet, dass das Datenbankmanagementsystem über Mechanismen verfügt, um die Konsistenz, die Integrität und die Unversehrtheit der Daten (kein Verlorengehen und keine Verfälschung aufgrund technischer Fehler) sicherzustellen. Im Fehlerfall muss ein Wiederanlauf *(recovery)* des Datenbanksystems möglich sein. Zuverlässigkeit

Unabhängige Verwaltung bedeutet, dass die Programme, die ein Datenbanksystem benutzen, und das Datenbanksystem selbst weitgehend unabhängig voneinander sind. Strukturelle und andere interne Änderungen, die für den jeweils anderen nicht von Bedeutung sind, wirken sich auf ihn auch nicht aus (Datenunabhängigkeit). Das bedeutet, dass die Daten in den Datenbanksystemen einheitlich beschrieben werden können, unabhängig von den jeweiligen Anwendungsprogrammen. Die Beschreibung erfolgt im Datenbankschema. Datenunabhängigkeit

Komfortable Verwendung bedeutet, dass über eine höhere, abstrakte Schnittstelle mit der Datenbank kommuniziert wird. Beispielsweise muss man sich nicht um die Speicherungsdetails einzelner Datenelemente kümmern. Komfort

Flexible Verwendung bedeutet, dass man mit Hilfe spezieller Anfragesprachen *ad hoc*, d.h. ohne eigentliche Programmierung, auf die Daten zugreifen kann. Flexibel geschützt

Geschützte Verwendung bedeutet, dass Daten vor unberechtigtem Zugriff geschützt werden können (Datenschutz).

umfangreich

Große Datenbank bedeutet, dass sie nicht vollständig im Arbeitsspeicher gehalten werden kann.

integriert

Integrierte Datenbank bedeutet, dass alle Daten redundanzarm gespeichert werden, selbst wenn sie von verschiedenen Anwendungen stammen bzw. für verschiedene Anwendungen verwendet werden. Das hat zur Folge, dass nicht jedes Anwendungsprogramm alle Daten benötigt, sondern nur bestimmte Ausschnitte. Es muss daher möglich sein, **Sichten** *(views)* auf Teile der Datenbank zu definieren, die für ein Anwendungsprogramm oder einen Benutzer relevant sind.

In der Regel liegt daher eine zweistufige Arbeitsweise mit Elementen einer Datenbank vor: Im ersten Schritt werden die benötigten Daten ausgewählt (Aufgabe des DBMS) und im zweiten Schritt erfolgt die eigentliche Bearbeitung (Aufgabe des Anwendungsprogramms).

Ein DBMS benötigt daher leistungsfähige Auswahlmechanismen (in Form von Anfragesprachen), standardisierte Suchverfahren und effiziente Speicherungsstrategien für große Datenmengen.

mehrfachbenutzbar

Mehrfachbenutzbare Datenbank bedeutet, dass die Daten »gemeinsam« von mehreren Programmen, u. U. sogar gleichzeitig, verwendet werden können. Der parallele Zugriff mehrerer Programme oder Benutzer auf denselben Datenbestand muss daher koordiniert werden.

Damit ein Datenbanksystem die beschriebenen Leistungen erbringen kann und damit die Anwendungsprogramme nicht allein für die Semantik der Daten zuständig sind, müssen die Inhalte einer Datenbank durch Angaben über ihre Bedeutung beschrieben werden. Im so genannten **Datenmodell** wird festgelegt,

Datenmodell

- durch welche Eigenschaften Datenelemente charakterisiert werden können,
- wie die Struktur der Datenelemente aussehen kann,
- welche Konsistenzbedingungen einzuhalten sind und
- welche Operationen zum Speichern, Auffinden, Ändern und Löschen von Datenelementen erlaubt sind.

DL + ML

Syntax und Semantik eines Datenmodells werden durch eine Definitionssprache (DL) und eine Manipulationssprache (ML) festgelegt.

Schema

Das (Datenbank-) **Schema** beschreibt eine konkrete Datenbank, d.h. das Datenmodell wird auf einen speziellen Einsatzfall angewandt (Abb. 3.4-2).

Marktanteile: relationales Datenmodell: 98 Prozent, objektorientiertes Datenmodell: 2 Prozent. Quelle: Frost & Sullivan 1998, www.frost.com

Das heute in der Praxis am meisten verwendete Datenmodell für Datenbanksysteme ist das relationale Datenmodell. Das hierarchische Datenmodell und das Netzwerkmodell sind heute technisch überholt und werden daher nicht weiter betrachtet. Das objektorientierte Datenmodell ist bisher nur in Teilbereichen erfolgreich. Das relationale Datenmodell wird zunehmend um objektorientierte Konzepte erweitert, man spricht dann von objekt-relationalen Modellen.

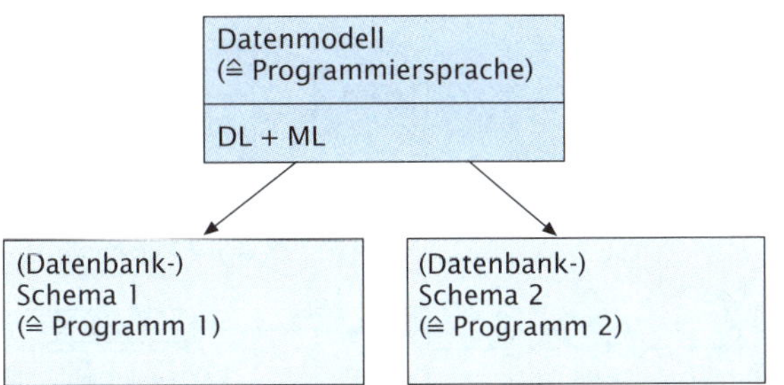

Abb. 3.4-2: Vom Datenmodell zum Datenbank-Schema

Bevor auf die Gemeinsamkeiten und Unterschiede des relationalen und des objektorientierten Datenmodells eingegangen wird, erfolgt zunächst jeweils eine Einführung in beide Datenmodelle.

Allgemein lässt sich definieren:

Ein **relationales Datenbanksystem (RDBS)** liegt vor, wenn dem Datenbanksystem ein **relationales Datenmodell** zugrunde liegt. RDBS

Analog gilt:

Ein **objektorientiertes Datenbanksystem (ODBS)** liegt vor, wenn dem Datenbanksystem ein **objektorientiertes Datenmodell** zugrunde liegt. ODBS

Beide Datenbanksysteme besitzen die gleichen allgemeinen Datenbanksystem-Eigenschaften (Abb. 3.4-3).

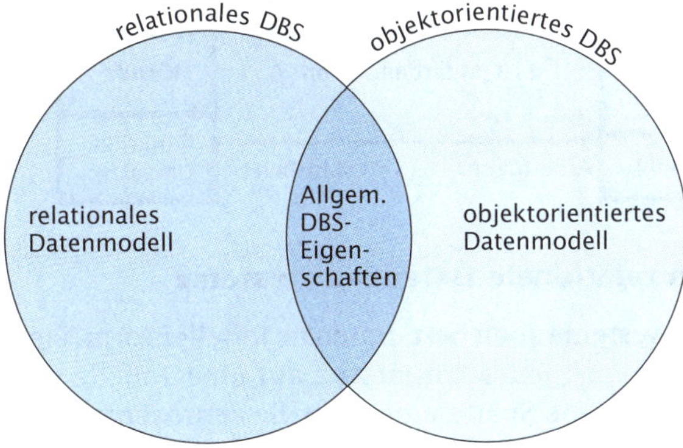

Abb. 3.4-3: Relationale und objektorientierte Datenbanksysteme (DBS)

Für die folgenden Einführungen wird ein gemeinsames Beispiel verwendet.

Als Beispiel wird ein vereinfachter Ausschnitt aus der Fallstudie Seminarorganisation verwendet. Abb. 3.4-4 zeigt den Ausschnitt als ER-Modell, Abb. 3.4-5 als OOA-Modell. Beispiel

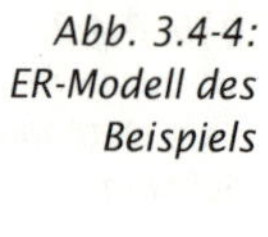

Abb. 3.4-4: ER-Modell des Beispiels

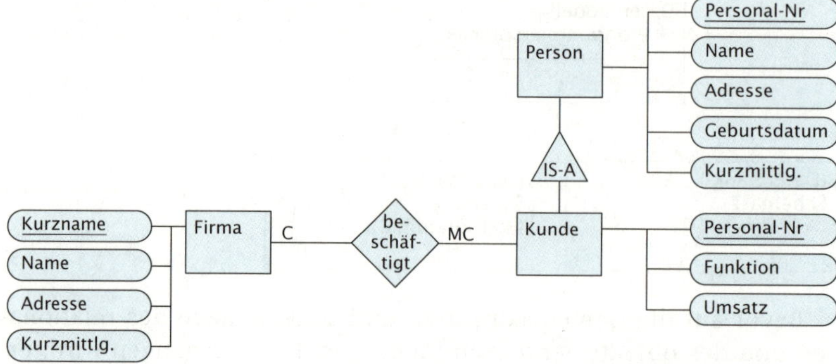

Abb. 3.4-5: OOA-Modell des Beispiels

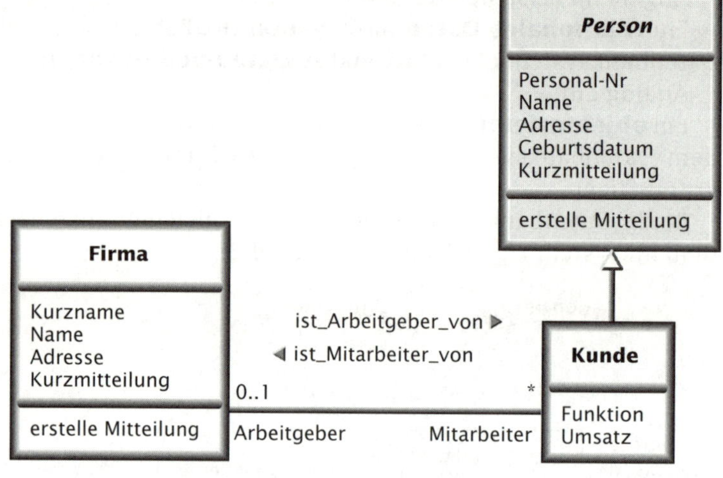

3.4.2 Einführung in relationale Datenbanksysteme

Kapitel 2.10

Relationale Datenbanksysteme speichern Daten in Tabellenform. Liegt ein ER-Modell vor, dann wird jeder Entitätstyp auf eine Tabelle gleichen Namens abgebildet. Jede Spalte einer Tabelle repräsentiert ein Attribut des Entitätstyps. Jedes Attribut besitzt einen Attributtyp. In jeder Zeile kann eine Entität des Entitätstyps, Tupel genannt, gespeichert werden.

Beispiel 1a

Der Entitätstyp »Firma« (Abb. 3.4-4) wird auf folgende Tabelle abgebildet:

Tabellenname — Schlüsselattribut (unterstrichen)

Firma	<u>Kurzname</u>	Name	Adresse	Kurzmitteilung	— Attribute
Tabelle bzw. Schema	Softtech	Softtech GmbH	Bochum	–	— Tupel (Inhalt)
	Innosoft	Innovation & Software	Dortmund	Beiliegend erhalten Sie unseren neuesten...	
	...	...	...	...	

Die Definition der Datenstrukturen durch Tabellen bezeichnet man als **logisches Schema.** Die formale Definition des logischen Schemas geschieht durch die **Datendefinitionssprache *(data definition language,* DDL)**, die das DBMS zur Verfügung stellt.

logisches Schema

DDL

Bei der DDL handelt es sich in der Regel um **Sprachen der 4. Generation** (siehe Marginalspalte, 1. Seite der Lehreinheit). Als Standard hat sich die Sprache **SQL** etabliert (siehe Marginalspalte nächste Seite). Die in den Beispielen angegebenen Kommandos sind in SQL formuliert.

Beispiel 1b

Die in Beispiel 1a angegebene Tabelle wird z. B. durch folgenden Befehl erzeugt (logisches Schema):

```
create table Firma
        (Kurzname       char (15)    not null,
        Name            char (40),
        Adresse         char (60),
        Kurzmitteilung  char (400))
```

`not null` gibt an, dass dieses Attribut auf jeden Fall einen Wert besitzen muss (Muss-Attribut).

Im relationalen Datenmodell muss jede Entität durch einen eindeutigen Schlüssel identifizierbar sein. In der DDL muss der Schlüssel auf jeden Fall mit `not null` gekennzeichnet werden.

Primärschlüssel

Den Schlüssel zum Identifizieren eines Tupels in einer Tabelle bezeichnet man als Primärschlüssel.

Um den gesamten Ausschnitt aus der Seminarorganisation als logisches Schema darzustellen, müssen die Entitätsmengen »Kunde« und »Person« sowie die Beziehungen zwischen den Entitätsmengen geeignet auf Tabellen abgebildet werden.

Beispiel 1c

Die Vererbungsbeziehung zwischen »Person« und »Kunde« kann man auf verschiedene Weisen umsetzen (siehe Abschnitt 3.5.4). Hier werden Person und Kunde in einer Tabelle Kunde zusammengefasst:

Fremdschlüssel

Kunde	Personal-Nr	Name	Adresse	Geburtsd.	Kurzm.	Funktion	Umsatz	Kurzname
	4711	Herzog	Essen	7-2-68	–	Analyst	–	Innosoft
	2887	Kaiser	München	8-12-55	–	Berater	5000,-	–
	...	...	...	...	...	...	...	...

Die 1:M-Beziehung zwischen Firma und Kunde kann durch Erweiterung der Tabelle Kunde erreicht werden. Als zusätzliches Attribut wird der Schlüssel der Tabelle »Firma«, nämlich der »Kurzname«, als so genannter Fremdschlüssel der Tabelle »Kunde« angefügt (in obiger Tabelle blau gezeichnet). Dadurch kann zu jedem Kunden die Firma ermittelt werden, bei der er beschäftigt ist.

Die SQL-Historie
SQL ist eine Sprache der 4. Generation und steht für *»structured query language«*. Sie wurde in den 70er Jahren in den Forschungslabors von IBM im Zusammenhang mit der Prototypentwicklung des relationalen Datenbanksystems SYSTEM R (R wie relational) entworfen. Grundlage hierfür waren die Arbeiten von E.F. Codd. 1979 bringt die Firma Oracle die erste SQL-Datenbank auf den Markt, 1981 folgt IBM mit dem Datenbank-Managementsystem SQL/DS (DS steht für Data System). Viele Datenbankhersteller ziehen mit ihren SQL-Entwicklungen nach. 1983 wurden von ANSI und ISO die Richtlinien für einen allgemein gültigen SQL-Standard festgelegt. Heute gilt SQL als die Standard-Abfrage-Sprache für relationale Datenbanksysteme. Weiterentwicklungen führten zu SQL 92 und SQL 99.

In der DDL wird die Tabelle folgendermaßen beschrieben:

```
create table Kunde
        (Personal-Nr     number (5)    not null,
        Name             char (40)     not null,
        Adresse          char (60),
        Geburtsdatum     date,
        Kurzmitteilung   char (400),
        Funktion         char (40),
        Umsatz           number (5),
        Kurzname         char (15))
```

Da bestimmte Benutzer oder Anwendungsprogramme oft nur einen definierten Ausschnitt des logischen Schemas benötigen oder sehen sollen, können aufbauend auf dem logischen Schema **externe Schemata**, so genannte Sichten *(views)*, definiert werden. Durch externe Schemata können auch Datenschutzmaßnahmen realisiert werden, um einem Benutzer die Sicht auf bestimmte Teile (z. B. Gehälter) zu verbergen.

Ein externes Schema für eine Umsatzliste kann durch folgenden Befehl beschrieben werden:

```
create view Umsatzliste
       as select
          Personal-Nr, Name, Umsatz
       from Kunde
```

Externe Schemata werden ebenfalls im *Data Dictionary* des Datenbanksystems abgelegt. Einem externen Schema können aber keine Daten zugeordnet werden. Die Daten werden erst bei einer Anfrage, die sich auf ein externes Schema bezieht, aus der Datenbank extrahiert und sind dann nur temporär vorhanden.

Die Menge aller *create*-Befehle stellt also das logische Schema und eventuell die externen Schemata für eine Datenbank dar.

Nach Abarbeitung der *create*-Befehle durch das DBMS ist die Datenbank eingerichtet, aber noch leer, d. h. ohne Daten. Eine eingerichtete Datenbank kann von Benutzern und Anwendungsprogrammen verändert werden (Eintragen, Ändern, Löschen von Daten). Außerdem können **Anfragen** *(queries)* an die Datenbank gestellt werden.

DML

Für diese Aufgaben stellt das DBMS eine **Datenmanipulationssprache** *(data manipulation language, **DML**)* zur Verfügung. Die DML kann als eigenständige Dialog-Sprache implementiert sein, so dass ein Benutzer direkt im Dialog mit der Datenbank arbeiten kann.

Die DML kann aber auch zum Schreiben von Anwendungsprogrammen verwendet werden. Zu beachten ist jedoch, dass eine DML in der Regel über keine Kontrollstrukturen und Prozedurkonzepte verfügt. Daher ist die Erstellung umfangreicher Programme problematisch.

Als Alternative kann eine DML aber auch in eine klassische Programmiersprache eingebettet sein, d.h., die Programmiersprache ist um DML-Kommandos erweitert, die von einem Precompiler in ausführbare Zugriffsmodule übersetzt werden. Als DML wird heute in der Regel ebenfalls die Sprache SQL verwendet.

Ein Datensatz kann in die in Beispiel 1a dargestellte Tabelle durch folgendes Kommando eingegeben werden: Beispiel 1d

```
insert  into Firma values
        ('Softech', 'Softech GmbH', 'Bochum', null)
```

Für solche Datenerfassungsaufgaben wird man im Allgemeinen jedoch ein Erfassungsfenster konzipieren und durch ein entsprechendes – u.U. generiertes – Programm die Eingaben in Kommandos wie »insert« transformieren.

Über Tabellen- und Spaltennamen kann auf eine gefüllte Datenbank zugegriffen werden, um gewünschte Informationen zu erhalten.

Benötigt ein Benutzer oder ein Anwendungsprogramm eine Liste aller Kunden, die in Dortmund wohnen und deren Umsatz größer als € 5.000,- ist, dann erhält er diese z.B. durch folgendes Kommando: Beispiel 1e

```
select * from Kunde
       where Adresse = 'Dortmund' and Umsatz > 5000
```

Durch den Stern »*« wird angegeben, dass alle Attribute der Tabelle ausgegeben werden.

3.4.3 Einführung in objektorientierte Datenbanksysteme

Objektorientierte Datenbanksysteme speichern Objekte in unveränderter Form in der Datenbank, d.h. Objekte werden nicht in Tabellen transformiert. Liegt ein OOA-Modell vor, dann kann dieses als Ausgangspunkt für das Datenbank-Schema verwendet werden. Kapitel 2.18

Als Definitionssprache für das Schema wird im Folgenden die Objekt-Definitionssprache **ODL** *(object definition language)* der ODMG *(object data management group)* verwendet, die Standards für objektorientierte Datenbanksysteme festlegt /Cattell, Barry 99/. Jede Klasse des OOA-Modells wird in ODL durch eine Schnittstellendeklaration *(interface declaration)* beschrieben. ODMG 3.0-Standard www.odmg.org ODL

Die Klasse Firma (Abb. 3.4-5) wird durch folgende Schnittstellendeklaration beschrieben: Beispiel 2a

```
interface   Firma
(extent     Firmen
   key      Kurzname)
{
   attribute   String   Kurzname;
   attribute   String   Name;
   attribute   String   Adresse;
```

```
    attribute   String  Kurzmitteilung;
    relationship Set <Kunde> ist_Arbeitgeber_von
                 inverse Kunde:: ist_Mitarbeiter_von;
    void Mitteilung_drucken();
}
```

Wie das Beispiel zeigt, wird eine Klasse weitgehend unverändert in eine Schnittstellendeklaration umgesetzt.

Abschnitt 2.8.3

extent

Die Menge aller Objekte einer Klasse bezeichnet man als »Ausdehnung« *(extent)* einer Klasse. Im Schema kann durch das Schlüsselwort *extent* festgelegt werden, dass das Datenbanksystem automatisch mitführt, welche Objekte von einer Klasse erzeugt oder gelöscht wurden. Auf diese Menge kann über den Namen zugegriffen werden, der hinter *extent* aufgeführt ist, im Beispiel »Firmen«.

Handelt es sich bei einem Attribut der Klasse um ein Schlüsselattribut, dann wird es durch »*key* Attributname« im Schema beschrieben. Mit Hilfe dieses Schlüssels kann dann während der Laufzeit auf die Menge der aktuell in der Datenbank verfügbaren Objekte der Klasse zugegriffen werden. Die Attribute werden mit ihren Typen beschrieben.

relationship

Beziehungen zwischen Klassen (Assoziationen) werden durch *relationship* beschrieben. Es können nur binäre Beziehungen mit den Kardinalitäten 1:1, 1:M und M:M angegeben werden.

Können Objekte der deklarierten Klasse mit

- M anderen Objekten einer (Ziel-) Klasse Beziehungen haben, dann steht hinter *relationship* `Set <Klasse> Name_der_Beziehung` (hier: `ist_Arbeitgeber_von`) oder `Name der Rolle` (hier: `Arbeitgeber`). Als Name der Beziehung ist der Name zu wählen, der die Beziehung von der deklarierten Klasse zur anderen Klasse beschreibt.
- *einem* anderem Objekt einer Klasse Beziehungen haben, dann steht hinter *relationship* `Klasse Name_der_Beziehung` oder `Name der Rolle`.

Eine reflexive Beziehung liegt vor, wenn die Zielklasse gleich der deklarierten Klasse ist.

inverse

Die Angabe *inverse* sorgt dafür, dass die Beziehung in beiden Richtungen durchlaufen werden kann. Hinter *inverse* wird die Ziel-Klasse aufgeführt und nach zwei Doppelpunkten der Name der Beziehung aus der Sicht der Zielklasse (hier: `ist_Mitarbeiter_von`) oder der Rollenname aus der Sicht der Zielklasse (hier: `Mitarbeiter`).

Operation

Für jede Operation ist ihre Signatur anzugeben. Sie enthält die Ein- und Ausgabeparameter einschließlich ihrer Typen und mögliche Ausnahmebehandlungen *(exceptions)*.

Beispiel 2b

Die Klassen Person und Kunde werden folgendermaßen deklariert:

```
interface Person
( extent  Personen
  key     Personal_Nummer)
```

```
{
   attribute   Long   Personal_Nummer;
   attribute   String Name;
   attribute   String Adresse;
   attribute   String Geburtsdatum;
   attribute   String Kurzmitteilung;
   void Mitteilung drucken();
}

interface   Kunde: Person
(  extent   Kunden)
{
   attribute   String Funktion;
   attribute   Float  Umsatz;
   relationship Firma ist_Mitarbeiter_von
   inverse Firma::ist_Arbeitgeber_von;
}
```

Hinter »Kunde« ist die direkte Oberklasse »Person« angegeben. Vererbung

Anfragen an eine bereits gefüllte Datenbank können mit der Anfragesprache **OQL** *(object query language)* der ODMG /Cattell, Barry 99/ durchgeführt werden. OQL ermöglicht – wie die DML bei relationalen Datenbanken – einen deklarativen Zugriff auf objektorientierte Datenbanken. Sie kann sowohl als eigenständige, interaktive Datenbank-Sprache als auch eingebettet in verschiedene Programmiersprachen benutzt werden. OQL

OQL besitzt im Gegensatz zu SQL aber keine Einfüge- und Änderungsoperationen (wie z. B. »insert« in SQL). Um solche Operationen auszuführen, müssen Anwendungsprogramme geschrieben werden. OQL besitzt die grundsätzliche »select-from-where«-Struktur von SQL-Anfragen, ist jedoch *nicht* mit SQL kompatibel. Kapitel 3.6

Benötigt ein Benutzer oder ein Anwendungsprogramm eine Liste aller Kunden, die in Dortmund wohnen und deren Umsatz größer als € 5000,- ist, dann erhält er diese z.B. durch folgende Anfrage: Beispiel 2c

```
select x
   from    Kunden x
   where   x.Adresse = 'Dortmund' and x.Umsatz > 5000.00
```

Als Ergebnis erhält man die Menge aller Objekte aus der Klassenextension Kunden, bei denen die angegebenen Bedingungen erfüllt sind.

Während man sich in SQL bei der Anfrage auf Tabellen bezieht, referenziert man in OQL die Klassenextensionen.

In OQL können als Anfragen auch Ausdrücke, z. B. Variablen, verwendet werden.

Die einfachste Anfrage auf die Klasse Firma ist der Ausdruck Beispiel 2d
Firmen,
der die aktuelle Menge aller Objekte der Klasse Firma liefert.

vordefinierte Anfragen

Relationale Datenbanksysteme erlauben die Definition von Sichten. Ein vergleichbares, aber eingeschränktes Konzept bietet die OQL durch vordefinierte Anfragen.

Beispiel 2e

```
define  Umsatzliste ()
   as select (struct (Personal_Nr: x.Personal_Nr, Name: x.Name,
                      Umsatz: x.Umsatz))
   from Kunden x
```

Für jeden Kunden wird eine Struktur aufgebaut, die Personal-Nr., Name und Umsatz enthält. Die definierte Umsatzliste kann nun wiederum in Anfragen verwendet werden:

```
select   x
   from  Umsatzliste x
   where x.Umsatz > 10000.00
```

Vordefinierte Anfragen sind eine reine Erweiterung der Anfragesprache und damit weniger mächtig als das Sichtenkonzept in SQL. Sie gehören nicht zur OQL und können daher nicht im Datenbankschema definiert und abgelegt werden.

3.4.4 Relationale vs. objektorientierte Datenbanken

Zwischen relationalen und objektorientierten Datenbanken gibt es zum Teil gravierende Unterschiede, die in diesem Abschnitt behandelt werden (siehe auch /Dittrich 94/, /Loomis 94/, /Bertino, Martino 91/, /Heuer 91/). Tab. 3.4-1 zeigt die unterschiedlichen Konzepte im Quervergleich.

Wertidentität vs. Objektidentität

Wertidentität

Im relationalen Datenmodell werden Tupel (Datensätze) durch Schlüssel identifiziert. Nimmt man die Schlüsselattribute in andere Tabellen auf (Fremdschlüssel), dann können andere Tupel auf die durch die Schlüsselwerte repräsentierten Tupel verweisen.

Beispiel 3a

Firma	Kurzname	Name	Adresse	Kurzmitteilung
	Softtech	Softtech GmbH	Bochum	–
	Innosoft	Innovation & Software	Dortmund	
	Hard&Soft	Hardware & Software KG	Essen	

Fremdschlüssel

Kunde	Personal-Nr	Name	Adresse	...	Kurzname
	12	Meyer			Hard&Soft
	24	Schmidt			Softtech
	37	Huber			Hard&Soft

relationales DBS	**objektorientiertes DBS**
Wertidentität (wertbasiert)	Objektidentität (OID)
■ Identifikation über Schlüssel	■ Jedes Objekt hat Identität, unabhängig von seinen Attributwerten
■ Verweise über Fremdschlüssel und zusätzliche Tabellen	■ Verweise über OIDs
einfache Objekte	komplexe Objekte
■ Attributtypen = elementare Typen ■ fest definiert	■ Attributtypen = beliebige Typen ■ Typkonstruktoren struct, Set, Bag, List, Array ■ benutzerdefinierbar
sichtbare Attribute	bedingt gekapselte Attribute
■ strikte Trennung zwischen Datenstrukturen (Schemata) und Anwendungsoperationen ■ wenige generische Operationen	■ Zugriff nur über bereitgestellte Operationen ■ keine Kapselung für lesende Zugriffe
keine Anbindung an Programmiersprachen	enge Anbindung an Programmiersprachen
■ eigenes Typsystem ■ proprietäre, erweiterte deklarative Sprache einsetzen oder ■ deklarative Sprache in prozedurale Sprache einbetten □ Mechanismus zur Namensverknüpfung □ Datenkonversion □ keine Typüberprüfung ■ *»impedance mismatch«* zwischen den Sprachen	■ Typsystem Programmiersprache – Datenbank integriert ■ DB-Schema kann in Programmiersprache beschrieben werden ■ Spracherweiterung um OML *(object manipulation language)* ■ Anbindung an OQL *(object query language)*
*Server*orientiert	*Client*orientiert
■ Zentralisierung von Datenbanken auf *Servern*	■ Verteilung von Objekten auf vernetzten *Clients*
Datenspeicherung	Objektspeicherung
■ Attributwerte werden gespeichert	■ Attributwerte & Operationen werden gespeichert – heute in der Regel nur Attribute
persistent	persistent & transient
■ In Programmen deklarierte Daten sind transient	■ Objekte können persistent oder transient sein
Schema-Definitionssprache (DL)	
■ DDL-Teil von SQL	■ ODL oder PL-ODL
Manipulationssprache (ML)	
■ DML-Teil von SQL ■ eingebettetes SQL	■ OQL ■ OML in Java, C++ bzw. Smalltalk
externe Schemata	
■ definierbar ■ in DD abgelegt	■ nicht definierbar, nur als Programme ■ nicht in DD abgelegt
Eingabe von Daten	
■ mit **insert**	■ nur über Anwendungsprogramm, nicht mit OQL
Semantik der Anwendung	
■ verschwindet (nur Tabellen und Fremdschlüssel)	■ bleibt erhalten (durch explizite Definition von Relationen)

Tab. 3.4-1: relationale vs. objektorientierte DBS

Über den Fremdschlüssel wird auf die Tabelle Firma verwiesen. Enthält ein Tupel der Tabelle Kunde einen Wert in der Spalte Kurzname, dann heißt dies, dass er Mitarbeiter der Firma ist, dessen Werte in der Tabelle Firma unter dem entsprechenden Kurznamen eingetragen ist.

Die auf Attributwerten basierende Identifikation von Tupeln haben folgende Nachteile:

- Die Semantik von Aktualisierungs-Operationen ist nicht eindeutig. Die Änderung eines (Schlüssel-)Attributwertes kann von der Änderung des »Anwendungsobjekts« nicht unterschieden werden.
- Es gibt Schwierigkeiten, wenn mehrere »Objekte« bzw. Datensätze ein gemeinsames Komponentenobjekt bzw. einen gemeinsamen Teildatensatz beinhalten, das bzw. der nur durch einen identifizierenden Attributwert dargestellt wird.

Beispiel 3b Auf der Kundentabelle sollen zwei Aktualisierungs-Operationen durchgeführt werden:

1. Die Firma mit dem Firmenkurznamen *Hard&Soft* ändert ihren Firmennamen in *InterSoft.*
2. Der Kunde Meyer (Personal-Nr. 12) wechselt zur bereits existierenden Firma *InterSoft.*

Die Auswirkungen dieser Änderungen sind im ersten Tupel von Kunde noch identisch: *Hard&Soft* wird ersetzt durch *InterSoft.* Sonst unterscheiden sich die Änderungen aber in folgenden Punkten:

Im 1. Fall müssen der Kurzname und der Firmenname im 3. Tupel von Firma geändert werden. Zusätzlich müssen in allen Kundentupeln mit dem Firmenkurznamen *Hard&Soft* diese Attributwerte auf *InterSoft* geändert werden. Die Firma war gemeinsames Komponentenobjekt von mehreren Kunden.

Im 2. Fall muss nur der Attributwert Kurzname des 1. Tupels von Kunde geändert werden.

Die Fremdschlüsselbedingung Kurzname (Kunde → Firma) erlaubt zwar gewisse Konsistenzüberprüfungen, kann aber die Semantik völlig unterschiedlicher Aktualisierungs-Operationen nicht darstellen.

Objekt-Identität
Abschnitt 2.8.2

Wegen dieser Nachteile erfolgt in objektorientierten Datenmodellen eine strikte Trennung des in der Datenbank dargestellten Objekts von seinen Werten. Jedes Objekt hat seine unveränderliche Identität unabhängig von allen Attributwerten, die es beschreiben. Diese Eigenschaft wird als **Objekt-Identität (OID)** bezeichnet. 

OID

Beispiel 3c Die Einführung einer OID führt zu folgenden Tabellen:

Firma	OID	Kurzname	...	
	S211	Softtech		
	S310	Innosoft		
	S110	Hard&Soft		

Kunde	OID	Personal-Nr	Name	...	**Firma**
	S115	12	Meyer		S110
	S367	24	Schulz		S211
	S25	37	Huber		S110

Im ersten Veränderungsfall wird jetzt nur der Kurzname und Name der Firma im Tupel S110 der Firma geändert. Im zweiten Fall wird die Firmen-OID des Kunden S115 geändert.

surrogate

Objekt-Identität kann durch *surrogates* (Stellvertreter) realisiert werden. Ein *surrogate* ist ein Objektidentifikator mit folgenden Eigenschaften:

- Ein *surrogate* wird üblicherweise vom (Datenbank-) System generiert und verwaltet und besitzt keine (verwertbare) Semantik.
- Ein *surrogate* ist dem Benutzer bzw. dem Programmierer in der Regel nicht bekannt.
- Ein *surrogate* ist systemweit eindeutig.
- Ein *surrogate* ist während der Objektlebensdauer konstant.
- Ein *surrogate* wird nach der Objektlöschung nicht weiterverwendet.
- Ein *surrogate* wird in jedem Objekt als selbstbeschreibendes, spezielles Attribut hinzugefügt.
- Ein *surrogate* ist unabhängig vom Typ, der Adresse oder dem Zustand des Objekts.

Das Konzept der Objekt-Identität verbessert und erweitert die Notation von Zeigern in konventionellen Programmiersprachen, Fremdschlüsseln in Datenbanken und Dateinamen in Betriebssystemen.

Durch Objekt-Identität kann der Programmierer dynamisch willkürlich zusammengesetzte oder komplexe Objekte konstruieren. Objekte können zur Laufzeit erzeugt und gelöscht werden. In einigen Fällen können Objekte dauerhaft abgelegt und von späteren Programmen kann wieder darauf zugegriffen werden.

»intelligente« Zeiger

Die OIDs erlauben auch die Anwendung »intelligenter Zeiger« *(smart pointers)*, um von Programmiersprachen aus auf Datenbankobjekte zuzugreifen.

Beispiel 4

In C++, Java und anderen Programmiersprachen verwendet man Zeiger, um auf im Speicher existierende Objekte zu verweisen:

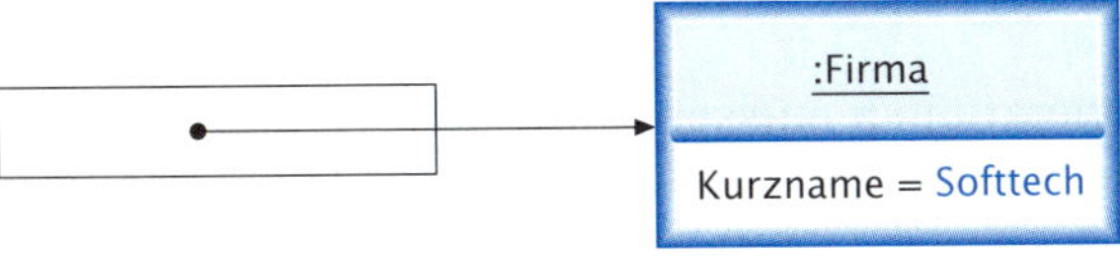

Beim Einsatz objektorientierter DBS wird das Konzept durch »intelligente Zeiger« ersetzt, die auf ein Objekt in der Datenbank oder im Arbeitsspeicher zeigen können:

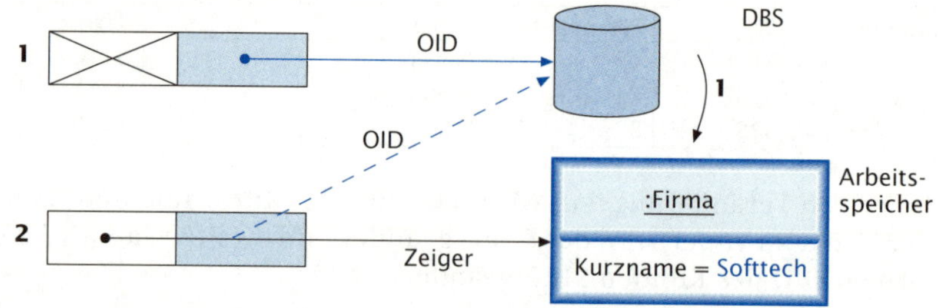

Beim ersten Zugriff auf den Zeiger **1** wird das Objekt aus der Datenbank geholt und in den Arbeitsspeicher geladen. Der Zeiger zeigt jetzt auf das Objekt im Arbeitsspeicher **2**. Bei Speichermangel oder beim Transaktionsende kann das Objekt aus dem Speicher entfernt werden.

Aus dem Konzept der Objekt-Identität ergeben sich folgende Konsequenzen:

- Identität und (verschiedene Formen der) Gleichheit sind unterschiedliche Konzepte und sollten beide ausdrückbar sein.
- Objekte können von mehreren anderen Objekten referenziert werden *(object sharing);* so gibt es keine irreführenden Referenzen auf Objekte; es können allgemeine Objekt-Netzwerke konstruiert werden.
- Objekte können zugleich zyklisch referenziert werden.
- Änderungen beliebiger Art ergeben »dasselbe« Objekt.
- Eine Objekt-Identifikation durch den Benutzer erfolgt (nach wie vor) auch durch definierte Schlüssel und Navigationspfade (falls im Datenmodell bekannt).

löschen und neu anlegen

Die Aktualisierung eines Objekts ist nicht äquivalent mit dem Löschen und Neuanlegen, da die OID eines gelöschten Objekts nicht rekonstruierbar ist.

Ein wertbasiertes System, wie relationale Datenbanken, kann um Objekt-Identitäten ergänzt werden:

- Zu jedem Tupel wird ein Tupel-Bezeichner oder ein *surrogate* hinzugefügt (siehe Beispiel 3c).
- Jede wertbasierte Referenz zwischen Tupeln wird durch einen Tupel-Bezeichner ersetzt.
- Überprüfungen der referentiellen Integrität müssen implementiert werden.
- Aktualisierungs-Operationen müssen implementiert werden.
- Identitäts- und Gleichheits-Operatoren müssen implementiert werden.

einfache Objekte vs. komplexe Objekte

einfache Objekte

In relationalen Datenbanksystemen können als Datenbankschemata nur Tabellen fester Länge beschrieben werden, d.h. die zu speichernden Datensätze müssen pro Tabelle eine identische Länge besitzen. Daraus ergibt sich, dass die Attribute der Tabellen nur einfache Typen sein können.

Bis zur aktuellen Version des SQL-Standards (SQL 99) konnten in den Vorgängerversionen nur Datensätze *fester* Länge definiert und in Tabellen verarbeitet werden. Die Attribute der Tabellen waren daher auf einige elementare Datentypen beschränkt, eine Strukturierung oder Schachtelung war *nicht* möglich.

Der neue Standard SQL 99 ergänzt die elementaren Datentypen um einige zusätzliche Typen. Jetzt sind folgende Elementartypen definiert:

```
integer, smallint, numeric, decimal,float, real, double precision,
bit, bit varying, binary large object, character, national character
varying, character large object, national character large object,
date, time, time with timezone, timestamp, timestamp with timezone,
interval, boolean.
```

Der Datentyp `binary large object` (BLOB) kann benutzt werden, um Bilder, Texte, Sprache usw. zu speichern. Die interne Struktur dieser Daten geht jedoch verloren. Sie muss im Anwendungsprogramm dargestellt werden.

Neu in SQL 99 ist das Konzept des *»Constructed Data Type«*, um Kollektionen von Elementartypen, Referenzen, geschachtelte Tabellen und benutzerdefinierte Typen zu ermöglichen. Es gibt vier Arten von konstruierten Datentypen:

objekt-relationales Modell

1 Der Referenztyp <reference type>

Ein Attribut von diesem Typ zeigt auf eine Zeile in einer Tabelle. Zeilen aus Tabellen können so untereinander verknüpft werden und sind nicht mehr auf die wertmässige Verknüpfung durch einen Schlüsselvergleich beschränkt. Eine Anwendung, die dieses SQL 99-Merkmal auf einem konkreten relationalen Datenbank benutzt, ist jedoch *nicht* bedenkenlos auf ein anderes Datenbanksystem zu übertragen, da die Implementierung der Zeiger (z.B. die Länge ihrer Codierung) von SQL 99 in das Ermessen des Datenbankherstellers gelegt wird.

2 Der Kollektionentyp <collection type>

Er entspricht dem array-Datentyp, wie er aus Programmiersprachen wie C++ bekannt ist.

Beispiel: `smallint array[10]` definiert ein Feld vom Datentyp `smallint`.

Es sind, im Gegensatz zu C++, allerdings keine mehrdimensionalen Felder möglich (keine Schachtelung).

3 Der Zeilentyp <row type>

Der Zeilentyp repräsentiert den Inhalt einer Zeile einer Tabelle. Mit `row(feld1 int, feld2 date)` wird eine Zeile erzeugt, die als erstes Attribut in `feld1` ein ganzzahliges Feld besitzt und in `feld2` ein Datumsattribut speichert.

Ziel von Zeilentypen ist es zum einen, eine komplette Zeile einer Tabelle als Parameter in eine Funktion übergeben oder von ihr als Ergebnis zurückerhalten zu können, ohne die einzelnen Felder getrennt auflisten zu müssen. Es können aber auch Zeilen einer Tabelle als Felder in einer anderen Tabelle definiert werden, um so Tabellen zu schachteln.

Beispiel 5a In SQL 99 ist es möglich, eine Adresse als *ein* einzelnes Attribut in einer Tabelle zu speichern. Vor SQL 99 mussten die Teilkomponenten einer Adresse (Straße, Hausnummer, PLZ, Ort), obwohl logisch zusammenhängend, auf vier elementare Datentypen abgebildet und in getrennten Spalten einer Tabelle gespeichert werden. Der innere Zusammenhang dieser getrennt gespeicherten Teilkomponenten war dann aus der Attributbeschreibung in der Regel nicht mehr ersichtlich.

Eine Firmentabelle, in der der Kurzname der Firma, der Firmenname und die Anschrift gespeichert werden sollen, wird in SQL 92 und SQL 99 beispielsweise wie folgt erzeugt:

SQL 92

```
create table Firma
  (Kurzname   char(20),
   Name       char(20),
   Strasse    char(20),
   Hausnummer char(4),
   PLZ        char(5),
   Ort        char(30))
```

SQL 99

```
create table Firma
  (Kurzname     char(20),
   Name         char(20),
   Adresse row
   (Strasse     char(20),
   Hausnummer   char(4),
   PLZ          char(5),
   Ort          char(30)))
```

Der Füllen der SQL 99-Tabelle mit Einträgen sieht dann z.B. wie folgt aus:

```
insert into table Firma
            (Kurzname, Name, Adresse)
            values('Softech''Softech GmbH'
            row('Poststr.','12', '44809','Bochum'));
```

4 Der benutzerdefinierte Typ <User Defined Type> (UDT)

Hiermit wird in SQL 99 ein elementares Klassenkonzept realisiert. Ein UDT besteht aus Daten und Operationen, die für diese Daten definiert sind. Ein UDT kann auch von anderen UDTs erben.

Beispiel 5b Das Beispiel der Adresse kann in SQL 99 auch unter Verwendung eines UDT »Adresse« realisiert werden. Die Operation `getStrasse()` reicht zur Nutzung dieses UDT sicherlich allein nicht aus, aber die prinzipielle Syntax einer UDT-Erzeugung wird ersichtlich.

```
create type Adresse AS
   Strasse      char(20),
   Hausnummer   char(4),
   PLZ          char(5),
   Ort          char(30)
not final
method getStrasse() returns char(20);
```

Durch diese neuen Möglichkeiten erhält man aus relationalen Datenmodellen **objekt-relationale Datenmodelle.**

In ODMG 3.0 gibt es folgende Möglichkeiten, um ein Objekt zu strukturieren. Typ-Konstruktoren

- ***struct*** (Struktur)
- ***collection*** (Sammlungen, Sammelbehälter)
  - ***Set*** (Menge)
  - ***Bag*** (Multimenge, die Duplikate erlaubt)
  - ***List*** (Liste, geordnete Menge)
  - ***Array*** (Feld, Komponenten per Index ansprechbar)
  - ***Dictionary*** (Wörterbuch)

Eine Struktur besitzt eine feste Anzahl von benannten Komponenten. Jede Komponente enthält ein Objekt oder ein Literal. Die Typen der Komponenten sind im Allgemeinen unterschiedlich. Sammlungen enthalten im Gegensatz dazu eine willkürliche Anzahl von Elementen. Sie haben keine benannten Komponenten und die Elemente sind alle vom gleichen Typ.

Die Ausdrücke `Set<T>`, `Bag<T>`, `List<T>` und `Array<T>` spezifizieren also jeweils neue Typen, die aus anderen Typen `T` konstruiert sind. Innerhalb eines Typkonstruktors können auch Typen verwendet werden, die selbst mit Hilfe von Typkonstruktoren definiert werden. Typkonstruktoren lassen sich beliebig ineinander schachteln. Dadurch können komplexe Objekte modelliert werden.

Sollen in einem Buch auch alle Autoren gespeichert werden, dann kann dies wie folgt modelliert werden: Beispiel 6

```
interface Buch
(  extent Bücher
   keys (Titel, Autor))
{
   attribute   String Titel;
   attribute   Set <String> Autoren;
   attribute   String Verlag;
}
```

Ein Hilfsassistent an einem Lehrstuhl kann verschiedene Beschäftigungszeiträume haben: Beispiel 7

```
interface Hiwi
(  extent Hiwis
   key Matrikelnr)
{
   attribute struct NameT<String Vorname, String Nachname> Name;
   attribute Set (Struct BeschäftigungszeitraumT<String Von,
      String Bis, Integer Stunden, Boolean Zeugnis>
      Beschäftigungszeitraum);
}
```

sichtbare Attribute vs. bedingt gekapselte Attribute

sichtbare Attribute

Das Grundprinzip eines relationalen Datenbanksystems besteht in der strikten Trennung zwischen Datenstrukturen und Anwendungsoperationen. Die Datenstrukturen werden in Form von Schemata beschrieben und in der Datenbank abgespeichert. Mit Hilfe von einfachen generischen Operationen *(insert, select)* können der Benutzer oder Anwendungsprogramme die Daten manipulieren. Alle Attribute sind für den Benutzer und die Anwendungsprogramme sichtbar. Die Operationen beziehen sich direkt auf die Attributnamen. Da es sich bei den Attributtypen nur um elementare Typen handelt, können alle Operationen auf alle Typen angewandt werden.

gekapselte Attribute

In der objektorientierten Welt gilt das umgekehrte Prinzip. Alle Attribute sind außerhalb eines Objekts unsichtbar. Es kann nur über bereitgestellte Operationen auf die Attribute zugegriffen werden. Dieses Prinzip steht in Konflikt mit Anforderungen an Datenbanksysteme. Man will in vielen Fällen mittels Prädikaten über Teile ihres Wertes (»`... where Umsatz > 5000`«) Objekte selektieren.

bedingt gekapselte Attribute

Objektorientierte Datenbanksysteme erfordern daher einen liberalen Einkapselungsbegriff. Eine strikte Einkapselung ist für verändernde Zugriffe erforderlich. Lesende Zugriffe sollten direkt möglich sein. Ein Teil des Objektwertes kann streng gekapselt werden und den eigentlichen Zustand repräsentieren. Ein anderer Teil kann zur Darstellung frei zugänglicher Eigenschaften verwendet werden. Beim Datenbankentwurf ist dann im Schema festzulegen, welche Art der Einkapselung gewünscht wird.

keine Anbindung vs. enge Anbindung an Programmiersprachen

keine Anbindung

Relationale Datenbanksysteme wurden ursprünglich als »alleinstehende« Informationssysteme konzipiert. Ziel war es, durch alleinigen Einsatz einer deklarativen Programmiersprache, z.B. durch SQL, die Datenbank zu programmieren. In der Praxis hat sich aber gezeigt, dass oft komplexe Anwendungsprogramme benötigt werden, die auf relationale Datenbanken zugreifen. Deklarative Programmiersprachen besitzen aber in der Regel keine Schleifen, keine Rekursion, keine Prozeduren und keine ausreichenden mathematischen Operationen.

Zur Lösung dieses Problems gibt es zwei Alternativen:

1 Verwendung einer proprietären, erweiterten deklarativen Programmiersprache, mit dem Nachteil, voll vom Hersteller der Sprache abhängig zu sein.

2 Einbettung der deklarativen Sprache in eine klassische Programmiersprache.

Die zweite Alternative bringt folgende Probleme mit sich:

- Deklarative Sprachen
  - haben ihre eigenen Typen (nicht erweiterbar),
  - sind mengenorientiert,

- sind deklarativ (eine Anfrage zeigt, welches Ergebnis der Benutzer wünscht).

- Prozedurale/objektorientierte Sprachen
  - haben ihre eigenen (komplexen) Typen (benutzerdefiniert),
  - sind imperativ bzw. prozedural.

Um beide Welten miteinander zu verknüpfen, benötigt man
- einen Mechanismus zum Verknüpfen von Namen,
- Datenkonversion,
- Operationsaufrufe an die Datenbank.

Als Nachteile, diese beiden Welten zu verknüpfen, ergeben sich folgende Punkte:

- Man muss zwei Sprachen, z. B. Java und SQL, beherrschen.
- Man muss komplexe Programme schreiben, um die Daten in die Datenbank zu bekommen und sie aus der Datenbank zu holen.
- Man muss sich entscheiden, wo man Operationen ausführen will: in der Datenbank oder in dem Anwendungsprogramm.
- Keine Typüberprüfung; Typfehler sind die Hauptfehlerquellen.
- Die Kommunikation zwischen den Anwendungsprogrammen und der Datenbank geschieht durch den Austausch von Informationen.

Diese Nachteile führen zu folgenden Konsequenzen:
- geringe Software-Produktivität,
- schwierige Software-Wartung,
- oftmals schlechte *Performance*.

Daraus ergibt sich, dass mit deklarativen Sprachen sehr gut *ad hoc*-Anfragen an relationale Datenbanken gestellt werden können. Sie sind aber ungeeignet, um Anwendungsprogramme zu schreiben. Deklarative Sprachen versuchen, die obigen Probleme zu lösen. Sie haben eine Verbesserung gebracht, aber die Probleme nicht gelöst.

enge Anbindung

Bei objektorientierten Datenbanksystemen hat man von vornherein auf eine enge Anbindung an Programmiersprachen geachtet. Das Typsystem der Programmiersprache und das Datenmodell des Datenbanksystems sind eng integriert. Das Datenbankschema muss nicht mit der Schemadefinitionssprache ODL beschrieben werden, sondern kann mit einem erweiterten Typsystem der jeweiligen Programmiersprache definiert werden. Das Schema wird dann innerhalb der Quelldateien für ein Anwendungsprogramm definiert, z.B. als C++-Klassendeklaration.

PL = *programming language*

Die Schemadefinition in ODL oder PL-ODL (z. B. C++-ODL) wird von einem Deklarationspräprozessor in das Datenbankschema und den Deklarationsteil der Programmiersprache übersetzt (Abb. 3.4-6).

OML
OQL

Im Implementationsteil der Programmiersprache befinden sich dann Aufrufe für Zugriffsfunktionen des Datenbanksystems. Um die Aufrufe möglichst »eng« an die Programmiersprache anzulehnen, werden in der ODMG-Spezifikation weitere Programmiersprachenerweiterungen definiert. Für die Manipulation der Datenbank wird für C++ und Smalltalk jeweils eine Manipulationssprache **OML** *(object*

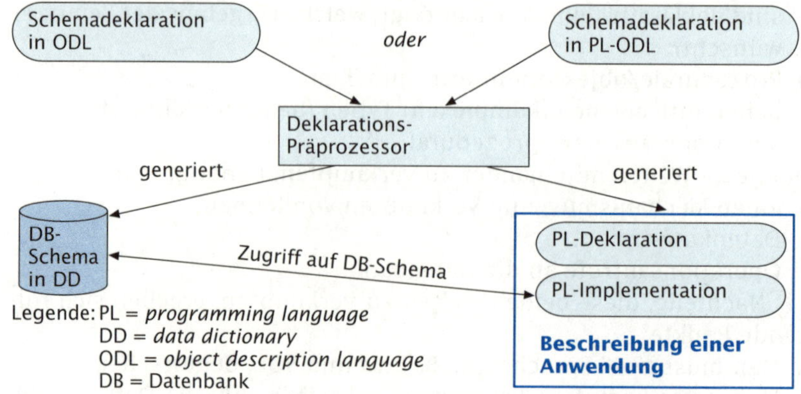

Abb. 3.4-6: Spezifikation von Datenbank-Schemata

manipulation language) und für Anfragen eine Anbindung an OQL definiert.

***Server*orientiert vs. *Client*orientiert**

*Server*orientiert

Ist eine Anwendung auf *Clients* und *Server* verteilt, dann befindet sich ein relationales Datenbanksystem weitgehend auf dem *Server*. Eine relationale *Client-Server*-Anwendung verwendet SQL, um mit dem Datenbank-Server zu kommunizieren (Abb. 3.4-7a).

Auf der *Client*-Seite gibt es eine dünne Schicht, die SQL-Anfragen versteht, diese an den *Server* schickt, die Ergebnisse als Tabelle empfängt und sie für die Anwendung puffert. Der *Server* übernimmt den Hauptanteil der Datenbankverarbeitung.

Unterstützt das relationale Datenbanksystem »gespeicherte Prozeduren« *(stored procedures)*, dann können SQL-Anweisungen zusammengefasst und auf dem *Server* gespeichert werden. Die Anwendung kann eine solche gespeicherte Prozedur aufrufen. Es muss nur eine Nachricht über das Netz geschickt werden.

*Client*orientiert

Beim Einsatz objektorientierter Datenbanksysteme findet auf dem *Client* ein wesentlicher Teil der Datenbankverarbeitung statt, z.B. die Verwaltung verteilter Anfragen und Transaktionen, ein Teil der Indizierung und das Zusammenfassen von Objekten zu Gruppen *(clustering)* im Arbeitsspeicher des *Client*-Rechners (Abb. 3.4-7b). Einige Sperr- und Protokollierungsaufgaben werden sogar vom *Client* übernommen. Benötigt eine Anwendung ein persistentes Objekt, dann kontrolliert das Laufzeitsystem des ODBS auf dem *Client*-Rechner, ob dieses Objekt bereits im Arbeitsspeicher verfügbar ist. Ist es verfügbar, dann wird der *Server* nicht eingeschaltet, und die Anwendung erhält eine Antwortzeit, die fast dem Arbeitsspeicherzugriff entspricht. Ist das Objekt nicht im Arbeitsspeicher, dann schickt das Laufzeitsystem eine Nachricht an den *Server*.

Der *Server* übernimmt die Aufgaben physische Protokollierung, Verwaltung des *Commit*-Vorgangs von Transaktionen (siehe Kapitel

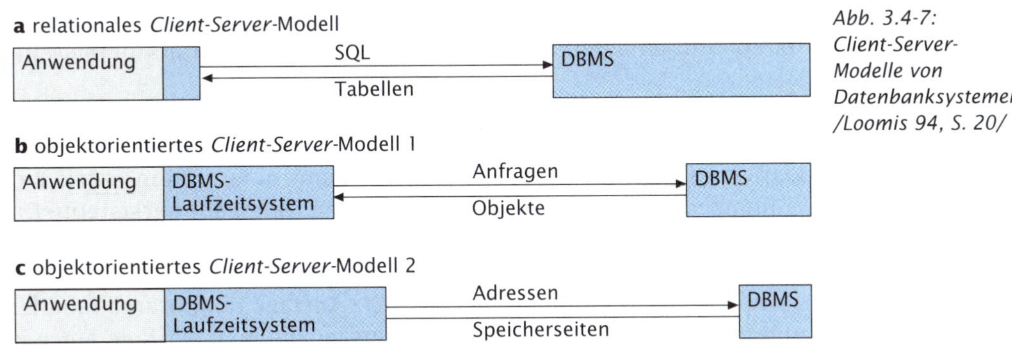

Abb. 3.4-7: Client-Server-Modelle von Datenbanksystemen /Loomis 94, S. 20/

3.6), Sicherheitsprüfungen, Sperrungen, physische Speicherverwaltung und Teile der Anfrageverarbeitung.

Einige objektorientierte DBS (Abb. 3.4-7c) verlagern noch mehr Aufgaben auf die *Client*-Seite. Der *Server* schickt Speicherseiten an den *Client* und keine Objekte. Diese Aufteilung ist gut geeignet für Umgebungen, bei denen Anwendungen lange Zugriffszeitspannen auf bestimmte Objektmengen benötigen.

Datenspeicherung vs. Objektspeicherung

Datenspeicherung

Relationale Datenbanksysteme speichern in ihren Tabellen die Werte von Attributen. Die generischen Operationen zur Manipulation der Attributwerte gehören zum DBMS und nicht zu einzelnen Tabellen (Abb. 3.4-8a).

Objektspeicherung

In der objektorientierten Welt wird ein Objekt durch seine Attributwerte (Eigenschaften) und die Operationen (Verhalten), die auf diesen Attributen definiert sind, charakterisiert. Die meisten objektorientierten Datenbanksysteme speichern aber auch nur Attributwerte, die Operationen werden in den objektorientierten Programmiersprachen beschrieben (Abb. 3.4-8a).

Bei einigen wenigen objektorientierten DBS können Operationen in der Datenbank gespeichert und von der Datenbank anstatt von der Anwendung ausgeführt werden (Abb. 3.4-8b).

Es ergeben sich zwei Vorteile:

- Es gibt keine künstliche Trennung zwischen Operationen und Attributen.
- Man gewinnt zusätzliche Flexibilität über den Ausführungsort von Operationen im Netzwerk.

In Zukunft ist damit zu rechnen, dass objektorientierte DBS-Ausführungskomponenten enthalten.

a Datenspeicherung
Anwendungslogik
Operationen
Datenbank
Datenstrukturen

b Objektspeicherung
Anwendungslogik
Datenbank
Datenstrukturen
Operationen

Abb. 3.4-8: Datenspeicherung vs. Objektspeicherung

persistent vs. persistent & transient

In einem Programm deklarierte Daten beenden ihre Lebensdauer mit dem Laufzeitende des entsprechenden Programms. Diese Daten bezeichnet man als transiente Daten, auch flüchtige Daten genannt.

Will man Daten dauerhaft speichern, muss man sie z. B. in einer Datenbank ablegen. Solche Daten bezeichnet man als persistente Daten.

persistent

Bei der Verwendung relationaler DBS sind alle in der Programmiersprache deklarierten Daten transient. Will der Programmierer so deklarierte Daten langfristig speichern, dann muss er ein Stück Programmcode schreiben, um die transienten Daten auf persistente Daten abzubilden. SQL ist die Subsprache, die dazu verwendet wird. Anfragen werden in der Regel nur auf persistente Daten bezogen, obwohl einige relationale DBS auch die Anfrage temporärer Tabellen unterstützen, die infolge einer vorausgegangenen Anfrage auf persistente Tabellen angelegt wurden.

persistent & transient

Ziel in der objektorientierten Welt ist es, transiente und persistente Objekte völlig gleichwertig zu behandeln. Aus der Sicht des Programmentwicklers soll es keine Grenze zwischen Programmiersprache und Datenbank geben. Dadurch können Kopiervorgänge, explizite Umformatierungen usw. vermieden werden. Diese Forderung bezeichnet man auch als »Orthogonalität von Persistenz und Typ«. Viele objektorientierte DBS bieten eine Klasse an, die die Funktionalität der Persistenz implementiert. Eine Klasse besitzt persistenzfähige Objekte, wenn sie eine Unterklasse der von DBS angebotenen Klasse ist. Da diese Unterklassen auch transiente Objekte haben können, ist die Orthogonalität von Persistenz und Typ gegeben. Einige objektorientierte DBS unterstützen nur Anfragen auf persistente Objekte, andere auf beliebige Mengen von Objekten, unabhängig, ob sie persistent oder transient sind.

3.4.5 Zum Einsatz von Datenbanken

Um den Einsatz von Datenbanken zu prüfen, sind zwei Schritte erforderlich:

1 Prüfen, ob der Einsatz einer Datenbank erforderlich ist oder ob ein Dateisystem ausreicht.

2 Wenn eine Datenbank notwendig ist, dann ist zu prüfen, ob ein relationales oder objektorientiertes Datenbanksystem für die vorgesehene Anwendung geeigneter ist.

Diese Entscheidung hängt aber auch stark davon ab, ob die Anwendungen objektorientiert programmiert sind oder nicht.

Kriterien

Die Notwendigkeit einer Datenbank kann anhand folgender Kriterien geprüft werden:

a Mehrere Benutzer und/oder mehrere Anwendungen müssen parallel mit dem Datenbestand arbeiten (mehrfachbenutzbare Datenbank).

b Alle Daten müssen redundanzarm gespeichert werden, auch wenn sie aus verschiedenen Anwendungen stammen (integrierte Datenbank).

c Die Menge der Daten ist so umfangreich, dass sie nicht vollständig im Arbeitsspeicher gehalten werden kann (große Datenbank).

d Automatisches Wiederaufsetzen einschließlich Herstellen der Datenkonsistenz nach technischen Fehlern (Stromausfall, Plattenfehler) muss gewährleistet sein (zuverlässige Verwaltung).

e Dezidierte Zugriffsrechte müssen vergeben und überwacht werden können (geschützte Verwendung).

f In der Nutzungsphase müssen *ungeplante* Abfragen durch den Endbenutzer möglich sein (flexible Verwendung).

g Die Datenstrukturen können während der Nutzungsphase aufgrund geänderter Anforderungen begrenzt angepasst werden (Hinzufügen neuer Spalten zu vorhandenen Tabellen, Einrichten neuer Tabellen, Hinzufügen neuer Klassen).

h In der Definitionsphase wurde ein ER- oder OOA-Modell erstellt. Es enthält mehrere Entitätsmengen bzw. Klassen, die durch mehrere Assoziationen und/oder Aggregationen untereinander in Beziehung stehen. Es liegen komplexe Assoziationen bzw. Aggregationen vor (M:N-Kardinalitäten).

Je mehr dieser Kriterien erfüllt sind, umso mehr spricht für den Einsatz eines Datenbanksystems.

Für den Einsatz eines relationalen Datenbanksystems sprechen folgende Kriterien: RDBS

- Es sind relativ einfache, formatierte Datenbestände zu verwalten, d.h. alle Datentypen sind in ihrer Länge beschränkt. Dies trifft in der Regel auf kaufmännisch/administrative Anwendungen zu.
- Die Antwortzeiten auf Anfragen sind *nicht* kritisch.
- Die Anwendungsprogramme sind *nicht* objektorientiert.

Für den Einsatz eines objektorientierten Datenbanksystems sprechen folgende Kriterien: ODBS

- Es müssen komplexe graphenartige Strukturen verwaltet werden. Beispiele hierfür sind alle Arten von CAx-Systemen (CASE – *computer aided software engineering,* CAD – *mechanical and electrical computer-aided design,* CAM – *computer aided manufacturing* usw.), geographische Informationssysteme, Netzleitsysteme, Multimedia-Anwendungen.
- Die Anwendungsprogramme sind objektorientiert.

Data Dictionary Enthält die Strukturbeschreibungen der Daten, die in einer →Datenbank gespeichert werden, in Form von Schemata (→Schema).

Datenbank Komponente eines →Datenbanksystems. Enthält die zu verwaltenden Daten eines Anwendungsbereichs.

Datenbankmanagementsystem Komponente eines →Datenbanksystems. Verwaltet die in der →Datenbank oder den Datenbanken abgelegten Datenbestände mit Hilfe der im →*Data Dictionary* gespeicherten Schemata (→Schema).

Datenbanksystem Verwaltet große, integrierte, mehrfachbenutzbare →Datenbanken dauerhaft, zuverlässig und unabhängig. Auf die Daten kann komfortabel, flexibel und geschützt zugegriffen werden. Besteht aus einer oder mehreren →Datenbanken, einem →*Data Dictionary* und einem →Datenbankmanagementsystem.

Datendefinitionssprache *(data definition language)* Erlaubt die Definition der logischen und physikalischen Strukturen der Daten, die in einem →relationalem Datenbanksystem verwaltet werden sollen. Dazu gehört auch das Einrichten, Löschen und Erweitern von Tabellen. Meist Teil einer →Sprache der 4. Generation.

Datenmanipulationssprache *(data manipulation language)* Erlaubt das Eintragen, Löschen, Verändern und Selektieren von Daten eines →relationalen Datenbanksystems. Meist Teil einer →Sprache der 4. Generation.

Datenmodell Legt Eigenschaften, Struktur und Konsistenzbedingungen für in die →Datenbank zu speichernde Datenelemente fest (einschließlich der erlaubten Erzeuge-, Manipulations- und Löschoperationen).

DB →Datenbank

DBMS →Datenbankmanagementsystem

DBS →Datenbanksystem

DD →*Data Dictionary*

DDL →Datendefinitionssprache

DML →Datenmanipulationssprache

Objektorientiertes Datenbanksystem Speichert Daten entsprechend dem →objektorientierten Datenmodell.

Objektorientiertes Datenmodell Objekte werden mit ihren Attributen, Beziehungen (Vererbung, Assoziation, Aggregation) und Operationen gespeichert, wobei Attribute beliebige, auch selbstdefinierte Typen besitzen können.

Objekt-relationales Datenmodell →Relationales Datenmodell, das um objektorientierte Konzepte erweitert ist. Datenbanksysteme, die SQL 99 unterstützen, sind objekt-relational, da SQL 99 z.B. zusammengesetzte und geschachtelte sowie selbstdefinierte Datentypen einschließlich Operationen erlaubt.

ODBS →objektorientiertes Datenbanksystem

ODL *(object definition language)* Erlaubt die Definition des Datenbank- →Schemas eines →objektorientierten Datenbanksystems (Klassen-Ausdehnungen, Schlüssel, Attibute, Beziehungen, Operationen, Vererbung); eigenständige Sprache oder integriert in eine Programmiersprache.

OML *(object manipulation language)* Erlaubt innerhalb einer Programmiersprache (C++, Java) das Erzeugen, Manipulieren und Löschen von Objekten eines →objektorientierten Datenbanksystems.

OQL *(object query language)* Erlaubt deklarative Anfragen – analog zu →SQL – auf gespeicherte Objekte in →objektorientierten Datenbanksystemen; eigenständige Sprache oder integriert in eine Programmiersprache.

RDBS →relationales Datenbanksystem

Relationales Datenbanksystem Speichert Daten entsprechend dem →relationalen Datenmodell.

Relationales Datenmodell Daten werden in Tabellenform gespeichert, wobei jede Spalte der Tabelle ein Datenelement bzw. ein Attribut repräsentiert. Jedem Dateielement wird ein einfacher Datentyp zugeordnet. In jeder Tabellenzeile wird ein Datensatz gespeichert, der durch einen Primärschlüssel eindeutig identifizierbar ist. Beziehungen zwischen mehreren Tabellen werden über Fremdschlüssel hergestellt.

Schema Beschreibt für eine konkrete →Datenbank das →Datenmodell.

Sprachen der 4. Generation Nichtprozedurale, meist deskriptive und mengenorientierte Programmiersprachen zur Bearbeitung von Anwendungen mit →Datenbanken oder im Umfeld von Datenbanken (→SQL, →OQL). Deskriptiv bedeutet, dass die Eigenschaften der gesuchten Daten beschrieben werden und nicht der Weg zur Ermittlung dieser Daten. Mengenorientiert bedeutet, dass bei einer Anfrage alle gefundenen Lösungen als Ergebnis geliefert werden können.

SQL *(structured query language)* →Sprache der 4. Generation, heute bei →relationalen Datenbanksystemen am weitesten verbreitet und standardisiert. Umfasst Kommandos zur Datendefinition (→DDL) und zur Datenmanipulation (→DML) sowie Kommandos zum Vergeben von Zugriffsberechtigungen. SQL 99 erweitert das relationale Datenmodell zu einem →objekt-relationalen Datenmodell.

Ein Datenbanksystem (DBS) besteht aus einer oder mehreren Datenbanken (DB), einem *Data Dictionary* (DD) und einem Datenbankmanagementsystem (DBMS). Die Datenbank enthält in der Nutzungsphase die Daten eines Unternehmens oder eines Anwendungsbereichs, die verwaltet werden sollen. Die Struktur der Daten wird während der Datenbank-Entwicklung durch eine Definitionssprache (DL) beschrieben, die das Datenbankmanagementsystem zur Verfügung stellt. Diese Strukturbeschreibungen werden im *Data Dictionary* gespeichert. DBS

In der Nutzungsphase kann der Endbenutzer mit Hilfe einer Manipulationssprache (ML) auf die in der Datenbank gespeicherten Daten zugreifen.

Datenbanksysteme unterscheiden sich im Wesentlichen durch das Datenmodell, das sie unterstützen. Die Datenstruktur einer konkreten Datenbank wird durch ein Schema festgelegt. Datenmodell

Relationale Datenbanksysteme (RDBS) verwenden ein relationales Datenmodell zur Repräsentation der abgespeicherten Daten. Das Schema wird durch eine Datendefinitionssprache (DDL) festgelegt. Das Eintragen, Ändern, Löschen und Selektieren von Daten geschieht mit der Datenmanipulationssprache (DML). RDBS

DDL und DML gehören in der Regel zur Klasse »Sprachen der 4. Generation«, die meist eine deklarative, mengenorientierte Beschreibung der gewünschten Ergebnisse ermöglichen. Am weitesten verbreitet ist heute die Sprache SQL. SQL

Objektorientierten Datenbanksystemen (ODBS) liegt ein objektorientiertes Datenmodell zugrunde. Das Schema wird in einer Objektdefinitionssprache (ODL) beschrieben, die eigenständig oder Bestandteil einer Programmiersprache sein kann. Deklarative Anfragen einschließlich Selektieren erlaubt die Anfragesprache OQL, die eigenständig oder integriert in eine Programmiersprache sein kann. Erzeugen, Ändern und Löschen von Objekten geschieht durch die Objektmanipulationssprache OML, die Bestandteil einer Programmiersprache ist. ODBS

Objektorientierte Datenbanksysteme versehen jedes Objekt mit einer eindeutigen unveränderbaren Objekt-Identität (OID), die unabhängig von den Werten des Objekts ist.

Erweiterte relationale Datenbanksysteme übernehmen einige Konzepte objektorientierter Datenbanksysteme wie erweiterbare Datentypen, Operationen und Vererbung. Sie werden als objekt-relationale Datenbanksysteme bezeichnet, die ein objekt-relationales Datenmodell unterstützen. objekt-relational

Sind Daten persistent zu speichern, dann ist zuerst zu überlegen, ob ein Dateisystem ausreicht oder ob eine Datenbank erforderlich ist. Anschließend ist zu prüfen, ob ein relationales oder ein objektorientiertes Datenbanksystem der Anwendung und der Systemumgebung (verwendete Programmiersprache, Verteilungsaspekte) besser gerecht wird. Auswahl

Die SQL 99-Standardisierung besteht aus sieben Dokumenten:

/ISO/IEC 9075-1:1999/
Part 1: Framework A non-technical description of how the document is structured.

/ISO/IEC 9075-2:1999/
Part 2: Foundation The core specification, including all of the new ADT features.

/ISO/IEC 9075-3:1999/
Part 3: SQL/CLI The Call Level Interface.

/ISO/IEC 9075-4:1999/
Part 4: SQL/PSM »Persistent Stored Modules« The stored procedures specification, including computational completeness.

/ISO/IEC 9075-5:1999/
Part 5: SQL/Bindings Host Language Bindings The Dynamic SQL and Embedded SQL bindings taken from SQL-92.

/ISO/IEC 9075-6:1999/
Part 6: SQL/XA An SQL specialization of the popular XA Interface developed by X/Open.

/ISO/IEC 9075-7:1999/
Part 7: SQL/Temporal Adds time related capabilities to the SQL standards.

/ANSI X3.135.10-1998/
Information Technology – Database Languages – SQL – Part 10: Object Language Bindings (SQL/OLB).

Zitierte Literatur

/ANSI 92/
ANSI X3H2, *Database Language SQL,* X3.135–1992., 1992.

/Bertino, Martino 91/
Bertino E., Martino L., *Object-Oriented Database Management Systems: Concepts and Issues,* in: IEEE Computer, April 1991, S. 33–47.

/Cattell, Barry 99/
Cattell R.G.G., Barry (ed.), *The Object Data Standard; ODMG 3.0,* San Francisco: Morgan Kaufmann Publishers, 1999.

/Dittrich 94/
Dittrich K.R., *Objektorientierte Datenbanksysteme: Ein Thema mit Variationen,* in: OBJEKTspektrum, Sept./Okt. 1994, S. 8–16.

/Dittrich, Geppert 95/
Dittrich K.R., Geppert A., *Objektorientierte Datenbanksysteme – Stand der Technik,* in: HMD, Heft 183, Mai 1995, Heidelberg: Hüthig-Verlag, S. 8–23.

/Heuer 91/
Heuer A., *Konzepte objektorientierter Datenmodelle,* in: G. Vossau, K.-U. Witt (Hrsg.), Entwicklungstendenzen bei Datenbanksystemen, München: Oldenbourg-Verlag 1991, S. 203–252.

/Loomis 94/
Loomis M.E.S., *ODBMS – Richtung und Wahrheit,* in: OBJEKTspektrum, Sept./Okt. 1994, S. 18–24.

Hinweis

Zu dieser Lehreinheit gibt es nur Wissens- und Verstehensaufgaben, die sich alle auf der CD-ROM 1 befinden.

3 Die Entwurfsphase – Relationale Datenbanken

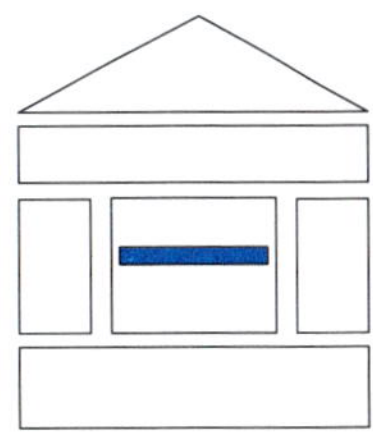

- Architektur und Funktionsweise eines relationalen Datenbanksystems erklären können.
- Die beschriebenen Datenabhängigkeiten erläutern können.
- Eine relationale Datenbank-Entwicklung sowie den Einsatz einer Sprache der 4. Generation in den Software-Entwicklungsprozess einordnen können.
- Die methodische Vorgehensweise bei der Entwicklung einer relationalen Datenbank nennen und erläutern können.
- Die ersten vier Normalisierungsformen beschreiben können.
- Die Relationsoperationen sowie die Verknüpfung von Operationen in SQL-Syntax auf Beispiele anwenden können.
- Ein ER- oder OOA-Diagramm in ein logisches Schema transformieren können.
- Eine Tabelle anhand der beschriebenen Verfahren so zerlegen können, dass die dritte oder vierte Normalform erfüllt sind.
- Relationale Datenbankentwürfe auf der Grundlage von ER- oder OOA-Modellen durchführen können.

verstehen

anwenden

- Die Abschnitte 3.4.1 und 3.4.2 müssen bekannt sein.
- Das Kapitel 2.10 »*Entity-Relationship*-Modell« muss bekannt sein.
- Das Kapitel 2.18 »Objektorientierte Analyse« sollte bekannt sein.

Dr. Edgar Frank Codd
*1923 in Portland, Großbritannien; Erfinder des relationalen Datenmodells *(»A Relational Model of Data for Large Shared Data Banks«* in: CACM 1970); Studium der Mathematik an der Universität Oxford (1948), Promotion an der Universität Michigan (1965); Mitarbeiter von IBM (1949–1984), Gründer von zwei Beratungsunternehmen (1985); IBM *Fellow* (1976), ACM Turing *Award* (1981).

i

Hinweis: Auf der beigefügten CD-ROM 1 befindet sich ein relationales Datenbanksystem.

3.5 Relationale Datenbanken

3.5.1 Architektur und Funktionsweise

In einem relationalen Datenbanksystem werden die Datenstrukturen durch drei Schemata beschrieben:

- Das **logische Schema** wird durch die Tabellenstruktur festgelegt.
- Die **externen Schemata** beschreiben externe Sichten *(views)* von Benutzern oder Anwendungsprogrammen, basierend auf dem logischen Schema.
- Durch ein **internes Schema** wird die physische Organisation der Tabellen auf externen Speichern beschrieben.

Die Definition der Struktur der Daten auf drei verschiedenen Abstraktionsebenen (externe Schemata, logisches Schema, internes Schema) führt zu einer Drei-Schichten-Architektur eines relationalen Datenbanksystems (Abb. 3.5-1).

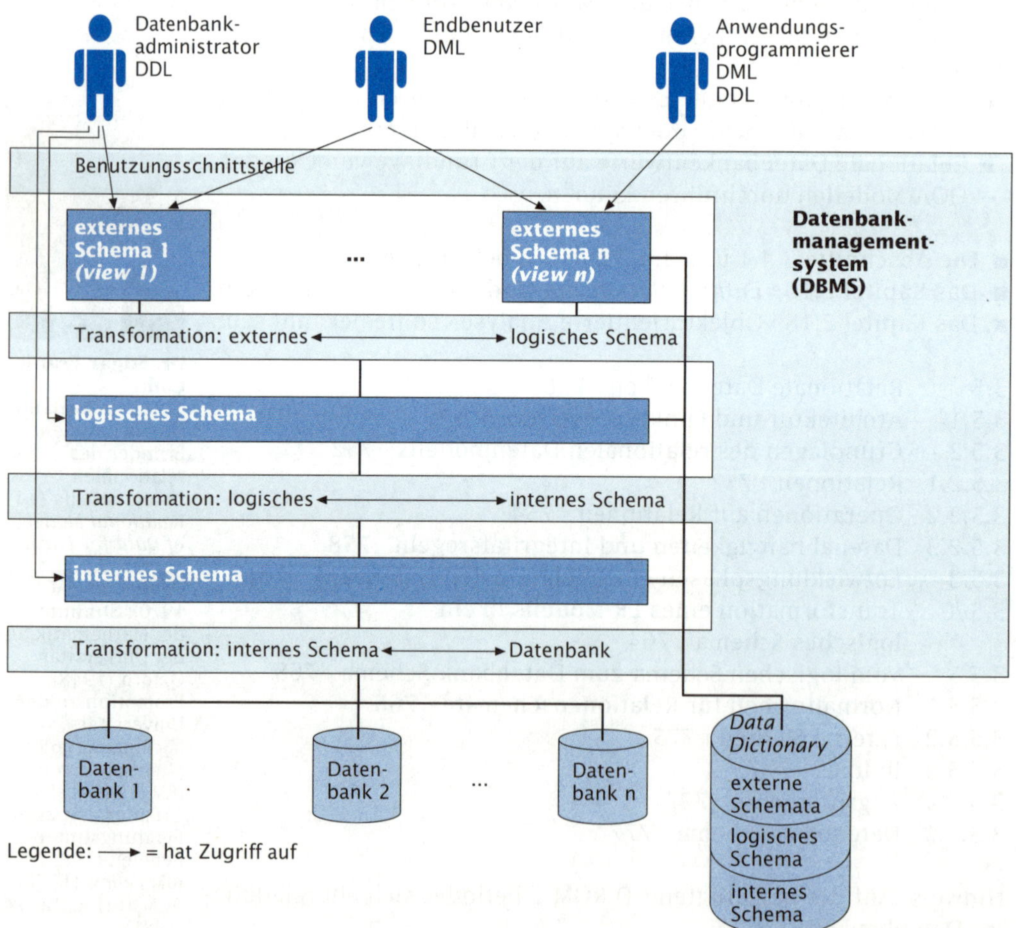

Abb. 3.5-1: Drei-Schichten-Architektur eines relationalen Datenbanksystems (ANSI/X3/SPARC-Architekturkonzept)

Jeder Schicht wird ein eigenes Schema zugeordnet. Die interne Schicht (auch physische Schicht oder Speicherschicht) enthält Informationen, wie die Daten gespeichert werden, deren Speicherorganisation und die Zugriffspfade. Die formale Beschreibung erfolgt im **internen Schema.** Die Transformation »internes Schema ↔ Datenbank« muss z.B. die Abbildung des logischen Adreßraumes in den physischen unter Benutzung von Betriebssystemfunktionen gewährleisten.

drei Schichten

Auf der logischen Schicht wird die logische Gesamtsicht aller Daten in der Datenbank und ihrer Beziehungen untereinander im **logischen Schema** beschrieben. Dazu wird ein Datenmodell verwendet, das von der internen Schicht abstrahiert. Es ist frei von Datenstruktur- oder Zugriffsaspekten.

Die externe Schicht (auch Benutzerschicht) umfasst alle individuellen Sichten *(views)* der einzelnen Benutzer, Benutzergruppen (Anwendungsprogrammierer, Endbenutzer) oder Anwendungsprogramme auf die Datenbank. Diese Sichten werden jeweils in eigenen **externen Schemata** beschrieben. Jedes Schema enthält den Ausschnitt der logischen Gesamtsicht, den der Benutzer oder das Anwendungsprogramm sehen möchte bzw. sehen darf.

Einrichtung einer Datenbank

Bevor Daten in eine Datenbank eingegeben, verwaltet und ausgewertet werden können, muss die Datenbank eingerichtet werden, d.h. die einzelnen Schemata müssen beschrieben werden. Hierzu stellt das **DBMS** (Datenbankmanagementsystem) eine **Datendefinitionssprache** *(data definition language DDL)* zur Verfügung, mit der alle logischen und physischen Strukturen definiert werden. Die Einzelheiten des logischen und des internen Schemas werden damit beschrieben. Nach der Definition des logischen Schemas ist auch die Definition externer Schemata möglich.

DDL

Verarbeitung von Anfragen

Eine eingerichtete Datenbank kann von Benutzern und Anwendungsprogrammen verändert werden (Eintragen, Ändern, Löschen von Daten). Außerdem können **Anfragen** *(queries)* an die Datenbank gestellt werden. Für diese Aufgaben stellt das DBMS eine **Datenmanipulationssprache** *(data manipulation language DML)* zur Verfügung. Die DML kann als eigenständige Dialog-Sprache implementiert sein, so dass ein Benutzer direkt im Dialog mit der Datenbank arbeiten kann. Sie kann aber auch in eine höhere Programmiersprache eingebettet sein, d.h. die Programmiersprache ist um DML-Kommandos erweitert, die von einem *Precompiler* in ausführbare Zugriffsmodule übersetzt werden.

DML

DDL und DML sind in den meisten Systemen in einer Sprache vereinigt. DDL- und DML-Kommandos können in beliebiger Reihenfolge verwendet werden. In solchen Fällen ist es möglich, zunächst nur einen Teil der Gesamtkonzeption einer Datenbank festzulegen, um damit bereits arbeiten zu können. Das logische Schema kann später jederzeit erweitert werden, um geänderte Anforderungen zu berücksichtigen.

Während die DML im Allgemeinen allen Benutzern zur Verfügung steht, ist die Benutzung der DDL manchmal einem sogenannten **Datenbank-Administrator** vorbehalten. In seine Verantwortung fällt die zentrale Kontrolle des Gesamtsystems. Er allein darf eine Datenbank einrichten und Zugriffsrechte vergeben.

In großen Unternehmen erfolgt oft noch eine Untergliederung in die **Anwenderadministrationen** für externe Sichten der externen Schicht, in den **Unternehmensadministrator** (logische Schicht) und den eigentlichen Datenbankadministrator (interne Schicht).

Bei der DDL und der DML handelt es sich in der Regel um Sprachen der 4. Generation. Als Standard hat sich die Sprache SQL etabliert. Die in den Beispielen angegebenen Kommandos sind in SQL formuliert.

Die Komponenten eines Datenbankmanagementsystems (DBMS) und ihr Zusammenwirken zeigt Abb. 3.5-2.

Das DBMS befindet sich als ausführbares Programm im Arbeitsspeicher und arbeitet auf drei Datenbeständen: der Datenbank, dem *Data Dictionary* (DD) und den Logbuch-Daten.

Das DD enthält Informationen über die gespeicherten Daten und muss daher dem DBMS permanent zur Verfügung stehen.

Der Benutzer kommuniziert über eine Benutzungsoberfläche mit dem DBMS, die Kommandos entgegennimmt und Antworten zurückgibt.

Ein Benutzerauftrag in Form eines DML-Kommandos wird an einen *Parser* übergeben, der die syntaktische Analyse durchführt. Dabei werden u.U. DD-Informationen benötigt oder DD-Eintragungen vorbereitet. Bei eingebetteten Kommandos kann der Aufruf eines *Precompilers* erforderlich sein.

Die Autorisierungs-Kontrolle überprüft, ob der Benutzer mit den angesprochenen Daten arbeiten darf. Die Durchführung von Aktualisierungen *(updates)* ist im Allgemeinen an Integritätsbedingungen gebunden. Dabei handelt es sich um semantische Bedingungen der jeweiligen Anwendung wie z.B. »Gehälter sind stets > 0«. Diese werden bei der Definition des logischen Schemas festgelegt und dann zur Laufzeit vom DBMS automatisch überwacht.

Die interne Zwischenform des Auftrags wird in diesem Fall vom *update*-Prozessor unter Einschaltung der Integritäts-Prüfung entsprechend erweitert. Bei Anfragen über einem externen Schema muss der *query*-Prozessor diese in das logische Schema übersetzen.

Formuliert ein Benutzer eine Anfrage unnötig kompliziert, dann kann der Optimierer sie in eine effizientere Formulierung transformieren.

Als Nächstes wird dann ein Zugriffs- bzw. Ausführungs-Programm erstellt, d.h. es wird eine Code-Generierung für den Benutzerauftrag vorgenommen.

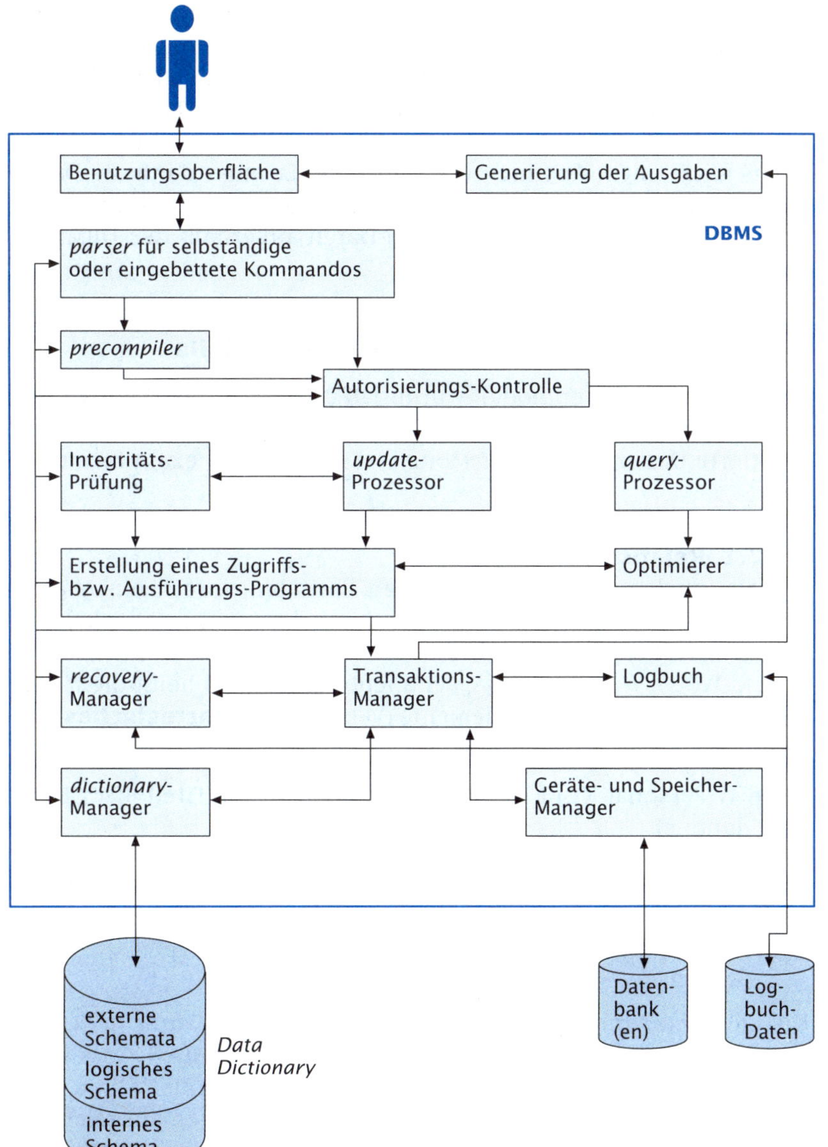

Abb. 3.5-2: Komponenten eines relationalen DBMS (in Anlehnung an /Vossen, Witt 88/)

Transaktion

Jeder Auftrag führt letztlich zu einer Folge von Lese- und Schreibbefehlen auf dem externen Speicher. Eine solche Befehlsfolge wird DBMS-intern als **Transaktion** bezeichnet.

Bei einem Mehrbenutzerbetrieb synchronisiert der Transaktions-Manager die vorliegenden Transaktionen. Nach außen erscheint die Datenbank für jeden einzelnen Benutzer wie ein exklusiv verfügbares Betriebsmittel.

Wird eine gerade laufende Transaktion nicht erfolgreich beendet, dann sorgt der *recovery*-Manager dafür, dass die Datenbank in einen Zustand zurückversetzt wird, in dem sie sich vor dem Start der Transaktion befand. Dazu benutzt er das Logbuch der Datenbank. Der *recovery*-Manager ist auch für den Wiederanlauf des Datenbanksystems nach einem Absturz verantwortlich. Er muss dann die Datenbank in einen konsistenten Zustand zurückversetzen. Dafür ist es erforderlich, dass sich die Logbuch-Daten außerhalb des DBMS auf einem externen Speicher befinden.

3.5.2 Grundlagen des relationalen Datenmodells

Das relationale Datenmodell wurde 1970 von E. F. Codd entwickelt. Es ist das am besten untersuchte und das zur Zeit vorwiegend implementierte Datenmodell. Das Modell ist einfach und exakt formulierbar.

3.5.2.1 Relationen

Im relationalen Datenmodell werden Entitäten, ihre Eigenschaften und ihre Beziehungen untereinander durch das (mathematische) Konzept der **Relation** dargestellt.

Sind $W(A_1)$, $W(A_2)$, ... , $W(A_n)$ endliche Mengen, so heißt die Menge aller Kombinationen ihrer Elemente (Vektoren) ihr **kartesisches Produkt** [$W(A_1) \times W(A_2) \times ... \times W(A_n)$].

Beispiel 1 Seien W(Personal-Nr.)={1;2;3}, W(Anrede)={H;F}, W(Titel)={Dr.; Dipl.-Ing.} dann ist:

```
W(Personal-Nr.) × W(Anrede) × W(Titel)=
{(1,H,Dr.),(1,H,Dipl.-Ing),(1,F,Dr.),(1,F,Dipl.-Ing.),
 (2,H,Dr.),(2,H,Dipl.-Ing),(2,F,Dr.),(2,F,Dipl.-Ing.),
 (3,H,Dr.),(3,H,Dipl.-Ing),(3,F,Dr.),(3,F,Dipl.-Ing.)}
      ↑ Tupel
```

Tupel

Relation

Die Elemente von kartesischen Produkten heißen **Tupel**. Jede Teilmenge von R eines kartesischen Produktes $W(A_1) \times W(A_2) \times ... \times W(A_n)$ heißt eine (n-stellige) **Relation** über $W(A_1) \times$, $W(A_2) \times ... \times$, $W(A_n)$.

Entitäten, die sich durch gleichartige Eigenschaften auszeichnen, werden zu Entitätstypen zusammengefasst. Die Eigenschaften heißen Attribute. Jedem Attribut A ist ein Wertebereich W(A) zugeordnet.

Beispiel 2 Die Menge der Personen, die in der Datenbank abgespeichert werden, kann damit als Relation
Person $\subseteq$ W(Personal-Nr.) $\times$ W(Anrede) $\times$ W(Titel) $\times$ ... über den Wertebereichen der Attribute des Entitätstyps Person aufgefasst werden.

Jede Relation $R \subseteq W(A_1) \times W(A_2) \times \ldots \times W(A_n)$ kann als **Tabelle** (mit dem Namen R) dargestellt werden. Die Spalten tragen die Namen der Attribute. In den Zeilen sind die Elemente von R (die Tupel) aufgeführt.

Relations- bzw. Tabellenname — Schlüsselattribut (unterstrichen) — Attribute — Tupel

Person	Pers.-Nr.	Anrede	Titel	Vorname	Name	...	PLZ	Ort	Geburtsdatum
	11	Herr		Hans	Mayer		22307	Hamburg	20/3/55
	22	Herr	Dipl.Ing.	Werner	Schulte		81675	München	04/7/63
	129	Herr	Dr.	Kurt	Kurz		44879	Bochum	15/9/45

Jedes Tupel entspricht genau einer Entität des betreffenden Entitätstyps. Da Relationen Mengen sind, ist das mehrfache Vorkommen eines Tupels ausgeschlossen. Die Reihenfolge der Attribute spielt keine Rolle. Beispiel 3

Die Beziehung »bucht« zwischen Kunden und Seminarveranstaltung, wobei »Kunde« und »Seminarveranstaltung« Entitätstypen sind, kann durch die Relation »bucht« mit den Attributen Personal-Nr. und Veranstaltungs-Nr. dargestellt werden. Beispiel 4

Kunde	Personal-Nr.	Funktion	Umsatz
	11	Berater	5000.–
	129	Projektleiter	8550.–
	22	Entwickler	2000.–

bucht	Personal-Nr.	Veranstaltungs-Nr.	...
	11	205	
	129	99	
	22	99	

Die Beschreibung der Relationen wird in einem **Relationenschema** festgehalten. In einem Relationenschema können auch ein oder mehrere Schlüssel angegeben werden. Ein **Schlüssel** ist eine Attributkombination, deren Wertekombinationen jeweils ein Tupel der Relation eindeutig bestimmen. Dabei muss eine Attributkombination minimal in dem Sinne sein, dass keine echte Teilmenge von ihr bereits die Schlüsseleigenschaft besitzt. Relationenschema Schlüssel

Die Attributkombination (Personal-Nr.,Veranstaltungs-Nr.) in der Tabelle »bucht« ist der Schlüssel dieser Tabelle. Jede Wertekombination bestimmt eindeutig ein Tupel der Relation »bucht«. Beispiel 5
Wird für die Tabelle »Person« die Attributkombination (Personal-Nr., Name) als Schlüssel verwendet, dann ist diese Attributkombination nicht minimal, da die Teilmenge Personal-Nr. dieser Attributkombination bereits die Schlüsseleigenschaft besitzt.

Eine Tabelle wird in Kurzform folgendermaßen dargestellt:
Hinter dem Tabellennamen werden in Klammern und durch Komma getrennt die Spaltennamen aufgeführt. Schlüsselattribute werden durch das Nummernzeichen # hinter dem entsprechenden Spaltennamen gekennzeichnet. Tabellendarstellung in Kurzform

Beispiel 6 Person(Personal-Nr.#, Anrede, Titel, Vorname, ...)
Kunde(Personal-Nr.#, Funktion, Umsatz)
bucht(Personal-Nr.#, Veranstaltungs-Nr.#, ...)

3.5.2.2 Operationen auf Relationen

Relationsoperationen ermöglichen es, Relationen nach verschiedenen Kriterien zu verknüpfen. Als Ergebnis entstehen wieder Relationen (Relationenalgebra). Diese Operationen sind für den Datenbank*entwurf* nicht relevant, da es im Entwurf nur um die relationale Struktur geht. Es werden jedoch bereits die grundlegenden Relationsoperationen vorgestellt, um ein Gefühl dafür zu vermitteln, welche Manipulationsmöglichkeiten der Daten später möglich sind.

Die Relationsoperationen werden normalerweise von der Datenmanipulationssprache (DML) des relationalen DBMS zur Verfügung gestellt. Im Folgenden werden die Operationen – formuliert in SQL – vorgestellt.

Selektion

Die **Selektion** ermöglicht die Auswahl bestimmter Tupel einer Relation. Sie wirkt wie ein Filter. Aus einer gegebenen Relation werden alle Tupel herausgesucht, die einer (vom Benutzer) vorgegebenen Bedingung genügen.

Beispiel 7 Die Anfrage »Gib alle Personen aus, die in Bochum wohnen« bedeutet, aus der Tabelle »Person« alle Tupel zu selektieren, deren Wert für das Attribut »Ort = "Bochum"« ist.
In SQL wird dies folgendermaßen formuliert:

```
select * (d.h. Werte aller Attribute)
  from Person
  where  Ort = "Bochum"
```

Als Antwort erhält man:

```
129 Herr Dr. Kurt Kurz... 44879 Bochum
```

Die allgemeine SQL-Syntax lautet:

```
select *
  from R where  expression
```

Projektion

Die **Projektion** ermöglicht die Auswahl bestimmter Spalten einer Relation.

Beispiel 8 Die Anfrage »Gib den Vornamen, Namen und das Geburtsdatum aller Personen aus« bedeutet, aus der Tabelle »Person« alle Spalten außer Vorname, Name und Geburtsdatum auszublenden.
In SQL formuliert sieht die Anfrage so aus:

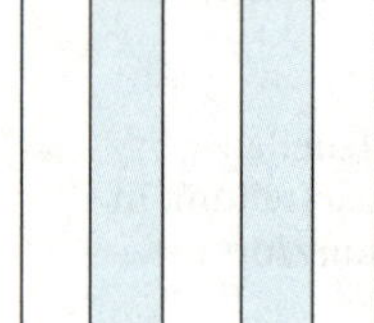

```
select  distinct  Vorname, Name, Geburtsdatum
  from  Person
```

Der optionale Zusatz **distinct** erzwingt, dass mehrfach vorkommende Tupel nur einmal aufgeführt werden.

Die allgemeine SQL-Syntax dafür lautet:

```
select [distinct] A, B, ...
  from R
```

wobei A, B, ... Attribute von R sind.

Relationen über gleiche Attributmengen können mit den üblichen **Mengenoperationen** Vereinigung *(union)*, Durchschnitt *(intersection)* und Differenz *(difference)* verknüpft werden. Diese Mengenoperationen erfordern, dass die zu verknüpfenden Mengen vereinigungskompatibel sind. Das bedeutet, dass

Mengenoperationen

- jede Relation dieselbe Anzahl Attribute besitzt und
- korrespondierende Attribute, d.h. Attribute mit denselben Namen in den zwei Relationen denselben Wertebereich besitzen.

Beispiel 9

Die Geschäftsleitung der Firma Teachware will allen Dozenten und Mitarbeitern eine Geburtstagskarte schicken. Es soll eine Liste mit Anrede, Titel, Vorname, Name und Geburtsdatum ausgedruckt werden. Wenn ein Mitarbeiter auch als Dozent arbeitet, dann soll er nur einmal aufgeführt sein.
Es ergibt sich folgende Anfrage:

Vereinigung

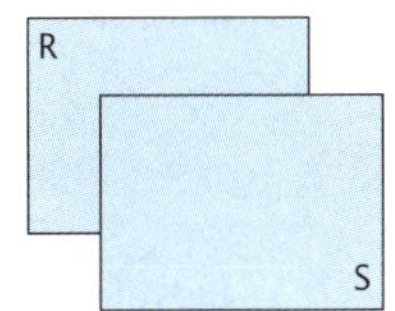


```
select Anrede, Titel, Vorname, Name, Geburtsdatum
  from Person
  where Personal-Nr in
        (select Personal-Nr
           from Mitarbeiter
        union
        select Personal-Nr
           from Dozent)
```

Mit dem ersten **select** wird auf die Relation »Person« zugegriffen. Hinter **where** folgt eine Unterabfrage, die aus zwei **select** -Befehlen verknüpft durch einen Vereinigungsoperator **union** besteht.

Bei der Vereinigung *(union)* entsteht eine Relation $R \cup S$, die alle Tupel enthält, die entweder in R oder in S oder in R und S vorhanden sind. Doppelte Tupel werden entfernt.

Vereinigung *union*

Beim Durchschnitt *(intersect)* entsteht eine Relation $R \cap S$, die alle Tupel enthält, die sowohl in R als auch in S vorhanden sind.

Durchschnitt *intersect*

Beispiel 10

Die Geschäftsführung der Firma Teachware möchte eine Liste aller Personal-Nr. von den Personen, die sowohl Kunden als auch Dozenten sind:

Durchschnitt

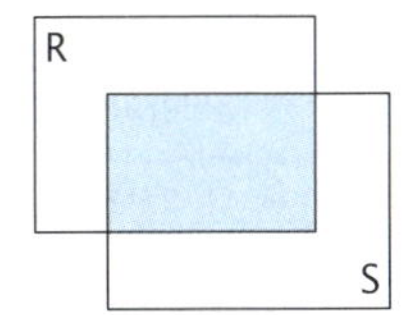


```
select Personal-Nr
  from Kunde
intersect
select Personal-Nr
  from Dozent
```

Bei der Differenz *(difference)* (in SQL: **minus**) entsteht eine Relation R–S, die alle Tupel enthält, die in R und nicht in S enthalten sind.

Differenz *minus*

Beispiel 11 Die Geschäftsführung der Firma Teachware möchte wissen, welche Kunden Privatkunden sind, d.h. zu keiner Firma gehören:

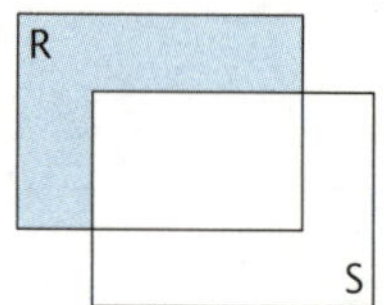


```
select Personal-Nr
  from Kunde
minus
select Personal-Nr
  from Firma
```

Produkt *times*

Das kartesische **Produkt** R × S von zwei Relationen R und S hat als Attribute alle Attribute von R und S. Sind Attribute in R und S identisch, dann werden sie doppelt als eigenständige Attribute im Ergebnis aufgeführt. Als Tupel enthält R × S alle möglichen Kombinationen (Zusammensetzungen) der Tupel aus R mit denen aus S.

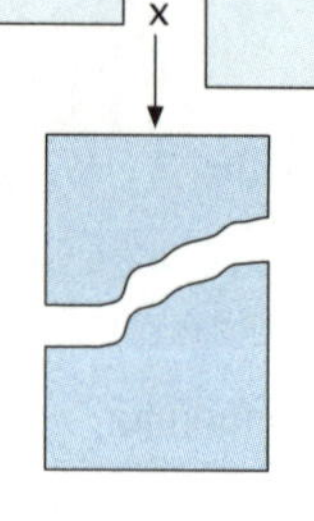

In der Praxis hat das Produkt keine Bedeutung, da es keine neuen Informationen enthält.

R	A	B
	a	b
	b	b

S	C	D	E
	1	2	3
	4	5	6
	7	8	9

RxS	A	B	C	D	E
	a	b	1	2	3
	a	b	4	5	6
	a	b	7	8	9
	b	b	1	2	3
	b	b	4	5	6
	b	b	7	8	9

Beispiel 12 In SQL:

```
select * from R,S
```

natürlicher Verbund

Der **natürliche Verbund** *(natural join)* verschmilzt zwei Relationen bzgl. gemeinsamer Attribute (gleicher Name und gleiche Wertebereiche) zu einer Relation höherer Stelligkeit.

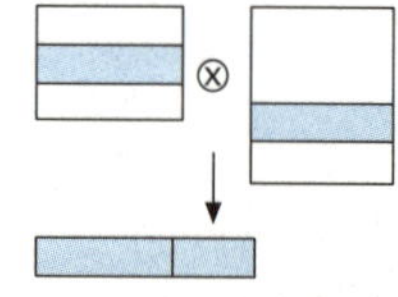

Der natürliche Verbund R ⊗ S der Relationen R und S hat als Attribute alle Attribute von R und S, wobei die gemeinsamen Attribute nur einmal aufgeführt werden. Die Tupel von R ⊗ S umfassen alle Kombinationen der Tupel von R und S, die auf den gemeinsamen Attributen identische Wertekombinationen besitzen.

Beispiel 13

R	A	B	C
	a	a	b
	a	b	a
	a	a	c

S	C	D	E	F
	b	1	2	3
	c	4	5	6
	b	7	8	9

R⊗S	A	B	C	D	E	F
	a	b	b	1	2	3
	a	a	b	7	8	9
	a	a	c	4	5	6

Beispiel 14

Kunde	Personal-Nr.	Funktion	Umsatz
	11	Berater	2000,–
	17	Entwickler	5000,–
	22	Analytiker	8000,–

Zahlungsverzug	Personal-Nr.	Stichtag	Betrag
	11	12-12-95	1000.–
	18	10-08-95	2000.–
	22	22-10-95	500.–
	11	11-11-95	700.–

Der natürliche Verbund ergibt folgende Relation:

Kunde ⊗ Zahlungsverzug	Personal-Nr.	Funktion	Umsatz	Betrag	Stichtag
	11	Berater	2000,–	1000,–	12-12-95
	11	Berater	2000,–	700,–	11-11-95
	22	Analytiker	8000,–	500,–	22-10-95

Beim **Θ-Verbund** R[A Θ B] S, wobei Θ einer der Vergleichsoperationen =, ≠, ≤, ≥, < oder > ist, wird jedes Tupel aus R mit den Tupeln aus S verknüpft, so dass der A-Wert des R-Tupels dem Vergleich Θ mit dem B-Wert jedes dieser S-Tupel genügt. Es muss W(A) = W(B) gelten.

Θ-Verbund (Theta-Verbund) *Θ-join*

Beispiel 15

R	A	B
	a	b
	c	d

S	C	D
	b	d
	a	b
	d	e

R[B ≠ C]S	A	B	C	D
	a	b	a	b
	a	b	d	e
	c	d	b	d
	c	d	a	b

R[B ≤ C]S	A	B	C	D
	a	b	b	d
	a	b	d	e
	c	d	d	e

In SQL:

```
select *
  from  R,S
  where R.B¬= S.C
```

```
select *
  from  R,S
  where R.B <= S.C
```

Alle Kunden, die die Veranstaltung Nr. 99 gebucht haben:

```
select *
  from   Kunde, bucht
  where  bucht.Veranstaltungs_Nr = 99 and
         Kunde.Personal_Nr = bucht.Personal_Nr
```

Allgemein:

```
select *
  from  R,S
  where R.A Θ S.B
```

Ist die Θ-Vergleichsoperation ein »=«, dann nennt man den Θ-Verbund auch *equi-join*. Der *equi-join* ist identisch mit dem natürlichen Verbund, die verglichenen Spalten sind jedoch doppelt aufgeführt, während dies beim natürlichen Verbund nicht der Fall ist.

equi-join

Der natürliche Verbund muss in SQL über den Θ-Verbund (wobei Θ »=« ist) beschrieben werden:

natürlicher Verbund in SQL

R habe die Attribute $A_1, \ldots, A_k, A_{k+1}, \ldots, A_n$ und S die Attribute $A_{k+1}, \ldots, A_n, A_{n+1}, \ldots, A_m$. Der natürliche Verbund wird dann bestimmt durch:

```
select A_1,...,A_k, R.A_k+1, ...,R.A_n, A_n+1, ..., A_m
  where R.A_k+1= S.A_k+1 and ... and R.A_n = S.A_n,
```

wobei A_i, $k+1 \leq i \leq n$, die gemeinsamen Attribute von R und S sind.

Beispiel 16

Der natürliche Verbund aus Beispiel 14 wird in SQL folgendermaßen formuliert:

```
select Kunde.Personal_Nr, Umsatz, Funktion, Betrag, Stichtag
  from Kunde, Zahlungsverzug
  where Kunde.Personal_Nr = Zahlungsverzug.Personal_Nr
```

Hinter **select** werden die einzelnen Attribute beider Tabellen aufgeführt. Eine Qualifizierung mit dem vorangesetzten Tabellennamen ist immer dann erforderlich, wenn Spalten in den betrachteten Tabellen die gleiche Bezeichnung haben.
Ein *equi-join* (die Spalten Personal_Nr würden zweimal aufgeführt) wird folgendermaßen formuliert:

```
select *
  from Kunde, Zahlungsverzug
  where Kunde.Personal_Nr = Zahlungsverzug.Personal_Nr
```

Verknüpfung von Operationen

Die bisher vorgestellten Relationsoperationen können in beliebiger Reihenfolge miteinander verknüpft auf Relationen angewandt werden. Das Ergebnis ist immer eine – eventuell leere – Antwort-Relation. Die verknüpften Operationen werden von links nach rechts abgearbeitet. Durch Klammerung kann eine andere Reihenfolge festgelegt werden.

Beispiel 17

Teilnehmerliste aller Kunden, die die Veranstaltung Nr. 99 gebucht haben:

```
select Titel, Vorname, Name, Funktion
  from Person, Kunde, bucht
  where Veranstaltungs-Nr = 99 and
        Person.Personal_Nr = Kunde.Personal_Nr and
        Kunde.Personal_Nr = bucht.Personal_Nr
```

Effizienz

Um eine effiziente Auswertung zu ermöglichen, sollten zuerst die Bedingungen überprüft werden, die sich auf mengenmäßig kleine Tabellen beziehen und die stärksten Einschränkungen beinhalten.

3.5.2.3 Datenabhängigkeiten und Integritätsregeln

Integritätsbedingungen legen – zusätzlich zu Namen, Attributen und Wertebereichen – fest, welche Teilmengen eines kartesischen Produktes von Wertebereichen »gültige« Relationen sind. Als (spezielle) Integritätsbedingungen werden hier sogenannte Datenabhängigkeiten betrachtet. Datenabhängigkeiten können sich auf Abhängigkeiten innerhalb einer Tabelle beziehen. Man unterscheidet:

innerhalb einer Tabelle (innerrelationale Abhängigkeiten)

- Funktionale Abhängigkeiten FDs
- Mehrwertige Abhängigkeiten MVDs

Außerdem gibt es Abhängigkeiten zwischen Tabellen:

zwischen Tabellen (interrelationale Abhängigkeiten)

- Inklusions-Abhängigkeiten IDs

Generell muss ein relationales Datenmodell folgende zwei Integritätsbedingungen erfüllen:

- Entitäts-Integrität
- Referentielle Integrität

Diese Datenabhängigkeiten und Integritätsbedingungen werden im Folgenden kurz beschrieben.

funktionale Abhängigkeiten FD

Eine **funktionale Abhängigkeit** *(functional dependency* FD) ist eine Aussage der syntaktischen Form X → Y, wobei X und Y Teilmengen der Attributmenge eines Relationschemas sind (zu lesen: X bestimmt funktional Y).

Eine Relation über diese Attributmenge erfüllt die FD X → Y, falls je zwei Tupel aus ihr, die auf X übereinstimmen, auch auf Y übereinstimmen. Zu jedem X-Wert oder X-Wertetupel in R gibt es also höchstens einen Y-Wert bzw. einen Y-Wertetupel.

Entwurfsaufgabe

Während des Entwurfs werden FDs festgelegt. Sie schränken mögliche Relationen auf gültige ein, d.h. der aktuelle Inhalt eines Schemas muss stets alle geforderten FDs erfüllen.

Beispiel 18

Für die Tabelle »Person« ist folgende FD denkbar:
{Vorname, Name, Straße, PLZ, Ort} → {Geburtsdatum}
Eine Kombination von Werten der Attribute Vorname, Name, Straße, Ort bestimmt genau einen Wert des Attributes Geburtsdatum. Das heißt in der Relation »Person« kann *kein* weiteres Tupel mit dem Wert (Hans, Meyer, Hauptstr. 12, 56667, Hauptdorf, 2-5-33) für Vorname, Name, Straße, Ort enthalten sein mit einem anderen Wert als 2-5-33 für Geburtsdatum.

Die FDs, die für eine Relation gelten, werden mit in ihr Relationenschema aufgenommen.

Der Schlüsselbegriff lässt sich nun präzisieren:

Schlüssel

Sei X die Attributmenge des Relationenschemas R und K eine Teilmenge von X. K definiert einen **Schlüssel** für R, falls jede Relation die FD K → X erfüllen soll und K keine echte Teilmenge enthält, die ebenfalls diese Eigenschaft besitzt.

mehrwertige Abhängigkeiten MVD

Bei einer FD X → Y bestimmt eine Wertekombination der Attribute aus X genau eine Wertekombination der Attribute aus Y.

Es gibt jedoch auch Fälle, in denen eine Wertekombination der Attribute aus X mehrere Wertekombinationen der Attribute aus Y bestimmt und alle diese Kombinationen unabhängig voneinander sind.

Beispiel 19

Person	Personal-Nr.	Vorname	Name	Beruf	Kind
	198	Fritz	Schultz	Informatiker	Franz
	198	Fritz	Schultz	Informatiker	Carola
	237	Hans	Lange	Ingenieur	Kerstin
	237	Hans	Lange	Ingenieur	Holger
	237	Hans	Lange	Ingenieur	Achim

Jede Person bestimmt ihre Kinder (nicht funktional) und unabhängig davon auch ihren Beruf: {Personal-Nr} → {Beruf} (wenn angenommen wird, dass zu einem Zeitpunkt eine Person nur einen Beruf ausübt).

Es besteht hier die mehrwertige Abhängigkeit *(multivalued dependency* MVD) {Personal-Nr} $\rightarrow\rightarrow$ {Kind} (zu lesen: Personal-Nr bestimmt mehrfach Kind).

MVDs bringen Redundanzen in einer Relation mit sich. Im obigen Beispiel müssen die jeweiligen Werte zu den anderen Attributen {Beruf ...} mehrfach (bei 198 zweimal, bei 237 dreimal) aufgeführt werden.

Inklusions-Abhängigkeiten und Fremdschlüssel

Abhängigkeiten zwischen Attributen *verschiedener* Relationenschemata werden interrelationale Abhängigkeiten genannt. Eine häufig auftretende Abhängigkeit dieser Art ist die **Inklusions-Abhängigkeit** *(inclusion dependency* ID).

Beispiel 20a Inklusions-Abhängigkeit ID

Ein Kunde kann nur Seminarveranstaltungen buchen, die auch wirklich angeboten werden. Das bedeutet, dass in der Relation »bucht« unter dem Attribut Veranstaltungs-Nr nur Werte auftreten dürfen, die in der Relation Seminarveranstaltung als Wert unter dem Attribut Veranstaltungs-Nr. bereits vorhanden sind.

Inklusions-Abhängigkeiten besagen also, dass gewisse Tupel in einer Relation erst dann zugelassen sind, wenn in einer anderen dazu bereits Entsprechungen existieren.

Bei IDs handelt es sich um Aussagen der Form $RS_1[V] \supseteq RS_2$ [Z] wobei RS_1 und RS_2 zwei Relationenschemata mit den Attributen X bzw. Y sind und es gelte: $Y \supseteq Z$, $X \supseteq V$.

Sind R_1 und R_2 Relationen über RS_1 bzw. RS_2, so ist diese ID erfüllt, falls zu jedem Zeitpunkt die Projektion von R_2 auf Z eine Teilmenge der Projektion von R_1 auf V ist. Vorausgesetzt ist dabei, dass Z und V vom gleichen Typ sind, d.h. zu jedem Attribut aus Z existiert ein solches aus V mit dem gleichen Wertebereich und umgekehrt.

Fremdschlüssel

Ist V Primärschlüssel von RS_1, dann ist Z ein **Fremdschlüssel** in RS_2.

Beispiel 20b

Diese Aussagen werden durch folgendes Beispiel erläutert:

RS_2	Y_1	$Z=Y_2$	Y_3	Y_4
bucht	Personal-Nr.	Veranstaltungs-Nr.	Angemeldet am	...
	12	23	12-3-95	
$R_2 \longrightarrow$	24	27	27-4-95	
	19	23	14-3-95	

RS_1	$V=X_1$	X_2	X_3
Veranstaltung	Veranstaltungs-Nr.	Dauer	...
	23	3	
$R_1 \longrightarrow$	27	1	
	35	4	

Es gilt: $Y \supseteq Z$, $X \supseteq V$

Die Projektion von R_2 auf Z bedeutet, dass die Spalte Veranstaltungs-Nr. betrachtet wird, hier die Menge S_2 mit den Werten $S_2=\{23,27\}$.
Die Projekton von R_1 auf V bedeutet, dass die Spalte Veranstaltungs-Nr. betrachtet wird, hier die Menge S_1 mit den Werten $S_1=\{23,27,35\}$.
Es gilt: S_2 ist eine Teilmenge von S_1: $S_1 \supseteq S_2$.
Allgemein formuliert erfordert die Inklusions-Abhängigkeit:
Veranstaltung[Veranstaltungs-Nr.] $\supseteq$ bucht [Veranstaltungs-Nr.].
Die Veranstaltungs-Nr. ist Primärschlüssel von »Veranstaltung«. Veranstaltungs-Nr. ist Fremdschlüssel in »bucht«.

Zwei fundamentale Integritätsregeln des Relationsmodells müssen eingehalten werden:

Entitäts-Integrität

Entitäts-Integrität bedeutet, dass die Wertebereiche der Primärschlüssel-Attribute keine Nullwerte enthalten dürfen.

referentielle Integrität

Referentielle Integrität bedeutet, dass, falls ein Fremdschlüssel Z einer Relation R_2 mit dem Primärschlüssel Y der Relation R_1 korrespondiert, entweder jeder Wert von Z in R_2 als Wert von Y in R_1 vorkommen oder er (in jeder Komponente) einen Nullwert enthalten muss.

Referentielle Integrität kann auch innerhalb einer Relation bestehen.

Beispiel 21

Diese Aussagen werden durch folgendes Beispiel verdeutlicht:

Kunde	Personal-Nr	...	Kurzname (Z)
R_2	12		Hard&Soft
	24		Softtech
	19		—

Firma	Kurzname (V)	Name	...
R_1	Hard&Soft		
	Softtech		

Ein Kunde kann zu einer Firma gehören, dann muss als Fremdschlüssel der Kurzname eingetragen sein. Alle eingetragenen Kurznamen, d.h. alle Fremdschlüssel, müssen als Primärschlüssel in der Tabelle »Firma« vorhanden sein (Inklusions-Abhängigkeit). Handelt es sich aber um einen Privatkunden, dann muss der Fremdschlüssel einen Nullwert enthalten, d.h. leer sein.

Umgangssprachlich ausgedrückt bedeutet dies:

Wenn in einer Tabelle ein Fremdschlüssel vorhanden ist, dann muss der Fremdschlüsselwert auch als Primärschlüsselwert in der korrespondierenden Tabelle auftauchen.

3.5.3 Entwicklungsphasen einer relationalen Datenbank

Die Entwicklungsphasen einer relationalen Datenbank hängen davon ab, ob es sich um

- eine reine Datenbankentwicklung handelt oder ob sie
- Entwicklungsbestandteil einer Anwendung ist.

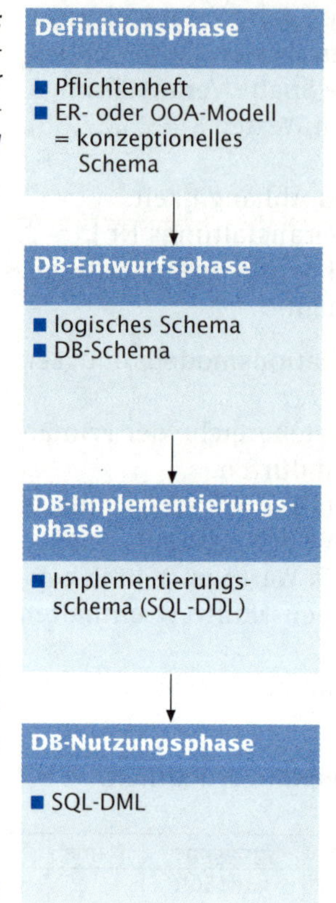

Abb. 3.5-3: Entwicklungsphasen bei einer reinen DB-Entwicklung

Bei einer reinen Datenbankentwicklung (Abb. 3.5-3) bildet das in der Definitionsphase erstellte Pflichtenheft und das daraus entwickelte ER- oder OOA-Modell den Ausgangspunkt für den Datenbankentwurf. Folgende Angaben im Pflichtenheft, ER- oder OOA-Modell sind für den Datenbank-Entwurf besonders wichtig:

- Erwartete Anfrage- und Änderungshäufigkeiten der Daten.
- Zuordnung von Datenzugriffsrechten zu Benutzergruppen.
- Bedingungen (Wertebereiche, Plausibilitäten, Abhängigkeiten), denen die Daten genügen sollen.
- Modellierung externer Sichten.

konzeptionelles Schema

Die vollständige, formale, konzeptionelle Beschreibung der Datenstrukturen der Datenbank bezeichnet man auch als **konzeptionelles Schema.**

Entwurfsphase

In der DB-Entwurfsphase sind zwei Haupttätigkeiten durchzuführen:

1 Relationale Datenmodellierung
2 Normalisierung

1 relationale Datenmodellierung

Aufgabe der **relationalen Datenmodellierung** ist es, das **konzeptionelle Schema** in ein **logisches Schema** zu überführen, d.h. in Relationen-Beschreibungen zu übersetzen.

Folgende Teilaufgaben müssen durchgeführt werden:

Aufgaben

a Festlegen der **Relationenschemata** mit Namen, Attributen und deren Wertebereichen.
b Beschreibung der intrarelationalen Abbhängigkeiten, insbesondere Festlegen der Schlüsselattribute, gegebenenfalls Bestimmen der FDs und MVDs.
c Beschreibung der interrelationalen Abhängigkeiten (IDs).
d Evtl. Beschreibung weiterer Integritätsbedingungen.

Das Ergebnis wird im **logischen Schema** mit z.B. folgender Syntax festgehalten:

logisches Schema

```
Logic Schema
Name:               Name des logischen Schemas
Relationschemas:    RS1, RS2, ... , RSm
[ICs:               Integritätsbedingungen]
```

ICs *(integrity contraints)* können in Textform oder formal (in einem Logikkalkül) notiert werden.

Inklusions-Abhängigkeiten (IDs) werden als spezielle ICs aufgefasst. Sie können mit der Teilmengennotation dargestellt werden.

Die Relationenschemata (RS_i) sind dabei wie folgt definiert:

```
Relationschema
Name:        Relationsschemaname
Attribute:   A1:   Wertebereich(A1) [not null]
             A2:   Wertebereich(A2) [not null]
             .
             .
             .
             An:   Wertebereich(An) [not null]
Key:         Schlüsselattribute
[FDs:        Funktionale Abhängigkeiten]
[MVDs:       Mehrwertige Abhängigkeiten]
[Notes:      zusätzliche Bemerkungen]
```

Die Option **not null** bedeutet, dass für jedes Tupel der Relation zu diesem Attribut ein Wert definiert sein muss. Insbesondere müssen Schlüsselattribute, da sie ja identifizierend sind, mit **not null** vereinbart sein.

In FDs wird die Schlüsselabhängigkeit aller Attribute von den Schlüsselattributen nicht aufgeführt, da sie implizit durch die Angabe von *key* gegeben ist.

Die Transformation eines konzeptionellen Schemas in ein logisches Schema kann weitgehend automatisiert erfolgen. Die Transformationsregeln werden im nächsten Abschnitt angegeben.

2 Normalisierung

Bei der **Normalisierung** wird das logische Schema unter allgemeinen oder aus der Definitionsphase resultierenden spezifischen Kriterien optimiert.

Ein allgemeines Kriterium ist das **Normalisieren** der Relationsschemata bzgl. ihrer internen Abhängigkeiten. Dadurch werden Datenredundanzen vermieden. Die aus dem Normalisierungsprozess resultierenden Relationenschemata heißen **Basisrelationenschemata.**

Eine spezifische Anforderung kann z.B. darin bestehen, bestimmte häufig wiederkehrende gleiche Anfragen in einer vorgegebenen Dialogzeit zu beantworten. Durch die Festlegung von **Indexattributen**, die als solche in den entsprechenden Relationenschemata gekennzeichnet werden, kann dies in der Implementierung berücksichtigt werden.

Externe Sichten, denen keine Basisrelation entspricht, sondern die sich aus Teilen einer oder mehrerer verschiedener Basisrelationen zusammensetzen, werden in der Implementierung durch ***views*** beschrieben ***(view*-Schemata).**

Abschnitt 3.4.2

Datenschutzaspekte können durch das Festlegen von Zugriffsrechten auf Basisrelationen und ***views*** berücksichtigt werden.

Die Gesamtheit der Relationenschemata (für Basisrelationen und *views)* und die festgelegten Zugriffsrechte bilden das **Datenbank-Schema** und sind Grundlage für die Implementierung.

DB-Schema

Implementierungsphase

In der **Implementierungsphase** wird die Datenbank mit der Datendefinitionssprache (DDL) des DBMS eingerichtet:

- Die Basisrelationen aus dem Datenbankschema mit ihren Namen, den Attributnamen sowie den Wertebereichen der Attribute werden entsprechend den SQL-Konventionen implementiert.
- Die *views* werden implementiert. *views* beschreiben »virtuelle Relationen«, die nicht wie Basisrelationen permanent in der Datenbank abgelegt sind. Die werden vielmehr bei Bedarf, d.h. beim Ansprechen mit entsprechenden SQL-Befehlen jeweils neu berechnet.
- Die Zugriffsrechte werden erteilt.
- Für die effiziente Auswertung von Anfragen werden Indizes zur Festlegung von Zugriffspfaden implementiert.

Das in SQL implementierte Datenbankschema heißt das **Implementierungsschema** der Datenbank und wird in Systemtabellen angelegt.

Nutzungsphase

In der **Nutzungsphase** bedeutet das Arbeiten mit einer Datenbank das Einfügen, Löschen und Ändern von Daten sowie das Stellen von Anfragen an die Datenbank.

Notwendige Strukturveränderungen können durch Einrichten, Löschen oder Ändern von zusätzlichen bzw. vorhandenen Relationen, Attributen, Indizes mit der DDL modifiziert werden.

Prototyp-Entwicklung Kapitel II 3.2

Datenbanksysteme bieten gute Voraussetzungen zur Prototypen-Entwicklung, denn sie stellen bereits fast alle Funktionen zur Verfügung, die für das Arbeiten mit einer Datenbank notwendig sind.

Relationenschemata bzw. ein Datenbankschema können zumindest für Teilaspekte relativ schnell implementiert werden. Abb. 3.5-4 zeigt, wie sich die Datenbank-Entwicklung in eine Anwendungsentwicklung zeitlich einfügt.

3.5.4 Transformation eines ER-Modells in ein logisches Schema

Kap. 2.10 & 2.18

Ausgangspunkt einer relationalen Datenmodellierung sollte immer ein ER-Modell oder ein OOA-Modell sein. Ein ER-Modell (und analog ein OOA-Modell) kann nach folgenden Regeln weitgehend automatisch in ein logisches Schema transformiert werden:

Entitätstyp

1 Für jeden Entitätstyp wird ein Relationenschema definiert, dessen Attributmenge alle Attribute des Typs umfasst. Jedes Tupel in einer Relation über dieses Schema stellt eine Entität dar.

Beispiel 22

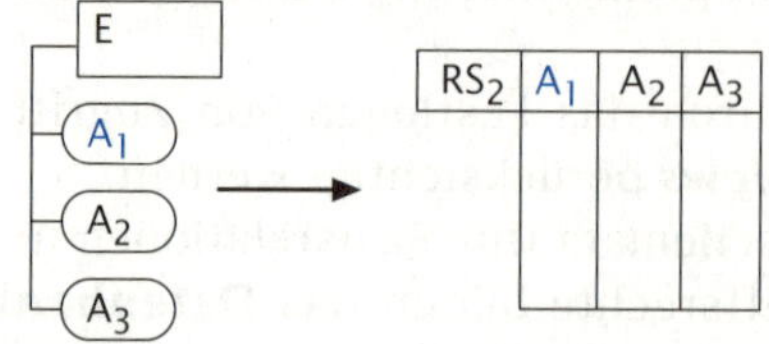

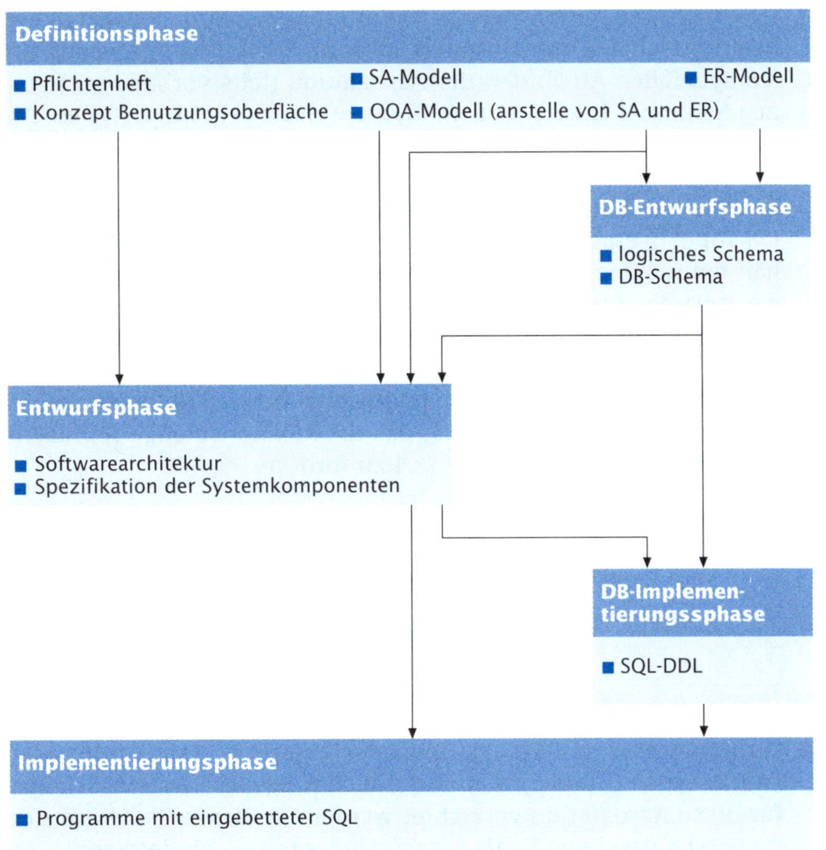

Abb. 3.5-4: Datenbank-Entwicklung als Teil der Software-Entwicklung

IS-A Vererbung

2 Bei einer IS-A-Beziehung bzw. Vererbungsstruktur zwischen zwei Entitätstypen E_1 und E_2, die in die Relationschemata RS_1 und RS_2 transformiert werden, entsteht eine interrelationale Inklusions-Abhängigkeit: Falls E_1 IS-A E_2 gilt und K der Schlüssel von E_2 bzw. RS_2 ist, der auch in der Attributmenge von RS_1 vorkommt, dann ist die Inklusions-Abhängigkeit $RS_2[K] \supseteq RS_1[K]$ in die Menge der Inklusions-Abhängigkeiten des Datenbankschemas aufzunehmen.

Beispiel 23

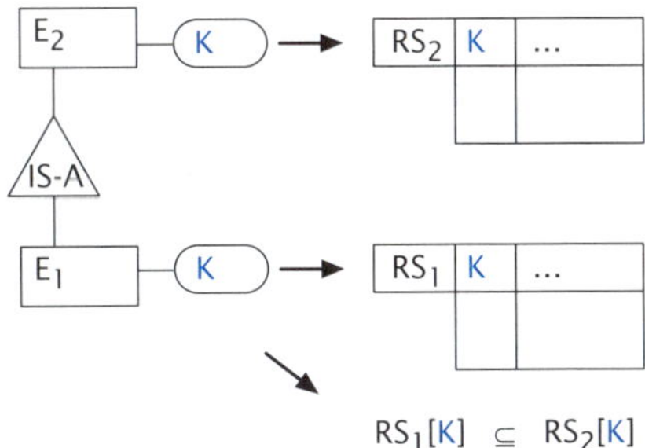

M:N-Assoziation **3** Jede M:N-Assoziation zwischen l Entitätstypen $E_1, ..., E_l$ wird in ein Relationsschema transformiert, dessen Attributmenge neben allen speziellen Attributen der Assoziation (falls vorhanden) je einen Schlüssel für $E_1, ..., E_l$ umfasst. Wenn zwei Entitätstypen ein Attribut mit dem gleichen Namen enthalten, diese Attribute jedoch verschiedene Dinge bezeichnen, dann sind diese Namenskonflikte aufzulösen.

Ein Tupel in einer Relation über dem so entstandenen Schema enthält dann einen Wert für jeden der l beteiligten Schlüssel, wobei der Wert des i-ten Schlüssels eine Entität aus E_i identifiziert, dessen Beschränkung aus RS_i entnommen werden kann, sowie Werte für die speziellen Attribute.

IDs

Es werden auch in diesem Fall Inklusions-Abhängigkeiten erzeugt: Ist RS der Name des Schemas, das die Relationsmenge repräsentiert, so ist $RS[l_j] \neq RS_j[l_j]$, $1 \leq j \leq l$ zu fordern.

Beispiel 24

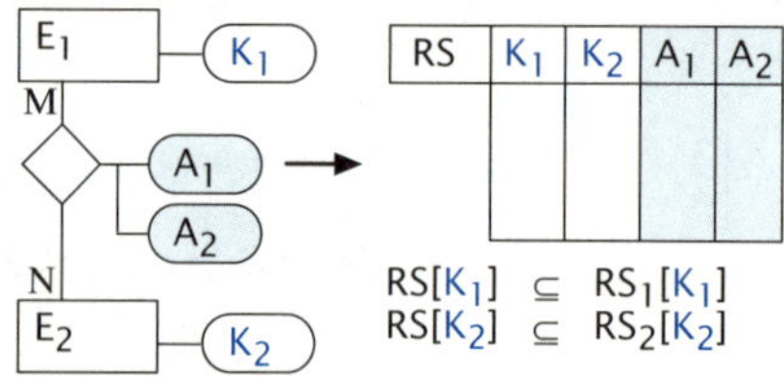

M:1- und 1:1-Assoziation **4** Verbindet eine 1:1-Assoziation oder eine M:1-Assoziation zwei Entitätstypen E_1 und E_2, dann kann auf ein eigenes Relationsschema für diese Assoziation verzichtet werden. In diesem Fall wird der Primärschlüssel von E_2 als Fremdschlüssel in E_1 eingetragen.

Beispiel 25

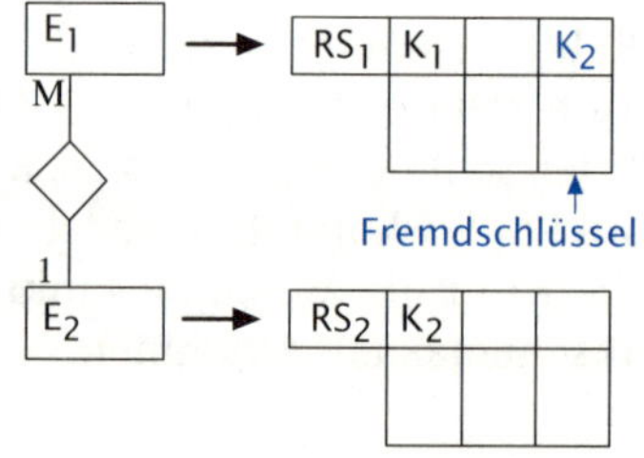

Beispiel 26 Das in Abb. 3.5-5 dargestellte ER-Modell der Fallstudie Seminarorganisation lässt sich entsprechend den Transformationsregeln in folgendes logisches Schema überführen:

IC = *integrity constaints*

```
Logic Schema
Name:
Seminarorganisation
Relationsschemas:
Seminarveranstaltung, Person, Kunde, Dozent,
Firma, Seminartyp, ist_zugeordnet, führt_durch, bucht
```

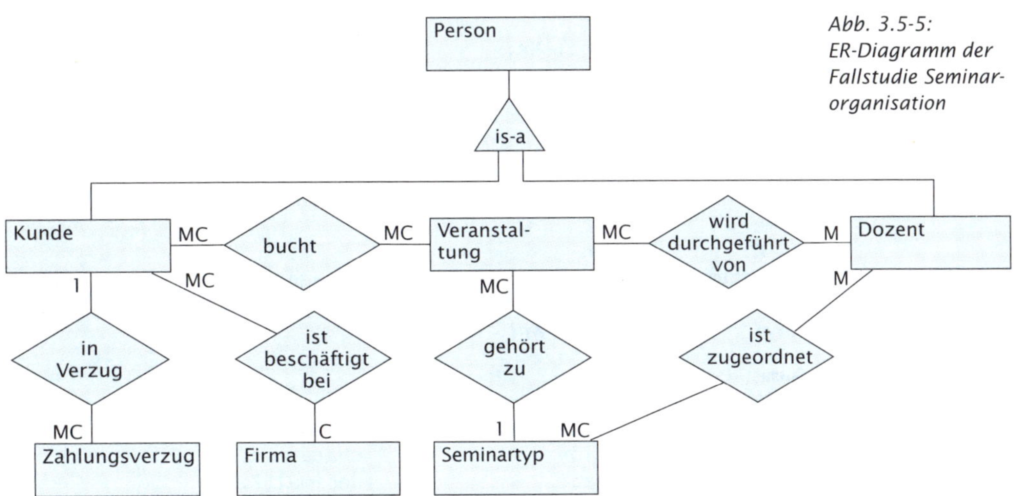

Abb. 3.5-5: ER-Diagramm der Fallstudie Seminarorganisation

```
ICs:
Dozent[Personal-Nr] ⊆ Person [Personal-Nr]
Kunde[Personal-Nr] ⊆ Person [Personal-Nr]
führt_durch [Veranstaltungs-Nr] ⊆ Seminarveranstaltung
                                      [Veranstaltungs-Nr]
führt_durch [Personal-Nr] ⊆ Dozent [Personal-Nr]
ist_zugeordnet [Personal-Nr] ⊆ Dozent [Personal-Nr]
ist_zugeordnet [Seminarkurztitel] ⊆ Seminartyp [Seminarkurztitel]
bucht [Personal-Nr] ⊆ Kunde [Personal-Nr]
bucht [Veranstaltungs-Nr] ⊆ Seminarveranstaltung
                                      [Veranstaltungs-Nr]
Seminarveranstaltung [Kurztitel] ⊆ Seminartyp [Kurztitel]

Ein Dozent darf nur dann eine Seminarveranstaltung durchführen
(führt_durch), wenn er dem Seminartyp zugeordnet ist, der zu der
entsprechenden Seminarveranstaltung gehört.
Einem Seminartyp können mehr Dozenten zugeordnet sein, als die
Anzahl der Dozenten beträgt, die eine Seminarveranstaltung durch-
führen (muss aber Teilmenge sein).
Ein Dozent darf kein Kunde bei einer Seminarveranstaltung sein,
bei der er selbst Dozent ist.

Relationsschema
Name:        Seminarveranstaltung
Attribute:   Veranstaltungs-Nr:    smallint        not null
             Kurztitel:            character(15)   not null
             Dauer:                smallint        not null
             Vom:                  date            not null
             Bis:                  date
             ...
             Durchgeführt:         character(1)
             Teilnehmer aktuell:   smallint
Key:         Veranstaltungs-Nr
Wenn Dauer=1, dann muss Vom=Bis sein bzw. Bis=Null.
Durchgeführt darf erst nach dem Bis-Datum gesetzt werden.
Teilnehmer aktuell = Anzahl der gebuchten Kunden für die ent-
sprechende Veranstaltung
```

Lesehinweis: Die weiteren Attribute entnehmen Sie bitte der Attributspezifikation des OOA-Modells (Abschnitt 2.18.3).

```
Name:        Person
Attribute:   Personal-Nr:            integer          not null
             Titel:                  character(20)
             Vorname:                character(20)
             Name:                   character(20)    not null
             ...
Key:         Personal-Nr

Name:        Dozent
IS-A:        Person
Attribute:   Personal-Nr:            integer          not null
             Biografie:              character(200)
Key:         Personal-Nr

Name:        Kunde
IS-A:        Person
Attribute:   Personal-Nr:            integer          not null
             Funktion:               character(20)
             Umsatz:                 decimal(7,2)
             Kurzname:               character(15)
Key:         Personal-Nr

Name:        Seminartyp
Attribute:   Kurztitel:              character(10)    not null
             Seminartitel:           character(200)   not null
             ...
Key:         Kurztitel

Name:        führt_durch
Attribute:   Veranstaltungs-Nr:      smallint         not null
             Personal-Nr:            integer          not null
             Seminarleiter:          (Ja, Nein)
Key:         Veranstaltungs-Nr, Personal-Nr
Zu jeder Veranstaltungs-Nr gibt es genau einen Seminarleiter
```

Die anderen Relationsschemata sind analog aufgebaut.

3.5.5 Vom logischen Schema zum Datenbank-Schema

Um vom **logischen Schema** zum **Datenbank-Schema** zu gelangen, müssen noch folgende Aufgaben durchgeführt werden:

1 Normalisieren der Relationenschemata bis zum gewünschten Grad,
2 Festlegung der externen Sichten *(views)*,
3 Festlegen der Zugriffsrechte.

3.5.5.1 Normalformen für Relationenschemata

Intrarelationale Abhängigkeiten im logischen Schema können zu Redundanzen führen. Im Betrieb der Datenbank kann dies zu Integritätsverletzungen der Schema-Inhalte führen. Die einzelnen Relationenschemata werden daher einem Normalisierungsprozess unterzogen. Jedes Relationenschema wird unter Umständen in neue Schemata, so genannte **Basisrelationen-Schemata**, zerlegt, um Redundanzen zu vermeiden.

Durch den Normalisierungsprozess werden nicht normalisierte Relationenschemata in solche überführt, die einer bestimmten **Normalform** genügen. Die Zerlegung muss dabei den **verlustfreien Verbund** *(lossless join)* garantieren. Normalform verlustfreier Verbund

Wird ein Relationenschema RS mit der Attributmenge X in die zwei Schemata RS_1 mit der Attributmenge X_1 und RS_2 mit X_2 zerlegt, und werden die Relationen R_1 bzw. R_2 durch Projektion einer Relation R über RS auf X_1 bzw. X_2 erzeugt, d.h. $R_1 = R\,[X_1]$ und $R_2 = R\,[X_2]$, dann soll der natürliche Verbund bzgl. der gemeinsamen Attribute von R_1 und R_2, genau die Relation R ergeben und kein Tupel mehr oder weniger, d.h. $R = R_1 \otimes R_2$.

Beispiel 27

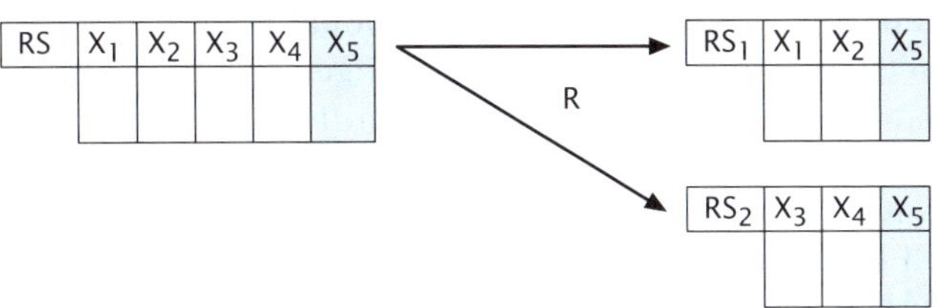

Eine Tabelle ist in **erster Normalform** (1NF), wenn in jeder Tabellenposition immer nur ein Wert steht, niemals eine Liste von Werten. Daraus ergibt sich, dass der Wertebereich jedes Attributs nur atomare Werte enthalten darf, aber keine Wiederholungsgruppen. erste Normalform

Beispiel 28

Alle bisherigen Beispiele waren in erster Normalform. Wäre es möglich, dass ein Kunde bei mehreren Firmen beschäftigt ist (Fallbeispiel Seminarorganisation), und man erlaubt bei Kunde die Aufzählung aller Firmen, dann wäre die Tabelle »Kunde« nicht normalisiert. Der Wertebereich von Kurznamen lautet: W(Kurznamen) = Wiederholung von Kurzname.

Kunde	Personal-Nr.	Funktion	Umsatz	Kurznamen
	11	Berater	5000.–	Hard&Soft, Softtech
	129	Projektleiter	8550.–	Innosoft
	22	Entwickler	2000.–	Hard&Soft, Orgware, Casetech

Eine Tabelle ist in **zweiter Normalform** (2NF), wenn sie in erster Normalform ist und jedes Nicht-Schlüsselattribut vom Primärschlüssel voll funktional abhängig ist. zweite Normalform

Ein *Nicht-Schlüsselattribut* ist ein Attribut, das in keinem Schlüssel dieser Tabelle vorkommt. *Voll funktional abhängig* bedeutet, dass ein Attribut Y von Attribut X funktional abhängt, aber *nicht* von einer echten Teilmenge von X funktional abhängt.

Umgekehrt ausgedrückt bedeutet dies: Eine Tabelle ist *nicht* in zweiter Normalform, wenn ein Nicht-Schlüsselattribut eine Eigenschaft einer Teilmenge eines Schlüssels beschreibt. Dies ist dann der

Fall, wenn das Nicht-Schlüsselattribut bereits von einer Teilmenge des Schlüssels funktional abhängt.

Beispiel 29 Jeder Dozent verteilt ein Skript zu seinem Vortrag:

Skript	Veranst.-Nr.	Personal-Nr.	Name	Skript-Nr.	Preis
	112	198	Schulz	2	25.–
	112	237	Lange	9	44.–
	112	11	Meyer	2	25.–
	202	198	Schulz	4	22.–

Der Schlüssel besteht aus den Attributen Veranstaltungs-Nr. und Personal-Nr. Nicht-Schlüsselattribute sind Name, Skript-Nr. und Preis.
Der Name ist funktional abhängig von der Personal-Nr.:
{Personal-Nr.} → {Name}, d.h. von einer Teilmenge des Schlüssels.
Die Skript-Nr. ist voll funktional abhängig von der Veranstaltungs-Nr. und der Personal-Nr.:
{Veranstaltungs-Nr., Personal-Nr.} → {Skript-Nr.}
Der Preis ist voll funktional abhängig von der Skript-Nr.:
{Skript-Nr.} → {Preis}
Wegen der FD {Personal-Nr.} → {Name} ist diese Tabelle *nicht* in der zweiten Normalform!
Die Tabelle »Skript« besitzt daher folgende Redundanzen:
Für jeden Dozenten, der bei mehreren Veranstaltungen mitwirkt, wird der Name wiederholt. Dies kann zu folgender Inkonsistenz bei Änderungen führen. Falls die Dozentin Schulz heiratet und sich dadurch ihr Name ändert, dann muss diese Ersetzung als nicht unterbrechbare Operation durchgeführt werden, damit nicht verschiedene Werte unter »Name« auftauchen (mit der Personalnummer 198).

Formal lässt sich die volle funktionale Abhängigkeit folgendermaßen beschreiben:

Sei A ein einzelnes Attribut aus einer Menge X von Attributen. A heißt *voll funktional abhängig* von X, falls X → A eine gültige FD ist, andererseits aber für keine echte Teilmenge Y von X auch Y → A eine gültige FD ist.

Jedes Relationsschema R, das in 1NF, aber nicht in 2NF ist, kann durch eine Menge von Relationenschemata ersetzt werden, deren Elemente in 2NF sind.

Zerlegungsmethode

Die Nicht-Schlüsselattribute einer Tabelle R, die von einer Teilmenge eines Schlüssels abhängen, bilden mit dieser Teilmenge als Schlüssel eine neue Tabelle R_2.

Die restlichen Attribute bilden mit dem Schlüssel von R eine neue Tabelle R_1.

Diese Methode wird auf jedes so erhaltene Schema so lange angewandt, bis alle sich ergebenden Schemata in zweiter Normalform sind.

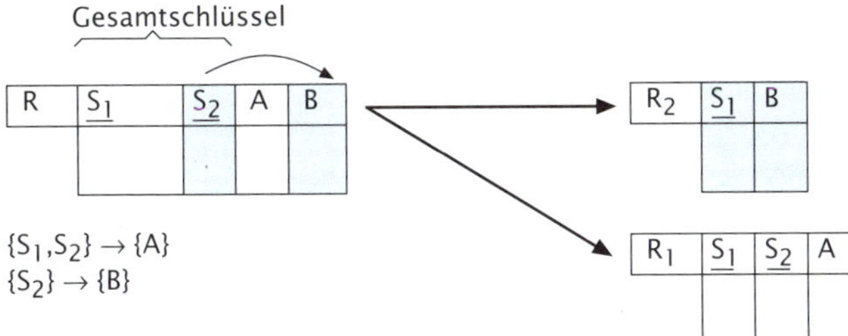

Die Tabelle »Skript« aus Beispiel 29 wird folgendermaßen zerlegt: Beispiel 30

Dozent	Personal-Nr.	Name
	198	Schulz
	237	Lange
	11	Meyer

Skript 2	Veranst.-Nr.	Personal-Nr.	Skript-Nr.	Preis
	112	198	2	25.–
	112	237	9	44.–
	112	11	2	25.–
	202	198	4	22.–

FD: {Personal-Nr} → {Name} {Skript-Nr} → {Preis}

Der natürliche Verbund von Dozent und Skript2 ergibt genau Skript, so dass die Forderung nach Verlustfreiheit erfüllt ist.

Die Zerlegung eines Relationenschemas in Schemata, die der zweiten Normalform genügen, garantiert einen verlustfreien Verbund, wenn die oben angegebene Zerlegungsmethode angewandt wird.

Eine Tabelle ist in **dritter Normalform** (3NF), wenn sie in zweiter Normalform ist und jedes Nicht-Schlüsselattribut nicht transitiv, d. h. direkt vom Primärschlüssel abhängt. dritte Normalform

Transitiv (funktional) *abhängig* bedeutet, dass immer, wenn die FDs A → B und B → C gelten, auch die transitive FD A → C gilt.

Umgekehrt ausgedrückt bedeutet dies: Eine Tabelle ist *nicht* in dritter Normalform, wenn ein Nicht-Schlüsselattribut eine Eigenschaft eines anderen Nicht-Schlüsselattributs darstellt.

Der Primärschlüssel der Tabelle »Skript2« in Beispiel 30 besteht aus Veranstaltungs-Nr. und Personal-Nr. Es gelten folgende FDs: Beispiel 31

{Veranstaltungs-Nr, Personal-Nr} → {Skript-Nr}

{Skript-Nr} → {Preis}

Daraus ergibt sich, dass der Preis transitiv vom Primärschlüssel abhängt. Die Tabelle »Skript2« ist daher *nicht* in dritter Normalform.

Formal lässt sich die direkte Abhängigkeit wie folgt beschreiben:

X und Y seien Attributmengen und A ein Attribut des Relationenschemas. Dann heißt A von X *transitiv (funktional) abhängig*, falls X → Y und Y → A gültige FDs sind, für die gilt:

Y → X ist keine gültige FD und A ist kein Element von Y.

Anderenfalls heißt A *direkt* von X abhängig.

Eine Tabelle R mit der Attributmenge Z und der transitiven Abhängigkeit X → Y → A wird in zwei Tabellen R_1 und R_2 zerlegt. Die Tabelle R_1 erhält alle Attribute aus Z ohne A, die FDs aus R ohne Y → A und Zerlegungsmethode den Schlüssel von R, Tabelle R_2 erhält alle Attribute aus Y und das Attribut A, die FD Y → A und den Schlüssel Y.

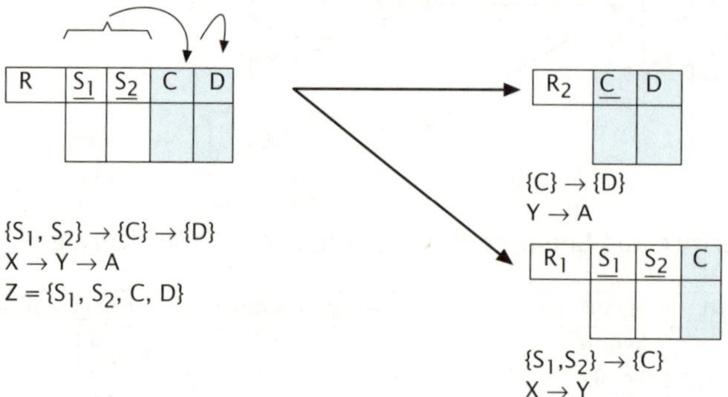

Dies wird so lange wiederholt, bis alle neuen Tabellen in 3NF sind.

Beispiel 32 Die Tabelle Skript2 aus Beispiel 30 wird in folgende Tabellen zerlegt:

Skript 3	Veranst.-Nr.	Personal-Nr.	Skript-Nr.
	112	198	2
	112	237	9
	112	11	2
	202	198	4

FD {Veranst.-Nr., Personal-Nr.} → {Skript-Nr.}

Skriptpreis	Skript-Nr.	Preis
	2	25.–
	9	44.–
	2	25.–

FD {Skript-Nr.} → {Preis}

Die Zerlegung eines Relationsschemas in Schemata, die der dritten Normalform genügen, gewährleistet einen verlustfreien Verbund.

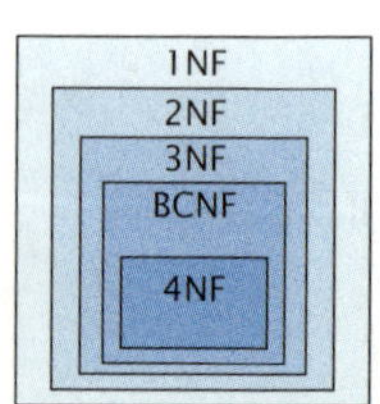

Die dritte Normalform impliziert die zweite.

Einen Sonderfall der dritten Normalform behandelt die **Boyce-Codd-Normalform** (BCNF). Da dieser Sonderfall in der Praxis selten auftritt, wird er hier nicht behandelt. Eine ausführliche Beschreibung findet sich in /Date 90, S. 543ff/.

Es gilt: BCNF → 3NF → 2NF → 1NF

Grundsätzlich kann ein Relationenschema sofort in die 3NF oder BCNF zerlegt werden. Eine 3NF-Zerlegung ist weitgehend frei von Redundanzen.

Methodik

Aus methodischen Gründen (schrittweise Verfeinerung; Beseitigung von Redundanzen durch Methoden, die ihrem Grad entsprechen) sollte die Normalisierung jedoch in der beschriebenen Reihenfolge durchgeführt werden. Der Normalisierungsprozess kann durch Werkzeuge unterstützt werden.

Prinzip: *one fact in one place*

Das Entwurfsziel ist es, eigenständige Konzepte der realen Welt unter Garantie der Verlustlosigkeit und mit Einhaltung der Abhängigkeiten in eigenen Relationenschemata zu beschreiben.

Enthalten Relationenschemata mehrwertige Abhängigkeiten, dann können auch die damit verbundenen Redundanzen beseitigt werden. MVDs

Beispiel 33

Das Relationsschema »Person« von Beispiel 19 wird um das Attribut Fremdsprache erweitert:

Person2	Personal-Nr.	Vorname	Name	Beruf	Fremdsprache	Kind
	198	Marion	Schulz	Inf.	Englisch	Franz
	198	Marion	Schulz	Inf.	Englisch	Carola
	198	Marion	Schulz	Inf.	Französisch	Franz
	198	Marion	Schulz	Inf.	Französisch	Carola
	237	Hans	Lange	Ing.	Englisch	Kerstin
	237	Hans	Lange	Ing.	Englisch	Holger
	237	Hans	Lange	Ing.	Englisch	Achim

MVDs: {Personal-Nr.} →→ {Fremdsprache}
{Personal-Nr.} →→ {Kind}
FDs: {Personal-Nr.} → {Vorname, Name}
{Personal-Nr.} → {Beruf}

Falls die Person Lange eine weitere Fremdsprache lernt, sind drei Tupel (ein Tupel für jedes Kind) einzufügen, damit {Personal-Nr.} →→ {Fremdsprache} gültig bleibt.

Die folgende Zerlegung vermeidet diese Redundanzen:

Person1	Personal-Nr.	Vorname	Name	Beruf
	198	Marion	Schulz	Inf.
	237	Hans	Lange	Ing.

spricht	Personal-Nr.	Sprache
	198	Englisch
	198	Französisch
	237	Englisch
	237	Spanisch

hat_Kind	Personal-Nr.	Kind
	198	Franz
	198	Carola
	237	Kerstin
	237	Holger
	237	Achim

ID:hat-Kind [Personal-Nr] ⊆ Person1 [Personal-Nr]

ID:spricht [Personal-Nr] ⊆ Person1 [Personal-Nr]

Die **vierte Normalform** (4NF) vermeidet die oben beschriebene Problematik. Ihre Einhaltung ist jedoch in einigen Fällen problematisch. Eine Tabelle ist in **vierter Normalform** (4NF), wenn sie in dritter Normalform ist und keine paarweise auftretende mehrwertige Abhängigkeiten aufweist. Die vierte Normalform ist nur dann verletzt, wenn eine Tabelle mindestens zwei unabhängige, die gleiche Entitätsmenge betreffende komplexe Assoziationen enthält (siehe Beispiel 33). Eine Tabelle mit MVDs, die vom selben Attribut S abhängen, wird in folgende Tabellen zerlegt: vierte Normalform

Zerlegungsmethode

- Für jede MVD wird eine separate Tabelle angelegt, alle MVD-Attribute werden Schlüssel.
- Alle FDs, die von S abhängen, kommen in eine Tabelle mit S als Schlüsselattribut.

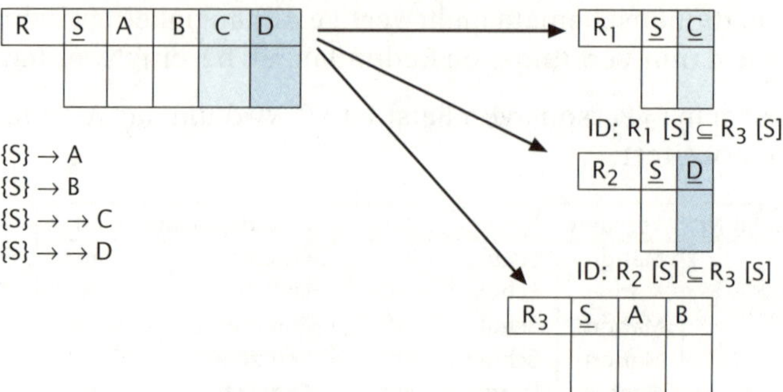

zum Entwurf

Wird die ER-Modellierung in der Definitionsphase problemgerecht durchgeführt, dann befindet sich das konzeptionelle Schema im Allgemeinen bereits in 4NF und damit auch die Relationenschemata, da das Übersetzungsverfahren außer IDs keine Abhängigkeiten erzeugt. Die angegebenen Regeln sollten dann dazu benutzt werden, das Vorhandene zu überprüfen (Qualitätssicherung).

Beispiel 34

Problemgerechte ER-Modellierung des Beispiels 33:

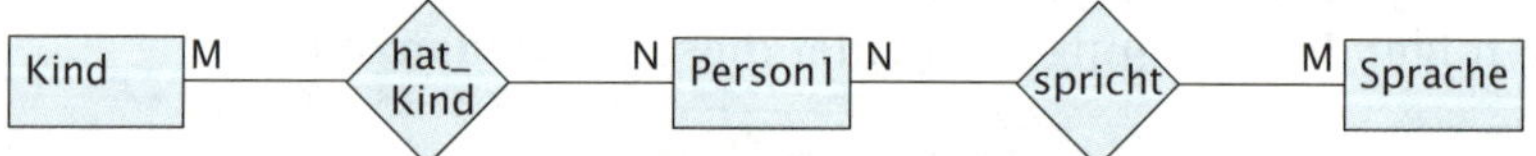

Unterdrückt man die einelementigen Entitätsmengen »Kind« und »Sprache«, dann ergibt die Transformation die obigen Relationenschemata in 4NF.

Als weitere Normalform gibt es die fünfte Normalform, die pathologische Sonderfälle behandelt, die in der Praxis selten auftreten. Auf ihre Behandlung wird hier daher verzichtet. Sie wird in /Date 90, S. 552ff/ und in /Vetter 87, S. 156ff/ ausführlich behandelt.

Entwurfskriterien

Als Kriterien für einen guten relationalen Datenbankentwurf gelten folgende Punkte:

1 Erreichte Normalform (zur Vermeidung von Redundanzen).
2 Verlustloser Verbund: Der Verbund der durch Normalisierung entstandenen Relationen liefert immer genau die zerlegte Relation.
3 Gewährleistung der Abhängigkeiten: Bei Änderungen von zerlegten Relationen bleiben die Abhängigkeiten erhalten.

Wird die 3NF erreicht, dann sind auch die Ziele 2 und 3 erreichbar. Für höhere Normalformen ist das nicht immer möglich. Es gibt Fälle, in denen höchstens eines der beiden Kriterien 2 bzw. 3 gleichzeitig mit der betreffenden Normalform erreichbar ist.

Während FDs eines Relationenschemas sich nicht ändern, falls zum Schema Attribute hinzugefügt werden, sind MVDs kontextabhängig, d.h. das Hinzufügen von Attributen beeinflusst bestehende MVDs und kann sie sogar ungültig werden lassen. Dadurch kann ein *redesign* der Datenbank notwendig werden, was weitreichende Reorganisationen der Datenbank zur Folge haben kann.

update-query-tradeoff

Das Zerlegen eines Relationenschemas in mehrere führt zum Einrichten von entsprechend vielen Tabellen in der Datenbank. Diese müssen zur Berechnung der Antwort auf eine Anfrage wieder miteinander verknüpft werden (Verbund-Operationen). Das führt bei Tabellen mit vielen Tupeln zu längeren Antwortzeiten. Es ist daher zu prüfen, ob die Anwendung Tabellen hauptsächlich für Anfragen benötigt und ihr Inhalt nur sehr wenig geändert wird. Dann ist eine Normalisierung *nicht* unbedingt notwendig, da Inkonsistenzen durch Redundanzen nur selten auftreten werden.

Im Fall einer Änderung muss dann geprüft werden, ob Inkonsistenzen auftreten, und diese müssen dann beseitigt werden. Generell ist abzuschätzen, welcher Aufwand höher ist:

Das Überwachen der Integrität durch den Benutzer, dafür gute Antwortzeiten bei Abfragen, oder höhere Antwortzeiten bei normalisierten Relationen, dafür kein Aufwand zur Beseitigung von Anomalien.

3.5.5.2 Externe Sichten

Eine Aufgabe der Systemanalyse besteht darin, die Sichten *(views)* der verschiedenen Benutzer(gruppen) auf die Daten festzulegen. Auch aus Datenschutzgründen ist es notwendig, den Benutzern bzw. Benutzergruppen nur bestimmte Sichten zu gewähren.

view-Schema

Diese Sichten werden durch ***view*-Schemata** beschrieben. Ein *view*-Schema kann sowohl auf Basisrelationen-Schemata als auch auf bereits definierten *view*-Schemata aufbauen.

Ein *view*-Schema besteht aus seinem Namen, aus Attributnamen und aus Selektionsbedingungen. Zu jedem Attributnamen muss das Attribut und das Basis-Schema (Relationen-Schema oder *view*-Schema) angegeben werden, auf welches es sich bezieht. Die Selektionsbedingungen geben an, wie der Inhalt des *view*-Schemas aus den Inhalten der Basis-Schemata ermittelt werden soll (Abb. 3.5-6).

Die Syntax eines *view*-Schemas hat z. B. folgende Form:

```
View Schema
Name:        View-Schema-Name
Attribute:   [A1:=]Ri1. Ai1j1

             [An:=]Rin. Ainjn
[Conds:      Selektionsbedingungen]
```

wobei die R_{ik} Namen von Basisrelationen- bzw. von bereits definierten *view*-Schemata sind und A_{ikjk} ein Attribut von R_{ik} ist.

Falls ein Attributname in einem *view* umbenannt werden soll, etwa A_{ikjk} in A_k, so wird dies durch die entsprechende Zuweisung »:=« festgelegt.

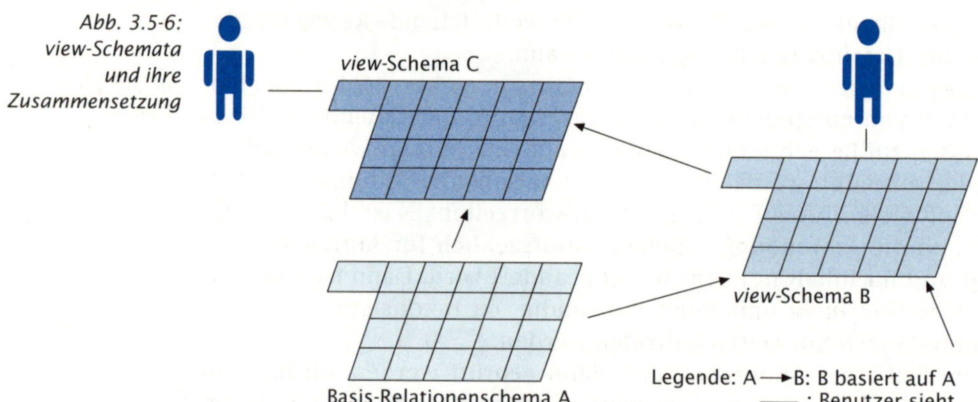

Abb. 3.5-6: view-Schemata und ihre Zusammensetzung

Die Selektionsbedingungen werden formal (in Form von Ausdrücken der Relationenalgebra) angegeben.

Beispiel 35

Das folgende *view*-Schema beschreibt eine externe Sicht von Seminarveranstaltung, dessen Inhalt alle Veranstaltungen mit dem Seminarkurztitel OOA enthält, die in München stattfinden und öffentlich sind.

```
View Schema
Name:         Veranst_in_München_Typ OOA
Attribute:    Seminarveranstaltung.Veranstaltungs-Nr
              Seminarveranstaltung.Kurztitel
              Seminarveranstaltung.Ort
              Seminarveranstaltung.Öffentlich
Conds:        Seminarveranstaltung.Kurztitel="OOA" and
              Seminarveranstaltung.Ort="München" and
              Seminarveranstaltung.Öffentlich="Ja"
```

Diese Sicht beruht auf nur einem Basis-Schema, dem Schema Seminarveranstaltung. Attribute werden nicht umbenannt.

Folgende Sicht gibt alle Kunden aus, die die Seminarveranstaltung mit der Nr. 99 gebucht haben (Liste der Teilnehmer):

```
View Schema
Name:         Teilnehmerliste_Nr_99
Attribute:    Person.Name
              Person.Vorname
              Person.Ort
Conds:        Person.Personal-Nr = Kunde.Personal-Nr and
              Bucht.Personal-Nr = Kunde.Personal-Nr and
              Bucht.Veranstaltungs-Nr = 99
```

Diese Sicht beruht auf den Basisrelationenschemata Kunde, Person und Bucht. Dieses Schema sagt nichts über die Art der Ausgaben aus. Eine Sortierung nach Namen muss später bei konkreten Anfragen formuliert werden.

Folgende Sicht gibt alle Veranstaltungen zu dem Seminartyp SWT aus, die öffentlich sind:

```
View Schema
Name:         Veranstaltungen zu SWT
Attribute:    Titel:= Seminartyp.Seminartitel
              Veranstaltungsort := Seminarveranstaltung.Ort
              Hotel := Seminarveranstaltung.Hotel_Firma
              Anfang := Seminarveranstaltung.Vom
              Ende := Seminarveranstaltung.Bis
Conds:        Seminarveranstaltung.Kurztitel="SWT"
```

3.5.5.3 Indizes

Sind aufgrund der Anforderungsanalyse bestimmte Zugriffsmöglichkeiten zu erwarten, dann sollten die Möglichkeiten des Ziel-DBMS zur Optimierung von Zugriffspfaden dazu benutzt werden.

Viele DBMS stellen neben einer sequenziellen Organisation eine Index-Organisation zur Verfügung. Die Wahl der Index-Attribute ist dann mitentscheidend für das Antwortzeitverhalten. In SQL müssen außerdem Indizes verwendet werden, um die Schlüsseleigenschaft von Attributkombinationen zu realisieren. Im Datenbankschema sollte festgelegt werden, auf welche Attributkombinationen eines Relationenschemas später Indizes definiert werden sollen.

3.5.5.4 Zugriffsrechte

Wie detailliert Zugriffsrechte vergeben werden können, hängt von dem Ziel-DBMS ab. Oft können Zugriffsrechte nur für Relationen bzw. *views* als Ganzes vergeben werden. Möglicherweise müssen dann geeignete *views* eingerichtet werden.

Zusätzlich ist festzulegen, ob ein Benutzer die ihm gewährten Rechte an andere weitergeben darf.

Derjenige, der Rechte vergeben darf, muss sie auch wieder entziehen dürfen. Wird ein Recht entzogen, das mit Weitergaberecht vergeben wurde, dann erlischt es auch für alle, an die es weitergegeben worden ist. Die Zugriffsrechte werden unter dem Schüsselwort *grant* in das Relationen- bzw. *view*-Schema eingetragen.

3.5.5.5 Datenbank-Schema

Das Ergebnis der durchgeführten Aufgaben wird im **Datenbank-Schema** festgehalten:

```
Datenbank Schema
Name:               Name des Datenbankschemas
Relationsschema:    RS1, RS2, ...,RSm
[Viewschemas:       VS1, VS2, ..., VSn]
[Ics:               Integritätsbedingungen]
```

Die Relationenschemata (RS_i) sind dabei wie folgt definiert:

```
Relationschema
Name:             Relationsschemaname
Attribute:        A1: Wertebereich(A1)[not null]
                  A2: Wertebereich(A2)[not null]

                  An: Wertebereich(An)[not null]
Key:              Schlüsselattribute
[FDs:             Funktionale Abhängigkeiten]
[MVDs:            Mehrwertige Abhängigkeiten]
[Index:           Indexname1 A11 [asc/desc] A12 [asc/desc] ...
                  Indexname2 A21 [asc/desc] A22 [asc/desc] ...]
[Grants:          Read: useridr1 [G], useridr2 [G], ...
                  Write: useridw1 [G], useridw2 [G], ...]
```

wobei nach entsprechender Normalisierung MVDs nicht mehr auftauchen (sie sind »trivial« geworden).

»Index« gibt an, auf welche Attributkombinationen ein Index definiert werden soll. »asc« bzw. »desc« geben an, ob der Index aufsteigend oder absteigend sortiert angelegt werden soll. Bei »useridxy« bedeuten x die Zugriffsart (»r« für Leserecht *(read-permission)* und »w« für Schreibrecht *(write-permission)* und y einen laufenden Index; beides dient der Unterscheidung verschiedener Benutzerkennungen. Mit der Option »G« wird angegeben, ob der entsprechende Benutzer dieses Recht weitergeben darf.

```
View Schema
Name:             View-Schema-Name
Attribute:        [A1:=] Ri1Ai1j1
          ...
                  [An:=] RinAinjn
[Conds:           Selektionsbedingungen]
[Grants:          Read: useridr1[G], useridr2[G], ...
                  Write: useridw1[G], useridw2[G], ...]
```

Ein Recht zur Veränderung von Schemata wird an dieser Stelle nicht zugelassen. Schemaveränderungen aufgrund von Veränderungen der Anwendungswelt können weitreichende Konsequenzen für die Struktur einer Datenbank haben. Sie sollten den verantwortlichen Datenbankadministratoren vorbehalten sein. SQL lässt Schemaveränderungen zu.

Das Datenbankschema ist der Ausgangspunkt für die konkrete Einrichtung der Datenbank unter dem Ziel-DBMS.

Beispiel Fallstudie Seminarorganisation

```
Datenbank Schema
Name:               Seminarorganisation
Relationsschemas:   Seminarveranstaltung, Person, Dozent,
                    ist_zugeordnet, Seminartyp, bucht, Firma,
                    führt_durch, Kunde
Viewschemas:        Veranst-in-München-Typ OOA,
                    Teilnehmerliste-Nr.99,
                    Veranstaltungen zu SWT
```

```
ICs:                 siehe oben
Relationsschemas:
Name:                Seminarveranstaltung
Attribute:           siehe oben
Index:               TerminIndex
                     Vom asc
Name:                Person
Attribute:           siehe oben
Index:               NameIndex
                     Name asc
Grants:              Read: User1 G
                     Write: User2
                     ... siehe oben
Viewschemas:         siehe oben
```

Datenbank-Schema Erweitert das →Logische Schema um *view*-Schemata (Beschreibung externer Sichten), Indexangaben und Zugriffsrechte. Im Gegensatz zum →logischen Schema ist das Datenbank-Schema im gewünschten Grade normalisiert (→Normalformen).

Fremdschlüssel Verweist von einer →Relation auf eine andere Relation. Die andere Relation enthält den Fremdschlüssel als Primärschlüssel (→Schlüssel).

Integritätsbedingungen Legen fest, welche Teilmengen eines kartesischen Produkts von Wertebereichen »gültige« →Relationen sind. Innerhalb einer Relation gibt es funktionale und mehrwertige Abhängigkeiten. Zwischen verschiedenen Relationen gibt es Inklusionsabhängigkeiten. Generell müssen die Entitäts-Integrität und die referentielle Integrität erfüllt sein.

Konzeptionelles Schema Vollständige, formale, konzeptionelle Beschreibung der statischen Datenstrukturen einer Datenbank, z. B. durch ein ER- oder OOA-Modell.

Logisches Schema Enthält die →Relationenschemata ergänzt um Wertebereiche, →Schlüssel und →Integritätsbedingungen.

Mengenoperationen Bildung von Vereinigung, Durchschnitt und Differenz von →Relationen mit gleichen Attributmengen.

Natürlicher Verbund Verschmelzen von zwei →Relationen bzgl. gemeinsamer Attribute zu einer Relation.

Normalform Zerlegung von → Relationenschemata so, dass bestimmte Bedingungen erfüllt sind. Dient dazu, eine redundanzfreie Datenspeicherung zu erhalten. Es werden fünf Normalformen unterschieden.

Produkt Alle Attributkombinationen zweier →Relationen.

Projektion Auswahl bestimmter Attribute einer →Relation (Spalten einer →Tabelle).

Relation Teilmenge eines kartesischen Produkts über die Wertebereiche von Attributen einer Entitäts- oder Beziehungsmenge (siehe auch →Tupel).

Relationenschema Beschreibung des Aufbaus einer →Relation, besteht aus dem Relationsnamen und den Attributnamen. Schlüsselattribute sind besonders gekennzeichnet (Nummernzeichen am Ende des Namens # oder Name unterstrichen oder halbfett gesetzt).

Schlüssel Identifiziert eindeutig ein →Tupel in einer →Relation (Primärschlüssel) (siehe auch →Fremdschlüssel).

Selektion Auswahl bestimmter →Tupel einer →Relation (Zeilen einer →Tabelle).

Tabelle Tabellarische Darstellung eines →Relationenschemas (Tabellenkopf) mit →Relationen (Tabelleninhalt).

Tupel Element einer →Relation, Zeile in einer →Tabelle.

Θ-Verbund Verschmilzt zwei →Relationen zu einer Relation, wobei die Werte von zwei Attributen der Relationen einer der festgelegten Bedingungen =, ≠, <, <=, >, >= genügen müssen.

Entwurf konzeptionelles Schema

Der Entwurf einer relationalen Datenbank besteht darin, Schemata zu erstellen (Abb. 3.5-7). Ausgangspunkt ist das konzeptionelle Schema, das in der Definitionsphase erstellt wurde. Es kann weitgehend automatisiert in ein Relationenschemata transformiert werden. Das relationale Datenmodell besitzt nur ein Modellierungskonzept, die Relation bzw. das Relationenschema.

Das ER- und OOA-Modell benutzen demgegenüber mehrere Modellierungskonzepte wie Entitätsmengen, Beziehungsmengen und Vererbung, die im relationalen Modell mit Integritätsbedingungen formuliert werden müssen.

Relationenschema

In einem entworfenen relationalen Datenmodell kann nicht unterschieden werden, ob ein Relationenschema eine Entitätsmenge oder eine Beziehungsmenge beschreibt. Dies ist nur an einer entsprechenden Namensgebung erkennbar.

Eine Relation wird oft als Tabelle dargestellt, wobei jede Zeile einem Tupel entspricht. Auf Relationen können Selektions-, Projektions- und Mengenoperationen ausgeführt werden. Das Produkt, der natürliche Verbund und der Θ-Verbund verknüpfen jeweils zwei Relationen zu einer neuen Relation. Tupel werden durch Schlüssel identifiziert. Auf andere Tabellen wird durch Fremdschlüssel verwiesen.

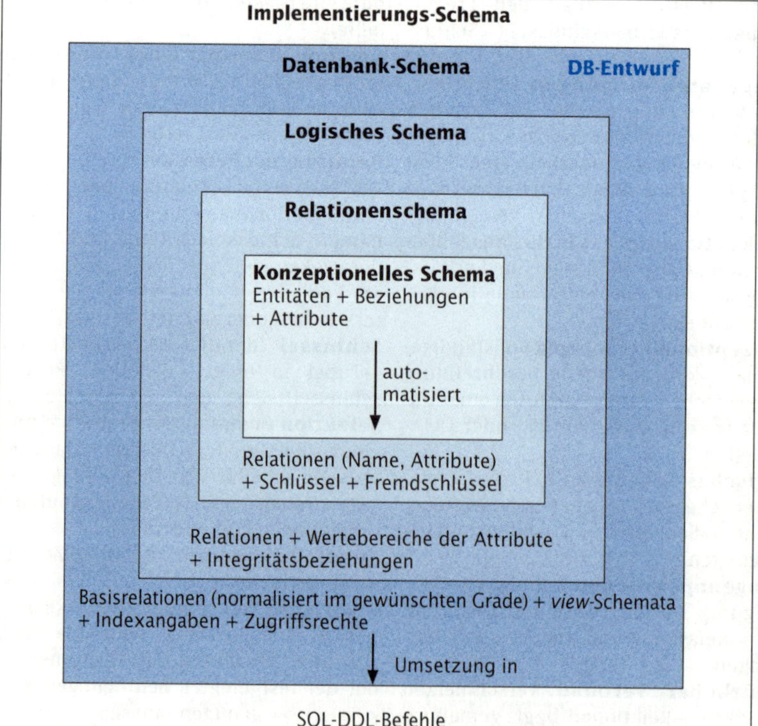

Abb. 3.5-7: Vom konzeptionellen Schema zum Implementierungs-Schema

Die Ergänzung der Relationenschemata um Inklusionsabhängigkeiten (interrelationale Abhängigkeiten) und verbal oder formal beschriebene Integritätsbedingungen ergeben das logische Schema. logisches Schema

Durch die Normalisierung werden die Relationenschemata des logischen Schemas aufgegliedert, so dass sie bestimmten Normalformen genügen. Die so entstandenen Relationenschemata, noch ergänzt um *view*-Schemata, Indexangaben und Zugriffsrechte, bilden das Datenbank-Schema Datenbank-Schema

In der Implementierungsphase wird das Datenbank-Schema in SQL-DDL-Befehle umgesetzt.

/Codd 90/
Codd, E. F., *The Relational Model for Database Management,* Version 2, Reading: Addision-Wesley, 1990, 583 Seiten.
Das Buch vom Erfinder des relationalen Datenmodells. Ausführliche Behandlung relationaler DBMS insbesondere auch für Entwickler von DBMS.

/Date 90/
Date C. J., *An Introduction to Database Systems, Volume 1*, Fifth Edition, Reading: Addison-Wesley, 854 Seiten.
Amerikanisches Standardwerk über Datenbanken. Enthält viele verständliche Beispiele. Ausführliche Darstellung der verschiedenen Datenbankaspekte. Enthält Übungen mit Lösungen sowie ausführliche bibliographische Angaben.

/Vetter 87/
Vetter M., *Aufbau betrieblicher Informationssysteme mittels konzeptioneller Datenmodellierung*, Stuttgart: Teubner Verlag, 1987, 4. Auflage, 455 Seiten.
Didaktisch gut geschriebenes Buch mit vielen Abbildungen, das ausführlich das ER-Modell und die Normalisierungen behandelt.

/Vossen 00/
Vossen G., *Datenmodelle, Datenbanksprachen und Datenbankmanagementsysteme,* 4. Auflage, München: Oldenbourg-Verlag, 2000, 787 S.
Umfassendes Werk zu Datenbanken. Es werden relationale und objektorientierte Datenbanken sowie *Data Warehouses* behandelt. Es fehlt der Bezug zur UML. Kritisch anzumerken ist die willkürliche Mischung deutscher und englischer Begriffe.

/Vossen, Witt 88/
Vossen G., Witt K.-U., *Das SQL/DS-Handbuch*, Bonn: Addison-Wesley, 1988, 290 S.

1 *Lernziele: Eine Tabelle anhand der beschriebenen Verfahren so zerlegen können, dass die dritte oder vierte Normalform erfüllt sind. Die beschriebenen Datenabhängigkeiten erläutern können.*

Analytische Aufgaben
Muss-Aufgabe
25 Minuten

In einer Datenbank zur Verwaltung von Verbrauchsmaterial sind folgende Informationen zu speichern:

/10/ Material besitzt eine eindeutige Materialnummer, eine Bezeichnung, im Allgemeinen mehrere Lieferanten, die eine eindeutige Lieferantennummer besitzen, sowie einen Firmennamen und eine Anschrift.

/20/ Für jeden Lieferanten ist die Bestellnummer des Materials, die Verpackungseinheit und der Preis zu speichern.

a Welche Normalform besitzt das folgende Relationenschema:

Material	Mat.-Nr.	Mat.-Bezeichnung	Lief.-Nr.	Firmenname	Anschrift	Bestell-Nr.	Verp.-Nr.	Preis
	12	HD-Diskette	8	Infotrade	...	80808	10	26,40
	12	HD-Diskette	10	Softdis	...	1304	10	25,90
	10	DD-Diskette	8	Infotrade	...	80807	10	14,60
	...	...	...	...	...	...	...	...

b Welche Datenabhängigkeiten bestehen in diesem Schema?
c Normalisieren Sie das Relationenschema weiter!

Muss-Aufgabe *20 Minuten*

2 *Lernziel: Die Relationsoperationen sowie die Verknüpfung von Operationen in SQL-Syntax auf Beispiele anwenden können.*
Gegeben sind folgende Relationenschemata:

Veranstaltung	Veranstaltungs-Nr.	Titel	Datum
	1	OO-Einführung	11.11.2000
	2	Testen	2.12.2000
	...	...	...

Teilnehmer	Teilnehmer-Nr.	Anrede	Titel	Vorname	Nachname
	13	Herr	Dr.	Heinz	Müller
	10	Frau		Sabine	Zöllner
	...	...	...	...	...

nimmt teil	Teilnehmer-Nr.	Veranstaltungs-Nr.
	13	1
	10	2
	13	2
	...	...

Welche Operationen benötigen Sie für folgende Anfragen? Wie lauten die Anfragen in SQL?
a Welche Teilnehmer sind promoviert?
b Gib die Titel aller Veranstaltungen aus!
c Gib die Teilnehmer der Veranstaltung mit der Nummer 1 aus!
d Gib die Teilnehmer der Veranstaltung mit dem Titel »Testen« aus!
Welche Möglichkeit besteht zur Optimierung des Antwortzeitverhaltens, wenn die Anfrage nach den Teilnehmern einer Veranstaltung mit einem bestimmten Veranstaltungs-Titel häufig erforderlich ist?

Muss-Aufgabe *20 Minuten*

3 *Lernziel: Ein ER- oder OOA-Diagramm in ein logisches Schema transformieren können.*
Gegeben sei ein Ausschnitt aus einem OOA-Diagramm einer Lagerverwaltung (Abb. 3.5-8).

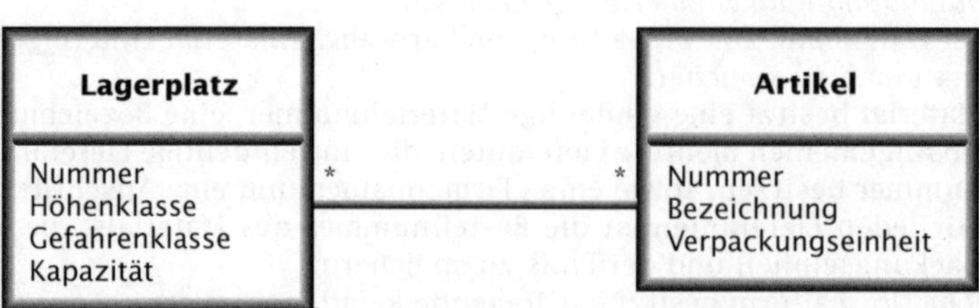

Abb. 3.5-8: Ausschnitt aus einem OOA-Diagramm einer Lagerverwaltung

Durch die M:N-Relation zwischen Lagerplatz und Artikel wird ausgedrückt, dass ein Artikel (z.B. Buntstifte) auf mehrere Lagerplätze verteilt sein kann, aber auch unterschiedliche Artikel (Buntstifte und Kugelschreiber) sich einen Lagerplatz teilen können.

a Transformieren Sie das OOA-Diagramm in ein logisches Schema. Nutzen Sie dabei aus, dass das Attribut »Nummer« für »Lagerplatz« und »Artikel« als Primärschlüssel verwendet werden kann.

b Erweitern Sie dieses Schema, so dass sie darstellen können, wie viele Einheiten von einem bestimmten Artikel auf einem Lagerplatz liegen.

4 *Lernziel: Die Relationsoperationen sowie die Verknüpfung von Operationen in SQL-Syntax auf Beispiele anwenden können.*

Kann-Aufgabe
15 Minuten

Die Lösung der Vorgängeraufgabe **3b** beinhalte eine Tabelle »belegt« mit dem Attribut »Menge« (u.a.). Formulieren Sie in diesem Schema folgende Anfragen:

a Geben Sie alle unterschiedlichen Artikelnamen aus (Übersicht über das Artikelspektrum im Lager).

b Auf welchen Lagerplätzen liegt momentan welcher Artikel in einer Menge unter 10 Einheiten (Nachbestellung veranlassen)?

5 *Lernziele: Eine Tabelle anhand der beschriebenen Verfahren so zerlegen können, dass die dritte oder vierte Normalform erfüllt sind. Die ersten vier Normalisierungsformen beschreiben können.*

Konstruktive Aufgaben
Muss-Aufgabe
40 Minuten

Es sind Informationen über Kreditkarteninhaber und deren Kreditkarten zu speichern.

/10/ Jeder Kreditkarteninhaber (=Kunde) besitzt eine Kunden-Nr. und einen Namen.

/20/ Jeder Kunde kann Kreditkarten von mehreren Gesellschaften (z.B. Eurocard, Diners) besitzen.

/30/ Kreditkartengesellschaften (KK-Gesellschaft) stellen in der Regel außer der Hauptkarte auch Zusatzkarten (z.B. *Business*-Karte, Partnerkarte) zur Verfügung. Dabei kann die Abrechnung jeder Karte über eine andere Bank erfolgen.

/40/ Für jede Kreditkarte werden die Kartennummer und die Bank gespeichert. Die Kartennummer ist pro KK-Gesellschaft eindeutig.

/50/ Für jeden Kunden wird gespeichert, wie oft er die Kreditkarten der verschiedenen Gesellschaften bisher benutzt hat und welchen Gesamtbetrag er damit bezahlt hat (z.B. Kunden-Nr. 1 hat seine Karten von Eurocard insgesamt 43 mal benutzt und 23000,– € bezahlt).

a Geben Sie die Relationen in der 1., 2. und 3. Normalform an (sofern sie existieren). Versuchen Sie, mit einer minimalen Anzahl von Relationen auszukommen. Unterstreichen Sie die Schlüssel. Geben Sie zu den Relationen ein durchgängiges Beispiel an, das obiger Realitätsbeschreibung voll entspricht!

b Geben Sie an, warum sich Ihre Relationen in der entsprechenden Normalform befinden! Gehen Sie von folgender unnormalisierten Relation aus: KK-Info (Kunden-Nr., ...)

6 *Lernziele: Ein ER- oder OOA-Diagramm in ein logisches Schema transformieren können. Relationale Datenbankentwürfe auf der Grundlage von ER- oder OOA-Modellen durchführen können.*

Kann-Aufgabe
60 Minuten

Erstellen Sie ein logisches Schema und ein Datenbankschema zur Fallstudie »Vereinsverwaltung« (CD-ROM 1). Als Grundlage soll das OOA-Modell der Vereinsverwaltung aus Abb. 3.5-9 dienen.

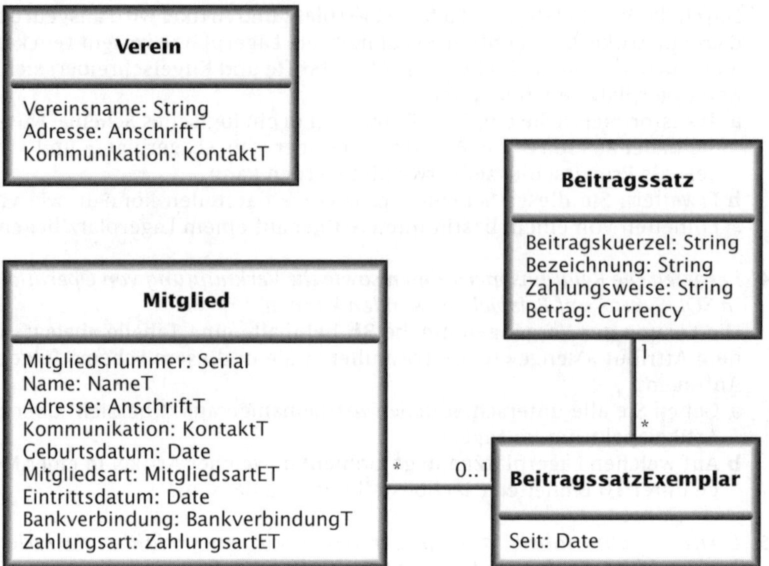

Abb. 3.5-9: Ausschnitt aus dem OOA-Modell einer Vereinsverwaltung

Klausur-Aufgabe *40 Minuten*

7 *Lernziel: Eine Tabelle anhand der beschriebenen Verfahren so zerlegen können, dass die dritte oder vierte Normalform erfüllt sind.*

a Ein Student hat eine eindeutige Matrikel-Nr., einen Namen und ein Alter. Er muss sich für mehrere Prüfungsfächer anmelden. Zu jedem Prüfungsfach gibt es eine eindeutige Kursbezeichnung und einen Prüfer. Für ein Prüfungsfach melden sich in der Regel mehrere Studenten an. Für jeden Studenten wird pro Prüfungsfach die Anzahl der Versuche und die Note des letzten Versuchs gespeichert.
Ein Student kann Mitglied einer Uni-Sportgruppe sein. In einer Sportgruppe sind mehrere Studenten. Für jeden Studenten wird gespeichert, seit wann er Mitglied in der gewählten Sportgruppe ist. Jede Sportgruppe besitzt eine eindeutige Sportart und einen Trainingsplan.
Erstellen Sie zunächst eine unnormalisierte Relation, wobei Sie Matrikel-Nr. als Schlüssel wählen. Geben sie dann die 1., 2. und 3. Normalform an!

b Ein Mitarbeiter beherrscht in der Regel mehrere Programmiersprachen und arbeitet in der Regel in mehreren Projekten. In einem Projekt arbeiten mehrere Mitarbeiter. Jede Programmiersprache wird von keinem, einem oder mehreren Mitarbeitern beherrscht.
Geben Sie die Relation in der 3. Normalform an!

c Einen PKW-Typ gibt es in verschiedenen Lackierungen und mit verschiedenen Stoffbezügen. Jede Lackierung und jeder Stoffbezug ist in der Regel für mehrere PKW-Typen verfügbar. Für einen PKW-Typ sind nur bestimmte Lack-Stoff-Kombinationen erlaubt.
Geben Sie die Relationen in der 3. Normalform an!

3 Die Entwurfsphase – Objektorientierte Datenbanken

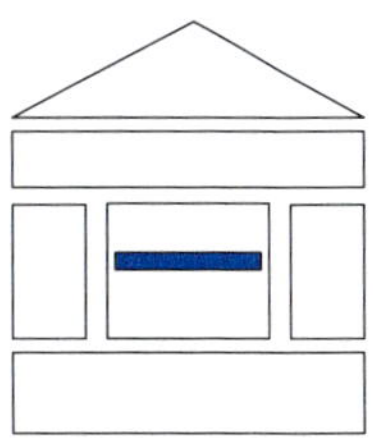

- Die Architektur und Funktionsweise eines objektorientierten Datenbanksystems beschreiben können. — wissen
- Das ODMG-Objektmodell erklären können. — verstehen
- Das Konzept der Java-Sprachanbindung beschreiben können.
- Eine objektorientierte Datenbank-Entwicklung in den Software-Entwicklungsprozess einordnen können.
- Für gegebene Problemstellungen einfache Anfragen in OQL formulieren können. — anwenden
- Ein OOA-Modell in ein objektorientiertes Datenbankschema transformieren können.

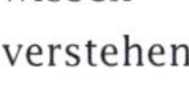

- Das Kapitel 3.4 »Datenbanken« muss bekannt sein.
- Das Kapitel 2.18 »OOA« muss bekannt sein.
- Für das Verständnis des Abschnitts 3.6.3 sind Java-Kenntnisse erforderlich.

i

Hinweis: Auf der beigefügten CD-ROM 2 befindet sich das objektorientierte Datenbanksystem Poet.

3.6 Objektorientierte Datenbanken

Objektorientierte Datenbanken vermeiden den Strukturbruch, der bei der Abbildung von objektorientierten Konzepten auf Tabellenstrukturen – wie sie in relationalen Datenbanken verwendet werden – auftritt. Ziel ist es, die Datenbank nahtlos in objektorientiert programmierte Anwendungen zu integrieren.

OODBS: nur 2% Marktanteil www.frost.com

Der durchschlagende wirtschaftliche Erfolg dieses Ansatzes ist bisher ausgeblieben. Der Marktanteil objektorientierter Datenbanken lag 1998 bei etwas über 2 Prozent (Frost & Sullivan 1999). Gründe für diesen geringen Marktanteil sind die solide mathematische Fundierung des relationalen Ansatzes, die dominante Marktstellung der Hersteller von relationalen Datenbanksystemen, die riesigen bestehenden relationalen Datenbestände und die mittlerweile weitgehend automatisierbare Abbildung von objektorientierten Modellen auf Tabellenstrukturen.

zur Historie MIT = *Massachusetts Institute of Technology* www.odmg.org

Die Forschungsarbeiten zu objektorientierten Datenbanken begannen 1980 mit der Dissertation von D. McLead am MIT über semantische Datenmodelle. 1986/87 boten die Firmen Servio und Ontologic die ersten kommerziellen objektorientierten Datenbanken an. 1991 gründeten Hersteller und Anwender von objektorientierten Datenbanksystemen die ODMG *(Object Data Management Group).* Der erste Standard für objektorientierte Datenbanksysteme, ODMG 1.0, wurde 1993 verabschiedet. Die aktuelle Version 3.0 wurde 1999 veröffentlicht und wird in dem Buch *»The Object Data Standard: ODMG 3.0«* beschrieben /Cattell, Barry 99/.

Aufbau von ODMG 3.0

Der Standard besteht im Wesentlichen aus folgenden Teilen:

- einem Objektmodell *(object model),*
- einer Objekt-Definitionssprache ODL *(object definition language),*
- einer deklarativen Objekt-Anfragesprache OQL *(object query language),*
- Beschreibungen der Sprachanbindungen für C++, Smalltalk und Java. Für jede Sprache existiert eine ODL, eine OML *(object manipulation language)* und eine OQL.

3.6.1 Konzeptionelle Unterschiede zum relationalen Ansatz

Die Besonderheiten der Anbindung objektorientierter Datenbanken zeigen sich besonders deutlich durch einen Vergleich mit dem relationalen Ansatz.

Beispiel relationale Datenbank

Abb. 3.6-1 zeigt eine typische Konstellation beim Einsatz einer relationalen Datenbank, auf die von mehreren Anwendungen zugegriffen werden soll.

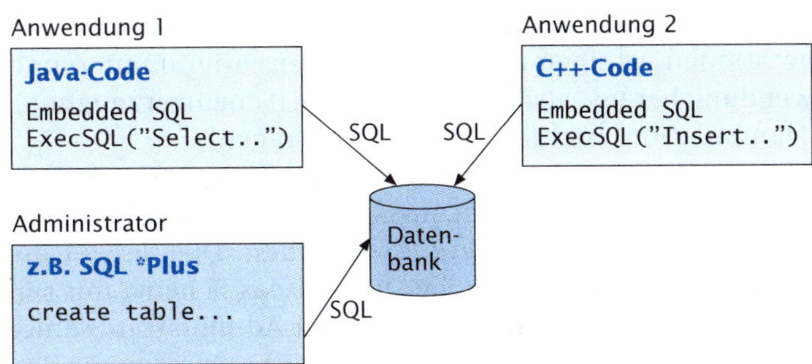

Abb. 3.6-1: Zugriff auf eine relationale Datenbank

Typumwandlung erforderlich

Anwendung 1 wurde in Java programmiert, Anwendung 2 in C++. Das Speichern in der relationalen Datenbank erfordert in beiden Fällen eine Typumwandlung der zu speichernden Daten. Die Typen der Programmiersprachen, hier Java und C++, müssen in SQL-Datentypen transformiert werden. Es werden die DML-Sprachkonstrukte von SQL eingesetzt, die zum Beispiel als *Embedded SQL* in die Entwicklungsprogrammiersprachen integriert werden können.
Das Datenbankschema selbst kann ebenfalls durch SQL-DDL-Befehle aus den Anwendungen heraus erzeugt werden. Häufig wird diese Aufgabe allerdings von einem Administrator übernommen, der unter Nutzung von Administrator-Werkzeugen entsprechende SQL-Kommandos an die Datenbank absetzt. Diese Werkzeuge können auch – unabhängig von laufenden Anwendungen – eingesetzt werden, um den Zustand der Datenbank zu kontrollieren und gegebenenfalls manuell zu korrigieren.

immer 2 Sprachen

Die Entwickler von Anwendung 1 und Anwendung 2 müssen daher immer in zwei Sprachen programmieren: in der eigentlichen objektorientierten Sprache und in SQL.

Beim Einsatz einer objektorientierten Datenbank soll die Verwendung einer objektorientierten Programmiersprache ausreichen.

Beispiel objektorientierte Datenbank

Abb. 3.6-2 zeigt die objektorientierte Lösung.

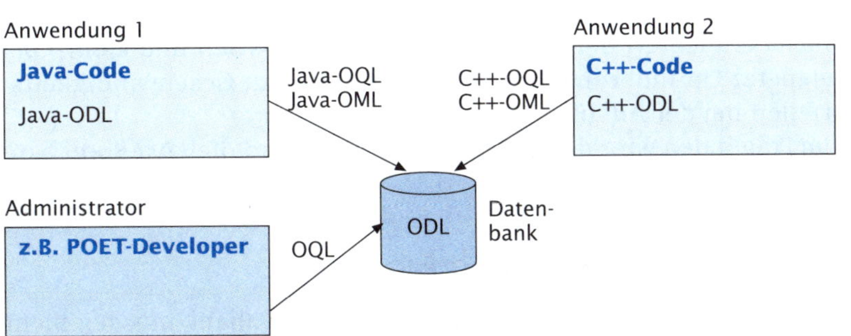

Abb. 3.6-2: Zugriff auf eine objektorientierte Datenbank

Die Erzeugung des Datenbankschemas und die Manipulations- und Abfrage-Operationen erfolgen aus der jeweiligen Programmiersprache der Anwendung heraus, also z.B. in Java-ODL (Schemaerzeugung), Java-OML (Manipulation) und Java-OQL (für Abfragen).

einheitliche Beschreibung des Schemas erforderlich

Um auf innerhalb der Java-Anwendung erzeugte Objekte mit C++-OML oder -OQL zugreifen zu können, muss eine einheitliche Beschreibung für das Datenbankschema gefunden werden. Dies leistet die von der ODMG standardisierte Sprache ODL. Ist das Schema mit seinen Klassen und Objekten bekannt, hat auch der Administrator einer objektorientierten Anwendung die Möglichkeit, über Werkzeuge den Zustand der Datenbank zu kontrollieren.

Voraussetzung für eine gemeinsame Schema-Beschreibungssprache ODL, vergleichbar mit den DDL-Elementen von SQL, ist ein gemeinsames Objektmodell, das von allen im Standard spezifizierten Implementierungssprachen – also Java, C++ und Smalltalk – unterstützt wird. Nur so kann z.B. ein Objekt mit seinen Attributen innerhalb einer C++-Anwendung erzeugt und von einer Java-Anwendung gelesen werden.

ODL
Abschnitt 3.9.5

ODL erweitert die IDL *(interface definition language)*, die von der OMG für CORBA entwickelt wurde, und lehnt sich an die C++-Syntax an. Die eigentliche Erzeugung des Schemas erfolgt dann in einer Zielsprache, z.B. in Java-ODL.

Java vs. C++

Technisch erfolgt das Anlegen des Schemas und das Erstellen der Anwendung in C++ und Java in unterschiedlicher Form (Abb. 3.6-3). Bei beiden ist jedoch eine Schemabeschreibung in Java-ODL bzw. C++-ODL der Ausgangspunkt.

OQL

OQL ist bewusst als eine rein deklarative Abfragesprache für ein in ODL beschriebenes Schema konzipiert und enthält *keine* Datenmanipulationselemente wie z.B. `update` in SQL. Wegen der Einhaltung des Geheimnisprinzips soll es keine Möglichkeit geben, Attribute eines Objekts von außen zu ändern, also ohne Nutzung der Zugriffsoperationen des Objekts, was in SQL (über `update`) durchaus möglich ist. Das Navigieren von Objekt zu Objekt ist über die normalen Mechanismen der Zielsprache möglich. Das Einbinden einer deklarativen Sprache erleichtert dem Entwickler jedoch die Arbeit und kann – bei geeigneter Optimierung innerhalb des ODBS – zu Geschwindigkeitsvorteilen bei der Ausführung führen.

Im Folgenden wird der ODMG 3.0-Standard und die Java-Sprachanbindung beschrieben.

3.6.2 Das Objektmodell der ODMG

Eigenschaften & Verhalten

Beim Speichern in einer objektorientierten Datenbank müssen nicht nur die Attributwerte aller erzeugten Objekte, sondern auch alle momentan existierenden Verbindungen zwischen Objekten gesichert

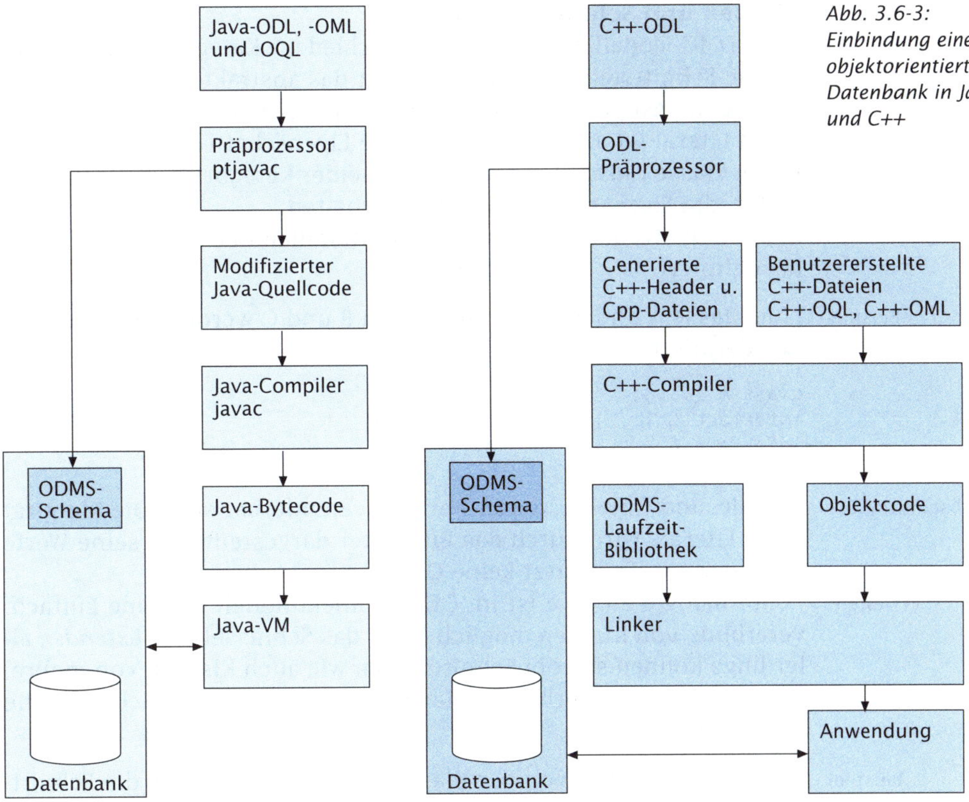

Java-ODL, -OML und -OQL
Präprozessor ptjavac
Modifizierter Java-Quellcode
Java-Compiler javac
Java-Bytecode
Java-VM
ODMS-Schema
Datenbank
C++-ODL
ODL-Präprozessor
Generierte C++-Header u. Cpp-Dateien
Benutzererstellte C++-Dateien C++-OQL, C++-OML
C++-Compiler
ODMS-Laufzeit-Bibliothek
Objektcode
Linker
Anwendung
ODMS-Schema
Datenbank

Abb. 3.6-3: Einbindung einer objektorientierten Datenbank in Java und C++

werden. Der Zustand eines Objekts ist also bestimmt durch die Werte seiner Attribute und seine Beziehungen zu anderen Objekten, im Objektmodell der ODMG durch den Begriff der Eigenschaft *(property)* zusammengefasst. Das Verhalten eines Objekts wird durch die Menge seiner Operationen bestimmt (Abb. 3.6-4).

Eigenschaften
(properties)
:Objekt A
Attribut1
Attribut2
Operation1()
Attribute (attributes)
Beziehung
(relationship)
:Objekt B
Operation1()
Operationen
(operations)

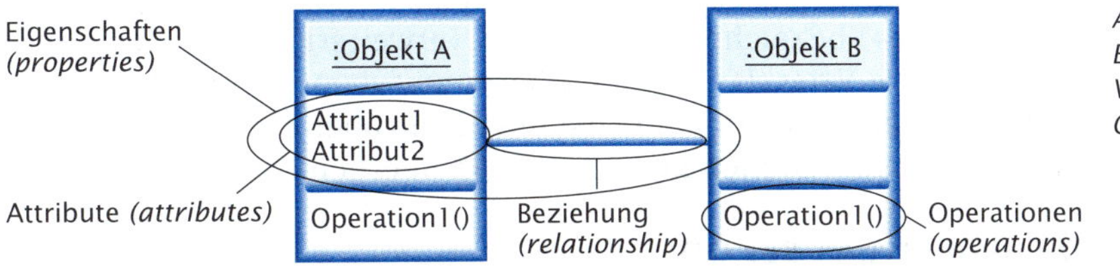

Abb. 3.6-4: Eigenschaften und Verhalten eines Objekts

3.6.2.1 Die Objekt-Definitionssprache ODL

Jeder objektorientierten Datenbank liegt ein objektorientiertes Datenmodell zugrunde. Das objektorientierte Datenmodell spiegelt sich in der Objekt-Definitionssprache ODL *(object definition language)* wider. Die ODL ist eine Sprache, mit der alle Elemente des Objektmodells beschrieben werden können. Im Folgenden werden die wichtigsten Elemente erläutert.

Klassen und Schnittstellen

Das ODMG-Modell unterscheidet verschiedene Kategorien von Typen:

- Eine Schnittstelle *Interface* legt nur das abstrakte Verhalten eines Objekts fest, sie enthält also lediglich Operationssignaturen.
- Ein Literal *(literal)* definiert nur die Eigenschaften eines Objekts.
- Die Klasse *Class*, als Kombination beider Kategorien, definiert beides: die Eigenschaften und das Verhalten.

In der ODL werden Klassen und Schnittstellen in C++-ähnlicher Syntax definiert.

Beispiel

Eine Klasse A und zwei Schnittstellen B und C werden folgendermaßen definiert:

```
class A {...};
interface B {...};
interface C {...};
```

Abschnitt 2.8.2

Literale sind Objekte, deren Werte unveränderbar sind. Die Identität eines Literals wird durch das Bitmuster dargestellt, das seine Werte repräsentiert. Es besitzt keine OID.

erben vs. erweitern

In Analogie zu Java ist im ODMG-Objektmodell nur eine Einfachvererbung von Klassen möglich (über das Schlüsselwort *extends)*, allerdings können sowohl Schnittstellen wie auch Klassen von mehreren Schnittstellen erben (in Java-Terminologie: eine Schnittstelle implementieren).

Beispiel

Wenn eine Klasse D von der Klasse A erbt und überdies die Schnittstellen B und C implementiert, dann lautet die entsprechende ODL-Deklaration:

```
class D extends A: B,C {...};
```

Die ODL spricht im Übrigen nur beim Vererben von Verhalten (also beim Erben von Schnittstellen) von »erben«. Das Vererben des Zustands und des Verhaltens (entspricht dem Vererbungsbegriff aus Java und C++) bezeichnet die ODL als »erweitern«. Eine Kindklasse erweitert ihre Vaterklasse – und übernimmt damit neben ihrem Verhalten auch ihren abstrakten Zustand – kann aber zugleich von beliebig vielen Schnittstellen nur das Verhalten erben.

Die Datentypen der ODL

Um implementierungsunabhängig zu bleiben, muss die ODL eigene Datentypen definieren, die nachher auf Datentypen in der Zielsprache abgebildet werden können. Hierzu definiert die ODL elementare Datentypen für Literale, z.B. `long`, `float`, `double` und `string`, aber auch strukturierte Datentypen, z.B. für Datum und Zeit, sowie Datentypen für Sammlungen *(Set, Bag, List, Array* und *Dictionary)*. Analog zu den Sammlungen für Literale existieren auch für Objekte die Datentypen *Set, Bag, List, Array* und *Dictionary*, die insbesondere bei der

Abbildung von Assoziationen mit einer Kardinalität größer als eins sinnvoll eingesetzt werden können.

Bei einer objektorientierten Datenbankentwicklung bildet der Entwerfer alle Attributtypen aus dem OOA-Diagramm auf ODL-Datentypen ab.

Beziehungen zwischen Objekten in der ODL

In der ODL sind Beziehungen grundsätzlich binär. Kann ein Objekt einer Klasse zu Objekten anderer Klassen eine Beziehung haben, so ist dies in der ODL durch die Angabe einer `relationship`-Anweisung innerhalb der Klassendeklaration anzugeben. Auf das Schlüsselwort `relationship` folgt zunächst die Angabe der Klasse, zu der eine Beziehung besteht, gefolgt von einer Rollenangabe, die beschreibt, welche Rolle ein Objekt der Klasse in der Beziehung einnimmt.

Beispiel

Um anzugeben, dass ein Objekt der Klasse `Dozent` zu einer ungeordneten Menge *(set)* von Objekten der Klasse `Seminartyp` eine Beziehung hat, in der es die Rolle »`kann fachlich abhalten`« einnimmt, ist folgende Anweisung in Dozent nötig :

```
relationship set <Seminartyp> kann_fachlich_abhalten
    inverse Seminartyp::wird_gehalten_von;
```

Umgekehrt gilt für ein Objekt der Klasse `Seminartyp`, dass es in dieser Beziehung die Rolle »`wird_gehalten_von`« spielt.

Bei jeder Angabe einer Assoziation in der ODL müssen in beiden beteiligten Klassen beide Rollennamen der Assoziation angegeben werden – die Angabe der `inverse`-Klausel ist zwingend. Die ODL nennt diese Rollenangaben auch Traversierungspfade, entlang derer eine Anwendung durch die miteinander verbundenen Objekte navigieren kann. Besonders in der OQL wird von dieser Eigenschaft intensiv Gebrauch gemacht.

Sind die Objekte innerhalb einer Assoziation ungeordnet (Kardinalität größer eins), dann bietet sich zur Verwaltung der zugehörigen OIDs die Datenstruktur *set* als ungeordnete Menge an. Bei geordneten Objekten kommt als Datentyp z.B. eine Liste von Objekten in Frage.

Extensionen und Schlüssel

Abschnitt 2.8.3

Die Menge aller Objekte, die von einer Klasse erzeugt werden, bezeichnet man als Klassenextension. Ein objektorientiertes Datenbanksystem kann eine Klassenextension verwalten. Dies wird in der ODL deklariert. Wird eine Extension spezifiziert, dann können auch Schlüssel über die Extension definiert werden, damit vom objektorientierten Datenbanksystem das Erzeugen von Objekten mit identischem Schlüsselwert verhindert werden kann.

Beispiel
```
class A (extent AExtent key Schlüsselattribut1,
         Schlüsselattribut2)
{        ...
};
```

In diesem Beispiel verhindert die objektorientierte Datenbank die Existenz zweier Objekte mit identischen Werten in den beiden Schlüsselattributen, auch wenn ihre OIDs sich unterscheiden und ihre Werte in den übrigen Attributen variieren.

Man kann objektorientierte Datenbankentwicklungen auch ohne Extensionen und Schlüssel durchführen. Zur Identifikation von Objekten – primäre Aufgabe in relationalen Systemen – sind Schlüssel nicht notwendig, da bei objektorientierten Datenbanksystemen die OIDs diese Aufgabe übernehmen.

3.6.2.2 Die Objekt-Manipulationssprache OML

Objekte in objektorientierten Datenbanken werden – im Gegensatz zu relationalen Systemen – *nicht* über eine Datenbanksprache manipuliert, sondern durch die Anweisungen in der Implementierungssprache (z.B. Java) der Anwendung. Trotzdem legt das ODMG-Modell die Grundzüge der Objektmanipulation fest, indem das prinzipielle Verhalten von objektorientierten Datenbanken und der Einsatz von Transaktionen spezifiziert wird.

Transaktionen

Von jedem Datenbanksystem wird gefordert, dass eine Transaktion – als zusammengehörige Folge von Anweisungen – entweder komplett oder gar nicht durchgeführt wird, um nur von einem konsistenten Zustand in den nächsten wohldefinierten Zustand zu gelangen.

Wie bei relationalen Datenbanken nutzen auch objektorientierte Datenbanken hierfür das Konzept der Transaktion. In der objektorientierten Programmierung spricht man von einem Transaktions-Objekt.

Transaktionen werden in ODL von einer Transaktionsfabrik erzeugt. Die ODMG definiert hierzu eine ODL-Schnittstelle `TransactionFactory`. Die Operation `new()` dieser Schnittstelle liefert als Resultat ein neues Transaktions-Objekt zurück. Ein Datenbankanbieter muss daher eine Klasse zur Verfügung stellen, die die Schnittstelle `TransactionFactory` implementiert.

Über den Aufruf der Operation `begin()` des erzeugten Transaktionsobjekts *(Transaction)* wird die Transaktion gestartet, in der Regel am Beginn eines Geschäftsprozesses. Der Aufruf von `commit()` – als letztem Operationsaufruf innerhalb eines Geschäftsprozesses – gibt ein erfolgreiches Ende an.

Treten Probleme während einer Transaktion auf, dann kann eine Transaktion durch den Aufruf `abort()` abgebrochen werden.

Je nach realisiertem Sperrverhalten innerhalb der Datenbank liefert das Datenbanksystem auf Anfragen bei laufender Transaktion entweder den Startzustand der laufenden Transaktion zurück oder blockiert die Anfragen, bis nach erfolgreichem Ende der Transaktion der erreichte Endzustand der Transaktion zurückgemeldet werden kann.

Schnittstelle Anwendung – Datenbank

Damit die Anwendung mit der Datenbank interagieren kann, definiert die ODMG die Schnittstelle `Database`. Ähnlich wie bei Transaktionen werden auch *Database*-Objekte von einer Fabrikklasse, in diesem Fall einer `DatabaseFactory` erzeugt. Hierzu beschreibt die ODMG eine ODL-Schnittstelle `DatabaseFactory`, deren Operation `new()` ein neues Datenbankobjekt erzeugt. Es liegt in der Verantwortung des Datenbankanbieters, für den Anwendungsprogrammierer eine konkrete Klasse bereit zu stellen, die die Schnittstelle `DatabaseFactory` implementiert.

Anmerkung

In der Java-Anbindung wird die Funktionalität der Schnittstellen `DatabaseFactory` und `TransactionFactory` zusammen mit anderen Operationen in der Schnittstelle `Implementation` zusammengefasst (ODMG-Standard für Java-Anbindung). Poet bietet als Anbieter eine gleichnamige Klasse `Implementation` an, die die ODL-Schnittstelle `Implementation` implementiert:

Poet

```
public class Implementation extends
    java.lang.Object implements Implementation
```

Ein Datenbank-Objekt stellt dann folgende Operationen zur Verfügung:

- `open(in string database_name)`: öffnet die Datenbank,
- `close()`: schließt die Datenbank,
- `lookup(in string object_name)`: Zugriff auf ein Datenbankobjekt über seinen Namen.

Die Namen der Objekte in einer Datenbank, die Namen der Typen im Datenbank-Schema und ihre assoziierten *extents* sind global in der Datenbank gültig. Ist die Datenbank geöffnet, dann kann auf diese Namen zugegriffen werden.

3.6.2.3 Die Anfragesprache OQL

deklarativ

OQL *(object query language)* ist – analog zum DML-Teil von SQL – eine deklarative Anfragesprache für objektorientierte Datenbanken. OQL ermöglicht die Verwendung deklarativer Konzepte in objektorientierten Anwendungen.

Das Zusammenstellen von Teilmengen einer Extension oder Berechnungen über eine Menge von Objekten lassen sich oft sehr elegant in einer einzigen OQL-Abfrage formulieren, statt sie explizit in umfangreichen Algorithmen der Implementierungssprache auszuprogrammieren.

Eigenschaften

Die Sprache OQL

- basiert auf dem ODMG-Objektmodell,
- ist eine eigenständige, interaktive Datenbanksprache, unabhängig von einer Programmiersprache,

- ist eine einbettbare Sprache, die die Sprachkonstrukte der Gastsprache nutzt,
- ist mit SQL *nicht* kompatibel, unterstützt aber die *select-from-where*-Struktur von SQL,
- besitzt keine expliziten Änderungsoperationen, wie Konstruktoren, Operationsaufrufe,
- erlaubt Anfragen nicht nur auf Mengen, sondern auch auf Strukturen und Listen,
- ermöglicht vordefinierte Anfragen, die aber nicht – wie externe Sichten bei SQL – im Datenbankschema abgelegt werden,
- erlaubt neben dem Zugriff auf Attribute auch den Aufruf von Operationen und das Durchlaufen von Beziehungen,
- ist im Gegensatz zu SQL »stärker typisiert«.

Anfragen auf Sammlungen

Der Kern von OQL besteht aus einer Menge von Anfrageausdrücken, die auf Sammlungen *(Set, List, Bag, Array)* arbeiten. Im Vergleich dazu arbeitet SQL nur auf Mengen, da die Tupel einer Tabelle eine Menge darstellen.

Sind e, e', e_1, e_2, ..., e_n Ausdrücke und x_1, x_2, ..., x_n Variablennamen, dann sind

- **select** e **from** x_1 **in** e_1, x_2 **in** e_2, ..., x_n **in** e_n **where** e' und
- **select distinct** e **from** x_1 **in** e_1, x_2 **in** e_2, ..., x_n **in** e_n **where** e'

Ausdrücke.

Das Ergebnis der Anfrage ist eine Menge für **select distinct** oder eine Multimenge (Duplikate erlaubt) für **select.**

In Ausdrücken kann mit OQL

- auf Attribute zugegriffen,
- eine Beziehung durchlaufen und
- eine Operation aufgerufen

werden.

In SQL kann dagegen nur auf Attribute zugegriffen werden.

Zugriff auf Attribute

Beispiel

Die Anfrage »Gib alle Personen aus, die in Bochum wohnen« bedeutet, aus dem **extent** der Klasse »Person« alle Objekte zu selektieren, deren Attribut »Adresse« den Wert »Bochum« hat:

```
select x
    from   x  in Personen
    where  x.Adresse = "Bochum"
```

Selektion

Dieses Beispiel entspricht einer Selektion in SQL. Aus einer gegebenen Klassenextension werden alle Objekte herausgesucht, die einer vorgegebenen Bedingung genügen. Das Ergebnis ist eine Multimenge *(Bag).*

Beispiel

Die Anfrage »Gib die Namen aller Personen aus« bedeutet, aus der Klassenextension »Personen« nur das Attribut »Name« auszugeben.

```
select distinct x.Name
    from x in Personen
```

Das Ergebnis ist eine Menge von Literalen (Typ Set<string>).

Beispiel

Die Anfrage »Gib den Vornamen, Namen und das Geburtsdatum aller Personen aus« bedeutet, aus der Klassenextension »Personen« nur die entsprechenden Attribute auszuwählen:

```
select distinct struct (Name: x.Name, Vorname: x.Vorname,
        Geburtsdatum: x.Geburtsdatum)
    from x in Personen
```

Für jede Person wird eine Struktur aufgebaut, die Name, Vorname und Geburtsdatum enthält. Das Ergebnis ist eine Menge von strukturierten Literalen (Typ Set <struct>).

Projektion

alle Objekte einer Extension

Diese Beispiele entsprechen einer Projektion in SQL. Aus einer gegebenen Klassenextension werden bestimmte Attribute aller Objekte ausgewählt. Will man alle Objekte einer Klassenextension, dann genügt es, die Klassenextension anzugeben.

Beispiel

Alle Objekte der Klasse »Person« erhält man durch Angabe der Klassenextension:

```
    Personen
```

union
intersect
except

Analog wie in SQL können die Mengenoperationen Vereinigung *(union)*, Durchschnitt *(intersect)* und Differenz *(except)* verwendet werden.

Durchlaufen von Beziehungen

Beispiel

Die Firma Teachware möchte eine Liste aller Kunden mit ihren Arbeitgebern:

```
select struct (Kundenname: x.Name,
               Firmenname: x.ist_Mitarbeiter_von.Name)
    from x in Kunden
```

Das Ergebnis ist eine Multimenge aller Kunden (Bag <struct>), wobei jedes Element der Menge aus dem Kundenname und dem Firmenname besteht.

Auf eine Beziehung kann also wie auf ein Attribut mit der Punkt-Notation zugegriffen werden. Im letzten Beispiel wird durch den Ausdruck »x.ist_Mitarbeiter_von.Name« die Assoziation von Kunde zu Firma durchlaufen und auf den Namen von Firma zugegriffen. Über Beziehungen kann also von einem Objekt zum nächsten Objekt navigiert werden.

Aufruf von Operationen

Beispiel In der Firma Teachware wird das Gehalt für Dozenten und Mitarbeiter unterschiedlich berechnet. In der Klasse `Person` gibt es eine Operation `Gehalt`, die in den Unterklassen `Dozent` und `Mitarbeiter` redefiniert ist. Die Gehaltsliste der Dozenten erhält man durch:

```
select struct (Name: x.Name, Honorar: x.Gehalt)
  from x in Dozenten
```

Mit `x.Gehalt` wird die Operation `Gehalt` aufgerufen.
Ist die Oberklasse `Person` eine konkrete Klasse mit der Extension `Personen`, dann können die Gehälter von `Dozenten` und `Mitarbeitern` mit folgender Anfrage berechnet werden, wobei für Dozenten und Mitarbeiter jeweils die richtige Operation verwendet wird:

```
select struct (Name: x.Name, Honorar_Gehalt: x.Gehalt)
  from x in Personen
```

Ändert man später die Klasse so, dass `Gehalt` *keine* Operation mehr ist, sondern ein Attribut, dann muss die **select**-Abfrage *nicht* geändert werden! Ähnlich ist es bei der Ergänzung von Unterklassen.

Besitzt eine Operation Parameter, dann werden in Klammern hinter dem Operationsnamen die Parameter aufgeführt.

3.6.3 Entwicklung einer Anwendung mit Anbindung an eine objektorientierte Datenbank

Entwicklungsschritte Die Entwicklungsschritte einer Anwendung, die auf eine objektorientierte Datenbank zugreift, werden im Folgenden exemplarisch gezeigt. In diesem Beispiel sollen Teile der Anwendung in Java und andere Teile der Anwendung in C++ programmiert werden. Das prinzipielle Vorgehen zeigt Abb. 3.6-5.

Im Folgenden wird dieses Vorgehen an einem Ausschnitt aus der Fallstudie »Seminarorganisation« erläutert (Abb. 3.6-6). Bei der Umsetzung in eine Programmiersprache wird nur Java vorgestellt, der analoge Ablauf für C++ kann dem Standard /Cattel, Barry 99/ entnommen werden.

Schritt 1: Umsetzen des OOA-Modells in eine ODL-Beschreibung
a Modellierung der Vererbung

Die abstrakte Klasse Person kann in ODL entweder als Schnittstelle oder als Klasse beschrieben werden. Da von einer abstrakten Klasse keine Objekte erzeugt werden können, bietet sich eine Realisierung als Schnittstelle an, für die in ODL dieselbe Eigenschaft gilt. Von dieser Schnittstelle können dann die Klassen `Mitarbeiter` und `Dozent` erben.

C++ vs. Java Bei der Realisierung dieser einfachen Vererbungstruktur unterscheiden sich die Programmiersprachen Java und C++ in mehreren Aspek-

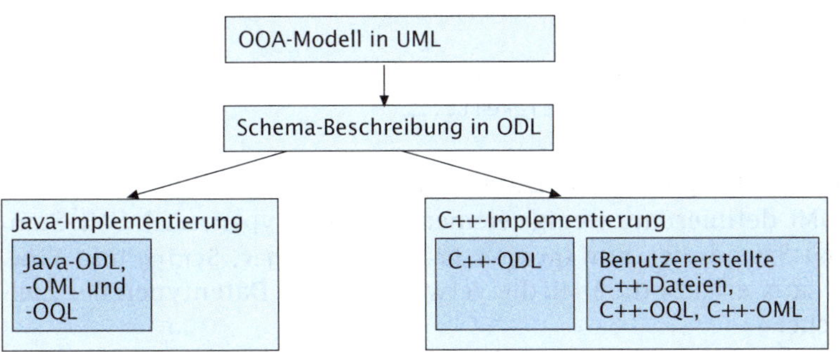

Abb. 3.6-5: Gemischtsprachige Realisierung einer objektorientierten Datenbank-anwendung

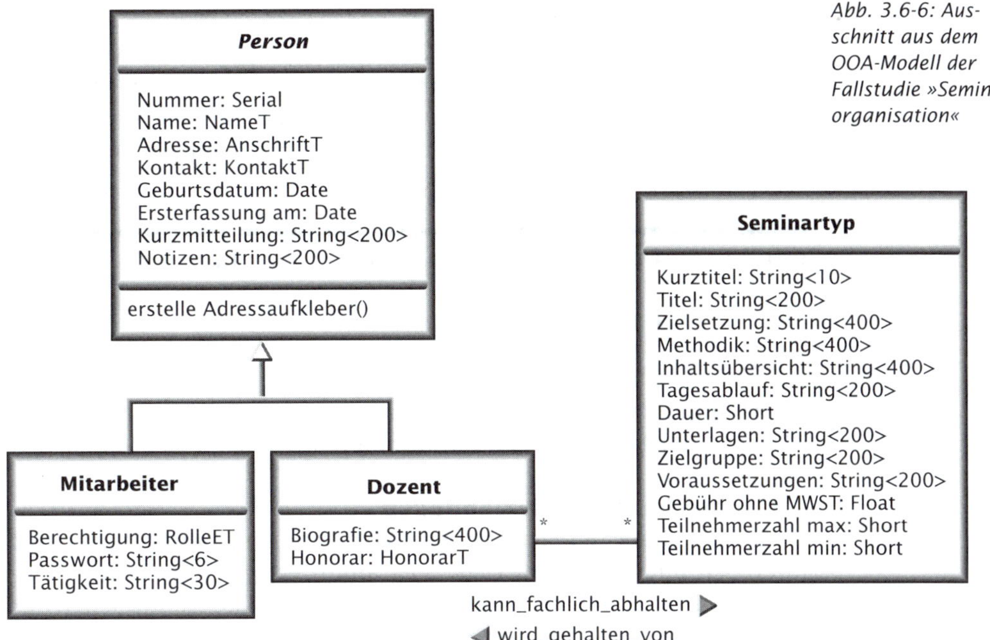

Abb. 3.6-6: Ausschnitt aus dem OOA-Modell der Fallstudie »Seminarorganisation«

ten. Beispielsweise ist es in C++ notwendig, die Operation »`erstelle Adressaufkleber()`« als rein virtuelle Funktion zu deklarieren, etwa durch »`virtual void erstelleAdressaufkleber() = 0;`«. Dadurch wird implizit die Klasse `Person` zu einer abstrakten Klasse.

In Java bewirkt hingegen ein Voranstellen von »`abstract`« in der Klassendeklaration den gleichen Effekt: »`public abstract class Person`«.

In der ODL ergibt sich folgende Beschreibung:

```
interface Person
{ ...
   void erstelleAdressaufkleber();
};
```

```
class Mitarbeiter: Person
{
    attribute string Passwort;
    attribute string Taetigkeit;...
};
```

b Verwendung der ODL-Datentypen

Die UML definiert nur wenige elementare Datentypen, nach UML-Standard 1.3 sind dies nur `Integer`, `UnlimitedInteger`, `String` und `Time`. Alternativ erlaubt die UML die Verwendung der Datentypen der Zielsprache.

Für den Entwickler einer objektorientierten Datenbank bedeutet dies, dass es sich bei diesem Schritt nicht um eine Umsetzung einer UML-Vorgabe, sondern um eine Beschränkung auf ODL-Datentypen handelt.

Da der ODMG-Standard eine mächtige Typhierarchie zur Verfügung stellt, wiegt diese Einschränkung nicht allzu schwer. Für den Ausschnitt aus der Seminarorganisation reichen die ODMG-Datentypen aus. Die Möglichkeiten bei der Umsetzung der elementaren Datentypen zeigt folgende Tabelle:

UML	**ODL**	**UML**	**ODL**
Date	date	Short	short, long, long long
String	string	Float	float, double

Selbstdefinierten Datentypen wie `NameT` usw. sind durch entsprechende Klassen oder Schnittstellendefinitionen in ODL zu beschreiben.

c Beschreibung der Beziehungen

Die Beschreibung der Beziehungen (Assoziationen, Aggregationen und Kompositionen aus dem OOA-Diagramm) erfolgt durch eine `relationship`-Anweisung in den beiden beteiligten Klassen. Zwischen den Klassen `Dozent` und `Seminartyp` besteht eine M:N-Relation. Als Rollenbezeichnung für den Dozent wird »`kann fachlich abhalten`« verwendet. Der Seminartyp erhält die Rolle »`wird gehalten von`«:

```
class Dozent
{ ...
    relationship set <Seminartyp> kann_fachlich_abhalten
    inverse Seminartyp::wird_gehalten_von;
};
class Seminartyp
{ ...
    relationship set <Dozent> wird_gehalten_von
    inverse Dozent::kann_fachlich_abhalten;
};
```

Besitzt eine Klasse eine Beziehung nur zu einem Objekt einer Zielklasse, entfällt natürlich die Angabe eines Sammlungstyps (im Beispiel »`set`«) nach dem Schlüsselwort »`relationship`«.

Sind im Klassendiagramm unidirektionale Beziehungen vorhanden, so ist trotzdem für beide beteiligten Objekte eine Rollenangabe zu vergeben, da die Angabe des inversen Pfads in der ODL vorgeschrieben ist.

d Definition von Extensionen und Schlüsseln (optional)

Die ODL unterstützt die Konzepte »Extension« und »Schlüssel«, zwingend notwendig ist ihr Einsatz aber nicht. Auch ermöglichen noch nicht alle Implementierungssprachen diese Konzepte. Die Beschreibung der Java-Sprachanbindung legt die Erzeugung und Verwaltung von Extensionen – und damit verbunden die Schlüsselverwaltung – *nicht* verbindlich fest, sondern stellt sie in die Verantwortung von Programmierer oder Datenbankanbieter.

Will man Extensionen verwenden, dann kann die Extension der Klasse »Dozent« unter dem Namen »Dozenten« wie folgt spezifiziert werden:

```
class Dozent (extent Dozenten)
{  ...
};
```

Ist keine Extension angegeben, dann kann mit der `select`-Operation *nicht* selektiert werden. Es ist nur eine Navigation über benannte Wurzelobjekte möglich.

Namenskonvention

Üblich ist es, als Namen der Extension den Plural des Klassennamens zu verwenden. Auf eine Schlüsselangabe für »Dozent« kann verzichtet werden. Für die Oberklasse »Person« mit dem Schlüsselattribut »Nummer« ist sie jedoch sinnvoll:

```
class Person (extent Personen key Nummer)
{  ...
};
```

e Abbildung der dynamischen Komponenten des OOA-Modells

Mit den bisher vorgestellten Richtlinien und Konzepten der ODMG kann der Software-Architekt durch Transformation von Datentypen, Vererbungsstrukturen und Assoziationen aus dem OOA-Diagramm seiner Anwendung eine ODL-Spezifikation erstellen, die alle statischen Eigenschaften widerspiegelt.

Der Einsatz der ODL-Klassen `Transaction` und `Database` wird in der Beschreibung der Anbindung an Java gezeigt. Der Entwickler sollte sich jedoch schon vor der Umsetzung in eine Programmiersprache anhand der Geschäftsprozessse seines OOA-Modells überlegen, welche Teilprozesse in Transaktionen gekapselt werden müssen. Das Absichern selbst der umfangreichsten Geschäftsprozesse durch eine einzige, einklammernde Transaktion bietet maximalen Schutz vor konkurrierenden Zugriffen auf benötigte Ressourcen. Demgegenüber steht der Nachteil, dass das Sperren benötigter Ressourcen eventuell unnötig lange aufrecht erhalten wird und so der Durchsatz an Transaktionen spürbar sinkt.

Schritt 2: Anbindung an die Programmiersprache Java
a Interaktion mit der Datenbank

Damit der Entwickler bei der Anbindung einer objektorientierten Datenbank nur die verwendete Programmiersprache beherrschen muss, wurden bei der Konzeption der Sprachanbindungen folgende Zielsetzungen verfolgt:

- Programmiersprache und Datenbanksystem besitzen ein einheitliches Typsystem. Objekte dieser Typen bzw. Klassen können persistent oder transient sein.
- Die Anbindung berücksichtigt die automatische Speicherverwaltung von Java. Objekte werden persistent, sobald sie von einem persistenten Objekt referenziert werden. Man spricht in diesem Zusammenhang von Persistenz durch Erreichbarkeit. Zusätzlich kann die Anwendung aber auch explizit die Speicherung von Objekten in der Datenbank kontrollieren.
- Die Anbindung führt zu keiner Syntaxänderung in der Programmiersprache. Bereits vorhandene Funktionalitäten der Sprache werden nicht dupliziert.

Persistenz durch Erreichbarkeit

Persistenz durch Erreichbarkeit bedeutet, dass von einem Wurzelobjekt über die Traversierungspfade zu erreichbaren Objekten navigiert werden kann. Das Wurzelobjekt wird – in der Regel durch einen Namen – an die Datenbank gebunden und kann innerhalb einer Anwendung auch durch seinen Namen von der Datenbank angefordert werden.

Wurzelobjekte müssen persistent sein. Hierzu bietet der ODMG-Standard 3.0 dem Hersteller von objektorientierten Datenbanken unter Java unterschiedliche Möglichkeiten an:

- Ein Präprozessor modifiziert den Java-Quellcode, bevor dieser dem Java-Compiler übergeben wird.
- Ein Postprozessor erhält als Eingabe eine Java `.class`-Datei (also Bytecode) vom Java-Compiler und erzeugt hieraus modifizierten Bytecode, der Persistenz bietet.

Wurzelobjekte identifizieren

Ein Programmierer, der Java verwendet, muss daher Wurzelobjekte identifizieren – das sind typischerweise Objekte von Klassen, die in Aggregationshierarchien weit oben stehen – und diese namentlich an die Datenbank anbinden.

Beispiel: Poet

Das nachstehende Beispiel zeigt, wie dies mit dem objektorientierten Datenbanksystem Poet /Poet 00/ funktioniert, das sich auf der CD-ROM 2 befindet. Poet nutzt die vom Standard vorgeschlagene Möglichkeit des Präprozessors, um den Quellcode von Java-Klassen zu modifizieren. Dem Präprozessor `ptjavac` werden hierzu in einer

Konfigurationsdatei ptjavac.opt für jede Anwendung die Klassen angegeben, die persistent gemacht werden sollen.

Wenn eine Klasse »Dozent« persistent gemacht werden soll und um ein Objekt dieser Klasse später als Wurzelobjekt einsetzen zu können, erstellt man folgenden Eintrag in der Datei ptjavac.opt:

```
[classes\Dozent]
persistent = true
```

In der Klassendeklaration im Quellcode muss deshalb die Persistenz nicht noch einmal vermerkt werden.

```
/**
* POET Java ODMG Binding
*/
import com.poet.odmg.util.*;
class Dozent
{
    String Name;
    public Dozent()
    {
        Name = "Wurzelobjekt";
    }
}
```

Das Erzeugen eines Objektes der Klasse Dozent und das Speichern und Binden an einen Namen in der Datenbank leistet die Klasse Bind:

```
/**
* POET Java ODMG Binding
* Erstes Beispiel: Erzeugen eines benannten Objekts in der
* Datenbank
*/
import org.odmg.*;
public class Bind
{
    static Implementation odmg =
        new com.poet.odmg.Implementation();
    Bind(Database db, String name) throws ODMGException
    {
        //alle Operationen müssen innerhalb einer Transaktion
        //ausgeführt werden
        Transaction txn = odmg.newTransaction();
        txn.begin();
        try
        {
            Dozent einDozent = new Dozent();
            db.bind(einDozent, name);
        }
        //Sollte etwas nicht funktionieren und eine Exception
        //ausgelöst werden,muss die Transaktion abgebrochen
        //werden. Nur so können alle Sperren auf beteiligte
        //Objekte erfolgreich zurückgesetzt werden.
        //Anschließend wird die Ausnahme an den nächsthöheren
        //Exceptionhandler weitergereicht.
        catch (ODMGRuntimeException exc)
```

```
        {
            txn.abort(); throw exc;
        }
        catch (ObjectNameNotUniqueException exc)
        {
            txn.abort();throw exc;
        }
        //sollte die Transaktion durchgelaufen sein, wird jetzt
        //per commit bestätigt.
        txn.commit();
    }
    //Die Main-Operation, sie holt die Argumente aus der
    //Kommandozeile, öffnet die benannte Datenbank
    //und ruft Bind mit dem Namen des Objekts auf
    public static void main(String[] args) throws ODMGException
    {
        if (args.length<2)
        {
            System.out.println("Bitte geben Sie den Namen der
                Datenbank und " + "den Namen des Objektes
                als Kommandozeilen-Parameter an." );
            System.exit(1);
        }
        Database db = odmg.newDatabase();
        db.open(args[0], Database.OPEN_READ_WRITE);
        try
        {
            new Bind(db, args[1]);
        }
        finally
        {
            db.close();
        }
    }
}
```

Auch in dieser Deklaration deutet nichts auf Persistenz hin. Jedoch verwendet diese Klasse die Klasse `Dozent`, die nach den Informationen aus der Konfigurationsdatei `ptjavac.opt` persistent ist. Also muss auch diese Datei von `ptjavac` vorübersetzt werden. Dies geschieht, vorausgesetzt, beide Dateien befinden sich in einem Verzeichnis, durch folgenden Aufruf:

```
> ptjavac -xc *.java
```

Der Präprozessor ergänzt die notwendigen Anweisungen für Persistenz, legt eine neue Datenbank *(database)* und ein neues Schema *(dictionary)* an und ruft anschließend den normalen Java-Compiler `javac` auf, der den Bytecode erzeugt. Danach kann die übersetzte Anwendung ausgeführt werden:

```
> java Bind poet://LOCAL/meineDatenbank Wurzel
```

Die `Bind`-Klasse sucht jetzt nach einer Datenbank »`meineDatenbank`« und legt darin ein Objekt der Klasse `Dozent` mit Namen »`Wurzel`« ab.

Poet erzeugt standardmäßig ein Schema *(Dictionary)* und ein oder mehrere Datenbanken *(Databases)*. Ein Schema enthält alle Strukturinformationen über die Klassen in einer Anwendung, die eigentlichen Nutzdaten können in einer Datenbank gespeichert oder auf mehrere Datenbanken verteilt werden. Die Namen von Schema und Datenbank(en) werden ebenfalls in der Konfigurationsdatei `ptjavac.opt` vermerkt:

```
[schemata\meinSchema]
oneFile = false
[databases\meineDatenbank]
oneFile = false
```

Auf diese Weise kann also ein Objekt erzeugt und an einen Namen gebunden werden. Ab da kann innerhalb anderer Subsysteme der Anwendung dieses Dozentenobjekt von der Datenbank über seinen Namen wieder angefordert werden. Die folgende Anwendung »Lookup« funktioniert analog zu »Bind«. Wenn man sie mit `ptjavac` vorübersetzt und dann per Aufruf

```
> java Lookup poet://LOCAL/meineDatenbank Wurzel
```

startet, kann man das Objekt der Klasse `Dozent` mit Namen `Wurzel` an der markierten Stelle im Quellcode beliebig verwenden.

```
import org.odmg.*;
public class Lookup
{
    static Implementation odmg =
        new com.poet.odmg.Implementation();
    Lookup(Database db, String name) throws ODMGException
    {
        Transaction txn = odmg.newTransaction();
        txn.begin();
        try
        {
            //zentrale Operation
            Dozent einDozent = (Dozent)db.lookup(name);
            //ab jetzt kann beliebig auf Dozent zugegriffen
            //werden
        }
        catch (ObjectNameNotFoundException exc)
        {
            txn.abort(); throw exc;
        }
        catch (ODMGRuntimeException exc)
        {
            txn.abort(); throw exc;
        }
        txn.commit();
    }
    public static void main(String[] args) throws ODMGException
    {
        if (args.length<2)
```

```
        {
            System.out.println("Bitte geben Sie den Namen
                der Datenbank und " + "den Namen des
                Objektes als Kommandozeilen-Parameter an.");
            System.exit(1);
        }
        Database db = odmg.newDatabase();
        db.open(args[0], Database.OPEN_READ_WRITE);
        try
        {
            new Lookup(db, args[1]);
        }
        finally
        {
            db.close();
        }
    }
}
```

Aus den Beispielen wird – neben dem grundlegenden Umgang mit den Konzepten Datenbank, Benennung und Transaktion – auch deutlich, wie der Standard die Herstellerabhängigkeit minimiert. Die einzige herstellerabhängige Programmzeile in beiden Beispielen ist:

```
static Implementation odmg = new com.poet.odmg.Implementation();
```

Hierdurch wird vom Programm eine Implementierung des Standards angefordert – in obigem Beispiel eine Realisierung durch die Firma Poet. Alle weiteren datenbankspezifischen Objekte werden dann durch entsprechende Aufrufe aus dieser Fabrik-Schnittstelle erzeugt, eine neue Transaktion beispielsweise durch:

```
Transaction txn = odmg.newTransaction();
```

Die Deklaration der Schnittstelle nach ODMG-Standard sieht folgendermaßen aus:

```
public interface Implementation
{
    public Transaction      newTransaction();
    public Transaction      currentTransaction();
    public Database         newDatabase();
    public OQLQuery         newOQLQuery();
    public DList            newDList();
    public DBag             newDBag();
    public DSet             newDSet();
    public DArray           newDArray();
    public DMap             newDMap();
    public String           getObjectID(Object obj);
    public Database         getDatabase(Object obj);
}
```

Auf die beschriebene Art und Weise realisiert der Java-Implementierer die Interaktion mit der Datenbank. Jetzt müssen noch ODL-Konzepte für Typen, Beziehungen und – falls verwendet – Extensionen und Schlüssel in Java realisiert werden.

b Typen

Ein ODMG-Objekt wird auf den Typ »Object« in Java abgebildet. Die einfachen Literal-Typen werden in die korrespondierenden Java-Typen abgebildet. Alternativ können die primitiven Datentypen oder die Klassenentsprechungen verwendet werden. So kann beispielsweise der ODMG-Datentyp Double sowohl als double (primitiver Typ) oder als Klasse Double realisiert werden. Die Sammlungen von Objekten aus der ODMG sind in Java nur für Objekte – und nicht für Literale – definiert. Es gilt folgende Zuordnung:

Typ im ODMG-Objektmodell	korrespondierender Java-Typ
Set	interface DSet
Bag	interface DBag
List	interface DList
Array	interface DArray
Dictionary	interface DMap

Der Java-Programmierer kann sich diese Typen für Sammlungen über Aufrufe von Operationen seiner Implementierungsschnittstelle erzeugen lassen. Für die ODMG-Typen Enum und Interval sind im Standard keine korrespondierenden Java-Typen festgelegt.

c Beziehungen

Die Java-Anbindung unterstützt binäre Beziehungen. Allerdings besteht in Java das grundsätzliche Problem, dass die Typen für Sammlungen (z.B. DSet) nur Sammlungen von beliebigen Objekten darstellen und der Typ einer Sammlung daher nichts über den Typ der gespeicherten Objekte aussagt. Wie in ODL ist zur Kennzeichnung einer Beziehung die Rolle beider beteiligten Objekte erforderlich. Allerdings wird in Java im eigentlichen Quellcode nur der Rollenname der Klasse innerhalb einer Beziehung angegeben, die Angabe der inversen Rolle erfolgt in der Konfigurationsdatei. Eine M:N-Assoziation sieht in der ODL folgendermaßen aus:

ODL

```
class Dozent
{   ...
    relationship set <Seminartyp> kann_fachlich_abhalten
    inverse Seminartyp::wird_gehalten_von;
};
class Seminartyp
{   ...
    relationship set <Dozent> wird_gehalten_von
    inverse Dozent::kann_fachlich_abhalten;
};
```

Diese Assoziation wird in Java in zwei Schritten umgesetzt:

Zunächst wird der ODMG-Typ set entsprechend dem ODMG-Standard in den Java-Typ DSet umgesetzt und der Typ und die Rolle in den Bezeichner des Sammlungstyps codiert (eigener Vorschlag zur Erhöhung der Übersichtlichkeit):

Java-ODL

```
public class Dozent
{   ...
    DSet kann_fachlich_abhalten_seminartypen;
}
class Seminartyp
{   ...
    DSet wird_gehalten_von_dozenten
}
```

Dieser Progammausschnitt sagt aus, dass sowohl die Klasse Dozent als auch die Klasse Seminartyp eine Menge von nicht näher bestimmten Objekten verwalten. Welche Typen von Objekten in diesen Mengen enthalten sind und dass sie Teile einer binären Beziehung sind, legt die Konfigurationsdatei fest. Ihr kann der Präprozessor entnehmen, welche Typen in der Sammlung enthalten sind (aus der Typangabe nach der refersTo-Klausel) und wie der inverse Pfad- oder Rollenname lautet (aus der Angabe nach der inverse-Klausel):

Konfigurationsdatei

```
; Eigenschaften für die Klasse Dozent
class Dozent
field kann_fachlich_abhalten_seminartypen
refersTo=Seminartyp
inverse=wird_gehalten_von_dozenten

; Eigenschaften für die Klasse Seminartyp
class Seminartyp
field wird_gehalten_von_dozenten
refersTo=Dozent
inverse= kann_fachlich_abhalten_seminartypen
```

Hinweis

Das beigefügte Datenbanksystem Poet unterstützt in der aktuellen Version die automatische Verwaltung von Beziehungen noch nicht.

d Extensionen

Laut Standard fordert eine ODMG-konforme Java-Anbindung keine Unterstützung des Extensions-Konzepts vom Hersteller einer objektorientierten Datenbank. Das Poet-System unterstützt jedoch von seiner Voreinstellung her *extents*, indem es automatisch von der gemäß Konfigurationsdatei persistenten Klasse Dozent ein Objekt der Klasse Extent unter dem Namen »DozentExtent« anlegt.

e Schlüssel

Die Java-Anbindung nach ODMG-Standard 3.0 unterstützt keine Schlüssel.

f Java-OQL

In Java beziehen sich OQL-Anfragen immer auf Sammlungen von Objekten. Sie können also auf Objekte vom Typ `DCollection` oder der davon abgeleiteten Schnittstellen `DSet`, `DBag`, `DArray` und `DList` ausgeführt werden.

Die Java-Anbindung bietet zwei unterschiedliche Möglichkeiten an, OQL-Anfragen auszuführen:

- Durch Erzeugen, Binden und Ausführen eines *OQLQuery*-Objekts.
- Als Aufruf der `query()`-Operation des Sammlungsobjekts, für das der Ausdruck ausgeführt werden soll.

Der ODMG-Standard legt die Schnittstelle *OQLQuery* wie folgt fest:

Die Nutzung eines *OQLQuery*-Objekts

```
public Interface OQLQUery
{
    public void create(String query) throws
        QueryInvalidException;
    public void bind(Object parameter) throws
        QueryParameterCountInvalidException,
        QueryParameterTypeInvalidException;
    public Object execute() throws QueryException;
}
```

Wenn eine OQL-Anfrage über ein *OQLQuery*-Objekt abgesetzt werden soll, erfolgt dies in vier Schritten:

1. Von der Implementierung des ODMG-Standards wird ein neues OQL-Objekt erzeugt.
2. Bei der Erzeugung oder durch Aufruf der `create()`-Operation des *OQLQuery*-Objekts wird der Abfrageausdruck als `String` – eventuell mit Parametern – übergeben.
3. Wenn n Parameter in der Abfrage vorkommen, sind diese durch n aufeinanderfolgende Aufrufe der `bind()`-Operation des OQL-Objekts mit konkreten Werten zu belegen.
4. Die konkrete Anfrage wird über den Aufruf der `execute()`-Operation ausgeführt.

Soll beispielsweise ermittelt werden, welche Dozenten mehr als 1000 € Honorar beziehen, dann kann folgende Anfrage programmiert werden:

```
//Zunächst muss ein Objekt erzeugt werden, das eine
//Implementierung des ODMG-Standards darstellt:
static Implementation odmg = new com.poet.odmg.Implementation();
....
//Das Binden von Parametern soll gezeigt werden, daher wird die
//Honorarhöhe variabel festgelegt
Double x;
//In dieser Sammlung soll das Ergebnis der Abfrage verwaltet
//werden
DCollection SpitzenHonorare
//Schritt 1: Erzeugen des Query-Objekts über das
//Implementierungsobjekt
OQLQuery query;
```

```
query = odmg.newOQLQuery();
//Schritt 2:Übergeben des Abfrageausdrucks, $1 bezeichnet
//den 1. Parameter
query.create("select d from d in DozentenExtent where
   d.Honorar > $1");

//Erzeugen der Honorargrenze als Double-Objekt.
//Wichtig: alle Parameter sind Objekte, keine
//primitiven Java-Typen (also nicht double verwenden!)
x = new Double(1000.0);
//Schritt 3: Der erste Aufruf von bind legt x als Wert
//für den 1. Parameter fest
query.bind(x);
//Schritt 4: die Anfrage wird ausgeführt.
SpitzenHonorare = (DCollection) query.execute();
```

Wie man der Beschreibung der Schnittstelle *OQLQuery* entnimmt, liefert sie stets als Ergebnis ein Java-Objekt zurück. Deshalb ist zur sinnvollen Nutzung des Ergebnisses in der Regel eine Umwandlung in den erwarteten Rückgabetyp erforderlich – in diesem Beispiel in `DCollection`.

Aufruf der `query()`-Operation eines Sammlungs-Objekts

Liegt eine Sammlung vor, kann mithilfe der `query()`-Operation sehr einfach eine Teilmenge bestimmt werden, die einer angegebenen Bedingung genügt. Im Gegensatz zum Ergebnistyp `Object` eines Aufrufs von `execute()` eines *OQLQuery*-Objekts wird also per Voreinstellung eine Sammlung zurückgeliefert:

```
DCollection query(String bedingung) throws QueryInvalidException
```

Im Vergleich mit einer SQL-Abfrage der Form »`select.... from... where`« gilt für die `query()`-Operation eines Sammlungsobjekts A mit einer Bedingung B analog »`select * from A where B`«.

In der Bedingung wird auf das aktuelle Element in der Sammlung durch den Ausdruck `this` zugegriffen. Die Ermittlung der Spitzenhonorare sieht unter Nutzung der `query()`-Operation folgendermaßen aus, wenn der Programmierer eine Sammlung aller Dozenten in der Sammlung `DozentenExtent` selbst realisiert hat:

```
DCollection DozentenExtent;
DCollection SpitzenDozenten;
SpitzenDozenten = DozentenExtent.query("this.Honorar > 2000");
```

Diese Methode der OQL-Anfrage ist sicherlich einfacher als das aufwändigere Verfahren über ein *OQLQuery*-Objekt, aber auch im Leistungsumfang deutlich eingeschränkt. Sie erlaubt beispielsweise keine Angabe von Parametern und keine Anfragen über das kartesische Produkt mehrerer Sammlungen oder Extensionen.

Datenbank-Schema

Der Entwurf einer objektorientierten Datenbank besteht darin, ein Datenbank-Schema zu erstellen. Ein objektorientiertes Datenbank-Schema entsprechend dem ODMG-3.0-Standard enthält folgende Angaben: 

- Klassenname oder Schnittstellenname
- Oberklassen (optional)
- Name der Klassenextension (optional)
- Schlüssel (optional)
- Attributdeklaration mit Typangaben
- Beziehungsdeklaration einschließlich Kardinalitäten
- Operationssignaturen

Das Datenbank-Schema wird in der allgemeinen ODL *(object definition language)* beschrieben. ODL

Ein vorliegendes OOA-Modell kann weitgehend automatisch in ein objektorientiertes Datenbank-Schema transformiert werden (Abb. 3.6-7). Externe Schemata wie in SQL können *nicht* definiert werden.

Abb. 3.6-7: Transformation OOA in DB-Schema

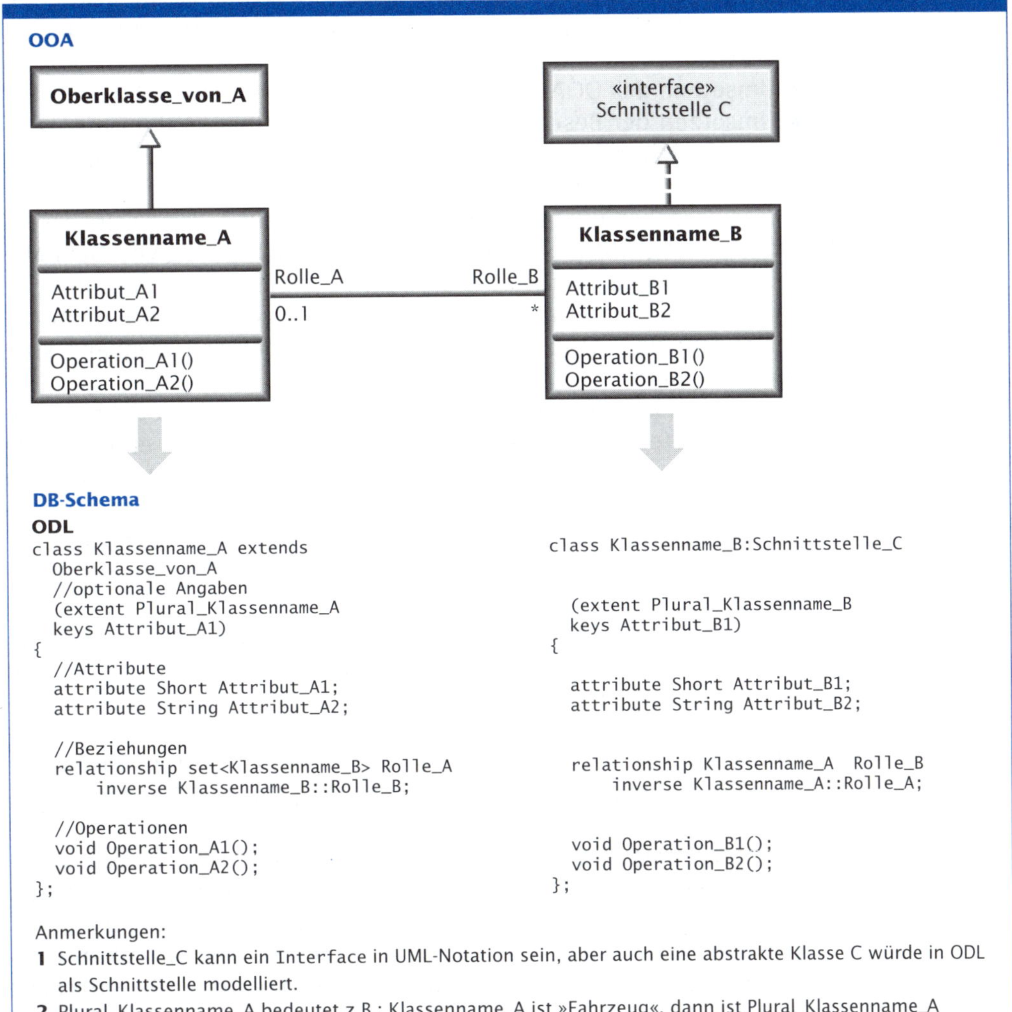

OQL Auf die Objekte eines in ODL beschriebenen Schemas kann mit der deklarativen Abfragesprache OQL *(object query language)* zugegriffen werden. Im Gegensatz zu SQL unterstützt sie nur Abfragen. Sie erlaubt keine Manipulation der Objekte.

OML Erzeugen, Löschen und Verändern eines Objekts ist in objektorientierten Datenbanken nur durch die OML-Elemente *(object manipulation language)* der gewählten Implementierungssprache vorgesehen.

Sprachanbindungen Im ODMG-Standard 3.0 werden die Sprachanbindungen für C++, Smalltalk und Java spezifiziert. Für jede Zielsprache entsteht eine eigene ODL-, OQL- und OML- Version, basierend auf der Schemabeschreibung in der allgemeinem ODL.

Entwicklungsschritte Bei der Umsetzung eines OOA-Modells in einen OOD-Entwurf erfolgt die Anbindung an eine objektorientierte Datenbank in zwei Schritten:

- Umsetzen des OOA-Modells von UML in allgemeines ODL.
- Umsetzen der Beschreibung in der allgemeinen ODL in programmiersprachenabhängiges ODL und Konzeption hierauf zugreifender Manipulationen und Abfragen.

Zugriff über verschiedene Sprachen Dieses Vorgehen über die »Zwischenbeschreibung« in ODL im ersten Schritt ermöglicht die gemischtsprachige Realisierung von OOA-Modellen – beispielsweise in C++ und Java – und ist eine Voraussetzung für den Einsatz von Administrationswerkzeugen, mit denen ein Administrator über OQL-Anfragen den Zustand einer Datenbank kontrollieren kann.

Unterschied zu SQL Im Gegensatz zu den DDL-Elementen von SQL, die von einer relationalen Datenbank direkt ausgeführt werden können, erzeugt eine ODL-Beschreibung noch kein reales Schema in einer Datenbank. Die eigentliche Schemaerzeugung erfolgt erst nach der Umsetzung in eine programmiersprachenabhängige ODL – z.B. Java-ODL – durch Zusatzprogramme des Datenbankanbieters – z.B. durch Einsatz eines Präprozessors.

OQL Im zweiten Schritt kann der Einsatz der deklarativen Sprache OQL dem Entwickler das Ausprogrammieren umfangreicher Such- und Sortierabfragen abnehmen.

Ausblick Für die Zukunft ist zu erwarten, dass der konzeptionelle Unterschied zwischen relationalen und objektorientierten Datenbanken immer mehr an praktischer Bedeutung für den Entwickler verliert.

Abschnitt 3.11.5.3
Abschnitt 3.9.4 Einige Hersteller objektorientierter Datenbanken bieten heute schon ODBC-Treiber an, mit der sich die objektorientierte Datenbank für den Anwendungsentwickler wie eine relationale Datenbank ansprechen lässt. Es ist auch davon auszugehen, dass in Zukunft immer häufiger entsprechende *Middleware*-Konzepte – z.B. *Enterprise JavaBeans*, Anwendungs-*Server* – zum Einsatz kommen werden, die – unter Zuhilfenahme relationaler oder objektorientierter Datenbank-

systeme – Forderungen nach Persistenz und Transaktionssicherheit garantieren, ohne dass sich der Anwendungsentwickler selbst um Details kümmern muss.

/Bensberg, Dewanto, Klein 00/
Bensber F., Dewanto L., Klein M., *Quo vadis, Datenbank?*, in: Java Magazin, April 2000, S.38-53, Frankfurt: Software & Support Verlag GmbH.

/Thelen 00/
Thelen F., *Der ODMG-Java-Standard 3.0*, in: Java Spektrum, April 2000, S.49-55, Bergisch Gladbach: SIGS Conferences GmbH.

Zitierte Literatur

/Cattell, Barry 99/
Cattell R.G.G., Barry D. K. (eds), *The Object Data Standard: ODMG 3.0*, Reading: Morgan Kaufmann Publishers, 2000.

/Poet 00/
POET Java ODMG 3.0 Reference Guide 6.0 für POET Object Server Suite 6.0, Trial Edition, Hamburg: POET Software AG, 2000.

Analytische Aufgaben
Muss-Aufgabe
10 Minuten

1 *Lernziel: Für gegebene Problemstellungen einfache Anfragen in OQL formulieren können.*
In ODL liegt folgende Beschreibung vor:

```
class Fahrzeug (extent Fahrzeuge)
{
    attribute float preis;
    attribute string bezeichnung;
};
```

Korrigieren Sie folgende OQL-Anfragen:

a Auswahl aller Fahrzeuge, die weniger als 10000 € kosten:
```
select * from Fahrzeug where preis < 10000
```

b Ausgabe der Fahrzeugbezeichnungen aller Wagen, die weniger als 10000 € kosten:
```
select bezeichnung from Fahrzeuge where preis < 10000
```

Muss-Aufgabe
15 Minuten

2 *Lernziel: Ein OOA-Modell in ein objektorientiertes Datenbankschema transformieren können.*
Gegeben sei folgender Ausschnitt aus einer Bibliothekssoftware:

In der allgemeinem ODL ist folgende Umsetzung erfolgt:

```
class Buch (extends Bücher)
{
    attribute char[100] Titel;
    attribute char[20] Autor;
    attribute int Preis = 0;
    relationship <Kapitel> beinhaltet
    inverse Kapitel::ist_enthalten_in;
};
```

```
class Kapitel (extends Kapitel)
{
    attribute char[100] Überschrift;
    attribute int Seitenzahl;
    relationship <Buch> ist_Element
        _von
    inverse Buch::beinhalten;
};
```

Beurteilen Sie die Richtigkeit und korrigieren Sie eventuelle Fehler in der Transformation.

Kann-Aufgabe
15 Minuten

3 *Lernziel: Für gegebene Problemstellungen einfache Anfragen in OQL formulieren können.*
Aus der ODL-Beschreibung eines Standesamtes stammt folgender Ausschnitt:

```
class Person
{
    attribute short id;
    attribute string Name;
    attribute string Vorname;
    relationship <Person> ist_verheiratet_mit
    inverse Person::ist_verheiratet_mit;
};
```

Es ist der Name und der Vorname des Ehepartners der Person mit der ID 4711 zu ermitteln. Korrigieren Sie folgende OQL-Anfrage:

```
select Name, Vorname from Person where ist_verheiratet_mit = 4711
```

Kann-Aufgabe
10 Minuten

4 *Lernziel: Ein OOA-Modell in ein objektorientiertes Datenbankschema transformieren können.*
Betrachten Sie folgenden Ausschnitt aus der Fallstudie »Seminarorganisation«:

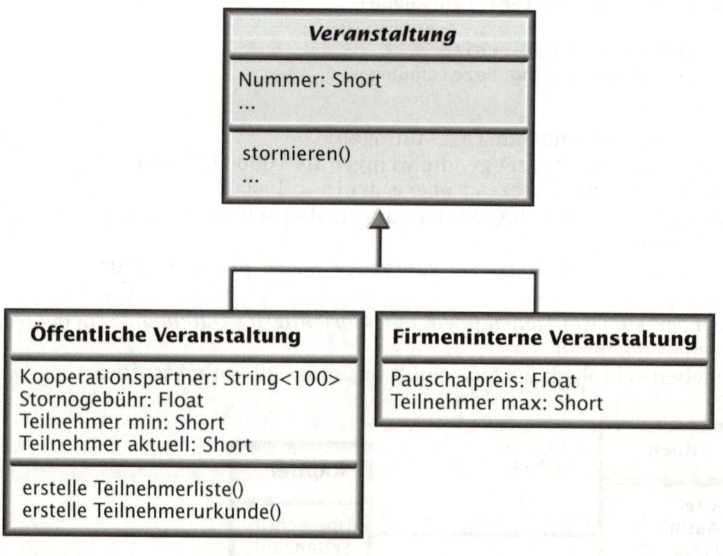

Da nur Einfachvererbung vorliegt, schlägt ihr Software-Architekt vor, alle drei Klassen aus dem OOA-Diagramm als Klassen in ODL zu beschreiben. Stimmen Sie dem Ansatz zu oder würden Sie anders verfahren?

Hinweis Weitere Aufgaben befinden sich auf der CD-ROM 1.

3 Die Entwurfsphase – OOD-Konzepte und -Muster

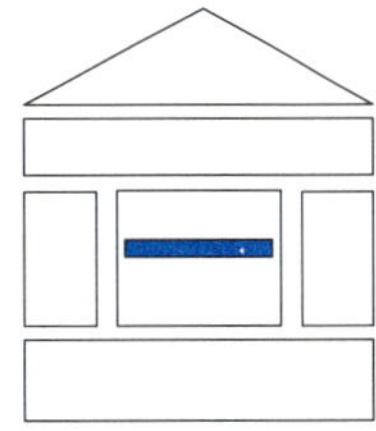

- Die Konzepte generische Klasse, Container-Klasse, Sichtbarkeit, Polymorphismus und Mehrfachvererbung erklären können.
- Erklären können, wie die Notation von Attributen, Operationen und Assoziationen im Entwurf erweitert wird.
- Erklären können, wie die Konzepte Objekt, Klasse, Attribut, Operation und Assoziation in Java umgesetzt werden.

verstehen

- Die Konzepte Polymorphismus, Vererbung, Paket, Szenario und Zustandsautomat in Java umsetzen können.
- Aufgaben und Architekturen von Klassenbibliotheken und Rahmenwerken *(frameworks)* erklären können.
- Beschreibungs- und Klassifikationsschemata für Entwurfsmuster angeben und erklären können.
- Die Objektverwaltung im Entwurf realisieren können.
- Assoziationen in den Entwurf transformieren können.
- Generische Klassen entwerfen können.
- Signaturen spezifizieren können.
- Polymorphismus anwenden können.
- Sequenz- und Kollaborationsdiagramme einsetzen können.
- Den Objekt-Lebenszyklus mit dem Zustandsmuster in den Entwurf transformieren können.
- Entwurfsmuster bei der Modellierung einsetzen können.
- Entwurfsmuster in einem OOD-Modell erkennen können.

anwenden

Grady Booch
*1955 in Texas, USA; Pionier auf dem Gebiet des molularen und objektorientierten Softwareentwurfs und der Klassenbibliotheken (ADA, C++), 1983 Buch *Software Engineering with ADA*, 1987 Buch und Komponentenbibliothek *Software Components with ADA*, 1991/94 Buch *Object Oriented Design with Applications*; 1977 B.S. in *Computer Science (Air Force Academy)*; 1975 M.S.E.E. in *Computer Engineering (University of California at Santa Barbara)*; seit 1980 *Chief Scientist* der Firma Rational in Santa Clara, Kalifornien; ACM *Fellow;* Rational *Fellow.*

- Die Kapitel 2.8, 2.9 und 2.18 müssen bekannt sein.
- Basiswissen in Java erleichtert das Verständnis.

i

3.7 OOD-Konzepte und -Muster

OOD-Konzepte

In den Kapiteln 2.8 und 2.9 wurden die Grundkonzepte der Objektorientierung und in Kapitel 2.18 die zusätzlichen Konzepte der objektorientierten Analyse behandelt. Im folgenden Abschnitt werden die zusätzlichen Konzepte des objektorientierten Entwurfs vorgestellt.

Wiederverwendung
Abschnitt II 3.3.5

Ein wesentlicher Vorteil der objektorientierten Software-Entwicklung liegt darin, dass ihre Konzepte – insbesondere das Vererbungskonzept – die Wiederverwendung vorhandener Klassen und Subsysteme unterstützen. Im gesamten Entwicklungsprozess ist also sowohl das Suchen nach wiederverwendbaren Teilen als auch das Ablegen wiederverwendbarer Teile zu berücksichtigen. In Abschnitt 3.7.2 wird daher auf Klassenbibliotheken und Rahmenwerke *(frameworks)* eingegangen.

Entwurfsmuster
Abschnitt 2.18.2

Analog wie in der objektorientierten Analyse OOA-Muster identifiziert wurden, hat man für den objektorientierten Entwurf Muster gefunden. Diese OOD-Muster können helfen, die Software-Architektur auf grundlegenden Mustern aufzubauen. Im Abschnitt 3.7.3 wird auf Entwurfsmuster eingegangen.

3.7.1 OOD-Konzepte

Kapitel 3.11
Hinweis: Dieser Abschnitt orientiert sich an /Heide Balzert 99/.

Grundlage für den objektorientierten Entwurf ist in der Regel das OOA-Modell. Das entstehende OOD-Modell wiederum bildet die Grundlage für die Implementierung. Die Implementierung erfolgt in einer oder mehreren konkreten Programmiersprachen.

Bezeichner-Syntax

Damit es beim Übergang vom Entwurf zur Programmierung keine Bezeichner-Probleme gibt, müssen alle Namen des OOD-Modells der Syntax der Ziel-Programmiersprache entsprechen. Bezeichnungen aus dem OOA-Modell, die dieser Syntax nicht entsprechen, müssen daher manuell oder automatisch umgewandelt werden.

Deutsch vs. Englisch

In der Systemanalyse sollte in der Regel die deutsche Sprache und die jeweilige Fachterminologie verwendet werden. In der Entwurfsphase und in der Implementierung ist es dagegen üblich, die englische Sprache zu verwenden, einerseits weil sie kürzere Bezeichnungen ermöglicht und andererseits, weil sie bei Klassenbibliotheken durchgängig verwendet wird. Daher kann es sinnvoll sein, neue Klassen, die in der Entwurfsphase hinzukommen, mit englischen Bezeichnern zu versehen. Die Verwendung von deutschen Bezeichnern hat jedoch den Vorteil, dass man leicht zwischen selbstgeschriebenen und benutzten Klassen unterscheiden kann.

3.7.1.1 Objekt/Klasse

Stereotyp
Abschnitt 2.8.3

Der Stereotyp kann sinnvoll verwendet werden, um die Zugehörigkeit einer Klasse zu einer bestimmten Entwurfskomponente, z.B. zur GUI-Schicht, zu zeigen.

Alle Klassen, die zur Datenverwaltung gehören, werden mit «DB» *(data base)* und alle Klassen zur Realisierung der Benutzungsoberfläche mit «GUI» *(graphical user interface)* gekennzeichnet. Beispiel

Eine wesentliche konzeptionelle Erweiterung bieten die generischen Klassen und die *Container*-Klassen.

Generische Klasse

Eine **generische Klasse** *(parameterized class, template)* beschreibt eine Familie von Klassen mit einem oder mehreren formalen Parametern. Parameter einer generischen Klasse sind Typ-Parameter oder Konstanten-Parameter.

Ein Typ-Parameter ist ein Bezeichner, der innerhalb der Klasse wie ein gewöhnlicher Typ verwendet werden kann. Ein Konstanten-Parameter ist ein Bezeichner, dessen Typ mit angegeben werden muss und der innerhalb der Klasse wie eine Konstante des angegebenen Typs verwendet werden kann. Mehrere Parameter in der Liste werden durch Kommata getrennt.

Damit eine generische Klasse benutzt werden kann, müssen deren formale Parameter an aktuelle Parameter gebunden werden. Für jeden Typ-Parameter muss ein konkreter Typ angegeben werden, für Konstanten-Parameter hingegen ein fester Wert. Durch die Bindung der formalen an aktuelle Parameter entsteht eine neue Klasse. Generische Klassen sind ein Beispiel für **Meta-Klassen,** also Klassen, deren Exemplare (»Objekte«) wieder Klassen sind.

Es wird eine generische Klasse *Queue* deklariert (Abb. 3.7-1), die die Operationen `insert()` und `delete()` besitzt. Welche und wie viele Elemente die `Queue` verwalten soll, wird (noch) nicht spezifiziert. Der Parameter `Element` beschreibt einen Typ. Daher sind für diesen Parameter keine weiteren Angaben notwendig. Der Parameter `n` vom Typ `int` gibt die maximale Größe der Warteschlange an. Diese generische Klasse bildet die Vorlage für die »normalen« Klassen `Queue<int,100>`, in der maximal 100 int-Werte gespeichert werden können und `FloatQueue`, die maximal 20 `float`-Werte enthalten kann. Von diesen beiden Klassen können dann entsprechende Objekte erzeugt werden. Wie Abb. 3.7-1 zeigt, kann das Erzeugen einer Klasse von einer generischen Klasse entweder durch Eintragen der aktuellen Parameter bei der Klasse oder mit Hilfe einer Abhängigkeitsbeziehung mit dem Stereotypen «`bind`» erfolgen. Beispiel

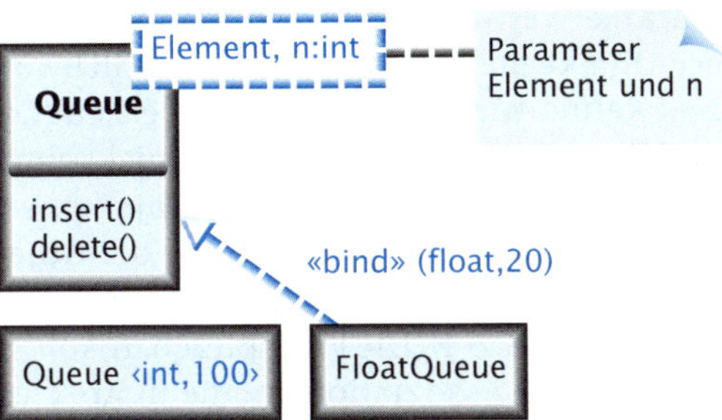

Abb. 3.7-1: Generische Klasse Queue

Eine generische Klasse kann *nicht* Oberklasse einer »normalen« Klasse sein. Umgekehrt kann sie jedoch die Unterklasse einer »normalen« Klasse Super sein. Das bedeutet, dass alle »normalen« Klassen, die durch Binden gebildet werden, Unterklassen von Super sind.

Außerdem ist eine unidirektionale Assoziation von einer generischen Klasse zu einer »normalen« Klasse erlaubt (Abb. 3.7-2), d.h. die generische Klasse kennt die »normale« Klasse, jedoch nicht umgekehrt. Die unidirektionale Assoziation wird in Abschnitt 3.7.1.4 eingeführt.

Abb. 3.7-2: Eigenschaften generischer Klassen

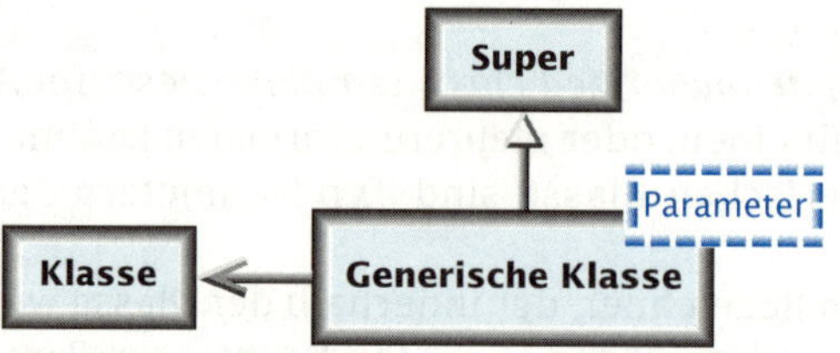

Abschnitt 3.7.1.4

Container-Klasse

Abschnitt 2.8.3

Um die Systemanalyse *nicht* mit technischen Details zu belasten, wurde davon ausgegangen, dass jede Klasse ihre Objekte selbst verwaltet, d.h. inhärent eine Objektverwaltung besitzt.

Im Entwurf muss die Objektverwaltung jedoch realisiert werden. Dies geschieht z.B. mit Hilfe von Container-Klassen. Viele Container-Klassen können aus entsprechenden Bibliotheken übernommen werden. Bei der Realisierung von Container-Klassen lassen sich besonders vorteilhaft generische Klassen verwenden. Wird eine objektorientierte Datenbank verwendet, dann übernimmt diese die Objektverwaltung.

Container-Klassen

Eine **Container-Klasse** verwaltet eine Menge von Objekten einer anderen Klasse. Sie stellt Operationen bereit, um auf die verwalteten Objekte zuzugreifen. Ein Objekt der Container-Klasse wird als **Container** bezeichnet. Typische Container sind beispielsweise Felder *(arrays)* und Mengen *(sets)*.

Namenskonvention

Der Name einer Container-Klasse sollte aus dem Plural des Klassennamen, u.U. gefolgt von dem Namen Container bestehen. Lautet die Fachkonzept-Klasse `Kunde`, dann heißt die zugehörige Container-Klasse `Kunden` oder `KundenContainer`.

Beispiel

In der Fallstudie »Seminarorganisation« werden die Objekte der Klasse `Dozent` in einem Container, d.h. einem Objekt der Klasse `DozentenContainer` verwaltet (Abb. 3.7-3). Das bedeutet, dass das `DozentenContainer`-Objekt die Objektidentitäten (OIDs) aller Objekte der Klasse `Dozent` kennt. Wird ein neuer `Dozent` erzeugt, dann wird die entsprechende OID in das `DozentenContainer`-Objekt eingefügt. Die Klassenoperation `erstelleListe()` wird zu einer Objektoperation der Klasse `DozentenContainer`. Sie liest mit `getlink()` die Objektidentität jedes Dozenten und holt sich dann vom jeweiligen `Dozent`-Objekt die gewünschten Daten (Abb. 3.7-4). Die Pfeilspitzen in Abb. 3.7-3 geben die Navigationsrichtung der Assoziation an, die in Abschnitt 3.7.1.4 erläutert wird.

Abschnitt 3.7.1.4

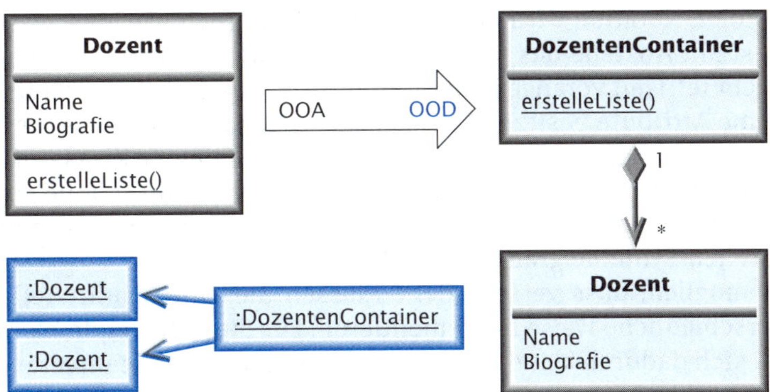

Abb. 3.7-3: Container für die Verwaltung von Dozenten

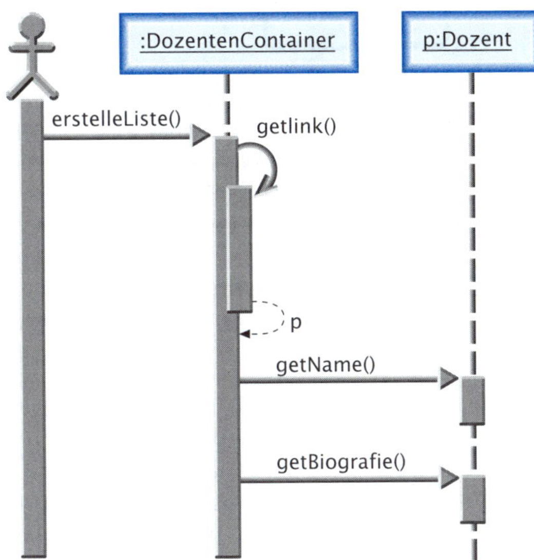

Abb. 3.7-4: Sequenzdiagramm für die Verwaltung von Dozenten im Container

Schnittstelle

In der objektorientierten Software-Entwicklung gibt es neben Klassen noch **Schnittstellen *(interfaces)***. Der Begriff wird *nicht* einheitlich verwendet. In der Regel definieren Schnittstellen Dienstleistungen für Anwender, d.h. für aufrufende Klassen, ohne etwas über die Implementierung der Dienstleistungen festzulegen. Es werden **funktionale Abstraktionen** in Form von Operationssignaturen bereitgestellt, die das »Was«, aber *nicht* das »Wie« festlegen. Eine Schnittstelle besteht also im Allgemeinen nur aus Operationssignaturen, d.h. sie besitzt keine Operationsrümpfe und keine Attribute. Schnittstellen können jedoch in Vererbungsstrukturen verwendet werden. Eine Schnittstelle ist äquivalent zu einer Klasse, die keine Attribute und ausschließlich **abstrakte Operationen** besitzt.

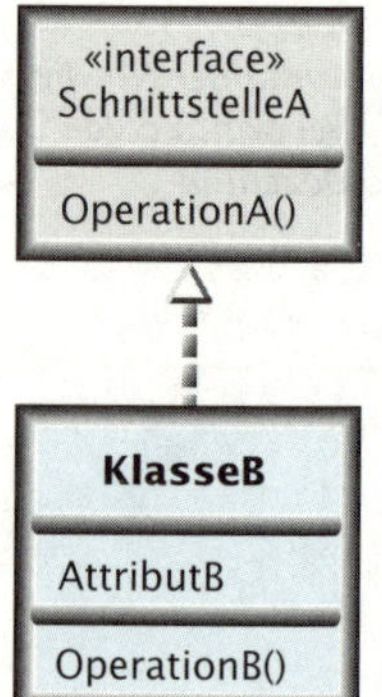

In der UML-Notation wird eine Schnittstelle ähnlich wie eine Klasse dargestellt. Anstelle des Klassennamens steht der Schnittstellenname (nicht fett) mit vorangestelltem «interface». Da eine UML-Schnittstelle keine Attribute besitzen kann, entfällt der Attributteil. Werden die abstrakten Operationen einer Schnittstelle von einer Klasse implementiert, dann wird zwischen der Klasse und der Schnittstelle ein gestrichelter Vererbungspfeil gezeichnet. In diesem Buch werden Schnittstellen-Symbole grau dargestellt.

Es ist möglich, dass verschiedene Klassen dieselbe Schnittstelle auf unterschiedliche Weise implementieren. Für die aufrufende Klasse ergibt sich dadurch keine Änderung, da die Schnittstelle unverändert bleibt (Abb. 3.7-5).

Abb. 3.7-5: Das Schnittstellenkonzept

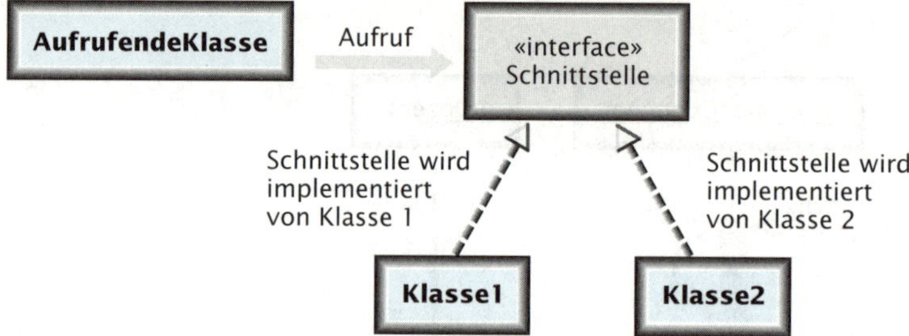

Konvention

Um Schnittstellen anhand des Schnittstellennamens schnell zu erkennen, ergänze ich den Schnittstellennamen am Ende um ein großes **I** für *Interface*.

Beispiel

In Abb. 3.7-6 ist die Berechnung einer Versicherungsprämie dargestellt. Die Versicherungsprämie kann auf zwei verschiedene Arten berechnet werden. Es ist erlaubt und üblich, dass Klassen, die Schnittstellen implementieren, eigene zusätzliche Operationen definieren. Die Klasse `Versicherung1` könnte eine weitere Operation `berechneSonderpraemie()` definieren.

VersicherungGUI
init()
ermittlePraemie()

Aufruf

«interface»
VersicherungI
berechnePraemie
(double Versicherungssumme)

Versicherung1
berechnePraemie (double VSumme)
berechneSonderpraemie (double VSumme)

Versicherung2
berechnePraemie (double VSumme)

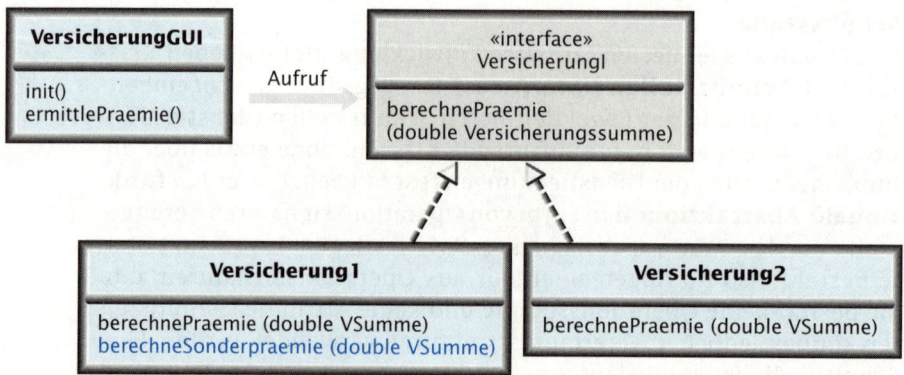

Abb. 3.7-6: Beispiel für das Schnittstellenkonzept

Die Umsetzung dieser Konzepte in die Programmiersprache Java zeigt Tab. 3.7-1.

Tab. 3.7-1a: Objekt/Klasse in Java

Klasse

- Die Klasse wird durch das *class*-Konzept realisiert.
- In Java wird *nicht* zwischen der Spezifikation und der Implementierung einer Klasse unterschieden, wie z.B. in C++.
- Jede Klasse mit Attributen ist ein (abstrakter) Datentyp. Die Umkehrung – ein Datentyp ist eine Klasse – gilt *nicht*, weil die einfachen Typen, z.B. int, float, *nicht* als Klasse implementiert sind.

```
class Zaehler
{  private int Zaehlerstand;
   public void inkrementieren()  { ... }
   public void initialisieren()  { ... }
   public int getZaehlerstand()  { ... }
 }
```

Sichtbarkeit der Klasse

Eine Klasse kann normalerweise nur innerhalb ihres Pakets benutzt werden. Wird sie als *public* deklariert, dann kann sie überall benutzt werden.

```
public class Zaehler {}
```

Objekt

- Objekte können in Java grundsätzlich nur dynamisch – also als Halden-Objekt – erzeugt werden.
- Wenn ein Objekt nicht mehr referenziert wird, dann wird dessen Speicherplatz durch den *garbage collector* automatisch freigegeben.

```
Zaehler einZaehler;            //Referenz einZaehler
einZaehler = new Zaehler();  //Objekt der Klasse Zaehler erzeugen,
                               //auf das einZaehler verweist
```

Abstrakte Klasse

- Abstrakte Klassen werden mit abstract gekennzeichnet.
- Sobald eine Klasse eine abstrakte Operation besitzt, muss sie als abstract deklariert werden.

```
abstract class Abstract1
{   public void operation1() {...}
    public void operation2() {...}
}
```

```
abstract class Abstract2
{   public abstract void operation1();
    ...
}
```

Generische Klasse

Generische Klassen können in Java *nicht* realisiert werden. Dennoch ist es *nicht* notwendig, für jeden Typ eine eigene Container-Klasse zu entwickeln, weil alle Klassen implizit von der Klasse `Object` abgeleitet sind. Dann kann beispielsweise eine Klasse Queue gebildet werden, die Objekte der Klasse `Object` oder ihrer Unterklassen verwalten kann. Um den Typ der Objekte nach dem Zugriff über den Container wieder zu restaurieren, sind allerdings Typwandlungen *(type casts)* erforderlich. Insbesondere sind Operationen der Container-Klasse *nicht* typsicher, im Gegensatz zu der Realisierung durch eine generische Klasse. Das generische Konzept ist insgesamt mächtiger.

Schnittstelle

- Eine Schnittstelle kann in Java aus Konstanten und abstrakten Operationen bestehen.
- Schnittstellen werden mit dem Schlüsselwort interface deklariert und von Klassen mit dem Schlüsselwort implements benutzt.

Tab. 3.7-1b: Objekt/Klasse in Java

- Eine Klasse kann nur von einer Oberklasse erben, jedoch beliebig viele Schnittstellen implementieren.
- Schnittstellen können daher in Java dazu verwendet werden, eine ähnliche Struktur wie bei der Mehrfachvererbung zu realisieren. Durch Schnittstellen können jedoch *nur* Operationssignaturen, aber keine Implementierungen vererbt werden.
- Schnittstellen sind in Java Typen.

```
interface ClassInfo
{   public String getClassName();
}
```

```
class MyClass implements ClassInfo
{   public String getClassName()
    {   return "MyClass";
    }
    ...
}
```

Besonderes

- In Java können Klassen mit `final` gekennzeichnet werden. Von einer solchen Klasse dürfen keine Unterklassen abgeleitet werden. Eine Klasse darf *nicht* gleichzeitig als `abstract` und als `final` deklariert sein.

3.7.1.2 Attribut

Sichtbarkeit

In der Systemanalyse geht man davon aus, dass alle Attribute – entsprechend dem Geheimnisprinzip – nach außen hin *nicht* sichtbar sind. Im objektorientierten Entwurf wird die **Sichtbarkeit** *(visibility)* feiner differenziert zwischen

- *public*: sichtbar für alle anderen Klassen,
- *protected:* sichtbar innerhalb der Klasse und in deren Unterklassen,
- *private:* sichtbar nur innerhalb der Klasse,
- *friendly:* sichtbar nur innerhalb des jeweiligen Paketes (nur in Java).

Abb. 3.7-7: Notation für die Sichtbarkeit von Attributen

Abb. 3.7-7 zeigt die Notation der UML.

Attribute sollen prinzipiell als *protected* oder *private* vereinbart werden. Jedes Objekt sieht alle *protected*-Attribute seiner Oberklassen und kann direkt darauf zugreifen. Sind die Attribute *private,* dann sehen Objekte die Attribute ihrer Oberklassen *nicht,* sondern dürfen nur über entsprechende Operationen zugreifen. Der Vorteil liegt darin, dass Veränderungen der Attribute sich *nicht* auf die Unterklassen auswirken. Dadurch wird die Realisierung der Unterklasse unabhängig von der Darstellung der Attribute der Oberklasse. Dem steht der Nachteil zusätzlicher Lese-/Schreiboperationen gegenüber. Bei einem *public*-Attribut wird das Geheimnisprinzip verletzt.

Um kompakte Klassendiagramme zu erhalten, sollte bei »echten« OOD-Klassendiagrammen – außer dem Attributnamen – nur die Sichtbarkeit eingetragen werden. Der Typ und der optionale Anfangswert werden mit allen anderen Angaben zur Spezifikation des Attributs separat dokumentiert.

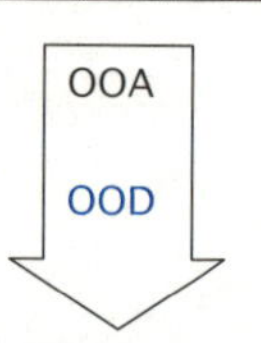

Abb. 3.7-8: Abbildung der Attribute in den Entwurf

Die Abb. 3.7-8 zeigt, wie die Klasse *Kreis* aus dem OOA-Modell in eine Klasse *Kreis* des OOD-Modells transformiert wird. In diesem Buch wird in OOD-Klassendiagrammen auf die Angabe der Sichtbarkeit verzichtet, wenn sie für die jeweilige Problemstellung nicht relevant ist.

Ein Klassenattribut kann auf zwei Arten im OOD-Modell realisiert werden:

Klassenattribut

- ebenfalls als Klassenattribut,
- als Objektattribut einer separaten Klasse. Diese Klasse besitzt dann nur ein einziges Objekt mit dem Wert des Klassenattributs. Alle Objekte, für die das Attribut gelten soll, müssen dasselbe Objekt der separaten Klasse referenzieren.

Abgeleitete Attribute sind ein wichtiges Entwurfskonzept. Sie können im Programm entweder als Attribut – mit entsprechender Konsistenzprüfung – oder durch eine Operation realisiert werden, die stets den aktuellen Wert ermittelt.

abgeleitetes Attribut

Die Begriffe Verkapselung und Geheimnisprinzip werden oft verwechselt, weil sie sehr eng miteinander in Beziehung stehen. Sie lassen sich folgendermaßen gegeneinander abgrenzen /Berard 93/:

Verkapselung, Geheimnisprinzip

- Das **Geheimnisprinzip** *(information hiding)* bedeutet, dass der Zustand eines Objekts und die Implementierung der Operationen außerhalb der Klasse nicht sichtbar sind.
- Die **Verkapselung** *(encapsulation)* sagt aus, dass zusammengehörende Attribute und Operationen, in einer Einheit – der Klasse – verkapselt sind. Entgegen dem Geheimnisprinzip können die Attribute und die Realisierung der Operationen durchaus nach außen sichtbar sein. Beispielsweise erlauben Java und C++ mit ihren verschiedenen Sichtbarkeiten *public, protected* und *private* die Verkapselung ohne und mit Einhaltung des Geheimnisprinzips.

Tab. 3.7-2 fasst die entwurfsrelevanten Gesichtspunkte von Attributen zusammen.

3.7.1.3 Operation

Analog zu den Attributen sind in der UML folgende Sichtbarkeiten definiert (Abb. 3.7-9):

Sichtbarkeit

- Eine private Operation *(private)* kann nur von Operationen derselben Klasse aus aufgerufen werden. Sie ist für alle anderen Klassen bzw. deren Objekte unsichtbar.
- Eine geschützte Operation *(protected)* kann von Operationen der eigenen Klasse und ihren Unterklassen aus aufgerufen werden.
- Eine öffentliche Operation *(public)* kann von Operationen aller Klassen bzw. deren Objekten aufgerufen werden.

Class
+ publicOperation() # protectedOperation() - privateOperation() friendlyOperation()

Abb. 3.7-9: Notation der Sichtbarkeiten von Operationen

Im Entwurf sollte für jede Operation deren vollständige Signatur angegeben werden. Die **Signatur** *(signature)* einer Operation besteht aus dem Namen der Operation, den Namen und Typen aller Parameter und dem Ergebnistyp der Operation. Die Menge aller Signaturen, die von den Operationen einer Klasse definiert werden, nennt man die **Schnittstelle** *(interface)* der Klasse bzw. des Objekts /Gamma et al. 95/. Oft gehen die Entwicklung des Entwurfsmodells und die Programmierung Hand in Hand. Außerdem führt die objektorientierte Modellierung zu kompakten Operationen. Daher erübrigt es sich

Signatur Schnittstelle

Tab. 3.7-2: Attribute in Java

- Attribute werden in Java als *fields* bezeichnet.

Sichtbarkeit

- *public:* Diese Attribute sind für alle Klassen sichtbar.
- *protected:* Innerhalb des gleichen Pakets sind diese Attribute für alle Klassen sichtbar. Außerhalb des Pakets sind sie nur für die Unterklassen sichtbar. Natürlich sind sie auch in der Klasse selbst sichtbar.
- *private:* Diese Attribute sind nur innerhalb der Klasse sichtbar.

Ohne eine explizite Angabe der Sichtbarkeit ist ein Attribut grundsätzlich innerhalb des gesamten Pakets sichtbar, in dem die Klasse definiert ist, d.h. die Voreinstellung für die Sichtbarkeit in Java ist *friendly*. Außerhalb des Pakets ist es für alle Klassen unsichtbar.

Initialisierung der Attribute

Die Initialisierung der Attribute ist über Konstruktoren möglich oder direkt bei der Deklaration. Ein Konstruktor wird automatisch aufgerufen, wenn ein entsprechendes Objekt erzeugt wird.

```
public Kreis ()
{   istSichtbar = false;
}
Kreis einKreis; //Deklaration
einKreis = new Kreis(); //Aufruf des Konstruktors
```

Klassenattribute

- Klassenattribute werden als *static*-Elemente bezeichnet.
- Sie erhalten durch eine statische Initialisierung den Anfangswert zugewiesen. Eine statische Initialisierung wird genau einmal durchgeführt, nämlich dann, wenn die Klasse vom Laufzeitsystem geladen wird.

```
class Kreis
{ static int Anzahl = 0;   ...          }
```

Typen

Java bietet eine Reihe von einfachen Datentypen (z.B. `int`, `float`) an. Der Typ `String` ist im Gegensatz zu C++ standardmäßig als Klasse definiert.

Implementierung einer Operation

meistens, die Wirkung einer Operation im Entwurfsmodell separat zu dokumentieren, sondern sie wird sofort in der entsprechenden Programmiersprache implementiert und durch umgangssprachliche Kommentare ergänzt. Bei Bedarf kann auch eine Beschreibung mittels Vor- und Nachbedingungen erfolgen. Die **Vorbedingung** *(precondition)* beschreibt, welche Bedingungen vor dem Aktivieren einer Operation erfüllt sein müssen. Die **Nachbedingung** *(postcondition)* beschreibt die Änderung, die durch die Operation bewirkt wird. Für die Implementierung einer Operation wird auch der Begriff »Methode« *(method)* verwendet.

abstrakte Operation

Eine **abstrakte Operation** besteht nur aus der Signatur. Sie besitzt *keine* Implementierung. Abstrakte Operationen werden verwendet, um für Unterklassen eine gemeinsame Schnittstelle zu definieren. In der UML werden abstrakte Operationen kursiv eingetragen oder – z.B. bei handschriftlicher Modellierung – mittels {abstract} gekennzeichnet.

Beispiel

In der Abb. 3.7-10 definiert die abstrakte Operation `zeichnen()`, dass jedes Grafikobjekt, in diesem Fall also Kreise und Rechtecke, mit dem gleichen Operationsaufruf gezeichnet werden kann, während sich die Implementierungen beider Operationen erheblich unterscheiden können.

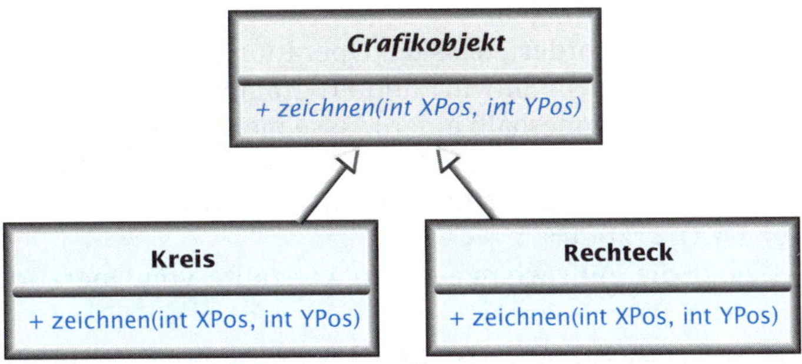

Abb. 3.7-10: Abstrakte Operation definiert einheitliche Schnittstelle

Notation

Die UML erlaubt für jede Operation – außer der Sichtbarkeit und dem Namen – folgende Angaben:

- Die Parameterliste enthält formale Parameter, die jeweils durch Komma getrennt sind. Für jeden Parameter gilt die Syntax:
  `Art Name : Typ = Anfangswert` oder `Art Name : Typ`.
  Die Art gibt an, ob es sich um einen Eingabe- *(in)*, einen Ausgabe- *(out)* oder einen transienten Parameter *(inout)* handelt.
- Der Ergebnistyp *(return type expression)* beschreibt den Typ des Ergebnisparameters. Wenn der Ergebnistyp fehlt, dann gibt die Operation keinen Wert zurück.
- In einer optionalen Merkmalsliste können spezielle Eigenschaften der Operation angegeben werden.

Damit ergibt sich die folgende – vollständige – Syntax einer Operation in UML:

```
Sichtbarkeit Operation (Parameterliste) : Ergebnistyp
{Merkmalsliste}
```

Für jeden Parameter der Parameterliste gilt:

```
[in | out | inout] Name: Typ = Anfangswert
```

»Name« steht für den formalen Parameter. Mehrere Parameter in der Liste werden durch Kommata getrennt.

Die UML erlaubt es aber auch, auf die Angabe der Parameterliste und des Ergebnistyps zu verzichten. Dadurch ergeben sich kompaktere Diagramme.

Außer in der angegebenen Form erlaubt die UML, die Signatur einer Operation in der Notation einer Programmiersprache, wie z.B. Java oder C++, zu spezifizieren.

Abb. 3.7-11 zeigt, wie die Klasse Kreis aus dem OOA-Modell in eine Klasse Kreis des OOD-Modells transformiert wird. Während im Analysemodell nur diejenigen Operationen eintragen werden, die für das Verständnis des Fachkonzepts wichtig sind, enthält das Entwurfs-

Kreis
Mittelpunkt
Radius
istSichtbar
zeichnen()
verschieben()
vergrößern()
verkleinern()

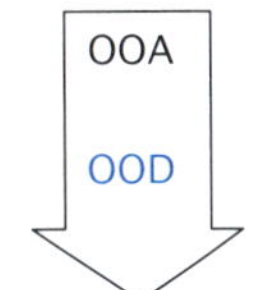

Kreis
Mittelpunkt
Radius
istSichtbar
+ zeichnen()
# loeschen()
+ verschieben()
+ vergroessern()
+ verkleinern()

Abb. 3.7-11: Abbildung von Operationen in den Entwurf

Abschnitt 2.8.5

modell – mit Ausnahme der Verwaltungsoperationen (Abschnitt 2.8.5) – alle Operationen, die im Java- bzw. C++-Programm enthalten sind. Da die Operation `loeschen()` nur intern benötigt wird, ist sie als protected ausgezeichnet. Die Abfrage-Operationen, die in der Analysephase im Allgemeinen *nicht* alle aufgeführt werden, sind jedoch im Entwurf vollständig einzutragen.

overloading

In der Analyse wird gefordert, dass der Operationsname innerhalb einer Klasse eindeutig ist. In Entwurf und Programmierung darf der gleiche Operationsname innerhalb einer Klasse mehrfach verwendet werden, wobei sich die entsprechenden Operationen in ihrer Parameterliste unterscheiden müssen. Man spricht vom Überladen *(overloading)* der Operation.

Tab. 3.7-3 zeigt die entwurfsrelevanten Konzepte von Operationen in Java.

Tab. 3.7-3a: Operationen in Java

- Operationen werden in Java als Methoden *(methods)* bezeichnet.

Sichtbarkeit

- *public:* Sichtbar für alle.
- *protected:* Innerhalb des gleichen Pakets sind diese Operationen für alle Klassen sichtbar. Außerhalb des Pakets sind sie nur für die Unterklassen sichtbar. Natürlich sind sie auch in der Klasse selbst sichtbar.
- *private:* Sichtbar nur innerhalb der Klasse.

Die Voreinstellung ist – wie bei den Attributen – *friendly,* d.h. nur innerhalb des Pakets sichtbar.

```
class Kreis
{ protected Punkt Mittelpunkt;
  protected int Radius;
  protected boolean istSichtbar;
  protected static int Anzahl;                    //Klassenattribut

  public Kreis(){...}                             //Konstruktor 1
  public Kreis(int x, int y) {...}                //Konstruktor 2
  public void zeichnen() {...}
  public void verschieben (Punkt neuer Punkt) {...}
  public void vergroessern (int faktor) {...}
  public void verkleinern (int faktor) {...}
  protected void loeschen() {...}
  public static int getAnzahl() {...}             //Klassenoperation
}
```

Parameterkonzept

In Java werden Parameter vom primitiven Typ als *call by value* übergeben. Das bedeutet, dass deren Ausgabe nur über den Ergebnistyp erfolgt. Für alle Objekttypen wird *call by reference* verwendet.

Abstrakte Operation

Abstrakte Operationen werden mit `abstract` gekennzeichnet. Sie dürfen nur in Klassen deklariert werden, die ebenfalls abstract sind und müssen in einer Unterklasse implementiert werden. Abstrakte Operationen dürfen *nicht* die Sichtbarkeit *private* besitzen.

```
abstract void zeichnen();
```

Klassenoperation

Klassenoperationen werden mit `static` gekennzeichnet. Innerhalb einer *static*-Operation darf nur auf Elemente zugegriffen werden, die ebenfalls `static` sind, da beim Aufruf einer Klassenoperation *nicht* davon ausgegangen werden kann, dass von dieser Klasse schon Objekte erzeugt wurden. Klassenoperationen gelten implizit als `final` und können *nicht* überschrieben werden. Klassenoperationen können *nicht* gleichzeitig abstrakt sein.

```
static int getAnzahl();
i = Kreis.getAnzahl();
```

Konstruktoren und Destruktoren

- Konstruktoren sind eine elegante Möglichkeit, Objekte zu initialisieren. Fehlt der Konstruktor, dann ruft Java einen impliziten Konstruktor auf. Variablen können in Java auch direkt bei der Deklaration initialisiert werden.
- Eine Klasse kann mehrere Konstruktoren mit unterschiedlichen Parametern enthalten *(overloading).*
- Destruktoren im Sinne von C++ gibt es in Java nicht. Anstelle der expliziten Freigabe von Speicherplatz besitzt Java einen Automatismus: den *garbage collector*. Er läuft im Hintergrund und ermittelt diejenigen Objekte, die nicht mehr referenziert werden. Diese Objekte werden markiert und dann entfernt.

```
class Kreis
{   protected boolean istSichtbar;
    ...
    public Kreis()                //Konstruktor 1
    {   istSichtbar = false;      //Initialisierung bei Deklaration
        ...
    }
    public Kreis (int x, int y)   //Konstruktor 2
    {   istSichtbar = false;      //Initialisierung bei Deklaration
        Mittelpunkt.setX(x);
        Mittelpunkt.setY(y);
    }
    ...
}
einKreis = new Kreis();
zweiterKreis = new Kreis(10, 20);
```

Tab. 3.7-3b: Operationen in Java

3.7.1.4 Assoziation

Navigation

Während in der Analyse alle Assoziationen inhärent bidirektional sind, wird im Entwurf festgelegt, ob sie uni- oder bidirektional implementiert werden. Man spricht von der **Navigation** *(navigability)* der Assoziation. In der Abb. 3.7-12 stellt man beim Übergang von OOA zu

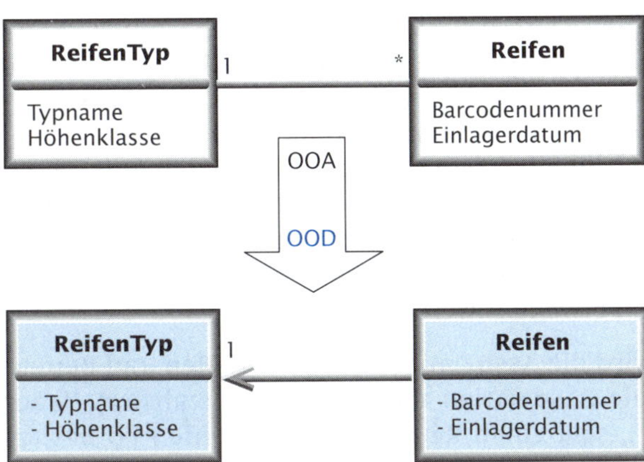

Abb. 3.7-12: Unidirektionale vs. bidirektionale Assoziation

OOD fest, dass es ausreicht, von einem Reifen auf seinen Reifentyp zuzugreifen.

Daher reicht es aus, die Assoziation im blauen Modell (OOD) in dieser Richtung zu implementieren. Die Assoziation wird durch den Pfeil als gerichtet gekennzeichnet. Sollten dagegen für einen Reifentyp zusätzlich die produzierten Reifen verwaltet werden, so wäre dafür ein Zugriff in der anderen Richtung erforderlich. In diesem Fall müsste die Assoziation in beiden Richtungen implementiert werden, an der Assoziation würde *kein* Pfeil angetragen.

Notation Navigation

Die Richtung, in der die Assoziation realisiert werden muss, wird im Klassendiagramm mit einer Pfeilspitze gekennzeichnet. Eine Assoziation kann keinen, einen oder zwei Pfeile besitzen.

Eine der folgenden Konventionen sollte im gesamten OOD-Modell eingehalten werden:

1 Alle Pfeile werden eingetragen, d.h. eine Assoziation ohne Pfeile wird in diesem Fall nicht traversiert.

2 Soll eine Assoziation in beiden Richtungen traversiert werden, dann werden keine Pfeile eingetragen. Andernfalls wird die Richtung durch eine Pfeilspitze kenntlich gemacht. Dieser Fall ist nur dann sinnvoll, wenn alle Assoziationen auch traversiert werden.

Empfehlung

Es sollten alle Navigationsrichtungen, die im Programm realisiert werden, durch einen Pfeil gekennzeichnet werden. Diese Information ist für die spätere Wartung von großer Bedeutung. Eine bidirektionale Implementierung ist komplexer als eine unidirektionale Realisierung. Beispielsweise muss beim Löschen eines Objekts darauf geachtet werden, dass auch der Zeiger auf dieses Objekt im assoziierten Objekt entfernt wird.

Objektdiagramm

Werden im Entwurf Objektdiagramme erstellt, so können die Pfeile zum Anzeigen der Navigationsrichtung einer Objektverbindung *(link)* auch hier eingezeichnet werden.

Kardinalität

Im OOD-Modell sollte die Angabe der Kardinalität auf einer Seite fehlen, wenn in dieser Richtung keine Navigation stattfindet. Das bedeutet, dass sie in diesem Fall irrelevant ist.

Realisierung mittels Zeigern

Jede Richtung einer Assoziation kann mittels Zeigern bzw. Referenzen zwischen Objekten realisiert werden. Dann kennt jedes Objekt seine assoziierten Objekte. Durch die Operationen muss sichergestellt werden, dass alle Verbindungen konsistent auf- und abgebaut werden. Eine Kardinalität von 0..1 oder 1 wird dabei durch einen einzelnen Zeiger realisiert. Liegt eine Kardinalität größer 1 vor, dann muss eine Menge von Zeigern gespeichert werden. Wenn keine Ordnung der Assoziation definiert ist, dann können Container-Klassen wie *Set*, *Bag* etc. verwendet werden.

Beispiel

In der Abb. 3.7-13 wird die Assoziation zwischen Reifen und Reifentyp als bidirektionale Assoziation mittels Zeigern realisiert. Jeder Reifen referenziert genau einen Reifentyp. Jeder Reifentyp besitzt

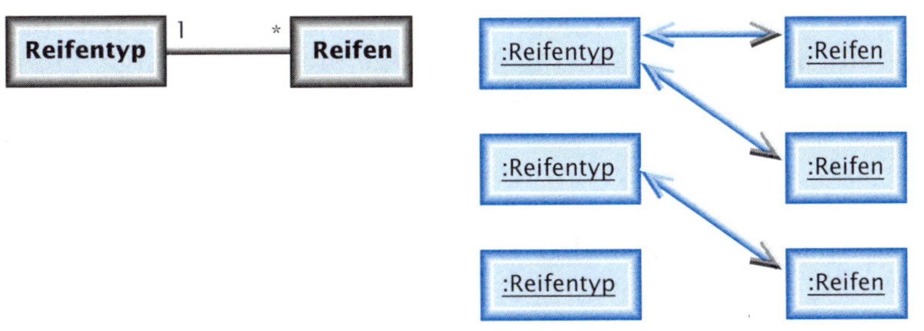

Abb. 3.7-13: Realisierung einer bidirektionalen Assoziation mittels Zeigern

eine Menge von Zeigern auf (produzierte) Reifen. Beim Erfassen eines neuen Reifens muss die Verbindung zu einem Reifentyp aufgebaut werden. Existiert der gewünschte Reifentyp nicht, dann muss das Objekt erst erzeugt werden. Außerdem muss im zugewiesenen Reifentyp ein Zeiger auf den neuen Reifen gespeichert werden. Beim Löschen eines Reifens ist nicht nur das betreffende Objekt zu löschen, sondern im zugehörigen Reifentyp muss der Zeiger auf diesen Reifen entfernt werden.

Aggregation

Eine Aggregation wird genauso realisiert wie die »normale« Assoziation. Jedoch muss ein Ganzes stets seine Teile kennen, d.h. es muss eine Navigation vom Ganzen (Aggregatobjekt) zu den Teilen möglich sein.

Komposition

Auch bei der Komposition muss eine Navigation vom Ganzen zu den Teilen existieren. Des Weiteren ist darauf zu achten, dass Operationen, die das Ganze betreffen, sich auch auf seine Teile auswirken. Das Ganze und die Teile einer Komposition sind als Einheit zu betrachten. Dazu gehört z.B. das Sperren/Entsperren und die Autorisierung. Der Zugriff im Dialog und das Erzeugen der Teile erfolgen immer über das Aggregatobjekt.

Realisierung Komposition

Eine Komposition kann außer über Zeiger *(by reference)* auch über echtes physisches Enthaltensein *(by value)* realisiert werden. Die Abb. 3.7-14 zeigt beide Möglichkeiten in C++. Eine *by value*-Realisierung besitzt den Vorteil, dass die Teile automatisch mit dem Ganzen erzeugt bzw. gelöscht werden. Auch das Kopieren des Aggregatobjekts bezieht sich immer automatisch auf seine Teile. Bei einer *by reference*-Realisierung muss das Erzeugen und Löschen der Teile durch den Konstruktor bzw. Destruktor durchgeführt werden. Beim Kopieren

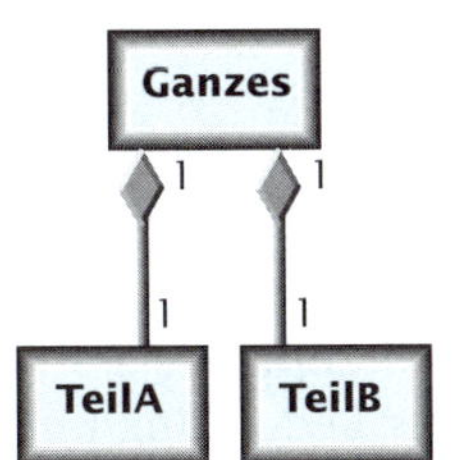


```
class Ganzes
{ TeilA einTeilA;
  TeilB* einTeilB;

public:
  Ganzes()
  { einTeilB = new TeilB;}
  ~ Ganzes()
  {delete einTeilB;}
};
```

Abb. 3.7-14: Realisierung der Komposition

muss die entsprechende Operation auch das Kopieren der Teile realisieren. Beispielsweise sind dann der standardmäßige *Copy*-Konstruktor und der Zuweisungsoperator (=) unbedingt zu überladen.

ordered
sorted

Bereits in der Analyse wurden Assoziationen, deren Objektverbindungen *(links)* geordnet sind, mit `{ordered}` gekennzeichnet. Genauere Informationen über die Art der Ordnung müssen – wenn notwendig – separat beschrieben werden. Im Entwurf kann die Angabe `{sorted}` verwendet werden. Sie sagt aus, dass als Ordnungskriterium die Elementwerte verwendet werden. Beispielsweise können alle Kundenobjekte nach der Kundennummer sortiert sein. Genauere Informationen zur Sortierung müssen durch eine separate Restriktion formuliert werden. Bei einer geordneten Assoziation muss zur Realisierung eine Container-Klasse verwendet werden, die eine Ordnung ihrer Elemente ermöglicht (z.B. *Array, Vector*).

Merkmale

Die UML ermöglicht es, auch für Assoziationen eine Reihe von Merkmalen zu definieren, die auf jeder Seite einer Assoziation angegeben werden können:

- `{frozen}`: In Abb. 3.7-15 wird spezifiziert, dass Objektverbindungen weder hinzugefügt noch gelöscht oder geändert werden können, nachdem ein Objekt der Klasse B erzeugt und initialisiert wurde.
- `{addOnly}`: Dieses Merkmal gibt an, dass für ein Objekt der Klasse D – bei einer *many*-Kardinalität – zwar weitere Verbindungen eingetragen, vorhandene Verbindungen aber nicht entfernt werden dürfen (Abb. 3.7-15).
- Wird *kein* Merkmal angegeben, dann können Objektverbindungen beliebig hinzugefügt und entfernt werden.

Abb. 3.7-15: Merkmale einer Assoziation

Sichtbarkeit

Für Assoziationen können in der UML zusätzlich die Sichtbarkeiten angegeben werden. Analog zu Attributen und Operationen werden +, #, – oder ein explizites Schlüsselwort (z.B. `{public}`) als Präfix des Rollennamens verwendet.

Tab. 3.7-4 fasst die entwurfsrelevanten Charakteristika von Assoziationen in Java zusammen.

3.7.1.5 Polymorphismus

Ein wichtiges Konzept des objektorientierten Paradigmas ist der Polymorphismus (bzw. die Polymorphie). Das Konzept des Polymorphismus ist in der Analyse von untergeordneter Bedeutung und

Als Beispiel wird die bidirektionale Assoziation der Abb. 3.7-12 realisiert. Die Operation `getlink()` gibt bei dieser Implementierung die Referenz eines Objekts als Ergebnisparameter zurück. Gehen von der Klasse Reifen mehrere Assoziationen aus, dann sind für die *getlink*-Operationen Namen wie `getlinkReifentyp()` zu verwenden, da der Ergebnisparameter beim Überladen von Operationsnamen nicht berücksichtigt wird.

Kardinalität maximal 1

```
class Reifen
{   protected Reifentyp derReifentyp;

    public void link(Reifentyp rtyp)
    {   derReifentyp = rtyp;
    }
    public void unlink(Reifentyp rtyp)
    {   ...
        derReifentyp = null;
    }
    public Reifentyp getlink()
    {   return derReifentyp;
    }
}
```

Kardinalität größer als 1

In Java gibt es *keine* generischen Klassen. Die Sprache bietet jedoch geeignete Klassen an, um eine Menge von Objekten zu verwalten. Es wird die vorhandene Klasse *Vector*, die unter anderem die Operationen `addElement()`, `removeElement()` und `elementAt()` zur Verfügung stellt, verwendet.

```
class Reifentyp
{   protected Vector ProduzierteReifen = new Vector();
    //verwaltet eine Menge von Referenzen

    public void link(Reifen einReifen)
    {   ProduzierteReifen.addElement(einReifen);
    }
    void unlink(Reifen einReifen)
    {   ProduzierteReifen.removeElement(einReifen);
    }
    Reifen getlink(int pos)
    {   Reifen einReifen;
        ...
        einReifen = (Reifen)ProduzierteReifen.elementAt(pos);
        return einReifen;
    }
}
```

Tab. 3.7-4: Assoziation in Java

kann erst im Entwurf und in der Implementierung richtig genutzt werden.

Polymorphismus

Polymorphismus *(polymorphism)* ermöglicht es, den gleichen Namen für gleichartige Operationen zu verwenden, die auf Objekten verschiedener Klassen auszuführen sind. Der Sender muss nur wissen, dass ein Empfängerobjekt das gewünschte Verhalten besitzt. Er muss nicht wissen, zu welcher Klasse das Objekt gehört. Dieser Mechanismus ermöglicht es, flexible und leicht änderbare Software-Systeme zu entwickeln.

Beispiel

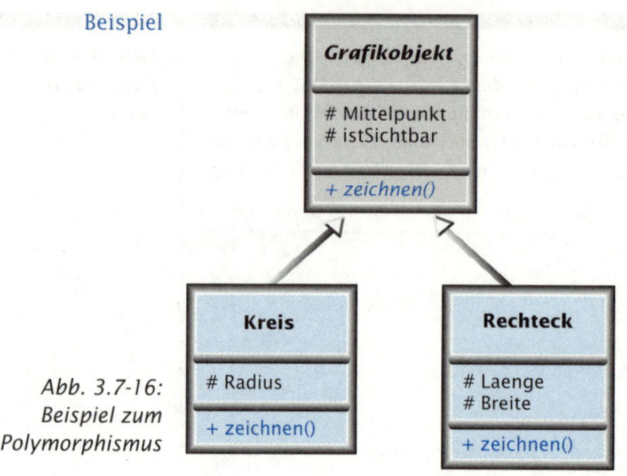

Abb. 3.7-16: Beispiel zum Polymorphismus

Abb. 3.7-16 zeigt eine Vererbungsstruktur. Es wird ein Zeiger `pGrafik` deklariert:
`Grafikobjekt pGrafik;`
Dann kann der Operationsaufruf `pGrafik.zeichnen()` völlig unterschiedliche Wirkungsweisen besitzen. Gilt `pGrafik = new Kreis`, dann wird die Operation `Kreis.zeichnen()` aktiviert. Gilt `pGrafik = new Rechteck`, dann wird `Rechteck.zeichnen()` ausgeführt.

spätes Binden

Wie das Beispiel zeigt, wird erst zur Laufzeit des Programms bestimmt, ob der Zeiger `pGrafik` auf ein Kreis- oder ein Rechteck-Objekt zeigt. Man spricht daher von später oder dynamischer Bindung. Polymorphismus und **spätes Binden** *(late binding)* sind untrennbar verbunden. Ist zur Übersetzungszeit die Klasse des Objekts nicht bekannt, dann kann zu diesem Zeitpunkt noch nicht bestimmt werden, welche Operation ausgeführt wird. Spätes Binden bedeutet, dass eine Operation erst zur Ausführungszeit an ein bestimmtes Objekt gebunden wird. Wir sprechen auch von einer **polymorphen Operation**. Das späte Binden ist in den objektorientierten Programmiersprachen unterschiedlich realisiert. In Java sind alle Operationen automatisch polymorph. In C++ dagegen müssen Operationen explizit polymorph deklariert werden.

Die Anwendung des Polymorphismus erspart umfangreiche *switch*-Anweisungen, in denen entsprechend dem Objekttyp eine Aktion ausgelöst wird. Das Vorhandensein solcher *switch*-Anweisungen ist ein Indiz dafür, dass der Polymorphismus *nicht* angewendet wurde.

Beispiel

Bei herkömmlicher strukturierter Programmierung (z.B. in C) wäre für obiges Beispiel folgende Konstruktion notwendig:

```
enum Grafikart {istRechteck, istKreis};
void zeichnenGrafik(Grafik Grafikdaten)
switch (Grafikdaten.Art)
{   case istRechteck: zeichnenRechteck(Grafikdaten); break;
    case istKreis:    zeichnenKreis(Grafikdaten); break;
}
```

In Java sind Operationen automatisch polymorph, d.h. die Referenzen werden erst zur Laufzeit aufgelöst. Im Gegensatz zu C++ muss eine Operation – durch die Angabe von `final` – explizit als *nicht* virtuell deklariert werden. Dann kann *keine* Klasse diese Operation überschreiben.

Beispiel

In Java sieht das obige Beispiel wie folgt aus:

```
class Grafikobjekt
{  public void zeichnen(); ...
}
class Kreis extends Grafikobjekt
{  public void zeichnen(); ...
}
class Rechteck extends Grafikobjekt
{  public void zeichnen(); ...
}

Grafikobjekt eineGrafik;
eineGrafik = new Kreis();
eineGrafik.zeichnen();          //zeichnet einen Kreis

eineGrafik = new Rechteck();
eineGrafik.zeichnen();          //zeichnet ein Rechteck
```

3.7.1.6 Vererbung

Abschnitt 2.9.2

Bei der Erstellung des Analysemodells wird in der Regel nur die **Einfachvererbung** benötigt. In Entwurf und Implementierung kommt man jedoch ohne die **Mehrfachvererbung** – oder eine entsprechende Ersatzform, wie Schnittstellen in Java – nicht aus.

Beispiel

Ein interessantes Beispiel für Mehrfachvererbung enthält die Booch-Klassenbibliothek in C++ /Booch 93/. Diese Bibliothek bietet unter anderem Container-Klassen wie `Queue`, `Set`, `Stack` an. Abb. 3.7-17 zeigt deren Struktur am Beispiel der Warteschlange. Die Klasse `Queue` kapselt die reinen Eigenschaften der Warteschlange. Die Klasse `SimpleVector` bietet die Speicherfunktionalität eines arrays, die Klasse `SimpleList` die Speichermöglichkeiten der verketteten Liste an.

```
template <class Item> class Queue {...};
template <class Item, unsigned int size> class SimpleVector {...};
template <class Item> class SimpleList {...};
template <class Item, unsigned int size> class BoundedQueue:
                        private SimpleVector <Item, size>,
                        public Queue <Item> {...};
template <class Item, class Container> class UnboundedQueue:
                        private SimpleList <Item>,
                        public Queue <Item> {...};
```

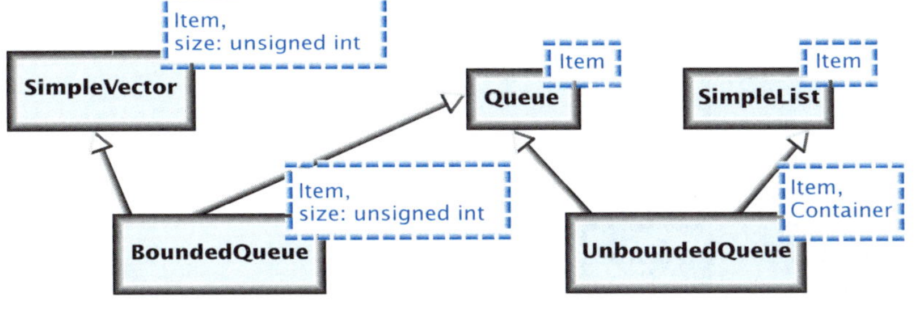

Abb. 3.7-17: Beispiel einer Mehrfachvererbung

Restriktionen

Für Vererbungsstrukturen können Restriktionen angegeben werden. Die UML kennt folgende vordefinierte Restriktionen.

- *overlapping*
  In der Abb. 3.7-18 besitzt ein Segelboot sowohl Eigenschaften von Fahrzeugen mit Windantrieb als auch von Wasserfahrzeugen. Die Klasse `Segelboot` wird daher von beiden Klassen abgeleitet, d.h. als Mehrfachvererbung modelliert.
- *disjoint*
  Die Eigenschaften der Unterklassen überschneiden sich nicht. In der Abb. 3.7-19 werden unterschiedliche Spezies von Bäumen modelliert.
- *complete*
  Die Menge der Unterklassen ist vollständig. Weitere Unterklassen werden aufgrund der Problemstellung *nicht* erwartet.
- *incomplete*
  Die betreffende Vererbungsstruktur enthält einen Teil der Unterklassen. Es gibt weitere Unterklassen, die das Modell noch nicht enthält. Beispielsweise modelliert die Vererbungsstruktur der Abb. 3.7-19 nur einige Spezies von Bäumen. Diese Restriktion darf nicht mit der Angabe »...« verwechselt werden. Die durch Punkte angedeutete Auslassung bedeutet, dass im aktuellen Diagramm einige Klassen weggelassen wurden, die jedoch im Modell enthalten sind.

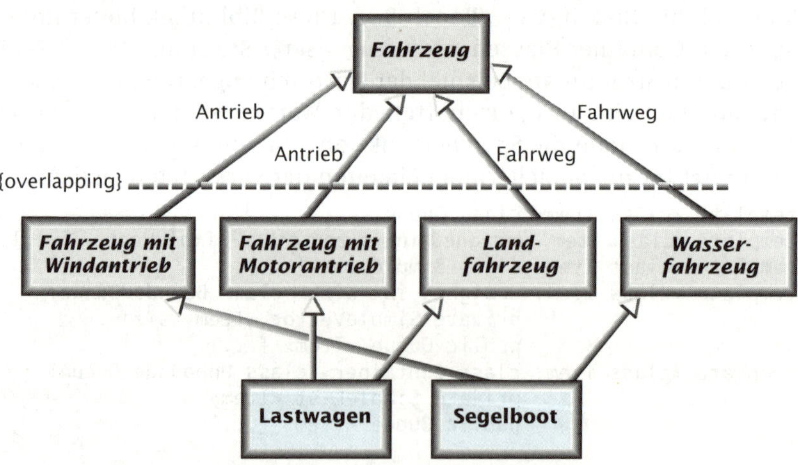

Abb. 3.7-18: Restriktion overlapping /UML 97/

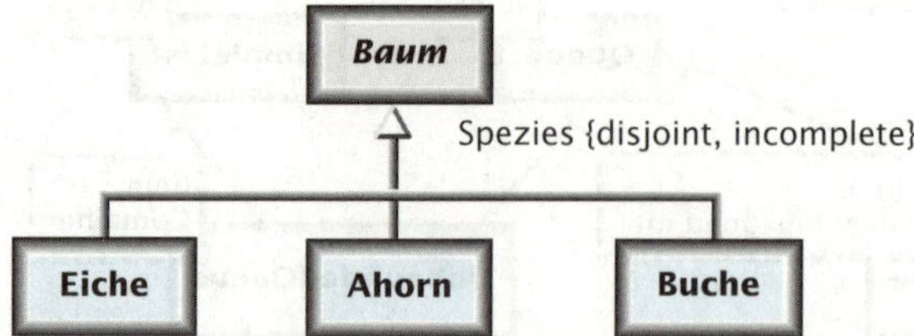

Abb. 3.7-19: Restriktionen disjoint und incomplete /UML 97/

Von **Überschreiben** *(overriding)* bzw. **Redefinition** *(redefinition)* spricht man, wenn eine Unterklasse eine Operation der Oberklasse – unter dem gleichen Namen – neu implementiert. Dieses Konzept hat den Vorteil, dass ein Programmierer, der eine Vererbungsstruktur benutzt, die verschiedenen (Unter-)Klassen verwenden kann und sich keine Gedanken darüber machen muss, zu welcher Unterklasse ein spezielles Objekt gehört. Diese Eigenschaft erfordert spätes Binden bzw. die Verwendung polymorpher Operationen. In der Abb. 3.7-20 verwendet der Programmierer für alle Grafikobjekte die Operation `vergroessern()`.

Überschreiben

Beim Überschreiben einer Operation müssen die Anzahl und Typen der Ein-/ Ausgabeparameter gleich bleiben.

Das Überschreiben einer Operation darf *nicht* mit dem Überladen einer Operation verwechselt werden. Man spricht von Überladen *(overloading)*, wenn derselbe Operationsname innerhalb einer Klasse mit verschiedenen Parameterlisten verwendet wird (Abb. 3.7-21). Beim Überschreiben muss die Operation der Unterklasse kompatibel mit derjenigen der Oberklasse sein. Dabei kommt es häufig vor, dass bei der Implementierung von `DerivedClass.doSomething()` die gleichnamige Operation der Oberklasse aufgerufen wird. Hierdurch zeigt sich das typische Verhalten der Unterklasse als Erweiterung der Oberklasse.

Überschreiben vs. Überladen

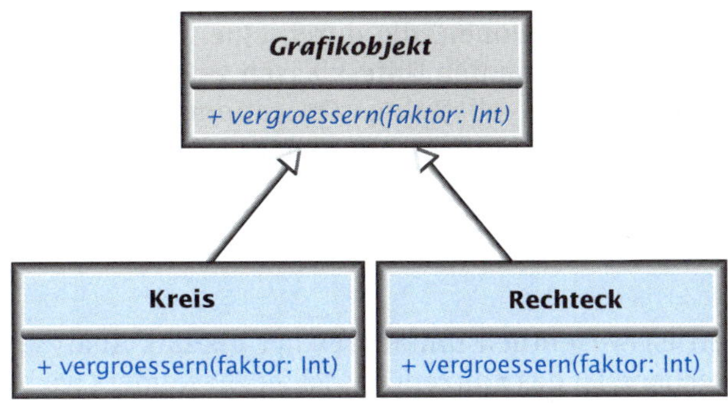

Abb. 3.7-20: Überschreiben von Operationen

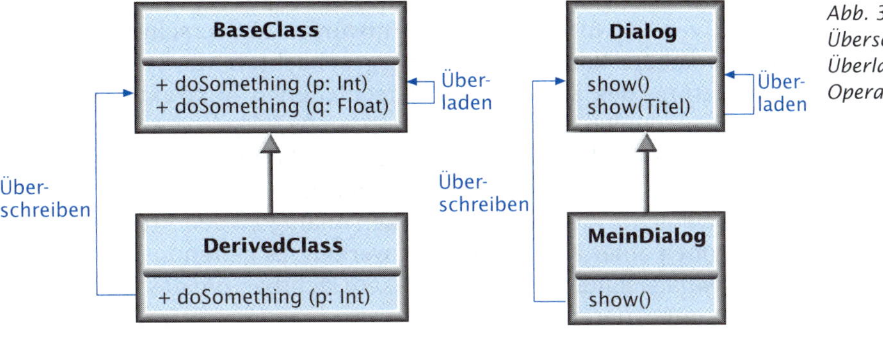

Abb. 3.7-21: Überschreiben und Überladen von Operationen

Tab. 3.7-5: Vererbung in Java

Sichtbarkeit der Oberklasse

- In Java bleiben die Sichtbarkeiten der Oberklasse in der Unterklasse stets erhalten.
- Die Vererbung wird mittels *extends* definiert.

```
class B
{ ...}
class D extends B
{ ...}
```

Mehrfachvererbung

- In Java ist das Konzept der Mehrfachvererbung *nicht* realisiert.
- Als Ersatzmechanismus dienen die Schnittstellen *(interfaces)*, wobei es jedoch signifikante Unterschiede gibt. Eine Schnittstelle kann nur abstrakte Operationen und Konstanten weitergeben, nicht aber Attribute und Implementierungen von Operationen. Deshalb ist sie mit der Mehrfachvererbung *nicht* gleichzusetzen.

```
class B1 { ...}
interface B2 { ...}
interface B3 { ...}
class D extends B1 implements B2, B3
{...}
```

abstrakte Klasse

Im Entwurf enthalten viele Vererbungsstrukturen abstrakte Klassen. Der Hauptzweck einer **abstrakten Klasse** ist es, eine gemeinsame Schnittstelle für ihre Unterklassen vorzuschreiben. Abstrakte Klassen können auf zwei Arten konzipiert werden /Wirfs-Brock, Wilkerson, Wiener 90/:

- Sie enthält »normale« Operationen, die durch eine Implementierung realisiert werden und von den Unterklassen geerbt werden.
- Sie enthält eine oder mehrere – abstrakte – Operationen, die in den Unterklassen redefiniert und implementiert werden.

Die wichtigsten Vererbungskonzepte von Java sind in Tab. 3.7-5 zusammengefasst.

3.7.1.7 Paket

Das Entwurfsmodell ist wesentlich umfangreicher als das Analysemodell. Dementsprechend ist das Konzept des Pakets besonders wichtig für den Entwurf. Pakete dienen dazu, (Modell-) Elemente – insbesondere Klassen – zu Gruppen zusammenzufassen und als Ganzes zu behandeln. Des Weiteren unterstützen Pakete die Darstellung von alternativen Entwürfen oder von Entwürfen für verschiedene Plattformen. Pakete können ineinandergeschachtelt werden, was eine Modellierung des Systems auf verschiedenen Abstraktionsebenen ermöglicht /Booch, Rumbaugh, Jacobsen 98/.

Sichtbarkeiten

Die in einem Paket enthaltenen Elemente können entweder in Textform oder als grafisches Symbol eingetragen werden (Abb. 3.7-22). Für die Elemente kann die Sichtbarkeit analog zu den Attributen und Operationen einer Klasse definiert werden. Es gelten:

+: Das *public*-Element ist für alle Pakete sichtbar, die das betreffende Paket importieren.

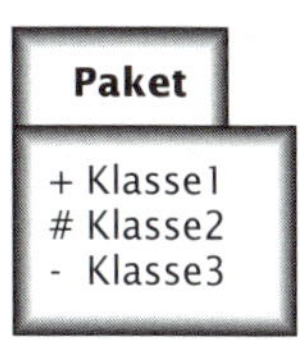

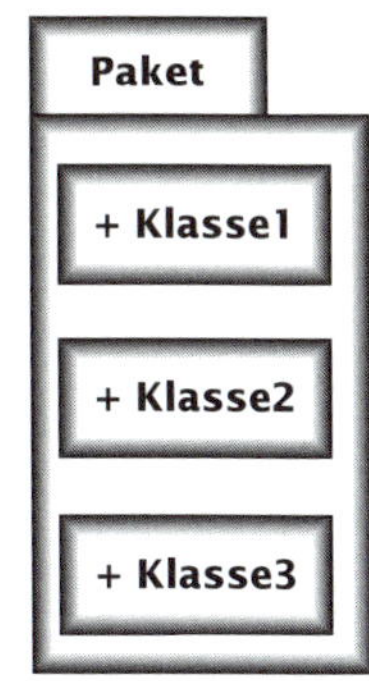

Abb. 3.7-22: Notation für Pakete und darin enthaltene Klassen

#: Das *protected*-Element ist für alle Pakete sichtbar, die das betreffende Paket spezialisieren.

–: Das *private*-Element ist nur in dem betreffenden Paket sichtbar.

Die Bedeutung dieser Sichtbarkeiten wird im Folgenden noch genauer erläutert. Wenn ein Element in einem Paket *A* sichtbar ist, dann ist es auch in allen Paketen *A1, A2* sichtbar, die in *A* enthalten sind.

import

Zwischen zwei Paketen kann eine *import*-Beziehung definiert werden. In Abb. 3.7-23 importiert *Paket2* das *Paket1*. Das bedeutet, dass *Paket2* die *public*-Klasse *Klasse1* sieht. Für *Paket3* sind die Klassen in Paket 1 und 2 unsichtbar, weil keine *import*-Beziehung besteht. Die *import*-Beziehung ist nicht transitiv.

Paketvarianten

Das Vererbungssymbol wird benutzt, um Paket-Varianten darzustellen. In Abb. 3.7-24 »erben« die Pakete *WindowsGUI* und *MacGUI* die *protected*- und *public*-Elemente des allgemeineren Pakets *GUI*. Analog zur Vererbung bei Klassen kann das spezialisierte Paket geerbte Elemente neu definieren und zusätzliche Elemente hinzufügen. Beispielsweise erbt das Paket *WindowsGUI* von *GUI* die Klassen *GUI::Window* und *GUI::EventHandler*, überschreibt die Klasse *Form* und fügt die Klasse *VBForm* hinzu. Ein spezialisiertes Paket kann überall dort benutzt werden, wo das allgemeinere Paket verwendet werden kann.

Stereotypen

Der Paketname kann durch einen darüberstehenden Stereotypen ergänzt werden, um die Bedeutung des Pakets im System deutlich zu machen. Die UML definiert für Pakete eine Reihe von Standard-Stereotypen. Dazu gehören unter anderem:

- *subsystem:* Das betreffende Paket modelliert ein unabhängiges Teilsystem.
- *system:* Das betreffende Paket repräsentiert das gesamte System.

Tab. 3.7-6 fasst die Paketkonzepte von Java zusammen.

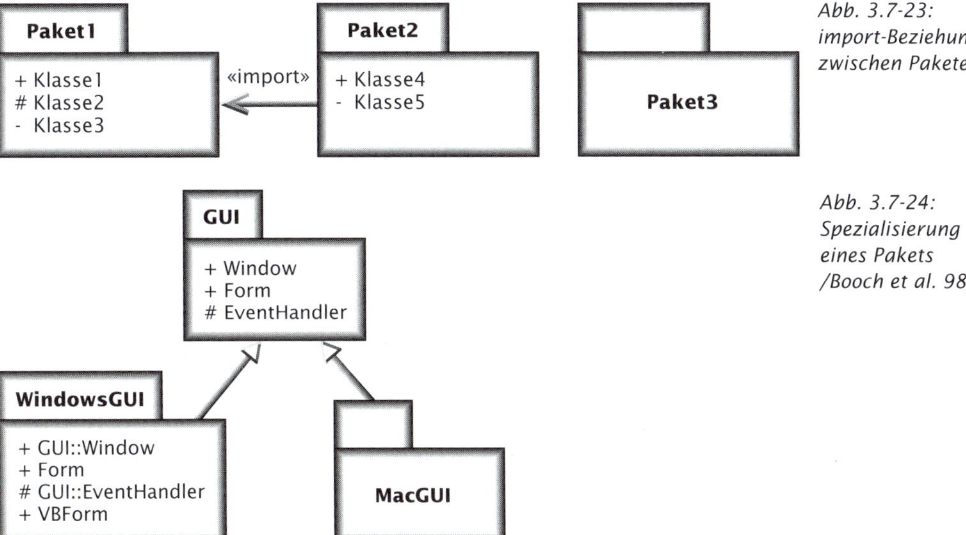

Abb. 3.7-23: import-Beziehung zwischen Paketen

Abb. 3.7-24: Spezialisierung eines Pakets /Booch et al. 98/

Tab. 3.7-6:* *Paket in Java

- In Java ist das Paket *(package)* standardmäßig implementiert.
- Um ein Paket zu erstellen, muss im Projektverzeichnis ein Unterverzeichnis erstellt werden, dessen Name mit dem Paketnamen übereinstimmt.
- In dieses Verzeichnis kommen alle Klassen (je als separate Datei) des Pakets. Jede Datei beginnt mit der Zeile `package Paketname;`.
- Ein vorhandenes Paket wird mit `import Paketname.*;` in die gewünschte Datei eingebunden.
- Soll nur eine Klasse eines Pakets eingebunden werden, benötigt man den Befehl `import Paketname.Klassenname;`.

3.7.1.8 Szenario

Die Zusammenarbeit von Objekten ist anhand von Programmen schwer nachzuvollziehen, da oft eine ganze Kette von Operationen aus verschiedenen Klassen ausgeführt wird. Das Klassendiagramm zeigt nur eine Menge von Schnittstellen, nicht jedoch das dynamische Verhalten. Die Zusammenarbeit der Objekte kann deshalb nur mittels geeigneter Szenarios – in Form von Sequenz- und Kollaborationsdiagrammen – beschrieben werden.

Sequenzdiagramme

Die Notation des Sequenzdiagramms wird im Entwurf geringfügig erweitert (Abb. 3.7-25). Eine Verzweigung des Kontrollflusses tritt auf, wenn mehrere Botschaftspfeile vom selben Punkt ausgehen. Jeder Pfeil ist mit einer Bedingung *(guard condition)* beschriftet. Die

Abb. 3.7-25: Notation des Sequenzdiagramms

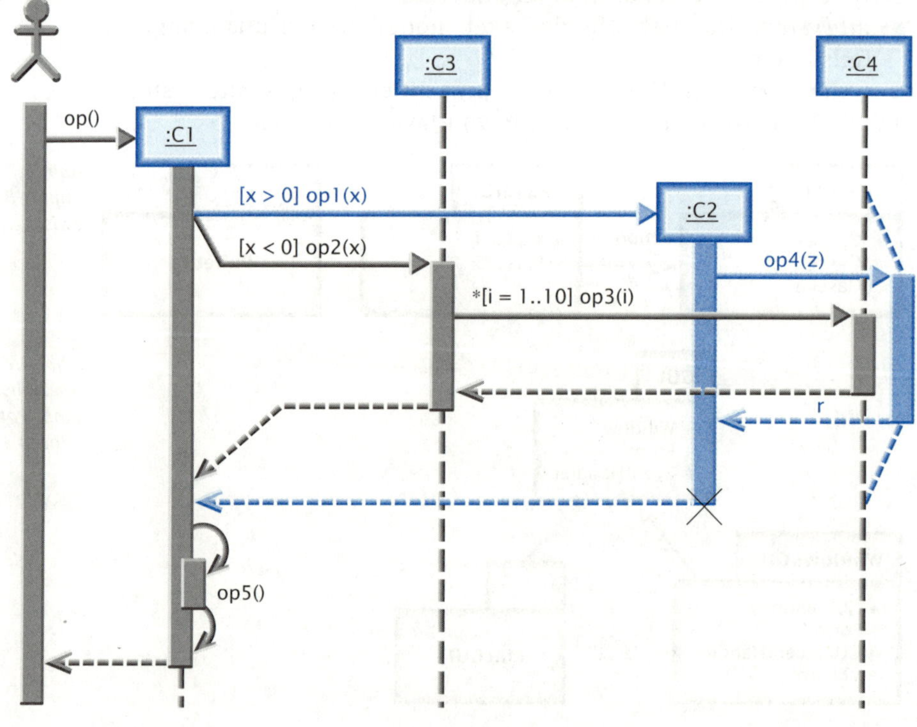

Objektlinie kann in zwei oder mehrere Linien verzweigen, die zu einem späteren Zeitpunkt wieder zusammengeführt werden.

Des Weiteren kann ein Botschaftspfeil – wie in der Analyse – mit einer Bedingung beschriftet werden. Die Botschaft wird nur dann gesendet, wenn die Bedingung erfüllt ist. Bei einer Iteration, die mit * oder mit `*[Bedingung]` gekennzeichnet ist, wird die Botschaft wiederholt gesendet.

Die Verzweigung des Kontrollflusses ermöglicht es, mehrere Abläufe in einem Sequenzdiagramm zusammenzufassen und die Anzahl der Diagramme zu reduzieren. Ein Nachteil ist, dass leicht unübersichtliche Diagramme entstehen.

Die Operationen des Sequenzdiagramms entsprechen den Operationen der zugehörigen Implementierung. Zusätzlich zu den Operationsnamen können bei Bedarf deren (aktuelle) Parameter angegeben werden. Die gestrichelten Rückgabepfeile sollten im Entwurf immer angegeben werden, wenn es zur Verständlichkeit des Diagramms – insbesondere bei verzweigten Lebenslinien – notwendig ist. Sie können optional mit dem Ergebnisparameter beschriftet werden.

Abb. 3.7-25 zeigt die vollständige Notation für ein Sequenzdiagramm /UML 97/. Die Operation `op()` erzeugt ein Objekt der Klasse `C1`. Bei der Ausführung von `op()` verzweigt der Kontrollfluss. Gilt `x > 0` (blau eingetragener Pfad), dann erzeugt die Botschaft `op1(x)` ein Objekt der Klasse `C2`. Die Operation `op1(x)` schickt dann die Botschaft `op4(z)` an ein vorhandenes Objekt von `C4` und erhält den Ergebniswert `r`. Zum Schluss löscht die Operation `op1(x)` das erzeugte Objekt von `C2` wieder (transientes Objekt).

Wenn `x < 0` ist, dann sendet die Operation `op()` die Botschaft `op2(x)` an ein bereits existierendes Objekt von `C3`. Innerhalb dieser Operation wird zehn mal `op3(i)` – für i = 1 bis 10 – auf ein Objekt von `C4` angewendet.

Zum Schluss ruft die Operation `op()` die Operation `op5()` auf, die ebenfalls zur Klasse `C1` gehört.

Kollaborationsdiagramm

Während man sich bei der Erstellung des Sequenzdiagramms von vornherein über die Reihenfolge der Operationsaufrufe Gedanken machen muss, hat man beim Kollaborationsdiagramm größeren Freiraum. Die Ausgangsbasis bilden die Objekte und ihre Verbindungen untereinander. Die Reihenfolge der Operationen kann man zum Schluss durch entsprechende Nummern hinzufügen.

Abb. 3.7-26 zeigt die Notationselemente von Kollaborationsdiagrammen. Zum besseren Vergleich beschreibt dieses Diagramm den gleichen Sachverhalt wie das Sequenzdiagramm der Abb. 3.7-25. Die externe Operation `op()` erhält keine Nummer. Alle Botschaften zwischen den Objekten werden nummeriert. Die Nummern `1a` und `1b` beschreiben die Verzweigung des Kontrollflusses. Die Nummer `1a.1` gibt an, dass diese Operation innerhalb von `1a` aufgerufen wird. Innerhalb von `1b` wird zehn mal die Operation `1b.1` aktiviert. Zum

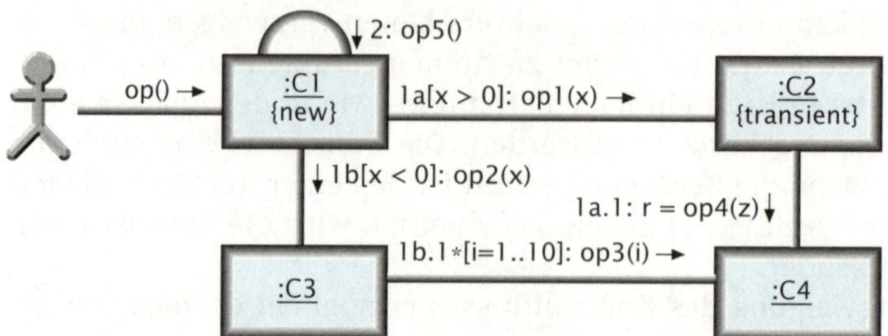

Abb. 3.7-26: Notation des Kollaborationsdiagramms

Schluss wird die Operation mit der Nummer 2 aktiviert. Das Objekt der Klasse C1 wird im Rahmen dieses Szenarios erzeugt und daher mit {new} gekennzeichnet. Das Objekt der Klasse C2 ist {transient}, weil es innerhalb der beschriebenen Operation sowohl erzeugt als auch gelöscht wird.

3.7.1.9 Zustandsautomat

Lebenszyklus

Die Operationen einer Klasse werden im Entwurf gegenüber der Analyse normalerweise erweitert. Daher sind die entsprechenden Lebenszyklen nun aus Entwurfssicht zu überarbeiten und mit den entsprechenden Operationen zu ergänzen.

einfache Realisierung

Ein Zustandsautomat kann *nicht* direkt in eine Programmiersprache umgesetzt werden. Für einfache Automaten bietet sich folgende Realisierung an:

Jede Klasse mit einem Lebenszyklus erhält im Entwurf ein private-Attribut classState. In diesem Attribut wird der aktuelle Zustand des Objekts gespeichert. Jede Operation, die im Lebenszyklus aufgeführt ist, muss dieses Attribut abfragen, bevor sie ihre Verarbeitung durchführt. Ist mit dieser Operation ein Zustandswechsel verbunden, dann muss sie das Zustandsattribut aktualisieren. Jede Klasse, die einen Objekt-Lebenszyklus besitzt, stellt eine ereignis-interpretierende Operation zur Verfügung, die eintreffende Ereignisse interpretiert und ggf. eine entsprechende Verarbeitung auslöst /Booch 94/. Eine Verarbeitung kann die Ausführung einer Operation, das Auslösen eines anderen Ereignisses, das Starten einer Aktivität oder das Beenden einer Aktivität sein.

Abschnitt 3.7.2 Zustandsmuster

Für die Realisierung eines komplexen Lebenszyklus bietet sich das **Zustandsmuster** *(state pattern)* /Gamma et al. 95/ an. Es ist insbesondere dann sinnvoll, wenn die Operationen in Abhängigkeit vom jeweiligen Zustand verschiedene Teilaufgaben ausführen, d.h. wenn sie große Auswahlanweisungen enthalten. Abb. 3.7-27 zeigt die prinzipielle Realisierung eines Lebenszyklus durch dieses Muster.

Wenn ein Objekt der – weißen – OOA-Klasse auf die Botschaft bearbeiten() mit der gleichnamigen Operation reagiert, dann hängt sein aktuelles Verhalten vom jeweiligen Zustand ab. Der Zustandsautomat zeigt, dass es nur in den Zuständen 1 und 2 darauf reagieren kann,

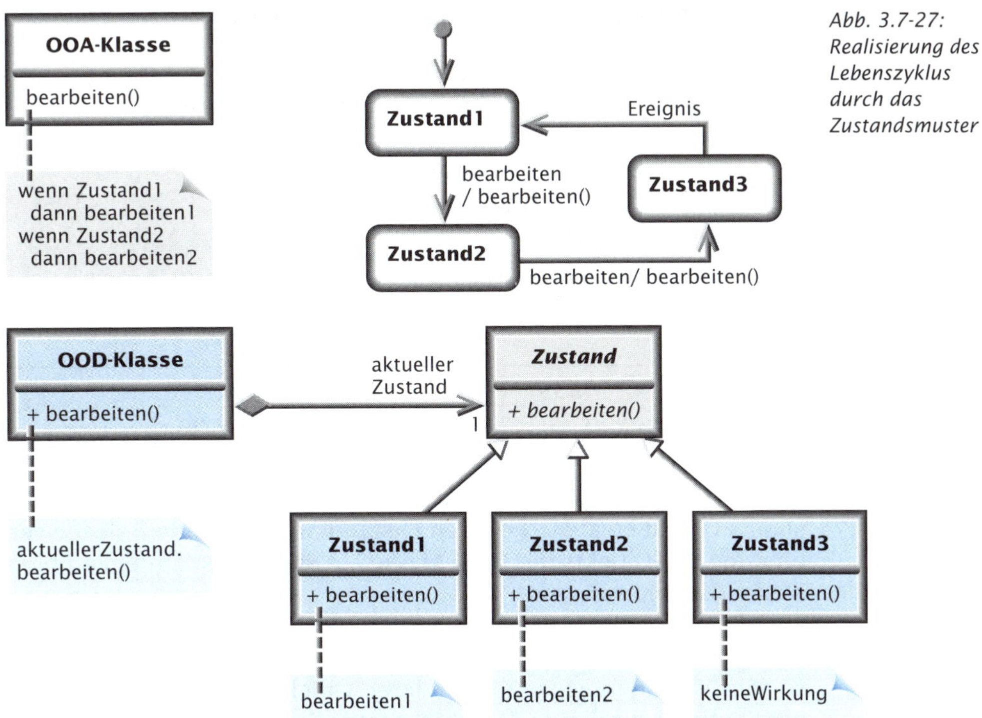

Abb. 3.7-27: Realisierung des Lebenszyklus durch das Zustandsmuster

während die Botschaft im Zustand3 ignoriert wird. Im Zustand1 führt bearbeiten() Schritte aus, die unter bearbeiten1 zusammengefasst sind, im Zustand2 die Verarbeitung bearbeiten2. Dabei kann es sich um einen Operationsaufruf oder um mehrere Arbeitsschritte handeln.

Im – blauen – Entwurfsmodell wird für eine OOD-Klasse mit einem nicht-trivialen Objekt-Lebenszyklus eine abstrakte Zustands-Klasse eingefügt. Diese deklariert alle Operationen, die in Abhängigkeit vom aktuellen Zustand ein unterschiedliches Verhalten an den Tag legen. Für jeden Zustand wird eine Unterklasse von der abstrakten Zustands-Klasse abgeleitet. Die konkreten Zustands-Klassen implementieren die Operationen für einen bestimmten Zustand. Ist der Aufruf einer Operation in einem bestimmten Zustand nicht erlaubt, so muss eine entsprechende Fehlerbehandlung realisiert werden. Die Attribute verbleiben normalerweise in der OOD-Klasse selbst. Sie werden durch Operationen der Zustands-Klassen manipuliert, während diese in der Regel selbst keine Attribute haben.

Jedes Objekt der OOD-Klasse hat eine Verbindung zu einem aktuellen Zustands-Objekt, wobei dieses nur über die Schnittstelle der abstrakten Zustands-Klasse angesprochen wird. Umgekehrt hat das Zustands-Objekt entweder auch eine Verbindung zum Objekt der OOD-Klasse oder jede Operation erhält als zusätzlichen Parameter eine Referenz auf dieses Objekt.

Tab. 3.7-7: Zustandsautomat in Java

Einfache Realisierung

- In Java gibt es keinen benutzerdefinierbaren Aufzählungstyp.
- Die Zustände werden daher als ganzzahlige Konstanten definiert.

```
class Schublade
{  final static int OFFEN = 1;
   final static int ZU_UNVERSCHLOSSEN = 2;
   final static int ZU_VERSCHLOSSEN = 3;
   private int classState;
   public void oeffnen()
      { if (classState == ZU_UNVERSCHLOSSEN)
           classState = OFFEN;
        ...
      }
}
```

Alle Operationen, die in der abstrakten Zustands-Klasse deklariert sind, werden in der OOD-Klasse nur insofern implementiert, als dass eine Delegation an das aktuelle Zustands-Objekt stattfindet. Die Zustands-Objekte realisieren einen Zustandswechsel, indem sie die Verbindung des Objekts der OOD-Klasse auf sich selbst auf ein anderes Zustands-Objekt setzen.

Der Vorteil dieses Musters ist, dass das Verhalten in einem bestimmten Zustand in einer Klasse gekapselt ist. Ein OOD-Objekt kann so sein Verhalten gegenüber anderen Objekten ändern, es entsteht der Eindruck, als würde das Objekt seine Klasse wechseln. Der Nachteil ist, dass zusätzliche Klassen ins Spiel kommen, wobei sich die konkreten Zustandsklassen untereinander kennen müssen, um Zustandswechsel realisieren zu können.

Aktivitätsdiagramm

Das **Aktivitätsdiagramm** *(activity chart)* – als Sonderfall des Zustandsdiagramms – dient dazu, die interne Verarbeitung zu spezifizieren, wobei jeder Zustand einen Schritt eines Algorithmus beschreibt. Im Entwurf kann es sinnvoll zur Beschreibung von komplexen Operationen eingesetzt werden.

Eine einfache Realisierung eines Zustandsautomaten in Java zeigt Tab. 3.7-7.

3.7.2 Klassenbibliotheken und ihre Architektur

Klassenbibliothek

Eine **Klassenbibliothek** ist eine organisierte Software-Sammlung, aus der der Entwickler nach Bedarf Einheiten verwendet /Eisenecker 95, S. 166/. Klassenbibliotheken bilden die Voraussetzung, um »Wiederverwendung im Kleinen« zu realisieren.

In zunehmenden Maße gibt es kommerziell erhältliche Klassenbibliotheken, insbesondere für die Programmiersprachen C++ und Java. Auch die Compilerhersteller statten ihre Programmierumgebungen mit immer umfangreicheren Klassenbibliotheken aus. Klassenbibliotheken lassen sich nach den Anwendungsgebieten gliedern, für die sie entwickelt werden (Abb. 3.7-28).

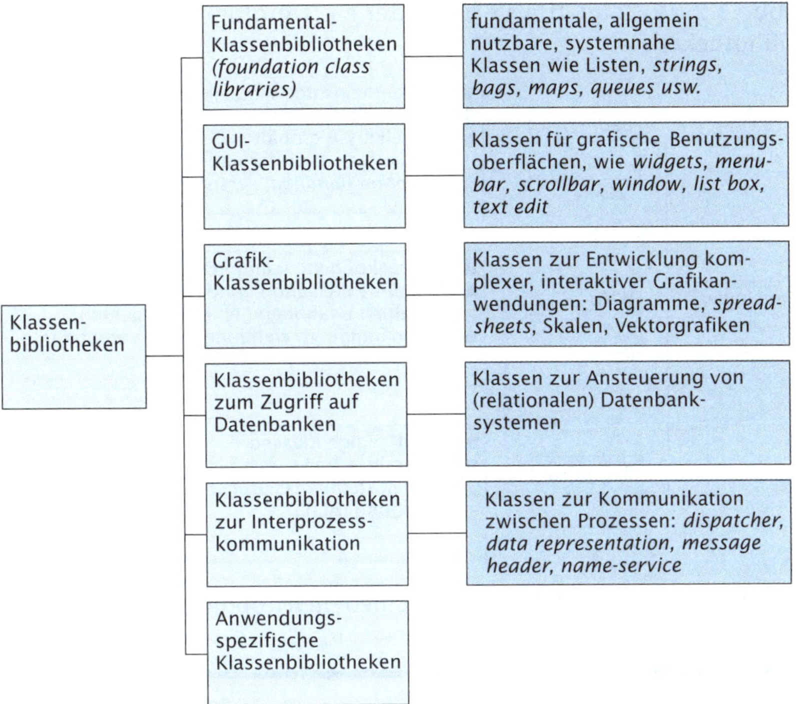

Abb. 3.7-28: Anwendungsgebiete von Klassenbibliotheken

Die Verwendung von Klassenbibliotheken bringt folgende Vorteile mit sich:

Vorteile

- ⊞ Eigener Aufwand wird gespart.
- ⊞ Bessere Qualität, da bereits oft eingesetzt.
- ⊞ Höhere Flexibilität, da verschiedene Varianten zur Auswahl.
- ⊞ Von Spezialisten entwickelt.
- ⊞ Auswahl zwischen mehreren Herstellern.
- ⊞ Oft plattformübergreifend.

Nachteilig sind folgende Punkte:

Nachteile

- ⊟ Möglicherweise hoher Einarbeitungsaufwand.
- ⊟ Eventuell Namenskonflikte beim Einsatz mehrerer Bibliotheken.
- ⊟ Verschiedene Klassenbibliotheken müssen oft durch eine Zwischenschicht gekoppelt werden.

Architektur von Klassenbibliotheken

Klassenbibliotheken können nach verschiedenen Entwurfskonzepten entwickelt werden /Stal, Berger 93/. Wesentlich für die Konzeption einer Klassenbibliothek sind die gewünschten Entwurfsziele wie

Entwurfsziele

- hohe Laufzeiteffizienz,
- hohe Speichereffizienz,
- volle Nutzung des Sprachumfangs der verwendeten Sprache,
- Einfachheit der Benutzung,
- Plattformunabhängigkeit.

Abb. 3.7-29 zeigt die verschiedenen Topologien von Klassenbibliotheken.

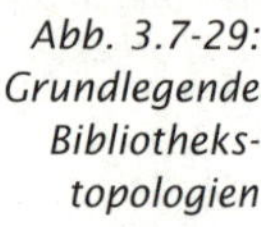

Abb. 3.7-29: Grundlegende Bibliotheks-topologien

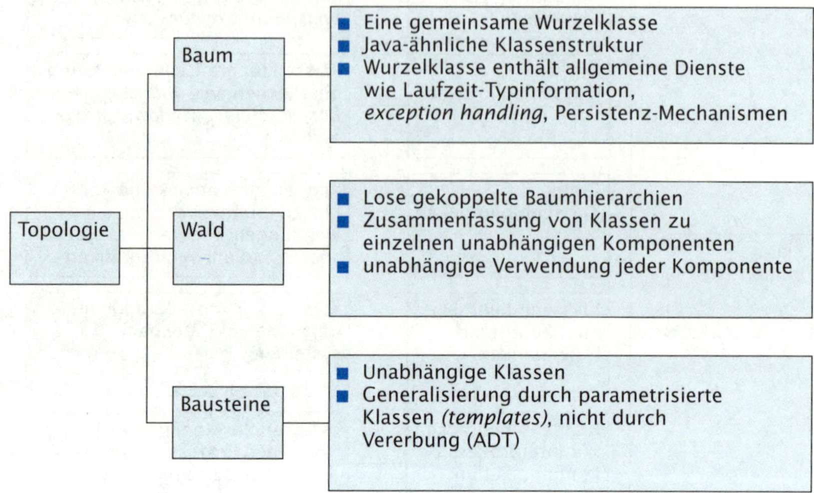
Topologie
Baum
Eine gemeinsame Wurzelklasse
Java-ähnliche Klassenstruktur
Wurzelklasse enthält allgemeine Dienste wie Laufzeit-Typinformation, exception handling, Persistenz-Mechanismen
Wald
Lose gekoppelte Baumhierarchien
Zusammenfassung von Klassen zu einzelnen unabhängigen Komponenten
unabhängige Verwendung jeder Komponente
Bausteine
Unabhängige Klassen
Generalisierung durch parametrisierte Klassen (templates), nicht durch Vererbung (ADT)

Tab 3.7-8: Vor- und Nachteile der verschiedenen Bibliotheks-topologien

Die Vor- und Nachteile der verschiedenen Topologien sind in Tab. 3.7-8 aufgeführt.

Topologie	Baum	Wald	Bausteine
Bewertung	+ Nutzung der Vererbung + alle Klassen können allgemeine Ober-Dienste nutzen − sehr komplexe Baumhierarchien − hoher Lernaufwand − Anwender muss alle Oberklassen berücksichtigen − *Overhead* durch Mitverwendung nicht benötigter Klassen − sind Klassen durch Aggregations- und Assoziationsbeziehungen zusätzlich gekoppelt, dann müssen auch benachbarte Unterbäume eingebettet werden (schlechtere Laufzeit- und Speicherplatzeffizienz) − Probleme bei der Verwendung von mehreren Baum-Bibliotheken durch Mehrfachvererbung − Vererbung oft überstrapaziert	+ Leichter Überblick durch flachere Hierarchie + leichte Nutzung + abgegrenzter Aufgabenbereich	+ große Unabhängigkeit der einzelnen Klassen + hohe Flexibilität + gute Effizienz − »Explosion« des Objektcodes durch die Generierung von Klassen mit Hilfe des *template*-Mechanismus
Verwendung	▪ GUI-Bibliotheken	▪ Fundamentalklassen ▪ Klassen zur Steuerung von GUIs	▪ Fundamentalklassen

Gute Klassenbibliotheken verfügen über speichereffiziente und alternativ dazu laufzeiteffiziente Implementierungen *(separation of policy and implementation)*. Speicher vs. Laufzeit

Rahmenwerke

Bei den Klassenbibliotheken lassen sich zwei Arten unterscheiden:

- »Einfache« Klassenbibliotheken und
- Rahmenwerke *(frameworks)*.

»Einfache« Klassenbibliotheken erzwingen keine bestimmte Anwendungsarchitektur. Sie ermöglichen Code-Wiederverwendung und sind das objektorientierte Äquivalent zu Funktionsbibliotheken. Das Gegenstück dazu sind die Rahmenwerke.

Rahmenwerk

Ein **Rahmenwerk *(framework)*** ist ein durch den Software-Entwickler anpassbares oder erweiterbares System kooperierender Klassen, die einen wiederverwendbaren Entwurf für einen bestimmten Anwendungsbereich implementieren. Es besteht aus konkreten und – insbesondere – aus abstrakten Klassen, die Schnittstellen definieren. Die abstrakten Klassen enthalten sowohl abstrakte als auch konkrete Operationen. Im Allgemeinen wird vom Anwender des Rahmenwerks erwartet, dass er Unterklassen definiert, um das Rahmenwerk zu verwenden und anzupassen. Diese selbstdefinierten Unterklassen empfangen Botschaften von den vordefinierten Rahmenwerk-Klassen nach dem Hollywood-Prinzip *»Don't call us, we'll call you«* /Gamma et al. 95/.

Rahmenwerke sind immer spezifisch auf einen Anwendungsbereich ausgelegt. Beispielsweise kann ein Rahmenwerk die Erstellung grafischer Editoren unterstützen. Ein anderes kann die Erstellung von Finanz-Software unterstützen.

Ein Rahmenwerk bestimmt die Architektur der Anwendung. Es definiert die Struktur der Klassen und Objekte und deren Verantwortlichkeiten, legt fest, wie Klassen und Objekte zusammenarbeiten und wie der Kontrollfluss aussieht. Das Rahmenwerk legt alle diese Entwurfsparameter fest, damit sich der Anwendungsprogrammierer auf die Details der Anwendung konzentrieren kann.

Der Zweck von Rahmenwerken ist die Entwurfs-Wiederverwendung, nicht die Code-Wiederverwendung, obwohl ein Rahmenwerk im Allgemeinen konkrete Unterklassen enthält, die direkt verwendet werden können.

3.7.3 Entwurfsmuster

Abschnitt 2.18.2

Analog wie man in der objektorientierten Analyse Analysemuster für die Analyse und Konstruktion von OOA-Modellen verwendet, benutzt man Entwurfsmuster für die Software-Architektur. Der Unterschied zwischen Analyse- und Entwurfsmustern besteht im Anwendungsgebiet. Entwurfsmuster sind im Allgemeinen technischer, detaillierter und komplexer als Analysemuster.

Ein **Entwurfsmuster** *(design pattern)* gibt eine bewährte generische Lösung für ein häufig wiederkehrendes Entwurfsproblem an, das in bestimmen Situationen auftritt. Entwurfsmuster

Aufgaben

- unterstützen die Wiederverwendung von Lösungen,
- dokumentieren existierende und erprobte Entwurfserfahrungen,
- benennen und erklären wichtige Entwürfe,
- helfen bei der Auswahl von Entwurfsalternativen,
- verhelfen dem Entwerfer schneller zum richtigen Entwurf,
- bieten ein gemeinsames Entwurfs-Vokabular und -Verständnis für eine Gruppe von Entwicklern.

Beschreibung eines Musters

Ein Beschreibungsschema für Entwurfsmuster sollte mindestens folgende vier Elemente beinhalten /Gamma et al. 95, S.3/:

1 **Name des Musters**
Beschreibt ein Entwurfsproblem, seine Lösung und Konsequenzen in einem Wort oder zwei Wörtern. Die Benennung eines Musters erweitert das Entwurfsvokabular. Es ist möglich, auf einem höheren Abstraktionsniveau zu entwerfen.

2 **Problembeschreibung**
Gibt an, wann das Muster anwendbar ist. Das Problem und der Kontext werden erklärt. Es können spezifische Entwurfsprobleme beschrieben werden.

3 **Lösungsbeschreibung**
Gibt die Elemente an, die den Entwurf, die Beziehungen, Verantwortlichkeiten und die Zusammenarbeit ausmachen. Die Lösung gibt keinen konkreten Entwurf oder eine Implementierung an, da ein Muster wie eine Schablone in verschiedenen Situationen angewandt werden kann. Die Muster stellen eine abstrakte Beschreibung des Entwurfsproblems dar und beschreiben, wie eine allgemeine Anordnung in Elementen (Klassen, Objekte) aussehen kann, um das Problem zu lösen.

4 **Konsequenzen**
Ergebnisse und *»trade-offs«*, die sich aus der Anwendung des Musters ergeben. Die Kenntnis der Konsequenzen ist wichtig, um Entwurfsalternativen zu evaluieren und um Kosten/Nutzen von Mustern abzuwägen. Die Konsequenzen beziehen sich oft auf Zeit- vs. Speichereffizienz. Sie können sich aber auch auf Sprach- und Implementierungseigenschaften beziehen. Außerdem ist es wichtig zu wissen, welche Auswirkungen ein Muster auf Flexibilität, Erweiterbarkeit und Portabilität hat.

Entwurfsmuster können sich auf unterschiedlichen Abstraktionsniveaus befinden. In Übereinstimmung mit /Gamma et al. 95, S. 3/ werden hier **Entwurfsmuster** als Beschreibungen von interagierenden Objekten und Klassen angesehen, die so konfiguriert sind, dass sie ein allgemeines Entwurfsproblem in einem speziellen Kontext lösen.

Klassifikation

Entwurfsmuster lassen sich zu Familien verwandter Muster zusammenfassen.

		Zweck		
		erzeugendes Muster	**strukturelles Muster**	**Verhaltensmuster**
Geltungsbereich	**Klasse**	*factory method*	*adapter class*	*interpreter* *template method*
	Objekt	*abstract factory* *builder* *prototype* *singleton*	*adapter (object)* *bridge* *composite* *decorator* *facade* *flyweight* *proxy*	*chain of responsibility* *command* *iterator* *mediator* *memento* *observer* *state* *strategy* *visitor*

Tab. 3.7-9: Klassifikation von Entwurfsmustern /Gamma et al. 95, S.10/

Eine Klassifikation kann nach den Kriterien Zweck *(purpose)* und Geltungsbereich *(scope)* erfolgen (Tab. 3.7-9).

Der **Zweck** gibt an, was ein Muster bewirkt:

- Ein erzeugendes Muster *(creational pattern)* befasst sich mit der Erzeugung von Objekten.
- Ein strukturelles Muster *(structural pattern)* beschreibt die Komposition von Klassen und Objekten.
- Ein Verhaltensmuster *(behavioral pattern)* beschreibt, wie Klassen oder Objekte miteinander kommunizieren und wie die Verantwortlichkeiten verteilt sind.

Der **Geltungsbereich** gibt an, ob sich das Muster primär auf Klassen oder Objekte bezieht.

Klassenmuster

Klassenmuster behandeln Beziehungen zwischen Klassen und ihren Unterklassen. Diese werden durch Vererbungen ausgedrückt und sind statisch, d.h. sie werden zur Übersetzungszeit festgelegt.

Objektmuster

Objektmuster beschreiben Beziehungen zwischen Objekten, die zur Laufzeit geändert werden können und dynamisch sind. Fast alle Muster benutzen bis zu einem gewissen Grad die Vererbung.

Erzeugende Klassenmuster verschieben einen Teil der Objekterzeugung hin zu Unterklassen, während erzeugende Objektmuster einen Teil der Objekterzeugung zu anderen Objekten hin verschieben. Strukturelle Klassenmuster verwenden die Vererbung, um Klassen miteinander zu kombinieren, während strukturelle Objektmuster Wege angeben, um Objekte zusammenzufügen.

Verhaltensmuster für Klassen benutzen die Vererbung, um Algorithmen und Kontrollflüsse zu beschreiben, während Verhaltensmuster für Objekte beschreiben, wie eine Gruppe von Objekten zusammenarbeitet, um eine Aufgabe auszuführen, die ein Objekt alleine nicht erledigen kann. Die Abb. 3.7-30 bis 3.7-32 zeigen drei Beispiele für wichtige Entwurfsmuster, die im Folgenden öfters verwendet werden. Weitere Muster findet man u.a. in /Gamma et al. 95/, /Pree 95/ und /Buschmann et al. 96/.

Abb. 3.7-30a: Das Fabrikmethode-Muster

Zweck

Das **Fabrikmethode-Muster** *(factory method)* ist ein klassenbasiertes Erzeugungsmuster. Es bietet eine Schnittstelle zum Erzeugen eines Objekts an, wobei die Unterklassen entscheiden, von welcher Klasse das zu erzeugende Objekt ist. Auch bekannt als »virtueller Konstruktur« *(virtual constructor)*.

Motivation

Dieses Rahmenwerk eignet sich für das gleichzeitige Anzeigen mehrerer Dokumente. Es verwendet die beiden abstrakten Klassen *Application* und *Document* und modelliert eine Assoziation zwischen ihren Objekten:

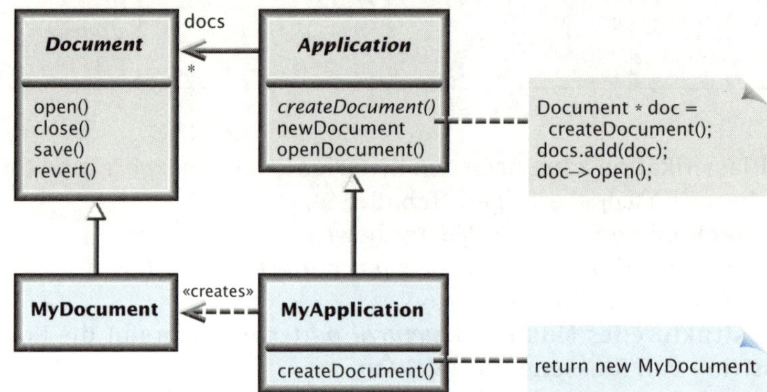

Außerdem ist die Klasse Application für die Erzeugung neuer Dokumente zuständig. Der Software-Konstrukteur leitet von diesen beiden Klassen seine anwendungsspezifischen Klassen ab. Wenn nun aus der Klasse MyApplication ein neues Objekt von MyDocument erzeugt werden soll, so tritt folgendes Problem auf: Das Rahmenwerk muss Objekte erzeugen, kennt aber nur die abstrakte Oberklasse, von der es keine Objekte erzeugen darf. Dieses Muster bietet dazu folgende Lösung: Die Unterklassen von Application überschreiben die abstrakte Operation createDocument(), so dass sie ein Exemplar von MyDocument zurückgibt. Sobald ein Objekt von MyApplication erzeugt ist, kann dieses anwendungsspezifische Dokumente erzeugen, ohne deren exakte Klasse zu kennen. Die Operation createDocument() heißt Fabrikmethode, weil sie für die »Fabrikation« eines Objekts verantwortlich ist.

Anwendbarkeit

Diese Muster ist anwendbar, wenn

- eine Klasse die von ihr zu erzeugenden Objekte *nicht* im Voraus kennen kann,
- eine Klasse benötigt wird, deren Unterklassen selber festlegen, welche Objekte sie erzeugen.

Struktur

Die Klassen des Fabrikmethode-Musters haben folgende Bedeutung:

Product: Die Klasse definiert die Schnittstelle der Objekte, die von der Fabrikmethode erzeugt werden.

ConcreteProduct: Diese Unterklasse implementiert die Schnittstelle des Produkts.

Creator: Die Klasse deklariert die abstrakte Fabrikmethode.

ConcreteCreator: Diese Unterklasse überschreibt die Fabrikmethode, so dass sie ein Objekt von ConcreteProduct zurückgibt.

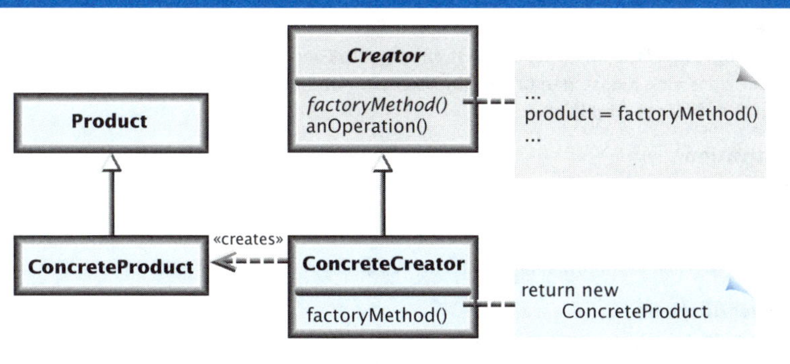

Abb. 3.7-30b: Das Fabrikmethode-Muster

Interaktionen

Der *Creator* verlässt sich darauf, dass Unterklassen die Fabrikmethode korrekt implementieren.

Konsequenzen

Fabrikmethoden verhindern es, dass anwendungsspezifische Klassen in den Code des Rahmenwerks eingebunden werden müssen.

Abstrakte Operation *(abstract operation)* Operation, für die nur die Signatur angegeben ist, die aber nicht spezifiziert bzw. implementiert ist *(pure virtual member function* in C++). Enthält eine Klasse mindestens eine abstrakte Operation, dann handelt es sich um eine abstrakte Klasse. Die zugehörige Spezifikation bzw. Implementierung wird erst in den Unterklassen angegeben.

Beobachter-Muster *(observer pattern)* Objektbasiertes →Entwurfsmuster. Es sorgt dafür, dass bei der Änderung eines Objekts alle davon abhängigen Objekte benachrichtigt und automatisch aktualisiert werden.

Container-Klasse Klasse, deren Objekte Mengen von Objekten (anderer) Klassen sind. Sie können homogene Mengen verwalten, d.h. alle Objekte einer Menge gehören zur selben Klasse oder auch heterogene Mengen, d.h. die Objekte einer Menge gehören zu unterschiedlichen Unterklassen einer gemeinsamen Oberklasse. Container-Klassen werden oft mittels →generischer Klassen realisiert.

Dynamisches Binden *(dynamic binding)* →spätes Binden

Entwurfsmuster *(design pattern)* Gibt eine bewährte, generische Lösung für ein immer wiederkehrendes Entwurfsproblem an, das in bestimmten Situationen auftritt. Es lassen sich klassen- und objektbasierte Muster unterscheiden. Klassenbasierte Muster werden durch Vererbungen ausgedrückt. Objektbasierte Muster beschreiben in erster Linie Beziehungen zwischen Objekten.

framework →Rahmenwerk

Generische Klasse *(parameterized class, template)* Beschreibung einer Klasse mit einem oder mehreren formalen Parametern. Sie definiert daher eine Familie von Klassen. →Container-Klassen werden häufig als generische Klassen realisiert.

interface →Schnittstelle

Klassenbibliothek Organisierte Sammlung von Klassen, aus denen der Entwickler nach Bedarf Einheiten verwendet, d.h. Objekte dieser Klassen definiert und Operationen darauf anwendet oder Unterklassen bildet. Klassenbibliotheken können unterschiedliche Topologien besitzen.

Parametrisierte Klasse →generische Klasse

Polymorphe Operation Operation, die erst zur Ausführungszeit an ein bestimmtes Objekt gebunden wird. Man spricht vom →späten Binden *(late binding)* bzw. vom dynamischen Binden.

Polymorphismus *(polymorphism)* Ein Name kann Objekte verschiedener Klassen bezeichnen. Jedes Objekt, das durch

Abb. 3.7-31: ***Das Singleton-Muster***

Zweck

Das ***Singleton*-Muster** *(Singleton)* ist ein objektbasiertes Erzeugungsmuster. Es stellt sicher, dass eine Klasse genau *ein* Objekt besitzt und ermöglicht einen globalen Zugriff auf dieses Objekt.

Motivation

Bei manchen Klassen ist es notwendig, dass es genau ein Objekt gibt. Auf dieses Objekt muss oft von mehreren anderen Objekten zugegriffen werden. Daher muss der Zugriff einfach sein. Die *Singleton*-Klasse muss garantieren, dass nur ein Exemplar erzeugt werden kann und einen einfachen Zugriff auf dieses Exemplar ermöglichen.

Anwendbarkeit

Dieses Muster ist anwendbar, wenn

- es genau ein Objekt einer Klasse geben und ein einfacher Zugriff darauf bestehen soll (Beispiel: Realisierung von Container-Klassen, siehe Abschnitt 3.7.1.1),
- das einzige Exemplar durch Spezialisierung mittels Unterklassen erweitert wird und *Clients* das erweiterte Exemplar verwenden können, ohne ihren Code zu ändern.

Struktur

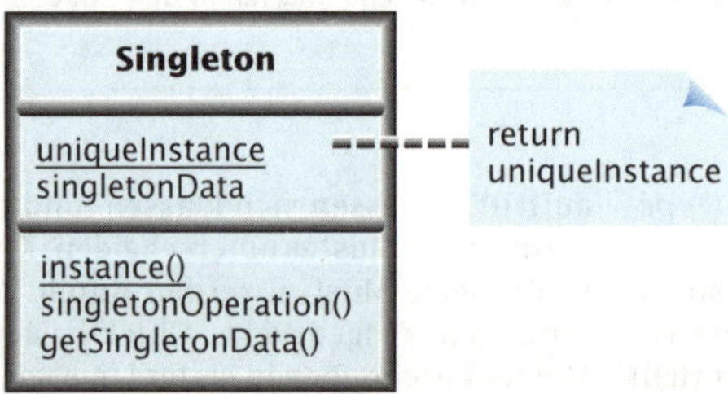

Die Klasse *Singleton* definiert die Klassenoperation instance(), die es dem *Client* ermöglicht, auf das einzige Exemplar zuzugreifen.

Die *Singleton*-Klasse wird folgendermaßen deklariert:

```
class Singleton
{
   private static Singleton uniqueInstance;
   protected Singleton(); //macht den Konstruktor nach aussen unsichtbar
   public static Singleton instance()
   {
      if (uniqueInstance == null)         //es existiert noch kein Exemplar
      {
         uniqueInstance = new Singleton(); //ein Exemplar erzeugen
      }
      return uniqueInstance;
   }
}
```

Interaktionen

Clients holen sich ausschließlich über die Klassenoperation `instance()` eine Referenz auf das einzige Objekt.

Konsequenzen

- Das *Singleton*-Muster ist eine Verbesserung gegenüber globalen Variablen (die es in Java nicht gibt).
- Die *Singleton*-Klasse kann durch Unterklassen spezialisiert werden.
- Werden später mehrere Exemplare benötigt, dann kann diese Änderung leicht durchgeführt werden.

Abb. 3.7-32a: Beobachter-Muster

Zweck

Das **Beobachter-Muster** *(observer)* ist ein objektbasiertes Verhaltensmuster. Es sorgt dafür, dass bei der Änderung eines Objekts alle davon abhängigen Objekte benachrichtigt und automatisch aktualisiert werden.

Motivation

Ein Objekt enthält Anwendungsdaten enthält. Diese Daten sollen auf verschiedene Arten angezeigt werden, z.B. als Tabelle und als Kreisdiagramm:

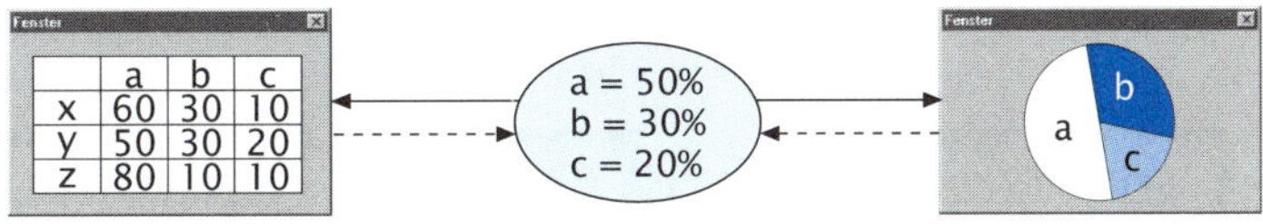

⟶ Benachrichtigung über Änderung ---→ Anfragen, Veränderungen

Die beiden Anzeige-Objekte kennen einander nicht, was es erleichtert, nur eines der beiden wiederzuverwenden. Das Kreisdiagramm soll sich jedoch ändern, wenn die Daten in der Tabelle verändert werden und umgekehrt. Das Anwendungs-Objekt *(subject)* kennt alle seine Anzeige-Objekte (Beobachter, *observer)* und informiert sie über alle Änderungen. Als Reaktion darauf synchronisiert sich jeder Beobachter mit dem Zustand des *subjects.*

Anwendbarkeit

Dieses Muster ist anwendbar, wenn Folgendes gilt:

- Eine Abstraktion besitzt zwei Aspekte, die wechselseitig voneinander abhängen. Die Kapselung in zwei Objekte ermöglicht es, sie unabhängig voneinander wiederzuverwenden oder zu modifizieren.
- Die Änderung eines Objekts impliziert die Änderung anderer Objekte, und es ist nicht bekannt, wie viele Objekte geändert werden müssen.
- Ein Objekt soll andere Objekte benachrichtigen, und diese Objekte sind nur lose gekoppelt.

Struktur

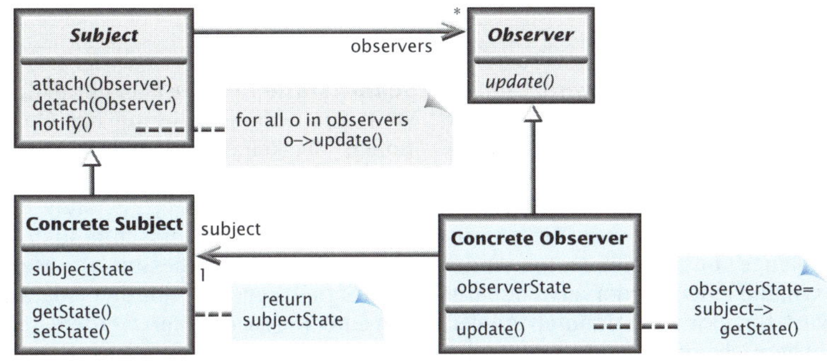

Die Klassen sind für folgende Aufgaben verantwortlich:

`Subject`: Die Klasse kennt eine beliebige Anzahl von Beobachtern.

`Observer`: Diese Klasse definiert die Schnittstelle für alle konkreten *observer,* d.h. für alle Objekte, die über Änderungen eines *subjects* informiert werden müssen.

ConcreteSubject: Die Objekte dieser Klasse speichern die Daten, die für die konkreten Beobachter relevant sind.

Abb. 3.7-32b: Beobachter-Muster

ConcreteObserver: Die Objekte dieser Klasse kennen das konkrete Subjekt und merken sich den Zustand, der mit dem des Subjekts konsistent sein soll. Sie implementiert die Schnittstelle der *Observer*-Klasse, um die Konsistenz zum Subjekt sicherzustellen.

Interaktionen

Wird das Objekt der Klasse `ConcreteSubject` geändert, dann benachrichtigt es alle seine Beobachter mittels `notify()`. Jedes benachrichtigte Objekt der Klasse `ConcreteObserver` bringt dann seinen Zustand mit dem des Subjekts in Einklang.

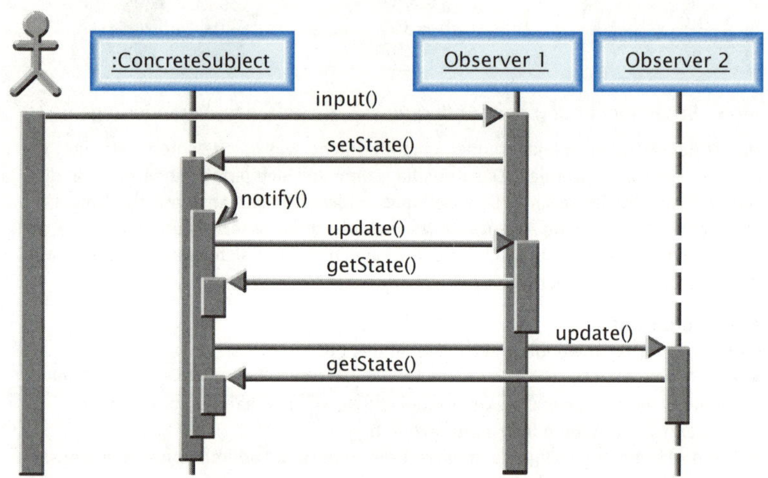

Konsequenzen

- Das Beobachter-Muster ermöglicht es, Subjekte und Beobachter unabhängig voneinander zu modifizieren.
- Beobachter und Subjekte können einzeln wiederverwendet werden.
- Neue Beobachter können ohne Änderung des Subjekts hinzugefügt werden.

diesen Namen bezeichnet wird, kann auf die gleiche Botschaft auf seine eigene Art und Weise zu reagieren. Polymorphismus und →spätes Binden sind untrennbar verbunden.

Rahmenwerk *(framework)* Besteht aus einer Menge von zusammenarbeitenden Klassen, die einen wiederverwendbaren Entwurf für einen bestimmten Anwendungsbereich implementieren. Es besteht aus konkreten und insbesondere aus abstrakten Klassen, die →Schnittstellen definieren. Die abstrakten Klassen enthalten sowohl abstrakte als auch konkrete Operationen. Im Allgemeinen wird vom Anwender (=Programmierer) des Rahmenwerks erwartet, dass er Unterklassen definiert, um das Rahmenwerk zu verwenden und anzupassen.

Schnittstelle *(interface)* In der UML besteht eine Schnittstelle nur aus Operationen, die keine Implementierung besitzen. Sie ist äquivalent zu einer Klasse, die keine Attribute, Zustände oder Assoziationen und ausschließlich abstrakte Operationen besitzt. Die Menge aller Signaturen, die von den Operationen einer Klasse definiert werden, nennt man die Schnittstelle der Klasse bzw. des Objekts. Eine Schnittstelle kann in Java aus Konstanten und abstrakten Operationen bestehen. Schnittstellen können in Java dazu verwendet werden, eine ähnliche Struktur wie die Mehrfachvererbung zu realisieren.

Sichtbarkeit *(visibility)* Legt fest, ob auf Attribute und Operationen außerhalb ihrer Klasse zugegriffen werden kann.

Auch für Assoziationen kann die Sichtbarkeit definiert werden. Die UML unterscheidet die folgenden Sichtbarkeiten: *public* = sichtbar für alle Klassen, *protected* = sichtbar innerhalb der Klasse und für alle ihre Unterklassen, *private* = sichtbar nur innerhalb der Klasse.

Signatur *(signature)* Die Signatur einer →Operation besteht aus dem Namen der Operation, den Namen und Typen aller Parameter und dem Ergebnistyp der Operation.

***Singleton*-Muster** *(singleton pattern)* Objektbasiertes →Entwurfsmuster, das sicherstellt, dass eine Klasse genau ein Objekt besitzt. Ermöglicht einen globalen Zugriff auf dieses Objekt.

Spätes Binden *(late binding)* Erst zur Ausführungszeit wird bestimmt, welche →polymorphe Operation auf ein Objekt angewendet wird. Man spricht auch von dynamischem Binden. Das Gegenstück zum späten Binden ist das frühe Binden, das zur Übersetzungszeit stattfindet.

Überschreiben *(overriding)* Von Überschreiben bzw. Redefinition spricht man, wenn eine Unterklasse eine geerbte Operation der Oberklasse – unter dem gleichen Namen – neu implementiert. Beim Überschreiben müssen die Anzahl und Typen der Ein-/Ausgabeparameter gleichbleiben. Bei der Implementierung der überschriebenen Operation wird im Allgemeinen die entsprechende Operation der Oberklasse aufgerufen.

Verkapselung *(encapsulation)* Sagt aus, dass zusammengehörende Attribute und Operationen in einer Einheit zusammengefügt sind.

Zustandsmuster *(state pattern)* Entwurfsmuster, mit dem Objekt-Lebenszyklen des OOA-Modells systematisch in ein OOD-Klassendiagramm umgesetzt werden können. Es ist insbesondere für die Realisierung komplexer →Zustandsautomaten gedacht.

Erweiterungen

Das Konzept der Klasse wird im Entwurf um generische Klassen, Container-Klassen und Schnittstellen erweitert. Für Attribute und Operationen wird die Notation um Sichtbarkeiten erweitert. Bei Operationen ist außerdem die komplette Signatur anzugeben. Die Notation von Assoziationen wird um die Navigation und die Sichtbarkeit erweitert. Assoziationen können auf verschiedene Arten (z.B. mittels Zeigern) realisiert werden.

Der Polymorphismus ermöglicht es, flexible Programme zu entwickeln. Im Gegensatz zur Analyse tritt im Entwurf häufig Vererbung auf, wobei außer der Einfachvererbung auch die Mehrfachvererbung vorkommen kann. Zusammenhängende Funktionsabläufe können mittels Szenarios dokumentiert werden. Daher sind Sequenz- und Kollaborationsdiagramme im Entwurf von besonderer Bedeutung. Komplexe Lebenszyklen aus der Analyse können gut mit dem Zustandsmuster in den Entwurf transformiert werden.

Muster

Entwurfsmuster beschreiben Lösungen für immer wiederkehrende Entwurfsprobleme. Aus dem Standardwerk von Gamma werden folgende Muster vorgestellt: Fabrikmethode, *Singleton*, Beobachter. Während Muster nur abstrakte Lösungen bieten, stellen Rahmenwerke *(frameworks)* Klassen bereit, die als Basisklassen für neu zu erstellende Anwendungen verwendet werden.

/Gamma et al. 95/
Gamma E., Helm R., Johnson, R., Vlissides J., *Design Patterns – Elements of Reusable Object-Oriented Software*, Reading: Addison-Wesley Publishing Company, 1995, 395 Seiten (deutsche Übersetzung: *Entwurfsmuster*, Bonn: Addison-Wesley, 1996).
Standardwerk über Entwurfsmuster; beschreibt und klassifiziert 23 Muster.

Zitierte Literatur

/Berard 93/
Berard E., *Essays on Object-Oriented Software-Engineering*, Volume I, Englewood Cliffs: Prentice Hall, 1993.

/Booch 93/
Booch G., *Das Design der C++ Booch Components*, München: Rational, 1993.

/Booch 94/
Booch G., *Object-Oriented Analysis and Design with Applications*, Second Edition, Redwood City: The Benjamin/Cummings Publishing Company, 1994.

/Booch, Rumbaugh, Jacobson 98/
Booch G., Rumbaugh J, Jacobson I., *The Unified Modeling Language User Guide*, Reading: Addison-Wesley, 1998.

/Buschmann et al. 96/
Buschmann F., Meunier R., Rohnert H., Sommerlad P., Stal M., *Pattern Oriented Software Architecture – A System of Patterns*, Wiley & Sons, 1996.

/Eisenecker 95/
Eisenecker U. W., *Objekte versus Komponenten – Der Weg zur flinken Software*, in: iX 9/1995, S. 164–169.

/Pree 95/
Pree W., *Design Patterns for Object-Oriented Software Development*, Wokingham: Addison-Wesley Publishing Company, 1995.

/Stal, Berger 93/
Stal M., Berger W., *Aus dem Vollen – Zum Design von C++-Klassenbibliotheken*, in: iX 12/1993, S.160–164.

/UML 97/
Unified Modeling Language 1.1, UML Summary Notation Guide, UML Semantics Object Constraint Language Specification, Santa Clara: Rational Software Corporation, September 1997.

/Wirfs-Brock, Wilkerson, Wiener 90/
Wirfs-Brock R., Wilkerson B., Wiener L, *Designing Object-Oriented Software*, Englewood Cliffs: Prentice Hall, 1990.

Analytische Aufgaben
Muss-Aufgabe
5 Minuten

1 *Lernziele: Entwurfsmuster in einem OOD-Modell erkennen können. Entwurfsmuster bei der Modellierung einsetzen können.*
In einer Tabelle können Werte unterschiedlicher Typen stehen. Diese können mit individuellen Editoren verändert werden.
Folgender Codeauszug der Anwendung liegt vor:

```
public class TextTabellenElement extends TabellenElement
{
...
    public TextTabellenEditor holeEditor()
    {
        return new TextTabellenEditor();
    }
}
```

Welches Entwurfsmuster liegt dieser Implementierung zugrunde?

2 *Lernziel: Sequenz- und Kollaborations-Diagramme einsetzen können.* Überprüfen Sie, ob das Kollaborationsdiagramm der Abb. 3.7-33 den Programmablauf korrekt wiedergibt, wobei die `darstellen()`-Operation einer Seite aufgerufen wird.

Klausur-Aufgabe
10 Minuten

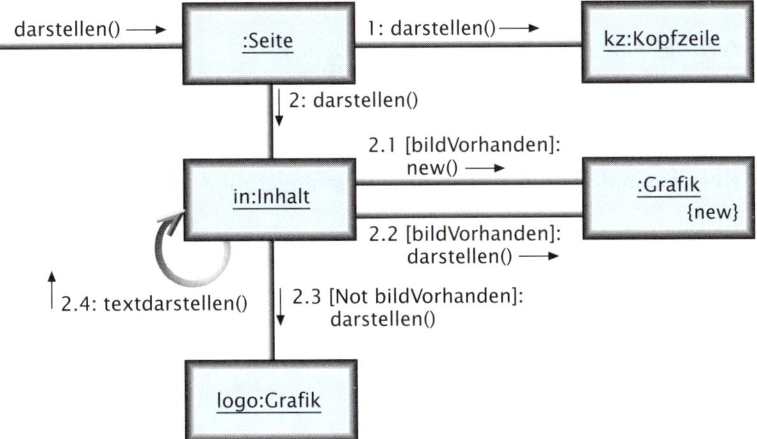

Abb. 3.7-33: Kollaborationsdiagramm

```
class Seite                    class Inhalt
{                              {
    Kopfzeile kz;                  Grafik : logo;
    Inhalt in;                     void darstellen()
                                   {
    void darstellen()                  if (bildVorhanden)
        {                              {(new Grafik(name)).darstellen();
        kz.darstellen()
        in.darstellen ()
    }                                  }
}                                      else
                                       {
class Kopfzeile                            logo.darstellen();
{...                                   }
    darstellen()
    {...}
}

class Grafik                           textdarstellen();
{...                               }
    darstellen()
    {...}                      ...
}                              }
```

3 *Lernziel: Den Objekt-Lebenszyklus mit dem Zustandsmuster in den Entwurf transformieren können.*
Die Autos eines Autoverleihs können vorhanden, verliehen oder reserviert sein. Entwickeln Sie das entsprechende OOD-Diagramm mittels Zustandsmuster, wobei die Klasse Auto aus der objektorientierten Analysephase über die Operation `bearbeiten()` verfügt. Im Zustand `vorhanden` führt diese dazu, dass die Ausleihe bzw. die Reservierung durchgeführt wird. Ist der Wagen verliehen, wird er wieder entgegengenommen und die Rechnung erstellt. Ist der Wagen reserviert, kann er entweder storniert oder ausgeliehen werden.

Konstruktive Aufgaben
Muss-Aufgabe
10 Minuten

Muss-Aufgabe
5 Minuten

4 *Lernziele: Die Objektverwaltung im Entwurf realisieren können. Assoziationen in den Entwurf transformieren können.*
Ein Autohaus möchte den Bestand seiner Autos computergestützt verwalten. In der Analysephase wurde dazu eine Klasse Auto modelliert. Das Projekt befindet sich nun in der Entwurfsphase. Fügen Sie die Objektverwaltung einschließlich der Navigation in einem UML-Klassendiagramm hinzu!

Muss-Aufgabe
10 Minuten

5 *Lernziel: Polymorphismus anwenden können.*
Eine Bank verfügt über zwei Arten von Konten: Girokonten, die überzogen werden dürfen, und Sparkonten, die keinen negativen Stand haben dürfen. Das Aufruf zum Auszahlen von einem Konto soll für beide Arten in dem System einheitlich realisiert werden. Geben Sie die Vererbungsstruktur und einen exemplarischen Aufruf der Auszahloperation an.

Muss-Aufgabe
45 Minuten

6 *Lernziel: Assoziationen in den Entwurf transformieren können.*

a Die Abb. 3.7-34 zeigt einen Ausschnitt aus einer Lagerverwaltung. Generieren Sie mit den Werkzeugen *Rational Rose* und *JANUS* aus diesem Klassendiagramm eine lauffähige Anwendung.

Abb. 3.7-34: Ausschnitt aus einer Lagerverwaltung

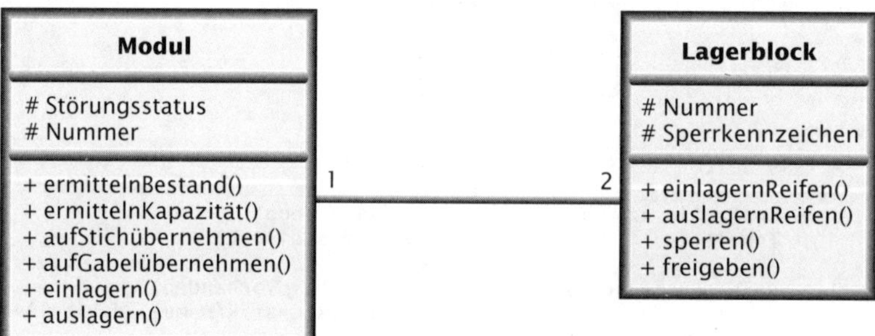

b Als geänderte Anforderung im Entwurf erkennen Sie, dass zwar jeder Lagerblock seine Module kennen muss, um die Einlagerung verwalten zu können. Umgekehrt jedoch muss ein Modul nicht wissen, zu welchem Lagerblock es gehört. Ändern Sie die Assoziation im Modell entsprechend ab und generieren Sie neu. Was ändert sich an der generierten Anwendung?

Klausur-Aufgabe
10 Minuten

7 *Lernziele: Generische Klassen entwerfen können. Signaturen spezifizieren können.*
Entwerfen Sie eine generische Klasse für die Klasse Vector und geben Sie die grafische Darstellung der Klassen einschließlich der vollständigen Signaturen in UML-Notation an:
Vektor verfügt über folgende Operationen:
- Einfügen *(add)* eines Elements am Ende der Liste,
- Entfernen *(removeElementAt)* eines Elements an der angegebenen Position,
- Lesen *(elementAt)* eines Elements an der angegebenen Position.

3 Die Entwurfsphase – Software-Komponenten

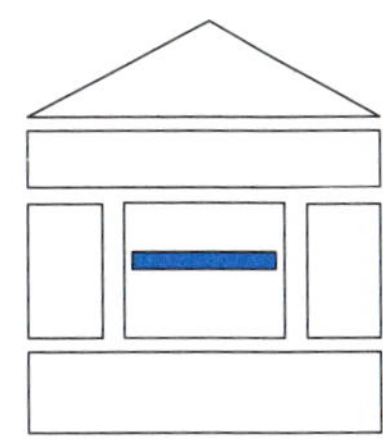

- Die *JavaBeans*- und COM-Konzepte erklären können. — verstehen
- *ActiveX*-Steuerelemente erklären können.
- Die Vorzüge von Komponenten erläutern können.
- Die vorgestellten Ansätze anwenden können. — anwenden
- Einfache *JavaBeans* programmieren können.
- Ein *ActiveX*-Steuerelement in eine Web-Seite einbetten können.
- Die Unterschiede zwischen den Konzepten *JavaBeans*, COM und *ActiveX* herausarbeiten können. — beurteilen

- Für den Abschnitt 3.8.2 sind Java-Kenntnisse erforderlich.

i

3.8 Software-Komponenten

3.8.1 Halbfabrikate und ihre Schnittstellen

In der industriellen Produktion ist es üblich und insbesondere wirtschaftlich, ein Produkt auf **Halbfabrikaten** aufzubauen. Die Halbfabrikate werden in der Regel von spezialisierten Herstellern bezogen.

Ziel: komponentenbasierte Entwicklung

Ein analoges Ziel für die Software-Technik ist daher leicht formuliert: Eine **komponentenbasierte Software-Entwicklung** erlaubt eine einfachere, schnellere und preiswertere Herstellung von Anwendungen mit Hilfe von vorgefertigten Halbfabrikaten bzw. Komponenten.

Granularität

Um dieses Ziel zu erreichen, benötigt man Halbfabrikate, die

- im Allgemeinen kleiner als Anwendungen sind, d.h. einen stärkeren Komponenten- bzw. Bausteincharakter besitzen,
- deutlich größer als Klassen sind, d.h. mehr Funktionalität kapseln und gleichzeitig Komplexität verbergen.

Halbfabrikat

Ein **Halbfabrikat** bzw. eine **Komponente *(component)*** ist ein abgeschlossener, *binärer* Software-Baustein, der eine anwendungsorientierte, semantisch zusammengehörende Funktionalität besitzt, die nach außen über Schnittstellen zur Verfügung gestellt wird. Beim Entwurf des Halbfabrikats wurde auf hohe Wiederverwendbarkeit großer Wert gelegt.

Wichtige und erfolgreiche Beispiele für Halbfabrikate sind Oberflächenelemente wie Druckknöpfe, Textfelder, Tabellen usw. aber auch Komponenten wie die Rechtschreibprüfung, Silbentrennung und Seitenvorschau.

Oftmals werden Komponenten jedoch nicht ausschließlich unter dem Gesichtspunkt der Wiederverwendbarkeit entwickelt, sondern um eine stärkere Modularisierung und damit bessere Wartbarkeit von Anwendungen zu erreichen.

Einsatzvoraussetzungen

Eine komponentenbasierte Software-Entwicklung wird erst dann effektiv, wenn folgende Voraussetzungen erfüllt sind /Eisenecker 95/:

- Komponenten sind an bestimmten, wohldurchdachten Stellen offen. Dies gilt grundsätzlich für alle Komponenten, die unter anderem irgendwelche Abläufe steuern. Gerade die Reihenfolge und die Hierarchie der Abarbeitung ändern sich oft, so dass Abläufe umgestellt und Verarbeitungsschritte ergänzt werden müssen. Komponenten sollen daher mit speziellen austauschbaren Ablaufklassen kooperieren. Analog sollte die Art der Fehlerentdeckung und -behandlung geändert werden können.
- Die Schnittstellen besonders wichtiger oder häufig eingesetzter Komponenten müssen standardisiert werden. Außerdem ist eine für den Anwendungsbereich sinnvolle Begriffswelt nötig.

- Insbesondere für Pflege, Wartung und Weiterentwicklung ist ein einleuchtendes und einfach nachvollziehbares Bereichsmodell erforderlich, um die Bestandteile von Komponenten und ihr Zusammenspiel zu verstehen.

Halbfabrikate können im Rahmen einer Software-Architektur verwendet werden, um Wiederverwendbarkeit von Teilanwendungen zu erreichen. Im Rahmen einer komponentenbasierten Software-Entwicklung wird es in Zukunft auch möglich sein, eine Anwendung weitgehend vollständig aus Halbfabrikaten zusammenzusetzen bzw. zusammenzubauen.

Generell erfordern Halbfabrikate folgende Tätigkeiten:

Vorgehensweise

1. Auswahl eines geeigneten Architekturrahmens,
2. Auswahl oder Implementierung geeigneter Halbfabrikate,
3. Anpassung der Halbfabrikate,
4. Verbinden der Halbfabrikate,
5. Überprüfung, ob das entstehende Produkt den gewünschten Anforderungen entspricht.

Damit eine Anwendung mit Hilfe von Halbfabrikaten entwickelt werden kann, sind, je nach dem Kontext, in dem die Komponente verwendet wird, folgende Voraussetzungen wünschenswert:

Voraussetzungen

- Sprachunabhängigkeit, d.h. es darf keine Rolle spielen, in welcher Programmiersprache die Komponente realisiert ist,
- Plattformunabhängigkeit, d.h. es darf keine Rolle spielen, für welches Betriebssystem die Komponente entwickelt wurde,
- Verteilbarkeit, d.h. die Komponente kann sich irgendwo in einem heterogenen Netz befinden.

Es gibt verschiedene Ansätze, um diese Voraussetzungen zu erfüllen. Ein offenes Problem ist aber noch, wie der Aufwand für die Verbindung zweier Komponenten minimiert werden kann.

Problem

Als wünschenswert wird angesehen, die Verknüpfung von Komponenten mit Hilfe visueller und generativer Programmierumgebungen vorzunehmen.

visuelle Verknüpfung

Außerdem gibt es verschiedene Auffassungen darüber, wie die interne Struktur eines Halbfabrikats aussehen sollte.

Ein wichtiger Aspekt bei der Entwicklung von und mit Komponentenmodellen ist heutzutage die Verteilung von Anwendungsteilen über ein heterogenes Netzwerk. Anwendungen bestehen in der Regel aus drei Schichten: GUI, Fachkonzept und Datenhaltung. Jede dieser Schichten kann auf einem anderen Computersystem angesiedelt sein und über das Netz auf die jeweils geeignete, nächste Schicht zugreifen. Für die GUI- und die Fachkonzeptschicht ergeben sich dabei andere Anforderungen an ein Komponentenmodell. Man spricht in diesem Zusammenhang auch oftmals von *client*- und *server*seitigen Komponentenmodellen.

Verteilung Kapitel 3.2

3.8.1.1 Komponentenmodelle für den *Client*

In einer klassischen Drei-Schichtenarchitektur liegt auf dem *Client* in der Regel die Repräsentationsschicht (GUI). Das Entwicklungsziel besteht darin, Oberflächen mit minimalem Aufwand zu erstellen. Komplizierte und oft benutzte Interaktionselemente sollen als Komponenten wiederverwendet werden können. Idealerweise werden die Oberflächen in einem grafischen Editor per *»drag & drop«* zusammengefügt. Im Vordergrund steht die leichte Kombinierbarkeit und die grafische Repräsentation von Komponenten.

Im Wesentlichen lassen sich heute zwei Komponentenmodelle für diese Aufgabe unterscheiden:

- Das *JavaBeans*-Modell von Sun und
- das COM/*ActiveX*-Modell von Microsoft.

Beide Modelle werden in den Abschnitten 3.8.2 bis 3.8.4 genauer vorgestellt.

Beispiel

Die Firma ProfiSoft, die unter anderem Messtechnik-Komponenten herstellt, beschließt, nicht nur die Hardware komponentenbasiert zu entwickeln, sondern auch die nötigen Ausgabeelement für den PC als Komponenten zu konzipieren. Unter anderem soll ein Messinstrument implementiert werden, das Daten analog über eine Messsäule und digital über eine entsprechende Digitalanzeige visualisiert. Die Firma ProfiSoft fertigt zunächst eine Skizze der Komponentenoberfläche an (Abb. 3.8-1).

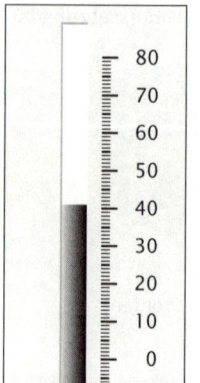

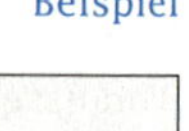

Abb. 3.8-1: Skizze einer Messinstrument-Komponente

3.8.1.2 Komponentenmodelle für den *Server*

Betrachtet man das Fachkonzept einer Anwendung, so sind Kriterien wie Persistenz, Nebenläufigkeit, Verteilbarkeit und Skalierbarkeit von Bedeutung. Ein *server*seitiges Komponentenmodell benötigt daher entsprechende Konzepte. Idealerweise sollte sich der Entwickler aber darauf konzentrieren können, Komponenten für sein Geschäftsfeld zu entwerfen, ohne dabei über die oben genannten Kriterien nachdenken zu müssen. Auch für den *Server* gibt es einige Konzepte, auf die in Kapitel 3.9 genauer eingegangen wird:

- COM+ von Microsoft
- *Enterprise JavaBeans* von Sun und
- das CORBA-Modell der OMG.

3.8.2 *JavaBeans*

Ein Komponentenmodell, das die Sprache Java und ihre Plattformunabhängigkeit ausnutzt, ist das *JavaBeans*-Modell der Firma Sun.

JavaBeans vs. *Enterprise JavaBeans* Abschnitt 3.9.4

An dieser Stelle soll noch darauf hingewiesen werden, dass *JavaBeans* und die in 3.9.4 beschriebenen *Enterprise JavaBeans* außer dem Namen und dass sie mit der Programmiersprache Java realisiert werden, nichts Gemeinsames haben.

Das *JavaBeans*-Modell hat das Ziel, das Zusammenfügen von Komponenten mit Hilfe von visueller Programmierung zu ermöglichen, d.h., dass Komponenten einfach mit der Maus »zusammengeklickt« werden können. Eine ***JavaBean*** lässt sich dementsprechend folgendermaßen definieren: Ziel

»A Java Bean is a reusable software component that can be manipulated visually in a builder tool« /Sun 97/.

Betrachtet man die *JavaBeans*-Spezifikation /Sun 97/, so fällt auf, dass sie viele optionale Elemente enthält: Jede Java-Klasse ist im Prinzip eine *JavaBean*. Um jedoch die Kompositions- und Anpassungsfähigkeit einer *JavaBean* optimal zu unterstützen, müssen gewisse Konventionen beachtet werden, die in der *JavaBeans*-Spezifikation festgeschrieben sind.

3.8.2.1 Introspektion

Damit eine visuelle Manipulation und Veränderung einer *JavaBean* möglich ist, muss sie Informationen über ihre Operationen bzw. Methoden, Eigenschaften und die Ereignisse, die von ihr verschickt werden können, exportieren.

Im Gegensatz zu anderen Komponentenmodellen bedienen sich *JavaBeans* hierzu *nicht* einer Beschreibungssprache für Schnittstellen *(interface definition language*; IDL). Durch Beachtung von Namenskonventionen (Abb. 3.8-4) bei Operations- und Klassennamen können Entwicklungswerkzeuge die gewünschten Informationen über Eigenschaften, Operationen und Ereignisse erhalten. Dies ist in Java zwar auch für beliebige Klassen möglich, denn über die Klasse `java.lang.Class` können alle Attribute und Operationen einer Klasse erkundet werden, jedoch besitzt ein beliebiges Attribut oder eine beliebige Operation keinerlei spezielle Semantik für ein Entwicklungswerkzeug. Abschnitt 3.9.5

Neben den Namenskonventionen können *JavaBeans* über die *BeanInfo*-Schnittstelle zusätzliche Informationen nach außen mitteilen, wie zum Beispiel das Piktogramm, das die *JavaBean* in der Werkzeugleiste einer Entwicklungsumgebung repräsentieren soll.

Besitzt eine Komponente die Fähigkeit, relevante Informationen nach außen offen zu legen, so sagt man, die Komponente ist introspektiv oder auch die Komponente unterstützt die **Introspektion *(introspection)***. Introspektion

Die von einer Komponente veröffentlichten Informationen müssen vom Entwerfer sorgfältig ausgewählt werden, da sie wesentlich über die Wiederverwendbarkeit des Halbfabrikats entscheiden. Beim Entwurf einer *JavaBean* sind folgende Fragen zu überlegen: Entwurfs-überlegungen

- Welches Problem soll durch die *JavaBean* gelöst werden?
- Wo und wie wird die *JavaBean* eingesetzt (Kontext)?
- Welche Veränderungen und Erweiterungen sind in Zukunft denkbar?

Als Antwort auf diese Fragen ergibt sich eine detaillierte Beschreibung der drei Hauptteile einer *JavaBean*:

- Eigenschaften,
- Ereignisse,
- Operationen.

3.8.2.2 Anpassbarkeit

Neben der Fähigkeit zur Introspektion unterstützen *JavaBeans* die Fähigkeit zur nachträglichen **Anpassung *(customization)***. Ein Entwickler, der die Komponente nach ihrer Übersetzung und Auslieferung benutzt, kann sie an seine Bedürfnisse in gewissem Maße anpassen. Er kann Eigenschaften setzen, die das Erscheinungsbild und Verhalten der *JavaBean* beeinflussen. Hierfür gibt es im Wesentlichen zwei Möglichkeiten:

- Es wird ein Eigenschaftseditor *(property editor)* des Entwicklungswerkzeuges benutzt, um Eigenschaften der *JavaBean* zu verändern.
- Die *JavaBean* stellt eine eigene Klasse, in der Regel als *customizer* bezeichnet, zur Verfügung, die eine flexiblere Anpassung ermöglicht. Oftmals wird hierfür ein Assistent *(wizard)* benutzt, der Schritt für Schritt durch die nötigen Schritte führt.

Beispiel

Die Firma ProfiSoft entscheidet sich, zur Anpassung ihrer *JavaBeans* die in den Entwicklungswerkzeugen enthaltenen Eigenschaftseditoren *(property editor)* zu verwenden (Abb. 3.8-2) und keine eigenen Mechanismen zur Anpassung *(customizer)* zu implementieren.
Diese Eigenschaftseditoren stellen die Eigenschaften einer *JavaBean* in der Regel mit Hilfe von so genannten Eigenschaftsblättern *(property sheets)* dar.

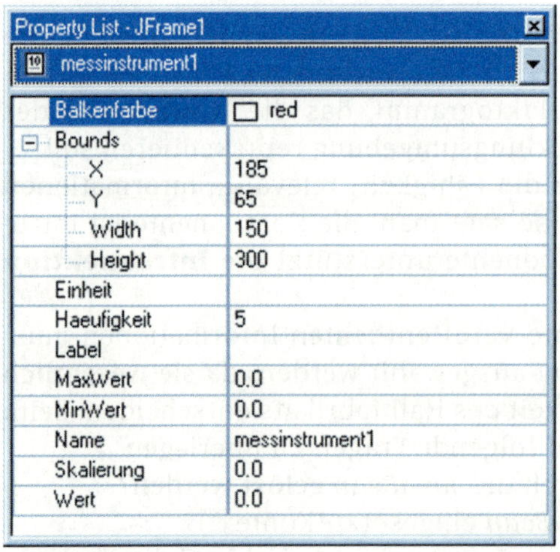

Abb. 3.8-2: Eigenschaftseditor mit einem Eigenschaftsblatt (property sheet)

Property List - JFrame1

messinstrument1

Balkenfarbe	red
⊟ Bounds	
X	185
Y	65
Width	150
Height	300
Einheit	
Haeufigkeit	5
Label	
MaxWert	0.0
MinWert	0.0
Name	messinstrument1
Skalierung	0.0
Wert	0.0

3.8.2.3 Eigenschaften

Neben den einfachen Eigenschaften *(simple properties)* unterstützen *JavaBeans* noch die Verwendung von indizierten Eigenschaften *(indexed properties)*, gebundenen Eigenschaften *(bounded properties)* und Eigenschaften mit Nebenbedingungen *(constrained properties)*. Die Namenskonventionen für Eigenschaften sind in der Abb. 3.8-4 zusammengefasst.

indizierte Eigenschaften

Indizierte Eigenschaften können mehrere Werte annehmen, die, wie der Name schon sagt, über einen Index angesprochen werden.

gebundene Eigenschaften

Gebundene Eigenschaften werden verwendet, um Änderungen von Eigenschaften externen Beobachtern mitzuteilen (siehe Beobachter-Muster, Abb. 3.7-32). Hierzu können sich andere Objekte bei der *JavaBean* als Eigenschaftsabhörer *(property change listener)* registrieren.

Eigenschaften mit Nebenbedingungen

Eigenschaften mit Nebenbedingungen erlauben es externen Beobachtern *(vetoable change listener), vor* der Änderung von Eigenschaften ihr Veto einzulegen und damit eine Änderung des Eigenschaftswertes zu verbieten.

Entwurf

Die Eigenschaften einer *JavaBean* sollten möglichst beim ersten Entwurf spezifiziert werden, um Änderungen an der Schnittstelle zu vermeiden. Zusätzlich muss für jede Eigenschaft entschieden werden,

- ob sie nur lesbar, nur schreibbar, lesbar und schreibbar ist,
- ob sie gebunden, indiziert oder mit Nebenbedingungen realisiert wird.

Beispiel

Die Firma ProfiSoft definiert folgende Eigenschaften für das Messinstrument-*Bean:*

- Minimaler/maximaler Wert
  - □ Es werden zwei Eigenschaften festgelegt, die den anzuzeigenden Wertebereich der *JavaBean* festlegen.
  - □ Die Eigenschaften sind lesbar und schreibbar.
  - □ Die Eigenschaften sind gebunden: Wenn eine Grenze zur Laufzeit verändert wird, sollen registrierte Abhörer darüber informiert werden. Das kann zum Beispiel dann sinnvoll sein, wenn andere Ausgabekomponenten mit dem Messinstrument gekoppelt werden und auf die Grenzen des Messinstrumentes zurückgreifen.
- Wert
  - □ Es wird eine Eigenschaft für den aktuell angezeigten Wert benötigt.
  - □ Die Eigenschaft ist lesbar und schreibbar.
  - □ Die Eigenschaft soll mit Nebenbedingungen realisiert werden, falls nachträglich weitere Restriktionen bezüglich des anzuzeigenden Wertebereichs geltend gemacht werden sollen, z.B. Ausgabe von Werten erst oberhalb eines bestimmten Schwellenwerts.

- Skalierung
  - Über eine Eigenschaft soll die Feinheit der Skala geändert werden können (einfache Eigenschaft, lesbar, schreibbar).
- Einheit
  - Es sollte eine Einheit für die angezeigten Messdaten gesetzt werden können (einfache Eigenschaft, lesbar, schreibbar), z.B. °C.
- Beschriftung
  - Es sollte ein Kurztext angegeben werden können, der beschreibt, was gerade angezeigt wird (Windgeschwindigkeit, Innentemperatur, Außentemperatur usw.).
- Häufigkeit
  - Über eine Eigenschaft sollte festgelegt werden können, in welchem Abstand Striche der Skala mit Ziffern beschriftet werden.
- Balkenfarbe
  - Über eine Eigenschaft sollte die Farbe des Anzeigebalkens geändert werden können.

3.8.2.4 Ereignisse

JavaBeans können über die Operationen angesprochen werden, die sie zur Verfügung stellen. Dabei muss die *Client*-Klasse genau die Schnittstellenspezifikationen der *JavaBean* einhalten.

Mit Hilfe von Ereignissen ist eine losere und damit flexiblere Kopplung von *JavaBeans* möglich. Eine Komponente kann sich zur Laufzeit bei einer anderen Komponente als Empfänger eines Ereignisses an- und abmelden (Abb. 3.8-3).

Abb. 3.8-3: Ereignisquelle und Ereignisabhörer

Bei *JavaBeans* wird zwischen zwei Ereignisquellen unterschieden:

- Ereignisquellen, bei denen sich nur ein Abhörer anmelden kann *(unicast event source)* und
- Ereignisquellen, bei denen sich mehrere Abhörer anmelden können *(multicast event source).*

Die Namenskonventionen im Zusammenhang mit der Verwaltung von Ereignissen sind in Abb. 3.8-4 aufgeführt.

Beispiel: Die Messinstrument-*Bean* soll ein Ereignis verschicken, wenn der gesetzte Wert *nicht* im Wertebereich liegt, der durch den minimalen und maximalen Wert vorgegeben ist. Gegebenenfalls kann nun ein Beobachter bei der Komponente angemeldet werden, der entsprechende Maßnahmen beim Eintreten des Ereignisses ergreift.

Abb. 3.8-4: JavaBeans-Konventionen für die Implementierung von Eigenschaften und Ereignissen

Zugriffsoperationen

Für jede Eigenschaft wird eine get- und eine set-Operation implementiert. Soll die Eigenschaft nur lesbar oder nur schreibbar sein, dann ist nur eine der beiden Operationen zu implementieren. Je nachdem, ob eine einfache, indizierte, gebundene oder mit Nebenbedingungen versehene Eigenschaft vorliegt, gelten andere Namenskonventionen für die Signaturen der Zugriffsoperationen.

- Einfache Eigenschaften *(simple properties)*

```
public <Eigenschaftstyp> get<Eigenschaftsname>()
public void set<Eigenschaftsname>(<Eigenschaftstyp> a)
```

  Für Eigenschaften vom Typ boolean auch:

```
public boolean is<Eigenschaftsname>
```

- Indizierte Eigenschaften *(indexed properties)*

```
public <Eigenschaftstyp> get<Eigenschaftsname>(int index)
public void set<Eigenschaftsname>(int index, <Eigenschaftstyp> a)
```

- Gebundene Eigenschaften *(bounded properties)*

  Zusätzlich zu den normalen Zugriffsoperationen müssen Operationen zum Verwalten von PropertyChangeListener-Objekten implementiert werden:

```
public void addPropertyChangeListener(PropertyChangeListener x)
public void removePropertyChangeListener(PropertyChangeListener x)
```

- Eigenschaften mit Nebenbedingungen *(constrained properties)*

  Bei Eigenschaften mit Nebenbedingungen muss die set-Operation folgende Signatur besitzen:

```
public void set<Eigenschaftsname>(<Eigenschaftstyp> wert) throws
    PropertyVetoException
```

  Zusätzlich müssen Operationen zum Verwalten von VetoableChangeListener-Objekten implementiert werden:

```
public void addVetoableChangeListener(VetoableChangeListener x)
public void removeVetoableChangeListener(VetoableChangeListener x)
```

Ereignisse

Damit ein Entwicklungswerkzeug durch Introspektion die Menge der von einer *JavaBean* verschickbaren Ereignisse herausfinden kann, müssen die Operationen zur Verwaltung von Ereignisabhörern konform zu den folgenden Namenskonventionen implementiert werden:

- *Unicast*-Ereignisquelle

```
public void add<Abhörertyp>(<Abhörertyp> l) throws TooManyListenersException
public void remove<Abhörertyp>(<Abhörertyp> l)
```

- *Multicast*-Ereignisquelle

```
public void add<Abhörertyp>(<Abhörertyp> l)
public void remove<Abhörertyp>(<Abhörertyp> l)
```

3.8.2.5 Operationen

Alle zusätzlich zu den get- und set-Operationen implementierten öffentlichen Operationen werden nach außen exportiert und können bei vielen Werkzeugen durch visuelle Programmierung zum Beispiel mit Ereignisabhörern verknüpft werden.

Beispiel

Die Firma ProfiSoft identifiziert folgende öffentliche Methoden für das Messinstrument-*Bean:* Zu jeder Eigenschaft wird eine get- und set-Operation implementiert.

3.8.2.6 Implementierung einer *JavaBean*

Wenn alle Eigenschaften, Ereignisse und öffentlichen Operationen sowie alle Zusatzinformationen, die in die *BeanInfo*-Klasse der *JavaBean* übernommen werden sollen, feststehen, kann die *JavaBean* implementiert werden.

einfache Eigenschaften

Zu jeder einfachen Eigenschaft muss gemäß den Namenskonventionen (Abb. 3.8-4) eine get- und eine set-Operation implementiert werden.

Beispiel

Die Firma ProfiSoft implementiert zunächst alle einfachen Eigenschaften. Beispielhaft wird hier die Eigenschaft »Balkenfarbe« betrachtet.

```
//Eigenschaften
...
//Als Voreinstellung für die Balkenfarbe wird Rot gewählt
private Color Balkenfarbe = Color.red; ...
//get-/set-Operationen
public void setBalkenfarbe(Color c)
{
   Balkenfarbe = c;repaint();
}
public Color getBalkenfarbe()
{
   return Balkenfarbe;
}
```

gebundene Eigenschaften

Soll eine *JavaBean* gebundene Eigenschaften unterstützen, so muss sie laut Konventionen eine Operation zum Anmelden von Beobachtern addPropertyChangeListener und eine Operation zum Abmelden von Beobachtern removePropertyChangeListener bereitstellen. Eine Standardimplementierung der gewünschten Funktionalität liefert die Klasse PropertyChangeSupport des *JavaBeans* API. Sie stellt unter anderem die Operation firePropertyChange bereit, die alle angemeldeten Beobachter über eine Eigenschaftsänderung informiert.

Beispiel

Die Firma ProfiSoft entscheidet sich, die gebundenen Eigenschaften minimaler und maximaler Wert mit Hilfe der Klasse PropertyChange Support zu implementieren.

```
//Eigenschaften
private float MaxWert, MinWert;

//Für gebundene Eigenschaften wird ein Objekt der
//JavaBeans-API-Hilfsklasse PropertyChangeSupport erzeugt
private PropertyChangeSupport AenderungsUnterstuetzung = new
   PropertyChangeSupport(this); ...
//An- und Abmelden von PropertyChangeListener-Objekten
public void addPropertyChangeListener(PropertyChangeListener l)
{
   AenderungsUnterstuetzung.addPropertyChangeListener(l);
}
public void removePropertyChangeListener(PropertyChangeListener l)
```

```
{
    AenderungsUnterstuetzung.removePropertyChangeListener(l);
}
//get-/set-Operationen
public void setMaxWert(float MaxWert)
{
    float alterMaxWert = this.MaxWert;
    this.MaxWert = MaxWert; repaint();
    //Wenn Eigenschaft geändert, benachrichtige alle Beobachter
    AenderungsUnterstuetzung.firePropertyChange("MaxWert",
        new Float(alterMaxWert), new Float(MaxWert));
}
public float getMaxWert()
{
    return MaxWert;
}
//MinWert analog ...
```

Eigenschaften mit Nebenbedingungen

Um Eigenschaften mit Nebenbedingungen *(constrained properties)* zu unterstützen, muss eine *JavaBean* laut Konventionen (Abb. 3.8-4) zunächst die Operationen `addVetoableChangeListener` und `removeVetoableChangeListener` implementieren, damit Abhörer registriert werden können. Zusätzlich wird die `set`-Operation einer Eigenschaft mit Nebenbedingungen nun anders deklariert. Laut Konventionen muss über die entsprechende `throw-Klausel` kenntlich gemacht werden, dass bei der Ausführung der `set`-Operation eine `PropertyVetoException` ausgelöst werden kann.

Diese Ausnahme wird eventuell von einem der angemeldeten Beobachter ausgelöst, wenn er über eine Eigenschaftsänderung informiert wird und mit der Änderung nicht einverstanden ist. Die `set`-Operation wird dann sofort verlassen, ohne dass die Eigenschaft verändert wird. Auch für die Implementierung dieser Funktionalität kann mit der Klasse `VetoableChangeSupport` wieder eine Hilfsklasse aus dem *JavaBeans*-API eingesetzt werden.

Beispiel

Die Firma ProfiSoft implementiert die Eigenschaft mit Nebenbedingungen `Wert` folgendermaßen:

```
//Für Eigenschaften mit Nebenbedingungen wird ein Objekt der API-
//Hilfsklasse VetoableChangeSupport erzeugt
private VetoableChangeSupport VetoUnterstuetzung =
    new VetoableChangeSupport(this); ...
//An- und Abmelden von VetoabelChangeListener-Objekten
public void addVetoableChangeListener(VetoableChangeListener l)
{
    //An die JavaBeans-API-Hilfsklasse delegieren
    VetoUnterstuetzung.addVetoableChangeListener(l);
}
public void removeVetoableChangeListener(VetoableChangeListener l)
{
    VetoUnterstuetzung.removeVetoableChangeListener(l);
} ...
public void setWert(float Wert) throws PropertyVetoException
```

```
{
    float alterWert = this.Wert;
    //Alle Beobachter benachrichtigen. Wenn ein Beobachter sein
    //Veto einlegt, so wird eine PropertyVetoException ausgelöst.
    VetoUnterstuetzung.fireVetoableChange("Wert",
        new Float(alterWert), new Float(Wert));
    if ((MinWert <= Wert) && (Wert <= MaxWert))
    {
        this.Wert = Wert; repaint();
    } ...
}
public float getWert()
{
    return Wert;
}
```

Ereignisse

Neben Eigenschaften und Operationen kann eine *JavaBean* Ereignisse unterstützen. Soll eine *JavaBean* ein bestimmtes Ereignis verschicken, so müssen auch hierfür Namenskonventionen beachtet werden (Abb. 3.8-4). Für benutzerdefinierte Ereignisse sind drei Schritte durchzuführen:

1 Implementieren einer Beobachter-Schnittstelle mit dem Namen `<Ereignisname>Listener`

a Die Schnittstelle deklariert eine Operation, die aufgerufen wird, um den Beobachter zu benachrichtigen: `void <ereignisname> (<Ereignisname>Event e)`. Laut Konventionen heißt die Operation wie das Ereignis, nur dass der Operationsname mit einem kleinen Buchstaben beginnen muss.

2 Implementieren einer Ereignis-Klasse mit dem Namen `<Ereignisname>Event`, die von der Klasse `java.util.EventObject` erbt.

3 Hinzufügen von Funktionalität, um Beobachter an- und abzumelden sowie zu benachrichtigen.

a Zunächst muss eine Liste für die Verwaltung der Beobachter deklariert werden. Hier wird in der Regel die Klasse `java.util.Vector` benutzt.

b Anschließend müssen die Operationen zum An- und Abmelden von Abhörern implementiert werden: `add<Ereignisname>Listener` und `remove<Ereignisname>Listener`. Hierbei ist zu beachten, dass die Signatur der Operation `add<Ereignisname>Listener` für *unicast*- und *multicast*-Ereignisquellen unterschiedlich ist (Abb. 3.8-4).

c Zum Schluss muss noch eine Operation zum Benachrichtigen der registrierten Abhörer implementiert werden.

Beispiel

Die Messinstrument-*Bean* soll das Ereignis `BereichsFehler` verschicken, wenn der Wert, der dargestellt werden soll, außerhalb des durch den minimalen und maximalen Wert vorgegebenen Bereichs liegt. Die Firma ProfiSoft geht bei der Implementierung nach den oben beschriebenen drei Schritten vor. Zunächst wird eine Schnittstelle für die Abhörer definiert:

Schnittstelle für Abhörer

```
public interface BereichsFehlerListener extends
    java.util.EventListener
{
    void bereichsFehler(BereichsFehlerEvent e);
}
```

Anschließend wird eine Klasse für das Ereignis implementiert:

Klasse für Ereignis

```
public class BereichsFehlerEvent extends java.util.EventObject
{
    public float minNeu, maxNeu;
    BereichsFehlerEvent(Object Ereignisquelle, float minNeu,
        float maxNeu)
    {
        super(Ereignisquelle);
        this.minNeu = minNeu; this.maxNeu = maxNeu;
    }
}
```

Zum Schluss wird noch die Funktionalität zum An- und Abmelden sowie zum Benachrichtigen der Abhörer in der Klasse `Messinstrument` implementiert:

An- & Abmelden der Abhörer

Benachrichtigen der Abhörer

```
...
//Vector, der die Abhörer verwaltet
private java.util.Vector Abhoerer = new java.util.Vector(); ...
//An- und Abmelden von BereichsFehlerListener-Objekten
public synchronized void addBereichsFehlerListener(BereichsFehler
    Listener l)
{
    Abhoerer.addElement(l);
}
public synchronized void removeBereichsFehlerListener(BereichsFehler
    Listener l)
{
    Abhoerer.removeElement(l);
}
//Alle angemeldeten BereichsFehlerListener benachrichtigen
protected void notifyBereichsFehler()
{
    java.util.Vector AbhoererKopie;
    //Hier wird ein synchronized-Block eingefügt, um zu
    //gewährleisten, dass alle vor dem Verschicken des
    //Ereignisses angemeldeten Beobachter benachrichtigt werden
    synchronized(this)
    {
        AbhoererKopie = (java.util.Vector)Abhoerer.clone();
    }
    for (int i=0; i < AbhoererKopie.size(); i++)
    {
        ((BereichsFehlerListener)AbhoererKopie.
        elementAt(i)).bereichsFehler(einEreignis);
    }
}
```

BeanInfo-Klasse

Wenn alle Eigenschaften, Operationen und Ereignisse der *JavaBean* implementiert sind, ist die *JavaBean* im Prinzip fertiggestellt. Um zusätzliche Informationen, wie zum Beispiel das Piktogramm, das die *JavaBean* repräsentiert, festzulegen, besteht die Möglichkeit zur *JavaBean* eine *BeanInfo*-Klasse zu implementieren bzw. genauer, eine Klasse, die die `BeanInfo`-Schnittstelle implementiert. Auch hier ist wieder eine Namenskonvention zu beachten. Der Name der Klasse muss `<Bean-Name>BeanInfo` lauten, damit die `BeanInfo`-Klasse der *JavaBean* zugeordnet werden kann. Damit *nicht* alle Operationen der `BeanInfo`-Schnittstelle implementiert werden müssen, stellt das *JavaBeans*-API die Klasse `SimpleBeanInfo` zu Verfügung, die eine Standardimplementierung der `BeanInfo`-Operationen bereitstellt. Es müssen nun nur noch die für die gewünschte Art von Zusatzinformationen relevanten Operationen überschrieben werden.

Beispiel

Die Firma ProfiSoft implementiert eine `BeanInfo`-Klasse für die Messinstrument-*Bean*, um unter anderem nebenstehendes Piktogramm für die Repräsentation der *JavaBean* anzugeben:

```
public class MessinstrumentBeanInfo extends SimpleBeanInfo
{
    //Liefere die entsprechenden Piktogramme
    public Image getIcon(int Groesse)
    {
        Image Bild = null;
        if (Groesse == BeanInfo.ICON_COLOR_16x16)
        {
            Bild = loadImage("Mess16.gif");
        }
        else if (Groesse == BeanInfo.ICON_COLOR_32x32)
        {
            Bild = loadImage("Mess32.gif");
        }
        return Bild;
    }...
}
```

3.8.2.7 Auslieferung und Benutzung

Ist die *JavaBean* fertiggestellt, so muss sie noch verpackt werden, damit sie ausgeliefert werden kann. Bei diesem Vorgang wird die *JavaBean* mit allen benötigten Ressourcen in eine Archiv-Datei mit der Endung `.jar` verpackt, um sie als Einheit verschicken zu können. Eine `.jar`-Datei ist eine nach dem bekannten ZIP-Algorithmus komprimierte Archiv-Datei.

Will man eine *JavaBean* in einem Entwicklungswerkzeug verwenden, so muss man in der Regel zunächst mit dem Entwicklungswerkzeug die `.jar`-Datei der Komponente einlesen. Das Entwicklungswerkzeug merkt sich dann den Pfad, unter dem das Archiv zu finden ist und welche Komponenten in dem Archiv enthalten sind.

Beispiel

Die *JavaBean* und ihre Ressourcen werden von der Firma ProfiSoft in das Archiv `Messinstrument.jar` verpackt. Anschließend wird die Komponente in verschiedenen Umgebungen getestet (Abb. 3.8-5 und Abb. 3.8-6).

Hinweis: Eine `.jar`-Datei ist eine komprimierte Archiv-Datei im bekannten zip-Format.

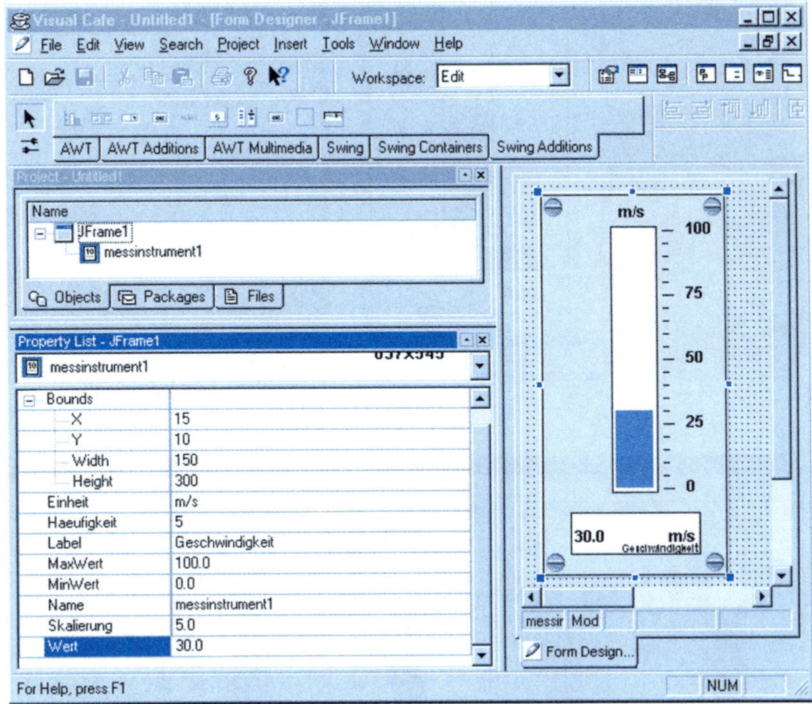

Abb. 3.8-5: Die Messinstrument-Bean im Entwicklungswerkzeug Visual Cafe

Nach der Fertigstellung der ersten Komponente beschließt die Firma ProfiSoft, zusätzliche Komponenten zu entwickeln und mit ihren Produkten zu vertreiben. Eine weitere Firma, deren Zulieferer die Firma ProfiSoft ist, entscheidet sich aus Kostengründen dafür, die Elektronik und Software der Firma ProfiSoft für ihre Eigenentwicklung einer Wetterstation zu benutzen, die nun vollständig aus Hard- und Softwarekomponenten der Firma ProfiSoft zusammengesetzt wird. Die entstandene Benutzungsoberfläche zeigt die Abb. 3.8-7.

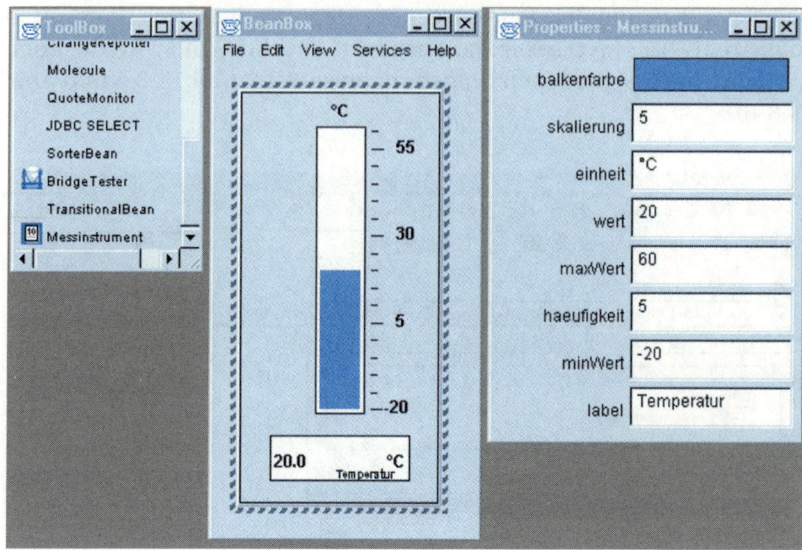

Abb. 3.8-6: Die Messinstrument-Bean in der BeanBox der Firma Sun

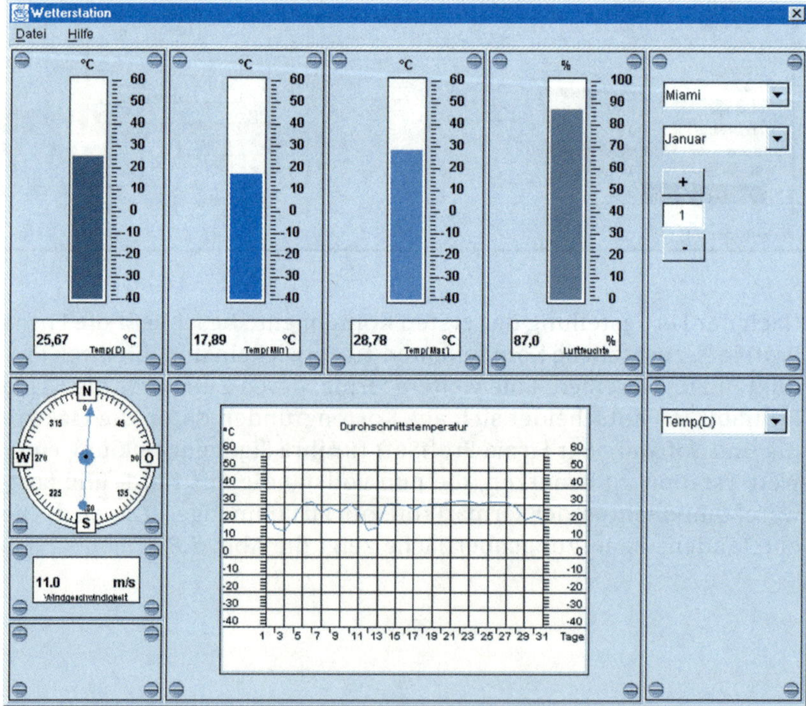

Abb. 3.8-7: Die Komponenten der Firma ProfiSoft, zusammengesetzt zu einer Wetterstation

3.8.3 COM *(Component Object Model)*

3.8.3.1 Zur Historie

Die Geschichte von COM beginnt mit der Idee des dokumentenzentrierten Arbeitens. Ein Verbunddokument wird aus vielen Teildokumenten zusammengesetzt. Dieser Ansatz wird mit **OLE *(object linking and embedding)*** bezeichnet.

Abschnitt 2.21.4

Beispiel

Die Firma ProfiSoft will für ihre Software-Technik-Abteilung eine Telefonliste erstellen. Sie erstellt dazu ein *Word*-Dokument. Die Telefonnummern sollen aber in Tabellenform aufgelistet werden. Zu diesem Zweck wird eine *Excel*-Tabelle erstellt, die anschließend in das *Word*-Dokument eingebettet wird (Abb. 3.8-8).

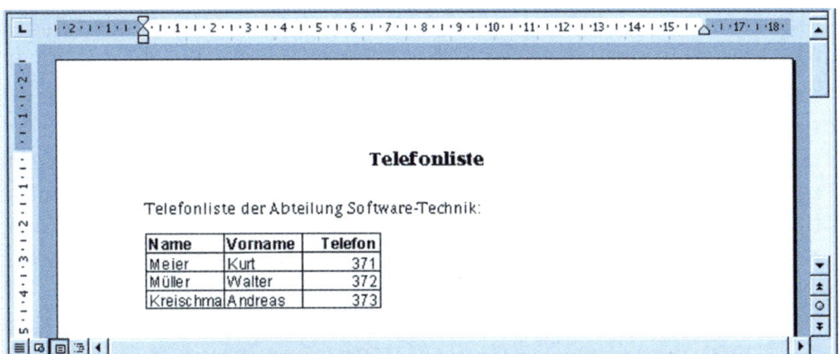

Abb. 3.8-8: Excel-Tabelle eingebettet in ein Word-Dokument

Die Analogie zu Komponenten ist offensichtlich. Teildokumente bzw. Komponenten werden in ein Zentraldokument bzw. in einen Container eingebettet. OLE ist also ein spezieller Anwendungsfall für Komponenten.

OLE 1 und 2

Mit OLE 1 entstand zunächst ein speziell auf Verbunddokumente zugeschnittenes Modell. Aufgrund der Analogie zum allgemeineren Begriff der Software-Komponenten begannen die OLE-Entwickler jedoch die Verbunddokumente als Software-Komponenten zu betrachten. Sie realisierten anschließend ein allgemeines Modell für Software-Komponenten, welches OLE 2 genannt wurde. Kurze Zeit später wurde dann OLE 2 in ***Component Object Model*** umbenannt. OLE bezeichnete nun alles, was irgendwie auf **COM** aufbaute.

ActiveX

Um 1996 wurde von Microsoft das Schlagwort **ActiveX** eingeführt, das alle Konzepte von OLE subsumierte. Hinzu kamen neue Konzepte, die sich mit der Verwendung von speziellen COM-Komponenten, den **ActiveX-Steuerelementen**, im Internet beschäftigten. OLE wurde nun wieder ausschließlich im Zusammenhang mit Verbunddokumenten verwendet.

Ebenfalls 1996 wurde dann der Zugriff auf COM-Objekte auf entfernten Computersystemen realisiert. Es entstand DCOM *(Distributed COM)* (Abschnitt 3.9.6). Mit COM+ und der Erweiterung von COM um *server*seitige Konzepte (Abschnitt 3.9.6) endet vorläufig die Entwicklung von COM.

Abschnitt 3.9.6

3.8.3.2 Grundlagen

COM stellt ein flexibles und mächtiges – mitunter auch recht komplexes – Komponentenmodell dar. COM ist inzwischen ein integraler Bestandteil der *Windows*-Betriebssysteme, auf dem viele wichtige Konzepte aufbauen (OLE, Automatisierung, *ActiveX*-Steuerelemente).

binär

Im Gegensatz zu *JavaBeans* definiert COM einen *binären* Standard. Die COM-Spezifikation gibt *nicht* vor, wie die Bindung *(binding)* einer konkreten Programmiersprache an COM erfolgen soll. Es wird daher auch keine einheitliche Syntax für Schnittstellenvereinbarungen in einer konkreten Programmiersprache vorgegeben wird, sondern nur die Darstellung von Schnittstellen auf binärer Ebene.

unabhängig von Programmiersprachen

Deshalb sind COM-Komponenten unabhängig von einer konkreten Programmiersprache und ihrer Syntax. Es muss nicht unbedingt eine objektorientierte Programmiersprache verwendet werden. COM-Komponenten können z.B. auch in der Sprache C implementiert und benutzt werden.

Erzeugung von Objekten

Clients können von einer COM-Komponente Objekte erzeugen und diese COM-Objekte (Exemplar einer COM-Komponente) benutzen, indem sie einen Zeiger auf eine Schnittstelle der Komponente anfordern. Über diesen Zeiger kann der *Client* dann Operationen der Komponente aufrufen. Ein *Client* erhält aber nie direkten Zugriff auf das COM-Objekt.

Aufruf von Operationen

3.8.3.3 COM und Schnittstellen

COM-Komponenten implementieren in der Regel *nicht* nur eine Schnittstelle, sondern mehrere (Abb. 3.8-9).

zur Notation Abschnitt 3.9.1

Zur grafischen Darstellung von Komponenten gibt es eine UML-Notation, die in Kapitel 3.9 verwendet wird. In diesem Kapitel wird jedoch *nicht* die UML-Notation, sondern die in der Literatur übliche Darstellung von COM-Komponenten verwendet.

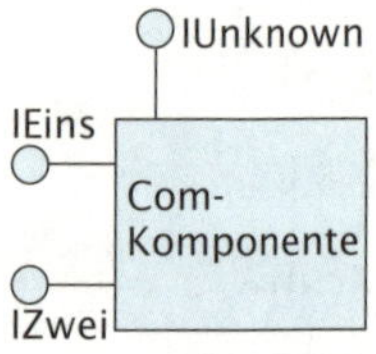

Abb. 3.8-9: COM-Komponente mit mehreren Schnittstellen

COM-Komponenten werden durch ein einfaches Rechteck und Schnittstellen wie in der UML durch einen Kreis dargestellt (Abb. 3.8-9).

In der Literatur wird in der Regel nur der Ausdruck **COM-Objekt (COM *object*)** benutzt, und zwar irreführenderweise synonym für die Komponenten und die von ihnen erzeugten Objekte. Um diese Mehrdeutigkeit zu vermeiden, wird nachfolgend explizit zwischen einer **COM-Komponente** und einem COM-Objekt unterschieden. Ein COM-Objekt ist ein von einer COM-Komponente erzeugtes Objekt.

COM-Objekt vs. COM-Komponente

2 Schnittstellen-Namen

Um Namenskonflikte zu vermeiden, haben COM-Schnittstellen zwei Bezeichner:

- Einen textuellen Namen, der *nicht* eindeutig ist und per Konvention mit dem Buchstaben »I« beginnt.
- Eine global eindeutige Nummer, kurz GUID *(Global Unique Identifier)* genannt, die nach einem speziellen Algorithmus gebildet wird und in Zeit und Raum eindeutig ist (auf der ganzen Welt existieren keine zwei gleichen GUIDs). Im Zusammenhang mit Schnittstellen werden GUIDs auch als *Interface Identifier* (IIDs) bezeichnet. GUID IID

Unterhält man sich über eine Schnittstelle, so benutzen Entwickler natürlich *nicht* die GUID der Schnittstelle, sondern ihren Namen, weil es eben einfacher ist z.B. »`IUnknown`« zu sagen als `{00000000-0000-0000-C000-000000000046}`.

Vererbung von Schnittstellen

COM unterstützt die Schnittstellenvererbung, d.h. eine Schnittstelle kann von einer oder mehreren weiteren Schnittstellen erben.

Schnittstelle IUnknown

COM stellt an eine einfache Komponente kaum Anforderungen. Es gibt jedoch eine von COM vorgegebene Schnittstelle, die jede COM-Komponente implementieren muss, die gerade schon beispielhaft erwähnte Schnittstelle `IUnknown`. Sie spielt in COM eine Schlüsselrolle. *Alle* benutzerdefinierten Schnittstellen müssen von `IUnknown` erben. `IUnkown` enthält die Operationen `QueryInterface`, `AddRef` und `Release` (Abb. 3.8-10).

«Interface»
IUnknown

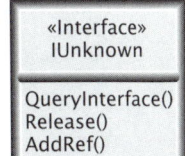

QueryInterface()
Release()
AddRef()

Abb. 3.8-10: Die Schnittstelle IUnkown

`QueryInterface`

Mit `QueryInterface` ist es möglich, einen Zeiger auf eine der Schnittstellen einer Komponente anzufordern. Dies geschieht, indem `Query Interface` die IID einer Schnittstelle als Eingabe übergeben bekommt. Alle Standard-Schnittstellen sind von Microsoft dokumentiert. Die IID der gewünschten Schnittstelle entnimmt der Entwickler vor dem Aufruf von `QueryInterface` der zugehörigen Dokumentation.

Als Ergebnis liefert `QueryInterface` im Erfolgsfall, d.h., wenn die betrachtete Komponente die Schnittstelle mit der übergebenen IID implementiert, einen gültigen Zeiger auf die angeforderte Schnittstelle. Im Fehlerfall wird ein Fehlercode zurückgegeben. Es sind also zwei Schritte nötig, um mit Hilfe von `QueryInterface` einen Zeiger auf

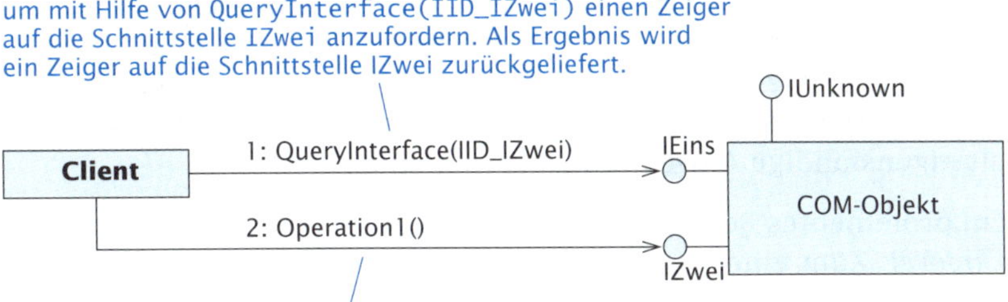
Client benutzt den Zeiger auf die Schnittstelle IEins, um mit Hilfe von QueryInterface(IID_IZwei) einen Zeiger auf die Schnittstelle IZwei anzufordern. Als Ergebnis wird ein Zeiger auf die Schnittstelle IZwei zurückgeliefert.
IUnknown
Client
1: QueryInterface(IID_IZwei)
IEins
COM-Objekt
2: Operation1()
IZwei
Der *Client* besitzt nun einen Zeiger auf die Schnittstelle IZwei. Er kann nun die Operation Operation1 von IZwei aufrufen.

Abb. 3.8-11: Gebrauch von IUnknown::QueryInterface

eine Schnittstelle anzufordern und eine Operation darauf auszuführen (Abb. 3.8-11). Zur Erinnerung: `QueryInterface` kann auf einem beliebigen COM-Schnittstellen-Zeiger aufgerufen werden, weil jede COM-Schnittstelle von der Schnittstelle `IUnknown` erben muss.

Lebenszyklus eines COM-Objekts

COM-Objekte regeln ihren Lebenszyklus über eine **Referenzzählung *(reference counting)*** (Abb. 3.8-12), d.h., jedes COM-Objekt verwaltet einen Zähler, der immer dann mit Hilfe von `AddRef` erhöht wird, wenn ein *Client* einen Zeiger auf eine Schnittstelle der Komponente anfordert. Benötigt ein *Client* den Zeiger auf ein COM-Objekt *nicht* mehr, dann dekrementiert er den Referenzzähler des COM-Objekts mit der Operation `Release`. Erreicht der Referenzzähler den Wert 0, dann sind keine Schnittstellenzeiger mehr auf das COM-Objekt gerichtet und das COM-Objekt vernichtet sich selbst.

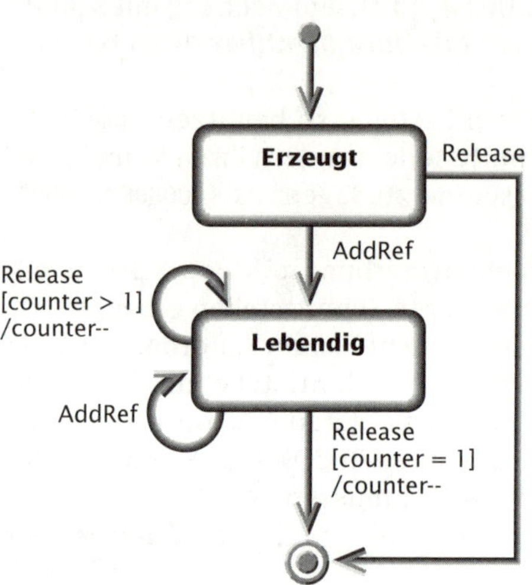

Abb. 3.8-12: Lebenszyklus eines COM-Objekts

3.8.3.4 Module

DLL: Eine *Dynamic Link Library* (DLL) ist ein Stück binärer Code, der von einer Anwendung bei der Ausführung direkt benutzt werden kann. DLLs werden hierzu in den Adressraum der Anwendung eingeblendet. Eine Anwendung kann nun auf alle von der DLL exportierten Dienstleistungen mit Hilfe des *Windows*-API direkt zugreifen.

COM-Komponenten werden als Module, d.h. als DLLs oder Anwendungen (.exe) ausgeliefert. Dabei kann jedes Modul eine oder mehrere COM-Komponenten enthalten.

Wird eine Komponente in einer DLL implementiert, so wird die DLL in den Prozessraum des aufrufenden *Clients* geladen. Man bezeichnet Module, die mit Hilfe von DLLs implementiert sind, deshalb als prozessinternen *Server (in-process server)*. Prozessinterne *Server* haben den Vorteil, dass die Kommunikation mit ihnen schnell ist.

Die zweite Modulart wird als lokaler *Server (local server)* bezeichnet. Hier ist das Modul eine Anwendung, d.h. eine .exe-Datei. Lokale *Server* haben den Nachteil, dass auf sie nur bedeutend langsamer als auf prozessinterne Server zugegriffen werden kann, weil das Betriebssystem die Daten zwischen zwei verschiedenen Prozessen hin und her kopieren muss. Lokale Server haben jedoch den Vorteil, dass sie als eigenständige Anwendung laufen können.

Beispiel

Ein prominentes Beispiel für einen lokalen Server ist der MS *Internet Explorer.* Zum einen ist er eine ganz normale Anwendung, mit der auf das Internet zugegriffen werden kann. Andererseits können aber auch Teile des *Internet Explorers* in anderen Anwendungen wiederverwendet werden, wie zum Beispiel das HTML-Steuerelement, das

HTML-Seiten darstellt. Abb. 2.22-44 (Abschnitt 2.22.9) zeigt rechts unten eine HTML-Ansicht, die durch das HTML-Steuerelement dargestellt wird.

3.8.3.5 Komponenten

Eine COM-Komponente ist ein Stück Binärcode und kann eine oder mehrere Schnittstellen implementieren. COM-Komponenten können *nicht* voneinander erben. Nur Schnittstellen-Vererbung ist möglich.

Windows Registry: Systemweite Datenbank, die Informationen, unter anderem zu Programmen und COM-Komponenten, verwaltet. Die *Registry* ist baumartig aufgebaut. Sie enthält Schlüssel und ihre Werte, wobei jeder Schlüssel wieder einen Unterschlüssel enthalten kann.

Mit COM-Objekten kann nur über ihre Schnittstellen kommuniziert werden. Ein *Client* kann einen Zeiger auf alle Schnittstellen, die eine Komponente implementiert, mit Hilfe der Operation `QueryInterface` und der entsprechenden IID erhalten. Wie erzeugt man nun aber COM-Objekte und wie gelangt man an den ersten Schnittstellenzeiger?

Zunächst wird jede COM-Komponente, wie die Schnittstellen, wieder über zwei Bezeichner angesprochen: eine GUID und einen Namen. Eine COM-Komponente wird auch als COM-Klasse bezeichnet und die zugehörige GUID als Klassen-Bezeichner *(class identifier)* oder kurz CLSID. Die CLSID einer Komponente wird zusammen mit dem Aufenthaltsort des Moduls, das sie implementiert, in der *Windows Registry* abgelegt (Abb. 3.8-13).

Erzeugen eines COM-Objekts

Will man nun ein COM-Objekt erzeugen, so muss zunächst die CLSID der zugehörigen COM-Komponente bekannt sein. Zusätzlich benötigt man noch die IID der Schnittstelle, die die Komponente implementiert und auf die man einen Zeiger zurückerhalten möchte. Hat man beide Informationen, so kann man die Operation `CoCreateInstance` der COM-Bibliothek aufrufen. `CoCreateInstance` sucht zunächst nach der CLSID der Komponente in der *Registry*. Ist der entsprechende Eintrag gefunden, so wird der zugeordnete Aufenthaltsort des Moduls der Komponente bestimmt, das Modul geladen und die Komponente erzeugt. Nachdem die Komponente erzeugt wurde, gibt `CoCreateInstance` einen Zeiger auf die angeforderte Schnittstelle zurück und terminiert.

Besitzt man einmal einen Zeiger auf eine Schnittstelle, so können alle Operationen der Schnittstelle wie bei einem normalen Objekt aufgerufen werden.

Beispiel

Es soll ein COM-Objekt der COM-Komponente `CLSMyComponent` erzeugt werden. `CLSMyComponent` implementiert die Schnittstelle `MyInterface`. Erzeugung und Benutzung eines COM-Objektes in C++:

C++

```
//Konstanten für leichteren Zugriff deklarieren
const CLSID CLSMyComponent = {...};
const IID IIDDMyInterface = {...};
...
IMyInterface *pMyInterface; //Zeiger auf die Schnittstelle
//COM-Objekt erzeugen mit CoCreateInstance
HRESULT Ergebnis = CoCreateInstance(&CLSMyComponent, ...,
    &IIDMyInterface,(void**) &pMyInterface);
```

Abb. 3.8-13: COM und die Windows Registry

- Eine COM-Komponente muss registriert werden, bevor sie genutzt werden kann.
- Im Zweig `HKEY_CLASSES_ROOT/CLSID` hinterlegt jede Komponente als Schlüssel ihre CLSID. Dieser Schlüssel enthält als Wert den Namen der Komponente
- Ein Unterschlüssel enthält den Dateinamen des Moduls, welches die Komponente implementiert. Der Name des Schlüssels ist
  - `InprocServer32` bei DLL-Modulen und
  - `LocalServer32` bei Exe-Modulen.
- Im Zweig `HKEY_CLASSES_ROOT` trägt jede Komponente zusätzlich als Schlüssel ihren Namen ein. Dies kann zu Konflikten führen: Wenn zwei Komponenten den gleichen Namen haben, dann überschreibt die zuletzt registrierte Komponente den Schlüssel der zuerst registrierten Komponente.
  - Beispiel: `HKEY_CLASSES_ROOT/Excel.Application`
  - Ein Unterschlüssel namens CLSID enthält als Wert die CLSID der Komponente.
- Mit den Informationen aus der *Registry* können die COM-Bibliotheken Komponenten zur Verfügung stellen.

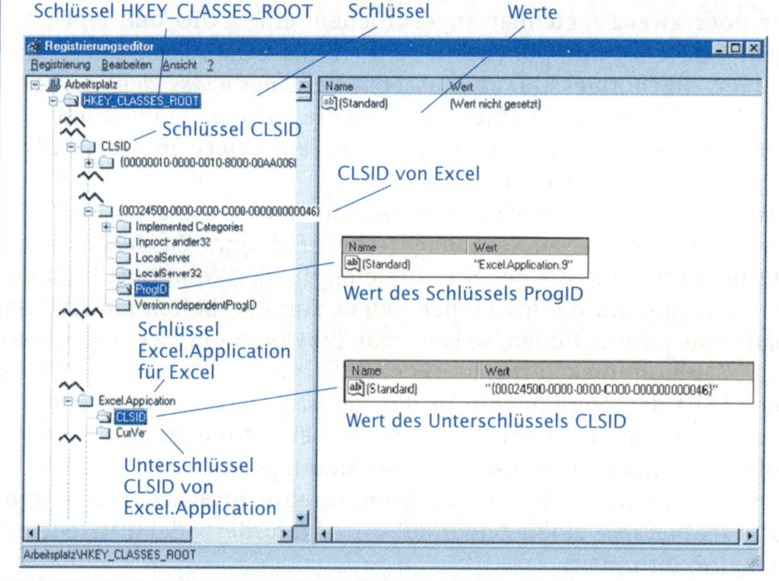


```
//Mit Hilfe des erhaltenen Zeigers Operation aufrufen
pMyInterface->Operation1();
```

(Komfortablere) Erzeugung eines COM-Objektes in Java:

Java
```
IMyInterface pMyInterface = (IMyInterface) new MyComponent();
//Aufruf von CoCreateInstance intern
int result = pMyInterface.Operation1();
```

3.8.3.6 IDL *(interface definition language)*

Sollen Komponenten über Prozessgrenzen hinweg kommunizieren *(Local Server)*, dann kann die Kommunikation *nicht* mehr direkt erfolgen, denn *Client* und Komponente laufen in eigenen Adressräumen.

Die Kommunikation zwischen *Client* und *Server* erfolgt über Stellvertreter *(proxies)* und Stummel *(stubs)*.

Stellvertreter und Stummel

Stellvertreter laufen im Adressraum des *Clients* und vertreten sozusagen die eigentliche Komponente. Stummel laufen im Adressraum des *Servers* und stellen den Kontakt zwischen Stellvertreter und eigentlicher Komponente her. Stellvertreter und Stummel werden *nicht* vom Entwickler implementiert, sondern von einem Werkzeug generiert. Das Werkzeug benötigt dazu eine Beschreibung der Komponente und vor allem ihrer Schnittstellen. Diese Beschreibung liefert in COM die so genannte IDL *(interface definition language)*, die sich aber von der OMG-IDL (Abschnitt 3.9.5.2) signifikant unterscheidet.

Außerhalb des COM-Kontextes werden Stellvertreter als Stummel *(stubs)* und Stummel als Skelette *(skeletons)* bezeichnet (siehe Abb. 3.9-5).

Hat man eine Schnittstelle oder Komponenteninformationen in der IDL formuliert, kann man anschließend mit dem *Microsoft IDL-Compiler* (MIDL-Compiler) Stellvertreter und Stummel automatisch erzeugen.

Beispiel

Die IDL-Deklaration von `IUnknown` sieht folgendermaßen aus:

```
[
  local,
  object,
  uuid(00000000-0000-0000-C000-000000000046),
  pointer_default(unique)
]
interface IUnknown
{
    typedef [unique] IUnknown *LPUNKNOWN;
    HRESULT QueryInterface([in] REFIID riid,
        [out, iid_is(riid)] void **ppvObject);
    ULONG AddRef(); ULONG Release();
}
```

3.8.3.7 Typbibliotheken

Neben der Beschreibung einer Komponente und ihrer Schnittstellen kann in COM-IDL noch unter anderem angegeben werden, ob eine so genannte Typbibliothek für die Komponente erzeugt werden soll.

Abschnitt 3.8.2.1
Introspektion

Typbibliotheken stellen den COM-Weg dar, um Introspektion zu ermöglichen. Mit Hilfe einer CLSID kann ein *Client* eine Anfrage nach Typinformationen an die *Registry* stellen. Wenn eine Typbibliothek existiert, wird ein Zeiger auf die Schnittstelle `ITypeLib` zurückgegeben, die es ermöglicht, auf die in der Typbibliothek enthaltenen Typinformationen zuzugreifen. Zu jeder Komponente und jeder Schnittstelle kann zusätzlich über die `ITypeLib`-Schnittstelle ein Zeiger auf die `ITypeInfo`-Schnittstelle angefordert werden, um Metainformationen zu erhalten.

Hat man in einer IDL-Datei über das IDL-Schlüsselwort `library` spezifiziert, dass eine Typbibliothek erstellt werden soll, so kann wieder der MIDL-Compiler benutzt werden, um die Typbibliothek aus der IDL-Datei zu erzeugen.

Beispiel Es wird eine IDL-Datei angegeben, die den MIDL-Compiler anweist, für die Komponente MyComponent eine Typbibliothek zu erzeugen:

```
import "unkwn.idl"
[object, uuid(..), oleautomation]
interface IMyInterface : IUnknown
{
    HRESULT Operation1();
}
[ uuid(...), helpstring("MyComponent Typbibliothek"),version(1.0)]
//Den MIDL-Compiler anweisen, eine Typbibliothek zu erzeugen
library Component
{
    importlib("stdole32.tlb");
    interface IMyInterface;
    [uuid(...)]
    coclass MyComponent
    {
        interface IMyInterface;
    }
};
```

3.8.4 *ActiveX* und OLE

Eine Reihe von Konzepten bauen auf COM auf, beispielsweise Verbunddokumente (OLE) und *ActiveX*. Im Folgenden wird auf die Begriffe Automatisierung, das strukturierte Speichermodell und OLE eingegangen. Abschließend werden die *ActiveX*-Steuerelemente behandelt.

3.8.4.1 Automatisierung

Oftmals bieten Anwendungen eine große Anzahl von Funktionen, die auch in anderen Kontexten sinnvoll eingesetzt werden können. Es ist daher wünschenswert, möglichst einfach auf die Funktionalität von Anwendungen von außen zugreifen zu können und sie damit für andere Programme und insbesondere einfache Skripte nutzbar zu machen. Eine Anwendung soll »ferngesteuert werden können«.

Die Möglichkeit auf Anwendungen oder allgemeiner auf Komponenten in der oben beschriebenen Art und Weise zugreifen zu können, wird in der Microsoft-Welt als **Automatisierung** bezeichnet.

Bei der Automatisierung existiert folgendes Problem: Will man zur Abschnitt 2.21.4 Laufzeit auf eine COM-Komponente aus einem Skript oder einer anderen Anwendung heraus direkt über ihre Schnittstellen zugreifen, so ist dies im Allgemeinen nicht möglich, weil der Skript-Interpreter bzw. die Anwendung hierfür alle potenziellen Schnittstellen der dynamisch zu ladenden COM-Komponenten im Voraus, das heißt zur Übersetzungszeit des Interpreters oder der Anwendung, kennen müsste.

In der Regel stehen in einem Skript nur folgende Informationen zur Verfügung:

- Der Bezeichner der Komponente,
- der Name der aufzurufenden Operation und
- ihre Parameter.

Die Schnittstelle `IDispatch` deklariert die Operation `Invoke`, die den Namen und die Parameter einer Operation übergeben bekommt. Genauer gesagt bekommt die Operation `Invoke` keinen Namen einer Operation übergeben, sondern eine so genannte *dispatch*-ID (DISPID). Jeder Operation der Komponente, die über die `Dispatch`-Schnittstelle angesprochen werden soll, wird nämlich eine Nummer zugeordnet. Die Operation `GetIDsOfNames` von `IDispatch` erlaubt es nun, zu einem Operationsnamen die zugehörige `DISPID` herauszufinden. Unter Angabe der `DISPID` und der Parameter kann nun die Operation mit Hilfe von `Invoke` aufgerufen werden.

Schnittstelle `IDispatch`

Eine Komponente, die die IDispatch-Schnittstelle implementiert, wird auch als Automations-*Server* bezeichnet *(automation server).*

Über Automatisierung soll das CASE-Werkzeug *Rational Rose* angesprochen werden. Es wird hierfür *Visual Basic* benutzt. *Visual Basic* gestattet einen einfachen Zugriff auf Automations-*Server*. Der Zugriff über die Schnittstelle IDispatch erfolgt intern, für den Programmierer unsichtbar.

Beispiel

```
'Referenz auf ein Rational Rose-Anwendungsobjekt
Dim RoseApp As RoseApplication
'Anwendungsobjekt besorgen
Set RoseApp = GetObject(,"Rose.Application")
'Operation der Anwendung aufrufen
Set theModel = RoseApp.CurrentModel
```

Vorteilhaft ist der einfache Zugriffsmechanismus. Nachteilig ist, dass die Automatisierungsschnittstelle einen untypisierten Aufruf von Operationen erlaubt. Die Typen müssen daher zur Laufzeit überprüft werden, was Zeit kostet. Zusätzlich ist die Fehlersuche schwieriger, da der Entwickler vom Compiler nicht bei der Typüberprüfung unterstützt wird.

Vor- und Nachteile

3.8.4.2 Das strukturierte Speichermodell

Wird eine *Excel*-Tabelle in ein *Word*-Dokument eingebettet (Abb. 3.8-8), dann wird das gesamte Verbund-Dokument nur in einer `.doc`-Datei abgespeichert. Die *Excel*-Tabelle wird *nicht* in einer externen Datei abgespeichert, sondern mit in der Datei des Hauptdokumentes.

Dieselbe Komponente, die die Darstellung und Verwaltung der Tabellendaten realisiert, muss also ihre Daten je nach Kontext auf völlig unterschiedliche Art und Weise speichern können. Wenn die Komponente in *Excel* selbst benutzt wird, muss eine eigene Datei angelegt werden. Wird die Komponente in *Word* benutzt, dann werden die Daten mit in der Datei des Hauptdokuments gespeichert, in diesem Fall der `.doc`-Datei des *Word*-Dokuments.

Speichermodell

Das strukturierte Speichermodell *(structured storage)* hilft einer Komponente dabei – unabhängig vom Kontext – ihre Daten persistent abzuspeichern. Man kann dabei die strukturierte Speicherung mit einem Dateisystem in einer Datei vergleichen (Abb. 3.8-14). Es existieren analog zu Verzeichnissen und Dateien so genannte *storages* und *streams*. Die Verzeichnisse bilden die *storages* und die Dateien die *streams* in diesem internen Dateisystem.

Abb. 3.8-14: Storages und streams in einer Datei

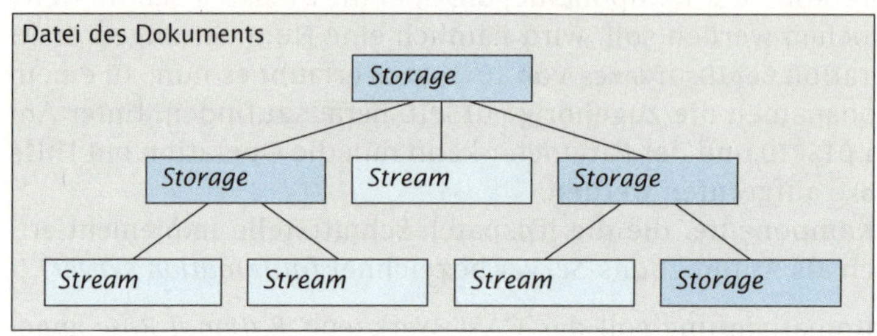

Will ein Container (z.B. ein *Word*-Dokument) sich und seine Komponenten abspeichern, so legt er für jede Komponente *storages* und *streams* in der eigentlichen Datei an und übergibt der Komponente einen Zeiger auf das ihr zugehörige *storage* (Abb. 3.8-15).

Abb. 3.8-15: Aufbau eines Word-Dokumentes

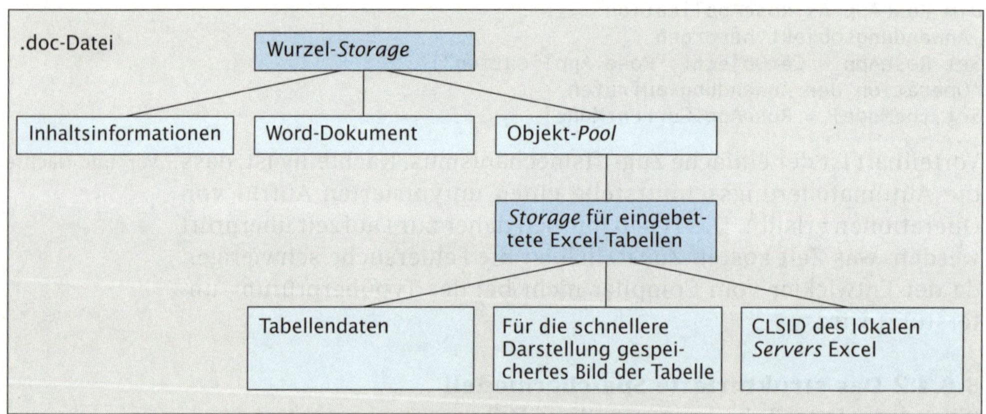

Die Komponente schreibt nun ihre Daten in ein oder mehrere *streams*, je nachdem ob der übergebene *storage* noch Verzweigungen (Unter-*storages*) enthält.

Auf diese Weise ist es möglich, beliebige Komponenten mit unterschiedlichen Speicherformaten so zusammenzusetzen, dass sie trotzdem ihre Daten in einer einzigen Datei speichern können. Die Komponenten müssen dazu lediglich mit *streams* und *storages* umgehen können.

Komponentenentwickler müssen daher keinen eigenen Persistenzmechanismus schaffen, der eine solche einheitliche Speicherung erlaubt. Dies ist unter anderem für *ActiveX*-Steuerelemente wichtig, die die Persistenz von Eigenschaften mit Hilfe der strukturierten Speicherung realisieren.

Schnittstelle IPersistStorage

Jede Komponente, deren Objekte in einen OLE-Container eingebettet werden sollen, muss die Schnittstelle `IPersistStorage` implementieren. Die Schnittstelle enthält unter anderem die Operationen `Load` und `Save`, die ein *storage*-Objekt übergeben bekommen und vom Container aufgerufen werden, wenn die Komponente sich speichern oder laden soll.

Manche COM-Objekte haben einfach-strukturierte Daten, die direkt in ein *stream*-Objekt gespeichert werden können. Solche Komponenten implementieren alternativ zu IPersistStorage die Schnittstelle `IPersistStreamInit`. Zum Laden und Speichern existieren ebenfalls wieder die Operationen `Load` und `Save`.

Die *stream*- und *storage*-Objekte selbst implementieren die Schnittstellen `IStream` bzw. `IStorage`. Abb. 3.8-16 veranschaulicht nochmals die geschilderten Zusammenhänge.

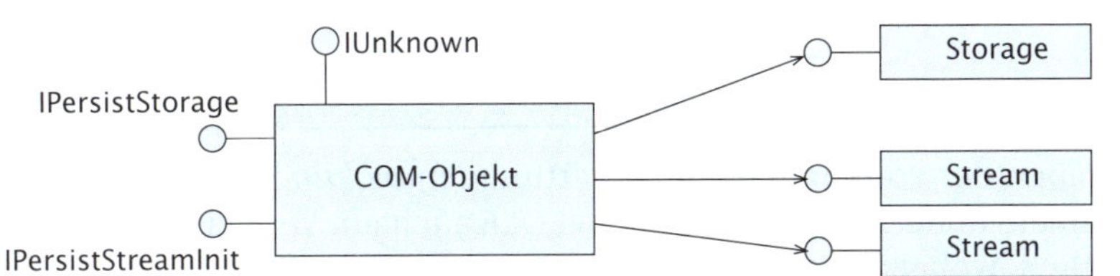

Abb. 3.8-16: Relevante Schnittstellen für das strukturierte Speichermodell

3.8.4.3 OLE

Anforderung

In dokumentenbasierten Anwendungen, wie Textverarbeitung, Tabellenkalkulation usw., besteht der Wunsch, Bilder, Tabellen und ähnliche Objekte per »*drag and drop*« in andere Dokumente zu übernehmen. Eingefügte Objekte sollen in dem eigentlichen Dokument bearbeitet werden können, ohne die Anwendung wechseln und das Objekt nach der Veränderung neu einfügen zu müssen.

OLE-Architektur

Aufgrund dieses Wunsches entstanden zahlreiche Architekturen, unter anderem das heutige OLE, das auf COM basiert. OLE wird durch eine Menge vorgegebener Schnittstellen beschrieben.

OLE unterscheidet Dokument-Container *(document containers)* und Dokument-*Server (documents servers)*. Ein Dokument-*Server* kann Inhalte verwalten und darstellen. Ein Dokument-Container kann Dokumenten-*Server* aufnehmen. Viele Dokument-Container sind selber wieder Dokument-*Server*, können also nicht nur andere Dokument-*Server* aufnehmen, sondern auch eigene Inhalte verwalten und darstellen. Beispiele hierfür sind *Excel*- und *Word*-Dokumente.

Beim Arbeiten mit Verbund-Dokumenten soll der Benutzer den Eindruck erhalten, dass er mit einem einzigen Dokument arbeitet, obwohl es in Wirklichkeit aus vielen Dokumenten zusammengesetzt ist. Eingebettete Dokumente sollen dort bearbeitet werden, wo sie im umgebenen Dokument dargestellt werden *(in-place activation)* (Abb. 3.8-17). Wird einem eingebetteten Dokumenten-*Server* mitgeteilt, dass der dargestellte Inhalt verändert werden soll, so wird – unsichtbar für den Benutzer – vom Dokument-*Server* über dem eigentlichen Inhalt ein neues Fenster geöffnet, in dem der Inhalt verändert werden kann. So entsteht für den Benutzer die Illusion, dass der Inhalt des eingebetteten Dokuments direkt im umgebenden Dokument verändert werden kann. Zusätzlich wird der Inhalt und/oder die Semantik einiger Menüs und Werkzeugleisten ausgetauscht.

Abb. 3.8-17: Die in das Word-Dokument eingebettete Excel-Tabelle ist aktiviert

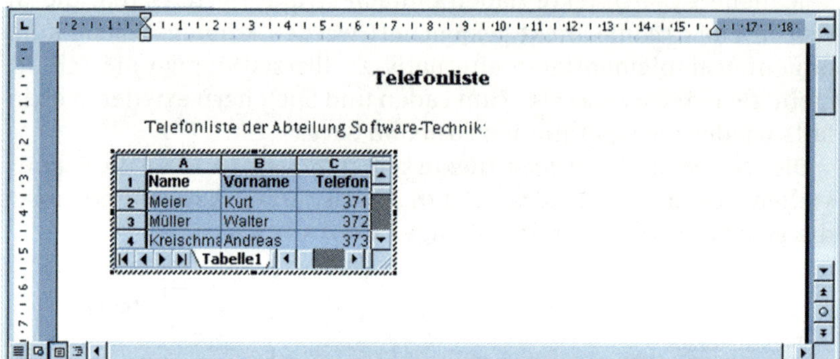

Neben der vollkommenen Einbettung *(embedding)* von Dokumenten in ein anderes Dokument ist bei OLE auch ein Verweisen *(linking)* möglich, wobei nur ein Verweis auf das eigentliche Dokument in dem Dokument-Container gespeichert wird. Die Daten des Dokuments, auf das verwiesen wird, werden hierbei im Gegensatz zum eingebetteten Dokument in einer externen Datei gespeichert, auf die der Verweis zeigt.

Der Vorteil der Verweis-Technik besteht darin, dass derselbe Inhalt in mehrere Dokumente gleichzeitig integriert werden kann. Änderungen am Dokument bleiben dadurch in allen Dokumenten konsistent. Nachteilig ist, dass der Verweis ungültig wird, wenn das externe Dokument gelöscht oder verschoben wird. Zusätzlich verbietet es die OLE-Spezifikation, dass Dokumente, auf die verwiesen wird, im Zentraldokument bearbeitet werden können (keine *in-place activation*). Stattdessen wird ein separates Fenster für das Dokument geöffnet, in dem es bearbeitet werden kann.

OLE-Schnittstellen

Neben zahlreichen anderen Schnittstellen, sind auch die Schnittstellen für das strukturierte Speichermodell unter den OLE-Schnittstellen vorhanden (Abb. 3.8-16 und Abb. 3.8-18). Das liegt daran, dass OLE das strukturierte Speichermodell verwendet, um eingebettete Dokumente in der Datei des Zentraldokuments speichern zu können.

Für das komplexe Zusammenspiel zwischen Dokument-Container und Dokument-*Server* sind eine große Anzahl von Schnittstellen spezifiziert.

Das Zusammenspiel ist komplex, weil viele OLE-Dokument-*Server* als lokale *Server (local server)* realisiert sind, d.h. Dokument-*Server* und Dokument-Container laufen in unterschiedlichen Adressräumen. Die Schwierigkeit besteht unter anderem darin, dass ein Fenster nur der sie besitzende Prozess, also der, der sie erzeugt hat, zeichnen darf. Ein Dokument-*Server*, der als lokaler *Server* implementiert wurde, benötigt also einen Stellvertreter, der für ihn in das Fenster im umgebenden Dokument zeichnen darf. Dieser Stellvertreter wird oftmals auch als Inhaltsobjekt *(content object)* bezeichnet.

Einen Überblick über die relevanten Schnittstellen zeigt die Abb. 3.8-18. Detailliert werden die Schnittstellen und ihr Zusammenspiel in /Chappel 96/ beschrieben.

Abb. 3.8-18: Relevante Schnittstellen für OLE

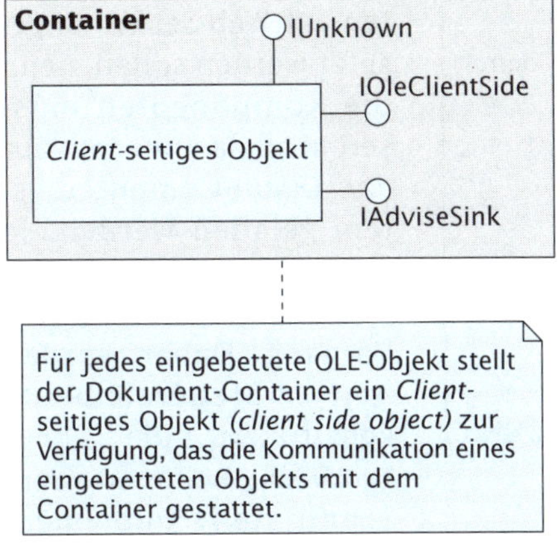

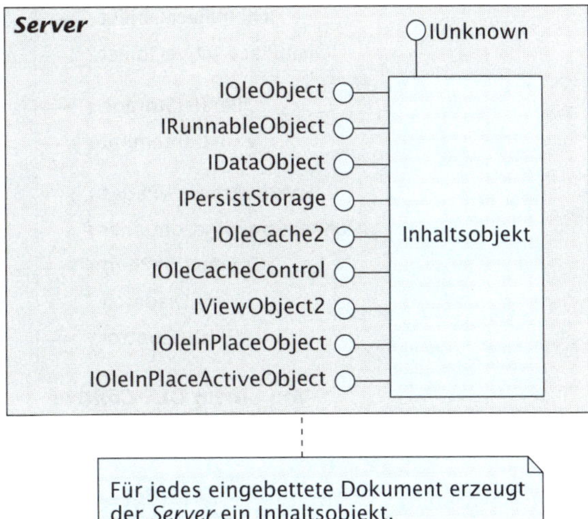

3.8.4.4 *ActiveX*-Steuerelemente

ActiveX-Steuerelemente ist ein Konzept, das unter dem Schlagwort *ActiveX* subsumiert wird. *ActiveX*-Steuerelemente sind aus den OLE-Steuerelementen entstanden, die wiederum aus dem Konzept der *Visual Basic*-Steuerelemente (VBXs) abgeleitet wurden. *Visual Basic*-Steuerelemente waren das erste erfolgreiche Komponentenmodell der Firma *Microsoft*. Sie erlaubten als erstes Komponentenmodell das »Zusammenklicken« von Dialogen und Fenstern aus Komponenten, den VBXen. Die Palette der VBXe reichte dabei von einfachen Steuerelementen bis zu Mini-Anwendungen. Es entstand ein erfolgreicher Komponentenmarkt. *Visual Basic*-Steuerelemente haben einen entscheidenden Nachteil. Ihre Wiederverwendung ist an die Programmiersprache *Visual Basic* gekoppelt. Historie

Komponenten auf COM-Basis besitzen einen solchen Nachteil nicht. Aufgrund der Erfahrungen mit OLE 2 und der Verwandtschaft der Verbunddokumente mit dem Komponentenparadigma wurden die OCXs

OLE-Steuerelemente (OCXe) entwickelt. Im Prinzip sind OCXe normale OLE-Dokument-*Server* (Abb. 3.8-19), ergänzt um einige Schnittstellen zur Ereignisverarbeitung.

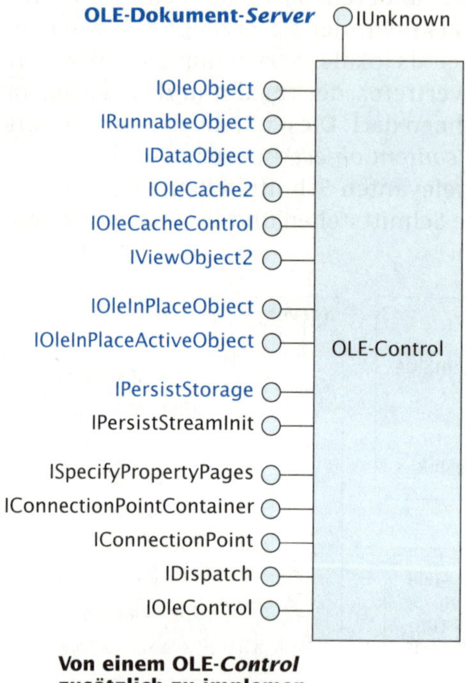

Abb. 3.8-19: Schnittstellen eines OLE-Steuer-elements

ActiveX-Steuer-elemente

Mit zunehmender Bedeutung des Internets wurde jedoch ein Nachteil der OCXe offensichtlich: Durch die große Anzahl der zu implementierenden Schnittstellen werden OCXe relativ groß. Dies ist insbesondere dann hinderlich, wenn Komponenten auf Web-Seiten eingesetzt werden sollen, denn die Komponenten müssen über das Internet auf das *Client*-Computersystem geladen werden. Je größer die Komponente, desto länger dauert dieser Vorgang. Daher wurden *ActiveX*-Steuerelemente spezifiziert, die außer `IUnknown` keine weitere Schnittstelle implementieren.

Selbstregistrierung

Im Prinzip ist also jede COM-Komponente ein *ActiveX*-Steuerelement, wenn sie zusätzlich noch die Fähigkeit zur Selbstregistrierung unterstützt. Wird eine Komponente auf einer Web-Seite platziert, dann soll ihre Installation automatisch und dauerhaft erfolgen. Zu diesem Zweck müssen COM-Module, die *ActiveX*-Steuerelemente enthalten, die Operationen `DllRegisterServer` und `DllUnRegisterServer` zur Verfügung stellen, die das Steuerelement in der *Registry* an- und abmelden.

Im Gegensatz zu Java-*applets* werden *ActiveX*-Steuerelemente also immer auf dem *Client*-Computersystem dauerhaft installiert, es sei denn der Benutzer lehnt ihre Installation ausdrücklich ab.

Optional werden neben `IUnknown` weitere Schnittstellen für *ActiveX*-Steuerelemente spezifiziert, die alle unterschiedliche Konzepte unterstützen (OLE, Automatisierung, Ereignisse) und den für OCXen vorgeschriebenen Schnittstellen (Abb. 3.8-19) entsprechen.

Beispiel

Die Firma ProfiSoft entschließt sich aus technischen Gründen, die Messinstrument-Komponente ebenfalls als *ActiveX*-Steuerelement zur Verfügung zu stellen. Einerseits versprechen *ActiveX*-Steuerelemente eine bessere Performanz und andererseits möchte die Firma ProfiSoft die Komponente auch C++- und *Visual Basic*-Entwicklern zugänglich machen.

3.8.4.5 Eigenschaften

ActiveX-Steuerelemente können Eigenschaften besitzen. Es existieren eine Reihe von Schnittstellen, die für die Behandlung von Eigenschaften benutzt werden können. Ein Teil der Schnittstellen wird vom Steuerelement benutzt, um Eigenschaften über seinen Container herauszufinden. Anders herum kann auch der Container mit Hilfe der Schnittstellen die Eigenschaften des Steuerelements erkunden.

Eine wichtige Rolle spielt hier wieder die Schnittstelle `IDispatch`. Mit Hilfe des Eigenschaftsnamens können Eigenschaftswerte über `IDispatch::Invoke` abgefragt und gesetzt werden. Über das IDL-Schlüsselwort `dispinterface` können alle Operationen und Eigenschaften, auf die über die Schnittstelle `IDispatch` zugegriffen werden soll, deklariert werden. Der MIDL-Compiler erzeugt dann alle erforderlichen Einträge in der Typbibliothek des Steuerelements.

Dispatch-Schnittstelle

Fordert ein *Client* über die IID der mit `dispinterface` deklarierten Schnittstelle, auch *Dispatch*-Schnittstelle genannt, einen Zeiger an, so bekommt er von `QueryInterface` einen Zeiger auf `IDispatch` zurückgeliefert. Über die Typbibliothek kann er nun herausfinden, welche Operationen über die `IDispatch`-Schnittstelle aufgerufen werden können. Hinter dem Schlüsselwort `dispinterface` wird der Name der vermerkt, über den die *Dispatch*-Schnittstelle in der Typbibliothek angesprochen werden kann.

Beispiel

Die Firma ProfiSoft übernimmt alle Eigenschaften, die für das Messinstrument-*Bean* spezifiziert wurden. Die IDL-Deklaration der Eigenschaften für das Messinstrument zeigt folgender IDL-Ausschnitt:

```
[ uuid(BCCF0DF3-5D46-11D4-8C34-0000E8781BB8),
//IID der Schnittstelle helpstring("Dispatch-Schnittstelle für
Messinstrument"), hidden ]
dispinterface _DMessinstrument
{
    properties:
        [id(1), bindable] float MinWert; //Gebundene Eigenschaft
        [id(2), bindable] float MaxWert; //Gebundene Eigenschaft
        //Eigenschaft mit Nebenbedingungen
        [id(3), bindable] float Wert;
        [id(4)] float Skalierung;
        [id(5)] BSTR Einheit;
        [id(6)] BSTR Beschriftung;
        [id(7)] short Haeufigkeit;
        [id(8)] OLE_COLOR Balkenfarbe;
    methods:
        [id(DISPID_ABOUTBOX)] void AboutBox();
        //Operation, die einen Informationsdialog öffnet
};
```

duale Schnittstellen

Eine Alternative zu einer reinen *Dispatch*-Schnittstelle bieten die so genannten dualen Schnittstellen *(dual interfaces)*. Eine duale Schnittstelle erbt von der Schnittstelle `IDispatch`, deklariert aber gleichzeitig die über `IDispatch::Invoke` aufrufbaren Operationen.

Um eine Eigenschaft zu spezifizieren, wird in die IDL-Spezifikation der dualen Komponentenschnittstelle eine Operation mit dem Namen der Eigenschaft aufgenommen. Wird die Operation mit dem Attribut `propget` versehen, so wird vom MIDL-Compiler eine `get`-Operation zur Eigenschaft erzeugt. Für das Attribut `propput` wird eine `set`-Operation erzeugt.

Es werden auch entsprechende Informationen über `get`- und `set`-Operationen in die Typbibliothek eingefügt. Daher kann ein *Client* mit Hilfe der zugehörigen Typbibliothek herausfinden, welche Eigenschaften eine Komponente zur Verfügung stellt und ob sie lesbar und schreibbar sind oder nur lesbar. Anschließend kann der *Client* die Eigenschaften mit Hilfe der Informationen aus der Typbibliothek setzen und auslesen, indem er z.B. `IDispatch::Invoke` aufruft. Alternativ kann auch direkt eine `get`- oder `set`-Operation aufgerufen werden.

Duale Schnittstellen haben den Vorteil, dass sie den performanteren Zugriff über `get`- und `set`-Operationen erlauben und gleichzeitig den generischen – aber weniger performanten – Zugriff über `IDispatch`, der von einigen Containern, wie zum Beispiel Skriptsprachen, benötigt wird.

Eigenschaftsseiten

Manchmal kann es sein, dass ein *ActiveX*-Steuerelement-Container keinen Standardweg (z.B. Eigenschaftsblätter) anbietet, um Eigenschaften zu editieren. Dann ist es hilfreich, wenn das Steuerelement seinen eigenen Mechanismus bereitstellt, um Eigenschaften verändern zu können. Zu diesem Zweck gibt es für *ActiveX*-Steuerelemente einen Standardmechanismus, der auf so genannten Eigenschaftsseiten *(property pages)* basiert. Jedes Steuerelement kann seine eigenen Eigenschaftsseiten bereitstellen. Jede Eigenschaftsseite ist für sich wieder eine eigene COM-Komponente, die die Schnittstelle `IPropertyPage` implementiert. Damit ein Container die Eigenschaftsseiten eines Steuerelementes erkunden und erzeugen kann, muss das Steuerelement die Schnittstelle `ISpecifyPropertyPages` implementieren (Abb. 3.8-19). Diese Schnittstelle enthält die Operation `GetPages`, die eine Liste der CLSIDs aller Eigenschaftsseiten des Steuerelements enthält. Der Container erzeugt nun einen Rahmen, in den die Eigenschaftsseiten eingehängt werden. Dem Benutzer präsentiert sich die Einheit von Rahmen und Eigenschaftsseiten als Dialog mit Notizbuchseiten, wobei jede Notizbuchseite eine Eigenschaftsseite darstellt.

Beispiel

Die Firma ProfiSoft entschließt sich aufgrund der Vielzahl von Containern, in der das Messinstrument verwendet werden soll, eigene

Eigenschaftsseiten zu realisieren. Die Eigenschaftsseite des Messinstrumentes zeigt die Abb. 3.8-20.

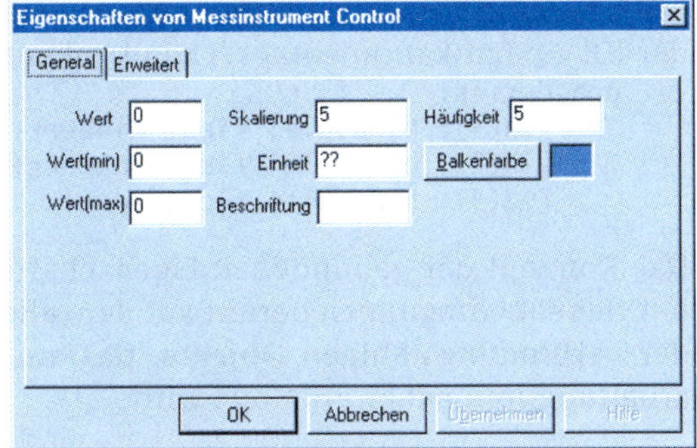

Abb. 3.8-20: Die Eigenschaftsseiten des Messinstrumentes

Gebundene Eigenschaften und Eigenschaften mit Nebenbedingungen

Auch *ActiveX*-Steuerelemente können gebundene Eigenschaften und Eigenschaften mit Nebenbedingungen besitzen. Ein COM-Objekt, das über Eigenschaftsänderungen informiert werden will oder sein Veto gegenüber einer Eigenschaftsänderung einlegen will, kann die Schnittstelle `IPropertyNotifySink` implementieren.

Mit Hilfe eines Zeigers auf diese Schnittstelle kann sich nun das COM-Objekt als Abhörer bei dem Steuerelement registrieren (siehe Beobachter-Muster, Abb. 3.7-32). Das COM-Objekt benutzt zum Registrieren die Operation `Advise` der `IConnectionPoint`-Schnittstelle, die wiederum das Steuerelement implementieren muss.

Sollen die registrierten *Client*s über eine Eigenschaftsänderung des Steuerelementes informiert werden, so ruft das Steuerelement die Operation `OnChanged` der Schnittstelle `IPropertyNotifySink` auf. Liegt eine Eigenschaft mit Nebenbedingungen vor, so bittet das Steuerelement erst alle angemeldeten *Clients* mit der Operation `OnRequestEdit` der Schnittstelle `IPropertyNotifySink` um Erlaubnis, bevor es die Eigenschaft verändert. Abb. 3.8-21 fasst die Zusammenhänge noch einmal zusammen.

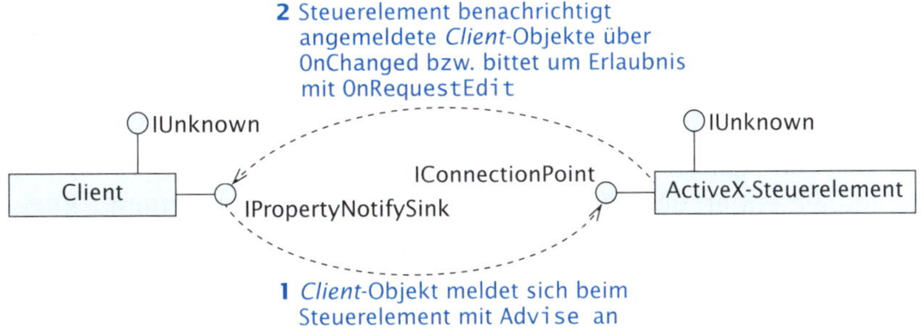

Abb. 3.8-21: Realisierung von gebundenen Eigenschaften und Eigenschaften mit Nebenbedingungen

Beispiel

Das Messintrument-Steuerelement der Firma ProfiSoft besitzt drei Eigenschaften, die mit dem obigen Konzept realisiert werden müssen: Die gebundenen Eigenschaften `MinWert` und `MaxWert` und die Eigenschaft mit Nebenbedingungen Wert. Die Eigenschaften müssen in der IDL-Spezifikation entsprechend gekennzeichnet werden:

```
... properties:
        [id(1), bindable] float MinWert; //Gebundene Eigenschaft
        [id(2), bindable] float MaxWert; //Gebundene Eigenschaft
        [id(3), bindable] float Wert;    //Nebenbedingungen ...
```

Das Konzept der gebundenen Eigenschaften und der Eigenschaften mit Nebenbedingungen beruht auf dem allgemeineren COM-Konzept der verbindungsfähigen Objekte, das am Beispiel der Ereignisverarbeitung nun näher erläutert wird.

3.8.4.6 Ereignisse und verbindungsfähige Objekte

Verbindungspunkte

Die Ereignisverarbeitung wird bei *ActiveX*-Steuerelementen mit Hilfe der so genannten Verbindungspunkte *(connection points)* realisiert. Interaktionselemente schicken dabei anderen Komponenten und insbesondere ihrem Container Ereignisse, indem sie Operationen einer Schnittstelle aufrufen, die der Container oder die andere Komponente implementieren.

Vergleich: Beobachter-Muster

Man kann das Konzept der Verbindungspunkte mit dem des Beobachter-Musters vergleichen (Abb. 3.7-32). Beobachter (die Container) implementieren eine Schnittstelle. Mit Hilfe dieser Schnittstelle können sich die Beobachter beim Subjekt (dem Steuerelement) registrieren. Das Subjekt (das Steuerelement) ruft eine Operation dieser Schnittstelle auf, um die registrierten Beobachter zu benachrichtigen.

Analog zu den Operationen `addObserver` und `removeObserver` des Subjekts beim Beobachter-Muster muss das Steuerelement Operationen bereitstellen, damit sich Beobachter an- und abmelden können.

Die Aufgabe, die verschiedenen Beobachter zu verwalten, delegiert die Komponente an die so genannten Verbindungspunkte. Eine Komponente kann verschiedene Verbindungspunkte enthalten, die alle die Schnittstelle `IConnectionPoint` implementieren. Jeder Verbindungspunkt kennt eine oder mehrere Rückruf-Schnittstellen *(outgoing interfaces)*, die ein *Client* implementieren kann.

Der *Client* enthält zu diesem Zweck eine spezielle COM-Komponente, die Senke genannt wird, und die die Ausgangsschnittstelle implementiert. In der Analogie zum Beobachter-Muster wäre die Senke der Beobachter.

Implementiert der *Client* mit Hilfe einer Senke eine bestimmte Rückruf-Schnittstelle, so kann er über die Operation `EnumConnections` von `IConnectionPoint` feststellen, ob ein Verbindungspunkt die implementierte Schnittstelle unterstützt, denn `EnumConnections` liefert eine Aufzählung über die IIDs der Schnittstellen zurück, die ein Verbindungspunkt kennt.

Seine verschiedenen Verbindungspunkte verwaltet ein Steuerelement, indem es die Schnittstelle `IConnectionPointContainer` implementiert. Diese Schnittstelle deklariert Operationen, die dazu benutzt werden können, die Verbindungspunkte eines verbindungsfähigen Objektes *(connectable object)* zu verwalten. Genauer betrachtet werden Zeiger auf die Schnittstelle `IConnectionPoint` verwaltet. Es gibt eine Operation, die eine Aufzählung über alle Verbindungspunkte einer Komponente liefert (`EnumConnectionPoints`) und eine Operation, um einen bestimmten Verbindungspunkt zu finden (`FindConnectionPoint`) (Abb. 3.8-22).

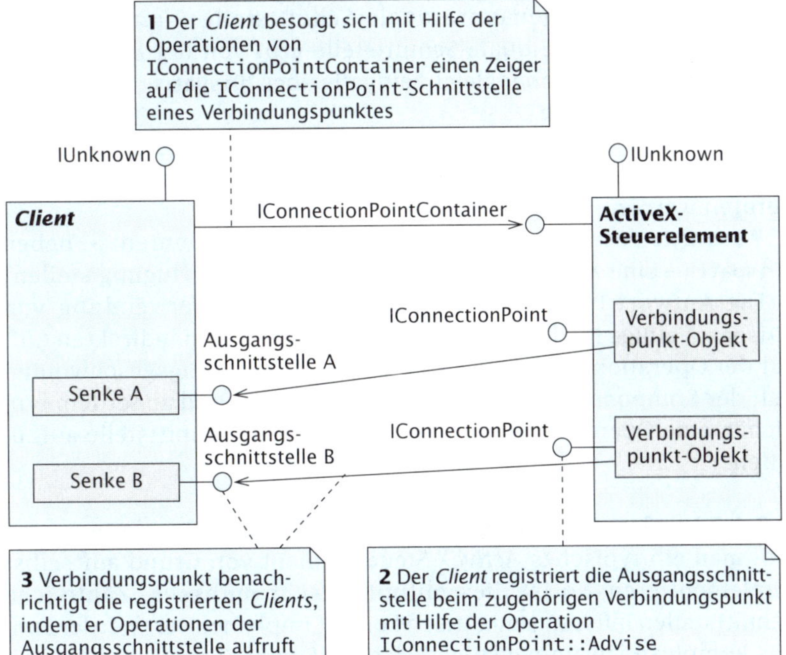

Abb. 3.8-22: Ein Client und ein verbindungsfähiges Objekt

ActiveX-Steuerelemente implementieren für Ereignisse als Rückruf-Schnittstelle eine *Dispatch*-Schnittstelle. In dem IDL-Abschnitt für die Typbibliothek des Steuerelementes wird die *Dispatch*-Schnittstelle mit dem IDL-Schlüsselwort `source` als Rückrufschnittstelle markiert.

Beispiel

```
//Ereignis-Dispatch-Schnittstelle für das Messinstrument
[ uuid(BCCF0DF4-5D46-11D4-8C34-0000E8781BB8),
  helpstring("Ereignisschnittstelle für Messinstrument") ]
dispinterface _DMessinstrumentEvents
{
    properties:
    //Ereignis-Schnittstelle hat keine Eigenschaften.
    methods:
            [id(1)] void BereichsFehler();
};
    [ uuid(BCCF0DF5-5D46-11D4-8C34-0000E8781BB8),
      helpstring("Messinstrument Control"), control ]
coclass Messinstrument
{
```

```
    [default] dispinterface _DMessinstrument;
    [default, source] dispinterface _DMessinstrumentEvents;
    //Ereignis-Schnittstelle wird als Rückrufschnittstelle
    //gekennzeichnet
};
```

Operationen

ActiveX-Steuerelemente realisieren den Zugriff auf ihre Operationen typischerweise über die Schnittstelle `IDispatch` (siehe auch: Automatisierung). Manche Steuerelemente bieten zusätzlich die Möglichkeit an, über eine normale Schnittstelle auf die Operationen zuzugreifen, indem sie eine so genannte duale Schnittstelle *(dual interface)* implementieren. Eine duale Schnittstelle erbt von der Schnittstelle `IDispatch`, deklariert aber gleichzeitig die über `IDispatch::Invoke` aufrufbaren Operationen.

Die Operationen einer Komponente, die eine duale Schnittstelle implementiert, können nun wahlweise über `Invoke` oder direkt aufgerufen werden.

Warum ist es aber nun sinnvoll, dass Komponenten – neben `IDispatch` – eine zweite normale Schnittstelle zur Verfügung stellen?

Die Antwort liegt darin begründet, dass die Verwendung von `IDispatch` einige Nachteile mit sich bringt. Durch den indirekten Aufruf der Operationen über `Invoke` sinkt die Ausführungsgeschwindigkeit der Komponente. Zusätzlich ist es einfacher und außerdem typsicher, eine Operation direkt über eine normale Schnittstelle aufzurufen.

3.8.4.7 Implementierung eines *ActiveX*-Steuerelementes

Will man ein typisches *ActiveX*-Steuerelement von Grund auf selbst implementieren, so ist dies mitunter recht mühselig. Zahlreiche Schnittstellen müssen semantisch korrekt implementiert werden, um das komplexe Zusammenspiel zwischen Steuerelement und Container zu realisieren.

Programmierumgebungen

Zum Glück existieren einige Entwicklungswerkzeuge, die die Implementierung von *ActiveX*-Steuerelementen erheblich vereinfachen. Hierzu zählen unter anderem die Programmierumgebungen von *Visual Basic, Visual* C++ und *Visual* J++.

In der Regel werden dem Programmierer Assistenten zur Seite gestellt, die ein Grundgerüst für das *ActiveX*-Steuerelement generieren. Insbesondere werden viele komplexe Einzelheiten, wie z.B. die Ereignisverarbeitung, vor dem Programmierer verborgen. In der Regel können Ereignisse, Operationen und Eigenschaften mit Hilfe der Assistenten leicht zum Steuerelement hinzugefügt werden.

Beispiel

Die Firma ProfiSoft entscheidet sich für das Werkzeug *Visual* C++, um das Messinstrument-*ActiveX*-Steuerelement zu implementieren. Ereignisse, Operationen und Eigenschaften können mit Hilfe von Assistenten hinzugefügt werden (Abb. 3.8-23).

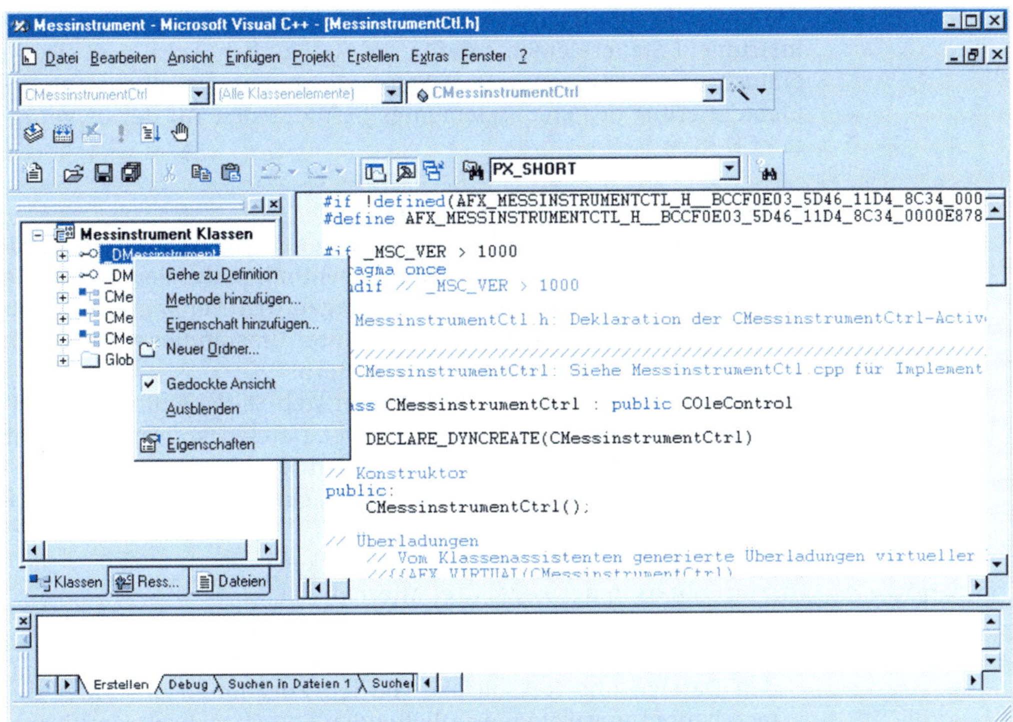

Abb. 3.8-23: Eigenschaften und Operationen in VC++ zu einem Steuerelement hinzufügen

Je nach Entwicklungswerkzeug können unterschiedliche Bibliotheken für die Entwicklung von *ActiveX*-Steuerelementen benutzt werden. Für das Werkzeug *Visual* C++ sind das die *Microsoft Foundation Classes* (MFC) und die *Active Template Library* (ATL).

Die Kombination *Visual* C++ und MFC erleichtert das Erstellen von *ActiveX*-Steuerelementen. Ein mit den MFC erstelltes Steuerelement besitzt den Nachteil, dass auf dem Zielcomputer, auf dem es installiert wird, die richtige MFC-Version installiert sein muss. Ist die MFC-Bibliothek *nicht* in der richtigen Version auf dem Zielcomputer vorhanden, dann muss sie eventuell aktualisiert werden. Für *ActiveX*-Steuerelemente, die ja gerade über das Internet auf Web-Seiten genutzt werden sollen, heißt das, dass eine große Menge Daten zusätzlich heruntergeladen werden muss, nämlich alle Bibliotheken einschließlich den MFC, von denen das Steuerelement abhängig ist. Für kleine einfache Steuerelemente sind das oft Dateien, die um ein Vielfaches größer sind als das Steuerelement selbst. Eine Verwendung der MFC ist also nur dann sinnvoll, wenn die Komplexität des Steuerelementes eine kritische Masse erreicht.

Problem: MFC

Um diesen Nachteil für kleine einfache Steuerelemente zu vermeiden, wurde die *Active Template Library* entwickelt. Sie erlaubt die schnelle und einfache Erstellung von *ActiveX*-Steuerelementen, ist jedoch nicht so mächtig wie die MFC.

Beispiel Die Firma ProfiSoft entscheidet sich bei der Erstellung des Messinstrument-Steuerelements dafür, die MFC zu benutzen, weil sie ein einfaches Erstellen von *ActiveX*-Steuerelementen ermöglicht. Die Implementierung des Steuerelementes befindet sich auf der beigefügten CD-ROM 1.

3.8.4.8 Auslieferung und Benutzung

Ein *ActiveX*-Steuerelement besteht aus einer einzigen Datei, einer DLL mit der Endung `.dll` oder `.ocx`. Die DLL enthält in der Regel auch die Typbibliothek des Steuerelementes. Wegen den Abhängigkeiten zu anderen Bibliotheken kann es jedoch unter Umständen erforderlich sein, auch andere Dateien mit auszuliefern.

Wird das Steuerelement z.B. auf einer Web-Seite benutzt, so müssen das Steuerelement und alle benötigten Dateien, sofern noch nicht geschehen, auf den *Client*-Computer geladen und installiert werden. Aus diesem Grund ist es manchmal nötig, gewisse Vorkehrungen für die Auslieferung eines Steuerelementes zu treffen und das Steuerelement und alle seine Dateien zu verpacken.

Verpackungsalternativen

Hierfür gibt es in der Regel drei Alternativen:

- Eine einzige ausführbare Datei mit Endungen wie `.dll` oder `.ocx`.
- Eine Archiv-Datei *(cabinet file)*: Alle zum Steuerelement gehörenden Dateien und Ressourcen werden zusammen mit einer die Installationsanweisungen enthaltenden `.INF`-Datei in ein Archiv mit der Endung `.cab` verpackt.
- Eine einzige `.INF`-Datei, die neben Installationsanweisungen nur Verweise auf das Steuerelement und alle seine Dateien enthält.

Welche der Alternativen man wählt, hängt vom jeweiligen Steuerelement und seinen externen Abhängigkeiten ab.

automatische Installation

Nach dem Herunterladen kann das *ActiveX*-Steuerelement automatisch installiert und deinstalliert werden. Deshalb muss auch das Modul, welches das *ActiveX*-Steuerelement enthält, die Operationen `DllRegisterServer` und `DllUnRegisterServer` implementieren, die das Steuerelement in der *Registry* an- und abmelden.

Ist ein ActiveX-Steuerelement korrekt installiert und damit auch registriert, so kann das Steuerelement in den verschiedensten Containern verwendet werden.

Beispiel Die Firma ProfiSoft will das Messinstrument in eine Web-Seite einfügen, um potenziellen Kunden einen Eindruck von der Komponente zu vermitteln. Sie erstellt dafür eine HTML-Seite, die beim Laden zunächst den Informationsdialog des Messinstruments mit Urheberrechtlichen-Informationen anzeigt. Dies geschieht, indem ein kurzes *Visual Basic*-Skript in die Web-Seite eingefügt wird. Zunächst muss aber das Steuerelement mit Hilfe des `OBJECT`-*Tags* geladen werden. Anschließend wird über die HTML-*Tags* `HEIGHT` und `WIDTH` die Größe des Steuerelementes gesetzt. Zum Schluss werden noch einige Eigenschaftswerte mit Hilfe des PARAM-HTML-*Tags* festgelegt:

```
<HTML>
<TITLE>HTML Steuerelement Beispiel</TITLE>
<BODY>
<OBJECT CLASSID="clsid:BCCF0DF5-5D46-11D4-8C34-0000E8781BB8"
    ID=Messinstrument
    HEIGHT=300
    WIDTH=150
    HSPACE=80
>
<PARAM NAME="Einheit" VALUE="° C">
<PARAM NAME="MaxWert" VALUE="100">
<PARAM NAME="Wert" VALUE="50">
<PARAM NAME="Beschriftung" VALUE="Temperatur">
</OBJECT>
<SCRIPT LANGUAGE=VBScript>
Messinstrument.AboutBox()
</SCRIPT>
</BODY>
</HTML>
```

Beim Laden der HTML-Seite zeigt der *Internet Explorer* die Ausgabe der Abb. 3.8-24 an.

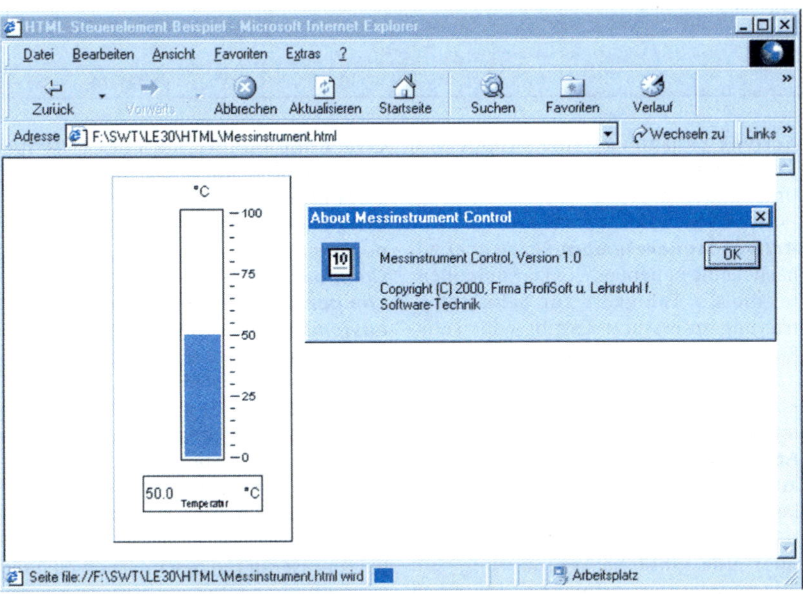

Abb. 3.8-24: Das Messinstrument-ActiveX-Steuerelement im Internet Explorer

In den Entwicklungsumgebungen, die *ActiveX*-Steuerelemente unterstützen, können die *ActiveX*-Steuerelemente per Mausklick in Anwendungen übernommen werden (Abb. 3.8-25).

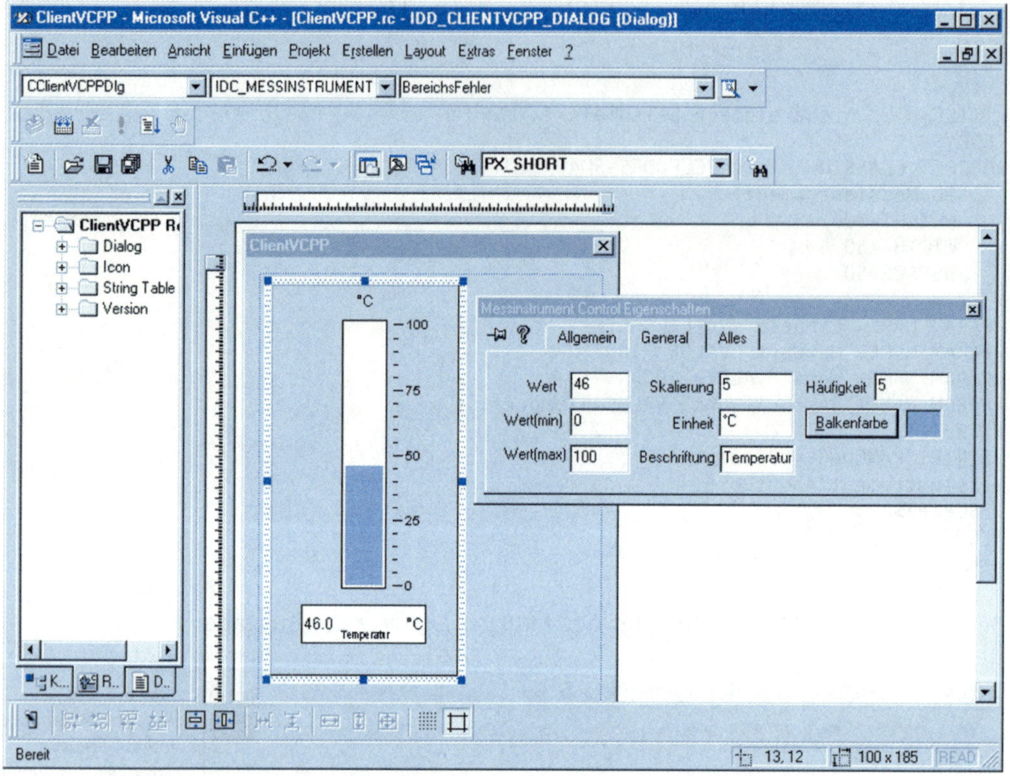

Abb. 3.8-25: Das Messinstrument im Entwicklungswerkzeug Visual C++

ActiveX Subsumiert eine Gruppe von Konzepten, die auf →COM aufbauen. Unter anderem →OLE, Automatisierung, →*ActiveX*-Steuerelemente.

***ActiveX*-Steuerelement** Bezeichnet zunächst eine beliebige →COM-Komponente, die die Fähigkeit zur Selbstregistrierung unterstützt. Es gibt jedoch eine Reihe von Standard-Schnittstellen, die *ActiveX*-Steuerelemente implementieren können, um Konzepte wie →OLE, Automatisierung usw. zu unterstützen.

Anpassung Vorgang, eine Komponente an einen spezifischen Anwendungskontext anzupassen bzw. zu konfigurieren. Im Idealfall kann eine Anpassung über eine einfache Veränderung von →Eigenschaften erfolgen. Manchmal muss eine Anpassung auch über zusätzlichen Quellcode erfolgen.

COM Komponentenmodell von Microsoft. Basiert auf einer Spezifikation von Komponenten auf binärer Ebene. →COM-Komponenten sind deshalb programmiersprachenunabhängig.

COM-Komponente Nach der COM-Spezifikation implementierte Komponente.

COM *object* →COM-Objekt

COM-Objekt Objekt einer →COM-Komponente

Component Object Model →COM

componentware →Halbfabrikat

customization →Anpassung

customizer Spezieller Auslieferungsassistent, der von einer Komponente bereitgestellt wird. Er soll die Konfiguration von Komponenten unterstützen, für die die normalen Standardwege zur Konfiguration nicht ausreichen.

Eigenschaften Für *Clients* zugängliche Attribute einer Komponente. Eigenschaften repräsentieren den internen Zustand einer Komponente.

Eigenschaftseditor Editor, mit dem die →Eigenschaften einer Komponente verändert werden können. Wird in der Regel von Entwicklungsumgebungen bereitgestellt, mit denen die Komponenten weiterverarbeitet werden sollen.

Halbfabrikat Anwendungsorientierter, in sich abgeschlossener, wiederverwendbarer, binärer Software-Baustein, der nach außen eine Schnittstelle mit Funktionen zur Verfügung stellt, die semantisch zusammengehören.
introspection →Introspektion
Introspektion Fähigkeit einer Komponente, Informationen über sich selbst für ihre *Clients* zugänglich zu machen.
JavaBean Ein nach der *JavaBeans*-Spezifikation von Sun mit Hilfe der Programmiersprache Java implementiertes →Halbfabrikat.
Komponente →Halbfabrikat
Komponentenbasierte Software-Entwicklung Schnelle Entwicklung von Anwendungen durch Kombination und Integration vorgefertigter, wiederverwendbarer →Halbfabrikate, die unabhängig von unterschiedlichen Entwicklern in unterschiedlichen Sprachen entwickelt wurden.
object linking and embedding →OLE
OLE Konzepte, die ein einfaches Einfügen von Objekten verschiedenster Anwendungen in ein Verbunddokument ermöglichen. Das Einfügen kann durch einen Verweis *(link)* erfolgen, der auf ein externes Dokument zeigt, oder über eine vollständige Einbettung *(embedding)*. Bei der vollständigen Einbettung wird das eingefügte Objekt ein Teil des Verbunddokumentes.
property → Eigenschaft
property editor →Eigenschaftseditor

Bei der Entwicklung von Software ist immer zu prüfen, ob für eine bestimmte Teilfunktionalität Halbfabrikate bzw. Komponenten *(componentware)* eingesetzt werden können. Bestimmte Anwendungsgebiete erlauben bereits eine komponentenbasierte Software-Entwicklung unter fast ausschließlicher Verwendung von Halbfabrikaten. Halbfabrikate

Komponenten besitzen häufig Eigenschaften *(properties)*. Das sind spezielle Attribute, die Komponenten nach außen für *Clients* und Entwicklungswerkzeuge sichtbar machen. Viele Entwicklungswerkzeuge stellen dafür so genannte Eigenschaftseditoren *(property editors)* zur Verfügung. Eigenschaften

Unterstützt eine Komponente die Fähigkeit, Eigenschaften, Operationen, Ereignisse und andere Informationen nach außen zur Verfügung zu stellen, so sagt man, die Komponente ist introspektiv oder auch, die Komponente unterstützt die Introspektion *(introspection)*. Introspektion

Kann die Anpassung *(customization)* einer Komponente nicht durch einen der Standardmechanismen des jeweiligen Komponentenmodells erfolgen, liefern einige Komponenten auch einen eigenen Assistenten zur Konfiguration, einen *customizer*, mit aus. Anpassung

Es gibt zwei wichtige Komponentenmodelle, die eine komponentenbasierte Software-Entwicklung unterstützen: Komponentenmodelle

- *JavaBeans*, das Komponentenmodell der Firma Sun und
- das *Component Object Model* (COM) von Microsoft.

JavaBeans sind Komponenten, die mit Hilfe visueller Programmierung zusammengefügt werden können. Eine *JavaBean* muss in der Programmiersprache Java implementiert werden und bestimmte Namenskonventionen berücksichtigen. *JavaBean*

COM-Komponenten sind programmiersprachenunabhängige Halbfabrikate, die das *Component Object Model* auf binärer Ebene spezifiziert. In der Literatur wird der Begriff COM-Objekt *(COM object)* häu- COM-Komponenten fig synonym für eine COM-Komponente und ihre Objekte verwendet. Um Verwechslungen zu vermeiden, wird mit COM-Objekt besser nur das Objekt einer COM-Komponente bezeichnet.

ActiveX

Unter dem Schlagwort *ActiveX* werden von Microsoft einige Konzepte zusammengefasst, die auf COM basieren. Unter anderem das Erstellen von Verbunddokumenten, was mit *object linking and embedding* (OLE) bezeichnet wird, und die *ActiveX*-Steuerelemente.

ActiveX-Steuerelemente implementieren zahlreiche Standard-Schnittstellen. Einige davon sorgen dafür, dass *ActiveX*-Steuerelemente wie *JavaBeans* mit Hilfe visueller Programmierung in Programme eingefügt werden können.

Vergleich

Die wichtigsten Unterschiede zwischen *ActiveX*-Steuerelementen und *JavaBeans* sind in Tab. 3.8-1 zusammengefasst. Zusätzlich werden die Vor- und Nachteile der beiden Konzepte skizziert.

	***ActiveX*-Steuerelemente**	***JavaBeans***
Programmiersprache	Sprachunabhängig (binärer Standard)	Java
Plattform	*Windows*-Plattformen	Jede Plattform, die Java unterstützt
Verbreitung	Breite existierende Codebasis und zahlreiche Komponentenbörsen	Erste Komponentenbörsen
Sicherheit	Ernsthafte Sicherheitsprobleme: *ActiveX*-Steuerelemente haben (wenn sie einmal installiert sind) vollen Zugriff auf das Betriebssystem. Lediglich die Herkunft kann bestimmt werden, wenn das Steuerelement digital signiert wurde.	Die umfangreichen Sicherheitsmechanismen der Programmiersprache Java kommen zum Tragen.
Geschwindigkeit	Schnelle Ausführung, da für *Windows*-Plattformen optimiert.	Vergleichsweise langsam. Werden auf der *Java Virtual Machine* ausgeführt

Tab. 3.8-1: Quervergleich ActiveX-Steuerelemente vs. JavaBeans

/Buschmann et al. 96/
Buschmann F., Meunier R., Rohnert H., Sommerlad P., Stal M., *Pattern Oriented Software Architecture – A System of Patterns*, Wiley & Sons, 1996.

/Eddon 98/
Eddon G., Eddon H., *Inside Distributed COM, Entdecken Sie die Programmierung von verteilten Applikationen*, Redmond: Microsoft Press, 1998, 582 Seiten.
Standardwerk, behandelt die für die Programmierung von COM- und DCOM-Komponenten notwendigen Grundlagen.

/Eisenecker 95/
Eisenecker U. W., *Objekte versus Komponenten – Der Weg zur flinken Software*, in: iX 9/1995, S. 164–169.

/Gamma et al. 95/
Gamma E., Helm R., Johnson, R., Vlissides J., *Design Patterns – Elements of Reusable Object-Oriented Software*, Reading: Addison-Wesley Publishing Company, 1995, 395 Seiten (deutsche Übersetzung: *Entwurfsmuster*, Bonn: Addison-Wesley, 1996).
Standardwerk über Entwurfsmuster; beschreibt und klassifiziert 23 Muster.

/Griffel 98/
Griffel F., *Componentware, Konzepte und Techniken eines Softwareparadigmas*, Heidelberg: dpunkt-Verlag, 1998, 645 Seiten.
Einführung in die Konzepte der komponentenbasierten Software-Entwicklung. Darstellung und Vergleich der wichtigen Komponentenmodelle.
/Piemont 99/
Piemont C., *Komponenten in Java, Einsatz und Entwicklung von JavaBeans mit VisualAge for Java*, Heidelberg: dpunkt-Verlag, 1999, 347 Seiten.
Zu empfehlende Einführung in die Entwicklung von JavaBeans.
/Pree 95/
Pree W., *Design Patterns for Object-Oriented Software Development*, Wokingham: Addison-Wesley Publishing Company, 1995.
/Stal, Berger 93/
Stal M.,Berger W., *Aus dem Vollen – Zum Design von C++-Klassenbibliotheken*, in: iX 12/1993, S.160–164.
/Szyperski 97/
Szyperski C., *Component Software, Beyond Object-Oriented Programming*, Addison Wesley, 1997, 411 Seiten.
Einführung in die Konzepte der komponentenbasierten Software-Entwicklung, enthält fortgeschrittene Konzepte, Vergleich und Darstellung der wichtigen Komponentenmodelle.
/Watson 98/
Watson M., *Creating JavaBeans, Components for Distributed Applications*, San Francisco: Morgan Kaufmann Publishers, Inc., 1998, 238 Seiten.
Einführung in die Programmierung von JavaBeans.

Zitierte Literatur

/Chappel 96/
Chappel D., *Understanding ActiveX and OLE, A guide for developers & Managers*, Redmond: Microsoft Press, 1996, 328 Seiten.
/Sun 97/
Sun Microsystems: *JavaBeans API Specifiacation*, `http://java.sun.com/beans/`, 1997.

1 *Lernziel: Die vorgestellten Ansätze anwenden können.*
Analysieren Sie die Fallstudie »Vereinsverwaltung« (CD-ROM 1). Überlegen Sie sich sinnvolle Wiederverwendungseinheiten, die sich für eine Implementierung als Komponente anbieten.

Analytische Aufgaben
Muss-Aufgabe
20 Minuten

2 *Lernziel: Die vorgestellten Ansätze anwenden können.*
Analysieren Sie den folgenden Quelltext einer *JavaBean* im Hinblick auf die in Abschnitt 3.8.2 beschriebenen Namenskonventionen. An welchen Stellen muss der Quellcode korrigiert werden?

Kann-Aufgabe
20 Minuten

```
package ISBNSupport;
bean ISBNFeld extends JTextField implements Serializable
{
    //Eigenschaften
    //Einfache Eigenschaft wird public deklariert, damit keine
    //get-/set-Operationen noetig sind.
    public boolean zeigeDialog = true;
    private transient Vector Abhoerer = new Vector();
    public ISBNFeld(String ISBN) {...}
    //set-Operationen
    public void setzeISBN(String ISBN) throws ISBNNotOkException
    {
        if (isGueltig(ISBN)) {setText(ISBN);)}
        else
```

```
        {
            if (!Beans.isDesignTime())
                throw new ISBNNotOkException();
        }
    }
    //get-Operationen
    public String liefereISBN() throws ISBNNotOkException
    {
        if(isGueltig(getText()))return getText();
        else if(!Beans.isDesignTime())
            throw new ISBNNotOkException();
        return "";
    } ...
}
```

Klausur-Aufgabe
10 Minuten

3 *Lernziel: Die vorgestellten Ansätze anwenden können.*
Analysieren Sie das Klassendiagramm der Abb. 3.8-26, das unter anderem eine COM-Komponente zur Rechtschreibprüfung darstellt. Was muss an diesem Klassendiagramm verbessert werden?

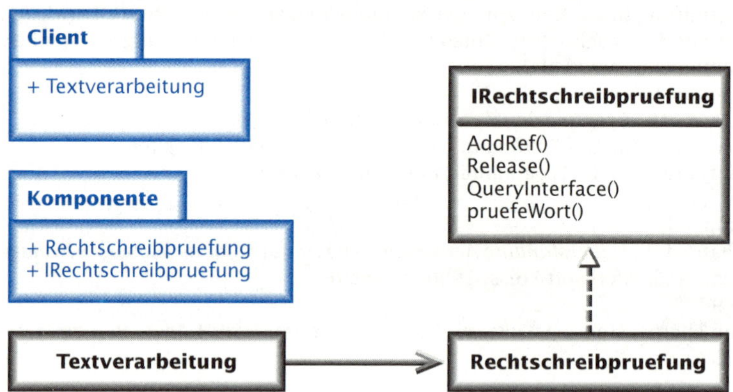

Abb. 3.8-26: Klassendiagramm Rechtschreibprüfung mit Textverarbeitung als Client

Konstruktive Aufgaben
Muss-Aufgabe
90 Minuten

4 *Lernziel: Die vorgestellten Ansätze anwenden können.*
Beschreiben Sie die Bedeutung der in der Abb. 3.8-19 dargestellten Schnittstellen für OLE-Steuerelemente. Nutzen Sie, sofern auf die Schnittstellen nicht explizit im Abschnitt 3.8.4 eingegangen wird, die im Internet zur Verfügung stehende *Online*-Dokumentation von Microsoft (`www.microsoft.com/msdn`).

Kann-Aufgabe
60 Minuten

5 *Lernziel: Ein ActiveX-Steuerelement in eine Web-Seite einbetten können.*
Installieren Sie das *ActiveX*-Steuerelement `TorteActiveX`, das sich auf der beigefügten CD-ROM 1 befindet, mit Hilfe des *setup*-Programms.

a Ermitteln Sie anschließend die CLSID des Steuerelements, indem Sie das Programm `regedit` starten (im Startmenü »Ausführen« wählen und regedit eingeben). Beachten Sie die in Abb. 3.8-13 angegebenen Hinweise.

b Fügen Sie mit Hilfe der Informationen aus **a** und dem Beispiel »Messinstrument« in Abschnitt 3.8.4.8 das Steuerelement in eine Web-Seite ein. Das Steuerelement besitzt die Eigenschaften `Prozentwert (0<=Prozentwert<= 100)` und `Bezeichnung (Zeichenkette)`. Weisen Sie analog zum Beispiel Messinstrument über den HTML-*Tag* `Param` den Eigenschaften sinnvolle Werte zu.

Hinweis

Weitere Aufgaben befinden sich auf der CD-ROM 1.

3 Die Entwurfsphase – Verteilte objektorientierte Anwendungen

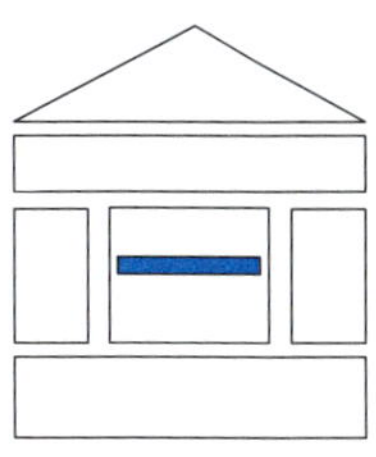

- Unterschiede zwischen den vorgestellten Komponenten-Modellen aufzählen können. verstehen
- Die Begriffe Geschäftsobjekt, Benutzer-Rolle, Transaktion, Ereignis und Ortstransparenz erklären können.
- Komponenten-Modell und -Plattform unterscheiden können.
- Die Architektur von *Enterprise JavaBeans* erklären können.
- Die CORBA-Architektur beschreiben können.
- Den Mechanismus zur Realisierung einer verteilten Kommunikation erklären können.
- Verteilte Anwendungen mit Java-RMI realisieren können. anwenden
- UML-Klassendiagramme in CORBA-IDL überführen können.
- Aus einer einfachen IDL-Beschreibung eine lauffähige Java-Anwendung mit *Client* und *Server* entwickeln können.

- Die Kapitel 2.6, 2.18 und 3.8 müssen bekannt sein.
- Für das Verständnis der Abschnitte 3.9.3 und 3.9.4 muss die Programmiersprache Java bekannt sein.

i

3.9 Verteilte objektorientierte Anwendungen

3.9.1 Software für Unternehmenslösungen

Software, die zur Unterstützung der Geschäftsabläufe in einem Unternehmen eingesetzt werden soll, unterscheidet sich wesentlich von Software auf einem Einzelplatz-System. **Unternehmenslösungen** zeichnen sich dadurch aus, dass sie von vielen Benutzern gleichzeitig genutzt werden, verteilt sind (oft über große Entfernungen) und mit unternehmenskritischen Daten arbeiten.

Anforderungen

In /Denninger, Peters 00/ werden folgende Anforderungen an unternehmensweite Anwendungen formuliert:

- **Mehrbenutzerfähigkeit**
  Es wird eine Benutzerverwaltung benötigt. Benutzer müssen authentifiziert werden und es muss sichergestellt sein, dass ein Benutzer nur die Teile der Anwendung nutzt, für die er eine Berechtigung hat.
- **Skalierbarkeit**
  Die Anzahl der Benutzer ist im Voraus *nicht* bekannt. Wenn eine Anwendung mit der Zeit immer umfangreicher wird, d.h. immer mehr Geschäftsprozesse unterstützt, wird auch die Zahl der Benutzer und die Menge der zu verwaltenden Daten steigen. Steigende Anforderungen an die Leistungsfähigkeit *(performance)* einer Anwendung müssen erfüllt werden können, ohne die Anwendung selbst zu modifizieren, d.h. ganz oder in Teilen neu zu programmieren.
- **Verfügbarkeit**
  Wenn eine Anwendung zur Unterstützung von Geschäftsprozessen eines Unternehmens eingesetzt wird, bedeutet dies meist auch, dass mit einem Ausfall der Anwendung die Geschäftstätigkeit des Unternehmens sehr stark eingeschränkt wird oder ganz zum Erliegen kommt. Es müssen daher Maßnahmen getroffen werden, die diesen Fall ausschließen bzw. sehr unwahrscheinlich machen. Dies lässt sich zwar nicht ausschließlich durch Software realisieren, jedoch muss eine Anwendung mit dem plötzlichen Ausfall bestimmter Teilsysteme zurecht kommen.
- **Verbindung mit der Außenwelt**
  Immer mehr Unternehmen gehen heute dazu über, Geschäftspartner (z.B. Kunden und Lieferanten) in die eigenen Geschäftsprozesse einzubeziehen. Eine Konsequenz ist, dass Benutzer mit einer Anwendung arbeiten, die keine Mitarbeiter des Unternehmens sind. Diese Art von Interaktion findet häufig über das Extranet oder Internet statt. Eine Anwendung muss auch diese Benutzergruppe berücksichtigen. Oft ist es auch erforderlich, dass firmen-interne Anwendungen mit firmen-externen Anwendungen, die z.B. bei Lieferanten in Betrieb sind, interagieren können.

- **Schrittweise Migration**
  Die Annahme, die Software-Infrastruktur eines Unternehmens könne »von heute auf morgen« komplett umgestellt werden, ist unrealistisch. Eine neue Anwendung wird zunächst nur in Teilen des Unternehmens eingesetzt werden, während andere Teile mit den bisherigen Altsystemen weiter arbeiten. Eine neue Anwendung muss daher so konzipiert sein, dass sie mit vorhandenen Altsystemen harmoniert und eine schrittweise Umstellung unterstützt.

Eine wichtige Gemeinsamkeit der hier beschriebenen Anforderungen an Unternehmenslösungen ist die Unabhängigkeit von einem konkreten Unternehmen. Es handelt sich um nicht-funktionale Anforderungen. Sie treffen für alle Unternehmenslösungen mehr oder weniger zu, da sie sich nicht auf Geschäftsprozesse beziehen, sondern eher die technischen Randbedingungen betreffen. Eine Bank benötigt für ihr Computersystem ebenso eine Benutzerverwaltung wie ein Versandhaus oder ein Automobil-Hersteller.

Trennung Infrastruktur – Anwendungslogik

Es bietet sich daher an, die **Infrastruktur** getrennt von der **Anwendungslogik** zu entwickeln. Die Infrastruktur wird von Entwerfern für verteilte Systeme entwickelt, die keine konkreten Geschäftsfelder kennen müssen. Die Anwendungslogik entwickeln Anwendungsspezialisten für den jeweiligen Anwendungsbereich. Diese Arbeitsteilung ermöglicht die Entwicklung ***server*basierter Komponenten-Modelle**, die unabhängig von einem konkreten Anwendungsbereich eine Infrastruktur spezifizieren. **Komponenten-Plattformen** realisieren die im Komponenten-Modell spezifizierte Infrastruktur. Sie werden auch ***Middleware*-Plattformen** genannt.

Komponenten-Plattform

Zur Entwicklung einer konkreten Unternehmenslösung kann die Komponenten-Plattform eingekauft werden. Der Anwendungsentwickler arbeitet auf einem wesentlich höheren Abstraktionsniveau. Er konzentriert sich auf die Realisierung der Anwendungslogik. Vor diesem Hintergrund wurden eine Reihe von Produkten, Spezifikationen und Standards entwickelt, die Architekturen für die Entwicklung von Unternehmenslösungen bereitstellen.

verteilte Objektarchitekturen

Der komponentenbasierte Ansatz ist für *Middleware*-Plattformen relativ neu. Schon bevor *server*basierte Komponenten-Modelle industrielle Bedeutung erlangten, gab es **verteilte Objektarchitekturen** als *Middleware*-Plattformen. Am weitesten verbreitet ist die *Common Object Request Broker Architecture* (CORBA). Als Java-basierte Architektur für verteilte Objekte steht zusätzlich RMI *(Remote Method Invocation)* als Teil des Java Standard-APIs zur Verfügung.

binäres Format

Für den Anwendungs-Entwickler ergeben sich keine wesentlichen Unterschiede zwischen verteilten Objektarchitekturen und Komponenten-Modellen. In beiden Fällen kann mit Objekten und Schnittstellen gearbeitet werden. Verteilte Objektarchitekturen machen aber praktisch *keine* Angaben über die binäre Form des Endprodukts. Es bleibt dem Plattform-Hersteller bzw. dem Anwendungs-Entwickler überlassen, wie er seinen Code letztendlich ausliefert. Eine Anwendung aus miteinander kommunizierenden Objekten kann trotzdem als eine monolithische Programm-Datei (z.B. .exe-Datei) ausgeliefert werden. Die physische Form der Anwendung ist *nicht* Teil des Modells, was die Interoperabilität unabhängig voneinander entwickelter Anwendungen erschwert. Der Vorteil der Komponenten-Modelle liegt darin, dass auch die physische Struktur einer Anwendung (eben die Zusammensetzung aus binären Komponenten) Teil des Modells ist und spezifiziert wird.

Vorteile physischer Strukturen

Es sieht derzeit so aus, als würden sich Komponenten-Modelle gegenüber komponentenlosen verteilten Objektarchitekturen durchsetzen. Die Spezifizierung physischer Strukturen bietet folgende Vorteile:

- Die Komponenten-Plattform kann mehr Dienstleistungen bereitstellen, was den Anwendungsentwicklern Arbeit erspart.
- Eine bessere Wartbarkeit in Betrieb befindlicher Anwendungen, da einzelne Komponenten leichter ausgetauscht werden können als große Anwendungspakete.
- Vereinfachung der Entwicklung, da bereits während der Entwicklung mit austauschbaren Komponenten gearbeitet werden kann, wodurch sich die Arbeit leichter verteilen und koordinieren lässt.

prozedurale Architektur

Zwar gibt es heute noch Ansätze, die auf einer prozeduralen Architektur aufbauen, jedoch wird ihre Bedeutung in Zukunft abnehmen. In den folgenden Abschnitten werden die heute (und wahrscheinlich auch in Zukunft) wichtigen Architekturen und Modelle vorgestellt. Sie arbeiten alle objekt- *und* komponentenorientiert. Da die objekt- und komponentenorientierten Architekturen konzeptionell alle sehr ähnlich sind, erfolgt zunächst eine Beschreibung der allgemeinen Konzepte. In der UML besitzen Komponenten eine eigene Notation, die in Abb. 3.9-1 dargestellt ist.

Abb. 3.9-1: Komponenten in der UML

Komponente

»A component is a physical and replaceable part of a system that conforms to and provides the realization of a set of interfaces. Graphically, a component is rendered as a rectangle with tabs« /Booch 99/.

UML-Notation

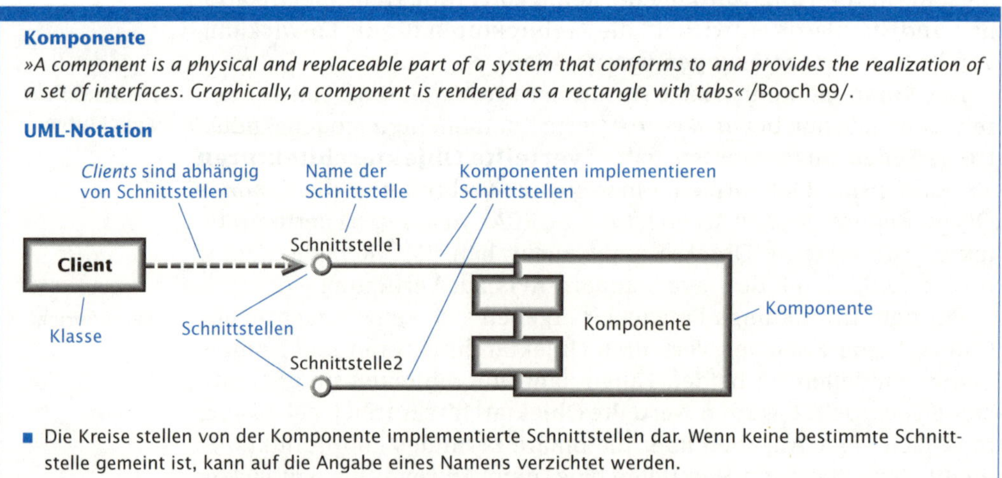

- Die Kreise stellen von der Komponente implementierte Schnittstellen dar. Wenn keine bestimmte Schnittstelle gemeint ist, kann auf die Angabe eines Namens verzichtet werden.

- Die Verbindungslinie zwischen Schnittstelle und Komponente bedeutet, dass die Komponente die Schnittstelle implementiert.
- Über einen »Abhängigkeits-Pfeil« kann angezeigt werden, dass ein *Client* die Komponente über die Schnittstelle benutzt. *Clients* sollten nie direkt mit der Komponente verbunden werden, da sie nur von der Schnittstelle abhängen und die Komponente im Prinzip austauschbar ist.
- Die in den Schnittstellen spezifizierten Operationen sind *nicht* ersichtlich (übliche Notation). Sie müssen an anderer Stelle dokumentiert werden.
- Alternativ möglich, aber in Zusammenhang mit Komponenten weniger gebräuchlich, ist die Darstellung der Schnittstelle als Klassen-Symbol, wobei die Operationen sichtbar sind:

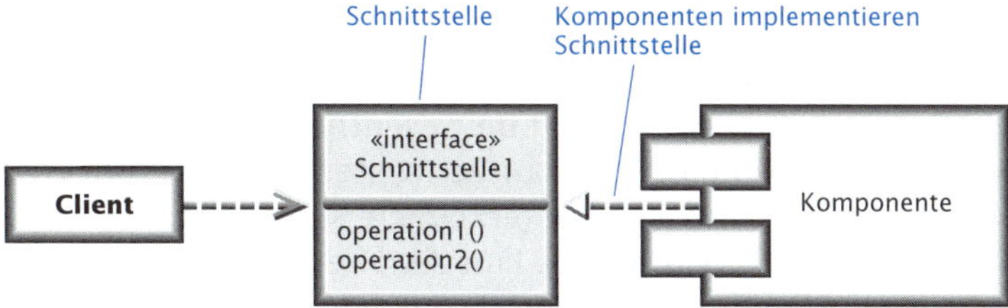

Komponenten-Diagramme vs. Klassen-Diagramme

- Komponenten und Klassen erscheinen in der Regel in unterschiedlichen Diagrammen.
- Klassen-Diagramme beschreiben die logische Architektur.
- Komponenten-Diagramme legen die physische Struktur eines Systems fest.
- In diesem Buch werden nicht näher bezeichnete *Clients* von Komponenten durch Klassen-Symbole repräsentiert, wodurch Klassen- und Komponenten-Symbole in einem Diagramm erscheinen. Es soll so zum einen verdeutlicht werden, dass keine Annahmen über die physische Repräsentation eines *Client* gemacht werden, zum anderen, dass Komponenten aus logischer Sicht Klassen sind. Da in der UML Klassen von Schnittstellen abhängen können und Komponenten Schnittstellen implementieren können, ist diese Anordnung konform zur UML.

Halbfabrikate vs. UML-Komponenten

- In diesem Buch stellt ein Komponenten-Symbol immer ein Software-Halbfabrikat dar.
- Die UML beschränkt den Komponenten-Begriff *nicht* auf Halbfabrikate. Grundsätzlich können alle »Dinge«, die physisch vorhanden sind, durch das Komponenten-Symbol repräsentiert werden. Dazu zählen z.B. Artefakte, die während des Entwicklungsprozesses entstehen, wie Quelltext-Dateien oder andere Dokumente.

Physische Verteilung auf Computersysteme

- Zur Darstellung der physischen Verteilung von Komponenten auf Computersysteme enthält die UML das Element **Knoten *(node)***.
- Ein Knoten ist ein Betriebsmittel, das Verarbeitungs- und/oder Speicherkapazität zur Verfügung stellt (z.B. ein Computersystem, das als *Server* arbeitet).
- In diesem Buch wird der Begriff Computersystem bzw. *Server* bei *server*seitigen Komponenten verwendet.
- Ein Knoten wird durch einen dreidimensional erscheinenden rechteckigen Kasten repräsentiert. Die auf dem Knoten liegenden Komponenten werden innerhalb des Kastens dargestellt. Im nebenstehenden Beispiel enthält ein Knoten namens »*Server*« zwei Komponenten mit ihren Schnittstellen.

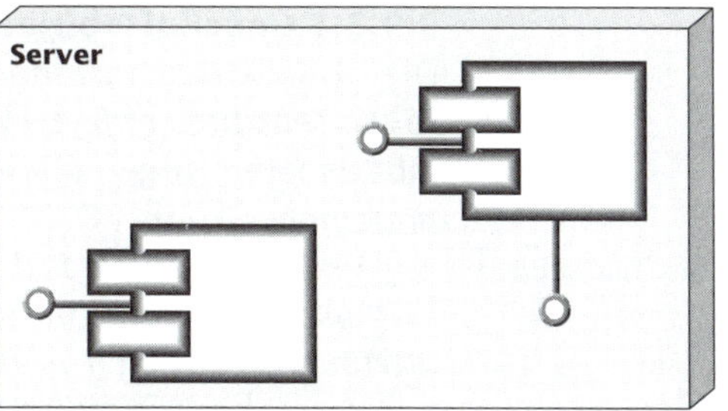

3.9.2 *Server*basierte Komponenten-Modelle

Unternehmenslösungen auf der Grundlage von *server*basierten Komponenten-Modellen gehen von einer linearen Drei-Schichtenarchitektur *(3-tier architecture)* oder einer Mehr-Schichtenarchitektur *(multi-tier architecture)* aus (siehe Kapitel 3.2). *Server*basierte Komponenten-Modelle betreffen im Wesentlichen die Schicht zur Realisierung der Anwendungslogik, die zwischen der Benutzungsoberfläche (GUI-Schicht) und der Datenhaltungsschicht liegt. Zusätzlich spezifizieren sie Dienste für den Zugriff auf Datenbank-Systeme. Ihr Ziel ist es, die Entwicklung einer konkreten Anwendungslogik so weit wie möglich zu vereinfachen.

Anwendungsschicht

Die Anwendungsschicht besteht im Wesentlichen aus miteinander interagierenden Objekten. Das Laufzeitsystem der Komponenten-Plattform verwaltet diese Objekte (erzeugen, speichern, löschen). In der Regel bleibt ein Objekt passiv. Eine Aktivierung findet durch ein anderes Objekt *(Client)* statt, das eine Dienstleistung des Objekts *(Server)* in Anspruch nimmt, indem es eine Operation aufruft. Ursache für eine Aktivierung kann z.B. sein, dass ein Benutzer, der über einen Dialog Daten eingegeben hat, durch Betätigen des OK-Druckknopfes eine Aktion anstößt.

Client vs. *Server*

Die Begriffe *Client* (Kunde/Dienstnehmer) und *Server* (Diener/Diensterbringer) haben eine Doppelbedeutung. Zum einem bezeichnen sie Computersysteme. Der *Client* ist in diesem Fall meist ein PC oder eine *Workstation* auf dem Schreibtisch des Benutzers, der *Server* ist z.B. ein Computersystem im Rechenzentrum. Auf der anderen Seite bezeichnen die Begriffe aber auch Rollen für Objekte. Wenn ein Objekt eine Operation eines anderen Objekts aufruft, ist das aufrufende Objekt ein *Client*, das aufgerufene ein *Server*. Eine Operation stellt eine Dienstleistung dar, die der *Server* erbringt. Ruft das *Server*-Objekt zur Erbringung einer eigenen Dienstleistung Operationen eines dritten Objekts auf, so nimmt es diesem gegenüber die Rolle eines *Client* ein. Ein Objekt kann also gleichzeitig *Client* und *Server* sein. Es hängt von der Sichtweise und der konkreten Situation ab, welcher Begriff besser passt. Ob mit *Client* bzw. *Server* Objekte oder Computersysteme gemeint sind, geht meist aus dem Kontext hervor.

3.9.2.1 Geschäftsobjekte

Die Objekte der Anwendungslogik werden häufig als **Geschäftsobjekte** *(business objects)* bezeichnet. Für den Begriff Geschäftsobjekt gibt es *keine* allgemein anerkannte Definition. Die OMG *(Object Management Group)* /OMG 96/ verwendet folgende Definition:

Geschäftsobjekt

»A business object is defined as a representation of a thing active in the business domain, including at least its business name and definition, attributes, behaviour, relationships, rules, policies and constraints. A business object may represent, for example, a person, place, event,

business process or concept. Typical examples of business objects are: employee, product, invoice and payment.«

Geschäftsobjekte werden von Komponenten-Modellen auf **Komponenten** abgebildet. Komponentenmodelle unterstützen in der Regel *keine* Vererbung zwischen Komponenten. Von einer Komponente werden zur Laufzeit Objekte erzeugt, die dann als Geschäftsobjekte bezeichnet werden (Abb. 3.9-2). Da die Anwendungslogik auf einem *Server* liegt, spricht man auch von ***server*seitigen Komponenten**.

Kapitel 3.8

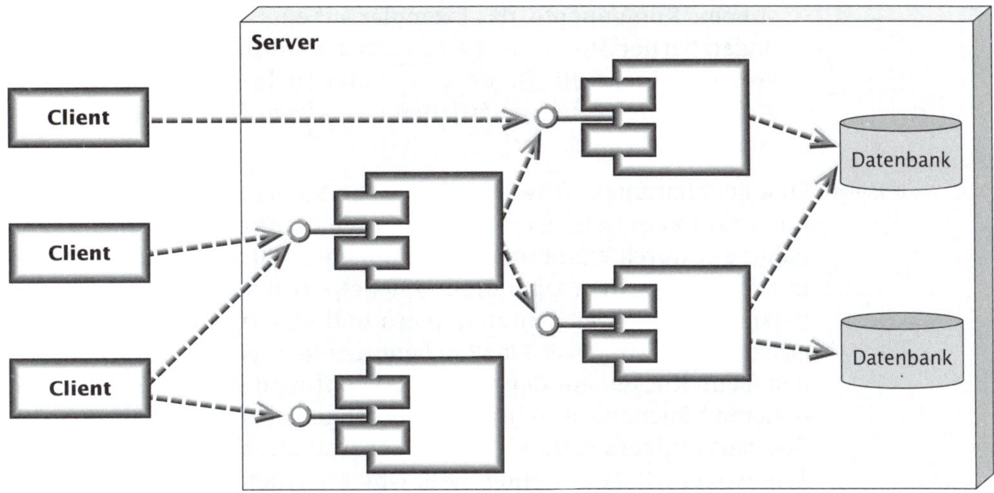

Abb. 3.9-2: Serverseitige Komponenten

Es lassen sich grundsätzlich zwei Arten von Komponenten unterscheiden

- **Daten-Komponenten** *(entity components)*
  Wenn für eine Unternehmenslösung ein objektorientiertes Analysemodell entwickelt wurde, werden die dort identifizierten Klassen durch Komponenten realisiert. Die tatsächliche Speicherung der Daten erfolgt meist in einer relationalen Datenbank. Die Komponente stellt eine Schale für diese Daten dar. Dadurch wird auf der einen Seite eine objektorientierte Sichtweise auf die Daten ermöglicht, auf der anderen Seite muss auf die Vorteile einer (relationalen) Datenbank (Sicherheit, Dauerhaftigkeit) nicht verzichtet werden.

Beispiel

In der Fallstudie »Seminarorganisation« sind z.B. die Klassen »Kunde« oder »Dozent« gute Kandidaten für Daten-Komponenten. Objekte der Komponente »Kunde« repräsentieren dann z.B. konkrete Kunden.

- **Prozess-Komponenten** *(session components)*
  Wenn für eine Unternehmenslösung in der Definitionsphase Geschäftsprozesse identifiziert wurden, werden diese ebenfalls durch Komponenten repräsentiert. Oft hat die Schnittstelle einer solchen Komponente nur eine oder wenige Operationen. Ein Aufruf der Operation bewirkt die Ausführung des Geschäftsprozesses. Die benötigten Daten sind Parameter der Operation. Es muss dabei zwischen einem Geschäftsprozess (z.B. Buchung) und einem Exemplar eines Geschäftsprozesses unterschieden werden (z.B. buche das Seminar x für den Kunden y). Der Geschäftsprozess wird auf eine Komponente, das Exemplar auf ein Geschäftsobjekt abgebildet. Bei der Ausführung eines Geschäftsprozesses verändert ein Prozess-Objekt die Daten eines oder mehrerer Daten-Objekte. Prozess-Objekte selbst enthalten meist *keine* Daten, die dauerhaft zu speichern sind.

Beispiel

Eine Buchhaltungs-Software muss sicherstellen, dass eine Buchung immer auf zwei Konten erfolgt. Ein Geschäftsprozess »buchen« kann daher gut durch eine Prozess-Komponente »Buchung durchführen« mit einer einzelnen Operation »buchen« realisiert werden, die als Parameter z.B. zwei Kontonummern und den zu buchenden Betrag erhält. Diese Daten werden vom Benutzer über einen Dialog eingegeben. Beim Klicken auf den OK-Druckknopf wird ein Objekt der Komponente »Buchung durchführen« erzeugt und die Ausführung des Geschäftsprozesses durch Aufruf der Operation »buchen« angestoßen, wobei auf zwei Konten (z.B. Objekte einer Daten-Komponente »Konto«) der Kontostand erhöht, bzw. verringert wird (Abb. 3.9-3).

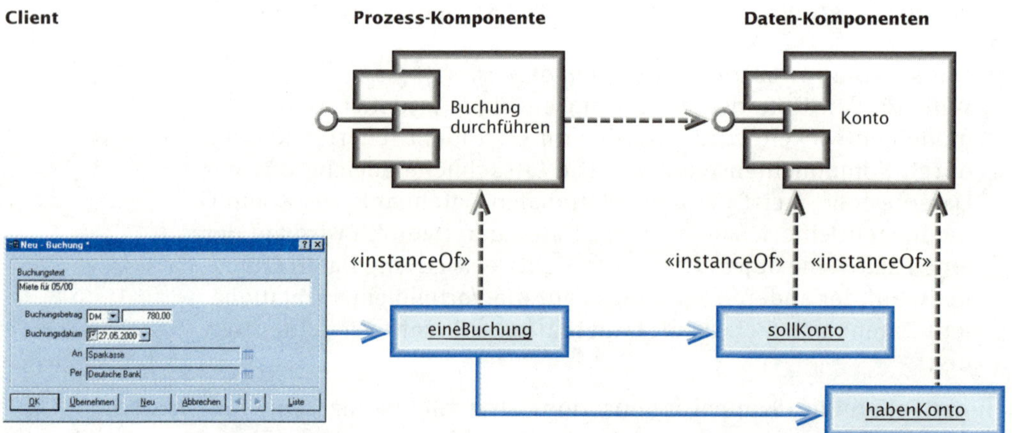

Abb. 3.9-3: Beispiel für eine Prozess-Komponente

Die Ausführung eines Geschäftsprozesses beginnt zumeist mit der Erzeugung eines Prozess-Objekts durch den *Client*. Dieses Objekt führt dann den Prozess aus und wird anschließend wieder zerstört.

Prozess-Objekte entsprechen *nicht* der üblichen Sichtweise der Objektorientierung, wo Daten und Operationen auf diese Daten zu einer Einheit (eben einem Objekt) zusammengefasst werden. Komplexe Geschäftsprozesse arbeiten in der Praxis oft mit den Daten von *vielen* Objekten, d.h. ihre Funktionalität ist objektübergreifend. Es ist daher besser, die Funktionalität eines Geschäftsprozesses in einer Klasse (bzw. einer Komponente) zu kapseln, anstatt sie über viele kleine Operationen in unterschiedlichen Klassen zu verteilen. Die Idee, Funktionalität in Objekte zu kapseln wird in /Jacobson et al. 92/ beschrieben. Auch einige der in /Gamma 96/ vorgestellten Entwurfsmuster basieren auf der Kapselung von Funktionalität in Objekten.

Prozess-Objekte

3.9.2.2 Sicherheit

Nicht jeder Benutzer soll auf alle Daten eines Unternehmens zugreifen oder alle Geschäftsprozesse ausführen können.

Komponenten-Modelle bieten daher eine Benutzerverwaltung an. Meist werden bei der Entwicklung einer Komponente Rollen definiert und diesen Rollen Ausführungsrechte für bestimmte Operationen eingeräumt. Diese Rollen entsprechen Benutzergruppen, wie sie von der Rechteverwaltung eines Betriebssystems her bekannt sind. Alle Benutzer, die mit einer Anwendung arbeiten, müssen daher bestimmten Rollen (Gruppen) zugeordnet sein. Beim Aufruf einer Operation identifiziert das Laufzeitsystem der Komponenten-Plattform den initiierenden Benutzer und prüft, ob er zu einer Rolle gehört, die den Aufruf durchführen darf. Durch die Definition von Rollen bleibt die Komponente weitgehend unabhängig vom konkreten Einsatzgebiet. Die Zuordnung von Benutzern zu Rollen ist Aufgabe des System-Administrators. Wie die Authentifizierung der Benutzer erfolgt, hängt von der jeweiligen Komponenten-Plattform ab.

Benutzerverwaltung
Rollen

3.9.2.3 Transaktionen

Transaktionen stammen ursprünglich aus der Datenbank-Welt. Eine **Transaktion** ist eine Folge von Aktionen zur kontrollierten Veränderung eines Datenbestandes. Die Eigenschaften einer Transaktion werden oft unter dem Schlagwort ACID zusammengefasst:

ACID-Prinzip

- **unteilbar *(atomic)*:** Es werden entweder alle Aktionen einer Transaktion ausgeführt oder keine Aktion. Eine Transaktion wird niemals nach der Ausführung eines Teils der Aktionen beendet.
- **konsistent *(consistent)*:** Vor Beginn einer Transaktion und nach ihrer Beendigung befindet sich der Datenbestand in einem konsistenten Zustand. Solange eine Transaktion läuft, kann sich der Datenbestand in einem inkonsistenten Zustand befinden.
- **isoliert *(isolated)*:** Wenn mehrere Transaktionen gleichzeitig auf demselben Datenbestand ausgeführt werden, so ist das Ergebnis ein Datenbestand, wie ihn eine sequenzielle Ausführung der Trans-

aktionen in irgend einer Reihenfolge ergeben hätte. Insbesondere sind inkonsistente Zustände während der Abarbeitung einer Transaktion für andere Transaktionen unsichtbar.

- **dauerhaft *(durable):*** Die Änderungen, die eine Transaktion an einem Datenbestand vornimmt, werden persistent gespeichert, d.h. sie werden auf ein nicht-flüchtiges Speichermedium geschrieben.

Beispiel

Wenn z.B. eine Bank eine Buchung vornimmt, so sind davon in der Regel zwei Konten betroffen. Dem einen Konto wird ein bestimmter Betrag belastet, dem anderen der exakt gleiche Betrag gutgeschrieben. Es wäre fatal, wenn eine Buchung z.B. durch einen Hardware-Ausfall zu einem Zeitpunkt abgebrochen würde, an dem zwar das eine Konto belastet, der Betrag dem anderen Konto aber noch nicht gutgeschrieben wurde. Eine Transaktion stellt sicher, dass entweder beide Aktionen stattfinden oder keine von beiden.

Transaktions-Monitor TAM
Abschnitt 3.5.1

Zur Abwicklung und Verwaltung von Transaktionen stehen so genannte **Transaktions-Monitore** *(transaction monitor,* TAM) zur Verfügung. Sie sind z.B. Teil vieler Datenbank-Management-Systeme (DBMS). Zu Beginn einer Aktionsfolge, die als Transaktion zu handhaben ist, initiiert eine Anwendung mit Hilfe des TAM eine neue Transaktion *(start transaction).* Nach Beendigung der letzten Aktion erfolgt der Abschluss der Transaktion *(commit).*

Kann eine Transaktion wegen eines Fehlers nicht korrekt beendet werden, so erfolgt ein Abbruch *(abort).* Der TAM sorgt dann für eine Rückabwicklung *(rollback).* Im Rahmen der Rückabwicklung werden alle bisher am Datenbestand vorgenommenen Änderungen wieder rückgängig gemacht, so dass ein konsistenter Zustand erreicht wird. Die im Rahmen einer Transaktion vorgenommenen Änderungen müssen also genau protokolliert und/oder zwischengespeichert werden, um das ACID-Prinzip garantieren zu können.

verteilte Transaktionen

Wenn der zu ändernde Datenbestand oder die Abarbeitung der einzelnen Aktionen über mehrere Computersysteme verteilt erfolgt, so spricht man von verteilten Transaktionen. Eine **verteilte Transaktion** wird auf einem Computersystem initiiert *(master)* und von dort werden – z.B. zur Steigerung der Leistung *(performance)* – einzelne Teilaufgaben auf andere Computersysteme *(slaves)* verteilt, die dort als Teil-Transaktionen ablaufen. Zur Koordination verteilter Transaktionen wurde das so genannte Zwei-Phasen-*Commit*-Protokoll entwickelt. Es stellt sicher, dass eine verteilte Transaktion nur dann erfolgreich abgeschlossen wird, wenn zuvor alle Teil-Transaktionen erfolgreich abgeschlossen wurden. Schlug nur eine Teil-Transaktion fehl, so finden für alle Teil-Transaktionen Rückabwicklungen *(rollbacks)* statt. Die gesamte verteilte Transaktion ist dann fehlgeschlagen.

Transaktions-sicherheit

Geschäftsanwendungen benötigen in der Regel Transaktionssicherheit. Viele Geschäftsprozesse müssen nach dem ACID-Prinzip abgewickelt werden. Komponenten-Modelle unterstützen zu diesem Zweck verteilte Transaktionen und spezifizieren Transaktions-Monitore als Bestandteil einer Komponenten-Plattform. Im Hintergrund stützen sich viele Transaktions-Monitore dabei auf die Dienste eines Datenbank-Managementsystems.

Komponenten-Modelle erlauben es zusätzlich, das Transaktionsverhalten unabhängig von der Implementierung einer Komponente zu spezifizieren. Der Komponenten-Entwickler implementiert die Operationen einer Komponente (Geschäftsprozesse sind technisch gesehen Operationen) und braucht sich um Transaktionen nicht zu kümmern. Dies vereinfacht die Implementierung der Anwendungslogik.

Installation

Erst bei der Installation der Komponente wird festgelegt, welche Operationen/Geschäftsprozesse durch Transaktionen zu sichern sind und welche nicht. Das Laufzeitsystem der Komponenten-Plattform kann dann beim Aufruf einer entsprechend markierten Operation automatisch eine Transaktion starten. Ruft die Operation andere Operationen von anderen Objekten auf, so verfolgt das Laufzeitsystem diese Aufrufe und bettet auch die aufgerufenen Objekte in die Transaktion ein. Nach erfolgreicher Beendigung der Operation wird ein *commit* durchgeführt. Schlug die Ausführung fehl, wird eine Rückabwicklung veranlasst.

3.9.2.4 Ortstransparenz

Die Komponenten-Plattform sorgt dafür, dass der Zugriff auf Objekte der Anwendungsschicht **ortstransparent** ist. Ein *Client* muss den physischen Standort eines *Server*-Objekts *nicht* kennen. Das Objekt kann auf demselben Computersystem liegen, auf einem Unternehmens-*Server* oder irgendwo im Internet. Wenn der *Server* nicht auf demselben Computersystem liegt wie der *Client*, dann spricht man von einem entfernten Objekt, sonst von einem lokalen. Auch innerhalb der Anwendungsschicht interagieren die Geschäftsobjekte miteinander, ohne ihren Standort gegenseitig zu kennen.

Namensdienst

Eine Komponenten-Modell spezifiziert einen **Namensdienst**, der die Verbindung zu entfernten Objekten herstellt. Dieser Dienst liefert einem *Client* eine Referenz zu einem bestimmten Objekt oder legt ein Objekt einer bestimmten Komponente »irgendwo« an und liefert eine Referenz darauf.

Ortstransparenz

Die **Ortstransparenz** bietet auf zwei Ebenen Vorteile:

- **Implementierung**
  Bei der Implementierung einer Operation in einer Programmiersprache können entfernte Objekte im Wesentlichen genau so behandelt werden wie lokale Objekte. Die Bibliotheken und das Laufzeitsystem einer Komponenten-Plattform sorgen dafür, dass Operationsaufrufe, die über ein Netzwerk übertragen werden müssen, auf der *Client*-Seite genau so durchgeführt werden können,

wie Aufrufe eines lokalen Objekts. Auf der anderen Seite braucht ein *Server* sich *nicht* darum zu kümmern, ob ein Aufruf »vom Objekt nebenan« kommt oder von einem anderen Kontinent. Ein Anwendungsprogrammierer kann sich so auf die zu realisierende Geschäftslogik konzentrieren und wird nicht mit Details der verteilten Kommunikation aufgehalten.

- **Administration**
Skalierbarkeit und Verfügbarkeit sind wichtige Anforderungen an Unternehmenslösungen. Da der Aufenthaltsort einer Komponente transparent ist, kann sie leicht von einem *Server* auf einen anderen verschoben werden, ohne dass Veränderungen an ihren *Clients* nötig wären. Auf diese Weise kann die Verfügbarkeit erhöht oder die *Performance* durch das Hinzufügen weiterer oder leistungsfähigerer *Server* bei Bedarf relativ leicht verbessert werden (Abb. 3.9-4).

Abb. 3.9-4: Lastverteilung durch Verteilung von Anwendungs-Komponenten auf mehrere Server

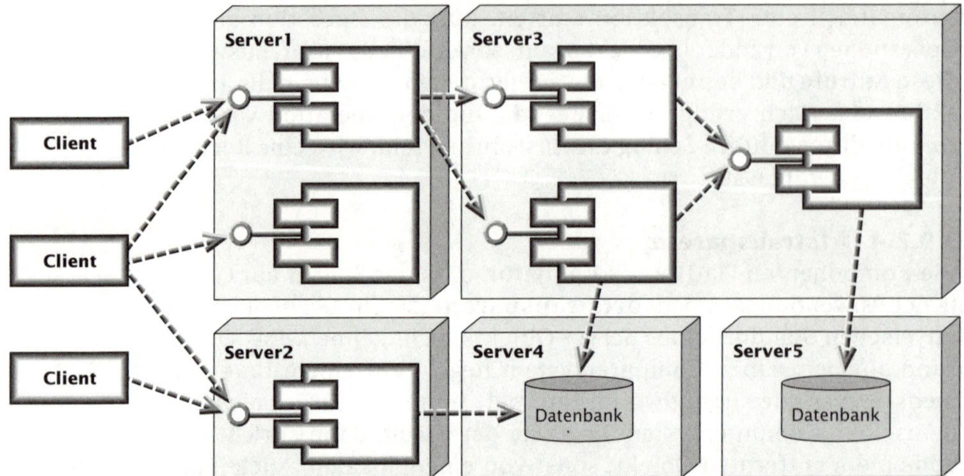

Beispiel

Wenn ein *Server* ausfällt, kann ein anderer *Server* automatisch einspringen. Daten-Objekte müssen dann auf dem neuen *Server* erzeugt werden *(recovery)*. Die Aufrufe von *Clients* können jedoch von der Komponenten-Plattform einfach an die neue Adresse geleitet werden, sodass der Ausfall unbemerkt bleibt.
Ein anderes Beispiel betrifft die automatische Lastenverteilung. Wenn auf einem *Server* so viele Prozess-Objekte mit der Ausführung von Geschäftsprozessen beschäftigt sind, dass er ausgelastet ist, können weitere Prozess-Objekte auf Anfrage von *Clients* auf einem anderen *Server* angelegt werden.

Die Grundkonzeption *server*basierter Komponenten-Modelle ist in Abb. 3.9-5 nochmals zusammengefasst.

Referenzen

- Konzeptionell verfügt ein *Client*-Objekt über eine Referenz auf ein *Server*-Objekt, wenn es eine Dienstleistung in Anspruch nehmen möchte.
- Diese Referenz erhält es als Ergebnis eines Operationsaufrufes von einem anderen Objekt oder durch den **Namensdienst** der Komponenten-Plattform.

- Da *Client* und *Server nicht* auf demselben Computersystem liegen müssen, ist im Allgemeinen eine Abbildung von Referenzen auf Speicheradressen *nicht* möglich.

Stummel- und Skelett-Objekte

- Komponenten-Modelle verwenden zur Realisierung von Referenzen auf entfernte Objekte daher so genannte Stummel-Objekte *(stubs)* und Skelett-Objekte *(skeletons).*
- Statt auf das entfernte Objekt verweist eine Referenz auf ein lokales **Stummel-Objekt**. Das Stummel-Objekt bietet die gleiche Schnittstelle wie das *Server*-Objekt.
- Ruft der *Client* eine Operation auf, verpackt das Stummel-Objekt die Daten des Aufrufs (z.B. Name der Operation, Parameter usw.) in ein geeignetes Transportformat und schickt sie über einen Kommunikationsdienst an das Computersystem, auf dem das *Server*-Objekt liegt.
- Dort werden die Daten von einem **Skelett-Objekt** empfangen und entpackt. Das Skelett-Objekt hat eine lokale Referenz auf das *Server*-Objekt und initiiert einen lokalen Aufruf.

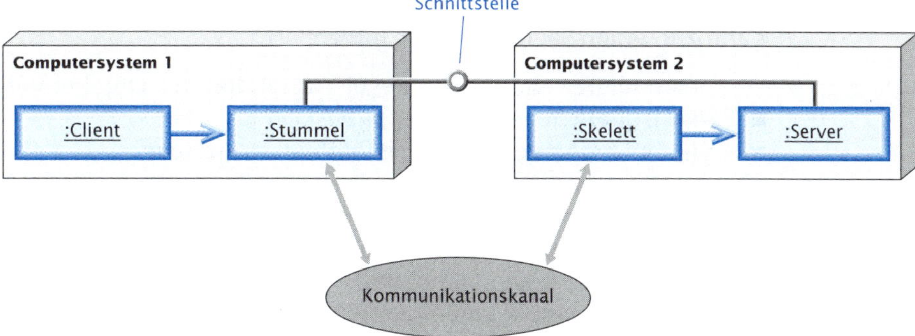

- Ausgabe-Parameter werden auf die gleiche Weise übertragen. Das Stummel- und das Skelett-Objekt tauschen beim Verpacken und Entpacken der Daten ihre Rollen.
- Die Verwendung von Stummel- und Skelett-Objekten kostet natürlich Zeit. Diese ist jedoch meist vernachlässigbar gering im Vergleich zu der Zeit, die die Daten für den Transport über ein Netzwerk benötigen.

Vorteile

- Sowohl *Client* als auch *Server* merken nichts von den Anstrengungen, die für den Aufruf notwendig sind. Beide haben die Illusion, mit lokalen Partnern zu kommunizieren.
- Stummel- und Skelett-Objekte können automatisch generiert werden, entweder bei der Entwicklung der *Server*-Komponente oder bei deren Installation auf einer Komponenten-Plattform.
- Das Laufzeitsystem der Komponenten-Plattform hat die Möglichkeit, jeden Operationsaufruf abzufangen und zu überprüfen. Das Skelett-Objekt wird z.B. den Sicherheitsdienst der Komponenten-Plattform aktivieren, um zu prüfen, ob der *Client* zum Aufruf der Operation berechtigt ist. Auch in Verbindung mit Transaktionen muss das Laufzeitsystem vor und nach einem Operationsaufruf Verwaltungsarbeiten ausführen.

Auf der CD-ROM 1 befindet sich eine multimediale Animation, die das dynamische Zusammenspiel zwischen Stummel- und Skelett-Objekten verdeutlicht.

Abb. 3.9-5: Grundkonzept serverbasierter Komponenten-Modelle

3.9.2.5 Ereignisse

Im Normalfall basiert die Kommunikation zwischen Objekten auf einer *Client-Server*-Beziehung. Ein *Server*-Objekt stellt Dienstleistungen in Form von Operationen zur Verfügung, ein *Client*-Objekt nutzt diese Dienstleistungen durch den Aufruf von Operationen.

Eine andere Art der Kommunikation liegt vor, wenn ein Objekt über bestimmte Ereignisse informiert werden möchte. Es wartet passiv auf das Eintreten eines Ereignisses und reagiert – auf eine nur ihm bekannte Weise – darauf.

Beispiel

Heutige GUI-Systeme arbeiten ereignis-gesteuert, d.h. der Benutzer löst durch seine Aktionen Ereignisse aus, die von der Anwendung empfangen und entsprechend bearbeitet werden müssen. Ein Mausklick auf einen Menü-Titel erfordert z.B. das Aufklappen des entsprechenden Menüs.

Bei Geschäftsobjekten sind ebenfalls eine Reihe von Situationen denkbar, die durch Ereignisse realisierbar sind. Ein Objekt repräsentiert beispielsweise ein Aktiendepot, das als Sicherheit für ein Darlehen dient. Sinkt der Wert der Papiere unter einen bestimmten Wert, ist vielleicht eine Neubeurteilung der Kreditwürdigkeit des Kunden erforderlich. Das Depot-Objekt benachrichtigt ein anderes Objekt, das dann z.B. einen Sachbearbeiter informiert.

Abschnitt 3.7.3

Ereignismodelle sehen in der Regel zwei Rollen für Objekte vor:

- Ereignisquelle *(event source, publisher)*
- Ereignis-Empfänger *(event destination, subscriber)*

Ereignisse werden in Typen eingeteilt. Ein Ereignistyp wäre z.B. die Unterschreitung des Wertes eines Depots. Ein konkretes Ereignis tritt ein, wenn ein bestimmtes Depot unter einen eingestellten Wert fällt. Eine Ereignisquelle kann Ereignisse von einem oder mehreren Typen auslösen. Ein Ereignis-Empfänger kann sich bei der Quelle für Ereignisse eines bestimmten Typs registrieren. Die Quelle wird, wenn ein Ereignis auftritt, alle registrierten Empfänger vom Eintreten des Ereignisses informieren.

Die Realisierung erfolgt meist über so genannte ausgehende Schnittstellen oder über Ereignis-Objekte. Eine Ereignisquelle spezifiziert eine Schnittstelle. Ein Ereignis-Empfänger muss diese Schnittstelle implementieren. Beim Eintreten eines Ereignisses ruft die Ereignisquelle bei allen registrierten Empfängern Operationen der Ereignis-Schnittstelle auf. Es kann für jeden Ereignistyp eine separate ausgehende Schnittstelle spezifiziert werden.

Ereignis-Objekte sind Objekte, die ein Ereignis repräsentieren. Tritt ein Ereignis ein, so erzeugt die Ereignisquelle ein Ereignis-Objekt und schickt es an alle registrierten Empfänger. Für jeden Ereignistyp existiert in der Regel eine Klasse, so dass Ereignis-Objekte ereignis-spezifische Daten enthalten können. Beide Verfahren (ausgehende Schnittstellen und Ereignis-Objekte) lassen sich natürlich kombinieren.

In einer verteilten Umgebung erfolgt die Benachrichtigung über Ereignisse oft über ein Netzwerk. Ein Komponenten-Modell spezifiziert Dienste, die die Verteilung von Ereignissen im Netz und das An- und Abmelden von Ereignis-Empfängern zum Inhalt haben. Auch hier soll wieder ein möglichst hohes Abstraktionsniveau erreicht werden. Die konkrete Realisierung der Benachrichtigung braucht den Komponenten-Entwickler nicht zu interessieren, egal ob er eine Quelle oder einen Empfänger entwickelt. Die Komponenten-Plattform stellt die technische Infrastruktur bereit.

Ereignisse in einer verteilten Umgebung

3.9.2.6 Asynchrone Botschaften

In Programmiersprachen wie Java oder C++ erfolgen Operationsaufrufe synchron, d.h. der Aufrufer muss warten, bis die aufgerufene Operation vollständig abgearbeitet ist. Es existiert nur ein einziger Kontrollfluss, d.h. zu einem bestimmten Zeitpunkt wird immer nur eine einzige Anweisung ausgeführt.

In einer verteilten Unternehmenslösung ist dieses Verhalten oft nicht wünschenswert. Wenn ein Objekt vom Ergebnis eines Operationsaufrufs *nicht* abhängig ist, sollte es den Aufruf absetzen und dann weiterarbeiten können.

Komponenten-Modelle sehen die synchrone Kommunikation zwischen Objekten als Standardlösung vor, spezifizieren aber auch **asynchrone Operationsaufrufe**. Insbesondere in Verbindung mit Ereignissen ist dies sinnvoll, denn oft sollen Ereignis-Empfänger nur informiert werden, sie können die weitere Arbeit der Ereignis-Quelle jedoch *nicht* beeinflussen.

Messaging-Systeme

Oft werden für die Übermittlung asynchroner Botschaften so genannte *Messaging*-Systeme eingesetzt. Sie bieten eine Reihe von Zusatzdiensten an. Ist der Empfänger einer Botschaft z.B. gerade mit der Bearbeitung einer anderen Botschaft beschäftigt, können Botschaften zwischengespeichert werden, bis wieder Verarbeitungskapazität frei geworden ist. Oder die Botschaft wird an einen anderen *Server* geleitet, der sie auch bearbeiten kann. Auch wenn der *Server* zum Zeitpunkt des Absendens der asynchronen Botschaft nicht verfügbar ist, kann das *Messaging*-System die Botschaft zwischenspeichern und sie zustellen, wenn der Empfänger wieder *online* ist. Dieser Fall ist insbesondere für mobile Computersysteme interessant, die nicht immer an ein Netzwerk angeschlossen sind. Ein lokales *Messaging*-System kann ein Netzwerk simulieren und Botschaften automatisch weiterleiten, wenn wieder eine Netzverbindung besteht.

Rückgabewerte

Die Programmierung mit asynchronen Operations-Aufrufen gestaltet sich erheblich komplizierter als die mit synchronen Aufrufen, sobald Rückgabewerte ins Spiel kommen. Es liegt in der Natur einer asynchronen Nachricht, das der Empfänger keinen direkten Rückgabewert liefern kann. Rückgaben müssen durch erneute asynchrone Botschaften simuliert werden. Der ursprüngliche Aufrufer muss eine empfangene Nachricht als Rückgabewert eines bestimmten Aufrufes interpretieren können, d.h. er muss Buch führen über abgesetzte Aufrufe und sich merken, für welchen Aufruf noch keine Bestätigung empfangen wurde. *Messaging*-Systeme können hier insofern helfen, als dass z.B. die Zustellung einer Botschaft innerhalb einer bestimmten Zeit garantiert oder ansonsten ein Fehler signalisiert wird.

3.9.3 *Java-RMI*

Eine einfache Infrastruktur zur Realisierung verteilter Anwendungen stellt das *RMI*-Konzept *(remote method invocation)* von Java dar. Es handelt sich um mehrere Pakete des *Java Standard*-APIs und ist damit auf jeder Java-Plattform verfügbar. Dem Konzept liegt kein explizites Komponenten-Modell zu Grunde. *Java-RMI* ermöglicht lediglich den Aufruf von Operationen für Objekte auf einem anderen Computersystem. Ereignisse, Transaktionen oder eine Benutzerverwaltung sind in RMI ebenfalls *nicht* vorgesehen. Abgesehen von einigen Besonderheiten können dank RMI entfernte Operationen genau so aufgerufen werden wie lokale. Eine gute Einführung in RMI geben /Downing 98/ und /Sridharan 97/.

Zugriff über Schnittstellen

Java-RMI spricht entfernte Objekte immer über Operationen der Schnittstellen an, d.h. die Klasse eines Objekts ist von einem anderen Computersystem aus *nicht* zugreifbar, sondern nur eine von ihr implementierte Schnittstelle.

Beispiel

Ein Ausschnitt aus der Klasse `Seminartyp` der Fallstudie »Seminarorganisation« soll mittels RMI so implementiert werden, dass ihre Objekte von anderen Computersystemen aus zugreifbar sind. Zunächst wird eine Schnittstelle spezifiziert:

```
import java.rmi.* ;
interface Seminartyp extends Remote
{
    String getKurztitel() throws RemoteException;
}
```

Diese Schnittstelle wird von einer Klasse implementiert:

```
import java.rmi.* ;
import java.rmi.server.* ;
public class SeminartypImpl extends UnicastRemoteObject
                            implements Seminartyp
{
    private String Kurztitel;
    public SeminartypImpl() throws RemoteException //Konstruktor
    {
        //nichts zu tun
    }
    public String getKurztitel() //Operation
    {
```

```
        return this.Kurztitel;
    }
}
```

Anschließend muss eine *Server*-Anwendung implementiert werden, die ein Objekt der Klasse SeminartypImpl erzeugt und anderen Computersystemen zur Verfügung stellen kann. Die *Server*-Anwendung nutzt den RMI-Namensdienst (eine Klassenoperation der Klasse Naming), um das erzeugte Objekt unter dem Namen »einSeminartyp« verfügbar zu machen.

```
import java.rmi.* ;
public class SemOrgServer
{
    public static void main( String[] args )
    {
        System.setSecurityManager(new RMISecurityManager());
        try
        {
            SeminartypImpl einSeminartyp = new SeminartypImpl();
            Naming.rebind( "einSeminartyp", einSeminartyp );
        }
        catch( Exception e ) {...}
    }
}
```

Die Übersetzung der Quelltexte erfolgt wie gewöhnlich mit dem Java-Compiler (javac). Anschließend generiert das zum JDK *(Java Development Kit)* gehörende Programm rmic Stummel- und Skelett-Klassen für die Schnittstelle Seminartyp. Der Aufruf lautet »rmic SeminartypImpl.class«. Das Programm erzeugt die beiden Klassen »Seminartyp_stub« und »Seminartyp_skel«.
Ein *Client* kann nun wie folgt die Bezeichnung des Seminartyp-Objekts ermitteln:

```
import java.rmi.* ;
public class SeminartypClient
{
    public static void main( String[] args )
    {
        Seminartyp einSeminartyp = (Seminartyp)
        Naming.lookup("einSeminartyp");
        String dieBezeichnung = einSeminartyp.getKurztitel();
        System.out.println(dieBezeichnung);
    }
}
```

Es ist zu beachten, dass der *Client* nur über die Schnittstelle, *nicht* über die eigentliche Klasse auf das Objekt zugreift. Ferner zeigt dieses kleine Beispiel recht anschaulich, dass ein entfernter Operationsaufruf wie ein lokaler behandelt werden kann.

3.9.4 *Enterprise JavaBeans*

Enterprise JavaBeans (EJBs) sind ein auf Java basierendes *serverseitiges* Komponenten-Modell.

Abschnitt 3.6.2

EJBs haben mit *JavaBeans* außer dem *»bean«* im Namen und der Java-Basis *keine* Gemeinsamkeiten. Beide Modelle sind völlig unterschiedlich. Es handelt sich bei EJBs um eine Spezifikation, nicht um ein konkretes Produkt. Inzwischen sind jedoch verschiedene Plattformen für EJBs erhältlich.

Auf der CD-ROM 1 zu diesem Buch befindet sich eine Demo-Version des BEA *WebLogic-Servers*, einer kommerziellen EJB-Plattform.

Informationen zu J2EE und EJBs: java.sun.com/j2ee und java.sun.com/ejb

Die EJB-Spezifikation unterscheidet zwischen ***entity beans*** und ***session beans***. *Entity beans* enthalten persistente Daten und entsprechen den weiter oben beschriebenen Daten-Komponenten. *Session beans* sind hingegen meist transient. Sie entsprechen weitgehend den Prozess-Komponenten.

3.9.4.1 Aufbau von EJBs

Eine EJB ist eine Komponente, die aus mehreren Teilen zusammengesetzt sein muss:

EJBs sind Teil der *Java 2 Platform Enterprise Edition* (J2EE), die Java-basierte Techniken für Unternehmenslösungen umfasst.

- **Aufruf-Schnittstelle** *(remote interface)*
  Komponenten stellen *Clients* Schnittstellen zur Verfügung. Die dahinter stehende Implementierung wird vollständig verborgen. Die Aufruf-Schnittstelle ist die Schnittstelle, die die Dienstleistungen einer EJB für *Clients* beschreibt. Es handelt sich dabei um eine gewöhnliche Java-Schnittstelle *(interface)*. Einzige Voraussetzung ist, dass sie von der Schnittstelle `javax.ejb.EJBObject` erbt. Alle in EJB-Schnittstellen deklarierten Operationen müssen die Ausnahme `java.rmi.RemoteException` auslösen können. Wie in Java üblich werden Attribute durch ein Paar von `get-set`-Operationen dargestellt. Eine EJB kann auch mehrere Aufruf-Schnittstellen spezifizieren.
- **Verwaltungs-Schnittstelle** *(home interface)*
  Die zweite Schnittstelle eines EJB bietet Operationen zum Erzeugen neuer EJB-Objekte und zum Auffinden vorhandener Objekte in einem Netzwerk. Sie muss von `java.ejb.EJBHome` erben und die beiden Operationen `create` und `findByPrimaryKey` enthalten.
- ***Bean*-Klasse**
  In der *Bean*-Klasse findet die Implementierung der Operationen statt. Sie implementiert außerdem die Schnittstelle `javax.ejb.EntityBean` bzw. `javax.ejb.SessionBean`, je nach Typ der Komponente. Die Aufruf- bzw. Verwaltungsschnittstellen werden *nicht* im Sinne von Java (Schlüsselwort `implements`) implementiert. Schnittstellen und *Bean*-Klasse haben aus Sicht des Java-Compilers also nichts miteinander zu tun. Die Verbindung zwischen ihnen wird erst bei der Installation hergestellt. Sehr wohl muss die *Bean*-Klas-

se die Operationen ihrer beiden Schnittstellen zur Verfügung stellen (mit Ausnahme der Operation `findByPrimaryKey` der Verwaltungs-Schnittstelle, die vom EJB-Container generisch implementiert wird). Ein Entwickler muss auf die Übereinstimmung der Signaturen selbst achten, da der Java-Compiler (`javac`) dies *nicht* automatisch tun kann.

- **Auslieferungs-Beschreibung** *(deployment descriptor)*
  Eine EJB enthält zusätzlich eine Beschreibungs-Datei im XML-Format. XML *(eXtensible Markup Language)* ist eine standardisierte Sprache zur strukturierten Beschreibung von Daten. In Zusammenhang mit Web-Architekturen wird sie in Abschnitt 3.10.7 behandelt. Diese Beschreibung dient zur Ermittlung benötigter Informationen bei der Installation einer EJB. Sie enthält Informationen über die Schnittstellen, Attribute und Operationen. Zusätzlich werden hier Rollen für Benutzer definiert und es kann angegeben werden, welche Rolle welche Operationen aufrufen darf. Auch das Transaktionsverhalten, also z.B. dass bestimmte Operationen immer im Kontext einer Transaktion aufgerufen werden müssen, wird hier beschrieben.

XML
Abschnitt 3.10.7

Abb. 3.9-6 zeigt den Aufbau einer EJB.

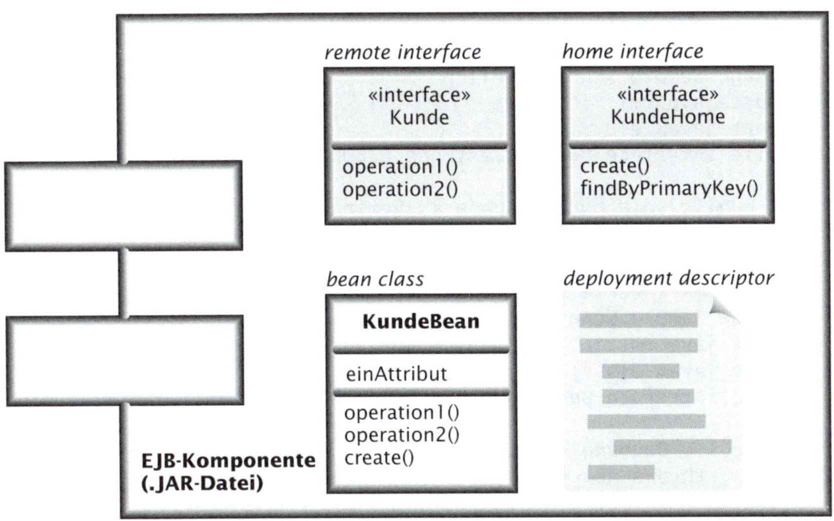

Abb. 3.9-6: Aufbau einer EJB

Eine einfache EJB besteht aus vier Dateien. Die beiden Schnittstellen und die *Bean*-Klasse werden vor der Auslieferung übersetzt. Die drei `class`-Dateien und die XML-Datei werden gemeinsam in ein Java-Archiv (`.jar`-Datei) verpackt. Sie enthält alle Informationen, die zur Installation und zum Betrieb der EJB erforderlich sind.

Die Schnittstellen und alle anderen Klassen, auf die *Clients* zugreifen müssen, z.B. spezifische Ausnahmen *(exception)*, sollten in einem eigenen Java-Paket *(package)* definiert werden. Dadurch können diese leichter getrennt von der Implementierung verteilt werden.

Beispiel

Eine Prozess-Komponente *(session bean)* zur Buchung eines Betrages auf zwei Konten könnte z.B. die Ausnahme `DeckungNichtAusreichend` definieren und diese auslösen, wenn während des Buchungsvorgangs festgestellt wird, dass das zu belastende Konto nicht genug Guthaben aufweist.

Nutzung einer EJB

Ein *Client* muss in zwei Schritten vorgehen, um die Dienste einer EJB nutzen zu können:

1 Zunächst besorgt er sich vom Laufzeitsystem eine Referenz auf eine Verwaltungsschnittstelle *(home interface).*

2 Mit den Operationen dieser Schnittstelle kann er ein neues EJB-Objekt erzeugen oder ein bereits vorhandenes Objekt finden.

Beispiel

In der Analysephase wurde für die Seminarorganisation ein Geschäftsprozess »Buchung« identifiziert. Dieser soll nun durch ein *session bean* realisiert werden. Es wird davon ausgegangen, dass im Paket `SemOrg.Schnittstellen` auch Schnittstellen für die OOA-Klassen `Kunde` und `Seminartyp` deklariert sind. Im *deployment descriptor* wird angegeben, dass alle Operationen (in diesem Fall nur die Operation `buchen`) im Kontext einer Transaktion auszuführen sind.

```
//Das Remote-Interface der EJB
package SemOrg.Schnittstellen
import java.rmi.*;
import javax.ejb.*;
public interface Buchung extends EJBObject
{
    public void buchen(Kunde k, Seminartyp s)
        throws RemoteException
}
//Das Home-Interface der EJB
package SemOrg.Schnittstellen;
import java.rmi.*;
import javax.ejb.*;
public interface BuchungHome extends EJBHome
{
    public Buchung create()
        throws RemoteException, CreateException;
}
//Die Bean-Klasse
package SemOrg.Server;
import javax.ejb.*;
import javax.naming.*;
import java.rmi.*;
public class BuchungBean implements SessionBean
{
    public void ejbCreate() throws RemoteException,
    //CreateException
    {
```

```
        //Initialisierung des Objekts
    }
    //Operationen der Schnittstelle SessionBean
    public void ejbRemove()
    {
        //Das Objekt wird gelöscht
        //hier werden Aufräumarbeiten durchgeführt
    }
    public void setSessionContext(SessionContext ctx)
    {
        //In diesem einfachen Beispiel wird der Session-Context
        //nicht benötigt. Hier ist also nichts zu tun.
    }
    public void ejbActivate()
    {
        //für zustandslose session beans ist hier nichts zu tun,
        //da sie nicht aktiviert oder passiviert werden
    }
    public void ejbPassivate()
    {
        //für zustandslose session beans ist hier nichts zu tun,
        //da sie nicht aktiviert oder passiviert werden
    }
    //Operation der Remote-Schnittstelle (Buchung)
    public void buchen(Kunde k, Seminartyp s)
        throws RemoteException
    {
        //alle Schritte zur Durchführung einer Buchung
    }

}
<!-Deployment descriptor ->
<enterprise-beans>
    <session>
        <ejb-name>SemOrg/Buchung</ejb-name>
        <home>SemOrg.Schnittstellen.BuchungHome</home>
        <remote>SemOrg.Schnittstellen.Buchung</remote>
        <ejb-class>SemOrg.Server.BuchungBean</ejb-class>
        <session-type>Stateless</session-type>
        <transaction-type>Container</transaction-type>
    </session>
</enterprise-beans>
<assembly-description>
    <container-transaction>
    <method>
            <ejb-name>Buchung</ejb-name>
            <method-name>*</method-name>
    </method>
    <trans-attribute>Required</trans-attribute>
    </container-transaction>
</assembly-description>

//Ein einfacher Client
package SemOrg.Client;
import java.rmi.RemoteException;
```

```
import javax.naming.Context;
import javax.naming.InitialContext;
import SemOrg.Schnittstellen.*;
public class Client
{
    public static void main(String[] args)
    {
        Client einClient = new Client();
        einClient.start();
    }
    public void start()
    {
        try
        {
            Kunde einKunde; Seminar einSeminar;
            //Referenzen für einKunde und einSeminartyp
            //initialisieren
            Context ctx = new InitialContext();
            Object temp = ctx.lookup("java:comp/env/Buchung");
            BuchungHome home =
                 (BuchungHome)javax.rmi.PortableRemoteObject.
                 narrow(temp, BuchungHome.class)
            Buchung bean = home.create();
            bean.buchen(einKunde, einSeminartyp);
            bean.remove();
        }
        catch(Exception e)
        {
            System.out.println(e);
        }
    }
}
```

3.9.4.2 Architektur von EJB-Plattformen

Zur Ausführung einer EJB reicht die normale *Java Virtual Machine* (VM) *nicht*. Die EJB- bzw. die J2EE-Spezifikationen definieren eine relativ komplexe Umgebung, in der EJBs ihre Aufgaben verrichten.

J2EE-*Server*
EJB-Container

Grundlage ist ein **J2EE-*Server***, auf dem einer oder mehrere **EJB-Container** laufen können. Für beide Elemente sind Schnittstellen und Verhalten genau spezifiziert. Beide zusammen stellen die Plattform dar, auf der EJBs laufen können. In einem EJB-Container können mehrere EJBs ablaufen. Der Container stellt den EJBs verschiedene, genau spezifizierte Dienste in Form von Schnittstellen zur Verfügung:

- Namensdienst (JNDI = *Java Name and Directory Interface)*
- Transaktions-Monitor (JTA = *Java Transaction* API)
- Schnittstellen für den Zugriff auf Datenbanken (JDBC = *Java Data Base Connectivity)* Abschnitt 3.11.5.3
- *Java Mail API* zum Versenden von *e-mail*
- Standard-Java-API

Abb. 3.9-7 zeigt die Architektur einer EJB-Plattform. Inzwischen gibt es eine Reihe von Implementierungen. Umgekehrt sieht die EJB-Spe-

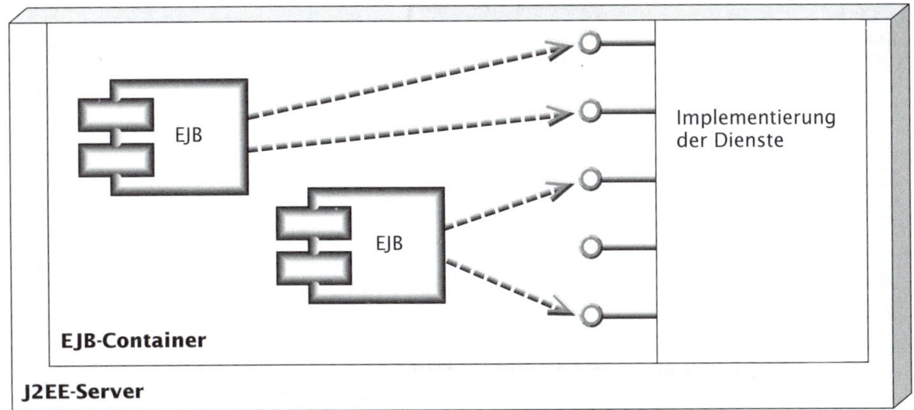

Abb. 3.9-7: Architektur einer EJB-Plattform

zifikation Schnittstellen vor, die eine *Bean*-Klasse optional implementieren kann, um dem Container die Möglichkeit zu geben, die EJB über Ereignisse zu informieren.

Bei der Installation einer EJB in einem Container analysiert ein Werkzeug die EJB und generiert daraus zwei neue Klassen, die `EJBHome`-Klasse und die `EJBRemote`-Klasse. Die eine implementiert die Verwaltungs-Schnittstelle *(home interface)*, die andere die Aufruf-Schnittstelle *(remote interface)*. Diese beiden Klassen sind praktisch Skelett-Klassen für die jeweilige Schnittstelle. Sie stellen die Verbindung zwischen den Schnittstellen der EJB und der *Bean*-Klasse her. Zur Laufzeit gehören zu jedem EJB-Objekt also zwei Skelett-Objekte. Ein *Client*, der ja nur die Schnittstellen kennt, ruft immer Operationen der Skelett-Objekte auf. Diese leiten den Aufruf nach diversen Prüfungen und Verwaltungsarbeiten an die eigentliche Implementierung in der *Bean*-Klasse weiter. Ein EJB ist also für *Clients* nie direkt zugreifbar. Wie die Skelett-Klassen konkret aussehen, wird nicht in der EJB-Spezifikation festgelegt. Sie arbeiten sehr eng mit dem EJB-Container zusammen, sodass es dem Container-Hersteller überlassen bleibt, wie diese Klassen aussehen. Auf die Entwicklung von EJBs hat dies keinen Einfluss, da jeder EJB-Container-Hersteller ein Installations-Werkzeug zur Generierung der Skelett-Klassen liefern muss (Abb. 3.9-8).

EJBs kommunizieren immer über ihre Skelett-Objekte mit der Außenwelt, auch zwei EJB-Objekte im selben Container können *nicht* direkt aufeinander zugreifen. Dadurch wird eine hohe Ortstransparenz und somit Skalierbarkeit erreicht. Die Kommunikation zwischen *Clients* und EJB-Objekten (ein *Client* kann natürlich ein anderes EJB-Objekt sein) wird über Java-RMI abgewickelt (siehe Abschnitt 3.9.3). Alternativ ist für EJBs eine Kommunikation über das IIOP *(Internet Inter ORB Protocol)* der CORBA-Spezifikation vorgesehen (siehe Abschnitt 3.9.5).

RMI
Abschnitt 3.9.3

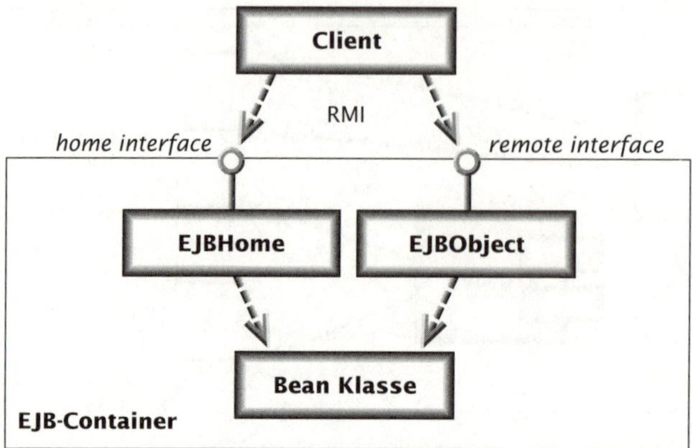

Abb. 3.9-8: EJB-Container

Persistente Speicherung von Daten

Für *entity*-EJB (Daten-Komponenten) sieht die EJB-Spezifikation zwei Möglichkeiten vor, wie die Daten (Attribute der *Bean*-Klasse) dauerhaft gespeichert werden können:

- ***container managed persistence*** und
- ***bean managed persistence.***

container managed persistence

Im ersten Fall ist der EJB-Container dafür verantwortlich, die Daten zu speichern. Dazu wird gewöhnlich eine EJB auf eine Tabelle in einer relationalen Datenbank abgebildet. Der EJB-Container liest die Attribute eines *Bean*-Objekts aus und speichert sie als Datensatz in der Tabelle. Umgekehrt kann er ein neues EJB-Objekt erzeugen, die Attribute aus der Datenbank auslesen und setzen. Diese Art der Persistenz hat für den EJB-Entwickler den großen Vorteil, dass er sich *nicht* um die dauerhafte Speicherung der Daten kümmern muss. Ein EJB-Objekt *ist* einfach persistent.

bean-managed persistence

Im zweiten Fall ist ein EJB-Objekt selbst dafür verantwortlich, seine Daten auf Anforderung dauerhaft zu speichern. Ein *entity*-EJB gibt im *deployment descriptor* an, welche Art der Persistenz es unterstützt.

Auffinden von EJB-Objekten

Zum Auffinden von vorhandenen EJB-Objekten sieht die EJB-Spezifikation **Primärschlüssel** vor. Der Primärschlüssel einer EJB setzt sich aus einer Teilmenge ihrer Attribute zusammen, die ein Objekt eindeutig identifizieren. Für den Primärschlüssel muss ein *entity*-EJB eine zusätzliche Klasse bereitstellen. Mit Hilfe eines Primärschlüssel-Objekts kann ein *Client* ein bestimmtes EJB-Objekt im Netz finden. Der *Client* nutzt den Suchmechanismus über die Operation `findByPrimaryKey` der Verwaltungs-Schnittstelle. Der EJB-Container implementiert den Suchmechanismus und erzeugt – falls nötig – ein neues EJB-Objekt mit den Daten aus einer Datenbank, ehe er einem *Client* eine Referenz auf das gesuchte Objekt zurückliefert.

Ereignisse

Die EJB-Spezifikation macht bis zur Version 1.1 keine Angaben über ein Ereignis-Modell. EJBs können zum Versenden und Empfangen von Ereignissen das *Java Mail*-API verwenden. Zukünftige Versionen der Spezifikation werden hier wohl Abhilfe schaffen.

3.9.4.3 Das EJB-Rollenkonzept

Mit Hilfe von Komponenten-Modellen sollen flexible, leicht wartbare und skalierbare Anwendungen entwickelt werden. Die Entwicklung und der Betrieb einer Unternehmenslösung kann jedoch nicht mit den gleichen Mitteln und Techniken angegangen werden wie die Entwicklung von *Desktop*-Anwendungen. Die Installation einer komponenten-basierten Unternehmenslösung ist *nicht* mit dem Einlegen einer CD-ROM und dem Start eines Installations-Programms getan.

Die EJB-Spezifikation definiert daher nicht nur eine Software-Architektur für *server*seitige Java-Komponenten. Sie definiert zusätzlich Rollen bzw. Verantwortlichkeiten für verschiedene Stadien des Entwicklungsprozesses, von der Entwicklung bis zum Betrieb. Dieses Rollenkonzept hilft insbesondere bei der unternehmensübergreifenden Zusammenarbeit. Ein Software-Hersteller weiß so genau, welche Aufgaben er erfüllen muss und welche Aufgaben der Kunde, d.h. der Betreiber des Systems, übernehmen wird. Der Betreiber kann sich entsprechend auf seine Rolle einstellen und z.B. Mitarbeiter gezielt schulen.

Die EJB-Spezifikation sieht folgende Rollen vor: Kapitel 1.1

- ***Server*-Anbieter *(Server-Provider)***
  Der *Server*-Anbieter stellt die Plattform für den Betrieb einer Unternehmenslösung zur Verfügung. Bestandteile bzw. Aufgaben der Plattform sind Netzwerkanbindung, Skalierungsfunktionen (z.B. die automatische Verteilung von Anfragen an mehrere *Server*, je nach aktueller Lastenverteilung) sowie das Prozess- und Ressourcen-Management.
- **Container-Anbieter *(Container-Provider)***
  Der Container-Anbieter setzt mit seinem Produkt auf der Plattform des *Server*-Anbieters auf. Zu den Aufgaben bzw. Bestandteilen des Containers zählen Benutzerverwaltung, Transaktions-Management, Persistenz von EJBs und Werkzeuge für die Installation von Komponenten. Der Container-Anbieter muss die von der EJB-Spezifikation definierten Schnittstellen implementieren. *Server* und Container stammen oft vom selben Hersteller. Die Produkte sind dann sehr eng miteinander verzahnt, was meist einer besseren *Performance* und Wartbarkeit dient.
- **Komponenten-Entwickler *(Bean-Provider)***
  Der Komponenten-Entwickler entwickelt die eigentlichen Komponenten, d.h. er realisiert die geforderte Anwendungs- oder Geschäftslogik einer Unternehmenslösung. Da er auf den Schnittstellen des Containers aufsetzen kann, braucht er sich um grundlegende Funktionalität (z.B. Netzwerk, Persistenz) nicht zu kümmern. Im einfachsten Fall entwickelt er eine transiente Anwendung und überlässt die Datenspeicherung komplett dem Container. Für den Komponenten-Entwickler stellt dies eine wesentliche Erleichterung

dar. Er braucht kein Experte für die Lösung einer Vielzahl von grundlegenden Problemen mehr zu sein, sondern benötigt in erster Linie Fachwissen über den Anwendungsbereich.

- **Monteur *(Application-Assembler)***
  Der Monteur hat die Aufgabe, aus einzelnen Komponenten eine Anwendung zu machen. Dazu kann z.B. die Entwicklung von *Client*-Software gehören, aber auch die Entwicklung anwendungsspezifischer Komponenten, die auf die Funktionalität der vom Komponenten-Entwickler gelieferten Komponenten aufbaut. Komponenten-Entwickler und Monteur müssen eng zusammenarbeiten. Ein Software-Haus, das eine Unternehmenslösung entwickelt, wird in der Regel beide Rollen durch eigene Mitarbeiter besetzen, was die Nutzung wiederverwendbarer Komponenten von Drittanbietern natürlich nicht ausschließt.
- **Installations-Entwickler *(Bean-Deployer)***
  Der Installations-Entwickler muss die aus einzelnen Komponenten bestehende Anwendung auf dem Zielsystem installieren. Die Installation einer unternehmensweiten Anwendung ist keine triviale Aufgabe, weshalb die EJB-Spezifikation sie als explizite Phase vorsieht. Ausgangspunkt des Installations-Entwicklers ist die fertige Anwendung mit allen darin enthaltenen Komponenten. Er nutzt die Auslieferungs-Beschreibungen der Komponenten, um mit Werkzeugen des Container-Herstellers z.B. die einzelnen EJBs zu konfigurieren, Stummel- und Skelett-Klassen zu generieren und eine Benutzer-Datenbank anzulegen. Läuft in einem Unternehmen bereits eine EJB-Lösung, so muss diese eventuell so angepasst werden, dass sie mit der neuen Anwendung zusammenarbeitet. Der Installateur muss detailliertes Wissen über den eingesetzten *Server* und den darauf aufsetzenden Container haben und die zu installierende Anwendung genau kennen.
- **Systemadministrator**
  Schließlich überwacht der Systemadministrator das laufende System. Seine Aufgabe ist es, für den reibungslosen Betrieb einer Anwendung zu sorgen. Dazu gehört z.B. die laufende Benutzerverwaltung, d.h. wenn ein neuer Mitarbeiter Zugriff auf das System erhalten soll, müssen ihm bestimmte Rollen zugewiesen werden, aufgrund derer der EJB-Container ihn dann autorisiert, bestimmte Operationen auszuführen.

3.9.5 CORBA

OMG Systemanbieter und Anwender objektorientierter Techniken haben sich 1989 zur OMG *(Object Management Group)* zusammengeschlossen, um Standards und Spezifikationen für eine Infrastruktur zu entwickeln, die für verteilte, objektorientierte Anwendungen erforderlich ist. Diese Definitionen und Spezifikationen wurden unter dem

Namen CORBA zu einem de facto-Standard. Heute umfasst die Tätigkeit der OMG nicht nur CORBA, sondern deckt einen großen Teil der objektorientierten Software-Entwicklung ab, z.B. ist die UML inzwischen ein OMG-Standard.

CORBA

CORBA ist eine Spezifikation und *kein* Produkt. Es gibt jedoch eine Reihe von kommerziellen und frei verfügbaren Plattformen, die der CORBA-Spezifikation entsprechen. Für alle wichtigen Betriebssysteme ist eine CORBA-Plattform verfügbar.

JacORB: `http://www.inf.fu-berlin.de/~brose/jacorb/`

Auf der CD-ROM 1 zu diesem Buch liegt JavaORB, eine frei verfügbare CORBA-Plattform für Java.

OMA

Komponenten

Die Basis für die Standardisierung bildet die *Object Management Architecture* **(OMA)** (Abb. 3.9-9). Die Hauptkomponenten dieser Architektur sind

- Anwendungsobjekte *(application objects)*, die sowohl *Client-* als auch *Server*-Objekte sein können,
- ein *Object Request Broker* **(ORB)**, der die Kommunikation zwischen den Objekten vermittelt,
- spezielle Objektdienste *(object services)*, die der ORB zur Erfüllung seiner Aufgaben benötigt, z.B. Dienste für die Namensgebung, zum Kopieren und Löschen von Objekten und
- allgemeine Objektdienste *(common facilities)* wie z. B. Hilfe-, Druck- und Sicherheitsdienste.

broker = Makler, Vermittler

ORB
CORBA

Die Schlüsselkomponente der Architektur ist der **ORB** *(Object Request Broker)*, der als Kommunikationszentrale im Mittelpunkt der Architektur steht. Zu seinen zentralen Aufgaben gehört die Übermittlung von Operationsaufrufen und ihren Ergebnissen zwischen Anwender und Anbieter. Der ORB ist vergleichbar mit einer Telefonzentrale. Da von dieser Architekturkomponente alle anderen Komponenten abhängen, wurde sie unter dem Namen **CORBA** *(Common Object Request Broker Architecture)* als erstes standardisiert /OMG 91/.

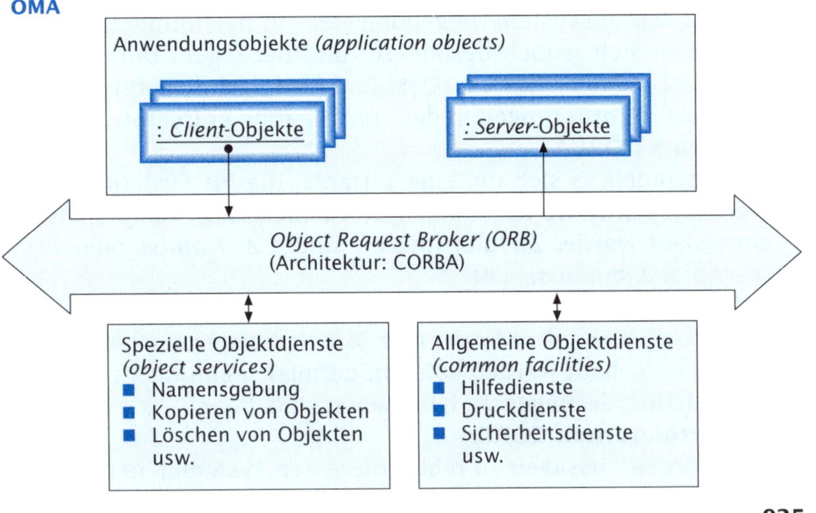

Abb. 3.9-9: OMA (Object Management Architecture)

Der ORB benutzt die Schnittstellen von *Client*- und *Server*-Objekten, um Anforderungen *(requests)* von *Client*-Objekten an *Server*-Objekte weiterzuleiten und die Ergebnisse zurückzuliefern.

IDL

Die Schnittstellen werden mit einer Schnittstellen-Definitionssprache (CORBA-IDL, *interface definition language)* beschrieben. Die **IDL** basiert auf dem OMG-Objektmodell.

Auf CORBA-Objekte kann zwar von außen nur über ihre Schnittstelle zugegriffen werden, sie stellen jedoch *keine* Komponenten dar. CORBA ist bis zur Version 2 *kein* Komponenten-Modell. Da CORBA die Implementierung *nicht* berücksichtigt, werden z.B. keine Aussagen darüber gemacht, wie CORBA-Objekte auf binärer Ebene aussehen, wie sie zu installieren oder zu verteilen sind.

CORBA 3.0 vs. EJBs

Die OMG entwickelte daher eine auf CORBA aufbauende Spezifikation für Komponenten. Sie sind mit CORBA 3.0 offizieller Bestandteil des Standards.

CCM

CORBA components (CCM, *corba components model)* haben von der Architektur her große Ähnlichkeit mit *Enterprise JavaBeans*. Dies ist kein Zufall. Ein Ziel bei der Entwicklung einer Komponenten-Spezifikation für CORBA war es, vorhandene EJBs als CORBA-Komponenten nutzen zu können. Von diesem Standpunkt aus können CORBA-Komponenten als sprachunabhängige Obermenge von EJBs betrachtet werden.

CORBA vs. COM
Abschnitt 3.9.6

Auch die Interaktion zwischen CORBA und COM ist Teil des Standards. Die Spezifikation sieht eine Abbildung vor, die das Zusammenarbeiten zwischen COM und CORBA-Objekten grundsätzlich ermöglicht. Es ist jedoch zu beachten, dass CORBA eine Spezifikation und kein Produkt ist. Um tatsächlich transparent Operationsaufrufe zwischen beiden Welten durchführen zu können, ist eine Plattform erforderlich, die diesen Teil der CORBA-Spezifikation realisiert.

Quality of Services (QoS)

Die CORBA-Spezifikation behandelt auch den Einsatz in speziellen Umgebungen. Standard-CORBA geht von einer gewöhnlichen Hardware- und Betriebssystem-Umgebung aus. Für bestimmte Einsatzgebiete stellen sich jedoch besondere Anforderungen. Unter der Bezeichnung *Quality of Services (QoS)* sind für folgende Bereiche nichtfunktionale Anforderungen in der Spezifikation enthalten:

- **Minimum-CORBA**
  Dabei handelt es sich um eine Variante, die für Systeme mit begrenzten Hardware-Ressourcen (Rechenleistung, Hauptspeicher) entwickelt wurde. Zielplattformen sind z.B. *Handys* oder PDAs *(personal digital assistent).*
- **Echtzeit-CORBA**
  Damit auch technische Systeme (z.B. in der Steuerungstechnik) auf CORBA aufgebaut werden können, definiert *Realtime*-CORBA, wie Echtzeitanforderungen zu handhaben sind.
- **Fehlertolerantes CORBA**
  Hier werden Aussagen zu fehlertoleranten Systemen gemacht.

3.9.5.1 Die Architektur von CORBA

Die ORB-Architektur entsprechend dem CORBA-Standard zeigt Abb. 3.9-10.

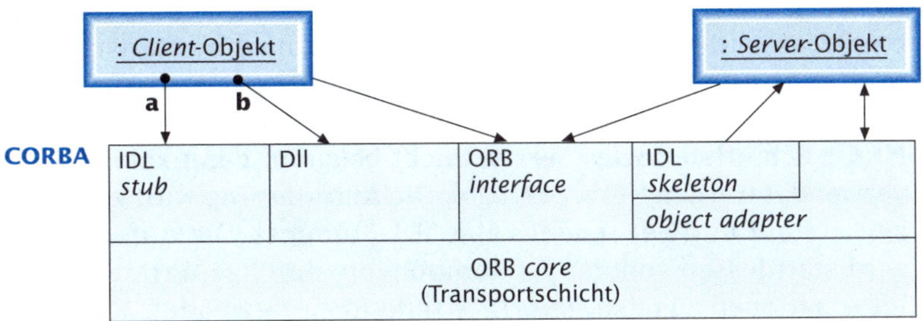

Abb. 3.9-10: CORBA

ORB-Kern

CORBA besteht aus einem ORB-Kern (ORB *Core)*, der als Transportschicht angesehen werden kann. Er stellt die Basiskommunikation für die anderen Komponenten zur Verfügung.

Ein *Server*, der Dienstleistungen zur Verfügung stellen will, muss die bereitgestellten Operationen in einer Schnittstelle *(interface)* beschreiben. Die Schnittstelle wird mit der IDL *(interface definition language)* (siehe Abschnitt 3.7.5) spezifiziert.

interface

Aus einer IDL-Schnittstellenbeschreibung werden generativ folgende Informationen abgeleitet (Abb. 3.9-11):

- IDL-Stummel *(stub)*: Stellt Routinen, ähnlich wie Bibliotheksroutinen, zur Verfügung, die der *Client* benutzt, um Dienstleistungen des *Servers* anzufordern.
- *Interface Repository:* Speichert Informationen über die Schnittstelle. Diese Informationen können zur Laufzeit von *Clients* abgefragt werden, um dynamische Anforderungen aufzubauen. Dazu benutzen sie die DII *(dynamic invocation interface)*.
- IDL-Skelett *(skeleton)*: Rahmen, der vom Programmierer mit Code gefüllt werden muss. Dieser Code wird ausgeführt, wenn eine Anforderung eintrifft.
- *Implementation Repository:* Verwaltet Informationen, die der ORB benötigt, um *Server* zu lokalisieren und zu starten.

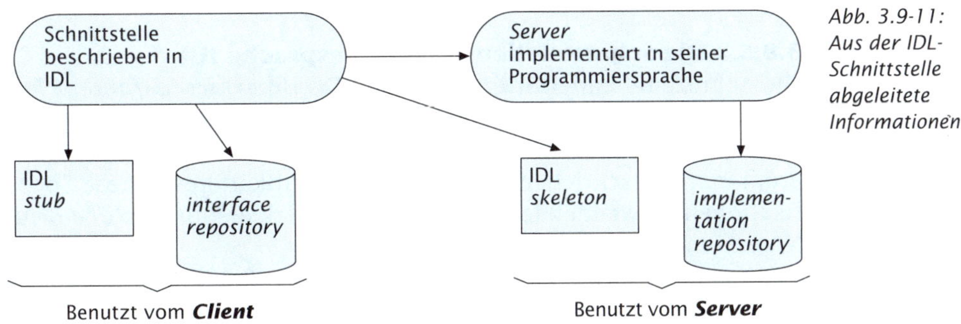

Abb. 3.9-11: Aus der IDL-Schnittstelle abgeleitete Informationen

Clients *Clients* interagieren mit dem ORB über IDL-Stummel und DII jeweils in der eigenen Programmiersprache. Ein *Client* kann auf zwei Arten Dienstleistungen anfordern *(request):*

a Ist die Schnittstelle in IDL definiert und kennt der *Client* die Typ- bzw. Klassendefinition des *Servers*, dann kann eine statische Anforderung erfolgen. Sie wird unter Verwendung des entsprechenden IDL-Stummels durchgeführt (Abb. 3.9-10a).

b Ist die Schnittstelle des *Servers* nicht bekannt, dann kann die DII verwendet werden (Abb. 3.9-10b). Die Anforderung wird zur Laufzeit erstellt und verwendet keine IDL-Stummel. Die Anforderung wird stattdessen von der DII-Komponente durchgeführt, die dazu Informationen aus dem *interface repository* verwendet.

Server Wird eine Anforderung vom ORB beim *Server* abgeliefert, dann weiß der *Server* nicht, ob die Anforderung statisch oder dynamisch erstellt wurde.

Objekt-Adapter Anforderungen passieren – vom ORB kommend – den IDL-Stummel, um zum *Server* zu gelangen. Ein IDL-Skelett hängt in der Regel vom Objekt-Adapter ab (Abb. 3.9-10). Es kann mehrere Skelette für dieselbe Schnittstelle und dieselbe Programmiersprache mit unterschiedlichen Objekt-Adaptern geben. Ein Objekt-Adapter stellt eine Schnittstelle zu den ORB-Dienstleistungen zur Verfügung, die die *Server* nutzen können.

ORB-*Interface* Andere Dienstleistungen, die von den *Servern* benutzt werden, werden direkt von der Komponente ORB-*Interface* zur Verfügung gestellt (Abb. 3.9-10). Diese Schnittstelle ist für alle ORB-Implementierungen identisch und hängt nicht vom Objekt-Adapter ab. Sie wird auch von *Clients* genutzt.

repositories Das *interface repository* (IR) verwaltet die IDL-Definitionen. Diese sind zur Laufzeit verfügbar. Die DII benutzt diese Informationen, um *Clients* Anforderungen an *Server* zu erlauben, deren Schnittstelle zur Übersetzungszeit des *Clients* noch unbekannt war. Die IR-Dienstleistung wird auch vom ORB selbst benutzt, um Anforderungen weiterzuleiten.

Das *implementation repository* verwaltet Informationen, die der ORB benötigt, um die *Server* zu lokalisieren und zu starten. Es ist spezifisch für eine Betriebssystem-Umgebung.

3.9.5.2 Die Schnittstellendefinitionssprache IDL

IDL Die Schnittstellendefinitionssprache IDL *(interface definition language)* dient dazu, die Schnittstellen von Klassen zu beschreiben, die als *Server* Dienstleistungen anbieten. In der IDL werden keine Programme geschrieben, sondern nur Spezifikationen. Diese Spezifikationen verwendet der Anwendungsentwickler, um vom *Client* aus Operationen einer *Server*-Klasse aufzurufen.

Die Aufrufe der Operationen erfolgen in der Programmiersprache, die für den *Client* verwendet wird. Die Implementierung der Operationen auf der *Server*-Seite wird in der Programmiersprache durchgeführt, die für den *Server* verwendet wird. Diese Programmiersprachen müssen *nicht* übereinstimmen. IDL-*Precompiler* transformieren die IDL-Spezifikationen in die jeweiligen Zielsprachen.

Die Syntax von IDL ist an C++ angelehnt. Die Grammatik ist eine Teilmenge der C++-Grammatik mit Erweiterungen für verteilte Aufrufe.

Die ODL *(object definition language)* des ODMG-Standards wurde auf der Grundlage von IDL entwickelt. ODL ohne *extents, keys* und *relationships* ist weitgehend identisch mit IDL.

Abschnitt 3.6.2

Zu CORBA-IDL existieren Abbildungen für die wichtigsten Programmiersprachen *(language mappings)*. In diesen Spezifikationen wird genau angegeben, wie die IDL-Konstrukte auf entsprechende Sprachkonstrukte abzubilden sind.

Eine Besonderheit stellt Java dar. Zunächst gibt es natürlich eine Spezifikation für die Abbildung von IDL auf Java. Der Abschnitt über *Enterprise JavaBeans* hat verdeutlicht, dass die Benutzung einer expliziten Schnittstellen-Sprache unüblich ist. Stattdessen werden direkt Java-Schnittstellen (Schlüsselwort: `interface`) genutzt. Die CORBA-Spezifikation sieht daher auch eine Umkehrabbildung *(reverse mapping)* vor. Damit lässt sich aus Java-Schnittstellen IDL-Code generieren. Somit ist es leicht möglich, über CORBA EJBs von *Clients* anzusprechen, die in anderen Programmiersprachen entwickelt wurden.

Abschnitt 3.9.3

3.9.5.3 Standardisierte CORBA-Dienste

Die CORBA-Spezifikation definiert eine Reihe von Diensten. Diese unterteilen sich in zwei große Kategorien:

- Objektdienste (*object services)*
- Allgemeine Dienste (*common facilities)*

Die Objektdienste können als Gegenstück zum API *(application programming interface)* eines Betriebssystems angesehen werden. Sie spezifizieren unabhängig von einem konkreten Anwendungsbereich Dienstleistungen, die viele Klassen häufig benötigen. Alle Objektdienste sind in IDL spezifiziert und werden vom Plattform-Entwickler implementiert. Zu den Objektdiensten gehören z.B.:

Vergleich: Betriebssystemdienste

- Namensdienst *(name service)*
  Kreierung von Namensräumen und die Abbildung von benutzerdefinierten Objektnamen auf CORBA-Objektreferenzen.
- Lebenszyklusdienst *(lifecycle service)*
  Verwaltung von Objekten (Erzeugen, Kopieren, Löschen, Abfragen auf Äquivalenz).
- Ereignismeldedienst *(event notification)*
  Erkennen von Ereignissen und Benachrichtigung von Objekten über Ereignisse.

- Persistenzdienst *(persistence service)*
  Dauerhaftes Speichern und Laden von Objekten auf/von (externen) Speichern.
- Nebenläufiger Dienst *(concurrency service)*
  Synchronisierung konkurrierender Zugriffe auf Objekte.
- Auslagerungsdienst *(externalization service)*
  Datenexport von Objekten in Dateien außerhalb des Objektsystems.
- Beziehungsdienst *(relationship service)*
  Erzeugen, Löschen und Verwalten von Beziehungen zwischen Objekten, Navigation über Beziehungen.
- Transaktionsdienst *(transaction service)*
  Techniken zur Durchführung transaktionsgesteuerter Abläufe mit einem zweistufigen *commit*.
- Zeitdienst *(time service)*
  Synchronisierung der Uhren von Komponentensystemen in einer verteilten Umgebung.
- Sicherheitsdienst *(security service)*
  Autorisierungs- und Überwachungsfunktionen auf Objektebene.
- Lizenzdienst *(licensing service)*
  Verwaltung von Objektlizenzen, Abrechnung von Gebrauchsgebühren für Objekte.
- Eigenschaftsdienst *(properties service)*
  Dynamisches Erzeugen, Löschen und Verwenden von Attributen.
- Anfragedienst *(query service)*
  SQL-artige Anfrageoperationen für Objekte.

allgemeine Objektdienste

Allgemeine Objektdienste sind höherwertige Dienste, die für viele Anwendungsbereiche relevant sind. Vergleichbar sind diese Dienste mit grundlegenden Klassenbibliotheken, die allgemein benötigte Funktionalitäten modular zur Verfügung stellen. Den allgemeinen Objektdiensten lassen sich zwei Kategorien zuordnen /Stal 95/:

- Vertikale Marktdienste *(vertical market facilities)*
  Definieren eine Basisfunktionalität für unterschiedliche Marktsegmente wie Buchhaltungsanwendungen oder CAD.
- Horizontale allgemeine Dienste *(horizontal common facilities)*
  Dienste, die sich über mehrere Anwendungsbereiche erstrecken. Sie lassen sich in vier Bereiche gliedern:
  - *user interface* definiert den Zugriff auf ein grafisch orientiertes Informationssystem.
  - *information management* legt Modellierung, Definition, Speicherung, Wiedergewinnung, Verwaltung und Austausch von Informationen fest.
  - *systems management* unterstützt die Verwaltung komplexer Informationssysteme.
  - *task management* erlaubt die Automatisierung von Aufgaben, d.h. von Benutzer- und Systemprozessen.

Die allgemeinen Objektdienste können über den ORB angefordert werden.

3.9.5.4 Entwicklung von CORBA-Anwendungen in Java

Die Entwicklung einer einfachen CORBA-Klasse umfasst mehrere Schritte:

1. Spezifikation der Schnittstelle in CORBA-IDL.
2. Übersetzung der IDL-Spezifikation mit einem IDL-Compiler. Der Compiler erzeugt automatisch Stummel- und Skelett-Klassen.
3. Implementierung der Operationen der Schnittstelle.
4. Entwicklung einer Rahmen-Anwendung, in die die entwickelte CORBA-Klasse eingebettet ist. Die Rahmen-Anwendung erzeugt ein Objekt der Klasse und macht es für *Clients* auf anderen Computersystemen zugreifbar.
5. Entwicklung der *Clients*. In diesem einfachen Beispiel ist der *Client* eine einfache Anwendung. In realen Projekten sind *Clients* zumeist selbst wieder CORBA-Klassen, die eigene Dienstleistungen anbieten, sodass ein Netz von miteinander kommunizierenden Objekten entsteht.

Beispiel

Als Beispiel werden Ausschnitte der Klasse Firma aus der Fallstudie »Seminarorganisation« verwendet (Abb. 2.18-26). Zur Veranschaulichung der Umsetzung von IDL nach Java werden einige zusätzliche Operationen eingefügt. Als CORBA-Plattform wird der frei verfügbare JacORB verwendet.

1 Spezifikation der IDL

```
//SeminarOrganisation.idl
module SeminarOrganisation
{
    //Schnittstelle der Klasse Firma
    interface Firma
    {
        attribute string Name;
        attribute float Umsatz;
        //Operationssignatur
        float berechneGewinn(in float Kosten);
    };
};
```

2 Übersetzung der Spezifikation mit dem IDL-Compiler

Die Datei SeminarOrganisation.idl kann nun mit dem IDL-Compiler des JacORB übersetzt werden. Der Compiler erzeugt eine Reihe von Dateien. Welche Dateien dies sind und wie sie aussehen, wird weitgehend durch die im CORBA-Standard enthaltene Sprachanbindung für Java festgelegt.

Der Aufruf des IDL-Compilers erfolgt über die Kommandozeile:

```
idl SeminarOrganisation.idl
```

Der IDL-Compiler erzeugt ein Java-Paket namens SeminarOrganisation und generiert dort einige Klassen:

- Firma: Die aus der CORBA-IDL erzeugte Java-Schnittstelle
- FirmaOperations: eine Hilfsklasse

- _FirmaStub: die Stummel-Klasse
- FirmaPOA: die Skelett-Klasse (POA = *programmable object adapter).* Diese Klasse bildet eine Hülle für die eigentliche Implementierung und implementiert die Schnittstelle Firma.
- FirmaPOATie: eine Hilfsklasse

3 Implementierung der Operationen der Schnittstelle

Die Implementierung erfolgt in einer Klasse namens FirmaImpl. Diese muss von der generierten Klasse FirmaPOA erben. Die Implementierung könnte z.B. so aussehen:

```
package SeminarOrganisation;
public class FirmaImpl extends FirmaPOA
{
    private String derName;
    private float derUmsatz;
    public FirmaImpl()
    {
        //Attribute initialisieren
    }
    public float berechneGewinn(float Kosten)
    {
        return this.Umsatz - Kosten;
    }
    //get- und set-Oerationen für Attribut Name
    public String Name()
    {
        return this.derName;
    }
    public void Name(String neuerName)
    {
        this.derName = neuerName;
    }
    //analog get- und set-Operationen für Umsatz
}
```

4 Entwicklung einer Rahmen-Anwendung

```
package SeminarOrganisation;
import java.io.*;
import org.omg.CosNaming.*;
public class SeminarOrganisationServer
{
    public static void main( String[] args )
    {
        //den Object-Request-Broker initialisieren
        org.omg.CORBA.ORB orb =
            org.omg.CORBA.ORB.init(args, null);
        try
        {
            //vom ORB eine Referenz auf einen Objekt-Adapter
            //holen, RootPOA ist ein fest definierter
            //Name, den der ORB immer kennt
            org.omg.CORBA.Object tempPOA = orb.resolve_
                initial_references("RootPOA");

            //da der ORB Referenzen vom Basistyp CORBA.Object
            //liefert, muss sie anschließend in eine
```

```
            //Referenz vom Typ POA umgewandelt werden
            org.omg.PortableServer.POA poa =
               org.omg.PortableServer.POAHelper.narrow(tempPOA);

            //den Objekt-Adapter aktivieren, damit er request
            //entgegennehmen und z.B. Objekte erzeugen kann
            poa.the_POAManager().activate();

            //das Firmen-Objekt erzeugen
            FirmaImpl tempFirma = new FirmaImpl();

            //Erzeugung einer CORBA-Referenz auf das Java-Objekt
            //CORBA-Referenzen auf Java-Objekte werden servants
            //genannt
            org.omg.CORBA.Object dieFirma =
                poa.servant_to_reference(tempFirma);

            //vom ORB eine Referenz auf den Namensdienst-Server
            //besorgen und wieder von CORBA.Object in den
            //gewünschten Typ umwandeln (s.o.)
            //NameService ist wieder ein Name, den der ORB immer
            //kennt (s.o.)
            org.omg.CORBA.Object tempNameServer = orb.resolve_
                initial_reference("NameService");
            NamingContextExt nameServer =
                NamingContextExtHelper.narrow(tempNameServer);

            //das Firmen-Objekt unter dem Namen "dieFirma"
            //bekannt machen, wobei der Name (ein String)
            //zunächst in ein Namens-Objekt konvertiert werden
            //muss
            nameServer.bind(nameServer.to_name
                ("eineFirma"), dieFirma );
        }
        catch(Exception e) { … }
    }
}
```

5 Entwicklung eines *Client*

```
package SeminarOrganisation;
import org.omg.CosNaming.*;
public class Client
{
    public static void main(String[] args);
    {
        try
        {
            Firma eineFirma;
            //den Object-Request-Broker initialisieren
            Org.omg.CORBA.ORB orb =
                org.omg.CORBA.ORB.init(args, null);

            //Namensdienst initialisieren (siehe auch
            //Rahmen-Anwendung)
            org.omg.CORBA.Object tempNameServer = orb.resolve_
                initial_reference("NameService");
```

```
            NamingContextExt nameServer = NamingContext
                ExtHelper.narrow(tempNameServer);

            //den Namensdienst nach einer Referenz fragen
            //FirmaHelper wurde vom IDL-Compiler generiert
            Org.omg.CORBA Object tempFirma = nameServer.resolve
                (nameServer.to_name("eineFirma"));
            eineFirma = FirmaHelper.narrow(tempFirma);

            //Aufrufe durchführen
            System.out.println(eineFirma.Name());
            eineFirma.Umsatz(100.0f);
            System.out.println(eineFirma.berechneGewinn(20.0f));
        }
        catch(Exception e) {…}
    }
}
```

Anschließend können alle `.java`-Dateien mit einem Java-Compiler übersetzt werden. Dann kann das System gestartet werden:

- Zunächst wird der Namensdienst mit `ns C:\temp\ns_ref` gestartet. Der Parameter gibt eine Datei an, in die der Namensdienst Ausgaben machen kann. Er dient zum initialen Aufbau einer Kommunikationsverbindung zwischen Namensdiensten auf verschiedenen (virtuellen) Maschinen.
- Mit `jaco SeminarOrganisation.SeminarOrganisationServer` wird die Rahmen-Anwendung gestartet und das Firmen-Objekt verfügbar gemacht.
- Die *Client*-Anwendung wird mit `jaco SeminarOrganisation.Client` gestartet. Um die verteilte Kommunikation beobachten zu können, sollte sie in einer anderen Java-VM laufen (unter *Windows* lässt sich dies z.B. durch den Start von zwei DOS-Boxen erreichen).

Abb. 3.9-12 zeigt den allgemeinen Ablauf einer verteilten Software-Entwicklung in CORBA.

3.9.6 COM+

Abschnitt 3.8.3
binärer Standard

Das *Component Object Model* (COM) ist seit langem ein wichtiger Bestandteil des Betriebssystems *Windows.* COM definiert einen *binären* Standard zur Kommunikation zwischen Objekten. Heute ist die Entwicklung einer zeitgemäßen *Windows*-Anwendung ohne COM *nicht* mehr möglich. Viele neue Betriebssystem-Dienste stellen ihre Funktionalität nicht mehr über APIs, sondern nur noch über COM-Schnittstellen zur Verfügung. COM ist sprachunabhängig und prinzipiell auch betriebssystemunabhängig. Obwohl es Ansätze gibt, COM auch auf anderen Plattformen anzubieten, bleibt COM im Wesentlichen auf *Windows* beschränkt.

COM → DCOM

Über COM können nur Objekte miteinander kommunizieren, die auf demselben Computersystem liegen. Microsoft erweiterte COM um

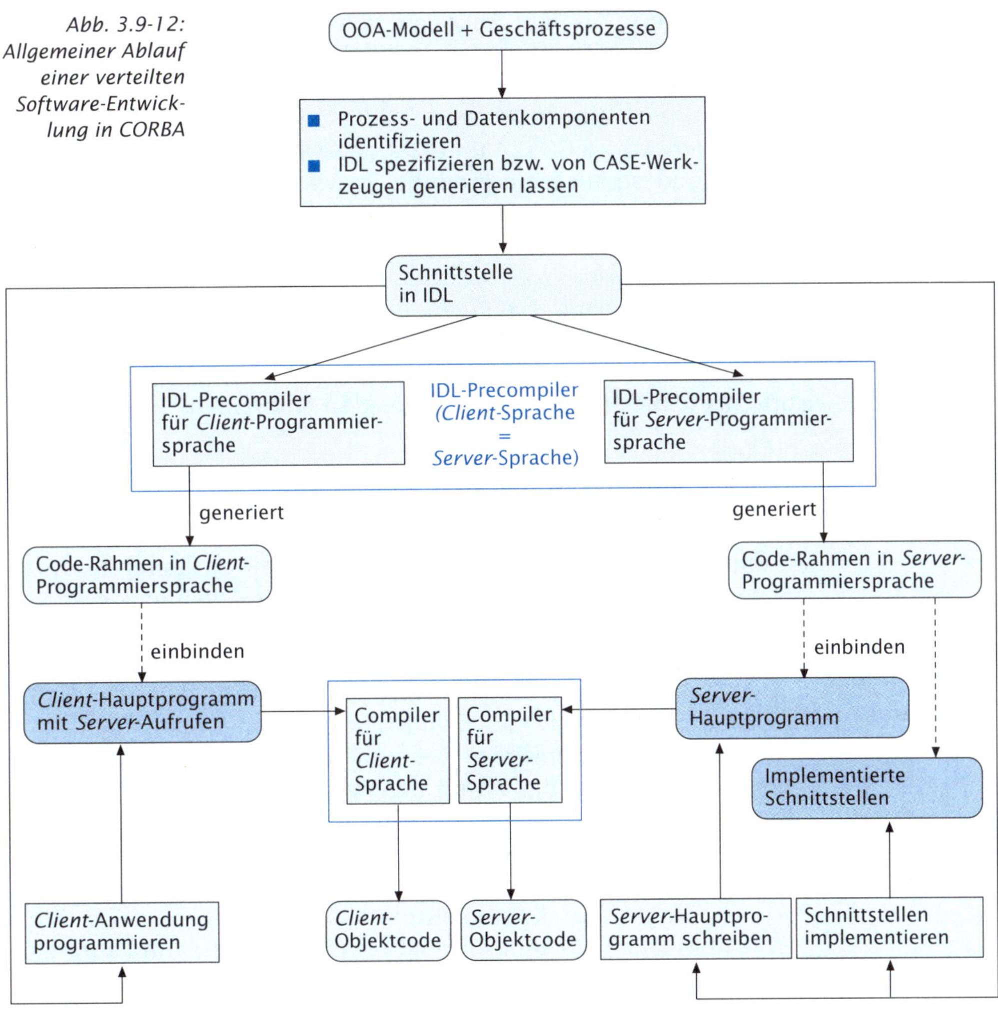

Abb. 3.9-12: Allgemeiner Ablauf einer verteilten Software-Entwicklung in CORBA

die Möglichkeit, auch Objekte auf entfernten Computersystemen ansprechen zu können. Dieser Mechanismus heißt DCOM und wurde erstmals mit *Windows* NT 4.0 eingeführt. Die Kommunikation über ein Netzwerk erfolgt über einen Kommunikationsdienst namens RPC *(remote procedure call).*

MTS

Die Kommunikation zwischen Objekten auf unterschiedlichen Computersystemen reicht jedoch noch nicht aus, um komfortabel Unternehmenslösungen zu entwickeln. Ein erster Schritt erfolgte 1996 mit dem *Microsoft Transaction Server* (MTS), der es erlaubt, Operationen im Kontext einer Transaktion aufzurufen und die Infrastruktur für verteilte Transaktionen zur Verfügung stellt.

COM+

Mit *Windows* 2000 führte Microsoft COM+ ein. **COM+** ist im Wesentlichen eine Verschmelzung von COM/DCOM mit dem MTS. In

Zukunft wird COM+ laut Aussagen von Microsoft weiter ausgebaut und um weitere Dienste erweitert. COM+ ist in Verbindung mit Microsofts *Windows* DNA-Architektur *(Distributed interNet Application Architecture)* als Konkurrenz zu CORBA zu sehen.

msdn.microsoft.com und msdn.microsoft.com/library

Im Gegensatz zu CORBA und J2EE ist COM+ nicht nur eine Spezifikation, sondern auch ein Produkt. Es wird kostenlos mit *Windows* 2000 ausgeliefert. Dies bedeutet jedoch nicht, dass damit schon Unternehmenslösungen entwickelt werden können. Microsoft bietet im Rahmen seiner *Windows*-DNA-Schiene weitere Produkte (z.B. MS SQL-*Server* als Datenbanksystem) an, die *nicht* kostenlos sind. Eine vertiefende Einführung in COM+ bietet /Platt 99/. Für den Einstieg in die DCOM/COM+-Programmierung sind /Eddon 99/ und die Microsoft-Entwickler-*Homepage* im Internet zu empfehlen.

3.9.7 Die Modelle im Vergleich

Eine Gegenüberstellung der vorgestellten Konzepte ist nicht leicht. Zu unterschiedlich sind die Anforderungen, die an konkrete Unternehmenslösungen gestellt werden, zu groß die Abhängigkeiten von bereits bestehenden Systemen. Es lassen sich jedoch einige Trends erkennen.

Verteilungs-Plattformen

Die direkte Nutzung einfacher Verteilungs-Plattformen wie CORBA, DCOM oder RMI wird wahrscheinlich immer weiter abnehmen.

Komponenten-Modelle

Stattdessen werden die Komponenten-Modelle (EJB, CORBA *Components*, COM+) das Mittel der Wahl zur Realisierung der Anwendungslogik sein. Die zusätzlichen Dienste (z.B. Transaktionen, Ereignisse) ermöglichen eine flexiblere, schnellere und damit meist kostengünstigere Entwicklung von Lösungen. Welches Kommunikationsmodell eine Komponenten-Plattform intern tatsächlich verwendet, spielt für den Anwendungsentwickler dann kaum eine Rolle.

Vor- und Nachteile

Über die Vor- und Nachteile der einzelnen Komponenten-Modelle gibt es viele Diskussionen. Durch die enge Verbindung von EJB und CORBA *Components* lässt sich die Welt der Komponenten-Modelle in »Microsoft« und den »Rest der Welt« aufteilen.

Es zeichnet sich ab, dass die beiden Welten sich in Zukunft *nicht* gegenseitig ausschließen, sondern Interoperabilität über Grenzen von Komponenten-Modellen hinweg möglich sein wird. Das von Microsoft entwickelte und zur Standardisierung vorgeschlagene, auf XML

SOAP

basierende SOAP *(simple object access protocol)*, ist ein Schritt in diese Richtung. Im Idealfall werden in Zukunft einfach nur zwei Objekte miteinander kommunizieren, wobei *Client* und *Server* auf unterschiedlichen Komponenten-Plattformen laufen können. Für ein Unternehmen würde dies bedeuten, dass es mit der Wahl einer Komponenten-Plattform *keine* endgültige Entscheidung trifft, sondern aktuellen Entwicklungen folgen und auch mehrere Systeme parallel verwenden kann. Derzeit ist diese (wünschenswerte) Art von Interoperabilität jedoch nur auf dem Papier möglich.

Von ihren technischen Daten her sind sich die Komponenten-Modelle recht ähnlich. In Tab. 3.9-1 werden daher keine technischen Kriterien für einen Vergleich der Systeme herangezogen, sondern eher unternehmerische Gesichtspunkte.

Komponentenmodelle technisch ähnlich

Kriterium	**EJB**	**CORBA *Components***	**COM+**
Plattform-unabhängigkeit	gegeben	gegeben	im Wesentlichen auf *Windows* beschränkt
Sprach-unabhängigkeit	auf Java beschränkt	gegeben	gegeben
Hersteller-unabhängigkeit	gegeben, Spezifikation derzeit jedoch in der Hand von Sun	gegeben	einziger Hersteller ist Microsoft

Tab. 3.9-1: Vergleich der Modelle

Herstellerunabhängigkeit ist natürlich nur so lange gegeben, wie sich alle Implementierungen genau an den Standard halten. In der Vergangenheit waren proprietäre Erweiterungen durch einzelne Hersteller zu beobachten, wodurch eine gewisse Bindung an einen Hersteller erfolgt.

3.9.8 Das JANUS-System

Abschnitt 2.8.6

Mit dem JANUS-System können *Client/Server*-Anwendungen direkt aus einem OOA-Modell heraus generiert werden. Dies geschieht durch einfache Auswahl einer Option bei der Generierung. Für die *Client*-Seite wird eine Oberfläche generiert, die sich für den Benutzer *nicht* von einer lokalen JANUS-Anwendung unterscheidet. Die Klassen des OOA-Modells stellen den *server*seitigen Teil einer verteilten JANUS-Anwendung dar. Eine JANUS-Anwendung unterstützt also hervorragend das *thin client*-Konzept. Die Anwendungsschicht kann für verschiedene Plattformen generiert werden (z.B. *Windows* NT, IBM AS 400). Die *Clients* können dabei auf einer anderen Plattform laufen als der *server*seitige Teil der Anwendung. Der *server*seitige Teil einer JANUS-Anwendung kann auch über das Internet genutzt werden. Das Generatorsystem generiert zu diesem Zweck Benutzungsoberflächen, die in einem *Web-Browser* ablaufen können.

Für die Kommunikation zwischen *Client* und *Server* setzt JANUS direkt auf dem TCP/IP- Protokoll auf *(sockets)*. Es wird also *keine* zusätzliche *Middleware* benötigt.

Anwendungslogik Der Teil einer Anwendung, der Arbeitsabläufe des Anwendungsbereichs durch Programme realisiert. Die Anwendungslogik wird in der Anwendungsschicht realisiert, die zwischen der Benutzungsoberflächenschicht und der Datenhaltungsschicht (Datenbank) liegt.

COM+ Ein auf *Windows* aufbauendes binäres →Komponenten-Modell für →Unternehmenslösungen.

CORBA *(common object request broker architecture)* Standardisierte Architektur für den →ORB.

Daten-Komponente Eine Komponente, deren Daten persistent sind, d.h. meist in Datenbanken gespeichert werden. Daten-Komponenten entsprechen oft den in einem OOA-Modell spezifizierten Klassen.

EJB *(Enterprise JavaBean)* Eine Spezifikation von Sun für ein auf Java basierendes *server*seitiges →Komponenten-Modell. EJB ist kein Produkt, es gibt aber eine Reihe von →Komponenten-Plattformen, die EJB unterstützen.

EJB-Container Eine Spezifikation *(kein* Produkt) für eine Umgebung, in der →EJBs ablaufen können. Ein EJB-Container läuft als Anwendung auf einem →J2-EE-*Server.*

entity bean Ein →EJB, das eine →Daten-Komponente darstellt.

IDL *(interface definition language)* Spezifikationssprache für Schnittstellen von Klassen, die als *Server*-Objekte Dienstleistungen über →CORBA für *Client*-Objekte zur Verfügung stellen. IDL-Precompiler übersetzen IDL-Spezifikationen in die *Client*- und *Server*-Programmiersprache.

J2EE-*Server* *(Java 2 Enterprise Environment)* Eine Spezifikation (*kein* Produkt) für eine →*Middleware*-Plattform, auf der Java-basierte Unternehmenslösungen laufen können.

Komponenten-Modell Spezifikation der Architektur, Struktur und Interaktion von Software-Bausteinen. Komponenten-Modelle können auf unterschiedlichen Ebenen spezifiziert werden, z.B. auf binärer Ebene oder auf der Ebene einer Programmiersprache.

Komponenten-Plattform Software-Produkt, das die Grundlage für den Einsatz von komponentenbasierten Anwendungen ermöglicht. Stellt unter anderem die in einem Komponenten-Modell spezifizierten Dienste zur Verfügung.

***Middleware*-Plattform** Software-Produkt, das als Grundlage für die Anwendungsschicht einer Unternehmenslösung dient. Sie erleichtert die Entwicklung der Anwendungslogik, indem sie von technischen Randbedingungen abstrahiert. Ein Anwendungsprogrammierer kann sich dadurch auf die eigentliche Funktionalität konzentrieren.

Namensdienst Dienstleistung zum Auffinden von Objekten in einer verteilten Umgebung. Werden meist in einem Komponenten-Modell spezifiziert und von einer →Komponenten-Plattform realisiert.

ORB *(object request broker)* Zentrale Komponente der *object management architecture* (OMA), leitet Dienstleistungs-Anforderungen eines Anwenders an einen Dienstleistungs-Anbieter weiter und überträgt die Ergebnisse zurück. Die Architektur des ORB ist unter dem Namen →CORBA standardisiert.

Ortstransparenz Liegt vor, wenn ein *Client*-Objekt den physischen Standort eines *Server*-Objekts *nicht* kennen muss, um seine Dienstleistungen (Operationen) nutzen zu können. Ortstransparenz wird durch Stummel-Objekte erreicht, die auf dem Computersystem des *Client* liegen und Lokalität vortäuschen. Der *Client* ruft das Stummel-Objekt auf, das den Aufruf – für den *Client* unsichtbar – an den eigentlichen *Server* weiterleitet.

Prozess-Komponente Komponente, die meist einen Geschäftsprozess kapselt. Die Schnittstelle einer Prozess-Komponente hat oft nur eine einzige Operation. Ein Aufruf dieser Operation bewirkt die Ausführung des gekapselten Geschäftsprozesses, der in der Regel →Daten-Komponenten ändert.

***Server*basiertes Komponenten-Modell** Komponenten-Modell, das auf die Entwicklung von *Middleware*-Anwendungen ausgerichtet ist. Im Gegensatz zu *client*basierten Komponenten-Modellen spielen Benutzungsoberflächen meist keine Rolle.

***Server*seitige Komponente** Komponente, die Teil der Anwendungsschicht einer Anwendung ist.

session bean Ein →EJB, das eine →Prozess-Komponente darstellt.

Skelett-Objekt Objekt, das über ein Netz gesendete Operationsaufrufe empfängt und in lokale Aufrufe eines *Server*-Objekts umwandelt. Das Skelett-Objekt täuscht dem *Server*-Objekt gegenüber einen lokalen Aufruf vor und ermöglicht so die Entwicklung der *Server*-Komponenten ohne Berücksichtigung der verteilten Umgebung.

Stummel-Objekt Objekt, das Operationsaufrufe von einem *Client*-Objekt annimmt und in einem geeigneten Transportformat über ein Netz an ein *Server*-Objekt schickt. Das Stummel-Objekt täuscht gegenüber dem →*Client*-Objekt einen lokalen *Server* vor und ermöglicht so die Entwicklung des *Client* ohne Berücksichtigung der verteilten Umgebung (siehe auch →Skelett-Objekt).

Unternehmenslösung Eine Anwendung (Software-System) zur Unterstützung der geschäftlichen Aktivitäten eines Unternehmens. Unternehmenslösungen sind oft verteilte, heterogene Systeme, mit denen eine Vielzahl von Benutzern auf großen Datenbeständen arbeiten.

Unternehmenslösungen

Unternehmenslösungen stellen wesentlich höhere Anforderungen an die zu entwickelnde Software als *Desktop*-Anwendungen. Eine Unternehmenslösung muss die Geschäftsprozesse eines Unternehmens möglichst optimal unterstützen. Die Anwendungslogik ist auf einen oder wenige *Server* konzentriert. Auf den *Clients* läuft nur die Benutzungsoberfläche *(thin clients).*

Moderne Software-Infrastrukturen für Unternehmenslösungen basieren auf verteilten, miteinander kommunizierenden Geschäftsobjekten. Die Geschäftsobjekte sind Exemplare von Komponenten. Die Komponenten, die die Anwendungslogik realisieren, werden *server*seitige Komponenten genannt.

*server*seitige Komponenten-Modelle

*Server*seitige Komponenten-Modelle erhöhen das Abstraktionsniveau für den Anwendungs-Programmierer. Er kann sich auf die Geschäftslogik konzentrieren und wird nicht durch technische Randbedingungen, wie Netzwerke oder unterschiedliche Betriebssysteme abgelenkt. Dies ist möglich, da viele nicht-funktionale Anforderungen an unternehmensweite Anwendungen unabhängig vom konkreten Anwendungsbereich sind. Es handelt sich um Komponenten-Modelle, die speziell auf die Realisierung von Unternehmenslösungen ausgerichtet sind. *Middleware*-Plattformen stellen die technische Infrastruktur zur Realisierung der Anwendungen zur Verfügung.

Daten- und Prozess-Komponenten

Daten-Komponenten repräsentieren Entitäten des Anwendungsbereichs. Ihre Objekte enthalten dauerhaft zu speichernde Daten. Sie können häufig aus dem OOA-Modell abgeleitet werden. Prozess-Komponenten repräsentieren die Geschäftsprozesse. Sie haben oft nur eine Operation, deren Aufruf die Ausführung des Geschäftsprozesses bewirkt.

Dienste von Komponenten-Plattformen

*Server*seitige Komponenten-Modelle spezifizieren daher verschiedene Dienste, die von den Komponenten-Plattformen bereit gestellt werden:

- Benutzerauthentifizierung und Sicherheit,
- Transaktionssicherheit für Geschäftsprozesse,

- Asynchrone Botschaften,
- Benachrichtigung über Ereignisse.

Komponenten können in der Regel ortstransparent miteinander kommunizieren. Ein *Client* muss den physischen Aufenthaltsort des *Servers* nicht kennen. Ein Namensdienst ermöglicht das Auffinden von Objekten in einem heterogenen Netzwerk. Technisch erfolgen Operationsaufrufe von entfernten Objekten über Stummel- und Skelett-Objekte, die Parameter serialisieren und (für *Client* und *Server* unsichtbar) über das Netzwerk übertragen.

Java-RMI

Remote Method Invocation (RMI) ist ein Mechanismus, um Operationen von Objekten auf anderen (virtuellen) Maschinen aufzurufen. RMI gehört zum *Java Standard*-API.

EJB

Enterprise JavaBeans (EJB) sind ein auf Java basierendes *server*seitiges Komponenten-Modell. Sie haben nichts mit *JavaBeans* zu tun, die ein *client*seitiges Komponenten-Modell darstellen.

EJB-Komponenten

EJB-Komponenten bestehen aus

- Aufruf-Schnittstelle *(remote interface)*,
- Verwaltungs-Schnittstelle *(home interface)*,
- *Bean*-Klasse (Implementierung der Funktionalität),
- Auslieferungs-Beschreibung *(deployment descriptor)*.

EJB-Container

EJBs laufen in einem EJB-Container ab, der wiederum auf einem J2EE-*Server* aufsetzt.

Entity beans repräsentieren Unternehmensdaten, die persistent (meist in einer Datenbank) gespeichert werden müssen. Der Container kann die Speicherung der Daten selbstständig durchführen.

Session beans repräsentieren meist Geschäftsprozesse. Sie werden erzeugt um eine bestimmte Aufgabe auszuführen, enthalten jedoch keine Daten, die persistent zu speichern wären.

CORBA

Die *Object Management Group* (OMG) spezifizierte eine Infrastruktur, mit der Objekte auf verschiedenen Computersystemen ortstransparent miteinander kommunizieren können. Diese Spezifikation wurde als CORBA (*Common Object Request Broker Architecture*) zu einem wichtigen Standard. Kern von CORBA ist der *Object Request Broker* (ORB), ein Dienst, der als eine Art »Bus-System« Operationsaufrufe zwischen Objekten vermittelt.

IDL

CORBA-Objekte können von anderen Objekten aus nur über ihre Schnittstellen angesprochen werden, die in einer an die C++-Syntax angelehnten *Interface Definition Language* (IDL) sprach- und plattformunabhängig spezifiziert werden. Mit einem IDL-Compiler werden daraus Code-Rahmen für verschiedene Programmiersprachen erzeugt. Miteinander kommunizierende CORBA-Objekte müssen daher *nicht* in derselben Programmiersprache implementiert sein.

CCM

CORBA ist *kein* Komponenten-Modell. Mit CORBA *components* (CCM= CORBA *Component Model)* hat die OMG diese Lücke jedoch geschlossen. CORBA-Komponenten sind die sprachunabhängige Obermenge von EJBs, d.h. ein EJB ist gleichzeitig eine CORBA-Komponente.

COM+ ist ein Komponenten-Modell und eine Komponenten-Plattform in einem. Es ist ein binärer Standard für die Kommunikation zwischen Objekten. COM+ ist auf allen *Windows* 2000-Systemen kostenlos verfügbar, damit jedoch auch im Wesentlichen auf die *Windows*-Welt beschränkt. COM+ ist eine Erweiterung des *Component Object Model* (COM), das als *client*seitiges Komponenten-Modell integraler Bestandteil des Betriebssystems *Windows* ist.

COM+

Zitierte Literatur

/Booch 99/
Booch G., *The Unified Modeling Language User Guide*, Reading: Addison Wesley, 1999.

/Denninger, Peters 2000/
Denninger S., Peters I., *Enterprise JavaBeans*, Reading: Addison Wesley, 2000.

/Downing 98/
Downing T.B., *Java RMI: Remote Method Invocation*, Foster City CA: IDB Books Worldwide, 1998.

/Gamma et al. 95/
Gamma E., Helm R., Johnson R., Vlissides J., *Design Patterns: Elements of Reusable Object-Oriented Software*, Reading: Addison Wesley, 1995.

/Jacobson et al. 92/
Jacobson I., Christerson M., Jonsson P., Övergaard G. *Object-Oriented Software Engineering – A Use Case Driven Approach*, Wokingham: Addison Wesley, 1992.

/OMG 96/
Object Management Group Common Facilities RFP-4,. *Common business objects and business object facility*, OMG document cf/96-01-04, 1996.

/Platt 99/
Platt D.S., *COM+ verstehen – Die Möglichkeiten der Unternehmensprogrammierung mit COM+* , München: Microsoft Press Deutschland, 1999.

/Redlich 00/
Redlich J.-P., *CORBA 3.0 – Eine praxisorientierte Einführung*, Bonn: Addison Wesley, 2000.

/Sridharan 97/
Sridharan P., *Advanced JAVA networking*, Upper Saddle River: Prentice Hall, 1997.

Analytische Aufgaben
Muss-Aufgabe
10 Minuten

1 *Lernziel: Die Architektur von Enterprise JavaBeans erklären können.*
Die folgende EJB-Komponente enthält Fehler. Finden und verbessern Sie diese mit Hilfe der Beispiele in Abschnitt 3.9.4.2.

```
//Das Remote-Interface der EJB
public interface Anmeldung extends EJBObject
{
    public void anmelden(String BenutzerID, String Kennwort)
}
//Das Home-Interface der EJB
package SemOrg.Schnittstellen;
import java.rmi.* ;
import javax.ejb.* ;
public interface AnmeldungHome extends EJBObject
{
    public Anmeldung create()
        throws RemoteException, CreateException ;
}
//Die Bean-Klasse
import javax.ejb.* ;
```

```
import javax.naming.* ;
public class AnmeldungBean implements SessionBean
{
    public void ejbCreate() throws RemoteException,
        CreateException
    {
        //Initialisierung des Objekts
    }
    //Operationen der Schnittstelle SessionBean
    ...
    //Operation der Remote-Schnittstelle
    public void anmelden(long BenutzerID, String Kennwort)
    {
        //alle Schritte zur Durchführung einer Buchung
    }
}
```

Klausur-Aufgabe
10 Minuten

2 *Lernziel: Den Mechanismus zur Realisierung einer verteilten Kommunikation erklären können.*
In dem folgenden Ausschnitt aus einer Java-Anwendung kommunizieren die Objekte über RMI miteinander. Beschreiben Sie genau, wie im konkreten Fall der Aufruf der Operation `ausleihen()` mit Hilfe von Stummel- und Skelett-Objekten abgewickelt wird.

```
interface Bibliothek
{
    boolean ausleihen(String Signatur, int LeserNr)
        throws RemoteException
}
public class BibliothekImpl extends UnicastRemoteObject
                            implements Bibliothek
{
    boolean ausleihen(String Signatur, int LeserNr)
    {
        //Anweisungen um ein Buch auszuleihen
        if(ausleiheErfolgreich) return true;
        else return false;
    }
}
public class Client
{
    public static void main(String[] args)
    {
        Bibliothek derServer;
        //Verbindung zum Server-Objekt herstellen
        //Signatur und Leser-Nr. bestimmten
        boolean Ergebnis = derServer.ausleihen(dieSignatur,
            dieLeserNr);
    }
}
```

Konstruktive Aufgaben
Muss-Aufgabe
10 Minuten

3 *Lernziel: UML-Klassendiagramme in CORBA-IDL überführen können.*
Spezifizieren Sie für die Klasse `Buchung` aus der Fallstudie »Seminarorganisation« (Anhang B) eine Schnittstelle mit CORBA-IDL.

Hinweis Weitere Aufgaben befinden sich auf der CD-ROM 1.

3 Die Entwurfsphase – Web-Architekturen

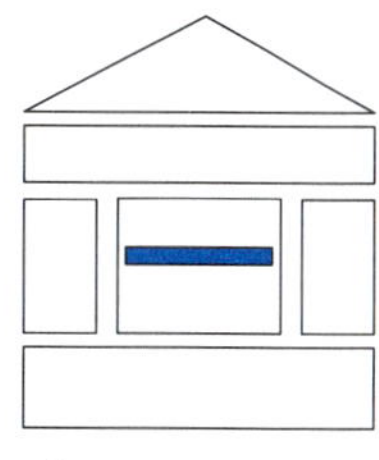

- *Client-* und *server*seitige Skript-Konzepte nennen können. — wissen
- Die an XML beteiligten Dokument-Arten nennen können.
- Die Integration von Anwendungsschicht und *Web-Browser* erklären können. — verstehen
- Die Konzepte von *Servlets* kennen und erklären können.
- Die Konzepte von *Active Server Pages* erklären können.
- Die einzelnen Schritte zur Darstellung eines XML-Dokuments erklären können.
- Einfache *Servlets* erstellen können. — anwenden
- Einfache *Java Server Pages* erstellen können.
- Einfache *Active Server Pages* erstellen können.
- Für eine einfache Aufgabenstellung eine DTD, ein XML-*Stylesheet* und ein der DTD entsprechendes XML-Dokument entwickeln können.

- Das Kapitel 3.9 muss bekannt sein.
- Für das Verständnis der Abschnitte 3.10.3 und 3.10.4 muss die Programmiersprache Java bekannt sein.

3.10 Web-Architekturen

3.10.1 Einleitung

Grundkonzept Das Grundkonzept des Web ist einfach: Anbieter stellen im Internet eine Menge von Seiten zur Verfügung, auf die Benutzer über *Web-Browser* zugreifen können. Die Seiten sind dabei zum größten Teil in der Seitenbeschreibungssprache **HTML** *(**H**yper **T**ext Markup **L**anguage)* geschrieben. Die Worte »*hyper text*« deuten an, dass die Seiten durch Verweise *(hyperlinks)* untereinander verbunden sind, d.h. es kann von einer Seite über einen Verweis auf eine andere Seite gesprungen werden.

Web-Server Die HTML-Seiten liegen auf so genannten *Web-Servern*, d.h. auf Computersystemen, die das Abrufen der Seiten von *Clients* aus über das Internet ermöglichen. Mit *Web-Server* wird sowohl die Anwendung bezeichnet, die die HTML-Seiten verwaltet, als auch das Computersystem, auf dem eine solche Anwendung läuft. Meist geht aus dem Kontext hervor, was gemeint ist.

Web-Client Mit *Web-Client* wird ein *Web-Browser* bezeichnet, d.h. die Anwendung, die HTML-Seiten am Bildschirm anzeigt. Ein *Web-Browser* läuft natürlich wieder auf einem Computersystem.

HTTP *Web-Browser* und *Web-Server* kommunizieren über das **HTTP** *(**Hy**per **T**ext **T**ransfer **P**rotocol)* miteinander. Der *Browser* sendet eine Anfrage als HTTP-Anfrage *(request)* an den *Web-Server*, der als Reaktion meist eine HTML-Seite über HTTP an den *Browser* schickt. HTTP setzt auf dem Übertragungsprotokoll **TCP/IP** *(**T**ransmission **C**ontrol **P**rotocol/**I**nternet **P**rotocol)* auf, dem Standardtransportprotokoll des Internet. Ein *Web-Server* wird daher über eine IP-Adresse identifiziert. Eine HTML-Seite wird über eine URL *(**U**nified **R**esource **L**ocator)* identifiziert, meist der Name des *Servers* gefolgt von der Position der Seite in der lokalen Verzeichnisstruktur auf dem *Server*. Die Menge aller von einem *Server* verwalteten Seiten werden häufig als *Web-Site* bezeichnet.

Durch die inzwischen weite Verbreitung des Internet wird die Technik des Internet zunehmend auch für firmeninterne Netze verwendet.

Intranet Ein **Intranet** verbindet Computersysteme eines Unternehmens oder einer Organisation basierend auf der Technik des Internets – insbesondere des TCP/IP-Übertragungsprotokolls – miteinander, ist aber *kein* Teil des öffentlichen Internets.

Extranet Ein **Extranet** erweitert ein Intranet zu anderen Unternehmen hin, etwa zu Händlern, Distributoren und Lieferanten. Es gibt einer definierten Benutzergruppe einen beschränkten Zugriff auf Informationen, die für sie relevant sind.

VPN Ein **VPN** *(Virtual Private Network)* ist ein **Intranet**, bei dem Teile des Netzes nur über ein externes Netz (meist das **Internet**) miteinander verbunden sind. Die Verbindung über das Internet bleibt für Benutzer innerhalb des Intranets transparent, d.h. es entsteht der Eindruck eines einzigen großen Intranets.

Beispiel

Eine Firma hat Filialen in Hamburg und München. In beiden Filialen betreibt sie ein Intranet mit Internet-*Gateway* und *Firewall*. Die Firma hat ihre Intranets gegenüber dem Internet abgesichert. Für die Kommunikation zwischen den beiden Filialen bietet es sich an, das Internet zu nutzen, jedoch muss die Sicherheit des Intranets auch bei der Inter-Filial-Kommunikation gewährleistet bleiben. Ein VPN realisiert dies, indem die über das Internet zu übertragenden Daten verschlüsselt von der einen zur anderen Filiale übertragen werden. Für Außenstehende – z.B. ein Computersystem, das die Daten auf dem Weg von Hamburg nach München passieren – treten die Internet-*Gateways* der Filialen als Sender bzw. Empfänger auf. Die ursprünglichen Sender bzw. Empfänger (Computersysteme im Intranet in Hamburg bzw. München) sind außerhalb des Intranets nicht ersichtlich.

Präsentationen

Heute dienen viele *Web-Sites* noch der Präsentation oder der Bereitstellung von Informationen. Ein Datenaustausch findet nur in eine Richtung statt, d.h. der *Web-Server* schickt Seiten an den *Browser*, der *Browser* schickt jedoch nur selten – von Protokolldaten abgesehen – Daten an den *Server* zurück. Der Benutzer ist ein reiner Konsument.

Geschäfts-Anwendungen

Zunehmend werden jedoch Geschäfts-Anwendungen über das Web abgewickelt. Der Benutzer verwaltet und ändert Daten auf dem *Server*. Solche Anwendungen laufen vollständig auf dem *Server*.

3.10.2 Web-Architekturen und Unternehmenslösungen

Die Aufgabe einer Unternehmenslösung besteht darin, die Geschäftsprozesse eines Unternehmens so gut wie möglich zu unterstützen. In Kapitel 3.9 wurden Konzepte vorgestellt, mit denen solche Anwendungen heute realisiert werden können.

Kapitel 3.9

Intranet

Wenn ein Unternehmen ein Intranet aufbauen will, so kann dies natürlich in der Form geschehen, dass ein firmeneigener, web-basierter Informationspool aufgebaut wird, während die eigentliche Arbeit nach wie vor mit klassischen *Client/Server*-Anwendungen erledigt wird, d.h. der Benutzer z.B. mit einer *Windows*-Anwendung arbeitet. Ein Intranet hätte in diesem Fall unterstützenden Charakter.

Vorteile von Web-Anwendungen

Immer mehr Firmen gehen jedoch dazu über, ihre Unternehmenslösungen komplett web-basiert zu gestalten. Die Mitarbeiter benutzen nicht mehr konventionelle *Client*-Programme, sondern einen *Web-Browser*. Für die IT-Abteilungen eines Unternehmens ergeben sich aus diesem Ansatz eine Reihe von Vorteilen:

- Viele Mitarbeiter kennen inzwischen *Web-Browser*. Dadurch reduziert sich der Trainingsaufwand.
- Die Wartung vereinfacht sich. Auf den *Client*-Computersystemen ist neben dem Betriebssystem nur noch der *Web-Browser* zu installieren. Alle anderen Komponenten der Unternehmenslösung liegen auf einem oder wenigen *Servern*.
- Der Zugang von Außenstehenden, z.B. Kunden oder Lieferanten, zu den firmeneignen Anwendungssystemen vereinfacht sich. Kunden können z.B. über ihren privaten Internet-Zugang mit Anwendungen des Unternehmens arbeiten. Es müssen keine zusätzlichen Infrastrukturen geschaffen werden. Außenstehende werden im Prinzip wie Mitarbeiter behandelt, sie haben aber weniger Rechte als tatsächliche Mitarbeiter.
- Die Hardware-Anforderungen an die *Client*-Computersysteme werden reduziert, da sie nur noch den *Web-Browser* ausführen müssen.

Web-Server

Auf dem *Server* eines Unternehmens muss, um den Zugriff über *Web-Browser* zu ermöglichen, ein *Web-Server* laufen. Dieser stellt für alle Benutzer – Mitarbeiter und Außenstehende – den Eintrittspunkt in die Unternehmenslösung dar.

Der *Web-Server* muss den Zugriff auf bzw. die Veränderung von Unternehmensdaten unterstützen. Zu diesem Zweck haben sich eine Reihe von *server*seitigen Web-Konzepten etabliert, die vielfach auf Skripten basieren.

*server*seitige Skripte
Abschnitt 2.21.4

Statt einer einfachen HTML-Seite ruft der *Web-Browser* (ausgelöst z.B. durch das Anklicken eines *Hyperlinks)* ein Skript auf dem *Server* **(*server*seitige Skripte)** auf und übergibt gleichzeitig Parameter an das Skript. Ein Skript kann man sich als Prozedur vorstellen, die auf dem *Web-Server* als Reaktion auf die Anfrage gestartet wird und die vom *Browser* übermittelten Parameter erhält. Das Skript führt eine Reihe von Aktionen durch und produziert eine Ausgabe. Diese Ausgabe – meist eine HTML-Seite – wird zum *Browser* geschickt und dem Benutzer angezeigt.

Beispiel

Ein Beispiel für den Einsatz eines Skripts ist eine Datenbank-Anfrage. In die URL eines *Hyperlinks* ist eine SQL-Anfrage eingebettet. Wird über diesen Verweis verzweigt, dann schickt der *Browser* die URL an den *Server*, der daraufhin ein Skript startet und die SQL-Anfrage übergibt. Das Skript greift auf einen Datenbank-*Server* zu, führt die Anfrage aus und nimmt das Ergebnis entgegen. Daraus wird eine HTML-Seite generiert, die die Ergebnisdaten z.B. in einer HTML-Tabelle darstellt. Diese Seite wird an den *Browser* geschickt und angezeigt. Der Benutzer, der den *Hyperlink* angeklickt hat, bekommt eine Seite angezeigt, die sich auf den aktuellen Inhalt einer Datenbank bezieht.

Analog zu diesem Beispiel kann ein Benutzer Daten in ein Formular eingeben. Nach Abschluss der Eingaben werden sie zum *Web-Server* geschickt, der sie als Parameter an ein Skript übergibt. Dieses Skript kann die Daten prüfen und anschließend in eine Datenbank schreiben.

*client*seitige Skripte

Eine andere Kategorie stellen ***client*seitige Skripte** dar. Es handelt sich um kleine Programme, die in eine HTML-Seite eingebettet sind und vom *Browser* ausgeführt werden.

Beispiel

Bei der Eingabe von Daten in HTML-Formulare ist es häufig sinnvoll, die Eingaben zu prüfen, bevor sie an den *Web-Server* geschickt werden. Mit einem *client*seitigen Skript lässt sich oft eine bessere Reaktionszeit der Anwendung erzielen und außerdem die Netzbelastung senken, als wenn fehlerhafte Daten erst zum *Server* geschickt und Fehlermeldungen wieder zum *Browser* übertragen werden müssen.

Skripte werden meist in Skript-Sprachen programmiert. Es handelt sich dabei um Interpreter-Sprachen, bei deren Konzeption mehr auf einfache Benutzbarkeit als z.B. auf Typsicherheit Wert gelegt wurde. Auch Gelegenheitsprogrammierer können mit Skript-Sprachen relativ schnell brauchbare Ergebnisse erzielen.

Client-Seite: *JavaScript* und *Visual Basic Script*

Die am weitesten verbreiteten *client*seitigen Skriptsprachen sind *JavaScript* und *Visual Basic Script*. Beide basieren syntaktisch auf den gleichnamigen Programmiersprachen von Sun und Microsoft, sind jedoch nicht hundertprozentig mit ihnen kompatibel.

Server-Seite: *Servlets*, JSP, ASP

Für *server*seitige Skripte gibt es eine ganze Reihe von Skriptsprachen und Konzepten. Viele *Web-Server* können durch *Plugins* um beliebige Skript-Konzepte erweitert werden. Im Verlauf dieses Kapitels werden die auf Java basierenden *Servlets* und *Java Server Pages* (JSP) sowie die von Microsoft entwickelten *Active Server Pages* (ASP) vorgestellt. *Servlets* sind keine Skripte im engeren Sinne, da es sich um Java-Programme handelt. Ihr Anwendungsgebiet deckt sich jedoch mit dem von Skripten, weshalb sie hier zu *server*seitigen Skripten gezählt werden.

Probleme mit Skripten

Eine Unternehmenslösung realisiert zur Unterstützung der Geschäftsprozesse häufig eine sehr komplexe Funktionalität, was umfangreiche Programme bedeutet. Skriptsprachen sind *nicht* darauf ausgelegt, umfangreiche Programme zu entwickeln. Kann man z.B. auf Typsicherheit in einem kleinen Skript verzichten, ist sie bei umfangreichen Programmen essenziell. Außerdem sind Skripte über viele Quellen (z.B. HTML-Seiten) verteilt, was die Pflege erschwert.

Komponenten-basierte Konzepte

Anstatt eine Unternehmenslösung komplett mit Hilfe von HTML-Seiten und Skript-Sprachen zu entwickeln, sollten die in Kapitel 3.9 eingeführten komponentenbasierten Konzepte verwendet werden. Dies bedeutet, dass die Funktionalität und die Datenhaltung mit *server*seitigen Komponenten-Plattformen entwickelt werden. Statt einer gewöhnlichen *Client*-Anwendung wird jedoch ein *Web-Server* an die Unternehmenslösung angeschlossen (Abb. 3.10-1). Die Anwendungsschicht muss dazu *nicht* verändert werden. Auf diese Wei-

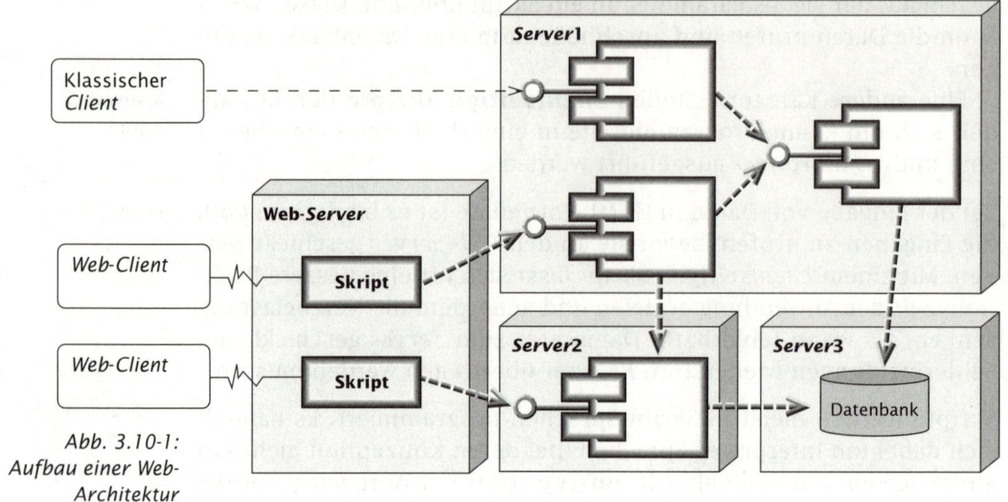

Abb. 3.10-1: Aufbau einer Web-Architektur

se können *Clients* mit klassischen Benutzungsoberflächen und *Web-Clients* parallel eingesetzt werden.

Die Anbindung eines *Web-Servers* an eine komponentenbasierte Unternehmenslösung erfolgt über die Skript-Programme. Ein Skript-Programm greift nicht mehr direkt auf die Datenbank zu. Stattdessen nutzt es Dienstleistungen von Geschäftsobjekten der Anwendungsschicht, die es über Operationsaufrufe anspricht. Umgebungen für *server*seitige Skriptsprachen stellen die erforderlichen Mechanismen bereit, um aus Skripten heraus Geschäftsobjekte erzeugen oder ansprechen zu können.

Beispiel

Ein Benutzer hat Daten für eine Buchung in ein HTML-Formular eingegeben. Die Eingaben werden im *Browser* von einem *client*seitigen Skript vorab überprüft. Hier kann z.B. gemeldet werden, wenn nicht alle Muss-Felder ausgefüllt wurden. Der *Browser* überträgt die Eingaben anschließend an den *Web-Server*, der sie einem Skript als Parameter übergibt. Das Skript erzeugt von einer Prozess-Komponente »Buchung durchführen« ein neues Objekt und übergibt die Parameter. Den eigentlichen Geschäftsprozess und die Buchung führt das Geschäftsobjekt aus, das die Daten noch einmal prüft, ob beide angegebenen Konten vorhanden sind. Eine solche Prüfung kann der *Browser* nicht selbst durchführen, da er keinen direkten Zugriff zur Datenbank besitzt. Das Geschäftsobjekt weiß *nicht*, das sein *Client* ein Skript ist.

In den folgenden Abschnitten werden wichtige Umgebungen für *server*seitige Skripte vorgestellt.

3.10.3 *Servlets*

In einer klassischen Web-Anwendung greifen die *Web-Clients* auf den *Web-Server* zu und nutzen seine Dienste. *Web-Browser* fordern z.B. Web-Seiten von einem *Web-Server* an, indem sie ihm die URL der entsprechenden Web-Seite schicken. Der *Web-Server* antwortet dann dadurch, dass er die HTML-Seite zurückschickt.

Web-Anwendungen bestehen aber häufig nicht nur aus statischen HTML-Seiten. In der Regel ist es notwendig, auf einen Anwendungs-*Server* zuzugreifen und seine Antwort dem Web-*Client*, z.B. als HTML-Seite aufbereitet, zur Verfügung zu stellen.

Web-Server greift auf Anwendungs-*Server* zu

Es muss also eine Möglichkeit existieren, den *Web-Server* um Dienste zu erweitern, die den Zugriff auf einen bestimmtem Anwendungs-*Server* ermöglichen.

Java-*Servlets*

Ein elegantes und effizientes Hilfsmittel, um diesen Zugriff zu realisieren, sind Java-*Servlets* /Sun 99a/. Die Firma Sun stellt ein API zur Verfügung, das die relevanten Schnittstellen und einige Standardimplementierungen enthält.

Servlets machen *server*seitigen Code für web-basierte *Client*s nutzbar, indem sie Web-Entwicklern einen einfachen Mechanismus zur Erweiterung der Funktionalität eines Web-*Server*s zur Verfügung stellen. Realisiert werden *Servlets* mit Hilfe der Programmiersprache Java und der *Servlet*-API-Bibliothek.

hohe Effizienz

CGI: Abschnitt 3.10.6

Servlets sind so realisiert, dass sie Anfragen effizient bearbeiten können und vermeiden insbesondere die von CGI-Skripten bekannten Leistungsnachteile.

Servlet Engine

Servlet-Programmierer müssen sich bei der Implementierung *nicht* um technische Fragen wie den Netzwerkzugriff, die Pufferung eingehender Anfragen oder korrekt formatierte Antworten kümmern. Diese Aufgaben übernimmt ein spezieller Container, die so genannte *Servlet Engine*. Sie übersetzt Anfragen, die nach einem bestimmten Protokoll gebildet wurden, in ein Objekt, das dem *Servlet* übergeben wird. Zusätzlich wird dem *Servlet* ein weiteres Objekt für seine Antwort übergeben. Die *Servlet Engine* erzeugt nun aus diesem Objekt eine dem entsprechenden Protokoll genügende Antwort. Zusätzlich regelt die *Servlet Engine* den Lebenszyklus der *Servlets*.

CD-ROM 1

Verschiedene Hersteller bieten Implementierungen der *Servlet Engine* an. Eine kostenlose Referenzimplementierung ist in Suns *Java Server Web Development Kit* (JSWDK) enthalten.

Eine kurze Zusammenfassung der beschriebenen Sachverhalte liefert die *Servlet*-Definition der Firma Sun /Sun 99a/:

Definition

»A Servlet is a web component, managed by a container, that generates dynamic content. Servlets are small, plattform independent Java classes compiled to an architecture neutral bytecode that can be loaded dynamically into and run by a web Server. Servlets interact with web Clients via a request response paradigm implemented by

the Servlet container. This request-response model is based on the behavior of the Hypertext Transfer Protocol (HTTP)«.

Beispiel 1a Fallstudie »Seminarorganisation«

Kunden sollen der Firma Teachware Anfragen und Anregungen über ein HTML-Formular mitteilen können. Die Abb. 3.10-2 zeigt den für das Formular nötigen HTML-Quellcode, die Abb. 3.10-3 die zugehörige Ausgabe des *Web-Browsers.*

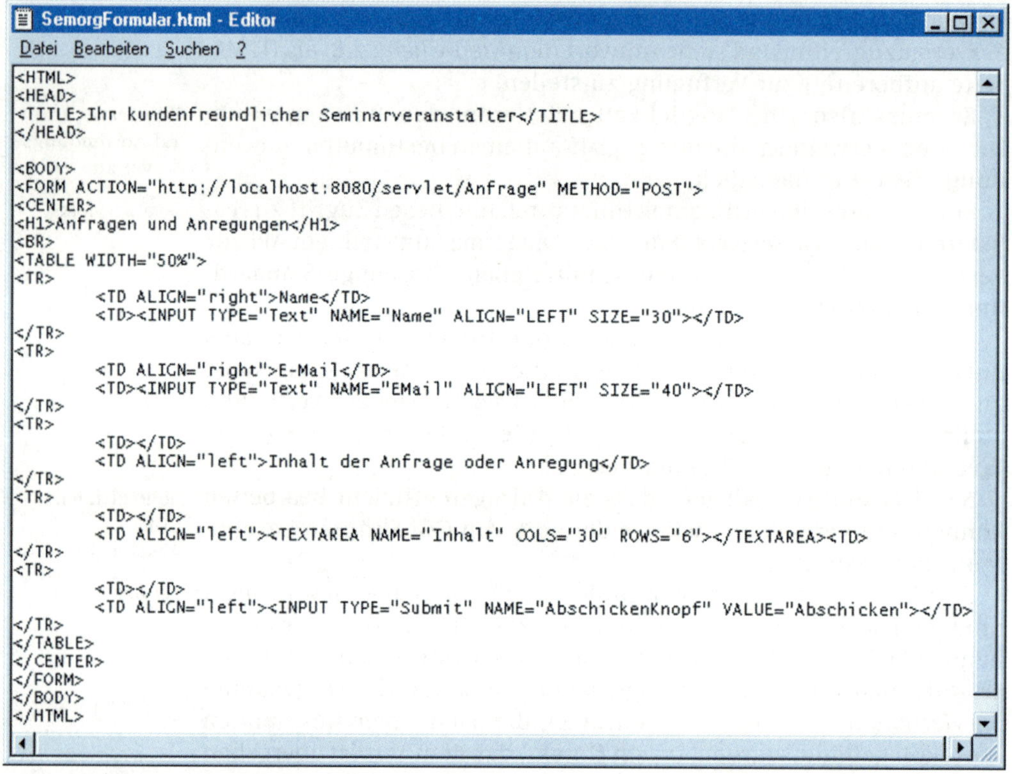

SemorgFormular.html - Editor

Datei Bearbeiten Suchen ?

```
<HTML>
<HEAD>
<TITLE>Ihr kundenfreundlicher Seminarveranstalter</TITLE>
</HEAD>

<BODY>
<FORM ACTION="http://localhost:8080/servlet/Anfrage" METHOD="POST">
<CENTER>
<H1>Anfragen und Anregungen</H1>
<BR>
<TABLE WIDTH="50%">
<TR>
        <TD ALIGN="right">Name</TD>
        <TD><INPUT TYPE="Text" NAME="Name" ALIGN="LEFT" SIZE="30"></TD>
</TR>
<TR>
        <TD ALIGN="right">E-Mail</TD>
        <TD><INPUT TYPE="Text" NAME="EMail" ALIGN="LEFT" SIZE="40"></TD>
</TR>
<TR>
        <TD></TD>
        <TD ALIGN="left">Inhalt der Anfrage oder Anregung</TD>
</TR>
<TR>
        <TD></TD>
        <TD ALIGN="left"><TEXTAREA NAME="Inhalt" COLS="30" ROWS="6"></TEXTAREA><TD>
</TR>
<TR>
        <TD></TD>
        <TD ALIGN="left"><INPUT TYPE="Submit" NAME="AbschickenKnopf" VALUE="Abschicken"></TD>
</TR>
</TABLE>
</CENTER>
</FORM>
</BODY>
</HTML>
```

Abb. 3.10-2: Der HTML-Quellcode für das HTML-Eingabeformular für Anfragen und Anregungen

Intern wird die Anfrage von einem *Servlet* bearbeitet, das zunächst den Text der Anfrage in eine *e-mail* schreibt und anschließend an den Kundensachbearbeiter der Firma Teachware schickt (Abb. 3.10-4).

Nachdem die *e-mail* abgeschickt wurde, soll eine HTML-Seite als Antwort an den Kunden zurückgesendet werden, in der bestätigt wird, dass seine Anfrage weitergeleitet wurde (Abb. 3.10-5).

Der Kunde bekommt jedoch *nicht* mit, dass die Antwort in Abb. 3.10-5 von einem Servlet erzeugt wurde und dass hierfür mehrere Schritte notwendig waren. Abb. 3.10-6 zeigt neben den Schritten und Akteuren, die für den Kunden sichtbar sind, auch alle unsichtbaren Schritte und Akteure, wie z.B. den *Web-Server*, die *Servlet Engine* und das *Servlet.*

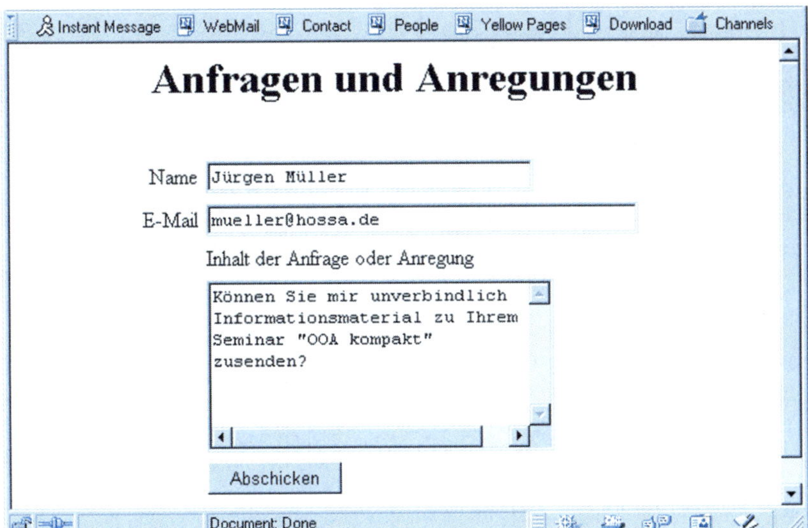

Abb. 3.10-3: *Die aus dem HTML-Formular vom Web-Browser erzeugte Ausgabe*

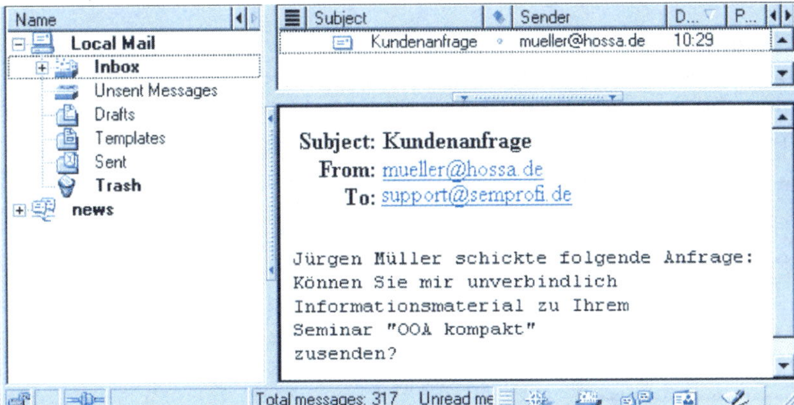

Abb. 3.10-4: *E-mail, die vom Anfrage-Servlet verschickt wird*

Abb. 3.10-5: *Die Bestätigung für den Kunden wird als HTML-Seite vom Servlet erzeugt*

3.10.3.1 Das *Servlet*-API

Die Implementierung der *Servlet Engine* kann von Hersteller zu Hersteller variieren. Die Kommunikation zwischen *Servlet Engine* und *Servlet* wird jedoch über vorgegebene Schnittstellen realisiert, die vom *Servlet*-API bereitgestellt werden.

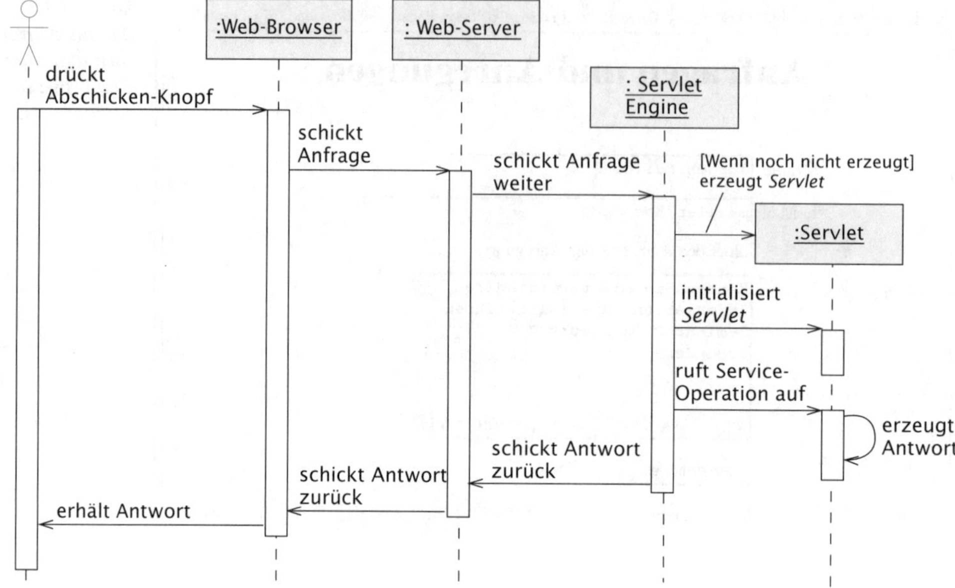

Abb. 3.10-6: Die internen Abläufe bei einer Kundenanfrage (informal)

Jedes *Servlet* muss direkt oder indirekt die Basisschnittstelle `javax.Servlet.Servlet` implementieren. Meistens wird die Schnittstelle indirekt implementiert, indem man eine der Standardimplementierungen -`javax.Servlet.GenericServlet` oder `javax.Servlet. http. HttpServlet`- benutzt, die die *Servlet*-API-Bibliothek bereitstellt (Abb. 3.10-7).

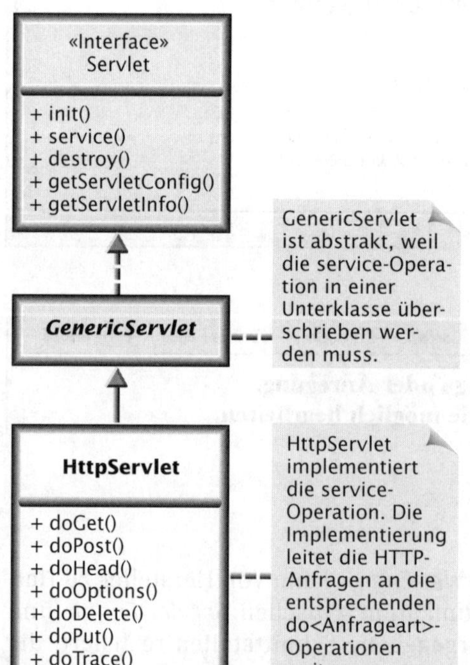

Abb. 3.10-7: Wichtige Klassen und Schnittstellen des Servlet-API

Die Schnittstelle *Servlet*

Die *Servlet*-Schnittstelle deklariert die Operationen (Abb. 3.10-7), mit deren Hilfe die *Servlet Engine* den Lebenszyklus eines *Servlets* regelt (Abb. 3.10-8).

Die folgende Beschreibung der Operationen `init()`, `service()` und `destroy()` findet in der Reihenfolge statt, in der die Operationen auch von der *Servlet Engine* während des *Servlet*-Lebenszyklusses aufgerufen werden.

Zu Beginn, also z.B. beim Start der *Servlet Engine*

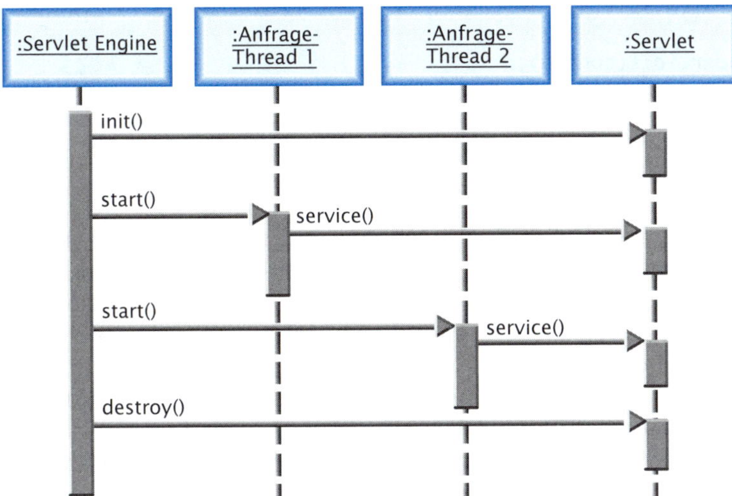

Abb. 3.10-8: Der Lebenszyklus eines Servlets

Erzeugen und Initialisieren

oder bei einer ersten Anfrage an ein *Servlet*, erzeugt die *Servlet Engine* ein uninitialisiertes *Servlet*-Objekt. Bevor Anfragen nun durch das *Servlet* bearbeitet werden können, muss als erstes das *Servlet*-Objekt initialisiert werden. Hierzu ruft die *Servlet Engine* direkt nach der Erzeugung des *Servlets* die Operation `init()` auf. In der `init()`-Operation können *Servlets* alle notwendigen Initialisierungen durchführen, wie das Lesen von Konfigurationsinformationen oder das Laden von kostenintensiven Ressourcen.

`ServletConfig`-Schnittstelle

Die *Servlet Engine* übergibt der `init()`-Operation ein Objekt, das die `ServletConfig`-Schnittstelle implementiert. Über die Operationen der `ServletConfig`-Schnittstelle können Konfigurationsparameter für das *Servlet* ausgelesen und auf ein Kontext-Objekt zugegriffen werden, das die Schnittstelle `ServletContext` implementiert. Mit Hilfe der `ServletContext`-Operationen kann das *Servlet* mit der *Servlet Engine* kommunizieren. Zum Beispiel kann das *Servlet* die `log()`-Operation aufrufen, um Ereignisse von der *Servlet Engine* protokollieren zu lassen.

Tritt während der Initialisierung des *Servlets* ein Fehler auf, dann wird eine Ausnahme vom Typ `ServletException` ausgelöst. Die *Servlet Engine* entfernt dann das erzeugte *Servlet*-Objekt. Trifft eine neue Anfrage ein, dann wird erneut versucht, ein *Servlet*-Objekt zu erzeugen und zu initialisieren.

Beispiel 1b

Die `init()`-Operation des Anfrage-*Servlets* der »Seminarorganisation« liest mit Hilfe der Schnittstelle `ServletConfig` zwei Parameter aus. Der erste Parameter `EMailSupport` beinhaltet als Wert die *e-mail*-Adresse, an die die Anfrage weitergeleitet werden soll, während der zweite Parameter `SmtpServer` die Netzwerkadresse des *Mail-Servers* angibt. Die Parameter werden mit Hilfe der Operation `ServletConfig::getInitParameter` ausgelesen.

```
public void init(ServletConfig config) throws ServletException
{
    super.init(config);
    //Lesen der Adresse des SMTP-Servers
    SmtpServer = config.getInitParameter("SmtpServer");
    //Lesen der Mail-Adresse des Kundensachbearbeiters
    EMailSupport = config.getInitParameter("EMailSupport");
}
```

Bearbeiten von Anfragen

Thread: Nebenläufige Aktivität

Nach der Erzeugung des *Servlet*-Objekts und dem Aufruf der `init()`-Operation befindet sich das *Servlet* in einem Zustand, in dem es Anfragen bearbeiten kann. Trifft eine Anfrage ein, so weist ihr die *Servlet Engine* in der Regel einen eignen *Thread* zu, der die Operation `service()` des *Servlets* aufruft. Die Operation `service()` bekommt Referenzen auf ein Anfrage-Objekt vom Typ `ServletRequest` und ein Antwort-Objekt vom Typ `ServletResponse` übergeben. Das *Servlet* kann nun mittels des Anfrage-Objektes zunächst Informationen über den Typ der Anfrage, Parameter usw. erfragen, bevor es im weiteren Verlauf der `service()`-Operation dann mit Hilfe des Antwort-Objektes eine Antwort formuliert.

Beispiel 1c

Das Anfrage-*Servlet* der »Seminarorganisation« erbt von der Klasse `HttpServlet`. Die Klasse `HttpServlet` implementiert bereits die Operation `service()`. HTTP-Anfragen werden ausgewertet und an entsprechende Operationen der Klasse `HttpServlet` weitergeleitet. Soll eine HTTP-Anfrageart unterstützt werden, so ist lediglich die korrespondierende Operation der Klasse `HttpServlet` zu überschreiben (Abb. 3.10-7).

Löschen von Objekten

Es kann sein, dass die *Servlet Engine* entscheidet, das *Servlet* nach einer gewissen Zeit wieder zu vernichten, um zum Beispiel Speicher freizugeben, weil das *Servlet* längere Zeit nicht benutzt wurde. Es kann aber auch sein, dass die *Servlet Engine* das *Servlet*-Objekt vernichten will, während noch einige *Threads* die `service()`-Operation ausführen. Dies kann zum Beispiel der Fall sein, wenn die *Servlet Engine* heruntergefahren werden soll.

Die Vernichtung erfolgt in jedem Fall nicht direkt, sondern die *Servlet Engine* wartet zunächst, bis alle *Service-Threads* terminieren. Anschließend ruft die *Servlet Engine* die Operation `destroy()` auf. Ein *Servlet* kann in der Operation `destroy()` Aufräumarbeiten, wie das Freigeben von benutzten Ressourcen, ausführen.

Ist auch die Operation `destroy()` abgearbeitet, so wird das *Servlet*-Objekt von der *Servlet Engine* vernichtet.

Die Schnittstelle `Servlet` stellt neben den Operationen zur Regelung des Lebenszyklus noch zwei weitere Operationen zur Verfügung (Abb. 3.10-7). Mit Hilfe der Operation `getServletConfig()` kann zu jeder Zeit die Referenz auf das in der `init()`-Operation als Parameter übergebene und gespeicherte `ServletConfig`-Objekt zurückgegeben werden.

Die Oberklasse GenericServlet von HttpServlet besitzt ein transientes Attribut, das eine Referenz auf das übergebene ServletConfig-Objekt speichert. Deshalb wird auch in der init()-Operation des Anfrage-*Servlets* die init()-Operation der Oberklasse HttpServlet aufgerufen, die wiederum die init()-Operation ihrer Oberklasse GenericServlet aufruft. Die init()-Operation von GenericServlet speichert in dem dafür vorgesehenen Attribut die Referenz auf das ServletConfig-Objekt. Beispiel 1d

```
public void init(ServletConfig config) throws ServletException
{
    super.init(config); ...
}
```

Die Operation getServletInfo() liefert eine Zeichenkette, die eine textuelle Beschreibung des *Servlets* beinhaltet. Die *Servlet Engine* kann diese Beschreibung z.B. dazu verwenden, um eine Liste aller installierten *Servlets* mit ihren Beschreibungen zu erstellen.

Die Implementierung der Operation getServletInfo() des *Servlets* Anfrage der »Seminarorganisation« gibt eine kurze Beschreibung des *Servlets* zurück: Beispiel 1e

```
public String getServletInfo()
{
    return "Schickt Anfragen und Anregungen von Kunden
          per E-Mail an Seminarveranstalter";
}
```

Die Klasse GenericServlet

Die Klasse GenericServlet stellt eine Standardimplementierung der Schnittstelle Servlet zur Verfügung. Die Klasse ist als abstrakt deklariert (Abb. 3.10-7), weil die Operation service() in einer von Generic Servlet gebildeten Unterklasse implementiert werden muss. Alle anderen Operationen werden von GenericServlet implementiert. Man kann daher ein *Servlet* schreiben, indem man eine Unterklasse von GenericServlet bildet und anschließend die Operation service() in der Unterklasse implementiert.

Die Klasse GenericServlet kann benutzt werden, um *Servlets* zu implementieren, die einen beliebigen Dienst bereitstellen. Soll jedoch eine HTTP-spezifische Implementierung erfolgen, so ist die Nutzung der Unterklasse HttpServlet von GenericServlet sinnvoll.

Die Klasse HttpServlet

Die Klasse HttpServlet stellt eine HTTP-spezifische Implementierung der Schnittstelle Servlet dar. Es ist zwar möglich mit *Servlets* beliebige Dienste zu implementieren, in der Regel wird jedoch als Protokoll HTTP (Abb. 3.10-9) eingesetzt.

HTTP-Charakteristika

- HTTP (Hypertext-Transfer-Protokoll) ermöglicht den Transport von beliebigen Daten über das Web.
- Ein *Client* stellt eine Anfrage *(Request)* an einen *Server*, der anschließend eine Antwort *(Response)* zurückschickt.

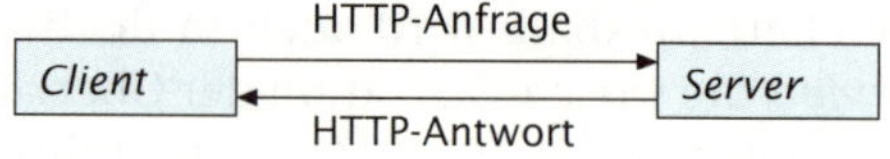

- HTTP ist ein zustandsloses Protokoll, weil nach jeder Anfrage und der zugehörigen Antwort die Verbindung von *Client* und *Server* wieder getrennt wird.
- Es wird vom Protokoll *nicht* unterstützt, dass mehrere Anfragen in einen gemeinsamen Kontext eingeordnet werden können.

HTTP-Anfrage

- Eine HTTP-Anfrage besteht in der Regel aus mehreren Teilen:
  - *General-Header, Request-Line, Request-Header, Entity-Header, Entity-Body*

Die *Header*-Anteile einer HTTP-Anfrage sind optional und enthalten Metainformationen, wie z.B. den vom *Client* verwendeten Zeichensatz.
Die *Request-Line* enthält die Zugriffsmethode, die URL einer Ressource (Datei, Programm), sowie die Nummer der verwendeten HTTP-Version.
Beispiel: `GET http://www.software-technik.de HTTP/1.0`

HTTP-Zugriffsoperationen

- HTTP kennt folgende Zugriffsoperationen: `GET`, `HEAD`, `POST`, `PUT`, `DELETE`.
- Die GET- und POST-Anfragen sind die wichtigsten.
- Eine GET-Anfrage ist in der Regel so aufgebaut, dass der *Server* eine URL zugeschickt bekommt, und das Dokument, das durch die URL bezeichnet wird, als Antwort zurückschickt. Wird durch die URL ein Programm bezeichnet, das dynamisch Daten erzeugt – wie z.B. ein *Servlet* – dann wird die Programmausgabe als Antwort zurückgeschickt und *nicht* das Programm selbst.
- Mit einer GET-Anfrage können auch Parameter und ihre Werte zum *Server* geschickt werden. Die Daten werden einfach als Parameter/Werte-Paare an die URL angehängt.

  Beispiel:
  `http://de.altavista.com/cgi-bin/query?pg=q&sc=on&q=Software-Technik&kl=de&what=de`
  Mit Hilfe einer bekannten Suchmaschine soll nach dem Begriff »Software-Technik« gesucht werden. Der Suchbegriff wird als Wert des Parameters `q` vom *Web-Browser* zusammen mit den Parametern `pg`, `sc`, `kl` und `what` und ihren Werten automatisch an die URL `de.altavista.com/cgi/query` angehängt. Getrennt wird die URL von den Parametern durch das Fragezeichen. Die Parameter werden durch »&« getrennt.

- Sollen als Parameterwerte jedoch große Datenmengen, wie z.B. lange Texte, übergeben werden, so kann in der Regel keine GET-Anfrage hierfür benutzt werden, weil die Länge des Eingabepuffers, der die URL nebst Parameter/Werte-Paare aufnehmen soll, begrenzt ist. Sie reicht auf vielen Plattformen für umfangreiche Daten *nicht* aus.
- Eine POST-Anfrage muss benutzt werden, um Parameter, deren Werte große Datenmengen enthalten, zu übertragen. Die Parameter und ihre Werte werden *nicht* an die URL angehängt, sondern es wird zusätzlich zur URL noch ein Rumpf übertragen, der unter anderem die Parameter und ihre Werte enthält.

Abb. 3.10-9: Das Wichtigste zu HTTP

Die `service()`-Operation der `HttpServlet`-Klasse nimmt Anfragen entgegen und bestimmt zunächst ihre Art (`GET`, `POST`, `HEAD`, `OPTIONS`, `DELETE`, `PUT` und `TRACE`), um anschließend die entsprechende do`<Anfrageart>`-Operation (Abb. 3.10-7) aufzurufen.

Will man mit einem *Servlet* eine bestimmte Anfrageart unterstützen, dann muss man die ihr entsprechende do<Anfrageart>-Operation in einer Unterklasse überschreiben.

Standardmäßig liefert die Implementierung der do<Anfrageart>-Operationen in der Klasse HttpServlet einen HTTP-Fehler zurück, um darauf aufmerksam zu machen, dass die entsprechende Anfrageart nicht unterstützt wird.

Die beiden wichtigsten HTTP-spezifischen Operationen sind doGet() und doPost(). Die doGet()-Operation behandelt eine HTTP-GET- und die doPost()-Operation eine HTTP-POST-Anfrage.

Das *Servlet* Anfrage der »Seminarorganisation« wird als Unterklasse von HttpServlet realisiert. Es wird die Operation doPost() überschrieben, weil ein Kunde einen umfangreichen Text als Anfrage eingeben kann und dieser als Parameterwert übertragen wird: Beispiel 1f

```
import java.io.*;//Wegen IOExeception und Klasse PrintWriter
import javax.servlet.*;//Wegen ServletException
//Wegen Klasse javax.servlet.HttpServlet
import javax.servlet.http.*; ...

//Anfrage als Unterklasse von HttpServlet
public class Anfrage extends HttpServlet
{ ...
    //doPost-Operation überschreiben
    public void doPost(HttpServletRequest req,
        HttpServletResponse resp)
        throws ServletException, IOException
    { ...
    }
}
```

Jede der do<Anfrageart>-Operationen bekommt als Parameter zwei Objektreferenzen übergeben. Die erste ist vom Typ HttpServletRequest und die zweite vom Typ HttpServletResponse.

HTTP-Anfragen enthalten in der Regel Parameter und ihre Werte, die über Operationen der HttpServletRequest-Schnittstelle ausgelesen werden können. Die Operation getParameter() liefert zu einem Parameternamen den assoziierten Wert. Die Schnittstelle bietet zusätzlich Operationen, um weitere HTTP-spezifische Informationen der HTTP-Anfrage zu ermitteln, auf die hier jedoch nicht näher eingegangen wird.

Zunächst sollen in der Operation doPost() die Parameterwerte mit Hilfe der Operation HttpServletRequest::getParameter() ausgelesen werden, die der Kunde in die Formularfelder im *Web-Browser* eingegeben hat. Die Parameter heißen wie die Felder des HTML-Formulars (Abb. 3.10-2), nämlich Name, EMail und Inhalt. Beispiel 1g

```
public void doPost(HttpServletRequest req, HttpServletResponse resp)
    throws ServletException, IOException
{ ...
```

```
    //Zunächst werden die Werte der Eingabefelder gelesen,
    //die in der HTTP-Anfrage als Parameter/Wert-Paar gespeichert
    //werden, und schreiben sie als E-Mail-Text auf.
    String EMail, Name, Inhalt;
    Name = req.getParameter("Name");
    EMail = req.getParameter("EMail");
    Inhalt = req.getParameter("Inhalt"); ...
}
```

Die Schnittstelle `HttpServletResponse` enthält Operationen, mit deren Hilfe eine Antwort an den *Web-Browser* zurückgeschickt werden kann. Als erstes muss hierzu die Operation `HttpServletResponse::setContentType()` aufgerufen werden, um den Typ des Inhalts der zurückgeschickten Antwort festzulegen, den so genannten MIME-*type (Multipurpose Internet Mail Extensions type).*

Beispiel 1h Als Antwort auf die Kundenanfrage soll eine Bestätigung als HTML-Text zurückgeschickt werden. Der MIME-*type* wird deshalb als `text/html` festgelegt:

```
public void doPost(HttpServletRequest req, HttpServletResponse resp)
    throws ServletException, IOException
{
    resp.setContentType("text/html"); ...
}
```

Anschließend kann mit Hilfe der Operation `HttpServletResponse::getWriter()` eine Referenz auf ein Objekt der Klasse `PrintWriter` angefordert werden. Mit Hilfe der Operation `PrintWriter::println` kann eine Zeile Text als Antwort zurückgeschickt werden.

Beispiel 1i Das *Servlet* `Anfrage` soll eine Bestätigung als HTML-Seite an den Kunden zurückschicken. Deshalb wird zunächst das `PrintWriter`-Objekt angefordert. Anschließend wird der HTML-Quelltext mit Hilfe der Operation `PrintWriter::println()` an den *Client* zurückgeschickt.

```
public void doPost(HttpServletRequest req,
    HttpServletResponse resp)
    throws ServletException, IOException
{
    resp.setContentType("text/html");
    PrintWriter out = resp.getWriter(); ...
    //Eine HTML-Bestätigung an den Kunden schicken.
    out.println("<HTML>");
    out.println("<HEAD><TITLE>Anfrage Output</TITLE></HEAD>");
    out.println("<BODY>");
    out.println("<H3>Vielen Dank für Ihre Anfrage oder
        Anregung.");
    out.println("<BR>Wir werden sie so schnell wie m&ouml;
        glich bearbeiten.</H3>");
    out.println("</BODY>");
    out.println("</HTML>");
    out.close();
}
```

3.10.3.2 Sitzungen und Sitzungsverfolgung

HTTP

HTTP ist ein zustandsloses Protokoll, d.h. mehrere HTTP-Anfragen haben zunächst nichts miteinander zu tun. Oftmals möchte man jedoch mehrere Anfragen und ihre Antworten in einem gemeinsamen Kontext ablaufen lassen. Gerade bei Web-Anwendungen ist es wichtig, dass alle Anfragen, die zu einem bestimmten Benutzer gehören, identifiziert werden können.

Sitzung und Sitzungsverfolgung

Man bezeichnet das Einordnen von Anfragen und Antworten an einen *Web-Server* in einen bestimmten Kontext als Sitzungsverfolgung *(session tracking)* und den Kontext selbst als Sitzung *(session)*. Mit jeder Sitzung wird ein Zustand assoziiert. Durch Anfragen und Antworten, die der Sitzung zugeordnet werden können, wird dieser Zustand manipuliert. Es haben sich in der Vergangenheit verschiedene Mechanismen für die Sitzungsverfolgung etabliert.

URL-*rewriting*

Bei einer HTTP-GET-Anfrage werden Parameter und ihre Werte als Erweiterung hinter die URL geschrieben (Tab. 3.10-1). Eine beliebte Methode zur Sitzungsverfolgung ist das so genannte URL-*rewriting*. Es besteht darin, Daten zur Identifikation an die URL als Parameter anzuhängen. Bei jeder GET-Anfrage werden nun die Identifikationsdaten mitgeschickt. Diese Methode hat jedoch, neben den Größenbeschränkungen für Parameterwerte bei einer GET-Anfrage, einen entscheidenden Nachteil. Häufig dienen zur Identifikation einer Sitzung sensible Nutzerdaten, wie Benutzerkennung und Passwort, die nun offen im *Web-Browser* als URL-Anhängsel angezeigt werden.

versteckte HTML-Formularfelder

Ein ähnlicher Ansatz basiert auf der HTTP-POST-Anfrage. Zur Sitzungsverfolgung werden versteckte HTML-Formularfelder verwendet. Auch hier werden wieder Identifikationsdaten als Parameter mit der Anfrage zugeschickt. Die Restriktionen bezüglich der Datenmengen, wie sie bei einer GET-Anfrage bestehen, existieren hier nicht. Auch werden sensible Nutzerdaten nicht so offenkundig »zur Schau gestellt« wie bei der oben beschriebenen Methode des URL-*rewriting*. Jedoch kann nach wie vor jeder, der an den Daten interessiert ist, sich den HTML-Quellcode der Anfrage anschauen und somit ebenfalls die Daten.

Cookies

Eine weitere Methode zur Sitzungsverfolgung sind die so genannten *Cookies*. Es handelt sich dabei um kleine Textdateien, in denen Parameter/Werte-Paare gespeichert werden. Soll ein *Cookie* mit bestimmten Daten erzeugt werden, so sendet der *Web-Server* in einer HTTP-Antwort Anweisungen, die den *Web-Browser* veranlassen, ein *Cookie* mit einem bestimmten Namen und Wert zu erzeugen. Existiert bereits ein *Cookie* von demselben *Server* mit demselben Namen, so wird das alte *Cookie* durch das neue ersetzt. Schickt der *Web-Browser* nun eine Anfrage an den *Web-Server*, so wird das assoziierte *Cookie* mitgeschickt. Ein *Servlet* kann nun z.B. die Anfrage in einen Sitzungskontext einordnen.

Das Java-*Servlet*-API stellt mit der HttpSession-Klasse eine komfortable Möglichkeit zur Verfügung, um Sitzungen zu verwalten. Die Sitzungsverwaltung läuft dabei transparent für den *Servlet*-Programmierer ab, d.h. er muss sich nicht darum kümmern, ob *Cookies* oder URL-*rewriting* eingesetzt wird, wenn *Cookies* vom empfangenden *Web-Browser* nicht akzeptiert werden.

Eine Referenz auf das mit einer Anfrage assoziierte HttpSession-Objekt erhält man durch die Operation HttpServletRequest::getSession(). Unter einem bestimmten Namen kann man nun beliebige Objekte mit der Sitzung bzw. dem HttpSession-Objekt verbinden, indem man die Operation HttpSession::putValue() aufruft. Soll eine Sitzung beendet werden, so muss die Operation HttpSession::invalidate() aufgerufen werden.

Beispiel 1j Das Anfrage-*Servlet* der »Seminarorganisation« wird wie folgt erweitert: Dem Kunden wird die Möglichkeit gegeben, mehrere Anfragen hintereinander zu formulieren und abzuschicken. Nach jeder formulierten Anfrage bekommt er die Anzahl der abgeschickten Anfragen auf der HTML-Bestätigungsseite präsentiert (Abb. 3.10-10) und die Möglichkeit eine neue Anfrage einzugeben.
Die Operation doPost() des Anfrage-*Servlets* muss hierzu um die Abfrage des HttpSession-Objekts erweitert werden. In dem HttpSession-Objekt muss nun eine Variable gespeichert werden, die die Anzahl der gestellten Anfragen verwaltet:

```
public void doPost(HttpServletRequest req,
    HttpServletResponse resp)
    throws ServletException, IOException
{
    //Referenz auf das HttpSession-Objekt
    HttpSession Sitzung;
    //Referenz auf den Zaehler
    Integer Zaehler;
    resp.setContentType("text/html");
    PrintWriter out = new PrintWriter(resp.getOutputStream());
    //Zunächst werden die Werte der Eingabefelder gelesen, die
    //in der HTTP-Anfrage als Parameter/Wert-Paar gespeichert
    //werden.
    String EMail, Name, Inhalt;
    Name = req.getParameter("Name");
    EMail = req.getParameter("EMail");
    Inhalt = req.getParameter("Inhalt");
    //Nun wird die EMail an die Adresse
    //support@Seminarveranstalter.com geschickt
    try
    {
        schickeEMail(EMail,Name,Inhalt);
        //Nachdem die Mail (ohne Fehler) abgeschickt wurde kann
        //der Zähler erhöht werden
        Sitzung = req.getSession(true);
        //Den Zähler aus dem HttpSession-Objekt abrufen
        Zaehler = (Integer) Sitzung.getValue("Zaehler");
```

```
        //Wenn das Session-Objekt gerade erzeugt wurde,
        //existiert noch kein Zähler
        if (Zaehler == null) Zaehler = new Integer(1);
        else Zaehler = new Integer(Zaehler.intValue()+1);
    }
    catch (IOException e)
    {
        //Der Servlet Engine wird mitgeteilt, dass ein Fehler
        //aufgetreten ist. ...
        return;
    }
    //Eine HTML-Bestätigung an den Kunden schicken.
    out.println("<HTML>");
    out.println("<HEAD><TITLE>Anfrage Output</TITLE></HEAD>");
    out.println("<BODY>");
    out.println("<H3>Vielen Dank für Ihre neue Anfrage oder
        Anregung.");
    out.println("<BR>Damit wurden "+Zaehler.intValue()+"
        Anfrage(n) erfolgreich von Ihnen abgeschickt!");
    out.println("<BR>Wir werden sie so schnell wie m&ouml;
        glich bearbeiten.</H3>");
    //Nun noch einen Hyperlink auf das HTML-Formular eintragen
    out.println("<A HREF=\"http://www.swt.ruhr-uni
        -bochum.de/SemorgHtml/SemorgFormularSession.html\
        ">Neue Anfrage</A>");
    out.println("</BODY>");
    out.println("</HTML>");
    out.close();
    //Nun noch den neuen Zählerwert in den Sitzungskontext
    //übertragen
    Sitzung.putValue("Zaehler",Zaehler);
}
```

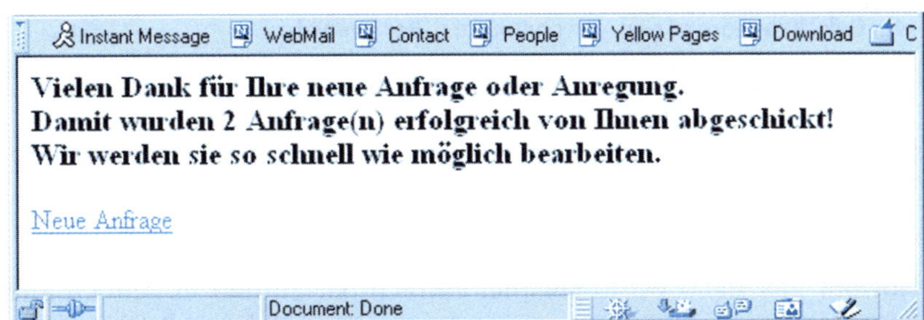

Abb. 3.10-10: Die modifizierte Bestätigungsseite des Anfrage-Servlets

3.10.4 *Java Server Pages*

JSP

Eine *Java Server Page* (JSP) ist eine Textdatei, die HTML- oder XML-Anteile mit speziellen JSP-Markierungen *(tags)* vermischt. Wenn ein *Client* auf eine JSP zugreifen möchte, so wird die Seite, falls noch nicht geschehen, von der so genannten JSP-*Engine* zunächst in ein *Servlet* übersetzt und anschließend ausgeführt. Die Ausgabe dieses *Servlets* wird dann an den *Client* zurückgeschickt. Die Abb. 3.10-11 fasst diesen Vorgang noch einmal zusammen.

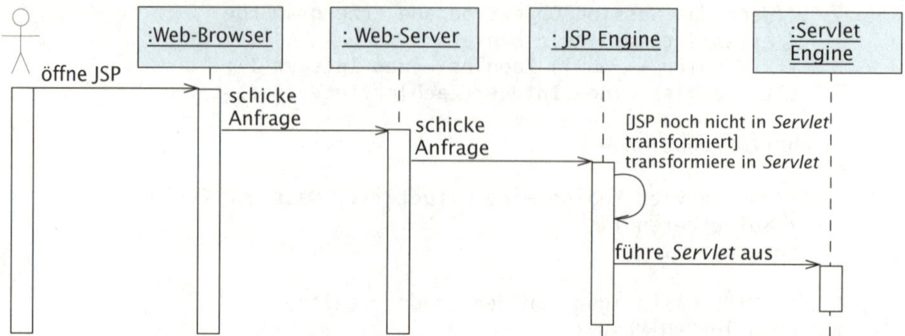

Abb. 3.10-11: Vorgänge, die beim Anfordern einer JSP ablaufen

Die Form und Syntax von JSPs sind, wie bei *Servlets*, von der Firma Sun spezifiziert worden /Sun 99b/. Zusätzlich zu den üblichen *Servlet*-Schnittstellen wurden einige Schnittstellen für die *Servlets*, in die eine JSP transformiert wird, spezifiziert.

Mehrere Hersteller bieten Implementierungen der JSP-*Engine* an. Wie bei *Servlets* ist wieder eine kostenlose Referenzimplementierung in Suns JSWDK *(Java Server Web Development Kit)* enthalten.

CD-ROM 1

Beispiel

Die folgende JSP liefert als Ausgabe eine Web-Seite, die den Text »Hello World« enthält.

```
<HTML>
<HEAD>
<TITLE> Hello World Beispiel </TITLE>
</HEAD>
<BODY>
<!- globale Informationen der Seite setzen ->
<%@ page language="java" %>
<!- Deklaration einer Zeichenkette HelloWorld ->
<%! String HelloWorld; %>
<!- Nun ein Scriptlet mit Java programmieren ->
<% HelloWorld = «Hello World»; %>
<!- Die Zeichenkette als Ausgabe in die HTML-Seite schreiben ->
<%= HelloWorld %>
</BODY>
</HTML>
```

Elemente einer JSP

Obwohl das *Hello World*-Beispiel einfach ist, enthält es jedoch alle wesentlichen Elemente einer *Java Server Page* (Tab. 3.10-1):

- Direktiven dienen dazu, globale Informationen für die ganze Seite zu setzen.
- Deklarationen erlauben es, Variablen und Operationen zur deklarieren, die eine seitenweite Gültigkeit besitzen.
- *Scriptlet*s enthalten den Java-Quellcode, der für die Berechnung von Ausgaben notwendig ist.
- Ausdrücke enthalten Variablen, deren Werte, in eine Zeichenkette konvertiert, von der *JavaServer Page* ausgegeben werden.

Einen Überblick über die JSP-Syntax liefert die Tab. 3.10-1.

Tag	**Beschreibung**	**Syntax**
Ausgabe Kommentar *(output comment)*	Der Kommentar wird mit in die Ausgabe geschrieben.	`<!-comment [<%= expression %>] ->`
Versteckter Kommentar *(hidden comment)*	Der Kommentar erscheint nur in der JSP.	`<%- comment -&>`
Deklaration	Deklariert Operationen und Variablen in der korrekten Skriptsprache (z.B. Java).	`<%! declarations %>`
Ausdruck	Der angegebene Ausdruck wird – in eine Zeichenkette umgewandelt – von der JSP ausgegeben.	`<%= expression %>`
Scriptlet	Ein in der Skriptsprache formuliertes Quellcode-fragment.	`<% code fragment %>`
include-Direktive	Fügt eine Text- oder Quell-codedatei in die JSP-Datei ein.	`<%@ include file="relativeURL" %>`

page-Direktive	Definiert globale Einstellungen für die gesamte JSP, wie z.B. die Skriptsprache.	`<%@ page [ language=" java " ]`
		`[ extends=» package. class " ]`
		`[ import= "`
		`{ package. class | package .* } , ... " ]`
		`[ session=" true |false" ]`
		`[ buffer=" none| 8kb | size kb" ]`
		`[ autoFlush=" true |false" ]`
		`[ isThreadSafe=" true |false" ]`
		`[ info=" text " ]`
		`[ errorPage=" relativeURL "]`
		`[ contentType=" mimeType`
		`[ ;charset =characterSet ]"|" text/ html ;`
		`charset= ISO- 8859- 1 "]`
		`[ isErrorPage=" true| false "] %>`

taglib-Direktive	Die Markierungen, die von einer JSP-*Engine* verarbeitet werden, können durch eine sog. *tag*- Bibliothek erweitert werden. Über die Direktive *taglib* kann eine *tag*-Bibliothek eingebunden werden.	`<%@ taglib uri=" URIToTagLibrary " prefix="`
		`tagPrefix "%>`
		
		`custom tag:`
		`< tagPrefix : name attribute =" value "+ ... />`
		`< tagPrefix : name attribute =" value "+ ... >`
		`other tags </ tagPrefix : name >`

`<jsp:forward>`	Leitet eine *Client*-Anfrage an eine HTML-Seite, JSP-Datei oder ein *Servlet* weiter.	`<jsp: forward page=` `"{ relativeURL / <%= expression %> }" />`

`<jsp:getProperty>`	Liefert den Eigenschaftswert einer *JavaBean*, so dass er in der JSP benutzt werden kann.	`<jsp: getProperty name=" beanInstanceName "`
		`property="`
		`propertyName "/>`

Tab. 3.10-1a: JSP-Syntax /Sun 99c/

<jsp:include>	Fügt Daten aus einer externen Datei in die JSP ein. Die Daten werden *nicht* durch einen *Parser* überprüft.	<jsp: include page="{ *relativeURL* | *<%=expression %>* }" flush=" true" />
<jsp:plugin>	Veranlasst das Herunterladen eines *Applets* oder einer *JavaBean* auf das *Client*-Computersystem.	<jsp: plugin type=" bean| applet" code=" *classFileName* " codebase=" *classFileDirectoryName* " [name=" *instanceName* "] [archive=" *URIToArchive, ...* "] [align=" **bottom** |top| middle| left| right"] [height=" *displayPixels* "] [width=" *displayPixels* "] [hspace=" *leftRightPixels* "] [vspace=" *topBottomPixels* "] [jreversion=" *JREVersionNumber* | **1.1** "] [nspluginurl=" *URLToPlugin* "] [iepluginurl=" *URLToPlugin* "] > [<jsp: params> [<jsp: param name=" *parameterName* " value=" *parameterValue* " />]+ </ jsp: params>] [<jsp: fallback> *text message for user* </ jsp: fallback>] </ jsp: plugin>
<jsp :setProperty>	Setzt den Wert einer *JavaBean*-Eigenschaft.	<jsp: setProperty name=" *beanInstanceName* " { property= "*"| property=" *propertyName* " [param=" *parameterName* "]| property=" *propertyName* " value=" { *string* | *<%= expression %>*}"}/>
<jsp:useBean>	Über diese Markierung kann eine *JavaBean* für die JSP nutzbar gemacht werden.	<jsp: useBean id=" *beanInstanceName* " scope=" **page** |request| session| application" { class=" *package. class* " | type=" *package.* *class* " | class=" *package.* *class* "type=" *package. class* "| beanName=" { *package. class* | *<%= expression %>* } " type=" *package. class* "} {/>| > *other tags* </ jsp: useBean> }
Legende:	normaler Text = vorgeschrieben **fett** = voreingestellter Wert *kursiv* = benutzerdefiniert | = oder	[] = optional {} = vorgeschriebene Auswahl ... = Liste mit Ausdrücken += kann sich wiederholen

Tab. 3.10-1b: JSP-Syntax /Sun 99c/

Neben den vordefinierten Markierungen *(tags)* existieren eine Reihe vordefinierter Objekte, die in den *Scriptlets* benutzt werden können (Tab. 3.10-2).

Tab. 3.10-2: Vordefinierte JSP-Objekte

Implizites Objekt	Typ
`request`	Unterklasse von `javax.servlet.ServletRequest`
`response`	Unterklasse von `javax.servlet.ServletResponse`
`pageContext`	`javax.servlet.jsp.PageContext`
`session`	`javax.servlet.http.HttpSession`
`application`	`javax.servlet.ServletContext`
`out`	`javax.servlet.jsp.JspWriter`
`config`	`javax.servlet.ServletConfig`
`page`	`java.lang.Object`
`exception`	`java.lang.Throwable`

Die Klassen der Objekte in Tab. 3.10-2 sind die Klassen, die im Abschnitt 3.10.3 »*Servlets*« bereits beschrieben wurden. Dies hängt damit zusammen, dass aus JSPs spezielle *Servlets* erzeugt werden. Die *Servlets* sind deswegen speziell, weil sie spezielle Schnittstellen implementieren (Abb. 3.10-12).

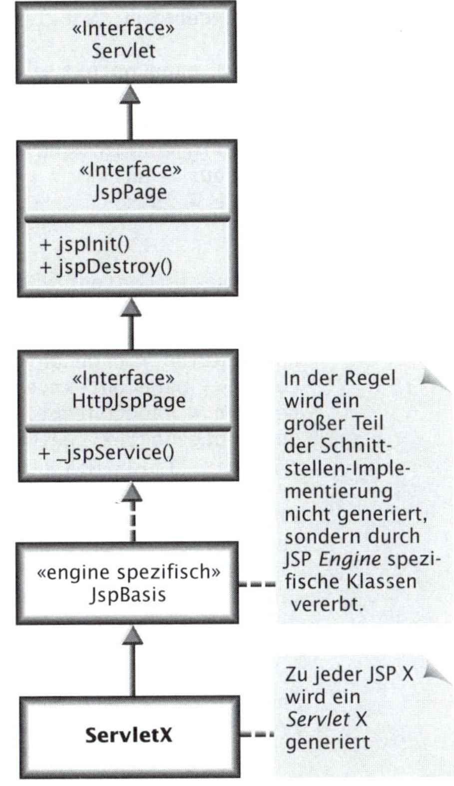

Abb. 3.10-12: Für JSPs relevante Schnittstellen und Klassen

Die *Scriptlets* werden hierbei einfach in die Operation `_jspService` des *Servlets* eingefügt. Die in den Deklarationen eingeführten Operationen und Variablen werden in Operationen und Variablen des *Servlets* übersetzt.

Beispiel

Der folgende Quellcode stellt dar, wie z.B. die JSP `HelloWorld` in ein *Servlet* übersetzt wird. Zunächst wird die in der JSP-Deklaration eingeführte Variable als Attribut der *Servlet*-Klasse deklariert. In der Operation `_jspServive` werden als erstes die vordefinierten Objekte (Tab. 3.10-2) initialisiert. Anschließend wird der eingefügte *Scriptlet*-Quellcode ausgeführt. Zum Schluss wird noch der in der JSP angegebene Ausdruck `<%= HelloWorld %>` ausgegeben. Er wird in die Anweisung `out.print(HelloWorld)` umgesetzt.

```
public class jsp_0005cHelloWorld_0005cHelloWorld_0002ejsp
//HelloWorld_jsp_1 extends HttpJspBase
{
    static char[][] _jspx_html_data = null;
    // begin [file="D:\\LE30\\jswdk
    //-1.0.1\\examples\\jsp\\HelloWorld\\HelloWorld.jsp";
    //from=(11,3);to=(11,23)]
        String HelloWorld;
    // end ...
    public final void _jspx_init() throws JspException
    { ...
    }
    public void _jspService(HttpServletRequest request,
        HttpServletResponse  response)
        throws IOException, ServletException
    { ...
        PageContext pageContext = null;
        HttpSession session = null;
        ServletContext application = null;
        ServletConfig config = null;
        JspWriter out = null;
        Object page = this; ...
        try
        { ...
            response.setContentType("text/html");
            pageContext = _jspxFactory.getPageContext(this,
                request, response,"", true, 8192, true);
            application = pageContext.getServletContext();
            config = pageContext.getServletConfig();
            session = pageContext.getSession();
            out = pageContext.getOut();
            // begin [file=»D:\\LE30\\jswdk
            //-1.0.1\\examples\\jsp\\HelloWorld\\
            //HelloWorld.jsp"; from=(14,2);to=(14,31)]
            HelloWorld = "Hello World";
            // end
            ...
            // begin [file="D:\\LE30NeueNumerierung\\jswdk
            //-1.0.1\\examples\\jsp\\HelloWorld\\
            HelloWorld.jsp"; from=(17,3);to=(17,15)]
            out.print(HelloWorld);
            // end
            ...
        } ...
    }
}
```

Das Beispiel und die oben dargestellten Sachverhalte zeigen, dass JSPs eigentlich nur eine sinnvolle Erweiterung von *Servlets* darstellen. JSPs sind aber *kein Servlet*-Ersatz.

Nachteile

Durch die Vermischung von HTML und Skriptsprache, in der Regel Java, werden JSPs schnell unübersichtlich. Insbesondere das Aufspüren von Syntax- und Laufzeitfehlern der *Scriptlet*s kann schwierig sein.

Es bietet sich deshalb an, soviel Skriptsprachen-Quellcode wie möglich in andere Komponenten, wie zum Beispiel *JavaBeans*, auszulagern. Die Tab. 3.10-1 gibt Aufschluss darüber, wie *JavaBeans* mit Hilfe des JSP-*tags* `<jsp:useBean>` in JSPs integriert werden können.

JSPs lassen sich bei einem komponentenorientierten Ansatz hervorragend als »Klebstoff« verwenden, um die einzelnen Funktionseinheiten zusammenzufügen. Es sollten jedoch keine umfangreichen *Scriptlets* in JSPs eingebettet werden.

3.10.5 *Active Server Pages*

Bei **ASP** *(Active Server Pages)* handelt es sich um ein *server*seitiges Skript-Konzept von Microsoft. Es setzt auf den Microsoft *Internet Information Services* (**IIS**) auf. Der *Web-Server* von Microsoft kann mit ASP umgehen.

Eine *Active Server Page* (Dateiendung: `.asp`) ist eine HTML-Datei, die neben den üblichen Elementen, wie HTML, Bildern oder Java-*Applets*/*ActiveX*-Steuerelemente auch Skript-Programme enthält. Ein *Web-Browser* fordert eine ASP genau so an wie eine gewöhnliche HTML-Seite. Die Skript-Programme werden vom *Web-Server* ausgeführt, bevor die Seite an den *Browser* übertragen wird. Sie verändern meistens die HTML-Seite, sind in ihrer Funktionalität jedoch *nicht* darauf beschränkt. Aus einem Skript heraus kann auf *server*seitige Komponenten (z.B. Geschäftsobjekte) zugegriffen werden.

`msdn.microsoft.com/library`, im Navigationsbaum unter »Platform SDK/Web Services/ Internet Information Services SDK/Active Server Pages Guide«

Damit ist es z.B. möglich, über ADO-Objekte eine Datenbank-Anfrage zu stellen und das Ergebnis dieser Anfrage in Form von HTML-Code in die Seite zu integrieren. Der *Web-Browser* braucht nur gewöhnliches HTML darzustellen.

ADO: *ActiveX Data Objects*, eine COM-basierte, objektorientierte Schale um eine meist relationale Datenbank

Als Skript-Sprachen kommen am häufigsten *Visual Basic Script* und *JScript* (die Microsoft-Variante von *JavaScript)* zum Einsatz. Grundsätzlich kann aber jede Sprache verwendet werden, die *ActiveX-Scripting* unterstützt. Dies bedeutet, dass der Interpreter den Zugriff auf COM-Objekte durch Skript-Code ermöglichen und selbst einige Schnittstellen implementieren muss, damit der *Web-Server* ihn mit der Interpretation eines Skript-Programms beauftragen kann. Die Skript-Programme werden zwischen spezielle Markierungen »`<% Skript-Programm %>`« geschrieben, damit der *Web-Server* feststellen kann, was gewöhnliches HTML ist, und welche Teile der ASP zu interpretieren sind.

Beispiel

Es soll ein Begrüßungstext in eine HTML-Seite geschrieben werden, wobei je nach Tageszeit ein passender Text gewählt wird.

```
<%@ language=VBScript %>
<html>
    <head>
        <title>Ein Beispiel für ASP</title>
```

```
    </head>
    <body>
        <% if hour(time) > 5 and hour(time) < 12 then %>
            Guten Morgen!
        <% elseif hour(time) >=12 and hour(time) < 18 then %>
            Guten Tag!
        <% elseif hour(tiem> >= 18 and hour(time) <=23 then %>
            Guten Abend!
        <% else %>
            Hallo Nachtschwärmer!
        <% end if %>
    </body>
</html>
```

Die Blöcke der einzelnen Bedingungen (sie sind *nicht* mit »<% ... %>« als Skript-Programm markiert) werden nur dann an den *Browser* übertragen, wenn die Bedingung wahr ist. Die in *VB-Script* integrierte Funktion `time` liefert das aktuelle Datum und die aktuelle Uhrzeit (Zeitstempel), die Funktion `hour` (ebenfalls in *VB-Script* integriert) berechnet daraus die Stunde des Tages als Wert zwischen 0 und 23.

3.10.6 CGI

Die Abkürzung **CGI** steht für *Common Gateway Interface*. Mit Hilfe von CGI kann ein *Web-Browser* die Ausführung von Programmen auf einem *Web-Server* veranlassen und Parameter an die Programme übergeben. CGI spezifiziert die Kommunikation zwischen dem *Web-Server* und einem externen CGI-Programm (meist als CGI-Skript bezeichnet).

Bewertung

Das Protokoll stammt aus den Anfangszeiten des Web. Die Vor- und Nachteile von CGI sind folgende:

- ⊞ Herstellerunabhängiger, nicht-kommerzieller Standard.
- ⊞ Sprachen*un*abhängig, d.h. CGI-Skripte können in beliebigen Sprachen geschrieben werden, am häufigsten wird **Perl** verwendet.
- ⊞ Es existieren eine Vielzahl von *Web-Servern* und Werkzeugen – viele davon als *freeware*.
- ⊟ Der *Web-Server* startet für jede Ausführung eines CGI-Skriptes einen neuen Prozess auf dem *Server*. Dies ist speicher- und zeitaufwendig.

Die schlechte *Performance* von CGI-Skripten wird dazu führen, dass diese Technik mittelfristig von den bisher vorgestellten Konzepten (*servlets*, JSP, ASP) abgelöst wird. Derzeit ist CGI aber noch weit verbreitet.

URL bei CGI = Name eines ausführbaren Programms

Bei CGI wird eine HTTP-Anfrage des *Web-Browsers* an den *Server* als Kommandozeile genutzt. Die URL, die der *Browser* an den *Server* schickt, bezeichnet in diesem Fall keine HTML-Seite, sondern ein ausführbares Programm. Eine solche URL sieht z.B. so aus:

```
www.server-name.de/cgi-bin/programm-name
```

Das Verzeichnis `cgi-bin` ist als Programmverzeichnis nicht vorgeschrieben, wird jedoch von vielen *Servern* verwendet. Mit `programm-name` wird einfach die Datei bezeichnet, die das ausführbare Programm enthält.

Häufig werden CGI-Skripte dazu verwendet, Benutzereingaben in HTML-Formularen zu bearbeiten. Die Übergabe der Parameter zwischen *Web-Browser* und *Web-Server* wird in Abb. 3.10-9 beschrieben. Der *Web-Server* erkennt die Anfrage als CGI-Kommando aufgrund des Verzeichnisses (z.B. `cgi-bin`) in der URL und startet das entsprechende Programm.

Parameter: Abb. 3.10-9

Erfolgte die Übertragung der Parameter durch ein HTTP-GET-Befehl, so werden sie dem CGI-Skript als Umgebungsvariablen übergeben. Wurde zur Übertragung hingegen ein HTTP-POST-Befehl verwendet, so muss das Skript die Daten von der Standard-Eingabe *(stdin)* lesen. Skript und HTML-Seite, aus der der Aufruf erfolgt, müssen also miteinander harmonieren. Wenn das Skript Parameter in Umgebungsvariablen erwartet, die HTML-Seite jedoch einen HTTP-POST-Befehl benutzt, kann keine korrekte Verarbeitung auf dem *Server* erfolgen.

Das Programm verarbeitet die Parameter und schreibt seine Ausgaben auf die Standard-Ausgabe *(stdout)*. Bei diesen Ausgaben handelt es sich meist um eine dynamisch erzeugte HTML-Seite, die dann wieder an den *Browser* geschickt werden kann.

3.10.7 XML

3.10.7.1 Von HTML zu XML

Die Sprache HTML war ursprünglich dazu gedacht, die Struktur von Dokumenten zu beschreiben. Ein Autor sollte eine Zeile z.B. einfach als Überschrift markieren (z.B. Markierung <h1>) und Textblöcke zu Absätzen zusammenfassen (Markierung <p>), ohne sich um das konkrete Aussehen zu kümmern. HTML beschreibt also die logische Struktur eines Dokuments. Erst beim Anzeigen einer HTML-Datei entscheidet der *Web-Browser,* gesteuert durch Vorgaben des Benutzers, wie die einzelnen Teile des Dokuments darzustellen sind. Während ein grafischer *Browser* den Beginn eines Absatzes z.B. einrückt, könnte ein textbasierter *Browser* Absätze durch eine Leerzeile trennen.

Mit der zunehmenden Verbreitung des Internet wurden Web-Seiten jedoch immer bunter, bewegter und aufwändiger. Die Anzeige sollte *nicht* mehr nur dem *Browser* überlassen werden, sondern Grafiker wollten möglichst genau festlegen, wie die von ihnen erstellte Seite später auf dem Bildschirm des Benutzers aussehen soll.

Markierungen *(tags)*

Zur Erreichung dieses Ziels wurde die Sprache HTML um immer neue Elemente ergänzt. Diese neuen Elemente beschreiben meist das Aussehen einer Seite, nicht jedoch ihre logische Struktur (z.B. die Markierung <font>). Der aktuelle HTML 4.0-Standard definiert über 400 **Markierungen *(tags)*.** Der Lernaufwand für diese Sprache ist damit recht hoch.

HTML: Markierungen sind Teil der Sprache

Ein weiterer Nachteil von HTML liegt darin, dass schon in der ersten Version die Markierungen Teil der Sprache und damit fest vorgegeben waren. Ein Autor kann sich zwar überlegen, ob er in einem Brief den Betreff und die Anrede z.B. in eigene Absätze verlegt, jedoch kann er diese Absätze nicht direkt als Anrede bzw. Betreff kenntlich machen. Sie bleiben gewöhnliche Absätze. Auch unterscheidet sich ein Brief z.B. nicht von einem Memo. Für ein Programm sind beides HTML-Dokumente.

Beispiel 1a

Ein Brief, bestehend aus Betreff, Anrede und Briefinhalt, sieht in HTML z.B. folgendermaßen aus:

```
<html>
    <body>
        <p>Ihre Anfrage vom 26.07.2000 bezüglich einer
           Schulung </p>
        <p>Sehr geehrte Damen und Herren</p>
        <p>Der Text des Briefes, der genau wie Betreff und
           Anrede als Absatz geschrieben wird und sich
           strukturell nicht von ihnen unterscheidet.</p>
    </body>
</html>
```

HTML entwickelte sich zunehmend in Richtung einer Seitenbeschreibungs-Sprache, wie z.B. *PostScript*. Pixelgenaues Beschreiben einer Seite ist mit HTML jedoch – nach allen bisherigen Erfahrungen – nicht möglich. Die Sprache ist dafür einfach nicht konzipiert.

XML
web.w3c.org/XML

Mit **XML** *(E**x**tension **M**arkup **L**anguage)* wurde eine Sprache geschaffen, die wieder auf den ursprünglichen Verwendungszweck von HTML aufsetzt, nämlich der Beschreibung von logischen Dokumenten-Strukturen.

XML: Beschreibung logischer Strukturen

Bemerkenswert ist, dass gerade ihr sehr geringer Sprachumfang die Mächtigkeit der Sprache ausmacht. XML definiert im Sprachstandard *keine* einzige Markierung. Es liegt im Ermessen des Autors, sich selbst passende Markierungen zu überlegen. Die Bezeichnungen kann er aus der Begriffswelt des Dokumenten-Inhalts wählen. Für einen Brief z.B. die Markierung `<Betreff>` und `</Betreff>`.

Element

Der von einer öffnenden und schließenden Markierung eingeschlossene Teil eines XML-Dokuments heißt **Element**. Ein Element »Betreff« ist also als »`<Betreff>Inhalt des Elements</Betreff>`« definiert. Ein Element ohne Inhalt besteht nur aus einer einzelnen Markierung. `<Einschreiben/>` zeigt z.B. an, dass der Brief als Einschreiben verschickt werden soll. Es bedarf keines Inhalts.

Wurzel-Element

Jedes XML-Dokument hat ein Wurzel-Element, d.h. ein Element, das alle anderen Elemente enthält. Zusätzlich werden am Anfang eines Dokuments noch Angaben zur verwendeten XML-Version gemacht. Jedes Element kann, wie auch in HTML, zusätzlich Attribute enthalten, die hinter dem Element-Namen als Name-Wert-Paare geschrieben werden, z.B. `<Brief Druckdatum="2000-07-15">...</Brief>`. XML unterscheidet zwischen Groß- und Kleinschreibung.

Ein Brief kann als XML-Dokument folgendermaßen formuliert werden: Beispiel 1b

```
<?xml version="1.0" encoding="ISO-8859-1" ?>
<Brief>
    <Adresse>
        <Name>Meier</Name>
        <Strasse>Elisenstraße</Strasse>
        <PLZ>80335</PLZ>
        <Ort>München</Ort>
    </Adresse>
    <Betreff>Ihre Anfrage vom 26.07.2000 bezüglich einer
        Schulung </Betreff>
    <Anrede>Sehr geehrte Damen und Herren</Anrede>
    <Text>der Text des Briefes, der sich jetzt strukturell
        eindeutig von Betreff und Anrede abhebt.</Text>
</Brief>
```

Das Wurzelelement ist in diesem Beispiel <Brief>. Die »encoding«-Anweisung in der ersten Zeile erlaubt die Verwendung von deutschen Umlauten im Text.

Ein wichtiger Vorteil der neuen Schreibweise liegt darin, dass z.B. mit einem Suchprogramm ganz neue Anfragen möglich sind. So könnte ein Anwendungsprogramm nach allen Briefen auf der Festplatte suchen, die im Betreff das Wort »Schulung« enthalten. Mit XML können jetzt erstens Memos von Briefen unterschieden werden, zweitens kann gezielt nach Wörtern im Betreff gefahndet werden. Voraussetzung ist natürlich, dass in allen Briefen die gleichen Namen für Markierungen verwendet werden.

Suchanfragen möglich

Ein XML-Dokument ist wie ein HTML-Dokument eine Textdatei. XML-Dokumente sind wie Java-Quelltexte **Unicode**-Dateien. Theoretisch können XML-Dokumente also mit jedem Texteditor erstellt und gelesen werden. Betrachtet man längere und komplexere Dokumente jedoch genauer, wird schnell klar, dass dies in der Praxis nicht durchzuhalten ist. XML-Dokumente bedürfen der Unterstützung durch Werkzeuge, mit denen sie erstellt werden können.

XML-Dokument = Textdatei

Auf der CD-ROM 1 zu diesem Buch befindet sich eine Demoversion von XML-*Spy*, einem Editor zur Erstellung und zum Bearbeiten von XML-Dateien.

Werkzeuge `web.xmlspy.com`

3.10.7.2 Dokumenttyp-Definitionen

Wenn in einem großen Unternehmen viele Mitarbeiter Briefe im XML-Format schreiben, jedoch jeder seine eigenen Markierungen entwickelt, geht der Vorteil der automatisierten Verarbeitung (z.B. bei Suchanfragen) schnell verloren. Die Einhaltung einer Namenskonvention für Markierungen bzw. einer einheitlichen Struktur für gleichartige Dokumente lässt sich in XML aber optional automatisch sicherstellen.

Dokumenttyp-Definitionen (DTDs) beschreiben die **Struktur** von XML-Dokumenten. In einer DTD wird angegeben, welche Elemen-

DTDs = Struktur von XML-Dokumenten

te ein Dokument enthalten muss und wie sie ineinander geschachtelt sein müssen. Eine DTD ist entweder in das Dokument integriert oder das Dokument enthält die URL, über die auf die DTD zugegriffen werden kann.

Beispiel 1c

Eine DTD für einen Brief kann folgendermaßen aussehen:

```
<!ELEMENT Brief(Adresse, Betreff, Anrede+, Text)>
<!ELEMENT Adresse(Firma?, Name, Strasse, PLZ, Ort)>
<!ELEMENT Name(#PCDATA)>
<!ELEMENT Strasse(#PCDATA)>
<!ELEMENT PLZ(#PCDATA)>
<!ELEMENT Ort(#PCDATA)>
<!ELEMENT Betreff(#PCDATA)>
<!ELEMENT Anrede(#PCDATA)>
<!ELEMENT Text(#PCDATA)>
```

Nach dieser DTD besteht ein Brief aus einer Adresse, einem Betreff, einer oder mehreren Anreden (spezifiziert durch das »+«-Symbol, z.B. »Sehr geehrter Herr Müller,« »Sehr geehrte Damen und Herren«) und dem Text. Die Adresse ist wieder in einzelne Elemente unterteilt, wobei die Angabe einer Firma optional ist (spezifiziert durch das »?«-Symbol). »#PCDATA« erlaubt beliebigen Text, jedoch keine weiteren Unterelemente. Um in das Element `Text` sowohl beliebigen Text als auch Unterelemente schreiben zu können, muss es als »`<!ELEMENT Text(ANY)>`« definiert werden.

zum Datenaustausch

DTDs sind ein gutes Mittel zur Standardisierung von Datenaustausch-Formaten. Es ist lediglich festzulegen, wie ein XML-Dokument auszusehen hat, das zwischen unterschiedlichen Systemen ausgetauscht werden soll, d.h. mit welchen Elementen es strukturiert werden soll. Nach dieser Festlegung kann eine DTD abgeleitet werden und ein wichtiger Teil des Austauschformats ist schon definiert.

spezifizierte Austausch-Formate

Auf der Basis von XML wurden inzwischen eine ganze Reihe von Austausch-Formaten spezifiziert. Oft werden diese Formate wieder als Sprachen bezeichnet. Ihre DTDs sind oft sehr umfangreich. Beispiele für XML-basierte Sprachen sind:

- **XSL *(XML Stylesheet Language)*** zur Transformation von XML-Dokumenten (siehe Abschnitt 3.10.7.5).
- **XMI *(XML Metadata Interchange)*** Eine textuelles Pendant zur UML, mit dem sich objektorientierte Modelle beschreiben lassen.

OASIS
web.oasis-open.org

Inzwischen gibt es mit OASIS *(Organization for the Advancement of Structured Information Standards)* eine Organisation, die hersteller- und produktunabhängige Formate – basierend auf offenen Standards, insbesondere XML – schafft.

Nachteil

Mit Hilfe von DTDs lassen sich Dokumente nur oberflächlich spezifizieren. Aus dem Brief-DTD von Beispiel 1c geht z.B. nicht hervor, dass eine Postleitzahl nur aus Ziffern bestehen darf. Für den Austausch von Adressen zwischen unterschiedlichen Systemen ist dies jedoch ein wichtiges Kriterium. Außerdem ist ein DTD selbst *kein*

XML-Dokument, d.h. die Struktur von DTDs kann *nicht* mit DTDs beschrieben werden.

3.10.7.3 XML-Schemata

Diesen Nachteil besitzen **XML-Schemata** nicht. Es handelt sich dabei um eine XML-basierte Sprache (XML-Schemata sind also wieder XML-Dokumente), die wesentlich mächtigere Konstrukte zur Spezifikation von Struktur, Inhalt und Semantik von XML-Dokumenten enthält als DTDs es ermöglichen. Insbesondere im Bereich der Datentypen bieten XML-Schemata umfangreiche Möglichkeiten. Einige Datentypen sind bereits fest vorgegeben, z.B. `Date` für Datumsangaben. Weitere können bei Bedarf selbst definiert werden. XML-Schemata werden DTDs daher in Zukunft ablösen.

web.w3c.org/XML/Schema

Ein XML-Schema für einen Brief kann folgendermaßen aussehen:

Beispiel 1d

```
<schema>
<datatype name="PLZT">
    <basetype name="string"/>
    <lexicalRepresentation>
        <lexical>99999</lexical>
    </lexicalRepresentation>
</datatype>
<elementType name="PLZ">
    <datatypeRef name="PLZT"/>
</elementType>
<elementType name="Adresse">
    <sequence>
        <elementTypeRef name="Firma" minOccur="0" maxOccur="1"/>
        <elementTypeRef name="Name" minOccur="1" maxOccur="1"/>
        <elementTypeRef name="Strasse" minOccur="1"
                                        maxOccur="1"/>
        <elementTypeRef name="PLZ" minOccur="1" maxOccur="1"/>
        <elementTypeRef name="Ort" minOccur="1" maxOccur="1"/>
    </sequence>
</elementType>
<elementType name="Firma"> <datatypeRef name="string"/>
</elementType>
<elementType name="Name"> <datatypeRef name="string"/>
</elementType>
<elementType name="Strasse"> <datatypeRef name="string"/>
</elementType>
<elementType name="Ort"> <datatypeRef name=
                                      "string"/> </elementType>
<elementType name="Brief">
    <sequence>
        <elementTypeRef name="Adresse" minOccur="1"
                                         maxOccur="1"/>
        <elementTypeRef name="Betreff" minOccur="1"
                                         maxOccur="1"/>
        <elementTypeRef name="Anrede" minOccur="1"
                                         maxOccur="2"/>
        <elementTypeRef name="Text" minOccur="1" maxOccur="1"/>
    </sequence>
```

```
</elementType>
<elementType name="Anrede"> <datatypeRef name="string"/>
</elementType>
<elementType name="Text"> <mixed/> </elementType>
<elementType name="Betreff"> <datatypeRef name="string"/>
</elementType>
</schema>
```

In diesem einfachen Beispiel werden alle XML-Elemente des späteren Dokuments (eines Briefes) mit der `<elementType>`-Markierung definiert. Für die einfachen Elemente, d.h. die ohne weitere Unterelemente, wird der Datentyp angegeben. Das Element `<sequence>` in Adresse und Brief besagt, dass die darin aufgeführten Elemente in der angegebenen Reihenfolge erscheinen müssen. Für die Elemente innerhalb der Sequenz werden minimales und maximales Auftreten angegeben, z.B. sind mehrere Anreden erlaubt. Dies ist bereits eine Verbesserung gegenüber DTDs, die hier wesentlich grober arbeiten. Für die Postleitzahl wird ein neuer Datentyp definiert. Nach dieser Definition besteht eine PLZ aus genau fünf Ziffern.

3.10.7.4 Namensbereiche

XML definiert selbst *keine* Markierungen, d.h. der Autor muss sich selbst Namen ausdenken. Diese Freiheit bei der Namensvergabe kann natürlich leicht zu Namenskonflikten führen. Ein Brief könnte z.B. Elemente aus einer DTD für Rechnungen enthalten, wobei sowohl Brief-DTD als auch Rechnungs-DTD ein Element »Text« definieren, beide aber mit unterschiedlicher Semantik.

Namensbereiche

In XML lassen sich daher **Namensbereiche** definieren. Namensbereiche müssen weltweit eindeutig sein, weshalb meistens URLs *(unified resource locator)* als Namensbereiche verwendet werden. Eine solche URL verweist aber im Allgemeinen *nicht* auf eine existierende HTML-Seite, sondern ist einfach nur ein Name.

Beispiel 1e

Ein Namensbereich für einen Brief kann folgendermaßen definiert werden:

```
<brief:Brief xmlns:brief="Web.swt.ruhr-uni-bochum.de/Brief-DTD">
    <brief:Adresse>...</brief:Adresse> ...
</brief:Brief>
```

Um nicht bei allen Markierungen einen URL angeben zu müssen (ein XML-Datei würde dadurch wesentlich größer werden), wird zu Beginn eines Dokuments ein Präfix für den Namensbereich definiert *(namespace prefix)*, der im Weiteren jeder Markierung vorangestellt wird. Präfix und Markierungsname werden dabei durch einen Doppelpunkt getrennt. Im obigen Beispiel heißt der Namensbereich »`Web.swt.ruhr-uni-bochum.de/Brief-DTD`«, das Präfix heißt »`brief`«. Vor einer Präfix-Definition steht immer »`xmlns:`«. Es ist zu beachten, dass das Präfix »`brief`« und die Markierung »`Brief`« aufgrund des kleinen bzw. großen Anfangsbuchstabens nicht verwechselt werden. Selbstdefinierte Präfixe dürfen an den ersten drei Stellen *nicht* die Buchstaben »x«, »m« oder »l« enthalten. Diese sind für XML reserviert.

3.10.7.5 Anzeige von Dokumenten

Ein Nachteil von XML ist zunächst, dass ein *Web-Browser* zwar weiß, wie er z.B. die Markierung <p> darzustellen hat, eine Markierung wie <Betreff> ist ihm jedoch nicht bekannt. Da XML keine Markierungen vorgibt, kann der *Browser*-Hersteller auch keine Darstellungs-Algorithmen entwickeln.

Die Darstellung von XML-Dokumenten wird daher in separaten *Stylesheets* beschrieben, die in der Regel in der **XSL** *(**X**ML **S**tylesheet **L**anguage)* geschrieben sind. Alternativ ist eine Beschreibung mit **CSS** *(**C**ascading **S**tyle **S**heets)* möglich, wie sie aus der HTML-Welt bekannt sind.

XSL = Spezifikation der Inhaltsdarstellung

XSL ist jedoch wesentlich mächtiger. Die Sprache dient nicht einfach der Ausgabe, sondern ermöglicht allgemein die Beschreibung einer Transformation von XML in ein anderes Format. XSL erlaubt es ferner,die Elemente eines Dokuments z.B. in eine andere Reihenfolge zu bringen oder bestimmte Elemente nach vorgegebenen Kriterien auszuwählen und nur diese darzustellen. Durch den Einsatz verschiedener *Stylesheets* lassen sich aus einer einzigen Datenquelle, einem XML-Dokument, sehr unterschiedliche Ansichten definieren.

Beispiel

Eine Firma kann ein Telefon-Verzeichnis als XML-Dokument auf dem *Server* ablegen. Kunden können über das Internet darauf zugreifen. Das zugehörige *Stylesheet* zeigt allerdings nur Mitarbeiter aus dem Kundendienst an und gibt die Raumnummer nicht bekannt.
Für Mitarbeiter im Intranet liefert ein anderes *Stylesheet* wesentlich mehr Daten, z.B. auch Mitarbeiter in internen Abteilungen und Raumnummern.
Die Datenpflege erfolgt nur an dem einen XML-Dokument, so dass Kunden und Mitarbeiter immer auf dem gleichen aktuellen Stand sind.

XSL-*Stylesheets* sind selbst wieder gewöhnliche XML-Dokumente. Die Definition der Sprache erfolgte durch das W3C in Form einer Dokumenttyp-Definition (DTD) bzw. durch ein XML-Schema.

Transformation in ein HTML-Dokument

In der Praxis beschreibt ein *Stylesheet* häufig eine Transformation eines XML-Dokuments in ein HTML-Dokument, das ein *Web-Browser* dann anzeigen kann. Dabei kommen zwei Varianten zum Einsatz:

- Die Konvertierung findet auf dem *Server* statt, und es wird eine HTML-Datei an den *Browser* geschickt.
- Die Konvertierung findet erst auf dem *Client* statt. Es wird das XML-Dokument und das *Stylesheet* an den XML-fähigen *Browser* übertragen, der die Konvertierung selbst vornimmt.

Welche Variante gewählt wird, hängt von der Zugriffsart ab. Wenn ein Dokument z.B. häufig abgefragt und jedes Mal unverändert angezeigt werden muss, bietet sich die Konvertierung auf dem *Server* und das Zwischenspeichern der HTML-Datei an.

Beispiel 1f

Ein XSL-*Stylesheet* zur Konvertierung eines Briefes nach HTML kann folgendermaßen aussehen:

```
<?xml version="1.0" encoding="ISO-8859-1"?>
<xsl:stylesheet xmlns:xsl="http://www.w3.org/TR/WD-xsl">
<xsl:template match="/">
    <html>
    <head><title>Ein Brief</title></head>
    <body>
        <p><xsl:apply-templates select="Brief/Adresse" /></p>
        <p><xsl:value-of select="Brief/Betreff"/></p>
        <p><xsl:for-each select="Brief/Anrede">
                <xsl:value-of select="."/>,<br/>
            </xsl:for-each></p>
       <p><xsl:value-of select="Brief/Text" /></p>
    </body>
    </html>
</xsl:template>
<xsl:template match="Adresse">
    <xsl:value-of select="Name"/><br/>
    <xsl:value-of select="Strasse"/><br/>
    <xsl:value-of select="PLZ"/>
    <xsl:value-of select="Ort"/>
</xsl:template>
```

Alle Markierungen, die mit xsl beginnen (dem Namensbereichs-Präfix), sind Befehle für die Übersetzung und werden behandelt. Die übrigen Markierungen sind HTML-Markierungen und werden *unverändert* ausgegeben. Ein XSL-*Template* bezieht sich auf ein bestimmtes XML-Element im Dokument und gibt an, wie dieses Element ausgegeben werden soll. Im Beispiel sind für den gesamten Brief und für die Adresse XSL-*Templates* definiert. Innerhalb der Vorlagen werden mit <xsl:value-of...> die Inhalte der Unterelemente ausgegeben.

Ein XSL-*Stylesheet* bezieht sich – wie in dem Beispiel zu sehen ist – auf bestimmte Markierungen im Dokument. Sie werden über ihren Namen angesprochen. Ein *Stylesheet* kann daher nur auf *ein* Dokument angewendet werden, wenn die erwartete Struktur mit der vorhandenen übereinstimmt. In der Regel werden *Stylesheets* daher für DTD bzw. Schemata entwickelt.

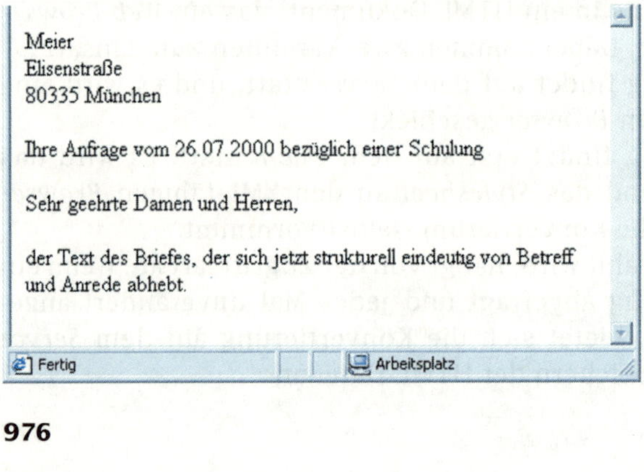

Meier
Elisenstraße
80335 München

Ihre Anfrage vom 26.07.2000 bezüglich einer Schulung

Sehr geehrte Damen und Herren,

der Text des Briefes, der sich jetzt strukturell eindeutig von Betreff und Anrede abhebt.

Fertig | Arbeitsplatz

Abb. 3.10-13: Darstellung des XML-Dokuments in einem XML-fähigen Web-Browser

3.10.7.6 XML-*Parser*

Zusammen mit der Sprache werden in der XML-Spezifikation auch Anforderungen an XML-*Parse*r definiert. XML-*Parser* sind Programme, die ein XML-Dokument lesen und die einzelnen Markierungen herausfiltern können. Andere Programme können auf diese *Parser* aufsetzen und damit auf einem wesentlich höheren Abstraktionsniveau arbeiten. Die Spezifikation beschreibt genau, welche Dokumente ein *Parser* als XML-Dokumente erkennen muss (z.B. welche Zeichen-Codierungen erlaubt sind) und welche Fehler in bestimmten Situationen zu melden sind.

Es ist für einen Programmierer einfacher, eine Operation `liefere InhaltvonMarkierung("Betreff")` aufzurufen als einen Algorithmus zu formulieren, der eine Zeichenkette »`<Betreff>`« sucht und von dort an alle Zeichen bis zur Zeichenkette »`</Betreff>`« extrahiert.

XML-Parser können leicht als Bibliotheken entwickelt und in anderen Programmen eingesetzt werden. Derartige Bibliotheken sind inzwischen sowohl kommerziell erhältlich als auch frei verfügbar.

2 Stufen der Korrektheit

XML-Parser prüfen ein Dokument beim Einlesen auf Korrektheit (Abb. 3.10-14). Die XML-Spezifikation sieht 2 Stufen der Korrektheit vor:

- Ein Dokument ist wohlgeformt *(well-formed)*, wenn es sich an die syntaktischen Regeln von XML hält, also z.B. dass zu jedem Element eine öffnende und eine schließende Markierung vorhanden ist.
- Ein Dokument ist gültig *(valid)*, wenn seine Struktur den Vorgaben eines Dokument-Typs oder eines XML-Schemas entspricht.

Insbesondere die Prüfung, ob ein Dokument gültig ist, bietet eine beachtliche Vereinfachung bei der Entwicklung XML-basierter Anwendungen. Das Programm kann sich bei einem gültigen Dokument darauf verlassen, dass es bestimmte Elemente in einer bestimmten Reihenfolge vorfindet, was eine Menge Ausnahmesituationen und Fehlerbehandlungen im Anwendungs-Code überflüssig macht.

Mit Hilfe eines XSL-*Stylesheets* kann ein XML-*Parser* ein XML-Dokument z.B. in ein HTML-Dokument konvertieren (Abb. 3.10-15).

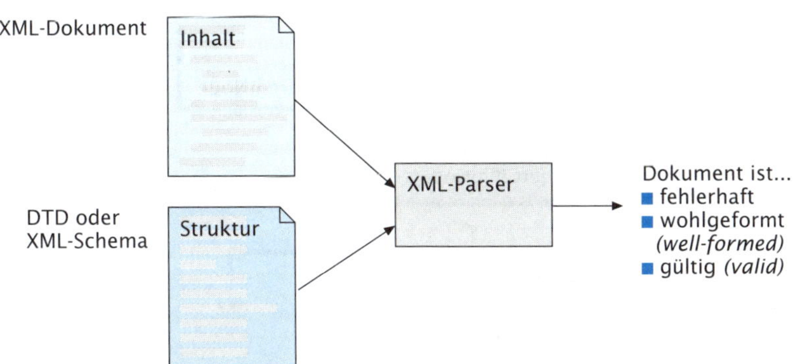

Abb. 3.10-14: Prüfung der Korrektheit eines Dokuments durch einen XML-Parser

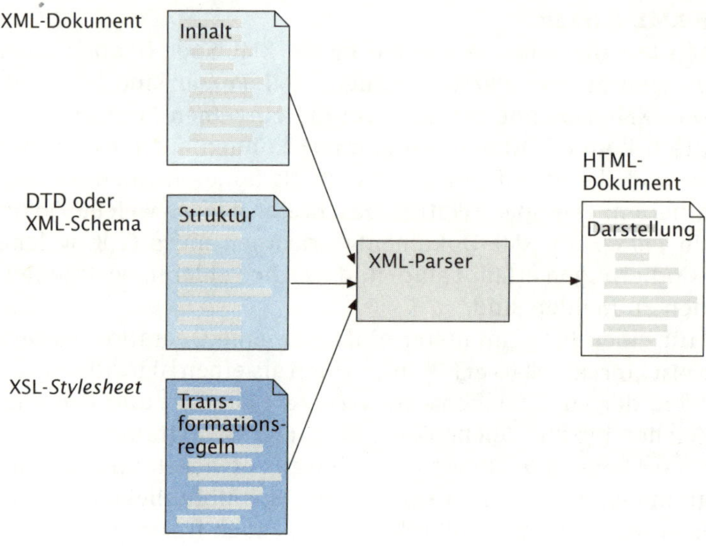

Abb. 3.10-15: Konvertierung eines XML-Dokuments in ein HTML-Dokument

3.10.7.7 DOM

Anwendungen, die mit XML-Dokumenten arbeiten, setzen in der Regel auf dem XML-*Parser* auf. Mit **DOM** *(**D**ocument **O**bject **M**odel)* wurde eine einheitliche und mächtige Schnittstelle zwischen XML-*Parser* und einer Anwendung geschaffen.

XML-Dokumente stellen eine Baumstruktur dar, da jedes Element Kind-Elemente enthalten kann und jedes Element (mit Ausnahme des Wurzelelements) in genau einem Eltern-Element liegt. DOM definiert Klassen bzw. Schnittstellen, mit denen aus einer objektorientierten Programmiersprache auf diese Baumstruktur zugegriffen werden kann. Die Aufgabe des *Parsers* ist es, die einzelnen Zeichen eines XML-Dokuments zu interpretieren und daraus DOM-Objekte zu erzeugen, auf die eine Anwendung zugreifen kann. Der Kern von DOM folgt dem Entwurfsmuster »Komposition« (Abb. 3.10-16).

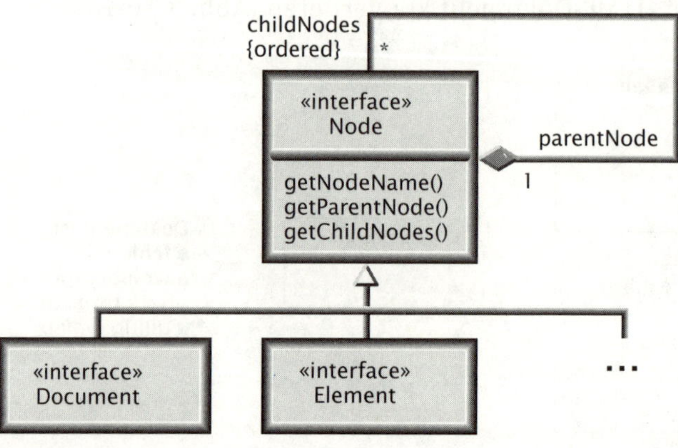

Abb. 3.10-16: Ein Ausschnitt aus der Struktur des DOM

Für Java sind die DOM-Schnittstellen in dem Paket `org.w3c.dom` deklariert. Eine Implementierung dieser Schnittstellen, d.h. ein DOM-XML-*Parser* ist z.B. im Paket `javax.xml.parsers` enthalten, das Teil von *Java 2 Enterprise Edition* ist.

java.sun.com/xml/docs/tutorial/dom

CD-ROM 1

Beispiel

Ein XML-Dokument kann mit Java z.B. folgendermaßen bearbeitet werden:

```
import org.w3c.dom.*;
import javax.xml.parsers.*;
public class HauptKlasse
{
    public static void main(String[] args)
    {
        DocumentBuilderFactory eineFabrik =
            DocumentBuilderFactory.newInstance();
        DocumentBuilder einErbauer =
            eineFabrik.newDocumentBuilder();
        Document einXmlDokument = einErbauer.parse
            (new File("Dateiname"));
        //eine Liste aller Elemente im Dokument anfordern
        NodeList dieKindElemente =
            einXmlDokument.getChildNodes();
        int anzahlKindElemente = dieKindElemente.getLength();
        //das erste Kind-Element ermitteln
        Node erstesElement = dieKindElemente.item(0);
        //den Namen des Knoten ermitteln
        String derElementName = erstesElement.getNodeName(); ...
    }
}
```

ASP *(Active Server Pages)* Eine spezielle Form von Web-Seiten (Dateiendung .asp), bei denen neben gewöhnlichem →HTML auch →*server*seitige Skripte enthalten sind. Diese Skripte werden vom *Web-Server* ausgeführt, bevor die Seite an den →*Web-Browser* geschickt wird. ASP ist Teil der Microsoft →IIS.

Browser →*Web-Browser*

CGI *(Common Gateway Interface)* Protokoll, das es →*Web-Browsern* ermöglicht, den Start von Programmen auf einem *Web-Server* zu veranlassen.

***client*seitige Skripte** In einer Skript-Sprache geschriebene Programme, die meist in HTML-Seiten eingebettet an den *Web-Client* übertragen und von ihm ausgeführt werden.

DOM *(Document Object Model)* Sammlung von Schnittstellen, die gemeinsam alle Bestandteile von →XML-Dokumenten beschreiben. DOM-Implementierungen ermöglichen den einfachen Zugriff auf die →Elemente eines XML-Dokuments aus einer objektorientierten Programmiersprache heraus.

DTD (Dokument-Typ-Definition) Verfahren zur Beschreibung des strukturellen Aufbaus einer Klasse von →XML-Dokumenten. Mit Hilfe von DTDs kann die strukturelle Korrektheit von XML-Dokumenten automatisch geprüft werden.

Element →XML-Dokumente bestehen aus ineinander geschachtelten Elementen. Jedes Element wird durch →Markierungen begrenzt (`<markierung>Element-Inhalt</markierung>`).

Extranet Erweiterung eines →Intranets hin zu anderen Unternehmen, Händlern, Lieferanten, die einen beschränkten Zugriff auf die Informationen des Intranets erhalten.

HTML *(hypertext markup language)* Seitenauszeichnungssprache, die es mit Hilfe von →Markierungen *(tags)* erlaubt, inhaltliche Kategorien von Web-Dokumenten, z.B. Überschriften, Absätze, sowie →*Hyperlinks* zu kennzeichnen. So ausgezeichnete Dokumente werden von →*Web-Browsern* interpretiert und dargestellt. Dateiendung `.html` bzw. `htm`.

HTTP *(hypertext transfer protocol)* Das Protokoll regelt die Kommunikation zwischen →*Web-Browsern* und *Servern*. Es hat sich bei der Übertragung von →HTML-Seiten als Standard etabliert.

Hyperlinks Verweise auf andere Dokumente; in →*Web-Browsern* meist farblich oder unterstrichen hervorgehoben; ein Mausklick auf einen *Hyperlink* bewirkt, dass zu dem Dokument, auf das verwiesen wird, verzweigt wird.

Hypertext Text, der Sprungmarken bzw. Verweise (→*Hyperlinks*) auf andere Texte enthält.

IIS *(Internet Information Services)* Zusammenfassende Bezeichnung für alle *server*seitigen Web-Konzepte von Microsoft. Dazu gehören z.B. *Web-Server* und →ASP.

Internet Weltweites, dezentralisiertes, allgemein zugängliches Computernetz, in dem eine Vielzahl von Diensten angeboten und genutzt werden. Als Übertragungsprotokoll wird →TCP/IP verwendet.

Intranet Firmeninternes, nicht öffentliches Netz, das auf der Technik des →Internet basiert, insbesondere auf →TCP/IP.

IP-Adresse Eindeutig zugewiesene Adresse eines Computersystems im →Internet; besteht aus vier Bytes, durch Punkte getrennt, z.B. `134.147.80.1`.

JavaServer Page (JSP) Eine *Java Server Page* ist eine Textdatei, die →HTML und JSP-Markierungen *(tags)* enthält. Sie wird von der →*JSP-Engine* in ein →*Servlet* übersetzt und anschließend ausgeführt.

JSP →*Java Server Page*

JSP-Engine Will man →JSPs benutzen, so benötigt man einen *Web-Server*, der eine so genannte *JSP-Engine* besitzt. Sie übersetzt die JSP in ein →*Servlet* und führt es anschließend aus.

Markierung *(tag)* Ein in spitze Klammern eingeschlossener Bezeichner, der →Elemente eines →HTML- oder →XML-Dokuments begrenzt. Während sich in XML benutzerdefinierte Bezeichner verwenden lassen, gibt HTML eine festgelegte Menge von Bezeichnern für Markierungen vor.

Perl Skript-Sprache (syntaktisch eng an C angelehnt), die für →*server*seitige Skripte weit verbreitet ist.

***serverseitige* Skripte** Skripte (Prozeduren bzw. Programme), die auf Anfrage des *Web-Client* auf dem *Web-Server* ausgeführt werden. Nur das Ergebnis der Skripte (die Ausgabe) wird in der Regel an den *Client* übertragen.

Servlet Java-Programm, durch das ein *Web-Server* um Dienste erweitert werden kann. *Servlets* werden in einem Container, der so genannten →*Servlet Engine* ausgeführt.

Servlet Engine Will man →*Servlets* ausführen, dann ist ein spezieller Container, die so genannte *Servlet Engine* notwendig, die direkt oder indirekt in einen *Web-Server* integriert sein kann.

TCP/IP *(transmission control protocol/ internet protocol)* Protokoll, wie zwischen Computersystemen im →Internet Daten übertragen werden. Anders als bei einem Telefongespräch wird keine feste Verbindung hergestellt. Stattdessen werden die Daten in Pakete von bis zu 1500 Zeichen zerlegt, nummeriert, mit Absender- und Empfängeradresse versehen und einzeln verschickt. An den Knotenpunkten des Netzes lesen Wegplanungscomputer *(router)* die Adressen und leiten das Paket in Richtung Empfänger weiter. Das Zielcomputersystem setzt die Pakete entsprechend ihrer Nummerierung wieder zusammen.

Unicode (UCS) Genormter 16-Bit-Zeichensatz (65.469 Positionen), der die Schriftzeichen aller Verkehrssprachen der Welt aufnehmen soll.

URL *(uniform resource locator)* Im →Web verwendete standardisierte Darstellung von Internetadressen; Aufbau: `protokoll://domain-Name/Dokumentpfad`.

VPN *(Virtual Private Network)* Ein →Intranet, bei dem Teile des Netzes nur über das →Internet miteinander verbunden sind. Die Benutzung des Internet zur Datenübertragung bleibt den Nutzern des Intranets verborgen, die Daten werden verschlüsselt übertragen.

XML *(Extensible Markup Language)* Eine Sprache (oder Meta-Sprache) zur Beschreibung der inhaltlichen Struktur von Dokumenten. XML ist ein W3C-Standard und in der Industrie inzwischen weit verbreitet.

XML-Schema Eine auf →XML basierende Sprache, mit der sich der strukturelle Aufbau von XML-Dokumenten beschreiben lässt. Schemata stellen eine Verbesserung gegenüber →DTDs dar und werden diese mittelfristig ablösen.

XSL *(XML Stylesheet Language)* Eine auf →XML basierende Sprache, mit der sich Transformationen von XML-Dokumenten in andere Formate beschreiben lassen. Ein XSL-*Stylesheet* kann z.B. eine Transformation von XML nach →HTML angeben, sodass ein →*Web-Browser* XML-Dokumente anzeigen kann.

Web Kurzform für *World Wide Web,* Informationssystem im →Internet, das auf der →Hypertext-Technik basiert; ermöglicht außerdem den Zugriff auf die anderen Internetdienste.

Web-Browser Software, über die Benutzer die Dienstleistungen des Internet, insbesondere des →Web, in Anspruch nehmen können. Durch Angabe der →URL wird das Computersystem, das die jeweilige Dienstleistung anbietet, eindeutig adressiert.

Die Grundlage des Web bilden durch *Hyperlinks* miteinander verbundene HTML-Seiten. Diese liegen auf einem *Web-Server* und werden von einem *Web-Browser* abgerufen und angezeigt. *Browser* und *Server* kommunizieren dabei über HTTP, einem Protokoll, das auf der TCP/IP- Transportschicht aufsetzt. Web

Als Intranet bezeichnet man ein Netz, das innerhalb einer Organisation (z.B. einer Firma) eingesetzt wird, auf der TCP/IP-Transportschicht aufsetzt und gegen das Internet abgeschottet ist. Viele Firmen binden inzwischen auch Geschäftspartner wie Kunden und Lieferanten in ihr Firmennetz ein, was als Extranet bezeichnet wird. Wenn Unternehmen über weit voneinander entfernte Filialen verfügen, kann die Kommunikation zwischen ihnen verschlüsselt über das Internet abgewickelt werden. Die über das Internet miteinander verbundenen Netze bezeichnet man als VPN. Netzarten

Der Einsatz von reinen *Web-Clients,* d.h. Computersystemen, auf denen nur ein *Web-Browser* läuft, bietet für Unternehmen eine Reihe von Vorteilen gegenüber klassischen *Client/Server*-Lösungen. Meist sinkt sowohl der Lernaufwand für Mitarbeiter als auch der Administrationsaufwand für die IT-Abteilungen. *Web-Clients*

Wenn eine Firma eine Unternehmenslösung auf eine Web-Architektur aufbauen will, müssen über *Web-Browser* Unternehmensdaten abgefragt und verändert werden können. Dies geschieht meist durch *server*seitige Skripte, deren Ausführung vom *Web-Browser* veranlasst wird. Im Gegensatz dazu werden *client*seitige Skripte zum *Web-Browser* geschickt und dort ausgeführt. Skripte

Komplexe Geschäftsprozesse werden jedoch *nicht* ausschließlich als Skripte realisiert. Es bietet sich an, eine komponentenbasierte Unternehmenslösung zu entwickeln und von Skripten aus lediglich Operationen von Geschäftsobjekten aufzurufen. Mit dieser Architektur können auch gemischte Lösungen *(Web-Clients* und traditionelle *Clients)* ohne großen Mehraufwand realisiert werden.

Servlets sind Java-Programme, durch die ein *Web-Server* um Dienste erweitert werden kann. *Servlets* werden in einem Container, der *Servlets*

Servlet Engine ausgeführt, die direkt oder indirekt in einen *Web-Server* integriert sein kann.

JSP *Java Server Pages* (JSPs) sind Textdateien, die HTML und JSP-Markierungen *(tags)* enthalten. Sie werden von der *JSP Engine* in ein *Servlet* übersetzt und anschließend ausgeführt.

ASP *Active Server Pages* (ASP) wurden von Microsoft im Rahmen ihrer *Internet Information Services* (IIS) entwickelt. Es handelt sich um spezielle HTML-Seiten (Dateiendung .asp), die neben gewöhnlichem HTML auch *server*seitige Skripte, meist *VB-Scripte* oder *JScripte* enthalten. Diese Skripte werden beim Abruf der Seite vom *Web-Server* ausgeführt und die Ausgaben der Skripte in die Seite eingebettet. Der *Web-Browser* erhält eine reine HTML-Seite. Von ASP-Skripten aus kann auf COM-Komponenten zugegriffen werden.

CGI Das CGI-Protokoll *(Common Gateway Interface)* ist ein älteres Verfahren, mit dem *Web-Browser* die Ausführung von Programmen auf dem *Server* veranlassen können. Bei CGI werden Programm-Namen und Parametern in eine URL eingebettet.

XML XML ist eine Sprache, mit der sich Dokumente inhaltlich beschreiben lassen. Im Gegensatz zu HTML definiert XML keine vordefinierten Markierungen. Der Autor eines Dokuments kann sich für die Elemente selbst Namen aus dem Anwendungsbereich ausdenken. Durch die Repräsentation der logischen Struktur wird die automatisierte Be- und Verarbeitung von Dokumenten stark vereinfacht. Programme, die mit XML-Dokumenten umgehen müssen, steht mit DOM *(Document Object Model)* eine standardisierte, objektorientierte Schnittstelle zur Verfügung. XML verwendet Unicode.

Um den einheitlichen Aufbau einer Klasse von Dokumenten zu erzwingen, können DTDs (Dokument-Typ-Definitionen) oder die neueren XML-Schemata eingesetzt werden, die gegenüber DTDs eine weitgehendere Spezifikation von Dokumemten ermöglichen.

XML-Dokumente können nicht direkt angezeigt werden. Daher gibt es mit XSL *(XML Stylesheet Language)* eine Möglichkeit, XML-Dokumente in ein anderes Format zu konvertieren, meistens nach HTML, das ein *Web-Browser* dann anzeigen kann.

Zukunft von XML XML wird sich in den nächsten Jahren wahrscheinlich als ein Standard im Bereich der *Middleware*-Plattformen etablieren. Auf XML basierende Sprachen und Formate werden proprietäre Austauschformate verdrängen. Immer mehr Anwendungen, die sich mit der Verwaltung und dem Austausch von Dokumenten beschäftigen, werden XML-basiert sein oder unterstützen XML zumindest. Alle *Web-Browser* werden XML-Dokumente anzeigen bzw. sie mit Hilfe von XSL-*Stylesheets* in HTML konvertieren können. Auch einige Datenbanksysteme arbeiten inzwischen mit XML, z.B. wird das Ergebnis einer SQL-Anfrage als XML-Dokument an den *Client* geschickt, der es mit einem *Web-Browser* anzeigt.

/Ayers 99/
Ayers D. et al., *Professional Java Server Programming, Create n-tier Java applications with servlets and JSP,* Birmingham: Wrox Press, 1999, 1121 Seiten.
Umfangreiche Darstellung von *server*seitiger Java-Programmierung, behandelt neben *Servlets* und JSPs weitere Konzepte wie XML, EJBs, JDBC, JNDI, JavaMail, RMI, CORBA, Jini/JavaSpaces und den Web-*Server* von Apache.

/Tolksdorf 99/
Tolksdorf R., *XML und darauf basierende Standards: Die neuen Auszeichnungssprachen des Web,* in: Informatik-Spektrum, Dez. 1999, S. 407–421.
Guter Überblickartikel über XML.

Zitierte Literatur

/Sun 99a/
Sun Microsystems: *Java Servlet Specification,* v2.2, `http://java.sun.com/products/servlet/index.html`, 1999.

/Sun 99b/
Sun Microsystems: *JavaServer Pages Specification,* Version 1.0, `http://java.sun.com/products/jsp/`, 1999.

/Sun 99c/
Sun Microsystems: *JavaServer Pages (JSP) Technology Syntax,* JSP 1.0 Revision B, `http://java.sun.com/products/jsp/syntax.html`, 1999.

Analytische Aufgaben
Muss-Aufgabe
20 Minuten

1 *Lernziel: Die Konzepte von Servlets kennen und erklären können.*
Betrachten Sie den folgenden *Servlet*-Quellcode. An welchen Stellen muss die Implementierung korrigiert werden?

```
import javax.servletapi.*;
import java.io.*;
public class HelloWorld extends GenericServlet
{
    public void doGET(HttpRequest req, HttpResponse res)
    {
        res.setContentType("http/html");
        PrintWriter out = res.getPrintWriter/();
        out.println("<HTML>");
        out.println("<HEADLINE>");
        out.println("<TITEL>Hello World Beispiel<TITEL>");
        out.println("</HEADLINE>");
        out.println("Hello World!");
        out.println("</BODY>");
        out.println("</HTML>");
    }
}
```

Klausur-Aufgabe
10 Minuten

2 *Lernziel: Für eine einfache Aufgabenstellung eine DTD, ein XML-Stylesheet und ein der DTD entsprechendes XML-Dokument entwickeln können.*
Mit der folgenden DTD lassen sich Bücher beschreiben.

```
<!ELEMENT Buecher(Buch+)>
<!ELEMENT Buch(Titel, Autor+, ISBN, Verlag?, Erscheinungsjahr)>
<!ELEMENT Titel(#PCDATA)>
<!ELEMENT Autor(Name, Vorname?)>
<!ELEMENT ISBN(#PCDATA)>
<!ELEMENT Verlag(#PCDATA)>
<!ELEMENT Erscheinungsjahr(#PCDATA)>
<!ELEMENT Name(#PCDATA)>
<!ELEMENT Vorname(#PCDATA)>
```

Das folgende XML-Dokument beschreibt ein Buch, ist jedoch nicht gültig *(valid).* Finden Sie die fehlerhaften Stellen und verändern Sie das Dokument so, dass es den Regeln der DTD entspricht.

```
<!-Version 1.0 ->
<Buch>
    <Titel>Jagd auf Roter Oktober</Titel>
    <autor>Tom Clancy</autor>
    <ISBN>3-442-09122-5</ISBN>
    <Verlag>Goldmann</Verlag>
</Buch>
```

Konstruktive Aufgaben
Muss-Aufgabe
10 Minuten

3 *Lernziel: Einfache Active Server Pages erstellen können.*
Erstellen Sie eine ASP-Datei, die, sofern Sie zwischen 12 und 14 Uhr abgerufen wird, den Hinweis »Gleich gibt es Mittagessen« ausgibt.

Kann-Aufgabe
15 Minuten

4 *Lernziel: Einfache Servlets erstellen können.*
Geben Sie eine korrekte Implementierung des *Servlets* `HelloWorld` aus Aufgabe 1 an.

Kann-Aufgabe
30 Minuten

5 *Lernziel: Einfache Java Server Pages erstellen können.*
Entwickeln Sie eine JSP, die auf Anfrage eine HTML-Seite zurückschickt, die die aktuelle Uhrzeit enthält.

Klausur-Aufgabe
30 Minuten

6 *Lernziel: Für eine einfache Aufgabenstellung eine DTD, ein XML-Stylesheet und ein der DTD entsprechendes XML-Dokument entwickeln können.*
Ein Restaurant möchte seine Speisekarte im Internet veröffentlichen. Die Speisekarte ist in Gruppen aufgeteilt (z.B. »Vorspeise«, »Aus der Pfanne und vom Grill«, »Spezialitäten des Hauses«). In jeder Gruppe können mehrere Gerichte stehen, wobei jedes Gericht einen Namen, eine Nummer und einen Preis hat. Optional kann eine Beschreibung angegeben werden.

a Erstellen Sie eine DTD, die Speisekarten mit der oben genannten Struktur beschreibt.

b Überführen Sie die DTD in ein XML-Schema.

c Geben Sie ein XML-*Stylesheet* an, das aus einem gültigen XML-Dokument eine HTML-Seite erzeugt.

3 Die Entwurfsphase – OOD-Architekturentwurf

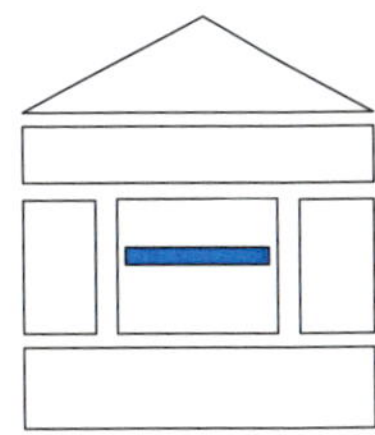

- Erklären können, welche Änderungen am OOA-Modell für die Transformation in den Entwurf notwendig sind. — verstehen
- ODBC und JDBC erklären können.
- GUI-Klassen für Erfassungs- und Listenfenster entwerfen können. — anwenden
- GUI-Klassen mit den Fachkonzept-Klassen verbinden können.
- *Singleton*- und Beobachter-Muster anwenden können.
- Eine Klassenhierarchie in eine flache Tabellenstruktur überführen können.
- Für nichtfunktionale Anforderungen beurteilen können, in welche Anwendungs-Kategorien sie fallen und welche Konzepte zur Realisierung eingesetzt werden können. — beurteilen

i

3.11 OOD-Architekturentwurf

Definitionsphase Kapitel 2.1

Ziel der Definitionsphase ist es, eine Produkt-Definition zu erstellen, die das Fachkonzept der gewünschten Anwendung in Struktur und Semantik aus Anwendersicht vollständig, konsistent und eindeutig beschreibt.

OOA

Für ein OOA-Modell bedeutet dies:

- Es beschreibt die fachliche Lösung, *nicht* die technische Lösung.
- Es enthält *keine* Optimierungen.
- Es enthält *keine* Objektverwaltung.
- Alle Assoziationen, Aggregationen und Kompositionen sind in der Regel bidirektional.

Entwurfsphase Kapitel 3.1

Ziel der Entwurfsphase ist es, ausgehend von einer Produkt-Definition einen Produkt-Entwurf zu erstellen, der die Produkt-Anforderungen realisiert und die Anwendung architektonisch in die Anwendungs- und Plattformumgebung einbettet.

OOD

Im **objektorientierten Entwurf (OOD, *object oriented design*)** ist der **Architekturentwurf**, auch Systementwurf genannt, durchzuführen. Im Architekturentwurf wird die **Software-Architektur** festgelegt. Die Software-Architektur hängt wesentlich von der Art der Anwendung und der verwendeten Plattform ab. Auf beide Gesichtspunkte wird daher im nächsten Abschnitt eingegangen.

kein Strukturbruch

Da sowohl in OOA als auch in OOD die objektorientierten Konzepte verwendet werden, gibt es *keinen* »Strukturbruch« von OOA nach OOD.

Start mit OOA

Ausgangspunkt für den Architekturentwurf ist daher das OOA-Modell des Fachkonzept. Dieses OOA-Modell wird erweitert, modifiziert, optimiert und an die umgebende Architektur angepasst. Es ergibt sich ein OOD-Modell.

Wiederverwendung

Ein wesentlicher Vorteil der objektorientierten Software-Entwicklung liegt darin, dass ihre Konzepte – insbesondere das Vererbungskonzept – die Wiederverwendung vorhandener Klassen und Pakete unterstützt.

Komponentenmodelle Kapitel 3.8

Außerdem bieten Komponentenmodelle noch weitergehende Möglichkeiten der Wiederverwendung.

Abschnitt II 3.3.5

Beim gesamten Entwicklungsprozess ist also sowohl das Suchen nach wiederverwendbaren Teilen als auch das Ablegen wiederverwendbarer Teile zu berücksichtigen.

Kapitel 3.8

Damit man Teile wiederverwenden kann, muss man wissen, welche Teile man benötigt, welche Teile man selbst besitzt oder im Markt verfügbar sind.

Wahl der Programmiersprache

Ein fertiges OOD-Modell muss in der Implementierungsphase realisiert werden. Die verwendete Programmiersprache hat daher u.U. massive Rückwirkungen auf den Architekturentwurf. Ein fundamentale Entscheidung für den Entwurf ist daher die Wahl der Programmiersprache(n). Aus heutiger Sicht sollte immer eine objektorientierte

Programmiersprache wie Java oder C++ gewählt werden. Prinzipiell ist auch die Verwendung einer prozeduralen Sprache möglich. Bei der Transformation der objektorientierten Konzepte in die prozedurale Welt treten aber starke Strukturbrüche ein, die insbesondere die Wartbarkeit und Änderbarkeit verschlechtern.

Komponentenmodelle

Die Wahl der Programmiersprache beeinflusst auch die möglichen Komponentenmodelle.

Interdependenzen

Es gibt also vielfältige Abhängigkeiten bei den Entscheidungen, so dass eine sorgfältige Analyse erforderlich ist, da die Entscheidungen nur schwer rückgängig zu machen sind, wenn der Entwurf bereits begonnen wurde.

mehrere Programmiersprachen

Bei komplexen Unternehmenslösungen ist oft auch der Einsatz mehrerer Programmiersprachen sowie die Einbindung von Altsystemen mit deren Sprachen erforderlich. Insbesondere bei Web-Architekturen werden zusätzlich noch Skript-Sprachen verwendet. Am durchgängigsten kann heute sicher die Programmiersprache Java eingesetzt werden.

3.11.1 Anwendungs-Kategorien

Der Architekturentwurf wird ganz wesentlich von der Anwendungs-Kategorie determiniert, in die die zu entwickelnde Anwendung fällt. Anwendungen lassen sich einer oder mehreren der folgenden Kategorien zuordnen:

- *Desktop*-Anwendung,
- klassische *Client/Server*-Anwendung,
- Web-Anwendung,
- angepasste Standard-Software,
- Mischform.

Desktop-Anwendungen

Anwendungen, die in die *Desktop*-Kategorie fallen, erlauben eine relativ einfache Systemarchitektur. Sie werden auf einem einzelnen Computersystem installiert, und es arbeitet meist nur ein Benutzer mit ihnen.

Drei-Schichtenarchitektur Abschnitt 3.1.3

Es sollte eine Drei-Schichtenarchitektur verwendet werden. Auf die notwendigen Entwurfstätigkeiten wird in den folgenden Abschnitten näher eingegangen. Im Abschnitt 3.11.3 wird der Entwurf der Fachkonzept-Schicht, im Abschnitt 3.11.4 die Anbindung der GUI-Schicht und im Abschnitt 3.11.5 die Anbindung an die Datenhaltung behandelt.

abnehmende Bedeutung

Reine *Desktop*-Anwendungen werden jedoch immer seltener. Dies hat mehrere Gründe. Der anonyme Massenmarkt ist die traditionelle Domäne von *Desktop*-Anwendungen. Er wird zum großen Teil von wenigen großen Software-Häusern dominiert. Hinzu kommt, dass mit Software für Privat-Personen immer weniger Geld zu verdienen ist und einige Firmen bereits dazu übergehen, Software an private Nutzer zu verschenken. Kleinere und mittlere Software-Häuser beschränken sich daher meist auf Software für Firmenkunden. Gerade in diesem Bereich gibt es aber kaum noch *stand-alone*-Systeme. Viele Firmen arbeiten bereits heute mit Netzwerken. In Zukunft werden mehr oder weniger alle Computersysteme miteinander vernetzt sein. Praktisch alle Anwendungen müssen daher in der einen oder anderen Form netzwerkfähig sein. Ein Terminplaner, der *nicht* im Netz die Termine mehrerer Benutzer abstimmen kann, ist praktisch nicht mehr Stand der Technik.

Klassische *Client/Server*-Anwendungen

Bei klassischen *Client/Server*-Anwendungen läuft – technisch gesehen – je eine eigenständige Anwendung auf dem *Client* und auf dem *Server*, die über ein Netzwerk miteinander kommunizieren. Die *Server*-Anwendung bietet Dienstleistungen an, die von den *Client*-Anwendungen genutzt werden.

Nutzen des jeweiligen Betriebssystems

Grundsätzlich besteht die Möglichkeit, eine Anwendung direkt auf den Funktionen des Betriebssystems aufzusetzen. Auf der *Client*-Seite dominiert derzeit *Windows* als Betriebssystem und wird in den meisten Firmen auch eingesetzt. Im *Server*-Bereich kommen *Windows* und diverse UNIX-Derivate zum Einsatz, wobei das *Open Source*-Betriebssystem LINUX immer beliebter wird.

TCP/IP-Protokoll

Alle modernen Betriebssysteme bieten Netzwerk-Funktionen an. Die meisten Netzwerke laufen auf TCP/IP-Basis, dem Transport-Protokoll des Internet. Ein Betriebssystem bietet dafür z.B. die Netzwerk-Kommunikation über *Sockets* an, also die direkte Nutzung des TCP- oder UDP-Protokolls. Damit lassen sich bereits *Client/Server*-Lösungen entwickeln. Jedoch ist das Abstraktionsniveau sehr niedrig. Die Entwicklung einer verteilten Anwendung ist daher aufwendig und teuer.

Kapitel 3.9

Oft ist es daher besser, eine (komponentenbasierte) Verteilungs-Plattform einzusetzen, wie sie in Kapitel 3.9 ausführlich behandelt werden. Auch für eine kleine Installationen mit z.B. einem *Server* und drei *Clients* kann sich dies bereits lohnen, denn Netzwerke werden selten mit der Zeit kleiner, oft jedoch größer. Mit einer Verteilungsplattform ist man daher auf der sicheren Seite.

CORBA, EJB, COM+

Gegen den Einsatz von CORBA, EJB oder COM+ sprechen höchstens Kosten. Wenn eine kleine Firma für maximal 5000.- € Software einkaufen möchte, macht es für ein Software-Haus wenig Sinn, die Hälfte davon für den Kauf einer Verteilungsplattform auszugeben.

Für größere Firmen mit einigen Dutzend *Clients* spielen diese Kosten meist keine Rolle mehr. Die Vorteile, die eine Verteilungsplattform mit sich bringt (Benutzerverwaltung, Lastenverteilung, Transaktionssicherheit), lassen eine »von Hand«-Entwicklung der Verteilungslogik kaum noch sinnvoll, geschweige denn wirtschaftlich erscheinen. Ein

Software-Haus muss jedoch berücksichtigen, dass die Entwickler für eine Verteilungsplattform unter Umständen geschult werden müssen, was hohe Kosten verursachen kann, die sich oft nicht direkt an den Kunden weitergeben lassen.

Web-Anwendungen

Web-Anwendungen erfreuen sich immer größerer Beliebtheit. Wichtige Gründe hierfür sind:

- Ein *Web-Server* ist ohnehin meist vorhanden, da sich die Firma im Internet präsentiert.
- Das Internet soll zur Verbesserung der eigenen Geschäftsprozesse genutzt werden, z.B. für die Kommunikation mit Händlern und Kunden (Extranet).
- Die Bedienung eines *Web-Browsers* ist vielen Mitarbeitern und Kunden bekannt. Die Hemmschwelle zur Nutzung einer Web-Anwendung ist dadurch geringer, verglichen mit der Installation und Nutzung einer klassischen *Client*-Anwendung.

In Kapitel 3.10 werden Konzepte für Web-Anwendungen vorgestellt. Solange der Funktionsumfang einer Anwendung relativ überschaubar bleibt und einzelne Funktionen nicht zu komplex werden, lassen sich mit *server*seitigen Web-Konzepten (z.B. *Servlets*, JSP, ASP) und einem Datenbanksystem gute, skalierbare und leicht wartbare Anwendungen entwickeln.

Kapitel 3.10

Mit steigendem Funktionsumfang und zunehmend komplexeren Funktionen stoßen diese Konzepte aber schnell an ihre Grenzen. Dann sollte an den Einsatz einer Verteilungsplattform gedacht werden.

Angepasste Standard-Software

Eine weitere Alternative zur Entwicklung von Software ist die Anpassung vorhandener Standard-Software an die Bedürfnisse des Kunden. Hier ist derzeit *Microsoft Office* die am weitesten verbreitete Plattform. Es handelt sich dabei nicht nur um ein Paket »Bürokommunikations-Software«, sondern auch um eine Entwicklungsplattform für neue Anwendungen.

Microsoft Office

Ein Vorteil dieser Art der Anwendungsentwicklung liegt darin, dass oft ein Teil der von *Office* bereitgestellten Funktionalität für die zu entwickelnde Anwendung ohnehin benötigt wird, z.B. statistische Auswertungen, Textverarbeitung usw. Ein weiterer Vorteil liegt darin, dass auf sehr vielen Firmen-PCs ohnehin *Office* installiert ist und daher keine zusätzlichen Lizenzkosten beim Kunden anfallen.

Vorteile

Die Anwendungs-Entwicklung mit *Office* kommt derzeit dem – in Kapitel 3.8 vorgeschlagenen – »Baukastenprinzip«, bei dem fertige Einzelteile zu einer fertigen Anwendung zusammengesetzt werden, am nächsten.

»Baukasten-prinzip«

Der Architekturentwurf wird in diesem Fall sehr stark durch die Struktur von *Office* geprägt. Es wird praktisch als Rahmenwerk *(framework)* eingesetzt.

Abschnitt 3.7.2

Nachteile

Eine auf diese Weise entwickelte Anwendung ist natürlich auf Plattformen beschränkt, auf denen *Office* läuft (derzeit *Windows* und *Apple Macintosh).* Außerdem ist man mit einer solchen Lösung sehr stark von künftigen *Office*-Änderungen abhängig. Es kann passieren, dass ein Benutzer eine neue *Office*-Version installiert und anschließend die gesamte, darauf aufsetzende Anwendung nicht mehr läuft.

Kostenreduktion

Die Kosten für die Entwicklung einer spezialisierten Anwendung können mit dieser Vorgehensweise oft erheblich gesenkt und die Entwicklungszeit verkürzt werden. Besonders firmeneigene Software-Abteilungen nutzen oft dieses Konzept, um kleine, maßgeschneiderte Lösungen zu entwickeln.

Verteilungsplattform

Wie bei Web-Anwendungen ist es bei der Anpassung von Standard-Software oft sinnvoll, auf dem *Server* mit einer Verteilungsplattform zu arbeiten und diesen Teil des Systems »klassisch« zu entwickeln. Bei der Anpassung von Standard-Software ist die Gefahr sehr groß, ohne Analyse und Entwurf einfach »drauf los zu *hacken«.* Dies mag bei einzelnen Makros möglich sein, ist für nicht-triviale Systeme aber grundsätzlich der falsche Weg.

Mischformen

Bei der Entwicklung einer Unternehmenslösung (auch für kleine Firmen) kann selten eine der bisher vorgestellten Anwendungs-Kategorien allein identifiziert werden. Es läuft meist darauf hinaus, dass die Lösung als Mischung verschiedener Kategorien realisiert wird. Mischformen haben den Vorteil, dass für jeden Teilbereich der jeweils beste Lösungsansatz verwendet werden kann:

- Ein Programm zur Erfassung von Massendaten kann als klassische *Client*-Anwendung entwickelt werden, da hier die Bedienungsgeschwindigkeit oder eine vollständige Tastaturbedienung eine wichtige Rolle spielen.
- Wenn Kunden über das Internet auf firmeninterne Daten zugreifen sollen, um z.B. Buchungen vorzunehmen oder abzufragen, sollte natürlich eine Web-Anwendung zum Einsatz kommen.
- Um Adressen aus der unternehmensweiten Kundendatenbank automatisch in einen Musterbrief einzubetten, schreibt man natürlich keine eigene Textverarbeitung, sondern passt z.B. *Word* entsprechend an.

3.11.2 Plattformen

Microsoft vs. »Rest der Welt«

Bei der Auswahl konkreter Produkte sind Kriterien wie *Performance,* Interoperabilität und Kosten wichtige Faktoren. In diesem Buch sollen keine Ratschläge bezüglich der Wahl eines konkreten Produkts geben werden. Dazu ist der Markt zu schnelllebig. Grundsätzlich teilt sich der Markt im Moment in *Microsoft* und den »Rest der Welt«.

Derzeit ist *Microsoft* der einzige Anbieter, der für alle genannten Kategorien Produkte anbietet und zusätzlich auch ein Datenbanksystem im Programm hat. Es besteht also grundsätzlich die Möglichkeit, auf der »*Microsoft*-Schiene« zu fahren und alle Produkte »aus einer Hand« zu kaufen. *Microsoft*

Von Vorteil ist dabei, dass alle Produkte (inklusive des Betriebssystems) relativ gut aufeinander abgestimmt sind, und dadurch Inkompatibilitäten seltener auftreten. Außerdem bietet *Microsoft* eine gute technische Unterstützung für alle Produkte an und ist schon aus eigenem Interesse an einer leichten Integration seiner Produkte interessiert. Vorteile

Nachteilig ist, dass *Microsoft* in einigen Bereichen eigene Wege geht. So spielt Java bei *Microsoft* nur eine sehr untergeordnete Rolle, d.h. EJBs, *JavaBeans* oder *Servlets* werden durch hauseigenen Konzepte wie COM+, *ActiveX* und ASP ersetzt. Außerdem ist man von einem einzelnen Hersteller und dessen Produkt- und Preispolitik abhängig. In eine reine *Microsoft*-Lösung später Produkte anderer Hersteller zu integrieren, kann sehr schwierig werden. Nachteile

Die Alternative ist eine Mischung aus Produkten und Konzepten verschiedener Hersteller. Java hat sich als Programmiersprache inzwischen fest etabliert. Interoperabilität sollte dank der plattformunabhängigen Sprache kein Problem mehr sein. Die Praxis zeigt jedoch, dass dies *nicht* immer der Fall ist und durchaus Anpassungen von Java-Code an verschiedene Plattformen erforderlich sein können. Auf Java bauen eine ganze Reihe von Standards auf, z.B. EJBs und *Servlets*, wobei man inzwischen überall die Wahl zwischen mehreren Anbietern hat. verschiedene Hersteller Java

Weiterhin entstehen im *Middleware*-Bereich immer mehr Standards, die auf XML-basierten Sprachen beruhen (z.B. X-EDI für B2B-Abwicklungen). Der Datenaustausch zwischen Anwendungen, insbesondere durch das Internet und über Unternehmensgrenzen hinweg, wird dadurch spürbar einfacher. XML wird sowohl von *Microsoft* als auch von den meisten anderen Herstellern als Meta-Sprache favorisiert. *Middleware* XML

Es sieht also so aus, als würden die Hürden zwischen den Produkten verschiedener Hersteller langsam aber sicher kleiner werden. Demnächst wird es vielleicht möglich sein, Geschäftsobjekte nicht nur ortstransparent, sondern auch plattformtransparent miteinander kommunizieren zu lassen. COM+-Objekte können dann vielleicht Operationen von CORBA-Objekten aufrufen, ohne dass der Anwendungsentwickler zusätzlichen Code schreiben muss. offene Standards

Auch wenn firmenpolitische Überlegungen dies verzögern, geht der Trend immer mehr zu offenen Standards.

Trotz offener Standards gibt es keine hundertprozentige Unabhängigkeit. Sei es beim Betriebssystem, bei der Programmiersprache, bei CASE-Werkzeugen oder bei einer Verteilungsplattform. Ein paar Monate mit einer Entwicklungsumgebung zu arbeiten, ein paar Monate Abhängigkeiten mit einer anderen, fördert *nicht* die Produktivität der Entwickler. Mittelfristig muss man sich also auf allen Ebenen an bestimmte Systeme bzw. Hersteller binden.

Abb. 3.11-1 gibt einen Überblick über die Konzepte für Mehr-Schichtenarchitekturen.

Abb. 3.11-1: Konzepte für Mehrschichten-Architekturen im Überblick

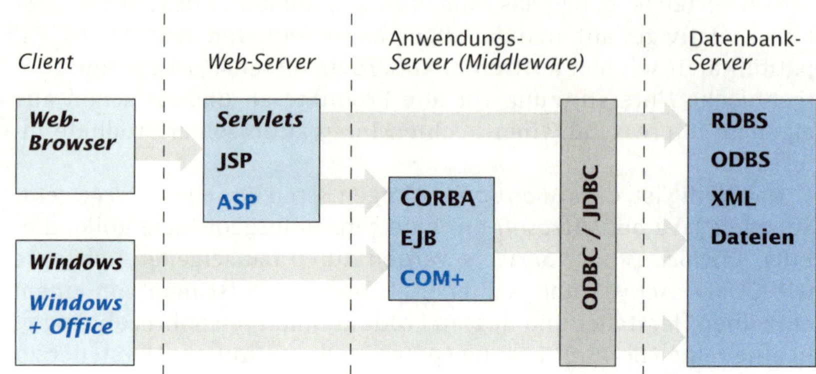

Integration von Altsystemen

Statt auf der »grünen Wiese« zu beginnen, müssen neue Anwendungen oft in bestehende Infrastrukturen integriert werden bzw. die Altsysteme schrittweise durch neue ersetzt werden. Die Umstellung der IT-Landschaft eines Unternehmens von heute auf morgen ist ab einer gewissen Größe einfach unrealistisch. In der Praxis läuft es meistens darauf hinaus, dass Alt- und Neusysteme längere Zeit gemeinsam ihren Dienst versehen und sich dabei gegenseitig ergänzen müssen, um die geforderte Funktionalität bieten zu können.

Hauptkapitel IV 4

Altsysteme, ihre Sanierung und Einbindung in neue Anwendungen werden in Hauptkapitel IV 4 behandelt.

3.11.3 Entwurf der Fachkonzept-Schicht

Entwurf für *Desktop*-Anwendungen

Hinweis: diese Ausführungen orientieren sich an /Heide Balzert 99/

In diesem und den folgenden zwei Abschnitten wird anhand eines Beispiels konkret gezeigt, wie ein Architekturentwurf für eine *Desktop*-Anwendung aussieht.

Es wird die prinzipielle Architektur dargestellt und erläutert. Die lauffähige Anwendung sowie zusätzliche Erläuterungen befinden sich auf der CD-ROM 1.

Ausgangspunkt OOA-Modell

Das OOA-Modell bildet die erste Version der **Fachkonzept-Schicht**, die unter den Aspekten des Entwurfs verfeinert und überarbeitet wird.

1 Modifikation der Klassenstruktur

Kapitel 3.7.1.1

Kapitel 3.6

Während in der Analyse die Objektverwaltung als inhärente Eigenschaft einer Klasse angesehen wird, muss diese Eigenschaft in Java und C++ durch Container-Klassen implementiert werden. Objektorientierte Datenbanken können dies weitgehend automatisieren.

In den meisten Fällen werden die Analyseklassen 1:1 in die Fachkonzept-Schicht übernommen. Wird jedoch die funktionale Komple-

xität einer vorhandenen Klasse zu hoch, dann sollten Teilaufgaben an detailliertere Klassen delegiert werden. Um die geforderte *Performance* zu erreichen, ist es auch gerechtfertigt, Klassen mit starker Interaktion – d.h. mit einer hohen Kopplung – zusammenzufassen. Ebenso können weitere Klassen hinzugefügt werden, um Zwischenergebnisse zu modellieren, d.h. mehrere abgeleitete Attribute in einer neuen Klasse zu »bündeln«.

Assoziative Klassen können in den objektorientierten Programmiersprachen nicht realisiert werden und sind daher in »normale« Klassen aufzulösen.

2 Verfeinern der Attribute

Für Attribute, die im OOA-Klassendiagramm als »abgeleitet« gekennzeichnet sind, ist zu prüfen, ob diese abgeleiteten Werte zu speichern sind oder ob sie jeweils aktuell berechnet werden sollen. Redundante Attribute sind im Allgemeinen nur dann sinnvoll, wenn sie komplizierte oder umfangreiche Berechnungen einsparen und sich die Ursprungsdaten nicht sehr häufig ändern. Bei abgeleiteten Daten ist darauf zu achten, dass sie nur über die Basisdaten geändert werden und mit diesen immer aktuell gehalten werden. Handelt es sich um viele Attribute, so ist es sinnvoll, eine neue Klasse dafür in das Modell einzufügen. Klassen können auch um weitere abgeleitete Attribute erweitert werden, die Zwischenergebnisse speichern.

Oft können die Attribute einer Klasse ganz unterschiedlich ausgedrückt werden. Beispielsweise kann die Position eines Punkts durch seine Polar- oder seine kartesischen Koordinaten beschrieben werden. In der Analyse kann eine dieser Formen unter problemadäquaten Gesichtspunkten gewählt werden. Im Entwurf werden bei Bedarf Operationen geschrieben, um beispielsweise die kartesischen Koordinaten in die Polarkoordinaten umzurechnen.

3 Verfeinern der Operationen Abschnitt 3.7.1.9

Die spezifizierten Operationen sind aus Entwurfssicht detaillierter zu beschreiben. Komplexe Operationen sind in Teiloperationen zu gliedern. Eine Erfassungsoperation kann in eine Operation zur Eingabeprüfung und eine Operation zum Speichern untergliedert werden. Dadurch entstehen neue interne Operationen. Gegebenenfalls müssen neue Klassen identifiziert werden.

Besitzt die Klasse einen Lebenszyklus, so ist eine auszuführende Operation von dem jeweiligen Objektzustand abhängig. Dann muss der Algorithmus entsprechende Abfragen enthalten oder es ist das Zustandsmuster (siehe Abschnitt 3.7.1.9) anzuwenden.

4 Verfeinern von Assoziationen Abschnitt 3.7.1.4

Während im OOA-Modell alle Assoziationen inhärent bidirektional sind, muss im Entwurf aus Effizienzgründen für jede Assoziation geprüft werden, ob eine Navigationsrichtung ausreicht (Abschnitt 3.7.1.4). Ist dies der Fall, dann ist die Richtung im Klassendiagramm durch einen Pfeil zu kennzeichnen.

In der Analyse sollten redundante Assoziationen vermieden werden. Im Entwurf sind die Assoziationen unter dem Gesichtspunkt des optimalen Zugriffs auf Objekte zu modellieren. Eventuell sind nach dem Hinzufügen neuer Assoziationen jetzt Assoziationen aus der Analyse überflüssig und können entfernt werden. Es ist auch möglich, dass Assoziationen im OOA-Modell *nicht* für die Kommunikation der Objekte benötigt werden und im Entwurf daher entfallen. Dies kann folgendermaßen festgestellt werden: Für jede Operation ist zu prüfen, welche Assoziationen sie »durchlaufen« muss, um an die benötigten Informationen zu gelangen. Zu prüfen ist, wie viele Objekte jeweils »betrachtet« werden müssen, um die gewünschten Daten zu erhalten.

Insbesondere ist zu prüfen, ob eine Assoziation bidirektional entworfen werden muss. Ein relativ einfacher Fall liegt vor, wenn nur eine Richtung zu implementieren ist. Aber auch wenn in beiden Richtungen eine Navigation stattfindet, muss die Assoziation nicht unbedingt bidirektional implementiert werden.

Beispiel

Eine Assoziation zwischen den Klassen A und B wird nur in der Richtung von A nach B als Zeiger in A implementiert. Bei einem Zugriff in der Gegenrichtung müssen alle Objekte von A betrachtet und gefiltert werden. Dieser Ansatz ist dann sinnvoll, wenn die Gegenrichtung nur sehr selten benötigt wird und dieser Zugriff nicht zeitkritisch ist. Die unidirektionale Realisierung der Assoziation besitzt den Vorteil, dass keine Inkonsistenzen auftreten können.

5 Verfeinern der Vererbung

Auch die Vererbungsstruktur muss im Entwurf überarbeitet werden. In der Analyse werden Operationen, die für mehrere Unterklassen gelten, so »hoch wie möglich« in die Vererbungsstruktur eingefügt.

Beispiel

Im OOA-Modell der Abb. 3.11-2 gilt die Operation `erfassen()` für alle Objekte ihrer Unterklassen. Da das Erfassen bei beiden Unterklassen unterschiedlich implementiert wird, erhält im OOD-Modell jede Unterklasse diese Operation. Die abstrakte Operation in der Klasse *Person* sorgt für einheitliche Schnittstellen.

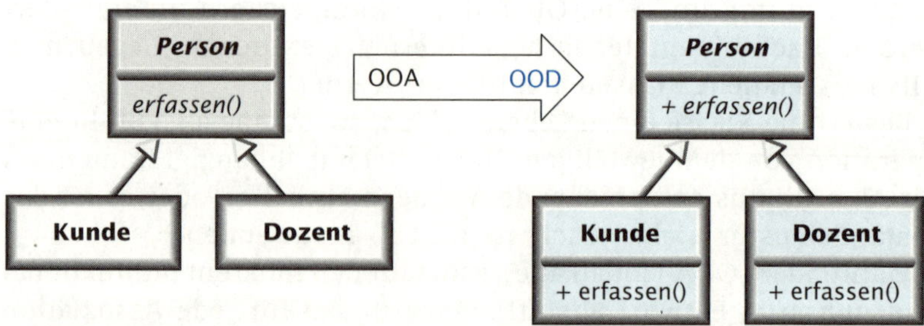

Abb. 3.11-2: Einführen von abstrakten Operationen

abstrakte Klassen

Abstrakte Klassen dienen vor allem dazu, das Konzept der Vererbung voll auszunutzen. Sie werden stets künstlich in das Modell eingefügt. /Wirfs-Brock, Wilkerson, Wiener 90/ empfehlen, so viele abstrakte Klassen wie möglich zu schaffen, weil dadurch das Hinzufügen neuer Klassen erleichtert wird.

Beispiel

Enthält ein OOA-Modell die Klassen `Rechteck`, `Ellipse` und `Linie` (mit entsprechenden Unterklassen), die eine Reihe von gleichartigen Operationen besitzen (z.B. `verschieben()`, `duplizieren()`, `vergrößern()`, `verkleinern()`), dann werden diese Gemeinsamkeiten durch eine abstrakte Oberklasse `Grafikobjekt` beschrieben, sofern dies noch nicht im OOA-Modell durchgeführt wurde.

keine »Spaghetti«-Vererbung

Der Vererbungsmechanismus birgt die Gefahr, dass Attribute und Operationen in einer Klasse nur zu dem Zweck »aufgesammelt« werden, damit der Programmierer Schreibaufwand spart. Jacobson spricht hier von *spaghetti inheritance*. Diese willkürlich geschaffenen Klassen lassen sich leicht erkennen. Der Klassenname besitzt keine Aussagefähigkeit oder steht in keiner Beziehung zu den Attributen und/oder Operationen der Klasse. Besonders wenn eine neue Klasse nachträglich in eine Vererbungsstruktur eingefügt wird, muss sorgfältig auf diese Kriterien geachtet werden. Demgegenüber steht oft ein beträchtlicher Aufwand für die Restrukturierung.

maximaler Polymorphismus

Der Polymorphismus sollte maximiert werden. Dazu ist folgendermaßen vorzugehen:

1 Alle Operationen von Unterklassen sind so hoch wie möglich in der Vererbungshierarchie einzuordnen.

2 Die Namen von Operationen sind so zu wählen, dass man immer einen einzigen Namen für konzeptionell gleiche Operationen verwendet, z.B. `drucken()` oder `erfassen()`.

3 Alle Operationen sind in der Schnittstelle so allgemein wie möglich zu halten. Dazu ist zu überlegen, welche Änderungen evtl. an dem System vorgenommen werden können.

Downcasting: Eine Referenz, deren Typ eine Oberklasse ist, kann auch auf Objekte von Unterklassen verweisen. Die Ermittlung der tatsächlichen Klasse eines Objekts und seine Verbindung mit einer Referenz dieses Typs wird als *downcasting* bezeichnet.

downcasting in Java:

```
Oberklasse einObjekt
= new Unterklasse();
Unterklasse
gleichesObjekt =
(Unterklasse)
einObjekt;
```

Probleme können sich ergeben, weil die Parameterliste in der Oberklasse festgelegt wird und in den meisten objektorientierten Sprachen nicht verändert werden kann. In redefinierten Operationen führt dies oft zu *»downcasts«*.

Es kann auch sinnvoll sein, eine Vererbungsstruktur wieder zu einer Klasse zusammenzufassen. Dadurch wird ein Teil der Semantik, die im statischen Modell spezifiziert ist, in das dynamische Modell übernommen.

Beispiel

Abb. 3.11-3 zeigt im weißen Modell eine Lagerverwaltung. Eine Palette kann sich demnach entweder in einem offenen Lager (d.h. ein Lagerraum ohne weitere Strukturierung) oder auf einem Stellplatz befinden. Dieser Sachverhalt wird durch das weiße Modell exakt wiedergegeben. Nach Beseitigung der Vererbungsstrukturen ergibt sich das wesentlich einfachere blaue Modell. Allerdings darf hier nur dann eine Verbindung zwischen einer Palette und einem Lager erstellt werden, wenn gilt: `Lager.Art = OffenesLager`.

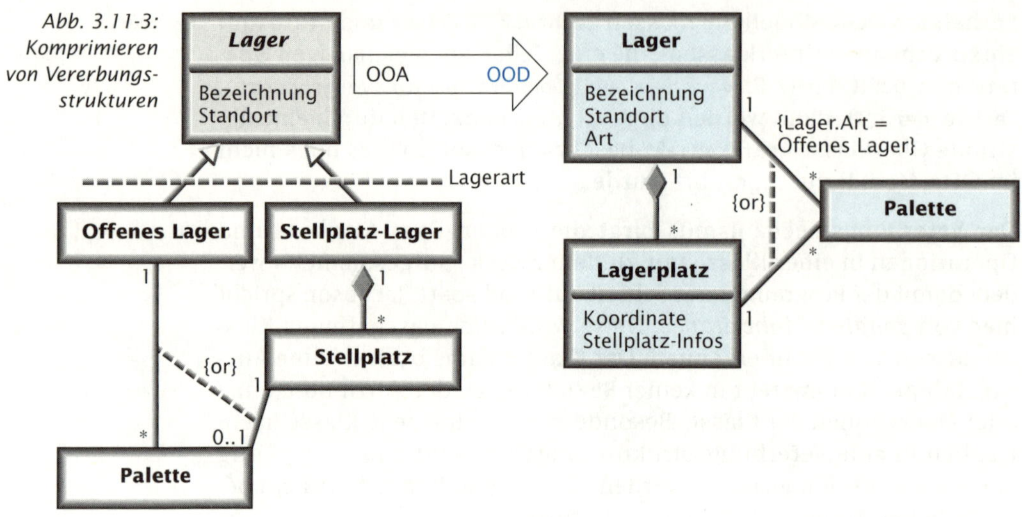

Abb. 3.11-3: Komprimieren von Vererbungsstrukturen

Wiederverwendung

Während die Wiederverwendung *(reuse)* in der Systemanalyse eine untergeordnete Rolle spielt, ist sie im Entwurf von sehr großer Bedeutung. Unter diesem Aspekt ist zu berücksichtigen, dass die Kriterien für eine »gute« Vererbungsstruktur nicht so streng sind wie in der Analyse. Beispielsweise müssen im Entwurf *nicht* alle Attribute und Operationen einer Oberklasse auch von der Unterklasse benötigt werden.

In Tab. 3.11-1 sind die wichtigsten Gesichtspunkte für den Entwurf der Fachkonzept-Schicht nochmals zusammengefasst.

3.11.4 Entwurf der GUI-Schicht und Anbindung an die Fachkonzept-Klassen

Abgrenzung Fachkonzept – GUI

Bei Anwendungen, die überwiegend grafisch orientiert sind, wie z.B. einem Editor für grafische Objekte, fällt die genaue Abgrenzung zwischen dem Fachkonzept und der Benutzungsoberfläche oft schwer. Hier wird so verfahren, dass diese grafischen Objekte – z.B. Rechtecke, Kreise, Linien – bereits in der Analyse modelliert werden, während Objekte wie Maus, Fenster, Auswahlliste der Entwurfsphase vorbehalten bleiben. Als Faustregel gilt, dass alle Objekte, die unabhängig von dem verwendeten GUI dargestellt werden müssen, zum Fachkonzept gezählt werden.

GUI-Schicht Abschnitt 3.1.2

Die Architektur der Benutzungsoberfläche bzw. der **GUI-Schicht** wird entscheidend durch das verwendete GUI-System geprägt. 

GUI-Bibliothek Abschnitt 3.7.2

Eine GUI-Bibliothek besteht meistens aus einem oder mehreren größeren Bäumen. Für jedes Interaktionselement gibt es eine Blattklasse. Für die Fenster gibt es eine Oberklasse, von der dann die individuellen Fenster abgeleitet werden. 

Tab. 3.11-1: Entwurf der Fachkonzept-Schicht

Checkliste: Entwurf der Fachkonzept-Schicht
Ergebnis: OOD-Klassendiagramm

1 Modifikation der Klassenstruktur
- Hinzufügen von Container-Klassen.
- Zerlegen komplexer Klassen.
- Zusammenfassen von Klassen mit starker Interaktion.
- Hinzufügen von Klassen zum Modellieren von Zwischenergebnissen.
- Transformation von assoziativen Klassen in »normale« Klassen.

2 Verfeinern der Attribute
- Abgeleitete Attribute des OOA-Modells übernehmen oder in Operationen wandeln.
- Neue abgeleitete Attribute einführen.

3 Verfeinern der Operationen
- Operationen präzisieren.
- Komplexe Operationen in einfachere, interne Operationen zerlegen.
- Transformieren einfacher Lebenszyklen in Algorithmen.
- Transformieren komplexer Lebenszyklen mittels Zustandsmuster.

4 Verfeinern von Assoziationen
- Navigationsrichtung bei allen Assoziationen prüfen und unidirektionale Assoziationen durch Pfeile kennzeichnen.
- Zugriffspfade optimieren.

5 Verfeinern der Vererbungsstruktur
- Abstrakte Operationen für einheitliche Schnittstellen hinzufügen.
- Hinzufügen von abstrakten Oberklassen.
- Maximierung des Polymorphismus.
- Komprimieren von Vererbungsstrukturen.
- Wiederverwenden existierender Klassen.

Quelle: /Heide Balzert 99, S. 381/

Beispiel

Die Abb. 3.11-4 zeigt einen Ausschnitt aus der GUI-Klassenbibliothek von Java.

elementare Klassen

Um ein einigermaßen kompaktes und gut lesbares OOD-Klassendiagramm zu erhalten, ist es wichtig, die Grenze zwischen Architekturklassen und elementaren Klassen sorgfältig zu ziehen.

Architekturklassen werden in das Klassendiagramm eingetragen, während elementare Klassen in Sinne von Attributtypen behandelt werden. Als Architekturklassen der GUI-Schicht werden alle Klassen angesehen, die Fenster realisieren. Dagegen werden Klassen, die Interaktionselemente implementieren, als elementare Klassen betrachtet.

Anbindung der GUI-Schicht an die Fachkonzept-Schicht

Anhand der Klasse Artikel (Abb. 3.11-5) wird im Folgenden gezeigt, wie GUI-Klassen systematisch an die Fachkonzept-Klassen angebunden werden.

Erfassungsfenster Abschnitt 2.22.8

Im einfachsten Fall existiert für eine Klasse des Fachkonzepts genau ein Erfassungsfenster, das durch eine GUI-Klasse realisiert wird.

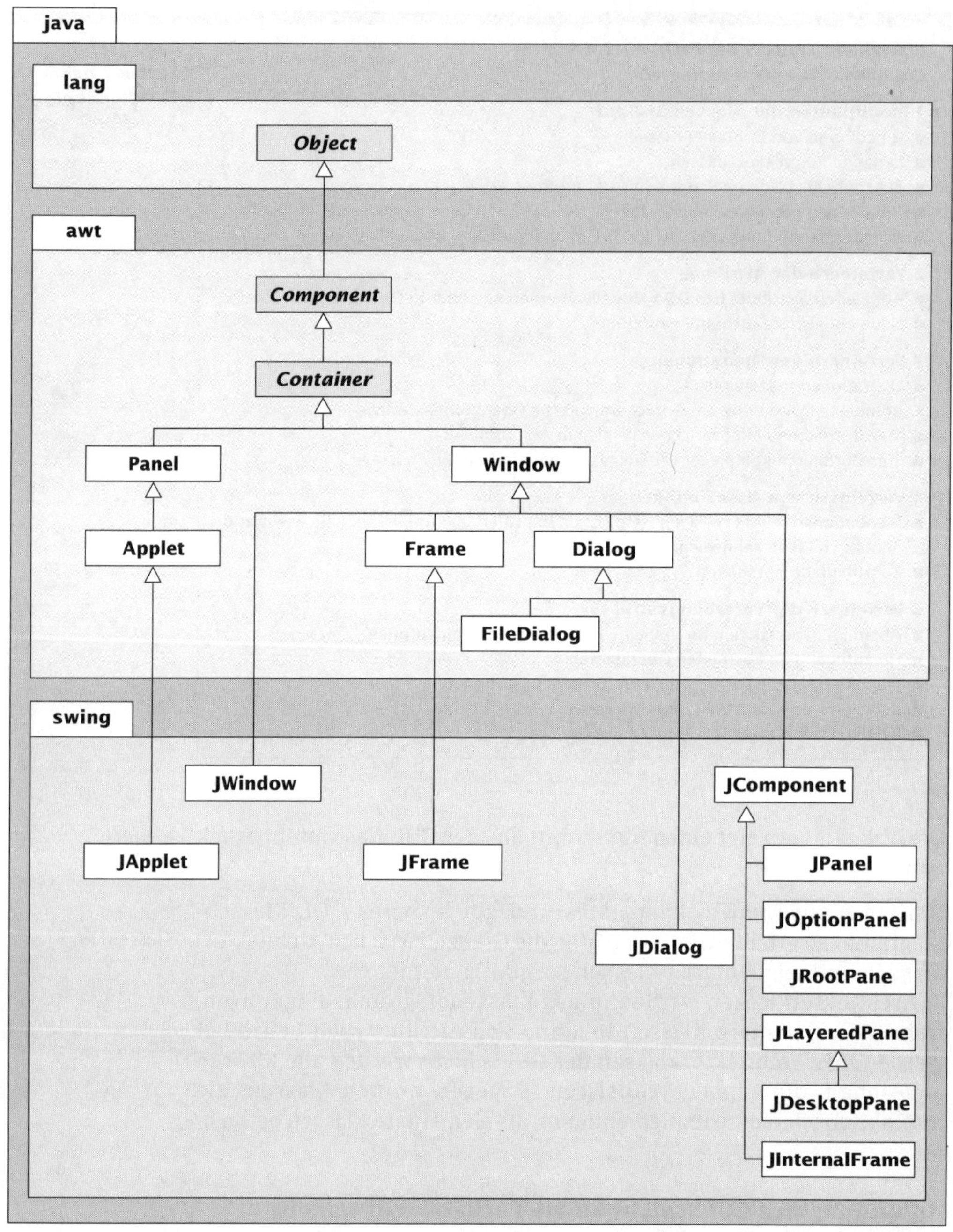

Abb. 3.11-4: Java-Hierarchie der Fensterklassen und ihre Zuordnung zu Paketen

Die Verbindung zwischen dieser GUI-Klasse und der Fachkonzept-Klasse wird durch eine Assoziation hergestellt. Sie wird innerhalb des GUI-Objekts durch eine Referenz auf das Fachkonzept-Objekt realisiert.

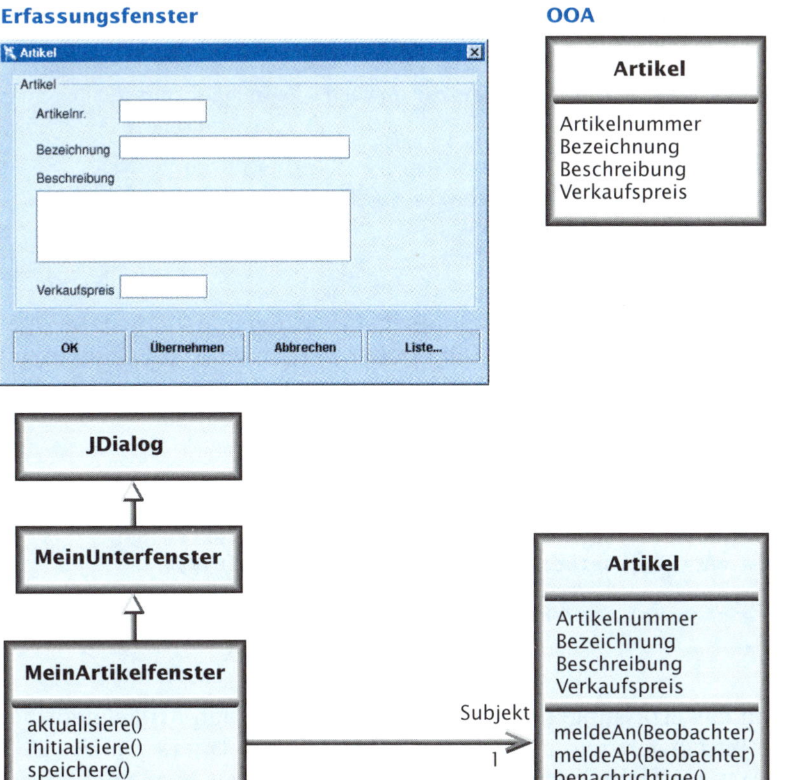

Abb. 3.11-5: Klassendiagramm zur Erfassung eines Artikels

Die Anbindung erfolgt nach folgenden Regeln:

1 Jedes Fensterobjekt ist mit seinem Fachkonzept-Objekt über eine Referenz verbunden und kann so dessen Operationen aufrufen. In diesem Zusammenhang wird häufig der Begriff `Subjekt` für das assoziierte Fachobjekt verwendet.

2 Die GUI-Klasse besitzt die Operation `aktualisiere()`, die Attributwerte aus dem zugehörigen Fachkonzept-Objekt liest. Die Operation `speichere()` übergibt die Eingaben aus dem Fensterobjekt an das Fachkonzept-Objekt.

Beispiel

Für die in Abschnitt 2.22.8 beschriebene einfache Artikel-Lieferanten-Verwaltung soll eine Anbindung an das Fachkonzept durchgeführt werden. Abb. 3.11-5 zeigt zunächst, wie der OOA-Klasse `Artikel` ein Erfassungsfenster zugeordnet wird. Da für die Artikel-Lieferanten-Verwaltung mehrere Unterfenster mit gleicher generischer Funktionalität benötigt werden, wird von der Java-Swing-Klasse `JDialog` eine Klasse `MeinUnterfenster` abgeleitet. Unterklasse davon wird das Fenster `MeinArtikelfenster`, das eine Assoziation zur Klasse `Artikel` besitzt. Beim Erzeugen eines neuen Objekts der Klasse `MeinArtikelfenster` wird immer ein neues Artikel-Objekt erzeugt und eine Referenz darauf gesetzt. Die Attribute der Klasse `MeinArtikelfenster` beschreiben die Eingabefelder des Erfassungsfensters.

```
public class MeinArtikelfenster extends MeinUnterfenster
{
    //Attribute
    ...
    //Referenz auf das aktuelle Fachkonzept-Objekt
    Artikel einArtikel;
    ...
}
```

Das Drücken des OK-Druckknopfs im Erfassungsfenster löst die Operation `speichere()` aus, d.h. alle Daten werden vom GUI-Objekt zum assoziierten Fachkonzept-Objekt übertragen.

```
void speichere()
{
    //precondition: MeinArtikelfenster-Objekt kennt sein
    //Artikel-Objekt
    einArtikel.setArtikelnummer(artikelnummerTextfeld);
    einArtikel.setBezeichnung(bezeichnungTextfeld);
    ...
    einArtikel.setVerkaufspreis(VerkaufspreisAlsFloat);
    ...
}
```

Wenn das Erfassungsfenster für einen vorhandenen Artikel geöffnet und initialisiert wird, dann werden mittels der Operation `aktualisiere()` die Attributwerte des assoziierten Artikels angezeigt.

```
void aktualisiere()
{
    //precondition: MeinArtikelfenster-Objekt kennt sein
    //Artikel-Objekt
    artikelnrTextfeld = einArtikel.getArtikelnummer();
    bezeichnungTextfeld = einArtikel.getBezeichnung();
    ...
    verkaufspreisAlsString = einArtikel.getVerkaufspreis();
    ...
}
```

Listenfenster

Wenn das Listenfenster geöffnet wird, dann müssen alle vorhandenen Artikel in der Liste angezeigt werden. Bei einer »echten« Anwendung umfasst die Klasse Artikel sehr viele Attribute, die unter Umständen auf mehrere Seiten verteilt werden müssen. In der Liste werden für jeden Artikel meistens nur die wichtigsten Attribute eingetragen.

Abschnitt 3.7.3

Für das Listenfenster wird – analog zum Erfassungsfenster – eine eigene Klasse entworfen. Die Verwaltung der Fachkonzept-Objekte wird mittels einer geeigneten Container-Klasse realisiert. Für jede Container-Klasse existiert genau ein Objekt. Es wird daher das *Singleton*-Muster angewendet (siehe Abschnitt 3.7.3).

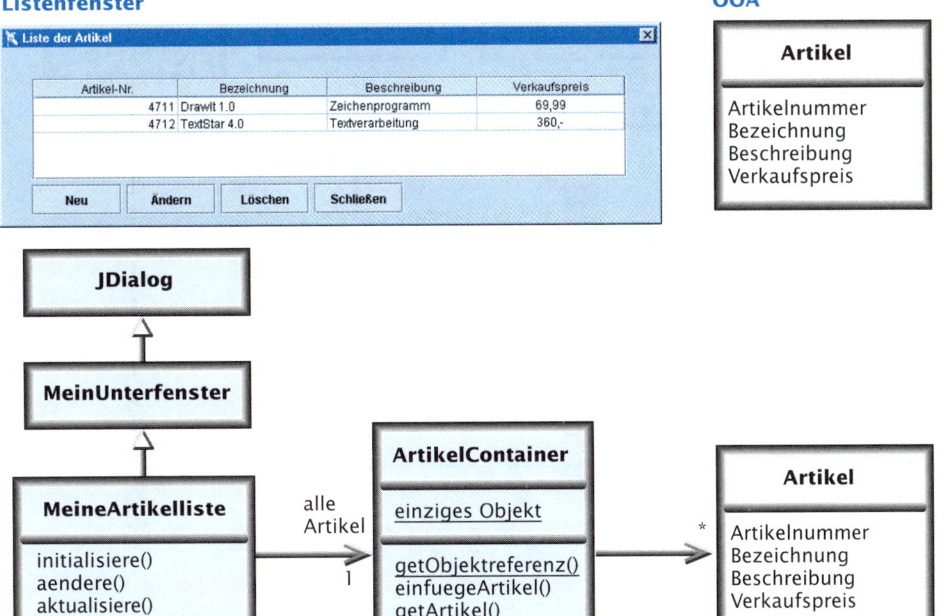

Abb. 3.11-6: Klassendiagramm für die Liste aller Artikel

Beispiel

Abb. 3.11-6 zeigt, wie aus der OOA-Klasse `Artikel` zunächst ein Listenfenster abgeleitet wird. Die Fachkonzept-Klasse `Artikel` wird um die Container-Klasse `ArtikelContainer` ergänzt, die alle Artikel verwaltet. Das Klassenattribut `einzigesObjekt` enthält die Referenz auf das einzige Objekt dieser Klasse. Mit der Klassenoperation `getObjektreferenz()` kann auf diese Referenz überall zugegriffen werden. Beim ersten Aufruf von `getObjektreferenz()` wird zusätzlich die leere Artikelliste erzeugt. Der Aufruf der `getObjektreferenz()`-Klassenoperation erfolgt im Konstruktor, und die erhaltene Referenz wird als Objektverbindung `alleArtikel` festgehalten.

```
class MeineArtikelliste extends MeinUnterfenster
{
   Artikelliste alleArtikel; ...
}
```

Beim Öffnen des Listenfensters wird ein neues Objekt der Klasse `MeineArtikelliste` erzeugt, und alle Artikel werden angezeigt. Dazu holt sich die Operation `aktualisiere()` aus dem Artikelcontainer die Referenzen aller Artikel und kann dann für jedes Artikelobjekt dessen benötigte Attributwerte lesen und darstellen.

Szenario Erfassen eines Artikels

Wenn im Erfassungsfenster ein neuer Artikel erfasst und der OK-Druckknopf betätigt wird, dann läuft das in Abb. 3.11-7 dargestellte Szenario ab. Die Operation trägt zunächst mit `speichere()` alle Attributwerte in das erzeugte Fachkonzept-Objekt ein. Anschließend fügt sie dieses Objekt mit `einfuegeArtikel()` in den Artikelcontainer ein.

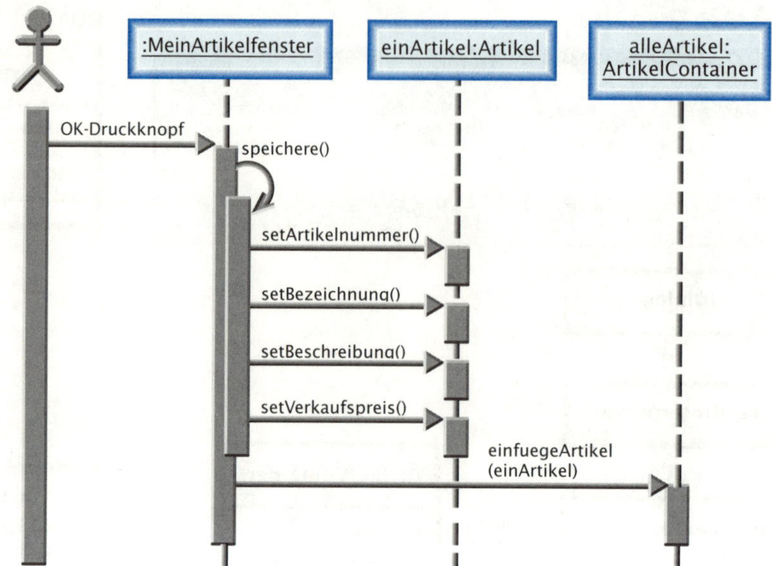

Abb. 3.11-7: Sequenzdiagramm zum Erfassen eines neuen Artikels

Szenario Ändern eines Artikels

Abb. 3.11-8 beschreibt das Szenario zum Ändern eines vorhandenen Artikels. Der Benutzer öffnet ein Listenfenster. Das bedeutet, dass ein neues Objekt der Klasse `MeineArtikelliste` mit der Operation `new` erzeugt und anschließend mit `initialisiere()` mit der Artikelliste initialisiert wird. Wenn der Benutzer einen Artikel selektiert hat, betätigt er den Ändern-Druckknopf. Nun soll sich das Erfassungsfenster mit den aktuellen Daten des selektierten Artikels öffnen. Dazu wird mittels `getArtikel()` die Referenz des selektierten Artikels ermittelt, damit dessen Attributwerte ausgelesen werden können.
Das Öffnen des Erfassungsfensters wird durch das Erzeugen eines entsprechenden Objekts realisiert, das anschließend initialisiert wird. Mit Drücken des OK-Druckknopfs werden die geänderten Daten übernommen. Dazu wird die Operation `speichere()` aufgerufen. Das Wissen, wie Attributwerte gelesen und geschrieben werden, ist ausschließlich in den `speichere`- und `aktualisiere`-Operationen verborgen.

Aktualisierung der Listenfenster Abschnitt 3.7.3

Es können ein oder mehrere Listenfenster geöffnet sein, wenn im Erfassungsfenster ein neuer Artikel eingetragen wird. Um alle Daten konsistent anzuzeigen, sollen alle geöffneten Listenfenster automatisch aktualisiert werden. Für die Lösung dieser Problemstellung wird das Beobachter-Muster verwendet (Abschnitt 3.7.3), wobei die Fachkonzept-Klasse dem Subjekt und die Listenfenster-Klassen den Beobachtern entsprechen. 

Beispiel

Abb. 3.11-9 zeigt das Szenario, das nach dem Betätigen des OK-Druckknopfs im Erfassungsfenster abläuft. Die Operation `speichere()` überträgt die Eingabefelder an das Fachkonzept-Objekt `Artikel`. Wurde

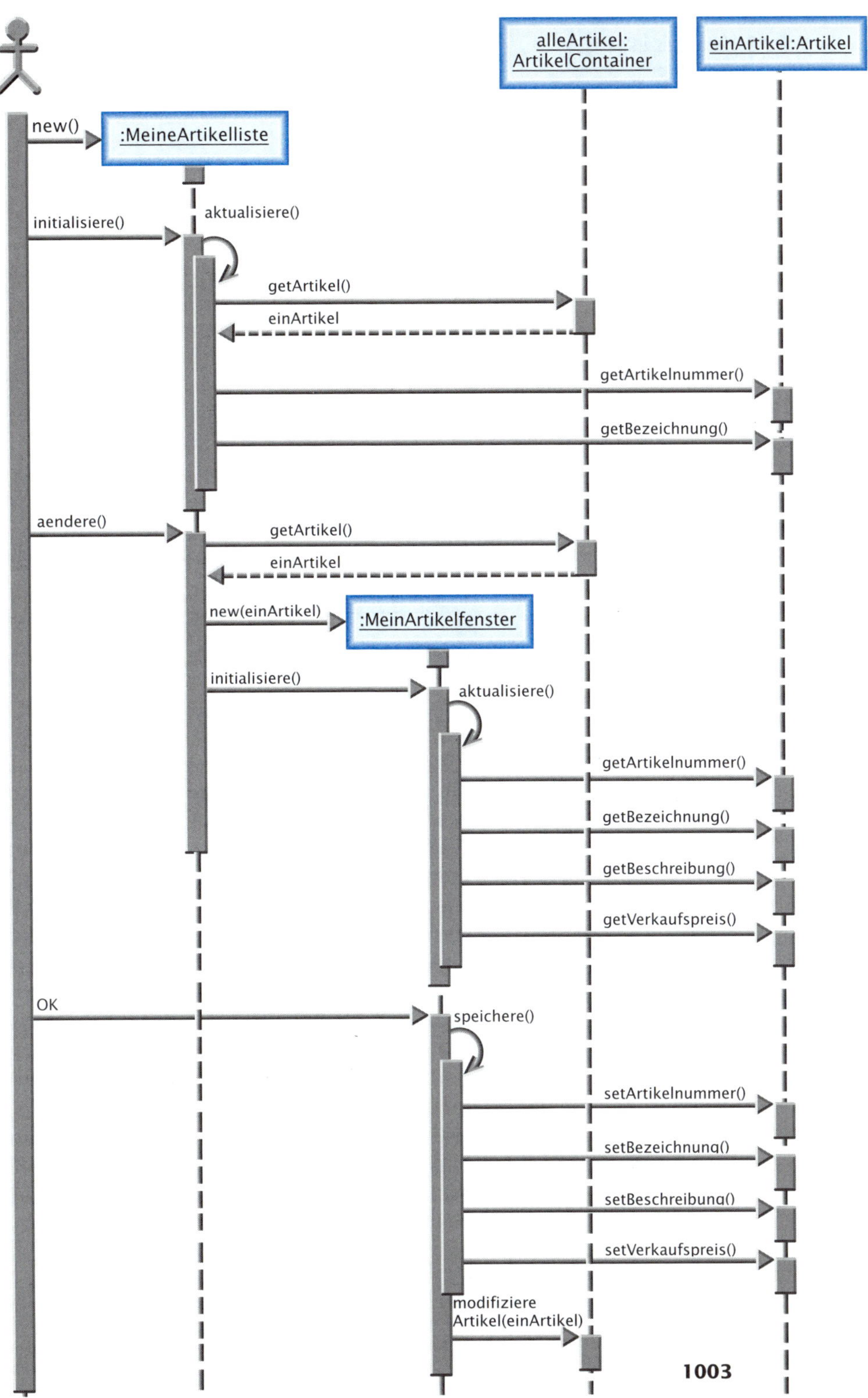

Abb. 3.11-8: Sequenzdiagramm zum Ändern eines Artikels

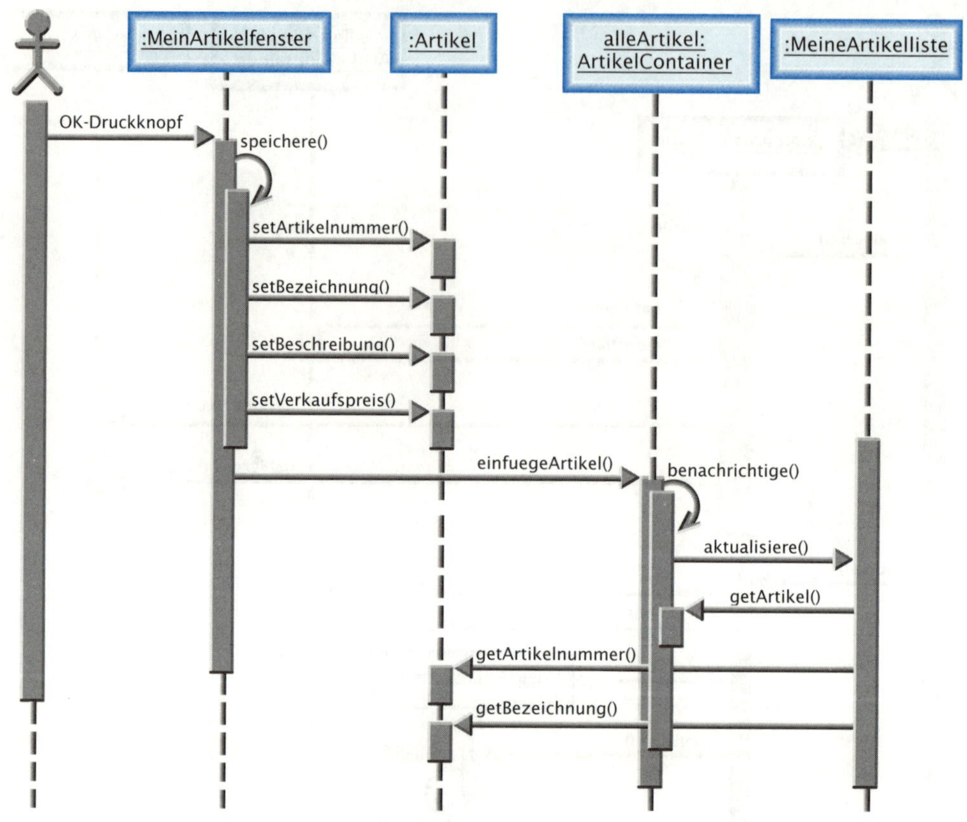

Abb. 3.11-9: Szenario zum Aktualisieren aller Listenfenster mittels Beobachter-Muster

ein neuer Artikel erfasst, dann muss das Artikel-Objekt mit `einfuegeArtikel()` in die Artikelliste eingetragen werden. Das Objekt der Klasse `MeinArtikelfenster` kann auf den Artikelcontainer über seine Objektverbindung `alleArtikel` zugreifen. Diese Verbindung wird analog zur Listenfensterklasse mittels *Singleton*-Muster aufgebaut. Das Fachkonzept-Objekt `ArtikelContainer` informiert alle Listenfenster – ihre Beobachter – mittels `benachrichtige()` darüber, dass eine Veränderung stattgefunden hat. Die `benachrichtige`-Operation sendet die Botschaft `aktualisiere()` an alle Listenfenster, die sich daraufhin selbst aktualisieren, d.h. sie beschaffen sich mittels `getArtikel()` das betreffende Artikel-Objekt und holen sich anschließend mittels der `get`-Operationen die benötigten Attributwerte. Abb. 3.11-10 zeigt für das beschriebene Szenario den zugehörigen Ausschnitt aus dem Klassendiagramm, aus dem zu ersehen ist, welche Objekte sich kennen. Die Operation `meldeAn()` baut eine Verbindung zu einem Beobachter auf, die Operation `meldeAb()` löst diese Verbindung wieder.

Abb. 3.11-11 zeigt das vollständige Klassendiagramm für den Entwurf der GUI-Klassen und ihre Anbindung an die Fachkonzept-Klassen `Artikel` und `ArtikelContainer`.

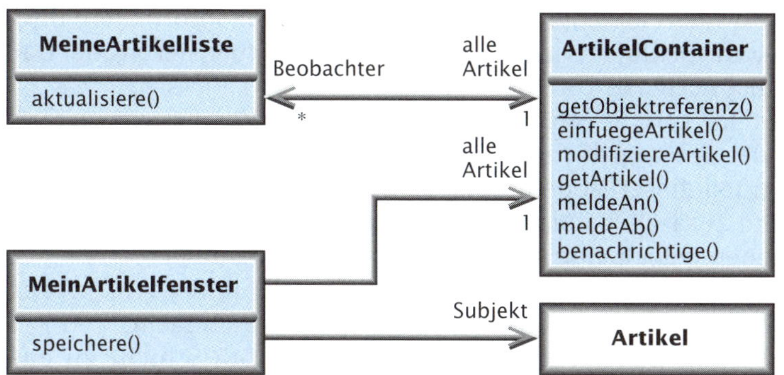

Abb. 3.11-10: Klassendiagramm zum Beobachter-Muster

Fassade

Bei einer umfangreichen Anwendung kann es sinnvoll sein, die GUI- und die Fachkonzept-Schicht durch eine Zugriffsschicht zu trennen. Das kann beispielsweise durch eine **Fassade** geschehen. Eine Fassade ist ein Entwurfsmuster, das ein Subsystem hinter einer einfachen Schnittstelle verbirgt. Die GUI-Klasse kennt dann die Typen der Fachkonzept-Klasse *nicht*. Auf diese Weise ist die GUI-Schicht vollständig von der Fachkonzept-Schicht isoliert. Eine Fassade hat folgende Aufgaben:

- Sie reagiert auf Eingaben und andere Ereignisse.
- Sie öffnet Fenster, die Informationen der Fachkonzept-Objekte darstellen.
- Sie verwaltet Transaktionen, z.B. *commit* und *rollback*.

Sollen die Informationen der Anwendung in verschiedenen Fenstern angezeigt werden *(dependent windows)*, dann führt die Fassade noch weitere Aufgaben durch:

- Sie ermöglicht es, in mehreren Fenstern gleichzeitig die Informationen eines Fachkonzept-Objekts anzuzeigen.

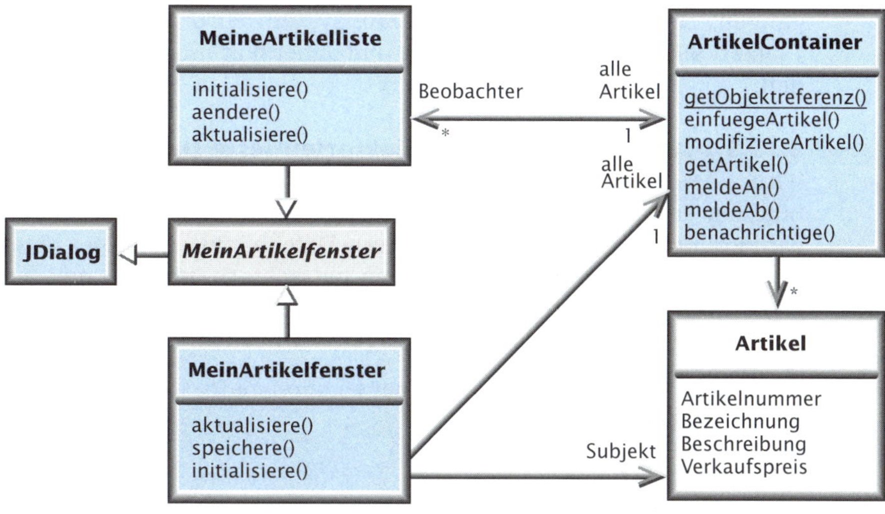

Abb. 3.11-11: Vollständiges Klassendiagramm für die Anbindung der GUI-Schicht an die Fachkonzept-Schicht

- Sie informiert abhängige Fenster, wenn sich die Information ihres Fachkonzept-Objekts geändert hat und eine Aktualisierung der Darstellung nötig ist.

/Larman 98/ spricht von einem *application coordinator*, /Fowler 97/ verwendet den Begriff *facade*.

Der Nachteil dieser Modellierung ist offensichtlich:

- Es sind zusätzliche Aufrufe notwendig.

Dem stehen jedoch eine Reihe von Vorteilen gegenüber:

- Die getrennte Entwicklung von GUI-Schicht und Fachkonzept-Schicht durch unterschiedliche Teams wird vereinfacht.
- Es ist einfacher, mehrere Alternativen der GUI-Schicht zu entwickeln.
- Für die Fassaden kann eine spezielle Testschnittstelle entwickelt werden, die beispielsweise einen automatischen Test ermöglicht.

Handelt es sich um eine *Client/Server*-Anwendung und liegt die Fachkonzept-Schicht auf dem *Server*, dann wird die Fassade auf *Client* und *Server* aufgeteilt. Die GUI-Schicht kommuniziert mit der *Client*-Fassade. Diese reicht die Botschaft an die *Server*-Fassade weiter, die dann wiederum mit der Fachkonzept-Schicht kommuniziert.

Eine Zusammenfassung der durchzuführenden Schritte enthält Tab. 3.11-2.

3.11.5 Entwurf der Anbindung an die Datenhaltung

Die Anbindung an die Datenhaltung hängt im Wesentlichen davon ab, ob die Datenhaltung durch

- eine objektorientierte Datenbank,
- eine relationale Datenbank oder
- ein Dateisystem

erfolgt. Im Folgenden wird auf die ersten beiden Anbindungen eingegangen. Die Anbindung an ein Dateisystem wird ausführlich in /Balzert 99, S. 439 ff./ beschrieben und daher hier *nicht* mehr behandelt.

3.11.5.1 Anbindung an eine objektorientierte Datenbank

Kapitel 3.6

Wird eine objektorientierte Datenbank verwendet, dann ist die Anbindung an die Fachkonzept-Schicht relativ einfach. Im Folgenden wird exemplarisch das objektorientierte Datenbanksystem Poet /Poet 00/ und seine Java-Sprachanbindung betrachtet. Zunächst müssen alle Klassen, deren Objekte persistent gemacht werden sollen, in der Konfigurationsdatei `ptjavac.opt` aufgeführt werden.

Beispiel

Die Klasse *Artikel* wird folgendermaßen persistent:

```
//ptjavac.opt
[classes\Artikel]
persistent = true
```

Tab. 3.11-2: ***Anbindung der GUI-Schicht an die Fachkonzept-Schicht***

Checkliste: Entwurf der GUI-Schicht und Anbindung an die Fachkonzept-Schicht
Ergebnisse: OOD-Klassendiagramm, Sequenzdiagramme

- GUI-System auswählen.
  Die folgenden Ausführungen beziehen sich auf das Java-GUI-System mit Swing-Klassen.
- Jedes GUI-Fenster durch eine Unterklasse von `JDialog` realisieren.
- GUI-Klasse für **Erfassungsfenster** enthält:
  - eine einfache Assoziation zur Fachkonzept-Klasse (`Subjekt`),
  - eine einfache Assoziation zur Container-Klasse (`alleObjekte`),
  - die Operation `speichere()` zum Übergeben der Werte an die Fachkonzept-Klasse,
  - die Operation `aktualisiere()` zum Anzeigen der fachlichen Werte im Erfassungsfenster.
- GUI-Klasse für **Listenfenster** enthält:
  - eine einfache Assoziation zur Container-Klasse (`alleObjekte`),
  - die Operation `aktualisiere()` zum Anzeigen aller Objekte dieser Klasse,
- Container-Klasse (Fachkonzept-Klasse), von der es nur ein Exemplar gibt *(Singleton*-Muster), enthält:
  - das Klassenattribut `einzigesObjekt`, das die Referenz auf das einzige Objekt enthält,
  - die Klassenoperation `getObjektreferenz()`, die auf diese Referenz zugreifen kann und beim ersten Aufruf das Objekt erzeugt.
- Container-Klasse informiert ihre GUI-Listenklassen (Beobachter) mittels Beobachter-Muster und enthält:
  - eine *-Assoziation zur GUI-Listenklasse (`Beobachter`),
  - die Operation `meldeAn()`, die eine Verbindung zu einem Beobachter-Objekt aufbaut,
  - die Operation `meldeAb()`, die eine Verbindung zu einem Beobachter-Objekt abbaut,
  - die Operation `benachrichtige()`, die alle Beobachter über eine Veränderung benachrichtigt.
- Stärkere Entkopplung von GUI- und Fachkonzept-Schicht durch Fassadenklassen.

Quelle: /Heide Balzert 99/

Typkonvertierung

Wenn in einem Software-Produkt objektorientierte Datenbanken zur Datenhaltung verwendet werden, dann sollte sich schon im Übergang von der Analyse zum Entwurf auf die Datentypen des ODMG-Standards beschränkt werden. Eine durchgängige Typhierarchie von der GUI-Schicht über die Fachkonzept-Schicht bis hin zur Datenhaltung erspart aufwändige Typkonvertierungen.

Oftmals erzwingt jedoch der Einsatz von zugekauften Bibliotheken, z.B. GUI-Bibliotheken wie die MFC *(Microsoft Foundation Classes),* den Einsatz nicht-konformer ODMG-Datentypen. In einem solchen Fall sollte die Konvertierung der Typen – wenn möglich – durchgängig in der Schicht vorgenommen werden, die diese Sondertypen benutzt (im MFC-Fall also die GUI-Schicht), um die Auswirkungen auf die anderen Schichten möglichst gering zu halten. Hat man es wie im Fall der Artikel-Lieferanten-Verwaltung mit einer existierenden Kombination von GUI-Schicht und Fachkonzept-Schicht zu tun, ist analog zu prüfen, ob die Typen der Fachkonzept-Schicht ODMG-konform sind. Sollte dies nicht der Fall sein, ist in den Operationen der Fachkonzept-Klasse, mit denen auf die Datenbank zugegriffen wird, eine Typkonvertierung vorzunehmen.

Beispiel

Die Klasse `Artikel` benutzt für ihre Attribute die Datentypen `int`, `String` und `float`. Die ODMG-Anbindung für Java beschreibt diese Typen als ODMG-konforme Abbildung der ODL-Typen `Long` bzw. `Unsigned Short` für `int`, `String` für `String` und `Float` für `float`. Nach Standard wäre auch die Verwendung der Java-Klassentypen `Integer` und `Float` statt der elementaren Typen `int` und `float` zulässig. Eine Konvertierung der Typen der Attribute der Klasse `Artikel` kann also entfallen.

```
public class Artikel extends Observable implements Serializable
{
    //Attribute
    private int Artikelnr;
    private String Bezeichnung="";
    private String Beschreibung="";
    private float Verkaufspreis = 0;
    ...
    //Verwaltung der verlinkten Lieferanten
    Vector meineLieferanten = new Vector();
    ...
}
```

Modellierung der Beziehung zu Lieferanten

Um die Beziehung der Klasse Artikel zur Klasse Lieferant ODMG-konform abzubilden, ist – nach der ODMG – die Anweisung

```
//Verwaltung der verlinkten Lieferanten
Vector meineLieferanten = new Vector();
```

durch eine ungeordnete Menge (`DSet`) zu ersetzen, die von der Implementierung des Standards erzeugt werden muss. Zunächst ist mit

```
static Implementation odmg = new com.poet.odmg.Implementation();
```

eine Implementierung zu erzeugen, mit der dann über

```
DSet wird_geliefert_von_Lieferanten = odmg.newDSet();
```

innerhalb der Klassendeklaration von Artikel die entsprechende Sammlungsklasse erzeugt wird. Die Rollenangabe ist in den Bezeichner eingeflossen. Analog definiert man in der Klasse `Lieferant` dann die umgekehrte Beziehung:

```
DSet gelieferte_Artikel = odmg.newDSet();
```

In der Konfigurationsdatei ist dem Präprozessor die Verbindung der beiden Klassen anzuzeigen:

```
; Eigenschaften für die Klasse Artikel
class Artikel
field wird_geliefert_von_Lieferanten
refersTo=Lieferant
inverse=gelieferte_Artikel

; Eigenschaften für die Klasse Lieferant
class Lieferant
field gelieferte_Artikel
refersTo=Artikel
inverse= wird_geliefert_von_Lieferanten
```

Poet

Poet unterstützt allerdings in der aktuellen Version für Java *keine* Verwaltung von Beziehungen. Die Verantwortung für die Konsistenz von Beziehungen liegt beim Programmierer. Allerdings bietet Poet zur Unterstützung dieser Aufgabe eine Schnittstelle `Constraints` an. Wenn eine Klasse, wie z.B. `Artikel`, die *Constraints*-Schnittstelle implementiert, muss sie drei Operationen implementieren:

- `void postRead()`: Wird vom Datenbanksystem automatisch aufgerufen, nachdem ein Objekt aus der Datenbank in den Speicher geladen wurde.
- `void preWrite()`: Wird vom Datenbanksystem aufgerufen, bevor ein Objekt aus dem Speicher in die Datenbank geschrieben wird.
- `preDelete()`: Bevor ein Objekt gelöscht wird, ruft das Datenbanksystem diese Operation auf.

Diese Operationen sind ideale Einsprungpunkte, um Beziehungen zu überwachen.

Wenn beispielsweise ein Artikel gelöscht wird, so ist er bzw. seine OID aus den Lieferlisten aller seiner ehemaligen Lieferanten zu löschen. Die Funktion `preDelete()` in der Klasse `Artikel` ist also folgendermaßen zu modifizieren:

```
public void preDelete()
{
    //Die Schnittstelle DCollection erweitert
    //java.util.Collection und erbt von ihr
    //eine Operation zur Erzeugung eines Iterators.
    Iterator iter = wird_geliefert_von_Lieferanten.iterator();

    //alle Lieferanten in der Liste durchlaufen.
    while (iter.hasNext())
    {
        //Operation zum Löschen eines Artikels für den
        //jeweiligen Lieferanten aufrufen
        ((Lieferant) iter.next()).entferneLink(this);
    }
}
```

Dieses Vorgehen über bereitgestellte Einsprungpunkte kann – über das Überwachen von Beziehungen hinaus – noch für die Einhaltung weiterer, benutzerdefinierter Einschränkungen benutzt werden. Stellt eine der Operationen der Schnittstelle `Constraints` fest, dass irgendeine Konsistenzprüfung nicht erfolgreich war, erzeugt sie eine `ConstraintViolation-Exception`. Dieses Konzept ist übrigens eng verwandt mit dem *Trigger*-Konzept bei relationalen Datenbanken (*Trigger*-Routinen können auch vor und nach Datenmanipulationen auf bestimmten Tabellen aufgerufen werden).

Drei-Schichtenarchitektur mit linearer Ordnung

Bei der Drei-Schichtenarchitektur mit linearer Ordnung darf die GUI-Schicht nur auf Operationen der Fachkonzept-Klassen und jede Fachkonzept-Klasse nur auf Operationen der Datenhaltung zugreifen.

Persistenz durch Erreichbarkeit

Die Java-Anbindung beruht auf dem Prinzip der Persistenz durch Erreichbarkeit. Ein Objekt ist automatisch persistent, wenn es von einem persistenten Objekt aus referenziert wird. Um ein Objekt als

Eintrittspunkt für die Navigation zu verbundenen Objekten persistent zu machen, existieren in Poet zwei Möglichkeiten:

- Man bindet das Objekt über einen Namen an die Datenbank an, sobald es erzeugt wird, und findet es über diesen eindeutigen Namen auch wieder.
- Man bindet es ohne Namen an die Datenbank an, indem man die Operation `makePersistent()` des Anwendungsdatenbank-Objekts innerhalb einer Transaktion aufruft. Da Poet automatisch alle Objekte einer Klasse in einem generierten `Extent` verwaltet, kann man das Objekt dann später über OQL-Anfragen aus diesem `Extent` heraus auswählen.

Sobald ein Objekt durch eine der beiden Methoden persistent gemacht wurde, sind auch alle verbundenen Objekte persistent. Für die Fachkonzept-Klasse `Artikel` bietet sich die zweite Methode an, indem man einen Konstruktor folgendermaßen definiert:

```
//in Artikel.java
//odmg als Implementierung des Standards und AnwendungsDatenbank
//als geöffnete Datenbank sind global bekannte Bezeichner.
public class Artikel extends Observable implements Serializable
{
    Artikel() throws ODMGException
    {
        Transaction txn = odmg.newTransaction();
        txn.begin();
        try
        {
            AnwendungsDatenbank.makePersistent(this);
        }
        catch (ODMGRuntimeException exc)
        {
            txn.abort();
            throw exc;
        }
        txn.commit();
    }
}
```

Um das Laden von Artikelobjekten aus der Datenbank, sobald sie in einem Kontext angefordert werden, kümmert sich das Datenbanksystem selbst. Veränderungen an persistenten Objekten werden allerdings nur in die Datenbank eingetragen, wenn die Transaktion, in der die Veränderung stattfand, erfolgreich beendet wurde. Für die `set()`-Operationen innerhalb der Klasse `Artikel` kann das bedeuten, jede Veränderung innerhalb einer Transaktion durchzuführen. Dieser Ansatz verbirgt vollständig die Datenbankanbindung vor jedem Zugriff aus der GUI-Schicht und beschränkt die Interaktionen zwischen Fachkonzept und Datenbank auf überschaubare Code-Fragmente. Allerdings steigt die Anzahl der benötigten Transaktionen.

```
public void setArtikelnr(int Artikelnr) throws
    ODMGRuntimeException
{
    if (this.Artikelnr != Artikelnr)
    {
        Transaction txn = odmg.newTransaction();
        txn.begin();
        try
        {
            this.Artikelnr = Artikelnr;
            //Objekt wird als verändert gekennzeichnet,
            //ansonsten wird kein Beobachter benachrichtigt.
            setChanged();
        }
        catch (ODMGRuntimeException exc)
        {
            txn.abort();
            throw exc;
        }
        txn.commit();
    }
    //Benachrichtige alle registrierten Beobachter
    notifyObservers();
}
```

Eine Möglichkeit, die Zahl der Transaktionen zu verringern, besteht darin, bei den Containerklassen von Artikel bzw. Lieferant anzusetzen. Diese Container werden dann sinnvollerweise per Namen (»`Artikelcontainer`« bzw. »`Lieferantencontainer`«) an die Datenbank gebunden. Ihre eingetragenen Objekte, also `Artikel` bzw. `Lieferanten`, sind dann über die Zugehörigkeit zu diesen persistenten Container-Klassen persistent. Transaktionen würden dann nur benötigt, um das Einfügen, Löschen und Ändern ganzer Objekte zu kapseln – und nicht mehr schon beim Ändern einzelner Attribute. Der einzige Mehraufwand entsteht dadurch, dass über die Klassen für `Artikel` und `Lieferanten` hinaus jetzt auch noch die entsprechenden Container-Klassen in der Konfigurationsdatei eingetragen werden müssen.

3.11.5.2 Anbindung an eine relationale oder objekt-relationale Datenbank

Die Hauptaufgabe bei der Anbindung an eine relationale oder objekt-relationale Datenbank besteht in der Abbildung des Objektmodells auf Tabellen. Kapitel 3.5

Jede Tabelle wird – unabhängig davon, ob ein fachliches Schlüsselattribut vorhanden ist – um ein **OID-Attribut** erweitert, das die Rolle des Schlüsselattributs spielt. OID-Attribut Abschnitt 2.8.2

Sollen objektorientierte Systeme mit relationalen Datenbanken arbeiten, dann ist die Abbildung der OOA-Datentypen auf SQL-Datentypen notwendig. Typen von OOA zu SQL

Abbildung einer Klasse

Im einfachsten Fall wird eine Klasse auf eine Tabelle abgebildet, wobei das OID-Attribut hinzugefügt wird (Abb. 3.11-12).

Abb. 3.11-12: Abbildung einer einfachen Klasse auf eine Tabelle

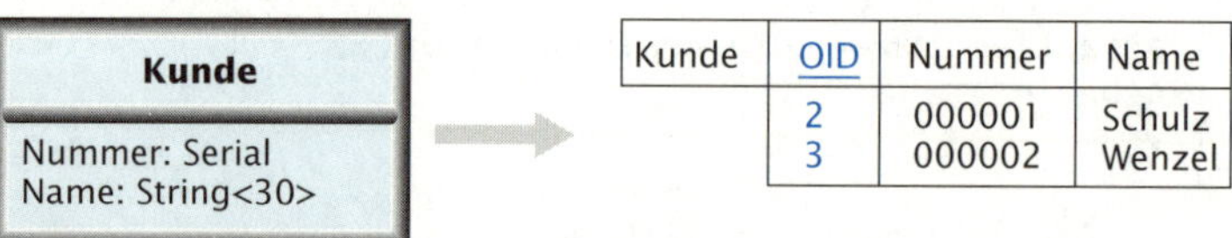

Kunde
Nummer: Serial
Name: String<30>
Kunde
OID
Nummer
Name
2
3
000001
000002
Schulz
Wenzel

Strukturen

Besitzt ein Attribut einen **strukturierten Typ**, dann gibt es für die Abbildung auf Tabellen zwei Möglichkeiten. Wie Abb. 3.11-13 zeigt, kann das strukturierte Attribut `Adresse` entweder in die elementaren Komponenten zerlegt und in die Tabelle `Kunde` integriert oder auf eine eigene Tabelle abgebildet werden. Beim Integrieren in die Tabelle `Kunde` geht die ursprüngliche Struktur verloren. Bei der anderen Alternative besteht der Nachteil, dass beim Zugriff auf ein Kundenobjekt immer eine zusätzliche Tabellenverknüpfung *(join)* von der Tabelle `Kunde` zur Tabelle `AdresseT` durchzuführen ist.

Wird eine objekt-relationale Datenbank verwendet, dann kann die Struktur *direkt* in die Tabelle übernommen werden.

Klassenattribute

Klassenattribute sind *nur einmal* für alle Objekte einer Klasse zu speichern. Daher ist es *nicht* sinnvoll, sie in »normale« Datensätze einer Tabelle zu integrieren, sondern sie werden in eine separate Tabelle eingetragen.

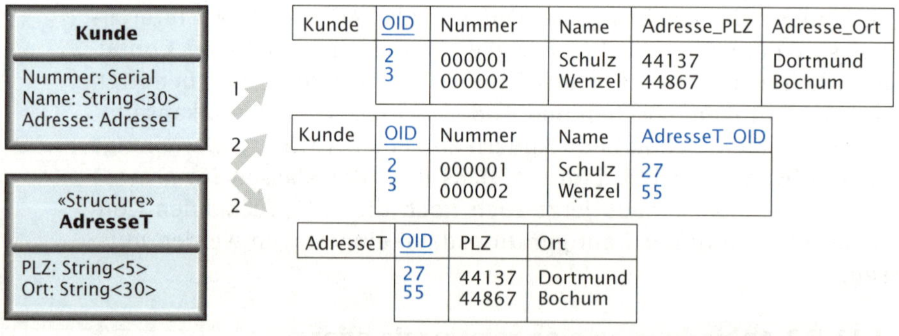

Abb. 3.11-13: Abbildung eines strukturierten Attributs auf eine oder zwei Tabellen

Abbilden einer Assoziation

Schlüssel-Fremdschlüssel-Beziehung

In der objektorientierten Welt »kennen sich« Objekte immer über ihre Verbindungen *(links)*. Bei relationalen Datenbanken werden diese Verbindungen immer durch Primär-Schlüssel–Fremdschlüssel-Beziehungen realisiert. Das bedeutet, dass die Tabellen um entsprechende Fremdschlüssel erweitert werden müssen.

1:M-Assoziation

Soll eine 1:M-Assoziation zwischen `Artikel` und `Lieferant` (Abb. 3.11-14) auf Tabellen abgebildet werden, dann ist dabei zu berücksichtigen, dass alle Sätze in einer Tabelle die gleiche Länge besitzen.

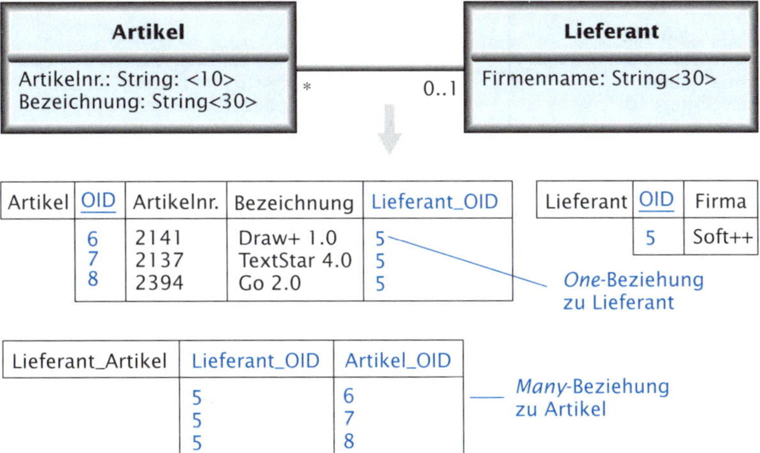

Artikel	OID	Artikelnr.	Bezeichnung	Lieferant_OID
	6	2141	Draw+ 1.0	5
	7	2137	TextStar 4.0	5
	8	2394	Go 2.0	5

Lieferant	OID	Firma
	5	Soft++

Lieferant_Artikel	Lieferant_OID	Artikel_OID
	5	6
	5	7
	5	8

Abb. 3.11-14: Abbildung einer 1:M-Assoziation auf Tabellen

One-Beziehung integrieren

Soll vom Artikel auf den zugehörigen Lieferanten zugegriffen werden, dann kann zu jedem Artikel die OID des Lieferanten als Fremdschlüssel gespeichert werden (Abb. 3.11-14).

Die Information, welche Artikel ein bestimmter Lieferant liefert, kann nicht einfach in eine Tabelle `Lieferant` integriert werden, denn zu jedem Lieferanten gibt eine unbekannte Menge von Artikeln. Prinzipiell gibt es zwei Möglichkeiten an die gewünschte Information zu kommen. Man kann alle Sätze der Tabelle `Artikel` lesen und alle Artikel des jeweiligen Lieferanten »herausfiltern«. Die andere Möglichkeit besteht darin, die Beziehungen zwischen Lieferant und Artikel in einer eigenen Tabelle zu speichern (Abb. 3.11-14). Diese zweite Alternative ist bei umfangreichen Tabellen wesentlich effizienter.

Many-Beziehung in Tabelle

Eine separate Tabelle würde eigentlich ausreichen, um auch den Zugriff in umgekehrter Richtung zu realisieren und damit den gerade zuvor durchgeführten Fremdschlüsseleintrag in der Tabelle `Artikel` überflüssig machen. Der Fremdschlüsseleintrag sollte trotzdem bestehen bleiben, denn er erspart beim Zugriff vom Artikel auf den Lieferanten den Zugriff auf eine weitere Tabelle *(join)* und ermöglicht daher eine effizientere Lösung.

M:M-Assoziation

Eine **M:M-Assoziation** wird immer auf eine eigene Tabelle abgebildet (Abb. 3.11-15). Das ist unabhängig davon, ob die Assoziation nur in einer oder in beiden Richtungen realisiert wird.

Abbildung der Vererbung

Es gibt drei Möglichkeiten, um eine Vererbungshierarchie auf Tabellen abzubilden (Abb. 3.11-16).

eine Tabelle für alle Klassen

Bei der ersten Variante werden alle Objekte aus allen Klassen einer Vererbungshierarchie in einer einzigen Tabelle gespeichert. Der Vorteil dieses Ansatzes liegt in seiner Einfachheit. Ein Nachteil ist, dass die entstehende Tabelle »durchlöchert« ist. Beispielweise können die

Abb. 3.11-15: Abbildung einer M:M-Assoziation auf Tabellen

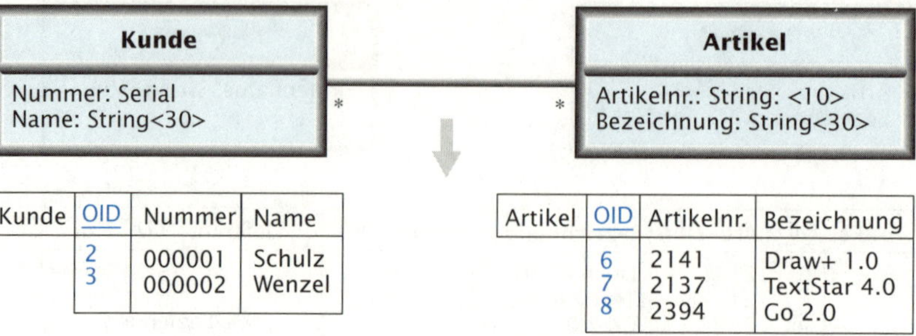

Kunde_Artikel	Kunde_OID	Artikel_OID
	2	6
	2	7
	2	8
	3	9

blauen Felder in der Abb. 3.11-16 niemals einen Wert annehmen. Dieser Nachteil ist jedoch bei Vererbungsstrukturen von geringem Umfang vernachlässigbar.

eine Tabelle für jede konkrete Klasse

Bei der zweiten Variante wird jede konkrete Klasse auf eine Tabelle abgebildet. Sie enthält außer ihren eigenen auch alle Attribute ihrer Oberklassen. Nachteilig ist, dass die Attribute der abstrakten Oberklasse in mehreren Tabellen vorhanden sind. Wenn diese Attribute modifiziert werden, dann sind alle betroffenen Tabellen zu aktualisieren.

Abb. 3.11-16: Abbildung von Vererbungsstrukturen

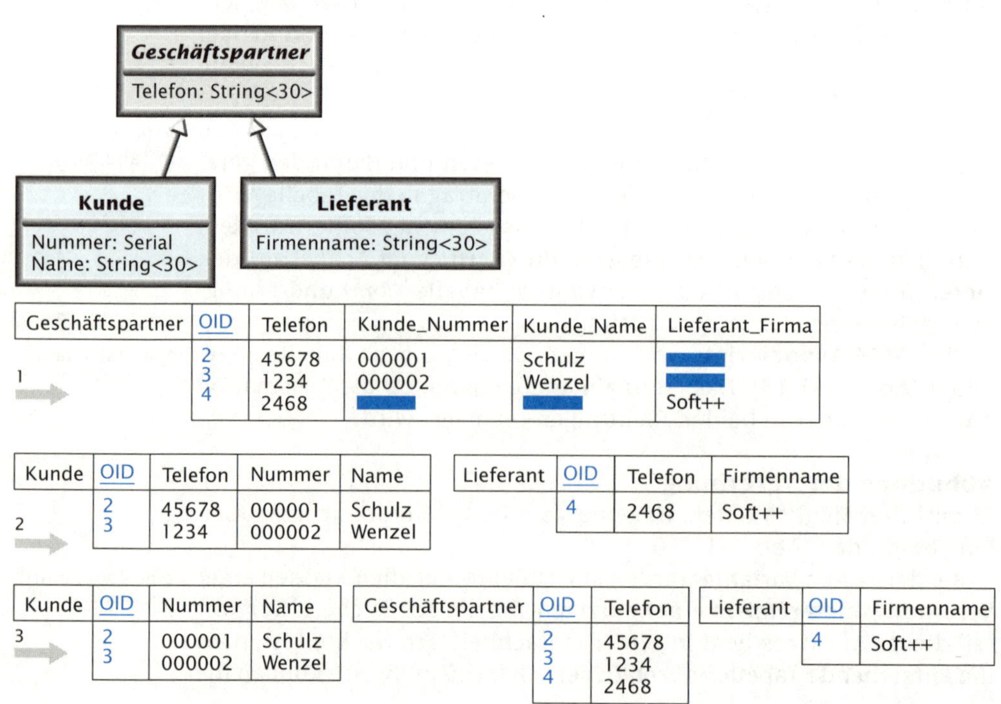

Bei der dritten Variante wird jede Klasse – auch eine abstrakte – auf eine Tabelle abgebildet. Die Identität eines Objekts in der Vererbung wird durch die Verwendung eines gemeinsamen OID-Attributs sichergestellt. Der Hauptvorteil dieses Ansatzes ist, dass er am bestem dem objektorientierten Konzept entspricht. Änderungen in der Oberklasse sind mit minimalem Aufwand durchführbar und neue Attribute können in allen Klassen einfach ergänzt werden. Dem stehen jedoch mehrere Nachteile gegenüber. Es entstehen viele Tabellen in der Datenbank, die Zugriffe auf Objekte dauern länger, weil mehrere Tabellen betroffen sind.

eine Tabelle für jede Klasse

Wird eine objekt-relationale Datenbank nach dem SQL 99-Standard eingesetzt, dann können die Konzepte der UDTs *(user defined types)* und der Zeiger auf UDTs *(reference types)* verwendet werden. UDTs sind annähernd so zu verwenden wie Klassen in Java. Sie unterstützen die Einfachvererbung. Durch *reference types*, die innerhalb einer UDT-Definition auf andere UDTs zeigen, können Assoziationen zwischen Objekten eines UDT modelliert werden.

objekt-relationale Datenbanksysteme
Abschnitt 3.4.4
Literaturhinweis: Kapitel 12 und 27 in /Gulutzan, Pelzer 99/

Beispiel

Wird mit dem JANUS-System eine Anwendung generiert, die die Datenbank *Microsoft Access 2000* verwendet (einstellbar im *JANUS Specifier),* dann kann man sich die objekt-relationale Abbildung ansehen, die das JANUS-System vornimmt. Im Verzeichnis, in dem Janus alle generierten Dateien ablegt, befindet sich auch die *Access*-Datenbank (mit der Endung `mdb`). Wird diese Datei mit einem Doppelklick geöffnet, werden alle Tabellen der Datenbank angezeigt (Abb. 3.11-17). Voraussetzung ist, dass *Microsoft Access 2000* auf dem Computersystem installiert ist. Eine beliebige Tabelle – z.B. Person – kann mit einem Doppelklick geöffnet (Abb. 3.11-18).

Typkonvertierung

Im OOA-Klassendiagramm wurden JANUS-Typen verwendet. Die *Access*-Datenbank verwendet andere Typen. Folgende Abbildungen werden durchgeführt:

Janus-Datentyp	*Access-Datentyp*
`Serial`	`char`
`String<n>`	`char/Longtext`
`Date`	`Date`
`Email`	`char`
`Currency`	`Double`

Bei `Currency`-Attributen wird außerdem die aktuell eingestellte Währung in Form einer Code-Nummer gespeichert.

Abbildung der Vererbungsstruktur

Im JANUS-System kann gewählt werden, wie eine Vererbungsstruktur auf Tabellen abgebildet werden soll. Damit der Zusammenhang zwischen Objekt und Klasse nicht verloren geht, wird für jedes Objekt noch eine Klassenidentität in die Tabelle eingetragen.

In den *Access*-Tabellen sind alle Daten der Seminarorganisation wiederzufinden. In den vorderen Spalten der Tabelle legt JANUS das OID-Attribut (`m_oid`) und das Attribut für die Klassenidentität (`m_cid`) ab.

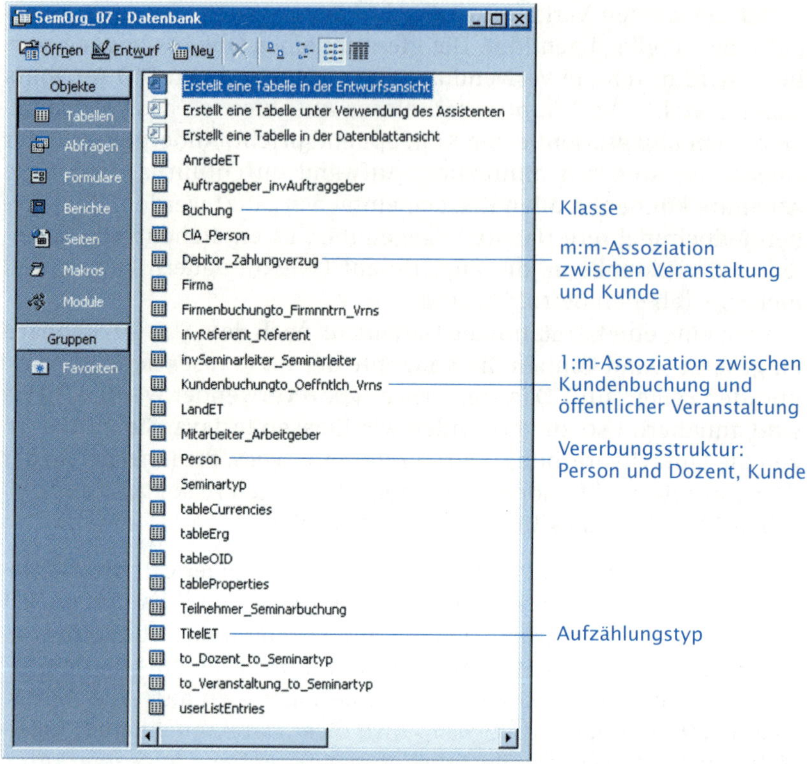

Abb. 3.11-17: Übersicht über die generierten Access-Tabellen der Seminarorganisation

viele Faktoren zu berücksichtigen

Eine objekt-relationale Abbildung ist ein Prozess, bei dem viele Faktoren zu berücksichtigen sind. In jedem Fall ist zu überlegen, wie die spätere Nutzung aussieht und mit welchen Datenmengen zu rechnen ist. Separate Tabellen erfordern immer zusätzliche *join*-Operationen und verschlechtern damit die *Performance*. Eine intensive Verschmelzung von Klassen und Assoziationen in einige wenige Tabellen erschwert die Nachvollziehbarkeit vom Analysemodell zum relationalen Datenmodell und kann zu aufwändigen Änderungen führen.

Die Verwendung objekt-relationaler Datenbanksysteme vereinfacht die objekt-relationale Abbildung.

Neben der Abbildung des Klassendiagramms auf Tabellen gibt es noch einige weitere Aufgaben zu erledigen. Wie diese umgesetzt

Abb. 3.11-18: Tabelle Person für die Vererbungsstruktur der Klassen Person, Kunde und Dozent der Seminarorganisation

Person : Tabelle

m_oid	m_cid	c_ts	m_ts	Nummer	Name_Anrede	Name_Titel	Name_Vorname	Name_Nachna	Adresse_Stra
[illegible]	13	14.06.00 16:03:32	961488478	000001	1	1	Brigitte	Zahn	Steiler Weg 12a
7	23	14.06.00 15:40:34	960991718	000001	0	3	Wolfgang	Müller	Hirtensielstr. 223
8	23	14.06.00 15:54:37	960991711	000002	0	3	Michael	Boch	Am Schieferbruch 6
9	23	14.06.00 15:54:37	960991743	000003	1	3	Brigitte	Brenk	Arndstr. 16
10	23	14.06.00 15:54:37	960991077	000004	0	3	Rainer	Zufall	Viktoriastr. 28

Datensatz: 1 von 5

OID-Attribut (Primärschlüssel)
Klassenidentität
Erstellungsdatum und -uhrzeit
Attribute vom Typ Zeichenkette

werden, hängt stark davon ab, ob man einmalig oder öfters eine solche Anbindung vornimmt. Tut man es öfters, dann sind verallgemeinerte Konzepte zu überlegen, die dann auch automatisiert werden können.

weitere Aufgaben

3.11.5.3 ODBC, JDBC und XML

Relationale Datenbanksysteme wurden ursprünglich als *stand alone*-Informationssysteme realisiert. Das Ziel bestand darin, durch alleinigen Einsatz einer deklarativen Programmiersprache – meist SQL – die Datenbank zu programmieren.

SQL

Mit SQL werden jedoch nur Format und Semantik von Abfragen spezifiziert. Um Daten von einem Datenbank-*Server* abfragen zu können, muss zunächst eine Verbindung zwischen *Client* und *Server* aufgebaut werden. Wie diese Verbindung technisch aussieht, ist *nicht* Teil der SQL-Spezifikation. Nach dem Aufbau einer Verbindung erfolgt die Anfrage dadurch, dass die SQL-Befehle (Zeichenketten) vom *Client* an den *Server* geschickt werden. Wie die Antwort des *Servers* (die Daten) physisch vom *Server* zum *Client* transportiert und dort dargestellt werden, spezifiziert SQL wiederum nicht.

Ergebnisse sind Mengen

Hinzu kommt, dass SQL eine mengenorientierte Sprache ist, d.h. Ergebnisse einer Anfrage werden immer als Mengen von Datensätzen zur Verfügung gestellt. Die heute verbreiteten imperativen und objektorientierten Programmiersprachen können mit Mengen jedoch *nicht* direkt umgehen, sondern müssen sie auf entsprechende Datenstrukturen abbilden.

proprietäre Schnittstellen

Die Datenbank-Hersteller bieten produktspezifische und damit proprietäre Schnittstellen an, um den Zugriff auf technischer Ebene zu ermöglichen. Diese Schnittstellen haben zwar den Vorteil, dass sie für das jeweilige Datenbanksystem maßgeschneidert sind, erschweren jedoch die Anpassung einer Anwendung an ein anderes Datenbanksystem.

Embedded SQL

Unter *Embedded* SQL versteht man die Erweiterung einer Programmiersprache um spezielle Sprachkonstrukte. Sie ermöglichen es, direkt aus der Anwendung über SQL-Befehle auf die Datenbank zuzugreifen. Ein Präprozessor wandelt die SQL-Befehle in Aufrufe von Bibliotheksprogrammen um. Das so entstandene Programm kann dann mit einem herkömmlichen Compiler übersetzt werden. Damit ist die Abbildung des mengenorientierten SQL auf gewöhnliche Programmiersprachen leichter geworden. Auch *Embedded* SQL ist jedoch als eine proprietäre Schnittstelle aufzufassen, denn jeder Hersteller einer relationalen Datenbank unterstützt seine eigene *Embedded* SQL-Implementierung und es müssen der zugehörige Präprozessor und die Bibliotheken verwendet werden.

ODBC

ODBC *(Open Database Connectivity)* ist eine standardisierte Schnittstelle für den Zugriff auf relationale Datenbanksysteme. Sie wurde ursprünglich von *Microsoft* spezifiziert, hat sich aber inzwischen zu

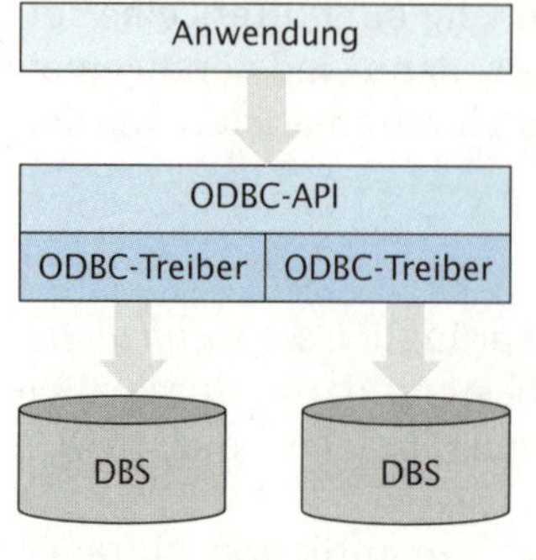

Abb. 3.11-19: Architektur von ODBC

einem betriebssystemübergreifenden, allgemein akzeptierten de facto-Standard entwickelt. Mittels ODBC kann auf jede Datenbank, für die ein ODBC-Treiber existiert, zugegriffen werden. ODBC spezifiziert ein API, das Funktionen zum Öffnen und Verwalten einer Datenbank-Verbindung, zum Senden von Anfragen und zur Auswertung der gelieferten Daten zur Verfügung stellt (Abb. 3.11-19).

Für die Anfragen stützt sich ODBC auf eine standardisierte SQL-Version. Die technische Realisierung der Verbindung wird durch einen ODBC-Treiber für ein bestimmtes Datenbanksystem realisiert. Dadurch ist es möglich, die Anwendung unabhängig von einem bestimmten Datenbanksystem zu entwickeln.

ADO

Durch die Beschränkung auf ein funktionales API kann ODBC zwar von praktisch jeder Sprache aus genutzt werden, jedoch muss eine objektorientierte Anwendung selbst die Abbildung auf API-Funktionen vornehmen. Objektorientierte Schalen um ODBC liefert *Microsoft* in Form des COM-basierten ADO *(ActiveX Data Objects)*. Diese sind jedoch nur auf *Windows*-Plattformen verfügbar.

JDBC

Mit **JDBC** *(Java Database Connectivity)* hat *Sun* einen Standard definiert, um aus Java-Programmen heraus auf relationale Datenbanksysteme zugreifen zu können. JDBC ist durch die Verwendung von Java als Programmiersprache vollständig objektorientiert und plattformunabhängig /Klute 98/.

Wie bei ODBC realisiert ein Treiber den technischen Zugriff auf ein konkretes Datenbanksystem. Mit Hilfe der JDBC-ODBC-*Bridge* ist es möglich, JDBC auf ODBC aufzusetzen und damit auf die große Auswahl an ODBC-Treibern für praktisch jedes Datenbanksystem zurückzugreifen.

XML

Eine weitere Möglichkeit für den Zugriff auf Datenbanken stellt die Kombination HTTP–XML dar. Eine Datenbank-Anfrage wird über HTTP an den Datenbank-*Server* geschickt. Die Einbettung der Anfrage in eine URL ist in Abb. 3.10-9 beschrieben. Der Datenbank-*Server* stellt das Ergebnis als XML-Dokument zur Verfügung und schickt dieses an den *Client* zurück. Die Struktur des XML-Dokuments wird dabei durch die Anfrage festgelegt.

Diese Art der Kommunikation mit Datenbanken wird in Zukunft wahrscheinlich weiter zunehmen. Insbesondere, wenn es mehr Datenbanksysteme gibt, die für die Speicherung großer Mengen von XML-Dokumenten optimiert sind.

Architekturentwurf Festlegung der Software-Architektur in Abhängigkeit von der Anwendungs-Kategorie, der Plattform, den technischen Randbedingungen und anderen nichtfunktionalen Anforderungen.

Datenhaltungs-Schicht *(storage tier, database tier)* Realisiert die jeweilige Form der Datenspeicherung, z.B. mit einem objektorientierten oder relationalen Datenbanksystem oder mit flachen Dateien.

Fachkonzept-Schicht *(application logic tier)* Realisiert in einer Drei-Schichtenarchitektur die fachliche Anwendung und die Zugriffe auf die →Datenhaltungs-Schicht. Das OOA-Modell bildet die erste Version der Fachkonzept-Schicht.

GUI-Schicht *(presentation tier)* Die GUI-Schicht ist in einer Drei-Schichtenarchitektur sowohl für die Dialogführung und die Präsentation der fachlichen Daten (z.B. in Fenstern) als auch für die Kommunikation mit der →Fachkonzept-Schicht und ggf. mit der →Datenhaltungs-Schicht zuständig.

JDBC *(Java Database Connectivity)* Standard, um aus Java-Programmen heraus auf relationale Datenbanksysteme zugreifen zu können. JDBC ist objektorientiert und plattformunabhängig.

object oriented design →Objektorientierter Entwurf

Objektorientierter Entwurf Erweitert, modifiziert und optimiert ein OOA-Modell unter technischen Gesichtspunkten, so dass anschließend eine Implementierung des OOD-Modells möglich ist.

Objekt-relationale Abbildung *(object relational mapping)* Gibt an, wie ein Klassendiagramm auf Tabellen einer relationalen Datenbank abgebildet wird. Enthält Abbildungsvorschläge für Klassen, Assoziationen und Vererbungsstrukturen. Ein weiterer Aspekt ist die Realisierung der Objektidentität in relationalen Datenbanken.

ODBC *(Open Database Connectivity)* Standardisierte Schnittstelle für den Zugriff auf relationale Datenbanksysteme. Wurde ursprünglich von *Microsoft* spezifiziert, hat sich aber inzwischen zu einen betriebssystemübergreifenden, allgemein akzeptierten de facto-Standard entwickelt.

OOD →objektorientierter Entwurf

Am Anfang eines objektorientierten Entwurfs (OOD, *object oriented design)* muss geprüft werden, in welche **Anwendungs-Kategorie** das zu entwerfende Produkt gehört und auf welchen **Plattformen** es laufen soll. Bei den Plattformen stellt sich die Frage, ob sie bereits vorhanden sind oder ob mit dem Produkt auch die Plattformen einzuführen sind. Im zweiten Fall ist sorgfältig zu überlegen, welche Plattformen verwendet werden, da diese Entscheidung das Umfeld für weitere Produkte bestimmt.

Anwendungs-Kategorie Plattform

In Abhängigkeit von der Anwendungs-Kategorie und den Plattformen ist dann der Architekturentwurf durchzuführen.

Architektur-entwurf

Bei einer *Desktop*-Anwendung sind folgende Aktivitäten durchzuführen:

Desktop-Anwendung

- Entwurf der Fachkonzept-Schicht:
  Ausgehend vom OOA-Modell wird ein OOD-Modell erstellt, wobei – unter Entwurfsgesichtspunkten – das OOA-Modell verfeinert und überarbeitet wird.
- Entwurf der GUI-Schicht und Anbindung an die Fachkonzept-Klassen:
  Nach Auswahl des GUI-Systems müssen die GUI-Klassen entworfen und durch unidirektionale Assoziationen an die Fachkonzept-Klassen angebunden werden.

- Entwurf der Anbindung an die Datenhaltung:
Die Datenhaltungs-Schicht wird bestimmt durch die Wahl des Datenbankmodells. Bei einer objektorientierten Datenbank sind nur geringe Anpassungsarbeiten vorzunehmen, während beim Einsatz einer relationalen Datenbank eine objekt-relationale Abbildung vorzunehmen ist. Außerdem ist zu prüfen, ob über ODBC, JDBC oder XML auf die Datenbank zugegriffen werden soll.

/Gulutzan, Pelzer 99/
Gulutzan P., Pelzer T., *SQL-99 Complete, Really, An example-based reference manual of the new standard,* Kansas: R&D books, 1999.
Komplette Referenz des neuen Standards mit vielen Beispielen und einem Schwerpunkt auf der Sprachanbindung.

Zitierte Literatur

/Balzert 99/
Balzert Helmut, *Lehrbuch Grundlagen der Informatik,* Heidelberg: Spektrum Akademischer Verlag, 1999.

/Fowler 97/
Fowler M., *Analysis Patterns – Reusable Object Models,* Menlo Park: Addison Wesley, 1997.

/Heide Balzert 99/
Balzert Heide, *Lehrbuch der Objektmodellierung,* Heidelberg: Spektrum Akademischer Verlag, 1999.

/Klute 98/
Klute R., *JDBC in der Praxis – Datenbankanwendungen im Intranet und Internet,* Bonn: Addison Wesley, 1998.

/Larman 98/
Larman C., *Applying UML and Patterns – An Introduction to Object-Oriented Analysis and Design,* Upper Saddle River, Prentice Hall, 1998.

/Poet 00/
POET Java ODMG 3.0 Reference Guide 6.0 (elektronische Handbuch-Version) für die POET Object Server Suite 6.0 Trial Edition (Software-Version), Hamburg: POET 2000.

/Wirfs-Brock, Wilkerson, Wiener 90/
Wirfs-Brock R., Wilkerson B., Wiener L., *Designing Object-Oriented Software,* Englewood Cliffs: Prentice Hall, 1990.

Analytische Aufgaben
Muss-Aufgabe
10 Minuten

1 *Lernziel: Für nichtfunktionale Anforderungen beurteilen können, in welche Anwendungs-Kategorien sie fallen und welche Konzepte zur Realisierung eingesetzt werden können.*
Ein Software-Haus hat für eine Großhandels-Kette eine Lagerverwaltung entwickelt. Mitarbeiter können mit *Web-Browsern* den Lagerbestand abfragen und verändern sowie die Buchhaltung erledigen. Dafür wird *server*seitig ASP eingesetzt. Für die Information von Kunden wurde ein auf XML basierendes Serienbrief-Programm entwickelt, das auf einem *Server* als Stapel-Prozess läuft. Die Mitarbeiter können über ODBC mit *Office* auf die Unternehmensdatenbank lesend zugreifen um Auswertungen durchzuführen.
Beurteilen Sie die (grob) skizzierte Lösung. In welche Anwendungs-Kategorien fallen die einzelnen Programmteile und wo hätte man besser andere Konzepte einsetzen können?

Klausur-Aufgabe
10 Minuten

2 *Lernziel: Eine Klassenhierarchie in eine flache Tabellenstruktur überführen können.*
In Abb. 3.11-20 ist ein Klassendiagramm und die Überführung in eine Tabellenstruktur dargestellt. Stellen Sie fest, welche Fehler gemacht wurden und geben Sie eine korrekte Abbildung der Hierarchie an.

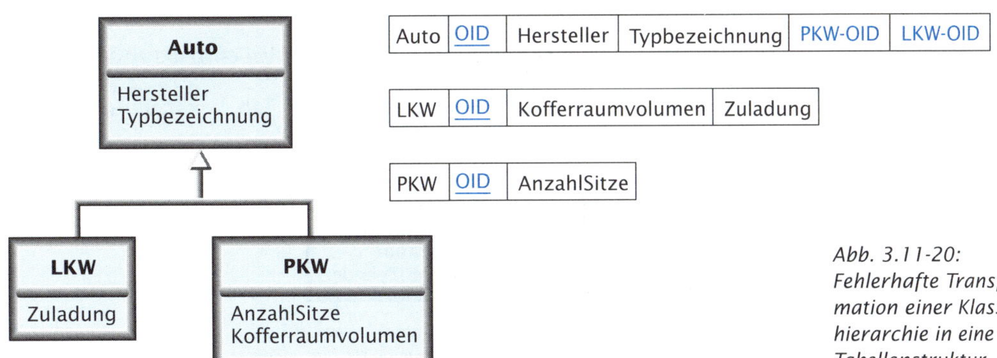

Abb. 3.11-20: Fehlerhafte Transformation einer Klassenhierarchie in eine Tabellenstruktur

Konstruktive Aufgaben
Muss-Aufgabe
10 Minuten

3 *Lernziel: Singleton- und Beobachter-Muster anwenden können.*
Eine Adress-Kartei soll aus zwei Klassen bestehen:

- Eine Klasse `Adresse`, die Name, Straße, PLZ, Ort, Telefon und einen Kommentar zu jeder Adresse speichert.
- Eine Klasse `AdressContainer`, die alle Adressen verwaltet und von der es nur ein Objekt geben kann.

Wenn sich eine Adresse ändert, soll in dem Container-Objekt ein alphabetischer Suchindex neu aufgebaut werden. Zeichnen Sie ein UML-Klassendiagramm mit den beiden Klassen sowie zusätzlichen Klassen, Schnittstellen, Attributen oder Operationen, die zur Realisierung des *Singleton*- bzw. Beobachter-Musters erforderlich sind.

Muss-Aufgabe
45 Minuten

4 *Lernziele: GUI-Klassen für Erfassungs- und Listenfenster entwerfen können. GUI-Klassen mit den Fachkonzept-Klassen verbinden können.*
Betrachten Sie das OOA-Modell einer kleinen Anwendung in Abb. 3.11-21.

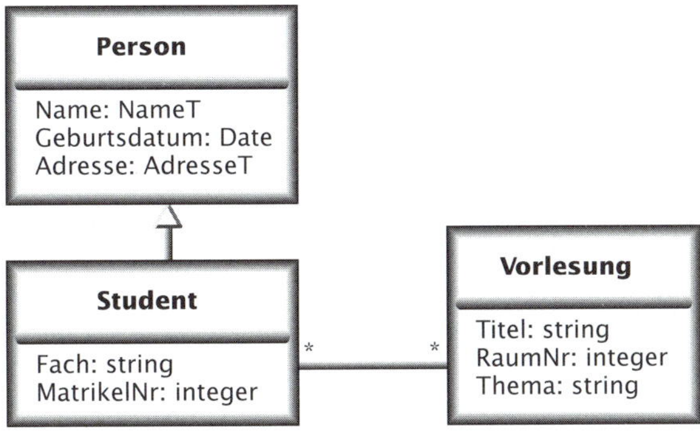

Abb. 3.11-21: OOA-Modell einer kleinen Anwendung

Der Typ `NameT` besteht aus der Aufzählung `Anrede` (mögliche Werte: Herr, Frau) und den *Strings* Vorname und Nachname.
Der Typ `AdresseT` besteht aus den *Strings* Straße und Ort sowie der ganzen Zahl *(integer)* PLZ.

a Erweitern Sie das OOA-Modell um die Klassen und Beziehungen, die zur Ansteuerung einer Benutzungsoberfläche benötigt werden.
b Erstellen Sie ein Interaktionsdiagramm für die Operation `speichern()` der Klasse `VorlesungFenster` für das Einfügen eines neuen Studenten. In den Eingabefeldern sollen für dieses Szenario folgende Werte stehen: `Titel = "Software Technik", RaumNr = 138, Thema = "ein längerer Text".`

Kann-Aufgabe
30 Minuten

5 *Lernziel: Eine Klassenhierarchie in eine flache Tabellenstruktur überführen können.*
Das Klassendiagramm in Abb. 3.11-22 ist in die Tabellenstruktur einer relationalen Datenbank zu überführen.

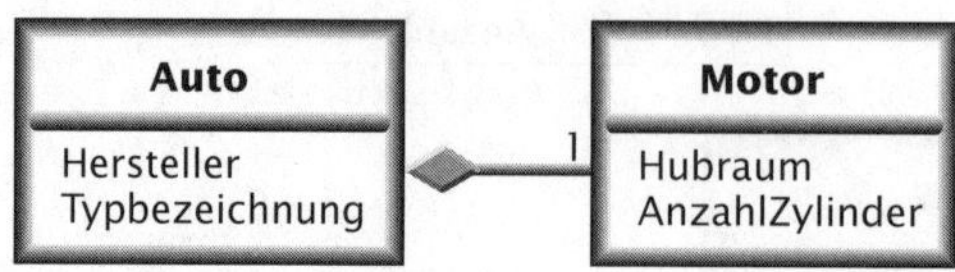

Abb. 3.11-22: Einfaches Klassendiagramm

a Welche beiden Möglichkeiten stehen Ihnen grundsätzlich für die Abbildung zur Verfügung?
b Geben Sie für beide Möglichkeiten die resultierenden Tabellen an

Klausur-Aufgabe
30 Minuten

6 *Lernziel: Eine Klassenhierarchie in eine flache Tabellenstruktur überführen können.*
Im Folgenden wird eine Vererbungs-Struktur beschrieben: Eine abstrakte Klasse `Fluggeraet` hat die Attribute `Zuladung`, `Startgewicht` und `Geschwindigkeit`. Von ihr erben die beiden Klassen `Flugzeug` und `Hubschrauber` mit den Attributen `Spannweite` und `AnzahlTriebwerke` bzw. `Rotordurchmesser`. Die Klasse `KipprotorFlugzeug` erbt sowohl von `Hubschrauber` als auch von `Flugzeug`. Zusätzlich enthält sie das Attribut `GeschwindigkeitImSchwebeflug`.
a Zeichnen Sie ein UML Klassendiagramm.
b Überführen Sie die Klassenhierarchie in eine flache Tabellenstruktur. Verwenden Sie alle drei vorgestellten Verfahren.

3 Die Entwurfsphase – SD und MD

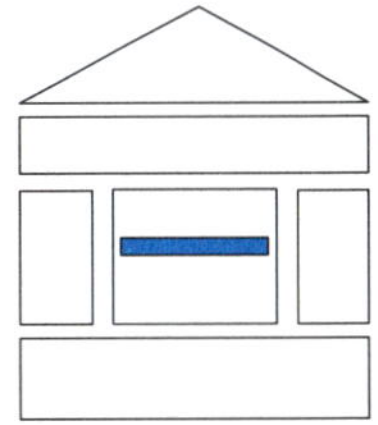

wissen

verstehen

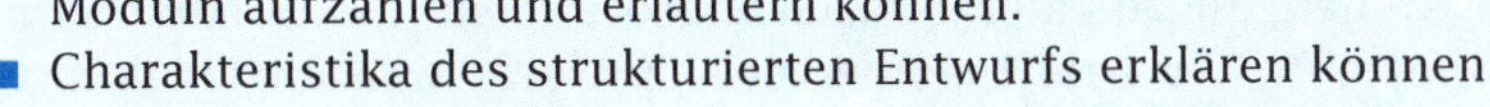

- Notation und Symbolik von Strukturdiagrammen kennen.
- Die Eigenschaften funktionaler Abstraktionen und funktionaler Moduln aufzählen und erläutern können.
- Charakteristika des strukturierten Entwurfs erklären können.
- Die Unterschiede zwischen funktionaler Abstraktion und Datenabstraktion sowie zwischen abstrakten Datenobjekten und abstrakten Datentypen erklären können.
- Die algebraische Spezifikation beschreiben können.
- *top-down-* und *bottom-up*-Entwurf unterscheiden können.
- Die Unterschiede zwischen dem modularen und dem objektorientierten Entwurf darstellen können.
- Entwürfe durch Strukturdiagramme dokumentieren können.

Edward Yourdon
*1944 in Ft. Walton, Florida, Wegbereiter des strukturierten Entwurfs, Buch *Structured Design* 1979 (zusammen mit L. L. Constantine), Pionier bei der objektorientierten Analyse, Buch *Object-oriented Analysis* 1990 (zusammen mit P. Coad); Ausbildung: B. S. in angewandter Mathematik, MIT (1965), Gründer und Inhaber der Firma Yourdon Inc. (1974–1986) und des Buchverlags Yourdon Press, Honorarprofessor an der Universität CAECE in Buenos Aires, heute: unabhängiger Berater in New York.

- Kapitel 3.1 muss bekannt sein.
- Für die Abschnitte 3.12.3, 3.12.4 und 3.13.8 muss das Kapitel 2.19 »Strukturierte Analyse« bekannt sein.

Hinweis 1: Aus Platzgründen wurden drei Abschnitte auf die CD-ROM 1 ausgelagert, da sie heute nur noch für einen begrenzten Leserkreis interessant sind.

Hinweis 2: Auf der CD-ROM 2 befindet sich ein Werkzeug, das SD unterstützt.

3.12 Strukturierter Entwurf

SD Unter dem Begriff **Strukturierter Entwurf** *(composite/**structured design**)*, abgekürzt **SD,** versteht man eine Entwurfsmethode, die hauptsächlich von /Stevens et al. 74/, /Myers 75, 78/, /Yourdon, Constantin 79/, /Stevens 81/ und /Pagē-Jones 88/ entwickelt und beschrieben wurde.

Ziel Ziel des strukturierten Entwurfs ist es, eine Software-Architektur zu erstellen, die aus hierarchisch angeordneten funktionalen Modulen besteht. Zur Beschreibung des Entwurfs werden Strukturdiagramme und Modulspezifikationen verwendet.

Im Folgenden wird zunächst die funktionale Abstraktion behandelt, anschließend ihre Darstellung durch Strukturdiagramme. Die Verwendung von funktionalen Abstraktionen führt zu zwei typischen Grundarchitekturen, die im Abschnitt 3.12.3 vorgestellt werden.

Kapitel 2.19 Wurde in der Definitionsphase ein SA-Modell erstellt, dann kann ein solches Modell mit Hilfe von Transformationsregeln in eine strukturierte Software-Architektur gewandelt werden (Abschnitt 3.12.4). Zum Schluss des Kapitels wird die Fallstudie »Seminarorganisation« behandelt.

3.12.1 Funktionale Abstraktion

Beim Entwurf eines Software-Systems kann die Problemkomplexität durch Wahl geeigneter Abstraktionen reduziert werden. Die historisch zuerst entwickelte, eigenständige Form der Abstraktion war die funktionale Abstraktion, die in verschiedenen Ausprägungen seit 1954 in Fortran und später in allen klassischen Programmiersprachen vorhanden ist.

funktionale Abstraktion Eine **funktionale Abstraktion** stellt eine Leistung in Form einer abstrakten Funktion, Operation oder Prozedur zur Verfügung. Sie wird daher oft auch operationale oder prozeduale Abstraktion genannt.

Beispiel 1 Zur Berechnung einer Quadratwurzel y einer Zahl x wird die Newtonsche Iterationsformel verwendet:

$y_1 = (y_0 + x / y_0) / 2$
y_0 = gegebener Näherungswert für x,
x reell und ≥ 0, $y_0 \neq 0$.

Da die Quadratwurzel in vielen Problemen benötigt wird, ist die Funktion in den meisten Programmiersprachen bereits als so genannte Standardfunktion vorhanden (z.B. in C++ als sqrt(double)). Steht diese Funktion nicht zur Verfügung, dann schreibt man ein Programm in Form einer Funktion:

```
float QW(float x)
{
    float y0,y1;int i;
    if(x<0)
        return -1.0;
    else
    {   y1=1.0; i=1;
        while(true)
        {   y0=y1;
            y1=0.5*(y0+x/y0);
            i++;
            if(i>50) return -1.0;
            if (abs(y1-y0)<1E-6) return y1;
        }
    }
}
```

Bei der Anwendung der Standardfunktion oder der selbst geschriebenen Funktion interessiert nicht mehr der zugrunde liegende Algorithmus. Der Anwender geht einfach davon aus, dass die ihm zur Verfügung gestellte, komplexe Operation Quadratwurzel `sqrt` bzw. `QW` richtig angewandt das korrekte Ergebnis liefert:

```
Wurzel_aus_Zwei = sqrt(2);
Wurzel_aus_Drei = QW(3);
```

Grafisch dargestellt zeigt die Abb. 3.12-1 die Funktion QW.

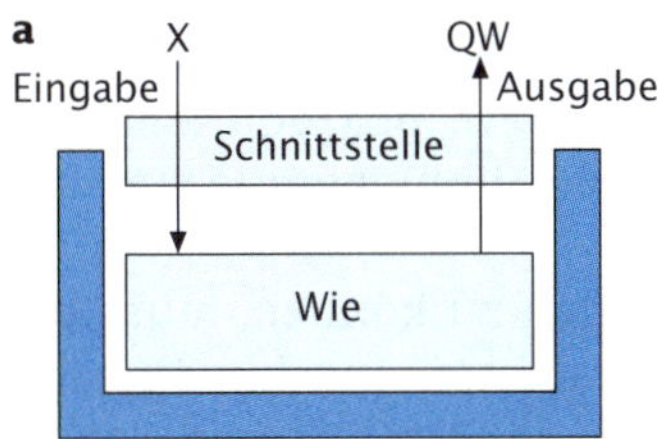

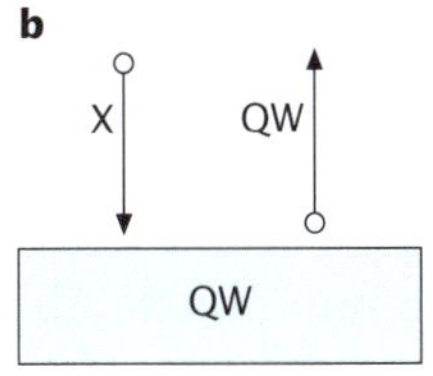

Abb. 3.12-1: Darstellung der Funktion Quadratwurzel als Modul ***a*** *und als Strukturdiagramm-Symbol* ***b***

Die grafische Darstellungstechnik **Strukturdiagramm *(structure chart)*** wurde entwickelt, um funktionale Abstraktionen und ihr Zusammenwirken grafisch darzustellen (siehe Abschnitt 3.12.2).

Eine funktionale Abstraktion wird in Strukturdiagrammen durch ein Rechteck dargestellt. Fließt eine Information als Eingabe in eine funktionale Abstraktion, dann wird dies durch einen Datenpfeil angegeben, dessen Spitze zum Rechteck hin gerichtet ist. Das Ende des Pfeils wird durch einen kleinen Kreis dargestellt. Eine Information, die als Ergebnis von der funktionalen Abstraktion zurückgeliefert wird, wird als Pfeil mit der Pfeilspitze weg vom Rechteck dargestellt. Jeder Pfeil ist mit dem entsprechenden aktuellen Parameternamen beschriftet.

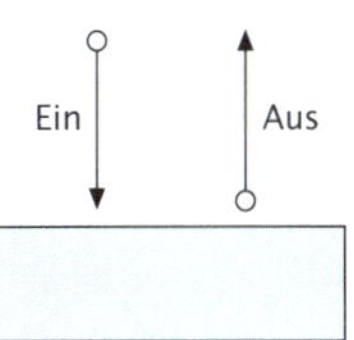

Beispiel 2

In einem Software-Paket für Bankanwendungen befindet sich eine Funktion für Zinsberechnungen. Die Anwendung dieser Funktion ist z.B. folgendermaßen beschrieben:

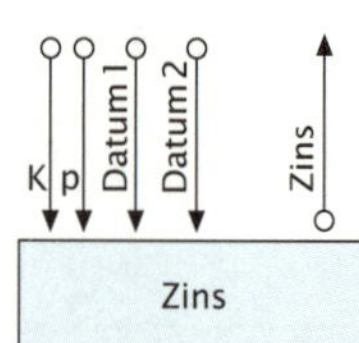

Name der Funktion: ZINS
Eingabeparameter:
K: zu verzinsendes Kapital in DM
p: Zinssatz in %
Datum 1: Anfangsdatum der Verzinsung
Datum 2: Enddatum der Verzinsung
Datum 1 und Datum 2 müssen in der Form ttmm eingegeben werden (tt = Tag, mm = Monat).
Beispiel: 0402 für 4. Februar.
Ausgabeparameter:
Zins: Zinsen in DM
Wirkung des Programms:
Aus Datum1 und Datum2 werden entsprechend den in Deutschland vorgeschriebenen Regeln die Zinstage t errechnet (Monat = 30 Tage). Mit der Tageszinsformel z = K*p*t/100/360 wird anschließend der Zins ermittelt.
Aufruf:
Zins (K, p, Datum1, Datum2); C++-Funktionsaufruf
Beispiel: Zins (100, 10, 0402, 1610);
Status:
Normal, wenn 0101 <= Datum1 <= Datum2 <= 3112, K>=0,
sonst Fehler

Beide Beispiele zeigen, dass der Benutzer zum Anwenden der bereitgestellten Funktionen (sqrt, QW, Zins) die Realisierung, d.h. das »Wie«, nicht kennen muss. Zum Anwenden muss nur das »Was« bekannt sein, d.h., »was« stellt die Funktion an Leistung zur Verfügung. »Wie« die Leistung in Form von Algorithmen und unter Verwendung von lokalen Objekten erbracht wird, ist für den Anwender uninteressant. Bei einer funktionalen, operationalen bzw. prozeduralen Abstraktion wird also von der Realisierung bzw. Implementierung abstrahiert.

Um eine funktionale Abstraktion anwenden zu können, muss die Möglichkeit bestehen, Ein- und Ausgabeparameter einschließlich ihrer Typen zu beschreiben. Insbesondere wird ein Parameterübergabemechanismus benötigt.

funktionaler Modul

Ein Modul, das eine funktionale Abstraktion realisiert, wird **funktionales Modul** oder Funktionsmodul genannt.
Ein funktionales Modul besitzt folgende Eigenschaften:

Eigenschaften

- Es ist aktiv bzw. aktionsorientiert, d.h., es »tut« etwas.
- Es besitzt ein Transformationsverhalten, d.h., Eingabedaten werden in Ausgabedaten transformiert.
- Identische Eingabedaten führen immer zu identischen Ausgabedaten, d.h., ein funktionales Modul besitzt *kein* internes Gedächtnis.

Aufgaben

Aufgrund dieser Eigenschaften werden funktionale Module für folgende Aufgaben eingesetzt:

- Steuerungs- und Koordinationsaufgaben (z.B. Hauptprogramm).
- Transformationsaufgaben unterschiedlicher Komplexität (z.B. Compiler).

- Auswertungsaufgaben, die man als Spezialfall von Transformationen ansehen kann (z.B. mathematische Routinen).
- Hilfsaufgaben.

Ausprägungen

Es lassen sich zwei Ausprägungen funktionaler Module unterscheiden:

- In der Regel stellt ein funktionales Modul eine funktionale Abstraktion zur Verfügung (siehe Beispiele 1 und 2).
- Ein funktionales Modul kann aber auch *mehrere* logisch, d.h. semantisch, zusammengehörende funktionale Abstraktionen zur Verfügung stellen. Beispiele dafür sind trigonometrische Funktionen, komplexe Arithmetik, Grafikfunktionen (Abb. 3.12-2).

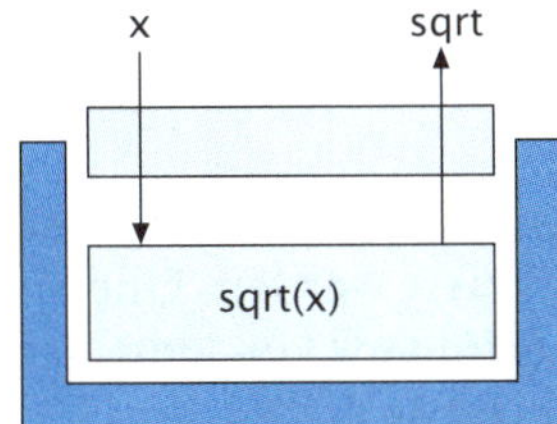

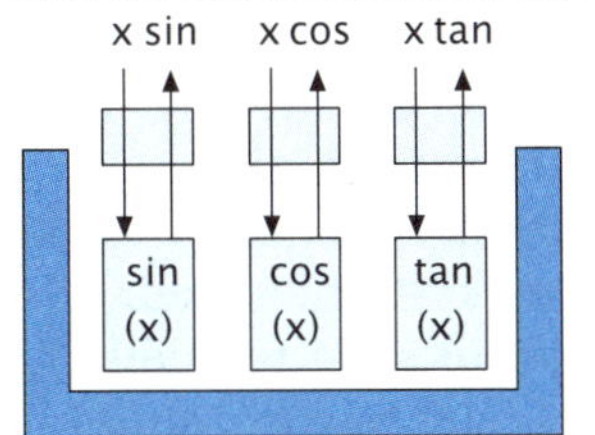

Abb. 3.12-2: Ausprägungen funktionaler Modulen

Ein funktionaler Modul ist prinzipiell folgendermaßen aufgebaut (Abb. 3.12-3):

Aufbau

- Er besteht aus einer Schnittstelle und einem Rumpf.
- Der Rumpf enthält die Implementierung, d.h. den Algorithmus, der die funktionale(n) Abstraktion(en) realisiert.
- Die Schnittstelle lässt sich in eine Exportschnittstelle und eine Importschnittstelle gliedern.
- Die Exportschnittstelle gibt an, welche funktionale(n) Abstraktion(en) der Modul seiner Umgebung zur Verfügung stellt. Alle exportierten Dienstleistungen müssen in der Schnittstellenbeschreibung aufgeführt und spezifiziert sein.

Export-Schnittstelle: der Umgebung zur Verfügung gestellte Dienstleistung(en)

Modul-implementierung — Modulrumpf

Import-Schnittstelle: aus der Umgebung benutzte Dienstleistungen

Abb. 3.12-3: Aufbau eines funktionalen Moduls

- In der Regel wird es so sein, dass ein Modul sowohl Dienstleistungen der Umgebung zur Verfügung stellt als auch Dienstleistungen anderer Moduln benutzt, um die eigenen Leistungen realisieren zu können. Die von anderen Moduln in Anspruch genommenen Dienstleistungen werden als importierte Dienstleistungen bezeichnet. Alle benutzten, d.h. importierten Dienstleistungen sollten analog den exportierten Dienstleistungen in einer Import-Schnittstellenbeschreibung aufgelistet werden.
- Die Exportschnittstelle ist nach außen, d.h. dem Anwender des Moduls sichtbar, während der Rumpf nach außen verborgen ist. Dadurch wird die funktionale Abstraktion realisiert. Die Fülle der unwichtigen Details des Rumpfes wird abgeschottet, die Exportschnittstelle charakterisiert den Modul losgelöst von den Implementierungsdetails. Für die Modulimplementierung gilt das **Geheimnisprinzip.**

Hauptkapitel IV 1

Modulspezifikation

Damit ein funktionaler Modul im Rahmen eines Entwurfs eingesetzt werden kann, muss seine Schnittstelle spezifiziert werden. Eine Spezifikation kann textuell und/oder grafisch erfolgen. Für jede funktionale Abstraktion sind folgende Angaben erforderlich:

- Aufgabenbeschreibung,
- Eingabeparameter einschließlich Datentyp und Beziehungen untereinander,
- Ausgabeparameter einschließlich Datentyp und ihre Abhängigkeit von den Eingabeparametern,
- Voraussetzungen und Vorbedingungen für die Anwendung der Abstraktion,
- Bedingungen, die nach der Anwendung der Abstraktion gelten,
- Verhalten bei inkorrekten Eingabewerten oder Fehlfunktion des zugrundeliegenden Basissystems,
- Leistungsmerkmale,
  - Geschwindigkeit,
  - Speicherplatz,
  - Genauigkeit (bei numerischen Funktionen).

Programmiersprachen

In Programmiersprachen wird ein funktionales Modul durch Unterprogrammkonzepte (Prozeduren, Funktionen, Operatoren) realisiert.

C++

Java

In C++ werden funktionale Module durch Funktionen implementiert. Prozeduren sind Sonderfälle von Funktionen. In reinen objektorientierten Sprachen, wie z.B. Java, gibt es *keine* eigenständigen funktionalen Module. Funktionale Abstraktionen werden durch Operationen realisiert, die immer zu Klassen gehören.

In der Regel werden in jeder Software-Architektur funktionale Module *und* Datenabstraktionsmodule (siehe Kapitel 3.13) benötigt.

Die alleinige Verwendung von funktionalen Modulen führt zu unübersichtlichen und änderungsunfreundlichen Architekturen.

3.12.2 Strukturdiagramme

Strukturdiagramme *(structure charts)* werden zur grafischen Darstellung von funktionalen Modulen verwendet, um die Aufrufstruktur und den Datenfluss zwischen den Modulen deutlich zu machen.

Notation

Strukturdiagramme bestehen aus Rechtecken, die funktionale Module darstellen, und Aufruflinien zwischen den Rechtecken, die die Aufrufhierarchie festlegen. Durch Datenpfeile wird die Kommunikation zwischen Modulen beschrieben.

modifizierte Symbole werden beschrieben in /Yourdon, Constantine 79, S. 396–403/, /Myers 78, S. 11–19/, /Ward, Mellor 85/

Die Strukturdiagramme variieren etwas von Autor zu Autor. Die hier dargestellten Strukturdiagramme orientieren sich an /Page-Jones 88, S. 304 ff./.

Die Basisnotation zeigt Abb. 3.12-4. Die Datenpfeile werden mit den aktuellen Parameternamen beschriftet. Ein Pfeil mit weißem Kreis beschreibt eine Datenkommunikation, d.h., Daten die verarbeitet werden, werden übergeben. Beispielsweise wird aus dem übergebenen Geburtsdatum das Alter berechnet. Ein Pfeil mit schwarzem Kreis beschreibt eine Status-Information *(flag)*. Eine solche Information wird nicht wirklich verarbeitet, sondern stellt Informationen über Daten bereit. Beispielsweise sagt »PLZ o.k.« etwas über die Postleitzahl aus oder »Letzter Kundensatz« beschreibt den Zustand der Kundendatei.

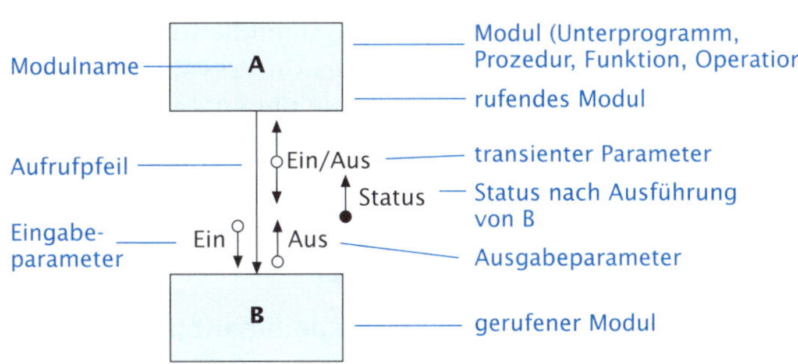

Abb. 3.12-4: Notation von Strukturdiagrammen

Ist die Anzahl der Parameter so groß, dass das Strukturdiagramm unübersichtlich wird, dann kann auch eine Schnittstellentabelle angegeben werden (Abb. 3.12-5).

Wird ein Modul von mehreren anderen Modulen gerufen, dann wird es immer nur einmal gezeichnet. Dies kann durch Brücken oder

a Datenflüsse grafisch

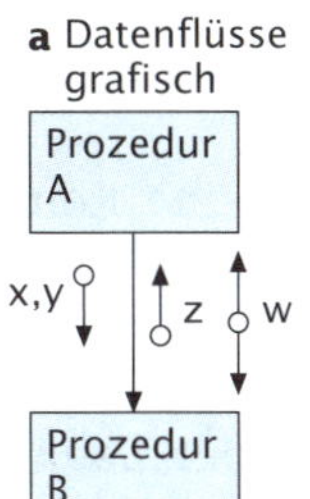

b Datenflüsse in Schnittstellentabelle

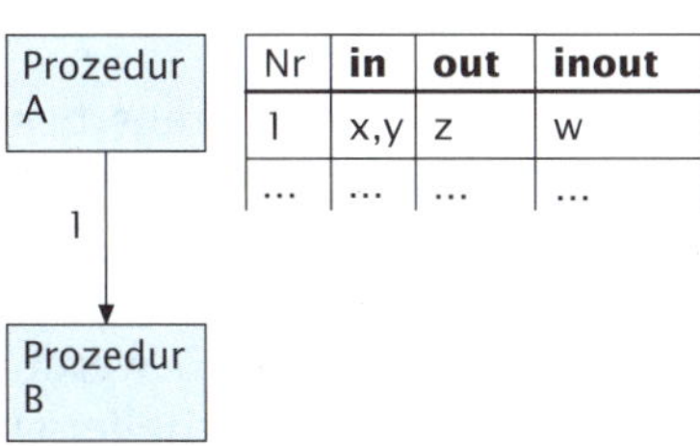

Nr	**in**	**out**	**inout**
1	x,y	z	w
...	...	...	...

*Abb. 3.12-5: Datenflüsse grafisch **a** und als Tabelle **b***

Konnektoren geschehen. Entstehen beim Zeichnen Überkreuzungen von Linien, dann können Konnektoren verwendet werden, um dies zu vermeiden (Abb. 3.12-6).

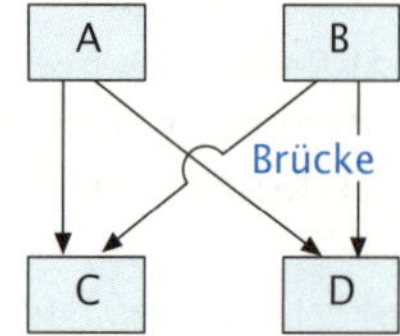

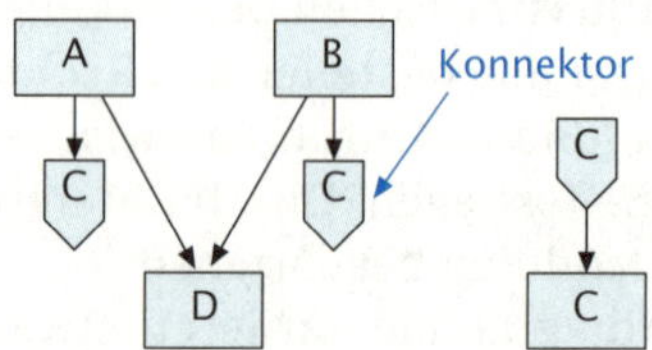

Abb. 3.12-6: Brücken und Konnektoren

Sequenz

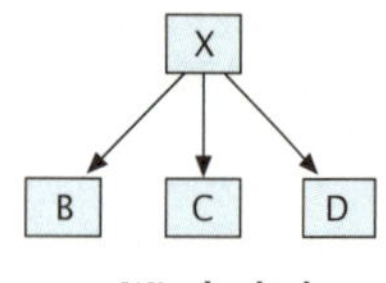

Wiederholung

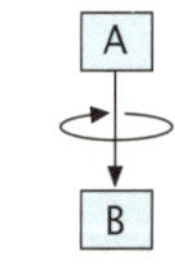

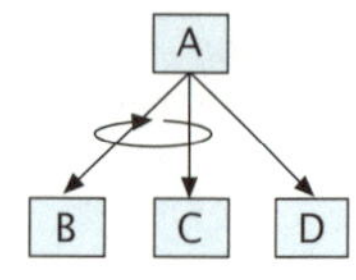

Ruft ein Modul mehrere andere Module auf, dann wird durch nebenstehende Darstellung *nichts* über die Aufrufreihenfolge ausgesagt. Wenn möglich, sollten die Module aber so von rechts nach links angeordnet werden, wie es der Aufrufreihenfolge entspricht.

Wird ein Modul B in einer Schleife eines Moduls A wiederholt aufgerufen, dann wird dies wie nebenstehend notiert (Wiederholung).

Werden B und C in derselben Schleife wiederholt aufgerufen, D aber nur einmal, dann erhält man nebenstehendes Diagramm.

Hängt der Aufruf eines oder mehrerer Module von einer Bedingung ab, dann wird dies durch eine schwarze Raute angegeben. Der Aufruf von C und D hängt von einer gemeinsamen Bedingung ab.

Ein vordefinierter Modul, ein vordefiniertes Untersystem bzw. ein in der Bibliothek vorhandenes Modul wird wie nebenstehend dargestellt (vorhandener Modul). Oft werden auch Module des Betriebssystems oder des Datenbanksystems so gezeichnet.

Auswahl

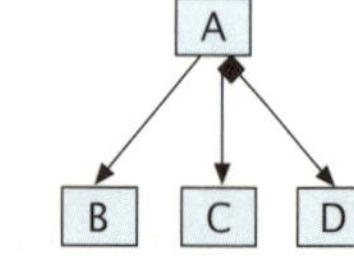

vorhandener Modul

A

3.12.3 Strukturierte Software-Architektur

Es gibt zwei Grundarchitekturen, die oft in Kombination auftreten:

- die allgemeine Transformationsstruktur und
- die Transaktionsstruktur.

Bei der allgemeinen **Transformationsstruktur** (Abb. 3.12-7) kommen Daten von einer Quelle (Eingabe oder Speicher), werden in irgendeiner Form transformiert und verschwinden in einer Senke (Ausgabe oder Speicher).

Eine solche Struktur besitzt folgende Merkmale:

- Die Module sind weitgehend kontextunabhängig, da sie unabhängig davon arbeiten, woher die Daten kommen und wohin sie gehen.
- Zwischen den Kindern eines Vaterknotens bestehen keine Kommunikationsbeziehungen. Alle Informationen werden über den Vater ausgetauscht.
- Wird ein Modul in einer Struktur mehrfach benötigt, dann kann es von mehreren Modulen aus aufgerufen werden. Aus der Baumhierarchie wird dann ein Graph mit partieller Ordnung.

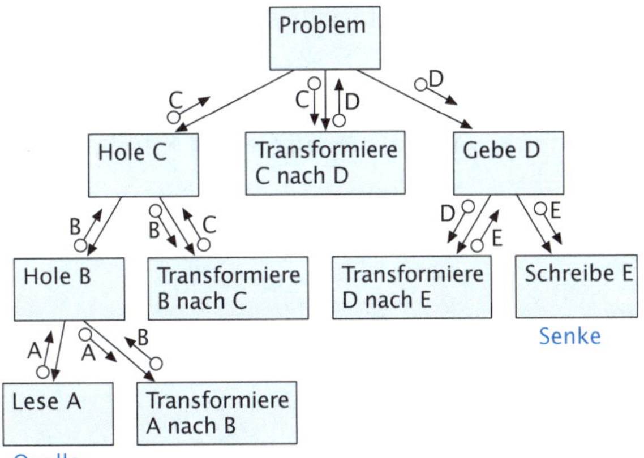

Abb. 3.12-7: Allgemeine Transformationsstruktur

Transaktionsstruktur

Eine andere Struktur ist die **Transaktionsstruktur** (Abb. 3.12-8). Eine Transaktion besitzt folgende fünf Komponenten:

- ein Ereignis innerhalb der Systemumgebung *(event)*,
- ein Stimulus an das System *(stimulus)*,
- eine Aktivität des Systems *(activity)*,
- eine Antwort vom System *(response)*,
- ein Effekt auf die Systemumgebung *(effect)*.

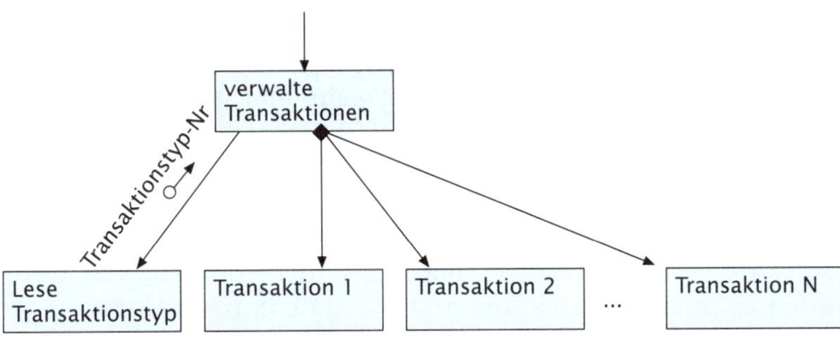

Abb. 3.12-8: Transaktionsstruktur

Beispiel 3

Bei einer Alarmanlage nähert sich eine Person dem überwachten Objekt (Ereignis). Ein Passiv-Infrarotmelder meldet die erfassten Wärmestrahlen an das System (Stimulus). Das System führt je nach aktuellem Systemzustand eine entsprechende Aktivität aus, z.B. Wechsel in den Zustand »Voralarm« und »Einschalten der Beleuchtung« (Antwort des Systems).

Gleichartige Transaktionen lassen sich zu Transaktionstypen zusammenfassen.

Beispiel 4

Die Transaktionen »Ersterfassung des Kunden Meyer« und »Ersterfassung des Kunden Huber« lassen sich zusammenfassen zu dem Transaktionstyp »Ersterfassung eines Kunden«.

Die verschiedenen Transaktionstypen lassen sich zu einer Transaktionsstruktur zusammenfassen.

Beispiel 5 Ein Kundenverwaltungssystem besitzt die drei Transaktionstypen »Ersterfassung eines Kunden«, »Aktualisierung eines Kunden« und »Löschen eines Kunden« (Abb. 3.12-9).

Abb. 3.12-9: Beispiel einer Transaktionsstruktur

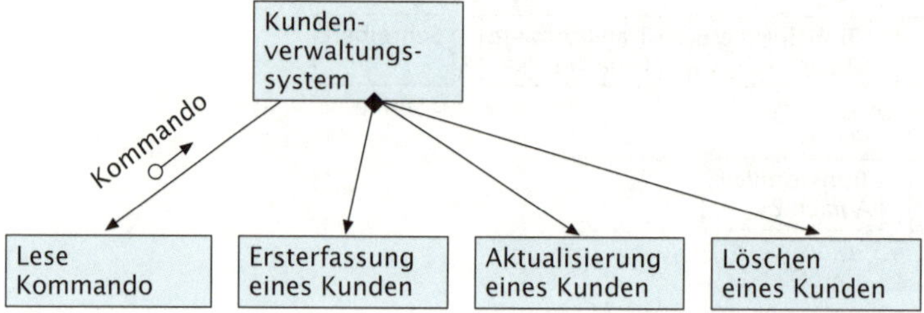

Für die Qualität einer strukturierten Software-Architektur gibt es Gütekriterien. Ziel ist es, die Bindungen in Modulen zu maximieren und die Kopplung zwischen den Modulen zu minimieren. Diese Kriterien – bekannt unter der Bezeichnung **Bindung** *(cohesion)* und **Kopplung** *(coupling)* – sind heute allgemein anerkannt: Sie werden ausführlich im Hauptkapitel III 6 behandelt.

Hauptkapitel III 5.2

Entwurfsmethode

Zum strukturierten Entwurf gehört eine Entwurfsmethode. Da diese Methode aber ursprünglich davon ausging, dass noch keine Systemanalyse erfolgt ist und dementsprechend auch keine Produktdefinition vorliegt, entspricht sie *nicht* mehr dem Stand der Technik. Sie wird hier deshalb nicht vorgestellt. Im nächsten Abschnitt wird stattdessen behandelt, wie ein SA-Modell in ein SD-Modell transformiert werden kann (siehe CD-ROM 1).

CD-ROM 1

Die Entwurfsmethode schreibt vor, dass zunächst eine vollständige Software-Architektur zu erstellen ist, diese anhand von Gütekriterien zu überprüfen ist und erst dann die Implementierung der einzelnen Module erfolgt.

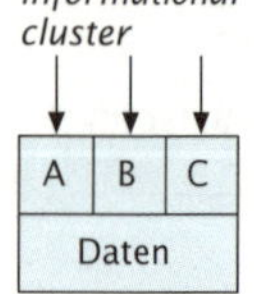

Der strukturierte Entwurf enthält vom Konzept und der Methode her nur funktionale Module. Erst /Page-Jones 88/ führt auch abstrakte Datenobjekte ein, *informational cluster* (siehe Kapitel 3.13) genannt.

Module, die mehrere funktionale Abstraktionen zur Verfügung stellen, sind *nicht* vorgesehen.

Bewertung

Der strukturierte Entwurf lässt sich heute folgendermaßen bewerten:

- Eine Software-Architektur, die nur aus funktionalen Modulen besteht, ist nur noch in Sonderfällen sinnvoll.
- Eine Baumhierarchie oder ein azyklisches Netz stellen *nicht* für jedes Problem die geeignete Software-Struktur dar.

3.13 Modularer Entwurf

Prof. Dr. David Large Parnas
*1941 in New York, bedeutende Beiträge zum Geheimnisprinzip (1971), zur Spezifikation von Modulen (1972), zur Trennung von Spezifikation und Implementierung, zur modularen Software-Architektur (1972) und zur Disziplin Software-Technik (1975), Ausbildung: B.S. (1961), M.S. (1964), Ph.D. (1965) in *Electrical Engineering, Carnegie Institute of Technology*, Pittsburgh; Professor an der TH Darmstadt (1973); seit 1951 Professor of Electrical and Computer Engineering at McMaster University, Hamilton, Ontario, Kanada Auszeichnungen: Ehrendoktor ETH Zürich (1968), *Fellow of the ACM* (1994).

Die Erfahrungen mit dem strukturierten Entwurf haben gezeigt, dass bei den meisten Anwendungen das Abstraktionskonzept »funktionale Abstraktion« nicht ausreicht. Der **modulare Entwurf *(modular design*, MD)** verwendet daher neben der »funktionalen Abstraktion« die »Datenabstraktion« als weiteres Abstraktionskonzept, um eine Software-Architektur zu erstellen. Zur Beschreibung des Entwurfs werden Grafiken und Modulspezifikationen verwendet.

In den folgenden Abschnitten werden zunächst die verschiedenen Formen der Datenabstraktion dargestellt. Eine Möglichkeit, die Abhängigkeiten zwischen den Zugriffsoperationen einer Datenabstraktion zu beschreiben, bietet die algebraische Spezifikation. Sie wird in Abschnitt 3.13.4 skizziert.

Einen starken Einfluss auf die modulare Software-Architektur hat die verwendete Zielprogrammiersprache. Wird eine blockstrukturierte Programmiersprache, wie z.B. Modula-2 oder Ada, verwendet, dann gibt es eine Reihe von Beziehungstypen, die zwischen den Modulen verwendet werden können. Schichtenorientierte und/oder baumorientierte Architekturen sind möglich (Abschnitt 3.13.5).

Modulare Entwurfsmethoden hängen stark davon ab, in welcher Form die Ergebnisse der Definitionsphase vorliegen. Oft werden die Vorgaben aus der Definitionsphase nur informell für den modularen Entwurf verwendet, so dass die Software-Architektur »von Grund auf« entworfen wird. Methodisch unterscheidet man einen *top-down*-Entwurf und einen *bottom-up*-Entwurf (Abschnitt 3.13.6).

Liegt ein SA-Modell vor, dann gibt es einen »Strukturbruch« zwischen dem SA-Modell und dem modularen Entwurf. In Abschnitt 3.13.8 werden dennoch einige Transformationsregeln aufgeführt, die helfen, ein SA-Modell in einen modularen Entwurf zu überführen.

3.13.1 Datenabstraktion

In vielen Anwendungen müssen komplexe Datenobjekte manipuliert werden. Auf diese Datenobjekte wird mit spezialisierten, problembezogenen Operationen schreibend und lesend zugegriffen. Es wird daher ein Beschreibungsmechanismus benötigt, der es erlaubt, abstrakte Objekte mit den sie charakterisierenden Zugriffsoperationen als **Datenabstraktion** zu formulieren.
Es lassen sich zwei Grade der Datenabstraktion unterscheiden:

- **abstrakte Datenobjekte** und
- **abstrakte Datentypen (ADT)**.

Während eine funktionale Abstraktion eine Abstraktion von einem Algorithmus darstellt, stellt eine Datenabstraktion eine Abstraktion von einer Datenstruktur und ihren Zugriffsalgorithmen dar. Die funktionale Abstraktion verbirgt dementsprechend einen Algorithmus vor dem Anwender, die Datenabstraktion eine Datenstruktur und die zugehörigen Zugriffsalgorithmen. Besonders betont werden soll nochmals, dass in einer Software-Architektur in der Regel eine Kombination von funktionalen Modulen und Datenabstraktionsmodulen benötigt wird, um einen guten Entwurf zu ermöglichen.

Wird nur eine funktionale Abstraktion vorgenommen, dann führt dies bei einer Reihe von Anwendungen zu Problemen bzw. zu ungeeigneten Software-Architekturen, wie folgendes Beispiel zeigt.

Beispiel 9

Bei einem Zufallszahlengenerator wird eine neue Zufallszahl jeweils aus der alten Zufallszahl berechnet. Es ist also erforderlich, dass die alte Zufallszahl über den Aufruf des Zufallszahlengenerators hinaus aufbewahrt wird.
Wird der Zufallszahlengenerator als Funktion realisiert, dann sind alle lokalen Variablen nach Beendigung der Funktion nicht mehr existent. Die generierte Zufallszahl muss also außerhalb der Funktion gespeichert werden, z.B. als globale Variable.
Der Nachteil dieser Lösung besteht darin, dass diese globale Variable damit auch für andere Unterprogramme sichtbar und manipulierbar ist, obwohl sie vom Problem her nur mit der Implementierung des Zufallszahlengenerators etwas zu tun hat.
Um dieses Problem zu lösen, benötigt man eine Möglichkeit, in einem Modul private Daten zu halten, die über das Aufruf-Ende der entsprechenden Zugriffsprozedur bzw. -funktion existent sind.
Den Unterschied zwischen diesen beiden Lösungen zeigt Abb. 3.13-1.

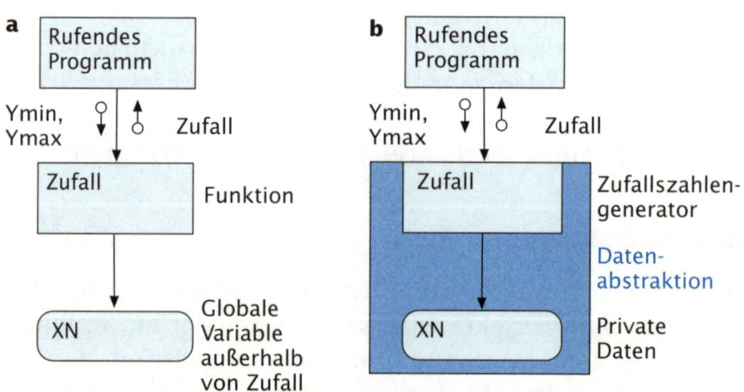

Abb. 3.13-1: Zufallszahlengenerator mit funktionaler Abstraktion (a) und mit Datenabstraktion (b)

3.13.2 Abstrakte Datenobjekte

abstraktes Datenobjekt

Ein **abstraktes Datenobjekt** erlaubt es, Datenstrukturen und Zugriffsoperationen auf diese Datenstrukturen zu einer Einheit zusammenfassen. Die in den Datenstrukturen gespeicherten Daten haben eine Lebensdauer, die über das Aufruf-Ende einer Zugriffsoperation hinausgeht. Dies ist der wesentliche Unterschied zu funktionalen Abstraktionen.

Der Anwender kann nur über die Zugriffsoperationen auf die Daten der Datenstruktur zugreifen. Die Abstraktion besteht aus Anwendersicht darin, dass die Details der Datenstruktur verborgen sind. Manipulationen der Daten sind nur über die Zugriffsoperationen möglich. Ein direkter Zugriff auf Komponenten der Datenstruktur mit Basisoperationen ist nicht erlaubt.

Datenobjekt-Modul

Ein Modul, das ein abstraktes Datenobjekt realisiert, wird **Datenobjekt-Modul** genannt. Den grundsätzlichen Aufbau eines Datenobjekt-Moduls zeigt Abb. 3.13-2. Ein Datenobjekt-Modul besitzt folgende Eigenschaften:

Eigenschaften

- Es hat passiven Charakter.
- Es verwaltet die Ablage von Daten (internes Gedächtnis), die über Zugriffsoperationen gelesen oder geschrieben werden.
- Das interne Gedächtnis ist an die Laufzeit des entsprechenden Software-Systems gebunden, oder es wird in einer Datei aufbewahrt.
- Die Ausführung einer Zugriffsoperation mit identischen Eingabedaten führt nur dann zu identischen Ausgabedaten, wenn das interne Gedächtnis denselben Zustand hat.
- Das interne Gedächtnis ist außerhalb des Moduls nicht sichtbar (Geheimnisprinzip).
- Daten und Zugriffsoperationen werden im Modul zu einer Einheit zusammengefasst (Verkapselung).
- Es beschreibt ein Objekt nicht mehr durch dessen Struktur, sondern charakterisiert es ausschließlich durch die Definition der darauf ausführbaren Operationen.
- Die Zugriffsoperationen sind selbst funktionale Abstraktionen.
- Mit der Beschreibung ist gleichzeitig die Deklaration genau eines Exemplars verbunden.

Vergleich: Objekt

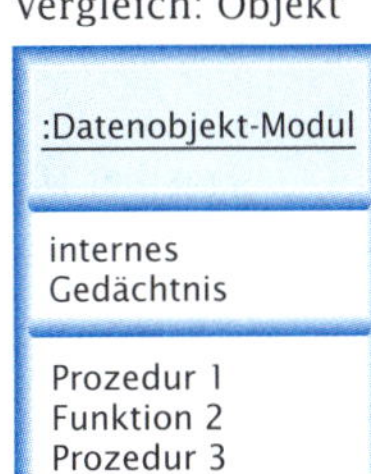

Ein Datenobjekt-Modul entspricht weitgehend einem Objekt in der objektorientierten Software-Entwicklung. Das interne Gedächtnis entspricht den Attributen eines Objekts, die Zugriffsoperationen den Operationen des Objekts.

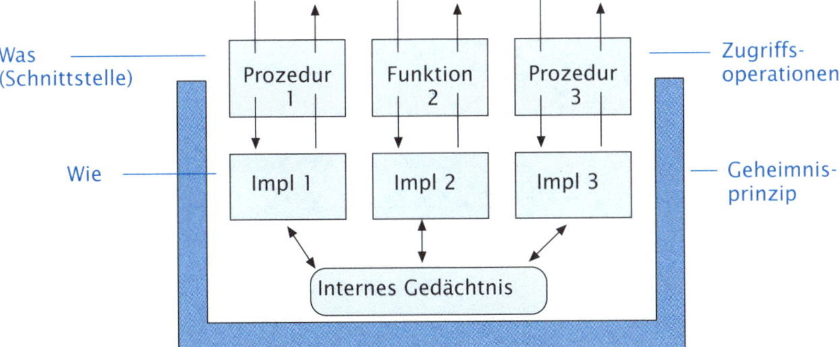

Abb. 3.13-2: Grundsätzlicher Aufbau eines Datenobjekt-Moduls

Beispiel 10a Warteschlangen

In vielen Anwendungsbereichen werden so genannte **Warteschlangen** benötigt. Sie sind ein Beispiel für abstrakte Datenobjekte. Das Verhalten einer Warteschlange lässt sich folgendermaßen charakterisieren (Abb. 3.13-3):

- Die Operation Einfügen hängt ein Element an die Warteschlange.
- Die Operation Entfernen entfernt das vorderste Element.
- Es gibt ein internes Gedächtnis, in dem die Elemente, die sich momentan in der Warteschlange befinden, aufbewahrt werden.

Abb. 3.13-3: Abstrakte Darstellung einer Warteschlange

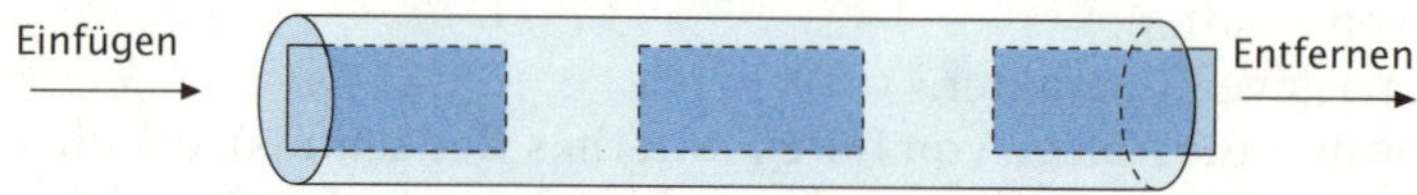

Es gibt verschiedene grafische Notationen für Datenobjekt-Module (Tab. 3.13-1). Weitere Notationen sind z.B. OOSD /Wasserman, Pircher, Muller 90/ und HOOD/Tempelmeier 91/. Im Folgenden wird die Notation von /Buhr 84/ verwendet.

Beispiel 10b

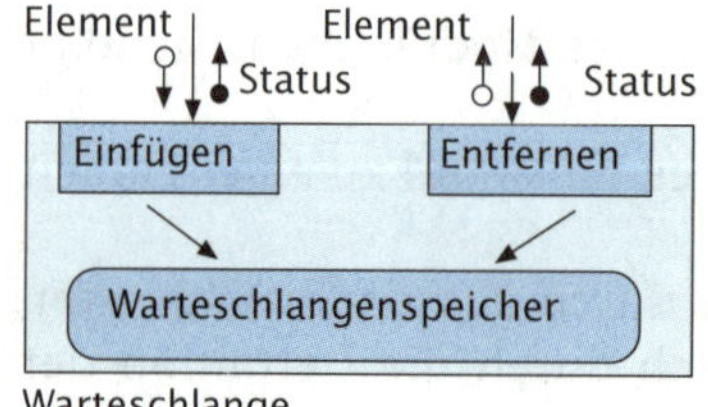

Abb. 3.13-4: Warteschlange als Strukturdiagramm

Eine Warteschlange lässt sich als Strukturdiagramm, wie in Abb. 3.13-4 gezeigt, darstellen.

Ein Datenobjekt-Modul ist eine passive Programmeinheit. Es wird nicht selbst aufgerufen, sondern nur die Operationen, die in der Schnittstelle definiert sind.

Beispiel 10c

Zum Testen des Moduls Warteschlange wird ein Testtreiber benötigt, der einen Aufruf der Moduloperationen erlaubt. Zur Fehlerbehandlung wird zusätzlich eine Prozedur Fehlermeldung verwendet. Es ergibt sich das Strukturdiagramm der Abb. 3.13-5.

Abb. 3.13-5: Strukturdiagramm der Anwendung Warteschlange

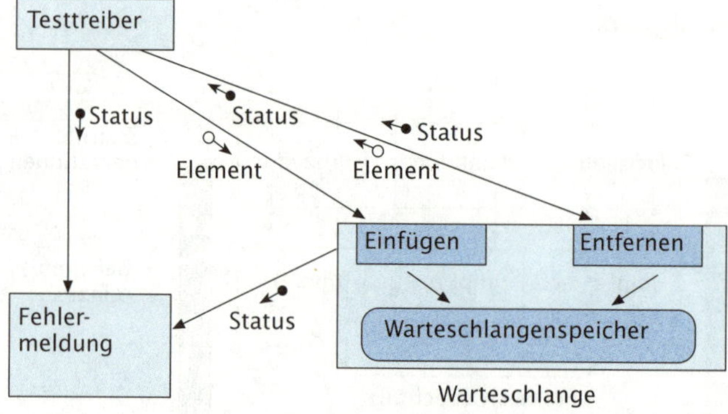

Ausprägungen

Es lassen sich zwei Ausprägungen von Datenobjekt-Moduln unterscheiden:

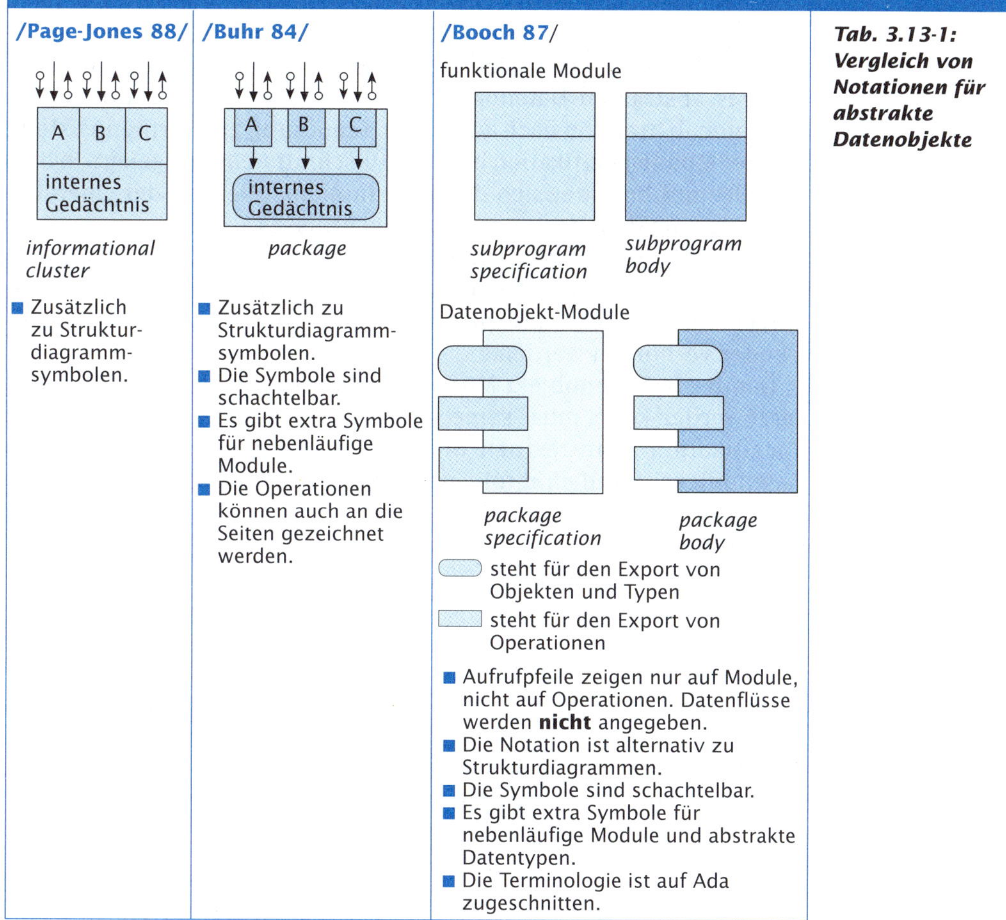

/Page-Jones 88/	/Buhr 84/	/Booch 87/
A B C, internes Gedächtnis *informational cluster*	A B C, internes Gedächtnis *package*	funktionale Module *subprogram specification* *subprogram body* Datenobjekt-Module *package specification* *package body* (Oval) steht für den Export von Objekten und Typen (Rechteck) steht für den Export von Operationen
■ Zusätzlich zu Strukturdiagrammsymbolen.	■ Zusätzlich zu Strukturdiagrammsymbolen. ■ Die Symbole sind schachtelbar. ■ Es gibt extra Symbole für nebenläufige Module. ■ Die Operationen können auch an die Seiten gezeichnet werden.	■ Aufrufpfeile zeigen nur auf Module, nicht auf Operationen. Datenflüsse werden **nicht** angegeben. ■ Die Notation ist alternativ zu Strukturdiagrammen. ■ Die Symbole sind schachtelbar. ■ Es gibt extra Symbole für nebenläufige Module und abstrakte Datentypen. ■ Die Terminologie ist auf Ada zugeschnitten.

Tab. 3.13-1: Vergleich von Notationen für abstrakte Datenobjekte

mehrere Zugriffsoperationen

- In der Regel stellt das Datenobjekt-Modul *mehrere* Zugriffsoperationen zur Verfügung, die auf eine gemeinsame Datenstruktur zugreifen (siehe z.B. Abb. 3.13-4). Module dieser Ausprägung werden benutzt, um eine Menge von Basisoperationen für die nächsthöhere Abstraktionsebene bereitzustellen oder um Funktionsgruppen zu bilden, die zu einem bestimmten Problembereich gehören. Typisch für diese Anwendungen ist, dass *nur ein* Objekt dieses Typs benötigt wird.
  Beispiele: Verwaltung der Symboltabelle im Compiler, Interpreter einer Kommandosprache, Datenverwaltung einer Anwendung.

eine Zugriffsoperation

- In Ausnahmefällen stellt das Datenobjekt-Modul nur *eine* Zugriffsoperation zur Verfügung. Das Ergebnis eines Aufrufs hängt dann von den vorangegangenen Aufrufen ab. Daher benötigt ein solches Modul ein internes Gedächtnis.

Beispiel: Bei einem Zufallszahlengenerator hängt das Ergebnis von der gespeicherten letzten Zufallszahl ab (Abb. 3.13-1b).

Um das »Was« und das »Wie« sauber zu trennen, wird die Schnittstelle eines abstrakten Datenobjekts, d.h. die Menge Operationen, die die Datenabstraktion nach außen zur Benutzung zur Verfügung stellt, in einer Modulspezifikation bzw. Modulschnittstelle festgelegt. In dem Modulrumpf befindet sich dann die Implementierung der Operationen einschließlich des internen Gedächtnisses.

In einigen Programmiersprachen können die Modulspezifikationen und der Modulrumpf getrennt übersetzt werden. Dadurch kann entsprechend dem Geheimnisprinzip die Implementierung vor dem Anwender verborgen werden.

Modulspezifikation

Damit ein Datenobjekt-Modul im Rahmen eines Entwurfs eingesetzt werden kann, muss seine Schnittstelle spezifiziert werden. Eine Spezifikation kann textuell und/oder grafisch erfolgen. Für jedes Datenobjekt-Modul sind folgende Angaben erforderlich:

- Aufgabenbeschreibung,
- Modultyp (Datenobjekt-Modul oder ADT-Modul),
- Leistungsmerkmale,
  - Geschwindigkeit,
  - Speicherplatz,
  - Genauigkeit (bei numerischen Operationen),
- Voraussetzungen und Vorbedingungen für die Anwendung des Moduls,
- Bedingungen, die nach der Anwendung des Moduls gelten,
- Alle bereitgestellten Zugriffsoperationen,
- Für jede Zugriffsoperation sind die Angaben wie bei einem funktionalen Modul erforderlich. (Abschnitt 3.12.1)
- Abhängigkeiten und Relationen zwischen den Zugriffsoperationen:
  - statische Relationen,
  - gegenseitige Ausschlussbedingungen,
  - zulässige Aufruffolgen.

Um die Abhängigkeiten zwischen den Zugriffsoperationen zu beschreiben, eignet sich die **algebraische Spezifikation.** Sie wird im Abschnitt 3.13.4 behandelt. Gut geeignet für die Beschreibung von Abhängigkeiten zwischen Operationen sind auch Zustandsautomaten. Analog zur objektorientierten Welt können Objekt-Lebenszyklen auch bei abstrakten Datenobjekten beschrieben werden. (Abschnitt 2.16.6)

Eine Schnittstellenspezifikation bringt folgende Vorteile mit sich:

Vorteile

- Das Verhalten und die Anwendung eines Moduls können allein aus der Schnittstellenspezifikation entnommen werden.
- Nur eine vollständige Schnittstellenspezifikation ermöglicht die konsequente Verwirklichung des Geheimnisprinzips.
- Anhand der Schnittstellenspezifikation kann das Modul implementiert werden, ohne dass weitere Informationen eingeholt werden müssen.

■ Die Implementierung kann gegen die Spezifikation geprüft werden.

In Programmiersprachen wird ein Datenobjekt-Modul unterschiedlich realisiert. In Modula-2 gibt es für das Datenobjekt-Modul das spezielle Sprachkonzept **module**, das es erlaubt, ein abstraktes Datenobjekt direkt umzusetzen. In Ada wird ein Datenobjekt-Modul durch ein **package** realisiert. In C++ gibt es kein entsprechendes Sprachkonstrukt. Ein Datenobjekt-Modul kann aber über eine Klasse nachgebildet werden. Datenobjekte mit nur einer Zugriffsfunktion lassen sich mit statischen Variablen nachbilden.

Programmiersprachen

Modula 2

Ada

C++

Beispiel 10d

Die Modulspezifikation und der Modulrumpf der Warteschlange sehen in Ada folgendermaßen aus:

Modulspezifikation (Paketspezifikation):

```
with       Fehlermeldung; use Fehlermeldung;
package Warteschlange is
subtype    ElementT is string;
procedure  Einfuegen(Element: in ElementT;
                Status: out StatusT);
procedure  Entfernen(Element: out ElementT;
                Status: out StatusT);
end Warteschlange;
```

Es wird davon ausgegangen, dass die importierte Prozedur `Fehlermeldung` den Datentyp `StatusT` definiert. In der Warteschlange sollen Elemente vom Typ `ElementT`, definiert als `String`, verwaltet werden. Diese Paketspezifikation kann getrennt übersetzt werden.

Modulrumpf (Paketrumpf):

Der Paketrumpf dient der Implementierung der in der Paketspezifikation angegebenen Operationen sowie der Deklaration und Initialisierung des internen Gedächtnisses.

Für die Implementierung der Warteschlange wird ein Ringpuffer gewählt (Abb. 3.13-6).

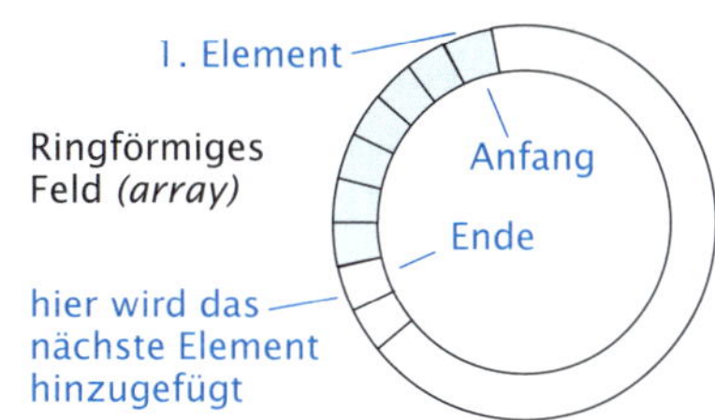

Abb. 3.13-6: Implementierung der Warteschlange

Der Paketrumpf sieht in Ada folgendermaßen aus:

```
with Fehlermeldung; use Fehlermeldung;
package body Warteschlange is
Max: constant natural := 3;
type QueueT is array (0..Max) of ElementT (1..24);
Queue: QueueT;     -- internes Gedächtnis
Anfang: 0..Max+1; -- hier wird entfernt - Hilfsgrößen
Ende: 0..Max+1;   -- hier wird angefügt
-----------------------------------------------------------------
procedure Einfuegen(Element: in ElementT; Status: out StatusT) is
begin
    if Anfang = (Ende+1) mod (Max+1)
        then Status := Overflow;   -- Warteschlange voll
```

```
            else Status := OK;
                 Queue (Ende):= Element;
                 Ende := (Ende+1) mod (Max+1);
        end if;
    end Einfuegen;
    ------------------------------------------------------------
    procedure Entfernen(Element: out ElementT; Status: out StatusT)
    is
    begin
        if Anfang = Ende
            then Status := Underflow; -- Warteschlange leer
            else Status := OK;
                 Element := Queue (Anfang);
                 Anfang  := (Anfang+1) mod (Max+1)
            end if;
    end Entfernen;
    ------------------------------------------------------------
    begin -- Initialisierung des internen Gedächtnisses
        Anfang := 0;
        Ende := 0;
    end Warteschlange;
```

Aufgaben

Abstrakte Datenobjekte können für folgende Aufgaben eingesetzt werden:

- Verwalten einer Sammlung *(collection)* von Einträgen, z.B. Warteschlange, Kunden, Dozenten.
- Verwaltung einzelner komplexer Einträge, z.B. Hand bei der Robotersteuerung, multimediales Dokument. Die Verwaltung eines komplexen Einzeleintrags durch ein abstraktes Datenobjekt ist sinnvoll, um von der Realisierung zu abstrahieren.

Beide Aufgaben treten oft in Kombination auf. Entsprechend den verschiedenen Aufgaben unterscheiden sich auch die Zugriffsoperationen.

Operationen auf Sammlungen

Beim Verwalten einer Sammlung kann man folgende Gruppen von Zugriffsoperationen unterscheiden:

- Operationen auf der gesamten Sammlung,
- Operationen auf einzelnen Elementen der Sammlung,
- Operationen, die zur Bewegung der Sammlung führen,
- Ausnahmen.

Am Ende jeder Operation werden Sicherheitsabfragen durchgeführt. Die Ausnahmen werden am Schluss in der Reihenfolge der Sicherheitsabfragen aufgeführt. Die Operationen kann man außerdem gliedern in Abfrageoperationen und Veränderungsoperationen.

Operationen auf Einzeleinträgen

Beim Verwalten eines komplexen Einzeleintrags kann man folgende Gruppen von Zugriffsoperationen unterscheiden:

- Lese- und Schreiboperationen für jede Komponente, z.B. Name,
- Operationen zur Konsistenzüberprüfung.

Abb. 3.13-7 zeigt im Quervergleich die Eigenschaften von abstrakten Datenobjekten aus der Anwender- und der Implementierungssicht.

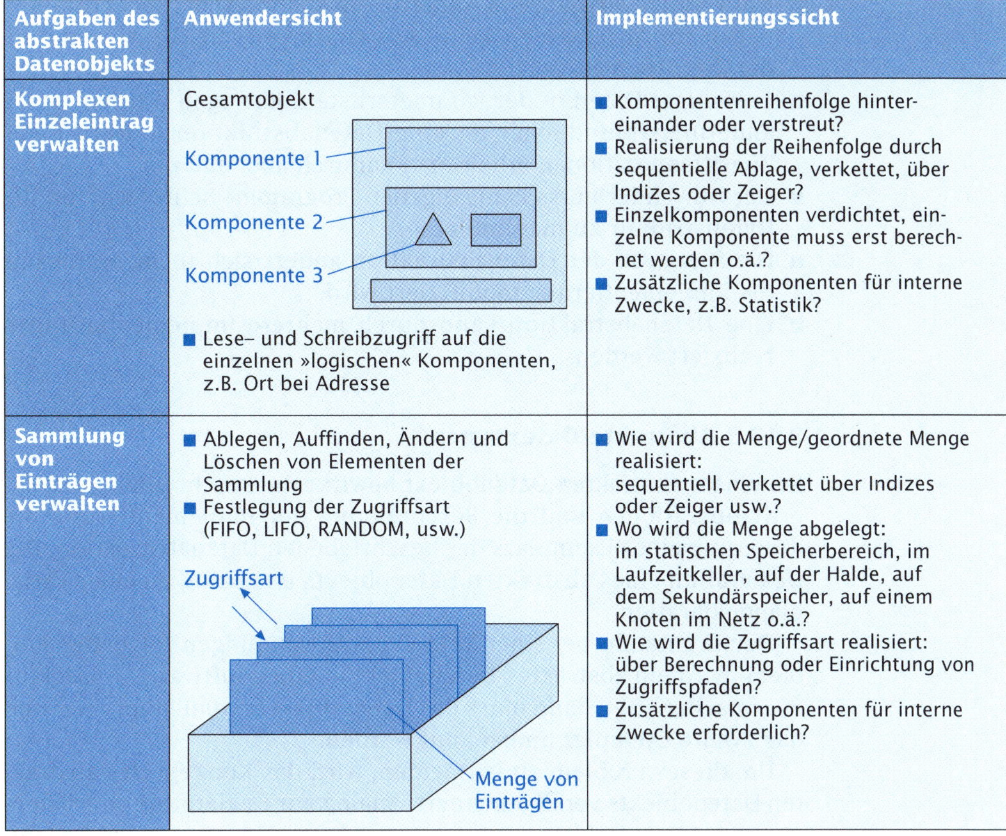

Aufgaben des abstrakten Datenobjekts	Anwendersicht	Implementierungssicht
Komplexen Einzeleintrag verwalten	Gesamtobjekt Komponente 1 Komponente 2 Komponente 3 ■ Lese- und Schreibzugriff auf die einzelnen »logischen« Komponenten, z.B. Ort bei Adresse	■ Komponentenreihenfolge hintereinander oder verstreut? ■ Realisierung der Reihenfolge durch sequentielle Ablage, verkettet, über Indizes oder Zeiger? ■ Einzelkomponenten verdichtet, einzelne Komponente muss erst berechnet werden o.ä.? ■ Zusätzliche Komponenten für interne Zwecke, z.B. Statistik?
Sammlung von Einträgen verwalten	■ Ablegen, Auffinden, Ändern und Löschen von Elementen der Sammlung ■ Festlegung der Zugriffsart (FIFO, LIFO, RANDOM, usw.) Zugriffsart Menge von Einträgen	■ Wie wird die Menge/geordnete Menge realisiert: sequentiell, verkettet über Indizes oder Zeiger usw.? ■ Wo wird die Menge abgelegt: im statischen Speicherbereich, im Laufzeitkeller, auf der Halde, auf dem Sekundärspeicher, auf einem Knoten im Netz o.ä.? ■ Wie wird die Zugriffsart realisiert: über Berechnung oder Einrichtung von Zugriffspfaden? ■ Zusätzliche Komponenten für interne Zwecke erforderlich?

Abb. 3.13-7: Sichten auf abstrakte Datenobjekte (in Anlehnung an /Nagl 90, S. 104/)

Mit Anwendersicht ist hier die Sicht des Entwerfers gemeint, der ein entsprechendes Modul in seinem Entwurf anwenden bzw. verwenden will. Die Abbildung zeigt, dass der Anwendersicht die möglichen Implementierungsvarianten völlig verborgen bleiben. Unsichtbar bleibt auch, ob das Datenobjekt-Modul alle Zugriffsoperationen selbst realisiert oder die Dienste anderer Module in Anspruch nimmt.

Vorteile

Die Anwendung eines Datenobjekt-Moduls bringt folgende Vorteile mit sich:

- ⊞ Abstrakte Datenobjekte können allein durch Anwendung der definierten Zugriffsoperationen benutzt werden.
- ⊞ Durch die Datenabstraktion wird das »Was« vom »Wie« getrennt.
- ⊞ Die Zugriffsoperationen können ohne Rücksicht auf die Struktur des internen Gedächtnisses (z.B. Datei-, Satz- und Datenstrukturaufbau) von den Anforderungen her festgelegt werden.
- ⊞ Änderungen an einer Zugriffsoperation haben im Allgemeinen keine Auswirkungen auf andere Zugriffsoperationen, während ohne Datenabstraktion eine Änderung der Datenstruktur u.U. Auswirkungen auf alle zugreifenden Anweisungen haben kann.

- Notwendige strukturelle Änderungen des internen Gedächtnisses haben im Allgemeinen keine Auswirkungen auf die Anwendung der Zugriffsoperation.
- Je weniger Daten in der Parameterliste übertragen werden, desto änderungsfreundlicher ist eine Datenabstraktion – desto mehr Zugriffsoperationen erhält man dadurch aber auch.
- Der Anwender muss keine eigenen Programme schreiben, um die Datenstruktur zu manipulieren.
- Die Semantik der Datenabstraktion ändert sich nicht, wenn nur die Implementierung modifiziert wird.
- Eine Datenabstraktion kann durch mehrere Implementierungen realisiert werden.

3.13.3 Abstrakte Datentypen

Bei einem abstrakten Datenobjekt bewirkt die Beschreibung der Zugriffsoperationen und die Beschreibung der Implementierung die Kreierung eines Exemplars der beschriebenen Datenabstraktion. Die Deklaration eines abstrakten Datenobjekts ist analog zu einer Variablendeklaration.

Damit entsteht bei einer Reihe von Anwendungen folgendes Problem: Wird ein abstraktes Datenobjekt in einer Software-Architektur zweimal benötigt, dann muss das Datenobjekt textuell dupliziert und das zweite Exemplar umbenannt werden.

Um dieses Problem zu vermeiden, wird das Konzept des abstrakten Datenobjekts verallgemeinert. Analog zur Deklaration von Datentypen wird die Deklaration von Datenabstraktionstypen ermöglicht.

ADT

Bei einem solchen **abstrakten Datentyp (ADT)** sind Typdeklaration und Variablendeklaration getrennt. Daher können von einem ADT beliebig viele Exemplare erzeugt werden. Jedes Exemplar besitzt sein eigenes Gedächtnis.

Vergleich Klasse

Der abstrakte Datentyp dient sozusagen als Schablone, mit deren Hilfe abstrakte Datenobjekte erzeugt werden.

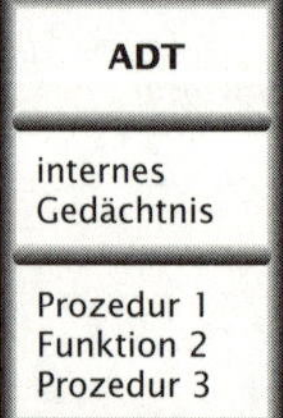

Ein ADT entspricht weitgehend der Klasse in der objektorientierten Software-Entwicklung.

Von den in Tab. 3.13-1 aufgeführten Notationen besitzt nur die Notation von /Booch 87/ Symbole für abstrakte Datentypen. Die Notation von /Buhr 84/, die hier verwendet wird, wird entsprechend erweitert (Tab. 3.13-2). Eine detaillierte grafische Darstellung von ADTs ist mit der OOSD-Notation /Wasserman, Pircher, Muller 90/ möglich. Exemplare von ADTs lassen sich statisch und dynamisch erzeugen.

Variablensemantik

Wird ein Exemplar statisch erzeugt (Variablensemantik), dann wird dieses Exemplar automatisch vom Laufzeitsystem der zugrunde liegenden Programmiersprache verwaltet. Das Exemplar wird erzeugt, wenn die Datenobjektdeklaration abgearbeitet wird. Es wird gelöscht, wenn der Gültigkeitsbereich der Deklaration verlassen wird. Wird ein

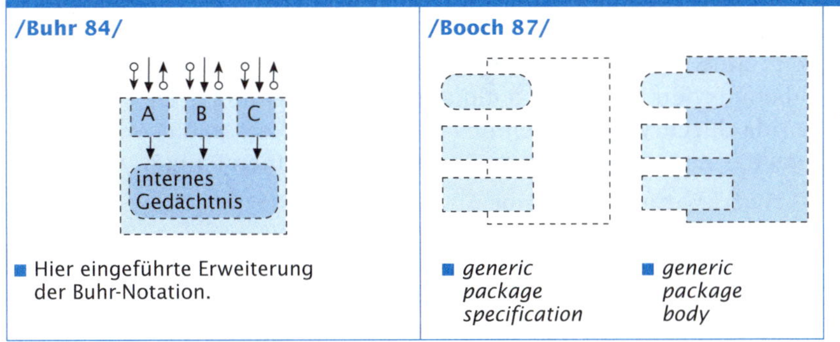

Tab. 3.13-2: Vergleich von Notationen für abstrakte Datentypen

solches Exemplar einem anderen Exemplar zugewiesen, dann wird es kopiert. Diese Begriffe sind mit Variablen und ihrer Verwaltung in einem Laufzeitkeller verbunden.

Zeigersemantik

Wird dagegen ein Exemplar über eine Kreierungsoperation erzeugt, dann entsteht ein neu geschaffenes abstraktes Datenobjekt. Die Verwaltung dieser Exemplare (Erzeugen, Löschen) liegt in der Verantwortung des anwendenden Moduls. Neben der Kreierungsoperation gibt es im Allgemeinen auch eine Lösch-Operation. Die Exemplare existieren als eigenständige Objekte. In einigen Programmiersprachen, wie z.B. in C++, muss der Implementierer noch die Gesamtheit der jemals erzeugten Objekte verwalten, d.h. eine Haldenverwaltung vornehmen.

Datentyp-Modul

Programmiersprachen

Ein Modul, der einen abstrakten Datentyp beschreibt, wird **Datentyp-Modul** genannt. In der Programmiersprache Ada werden ADTs durch generische Pakete beschrieben. Ada erlaubt es sogar, Schablonen für funktionale Abstraktionen anzulegen. In C++ können ADTs über Klassen beschrieben werden. Exemplare können statisch und dynamisch kreiert werden.

Beispiel 10e

Angenommen, in einer Anwendung werden drei identische Warteschlangen WS1, WS2 und WS3 benötigt. Der ADT kann in ADA folgendermaßen aussehen:

```
with  Fehlermeldung; use Fehlermeldung;
generic
package WarteschlangeT is
subtype ElementT is string;
procedure Einfuegen(Element:in ElementT; Status: out StatusT);
procedure Entfernen(Element:out ElementT; Status: out StatusT);
end Warteschlange;
```

Durch das Wortsymbol **generic** wird aus einem Paket ein generisches Paket, d.h. ein abstrakter Datentyp.
Die Warteschlangen werden folgendermaßen erzeugt:

```
procedure Testtreiber is
   package WS1 is new WarteschlangeT;
   package WS2 is new WarteschlangeT;
   package WS3 is new WarteschlangeT;
```

Ein neuer Paketname wird mit dem generischen Paketnamen gleichgesetzt.

Beim Aufruf einer Zugriffsoperation muss jetzt natürlich mit angegeben werden, welches Exemplar des ADT gemeint ist. Dies geschieht in Ada durch Voransetzen des jeweiligen Paketnamens vor den Namen der Zugriffsoperation, getrennt durch einen Punkt.

```
--  Aufruf einer Operation
WS1.Einfuegen(Element, Status);
WS2.Entfernen(Element, Status);
```

Abstrakte Datentypen mit formalen Parametern

Die bisher betrachtete Form eines abstrakten Datentyps erlaubt es, beliebig viele identische Exemplare eines ADT zu erzeugen.

In der Praxis wird man aber selten identische, sondern oft leicht modifizierte Exemplare eines ADT benötigen. Beispielsweise sollen die Längen der Warteschlangen unterschiedlich sein. Um bei der Erzeugung der Exemplare flexibel zu sein, können die ADTs mit formalen Parametern versehen werden. Bei der Exemplarerzeugung wird dann durch aktuelle Parameter angegeben, wie das Exemplar aussehen soll.

In Ada werden die formalen Parameter in der generischen Parameterdeklaration aufgeführt, die nach dem Wortsymbol **generic** steht.

Beispiel 10f Die Länge einer Warteschlange soll durch eine Variable Max parametrisiert werden. Als Voreinstellungswert soll Max den Wert 100 erhalten. Die generische Paketspezifikation sieht dann folgendermaßen aus:

```
with Fehlermeldung; use Fehlermeldung;
generic
   Max: natural := 100;
package WarteschlangeT is
   procedure Einfuegen(Element:in string; Status: out StatusT);
   procedure Entfernen(Element: out string; Status: out StatusT);
end WarteschlangeT;
```

Bei der Instantiierung wird nun in Klammern die aktuelle Länge für Max angegeben:

```
procedure Testtreiber is
   package WS1 is new warteschlangeT(10);
   package WS2 is new warteschlangeT(20);
```

Fehlt der aktuelle Parameter, dann wird der Voreinstellungswert angenommen. Die Zuordnung der aktuellen zu den formalen Parametern geschieht analog zu Prozeduraufrufen.

Abstrakte Datentypen mit Typen als formalen Parametern

In vielen Anwendungsfällen benötigt man Exemplare, die im Verhalten identisch sind, bei denen sich der Typ des internen Gedächtnisses aber unterscheidet. Man möchte daher typunabhängige ADTs konstruieren.

Um dieses Ziel zu erreichen, ist eine Typparametrisierung erforderlich. Als formaler Parameter wird daher ein Typname angegeben. Bei der Erzeugung von Exemplaren wird auf der Parameterliste dann der für dieses Exemplar gewünschte Typ aufgeführt. Typparametrisierung

Für eine Anwendung werden drei verschiedene Warteschlangen benötigt: Beispiel 10g

- In einer Warteschlange sollen *float*-Zahlen verwaltet werden.
- In einer Warteschlange sind Einzelzeichen zu speichern.
- In einer Warteschlange sind Zeichenketten der Länge 24 aufzubewahren.

Charakteristisch bei dieser Problemstellung ist, dass die Operationen auf der Warteschlange völlig identisch sind. Nur der Typ der Objekte, auf denen die Operationen arbeiten, ändert sich.
Die Paketspezifikation wird folgendermaßen erweitert:

```
with Fehlermeldung; use Fehlermeldung;
generic
   Max: natural := 100,
   type ElementT is private;
package WarteschlangeT is
   procedure Einfuegen(Element:in ElementT; Status: out StatusT);
   procedure Entfernen(Element: out ElementT; Status: out StatusT);
end WarteschlangeT;
```

In Ada werden Typen als formale Parameter im generischen Teil angegeben. Um zu kennzeichnen, dass ein generisches Paket auf Objekten unbekannten Typs arbeitet, wird der Typname durch **is private** gekennzeichnet. Diese Kennzeichnung drückt aus, dass über die interne Struktur des Typs noch nichts bekannt ist. Für die Implementierung des generischen Pakets ist diese Information auch nicht notwendig.

Erst bei der Erzeugung des generischen Pakets wird die jeweilige Ausprägung des Typs festgelegt. Den formalen generischen Parametern werden dabei aktuelle zugeordnet. Diese Zuordnung geschieht zur Übersetzungszeit. Die Erzeugung der Exemplare geschieht durch einen Textersetzungsmechanismus.

Die Implementierung des Paketrumpfs sieht folgendermaßen aus: Beispiel 10h

```
with Fehlermeldung; use Fehlermeldung;
package body WarteschlangeT is
type QueueT is array (0..Max) of ElementT;
Queue:  QueueT;
Anfang: 0..Max+1 := -- hier wird entfernt
Ende:   0..Max+1 := -- hier wird angefügt
-----------------------------------------------------------------
```

```
procedure Einfuegen(Element: in ElementT; Status:out StatusT)is
begin
   if Anfang = (Ende+1) mod (Max+1)
      then Status := Overflow; -- Warteschlange voll
      else Status := OK; Queue (Ende) := Element;
           Ende   := (Ende+1) mod (Max+1);
   end if;
end Einfuegen;
----------------------------------------------------------------
procedure Entfernen(Element: out ElementT; Status: out StatusT)is
begin
   if Anfang = Ende
      then Status := Underflow;
      else Status := OK;
           Element := Queue (Anfang); -- Wertzuweisung
           Anfang  := (Anfang+1) mod (Max+1);
   end if;
end Entfernen;
----------------------------------------------------------------
end WarteschlangeT;
```

Gegenüber der Lösung 10d entfällt die Deklaration und Initialisierung von `Max`. Außerdem steht bei `QueueT` als Komponententyp nur `ElementT` anstelle von `ElementT(1..24)`.
Im Testtreiber können jetzt drei Paketexemplare erzeugt werden:

```
procedure Testtreiber is
type ElementT is array(1..24) of character;
   package Queue_Float     is new WarteschlangeT(10,float);
   package Queue_Character is new WarteschlangeT(5,character);
   package Queue_Name      is new WarteschlangeT(20,ElementT);
```

Aufrufe sehen z. B. folgendermaßen aus:

```
Queue_Float.Einfuegen(Element,Status);
Queue_Name.Einfuegen("Meyer",Status);
```

Da für die Paketimplementierung der Typ der Objekte, auf denen die Zugriffsoperatoren arbeiten, nicht bekannt ist, müssen für solche unbekannten Typen einige generelle Annahmen gemacht werden:

Für die Implementierung kann davon ausgegangen werden, dass ein privater Typ über die Operationen Wertzuweisung (:=), Test auf Gleichheit (=) und Ungleichheit (/=) verfügt. Diese Operationen können daher auch bei der Implementierung verwendet werden. In der Implementierung der generischen Warteschlange wurde nur die Wertzuweisung verwendet:

`Element := Queue(Anfang)`

Die Verwendung dieser Operationen in der Paketimplementierung kann durch eine Einschränkung des privaten Typs verboten werden, z. B. **type** `ElementT` **is limited private**.

Hinweis: OO

In C++ werden ADTs mit Typen als formalen Parametern als *templates* bezeichnet.

Architekturdarstellung und Exemplardarstellung

Abstrakte Datenobjekte, die über Datenobjektmodule eingeführt wurden, erscheinen in der Software-Architektur. Abstrakte Datenobjekte, die als Exemplare von ADTs erzeugt wurden, erscheinen *nicht* in der Architekturdarstellung. Die Erzeugung eines abstrakten Datenobjekts wird im Rumpf eines Moduls durch eine einzige Zeile hingeschrieben und ist daher keine Entwurfskomponente.

Tab. 3.13-3 zeigt nochmals die verschiedenen Modularten und ihren Verwendungszweck im Quervergleich.

funktionale Module	Datenobjektmodule	Datentypmodule
■ Steuer- oder Koordinationsaufgabe ■ Transformationsaufgabe ■ komplizierte Auswertung ■ Hilfsdienste auf verschiedenen Datenstrukturen (funktionale Zwischenschicht zwischen Datenabstraktions-Schichten)	■ einzelner, komplex aufgebauter Eintrag ■ einzelne Sammlung mit bestimmten Zugriffsoperationen	■ Handhabung von komplex aufgebauten Einzeleinträgen ■ Handhabung von Sammlungen mit bestimmten Zugriffsoperationen

Legende: Blaue Verwendungszwecke sind besonders wichtig

Tab. 3.13-3: Verwendungszwecke der Modularten (in Anlehnung an /Nagl 90, S. 118/)

3.13.4 Algebraische Spezifikation

Im Gegensatz zur funktionalen Abstraktion beeinflussen sich bei abstrakten Datenobjekten und Datentypen die Zugriffsoperationen über das interne Gedächtnis gegenseitig. Um diese gegenseitige Beeinflussung formal zu beschreiben, wurde die algebraische Spezifikation erfunden. Sie geht auf /Liskov, Zilles 74/, /Zilles 75/, /Guttag 77/, /Guttag, Horowitz, Musser 77/ und /Goguen, Thatcher, Wagner 76/ zurück.

Die **algebraische Spezifikation** betrachtet abstrakte Datentypen als algebraische Strukturen, d.h. als Mengen mit darauf definierten Operationen, für die bestimmte Axiome gelten. algebraische Spezifikation

Die algebraische Spezifikation verfolgt hauptsächlich zwei Ziele: Ziele

- formale Spezifikation einer Modulschnittstelle,
- Verifikation der Implementierung gegen die Spezifikation.

Eine algebraische Spezifikation eines abstrakten Datentyps besteht aus einem Syntax- und einem Semantikteil.

Der **Syntaxteil** besteht aus einer Menge von Vereinbarungen von Zugriffsoperationen. Jede Zugriffsoperation wird in der Form Syntax

```
Operationsname: Definitionsbereiche --> Wertebereich
```

geschrieben. Die Definitionsbereiche legen dabei die Eingabe- bzw. Argumentenbereiche der Operation fest. Die verwendeten Datenbereiche werden als Sorten bezeichnet.

Semantik

Der **Semantikteil** setzt sich aus einer Menge von Gleichungen zusammen, die die Beziehungen zwischen den einzelnen Zugriffsoperationen in Form von Axiomen beschreiben.

Beispiel 11

Ein Keller *(stack)*, in dem ganze Zahlen verwaltet werden sollen, wird algebraisch folgendermaßen spezifiziert:

```
type INTEGER_STACK
sorts Stack, Integer                    //Syntax

operations
    PUSH: Stack x Integer --> Stack     (1)
    POP : Stack           --> Stack     (2)
    TOP : Stack           --> Integer   (3)

variables s: Stack, i: Integer     //Semantik
constants so: Stack
axioms
  POP (PUSH(s,i)) = s                   (4)
  TOP (PUSH(s,i)) = i                   (5)
  POP (so)        = undef               (6)
  TOP (so)        = undef               (7)
```

Diese Spezifikation setzt voraus, dass »Integer« entweder als elementarer Typ vordefiniert ist oder durch eine andere algebraische Spezifikation beschrieben ist. In den Zeilen (1) bis (3) werden die Zugriffsoperationen mit ihrem Definitions- und Wertebereich definiert. Charakteristisch für alle Operationen ist, dass sie nur eine Menge als Wertebereich besitzen, d.h. es handelt sich um Funktionen im mathematischen Sinne. Die Zeilen (4) und (5) beschreiben die Zusammenhänge zwischen den Operationen. Zeile (4) sagt aus, dass nach Anwendung der Operation `PUSH (s,i)`, d.h. Ablage einer ganzen Zahl in den Keller, und der anschließenden Anwendung der Operation POP, d.h. Entfernen des obersten Elements, wieder der ursprüngliche Keller vorliegt. Durch diese Gleichung wird also beschrieben, dass das Hintereinanderausführen der Operationen `PUSH` und `POP` keinen Netto-Effekt bewirkt.

Zeile (5) gibt an, dass nach Ablage einer ganzen Zahl in den Keller durch `PUSH` und anschließendes Ausführen von `TOP` als Ergebnis die abgelegte Zahl geliefert wird.

Die Zeilen (6) und (7) beschreiben den Anfangsvorrat des Kellers. Es wird von einem leeren Keller ausgegangen.

Verfügt ein kaufmännisches Datenverwaltungssystem über die Zugriffsoperationen:

```
Kundenstammsatz_anlegen (Kundenstammsatz) und
Kundenstammsatz_loeschen (Kundenstammsatz)
```

Analog kann folgendes Axiom aufgestellt werden:

```
Kundenstammsatz_loeschen (Kundenstammsatz_anlegen(Kundenstammsatz),
Kundenstammsatz) = 0
```

Anlegen und Löschen des gleichen Kundenstammsatzes, hintereinander ausgeführt, hat also keinen Netto-Effekt.

Charakteristisch für die Axiome im Beispiel 11 ist, dass die Axiome keine Annahmen über die Attribute des Typs »`Integer`« machen. Die Spezifikation kann daher als Definition eines Typ-Schemas angesehen werden. Dies gilt für viele algebraische Typspezifikationen.

Um Abhängigkeiten zwischen den verschiedenen Zugriffsoperationen beschreiben zu können, müssen deren Definitions- und Wertebereiche zumindest teilweise übereinstimmen. Insbesondere muss der Wertebereich einer oder mehrerer Operationen im Definitionsbereich anderer oder der jeweiligen Zugriffsoperation selbst auftreten.

Die Anwendung der algebraischen Spezifikationen bereitet Schwierigkeiten,
- wenn die Zugriffsoperationen nicht Funktionen, sondern Prozeduren mit mehreren Wertebereichen sind,
- wenn Ausnahme- und Fehlerbehandlungen spezifiziert werden müssen.

Eine Lösungsmöglichkeit besteht darin, verdeckte Operationen *(hidden functions)* /Guttag, Horowitz, Musser 77/ einzuführen.

Da eine algebraische Spezifikation vollständig formal ist, kann sie für die Verifikation der Implementierung gegen die Spezifikation benutzt werden. In /Guttag 77/ wird ein solcher Verifikationsprozess an einem Beispiel skizziert.

Die algebraische Spezifikation besitzt folgende Vorteile: Vorteile

- ⊞ Spezifikation weitgehend implementierungsunabhängig.
- ⊞ Vollständig formale Spezifikation, daher für Verifikation und automatische Werkzeuge einsetzbar.
- ⊞ Theoretisch fundiert.
- ⊞ Kann auf abstrakte Datenobjekte, Datentypen und Klassen angewandt werden.
- ⊞ Die Wirkung von Zugriffsoperationen ergibt sich durch wechselseitige statische Abhängigkeiten, nicht durch isolierte Betrachtung.
- ⊞ Mit einiger Erfahrung kann man algebraische Spezifikationen lesen.
- ⊞ Leicht erweiterbar, da zusätzliche Operationen nur jeweils eine neue Syntaxregel sowie zusätzliche Axiome aufbauend auf Grundoperationen erfordern.

Dem stehen folgende Nachteile gegenüber: Nachteile

- ⊟ Die Konstruktion algebraischer Spezifikationen ist nicht trivial.
- ⊟ Es können leicht Fälle übersehen werden, z.B. Grenzbedingungen.
- ⊟ Schwierig auf Konsistenz und Vollständigkeit zu prüfen.

- Operationen mit mehreren Wertebereichen sind schwierig zu beschreiben.
- Verdeckte Operationen u.U. erforderlich, um Zustände zu merken.
- Fehler- und Ausnahmebehandlung sind schwierig zu beschreiben.
- Mnemonische Namensgebung unbedingt erforderlich (Definitions- und Wertebereiche von Keller und Schlange sind z.B. identisch).

In der industriellen Praxis hat sich die algebraische Spezifikation *nicht* durchgesetzt.

Abschnitt 2.16.6

In der objektorientierten Welt werden Abhängigkeiten zwischen Operationen durch den Objekt-Lebenszyklus, d.h. durch Zustandsautomaten, beschrieben. 

3.13.5 Modulare Software-Architektur

modulare Architektur

Funktionale Module, abstrakte Datenobjektmodule und abstrakte Datentypmodule bilden die Systemkomponenten, aus denen eine **modulare Software-Architektur** aufgebaut wird.

Modul = Schnittstelle + Rumpf

Jedes **Modul** gliedert sich in eine **Schnittstelle** und einen **Rumpf**. In der Schnittstelle wird spezifiziert, welche Dienstleistungen das Modul exportiert, d.h. seiner Umgebung zur Verfügung stellt. Der Rumpf enthält die Implementierung der in der Schnittstelle spezifizierten Dienstleistungen. Zur Realisierung der Implementierung kann ein Modul die Dienstleistungen anderer Module verwenden, d.h. diese Dienstleistungen importieren.

Import

Die Verwendung solcher Dienstleistungen führt zu Beziehungen zwischen den Modulen. Es lassen sich drei Arten von Beziehungen unterscheiden /Nagl 90, S. 118 ff./:

Beziehungen zwischen Modulen

Hinweis: Die Ausführungen dieses Abschnitts orientieren sich an /Nagl 90/

- Eine **Benutzbarkeitsbeziehung** oder **Importbeziehung** erlaubt es einem Modul A die Dienstleistung eines anderen Moduls B in Anspruch zu nehmen. Damit ist aber noch nicht festgelegt, dass es diese Dienstleistung wirklich in Anspruch nimmt.
- Eine **statische Benutzt-Beziehung** liegt vor, wenn ein implementiertes Modul die Dienstleistung eines anderen Moduls wirklich benutzt, d.h., die entsprechende Benutzung steht im Programmtext des Moduls (z.B. im Modulrumpf).
- Eine **dynamische Benutzt-Beziehung** liegt vor, wenn zur Laufzeit von der statischen Benutzt-Beziehung Gebrauch gemacht wird, z.B. bei der Ausführung des Rumpfs einer Zugriffsoperation.

Die Benutzbarkeitsbeziehung ist die Voraussetzung für die statische Benutzt-Beziehung und diese wiederum für die dynamische Benutzung.

Entwurf

Für den Entwurf sind die Benutzbarkeitsbeziehungen relevant und müssen festgelegt werden. Da im Entwurf die Rümpfe der beteiligten Module noch nicht vorliegen, können die statische und die dynamische Benutzt-Beziehung weder festgelegt noch überprüft werden.

Die verschiedenen Beziehungen werden am Beispiel 2d der Warteschlangenverwaltung verdeutlicht (Abb. 3.13-8).

Beispiel 10i

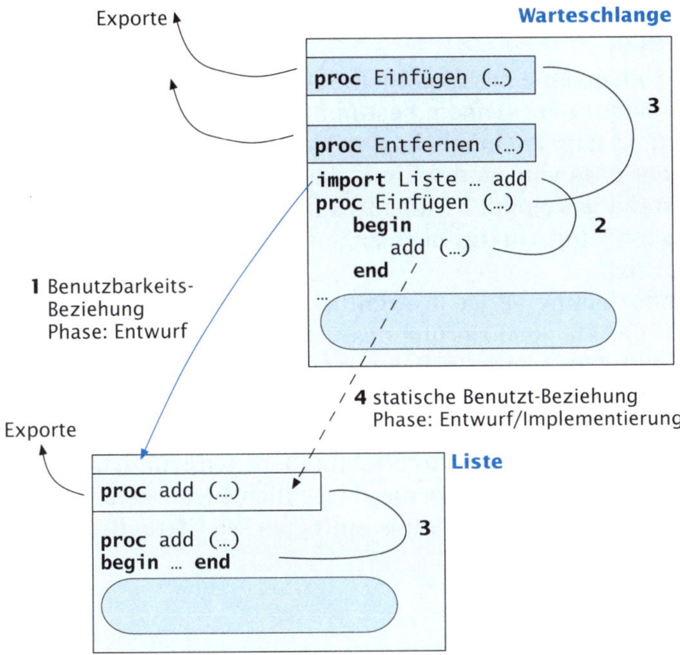

Abb. 3.13-8: Verschiedene Beziehungen zwischen Modulen

Es wird davon ausgegangen, dass die Warteschlange durch eine Liste realisiert werden soll. Die Kante **1** gibt die Berechtigung, bei der Ausprogrammierung der Warteschlange, z.B. innerhalb des Rumpfs von Einfügen, die Operation add aufzurufen (Kante **2**). Die an der jeweiligen Schnittstelle vorhandenen Operationen müssen in den Modulrümpfen auch realisiert werden (Kanten **3**; Übergang vom Entwurf zur Implementierung).

Die Benutzbarkeitsbeziehungen lassen sich nochmals in zwei Arten gliedern /Nagl 90, S. 120 ff./:

- **lokale Benutzbarkeit** und
- **allgemeine Benutzbarkeit**.

Die lokale Benutzbarkeit leitet sich aus dem Schachtelungskonzept blockstrukturierter Programmiersprachen, wie Pascal, Modula-2 und Ada, ab. In diesen Programmiersprachen kann eine Prozedur oder Funktion an einer bestimmten Stelle innerhalb der Schachtelungshierarchie deklariert werden. Damit wird die Benutzbarkeit auf einen bestimmten Teilbereich des Programms, nämlich den Gültigkeitsbereich, eingeschränkt. Dies bezeichnet man als eine Ausprägung des Lokalitätsprinzips.

blockstrukturierte Sprachen

Auf der Architekturebene lässt sich die **lokale Benutzbarkeit** folgendermaßen definieren:

lokale Benutzbarkeit

Ein Modul ist in einem anderen enthalten und damit nur in einem lokalen Kontext benutzbar. Es muss jedoch explizit festgelegt werden, wo es dort benutzbar sein soll.

Enthaltenseins-Beziehung

Durch die **Enthaltenseins-Beziehung** ergibt sich eine Baumstruktur (Abb. 3.13-9).

Mit dem Einhängen eines Moduls in einen Baum wird festgelegt, dass dieses Modul nur in einem bestimmten Bereich des Baums benutzbar wird. Es ist *nicht* möglich, vom Modul A aus das Modul C zu benutzen oder etwa vom Modul E aus, das außerhalb des betrachteten Baums steht, das Modul B (Abb. 3.13-9). Damit werden bestimmte Interna einer Baumstruktur nach außen hin verborgen. Es gilt das Geheimnisprinzip.

Hauptkapitel IV 1

Die Baumbeziehung »B ist in A enthalten« bedeutet, dass B ein Baustein ist, der zur Realisierung des übergeordneten Bausteins A nötig ist. A darf B zu seiner Realisierung verwenden.

In blockstrukturierten Sprachen dürfen Module in ihrem Gültigkeitsbereich beliebig verwendet werden. Diese Möglichkeiten gehen weit über das hinaus, was auf Architekturebene sinnvoll ist.

Daher soll der Entwerfer nur die tatsächlich benötigten Importbeziehungen innerhalb eines Baums eintragen. Vier Situationen treten oft auf.

Ein Modul hat Zugriff auf

- seine Söhne (Standardfall),
- seine Brüder,
- sich selbst (bei direkter Rekursion),
- seine Vorfahren (bei indirekter Rekursion).

Diese vier Situationen sind konsistent mit den Gültigkeitsregeln blockstrukturierter Sprachen. Werden andere lokale Benutzbarkeiten benötigt, dann können sie eingetragen werden, wenn sie mit allen Gültigkeitsregeln konsistent sind.

Durch die lokale Benutzbarkeit wird ausgedrückt, dass ein Modul M in einer Software-Architektur nur eine lokale Bedeutung hat. Dazu wird das Modul in einen Enthaltenseins-Baum an einer bestimmten Stelle eingehängt. Das schränkt seine Verwendbarkeit auf einen bestimmten Bereich innerhalb des Baums ein. In diesem Bereich wird

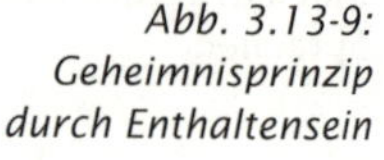
Abb. 3.13-9: Geheimnisprinzip durch Enthaltensein

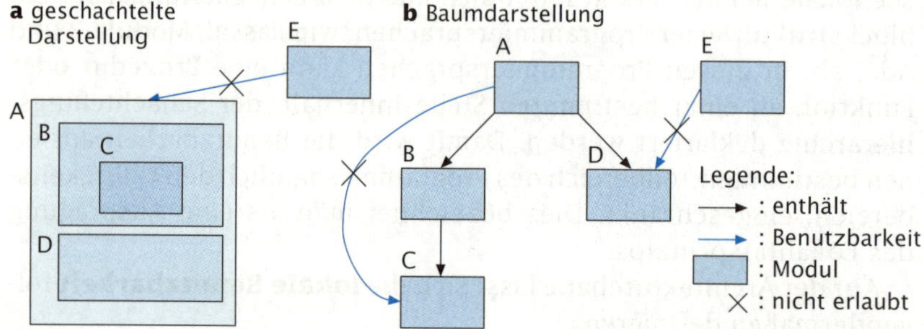

die gewünschte lokale Benutzbarkeit explizit eingetragen. Damit ist genau festgelegt, welche Module das Modul M verwenden können bzw. welche es verwenden kann. Außerhalb des Enthaltenseinsbaums ist das Modul M unbekannt.

Ein Modul mit einem darunterhängenden Enthaltenseins-Baum wird ein **Teilsystem** genannt. Teilsystem

Prinzipiell kann mit der Enthaltenseins-Beziehung und der lokalen Benutzbarkeit die Architektur eines jeden Software-Systems modelliert werden. Es gibt jedoch Situationen, die mit diesen Konzepten nur unbefriedigend modelliert werden können (Abb. 3.13-10): Probleme

Wird von mehreren Stellen, hier von M1 und M2, in einem Enthaltenseins-Baum ein Hilfsmodul H zur Realisierung benötigt, dann muss H unter einen gemeinsamen Vorfahren von M1 und M2 aufgehängt werden (Abb. 3.13-10a). Dann kann von M1 und M2 aus eine lokale Benutzbarkeit zu H eingetragen werden.
Diese Lösung hat drei Nachteile:

- Das Hilfsmodul ist vom Abstraktionsniveau zu hoch angeordnet.
- Es besteht die Gefahr, dass das Hilfsmodul innerhalb des Baumes auch an anderer Stelle lokal benutzbar gemacht wird.
- Wird das Hilfsmodul auch in einem anderen Baum benötigt, dann muss es entweder dupliziert werden, oder die Bäume müssen an einer neuen Wurzel zusammengefasst und H dort eingehängt werden.

Die zweckmäßigste Lösung besteht darin, das Modul H unterhalb von M1 und M2 anzuordnen (Abb. 3.9-10b).

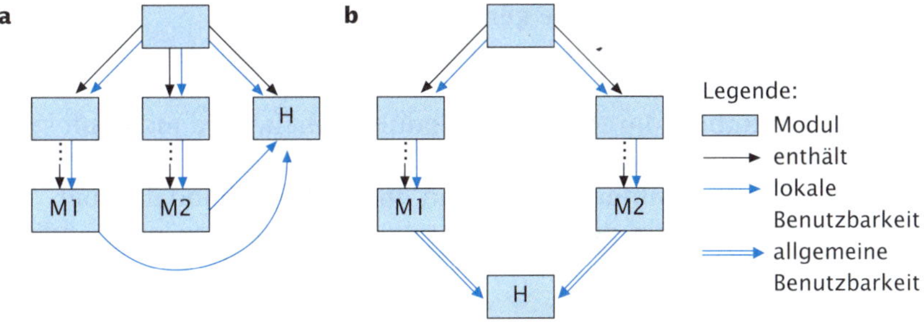

Abb. 3.13-10: Alternativen zur Benutzbarkeit eines Hilfsmoduls

Ein Modul bzw. ein Teilsystem ist ein allgemeines Hilfsmittel in einem Software-System, das zur Realisierung anderer Module gebraucht werden kann. Es ist überall dort benutzbar, wo dieses explizit vom Entwerfer festgelegt wird. allgemeine Benutzbarkeit

Diese **allgemeine Benutzbarkeit** führt zu einer Schichtenarchitektur (Abb. 3.13-11). Ein in einer Schicht vorkommendes Teilsystem kann man sich auf Knoten zusammengeschrumpft vorstellen. Allgemeine Benutzbarkeiten können sich über mehr als eine Schicht nach unten erstrecken. Der Zugriff auf Schichten, die wesentlich tiefer lie- Abschnitt 3.1.3

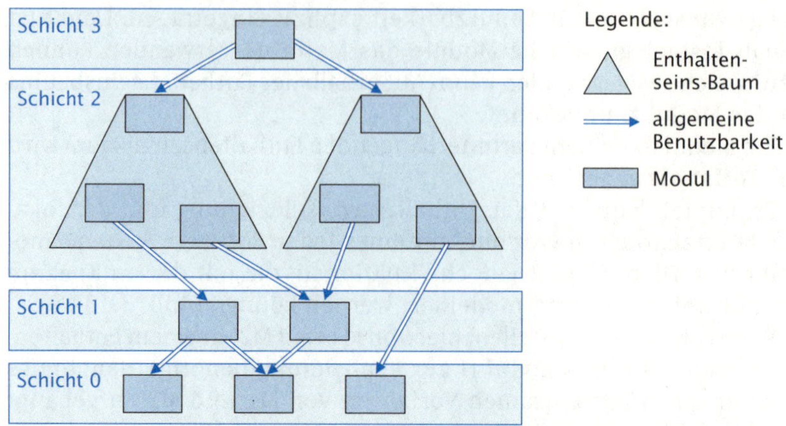

Abb. 3.13-11: Schichtenstruktur durch allgemeine Benutzbarkeit

gen, deutet aber auf eine falsche Modellierung hin. Mit der allgemeinen Benutzbarkeit können auch Baumstrukturen modelliert werden.

Aus der allgemeinen Benutzbarkeit ergibt sich *nicht* notwendigerweise eine Einteilung eines Software-Systems in unterschiedliche Abstraktionsschichten. Es wird nur festgelegt, dass ein allgemein verwendbares Modul im Abstraktionsniveau tiefer anzusiedeln ist. Abb. 3.13-12 zeigt zwei alternative Möglichkeiten.

Prinzipiell kann man mit der allgemeinen Benutzbarkeit die Architektur eines jeden Software-Systems modellieren. Verzichtet man jedoch auf die Enthaltenseins-Beziehung, dann verzichtet man auf folgende Vorteile:

Vorteile der Enthaltenseins-Beziehung

- Durch die Enthaltenseins-Beziehung kann das Geheimnisprinzip auf der Architekturebene genutzt werden.
- Ein Modul, das nur eine spezielle Bedeutung hat, ist nicht sichtbar, wenn man das entsprechende Teilsystem betrachtet.
- Eine Bibliothek, die allgemeine Module enthält, wird nicht mit speziellen Modulen belastet.
- Rekursive Programmsysteme sind übersichtlich modellierbar.

In Abhängigkeit von der Problemstellung ist die eine oder andere Modulbeziehung dominant.

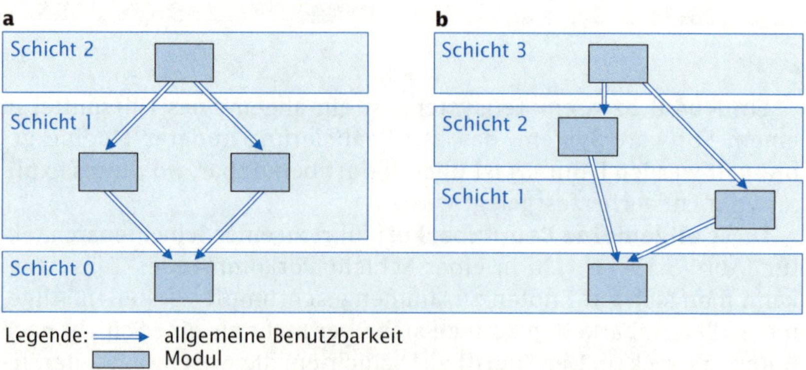

Abb. 3.13-12: Allgemeine Benutzbarkeit und Abstraktionsniveaus

3.13.6 Modulare Entwurfsmethoden

Der **modulare Entwurf *(modular design, MD)*** verwendet funktionale Module, abstrakte Datenobjektmodule und abstrakte Datentypmodule, um eine Software-Architektur aufzubauen. In Abhängigkeit von den vorliegenden Ergebnissen aus der Definitionsphase gestaltet sich die modulare Entwurfstätigkeit unterschiedlich.

Liegt ein SA-Modell vor, dann wird dieses Modell meist nur als informelle Vorlage verwendet, und der Entwurf wird völlig neu erstellt. Oder es werden die Transformationsregeln des Abschnittes 3.13.8 verwendet, um zu einem ersten Entwurf zu kommen. SA

Liegt ein ER- oder OOA-Modell vor, dann können diese Modelle als Basis für Datenabstraktionen verwendet werden. ER, OOA

Nimmt man die Vorgaben aus der Definitionsphase nur als informelle Vorgaben, dann kann man einen

- *top-down*-Entwurf oder einen
- *bottom-up*-Entwurf

durchführen.

Beim ***top-down*-Entwurf** wird mit dem Entwurf auf der höchsten abstrakten Ebene oder Schicht begonnen. Anschließend wird jede Ebene oder Schicht weiter verfeinert. Dies geschieht so lange, bis alle Ebenen oder Schichten bei Basismodulen angelangt sind, deren Leistungen durch die zugrunde liegende Basissoftware realisiert werden können. *top-down*

Beim ***bottom-up*-Entwurf** werden zunächst die Module auf der niedrigsten abstrakten Ebene entworfen. Aufbauend auf diesen Moduln werden dann die Module der nächsthöheren abstrakten Ebene oder Schicht entwickelt. Sind Module von vorangegangenen Entwicklungen z. B. in einem Produktarchiv vorhanden, dann werden beim *bottom-up*-Entwurf aus diesen vorhandenen Modulen nach und nach höhere abstrakte Ebenen zusammengebaut. *bottom-up*

Entwurf und Implementierung werden bei beiden Methoden oft verzahnt abgewickelt.

Beim *top-down*-Entwurf entsteht oft eine baumartige Software-Architektur. Es besteht die Gefahr, allgemeine Module nicht zu erkennen. Muss eine solche Architektur später geändert werden, dann ist der Aufwand beträchtlich.

Beim *bottom-up*-Entwurf wird eher mit der allgemeinen Benutzbarkeit modelliert. Stellt sich heraus, dass ein allgemeines Modul nicht allgemein genug ist, dann »verschmutzt es nur die Umwelt«. Die Architektur lässt sich leichter korrigieren.

Beim *top-down*-Entwurf werden dementsprechend eher funktionale Module bevorzugt, beim *bottom-up*-Entwurf eher Datenabstraktionsmodule.

Beim *top-down*-Entwurf ist daher die Gefahr größer, dass nicht erkannte Datenabstraktionen bei einer Verbesserung große Architekturänderungen nach sich ziehen. Das *top-down*-Vorgehen wirft insbesondere dann Probleme auf, wenn ein Software-System für eine bestimmte Problemklasse zum ersten Mal realisiert wird.

Tendenziell findet man funktionale Module verstärkt in den oberen Schichten einer Software-Architektur, die Datenabstraktionsmodule eher in den unteren.

Das liegt daran, dass in den oberen Schichten z.B. Steuerungen und Dialogabläufe modelliert werden. Dies ist der Anwendungsbereich funktionaler Module. Basisdienste haben demgegenüber oft Buchhaltungs- und Sammlungscharakter. Dafür benötigt man verkapselte Datenstrukturen.

In den oberen Schichten wird mehr die Enthaltensseins-Hierarchie verwendet, in den unteren Schichten mehr die allgemeine Benutzbarkeit.

Auch dies leuchtet ein, da man oben stets ein einziges Modul, nämlich das Hauptprogramm, hat, von dem aus verzweigt wird. Die darunter angeordneten Module dienen der speziellen Steuerung eines Software-Systems und sind damit spezifisch für das jeweilige System. Am unteren Ende stützt man sich dagegen auf gemeinsame und allgemein verfügbare Basisdienste ab. Man kann daher auch von einem **Zwiebelmodell** als grobe Sicht auf eine Gesamtarchitektur sprechen (Abb. 3.13-13).

Gütekriterien für den modularen Entwurf werden im Hauptkapitel III 6 behandelt.

Abb. 3.13-13: Zwiebelmodell einer modularen Architektur

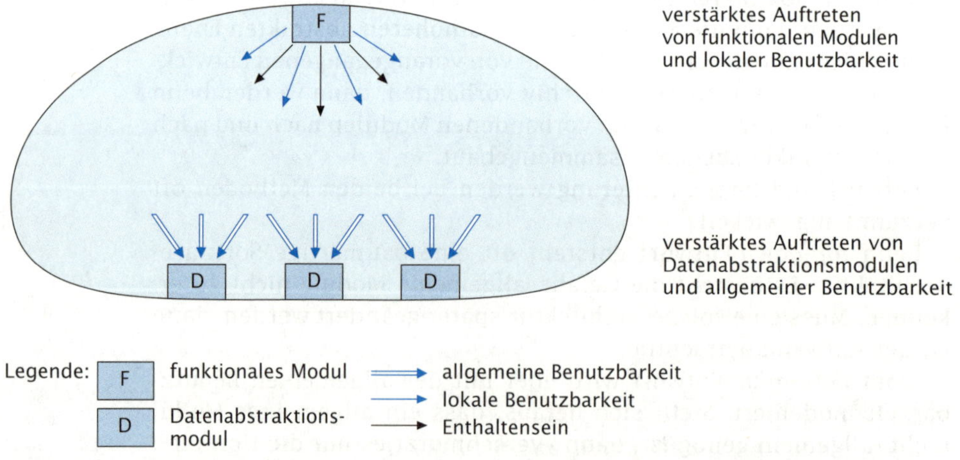

3.13.7 Modularer Entwurf vs. Objektorientierter Entwurf

Hinweis: Diese Ausführungen orientieren sich an /Nagl 90/.

Obwohl der objektorientierte Entwurf auf den ersten Blick nur wie eine Weiterentwicklung des modularen Entwurfs aussieht, hat insbesondere das Vererbungskonzept doch gravierende Auswirkungen auf die Software-Architektur.

Die behandelten Entwurfskonzepte für Systemkomponenten sind in Abb. 3.13-14 nochmals dargestellt. Tab. 3.13-4 zeigt einen Vergleich zwischen dem modularen und dem objektorientierten Entwurf.

Die Enthaltenseins-Beziehung und die Vererbung haben nichts miteinander zu tun, obwohl beide zu Baumhierarchien führen:

- Die Enthaltenseins-Beziehung schützt lokale, nur an einer Stelle benötigte Module vor Benutzbarkeit von außen.
- Bei der Vererbung sind alle speziellen Klassen Allgemeingut.

Der Unterschied zwischen der allgemeinen Benutzbarkeit und der Vererbung veranschaulicht Abb. 3.13-15. Betrachtet man die Vererbung als Generalisierung und vergleicht die Generalisierung mit der allgemeinen Benutzbarkeit, dann stellt man fest, dass die Generalisierung eine spezielle Ausprägung der allgemeinen Benutzbarkeit ist (Abb. 3.13-16).

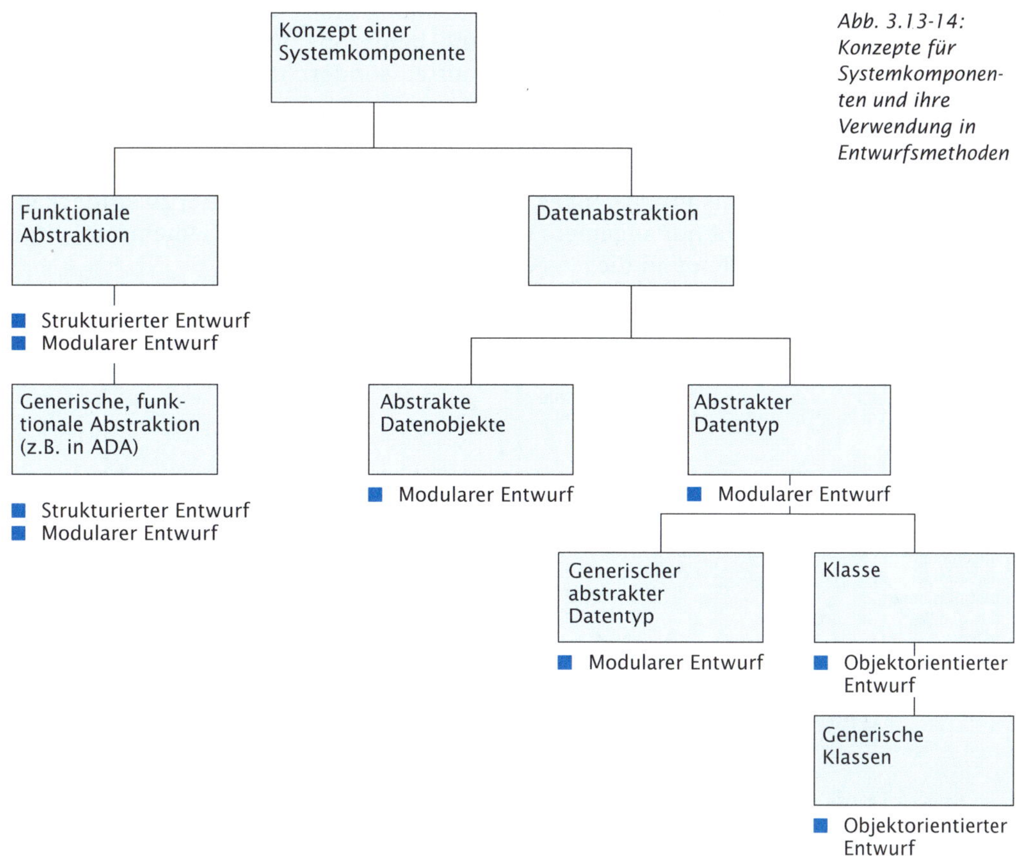

Abb. 3.13-14: Konzepte für Systemkomponenten und ihre Verwendung in Entwurfsmethoden

Bei der allgemeinen Benutzbarkeit verwendet ein Modul B ein anderes Modul A, um seine Dienstleistungen leichter zu realisieren. Das Modul A kann ein beliebiges Hilfsmittel sein, Hauptsache es erleichtert die Realisierung des Moduls B. Die Module B und C können daher logisch völlig unabhängig sein. Sie benutzen lediglich ein ge-

Tab. 3.13-4: Vergleich modularer vs. objektorientierter Entwurf

Modularer Entwurf	Objektorientierter Entwurf
■ Funktionale Abstraktion	■ Nur als Operationen innerhalb von Klassen
■ Abstrakte Datenobjekte	■ Objekt (Zeigersemantik)
■ Abstrakter Datentyp	■ Klasse
■ Generischer abstrakter Datentyp	■ Generische bzw. parametrisierte Klasse
■ Baumstruktur durch Enthaltenseins-Beziehung	■ Baumstruktur durch Vererbung
■ Schichten durch allgemeine Benutzbarkeit	

meinsames Hilfsmittel. Sie können in der Architektur auf verschieden logischen Niveaus angeordnet sein.

Bei der Generalisierungsbeziehung sind die Klassen B und C jedoch verwandt, denn sie sind beide Spezialisierungen von A. A ist nicht ein beliebiges Hilfsmittel, sondern das Gemeinsame von B und C.

Das Konzept der Generalisierung bzw. Spezialisierung beruht auf einem anderen Ansatz als die allgemeine Benutzbarkeit. Bei der Generalisierung geht es darum, allgemeine Hilfsmittel zu entdecken, die nicht nur allgemein nützlich sind, sondern die Gemeinsamkeiten darstellen und diese geeignet benutzen.

Abb. 3.13-15: Allgemeine Benutzbarkeit vs. Vererbung

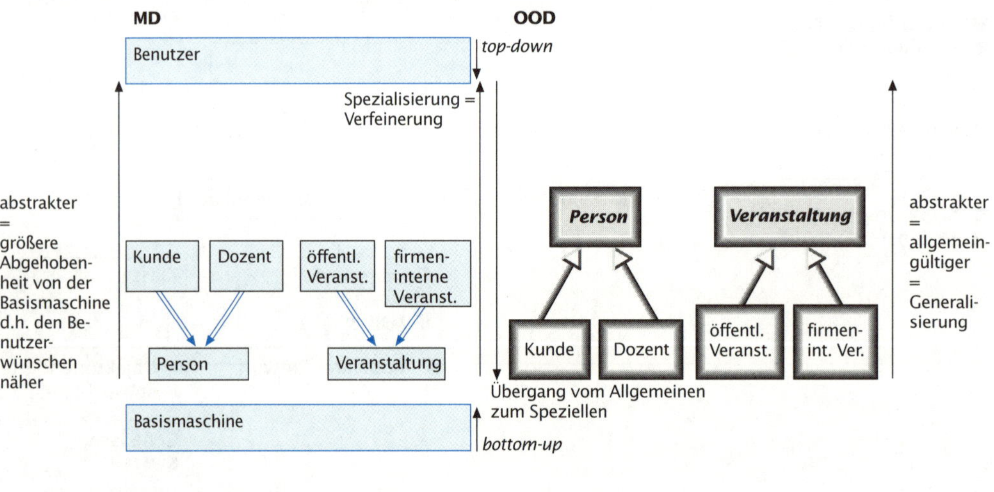

Abb. 3.13-16: Vergleich von allgemeiner Benutzbarkeit und Generalisierung

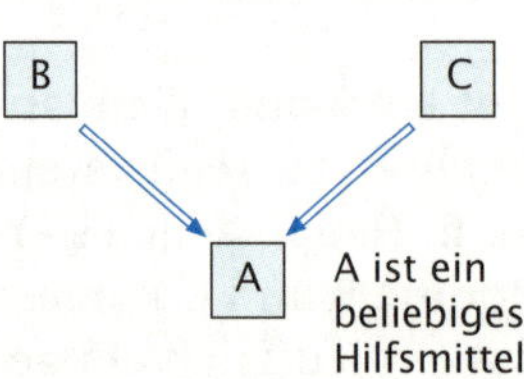

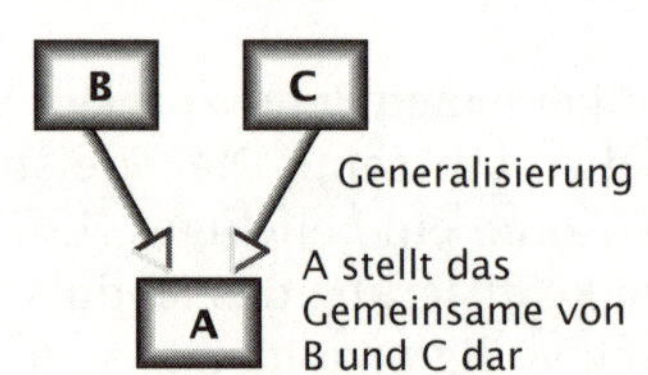

Abstrakter Datentyp Es wird ein Typ mit Zugriffsoperationen definiert. Es können dann abstrakte Datenobjekte (Exemplare, Instanzen) von diesem Typ erzeugt werden. Auf diesen Datenobjekten sind dann die Zugriffsoperationen erlaubt, die beim Typ definiert wurden. Im Gegensatz zum →abstrakten Datenobjekt sind beim abstrakten Datentyp Typdeklaration und Objektdeklaration getrennt. Vergleichbar mit einer Klasse in der objektorientierten Welt.

Abstraktes Datenobjekt Stellt dem Anwender eine Leistung in Form von Zugriffsoperationen zur Verfügung, die auf ein internes Gedächtnis zugreifen. Mit der Beschreibung der Zugriffsoperationen ist gleichzeitig die Deklaration genau eines Exemplars verbunden. Vergleichbar mit einem Objekt in der objektorientierten Welt. Werden mehrere Exemplare benötigt, dann muss ein →abstrakter Datentyp verwendet werden.

ADT →abstrakter Datentyp

Algebraische Spezifikation Formales Verfahren, um gegenseitige Abhängigkeiten zwischen Zugriffsoperationen von → abstrakten Datenobjekten und →abstrakten Datentypen zu beschreiben.

Datenabstraktion Zusammenfassung von Zugriffsoperationen, die auf gemeinsamen Daten arbeiten, zu einer Einheit. Die gemeinsamen Daten bilden das interne Gedächtnis und sollten außerhalb der Datenabstraktion nicht sichtbar sein (Geheimnisprinzip). Die Lebensdauer des internen Gedächtnisses geht über die Aufrufdauer der einzelnen Zugriffsoperationen hinaus. Man unterscheidet → abstrakte Datenobjekte und →abstrakte Datentypen.

Datenobjekt-Modul Realisiert ein → abstraktes Datenobjekt; passive Programmeinheit. Identische Eingabedaten führen nur dann zu identischen Ausgabedaten, wenn das interne Gedächtnis denselben Zustand hat.

Datentyp-Modul Beschreibt einen →abstrakten Datentyp. Exemplare können statisch und dynamisch erzeugt werden.

Funktionale Abstraktion Stellt dem Anwender eine Leistung in Form einer abstrakten Funktion, Operation oder Prozedur zur Verfügung, so dass diese ohne Kenntnis der Implementierung in Anspruch genommen werden kann. Der Informationsaustausch erfolgt über Ein- und Ausgabeparameter.

Funktionales Modul Realisiert ein oder mehrere →funktionale Abstraktionen. Transformiert Eingabedaten in Ausgabedaten. Identische Eingabedaten führen immer zu identischen Ausgabedaten, d.h., es existiert kein »internes Gedächtnis«. Besteht aus einer Schnittstelle und einem Rumpf.

MD →Modularer Entwurf

modular design →Modularer Entwurf

Modularer Entwurf Entwurfsmethode, die zu einer Software-Architektur führt, die aus funktionalen Modulen, →Datenobjekt-Modulen und →Datentyp-Modulen besteht. Die Struktur der Architektur besteht aus Schichten und/oder Bäumen.

structure charts →Strukturdiagramme

Strukturdiagramme Grafische Darstellungstechnik, die es erlaubt, →funktionale Module, ihre Aufrufbeziehungen und Datenflüsse darzustellen. Zusätzlich können textuelle Modulspezifikationen erstellt werden.

Strukturierter Entwurf Entwurfsmethode, die zu einer Software-Architektur führt, die aus →funktionalen Modulen besteht. Die Struktur der Architektur ist ein Baum oder ein azyklisches Netz. Die Beschreibung erfolgt durch →Strukturdiagramme.

structured design →Strukturierter Entwurf

SD →Strukturierter Entwurf

Der strukturierte Entwurf *(structured design*, SD) gibt eine Methode an, wie eine Software-Architektur bestehend aus funktionalen Modulen erstellt werden kann. SD

Funktionale Module realisieren eine oder mehrere funktionale Abstraktionen und sind daher in der Lage, Steuerungs- und Koordinationsaufgaben, Transformations- und Auswertungsaufgaben sowie Hilfsdienste zu erledigen.

Strukturdiagramme *(structure charts)* erlauben es, Software-Architekturen, bestehend aus funktionalen Modulen, grafisch und textuell zu beschreiben. Die Grafik stellt die Software-Architektur übersichtlich dar.

Liegt aus der Definitionsphase ein SA-Modell vor, dann kann durch eine Transformations-Analyse eine Umsetzung in einen strukturierten Entwurf erfolgen.

MD Der modulare Entwurf verwendet

- funktionale Module,
- Datenobjekt-Module und
- Datentyp-Module,

um die Systemkomponenten einer Software-Architektur zu modellieren.

Datenobjekt-Module und Datentyp-Module ermöglichen in unterschiedlicher Weise die Datenabstraktion.

Ein Datenobjekt-Modul realisiert ein abstraktes Datenobjekt, das folgende Eigenschaften besitzt:

- Es ist passiv.
- Es verwaltet die Ablage von Daten (internes Gedächtnis), auf die über Zugriffsoperationen zugegriffen wird.
- Es wird durch seine Beschreibung kreiert, d.h. mit der Beschreibung ist gleichzeitig die Deklaration genau eines Exemplars verbunden.

Ein Datentyp-Modul realisiert einen abstrakten Datentyp (ADT), der folgende Charakteristika besitzt:

- Er ist passiv.
- Typdeklaration und Variablendeklaration sind getrennt.
- Es können beliebig viele Exemplare erzeugt werden.
- Er kann mit formalen Parametern versehen werden.

algebraische Spezifikation

Die Abhängigkeiten zwischen den Zugriffsoperationen können mit Hilfe der algebraischen Spezifikation beschrieben werden.

Die Systemkomponenten einer Software-Architektur stehen untereinander in Beziehungen. Beim modularen Entwurf lassen sich folgende Beziehungstypen unterscheiden:

- Benutzbarkeitsbeziehung (Importbeziehung)
- allgemeine Benutzbarkeit
- lokale Benutzbarkeit
- Enthaltensseins-Beziehung (bei blockstrukturierten Programmiersprachen).

Vorgehensweise

Die Erstellung einer modularen Software-Architektur kann durch einen

- *top-down*-Entwurf oder einen
- *bottom*-up-Entwurf

erfolgen.

/Nagl 90/
Nagl M., *Softwaretechnik: Methodisches Programmieren im Großen*, Berlin: Springer-Verlag, 1990.
Ausführliches und grundlegendes Buch zum modularen Entwurf.
/Page-Jones 88/
Page-Jones M., *The Practical Guide to Structured Systems Design*, Englewood Cliffs: Prentice Hall, 1988, 368 Seiten (1. Auflage 1980).
Ausführliche Beschreibung des strukturierten Entwurfs einschließlich der Entwurfskriterien. Darstellung der Transaktions- und Transformationsanalyse.
/Stevens et al. 74/
Stevens W.P., Myers G.J., Constantine L.L., *Structured Design*, in: IBM Systems Journal, No. 2, 1974, S. 115–139.
Alle Elemente des strukturierten Entwurfs und der Strukturdiagramme sind in diesem Artikel beschrieben.

Zitierte Literatur

/Booch 87/
Booch G., *Software Components with ADA*, Menlo Park: Benjamin/Cummings, 1987.
/Buhr 84/
Buhr R. J. A., *System Design with Ada*, Englewood Cliffs: Prentice Hall, 1984.
/Goguen, Thatcher, Wagner 76/
Goguen J. A., Thatcher J. W., Wagner E. G., *An Initial Algebra Approach to the Specification, Correctness and Implementation of Abstract Data Types*, in: Current Trends in Programming Methodolgy, Englewood Cliffs: Prentice Hall, 1978, S. 80–144.
/Guttag 77/
Guttag J., *Abstract Data Types and the Development of Data Structures*, in; Communications of the ACM, Vol. 20, No. 6, June 1977, S. 396–404.
/Guttag, Horowitz, Musser 77/
Guttag J., Horowitz E., Musser D. R., *Some Extensions to Algebraic Specifications*, in: Sigplan, Vol. 12, No. 3, March 1977, S. 63–67.
/Liskov, Zilles 74/
Liskov B. H., Zilles S., *Programming with Abstract Data Types*, in: Sigplan, Vol. 9, No. 4, 1974, S. 50–59.
/Myers 75/
Myers G.J., *Reliable Software Through Composite Design*, New York: van Nostrand Reinhold Company, 1975.
/Myers 78/
Myers G.J., *Composite/Structured Design*, New York: van Nostrand Reinhold Company, 1978.
/Page-Jones 88/
Page-Jones M., *The Practical Guide to Structured Systems Design,* Englewood Cliffs: Prentice Hall, 1988.
/Solsi, Jones 91/
Solsi S. C., Jones E. L., *Simple Yet Complete Heuristics for Transforming Data Flow Diagrams into Booch Style Diagrams*, in: Ada Letters, March/April 1991, S. 115–127.
/Stevens 81/
Stevens W.P., *Using Structured Design*, New York: John Wiley & Sons, 1981.
/Sully 93/
Sully P., *Modelling the World with Objects*, Englewood Cliffs: Prentice Hall, 1993.
/Tempelmeier 91/
Tempelmeier T., *Eine kritische Bewertung der Software-Entwurfsmethode HOOD*, in: Proceedings Fachtagung Prozeßrechensysteme '91, Berlin, 1991.

/Ward, Mellor 85/
Ward P., Mellor S., *Structured Development for Real-Time-Systems*, Englewood Cliffs: Yourdon Press, 1985 (Vol. 3).

/Wasserman, Pircher, Muller 90/
Wasserman A. I., Pircher P. A., Muller R. J., *The Object-Oriented Structured Design Notation for Software Design Representation*, in: IEEE Computer, March 1990, S. 50–63.

/Yourdon, Constantine 79/
Yourdon E.N., Constantine L.L., *Structured Design*, Englewood Cliffs: Prentice Hall, 1979.

/Zilles 75/
Zilles S. N., *Data Algebra: a Specification Technique for Data Structures*, PhD Dissertation, Projekt MAC, MIT Cambridge/Mass., 1975.

Hinweis Zu dieser Lehreinheit gibt es nur Wissens- und Verstehensaufgaben, die sich auf der CD-ROM 1 befinden.

4 Die Implementierungsphase

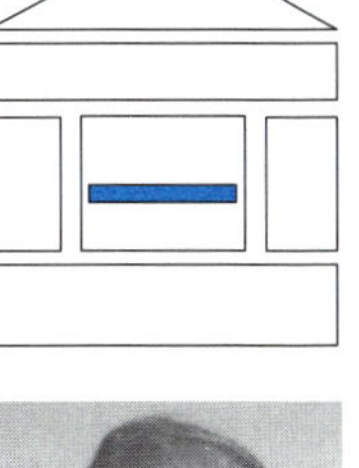

- Aufgaben, Prinzipien und Methoden der Implementierungsphase nennen und erläutern können.
- Die behandelten Aspekte zur Psychologie des Programmierens aufzählen und erklären können.
- Beispiele für typische Programmierfehler angeben und auf ihre Ursachen zurückführen können.
- Die Methode des selbstkontrollierten Programmierens schildern können.
- Die beschriebenen Heuristiken erläutern können.
- Ein gegebenes Programm daraufhin überprüfen können, ob die vorgestellten Implementierungsprinzipien eingehalten wurden.
- Die vorgestellten Implementierungsprinzipien bei der Erstellung eines Programms berücksichtigen können.

Prof. Dr. Niklaus Wirth, *1934 in Winterthur, Schweiz; Erfinder der Programmiersprachen Pascal (1970), Modula-2 (1982) und Oberon (1989), der Computersysteme Lilith (1980) und Ceres (1986) zusammen mit ihren Betriebssystemen; Wegbereiter der strukturierten Programmierung und der schrittweisen Verfeinerung (1971); Studium der Elektrotechnik an der ETH Zürich (1958), Promotion an der *University of California at Berkeley* (1963), *Assistant Professor* am *Computer Science Department at Stanford University* (1963–1967), Assistenzprofessor an der Universität Zürich (1967–1968), Professor an der Universität und der ETH Zürich (1968–1972), Professor an der ETH Zürich (seit 1972); mehrfacher Ehrendoktor, Emanuel Priore Award der IEEE, M. Turing Award der ACM u. a.

- Das Kapitel 3.1 »Die Entwurfsphase – Einführung und Überblick« sollte bekannt sein.
- Das Kapitel 2.13 »Kontrollstrukturen« muss bekannt sein.

i

4.1 Einführung und Überblick

Implementierung

Aufgabe des Programmierens ist es, aus vorgegebenen Spezifikationen für eine Systemkomponente diese zu implementieren, d.h., die geforderten Leistungen in Form eines oder mehrerer Programme zu realisieren. Die Programmiertätigkeiten werden in der **Implementierungsphase** durchgeführt. Sie ist eingebettet zwischen der Entwurfsphase und der Abnahme- & Einführungsphase (Abb. 4.1-1).

Voraussetzung

Die Ergebnisse der Entwurfsphase bilden den Ausgangspunkt der **Implementierung**. Es wird davon ausgegangen, dass in der Entwurfsphase eine Software-Architektur entworfen wurde, die zu geeigneten Systemkomponenten geführt hat. In Abhängigkeit von der gewählten Entwurfsmethode kann eine Systemkomponente folgendermaßen aussehen:

System-komponente

- Objektorientierter Entwurf:
  - Klassen
- Modularer Entwurf:
  - funktionales Modul
  - Datenobjekt-Modul
  - Datentyp-Modul
- Strukturierter Entwurf:
  - funktionales Modul

Für jede Systemkomponente existiert eine Spezifikation. Insbesondere ist die Software-Architektur so ausgelegt, dass die Implementierungen umfangsmäßig pro Operation, Zugriffsoperation bzw. Funktion wenige Seiten nicht überschreiten.

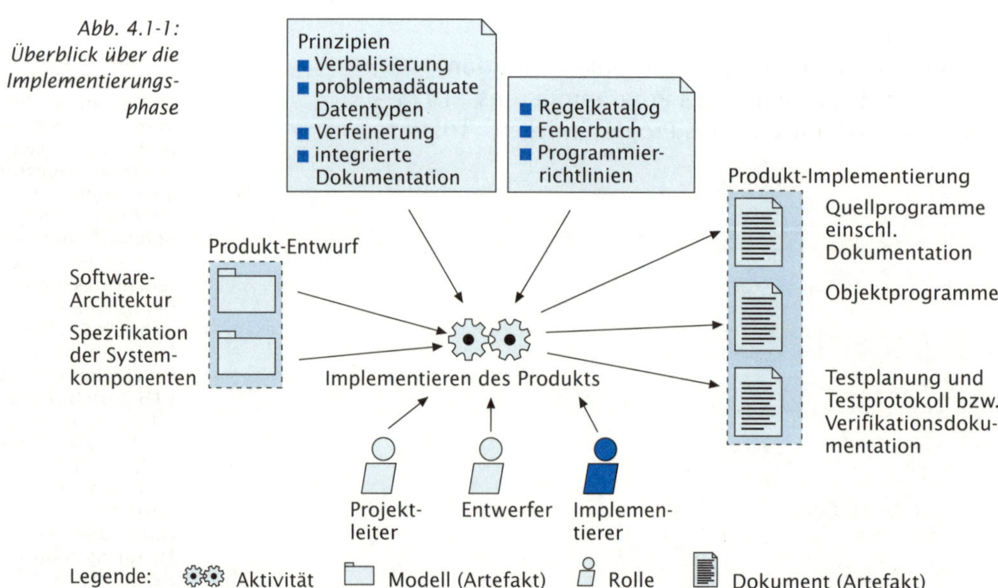

Abb. 4.1-1: Überblick über die Implementierungsphase

Die Tätigkeit **Implementieren des Produktes** beinhaltet u.a. folgende Einzelaktivitäten: Aktivitäten

- Konzeption von Datenstrukturen und Algorithmen,
- Strukturierung des Programms durch geeignete Verfeinerungsebenen,
- Dokumentation der Problemlösung und der Implementierungsentscheidungen durch geeignete Verbalisierung und Kommentierung,
- Umsetzung der Konzepte in die Konstrukte der verwendeten Programmiersprache,
- Angaben zur Zeit- und Speicherkomplexität des Programms in Abhängigkeit von den Eingabegrößen,
- Test oder Verifikation des entwickelten Programms einschließlich Testplanung und Testfallerstellung bei Anwendung einer Testmethode.

Unter den oben aufgeführten Voraussetzungen bezeichnet man diese Tätigkeiten auch als **»Programmieren im Kleinen«**. Die Konzeption von Datenstrukturen und Algorithmen wird auch Modulentwurf bzw. Systemkomponentenentwurf genannt.

Die Ergebnisse der Implementierungstätigkeiten müssen sich in folgenden Teilprodukten niederschlagen: Teilprodukte

- Quellprogramm einschließlich integrierter Dokumentation,
- Objektprogramm,
- Testplanung und Testprotokoll bzw. Verifikationsdokumentation.

Alle Teilprodukte aller Systemkomponenten müssen integriert und einem Systemtest unterzogen werden. Die integrierten Teilprodukte zusammen mit den in den Vorgängerphasen erstellten Dokumenten ergeben zusammen das Gesamtprodukt. Integration, Systemtest Gesamtprodukt

Bei der Überprüfung der erstellten Produktimplementierung werden konventionelles Testen, Programm-Verifikation, symbolisches Testen und/oder manuelle Prüfmethoden eingesetzt. Die Überprüfung wird in den Hauptkapiteln III 4, 5 und 6 behandelt. Überprüfung Hauptkapitel III 4, 5, 6

Werden Entwurf und Implementierung verzahnt ausgeführt, dann werden die Teilprodukte der Implementierungsphase nach der Überprüfung zur Integration an die Entwurfsphase zurückgereicht. Das fertiggestellte und überprüfte Gesamtprodukt wird an die Abnahme- & Einführungsphase übergeben. Verzahnung

Verantwortlich für die Aktivitäten ist der Implementierer: beteiligte Rollen Kapitel 1.1

- **Implementierer/Programmierer/Algorithmenkonstrukteur**
  Aufgaben: Realisierung der Software-Architektur durch Programmierung der fachlichen Funktionen und Anpassung an die Umgebung.

Zur Implementierung der Systemkomponenten werden die Basiskonzepte Kapitel 2.13, 2.14

- Kontrollstrukturen und
- Entscheidungstabellen

verwendet.

Abschnitt 2.13.2

Prinzipien

Bei der Implementierung sollten eine Reihe von Prinzipien eingehalten werden (Kapitel 4.2).

Psychologie des Programmierens

Programmierfehler werden meist durch menschliche Denkstrukturen und -prinzipien verursacht. Die Psychologie des Programmierens kümmert sich um die Ursachen (Kapitel 4.3). Die Vermeidung von Fehlern und Denkfallen kann durch selbstkontrolliertes Programmieren unterstützt werden (Kapitel 4.4).

selbstkontrolliertes Programmieren

Richtlinien

Richtlinien und Empfehlungen sind oft erforderlich, um Schwächen von Programmiersprachen auszugleichen und um einen einheitlichen Programmierstil zu erreichen.

4.2 Prinzipien der Implementierung

Teil IV

Bei der Implementierung sollten folgende Prinzipien eingehalten werden:

- Prinzip der Verbalisierung,
- Prinzip der problemadäquaten Datentypen,
- Prinzip der Verfeinerung,
- Prinzip der integrierten Dokumentation.

Im Folgenden werden diese Prinzipien näher erläutert.

4.2.1 Prinzip der Verbalisierung

Verbalisierung

Verbalisierung bedeutet, Gedanken und Vorstellungen in Worten auszudrücken und damit ins Bewusstsein zu bringen. Bezogen auf die Entwicklung eines Programms soll Verbalisierung dazu dienen, die Ideen und Konzepte des Programmierers im Programm möglichst gut sichtbar zu machen und zu dokumentieren. Eine gute Verbalisierung kann erreicht werden durch:

- aussagekräftige, mnemonische Namensgebung,
- geeignete Kommentare,
- selbstdokumentierende Programmiersprache.

Für die Verständlichkeit eines Programms ist eine geeignete Wahl der **Bezeichner** *(identifier)* für Klassen, Attribute, Konstruktoren und Operationen entscheidend. Sie sollen die Funktion dieser Größe bzw. ihre Aufgabe zum Ausdruck bringen. Bezeichner, die problemfrei sind oder technische Aspekte z.B. der Repräsentation bezeichnen, sind zu vermeiden. Die in der Mathematik übliche Verwendung einzelner Buchstaben ist ebenfalls ungeeignet.

Beispiele

a `Feld1, Feld2, Zaehler:` problemfreie, technische Bezeichner
Besser:
`Messreihe1, Messreihe2, Anzahlzeichen:` problembezogene Bezeichner

b `P = G2 + Z1 * D:` Bezeichner ohne Aussagekraft, zu kurz
Besser:
```
Praemie = Grundpraemie2 + Zulage1 * Dienstjahre;
```

c `Praemie = 50.0 + 10.0 * Dienstjahre:` unverständliche Konstanten
Besser:
```
final float Grundpraemie2 = 50.0;
final float Zulage1 = 10.0;
Praemie = Grundpraemie2 + Zulage1 * Dienstjahre;
```

Durch die Verwendung benannter Konstanten wird die Lesbarkeit eines Programms deutlich verbessert. Zusätzlich wird das Programm dadurch auch änderungsfreundlicher.

Kurze Bezeichner sind nicht aussagekräftig und außerdem wegen der geringen Redundanz anfälliger gegen Tippfehler und Verwechslungen. Der erhöhte Schreibaufwand durch lange Bezeichner wird durch die Vorteile mehr als ausgeglichen.

Kommentare

Die Verbalisierung wird ebenfalls durch geeignete **Kommentare** unterstützt (siehe auch Abschnitt 4.2.4).

else-Teil

Als vorteilhaft hat sich erwiesen, den ***else***-Teil einer Auswahl zu kommentieren. Als Kommentar wird angegeben, welche Bedingungen im ***else***-Teil gelten.

Beispiel

```
if (A < 5)
{ ...}
else //A >= 5
{ ...}
```

Kurzkommentare sollten vermieden werden. Die in ihnen enthaltene Information ist meist besser in Namen unterzubringen.

Beispiel

```
I = I + 1; //I wird um Eins erhöht
```
Besser:
```
Lagermenge = Lagermenge + 1;
```

Besonders wichtige Kommentare können auch in einem Kommentarkasten untergebracht und damit hervorgehoben werden.

selbstdokumentierende Sprache

Der Grad der Kommentierung wird auch dadurch bestimmt, inwieweit die verwendete Programmiersprache selbstdokumentierende Programmierung fördert. Wichtige Anforderungen an Programmiersprachen sind daher die Selbsterklärung der Sprache und die Lesbarkeit der Programme.

ADA gilt in dieser Beziehung als vorbildlich, Java und C++ als schlechte Beispiele.

Syntax

Für den Aufbau von Bezeichnern gibt es in jeder Programmiersprache eine festgelegte Syntax.

Richtlinien, Konventionen für Bezeichner

Unabhängig von der erlaubten Syntax sind jedoch weitere Regeln und Konventionen einzuhalten, um gut lesbare Programme zu erhalten. Dadurch wird es nicht nur für den Autor, sondern auch für ande-

Weiterführende Literatur: /Wendorff 97/, /Wahn 96/

re Personen, die sich in ein Programm einarbeiten wollen, leichter verständlich (Abb. 4.2-1). 

Abb. 4.2-1: Richtlinien und Konventionen für Bezeichner in Java

1 Bezeichner *(identifier)* sind natürlichsprachliche oder problemnahe Namen oder verständliche Abkürzungen solcher Namen.

2 Jeder Bezeichner beginnt mit einem Buchstaben: der Unterstrich (_) wird *nicht* verwendet.

3 Bezeichner enthalten *keine* Leerzeichen.
Ausnahme: UML-Notation, müssen aber bei der Transformation in Java-Programme entfernt werden.

4 Generell ist Groß-/Kleinschreibung zu verwenden.

5 Zwei Bezeichner dürfen sich *nicht* nur bezüglich der Groß-/Kleinschreibung unterscheiden.

6 Es wird entweder die deutsche *oder* die englische Namensgebung verwendet.
Ausnahme: Allgemein übliche englische Begriffe, z.B. *push*.

7 Wird die deutsche Namensgebung verwendet, dann ist auf Umlaute und »ß« zu verzichten.
Ausnahme: UML-Notation, müssen aber bei der Transformation in Java-Programme ersetzt werden.

8 Besteht ein Bezeichner aus mehreren Wörtern, dann beginnt jedes Wort mit einem Großbuchstaben, z.B. `AnzahlWorte`. Unterstriche werden *nicht* zur Trennung eingesetzt.

9 **Klassennamen**
- beginnen immer mit einem Großbuchstaben,
- bestehen aus einem Substantiv im Singular, zusätzlich kann ein Adjektiv angegeben werden, z.B. Seminar, öffentliche Ausschreibung (in UML),
- die für eine GUI-Klasse stehen, enthalten das Suffix GUI.

10 **Objektnamen**
- beginnen immer mit einem Kleinbuchstaben,
- enden in der Regel mit dem Klassennamen, z.B. `einKunde`,
- beginnen bei anonymen Objekten mit `ein`, `erster`, `a` usw., z.B. `aPoint`, `einRechteck`
- von GUI-Interaktionselementen beginnen kleingeschrieben mit zugeordneten Attributnamen der Fachkonzeptklasse gefolgt von dem Namen des Interaktionselements, z.B. `nameTextfeld`, `nameFuehrungstext`, `speichernDruckknopf` usw.

11 **Attributnamen**
- beginnen im Englischen immer mit einem Kleinbuchstaben, um eine Verwechslungsgefahr mit Klassen auszuschließen, z.B. `hotWaterLevel`, `nameField`, `eyeColor`,
- beginnen im Deutschen mit einem Großbuchstaben, da sonst gegen die Lesegewohnheiten verstoßen wird.
- sind detailliert zu beschreiben, z.B. `ZeilenZähler` (in UML), `WindGeschw`, `Dateistatus`.

12 **Operationsnamen**
- beginnen immer mit einem Kleinbuchstaben,
- beginnen in der Regel mit einem Verb, gefolgt von einem Substantiv, z.B. `drucke`, `aendere`, `zeigeFigur`, `leseAdresse`, `verschiebeRechteck`.
- heißen `getAttributname`, wenn nur ein Attributwert eines Objektes gelesen wird,
- lauten `setAttributname`, wenn nur ein Attributwert eines Objektes gespeichert wird,
- heißen `isAttributname`, wenn das Ergebnis nur wahr *(true)* oder falsch *(false)* sein kann, z.B. `isVerheiratet`, `isVerschlossen`.

4.2.2 Prinzip der problemadäquaten Datentypen

Ein Problem soll so gelöst werden, dass sich die dem Problem innewohnenden Daten- und Kontrollstrukturen in der programmiersprachlichen Lösung möglichst unverfälscht widerspiegeln. Dazu ist es erforderlich, dass die verwendete Programmiersprache bezogen auf Datenstrukturen

Anforderungen an Sprache

- ein umfangreiches Repertoire an Basistypen zur Verfügung stellt,
- über geeignete Typkonstruktoren verfügt und
- benutzerdefinierbare Typen ermöglicht.

Die Aufgabe des Programmierers besteht darin, das Angebot an Konzepten einer Programmiersprache optimal zur problemnahen Lösungsformulierung zu verwenden.

Regeln

Folgende Regeln sollten beachtet werden:

- Können die Daten durch Basistypen beschrieben werden, dann ist der geeignete Basistyp auszuwählen. Der Wertebereich sollte so festgelegt werden, dass er möglichst genau das Problem widerspiegelt – unter Umständen durch Einschränkungen des Basistyps.

Beispiele

```
enum FamilienstandT {ledig, verheiratet, geschieden, verwitwet};
enum GeschlechtT {weiblich, maennlich};
enum AmpelT {rot, gruen, gelb};
enum SteuerschluesselT {ohne_Steuer, Vorsteuer, halbe_MwSt,
    volle_MwSt};
enum WeinpraedikateT {Kabinett, Spaetlese, Auslese,
    Beerenauslese, Trockenbeerenauslese};
enum BauteiltypT {R, L, C, U, I};
```

Die Fakultät n! ist nur für nichtnegative ganze Zahlen n definiert. Daher sollte auch der Basistyp entsprechend gewählt werden:

```
unsigned long NFAK (unsigned long n);
```

OOP Abschnitt 2.8.4

Bei der objektorientierten Software-Entwicklung sollten bereits in der Analyse und im Entwurf die Typen von Attributen durch elementare Klassen modelliert werden. Dies gilt auch für Aufzählungstypen.

- Der Typkonstruktor Feld ist zu verwenden, wenn möglichst viele der folgenden Merkmale zutreffen.

a Zusammenfassung gleicher Datentypen.
b Zugriff wird dynamisch berechnet (während der Laufzeit).
c Hohe Komponentenanzahl möglich.
d Feldgrenzen statisch, dynamisch oder unspezifiziert.
e Mittlere Zugriffszeit auf eine Komponente, unabhängig vom Wert des Index.
f Als zugehörige Kontrollstruktur wird die zählende Wiederholung eingesetzt.

Beispiel in C++

In einem Textsystem wird eine Textseite folgendermaßen beschrieben:

```
typedef char TextzeileT[Zeilenlaenge];
typedef TextzeileT TextseiteT[Zeilenanzahl];
```

- Der Typkonstruktor Verbund ist zu verwenden, wenn möglichst viele der folgenden Merkmale zutreffen:

a Zusammenfassung logischer Daten mit unterschiedlichen Typen.
b Zugriff wird statisch berechnet (zur Übersetzungszeit).
c Anzahl der Komponenten ist immer fest.
d Jede Komponente ist einzeln benannt, daher ist der Umfang begrenzt (100 oder 1000 Komponenten nicht sinnvoll).
e Kurze Zugriffszeit auf eine Komponente erwünscht.
f Bei varianten Verbunden ist die Mehrfachauswahl die geeignete Kontrollstruktur.

Beispiele in C++

Der Datentyp eines Adressverwaltungsprogramms sieht problemadäquat folgendermaßen aus:

```
struct AdresseT {
    const char * Strasse;
    int PLZ;
    const char * Wohnort; };
```

Es sollen komplexe Zahlen verarbeitet werden. Der geeignete Datentyp ist:

```
struct ComplexT {
    float Re, Im;
  };
```

In Algorithmen liegt immer von vornherein fest, wann auf den Real- und wann auf den Imaginärteil zugegriffen wird. Daher ist keine dynamische Berechnung des Zugriffs wie bei Feldern nötig. Untypisch ist, dass gleiche Typen zu einem Verbund zusammengefasst werden.

OOP

In reinen objektorientierten Sprachen wie Java wird der Typkonstruktor »Verbund« durch Klassen realisiert.

Vorteile

Die Wahl **problemadäquater Datentypen** bzw. die Modellierung problemadäquater elementarer Klassen bringt folgende Vorteile:

- Gut verständliche, leicht lesbare, selbstdokumentierende und wartbare Programme.
- Statische und dynamische Typprüfungen verbessern die Qualität des jeweiligen Programms.
- Die Daten des Problems werden 1:1 in Datentypen des Programms abgebildet, d.h., Wertebereiche werden weder über- noch unterspezifiziert.

4.2.3 Prinzip der Verfeinerung

Verfeinerung

Unterschied zum Entwurf

Das Prinzip der **Verfeinerung** (/Wirth 71/, /Dijkstra 72/) dient dazu, ein Programm bzw. eine Operation durch Abstraktionsebenen zu strukturieren. Während beim Entwurf die Realisierung der einzelnen Abstraktionsschichten vor den anderen Schichten verborgen wird, wird dieses Ziel beim Prinzip der Verfeinerung *nicht* angestrebt.

Da die Implementierung einer Systemkomponente lokal überschaubar ist und daher auch von einem Mitarbeiter allein bearbeitet wird, ist die Einhaltung des Geheimnisprinzips zwischen Verfeinerungsebenen nicht erforderlich. Weil der unterschiedliche Abstraktionsgrad zwischen den Abstraktionsschichten nicht so groß ist wie beim Entwurf, werden diese Schichten daher als Verfeinerungsebenen oder Verfeinerungsschichten bezeichnet.

Die bei der Konzeption eines Programms entstandenen Verfeinerungen sollen sich im Quellprogramm widerspiegeln.

Die Verfeinerungsstruktur kann auf zwei Arten im Quellprogramm sichtbar gemacht werden:

- Die oberste Verfeinerungsebene – bestehend aus abstrakten Daten und abstrakten Anweisungen – ist kompakt beschrieben. Die Realisierung jeder Verfeinerung wird an anderer Stelle beschrieben.
- Alle Verfeinerungsebenen sind substituiert. Die übergeordneten Verfeinerungen werden als Kommentare gekennzeichnet.

Ein Algorithmus soll aus zwei eingegebenen Daten die Anzahl der Zinstage berechnen:

Beispiel in C++

```
// Berechnung der Zinstage zwischen zwei Daten
void berechneZinstage()
{     int Datum1, Datum2;    //Eingabedaten, Form TTMM
      int Tage;              //Ausgabedaten
  // Voraussetzung: Die Daten liegen innerhalb eines Jahres
  // Algorithmus ----------------------------------------------
  // Eingabe
  // Aufgliederung in Tag und Monat
  // Beruecksichtigung der Sonderfaelle
  // Berechnung der Tage
  // Ausgabe
}
// refinements

//1. Verfeinerung**********************************************
  // Eingabe
      cout << "Eingabe des ersten Zinsdatums in der Form TTMM:";
      cin >> Datum1;
      cout << "Eingabe des zweiten Zinsdatums in der Form TTMM:";
      cin >> Datum2; cout << endl;
  // Aufgliederung in Tag und Monat
      // Aufgliederung in Tag
      // Aufgliederung in Monat
  // Beruecksichtigung der Sonderfaelle
      if (Tag1 == 31) Tag1 = 30;
      if (Tag2 == 31) Tag2 = 30;
  // Berechnung der Tage
      Tage = (Monat2 - Monat1) * 30 + Tag2 - Tag1;
  // Ausgabe
      if (Tage < 0)
          cout << "Fehler: 1. Datum liegt vor dem 2. Datum!"
          << endl;
      else cout << "Anzahl der Zinstage = " << Tage;
```

```
//2. Verfeinerung*********************************************
  // Aufgliederung in Tag und Monat
     // Aufgliederung in Tag
         int Tag1, Tag2;    // Hilfsgroessen
         Tag1 = Datum1 / 100; Tag2 = Datum2 / 100;
     // Aufgliederung in Monat
         int Monat1, Monat2;    // Hilfsgroessen
         Monat1 = Datum1 % 100; Monat2 = Datum2 % 100;
// end berechneZinstage()
```

In dieser Notation sind sowohl der Kern des Algorithmus als auch die Verfeinerungsstufen deutlich sichtbar. Die Verfeinerungen muss man sich nur ansehen, wenn man sich für die Details interessiert.
Da die meisten Programmiersprachen eine solche Darstellung nicht erlauben, müssen die Verfeinerungen substituiert werden:

```
// Berechnung der Zinstage zwischen zwei Daten
void berechneZinstage()
{ int Datum1, Datum2;   // Eingabedaten, Form TTMM
  int Tage;             // Ausgabedaten
  //Voraussetzung: Die Daten liegen innerhalb eines Jahres
  int Tag1, Tag2;        // Hilfsgroessen
  int Monat1, Monat2;    // Hilfsgroessen
  // Eingabe
      cout << "Eingabe des ersten Zinsdatums in der Form TTMM:";
      cin >> Datum1;
      cout <<"Eingabe des zweiten Zinsdatums in der Form TTMM:";
      cin >> Datum2; cout << endl;
  // Aufgliederung in Tag und Monat
      // Aufgliederung in Tag
         Tag1 = Datum1 / 100; Tag2 = Datum2 / 100;
      // Aufgliederung in Monat
         Monat1 = Datum1 % 100; Monat2 = Datum2 % 100;
  // Beruecksichtigung der Sonderfaelle
      if (Tag1 == 31) Tag1 = 30;
      if (Tag2 == 31) Tag2 = 30;
  // Berechnung der Tage
       Tage = (Monat2 - Monat1) * 30 + Tag2 - Tag1;
  // Ausgabe
       if (Tage < 0)
             cout << "Fehler: 1. Datum liegt vor dem 2. Datum!" <<
             endl;
        else cout << "Anzahl der Zinstage = " << Tage;
}
```

In dieser Notation werden in Kommentarform die Verfeinerungsschichten aufgeführt. Durch entsprechendes Einrücken nach rechts kann man noch die Tiefe der Verfeinerung hervorheben. Besonders betont werden soll nochmals, dass es sich bei diesen Kommentaren um Verfeinerungen handelt, die bei der Konzeption des Programms entstanden sind und nur in Kommentarform notiert werden.

Die konsequente Anwendung des Prinzips der Verfeinerung bringt folgende Vorteile:

Vorteile

- Der Entwicklungsprozess des Algorithmus ist im Quellprogramm dokumentiert.
- Leichtere und schnellere Einarbeitung in ein Programm. Die Details können zunächst übergangen werden.
- Entwicklungsentscheidungen können nachvollzogen werden.
- Die oberen Verfeinerungsschichten können in natürlicher Sprache formuliert werden.
- Ein Programm wird zweidimensional strukturiert: sowohl durch Kontrollstrukturen als auch durch Verfeinerungsschichten.

4.2.4 Prinzip der integrierten Dokumentation

Integraler Bestandteil jedes Programms muss eine geeignete Dokumentation sein. Eine gute Dokumentation sollte folgende Angaben beinhalten:

- Kurzbeschreibung des Programms,
- Verwaltungsinformationen,
- Kommentierung des Quellcodes.

Die ersten beiden Angaben können in einem Programmvorspann zusammengefasst werden:

Programmvorspann

- Programmname: Name, der das Programm genau beschreibt.
- Aufgabe: Beschreibung des Programms einschließlich der Angabe, ob es sich um ein GUI-, ein Fachkonzept- oder ein Datenhaltungs-Programm bzw. eine entsprechende Klasse (bei OOP) handelt.
- Zeit- und Speicherkomplexität des Programms
- Name des Programmautors bzw. der Programmautoren
- Versionsnummer Datum

Die Versionsnummer besteht aus zwei Teilen:

Versionszählung

- der *Release*-Nummer und
- der *Level*-Nummer.

Die *Release*-Nummer (im Allgemeinen einstellig) steht, getrennt durch einen Punkt, vor der *Level*-Nummer (maximal zweistellig). Vor der *Release*-Nummer steht ein »V«. Die *Level*-Nummer wird jeweils um Eins erhöht, wenn eine kleine Änderung am Programm vorgenommen wurde. Die *Release*-Nummer wird bei größeren Änderungen und Erweiterungen des Programms um Eins erhöht, wobei gleichzeitig die *Level*-Nummer auf Null zurückgesetzt wird. Ein erstmals fertiggestelltes Programm sollte die Versionsnummer 1.0 erhalten. Beginnt man ein Programm zu entwickeln, dann sollte man mit der Zählung bei 0.1 beginnen.

Einige Programmierumgebungen verwalten automatisch verschiedene Versionen eines Programmes einschließlich der Versionsnummer.

Bearbeitungszustand

Die Version kennzeichnet zusammen mit dem Status den Bearbeitungszustand des Programms. Es werden folgende Bearbeitungszustände unterschieden /V-Modell 97/:

- **geplant:** Ein neues Programm enthält die Versionsnummer 0.1 und den Status »geplant«.
- **in Bearbeitung:** Das Programm befindet sich im privaten Entwicklungsbereich des Implementierers oder unter seiner Kontrolle in der Produktbibliothek.

Abschnitt II 6.3.2

- **vorgelegt:** Das Programm ist aus Implementierersicht fertig und wird in die Konfigurationsverwaltung übernommen. Es wird einer Qualitätsprüfung unterzogen. Bei Ablehnung geht es in den Zustand »in Bearbeitung« zurück, sonst geht es in den Zustand »akzeptiert« über. Vom Status »vorgelegt« ab führen Modifikationen zu einer Fortschreibung der Versionsangabe. Die jeweils alten Angaben bleiben bestehen, um die Programmhistorie zu sehen.
- **akzeptiert:** Das Programm wurde von der Qualitätssicherung überprüft und freigegeben. Es darf nur innerhalb einer neuen Version geändert werden.

Dokumentationskommentar in Java

Hinweis: Das Programm *Javadoc* befindet sich auf der CD-ROM 1

In Java gibt es einen **Dokumentationskommentar,** der folgendermaßen aufgebaut ist: `/** Kommentar */`.
Alle Zeichen zwischen /** und */ werden vom Compiler überlesen, von dem Java-Programm *Javadoc* sowie einigen Programmierumgebungen jedoch ausgewertet, um eine automatische Dokumentation im HTML-Format zu erstellen.
In einem solchen Kommentar können

- □ spezielle Befehle eingestreut werden, die mit einem @-Zeichen beginnen wie `@author` und `@version`.
- □ HTML-Befehle eingefügt werden wie `<HR>` und `<B>..<\B>`.
- □ mit dem HTML-`<A>`-Befehl *Hyperlinks* auf andere relevante Dokumente gesetzt werden.

Beide Befehlsarten müssen am Zeilenanfang beginnen, wobei Leerzeichen und ein Stern überlesen werden.

Quellcode-Kommentierung

Neben dem Programmvorspann muss auch der Quellcode selbst dokumentiert werden. Besonders wichtig ist die geeignete Kommentierung der Operationen einer Klasse. Neben der Aufgabenbeschreibung jeder Operation ist die Bedeutung der Parameter zu kommentieren, wenn dies aus dem Parameternamen nicht eindeutig ersichtlich ist.

Zur Kommentierung von Operationen können in Java-Dokumentationskommentaren folgende Befehle eingestreut werden:

`@param` Name und Bezeichnung von Parametern,
`@return` Beschreibung eines Ergebnisparameters,
`@exception` Name und Beschreibung von Ausnahmen,
`@see` Verweis auf andere Klassen.

Um eine gute Lesbarkeit und leichte Einarbeitung – insbesondere in ein fremdes Programm – zu unterstützen, sind zusätzlich die in Abb. 4.2-2 angegebenen Richtlinien zur Formatierung einzuhalten.

Zusätzlich wird eine gute Dokumentation durch eine geeignete Verbalisierung (siehe Abschnitt 4.2.1) unterstützt.

integrierte Dokumentation

Die **Dokumentation** muss aus folgenden Gründen integraler Bestandteil der Software-Entwicklung sein:

- Bei einer Nachdokumentation am Ende der Code-Erstellung sind wichtige Informationen, die während der Entwicklung angefallen sind, oft nicht mehr vorhanden.
- Entwicklungsentscheidungen (z.B.: Warum wurde welche Alternative gewählt?) müssen dokumentiert werden, um bei Modifikationen und Neuentwicklungen bereits gemachte Erfahrungen auswerten zu können.
- Der Aufwand für die Dokumentation wird reduziert, wenn zu dem Zeitpunkt, an dem die Information anfällt von demjenigen, der sie erzeugt oder verarbeitet, auch dokumentiert wird.

Vorteile

Die Beachtung des Prinzips der **integrierten Dokumentation**

- reduziert den Aufwand zur Dokumentenerstellung,
- stellt sicher, dass keine Informationen verloren gehen,
- garantiert die rechtzeitige Verfügbarkeit der Dokumentation,
- erfordert die entwicklungsbegleitende Dokumentation.

Eine gute Dokumentation bildet die Voraussetzung für

- leichte Einarbeitung in ein Produkt bei Personalwechsel oder durch neue Mitarbeiter,
- gute Wartbarkeit des Produkts.

4.3 Zur Psychologie des Programmierens

Jeder Programmierer macht Fehler. Viele dieser Fehler sind auf Eigenheiten der menschlichen Wahrnehmung und des menschlichen Denkens zurückzuführen. Außerdem spielt die Denkpsychologie eine Rolle. Assoziationen und Einstellungen des Menschen beeinflussen sein Denken.

Historie

Mit der Psychologie des Programmierens hat sich zuerst G. M. Weinberg 1971 in seinem Buch *»The Psychology of Computer Programming«* /Weinberg 71/ befasst. Wegweisend war auch das Buch *»Software Psychology«* von B. Shneiderman /Shneiderman 80/.

Kurzbiografie **Ben Shneiderman** siehe Abschnitt 2.13.1

Im Folgenden wird in Anlehnung an /Grams 90/ auf wichtige Aspekte der Psychologie des Programmierens hingewiesen. Die meisten Programmierfehler lassen sich auf bestimmte Denkstrukturen und -prinzipien zurückführen. Durch die Beachtung einiger Regeln lassen sich diese Fehler daher vermeiden.

Hintergrundwissen

Jeder Mensch benutzt bei seinen Handlungen bewusst oder unbewusst angeborenes oder erlerntes Hintergrundwissen. Dieses Hinter-

Abb. 4.2-2: Richtlinien für die Formatierung von Java-Klassen

1 Einheitlicher Aufbau einer Klasse

Folgende Reihenfolge ist einzuhalten:

a Alle Attributdeklarationen, die für die gesamte Klasse gelten
b Konstruktoren
c Operationen, z.B. Zuweisung, Vergleich
d Operationen mit schreibendem Zugriff (`setAttributnahme`)
e Operationen mit lesendem Zugriff (`getAttributname`)

2 Leerzeichen

a Bei binären Operatoren werden Operanden und Operator durch jeweils ein Leerzeichen getrennt, z.B. `Zahl1 + Zahl2 * 3`
b Keine Leerzeichen bei der Punktnotation: `Objekt.Operation`
c Zwischen Operationsname und Klammer steht kein Leerzeichen. Nach der öffnenden und vor der schließenden Klammer steht ebenfalls kein Leerzeichen, z.B. `setColor(Color.blue)`
d Nach Schlüsselwörtern steht grundsätzlich ein Leerzeichen.

3 Einrücken und Klammern von Strukturen

a Paarweise zusammengehörende geschweifte Klammern { } stehen immer in derselben Spalte untereinander.
b In der Zeile, in der eine geschweifte Klammer steht, steht sonst nichts mehr.
c Alle Zeichen innerhalb eines Klammerpaars sind jeweils um 4 Leerzeichen oder einen entsprechenden Tabulatorsprung nach rechts eingerückt.

grundwissen ist Teil des Wissens, das einer Bevölkerungsgruppe, z.B. den Programmierern, gemeinsam ist. Programmierfehler lassen sich nun danach klassifizieren, ob das Hintergrundwissen für die Erledigung der Aufgabe angemessen ist oder nicht (Abb. 4.3-1).

Schnitzer

»Schnitzer« sind Tippfehler, Versprecher usw. Sie werden vor allem durch eine schlechte Benutzungsoberfläche verursacht.

Irrtümer

Irrtümer sind der Kategorie »Wissen« zuzuordnen. Fehlern, die auf Irrtümern beruhen, ist gemeinsam, dass der Programmierer den Fehler auch beim wiederholten Durchlesen seines Programms nicht sieht.

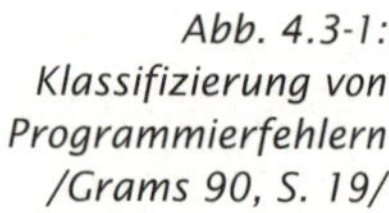

Abb. 4.3-1: Klassifizierung von Programmierfehlern /Grams 90, S. 19/

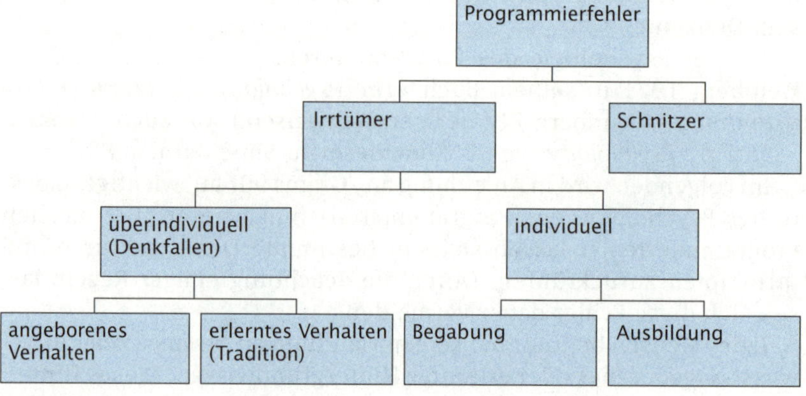

Überindividuelle Irrtümer bezeichnet man als Denkfallen. Sie treten auf, wenn das Hintergrundwissen der Aufgabenstellung nicht angemessen ist. Individuelle Irrtümer ergeben sich durch unzureichende Begabung oder Ausbildung. Denkfallen ergeben sich aus bestimmten Denkstrukturen und -prinzipien. Diese führen zu einem Verhaltens- und Denkmodell, das das Verhalten eines Programmierers beeinflusst. Das Verhaltens- und Denkmodell setzt sich aus folgenden Prinzipien und Strukturen zusammen:

Denkfallen

1 Übergeordnete Prinzipien

- Scheinwerferprinzip
- Sparsamkeits- bzw. Ökonomieprinzip

2 Die »angeborenen Lehrmeister«

- Strukturerwartung (Prägnanzprinzip, kategorisches Denken)
- Kausalitätserwartung (lineares Ursache-Wirkungs-Denken)
- Die Anlage zur Induktion (Überschätzung bestätigender Informationen)

3 Bedingungen des Denkens

- Assoziationen
- Einstellungen

Verhaltens- & Denkmodell

Die übergeordneten Prinzipien beschreiben, wie unser Wahrnehmungs- und Denkapparat mit begrenzten Ressourcen (Gedächtnis und Verarbeitungsfähigkeit) fertig wird.

siehe auch: Abschnitt 2.23.1

Das »Scheinwerferprinzip« besagt, dass aus den Unmengen an Informationen, die der Mensch ständig aus seiner Umwelt erhält, stets nur relativ kleine Portionen ausgewählt und bewusst verarbeitet werden. Leider sind es oft die wichtigen Dinge, die unbeachtet bleiben. Viele Programmierfehler zeigen dies: Ausnahme- und Grenzfälle werden übersehen; die Initialisierung von Variablen wird vergessen; Funktionen besitzen unübersehbare Nebenwirkungen.

Scheinwerferprinzip

Das Sparsamkeits- oder Ökonomieprinzip besagt, dass es darauf ankommt, ein Ziel mit möglichst geringem Aufwand zu erreichen. Der Trend zum sparsamen Einsatz der verfügbaren Mittel birgt allerdings auch Gefahren in sich. Denk- und Verhaltensmechanismen, die unter normalen Umständen vorteilhaft sind, können dem Programmierer zum Verhängnis werden.

Sparsamkeitsprinzip

Typische Fehler gehen auf falsche Hypothesen über die Arbeitsweise des Computers zurück. Insbesondere mit der Maschinenarithmetik kommt der Programmierer oft aufgrund zu einfacher Modellvorstellungen in Schwierigkeiten.

Die »angeborenen Lehrmeister« (K. Lorenz) stellen höheres Wissen dar, das den weiteren Wissenserwerb steuert. Dieses höhere Wissen spiegelt den »Normalfall« wider. Mit ungewöhnlichen Situationen wird es nicht so gut fertig.

angeborene Lehrmeister

Die Strukturerwartung erleichtert dem Menschen die Abstraktion. Daraus folgt das Prägnanzprinzip, das besagt, dass es sich lohnt, Ordnung aufzuspüren und auszunutzen.

Strukturerwartung

siehe auch: Abschnitt 2.23.3.1

Eine wirkungsvolle Methode, Ordnung in die zunächst unübersichtlich erscheinende Welt zu bringen, ist das Bilden von Kategorien.

Prägnanzprinzip und kategorisches Denken führen in außergewöhnlichen Situationen gelegentlich zu Irrtümern, zu unpassenden Vorurteilen oder zu Fehlverhalten. Eine Reihe von Programmierfehlern lässt sich darauf zurückführen. Beispielsweise gilt das assoziative Gesetz für reelle Zahlen, aber nicht für die Maschinenarithmetik.

Allgemein gilt: Fehler, die darauf beruhen, dass der Ordnungsgehalt der Dinge überschätzt wird oder den Dingen zu viele Gesetze auferlegt werden, lassen sich auf das Prägnanzprinzip zurückführen.

Kausalitätserwartung

Die Kausalitätserwartung führt zu einem linearen Ursache-Wirkungs-Denken und zu der übermäßigen Vereinfachung komplexer Sachverhalte: Der Mensch neigt dazu, Erscheinungen vorzugsweise nur einer einzigen Ursache zuzuschreiben. Er macht oft die Erfahrung, dass die gleichen Erscheinungen dieselbe Ursache haben, so dass dieses Vorurteil zum festen Bestandteil des menschlichen Denkens gehört und nur mit Anstrengung überwunden werden kann.

ergänzende Literatur: /Dörner 89/

Das lineare Ursache-Wirkungs-Denken kann in komplexen Entscheidungssituationen »fürchterlich« versagen. Gerade die Umwelt eines Programmierers ist aber ein vernetztes System.

die Anlage zur Induktion

Der Mensch neigt zu induktiven Hypothesen. Die Fähigkeit, im Besonderen das Allgemeine, im Vergangenen das Zukünftige erkennen zu können, verleitet zur Überschätzung bestätigender Informationen. Beispielsweise wird ein Test, der das erwartete Ergebnis liefert, in seiner Aussagekraft überschätzt. Im Gegensatz zur Deduktion ist die Induktion kein zwingendes Schließen. Gesetzmäßigkeiten werden vorschnell als gesichert angesehen. Dadurch werden Dinge klargemacht, die eigentlich verwickelt und undurchsichtig sind.

In der Programmierung stößt man oft auf die Denkfalle, dass bestätigende Informationen überschätzt werden. Der Programmierer gibt sich oft schon mit einer schwachen Lösung zufrieden. Nach einer besseren wird nicht gesucht. Das Programm wird für optimal gehalten, nur weil es offensichtlich funktioniert.

Bedingungen des Denkens

Assoziationen

siehe auch: Abschnitte 2.23.1.4, 2.23.1.5 und 2.22.5

Die Bedingungen des Denkens betreffen die parallele Darstellung der Denkinhalte und den sequenziellen Ablauf der bewussten Denkvorgänge, d.h., die raum-zeitliche Organisation des Denkens. Neue Denkinhalte werden in ein Netz von miteinander assoziierten Informationen eingebettet. Bei der Aktivierung eines solchen Denkinhalts wird das assoziative Umfeld mit aktiviert.

Geht es beim Programmieren um die Zuordnung von Bezeichnern und Bedeutungen, dann spielen Assoziationen eine Rolle. Mnemotechnische Namen können irreführend sein. Es wird eher an den Namen als an die Bedeutung geglaubt. Eine sorglose Bezeichnerwahl kann zur Verwirrung führen.

Die bisherigen Denkfallen bezogen sich auf das Wissen. Im Wesentlichen ging es um die Gewinnung von Informationen (Filterung und Abstraktion) und um Mechanismen, wie Informationen intern repräsentiert und abgerufen werden (Assoziationen).

Problemlösen

Es gibt jedoch auch Denkfallen auf dem Gebiet des produktiven Denkens, d.h. des Problemlösens. Fehler im Problemlösungsprozess führen dazu, dass

- entweder gar keine Lösung gefunden wird, obwohl sie existiert, oder dass
- nur eine mangelhafte Lösung erkannt wird, die noch weit vom Optimum entfernt ist.

Einstellungen

Einstellungen führen zu einer vorgeprägten Ausrichtung des Denkens. Sie können zurückgehen auf

- die Erfahrungen aus früheren Problemlöseversuchen in ähnlichen Situationen,
- die Gewöhnung und Mechanisierung durch wiederholte Anwendung eines Denkschemas,
- die Gebundenheit von Methoden und Werkzeugen an bestimmte Verwendungszwecke,
- die Vermutung von Vorschriften, wo es keine gibt (Verbotsirrtum).

Um Fehler durch Einstellungen zu verhindern, sollte das Aufzeigen von Lösungsalternativen und eine Begründung der Methodenwahl zum festen Bestandteil der Problembearbeitung gemacht werden.

Einstellungen führen zu determinierenden Tendenzen beim Problemlösen:

- Die Anziehungskraft, die von einem nahen (Teil-)Ziel ausgeht, verhindert das Auffinden eines problemlösenden Umwegs.
- Die vorhandenen Strukturen und Teillösungen lenken den weiteren Lösungsprozess in bestimmte Bahnen.

4.4 Selbstkontrolliertes Programmieren

Der erfahrene Programmierer lernt aus seinen Fehlern, indem er sich an Regeln und Vorschriften hält, die der Vermeidung dieser Fehler dienen. In diesem Sinne ist das Programmieren – wie die Ingenieurwissenschaften – eine Erfahrungswissenschaft.

In Abb. 4.4-2 sind typische Programmierfehler ursachenorientiert aufgeführt. In /Grams 90/ wird vorgeschlagen, dass jeder Programmierer für sich einen Katalog von Programmierregeln aufstellt und fortlaufend verbessert. Es entsteht ein Regelkreis des selbstkontrollierten Programmierens (Abb. 4.4-1).

Das Lernen aus Fehlern ist besonders gut geeignet, um Denkfallen zu vermeiden. Im Laufe des Anpassungsprozesses wird der »Scheinwerfer der Aufmerksamkeit« auf die kritischen Punkte gerichtet.

Regelkatalog

Als Ausgangspunkt für einen eigenen Katalog ist in Abb. 4.4-3 ein Regelkatalog angegeben. Jeder Programmierer sollte ihn in einer Datei bereithalten und an seine Bedürfnisse anpassen.

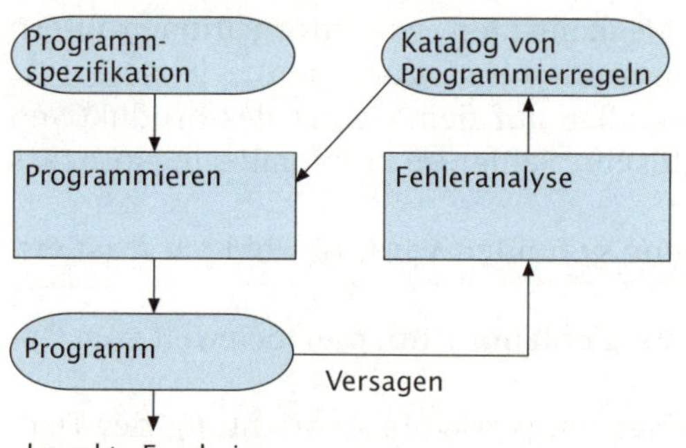

Abb. 4.4-1: Der Regelkreis des selbstkontrollierten Programmierens (nach /Grams 90, S. 81/)

Fehlerbuch

Das Lernen aus Fehlern wird außerdem dadurch gefördert, dass man die Fehler dokumentiert. Es sollte ein **Fehlerbuch** angelegt werden, das eine Sammlung typischer Fehler enthält. Ein Fehler sollte in ein Fehlerbuch eingetragen werden, wenn

- die Fehlersuche lange gedauert hat,
- die durch den Fehler verursachten Kosten hoch waren oder
- der Fehler lange unentdeckt geblieben ist.

Ein Beispiel für einen Eintrag in ein Fehlerbuch zeigt Abb. 4.4-4.

Heuristiken

Hat man ein Problem und keine Lösungsidee, dann kann die bewusste Aktivierung von Heuristiken helfen, Denkblockaden aufzubrechen und gewohnte Denkbahnen zu verlassen. Heuristiken sind Lösungsfindeverfahren, die auf Hypothesen, Analogien oder Erfahrungen aufgebaut sind. In Abb. 4.4-5 sind einige wichtige Heuristiken aufgeführt, die für die Programmierung von Bedeutung sind. Starten sollte man immer mit der Basisheuristik.

Implementierung Teilgebiet der Software-Technik; Aufgabe ist die Realisierung der im Entwurf spezifizierten Systemkomponenten durch Programme, so dass als Ergebnis das fertige Produkt entsteht.

Implementierungsphase Umfasst alle Tätigkeiten, um spezifizierte Systemkomponenten durch Programme zu realisieren.

Integrierte Dokumentation Jedes Programm muss integriert eine gute Dokumentation enthalten. Dies geschieht durch →Verbalisierung, →Verfeinerungs-Kommentare, →problemadäquate Datentypen sowie einem Verwaltungsvorspann, der u. a. Autoren, Versionsnummer und Status angibt.

Problemadäquate Datentypen Wahl von vorhandenen Basisdatentypen oder Definition eigener Datentypen bzw. elementarer Klassen, die dem Problem optimal angepasst sind. Wertebereiche werden z.B. weder über- noch unterspezifiziert.

Programmieren im Kleinen →Implementierung

Verbalisierung Verbesserung der Lesbarkeit eines Programms durch aussagekräftige, mnemonische Bezeichnerwahl, geeignete Kommentare und Verwendung einer selbstdokumentierenden Programmiersprache.

Verfeinerung Dokumentation eines Programms in der Form, dass die beim Programmentwurfsprozess entstandenen Verfeinerungsebenen sichtbar sind und die Lesbarkeit eines Programms verbessern.

Ziel der Implementierung (Programmieren im Kleinen) ist es, die in der Software-Architektur spezifizierten Systemkomponenten durch Programme zu realisieren. Zur Implementierung der Systemkomponenten werden in der Implementierungsphase

- die Basiskonzepte
  - Kontrollstrukturen und

■ **Unnatürliche Zahlen**
Negative Zahlen werden oft falsch behandelt. In der täglichen Erfahrung tauchen negative Zahlen nicht auf, weil sie »unnatürlich« sind.
Ursache: Prägnanzprinzip
Beispiel: Oft werden für die Beendigung der Eingabe die Werte 0 oder negative Werte verwendet. Diese Verwendung »unnatürlicher Zahlen« als Endezeichen vermischt zwei Funktionen, nämlich das Beenden des Eingabevorganges und die Werteeingabe.

■ **Ausnahme- und Grenzfälle**
Vorzugsweise werden nur die Normalfälle behandelt; Sonderfälle und Ausnahmen werden übersehen. Es werden nur die Fälle erfasst, die man für repräsentativ hält.
Ursachen: Kausalitätserwartung, Sparsamkeitsprinzip
Beispiele: »Um eins daneben« Fehler, Indexzählfehler.

■ **Falsche Hypothesen**
Erfahrene Programmierer haben Faustregeln entwickelt, sich einfache Hypothesen und Modelle über die Arbeitsweise eines Computers zurechtgelegt. Aber: Dieses Wissen veraltet, mit einer Änderung der Umwelt werden die Hypothesen falsch.
Ursache: Prägnanzprinzip
Beispiele: Multiplikationen dauern wesentlich länger als Additionen; Potenzieren ist aufwendiger als Multiplizieren.

■ **Tücken der Maschinenarithmetik**
Sonderfall der falschen Hypothesen. Der Computer hält sich nicht an die Regeln der Algebra und Analysis. Reelle Zahlen werden nur mit begrenzter Genauigkeit dargestellt.
Ursache: Prägnanzprinzip
Beispiele: Abfrage auf Gleichheit reeller Zahlen, statt `abs(a - b )< epsilon`; Aufsummierung unendlicher Reihen: Summanden werden so klein, dass ihre Beträge bei der Rundung verlorengehen.

■ **Irreführende Namen**
Wahl eines Namens, z.B. für eine Funktion, der eine falsche Semantik vortäuscht. Daraus ergibt sich eine fehlerhafte Anwendung.
Ursache: Assoziationstäuschung

■ **Unvollständige Bedingungen**
Das konsequente Aufstellen komplexer logischer Bedingungen fällt schwer. Häufig ist die Software nicht so komplex, wie das zu lösende Problem.
Ursache: Kausalitätserwartung

■ **Unverhoffte Variablenwerte**
Die Komplexität von Zusammenhängen wird nicht erfasst.
Ursache: Scheinwerferprinzip, Kausalitätserwartung
Beispiele: Verwechslung global wirksamer Größen mit Hilfsgrößen; falsche oder vergessene Initialisierung von Variablen.

■ **Wichtige Nebensachen**
Die Unterteilung von Programmen in sicherheitskritische und sicherheitsunkritische Teile, in eigentliches Programm und Kontrollausdrucke führt oft zur Vernachlässigung der »Nebensachen«. Dadurch entstehen Programme mit »abgestufter Qualität«, wobei Fehler in den »Nebensachen« oft übersehen werden.
Ursache: Prägnanzprinzip
Beispiel: Fehler bei der Platzierung von Kontrollausdrucken täuschen Fehler im Programm vor.

■ **Trügerische Redundanz**
Durch achtloses Kopieren werden Strukturen geschaffen, die den menschlichen Denkapparat überfordern. Übertriebene Kommentierung von Programmen erhöht die Redundanz eines Programms.
Ursache: Anlage zur Induktion
Beispiele: Weiterentwicklumg eines Programms geschieht nicht an der aktuellen Version, sondern an einem Vorläufer; bei Programmänderungen wird vergessen, den Kommentar ebenfalls zu ändern.

■ **Gebundenheit**
Boolesche Ausdrücke treten oft in Verbindung mit Entscheidungen auf. Dies führt in anderen Situationen zu komplizierten Ausdrücken.
Ursache: funktionale Gebundenheit boolescher Ausdrücke
Beispiel: `if B then x:=true else x:= false` anstelle von
`x:=B` (B=beliebiger boolescher Ausdruck)

Quelle: nach /Garms 90, S. 66ff/

Abb. 4.4-2: Typische Programmierfehler

Abb. 4.4-3: Beispiel für einen Regelkatalog zur Vermeidung von Programmierfehlern

Grundsätze des Programmentwurfs
- ■ Auf Lesbarkeit achten
- □ Prinzipien Verbalisierung, problemadäquate Datentypen, integrierte Dokumentation
- ■ Sparsamkeit bei Schnittstellen- und Variablendeklarationen
- □ Globale Variablen vermeiden
- □ kurze Parameterlisten
- □ Gültigkeitsbereiche von Variablen möglichst stark beschränken
- ■ Verwendung linearer Kontrollstrukturen
- □ Sequenz, Auswahl, Wiederholung, Aufruf (siehe Kapitel 2.13)

Regeln gegen das Prägnanzprinzip
- ■ Fehlerkontrolle durchführen
- □ Sorgfalt besonders bei Diskretisierung kontinuierlicher Größen
- □ Bei numerischen Programmen Maschinenarithmetik beachten
- ■ Nie reelle Zahlen auf Gleichheit oder Ungleichheit abfragen
- ■ Keine temporäre Ausgabebefehle verwenden
- □ Ausgabebefehle zur Unterstützung von Tests in Auswahlanweisungen plazieren und global ein- und ausschalten
- ■ Faustregeln von Zeit zu Zeit überprüfen
- □ Effizienzsteigernde Tricks können durch neue Hardware unnötig werden

Regeln gegen das lineare Kausaldenken
- ■ Redundanz reduzieren
- □ Prozeduren verwenden, anstatt mehrfach verwendete Teile zu kopieren
- □ Kommentare sparsam verwenden, besser gute Bezeichner und passende Datenstrukturen wählen
- ■ Zusicherungen ins Programm einbauen
- □ Als Kommentare ins Programm einfügen
- ■ **else**-Teil einer Auswahl kommentieren
- □ Als Kommentar angeben, welche Bedingungen für einen **else**-Teil gelten
- ■ Ist ein Fehler gefunden: weitersuchen
- □ Erfahrungen zeigen, dass in der Umgebung von Fehlern meist weitere zu finden sind
- ■ Entscheidungstabellen und Enscheidungsbäume beim Aufstellen komplexer logischer Bedingungen verwenden (siehe Kapitel 2.14)

Regeln gegen die Überschätzung bestätigender Informationen
- ■ Alternativen suchen
- □ Stets davon ausgehen, dass es noch bessere Lösungen gibt
- □ Aktivierung von Heuristiken (siehe Abb. 4.4-5)

Regeln gegen irreführende Assoziationen
- ■ Bezeichner wählen, die Variablen und Operationen möglichst exakt bezeichnen

Quellen: eigene Erfahrungen, /Garms 90, S. 82ff/

- □ Entscheidungstabellen,
- ■ die Prinzipien
- □ Verbalisierung,
- □ problemadäquate Datentypen,
- □ Verfeinerung,
- □ integrierte Dokumentation und
- ■ die Methode
- □ selbstkontrolliertes Programmieren

eingesetzt.

Denkfallen und Programmierfallen können durch Beachtung, Anpassung und Weiterentwicklung eines Regelkataloges vermieden werden.

Lfd. Nr.: 1

Wann entstanden (Datum): 4.4.99

Wann entdeckt (Datum): 6.4.99
Programmname: ListeMitIterator

Ursache (Verhaltensmechanismus): Lokale Variable überdeckt globale Variable

Rückverfolgung: Durch *Debugging* nicht zu entdecken.

Gab es schon Fehler derselben Sorte? Nein.

Warum war eine früher vorgesehene Gegenmaßnahme nicht wirksam?
Hier nicht zutreffend.

Programmierregel, Gegenmaßnahme
Lokale Variable überdeckt globale Variable, auch wenn die Variable ein Zeiger ist! In Checkliste aufnehmen.

Ausführliche Fehlerbeschreibung:

```
protected Link Anfang;
protected Link Ende;
protected Link VorgaengerAktuellerZeiger;
//Konstruktor
   public Liste(Object StartLeer, Object EndeLeer)
   {    //Leere Liste anlegen mit 2 Leerelementen
        Link Anfang = new Link(StartLeer, null);
        Link Ende = new Link(EndeLeer, Anfang);
```

Anfang und Ende waren versehentlich als lokale Variable deklariert!

Abb. 4.4-4: Formular für ein Fehlerbuch (ausgefüllt)

Basisheuristik
Kann ich in der Liste der Heuristiken eine finden, die mir weiterhilft?

Analogie
Habe ich ein ähnliches Problem schon einmal bearbeitet?
Kenne ich ein verwandtes Problem?

Verallgemeinerung
Hilft mir der Übergang von einem Objekt zu einer Klasse von Objekten weiter?

Spezialisierung
Bringt es mich weiter, wenn ich zunächst einen leicht zugänglichen Spezialfall löse?

Variation
Komme ich durch eine Veränderung der Problemstellung der Lösung näher?
Kann ich die Problemstellung anders ausdrücken?

Rückwärtssuche
Ich betrachte das gewünschte Ergebnis. Welche Operationen können mich zu diesem Ergebnis führen?

Teile und herrsche
Lässt sich das Problem in leichter lösbare Teilprobleme zerlegen?

Vollständige Enumeration
Ich lasse einen Teil der Bedingungen weg. Kann ich mir Lösungen verschaffen, die wenigstens einen Teil der Zielbedingungen erfüllen? Kann ich mir alle Lösungen verschaffen, die diese Bedingungen erfüllen?

Quelle: /Garms 90, S. 114/

Abb. 4.4-5: Heuristiken für die Programmierung

/Grams 90/
Grams T., *Denkfallen und Programmierfehler*, Berlin: Springer-Verlag, 1990
Empfehlenswertes, gut lesbares Buch mit vielen Beispielen.

Zitierte Literatur

/Dijkstra 72/
Dijkstra E.W., *Notes on Structured Programming*, in: Structured Programming, London: Academic Press, 1972, S. 1–82.

/Dörner 89/
Dörner D., *Die Logik des Mißlingens*, Hamburg: Rowohlt-Verlag, 1989.

/Kernighan, Plauger 74/
Kernighan B.W., Plauger P.J., *Programming Style: Examples and Counterexamples*, in: Computing Surveys, Vol. 6, No. 4, Dec. 1974, S. 303–319.

/Kernighan, Plauger 78/
Kernighan, B.W., Plauger P.J., *The Elements of Programming Style*, New York: McGraw-Hill, 2. Auflage, 1978.

/Shneiderman 80/
Shneiderman B., *Software Psychology – Human Factors in Computer and Information Systems*, Cambridge MA.: Winthrop Publishers, 1980.

/V-Modell 97/
Entwicklungsstandard für IT-Systeme des Bundes, Vorgehensmodell, Allgemeiner Umdruck Nr. 250/1, Juni 1997, BWB IT 15, Koblenz.

/Weinberg 71/
Weinberg G.M., *The Psychology of Computer Programming*, New York: Van Nostrand Reinhold, 1971.

/Wirth 71/
Wirth N., *Program Development by Stepwise Refinement*, in: Communication of the ACM, Vol. 14, No. 4, 1971.

Analytische Aufgaben
Muss-Aufgabe
5 Minuten

1 *Lernziel: Beispiele für typische Programmierfehler geben und auf ihre Ursachen zurückführen können.*
Analysieren Sie die folgenden Codefragmente und benennen Sie den entsprechenden Programmierfehler und seine Ursache.

a
```
int differenz(int a, int b) {return a+b;}
```

b
```
double quotient(double divident, double divisor)
{return divident/divisor;}
```

Klausur-Aufgabe
10 Minuten

2 *Lernziele: Die behandelten Aspekte zur Psychologie des Programmierens aufzählen und erklären können. Beispiele für typische Programmierfehler geben und auf ihre Ursachen zurückführen können.*
Gegeben seinen folgende fehlerhafte Codefragmente in Java. Entscheiden Sie für jeden Fall, ob es sich um typische Programmierfehler handelt und erklären sie diese.

a
```
switch(Kommando)
{
    case 1: OperationA();
    case 2: OperationB();
    case 3: OperationC();
}
```

b
```
if ( Anfang == Ende)
 {
   TueDiesundDas();
   Differenz == 0;
 }
else Differenz = Ende - Anfang;
```

Hinweis Weitere Aufgaben befinden sich auf der CD-ROM 1.

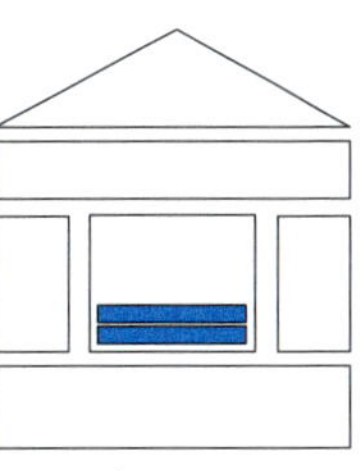

verstehen

5 Die Abnahme- & Einführungsphase

6 Die Wartungs- & Pflegephase

- Die in der Abnahme- & Einführungsphase zu erledigenden Aufgaben sowie die entstehenden Dokumente erklären können.
- Alternative Konzepte für die Inbetriebnahme nennen und ihre Vor- und Nachteile erläutern können.
- Die in der Wartungs- & Pflegephase durchzuführenden Aufgaben in Kategorien gliedern und beschreiben sowie ihren Aufwand angeben können.
- Wartung und Pflege unterscheiden und ihre jeweiligen Charakteristika nennen können.
- Die aufgeführten »Faustregeln« kennen und die sich daraus ergehenden Konsequenzen darstellen können.
- Beschreiben können, durch welche Maßnahmen die Wartung und die Pflege verbessert werden können.

i

5 Die Abnahme- & Einführungsphase

In der Abnahme- & Einführungsphase wird das fertiggestellte Software-Gesamtprodukt abgenommen und beim Anwender eingeführt, d.h. in Betrieb genommen. Ab diesem Zeitpunkt unterliegt das Produkt dann der Wartung & Pflege. Die Abnahme- & Einführungsphase ist also eingebettet zwischen die Implementierungsphase und die Wartungs- & Pflegephase (Abb. 5-1).

Die Abnahme- & Einführungsphase gliedert sich in

- die Abnahmephase und
- die Einführungsphase.

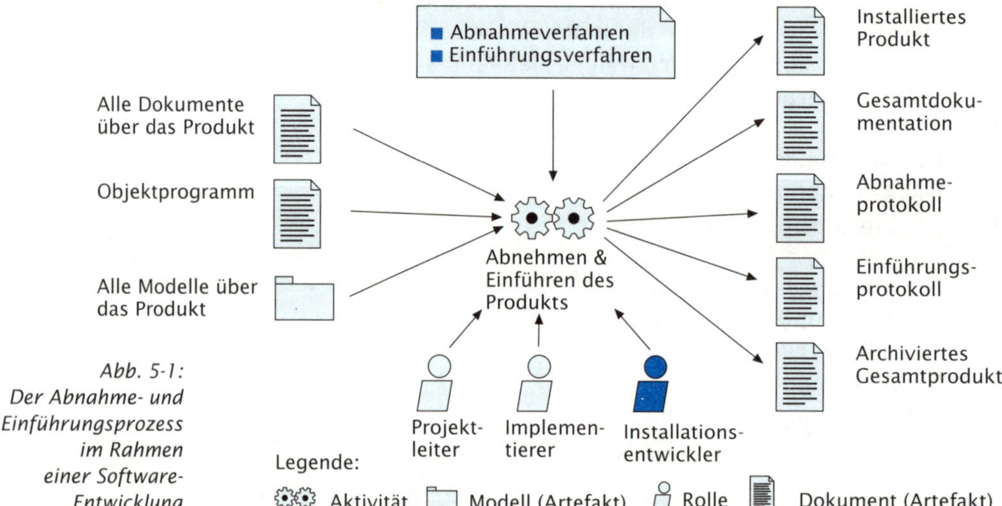

Abb. 5-1: Der Abnahme- und Einführungsprozess im Rahmen einer Software-Entwicklung

Bei umfangreichen Software-Produkten ist oft ein **Installationsentwickler** *(deployment manager)* für die Abnahme und Einführung aus technischer Sicht verantwortlich.

5.1 Die Abnahmephase

Abnahmephase

In der **Abnahmephase** werden folgende Tätigkeiten ausgeführt:

- **Übergabe** des Gesamtprodukts einschließlich der gesamten Dokumentation an den Auftraggeber, falls das Produkt individuell für ihn erstellt wurde, oder an eine freigabeberechtigte Instanz innerhalb der Firma, falls das Produkt für einen anonymen Markt hergestellt wurde.

- Mit der Übernahme verbunden ist im Allgemeinen ein **Abnahmetest**. Im Rahmen der Abnahme werden eine Reihe von Tests durchgeführt, die der Abnehmer ausgearbeitet hat und mit denen er prüft, ob sich das Produkt entsprechend seiner ursprünglichen spezifizierten Anforderungen (in der Produkt-Definition festgehalten) verhält.

  Innerhalb einer Abnahme-Testserie ist es auch sinnvoll, **Belastungs**- oder **Stresstests** durchzuführen. Beim Stresstest eines Textverarbeitungssystems kann man z.B. überprüfen, ob auch bei sehr hohen Schreibgeschwindigkeiten kein Fehler auftritt. Insgesamt werden die Testfälle so zusammengestellt, dass ein komprimierter Test der Produktfunktionen – im Allgemeinen mit Echtdaten – möglich ist.

Kapitel 2.1

Das Ergebnis der Abnahmephase ist ein **Abnahmeprotokoll**. In ihm werden alle relevanten Eingabedaten, durchgeführten Tests und erhaltenen Ergebnisse festgehalten.

Abnahmeprotokoll

Nach erfolgreichen Tests erfolgt die **Abnahme** des Produkts durch den Auftraggeber. Die formale Abnahme ist die (schriftliche) Erklärung der Annahme (im juristischen Sinne) eines Produkts durch den Auftraggeber.

Abnahme

Handelt es sich um einen externen Auftraggeber, dann hängt der Abnahmetest auch davon ab, ob

- der Auftraggeber das Produkt nur nutzt, aber *nicht* wartet und pflegt, oder ob
- der Auftraggeber das Produkt nutzt und selbst wartet und pflegt.

Wartung & Pflege beim Auftraggeber?

Welche Alternative der Auftraggeber wählt, sollte natürlich bereits bei der Auftragsvergabe bekannt sein.

Die für den Auftraggeber relevanten Qualitätsmerkmale hängen von der gewählten Alternative ab.

Kapitel III 1.2

Für die Produktnutzung sind z.B. die Qualitätsmerkmale *Usability*, *Integrity*, *Efficiency*, *Correctness* und *Reliability* wesentlich, während für die Wartung & Pflege die Merkmale *Maintainability*, *Testability* und *Flexibility* hinzukommen /Mc Call, Richards, Walters 77/.

Beim Abnahmetest muss die Erfüllung der Qualitätsmerkmale natürlich überprüft werden.

Führt der Auftraggeber die Wartung & Pflege selbst durch, dann benötigt er natürlich auch die gesamte Analyse-, Entwurfs- und Implementierungsdokumentation sowie eine sorgfältige Einführung in die Software-Architektur.

Aus der Sicht des Auftraggebers ist es beim Abnahmetest nicht möglich, das Software-Produkt vollständig zu testen. Daher ist es um so wichtiger, dass bei der Auftragsvergabe geprüft wird, ob beim Auftragnehmer die Software-Entwicklung nach einem definierten und »gelebten« Software-Prozess erstellt wird.

Der Auftraggeber sollte daher bei der Auftragsvergabe darauf achten, ob der Auftragnehmer seine Software nach einem der Ansätze

Hauptkapitel III 3

ISO 9000, TQM *(Total Quality Management)*, CMM *(Capability Maturity Model)* oder SPICE entwickelt.

5.2 Die Einführungsphase

Handelt es sich um ein auftragsbezogenes Produkt, dann erfolgt nach der Abnahme die Einführung des Produkts beim Auftraggeber. In der **Einführungsphase** werden folgende Tätigkeiten ausgeführt:

Einführung

- **Installation** des Produkts, d. h. Einrichtung des Produkts in dessen Zielumgebung zum Zwecke des Betriebs.
- **Schulung** der Benutzer und des Betriebspersonals. Nach der Installation des Produkts sind die Benutzer in die Handhabung des Produkts einzuweisen.
- **Inbetriebnahme** des Produkts. Darunter versteht man den Übergang zwischen Installation und Betrieb.

Einführungsprotokoll

Kapitel II 5. 6

Alle Vorkommnisse, die in der Einführungsphase auftreten, werden in einem **Einführungsprotokoll** festgehalten. Die Einführung eines Produkts muss sorgfältig geplant werden. Umfangreiche Produkteinführungen sind wie Innovationseinführungen zu behandeln. Dementsprechend sind die allgemeinen Charakteristika zu beachten, die bei Innovationseinführungen eine Rolle spielen.

Kapitel II 2.4

Besonders wichtig ist die Zeitplanung der **Umstellung**. Netzpläne können dafür sinnvoll eingesetzt werden.

Umstellung der Datenbestände

Eine wichtige Aufgabe ist die Umstellung der Datenbestände. Manuelle Karteien müssen oft erst entsprechend aufbereitet oder zusammengestellt werden, bevor sie in der Form vorliegen, in der sie für die neue Datenverwaltung erfasst werden können. Bei umfangreichen Beständen muss für die manuelle Datenerfassung entsprechend Zeit eingeplant werden. Je größer der Umfang eines Datenbestandes ist, desto früher ist eine Umstellung erforderlich; eine hohe Änderungsintensität spricht für eine späte Umstellung.

Da Daten heute oft bereits in elektronischer Form vorliegen, müssen Transformationsprogramme und Importfilter geschrieben werden, um sie in dem neuen Software-Produkt verwenden zu können.

Das größte Problem ergibt sich bei der Übertragung »lebender« Datenbestände z.B. Lagerdateien. Hier muss zu einem bestimmten Zeitpunkt oder zu mehreren Zeitpunkten umgestellt werden.

Es ist zu berücksichtigen, dass zur Erstellung neuer Bestände zum Teil eigene Programme erforderlich sind, die entwickelt werden müssen. Außerdem ist zu überlegen, wie die Richtigkeit der erstellten Datenbestände überprüft werden kann.

Inbetriebnahme

Die eigentliche Inbetriebnahme kann auf drei Arten erfolgen:

- direkte Umstellung,
- Parallellauf,
- Versuchslauf.

Bei der **direkten Umstellung** wird unmittelbar von dem alten auf das neue System übergegangen. Die Benutzung des alten Systems wird gestoppt, um das neue System sofort in Betrieb zu nehmen. Für die Umstellungsarbeiten wird ein Wochenende oder eine Feiertagsperiode gewählt. Die direkte Umstellung ohne weitere Vorkehrungen ist risikoreich und sollte vermieden werden. direkte Umstellung

Beim **Parallellauf** werden die Bewegungsdaten sowohl im alten als auch im neuen System verarbeitet, so dass die Ergebnisse miteinander verglichen werden können. Der Vorteil des Parallellaufs liegt darin, dass man Sicherheit hat, falls das neue System nicht funktioniert. Nachteilig sind die hohen Kosten und die Schwierigkeiten, die durch den Parallellauf zweier Systeme entstehen. Parallellauf

Versuchsläufe können in zwei Formen durchgeführt werden: Versuchslauf

- Bei dem einen Verfahren arbeitet das neue System mit Daten aus vergangenen Perioden, so dass die Ergebnisse bekannt sind und überprüft werden können. In der Zeit der Versuchsläufe wird der Benutzer aufgefordert, Beanstandungen und Fehler mitzuteilen. Die aktuelle Verarbeitung erfolgt noch im alten System.
- Die zweite Möglichkeit ist die Einführung des neuen Systems in einzelnen Stufen, in denen verschiedene Funktionsbereiche sukzessiv übernommen werden.

Wird ein Software-Produkt für den anonymen Markt hergestellt – dies ist in der Regel bei Standard-Software der Fall – dann erfolgen vor einer allgemeinen Vertriebsfreigabe eine Reihe von **Pilotinstallationen** bei Pilotkunden (Betatest). Pilotinstallationen Betatest

Nach erfolgreicher Einführung des Produkts erfolgt die offizielle Freigabe des Produkts. Damit ist die Produktentwicklung beendet. Ende der Produktentwicklung

Das Produkt wird sowohl in das Wartungs- als auch in das Produktarchiv übertragen.

Die Abnahme- & Einführungsphase liefert also folgende Ergebnisse:

- Gesamtprodukt einschließlich Gesamtdokumentation,
- Abnahmeprotokoll,
- Einführungsprotokoll.

Das **Gesamtprodukt** umfasst alle Produkte bzw. Teilprodukte, die in den vorausgehenden Phasen erstellt wurden. Um eine gute Grundlage für die spätere Wartung zu besitzen, ist es nötig, alle Produkte zu archivieren. Das Wartungsarchiv unterscheidet sich vom Produktarchiv vor allem darin, dass von jedem Produkt verschiedene Versionen aufbewahrt werden müssen. Das Wartungsarchiv kann darüber hinaus noch Informationen über die installierten Versionen bei den einzelnen Kunden aufnehmen. Gesamtprodukt

Einen Teil des Gesamtprodukts bilden die Benutzerdokumentation und das installierte System. Unter der **Benutzerdokumentation** ist die Gesamtheit der Unterlagen zu verstehen, die dem Anwender einen ordnungsgemäßen Betrieb des Systems ermöglichen. Kapitel II 6.3

6 Die Wartungs- & Pflegephase

Mit der erfolgreichen Abnahme und Einführung eines Software-Produkts beginnt seine **Wartung** und **Pflege**. Nach der Inbetriebnahme eine Produkts

- treten im täglichen Betrieb Fehler auf,
- ändern sich die Umweltbedingungen (neue Systemsoftware, neue Hardware, neue organisatorische Einbettung),
- entstehen neue Wünsche und Anforderungen (neue Funktionen, geänderte Benutzungsoberfläche, erhöhte Geschwindigkeit).

Alterung

Software, bei der nicht ständig Fehler behoben und Anpassungen sowohl an die Umwelt als auch an neue Anforderungen vorgenommen werden, altert und ist irgendwann veraltet. Sie kann dann nicht mehr für den ursprünglich vorgesehenen Zweck eingesetzt werden.

»Software veraltet in dem Maße, wie sie mit der Wirklichkeit nicht Schritt hält« /Sneed 83/.

6.1 Aufgaben und ihr Aufwand

Die in der Wartungs- & Pflegephase durchzuführenden Aktivitäten lassen sich in verschiedene Gruppen einteilen. /Sneed 88/ unterscheidet vier Kategorien:

4 Kategorien

- Stabilisierung/Korrektur,
- Optimierung/Leistungsverbesserung,
- Anpassung/Änderung,
- Erweiterung.

Die ersten beiden Kategorien umfassen korrektive Tätigkeiten, die beiden letzten Kategorien progressive Tätigkeiten.

Stabilisierung

Unter Stabilisierung/Korrektur fallen alle Tätigkeiten, die dazu dienen, Fehler zu beheben. Es kann sich dabei um Fehler handeln, die bereits bei der Entwicklung in das Produkt gelangt sind, oder um Fehler, die bei der Wartung neu entstehen.

Da während der Software-Entwicklung ein allumfassender Test aller Funktionen eines komplexen Produkts oft nicht wirtschaftlich vertretbar ist, wird vielfach nur eine minimale Testabdeckung erreicht.

Restfehler im engeren Sinne

Software-Produkte werden daher mit durchschnittlich 0,2 bis 0,05 Prozent Defekten pro 1000 Anweisungen freigegeben. Bei einem Produkt mit 1 Million Zeilen sind das immerhin zwischen 50 und 200 Defekten. Nur ein Teil dieser Fehler wird vor der Inbetriebnahme entdeckt. Die meisten bleiben verborgen und werden erst im Betrieb festgestellt. Die Beseitigung dieser Fehler verursacht erhebliche Kosten.

Wartung

Die Lokalisierung und Behebung dieser Restfehler kann man als **Wartung** im engeren Sinne bezeichnen, obwohl dies eigentlich eine Restarbeit der Entwicklung ist.

Wartungsfehler

Besonders schnell vermehren sich Wartungsfehler, die so genannten *Second Level Defects*. Sie machen bald die Mehrzahl der Fehler aus. Ursache ist die schlechte Konstruktion und Fehleranfälligkeit des ursprünglichen Produkts.

Beispiel

Bei früheren Software-Entwicklungen wurden die Anforderungen nur in einem Pflichtenheft festgehalten. Ein formales Produktmodell wurde weder erstellt noch auf Vollständigkeit, Konsistenz und Eindeutigkeit überprüft. Sonderfälle wurden daher oft übersehen und dementsprechend auch nicht implementiert.
Ein freigegebenes Produkt »lief« daher so lange, wie Sonderfälle nicht auftraten. »Stürzte« das Produkt beim ersten Sonderfall ab, dann kam der Wartungsprogrammierer und ergänzte die Implementierung um einen »Rucksack« der Art »**if** Sonderfall **then** ...«. Trat ein weiterer Sonderfall auf, dann wurde ein weiterer »Rucksack« angehängt. Dadurch wurde das Programm immer unübersichtlicher und schlechter wartbar. An unerwarteten Stellen traten plötzlich Folgefehler auf.

»Faustregeln«

/Grady 92, S. 17/ macht folgende Aussagen zu Fehlern:

- Auf 10 Fehler, die vor der Produktfreigabe durch Testen gefunden werden, kommt 1 Fehler, der nach der Freigabe gefunden wird.
- Es dauert die 4- bis 10-fache Zeit, um in einem umfangreichen, im Einsatz befindlichen Software-Produkt einen Fehler zu finden und zu beheben, als in einem Produkt vor oder kurz nach der Freigabe.

Optimieren

Frisch eingesetzte Software ist nicht nur unzuverlässig, sondern sie verbraucht auch mehr Zeit und Speicher, als zur Erfüllung ihrer Aufgaben erforderlich ist. Software-Produkte werden selten vor der ersten Freigabe optimiert. Sobald ein Produkt funktionsfähig ist, wird es freigegeben. Die Optimierung bleibt der Wartung vorbehalten.

Zur Optimierung gehören alle Aktivitäten, die dazu dienen, die Leistung des Produkts zu verbessern. *Tuning, Monitoring* und Reduzierung des Speicherbedarfs sind entsprechend durchzuführende Aufgaben. Zum Teil sind auch Restrukturierungen erforderlich, um die Leistungsverbesserungen zu erreichen.

Anpassung/ Änderung

Anpassung werden durch Wandlungen in der Umwelt erzwungen:

- Änderungen in der technischen Umgebung, z.B. neue Systemsoftware,
- Änderungen in den Benutzungsoberflächen, z.B. modifizierte Fenster oder Formulare,
- Änderungen in den Funktionen, z.B. können Gesetzesänderungen, neue betriebliche Regelungen bedingen.

Erweiterung

Erweiterungen führen zu einer funktionalen Ergänzung des Produkts. Funktionen, die bei der Erstentwicklung vorgesehen oder geplant, aber nicht implementiert wurden, werden eingebaut. Oder es ergeben sich neue Funktionen aus den Erfordernissen des Betriebs der Software.

3 Kategorien /Lientz, Swanson 80/ gliedern die Wartungs- & Pflegeaktivitäten in drei Kategorien:

- Korrigierende Aktivitäten *(corrective)*,
- Anpassende Aktivitäten *(adaptive)*,
- Perfektionierende Aktivitäten *(perfective)*.

korrigierend Korrigierende Aktivitäten umfassen das Identifizieren und Korrigieren von Software-Fehlern, Leistungsfehlern und Implementierungsfehlern. Dazu gehören auch »Notfall-Reparaturen«, die sofort ausgeführt werden müssen, um den laufenden Betrieb aufrecht zu erhalten. Auch die Korrektur der Implementierung gehört zu diesen Aktivitäten, um sie den spezifizierten Produkt-Anforderungen und Leistungen anzugleichen.

anpassend Anpassende Aktivitäten dienen dazu, die Software an die sich ändernde Produktumgebungen anzugleichen.

perfektionierend Perfektionierende Aktivitäten erhöhen die Leistung, verbessern die Kosteneffektivität, Verarbeitungseffektivität und Wartbarkeit. Dazu gehören auch Erweiterungen aufgrund von neuen Benutzeranforderungen.

In Abb. 6.1-1 ist zusammengestellt, welchen Aufwand die einzelnen Aktivitäten erfordern.

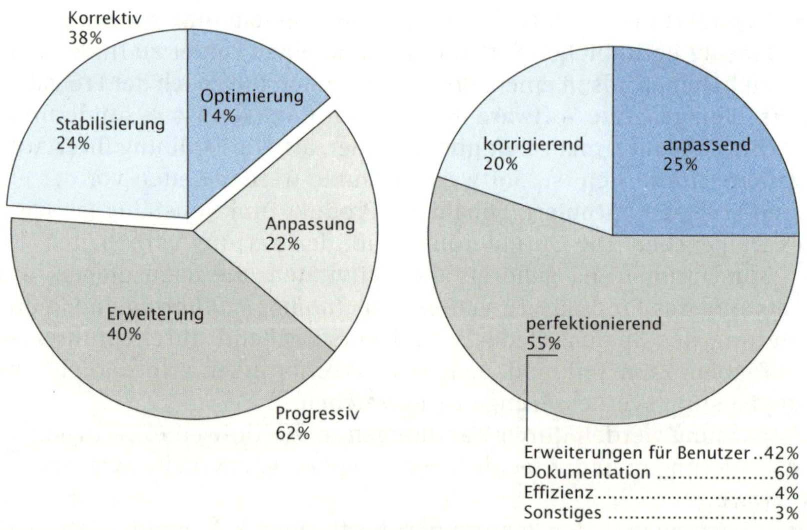

Abb. 6.1-1: Aufwandsverteilung der Wartungs- & Pflegeaktivitäten

Analysiert man die Aufwandsverteilungen, dann sieht man, dass der meiste Aufwand auf Anpassungen und Erweiterungen entfällt (62 Prozent bis 80 Prozent).

Betrachtet man beide Kategorien, dann lassen sich zwei unterschiedliche Tätigkeitsgruppen unterscheiden:

Wartung

- Wartungsaktivitäten
  - □ Stabilisierung
  - □ Optimierung

- ■ Pflegeaktivitäten
- □ Anpassung
- □ Erweiterung

Pflege

6.2 Wartung vs. Pflege

Wartung beschäftigt sich mit der Lokalisierung und Behebung von Fehlerursachen bei in Betrieb befindlichen Software-Produkten, wenn die Fehlerwirkung bekannt ist.

Wartung

Wartungsaktivitäten lassen sich folgendermaßen charakterisieren:

- Ausgangsbasis ist ein fehlerhaftes bzw. inkonsistentes Produkt.
- Abweichungen zwischen Teilprodukten sind zu lokalisieren und zu beheben.
- Die Korrektur einzelner Fehler hat nur begrenzte Auswirkungen auf das Gesamtprodukt.
- Die Fehlerkorrekturen konzentrieren sich im Allgemeinen auf die Implementierung, d.h. auf die Programme.
- Ereignisgesteuert, d.h. nicht vorhersehbar und daher schwer planbar und kontrollierbar.

Pflege beschäftigt sich mit der Lokalisierung und Durchführung von Änderungen und Erweiterungen von in Betrieb befindlichen Software-Produkten, wenn die Art der gewünschten Änderungen/Erweiterungen festliegt.

Pflege

Pflegeaktivitäten besitzen folgende Charakteristika:

- Ausgangsbasis ist ein konsistentes Produkt, in das gezielt – unter Beibehaltung der Konsistenz – Änderungen und Erweiterungen einzubringen sind.
- Die Bandbreite bei Änderungen und Erweiterungen kann von kleinen bis zu großen Modifikationen gehen.
- Änderungen und Erweiterungen sind in allen Teilprodukten (Produkt-Definition, -Entwurf, -Implementierung) durchzuführen.
- Planbar.

In der amerikanischen Literatur werden Wartung und Pflege nicht unterschieden, sondern unter dem Begriff ***Maintenance*** subsumiert.

Maintenance

Betrachtet man den gesamten **Lebenszyklus *(life cycle)*** eines Software-Produkts, dann lässt sich der Aufwand für ein Produkt aufteilen in den Entwicklungsaufwand und den Wartungs- & Pflegeaufwand (Abb. 6.2-1). Verschiedene Untersuchungen /Zelkowitz, Shaw, Ganno 79/, /Boehm 87/, /Vessey, Weber 83/ erlauben folgende Aussagen:

Lebenszyklus

- ■ Der Aufwand für die Wartung & Pflege ist normalerweise größer als der Entwicklungsaufwand.
- ■ Der Aufwand für die Wartung & Pflege ist typischerweise um einen Faktor von 2 bis 4 größer als der Entwicklungsaufwand für ein umfangreiches Produkt.

»Faustregeln«

Abb. 6.2-1: Aufwandsverteilung im Lebenszyklus eines Software-Produkts

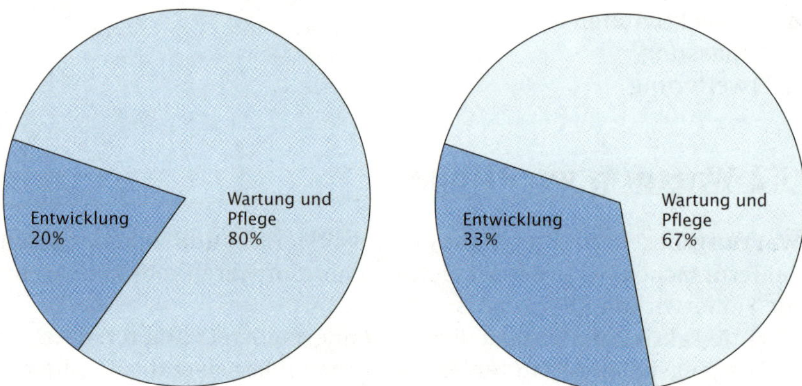

Eine solche Aufwandsverteilung bedeutet, dass im Extremfall von 100 Mitarbeitern einer Software-Abteilung 80 Mitarbeiter mit der Wartung & Pflege »alter« Software beschäftigt sind und nur 20 Mitarbeiter neue Software entwickeln.

6.3 Verbesserung der Pflege

Die Wartung & Pflege als zeitlich der Entwicklung nachgeordnet, spürt die Auswirkungen einer guten oder schlechten Produktqualität natürlich am direktesten. Naheliegend sind zunächst zwei Maßnahmen, um den Wartungs- & Pflegeaufwand zu reduzieren:

- Nur ein Produkt mit hoher Qualität – bezogen auf für die Wartung & Pflege relevante Qualitätsmerkmale – freigeben, d. h. Verbesserung des Software-Entwicklungsprozesses.
- Verbesserung der Produktivität der Wartung & Pflege.

Trennung von Wartung & Pflege

Die Produktivität der Wartung & Pflege kann verbessert werden, indem Wartungsaktivitäten und Pflegeaktivitäten voneinander getrennt werden. Diese Trennung ist jedoch oft schwierig durchzuführen und durchzuhalten. Wenn ein Programm »angefasst« wird, dann werden in der Regel Fehlerkorrekturen, Optimierungen, Anpassungen und Erweiterungen in einem Durchgang ausgeführt. Da aber Wartungs- und Pflegeaktivitäten unterschiedliche Charakteristika besitzen, sollte auf jeden Fall eine Trennung erfolgen.

Pflege = Weiterentwicklung

Betrachtet man die Charakteristika der Pflegeaktivitäten genauer, dann stellt man fest, dass Anpassungen und Erweiterungen eines Produkts auch charakteristisch für Weiterentwicklungen bzw. für neue Versionen von Produkten sind. Es ist daher sinnvoll – abgesehen von minimalen Änderungen – alle Pflegeaktivitäten den normalen Software-Entwicklungsprozess durchlaufen zu lassen.

Kapitel II 3.3
Kapitel 1.2

Insbesondere im evolutionären und inkrementellen Prozessmodell gibt es keine Pflegephase mehr, sondern Pflegeaktivitäten werden als Erstellung einer neuen Produktversion angesehen. 

Untersuchungen /Lientz, Swanson 80/ haben gezeigt, dass der Wartungs & Pflegeaufwand sowohl mit

- dem Alter als auch mit
- dem Umfang

des Software-Produkts zunimmt.

Der Umfang wächst durchschnittlich um 10 Prozent pro Jahr. Die Bereitstellung zusätzlicher Merkmale und Funktionen trägt vor allem zu diesem Zuwachs bei. Ältere Produkte tendieren daher dazu, umfangreicher und schwerer wartbar zu sein. Ab einem bestimmten Zeitpunkt stellen sich dann folgende Fragen:

»Faustregel«

Sanierung?

- Soll das Produkt weiter gewartet und gepflegt werden?
- Soll das Produkt saniert werden?
- Soll das Produkt durch ein neues Produkt ersetzt werden?

Ausschlaggebend für die Wahl der richtigen Alternative ist natürlich vor allem die Wirtschaftlichkeit, die wiederum im Wesentlichen davon abhängt, wie groß die »Lebenserwartung« des alten Produkts noch ist.

Lohnt es sich, das alte Produkt zu sanieren, dann können eine Reihe von Software-Methoden und -Werkzeugen eingesetzt werden, um die Software-Sanierung ökonomisch durchzuführen. Unter dem Titel Sanierung wird dieses Thema ausführlich im Hauptkapitel IV 4 behandelt.

Hauptkapitel IV 4

Da die Pflegeaktivitäten innerhalb der Wartungs- und Pflegephase am umfangreichsten sind (62 Prozent bis 80 Prozent), ist natürlich zu überlegen, durch welche konstruktiven Maßnahmen in der Software-Entwicklung dafür gesorgt werden kann, dass die Pflege bzw. die Weiterentwicklung mit einem geringen Aufwand durchgeführt werden kann.

konstruktive Maßnahmen

Pflege bzw. Weiterentwicklung werden erleichtert, wenn ein Software-Produkt folgende Qualitätsmerkmale besitzt /DIN ISO 9126/:

Kapitel III 1.2

- **Änderbarkeit**
  - □ Analysierbarkeit
  - □ Modifizierbarkeit
  - □ Stabilität
  - □ Prüfbarkeit
- **Übertragbarkeit**
  - □ Anpassbarkeit
  - □ Installierbarkeit
  - □ Konformität
  - □ Anwendbarkeit

Diese Qualitätsmerkmale sind im Anhang A detailliert beschrieben.

Anhang A

Damit ein Produkt über die Qualitätsmerkmale verfügt, müssen geeignete Entwicklungskonzepte und -methoden eingesetzt werden (siehe auch /Balzert 88/, /Martin, McClare 83/), zum Beispiel objektorientierte Konzepte verbunden mit einer geeigneten Schichtenarchitektur.

6.4 Verbesserung der Wartung

Die Wartungsaktivitäten werden erleichtert, wenn ein Software-Produkt vor allem über folgende Qualitätsmerkmale verfügt /DIN ISO 9126/:

- **Zuverlässigkeit**
  - Reife
  - Fehlertoleranz
  - Wiederherstellbarkeit
- **Effizienz**
  - Zeitverhalten
  - Verbrauchsverhalten

Anhang A Diese Qualitätsmerkmale sind im Anhang A detailliert beschrieben. In der Software-Entwicklung muss dafür gesorgt werden, dass diese Qualitätsmerkmale erreicht werden.

Organisation
Abschnitt II 6.3.2 Die Effektivität der Wartungsaktivitäten wird wesentlich durch die Organisation der Wartung bestimmt.

Um eine geordnete Abwicklung der Wartungsaufgaben sicherzustellen, ist ein geeignetes **Konfigurations-** und **Änderungsmanagement** erforderlich.

Das Änderungsmanagement ist für folgende Aufgaben zuständig /V-Modell 97/:

- Erfassung und Verwaltung eingehender Fehlermeldungen, Problemmeldungen und Verbesserungsvorschlägen in Form von Änderungsanträgen/Problemmeldungen.
- Entscheidung über die Bearbeitung von Änderungsanträgen/Problemmeldungen (Ablehnung/Annahme; Auswahl eines Lösungsvorschlags) unter Berücksichtigung der technischen und zeitlichen Auswirkungen sowie Veranlassungen der Bearbeitung.
  Insbesondere ist zu entscheiden, ob es sich um eine Wartungs- oder eine Pflegeaktivität handelt und mit welcher Priorität die Fehler bzw. Änderungen durchzuführen sind.
  Handelt es sich um eine Pflegeaktivität, dann ist zu prüfen, ob mehrere Aktivitäten zu einer neuen Produktversion gebündelt werden können.
- Abschluss der Änderung und Information aller Betroffenen.

Jede Änderung hat abhängig von den getroffenen Entscheidungen einen definierten Status (Abb. 6.4-1).

Die Unterschiede zwischen dem beschriebenen Soll und dem Ist sind oft gravierend. In /Sneed 85, S. 24/ wird folgendes Ist-Szenario beschrieben:

Zitat »In einer gewöhnlichen Ist-Situation ruft ein betroffener Anwender den zuständigen Entwickler an und fordert ihn auf, einen Fehler zu korrigieren oder eine Änderung durchzuführen. Möglicherweise wird er ihm einen Schmierzettel mit einigen ergänzenden Notizen zukommen lassen.

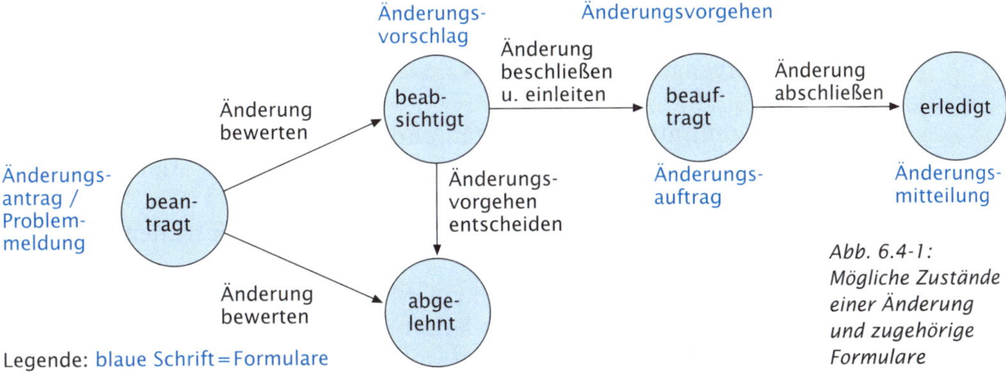

Abb. 6.4-1: Mögliche Zustände einer Änderung und zugehörige Formulare

Der Entwickler nimmt den Antrag an, schaut sich einen Code am Bildschirm an, ändert einige Zeilen, übersetzt das Programm neu und bittet den Anwender es auszuprobieren. Der Anwender tut dies auch und stellt fest, dass gar nichts mehr läuft. Dann geht die Sucherei los. Das Programm wird noch mehrmals geändert, ehe es zur Zufriedenheit des Anwenders läuft.

Inzwischen meldet sich ein anderer Anwender damit, dass seine Ausgaben seit der letzten Änderung nicht mehr stimmen. Jetzt fängt der Kreislauf von vorn an. Der Entwickler hatte vor, die Entwurfsdokumentation noch anzupassen, aber angesichts der neuen Probleme kommt er nicht mehr dazu. Der Code wandert immer mehr vom Entwurf ab. Das Fachkonzept stimmt überhaupt nicht mehr. Es wird nur zu historischen Zwecken aufbewahrt.

Bald ist der Code so oft geflickt worden, dass der Entwickler sein eigenes Gedankengut nicht mehr versteht. Er möchte es gerne überarbeiten, aber dazu hat er keine Zeit. Die Fehlermeldungen und Änderungsanträge häufen sich. Die Anwender werden immer ungeduldiger, der Entwickler immer frustrierter. Am Ende bleibt ihm nur noch die Kündigung als Ausweg aus der Misere.«

unabhängige Wartung

Eine wichtige organisatorische Frage ist, ob die Wartung

- eigenständig oder
- Teil der Entwicklung

sein soll /Swanson, Beath 90/.

Vorteile

Für eine von der Entwicklung getrennte Wartungsorganisation sprechen folgende Argumente:

- Klare Zuordnung der Wartungs- und Entwicklungskosten.
- Entlastung der Entwickler von Wartungsaufgaben und insbesondere von paralleler Durchführung unterschiedlicher Tätigkeiten.
- Qualitativ besserer Abnahmetest durch das Wartungsteam.
- Besserer Kundenservice durch Konzentration auf die Wartung.
- Einstellung spezialisierter Mitarbeiter bzw. gezielte Ausbildung der Mitarbeiter.
- Effizientere Kommunikation zwischen den Wartungsmitarbeitern.

- ⊞ Höhere Produktivität durch Spezialisierung und zusammenhängende Produktkenntnisse.

Eine eigenständige Wartung kann auf folgende Arten organisiert werden:

- Dezentralisiert an den Orten, an denen sich Installationen befinden,
- »Feuerwehr«-Team innerhalb der Betriebsorganisation,
- Integration in die Benutzerorganisation.

Nachteile

Gegen eine eigenständige Wartungsorganisation sprechen allerdings folgende Gründe:

- ⊟ Wartungsarbeiten können ein »schlechtes Image« bekommen, wodurch die Motivation der Mitarbeiter sinkt.
- ⊟ Beim Übergang von der Entwicklung zur Wartung geht wertvolles Wissen über das Produkt verloren.
- ⊟ Koordinationsprobleme zwischen Entwicklung und Wartung, insbesondere, wenn neue Produkte alte ersetzen.
- ⊟ Die Entwickler müssen nicht die Konsequenzen ihrer Entwicklung tragen.
- ⊟ Die Wartungsmitarbeiter müssen sich aufwändig in die Arbeit einarbeiten.
- ⊟ Eine gleichmäßige Auslastung der Mitarbeiter ist schwierig zu erreichen.

Die Vor- und Nachteile zeigen, dass es keine perfekte Organisation gibt. Ein geeigneter Kompromiss kann darin bestehen, getrennte Organisationen zu haben, die Mitarbeiter aber zwischen beiden Organisationseinheiten »rotieren« zu lassen.

Insgesamt betrachtet hängt der Erfolg der Wartung weniger von der Software-Technik, sondern vor allem von der Organisation und dem Management ab.

Abnahme Juristisch definierter Vorgang, bei dem der Auftraggeber die Annahme des Produkts erklärt. Das abgenommene Produkt geht in das Eigentum des Auftraggebers über.

Abnahmephase Übergabe eines fertig entwickelten Software-Produkts einschließlich der gesamten Dokumentation an den Auftraggeber (Individualsoftware) oder eine freigabeberechtigte Instanz (Standardsoftware). Die →Abnahme erfolgt nach einem Abnahmetest.

Einführungsphase Der Auftraggeber installiert das von ihm abgenommene Produkt in der Zielumgebung, schult die Benutzer und nimmt das Produkt in Betrieb.

Lebenszyklus Gesamte Lebensdauer eines Produkts von seiner Entwicklung (Geburt) über seinen Betrieb bis hin zu seiner »Außer-Betriebnahme« (Tod).

life cycle →Lebenszyklus

Maintenance Oberbegriff für →Wartung und →Pflege

Pflege Lokalisierung und Durchführung von Änderungen und Erweiterungen in Software-Produkten, die in Betrieb sind, wenn die Art der gewünschten Modifikationen festliegen.

Wartung Beseitigung, d.h. Lokalisierung und Behebung, von Fehlerursachen in Software-Produkten, die in Betrieb sind, wenn die Fehlerwirkung bekannt ist.

Eine Software-Entwicklung endet mit der Abnahme und Einführung des Produkts.

Abnahme

Der Auftraggeber (extern oder intern) testet in der Abnahmephase das fertiggestellte Produkt gegen die in der Produkt-Definition festgelegten Anforderungen. Nach erfolgter Abnahme wird in der Einführungsphase das Produkt beim externen Auftraggeber (Individualsoftware) oder bei Pilotkunden (Standardsoftware) installiert und in Betrieb genommen.
Die Inbetriebnahme kann durch

- direkte Umstellung,
- Parallellauf oder einen
- Versuchslauf

erfolgen.

Mit der erfolgreichen Einführung und Freigabe des Produkts ist die Produktentwicklung beendet.

Wartung & Pflege

Mit dem Betriebsbeginn eines Produkts beginnt seine Wartung und Pflege.
Die Wartung umfasst folgende Aufgaben:

- Stabilisierung eines Produkts durch Fehlerkorrekturen.
- Optimierung des Produkts durch Leistungsverbesserungen.

Die Pflege erledigt folgende Aufgaben:

- Änderungen eines Produkts durch Anpassung an die geänderte Umwelt.
- Erweiterungen eines Produkts durch funktionale Ergänzungen.

Maintenance ist der amerikanische Oberbegriff für die Wartung & Pflege.

Betrachtet man den Lebenszyklus *(life cycle)* eines Software-Produkts, dann betragen

- die Entwicklungskosten zwischen 20% und 33% und
- die Wartungs- & Pflegekosten zwischen 80% und 67%

der gesamten Lebenszyklus-Kosten.

Da die Pflegeaktivitäten und die Wartungsaktivitäten unterschiedliche Charakteristika besitzen, sollten beide Aktivitäten getrennt werden.

Pflegeaktivitäten sollten – abgesehen von minimalen Änderungen – als Weiterentwicklung eines Software-Produkts angesehen werden und den normalen Software-Entwicklungsprozess durchlaufen (Erstellen einer neuen Produktversion). Eine Pflegephase gibt es dann nicht mehr. Bei älteren Produkten muss geprüft werden, ob eine Wartung und Weiterentwicklung noch ökonomisch ist. Wenn nein, dann ist zu entscheiden, ob eine Sanierung *(Reengineering)* sinnvoll ist oder ob das Produkt durch ein neues zu ersetzen ist.

Eine effektive Wartung wird durch eine geeignete Wartungsorganisation erreicht. Unverzichtbar ist ein Konfigurations- und Änderungsmanagement. Außerdem sind die Vor- und Nachteile einer organisatorisch unabhängigen Wartung abzuwägen.

/Balzert 88/
Balzert, H., *Ökonomische Software-Wartung durch adäquate Software-Konstruktion*, in: Softwarewartung, Mannheim: BI-Verlag, 1988, S. 20–86.
/Boehm 87/
Boehm B., *Industrial Software Metrics Top 10 List*, in IEEE Software, Sept. 1987, S. 84–85.
/DIN ISO 9126/
Informationstechnik – Beurteilen von Softwareprodukten, Qualitätsmerkmale und Leitfaden zu deren Verwendung, 30.9.91.
/Grady 92/
Grady R. B., *Practical Software Metrics for Projekt Management and Process Improvement*, Englewood Cliffs: Prentice Hall, 1992.
/Lientz, Swanson 80/
Lientz B., Swanson E., *Software Maintenance Management*, Reading: Addison-Wesley, 1980.
/Martin, Mc Clure 83/
Martin J., Mc Clure C., *Softeware Maintenance – The Problem and Its Solution*, Englewood Cliffs: Prentice-Hall, 1983.
/Mc Call, Richards, Walters 77/
Mc Call J. A., Richards P. K., Walters G. F., *Factors in Software Quality*, Rome Air Development Center, 1977.
/Sneed 83/
Sneed H., *Software-Wartungsorganisation*, in: Tagungsband des Struktur-Kongresses 83, CDI, Frankfurt, Nov. 1983.
/Sneed 85/
Sneed H., *Die Wartung bleibt weiter das Stiefkind*, in: ÖVD/Online 5/85, S. 22–25.
/Sneed 88/
Sneed H., *Einleitung*, in: Softwarewartung, Mannheim: BI-Verlag, 1988, S. 11–19.
/Swanson, Beath 90/
Swanson E. B., Beath C. M., *Deparmentalization in Software Development and Maintenance*, in: Communications of the ACM, June 1990, S. 658–667.
/V-Modell 97/
Entwicklungsstandard für IT-Systeme des Bundes, Vorgehensmodell, Teil 1: Regelungsteil, Teil 3: Handbuchteil, Allgemeiner Umdruck Nr. 250/1, Juni 1997, BWB IT 15, Koblenz.
/Vessey, Weber 83/
Vessey I., Weber R., *Some Factors Affecting Program Repair Maintenance: An Empirical Study*, in: Communications of the ACM, Feb. 1983, S. 128–134.
/Zelkowitz, Shaw, Gannon 79/
Zelkowitz M. V., Shaw A. C., Gannon J. D., *Priniciples of Software Engineering and Design*, Englewood Cliffs: Prentice-Hall, 1979.

Hinweis Zu dieser Lehreinheit gibt es nur Verstehensaufgaben, die sich alle auf der CD-ROM 1 befinden.

A Anhang – Richtlinien, Konventionen und Normen

- Jedes Artefakt ist mit einer Versionsnummer zu kennzeichnen.
  Die Versionsnummer besteht aus zwei Teilen:
  - der *Release*-Nummer und
  - der *Level*-Nummer.
- Die *Release*-Nummer (im Allgemeinen einstellig) steht, getrennt durch einen Punkt, vor der *Level*-Nummer (maximal zweistellig).
- Vor der *Release*-Nummer steht ein »V«. Die *Level*-Nummer wird jeweils um Eins erhöht, wenn eine kleine Änderung am Artefakt vorgenommen wurde. Die *Release*-Nummer wird bei größeren Änderungen und Erweiterungen des Artefakts um Eins erhöht, wobei gleichzeitig die *Level*-Nummer auf Null zurückgesetzt wird.
- Ein erstmals fertiggestelltes Artefakt sollte die Versionsnummer 1.0 erhalten.
- Beginnt man ein Artefakt zu erstellen, dann sollte man mit der Zählung bei 0.1 beginnen.

Abb. A-1: Richtlinie zur Versionskennzeichnung von Artefakten

Bezeichner-Richtlinien

1 Bezeichner *(identifier)* sind natürlichsprachliche oder problemnahe Namen oder verständliche Abkürzungen solcher Namen.

2 Jeder Bezeichner beginnt mit einem Buchstaben: der Unterstrich (_) wird *nicht* verwendet.

3 Bezeichner enthalten *keine* Leerzeichen.
Ausnahme: Leerzeichen sind in der UML-Notation erlaubt, sie müssen aber bei der Transformation in (Java-)Programme entfernt werden.

4 Generell ist Groß-/Kleinschreibung zu verwenden.

5 Zwei Bezeichner dürfen sich *nicht* nur bezüglich der Groß-/Kleinschreibung unterscheiden.

6 Es wird entweder die deutsche *oder* die englische Namensgebung verwendet.
Ausnahme: Allgemein übliche englische Begriffe, z.B. *push*.

7 Wird die deutsche Namensgebung verwendet, dann ist auf Umlaute und »ß« zu verzichten.
Ausnahme: UML-Notation, solche Zeichen müssen aber bei der Transformation in Programme ersetzt werden.

8 Besteht ein Bezeichner aus mehreren Worten, dann beginnt jedes Wort mit einem Großbuchstaben, z.B. `AnzahlWorte`. Unterstriche werden *nicht* zur Trennung eingesetzt.

Für die objektorientierte Entwicklung

9 Klassennamen / Schnittstellennamen

- beginnen immer mit einem Großbuchstaben,
- sind durch ein Substantiv im Singular zu benennen, zusätzlich kann ein Adjektiv
- angegeben werden, z.B. `Seminar`, `öffentliche Ausschreibung` (in UML),
- die für eine GUI-Klasse stehen, enthalten das Suffix `GUI`,
- die eine Objektverwaltung realisieren, enthalten das Suffix `Container`,
- enden mit einem großen `I`, wenn es sich um eine Schnittstelle handelt.

Abb. A-2a: Richtlinien und Konventionen für Bezeichner

Abb. A-2b: Richtlinien und Konventionen für Bezeichner

10 Objektnamen
- beginnen immer mit einem Kleinbuchstaben,
- enden in der Regel mit dem Klassennamen, z.B. `einKunde`,
- beginnen bei anonymen Objekten mit `ein`, `erster`, `a` usw., z.B. `aPoint`, `einRechteck`.

11 Attributnamen
- beginnen im Englischen immer mit einem Kleinbuchstaben, um eine Verwechslungsgefahr mit Klassen auszuschließen, z.B. `hotWaterLevel`, `nameField`, `eyeColor`,
- beginnen im Deutschen mit einem Großbuchstaben, da sonst gegen die Lesegewohnheiten verstoßen wird.
- sind detailliert zu beschreiben, z.B. `ZeilenZähler` (in UML), WindGeschw, Dateistatus.
- als Konstanten in Schnittstellen sind öffentliche, konstante Klassenattribute, die in Java mit Großbuchstaben und durch Unterstriche getrennt geschrieben werden, z.B. X_VGA.

12 Operationsnamen
- beginnen immer mit einem Kleinbuchstaben,
- beginnen in der Regel mit einem Verb, evtl. gefolgt von einem Substantiv, z.B. `drucke`, `aendere`, `zeigeFigur`, `leseAdresse`, `verschiebeRechteck`.
- heißen `getAttributname`, wenn nur ein Attributwert eines Objektes gelesen wird,
- lauten `setAttributname`, wenn nur ein Attributwert eines Objektes gespeichert wird,
- heißen `isAttributname`, wenn das Ergebnis nur wahr *(true)* oder falsch *(false)* sein kann, z.B. `isVerheiratet`, `isVerschlossen`.

Abb. A-3a: Software-Qualitätsmerkmale nach DIN ISO 9126

Funktionalität

Vorhandensein von Funktionen mit festgelegten Eigenschaften. Diese Funktionen erfüllen die definierten Anforderungen.

- Richtigkeit
  Liefern der richtigen oder vereinbarten Ergebnisse oder Wirkungen, z.B. die benötigte Genauigkeit von berechneten Werten.
- Angemessenheit
  Eignung der Funktionen für spezifizierte Aufgaben, z.B. aufgabenorientierte Zusammensetzung von Funktionen aus Teilfunktionen.
- Interoperabilität
  Fähigkeit, mit vorgegebenen Systemen zusammenzuwirken.
- Ordnungsmäßigkeit
  Erfüllung von anwendungsspezifischen Normen, Vereinbarungen, gesetzlichen Bestimmungen und ähnlichen Vorschriften.
- Sicherheit
  Fähigkeit, unberechtigten Zugriff, sowohl versehentlich als auch vorsätzlich, auf Programme und Daten zu verhindern.

Zuverlässigkeit

Fähigkeit der Software, ihr Leistungsniveau unter festgelegten Bedingungen über einen festgelegten Zeitraum zu bewahren.

- Reife
  Geringe Versagenshäufigkeit durch Fehlzustände.
- Fehlertoleranz
  Fähigkeit, ein spezifiziertes Leistungsniveau bei Software-Fehlern oder Nicht-Einhaltung ihrer spezifizierten Schnittstelle zu bewahren.

- Wiederherstellbarkeit
  Fähigkeit, bei einem Versagen das Leistungsniveau wiederherzustellen und die direkt betroffenen Daten wiederzugewinnen. Zu berücksichtigen sind die dafür benötigte Zeit und der benötigte Aufwand.

Benutzbarkeit
Aufwand, der zur Benutzung erforderlich ist, und individuelle Beurteilung der Benutzung durch eine festgelegte oder vorausgesetzte Benutzergruppe.

- Verständlichkeit
  Aufwand für den Benutzer, das Konzept und die Anwendung zu verstehen.
- Erlernbarkeit
  Aufwand für den Benutzer, die Anwendung zu erlernen (z.B. Bedienung, Ein-, Ausgabe).
- Bedienbarkeit
  Aufwand für den Benutzer, die Anwendung zu bedienen.

Effizienz
Verhältnis zwischen dem Leistungsniveau der Software und dem Umfang der eingesetzten Betriebsmittel unter festgelegten Bedingungen.

- Zeitverhalten
  Antwort- und Verarbeitungszeiten sowie Durchsatz bei der Funktionsausführung.
- Verbrauchsverhalten
  Anzahl und Dauer der benötigten Betriebsmittel für die Erfüllung der Funktionen.

Änderbarkeit
Aufwand, der zur Durchführung vorgegebener Änderungen notwendig ist. Änderungen können Korrekturen, Verbesserungen oder Anpassungen an Änderungen der Umgebung, der Anforderungen und der funktionalen Spezifikationen einschließen.

- Analysierbarkeit
  Aufwand, um Mängel oder Ursachen von Versagen zu diagnostizieren oder um änderungsbedürftige Teile zu bestimmen.
- Modifizierbarkeit
  Aufwand zur Ausführung von Verbesserungen, zur Fehlerbeseitigung oder Anpassung an Umgebungsänderungen.
- Stabilität
  Wahrscheinlichkeit des Auftretens unerwarteter Wirkungen von Änderungen.
- Prüfbarkeit
  Aufwand, der zur Prüfung der geänderten Software notwendig ist.

Übertragbarkeit
Eignung der Software, von einer Umgebung in eine andere übertragen zu werden. Umgebung kann organisatorische Umgebung, Hardware- oder Software-Umgebung einschließen.

- Anpassbarkeit
  Möglichkeiten, die Software an verschiedene, festgelegte Umgebungen anzupassen, wenn nur Schritte unternommen oder Mittel eingesetzt werden, die für diesen Zweck für die betrachtete Software vorgesehen sind.
- Installierbarkeit
  Aufwand, der zum Installieren der Software in einer festgelegten Umgebung notwendig ist.
- Konformität
  Grad, in dem die Software Normen oder Vereinbarungen zur Übertragbarkeit erfüllt.
- Austauschbarkeit
  Möglichkeit, diese Software anstelle einer spezifizierten anderen in der Umgebung jener Software zu verwenden, sowie der dafür notwendig Aufwand.

Abb. A-3b: Software-Qualitätsmerkmale nach DIN ISO 9126

B Anhang – Fallstudie Seminarorganisation

Lastenheft Seminarorganisation V3.0

QS = Qualitätssicherung

Version	Autor	QS	Datum	Status	Kommentar
2.2	Balzert		10/91	akzeptiert	/F115/ ergänzt
2.3	Balzert		10/95	akzeptiert	
3.0	Balzert		07/00	akzeptiert	Erweiterung auf Web

1 Zielbestimmung
Die Firma Teachware soll durch das Produkt in die Lage versetzt werden, die von ihr veranstalteten Seminare sowie Kunden und Dozenten rechnerunterstützt zu verwalten.

2 Produkteinsatz
Das Produkt dient zur Kunden- und Seminarverwaltung der Firma Teachware. Außerdem sollen verschiedene Anfragen beantwortet werden können. Zielgruppe des Produktes sind die Mitarbeiter der Firma Teachware. Kunden und Firmen können sich über Seminare und Veranstaltungen informieren und selbst über das Internet Buchungen durchführen.

Hinweis: In blauer Schrift sind die *Function Point*-Aufwandsschätzungen eingetragen (Kapitel 1.8)

3 Produktübersicht
Umweltdiagramm

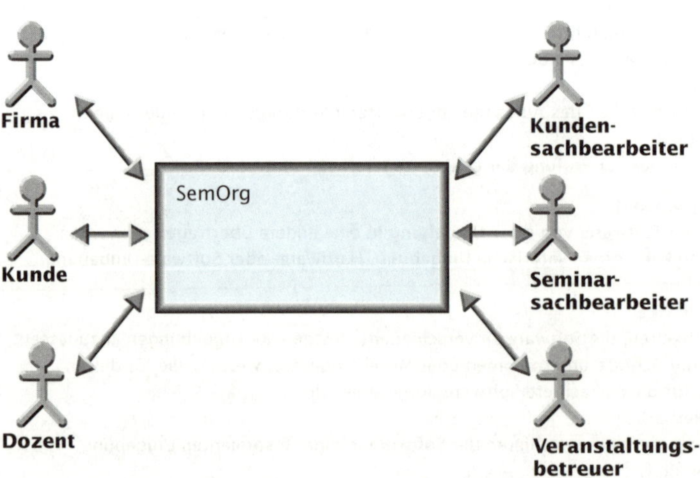

Abb. B-1: Umwelt des Produkts SemOrg (Umweltdiagramm)

4 Produktfunktionen
/LF10/ **Geschäftsprozess:** Informieren: Von Anfrage bis Auskunft
Akteur: Kundensachbearbeiter, Kunde, Firma
Beschreibung: Ein Interessent wünscht eine Auskunft über Semi-

nare und Veranstaltungen oder möchte einen Seminarkatalog zugesandt bekommen.
(2 komplexe Funktionen)

/LF20/ **Geschäftsprozess:** Buchen: Von Anmeldung bis Buchung
Akteur: Kundensachbearbeiter, Kunde, Firma
Beschreibung: Ein (Privat-)Kunde meldet sich oder eine Firma meldet Mitarbeiter zu einer Veranstaltung an.
(2 komplexe Funktionen)

/LF30/ **Geschäftsprozess:** Veranstaltung durchführen: Von Teilnahme bis Beurteilung.
Akteur: Veranstaltungsbetreuer, Dozent(en), Teilnehmer
Beschreibung: Ein Teilnehmer nimmt an der gebuchten Veranstaltung teil und beurteilt sie am Schluss der Veranstaltung.
(2 komplexe Funktionen)

/LF40/ **Geschäftsprozess:** Seminarentwicklung: Von Idee zu neuem Seminar.
Akteur: Seminarsachbearbeiter
Beschreibung: Aufgrund von Kunden-, Firmen- und Dozentenanregungen werden neue Seminare konzipiert und erfasst bzw. vorhandene Seminare weiterentwickelt oder gestrichen.
(2 komplexe Funktionen)

/LF50/ **Geschäftsprozess:** Dozentenakquirierung: Von Auswahl bis Verpflichtung.
Akteur: Seminarsachbearbeiter
Beschreibung: Für neue oder vorhandene Seminare neue Dozenten suchen und als freie Mitarbeiter verpflichten.
(1 komplexe Funktion)

/LF60/ **Geschäftsprozess:** Veranstaltungsplanung: Von Terminierung bis Reservierung.
Akteur: Seminarsachbearbeiter
Beschreibung: Für alle Veranstaltungen Termine festlegen, Hotels auswählen und Räume reservieren.
(3 komplexe Funktionen)

/LF70/ Teilnehmerliste pro Veranstaltung (1 komplexe Ausgabe)

/LF80/ Teilnehmerurkunde für jeden Veranstaltungsteilnehmer
(1 komplexe Ausgabe)

/LF90/ Anfragen der folgenden Art sollen möglich sein:
Wann findet das nächste Seminar X statt?
Welche Mitarbeiter der Firma Y haben das Seminar X besucht?

5 Produktdaten

/LD10/ Kundendaten (max. 50.000) (1x Daten komplex)

/LD20/ Firmendaten (max. 10.000), wenn Kunde zu einer Firma gehört
(1x Daten komplex)

/LD30/ Veranstaltungsdaten (max. 100.000) (1x Daten komplex)

/LD40/ Seminartypdaten (max. 10.000) (1x Daten komplex)

/LD50/ Dozentendaten (max. 5.000) (1x Daten komplex)

6 Produktleistungen

(Keine besonderen Leistungsanforderungen, daher Einflussfaktor gleich Null)

/LL10/ Die Funktion /LF90/ darf nicht länger als 15 Sekunden Antwortzeit benötigen.

/LL20/ Alle Reaktionszeiten auf Benutzeraktionen müssen unter 2 Sekunden liegen (außer Funktion /LF90/).

7 Qualitätsanforderungen

Produktqualität	sehr gut	gut	normal	nicht relevant
Funktionalität (1/2 Punkt)		X		
Zuverlässigkeit			X	
Benutzbarkeit (1/2 Punkt)		X		
Effizienz (1/2 Punkt)		X		
Änderbarkeit			X	
Übertragbarkeit				X

8 Ergänzungen

5 Prozent aller Kunden sind erfahrungsgemäß im Zahlungsverzug.

Glossar Seminarorganisation V1.0

Version	Autor	QS	Datum	Status	Kommentar
1.0	Balzert		07/00	akzeptiert	

Dozent
Führt als freier Mitarbeiter ein oder mehrere angebotene →Veranstaltungen durch. Ist fachlich in der Lage, ein oder mehrere →Seminare abzuhalten.
Firma
Mitarbeiter einer Firma (Ansprechpartner), der für die Aus- und Weiterbildung von Mitarbeitern zuständig ist und sich über Dienstleistungen informiert oder Mitarbeiter zu öffentlichen →Veranstaltungen schickt oder firmeninterne Veranstaltungen bucht.
Interessent
→Kunde, der sich für Dienstleistungen, z.B. Seminarkatalog, interessiert, aber noch an keiner →Veranstaltung teilgenommen hat.
Kunde
Mitarbeiter einer Firma oder Privatperson, der bzw. die an Dienstleistungen interessiert ist, oder ein Seminar bucht und besucht (→Teilnehmer, →Interessent).
Kundensachbearbeiter
Verantwortlich für die Kommunikation mit →Kunden und →Firmen einschließlich der Auskunftserteilung und Buchung.
Seminar
→Seminartyp
Seminarsachbearbeiter
Verantwortlich für die Planung und Terminierung von →Seminaren und →Veranstaltungen. Zuständig für die Kommunikation und Akquirierung von →Dozenten.
Seminartyp
Beschreibt die Gemeinsamkeiten, die eine Menge von →Veranstaltungen besitzen wie Titel, Zielsetzung, Inhalt, Voraussetzungen.
Seminarveranstaltung
→Veranstaltung
Teilnehmer
→Kunde, der an einer →Veranstaltung teilnimmt bzw. teilgenommen hat.
Veranstaltung
→Seminar, das zu einem festgelegten Zeitpunkt, an einem festgelegten Ort von einem oder mehreren →Dozenten durchgeführt wird.

Veranstaltungsbetreuer
Betreut die →Teilnehmer und →Dozenten einer →Veranstaltung.

Pflichtenheft Seminarorganisation V3.0

Version	Autor	QS	Datum	Status	Kommentar
2.3	Balzert		10/95	akzeptiert	
3.0	Balzert		07/00	akzeptiert	Erweiterung auf Web

Hinweis: In blauer Schrift sind die *Function Point*-Aufwandsschätzungen eingetragen (Kapitel 1.8)

1 Zielbestimmung

Die Firma Teachware soll durch das Produkt in die Lage versetzt werden, die von ihr veranstalteten Seminare rechnerunterstützt zu verwalten.

1.1 Musskriterien

- Verwalten der Seminare
- Verwalten der Veranstaltungen
- Verwalten der Kunden (Teilnehmer/Interessenten)
- Verwalten der Firmenkunden
- Verwalten der Dozenten
- Abfragen:
  Wann findet das nächste Seminar X statt?
  Welche Mitarbeiter der Firma Y haben das Seminar X besucht?

1.2 Wunschkriterien

- Alle Funktionen bei den Musskriterien auch über das Internet *(Web-Browser).*
- Verwaltung von Hotels und den Ansprechpartnern
- Statistische Auswertungen
- Unterstützung bei der Datensicherung

1.3 Abgrenzungskriterien

- Keine integrierte Buchhaltung (die Buchhaltung erhält eine Kopie der Rechnung und überwacht dann den Zahlungseingang, sie meldet Zahlungsverzüge zurück).

2 Produkteinsatz

Das Produkt dient zur Kunden-, Firmen-, Dozenten- und Seminar- und Veranstaltungsverwaltung der Firma Teachware. Außerdem sollen verschiedene Anfragen beantwortet werden können.

2.1 Anwendungsbereiche

Kaufmännisch/administrativer Anwendungsbereich

2.2 Zielgruppen

Mitarbeiter der Firma Teachware lassen sich gliedern in:
Kundensachbearbeiter, Seminarsachbearbeiter, Veranstaltungsbetreuer.
Kunden der Firma Teachware:
Kunden und Firmen können sich über das Internet über Seminare und Veranstaltungen informieren und selbst Buchungen durchführen.

2.3 Betriebsbedingungen

Büroumgebung

3 Produktübersicht

Übersichtsdiagramm

Abb. B-2: Geschäftsprozesse des Produkts SemOrg (Übersichtsdiagramm)

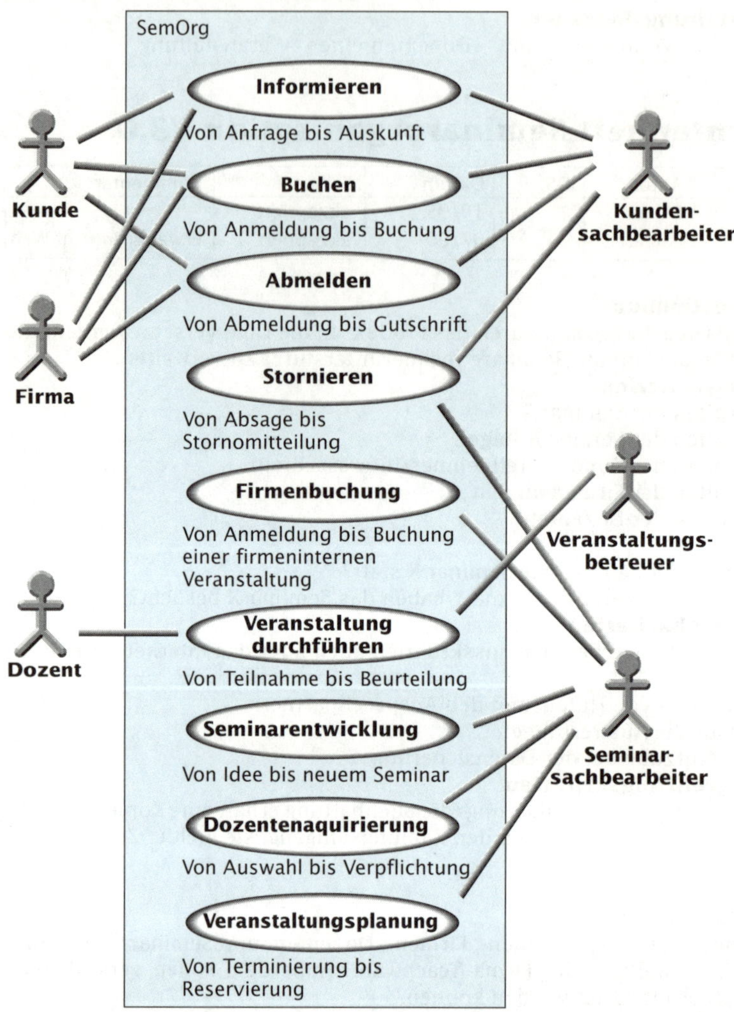

4 Produktfunktionen

4.1 Geschäftsprozesse

/F10/ (/LF10/)

Geschäftsprozess: Informieren: Von Anfrage bis Auskunft

Ziel: Kunde erhält gewünschte Auskunft oder bekommt Infomaterial zugeschickt.

Kategorie: primär

Vorbedingung: –

Nachbedingung Erfolg: Kunde hat gewünschte Information

Nachbedingung Fehlschlag: Gewünschte Auskunft konnte nicht erteilt werden.

Akteure: Kundensachbearbeiter, Kunde, Firma

Auslösendes Ereignis: Kunde schreibt (Brief, Fax, *e-mail*) oder ruft an

Beschreibung:

1 Kundendaten abrufen (1 komplexe Funktion)

2 Information erteilen (1 mittlere Funktion)

Erweiterung:
1a Kundendaten aktualisieren
2a Adressaufkleber erstellen (für Versand von Info-Material)
Alternativen:
1a Neukunden erfassen

/F20/ (/LF20/)
Geschäftsprozess: Buchen: Von Anmeldung bis Buchung
Ziel: Anmeldebestätigung und Rechnung an Kunden geschickt
Kategorie: primär
Vorbedingung: –
Nachbedingung Erfolg: Kunde ist angemeldet
Nachbedingung Fehlschlag: Mitteilung an Kunden, dass Veranstaltung ausgebucht oder ausfällt oder nicht existiert oder Kunde bereits angemeldet war.
Akteure: Kundensachbearbeiter, Kunde, Firma
Auslösendes Ereignis: Anmeldung des Kunden liegt vor
Beschreibung:
1 Kundendaten abrufen (1 komplexe Funktion)
2 Veranstaltung prüfen (1 mittlere Funktion)
3 Buchung vornehmen (1 einfache Funktion)
4 Anmeldebestätigung und Rechnung erstellen (1 einfache Funktion)
5 Rechnungskopie an Buchhaltung (1 einfache Funktion)
Erweiterung:
1a Kundendaten aktualisieren
1b Wenn Kunde Mitarbeiter einer Firma ist, dann Firmendaten anlegen bzw. wenn vorhanden, abrufen und aktualisieren.
1c Zahlungsmoral überprüfen
Alternativen:
1a Neukunden erfassen
2a Auf alternative Veranstaltungen hinweisen, wenn ausgebucht.
2b Mitteilung „falsche Veranstaltung", wenn nicht existierende Veranstaltung.

/F21/
Geschäftsprozess: Abmelden: Von Abmeldung bis Gutschrift
Ziel: Abmeldebestätigung und Gutschrift an Kunden geschickt
Kategorie: primär
Vorbedingung: Kunde ist zu einer Veranstaltung angemeldet
Nachbedingung Erfolg: Kunde ist abgemeldet
Nachbedingung Fehlschlag: Kunde war nicht angemeldet
Akteure: Kundensachbearbeiter, Kunde, Firma
Auslösendes Ereignis: Abmeldung des Kunden liegt vor
Beschreibung:
1 Kundendaten abrufen (1 mittlere Funktion)
2 Veranstaltung prüfen (1 einfache Funktion)
3 Abmeldung vornehmen (1 mittlere Funktion)
4 Abmeldebestätigung und evtl. Gutschrift erstellen (1 einfache Funktion)
Erweiterung:
1a Kundendaten aktualisieren
3a 200.- DM Stornogebühren oder Ersatzteilnehmer, wenn mehr als 4 Wochen vor der Veranstaltung abgemeldet.
3b 100% Gebühren oder Ersatzteilnehmer, wenn später als 4 Wochen vor der Veranstaltung abgemeldet.
Alternativen:
–

/F22/
Geschäftsprozess: Stornieren: Von Absage bis Stornomitteilung.
Ziel: Stornomitteilung an alle Kunden, Dozenten und Veranstaltungsbetreuer der stornierten Veranstaltung geschickt.
Kategorie: primär
Vorbedingung: Kunde ist zu der stornierten Veranstaltung angemeldet, Dozenten halten die stornierte Veranstaltung.
Nachbedingung Erfolg: Kunden, Dozent(en), Veranstaltungsbetreuer und Seminarsachbearbeiter sind über Stornierung informiert.
Nachbedingung Fehlschlag: –
Akteure: Kundensachbearbeiter, Seminarsachbearbeiter.
Auslösendes Ereignis: Veranstaltung muss storniert werden, z.B. wegen Dozentenerkrankung.
Beschreibung:
1 Betroffene Kunden, Dozenten und Veranstaltungsbetreuer abrufen (1 mittlere Funktion)
2 Veranstaltung stornieren (1 einfache Funktion)
3 Stornomitteilung versenden (1 komplexe Funktion)
Erweiterung:
3a Gutschrift versenden
3b Gutschriftskopie an Buchhaltung
Alternativen:
1a Bei Dozentenausfall alternative Dozenten prüfen
3a Alternative Veranstaltungen anbieten

/F23/
Geschäftsprozess: Firmenbuchung: Von Anmeldung bis Buchung einer firmeninternen Veranstaltung
Ziel: Anmeldebestätigung an Ansprechpartner der Firma geschickt
Kategorie: primär
Vorbedingung: –
Nachbedingung Erfolg: Firma hat Anmeldung und Rechnung erhalten
Nachbedingung Fehlschlag: Mitteilung an Kunden, dass firmeninterne Veranstaltung nicht möglich
Akteure: Seminarsachbearbeiter
Auslösendes Ereignis: Anmeldung der Firma liegt vor
Beschreibung:
1 Firmendaten abrufen (1 komplexe Funktion)
2 Veranstaltung erfassen (1 mittlere Funktion)
3 Buchung vornehmen (1 einfache Funktion)
4 Anmeldebestätigung erstellen (1 einfache Funktion)
Erweiterung:
1a Firmendaten aktualisieren
1b Zahlungsmoral überprüfen
Alternativen:
1a Neue Firma erfassen
2a Auf Firmenwünsche eingehen
2b Dozenten über Firmenwünsche informieren

/F30/(/LF30/)
Geschäftsprozess: Veranstaltung durchführen: Von Teilnahme bis Beurteilung.
Ziel: Dozent(en) führen Veranstaltung durch
Kategorie: primär

Vorbedingung: Veranstaltung hat genügend Teilnehmer und ist nicht storniert.
Nachbedingung Erfolg: Veranstaltung ist durchgeführt
Nachbedingung Fehlschlag: –
Akteure: Veranstaltungsbetreuer
Auslösendes Ereignis: Anfangstermin der Veranstaltung
Beschreibung:
1 Teilnehmerliste und Beurteilungsbögen an Teilnehmer und Dozenten (1 einfache Funktion)
2 Teilnehmerurkunden an Teilnehmer (1 einfache Funktion)
3 Beurteilungen einsammeln (1 einfache Funktion)
4 Durchführung bestätigen (1 einfache Funktion)
5 Honorarmitteilung an Buchhaltung (1 einfache Funktion)
Erweiterung: –
Alternativen: –

/F40/ (/LF40/)
Geschäftsprozess: Seminarentwicklung: Von Idee zu neuem Seminar.
Ziel: Neues Seminar eingetragen
Kategorie: primär
Vorbedingung: Kunden-, Firmen-, Dozentenanregungen, Marktbeobachtungen.
Nachbedingung Erfolg: Neues Seminar erfasst
Nachbedingung Fehlschlag: –
Akteure: Seminarsachbearbeiter
Auslösendes Ereignis: Beginn der Planungsperiode
Beschreibung:
1 Seminar- und Veranstaltungsstatistik ansehen (Teilnehmerzahlen, betriebswirtschaftliches Ergebnis) (1 mittlere Funktion)
2 Seminar erfassen (1 mittlere Funktion)
Erweiterung:
2a Dozent(en) zuordnen
2b Veranstaltungen festlegen (Geschäftsprozess: Veranstaltungsplanung).
Alternativen:
1a Seminare löschen
1b Seminare modifizieren

/F50/ (/LF50/)
Geschäftsprozess: Dozentenakquirierung: Von Auswahl bis Verpflichtung
Ziel: Neuen Dozenten eingetragen.
Kategorie: sekundär
Vorbedingung: Marktbeobachtungen
Nachbedingung Erfolg: Neuer Dozent erfasst, Vertrag versandt
Nachbedingung Fehlschlag: –
Akteure: Seminarsachbearbeiter
Auslösendes Ereignis: Beginn der Planungsperiode oder sporadisch
Beschreibung:
1 Neue Seminare und Veranstaltungen ansehen (1 einfache Funktion)
2 Dozent erfassen (1 komplexe Funktion)
Erweiterung:
2a Dozent Seminaren und Veranstaltungen zuordnen
Alternativen:
2a Dozent(en) löschen
2b Dozent(en) aktualisieren

/F60/ (/LF60/)
Geschäftsprozess: Veranstaltungsplanung: Von Terminierung bis Reservierung.
Ziel: Veranstaltung terminiert, Ort festgelegt, Räume reserviert
Kategorie: sekundär
Vorbedingung: –
Nachbedingung Erfolg: Veranstaltung geplant
Nachbedingung Fehlschlag: Veranstaltung nicht fertig geplant
Akteure: Seminarsachbearbeiter
Auslösendes Ereignis: Beginn der Planungsperiode oder sporadisch
Beschreibung:
1 Neue Seminare ansehen (1 mittlere Funktion)
2 Veranstaltung erfassen (1 mittlere Funktion)
Erweiterung:
1a Noch nicht fertig geplante Veranstaltungen ansehen
Alternativen:
2a Veranstaltung unvollständig planen

4.2 Listen

/F70/ (/LF70/)
Teilnehmerliste pro Veranstaltung mit folgenden Daten:
Seminartitel, Datum von, Datum bis, Veranstaltungsort, Dozent(en)
Pro Teilnehmer: Name, Vorname, Firma, Ort (einfache Ausgabe)
/F80/ (/LF80/)
Teilnehmerurkunde für jeden Veranstaltungsteilnehmer mit folgenden Daten:
Anrede, Titel, Vorname, Nachname, von Datum, bis Datum, Seminartitel, Veranstaltungsort, Inhaltsübersicht, Veranstaltungsleiter (mittlere Ausgabe)
/F90/ (/LF90/)
Anfragen der folgenden Art sollen möglich sein:
Wann findet das nächste Seminar X statt?
Welche Mitarbeiter der Firma Y haben das Seminar X besucht?

5 Produktdaten

5.1 Kundendaten

/D10/ (/LD10/) Kundendaten (max. 50.000):
Kunden-Nr., Name, Adresse, Kommunikationsdaten, Geburtsdatum, Funktion, Umsatz, Kurzmitteilung, Notizen, Info-Material, Kunde seit. (einfache Daten)

/D20/ (/LD20/) Firmendaten (max. 10.000), wenn Kunde zu einer Firma gehört:
Firmenkurzname, Firmenname, Adresse, Kommunikationsdaten, Ansprechpartner, Abteilung, Geburtsdatum, Funktion des Ansprechpartners, Kurzmitteilung, Notizen, Umsatz, Kunde seit. (einfache Daten)

/D21/ Ist ein Kunde oder eine Firma im Zahlungsverzug, dann sind darüber folgende Daten zu speichern:
Datum der Rechnung, die noch nicht bezahlt ist, sowie Betrag der Rechnung. (einfache Daten)

5.2 Seminardaten

/D30/ (/LD30/) Veranstaltungsdaten (max. 100.000):
Veranstaltungs-Nr., Dauer (in Tagen), Vom, Bis, Tagesraster-Anfang, Tagesraster-Ende, Anfang erster Tag, Ende letzter Tag, Veranstaltungsort (Hotel/Firma, Adresse, Raum), Kooperationspartner, Öffentlich (Ja/Nein), Netto-Preis, Stornogebühr, min. Teilnehmerzahl, max. Teilnehmerzahl, Teilnehmer aktuell, Durchgeführt (Ja/Nein) (mittlere Daten)

/D40/ (/LD40/) Seminartypdaten (max. 10.000):
Seminarkurztitel, Seminartitel, Zielsetzung, Methodik, Inhaltsübersicht, Tagesablauf, Dauer, Unterlagen, Zielgruppe, Voraussetzungen, Gebühr ohne MWST, max. Teilnehmerzahl, min. Teilnehmerzahl. (einfache Daten)

/D50/ (/LD50/) Dozentendaten (max. 5.000):
Dozenten-Nr., Name, Adresse, Kommunikationsdaten, Geburtsdatum, Biografie, Honorar pro Tag, Kurzmitteilung, Notizen, Dozent seit. (einfache Daten)

/D60/ Leitet ein Dozent eine Seminarveranstaltung, dann soll dies gespeichert werden. (einfache Daten)

5.3 Buchungsdaten

/D70/ Über jede Buchung einer Seminarveranstaltung durch einen Kunden oder eine Firma sind folgende Daten zu speichern:
Angemeldet am, Bestätigung am, Rechnung am, Abgemeldet am, Mitteilung am. (einfache Daten)

6 Produktleistungen

/L10/ (/LL10/) Die Funktion /F90/ darf nicht länger als 15 Sekunden Antwortzeit benötigen.

/L20/ (/LL20/) Alle Reaktionszeiten auf Benutzeraktionen müssen unter 2 Sekunden liegen (außer Funktion /F90/).

7 Qualitätsanforderungen

Produktqualität	sehr gut	gut	normal	nicht relevant
Funktionalität (1/2 Punkt)				
Angemessenheit		X		
Richtigkeit		X		
Interoperabilität		X		
Ordnungsmäßigkeit		X		
Sicherheit		X		
Zuverlässigkeit				
Reife			X	
Fehlertoleranz			X	
Wiederherstellbarkeit			X	
Benutzbarkeit (0,7 Punkte)				
Verständlichkeit		X		
Erlernbarkeit			X	
Bedienbarkeit	X			
Effizienz (1/2 Punkt)				
Zeitverhalten			X	
Verbrauchsverhalten		X		
Änderbarkeit				
Analysierbarkeit			X	
Modifizierbarkeit			X	
Stabilität			X	
Prüfbarkeit			X	
Übertragbarkeit				
Anpassbarkeit				X
Installierbarkeit			X	
Konformität			X	
Austauschbarkeit			X	

8 Benutzungsoberfläche

/B10/ Standardmäßig ist das *Windows*-Gestaltungs-Regelwerk zu beachten.

/B20/ Für die Bedienung über einen *Web-Browser* ist eine vereinfachte Bedienung zu realisieren. In einem seitlichen Rahmen *(frame)* sind die verfügbaren Funktionen aufzuführen. Im Hauptrahmen werden die Erfassungsmasken und Listen angezeigt.

/B30/ Die Bedienungsoberflächen sind auf Mausbedienung auszulegen.

/B40/ ISO 9241-10: 1996 (Ergonomische Anforderungen für Bürotätigkeiten mit Bildschirmgeräten, Teil 10: Grundsätze der Dialoggestaltung) ist zu beachten.

/B40/ Folgende Rollen sind zu unterscheiden:

Rolle	Rechte
Kundensachbearbeiter	/F10/, /F20/, /F21/, /F90/
Seminarsachbearbeiter	/F22/, /F23/, /F40/, /F50/, /F60/, /F90/
Veranstaltungsbetreuer	/F30/, /F70/, /F80/
Dozent	/F70/, /F80/ (für eigene Veranstaltungen) (nur über Internet)
Kunde, Firma.	/F10/, /F20/, /F21/ (nur über Internet)

9 Nichtfunktionale Anforderungen

Wird die Funktionalität über das Internet genutzt, dann muss auf Benutzerwunsch eine sichere Übertragung möglich sein, insbesondere für die Rollen Kundensachbearbeiter, Seminarsachbearbeiter und Veranstaltungsbetreuer.

10 Technische Produktumgebung

Das Produkt ist *client/server*-fähig und Internet-fähig.

10.1 Software

Server-Betriebssystem: *Windows NT/98.*

Client-Betriebssystem: *Windows NT/98* oder *Browser*

10.2 Hardware

Server: PC

*Client: Browser*fähiges Gerät mit Grafikbildschirm

10.3 Orgware

Netzwerkverbindung des *Servers* zum Buchhaltungsrechner.

10.4 Produkt-Schnittstellen

Eine Kopie der erstellten Rechnungen wird in einer Datei abgelegt, auf die die Buchhaltung über eine bereitgestellte Funktion Zugriff hat.

Zahlungsverzüge werden von der Buchhaltung über eine bereitgestellte Funktion eingetragen.

11 Spezielle Anforderungen an die Entwicklungsumgebung

Keine Abweichungen von der Produktumgebung.

12 Gliederung in Teilprodukte

Es sind drei Teilprodukte geplant, wobei die erste Version die Kernfunktionalität ohne Internet-Funktionalität umfasst, die zweite Version die Kernfunktionalität um die Internet-Funktionalität erweitert sowie zusätzlich die Buchung und Abrechnung firmeninterner Veranstaltungen ermöglicht. Die dritte Version unterstützt zusätzlich die Hotelverwaltung und Terminverwaltung.

Funktionen	SemOrg V1.0 (Kern)	SemOrg V2.0	SemOrg V3.0
/F10/ Informieren	X (ohne Internet)	X (mit Internet)	
/F20/ Buchen	X (ohne Internet)	X (mit Internet)	
/F21/ Abmelden	X (ohne Internet)	X (mit Internet)	
/F22/ Stornieren	X (ohne Internet)	X (mit Internet)	
/F23/ Firmenbuchung		X	
/F30/ Veranstaltung durchführen	X (ohne Internet)	X (mit Internet)	
/F40/ Seminarentwicklung	X (ohne Internet)	X (mit Internet)	
/F50/ Dozentenakquirie.	X (ohne Internet)	X (mit Internet)	
/F60/ Veranstaltungspl.	X (ohne Hotelverwaltung)		X (mit Hotelverwaltung)
/F70/ Teilnehmerliste	X (ohne Internet)	X (mit Internet)	
/F80/ Teilnehmerurkunde	X (ohne Internet)	X (mit Internet)	
/F90/ Anfragen	X (ohne Internet)	X (mit Internet)	

13 Ergänzungen

5 Prozent aller Kunden sind erfahrungsgemäß im Zahlungsverzug.

Die Fallstudie **Lagerverwaltung** befindet sich als pdf-Dokument auf der CD-ROM 1. Hinweis

OOA-Modell

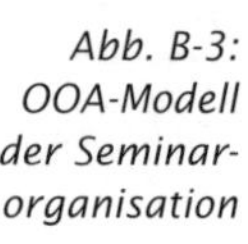

Abb. B-3: OOA-Modell der Seminarorganisation

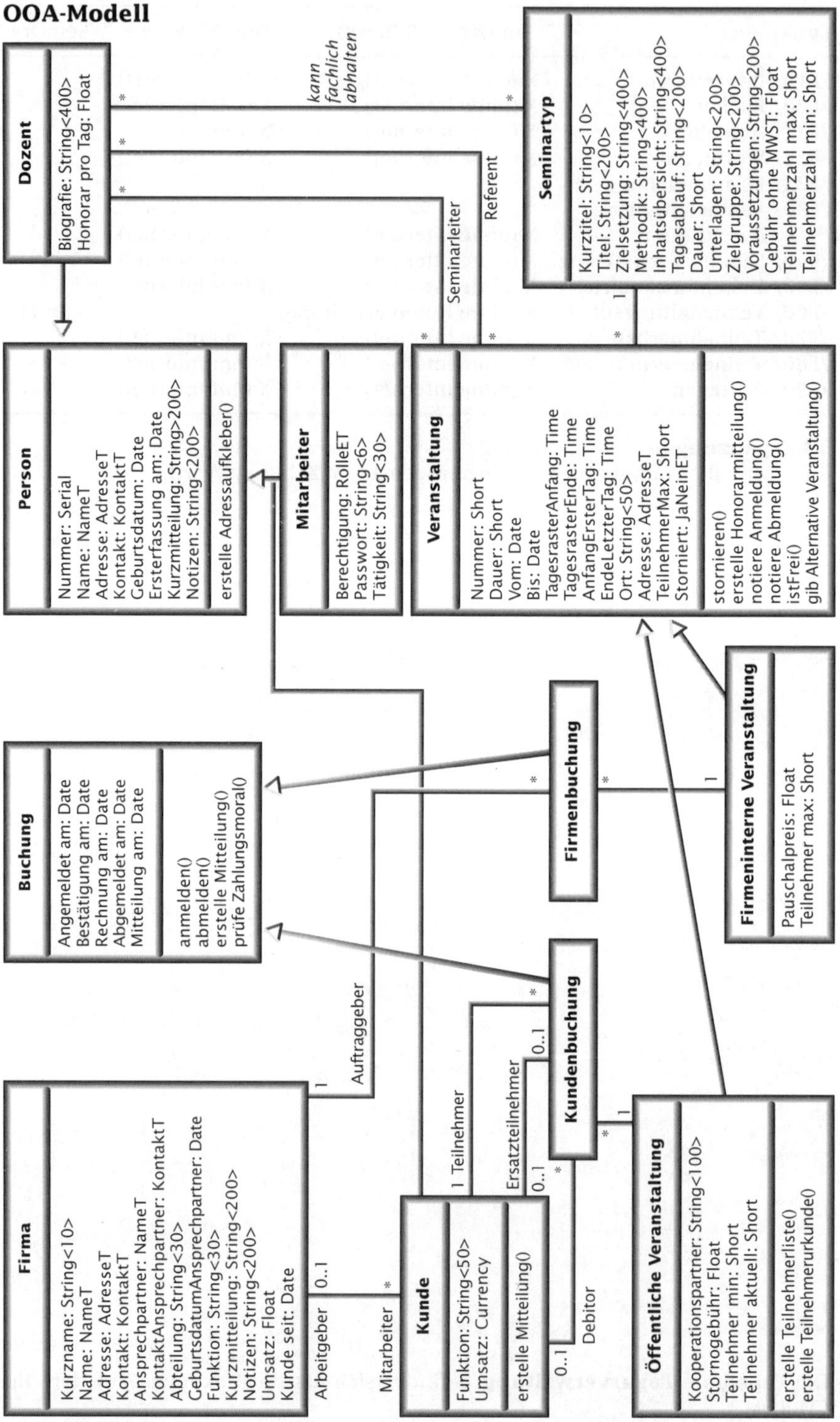

Namens- und Organisationsindex

A

B

C

D

E

Sachindex

A

B

C

D

G

H

I

J

K

L

M

P

Q

R

S

Z

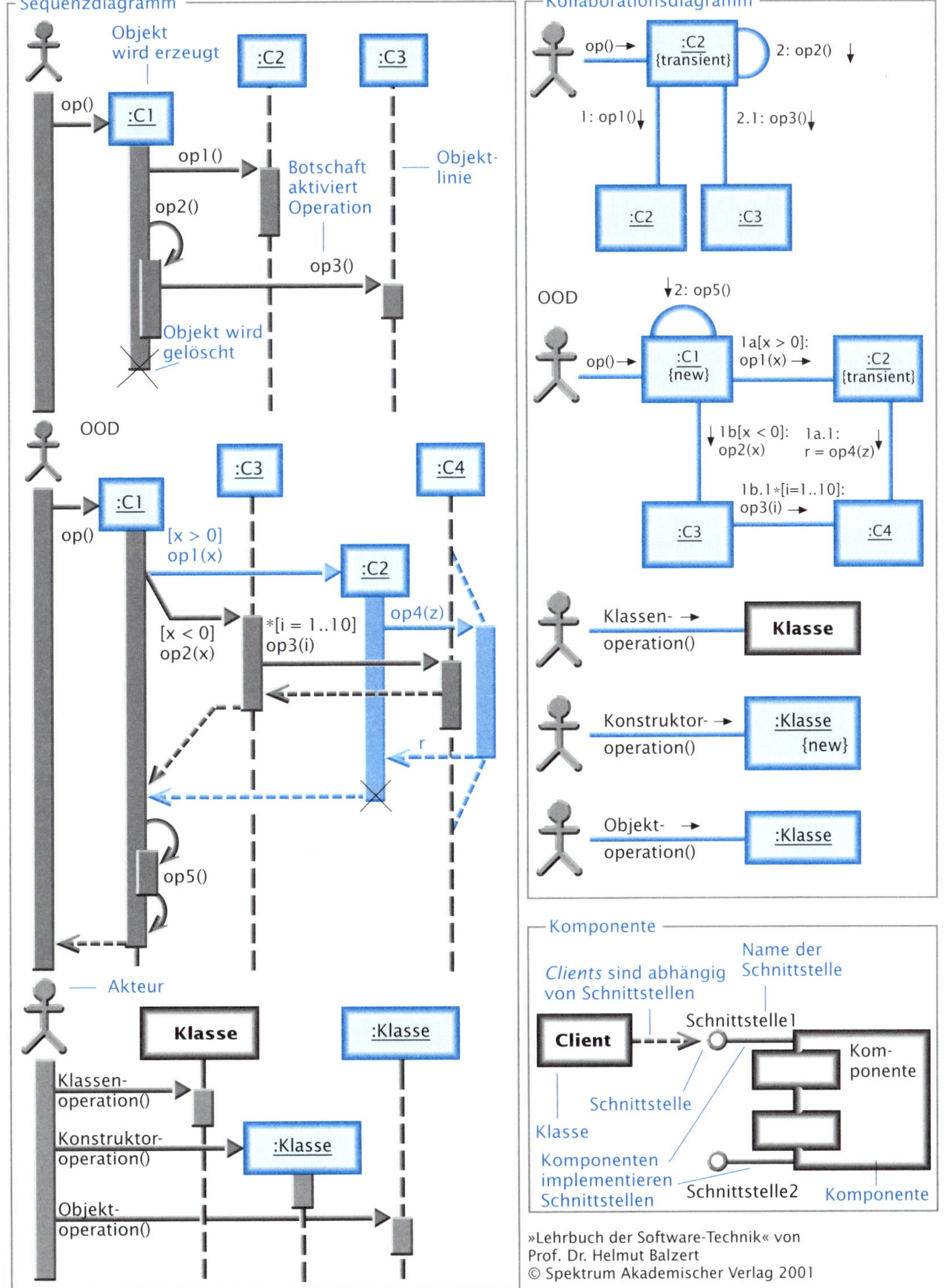

Sequenzdiagramm
Objekt wird erzeugt
:C1
:C2
:C3
op()
op1()
op2()
op3()
Botschaft aktiviert Operation
Objekt-linie
Objekt wird gelöscht
OOD
:C3
:C4
[x > 0] op1(x)
:C2
op4(z)
[x < 0] op2(x)
*[i = 1..10] op3(i)
r
op5()
Akteur
Klasse
:Klasse
Klassen-operation()
Konstruktor-operation()
Objekt-operation()
Kollaborationsdiagramm
op()
:C2 {transient}
2: op2()
1: op1()
2.1: op3()
OOD
2: op5()
:C1 {new}
1a[x > 0]: op1(x)
:C2 {transient}
1b[x < 0]: op2(x)
1a.1: r = op4(z)
1b.1*[i=1..10]: op3(i)
:C3
:C4
Klassen-operation()
Klasse
Konstruktor-operation()
:Klasse {new}
Objekt-operation()
:Klasse
Komponente
Clients sind abhängig von Schnittstellen
Name der Schnittstelle
Schnittstelle1
Client
Kom-ponente
Schnittstelle
Klasse
Komponenten implementieren Schnittstellen
Schnittstelle2
Komponente

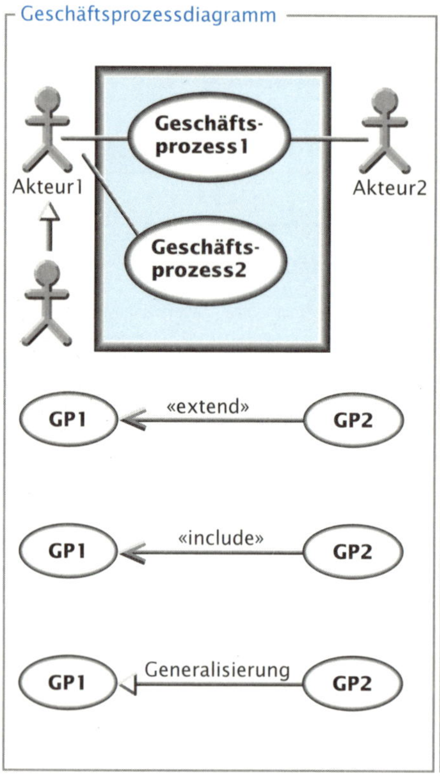

Geschäftsprozessdiagramm
Geschäftsprozess1
Geschäftsprozess2
Akteur1
Akteur2
GP1
«extend»
GP2
GP1
«include»
GP2
GP1
Generalisierung
GP2

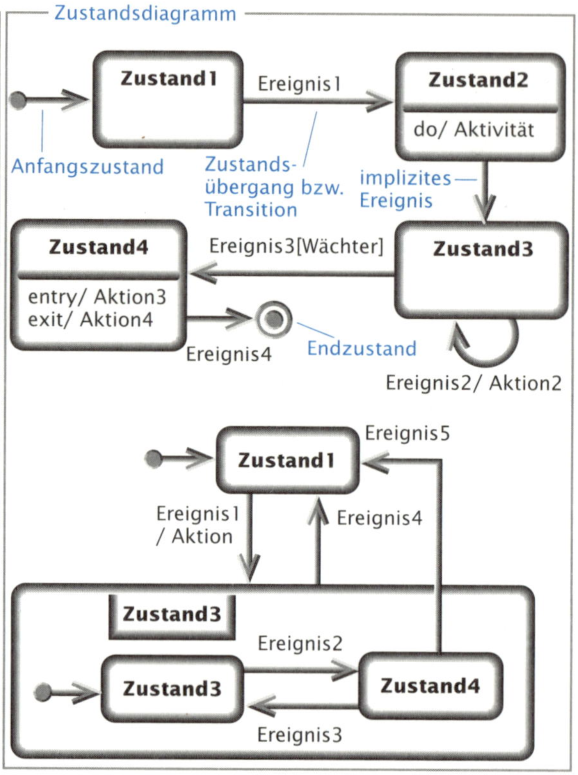

Zustandsdiagramm
Zustand1
Ereignis1
Zustand2
do/ Aktivität
Anfangszustand
Zustands-übergang bzw. Transition
implizites Ereignis
Zustand4
entry/ Aktion3
exit/ Aktion4
Ereignis3[Wächter]
Zustand3
Ereignis4
Endzustand
Ereignis2/ Aktion2
Zustand1
Ereignis5
Ereignis1 / Aktion
Ereignis4
Zustand3
Ereignis2
Zustand3
Zustand4
Ereignis3

Aktivitätsdiagramm
Verarbeitung1
[Bedingung1b]
Entscheidung
[Bedingung2b]
[Bedingung1a]
Aufteilung (fork)
[Bedingung2a]
Verarbeitung2
Verarbeitung4
Verarbeitung6
Verarbeitung3
Zusammen-führung (join)
Verarbeitung5

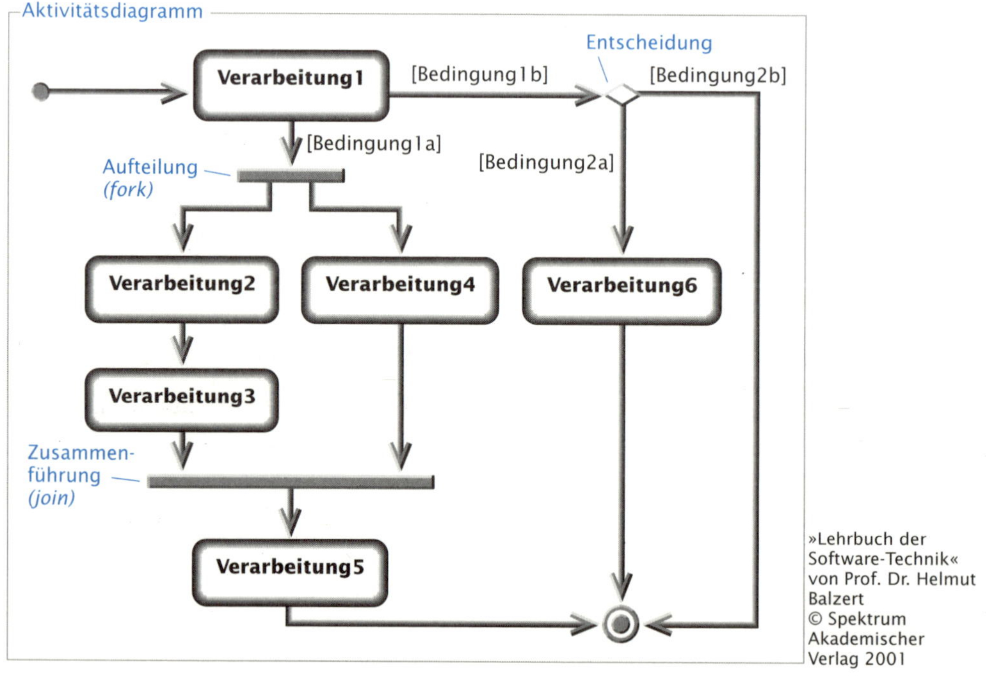